JN424544

# The Art of Computer Programming

컴퓨터 프로그래밍의 예술 4A

조합적 알고리즘 1부

**컴퓨터 프로그래밍의 예술 4A**
조합적 알고리즘 1부

**초판 1쇄 발행** 2013년 8월 10일
**초판 2쇄 발행** 2023년 11월 20일

**지은이** 도널드 커누스 / **옮긴이** 류광 / **펴낸이** 전태호
**펴낸곳** 한빛미디어(주) / **주소** 서울시 서대문구 연희로2길 62 한빛미디어(주) IT출판2부
**전화** 02-325-5544 / **팩스** 02-336-7124
**등록** 1999년 6월 24일 제25100-2017-000058호 / **ISBN** 978-89-6848-028-7 13000
**총괄** 송경석 / **책임편집** 서현 / **기획** 송성근 / **편집** 김철수 / **진행** 박지영
**영업** 김형진, 장경환, 조유미 / **마케팅** 박상용, 한종진, 이행은, 김선아, 고광일, 성화정, 김한솔 / **제작** 박성우, 김정우

이 책에 대한 의견이나 오탈자 및 잘못된 내용에 대한 수정 정보는 한빛미디어(주)의 홈페이지나 아래 이메일로 알려주십시오. 잘못된 책은 구입하신 서점에서 교환해 드립니다. 책값은 뒤표지에 표시되어 있습니다.

**한빛미디어 홈페이지 www.hanbit.co.kr / 이메일 ask@hanbit.co.kr**
**이 책의 최신 정보 인터넷 페이지 www-cs-faculty.stanford.edu/~knuth/taocp.html**

알고리즘의 고전을 읽는다

# The Art of Computer Programming

## 컴퓨터 프로그래밍의 예술 4,A

### 조합적 알고리즘 1부

도널드 커누스 저 | 류광 역

DONALD E. KNUTH

Addison-Wesley

**지은이** 도널드 커누스(Donald E. Knuth)

알고리즘 및 프로그래밍 기법에 대한 선구자적 성과로, 컴퓨터 조판을 위한 $\TeX$ 및 METAFONT 시스템의 고안으로, 그리고 영향력 큰 다작으로 전 세계적으로 유명한 학자이다. 스탠퍼드 대학교Stanford University의 컴퓨터 프로그래밍의 예술 명예 교수Emeritus of The Art of Computer Programming인 그는, 캘리포니아 공과대학교California Institute of Technology의 대학원생이었던 1962년에 시작한 전통적 전산학에 대한 독창적인 이 시리즈의 완성에 현재 그의 모든 시간을 투여하고 있다. 튜링상ACM Turing Award, 카터 전 미대통령이 수여한 미국 국가 과학상National Medal of Stience, 스틸상AMS Steele Prize 해설문 부문, 고등 기술에 대한 권위 있는 교토상Kyoto Prize 등 수많은 상과 표창을 수상했다.

이 훌륭한 학자이자 저자에 대한 좀 더 자세한 정보는 다음 웹사이트에서 볼 수 있다.

www.informit.com/authors/bio/1489dd0c-cfb6-4929-8640-b673891648b1

(단축 URL: bit.ly/3E708Hw)

이 책과 시리즈의 다른 책들에 대한 좀 더 자세한 정보는 커누스 교수의 개인 홈페이지에서 볼 수 있다.

www-cs-faculty.stanford.edu/~knuth

**옮긴이** 류광

25년 이상의 번역 경력을 가진 전문 번역가로, 『컴퓨터 프로그래밍의 예술』(The Art of Computer Programming) 시리즈 전권과 『UNIX 고급 프로그래밍』(Advanced Programming in UNIX Environment) 제2판 및 제3판, 『자바스크립트로 배우는 SICP』(Structure and Interpretation of Computer Programs: JavaScript Edition), 『Game Programming Gems』 시리즈를 비롯해 80권 이상의 다양한 IT 전문서를 번역했다.

개인 웹사이트 **류광의 번역 이야기**(https://occamsrazr.net)와 게임 개발 웹사이트 **GpgStudy**(https://gpgstudy.com)를 운영한다.

수많은 유쾌한 저녁 시간들을 추억하며,
이 시리즈를
Case Institute of Technology에 한때 설치되었던
Type 650 컴퓨터에게
깊은 애정과 함께 헌정한다.

## 한국 독자에게

컴퓨터 프로그래밍을 사랑하는 한국의 모든 이에게 진심으로 인사드립니다!
전산학이 끊임없이 사람들을 맺어주는 전 세계적인 분야라는 점을 행복하게 생각합니다.
이 시리즈에 남아 있는 오류를 제거하는 데 수년간 많은 한국 독자들이 저를 도와주었습니다.
새 번역서가 더 많은 사람들을 신비에 싸인 이 분야에 발을 들여놓게 하는 데,
그리고 이 분야를 더욱 발전시키는 데
도움이 되길 희망합니다.

— 도널드 커누스 Donald E. Knuth, 高德納

# 저자서문

한 권의 책에 좋은 내용을 모두 담는 것은 명백히 불가능한 일이며,
심지어 주제의 특정 측면들을 비교적 상세하게 다루고자 해도
책이 걷잡을 수 없이 두꺼워질 위험이 있다.

— 폴런드GERALD B. FOLLAND, "Editor's Corner" (2005)

제4권의 제목은 *조합적 알고리즘*인데, 이 제목을 제시하면서 나는 *내가 제일 좋아하는 종류의 프로그래밍*이라는 부제를 붙이고 싶은 마음이 굴뚝같았다. 이 책의 편집자들은 그런 호들갑을 억누르기로 결정했으나, 어쨌든 조합의 맛을 지닌 프로그램들을 내가 제일 좋아한다는 점은 여전히 사실이다.

한편 나는 '조합(combination)'이라는 단어에서 계산의 어려움을 떠올리는 사람들이 많다는 점을 알아채고 놀란 적이 많았다. 실제로 새뮤얼 존슨Samuel Johnson은 그의 유명한 영어사전(1755)에서 명사 combination이 "이제는 대체로 나쁜 의미로 쓰인다"고 말했다. 동료들은 나에게 "상황의 조합들 때문에 실패를 겪었다"고 하면서 가슴 아픈 경험들을 말해 준다. 많은 이에게 철저한 공황을 일으키는 이 조합이라는 것이 나에게는 순수한 즐거움으로 다가오는 이유는 무엇일까?

조합 문제들이 엄청나게 큰 수들과 연관되는 경우가 많다는 것은 사실이다. 존슨의 사전 항목에는 체임버스Ephraim Chambers의 인용구도 하나 포함되어 있는데, 그는 24자 알파벳에서 24자 미만의 단어들이 총 1,391,724,288,887,252,999,425,128,493,402,200개라고 말했다. 10자 알파벳의 해당 단어들은 11,111,111,110개이다. 그리고 5자 단어들은 단 3905개이다. 문제의 크기가 5에서 10을 거쳐 24와 그 이상으로 증가함에 따라 실제로 '조합적 폭발'이 일어나는 셈이다.

내가 살아오는 동안 계산 기계의 능력이 엄청나게 성장했다. 내가 지금 쓰고 있는 단어들을 처리하는 노트북 컴퓨터는 이 시리즈를 쓰기 시작했을 당시의 믿음직한 IBM Type 650 컴퓨터보다 10만 배 이상 빠르다. 메모리 용량 역시 10만 배 이상이다. 내일의 컴퓨터들은 그보다 더 빠르고 용량도 더 클 것이다. 그러나 이 놀라운 발전도, 조합 질문의 답에 대한 사람들의 갈망을 해소하지는 못했다. 사실은 그 반대이다. 계산 능력이 예상을 뛰어 넘어 발전해서 예전에는 상상도 못한 수준에 이르렀지만, 그만큼 우리의 요구도 높아졌다. 이는 조합 문제의 크기가, $n$이 1만 증가해도 10만 배 이상 증가하기 때문이다.

조합적 알고리즘이라는 것을 비공식적으로 정의한다면, 순열이나 그래프 같은 조합적 대상들의 고속 조작을 위한 기법이라고 정의할 수 있을 것이다. 일반적으로 우리는 특정한 구속조건들

을 최선의 방식으로 만족하는 패턴이나 배치를 찾고자 한다. 그런 문제들의 수는 엄청나며, 그런 프로그램을 작성하는 예술(art)은 하나의 좋은 착안이 컴퓨터 시간을 수년 또는 심지어 수 세기나 절감할 수 있다는 점에서 특히나 중요하고 매력적이다.

실제로, 조합 문제를 위한 좋은 알고리즘은 엄청난 이득을 가져오며, 그러한 이득은 현재 기술 수준을 엄청나게 발전시킬 수 있다. 예전에는 다루기가 힘들다고 생각했던 여러 문제들을 이제는 수월하게 해치울 수 있게 되었으며, 좋은 알고리즘이라고 알려진 많은 예전 알고리즘들은 이제 더 나은 알고리즘이 되었다. 1970년경부터 전산학자들은 '플로이드의 보조정리(Floyd's Lemma)'라고 부르는 현상을 경험하기 시작했다: $n^3$회의 연산이 필요한 것처럼 보이는 문제들을 실제로는 $O(n^2)$회로 풀 수 있었고, $n^2$이 필요한 것처럼 보이는 문제가 실제로는 $O(n\log n)$으로 줄어들고, $n\log n$을 $O(n)$으로 줄일 수 있는 경우도 많았던 것이다. 좀 더 어려운 문제들의 경우에는 실행 시간이 $O(2^n)$에서 $O(1.5^n)$으로, 거기서 $O(1.3^n)$ 등등으로 줄어들었다. 일반적으로는 여전히 어려운 문제로 남아 있지만, 훨씬 단순한 주요 특수 경우들이 발견되는 경우도 있었다. 한때 내 평생 결코 답을 얻지 못할 것이라고 생각했던 조합적 질문들 중에서 많은 것들이 이제는 해결되었는데, 그러한 약진은 주로 계산 처리기의 속도 증가보다는 알고리즘의 발전에 의한 것이었다.

1975년에는 그러한 연구가 너무도 빨리 발전해서, 주요 전산학 학술지에 게재된 논문의 상당 부분을 조합적 알고리즘을 전문으로 다루는 논문들이 차지했다. 그리고 그러한 발전이 전산학 핵심부의 사람들에 의해서만 이루어진 것도 아니었다. 전기공학, 인공지능, 운용과학(operations research, 경영과학), 수학, 물리, 통계 등의 다른 분야의 종사자들 역시 중요한 기여를 했다. 나는 *컴퓨터 프로그래밍의 예술(The Art of Computer Programming)* 제4권을 완성하려고 노력했지만, 마치 끓어 넘치는 주전자의 뚜껑 위에 앉아 있는 기분이 들었다. 또 다른 종류의 조합적 폭발, 새로운 착안들의 거대한 폭발을 만났던 것이다!

이 시리즈는 1962년 초에 탄생했다. 당시 순진하게 12장章짜리 책 한 권을 위한 잠정적인 장 제목 목록을 적어 내려가던 나는 조합적 알고리즘에 관한 간단한 장 하나를 재미 삼아 포함시키기로 결정했다. "보세요, 대부분의 사람들은 숫자를 다루려고 컴퓨터를 사용하지만, 우리가 패턴을 다루는 프로그램을 짤 수도 있다고요." 그 시절에는 알려진 거의 모든 조합적 알고리즘을 상당히 완전하게 서술하는 것이 어려운 일이 아니었다. 그리고 이미 덩치가 불어나 있던 그 책의 초안 약 3000쪽이 다 완성되었을 때에도, 제7장의 분량은 100쪽 미만이었다. '샐러드 코스' 정도로 생각했던 것이 결국에는 주 요리가 될 줄은 상상도 못했던 것이다.

1975년의 엄청난 조합적 동요는 계속해서 요동을 쳐서, 더 많은 사람들이 참여하게 되었다. 기존 착안을 개선하는 새로운 착안들이 등장했으나, 기존 것을 대체하거나 폐기하는 경우는 드물었다. 그래서 나는 언젠가는 내가 이 분야를 모두 다루어서, 풀어야 할 조합적 문제가 있는 모든 사람이 원하는 것을 찾을 수 있도록 모든 것을 말해 주는 궁극의 책을 쓸 수 있을 것이라는 희망을 접어야 했다. 적용 가능한 기법들의 배열은 부차적인 주제들을 논의한 후 "이것이 최종적인 해법이다: 이야기 끝."이라고 말하는 것이 거의 불가능한 지점으로 증가했다. 대신 나는 내가 알게 된 모든 효율적인 조합적 방법에 깔려 있는 것으로 보이는 가장 중요한 원리들을 설명하는 것으로 만족해야 한다. 현재, 제1~3권을 위해 내가 모아 둔 기본 재료보다 제4권을 위한 기본 재료가 두 배 이상 많다.

이 엄청난 분량은 전에 '제4권'으로 계획했던 한 권의 책을 여러 권으로 분리해야 함을 뜻한다. 지금 이 책은 권 4A , 즉 제4권의 A이다. 내가 여전히 건강을 유지한다면, 4B와 4C도 언젠가는 나올 것이다. 그리고 4D, 4E, …가 나올 수도 있다(누가 알겠는가?). 그러나 4Z까지 가는 일은 확실히 없을 것이다.

내 계획은 1962년부터 축적한 파일들을 체계적으로 처리해서, 여전히 이야기할 만한 가치가 있는 이야기들을 내 능력을 최대한 발휘해서 이야기하는 것이다. 완전함을 바랄 수는 없겠지만, 핵심 착안들을 제시한 선구자들은 모두 제대로 언급하는 것이 나의 희망이다. 따라서 역사적인 세부사항에 인색하게 굴지는 않을 것이다. 더 나아가서, 향후 50년은 중요성을 유지할 가능성이 큰 뭔가를, 그리고 한 두 문장으로 우아하게 설명할 수 있는 뭔가를 배울 때마다, 그것을 그냥 제외시키기란 어려운 일이다. 반대로, 긴 증명이 필요한 어려운 내용은 해당 내용이 진정으로 근본적인 것이 아닌 한 이 시리즈의 범위를 넘는 것이다.

지금까지, 조합적 알고리즘이라는 분야가 매우 방대해서 내가 그것을 모두 다루는 것은 불가능한 일이라는 점을 확실히 밝혔다. 이 책에 포함시키지 않은 것들 중 가장 중요한 것은 무엇일까? 내 최대의 맹점은 기하학이다. 나는 공간의 물체들보다는 대수 공식들을 훨씬 더 잘 시각화하고 조작하기 때문이다. 따라서 계산 기하학과 관련된 조합 문제들은 이 책들에서 다루지 않는다. 이를테면 구들을 빽빽이 채우는 문제나 $n$차원 유클리드 공간에서 자료점들을 클러스터링하는 문제는 다루지 않으며, 심지어 평면의 슈타이너 트리 문제도 다루지 않는다. 좀 더 중요하게는, 나는 다면체 조합론을 꺼리는 경향이 있으며, 주로 선형 계획법(linear programming)이나 정수 계획법(integer programming), 준정 계획법(semidefinite programming)에 기초한 접근방식들도 꺼린다. 그런 주제들은 해당 주제의 다른 여러 책들에서 잘 다루고 있으며, 기하학적 직관에 의존한다. 나로서는 순수한 조합적 전개가 더 이해하기 쉽다.

또한 나에게는 점근적인 의미에서 효율적인 알고리즘들, 즉 문제의 크기가 우주의 크기를 넘는 수준이 되어서야 '발동이 걸려서' 우월한 성능을 보여 주는 알고리즘들을 피하는 경향이 있음을 고백하지 않을 수 없다. 요즘에는 그런 종류의 알고리즘들에 대한 출판물이 아주 많다. 궁극의 한계를 추구하는 일에는 지적인 매력이 존재하며 학술적으로 인정받는 기회일 수 있다는 점을 이해하긴 하지만, 이 *컴퓨터 프로그래밍의 예술*에서는 내가 실제 프로그램에서 결코 사용할 것을 고려하지 않을 방법들에 대해서 그냥 짧게만 언급하고 넘어가는 경향이 있다. (물론 이 규칙에도 예외는 있다. 특히 주제의 핵심부의 기본 개념들과 관련해서 그렇다. 비실용적인 방법들 중에는 빼버리기에는 너무 아름답거나 심오한 것들도 있다. 반대로, 그렇게 하면 안 된다는 점을 보여 주는 예로 포함시킨 것들도 있다.)

더 나아가서, 이 시리즈의 이전 책들에서도 그랬지만, 컴퓨터들의 병렬 수행 능력이 증가하긴 했어도 이 책에서는 거의 전적으로 순차적인 알고리즘들에 집중한다는 것이 나의 의도이다. 나는 병렬성에 관한 착안들 중 지금부터 50년은커녕 5년이나 10년 후에도 유용한 것이 무엇일지를 판단하지 못한다. 그래서 나는 그런 질문을 나보다 더 현명한 다른 이들에게 기꺼이 남겨 둘 생각이다. 순차적 방법들 자체도 이미, 내일의 예술적인(artful) 프로그래머가 알고 싶어 할 것이 무엇인지를 분별하는 나의 능력의 한계를 시험하고 있다.

이 내용을 어떻게 표현할 것인지 계획할 때 결정해야 했던 주된 고려 사항은, 내용을 문제별로 조직화할 것인지 아니면 기법별로 조직화할 것인지였다. 예를 들어 제3권의 제5장은 자료를 순서대로 정렬하는 문제 하나만을 다루는데, 그 문제의 서로 다른 측면들에 20개 이상의 기법들이 적용된다. 반면 조합적 알고리즘에는 서로 다른 수많은 문제들이 관여하며, 그 문제들은 정렬에 비하면 적은 수의 기법들로 공략되는 경향이 있다. 결국 나는 한쪽만 고려한 접근방식보다는 더 나은 결과를 내는 혼합식 전략을 사용하기로 결정했다. 그래서, 예를 들어 최단 경로를 찾는 문제를 §7.3에서 다루고 연결성 문제는 §7.4.1에서 다루는 식으로 문제별 조직화를 적용한 경우도 있는 반면, 부울 대수(§7.1), 역추적(§7.2.2), 메이트로이드 이론(§7.6), 동적 계획법(§7.7) 등등 기법별 조직화를 적용한 경우도 있다. 유명한 순회 판매원 문제나 포괄, 색칠하기, 배낭 꾸리기에 관련된 기타 고전적 조합 과제들을 개별적인 절(section)들로 다루지는 않는다. 대신 그런 문제들은 여러 곳에서 여러 가지 방법으로 공략된다.

앞에서 조합 계산의 위대한 진전을 언급했는데, 그렇다고 모든 조합적 문제가 실제로 길들여졌다는 뜻은 아니다. 컴퓨터 프로그램의 실행시간이 하늘로 치솟을 때, 프로그래머가 이 책에서 자신의 요구를 해결해 주는 은탄환을 찾을 수 있으리라고 기대해서는 안 된다. 이 책에서 설명하는 방법들이 개별 프로그래머가 시도한 첫 번째 접근방식보다는 훨씬 빠르게 작동하는 경우가 많을 것이다. 그러나, 조합적 문제가 아주 빠르게 커진다는 점을 잊어서는 안 된다. 심지어, 어떤 특정한 작고 자연스러운 문제를 일반적으로는 풀 수 있지만 실제 현실에서는 실현 가능한 해법이 결코 존재하지 않음을 엄밀하게 증명하는 것도 가능하다(§7.1.2의 스탁마이어와 마이어의 정리를 보라). 주어진 문제에 대한 쓸 만한 알고리즘이 존재하지 않음을 아직 증명하지 못하는 경우도 있지만, 그런 방법들이 없을 가능성이 크다는 점은 알고 있다. 왜냐하면, 효율적인 알고리즘이 존재한다면 세상의 가장 훌륭한 전문가들을 좌절시킨 수천 개의 다른 문제들을 푸는 좋은 방법이 발견되었을 것이기 때문이다(§7.9의 NP-완전에 대한 논의를 보라).

경험에 따르면, 새로운 조합적 문제와 기존 문제의 새로 식별된 변형 및 특수 경우에 대한 새로운 조합적 알고리즘은 계속해서 고안될 것이다. 그리고 그러한 알고리즘에 대한 사람들의 갈망도 계속해서 커질 것이다. 프로그래머들이 그러한 도전에 직면함에 따라 컴퓨터 프로그래밍의 예술도 계속해서 새로운 수준으로 성장할 것이다. 그러나 오늘날의 방법들 역시 여전히 유효하게 남을 가능성이 크다.

이 책의 대부분은 자기완결적이나, 제1~3권에서 논의한 주제들과 밀접하게 연관된 부분도 많다. 기계어 프로그래밍의 저수준 세부사항들은 제1~3권에서 상세히 다루었으므로, 이 책의 알고리즘들은 대체로 추상적인 수준에서, 그 어떤 특정한 컴퓨터와도 독립적인 형태로 서술되어 있다. 그러나 조합적 프로그래밍의 측면들 중에는 이전에는 발생하지 않았던 저수준 세부사항에 크게 의존하는 부분도 있다. 그런 경우 이 책의 모든 예제는 제1권의 이전 판본에서 정의했던 MIX를 대체하는 MMIX 컴퓨터에 기초한다. MMIX에 관한 세부사항은 제1권의 종이표지판 부록인 *The Art of Computer Programming,* Volume 1, Fascicle 1이라는 책에 나오는데, 그 책에는 §1.3.1′, §1.3.2′ 등이 수록되어 있다. 그 책은 인터넷에서도 내려받을 수 있다(MMIX 어셈블러 및 시뮬레이터와 함께).

내려받을 수 있는 또 다른 자료로, 이 책의 예제들에서 자주 인용되는 *The Stanford GraphBase* 라는 프로그램 및 자료 모음집이 있다. 이 모음집을 여러 가지로 가지고 놀아보길 권한다. 그러면 조합적 알고리즘들을 가장 효율적이고도 즐겁게 배울 수 있다는 것이 내 생각이다.

첨언하자면, 제7장 도입부를 쓰면서 나는 내 박사학위 논문의 지도교수였던 홀Marshall Hall, Jr(1910-1990)의 몇몇 논문들과 그의 학위논문 지도교수 오레Oystein Ore(1899-1968)의, 그리고 그의 학위논문 지도교수 스콜렘Thoralf Skolem의 몇몇 논문을 자연스럽게 언급할 수 있어서 즐거웠다. 스콜렘의 지도교수인 투에Axel Thue(1863-1922)는 제6장에 이미 나왔다.

원래는 인터넷에 올리고 이후 종이표지판 분책들로 출판한 이 책의 초기 초안들에서 내가 저지른 수많은 실수를 찾아내서 나를 도와준 수백 명의 독자에게 무한한 감사의 뜻을 표한다. 특히 달하이머Thorsten Dahlheimer, 판레이우언Marc van Leeuwen, 베르무트Udo Wermuth는 특히나 큰 영향을 주었다. 그러나 이 책에 모여 있는 세부사항들 중에 여전히 오류가 남아 있을까 두려우며, 있다면 최대한 빨리 바로잡고 싶다. 그래서 나는 각각의 기술적인 오류나 조판 오류, 역사상의 오류를 처음으로 찾아낸 이에게 $2.56의 상금을 기꺼이 수여하고자 한다. iv쪽에 언급한 taocp 웹페이지에 지금까지 보고된 모든 오류 정정 사항의 목록이 있다.

스탠포드, 캘리포니아 D. E. K.

2010년 10월

제1판의 서문에서 나는 독자에게
오류에 주의를 빼앗기지 말라고 부탁했다.
지금은 그랬던 것을 후회하며,
나의 요청을 무시한 몇몇 독자들에게 감사하는 마음이다.

— 서덜런드STUART SUTHERLAND, *The International Dictionary of Psychology* (1996)

당연한 말이지만 남아 있는 오류는 내 책임이다.
개인적으로는 내 친구들이
그 오류들을 좀 더 잡아낼 수 있었으리라 생각하지만.

— 파파드미트리우CHRISTOS H. PAPADIMITRIOU, *Computational Complexity* (1994)

내 실수들이 더 퍼져서 옅어지도록,
좀 더 다양한 분야에서 일하고 싶다.

— 클레VICTOR KLEE (1999)

**참고문헌에 관하여.** 자주 인용되는 여러 학술지들과 회의록들에는 특별한 부호명을 붙여 두었는데, 이 책 끝의 '찾아보기 및 용어집'에서 확인할 수 있다. 단, 여러 종류의 *IEEE Transactions*들에는 회보(transaction)의 종류에 따른 영문자 부호가 권 번호 앞에 굵은 글씨로 붙는다. 예를 들어 '*IEEE Trans.* **C-35**'는 *IEEE Transactions on Computers*, 제35권(volume 35)을 뜻한다. IEEE는 이런 편리한 영문자 부호를 더 이상 사용하지 않는데, 그 부호들을 해독하기가 아주 어렵지는 않다. 이를테면 '**EC**'는 'Electronic Computers'를 의미했으며 '**IT**'는 'Information Theory'를, '**SE**'는 'Software Engineering'을, '**SP**'는 'Signal Processing'을 뜻했다. 한편 '**CAD**'는 'Computer-Aided Design of Integrated Circuits and Systems'를 뜻했다.

'연습문제 7.10-00' 같은 교차참조는 이후 나올 §7.10의, 아직 번호가 정해지지 않은 한 연습문제를 가리킨다.

**표기법에 관하여.** 수학적 개념의 대수적 표현을 위한 간단하고도 직관적인 관례는 예나 지금이나 진전을 위한 큰 도움이 된다. 특히, 세상의 연구자들 대부분이 하나의 공통의 기호적 언어를 공유할 때 그렇다. 이 부분에서 조합 수학의 현황은 안타깝게도 다소 어지러운 상태로, 서로 다른 집단들이 같은 기호를 완전히 다른 의미로 사용하는 경우가 많다. 비교적 좁은 하위분야에서 일하는 일부 전문가들이 상반된 기호 체계를 의도적으로 만들어 내기도 했다. 수학의 여러 분야들과 상호작용하는 전산학에서는 가능한 한 내부적으로 일관된 표기법을 받아들여서 그러한 위험을 피해야 할 것이다. 이러한 난맥상 때문에 나는 서로 충돌하는 여러 방안들 중 하나를, 어차피 모두를 만족시키지는 못한다는 것을 인식한 상태에서 선택해야 하는 경우가 많았다. 나는 여러 해 동안 종종 동료들과의 실험과 논의를 거쳐서, 또 제대로 작동하는 것이 나올 때까지 대안들을 이리 저리 뒤집어 보면서, 내가 미래를 위해 최선이라고 믿는 표기법을 뽑는 데 노력을 다했다. 대부분의 경우는 다른 사람들이 이미 모순된 방식으로 제멋대로 쓴 적이 없는 편리한 관례를 찾아낼 수 있었다.

부록 B의 표기법 찾아보기에는 이 책에 쓰이는 모든 주요 표기법이 정리되어 있는데, 그중에는 (아직?) 표준이 아닌 것들도 어쩔 수 없이 몇 개 포함되어 있다. 책을 보다가 어색하거나 알아볼 수 없는 공식을 발견한다면 부록 B를 살펴보기 바란다. 그러면 대부분의 경우 나의 의도가 명확하게 드러나 있는 페이지를 찾을 수 있을 것이다. 그러나 이 책을 처음 읽는 독자가 어차피 찾아볼 확률이 큰 표기법 몇 가지는 여기에서 미리 말해 두는 것이 편리할 것이다.

- 우물정자 기호 또는 해시 마크(hash mark)로 시작하는 수치는 16진 상수이다. 예를 들어 #123은 $(123)_{16}$을 뜻한다.
- 점마이너스(dot-minus)나 포화 뺄셈(saturating subtraction)이라고도 부르는 '모너스monus' 연산 $x \dot{-} y$는 $\max(0, x-y)$와 같다.
- 세 개의 수 $\{x, y, z\}$의 중앙값은 $\langle xyz \rangle$로 표기한다.
- $\{x\}$처럼 원소 하나로 된 집합을 문맥에 따라서는 그냥 $x$로 표기하는 경우도 많다. 이를테면 $X \cup x$나 $X \setminus x$ 등.

- $n$이 음이 아닌 정수인 경우 $n$의 1-비트†들의 개수를 $\nu n$으로 표기한다. 더 나아가서, $n > 0$인 경우 $n$의 제일 왼쪽 비트와 제일 오른쪽 비트는 각각 $2^{\lambda n}$과 $2^{\rho n}$이다. 예를 들어 $\nu 10 = 2$이고 $\lambda 10 = 3$, $\rho 10 = 1$이다.
- 그래프 $G$와 $H$의 데카르트 곱(Cartesian product)을 $G \,\Box\, H$로 표기한다. 예를 들어 $C_m \,\Box\, C_n$은 $m \times n$ 원환체를 뜻하는데, $C_n$이 $n$개의 정점들로 이루어진 하나의 순환마디를 뜻하기 때문이다.

† 〔옮긴이 주〕 이 번역서에서 '$n$-비트'는 비트의 값이 $n$(0 또는 1)이라는 뜻이고, 붙여 쓴 '$n$비트'는 비트가 $n$개라는 뜻이다. 한편 비트 $n$은 $n$번째(주로 제일 오른쪽부터) 비트를 말한다. 예: "비트 2만 1-비트이고 나머지는 모두 0-비트인 8비트 수는 십진수로 2이다."

# 역자서문

꼭 해야 할 말로 역자의 글을 시작합니다: 제1, 2, 3권에 이어 이번 책도 제가 번역한다는 소식을 듣고 우려나 반대의 뜻을 밝히기는커녕 격려하고 기대해 주신 모든 독자 분께 감사 인사드립니다! 매번 시리즈 이전 책을 번역하면서 겪은 어려움과 괴로움을 까맣게 잊고 기대에 차서 새 책을 번역하게 되는 요인은 바로 좋은 책과 저를 믿는 독자 여러분입니다.

이번 제4A권의 내용에 대한 소개는 저자서문에 너무나 잘 나와 있으니 반복하지 않기로 하고, 번역서만의 아쉬운 사정 한 가지만 덧붙이고자 합니다. 저자서문에도 나와 있듯이 이 책의 예제 코드는 제1권에서 설명한 MIX와 MIXAL이 아니라 제1권의 차후 개정판을 위한 분책(fascicle)들 중 하나인 *Volume 1 Fascicle 1*, MMIX: A RISC Computer for the New Millennium (이하 'MMIX 분책')에서 설명하는 MMIX와 MMIXAL을 기준으로 합니다. 원서는 독자가 그 MMIX 분책도 읽었으리라는 가정을 깔고 있는데, 안타깝게도 그 분책은 아직 한국어로 번역되지 않았습니다. 다행히 MMIX는 MIX에 비해 훨씬 현대적이고 직관적이라서 배우기가 그리 어렵지는 않습니다. 저자 홈페이지에서 제공하는 분책(PS 파일) 외에, MMIX 문서화 페이지(http://mmix.cs.hm.edu/doc)에서 제공하는 여러 문서들도 도움이 될 것입니다. 특히 다음과 같은 문서들이 있습니다.

- Fascicle 1: MMIX — MMIX 분책의 PDF 버전
- The MMIX Instruction Set — MMIX 명령 총 정리
- List of MMIX Special Registers — 특수 레지스터들

언젠가는 MMIX 분책의 번역 소식도 전해드리고 싶습니다. 그때까지는 영문 자료들로라도 공부하시기 바랍니다. 예제를 이해하는 것이 목적이라면, MMIX 코드를 자신이 익숙한 프로그래밍 언어, 특히 부호 없는 정수 형식과 저수준 비트 조작을 지원하는 언어(이를테면 C++)의 코드로 옮길 수 있을 정도로만 공부하면 충분하지 않을까 합니다.

다른 책도 마찬가지겠지만, 이 번역서의 탄생에는 번역 작업 이외에도 직·간접적으로 많은 분의 전문적인 능력과 수고가 필요했습니다. 제가 인식하는 범위 내에서만 이야기하자면, 우선, 제1, 2, 3권에 이어 이번에도 도구와 시간의 한계를 뛰어 넘어 책을 훌륭하게 조판하고 교정까지 충실하게 보신 김철수 편집자께 찬사와 감사의 뜻을 전합니다. 그리고 계약에서 제책까지의 과정에서 다양한 일을 제가 알 필요 없이 매끄럽게 처리해주신 한빛미디어의 배용석 부장님과 송성근 차장님께 감사합니다. 또한, 용어와 외래어 표기 관련해서 큰 도움을 받은 Hangulize 서비스

(http://www.hangulize.org) 관계자 분들과 위키백과 기여자 분들도 무척 고맙습니다(일일이 이름을 나열하지 못한 점 죄송합니다). 끝으로, 남다른 혜안은 물론이고 역자에 대한 애정이 없다면 절대로 찾아낼 수 없었을 미묘한 오역과 오타를 잡아낸 아내 오현숙에게도 부족하나마 고마움과 사랑을 전합니다.

마지막으로, 시리즈 기존 독자라면 익숙할 몇 가지 당부입니다: 번역서에 쓰인 용어나 어법에 관련된 몇 가지 사항을 다음 쪽에 나오는 '일러두기'에 적어 두었으니 꼭 읽어 주시기 바랍니다. 그리고 책을 읽으면서 발견한 오타 및 오역은 제 홈페이지 occam's Razor(http://occamsrazr.net/)를 통해서 알려 주세요. 홈페이지의 '번역서 정보' 페이지에서 도달할 수 있는 이 책의 정보 페이지에 정오표를 마련해서 부지런히 갱신하겠습니다. 또한 단순한 오타, 오역 보고 외에 책에 대한 좀 더 깊은 논의도 환영합니다. 제가 내용에 대한 질문에 권위 있는 답을 할 만한 능력은 되지 않음을 이해해 주시고, 함께 공부하는 독자의 입장에서 많은 이야기를 나누었으면 합니다.

어렵다 포기 말고 최대한 많은 것을 얻으시길!

— 옮긴이 류광

# 일러두기

이 번역서는 Addison-Wesley에서 나온 The Art of Computer Programming vol.4A의 2011년 1월자 제1쇄를 번역한 것으로, 2013년 3월 10일자 원서 정오표(http://www-cs-faculty.stanford.edu/~uno/taocp.html#err4)의 항목들을 반영했다.

다음은 이 번역서를 읽을 때 염두에 두어야 할 사항들이다.

## 글꼴

중요한 용어나 개념, 주목해야 할 문장 성분은 이런 글꼴로 표시한다. 책 제목이나 문맥 안에서 두드러진 의미를 가지는 문구 또는 문단은 *이런 글꼴*로 표시한다. 참고로 이들은 각각 원서의 *italic*과 slanted에 해당한다. 프로그램 코드나 컴퓨터 명령어는 CODE처럼 표시한다.

## 용어 및 인명 표기에 대해

대부분의 주요 용어에는 영문을 병기하되, 매번 병기하는 것은 글 읽기의 흐름을 깨뜨릴 수 있으므로 해당 용어가 처음 나오거나 오랜만에 다시 등장한 곳, 또는 오독의 여지가 있는 곳에만 병기했다. 책 끝의 '찾아보기 및 용어집'의 한글 항목에도 영문을 병기해 두었으므로 언제라도 쉽게 찾아볼 수 있을 것이다. 찾아보기에 관련된 세부적인 사항은 '찾아보기 및 용어집' 시작 부분에 따로 일러두었다.

수학 용어들은 주로 대한 수학회의 수학 학술 용어집(http://mathnet.kaist.ac.kr/mathnet/math_list.php)을 따랐으며, 부족한 부분은 한국어 위키백과(http://ko.wikipedia.org/)를 참고했다. 새 용어를 만들 때에도 수학 학술 용어집이나 위키백과의 기존 용어들의 조어법을 최대한 따랐다.

전산, 프로그래밍 관련 용어들은 널리 통용되는 것들을 따르되 역자의 기존 번역서들에서 주로 썼던 용어들과 다르면 역자의 것을 우선시했다.

인명의 한글 표기는 주로 성(性)에만 적용했으며, 모든 인명에 일일이 한글 표기를 붙이는 것은 글의 흐름을 깨뜨릴 수 있으므로 필요하다고 판단되는 경우에만 적용했다. 대신 찾아보기에는 거의 모든 인명의 성을 한글로 표기해 두었다.

발음에 따른 한글 표기는 국어연구원(http://www.korean.go.kr/)의 어문규정:외래어 표기법을 기준으로 하되 Hangulize 서비스(http://www.hangulize.org)의 도움을 아주 많이 받았으며, 때로는 위키백과의 관련 페이지들(http://ko.wikipedia.org/wiki/위키백과:외래어 표기법)도 참고했다. 북미 국적의 인명·지명에 대해서는 The CMU Pronouncing Dictionary (http://www.speech.cs.cmu.edu/cgi-bin/ cmudict)를 적극 활용했다. 주로 인물의 국적을 가지고 표기법을 적용했을 뿐 실제로 통용되는(본인이 활동하는 국가에서 실제로 불리는) 발음을 일일이 확인하지는 못했으며, 역자의 실수로 해당 인물의 국적을 잘못 알았거나 외래어 표기법의 조항들을 잘못 적용했을 수도 있음을 밝혀둔다.

**문장 성분으로서의 수식**

수식을 문장과는 개별적인 어떤 대상(마치 표나 그림처럼)으로 취급하는 책도 있지만, 이 책의 원서에서 수식은 거의 항상 하나의 문장이거나 문장의 한 성분이며, 번역서에서도 최대한 그러한 방식을 따랐다. 따라서 독자는 수식의 연산자를 적절한 서술어로 대체해서 수식을 하나의 문장 또는 문장 성분으로 바꾸는 데 익숙해질 필요가 있다. 특히, 관형절의 성격을 띤 수식의 해석에 익숙해질 필요가 있겠는데, 예를 들어 "$n > 0$"을 "$n$은 0보다 크다"로 읽어내는 것은 대부분 큰 어려움이 없겠지만, "정수 $n > 0$을 구하라."를 "0보다 큰 정수 $n$을 구하라"로, 더 나아가서 "$> 0$인 $n$"을 "0보다 큰 $n$"으로 읽어내는 것은 좀 생소한 독자도 있을 것이다.

첨언하자면, 여러 가지 사정 상 수식 뒤의 토씨에 대해서는 일관된 규칙을 적용하지 못했다. 예를 들어 '$n^2$'은 '$n$의 2승'이라고 읽을 것을 가정해서 '$n^2$이', '$n^2$을', '$n^2$과' 등으로 표기했지만, '$|x|$'를 '$x$의 절댓값'이라고 읽을 것을 가정하고 '$|x|$를' 대신 '$|x|$을'이라고 표기하지는 않았다. 이와 관련해서 실현 가능하면서도 좀 더 일관된 방식을 차차 찾아볼 계획이다.

**몇 가지 수학 어법에 대해**

**필요충분조건의 표현.** "오직 P일 때에만 Q이다"와 같은 표현은 'Q if and only if P' 형태의 문구를 번역한 것으로, "만일 P이면, 그리고 오직 그럴 때에만 Q이다"를 줄인 것이다. 이는 P와 Q가 서로의 필요충분조건임을 뜻한다. 기호로는 $P \Leftrightarrow Q$로 표기하며, iif라는 약자를 쓰는 책들도 있다.

본문에서 P와 Q는 매우 길고 복잡한 문장 그리고/또는 수식인 경우가 많다. 복잡한 수식과 문장 성분들 때문에 어디까지가 P이고 어디까지가 Q인지 명확하지 않을 때에는 영문 그대로 "만일 P이면, 그리고 오직 그럴 때에만"으로 표현하거나 또는 "P일 필요충분조건은 Q이다", "P와 Q는 동치이다" 같은 표현도 사용한다.

**함의관계의 표현.** "A가 B를 함의한다"라는 표현은 "A가 참이면 B도 참이다", 또는 "A가 성립하면 B도 성립한다"는 뜻이다. 기호 ⇒를 이용해서 A⇒B로 표기하는 경우도 있다.

**"설정하다"의 해석.** "A를 B로 설정한다"는 A가 B의 값을 가지게 된다는 뜻으로 해석할 수도 있고 B가 A의 값을 가지게 된다는 뜻으로 해석할 수도 있는데, 이 번역서에서는 항상 전자, 즉 A←B를 뜻한다. '설정하다' 외에 '치환하다', '대체하다' 등 연산자 좌변의 피연산자가 변하는 이항 연산을 뜻하는 다른 동사들도 마찬가지이다. 한편 문맥에 따라서는 A←B를 "A에 B를 설정한다"라고 표현하기도 하는데, 조사 '에'의 의미가 확실하므로 혼동할 여지는 없을 것이다.

**법의 표현.** $a \equiv 1$ (법 $m$) 같은 수식에서 (법 $m$)은 '(modulo $m$)' 또는 '(mod $m$)'을 옮긴 것으로, 그 앞의 연산이나 수학적 대상이 $m$을 법으로 한다는, 다시 말해서 $m$으로 나눈 나머지와 관련된 것임을 뜻한다.

**기타.** 그 외에도 추가로 설명이 필요한 어법이 있으면 본문의 해당 부분에 각주로 표시했으며, 필요하다면 이후에 역자 홈페이지(역자의 글 참고)를 통해서도 제시하겠다.

# 연습문제 참고사항

이 시리즈의 연습문제들은 강의용뿐만 아니라 독학용으로도 고안된 것이다. 어떤 분야를 단지 그에 관한 책을 읽는 것만으로 배우기란 불가능하지는 않다고 해도 어려운 일이다. 제대로 배우려면 책에서 읽은 것을 구체적인 문제에 적용해 보고, 그럼으로써 읽은 것에 대해 생각해 보는 기회를 가질 필요가 있다. 더 나아가서, 학습은 학습자가 스스로 뭔가를 발견할 때 가장 효과적이다. 그런 만큼 연습문제들은 이 책의 주된 부분을 형성한다. 연습문제들에서 최대한 많은 것을 배울 수 있도록 하는 데 많은 노력을 기울였으며, 교육적일뿐만 아니라 재미도 있는 문제들을 택하는 데에도 많은 신경을 썼다.

쉬운 연습문제와 아주 어려운 연습문제가 무작위하게 섞여 있는 책들이 많이 있다. 그런 뒤죽박죽인 연습문제 구성은 바람직하지 않은 경우가 많다. 왜냐하면, 주어진 연습문제를 푸는 데 어느 정도의 시간이 걸리게 될 것인지를 알 수 없다면 독자가 그냥 모든 문제를 풀지 않고 넘어가 버릴 수도 있기 때문이다. 중요하고도 선구적인 저작인 벨먼Richard Bellman의 *Dynamic Programming*이 대표적인 사례이다. 그 책의 일부 장들 끝에는 'Exercises and Research Problems'라는 제목 하에 일단의 문제들이 제시되어 있는데, 거기에서는 아직 풀리지 않은 문제들 사이에 극도로 자명한 질문들이 섞여 있다. 누군가 벨먼 박사에게 그 문제들에서 연습문제와 연구 문제(research problem)를 어떻게 구분하느냐고 묻자, 박사는 "풀 수 있으면 연습문제이고 그렇지 않으면 연구 문제"라고 대답했다는 풍문이 있을 정도이다.

이런 종류의 책에 연구 문제들과 매우 쉬운 연습문제들이 함께 포함되어 있다고 해서 그 자체를 나쁘다고 볼 수는 없을 것이다. 그래서 나는 어떤 것이 연습문제이고 어떤 것이 연구 문제인지를 독자가 쉽게 판단할 수 있도록 각 연습문제의 난이도를 등급 수치로 표시해 두었다. 여러 등급 수치들은 일반적으로 다음과 같은 의미를 가진다.

등급 의미

*00* 본문의 내용을 이해했다면 즉시 답을 할 수 있는 아주 쉬운 연습문제. 대부분 '머릿속에서' 바로 답을 구할 수 있다(독자가 다른 일을 함께 하고 있는 것이 아닌 한).

*10* 방금 읽은 내용을 좀 생각해 봐야 하지만 그렇다고 어려운 것은 아닌 간단한 문제. 기껏해야 1분 안에 풀 수 있어야 한다. 종이와 연필을 동원하는 게 도움이 될 수도 있다.

*20* 본문 내용의 기본적인 이해를 시험하는 평균적인 문제. 완전한 답을 얻기 위해서는 15분에서 20분 정도가 소요될 것이다. 어쩌면 25분일 수도.

*30* 난이도나 복잡도가(또는 둘 다) 적당한 문제. 만족스럽게 풀기 위해서는 두 시간 정도 노력해야 할 것이다. TV를 켜 두었다면 더 걸릴 수도 있다.

*40* 꽤 어려운 또는 시간이 걸리는 문제로, 강좌 상황이라면 학기말 과제(term project)에 적합할 수 있다. 적당한 시간 안에 문제를 풀 수 있을 것이나, 해답이 자명하지는 않다.

*50* 이 글을 쓰는 현재 필자가 알기로, 많은 사람들이 시도하긴 했지만 아직 만족스럽게 풀리지 않은 연구 문제이다. 만일 이런 문제의 답을 구했다면 출판용 논문을 써야 할 것이다. 또한 필자에게도 최대한 빨리 알려주었으면 좋겠다(물론 정확한 답이라고 할 때).

10단위의 등급들만 이야기했는데, 다른 수치들의 의미는 위에 나온 것들을 '로그' 축척으로 보간한 것에 해당한다. 예를 들어 등급이 *17*인 연습문제는 평균보다 약간 더 간단한 연습문제이다. *50*짜리 문제 하나를 독자가 풀었다고 할 때, 이후 판들에서는, 그리고 웹의 정오표(http://www-cs-faculty.stanford.edu/~knuth/taocp.html)에서는 그 문제가 *40*이 될 수도 있다.

등급 수치를 5로 나눈 나머지는 문제를 푸는 데 필요한 세부작업량을 가리킨다. 예를 들어 등급 *24* 문제가 등급 *25* 문제보다 시간이 더 걸릴 수 있지만, 창조성이 더 많이 필요한 것은 후자이다. 등급이 *46* 이상인 연습문제들은 모두 향후 연구가 필요한 열린 문제들로, 등급 수치는 지금까지 시도된(그러나 실패한) 공략 방법의 수를 반영한다.

필자는 정확한 등급 수치들을 배정하는 데 많은 노력을 기울였지만, 문제를 만드는 사람의 입장에서 다른 사람이 그 문제를 얼마나 쉽게 풀 수 있을지 파악하기란 쉬운 일이 아니다. 그리고 사람마다 특정 종류의 문제에 익숙한 정도가 다르기 마련이다. 이 등급 수치들이 문제의 난이도를 적절히 추정해낸 것이길 바랄 뿐이며, 이들을 일반적인 지침으로만 받아 들여야지 어떤 절대적인 지표로 간주해서는 안 될 것이다.

이 책은 수학적인 숙련도와 교양 수준이 다양한 독자들을 위해 만들어진 것이다. 그래서 수학에 좀 더 익숙한 독자들만을 염두에 둔 연습문제들도 포함되어 있다. 등급 앞에 '*M*'자가 붙어 있는 연습문제들의 경우에는 주로 알고리즘의 프로그래밍 자체에만 흥미를 느끼는 사람들에게 필요한 것 이상의 수학적 개념들 또는 동기부여가 요구된다. 그리고 '*HM*'이 붙은 연습문제들은 이 책에서 직접 설명하지는 않는 미적분이나 기타 고급 수학 지식이 있어야 풀 수 있는 것들이다. 단, '*HM*'이 붙은 문제가 그렇지 않은 같은 등급의 문제보다 반드시 더 어려운 것은 아니다.

일부 연습문제들에는 쐐기꼴 기호 '▶' 가 붙어 있다. 이것은 특히 교육적이고 추천할 만한 문제를 가리킨다. 독자나 학생이 반드시 모든 문제들을 풀어야 하는 것은 물론 아니므로, 풀어볼 만한 가치가 크다고 할 수 있는 문제들을 따로 뽑아둔 것이다. (그렇다고 이 표시가 없는 문제들이 풀 가치가 없다는 뜻은 아니다!) 독자는 적어도 등급이 *10* 이하인 문제들은 모두 풀려고 시도해야 한다. 그 이상의 문제들도 풀고자 한다면, 그것들을 어떤 순서로 풀 것인지를 결정하는 데 이 쐐기꼴 표시가 좋은 힌트가 될 것이다.

연습문제가 100개 이상인 절(section)들이 여럿인데, 그렇게 많은 연습문제들 속에서 길을 잃지 않으려면 어떻게 해야 할까? 일반적으로 연습문제들은 본문에 나온 착안과 개념들의 순서에 맞게 배치되어 있다. 대체로 같은 개념에 관한 일련의 연습문제들은 포여Pólya와 세괴Szegő의 선구적인 문제 해결법 책에서처럼 점진적으로 구축되어 있다. 그리고 한 절의 마지막 연습문제는 그 절 전체를 포괄하거나 보충 주제들을 소개하는 것인 경우가 많다.

대부분의 연습문제는 책 후반부의 해당 해답 절에 해답이 나온다. 그 해답들을 현명하게 사용할 것. 스스로 문제를 진지하게 풀어본 후에만, 또는 특정 문제를 푸는 데 절대적으로 시간이 모자라는 경우에만 해답을 보아야 한다. 독자가 스스로 문제를 푼 후에야, 또는 적어도 일정 수준 이상으로 시도를 한 후에야 해답 절에 있는 해답이 도움이 되고 뭔가 배울 수 있을 것이다. 해답 절의 해답은 종종 상당히 짧으며, 독자가 문제를 스스로 열심히 풀려고 했다는 가정 하에서 세부사항을 개략적으로만 서술한다. 어떤 해답은 문제가 요구한 것보다 더 적은 정보를 제공하고, 또 어떤 것들은 요구된 것보다 더 많은 정보를 제공한다. 그리고 독자가 얻은 답이 책에 나온 해답보다 더 나은 경우도 얼마든지 가능하다. 그런 경우라면 자세한 내용을 필자에게 알려주기 바란다. 적당한 경우라면 이 책의 이후 인쇄본에 개선된 해답을 그것을 제출한 사람의 이름과 함께 싣겠다.

일반적으로, 특별히 그러지 말라고 명시되어 있지 않은 한, 한 연습문제를 풀 때 그 이전 연습문제들의 답들을 사용해도 된다. 등급 수치들은 이 점을 염두에 두고 배정된 것이다. 따라서 연습문제 $n+1$이 연습문제 $n$의 결과를 하나의 특수한 경우로 포함한다고 해도, 연습문제 $n+1$의 등급이 연습문제 $n$의 등급보다 더 낮을 수 있다.

| 등급 부호 요약: | | *00* | 즉시 풀 수 있음 |
|---|---|---|---|
| | | *10* | 간단(1분) |
| | | *20* | 중간(15분) |
| ▶ | 추천 | *30* | 비교적 어려움 |
| *M* | 수학 지향적 | *40* | 기말 과제 |
| *HM* | "고급 수학"이 요구됨 | *50* | 연구 문제 |

## 연습문제

▶ **1.** [*00*] 등급 '*M15*'의 의미는 무엇인가?

**2.** [*10*] 교재에 수록된 연습문제들이 독자에게 어떤 가치가 있을까?

**3.** [*HM45*] 단순 연결의 닫힌 3차원 다면체들이 위상적으로 3차원 구와 동등함을 증명하라.

예술은 그 유익한 실천의 상당 부분을
추측이라는 가면을 쓴 비행(flying)으로부터 가져온다.

— 헨리 제임스HENRY JAMES, "The Art of Fiction" (1884)

내 모든 친구에게 감사하며,
특히 꽤 오랜 기간 동안 "책 언제 나와?"라고 묻지 않은 친구들에게
특별한 감사의 뜻을 표하는 바이다.

— 고메즈PETER J. GOMES, *The Good Book* (1996)

오래 전에 약속했던, 그래서 기대가 너무 높아진 것이 아닌가 두려운 작품을
드디어 세상에 내놓게 되었다.
출판 지연의 상당 부분은
나에게 추가 정보를 제공한 모든 방면의 다양한 사람들의
엄청난 열의 탓으로 돌려야 할 것이다.

— 보즈웰JAMES BOSWELL, *The Life of Samuel Johnson, LL.D.* (1791)

본 저자는 계약서 서명 후 10년을 꽉 채워서
이 원고를 기다려 준 Addison-Wesley 출판사의 인내에 특히 감사한다.

— 해러리FRANK HARARY, *Graph Theory* (1969)

제곱근이나 대수를 혐오하는 평범한 소년도
비슷한 원리들이 관여하는 퍼즐을 푸는 데에는 재미를 느끼며,
그러한 활동은, 가계 골상학자를 놀라게 하는 방식으로,
수학 및 창조적 재능을 개발할 수 있는 학습 과정으로 이어질 수 있다.

— 로이드SAM LOYD, *The World of Puzzledom* (1896)

Bitte ein Bit!†

— Bitburger Brauerei의 슬로건(1951)

† 〔옮긴이 주〕 "한 Bit 부탁합니다"라는 뜻의 독일어 문장으로, Bit는 원래 Bitburger(햄버거가 아니라 맥주임)를 뜻하나, 이 책의 성격에 맞는 다른 의미도 물론 부여할 수 있겠다.

# 차 례

Hommage à Bach.

CHAPTER 7

# 조합적 검색

온종일 수고해야 찾을 수 있을까.
하긴 그렇게 찾아내 봤자 그만한 가치도 없는 것이지만.†

— 바사니오BASSANIO, *베니스의 상인(The Merchant of Venice)*, 1막 1장 117행에서

복작거리며 사는 인간들의 행동과 반사 행동 가운데 별별 일들이 다 생길 수 있거든.
말하자면 놀랍고 기괴망측한 일들이 숱하게 벌어질 수 있는 거지.‡

— 셜록 홈즈SHERLOCK HOLMES, *푸른 홍옥의 모험(The Adventure of the Blue Carbuncle)*에서 (1892)

조합적 알고리즘 분야는 너무나 방대해서
한 편의 논문으로, 심지어 한 권의 책으로도 다룰 수 없다.

— 타잔ROBERT E. TARJAN (1976)

갖가지 사람들을 겪어보면서 들었던 생각은,
퍼즐을 푸는 데 천부적인 재능을 가진 사람들이
바로 성공하는 사람들이라는 것이었다.
인생은 퍼즐로 가득 차 있으며,
우리의 소명은 운명이 던져 주는 퍼즐을 푸는 것이다.

— 로이드SAM LOYD, JR. (1926)

조합론組合論(combinatorics)은 이산離散적인(연속적이지 않은) 대상(object)들을 다양한 종류의 패턴으로 나열하는 방법을 연구하는 학문이다. 예를 들어 $2n$개의 수 $\{1, 1, 2, 2, \ldots, n, n\}$을, 각 숫자 $k$와 $k$ 사이에 정확히 $k$개의 다른 수들이 나타도록 배치한다고 해 보자. 그러한 배치(arrangement)‼를 '랭포드 쌍(Langford pairs)'이라고 부르는데, $n = 3$일 때 가능한 랭포드 쌍은 본질적으로 단

† [옮긴이 주] 『한여름 밤의 꿈/베니스의 상인/말괄량이 길들이기/안토니와 클레오파트라/줄리어스 시저/리처드3세』, 신상웅 옮김(동서문화사, 2008), 80쪽에서 인용.

‡ [옮긴이 주] 『셜록 홈즈 전집 5: 셜록 홈즈의 모험』, 백영미 옮김(황금가지, 2011), 230쪽에서 인용.

‼ [옮긴이 주] '배열'이 좀 더 자연스러울 수 있지만, 자료구조로서의 배열(array)과 구분하기 위해, 그리고 조합이라는 것이 주어진 대상들이 위치한 '자리'에 관련된 것임을 강조하기 위해 배치라는 용어를 사용하기로 한다.

한 종류, 즉 231213(그리고 좌우가 반대인 것)이다. 마찬가지로 $n=4$일 때에도 유일한 해가 존재한다. 이번 장에서는 이런 종류의 다양한 조합 패턴들을 논의한다.

조합 문제를 연구할 때에는 다음과 같은 기본적인 질문 다섯 개가 제기된다. 이들 중에는 다른 것들보다 좀 더 어려운 것들이 있다.

i) 존재: 패턴을 만족하는 배치 $X$가 존재하는가?
ii) 구축: 존재한다면, 그러한 $X$를 빠르게 발견할 수 있는가?
iii) 열거: 서로 다른 배치 $X$들이 몇 개나 존재하는가?
iv) 생성: 모든 배치 $X_1$, $X_2$, ...를 체계적으로 방문†할 수 있는가?
v) 최적화: 주어진 목적 함수 $f$가 주어졌을 때, $f(X)$를 최대화 또는 최소화하는 배치는 무엇인가?

이러한 질문들을 랑포드 쌍에 적용해 보면 흥미로운 결과를 얻을 수 있다.

예를 들어 존재의 질문을 생각해 보자. 시행착오를 조금 겪어 보면, $n=5$일 때 $\{1,1,2,2,\ldots,5,5\}$를 주어진 조건을 만족하는 형태로 배치하는 것이 불가능함을 알게 될 것이다. 두 개의 1들을 둘 다 짝수 번째 자리에 배치하거나 아니면 둘 다 홀수 번째 자리에 배치해야 한다. 비슷하게, 3들 사이 또는 5들 사이에서는 짝수 두 개 아니면 홀수 두 개 중 하나를 선택해야 한다. 반면 2들 또는 4들은 각각을 하나씩 사용한다. 결과적으로, 정확히 다섯 개의 자리에 홀수와 짝수를 채우는 것이 불가능하다. 이러한 추론은 또한 $n=6$일 때, 더욱 일반화하자면 $\{1,2,\ldots,n\}$에 홀수들이 홀수 개일 때 해가 존재하지 않음을 증명한다.

다른 말로 하면, 랭포드 쌍은 어떠한 정수 $m$에 대해 $n=4m-1$ 또는 $n=4m$일 때에만 존재할 수 있다. 반대로, $n$이 그러한 형태일 때 적절한 배치를 구축하는 우아한 방법을 데이비스Roy O. Davies가 발견했다(연습문제 1 참고).

본질적으로 서로 다른 $L_n$이 몇 개나 존재할까? 그 개수는 $n$이 증가함에 따라 상당히 커진다.

$$\begin{aligned}
L_3 &= 1; & L_4 &= 1;\\
L_7 &= 26; & L_8 &= 150;\\
L_{11} &= 17{,}792; & L_{12} &= 108{,}144;\\
L_{15} &= 39{,}809{,}640; & L_{16} &= 326{,}721{,}800;\\
L_{19} &= 256{,}814{,}891{,}280; & L_{20} &= 2{,}636{,}337{,}861{,}200;\\
L_{23} &= 3{,}799{,}455{,}942{,}515{,}488; & L_{24} &= 46{,}845{,}158{,}056{,}515{,}936.
\end{aligned} \tag{1}$$

〔$L_{23}$과 $L_{24}$의 값은 2004년과 2005년에 M. Krajecki, C. Jaillet, A. Bui가 구했다. *Studia Informatica Universalis* **4** (2005), 151–190을 보라.〕 어림잡아 계산해 보면 $L_n$은 0이 아닌 경우 대략 $(4n/e^3)^{n+1/2}$차이다. 그리고 실제로 이 추측은 알려진 모든 경우에서 기본적으로 정확한 것으로 판명되었다. 그러나 간단한 공식은 발견되지 않았다.

---

† 〔옮긴이 주〕 '생성'이라는 표제가 쓰이긴 했지만, 사실 주어진 패턴을 만족하는 배치들은 이미 존재하는 것이며 연구자가 새로이 창조해내는 것은 아니다. 이미 존재하는 것들을 하나씩 '만난다'는 의미에서 방문(visit)이라는 용어가 쓰였다. 자료구조와 알고리즘에서 흔히 쓰이는 '방문' 역시 이러한 의미에서 비롯된 것이라 할 수 있다.

랭포드 배치의 문제는 정확 포괄 문제(exact cover problems)라고 부르는 조합적 난제들의 일반 부류(general class)의 간단한 특수 사례의 하나이다. §7.2.2.1에서는 '춤추는 연결고리들'이라는 알고리즘을 공부할 것인데, 이 알고리즘은 이러한 문제의 모든 해를 손쉽게 생성하는 수단이다. 예를 들어 $n = 16$일 때 이 알고리즘은 각 랭포드 쌍 배치를 약 3200회의 메모리 접근으로 찾아낸다. 따라서 $L_{16}$의 값을, 그러한 모든 쌍을 생성하고 그 개수를 셈으로써 적당한 시간 안에 계산해 낼 수 있다.

그런데 $L_{24}$는 엄청나게 큰 수임을 주목하기 바란다. 대략 $5 \times 10^{16}$으로, 이는 약 1500 MIP 년年이다. ('MIP 년'은 초 당 백만 개의 명령을 실행하는 컴퓨터가 1년간 실행하는 명령 개수를 뜻하는 단위이다. 즉, 1 MIP 년은 31,556,952,000,000이다.) 따라서 $L_{24}$의 정확한 값은 모든 가능한 배치의 생성이 관여하지 않는 어떤 방법으로 구한 것이 명백하다. 실제로, $L_n$을 다항식 산술을 이용해서 훨씬 더 빠르게 계산하는 방법이 존재한다. 연습문제 6에 나오는 교육적인 방법은 $O(4^n n)$회의 연산을 요구하는데, 비효율적인 것 같지만 그래도 '생성해서 세기' 방법에 비해 무려 $\Theta((n/e^3)^{n-1/2})$배나 빠르며, $n = 16$일 때에도 약 20배 빠르다. 한편 $L_{100}$의 정확한 값은 컴퓨터가 계속해서 빨라진다고 해도 결코 구하지 못할 것 같다.

여러 의미에서 최적인 랭포드 쌍들도 생각해 볼 수 있다. 예를 들어 $\{1, 1, 2, 2, \ldots, 16, 16\}$에서 랭포드의 조건을 만족함은 물론 "균형을 이룬다"는 추가적인 성질도 가진 열여섯 개의 쌍들을 만들어 보자. 여기서 균형을 이룬다는 것은, 이 수들을 무게추('가중치')로 간주해서 저울대 위에 적절한 순서로 배치했을 때 저울대가 기울어지지 않는다는 의미이다. 다음이 그러한 예이다.

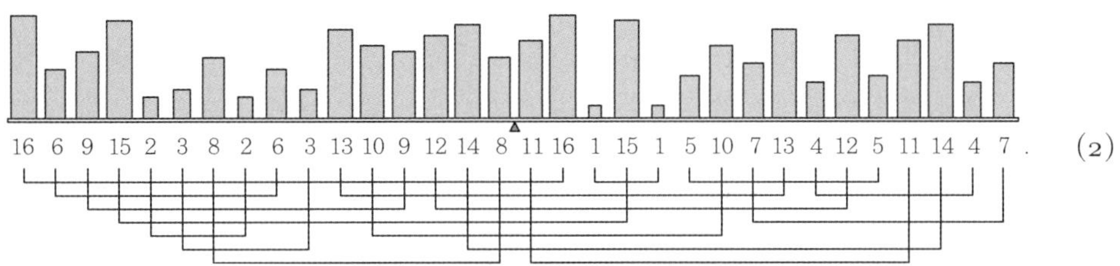

(2)

다른 말로 하면, $15.5 \cdot 16 + 14.5 \cdot 6 + \cdots + 0.5 \cdot 8 = 0.5 \cdot 11 + \cdots + 14.5 \cdot 4 + 15.5 \cdot 7$이다. 또한 이 특정한 예에서는 다른 종류의 균형도 존재하는데, 즉 $16 + 6 + \cdots + 8 = 11 + 16 + \cdots + 7$이며, 따라서 $16 \cdot 16 + 15 \cdot 6 + \cdots + 1 \cdot 8 = 1 \cdot 11 + \cdots + 15 \cdot 4 + 16 \cdot 7$이기도 하다.

더 나아가서, (2)의 배치는 차수가 16인 모든 랭포드 쌍들 중 너비가 최소인 쌍에 해당한다. 그림 하단의 연결선들을 보면 그 어떤 지점에서도 불완전한 쌍이 일곱 개를 넘기지 않는다(왼쪽에서 오른쪽으로 읽는다고 할 때). 또한 너비가 6인 경우는 불가능하다는 점도 증명이 가능하다(연습문제 7).

$\{1, 1, \ldots, 16, 16\}$의 랭포드 쌍들 중에서 균형이 최소인 쌍은 무엇일까? 여기서 균형이 최소라는 것은, 주어진 쌍이 $a_1 a_2 \ldots a_{32}$라고 할 때 $\sum_{k=1}^{32} k a_k$가 최대라는 의미이다. 그 최댓값의 구체적인 수치는 5268로 밝혀졌다. 그런 쌍이 12,016개가 있는데, 다음이 그중 하나이다.

$$2\ 3\ 4\ 2\ 1\ 3\ 1\ 4\ 16\ 13\ 15\ 5\ 14\ 7\ 9\ 6\ 11\ 5\ 12\ 10\ 8\ 7\ 6\ 13\ 9\ 16\ 15\ 14\ 11\ 8\ 10\ 12. \qquad (3)$$

랭포드 쌍에 대한 좀 더 흥미로운 질문은, 사전순(lexicographic order; 사전식 순서 또는 어휘적 순서)으로 가장 작은 쌍과 가장 큰 쌍을 찾는 것이다. $n = 24$의 경우 답은 다음과 같다.

$$\{\texttt{abacbdecfgdoersfpgqtuwxvjklonhmirpsjqkhltiunmwvx},\ \texttt{xvwsquntkigrdapaodgiknqsvxwutmrpohljcfbecbhmfejl}\} \qquad (4)$$

이는 수 $1, 2, \ldots, 23$, 24 대신 글자 a, b, ..., w, x를 사용한 것이다.

이번 장의 이후 절들에서 조합적 최적화를 위한 여러 가지 기법들을 논의할 것이다. 물론 우리의 목표는 모든 가능한 배치가 존재하는 공간을 최소한으로만 조사해도 그런 문제들을 풀 수 있게 되는 것이다.

**직교 라틴 방진.** 초창기 조합론을 잠깐 짚어보고 넘어가자. 사후 출판된 오자남Jacques Ozanam의 *Recreations mathematiques et physiques* (Paris: 1725) 제4권 434쪽에는 다음과 같은 재미있는 퍼즐이 포함되어 있다: "보통의 놀이용 카드†에서 에이스, 킹, 퀸, 잭 카드를 모두 모아 정방형으로 배치하되, 각 열과 각 행에 네 가지 슈트(suit)와 네 가지 끗수가 모두 나타나게 하라." 독자도 할 수 있겠는가? 그림 1에 나온 Ozanam의 답은 퍼즐이 요구하는 것보다 더 정교하다: 행들과 열들뿐만 아니라 두 주대각선의 카드들도 요구한 조건을 만족한다. (문제를 직접 풀어본 후에 그림 1의 답을 확인하시길!)

1779년에 이와 비슷한 퍼즐이 상트페테르부르크 부근에 알려졌으며, 급기야 위대한 수학자 오일러Leonhard Euler의 관심을 끌게 되었다. "출신 부대와 계급이 각각 여섯 가지인 장교 36명이 $6 \times 6$ 방진(square, 정방행렬) 형태로 행진하려 하는데, 각 행과 각 열에 여섯 계급과 여섯 부대가 모두 나타나야 한다. 어떻게 하면 될까?" 그 누구도 만족스러운 행진 순서를 찾아내지 못했기 때문에 오일러는 손수 수수께끼를 풀기로 결심했다. 그러나 오일러는 1771년에 시력을 거의 상실했으므로, 자신의 저술을 조수에게 받아쓰게 했다. 그는 그 주제에 대한 본격적인 논문 한 편을 썼는데〔나중에 *Verhandelingen uitgegeven door het Zeeuwsch Genootschap der Wetenschappen te Vlissingen* **9** (1782), 85–239에 출판되었다〕, 그 논문에서 오일러는 $n = 1, 3, 4, 5, 7, 8, 9, 11, 12, 13, 15, 16, \ldots$에 대해 계급이 $n$가지이고 부대가 $n$가지인 유사한 과제에 대한 적절한 배치들을 구축했다. 그를 괴롭힌 것은 $n \bmod 4 = 2$인 경우들뿐이었다.

$n = 2$일 때 해가 없음은 명백하다. 그러나 오일러는 $n = 6$에서 막혀버렸다. 그는 '상당히 많은' 정방형 배치들을 조사해 보았지만 답을 찾지 못했다. 그는 그 어떤 실제 해도 그와는 다른 모습으로 보이는 여러 해들로 이어짐을 보였으며, 그 모든 해가 그의 주의를 벗어났다는 점을 믿을 수 없었다. 그래서 그는 "나는 36칸의 완전한 방진을 만드는 것은 불가능하며, 이러한 불가능성이 $n = 10$, $n = 14, \ldots$인 경우들, 일반화하자면 모든 홀수의 2배수(oddly even number)에도 적용된다는 결론을 주저 없이 내리는 바이다."라고 말했다.

† 〔옮긴이 주〕 소위 '트럼프 카드'를 말한다.

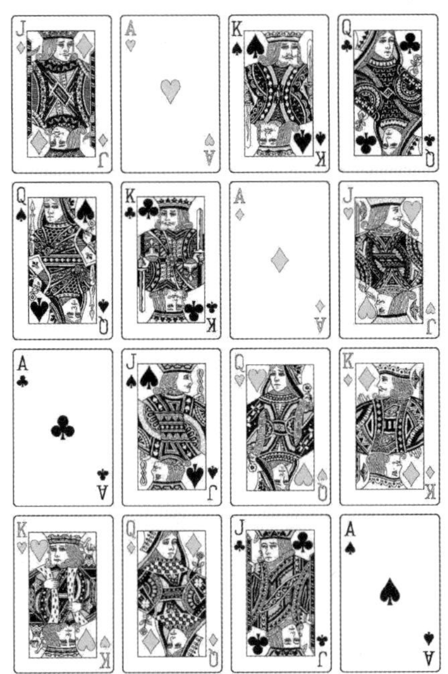

**그림 1.** 궁정 카드들의 무질서: 네 장의 카드로 이루어진 줄들 중 그 어떤 것도 공통점이 없다. (이 배치는 한 유명한 18세기 문제의 여러 해법들 중 하나이다.)

오일러는 36명의 장교에 그 부대와 계급에 따라 $a\alpha$, $a\beta$, $a\gamma$, $a\delta$, $a\epsilon$, $a\zeta$, $b\alpha$, $b\beta$, $b\gamma$, $b\delta$, $b\epsilon$, $b\zeta$, $c\alpha$, $c\beta$, $c\gamma$, $c\delta$, $c\epsilon$, $c\zeta$, $d\alpha$, $d\beta$, $d\gamma$, $d\delta$, $d\epsilon$, $d\zeta$, $e\alpha$, $e\beta$, $e\gamma$, $e\delta$, $e\epsilon$, $e\zeta$, $f\alpha$, $f\beta$, $f\gamma$, $f\delta$, $f\epsilon$, $f\zeta$라는 이름을 붙였다. 그는 그 어떤 해라도 두 개의 개별적인 방진, 즉 라틴 글자로 된 방진과 그리스 글자로 된 방진으로 이루어짐을 주목했다. 그런 방진들은 행들과 열들에 서로 구별되는 항목들이 있어야 한다. 그래서 그는 $\{a, b, c, d, e, f\}$에 대한 가능한 구성들을 연구하기 시작했다. 그러한 구성들을 그는 라틴 방진(Latin square)이라고 불렀다. 라틴 방진 하나와 그리스 방진 하나를 짝을 지어서 '그리스-라틴 방진(Græco-Latin square)'을 형성하기 위해서는 두 방진이 서로 직교直交(orthogonal)이어야 한다. 두 방진이 직교라는 것은, 두 방진을 겹쳤을 때 (라틴, 그리스) 문자쌍이 둘 이상의 자리에 나타나는 일이 없다는 뜻이다. 예를 들어 $a=\mathrm{A}$, $b=\mathrm{K}$, $c=\mathrm{Q}$, $d=\mathrm{J}$, $\alpha=\clubsuit$, $\beta=\spadesuit$, $\gamma=\diamondsuit$, $\delta=\heartsuit$라고 하면, 그림 1은 다음과 같은 라틴 방진, 그리스 방진, 그리스-라틴 방진과 동치이다.

$$\begin{pmatrix} d & a & b & c \\ c & b & a & d \\ a & d & c & b \\ b & c & d & a \end{pmatrix}, \begin{pmatrix} \gamma & \delta & \beta & \alpha \\ \beta & \alpha & \gamma & \delta \\ \alpha & \beta & \delta & \gamma \\ \delta & \gamma & \alpha & \beta \end{pmatrix}, \begin{pmatrix} d\gamma & a\delta & b\beta & c\alpha \\ c\beta & b\alpha & a\gamma & d\delta \\ a\alpha & d\beta & c\delta & b\gamma \\ b\delta & c\gamma & d\alpha & a\beta \end{pmatrix}. \tag{5}$$

물론 $n\times n$ 라틴 방진을 위해 반드시 라틴 문자를 사용할 필요는 없다. 서로 구별만 된다면 그 어떤 $n$개의 기호라도 사용할 수 있다. 중요한 것은 한 기호가 열이나 행에 두 번 나타나서는 안 된다는 것이다. 따라서 이제부터는 방진의 성분들에 수치 값 $\{0, 1, \ldots, n-1\}$을 사용하기로 하자. 더 나아가서, 직교성은 대칭적 관계이므로 이러한 방진을 라틴, 그리스 구분 없이 그냥 '라틴 방진'으로 통일해서 부르기로 하겠다.[†]

---

† 〔옮긴이 주〕 원서는 라틴 문자로 이루어진 방진을 대문자 L로 시작하는 Latin square로, 지금 이 문단에서

슈마허H. C. Schumacher가 가우스C. F. Gauss에게 보낸 1842년 8월 10일자 편지에 따르면, 두 개의 $6 \times 6$ 라틴 방진이 직교일 수 없다는 오일러의 단언을 토마스 클라우센Thomas Clausen이 증명했다고 한다. 그는 문제를 17개의 근본적으로 다른 경우들로 축소했다. 그러나 클라우센은 그 분석을 출판하지 않았다. 증명을 처음으로 출판한 사람은 타리G. Tarry이다 [*Comptes rendus, Association française pour l'avancement des sciences* **29**, 제2부 (1901), 170–203]. 그는 $6 \times 6$ 라틴 방진을 17가지 서로 다른 군들로 분류할 수 있음을 자신만의 방식으로 발견했다. (§7.2.3에서는 하나의 문제를 조합적으로 상등이 아닌 배치 부류들로 분해하는 방법을 공부할 것이다.)

$n = 10$, $n = 14$, … 등의 나머지 경우들에 대한 오일러의 추측은 J. Petersen [*Annuaire des mathématiciens* (Paris: 1902), 413–427], P. Wernicke [*Jahresbericht der Deutschen Math.-Vereinigung* **19** (1910), 264–267], H. F. MacNeish [*Annals of Math.* (2) **23** (1922), 221–227]에 의해 세 번 '증명'되었다. 그러나 세 논증 모두 결함이 있음이 판명되었으며, 시간이 흘러 컴퓨터를 활용할 수 있는 시절이 올 때까지도 문제에 대한 시원한 답이 등장하지 않았다. 따라서 컴퓨터를 이용해서 풀려고 시도한 초창기 조합 문제들 중 하나는 바로 $10 \times 10$ 그리스-라틴 방진의 수수께끼였다. 그러한 방진이 과연 존재할까?

1957년에 페이지L. J. Paige와 톰킨스C. B. Tompkins는 SWAC 컴퓨터를 프로그래밍해서 오일러의 추측에 대한 반례를 검색해 보았다. 그들은 특정한 $10 \times 10$ 라틴 방진을 '거의 무작위로' 선택하고, 그 방진에 직교인 다른 방진을 프로그램으로 찾아내려 했다. 그러나 결과가 실망스러웠기 때문에 그들은 다섯 시간 후에 컴퓨터를 끄기로 결정했다. 실행이 완료되려면 적어도 $4.8 \times 10^{11}$의 컴퓨터 시간이 필요하다고 예측하기에 충분한 자료를 프로그램이 이미 산출해 냈던 것이다!

얼마 안 있어 세 명의 수학자가 얻은 획기적인 성과가 세계의 주요 신문들 중 하나에 게재되었다. 보세R. C. Bose, 슈리칸데S. S. Shrikhande, 파커E. T. Parker가 모든 $n > 6$에 대해 직교적인 $n \times n$ 방진들을 산출하는 일련의 훌륭한 구성(construction)들을 발견한 것이다[*Proc. Nat. Acad. Sci.* **45** (1959), 734–737, 859–862; *Canadian J. Math.* **12** (1960), 189–203]. 결국, 180년간의 공략 끝에 오일러의 추측이 거의 완전히 잘못된 것으로 판명된 셈이다.

그들의 발견은 컴퓨터의 도움을 받지 않은 것이었다. 그러나 파커는 UNIVAC을 위해 일했으며, 얼마 후 페이지와 톰킨스의 문제를 군사용 UNIVAC 1206 컴퓨터에서 한 시간 미만으로 풀 수 있을 정도의 프로그래밍 실력을 쌓게 되었다. [*Proc. Symp. Applied Math.* **10** (1960), 71–83; **15** (1963), 73–81 참고.]

그럼 초창기 프로그래머들이 어떤 일을 했으며 파커가 어떻게 그들의 접근방식을 극적으로 앞질렀는지 좀 더 자세히 살펴보자. 페이지와 톰킨스는 다음과 같은 $10 \times 10$ 방진 $L$로 시작해서 그에 직교인 미지의 방진 $M$을 찾고자 했다.

---

말하는 라틴 방진은 소문자로 시작하는 latin square로 표기한다. 번역서에서는, 대문자 L로 시작하는 라틴 방진을 이제부터 라틴 방진이라고 글꼴을 달리 해서 표기하기로 한다.

$$L = \begin{pmatrix} 0&1&2&3&4&5&6&7&8&9\\ 1&8&3&2&5&4&7&6&9&0\\ 2&9&5&6&3&0&8&4&7&1\\ 3&7&0&9&8&6&1&5&2&4\\ 4&6&7&5&2&9&0&8&1&3\\ 5&0&9&4&7&8&3&1&6&2\\ 6&5&4&7&1&3&2&9&0&8\\ 7&4&1&8&0&2&9&3&5&6\\ 8&3&6&0&9&1&5&2&4&7\\ 9&2&8&1&6&7&4&0&3&5 \end{pmatrix}, \quad M = \begin{pmatrix} 0&\sqcup&\sqcup&\sqcup&\sqcup&\sqcup&\sqcup&\sqcup&\sqcup&\sqcup\\ 1&\sqcup&\sqcup&\sqcup&\sqcup&\sqcup&\sqcup&\sqcup&\sqcup&\sqcup\\ 2&\sqcup&\sqcup&\sqcup&\sqcup&\sqcup&\sqcup&\sqcup&\sqcup&\sqcup\\ 3&\sqcup&\sqcup&\sqcup&\sqcup&\sqcup&\sqcup&\sqcup&\sqcup&\sqcup\\ 4&\sqcup&\sqcup&\sqcup&\sqcup&\sqcup&\sqcup&\sqcup&\sqcup&\sqcup\\ 5&\sqcup&\sqcup&\sqcup&\sqcup&\sqcup&\sqcup&\sqcup&\sqcup&\sqcup\\ 6&\sqcup&\sqcup&\sqcup&\sqcup&\sqcup&\sqcup&\sqcup&\sqcup&\sqcup\\ 7&\sqcup&\sqcup&\sqcup&\sqcup&\sqcup&\sqcup&\sqcup&\sqcup&\sqcup\\ 8&\sqcup&\sqcup&\sqcup&\sqcup&\sqcup&\sqcup&\sqcup&\sqcup&\sqcup\\ 9&\sqcup&\sqcup&\sqcup&\sqcup&\sqcup&\sqcup&\sqcup&\sqcup&\sqcup \end{pmatrix}. \tag{6}$$

방진 $M$의 행들이 위에 나온 것처럼 $0, 1, \ldots, 9$로 시작한다고 가정해도 일반성을 잃지는 않는다. 풀어야 할 문제는 나머지 빈칸 90개를 채우는 것이다. 원래의 SWAC 프로그램은 위에서 아래, 왼쪽에서 오른쪽 순으로 진행되었다. 제일 왼쪽 상단의 ␣는 0일 수 없다. 이미 $M$의 첫 행에 0이 나와 있기 때문이다. 1일 수도 없다. $(L, M)$의 그다음 행의 왼쪽에 $(1, 1)$이 이미 있기 때문이다. 일단 2로 두는 것은 가능하다. 그다음 칸에는 숫자 1을 놓을 수 있으며, 이런 식으로 가면 $M$의 사전순으로 가장 작은 최상위 행을 구할 수 있다. 구체적으로 말하면 0214365897이다. 비슷한 방식으로 0214365897 아래에 적합한 가장 작은 행들이 1023456789와 2108537946이며, 그 아래에서 가장 작은 적법한 행이 3540619278임을 알아낼 수 있다. 그러나 안타깝게도 이제부터는 상황이 어려워진다. 또 다른 행을 이전의 선택과 충돌하지 않도록 완성할 방법이 없는 것이다. 3540619278을 3540629178로 바꾸어 보아도 안 되고, 다시 3540698172로 바꾸어도 안 된다. 결국은 3546109278을 찾아내겠지만, 그다음의 4397028651에서 다시 막힌다.

§7.2.3에서는 이러한 검색들의 습성을 실제로 검색을 수행하지 않고 추정하는 방법들을 공부할 것이다. 그런 추정 방법들을 지금 문제에 적용해 보면, 페이지-톰킨스 방법이 본질적으로 약 $2.5 \times 10^{18}$개의 노드들로 이루어진 암묵적인 검색 트리를 운행하는 것임을 알 수 있다. 그 노드들의 대부분은 트리의 몇 레벨들에만 속한다. 노드들 중 절반 이상은 $M$의 90개의 빈칸들 중 약 50개가 잠정적으로 채워진 이후 $M$의 여섯 번째 행의 오른쪽 부분의 선택에 관한 것이다. 검색 트리의 전형적인 노드 하나를 유효성 점검을 위해 처리하는 데 약 75멤(1멤mem은 메모리 접근 연산 1회이다)이 필요하다. 따라서 현대적인 컴퓨터에서의 총 실행 시간은 대략 $2 \times 10^{20}$멤에 필요한 시간이라고 할 수 있다.

한편, 파커는 오일러가 1779년에 직교 쌍들을 검색하는 데 사용했던 원래의 방법으로 돌아갔다. 우선 그는 $L$의 소위 횡단(transversal)들을 모두 찾아내었다. 여기서 횡단이란 각 열과 각 행마다 모든 값이 정확히 한 번씩 나타나도록 원소들을 선택하는 방법을 말한다. 예를 들어 오일러의 표기에서 0859734216이 그러한 횡단의 하나로, 이는 0번 열에서 0을, 1번 열에서 8을, .., 9번 열에서 6을 선택하는 것을 뜻한다. $L$의 제일 왼쪽 열에 $k$가 있는 모든 횡단은 열 개의 $k$들을 방진 $M$에 배치하는 적법한 방법을 의미한다. 그러한 횡단들을 찾는 것은 사실 상당히 쉬운 일이며, 이들을 모두 찾아보면 주어진 행렬 $L$에 총 808개의 횡단이 존재함을 알 수 있다. 구체적으로, $k = (0, 1, \ldots, 9)$에 대해 각각 $(79, 96, 76, 87, 70, 84, 83, 75, 95, 63)$개의 횡단이 존재한다.

일단 횡단들을 알아내고 나면 문제는 하나의 10단계(stage) 정확 포괄 문제로 줄어든다. 이는

(6)과 같은 원래의 90단계 문제보다 훨씬 간단하다. 이제 교차하지 않는 열 개의 횡단들로 방진을 덮으면('포괄') 된다. 그러한 열 개의 횡단들은 $L$에 직교인 라틴 방진 $M$과 동치이기 때문이다.

(6)에 나온 방진 $L$에 직교인 방진은 단 하나이다. 다음과 같다.

$$\begin{pmatrix} 0&1&2&3&4&5&6&7&8&9\\ 1&8&3&2&5&4&7&6&9&0\\ 2&9&5&6&3&0&8&4&7&1\\ 3&7&0&9&8&6&1&5&2&4\\ 4&6&7&5&2&9&0&8&1&3\\ 5&0&9&4&7&8&3&1&6&2\\ 6&5&4&7&1&3&2&9&0&8\\ 7&4&1&8&0&2&9&3&5&6\\ 8&3&6&0&9&1&5&2&4&7\\ 9&2&8&1&6&7&4&0&3&5 \end{pmatrix} \perp \begin{pmatrix} 0&2&8&5&9&4&7&3&6&1\\ 1&7&4&9&3&6&5&0&2&8\\ 2&5&6&4&8&7&0&1&9&3\\ 3&6&9&0&4&5&8&2&1&7\\ 4&8&1&7&5&3&6&9&0&2\\ 5&1&7&8&0&2&9&4&3&6\\ 6&9&0&2&7&1&3&8&4&5\\ 7&3&5&1&2&0&4&6&8&9\\ 8&0&2&3&6&9&1&7&5&4\\ 9&4&3&6&1&8&2&5&7&0 \end{pmatrix}. \qquad (7)$$

808개의 횡단들이 주어졌을 때, '춤추는 연결고리' 알고리즘을 이용하면 이 방진을 단 약 $1.7\times10^8$ 멤에 해당하는 계산 시간으로 구할 수 있으며 이 해가 유일함도 증명할 수 있다. 더 나아가서, 횡단 찾기 과정의 비용(약 5만 멤)은 상대적으로 무시할 수 있는 정도이다. 이는 원래의 실행 시간 $2\times10^{20}$ 멤(한때 빈칸을 채우는 방법이 $10^{90}$개가 되는 문제를 푸는 비용으로 피할 수 없을 것이라 여겼던)에 비해 $10^{12}$분의 1 수준으로 줄어든 것이다(!).

(6) 같은 90수준 문제를 푸는 해법들에서도 진보가 있었음을 이후에 살펴볼 것이다. 사실 (6)은 하나의 정확 포괄 문제로서 직접적으로 표현하는 것이 가능하며(연습문제 17 참고), 그러면 §7.2.2.1의 춤추는 연결고리 절차를 이용해서 단 $1.3\times10^{11}$멤만에 풀 수 있다. 그렇긴 해도, 오일러-파커 접근방식은 여전히 페이지-톰킨스 접근방식에 비해 천 배 정도 우월하다. 오일러와 파커의 접근방식은 문제를 개별적인 두 개의 단계(횡단 찾기 과정과 횡단 조합 과정)로 '인수분해'함으로써 계산 비용을 곱 형태의 $T_1T_2$에서 합 형태의 $T_1+T_2$로 줄인다.

이 이야기의 교훈은 명백하다. 조합 문제들은 우리에게 엄청나게 많은 선택들로 이루어진 거대한 우주를 제시하지만, 그렇다고 쉽사리 포기해서는 안 된다는 것이다. 단 하나의 좋은 착안으로 계산량을 수천, 수만의 비율로 줄일 수 있다.

**퍼즐 대 현실 세계.** 이번 장에서 살펴볼 조합 문제들 중에는 재미있는 퍼즐 또는 '뇌가 꼬이는 어려운 문제'에서 비롯된 것들이 많다. 랭포드 쌍 문제나 16개의 그림 카드에 대한 오자남Ozanam의 문제가 그러한 예이다. 그런 여흥을 하찮은 시간 낭비로 생각하는 독자라면 이 때문에 이런 종류의 문제에 흥미를 접을지도 모른다. 아마 "컴퓨터는 뭔가 유용한 일을 해야 하지 않는가? 그리고 컴퓨터에 대한 교재라면 산업이나 세계의 발전에 의미 있는 응용을 주로 다루어야 하지 않겠는가?"라고 생각할지도 모르겠다.

여러분이 읽고 있는 이 교재의 필자도 유용한 작업과 인류의 진보에 전혀 반대하지 않는다. 그러나 본 필자는 이런 책이 반드시 문제 해결의 방법을 강조해야 하며, 그와 함께 다른 여러 문제들의 해결에 도움이 되는 수학적 착안과 모형을 강조해야 한다는 — 그런 방법들과 모형들이 유용한 이유에 초점을 두기 보다는 — 강한 믿음을 가지고 있다. 이 책에서 여러분은 조합 문제를 공략하는 여러 가지 아름답고도 강력한 방법을 배울 것이며, 그런 방법들의 우아함은 애초에 우리가 그런 방법을 공부하는 주된 동기로 작용할 것이다. 조합적 난제들은 어디에서나 튀어나오며, 이번 장에서 논의하는 기법들을 적용하는 새로운 방법들도 매일 같이 솟아난다. 따라서, 착안들이 어디에 좋은지를 미리 분류함으로써 우리의 지평을 제한하지는 말기로 하자.

한 예로, 직교적인 라틴 방진은 특히 실험의 설계에 엄청나게 유용한 것으로 드러났다. 벌써 1778년에 크레테 드팔루엘François Cretté de Palluel은 네 가지 종의 양 열여섯 마리에게 네 가지 시기에 수확한 네 종류의 먹이를 먹여 보는 실험에 $4\times4$ 라틴 방진을 활용했다. 〔*Mémoires d'Agriculture* (Paris: Société Royale d'Agriculture, trimestre d'été, 1788), 17–23.〕 라틴 방진 덕분에 그는 64마리가 아니라 열여섯 마리로 이 실험을 진행할 수 있었다. 그리스-라틴 방진을 사용했다면, 예를 들어 먹이의 양을 네 가지로 두거나 방목 방식을 네 가지로 두는 등으로 추가적인 매개변수를 도입할 수 있었을 것이다.

그러나 우리의 논의의 초점을 목축업에 대한 그의 접근방식에 두었다면 사육에 관한 세부사항이나 뿌리채소 대 곡물과 그 농작 비용 등에 매몰되었을 것이다. 그랬다면, 라틴 방진의 설계가 광범위한 분야에 적용됨에도(같은 질병의 진행기와 나이대, 체중군이 각각 다섯 종류인 환자들에게 다섯 종류의 약을 투여하는 실험을 한다고 생각해 보라), 농부가 아닌 독자들은 이 주제 전체를 건너뛰었을 것이다. 더 나아가서, 논의를 실험 설계에만 집중했다면 라틴 방진에 이산 기하학이나 오류 보정 부호 같은 중요한 응용들(연습문제 18–24 참고)이 존재한다는 사실을 독자가 놓치게 되었을 것이다.

언뜻 순전히 여흥을 위한 것으로 보이는 랭포드 쌍조차도 사실은 실용적으로 아주 중요하다. 스콜렘T. Skolem은 §6.5에서 데이터베이스 질의에 적용한 바 있는 슈타이너 세짝 체계(Steiner triple system)를 랭포드 열들을 이용해서 구축했다〔*Math. Scandinavica* **6** (1958), 273–280 참고〕. 그리고 1960년대에는 Motorola사의 그로스E. J. Groth가 곱셈 회로의 설계에 랭포드 쌍을 적용했다. 더 나아가서, 춤추는 연결고리법 같이 랭포드 쌍과 라틴 방진 횡단을 효율적으로 찾는 알고리즘들은 정확 포괄 문제들에 일반적으로 적용된다. 그리고 정확 포괄 문제는 공정한 선거구 선거인단 배분 같은 중대한 문제들과 관련이 아주 크다.

가장 중요한 것은 응용이 아니다. 퍼즐도 아니다. 우리의 주된 목표는 라틴 방진이나 정확 포괄 같은 기본 개념들을 확실하게 이해하는 것이다. 그런 개념들은 내일의 문제에 필요할 구축 요소, 어휘, 통찰로 이어진다.

그렇긴 하지만 문제 푸는 방법을 실제로 아무 문제도 풀지 않으면서 논의한다는 것은 멍청한 일이다. 우리의 창조적 활력을 자극하고, 회색의 뇌세포들을 어느 정도 조직화된 방식으로 발화시키기 위해서는, 그리고 기본 개념들에 익숙해지려면 좋은 문제들이 필요하다. 그런 목적으로 머리를 어지럽게 하는 퍼즐들이 이상적인 경우가 많다. 그런 퍼즐들은 몇 단어로 제시할 수 있으며, 복잡한 배경 지식도 필요 없기 때문이다.

하벨Václav Havel은 인생의 복잡도를 다음과 같이 평한 바 있다: "알아야 할 것이 너무나 많다...

우리는 세상이 단지 풀어야 할 하나의 퍼즐이라는, 명령들만 알아내면 마음대로 사용할 수 있는 기계라는, 컴퓨터에 집어넣을 정보의 집합이라는 오만한 신념을 버려야 한다." 그는 고양된 정의감과 책임감을, 취향과 용기를, 그리고 동정심을 요구했다. 그의 말들은 위대한 지혜로 가득하다. 다행히 풀어도 되는 퍼즐들도 있다. 퍼즐은 인생의 한 가지 커다란 즐거움이 되기에 충분하다. 다른 모든 즐거움들처럼, 적당히만 즐긴다면 나쁠 것이 없다.

물론 랭포드와 오자남의 퍼즐은 컴퓨터가 아니라 사람이 풀라고 고안된 것이다. 그런 문제들을 이성적인 사고에 의거해서 풀지 않고 그냥 기계를 돌려서 주먹구구식으로 푼다면 요점을 놓치는 것이 아닐까? 1963년에 가드너Martin Gardner에게 보낸 편지에서 브루스터George Brewster는 널리 간직되던 한 관점을 다음과 같이 표현했다: "오락용 퍼즐을 컴퓨터에 집어넣는 것은 개울에서 다이너마이트를 터뜨려서 송어를 잡는 것보다 나을 것이 전혀 없다. 찰나의 즐거움에 굴복하는 일이다."

그러나 이 관점은 또 다른 중요한 점을 놓치고 있다. 바로, 간단한 퍼즐들에는 인간의 능력을 넘는, 그리고 우리의 호기심을 자극하는 일반화들이 숨어 있는 경우가 많다는 점이다. 그러한 일반화들을 연구해 보면 수많은 다른 문제들에 적용되며 놀랄 만한 결과를 내는 교육적인 방법들을 종종 발견하게 된다. 이번 장을 쓰면서 필자는 컴퓨터가 빨라짐에 따라 퍼즐도 예전보다 훨씬 재미있어진다는 사실에 즐거워하지 않을 수 없었다. 가지고 놀 다이너마이트가 점점 강력해지고 있는 것이다. [추가적인 논평이 필자가 1976년에 처음 작성한 에세이 "Are toy problems useful?"에 나온다. *Selected Papers on Computer Science* (1996), 169–183을 보라.]

사실 퍼즐이 너무 우아할 수 있다는 위험은 존재한다. 좋은 퍼즐은 수학적으로 깔끔하고 구조가 좋은 경향이 있으나, 우리는 일상에서 흔히 볼 수 있는 지저분하고 혼란스럽고 유기적인 사물들을 체계적으로 다루는 방법도 배울 필요가 있다. 실제로, 중요한 계산 기법들 중에는 그런 복잡성을 다루는 강력한 방법을 제공한다는 점이 중요함의 주된 이유인 기법들도 있다. 이것이, 이를테면 도서관 카드들을 알파벳순으로 분류하는 난해한 규칙을 제5장의 처음 부분에서 제시한, 그리고 §2.2.5에서 시뮬레이션 기법을 보여 주기 위해 실제 승강기 시스템을 자세하게 설명한 이유이다.

조합 알고리즘에 관한 실험들을 다양한 현실 세계의 예들에 대해 손쉽게 수행하기 위해, Stanford GraphBase (SGB)라고 하는 프로그램 및 자료 모음이 만들어졌다. SGB에는 이를테면 미국의 고속도로에 관한 자료와 미합중국 경제에 관한 입출력 모형 하나, 호메로스의 *일리아드*와 톨스토이의 *안나 카레니나*를 비롯한 여러 소설의 등장인물 기록 등이 포함되어 있다. 또한 SGB는 로제Roget의 1879년 *Thesaurus*의 구조에 대한 요약과 수백 개의 미국 대학 미식축구 기록들, 레오나르도 다빈치의 *지오콘다*(모나리자)의 회색조 픽셀 명세도 담고 있다. 그리고 가장 중요하게는, 이제부터 논의할 다섯 글자 영단어들의 모음이 포함되어 있다.

**다섯 글자 영단어.** 이번 장의 여러 여제들은 다음과 같은 다섯 글자 영단어(이하 5자 단어) 목록에 기초한다.

$$\texttt{aargh, abaca, abaci, aback, abaft, abase, abash, ... , zooms, zowie.} \qquad (8)$$

(단어들은 모두 5757개로, 모두 표시하기에는 너무 많다. 그러나 생략된 단어들을 상상하는 것이 어렵지는 않을 것이다.)† 이것은 본 저자가 이런 5자 단어들이 많은 종류의 조합적 알고리즘을 시험해 보기에 이상적인(ideal‡) 자료임을 깨달은 1972년부터 1992년까지 개인적으로 수집한 목록이다.

의도적으로, 이 목록은 영어의 진정한(truly) 일부인, 그러니까 실제로 쓰이는 사례를 필자가 발견한 적이 있는 단어들로만 한정되어 있다. 완전한 사전들에는 좀 더 생소한, 이를테면 aalii, abamp, ..., zymin, zyxst 같은 항목들이 수천 개씩 들어 있다. 이런 단어들은 주로 스크래블(Scrabble®) 플레이어들에게 유용하다. 그러나 이런 생소한 단어들은 그것을 모르는 사람에게는 재미를 해치는(spoil) 요인이 되는 경향이 있다. 정리하자면, 필자는 20년간 *컴퓨터 프로그래밍의 예술*의 해설적 목표들(goals)에 잘 맞는(right) 것으로 보이는 모든 단어들(words)을 체계적으로 수집했다.

그러다가, 재현 가능한 실험의 고정된(fixed) 지점(point)을 마련하기 위해 단어 모음을 동결할 필요가 생겼다. 영어는 항상 진화하나, SGB에 포함된 5757개의 단어들은 현재 상태를 영원히 유지할 것이다. 사실 필자는 1992년에는 알지 못했던 단어를 추가하려는 유혹에 종종 빠지곤 했다. 이를테면 chads, stent, blogs, ditzy, phish, bling을, 그리고 어쩌면 tetch도, 추가할 뻔 했다. 단, noway는 전혀 아니다(noway). 어쨌든, SGB 단어들의 변경이 끝나서(ended) 종지부(finis)를 찍은 지는 이미 오래 되었다.

다음의 용어집은 잘 알려진 영단어들을 모두 담으려 한 것이다.
... 훌륭한 학회에서 유용할 것이며, 연결 고리의 역할을 할 수도 있다.
... 스페인계 단어들의 허용을 위한 스텐트(stent)도 반드시 마련해야 할 것이다.

— 루이스 캐럴 LEWIS CARROLL, *Doublets: A Word-Puzzle* (1879)

만일 tetch라는 동사가 있다면,‼ 릴리웨이트씨는 tetch했다.

— 바너드 ROBERT BARNARD, *Corpse in a Gilded Cage* (1984)

Knuth 같은 고유명사는 적법한 단어로 치지 않는다. 그러나 gauss와 hardy는 유효하다(valid). 왜냐하면 'gauss'는 자기유도의 세기를 나타내는 데 쓰는 단위이며 'hardy'는 형용사 hardy이기 때문이다.⁑ 실제로 SGB 단어들은 전적으로 보통의 영문 소문자들로만 이루어져 있다. 하이픈이 있는 단어나 약어, 또는 blasé처럼 악센트가 필요한 단어는 없다. 따라서 모든 단어는 [0..26) 구간의 성분 다섯 개로 이루어진 벡터로 간주할 수 있다. 이들을 벡터로 볼 때, 서로 가장 멀리 떨어져 있는 두 단어는 yucca와 abuzz이다. 이 두 단어의 유클리드 거리는 다음과 같다.

† [옮긴이 주] 잠시 후에 모든 단어가 담긴 텍스트 파일을 구하는 방법이 나온다.

‡ [옮긴이 주] 이 역시 5자 단어라서 코드 글꼴로 표기한 것이다. 이후에도 이런 사례가 종종 나온다.

‼ [옮긴이 주] 성을 잘 낸다, 까다롭다는 뜻의 'tetchy'라는 형용사는 실제로 있다.

⁑ [옮긴이 주] 이 예는 Hardy라는 성(last name)이 존재하기 때문에 언급된 것이다. 일반적으로 가장 유명한 Hardy는 아마 Thomas Hardy겠지만, 필자가 염두에 둔 것은 영국의 수학자 G. H. Hardy이지 않을까 싶다.

$$\| (24,20,2,2,0) - (0,1,20,25,25) \|_2 = \sqrt{24^2+19^2+18^2+23^2+25^2} = \sqrt{2415}\,.$$

프로그램들과 자료 집합들을 모두 포함한 Stanford GraphBase 전체를 필자의 웹사이트(`http://www-cs-faculty.stanford.edu/~knuth/sgb.html`)에서 손쉽게 내려 받을 수 있다. 그리고 SGB 단어들 전체의 목록 역시 손쉽게 구할 수 있다. 같은 사이트에 있는 'sgb-words.txt'를 내려 받으면 된다. 총 5757줄의 이 텍스트 파일에는 'which'에서 'pupal'까지의 단어들이 한 줄에 하나씩 들어 있다. 그 단어들은 기본 순서, 즉 사용 빈도순으로 정렬되어 있는데, 예를 들어 빈도순으로 1000위, 2000위, 3000위, 4000위, 5000위 단어는 각각 ditch, galls, visas, faker, pismo이다. 이번 장에서 WORDS($n$)이라는 표기는 이러한 빈도순으로 상위 $n$개의 단어들을 뜻한다.

첨언하자면, 이 5자 단어들 중에는 네 글자 영단어의 복수형이 많은데, 빅토리아 시대풍의 검열은 전혀 적용되지 않았음을 밝혀두겠다. *The Official Scrabble® Players Dictionary*의 경우에는 불쾌할 수 있는 어휘가 삭제되었지만, SGB에서는 그렇지 않다. SGB 단어 목록에 기초한 전문 논문에 의미론적으로 부적절한 용어가 등장하지 않게 하는 한 가지 방법은, $n$을 이를테면 3000 정도로 두어서 WORDS($n$)의 단어들만 사용하는 것이다.

SGB 단어들에 익숙해지는 데에는 연습문제 26~37이 유용할 것이다. 이번 장 전반의 다양한 문맥에서 SGB의 단어들이 등장한다. 예를 들어, 포괄 문제가 여전히 머리에 남아 있는 만큼, 네 개의 4자 단어 'third flock began jumps'가 알파벳의 처음 21자 중 20자를 포괄한다는 점에 주목하게 될 것이다. 반면 5자 단어 다섯 개의 경우 waqfs(이슬람의 기부 재산) 같은 빈도수 낮은 비 SGB 단어에 의존하지 않는다면 {becks, fjord, glitz, nymph, squaw}의 예처럼 많아야 24개의 글자들만 포괄할 수 있다. 비 SGB 단어들까지 동원한다면, 예를 들어 {gyved, bronx, chimp, klutz}로 알파벳 25자를 포괄할 수 있다.

WORDS(400)에 속하는 간단한 단어들만으로도 하나의 단어 방진을 만들어 볼 수 있다.

```
class
light
agree  .                                   (9)
sheep
steps
```

그러나 다음과 같은 단어 입방체(word cube)를 얻으려면 거의 WORDS(3000)까지 가야 한다.

```
types  yeast  pasta  ester  start
yeast  earth  armor  stove  three
pasta  armor  smoke  token  arena  .       (10)
ester  stove  token  event  rents
start  three  arena  rents  tease
```

이 단어 입방체에서 모든 5×5 '슬라이스'는 하나의 단어 방진이다. 기본적인 춤추는 연결고리 알고리즘(§7.2.2.2)을 간단하게 확장한다면, WORDS(3000)으로 만들 수 있는 (10)과 같은 대칭적 단어

입방체가 단 세 개뿐임을 약 3천9백억 멤의 계산으로 판명할 수 있다. 단 세 개 중 나머지 둘은 연습문제 36에서 밝혀진다. 놀랍게도, 전체 단어 목록 `WORDS(5757)`로는 무려 83,576개의 대칭 입방체를 만들 수 있다.

**단어들로 이루어진 그래프.** 대상들을 행, 방진, 입방체, 또는 그 외의 패턴으로 배치하는 것이 흥미롭고 중요하긴 하지만, 실제 응용에서는 그보다 더욱 흥미롭고 중요한 종류의 조합적 구조가 존재한다. 바로 그래프(graph)이다. §2.3.4.1에서 말했듯이, 그래프는 정점(vertex)이라고 부르는 일단의 점들이 간선(edge, 변)이라고 부르는 일단의 선들로 연결된 자료구조이다. 그래프는 어디에서나 볼 수 있으며, 아름다운 그래프 알고리즘들도 수없이 발견되었다. 그런 만큼, 이번 장의 여러 절들에서 그래프가 주된 초점인 것도 당연한 일이다. 사실 Stanford GraphBase는 이름에서 짐작하겠지만 기본적으로 그래프를 위한 것이다. 그리고 SGB 단어들을 수집한 주된 이유도, 그 단어들을 흥미롭고 교육적인 그래프를 정의하는 데 사용하기 위한 것이었다.

캐럴Lewis Carroll은 1877년 말에 그가 Word-Links 또는 Doublets라고 부른 게임을 고안함으로써 새로운 분야를 개척했다. [Martin Gardner, *The Universe in a Handkerchief* (1996), 제6장을 보라.] 이윽고 상당히 유명해진 그의 착안은, 단어를 한 글자씩 바꾸어서 다른 단어로 변환한다는 것이었다.

$$\texttt{tears} - \texttt{sears} - \texttt{stars} - \texttt{stare} - \texttt{stale} - \texttt{stile} - \texttt{smile}. \qquad (11)$$

이런 형태의 가장 짧은 변환은 정점들이 단어들인 그래프에서의 최단 경로(shortest path)에 해당한다. 그러한 그래프에서 한 간선으로 연결된 두 단어는 '해밍 거리(Hamming distance)'가 1이다(이는 두 단어가 한 글자만 다름을 뜻한다).

SGB 단어들로 한정할 때, 캐럴의 규칙은 Stanford GraphBase의 한 그래프를 산출한다. 그 그래프를 공식적으로 $words(5757,0,0,0)$이라고 부른다. SGB로 정의된 모든 그래프에는 $id$라고 부르는 고유한 식별자가 있는데, SGB로부터 캐럴의 방식으로 도출한 그래프들의 $id$는 형태가 $words(n,l,t,s)$이다. 여기서 $n$은 정점 개수이고 $l$은 0 또는 가중치들의 목록이다. 가중치들은 다양한 종류의 어휘를 강조하는 데 쓰인다. $t$는 가중치가 낮은 단어들을 걸러내기 위한 문턱값(threshold)이고 $s$는 가중치가 같은 단어들 중 하나를 선택할 때 필요할 수 있는 임의의 의사난수를 위한 종자값이다. 이에 관련된 세부사항들을 모두 알 필요는 없고, 몇 가지 예로 전반적인 감을 잡으면 충분할 것이다.

- $words(n,0,0,0)$은 캐럴의 착안을 $1 \le n \le 5757$인 `WORDS`$(n)$에 적용했을 때 나오는 그래프와 일치한다.
- $words(1000, \{0,0,0,0,0,0,0,0,0\}, 0, s)$는 무작위로 선택된 SGB 단어 1000개를 담는다(일반적으로 $s$의 값에 따라 다른 단어들이 선택된다).
- $words(766, \{0,0,0,0,0,0,0,1,0\}, 1, 0)$은 *TEXbook*과 *METAFONTbook*에 나오는 5자 단어들을 모두 포함한다.

세 번째 그래프에는 단어가 766개밖에 없으므로 (11)에 나온 것 같은 긴 경로들을 아주 많이 만들어 낼 수는 없지만, 그래도 다음과 같은 주목할 만한 예는 존재한다.

basic — basis — bases — based
— baked — naked — named — names — games. (12)

물론 5자 단어들이 정점들인 그래프의 간선을 다른 식으로 정의하는 것도 얼마든지 가능하다. 예를 들어 간선이 해밍 거리가 아니라 유클리드 거리가 1인 단어쌍을 연결한다고 정의할 수도 있다. 아니면 네 글자가 같은 두 단어를 인접 단어쌍으로 간주하는 그래프도 가능하다. 후자의 경우에는, TEX에 관련된 766개의 단어들만 사용한다고 해도 chaos에서 peace를 산출하는 것이 가능하므로 그래프가 훨씬 더 다채로워진다.

chaos — chose — whose — whole — holes — hopes — copes — scope
— score — store — stare — spare — space — paces — peace. (13)

(이 규칙은 글자 하나를 지우고 다른 글자를 임의의 자리에 삽입하는 것에 해당한다.) 또는, 두 단어 $a_1a_2a_3a_4a_5$와 $b_1b_2b_3b_4b_5$의 내적 $a_1b_1 + a_2b_2 + a_3b_3 + a_4b_4 + a_5b_5$가 어떤 매개변수 $m$의 배수이면, 그리고 오직 그럴 때에만 두 단어를 간선으로 연결하는 등의 완전히 다른 전략을 선택할 수도 있다. 그래프 알고리즘들은 다양한 종류의 자료로부터 번성한다.

SGB 단어들은 또한 흥미로운 유향 그래프(directed graph)들의 모임(family)으로 이어진다. 중복집합의 맥락에서 $\{a_2, a_3, a_4, a_5\} \subseteq \{b_1, b_2, b_3, b_4, b_5\}$일 때 $a_1a_2a_3a_4a_5 \to b_1b_2b_3b_4b_5$라고 표기할 수 있는 것이다. (첫 글자를 지우고, 다른 글자를 삽입하고, 재배치하는 것에 해당한다.) 이 규칙을 이용하면 예를 들어 words를 길이가 6인 최단 유향 경로를 통해서 graph로 변환할 수 있다:

words → dross → soars → orcas → crash → sharp → graph. (14)

이론은 실천이라는 테일러급수의 첫 번째 항이다.

— 커버THOMAS M. COVER (1992)

그래프 이론에서 현재 쓰이는 용어의 수체계는
그래프 이론가들의 수와 (밀접한 근사에 의해)동일하다.

— 스탠리RICHARD P. STANLEY (1986)

**그래프 이론: 기초.** 그래프 $G$는 정점들의 집합 $V$와 서로 다른 두 정점을 잇는 간선들의 집합 $E$로 이루어진다. 특별한 언급이 없는 한 $V$와 $E$는 유한집합이라고 가정한다. 정점 $u$와 $v$가 $\{u,v\} \in E$를 만족하면 $u — v$로 표기하고, $\{u,v\} \notin E$이면 $u \not— v$로 표기한다. $u — v$ 관계를 만족하는 두 정점을 '이웃 정점들' 또는 '이웃들'이라고 부르며, $G$ 안에서 '인접해 있다'라고도 칭한다. 이 정의의 한 가지 결과는 $u — v$와 $v — u$가 동치라는 것이다. 또 다른 결과는 모든 $v \in V$에 대해 $v \not— v$이다. 즉, 정점은 자기 자신과 인접할 수 없다. (그러나 나중에 논의할 다중그래프에서는 한 정점에서 자신으

로의 순환고리[loop]도 허용된다.

만일 $V' \subseteq V$이고 $E' \subseteq E$이면 그래프 $G' = (V', E')$는 그래프 $G = (V, E)$의 부분그래프(subgraph)이다. 만일 $V' = V$이면 $G'$는 $G$의 신장(spanning) 부분그래프이다. 그리고 $V'$가 정점들의 한 주어진 부분집합일 때 만일 $E'$에 최대한 많은 간선들이 있으면 $G'$는 $G$로부터 유도된(induced) 부분그래프이다. 다른 말로 하면, $V' \subseteq V$일 때 $G = (V, E)$로부터 $V'$에 의해 유도된 부분그래프는 $G' = (V', E')$로, 여기서

$$E' = \{\{u, v\} \mid u \in V', v \in V', \{u, v\} \in E\}. \tag{15}$$

이다. 이 부분그래프 $G'$를 $G \mid V'$이라고 표기하며, 이를 종종 '$V'$으로 제한된(restricted) $G$'라고 칭한다. $V' = V \setminus \{v\}$인 공통의 경우에는 $G \mid (V \setminus \{v\})$를 간단하게 $G \setminus v$ ($G$ 빼기 정점 $v$)로 줄여 표기한다. 비슷하게, $e \in E$일 때 부분그래프 $G' = (V, E \setminus \{e\})$를 $G \setminus e$로 줄여 표기한다. 이 부분그래프는 정점이 아니라 간선을 하나 제거해서 얻은 것이다. 앞에서 설명한 것처럼 id가 $words(n, l, t, s)$의 형태인 모든 SGB 그래프는 주 그래프 $words(5757, 0, 0, 0)$의 유도된 부분그래프임을 주목하기 바란다. 이 그래프들은 단지 어휘만 변할 뿐 인접성에 대한 규칙은 변하지 않는다.

정점이 $n$개, 간선이 $e$개인 그래프를 차수(order)가 $n$이고 크기(size)가 $e$인 그래프라고 칭한다. $n$차 그래프들 중 가장 간단하고도 중요한 것들로 완전 그래프(complete graph) $K_n$, 경로(path) $P_n$, 순환마디(cycle) $C_n$이 있다. 정점들이 $V = \{1, 2, \ldots, n\}$이라고 하자. 그러면

- $K_n$에는 $\binom{n}{2} = \frac{1}{2}n(n-1)$개의 간선 $u — v$들이 있다(여기서 $1 \le u < v \le n$). 모든 $n$차 그래프는 $K_n$의 신장 부분그래프이다.
- $n \ge 1$일 때 $P_n$에는 $n-1$개의 간선 $v — (v+1)$들이 있다($1 \le v < n$). 이는 1에서 $n$까지의, 길이가 $n-1$인 경로이다.
- $n \ge 1$일 때 $C_n$에는 $n$개의 간선 $v — ((v \bmod n) + 1)$들이 있다($1 \le v \le n$). 이것은 $n \ge 3$인 경우에만 그래프이다($C_1$과 $C_2$는 다중그래프이다).

$K_n$과 $P_n$, $C_n$을 $\{1, 2, \ldots, n\}$ 대신 정점 $\{0, 1, \ldots, n-1\}$에 대해 또는 임의의 $n$ 원소 집합 $V$에 대해 정의하는 것도 실제로 가능하다. 두 그래프는 그냥 정점들의 이름만 다를 뿐, 그 간선들의 구조는 조합적으로 동치이기 때문이다.

공식적으로, $\varphi$가 $V$에서 $V'$로의 일대일 대응관계라 할 때, 오직 $G'$에서 $\varphi(u) — \varphi(v)$일 때에만 $G$에서 $u — v$라는 조건을 만족하는 $\varphi$가 존재한다면, 그러한 그래프 $G = (V, E)$와 $G' = (V', E')$를 동형(isomorphic)이라고 부른다. $G$와 $G'$가 동형임을 나타낼 때 흔히 $G \cong G'$이라는 표기를 사용한다. 그러나 가끔은 덜 정확한 자세를 취해서, 동형인 그래프들을 마치 서로 동일(equal)한 것처럼 취급할 필요도 있다. 심지어, $G$와 $G'$의 정점 집합들이 엄밀하게 동일하지는 않다고 해도, 종종 $G = G'$이라고 표기하기도 한다.

작은 그래프들은 그냥 도식을 그려서 정의할 수도 있다. 그런 경우 정점을 작은 원으로 표시하고 정점들 사이의 간선을 직선으로 표시한다. 그림 2에 몇 가지 중요한 예들이 나와 있는데, 이

후 이들의 속성들을 고찰해 볼 것이다. 그림 2(e)는 초기 그래프 이론가인 페테르센Julius Petersen의 이름을 딴 페테르센 그래프이다. 그는 이 그래프를 이용해서 어떤 그럴듯한 추측을 반증했다 〔L'*Intermédiaire des Mathématiciens* **5** (1898), 225–227〕. 실제로 이 그래프는 그래프에 대해 일반적으로 참일 것으로 간주된 여러 낙관적 예측들의 반례 역할을 한다. 그림 2(f)는 흐바탈Václav Chvátal이 *J. Combinatorial Theory* **9** (1970), 93–94에서 소개한 흐바탈 그래프이다.

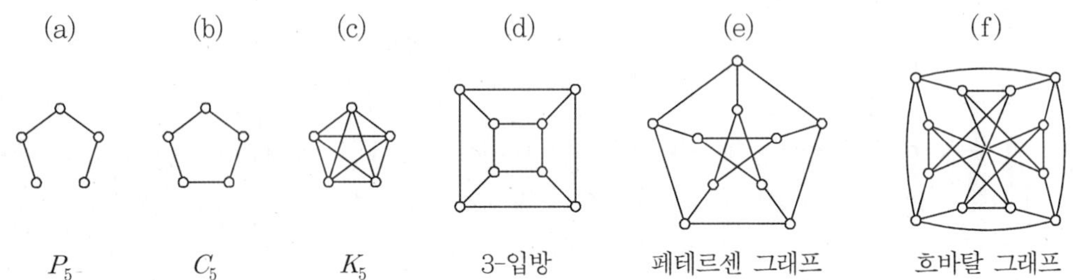


**그림 2.** 여섯 가지 예제 그래프. 이들은 순서대로 $(5,5,5,8,10,12)$개의 정점들과 $(4,5,10,12,15,24)$개의 간선들로 이루어진 것이다.

그래프 도식에서, 선들이 정점이 아닌 지점에서 교차해도 된다. 예를 들어 그림 2(f)의 중점은 흐바탈 그래프의 정점이 아니다. 선들을 한 번도 교차하지 않고 그릴 수 있는 그래프를 가리켜 평면적(planar)이라고 칭한다. $P_n$과 $C_n$이 항상 평면적임은 명백하다. 그림 2(d)는 3-입방체(3-cube) 역시 평면 그래프임을 보여준다. 그러나 $K_5$에는 간선이 너무 많아서 평면적일 수가 없다(연습문제 46을 보라).

한 정점의 이웃 정점 개수를 그 정점의 도수度數(degree)†라고 부른다. 모든 정점의 도수가 같은 그래프를 정규 그래프(regular graph)라고 칭한다. 예를 들어 그림 2의 $P_5$는 도수가 1인 정점이 두 개이고 도수가 2인 정점이 세 개이므로 정규 그래프가 아니다. 그러나 나머지 그래프들은 모두 정규 그래프로, 정점 도수는 순서대로 $(2,4,3,3,4)$이다. 도수가 3인 정규 그래프를 흔히 '입방' 또는 '삼가(三價, trivalent)'라고 부른다.

하나의 그래프를 도식화하는 방법은 많이 있으며, 다른 것들보다 훨씬 더 명료한 것들도 있다. 예를 들어 다음 여섯 도식은 모두 그림 2(d)의 3-입방 그래프와 동치이다.

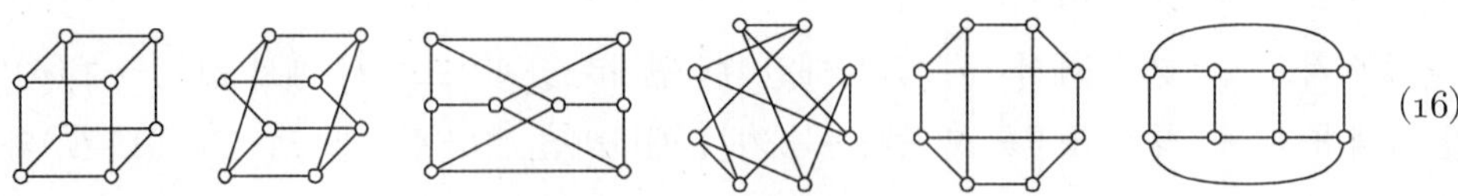 (16)

그림 2(f)에 나온 흐바탈 그래프의 구성은 흐바탈의 논문 발행 수 년 후 본디Adrian Bondy가 발견한 것으로, 이에 의해 예기치 못했던 대칭성이 드러났다.

한 그래프의 대칭(symmetry)은 정점들의 인접성을 유지하는 치환(permutation, 순열‡)으로,

† 〔옮긴이 주〕 흔히 차수라고도 하지만 order와의 구분을 위해 도수라는 용어를 사용하기로 한다.

‡ 〔옮긴이 주〕 이 책에서 순열과 치환은 모두 permutation을 옮긴 것이다. permutation은 자리 바꾸기에

자기동형사상(authomorphism)이라고도 부른다. 다른 말로 하면, 만일 $G$에서 $u — v$이면 항상 $\varphi(u) — \varphi(v)$가 성립한다면, 그러한 치환 $\varphi$는 $G$의 한 자기동형사상이다. 그림 2(f) 같은 잘 선택된 도식이 그래프에 깔린 대칭성을 드러내 주기도 하지만, 존재하는 모든 대칭을 단 하나의 도식으로 표시하는 것이 항상 가능한 것은 아니다. 예를 들어 3-입방체에는 48개의 자기동형사상이 존재하며, 페테르센 그래프에는 120개가 있다. 동형사상과 자기동형사상을 다루는 알고리즘들을 §7.2.3에서 공부해 볼 것이다. 대칭을 잘 활용하면 불필요한 계산을 피할 수 있는 경우가 있다. 그럼으로써, 자기동형사상이 $k$인 그래프에 대한 알고리즘을 $k$배 빠르게 만드는 것이 가능하다.

현실 세계에서 진화한 그래프들은 그림 2에 나온 수학적으로 순결한 그래프들과는 상당히 다른 경향이 있다. 예를 들어, 다음은 그 어떤 대칭도 존재하지 않지만 그래도 평면성은 갖춘, 현실의 한 그래프이다.

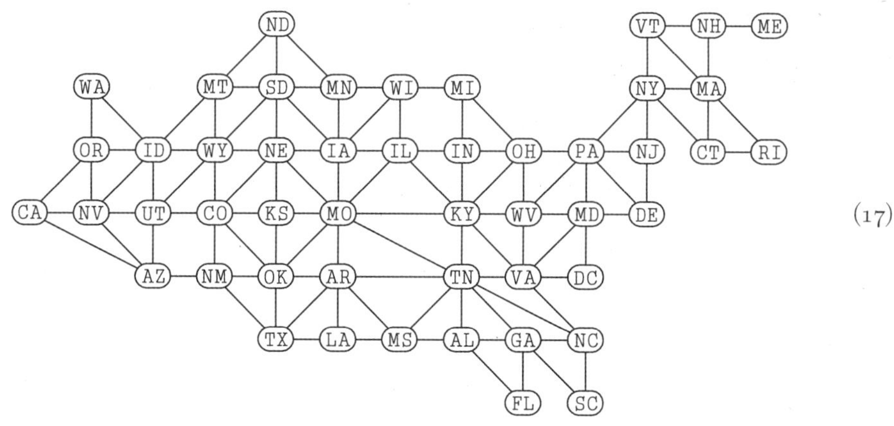


(17)

이것은 미합중국의 연속성을 표현하는 그래프로, 이후의 여러 예제들에서 이 그래프를 사용할 것이다. 편의를 위해, 도식의 정점 49개를 그냥 빈 동그라미로 남겨두는 대신 두 글자짜리 우편용 주州 식별 부호(이하 줄여서 우편부호)를 달아 두었다.

**경로와 순환마디.** 그래프의 신장 경로(spanning path)를 해밀턴 경로(Hamiltonian path)라고 부르고, 신장 순환마디를 해밀턴 순환마디(Hamiltonian cycle)라고 부른다. 이러한 이름은 해밀턴W. R. Hamilton이 1856년에 12면체의 변들에서 그러한 경로와 순환마디를 찾아내는 것이 목표인 퍼즐을 고안했기 때문에 붙은 것이다. 그와는 독립적으로 커크먼T. P. Kirkman은 *Philosophical Transactions* **146** (1856), 413–418; **148** (1858), 145–161에서 일반적인 다면체에 대해 그 문제를 고찰했다. [N. L. Biggs, E. K. Lloyd, R. J. Wilson의 *Graph Theory 1736–1936* (1998), 제2장을 보라.] 그러나 신장 경로 $P_n$이나 신장 순환마디 $C_n$을 찾는 과제는 그보다 훨씬 오래 되었다. 실제로, 가장 오래된 조합 문제가 바로 그러한 문제라고 간주해도 합당하다. 왜냐하면 체스판 위에서 기사(knight)

---

대한 정보를 담은 수열을 뜻하기도 하고 그러한 정보를 적용해서 실제로 자리를 바꾸는 행위를 뜻하기도 하는데, 전자를 '순열'이라고 부르고 후자를 '치환'이라고 부른다. 이 책에서 replace나 substitute 등의 비슷한 단어를 치환이라고 번역한 경우는 없다(있다면 실수이다).

를 움직이는 경로를 찾는 문제가 9세기의 인도로까지 거슬러 올라가기 때문이다(§7.3.3 참고). 해밀턴 순환마디를 포함하는 그래프를 해밀턴 그래프라고 부른다. (첨언하자면, 페테르센 그래프는 평면도 아니고 해밀턴도 아닌 가장 작은 3-정규 그래프이다. C. de Polignac, *Bull. Soc. Math. de France* **27** (1899), 142–145를 보라.)

그래프의 최단 순환마디의 길이를 그 그래프의 둘레(girth)라고 부른다. 비순환 그래프(순환마디가 없는)의 둘레는 무한대이다. 예를 들어 그림 2의 여섯 그래프들의 둘레는 순서대로 $(\infty, 5, 3, 4, 5, 4)$이다. 최소 도수가 $k$이고 둘레가 5인 그래프의 정점이 최소 $k^2+1$개임을 증명하는 것은 어렵지 않다. 좀 더 분석해 보면, 실제로 이 최솟값은 $k=2(C_5)$, $k=3$(페테르센), $k=7$, 또는 어쩌면 $k=57$일 때에만 달성이 가능함을 알 수 있다. (연습문제 63과 65를 보라.)

두 정점 $u$와 $v$의 거리 $d(u,v)$는 그래프에서 $u$에서 $v$로 가는 경로의 최소 길이이다. 그런 경로가 아예 없으면 거리는 무한대이다. $d(v,v)=0$이고 $d(u,v)=d(v,u)$임은 명백하다. 또한 다음과 같은 삼각 부등식도 성립한다.

$$d(u,v)+d(v,w) \ \geq d(u,w). \tag{18}$$

$d(u,v)=p$, $d(v,w)=q$라고 할 때 $p<\infty$이고 $q<\infty$인 경우 다음과 같은 경로들이 존재한다.

$$u=u_0 — u_1 — \cdots — u_p = v \text{와 } v=v_0 — v_1 — \cdots — v_q = w. \tag{19}$$

그리고 어떤 $s$에 대해 $u_r = v_s$인 최소 아래첨자(색인) $r$을 구할 수 있다. 그러면,

$$u_0 — u_1 — \cdots — u_{r-1} — v_s — v_{s+1} — \cdots — v_q \tag{20}$$

는 $u$에서 $w$로의 길이가 $\leq p+q$인 경로이다.

모든 정점 $u$와 $v$에 대한 $d(u,v)$의 최댓값을 그래프의 지름(diameter)이라고 부른다. 지름이 유한한 그래프를 일컬어 연결되었다라고 말한다. 한 그래프의 정점들을 연결된 구성요소(component)들로 분할하는 것은 항상 가능하다. 여기서 두 정점 $u$와 $v$는 오직 $d(u,v)<\infty$일 때에만 같은 구성요소에 속한다.

예를 들어, 그래프 $words(5757,0,0,0)$에서 $d$(tears, smile) $=6$이다. (11)이 tears에서 smile로의 최단 경로이기 때문이다. 또한 $d$(tears, happy) $=6$이고 $d$(smile, happy) $=10$, $d$(world, court) $=6$이다. 그러나 $d$(world, happy) $=\infty$이다. 그래프가 연결되지 않았기 때문이다. 사실 이 그래프에는 aloof처럼 이웃이 없는, 그리고 자신만으로 1차 연결된 구성요소를 형성하는 단어들이 671개 있다. alpha — aloha, droid — druid, opium — odium처럼 차수가 2인 구성요소들은 103개가 더 있다. chain — chair — choir 같은 3차 구성요소들은 경로인 반면 {getup, letup, setup} 같은 3차 구성요소들은 순환마디이다. 그 외에도, 다음처럼 다른 이웃은 없는 단어들로 이루어진 기이한 경로 같은 작은 구성요소들이 여럿 존재한다.

login — logic — yogic — yogis — yogas — togas (21)

그러나 대부분의 5자 단어들은 차수가 4493인 한 거대한 구성요소(giant component)에 속한다. 만일 주어진 한 단어에서 서로 다른 두 글자를 바꾸어서 두 걸음 나아갈 수 있다면, 그 단어가 그 거대 구성요소의 모든 단어와 연결되어 있을 확률은 15분의 1보다 크다.

비슷하게, 그래프 $words(n, 0, 0, 0)$에는 $n = (5000, 4000, 3000, 2000, 1000)$일 때 차수가 각각 $(3825, 2986, 2056, 1186, 224)$인 거대 구성요소가 존재한다. 그러나 $n$이 작으면 간선들이 적기 때문에 그 정도의 연결성은 보장되지 않는다. 예를 들어 $words(500, 0, 0, 0)$에는 서로 다른 구성요소가 327개 있는데, 그중 차수가 15 이상인 것은 없다.

거리의 개념을 임의의 $k$ 값에 대한 $d(v_1, v_2, \ldots, v_k)$로 일반화할 수 있다. 이 일반화된 거리는 정점 $\{v_1, v_2, \ldots, v_k\}$들을 담은 연결된 부분그래프의 간선들의 최소 개수를 뜻한다. 예를 들어 $d$(blood, sweat, tears)의 거리는 15이다. 이는 부분그래프

$$\begin{array}{ccccccccccccc} \texttt{blood} & - & \texttt{brood} & - & \texttt{broad} & - & \texttt{bread} & - & \texttt{tread} & - & \texttt{treed} & - & \texttt{tweed} \\ &&&&&&&&&& | && | \\ \texttt{tears} & - & \texttt{teams} & - & \texttt{trams} & - & \texttt{trims} & - & \texttt{tries} & - & \texttt{trees} && \texttt{tweet} \\ &&&&&&&&&&&& | \\ &&&&&&&&&& \texttt{sweat} & - & \texttt{sweet} \end{array} \qquad (22)$$

의 간선이 15개이고 적당한 간선 14개짜리 부분그래프가 없기 때문이다.

§2.3.4.1에서 최소한의 간선들로 이루어진 연결된 그래프를 자유 트리(free tree)라고 부른다고 했었다. 일반화된 거리 $d(v_1, \ldots, v_k)$에 해당하는 부분그래프는 항상 자유 트리이다. 이를 슈타이너 트리라고 잘못 부르기도 하는데, 이는 슈타이너Jacob Steiner가 한 때 유클리드 평면에 있는 점집합 $\{v_1, v_2, v_3\}$에 대한 $k = 3$의 경우를 언급한 적이 있기 때문이다[*Crelle* **13** (1835), 362–363]. Franz Heinen은 그 문제를 *Über Systeme von Kräften* (1834)에서 풀었다. 가우스는 슈마허에게 보낸 한 편지(1836년 3월 21일자)에서 그 분석을 $k = 4$인 경우로 확장했다.

**색칠하기.** 그래프의 정점들을 $k$개 이하의 부분(part)들로 분할하되 각 간선의 끝점들이 서로 다른 부분에 속하도록 분할할 수 있다면, 다른 말로 하면 그 정점들을 최대 $k$개의 색으로 칠하되 인접한 두 정점이 같은 색이 되지 않도록 할 수 있다면, 그러한 그래프를 $k$분열(partite) 또는 $k$-채색塗色가능(colorable)이라고 일컫는다. 거스리F. Guthrie가 1852년에 추측하고 결국은 애펄K. Appel과 하켄W. Haken, 코치J. Koch가 컴퓨터의 엄청난 도움으로 증명해낸 유명한 4색 문제는 "*모든 평면 그래프는 4-채색가능이다*"라는 것이다. 이에 대한 간단한 증명은 알려져 있지 않으나, (17)과 같은 특별한 경우들은 눈으로도 색칠할 수 있다(연습문제 45). 그리고 일반적으로 하나의 평면 그래프를 네 가지 색으로 색칠하는 데에는 $O(n^2)$개의 단계로 충분하다[N. Robertson, D. P. Sanders, P. Seymour, R. Thomas, *STOC* **28** (1996), 571–575].

2-채색가능 그래프의 경우는 실제 응용에서 특히나 중요하다. 2분열 그래프를 흔히 이분열(bipartite) 그래프 또는 그냥 '이분그래프(bigraph)'라고 부른다. 그런 그래프의 모든 간선은 각 끝점이 각자 한 부분에 속해 있다.

**정리 B.** *만일 그래프에 홀수 길이의 순환 마디가 하나도 없으면, 그리고 오직 그럴 때에만, 그 그래프는 이분열 그래프이다.*

증명. 〔D. König, *Math. Annalen* **77** (1916), 453–454 참고.〕 $k$분열 그래프의 모든 부분그래프는 $k$분열이다. 따라서 순환마디 $C_n$이 어떤 이분열 그래프의 부분그래프이려면 $C_n$ 자체가 반드시 이분 그래프이어야 한다. 그런 경우 $n$은 반드시 짝수이다.

반대로, 그래프에 홀수 길이 순환마디가 하나도 없으면 그 그래프의 정점들을 두 가지 색 $\{0, 1\}$로 칠할 수 있다. 절차는 다음과 같다: 모든 정점에 아무 색도 칠해져 있지 않은 상태에서 출발한다. 만일 색이 칠해진(이하 유색) 정점들의 모든 이웃에 이미 색이 칠해져 있으면, 색이 칠해지지 않은(이하 무색) 정점 $w$를 하나 선택해서 0번 색으로 칠한다. 무색 이웃들이 아직 존재한다면, 그러한 유색 정점 $u$과 그에 이웃인 무색 정점 $v$를 택해서 무색 $v$에 유색 $u$와는 반대인 색을 배정한다. 이런 과정을 반복하면 결국에는 유효한 2채색 구성(coloring)이 만들어짐을 연습문제 48에서 증명할 것이다. ▌

정점들이 크기가 $m$과 $n$인 두 부분으로 나뉘는 가장 큰 이분열그래프를 완전 이분열 그래프라고 부르고 $K_{m,n}$으로 표기한다. 정점 집합 $\{1, 2, ..., m+n\}$에 대해 $1 \le u \le m < v \le m+n$일 때마다 $u — v$가 성립한다는 조건으로 이러한 완전 이분열 그래프를 정의할 수 있다. 다른 말로 하면, $K_{m,n}$은 $mn$개의 간선들로 이루어지며, 그 간선들은 첫 부분에서 한 정점을 택하고 둘째 부분에서 또 다른 정점을 택하는 모든 방법에 해당한다. 비슷하게, 완전 $k$분열 그래프 $K_{n_1,\dots,n_k}$는 $N = n_1 + \cdots + n_k$개의 정점들이 크기가 $\{n_1, ..., n_k\}$인 부분들로 분할되어 있으며 모든 간선이 서로 다른 부분의 두 정점을 연결하는 형태의 그래프이다. 다음은 $N = 6$일 때의 몇 가지 예이다.

$K_{1,5}$ ; $K_{3,3}$ ≅ ; $K_{2,2,2}$ ≅ . (23)

$K_{1,n}$이 자유 트리임에 주목하기 바란다. 이것을 흔히 $n+1$차 별 그래프(star graph)라고 부른다.

> 이제부터는 “directed graph” 대신 “digraph”라고 부르기로 합시다.
> 그것이 더 짧고 명확하며 인기도 더 있을 것입니다.
>
> — 포여GEORGE PÓLYA, 해러리Frank Harary에게 보낸 편지에서 (c.1954)

**유향 그래프.** §2.3.4.2에서 유향 그래프(directed graph, 또는 digraph)를 정의한 바 있다. 유향 그래프는 그래프와 아주 비슷하되 정점들을 간선이 아니라 호(arc)가 연결한다는 점이 다르다. 호 $u \to v$는 한 정점에서 다른 정점으로 나아가는 반면, 간선 $u — v$는 두 정점을 구분하지 않고 그냥 연결하기만 한다. 더 나아가서, 유향 그래프에서는 한 정점에서 자기 자신으로의 순환고리 $v \to v$가 허용된다. 또한 두 정점 $u$와 $v$ 사이에 여러 개의 호 $u \to v$들이 존재할 수 있다.

공식화하자면, 차수가 $n$이고 크기가 $m$인 유향 그래프 $D = (V, A)$는 $n$개의 정점들로 이루어진 집합 $V$와 $m$개의 순서쌍 $(u, v)$들(여기서 $u \in V$이고 $v \in V$)로 이루어진 중복집합 $A$로 구성된다. 그러한 순서쌍을 호라고 부르며, $(u, v) \in A$일 때 $u \longrightarrow v$로 표기한다. 만일 $A$가 일반적인 중복집합이 아니라 그냥 집합이면, 다시 말해서 모든 $u$와 $v$에 대해 호 $(u, v)$가 많아야 하나뿐이라면, 그러한 유향 그래프를 단순 유향 그래프라고 부른다. 각각의 호 $(u, v)$는 시작 정점 $u$와 종료 정점 $v$로 이루어지는데, 종료 정점을 호의 '끝(tip)'이라고도 부른다. 각 정점에는 외향 도수(out-degree) $d^{+(v)}$와 내향 도수(in-degree) $d^{-(v)}$가 있다. 외향 도수는 $v$가 시작 정점인 호들의 개수이고 내향 도수는 $v$가 끝인 호들의 개수이다. 내향 도수가 0인 정점을 '원천(source)'이라고 부르고, 외향 도수가 0인 정점을 '흡수(sink)' 정점이라고 부른다. 한 가지 주목할 것은 $\sum_{v \in V} d^{+}(v) = \sum_{v \in V} d^{-}(v)$라는 점이다. 이는 두 합 모두, 호들의 전체 개수인 $m$과 같기 때문이다.

지금까지 그래프에 대해 정의한 개념들 대부분은 유향 그래프로도 자연스럽게 이어진다. 간선과 호를 구별해야 할 필요가 있을 때 '유향' 또는 '지향(oriented)'† 같은 문구를 집어넣기만 하면 된다. 예를 들어 유향 그래프에는 부분 유향 그래프(subdigrpah)가 있으며, 부분 유향 그래프 역시 신장 또는 유도된 부분 유향 그래프(또는 둘 다 아닌 부분 유향 그래프)로 나뉜다. 두 유향 그래프 $D = (V, A)$와 $D' = (V', A')$ 사이의 동형사상은 $V$에서 $V'$로의 1대일 대응 $\varphi$로, 이때 모든 $u, v \in V$에 대해 $D$의 호 $u \longrightarrow v$들의 개수는 $D'$의 호 $\varphi(u) \longrightarrow \varphi(v)$들의 개수와 같다.

유향 그래프를 도식화할 때에는 정점들을 보통의 선이 아니라 화살표로 연결한다. 가장 간단하고도 중요한 $n$차 유향 그래프는 그래프 $K_n$, $P_n$, $C_n$의 유향 버전들로, 각각 전이 토너먼트(transitive tournament, 추이적 토너먼트) $K_n^{\rightarrow}$, 지향 경로(oriented path) $P_n^{\rightarrow}$, 지향 순환마디 $C_n^{\rightarrow}$라고 부른다. 다음은 $n = 5$인 경우에서 이들을 체계적으로 표현한 것이다.

$$K_5^{\rightarrow}; \quad P_5^{\rightarrow}; \quad C_5^{\rightarrow}. \qquad (24)$$

또한 완전 유향 그래프 $J_n$도 있는데, 이는 $n$개의 정점들에 대한 가장 큰 단순 유향 그래프이다. 이 유향 그래프에는 $u$와 $v$의 모든 선택에 해당하는 $n^2$개의 호 $u \longrightarrow v$들이 있다.

그림 3은 좀 더 공을 들인 도식으로, "방향이 명백하다"고 말할 만한 17차 유향 그래프를 나타낸 것이다. 이것은 애거서 크리스티Agatha Christie의 소설 *오리엔트 특급 살인사건*(*Murder on the Orient Express*, 1934)에서 에르큘 푸아로Hercule Poirot가 설명한 유향 그래프이다. 정점들은 그 소설에 나오는 이스탄불-칼레 열차의 객실들에 해당하며, 호 $u \longrightarrow v$는 객실 $u$의 승객이 객실 $v$의 승객의 알리바이를 확인해 주었음을 뜻한다. 이 예에는 여섯 개의 연결된 구성요소들이 있는데, 바로 $\{0, 1, 3, 6, 8, 12, 13, 14, 15, 16\}$, $\{2\}$, $\{4, 5\}$, $\{7\}$, $\{9\}$, $\{10, 11\}$이다. 유향 그래프에서도 호를 간선처럼 취급해서 연결성을 결정하기 때문이다.

---

† [옮긴이 주] 이 시리즈 1~3권 번역서에서는 directed와 oriented에 대해 지향과 유향을 섞어서 썼는데, 사실 의미상의 차이가 있는 것은 아니나 일관성을 위해 이 책부터는 항상 directed를 '유향', oriented를 '지향'으로 번역한다.

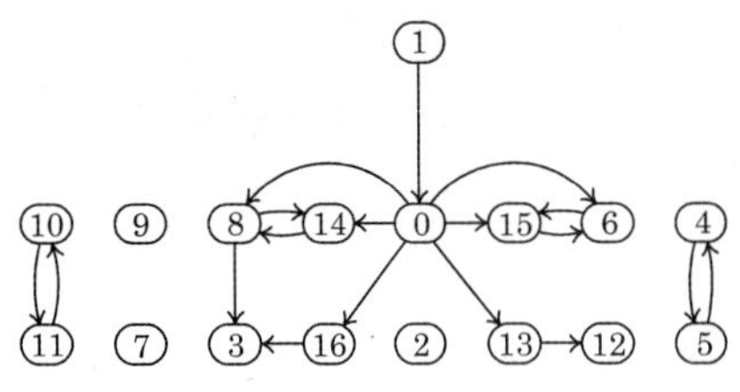


범례
0: 피에르 미셸, 프랑스인 차장
1: 에르큘 푸아로, 벨기에인 탐정
2: 새뮤얼 에드워드 래쳇, 죽은 미국인
3: 캐롤라인 머서 허버드, 미국인 보모
4: 에드워드 헨리 마스터먼, 영국인 시종
5: 안토니오 포스카렐리, 이탈리안 자동차 판매원
6: 헥터 윌러드 매퀸, 미국인 비서
7: 하비 해리스, 등장하지 않은 영국인
8: 힐데가르데 슈미트, 독일인 하녀
9: (빈 객실)
10: 그레타 올손, 스웨덴인 간호사
11: 메어리 허마이오니 데브넘, 영국인 가정교사
12: 헬레나 마리아 안드레니, 아름다운 백작 부인
13: 루돌프 안드레니, 헝가리인 백작/외교관
14: 나탈리아 드라고미로프, 러시아인 망명 공작
15: 아버스넛 대령, 인도에서 돌아온 영국인 장교
16: 사이러스 베스먼 하드먼, 미국인 탐정

**그림 3.** 애거서 크리스티의 설정에 기초한, 차수가 17이고 크기가 18인 유향 그래프.

한 호의 끝이 다른 호의 시작 정점일 때, 그 두 호를 연속(consecutive)이라고 칭한다. 연속인 호들의 순차열(sequence) $(a_1, a_2, \ldots, a_k)$를 길이가 $k$인 걷기(walk)라고 부른다. 이러한 걷기 역시 다음과 같이 호들을 이용해서 표시할 수 있다.

$$v_0 \xrightarrow{a_1} v_1 \xrightarrow{a_2} v_2 \;\cdots\; v_{k-1} \xrightarrow{a_k} v_k. \tag{25}$$

단순 유향 그래프에서는 그냥 정점들만 표시해도 충분하다. 예를 들어 $1 \longrightarrow 0 \longrightarrow 8 \longrightarrow 14 \longrightarrow 8 \longrightarrow 3$은 그림 3의 한 걷기를 나타낸 것이다. (25)의 걷기는 $\{v_0, v_1, \ldots, v_k\}$의 정점들이 서로 다를 때 하나의 지향 경로이다. 그리고 $v_k = v_0$만 빼고 서로 다를 때에는 지향 순환마디이다.

유향 그래프에서 유향 거리 $d(u, v)$는 $u$에서 $v$로의 최단 지향 경로의 호 개수로, 이는 $u$에서 $v$로의 최단 걷기의 길이이기도 하다. 이것이 $d(v, u)$와 다를 수 있으나, (18)의 삼각 부등식은 여전히 유효하다.

모든 그래프는 유향 그래프로 간주될 수 있다. 간선 $u — v$가 방향만 반대인 두 호 $u \longrightarrow v$와 $v \longrightarrow u$의 쌍과 동치이기 때문이다. 이런 식으로 얻은 유향 그래프는 원래의 그래프의 모든 속성을 유지한다. 예를 들어 그래프의 각 정점의 도수는 유향 그래프의 각 정점의 외향 도수이자 내향 도수가 된다. 더 나아가서, 거리들 역시 동일하게 유지된다.

다중그래프 $(V, E)$는 그래프와 비슷하되 그 간선 $E$들이 $\{u, v\}$ 간선쌍들의 임의의 중복집합일 수 있다는 점이 다르다. 또한 자신으로의 순환고리(loop), 즉 $v — v$도 허용된다. 그러한 순환고리는 '다중쌍(multipair)' $\{v, v\}$에 해당한다. 한 예로, 다음은 차수가 3이고 간선이 $\{1,1\}$, $\{1,2\}$, $\{2,3\}$, $\{2,3\}$, $\{3,3\}$, $\{3,3\}$인 다중그래프이다.

(26)

이 예의 정점 도수들은 $d(1) = d(2) = 3$, $d(3) = 6$이다. 각 순환고리가 해당 정점의 도수에 2를 기여하기 때문이다. 다중그래프를 유향 그래프로 간주하는 경우, 간선 순환고리 $v — v$는 호 순환마디 $v \longrightarrow v$ 두 개가 된다.

**그래프와 유향 그래프의 표현.** 그 어떤 유향 그래프라도, 따라서 그 어떤 그래프나 다중그래프라도, 하나의 인접성 행렬(adjacency matrix) $A = (a_{uv})$로 완전하게 서술할 수 있다. 정점이 $n$개인 그래프를 서술하는 인접성 행렬은 $n \times n$ 정방 행렬이다. 행렬의 각 성분 $a_{uv}$는 $u$에서 $v$로의 호를 지정한다. 예를 들어 $K_3^{\rightarrow}$과 $P_3^{\rightarrow}$, $C_3^{\rightarrow}$, $J_3$, 그리고 (26)의 인접성 행렬들은 다음과 같다.

$$K_3^{\rightarrow} = \begin{pmatrix}011\\001\\000\end{pmatrix},\ P_3^{\rightarrow} = \begin{pmatrix}010\\001\\000\end{pmatrix},\ C_3^{\rightarrow} = \begin{pmatrix}010\\001\\100\end{pmatrix},\ J_3 = \begin{pmatrix}111\\111\\111\end{pmatrix},\ A = \begin{pmatrix}210\\102\\024\end{pmatrix}. \tag{27}$$

행렬 이론의 강력한 수학적 도구들을 이용해서 그래프의 인접성 행렬들을 연구해 보면 그래프에 관한 여러 가지 자명하지 않은 결과들을 증명할 수 있다. 연습문제 65는 그런 식으로 증명할 수 있는 특히나 두드러진 예를 제공한다. 주된 이유 중 하나는, 행렬 곱셈을 유향 그래프의 맥락에서 간단하게 해석할 수 있다는 점이다. 행 $u$, 열 $v$의 성분이 다음을 만족하는 정방 행렬 $A$를 생각해 보자.

$$(A^2)_{uv} = \sum_{w \in V} a_{uw} a_{wv}. \tag{28}$$

성분 $a_{uw}$가 $u$에서 $w$로의 호들의 개수이므로, $a_{uw}a_{wv}$는 $u \longrightarrow w \longrightarrow v$ 형태의 걷기들의 개수임을 알 수 있다. 따라서 $(A^2)_{uv}$는 $u$에서 $v$로의 길이 2 걷기들의 전체 개수이다. 마찬가지로, 모든 $k \geq 0$에 대해 $A^k$의 성분들은 임의의 정점 순서쌍 사이의 길이 $k$ 걷기들의 전체 개수를 말해 준다. 예를 들어 (27)의 행렬 $A$는 다음을 만족한다.

$$A = \begin{pmatrix}2&1&0\\1&0&2\\0&2&4\end{pmatrix},\quad A^2 = \begin{pmatrix}5&2&2\\2&5&8\\2&8&20\end{pmatrix},\quad A^3 = \begin{pmatrix}12&9&12\\9&18&42\\12&42&96\end{pmatrix}. \tag{29}$$

(26)의 다중그래프는 정점 1에서 정점 3으로의 길이 3 걷기가 총 12개이고 정점 2에서 그 자신으로의 그런 걷기는 18개이다.

정점들의 순서를 변경하면 인접성 행렬이 $A$에서 $P^- AP$로 변하는데, 여기서 $P$는 하나의 치환 행렬(각 행과 열에 1이 정확히 하나 있는 0-1 행렬)이고 $P^- = P^T$는 그것의 역치환을 위한 행렬이다. 따라서

$$\begin{pmatrix}210\\102\\024\end{pmatrix},\ \begin{pmatrix}201\\042\\120\end{pmatrix},\ \begin{pmatrix}012\\120\\204\end{pmatrix},\ \begin{pmatrix}021\\240\\102\end{pmatrix},\ \begin{pmatrix}402\\021\\210\end{pmatrix},\ \begin{pmatrix}420\\201\\012\end{pmatrix} \tag{30}$$

는 모두 (26)의 인접성 행렬들이며, 이 외의 인접성 행렬은 없다.

$n > 1$일 때 차수가 $n$인 그래프는 $2^{n(n-1)/2}/n!$개를 넘으며, 그 그래프들 대부분은 가장 경제적인 방식으로 부호화한다고 할 때 $\Omega(n^2)$개의 비트들이 필요하다. 따라서 모든 가능한 그래프의 대부분을 컴퓨터 안에서 표현하는 최상의(메모리 사용량의 관점에서) 방법은 본질적으로 그 인접성 행렬을 다루는 것이다.

그런데 실질적인 문제들에서 제기되는 그래프들은 모든 가능한 그래프 중에서 무작위로 뽑은 것들과는 상당히 다른 특징을 가진다. 실제 응용에서 다루는 그래프들은 대체로 '희소한(稀疎~,

sparse)', 그러니까 $n$이 상당히 작지 않은 한 간선들이 $\Omega(n^2)$개가 아니라 이를테면 $O(n \log n)$개인 그래프들이다. 이는 $\Omega(n^2)$개의 비트들로 이루어진 자료를 생성하기가 어렵기 때문이다. 예를 들어 정점들이 사람들에 해당하고 간선들이 친구 관계에 해당한다고 하자. 50억 명의 사람들 중 친구가 1만 명 이상인 사람은 아주 적을 것이다. 그러나 모든 사람이 평균 1만 명의 친구가 있다고 해도, 그래프의 간선 개수는 여전히 $2.5 \times 10^{13}$개 밖에 되지 않는다. 반면 차수가 50억인 그래프들의 거의 대부분은 간선이 근사적으로 $6.25 \times 10^{18}$개이다.

따라서 컴퓨터 안에서 그래프를 표현하는 최상의 방법은 인접성 행렬의 성분 $a_{uv}$들(모두 $n^2$개)을 일일이 기록하는 것과는 상당히 다른 경우가 많다. 대신, Stanford GraphBase의 알고리즘들은 §2.2.6에서 논의한 희소 행렬의 연결된 표현과 상당히 비슷한, 그러나 다소 단순화된 자료구조에 맞게 개발된 것이다. 그러한 접근방식은 유연하고 효율적일 뿐만 아니라 사용하기도 쉬움이 판명되었다.

SGB의 유향 그래프 표현은 순차 할당과 연결된 할당의 조합으로, 기본적으로 두 종류의 노드를 사용한다. 하나는 정점을 나타내는 노드이고 또 하나는 호를 나타내는 노드이다. (그래프 전체를 나타내는 세 번째 종류의 노드도 있다. 이것은 여러 개의 그래프들을 한 번에 다루는 알고리즘을 위한 것이다. 그러나 그래프 노드는 그래프 당 하나만 있으면 되므로, 대부분의 노드는 정점 노드 아니면 호 노드이다.)

이 표현 방식을 설명하자면 이렇다. SGB의 모든 차수 $n$, 크기 $m$ 유향 그래프는 $n$개의 정점 노드들로 이루어진 순차 배열을 기초로 구축된다. 순차 배열을 사용한 덕분에 $0 \leq k < n$인 정점 $k$에 손쉽게 접근할 수 있다. 반면 $m$개의 호 노드들은 본질적으로는 구조화되지 않은 일반적인 메모리 풀 안에 서로 연결되어 있다. 일반적으로 각 정점 노드는 32바이트를 차지하며, 각 호 노드는 20바이트를 차지한다(그리고 그래프 노드는 220바이트를 차지한다). 그러나 노드 크기들을 변경하는 것은 어렵지 않은 일이다. 각 노드에는 모든 경우에서 고정되고 명확한 의미를 가지는 필드들이 몇 개 있다. 그 외의 필드들은 알고리즘마다 다른 목적으로, 또는 한 알고리즘의 서로 다른 페이즈에서 다른 목적으로 사용할 수 있다. 용도가 고정된 필드를 '표준 필드(standard field)'라고 부르고, 다목적 필드를 '범용 필드(utility field)'라고 부른다.

정점 노드에는 표준 필드가 두 개 있다. 하나는 NAME이고 또 하나는 ARCS이다. 한 정점 노드를 가리키는 변수 $v$를 정점 변수라고 부르기로 하자. 그러면 NAME($v$)는 정점의 이름, 즉 사람이 읽을 출력에서 해당 정점을 식별하는 데 쓰이는 문자열†을 가리킨다. 예를 들어 (17)에 나온 그래프의 49개의 정점들의 이름은 CA, WA, OR, ..., RI이다. 알고리즘에서는 또 다른 표준 필드 ARCS($v$)가 훨씬 더 중요하다. 이 필드는 정점 $v$에서 시작하는 모든 호마다 하나씩의 노드로 이루어진 길이 $d^{+}(v)$의 단일 연결 목록의 첫 호 노드를 가리킨다.

† 〔옮긴이 주〕 이 책에서 '문자열'은 프로그래밍 언어에서 흔히 말하는 문자열에 해당하는 string of characters를 옮긴 것인 경우도 있고 좀 더 일반적인 string을 옮긴 것인 경우도 있다. 그런데 숫자, 특수 기호, 모스 부호 등도 크게 보면 모두 '문자'이므로, 둘의 구분이 크게 중요한 것은 아니다.

각 호 노드에는 TIP과 NEXT라는 두 표준 필드가 있다. 하나의 호 노드를 가리키는 변수 $a$를 호 변수라고 부르기로 하자. TIP($a$)는 호 $a$의 끝에 해당하는 정점 노드를 가리킨다. NEXT($a$)는 시작 정점이 $a$의 것과 일치하는 다음 번 호를 나타내는 호 노드를 가리킨다.

외향 도수가 0인 정점 $v$는 ARCS($v$) $=\Lambda$ (널 포인터)로 두어서 표현한다. 한편, 외향 도수가 이를테면 3이라고 하면, 해당 자료구조는 ARCS($v$) $= a_1$, NEXT($a_1$) $= a_2$, NEXT($a_2$) $= a_3$, NEXT($a_3$) $=$ $\Lambda$인 세 개의 호 노드들을 담는다. 그리고 $v$에서 시작하는 세 호들은 TIP($a_1$), TIP($a_2$), TIP($a_3$)으로 이어진다.

예를 들어 정점 $v$의 외향 도수를 계산해서 ODEG라는 범용 필드에 저장한다고 하자. 이는 쉬운 일이다.

$a \leftarrow$ ARCS($v$), $d \leftarrow 0$으로 설정한다.
$a \neq \Lambda$인 동안 $d \leftarrow d+1$, $a \leftarrow$ NEXT($a$)로 설정한다. (31)
ODEG($v$) $\leftarrow d$로 설정한다.

그래프나 다중그래프를 앞에서 언급한 방식으로 유향 그래프로 간주하는 경우, 각각의 간선 $u — v$는 두 호 $u \longrightarrow v$, $v \longrightarrow u$와 동치이다. 이 두 호를 '상대들(mates)'이라고 부른다. 이들은 두 개의 호 노드, 이를테면 $a$와 $a'$을 차지하는데, 여기서 $a$는 $u$에서 시작하는 호들의 목록에 나타나고 $a'$은 $v$에서 시작하는 호들의 목록에 나타난다. 그러면 TIP($a$) $= v$이고 TIP($a'$) $= u$이다. 또한, 알고리즘 안에서 한 목록에서 다른 목록으로 빠르게 이동하고 싶다면 다음과 같은 표현을 사용할 수 있다.

$$\text{MATE}(a) = a', \qquad \text{MATE}(a') = a. \tag{32}$$

그러나 한 호에서 그 상대로의 명시적인 포인터를 저장해야 하는, 또는 호 노드마다 MATE라는 이름의 범용 필드를 두어야 하는 경우는 별로 없다. 자료구조가 현명하게 구축되어 있다면, 필요한 연결을 암묵적으로 유추하는 것이 가능하기 때문이다.

암묵적인 상대 찾기 요령은 다음과 같다. 유향이 아닌 그래프나 다중그래프의 각 간선 $u — v$를 생성할 때, $u \longrightarrow v$와 $v \longrightarrow u$에 대한 연속적 호 노드들을 도입한다. 예를 들어 호 노드 하나가 20바이트라고 하면, 각각의 새 쌍마다 40개의 연속적인 바이트들을 마련한다. 또한 그 첫 바이트의 메모리 주소가 항상 8의 배수가 되게 한다. 그러면, 호 노드 $a$가 메모리 장소 $\alpha$에 있다고 할 때, 그 호의 상대는 다음 장소에 있다.

$$\left\{\begin{array}{ll}\alpha+20, & \text{만일 } \alpha \bmod 8 = 0\text{이면}\\ \alpha-20, & \text{만일 } \alpha \bmod 8 = 4\text{이면}\end{array}\right\} = \alpha - 20 + (40 \mathbin{\&} ((\alpha \mathbin{\&} 4) - 1)). \tag{33}$$

이런 요령은 연산들을 몇 조 번씩 수행해야 하는 조합 문제들에서 아주 유용하다. 그런 문제들에서는 연산 당 3.6나노초를 줄일 수 있다면 계산을 한 시간 먼저 끝낼 수 있기 때문이다. 그러나 (33)의 공식을 한 구현에서 다른 구현으로 직접 '이식'할 수 있는 것은 아니다. 예를 들어 한 호의 크기를 20에서 24로 바꾼다면, (33)에 나오는 수치 40, 20, 8, 4를 각각 48, 24, 16, 8로 바꾸어야 한다.

이 책의 알고리즘들은 노드 크기에 대해 어떠한 가정도 두지 않는다. 대신, C 프로그래밍 언어와 그 후손들에 쓰이는 관례를 채용하기로 하자. 즉, $a$가 어떤 호 노드를 가리킨다면, '$a+1$'은 메모리 안에서 그 호 노드 다음의 호 노드를 가리키는 포인터를 뜻한다고 하자. 일반화하자면,

$$\texttt{LOC(NODE(}a+k\texttt{))} = \texttt{LOC(NODE(}a\texttt{))} + kc \tag{34}$$

이다. 여기서 $c$는 한 호 노드의 바이트 수이다. 비슷하게, 만일 $v$가 정점 변수라고 할 때, '$v+k$'는 노드 $v$ 다음의 $k$번째 정점 노드이다. 그 노드의 실제 메모리 장소는 $v$에 $k$ 곱하기 정점 노드 크기를 더한 것이다.

그래프 노드 $g$의 표준 필드로는 호 전체 개수 M($g$), 정점 전체 개수 N($g$), 모든 정점 노드의 순차 목록의 첫 정점 노드를 가리키는 포인터 VERTICES($g$), 그래프 식별자 ID($g$)가 있다. 그래프 식별자는 words(5757,0,0,0) 같은 문자열이다. 그 외에 그래프를 키우거나 줄일 때 메모리를 할당 또는 재사용하는 데 필요한 필드들도 있으며, 한 그래프를 다른 사용자나 그래프 조작 시스템과 연동하기 위한 외부 형식으로 내보내는(export) 데 쓰이는 필드들도 있다. 그러나 이 책에서는 그런 그래프 노드 필드들을 언급할 필요가 거의 없으며, 여기서 SGB 형식을 완전하게 서술할 필요도 없다. 이번 장의 거의 모든 그래프 알고리즘들을, 컴퓨터 프로그램의 비트 수준으로 내려가는 대신 상당히 추상적인 수준에서 일상 언어로 설명할 것이기 때문이다.

**간단한 그래프 알고리즘 하나.** 이후에 나올 종류의 중상 수준 알고리즘의 한 예로, 정리 B의 증명을 주어진 그래프가 이분열 그래프라면 그 정점들을 두 가지 색으로 칠하는 단계별 절차로 변환해 보자.

**알고리즘 B** (이분열 검정)**.** SGB 형식으로 표현된 그래프가 주어졌을 때, 이 알고리즘은 각 정점 $v$에 대해 COLOR($v$) $\in \{0,1\}$인 2채색 구성을 찾아낸다. 단, 유효한 2채색 구성이 없으면 결과를 실패로 하여 실행을 끝낸다. 여기서 COLOR는 각 정점 노드의 한 범용 필드이다. 또 다른 정점 범용 필드 LINK($v$)는 그 이웃들을 아직 점검하지 않은 모든 유색 정점의 스택을 관리하는 데 쓰이는 정점 노드 포인터이다. 보조 정점 변수 $s$는 이 스택의 최상위를 가리킨다. 알고리즘은 또한 정점들을 위해 변수 $u$, $v$, $w$를, 그리고 호들을 위해 변수 $a$를 사용한다. 정점 노드들은 $0 \le k < n$에 대해 $v_0+k$라고 가정된다.

**B1.** [초기화.] $0 \le k < n$에 대해 COLOR($v_0+k$) $\leftarrow -1$로 설정한다. (이제 모든 정점은 무색이다.) 그런 다음 $w \leftarrow v_0+n$으로 설정한다.

**B2.** [끝인가?] (이 시점에서 $\ge w$인 모든 정점은 유색이고, 모든 유색 정점의 이웃들도 유색이다.) 만일 $w=v_0$이면 성공을 결과로 하여 알고리즘을 끝낸다. 그렇지 않으면 $w \leftarrow w-1$로, 즉 다음번의 더 낮은 정점 노드로 설정한다.

**B3.** [필요하다면 $w$에 색을 칠한다.] 만일 COLOR($w$) $\ge 0$이면 B2로 돌아간다. 그렇지 않으면 COLOR($w$) $\leftarrow 0$, LINK($w$) $\leftarrow \Lambda$, $s \leftarrow w$로 설정한다.

**B4.** [스택 $\Rightarrow u$.] $u \leftarrow s$, $s \leftarrow$ LINK($s$), $a \leftarrow$ ARCS($u$)로 설정한다. (이제부터 유색 정점 $u$의 모든 이웃을 조사한다.)

**B5.** 〔$u$를 다 처리했는가?〕 만일 $a = \Lambda$이면 B8로 간다. 그렇지 않으면 $v \leftarrow$ TIP($a$)로 설정한다.

**B6.** 〔$v$를 처리한다.〕 만일 COLOR($v$) $< 0$이면 COLOR($v$) $\leftarrow 1 -$ COLOR($u$), LINK($v$) $\leftarrow s$, $s \leftarrow v$로 설정한다. 그렇지 않고 만일 COLOR($v$) $=$ COLOR($u$)이면 실패를 결과로 하여 알고리즘을 끝낸다.

**B7.** 〔$a$에 대한 반복.〕 $a \leftarrow$ NEXT($a$)로 설정하고 B5로 돌아간다.

**B8.** 〔스택이 비지 않았는가?〕 만일 $s \neq \Lambda$이면 B4로 돌아간다. 그렇지 않으면 B2로 돌아간다. ▮

이 알고리즘은 §7.4.1에서 자세히 배울 '깊이 우선 탐색(depth-first search)'이라는 일반적인 그래프 운행 절차의 한 변형이다. 이 알고리즘의 실행 시간은 $m$이 호의 개수이고 $n$이 정점 개수라 할 때 $O(m+n)$이다(연습문제 70 참고). 따라서 이는 일반적인 경우인 희소 그래프들에 잘 적용된다. 알고리즘을 조금만 고치면 알고리즘이 실패로 끝날 때마다 홀수 길이 순환마디를 출력하도록, 그럼으로써 2채색이 불가능함을 증명하도록 할 수 있다(연습문제 72 참고).

**예제 그래프들.** Stanford GraphBase에는 실험에 사용할 아주 다양한 종류의 그래프들과 다중그래프들을 생성하는 능력을 가진 30개 이상의 생성기 루틴들로 이루어진 라이브러리가 포함되어 있다. *words* 그래프들은 이미 논의했다. 그럼 어떤 것들이 가능한지 감을 잡을 수 있도록, 다른 그래프들 몇 가지도 살펴보기로 하자.

- *roget*(1022, 0, 0, 0)은 정점이 1022개, 호가 5075개인 유향 그래프이다. 정점들은 로제P. M. Roget와 로제J. L. Roget가 그들의 유명한 19세기 어휘집 *Thesaurus* (London: Longmans, Green, 1879)에 포함시킨 단어들이나 개념들의 범주들을 나타낸다. 호들은 그 책에 나오는 범주들 사이의 상호 참조를 나타낸다. 예를 들어 전형적인 호들로 water ⟶ moisture, discovery ⟶ truth, preparation ⟶ learning, vulgarity ⟶ ugliness, wit ⟶ amusement 등이 있다.
- *book*("jean", 80, 0, 1, 356, 0, 0, 0)은 정점 80개, 간선 254개의 그래프이다. 정점들은 빅토르 위고Victor Hugo의 *레미제라블*의 등장인물들을 대표한다. 간선들은 그 소설에서 서로 만난 적이 있는 인물들을 연결한다. 전형적인 간선으로는 Fantine — Javert, Cosette — Thénardier 등이 있다.
- *bi_book*("jean", 80, 0, 1, 356, 0, 0, 0)은 정점 80+356개, 간선 727개의 이분열 그래프이다. 정점은 *레미제라블*의 주요 인물 또는 장(章)을 나타내고, 간선은 인물과 인물이 등장한 장을 연결한다(이를테면 Napoleon — 2.1.8, Marius — 4.14.4).
- *plane_miles*(128, 0, 0, 0, 1, 0, 0)은 정점 129개, 간선 381개의 평면 그래프이다. 정점들은 미합중국 또는 캐나다의 도시 128개를 나타낸다. 그 외에 '무한대에 있는 점'을 뜻하는 INF라는 특별한 정점이 있다. 간선들은 그 도시들의, 평면 안에서의 위도와 경도에 기초한 소위 들로네 삼각화(Delaunay triangulation)를 정의한다. 이는 만일 $u$와 $v$를 통과하되 다른 정점은 포함하지 않는 원이 존재하면, 그리고 오직 그럴 때에만 $u — v$임을 뜻한다. 또한 모든 도시 위치를 감싸는 볼록 덮개(convex hull) 위에 놓인 모든 정점과 INF 사이에도 간선들이 있다. 전형적인 간선은 Seattle, WA — Vancouver, BC — INF; Toronto, ON — Rochester, NY 등이다.

• *plane_lisa*(360, 250, 15, 0, 360, 0, 250, 0, 22950000)은 정점 3027개, 간선 5967개의 평면 그래프이다. 이것은 레오나르도 다빈치의 *모나리자*를 디지털화한 360행 250열 픽셀 이미지로부터 만들어진 것으로, 픽셀들을 0(흑)에서 15(백)까지의 16수준 회색조로 변환한 후 같은 수준의 픽셀들을 합쳐서 3027개의 영역들을 만들고 인접한 영역들을 연결한 것이다(그림 4 참고).

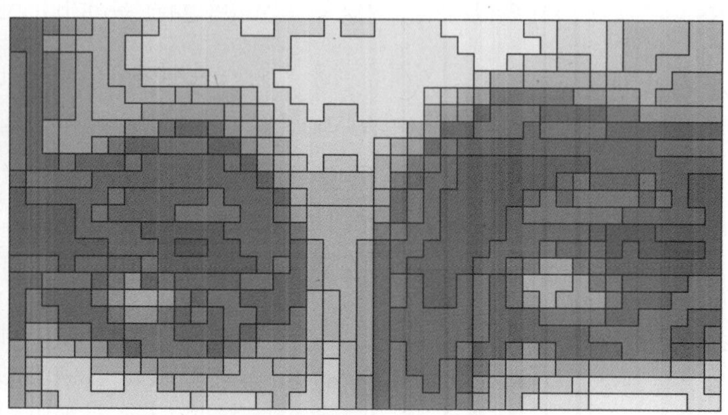

**그림 4.** *모나리자*를 디지털화한 결과와 그 세부를 확대한 모습(멀리서 보면 잘 보임).

• *bi_lisa*(360, 250, 0, 360, 0, 250, 8192, 0)은 정점 $360 + 250 = 610$개, 간선 40923개의 이분열 그래프이다. 이것도 다빈치의 걸작에서 비롯된 것으로, 이번에는 픽셀 밝기(회색조 수준)가 적어도 1/8인 행들과 열들을 연결한 것이다. 예를 들어 리자Lisa 부인의 '미소' 중간의 오른쪽에 간선 r102 — c113이 있다.

• *raman*(31, 23, 3, 1)은 SGB 그래프들 중 앞의 예들과는 그 성질이 상당히 다른 그래프의 하나이다. 이것은 언어나 문학 작품, 기타 인류 문명의 부산물에 근거한 것이 아니라, 엄밀한 수학적 원리에 기초한 소위 '라마누잔 확대 그래프(Ramanujan expander graph)'의 하나이다. 이 그래프의 $(23^3 - 23)/2 = 6072$개의 정점들은 전부 도수가 32이다. 따라서 간선은 97152개이다. 정점들은 법이 23이고 정칙인 $2 \times 2$ 행렬의 동치류(equivalent class)들에 해당한다. 전형적인 간선으로는 (2,7;1,1) — (4,6;1,3)이 있다. 라마누잔 그래프가 중요한 주된 이유는, 그 크기와 도수에 비해 둘레가 비정상적으로 크고 지름이 작다는 것이다. 지금 말하는 라마누잔 그래프는 둘레가 4, 지름이 4이다.

• 비슷하게, *raman*(5, 37, 4, 1)은 도수 6, 정점 50616개, 간선 151848개의 정규 그래프이다. 둘레 10, 지름 10이며 역시 이분열 그래프이다.

• *random_graph*(1000, 5000, 0, 0, 0, 0, 0, 0, 0, $s$)는 정점이 1000개, 간선이 5000개이고 종자값(seed)이 $s$인 그래프이다. 이것은 아무 간선도 없는 상태에서 시작해서, 의사난수를 이용해서 무작위로 $0 \le u, v < 1000$를 선택해서 간선 $u — v$를 추가(단, $u = v$이거나 이미 존재하는 간선이면 추가하지 않는다)하는 과정을 반복해서 '진화'시킨 것이다. $s = 0$일 때에는 고립된 정점 하나(908

번)를 제외한 모든 정점이 차수가 999인 거대 구성요소 하나에 속한다.

• $random_graph(1000, 5000, 0, 0, 1, 0, 0, 0, 0, 0)$은 정점 1000개, 호 5000개의 유향 그래프로, 앞의 그래프와 비슷한 종류의 진화를 통해서 얻은 것이다. (사실 이 유향 그래프의 호들은 $random_graph(1000, 5000, 0, 0, 0, 0, 0, 0, 0, 0)$의 일부이기도 하다.

• $subsets(5, 1, -10, 0, 0, 0, ^{\#}1, 0)$은 $\binom{11}{5} = 462$개의 정점들로 이루어진 그래프로, 각 정점은 $\{0, 1, ..., 10\}$의 각각의 5원소 부분집합에 대응된다. 간선들은 해당 부분집합들이 서로 소인(disjoint) 모든 정점쌍을 연결한다. 따라서 이 그래프는 도수가 6이고 간선이 1386개인 정규 그래프이다. 이것을 페테르센 그래프의 한 일반화로 간주할 수 있다. SGB에서 페테르센 그래프에 해당하는 그래프의 이름은 $subsets(2, 1, -4, 0, 0, 0, ^{\#}1, 0)$이다.

• $subsets(5, 1, -10, 0, 0, 0, ^{\#}10, 0)$도 정점이 462개이지만 인접성 규칙이 다르다. 이 그래프에서는 해당 부분집합들에 공통의 원소가 4개인 두 정점들이 모두 연결된다. 이 그래프는 도수 30, 간선 6930개의 정규 그래프이다.

• $parts(30, 10, 30, 0)$도 수학에 기초한 SGB 그래프이다. 정점은 3590개로, 30을 최대 10개의 부분으로 나누는 각 분할마다 하나의 정점이 있다. 한 분할을 나누어 다른 분할이 나오는 경우 그 두 분할은 인접한 것이다. 이 인접성 규칙에 의해 간선이 31377개가 나온다. 유향 그래프 $parts(30, 10, 30, 1)$도 이와 비슷하나, 짧은 분할에서 더 긴 분할로의 호(이를테면 13+7+7+3 ⟶ 7+7+7+6+3) 31377개로 이루어진다.

• $simplex(10, 10, 10, 10, 10, 0, 0)$은 정점 286개, 간선 1320개의 그래프이다. 정점들은 $x_i \geq 0$인 $x_1 + x_2 + x_3 + x_4 = 10$의 정수해들로, 말로 하자면 "모두 더해서 10이 되는 네 개의 음이 아닌 부분들로 이루어진 합성들"에 해당한다. 이들을 한 사면체 안의 점들의 무게중심 좌표들로 간주할 수도 있다. 3.1.4.2 — 3.0.4.3 같은 간선들은 서로 최대한 가까운 합성들을 연결한다.

• $board(8, 8, 0, 0, 5, 0, 0)$과 $board(8, 8, 0, 0, -2, 0, 0)$은 정점 64개의 그래프로, 168개 또는 280개의 간선들은 체스의 기사 또는 주교(bishop)의 움직임들에 대응된다.

SGB 그래프 생성기의 매개변수들을 달리 둠으로써, 이 외에도 수없이 많은 예들을 만들어 낼 수 있다. 예를 들어 그림 5는 $board$와 $simplex$의 간단한 변형 두 가지이다. 그리고 다소 난해한 $board$의 규칙이 연습문제 75에서 좀 더 설명된다.

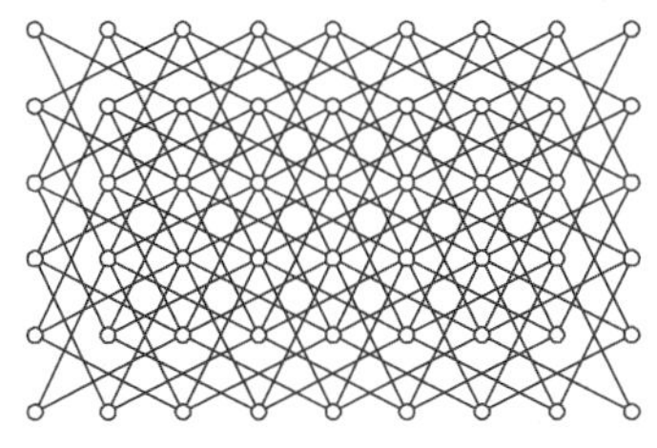

$board(6, 9, 0, 0, 5, 0, 0)$
(6×9 체스판에서의 기사의 이동들)

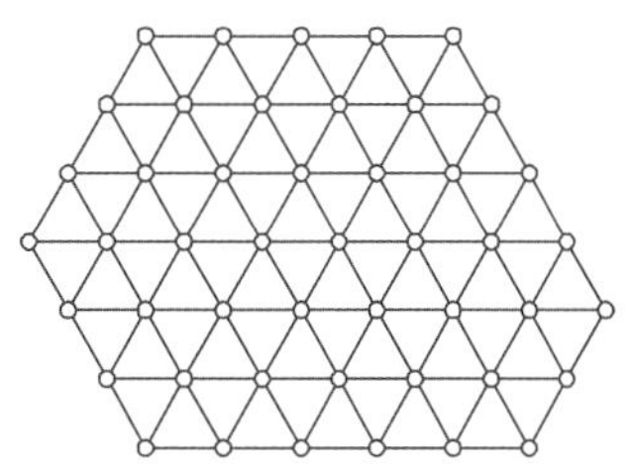

$simplex(10, 8, 7, 6, 0, 0, 0)$
(절단된 삼각형 격자)

**그림 5.** 보드 게임에 관련된 SGB 그래프의 예.

**그래프 대수학.** 이미 있는 그래프에 여러 연산들을 가해서 새로운 그래프를 얻을 수도 있다. 예를 들어 $G=(V,E)$가 임의의 그래프라고 할 때, 다음과 같이 둔다면 그 그래프의 여餘(complement) 그래프 $\overline{G}=(V,\overline{E})$가 나온다.

$$\overline{G}\text{에서 } u - v\text{임} \quad\Longleftrightarrow\quad G\text{에서 } u \neq v\text{이고 } u \not- v\text{임}. \tag{35}$$

즉, 간선이 아닌 것이 간선이 되고 간선은 간선이 아닌 것이 되는 것이다. $\overline{\overline{G}}=G$이며, $\overline{K_n}$에는 간선이 없음을 주목하기 바란다. 이 그래프들에 대응되는 두 인접성 행렬 $A$와 $\overline{A}$는 다음을 만족한다.

$$A+\overline{A}=J-I. \tag{36}$$

여기서 $J$는 성분들이 모두 1인 행렬이고 $I$는 단위행렬이다. 따라서 $G$의 차수가 $n$이라 할 때 $J$와 $J-I$는 각각 $J_n$과 $K_n$의 인접성 행렬들이다.

더 나아가서, 모든 그래프 $G=(V,E)$는 그 간선 $E$들을 정점으로 하는 선 그래프(line graph) $L(G)$로 이어진다. $L(G)$에서 $G$의 두 간선은 공통의 정점이 존재하면 서로 인접한 것이다. 따라서, 예를 들어 선 그래프 $L(K_n)$의 정점은 $\binom{n}{2}$개이다. 그리고 $n \geq 2$일 때 $L(K_n)$은 차수가 $2n-4$인 정규 그래프이다(연습문제 82 참고). 해당 선 그래프가 $k$-채색가능인 그래프를 $k$-간선 채색가능(edge-colorable)이라고 부른다.

두 그래프 $G=(U,E)$와 $H=(V,F)$의 합合(union) 그래프 $G\cup H$는 정점들과 간선들을 결합해서 얻은 그래프 $(U\cup V, E\cup F)$이다. 예를 들어 $G$와 $H$가 체스의 루크(rook, 성장城將)와 주교의 움직임들의 그래프라고 할 때, $G\cup H$는 여왕의 움직임들의 그래프이다. 그러한 그래프의 공식 SGB 이름은 다음과 같다.

$$gunion(board(8,8,0,0,-1,0,0), board(8,8,0,0,-2,0,0),0,0). \tag{37}$$

정점 집합 $U$와 $V$가 서로 소인 특별한 경우, 합 그래프 $G\cup H$는 정점들을 상호상관관계(cross-correlation)를 위한 그 어떤 일관된 방식으로 식별할 수 있어야 한다고 요구하지 않는다. 그냥 $H$의 도식 옆에 $G$의 도식을 그리면 $G\oplus H$의 도식이 된다. 이러한 특수 경우를 '병치倂置(juxtaposition)' 또는 직합(direct sum)이라고 부른다. 예를 들어

$$K_m \oplus K_n \cong \overline{K_{m,n}} \tag{38}$$

이 성립하며, 모든 그래프가 자신의 연결된 구성요소들의 직합임을 보이는 것은 쉬운 일이다.

(38)은 다음과 같은 일반 형태의 한 특별한 경우이다.

$$K_{n_1}\oplus K_{n_2}\oplus\cdots\oplus K_{n_k} \cong \overline{K_{n_1,n_2,\ldots,n_k}}. \tag{39}$$

(39)는 $k \geq 2$일 때 완전 $k$분열 그래프에 항상 성립한다. 그러나 $k=1$일 때에는 성립하지 않는데, 왜냐하면 다음과 같은 수치스러운 사실 때문이다: 그래프 이론에서 완전 그래프를 위한 표준 표기법은 일관되지 않다! 구체적으로 말하면, $K_{m,n}$은 하나의 완전 2분열 그래프이지만, $K_n$은 완전 1분열 그래프를 뜻하는 것이 아니다. 그래프 이론가들은 광분상태로 빠지지 않고 이러한 예외를 수십 년간

잘도 참아 왔다.

서로 소인 그래프 $G$와 $H$를 결합하는 또 다른 중요한 방법은 이음(join)을 이용하는 것이다. 이음으로 만들어진 그래프 $G - H$는 $G \oplus H$에 $u \in U$이고 $v \in V$인 간선 $u - v$들까지 모두 추가한 것이다. [A. A. Zykov, *Mat. Sbornik* **24** (1949), 163–188, §I.3을 보라.] 그리고 만일 $G$와 $H$가 서로 소인 유향 그래프들인 경우, 비슷한 방식으로 유향 이음(directed join) $G \longrightarrow H$를 만들 수 있다. 단, 유향 이음에서는 $G \oplus H$에 $U$에서 $V$로의 단방향 호 $u \longrightarrow v$들만 추가한다.

두 행렬 $A$와 $B$의 직합은 $B$를 $A$의 오른쪽 아래에 놓아서 만든다.

$$A \oplus B = \begin{pmatrix} A & O \\ O & B \end{pmatrix}. \tag{40}$$

여기서 각 $O$는 성분이 모두 0인 행렬로, 그 행과 열의 개수는 모든 것이 제대로 맞아 떨어지도록 하는 적당한 수이다. 그래프들의 직합을 $G \oplus H$로 표기하는 것은 $G \oplus H$의 인접성 행렬이 바로 $G$와 $H$의 해당 인접성 행렬 $A$와 $B$의 직합이라는 점과 잘 맞는다. 비슷하게, $G - H$와 $G \longrightarrow H$, $G \longleftarrow H$의 인접성 행렬들은 각각 다음과 같다.

$$A - B = \begin{pmatrix} A & J \\ J & B \end{pmatrix}, \qquad A \longrightarrow B = \begin{pmatrix} A & J \\ O & B \end{pmatrix}, \qquad A \longleftarrow B = \begin{pmatrix} A & O \\ J & B \end{pmatrix}. \tag{41}$$

여기서 $J$는 (36)에서처럼 1로만 된 행렬이다. 이 연산들은 결합법칙을 만족하며, 상보 관계(complementation)를 이룬다.

$$A \oplus (B \oplus C) = (A \oplus B) \oplus C, \qquad A - (B - C) = (A - B) - C; \tag{42}$$

$$A \longrightarrow (B \longrightarrow C) = (A \longrightarrow B) \longrightarrow C, \qquad A \longleftarrow (B \longleftarrow C) = (A \longleftarrow B) \longleftarrow C; \tag{43}$$

$$\overline{A \oplus B} = \overline{A} - \overline{B}, \qquad \overline{A - B} = \overline{A} \oplus \overline{B}; \tag{44}$$

$$\overline{A \longrightarrow B} = \overline{A} \longleftarrow \overline{B}, \qquad \overline{A \longleftarrow B} = \overline{A} \longrightarrow \overline{B}; \tag{45}$$

$$(A \oplus B) + (A - B) = (A \longrightarrow B) + (A \longleftarrow B). \tag{46}$$

(39)를 (42), (44)와 결합하면 다음이 나옴을 주목하자.

$$K_{n_1, n_2, \ldots, n_k} = \overline{K_{n_1}} - \overline{K_{n_2}} - \cdots - \overline{K_{n_k}} \tag{47}$$

단, $k \geq 2$이다. 또한, $K_1$을 $n$번 복사해서 다음을 얻을 수 있다.

$$K_n = K_1 - K_1 - \cdots - K_1, \qquad K_n^{\rightarrow} = K_1 \longrightarrow K_1 \longrightarrow \cdots \longrightarrow K_1. \tag{48}$$

이는 $K_n = K_{1,1,\ldots,1}$이 완전 $n$분열 그래프임을 말해준다.

$\overline{K_m} \oplus \overline{K_n} = \overline{K_{m+n}}$이고 $K_m - K_n = K_{m+n}$이라는 점에서, 직합과 이음을 덧셈에 비견할 수 있다. 또한 그래프들을 곱셈과 비견할 수 있는 대수적 연산들로 결합하는 것도 가능하다. 예를 들어 $m$차 그래프 $G = (U, E)$와 $n$차 그래프 $H = (V, F)$에 데카르트 곱(Cartesian product) 연산을 가하면 $mn$차 그래프 $G \,\square\, H$가 나온다. $G \,\square\, H$의 정점들은 $u \in U$이고 $v \in V$인 순서쌍 $(u, v)$들이

다. 간선들은 $G$에서 $u — u'$인 $(u, v) — (u', v)$들과 $H$에서 $v — v'$인 $(u, v) — (u, v')$들이다. 다른 말로 하면, $G \square H$는 $G$의 각 정점을 $H$의 복사본으로 대체하고, $G$의 각 간선을 적절한 복사본들의 해당 정점들 사이의 간선들로 대체해서 만든 그래프이다.

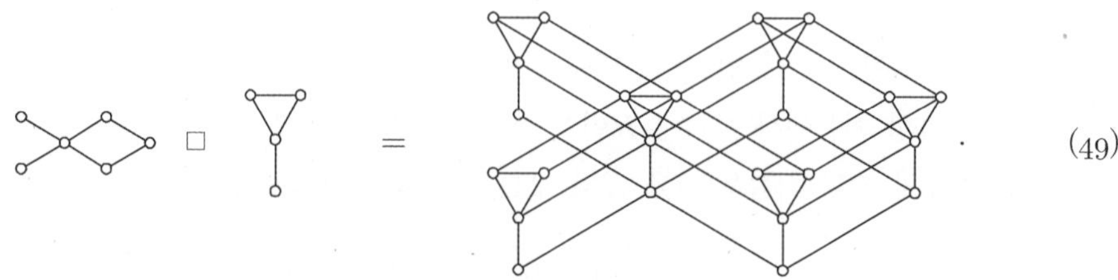

(49)

항상 그렇듯이, 실제 응용에서는 이러한 일반적인 구성의 가장 간단한 특수 경우들이 특히나 중요하다. $G$와 $H$가 둘 다 경로나 순환마디이면 '모눈종이 그래프(graph-paper graph)'들, 즉 $m \times n$ 격자 $P_m \square P_n$과 $m \times n$ 원기둥 $P_m \square C_n$, $m \times n$ 원환체(torus) $C_m \square C_n$이 나온다. 다음은 $m = 3$이고 $n = 4$일 때의 격자, 원기둥, 원환체 그래프를 나타낸 것이다.

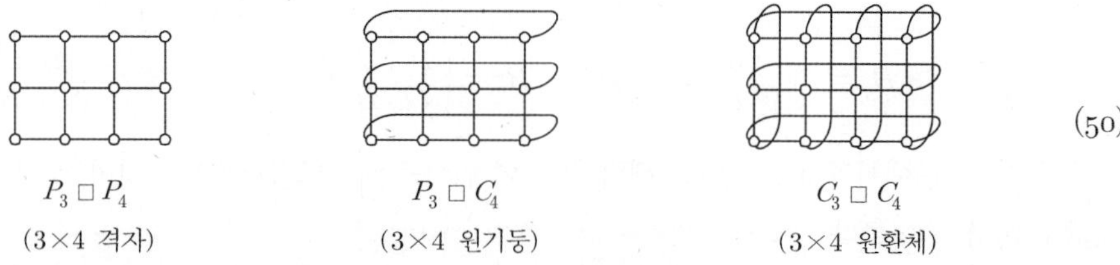

(50)

$P_3 \square P_4$ (3×4 격자) $P_3 \square C_4$ (3×4 원기둥) $C_3 \square C_4$ (3×4 원환체)

그 외에도, 그래프들의 곱을 정의하는 또 다른 주목할 만한 방식 네 가지가 유용함이 입증된 바 있다. 네 방식 모두, 곱 그래프의 정점들은 순서쌍 $(u, v)$들이다.

- 직곱(direct product) $G \otimes H$는 $G$에서 $u — u'$이고 $H$에서 $v — v'$일 때 $(u, v) — (u', v')$이다. 이를 $G$와 $H$의 '논리곱(conjunction)' 또는 '범주곱(categorical product)'이라고도 부른다.
- 강곱(strong product) $G \boxtimes H$는 $G \square H$의 간선들을 $G \otimes H$의 간선들과 결합한다.
- 홀곱(odd product) $G \triangle H$에서는 $G$에서 $u — u'$일 때 또는 $H$에서 $v — v'$일 때 $(u, v) — (u', v')$이나, 둘 다일 때에는 아니다.
- 사전순곱(lexicographic product) $G \circ H$는 $G$에서 $u — u'$일 때 $(u, v) — (u', v')$이고 $H$에서 $v — v'$일 때 $(u, v) — (u, v')$이다. 이를 $G$와 $H$의 '합성(composition)'이라고도 부른다.

이 다섯 연산들은 모두, $k \geq 2$라 할 때 $1 \leq j \leq k$에 대해 $v_j \in V_j$인 순서 있는 $k$-짝 $(v_1, \ldots, v_k)$들을 정점들로 하는 그래프 $G_1 = (V_1, E_1), \ldots, G_k = (V_k, E_k)$들의 곱 연산들로도 자연스럽게 연장된다. 예를 들어 $k = 3$일 때 데카르트 곱 $G_1 \square (G_2 \square G_3)$과 $(G_1 \square G_2) \square G_3$은 동형이다(합성 정점 $(v_1, (v_2, v_3))$과 $((v_1, v_2), v_3)$이 $(v_1, v_2, v_3)$과 같은 것이라고 간주한다면). 따라서 이 데카르트 곱을 괄호 없이 $G_1 \square G_2 \square G_3$이라고 표기할 수 있다. 계수가 $k$개인 데카르트 곱의 가장 중요한 예는 다음과 같은 $k$-입방체이다.

$$P_2 \square P_2 \square \cdots \square P_2. \qquad (51)$$

이것의 $2^k$개의 정점 $(v_1, \ldots, v_k)$들은 해당 해밍 거리가 1일 때 인접하다.

일반화하자면, 정점들의 두 $k$-짝 $v = (v_1, \ldots, v_k)$와 $v' = (v'_1, \ldots, v'_k)$에 대해, 아래첨자 $j$들 중 $G_j$에서 $v_j — v'_j$가 성립하는 것들은 정확히 $a$개이고 $v_j = v'_j$인 것은 정확히 $b$개이다. 그러면 다음이 성립한다:

- 오직 $a = 1$이고 $b = k - 1$일 때에만 $G_1 \square \cdots \square G_k$에서 $v — v'$이다.
- 오직 $a = k$이고 $b = 0$일 때에만 $G_1 \otimes \cdots \otimes G_k$에서 $v — v'$이다.
- 오직 $a + b = k$이고 $a > 0$일 때에만 $G_1 \boxtimes \cdots \boxtimes G_k$에서 $v — v'$이다.
- 오직 $a$가 홀수일 때에만 $G_1 \triangle \cdots \triangle G_k$에서 $v — v'$이다.

사전순곱은 교환법칙이 성립하지 않기 때문에 이와는 다소 다르다. $G_1 \circ \cdots \circ G_k$에서 $v \neq v'$에 대해 오직 $v_j — v'_j$일 때에만 $v — v'$이다. 여기서 $j$는 $v_j \neq v'_j$를 만족하는 최소 아래첨자이다.

연습문제 91~102는 그래프 곱들의 몇 가지 기본 속성들을 살펴본다. 또한 Wilfried Imrich와 Sandi Klavžar의 책 *Product Graphs* (2000)도 보라. 일반 이론에 관한 포괄적인 입문서인 그 책에는 주어진 그래프를 '기약(prime)' 부분그래프로 인수분해하는 알고리즘들도 나온다.

***그래프적 도수열.** $d_1 d_2 \ldots d_n$이 음이 아닌 정수들의 수열이라 할 때, 만일 정점 $\{1, 2, \ldots, n\}$에 대해 정점 $k$의 도수가 $d_k$인 그래프가 하나라도 존재한다면 그 수열을 그래프적이다(graphical)라고 일컫는다. 여기서 $d_1 \geq d_2 \geq \cdots \geq d_n$라고 가정할 수 있다. 그러한 모든 그래프에서 $d_1 < n$임은 자명하다. 그리고 임의의 그래프적 수열의 합 $m = d_1 + d_2 + \cdots + d_n$은 항상 짝수이다. 그 합은 간선 개수의 두 배이기 때문이다. 더 나아가서, 수열 3311이 그래프적이지 않음을 보이는 것은 쉬운 일이다. 왜냐하면 (간단한) 그래프에서는 두 정점 사이의 간선이 많아야 하나이기 때문이다. 따라서 그래프적 수열들이 추가적인 조건들을 만족함이 틀림없다. 어떤 조건들이 있을까?

주어진 수열 $d_1 d_2 \ldots d_n$이 그래프적인지를 판단하는, 그리고 그러한 그래프가 존재하는 경우 그래프를 구축하는 간단한 방법 하나를 하벨V. Havel이 발견했다[*Časopis pro Pěstování Matematiky* **80** (1955), 477–479]. 그 방법은 이렇다. 행 $k$에 $d_k$개의 칸들이 있는 빈 타블로(tableau) 하나로 시작한다. 그 칸들은 구축된 그래프에서 정점 $k$의 이웃이 되는 정점들을 집어넣을 '슬롯'들에 해당한다. 열 $j$에 있는 칸들의 개수를 $c_j$라고 하자. 그러면 $c_1 \geq c_2 \geq \cdots$이며, $1 \leq k \leq n$인 경우 오직 $d_k \geq j$일 때에만 $c_j \geq k$이다. 예를 들어 $n = 8$이고 $d_1 \ldots d_8 = 55544322$일 때의 초기 타블로는 다음과 같다.

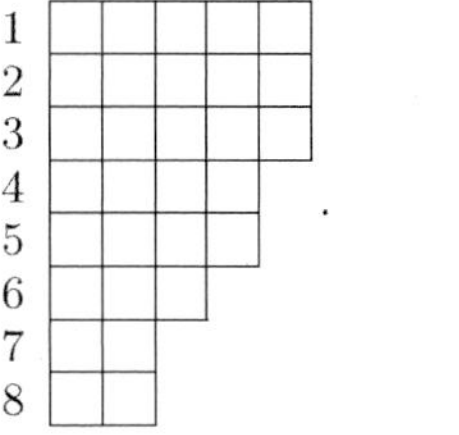


(52)

그리고 $c_1 \ldots c_5 = 88653$이다. 하벨의 착안은, 정점 $n$을 도수가 가장 높은 $d_n$개의 정점들과 짝짓는다는 것이다. 예를 들어 지금의 경우에는 간선 $8 — 3$과 $8 — 2$를 만들 수 있다. 그러면 타블로는 다음과 같은 모습이 된다.

(53)

(타블로의 형태를 유지하기 위해 빈 슬롯들을 계속 남겨두어야 하므로 $8 — 1$은 만들지 말아야 한다. 각 열의 칸들은 반드시 아래에서 위쪽으로 채워나가야 한다.) 다음으로, $n \leftarrow 7$로 설정하고 간선 $7 — 1$과 $7 — 5$를 만든다. 그런 다음에는 세 개의 간선 $6 — 4$, $6 — 3$, $6 — 2$를 만든다. 그러면 타블로가 거의 반 정도 채워진다.

(54)

이렇게 해서 문제를 도수열이 $d_1 \ldots d_5 = 43333$인 그래프를 찾는 것으로 축소해냈다. 또한 이제는 $c_1 \ldots c_4 = 5551$이다. 타블로의 나머지 칸들을 연습문제 103의 답을 보지 말고 채워보기 바란다.

**알고리즘 H** (지정된 도수열에 해당하는 그래프 생성). 수열 $d_1 \geq \cdots \geq d_n \geq d_{n+1} = 0$이 주어졌을 때, 이 알고리즘은 정점 $\{1, \ldots, n\}$들 사이의 간선들을, $1 \leq k \leq n$에 대해 정점 $k$와 만나는 간선이 정확히 $d_k$개가 되도록 생성한다. 단, 수열 $d_1 \ldots d_n$이 그래프적 수열이 아니면 결과를 실패로 하여 실행을 끝낸다. 알고리즘은 배열 $c_1 \ldots c_{d_1}$을 보조 저장소로 사용한다.

**H1.** 〔$c$들을 설정한다.〕 $k \leftarrow d_1$과 $j \leftarrow 0$으로 시작한다. $k > 0$인 동안 다음 연산을 수행한다: $j \leftarrow j+1$로 설정한다. $k > d_{j+1}$인 동안 $c_k \leftarrow j$, $k \leftarrow k-1$로 설정한다. 만일 $j = 0$이면 결과를 성공으로 하여 알고리즘을 끝낸다($d$들이 모두 0인 경우임).

**H2.** 〔$n$을 구한다.〕 $n \leftarrow c_1$로 설정한다. 만일 $n = 0$이면 결과를 성공으로 하여 알고리즘을 끝낸다. 만일 $d_1 \geq n > 0$이면 실패로 끝낸다.

**H3.** 〔$j$에 대한 루프를 시작.〕 $i \leftarrow 1$, $t \leftarrow d_1$, $r \leftarrow c_t$, $j \leftarrow d_n$으로 설정한다.

**H4.** 〔새 간선을 생성.〕 $c_j \leftarrow c_j - 1$, $m \leftarrow c_t$로 설정한다. 간선 $n — m$을 만들고, $d_m \leftarrow d_m - 1$, $c_t \leftarrow m-1$, $j \leftarrow j-1$로 설정한다. 만일 $j = 0$이면 단계 H2로 돌아간다. 그렇지 않으면, 만일 $m = i$이면 $i \leftarrow r+1$, $t \leftarrow d_i$, $r \leftarrow c_t$로 설정한다(연습문제 104 참고). 단계 H4를 반복한다. ▮

알고리즘 H가 성공리에 끝나면 지정된 도수들을 가진 그래프가 만들어진다. 실패의 경우, 그러한 그래프의 구축이 불가능함을 어떻게 확신할 수 있을까? 여기서 핵심은 '다수결화(majorization)'라고 부르는 한 가지 중요한 개념이다. $d_1 \ldots d_n$과 $d'_1 \ldots d'_n$이 같은 정수의 두 분할들일 때(즉, 만일 $d_1 \geq \cdots \geq d_n$이고 $d'_1 \geq \cdots \geq d'_n$이며 $d_1 + \cdots + d_n = d'_1 + \cdots + d'_n$이면), 만일 $1 \leq k \leq n$에 대해 $d_1 + \cdots + d_k \geq d'_1 + \cdots + d'_k$이면 "$d_1 \ldots d_n$이 $d'_1 \ldots d'_n$을 다수결화한다"라고 칭한다.

**보조정리 M.** *만일 $d_1 \ldots d_n$이 그래프적이고 $d_1 \ldots d_n$이 $d'_1 \ldots d'_n$을 다수결화한다면, $d'_1 \ldots d'_n$ 역시 그래프적이다.*

증명. $d_1 \ldots d_n$과 $d'_1 \ldots d'_n$이 다음을 만족하는 단 두 곳에서만 다르다는 주장을 증명하는 것으로 충분하다.

$$d'_k = d_k - [k=i] + [k=j] \qquad i < j\text{일 때.} \tag{55}$$

왜냐하면 $d_1 \ldots d_n$이 다수결화하는 그 어떤 수열도 이와 같은 소(mini) 다수결화를 반복함으로서 얻을 수 있기 때문이다. (연습문제 7.2.1.4-55에서 다수결화를 자세히 논의한다.)

(55)는 $d_i > d'_i \geq d'_{i+1} \geq d'_j > d_j$임을 함의한다. 따라서 도수열이 $d_1 \ldots d_n$인 모든 그래프에는 $v — i$이고 $v \not— j$인 정점 $v$가 존재한다. 간선 $v — i$를 삭제하고 간선 $v — j$를 추가하면 요구된 그래프, 즉 도수열이 $d'_1 \ldots d'_n$인 그래프가 만들어진다. ▮

**따름정리 H.** *알고리즘 H는 $d_1 \ldots d_n$이 그래프적이면 항상 성공한다.*

증명. $n > 1$이라고 가정할 수 있다. $G$가 정점 $\{1, \ldots, n\}$에 대한, 도수열이 $d_1 \ldots d_n$인 임의의 그래프이고 $G'$이 $\{1, \ldots, n-1\}$에 의해 유도된 부분그래프라고 하자. 다른 말로 하면, $G'$은 $G$에서 정점 $n$과 그 정점에 이어진 $d_n$개의 간선들을 제거해서 나온 그래프이다. $G'$의 도수열 $d'_1 \ldots d'_{n-1}$은 $d_1 \ldots d_{n-1}$으로부터 얻는데, $d_n$개의 항목들 중 일부를 몇몇 항목들을 1 감소한 후 비증가순(nonincreasing order)으로 정렬한다. 정의에 의해 $d'_1 \ldots d'_{n-1}$은 그래프적이다. 단계 H3과 H4의 전략으로 생성한 새 도수열 $d''_1 \ldots d''_{n-1}$은 그러한 모든 $d'_1 \ldots d'_{n-1}$에 의해 다수결화되도록 고안된 것이다. 그러면 가장 큰 $d_n$ 항목들이 1 감소되기 때문이다. 따라서 새 $d''_1 \ldots d''_{n-1}$은 그래프적이다. 알고리즘 H는 $d_1 \ldots d_{n-1} \leftarrow d''_1 \ldots d''_{n-1}$로 설정하며, 따라서 $n$에 대해 귀납법을 적용하면 성공적인 종료가 증명된다. ▮

알고리즘 H의 실행 시간은 생성된 간선의 개수에 대략 비례하는데, 그 규모는 $n^2$일 수 있다. 주어진 수열 $d_1 \ldots d_n$이 그래프적인지를 $O(n)$의 단계만에 결정하는(아무런 그래프도 생성하지 않고) 좀 더 빠른 방법이 연습문제 105에 나온다.

**그래프를 넘어서.** 그래프나 유향 그래프의 정점이나 호에 추가적인 자료를 부여한 것을 망(networkd, 네트워크)이라고 부른다. 예를 들어 $words(5757, 0, 0, 0)$의 모든 정점에는 해당 5자 단어의 빈도에 대응되는 등급이 부여되어 있다. $plane_lisa(360, 250, 15, 0, 360, 0, 250, 0, 22950000)$의 모든 정점에는 0에서 15까지의 픽셀 밀도가 부여되어 있다. $board(8, 8, 0, 0, -2, 0, 0)$의 모든 호에는 체스 말의 한 움직임의 이동 거리를 반영한 길이가 부여되어 있다. 예를 들어 주교가 한 모서리에서 다른 모서리로 움직이는 호에 부여된 길이는 7이다. Stanford GraphBase에는 위에서 언급하지 않은 여러 개의 생성기들이 포함되어 있는데, 기본적으로 그것들은 흥미로운 구조를 가진 그래프를 생성하는 것이 아니라 흥미로운 망들을 생성하는 데 쓰이는 것이기 때문에 언급하지 않았다. 그런 생성기들을 간단히 소개하자면 다음과 같다.

• $miles(128, 0, 0, 0, 0, 127, 0)$은 128개의 정점들로 이루어진 망으로, 그 정점들은 앞에서 설명한 $plane\_miles$ 그래프에서와 동일한 북미 도시들에 해당한다. 그러나 $plane_miles$와는 달리 $miles$는 $\binom{128}{2}$개의 간선들로 이루어진 하나의 완전 그래프이다. 모든 간선은 정수 길이를 가지는데, 그 길이는 1949년에 승용차나 트럭을 타고 한 도시에서 다른 도시로 가기 위한 거리를 나타낸다. $miles$ 망에서 예를 들어 'Vancouver, BC'와 'West Palm Beach, FL'의 거리는 3496마일이다.

• $econ(81, 0, 0, 0)$은 정점 81개, 호 4902개의 망이다. 정점들은 미합중국 경제의 여러 분야들을 나타내며, 호들은 1985년 기준으로 한 분야에서 다른 분야로의 돈의 흐름을 나타낸다. 단위는 백만 달러이다. 예를 들어 Apparel(의류)에서 Household furniture(가정용 가구)로의 자금 흐름은 44이다. 이는 그 해에 가구 업계가 의류 업계에 $44,000,000을 지불했음을 뜻한다. 한 정점으로 들어오는 자금 흐름의 합은 그 정점에서 나가는 흐름의 합과 같다. 흐름이 0이 아닌 경우에만 호가 존재한다. Users라는 특별한 정점이 있는데, 이 정점은 한 제품의 총 수요를 나타내는 흐름들을 받는다. 그러한 최종 사용자 흐름들 중에는 음수인 것들이 많다. 그것이 정부 경제 관료들이 수입품들을 취급하는 방식이기 때문이다.

• $games(120, 0, 0, 0, 0, 0, 128, 0)$은 정점 120개, 호 1276개의 망이다. 정점들은 미국 대학 및 대학교 미식축구 팀들을 나타낸다. 호들은 치열했던 1990년 시즌에 시합을 했던 팀들을 연결한다. 호에는 획득한 점수가 부여된다. 예를 들어 호 Stanford ⟶ California의 값은 27이고 California ⟶ Stanford의 값은 25이다. 이는 1990년 11월 17일에 Stanford Cardinal 팀이 U. C. Berkeley의 Golden Bears를 27대 25로 이긴 사실을 반영한 것이다.

• $risc(16)$은 완전히 다른 종류의 망이다. 정점이 3240개이고 호가 7878개인 이 망은 유향 비순환 그래프(directed acyclic graph, 줄여서 'dag')를 정의한다. 유향 비순환 그래프는 지향 순환마디가 하나도 없는 유향 그래프를 말한다. 정점들은 부울 값을 가진 논리 게이트(gate)들을 대표한다. 호들은 이를테면 Z45 ⟶ R0:7~ 같은 형태인데, 이는 게이트 Z45의 값이 게이트 R0:7~의 입력임을 뜻한다. 각 게이트에는 종류(AND, OR, XOR, NOT, 걸쇠[latch], 또는 외부 입력)를 뜻하는 부호가 부여되며, 호에는 지연 시간을 뜻하는 길이 값이 부여된다. 이 망은 16비트 크기의 레지스터 16개를 관장하는 간단한 명령들을 수행할 수 있는 한 축소모형 RISC 칩을 위한 완전한 논리 회로를 담고 있다.

SGB의 모든 생성기에 관한 완전한 세부사항이 필자의 책 *The Stanford GraphBase* (New York: ACM Press, 1994)에 나와 있다. 그 책에는 생성기가 산출하는 그래프와 망을 조작하는 방법을 보여 주는 짧은 예제 프로그램들도 수십 개 수록되어 있는데, 예를 들어 LADDERS라는 프로그램은 한 5 자 단어에서 다른 5자 단어로 가는 최단 경로를 찾는 방법을 보여 준다. TAKE_RISC라는 프로그램은 $risc(16)$의 게이트들로 만든 한 망의 작동들을 흉내 냄으로써 나노컴퓨터를 시험운용하는 방법을 보여 준다.

**초그래프.** 그래프와 망이 대단히 매혹적일 수 있지만, 그것으로 모든 이야기가 끝나는 것은 아니다. 중요한 조합적 알고리즘들 중에는 초超그래프(hypergraph)를 다루는 것들도 많다. 초그래프는 그 간선들이 정점들의 임의의(arbitrary) 부분집합일 수 있다는 점에서 그래프보다 더 일반적이다.

예를 들어 0이 아닌 이진열(binary string) $v = a_1a_2a_3$으로 식별되는 정점 일곱 개와 대괄호로 감싼 영이 아닌 이진열 $e = [b_1 b_2 b_3]$으로 식별되는 간선 일곱 개가 있다고 하자. 그리고 그 간선들은 오직 $(a_1b_1 + a_2b_2 + a_3b_3) \bmod 2 = 0$일 때에만 $v \in e$라는 조건을 만족한다고 하자. 그러한 간선들은 각각 정확히 세 개의 정점들로 이루어진다:

$$[001] = \{010, 100, 110\}; \quad [010] = \{001, 100, 101\}; \quad [011] = \{011, 100, 111\};$$
$$[100] = \{001, 010, 011\}; \quad [101] = \{010, 101, 111\};$$
$$[110] = \{001, 110, 111\}; \quad [111] = \{011, 101, 110\}. \tag{56}$$

그리고 대칭성에 의해, 각 정점은 정확히 세 개의 간선에 속한다. (셋 이상의 정점들을 담은 간선을 보통의 그래프에 있는 간선과 구별하기 위해 '초간선[hyperedge]'이라고 부르기도 하지만, 여기에서는 그냥 '간선'이라고 해도 무방하다.)

초그래프의 모든 간선이 각각 정확히 $r$개의 정점들을 담고 있을 때, 그러한 초그래프를 $r$-균일(uniform) 초그래프라고 부른다. 따라서 (56)은 3-균일 초그래프이다. 그리고 2-균일 초그래프는 보통의 그래프이다. 완전 $r$-균일 초그래프 $K_n^{(r)}$은 정점이 $n$개이고 간선이 $\binom{n}{r}$개이다.

그래프 이론의 기본 개념들 대부분을 자연스러운 방식으로 초그래프까지 확장할 수 있다. 예를 들어 $H = (V, E)$가 초그래프이고 $U \subseteq V$라 할 때, $U$에 의해 유도된 부분 초그래프 $H|U$의 간선들은 $\{e \mid e \in E$ 그리고 $e \subseteq U\}$이다. $r$-균일 초그래프 $H$의 여餘(complement) 초그래프 $\overline{H}$는 $K_n^{(r)}$의 간선들 중 $H$의 간선이 아닌 간선들을 가진다. 초그래프의 $k$-채색은 정점들에 많아야 $k$개의 색을 부여하되 그 어떤 간선도 단색(monochrome)이 아니도록 부여하는 것에 해당한다. 다른 여러 개념들도 이런 식으로 확장이 가능하다.

초그래프에는 여러 가지 이름이 있는데, 이는 같은 속성들을 서로 다른 여러 방법으로 공식화할 수 있기 때문이다. 예를 들어 모든 초그래프 $H = (V, E)$는 본질적으로 집합들의 모임(family of sets, 집합족)이다. 이는 각 간선이 $V$의 한 부분집합이기 때문이다. 3-균일 초그래프를 세짝 체계(triple system)라고 부르기도 한다. 초그래프는 또한 각 정점 $v$마다 행 하나씩, 각 간선 $e$마다 열이 하나씩 있고 $v$행 $e$열 성분이 $b_{ve} = [v \in e]$인, 0들과 1들로 된 행렬 $B$와 동치이다. 그러한 행렬 $B$를 $H$의 결합행렬(incidence matrix)이라고 부르며, $v \in e$일 때 "$v$가 $e$와 결합한다(incident)"라고 말한다. 더 나아가서, 초그래프는 정점 집합 $V \cup E$의 정점들과 $v$가 $e$와 결합할 때마다 성립하는 간선 $v — e$들로 이루어진 이분열 그래프와 동치이다. 만일 초그래프와 동치인 이분열 그래프가 연결된 그래프이면, 그리고 오직 그럴 때에만, 그 초그래프를 연결된(connected) 초그래프라고 칭한다. 초그래프의 길이 $k$ 순환마디는 해당 이분열 그래프의 길이 $2k$ 순환마디로 정의된다.

예를 들어 (56)의 초그래프를 다음과 같이 그와 동치인 결합행렬이나 이분열 그래프로 정의할 수 있다.

$$\begin{array}{c} \\ [001] \\ [010] \\ [011] \\ [100] \\ [101] \\ [110] \\ [111] \end{array} \begin{array}{c} \begin{array}{ccccccc} [001] & [010] & [011] & [100] & [101] & [110] & [111] \end{array} \\ \begin{pmatrix} 0 & 1 & 0 & 1 & 0 & 1 & 0 \\ 1 & 0 & 0 & 1 & 1 & 0 & 0 \\ 0 & 0 & 1 & 1 & 0 & 0 & 1 \\ 1 & 1 & 1 & 0 & 0 & 0 & 0 \\ 0 & 1 & 0 & 0 & 1 & 0 & 1 \\ 1 & 0 & 0 & 0 & 0 & 1 & 1 \\ 0 & 0 & 1 & 0 & 1 & 1 & 0 \\ 0 & 0 & 1 & 0 & 1 & 1 & 0 \end{pmatrix} \end{array}$$

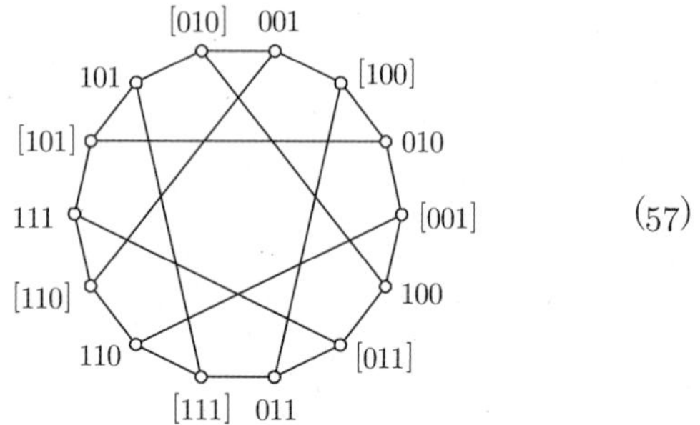


(57)

이 초그래프에는 길이가 3인 순환마디가 28개 있다. 이를테면 다음과 같은 순환마디가 있다.

$$[101] — 101 — [010] — 001 — [100] — 010 — [101]. \quad (58)$$

초그래프 $H$의 정점들과 간선들의 역할을 맞바꾸되 결합관계는 유지해서 얻은 결과를 그 초그래프의 쌍대(dual)라고 부르고 $H^T$로 표기한다. 다른 말로 하면, 쌍대 초그래프는 결합행렬을 전치한 것에 해당한다. 예를 들어 $r$-정규 그래프의 쌍대는 $r$-균일 초그래프임을 주목할 것.

결합행렬과 이분열 그래프가 일부 간선이 두 번 이상 나타나는 초그래프에 대응될 수도 있다. 행렬의 서로 다른 열들의 성분들이 동일할 수도 있기 때문이다. 초그래프 $H=(V,E)$에 되풀이된 간선이 전혀 없는 경우, 그 초그래프는 부울 함수(Boolean function)라고 하는 또 다른 조합적 대상에도 대응된다. 예를 들어 정점 집합 $V$가 $\{1,2,\ldots,n\}$이라 할 때, 함수

$$h(x_1,x_2,\ldots,x_n) \;=\; \big[\{j \mid x_j=1\}\in E\big] \quad (59)$$

는 $H$의 간선들을 특징짓는다. 예를 들어 부울 논리식

$$\begin{aligned}(x_1\oplus x_2\oplus x_3)\wedge(x_2\oplus x_4\oplus x_6)\wedge(x_3\oplus x_4\oplus x_7)& \\ \wedge(x_3\oplus x_5\oplus x_6)\wedge(\bar{x}_1\vee\bar{x}_2\vee\bar{x}_4)& \quad (60)\end{aligned}$$

는 초그래프 (56)과 (57)를 서술하는 또 다른 방식이다.

조합적 대상들을 이처럼 여러 가지 방식으로 볼 수 있다는 사실 때문에 골치가 아파질 수도 있겠다. 그러나 이는 엄청나게 도움이 되는 일이기도 하다. 왜냐하면 이는 동등한 문제들을 해결하는 또 다른 방법들을 제시하기 때문이다. 어떠한 문제를 다른 관점에서 바라보면 자연스럽게 우리의 뇌는 그 문제를 공략하는 다른 방법들을 생각하게 된다. 어떨 때에는 행렬의 열들과 행들을 어떻게 조작할 것인가 생각하다가 최상의 통찰을 얻기도 하고, 어떨 때에는 정점들과 경로들을 상상하거나 공간 안에서 점들의 덩어리를 머릿속으로 그려보다가 진전을 이루기도 한다. 부울 대수(Boolean algebra) 역시 그런 '다른 관점'의 하나이다. 한 영역에서 막다른 골목에 다다랐어도 다른 영역에서는 돌파구를 찾을 수도 있는 것이다.

**포괄과 독립.** $H = (V, E)$가 그래프 또는 초그래프이고 $U$가 정점들의 집합이라 하자. 만일 $H$의 모든 간선이 $U$의 원소를 적어도 하나 담고 있다면, 이를 두고 $U$가 $H$를 포괄한다(cover, 덮는다)라고 말한다. 그리고 $W$가 정점 집합이라 할 때, 만일 그 어떤 간선도 $W$에 완전히 포함되지 않는다면 $H$에서 $W$가 독립적(independent) 또는 '안정적(stable)'이라고 말한다.

결합행렬의 관점에서 말하자면, 포괄(covering)은 모든 열에서 그 합이 0이 아닌 행들의 집합이다. 그리고 $H$가 그래프인 특수 경우에서 그 행렬의 모든 열은 1인 성분이 단 두 개이다. 따라서 한 그래프의 독립집합은 서로 직교인 행들의 집합, 즉 임의의 두 행의 내적이 0인 행들의 집합에 대응된다.

이러한 개념들은 같은 동전의 다른 면이다. $U$가 $H$를 포괄한다면 $W = V \setminus U$는 $H$에서 독립이다. 반대로, $H$에서 $W$가 독립이면 $U = V \setminus W$는 $H$를 포괄한다. 그리고 그 두 명제 모두, 유도된 초그래프 $H \mid W$에 간선이 없다는 명제와 동치이다.

아마도 베르주Claude Berge가 처음 주목했을〔*Proc. National Acad. Sci.* **43** (1957), 842–844〕 포괄과 독립 사이의 이러한 쌍대 관계는 다소 모순적이다. 논리적으로는 자명하고 증명하기도 쉽지만, 직관적으로는 의외이기도 하다. 어떤 그래프를 눈으로 보면서 큰 독립집합을 찾아내려고 할 때, 우리는 같은 그래프를 보면서 작은 정점 덮개(vertex cover)를 찾으려 할 때와는 상당히 다른 생각을 하게 된다. 그 둘은 사실 같은 목표인데도 말이다.

$U$가 포괄 집합일 때, 만일 $U \setminus u$가 모든 $u \in U$를 포괄하지는 못한다면 $U$는 극소(minimal) 포괄 집합이다. 마찬가지로, $W$가 독립집합일 때 만일 $W \cup w$가 모든 $w \notin W$에 대해 독립이지는 않다면 $W$는 극대(maximal) 독립집합이다. 예를 들어 (17)에 나온, 미합중국의 연결성을 나타낸 정점 49개짜리 그래프의 극소 포괄 집합과 극대 독립집합은 다음과 같다.

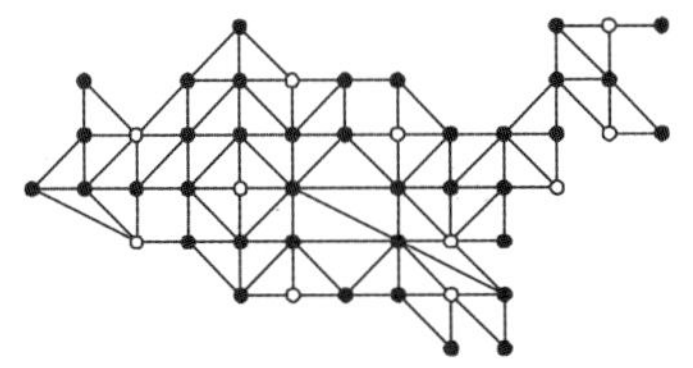

극소 정점 포괄 집합(정점 38개)

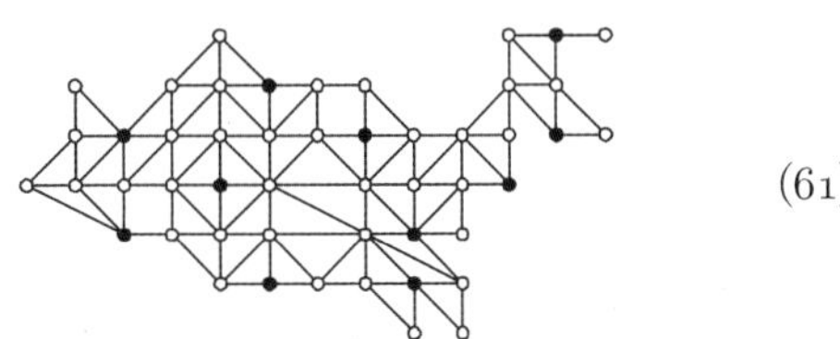

극대 독립집합(정점 11개)

(61)

포괄 집합은 더 작은 포괄 집합이 존재할 수 없을 때 최소(minimum)이고 독립집합은 더 큰 독립집합이 존재할 수 없을 때 최대(maximum)이다. 예를 들어 (17)의 그래프에 대해, (61)에 나온 것보다 더 작고 더 큰 집합들을 구할 수 있다.

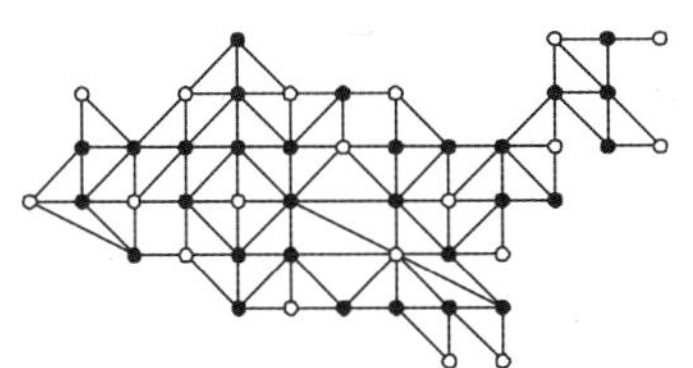

최소 정점 포괄 집합(정점 30개)

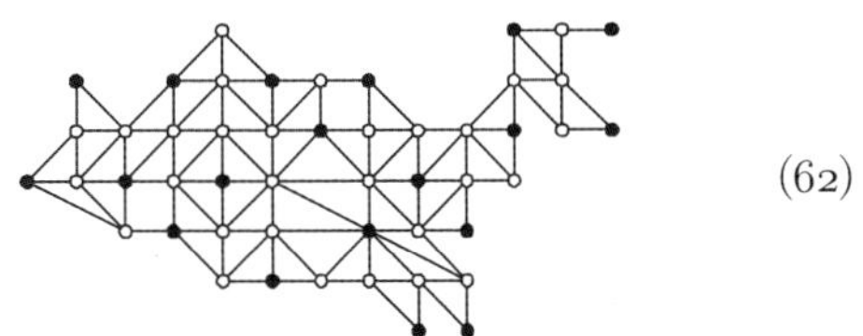

최대 독립집합(정점 19개)

(62)

여기서 'minimal'과 'minimum'의 미묘한 차이를 주목하기 바란다. 일반적으로(그러나 대부분의 영어 사전과는 달리) 조합 알고리즘을 다루는 사람들은 'minimal'이나 'optimal' 같이 '~al'로 끝나는 단어를 국소적으로 최선인 조합적 구성을 지칭하는 데 사용한다. 국소적으로 최선이라는 것은 작은 변화를 가해도 구성이 더 이상 개선되지 않음을 뜻한다. 반면 'minimum'이나 'optimum' 같이 '~um'으로 끝나는 단어는 전역적으로 최선인, 즉 모든 가능한 후보들 중 가장 좋은 구성을 지칭하는 데 사용한다.† 임의의 최적화 문제에서 단순히 최적인, 즉 약한 국소적 의미에서 최선인 해를 찾는 것은 쉬운 일이다. 그냥 언덕의 꼭대기에 도달할 때까지 계속 올라가기만 하면 된다. 반면 진정으로 최적인 해를 찾는 것은 그보다 훨씬 어려운 경우가 많다. 예를 들어 §7.9에서는 주어진 그래프의 최대 독립집합을 찾는 문제가 나오는데, 사실 그 문제는 난이도 부류가 소위 *NP*-완전(NP-complete)에 해당한다.

NP-완전 문제라고 해도 절망할 필요는 없다. 이번 장의 여러 부분에서 최소 포괄 집합을 찾는 기법들을 논의할 것인데, 그 방법들은 규모가 그리 크지 않은 문제들에 잘 통한다. (62)의 최적해는 $2^{49}$가지 가능성들 중 아주 작은 부분만 조사해서 1초미만으로 찾아낸 것이다. 더 나아가서, NP-완전 문제들의 특수 경우들은 일반 경우에 비해 더 쉬운 것으로 판명되기도 한다. §7.5.1과 7.5.5에서는 임의의 이분열 그래프에서, 또는 한 그래프의 쌍대인 초그래프에서 최소 정점 포괄 집합을 빠르게 발견할 수 있음을 공부한다. 또한 주어진 그래프의 선 그래프에서 최대 독립집합을 뜻하는 최대 부합(matching) 집합을 효율적으로 찾아내는 방법들도 공부한다.

독립집합의 크기를 최대화하는 문제는 아주 자주 등장하기 때문에 특별한 표기법까지 만들어졌다. $H$가 임의의 초그래프일 때, 수량

$$\alpha(H) = \max\{\,|W| \mid W\text{는 }H\text{에서 독립인 정점 집합}\} \tag{63}$$

을 $H$의 독립수(independence number) 또는 안정도(stability number)라고 부른다. 비슷하게, 수량

$$\chi(H) = \min\{k \mid H\text{는 }k\text{-채색가능}\} \tag{64}$$

을 $H$의 채색수(chromatic number)라고 부른다. 이 $\chi(H)$가 독립집합들에 의한 $H$의 최소 포괄 집합의 크기임을 주목하기 바란다. 지금까지의 정의들에 의해, 특정 색상을 부여받은 정점들은 반드시 독립이기 때문이다.

$\alpha(H)$와 $\chi(H)$의 이러한 정의는 $H$가 보통의 그래프인 경우에도 적용되지만, 그런 상황이라면 물론 $\alpha(G)$와 $\chi(G)$로 표기할 것이다. 그래프의 또 다른 중요한 수치로 파벌수(clique number)라는 것이 있다.

$$\omega(G) = \max\{\,|X| \mid X\text{는 }G\text{의 한 파벌}\} \tag{65}$$

여기서 '파벌'은 서로 인접한 정점들의 집합이다. 이때 다음이 성립함은 명백하다.

---

† [옮긴이 주] 이러한 구분은 '최'와 '극'에도 어느 정도 적용된다. 이를테면 함수의 최댓값과 (특정 구간에서의)극댓값의 차이를 기억할 것이다.

$$\omega(G) = \alpha(\overline{G}). \tag{66}$$

하나의 파벌은 해당 여그래프에서 하나의 독립집합이기 때문이다. 비슷하게, $\chi(\overline{G})$는 하나의 '파벌 포괄' 집합의 최소 크기임을 증명하는 것이 가능하다. 파벌 포괄 집합이란 모든 정점을 정확히 포괄하는 파벌들의 집합이다.

이번 절 초반부에는 '정확 포괄 문제'의 여러 사례들을 언급했는데, 그런 문제가 왜 그리 중요한지는 설명하지 않았다. 이제 정확 포괄 문제가 무엇인지를 구체적으로 정의할 때가 된 것 같다: 어떤 초그래프 $H$의 결합집합이 주어졌을 때, $H$의 정확 포괄(exact cover) 집합은 그 합이 $(11\ldots1)$인 행들의 집합이다. 다른 말로 하면, 정확 포괄 집합은 각각의 초간선에 딱 한 번씩만 닿는 정점들의 집합이다. 보통의 포괄 집합의 요구조건은 이보다 느슨해서, 각 초간선에 적어도 한 번 닿기만 하면 된다.

## 연습문제

**1.** [*25*] $n = 4m-1$이라고 가정하자. 수 $\{1, 1, \ldots, n, n\}$에 대한 랭포드 쌍 배치들을 만들되, 첫 $2m-1$을 $4m$으로 바꾸고 오른쪽에 $2m-1$ $4m$을 추가함으로써 $n = 4m$에 대한 해까지 얻을 수 있도록 하라. 힌트: $m-1$개의 짝수 $4m-4$, $4m-6$, …, $2m$을 왼쪽에 집어넣을 것.

**2.** [*20*] $\{0, 0, 1, 1, \ldots, n-1, n-1\}$을 랭포드 쌍들로 배치하려면 $n$이 몇이어야 할까?

**3.** [*22*] 수 $\{0, 0, 1, 1, \ldots, n-1, n-1\}$을 두 $k$들 사이의 거리가 $k$가 되도록 배치하되, 직선이 아니라 원[圓]으로 배치한다고 하자. 연습문제 2의 해들과는 본질적으로 다른 해를 얻게 될까?

**4.** [*M20*] (스콜렘[T. Skolem], 1957.) 연습문제 1.2.8–36의 피보나치 문자열 $S_\infty = babbababbab$ $ba\ldots$의 $a$들과 $b$들 각각을 왼쪽에서 오른쪽 순으로 $0, 1, 2, \ldots$로 대체해 나가기만 하면, 음이 아닌 모든 정수의 집합에 대한 랭포드 쌍들의 무한 수열 $0012132453674\ldots$이 바로 나온다는 점을 보여라.

▸ **5.** [*HM22*] $\{1, 1, 2, 2, \ldots, n, n\}$의 한 순열을 무작위로 선택할 때, 두 $k$들이 정확히 $k$자리만큼 떨어져 있을 확률을 $k$를 포함하는 공식으로 표현하라. 그리고 그 공식을 이용해서 (1)의 랭포드 수열 $L_n$의 크기를 추측하라.

▸ **6.** [*M28*] (M. Godfrey, 2002.) $f(x_1, \ldots, x_{2n}) = \prod_{k=1}^{n}(x_k x_{n+k} \sum_{j=1}^{2n-k-1} x_j x_{j+k+1})$이라고 하자.

a) $\sum_{x_1,\ldots,x_{2n}\in\{-1,+1\}} f(x_1, \ldots, x_{2n}) = 2^{2n+1} L_n$을 증명하라.

b) 이 합을 $O(4^n n)$ 단계 이내로 평가하는 방법을 설명하라. 산술에 필요한 정밀도는 몇 비트일까?

c) 다음 항등식을 활용해서 알고리즘의 효율을 8배로 높여 보라.

$$f(x_1, \ldots, x_{2n}) = f(-x_1, \ldots, -x_{2n}) = f(x_{2n}, \ldots, x_1) = f(x_1, -x_2, \ldots, x_{2n-1}, -x_{2n}).$$

**7.** [*M22*] $\{1, 1, \ldots, 16, 16\}$의 모든 랭포드 쌍에는, 수들을 왼쪽에서 오른쪽으로 읽을 때 완성되지 않은 쌍들이 일곱 개인 지점이 반드시 존재함을 증명하라.

**8.** 〔*23*〕 가장 간단한 랭포드 수열은 균형이 잘 잡혀있을 뿐만 아니라 평면적이기도 하다. 여기서 평면적이라는 것은 그 쌍들을 (2)에서처럼 교차 없이 연결할 수 있다는 뜻이다.

$$2\,3\,1\,2\,1\,3.$$

$n \le 8$인 모든 평면적 랭포드 쌍을 구하라.

**9.** 〔*24*〕 (랭포드 세짝.) $\{1, 1, 1, 2, 2, 2, \ldots, 9, 9, 9\}$를, 연속된 $k$들이 $k$자리만큼 떨어져 있도록 배치하는 방법은 몇 가지인가? 단, $1 \le k \le 9$이다.

**10.** 〔*M20*〕 그림 1로부터 마방진魔方陣(magic square)을 직접 구축하는 방법을 설명하라. (각 카드를 1에서 16까지의 적절한 수치로 바꾸되, 모든 행·열·주대각에서 수치들의 합이 34가 되어야 한다.)

**11.** 〔*20*〕 (5)를, 각 구역의 두 글자 문자열에 글자 {א, ב, ג, ד}들 중 하나를 추가해서 '히브리-그리스-라틴 방진'으로 확장하라. 그 어떤 (라틴, 그리스), (라틴, 히브리), (그리스, 히브리) 글자쌍도 둘 이상의 장소에 나타나지 말아야 한다.

▸ **12.** 〔*M21*〕 (오일러L. Euler.) $n$을 법으로 하는 정수 덧셈표를 $L_{ij} = (i + j) \bmod n$이라고 정의할 수 있다($0 \le i, j < n$). $L$에 직교인 라틴 방진은 오직 $n$이 홀수일 때에만 존재함을 증명하라.

**13.** 〔*M25*〕 $10 \times 10$ 방진을 크기가 $5 \times 5$인 네 개의 구역으로 나눌 수 있다. $\{0, 1, \ldots, 9\}$로부터 구축된 $10 \times 10$ 라틴 방진의 왼쪽 상단 4분 구역에 5보다 크거나 같은 원소가 정확히 $k$개일 때, 그러한 라틴 방진을 일컬어 '침입자(intruder)'가 $k$개인 라틴 방진이라고 말한다. (연습문제 14(e)는 $k = 3$인 경우이다.) 그러한 라틴 방진에 직교 상대(orthogonal mate)가 존재하려면 침입자가 적어도 셋은 되어야 함을 증명하라.

**14.** 〔*29*〕 다음 라틴 방진들의 모든 직교 상대를 구하라.

| (a) | (b) | (c) | (d) | (e) |
|---|---|---|---|---|
| 3145926870 | 2718459036 | 0572164938 | 1680397425 | 7823456019 |
| 2819763504 | 0287135649 | 6051298473 | 8346512097 | 8234067195 |
| 9452307168 | 7524093168 | 4867039215 | 9805761342 | 2340178956 |
| 6208451793 | 1435962780 | 1439807652 | 2754689130 | 3401289567 |
| 8364095217 | 6390718425 | 8324756091 | 0538976214 | 4012395678 |
| 5981274036 | 4069271853 | 7203941586 | 4963820571 | 5678912340 |
| 4627530981 | 3102684597 | 5610473829 | 7192034658 | 6789523401 |
| 0576148329 | 9871546302 | 9148625307 | 6219405783 | 0195634782 |
| 1730689452 | 8956307214 | 2795380164 | 3471258906 | 1956740823 |
| 7093812645 | 5643820971 | 3986512740 | 5027143869 | 9567801234 |

.

**15.** 〔*50*〕 서로 직교인 세 개의 $10 \times 10$ 라틴 방진을 찾아라.

**16.** 〔*48*〕 (라이저H. J. Ryser, 1967.) 행이 $n$개, 열이 $n$개이고 기호가 $n$개인 라틴 방진을 '$n$차(order)' 라틴 방진이라고 부른다. 모든 홀수차 라틴 방진에 횡단이 존재할까?

**17.** [*25*] $L$이 라틴 방진이고 $0 \le i, j < n$에 대한 $L_{ij}$가 그 원소(성분)들이라고 하자. (a) $L$의 모든 횡단을 찾는 문제와 (b) $L$의 모든 직교 상대를 찾는 문제가 일반적인 정확 포괄 문제의 특별한 경우들임을 증명하라.

**18.** [*M26*] 문자열 $x_1x_2\ldots x_N$의 각 원소 $x_j$가 $n$진수 숫자들의 집합 $\{0, 1, \ldots, n-1\}$에 속할 때, 그러한 문자열을 '$n$진($n$-ary)' 문자열(줄여서 $n$진열)이라고 부른다. 두 문자열 $x_1x_2\ldots x_N$과 $y_1y_2\ldots y_N$에서$N$개의 쌍 $(x_j, y_j)$들이 $1 \le j \le N$에 대해 서로 다를 때 그 두 문자열은 직교이다. (따라서, 같은 길이의 두 $n$진 문자열은 그 길이 $N$이 $n^2$보다 크면 직교일 수 없다.) 행들이 서로 직교인 $m$행 $n^2$열 $n$진 행렬을 차수가 $n$이고 깊이가 $m$인 직교 배열(orthogonal array)이라고 부른다.

깊이가 $m$인 직교 배열들 사이의 대응관계를 찾고, 서로 직교인 $m-2$개의 라틴 방진들을 나열하라. 연습문제 11에 대응되는 직교 배열은 무엇인가?

▸ **19.** [*M25*] 연습문제 18을 이어서, 차수가 $n > 1$이고 깊이가 $m$인 직교 배열은 $m \le n+1$일 때에만 가능함을 증명하라. 이 상계는 $n$이 소수 $p$일 때에만 달성됨을 보여라. $p=5$일 때의 예를 하나 작성하라.

**20.** [*HM20*] 한 직교 배열의 각 원소 $k$를 $e^{2\pi ki/n}$으로 대체하면 행들이 통상적인 의미에서의 직교 벡터들(그 내적이 0인)이 됨을 보여라.

▸ **21.** [*M21*] 기하망(geometric net)은 다음과 같은 세 가지 공리를 따르는 점들과 선들의 체계이다.

i) 각 선은 점들의 집합이다.

ii) 서로 다른 선들은 많아야 하나의 점만 공통이다.

iii) $p$가 하나의 점이고 $L$이 $p \notin L$인 한 선일 때, $p \in M$이고 $L \cap M = \emptyset$인 하나의 선 $M$이 존재한다.

$L \cap M = \emptyset$일 때 $L$과 $M$이 평행이라고 말하고 $L \parallel M$으로 표기한다.

a) 한 기하망의 선들을, 오직 두 선이 서로 같거나 평행일 때에만 같은 부류에 속한다는 규칙에 따라 동치류들로 분할할 수 있음을 증명하라.

b) 평행인 선들의 부류가 적어도 두 개라 할 때, 같은 부류에 있는 모든 선은 점의 개수가 같음을 보여라.

c) 더 나아가서, 만일 부류가 적어도 세 개라고 하면, 모든 점이 정확이 $m$개의 선에 속하며 모든 선이 정확이 $n$개의 점들을 담는다는 조건을 만족하는 수 $m$과 $n$이 존재함을 보여라.

▸ **22.** [*M22*] 모든 직교 배열을 기하망으로 간주할 수 있음을 보여라. 그 역도 참일까?

**23.** [*M23*] (오류 보정 부호.) 두 문자열 $x = x_1\ldots x_N$과 $y = y_1\ldots y_N$ 사이의 '해밍 거리(Hamming distance)' $d(x, y)$는 $x_j \ne y_j$인 자리 $j$들의 개수이다. $1 \le j \le n+r$에 대해 $0 \le x_j < b$인 $b^n$개의 문자열 $x = x_1\ldots x_{n+r}$들의 집합 $C(b, n, r)$을, 정보 자릿수가 $n$이고 점검 자릿수가 $r$인 $b$진 부호라고 부른다. 부호단어(codeword) $x$를 전송했는데 메시지 $y$가 수신되었다고 할 때, $d(x, y)$는

전송 오류들의 개수이다. $d(x, y) \le t$이면 항상 메시지 $y$로부터 $x$의 값을 재구축할 수 있는 경우, 그러한 부호를 $t$-오류 보정 부호라고 부른다. 부호의 거리는 모든 부호단어쌍 $x \ne x'$에 대한 $d(x, x')$의 최솟값이다.

a) 만일 어떤 부호의 거리가 $2t$를 넘으면, 그리고 오직 그럴 때에만, 그 부호는 $t$-오류 보정 부호임을 증명하라.

b) 정보 자릿수가 2이고 점검 자릿수가 2인 1-오류 보정 $b$진 부호가 직교하는 두 $b$차 라틴 방진의 쌍과 동치임을 증명하라.

c) 더 나아가서, 거리가 $r+1$인 부호 $C(b, 2, r)$이 서로 직교인 $b$차 라틴 방진들의 집합 $r$과 동치임을 증명하라.

▸ **24.** [*M30*] $N$개의 점과 $R$개의 선을 가진 기하망은 다음과 같은 패리티 비트(parity bit)들로 정의되는 부호단어 $x_1 \ldots x_N x_{N+1} \ldots x_{N+R}$들로 된 2진 부호 $C(2, N, R)$로 자연스럽게 이어진다.

$$x_{N+k} = f_k(x_1, \ldots, x_N) = \left(\sum \{x_j \mid \text{점 } j\text{가 연결고리 } k\text{에 있음}\}\right) \bmod 2.$$

a) 만일 기하망에 평행선 부류가 $m$개이면 이 부호의 거리는 $m+1$임을 증명하라.

b) $m = 2t$라 할 때, 이 부호로 최대 $t$개의 오류를 보정하는 효율적인 방법을 구하라. $N = 25$, $R = 30$, $t = 3$인 경우에서의 복호화 과정을 서술하라.

**25.** [*27*] 행들과 열들이 5자 단어들인 라틴 방진 하나를 찾아라. (이 연습문제를 위해서는 커다란 영어 사전을 뒤져봐야 할 것이다.)

▸ **26.** [*25*] 5자 단어들만으로 뜻이 통하는 영어 문장을 작성해 보라.

**27.** [*20*] $1 \le k \le 5$라 할 때, SGB의 단어들 중 서로 다른 글자가 정확히 $k$개인 단어들은 몇 개나 될까?

**28.** [*20*] SGB 단어 벡터들 중 각 성분이 $\pm 1$만큼 다른 쌍이 존재하는가?

**29.** [*20*] 회문(palindrome, 글자들의 순서를 뒤집어도 같은 단어가 되는 단어)이나 거울쌍(regal lager 같은)인 SGB 단어들을 모두 찾아라.

▸ **30.** [*20*] `first`의 글자들은 왼쪽에서 오른쪽으로 알파벳순이다. 그러한 5자 단어들 중 사전순으로 첫 번째 것은 무엇인가? 마지막은 무엇인가?

**31.** [*21*] (머크매너스C. McManus.) SGB 단어들 중 세 단어가 등차수열을 이루되, 같은 자리에 같은 글자가 나오는 일이 없는 경우들을 모두 찾아라(이를테면 {`power`, `slugs`, `visit`}가 그러한 경우이다).

**32.** [*23*] 영어의 10자 단어 $a_0 a_1 \ldots a_9$들 중에 $a_0 a_2 a_4 a_6 a_8$과 $a_1 a_3 a_5 a_7 a_9$ 둘 다 SGB 단어인 것이 있을까?

**33.** [*20*] (모리스Scot Morris.) 다음의 흥미로운 SGB 단어 목록을 완성하라. 단어는 총 26개이다.

`about`, `bacon`, `faced`, `under`, `chief`, ..., `pizza`.

▸ **34.** [*21*] y자를 포함하지 않는 모든 SGB 단어에 대해, 모음 {a, e, i, o, u}는 1로 바꾸고 그 외의 글자는 0으로 바꾸어서 5비트 이진수를 얻는다고 하자. 그렇게 해서 얻은 32개의 이진수들 각각에 해당하는 가장 흔한 단어들은 무엇인가?

▸ **35.** [*26*] WORDS(1000)에서 잘 선택한 원소들 16개로 다음과 같은 분기 패턴을 만들어 낼 수 있다.

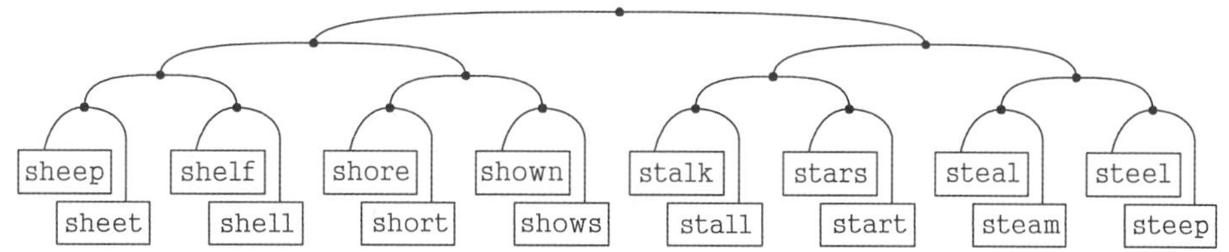


이것은 s로 시작하는 단어들의 완전 이진 트라이(trie)이다. 그런데 a로 시작하는 단어들로는 이런 패턴을 만들 수 없다. WORDS(5757)의 모든 단어를 사용해도 불가능하다.

$n$이 주어졌을 때 WORDS($n$)의 단어 16개로 완전 이진 트라이를 형성할 수 있는 단어 첫 글자들은 무엇인가?

**36.** [*M17*] 단어 입방체 (10)에 나타나는 대칭성들을 설명하라. 또한, 단 두 단어 {stove, event}만 바꾸어서 그러한 입방체들을 두 개 더 얻을 수 있음을 보여라.

**37.** [*20*] 그래프 $words(5757, 0, 0, 0)$의 정점들 중 도수가 최대인 것은 무엇인가?

**38.** [*22*] (14)의 유향 그래프 규칙을 이용해서 tears를 smile로 세 단계만에 변환하라. 단, 컴퓨터의 도움 없이 변환해야 한다.

**39.** [*M00*] $G \setminus e$가 $G$의 유도된 부분그래프인가? 신장 부분그래프인가?

**40.** [*M15*] $|V| = n$이고 $|E| = e$라 할 때, $G = (V, E)$의 (a) 신장 부분그래프는 몇 개이고 (b) 유도된 부분그래프는 몇 개인가?

**41.** [*M10*] (a) $K_n = P_n$인 정수 $n$들은 무엇인가? (b) $K_n = C_n$인 정수 $n$들은 무엇인가?

**42.** [*15*] (레머D. H. Lehmer.) $G$가 정점 13개의 그래프이고 모든 정점의 도수가 5라고 하자. 그러한 $G$에 대한 자명하지 않은 명제를 하나 만들어 보라.

**43.** [*23*] 다음 그래프들 중 페테르센 그래프와 같은 것이 있는가?

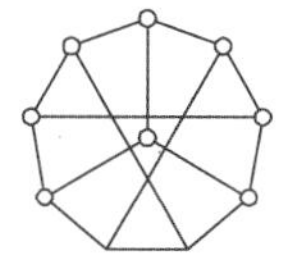 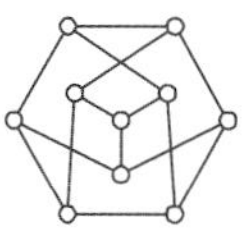 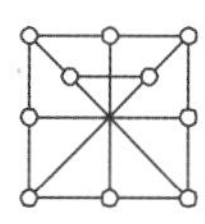 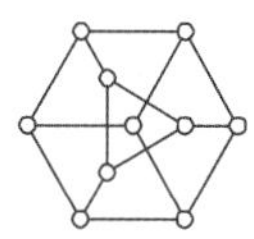

**44.** [*M23*] 흐바탈의 그래프에는 대칭이 몇 개인가? (그림 2(f)를 볼 것.)

**45.** [20] (17)의 평면 그래프를 네 가지 색으로 칠하는 간단한 방법을 찾아라. 세 가지 색으로 충분할까?

**46.** [*M25*] $G$가 $n \ge 3$개의 정점들로 이루어진, 그리고 인접하지 않은 정점들 사이에 기존의 간선과 교차하지 않고 추가적인 선을 그릴 수 없다는 뜻에서 '극대'인 평면 도식으로 정의되는 그래프라고 하자.

a) 그 도식이 평면을 경계에 정확히 세 개의 정점이 있는 영역들로 분할함을 증명하라. (그런 영역들 중 하나는 도식 바깥에 놓인 모든 점의 집합이다.)

b) 따라서 $G$의 간선이 정확히 $3n-6$개임을 증명하라.

**47.** [*M22*] 완전 이분그래프 $K_{3,3}$이 평면이 아님을 증명하라.

**48.** [*M25*] 정리 B의 증명을, 언급된 절차가 인접한 두 정점에 같은 색을 부여하는 일이 결코 없음을 보여서 완성하라.

**49.** [*18*] 정점이 최대 6개인 모든 입방 그래프의 도식을 그려라.

**50.** [*M24*] 정확히 24가지 방식으로 3-채색가능인 이분열 그래프를 모두 찾아라.

▸ **51.** [*M22*] 연습문제 21에 나온 기하망을 가지고, 정점들이 기하망의 점 $p$들과 선 $L$들인, 그리고 오직 $p \in L$일 때에만 $p$ — $L$인 이분열 그래프를 구축하라. 그 그래프의 둘레는 몇인가?

**52.** [*M16*] 한 그래프의 지름과 둘레 사이의 관계를 나타내는 간단한 부등식 하나를 찾아라. (둘레가 클 때 지름은 얼마나 작아질 수 있는가?)

**53.** [*15*] 단어 world와 happy 중 그래프 $words(5757, 0, 0, 0)$의 거대 구성요소에 속하는 것은 무엇인가?

▸ **54.** [*21*] (17)의 그래프에 나온 미국 우편부호 49개를 알파벳순으로 나열하면 AL, AR, AZ, CA, CO, CT, DC, DE, FL, GA, IA, ID, IL, IN, KS, KY, LA, MA, MD, ME, MI, MN, MO, MS, MT, NC, ND, NE, NH, NJ, NM, NV, NY, OH, OK, OR, PA, RI, SC, SD, TN, TX, UT, VA, VT, WA, WI, WV, WY이다.

a) 우편부호의 한 자리가 동일한 두 주州를 서로 인접하다고 간주하자(이를테면 AL — AR — OR — OH). 이 그래프의 구성요소들은 무엇인가?

b) XY ⟶ YZ인 유향 그래프를 구축하라(이를테면 AL ⟶ LA ⟶ AR 등). 그러한 유향 그래프에서 강하게 연결된 구성요소(strongly connected components)들은 무엇인가? (§2.3.4.2 참고.)

c) 미합중국에는 (17)에 나온 것 외에도 AA, AE, AK, AP, AS, FM, GU, HI, MH, MP, PW, PR, VI라는 우편부호들이 있다. 이들을 포함한 62개의 부호들을 이용해서 질문 (b)를 다시 풀어라.

**55.** [*M20*] 완전 $k$분열 그래프 $K_{n_1,\ldots,n_k}$의 간선은 몇 개인가?

▸ **56.** [*M10*] 참 또는 거짓을 말하라: 다중그래프는 오직 해당 유향 그래프가 단순 그래프일 때에만 그래프이다.

**57.** [*M10*] 참 또는 거짓을 말하라: 정점 $u$와 $v$가 한 유향 그래프의 같은 연결된 구성요소에 있을 필요충분조건은 $d(u, v) < \infty$이거나 $d(v, u) < \infty$이다.

**58.** [*M17*] 차수가 2인 모든 (a) 정규 그래프와 (b) 정규 다중그래프를 서술하라.

▸ **59.** [*M23*] 정점이 $n$개이고 호가 정확히 $\binom{n}{2}$개이며 서로 다른 정점 $\{u, v\}$의 모든 쌍에 대해 $u \longrightarrow v$ 아니면 $v \longrightarrow u$인 유향 그래프를 $n$차 토너먼트라고 부른다.

a) 모든 토너먼트에는 하나의 지향 신장 경로(oriented spanning path) $v_1 \longrightarrow \cdots \longrightarrow v_n$이 존재함을 증명하라.

b) 정점들이 $\{0, 1, 2, 3, 4\}$이고 오직 $(u-v) \bmod 5 \geq 3$일 때에만 $u \longrightarrow v$인 토너먼트가 있다. 이 토너먼트의 지향 신장 경로는 몇 개인가?

c) $K_n^{\rightarrow}$이 하나의 고유한 지향 신장 경로를 가진 유일한 $n$차 토너먼트인가?

▸ **60.** [*M22*] $u$가 한 토너먼트에서 외향 도수가 가장 큰 정점이고 $v$는 그 외의 임의의 정점이라고 하자. $d(u, v) \leq 2$임을 증명하라.

**61.** [*M16*] 정점 1에서 2로의 길이 $k$ 걷기가 $k$개인 유향 그래프를 구축하라.

**62.** [*M21*] 치환 유향 그래프(permutation digraph)는 모든 정점이 외향 도수가 1이고 내향 도수가 1인 유향 그래프이다. 따라서 그 구성요소들은 지향 순환마디이다. 그러한 치환 유향 그래프의 정점이 $n$개이고 구성요소가 $k$개일 때, 만일 $n-k$가 짝수이면 짝치환 유향 그래프라고 부르고 홀수이면 홀치환 유향 그래프라고 부른다.

a) $G$가 유향 그래프이고 그 인접성 행렬이 $A$라고 하자. $G$의 신장 치환 유향 그래프의 개수가 $A$의 영구식(permanent) $\operatorname{per} A$임을 증명하라.

b) 행렬식 $\det A$를 신장 치환 유향 그래프의 관점에서 해석하라.

**63.** [*M23*] 그래프 $G$의 둘레가 $g$이고 모든 정점에 적어도 $d$개의 이웃이 있다고 하자. 그러면 $G$의 최소 정점 개수 $N$이 다음과 같음을 증명하라.

$$N = \begin{cases} 1 + \sum_{0 \leq k < t} d(d-1)^k, & \text{만일 } g = 2t+1\text{이면;} \\ 1 + (d-1)^t + \sum_{0 \leq k < t} d(d-1)^k, & \text{만일 } g = 2t+2\text{이면;} \end{cases}$$

▸ **64.** [*M21*] 연습문제 63에 이어서, 모든 $d \geq 2$에 대해 둘레가 4, 최소 정점 도수가 $d$인 고유한 $2d$차 그래프가 존재함을 보여라.

▸ **65.** [*HM31*] 그래프 $G$의 둘레가 5, 최소 정점 도수가 $d$, 정점 개수가 $N = d^2 + 1$이라고 하자.

a) $G$의 인접성 행렬 $A$가 등식 $A^2 + A = (d-1)I + J$를 만족함을 증명하라.

b) $A$는 대칭행렬이므로, $A$에는 $1 \leq j \leq N$에 대해 $Ax_j = \lambda_j x_j$인 고윳값 $\lambda_j$들에 대응되는 $N$개의 직교 고유벡터 $x_j$들이 있다. $\lambda_j$가 $d$ 아니면 $(-1 \pm \sqrt{4d-3})/2$임을 증명하라.

c) 만일 $\sqrt{4d-3}$이 무리수이면 $d = 2$임을 보여라. 힌트: $\lambda_1 + \cdots + \lambda_N = \operatorname{trace}(A) = 0$

d) 그리고 만일 $\sqrt{4d-3}$이 유리수이면 $d \in \{3, 7, 57\}$임을 보여라.

**66.** [*M30*] 연습문제 65에 이어서, $d = 7$일 때의 그러한 그래프를 구축하라.

**67.** [*M48*] 도수가 57이고 차수가 3250, 둘레가 5인 정규 그래프가 존재하는가?

**68.** [*M20*] $n$개의 정점에 대한 그래프 $G$가 가질 수 있는 인접성 행렬들은 몇 가지나 될까?

▶ **69.** [*20*] (31)의 절차를 확장해서, SGB 형식으로 표현된 그래프의 모든 정점 $v$에 대한 외향 도수 ODEG($v$)와 내향 도수 IDEG($v$)를 둘 다 계산하는 방법을 설명하라.

▶ **70.** [*M20*] 알고리즘 B를 이용해서 호가 $m$개, 정점이 $n$개인 그래프를 2가지 색으로 성공적으로 칠했다고 할 때, 알고리즘 B의 각 단계의 수행 횟수는 몇인가?

**71.** [*26*] 알고리즘 B를 MMIX 컴퓨터를 위해 MMIXAL 어셈블리 언어로 구현하라. 프로그램을 시작할 때 레지스터 v0이 첫 정점 노드를 가리키고 있고 레지스터 n이 정점 개수를 담고 있다고 가정할 것.

▶ **72.** [*M22*] 단계 B6에서 COLOR($v$)를 설정할 때, $u$를 $v$의 부모라고 부르기로 하자. 반면 B3에서 COLOR($w$)를 설정할 때, $w$에는 부모가 없다고 말하기로 하자. 정점 $v$와 그 부모들, 그 부모들의 부모들(있는 경우), ...로 재귀적으로 정의되는 정점들을 $v$의 조상들(ancestors)이라고 정의하자($v$의 조상에는 $v$ 자신도 포함됨).

a) 만일 알고리즘 B 도중 $v$가 스택에서 $u$ 아래에 있다면, $v$의 부모는 $u$의 한 조상임을 증명하라.

b) 더 나아가서, 만일 단계 B6에서 COLOR($v$) = COLOR($u$)이면 $v$가 현재 스택에 있음을 증명하라.

c) 이 사실들을 이용해서 알고리즘 B를, 만일 주어진 그래프가 이분열 그래프가 아니면 홀수 길이 순환마다 안의 정점들의 이름을 출력하도록 확장하라.

**73.** [*15*] $random_graph(10, 45, 0, 0, 0, 0, 0, 0, 0, 0)$의 또 다른 이름은 무엇인가?

**74.** [*21*] $roget(1022, 0, 0, 0)$에서 외향 도수가 가장 큰 정점은 무엇일까?

**75.** [*22*] SGB 그래프 생성기 $board(n_1, n_2, n_3, n_4, p, w, o)$는 처음 네 매개변수 $(n_1, n_2, n_3, n_4)$로 생성되는 $t$차원 정수 벡터 $(x_1, ..., x_t)$들(여기서 $0 \le x_i < b_i$)을 정점들로 하는 그래프를 생성한다. 벡터 생성 규칙은 다음과 같다: $n_5 \leftarrow 0$으로 설정한다. $n_{j+1} \le 0$을 만족하는 최소의 정수를 $j \ge 0$라고 하자. 만일 $j = 0$이면 $b_1 \leftarrow b_2 \leftarrow 8$, $t \leftarrow 2$로 설정한다. 이것이 기본 $8 \times 8$ 판(board)이다. 그렇지 않고 만일 $n_{j+1} = 0$이면 $1 \le i \le j$에 대해 $b_i \leftarrow n_i$, $t \leftarrow j$로 설정한다. 마지막으로, 만일 $n_{j+1} < 0$이면 $t \leftarrow |n_{j+1}|$로 설정하고, $b_i$를 주기적 수열 $(n_1, ..., n_j, n_1, ..., n_j, n_1, ...)$의 $i$번째 원소로 설정한다. (예를 들어 명세 $(n_1, n_2, n_3, n_4) = (2, 3, 5, -7)$은 대단히 까다롭다. 이것은 $(b_1, ..., b_7) = (2, 3, 5, 2, 3, 5, 2)$인 7차원 판, 즉 $2 \cdot 3 \cdot 5 \cdot 2 \cdot 3 \cdot 5 \cdot 2 = 1800$개의 정점들로 이루어진 하나의 그래프를 생성한다.)

나머지 매개변수 $(p, w, o)$는 각각 '말(piece)', '돌아가기(wrap)', '방향(orientation)'을 뜻한다. 이들이 그래프의 호들을 결정한다. 우선 $w = o = 0$이라고 하자. 만일 $p > 0$이면, 오직 $1 \le i \le t$에 대해 $y_i = x_i + \delta_i$일 때에만 $(x_1, ..., x_t) \longrightarrow (y_1, ..., y_t)$가 성립한다. 여기서 $(\delta_1, ..., \delta_t)$는 방정식 $\delta_1^2 + \cdots + \delta_t^2 = |p|$의 한 정수해이다. 그리고 만일 $p < 0$이면 $k \ge 1$에 대해 $y_i = x_i + k\delta_i$도 허용한다. 이는 같은 방향으로의 $k$개의 이동들에 해당한다.

$w \ne 0$일 때에는 이진 표기법으로 $w = (w_t \cdots w_1)_2$로 둔다. 그런 다음 '순환(wraparound)'을 허용한다. 즉, $w_i = 1$인 각 좌표 $i$마다 $y_i = (x_i + \delta_i) \bmod b_i$ 또는 $y_i = (x_i + k\delta_i) \bmod b_i$를 적용한다.

만일 $o \neq 0$이면 그래프는 유향 그래프이다. 오프셋 $(\delta_1, \ldots, \delta_t)$는 사전순으로 $(0, \ldots, 0)$보다 큰 경우에만 호들을 산출한다. 그러나 만일 $o = 0$이면 그래프는 유향이 아니다.

*board*가 다음과 같은 기본 그래프들을 산출하게 하는 $(n_1, n_2, n_3, n_4, p, w, o)$ 매개변수 설정들을 구하라: (a) 완전 그래프 $K_n$, (b) 경로 $P_n$, (c) 순환마디 $C_n$, (d) 전이 토너먼트 $K_n^{\rightarrow}$, (e) 지향 경로 $P_n^{\rightarrow}$, (f) 지향 순환마디 $C_n^{\rightarrow}$, (g) $m \times n$ 격자 $P_m \square P_n$, (h) $m \times n$ 원기둥 $P_m \square C_n$, (i) $m \times n$ 원환체 $C_m \square C_n$, (j) $m \times n$ 체스 루크 그래프 $K_m \square K_n$, (k) $m \times n$ 지향 원환체 $C_m^{\rightarrow} \square C_n^{\rightarrow}$, (l) 공(null)그래프 $\overline{K_n}$, (m) 정점이 $2^n$개인 $n$-입방체 $P_2 \square \cdots \square P_2$.

**76.** [*20*] $board(n_1, n_2, n_3, n_4, p, w, o)$가 순환고리나 병렬(되풀이된) 간선들을 산출할 수 있을까?

**77.** [*M20*] 만일 그래프 $G$의 지름이 $\geq 3$이면 $\overline{G}$의 지름은 $\leq 3$이다. 이를 증명하라.

**78.** [*M27*] $G = (V, E)$가 $|V| = n$이고 $G \cong \overline{G}$인 그래프라고 하자. (다른 말로 하면, $G$는 자기상보적[self-complementary] 그래프이다. 즉, $V$에는 오직 $\varphi(u) \not\!- \varphi(v)$이고 $u \neq v$일 때에만 $u - v$인 치환 $\varphi$가 존재한다. $K_n$의 간선들을 흑백으로 칠하되, 흰 간선들이 검은 간선들로 된 그래프에 동형인 그래프를 정의하는 식으로 칠한다고 상상해 보면 이해가 될 것이다.)

a) $n \bmod 4 = 0$ 또는 1임을 증명하라. $n < 8$인 그러한 모든 그래프의 도식을 그려라.

b) 만일 $n \bmod 4 = 0$이면 치환 $\varphi$의 모든 순환마디의 길이가 4의 배수임을 증명하라.

c) 반대로, 그러한 순환마디들을 가진 모든 치환 $\varphi$가 그러한 어떤 그래프 $G$에 나타남을 증명하라.

d) 이 결과들을 $n \bmod 4 = 1$인 경우로 확장하라.

▸ **79.** [*M22*] $k \geq 0$라고 할 때, $\{0, 1, \ldots, 4k\}$를 정점들로 하는 정규이면서 자기상보적인 그래프를 구축하라.

▸ **80.** [*M22*] 연습문제 77에 의해, 자기상보적 그래프의 지름은 반드시 2 또는 3이다. $k \geq 2$라 할 때, 다음 정점 집합들에 대해 지름이 각각 2와 3인 자기상보적 그래프들을 구축하라: (a) $V = \{1, 2, \ldots, 4k\}$, (b) $V = \{0, 1, 2, \ldots, 4k\}$.

**81.** [*20*] 순환고리가 없는 한 단순 그래프의 여그래프를 (35)와 (36)을 확장해서 정의할 수 있다. 즉, 오직 $D$에서 $u \neq v$이고 $u \not\rightarrow v$일 때에만 $\overline{D}$에서 $u \rightarrow v$이다. 자기상보적 3차 유향그래프들은 무엇인가?

**82.** [*M21*] 선 그래프에 대한 다음 명제의 참 또는 거짓을 밝혀라.

a) 만일 $G$가 $G'$에 포함된다면, $L(G)$는 $L(G')$의 유도된 부분그래프이다.

b) 만일 $G$가 정규 그래프이면 $L(G)$도 정규 그래프이다.

c) $L(K_{m,n})$은 모든 $m, n > 0$에 대해 정규 그래프이다.

d) $L(K_{m,n,r})$은 모든 $m, n, r > 0$에 대해 정규 그래프이다.

e) $L(K_{m,n}) \cong K_m \square K_n$.

f) $L(K_4) \cong K_{2,2,2}$.

g) $L(P_{n+1}) \cong P_n$.

h) 그래프 $G$와 $L(G)$ 둘 다 구성요소의 개수가 같다.

**83.** [*16*] 그래프 $\overline{L(K_5)}$를 그려라.

▶ **84.** [*M21*] $L(K_{3,3})$은 자기상보적인가?

**85.** [*M22*] (O. Ore, 1962.) $G \cong L(G)$가 성립하는 그래프 $G$는 어떤 것인가?

**86.** [*M20*] (R. J. Wilson.) $\overline{G} \cong L(G)$를 만족하는 6차 그래프 $G$를 구하라.

**87.** [*20*] 페테르센 그래프는 (a) 3-채색가능인가? (b) 3-간선 채색가능인가?

**88.** [*M20*] $n \geq 4$일 때, 그래프 $W_n = K_1 — C_{n-1}$을 $n$차 바퀴(wheel)라고 부른다. 이 그래프에는 부분그래프로서의 순환마디가 몇 개나 있을까?

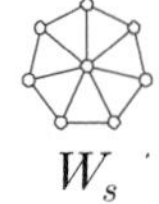
$W_8$

**89.** [*M20*] (42)와 (43)의 결합법칙들을 증명하라.

▶ **90.** [*M24*] 여수화(complementaion)나 직합 연산, 또는 둘 다를 이용해서 1원소 그래프로부터 대수적으로 구축할 수 있는 그래프를 여그래프(cograph)라고 부른다. 예를 들어 동형이 아닌 3차 그래프는 다음 네 개이며, 그들은 모두 여그래프이다: $\overline{K_3} = K_1 \oplus K_1 \oplus K_1$과 그 여그래프, $K_3$, $\overline{K_{1,2}} = K_1 \oplus K_2$와 그 여그래프, $K_{1,2}$. 여기서 $K_2 = \overline{K_1 \oplus K_1}$.

그래프들을 철저히 나열해 보면 4차 비동형 그래프는 11개임을 알 수 있다. 그중 10개가 여그래프임을 증명하는 대수 공식을 제시하라. 여그래프가 아닌 그래프는 무엇인가?

▶ **91.** [*20*] 4정점 그래프 (a) $K_2 \square K_2$, (b) $K_2 \otimes K_2$, (c) $K_2 \boxtimes K_2$, (d) $K_2 \triangle K_2$, (e) $K_2 \circ K_2$, (f) $\overline{K_2} \circ K_2$, (g) $K_2 \circ \overline{K_2}$의 도식을 그려라.

**92.** [*21*] 본문에서 정의한 다섯 종류의 그래프 곱들은 단순 유향 그래프뿐만 아니라 보통의 그래프에도 잘 적용된다. 4정점 유향 그래프 (a) $K_2^{\rightarrow} \square K_2^{\rightarrow}$, (b) $K_2^{\rightarrow} \otimes K_2^{\rightarrow}$, (c) $K_2^{\rightarrow} \boxtimes K_2^{\rightarrow}$, (d) $K_2^{\rightarrow} \triangle K_2^{\rightarrow}$, (e) $K_2^{\rightarrow} \circ K_2^{\rightarrow}$의 도식을 그려라.

**93.** [*15*] 다섯 그래프 곱들 중 $K_m$과 $K_n$에 적용했을 때 $K_{mn}$이 나오는 것은 무엇인가?

**94.** [*10*] SGB *words* 그래프들은 $P_{26} \square P_{26} \square P_{26} \square P_{26} \square P_{26}$의 유도된 부분그래프인가?

**95.** [*M20*] $G$의 정점 $u$의 도수가 $d_u$이고 $H$의 정점 $v$의 도수가 $d_v$라고 할 때, (a) $G \square H$, (b) $G \otimes H$, (c) $G \boxtimes H$, (d) $G \triangle H$, (e) $G \circ H$의 정점 $(u, v)$의 도수는 각각 무엇인가?

▶ **96.** [*M22*] $A$가 행 $u$, 열 $u'$의 성분이 $a_{uu'}$인 $m \times m'$ 행렬이라고 하자. 그리고 $B$가 행 $v$, 열 $v'$의 성분이 $b_{vv'}$인 $n \times n'$ 행렬이라고 하자. 직곱(direct producs) $A \otimes B$는 행 $(u, v)$, 열 $(u', v')$의 성분이 $a_{uu'}b_{vv'}$인 $mn \times m'n'$ 행렬이다. 따라서, $A$와 $B$가 $G$와 $H$의 인접성 행렬들이면 $A \otimes B$는 $G \otimes H$의 인접성 행렬이다.

다음 그래프 곱들에 대한 인접성 행렬의 공식을 이와 비슷한 방식으로 표현하라: (a) $G \square H$, (b) $G \boxtimes H$, (c) $G \triangle H$, (d) $G \circ H$.

**97.** [*M25*] 그래프 합들과 그래프 곱들 사이의 흥미로운 대수적 관계들을 최대한 많이 찾아보라. (예를 들어 그래프 직합과 직곱의 분배법칙 $(A\oplus B)\otimes C=(A\otimes C)\oplus(B\otimes C)$는 $(G\oplus G')\otimes H=(G\otimes H)\oplus(G'\otimes H)$를 함의한다. 또한 $H$의 $m$개의 복사본에 대해 $\overline{K_m}\,\square\, H=H\oplus\cdots\oplus H$가 성립한다, 등등.)

**98.** [*M20*] 그래프 $G$의 구성요소가 $k$개이고 그래프 $H$의 구성요소가 $l$개라고 할 때, 그래프 $G\,\square\, H$와 $G\boxtimes H$의 구성요소는 몇 개인가?

**99.** [*M20*] $d_G(u,u')$이 그래프 $G$의 정점 $u$와 $u'$ 사이의 거리라고 하자. $d_{G\square H}((u,v),(u',v'))=d_G(u,u')+d_H(v,v')$임을 증명하고, $d_{G\boxtimes H}((u,v),(u',v'))$에 대한 비슷한 공식을 구하라.

**100.** [*M21*] $G\otimes H$가 연결된 그래프이려면 그래프 $G$와 $H$는 어떤 그래프이어야 할까?

▶ **101.** [*M25*] $G\,\square\, H\cong G\otimes H$를 만족하는 모든 연결된 그래프 $G$와 $H$를 찾아라.

**102.** [*M20*] $m\times n$ 체스판에서 왕의 이동 방식(가로, 세로, 대각선으로 한 칸씩)에 대한 간단한 대수 공식을 만들어라.

**103.** [*20*] (54)의 타블로를 완성하라. 또한 알고리즘 H를 수열 866444444에 적용해 보라.

**104.** [*18*] 단계 H3과 H4에서 변수 $i$, $t$, $r$이 조작되는 방식을 설명하라.

**105.** [*M38*] $d_1\ge\cdots\ge d_n\ge 0$인 수열이 있다고 하자. 그리고 $c_1\ge\cdots\ge c_{d_1}$가 알고리즘 H에서처럼 그 수열의 켤레(conjugate)라고 하자. $d_1\ldots d_n$은 오직 $d_1+\cdots+d_n$이 짝수이고 $1\le k\le s$에 대해(여기서 $s$는 $d_s\ge s$를 만족하는 가장 큰 수) $d_1+\cdots+d_k\le c_1+\cdots+c_k-k$일 때에만 그래프적임을 증명하라.

**106.** [*20*] 참 또는 거짓을 말하라: 만일 $d_1=\cdots=d_n=d<n$이고 $nd$가 짝수이면 알고리즘 H는 연결된 그래프를 구축한다.

**107.** [*M21*] 자기상보적 그래프의 도수열 $d_1\ldots d_n$이 $1\le j\le n/2$에 대해 $d_j+d_{n+1-j}=n-1$과 $d_{2j-1}=d_{2j}$를 만족함을 증명하라.

▶ **108.** [*M23*] 알고리즘 H와 비슷하되, 각 정점 $k$의 내향 도수 $d_k^-$와 외향 도수 $d_k^+$가 지정되어 있는 정점 집합 $\{1,\ldots,n\}$에 대한 단순 유향 그래프를 구축하는(그러한 그래프가 적어도 하나 존재하는 한) 알고리즘을 고안하라.

**109.** [*M20*] 알고리즘 H와 비슷하되, 각 정점 $k$의 도수 $d_k$가 지정되어 있는 정점 집합 $\{1,\ldots,m+n\}$에 대한 이분열 그래프가 존재한다면 그것을 구축하는 알고리즘을 고안하라. 간선 $j\!-\!\!-k$들은 반드시 $j\le m$이고 $k>m$이어야 한다.

**110.** [*M22*] 수열 $d_1\ldots d_n$은 $n>d_1\ge\cdots\ge d_n\ge d_1-1$이고 $d_1+\cdots+d_n$이 짝수일 때 그래프적임을, 알고리즘 H를 사용하지 말고 직접적인 그래프 구축을 통해서 보여라.

▶ **111.** [*25*] $G$가 $V=\{1,\ldots,n\}$에 대한 그래프이며, 그 정점 $k$의 도수가 $d_k$라고 하자. 그리고

$\max(d_1, \ldots, d_n) = d$라고 하자. $n \le N \le 2n$인 정수 $N$이 존재하며, $H$가 정점 $\{1, \ldots, N\}$에 대한 정규 $d$차 그래프라 할 때 $H \mid V = G$를 만족하는 $H$가 존재함을 증명하라. 그러한 정규 그래프를 $N$을 가능한 한 작게 잡아서 구축하는 방법을 설명하라.

▶ **112.** 〔*20*〕 망 $miles(128, 0, 0, 0, 0, 127, 0)$에 거리가 같은 도시가 세 개 있는가? 없다면, 등변삼각형(정삼각형)에 가장 가까운 세 도시는 무엇인가?

**113.** 〔*05*〕 간선이 $m$개이고 정점이 $n$개인 초그래프 $H$의 결합행렬은 몇 행 몇 열인가?

**114.** 〔*M20*〕 (26)의 다중그래프를 초그래프로 간주한다고 하자. 그에 해당하는 결합행렬은 무엇인가? 그에 해당하는 이분열 다중그래프는 무엇인가?

▶ **115.** 〔*M20*〕 $B$가 그래프 $G$의 결합행렬이라 할 때, 대칭행렬 $B^TB$와 $BB^T$의 의미를 설명하라.

**116.** 〔*M17*〕 완전 이분열 $r$-균일 초그래프 $K_{m,n}^{(r)}$의 간선들을 서술하라.

**117.** 〔*M22*〕 간선이 $m$개이고 정점이 $n$개인 비동형 1-균일 초그래프는 몇 개인가? (간선들은 되풀이될 수 있다.) $m = 4$, $n = 3$일 때의 그러한 모든 초그래프를 나열하라.

**118.** 〔*M20*〕 순환마디가 없는 초그래프를 '초숲(hyperforest)'†이라고 부른다. 한 초숲의 간선이 $m$개, 정점이 $n$개, 구성요소가 $p$개라 할 때, 그 정점 도수들의 합은 얼마인가?

**119.** 〔*M18*〕 (60)에서 마지막 항 $(\bar{x}_1 \vee \bar{x}_2 \vee \bar{x}_4)$를 뺀 것에 해당하는 초그래프는 무엇인가?

**120.** 〔*M20*〕 유향 그래프의 개념을 일반화해서 유향 초그래프를 정의하라.

**121.** 〔*M19*〕 $H = (V, E)$가 초그래프이고 $F$가 $H$의 모든 극대 독립집합의 모임(family)일 때, $I(H) = (V, F)$라고 하자. $\chi(H)$를 $|V|$와 $|F|$, $\alpha(I(H)^T)$로 표현하라.

▶ **122.** 〔*M24*〕 다음 세짝 체계들의 최대 독립집합과 최소 채색 그래프를 구하라: (a) 초그래프 (56), (b) 페테르센 그래프의 쌍대.

**123.** 〔*17*〕 $K_n \square K_n$의 최적의 채색 그래프들이 유명한 조합 문제의 해들과 동치임을 보여라.

**124.** 〔*M22*〕 그림 2(f)의 흐바탈 그래프의 채색수는 몇인가?

**125.** 〔*M48*〕 채색수가 4인 4-정규 그래프의 둘레가 $g$라고 할 때, $g$의 값으로 가능한 수들은 무엇인가?

▶ **126.** 〔*M22*〕 $m, n \ge 3$일 때, '왕 이동 방식의 원환체(kingwise torus)' $C_m \boxtimes C_n$의 최적의 채색 그래프를 찾아라.

**127.** 〔*M22*〕 $G$가 $n$차 그래프일 때, (a) $\chi(G) + \chi(\overline{G}) \le n+1$과 (b) $\chi(G)\chi(\overline{G}) \ge n$를 증명하라. 그리고 상등(등호)이 성립하는 그래프들을 찾아라.

**128.** 〔*M18*〕 $G$와 $H$가 그래프라 할 때, $\chi(G \square H)$를 $\chi(G)$와 $\chi(H)$로 표현하라.

---

† 〔옮긴이 주〕 '숲'은 말 그대로 '나무(트리)'들의 집합이다. §2.3에서 정의했다.

**129.** [*23*] (37)에 나온 8×8 여왕 그래프의 극대 파벌을 서술하라.

**130.** [*M20*] 완전 $k$분열 그래프의 극대 파벌은 몇 개인가?

**131.** [*M30*] $n$정점 그래프가 가질 수 있는 극대 파벌의 최대 개수를 $N(n)$으로 표기할 때, $3^{\lfloor n/3 \rfloor} \le N(n) \le 3^{\lceil n/3 \rceil}$임을 증명하라.

▶ **132.** [*M20*] $\chi(G) = \omega(G)$일 때 $G$를 가리켜 빽빽이 채색가능(tightly colorable)이라고 부른다. $G$와 $H$가 빽빽이 채색가능이면 항상 $\chi(G \boxtimes H) = \chi(G)\chi(H)$임을 증명하라.

**133.** [*21*] 옆에 나온 '음악 그래프(musical graph)'는 그 속성들을 손쉽게 분석할 수 있다는 점에서, 이번 절에 나온 여러 가지 정의들을 되짚어 보기에 좋은 수단이다. 이 그래프를 $G$라 할 때 그 (a) 차수, (b) 크기, (c) 둘레, (d) 지름, (e) 독립수 $\alpha(G)$, (f) 채색수 $\chi(G)$, (g) 간선 채색수 $\chi(L(G))$, (h) 파벌수 $\omega(G)$를 구하고, (i) 이 그래프를 잘 알려진 작은 그래프들의 곱 형태로 된 대수 공식으로 표현하라. 그리고 (j) 최소 정점 포괄 집합의 크기와 (k) 최대 부합 집합의 크기를 구하라. $G$는 (l) 정규 그래프인가? (m) 평면 그래프인가? (n) 연결된 그래프인가? (o) 유향 그래프인가? (p) 자유 트리인가? (q) 해밀턴 그래프인가?

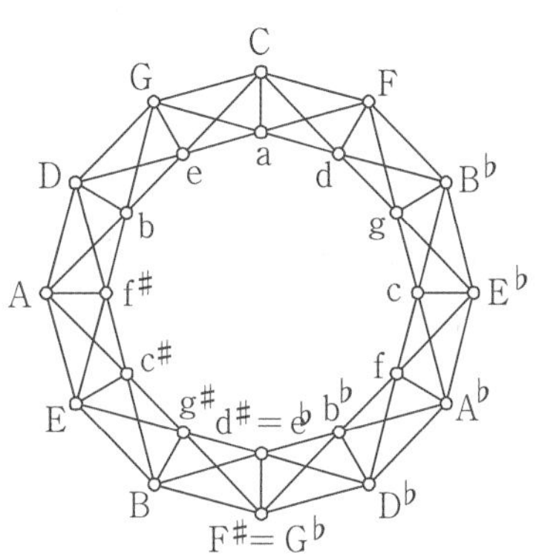


**134.** [*M22*] 음악 그래프에는 자기동형사상이 몇 개나 있는가?

▶ **135.** [*HM26*] 작곡가가 정점 C에서 시작해서, 한 걸음마다 다섯 이웃들 중 하나를 동일 확률로 선택하는 식으로 음악 그래프에 대해 무작위 걷기(random walk, 멋대로 걷기 또는 난보亂步)를 수행한다고 하자. 짝수 번의 걸음 후에 정점 C에 도달할 확률이 다른 정점에 도달할 확률보다 큼을 보여라. 12걸음 걷기로 C에서 C로 갈 확률은 정확히 얼마인가?

**136.** [*HM23*] 케일리 유향 그래프(Cayley digraph)는 정점들($V$)이 어떤 군(group)의 원소들이고 호들이 $1 \le j \le d$와 모든 원소 $v$에 대해 $v \longrightarrow v\alpha_j$인 그래프이다. 여기서 $(\alpha_1, \ldots, \alpha_d)$는 군의 고정된(fixed) 원소들이다. 케일리 그래프는 그래프이기도 한 케일리 유향 그래프이다. 페테르센 그래프가 하나의 케일리 그래프일까?

| 8 | 11 | 2 | 5 | 8 | 11 | 2 | 5 | 8 | 11 | 2 | 5 |
|---|---|---|---|---|---|---|---|---|---|---|---|
| 4 | 7 | 10 | 1 | 4 | 7 | 10 | 1 | 4 | 7 | 10 | 1 |
| 0 | 3 | 6 | 9 | 0 | 3 | 6 | 9 | 0 | 3 | 6 | 9 |
| 8 | 11 | 2 | 5 | **8** | **11** | **2** | **5** | 8 | 11 | 2 | 5 |
| 4 | 7 | 10 | 1 | **4** | **7** | **10** | **1** | 4 | 7 | 10 | 1 |
| 0 | 3 | 6 | 9 | **0** | **3** | **6** | **9** | 0 | 3 | 6 | 9 |
| 8 | 11 | 2 | 5 | 8 | 11 | 2 | 5 | 8 | 11 | 2 | 5 |
| 4 | 7 | 10 | 1 | 4 | 7 | 10 | 1 | 4 | 7 | 10 | 1 |
| 0 | 3 | 6 | 9 | 0 | 3 | 6 | 9 | 0 | 3 | 6 | 9 |

7 7 7
3 3 3
8 11 2 5 8 11 2 5 8 11 2 5
1 4 7 10 1 4 **7** 10 1 4 7 10
3 6 9 0 **3** 6 9 0 3 6 9 0
8 11 2 5 **8 11 2 5** 8 11 2 5
1 4 7 10 **1 4** 7 **10** 1 4 7 10
3 6 9 0 3 **6 9 0** 3 6 9 0
8 11 2 5 8 11 2 5 8 11 2 5
1 4 10 1 4 10 1 4 10
6 9 0 6 9 0 6 9 0

▶ **137.** [*M25*] (일반화된 원환체.) $m \times n$ 원환체를, 평면을 타일로 채우는 하나의 방법(tiling, 이하 타일 깔기 또는 타일 채우기)이라고 간주할 수 있다. 예를 들어 (50)의 $3 \times 4$ 원환체를 무한히 복제해서, 앞의 왼쪽 그림처럼 격자 형태로 맞물려 배치한다고 상상해 보기 바란다. 그러한 배치의 각 정점에서 동, 서, 남, 북으로 이동해서 원환체의 다른 정점으로 갈 수 있다. 그림에서 정점 번호는 $v$에서 북쪽으로 이동하면 정점 $(v+4) \bmod 12$에, 동쪽으로 이동하면 $(v+3) \bmod 12$에 도달하게 되는 식으로 부여된 것이다. 오른쪽 그림은 같은 원환체를 다른 형태의 타일로 표현한 것이다. $\{0, 1, \ldots, 11\}$의 번호가 붙은 열두 칸들을 그 어떤 방식으로 선택하든, 정확히 동일한 바탕 그래프를 이용해서 평면을 타일로 채울 수 있다.

한 타일 형태의 자리를 이동해서 만든 복사본 역시, 만일 그것이 하나의 일반화된 원환체를 형성한다면 평면을 타일로 채울 수 있다. 여기서 일반화된 원환체란, $(a, b)$와 $(c, d)$가 정수 벡터이고 $n = ad - bc > 0$이라고 할 때 칸 $(x, y)$가 칸 $(x+a, y+b)$, 칸 $(x+c, y+d)$와 동일한 정점에 대응되는 원환체를 말한다. 그러면 일반화된 원환체는 점이 $n$개이다. 위에 나온 $3 \times 4$ 원환체의 예에서 벡터 $(a, b)$, $(c, d)$는 $(4, 0)$과 $(0, 3)$이다. 그리고 그 두 벡터가 각각 $(5, 2)$와 $(1, 3)$일 때에는 다음이 된다.

| | | | | | | | | | | | | | | |
|---|---|---|---|---|---|---|---|---|---|---|---|---|---|---|
| | | | | | | | 9 | 10 | 11 | 12 | | | | |
| | | | | | | 4 | 5 | 6 | 7 | 8 | 9 | 10 | 11 | 12 |
| | | 9 | 10 | 11 | 12 | 0 | 1 | 2 | 3 | 4 | 5 | 6 | 7 | 8 |
| | 4 | 5 | 6 | 7 | 8 | 9 | 10 | 11 | 12 | 0 | 1 | 2 | 3 | |
| | 0 | 1 | 2 | 3 | 4 | 5 | 6 | 7 | 8 | 9 | 10 | 11 | 12 | |
| | 9 | 10 | 11 | 12 | 0 | 1 | 2 | 3 | 4 | 5 | 6 | 7 | 8 | |
| 4 | 5 | 6 | 7 | 8 | 9 | 10 | 11 | 12 | 0 | 1 | 2 | 3 | | |
| 0 | 1 | 2 | 3 | 4 | 5 | 6 | 7 | 8 | | | | | | |
| | | | | 0 | 1 | 2 | 3 | | | | | | | |

여기서 $n = 13$이며, $v$에서 북쪽으로 이동하면 $(v+4) \bmod 13$에 도달하고 동쪽으로 이동하면 $(v+1) \bmod 13$에 도달한다.

그러한 일반화된 원환체의 정점들에 항상 정수 이름표 $\{0, 1, \ldots, n-1\}$을 부여하되 정점 $v$의 이웃들에 $(v \pm p) \bmod n$과 $(v \pm q) \bmod n$이 부여되게 한다고 하자. 만일 $\gcd(a, b, c, d) = 1$이면 그러한 조건을 만족하는 정수 $p$와 $q$가 항상 존재함을 증명하라.

**138.** [*HM27*] 연습문제 137을 이어서, 각 벡터 $x$가 $1 \le j \le k$에 대해 $x + \alpha_j$와 동치인 정수 벡터 $\alpha_j$들이 주어졌다고 할 때, $k$차원 정점 $x = (x_1, \ldots, x_k)$들에 이름표를 붙이는 좋은 방법은 무엇인가? 그 방법을 $k = 3$, $\alpha_1 = (3, 1, 1)$, $\alpha_2 = (1, 3, 1)$, $\alpha_3 = (1, 1, 3)$인 경우에서 예시하라.

▶ **139.** [*M22*] $H$가 고정된 $h$차 그래프라고 하자. 그리고, $H$가 주어진 그래프 $G$의 한 유도된 부분그래프로서 출현하는 횟수가 $\#(H\colon G)$라고 하자. 만일 $G$를 정점 $V = \{1, 2, \ldots, n\}$에 대한 모든 $2^{n(n-1)/2}$개의 그래프들의 집합에 무작위로 선택한다면, $H$가 (a) $K_h$, (b) $h > 1$인 $P_h$, (c) $h > 2$인 $C_h$, (d) 임의의 그래프일 때 $\#(H\colon G)$의 평균값은 무엇인가?

**140.** [*M30*] 그래프 $G$의 유도된 부분그래프 개수 $\#(K_3 : G)$, $\#(\overline{K_3} : G)$, $\#(P_3 : G)$가 각각 연습문제 139에서 도출한 기댓값들과 일치할 때, 그러한 그래프 $G$를 비례(proportional) 그래프라고 부른다.

a) 연습문제 88의 바퀴 그래프 $W_8$이 이러한 의미에서 비례 그래프임을 보여라.

b) $G$는 오직 $\#(K_3 : G) = \frac{1}{8}\binom{n}{3}$이고 정점들의 도수열 $d_1 \ldots d_n$이 다음 항등식들을 만족할 때에만 비례 그래프임을 증명하라.

$$d_1 + \cdots + d_n = \binom{n}{2}, \qquad d_1^2 + \cdots + d_n^2 = \frac{n}{2}\binom{n}{2}. \tag{$*$}$$

**141.** [*26*] 연습문제 140(b)의 조건들은 $n \bmod 16 \in \{0, 1, 8\}$인 경우에만 성립한다. 정점이 $n = 8$개인 모든 비례 그래프를 찾는 프로그램을 작성하라.

**142.** [*M30*] (S. Janson, J. Kratochvíl, 1991.) $H$가 연습문제 90에 나온 열한 개의 비동형 4차 그래프들이라고 하자. 그래프 $G$의 부분그래프 개수 $\#(H : G)$들이 연습문제 139의 기댓값들과 각각 일치할 때, 그러한 $G$를 '특비례(extraproportional)' 그래프라고 부른다. 정점이 4개 이상이면 $G$는 결코 특비례가 될 수 없음을 증명하라. 힌트: $(n-3)\#(K_3 : G) = 4\#(K_4 : G) + 2\#(K_{1,1,2} : G) + \#(\overline{K_{1,3}} : G) + \#(\overline{K_1 \oplus K_{1,2}} : G)$임을 주목할 것.

▸ **143.** [*M25*] $A$가 $m > 1$개의 서로 다른 행들과 $n \geq m$개의 열들을 가진 행렬이라고 하자. $A$에서 적어도 하나의 열을, 임의의 두 행이 같아지는 일 없이 삭제할 수 있음을 증명하라.

▸ **144.** [*21*] $X$가 $m \times n$ 행렬이고 그 성분 $x_{ij}$가 0이나 1, $*$이라고 하자. $X$의 '완비(completion)' 행렬 $X^*$는 모든 $*$가 0 또는 1로 대체된 행렬이다. 서로 다른 행들이 가장 적은 완비 행렬을 찾는 문제가 한 그래프의 채색수를 구하는 문제와 동치임을 보여라.

▸ **145.** [*25*] (R. S. Boyer, J. S. Moore, 1980.) 배열 $a_1 \ldots a_n$에 다수결 원소(majority element)가 있다고 하자. 여기서 다수결 원소란 $n/2$번 이상 출현하는 값을 말한다. $n$번 미만의 비교로 그러한 다수결 원소를 찾아내는 알고리즘을 고안하라. 힌트: 만일 $n \geq 3$이고 $a_{n-1} \neq a_n$이면, $a_1 \ldots a_n$의 다수결 원소는 $a_1 \ldots a_{n-2}$의 다수결 원소이기도 하다.

그래도 종종 그대의 문인들은
생색을 내며 한 입(a bit) 먹을 것이리라.
— 스위프트JONATHAN SWIFT, Cadenus and Vanessa (1713)

기수 2를 사용한다면. 그래서 생긴 단위를 binary digit라고,
좀 더 간결하게는
터키J. W. Tukey가 제안한 단어인 bit라고 불러도 좋을 것이다.
— 섀넌CLAUDE E. SHANNON, Bell System Technical Journal에서 (1948)

bit (bit), n ... [A] boring tool ... †
— Random House Dictionary of the English Language (1987)

## 7.1. 0과 1

조합적 알고리즘에서는 효율성에 특별한 주의를 기울여야 하는 경우가 종종 있다. 그리고 요구된 속도를 얻는 한 가지 중요한 방법은 자료를 적절하게 표현하는 것이다. 따라서 조합적 알고리즘들을 자세히 공부하기 전에 기본적인 자료 표현 기법들에 대한 우리의 지식을 살찌우는 것이 현명한 일일 것이다.

오늘날 대부분의 컴퓨터는 사람들이 더 선호하는 십진수를 직접 다루는 것이 아니라 이진수체계에 기초해서 작동한다. 이는 컴퓨터가 두 가지 상태(켜짐 · 꺼짐)의 수량들을 다루는 데 특히나 적합하기 때문이다. 그런 수량을 흔히 숫자 0과 1로 표기한다. 그런데 제1장에서 제6장까지에서는, 십진 컴퓨터는 하지 못하는 여러 가지 것들을 이진 컴퓨터가 빠르게 수행할 수 있다는 사실을 별로 활용하지 않았다. 일반적으로 이진 컴퓨터는 '논리' 연산 또는 '비트별(bitwise)' 연산을 덧셈 · 뺄셈만큼이나 수월하게 수행할 수 있다. 그렇지만 지금까지 우리는 그러한 능력을 거의 강조하지 않았다. 이진 컴퓨터와 십진 컴퓨터가 여러 목적에서 크게 다르지는 않음을 보았으나, 한편으로는 이진 컴퓨터에게 한 손을 뒷짐 지고 십진 컴퓨터와 겨루라고 요구한 면이 없지 않다.

정보는 물론 항목들 사이의 논리적 관계를 부호화하는, 심지어 정보를 처리하는 알고리즘들을 부호화하는 0들과 1들의 놀라운 능력 덕분에 이진 숫자의 연구가 아주 풍요로워졌다. 사실 비트별 연산(비트단위 연산)이 조합적 알고리즘의 개선을 위해서만 쓰이는 것은 아니다. 이진 논리의 속성들은 그 자체로 대단히 흥미로운 새로운 조합적 문제들로 자연스럽게 이어진다.

이 세상에 있는 야생의 0들과 1들을 길들여서 유용한 재주를 부리게 만드는 전산학자(컴퓨터 과학자)들의 능력은 계속해서 발전해왔다. 그러나 우리는 세상이라는 무대의 비트 연주자들인 만큼, 고수준 개념들과 기법들을 공부하기 전에 먼저 이진 수량의 저수준 속성들을 상세하게 이해하는 것이 바람직하다. 그런 취지에서, 개별 비트와 여러 비트들의 수열을 조합하는 기본적인 방법들을 조사하는 것으로 이진 수량에 대한 공부를 시작해 보자.

† [옮긴이 주] 사전적인 의미는 '구멍 뚫는 도구'이지만 경우에 따라서는 '지루한 도구'라고 해석할 수도 있겠다.

그렇다면, 기호 x, y, z, &c가 항상 0과 1의 값을 가지는,
그리고 오직 그런 값들만 가지는 대수학을 고안해 보자.

— 조지 부울GEORGE BOOLE, *An Investigation of the Laws of Thought* (1854)

"반대로," 트위들디가 말을 이었다.
"그렇다면 그럴 거야. 그리고 그랬었다면 그랬을 거야.
하지만 그렇지 않으니까 그렇지 않아. 그게 논리야."†

— 루이스 캐럴LEWIS CARROLL, *거울 나라의 앨리스*(*Through the Looking Glass*)(1871)

### 7.1.1. 부울 연산의 기초

주어진 두 비트 $x$와 $y$를 세 번째 비트 $z = f(x, y)$로 변환하는 함수 $f(x, y)$는 총 16가지이다. $f(0,0)$, $f(0,1)$, $f(1,0)$, $f(1,1)$ 각각마다 두 가지 선택이 존재하기 때문이다. 표 1은 형식 논리(formal logic) 연구에 쓰이는 그러한 함수들에 붙어 있는 전통적인 이름과 표기법을 정리한 것으로, 1은 '참', 0은 '거짓'에 해당한다고 가정한다. 네 값의 수열 $f(0,0)f(0,1)f(1,0)f(1,1)$을 관례적으로 함수 $f$의 진리표(truth table) 또는 진위표라고 부른다.

그러한 함수를 흔히 '부울 연산'이라고 부르는데, 이 이름은 0과 1에 대한 대수 연산들을 이용해서 논리적 추론을 위한 산법(calculus)을 구축할 수 있음을 처음 발견한[*The Mathematical Analysis of Logic* (Cambridge: 1847); *An Investigation of the Laws of Thought* (London: 1854)] 부울George Boole‡을 기리는 의미를 담고 있다. 그러나 부울이 실제로 '논리합(logical or)' 연산 $\vee$을 다룬 적은 없다. 그는 0들과 1들에 대한 보통의 산술 연산들만 고찰했다. 그런 만큼 논리합을 $x + y$라고 표기한다고 해도 이상한 일이 아니겠지만, 그는 $x$와 $y$가 상호배타적(둘 다 1은 아님)이 아닌 한, 수고롭더라도 결코 그런 표기법을 사용하지 않았다. 필요한 경우에는, 논리합의 결과가 결코 2가 되지 않음을 보장하기 위해 $x + (1 - x)y$라는 표기를 사용했다.

$+$ 연산을 영어로 설명할 때 부울은 그 연산을 'and'라고 부르기도 하고 'or'라고 부르기도 했다. 현대의 수학자들이 보기에는 이런 관행이 다소 이상하겠지만, 사실 그의 용법이 보통의 영어였음을 깨닫는다면 생각이 달라질 것이다. 예를 들어 "boys and girls are children"이지만 "children are boys or girls"이다.

제본스W. Stanley Jevons는 $x + x = x$라는 독창적인 규칙을 포함시켜서 부울의 산법을 확장했다[*Pure Logic* (London: Edward Stanford, 1864), §69]. 제본스는 그의 새로운 $+$ 연산에서 $(x + y)z$가 $xz + yz$와 같음을 지적했다. 그러나 제본스는 또 다른 분배법칙 $xy + z = (x +$

---

† [옮긴이 주] 『이상한 나라의 앨리스 · 거울 나라의 앨리스』, 최인자 옮김(북폴리오, 2007), 258~259쪽에서 인용.

‡ [옮긴이 주] 현행 외래어 표기법은 장음을 특별히 표시하지 않으므로 Boole의 표기로 '불'이 적합하나, '부울 연산', '부울 논리' 같은 용어가 꽤 오래전부터 굳어져 왔음을 감안해서 '부울'로 표기한다.

$z)(y+z)$는 알지 못했다. 이 법칙을 놓친 것은 아마도 그가 사용한 표기법 때문일 것이다. 통상적인 산술 연산에는 둘째 분배법칙에 대응되는 친숙한 분배법칙이 없기 때문이다. 두 분배법칙 모두, 표 1에 나오는 좀 더 대칭적인 표기법 $x \wedge y$와 $x \vee y$를 사용하면 기억하기가 더 쉽다.

$$(x \vee y) \wedge z \;=\; (x \wedge z) \vee (y \wedge z); \tag{1}$$

$$(x \wedge y) \vee z \;=\; (x \vee z) \wedge (y \vee z). \tag{2}$$

(2), 즉 둘째 분배법칙은 퍼스C. S. Peirce가 소개한 것으로, 그는 부울 산법의 확장 방법을 제본스와는 독립적으로 발견했다〔*Proc. Amer. Acad. Arts and Sciences* **7** (1867), 250−261〕 첨언하자면, 여러 해 후에 퍼스는 이 초기 발전들을 논의하면서〔*Amer. J. Math.* **3** (1880), 32〕 "제본스의 성과가 추가된 부울 대수학(Boolean algebra)"이라는 언급을 한 바 있다. 현재의 'Boolean'과는 다른 그의 철자법은 그 후로 수년간 쓰였는데, 심지어 1963년의 Funk와 Wagnalls의 완전판 사전에도 등장했다.

진릿값 조합이라는 개념은 사실 부울 대수보다 훨씬 오래된 것이다. 실제로, 명제 논리(propositional logic)는 이미 기원전 4세기에 그리스 철학자들이 발전시킨 바 있다. 당시, $x$와 $y$가 명제일 때 "만일 $x$이면 $y$이다" 같은 명제에 적절한 참 또는 거짓 값을 부여하는 방법에 대해서 상당한 논쟁이 있었다. 기원전 300년경의 메가라의 필로(Philo of Megara)는 표 1에 나온 진리표로 그러한 진위 부여 방법을 정의했는데, 특히 $x$와 $y$가 둘 다 거짓일 때 그 명제가 참임을 명시했다. 이러한 초기 성과들은 대부분 유실되었으나, 갈렌Galen(A.D. 2세기)의 저작들 중에 명제들의 포함 및 배제 논리합들을 언급하는 문구들이 남아 있다. 〔고대에서 20세기까지의 논리학 발전사를 훌륭하게 정리한 저술로는 I. M. Bocheński, *Formale Logik* (1956)과 Ivo Thomas의 영어 번역판 (1961)을 보라.〕

두 변수의 함수를 $f(x,y)$ 대신 $x \circ y$로 표기하기도 한다. 여기서 $\circ$는 적절한 연산자 기호이다. 이 책에서 두 변수의 부울 함수에 사용할 열여섯 가지 연산자 기호가 표 1에 나와 있다. 예를 들어 $\perp$는 진리표가 0000인 함수를 표현하는 기호이고 $\wedge$는 0001을 위한 기호, $\overline{\supset}$은 0010을 위한 기호라는 식이다. 이들에 대해 $x \perp y = 0$, $x \wedge y = xy$, $x \overline{\supset} y = x \dot{-} y$, $x \llcorner y = x$, …, $x \overline{\wedge} y = \bar{x} \vee \bar{y}$, $x \top y = 1$이 성립한다.

물론 표 1의 연산들 중에는 더 중요한 것들과 덜 중요한 것들이 있다. 예를 들어 첫 연산과 마지막 연산은 자명하다. $x$와 $y$의 값과 무관하게 상수일 뿐이다. 표 1의 연산들 중 넷은 $x$만의 또는 $y$만의 함수이다. $1-x$, 즉 $x$의 여수餘數(complement, 보수補數)를 $\bar{x}$로 표기한다.

진리표에 1이 하나 뿐인 네 연산은 논리곱(AND) 연산자 $\wedge$로 손쉽게 표현할 수 있다. 구체적으로 말하면 $x \wedge y$, $x \wedge \bar{y}$, $\bar{x} \wedge y$, $\bar{x} \wedge \bar{y}$이다. 진리표에 1이 세 개인 연산들은 논리합(OR) 연산자 $\vee$로 손쉽게 표현할 수 있다. 바로 $x \vee y$, $x \vee \bar{y}$, $\bar{x} \vee y$, $\bar{x} \vee \bar{y}$이다. 실제 응용에 기본적인 함수 $x \wedge y$와 $x \vee y$가 해당 여함수 또는 반半 여함수들보다 더 유용함이 드러났다. 그러나 NOR, NAND 연산 $x \overline{\vee} y = \bar{x} \wedge \bar{y}$와 $x \overline{\wedge} y = \bar{x} \vee \bar{y}$ 역시, 트랜지스터 회로들로 쉽게 구현할 수 있다는 점에서 흥미로운 함수들이다.

표 1

열여섯 가지 2변수 논리 연산.

| 진리표 | 신, 구 표기법(들) | 연산자 기호 | 이름(들) |
|---|---|---|---|
| 0000 | $0$ | $\perp$ | 모순; 거짓; 자가당착; 상수 0 |
| 0001 | $xy$, $x \wedge y$, $x \& y$ | $\wedge$ | 결합; 논리곱; 그리고 |
| 0010 | $x \wedge \bar{y}$, $x \not\supset y$, $[x > y]$, $x \dot{-} y$ | $\bar{\supset}$ | 비함의(nonimplication); 차이(difference); $y$가 아니라 $x$(but not) |
| 0011 | $x$ | $\llcorner$ | 좌투영(left projection); 제1집정관(first dictator) |
| 0100 | $\bar{x} \wedge y$, $x \not\subset y$, $[x < y]$, $y \dot{-} x$ | $\bar{\subset}$ | 역 비함의(converse nonimplication); $x$가 아니라 $y$(not…but) |
| 0101 | $y$ | R | 우투영(right projection); 제2집정관(second dictator) |
| 0110 | $x \oplus y$, $x \not\equiv y$, $x \hat{} y$ | $\oplus$ | 배타적 논리합(exclusive disjunction); 비동치; 'xor' |
| 0111 | $x \vee y$, $x \mid y$ | $\vee$ | (포함적) 논리합; 또는; 그리고/또는 |
| 1000 | $\bar{x} \wedge \bar{y}$, $\overline{x \vee y}$, $x \overline{\vee} y$, $x \downarrow y$ | $\overline{\vee}$ | 비논리합(nondisjunction); 결합 부정; $x$도 아니고 $y$도 아님 |
| 1001 | $x \equiv y$, $x \leftrightarrow y$, $x \Leftrightarrow y$ | $\equiv$ | 동치; 오직 $y$일 때에만 $x$; 'iff' |
| 1010 | $\bar{y}$, $\neg y$, $!y$, $\sim y$ | $\bar{\text{R}}$ | 오른쪽 여수화(right complementation) |
| 1011 | $x \vee \bar{y}$, $x \subset y$, $x \Leftarrow y$, $[x \geq y]$, $x^y$ | $\subset$ | 역함의(converse implication); 만일 |
| 1100 | $\bar{x}$, $\neg x$, $!x$, $\sim x$ | $\bar{\llcorner}$ | 왼쪽 여수화(left complementation) |
| 1101 | $\bar{x} \vee y$, $x \supset y$, $x \Rightarrow y$, $[x \leq y]$, $y^x$ | $\supset$ | 함의; $x$인 경우에만; 만일 $x$이면 $y$ |
| 1110 | $\bar{x} \vee \bar{y}$, $\overline{x \wedge y}$, $x \overline{\wedge} y$, $x \mid y$ | $\overline{\wedge}$ | 비논리곱(nonconjunction); $x$와 $y$ 둘 다 참은 아님; 'nand' |
| 1111 | $1$ | $\top$ | 단언; 타당성; 항진; 상수 1 |

1913년에 셰퍼H. M. Sheffer는 이 열여섯 함수 모두를 $\overline{\vee}$ 나 $\overline{\wedge}$ 중 하나만으로 표현할 수 있음을 보였다(연습문제 4 참고). 사실 퍼스C. S. Peirce도 1880년경에 같은 발견을 했으나, 이에 대한 그의 저술은 그가 죽은 후에야 출판되었다[*Collected Papers of Charles Sanders Peirce* **4** (1933), §§12–20, 264]. 표 1에 나와 있듯이, 사람들은 NAND와 NOR를 종종 $x \mid y$와 $x \downarrow y$로 표기했다. 전자와 후자를 '셰퍼의 획(Sheffer's stroke)'과 '퍼스 화살표(Peirce arrow)'라고 부르기도 했다. 그러나 이제는, NAND를 셰퍼의 수직선으로 표시하는 것이 별로 바람직하지 않다. 왜냐하면 C 같은 프로그래밍 언어들에서 $x \mid y$가 비트별 $x \vee y$를 의미하기 때문이다.

표 1의 함수들 중 지금까지 언급한 열네 개 외에 나머지 둘은 '동치'와 '배타적 논리합'을 위한 $x \equiv y$와 $x \oplus y$인데, 이들 사이에는 다음과 같은 항등식들이 성립한다.

$$x \equiv y \;=\; \bar{x} \oplus y \;=\; x \oplus \bar{y} \;=\; 1 \oplus x \oplus y; \tag{3}$$

$$x \oplus y \;=\; \bar{x} \equiv y \;=\; x \equiv \bar{y} \;=\; 0 \equiv x \equiv y. \tag{4}$$

두 연산 모두 결합법칙을 만족한다(연습문제 6). 명제 논리에서 동치同値(equivalence) 개념이 비동치(inequivalence)를 뜻하는 배타적 논리합 개념보다 중요하다. 그러나 §7.1.3절에서 보겠지만, 완전한 컴퓨터 워드들에 대한 비트별 연산을 고려할 때에는 상황이 반대가 된다. 전형적인 프로그램들에서는 배타적 논리합이 동치보다 훨씬 유용하다. $x\oplus y$에 중요한 용도들이 존재하는(심지어 1비트의 경우에도) 것은 주로 다음과 같은 사실 덕분이다.

$$x \oplus y = (x+y) \bmod 2. \tag{5}$$

즉, $x\oplus y$와 $x\wedge y$는 원소가 둘인 체(field, §4.6 참고)의 덧셈과 곱셈을 뜻한다. 당연하게도, $x\oplus y$는 여러 '깔끔한' 수학적 속성들을 내재하고 있다.

**기본 항등식들.** 그럼 ∧와 ∨, ⊕, ¯ 사이의 상호작용을 살펴보자. 다른 연산들을 이 네 연산의 조합으로 손쉽게 표현할 수 있다는 점에서, 이 넷은 근본적인 연산자들이라고 할 수 있다. ∧와 ∨, ⊕는 결합법칙과 교환법칙을 지원한다. (1)과 (2)의 분배법칙들 외에 다음과 같은 분배법칙이 성립한다.

$$(x \oplus y)\wedge z = (x\wedge z)\oplus(y\wedge z). \tag{6}$$

또한 다음과 같은 흡수법칙(absorption laws)도 있다.

$$(x\wedge y)\vee x = (x\vee y)\wedge x = x. \tag{7}$$

아주 간단하면서도 아주 강력한 항등식으로 다음과 같은 것이 있다.

$$x \oplus x = 0. \tag{8}$$

이 항등식이 중요한 것은 무엇보다도, $x\oplus 0 = x$라는 자명한 사실을 적용했을 때 다음을 이끌어 낼 수 있기 때문이다.

$$(x\oplus y)\oplus x = y, \qquad (x\oplus y)\oplus y = x. \tag{9}$$

다른 말로 하면, $x\oplus y$가 주어지고 $x$와 $y$ 중 하나가 주어졌다면 다른 하나도 손쉽게 결정할 수 있다는 것이다. 또한, 다음과 같은 간단한 보수법칙(complementation law)도 간과해서는 안 될 것이다.

$$\bar{x} = x\oplus 1. \tag{10}$$

또 다른 한 쌍의 중요한 항등식으로, 드모르간Augustus De Morgan의 이름을 딴 드모르간의 법칙이 있다. 그 법칙은 당시 어법으로 "한 집합체(aggregate)의 반대(contrary)는 그 집합체 요소(aggregate)의 반대들의 복합체(compound)이다. 한 복합체의 반대는 그 구성요소(component)들의 반대들의 집합체이다. 따라서 $(A, B)$와 $AB$의 반대들은 $ab$와 $(a, b)$이다." [*Trans. Cambridge Philos. Soc.* **10** (1858), 208.] 요즘 표기법으로 표현한다면, 이들은 표 1의 연산 NAND와 NOR에 연관된 진리표들로부터 암묵적으로 유도한 다음과 같은 규칙들에 해당한다.

$$\overline{x\wedge y} = \bar{x}\vee\bar{y}; \tag{11}$$

$$\overline{x\vee y} = \bar{x}\wedge\bar{y}. \tag{12}$$

첨언하자면, 제본스W. S. Jevons는 (12)를 알았지만 (11)은 몰랐다. 그는 $AB$의 여수를 항상 $\bar{A}+\bar{B}$가 아니라 $\bar{A}B+\bar{B}A+\bar{A}\bar{B}$로 표기했다. 그렇긴 하지만, 드모르간이 위의 법칙들을 발표한 최초의 영국인은 아니다. (11)과 (12) 모두 두 스콜라학파 철학자 윌리엄 오브 오컴William of Ockham〔*Summa Logicæ* **2** (1323)〕과 벌리Walter Burley〔*De Puritate Artis Logicæ* (c. 1330)〕의 14세기 초반 저술에서 발견할 수 있다.

드모르간의 법칙과 그 외의 몇몇 항등식을 이용해서, $\wedge$와 $\vee$, $\oplus$를 각자 서로를 항으로 하여 표현하는 것이 가능하다.

$$x \wedge y = \overline{\bar{x} \vee \bar{y}} = x \oplus y \oplus (x \vee y); \tag{13}$$

$$x \vee y = \overline{\bar{x} \wedge \bar{y}} = x \oplus y \oplus (x \wedge y); \tag{14}$$

$$x \oplus y = (x \vee y) \wedge \overline{x \wedge y} = (x \wedge \bar{y}) \vee (\bar{x} \wedge y). \tag{15}$$

연습문제 7.1.2-77에 따르면 $x_1 \oplus x_2 \oplus \cdots \oplus x_n$을 $\wedge$, $\vee$, $^-$ 연산만 사용해서 계산하는 경우 그 계산의 길이는 항상 적어도 $4(n-1)$단계이다. 따라서 $\oplus$를 다른 세 연산으로 대체하는 것이 특별히 바람직하지는 않다.

**n변수 함수.** 세 부울 변수 $x$, $y$, $z$의 부울 함수 $f(x,y,z)$를 그 8비트 진리표 $f(0,0,0)f(0,0,1)\ldots f(1,1,1)$로 정의할 수 있다. 일반화하자면, $n$진 부울 함수 $f(x_1,\ldots,x_n)$은 $f(0,\ldots,0,0)$, $f(0,\ldots,0,1)$, $f(0,\ldots,1,0)$, $\ldots$, $f(1,\ldots,1,1)$의 연속된 값들을 나열하는 $2^n$비트 진리표에 대응된다.

이 함수들 모두에 대해 각각 개별적인 이름과 표기법을 고안할 필요는 없다. 이들 모두를 이미 알고 있는 이진 함수(binary function, 이항 함수)들로 표현할 수 있기 때문이다. 예를 들어 제갈킨I. I. Zhegalkin이 말했듯이〔*Matematicheskiĭ Sbornik* **35** (1928), 311–369〕, $n>0$일 때 적절한 함수 $g$와 $h$에 대해 항상 다음과 같이 쓸 수 있다.

$$f(x_1,\ldots,x_n) = g(x_1,\ldots,x_{n-1}) \oplus h(x_1,\ldots,x_{n-1}) \wedge x_n. \tag{16}$$

이는 $g$와 $h$를 다음과 같이 둔다고 했을 때이다.

$$g(x_1,\ldots,x_{n-1}) = f(x_1,\ldots,x_{n-1},0);$$
$$h(x_1,\ldots,x_{n-1}) = f(x_1,\ldots,x_{n-1},0) \oplus f(x_1,\ldots,x_{n-1},1). \tag{17}$$

(관례적인 연산자 우선순위에 따르면 연산 $\wedge$가 $\oplus$보다 먼저 적용되므로, (16) 우변의 부분식 $h(x_1,\ldots,x_{n-1}) \wedge x_n$을 괄호로 감쌀 필요는 없다.) 이러한 과정을 0진 함수에 도달할 때까지 $g$와 $h$에 재귀적으로 적용하면, 연산자 $\oplus$와 $\wedge$, 그리고 $2^n$개의 상수들과 변수 $\{x_1,\ldots,x_n\}$만 관여하는 표현식이 남는다. 더 나아가서, 그러한 상수들 역시 다음 항등식들을 이용해서 더욱 단순화할 수 있는 경우가 많다.

$$x \wedge 0 = 0, \qquad x \wedge 1 = x \oplus 0 = x. \tag{18}$$

결합법칙과 분배법칙을 적용하고 나면, 상수 0은 $f(x_1, \ldots, x_n)$이 모두 0일 때에만, 그리고 상수 1은 $f(0, \ldots, 0) = 1$일 때에만 필요하다.

예를 들어 다음과 같은 공식이 가능하다.

$$\begin{aligned} f(x, y, z) &= ((1 \oplus 0 \wedge x) \oplus (0 \oplus 1 \wedge x) \wedge y) \oplus ((0 \oplus 1 \wedge x) \oplus (0 \oplus 1 \wedge x) \wedge y) \wedge z \\ &= (1 \oplus x \wedge y) \oplus (x \oplus y \oplus x \wedge y) \wedge z \\ &= 1 \oplus x \wedge y \oplus x \wedge z \oplus y \wedge z \oplus x \wedge y \wedge z. \end{aligned}$$

(5)의 규칙과 $x \wedge y = xy$를 이용해서, 이를 다음과 같은 다항식으로 단순화할 수 있다.

$$f(x, y, z) = (1 + xy + xz + yz + xyz) \bmod 2. \tag{19}$$

이 다항식이 변수 각각에 대해 선형(차수가 $\leq 1$)임을 주목하기 바란다. 일반화하자면, 그 어떤 부울 함수 $f(x_1, \ldots, x_n)$이라도 비슷한 계산을 통해서 이와 같은 고유한 표현을 얻을 수 있다. 그런 고유한 표현을 그 함수의 다중선형 표현(multilinear representation) 또는 배타적 표준형(exclusive normal form)이라고 부른다. 이는 $2^n$개의 가능한 항 1, $x_1$, $x_2$, $x_1x_2$, $x_3$, $x_1x_3$, $x_2x_3$, $x_1x_2x_3$, $\ldots$, $x_1x_2 \ldots x_n$ 중 0개 이상의 항들의 합(2를 법으로 한)이다.

조지 부울은 부울 함수를 다른 방식으로 분해했다. 실제 응용에서 자주 만나는 종류의 함수들에서는 부울의 방식이 더 간단한 경우가 많다. (16) 대신 그는 본질적으로 다음과 같은 공식을 작성했다.

$$f(x_1, \ldots, x_n) = (g(x_1, \ldots, x_{n-1}) \wedge \bar{x}_n) \vee (h(x_1, \ldots, x_{n-1}) \wedge x_n) \tag{20}$$

그리고 이를 '전개법칙(law of development)'이라고 불렀다. 이제 (17) 대신 그냥 다음과 같이 두면 된다.

$$\begin{aligned} g(x_1, \ldots, x_{n-1}) &= f(x_1, \ldots, x_{n-1}, 0), \\ h(x_1, \ldots, x_{n-1}) &= f(x_1, \ldots, x_{n-1}, 1). \end{aligned} \tag{21}$$

부울의 절차를 (1)의 분배법칙을 이용해서 반복하면서 상수들을 제거하면 0개 이상의 최소항(minterm)들의 논리합에 해당하는 공식이 남게 된다. 그 공식에서 각 최소항은 $x_1 \wedge \bar{x}_2 \wedge \bar{x}_3 \wedge x_4 \wedge x_5$ 같은, 모든 변수 또는 그 여수가 등장하는 논리곱의 형태이다. 한 최소항은 정확히 한 점에서 참인 부울 함수임을 주목하기 바란다.

예를 들어, 진리표가 다음과 같은 다소 무작위한 함수 $f(w, x, y, z)$ 하나를 생각해 보자.

$$1100\ 1001\ 0000\ 1111. \tag{22}$$

이 함수를 부울의 법칙 (20)을 반복 적용해서 전개하면 최소항 여덟 개(진리표의 각 1마다 하나씩)의 논리합이 나온다.

$$\begin{aligned} f(w, x, y, z) = {} & (\bar{w} \wedge \bar{x} \wedge \bar{y} \wedge \bar{z}) \vee (\bar{w} \wedge \bar{x} \wedge \bar{y} \wedge z) \vee (\bar{w} \wedge x \wedge \bar{y} \wedge \bar{z}) \vee (\bar{w} \wedge x \wedge y \wedge z) \\ & \vee (w \wedge x \wedge \bar{y} \wedge \bar{z}) \vee (w \wedge x \wedge \bar{y} \wedge z) \vee (w \wedge x \wedge y \wedge \bar{z}) \vee (w \wedge x \wedge y \wedge z). \end{aligned} \tag{23}$$

일반적으로, 최소항들의 논리합을 완전 논리합 표준형(full disjunctive normal form)이라고 부른다. 모든 부울 함수를 이런 식으로 표현할 수 있으며, 그 결과는 고유하다(물론 최소항들의 순서를 제외할 때). 꼬투리: $f(x_1,\ldots,x_n)$이 항상 0일 때 특별한 경우가 발생한다. §1.2.3에서 $\sum_{k=1}^{0} a_k = 0$, $\prod_{k=1}^{0} a_k = 1$이라고 정의한 것과 같은 이유에서, '0'을 하나의 빈(항이 하나도 없는) 논리합이라고 간주하고, '1'을 빈 논리곱으로 간주한다.

*Amer. J. Math.* **3** (1880), 37–39에서 퍼스C. S. Peirce는 모든 부울 함수가 완전 논리곱 표준형(full conjunctive normal form)도 가진다고 밝혔다. 이 표준형은 $\bar{x}_1 \vee x_2 \vee \bar{x}_3 \vee \bar{x}_4 \vee x_5$ 형태의, '최소절(minclause)들의 논리곱이다. 하나의 최소절은 오직 한 점에서만 0이다. 따라서 그러한 논리곱의 각 절은 진리표에서 값이 0인 자리에 해당한다. 예를 들어 (22)와 (23)에 나온 부울 함수들의 완전 논리곱 표준형은 다음과 같다.

$$f(w,x,y,z) = (w \vee x \vee \bar{y} \vee z) \wedge (w \vee x \vee \bar{y} \vee \bar{z}) \wedge (w \vee \bar{x} \vee y \vee \bar{z}) \wedge (w \vee \bar{x} \vee \bar{y} \vee z) \\ \wedge (\bar{w} \vee x \vee y \vee z) \wedge (\bar{w} \vee x \vee y \vee \bar{z}) \wedge (\bar{w} \vee x \vee \bar{y} \vee z) \wedge (\bar{w} \vee x \vee \bar{y} \vee \bar{z}) \qquad (24)$$

그러나 반드시 최소항들 전부 또는 최소절들 전부가 관여하는 것이 아닌 논리합과 논리곱을 다루어야 하는 경우도 당연히 생긴다. 그래서, 논리합 표준형(disjunctive normal form, 줄여서 'DNF')을 베르네Paul Bernays가 그의 *Habilitationsschrift* (1918)에서 소개한 다음과 같은 표기법을 이용해서 논리곱들의 임의의 논리합으로 표현하기로 한다.

$$\bigvee_{j=1}^{m} \bigwedge_{k=1}^{s_j} u_{jk} = (u_{11} \wedge \cdots \wedge u_{1s_1}) \vee \cdots \vee (u_{m1} \wedge \cdots \wedge u_{ms_m}). \qquad (25)$$

여기서 각 $u_{jk}$는 리터럴(literal), 즉 변수 $x_i$ 또는 그 여수이다. 비슷하게, 리터럴들의 논리합들의 임의의 논리곱을 다음과 같이 표현한다.

$$\bigwedge_{j=1}^{m} \bigvee_{k=1}^{s_j} u_{jk} = (u_{11} \vee \cdots \vee u_{1s_1}) \wedge \cdots \wedge (u_{m1} \vee \cdots \vee u_{ms_m}). \qquad (26)$$

이를 논리곱 표준형(conjunctive normal form, 줄여서 'CNF')이라고 부른다.

오늘날 컴퓨터 칩에 내장된 전자회로 중에는 '프로그램이 가능한 논리 어레이(programmable logic array, PLA)'로 이루어진 것이 많다. PLA는 입력 신호들(또는 그 여수들)의 OR와 AND로 이루어진다. 다른 말로 하면, PLA는 기본적으로 하나 이상의 논리합 표준형들을 계산한다. 그런 구축요소들은 빠르고 다재다능하며 비교적 싸다. 그리고 사실 논리합 표준형은 1950년대부터 전기공학에서 중요한 역할을 해왔다. 당시에는 회선 교환 회로(switching circuit)를 계전기(relay)나 진공관 같은 비교적 구식의 장치로 구현해야 했으며, 그래서 사람들은 부울 함수들의 부류(class)들에 대한 가장 간단한 논리합 표준형을 찾는 데 관심을 가졌다. 그리고 기술이 계속 발전하는 한, 논리합 표준형을 이해하는 것이 계속해서 중요할 것이라고 예측할 수 있다.

논리합 표준형의 항을 흔히 함의항含意項(implicant)이라고 부른다. 이는 한 논리합의 임의의 합의 진위가 전체 공식의 진위를 함의하기 때문이다. 예를 들어 다음과 같은 공식을 생각해 보자.

$$f(x,y,z) = (x \wedge \bar{y} \wedge z) \vee (y \wedge z) \vee (\bar{x} \wedge y \wedge \bar{z}).$$

$x \wedge \bar{y} \wedge z$가 참이면, 즉 $(x,y,z) = (1,0,1)$이면, $f$는 참임을 알 수 있을 것이다. 그런데 이 예에서, 명시적으로 표현되어 있지는 않지만 더 짧은 항 $x \wedge z$ 역시 $f$의 한 함의항이다. 추가적인 항 $y \wedge z$에 의해, $x = z = 1$이면 $y$의 값과 무관하게 항상 함수가 참이 되기 때문이다. 마찬가지로, $\bar{x} \wedge y$도 이 함수의 한 함의항이다. 따라서 이 함수를 다음과 같은 좀 더 단순한 공식으로 대체할 수 있다.

$$f(x,y,z) = (x \wedge z) \vee (y \wedge z) \vee (\bar{x} \wedge y). \tag{27}$$

이 지점부터는 함의항들 안에서 더 이상의 삭제가 불가능하다. $x$나 $y$, $z$, $\bar{x}$ 모두 $f$의 진위를 함의하기에 충분히 강력한 조건이기 때문이다.

그 리터럴들을 하나라도 삭제하면 더 이상 충분히 강력한 조건이 아니게 되는 함의항을 기약함의항(prime implicant)이라고 부른다. prime implicant는 *AMM* **59** (1952), 521–531에 나온 콰인W. V. Quine의 용어법을 따른 것이다.

표기법을 단순화하고 좀 더 기하학적인 관점을 채용한다면 이러한 기본 개념들을 아주 쉽게 이해할 수 있을 것이다. $f(x_1, \ldots, x_n)$ 대신 $f(x)$로 표기하고, $x$를 길이가 $n$인 벡터 또는 이진열(binary string) $x_1 \ldots x_n$이라고 간주하기로 하자. 예를 들어 (22)의 함수가 참이 되는 이진열 $wxyz$들은 다음과 같다.

$$\{0000,\ 0001,\ 0100,\ 0111,\ 1100,\ 1101,\ 1110,\ 1111\}. \tag{28}$$

이들을 4차원 초입방체 $2 \times 2 \times 2 \times 2$ 안의 여덟 점들이라고 생각할 수 있다. (28)의 여덟 점들은 (23)의 완전 논리합 표준형에 명시적으로 나와 있는 최소항 함의항들에 해당한다. 그러나 그 함의항들 중 실제로 기약함의항인 것은 없다. 예를 들어 (28)의 처음 두 점은 부분입방체 000*를 형성하며, 마지막 네 점은 부분입방체 11**를 형성한다(여기서 별표 *는 §6.5에서 데이터베이스 질의를 논의할 때 사용했던 것 같은 '와일드카드'를 뜻한다). 따라서 $\bar{w} \wedge \bar{x} \wedge \bar{y}$는 $f$의 한 함의항이며, $w \wedge x$ 역시 함의항이다. 마찬가지로, 부분입방체 0*00는 (28)의 여덟 점들 중 둘에 해당하며, 따라서 $\bar{w} \wedge \bar{y} \wedge \bar{z}$는 하나의 함의항이 된다.

일반화하자면, 이러한 방식에서 각각의 기약함의항은 $f$가 참이 되는 점들의 집합 안에 놓인 극대 부분입방체에 해당한다. (그 부분입방체는 같은 성질을 가진 더 큰 부분입방체 안에 포함되지 않는다는 점에서 극대이다. 즉, 그 함의항의 명시적인 비트들 중 어떤 것도 별표로 대체할 수 없다. 극대 부분입방체는 별표의 개수가 극대이며, 따라서 제한된 좌표 성분들의 개수가 극소이며, 따라서 해당 함의소의 변수들의 개수가 극소이다.) (28)의 여덟 점들의 극대 부분입방체들은 다음과 같다.

$$000*,\ 0*00, *100, *111,\ 11**. \tag{29}$$

따라서 (23)의 함수 $f(w,x,y,z)$의 기약함의항들은

$$(\bar{w} \wedge \bar{x} \wedge \bar{y}) \vee (\bar{w} \wedge \bar{y} \wedge \bar{z}) \vee (x \wedge \bar{y} \wedge \bar{z}) \vee (x \wedge y \wedge z) \vee (w \wedge x) \tag{30}$$

이다. 부울 함수의 모든 기약함의항들의 논리합을 그 함수의 논리합 기약형(disjunctive prime form)이라고 부른다. 연습문제 30에는 주어진 함수의 모든 기약함의항을 함수가 참인 점들의 집합에 기초해서 찾는 알고리즘이 나온다.

기약절(prime clause) 역시 아주 비슷한 방식으로 정의할 수 있다. 즉, 기약절은 $f$에 의해 함의된, 같은 속성을 가진 부분절(subclause)이 전혀 없는 논리합 절이다. 그리고 $f$의 논리곱 기약형은 $f$의 모든 기약절들의 논리곱이다. (연습문제 19에 예가 하나 나온다.)

단순한 경우들에서 논리합 기약형은 해당 함수가 가질 수 있는 가장 짧은 논리합 표준형인 경우가 많다. 그러나 종종 그보다 더 나은 결과를 얻을 수도 있다. 필요한 점들 모두를 단 몇 개의 극대 부분입방체들로 포괄하는 것이 가능할 수 있기 때문이다. 예를 들어 (27)에서 기약함의항 $(y \wedge z)$는 불필요하다. 그리고 (30)의 식에서 $(\bar{w} \wedge \bar{y} \wedge \bar{z})$와 $(x \wedge \bar{y} \wedge \bar{z})$ 둘 다 필요하지는 않다. 다른 항들이 있는 한, 둘 중 하나로 충분하다.

안타깝게도, 가장 짧은 논리합 표준형을 찾는 과제가 NP-어려움에 속하는 문제임을 §7.9에서 보게 될 것이다. 그러나 충분히 작은 문제들에 대해서는 여러 가지 유용한 단축 기법들이 고안되었는데, 머클러스키E. J. McCluskey의 책 *Introduction to the Theory of Switching Circuits* (New York: McGraw-Hill, 1965)에 그런 기법들이 잘 설명되어 있다. 이후의 발전 과정에 대해서는 Petr Fišer, Jan Hlavička, *Computing and Informatics* **22** (2003), 19–51을 보라.

최단 DNF를 손쉽게 특징지을 수 있는 중요한 특수 경우가 하나 있다. 변수들 중 임의의 하나를 0에서 1로 바꾸었을 때 함수 값이 1에서 0으로 변하지 않는 부울 함수를 가리켜 단조單調(monotone) 부울 함수 또는 양陽의(positive) 부울 함수라고 부른다. 다른 말로 하면, 함수 $f$는 오직 $x \subseteq y$이면 항상 $f(x) \leq f(y)$일 때에만 단조이다. 여기서 이진열 $x = x_1 \ldots x_n$은 모든 $j$에 대해 오직 $x_j \leq y_j$일 때에만 이진열 $y = y_1 \ldots y_n$에 포함되거나 같다고 가정한다. 이와 동치인 조건(연습문제 21 참고)은, 함수 $f$가 상수이거나 또는 전적으로 $\wedge$ 와 $\vee$ 의 항들로만(여수 없이) 표현할 수 있다는 것이다.

**정리 Q.** *단조 부울 함수의 최단 논리합 표준형은 그 함수의 논리합 기약형이다.*

증명. [W. V. Quine, *Boletín de la Sociedad Matemática Mexicana* **10** (1953), 64–70.] $f(x_1, \ldots, x_n)$이 단조 부울 함수이고 $u_1 \wedge \cdots \wedge u_s$가 그 기약함의항들 중 하나라고 하자. $u_1 = \bar{x}_i$일 수는 없다. 그런 경우 단조성에 의해, 더 짧은 항 $u_2 \wedge \cdots \wedge u_s$ 역시 하나의 함의항일 것이기 때문이다. 따라서 여수화된 리터럴을 가진 기약함의항은 없다.

이제 $u_1 \leftarrow \cdots \leftarrow u_s \leftarrow 1$로 설정하고 다른 모든 변수를 0으로 설정한다면 $f$의 값은 1이 된다. 그러나 $f$의 다른 모든 기약함의항은 사라진다. 따라서 $u_1 \wedge \cdots \wedge u_s$는 모든 최단 DNF에 있어야 한다. 한 최단 DNF의 모든 함의항은 당연히 기약함의항이기 때문이다. ▮

**따름정리 Q.** *만일 어떤 논리합 표준형에 여수화된 리터럴이 없고 그 함의항들 중 어떤 것도 다른 함의항에 포함되지 않으면, 그리고 오직 그럴 때에만, 그 논리합 표준형은 단조함수의 논리합 기약형이다.* ▮

**만족성.** 항상 0은 아닌, 다시 말해 함의항이 적어도 하나는 있는 부울 함수를 가리켜 만족 가능한(satisfiable) 부울 함수라고 말한다. 전산학의 미해결 문제 중 가장 유명한 문제는 주어진 부울 함수가 만족 가능인지 아닌지를 결정하는 효율적인 방법을 찾는 것이다. 좀 더 정확히 말하면, 길이가 $N$인 부울 공식을 입력받아서 그 부울 함수가 만족 가능한지를 밝히되, 많아야 $N^{O(1)}$ 단계를 수행한 후 항상 정확한 답을 내는 알고리즘이 존재하는가라는 질문이다.

이 문제를 처음 듣는 독자라면, "전산학자들이 그런 간단한 문제도 풀지 못하고 있다니 정말인가?" 라는 의문이 들 수도 있겠다.

이러한 만족성(satisfiability, 만족 가능성) 판정이 사소한 문제라고 생각한다면, 구체적인 방법을 알려주기 바란다. 이 문제가 항상 어려운 것은 아니라는 점은 모두 동의한다. 예를 들어 주어진 공식에 부울 변수가 30개밖에 없다면 $2^{30}$가지 경우를, 그러니까 약 10억 개의 경우를 주먹구구식으로 따져 보아서 답을 얻을 수도 있을 것이다. 그러나 수학적 논리는 개념들을 표현하는 아주 강력한 수단이기 때문에, 실제 응용에서는 이를테면 변수가 100개인 부울 함수의 만족성을 판정하는 방법이 필요한 문제들도 대단히 많다. 그리고 그런 문제들의 해들은 $f(x)=1$인 벡터 $x=x_1\ldots x_{100}$들에 해당한다. 따라서 만족성 문제에 대한 진정으로 효율적인 해법을 발견한다면 엄청난 성과를 거두는 것이다.

만족성 판정이 아주 간단한 경우가 적어도 하나는 존재한다. 만일 함수 $f(x_1,\ldots,x_n)$을 $2^n$비트 진리표들이 모두 동일 확률이도록 무작위로 선택한다면, $f$는 거의 확실하게 만족 가능이며 $f(x)=1$인 $x$를 (평균) 2회 미만의 시도로 구할 수 있다. 이는 동전 하나를 앞면이 나올 때까지 던지는 것과 같다. 그리 오래 기다릴 필요가 없는 것이다. 그러나 물론 골치아픈 점은, 실제 문제들에서는 진리표가 무작위가 아니라는 것이다.

뭐 그럼 만족성 판정이 일반적으로 어려운 문제라고 인정하기로 하자. 실제로 만족성 판정은, 부울 함수가 반드시 '3CNF 형태의 공식'이어야 한다는 조건을 붙여서 문제를 단순화한다고 해도 어려운 문제이다. 3CNF 형태의 공식이란 각 절의 리터럴이 단 세 개인 논리곱 표준형을 말한다.

$$f(x_1,\ldots,x_n)=(t_1\vee u_1\vee v_1)\wedge(t_2\vee u_2\vee v_2)\wedge\cdots\wedge(t_m\vee u_m\vee v_m). \qquad (31)$$

여기서 $t_j$, $u_j$, $v_j$는 어떤 $k$에 대해 $x_k$ 또는 $\bar{x}_k$이다. 3CNF 형태의 공식의 만족성을 판정하는 문제를 3SAT라고 부르는데, 연습문제 39는 이 문제가 일반적인 만족성 판정 문제보다 크게 쉽지는 않은 이유를 설명한다.

이후 풀기 어려운 3SAT 문제의 여러 예가 많이 나올 것이다. 이를테면 만족성 판정을 아주 자세히 논의하는 §7.2.2.2에 많이 나온다. 그런데 상황이 조금 유별나다. 공식의 만족성을 본격적으로 고찰할 수 있으려면 공식이 상당히 길어야 하기 때문이다. 예를 들어 3CNF 형태의 공식들 중 만족 불가능한 가장 짧은 공식은 $(x\vee x\vee x)\wedge(\bar{x}\vee\bar{x}\vee\bar{x})$이다. 그러나 이 공식의 만족성 판정은 지적인 도전이 전혀 되지 않는다. 한 절의 세 리터럴 $t_j$, $u_j$, $v_j$가 서로 다른 세 개의 변수에 대응된다고 해야 '난제'라고 할 만해진다. 그리고 그런 경우 각 절은 모든 가능성 중 정확히 1/8을 소거한다.

$(t_j, u_j, v_j)$가 참이 되는 서로 다른 설정이 일곱 가지이기 때문이다. 따라서 절이 최대 7개인 그러한 모든 3CNF는 자동으로 만족 가능이며, 그 변수들을 무작위로 설정했을 때 공식이 참이 될 확률은 $\geq 1 - 7/8 = 1/8$이다.

그러므로, 3CNF 형식의 흥미로운 공식들 중 가장 짧은 것은 절이 적어도 8개이어야 한다. 그리고 흥미로운 8절 공식이 실제로 존재한다. §6.5–(13)에서 살펴본 리베스트R. L. Rivest의 연관 블록 설계에 기초한, 다음과 같은 공식이다.

$$(x_1 \vee x_2 \vee \bar{x}_3) \wedge (\bar{x}_1 \vee \bar{x}_2 \vee x_3) \wedge (x_2 \vee x_3 \vee \bar{x}_4) \wedge (\bar{x}_2 \vee \bar{x}_3 \vee x_4)$$
$$\wedge (x_1 \vee x_3 \vee x_4) \wedge (\bar{x}_1 \vee \bar{x}_3 \vee \bar{x}_4) \wedge (\bar{x}_1 \vee x_2 \vee x_4) \wedge (x_1 \vee \bar{x}_2 \vee \bar{x}_4). \qquad (32)$$

이 여덟 절들 중 임의의 일곱 개가 정확히 두 가지 방식으로 만족 가능이다. 이들은 세 변수의 값을 강제한다. 예를 들어 마지막 일곱 절은 $x_1 x_2 x_3 = 001$임을 함의한다. 그러나 여덟 절 모두를 동시에 만족시킬 수는 없다.

**간단한 특수 경우들.** 그 만족성 문제가 상당히 쉽다는 점이 판명된 부울 공식 부류가 두 가지 있다. 이 특수 경우들은 판정할 논리곱 표준형이 전적으로 '혼 절' 또는 '크롬 절'로만 이루어진 경우에 발생한다. 혼 절(Horn clause)은 모든 또는 거의 모든 리터럴이 여수 형태인 OR 공식이다. 혼 절에서 순수한, 윗줄이 붙지 않은 변수는 많아야 하나이다. 크롬 절(Krom clause)은 정확히 두 개의 리터럴의 OR이다. 예를 들어

$$\bar{x} \vee \bar{y}, \qquad w \vee \bar{y} \vee \bar{z}, \qquad \bar{u} \vee \bar{v} \vee \bar{w} \vee \bar{x} \vee \bar{y} \vee z, \qquad x$$

는 혼 절들이고

$$x \vee x, \qquad \bar{x} \vee \bar{x}, \qquad \bar{x} \vee \bar{y}, \qquad x \vee \bar{y}, \qquad \bar{x} \vee y, \qquad x \vee y$$

는 크롬 절들이다. 이들은 또한 마지막 것만 빼고 혼 절들이기도 하다. (첫 예가 혼 절인 것은, $x \vee x = x$이기 때문이다). 하나의 혼 절에 포함되는 리터럴의 개수에는 제한이 없지만, 크롬 절만 놓고 본다면 본질적으로 2SAT 문제를 다루는 것이라 할 수 있다. 이제부터, 두 경우 모두에서 만족성을 선형 시간으로 판정할 수 있음을, 즉 길이가 $N$인 공식이 주어졌을 때 $O(N)$회의 단순한 단계들을 수행함으로써 만족성을 판정할 수 있음을 밝히겠다.

그럼 혼 절부터 보자. 혼 절이 다루기 쉬운 이유는 무엇일까? 주된 이유는, $\bar{u} \vee \bar{v} \vee \bar{w} \vee \bar{x} \vee \bar{y} \vee z$ 같은 절을 $\neg(u \wedge v \wedge w \wedge x \wedge y) \vee z$의 형태로 고칠 수 있으며, 이는 다음과 같다는 점이다.

$$u \wedge v \wedge w \wedge x \wedge y \;\Rightarrow\; z.$$

다른 말로 하면, 만일 $u$와 $v$, $w$, $x$, $y$가 모두 참이면 $z$도 반드시 참이라는 것이다. 매개변수화된 혼 절이 Prolog라는 프로그래밍 언어에 깔린 기본 메커니즘으로 선택된 것도 이 때문이다. 더 나아가서, 전적으로 혼 절들로만 표현할 수 있는 부울 함수들이 어떤 것인지를 정확히 특징짓는 간단한 방법도 존재한다.

**정리 H.** *부울 함수 $f(x_1, ..., x_n)$을 혼 절들의 논리곱으로 표현할 수 있는 필요충분조건은, 모든 부울 값 $x_j$와 $y_j$에 대해*

$$\text{만일 } f(x_1, ..., x_n) = f(y_1, ..., y_n) = 1 \text{이면 } f(x_1 \wedge y_1, ..., x_n \wedge y_n) = 1 \qquad (33)$$

*이라는 것이다.*

증명. [Alfred Horn, *J. Symbolic Logic* **16** (1951), 14–21, Lemma 7.] 만일 $x_0 \vee \bar{x}_1 \vee \cdots \vee \bar{x}_k = 1$이고 $y_0 \vee \bar{y}_1 \vee \cdots \vee \bar{y}_k = 1$이면

$$\begin{aligned}(x_0 \wedge y_0) \vee \overline{x_1 \wedge y_1} \vee \cdots \vee \overline{x_k \wedge y_k} \\ &= (x_0 \vee \bar{x}_1 \vee \bar{y}_1 \vee \cdots \vee \bar{x}_k \vee \bar{y}_k) \wedge (y_0 \vee \bar{x}_1 \vee \bar{y}_1 \vee \cdots \vee \bar{x}_k \vee \bar{y}_k) \\ &\geq (x_0 \vee \bar{x}_1 \vee \cdots \vee \bar{x}_k) \wedge (y_0 \vee \bar{y}_1 \vee \cdots \vee \bar{y}_k) = 1\end{aligned}$$

이다. 그리고 윗줄 없는 리터럴 $x_0$과 $y_0$이 없는 경우에도 비슷한(그러나 더 간단한) 계산이 적용된다. 따라서 혼 절들의 모든 논리곱은 (33)을 만족한다.

반대로, (33)의 조건은 $f$의 모든 기약절이 혼 절임을 함의한다(연습문제 44 참고). ▮

(33)의 조건을 만족하는 부울 함수를 혼 함수(Horn function)라고 부르기로 하자. 그리고 만일 $f(1, ..., 1) = 1$이라는 조건까지 만족한다면 정定(definite) 혼 함수라고 부르기로 하자. 혼 절들의 논리곱은 오직 각 절이 정확히 하나의 여수 아닌 리터럴을 가질 때에만 정 혼 함수라는 것은 쉽게 알 수 있다. 모든 변수가 참일 때에는 $\bar{x} \vee \bar{y}$ 같이 완전히 부정인 절만이 거짓이 될 것이기 때문이다. 정 혼 함수가 항상 만족 가능임은 명백하다. 그래서 정 혼 함수는 일반적인 혼 함수보다 다루기가 조금 간단하다. 정 혼 함수는 항상 만족 가능이므로, 정리 H에 의해 정 혼 함수에는 $f(x) = 1$을 만족하는 고유한 최소 벡터 $x$가 존재한다. 구체적으로 말하면, 모든 절을 만족하는 모든 벡터를 비트별 AND로 결합한 것이 바로 그 벡터이다. 이 최소 벡터 $x$에서 참인 모든 변수 $x_j$의 집합을 정 혼 함수의 핵심부(core)라고 부른다. 핵심부의 변수는 $f$가 참이면 반드시 참이어야 함을 주목할 것. 따라서 본질적으로 그런 변수들은 소거할 수 있다.

정 혼 함수는 여러 분야에서 등장한다. 예를 들어 게임 분석에서도 정 혼 함수를 만날 수 있다(연습문제 51, 52). 또 다른 좋은 예는 컴파일러 기술이다. 프로그래밍 언어의 다음과 같은 전형적인(그러나 단순화된) 대수 표현식 문법을 생각해 보자.

```
⟨표현식⟩ → ⟨항⟩ | ⟨표현식⟩ + ⟨항⟩ | ⟨표현식⟩ - ⟨항⟩
⟨항⟩ → ⟨계수⟩ | - ⟨계수⟩ | ⟨항⟩ * ⟨계수⟩ | ⟨항⟩ / ⟨계수⟩
⟨계수⟩ → ⟨변수⟩ | ⟨상수⟩ | ( ⟨표현식⟩ )
⟨변수⟩ → ⟨영문자⟩ | ⟨변수⟩ ⟨영문자⟩ | ⟨변수⟩ ⟨숫자⟩        (34)
⟨영문자⟩ → a | b | c
⟨상수⟩ → ⟨숫자⟩ | ⟨상수⟩ ⟨숫자⟩
⟨숫자⟩ → 0 | 1
```

예를 들어 a/(-b0-10)+cc*cc라는 문자열은 ⟨표현식⟩ 구문에 부합하며, 각각의 문법 규칙을 적어도 한 번씩 사용한다.

그러한 표현식에서 연달아 나올 수 있는 문자들로 된 문자쌍들을 알고 싶다고 하자. 이 경우 정定(definite) 혼 절들로 답을 구할 수 있다. 문제를 다음과 같이 세우면 된다: 수량 Xx, xX, xy가 부울 '명제'들을 의미한다고 하자. 여기서 X는 기호 {E, T, F, V, L, C, D} 중 하나로, 이 기호들은 순서대로 ⟨표현식⟩(expression), ⟨항⟩(term), ⟨계수⟩(factor), ⟨변수⟩(variable), ⟨영문자⟩(letter), ⟨상수⟩(constant), ⟨숫자⟩(digit)를 뜻한다. 그리고 x와 y는 집합 {+, -, *, /, (, ), a, b, c, 0, 1}의 기호들이다. 명제 Xx는 'X가 x로 끝날 수 있음'을 뜻하며, 비슷하게 xX는 'X가 x로 시작할 수 있음'을 뜻한다. 그리고 xy는 '한 표현식 안에서 문자 x 바로 다음에 y가 올 수 있다'라는 뜻이다. (이러한 명제들은 총 $7\times 11+11\times 7+11\times 11=275$개이다.) 그러면 표현식 문법을 다음과 같이 표현할 수 있다.

$$
\begin{array}{lllll}
\mathtt{xT}\Rightarrow\mathtt{xE} & \Rightarrow\mathtt{-T} & \mathtt{xC}\Rightarrow\mathtt{xF} & \mathtt{Vx}\land\mathtt{yL}\Rightarrow\mathtt{xy} & \Rightarrow\mathtt{Lc}\\
\mathtt{Tx}\Rightarrow\mathtt{Ex} & \mathtt{xF}\Rightarrow\mathtt{-x} & \mathtt{Cx}\Rightarrow\mathtt{Fx} & \mathtt{Vx}\land\mathtt{yD}\Rightarrow\mathtt{xy} & \mathtt{xD}\Rightarrow\mathtt{xC}\\
\mathtt{Ex}\Rightarrow\mathtt{x+} & \mathtt{Tx}\Rightarrow\mathtt{x*} & \Rightarrow\mathtt{(F} & \mathtt{Dx}\Rightarrow\mathtt{Vx} & \mathtt{Dx}\Rightarrow\mathtt{Cx}\\
\mathtt{xT}\Rightarrow\mathtt{+x} & \mathtt{xF}\Rightarrow\mathtt{*x} & \mathtt{xE}\Rightarrow\mathtt{(x} & \Rightarrow\mathtt{aL} & \mathtt{Cx}\land\mathtt{yD}\Rightarrow\mathtt{xy}\\
\mathtt{Ex}\Rightarrow\mathtt{x-} & \mathtt{Tx}\Rightarrow\mathtt{x/} & \mathtt{Ex}\Rightarrow\mathtt{x)} & \Rightarrow\mathtt{La} & \Rightarrow\mathtt{0D}\\
\mathtt{xT}\Rightarrow\mathtt{-x} & \mathtt{xF}\Rightarrow\mathtt{/x} & \Rightarrow\mathtt{F)} & \Rightarrow\mathtt{bL} & \Rightarrow\mathtt{D0}\\
\mathtt{xF}\Rightarrow\mathtt{xT} & \mathtt{xV}\Rightarrow\mathtt{xF} & \mathtt{xL}\Rightarrow\mathtt{xV} & \Rightarrow\mathtt{Lb} & \Rightarrow\mathtt{1D}\\
\mathtt{Fx}\Rightarrow\mathtt{Tx} & \mathtt{Vx}\Rightarrow\mathtt{Fx} & \mathtt{Lx}\Rightarrow\mathtt{Vx} & \Rightarrow\mathtt{cL} & \Rightarrow\mathtt{D1}
\end{array}
\tag{35}
$$

여기서 x와 y는 열 한 개의 말단 기호 {+, ... ,1}을 차례로 훑는다.† 이러한 체계적 명세로부터 정 혼 절들을 총 $24\times 11+3\times 11\times 11+13\times 1=640$개 얻을 수 있다. (35)의 ⇒ 관례보다 부울 대수의 난해한 표기법을 더 선호하는 사람이라면, 그 절들을 다음과 같은 공식으로 다시 쓸 수 있을 것이다.

$$(\overline{\mathtt{+T}}\lor\mathtt{+E})\land(\overline{\mathtt{-T}}\lor\mathtt{-E})\land\cdots\land(\overline{\mathtt{V+}}\lor\overline{\mathtt{0L}}\lor\mathtt{+0})\land\cdots\land(\mathtt{D1})$$

문법을 이런 식으로 표현하는 이유는, *이러한 모든 절의 핵심부는 이 특정한 문법에서 참인 모든 명제의 집합*이기 때문이다. 예를 들어 -E가 참임을 입증할 수 있으며, 따라서 한 표현식 안에서 기호 (와 -가 붙어 나올 수 있다. 그러나 기호쌍 ++와 *-는 안 된다(연습문제 46).

더 나아가서, 임의의 정 혼 절들의 집합의 핵심부를 큰 어려움 없이 찾을 수 있다. 그냥 단독으로 나타나 있는 명제들, 즉 ⇒ 의 우변에 있으며 그 좌변은 비어 있는 명제들로 시작하면 된다. (35)에는 그런 절들이 13개이다. 그런 명제들의 진위를 밝힌 후에는, 참임이 드러난 명제가 좌변에 있는 하나

† 〔옮긴이 주〕 어떤 변수가 특정한 대상들(또는 집합, 목록, 구간 등)을 "훑는다"라는 표현은 run through나 iterate를 옮긴 것으로, 반복적인 연산을 위해 어떤 변수에 일련의 대상들을 차례로 대입해 나가는 것을 뜻한다. 예를 들어 $x$가 $\{1,2,3\}$을 훑는다는 것은 $x\leftarrow 1$, $x\leftarrow 2$, $x\leftarrow 3$을 뜻한다. 경우에 따라서는 변수가 대상들을 "거쳐 간다"라는 표현도 사용한다.

이상의 절들을 찾아본다. 그런 절들의 우변에 있는 명제들 역시 핵심부에 속한다. 그런 식으로 명제들의 진위를 밝혀 나가면 된다. 이러한 과정 전체는 마치 적절한 수위에 이를 때까지 물을 언덕 아래로 내려 보내는 것과 비슷하다. 실제로, 적절한 자료구조를 선택한다면 이러한 '언덕 내려가기(downhill)' 공정은 상당히 빠르게 진행된다. 절들의 전체 길이가 $N$이고 명제 변수들의 개수가 $n$이라 할 때 필요한 단계 수는 $O(N+n)$이다. (모든 절이 전개되었으며 x나 y 같은 매개변수로 축약된 것은 없다고 가정한다. 매개변수화된 절들을 다루기 위한 좀 더 정교한 정리 증명 기법들이 존재하나, 그런 것들은 현재 논의의 범위를 넘는 것이다.)

**알고리즘 C** (정 혼 절들의 핵심부 계산)**.** 명제 변수들의 집합 $P$와 다음과 같은 형태의 절들의 집합 $C$가 주어졌을 때,

$$u_1 \wedge \cdots \wedge u_k \Rightarrow v, \qquad \text{여기서 } k \ge 0\text{이고 } \{u_1, \ldots, u_k, v\} \subseteq P, \tag{36}$$

이 알고리즘은 모든 절이 참이면 반드시 참이어야 하는 모든 명제 변수의 집합 $Q \subseteq P$를 찾는다.

절 $c$와 명제 $p$, 가설 $h$를 다음의 자료구조들로 표현한다. 여기서 '가설(hypothesis)'은 한 절의 좌변에 나타나 있는 명제를 말한다.

CONCLUSION($c$)는 절 $c$의 우변에 있는 명제이다.

COUNT($c$)는 아직 단언(assert)되지 않은 $c$의 가설들의 개수이다.

TRUTH($p$)는 $p$가 참으로 알려졌으면 1이고 그렇지 않으면 0이다.

LAST($p$)는 $p$가 마지막으로 출현한 가설이다.

CLAUSE($h$)는 그 좌변에 $h$가 나타나 있는 절이다.

PREV($h$)는 $h$의 명제를 담은 이전 가설이다.

또한 참으로 알려졌으나 아직 단언되지는 않은 모든 명제를 스택 $S_0$, $S_1$, …, $S_{s-1}$로 관리한다.

**C1.** [초기화.] 각 명제 $p$에 대해 LAST($p$) $\leftarrow \Lambda$, TRUTH($p$) $\leftarrow 0$으로 설정한다. 또한 $s \leftarrow 0$으로 설정한다. 즉, 스택은 빈 상태로 시작한다. 그런 다음 (36)의 형태를 따르는 각 절 $c$마다 CONCLUSION($c$) $\leftarrow v$, COUNT($c$) $\leftarrow k$로 설정한다. 만일 $k=0$이고 TRUTH($v$) $=0$이면 TRUTH($v$) $\leftarrow 1$, $S_s \leftarrow v$, $s \leftarrow s+1$로 설정한다. 그렇지 않으면, $1 \le j \le k$에 대해 가설 레코드 $h$를 생성하고 CLAUSE($h$) $\leftarrow c$, PREV($h$) $\leftarrow$ LAST($u_j$), LAST($u_j$) $\leftarrow h$로 설정한다.

**C2.** [$p$의 단언을 준비.] 만일 $s=0$이면 알고리즘을 끝낸다. 이 경우 요구된 핵심부는 TRUTH가 1로 설정된 모든 명제이다. 그렇지 않으면 $s \leftarrow s-1$, $p \leftarrow S_s$, $h \leftarrow$ LAST($p$)로 설정한다.

**C3.** [가설의 처리가 끝났는가?] 만일 $h = \Lambda$이면 C2로 돌아간다.

**C4.** [$h$를 검증한다.] $c \leftarrow$ CLAUSE($h$), COUNT($c$) $\leftarrow$ COUNT($c$) $-$ 1로 설정한다. 만일 COUNT($c$)의 새 값이 여전히 0이 아니면 단계 C6으로 간다.

**C5.** [CONCLUSION($c$)를 이끌어낸다.] $p \leftarrow$ CONCLUSION($c$)로 설정한다. 만일 TRUTH($p$) $=0$이면 TRUTH($p$) $\leftarrow 1$, $S_s \leftarrow p$, $s \leftarrow s+1$로 설정한다.

**C6.** 〔$h$에 대해 반복.〕 $h \leftarrow$ PREV($h$)로 설정하고 C3으로 돌아간다. ▮

자료구조들이 조화롭게 작동하는 방식을 유심히 보기 바란다. 이 알고리즘에서는 계산을 진척시키기 위한 장소를 검색할 필요가 전혀 없다. 알고리즘 C는 여러모로 알고리즘 2.2.3T(위상정렬)와 비슷하다. 그 알고리즘은 제2장에서 오래 전에 논의한 다중 연결 자료구조의 첫 예였다. 실제로, 알고리즘 2.2.3T는 알고리즘 C의 한 특수 경우, 구체적으로 말하면 모든 명제가 각각 정확히 하나의 절의 우변에 나타나는 경우에 해당한다고 할 수 있다. (연습문제 47을 보라.)

연습문제 48은 알고리즘 C를 조금만 수정하면 일반적인 경우의 혼 절 만족성 문제를 해결함을 보여준다. 추가적인 논의를 다울링W. F. Dowling과 갈리에J. H. Gallier의 논문 *J. Logic Programming* **1** (1984), 267-284 및 M. G. Scutellà, *J. Logic Programming* **8** (1990), 265-273에서 볼 수 있다.

이제 크롬 함수와 2SAT 문제로 넘어가자. 이 경우에도 선형 시간 알고리즘이 존재한다. 그러나 이 경우에도, 단순화되었지만 실용적인 응용을 먼저 살펴본다면 이 문제를 더 잘 이해할 수 있을 것이다. 여섯 명의 코미디언이 사흘의 축제 동안 다섯 호텔 중 둘에서 하룻밤만의 스탠드업 코미디 공연을 하기로 했다고 하자. 그런데 다른 공연 일정 때문에 그 호텔들은 사흘 중 이틀만 사용이 가능하다.

톰린(t)은 제1일과 제2일에 알라딘(A)과 시저스(C)에서 공연을 해야 한다.
언윈(u)은 제1일과 제2일에 벨라지오(B)와 엑스칼리버(E)에서 공연을 해야 한다.
베가스(v)는 제2일과 제3일에 데저트(D)와 엑스칼리버에서 공연을 해야 한다.
윌리엄스(w)는 제1일과 제3일에 알라딘과 데저트에서 공연을 해야 한다.
지이(x)는 제1일과 제3일에 시저스와 엑스칼리버에서 공연을 해야 한다. (37)
앵커비치(y)는 제2일과 제3일에 벨라지오와 데저트에서 공연을 해야 한다.
제이니(z)는 제1일과 제2일에 벨라지오와 시저스에서 공연을 해야 한다.

이들 모두의 일정을 충돌 없이 짜는 것이 가능할까?

이 문제를 해결하기 위해, 일곱 개의 부울 변수 $\{t, u, v, w, x, y, z\}$를 도입한다. 여기서 $t$(이를테면)는 톰린이 제1일과 제2일에 알라딘과 시저스에서 공연을 한다는 것을 뜻하며, 반면 $\bar{t}$는 그 호텔들에 예약된 날들이 반대의 순서로 나타난다는 뜻이다. 이제 두 코미디언이 같은 날, 같은 호텔에 예약되는 일이 일어나지 않도록 하는 구속조건들을 설정해보자.

$$\begin{array}{llll} \neg(t\wedge w)\ [\mathrm{A1}] & \neg(y\wedge \bar{z})\ [\mathrm{B2}] & \neg(t\wedge z)\ [\mathrm{C2}] & \neg(w\wedge y)\ [\mathrm{D3}] \\ \neg(u\wedge z)\ [\mathrm{B1}] & \neg(\bar{t}\wedge x)\ [\mathrm{C1}] & \neg(v\wedge \bar{y})\ [\mathrm{D2}] & \neg(\bar{u}\wedge \bar{x})\ [\mathrm{E1}] \\ \neg(\bar{u}\wedge y)\ [\mathrm{B2}] & \neg(\bar{t}\wedge \bar{z})\ [\mathrm{C1}] & \neg(\bar{v}\wedge w)\ [\mathrm{D3}] & \neg(u\wedge \bar{v})\ [\mathrm{E2}] \\ \neg(\bar{u}\wedge \bar{z})\ [\mathrm{B2}] & \neg(x\wedge \bar{z})\ [\mathrm{C1}] & \neg(\bar{v}\wedge y)\ [\mathrm{D3}] & \neg(v\wedge x)\ [\mathrm{E3}] \end{array} \tag{38}$$

이 구속조건들 각각은 하나의 크롬 절이다. 충돌 없는 일정을 위해서는 다음을 만족해야 한다.

$$(\bar{t}\vee\bar{w})\wedge(\bar{u}\vee\bar{z})\wedge(u\vee\bar{y})\wedge(u\vee z)\wedge(\bar{y}\vee z)\wedge(t\vee\bar{x})\wedge(t\vee z)\wedge(\bar{x}\vee z)$$
$$\wedge(\bar{t}\vee\bar{z})\wedge(\bar{v}\vee y)\wedge(v\vee\bar{w})\wedge(v\vee\bar{y})\wedge(\bar{w}\vee\bar{y})\wedge(u\vee x)\wedge(\bar{u}\vee v)\wedge(\bar{v}\vee\bar{x}). \tag{39}$$

더 나아가서, (혼 절들과 마찬가지로)크롬 절들을 다음과 같이 함의항들로 표현할 수 있다.

$$t \Rightarrow \bar{w},\quad u \Rightarrow \bar{z},\quad \bar{u} \Rightarrow \bar{y},\quad \bar{u} \Rightarrow z,\quad y \Rightarrow z,\quad \bar{t} \Rightarrow \bar{x},\quad \bar{t} \Rightarrow z,\quad x \Rightarrow z,$$
$$t \Rightarrow \bar{z},\quad v \Rightarrow y,\quad \bar{v} \Rightarrow \bar{w},\quad \bar{v} \Rightarrow \bar{y},\quad w \Rightarrow \bar{y},\quad \bar{u} \Rightarrow x,\quad u \Rightarrow v,\quad v \Rightarrow \bar{x}. \qquad (40)$$

그리고 이러한 모든 함의 명제에는 그와 동치인 '대우' 명제(contraposition)가 존재한다.

$$w \Rightarrow \bar{t},\quad z \Rightarrow \bar{u},\quad y \Rightarrow u,\quad \bar{z} \Rightarrow u,\quad \bar{z} \Rightarrow \bar{y},\quad x \Rightarrow t,\quad \bar{z} \Rightarrow t,\quad \bar{z} \Rightarrow \bar{x},$$
$$z \Rightarrow \bar{t},\quad \bar{y} \Rightarrow \bar{v},\quad w \Rightarrow v,\quad y \Rightarrow v,\quad y \Rightarrow \bar{w},\quad \bar{x} \Rightarrow u,\quad \bar{v} \Rightarrow \bar{u},\quad x \Rightarrow \bar{v}. \qquad (41)$$

그러나 안타깝게도 다음과 같은 사악한 순환마디가 존재한다.

$$u \Rightarrow \bar{z} \Rightarrow \bar{y} \Rightarrow \bar{v} \Rightarrow \bar{u} \Rightarrow z \Rightarrow \bar{t} \Rightarrow \bar{x} \Rightarrow u. \qquad (42)$$

〔B1〕 〔B2〕 〔D2〕 〔E2〕 〔B2〕 〔C2〕 〔C1〕 〔E1〕

이 순환마디는 $u$와 $\bar{u}$의 값이 반드시 같아야 함을 뜻한다. 따라서 (37)의 모든 조건을 만족하는 방법은 없다. 실행 가능한 일정을 짜려면 축제 기획자는 여섯 코미디언 $\{t, u, v, x, y, z\}$ 중 적어도 한 명과 계약을 재협상해야 할 것이다. (연습문제 53 참고.)

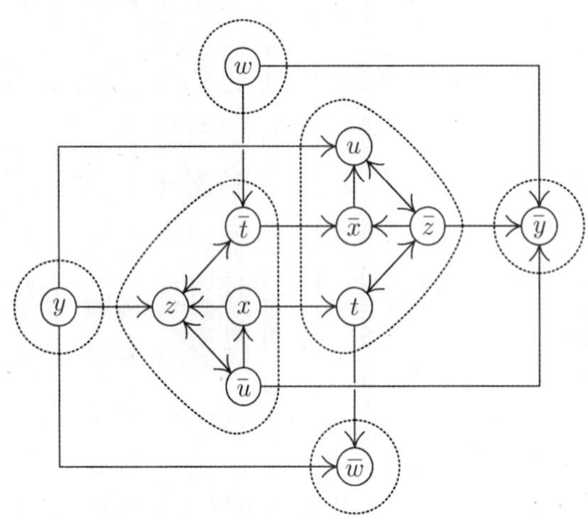


**그림 6.** 이 도식은 (40)과 (41)의 함의 명제들 중 $v$와 $\bar{v}$에 관여하지 않는 모든 것들에 해당한다. 각각의 강 구성요소의 리터럴에 적절한 값을 배정하면 2SAT의 한 사례에 해당하는 이진 일정 수립 문제가 해결될 것이다.

기획자가 이를테면 $v$를 일시적으로 배제해 볼 수도 있다. 그러면 (38)의 열여섯 구속조건들 중 다섯이 사라지고, (40)과 (41)의 함의들 중 단 22개만 남는다. 그러면 그림 6과 같은 유향 그래프가 된다. 이 유향 그래프에는 $z \Rightarrow \bar{u} \Rightarrow x \Rightarrow z$와 $t \Rightarrow \bar{z} \Rightarrow t$ 같은 순환마디가 존재한다. 그러나 한 변수와 그것의 여수를 모두 담는 순환마디는 없다. 실제로, 그림 6은 진리표 $tuwxyz = 110000$이 (39)에서 $v$나 $\bar{v}$가 관여하지 않는 모든 조건을 만족함을 보여 준다. 이 진리표의 값들은 (37)에 나온 원래의 일곱 계약들 중 여섯 개를 만족한다. 첫 시작은 제1일에 (알라딘, 벨라지오, 시저스, 데저트, 엑스칼리버)에서 (톰린, 언윈, 제이니, 윌리엄스, 지이)가 공연을 하는 것이다.

일반화하자면, $n$개의 부울 변수들이 관여하는 $m$개의 크롬 절들로 이루어진 임의의 2SAT 문제에 대해, 앞에서와 같은 방식으로 유향 그래프를 형성할 수 있다. 그래프는 $2n$개의 정점 $\{x_1, \bar{x}_1, \ldots, x_n, \bar{x}_n\}$으로 이루어진다. 가능한 리터럴 각각마다 하나의 정점이 있는 셈이다. 그리고 호는 총 $2m$개로, 각 절 $u \vee v$마다 두 개의 호, 즉 $\bar{u} \to v$ 형태의 호와 $\bar{v} \to u$ 형태의 호가 있다. 두 리터럴 $u$와 $v$는 오직 $u$에서 $v$로의 지향 경로와 $v$에서 $u$로의 지향 경로가 존재할 때에만 이 그래프의 동일한 강 구성요소(strong component)에 속한다. 예를 들어 그림 6에는 유향 그래프의 여섯 강 구성요소가 점선 테두리로 표시되어 있다. 대응되는 2SAT 문제의 임의의 해에서, 하나의 강 구성요소 안의 리터럴들은 부울 값이 모두 같아야 한다.

**정리 K.** *절 당 두 개의 리터럴이 있는 논리곱 표준형이 만족 가능일 필요충분조건은, 해당 유향 그래프에 한 변수와 그 여수가 모두 있는 강 구성요소가 존재하지 않는다는 것이다.*

증명. 〔Melven Krom, *Zeitschrift für mathematische Logik und Grundlagen der Mathematik* **13** (1967), 15–20, Corollary 2.2.〕 만일 $x$에서 $\bar{x}$로의 경로와 $\bar{x}$에서 $x$로의 경로가 존재한다면, 해당 공식은 확실히 만족 가능이 아니다.

반대로, 그런 경로들이 존재하지 않는다고 가정하자. 모든 유향 그래프에는 '원천'에 해당하는, 즉 다른 강 구성요소의 정점으로부터 들어오는 내향 호가 없는 강 구성요소 $S$가 적어도 하나는 있다. 더 나아가서, 그러한 유향 그래프에는 그림 6에서 볼 수 있는 매력적인 비대칭성이 항상 존재한다. 즉, 오직 $\bar{v} \to \bar{u}$일 때에만 $u \to v$인 것이다. 따라서 $S$의 리터럴들의 여수들은 '흡수' 정점에 해당하는, 다시 말해 다른 강 구성요소로의 외향 호가 하나도 없는 또 다른 강 구성요소 $\bar{S} \neq S$를 형성한다. 그러므로 $S$의 모든 리터럴에 값 0을 배정하고 $\bar{S}$의 모든 리터럴에 값 1을 배정할 수 있다. 그런 다음 유향 그래프에서 그것들을 제거하는 과정을 모든 리터럴에 값이 배정될 때까지 반복하면, 남아 있는 값들은 유향 그래프에서 $u \to v$이면 항상 $u \le v$임을 만족한다. 따라서 그 값들은 공식의 한 절에서 $\bar{u} \vee v$이면 항상 $\bar{u} \vee v$임을 만족한다. ▮

강 구성요소를 선형 시간에 찾는 타잔R. E. Tarjan의 알고리즘 덕분에, 정리 K로부터 2SAT 문제의 효율적인 해법을 바로 도출할 수 있다. 〔*SICOMP* **1** (1972), 146–160과 D. E. Knuth, *The Stanford GraphBase* (1994), 512–519를 보라.〕 타잔의 알고리즘은 §7.4.1에서 자세히 공부할 것이다. 연습문제 54는 알고리즘이 새로운 강 구성요소를 검출할 때마다 정리 K의 조건이 즉시 점검됨을 보여 준다. 더 나아가서, 알고리즘은 '흡수' 정점들을 먼저 검출한다. 따라서, 타잔의 절차의 한 간단한 부산물로서, 하나의 강 구성요소에서 자신의 여수보다 먼저 출현하는 각 리터럴에 값 1을 선택한다는 규칙을 통해서 만족성을 확립하는 값들을 배정할 수 있다.

**중앙값.** 지금까지는 $x \vee y$나 $x \oplus y$ 같은 부울 이항 연산들에 초점을 두었다. 삼항 연산(ternary operation)들 중에도 중요한 연산이 하나 있는데, 바로 $x$와 $y$, $z$의 중앙값(median)을 뜻하는 $\langle xyz \rangle$이다.

$$\langle xyz \rangle = (x \wedge y) \vee (y \wedge z) \vee (x \wedge z) = (x \vee y) \wedge (y \vee z) \wedge (x \vee z). \qquad (43)$$

실제로 $\langle xyz \rangle$는 아마도 전 우주에서 가장 중요한 삼항 연산일 것이다. 왜냐하면 이 연산에는 끊임없이 발견되고 재발견되는 멋진 속성들이 있기 때문이다.

무엇보다도, $\langle xyz \rangle$에 대한 이 공식이 임의의 세 부울 수량 $x$와 $y$, $z$의 다수값(majority value)을 서술한다는 점을 알아채는 것은 어렵지 않다. $\langle 000 \rangle = \langle 001 \rangle = 0$이고 $\langle 011 \rangle = \langle 111 \rangle = 1$인 것이다. $\langle xyz \rangle$를 '다수값'이라고 부르지 않고 '중앙값'이라고 부르는 이유는, 만일 $x$와 $y$, $z$가 임의의 실수實數이면, 그리고 (43)에서 연산 $\wedge$와 $\vee$가 min과 max를 의미한다면, 다음이 성립하기 때문이다.

$$\langle xyz \rangle = y, \qquad x \le y \le z\text{일 때.} \tag{44}$$

둘째로, 기본 이항 연산 $\wedge$와 $\vee$는 중앙값의 특수 경우들이다.

$$x \wedge y = \langle x0y \rangle; \qquad x \vee y = \langle x1y \rangle. \tag{45}$$

따라서 모든 단조 부울 함수를 전적으로 삼항 중앙값 연산자와 상수 0, 1로 표현할 수 있다. 실제로, 만일 우리가 중앙값만 존재하는 세상에서 산다면, $\wedge$가 거짓을 뜻하고 $\vee$가 참을 뜻한다고 둘 수도 있다. 그러면 $x \wedge y = \langle x \wedge y \rangle$와 $x \vee y = \langle x \vee y \rangle$는 완벽하게 자연스러운 수식이며, 원한다면 심지어 $\langle \wedge xy \rangle$나 $\langle \vee xy \rangle$ 같은 폴란드식 표기법을 사용할 수도 있다. $\wedge$와 $\vee$를 최대, 최소 연산으로 해석한다고 할 때, 상수 $\wedge = -\infty$와 $\vee = +\infty$에 대한 중앙값을 취한다면 같은 착안을 확장된 실수들에도 적용할 수 있다.

부울 함수 $f(x_1, x_2, \ldots, x_n)$이

$$\overline{f(x_1, x_2, \ldots, x_n)} = f(\bar{x}_1, \bar{x}_2, \ldots, \bar{x}_n) \tag{46}$$

을 만족할 때, 그러한 부울 함수를 자기쌍대(self-dual)라고 칭한다. 부울 함수가 단조함수인 필요충분조건은 함수를 $\wedge$와 $\vee$로 표현할 수 있다는 것임은 이미 말했었다. (11), (12)의 드모르간 법칙에 의해, 단조 공식은 오직 기호 $\wedge$와 $\vee$를 맞바꾸어도 공식의 값이 변하지 않을 때에만 자기쌍대이다. 따라서 (43)에 정의된 중앙값 연산은 단조이자 자기쌍대이다. 실제로, 이것은 해당 종류에서 가장 간단한 비자명 함수이다. 표 1의 이항 연산들 중 단조이자 자기쌍대인 것은 투영 L와 R 뿐이기 때문이다.

더 나아가서, 상수도 없이 중앙값 연산자로만 이루어진 표현식은 모두 단조이자 자기쌍대이다. 예를 들어 함수 $\langle w \langle xyz \rangle \langle w \langle uvw \rangle x \rangle \rangle$는 자기쌍대인데, 왜냐하면

$$\begin{aligned}\overline{\langle w \langle xyz \rangle \langle w \langle uvw \rangle x \rangle \rangle} &= \langle \bar{w}\, \overline{\langle xyz \rangle}\, \overline{\langle w \langle uvw \rangle x \rangle} \rangle \\ &= \langle \bar{w} \langle \bar{x}\bar{y}\bar{z} \rangle \langle \bar{w}\, \overline{\langle uvw \rangle}\, \bar{x} \rangle \rangle = \langle \bar{w} \langle \bar{x}\bar{y}\bar{z} \rangle \langle \bar{w} \langle \bar{u}\bar{v}\bar{w} \rangle \bar{x} \rangle \rangle\end{aligned}$$

이기 때문이다. Emil Post는 Ph.D. 학위논문을 준비하는 도중에 이것의 역 명제도 참임을 증명했다.

**정리 P.** *단조이자 자기쌍대인 모든 부울 함수 $f(x_1, \ldots, x_n)$을 중앙값 연산 $\langle xyz \rangle$로만 표현할 수 있다.*

증명. 〔*Annals of Mathematics Studies* **5** (1941), 74–75.〕 우선 다음에 주목한다.

$$\langle x_1 y \langle x_2 y \cdots y \langle x_{s-1} y x_s \rangle \cdots \rangle\rangle$$
$$= ((x_1 \vee x_2 \vee \cdots \vee x_{s-1} \vee x_s) \wedge y) \vee (x_1 \wedge x_2 \wedge \cdots \wedge x_{s-1} \wedge x_s). \qquad (47)$$

되풀이된 중앙값 연산에 대한 이 공식을 $s$에 대한 귀납법을 통해서 수월하게 증명할 수 있다.

이제, $f(x_1, ..., x_n)$이 단조이자 자기쌍대인 부울 함수이고 그 논리합 기약형이 다음과 같다고 가정하자.

$$f(x_1, ..., x_n) = t_1 \vee \cdots \vee t_m, \qquad t_j = x_{j1} \wedge \cdots \wedge x_{js_j}.$$

여기에서 기약함의항 $t_j$가 다른 어떤 기약함의항에 포함되는 경우는 없다(따름정리 Q). 임의의 두 기약함의항은 적어도 하나의 변수가 공통이다. 예를 들어 $t_1 = x \wedge y$이고 $t_2 = u \wedge v \wedge w$라고 하면, $f$의 값은 $x = y = 1$이고 $u = v = w = 0$일 때 1이며, $x = y = 0$이고 $u = v = w = 1$일 때에도 1일 것이기 때문이다. 따라서 만일 임의의 $t_j$가 하나의 변수 $x$로 이루어졌다고 할 때, 그 함의항은 반드시 유일한 기약함의항이어야 한다. 그런 경우 $f$는 자명한 함수 $f(x_1, ..., x_n) = x = \langle xxx \rangle$이다.

함수 $g_0$, $g_1$, ..., $g_m$을 다음과 같이 중앙값들을 조합해서 정의하자.

$$g_0(x_1, ..., x_n) = x_1;$$
$$g_j(x_1, ..., x_n) = h(x_{j1}, ..., x_{js_j}; g_{j-1}(x_1, ..., x_n)), 1 \le j \le m\text{에 대해} \qquad (48)$$

여기서 $h(x_1, ..., x_s; y)$는 (47)의 윗줄의 함수를 뜻한다. $j$에 대한 귀납법에 의해, $t_1 \vee \cdots \vee t_j = 1$이 성립하면 항상 $g_j(x_1, ..., x_n) = 1$임을 (47)과 (48)로부터 증명할 수 있다. 핵심은 $k < j$일 때 $(x_{j1} \vee \cdots \vee x_{js_j}) \wedge t_k = t_k$라는 점이다.

마지막으로, $f(x_1, ..., x_n)$은 반드시 $g_m(x_1, ..., x_n)$과 같다. 왜냐하면 두 함수 모두 단조이자 자기쌍대이며, 앞에서 보았듯이 0들과 1들의 모든 조합에 대해 $f(x_1, ..., x_n) \le g_m(x_1, ..., x_n)$이기 때문이다. 이 부등식은 상등을 증명하기에 충분하다. 자기쌍대 함수는 $2^n$가지의 가능한 경우들 중 정확히 절반에서 1과 같기 때문이다. ▮

정리 P에서 비롯되는 한 가지 결과는, 원소가 다섯인 중앙값을 원소가 셋인 중앙값(3중앙값)으로 표현할 수 있다는 것이다. 부울 변수가 임의의 홀수 개인 중앙값은 명백히 단조이자 자기쌍대인 부울 함수이기 때문이다. 그러한 중앙값을 $\langle x_1 \cdots x_{2k-1} \rangle$로 표기하자. 그러면, $\langle vwxyz \rangle$의 논리합 기약형은

$$(v \wedge w \wedge x) \vee (v \wedge w \wedge y) \vee (v \wedge w \wedge z) \vee (v \wedge x \wedge y) \vee (v \wedge x \wedge z)$$
$$\vee (v \wedge y \wedge z) \vee (w \wedge x \wedge y) \vee (w \wedge x \wedge z) \vee (w \wedge y \wedge z) \vee (x \wedge y \wedge z)$$

이다. 따라서 정리 P의 증명에 나온 구성은 $\langle vwxyz \rangle$를 2,046개의 3중앙값 연산들이 관여하는 하나의 거대한 공식 $g_{10}(v, w, x, y, z)$로 표현한다. 물론 이 표현이 가장 짧은 것은 아니다. 사실은 다음과 같은 표현이 가능하다.

$$\langle vwxyz \rangle = \langle v \langle xyz \rangle \langle wx \langle wyz \rangle\rangle\rangle. \qquad (49)$$

〔H. S. Miiller, R. O. Winder, *IRE Transactions* **EC-11** (1962), 89-90을 보라.〕

***중앙값 대수와 중앙값 그래프.** 앞에서, $\wedge$와 $\vee$를 최소, 최대 연산자로 간주한다면, 삼항 연산 $\langle xyz\rangle$가 실수 같은 임의의 순서집합에 속하는 $x$, $y$, $z$에 대해 유용하다는 점을 언급했었다. 사실 연산 $\langle xyz\rangle$는 그보다 훨씬 더 일반적인 상황들에서도 유용한 역할을 한다. 집합 $M$의 원소들을 $M$의 원소들로 사상寫像(mapping)하며 다음과 같은 세 가지 공리公理(axiom)를 따르는 삼항 연산 $\langle xyz\rangle$가 정의될 때, 그러한 집합 $M$을 중앙값 대수(median algebra)라고 부른다.

$$\langle xxy\rangle = x \quad \text{(다수결법칙)}; \tag{50}$$

$$\langle xyz\rangle = \langle xzy\rangle = \langle yxz\rangle = \langle yzx\rangle = \langle zxy\rangle = \langle zyx\rangle \ \text{(교환법칙)}; \tag{51}$$

$$\langle xw\langle ywz\rangle\rangle = \langle\langle xwy\rangle wz\rangle \quad \text{(결합법칙)}. \tag{52}$$

예를 들어 부울 대수의 경우, $\wedge$와 $\vee$가 결합법칙을 만족하므로 (52)의 결합법칙은 $w=0$과 $w=1$에 대해 성립한다. 연습문제 75와 76에서는 이 세 공리가 중앙값들에 대한 분배법칙도 함의함을 증명한다. 중앙값들에 대한 분배법칙을 짧은 형식으로 표현하면 다음과 같다.

$$\langle\langle xyz\rangle uv\rangle = \langle x\langle yuv\rangle\langle zuv\rangle\rangle. \tag{53}$$

그리고 좀 더 대칭적인 긴 형식으로 표현한다면

$$\langle\langle xyz\rangle uv\rangle = \langle\langle xuv\rangle\langle yuv\rangle\langle zuv\rangle\rangle \tag{54}$$

이다. 이 사실에 대한 간단한 증명은 아직 알려지지 않았지만, $y=u$이고 $z=v$일 때의 (53)과 (54)의 특수한 경우만큼은 증명이 가능하다. 이 경우

$$\langle\langle xyz\rangle yz\rangle = \langle xyz\rangle \tag{55}$$

가 성립한다. 양변 모두 $\langle xy\langle zyz\rangle\rangle$와 같기 때문이다. 실제로 (52)의 결합법칙은 (53)의 $y=u$인 특수 경우이다. 그리고 (55)와 (52)를 이용해서 $x=u$인 경우도 증명할 수 있다: $\langle\langle uyz\rangle uv\rangle = \langle vu\langle yuz\rangle\rangle = \langle\langle vuy\rangle uz\rangle = \langle\langle yuv\rangle uz\rangle = \langle\langle\langle yuv\rangle uv\rangle uz\rangle = \langle\langle yuv\rangle u\langle vuz\rangle\rangle = \langle u\langle yuv\rangle\langle zuv\rangle\rangle$이다.

$M$이 중앙값 대수일 때, 다음을 만족하는 집합 $C\subseteq M$을 $M$의 아이디얼(ideal)이라고 부른다.

$$x\in C,\ y\in C,\ z\in M\text{이면 항상 } \langle xyz\rangle\in C. \tag{56}$$

$u$와 $v$가 $M$의 임의의 원소일 때, 구간(interval, 범위) $[u..v]$를 다음과 같이 정의한다.

$$[u..v] = \{\langle xuv\rangle \mid x\in M\}. \tag{57}$$

만일 $x\in[u..v]$이면, 그리고 항상 그럴 때에만, "$x$가 $u$와 $v$ 사이에(between) 있다"라고 말한다. 이러한 정의에 따라, $u$와 $v$ 자체도 항상 구간 $[u..v]$에 속한다.

**보조정리 M.** *모든 구간* $[u..v]$*는 아이디얼이며,* $x\in[u..v] \iff x=\langle uxv\rangle$ *이다.*

증명. $\langle xuv\rangle$와 $\langle yuv\rangle$가 $[u..v]$의 임의의 원소들이라고 하자. 그러면 (51)과 (53)에 의해, 모든 $z\in M$에 대해

$$\langle\langle xuv\rangle\langle yuv\rangle z\rangle = \langle\langle xyz\rangle uv\rangle \in [u..v]$$

이다. 따라서 $[u..v]$는 하나의 아이디얼이다. 더 나아가서, $\langle xuv\rangle \in [u..v]$는 (51)과 (55)에 의해 $\langle xuv\rangle = \langle u\langle xuv\rangle v\rangle$를 만족한다. ▮

중앙값 법칙들 덕분에, 구간 $[u..v]$는 다음과 같은 좋은 속성들을 가지게 된다.

$$v \in [u..u] \implies u = v; \tag{58}$$

$$x \in [u..v] \text{ 그리고 } y \in [u..x] \implies y \in [u..v]; \tag{59}$$

$$x \in [u..v] \text{ 그리고 } y \in [u..z] \text{ 그리고 } y \in [v..z] \implies y \in [x..z]. \tag{60}$$

이는 $[u..u] = \{u\}$와 동치이다. 만일 $x \in [u..v]$이면 $[u..x] \subseteq [u..v]$이다. 그리고 $x \in [u..v]$는 또한 모든 $z$에 대해 $[u..z] \cap [v..z] \subseteq [x..z]$임도 함의한다. (연습문제 72를 보라.)

그럼 정점 집합 $M$에 대한, 다음과 같은 간선들을 가진 그래프를 정의해 보자.

$$u — v \iff u \neq v \text{ 그리고 } \langle xuv\rangle \in \{u,v\}, \text{ 모든 } x \in M\text{에 대해.} \tag{61}$$

다른 말로 하면, $u$와 $v$는 오직 구간 $[u..v]$가 단 두 개의 점 $u$와 $v$로 구성되었을 때에만 인접하다.

**정리 G.** *만일 $M$이 임의의 유한 중앙값 대수이면 (61)로 정의되는 그래프는 연결된 그래프이다. 더 나아가서, 정점 $x$는 오직 $x$가 $u$에서 $v$로의 최단 경로에 있을 때에만 구간 $[u..v]$에 속한다.*

증명. 만일 $M$이 연결된 그래프가 아니면, $u$에서 $v$로의 경로가 존재하지 않는, 그리고 구간 $[u..v]$에 속하는 원소 개수가 최소가 되는 $u$와 $v$를 선택한다. $x \in [u..v]$가 $u$나 $v$와는 다른 원소라고 하자. 그러면 $\langle xuv\rangle = x \neq v$이며, 따라서 $v \notin [u..x]$이다. 마찬가지로 $u \notin [x..v]$이다. 그런데 (59)에 의해, $[u..x]$와 $[x..v]$는 $[u..v]$에 포함된다. 따라서 이들은 더 작은 구간들이며, 따라서 $u$에서 $x$로의, 그리고 $x$에서 $v$로의 경로가 반드시 존재한다. 이는 모순이다.

정리의 나머지 절반은 연습문제 73에서 증명한다. ▮

구간에 대한 우리의 정의는 $\langle xyz\rangle \in [x..y] \cap [x..z] \cap [y..z]$임을 함의한다. 왜냐하면 (55)에 의해 $\langle xyz\rangle = \langle\langle xyz\rangle xy\rangle = \langle\langle xyz\rangle xz\rangle = \langle\langle xyz\rangle yz\rangle$이기 때문이다. 반대로, 만일 $w \in [x..y] \cap [x..z] \cap [y..z]$이면 $w = \langle xyz\rangle$이다(연습문제 74에서 증명한다). 다른 말로 하면, $x$와 $y$, $z$가 $M$의 점들이라 할 때, *교구간(intersection)* $[x..y] \cap [x..z] \cap [y..z]$*는 항상 정확히 하나의 점을 담는다.*

그림 7은 이 원리를 $4 \times 4 \times 4$ 입방체로 표현한 것이다. 이 입방체의 각 점 $x$의 좌표는 $0 \leq x_1, x_2, x_3 < 4$인 $(x_1, x_2, x_3)$이다. 이 입방체의 정점들은 하나의 중앙값 대수를 형성한다. $\langle xyz\rangle = (\langle x_1y_1z_1\rangle, \langle x_2y_2z_2\rangle, \langle x_3y_3z_3\rangle)$이기 때문이다. 더 나아가서, 그림 7의 그래프의 간선들은 (61)에 정의된 것들로, 좌표 성분들 중 딱 하나만 $\pm 1$만큼 다른 정점들을 연결한다. 그림에 세 가지 전형적 구간 $[x..y]$와 $[x..z]$, $[y..z]$가 표시되어 있다. 이 세 구간 모두에 공통인 점은 단 하나로, 바로 $\langle xyz\rangle = (2, 2, 1)$이다.

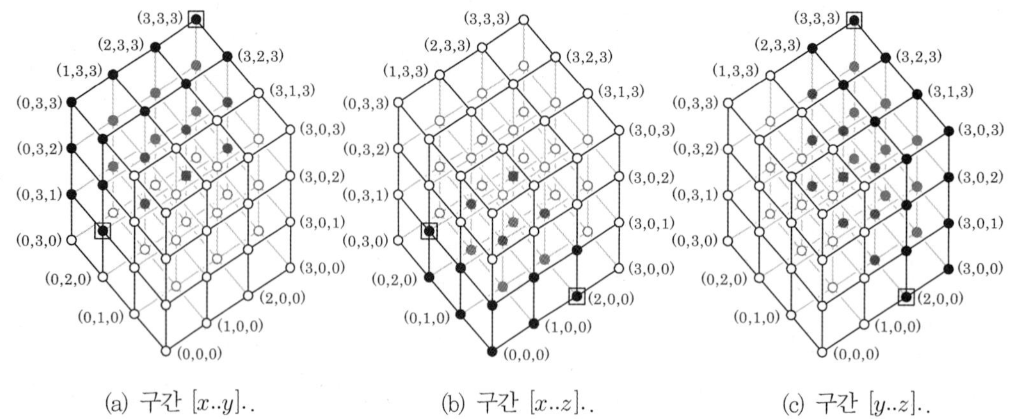


**그림 7.** $4\times4\times4$ 입방체안의 정점 $x=(0,2,1)$, $y=(3,3,3)$, $z=(2,0,0)$ 사이의 구간들.

지금까지는 중앙값 대수를 가지고 특정한 속성들을 가진 그래프를 정의했다. 반대로, 그러한 속성들을 가진 그래프로부터 중앙값 대수를 정의할 수도 있다. $u$와 $v$가 임의의 그래프의 정점들이라 할 때, 구간 $[u..v]$를 $u$와 $v$ 사이의 최단 경로들에 있는 모든 점의 집합으로 정의할 수 있다. 어떠한 유한 그래프에서, 임의의 주어진 세 정점 $x$, $y$, $z$를 함께 묶는 세 구간의 교구간(intersection)† $[x..y]\cap[x..z]\cap[y..z]$에 정확히 하나의 정점이 있을 때, 그러한 유한 그래프를 중앙값 그래프(medial graph)라고 부른다. 그리고 그러한 하나의 정점을 $\langle xyz\rangle$로 표기한다. 연습문제 75에서는 해당 삼항 연산이 중앙값 공리들을 만족함을 증명한다.

중요한 그래프들 중에는 이러한 정의를 따르는 중앙값 그래프로 판명된 것들이 많다. 예를 들어 임의의 자유 트리가 중앙값 그래프임을 밝히는 것은 쉬운 일이다. 그리고 $n_1\times n_2\times\cdots\times n_m$ 초직사각형(hyperrecatangle) 같은 그래프 역시 또 다른 간단한 예이다. 임의의 중앙값 그래프의 데카르트 곱도 요구된 조건을 만족한다.

***중앙값 이름표.** $u$와 $v$가 중앙값 대수의 임의의 원소들일 때, $x\mapsto\langle xuv\rangle$로 대응시키는 사상 $f(x)$는 준동형사상(homomorphism)이다. 즉, $f(x)$는 다음을 만족한다.

$$f(\langle xyz\rangle)=\langle f(x)f(y)f(z)\rangle. \tag{62}$$

이는 (54)의 긴 분배법칙에 의한 것이다. (57)에 의해, 이 함수 $\langle xuv\rangle$는 주어진 임의의 점 $x$를 구간 $[u..v]$에 '투영(projection)한다'. $u — v$가 해당 그래프의 한 간선일 때 특히나 흥미로운데, 그런 경우 $f(x)$는 2가(two-value)의, 본질적으로 하나의 부울 사상이다.

예를 들어 아래와 같은 전형적인 자유 트리를 생각해 보자. 이 트리는 정점이 여덟 개, 간선이 일곱 개이다. 각 정점 $x$를, $x$가 $u$에 더 가까운지 $v$에 더 가까운지에 따라 간선 구간 $[u..v]$들 각각에 투영할 수 있다.

---

† 〔옮긴이 주〕 집합들의 교차를 교집합이라고 부르는 데에서 착안한 용어이다.

| | | $ac$ | $bc$ | $cd$ | $de$ | $ef$ | $eg$ | $dh$ | | |
|---|---|---|---|---|---|---|---|---|---|---|
| $a$ | $\mapsto$ | $a$ | $c$ | $c$ | $d$ | $e$ | $e$ | $d$ | 0000000 | |
| $b$ | $\mapsto$ | $c$ | $b$ | $c$ | $d$ | $e$ | $e$ | $d$ | 1100000 | |
| $c$ | $\mapsto$ | $c$ | $c$ | $c$ | $d$ | $e$ | $e$ | $d$ | 1000000 | |
| $d$ | $\mapsto$ | $c$ | $c$ | $d$ | $d$ | $e$ | $e$ | $d$ | 1010000 | (63) |
| $e$ | $\mapsto$ | $c$ | $c$ | $d$ | $e$ | $e$ | $e$ | $d$ | 1011000 | |
| $f$ | $\mapsto$ | $c$ | $c$ | $d$ | $e$ | $f$ | $e$ | $d$ | 1011100 | |
| $g$ | $\mapsto$ | $c$ | $c$ | $d$ | $e$ | $e$ | $g$ | $d$ | 1011010 | |
| $h$ | $\mapsto$ | $c$ | $c$ | $d$ | $d$ | $e$ | $e$ | $h$ | 1010001 | |

오른쪽에서는 0들과 1들로의 투영들을, $a \mapsto 0000000$이라고 임의로 정해서 축약했다. 나머지 비트열들을 정점의 이름표(label)라고 부르고, 이를테면 $l(b) = 1100000$ 같이 표기한다. 각 투영은 준동형사상(homomorphism)이므로, 임의의 세 점의 중앙값은 그냥 해당 이름표들의 각 성분의 부울 중앙값을 취해서 간단하게 계산할 수 있다. 예를 들어 $\langle bgh \rangle$를 계산하려면 $l(b) = 1100000$과 $l(g) = 1011010$, $l(h) = 1010001$의 비트별 중앙값을 구하면 된다. 바로 $1010000 = l(d)$이다.

한 중앙값 그래프의 모든 간선에 투영한다면 이진 이름표들의 처음 두 열이 동일함을 알 수 있다. 자유 트리에서는 이런 상황이 발생하지 않지만, 간선 $g$—$h$를 (63)의 트리에 추가한다면 어떤 일이 생길지 생각해보자. 그래서 만들어진 그래프는 여전히 하나의 중앙값 그래프이지만, $eg$ 열과 $dh$ 열이 같아진다($e \leftrightarrow d$와 $g \leftrightarrow h$를 제외하고). 더 나아가서, $gh$의 새 열은 $de$의 열과 동치가 됨을 알 수 있다. 그런 경우 이름표들에서 중복된 성분들을 제거해도 된다. 따라서 증가된 그래프의 정점들은 7비트 이름표가 아니라 $l(g) = 101101$이나 $l(h) = 101001$ 같은 6비트 이름표를 가지게 된다.

임의의 중앙값 대수의 원소들을 항상 이런 식의 이름표들로 표현할 수 있다. *따라서 부울 대수에서 성립하는 임의의 항등식은 모든 중앙값 대수에서 참이 된다.* 이러한 '0–1 원리(zero-one principle)'를 이용하면, 삼항 연산 $\langle xyz \rangle$로 만들어진 임의의 두 표현식이 상등임을 공리 (50), (51), (52)에서 비롯된 한 결과로서 보일 수 있는지를 판정하는 것이 가능하다. 물론 이 방법으로 $n$변수 표현식을 판정하기 위해서는 $2^{n-1} - 1$가지 경우를 점검해야 하지만 말이다.

예를 들어 결합법칙 $\langle xw\langle ywz\rangle\rangle = \langle\langle xwy\rangle wz\rangle$는 그 양변 모두에 꺾음 괄호들이 중첩되지 않는 형태의 대칭적인 해석이 존재해야 함을 암시한다. 그리고 실제로 그러한 공식이 존재한다:

$$\langle xw\langle ywz\rangle\rangle = \langle\langle xwy\rangle wz\rangle = \langle xwywz\rangle. \tag{64}$$

여기서 $\langle xwywz \rangle$는 5원소 중복집합 $\{x, w, y, w, z\} = \{w, w, x, y, z\}$의 중앙값을 나타낸다. 이 공식은 0–1 원리를 이용해서, 그리고 부울의 경우 중앙값이라는 것이 다수값과 같은 것임에 주목해서 증명할 수 있다. 비슷한 방식으로 (49)도 증명할 수 있으며, 포스트Post가 사용했던 (47)의 함수를 다음으로 단순화할 수 있음을 보일 수 있다.

$$\langle x_1 y\langle x_2 y \cdots y\langle x_{s-1} y x_s\rangle \cdots\rangle\rangle = \langle x_1 y x_2 y \cdots y x_{s-1} y x_s \rangle. \tag{65}$$

이것은 $2s-1$개의 수량들의 한 중앙값으로, 그 값들 중 거의 절반은 $y$와 같다.

$C$가 그래프의 정점들의 집합일 때, 만일 $u \in C$이고 $v \in C$일 때 항상 $[u..v] \subseteq C$이면 그 $C$를 볼록(convex) 집합이라고 부른다. 다른 말로 하면, 어떤 최단 경로의 끝점들이 $C$에 속할 때에는 항상, 그 경로의 다른 모든 점도 $C$에 있다는 것이다. (따라서 볼록 집합은 몇 페이지 전에서 말한 '아이디얼'과 동일하다. 이제는 대수학 대신 기하학의 용어를 사용하고 있는 것이다.) $\{v_1, \ldots, v_m\}$의 볼록 집합들 중 정점 $v_1, \ldots, v_m$ 각각을 모두 포함하는 가장 작은 정점 집합을 볼록 덮개(convex hull)라고 부른다. 앞에서 증명한 이론적 결과들에 따르면, 모든 구간 $[u..v]$는 볼록 집합이다. 따라서 $[u..v]$는 두 점의 집합 $\{u, v\}$의 볼록 덮개이다. 그런데 사실 훨씬 더 많은 것이 참이다.

**정리 C.** *한 중앙값 그래프 안에서* $\{v_1, v_2, \ldots, v_m\}$*의 볼록 덮개는 모든 점*

$$C = \{\langle v_1 x v_2 x \ldots x v_m \rangle \mid x \in M\} \tag{66}$$

*의 집합이다. 더 나아가서, 오직* $x = \langle v_1 x v_2 x \ldots x v_m \rangle$ *일 때에만* $x$*는* $C$*에 속한다.*

증명. $1 \le j \le m$에 대해 $v_j \in C$임은 명백하다. $C$의 모든 점은 반드시 볼록 덮개에 속한다. 점 $x' = \langle v_2 x \ldots x v_m \rangle$이 볼록 덮개 안에 있으며($m$에 대한 귀납법에 의해), $\langle v_1 x \ldots x v_m \rangle \in [v_1..x']$이기 때문이다. 0-1 원리에 의해

$$\langle x \langle v_1 y v_2 y \cdots y v_m \rangle \langle v_1 z v_2 z \ldots z v_m \rangle\rangle = \langle v_1 \langle xyz \rangle v_2 \langle xyz \rangle \ldots \langle xyz \rangle v_m \rangle \tag{67}$$

이 증명된다. 따라서 $C$는 볼록이다. 이 공식에서 $y = x$로 두면 $\langle v_1 x v_2 x \ldots x v_m \rangle$이 $x$와 가장 가까운 $C$의 한 점임이, 그리고 모든 $z \in C$에 대해 $\langle v_1 x v_2 x \ldots x v_m \rangle \in [x..z]$임이 증명된다. ▮

**따름정리 C.** $v_j$*의 이름표가* $1 \le j \le m$*에 대한* $v_{j1} \ldots v_{jt}$ *라고 하자. 그러면* $\{v_1, \ldots, v_m\}$*의 볼록 덮개는* $v_{1j} = v_{2j} = \cdots = v_{mj} = c_j$ *일 때 이름표* $x_1 \ldots x_t$*가* $x_j = c_j$*를 만족하는 모든* $x \in M$*의 집합이다.* ▮

예를 들어 (63)의 $\{c, g, h\}$의 볼록 덮개는 이름표가 패턴 $10{*}{*}0{*}{*}$과 부합하는 원소들, 구체적으로 말하면 $\{c, d, e, g, h\}$로 구성된다.

중앙값 그래프에 4순환마디 $u — x — v — y — u$가 있다고 할 때, 간선 $u — x$와 $v — y$는 $[u..x]$로의 투영과 $[v..y]$로의 투영 모두 동일한 이름표 좌표를 산출한다는 의미에서 동치이다. 그 이유는, $\langle zux \rangle = u$인 임의의 $z$에 대해

$$\begin{aligned} y = \langle uvy \rangle &= \langle\langle zux \rangle vy \rangle \\ &= \langle\langle zvy \rangle \langle uvy \rangle \langle xvy \rangle\rangle \\ &= \langle\langle zvy \rangle yv \rangle \end{aligned}$$

이며, 따라서 $\langle zvy \rangle = y$이기 때문이다. 비슷하게, $\langle zux \rangle = x$는 $\langle zvy \rangle = v$를 함의한다. 간선 $x — v$와 $y — u$도 같은 이유로 동치이다. 연습문제 77에서 알 수 있는 여러 가지 것들 중 하나는, 두 간선이 동치인 투영이 될 필요충분조건은 그 둘이 동치임을 4순환마디로부터 이런 식으로 얻은 일련의 동치 사슬을 통해서 증명할 수 있다는 것이다. 따라서 각 정점 이름표의 비트 개수는 4순환마디

로부터 유도한 간선 동치류들의 개수이다. 그리고 이로부터, 일단 이름표가 00...0인 한 정점을 지정하고 나면, 축약된 정점 이름표들을 고유하게 결정할 수 있다는 결론이 나온다.

임의의 중앙값 그래프의 정점 이름표들을 찾는 한 가지 멋진 방법을 자P. K. Jha와 슬루츠키G. Slutzki가 발견하고[*Ars Combin.* **34** (1992), 75–92] 하가우어J. Hagauer와 임리히W. Imrich, 클라우자르S. Klavžar가 개선했다[*Theor. Comp. Sci.* **215** (1999), 123–136]. 그 방법은 다음과 같다.

**알고리즘 H** (중앙값 이름표). 중앙값 그래프 $G$와 하나의 원천 정점 $a$가 주어졌을 때, 이 알고리즘은 $G$의 4순환마디들로 정의되는 동치류들을 결정하고, 각 정점의 이름표 $l(v) = v_1 \ldots v_t$를 계산한다. 여기서 $t$는 동치류들의 개수이고 $l(a) = 0\ldots0$이다.

**H1.** [초기화.] 모든 정점을 $a$와의 거리 순으로 방문하면서 $G$를 전처리한다. 각 간선 $u — v$에 대해, 만일 $a$가 $v$보다 $u$에 더 가까우면 $u$가 $v$의 이른 이웃(early neighbor)이라고 말하고, 그렇지 않으면 $u$가 나중 이웃(late neighbor)이라고 말하기로 하자. 다른 말로 하면, $v$의 이른 이웃들은 $v$를 방문한 시점에서 이미 방문된 이웃들이고, 늦은 이웃들은 아직 자신의 차례를 기다리고 있는 이웃들이다. 모든 인접성 목록을, 이른 이웃들이 먼저 나타나도록 재배열한다. 초기에는 각 간선을 각자 자신의 동치류에 배정한다. 알고리즘이 동치인 모임들을 발견하고 난 후에는, 알고리즘 2.3.3E 같은 '합집합 찾기 알고리즘'을 이용해서 그것들을 병합한다.

**H2.** [서브루틴을 호출한다.] $j \leftarrow 0$으로 설정하고 $a$를 매개변수로 해서 서브루틴 I를 호출한다. (서브루틴 I는 아래에 나온다. 전역 변수 $j$는 간선들의 총 목록(master list) $r_j — s_j$를 생성하는 데 쓰인다. 여기서 $1 \leq j < n$이며, $n$은 정점 전체 개수이다. 각 정점 $v \neq a$마다 $s_j = v$인 항목이 하나 존재한다.)

**H3.** [이름표들을 배정한다.] 동치류들에 1에서 $t$까지의 번호를 부여한다. 그런 다음 $l(a)$를 $t$비트열 0...0으로 설정한다. $j = 1, 2, \ldots, n-1$에 대해(이 순서로), $k$를 0에서 1로 바꾸어서 $l(s_j)$를 $l(r_j)$로 설정한다. 여기서 $k$는 간선 $r_j — s_j$의 동치류이다. ▮

**서브루틴 I** ($r$의 후손들을 처리). 매개변수 $r$과 전역 변수 $j$를 사용하는 이 재귀적 서브루틴은 정점 $r$에서 현재 도달할 수 있는 모든 정점의 그래프에 대해 알고리즘 H의 주된 작업을 수행한다. 처리 과정에서 이 서브루틴은 $r$ 자체를 제외한 그러한 모든 정점을 총 목록에 기록하고, 그들 사이의 모든 간선을 현재 그래프에서 제거한다. 각 정점에는 LINK, MARK, RANK, MATE라는 네 필드가 있다. 초기에는 이들이 모두 널(null)이다.

**I1.** [$s$에 대한 반복.] $r — s$인 정점 $s$를 선택한다. 그런 정점이 없으면 서브루틴에서 (호출했던 곳으로) 돌아간다.

**I2.** [간선을 기록한다.] $j \leftarrow j+1$, $r_j \leftarrow r$, $s_j \leftarrow s$로 설정한다.

**I3.** [너비우선 탐색을 시작한다.] (이제부터 $r — s$와 동치인 모든 간선을 현재 그래프에서 찾아 제거해야 한다.) MARK$(s) \leftarrow s$, RANK$(s) \leftarrow 1$, LINK$(s) \leftarrow \Lambda$, $v \leftarrow q \leftarrow s$로 설정한다.

**I4.** 〔$v$의 상대를 찾는다.〕 MARK($u$) $\neq s$ 또는 RANK($u$) $\neq 1$을 만족하는 $v$의 이른 이웃 $u$를 찾는다. (그런 정점 $u$는 정확히 하나 존재한다. 이른 이웃들이 단계 H1에서 앞쪽에 배치되었음을 기억할 것.) MATE($v$) $\leftarrow u$로 설정한다.

**I5.** 〔$u$—$v$를 삭제한다.〕 간선 $u$—$v$와 $r$—$s$를 해당 동치류들을 병합해서 동치가 되게 한다. 서로의 인접성 목록에서 $u$와 $v$를 각각 제거한다.

**I6.** 〔$v$의 이웃들을 분류한다.〕 $v$의 이른 이웃 $u$ 각각에 대해 단계 I7을 수행한다. $v$의 늦은 이웃 $u$ 각각에 대해 단계 I8을 수행한다. 그런 다음 I9로 간다.

**I7.** 〔가능한 동치를 기록해 둔다.〕 만일 MARK($u$) $= s$이고 RANK($u$) $= 1$이면 간선 $u$—$v$를 간선 MATE($u$) — MATE($v$)와 동치가 되게 한다. I6으로 돌아간다.

**I8.** 〔$u$를 분류한다.〕 만일 MARK($u$) $= s$이고 RANK($u$) $= 1$이면 단계 I6으로 돌아간다. 그렇지 않으면 MARK($u$) $\leftarrow s$, RANK($u$)$\leftarrow 2$로 설정한다. $w$를 $u$의 첫 이웃(이른 이웃이다)으로 설정한다. 만일 $w = v$이면 $w$를 $u$의 둘째 이른 이웃으로 다시 설정한다. 단, 만일 $u$에 이른 이웃이 하나뿐이면 I6으로 돌아간다. 만일 MARK($w$) $\neq s$ 또는 RANK($w$) $\neq 2$이면 RANK($u$) $\leftarrow 1$, LINK($u$) $\leftarrow \Lambda$, LINK($q$) $\leftarrow u$, $q \leftarrow u$로 설정한다. I6으로 돌아간다.

**I9.** 〔너비우선 탐색을 계속 진행한다.〕 $v \leftarrow$ LINK($v$)로 설정한다. 만일 $v \neq \Lambda$이면 I4로 돌아간다.

**I10.** 〔부분그래프 $s$를 처리한다.〕 $s$를 매개변수로 해서 서브루틴 I를 재귀적으로 호출한다. 그런 다음 I1로 돌아간다. ▮

이 알고리즘과 서브루틴은 비교적 고수준의 자료구조의 관점에서 서술된 것이다. 추가적인 세부사항은 독자의 몫으로 남겨 두겠다. 예를 들어 인접성 목록은 반드시 이중 연결 목록이어야 한다. 그래야 단계 I5에서 간선들을 손쉽게 삭제할 수 있다. 그 단계에서 동치류들의 병합에는 아무 방법이나 편한 것을 사용하면 된다.

연습문제 77은 이 알고리즘이 작동하게 만드는 이론을 설명하며, 연습문제 78은 단계 I4의 정점 조사 횟수가 정점당 $\lg n$회를 넘지 않음을 증명한다. 더 나아가서, 연습문제 79는 중앙값 그래프의 간선이 $O(n \log n)$을 넘지 않음을 보인다. 따라서 알고리즘 H의 총 실행 시간은 $O(n(\log n)^2)$이다. 단, 단계 H3의 비트 설정은 예외일 수 있다.

알고리즘 H를 표 2의 중앙값 그래프에 대해 독자가 손으로 직접 수행해 보면 좋을 것이다. 그 그래프의 정점들은 네 변수 $\{w, x, y, z\}$의 단조 자기쌍대 부울 함수 12가지를 나타낸다. 네 변수 모두에 실제로 관여하는 그런 모든 함수를 (64) 같은 다섯 가지 것들의 중앙값으로 표현할 수 있다. 알고리즘은 $a = w$를 시작 정점으로 해서 간선 $r_j$—$s_j$들의 총 목록과 표에 나와 있는 이진 이름표들을 계산한다. (처리의 실제 순서는 정점들이 인접성 목록들에 나타나 있는 순서에 따라 다르다. 그러나 최종적인 이름표들은, 열들의 치환을 제외한다면 순서와 무관하게 동일하다.)

표 2

네 생성기에 대한 자유 중앙값 대수의 이름표들

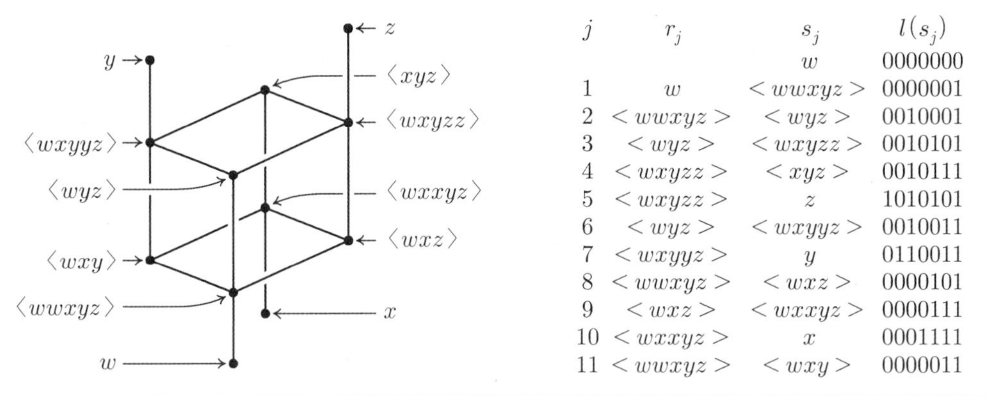


| $j$ | $r_j$ | $s_j$ | $l(s_j)$ |
|---|---|---|---|
| | | $w$ | 0000000 |
| 1 | $w$ | $<wwxyz>$ | 0000001 |
| 2 | $<wwxyz>$ | $<wyz>$ | 0010001 |
| 3 | $<wyz>$ | $<wxyzz>$ | 0010101 |
| 4 | $<wxyzz>$ | $<xyz>$ | 0010111 |
| 5 | $<wxyzz>$ | $z$ | 1010101 |
| 6 | $<wyz>$ | $<wxyyz>$ | 0010011 |
| 7 | $<wxyyz>$ | $y$ | 0110011 |
| 8 | $<wwxyz>$ | $<wxz>$ | 0000101 |
| 9 | $<wxz>$ | $<wxxyz>$ | 0000111 |
| 10 | $<wxxyz>$ | $x$ | 0001111 |
| 11 | $<wwxyz>$ | $<wxy>$ | 0000011 |

각 이름표 $l(v)$에서 1-비트들의 개수가 시작 정점 $a$에서 정점 $v$까지의 거리임을 주목하기 바란다. 실제로, 그 어떤 한 정점에서도 출발할 수 있었음을 생각한다면, 이름표들이 각각 고유하다는 것은 *임의의 두 정점 사이의 거리가 해당 이름표들에서 값이 일치하지 않는 같은 자리 비트들의 개수*임을 말해준다.

표 2의 특별한 중앙값 그래프를 알고리즘 H를 전혀 사용하지 않고 그와는 완전히 다른 방법으로 처리할 수도 있었다. 왜냐하면 이 경우 이름표들은 본질적으로 해당 함수들의 진리표들과 같기 때문이다. 그 이유는 이렇다. 단순 함수 $w$, $x$, $y$, $z$의 진리표가 이를테면 $t(w) = 0000000011111111$, $t(x) = 0000111100001111$, $t(y) = 0011001100110011$, $t(z) = 0101010101010101$이라고 할 수 있다. 그러면 $\langle wwxyz \rangle$의 진리표는 비트별 다수결 함수 $\langle t(w)t(w)t(x)t(y)t(z) \rangle$, 즉 이진열 0000000101111111이다. 다른 모든 정점의 진리표도 비슷한 방식으로 계산할 수 있다.

임의의 자기쌍대 함수의 진리표를 둘로 나누었을 때 나중 절반은 처음 절반의 여수를 뒤집은 것이다. 따라서 생략할 수 있다. 더 나아가서, 지금 말하는 진리표들은 제일 왼쪽 비트가 항상 0이다. 그 비트들을 생략하면 표 2에 나온 7비트짜리 이름표들이 된다. 그리고 이름표의 고유함 때문에, 이 특정한 그래프를 주었을 때 알고리즘 H는 같은 결과를 낸다(열들의 치환은 있을 수 있지만).

이상의 추론에서 알 수 있는 것은, 표 2의 그래프의 간선들이 진릿값들이 거의 같은 함수쌍들에 대응된다는 것이다. 진리표에서 두 개의 여수 비트만 맞바꾸면 이웃 정점으로 이동하게 된다. 실제로, 각 정점의 도수는 그 정점이 대표하는 단조 자기쌍대 함수의 논리합 기약형에 있는 기약함의항들의 개수와 정확히 일치한다(연습문제 70과 84).

***중앙값 집합.** 중앙값 집합(median set)은 $x \in X$, $y \in X$, $z \in X$일 때 항상 $\langle xyz \rangle \in X$라는 속성을 가진 이진 벡터들의 모임 $X$이다. 여기서 그 중앙값들은 중앙값 이름표들을 다룰 때와 마찬가지로 성분별로 계산된다. 셰이퍼Thomas Schaefer는 1897년에 중앙값 집합이 정리 H의 혼 함수들의 특성화와 대조되는 매력적인 성질을 가지고 있음에 주목했다.

**정리 S.** *만일 모든 부울 값 $x_j$, $y_j$, $z_j$에 대해*

$$f(x_1,\dots,x_n)=f(y_1,\dots,y_n)=f(z_1,\dots,z_n)=1\text{이}$$
$$f(\langle x_1y_1z_1\rangle,\dots,\langle x_ny_nz_n\rangle)=1\text{을 함의한다} \qquad (68)$$

*면, 그리고 오직 그럴 때에만, 부울 함수 $f(x_1,\dots,x_n)$을 크롬 절들의 논리곱으로 표현할 수 있다.*

증명. 〔STOC 10 (1978), 216–226, Lemma 3.1B.〕 만일, 예를 들어 $x_1 \le y_1 \le z_1$이라 할 때 $x_1 \vee x_2 = y_1 \vee y_2 = z_1 \vee z_2 = 1$이라면, $\langle x_1y_1z_1\rangle \vee \langle x_2y_2z_2\rangle = y_1 \vee \langle x_2y_2z_2\rangle = 1$이다. $y_1 = 0$은 $x_2 = y_2 = 1$을 함의하기 때문이다. 따라서 (68)은 필요조건이다.

반대로, (68)이 성립한다고 가정하고, $u_1 \vee \cdots \vee u_k$가 $f$의 한 기약절이라고 하자. 여기서 각 $u_j$는 리터럴이다. 그러면 $1 \le j \le k$에 대해 절 $u_1 \vee \cdots \vee u_{j-1} \vee u_{j+1} \vee \cdots \vee u_k$는 $f$의 한 절이 아니다. 따라서 모든 $i \ne j$에 대해 $f(x^{(j)}) = 1$이되 $u_i^{(j)} = 0$인 벡터 $x^{(j)}$가 존재한다. 만일 $k \ge 3$이면 중앙값 $\langle x^{(1)}x^{(2)}x^{(3)}\rangle$은 $1 \le i \le k$에 대해 $u_i = 0$이다. 그러나 $u_1 \vee \cdots \vee u_k$가 하나의 절이라고 가정했으므로 이는 불가능하다. 따라서 $k \le 2$이다. ▮

그러므로 중앙값 집합은 '2SAT 사례들', 즉 2CNF 형태의 어떤 공식 $f$를 만족하는 점들의 집합과 같다.

중앙값 집합의 벡터 $x = x_1 \dots x_t$들 중 중복된 성분이 하나도 없을 때, 그러한 중앙값 집합을 가리켜 기약(reduced)이라고 말한다. 다른 말로 하면, 각 좌표 위치 $k$에 대해, 기약 중앙값 집합에는 모든 $i \ne k$에 대해 $x_k^{(k)} = 0$이고 $y_k^{(k)} = 1$이지만 $x_i^{(k)} = y_i^{(k)}$인 벡터 $x^{(k)}$와 $y^{(k)}$가 적어도 한 쌍은 존재한다. 실제로, 좌표 $k$가 그래프의 간선 $u$—$v$에 해당한다고 할 때, $x^{(k)}$와 $y^{(k)}$를 $u$와 $v$의 이름표로 둘 수 있다. 반대로, 임의의 기약 중앙값 집합 $X$는 $X$의 각 원소 당 하나의 정점이 있으며 좌표 성분들 중 하나만 다른 두 정점이 이웃이 되는 중앙값 그래프를 정의한다. 그러한 정점들의 중앙값 이름표들은 반드시 $X$의 원래의 벡터들과 동일하다. 앞에서 보았듯이 중앙값 이름표들은 고유하기 때문이다.

중앙값 이름표와 기약 중앙값 집합을 특성화하는 유익한 방식이 또 있다. 그 방법은 §5.3.4에서 공부했던 비교자 모듈(comparator module) 회로망으로 되돌아가는 것이다. §5.3.4에서는 그러한 망이 수들의 '망각적 정렬(oblivious sorting)'에 유용하다고 말했으며, 정리 5.3.4Z에서는 비교자들의 망은 오직 0들과 1들의 조합 $2^n$개 모두를 정확히 정렬할 때에만 $n!$개의 가능한 입력 순열들 모두를 정렬한다고 했다. 입력 $x$와 $y$가 왼쪽에서 들어오도록 비교자 모듈을 두 개의 수평선에 부착하면 오른쪽으로는 역시 두 값이 출력되는데, 윗줄에서는 $\min(x,y) = x \wedge y$가 출력되고 아랫줄에서는 $\max(x,y) = x \vee y$가 출력된다. 이 개념을 조금 확장해서, 0을 1로 그리고 1을 0으로 바꾸는 역변환 모듈(inverter module)도 가능하게 하자. 한 예로, 다음은 이진 값 0010을 0111로 변환하는 비교자-역변환 망(comparator-inverter network, 줄여서 CI망)이다.

| | | | | | | | |
|---|---|---|---|---|---|---|---|
| 0 | 0 | 0 | 0 | 1 | 0 | 1 | 0 |
| 0 | 1 | 1 | 1 | 0 | 0 | 1 | 1 |
| 1 | 0 | 1 | 1 | 0 | 1 | 1 | 1 |
| 0 | 1 | 1 | 1 | 0 | 0 | 0 | 1 |

(69)

(검은 점은 하나의 역변환 모듈을 뜻한다.) 사실 이 망은 언급한 변환을 비롯해서 다음과 같은 변환들을 수행한다.

$$\begin{array}{llll} 0000 \mapsto 0110; & 0100 \mapsto 0111; & 1000 \mapsto 0111; & 1100 \mapsto 0110; \\ 0001 \mapsto 0111; & 0101 \mapsto 1111; & 1001 \mapsto 0101; & 1101 \mapsto 0111; \\ 0010 \mapsto 0111; & 0110 \mapsto 1111; & 1010 \mapsto 0101; & 1110 \mapsto 0111; \\ 0011 \mapsto 0110; & 0111 \mapsto 0111; & 1011 \mapsto 0111; & 1111 \mapsto 0110. \end{array} \qquad (70)$$

하나의 CI망은 비트열 $x = x_1 \ldots x_t$를 비트열 $x'_1 \ldots x'_t = f(x)$로 변환한다. $t$-입방체를 $t$-입방체 자신으로 사상하는 함수 $f$는 사실 하나의 그래프 준동형사상이다. 다른 말로 하면, $t$-입방체에서 $x — y$이면 항상 $f(x) — f(y)$이다. $x$의 비트 하나가 바뀌면 항상 $f(x)$의 비트들 중 정확히 하나가 변한다. 이는 한 망의 모든 모듈에 그러한 습성이 있기 때문이다. 더 나아가서, CI망과 중앙값 이름표에는 다음과 같은 놀라운 연결 관계가 있다.

**정리 F.** *$t$ 비트 중앙값 이름표들의 임의의 집합 $X$를, 모든 비트 벡터 $x_1 \ldots x_t$에 대해 $f(x) \in X$이고 모든 $x \in X$에 대해 $f(x) = x$라는 속성을 가진 부울 함수 $f(x)$를 계산하는 비교자-역변환 망으로 표현할 수 있다.*

증명. [Tomás Feder, *Memoirs Amer. Math. Soc.* **555** (1995), 1–223, Lemma 3.37; 위드먼D. H. Wiedemann의 Ph. D. 학위 논문(University of Waterloo, 1986)도 보라.] 중앙값 이름표의, $1 \le i < j \le t$인 열 $i$와 $j$를 생각해보자. 이름표들의 집합 전체를 조사해 본다면, 그러한 두 열의 쌍에 네 가지 가능한 값 $\{00, 01, 10, 11\}$ 중 적어도 세 개가 포함됨을 알 수 있다. 그 두 열에 값 00이나 01, 10, 11이 빠져 있을 때, 각각 $\bar{j} \to i$, $j \to i$, $i \to j$, $i \to \bar{j}$라고 표기하자. 그리고 이와 동치인, $i$ 대신 $\bar{i}$가 관여하는 관계 $\bar{i} \to j$, $\bar{i} \to \bar{j}$, $\bar{j} \to \bar{i}$, $j \to \bar{i}$도 성립한다. 예를 들어 표 2의 이름표들로부터 다음과 같은 관계들을 얻을 수 있다.

$$\begin{array}{ll} 1 \to \bar{2}, 3, \bar{4}, 5, \bar{6}, 7 & 2, \bar{3}, 4, \bar{5}, 6, \bar{7} \to \bar{1}; \\ 2 \to 3, \bar{4}, \bar{5}, 6, 7 & \bar{3}, 4, 5, \bar{6}, \bar{7} \to \bar{2}; \\ 3 \to \bar{4}, 7 & 4, \bar{7} \to \bar{3}; \\ 4 \to 5, 6, 7 & \bar{5}, \bar{6}, \bar{7} \to \bar{4}; \\ 5 \to 7 & \bar{7} \to \bar{5}; \\ 6 \to 7 & \bar{7} \to \bar{6}. \end{array} \qquad (71)$$

(3과 5 사이에는 이러한 관계가 존재하지 않는다. 그 두 열에는 가능한 네 가지 값이 모두 들어 있기 때문이다. 반면 예를 들어 열 3과 4에는 11이 없으므로 $3 \to \bar{4}$가 된다. 이름표의 열 3에 1이

있는 정점들은 표 2에서 $\langle wwxyz\rangle$보다 $\langle wyz\rangle$에 더 가깝다. 그런 정점들은 이름표의 열 4가 항상 0인 볼록 집합을 형성한다. 그런 정점들은 항상 $x$보다 $\langle wxxyz\rangle$에 가깝기 때문이다.)

리터럴 $\{1, \bar{1}, 2, \bar{2}, \ldots, t, \bar{t}\}$들 사이의 이러한 관계들에는 순환마디가 없으므로, $u_j$가 $u_{2t+1-j}$의 여수인 반대칭 수열 $u_1 u_2 \ldots u_{2t}$로 위상정렬하는 것이 항상 가능하다. 예를 들어

$$1\ \bar{7}\ 4\ 2\ \bar{3}\ \bar{5}\ \bar{6}\ 6\ 5\ 3\ \bar{2}\ \bar{4}\ 7\ \bar{1} \tag{72}$$

은 (71)의 관계들을 위상정렬하는 그러한 한 가지 방법이다.

이제 CI망을 구축하는 과정으로 넘어가자. $t$개의 빈 선들로 출발해서 위상정렬된 수열의 원소 $u_k$와 $u_{k+d}$를 차례로 조사한다. 여기서 $d = 2t-2,\ 2t-3,\ \ldots,\ 1$이고(이 순서대로) $k = 1,\ 2,\ \ldots,\ t - \lceil d/2 \rceil$이다. 만일 $i < j$인 열 $i$와 $j$ 사이에 $u_k \to u_{k+d}$라는 관계가 성립하면 새로운 모듈을 망의 선 $i$와 $j$에 다음과 같이 추가한다.

만일 $i \to j$이면 　 만일 $i \to \bar{j}$이면 　 만일 $\bar{\imath} \to j$이면 　 만일 $\bar{\imath} \to \bar{j}$이면 (73)

(71)과 (72)에 이를 적용한다면, 우선 $1 \to 7$을 만나게 되며, 그다음에 $1 \to \bar{4}$, 그다음에 $1 \to \bar{2}$, 그다음에 $\bar{7} \to \bar{4}$(즉 $4 \to 7$)를 만나게 된다. 이를 통해서 다음과 같은 회로망이 만들어진다.

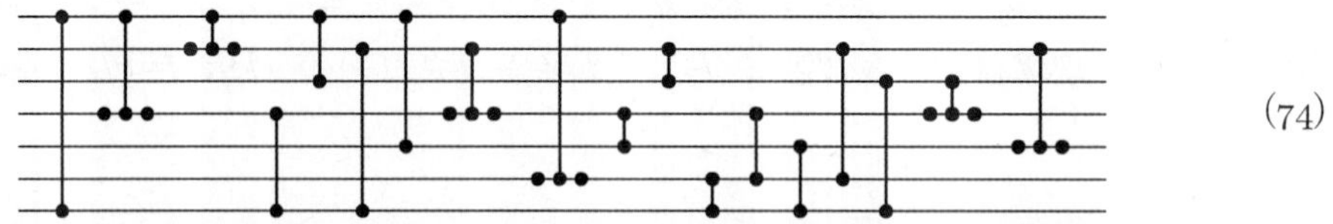
(74)

(직접 해 보시길. $u_k$가 이를테면 $\bar{7}$이고 $u_{k+d}$가 3일 때에는 그 어떤 모듈도 추가되지 않는다. 왜냐하면 $\bar{3} \to 7$이 (71)에 나와 있지 않으므로.)

연습문제 89에서는 (73)의 새 모듈 클러스터 각각이 이전의 모든 관계를 유지하며 새로운 부등식도 하나 강제함을 증명한다. 따라서 $x$가 입력 벡터라고 할 때 $f(x)$는 그 관계들을 모두 만족한다. 그러므로 정리 S에 의해 $f(x) \in X$이다. 반대로, 만일 $x \in X$이면 회로망의 모든 모듈 클러스터는 $x$를 변경하지 않는다. ▮

**따름정리 F.** *정리 F의 중앙값 이름표들이 비트별 AND 연산과 비트별 OR 연산에 대해 닫혀 있다고 가정하자. 즉, $x \in X$이고 $y \in X$일 때 항상 $x \& y \in X$이고 $x | y \in X$라고 가정하자. 그러면 이름표들을 비교자 모듈들로만 이루어진 회로망으로 표현할 수 있는 좌표들의 순열이 존재한다.*

증명. 모든 이름표를 비트별 AND로 결합한 결과는 0...0이며, 비트별 OR로 결합한 결과는 1...1이다. 따라서 열들 사이에서 유일하게 가능한 관계는 $i \to j$와 $j \to i$이다. 열들을 위상정렬하고 이름을 변경해 보면, $i \to j$는 $i < j$일 때에만 가능함을 확인할 수 있다. 그리고 그런 경우 앞의 증명에 나온 구축법은 결코 역변환 모듈을 사용하지 않는다. ▮

일반화하면, $G$가 임의의 그래프라고 할 때 $G$의 정점들을 그 정점들의 한 부분집합 $X$로 사상하는 준동형사상 $f$가 모든 $x \in X$에 대해 $f(x) = x$를 만족하는 경우 그 $f$를 수축(retraction) 함수라고 부른다. 그리고 그러한 $f$가 존재할 때, $X$를 $G$의 한 수축(retract)이라고 부른다. 그래프 이론에서 이러한 개념의 중요성을 처음으로 지적한 이는 헬Pavol Hell이다[*Lecture Notes in Math.* **406** (1974), 291−301 참고]. 예를 들어 이러한 개념으로부터, $X$의 정점들의 거리, 즉 최단 경로의 간선 개수는 그 경로들이 전적으로 $X$ 안에 놓여 있다고 논의를 한정하는 경우에도 같은 값을 유지한다. (연습문제 93을 보라.)

정리 F는 모든 $t$차원 중앙값 이름표 집합이 $t$차원 초입방체의 한 수축임을 보여 준다. 반대로, 연습문제 94에서는 초입방체 수축들이 항상 중앙값 그래프임을 보여 준다.

**문턱값 함수.** 부울 함수 $f(x_1, x_2, \ldots, x_n)$의 여러 부류(class)들 중 특히나 매력적이고 중요한 부류로 '문턱값 함수(threshold function)'가 있다. 문턱값 함수 $f$는 다음과 같이 정의된다.

$$f(x_1, x_2, \ldots, x_n) = [w_1 x_1 + w_2 x_2 + \cdots + w_n x_n \ge t]. \tag{75}$$

여기서 상수 $w_1$, $w_2$, …, $w_n$은 정수 '가중치(weight)'들이고 $t$는 정수 '문턱값(threshold value)'이다. 예를 들어, 문턱값 함수는 모든 가중치가 단위원單位元(unity)일 때에도 중요하다. 이 경우 다음이 성립한다.

$$x_1 \wedge x_2 \wedge \cdots \wedge x_n = [x_1 + x_2 + \cdots + x_n \ge n]; \tag{76}$$

$$x_1 \vee x_2 \vee \cdots \vee x_n = [x_1 + x_2 + \cdots + x_n \ge 1]; \tag{77}$$

$$\langle x_1 x_2 \ldots x_{2t-1} \rangle = [x_1 + x_2 + \cdots + x_{2t-1} \ge t]. \tag{78}$$

여기서 $\langle x_1 x_2 \ldots x_{2t-1} \rangle$은 임의의 홀수 개의 부울 값 $\{x_1, x_2, \ldots, x_{2t-1}\}$로 이루어진 중복집합의 중앙값(또는 다수결 값)을 뜻한다. 특히, 기본 사상 $x \wedge y$와 $x \vee y$, $\langle xyz \rangle$는 모두 문턱값 함수이며, 다음도 문턱값 함수이다.

$$\bar{x} = [-x \ge 0]. \tag{79}$$

좀 더 일반적인 가중치들의 경우 여러 가지 흥미로운 함수들이 나오는데, 다음은 그중 하나이다.

$$[2^{n-1} x_1 + 2^{n-2} x_2 + \cdots + x_n \ge (t_1 t_2 \ldots t_n)_2]. \tag{80}$$

이는 오직 이진열 $x_1 x_2 \ldots x_n$이 주어진 이진열 $t_1 t_2 \ldots t_n$보다 사전순으로 크거나 같을 때에만 참이다. 크기가 $w_1$, $w_2$, …, $w_n$인 $n$개의 물체들의 집합이 주어졌을 때, 그 물체들의 한 부분 집합을 크기가 $t-1$인 배낭에 넣을 수 있는 필요충분조건은 $x_j = 1$이 그 부분 집합 안에 물체 $j$가 출현함을 뜻한다고 할 때 $f(x_1, x_2, \ldots, x_n) = 0$이라는 것이다. 머컬러크W. McCulloch와 피츠W. Pitts가 *Bull. Math. Biophysics* **5** (1943), 115−133에 간단한 뉴런 모형을 처음 제안한 이후, 문턱값 함수들로 구축된 '신경망(neural network)'에 관한 수천 편의 논문이 나왔다.

음의 가중치 $w_j$는 $x_j \leftarrow \bar{x}_j$, $w_j \leftarrow -w_j$, $t \leftarrow t + |w_j|$로 두어서 제거할 수 있다. 따라서 일반적인 문턱값 함수를 모든 가중치가 음수가 아닌 '양(positive) 문턱값 함수'로 줄일 수 있다. 더 나아가서,

임의의 양 문턱값 함수 (75)를 중앙값 함수 또는 홀수-중-다수결 함수의 한 특수 경우로 표현할 수 있는데, 이는

$$\langle 0^a 1^b x_1^{w_1} x_2^{w_2} \ldots x_n^{w_n} \rangle = [b + w_1 x_1 + w_2 x_2 + \cdots + w_n x_n \geq b + t] \tag{81}$$

이기 때문이다. 여기서 $x^m$은 $x$의 복사본 $m$개를 대표하며, $a$와 $b$는 다음과 같은 규칙으로 정의된다.

$$a = \max(0, 2t - 1 - w), \quad b = \max(0, w + 1 - 2t), \quad w = w_1 + w_2 + \cdots + w_n. \tag{82}$$

예를 들어 가중치들이 모두 1일 때 다음이 성립한다.

$$\langle 0^{n-1} x_1 \ldots x_n \rangle = x_1 \wedge \cdots \wedge x_n, \langle 1^{n-1} x_1 \ldots x_n \rangle = x_1 \vee \cdots \vee x_n. \tag{83}$$

$n = 2$일 때의 이 공식이 이미 (45)에 나왔었다. 일반화하면, $a$나 $b$는 0이며, (81)의 좌변은 $2T-1$개의 원소들의 중앙값을 지정한다. 여기서

$$T = b + t = \max(t, w_1 + w_2 + \cdots + w_n + 1 - t) \tag{84}$$

이다. $a$와 $b$ 둘 다 0보다 크게 두는 것은 의미가 없다. 다수결 함수가 다음과 같은 소거법칙(cancellation law)을 만족함이 분명하기 때문이다.

$$\langle 0 1 x_1 x_2 \ldots x_{2t-1} \rangle = \langle x_1 x_2 \ldots x_{2t-1} \rangle. \tag{85}$$

(81)의 한 가지 중요한 결과는, 모든 양의 문턱값 함수를 다음과 같은 순수 다수결 함수(pure majority function)

$$g(x_0, x_1, x_2, \ldots, x_n) = \langle x_0^{a+b} x_1^{w_1} x_2^{w_2} \ldots x_n^{w_n} \rangle \tag{86}$$

에서 $x_0 = 0$ 또는 1로 두어서 얻을 수 있다는 점이다. 다른 말로 하면, 만일 변수가 $n+1$개 이하인(그리고 상수는 없는) 서로 다른 홀수 중앙값 함수들을 우리가 모두 안다면, 그리고 오직 그럴 때에만, 우리는 변수가 $n$개인 모든 문턱값 함수를 아는 것이다. 모든 순수 다수결 함수는 단조이자 자기쌍대이다. 돌이켜보면 표 2의 열 $s_j$에서 4변수 $\{w, x, y, z\}$의 순수 다수결 함수들이 등장했다. 바로 $\langle w \rangle$, $\langle wwxyz \rangle$, $\langle wyz \rangle$, $\langle wxyzz \rangle$, $\langle xyz \rangle$, $\langle z \rangle$, $\langle wxyyz \rangle$, $\langle y \rangle$, $\langle wxz \rangle$, $\langle wxxyz \rangle$, $\langle x \rangle$, $\langle wxy \rangle$이다. $w = 0$ 또는 1로 설정하면 모든 3변수 양 문턱값 함수 $f(x, y, z)$가 나온다:

$$\begin{gathered}\langle 0 \rangle, \langle 1 \rangle, \langle 00xyz \rangle, \langle 11xyz \rangle, \langle 0yz \rangle, \langle 1yz \rangle, \langle 0xyzz \rangle, \langle 1xyzz \rangle, \langle xyz \rangle, \langle z \rangle, \\ \langle 0xyyz \rangle, \langle 1xyyz \rangle, \langle y \rangle, \langle 0xz \rangle, \langle 1xz \rangle, \langle 0xxyz \rangle, \langle 1xxyz \rangle, \langle x \rangle, \langle 0xy \rangle, \langle 1xy \rangle. \end{gathered} \tag{87}$$

150개의 모든 4변수 양 문턱값 함수도, 연습문제 84의 답에 나오는 자기쌍대 다수결 함수로부터 비슷한 방식으로 구할 수 있다.

$n$이 하나의 특정한 값일 때, 가중치 수열 $(w_1, w_2, \ldots, w_n)$은 무한히 많지만 문턱값 함수의 개수는 유한하다. 따라서 서로 다른 가중치 수열들 중 서로 동치인 것들이 많이 있음이 명백하다. 예를 들어 소수素數(prime number)들을 가중치로 하는 다음과 같은 순수 다수결 함수를 생각해 보자.

$$\langle x_1^2 x_2^3 x_3^5 x_4^7 x_5^{11} x_6^{13} \rangle.$$

주먹구구식으로 $2^6$가지 경우를 모두 조사해보면 다음을 알 수 있다.

$$\langle x_1^2 x_2^3 x_3^5 x_4^7 x_5^{11} x_6^{13} \rangle = \langle x_1 x_2^2 x_3^2 x_4^3 x_5^4 x_6^5 \rangle. \tag{88}$$

따라서 같은 함수를 훨씬 더 적은 가중치들로 표현할 수 있다. 비슷하게, (80)의 한 특수 경우인 가중치 함수

$$[(x_1 x_2 \ldots x_{20})_2 \geq (01100100100001111110)_2] = \langle 1^{225028} x_1^{524288} x_2^{262144} \ldots x_{20} \rangle$$

을 다음과 같이 단순화할 수 있다.

$$\langle 1^{323} x_1^{764} x_2^{323} x_3^{323} x_4^{118} x_5^{118} x_6^{87} x_7^{31} x_8^{31} x_9^{25} x_{10}^{6} x_{11}^{6} x_{12}^{6} x_{13}^{6} x_{14} x_{15} x_{16} x_{17} x_{18} x_{19} \rangle. \tag{89}$$

연습문제 103에서는 최소 가중치 집합을 방대한 주먹구구식 검색에 의존하지 않고 선형 프로그래밍을 이용해서 찾아내는 방법을 설명한다.

임의의 문턱값 함수에 고유한 식별자를 부여할 수 있는 멋진 색인화 방식 하나를 초우C. K. Chow가 발견했다[*FOCS* **2** (1961), 34–38]. 임의의 부울 함수 $f(x_1, \ldots, x_n)$이 주어졌을 때, $N(f)$가 $f(x) = 1$인 벡터 $x = (x_1, \ldots, x_n)$들의 개수이고 $\Sigma(f)$가 그 벡터들 전부의 합이라고 하자. 예를 들어 만일 $f(x_1, x_2) = x_1 \vee x_2$이면 $N(f) = 3$이고 $\Sigma(f) = (0,1) + (1,0) + (1,1) = (2,2)$이다.

**정리 T.** *$f(x_1, \ldots, x_n)$과 $g(x_1, \ldots, x_n)$이 $N(f) = N(g)$이고 $\Sigma(f) = \Sigma(g)$인 부울 함수들이라고 하자. 여기서 $f$는 하나의 문턱값 함수이다. 그러면 $f = g$이다.*

증명. $f(x^{(j)}) = 1$이고 $g(x^{(j)}) = 0$인 벡터 $x^{(1)}, \ldots, x^{(k)}$가 정확히 $k$개라고 가정하자. $N(f) = N(g)$이므로, $f(y^{(j)}) = 0$이고 $g(y^{(j)}) = 1$인 벡터 $y^{(1)}, \ldots, y^{(k)}$는 정확히 $k$개이어야 한다. 그리고 $\Sigma(f) = \Sigma(g)$이므로 $x^{(1)} + \cdots + x^{(k)} = y^{(1)} + \cdots + y^{(k)}$도 반드시 성립해야 한다.

이제 $f$가 (75) 형태의 문턱값 함수라고 가정하자. 그러면 $1 \leq j \leq k$에 대해 $w \cdot x^{(j)} \geq t$이고 $w \cdot y^{(j)} < t$이다. 그런데 만일 $f \neq g$이면 $k > 0$이며, $w \cdot (x^{(1)} + \cdots + x^{(k)}) \geq kt > w \cdot (y^{(1)} + \cdots + y^{(k)})$이다. 이는 모순이다. ▮

문턱값 함수에는 기이한 속성들이 많이 있다. 그들 중 일부를 이번 절의 연습문제들에서 살펴볼 것이다. 문턱값 함수의 고전적 이론이 무로가Saburo Muroga의 책 *Threshold Logic and its Applications* (Wiley, 1971)에 잘 요약되어 있다.

**대칭 부울 함수.** $\{1, \ldots, n\}$의 모든 순열 $p(1) \ldots p(n)$에 대해 $f(x_1, \ldots, x_n)$이 $f(x_{p(1)}, \ldots, x_{p(n)})$과 같을 때, 그러한 함수 $f(x_1, \ldots, x_n)$을 대칭(symmetric)이라고 칭한다. 모든 $x_j$가 0이나 1이면 이 조건은 $f$가 인수들에 있는 1들의 개수, 즉 '옆쪽 합(sideways sum)' $\nu x = \nu(x_1, \ldots, x_n) = x_1 + \cdots + x_n$에만 의존함을 뜻한다. 오직 $\nu x$가 $k_1, k_2, \cdots, k_r$ 중 하나일 때에만 참인 부울 함수를 흔히 $S_{k_1, k_2, \ldots, k_r}(x_1, \ldots, x_n)$으로 표기한다. 예를 들어 $S_{1,3,5}(v, w, x, y, z) = v \oplus w \oplus x \oplus y \oplus z$이고 $S_{3,4,5}(v, w, x, y, z) = \langle vwxyz \rangle$, $S_{4,5}(v, w, x, y, z) = \langle 00vwxyz \rangle$이다.

대칭의 응용들 중에는 $\nu x = k$일 때에만 참인 기본 함수 $S_k(x_1, \ldots, x_n)$에 연관된 것들이 많다. 예를 들어 $S_3(x_1, x_2, x_3, x_4, x_5, x_6)$은 오직 인수 $\{x_1, \ldots, x_6\}$들 중 정확히 절반이 참이고 정확히 절반이 거짓인 경우에만 참이다. 그런 경우 다음이 성립함은 명백하다.

$$S_k(x_1, \ldots, x_n) = S_{\geq k}(x_1, \ldots, x_n) \wedge \overline{S_{\geq k+1}(x_1, \ldots, x_n)}. \tag{90}$$

여기서 $S_{\geq k}(x_1, \ldots, x_n)$은 $S_{k,k+1,\ldots,n}(x_1, \ldots, x_n)$을 간결하게 표기한 것이다. 함수 $S_{\geq k}(x_1, \ldots, x_n)$이 앞에서 공부한 문턱값 함수 $[x_1 + \cdots + x_n \geq k]$임은 물론이다.

좀 더 복잡한 경우들은 문턱값 함수들의 문턱값 함수로 다룰 수 있다. 예를 들어

$$\begin{aligned} S_{2,3,6,8,9}(x_1, \ldots, x_{12}) &= [\nu x \geq 2 + 4[\nu x \geq 4] + 2[\nu x \geq 7] + 5[\nu x \geq 10]] \\ &= \langle 00x_1 \ldots x_{12} \langle 0^5 \bar{x}_1 \ldots \bar{x}_{12} \rangle^4 \langle 1 \bar{x}_1 \ldots \bar{x}_{12} \rangle^2 \langle 1^7 \bar{x}_1 \ldots \bar{x}_{12} \rangle^5 \rangle \end{aligned} \tag{91}$$

이다. 이는 $x_1 + \cdots + x_{12} = (0, 1, \ldots, 12)$일 때 최외곽의 '25중 다수결'의 1들의 개수가 각각 $(11,12,13,14,11,12,13,12,13,14,10,11,12)$이기 때문이다. 일반적인 경우에도 비슷한 2수준 방식이 통한다[R. C. Minnick, *IRE Trans.* **EC-10** (1961), 6–16]. 그리고 3수준 이상의 논리식의 경우 문턱값 연산들의 수를 훨씬 더 줄일 수 있다. (연습문제 113을 보라.)

대칭 부울 함수의 평가를 위한 다양한 독창적 요령들이 발견되었다. 예를 들어 다음과 같은 주목할 만한 공식열(sequence of formulas)이 있는데, 무로가S. Muroga는 이것의 출처가 사사키F. Sasaki라고 밝혔다.

$$\begin{aligned} &x_0 \oplus x_1 \oplus \cdots \oplus x_{2m} = \langle \bar{x}_0 s_1 s_2 \ldots s_{2m} \rangle, \\ &\qquad \text{여기서 } s_j = \langle x_0 x_j x_{j+1} \ldots x_{j+m-1} \bar{x}_{j+m} \bar{x}_{j+m+1} \ldots \bar{x}_{j+2m-1} \rangle. \end{aligned} \tag{92}$$

이 공식은 $m > 0$일 때, 그리고 $x_{2m+k}$가 $k \geq 1$에 대해 $x_k$와 같다고 간주할 때 성립한다. 특히, $m = 1$이고 $m = 2$이면 다음과 같은 항등식들이 나온다.

$$x_0 \oplus x_1 \oplus x_2 = \langle \bar{x}_0 \langle x_0 x_1 \bar{x}_2 \rangle \langle x_0 x_2 \bar{x}_1 \rangle \rangle; \tag{93}$$

$$x_0 \oplus \cdots \oplus x_4 = \langle \bar{x}_0 \langle x_0 x_1 x_2 \bar{x}_3 \bar{x}_4 \rangle \langle x_0 x_2 x_3 \bar{x}_4 \bar{x}_1 \rangle \langle x_0 x_3 x_4 \bar{x}_1 \bar{x}_2 \rangle \langle x_0 x_4 x_1 \bar{x}_2 \bar{x}_3 \rangle \rangle. \tag{94}$$

우변들은 완전 대칭이나, 그 점이 명확하게 드러나 있지는 않다! (연습문제 115를 보라.)

**커널화 함수.** 부울 함수 $f(x_1, \ldots, x_n)$을 많아야 하나의 변수를 조사해서 그 값을 결정할 수 있을 정도로 줄일 수 있을 때, 그러한 $f$를 커널화(calnalization) 함수 또는 '강제화(forcing)' 함수라고 말한다. 좀 더 정확히 말하면, 만일 $n = 0$이면, 또는 만일 $x_j = 0$이나 $x_j = 1$로 설정했을 때 $f(x)$가 어떤 상수 값이 되는 아래첨자 $j$가 존재한다면 $f$는 커널화 함수이다. 예를 들어 $f(x, y, z) = (x \oplus z) \vee \bar{y}$는 $y = 0$일 때 항상 1이므로 커널화 함수이다. ($y = 1$일 때에는 $x$와 $z$의 값도 알아야 $f$의 값이 결정된다. 그러나 절반의 빵이라도 빵이 아예 없는 것보다는 낫다.) 카우프먼Stuart Kauffman이 소개한[*Lectures on Mathematics in the Life Sciences* **3** (1972), 63–116; *J. Theoretical Biology* **44** (1974), 167–190] 그러한 부울 함수들은 여러 응용 분야에서, 특히 화학과 생물학에서 그 중요성이 입증되었다. 그 함수들의 일부 속성을 연습문제 125~129에서 살펴본다.

**정량적 고찰.** 지금까지 여러 종류의 부울 함수들을 공부했다. 그렇다면, 각 종류의 $n$변수 함수들이 실제로 몇 개나 존재하는가 하는 의문이 당연히 생길 것이다. 적어도 작은 $n$ 값들에 대한 답이 표 3, 4, 5에 나와 있다.

표 3은 모든 함수의 개수이다. 각 $n$마다 $2^{2^n}$가지 함수가 가능하다. 가능한 진리표가 $2^{2^n}$이기 때문이다. 그 함수들 중에는 자기쌍대인 것도 있고 단조인 것도 있으며, 정리 P에서처럼 단조이자 자기쌍대인 것도 있다. 또한 정리 H의 혼 함수인 것도 있고 정리 S의 크롬 함수인 것도 있다. 그 외에도 여러 가지 분류가 가능하다.

한편 표 4에서는 변수 이름만 다른 경우 두 함수를 동일한 것으로 간주한다. 따라서 $n=2$일 때 서로 다른 경우는 단 12개뿐이다. (예를 들어) $x \vee \bar{y}$와 $\bar{x} \vee y$는 본질적으로 같기 때문이다.

표 5는 한 걸음 더 나아가서, 개별 변수나 심지어 함수 전체를 여수화해도 함수가 변하지 않는 경우를 고려한다. 이러한 관점에서 $(x, y, z)$ 형태의 256가지 3변수 부울 함수 중 서로 다른 동치류는 14개뿐이다.

| 대표 함수 | 부류 크기 | 대표 함수 | 부류 크기 | |
|---|---|---|---|---|
| $0$ | 2 | $x \wedge (y \oplus z)$ | 24 | |
| $x$ | 6 | $x \oplus (y \wedge z)$ | 24 | |
| $x \wedge y$ | 24 | $(x \wedge y) \vee (\bar{x} \wedge z)$ | 24 | |
| $x \oplus y$ | 6 | $(x \vee y) \wedge (x \oplus z)$ | 48 | (95) |
| $x \wedge y \wedge z$ | 16 | $(x \oplus y) \vee (x \oplus z)$ | 8 | |
| $x \oplus y \oplus z$ | 2 | $\langle xyz \rangle$ | 8 | |
| $x \wedge (y \vee z)$ | 48 | $S_1(x, y, z)$ | 16 | |

동치가 아닌 조합적 대상들을 세고 나열하는 방법은 §7.2.3에서 배우게 될 것이다.

표 3

$n$변수 부울 함수들

| | $n=0$ | $n=1$ | $n=2$ | $n=3$ | $n=4$ | $n=5$ | $n=6$ |
|---|---|---|---|---|---|---|---|
| 임의 | 2 | 4 | 16 | 256 | 65,536 | 4,294,967,296 | 18,446,744,073,709,551,616 |
| 자기쌍대 | 0 | 2 | 4 | 16 | 256 | 65,536 | 4,294,967,296 |
| 단조 | 2 | 3 | 6 | 20 | 168 | 7,581 | 7,828,354 |
| 둘 다 | 0 | 1 | 2 | 4 | 12 | 81 | 2,646 |
| 혼 | 2 | 4 | 14 | 122 | 4,960 | 2,771,104 | 151,947,502,948 |
| 크롬 | 2 | 4 | 16 | 166 | 4,170 | 224,716 | 24,445,368 |
| 문턱값 | 2 | 4 | 14 | 104 | 1,882 | 94,572 | 15,028,134 |
| 대칭 | 2 | 4 | 8 | 16 | 32 | 64 | 128 |
| 커널화 | 2 | 4 | 14 | 120 | 3,514 | 1,292,276 | 103,071,426,294 |

표 4

변수 치환 하에서 서로 구별되는 $n$변수 부울 함수들

| | $n=0$ | $n=1$ | $n=2$ | $n=3$ | $n=4$ | $n=5$ | $n=6$ |
|---|---|---|---|---|---|---|---|
| 임의 | 2 | 4 | 12 | 80 | 3,984 | 37,333,248 | 25,626,412,338,274,304 |
| 자기쌍대 | 0 | 2 | 2 | 8 | 32 | 1,088 | 6,385,408 |
| 단조 | 2 | 3 | 5 | 10 | 30 | 210 | 16,353 |
| 둘 다 | 0 | 1 | 1 | 2 | 3 | 7 | 30 |
| 혼 | 2 | 4 | 10 | 38 | 368 | 29,328 | 216,591,692 |
| 크롬 | 2 | 4 | 12 | 48 | 308 | 3,028 | 49,490 |
| 문턱값 | 2 | 4 | 10 | 34 | 178 | 1,720 | 590,440 |
| 커널화 | 2 | 4 | 10 | 38 | 294 | 15,774 | 149,325,022 |

표 5

여수화/치환 하에서 서로 구별되는 $n$변수 부울 함수들

| | $n=0$ | $n=1$ | $n=2$ | $n=3$ | $n=4$ | $n=5$ | $n=6$ |
|---|---|---|---|---|---|---|---|
| 임의 | 1 | 2 | 4 | 14 | 222 | 616,126 | 200,253,952,527,184 |
| 자기쌍대 | 0 | 1 | 1 | 3 | 7 | 83 | 109,950 |
| 문턱값 | 1 | 2 | 3 | 6 | 15 | 63 | 567 |
| 둘 다 | 0 | 1 | 1 | 2 | 3 | 7 | 21 |
| 커널화 | 1 | 2 | 3 | 6 | 22 | 402 | 1,228,158 |

## 연습문제

**1.** [*15*] (캐럴Lewis Carroll.) 이번 절 처음에 나온 트위들디의 말을 이치가 닿도록 설명해보라.† [힌트: 표 1을 볼 것.]

**2.** [*17*] 먼 행성 핑커스Pincus의 논리학자들은 1을 '거짓', 0을 '참'을 나타내는 데 사용한다. 따라서, 예를 들어 그들이 '또는'이라고 부르는 이진 연산은 다음과 같은 속성을 가지고 있다.

$$1 \text{ 또는 } 1=1, \quad 1 \text{ 또는 } 0=0, \quad 0 \text{ 또는 } 1=0, \quad 0 \text{ 또는 } 0=0$$

이는 우리의 $\wedge$에 해당한다. 그렇다면 핑커스인들이 각각 '거짓', '논리곱', ..., '비논리곱(nand)', '유효함'이라고 부르는 열여섯 논리 연산자(표 1 참고)는 각각 우리의 어떤 논리 연산자들에 해당할까?

▶ **3.** [*13*] 거짓과 참을 뜻하는 논리 값들이 0과 1이 아니라 $-1$과 $+1$이라고 가정하자. 표 1의 연산 $\circ$들 중 (a) $\max(x,y)$, (b) $\min(x,y)$, (c) $-x$, (d) $x\cdot y$에 해당하는 것은 각각 무엇인가?

**4.** [*24*] (셰퍼H. M. Sheffer.) 이 연습문제의 목적은 표 1의 모든 연산을 NAND로 표현할 수 있음을 보이는 것이다. (a) 표의 16가지 연산 $\circ$ 각각에 대해, $x\circ y$와 동치이되 오직 $\overline{\wedge}$만을 연산자로 사용하

† [옮긴이 주] 아마도 원문으로 문제를 푸는 것이 더 쉬울 것이다. 원문은 "'Contrariwise,' continued Tweedledee, 'if it was so, it might be; and if it were so, it would be; but as it isn't, it ain't. That's logic.'"이다.

는 공식을 구하라. 그 공식은 최대한 짧아야 한다. 예를 들어 $\llcorner$ 연산에 대한 답은 그냥 $x$이나, $\overline{\subset}$에 대한 답은 $x\overline{\wedge}x$이다. 공식에 상수 1과 0을 사용하지 말 것. (b) 앞의 문제와 같되 필요하다면 상수들도 사용하는 짧은 공식 16개를 구하라. 예를 들어 $x \overline{\subset} y$를 $x\overline{\wedge}1$로 표현할 수 있다.

**5.** [*24*] 연습문제 4를, 기본 연산으로 $\overline{\wedge}$ 대신 $\overline{\subset}$을 사용해서 풀어라.

**6.** [*21*] (슈뢰더E. Schröder.) (a) 표 1의 열여섯 연산들 중 결합법칙을 만족하는 것은 무엇인가? 다른 말로 하면, $x \circ (y \circ z) = (x \circ y) \circ z$를 만족하는 것은 무엇인가? (b) 항등식 $(x \circ y) \circ (y \circ z) = x \circ z$를 만족하는 것은 무엇인가?

**7.** [*20*] 표 1의 연산들 중 오직 $y \circ z = x$일 때에만 $x \circ y = z$라는 속성을 가진 것은 무엇인가?

**8.** [*24*] $16^2$가지 연산자 쌍 $(\circ, \square)$들 중 좌분배법칙 $x \circ (y \square z) = (x \circ y) \square (x \circ z)$를 만족하는 것은 무엇인가?

**9.** [*16*] 참 또는 거짓을 말하라: (a) $(x \oplus y) \vee z = (x \vee z) \oplus (y \vee z)$. (b) $(w \oplus x \oplus y) \vee z = (w \vee z) \oplus (x \vee z) \oplus (y \vee z)$. (c) $(x \oplus y) \vee (y \oplus z) = (x \oplus z) \vee (y \oplus z)$.

**10.** [*17*] '무작위' 함수 (22)의 다중선형 표현은 무엇인가?

**11.** [*M25*] $f(x_1, \ldots, x_n)$의 다중선형 표현에 이를테면 $x_2x_3x_6x_8$이라는 항이 포함되어 있는 것이 정확히 어떤 경우인지를 직관적으로 이해하는 방법이 있을까? ((19)를 보라.)

▶ **12.** [*M23*] 부울 함수의 정수 다중선형 표현은 (19) 같은 표현을 하나의 정수 계수 다항식 $f(x_1, \ldots, x_n)$으로 확장하되, $f(x_1, \ldots, x_n)$이 모든 가능한 $2^n$개의 0–1 벡터 $(x_1, \ldots, x_n)$에 대해 2로 나눈 나머지를 취하지 않고서도 정확한 값(0 또는 1)을 가지도록 확장한 것이다. 예를 들어 (19)에 해당하는 정수 다중선형 표현은 $1 - xy - xz - yz + 3xyz$이다.

a) (22)의 '무작위' 함수의 정수 다중선형 표현은 무엇인가?

b) $f(x_1, \ldots, x_n)$ 같은 표현의 계수들은 얼마나 클 수 있는가?

c) 모든 정수 다중선형 표현에서 $x_1, \ldots, x_n$이 $0 \le x_1, \ldots, x_n \le 1$인 실수들이면 항상 $0 \le f(x_1, \ldots, x_n) \le 1$임을 보여라.

d) 마찬가지로, 만일 $\{x_1, \ldots, x_n\} \subseteq \{0, 1\}$일 때 항상 $f(x_1, \ldots, x_n) \le g(x_1, \ldots, x_n)$이면 $\{x_1, \ldots, x_n\} \subseteq [0\,.\,.\,1]$일 때 항상 $f(x_1, \ldots, x_n) \le g(x_1, \ldots, x_n)$임을 보여라.

e) 만일 $f$가 단조 부울 함수이고 $1 \le j \le n$에 대해 $0 \le x_j \le y_j \le 1$이면 $f(x) \le f(y)$임을 증명하라.

▶ **13.** [*20*] 각각이 '작동 중' 또는 '고장'인 $n$개의 장치들로 된 시스템을 생각해 보자. 만일 $x_j$가 '장치 $j$가 작동 중'이라는 조건을 뜻한다고 하면, $x_1 \wedge (\bar{x}_2 \vee \bar{x}_3)$ 같은 부울 함수는 '장치 1은 작동 중, 그러나 장치 2나 장치 3은 고장'이라는 명제를 나타낸다. 그리고 $S_3(x_1, \ldots, x_n)$은 '정확히 세 개의 장치가 작동 중'을 뜻한다.

각 장치 $j$가 작동 중일 확률이 $p_j$이며 그 확률은 다른 장치들과 독립이라고 하자. $F$가 $p_1, \ldots, p_n$을 변수로 하는 다항식일 때, 부울 함수 $f(x_1, \ldots, x_n)$이 참일 확률이 $F(p_1, \ldots, p_n)$임을 보여라.

**14.** [*20*] 연습문제 13의 확률함수 $F(p_1, \ldots, p_n)$을 흔히 시스템의 가용도(availability)라고 부른다. 확률 $(p_1, p_2, p_3)$이 (a) $(.9, .8, .7)$일 때, (b) $(.8, .6, .4)$일 때, (c) $(.8, .6, .1)$일 때 가용도가 최대가 되는 자기쌍대 함수 $f(x_1, x_2, x_3)$을 구하라.

▸ **15.** [*M20*] $f(x_1, \ldots, x_n)$이 임의의 부울 함수라고 할 때, $x$가 정수이면 $F(x)$가 정수인, 그리고 $f(x_1, \ldots, x_n) = F((x_n \ldots x_1)_2) \bmod 2$인 속성을 가진 다항식 $F(x)$가 존재함을 보여라. 힌트: $\binom{x}{k} \bmod 2$를 생각해 볼 것.

**16.** [*13*] 완전 논리합 표준형의 모든 $\vee$를 $\oplus$로 대체할 수 있을까?

**17.** [*10*] 드모르간의 법칙에 의해, (25) 같은 보통의 논리합 표준형은 AND들의 OR일 뿐만 아니라 NAND들의 NAND이기도 하다.

$$\overline{\overline{(u_{11} \wedge \cdots \wedge u_{1s_1})} \wedge \cdots \wedge \overline{(u_{m1} \wedge \cdots \wedge u_{ms_m})}}.$$

따라서 두 논리 수준이 동일하다고 간주할 수 있다.

퀵J. H. Quick이라는 이름의 학생이 이 수식을 다음과 같은 형태로 다시 작성했다.

$$(u_{11} \barwedge \cdots \barwedge u_{1s_1}) \barwedge \cdots \barwedge (u_{m1} \barwedge \cdots \barwedge u_{ms_m}).$$

그게 좋은 생각이었을까?

▸ **18.** [*20*] $u_1 \wedge \cdots \wedge u_s$가 어떤 부울 함수 $f$의 논리합 표준형의 한 함의항이라고 하자. 그리고 $v_1 \vee \cdots \vee v_t$가 그 부울 함수의 논리곱 표준형의 한 절이라고 하자. 이때 $u_i = v_j$인 $i$와 $j$가 존재함을 증명하라.

**19.** [*20*] '무작위' 함수 (22)의 논리곱 기약형은 무엇인가?

**20.** [*M21*] 참 또는 거짓을 말하라: $f'$이 $f$의 기약함의항이고 $g'$이 $g$의 기약함의항일 때, $f \wedge g$의 모든 기약함의항을 $f' \wedge g'$으로 표기할 수 있다.

**21.** [*M20*] 상수가 아닌 부울 함수는 만일 연산 $\wedge$와 $\vee$로만 표현할 수 있을 때에만, 그리고 오직 그럴 때에만 단조 부울 함수임을 증명하라.

**22.** [*20*] (16)에서처럼 $f(x_1, \ldots, x_n) = g(x_1, \ldots, x_{n-1}) \oplus h(x_1, \ldots, x_{n-1}) \wedge x_n$이라고 하자. 함수 $f$가 단조함수일 필요충분조건을 함수 $g$와 $h$로 표현하라.

**23.** [*15*] $(v \wedge w \wedge x) \vee (v \wedge x \wedge z) \vee (x \wedge y \wedge z)$의 논리곱 기약형은 무엇인가?

**24.** [*M20*] 말단 노드가 $2^k$개인 완전 이진 트리를 생각해 보자. 그림은 $k = 3$인 경우이다. 루트에 $\wedge$ 연산을 적용하고 나머지 수준들에는 $\vee$와 $\wedge$를 번갈아 적용하면 예를 들어 $((x_0 \wedge x_1) \vee (x_2 \wedge x_3)) \wedge ((x_4 \wedge x_5) \vee (x_6 \wedge x_7))$이 나온다. 이런 식으로 얻는 함수에 기약함의항은 몇 개나 들어 있는가?

**25.** [*M21*] $(x_1 \vee x_2) \wedge (x_2 \vee x_3) \wedge \cdots \wedge (x_{n-1} \vee x_n)$에는 기약함의항이 몇 개나 있는가?

**26.** [M23] $\mathcal{F}$와 $\mathcal{G}$가 단조 CNF와 단조 DNF의 기약절들과 기약함의항들의 색인 집합들이라고 하자.

$$f(x) = \bigwedge_{I\in\mathcal{F}} \bigvee_{i\in I} x_i; \qquad g(x) = \bigvee_{J\in\mathcal{G}} \bigwedge_{j\in J} x_j.$$

다음 조건들 중 하나가 성립할 때 $f(x) \neq g(x)$인 $x$를 효율적으로 표현하라.

a) $I \cap J = \emptyset$인 $I\in\mathcal{F}$와 $J\in\mathcal{G}$가 존재한다.

b) $\bigcup_{I\in\mathcal{F}} I \neq \bigcup_{J\in\mathcal{G}} J$.

c) $|I| > |\mathcal{G}|$인 $I\in\mathcal{F}$ 또는 $|J| > |\mathcal{F}|$인 $J\in\mathcal{G}$가 존재한다.

d) $\sum_{I\in\mathcal{F}} 2^{n-|I|} + \sum_{J\in\mathcal{G}} 2^{n-|J|} < 2^n$, 여기서 $n = |\bigcup_{I\in\mathcal{F}} I|$.

**27.** [*M31*] 이전 연습문제를 이어서, $f(x) \neq g(x)$인 벡터 $x$를 돌려주거나 만일 $f = g$이면 $\Lambda$를 돌려주는 다음의 알고리즘 X $(\mathcal{F}, \mathcal{G})$를 고찰한다.

**X1.** [필요조건들을 점검한다.] 만일 연습문제 26의 조건 (a), (b), (c), (d)가 만족되면 적절한 값 $x$를 돌려준다.

**X2.** [끝인가?] 만일 $|\mathcal{F}||\mathcal{G}| \le 1$이면 $\Lambda$를 돌려준다.

**X3.** [재귀.] '최선의' 색인 $k$에 대해 다음의 기약모임(reduced family)들을 계산한다.

$$\mathcal{F}_1 = \{I \mid I\in\mathcal{F},\ k \notin I\}, \qquad \mathcal{F}_0 = \mathcal{F}_1 \cup \{I \mid k \notin I,\ I\cup\{k\}\in\mathcal{F}\};$$
$$\mathcal{G}_0 = \{J \mid J\in\mathcal{G},\ k\notin J\}, \qquad \mathcal{G}_1 = \mathcal{G}_0 \cup \{J \mid k\notin J,\ J\cup\{k\}\in\mathcal{G}\}.$$

$\mathcal{F}_0$이나 $\mathcal{G}_1$의 원소들 중 같은 모임의 다른 원소를 담고 있는 원소를 모두 제거한다. 색인 $k$로는 비율 $\rho = \min(|\mathcal{F}_1|/|\mathcal{F}|, |\mathcal{G}_0|/|\mathcal{G}|)$가 최대한 작아지는 값을 선택한다. 만일 X $(\mathcal{F}_0, \mathcal{G}_0)$이 벡터 $x$를 돌려주었다면 그것을 $x_k = 0$으로 확장한 벡터를 돌려준다. 만일 X $(\mathcal{F}_1, \mathcal{G}_1)$이 벡터 $x$를 돌려주었다면 그것을 $x_k = 1$로 확장한 벡터를 돌려준다. 그렇지 않으면 $\Lambda$를 돌려준다. ▮

$N = |\mathcal{F}| + |\mathcal{G}|$라고 할 때, 단계 X1이 최대 $N^{O(\log N)^2}$번 실행됨을 증명하라. 힌트: 단계 X3에서 항상 $\rho \le 1 - 1/\lg N$이 성립함을 보일 것.

**28.** [*21*] (퀸 W. V. Quine, 1952.) $f(x_1, \ldots, x_n)$이 부울 함수이고 그 기약함의항들이 $p_1, \ldots, p_q$이며, $g(y_1, \ldots, y_q) = \bigwedge_{f(x)=1} \bigvee \{y_j \mid p_j(x) = 1\}$이라고 하자. 예를 들어 '무작위' 함수 (22)는 (28)의 여덟 점들에서 참이며, 그 다섯 기약함의항들은 (29)와 (30)으로 주어진다. 따라서 이 경우 $g(y_1, \ldots, y_5)$는

$$(y_1 \vee y_2) \wedge (y_1) \wedge (y_2 \vee y_3) \wedge (y_4) \wedge (y_3 \vee y_5) \wedge (y_5) \wedge (y_5) \wedge (y_4 \vee y_5)$$
$$= (y_1 \wedge y_2 \wedge y_4 \wedge y_5) \vee (y_1 \wedge y_3 \wedge y_4 \wedge y_5)$$

이다. $f$의 모든 최단 DNF 표현이 단조함수 $g$의 기약함의항임을 증명하라.

**29.** [*22*] (다음의 여러 연습문제들은 $n$-입방체의 점들을 비트열 $x_1 \dots x_n$이 아니라 $n$비트 수 $(b_{n-1} \dots b_1 b_0)_2$로 표현해서 부울 함수의 함의항들을 다루는 알고리즘에 관한 것이다.) 비트 위치 $j$와 $n$비트 값 $v_0 < v_1 < \dots < v_{m-1}$이 주어졌을 때, $0 \le k < k' < m$이고 $v_{k'} = v_k \oplus 2^j$인 모든 쌍 $(k, k')$를 $k$가 증가하는 순으로 찾아내는 방법을 설명하라. 그 방법의 실행 시간은 반드시 $O(m)$이어야 한다($n$비트 워드들에 대한 비트별 연산에 상수 시간이 걸린다고 가정할 때).

▶ **30.** [*27*] 본문에서, 부울 함수의 한 기약항을 그 함수가 참인 모든 점의 집합 $V$ 안의 한 부분입방체(01∗0∗ 같은)로 간주할 수 있음을 지적했다. 그리고 모든 부분입방체는 이진수 $a = (a_{n-1} \dots a_0)_2$와 $b = (b_{n-1} \dots b_0)_2$의 쌍으로 표현할 수 있다. 여기서 $a$는 별표들의 위치를 기록하고 $b$는 ∗가 아닌 위치의 비트들을 기록한다. 예를 들어 수 $a = (00101)_2$와 $b = (01000)_2$는 부분입방체 $c = 01{*}0{*}$를 나타낸다. 항상 $a \,\&\, b = 0$이다.

$a_j = 0$이면 항상 부분입방체의 '$j$-단짝($j$-buddy)'이 정의된다. 부분입방체의 $j$-단짝은 $b$를 $b \oplus 2^j$로 바꾼 것이다. 예를 들어 01∗0∗에는 세 개의 단짝이 있는데, 바로 4-단짝 11∗0∗와 3-단짝 00∗0∗, 1-단짝 01∗1∗이다. 모든 부분입방체 $c \subseteq V$에 하나의 꼬리표(tag) 값 $(t_{n-1} \dots t_0)_2$를 부여할 수 있다. 여기서 $t_j$는 오직 $c$의 $j$-단짝이 정의되며 $V$ 안에 포함될 때에만 1이다. 이러한 정의에서 $c$는 오직 그 꼬리표가 0이 아닐 때에만 극대 부분입방체를 표현한다.

이러한 개념들을 이용해서, 주어진 집합 $V$의 모든 극대 부분입방체 $(a, b)$를 찾는 알고리즘을 설계하라. 여기서 $V$는 $n$비트 수 $v_0 < v_1 < \dots < v_{m-1}$들로 표현된다.

▶ **31.** [*28*] 연습문제 30의 알고리즘은 부울 함수가 참인 모든 점의 목록을 요구하는데, 그 목록이 상당히 길 수 있다. 따라서 꼭 필요한 경우가 아니라면 명시적인 $n$-짝들의 수준으로 내려가지 않고 부분입방체들을 직접 다루는 방법이 더 바람직하다. 그러한 고수준 방법의 핵심은 부분입방체 $c$와 $c'$의 합의(consensus)이다. 다음을 만족하는 가장 큰 $c''$을 $c$와 $c'$의 합의라고 부르고 $c \sqcup c'$으로 표기한다.

$$c'' \subseteq c \cup c', \qquad c'' \not\subseteq c, \qquad c'' \not\subseteq c'.$$

그러한 $c''$이 항상 존재하는 것은 아니다. 예를 들어 만일 $c = 000{*}$이고 $c' = {*}111$이면 $c \cup c'$에 포함된 모든 부분입방체는 $c$ 아니면 $c'$ 안에 있다.

a) 합의가 존재하는 경우, 각 좌표 위치마다 다음 공식들을 적용함으로써 합의를 성분별로 계산할 수 있음을 증명하라.

$$x \sqcup x = x \sqcup * = * \sqcup x = x, \quad x \sqcup \bar{x} = * \sqcup * = *, \qquad x = 0\text{과 } x = 1\text{에 대해.}$$

더 나아가서, $c \sqcup c'$이 오직 규칙 $x \sqcup \bar{x} = *$가 정확히 한 성분에만 쓰였을 때에만 존재함을 증명하라.

b) 별표가 $k$개인 부분입방체를 $k$-입방체라고 부른다. $c$가 $k$-입방체이고 $c'$이 $k'$-입방체라고 할 때, 만일 합의 $c'' = c \sqcup c'$이 존재한다면 $c''$은 $k''$-입방체(여기서 $1 \le k'' \le \min(k, k') + 1$)임을 보여라.

c) $C$와 $C'$이 부분입방체들의 모임들이고

$$C \sqcup C' = \{c \sqcup c' \mid c \in C,\ c' \in C',\ \text{그리고 } c \sqcup c' \text{이 존재함}\}$$

이라고 하자. 다음 알고리즘이 왜 작동하는지 설명하라.

**알고리즘 E** (극대 부분입방체 찾기). $n$-입방체들의 부분입방체들의 모임 $C$가 주어졌을 때, 이 알고리즘은 $V = \bigcup_{c \in C} c$의 극대 부분입방체들을 집합 $V$ 자체를 실제로 계산하지 않고 출력한다.

**E1.** [초기화.] $j \leftarrow 0$으로 설정한다. $C$의 부분입방체 $c$들 중 서로에 포함된 것들을 모두 삭제한다.

**E2.** [끝인가?] (이 지점에서 $\subseteq V$인 모든 $j$-입방체에는 $C$의 어떤 원소가 들어 있으며, $C$에는 $k < j$인 $k$-입방체가 하나도 없다.) 만일 $C$가 비었으면 알고리즘을 종료한다.

**E3.** [합의를 구한다.] $C' \leftarrow C \sqcup C$로 설정하고, $C'$에서 $k \le j$에 대해 $k$-입방체인 모든 부분입방체를 제거한다. 이 계산을 수행하는 동안, $c \sqcup C$가 $C'$의 $(j+1)$-입방체를 산출하지 않는다는 조건을 만족하는 모든 $j$-입방체 $c \in C$를 출력한다.

**E4.** [전진.] $C \leftarrow C \cup C'$으로 설정하되, 이 합집합에서 모든 $j$-입방체를 삭제한다. 그런 다음 다른 부분입방체에 포함되어 있는 모든 부분입방체 $c \in C$를 삭제한다. $j \leftarrow j+1$로 설정하고 E2로 간다. ▮

(이 계산들을 효율적으로 수행하는 방법이 연습문제 7.1.3–142에 나온다.)

▶ **32.** [*M29*] $c_1, \ldots, c_m$이 $n$-입방체의 부분입방체들이라고 하자.

a) $c_1 \cup \cdots \cup c_m$에, 임의의 $j \in \{1, \ldots, m\}$에 대해 $c_1 \cup \cdots \cup c_{j-1} \cup c_{j+1} \cup \cdots \cup c_m$을 만족하는 극대 부분입방체 $c$가 많아야 하나 들어 있음을 증명하라. (만일 $c$가 존재한다면, 그러한 부분입방체를 $c_1, \ldots, c_m$의 일반화된 합의[generalized consensus]라고 부른다. 이는 $m = 2$일 때 연습문제 31의 표기법으로 $c = c_1 \sqcup c_2$라는 점에서 비롯된 것이다.)

b) $\{c_1, \ldots, c_m\}$의 비지 않은 $2^m - 1$개의 부분집합들 각각마다 하나의 일반화된 합의가 존재하는 $m$개의 부분입방체들의 집합을 구하라.

c) 합의항이 $m$개인 DNF의 기약합의항이 많아야 $2^m - 1$개임을 증명하라.

d) 합의항이 $m$개이고 기약합의항이 $2^m - 1$개인 DNF를 찾아라.

**33.** [*M21*] $f(x_1, \ldots, x_n)$이 정확히 $m$개의 점에서 참인 $\binom{2^n}{m}$개의 부울 함수들 중 하나라고 하자. 만일 $f$를 무작위로 선택한다면, $x_1 \wedge \cdots \wedge x_k$가 (a) $f$의 한 함의항일 확률과 (b) $f$의 한 기약함의항일 확률은 얼마인가? [(b)의 답을 합산 공식(시그마)의 형태로 제시하고, $k = n$일 때의 닫힌 형태도 평가할 것.]

▶ **34.** [*HM37*] 연습문제 33을 이어서, $c(m,n)$이 함의항들의 평균 전체 개수이고 $p(m,n)$이 기약함의항들의 평균 전체 개수라고 하자.

a) 만일 $0 \le m \le 2^n/n$이면 $m \le c(m,n) \le \frac{3}{2}m + O(m/n)$이고 $p(m,n) \ge me^{-1} + O(m/n)$이며, 따라서 $p(m,n) = \Theta(c(m,n))$이 이 구간 안에 있음을 보여라.

b) 이제 $2^n/n \le m \le (1-\epsilon)2^n$이라고 하자. 여기서 $\epsilon$은 고정된 양의 상수이다. 수 $t$와 $\alpha_{mn}$을 다음과 같은 관계식으로 정의한다.

$$n^{-4/3} \le \left(\frac{m}{2^n}\right)^{2^t} = \alpha_{mn} < n^{-2/3}, \qquad t\text{는 정수.}$$

$c(m,n)$과 $p(m,n)$의 점근값들을 $n$, $t$, $\alpha_{mn}$으로 표현하라. [힌트: 거의 모든 함의항에 리터럴이 정확히 $n-t$개 아니면 $n-t-1$개 있음을 보일 것.]

c) $m = 2^{n-1}$이고 $n = \lfloor(\ln t - \ln\ln t)2^{2^t}\rfloor$, $t$는 정수일 때 $c(m,n)/p(m,n)$을 추정하라.

d) $m \le (1-\epsilon)2^n$일 때 $c(m,n)/p(m,n) = O(\log\log n/\log\log\log n)$임을 증명하라.

▸ **35.** [*M25*] 함의항들이 서로 소인(disjoint) 부분입방체들에 대응되는 논리합 표준형을 가리켜 직교 논리합 표준형이라고 부른다. 직교 DNF는 연습문제 13의 신뢰성 다항식을 계산하거나 추정할 때 특히나 유용하다.

모든 함수의 완전 DNF가 직교임은 자명하다. 그 부분입방체들이 하나의 점들이기 때문이다. 그러나 함의항들이 훨씬 적은 직교 DNF도 자주 만나게 된다. 특히 함수가 단조일 때 그렇다. 예를 들어 함수 $(x_1 \wedge x_2) \vee (x_2 \wedge x_3) \vee (x_3 \wedge x_4)$는 여덟 개의 점들에서 참이며, 다음과 같은 직교 DNF가 있다.

$$(x_1 \wedge x_2) \vee (\bar{x}_1 \wedge x_2 \wedge x_3) \vee (\bar{x}_2 \wedge x_3 \wedge x_4).$$

다른 말로 하면, 서로 겹치는 부분입방체 11∗∗, ∗11∗, ∗∗11을 서로 다른 부분입방체 11∗∗, 011∗, ∗011로 대체할 수 있다는 것이다. 연습문제 30에서처럼 부분입방체를 이진수로 표기한다면, 이 부분입방체들의 별표 부호들은 0011, 0001, 1000이고 비트 부호들은 1100, 0110, 0011이다.

모든 단조함수를 비트 부호 $B_1, \ldots, B_p$들의 목록으로 정의할 수 있다. 해당 별표 부호들은 각각 $\bar{B}_1, \ldots, \bar{B}_p$이다. 그러한 목록이 주어졌을 때, $\nu(B_j \,\&\, \bar{B}_k) = 1$인 모든 $1 \le j < k$에 대한 $B_j \,\&\, \bar{B}_k$들의 비트별 OR를 $B_k$의 '그림자(shadow)'라고 부르고 $S_k$라고 표기하자. 즉,

$$S_k = \beta_{1k} | \cdots | \beta_{(k-1)k}, \quad \beta_{jk} = \big((B_j \,\&\, \bar{B}_k) \oplus ((B_j \,\&\, \bar{B}_k) - 1)\big) \dot{-} ((B_j \,\&\, \bar{B}_k) - 1)$$

이다. 예를 들어 비트 부호들이 $(B_1, B_2, B_3) = (1100, 0110, 0011)$이라면 그림자 부호들은 $(S_1, S_2, S_3) = (0000, 1000, 0100)$이다.

a) 별표 부호 $A'_j = \bar{B}_j - S_j$들과 비트 부호 $B_j$들로 정의되는 부분입방체들이, 별표 부호들이 $A_j = \bar{B}_j$인 부분입방체들과 동일한 점들을 포괄함을 보여라.

b) $B_1, \ldots, B_p$가 비트 부호들의 목록이라고 하자. 만일 모든 $1 \le j < k \le p$에 대해 $B_j \,\&\, S_k$가 0이 아니면, 그러한 비트 부호 목록을 셸링(shelling)이라고 부른다. 예를 들어 (1100, 0110, 0011)은 하나의 셸링이다. 그러나 이 비트 부호들을 (1100, 0011, 0110) 순서로 재배치하면 $j=1$이고 $k=2$일 때 셸링 조건이 깨진다($S_3 = 1001$이긴 하지만). (a)의 부분입방체들은 오직 비트 부호 목록이 셸링일 때에만 서로 소임을 증명하라.

c) 정리 Q에 따르면, 단조 부울 함수를 이런 식으로 표현하면 모든 기약함의항이 반드시 $B$들 중에 나타난다. 하지만 부분입방체들이 서로 소가 되게 하기 위해서는 추가적인 함의항들을 추가할

필요가 생기기도 한다. 예를 들어 비트 부호 1100과 0011에 대한 셀링은 없다. 그러나 비트 부호를 하나 더 추가한다면 이 함수 $(x_1 \wedge x_2) \vee (x_3 \wedge x_4)$에 대한 셀링을 얻을 수 있음을 보여라. 그렇게 해서 나온 직교 DNF는 무엇인가?

d) 비트 부호 $\{11000, 01100, 00110, 00011, 11010\}$을 치환해서 셀링을 만들어라.

e) 집합 $\{110000, 011000, 001100, 000110, 000011\}$에 비트 부호 두 개를 추가해서 셀링이 가능한 목록을 만들어라.

**36.** [*M21*] 연습문제 35를 이어서, $f$가 임의의 단조함수이고 항상 1은 아니라고 하자. 집합

$$B = \{x \mid f(x) = 1 \text{ 그리고 } f(x') = 0\}, \qquad x' = x \,\&\, (x-1)$$

의 비트 벡터들의 사전순으로 작아지는 순서로 나열한 비트 부호 목록이 항상 셀링 가능임을 보여라. (벡터 $x'$는 벡터 $x$의 제일 오른쪽 1을 0으로 바꾸어서 얻은 것이다.) 예를 들어 목록 (1100, 1011, 0111, 0011)에 이를 적용하면 $(x_1 \wedge x_2) \vee (x_3 \wedge x_4)$에 대한 직교 DNF가 나온다.

▶ **37.** [*M31*] 함의항이 $2^n - 1$개인 부울 함수 $(x_1 \wedge x_2) \vee (x_3 \wedge x_4) \vee \cdots \vee (x_{2n-1} \wedge x_{2n})$의 셀링 가능 DNF를 구하고, 이 함수의 직교 DNF 중 함의항이 $2^n - 1$개 미만인 것은 없음을 증명하라.

**38.** [*05*] 논리합 표준형 형태의 함수의 만족성을 판정하는 것이 어려울까?

▶ **39.** [*25*] $f(x_1, \ldots, x_n)$이, 내부 노드가 $N$개이고 잎(말단 노드)이 $N+1$개인 확장 이진 트리로 표현된 부울 공식이라고 하자. 각 잎에는 변수 $x_k$가 이름표로 붙어 있으며, 각 내부 노드에는 표 1의 열여섯 이진 연산자들 중 하나가 이름표로 붙어 있다. 트리의 최하위에서 최상위로 연산자들을 적용해 올라가면, 뿌리(루트) 노드에서 $f(x_1, \ldots, x_n)$의 값이 나온다.

공식 $F(x_1, \ldots, x_n, y_1, \ldots, y_N)$을, 절이 정확히 $4N+1$개이며 $f(x_1, \ldots, x_n) = \exists y_1 \ldots \exists y_N F(x_1, \ldots, x_n, y_1, \ldots, y_N)$인(따라서 $f$는 오직 $F$가 만족 가능일 때에만 만족 가능이다) 3CNF 형태로 구축하는 방법을 설명하라.

**40.** [*23*] 유향이 아닌 그래프 $G$가 주어졌을 때, 부울 변수 $\{p_{uv} \mid u \neq v\} \cup \{q_{uvw} \mid u \neq v, u \neq w, v \neq w, u \not\!\!- w\}$들에 대한 다음과 같은 절들을 구축하라. 여기서 $u$, $v$, $w$는 $G$의 정점들이다.

$$A = \bigwedge\{(p_{uv} \vee p_{vu}) \wedge (\bar{p}_{uv} \vee \bar{p}_{vu}) \mid u \neq v\};$$
$$B = \bigwedge\{(\bar{p}_{uv} \vee \bar{p}_{vw} \vee p_{uw}) \mid u \neq v, u \neq w, v \neq w\};$$
$$C = \bigwedge\{(\bar{q}_{uvw} \vee p_{uv}) \wedge (\bar{q}_{uvw} \vee p_{vw}) \wedge (q_{uvw} \vee \bar{p}_{uv} \vee \bar{p}_{vw}) \mid u \neq v, u \neq w, v \neq w, u \not\!\!- w\};$$
$$D = \bigwedge\{(\textstyle\bigvee_{v \notin \{u,w\}} (q_{uvw} \vee q_{wvu})) \mid u \neq w, u \not\!\!- w\}.$$

공식 $A \wedge B \wedge C \wedge D$는 오직 $G$에 해밀턴 경로가 존재할 때에만 만족 가능임을 증명하라. 힌트: $p_{uv}$가 '$u < v$'라는 명제라고 생각할 것.

**41.** [*20*] (비둘기집 원리.) 산세리페San Serriffe 섬에는 비둘기가 $m$마리, 비둘기집(pigeon hole)이 $n$개 있다. 오직 각 비둘기가 적어도 하나의 비둘기집을 혼자 독차지할 때에만 만족 가능인 논리곱 표준형 공식을 구하라.

**42.** [*20*] 전적으로 혼 절이자 크롬 절인 절들로만 이루어진, 그러나 완전히 자명하지는 않은, 만족 가능이 아닌 짧은 CNF를 찾아라.

**43.** [*20*] 혼 절이나 크롬 절로만 이루어진(또는 그 둘이 섞인) 논리곱 표준형의 만족성을 판정하는 효율적인 방법이 존재할까?

**44.** [*M23*] (33)의 함의들을 고찰해서 정리 H의 증명을 완성하라.

**45.** [*M20*] (a) $n$변수 혼 함수들의 정확히 절반이 정 혼 함수임을 보여라. (b) $n$변수 혼 함수가 $n$변수 단조함수보다 많음을($n=0$이 아닌 한) 보여라.

**46.** [*20*] 문맥 자유 문법 (34)에서, $11\times 11$개의 문자쌍 xy들 중 서로 인접해서 나타날 수 있는 것들은 무엇인가?

**47.** [*20*] 알고리즘 2.2.3T(위상정렬)에서처럼 관계 $j<k$들의 순차열(여기서 $1\le j,\ k\le n$)이 주어졌을 때, 다음과 같은 절들을 생각해 보자.

$$x_{j_1}\wedge\cdots\wedge x_{j_t}\Rightarrow x_k,\quad 1\le k\le n.$$

여기서 $\{j_1,\ldots,j_t\}$는 $j_i<k$인 원소들의 집합이다. 이 절들에 대한 알고리즘 C의 행동을 알고리즘 2.2.3T의 행동과 비교하라.

▶ **48.** [*21*] 혼 절들의 집합의 만족 가능성을 판정하는 좋은 방법은 무엇인가?

**49.** [*22*] 만일 $f(x_1,\ldots,x_n)$과 $g(x_1,\ldots,x_n)$ 둘 다 CNF 안의 혼 절들로 정의된다면 모든 $x_1,\ldots,x_n$에 대해 $f(x_1,\ldots,x_n)\le g(x_1,\ldots,x_n)$인지를 판정하는 쉬운 방법이 있음을 보여라.

**50.** [*HM42*] 가능한 $n$변수 혼 절은 $(n+2)2^{n-1}$가지이다. 그중 $c\cdot 2^n$개를 중복을 허용해서 무작위로 선택한다. 여기서 $c>0$이다. 선택된 절들이 모두 동시에 만족 가능일 확률을 $P_n(c)$라고 하자. 이때

$$\lim_{n\to\infty}P_n(c)=1-(1-e^{-c})(1-e^{-2c})(1-e^{-4c})(1-e^{-8c})\ldots$$

임을 증명하라.

▶ **51.** [*22*] 각 정점이 하나의 게임 위치를 나타내는 유향 그래프를 지정해서 정의할 수 있는 2인용 게임이 대단히 많다. 두 플레이어 앨리스와 밥이, 특정 정점에서 시작해서 번갈아 한 번에 한 호씩 확장해서 한 지향 경로를 구축해 나간다고 하자. 게임 시작 전에, 정점들에는 표식 A(앨리스의 승리를 뜻함)나 표식 B(밥의 승리를 뜻함), 표식 C(고양이의 승리)가 붙어 있으며, 아무 표식도 없는 정점들도 있다.

경로가 A나 B가 붙어 있는 정점 $v$에 도달하면 해당 플레이어가 승리한다. 만일 $v$를 같은 플레이어가 다시 방문하게 되면 게임이 중단된다. $v$의 표식이 C이면 현재 차례의 플레이어는 무승부를 선언할 수 있다. 무승부를 선언하지 않는다면 그 플레이어는 반드시 외향 호를 선택해서 경로를 확장해야 하며, 그러면 다른 플레이어의 차례가 된다. (만일 $v$가 표식이 없으며 외향 도수가 0인 정점이면 현재 플레이어의 패배가 된다.)

그래프의 각 정점 $v$마다 네 개의 명제 변수 $A^+(v)$, $A^-(v)$, $B^+(v)$, $B^-(v)$를 연관시켜서, 다음과 같은 조건을 만족하는 혼 절들의 집합을 구축하는 방법을 설명하라: $A^+(v)$가 핵심부에 있을 필요충분조건은 오직 정점 $v$에서 게임을 시작했으며 앨리스가 먼저 움직일 때 앨리스가 승리를 강제할 수 있다는 것이고, $A^-(v)$가 핵심부에 있을 필요충분조건은 같은 게임에서 밥이 앨리스가 패하게 만들 수 있다는 것이다. $B^+(v)$와 $B^-(v)$가 핵심부에 있을 필요충분조건들은 $A^+(v)$와 $A^-(v)$에서와 같되, 앨리스와 밥의 역할을 맞바꾼 것이다.

**52.** [*25*] (부울 게임.) 임의의 부울 함수 $f(x_1,\ldots,x_n)$으로부터 소위 '이보전진 일보후퇴'라는 게임을 만들 수 있다. 게임의 방식은 이렇다: 두 플레이어 0과 1이 번갈아 변수 $x_j$에 값을 배정하되, 플레이어 $y$는 $f(x_1,\ldots,x_n)$의 값이 $y$가 되게 하려고 한다. 처음에는 모든 변수에 값이 배정되어 있지 않은 상태이고, 위치를 나타내는 표식 $m$은 0이다. 두 플레이어가 번갈아 값을 배정하는데, 현재 차례의 플레이어는 만일 $m+2 \le n$이면 $m \leftarrow m+2$로, 만일 $m-1 \ge 1$이면 $m \leftarrow m-1$로 설정한 후 다음과 같이 변수에 값을 배정한다.

$$\begin{cases} x_m \leftarrow 0 \text{ 또는 } 1, & \text{만일 } x_m\text{에 아직 값이 배정되지 않았으면;} \\ x_m \leftarrow \bar{x}_m, & \text{만일 이미 } x_m\text{에 값이 배정되었으면;} \end{cases}$$

모든 변수에 값이 배정되는 즉시 게임이 끝난다. 그런 경우 $f(x_1,\ldots,x_n)$의 값이 곧 승자(0 또는 1)이다. 같은 상태($m$의 값도 포함해서)가 두 번 도달되면 무승부가 선언된다. 임의의 시점에서 많아야 네 가지 수手(move)가 가능함을 주목하기 바란다.

$2 \le n \le 9$일 때 다음 네 경우에서 이 게임의 예들을 고찰하라.

a) $f(x_1,\ldots,x_n) = [x_1\ldots x_n < x_n\ldots x_1]$(사전순으로);

b) $f(x_1,\ldots,x_n) = x_1 \oplus \cdots \oplus x_n$;

c) $f(x_1,\ldots,x_n) = [x_1\ldots x_n$에 1 두 개가 연달아 나오는 경우가 없음$]$;

d) $f(x_1,\ldots,x_n) = [(x_1\ldots x_n)_2$가 소수$]$.

**53.** [*23*] (37)의 불가능한 코미디 축제를, 만일 각각 (a) 톰린, (b) 언윈, (c) 베가스, (d) 지에, (e) 앵커비치, (f) 제이니만의 요구조건을 변경해서 가능하게 만들 수 있음을 보여라.

**54.** [*20*] $S = \{u_1, u_2, \ldots, u_k\}$가 그림 6에서처럼 어떤 2CNF 공식에 대응되는 유향 그래프의 어떤 강 구성요소에 있는 리터럴들의 집합이라고 하자. $S$에 변수와 그 여수가 들어 있을 필요충분조건은 $2 \le j \le k$인 어떤 $j$에 대해 $u_j = \bar{u}_1$임을 보여라.

▶ **55.** [*30*] $f(x_1 \oplus y_1, \ldots, x_n \oplus y_n)$이 혼 함수가 되는 부울 상수 $y_1, \ldots, y_n$이 존재할 때, $f(x_1,\ldots,x_n)$을 이름 바뀐(renamed) 혼 함수라고 부른다.

a) CNF 형태의 $f(x_1,\ldots,x_n)$이 주어졌을 때, $f(x_1 \oplus y_1, \ldots, x_n \oplus y_n)$의 절들이 오직 $g(y_1,\ldots,y_n) = 1$일 때에만 혼 절들이 되는 2CNF 형태의 $g(y_1,\ldots,y_n)$을 구축하는 방법을 설명하라.

b) 길이가 $m$인 CNF가 주어졌을 때, 그 CNF의 모든 절을 변수들의 일부 부분집합을 여수화함으로써 혼 절들로 변환할 수 있는지의 여부를 $O(m)$ 단계 안으로 결정하는 알고리즘을 고안하라.

▸ **56.** [*20*] 부울 함수 $f(x_1, x_2, \ldots, x_n)$의 만족성 문제를, 한정 공식(quantified formula)

$$\exists x_1 \exists x_2 \ldots \exists x_n f(x_1, x_2, \ldots, x_n)$$

이 참인지를 묻는 문제로 공식화할 수 있다. 여기서 "$\exists x_j \alpha$"는 "$\alpha$가 성립하는 부울 변수 $x_j$가 존재한다"라는 뜻이다.

존재기호 $\exists x_j$를 전칭(보편)기호 $\forall x_j$로 바꾸면 좀 더 일반적인 평가 문제가 된다. 여기서 "$\forall x_j \alpha$"는 "모든 부울 변수 $x_j$에 대해 $\alpha$가 성립한다"라는 뜻이다.

여덟 가지 한정 공식 $\exists x \exists y \exists z f(x, y, z)$, $\exists x \exists y \forall z f(x, y, z)$, …, $\forall x \forall y \forall z f(x, y, z)$ 중에 $f(x, y, z) = (x \vee y) \wedge (\bar{x} \vee z) \wedge (y \vee \bar{z})$일 때 참인 것은 무엇인가?

▸ **57.** [*30*] (B. Aspvall, M. F. Plass, R. E. Tarjan.) 연습문제 56을 이어서, $f$가 2CNF 형태(크롬 절들의 임의의 논리곱)의 임의의 공식이라고 할 때, 주어진 완전 한정 공식 $f(x_1, \ldots, x_n)$이 참인지의 여부를 선형 시간으로 결정하는 알고리즘을 고안하라.

▸ **58.** [*37*] 연습문제 57을 이어서, 주어진 완전 한정 혼 절 논리곱이 참인지의 여부를 효율적으로 결정하는 알고리즘을 고안하라.

▸ **59.** [*M20*] (D. Pehoushek, R. Fraer, 1997.) $f(x_1, x_2, \ldots, x_n)$의 진리표에 1이 정확히 $k$개의 자리에 있다고 할 때, 완전 한정 공식 $Qx_1 Qx_2 \ldots Qx_n f(x_1, x_2, \ldots, x_n)$들(여기서 각 Q는 $\exists$ 또는 $\forall$) 중 정확히 $k$개가 참임을 보여라.

**60.** [*12*] 다음 표현들 중 (43)에 정의된 중앙값 $\langle xyz \rangle$가 나오는 것은 무엇인가?

(a) $(x \wedge y) \oplus (y \wedge z) \oplus (x \wedge z)$. (b) $(x \vee y) \oplus (y \vee z) \oplus (x \vee z)$. (c) $(x \oplus y) \wedge (y \oplus z) \wedge (x \oplus z)$. (d) $(x \equiv y) \oplus (y \equiv z) \oplus (x \equiv z)$. (e) $(x \bar{\wedge} y) \wedge (y \bar{\wedge} z) \wedge (x \bar{\wedge} z)$. (f) $(x \bar{\wedge} y) \vee (y \bar{\wedge} z) \vee (x \bar{\wedge} z)$.

**61.** [*13*] 참 또는 거짓을 말하라: $\circ$ 가 표 1에 나온 부울 이항 연산들 중 임의의 하나라고 할 때, 분배법칙 $w \circ \langle xyz \rangle = \langle (w \circ x)(w \circ y)(w \circ z) \rangle$가 성립한다.

**62.** [*25*] (C. Schensted.) $f(x_1, \ldots, x_n)$이 단조함수이고 $n \geq 3$일 때, 다음의 중앙값 전개 공식을 증명하라.

$$f(x_1, \ldots, x_n) = \langle f(x_1, x_1, x_3, x_4, \ldots, x_n) f(x_1, x_2, x_2, x_4, \ldots, x_n) f(x_3, x_2, x_3, x_4, \ldots, x_n) \rangle.$$

**63.** [*20*] (49)는 다섯 원소의 중앙값을 세 원소의 중앙값을 이용해서 계산하는 방법을 보여준다. 반대로, $\langle xyz \rangle$를 다섯 원소 중앙값을 위한 서브루틴을 이용해서 계산할 수 있을까?

**64.** [*23*] (S. B. Akers, Jr.) (a) 부울 함수 $f(x_1, \ldots, x_n)$은 오직 다음 조건을 만족할 때에만 단조이자 자기쌍대임을 증명하라:

모든 $x = x_1 \ldots x_n$과 모든 $y = y_1 \ldots y_n$에 대해, $f(x) = x_k$이고 $f(y) = y_k$인 $k$가 존재한다.

(b) $f$가 정의되지 않는 $x$ 값들이 존재하긴 하지만, $f(x)$와 $f(y)$ 모두 정의되는 경우에는 항상 위의 조건이 성립한다고 하자. $f(x)$가 정의되면 항상 $g(x) = f(x)$가 성립하는 단조 자기쌍대 부울 함수 $g$가 존재함을 보여라.

▶ **65.** 〔*M21*〕 $\{1, 2, \ldots, n\}$의 임의의 부분집합 $X$는 $x_j = [j \in X]$라는 규칙을 통해서 이진 벡터 $x = x_1 x_2 \ldots x_n$에 대응된다. 그리고 그러한 부분집합들의 임의의 모임 $\mathcal{F}$는 $f(x) = [X \in \mathcal{F}]$라는 규칙에 의해 $n$변수 부울 함수 $f(x) = f(x_1, x_2, \ldots, x_n)$에 대응된다. 따라서 부분집합들의 모임들에 대한 모든 명제는 부울 함수들에 대한 명제에 대응되며, 그 역도 마찬가지이다.

$X, Y \in \mathcal{F}$이면 항상 $X \cap Y \neq \emptyset$인 모임 $\mathcal{F}$를 교모임(intersecting family)† 이라고 부른다. 그리고 또 다른 부분집합을 추가하려 하면 더 이상 교모임이 아니게 되는 교모임을 극대(maximal) 교모임이라고 부른다. $\mathcal{F}$는 오직 그에 해당하는 부울 함수 $f$가 단조이자 자기쌍대일 때에만 극대 교모임임을 증명하라.

▶ **66.** 〔*M25*〕 $\{1, \ldots, n\}$의 부분집합 $Q$들의 어떤 모임 $\mathcal{C}$가, $Q \in \mathcal{C}$이고 $Q' \in \mathcal{C}$이면 항상 다음 두 속성을 가진다고 하자: (i) $Q \cap Q' \neq \emptyset$;, (ii) $Q \subseteq Q'$이 $Q = Q'$을 함의함. 그러한 $\mathcal{C}$를 $\{1, \ldots, n\}$의 동아리(coterie)라고 부르고, 부분집합 $Q$를 정족수(quorum)라고 부른다. $\mathcal{C} \neq \mathcal{C}'$이고 모든 $Q' \in \mathcal{C}'$에 대해 $Q \subseteq Q'$인 $Q \in \mathcal{C}$가 존재할 때, 동아리 $\mathcal{C}$가 동아리 $\mathcal{C}'$을 지배한다(dominate)고 말한다. 예를 들어 동아리 $\{\{1,2\},\{2,3\}\}$은 $\{\{1,2\},\{1,3\},\{2,3\}\}$에 의해 지배되며, $\{\{2\}\}$에 의해서도 지배된다. 〔동아리는 고전적 논문 L. Lamport, *CACM* **21** (1978), 558-565와 H. Garcia-Molina, D. Barbara, *JACM* **32** (1985), 841-860에서 소개되었다. 동아리는 상호 배제, 자료 복제, 이름 서버 등을 비롯한 분산 시스템 프로토콜들에서 수많은 용도를 가진다. 그런 응용들에서 $\mathcal{C}$가 그것을 지배하는 다른 모든 동아리보다 선호된다.〕

$\mathcal{C}$는 오직 그 정족수들이 단조 자기쌍대 부울 함수 $f(x_1, \ldots, x_n)$의 기약함의항들에 있는 변수들의 색인 집합들일 때에만 비지배 동아리임을 증명하라. (따라서 표 2는 $\{1, 2, 3, 4\}$에 대한 비지배 동아리들을 나타낸 것이라 할 수 있다.)

▶ **67.** 〔*M30*〕 (J. W. Milnor, C. Schensted.) $n$차 삼각 격자는 $(n+2)(n+1)/2$개의 점들로 구성되며, 각 점의 '무게중심 좌표(barycentric coordinates)가 음이 아닌 $xyz$이다(여기서 $x+y+z=n$). 오른쪽 그림은 $n=3$인 경우의 예이다. 인접한 두 점이 정확히 두 좌표 성분에서 $\pm 1$만큼 다르다. 좌표 성분 $x$가 0인 점을 가리켜 $x$ 변(side)에 있다고 말한다. 마찬가지로 $y$ 성분이 0인 점은 $y$ 변에, $z$ 성분이 0인 점은 $z$ 변에 있다. 따라서 각 변의 점은 $n+1$개이다. 만일 $n > 0$이면, 한 점이 서로 다른 두 변에 있을 필요충분조건은 그 점이 세 모서리 중 하나에 있다는 것이다.

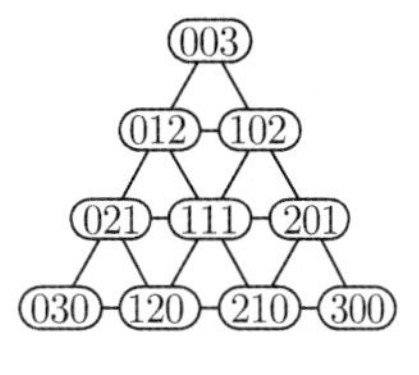


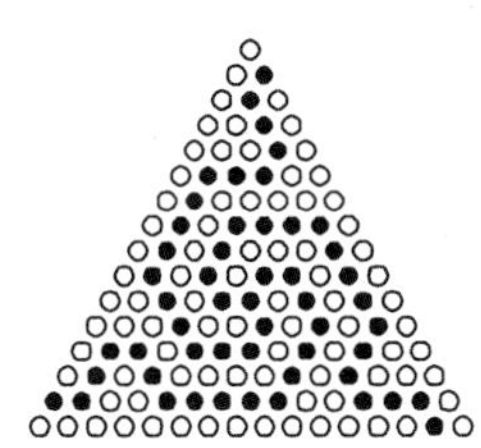

각 변마다 적어도 한 점이 있는, 연결된 점들의 집합을 Y 라고 부르자. 그리고 삼각 격자의 각 정점이 흰 돌 또는 검은 돌로 덮여 있다고 하자. 예를 들어 왼쪽 그림에서 검은 돌 52개에는 Y 가 하나 있다(다소 뒤틀리긴 했지만).

† 〔옮긴이 주〕 교집합, 교점 등의 조어법에 따라 만든 용어이다.

그러나 그 검은 돌들 중 하나만 흰 돌로 바꾸면 흰 Y 가 생긴다. 잠깐 생각해보면, 그 어떤 배치에서도, 검은 돌들에 Y 가 있을 필요충분조건은 흰 돌들에 Y 가 없다는 것임을 직관적으로 알 수 있을 것이다.

각 돌의 색을 부울 변수로 표현할 수 있다. 0이 흰색, 1이 검은색이라고 하자. 그리고 오직 검은 Y 가 존재할 때에만 $Y(t)=1$이라고 하자. 여기서 $t$는 모든 부울 변수로 구성된 하나의 삼각 격자이다. 이 함수 $Y$가 단조임은 명백하다. 그리고 앞의 문단에서 말한 직관적인 주장은 $Y$가 자기쌍대이기도 하다는 주장과 동치이다. 이번 연습문제의 목적은 그 주장을 중앙값 대수를 이용해서 엄밀하게 증명하는 것이다.

$a, b, c \geq 0$이 주어졌을 때, 좌표 $xyz$가 $x \geq a$, $y \geq b$, $z \geq c$를 만족하는 모든 점을 담은 삼각 부분 격자를 $t_{abc}$라고 표기하자. 예를 들어 $t_{001}$은 $z$ 변(제일 아래 행)을 제외한 모든 점을 뜻한다. 만일 $a+b+c=n$이면 $t_{abc}$는 그 좌표가 $abc$인 하나의 점임을 주목할 것. 일반화하자면, $t_{abc}$는 $n-a-b-c$차 삼각 격자이다.

a) $n>0$일 때, $t^*$가 다음과 같은 규칙으로 정의되는 $n-1$차 삼각 격자라고 하자.

$$t^*_{xyz} = \langle t_{(x+1)yz}\, t_{x(y+1)z}\, t_{xy(z+1)} \rangle, \qquad \text{여기서 } x+y+z=n-1.$$

$Y(t) = Y(t^*)$임을 증명하라. [다른 말로 하면, $t^*$는 돌들로 이루어진 각각의 작은 삼각형을 돌들의 색상들의 중앙값을 취해서 농축한다. 이 과정을 반복하면, 오직 최하단에 검은 Y 가 존재할 때에만 최상위 돌이 검은 돌인, 돌들의 피라미드가 정의된다. 이러한 농축 원리를 위의 뒤틀린(twisted) Y에 적용해 보면 재미있을 것이다.]

b) 만일 $n>0$이면 $Y(t) = \langle Y(t_{100})\, Y(t_{010})\, Y(t_{001}) \rangle$임을 증명하라.

**68.** [*46*] 연습문제 67에 나온 '뒤틀린 Y '에는 검은 돌이 52개 있다. 그러한 구성에서 검은 돌의 최대 개수는 몇일까? (즉, 함수 $Y(t)$의 한 기약함의항에 변수들이 최대 몇 개나 있을 수 있는가?)

▸ **69.** [*M26*] (C. Schensted.) 연습문제 67은 $Y$ 함수를 중앙값들로 표현했다. 반대로, $f(x_1, \ldots, x_n)$이 임의의 단조 자기쌍대 부울 함수이고 그 $m+1$개의 기약함의항들이 $p_0$, $p_1$, …, $p_m$이라고 하자. $a+b+c=m-1$에 대해 $T_{abc}$가 $p_a$와 $p_{a+b+1}$에 공통인 한 변수라는 속성을 가진 임의의 $m-1$차 삼각 격자 $T$가 있을 때, $f(x_1, \ldots, x_n) = Y(T)$임을 증명하라. 예를 들어 $f(w, x, y, z) = \langle xwywz \rangle$일 때 $m=3$이고

$$f(w,x,y,z) = (w \wedge x) \vee (w \wedge y) \vee (w \wedge z) \vee (x \wedge y \wedge z) = Y\begin{pmatrix} & & w & & \\ & w & & w & \\ x & & y & & z \end{pmatrix}$$

▸ **70.** [*M20*] (A. Meyerowitz, 1989.) 임의의 단조 자기쌍대 부울 함수 $f(x) = f(x_1, \ldots, x_n)$이 주어졌을 때, 임의의 기약함의항 $x_{j_1} \wedge \cdots \wedge x_{j_s}$를 택하고

$$g(x) = (f(x) \wedge [x \neq t]) \vee [x = \bar{t}]$$

로 두자. 여기서 $t = t_1 \ldots t_n$은 위치 $\{j_1, \ldots, j_s\}$들에 1이 있는 비트 벡터이다. $g(x)$ 역시 단조 자기쌍대임을 증명하라. ($g(x)$는 두 점 $t$와 $\bar{t}$를 제외하고는 $f(x)$와 같음을 주목할 것.)

▶ **71.** [*M21*] 중앙값 대수에 대한 공리 (50), (51), (52)가 주어졌을 때, (54)의 긴 분배법칙이 (53)의 더 짧은 법칙의 한 결과임을 증명하라.

**72.** [*M22*] (58), (59), (60)을 중앙값 법칙 (50)~(53)으로부터 유도하라.

**73.** [*M32*] (S. P. Avann.) 구간들이 (57)로 정의되며 중앙값 그래프가 (61)로 정의되는 중앙값 대수 $M$이 주어졌을 때, $u$에서 $v$의 거리를 $d(u,v)$로 표기하자. 그리고 '$[uxv]$'는 "$x$가 $u$에서 $v$로의 최단 경로에 있다"는 뜻이라고 하자.

a) $[uxv]$는 오직 $d(u,v)=d(u,x)+d(x,v)$일 때에만 성립함을 증명하라.

b) $x \neq u$이고 $y — v$가 그래프의 한 간선이라고 할 때, $x \in [u..v]$이고 $u \in [x..y]$라고 하자. $x — u$ 역시 하나의 간선임을 보여라.

c) 만일 $x \in [u..v]$이면 $[uxv]$가 성립함을 $d(u,v)$에 대한 귀납법으로 증명하라.

d) 반대로, $[uxv]$가 $x \in [u..v]$를 함의함을 증명하라.

**74.** [*M21*] 중앙값 대수에서, (57)의 정의에 따라 $w \in [x..y]$와 $w \in [x..z]$, $w \in [y..z]$가 성립하면 항상 $w = \langle xyz \rangle$임을 보여라.

▶ **75.** [*M36*] (M. Sholander, 1954.) "점 $x$가 점 $u$와 점 $v$ 사이에 있다"라는 '사이 관계(betweeness relation)'를 $[uxv]$라고 표기하자. 이 관계는 다음과 같은 세 가지 공리를 만족한다.

i) 만일 $[uvu]$이면 $u=v$이다.

ii) 만일 $[uxv]$이고 $[xyu]$이면 $[vyu]$이다.

iii) $x$와 $y$, $z$가 주어졌을 때, $[xwy]$와 $[xwz]$, $[ywz]$를 만족하는 점 $w=\langle xyz \rangle$는 딱 하나이다.

이 연습문제의 목적은 이러한 관계를 만족하는 점들의 집합 $M$이 하나의 중앙값 대수임을 증명하는 것이다.

a) 식 (50)의 다수결법칙 $\langle xxy \rangle = x$를 증명하라.

b) 식 (51)의 교환법칙 $\langle xyz \rangle = \langle xzy \rangle = \cdots = \langle zyx \rangle$를 증명하라.

c) 오직 $x = \langle uxv \rangle$일 때에만 $[uxv]$임을 증명하라.

d) 만일 $[uxy]$이고 $[uyv]$이면 $[xyv]$임을 증명하라.

e) 만일 $[uxv]$이고 $[uyz]$이고 $[vyz]$이면 $[xyz]$임을 증명하라.

힌트: 점 $w=\langle yuv \rangle$, $p=\langle wux \rangle$, $q=\langle wvx \rangle$, $r=\langle pxz \rangle$, $s=\langle qxz \rangle$, $t=\langle rsz \rangle$를 구해 볼 것.

f) 마지막으로, 식 (53)의 짧은 분배법칙 $\langle\langle xyz \rangle uv\rangle = \langle x \langle yuv \rangle \langle zuv \rangle\rangle$를 유도하라.

**76.** [*M33*] 연습문제 75의 사이 관계 공리 (i), (ii), (iii)을, 세 중앙값 공리 (50), (51), (52)로 시작해서 유도하라. $[uxv]$가 $x=\langle uxv \rangle$의 단축 표기라고 간주하고, (53)의 분배법칙은 사용하지 말 것. 힌트: 연습문제 74를 보라.

**77.** [*M28*] $G$가 간선 $r — s$를 포함하는 한 중앙값 그래프라고 하자. 각 간선 $u — v$에 대해, 만일 $r$이 $v$보다 $u$에 더 가깝다면, 그리고 오직 그럴 때에만, $u$를 $v$의 이른 이웃이라고 부른다. 정점들을

'오른쪽'과 '왼쪽'으로 분류하되, $s$보다 $r$에 더 가까운 정점은 왼쪽으로, $r$보다 $s$에 더 가까운 정점은 오른쪽으로 분류한다. 각각의 오른쪽 정점 $v$마다, $v$에서 한 왼쪽 정점으로의 최단 거리를 $v$의 순위(rank)로 부여한다. 그와 비슷하게, 각 왼쪽 정점 $u$에는 순위 $1-d$를 부여한다. 여기서 $d$는 $u$에서 한 오른쪽 정점으로의 최단 거리이다. 따라서 $u$가 어떤 오른쪽 정점과 인접해 있으면 그 순위는 0이고, 그렇지 않으면 순위는 음수이다. 정점 $r$의 순위가 0이고 $s$의 순위가 1임은 명백하다.

a) 순위가 1인 모든 정점은 정확히 하나의 순위 0 정점과 인접함을 보여라.

b) 모든 오른쪽 정점의 집합이 볼록 집합임을 보여라.

c) 순위가 1인 모든 정점의 집합이 볼록 집합임을 보여라.

d) 서브루틴 I의 단계 I3~I9가 순위 1 정점들과 순위 2 정점들을 모두 정확히 표시함을 증명하라.

e) 알고리즘 H가 정확함을 증명하라.

▶ **78.** [*M26*] 만일 알고리즘 H 실행 도중 단계 I4에서 정점 $v$를 $k$회 조사했다면, 그래프의 정점이 적어도 $2^k$임을 증명하라. 힌트: $v$에서 $a$로의 최단 경로를 시작하는 방법은 $k$가지이다. 따라서 $l(v)$에는 1이 적어도 $k$번 등장한다.

▶ **79.** [*M27*] (R. L. Graham.) 초입방체의 유도된 부분그래프는 정점 $v$들에 이진열 $l(v)$들을 이름표로서 배정하되, 오직 $l(u)$와 $l(v)$가 정확히 하나의 비트 위치에서 다를 때에만 $u — v$가 되도록 배정할 수 있는 그래프이다. (모든 이름표는 길이가 같다.)

a) 초입방체의 $n$정점 부분그래프를 정의하는 한 방법은, $0 \le v < n$에 대해 $l(v)$를 $v$의 이진 표현으로 두는 것이다. 그러한 부분그래프의 간선이 정확히 $f(n)=\sum_{k=0}^{n-1}\nu(k)$개임을 보여라. 여기서 $\nu(k)$는 옆쪽 덧셈(sideways addition) 함수이다.

b) $f(n) \le n\lceil \lg n\rceil/2$임을 증명하라.

c) 초입방체의 $n$정점 부분그래프의 간선 개수가 $f(n)$을 넘을 수 없음을 증명하라.

**80.** [*27*] 편입방체(partial cube)는 초입방체의 '등거리(isometric)' 부분그래프, 다시 말해 정점들 사이의 거리가 전체 그래프에서의 거리와 동일한 부분그래프이다. 따라서, $u$에서 $v$로의 거리가 $l(u)$와 $l(v)$ 사이의 '해밍 거리', 즉 $\nu(l(u)\oplus l(v))$가 되도록 편입방체의 정점들에 이름표를 배정할 수 있다. 알고리즘 H는 모든 중앙값 그래프가 편입방체임을 보여 준다.

a) 4-입방체의 유도된 부분그래프이면서 편입방체가 아닌 것을 찾아라.

b) 중앙값 그래프가 아닌 편입방체의 예를 제시하라.

**81.** [*16*] 모든 중앙값 그래프가 이분열 그래프인가?

**82.** [*25*] (서비스의 점진적 변화.) 그래프 $G$의 정점들의 한 순차열 $(v_0, v_1, \ldots, v_t)$가 주어졌을 때,

$$\big(d(u_0,u_1)+d(u_1,u_2)+\cdots+d(u_{t-1},u_t)\big)+\big(d(u_1,v_1)+d(u_2,v_2)+\cdots+d(u_t,v_t)\big)$$

가 최소가 되는 또 다른 순차열 $(u_0, u_1, \ldots, u_t)$를 찾는 문제를 생각해 보자. 여기서 $u_0=v_0$이고 $d(u,v)$는 $u$에서 $v$로의 거리이다. (각 $v_k$를 그 정점에 필요한 어떤 자원에 대한 요청으로 간주할 수 있다. 그러한 요청들이 차례로 처리됨에 따라, 서비스 제공자는 $u_k$로 이동하게 된다.) 만일 $G$가

중앙값 그래프이면, $0 < k < t$에 대해 $u_k = \langle u_{k-1} v_k v_{k+1} \rangle$로 선택하고 $u_t = v_t$로 선택함으로써 최적의 해를 얻게 됨을 증명하라.

▸ **83.** [*38*] 연습문제 82를 일반화해서, 양의 비율 $\rho$가 주어졌을 때 중앙값 그래프에서 다음을 최소화하는 방법을 찾아라.

$$\bigl(d(u_0, u_1) + d(u_1, u_2) + \cdots + d(u_{t-1}, u_t)\bigr) + \rho\bigl(d(u_1, v_1) + d(u_2, v_2) + \cdots + d(u_t, v_t)\bigr).$$

**84.** [*30*] 단조 자기쌍대 5변수 부울 함수를 모두 찾는 프로그램을 작성하라. 해당 중앙값 그래프의 간선들은 무엇인가? (표 2에 변수가 4개인 경우가 나와 있다.)

▸ **85.** [*M22*] 정리 S는 2CNF 형태의 모든 공식이 중앙값 집합에 대응됨을 말해 준다. 따라서 그림 6과 같은 모든 비대칭 유향 그래프 역시 중앙값 집합에 대응된다. 그런 유향 그래프들 중 기약 중앙값 집합에 대응되는 것은 정확히 무엇인가?

**86.** [*15*] 만일 $v$, $w$, $x$, $y$, $z$가 중앙값 집합 $X$에 속한다면, 성분별로 계산한 5원소 중앙값 $\langle vwxyz \rangle$도 항상 $X$에 속하는가?

**87.** [*24*] 자유 트리 (63)에 대해 정리 F의 증명에 나온 구성을 수행하는 CI망은 어떤 것인가?

**88.** [*M21*] (74)의 회로망을, 각 모듈이 최대한 일찍 작동하게 함으로써, 병렬 계산을 이용해서 다음으로 압축할 수 있다.

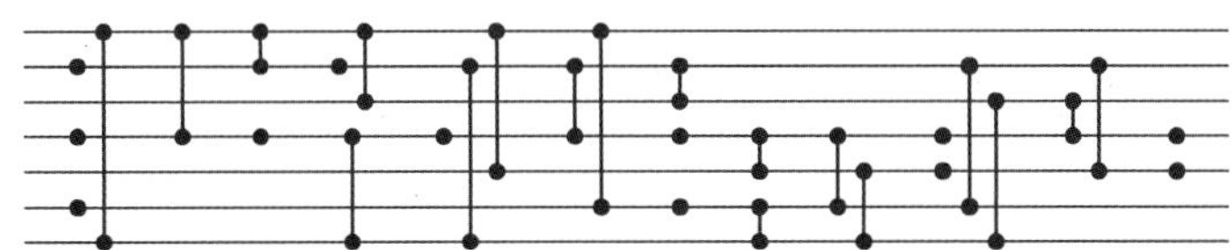

정리 F의 증명에서 구성한 회로망에 $\Omega(t^2)$개의 모듈들이 들어 있을 수 있다고 해도, 필수 지연 수준은 항상 많아야 $O(t \log t)$임을 증명하라.

**89.** [*24*] (73)에 나온 구축법에서, 어떤 리터럴 $u$와 $v$에 대해 $u \to v$라는 조건을 강제하기 위해 새로운 모듈 클러스터를 추가할 때, 그러한 추가가 이전에 강제된 모든 조건 $u' \to v'$을 보존함을 증명하라.

▸ **90.** [*21*] 입력 비트들이 $x_1 \ldots x_t$이고 출력 비트들이 $y_1 \ldots y_t$이며, $y_1 = \cdots = y_{t-1} = 0$이고 $y_t = x_1 \oplus \cdots \oplus x_t$인 CI망을 구축하라. 지연 수준이 단 $O(\log t)$가 되도록 해 볼 것.

**91.** [*46*] 차원이 $t$인 모든 중앙값 그래프의 이름표들에 대한 수축 사상을 지연 수준이 단 $O(\log t)$인 CI망으로 계산할 수 있을까? [이 질문은 이에 비견되는 정렬에 관한 문제에 대해 점근적으로 최적인 망들이 존재한다는 사실에서 영감을 얻은 것이다. M. Ajtai, J. Komlós, E. Szemerédi, *Combinatorica* **3** (1983), 1–19.]

**92.** [*46*] $n$개의 부울 입력들을, 역변환기가 없는 '순수한' 정렬망보다 모듈 개수가 적은 CI망으로 정렬할 수 있을까?

**93.** [*M20*] 그래프 $G$의 모든 수축 $X$가 $G$의 등거리 부분그래프임을 증명하라. (다른 말로 하면, $X$ 안의 거리들이 $G$에서도 같다는 것이다. 연습문제 80을 보라.)

**94.** [*M21*] 만일 모든 $x \in X$에 대해 상수인 좌표들을 억제한다면 초입방체의 모든 수축 $X$가 중앙값 이름표들의 집합임을 증명하라.

**95.** [*M25*] 참 또는 거짓을 말하라: 모든 가능한 비트열을 입력 구간으로 하는 비교-역변환 망이 산출한 모든 출력의 집합은 항상 중앙값 집합이다.

**96.** [*HM25*] (75)에서 상수 $w_1$, $w_2$, …, $w_n$과 $t$가 반드시 정수이어야 하는 것이 아니라 임의의 실수일 수 있다고 하자. 그러면 문턱값 함수들의 개수가 더 늘어날까?

**97.** [*10*] (81)에서 $n=2$, $w_1=w_2=1$, $t=-1$ 또는 $0$, $1$, $2$, $3$, $4$일 때 어떤 중앙값·다수결 함수들이 발생하는가?

**98.** [*M23*] 임의의 자기쌍대 함수를 다음과 같은 형태로 표현할 수 있음을 증명하라.

$$f(x_1, x_2, \ldots, x_n) = [v_1 y_1 + \cdots + v_n y_n > 0].$$

여기서 각 $y_j$는 $x_j$ 또는 $\bar{x}_j$이다. 예를 들어 오직 $2x_1+3x_2+5x_3-7\bar{x}_4+11x_5-13\bar{x}_6>0$일 때에만 $2x_1+3x_2+5x_3+7x_4+11x_5+13x_6 \geq 21$이다.

▸ **99.** [*20*] (J. E. Mezei, 1961.) 다음을 증명하라.

$$\langle\langle x_1 \ldots x_{2s-1} \rangle y_1 \ldots y_{2t-2} \rangle = \langle x_1 \ldots x_{2s-1} y_1^s \ldots y_{2t-2}^s \rangle.$$

**100.** [*20*] 참 또는 거짓을 말하라: 만일 $f(x_1, \ldots, x_n)$이 문턱값 함수이면 함수 $f(x_1, \ldots, x_n) \wedge x_{n+1}$과 $f(x_1, \ldots, x_n) \vee x_{n+1}$도 문턱값 함수이다.

**101.** [*M23*] 피보나치 문턱값 함수 $F_n(x_1, \ldots, x_n)$은 $n \geq 3$일 때 $\langle x_1^{F_1} x_2^{F_2} \ldots x_{n-1}^{F_{n-1}} x_n^{F_{n-2}} \rangle$이라는 공식으로 정의된다. 예를 들어 $F_7(x_1, \ldots, x_7) = \langle x_1 x_2 x_3^2 x_4^3 x_5^5 x_6^8 x_7^5 \rangle$이다.

a) $F_n(x_1, \ldots, x_n)$의 기약함의항들을 구하라.

b) $F_n(x_1, \ldots, x_n)$의 직교 DNF을 구하라(연습문제 35 참고).

c) $F_n(x_1, \ldots, x_n)$을 $Y$ 함수로 표현하라(연습문제 67, 69 참고).

**102.** [*M21*] 부울 함수의 자기쌍대화(self-dualization)는 다음과 같은 공식으로 정의된다.

$$\begin{aligned}\hat{f}(x_0, x_1, \ldots, x_n) &= (x_0 \wedge f(x_1, \ldots, x_n)) \vee (\bar{x}_0 \wedge \overline{f(\bar{x}_1, \ldots, \bar{x}_n)}) \\ &= (\bar{x}_0 \vee f(x_1, \ldots, x_n)) \wedge (x_0 \vee \overline{f(\bar{x}_1, \ldots, \bar{x}_n)}).\end{aligned}$$

a) 만일 $f(x_1, \ldots, x_n)$이 임의의 부울 함수이면 $\hat{f}$가 자기쌍대임을 증명하라.

b) $\hat{f}$는 오직 $f$가 문턱값 함수일 때에만 문턱값 함수임을 증명하라.

**103.** [*HM25*] 어떤 단조 자기쌍대 부울 함수와 그 기약함의항들의 목록이 주어졌을 때, 그 부울 함수가 문턱값 함수인지의 여부를 선형 프로그램을 이용해서 판정하는 방법을 설명하라. 또한, 만일

그 함수가 문턱값 함수이면, 그 함수를 다수결 함수 $\langle x_1^{w_1} \ldots x_n^{w_n} \rangle$으로서 표현한 공식의 크기를 최소화하는 방법을 설명하라.

**104.** [*25*] 연습문제 103의 방법을 적용해서, 다음 문턱값 함수들의 다수결 함수 표현을 최소화하라: (a) $\langle x_1^2 x_2^3 x_3^5 x_4^7 x_5^{11} x_6^{13} x_7^{17} x_8^{19} \rangle$; (b) $[(x_1 x_2 x_3 x_4)_2 \geq t]$, $0 \leq t \leq 16$ (17가지 경우); (c) $\langle x_1^{29} x_2^{25} x_3^{19} x_4^{15} x_5^{12} x_6^{8} x_7^{8} x_8^{3} x_9^{3} x_{10} \rangle$.

**105.** [*M25*] 연습문제 101의 피보나치 문턱값 함수를 다수결 함수로 표현한다고 할 때, 피보나치 문턱값 함수를 정의하는 데 사용한 것보다 더 짧은 표현은 없음을 보여라.

▸ **106.** [*M25*] 3중앙값 연산 $\langle x\bar{y}\bar{z} \rangle$는 오직 $x \geq y+z$일 때에만 참이다.

a) 이를 일반화해서, $(x_1 x_2 \ldots x_n)_2 \geq (y_1 y_2 \ldots y_n)_2 + z$라는 조건을 $2^{n+1}-1$개의 부울 변수들의 중앙값을 구해서 판정할 수 있음을 보여라.

b) 이 문제를 풀기에 충분한 중앙값 원소 개수가 적어도 $2^{n+1}-1$임을 증명하라.

**107.** [*17*] 표 1에 나온 열여섯 함수의 $N(f)$와 $\Sigma(f)$를 계산하라. (정리 T 참고.)

**108.** [*M21*] $g(x_0, x_1, \ldots, x_n)$이 자기쌍대 함수라고 하자. 그러면 정리 T의 표기법으로 $N(g) = 2^n$이다. $f(x_1, \ldots, x_n)$이 (a) $g(0, x_1, \ldots, x_n)$, (b) $g(1, x_1, \ldots, x_n)$일 때 $N(f)$와 $\Sigma(f)$를 $\Sigma(g)$로 표현하라.

**109.** [*M25*] 이진열 $\alpha = a_1 \ldots a_n$과 $\beta = b_1 \ldots b_n$이 있을 때, 만일 $0 \leq k \leq n$에 대해 $a_1 + \cdots + a_k \geq b_1 + \cdots + b_k$이면 $\alpha$가 $\beta$를 다수결화한다(majorize)라고 말하고 $\alpha \succeq \beta$ 또는 $\beta \preceq \alpha$로 표기한다.

a) $\bar{\alpha} = \bar{a}\ldots\bar{a}_n$이라고 하자. 오직 $\bar{\beta} \succeq \bar{\alpha}$일 때에만 $\alpha \succeq \beta$임을 보여라.

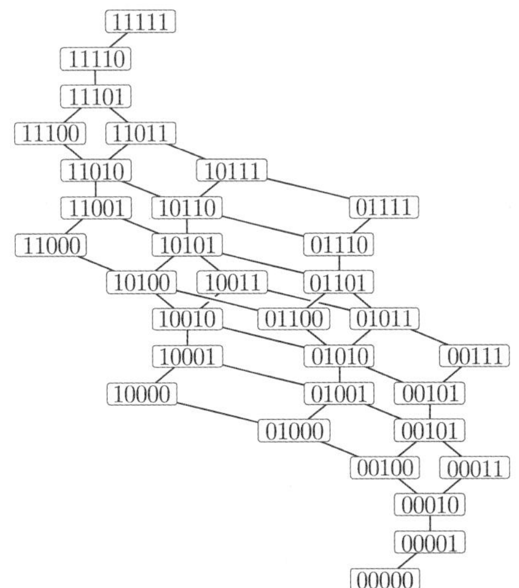


**그림 8.** 길이 5 이진열들에 대한 이진 다수결 격자(연습문제 109).

b) 오직 $\alpha \wedge \beta \succeq \gamma$일 때에만 $\alpha \succeq \gamma$이고 $\beta \succeq \gamma$인 속성을 가진 임의의 두 길이 $n$ 이진열의 최대 하계가 $\alpha \wedge \beta$임을 보여라. $\alpha$와 $\beta$가 주어졌을 때 $\alpha \wedge \beta$를 계산하는 방법을 설명하라.

c) 마찬가지로, 오직 $\gamma \geq \alpha \vee \beta$일 때에만 $\gamma \geq \alpha$이고 $\gamma \geq \beta$인 두 이진열의 최소 상계 $\alpha \vee \beta$를 계산하는 방법을 설명하라.

d) 참 또는 거짓을 말하라: $\alpha \wedge (\beta \vee \gamma) = (\alpha \wedge \beta) \vee (\alpha \wedge \gamma)$; $\alpha \vee (\beta \wedge \gamma) = (\alpha \vee \beta) \wedge (\alpha \vee \gamma)$.

e) 만일 $\alpha \geq \beta$이고 $\alpha \neq \beta$이면, 그리고 만일 $\alpha \geq \gamma \geq \beta$가 $\gamma = \alpha$와 $\gamma = \beta$ 중 하나를 함의한다면, $\alpha$가 $\beta$를 포괄한다(cover, 덮는다)고 말한다. 예를 들어 그림 8은 길이 5 이진열들 사이의 포괄 관계를 나타낸 것이다. 주어진 임의의 이진열이 덮는 이진열들을 서술하는 간단한 방법을 찾아라.

f) 주어진 이진열 $\alpha$에서 $0\ldots0$으로의 모든 경로 $\alpha = \alpha_0, \alpha_1, \ldots, \alpha_r = 0\ldots0$(여기서 $1 \leq j \leq r$에 대해 $\alpha_{j-1}$이 $\alpha_j$를 포괄함)의 길이들이 모두 $r = r(\alpha)$로 같음을 보여라.

g) $m(\alpha)$가 $\beta \geq \alpha$인 이진열 $\beta$들의 개수라고 하자. $\alpha'$가 $\alpha$의 제일 왼쪽 1을 0으로 바꾼 것이라고 할 때(그런 1이 있는 경우), $m(1\alpha) = m(\alpha)$이고 $m(0\alpha) = m(\alpha) + m(\alpha')$임을 증명하라.

h) $\bar{\alpha} \geq \alpha$를 만족하는 길이 $n$ 이진열 $\alpha$는 몇 개인가?

**110.** [*M23*] $\leq$가 연습문제 109의 다수결화 관계를 뜻한다고 할 때, 만일 모든 벡터 $x$와 $y$에 대해 $x \leq y$가 $f(x) \leq f(y)$를 함의한다면, 그러한 부울 함수 $f$를 정칙(regular) 함수라고 부른다. 다음 명제들을 증명 또는 반증하라.

a) 모든 정칙 함수는 단조이다.

b) 만일 $f$가 (75)와 같은 문턱값 함수이고 $w_1 \geq w_2 \geq \cdots \geq w_n$이면 $f$는 정칙이다.

c) 만일 $f$가 (b)에서와 같고 $\Sigma(f) = (s_1, \ldots, s_n)$이면 $s_1 \geq s_2 \geq \cdots \geq s_n$이다.

d) $f$가 순수 다수결 함수, 즉 (86)의 형태이되 $a = b = 0$인 문턱값 함수라고 가정하자. 그러면 $s_1 \geq s_2 \geq \cdots \geq s_n$은 $w_1 \geq w_2 \geq \cdots \geq w_n$을 함의한다.

**111.** [*M36*] 작동 확률들이 $(p_1, \ldots, p_n)$인 어떤 시스템에 대한 최적 동아리(optimum coterie)는 모든 $n$변수 단조 자기쌍대 함수 중에서 가용성이 최대인 함수에 대응되는 동아리이다. (연습문제 14와 66 참고.)

a) 만일 $1 \geq p_1 \geq \cdots \geq p_n \geq \frac{1}{2}$이면, 적어도 하나의 최대 가용성 자기쌍대 함수가 정칙 함수임을 증명하라. 그리고 그러한 함수 하나를 서술하라.

b) 더 나아가서, 정칙 자기쌍대 함수 $f$의 최적성을, 이진 다수결화 격자의 점들 중 $y$가 포괄하는 모든 $x$에 대해 $f(y) = 1$이지만 $f(x) = 0$인 점 $y$들에서 검정하는 것으로 충분함을 증명하라.

c) 일부 확률들이 $< \frac{1}{2}$일 때 최적인 동아리는 어떤 것인가?

▶ **112.** [*M37*] (J. Håstad.) $f(x_1, x_2, \ldots, x_m)$이 부울 함수라고 할 때, $M(f)$가 그것을 정수 계수 다중선형 다항식으로 표현한 것이라고 하자(연습문제 12 참고). 이 다항식의 항들을 체이스 순차열(Chase's sequence) $\alpha_0 = 00\ldots0$, $\alpha_1 = 10\ldots0$, $\ldots$, $\alpha_{2^m-1} = 11\ldots1$을 이용해서 지수 순으로 배열하라. 7.2.1.3-(35)의 순차열 $A_{m0}$, $A_{(m-1)1}$, $\ldots$, $A_{0m}$을 연결해서 얻는 체이스 순차열은 $\alpha_j$가 $0 \to 1$ 또는 $01 \to 10$ 또는 $001 \to 100$ 또는 $10 \to 01$ 또는 $100 \to 001$이라는 약간의 변화를 제외할

때 $\alpha_{j+1}$과 동일하다는 좋은 속성을 가지고 있다. 예를 들어 다음은 $m=4$인 한 체이스 순차열이다.

$$0000, 1000, 0010, 0001, 0100, 1100, 1010, 1001, 0011, 0101, 0110, 1110, 1101, 1011, 0111, 1111$$

이들은 각각 항 1, $x_1$, $x_3$, $x_4$, $x_2$, $x_1x_2$, …, $x_2x_3x_4$, $x_1x_2x_3x_4$에 해당한다. 따라서 예를 들어 $((x_1 \oplus \bar{x}_2) \wedge x_3) \vee (x_1 \wedge \bar{x}_3 \wedge x_4)$의 해당 표현은

$$x_3 - x_1x_3 + x_1x_4 - x_2x_3 + 2x_1x_2x_3 - x_1x_3x_4$$

이다. 이는 항들을 체이스 순차열의 순서로 배열한 것이다. 이제

$$F(f) = [M(f)\text{의 최유의 계수가 양수임}]$$

이라고 하자. 예를 들어 $((x_1 \oplus \bar{x}_2) \wedge x_3) \vee (x_1 \wedge \bar{x}_3 \wedge x_4)$의 0이 아닌 최유의(most significant) 항은 체이스의 순서에서 $-x_1x_3x_4$이다. 따라서 이 경우 $F(f)=0$이다.

a) 표 1의 열여섯 함수 각각의 $F(f)$를 구하라.

b) $F(f)$가 $f$의 진리표를 구성하는 $n=2^m$개의 항목 $\{f_{0\ldots00}, f_{0\ldots01}, \ldots, f_{1\ldots11}\}$의 문턱값 함수임을 보여라. $m=2$일 때 그 함수를 명시하라.

c) $m$이 클 때, $F$의 임의의 문턱값 표현의 모든 가중치가 아주 큼을, 구체적으로 말하면 가중치 절댓값들이 모두 다음을 초과함을 증명하라.

$$\frac{3^{\binom{m}{3}} 7^{\binom{m}{5}} \ldots (2^{m-1}-1)^{\binom{m}{m}}}{n}(1-O(n^{-1})) = 2^{mn/2 - n - 2(3/2)^m/\ln 2 + O((5/4)^m)}.$$

힌트: 진리표 항목들의 이산 푸리에 변환을 고려해 볼 것.

**113.** [*24*] (91)의 함수 $S_{2,3,6,8,9}(x_1, \ldots, x_{12})$를 평가하는 데 다음 세 문턱값 연산으로 충분함을 보여라.

$$g_1(x_1, \ldots, x_{12}) = [\nu x \geq 6] = \langle 1x_1 \ldots x_{12} \rangle;$$
$$g_2(x_1, \ldots, x_{12}) = [\nu x - 6g_1 \geq 2] = \langle 1^3 x_1 \ldots x_{12} \bar{g}_1^6 \rangle;$$
$$g_3(x_1, \ldots, x_{12}) = [-2\nu x + 13g_1 + 7g_2 \geq 1] = \langle 0^5 \bar{x}_1^2 \ldots \bar{x}_{12}^2 g_1^{13} g_2^7 \rangle.$$

또한 $S_{1,3,5,8}(x_1, \ldots, x_{12})$를 평가하는 네 문턱값 연산들을 구하라.

**114.** [*20*] (D. A. Huffman.) 함수 $S_{3,6}(x,x,x,x,y,y,z)$는 무엇인가?

**115.** [*M22*] (92)가 패리티 함수 $x_0 \oplus x_1 \oplus \cdots \oplus x_{2m}$을 정확하게 계산하는 이유를 설명하라.

▸ **116.** [*HM28*] (Dunham, R. Fridshal, 1957.) 대칭함수들을 고찰함으로써, $n$변수 부울 함수들에 많은 수의 기약함의항들이 있을 수 있음을 증명할 수 있다.

a) $0 \leq j \leq k \leq n$이라고 가정하자. 항 $x_1 \wedge \cdots \wedge x_j \wedge \bar{x}_{j+1} \wedge \cdots \wedge \bar{x}_k$가 기약함의항인 대칭 함수 $f(x_1, \ldots, x_n)$은 무엇인가?

b) 함수 $S_{3,4,5,6}(x_1, \ldots, x_9)$의 기약함의항은 몇 개인가?

c) $\hat{b}(n)$이 모든 $n$변수 대칭 부울 함수에 대한 기약함의항 최대 개수라고 하자. $\hat{b}(n)$에 대한 점화식을 구하고 $\hat{b}(9)$를 계산하라.

d) $\hat{b}(n) = \Theta(3^n/n)$임을 증명하라.

e) 더 나아가서, $f$와 $\bar{f}$ 모두 기약함의항 개수가 $\Theta(2^{3n/2}/n)$개인 대칭함수 $f(x_1, ..., x_n)$들이 존재함을 보여라.

**117.** 〔*M26*〕 다른 함의항을 함의하는 함의항이 하나도 없는 논리합 표준형을 중복 없는(irredundant) 논리합 표준형이라고 부른다. 모든 $n$변수 부울 함수에 대한 중복 없는 DNF의 함의항 최대 개수를 $b^*(n)$이라고 하자. $b^*(n)$의 간단한 공식을 찾고 그 점근값을 구하라.

**118.** 〔*29*〕 $m = 0, 1, \ldots$에 대해 기약함의항의 개수가 정확히 $m$개인 부울 함수 $f(x_1, x_2, x_3, x_4)$는 각각 몇 개인가?

**119.** 〔*M48*〕 이전 연습문제를 이어서, $b(n)$이 $n$변수 부울 함수의 기약함의항 최대 개수라고 하자. $\hat{b}(n) \le b(n) < b^*(n)$임은 명백하다. $b(n)$의 점근값은 무엇인가?

**120.** 〔*23*〕 대칭함수 (a) $x_1 \oplus x_2 \oplus \cdots \oplus x_n$, (b) $S_{0,1,3,4,6,7}(x_1, ..., x_7)$의 최단 DNF는 무엇인가? (c) 모든 $n$변수 부울 함수를 최대 $2^{n-1}$개의 기약함의항들로 이루어진 DNF로 표현할 수 있음을 증명하라.

▸ **121.** 〔*M23*〕 $\langle 1(x_1 \oplus x_2) y_1 y_2 y_3 \rangle$은 $\{x_1, x_2\}$에서 대칭이고 $\{y_1, y_2, y_3\}$에서 대칭이지만 다섯 변수 $\{x_1, x_2, y_1, y_2, y_3\}$ 모두에서 대칭은 아니라는 점에서 부분 대칭(partial symmetric)이다.

a) $\{x_1, ..., x_m\}$과 $\{y_1, ..., y_n\}$에서 대칭인 부울 함수 $f(x_1, ..., x_m, y_1, ..., y_n)$은 몇 개인가?

b) 그런 함수들 중 단조인 것은 몇 개인가?

c) 그런 함수들 중 자기쌍대인 것은 몇 개인가?

d) 그런 함수들 중 단조이자 자기쌍대인 것은 몇 개인가?

**122.** 〔*M25*〕 연습문제 110과 121을 이어서, $\{x_1, x_2, x_3\}$에서 대칭이면서 $\{y_1, y_2, \ldots, y_6\}$에서 대칭인 자기쌍대 정칙 부울 함수 $f(x_1, x_2, x_3, y_1, y_2, y_3, y_4, y_5, y_6)$을 모두 찾아라. 그런 함수들 중 문턱값 함수인 것은 무엇인가?

**123.** 〔*46*〕 10변수 자기쌍대 부울 함수들 중 문턱값 함수는 정확히 몇 개인가?

**124.** 〔*20*〕 표 5의 기반 규칙 하에서 767개의 다른 함수들과 동치인 4변수 부울 함수를 구하라.

**125.** 〔*18*〕 (95)의 함수 부류들 중 커널화 함수인 것은 무엇인가?

**126.** 〔*23*〕 (a) 부울 함수는 오직 그 기약함의항들의 집합과 기약절들의 집합이 간단한 특정 속성 하나를 가지고 있을 때에만 커널화임을 보여라. (b) 부울 함수는 오직 그 초우 매개변수 $N(f)$와 $\Sigma(f)$에 간단한 특정 속성 하나를 가지고 있을 때에만 커널화임을 보여라(정리 T 참고). (c) 정수 벡터 $\Sigma(f)$와 비슷하게, 부울 벡터

$$\vee(f) = \bigvee \{x \mid f(x) = 1\}, \qquad \wedge(f) = \bigwedge \{x \mid f(x) = 1\}$$

을 정의하라. 네 개의 벡터 $\vee(f)$, $\vee(\bar{f})$, $\wedge(f)$, $\wedge(\bar{f})$만으로도 $f$가 커널화 함수인지의 여부를 밝힐 수 있음을 보여라.

**127.** [*M25*] 커널화 함수들 중 (a) 자기쌍대인 것은 무엇인가? (b) 정 혼 함수인 것은 무엇인가?

▸ **128.** [*20*] 정확히 두 개의 점에서 참인 비커널화 함수 $f(x_1, ..., x_n)$을 찾아라.

**129.** [*M25*] 서로 다른 $n$변수 커널화 함수는 몇 개일까?t?

**130.** [*M21*] 표 3에 의하면 4변수 단조 부울 함수는 168개이다. 그런데 그중에는 $x \wedge y$처럼 세 개 이하의 변수에만 의존하는 것들도 있다.

a) 4변수 단조 부울 함수들 중 실제로 네 변수 모두에 관여하는 것은 몇 개인가?

b) 그런 함수들 중 변수 치환(표 4에서처럼) 하에서 서로 다른 것들은 몇 개인가?

**131.** [*HM42*] 표 3을 보면 크롬 함수보다 혼 함수가 더 많음이 명백하다. $n \to \infty$에 따른 점근값은 얼마일까?

▸ **132.** [*HM30*] 부울 함수 $g(x) = g(x_1, ..., x_n)$을 어떤 부울 구속조건 $y_0$, $y_1$, ..., $y_n$에 대해 $y_0 \oplus (x_1 \wedge y_1) \oplus \cdots \oplus (x_n \wedge y_n) = (y_0 + x \cdot y) \bmod 2$의 형태로 표현할 수 있을 때, 그러한 부울 함수를 상관(affine) 함수라고 부른다.

a) 주어진 부울 함수 $f(x)$에 대해, $2^{n-1} + 2^{n/2-1}$개 이상의 점 $x$들에서 $f(x)$와 일치하는 상관 함수가 존재함을 보이라. 힌트: $s(y) = \sum_x (-1)^{f(x) + x \cdot y}$로 두고 모든 $n$비트 벡터 $z$에 대해 $\sum_y s(y)s(y \oplus z) = 2^{2n}[z = 0...0]$을 증명해 볼 것.

b) $2^{n-1} + 2^{n/2-1}$개를 넘는 점들에서 일치하는 상관 함수가 없는 부울 함수 $f(x)$를 굽은(bent) 함수라고 부른다. $n$이 짝수이고 $h(y_1, y_2, ..., y_{n/2})$가 임의의 구속조건들일 때, 부울 함수

$$(x_1 \wedge x_2) \oplus (x_3 \wedge x_4) \oplus \cdots \oplus (x_{n-1} \wedge x_n) \oplus h(x_2, x_4, ..., x_n)$$

이 굽은 함수임을 보여라.

c) $f(x)$가 오직

$$\text{모든 } y \neq 0...0\text{에 대해} \qquad \sum_x (f(x) \oplus f(x \oplus y)) = 2^{n-1}$$

일 때에만 굽은 함수임을 증명하라.

d) 굽은 함수 $f(x_1, ..., x_n)$을 (19)에서처럼 2를 법으로 한 다중선형 다항식으로 표현할 때, 그러한 표현에 $r > n/2 > 1$인 항 $x_1...x_r$이 결코 포함되지 않음을 보여라.

▸ **133.** [*20*] (Mark A. Smith, 1990.) $n$개의 동전을 독립적으로 던져서 $n$개의 무작위 비트를 얻을 때, $k$번째 동전이 1일 확률이 $p_k$라고 하자. $f(x_1, ..., x_n) = 1$일 확률이 $(t_0 t_1 ... t_{2^n-1})_2 / (2^{2^n} - 1)$이 되도록 $(p_1, ..., p_n)$을 선택하는 방법을 찾아라. 여기서 $t_0 t_1 ... t_{2^n-1}$은 부울 함수 $f$의 진리표이다. (따라서 $n$개의 적절한 무작위 동전으로 정밀도가 $2^n$비트인 확률을 만들 수 있다.)

대체로, 경제적인 논리 회로 설계에서
교환 구성요소들의 최소화가
다른 모든 공학적 고려사항보다 중요하다.

— 커티스H. A. CURTIS, *A New Approach to the Design of Switching Circuits* (1962)

따라서 뛰어난 계산가가 아니면 성공하기 어려운 것이다.
간소화하고 간소화하라.†

— 소로HENRY D. THOREAU, 월든(*Walden; or, Life in the Woods*) (1854)

## 7.1.2. 부울 함수의 평가

다음 목표는 부울 함수의 효율적인 평가를 공부하는 것이다. §4.6.4에서 다항식의 평가를 공부했던 만큼은 해야 할 것이다. 이 주제를 조사하는 한 가지 자연스러운 방법은, 그 절에서 논의한 다항식 사슬에 비견할 수 있는, 기본 부울 연산들의 사슬(chain, 연쇄)을 생각해 보는 것이다.

$n$개의 변수 $(x_1, \ldots, x_n)$의 함수의 부울 사슬(Boolean chain)은 다음과 같이 각 단계가 그 이전 두 단계를 결합하는 속성을 가진 수열 $(x_{n+1}, \ldots, x_{n+r})$이다.

$$n+1 \le i \le n+r\text{에 대해} \qquad x_i = x_{j(i)} \circ_i x_{k(i)}. \tag{1}$$

여기서 $1 \le j(i) < i$이고 $1 \le k(i) < i$이며 $\circ_i$는 표 7.1.1–1에 나온 열여섯 이항 연산자들 중 하나이다. 예를 들어 $n = 3$일 때, 두 사슬

$$\begin{aligned} x_4 &= x_1 \wedge x_2 \\ x_5 &= \bar{x}_1 \wedge x_3 \\ x_6 &= x_4 \vee x_5 \end{aligned} \quad , \qquad \begin{aligned} x_4 &= x_2 \oplus x_3 \\ x_5 &= x_1 \wedge x_4 \\ x_6 &= x_3 \oplus x_5 \end{aligned} \tag{2}$$

은 둘 다 '먹스(mux)‡' 또는 '만일-이면-아니면' 함수 $x_6 = (x_1?\ x_2{:}\ x_3)$을 평가한다. 이 함수는 $x_1$이 1(참)이냐 0(거짓)이냐에 따라 값 $x_2$ 또는 $x_3$으로 평가된다.

((2)의 왼쪽 예에서, NOTBUT 연산을 표 7.1.1–1에 나온 $x_5 = x_1 \overline{\subset} x_3$ 대신 $x_5 = \bar{x}_1 \wedge x_3$이라는 단순화된 형태로 표기했음을 주목하기 바란다. 여기서 요점은, 표기법이 어떻든 한 부울 사슬의 모든 단계는 그 표기법과는 무관하게 이전 두 결과의 부울 결합이라는 것이다.)

부울 사슬은 전자회로와 자연스럽게 대응된다. 사슬의 각 단계는 입력이 둘이고 출력이 하나인 '게이트(gate)'에 해당한다. 전통적으로 전자공학자들은 (2)의 부울 사슬들을 다음과 같은 회로도들로 표현했다.

---

† 〔옮긴이 주〕『월든』, 강승영 옮김(이레, 2003), 132쪽에서 인용.

‡ 〔옮긴이 주〕 multiplex의 준말이다.

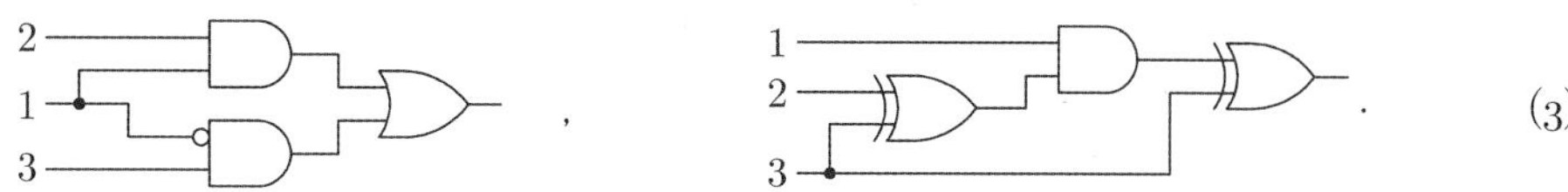

(3)

전자공학자들은 다양한 기술적 제약 하에서 경제적인 회로를 설계해야 한다. 예를 들어 게이트마다 그 비용이 다르며, 재사용을 위해서는 증폭이 필요한 것도 있다. 또한 회로 배치가 평면이거나 평면에 가까워야 한다거나 일부 경로가 반드시 짧아야 한다는 제약도 존재한다. 그러나 이 책의 주된 관심사는 하드웨어가 아니라 소프트웨어이므로 그런 것들은 걱정하지 말기로 하자. 이 책의 목적에서는 모든 게이트가 비용이 같으며 모든 출력을 얼마든지 여러 번 사용할 수 있다고 가정한다. (해당 분야의 전문 용어로 말하자면, 이 책의 부울 사슬들은 결국 모든 게이트가 팬인(fan-in)이 2이고 팬아웃(fan-out)은 무제한인 회로에 해당한다.)

더 나아가서, 이 책에서는 부울 사슬을 (3)에 나온 것 같은 회로도 대신 다음과 같은 이진 트리들로 표시하는 것이 바람직하겠다.

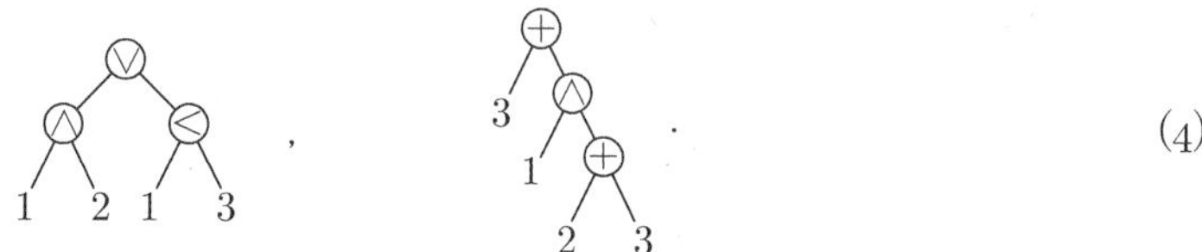

(4)

사슬의 중간 단계들이 여러 번 쓰이는 경우, 해당 이진 트리에는 서로 겹치는 부분 트리들이 존재할 것이다. 트리의 모든 내부 노드에는 이항 연산자가 이름표로 붙는다. 그리고 외부 노드의 이름표는 정수 $k$로, 이는 변수 $x_k$에 해당한다. (4)의 왼쪽 트리에서 이름표 '⧀'은 NOTBUT 연산자를 뜻한다. 이는 $\bar{x} \wedge y = [x < y]$이기 때문이다. 마찬가지로, NOTBUT 연산자 $x \wedge \bar{y}$를 노드 이름표 '⧁'으로 나타낼 수 있다.

서로 다른 부울 사슬들의 트리 도식이 같은 경우도 있다. 예를 들어 다음과 같은 사슬도 (4)의 왼쪽 트리로 표현된다.

$$x_4 = \bar{x}_1 \wedge x_3, \quad x_5 = x_1 \wedge x_2, \quad x_6 = x_5 \vee x_4.$$

트리 노드들을 임의로 위상정렬해도 동치인 사슬이 나온다.

$n$변수 부울 함수 $f$가 주어졌을 때, $x_{n+r} = f(x_1, \ldots, x_n)$이고 $r$이 가능한 한 작은 수임을 만족하는 부울 사슬을 찾아야 하는 경우가 종종 있다. 함수 $f$를 평가하는 가장 짧은 사슬의 길이를 그 함수의 조합 복잡도(combinational complexity)라고 부르고 $C(f)$로 표기한다. 장황함을 피하기 위해, 이제부터는 $C(f)$를 그냥 '$f$의 비용(cost)'이라고 부르기로 하겠다. 앞에서 예로 나온 먹스 함수의 비용은 3이다. 모든 가능성을 철저히 나열해 보면, 이 함수로는 길이가 2인 부울 사슬을 만들 수 없음을 보일 수 있다.

$f$의 DNF와 CNF(§7.1.1 참고)를 조사한다고 해서 $C(f)$에 대해 알아낼 수 있는 것은 많지 않다. 왜냐하면 일반적으로 훨씬 효율적인 계산 방안(scheme)이 가능하기 때문이다. 예를 들어, 7.1.1-(30) 다음의 논의에서 우리는 진리표가 1100 1001 0000 1111인 다소 무작위한 4변수 함수에 대해 다음의 DNF 표현보다 더 짧은 표현은 없다는 점을 배웠다.

$$(\bar{x}_1 \wedge \bar{x}_2 \wedge \bar{x}_3) \vee (\bar{x}_1 \wedge \bar{x}_3 \wedge \bar{x}_4) \vee (x_2 \wedge x_3 \wedge x_4) \vee (x_1 \wedge x_2). \tag{5}$$

이 공식은 10단계 부울 사슬에 해당한다. 그런데 이 함수를 다음과 같이 좀 더 현명하게 표현할 수 있다.

$$(((x_2 \wedge \bar{x}_4) \oplus \bar{x}_3) \wedge \bar{x}_1) \oplus x_2. \tag{6}$$

그러면 그 복잡도는 4 이하가 된다.

(6) 같이 자명하지 않은 공식들을 어떻게 발견할 수 있을까? 이후에 보겠지만, 컴퓨터로 4변수 함수에 대한 최선의 사슬을 얻는 데에는 그리 큰 작업량이 필요하지 않다. 그래도, 부울 대수에 상당한 경험을 가지고 있는 사람에게조차도 꽤나 놀라운 결과들이 나올 수 있다. 이러한 현상의 전형적인 예가 그림 9에 나온다. 그 그림은 일반적으로 가장 흥미로울만한 4변수 함수들, 구체적으로 말하면 그 변수들의 모든 치환 하에서 대칭인 함수들을 나타낸 것이다.

예를 들어 함수 $S_2(x_1, x_2, x_3, x_4)$를 생각해 보자. 그림 9에 따르면

$$\begin{array}{ll}
x_1 & 0000\ 0000\ 1111\ 1111 \\
x_2 & 0000\ 1111\ 0000\ 1111 \\
x_3 & 0011\ 0011\ 0011\ 0011 \\
x_4 & 0101\ 0101\ 0101\ 0101 \\
x_5 = x_1 \oplus x_3 & 0011\ 0011\ 1100\ 1100 \\
x_6 = x_1 \oplus x_2 & 0000\ 1111\ 1111\ 0000 \\
x_7 = x_3 \oplus x_4 & 0110\ 0110\ 0110\ 0110 \\
x_8 = x_5 \vee x_6 & 0011\ 1111\ 1111\ 1100 \\
x_9 = x_6 \oplus x_7 & 0110\ 1001\ 1001\ 0110 \\
x_{10} = x_8 \wedge \bar{x}_9 & 0001\ 0110\ 0110\ 1000
\end{array} \tag{7}$$

이다. 계산의 각 단계를 손쉽게 확인할 수 있도록 진리표들도 표시했다. 예를 들어 단계 $x_8$은 $x_1 \neq x_2$이거나 $x_1 \neq x_3$일 때 항상 참이 되는 함수를 산출한다. 그리고 $x_9 = x_1 \oplus x_2 \oplus x_3 \oplus x_4$는 패리티 함수 $(x_1 + x_2 + x_3 + x_4) \bmod 2$이다. 따라서 최종 결과인 $x_{10}$은 $\{x_1, x_2, x_3, x_4\}$ 중 정확히 둘이 1일 때에만 참이 된다. 그 둘은 $x_8$을 만족하며 짝수 패리티를 가지는 경우들이다.

그림 9의 다른 여러 계산 방안들 역시 직관적으로 입증할 수 있다. 그러나 $S_{1,4}$에 대한 사슬처럼 상당히 놀라운 사슬들도 있다.

(7)에서 임시 결과 $x_6$이 두 번 쓰였음에 주목하자. 실제로, 함수 $S_2(x_1, x_2, x_3, x_4)$에 대한 6단계 사슬들 중 중간의 몇몇 부분 표현식을 두 번 사용하지 않는 것은 없다. $S_2$에 대한 가장 짧은 대수 공식들은 모두 비용이 7이다. 다음이 그러한 공식의 예이다.

$$((x_1 \wedge x_2) \vee (x_3 \wedge x_4)) \oplus ((x_1 \vee x_2) \wedge (x_3 \vee x_4)). \tag{8}$$

그러나 그림 9는 다른 4변수 대칭함수들도 '순수' 이진 트리를 통해서 최적으로 평가할 수 있음을 보여준다. 여기서 순수 이진 트리란 외부 노드(변수를 나타내는) 이외에서는 중첩되는 부분 트리가 없는 이진 트리를 말한다.

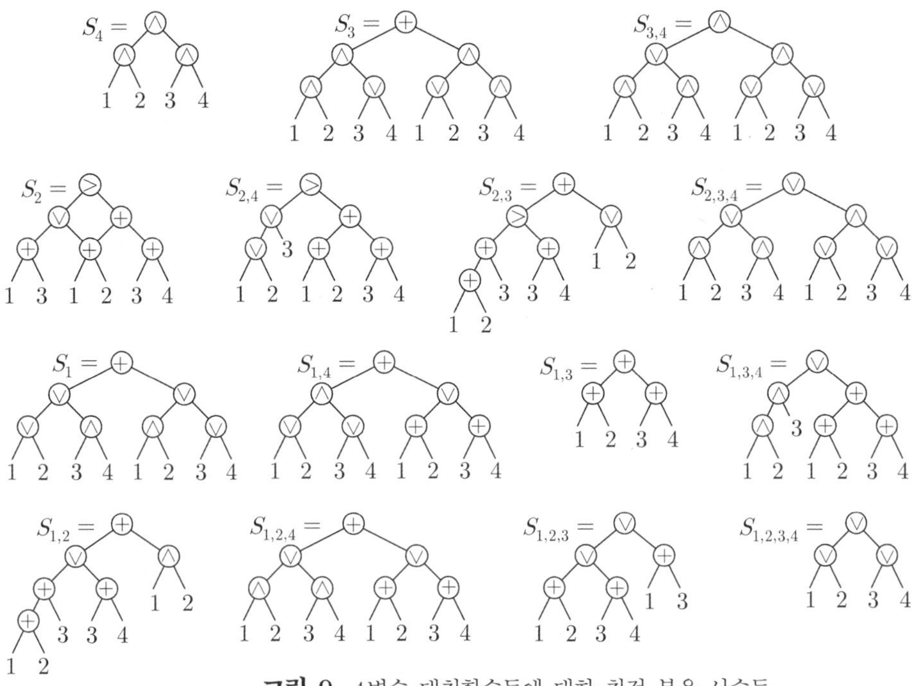

**그림 9.** 4변수 대칭함수들에 대한 최적 부울 사슬들.

일반화하자면, $f(x_1, \ldots, x_n)$이 임의의 부울 함수일 때, $f$의 가장 짧은 공식의 이항 연산자 개수를 그 함수의 길이라고 말하고 $L(f)$로 표기한다. $L(f) \geq C(f)$임은 자명하다. 그리고 $n \leq 3$이면 항상 $L(f) = C(f)$임도 쉽게 입증할 수 있다. 7.1.1-(95)의 3변수 함수들의 14가지 기본 종류를 고찰해 보면 된다. 그런데 방금 전에 보았듯이, $n = 4$일 때 $L(S_2) = 7$이 $C(S_2) = 6$보다 크다. 그리고 사실 $n$이 클 때에는 $L(f)$이 항상 $C(f)$보다 훨씬 크다(연습문제 49 참고).

부울 함수 $f$의 깊이 $D(f)$ 역시 부울 함수에 내재된 복잡도의 중요한 척도이다. 부울 사슬의 깊이는 해당 트리 도식에서 가장 긴 하향 경로의 길이이고, $D(f)$는 $f$의 모든 부울 사슬을 고려했을 때 나올 수 있는 가장 짧은 길이이다. 그림 9의 모든 사슬은 비용이 최소일 뿐만 아니라 깊이도 최소이다. 단, $S_{2,3}$과 $S_{1,2}$의 경우는 예외인데, 그 두 경우 비용 6과 깊이 3을 동시에 달성할 수는 없다. 공식

$$S_{2,3}(x_1, x_2, x_3, x_4) = ((x_1 \wedge x_2) \oplus (x_3 \wedge x_4)) \vee ((x_1 \vee x_2) \wedge (x_3 \oplus x_4)) \qquad (9)$$

는 $D(S_{2,3}) = 3$임을 보여 주며, $S_{1,2}$에 대해서도 이와 비슷한 공식이 유효하다.

**$n = 4$일 때의 최적 사슬들.** 4변수 부울 함수들은 모든 가능성을 철저히 계산하는 전수全數(exhaustive) 계산이 가능하다. 그런 함수들에서 가능한 진리표가 $2^{16} = 65{,}536$가지뿐이기 때문이다. 사실 그 진리표들 중 절반만 고려하면 된다. 임의의 함수 $f$의 여함수 $\bar{f}$는 그 비용과 길이, 깊이가 $f$ 자체와 같기 때문이다.

$f(0, \ldots, 0) = 0$일 때 함수 $f(x_1, \ldots, x_n)$을 가리켜 정규(normal)라고 칭하기로 하자. 그리고 일반적으로

$$f(x_1, \ldots, x_n) \oplus f(0, \ldots, 0) \qquad (10)$$

을 $f$의 '정규화(normalization)'라고 부르기로 하자. 모든 부울 사슬은 그 각 단계를 정규화하고 연산자들을 적절히 변경함으로써 정규화할 수 있다. 만일 $(\hat{x}_1, \ldots, \hat{x}_{i-1})$이 $(x_1, \ldots, x_{i-1})$의 정규화이고 (1)에서처럼 $x_i = x_{j(i)} \circ_i x_{k(i)}$라고 하면, $\hat{x}_i$는 $\hat{x}_{j(i)}$와 $\hat{x}_{k(i)}$의 이진 함수임이 명백하기 때문이다. (연습문제 7에 예가 나온다.) 따라서 정규 부울 사슬로만 논의를 한정해도 일반성을 잃지 않는다.

부울 사슬은 오직 그 이항 연산자 $\circ_i$들이 정규일 때에만 정규임을 주목하기 바란다. 그리고 정규 이항 연산자는 단 여덟 개이다. 그중 셋인 $\perp$와 L, R은 자명하다. 따라서 우리가 관심을 가지는 모든 부울 사슬은 다섯 가지 연산자 $\wedge$, $\overline{\subset}$, $\overline{\supset}$, $\vee$, $\oplus$로 이루어진다고 가정할 수 있다. 이들은 그림 9에서 순서대로 Ⓐ, ⓒ, ⓓ, Ⓥ, ⊕으로 표시되어 있다. 더 나아가서, 사슬의 각 단계에서 $j(i) < k(i)$라고 가정할 수 있다.

4변수 정규 함수는 $2^{15} = 32{,}768$개이며, 그 길이들을 계산하는 것도 그리 어렵지 않다. 길이가 0, 1, 2, …인 모든 함수를 체계적으로 나열하면 된다. 실제로, $L(f) = r$은 $f = g \circ h$인 어떤 $g$와 $h$가 존재함을 함의한다(여기서 $L(g) + L(h) = r - 1$이고 $\circ$은 다섯 가지 자명하지 않은 정규 연산자들 중 하나이다). 따라서 다음과 같이 나아갈 수 있다.

**알고리즘 L** (정규 길이 구하기)**.** 이 알고리즘은 $0 \le f < 2^{2^n - 1}$인 모든 정규 진리표에 대해 $L(f)$를, 길이가 $r \ge 0$이고 0이 아닌 모든 정규 함수를 나열해서 계산한다.

**L1.** [초기화.] $L(0) \leftarrow 0$, $1 \le f < 2^{2^n - 1}$에 대해 $L(f) \leftarrow \infty$로 설정한다. 그런 다음 $1 \le k \le n$에 대해 $L(x_k) \leftarrow 0$으로 설정하고 $x_k$를 목록 0에 넣는다. 여기서

$$x_k = (2^{2^n} - 1)/(2^{2^{n-k}} + 1) \qquad (11)$$

은 $x_k$의 진리표이다. (연습문제 8 참고). 마지막으로, $c \leftarrow 2^{2^n - 1} - n - 1$로 설정한다. $c$는 $L(f) = \infty$인 장소들의 개수이다.

**L2.** [$r$에 대한 반복.] 단계 L3을 $r = 1, 2, \ldots$에 대해 수행한다. 결국은 $c$가 0이 되어서 알고리즘이 끝난다.

**L3.** [$j$와 $k$에 대한 반복.] $j \le k$인 동안 단계 L4를 $j = 0, 1, \ldots$과 $k = r - 1 - j$에 대해 반복한다.

**L4.** [$g$와 $h$에 대한 반복.] 단계 L5를 목록 $j$에 있는 모든 $g$와 목록 $k$에 있는 모든 $h$에 대해 반복한다. (만일 $j = k$이면, $h$를 목록 $k$에서 $g$ 다음에 있는 함수들로만 한정해도 충분하다.)

**L5.** [$f$에 대한 반복.] 단계 L6을 $f = g \& h$, $f = \overline{g} \& h$, $f = g \& \overline{h}$, $f = g \mid h$, $f = g \oplus h$에 대해 반복한다. (여기서 $g \& h$는 정수 $g$와 $h$의 비트별 AND를 뜻한다. 이 알고리즘은 진리표를 정수의 이진 표현으로 나타내고 있다.)

**L6.** [$f$가 새 함수인가?] 만일 $L(f) = \infty$이면 $L(f) \leftarrow r$, $c \leftarrow c - 1$로 설정하고 $f$를 목록 $r$에 넣는다. 만일 $c = 0$이면 알고리즘을 끝낸다. ▮

연습문제 10은 비슷한 절차를 통해서 모든 깊이 $D(f)$를 계산할 수 있음을 보여 준다.

약간의 수고를 들인다면, $f$의 '발자국(footprint)'이라고 부르는 발견법적(heuristic) 비트 벡터 $\phi(f)$를 계산해서 $C(f)$에 대한 더 나은 상계들을 찾도록 알고리즘 L을 수정하는 것도 가능하다. 정규 부울 사슬을 시작하는 서로 다른 방법은 단 $5\binom{n}{2}$가지뿐이다. 첫 단계 $x_{n+1}$은 반드시 $x_1 \wedge x_2$ 또는 $\bar{x}_1 \wedge x_2$ 또는 $x_1 \wedge \bar{x}_2$ 또는 $x_1 \vee x_2$ 또는 $x_1 \oplus x_2$ 또는 $x_1 \wedge x_3$ 또는 $\cdots$ 또는 $x_{n-1} \oplus x_n$이어야 하기 때문이다. $\phi(f)$가 길이가 $5\binom{n}{2}$인 비트 벡터이고 $U(f)$가 $C(f)$의 상계이되 다음과 같은 속성을 만족한다고 하자: $\phi(f)$의 모든 1-비트는 $f$를 $U(f)$단계로 계산하는 어떤 부울 사슬의 첫 단계에 대응된다.

표 1

복잡도별 4변수 함수 개수

| $C(f)$ | 동치류 개수 | 함수 개수 | $L(f)$ | 동치류 개수 | 함수 개수 | $D(f)$ | 동치류 개수 | 함수 개수 |
|---|---|---|---|---|---|---|---|---|
| 0 | 2 | 10 | 0 | 2 | 10 | 0 | 2 | 10 |
| 1 | 2 | 60 | 1 | 2 | 60 | 1 | 2 | 60 |
| 2 | 5 | 456 | 2 | 5 | 456 | 2 | 17 | 1458 |
| 3 | 20 | 2474 | 3 | 20 | 2474 | 3 | 179 | 56456 |
| 4 | 34 | 10624 | 4 | 34 | 10624 | 4 | 22 | 7552 |
| 5 | 75 | 24184 | 5 | 75 | 24184 | 5 | 0 | 0 |
| 6 | 72 | 25008 | 6 | 68 | 24640 | 6 | 0 | 0 |
| 7 | 12 | 2720 | 7 | 16 | 3088 | 7 | 0 | 0 |

그러한 쌍 $(U(f), \phi(f))$들을 알고리즘 L의 기본전략을 확장해서 계산할 수 있다. 우선, 비용이 1인 모든 함수 $f$에 대해 $U(f) \leftarrow 1$로 설정하고, $\phi(f)$에는 적절한 벡터 0...010...0를 설정한다. 그런 다음 $r = 2, 3, \ldots$에 대해 함수들 $f = g \circ h$를 찾는다. 여기서 이전처럼 $U(g) + U(h) = r - 1$이나, 두 가지 차이가 있다: (1) 만일 $g$와 $h$의 발자국들에 적어도 하나의 공통 원소가 있으면, 즉 $\phi(g) \,\&\, \phi(h) \neq 0$이면, 이는 $C(f) \leq r-1$이라는 뜻이므로 $U(f)$를 $\geq r$인 경우에서처럼 감소시킬 수 있다. (2) 만일 $g \circ h$의 비용이 현재의 상계 $U(f)$와 같으면(작지는 않고), $U(f) = r$인 경우 $\phi(f) \leftarrow \phi(f) \mid (\phi(g) \mid \phi(h))$로, $U(f) = r-1$인 경우 $\phi(f) \leftarrow \phi(f) \mid (\phi(g) \,\&\, \phi(h))$로 설정할 수 있다. 세부 사항은 연습문제 11에 나온다.

이러한 발자국 기반 발견법은 $n = 4$일 때 모든 함수 $f$에 대해 최적의 비용 $U(f) = C(f)$를 가진 사슬을 찾기에 충분히 강력함이 드러났다. 더 나아가서, 이후에 보겠지만 발자국은 또한 좀 더 복잡한 평가 문제를 푸는 데에도 도움이 된다.

표 7.1.1–5에 따르면 $2^{16} = 65{,}536$개의 4변수 함수들은 변수들의 치환 및 값들의 여수화에 의한 사소한 차이들을 무시할 때 단 222개의 서로 다른 부류들에 속한다. 알고리즘 L과 그 변형들로부터 표 1에 나온 전체적인 통계치를 얻을 수 있다.

***최소한의 메모리를 이용한 평가.** 부울 값 $x_1, \ldots, x_n$이 $n$개의 레지스터들에 나타난다고 하자. 그리고 하나의 부울 함수를 다음과 같은 형태의 연산들을 연이어 실행해서 평가한다고 하자.

$$1 \le i \le r\text{에 대해} \qquad x_{j(i)} \leftarrow x_{j(i)} \circ_i x_{k(i)}. \tag{12}$$

여기서 $1 \le j(i) \le n$, $1 \le k(i) \le n$이고 $\circ_i$는 이항 연산자이다. 계산이 끝나면 원했던 함수 값이 레지스터들 중 하나에 들어 있어야 한다. 예를 들어 $n = 3$일 때 다음과 같은 4단계 연산열은 중앙값 $\langle x_1x_2x_3\rangle$을 계산해서 그 결과를 $x_3$의 원래 위치에 넣는다.

$$\begin{array}{ll}
 & (x_1 = 00001111 \quad x_2 = 00110011 \quad x_3 = 01010101) \\
x_1 \leftarrow x_1 \oplus x_2 & \\
 & (x_1 = 00111100 \quad x_2 = 00110011 \quad x_3 = 01010101) \\
x_3 \leftarrow x_3 \wedge x_1 & \\
 & (x_1 = 00111100 \quad x_2 = 00110011 \quad x_3 = 00010100) \\
x_2 \leftarrow x_2 \wedge \bar{x}_1 & \\
 & (x_1 = 00111100 \quad x_2 = 00000011 \quad x_3 = 00010100) \\
x_3 \leftarrow x_3 \vee x_2 & \\
 & (x_1 = 00111100 \quad x_2 = 00000011 \quad x_3 = 00010111)
\end{array} \tag{13}$$

(위 식에는 각 연산 이전과 이후의 모든 가능한 레지스터 내용 여덟 가지가 진리표 형태로 표시되어 있다.)

상황을 거꾸로 분석한다면, 세 진리표를 모두 관리하는 것이 아니라 한 번에 단 하나의 진리표만 다루는 식으로 계산을 점검하는 것도 사실 가능하다. $f_l(x_1, \ldots, x_n)$이 연산열 중 처음 $l-1$개의 단계 이후의 단계 $l$, $l+1$, …, $r$에서 계산된 함수 값을 나타낸다고 하자. 지금 예에서 $f_2(x_1, x_2, x_3)$은 세 단계 $x_3 \leftarrow x_3 \wedge x_1$, $x_2 \leftarrow x_2 \wedge \bar{x}_1$, $x_3 \leftarrow x_3 \vee x_2$ 이후의 $x_3$의 결과를 뜻한다. 그러면 레지스터 $x_3$에 있는, 네 단계 모두에 의해 평가된 함수 값은 다음과 같다.

$$f_1(x_1, x_2, x_3) = f_2(x_1 \oplus x_2, x_2, x_3) \tag{14}$$

마찬가지로, $f_2(x_1, x_2, x_3) = f_3(x_1, x_2, x_3 \wedge x_1)$, $f_3(x_1, x_2, x_3) = f_4(x_1, x_2 \wedge \bar{x}_1, x_3)$, $f_4(x_1, x_2, x_3) = f_5(x_1, x_2, x_3 \vee x_2)$, $f_5(x_1, x_2, x_3) = x_3$이다. 따라서 진리표들에 적절한 연산을 가함으로써, $f_5$에서 $f_4$로, ⋯, $f_1$로 되돌아갈 수 있다.

예를 들어 함수 $f(x_1, x_2, x_3)$의 진리표가

$$t = a_0a_1a_2a_3a_4a_5a_6a_7$$

이라고 하자. 그러면 $g(x_1, x_2, x_3) = f(x_1 \oplus x_2, x_2, x_3)$의 진리표는

$$u = a_0a_1a_6a_7a_4a_5a_2a_3$$

이다. 이는 $a_x$를 $a_{x'}$으로 대체해서 얻은 것으로, 여기서

$$\text{만일 } x = (x_1x_2x_3)_2\text{이면} \qquad x' = ((x_1 \oplus x_2)x_2x_3)_2$$

이다. 마찬가지로, 이를테면 $h(x_1, x_2, x_3) = f(x_1, x_2, x_3 \wedge x_1)$의 진리표는

$$v = a_0a_0a_2a_2a_4a_5a_6a_7$$

이다. 그리고 비트별 연산들을 이용해서 $t$로부터 $u$와 $v$를 계산할 수 있다(7.1.3-(83)을 보라.)

$$u = t \oplus ((t \oplus (t \gg 4) \oplus (t \ll 4)) \,\&\, (00110011)_2); \tag{15}$$

$$v = t \oplus ((t \oplus (t \gg 1)) \,\&\, (01010000)_2). \tag{16}$$

$C_m(f)$가 $f$에 대해 메모리를 최소로 소비하는 최단 계산의 길이라고 하자. 후행 계산 원리는 만일 $C_m(f) < r$인 모든 함수 $f$의 진리표들을 알고 있다면, $C_m(f) = r$인 함수들의 진리표들도 어렵지 않게 구할 수 있음을 말해 준다. 구체적으로 말하자면, 우선 이전처럼 정규 함수들로만 한정할 수 있다. 그렇다고 할 때, $C_m(g) = r-1$인 모든 정규 함수 $g$에 대해, 함수

$$g(x_1, \ldots, x_{j-1}, x_j \circ x_k, x_{j+1}, \ldots, x_n) \tag{17}$$

들의 진리표 $5n(n-1)$개를 구축할 수 있으며, 그 진리표가 이전에 표시된 것이 아닌 경우 표시를 하는 작업을 비용 $r$로 수행할 수 있다. 연습문제 14는 그러한 진리표들을 모두 $g$의 진리표들에 대한 간단한 비트별 연산들을 수행해서 모두 계산할 수 있음을 보여 준다.

$n = 4$일 때, 222개의 기존 함수 종류들 중 13개를 제외한 나머지 모두 $C_m(f) = C(f)$를 만족한다. 따라서 그 함수들을 비용을 증가하지 않고 최소 메모리로 평가할 수 있다. 특히, 대칭함수는 모두 이러한 속성을 가지고 있다(그림 9에는 그 사실이 전혀 명백하게 드러나 있지 않지만). 다섯 부류의 함수들은 $C(f) = 5$나 $C_m(f) = 6$이다. 여덟 부류는 $C(f) = 6$이나 $C_m(f) = 7$이다. 후자의 부류에서 가장 흥미로운 예는 아마도 함수 $(x_1 \vee x_2) \oplus (x_3 \vee x_4) \oplus (x_1 \wedge x_2 \wedge x_3 \wedge x_4)$일 것이다. 이 함수의 비용은 다음 공식 때문에 6이다.

$$x_1 \oplus (x_3 \vee x_4) \oplus (x_2 \wedge (\bar{x}_1 \vee (x_3 \wedge x_4))). \tag{18}$$

그러나 이 함수에는 길이가 7보다 작은 최소 메모리 사슬이 없다. (연습문제 15 참고.)

***최소 비용 구하기.** $C(f)$의 구체적인 값은, $f$의 최적 부울 사슬들 중 다음 세 조건 중 적어도 하나를 명백하게 만족하는 모든 최적 부울 사슬 $(x_{n+1}, \ldots, x_{n+r})$을 조사해서 구할 수 있다.

i) $x_{n+r} = x_j \circ x_k$, 여기서 $x_j$와 $x_k$는 어떠한 중간 결과도 공유하지 않는 단계들임.
ii) $x_{n+1} = x_j \circ x_k$, 여기서 $x_j$와 $x_k$는 단계 $x_{n+2}, \ldots, x_{n+r}$에 쓰이지 않는 단계들임
iii) 위의 둘 다 성립하지 않음(중간 단계들의 번호를 다시 매긴다고 해도).

(i)의 경우 $f = g \circ h$이다(여기서 $C(g) + C(h) = r-1$). 이를 '하향식(top-donw)' 구축이라고 불러도 좋을 것이다. (ii)의 경우 $f(x_1, \ldots, x_n) = g(x_1, \ldots, x_{j-1}, x_j \circ x_k, x_{j+1}, \ldots, x_n)$이다(여기서 $C(g) = r-1$). 이를 '상향식(bottom-up)'이라고 부르기로 하자.

하향식 구축들만 재귀적으로 사용하는 최선의 사슬들은 길이가 최소 길이 $L(f)$인 공식들에 해당한다. 상향식 구축들만 재귀적으로 사용하는 최선의 사슬들은 길이가 $C_m(f)$인 최소 메모리 계산들에 해당한다. 그런데 상향식 구축과 하향식 구축을 섞는다면 더 나은 결과를 얻는 것도 가능하다. 그러나 $C(f)$를 달성했는지는 여전히 알 수 없다. 왜냐하면 (iii)에 속하는 특별한 사슬이 더 짧을 수도 있기 때문이다.

다행히 그러한 특별한 사슬들은 드물다. 그런 사슬들은 상당히 강한 조건들을 만족해야 하기 때문이다. 또한 $n$과 $r$이 그리 크지 않을 때에는 모든 사슬을 철저히 나열하는 것이 가능하다. 예를 들어 연습문제 19는 $r < n+2$일 때 특별한 사슬이 존재하지 않음을 증명한다. $n = 4$, $r = 6$일

때에는, 자명한 방식으로는 더 줄이는 것이 불가능한, 본질적으로 서로 다른 특수 사슬들이 단 25개뿐이다.

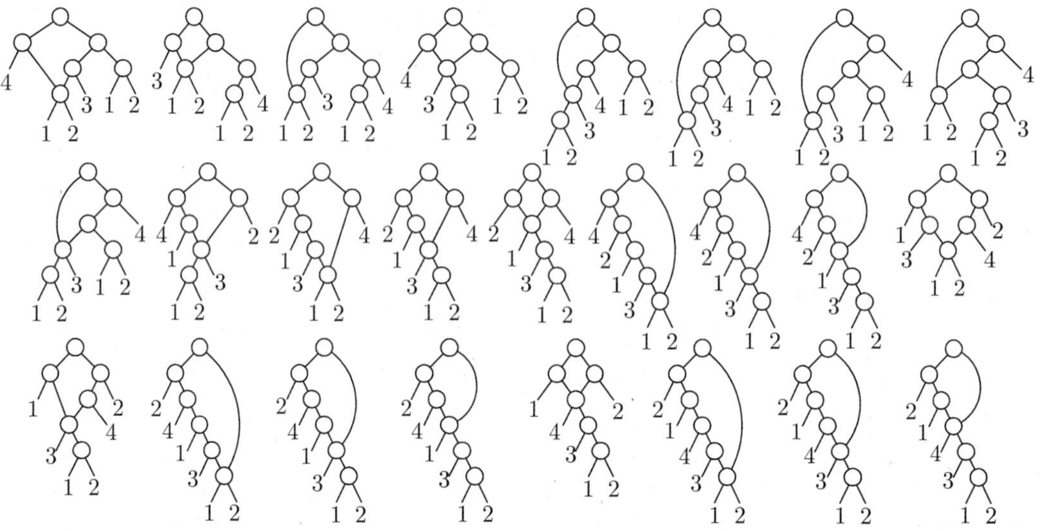

모든 특수 사슬에 대해 $5^r$가지 가능성(트리의 내부 노드들에 정규 연산자를 배정하는 모든 가능한 방법)을 체계적으로 조사해 보면, 모든 동치류에서 최소 비용 $C(f)$를 달성하는 $f$가 적어도 하나 있다는 조건을 만족하는 것은 오직 (iii)의 경우뿐임을 알 수 있다.

실제로, $n = 4$이고 $r = 6$일 때 그러한 $25 \cdot 5^6 = 390,625$번의 시도에서, 그 어떤 상향식-하향식 조합 사슬로도 6단계 안에 계산할 수 없는 함수 부류는 단 하나밖에 발견하지 못한다. 부분 대칭함수 $(\langle x_1x_2x_3 \rangle \vee x_4) \oplus (x_1 \wedge x_2 \wedge x_3)$으로 대표되는 '빠진 부류'는 위에 나온 처음 다섯 사슬 중 임의의 것을 적절히 특수화함으로써 여섯 단계 이내로 도달할 수 있다. 예를 들어 다음은 첫 번째 특수 사슬에 해당하는 한 가지 방법이다.

$$x_5 = x_1 \wedge x_2, \quad x_6 = x_1 \vee x_2, \quad x_7 = x_3 \oplus x_5,$$
$$x_8 = x_4 \wedge \bar{x}_5, \quad x_9 = x_6 \wedge x_7, \quad x_{10} = x_8 \vee x_9. \qquad (19)$$

다른 모든 함수는 $L(f) \leq 7$이므로, 이 계산 시도들에 의해 모든 경우에서의 진정한 최소 비용이 밝혀진 것이다.

역사적 참고사항: $f(w, x, y, z)$ 형태의 모든 부울 함수를 최적으로 평가하기 위한 최초의 공동 시도가 *Annals of the Computation Laboratory of Harvard University* **27** (1951)에 보고되었다. 거기서 에이킨Howard Aiken의 팀은 그들이 구축할 수 있었던 최선의 회선교환회로의 발견법적 방법들과 상세한 표들을 제시했다. 그들의 비용 척도 $V(f)$는 지금까지 살펴본 비용 $C(f)$와는 다른 것이었는데, 왜냐하면 그 척도는 진공관들의 '제어 격자(control grid)'들에 기초한 것이었기 때문이다. 그들은 네 종류의 게이트, 즉 NOT$(f)$, NAND$(f, g)$, OR$(f_1, \ldots, f_k)$, AND$(f_1, \ldots, f_k)$를 사용했다. 이들의 비용은 각각 1, 2, $k$, 0이다. NOT, NAND, OR의 모든 입력은 변수이거나 변수의

여수, 또는 이전 게이트의 결과이다. AND의 모든 입력은 다른 곳에서는 쓰이지 않은 NOT이나 NAND 게이트의 출력이어야 한다.

이러한 비용 조건들 하에서는 함수의 비용과 그 여함수의 비용이 다를 수 있다. 예를 들어 $x \wedge y$를 그대로 평가하는 비용과 AND(NOT($\bar{x}$), NOT($\bar{y}$))의 비용은 둘 다 2이다. 그러나 $\bar{x} \vee (\bar{y} \wedge \bar{z}) =$ NAND($x$, OR($y, z$))의 비용은 4인 반면 그 여함수인 $x \wedge (y \vee z) =$ AND(NOT($\bar{x}$),NAND($\bar{y}, \bar{z}$))의 비용은 단 3이다. 그래서 하버드의 연구자들이 본질적으로 서로 다른 4변수 함수 부류 402가지를 (222가지가 아니라) 고려해야 했다(연습문제 7.1.1-125의 해답을 보라). 물론 당시 연구자들은 대부분의 계산을 손으로 했다. 그들은 모든 경우에서 $S_{0,1}(w, x, y, z) \vee (S_2(w, x, y) \wedge z)$와 동치인 64개의 함수들을 제외할 때 $V(f) < 20$임을 발견했으며, 예외인 함수들은 20개의 제어격자들을 통해서 다음과 같이 평가되었다.

$$\begin{aligned} g_1 &= \text{AND}(\text{NOT}(\bar{w}), \text{NOT}(\bar{x})),\ g_2 = \text{NAND}(\bar{y}, z), \\ g_3 &= \text{AND}(\text{NOT}(w), \text{NOT}(x)); \\ f &= \text{AND}(\text{NAND}(g_1, g_2), \text{NAND}(g_3, \text{AND}(\text{NOT}(\bar{y}), \text{NOT}(\bar{z}))), \\ &\qquad \text{NOT}(\text{AND}(\text{NOT}(g_3), \text{NOT}(\bar{y}), \text{NOT}(z))), \\ &\qquad\qquad \text{NOT}(\text{AND}(\text{NOT}(g_1), \text{NOT}(g_2), \text{NOT}(g_3)))) \end{aligned} \tag{20}$$

최적임을 입증하는 것이 가능한 최적 회로를 찾아내는 최초의 프로그램은 헬러먼Leo Hellerman이 작성했다[*IEEE Transactions* **EC-12** (1963), 198-223]. 헬러먼은 임의의 주어진 함수 $f(x, y, z)$를 평가하는 데 필요한 최소의 NOR 게이트 개수를 구했다. 그는 모든 게이트의 모든 입력이 여수화되지 않은 변수이거나 이전 게이트의 출력이어야 한다는 제약을 두었다. 팬인과 팬아웃은 최대 3으로 제한했다. 두 회로의 게이트 개수가 같은 경우에는 전체 입력 개수가 더 작은 쪽을 택했다. 예를 들어 $\bar{x} =$ NOR($x$)를 비용 1, $x \vee y \vee z =$ NOR(NOR($x, y, z$))를 비용 2, $\langle xyz \rangle =$ NOR((NOR($x,y$), NOR($x,z$), NOR($y,z$))를 비용 4, $S_1(x, y, z) =$ NOR(NOR($x, y, z$), $\langle xyz \rangle$)를 비용 6 등등으로 계산했다. 팬아웃을 3으로 제한했기 때문에, 모든 3변수 함수를 7 이하의 비용으로 평가할 수 있음을 발견했다. 단, 패리티 함수 $x \oplus y \oplus z = (x \equiv y) \equiv z$는 예외인데, 이는 $x \equiv y$가 NOR(NOR($x$,NOR($x, y$)), NOR($y$, NOR($x, y$)))라서 비용이 4가 되기 때문이다.

전기공학자들은 다른 비용 조건들도 계속해서 탐구했다. 그러나 4변수 함수들은 1977년 전까지는 도달할 수 없는 곳에 있는 것 같았다. 1977년에 량Frank M. Liang이 표 1에 나온 $C(f)$ 값들을 확증했다. 량의 유도 방식(출판되지는 않음)은 상향식 구축으로는 줄일 수 없는 모든 사슬에 대한 연구에 기초한 것이었다.

**$n = 5$의 경우.** 표 7.1.1-5에 따르면, 본질적으로 다른 함수 $f(x_1, x_2, x_3, x_4, x_5)$ 부류들은 616,126개이다. 이제는 그 정도 개수가 두렵지 않을 정도로 컴퓨터가 빨라졌다. 그래서 필자는 이번 절을 쓰면서 모든 5변수 부울 함수에 대해 $C(f)$를 조사해 보기로 했다. 약간의 행운 덕분에 완전한 결과를 얻을 수 있었다. 표 2는 그로부터 뽑은 통계치이다.

표 2

복잡도별 5변수 함수 개수

| $C(f)$ | 부류 개수 | 함수 개수 | $L(f)$ | 부류 개수 | 함수 개수 | $D(f)$ | 부류 개수 | 함수 개수 |
|---|---|---|---|---|---|---|---|---|
| 0 | 2 | 12 | 0 | 2 | 12 | 0 | 2 | 12 |
| 1 | 2 | 100 | 1 | 2 | 100 | 1 | 2 | 100 |
| 2 | 5 | 1140 | 2 | 5 | 1140 | 2 | 7 | 5350 |
| 3 | 20 | 11570 | 3 | 20 | 11570 | 3 | 1789 | 6702242 |
| 4 | 93 | 109826 | 4 | 93 | 109826 | 4 | 614316 | 4288259592 |
| 5 | 389 | 995240 | 5 | 366 | 936440 | 5 | 0 | 0 |
| 6 | 1988 | 8430800 | 6 | 1730 | 7236880 | 6 | 0 | 0 |
| 7 | 11382 | 63401728 | 7 | 8782 | 47739088 | 7 | 0 | 0 |
| 8 | 60713 | 383877392 | 8 | 40297 | 250674320 | 8 | 0 | 0 |
| 9 | 221541 | 1519125536 | 9 | 141422 | 955812256 | 9 | 0 | 0 |
| 10 | 293455 | 2123645248 | 10 | 273277 | 1945383936 | 10 | 0 | 0 |
| 11 | 26535 | 195366784 | 11 | 145707 | 1055912608 | 11 | 0 | 0 |
| 12 | 1 | 1920 | 12 | 4423 | 31149120 | 12 | 0 | 0 |

이 계산을 위해 알고리즘 L 및 그 변형들을 $2^{31}$개의 정규 진리표들의 집합 전체가 아니라 부류 대푯값(class representative)들을 다루도록 수정했다. 연습문제 7.2.1.2-20 덕분에, 한 부류의 한 함수가 주어지면 그 부류의 다른 모든 함수를 수월하게 생성할 수 있었으며, 그래서 속도가 천 배 정도 빨라졌다. 상향식 방법을, 이를테면 $C(f) = r-2$일 때 $f(x_1 \wedge x_2, x_1 \vee x_2, x_3, x_4, x_5)$의 비용이 $\le r$임을 유도할 수 있도록 약간 개선했다. 비용이 10인 모든 부류를 찾은 후에는, 일곱 개의 함수 부류들을 제외한 모든 부류에서 길이가 $\le 11$인 사슬들을 하향식 방법과 상향식 방법을 이용해서 찾아낼 수 있었다. 그 후부터 시간이 많이 소비되는 과정이 시작되었다. $n=5$이고 $r=11$인 약 530만 개의 특수 사슬들을 생성했는데, 그 모든 사슬이 각각 $5^{11} = 48{,}828{,}125$개의 함수로 이어졌다. 다행히 일부는 남아 있는 일곱 개의 신비한 부류들에 속하는 것으로 보였다. 그러나 그중 11단계 해를 가지는 것은 단 여섯 부류임이 밝혀졌다. 16진으로 표기한 진리표가 169ae443인 유일한 생존자는 $C(f)=12$인 경우에 대한 고유한 부류로, $L(f)$ 역시 12이다.

대칭함수들의 나머지 구성들이 그림 10에 나와 있다. 일부는 놀랄 만큼 아름답다. 또한 아름다울 만큼 단순한 것들도 있고, 그냥 놀라운 것들도 있다. (이를테면 $S_{2,3}(x_1, x_2, x_3, x_4, x_5)$의 8단계 계산이나 $S_{2,3,4}$에 대한 우아한 공식, 또는 $S_{4,5}$와 $S_{3,4,5}$의 비단조 사슬들을 보라.) 첨언하자면, 표 2는 깊이가 $\le 4$인 모든 5변수 함수를 보여 주나, 그림 10에 나온 것들에는 깊이 최소화 시도가 전혀 없다.

사실 이 대칭함수들 모두를 비용 증가 없이 최소의 메모리로 평가할 수 있다. 그러나 이에 대한 간단한 이유는 알려져 있지 않다.

**다중 출력.** 종종 같은 입력 변수 $x_1, \ldots, x_n$에 대해 서로 다른 여러 부울 함수 $f_1(x_1, \ldots, x_n), \ldots, f_m(x_1, \ldots, x_n)$을 평가해야 하는 경우가 종종 있다. 다른 말로 하면, $y = f_1 \ldots f_m$이 길이가 $m$인 이진 벡터이고 $x = x_1 \ldots x_n$이 길이가 $n$인 이진 벡터일 때 다중 비트 함수 $y = f(x)$를 평가하는

**그림 10.** 5변수 대칭함수들의 최소 비용 부울 사슬들.

것이다. 운이 따른다면, 한 구성요소 값 $f_j(x_1, \ldots, x_n)$의 계산에 관련된 작업의 상당 부분을 다른 구성요소 값 $f_k(x_1, \ldots, x_n)$들의 평가에 필요한 연산들과 공유할 수 있다.

자명하지 않은 모든 함수 $f_j$를 계산하는 어떤 최단 부울 사슬의 길이를 $C(f) = C(f_1 \cdots f_m)$이라고 하자. 좀 더 엄밀히 말하면, 그 사슬 $(x_{n+1}, \ldots, x_{n+r})$은 $1 \le j \le m$에 대해 $f_j(x_1, \ldots, x_n) = x_{l(j)}$이거나 $f_j(x_1, \ldots, x_n) = \bar{x}_{l(j)}$인 어떤 $l(j)$가 존재한다는 속성을 가져야 한다. 여기서 $0 \le l(j) \le n + r$이고 $x_0 = 0$이다. $C(f) \le C(f_1) + \cdots + C(f_m)$임은 명백하나, 훨씬 더 나은 결과를 얻을 수 있을 것이다.

예를 들어 다음과 같이 세 부울 변수의 2비트 이진 합으로 정의되는 함수 $z_1$과 $z_0$을 계산한다고 하자.

$$(z_1 z_0)_2 = x_1 + x_2 + x_3 \tag{21}$$

이때

$$z_1 = \langle x_1 x_2 x_3 \rangle, \qquad z_0 = x_1 \oplus x_2 \oplus x_3 \tag{22}$$

이므로 각각의 비용은 $C(z_1) = 4$와 $C(z_0) = 2$이다. 그러나 결합된 비용 $C(z_1 z_0)$이 최대 5임은 쉽게 알 수 있다. $x_1 \oplus x_2$가 각 비트 $z_j$의 평가에 적절한 첫 단계이기 때문이다.

$$x_4 = x_1 \oplus x_2, \quad z_0 = x_5 = x_3 \oplus x_4;$$
$$x_6 = x_3 \wedge x_4, \quad x_7 = x_1 \wedge x_2, \quad z_1 = x_8 = x_6 \vee x_7. \tag{23}$$

더 나아가서, 모든 경우를 철저히 계산해 보면 $C(z_1 z_0) > 4$임이 입증된다. 따라서 $C(z_1 z_0) = 5$이다.

전자공학자들은 전통적으로 (21)의 회로를 전가산기(full adder)라고 불렀다. 이 이름은 그러한 $n$개의 구축요소들을 함께 엮어서 두 개의 $n$비트 수를 더할 수 있기 때문에 붙은 것이다. (22)에서 $x_3 = 0$인 특수 경우 역시 중요한데, 이는 다음으로 단순화된다.

$$z_1 = x_1 \wedge x_2, \qquad z_0 = x_1 \oplus x_2 \tag{24}$$

이 경우 복잡도는 2이다. 공학자들은 이를 '반가산기(half adder)'라고 불렀다. 이는 전가산기의 비용이 반가산기 두 개의 비용을 넘는다는 점을 반영한 이름이다.

일반화된 기수 2 덧셈 문제

$$\begin{array}{r} (x_{n-1} \cdots x_1 x_0)_2 \\ (y_{n-1} \cdots y_1 y_0)_2 \\ \hline (z_n z_{n-1} \cdots z_1 z_0)_2 \end{array} \tag{25}$$

는 $2n$개의 부울 입력 $x_{n-1} \cdots x_1 x_0 y_{n-1} \cdots y_1 y_0$으로부터 $n+1$개의 부울 출력 $z_n \cdots z_1 z_0$을 얻는 것이다. 그리고 이는 다음 공식을 이용해서 수월하게 풀 수 있다.

$$c_{j+1} = \langle x_j y_j c_j \rangle, \qquad z_j = x_j \oplus y_j \oplus c_j, \qquad 0 \le j < n\text{에 대해.} \tag{26}$$

여기서 $c_j$들은 '올림 비트(carry bit)'들이고, $c_0 = 0$, $z_n = c_n$이다. 따라서 반가산기 하나를 이용해서 $c_1$과 $z_0$을 계산하고, 그다음에 $n-1$개의 전가산기들을 이용해서 나머지 $c$들과 $z$들을 계산하면 된다. 이러한 계산의 총 비용은 $5n-3$이다. 그리고 실제로 레드킨N. P. Red'kin은 $5n-3$단계가 정말로 필요조건임을 공들인 35쪽 짜리 귀납 증명을 구축해서 증명했는데〔*Problemy Kibernetiki* **38** (1981), 181-216〕, 그 증명은 경우(case) 2.2.2.3.1.2.3.2.4.3(!)으로 끝난다. 그러나 이 회로의 깊이 $2n-1$은 실용적인 병렬 계산에는 너무 크다. 그래서 사람들은 깊이가 $O(\log n)$이고 비용도 적당한 덧셈 회로를 고안하는 데 많은 노력을 기울였다. (연습문제 41~44를 보라.)

이제 (21)을 전개해서 일반적인 '옆쪽 합(sideways sum)'을 계산해 보자.

$$(z_{\lfloor \lg n \rfloor} \cdots z_1 z_0)_2 = x_1 + x_2 + \cdots + x_n. \tag{27}$$

$n=2k+1$이라고 할 때, $k$개의 전가산기들을 이용해서 합을 $(x_1+\cdots+x_n) \bmod 2$ 더하기 가중치가 2인 $k$개의 비트들로 줄일 수 있다. 왜냐하면 각 전가산기는 가중치가 1인 비트들의 개수를 둘로 줄이기 때문이다. 예를 들어 $n=9$이고 $k=4$일 때 계산은

$$\begin{array}{llll} x_{10}=x_1\oplus x_2\oplus x_3, & x_{11}=x_4\oplus x_5\oplus x_6, & x_{12}=x_7\oplus x_8\oplus x_9, & x_{13}=x_{10}\oplus x_{11}\oplus x_{12}, \\ y_1=\langle x_1x_2x_3\rangle, & y_2=\langle x_4x_5x_6\rangle, & y_3=\langle x_7x_8x_9\rangle, & y_4=\langle x_{10}x_{11}x_{12}\rangle \end{array}$$

이며, $x_1+\cdots+x_9=x_{13}+2(y_1+y_2+y_3+y_4)$이다. $n=2k$가 짝수이면 이와 비슷하되 끝에 반가산기가 오는 축약이 적용된다. 그런 다음에는 가중치 2비트들을 같은 방식으로 합하면 된다. 이로부터, $z_{\lfloor \lg n\rfloor}\cdots z_1z_0$을 계산하는 데 필요한 게이트들의 전체 개수를 뜻하는 다음과 같은 점화식을 얻을 수 있다.

$$s(n) = 5\lfloor n/2\rfloor - 3[n\text{이 짝수}] + s(\lfloor n/2\rfloor), \quad s(0)=0. \tag{28}$$

($s(n)$에 대한 닫힌 공식이 연습문제 30에 나온다.) $s(n)<5n$이며, 처음 20개의 값

| $n=$ | 1 | 2 | 3 | 4 | 5 | 6 | 7 | 8 | 9 | 10 | 11 | 12 | 13 | 14 | 15 | 16 | 17 | 18 | 19 | 20 |
|---|---|---|---|---|---|---|---|---|---|---|---|---|---|---|---|---|---|---|---|---|
| $s(n)=$ | 0 | 2 | 5 | 9 | 12 | 17 | 20 | 26 | 29 | 34 | 37 | 44 | 47 | 52 | 55 | 63 | 66 | 71 | 74 | 81 |

은 이 방법이 작은 $n$에 대해서도 상당히 효율적임을 보여 준다. 예를 들어 $n=5$일 때 이 방법으로 다음과 같은 부울 사슬을 얻는다.

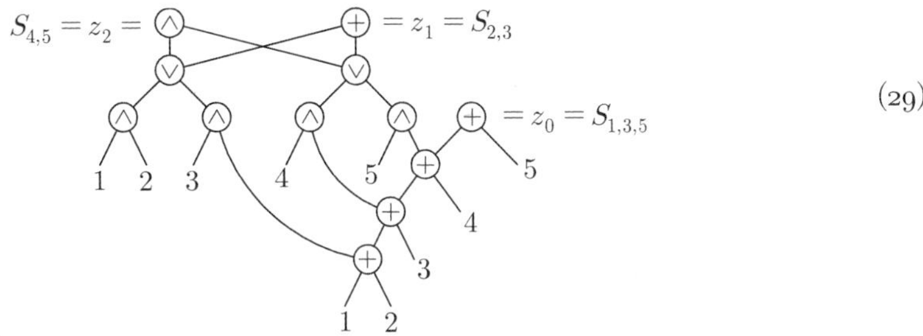

(29)

이 사슬은 서로 다른 세 대칭함수 $z_2=S_{4,5}(x_1,\ldots,x_5)$와 $z_1=S_{2,3}(x_1,\ldots,x_5)$, $z_0=S_{1,3,5}(x_1,\ldots,x_5)$를 단 12단계로 계산한다. $S_{4,5}$는 그림 10에 따르면 10단계 계산이 최적이다. 물론 $S_{1,3,5}$의 4단계 계산도 최적이다. 더 나아가서, 비록 $C(S_{2,3})=8$이긴 하지만, 이 방법에서 함수 $S_{2,3}$은 $S_{4,5}$와 한 게이트만 제외한 모든 게이트를 공유하는 교묘한 10단계 방식으로 계산된다.

이제 임의의 대칭함수를 효율적으로 계산할 수 있게 된 것임을 주목하기 바란다. $\{x_1,\ldots,x_n\}$의 모든 대칭함수는 $z_{\lfloor \lg n\rfloor}\cdots z_1z_0$의 한 부울 함수이기 때문이다. 우리는 예를 들어 임의의 4변수 부울 함수의 복잡도가 $\le 7$임을 알고 있다. 따라서 임의의 대칭함수 $S_{k_1,\ldots,k_t}(x_1,\ldots,x_{15})$의 비용은 $s(15)+7=62$를 넘지 않는다. 놀라운 점은, $n$변수 대칭함수가 $n$이 작을 때에는 평가하기가 가장 어려운 축에 들지만 $n\ge 10$일 때에는 가장 쉬운 축에 든다는 것이다.

또한 대칭함수들의 집합도 효율적으로 계산할 수 있다. 예를 들어 $0\le k\le n$인 $n+1$개의 대칭함수 $S_k(x_1,\ldots,x_n)$들 전부를 하나의 부울 사슬로 평가하고자 한다면, 최소항 $z_0$, $z_1$, …, $z_{\lfloor \lg n\rfloor}$ 중

처음 $n+1$개만 평가하면 된다. 한 예로 $n=5$일 때 모든 함수 $S_k$에서 나오는 최소항들은 각각 $S_0=\bar{z}_0\wedge\bar{z}_1\wedge\bar{z}_2$, $S_1=\bar{z}_0\wedge\bar{z}_1\wedge z_2$, …, $S_5=z_0\wedge\bar{z}_1\wedge z_2$이다.

$n$변수에 대한 최소항 $2^n$개 모두를 계산하는 것이 얼마나 어려울까? 전기공학자들은 이 함수를 $n$대$2^n$ 이진 복호기(binary decoder)라고 불렀다. 이는 이런 함수가 $n$개의 비트 $x_1 \ldots x_n$을 딱 한 비트만 1인 $2^n$비트 수열 $d_0 d_1 \ldots d_{2^n-1}$로 변환하기 때문이다. '분할정복' 원리를 따르자면, 우선 변수들 중 처음 $\lceil n/2\rceil$개에 대한 최소항들과 마지막 $\lfloor n/2\rfloor$개에 대한 최소항들을 계산하고, 그런 다음 $2^n$개의 AND 게이트들로 작업을 마무리하는 방법을 생각할 수 있다. 이 방법의 비용은 $t(n)$으로, 여기서

$$t(0)=t(1)=0; \qquad n\geq 2\text{에 대해} \quad t(n)=2^n+t(\lceil n/2\rceil)+t(\lfloor n/2\rfloor) \tag{30}$$

이다. 따라서 $t(n)=2^n+O(2^{n/2})$이다. 최소항마다 대략 하나의 게이트가 있는 셈이다. (연습문제 32를 보라.)

다중 출력 함수는 단일한 출력들로 좀 더 큰 함수들을 구축하는 데 종종 도움이 된다. 예를 들어 옆쪽 가산기(sideways adder) (27)로 대칭함수들을 계산할 수 있음은 이미 보았다. 그리고 $n$이 클 때 $2^n$이 아주 거대할 수 있다는 점을 생각하면 $n$대$2^n$ 복호기 역시 응용의 여지가 크다. 한 예가 $2^m$중 멀티플렉서(~way multiplexer) $M_m(x_1,\ldots,x_m;y_0,y_1,\ldots,y_{2^m-1})$로, $m$비트 저장소 접근 함수(storage access function)라고도 부른다. 이것은 입력이 $n=m+2^m$개이며, $(x_1\ldots x_m)_2=k$일 때 $y_k$의 값을 취한다. 정의에 의해

$$M_m(x_1,\ldots,x_m;y_0,y_1,\ldots,y_{2^m-1})=\bigvee_{k=0}^{2^m-1}(d_k\wedge y_k) \tag{31}$$

가 성립하는데, 여기서 $d_k$는 $m$대$2^m$ 이진 복호기의 $k$번째 출력이다. 따라서, (30)에 의해, $M_m$을 $2^m+(2^m-1)+t(m)=3n+O(\sqrt{n})$개의 게이트로 평가할 수 있다. 그러나 연습문제 39는 실제로 이 비용을 단 $2n+O(\sqrt{n})$으로 줄일 수 있음을 보여 준다. (연습문제 79도 보라.)

**점근적 사실들.** 변수들이 적을 때, 부울 함수를 놀랄 만큼 효율적으로 평가할 수 있는 수많은 경우들을 철저한 검색(전수 검색) 방법들을 통해서 찾아낼 수 있다. 따라서 변수들이 좀 더 많다면 교묘한 평가 방식이 나타날 확률이 더 커질 것이라고 예측하는 것이 자연스러운 일이다. 그러나, 적어도 통계의 관점에서 볼 때, 사실은 그 반대이다.

**정리 S.** *거의 모든 부울 함수 $f(x_1,\ldots,x_n)$의 비용은 $2^n/n$을 넘는다. 좀 더 정확히 말하면, 복잡도가 $\leq r$인 부울 함수의 개수가 $c(n,r)$이라고 할 때,*

$$(r-1)!\,c(n,r)\ \leq\ 2^{2r+1}(n+r-1)^{2r} \tag{32}$$

*이다.*

증명. 함수를 $r-1$단계로 계산할 수 있다면, $r$단계 사슬로도 계산할 수 있다. (이 명제는 $r=1$일 때 자명하다. 그 외의 경우 $x_{n+r}=x_{n+r-1}\wedge x_{n+r-1}$로 두면 된다.) $r$단계 사슬들이 아주 많지는

않음을, 따라서 $r$ 이하의 비용으로 계산할 수 있는 서로 다른 함수가 아주 많지는 않음을 보이고자 한다.

$\pi$가 $\{1, \ldots, n+r\}$의 한 치환이되 $1 \mapsto 1$, …, $n \mapsto n$, $n+r \mapsto n+r$ 대응시킨다고 하자. 그러한 치환은 $(r-1)!$개가 있다. $(x_{n+1}, \ldots, x_{n+r})$이 하나의 부울 사슬이고 그 중간 단계 $x_{n+1}$, …, $x_{n+r-1}$ 각각이 적어도 하나의 이후 단계에서 쓰인다고 하자. 그러면

$$n < i \le n+r\text{에 대해} \qquad x_i = x_{j'(i)} \circ'_i x_{k'(i)} = x_{j(i\pi)\pi^-} \circ_{i\pi} x_{k(i\pi)\pi^-} \tag{33}$$

라는 규칙에 의해 정의되는 치환된 사슬들은 $\pi$가 다르면 서로 구별된다. ($\pi$가 $a \mapsto b$로 치환한다면, 이를 $b = a\pi$와 $a = b\pi^-$로 표기하겠다.) 예를 들어 만일 $\pi$가 $5 \mapsto 6 \mapsto 7 \mapsto 8 \mapsto 9 \mapsto 5$로 치환한다면, (7)의 사슬은 다음과 같이 치환된다.

$$\begin{array}{ll} \text{원래의 사슬} & \text{치환된 사슬} \\ x_5 = x_1 \oplus x_3, & x_5 = x_1 \oplus x_2, \\ x_6 = x_1 \oplus x_2, & x_6 = x_3 \oplus x_4, \\ x_7 = x_3 \oplus x_4, & x_7 = x_9 \vee x_5, \\ x_8 = x_5 \vee x_6, & x_8 = x_5 \oplus x_6, \\ x_9 = x_6 \oplus x_7, & x_9 = x_1 \oplus x_3, \\ x_{10} = x_8 \wedge \bar{x}_9; & x_{10} = x_7 \wedge \bar{x}_8. \end{array} \tag{34}$$

통상적인 규칙과는 달리 $j'(i) \ge k'(i)$이나 $j'(i) > i$, $k'(i) > i$일 수도 있음을 주목하기 바란다. 그러나 치환된 사슬은 이전과 같은 함수 $x_{n+r}$을 평가한다. 그리고 치환된 사슬에는 한 항목이 간접적으로 그 자신에 의해 정의되는 형태의 순환마디가 전혀 없다. 치환된 $x_i$는 원래의 $x_{i\pi}$이기 때문이다.

이전에 설명했듯이, 정규 부울 사슬들만 고찰해도 된다. 따라서 비용이 $\le r$인 $c(n, r)/2$개의 정규 부울 사슬로부터 $(r-1)!\,c(n, r)/2$개의 서로 다른 치환된 사슬들이 나오는데, 그러한 사슬들에서 각 단계의 연산자 $\circ_i$는 $\wedge$ 나 $\vee$, $\supset\!\!\!\!\!\!-$, $\oplus$이다. 그리고 그러한 사슬들은 많아야 $4^r(n+r-1)^{2r}$이다. $\circ_i$ 당 네 가지 선택이 가능하고, $n < i \le n+r$인 $j(i)$들과 $k(i)$들 각각에 대해 $n+r-1$가지 선택이 가능하기 때문이다. 이로부터 (32)가 나오며, $r = \lfloor 2^n/n \rfloor$로 두면 정리의 첫 명제가 나온다. (연습문제 46을 보라.) ▮

한편, 무한대에 익숙한 사람들에게도 좋은 소식이 있다. 실제로 모든 $n$변수 부울 함수를 $2^n/n$보다 약간 더 많은 단계로 이루어진 사슬로 평가하는 것이 가능하다. 심지어 $\oplus$와 $\equiv$를 피하는 경우에도 가능한데, 섀넌C. E. Shannon이 고안하고 루파노프O. B. Lupanov가 개선한 기법[*Bell System Tech. J.* **28** (1949), 59–98, Theorem 6; *Izvestiia VUZov, Radiofizika* **1** (1958), 120–140]을 이용하면 된다.

실제로, 섀넌-루파노프 접근방식은 $n$이 작을 때에도 유용한 결과로 이어진다. 그런 만큼, 작은 예제를 통해서 이 접근방식을 좀 더 공부해 보는 것이 좋겠다. 모든 6비트 소수를 식별하는 다음과 같은 함수가 있다.

$$f(x_1, x_2, x_3, x_4, x_5, x_6) = [(x_1x_2x_3x_4x_5x_6)_2\text{는 소수}] \tag{35}$$

이 함수의 진리표는 $2^6 = 64$비트인데, 1차원 배열 대신 $4 \times 16$ 배열을 이용하면 그 비트들을 다루기가 좀 더 편하다.

$$
\begin{array}{r|cccccccccccccccc|l}
\multicolumn{1}{r}{x_3 =} & 0&0&0&0&0&0&0&0&1&1&1&1&1&1&1&1 & \\
\multicolumn{1}{r}{x_4 =} & 0&0&0&0&1&1&1&1&0&0&0&0&1&1&1&1 & \\
\multicolumn{1}{r}{x_5 =} & 0&0&1&1&0&0&1&1&0&0&1&1&0&0&1&1 & \\
\multicolumn{1}{r}{x_6 =} & 0&1&0&1&0&1&0&1&0&1&0&1&0&1&0&1 & \\
\cline{2-17}
x_1x_2 = 00 & 0&0&1&1&0&1&0&1&0&0&0&1&0&1&0&0 & \rbrace \text{ 그룹 } 1 \\
x_1x_2 = 01 & 0&1&0&1&0&0&0&1&0&0&0&0&0&1&0&1 & \\
x_1x_2 = 10 & 0&0&0&0&0&1&0&0&0&1&0&1&0&0&0&1 & \rbrace \text{ 그룹 } 2 \\
x_1x_2 = 11 & 0&0&0&0&0&1&0&0&0&0&0&1&0&1&0&0 & \\
\cline{2-17}
\end{array}
\qquad (36)
$$

행들은 두 행짜리 그룹 둘로 나뉘어져 있다. 그리고 각 그룹에는 16개의 열이 있는데, 그 열들은 네 가지 기본 종류들, 즉 $\genfrac{}{}{0pt}{}{0}{0}$, $\genfrac{}{}{0pt}{}{0}{1}$, $\genfrac{}{}{0pt}{}{1}{0}$, $\genfrac{}{}{0pt}{}{1}{1}$로 구성된다. 따라서 주어진 함수를 다음과 같이 표현할 수 있다.

$$
\begin{aligned}
f(x_1, \ldots, x_6) = \quad & ([x_1x_2 \in \{00\}] && \wedge [x_3x_4x_5x_6 \in \{0010, 0101, 1011\}]) \\
\vee\ & ([x_1x_2 \in \{01\}] && \wedge [x_3x_4x_5x_6 \in \{0001, 1111\}]) \\
\vee\ & ([x_1x_2 \in \{00, 01\}] && \wedge [x_3x_4x_5x_6 \in \{0011, 0111, 1101\}]) \\
\vee\ & ([x_1x_2 \in \{10\}] && \wedge [x_3x_4x_5x_6 \in \{1001, 1111\}]) \\
\vee\ & ([x_1x_2 \in \{11\}] && \wedge [x_3x_4x_5x_6 \in \{1101\}]) \\
\vee\ & ([x_1x_2 \in \{10, 11\}] && \wedge [x_3x_4x_5x_6 \in \{0101, 1011\}]). \qquad (37)
\end{aligned}
$$

(첫 행은 그룹 1, 종류 $\genfrac{}{}{0pt}{}{1}{0}$에 해당하고 그다음은 그룹 1, 종류 $\genfrac{}{}{0pt}{}{0}{1}$ 등으로 이어진다. 마지막 줄은 그룹 2, 종류 $\genfrac{}{}{0pt}{}{1}{1}$이다.) $[x_3x_4x_5x_6 \in \{0010, 0101, 1011\}]$ 같은 함수는 $\{x_3, x_4, x_5, x_6\}$의 세 최소항들의 OR이다.

일반화하자면, 진리표를 각 그룹 당 행이 $\lfloor 2^k/l \rfloor$개 또는 $\lceil 2^k/l \rceil$개인 $l$개의 행 그룹들로 구성된 $2^k \times 2^{n-k}$ 배열로 볼 수 있다. 그룹의 크기(행 개수)가 $m$이라고 할 때, 그룹에는 $2^m$가지 기본 종류들로 이루어진 열들이 있다. 각 그룹 $i$와 0이 아닌 각 종류 $t$에 대해, 하나의 논리곱 $(g_{it}(x_1, \ldots, x_k) \wedge h_{it}(x_{k+1}, \ldots, x_n))$을 형성한다. 여기서 $g_{it}$는 $t$가 1인 그룹의 행들에 대한 $\{x_1, \ldots, x_k\}$의 모든 최소항의 OR이다. 한편 $h_{it}$는 그룹 $i$에서 종류가 $t$인 열들에 대한 $\{x_{k+1}, \ldots, x_n\}$의 모든 최소항의 OR이다. 이 모든 논리곱 $(g_{it} \wedge h_{it})$의 OR로부터 $f(x_1, \ldots, x_n)$이 나온다.

일단 $1 \le k \le n-2$이고 $1 \le l \le 2^k$인 매개변수 $k$와 $l$을 선택했다면, $\{x_1, \ldots, x_k\}$의 모든 최소항과 $\{x_{k+1}, \ldots, x_n\}$의 모든 최소항을 $t(k) + t(n-k)$단계로 계산하는 것으로 계산을 시작한다((30) 참고). 그런 다음 $1 \le i \le l$에 대해, 그룹 $i$가 $(i-1)2^k/l \le (x_1 \ldots x_k)_2 < i2^k/l$인 $(x_1, \ldots, x_k)$의 값들로 이루어진 그룹이라고 할 때, 그러한 그룹에는 $m_i = \lceil i2^k/l \rceil - \lceil (i-1)2^k/l \rceil$개의 행들이 있다. 그러한 행들의 공집합이 아닌 $2^{m_i} - 1$개의 부분집합들의 모임을 $S_i$라고 할 때, $t \in S_i$인 함수 $g_{it}$들을 모두 형성한다. 그 작업은 이전에 계산한 최소항들의 OR들 $2^{m_i} - m_i - 1$개로 마칠

수 있다. 또한 0이 아닌 종류 $t$를 대표하는 함수 $h_{it}$들도 모두 형성한다. 이를 위해서는 각 그룹 $i$마다 최대 $2^{n-k}$개의 OR 연산들이 필요하다. 각 최소항을 OR해서 적절한 종류 $t$의 $h$ 함수를 얻을 수 있기 때문이다. 마지막으로, $f = \bigvee_{i=1}^{l} \bigvee_{t \in S_i} (g_{it} \wedge h_{it})$를 계산한다. 각 AND 연산은 $h_{it}$로의 불필요한 첫 OR로서 상쇄된다. 따라서 총 비용은

$$t(k)+t(n-k)+(l-1)+\sum_{i=1}^{l}\Bigl((2^{m_i}-m_i-1)+2^{n-k}+(2^{m_i}-2)\Bigr) \qquad (38)$$

를 넘지 않는다. 이 상계를 최소화하는 $k$와 $l$을 선택해야 한다. 연습문제 52에서 $n$이 작을 때의 최선의 선택을 논의한다. 그리고 $n$이 클 때, 이들을 잘 선택하면 적어도 대부분의 함수에 대해서는 최적에 가까움을 증명할 수 있는 사슬이 나온다.

**정리 L.** *가장 비싼 n 변수 부울 함수들의 비용을 $C(n)$으로 표기하자. 그러면, $n \to \infty$에 따라 다음이 성립한다.*

$$C(n) \ge \frac{2^n}{n}\left(1+\frac{\lg n}{n}+O\left(\frac{1}{n}\right)\right); \qquad (39)$$

$$C(n) \le \frac{2^n}{n}\left(1+3\frac{\lg n}{n}+O\left(\frac{1}{n}\right)\right). \qquad (40)$$

증명. 연습문제 48은 하계 (39)가 정리 S의 한 결과임을 보여 준다. 상계는 루파노프의 방법에서 $k=\lfloor 2\lg n\rfloor$, $l=\lceil 2^k/(n-3\lg n)\rceil$으로 설정해서 확인할 수 있다. 연습문제 53을 보라. ▮

**좋은 사슬의 합성.** (37)이 6비트 소수 검출기를 구현하는 최선의 방법은 아니나, 그래도 쓸 만한 전략 하나를 제시한다. 예를 들어 변수 $x_1$과 $x_2$가 행들을 관장하게 할 필요가 없다. 연습문제 51은 열들을 $x_1x_2x_3x_4$에 근거하되 행들은 $x_5x_6$에 근거하는 경우 더 나은 사슬을 얻게 됨을 보여 준다. 일반적으로, 변수들 중 $k$개를 나머지 $n-k$개에 대해 운용해서 진리표를 분할하는 수많은 방법이 존재한다.

더 나아가서, 모든 4변수 함수에 대한 우리의 완전한 지식을 활용함으로써 (37)을 좀 더 개선할 수 있다. 예를 들어 $[x_3x_4x_5x_6 \in \{0010, 0101, 1011\}]$ 같은 함수를 평가한다고 할 때, 만일 그런 모든 함수를 직접적으로 평가하는 최선의 방법을 알고 있다면 굳이 먼저 $\{x_3, x_4, x_5, x_6\}$의 최소항들을 계산할 필요는 없는 것이다. 한편으로는, 여러 개의 4변수 함수들을 동시에 평가해야 할 필요는 존재한다. 따라서 최소항 접근방식이 그렇게 나쁜 착안도 아닐 것이다. 그렇다면 그러한 접근 방식을 실질적으로 개선할 수 있을까?

주어진 4변수 함수들의 집합을 계산하는 하나의 부울 사슬을 합성하는 좋은 방법을 찾아보자. (37)에 나온 $x_3x_4x_5x_6$의 여섯 함수는 꽤 유순하므로(연습문제 54 참고), 일상생활에서 택한 좀 더 흥미로운 예를 통해서 더 많은 것을 배워보기로 하겠다.

7세그먼트 디스플레이(seven-segment display)는 4비트 수를 표시하는 데 널리 쓰이는 장치로, $(x_1x_2x_3x_4)_2$를 교묘하게 일곱 개의 배치된 가시/비가시 세그먼트들로 표현한다. 그 세그먼트들을

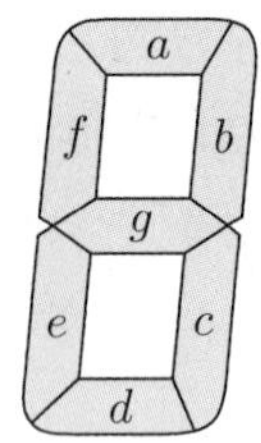


옆의 그림에서처럼 $(a, b, c, d, e, f, g)$로 지칭하는 것이 관례이다. $(a, b, c, d, e, f)$를 켜면 '0'이 되고, $(b, c)$만 켜면 '1'이 된다. (첨언하자면, 이런 표시 방식은 우드F. W. Wood가 고안했다〔*U.S. Patent 974943* (1910)〕. 우드의 원래 설계에서는 세그먼트가 여덟 개였는데, 이는 그가 '4'에 대각선 획이 필요하다고 생각했기 때문이다.) 보통의 경우 7세그먼트 디스플레이는 십진 숫자 '0', '1', …, '9'만 표시하지만, 전산학자의 디지털시계는 16진 숫자들도 표시할 수 있어야 함이 물론이다. 그러므로 입력 $x_1x_2x_3x_4 =$ 0000, 0001, 0010, …, 1111에 대해 다음과 같은 열여섯 가지 숫자를 표시하도록 7세그먼트 논리를 설계해야 한다.

0123456789AbcdEF (41)

다른 말로 하면, 진리표들이 다음과 같은 일곱 가지 부울 함수를 평가할 수 있어야 한다.

$$\begin{aligned} a &= 1011\ 0111\ 1110\ 0011, \\ b &= 1111\ 1001\ 1110\ 0100, \\ c &= 1101\ 1111\ 1111\ 0100, \\ d &= 1011\ 0110\ 1101\ 1110, \\ e &= 1010\ 0010\ 1011\ 1111, \\ f &= 1000\ 1111\ 1111\ 0011, \\ g &= 0011\ 1110\ 1111\ 1111. \end{aligned} \tag{42}$$

그냥 각 함수를 개별적으로 평가하는 것이 목적이라면 이미 살펴본 여러 방법들을 이용해서 최소 비용 $C(a) = 5$, $C(b) = C(c) = C(d) = 6$, $C(e) = C(f) = 5$, $C(g) = 4$로 해당 함수들을 평가하는 방법을 찾아낼 수 있다. 이 경우 일곱 함수 전부에 대한 총 비용은 37이다. 그러나 지금 하고자 하는 것은 이들을 모두 포함하는 하나의 부울 사슬을 찾는 것이다. 그리고 그러한 최단 부울 사슬은 아마 이전 방법들에 비해 훨씬 효율적일 것이다. 그러한 부울 사슬을 어떻게 발견해야 할까?

사실 $\{a, b, c, d, e, f, g\}$에 대한 진정으로 최적인 사슬을 찾는 과제는, 계산의 관점에서 볼 때 실현 불가능할 확률이 크다. 그러나 앞에서 설명한 '발자국' 발상의 도움을 받는다면 놀랄 만큼 좋은 해법을 찾을 수 있다. 구체적으로 말하면, 우리는 함수의 최소 비용을 계산하는 방법은 물론, 하나의 정규 사슬에서 그러한 최소 비용과 일치하는 모든 첫 단계의 집합을 구하는 방법도 알고 있다. 예를 들어 함수 $e$의 비용은 5이나, 반드시 다음 명령들 중 하나로 시작해야 그 비용이 나온다.

$$x_5 = x_1 \oplus x_4 \quad \text{또는} \quad x_5 = x_2 \wedge \bar{x}_3 \quad \text{또는} \quad x_5 = x_2 \vee x_3.$$

다행히, 바람직한 첫 단계들 중 하나는 일곱 발자국들 중 넷에 속한다. 즉, 함수 $c$, $d$, $f$, $g$ 모두 $x_5 = x_2 \oplus x_3$으로 시작해서 최적으로 평가할 수 있다. 따라서 그것이 자연스러운 선택이다. 이 선택을 통해서 본질적으로 세 개의 단계를 절약할 수 있다. 원래의 37단계 중 계산을 마치는 데 필요한 것은 많아야 33개이기 때문이다.

이제 $2^{16}$개의 모든 함수의 비용들과 발자국들을 재계산할 수 있다. 이전처럼 진행하되, 새 함수 $x_5$의 비용을 0으로 초기화하면 된다. 결과적으로 함수 $c$와 $d$, $f$, $g$의 비용들이 1만큼 감소하며, 발자국들도 변경된다. 예를 들어 함수 $a$의 비용은 여전히 5이지만 그 발자국은 함수 $x_5 = x_2 \oplus x_3$이 공짜로 주어질 때 $\{x_1 \oplus x_3, x_2 \wedge x_3\}$에서 $\{x_1 \oplus x_3, x_1 \wedge x_4, \bar{x}_1 \wedge x_4, x_2 \wedge x_3, \bar{x}_2 \wedge x_4, x_2 \oplus x_4, x_4 \wedge x_5, x_4 \oplus x_5\}$로 증가한다.

사실 $x_6 = \bar{x}_1 \wedge x_4$는 새 발자국들 중 넷에서 공통이며, 이 역시 자연스러운 진행 방향을 말해준다. 그리고 $x_5$와 $x_6$ 둘 다 비용이 0인 상태에서 모든 것이 재계산될 때, 이후의 단계 $x_7 = x_3 \wedge \bar{x}_6$은 최신의 발자국들 중 다섯 개에서 바람직함이 판명된다. 이러한 '탐욕적(greedy)' 방식을 계속 밀고 나가면, 항상 운이 따르지는 않겠지만, 단계수가 22인 사슬을 하나 발견하게 된다. 그리고 스티븐슨David Stevenson은 $x_{10}$을 비탐욕적으로 선택한 경우 실제로 필요한 것은 단 21단계임을 보였다:

$$\begin{array}{lll}
x_5 = x_2 \oplus x_3, & x_{12} = x_1 \wedge x_2, & \bar{a} = x_{19} = x_{15} \oplus x_{18}, \\
x_6 = \bar{x}_1 \wedge x_4, & x_{13} = x_9 \wedge \bar{x}_{12}, & \bar{b} = x_{20} = x_{11} \wedge \bar{x}_{13}, \\
x_7 = x_3 \wedge \bar{x}_6, & x_{14} = \bar{x}_3 \wedge x_{13}, & \bar{c} = x_{21} = \bar{x}_8 \wedge x_{11}, \\
x_8 = x_1 \oplus x_2, & x_{15} = x_5 \oplus x_{14}, & \bar{d} = x_{22} = x_9 \wedge \bar{x}_{16}, \\
x_9 = x_4 \oplus x_5, & x_{16} = x_1 \oplus x_7, & \bar{e} = x_{23} = x_6 \vee x_{14}, \\
x_{10} = x_3 \vee x_9, & x_{17} = x_1 \vee x_5, & \bar{f} = x_{24} = \bar{x}_8 \wedge x_{15}, \\
x_{11} = x_6 \oplus x_{10}, & x_{18} = x_6 \oplus x_{13}, & g = x_{25} = x_7 \vee x_{17}.
\end{array} \tag{43}$$

(이것은 정규 사슬이므로 정규화 $\{a, b, c, d, e, f, g\}$들이 아니라 $\{\bar{a}, \bar{b}, \bar{c}, \bar{d}, \bar{e}, \bar{f}, g\}$들을 담고 있다. 간단한 변경으로, 비용이 변하지 않는 정규화되지 않은 함수들을 얻는 것이 가능하다.)

**부분함수.** 실제 응용에서는 부울 함수의 출력 값을 오직 특정한 몇몇 입력 $x_1 \ldots x_n$들에만 명시하는, 그리고 그런 입력들 이외의 경우에는 출력 값이 사실상 중요하지 않은 경우가 많다. 예를 들어 입력 조합들 중 일부가 현실에서는 결코 발생하지 않음을 이미 알고 있는 경우도 있다. 그런 경우 진리표의 해당 위치에 0이나 1 대신 별표를 두기로 한다.

7세그먼트 디스플레이가 그러한 경우이다. 왜냐하면 대부분의 경우 7세그먼트 디스플레이는 $(x_1x_2x_3x_4)_2 \le 9$인, 열 개의 이진 부호화된 십진 입력들만 다루기 때문이다. 다른 여섯 경우들에서 어떤 세그먼트가 보이는지는 중요하지 않다. 따라서 (42)의 진리표는 사실상 다음이 된다.

$$\begin{array}{l}
a = 1011\ 0111\ 11{*}{*}\ \ {*}{*}{*}{*} \\
b = 1111\ 1001\ 11{*}{*}\ \ {*}{*}{*}{*} \\
c = 1101\ 1111\ 11{*}{*}\ \ {*}{*}{*}{*} \\
d = 1011\ 0110\ 11{*}{*}\ \ {*}{*}{*}{*} \\
e = 1010\ 0010\ 10{*}{*}\ \ {*}{*}{*}{*} \\
f = 1000\ 111{*}\ 11{*}{*}\ \ {*}{*}{*}{*} \\
g = 0011\ 1110\ 11{*}{*}\ \ {*}{*}{*}{*}
\end{array} \tag{44}$$

(여기서 함수 $f$는 $x_1x_2x_3x_4 = 0111$ 위치에도 별표가 있는데, 이는 '7'을 7로 표시할 수도 있고 7로 표시할 수도 있기 때문이다. 이번 절을 저술할 때 필자가 본 디스플레이 장치들에서 두 스타일은 거의 같은 비율로 나타난다. 예전에는 6과 9에서 획이 하나 없는 경우를 종종 볼 수 있었으나, 다행히 지금은 그런 스타일이 사라졌다.)

진리표의 별표를 흔히 상관없음(don't-care)이라고 부르는데, 오직 전기공학자들만이 고안할 수 있는 색다른 용어라고 할 수 있겠다. 표 3은 임의의 출력들을 선택할 수 있는 자유가 이득이 됨을 보여준다. 예를 들어 '상관없음'이 3개인 진리표는 $\binom{16}{3}2^{13} = 4{,}587{,}520$개인데, 그중 69%가 비용이 4 이하이다. 반면 별표가 하나도 없는 진리표들 중 비용이 4 이하인 것은 단 21%이다. 한편, '상관없음'들이 우리가 바라는 것만큼 비용을 크게 줄여주는 것도 아니다. 연습문제 63은 이를테면 그 진리표에 상관없음이 30%인 무작위 함수에 의한 비용 절감이 완전히 명시된 함수의 비용의 약 30%밖에 되지 않음을 보여준다.

(44)에 나온 일곱 개의 부분 명시 함수들을 평가하는 최단 부울 사슬은 무엇일까? 앞에서 말한 탐욕적 발자국 방법은 상관없음 항목들이 존재하는 경우에도 수월하게 적응한다. 별표가 $d$개인 패턴에 부합하는 모든 함수($2^d$개)의 발자국들을 OR로 합칠 수 있기 때문이다. 이제 각 함수를 개별적으로 평가하는 초기 비용들은 $C(a) = 3$, $C(b) = C(c) = 2$, $C(d) = 5$, $C(e) = 2$, $C(f) = 3$, $C(g) = 4$로 줄어든다. 총 비용은 37이 아니라 단 21이다. 함수 $g$의 비용은 줄지 않았지만, 대신 발자국이

표 3

'상관없음'이 $d$개이고 비용이 $c$인 4변수 함수들의 개수

| | $c=0$ | $c=1$ | $c=2$ | $c=3$ | $c=4$ | $c=5$ | $c=6$ | $c=7$ |
|---|---|---|---|---|---|---|---|---|
| $d=0$ | 10 | 60 | 456 | 2474 | 10624 | 24184 | 25008 | 2720 |
| $d=1$ | 160 | 960 | 7296 | 35040 | 131904 | 227296 | 119072 | 2560 |
| $d=2$ | 1200 | 7200 | 52736 | 221840 | 700512 | 816448 | 166144 | |
| $d=3$ | 5600 | 33600 | 228992 | 831232 | 2045952 | 1381952 | 60192 | |
| $d=4$ | 18200 | 108816 | 666528 | 2034408 | 3505344 | 1118128 | 3296 | |
| $d=5$ | 43680 | 257472 | 1367776 | 3351488 | 3491648 | 433568 | 32 | |
| $d=6$ | 80080 | 455616 | 2015072 | 3648608 | 1914800 | 86016 | | |
| $d=7$ | 114400 | 606944 | 2115648 | 2474688 | 533568 | 12032 | | |
| $d=8$ | 128660 | 604756 | 1528808 | 960080 | 71520 | 896 | | |
| $d=9$ | 114080 | 440960 | 707488 | 197632 | 4160 | | | |
| $d=10$ | 78960 | 224144 | 189248 | 20160 | | | | |
| $d=11$ | 41440 | 72064 | 25472 | 800 | | | | |
| $d=12$ | 15480 | 12360 | 1280 | | | | | |
| $d=13$ | 3680 | 800 | | | | | | |
| $d=14$ | 480 | | | | | | | |
| $d=15$ | 32 | | | | | | | |
| $d=16$ | 1 | | | | | | | |

더 커졌다. 이전처럼 진행하되 상관없음들의 이점을 취한다면 길이가 단 11인 적절한 사슬을 발견할 수 있다. 이는 출력 당 연산 수가 1.6 미만인 사슬이다!

$$\begin{array}{lll} x_5 = x_1 \vee x_2, & \bar{d} = x_9 = x_6 \oplus x_8, & \bar{c} = x_{13} = \bar{x}_4 \wedge x_{10}, \\ x_6 = x_3 \oplus x_5, & \bar{f} = x_{10} = \bar{x}_5 \wedge x_8, & \bar{e} = x_{14} = x_4 \vee x_9, \\ x_7 = \bar{x}_2 \wedge x_6, & \bar{b} = x_{11} = x_2 \wedge \bar{x}_9, & g = x_{15} = x_6 \vee x_{11}. \\ x_8 = x_4 \vee x_7, & \bar{a} = x_{12} = \bar{x}_3 \wedge x_9, & \end{array} \qquad (45)$$

2011년에 플로버Corey Plover가 발견한 이 놀라운 사슬은 $x_7$을 비탐욕적으로 선택한다.

**삼목 게임.** 이제 유명한 아동용 게임인 '삼목三目(tic-tac-toe)'에 기초한 좀 더 커다란 문제로 관심을 돌리자. 이 게임에서 두 플레이어는 $3 \times 3$ 격자의 칸들을 번갈아 채운다. 한 플레이어는 격자 칸에 X를 쓰고, 다른 플레이어는 O를 쓴다. X 셋이나 O 셋이 직선을 이루면 해당 플레이어가 승리한다. 그런 일이 발생하지 않고 아홉 칸이 모두 채워지면 무승부이다(이를 '고양이의 게임[cat's game]'이라고 부른다). 다음은 삼목 게임이 진행되는 한 예로, X가 이겼다.

(46)

우리의 목표는 삼목 게임을 최적으로 플레이하는, 즉 강제된 승리가 가능한 위치에서는 항상 승리로 이어지는 수手(winning move, 이하 간단히 승리 수)를 두고, 패배를 피할 수 없는 위치로 가는 수는 결코 두지 않는 기계를 설계하는 것이다.

좀 더 엄밀하게 말하면 이렇다. 현재 위치의 칸을 어떤 전구로 밝힐 것인지를 관장하는 18개의 부울 변수 $x_1, \ldots, x_9, o_1, \ldots, o_9$가 있다. 격자의 칸들은 전화기 버튼처럼 1|2|3 4|5|6 7|8|9의 번호로 지칭하기로 한다. 칸 $j$는 만일 $x_j = 1$이면 X를 표시하고 만일 $o_j = 1$이면 O를 표시한다. 만일 $x_j = o_j = 0$이면 아무 것도 표시하지 않는다.* $x_j = o_j = 1$이어서는 안 된다. 그러면 ⊗이 표시될 것이기 때문이다. 초기에 변수 $x_1 \ldots x_9 o_1 \ldots o_9$가 누구도 승리하지 않은 유효한 위치를 나타내도록 설정되어 있다고 가정한다. 컴퓨터가 X를 두고, 컴퓨터가 먼저 시작한다. 이 논의의 목적에서 필요한 것은 아홉 개의 함수 $y_1, \ldots, y_9$를 정의하는 것인데, 여기서 $y_j$는 "$x_j$를 0에서 1로 바꾼다"는 뜻이다. 만일 현재 위치가 고양이의 게임(무승부)에 해당하면 $y_1 = \cdots = y_9 = 0$이 되어야 하며, 그렇지 않으면 단 하나의 $y_j$만 1과 같아야 한다. 물론 출력 값 $y_j = 1$은 $x_j = o_j = 0$인 경우에만 나와야 한다.

---

* [주] 이러한 설정은 1950년대 초 시카고의 과학 및 산업 박물관의 한 전시회에서 본 기계에 기초한 것이다. 거기서 저자는 회선교환의 마법을 처음 접했다. 1940년경 키스터W. Keister가 벨연구소(Bell Telephone Laboratories)에서 설계한 그 기계는 저자가 먼저 수를 두게 했다. 그러나 나는 기계를 이길 방법이 없음을 곧 깨닫고는 최대한 멍청한 수를 두기로 했다. 설계자가 그런 이상한 행동을 예상하지 못했으리라는 바람이었던 것이다. 실제로 나는 컴퓨터가 두 개의 승리 수가 가능한 위치에 도달하게 했다. 그러자 그 기계는 그 두 수 모두를 취했다. 물론 한 번에 두 개의 수를 두는 것은 엄청난 규칙 위반이므로, 비록 기계가 나의 패배를 선언했더라도 도의적인 승리는 나의 것이었다.

나는... 모든 가능한 수들과 상황들에 필요한 조합의 개수를 확인하기 위해...
'틱-택-토'라는 게임을 조사하기 시작했다.
그러나 독특한 종류의 어려움에 처하게 되었다.
자동기계(automaton)가 수를 둘 차례에서,
게임 승리에 기여하는 바가 동일한 서로 다른 두 수가 존재했던 것이다.
...또한, 다른 어떤 조치가 없는 한,
기계는 서로 모순되는 두 움직임을 시도할 것이다.

—배비지CHARLES BABBAGE, *Passages from the Life of a Philosopher* (1864)

변수가 18개일 때 이 아홉 함수 $y_j$들 각각의 진리표는 크기가 $2^{18} = 262{,}144$이다. 그런데 가능한 입력 $x_1 \ldots x_9 o_1 \ldots o_9$들 중 유효한 것은 단 4520개뿐이며, 따라서 진리표의 98.3%는 '상관없음' 별표로 채워져 있다. 그렇긴 하지만, 직관적으로 파악할 수 있을만한 부울 사슬을 설계하고 이해하고자 하는 우리에게 4520은 여전히 불편할 정도로 많은 개수이다. §7.1.4에서는 부울 함수의 또 다른 표현 방법들을 논의하는데, 그 방법들을 이용하면 변수가 수백 개인 부울 함수들을, 심지어는 그 진리표가 감당할 수 없을 정도로 큰 부울 함수들도 다룰 수 있는 경우가 많다.

18변수 함수들은 대부분 게이트가 $2^{18}/18$개보다 많아야 하나, 그보다 더 나은 설계를 얻는 것도 가능할 것이다. 실제로, 다음과 같이 파악하기가 그리 어렵지 않은 조건들에 기초해서, 삼목 게임에서 적절한 수를 두기 위한 한 가지 그럴듯한 전략을 떠올릴 수 있다.

$w_j$, 칸 $j$에 X를 두면 X의 직선이 완성되어서 X가 승리함.
$b_j$, 칸 $j$에 O를 두면 O의 직선이 완성되어서 X가 패배함.
$f_j$, 칸 $j$에 X를 두면 X가 승리할 방법이 두 가지가 생김.
$d_j$, 칸 $j$에 O를 두면 O가 승리할 방법이 두 가지가 생김.

예를 들어 (46)의 예에서 가운데 칸의 X는 O를 차단하기 위해 반드시 필요한 수였다. 즉, 종류 $b_5$에 해당하는 수를 막는 수였던 것이다. 다행히 X의 그 수는 종류 $f_5$에 해당하는, 즉 다음 수에서 승리를 강제할 수 있는 수이기도 하다.

승리 조건을 만족하는 직선들을 집합 $L = \{\{1,2,3\},\{4,5,6\},\{7,8,9\},\{1,4,7\},\{2,5,8\},\{3,6,9\},\{1,5,9\},\{3,5,7\}\}$로 정의하자. 그러면

$$m_j = \bar{x}_j \wedge o_j; \qquad \text{[칸 } j\text{에 두는 수가 적법함]} \qquad (47)$$
$$w_j = m_j \wedge \bigvee_{\{i,j,k\} \in L} (x_i \wedge x_k); \qquad \text{[칸 } j\text{에 두어 승리]} \qquad (48)$$
$$b_j = m_j \wedge \bigvee_{\{i,j,k\} \in L} (o_i \wedge o_k); \qquad \text{[칸 } j\text{에 두어 상대의 승리를 차단]} \qquad (49)$$
$$f_j = m_j \wedge S_2(\{\alpha_{ik} \mid \{i,j,k\} \in L\}); \qquad \text{[칸 } j\text{에 두어 분기]} \qquad (50)$$
$$d_j = m_j \wedge S_2(\{\beta_{ik} \mid \{i,j,k\} \in L\}); \qquad \text{[칸 } j\text{에 두어 방어]} \qquad (51)$$

여기서 $\alpha_{ik}$와 $\beta_{ik}$는 하나의 X 또는 O와 하나의 빈칸을 뜻한다. 즉,

$$\alpha_{ik} = (x_i \wedge m_k) \vee (m_i \wedge x_k), \qquad \beta_{ik} = (o_i \wedge m_k) \vee (m_i \wedge o_k). \tag{52}$$

예를 들어 $b_1 = m_1 \wedge ((o_2 \wedge o_3) \vee (o_4 \wedge o_7) \vee (o_5 \wedge o_9))$이고 $f_2 = m_2 \wedge S_2(\alpha_{13}, \alpha_{58}) = m_2 \wedge \alpha_{13} \wedge \alpha_{58}$, $d_5 = m_5 \wedge S_2(\beta_{19}, \beta_{28}, \beta_{37}, \beta_{46})$이다.

이러한 정의 하에서 수들의 순위를 다음과 같이 매길 수 있다.:

$$\{w_1, \ldots, w_9\} > \{b_1, \ldots, b_9\} > \{f_1, \ldots, f_9\} > \{d_1, \ldots, d_9\} > \{m_1, \ldots, m_9\}. \tag{53}$$

말로 하면 "가능하면 승리한다, 그렇지 않으면 가능하면 차단한다, 그렇지 않으면 가능하면 분기한다, 그렇지 않으면 가능하면 방어한다, 그렇지 않으면 적법한 수를 둔다."이다. 더 나아가서, 적법한 수가 여러 개인 경우에는 다음과 같은 순서로 선택하는 것이 합당해 보인다.

$$m_5 > m_1 > m_3 > m_9 > m_7 > m_2 > m_6 > m_8 > m_4 \tag{54}$$

왜냐하면 가운데 칸 5가 승리 직선 넷 모두에 나오는 반면 모퉁이 칸 1, 3, 9, 7은 세 개, 가장자리 칸 2, 6, 8, 4는 단 둘에서만 나오기 때문이다. 이러한 아래첨자 순위를 (53)에 나온 수들의 다섯 그룹 $\{w_j\}$, $\{b_j\}$, $\{f_j\}$, $\{d_j\}$, $\{m_j\}$ 모두에도 적용할 수 있다.

많아야 하나의 수만 선택됨을 보장하기 위해, $w'_j$, $b'_j$, $f'_j$, $d'_j$, $m'_j$가 각각 '이전의 선택이 더 낫다'는 뜻이라고 정의하기로 하자. 즉 $w'_5 = 0$, $w'_1 = w_5$, $w'_3 = w_1 \vee w'_1$, …, $w'_4 = w_8 \vee w'_8$, $b'_5 = w_4 \vee w'_4$, $b'_1 = b_5 \vee b'_5$, …, $m'_4 = m_8 \vee m'_8$이다. 이제 다음과 같이 두면 삼목 자동기계(automaton)† 의 정의가 완성된다.

$$1 \le j \le 9\text{에 대해} \quad y_j = (w_j \wedge \bar{w}'_j) \vee (b_j \wedge \bar{b}'_j) \vee (f_j \wedge \bar{f}'_j) \vee (d_j \wedge \bar{d}'_j) \vee (m_j \wedge \bar{m}'_j). \tag{55}$$

이렇게 해서 $m$들에 대한 게이트 9개, $w$들에 대한 게이트 48개, $b$들에 대한 게이트 48개, $\alpha$들과 $\beta$들에 대한 게이트 144개, $f$에 대한 게이트 35개(그림 9의 도움을 받아), $d$에 대한 게이트 35개, 프라임 붙은 변수들에 대한 게이트 43개, 그리고 $y$에 대한 게이트 80개를 구축했다. 더 나아가서, 부분 4변수 함수들에 대한 지식을 이용해 (52)의 여섯 연산을 다음과 같은 단 네 개의 연산으로 줄일 수 있다.

$$\alpha_{ik} = (x_i \oplus x_k) \vee \overline{(o_i \oplus o_k)}, \qquad \beta_{ik} = \overline{(x_i \oplus x_k)} \vee (o_i \oplus o_k). \tag{56}$$

이 요령에 의해 48개의 게이트를 절약해서, 결과적으로 총 396개의 게이트로 이루어진 설계를 얻게 되었다.

(47)~(56)의 삼목 게임 전략은 대부분의 경우에 잘 통하나, 몇 가지 명백한 단점도 존재한다. 예를 들어 이 전략은 다음 게임에서 패배의 수모를 겪는다.

| | | | | | | | |
|---|---|---|---|---|---|---|---|
| O · ·<br>· · ·<br>· · · | O · ·<br>· X ·<br>· · · | O · ·<br>· X ·<br>· · O | O · X<br>· X ·<br>· · O | O · X<br>· X ·<br>O · O | O · X<br>· X ·<br>O X O | O · X<br>O X ·<br>O X O | (57) |

X의 둘째 수 $d_3$은 O의 분기를 막긴 하지만, 결과적으로는 O가 반대쪽 모퉁이에서 분기를 하게

† 〔옮긴이 주〕 흔히 자동자自動子라고도 한다. '입력 오토마타' 같은 용어에 등장하는 automata는 automaton의 복수형이다.

만든다. 이를테면 위치 이후에서 비슷한 실패가 발생한다. $m_5$가 (46)에 나온 X의 승리로 이어지는 것이 아니라 무승부 상황 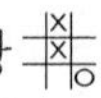 , , , , , , 로 이어지는 것이다. 연습문제 65에서는 이 문제를 해결한, 그리고 단 445개의 게이트로 이루어진 완전히 정확한 부울 삼목 플레이어를 만들어 본다.

***함수 분해.** 함수 $f(x_1, \ldots, x_n)$을 $g(x_1, \ldots, x_k, h(x_{k+1}, \ldots, x_n))$의 형태로 표기할 수 있다면, 먼저 $y = h(x_{k+1}, \ldots, x_n)$을 평가한 후에 $g(x_1, \ldots, x_k, y)$를 계산하는 것이 바람직한 경우가 많다. 아셴허스트Robert L. Ashenhurst는 그러한 분해에 대한 연구를 1952년에 시작했다〔*Annals Computation Lab. Harvard University* **29** (1957), 74–116 참고〕. 그리고 그는 $f$에 그러한 특별한 속성이 있는지를 파악하는 한 가지 간단한 방법이 존재함을 알게 되었다. 만일 $f$의 진리표를 (36)에서처럼 $x_1 \ldots x_k$의 각 설정마다 행들이 있고 $x_{k+1} \ldots x_n$의 각 설정마다 열들이 있는 $2^k \times 2^{n-k}$ 배열로 표기한다면, 원하는 부분함수 $g$와 $h$는 오직 그 배열의 열들에 서로 다른 값들이 많아야 두 가지일 때에만 존재한다. 예를 들어 함수 $\langle x_1 x_2 \langle x_3 x_4 x_5 \rangle\rangle$의 진리표를 그러한 2차원 배열로 표현하면 다음과 같다.

$$\begin{matrix} 0&0&0&0&0&0&0&0 \\ 0&0&0&1&0&1&1&1 \\ 0&0&0&1&0&1&1&1 \\ 1&1&1&1&1&1&1&1 \end{matrix}.$$

한 종류의 열은 $h(x_{k+1}, \ldots, x_n) = 0$인 경우에 대응되고, 또 한 종류의 열은 $h(x_{k+1}, \ldots, x_n) = 1$에 대응된다.

일반적으로, 변수들의 집합 $X = \{x_1, \ldots, x_n\}$을 $f(x) = g(y, h(z))$가 성립하는 임의의 두 서로소 부분집합 $Y = \{y_1, \ldots, y_k\}$와 $Z = \{z_1, \ldots, z_{n-k}\}$로 분할할 수 있다. 하나의 $(Y, Z)$ 분해를, 그 행들이 $y$의 값들에 대응되는 $2^k \times 2^{n-k}$ 진리표 배열의 열들을 조사함으로써 검정할 수도 있을 것이다. 그러나 $X$를 그런 식으로 분할하는 방법은 $2^n$가지나 되며, 그 방법들 중 $|Y| = 0$이거나 $|Z| \le 1$인 자명한 경우를 제외한 모두가 잠재적인 승자이다. 그토록 엄청나게 많은 후보들을 모두 조사하지 않고도 원하는 결과를 얻으려면 어떻게 해야 할까?

한 가지 실용적인 방법을 셴V. Y.-S. Shen과 머켈러A. C. McKellar, 와이너P. Weiner가 찾아냈다〔*IEEE Transactions* **C-20** (1971), 304–309〕. 그들의 방법은 존재할 수 있는 잠재적으로 유용한 임의의 분할 $(Y, Z)$를 통상 단 $O(n^2)$단계만으로 식별한다. 기본 착안은 간단하다. $x_i \in Z$, $x_j \in Z$, $x_m \in Y$라고 하자. $l = (l_1 l_2 l_3)_2$에 대해, 성분 $(i, j, m)$의 값이 각각 $(l_1, l_2, l_3)$이고 그 외의 성분들은 0인 여덟 개의 이진 벡터 $\delta_l$들을 정의한다. 임의의 벡터 $x = x_1 \ldots x_n$을 무작위로 선택하고, $0 \le l \le 7$에 대해 $f_l = f(x \oplus \delta_l)$을 평가한다. 그러면 $2^k \times 2^{n-k}$ 진리표의 $2 \times 4$ 부분행렬 안에 다음 네 쌍이 나타날 것이다.

$$\begin{pmatrix} f_0 \\ f_1 \end{pmatrix} \quad \begin{pmatrix} f_2 \\ f_3 \end{pmatrix} \quad \begin{pmatrix} f_4 \\ f_5 \end{pmatrix} \quad \begin{pmatrix} f_6 \\ f_7 \end{pmatrix}. \qquad (58)$$

따라서 만일 이 쌍들이 서로 소이거나 세 개의 서로 다른 값을 담고 있다면 분해는 불가능하다.

이러한 쌍들이 모두 같으면, 또는 서로 다른 값이 단 두 개이면 '좋은' 쌍들이고, 그렇지 않으면 '나쁜' 쌍들이라고 하자. $f$가 본질적으로 무작위한 습성을 가진 경우, 무작위로 선택된 서로 다른 여러 $x$들로 이런 실험을 하다 보면 나쁜 쌍들이 곧 발견될 것이다. 왜냐하면 $f_0 f_1 \ldots f_7$에 대한 256가지 가능성들 중 단 88개만이 좋은 쌍들의 집합에 해당하기 때문이다. 한 행에서 좋은 쌍들을 찾을 확률은 단 $\left(\frac{88}{256}\right)^{10} \approx .00002$밖에 되지 않는다. 그리고 실제로 나쁜 쌍들을 발견했다면,

$$x_i \in Z \quad \text{그리고} \quad x_j \in Z \implies x_m \in Z \tag{59}$$

라는 결론을 내릴 수 있다. 왜냐하면 그 대안인 $x_m \in Y$는 불가능하기 때문이다.

예를 들어 $n=9$이고 함수 $f$의 진리표 11001001000011...00101이 $\pi$의 이진 표현의 최상위 비트 512개에 해당한다고 하자. (이 '다소 무작위한 함수'의 $n=4$인 경우를 앞의 (5), (6)에서 공부했었다.) 이 $\pi$에 대한 나쁜 쌍들은 $m \neq i < j \neq m$인 $(i, j, m)$ 경우들 각각에서 빠르게 발견된다. 사실, 본 저자의 실험에 의하면, 그러한 252가지 경우들 중 170가지가 즉시 결정되었다. 각 경우당 무작위 $x$ 벡터들의 평균 개수는 단 1.52였다. 그리고 나쁜 쌍들이 나타나기 전에 $x$가 여덟 개나 필요한 것은 단 한 경우뿐이었다. 따라서 (59)는 유관한 모든 $(i, j, m)$에 대해 성립하며, 함수가 분해 불가능임은 명백하다. 실제로 연습문제 73은 이 $\pi$ 함수의 분해 불가능성을 확인하기 위해 판정을 252회나 할 필요가 없음을 보여준다. 그중 단 $\binom{n}{2} = 36$회면 충분하다.

이번에는 다소 덜 무작위한 함수 $f(x_1, \ldots, x_9) = (\det X) \bmod 2$를 보자. 여기서

$$X = \begin{pmatrix} x_1 & x_2 & x_3 \\ x_4 & x_5 & x_6 \\ x_7 & x_8 & x_9 \end{pmatrix} \tag{60}$$

이다. 이 함수는 $i=1$, $j=2$, $m=3$일 때 조건 (59)를 만족하지 않는다. 그런 경우 나쁜 쌍들이 없기 때문이다. 그러나 $4 \leq m \leq 9$에 대해 $\{i, j\} = \{1, 2\}$일 때에는 (59)를 만족한다. 이러한 습성을 편하게 12⇒456789라고 줄여 표기하기로 하자. 모든 쌍 $\{i, j\}$에 대한 함의(implication)들 전체의 집합은 다음과 같다.

| | | | | | |
|---|---|---|---|---|---|
| 12⇒456789 | 18⇒34569 | 27⇒34569 | 37⇒24568 | 48⇒12369 | 67⇒12358 |
| 13⇒456789 | 19⇒24568 | 28⇒134679 | 38⇒14567 | 49⇒12358 | 68⇒12347 |
| 14⇒235689 | 23⇒456789 | 29⇒14567 | 39⇒124578 | 56⇒123789 | 69⇒124578 |
| 15⇒36789 | 24⇒36789 | 34⇒25789 | 45⇒123789 | 57⇒12369 | 78⇒123456 |
| 16⇒25789 | 25⇒134679 | 35⇒14789 | 46⇒123789 | 58⇒134679 | 79⇒123456 |
| 17⇒235689 | 26⇒14789 | 36⇒124578 | 47⇒235689 | 59⇒12347 | 89⇒123456 |

(연습문제 96 참고). 이 함수를 무작위로 조사할 때에는 나쁜 쌍들을 발견하기가 좀 더 어렵다. 저자의 실험에 의하면, 나쁜 쌍들이 존재하는 경우 그것들을 발견하기까지 필요한 $x$들의 평균 개수는 약 3.6이다. 물론 검사를 제한할 필요도 있었다. 그래서, 허용 한계 문턱값 $t$를 정해서, 연속해서 $t$번 시도해도 나쁜 쌍을 전혀 찾지 못했을 때에는 포기하는 방법을 사용했다. $t=10$으로 선택했을 때, 위에 나온 198가지 함의들 중 8개를 뺀 모두를 찾을 수 있었다.

(59)와 같은 함의는 혼 절이며, §7.1.1에서 보았듯이 혼 절에서 더 많은 결과를 유도하는 것은 쉬운 일이다. 실제로, 연습문제 74의 방법은 $|Z|>1$을 만족하는 유일한 분할은 자명한 $(Y=\emptyset,\ Z=\{x_1,\ldots,x_9\})$ 뿐임을 50개 미만의 $(i,j,m)$ 경우들을 조사해서 이끌어낸다.

$f(x_1,\ldots,x_9)=[\operatorname{per} X>0]$일 때에도 비슷한 결과가 나온다. 여기서 per는 퍼머넌트 함수(permanent function)를 뜻한다. (이 경우 $f$는 간선들이 변수 $x_1 \ldots x_9$로 지정되는 $K_{3,3}$의 이분열 부분그래프에 완벽한 부합이 존재하는지를 말해 준다.) 이제 함의는 단 180개뿐이다:

| | | | | | |
|---|---|---|---|---|---|
| 12⇒456789 | 18⇒3459 | 27⇒3459 | 37⇒2468 | 48⇒1269 | 67⇒1358 |
| 13⇒456789 | 19⇒2468 | 28⇒134679 | 38⇒1567 | 49⇒1358 | 68⇒2347 |
| 14⇒235689 | 23⇒456789 | 29⇒1567 | 39⇒124578 | 56⇒123789 | 69⇒124578 |
| 15⇒3678 | 24⇒3678 | 34⇒2579 | 45⇒123789 | 57⇒1269 | 78⇒123456 |
| 16⇒2579 | 25⇒134679 | 35⇒1489 | 46⇒123789 | 58⇒134679 | 79⇒123456 |
| 17⇒235689 | 26⇒1489 | 36⇒124578 | 47⇒235689 | 59⇒2347 | 89⇒123456 |

이 중 $t=10$을 허용 한계 문턱값으로 선택했을 때 발견할 수 있는 것은 단 122개이다. (최선의 $t$ 값이 무엇인지는 명확하지 않다. 아마 동적으로 변할 것이라 짐작한다.) 그래도 그 122개의 혼 절들은 분해 불가능성을 확인하기에 충분하고도 남았다.

이제 분해가 가능한 함수로 관심을 돌리자. $f=\langle x_2x_3x_6x_9\langle x_1x_4x_5x_7x_8\rangle\rangle$의 경우, $\{i,j\}\subseteq\{1,4,5,7,8\}$일 때를 제외한 모든 $m\notin\{i,j\}$에 대해 $i\wedge j\Rightarrow m$이 된다. 제외된 경우에서는 $m$이 반드시 $\{1,4,5,7,8\}$에도 속한다. 허용 한계 $t=10$에서 이 212가지 함의들 중 단 185개만을 발견할 수 있었는데, 분할 $Y=\{x_2,x_3,x_6,x_9\}$, $Z=\{x_1,x_4,x_5,x_7,x_8\}$이 강력한 후보로 빠르게 등장했다.

주어진 후보가 잠재적 분해임을 뒷받침하는 증거가 나올 때마다, 해당 $2^k\times 2^{n-k}$ 진리표에서 서로 다른 열들이 실제로 하나나 두 개인지를 확인해 보아야 한다. 그러한 확인 작업에는 $2^n$ 단위의 시간이 걸리지만, 이는 사실 다행한 일이다. 왜냐하면 그러한 확인에 의해 $f$의 평가가 크게 단순화되기 때문이다.

비교 함수 $f=[(x_1x_2x_3x_4)_2\geq(x_5x_6x_7x_8)_2+x_9]$도 흥미로운 경우이다. 이 함수의 잠재적으로 유도 가능한 함의들은 184개로, 다음과 같다.

| | | | | | |
|---|---|---|---|---|---|
| 12⇒3456789 | 18⇒2345679 | 27⇒34689 | 37⇒489 | 48⇒9 | 67⇒23489 |
| 13⇒2456789 | 19⇒2345678 | 28⇒34679 | 38⇒479 | 49⇒8 | 68⇒23479 |
| 14⇒2356789 | 23⇒46789 | 29⇒34678 | 39⇒478 | 56⇒1234789 | 69⇒23478 |
| 15⇒2346789 | 24⇒36789 | 34⇒789 | 45⇒1236789 | 57⇒1234689 | 78⇒349 |
| 16⇒2345789 | 25⇒1346789 | 35⇒1246789 | 46⇒23789 | 58⇒1234679 | 79⇒348 |
| 17⇒2345689 | 26⇒34789 | 36⇒24789 | 47⇒389 | 59⇒1234678 | 89⇒4. |

그리고 $t=10$일 때 이들 중 145개가 발견된다. 이 경우 세 개의 분해가 드러나는데, 각각 $Z=\{x_4,x_8,x_9\}$, $Z=\{x_3,x_4,x_7,x_8,x_9\}$, $Z=\{x_2,x_3,x_4,x_6,x_7,x_8,x_9\}$이다. 아센허스트는 자명하지

않은 분해를 발견한 즉시 $f$를 축약할 수 있음을 증명했다. 그 외의 분해들은 이후에, 더 간단한 함수 $g$와 $h$를 줄이려 할 때 나타난다.

***부분함수의 분해.** 함수 $f$를 부분적으로만 명시할 수 있을 때, 분할 $(Y, Z)$로 그러한 부분함수를 분해하려면 해당 $2^k \times 2^{n-k}$ 진리표에 서로 다른 열이 많아야 두 개가 나오도록 '상관없음' 항목들에 값들을 배정할 수 있어야 한다는 조건을 만족해야 한다.

0들과 1들, 그리고 $*$들로 이루어진 두 벡터 $u_1 \ldots u_m$과 $v_1 \ldots v_m$이 있을 때, 만일 $u_j = 0$이고 $v_j = 1$ 또는 $u_j = 1$이고 $v_j = 0$인 어떤 $j$가 존재하면 그 두 벡터가 호환되지 않는다(incompatible, 비호환)라고 말한다. 이 비호환 조건은, $u$와 $v$로 지정되는 $m$-입방체의 부분입방체들에서 공통의 점이 존재하지 않는다는 조건과 동치이다. 정점들이 '상관없음'들이 있는 진리표의 열들에 해당하며, 오직 $u$와 $v$가 비호환일 때에만 $u - v$인 그래프를 생각해 보자. 서로 다른 열이 많아야 두 개가 되도록 $*$들에 값들을 배정할 수 있는 필요충분조건은 그 그래프가 이분열이라는 것이다. 만일 $u_1$, …, $u_l$이 각각 서로 호환된다면, 그것들의 일반화된 합의(연습문제 7.1.1-32에서 정의했다) $u_1 \sqcup \cdots \sqcup u_l$은 그것들 모두와 호환되기 때문이다. [S. L. Hight, *IEEE Trans.* **C-22** (1973), 103-110; E. Boros, V. Gurvich, P. L. Hammer, T. Ibaraki, A. Kogan, *Discrete Applied Math.* **62** (1995), 51-75를 보라.] 하나의 그래프는 오직 홀수 순환마디가 없을 때에만 이분열이므로, 이 조건은 깊이 우선 검색(§7.4.1 참고)으로 쉽게 판정할 수 있다.

따라서 센, 머켈러, 와이너의 방법은 '상관없음'들이 존재할 때에도 통한다. (58)의 네 쌍은 오직 그들 중 셋이 서로 비호환일 때에만 나쁜 쌍들이다. '상관없음'들이 있을 때에도 이전과 거의 같은 방식으로 진행할 수 있다. 단, $*$들이 많으면 나쁜 쌍들을 발견하기가 힘들어지는 것은 당연하다(연습문제 72를 보라). 그러나 아셴허스트의 정리는 더 이상 적용되지 않는다. 여러 개의 분해가 존재하는 경우 그들 모두를 더욱 조사해야 한다. 상관없음들의 설정이 각자 다를 수 있으며, 따라서 다른 것보다 더 나은 분해가 있을 수 있기 때문이다.

대부분의 함수 $f(x)$에는 간단한 분해 $g(y, h(z))$가 존재하지 않지만, 그래도 일찍부터 희망을 버릴 필요는 없다. 왜냐하면 $g(y, h_1(z), h_2(z))$ 같은 다른 형태의 분해로도 효율적인 사슬을 얻을 수 있기 때문이다. 예를 들어 $f$가 변수들 중 세 변수 $\{z_1, z_2, z_3\}$에서 대칭이라고 하면, 항상 $f(x) = g(y, S_{1,2}(z_1, z_2, z_3), S_{1,3}(z_1, z_2, z_3))$으로 표현할 수 있다. 이는 $S_{1,2}(z_1, z_2, z_3)$과 $S_{1,3}(z_1, z_2, z_3)$이 $z_1 + z_2 + z_3$의 값을 특징짓기 때문이다. ($S_{1,2}$와 $S_{1,3}$ 모두 단 네 단계로 충분히 계산할 수 있음을 주목할 것.)

일반화하자면, 커티스H. A. Curtis가 지적했듯이[*JACM* **8** (1961), 484-496] $f(x)$를 $g(y, h_1(z), \ldots, h_r(z))$의 형태로 표현할 수 있는 필요충분조건은 $Y$와 $Z$에 해당하는 $2^k \times 2^{n-k}$ 진리표에 서로 다른 열이 많아야 $2^r$개라는 것이다. 그리고 상관없음들이 존재하는 경우에는, 오직 $Y$와 $Z$에 대한 비호환성 그래프를 많아야 $2^r$개의 색으로 칠할 수 있을 때에만 같은 결과가 성립한다.

예를 들어, 앞에서 살펴본 함수 $f(x) = (\det X) \bmod 2$는 $Z = \{x_4, x_5, x_6, x_7, x_8, x_9\}$일 서로 다른 열이 8개이다. 함수의 진리표가 8행 64열이라는 점을 생각하면 이는 놀랄 만큼 적은 수이다.

이 사실로부터, 어떤 행렬식을 행렬 첫 행의 여인수(cofactor)들로 전개하는 방법을 모르는 사람이라도, 해당 규칙을 이끌어 낼 수 있을 것이다.

$$f(x) = x_1 \wedge h_1(x_4, \ldots, x_9) \oplus x_2 \wedge h_2(x_4, \ldots, x_9) \oplus x_3 \wedge h_3(x_4, \ldots, x_9).$$

함수 $f(x)$의 진리표에서 서로 다른 열이 $d \le 2^r$개이고 $h$가 각 이진 벡터 $z_1 \ldots z_{n-k}$를 값 $\{0, 1, \ldots, d-1\}$로 대응시키는 함수라고 할 때, $f(x)$를 $y$와 $h(z)$의 함수로 간주할 수 있다. 이때 $(h_1, \ldots, h_r)$은 본질적으로 서로 다른 열 종류들의 한 부호화(encoding) 방식이며, 그러한 부호화를 수행하는 아주 간단한 함수들 $h_1, \ldots, h_r$을 찾아낼 수도 있을 것이다. 더 나아가서, 만일 $d$가 $2^r$보다 작다면, 함수 $g(y, h_1, \ldots, h_r)$에는 그 비용을 줄이는 데 도움이 될 만한 여러 '상관없음'들이 존재할 것이다.

서로 다른 열들은 또한 해당 $h$들에 상관없음들이 존재하는 함수 $g$도 암시할 수 있다. 예를 들어 모든 열이 $(0,0,0,0)^T$ 또는 $(0,0,1,1)^T$ 또는 $(0,1,1,0)^T$일 때 $g(y_1, y_2, h_1, h_2) = (y_1 \oplus (h_1 \wedge y_2)) \wedge h_2$를 사용할 수 있다. 그러면 $h_1(z)$는 $z$가 모든 성분이 0인 열에 대응될 때 임의의 값을 가진다. 커티스H. A. Curtis는 $|Y| = 1$이고 $|Z| = n-1$일 때 이러한 착안을 활용하는 방법을 설명했다〔*IEEE Transactions* **C-25** (1976), 1033-1044〕.

분해 기법에 대한 상세한 논의로는 Richard M. Karp, *J. Society for Industrial and Applied Math.* **11** (1963), 291-335를 보라.

**더 큰 $n$ 값들.** 지금까지는 아주 작은 부울 함수의 예들만 고려했다. 정리 S는 크고 무작위한 예들이 본질적으로 다루기 어려움을 말해준다. 그러나 실제 응용에서는 질서도가 아주 높은 예들도 만날 수 있다. 따라서 발견법적(heuristic) 방법을 이용한 단순화도 탐구해 보는 것이 합당하다.

$n$이 커짐에 따라, 현재 알려져 있는 부울 함수를 다루는 최선의 방법들은 대체로 하나의 부울 사슬로(거대한 진리표가 아니라) 시작해서 '국소적인 변경'들을 통해 그 사슬을 차츰 개선해 나간다. 그러한 사슬을 일단의 방정식들로 명시할 수 있다. 그런 경우, 만일 어떤 중간 결과가 비교적 적은 수의 이후 단계들에서 쓰인다면, 그 결과를 제거하고, 그 이후 단계들을 임시로 3변수 함수들로 대체하고, 그 함수들을 적절히 조작해서 가능하다면 더 나은 사슬을 만들어 볼 수 있다.

예를 들어 $x_i = x_j \circ x_k$라는 게이트가 게이트 $x_l = x_i \,\square\, x_m$에서 단 한 번만 쓰인다고 하자. 즉 $x_l = (x_j \circ x_k) \,\square\, x_m$의 형태로 쓰이는 것이다. 다른 게이트들은 이미 존재할 수 있으며, 그런 경우 그 게이트들은 $x_j$, $x_k$, $x_m$의 다른 함수들을 계산하는 데 이미 쓰였다. 그리고 $x_j$, $x_k$, $x_m$의 정의에 따라서는 결합된 값 $(x_j, x_k, x_m)$들 중 일부가 나타나지 못할 수도 있다. 이는 단 하나의 추가 연산을 수행함으로써 $x_l$을 다른 게이트들로부터 계산할 수도 있다는 뜻이다. 예를 들어 $x_i = x_j \wedge x_k$이고 $x_l = x_i \vee x_m$이라고 하면, 그리고 값 $x_j \vee x_m$과 $x_k \vee x_m$이 사슬의 다른 어딘가에 나타난다면, $x_l = (x_j \vee x_m) \wedge (x_k \vee x_m)$으로 둘 수 있다. 그러면 $x_i$가 제거되고 비용이 1 줄어든다. 또는, 이를테면 $x_j \wedge (x_k \oplus x_m)$이 다른 어딘가에 나타난다면 $x_j x_k x_m \ne 101$인 것이며, 그러면 $x_l = x_m \oplus (x_j \wedge (x_k \oplus x_m))$으로 둘 수 있다.

만일 $x_i$가 $x_l$에서 한 번 쓰이고 $x_l$이 $x_p$에서 한 번 쓰인다면, 게이트 $x_p$는 네 개의 변수에 의존한다. 그러면 4변수 함수에 대한 우리의 전체 지식을 이용해서 비용을 절감하고, $x_i$와 $x_l$을 제거함으로써 $x_p$를 더 나은 방식으로 구할 여지가 있는 것이다. 마찬가지로, $x_i$가 $x_l$과 $x_p$에서만 나타나는 경우, 만일 서로 다른 두 4변수 함수를 평가하는 더 나은 방법을 찾을 수 있다면 $x_i$를 제거할 수 있다. 그러한 방법은 어쩌면 상관없음들과 그 네 변수가 공짜로 주어지는 다른 함수들을 이용하는 것일 수 있다. 이 경우에도, 우리는 그러한 문제들을 앞에서 논의한 발자국 방법을 이용해서 푸는 방법을 알고 있다.

비용이 줄어드는 국소적 변경들이 없는 경우에도, 비용을 유지하거나 심지어는 증가시키는 국소적 변경들을 통해서 다른 종류의 사슬들을 다른 방식으로 단순화할 수 있는 경우가 있다. 그러한 국소 검색 방법들은 §7.10에서 상세히 논의하겠다.

전기공학자들이 '다수준 논리 합성(multilevel logic synthesis)' 문제라고 부르는 부울 함수 최적화 기법들을 훌륭하게 정리한 논문으로 R. K. Brayton, G. D. Hachtel, A. L. Sangiovanni-Vincentelli, *Proceedings of the IEEE* **78** (1990), 264-300이 있다. 또한 데미켈리G. De Micheli의 책 *Synthesis and Optimization of Digital Circuits* (McGraw-Hill, 1994)도 있다.

**하계들.** 정리 S에 따르면 변수가 $n \geq 12$개인 부울 함수들 거의 전부는 길이가 $2^n/n$을 넘는 사슬을 요구하는, 평가하기 힘든 함수들이다. 그러나 수천 개의 부울 변수들을 대표하는 전기 신호들에 관련된 논리 회로들로 만들어진 현대의 컴퓨터들은 매 마이크로초마다 몇 조개의 부울 함수들을 너끈히 평가한다. 정리 S가 맞긴 하지만, 그래도 빠르게 평가할 수 있는 함수들 중 중요한 함수들이 많이 있음은 분명하다. 사실 그 정리의 증명은 간접적이었다. 우리는 그냥 비용이 낮은 경우들을 세었을 뿐이며, 그래서 현실에서 만날 수 있은 구체적인 예들에 대해서는 그 어떤 것도 배우지 못했다. 현재 우리는 어떤 함수를 계산해야 하는데 그것이 얼마나 수고로운 일인가만 파악할 수 있다. 그렇다면 어떤 교묘한 지름길이 전혀 없음을 확인하려면 어떻게 해야 할까?

이 의문에 대한 답은 대단히 수치스럽다. 전산학자들이 수십 년 간 집중해서 연구했지만, 그 비용이 $n$의 증가에 따라 본질적으로 비선형적인 함수 $f(x_1, \ldots, x_n)$들의 명시적인 모임을 전혀 찾아내지 못했다. 진정한 습성은 $2^n/n$이지만, $n \log\log\log n$만큼 강력한 하계는 아직도 증명되지 못했다. 물론 '그 어떤 길이 $\lfloor 2^n/n \rfloor - 1$ 부울 사슬로도 달성할 수 없는, 사전순으로 가장 작은 길이 $2^n$ 진리표' 같은 인위적인 예들을 꾸며낼 수는 있다. 그러나 그런 함수들이 명시적이지 않음은 명백하다. 명시적 함수(양함수) $f(x_1, \ldots, x_n)$의 진리표는 이를테면 $c$가 어떤 상수라 할 때 최대 $2^{cn}$ 단위 시간 안에 계산할 수 있어야 한다. 즉, 모든 함수 값을 지정하는 데 필요한 시간은 진리표의 길이의 다항식이어야 한다. 이러한 근본 규칙들 하에서, 조합적 복잡도가 $n \to \infty$에 따라 $3n + O(1)$을 넘는 단일 출력 함수들의 모임은 현재 전혀 알려져 있지 않다. [N. Blum, *Theoretical Computer Science* **28** (1984), 337-345를 보라.]

그러나 상황이 완전히 절망적인 것만은 아니다. 실용적으로 중요한 함수들에 대해 몇 가지 흥미로운 선형 하계들이 증명되었기 때문이다. 그러한 결과들을 얻는 기본적인 방법을 레드킨N. P. Red'kin이

1970년에 소개했다: 함수 $f(x_1, ..., x_n)$에 대한, 비용이 $r$인 최적 사슬이 있다고 하자. $x_n \leftarrow 0$이나 $x_n \leftarrow 1$로 두면 함수 $g(x_1, ..., x_{n-1}) = f(x_1, ..., x_{n-1}, 0)$과 $h(x_1, ..., x_{n-1}) = f(x_1, ..., x_{n-1}, 1)$에 대한 축약된 사슬들이 나온다. 만일 $x_n$을 $u$개의 서로 다른 게이트들에 대한 입력으로 사용했다면 그 사슬들의 비용은 $r-u$이다. 더 나아가서, $x_n$이 '커널화' 게이트 $x_i = x_n \circ x_k$에서(여기서 $\circ$는 $\oplus$도 아니고 $\equiv$도 아님) 쓰였다면, $x_n$의 설정에 따라서는 $x_i$가 상수가 되며, 그러면 $g$나 $h$에 대한 사슬을 더욱 줄일 수 있다. 따라서 $g$나 $h$(또는 둘 다)에 대한 하계는 $f$에 대한 하계로 이어진다. (연습문제 77~81을 보라.)

그러나 비선형 하계들의 증명은 어디에 있는가? 답이 '예' 또는 '아니요'인 거의 모든 문제를 하나의 부울 함수로 공식화할 수 있으므로, 선형 시간으로(심지어는 다항식 시간으로도) 평가하는 방법을 알 수 없는 명시적 함수는 얼마든지 많다. 예를 들어 $\{v_1, ..., v_m\}$을 정점들로 하는 임의의 유향 그래프 $G$를 각 성분이 $x_{ij} = [v_i \rightarrow v_j]$인 인접성 행렬 $X$로 표현할 수 있다. 그러면

$$f(x_{12}, ..., x_{1m}, ..., x_{m1}, ..., x_{m(m-1)}) = [G\text{에 해밀턴 경로가 존재함}] \qquad (61)$$

은 하나의 $n = m(m-1)$변수 부울 함수이다. 이 함수를 이를테면 $n^4$단계 이내로 평가할 수 있다면 정말 좋을 것이다. $f$의 진리표를 $O(m!\,2^n) = 2^{n+O(\sqrt{n}\log n)}$단계로 계산하는 방법은 알고 있다. 잠재적으로 존재할 수 있는 해밀턴 경로가 $m!$개뿐이기 때문이다. 따라서 $f$는 실제로 '명시적'인 함수이다. 그러나 $f$를 다항식 시간으로 평가하는 방법, 또는 $4n$단계 사슬이 존재하지 않음을 증명하는 방법을 아무도 모르는 상황이다.

우리가 아는 것은, 각각의 $n$에 대해 $f$에 대한 짧은 부울 사슬이 존재할 것이라는 점이다. 실제로 그림 9와 10은 4변수와 5변수의 경우에서도 극악할 정도로 교묘한 사슬들의 존재를 드러내고 있다. 우리가 마주치게 될 모든 대형 문제마다 효율적인 사슬들이 '저 너머 어딘가'에 존재하겠지만, 그것들을 찾아낼 시간은 턱없이 부족하다. 그리고 어떤 전지전능한 존재가 우리에게 간단한 사슬들을 알려준다고 해도 우리가 제대로 이해하지 못할 수 있다. 그 사슬의 유효성에 대한 가장 짧은 증명의 길이가 우리의 뇌세포 수보다 클지도 모르기 때문이다.

정리 S는 대부분의 함수에 대해 그러한 시나리오를 배제한다. 그러나 인류사 전체에서 실용적으로 중요한 부울 함수는 $2^{100}$개 미만일 것이며, 정리 S는 그런 함수들에 대해 아무 것도 말해 주지 않는다.

그러나 1974년에 래리 스탁마이어Larry Stockmeyer와 앨버트 마이어Albert Meyer는 복잡도가 거대함을 증명할 수 있는 한 부울 함수 $f$를 구축해내었다. 그들의 $f$는 위에서 설명한 의미에서의 '명시적' 함수가 아니다. 그렇다고 작위적인 함수도 아니다. 수학 논리에서 자연스럽게 나타나는 함수이다. 다음과 같은 기호 명제들을 생각해 보자.

```
048+1015≠1063;                        (62)
∀m∃n(m<n+1);                          (63)
∀n∃m(m+1<n);                          (64)
∀a∀b(b≥a+2⇒∃ab(a<ab∧ab<b));           (65)
```

$$\forall A \forall B (A \equiv B \Leftrightarrow \neg \exists n (n \in A \wedge n \notin B \vee n \in B \wedge n \notin A)) ; \qquad (66)$$

$$\forall A (\exists n (n \in A) \Rightarrow \exists m (m \in A \wedge \forall n (n \in A \Rightarrow m \leq n))) ; \qquad (67)$$

$$\forall A (\exists n (n \in A) \Rightarrow \exists m (m \in A \wedge \forall n (n \in A \Rightarrow m \geq n))) ; \qquad (68)$$

$$\exists P \forall a ((a \in P \Leftrightarrow a+3 \notin P) \Leftrightarrow a < 1000) ; \qquad (69)$$

$$\forall A \forall B (\forall C \forall c (C \equiv A \wedge c=1 \vee C \equiv B \wedge c=0 \Rightarrow (\forall n (n \in C \Leftrightarrow n+1 \in C) \Leftrightarrow c=1)) \Rightarrow \neg A \equiv B) . \qquad (70)$$

스탁마이어와 마이어는 다음과 같은 63자 알파벳의 각 기호마다 통상적인 의미를 부여해서 언어 $L$을 정의했다.

∀∃¬()≡∈∉+∧∨⇒⇔<≤=≠≥>abcdefghijklmnopqABCDEFGHIJKLMNOPQ0123456789

$L$의 문장 안에서, (65)의 'ab'처럼 소문자들로 된 문자열은 수치 변수를 뜻한다. 그러한 변수들은 음이 아닌 정수만 담는다. 그리고 대문자들로 된 문자열은 집합 변수를 뜻하는데, 그러한 변수들은 소문자 변수에 담을 수 있는 수치들의 집합만을 담는다. 예를 들어 (66)은 "모든 유한집합 $A$와 $B$에 대해, 오직 $A$에만 있고 $B$에는 없는, 또는 $B$에만 있고 $A$에는 없는 수 $n$이 존재하지 않을 때에만, $A = B$가 성립한다"라는 뜻이다. 이 명제들 중에는 참인 것도 있고 거짓인 것도 있다. (연습문제 82 참고).

(62)~(70)의 문자열들은 모두 $L$에 속하나, 그 언어 자체는 사실 상당히 제한적이다. 수치에 대해 허용되는 유일한 산술 연산은 상수를 더하는 것뿐이다. 즉, a+13은 가능하지만 a+b는 불가능하다. 그리고 한 수와 한 집합 사이에 허용되는 관계는 소속 관계(∈ 또는 ∉) 뿐이고, 집합들 사이의 관계는 상등 관계(≡)가 유일하다. 더 나아가서, 모든 변수를 반드시 ∃나 ∀로 한정시켜야 한다.*

길이가 $k \leq n$인 $L$의 모든 문장을 길이가 $6n$이고 마지막 $6(n-k)$개의 비트들이 0인 이진 벡터로 표현할 수 있다. $f(x)$가 어떤 $6n$변수 부울 함수인데, $x$가 $L$의 참인 명제를 나타내는 벡터이면 항상 $f(x) = 1$이고 $x$가 거짓인 명제를 나타내면 항상 $f(x) = 0$이라고 하자. 그리고 $x$가 의미 있는 문장을 나타내지 않는 경우에는 $f(x)$의 값이 명시되지 않는다고 하자. 뷔히Büchi와 엘곳Elgot의 정리들에 따르면[*Zeitschrift für math. Logik und Grundlagen der Math.* **6** (1960), 66-92; *Transactions of the Amer. Math. Soc.* **98** (1961), 21-51], 그러한 함수 $f$의 진리표를 유한한 개수의 단계들로 구축할 수 있다. 그러나 '유한한'이 '실현 가능한'을 뜻하지는 않는다. 스탁마이어와 마이어는 다음을 증명했다.

$$C(f) > 2^{r-5}, \qquad n \geq 460 + .302r + 5.08 \ln r \text{이고 } r > 36 \text{이면 항상.} \qquad (71)$$

특히, $n = 621$일 때 $C(f) > 2^{426} > 10^{128}$이다. *그렇게 많은 게이트들로 된 부울 사슬은 결코 구축할 수 없을 것이다.* $10^{128}$은 우주 전체의 양성자 개수의 느슨한 상계이기 때문이다. 따라서 이는 상당히 작고 유한하지만 결코 풀 수 없는 문제이다.

---

* [주] 엄밀히 말해서 $L$의 문장들은 '후행자(successor)가 하나인 약 2차 단진 논리(weak second-order monadic logic)'에 속한다. 약 2차 논리에서는 유한집합에 대한 정량화(quantification)가 허용된다. 후행자가 $k$개인 단진 논리는 이름표 없는 $k$진 트리의 이론이다.

스탁마이어와 마이어의 상세한 증명이 *JACM* **49** (2002), 753-784에 나온다. 기본 착안은, 언어 $L$이 비록 제한적이지만, 부울 사슬의 진리표와 복잡도를 비교적 짧은 문장으로 서술하기에는 충분히 다채롭다는 것이다. 따라서 $f$는 본질적으로 자신들을 지칭하는 입력들을 다루어야 한다.

***더 읽을거리.** 부울 게이트들의 회로망에 관한 중요한 논문은 수천 건에 이른다. 이는 그러한 회로망들이 이론과 실제의 그토록 많은 측면들의 바탕이기 때문이다. 이번 절에서는 주로 순차 처리 방식의 컴퓨터를 위한 프로그래밍에 관련된 주제들에 집중했다. 그러나 그 외의 주제들도 상세히 조사되었는데, 특히 중요한 것은 게이트들이 임의의 개수의 입력을 가질 수 있는('무제한 팬인') 작은 깊이 회로(small-depth circuit)에 대한 연구 같은 병렬 계산에 관련된 주제들이다. 전체 주제에 대한 좋은 입문서로 베게너Ingo Wegener의 책 *The Complexity of Boolean Functions* (Teubner and Wiley, 1987)이 있다.

이번 절에서는 모든 이항 연산자가 동일하게 중요한 부울 사슬들을 주로 다루었다. 예를 들어 $\oplus$나 $\overline{\subset}$ 같은 게이트들이 $\wedge$나 $\vee$ 같은 게이트들보다 더 바람직하지도 않고 덜 바람직하지도 않은 것으로 가정했다. 그러나, 단조함수를 단조 연산자 $\wedge$와 $\vee$만으로 계산할 수 있는지가 궁금해지는 것도 자연스러운 일이다. 라즈보로프Alexander Razborov는 놀라운 증명 기법들을 개발해서, 사실 단조 연산자들 자체만으로는 능력이 본질적으로 제한됨을 보였다. 예를 들어 그는 0과 1로 된 $n\times n$ 행렬의 행렬식이 0인지 0이 아닌 값인지를 결정하는 모든 AND-OR 사슬의 비용이 반드시 $n^{\Omega(\log n)}$임을 증명했다. [*Doklady Akademii Nauk SSSR* **281** (1985), 798–801; *Matematicheskie Zametki* **37** (1985), 887-900을 보라.] 반면, 이 책의 §7.5.1에서는 '이분열 부합'과 동치인 이 문제를 단 $O(n^{2.5})$단계로 풀 수 있음을 보게 될 것이다. 더 나아가서, $\wedge$와 $\vee$ 외에 부정 연산이나 기타 부울 연산들도 사용할 수 있다면(프랫Vaughan Pratt은 이를 '부정적 사고의 위력'이라고 불렀다), 그 절의 효율적인 방법들을 비용이 아주 조금만 큰 부울 사슬들로 구현할 수 있다. 연습문제 85와 86에서 라즈보로프의 방법들이 소개된다.

## 연습문제

**1.** [*24*] '무작위' 함수 (6)은 비용 4, 깊이 4 부울 사슬에 해당한다. 그와 비용이 같되 깊이가 3인 공식을 찾아라.

**2.** [*21*] (a) $w\oplus\langle xyz\rangle$와 (b) $w\wedge\langle xyz\rangle$를 계산하는 깊이 3, 비용 5 공식들을 제시하라.

**3.** [*M23*] (B. I. Finikov, 1957.) 만일 부울 함수 $f(x_1,\ldots,x_n)$이 정확히 $k$개의 점에서 참이면 $L(f)<2n+(k-2)2^{k-1}$임을 증명하라. 힌트: $k=3$, $n=10^6$인 경우를 생각해 볼 것.

**4.** [*M28*] $L(f)>1$일 때, 부울 함수의 최소 깊이와 최소 공식 길이가 $\lg L(f)<D(f)<e\,\alpha\lg L(f)$를 만족함을 증명하라. 여기서 $\alpha=1/\lg\chi\approx 2.465965$는 식 7.1.4-(90)의 '가소성 상수' $\chi$와 연관이 있다. 힌트: $f$가 부분공식 $g$를 포함한다면, 적당한 $f_1$과 $f_0$에 대해 $f=g?\,f_1:f_0$이다.

▶ **5.** [*21*] 피보나치 문턱값 함수 $F_n(x_1, \ldots, x_n) = \langle x_1^{F_1} x_2^{F_2} \ldots x_{n-1}^{F_{n-1}} x_n^{F_{n-2}} \rangle$ (여기서 $n \geq 3$)를 연습문제 7.1.1-101에서 분석했었다. 이 함수를 효율적으로 평가하는 방법이 있을까?

**6.** [*20*] 참 또는 거짓을 말하라: 부울 함수 $f(x_1, \ldots, x_n)$은 오직 일반 분배법칙 $f(x_1, \ldots, x_n) \wedge y = f(x_1 \wedge y, \ldots, x_n \wedge y)$를 만족할 때에만 정규이다.

**7.** [*20*] 부울 사슬 '$x_5 = x_1 \bar{\vee} x_4$, $x_6 = \bar{x}_2 \vee x_5$, $x_7 = \bar{x}_1 \wedge \bar{x}_3$, $x_8 = x_6 \equiv x_7$'을 그와 동치인, 그리고 모든 단계가 정규인 부울 사슬 $(\hat{x}_5, \hat{x}_6, \hat{x}_7, \hat{x}_8)$로 변환하라.

▶ **8.** [*20*] (11)이 변수 $x_k$의 진리표인 이유를 설명하라.

**9.** [*20*] 알고리즘 L은 모든 함수 $f$의 최단 공식 길이들을 알려 주나, 그 이상의 정보는 제공하지 않는다. (6) 같은 실제 최소 길이 공식까지 제공하도록 알고리즘을 확장하라.

▶ **10.** [*20*] 알고리즘 L을 $L(f)$가 아니라 $D(f)$를 계산하도록 수정하라.

▶ **11.** [*22*] 알고리즘 L을 $L(f)$가 아니라 상계 $U(f)$와 본문에서 설명한 발자국 $\phi(f)$를 계산하도록 수정하라.

**12.** [*15*] 최소 메모리 방안 (13)과 동치인 부울 사슬은 무엇인가?

**13.** [*16*] 예 (13)의 $f_1$, $f_2$, $f_3$, $f_4$, $f_5$의 진리표는 각각 무엇인가?

**14.** [*22*] $g$의 진리표가 주어졌을 때, (17)의 $5n(n-1)$개의 진리표들을 편하게 계산하는 방법은 무엇인가? ((15)와 (16)의 비트별 연산들을 사용할 것.)

**15.** [*28*] 다음 부울 함수를 메모리를 최소로 사용해서 가능한 한 짧게 계산하는 방법을 찾아라: (a) $S_1(x_1, x_2, x_3)$; (b) $S_2(x_1, x_2, x_3, x_4)$; (c) $S_1(x_1, x_2, x_3, x_4)$; (d) (18)의 함수.

**16.** [*HM33*] $f(x_1, \ldots, x_7)$ 형태의 부울 함수 $2^{128}$개 중 최소의 메모리로 계산할 수 있는 것이 $2^{118}$개 미만임을 증명하라.

▶ **17.** [*25*] (M. S. Paterson, 1977.) 부울 함수 $f(x_1, \ldots, x_n)$을 $n$개의 레지스터로 평가할 수 없는 경우도 있다. 그러나 레지스터 $n+1$개로 계산하는 것은 항상 가능함을 증명하라. 다른 말로 하면, $0 \leq j(i)$, $k(i) \leq n$이라 할 때 $f(x_1, \ldots, x_n)$을 계산하는, (13)에 나온 것 같은 연산들의 순차열이 항상 존재함을 보여라.

▶ **18.** [*35*] $f(x_1, x_2, x_3, x_4, x_5)$를 위한 최적의 최소 비용 계산을 조사하라: 5변수 함수들 중 $r = 0$, 1, 2, ...에 대해 $C_m(f) = r$인 부류들은 몇 개인가?

**19.** [*M22*] $n$개의 변수를 사용하며 길이 $r < n+2$인 부울 사슬은 반드시 '상향식' 구축 아니면 '하향식 구축'임을 증명하라.

▶ **20.** [*40*] (R. Schroeppel, 2004.) 연산자 $\oplus$나 $\equiv$를 사용하지 않는 부울 사슬은 커널화(canalizing) 사슬이다. 그러한 구속조건 하에서 비용, 길이, 깊이가 최적인 4변수 함수들을 모두 찾아라. 발자국 발견법으로 여전히 최적의 결과가 나오는가?

**21.** [*46*] 1951년에 하버드의 연구자들이 최적의 진공관 회로를 발견한 4변수 함수들은 몇 개나 되는가?

**22.** [*21*] 그림 10의 $S_3$에 대한 사슬을, 그 사슬에 그림 9의 $S_{2,3}$에 대한 사슬이 통합되어 있음을 주목해서 설명하라. $S_2(x_1, x_2, x_3, x_4, x_5)$에 대한 비슷한 사슬을 구하라.

▸ **23.** [*23*] 그림 10에는 다섯 원소에 대한 64가지 대칭함수들 중 16개만 나와 있다. 나머지 대칭함수들을 위한 최적의 사슬을 작성하는 방법을 설명하라.

**24.** [*47*] 모든 대칭함수 $f$에서 $C_m(f) = C(f)$가 성립하는가?

▸ **25.** [*17*] 모든 $n$ 변수 부울 사슬을 포함하는 하나의 부울 사슬을 원한다고 하자. $f_k(x_1, \ldots, x_n)$의 진리표가 $0 \le k < m = 2^{2^n}$에 대한 $k$의 이진 표현이라고 할 때, $C(f_0 f_1 \ldots f_{m-1})$은 무엇인가?

**26.** [*25*] 참 또는 거짓을 말하라: $g$와 $h$가 총 비용이 $C(gh)$인 비자명 부울 함수들이라고 할 때, 만일 $f(x_0, \ldots, x_n) = (x_0 \wedge g(x_1, \ldots, x_n)) \oplus h(x_1, \ldots, x_n)$이면 $C(f) = 2 + C(gh)$이다.

▸ **27.** [*23*] 전가산기 (22)를 오직 최소한의 메모리만 사용해서(즉, 전적으로 세 개의 1비트 레지스터들 안에서) 다섯 단계로 구현할 수 있는가?

**28.** [*26*] 다음과 같이 정의되는 2출력 함수들에서 $C(u'v') = C(u''v'') = 5$임을 증명하라.

$$(u'v')_2 = (x + y - (uv)_2) \bmod 4, \qquad (u''v'')_2 = (-x - y - (uv)_2) \bmod 4.$$

이 함수들을 이용해서 $[(x_1 + \cdots + x_n) \bmod 4 = 0]$을 $2.5n$단계 미만으로 평가하라.

**29.** [*M28*] 옆쪽 덧셈 공식 (27)에 대한 본문의 회로의 깊이가 $O(\log n)$임을 증명하라.

**30.** [*M25*] 옆쪽 덧셈의 비용을 뜻하는 이진 점화식 (28)을 풀어라.

**31.** [*21*] 만일 $f(x_1, \ldots, x_n)$이 대칭함수이면 $C(f) \le 5n + O(n/\log n)$임을 증명하라.

**32.** [*HM16*] (30)의 해가 $t(n) = 2^n + O(2^{n/2})$을 만족하는 이유는 무엇인가?

**33.** [*HM22*] 참 또는 거짓을 말하라: $1 \le N \le 2^n$일 때, $\{x_1, \ldots, x_n\}$의 처음 $N$개의 최소항들 모두를 계산하는 데 필요한 단계 수는 $n \to \infty$와 $N \to \infty$에 따라 $N + O(\sqrt{N})$이다.

▸ **34.** [*22*] 우선순위 부호기(priority encoder)는 입력이 $n = 2^m - 1$개, 출력이 $m$개인 회로로, 입력들이 $x_1 \ldots x_n$이고 출력들이 $y_1 \ldots y_m$이라 할 때 오직 $k = \max\{j \mid j = 0 \text{ 또는 } x_j = 1\}$일 때에만 $(y_1 \ldots y_m)_2 = k$라는 속성을 가진다. 비용이 $O(n)$이고 깊이가 $O(m)$인 우선순위 부호기를 설계하라.

**35.** [*23*] $n > 1$일 때, $1 \le k \le n$에 대한 논리곱 $x_1 \wedge \cdots \wedge x_{k-1} \wedge x_{k+1} \wedge \cdots \wedge x_n$들 전부를 $(x_1, \ldots, x_n)$으로부터 $\le 3n - 6$의 총 비용으로 계산할 수 있음을 보여라.

▸ **36.** [*M28*] (래드너R. E. Ladner, 피셔M. J. Fischer, 1980.) $1 \le k \le n$에 대해, '접두열(prefix)' $x_1 \wedge \cdots \wedge x_k$를 $y_k$라고 표기하자. $C(y_1 \ldots y_n) = n - 1$이고 $D(y_1 \ldots y_n) = \lceil \lg n \rceil$임은 분명하다. 그러나 비용과 깊이를 동시에 최소화할 수는 없다. 깊이가 최적값 $\lceil \lg n \rceil$이고 비용이 $< 4n$인 사슬을 찾아라.

**37.** [*M28*] (Marc Snir, 1986.) $n \ge m \ge 1$이 주어졌을 때, 다음과 같은 알고리즘을 생각해 보자.

**S1.** [상향 루프.] $t \leftarrow 1, 2, \ldots, \lceil \lg m \rceil$에 대해, $k \ge 1$과 $2^t(k-1/2) < m$에 대해 $x_{\min(m,2^tk)} \leftarrow x_{2^t(k-1/2)} \wedge x_{\min(m,2^tk)}$로 설정한다.

**S2.** [하향 루프.] $t \leftarrow \lceil \lg m \rceil - 1, \lceil \lg m \rceil - 2, \ldots, 1$에 대해, $k \ge 1$과 $2^t(k+1/2) < m$에 대해 $x_{2^t(k+1/2)} \leftarrow x_{2^tk} \wedge x_{2^t(k+1/2)}$로 설정한다.

**S3.** [확장.] $k \leftarrow m+1, m+2, \ldots, n$에 대해 $x_k \leftarrow x_{k-1} \wedge x_k$로 설정한다. ▮

a) 이 알고리즘이 연습문제 36의 접두열 문제를 푼다는 점을, 즉 $(x_1, x_2, \ldots, x_n)$을 $(x_1, x_1 \wedge x_2, \ldots, x_1 \wedge x_2 \wedge \cdots \wedge x_n)$으로 변환함을 증명하라.

b) $c(m,n)$과 $d(m,n)$이 해당 부울 사슬의 비용과 깊이라고 하자. 고정된 $m$에 대해, 만일 $n$이 충분히 크면 $c(m,n) + d(m,n) = 2n-2$임을 증명하라.

c) $n > 1$이라 할 때 $d(n) = \min_{1 \le m \le n} d(m,n)$은 무엇인가? $d(n) < 2\lg n$임을 보여라.

d) $d(n) \le d < n$이면 항상 전치사 문제에 대한 비용 $2n-2-d$, 깊이 $d$의 부울 사슬이 존재함을 증명하라. (연습문제 81에 의해, 그 비용이 최적 비용이다.)

**38.** [*25*] §5.3.4에서는 정렬 회로망(sorting network, 줄여서 정렬망)을 배웠다. $\hat{S}(n)$개의 비교자 모듈로 구성된 정렬망은 $n$개의 수 $(x_1, x_2, \ldots, x_n)$을 오름차순으로 정렬하는 능력을 가지고 있다. 입력된 $x_j$들이 항상 0 또는 1인 경우 각 비교자 모듈은 두 게이트의 쌍 $(x \wedge y, x \vee y)$와 동치이다. 따라서 하나의 정렬망은 변수가 $(x_1, x_2, \ldots, x_n)$인 특정한 함수 $n$개를 평가하는 특정 종류의 부울 사슬에 대응된다.

a) 정렬망을 계산하는 $n$개의 함수 $f_1 f_2 \ldots f_n$은 무엇인가?

b) 그러한 함수들 $\{f_1, f_2, \ldots, f_n\}$을 깊이가 $O(\log n)$인 사슬을 이용해서 $O(n)$단계로 계산할 수 있음을 보여라. (따라서 부울 함수의 관점에서 정렬망은 점근적으로 최적이 아니다.)

▸ **39.** [*M21*] (M. S. Paterson, P. Klein, 1980.) (31)의 $2^m$중 멀티플렉서 $M_m(x_1, \ldots, x_m; y_0, y_1, \ldots, y_{2^m-1})$을, 상계 $C(M_m) \le 2n + O(\sqrt{n})$과 $D(M_m) \le m + O(\log m)$을 동시에 달성하는 효율적인 사슬로 구현하라.

**40.** [*25*] $n \ge k \ge 1$일 때, 다음과 같은 형태의 함수 $f_{nk}(x_1, \ldots, x_n)$을 '$k$연속행($k$ in a row)' 함수라고 부르기로 하자

$$(x_1 \wedge \cdots \wedge x_k) \vee (x_2 \wedge \cdots \wedge x_{k+1}) \vee \cdots \vee (x_{n+1-k} \wedge \cdots \wedge x_n).$$

이 함수의 비용 $C(f_{nk})$가 $4n-3k$보다 작음을 보여라.

**41.** [*M23*] (조건부 합 가산기.) 이진 덧셈 (25)를 깊이 $O(\log n)$으로 수행하는 한 가지 방법이 있는데, 그 방법은 연습문제 4의 멀티플렉서 요령에 기초한다. $|x'| = |y'| = |z'|$이라고 할 때 만일 $(xx')_2 + (yy')_2 = (zz')_2$이면, $(x)_2 + (y)_2 = (z)_2$ 그리고 $(x')_2 + (y')_2 = (z')_2$이거나 $(x)_2 + (y)_2 + 1 = (z)_2$ 그리고 $(x')_2 + (y')_2 = (1z')_2$이다. $(x')_2 + (y')_2$를 계산하면서 $(x)_2 + (y)_2$와 $(x)_2 + (y)_2$

$+1$을 둘 다 동시에 계산한다면 시간을 절약할 수 있다. 이후 덜 중요한(유효자리가 낮은) 부분인 $(x')_2+(y')_2$에서 올림이 발생하는지의 여부를 알게 되었을 때 멀티플렉서들을 이용해서 가장 높은 유효자리에 해당하는 부분의 정확한 비트들을 선택하면 된다.

이 방법을 재귀적으로 사용해서 $n$비트 가산기들로부터 $2n$비트 가산기들을 구축한다고 하자. $n=2^m$일 때 필요한 게이트 수는 몇인가? 그에 해당하는 깊이는 얼마인가?

**42.** [*30*] 이진 덧셈 (25)에서, $0 \le k < n$에 대해 $u_k = x_k \wedge y_k$, $v_k = x_k \oplus y_k$로 둔다고 하자.

a) 올림 비트 $c_k$들이

$$c_k = u_{k-1} \vee (v_{k-1} \wedge (u_{k-2} \vee (v_{k-2} \wedge (\cdots (v_1 \wedge u_0) \cdots))))$$

을 만족한다고 할 때, $z_k = v_k \oplus c_k$임을 보여라.

b) $U_k^k = 0$, $V_k^k = 1$이고 $k \ge j$에 대해 $U_j^{k+1} = u_k \vee (v_k \wedge U_j^k)$, $V_j^{k+1} = v_k \wedge V_j^k$라고 하자. $c_k = U_0^k$임을, 그리고 $i \le j \le k$에 대해 $U_i^k = U_j^k \vee (V_j^k \wedge U_i^j)$, $V_i^k = V_j^k \wedge V_i^j$임을 증명하라.

c) $h(m) = 2^{m(m-1)/2}$이라고 하자. $n = h(m)$일 때 올림 비트 $c_1, \ldots, c_n$을 모두 깊이 $(m+1)m/2 \approx \lg n + \sqrt{2\lg n}$, 총 비용 $O(2^m n)$으로 평가할 수 있음을 보여라.

▸ **43.** [*28*] 유한상태 변환기(finite-state transducer)는 유한한 입력 알파벳 $A$와 유한한 출력 알파벳 $B$, 유한한 내부 상태들의 집합 $Q$를 가진 추상적인 기계이다. 내부 상태들 중 하나인 $q_0$을 '초기 상태'라고 부른다. 문자열 $\alpha = a_1 \ldots a_n$이 주어졌을 때(여기서 각 $a_j \in A$), 이 변환기는 다음과 같은 알고리즘을 통해서 문자열 $\beta = b_1 \ldots b_n$을 계산한다(여기서 각 $b_j \in B$).

**T1.** [초기화.] $j \leftarrow 1$, $q \leftarrow q_0$으로 설정한다.

**T2.** [끝인가?] 만일 $j > n$이면 알고리즘을 끝낸다.

**T3.** [$b_j$를 출력.] $b_j \leftarrow c(q, a_j)$로 설정한다.

**T4.** [$j$를 전진.] $q \leftarrow d(q, a_j)$, $j \leftarrow j+1$로 설정하고 단계 T2로 돌아간다. ▮

이 변환기는 모든 상태 $q \in Q$와 모든 문자 $a \in A$에 대해 $c(q,a) \in B$와 $d(q,a) \in Q$를 지정하는 내장 명령들을 갖추고 있다. 이 연습문제의 목적은, 만일 임의의 유한상태 변환기의 알파벳 $A$와 $B$를 이진수로 부호화한다면, 문자열 $\beta$를 크기가 $O(n)$이고 깊이가 $O(\log n)$인 부울 사슬을 이용해서 $\alpha$로부터 계산할 수 있음을 보이는 것이다.

a) 이진 벡터 $a_1 \ldots a_n$을 다음과 같은 설정을 통해서 $b_1 \ldots b_n$으로 바꾸는 문제를 생각해 보자.

$$b_j \leftarrow a_j \oplus [a_j = a_{j-1} = \cdots = a_{j-k} = 1 \text{이고 } a_{j-k-1} = 0,\ \text{여기서 } k \ge 1\text{은 홀수}].$$

단, $a_0 = 0$이라고 가정한다. 예를 들어 $\alpha = 110010010001111110110101 0 \mapsto \beta = 1000100100010101001001010$이 된다. 이러한 변환을 $|A| = |B| = |Q| = 2$인 유한상태 변환기로 수행할 수 있음을 증명하라.

b) $|Q| = 2$인 유한상태 변환기가 $a_1 \ldots a_{j-1}$을 읽은 후 상태 $q_j$에 도달했다고 하자. 수열 $q_1 \ldots q_n$을

연습문제 36의 래드너와 피셔의 구축법을 이용해서 비용 $O(n)$, 깊이 $O(\log n)$의 부울 사슬로 계산하는 방법을 설명하라. (이 수열 $q_1 \ldots q_n$ 으로부터 $b_1 \ldots b_n$ 을 계산하는 것은 쉽다. $b_j = c(q_j, a_j)$ 이기 때문이다.)

c) (b)의 방법을 (a)의 문제에 적용하라.

▸ **44.** [*26*] (래드너R. E. Ladner, 피셔M. J. Fischer, 1980.) 이진 덧셈 (25) 문제를 하나의 유한상태 변환기로 볼 수 있음을 보여라. $n = 2^m$ 일 때 연습문제 43의 구축법으로 얻게 되는 부울 사슬을 서술하고, 그것을 연습문제 41의 조건부 합산기와 비교하라.

**45.** [*HM20*] 정리 S의 증명에서, 그냥 $1 \le j(i)$, $k(i) < i$ 이도록 $j(i)$와 $k(i)$를 선택하는 방법의 수가 $n^2(n+1)^2 \ldots (n+r-1)^2$ 이라는 논증을 제시하지 않는 이유는 무엇인가?

▸ **46.** [*HM21*] $\alpha(n) = c(n, \lfloor 2^n/n \rfloor)/2^{2^n}$ 이 $n$ 변수 부울 함수 $f(x_1, \ldots, x_n)$들 중 $C(f) \le 2^n/n$ 인 것들의 비율이라고 하자. $n \to \infty$ 에 따라 $\alpha(n) \to 0$ 으로 빠르게 접근함을 증명하라.

**47.** [*M23*] 정리 S를 입력이 $n$개, 출력이 $m$개인 함수들로 확장하라.

**48.** [*HM23*] $(r-1)!\,2^{2^n} \le 2^{2r+1}(n+r-1)^{2r}$ 인 가장 작은 정수 $r = r(n)$을, (a) 정확히 $1 \le n \le 16$ 일 때와 (b) 점근적으로 $n \to \infty$ 일 때에서 각각 구하라.

**49.** [*HM25*] $n \to \infty$ 에 따라, 거의 모든 부울 함수 $f(x_1, \ldots, x_n)$의 최소 공식 길이 $L(f)$가 $> 2^n/\lg\, n - 2^{n+2}/(\lg\, n)^2$ 이 됨을 증명하라.

**50.** [*24*] 소수 함수 (35)의 기약함의항들과 기약절들은 무엇인가? 그 함수를 (a) 최소 길이 DNF와 (b) 최소 길이 CNF로 표현하라.

**51.** [*20*] 소수 검출기 (37)에서, 만일 진리표의 행들이 $x_1x_2$가 아니라 $x_5x_6$에 기초한다면 어떤 함수가 나올까?

**52.** [*23*] $5 \le n \le 16$ 일 때 상계 (38)를 최소화하는 $k$와 $l$은 무엇인가?

**53.** [*HM22*] $k = \lfloor 2\lg n \rfloor$, $l = \lceil 2^k/(n - 3\lg n) \rceil$, $n \to \infty$ 일 때 (38)을 추정하라.

**54.** [*29*] $A_1 = \{0010, 0101, 1011\}$, $A_2 = \{0001, 1111\}$, $A_3 = \{0011, 0111, 1101\}$, $A_4 = \{1001, 1111\}$, $A_5 = \{1101\}$, $A_6 = \{0101, 1011\}$ 인 여섯 함수 $f_j(x) = [x_1x_2x_3x_4 \in A_j]$들 전부를 평가하는 짧은 부울 사슬 하나를 구하라. (이 여섯 함수는 소수 검출기 (37)에 나오는 것들이다.) 그 사슬을 루파노프의 일반적 방법의 최소항 우선 평가 방식과 비교하라.

**55.** [*34*] 6비트 소수 검출 함수의 비용이 14를 넘지 않음을 보여라.

▸ **56.** [*16*] 표 3에서 '상관없음'이 14개 이상인 함수들은 모두 비용이 0인 이유를 설명하라.

**57.** [*19*] (45)에서 $(x_1x_2x_3x_4)_2 > 9$ 일 때 표시되는 7세그먼트 '숫자'들은 무엇인가?

▸ **58.** [*30*] $4 \times 4$비트 *S*상자(S-box)는 4비트 벡터들 $\{0000, 0001, \ldots, 1111\}$의 한 순열이다. 그러한 순열들은 USSR 전연방 표준 GOST 28147 (1989) 같은 잘 알려진 암호화 시스템의 구성요소로

쓰인다. 모든 4×4비트 S상자는 $x_1x_2x_3x_4 \mapsto f_1f_2f_3f_4$로 변환하는 네 함수 $f_1(x_1, x_2, x_3, x_4)$, …, $f_4(x_1, x_2, x_3, x_4)$의 순차열에 해당한다.

$C(f_1) = C(f_2) = C(f_3) = C(f_4) = 7$인 모든 4×4비트 S상자를 찾아라.

**59.** [*29*] 연습문제 58의 조건들을 만족하는 S상자들 중 하나는 (0, …, f) ↦ (0, 6, 5, b, 3, 9, f, e, c, 4, 7, 8, d, 2, a, 1)로 사상한다. $(f_1, f_2, f_3, f_4)$의 진리표가 각각 (179a, 63e8, 5b26, 3e29)인 것이다. 이 네 개의 '극대 난이(maximally difficult)' 함수들을 20단계 미만으로 평가하는 하나의 부울 사슬을 구하라.

**60.** [*23*] (Frank Ruskey.) $x = (x_1x_2)_2$, $y = (y_1y_2)_2$, $z = (z_1z_2)_2$일 때 $z = (x + y) \bmod 3$이라고 하자. 그리고 그러한 각 2비트 값은 반드시 00이나 01, 10이어야 한다고 하자. $z_1$과 $z_2$를 $x_1$, $x_2$, $y_1$, $y_2$로부터 6개의 부울 단계들로 계산하라.

**61.** [*34*] 연습문제 60을 이어서, 3비트 값 000, 001, 010, 011, 100을 이용해서 $z = (x + y) \bmod 5$를 계산하는 괜찮은 방법을 찾아라.

**62.** [*HM23*] '상관있음'이 $2^n c$개이고 '상관없음'이 $2^n d$개이며 $c + d = 1$인 $n$변수 무작위 부분 부울 함수를 생각해 보자. 그런 함수들 거의 전부가 비용이 $2^n c/n$보다 큼을 증명하라.

**63.** [*HM35*] (L. A. Sholomov, 1969.) 연습문제 62를 이어서, 그러한 모든 함수의 비용이 $\le 2^n c/n(1 + O(n^{-1}\log n))$임을 증명하라. 힌트: $k$-입방체의 모든 $(k - m)$차원 부분입방체와 교차하는 $2^m(1 + k)$개의 벡터 $x_1 \ldots x_k$들의 집합이 존재한다.

**64.** [*25*] (마의 15.) 두 플레이어가 1에서 9까지의 숫자들을 번갈아 하나씩 중복 없이 선택한다. 합이 15가 되는 세 개의 수를 먼저 선택한 쪽이 승자가 된다. 이 게임을 위한 좋은 전략을 설명하라.

▸ **65.** [*35*] (47)~(56)의 삼목 전략을 항상 올바르게 작용하도록 수정하라.

**66.** [*20*] 연습문제 65에서 선택한 수手들을 비평하라. 그 수들이 항상 최적인가?

▸ **67.** [*40*] 삼목 게임의 모든 위치마다 각각 하나의 정확한 수를 찾는 대신, 그런 수들을 모두 찾는 것이 나을 수 있다. 다른 말로 하면, $x_1 \ldots x_9 o_1 \ldots o_9$가 주어졌을 때, 오직 유효한 수이자 X의 최악의 경우의 결과를 최소화하는 수가 칸 $j$에 두는 수뿐일 때에만 $g_j = 1$이 되는 아홉 개의 출력 $g_1 \ldots g_9$를 산출하게 하는 것이다. 예를 들어 다음의 전형적인 위치들에서 느낌표는 X의 모든 올바른 수를 나타낸다.

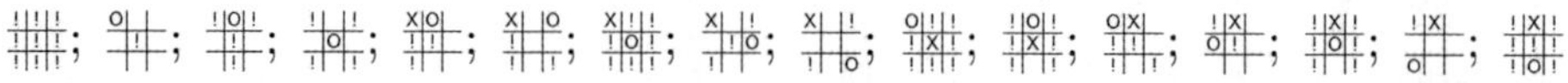

이러한 가능한 수들 중 하나를 무작위로 택하는 컴퓨터를 상대하는 것이 단 하나의 고정된 전략만을 구사하는 컴퓨터를 상대하는 것보다 더 재미있을 것이다.

'모든 좋은 수' 문제를 푸는 한 가지 매력적인 방법은, 삼목에 대칭이 여덟 개 존재한다는 사실을 활용하는 것이다. 18개의 입력 $x_1 \ldots x_9 o_1 \ldots o_9$에 대해 세 개의 출력 $(c, s, m)$을 내는 어떤 칩(chip)이 있다고 하자. 여기서 $c$는 '모퉁이(corner)', $s$는 '가장자리(side)', $m$은 '가운데(middle)'를 뜻한다.

더 나아가서, 이러한 칩 여덟 개를 적절히 연결함으로써 우리가 원하는 함수 $g_j$ 들을 계산할 수 있다고 하자:

$$\begin{aligned}
g_1 &= c(x_1x_2x_3x_4x_5x_6x_7x_8x_9o_1o_2o_3o_4o_5o_6o_7o_8o_9)\\
&\qquad \vee c(x_1x_4x_7x_2x_5x_8x_3x_6x_9o_1o_4o_7o_2o_5o_8o_3o_6o_9),\\
g_2 &= s(x_1x_2x_3x_4x_5x_6x_7x_8x_9o_1o_2o_3o_4o_5o_6o_7o_8o_9)\\
&\qquad \vee s(x_3x_2x_1x_6x_5x_4x_9x_8x_7o_3o_2o_1o_6o_5o_4o_9o_8o_7),\\
g_3 &= c(x_3x_2x_1x_6x_5x_4x_9x_8x_7o_3o_2o_1o_6o_5o_4o_9o_8o_7)\\
&\qquad \vee c(x_3x_6x_9x_2x_5x_8x_1x_4x_7o_3o_6o_9o_2o_5o_8o_1o_4o_7),\\
g_4 &= s(x_1x_4x_7x_2x_5x_8x_3x_6x_9o_1o_4o_7o_2o_5o_8o_3o_6o_9)\\
&\qquad \vee s(x_7x_4x_1x_8x_5x_2x_9x_6x_3o_7o_4o_1o_8o_5o_2o_9o_6o_3), \qquad \ldots\\
g_9 &= c(x_9x_8x_7x_6x_5x_4x_3x_2x_1o_9o_8o_7o_6o_5o_4o_3o_2o_1)\\
&\qquad \vee c(x_9x_6x_3x_8x_5x_2x_7x_4x_1o_9o_6o_3o_8o_5o_2o_7o_4o_1).
\end{aligned}$$

그리고 $g_5$ 는 여덟 칩 모두에서 나온 $m$개의 출력들의 OR이다.

그러한 칩의 논리 회로를 설계하되, 게이트를 2000개 미만으로 사용하라.

**68.** [*M25*] $\pi$의 이진 표현의 최상위 비트의 오른쪽 비트들 $(x_1 \ldots x_n)_2$를 값으로 하는 $n$비트 $\pi$ 함수 $\pi_n(x_1 \ldots x_n)$을 생각해 보자. $\pi$의 임의의 비트들을 효율적으로 계산하는 법을 서술하는 연습문제 4.3.1-39의 방법이, 충분히 큰 $n$에 대해 $C(\pi_n) < 2^n/n$임을 증명하는가?

**69.** [*M24*] $f$의 다중선형 표현이

$$\alpha_{000} \oplus \alpha_{001}x_m \oplus \alpha_{010}x_j \oplus \alpha_{011}x_jx_m \oplus \alpha_{100}x_i \oplus \alpha_{101}x_ix_m \oplus \alpha_{110}x_ix_j \oplus \alpha_{111}x_ix_jx_m$$

이라고 하자. 여기서 각 계수 $\alpha_l$은 변수 $\{x_1, \ldots, x_n\} \setminus \{x_i, x_j, x_m\}$의 함수이다.

a) (58)의 쌍들은 오직 다음을 만족하는 계수들이 존재할 때에만 '좋은' 쌍들임을 증명하라.

$$\alpha_{010}\alpha_{101} = \alpha_{011}\alpha_{100}, \qquad \alpha_{101}\alpha_{110} = \alpha_{100}\alpha_{111}, \qquad \alpha_{110}\alpha_{011} = \alpha_{111}\alpha_{010}.$$

b) 값 $(i, j, m)$들 중 $f = (\det X) \bmod 2$일 때 나쁜 쌍들이 되는 값들은 무엇인가? ((60)을 보라.)

▸ **70.** [*M27*] $X$가 (60)의 $3 \times 3$ 부울 행렬이라고 하자. 부울 함수 (a) $(\det X) \bmod 2$, (b) $[\mathrm{per}\,X > 0]$, (c) $[\det X > 0]$ 각각에 대한 효율적인 사슬을 구하라.

▸ **71.** [*M26*] $f(x)$가 각 점 $x = x_1 \ldots x_n$에서 0일 확률이 $p$라고 하자. 그 확률은 다른 점들에서의 값과는 독립적이다.

a) (58)에 나온 쌍들이 좋은 쌍들일 확률은 얼마인가?

b) (58)에 나온 나쁜 쌍들이 존재할 확률은 얼마인가?

c) (58)에 나온 나쁜 쌍들이 최대 $t$회의 무작위 시도들에서 발견될 확률은 얼마인가?

d) 사례 $(i, j, m)$을 $p$, $t$, $n$의 함수로서 판정하는 데 걸리는 기대 시간은 얼마인가?

**72.** [*M24*] 이전 연습문제를, $f(x) = 0$일 확률이 $p$이고 $f(x) = 1$일 확률이 $q$, $f(x) = *$일 확률이 $r$인 부분함수의 경우로 확장하라.

▸ **73.** [*20*] 만일 $m \neq i \neq j \neq m$인 모든 $(i, j, m)$에 대해 (58)의 나쁜 쌍들이 존재한다면, 단 $\binom{n}{2}$개의 잘 선택된 삼쌍 $(i, j, m)$들만 판정해도 $f$의 분해 불가능성을 유도할 수 있음을 보여라.

**74.** [*25*] 이전 연습문제의 착안을 확장해서, 셴, 머켈러, 와이너의 방법을 사용해서 성공적인 삼쌍 $(i, j, m)$을 선택하는 전략을 제시하라.

**75.** [*20*] 본문의 분해 절차를 '모두 상등(all-equal)' 함수 $S_{0,n}(x_1, ..., x_n)$에 적용하면 어떤 일이 발생할까?

▸ **76.** [*M26*] (D. Uhlig, 1974.) 이번 연습문제의 목적은, 어떤 함수 $f$에 대해 부울 함수

$$F(u_1, ..., u_n, v_1, ..., v_n) = f(u_1, ..., u_n) \vee f(v_1, ..., v_n)$$

을 평가하는 최선의 부울 사슬의 비용이 $2C(f)$ 미만이라는 놀라운 사실을 증명하는 것이다. 그 사실은 함수 분해가 항상 좋은 생각은 아님을 뜻한다.

$n = m + 2^m$이라 할 때 $f(i_1, ..., i_m, x_0, ..., x_{2^m-1}) = f_i(x)$라고 표기하자. 여기서 $i$는 수 $(i_1 ... i_m)_2$로 간주된다. 그리고 $(u_1, ..., u_n) = (i_1, ..., i_m, x_0, ..., x_{2^m-1})$, $(v_1, ..., v_n) = (j_1, ..., j_m, y_0, ..., y_{2^m-1})$, $F(u, v) = f_i(x) \vee f_j(y)$라고 하자.

a) 벡터 $i$, $j$, $x$, $y$가 주어졌을 때, $2^m + 1$개의 함수

$$z_l = x \oplus (([l \leq i] \oplus [i \leq j]) \wedge (x \oplus y)), \qquad 0 \leq l \leq 2^m$$

을 비용이 $O(n^2)$인 사슬로 충분히 평가할 수 있음을 증명하라. 각 $z_l$은 길이가 $2^m$인 벡터이고, 1비트 수량 $([l \leq i] \oplus [i \leq j])$는 $x \oplus y$의 각 성분과 AND된다.

b) $0 \leq i \leq 2^m$에 대해 $g_i(x) = f_i(x) \oplus f_{i-1}(x)$라고 하자. 여기서 $f_{-1}(x) = f_{2^m}(x) = 0$이다. $0 \leq l \leq 2^m$에 대한 벡터 $z_l$들이 주어졌을 때, $2^m + 1$개의 값 $c_l = g_l(z_l)$들을 계산하는 비용을 추정하라.

c) $c'_l = c_l \wedge ([i \leq j] \equiv [l \leq i])$이고 $c''_l = c_l \wedge ([i \leq j] \equiv [j > l])$이라고 할 때, 다음을 증명하라:

$$f_{i(x)} = c'_0 \oplus c'_1 \oplus \cdots \oplus c'_{2^m}, \qquad f_{j(y)} = c''_0 \oplus c''_1 \oplus \cdots \oplus c''_{2^m}.$$

d) 이상으로부터 $C(F) \leq 2^n/n + O(2^n(\log n)/n^2)$이라는 결론을 유도하라. ($n$이 충분히 크면 이 비용은 $2^{n+1}/n$보다 확실히 작다. 그러나 $C(f) > 2^n/n$인 함수 $f$가 존재한다.)

e) 명확함을 위해, $m = 1$이고 $f(i, x_0, x_1) = (i \wedge x_0) \vee x_1$일 때의 $F$에 대한 사슬을 제시하라.

▸ **77.** [*35*] (N. P. Red'kin, 1970.) 부울 사슬이 연산 AND나 OR, NOT만 사용한다고 하자. 즉, 모든 단계는 $x_i = x_{j(i)} \wedge x_{k(i)}$ 아니면 $x_i = x_{j(i)} \vee x_{k(i)}$ 아니면 $x_i = \bar{x}_{j(i)}$이다. $n \geq 2$라고 할 때, 만일 그러한 사슬이 '홀 패리티' 함수 $f_n(x_1, ..., x_n) = x_1 \oplus \cdots \oplus x_n$이나 '짝 패리티' 함수 $\bar{f}_n(x_1, ..., x_n) = 1 \oplus x_1 \oplus \cdots \oplus x_n$ 중 하나를 계산한다면 그 사슬의 길이가 적어도 $4(n-1)$임을 증명하라.

**78.** [*26*] (W. J. Paul, 1977.) 어떤 주어진 집합 $S \subseteq \{0, 1, \ldots, 2^m - 1\}$에 대해 $(x_1 \ldots x_m)_2 = k \in S$이면 항상 값이 $y_k$가 되는 어떤 부울 함수 $f(x_1, \ldots, x_m, y_0, \ldots, y_{2^m - 1})$이 있다. 그 외의 점들에서는 함수 $f$의 값이 어떻든 상관이 없다. $S$가 공집합이 아니라면 항상 $C(f) \geq 2\|S\| - 2$임을 보여라. (특히, $S = \{0, 1, \ldots, 2^m - 1\}$일 때에는 연습문제 39의 멀티플렉서 사슬이 점근 최적이다.)

**79.** [*M32*] (C. P. Schnorr, 1976.) $u$와 $v$가 어떤 부울 사슬의 변수들이고 그 부울 사슬에 해당하는 이진 트리 도식 안에서 두 변수 사이에 단순 경로가 정확히 하나만 존재할 때, 그 두 변수를 '상대들(mates)'이라고 부른다. 두 변수는 사슬 안에서 각각 한 번씩 쓰일 때에만 상대가 될 수 있다. 그러나 이 필요조건이 충분조건은 아니다. 예를 들어 그림 9의 $S_{1,2,3}$에 대한 사슬에서는 변수 2와 4가 상대들이지만 $S_2$에 대한 사슬에서는 상대들이 아니다.

a) 상대가 없는 $n$변수 부울 사슬의 비용이 $\geq 2n - 2$임을 증명하라.

b) $f$가 '모두 상등' 함수 $S_{0,n}(x_1, \ldots, x_n)$일 때 $C(f) = 2n - 3$임을 증명하라.

▸ **80.** [*M29*] (L. J. Stockmeyer, 1977.) 대칭함수를 다음과 같이 또 다른 방식으로 표기하면 편리할 때가 있다: $\alpha = a_0 a_1 \ldots a_n$이 임의의 이진열이라 할 때, $S_\alpha(x) = a_{\nu x}$로 표기하는 것이다. 이를테면 $\langle x_1 x_2 x_3 \rangle = S_{0011}$과 $x_1 \oplus x_2 \oplus x_3 = S_{0101}$이 그러한 표기의 예이다. $S_\alpha(0, x_2, \ldots, x_n) = S_{\alpha'}(x_2, \ldots, x_n)$이고 $S_\alpha(1, x_2, \ldots, x_n) = S_{'\alpha}(x_2, \ldots, x_n)$임을 주목하기 바란다. 여기서 $\alpha'$과 $'\alpha$는 각각 마지막 원소나 첫 원소를 제거한 후의 $\alpha$를 뜻한다. 또한, $f$가 임의의 $n-2$변수 부울 함수일 때

$$S_\alpha(f(x_3, \ldots, x_n), \bar{f}(x_3, \ldots, x_n), x_3, \ldots, x_n) = S_{'\alpha'}(x_3, \ldots, x_n)$$

이다.

a) 패리티 함수는 $a_0 \neq a_1 \neq a_2 \neq \cdots \neq a_n$이다. $n \geq 2$라고 가정한다. 만일 $S_\alpha$가 패리티 함수가 아니고 $S_{'\alpha'}$이 상수가 아니면

$$C(S_\alpha) \geq \max(C(S_{\alpha'}) + 2, C(S_{'\alpha}) + 2, \min(C(S_{\alpha'}) + 3, C(S_{'\alpha}) + 3, C(S_{'\alpha'}) + 5))$$

임을 증명하라.

b) 이 결과로부터 $C(S_k)$와 $C(S_{\geq k})$의 하계를 유도하라(여기서 $0 \leq k \leq n$).

**81.** [*23*] (M. Snir, 1986.) 연습문제 36의 접두열 문제를 위한 임의의 사슬의 비용이 $c$이고 깊이가 $d$라고 할 때 $c + d \geq 2n - 2$임을 증명하라.

▸ **82.** [*M23*] (62)~(70)의 논리 문장들을 서술하라. 참인 것은 무엇인가?

**83.** [*21*] 만일 $f(x_1, \ldots, x_n)$에 대한 $p$개의 커널화 연산을 담은 부울 사슬이 존재한다면 $C(f) < (p+1)(n + p/2)$임을 보여라.

**84.** [*M20*] 단조 부울 사슬(monotone ~)은 모든 연산자 $\circ_i$가 단조인 부울 사슬이다. $f$에 대한 최단 단조 사슬의 길이를 $C^+(f)$로 표기한다. 만일 $\wedge$가 $p$번, $\vee$가 $q$번 나오는 함수 $f(x_1, \ldots, x_n)$에 대한 단조 부울 사슬이 존재한다면, $C^+(f) < \min((p+1)(n + p/2), (q+1)(n + q/2))$임을 보여라.

▶ **85.** [*M28*] $M_n$이 모든 $n$변수 단조함수의 집합이라고 하자. $L$이 $M_n$에 포함된 함수들의 한 모임(family)이라고 할 때,

$$x \sqcup y = \bigwedge \{z \in L \mid z \supseteq x \vee y\}, \qquad x \sqcap y = \bigvee \{z \in L \mid z \subseteq x \wedge y\}$$

라고 정의하자. 만일 $L$이 상수 함수 0과 1은 물론 $1 \le j \le n$에 대한 모든 투영 함수 $x_j$를 포함한다면, 그리고 만일 $x, y \in L$이면 항상 $x \sqcup y \in L$, $x \sqcap y \in L$이라면, 그러한 $L$을 가리켜 '적법하다(legitimate)'고 말한다.

a) $n = 3$일 때, 각 함수를 그 16진 진리표로 표현해서 $M_3 =$ {00, 01, 03, 05, 11, 07, 13, 15, 0f, 33, 55, 17, 1f, 37, 57, 3f, 5f, 77, 7f, ff}라고 표기할 수 있다. {00, 0f, 33, 55, ff} $\subseteq L \subseteq M_3$을 만족하는 모임 $L$은 $2^{15}$개이다. 그들 중 적법한 모임은 몇 개인가?

b) $A$가 $\{1, \ldots, n\}$의 한 부분 집합일 때, $\lceil A \rceil = \bigvee_{a \in A} x_a$라고 정의하자. 또한 $\lceil \infty \rceil = 1$이라고 정의하자. $\mathcal{A}$가 $\{1, \ldots, n\}$의 부분집합들의 모임인데 크기가 $\le 1$인 모든 집합을 포함하며 교집합에 대해 닫혀 있다고 하자. 즉, $A \in \mathcal{A}$이고 $B \in \mathcal{A}$이면 항상 $A \cap B \in \mathcal{A}$이다. 모임 $L = \{\lceil A \rceil \mid A \in \mathcal{A} \cup \infty\}$가 적법함을 증명하라.

c) $(x_{n+1}, \ldots, x_{n+r})$이 단조 부울 사슬 (1)이라고 하자. 그리고 같은 부울 사슬에서 연산자 $\wedge$ 들을 모두 어떤 적법한 모임 $L$에 관한 $\sqcap$ 으로 바꾸고 연산자 $\vee$ 들은 모두 $L$에 관한 $\sqcup$ 으로 바꾸어서 $(\hat{x}_{n+1}, \ldots, \hat{x}_{n+r})$을 얻는다고 가정하자. $n+1 \le l \le n+r$에 대해 반드시 다음이 성립함을 증명하라.

$$\hat{x}_l \subseteq x_l \vee \bigvee_{i=n+1}^{l} \{\hat{x}_i \oplus (\hat{x}_{j(i)} \vee \hat{x}_{k(i)}) \mid \circ_i = \vee\};$$

$$x_l \subseteq \hat{x}_l \vee \bigvee_{i=n+1}^{l} \{\hat{x}_i \oplus (\hat{x}_{j(i)} \wedge \hat{x}_{k(i)}) \mid \circ_i = \wedge\}.$$

**86.** [*HM37*] 정점들이 $\{1, \ldots, n\}$인 그래프 $G$를, $1 \le u < v \le n$에 대한 $N = \binom{n}{2}$개의 부울 변수 $x_{uv}$들로 정의할 수 있다. 여기서 $x_{uv} = [G$에서 $u — v]$이다. $f$가 함수 $f(x) = [G$에 삼각형이 포함되어 있음$]$이라고 하자. 예를 들어 $n = 4$일 때 $f(x_{12}, x_{13}, x_{14}, x_{23}, x_{24}, x_{34}) = (x_{12} \wedge x_{13} \wedge x_{23}) \vee (x_{12} \wedge x_{14} \wedge x_{24}) \vee (x_{13} \wedge x_{14} \wedge x_{34}) \vee (x_{23} \wedge x_{24} \wedge x_{34})$이다. 이번 연습문제의 목적은 단조 복잡도 $C^+(f)$가 $\Omega(n/\log n)^3$임을 증명하는 것이다.

a) 그래프 $G$에서 $1 \le j \le r$에 대해 $u_j — v_j$라고 할 때, $S = \{\{u_1, v_1\}, \ldots, \{u_r, v_r\}\}$을 하나의 $r$-모임이라고 부르자. 그리고 $\Delta(S) = \bigcup_{1 \le i < j \le r} (\{u_i, v_i\} \cap \{u_j, v_j\})$가 각 쌍별(pairwise) 교집합들의 원소들이라고 하자. 만일 어떤 $r$-모임 $S$에 대해 $\Delta(S) \subseteq \{u, v\}$이면 항상 $u — v$이라면, 그러한 그래프 $G$를 $r$에 대해 닫혔다($r$-closed, 줄여서 $r$-닫힘)라고 칭하기로 한다. 더 나아가서 만일 모든 $r$-모임 $S$에 대해 $|\Delta(S)| \ge 2$이면 $r$에 대해 강하게 닫혔다고(줄여서 강한 $r$-닫힘) 칭하기로 하자. 강한 $r$-닫힘 그래프가 강한 $(r+1)$-닫힘이기도 함을 증명하라.

b) 완전 이분그래프 $K_{m,n}$이 $r > \max(m, n)$일 때 강한 $r$-닫힘임을 증명하라.

c) 강한 $r$-닫힘 그래프의 간선이 많아야 $(r-1)^2$개임을 증명하라.

d) $L$이 함수 $\{1\} \cup \{\lceil G \rceil \mid G$가 $\{1, \ldots, n\}$에 대한 강한 $r$-닫힘 그래프임$\}$들의 모임이라고 하자. (연습문제 85(b)를 보라. $G$는 간선들의 집합으로 간주된다. 예를 들어 간선들이 $1 — 3$, $1 — 4$, $2 — 3$, $2 — 4$일 때 $\lceil G \rceil = x_{13} \vee x_{14} \vee x_{23} \vee x_{24}$가 성립한다.) $L$은 적법한 모임인가?

e) $x_{N+1}, \ldots, x_{N+p+q} = f$가 $\wedge$ 단계가 $p$개이고 $\vee$ 단계가 $q$개인 단조 부울 사슬이라고 할 때, (d)의 모임 $L$에 기초해서 수정된 사슬 $\hat{x}_{N+1}, \ldots, \hat{x}_{N+p+q} = \hat{f}$를 생각해 보자. 만일 $\bar{f} \neq 1$이면 $2(r-1)^3 p + (r-1)^2(n-2) \geq \binom{n}{3}$임을 보여라. 힌트: 연습문제 85(c)의 둘째 공식을 사용할 것.

f) 더 나아가서, 만일 $\bar{f} = 1$이면 반드시 $r^2 q \geq 2^{r+1}$임을 보여라. 힌트: 이제 첫 공식을 적용할 것.

g) 따라서 $p = \Omega(n/\log n)^3$임을 증명하라. 힌트: $r \approx 6 \lg n$으로 두고 연습문제 84를 적용해 볼 것.

**87.** [*M22*] 단조 연산들이 허용되는 경우, 연습문제 86의 삼각형 함수의 비용이 $C(f) = O(n^{\lg 7}(\log n)^2) = O(n^{2.81})$임을 보여라. 힌트: 그래프가 삼각형일 필요충분조건은 그 인접성 행렬의 입방체에 0인 대각 성분이 없다는 것이다.

**88.** [*40*] 중앙값 사슬은 부울 사슬과 비슷하되, (1)의 부울 연산들 대신 $n+1 \leq i \leq n+r$에 대한 3중앙 단계 $x_i = \langle x_{j(i)} x_{k(i)} x_{l(i)} \rangle$들을 사용한다는 점이 다르다.

모든 자기쌍대 단조 7변수 부울 함수에 대한 중앙값 사슬의 최적 길이, 깊이, 비용을 고찰하라. $\langle x_1 x_2 x_3 x_4 x_5 x_6 x_7 \rangle$에 대한 최단 중앙값 사슬은 무엇인가?

레이디 캐롤라인. 쳇! 그런 편법(hack)이라니!
사이먼 경. 그렇죠, 레이디 캐롤라인,
확실한 소리를 내는 놈들을 아는 편법이지요.

— 콜먼GEORGE COLMAN, *John Bull*, 3막 1장 (1803)

## 7.1.3. 비트별 요령과 기법

이제 재미있는 부분이 시작된다. 이제부터는 부울 연산들을 프로그램 안에서 사용해 볼 것이다.

사람들은 'AND'나 'XOR' 같은 비트별(bitwise) 연산보다는 덧셈, 뺄셈, 곱셈 같은 산술 연산에 좀 더 익숙하다. 이는 산술 연산의 역사가 대단히 길기 때문이다. 그러나 이진수에 대한 부울 연산 역시 좀 더 잘 알아둘 가치가 있음을 이번 절에서 알게 될 것이다. 사실 그런 연산은 모든 훌륭한 프로그래머의 도구상자에서 중요한 요소이다.

초기의 컴퓨터 설계자들이 컴퓨터에서 전워드(fullword) 비트 연산을 지원하도록 한 주된 이유는, 그런 명령들을 컴퓨터의 기능 집합에 포함시키는 데 추가적인 비용이 거의 들지 않았기 때문이다. 이진 논리는 잠재적으로 유용해 보였지만, 사실 당시 예측한 응용 분야는 몇 되지 않았다. 예를 들어 1949년에 완성된 EDSAC 컴퓨터에는 'collate'라는 명령이 있었는데, $z$가 누산기(accumulator)이고 $x$가 승수(multiplier, 곱하는 수) 레지스터, $y$가 메모리 안의 지정된 한 단어라 할 때 이 명령은 본질적으로 $z \leftarrow z + (x\&y)$ 연산을 수행하는 것이었다. 이 명령은 자료 풀기(unpacking)에 쓰였다. 같은 시기에 만들어진 Manchester Mark I 컴퓨터에는 비트별 AND는 물론 OR와 XOR도 있었다. 튜링Alan Turing은 1950년에 Mark I를 위한 최초의 프로그래밍 매뉴얼을 작성할 때 XOR($\neq$ 으로 표기)을 1들로 된 한 행과 함께 사용함으로써 비트별 NOT의 효과를 얻을 수 있다는 점을 지적했다. 더 나아가서, 1952년 Mark II 컴퓨터를 설계하는 도중에 튜링의 매뉴얼을 확장한 브루커R. A. Brooker는 OR를 이용해서 1을 최소 유효 숫자(least significant digit)의 자리로 옮김으로써 수의 내림(round off)을 수행할 수 있음을 밝혔다. 이후 Ferranti Mercury의 원형이 된 Mark II에는 옆쪽 덧셈을 위한 명령과 최대 유효(most significant) 1의 위치를 위한 명령도 추가되었다.

토처Keith Tocher는 1954년에 AND와 OR의 색다른 응용법을 출판했는데, 그 응용은 이후 빈번하게 재발명되었다(연습문제 85 참고). 그로부터 수십 년 동안 프로그래머들은 비트열 연산들이 놀랄 만큼 유용하다는 점을 차츰 깨닫게 되었다. 유용한 비트별 연산 요령들은 민간전승의 한 부분으로 남았다. 이제는 지금까지 발견된 요령들을 수확해서 그 장점을 취할 때가 되었다.

요령(trick, 비결)은 한 번 사용할 수 있는 재치있는 발상인 반면, 기법(technique)은 적어도 두 번 사용할 수 있는 성숙한 요령이다. 이번 절에서 보겠지만, 요령은 자연스럽게 기법으로 진화하는 경향이 있다.

**풍부해진 산술.** 정수들에 대한 이진 연산들을 공식적으로 정의하는 것으로 시작하자. 이진 표기법으로 $x = (\ldots x_2x_1x_0)_2$, $y = (\ldots y_2y_1y_0)_2$, $z = (\ldots z_2z_1z_0)_2$라고 할 때 다음이 성립한다.

$$x\&y = z \iff x_k \wedge y_k = z_k, \quad \text{모든 } k \geq 0\text{에 대해;} \tag{1}$$
$$x \mid y = z \iff x_k \vee y_k = z_k, \quad \text{모든 } k \geq 0\text{에 대해;} \tag{2}$$
$$x \oplus y = z \iff x_k \oplus y_k = z_k, \quad \text{모든 } k \geq 0\text{에 대해.} \tag{3}$$

($x\&y$ 대신 '$x \wedge y$', $x \mid y$ 대신 '$x \vee y$'로 표기하고 싶기도 할 것이다. 그러나 최적화 문제를 연구할 때 알게 되겠지만, $x \wedge y$와 $x \vee y$라는 표기는 각각 $\min(x, y)$와 $\max(x, y)$를 위해 남겨 두는 것이 더 낫다.) 예를 들어

$$5\&11 = 1, \qquad 5 \mid 11 = 15, \qquad 5 \oplus 11 = 14$$

이다. $5 = (0101)_2$, $11 = (1011)_2$, $1 = (0001)_2$, $15 = (1111)_2$, $14 = (1110)_2$이기 때문이다. 이러한 관계에서 음의 정수는 2의 보수로 표기된, 왼쪽에 무한히 많은 1들이 있는 무한 정밀도의 수로 간주된다. 예를 들어 $-5$는 $(\ldots 1111011)_2$이다. 그러한 무한 정밀도 수(infinite-precision number)는 연습문제 4.1–31에서 논의한 2아딕 정수(2-adic integer)의 특별한 경우이며, 사실 연산자 &, |, $\oplus$는 임의의 2아딕 수에 적용할 때에도 완벽히 합리적으로 작용한다.

후학자들은 정수에 대한 연산으로서의 & 와 |의 속성에 대해 그리 많은 관심을 기울이지 않았다. 그러나 셋째 연산 $\oplus$에는 장구한 역사가 존재한다. 이는 이 연산이 님(nim) 게임의 승리 전략을

서술하기 때문이다(연습문제 8-16 참고). 그런 이유로 $x \oplus y$를 정수 $x$와 $y$의 '님 합(nim sum)'이라고 부르기도 한다.

이 세 가지 기본적인 비트별 연산 모두 유용한 속성을 많이 가지고 있다. 예를 들어 §7.1.1에서 공부한 $\wedge$와 $\vee$, $\oplus$ 사이의 모든 관계가 정수에 대한 &, |, $\oplus$에 자동으로 상속된다. 이는 그러한 모든 관계가 모든 비트 위치에서 성립하기 때문이다. 그럼 주요 항등식들을 다시 한 번 정리해 보자.

$$x \,\&\, y = y \,\&\, x, \qquad x \mid y = y \mid x, \qquad x \oplus y = y \oplus x; \tag{4}$$
$$(x \,\&\, y) \,\&\, z = x \,\&\, (y \,\&\, z), \quad (x \mid y) \mid z = x \mid (y \mid z), \quad (x \oplus y) \oplus z = x \oplus (y \oplus z); \tag{5}$$
$$(x \mid y) \,\&\, z = (x \,\&\, z) \mid (y \,\&\, z), \quad (x \,\&\, y) \mid z = (x \mid z) \,\&\, (y \mid z); \tag{6}$$
$$(x \oplus y) \,\&\, z = (x \,\&\, z) \oplus (y \,\&\, z); \tag{7}$$
$$(x \,\&\, y) \mid x = x, \qquad (x \mid y) \,\&\, x = x; \tag{8}$$
$$(x \,\&\, y) \oplus (x \mid y) = x \oplus y; \tag{9}$$
$$x \,\&\, 0 = 0, \qquad x \mid 0 = x, \qquad x \oplus 0 = x; \tag{10}$$
$$x \,\&\, x = x, \qquad x \mid x = x, \qquad x \oplus x = 0; \tag{11}$$
$$x \,\&\, -1 = x, \qquad x \mid -1 = -1, \qquad x \oplus -1 = \bar{x}; \tag{12}$$
$$x \,\&\, \bar{x} = 0, \qquad x \mid \bar{x} = -1, \qquad x \oplus \bar{x} = -1; \tag{13}$$
$$\overline{x \,\&\, y} = \bar{x} \mid \bar{y}, \qquad \overline{x \mid y} = \bar{x} \,\&\, \bar{y}, \qquad \overline{x \oplus y} = \bar{x} \oplus y = x \oplus \bar{y}. \tag{14}$$

(12), (13), (14)의 $\bar{x}$라는 표기는 $x$의 비트별 여수화(complementation, 보수화), 즉 $(\ldots\bar{x}_2\bar{x}_1\bar{x}_0)_2$를 뜻한다. 이를 $\sim x$로 표기하기도 한다. (12)와 (13)이 식 7.1.1-(10)과 7.1.1-(18)과 아주 같지는 않음을 주목하기 바란다. 이제는 $1 = (\ldots0001)_2$가 아니라 $-1 = (\ldots1111)_2$를 사용해야 한다. 그래야 비트별 연산에 대해 정확한 공식이 된다.

$x$와 $y$의 개별 비트들이 모든 $k \geq 0$에 대해 $x_k \leq y_k$를 만족할 때, $x$가 $y$ 안에 포함되어 있다고 칭하고 $x \subseteq y$ 또는 $y \supseteq x$로 표기한다. 따라서

$$x \subseteq y \iff x \,\&\, y = x \iff x \mid y = y \iff x \,\&\, \bar{y} = 0 \tag{15}$$

이다.

물론 항상 비트별 연산들만 따로 사용할 필요는 없다. 비트별 연산들을 보통의 산술 연산들과 섞어 쓰는 것도 가능하다. 예를 들어 $x + \bar{x} = (\ldots1111)_2 = -1$이라는 관계로부터 다음과 같은 공식을 이끌어 낼 수 있다.

$$-x = \bar{x} + 1. \tag{16}$$

차차 알게 되겠지만, 이는 엄청나게 중요한 공식이다. 또한 이 공식에서 $x$를 $x - 1$로 대체하면 다음이 나온다.

$$-x = \overline{x - 1}. \tag{17}$$

일반화하자면, 뺄셈을 여수화와 덧셈으로 축약할 수 있다.

$$\overline{x - y} = \bar{x} + y. \tag{18}$$

이진수를 왼쪽이나 오른쪽으로 자리이동(shift)해야 하는 경우가 종종 생긴다. 그러한 연산들은 2의 제곱수를 곱하거나 나누고 적절한 반올림을 적용하는 것과 동치이나, 그러한 연산들을 위한 특별한 표기법을 도입하면 편하다.

$$x \ll k = x\text{를 왼쪽으로 } k\text{비트 자리이동한 결과} = \lfloor 2^k x \rfloor; \quad (19)$$

$$x \gg k = x\text{를 오른쪽으로 } k\text{비트 자리이동한 결과} = \lfloor 2^{-k} x \rfloor. \quad (20)$$

여기서 $k$는 임의의 정수로, 음의 정수이어도 된다. 이에 관련해서, 모든 무한 정밀도 수 $x$에 대해 다음이 성립한다.

$$x \ll (-k) = x \gg k, \qquad x \gg (-k) = x \ll k. \quad (21)$$

또한 $(x \,\&\, y) \ll k = (x \ll k) \,\&\, (y \ll k)$ 등도 성립한다.

비트별 연산들을 덧셈, 뺄셈, 곱셈, 자리이동과 결합하면, 공식이 상당히 짧은 경우에도 극도로 난해한 결과들이 발생할 수 있다. 어떤 것들이 가능한지 맛을 보는 의미로, 그림 11의 예를 보자. '고스퍼의 편법(Gosper's hack)'이라고 알려진 유명한 연산 사슬이 1972년에 발표되었는데, 이 덕분에 사람들은 대단히 많은 수의 유용한 비자명 함수들을 빠르게 계산할 수 있다는 사실을 깨닫게 되었다(연습문제 20을 보라). 이번 절에서 우리의 목표는 그러한 효율적인 구축들을 발견해내는 방법을 탐구하는 것이다.

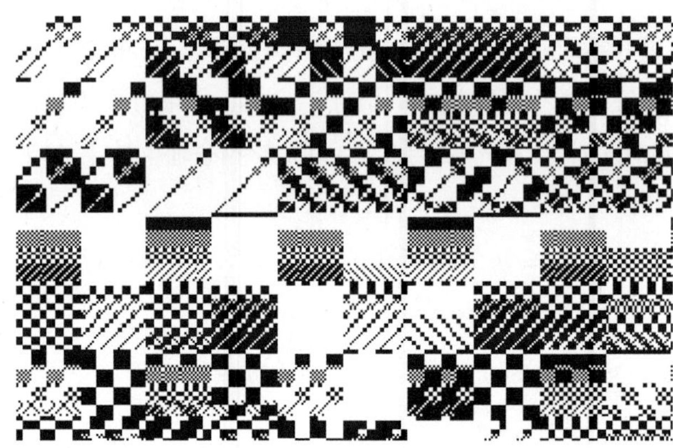

**그림 11.** 비트별 함수 $f(x,y) = ((x \oplus \overline{y})\,((x-350) \gg 3))^2$으로 정의된 누비 세공품의 작은 일부. 행 $x$, 열 $y$의 정사각 칸은 $((f(x,y) \gg 12) \,\&\, 1)$의 값이 0이냐 1이냐에 따라 흰색 또는 검은색이 된다. (슬레이터D. Sleator의 도안, 1976; 연습문제 18도 보라.)

**꾸리기와 풀기.** §4.3.1에서 복합정밀도(multiple-precision, 다중정밀도) 산술을 위한 알고리즘들을 공부하면서, 하나의 메모리 워드나 컴퓨터 레지스터에 담기에는 너무 큰 정수들을 다루는 방법을 이야기했었다. 그런데 실제로는 그 반대의 상황, 즉 정수가 하나의 컴퓨터 워드의 용량에 비해 상당히 작은 경우가 훨씬 더 많이 생긴다. 레머D. H. Lehmer는 이를 '분수의 정밀도(fractional precision)'라고 불렀다. 종종, 여러 개의 정수를 하나의 워드에 꾸려 넣음으로써(packing) 여러 정수들을 한 번에 다루는 것이 가능하다.

예를 들어 연도 $y$, 달 $m$, 일 $d$로 이루어진 날짜 $x$를 다음과 같이 $m$에 4비트, $d$에 5비트를 할당하여 표현할 수 있다.

$$x = (((y \ll 4) + m) \ll 5) + d. \quad (22)$$

차차 보겠지만, 이런 형태로 꾸려진 날짜에 대해 여러 가지 연산들을 직접 수행할 수 있다. 예를 들어 날짜 $x$가 날짜 $x'$보다 이르다면 $x < x'$이다. 그러나 필요하다면, $x$가 주어졌을 때 개별 성분 $(y, m, d)$를 풀어내는(unpack) 것도 간단하다.

$$d = x \bmod 32, \qquad m = (x \gg 5) \bmod 16, \qquad y = x \gg 9. \tag{23}$$

그리고 이 'mod' 연산, 즉 나머지 연산에 나눗셈이 필요하지는 않다. 임의의 정수 $n \geq 0$에 대해 다음과 같은 중요한 법칙이 성립하는 덕분이다.

$$x \bmod 2^n = x \,\&\, (2^n - 1) \tag{24}$$

예를 들어 (22)와 (23)에서 $d = x \,\&\, 31$이다.

이러한 자료 꾸리기 또는 자료 압축이 메모리의 공간을 절약해 줌은 자명하며, 또한 시간도 절약해 준다. 여러 자료 항목들을 하나로 꾸리면 그런 자료 항목들을 한 곳에서 다른 곳으로 좀 더 빠르게 이동 또는 복사할 수 있기 때문이다. 게다가 컴퓨터는 제한된 크기의 캐시 메모리에 잘 맞는 수들을 다룰 때 훨씬 빠르게 실행된다.

궁극의 꾸리기 밀도(packing density)는 항목들이 1비트일 때 달성된다. 그런 경우 64개의 항목들을 하나의 64비트 워드에 집어넣을 수 있다. 예를 들어 작은 수들의 소수 판정을 빠르게 수행하기 위해, 1024보다 작은 소수들을 모두 하나의 표에 저장한다고 하자. 그런 경우 64비트 수 여덟 개만 있으면 된다.

$$
\begin{aligned}
P_0 &= 0111011011010011001011010010011001011001010010001011011010000001,\\
P_1 &= 0100110000110010010100100110000110110000010000010110100110000100,\\
P_2 &= 1001001100101100001000000101101000000100100001101001000100100101,\\
P_3 &= 0010001010001000011000011001010010001011010000010001010001010010,\\
P_4 &= 0000110000000010010000100100110010000100100110010010110000010000,\\
P_5 &= 1101001001100000101001000100001000100001000100100101000100101000,\\
P_6 &= 1010000001000010000011000011011000010000001011010000001011010000,\\
P_7 &= 0000010100010000100010100100100000010100100100010010000010100110.
\end{aligned}
$$

이제 $0 \leq k < 512$인 정수 $2k+1$이 소수인지를 판정하려면 그냥 64비트 레지스터에서

$$P_{\lfloor k/64 \rfloor} \ll (k \,\&\, 63) \tag{25}$$

를 계산하고, 그 결과의 제일 왼쪽 비트가 1인지 판정하면 된다. 예를 들어 다음은 그러한 소수 판정을 수행하는 MMIX 명령들이다. $P_0$의 주소가 레지스터 pbase에 담겨 있다고 가정한다.

| | | | |
|---|---|---|---|
| SRU | $0,k,3 | $\$0 \leftarrow \lfloor k/8 \rfloor$ (즉, $k \gg 3$). | |
| LDOU | $1,pbase,$0 | $\$1 \leftarrow P_{\lfloor \$0/8 \rfloor}$(즉, $P_{\lfloor k/64 \rfloor}$). | |
| AND | $0,k,#3f | $\$0 \leftarrow k \bmod 64$ (즉, $k \,\&\, \#3f$). | (26) |
| SLU | $1,$1,$0 | $\$1 \leftarrow (\$1 \ll \$0) \bmod 2^{64}$. | |
| BN | $1,PRIME | 만일 $s(\$1) < 0$이면 PRIME으로 분기. ▮ | |

표 1

빅엔디안의 관점에서 본 32바이트 메모리

| octa 0 | | | | | | | |
|---|---|---|---|---|---|---|---|
| tetra 0 | | | | tetra 4 | | | |
| wyde 0 | | wyde 2 | | wyde 4 | | wyde 6 | |
| byte 0 | byte 1 | byte 2 | byte 3 | byte 4 | byte 5 | byte 6 | byte 7 |
| $a_0 \ldots a_7$ | $a_8 \ldots a_{15}$ | $a_{16} \ldots a_{23}$ | $a_{24} \ldots a_{31}$ | $a_{32} \ldots a_{39}$ | $a_{40} \ldots a_{47}$ | $a_{48} \ldots a_{55}$ | $a_{56} \ldots a_{63}$ |

| octa 8 | | | | | | | |
|---|---|---|---|---|---|---|---|
| tetra 8 | | | | tetra 12 | | | |
| wyde 8 | | wyde 10 | | wyde 12 | | wyde 14 | |
| byte 8 | byte 9 | byte 10 | byte 11 | byte 12 | byte 13 | byte 14 | byte 15 |
| $a_{64} \ldots a_{71}$ | $a_{72} \ldots a_{79}$ | $a_{80} \ldots a_{87}$ | $a_{88} \ldots a_{95}$ | $a_{96} \ldots a_{103}$ | $a_{104} \ldots a_{111}$ | $a_{112} \ldots a_{119}$ | $a_{120} \ldots a_{127}$ |

| octa 16 | | | | | | | |
|---|---|---|---|---|---|---|---|
| tetra 16 | | | | tetra 20 | | | |
| wyde 16 | | wyde 18 | | wyde 20 | | wyde 22 | |
| byte 16 | byte 17 | byte 18 | byte 19 | byte 20 | byte 21 | byte 22 | byte 23 |
| $a_{128} \ldots a_{135}$ | $a_{136} \ldots a_{143}$ | $a_{144} \ldots a_{151}$ | $a_{152} \ldots a_{159}$ | $a_{160} \ldots a_{167}$ | $a_{168} \ldots a_{175}$ | $a_{176} \ldots a_{183}$ | $a_{184} \ldots a_{191}$ |

| octa 24 | | | | | | | |
|---|---|---|---|---|---|---|---|
| tetra 24 | | | | tetra 28 | | | |
| wyde 24 | | wyde 26 | | wyde 28 | | wyde 30 | |
| byte 24 | byte 25 | byte 26 | byte 27 | byte 28 | byte 29 | byte 30 | byte 31 |
| $a_{192} \ldots a_{199}$ | $a_{200} \ldots a_{207}$ | $a_{208} \ldots a_{215}$ | $a_{216} \ldots a_{223}$ | $a_{224} \ldots a_{231}$ | $a_{232} \ldots a_{239}$ | $a_{240} \ldots a_{247}$ | $a_{248} \ldots a_{255}$ |

한 레지스터의 제일 왼쪽 비트는 오직 그 레지스터의 내용이 음수일 때에만 1임을 주의하기 바란다.

각 워드에 비트들을 오른쪽에서 왼쪽으로 꾸려 넣는 방식도 물론 가능하다.

$$
\begin{aligned}
Q_0 &= 1000000101101101000100101001101001100100101101001100101101101110,\\
Q_1 &= 00100001100101101000000100000110110000110010010100100110000110010,\\
Q_2 &= 1010010010001001011000010010000000101101000000010000110100110010 01,\\
Q_3 &= 0100101000101000100000010110100010010100110000110000100010100 0100,\\
Q_4 &= 0000100000011010010011001001000010011001001000010010000000110000,\\
Q_5 &= 0001010010001010010010001000010001000010001001010000011001001011,\\
Q_6 &= 0000101101000000101101000000100001101100001100000100001000000101,\\
Q_7 &= 0110010100000010010001001001010000000100100101000100001000101000 00.
\end{aligned}
$$

여기서 $Q_j = P_j^R$이다. 이 경우에는 (25)에서처럼 왼쪽으로 자리이동하는 대신 다음과 같이 오른쪽 자리이동을 수행해야 한다.

$$Q_{\lfloor k/64 \rfloor} \gg (k \,\&\, 63). \tag{27}$$

그런 다음 그 결과의 제일 오른쪽 비트를 보면 된다. 이제 (26)의 마지막 두 줄은 다음과 같은 모습이어야 한다.

**표 2**

리틀엔디안의 관점에서 본 32바이트 메모리

| octa 24 | | | | | | | |
|---|---|---|---|---|---|---|---|
| tetra 28 | | | | tetra 24 | | | |
| wyde 30 | | wyde 28 | | wyde 26 | | wyde 24 | |
| byte 31 | byte 30 | byte 29 | byte 28 | byte 27 | byte 26 | byte 25 | byte 24 |
| $a_{255}\ldots a_{248}$ | $a_{247}\ldots a_{240}$ | $a_{239}\ldots a_{232}$ | $a_{231}\ldots a_{224}$ | $a_{223}\ldots a_{216}$ | $a_{215}\ldots a_{208}$ | $a_{207}\ldots a_{200}$ | $a_{199}\ldots a_{192}$ |

| octa 16 | | | | | | | |
|---|---|---|---|---|---|---|---|
| tetra 20 | | | | tetra 16 | | | |
| wyde 22 | | wyde 20 | | wyde 18 | | wyde 16 | |
| byte 23 | byte 22 | byte 21 | byte 20 | byte 19 | byte 18 | byte 17 | byte 16 |
| $a_{191}\ldots a_{184}$ | $a_{183}\ldots a_{176}$ | $a_{175}\ldots a_{168}$ | $a_{167}\ldots a_{160}$ | $a_{159}\ldots a_{152}$ | $a_{151}\ldots a_{144}$ | $a_{143}\ldots a_{136}$ | $a_{135}\ldots a_{128}$ |

| octa 16 | | | | | | | |
|---|---|---|---|---|---|---|---|
| tetra 16 | | | | tetra 20 | | | |
| wyde 16 | | wyde 18 | | wyde 20 | | wyde 22 | |
| byte 16 | byte 17 | byte 18 | byte 19 | byte 20 | byte 21 | byte 22 | byte 23 |
| $a_{128}\ldots a_{135}$ | $a_{136}\ldots a_{143}$ | $a_{144}\ldots a_{151}$ | $a_{152}\ldots a_{159}$ | $a_{160}\ldots a_{167}$ | $a_{168}\ldots a_{175}$ | $a_{176}\ldots a_{183}$ | $a_{184}\ldots a_{191}$ |

| octa 24 | | | | | | | |
|---|---|---|---|---|---|---|---|
| tetra 24 | | | | tetra 28 | | | |
| wyde 24 | | wyde 26 | | wyde 28 | | wyde 30 | |
| byte 24 | byte 25 | byte 26 | byte 27 | byte 28 | byte 29 | byte 30 | byte 31 |
| $a_{192}\ldots a_{199}$ | $a_{200}\ldots a_{207}$ | $a_{208}\ldots a_{215}$ | $a_{216}\ldots a_{223}$ | $a_{224}\ldots a_{231}$ | $a_{232}\ldots a_{239}$ | $a_{240}\ldots a_{247}$ | $a_{248}\ldots a_{255}$ |

```
SRU   $1,$1,$0      $1 ← $1 ≫ $0.
BOD   $1,PRIME      만일 $1이 홀수이면 PRIME으로 분기. ▮        (28)
```

(물론 pbase 대신 qbase를 사용한다.) 어떤 방법이든, 기본 소수표의 항목 $P_j$ 또는 $Q_j$들은 고전적인 에라토스테네스의 체(sieve of Eratosthenes)를 이용해서 쉽게 설정할 수 있다.

**빅엔디안과 리틀엔디안 관례.** 비트들이나 바이트들을 워드에 꾸려 넣을 때에는 그것들을 왼쪽에서 오른쪽으로 채울 것인지 오른쪽에서 왼쪽으로 채울 것인지를 결정해야 한다. 좌-우 관례를 '빅엔디안(big-endian)'이라고 부르는데, 이는 초기 항목들이 최대 유효 자리들에 들어가기 때문이다. 즉, 수들을 비교할 때 초기 항목들이 그 이후 항목들보다 더 중요한 의미를 지닌다. 우-좌 관례를 '리틀엔디안(little-endian)'이라고 부른다.† 이 경우에는 첫 항목들이 더 작은 수를 의미하게 된다.

글을 왼쪽에서 오른쪽으로 읽고 쓰는 데 익숙한 사람들에게는 빅엔디안 접근방식이 더 자연스러울 것이다. 그러나 리틀엔디안에도 나름의 장점이 있다. 예를 들어 소수 판정 문제를 다시 생각해 보자. 소수표 항목 $\{P_0, P_1, \ldots, P_7\}$은 빅엔디안이며, $a_k = [2k+1$ 이 소수$]$라고 할 때 이 항목들을

† [옮긴이 주] 빅엔디안, 리틀엔디안이라는 용어의 유래가 궁금하다면 http://occamsrazr.net/tt/45를 참고하시길.

다음과 같은 512비트 길이의 한 복합정밀도 정수의 표현으로 간주할 수 있다.

$$(P_0P_1\ldots P_7)_{2^{64}} = (a_0a_1\ldots a_{511})_2. \tag{29}$$

마찬가지로, 리틀엔디안 소수표 항목들은 다음과 같은 복합정밀도 정수를 표현한 것이라 할 수 있다.

$$(Q_7\ldots Q_1Q_0)_{2^{64}} = (a_{511}\ldots a_1a_0)_2. \tag{30}$$

후자의 정수가 전자의 정수보다 수학적으로 더 나은 습성을 가지는데, 왜냐하면

$$\sum_{k=0}^{511} 2^k a_k = \sum_{k=0}^{511} 2^k[2k+1\text{이 소수}] = \left(\sum_{k=0}^{\infty} 2^k[2k+1]\text{이 소수}\right) \bmod 2^{512}. \tag{31}$$

이기 때문이다. 그런데 이 간단한 결과를 얻기 위해 $(Q_0Q_1\ldots Q_7)_{2^{64}}$가 아니라 $(Q_7\ldots Q_1Q_0)_{2^{64}}$를 사용했음을 주목하기 바란다. 전자의 수

$$(Q_0Q_1\ldots Q_7)_{2^{64}} = (a_{63}\ldots a_1a_0a_{127}\ldots a_{65}a_{64}a_{191}\ldots a_{385}a_{384}a_{511}\ldots a_{449}a_{448})_2$$

는 사실 상당히 괴상하며, 아주 깔끔한 공식은 없다. (연습문제 25 참고.)

대부분의 컴퓨터는 메모리의 내용에 레지스터 크기의 단위는 물론 개별 바이트 단위로도 접근할 수 있게 하기 때문에, 엔디안은 컴퓨터의 응용 방식에 커다란 영향을 미친다. MMIX는 빅엔디안 아키텍처이다. 즉, 만일 레지스터 x에 64비트 수 #0123456789abcdef가 들어 있다면, 그리고 명령열 'STOU x,0; LDBU y,1'을 수행해서 x를 옥타바이트 장소 0에 저장한 후 장소 1의 바이트를 읽어 들인다면 레지스터 y의 내용은 #23이 된다. 리틀엔디안 아키텍처를 갖춘 컴퓨터라면 해당 명령들에 의해 y ← #cd가 설정될 것이다. 그리고 #23은 바이트 6일 것이다.

표 1과 2에 빅엔디안 추종자와 리틀엔디안 추종자의 서로 충돌하는 '세계관'들이 나타나 있다. 빅엔디안 접근방식은 비트 0과 바이트 0이 왼쪽 최상단에 있는, 기본적으로 하향식이다. 리틀엔디안 접근방식은 비트 0과 바이트 0이 오른쪽 최하단에 있는, 기본적으로 상향식이다. 이러한 차이 때문에, 한 종류의 컴퓨터에서 다른 종류의 컴퓨터로 자료를 전송한다거나 두 경우 모두에 동치인 결과를 내야 하는 프로그램을 작성할 때 주의를 기울일 필요가 있다. 한편, 소수표 $Q$의 예는 MMIX 같은 빅엔디안 컴퓨터에서 리틀엔디안 꾸리기 관계를(또는 그 반대를) 사용하는 것이 얼마든지 가능함을 보여 준다. 차이는 자료를 서로 다른 크기의 덩어리들로 적재하고 저장할 때에만, 또는 자료를 컴퓨터들 사이에서 주고받을 때에만 드러난다.

**제일 오른쪽 비트 다루기.** 일반적으로는 빅엔디안 접근방식과 리틀엔디안 접근방식이 서로 호환되지 않는다. 이는 산술 법칙들이 '최소 유효(least significant)' 비트들로부터 왼쪽으로 신호를 보내기 때문이다. 아주 중요한 비트별 조작 연산들 중 이 사실에 기초한 것들이 있다.

0이 아닌 2아딕 정수 $x$들 거의 전부는 그 비트들을 다음과 같은 형태로 표기할 수 있다.

$$x = (\alpha 01^a10^b)_2. \tag{32}$$

다른 말로 하면, $x$는 어떤 임의의(그러나 유효한) 이진열 $\alpha$와 하나의 0, 그리고 $a+1$개의 1들과

$b$개의 0들로 이루어진다. 여기서 $a \geq 0$이고 $b \geq 0$이다. (예외는 $x = -2^b$일 때 발생한다. 그런 경우 $a = \infty$이다.) 더 나아가서

$$\overline{x} = (\overline{\alpha}\,10^a01^b)_2, \tag{33}$$
$$x-1 = (\alpha\,01^a01^b)_2, \tag{34}$$
$$-x = (\overline{\alpha}\,10^a10^b)_2 \tag{35}$$

이며, 이로부터 $\overline{x}+1 = -x = \overline{x-1}$임을 알 수 있다. 이는 (16), (17)과 일치하는 결과이다. 따라서 이 두 연산을 이용해서 $x$의 여러 모로 유용한 변형들을 계산할 수 있다.

$$x\,\&\,(x-1) = (\alpha 01^a 00^b)_2 \quad [\text{제일 오른쪽 1을 제거}]; \tag{36}$$
$$x\,\&\,-x = (0^\infty 00^a 10^b)_2 \quad [\text{제일 오른쪽 1을 추출}]; \tag{37}$$
$$x\,|\,-x = (1^\infty 11^a 10^b)_2 \quad [\text{제일 오른쪽 1을 왼쪽으로 번지기}]; \tag{38}$$
$$x \oplus -x = (1^\infty 11^a 00^b)_2 \quad [\text{제일 오른쪽 1을 제거하고 왼쪽으로 번지기}]; \tag{39}$$
$$x\,|\,(x-1) = (\alpha 01^a 11^b)_2 \quad [\text{제일 오른쪽 1을 오른쪽으로 번지기}]; \tag{40}$$
$$x \oplus (x-1) = (0^\infty 00^a 11^b)_2 \quad [\text{제일 오른쪽 1을 추출하고 오른쪽으로 번지기}]; \tag{41}$$
$$\overline{x}\,\&\,(x-1) = (0^\infty 00^a 01^b)_2 \quad [\text{제일 오른쪽 1을 추출, 제거, 오른쪽으로 번지기}]. \tag{42}$$

추가적인 두 연산을 통해서 또 다른 변형을 얻는다.

$$((x\,|\,(x-1))+1)\,\&\,x = (\alpha 00^a 00^b)_2 \quad [\text{제일 오른쪽의 1들의 연속열을 제거}]. \tag{43}$$

$x = 0$일 때 이 공식들 중 다섯은 결과가 0이고 나머지 셋은 결과가 $-1$이다. [(36)의 공식은 Peter Wegner, *CACM* **3** (1960), 322에 기인하며 (43)은 H. Tim Gladwin, *CACM* **14** (1971), 407–408에 기인한다. 또한 Henry S. Warren, Jr., *CACM* **20** (1977), 439–441도 보라.]

이 공식들에서, $x$의 끝에 달린 0들의 개수를 뜻하는 수량 $b$를 $x$의 눈금자 함수(ruler function)라고 부르고 $\rho x$로 표기한다. 그런 이름이 붙은 것은, 이 값이 1인치 미만의 길이들을 나타내는 데 쓰이는 눈금 표시들의 길이에 관련이 있기 때문이다: ┖┸┸┸┸┸┸┸┸┸┸┸┸┸┸┸┚. 일반적으로, $\rho x$는 $x \neq 0$일 때 $2^k$가 $x$로 나누어떨어지게 하는 가장 큰 정수 $k$이다. 그리고 $\rho 0 = \infty$이다. 점화식

$$\rho(2x+1) = 0, \qquad \rho(2x) = \rho(x)+1 \tag{44}$$

역시 0이 아닌 $x$에 대한 $\rho x$의 정의로 유효하다. 언급할 만한 또 다른 편리한 관계식으로

$$\rho(x-y) = \rho(x \oplus y) \tag{45}$$

가 있다.

(37)의 우아한 공식 $x\ \&\ -x$로 제일 오른쪽 1을 아주 깔끔하게 추출할 수 있지만, 제일 오른쪽 1이 어떤 비트인지를 알고 싶은 경우도 많다. 눈금자 함수를 계산하는 방법은 여러 가지가 있는데, 최선의 방법이 무엇인지는 해당 계산을 수행할 컴퓨터에 크게 의존한다. 예를 들어 MMIX의 경우에는 덜로시J. Dallos에서 기인한 다음과 같은 2명령 순차열로 계산을 깔끔하게 손쉽게 마칠 수 있다((42) 참고).

$$\texttt{SUBU t,x,1; SADD rho,t,x.} \qquad (46)$$

($x = 0$인 경우는 연습문제 30을 보라.) 이제부터는 SADD 같은 색다른 명령에 의존하지 않는 접근방식 두 가지를 논의하고자 한다. 그리고 몇 가지 기법을 더 배운 후에는 세 번째 접근방식도 고찰하겠다.

첫 번째의 범용 접근방식은 다른 여러 응용들에서도 유용함이 입증된 '마법의 마스크(magic mask)' 상수 $\mu_k$들을 활용한다. 그 상수들은 다음과 같다.

$$\begin{aligned}\mu_0 &= (\ldots 101010101010101010101010101010101)_2 = -1/3,\\ \mu_1 &= (\ldots 10011001100110011001100110011001 1)_2 = -1/5,\\ \mu_2 &= (\ldots 1000011110000111100001111000 01111)_2 = -1/17.\end{aligned} \qquad (47)$$

일반화하자면, $\mu_k$는 무한 2아딕 분수 $-1/(2^{2^k}+1)$이다. 이는 $(2^{2^k}+1)\mu_k = (\mu_k \ll 2^k) + \mu_k = (\ldots 11111)_2 = -1$이기 때문이다. 레지스터가 $2^d$비트인 컴퓨터에서는 물론 무한 정밀도가 필요하지 않으므로 다음과 같은 절단된 상수들을 사용한다.

$$0 \le k < d\text{에 대해} \qquad \mu_{d,k} = (2^{2^d}-1)/(2^{2^k}+1). \qquad (48)$$

사실 이 상수들을 부울 평가를 이야기할 때 이미 만났었다. 이 상수들은 바로 투영 함수 $x_{d-k}$들의 진리표들이다(이를테면 식 7.1.2-(7)을 보라).

$x$가 2의 제곱수일 때 이 마스크들로 다음을 계산할 수 있다.

$$\rho x = [x \,\&\, \mu_0 = 0] + 2[x \,\&\, \mu_1 = 0] + 4[x \,\&\, \mu_2 = 0] + 8[x \,\&\, \mu_3 = 0] + \cdots. \qquad (49)$$

이는 $j = (\ldots j_3 j_2 j_1 j_0)_2$일 때 $[2^j \,\&\, \mu_k = 0] = j_k$이기 때문이다. 따라서 $2^d$비트 컴퓨터에서는 $\rho \leftarrow 0$과 $y \leftarrow x \,\&\, -x$로 시작해서, $0 \le k < d$에 대해 만일 $y \,\&\, \mu_{d,k} = 0$이면 $\rho \leftarrow \rho + 2^k$로 설정해 나가면 된다. 이러한 절차를 마치면 $x \ne 0$일 때 $\rho = \rho x$가 나온다. (또한 $\rho 0 = 2^d - 1$도 나오는데, 이는 보정이 필요한 비정상 값이다. 연습문제 30을 보라.)

다음은 이에 해당하는 MMIX 프로그램의 예이다.

```
m0 GREG #5555555555555555 ;m1 GREG #3333333333333333;
m2 GREG #0f0f0f0f0f0f0f0f ;m3 GREG #00ff00ff00ff00ff;
m4 GREG #0000ffff0000ffff ;m5 GREG #00000000ffffffff;
NEGU y,x; AND y,x,y; AND q,y,m5; ZSZ rho,q,32;
AND q,y,m4; ADD t,rho,16; CSZ rho,q,t;                    (50)
AND q,y,m3; ADD t,rho,8; CSZ rho,q,t;
AND q,y,m2; ADD t,rho,4; CSZ rho,q,t;
AND q,y,m1; ADD t,rho,2; CSZ rho,q,t;
AND q,y,m0; ADD t,rho,1; CSZ rho,q,t;
```

총 시간은 $19v$이다. 또는, 마지막 세 줄을 다음으로 대체할 수도 있다.

```
SRU y,y,rho; LDB t,rhotab,y; ADD rho,rho,t
```
(51)

여기서 rhotab은 적절한 129바이트 표의 시작을 가리킨다(그 표의 항목들 중 실제로 쓰이는 것은 8개뿐이다). 총 시간은 $\mu + 13v$가 된다.

$\rho x$ 계산을 위한 두 번째 범용 접근방식은 방금 본 것과 상당히 다르다. 64비트 컴퓨터에서 이전처럼 $y \leftarrow x \,\&\, -x$로 시작하되, 그냥

$$\rho \leftarrow decode\left[((a \cdot y) \bmod 2^{64}) \gg 58\right] \tag{52}$$

로 설정한다. 여기서 $a$는 적절한 승수이고 $decode$는 적절한 64바이트 복호화 표이다. 그리고 상수 $a = (a_{63} \ldots a_1 a_0)_2$의 64개의 부분열

$$a_{63}a_{62}\ldots a_{58},\quad a_{62}a_{61}\ldots a_{57},\quad \ldots,\quad a_5a_4\ldots a_0,\quad a_4a_3a_2a_1a_00,\quad \ldots,\quad a_000000$$

은 반드시 서로 달라야 한다. 연습문제 2.3.4.2-23은 그러한 '더브라윈 순환마디(de Bruijn cycle)'들이 그만큼 많이 존재함을 보여 준다. 예를 들어 연습문제 3.2.2-17에서 논의한 마틴M. H. Martin의 상수 #03f79d71b4ca8b09를 이용할 수 있다. 그러면 복호화 표 $decode[0]$, …, $decode[63]$은 다음이 된다.

$$\begin{array}{l} 00, 01, 56, 02, 57, 49, 28, 03, 61, 58, 42, 50, 38, 29, 17, 04, \\ 62, 47, 59, 36, 45, 43, 51, 22, 53, 39, 33, 30, 24, 18, 12, 05, \\ 63, 55, 48, 27, 60, 41, 37, 16, 46, 35, 44, 21, 52, 32, 23, 11, \\ 54, 26, 40, 15, 34, 20, 31, 10, 25, 14, 19, 09, 13, 08, 07, 06. \end{array} \tag{53}$$

〔이 기법은 1967년에 IBM Systems Development Division의 우드럼Luther Woodrum이 고안했다(출판 안 됨). 이후 다른 많은 프로그래머가 독립적으로 이를 발견했다.〕

**제일 왼쪽 비트 다루기.** $x > 0$일 때 제일 왼쪽 1의 위치를 알려 준다는 점에서 $\rho x$와 쌍대인 함수 $\lambda x = \lfloor \lg x \rfloor$가 식 4.6.3-(6)에 나왔다. 이 함수는 점화식

$$\lambda 1 = 0; \qquad x > 0\text{에 대해}\quad \lambda(2x) = \lambda(2x+1) = \lambda(x) + 1 \tag{54}$$

을 만족하며, $x$가 양의 정수가 아닐 때에는 정의되지 않는다. 이를 계산하는 좋은 방법은 무엇일까? 이번에도 MMIX 즉석의, 그러나 교묘한 해법을 제공한다.

```
FLOTU y,ROUND_DOWN,x; SUB y,y,fone; SR lam,y,52
```
(55)

여기서 fone = #3ff0000000000000은 1.0의 부동소수점 표현이다. (총 시간은 $6v$). 이 코드는 $x$를 부동소수점 수로 변환한 후 지수를 추출한다.

부동소수점 변환이 마땅치 않은 경우라면, 이진 축약 전략이 $2^d$비트 컴퓨터에서 상당히 잘 통한다. $\lambda \leftarrow 0$, $y \leftarrow x$로 시작해서, $k = d-1$, …, 1, 0에 대해(또는 짧은 표로 계산을 마무리할 수 있는 지점으로 $k$가 줄어들 때까지) 만일 $y \gg 2^k \neq 0$이면 $\lambda \leftarrow \lambda + 2^k$, $y \leftarrow y \gg 2^k$으로 설정한다. 다음은 (50), (51)에 비견되는 MMIX 코드이다.

```
SRU y,x,32; ZSNZ lam,y,32;
ADD t,lam,16; SRU y,x,t; CSNZ lam,y,t;
ADD t,lam,8; SRU y,x,t; CSNZ lam,y,t;
SRU y,x,lam; LDB t,lamtab,y; ADD lam,lam,t;
```
(56)

그리고 총 시간은 $\mu + 11v$이다. 이 경우 표 lamtab의 항목은 256개로, 구체적으로 말하면 $0 \le x < 256$에 대한 $\lambda x$들이다. 이 코드와 (50)의 코드에서 분기 명령들 대신 '조건부 설정(conditional set, CS)' 명령과 '0 또는 설정(zero or set, ZS)' 명령이 쓰였음을 주목하기 바란다.

레지스터에 있는 값의 제일 왼쪽 1비트를 추출하는 간단한((37)에서 제일 오른쪽 1을 추출하는 요령에 비견할 만한) 방법은 없는 것으로 보인다. $y \leftarrow \lambda x$로 설정한 후 만일 $x \ne 0$이면 $1 \ll y$을 계산하는 것이 한 방법이긴 하지만, 다음과 같은 이진 '오른쪽으로 번지기(smearing)' 방법이 다소 짧고 빠르다.

$$y \leftarrow x\text{로 설정한 후 } 0 \le k < d\text{에 대해 } y \leftarrow y \mid (y \gg 2^k)\text{으로 설정한다.}$$
$$\text{그러면 } x\text{의 제일 왼쪽 1비트는 } y - (y \gg 1)\text{이다.} \tag{57}$$

〔이러한 비 부동소수점 방법들은 워런H. S. Warren, Jr이 제안했다.〕

제일 왼쪽에 있는 1들의 연속열(run)을 제거하는 연산 등 레지스터의 왼쪽 부분에 대한 다른 연산들 역시 더 어렵다. 연습문제 39를 보라. 그러나 부호 없는 정수 $x$와 $y$가 주어졌을 때, $\lambda x$와 $\lambda y$ 자체는 빠르게 계산할 수 없다고 해도, $\lambda x = \lambda y$의 여부는 놀랄 만큼 쉽고 컴퓨터 독립적인 방식으로 결정하는 방법이 존재한다:

$$\text{오직 } x \oplus y \le x \,\&\, y\text{일 때에만 } \lambda x = \lambda y\text{이다.} \tag{58}$$

〔연습문제 40을 보라. 이 우아한 관계식은 2006년에 린치W. C. Lynch가 발견했다.〕 이제부터, 이 (58)을 이용해서 $\lambda x$를 계산하는 또 다른 방법을 고안하고자 한다.

**옆쪽 덧셈.** 이진 $n$비트 수 $x = (x_{n-1} \ldots x_1 x_0)_2$를, $n$원소 모집단 $\{0, 1, \ldots, n-1\}$의 부분 집합들 중 오직 $2^k \subseteq x$일 때에만 $k \in X$인 부분집합 $X$들을 표현하는 데 사용하는 경우가 종종 있다. 그런 경우 함수 $\lambda x$와 $\rho x$는 $X$의 최대 원소와 최소 원소를 뜻한다. 이러한 관계에서, $x$의 '옆쪽 합' 또는 '모집단 크기'라고 부르는 함수

$$\nu x = x_{n-1} + \cdots + x_1 + x_0 \tag{59}$$

도 명백히 중요하다. 왜냐하면 이 함수는 기수(cardinality) $|X|$, 즉 $X$의 원소 개수를 나타내기 때문이다. 식 4.6.3-(7)에서 고찰한 바 있는 이 함수는 다음 점화식을 만족한다.

$$\nu 0 = 0; \qquad x \ge 0\text{에 대해 } \nu(2x) = \nu(x)\text{이고 } \nu(2x+1) = \nu(x) + 1. \tag{60}$$

또한 이 함수는 눈금자 함수(연습문제 1.2.5-11)와도 흥미로운 연관이 있다.

$$\rho x = 1 + \nu(x-1) - \nu x; \qquad \text{이와 동치로 } \sum_{k=1}^{n} \rho k = n - \nu n. \tag{61}$$

프로그래밍에 관한 최초의 교재인 Wilkes, Wheeler, Gill, *The Preparation of Programs for an Electronic Digital Computer*, 제2판(Reading, Mass.: Addison-Wesley, 1957), 155, 191-193에는 길리스D. B. Gillies와 밀러C. P. Miller에서 기인한 흥미로운 옆쪽 덧셈 서브루틴이 나온다. 그들의 방법은 EDSAC의 35비트 수를 위해 고안된 것이나, 64비트용으로 변형하는 것도 어렵지 않다. 다음은 $x = (x_{63} \ldots x_1 x_0)_2$일 때 $\nu x$를 계산하는 64비트용 절차이다.

$y \leftarrow x - ((x \gg 1) \,\&\, \mu_0)$으로 설정한다. (이제, $u_j = x_{2j+1} + x_{2j}$라 할 때 $y = (u_{31} \ldots u_1 u_0)_4$이다.)
$y \leftarrow (y \,\&\, \mu_1) + ((y \gg 2) \,\&\, \mu_1)$로 설정한다. (이제 $y = (v_{15} \ldots v_1 v_0)_{16}$, $v_j = u_{2j+1} + u_{2j}$이다.)
$y \leftarrow (y + (y \gg 4)) \,\&\, \mu_2$로 설정한다. 이제 $y = (w_7 \ldots w_1 w_0)_{256}$, $w_j = v_{2j+1} + v_{2j}$이다.)
마지막으로 $\nu \leftarrow ((a \cdot y) \bmod 2^{64}) \gg 56$이다. 여기서 $a = (11111111)_{256}$이다. (62)

마지막 단계는 $y \bmod 255 = w_7 + \cdots + w_1 + w_0$을 곱셈을 통해서 교묘하게 계산하는데, 이는 합이 8비트에 넉넉히 들어맞는다는 사실을 활용한 것이다. [멀러David Muller는 1954년에 ILLIAC I 컴퓨터를 위해 비슷한 방법을 프로그래밍했다.]

$x$가 '희소한(sparse)' 비트열이라면, 즉 1-비트들이 그리 많지 않다면, 다음과 같은 좀 더 빠른 방법을 사용할 수 있다[P. Wegner, *CACM* **3** (1960), 322].

$\nu \leftarrow 0$, $y \leftarrow x$로 설정한다.
그런 다음 $y \neq 0$인 동안 $\nu \leftarrow \nu + 1$, $y \leftarrow y \,\&\, (y-1)$로 설정한다. (63)

$x$가 '조밀한(dense)' 경우에는 $y \leftarrow y \mid (y+1)$을 이용하는 비슷한 접근방식을 사용하면 된다.

**비트 뒤집기.** 다음 요령으로, $x = (x_{63} \ldots x_1 x_0)_2$를 좌우 거울상 $x^R = (x_0 x_1 \ldots x_{63})_2$로 바꾸어보자. 지금까지의 내용을 잘 따라온 독자라면 (50), (56), (57), (62) 같은 방법들을 살펴보고는 아마 이렇게 생각할 것이다: "아하, 이번에도 2로 나누어 정복†하면 되겠구나! 만일 32비트 수를 좌우로 뒤집는(reverse) 방법을 알고 있다면 64비트 수도 그만큼이나 빠르게 뒤집을 수 있다. 왜냐하면 $(xy)^R = y^R x^R$이니까. 레지스터의 두 절반에 병렬로 32비트 방법을 적용한 다음 왼쪽 절반과 오른쪽 절반을 교환(swap)하기만 하면 되겠다."

맞다. 예를 들어 8비트열을 간단한 세 개의 단계로 뒤집을 수 있다.

| | |
|---|---|
| 입력: | $x_7 x_6 x_5 x_4 x_3 x_2 x_1 x_0$ |
| 비트들을 교환: | $x_6 x_7 x_4 x_5 x_2 x_3 x_0 x_1$ |
| 닙(nyp)들을 교환: | $x_4 x_5 x_6 x_7 x_0 x_1 x_2 x_3$ |
| 니블(nybble)들을 교환: | $x_0 x_1 x_2 x_3 x_4 x_5 x_6 x_7$ (64) |

64비트 값을 뒤집는다면 이런 간단한 단계들이 여섯 개 필요하다. 다행히, 마법의 마스크 $\mu_k$를 이용하면 각 교환 연산을 상당히 간단하게 수행할 수 있다.

---

† [옮긴이 주] 원문은 divide and conquer(분할정복)를 연상케 하는 "divide by 2 and conquer"이다. 분할정복의 선례를 따른다면 '2분할정복'이라고 번역할 수도 있겠다.

$$
\begin{aligned}
&y \leftarrow (x \gg 1)\,\&\,\mu_0, && z \leftarrow (x\,\&\,\mu_0) \ll 1, && x \leftarrow y \mid z;\\
&y \leftarrow (x \gg 2)\,\&\,\mu_1, && z \leftarrow (x\,\&\,\mu_1) \ll 2, && x \leftarrow y \mid z;\\
&y \leftarrow (x \gg 4)\,\&\,\mu_2, && z \leftarrow (x\,\&\,\mu_2) \ll 4, && x \leftarrow y \mid z;\\
&y \leftarrow (x \gg 8)\,\&\,\mu_3, && z \leftarrow (x\,\&\,\mu_3) \ll 8, && x \leftarrow y \mid z;\\
&y \leftarrow (x \gg 16)\,\&\,\mu_4, && z \leftarrow (x\,\&\,\mu_4) \ll 16, && x \leftarrow y \mid z;\\
&x \leftarrow (x \gg 32) \mid ((x \ll 32) \bmod 2^{64}).
\end{aligned} \tag{65}
$$

[스트래치Christopher Strachey는 이러한 구성의 몇 가지 측면을 *CACM* **4** (1961), 146에서 예견했다. 그리고 이와 비슷한 삼항 방법을 1973년에 바움가르트Bruce Baumgart가 고안했다(연습문제 49를 보라). (65)에 나온 완성된 알고리즘은 워런Henry S. Warren, Jr이 *Hacker's Delight* (Addison-Wesley, 2002), 102에서 제시한 것이다.]

그런데 이번에도, MMIX의 덜 전통적인 명령들을 이용하면 이러한 범용 기법보다 훨씬 빠르게 일을 마칠 수 있다. 다음 명령들을 생각해 보자.

```
rev GREG #0102040810204080; MOR x,x,rev; MOR x,rev,x;
```
(66)

첫 번째 MOR 명령은 $x$의 바이트들을 빅엔디안에서 리틀엔디안으로(또는 그 반대로) 바꾸고, 두 번째 MOR 명령은 각 바이트 안의 비트들을 뒤집는다.

**비트 교환.** 레지스터 안에서 두 개의 비트만 서로 맞바꾼다고 하자. 즉, $i > j$라 할 때 $x_i \leftrightarrow x_j$를 원한다고 하자. 이를 수행하는 좋은 방법이 무엇일까? (친애하는 독자분, 아래의 답을 보기 전에 잠시 시간을 들여서 이 문제를 머릿속으로 또는 종이와 연필로 풀어 보시길.)

$\delta = i - j$라고 하자. 다음이 한 가지 해법이다(그러나 독자가 아직 준비되지 않았다면 들여다보지 마시길.)

$$y \leftarrow (x \gg \delta)\,\&\,2^j,\; z \leftarrow (x\,\&\,2^j) \ll \delta,\; x \leftarrow (x\,\&\,m) \mid y \mid z,\;\text{여기서}\; \overline{m} = 2^i \mid 2^j. \tag{67}$$

$i$와 $j$가 주어진 상수라는 가정 하에서, 이 방법은 자리이동 두 번과 비트별 부울 연산 다섯 번을 사용한다. 이는 (65)의 각각의 첫 행들과 비슷하나, $y$와 $z$가 $x$의 모든 비트에 해당하는 것이 아니므로 새로운 마스크 $m$이 필요하다.

그런데 연산 하나와 상수 하나를 더 줄이는 것도 가능하다.

$$y \leftarrow (x \oplus (x \gg \delta))\,\&\,2^j, \qquad x \leftarrow x \oplus y \oplus (y \ll \delta). \tag{68}$$

이 경우 첫 배정은 $x_i \oplus x_j$를 위치 $j$에 넣는다. 둘째 배정에서는 애초에 의도한 대로 $x_i$를 $x_i \oplus (x_i \oplus x_j)$로, $x_j$를 $x_j \oplus (x_i \oplus x_j)$로 바꾼다. 일반화하자면, "$x$를 $f(x)$로 바꾸어라" 형태의 문제를 "$x$를 $x \oplus g(x)$로 바꾸어라" 형태의 문제로 변환하는 것이 현명한 일인 경우가 많다. 왜냐하면 비트 차이 $g(x)$를 계산하기가 쉬울 수 있기 때문이다.

한편, (67)이 (68)보다 더 나은 상황도 가능하다. (67)의 $y$와 $z$에 대한 배정들을 동시에 처리할 수 있는 경우도 있기 때문이다. (67)의 연산을 회로로 표현하면 깊이가 4이지만 (68)은 5이다.

(68)의 연산을, 여러 개의 비트쌍들을 동시에 교환하는 데 사용하는 것이 물론 가능하다. $2^j$보다 좀 더 일반적인 마스크 $\theta$를 사용하면 된다.

$$y \leftarrow (x \oplus (x \gg \delta)) \,\&\, \theta, \qquad x \leftarrow x \oplus y \oplus (y \ll \delta). \tag{69}$$

서로 겹치지 않고 $\delta$자리만큼 떨어져 있는 임의의 두 비트를 교환한다는 점에서, 이 연산을 '$\delta$-교환'이라고 부르기로 하자. 마스크 $\theta$는 교환할 각 비트쌍마다 제일 오른쪽 자리에 1을 설정한 값이다. 예를 들어 $\delta = 39$, $\theta = 2^{25} - 1 = \texttt{\#1ffffff}$일 때 (69)는 64비트 단어의 왼쪽 25비트와 오른쪽 25비트를 맞바꾸고 중간의 비트 14개는 건드리지 않는다.

실제로, $\delta$-교환 연산을 이용해서 64비트 수를 뒤집는 놀라운 방법이 존재한다.

$$\begin{aligned}
&y \leftarrow (x \gg 1) \,\&\, \mu_0, \quad z \leftarrow (x \,\&\, \mu_0) \ll 1, \quad x \leftarrow y \mid z,\\
&y \leftarrow (x \oplus (x \gg 4)) \,\&\, \texttt{\#0300c0303030c303}, \quad x \leftarrow x \oplus y \oplus (y \ll 4),\\
&y \leftarrow (x \oplus (x \gg 8)) \,\&\, \texttt{\#00c0300c03f0003f}, \quad x \leftarrow x \oplus y \oplus (y \ll 8),\\
&y \leftarrow (x \oplus (x \gg 20)) \,\&\, \texttt{\#00000ffc00003fff}, \quad x \leftarrow x \oplus y \oplus (y \ll 20),\\
&x \leftarrow (x \gg 34) \mid ((x \ll 30) \bmod 2^{64}).
\end{aligned} \tag{70}$$

(65)가 '최적'인 것 같지만, (65)에 비해 이 방법이 비트별 연산 2회가 적다.

***일반적인 비트 치환.** 지금까지 살펴본 방법들을, 레지스터 안의 비트들에 대한 임의의 치환(permutaion) 연산으로 확장하는 것이 가능하다. 실제로, 다음의 연산들을 $x = (x_{63} \ldots x_1 x_0)_2$에 적용했을 때 임의의 원하는 배치 $x^\pi = (x_{63\pi} \ldots x_{1\pi} x_{0\pi})_2$가 나오게 하는 마스크 $\theta_0$, …, $\theta_5$, $\hat\theta_4$, …, $\hat\theta_0$이 존재한다.

$$\begin{aligned}
&x \leftarrow x\text{를 } k = 0, 1, 2, 3, 4, 5\text{에 대해 마스크 } \theta_k\text{로 } 2^k\text{-교환한 결과;}\\
&x \leftarrow x\text{를 } k = 4, 3, 2, 1, 0\text{에 대해 마스크 } \hat\theta_k\text{로 } 2^k\text{-교환한 결과.}
\end{aligned} \tag{71}$$

일반화하자면, $2^d$비트의 치환을 적절한 마스크 $\theta_k$들과 $\hat\theta_k$들을 이용해서 $2d-1$개의 단계들로 수행할 수 있으며, 이때 각 교환 거리는 $2^0$, $2^1$, …, $2^{d-1}$, …, $2^1$, $2^0$이다.

이 사실을 1959년에 더귀드A. M. Duguid와 코레J. Le Corre가 슬리피언D. Slepian의 이전 성과에 기초해서 독립적으로 발견한 한 치환망(permutation network)〔V. E. Beneš, *Mathematical Theory of Connecting Networks and Telephone Traffic* (New York: Academic Press, 1965), Section 3.3 참고〕의 특별한 경우를 이용해서 증명해 보자. 그림 12는 두 개의 $n$원소 치환망으로 구축된 $2n$원소 치환망 $P(2n)$의 $n=4$인 경우이다. 두 선 사이의 ⫶ 연결은 하나의 가로대 모듈(crossbar module)을 나타낸다. 가로대 모듈은 자료가 왼쪽에서 오른쪽으로 흘러감에 따라 그 선들의 내용을 그대로 두거나 서로 맞바꾼다. $n = 1$에서 재귀를 시작하기 위해, $P(2)$가 하나의 가로대로 구성되어 있다고 하자. 개별 가로대들의 모든 설정에 의해, $P(2n)$이 주어진 입력들의 어떤 순열(치환된 결과)을 산출함은 분명하다. 반대로, 우리가 가로대들을 적절히 설정할 정도로 현명하기만 하다면, $2n$개의 입력들의 임의의 순열을 산출하게 만들 수 있음을 보이고자 한다.

그림 12의 구성은 예를 통해서 이해하는 것이 제일 나은 방법일 것이다. 입력 $(0,1,2,3,4,5,6,7)$이 $(3,2,4,1,6,0,5,7)$로 이어지게 한다고 하자. 우선 할 일은 가로대들의 첫 열을 거치고 난 직후의, 그리고 마지막 열 직전의 선들의 내용을 결정하는 것이다. 그것을 해낸다면 비슷한 방법을 이용해서 내부 $P(4)$의 가로대들도 설정할 수 있을 것이다. 다른 말로 하면, 회로망

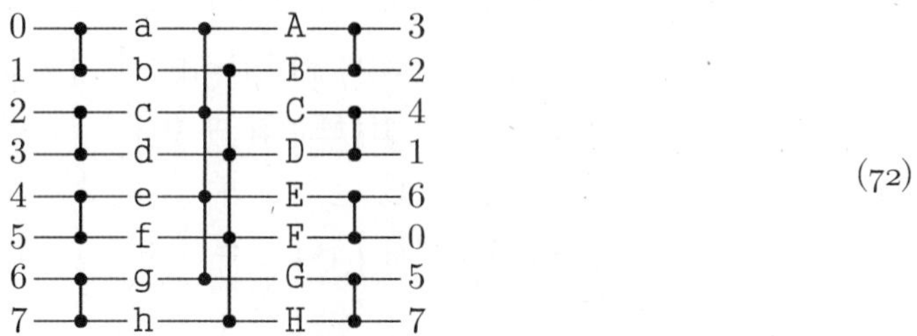


(72)

에서 $\{\mathtt{a,b}\} = \{0,1\}$, $\{\mathtt{c,d}\} = \{2,3\}$, …, $\{\mathtt{g,h}\} = \{6,7\}$, $\{\mathtt{a,c,e,g}\} = \{\mathtt{A,C,E,G}\}$, $\{\mathtt{b,d,f,h}\} = \{\mathtt{B,D,F,H}\}$, $\{\mathtt{A,B}\} = \{3,2\}$, $\{\mathtt{C,D}\} = \{4,1\}$, …, $\{\mathtt{G,H}\} = \{5,7\}$을 만족하는 순열 abcdefgh와 ABCDEFGH를 찾고자 한다. 제일 아래에서 시작해서 $\mathtt{h} = 7$로 선택하자. 이는 꼭 필요한 경우가 아니면 그 선의 내용을 건드리지 않기 위해서이다. 일단 그렇게 선택하고 나면 다음과 같은 선택들이 강제로 이어진다.

$$\mathtt{H} = 7;\ \mathtt{G} = 5;\ \mathtt{e} = 5;\ \mathtt{f} = 4;\ \mathtt{D} = 4;\ \mathtt{C} = 1;\ \mathtt{a} = 1;\ \mathtt{b} = 0;\ \mathtt{F} = 0;\ \mathtt{E} = 6;\ \mathtt{g} = 6. \qquad (73)$$

만일 $\mathtt{h} = 6$을 선택했다면 위와 비슷하나 뒤집힌, 아래의 선택들로 이어졌을 것이다.

$$\mathtt{F} = 6;\ \mathtt{E} = 0;\ \mathtt{a} = 0;\ \mathtt{b} = 1;\ \mathtt{D} = 1;\ \mathtt{C} = 4;\ \mathtt{e} = 4;\ \mathtt{f} = 5;\ \mathtt{H} = 5;\ \mathtt{G} = 7;\ \mathtt{g} = 7. \qquad (74)$$

(73)과 (74)의 두 선택 모두, $\mathtt{d} = 3$(따라서 $\mathtt{B} = 3$, $\mathtt{A} = 2$, $\mathtt{c} = 2$) 또는 $\mathtt{d} = 2$(따라서 $\mathtt{B} = 2$, $\mathtt{A} = 3$, $\mathtt{c} = 3$)로 완성된다.

일반적으로, 애초에 어떤 순열로 시작하든 이러한 강제 선택 패턴이 순환된다. 이를 확인하기 위해, 여덟 개의 정점 {ab, cd, ef, gh, AB, CD, EF, GH}에 대한, uv에 연결된 입력들의 쌍에 UV에 연결된 출력들의 쌍과 공통의 원소가 있으면 항상 uv에서 UV로의 간선이 성립하는 그래프를 생각해 보자. 지금 예의 경우 간선들은 ab — EF, ab — CD, cd — AB, cd — AB, ef — CD, ef — GH, gh — EF, gh — GH이다. cd와 AB 사이에 '이중 결합(double bond)'이 존재함을 주목하기 바란다. 이는 c와 d에 연결된 입력들이 다름 아닌 A와 B에 연결된 출력들이기 때문이다. 그래프의 엄밀한 정의를 약간 느슨하게 만든 이러한 그래프에서, 각 정점이 정확히 두 개의 다른 정점과 연결되어 있으며, 소문자 정점들이 항상 대문자 정점들과 인접함을 알 수 있을 것이다. 따라서 그래프는 항상 서로 소인 짝수 길이 순환마디들로 구성된다. 지금 예에서 순환마디들은 다음과 같다.

$$\mathtt{ab} \begin{smallmatrix} \diagup\ \mathtt{EF} - \mathtt{gh}\ \diagdown \\ \diagdown\ \mathtt{CD} - \mathtt{ef}\ \diagup \end{smallmatrix} \mathtt{GH} \qquad\qquad \mathtt{cd} = \mathtt{AB} \qquad (75)$$

여기서 더 긴 순환마디는 (73)과 (74)에 대응된다. 그래프의 서로 다른 순환마디가 $k$개라면, 첫 열과 마지막 열의 가로대들의 습성을 지정하는 서로 다른 방법은 $2^k$가지이다.

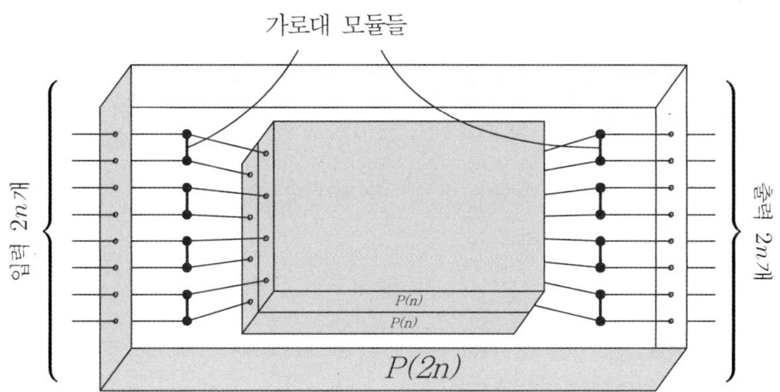


**그림 12.** $n > 1$일 때 $2n$개의 원소들을 모든 가능한 방식으로 치환하는 블랙 박스 $P(2n)$의 내부. (그림은 $n = 4$인 경우에 해당.)

회로망을 완성하려면, 내부 4원소 순열들을 같은 방식으로 처리해 나가면 된다. 그리고 임의의 $2^d$원소 순열들을 같은 재귀적 방식으로 얻을 수 있다. 그 결과로 생긴 가로대 설정들은 (71)의 마스크 $\theta_j$들과 $\hat{\theta}_j$들을 결정한다. 가로대들의 설정에 따라서는 0으로만 된 마스크가 나오기도 하는데, 그런 경우 계산에서 해당 단계를 제거할 수 있다.

만일 회로망의 하단 선들에서 입력과 출력이 동일하다면, 이러한 구축법은 그 선들과 닿은 가로대들 중 어떤 것도 활성이 아님을 보장하는 방법을 보여 준다. 예를 들어 (71)의 64비트 알고리즘을, 여분의 4비트를 임의의 중간 결과들에 사용하는 일 없이 60비트 레지스터에 적용할 수도 있다.

물론 특별한 경우들에서는 (71)의 일반적 절차보다 더 나은 결과를 얻을 수 있다. 예를 들어 연습문제 52는 $8 \times 8$ 행렬을 (71)의 방법으로 전치시키려면 아홉 번의 교환이 필요하지만 실제로는 세 번으로 충분함을 보여 준다.

| 주어진 입력 | 7-교환 | 14-교환 | 28-교환 |
|---|---|---|---|
| 00 01 02 03 04 05 06 07 | 00 **10** 02 **12** 04 **14** 06 **16** | 00 10 **20 30** 04 14 **24 34** | 00 10 20 30 **40 50 60 70** |
| 10 11 12 13 14 15 16 17 | **01** 11 **03** 13 **05** 15 **07** 17 | 01 11 **21 31** 05 15 **25 35** | 01 11 21 31 **41 51 61 71** |
| 20 21 22 23 24 25 26 27 | 20 **30** 22 **32** 24 **34** 26 **36** | **02 12** 22 32 **06 16** 26 36 | 02 12 22 32 **42 52 62 72** |
| 30 31 32 33 34 35 36 37 | **21** 31 **23** 33 **25** 35 **27** 37 | **03 13** 23 33 **07 17** 27 37 | 03 13 23 33 **43 53 63 73** |
| 40 41 42 43 44 45 46 47 | 40 **50** 42 **52** 44 **54** 46 **56** | 40 50 **60 70** 44 54 **64 74** | **04 14 24 34** 44 54 64 74 |
| 50 51 52 53 54 55 56 57 | **41** 51 **43** 53 **45** 55 **47** 57 | 41 51 **61 71** 45 55 **65 75** | **05 15 25 35** 45 55 65 75 |
| 60 61 62 63 64 65 66 67 | 60 **70** 62 **72** 64 **74** 66 **76** | **42 52** 62 72 **46 56** 66 76 | **06 16 26 36** 46 56 66 76 |
| 70 71 72 73 74 75 76 77 | **61** 71 **63** 73 **65** 75 **67** 77 | **43 53** 63 73 **47 57** 67 77 | **07 17 27 37** 47 57 67 77 |

실제 응용에서 자주 나타나는 또 다른 비트 치환으로 '완벽한 뒤섞기(perfect shuffle)'가 있다. $x = (\ldots x_2 x_1 x_0)_2$와 $y = (\ldots y_2 y_1 y_0)_2$가 임의의 2아딕 정수라고 할 때, $x \ddagger y$("$x$와 $y$를 지퍼로 잠근다"; $x$와 $y$의 지퍼 함수[zipper function])를 다음과 같이 그 비트들의 교차삽입(interleaving)으로 정의한다.

$$x \ddagger y = (\ldots x_2 y_2 x_1 y_1 x_0 y_0)_2. \tag{76}$$

일반적으로 $x$나 $y$가 약간 변했을 때 $x \ddagger y$ 역시 약간만 변한다는 속성 덕분에, 이 연산은 2차원 자료의 표현에 중요하게 쓰인다(연습문제 86 참고). 또한 (47)의 마법의 마스크 상수들이 다음을 만족한다는 점도 주목하기 바란다.

$$\mu_k \ddagger \mu_k = \mu_{k+1}. \tag{77}$$

$x$가 한 레지스터의 왼쪽 절반에 나타나고 $y$가 오른쪽 절반에 나타나는 경우, 완벽한 뒤섞기는 레지스터 내용을 $x \ddagger y$로 변경하는 치환 연산이다.

$d-1$개의 교환 단계들의 순차열은 $2^d$비트 레지스터를 완벽하게 뒤섞는다. 실제로 연습문제 53은 이를 달성하는 방법이 여러 가지임을 보여 준다. 따라서, 이번 경우에도 (71)과 그림 12의 $(2d-1)$단계 방법을 더욱 개선할 수 있다.

반대로, 뒤섞인 값 $z = x \ddagger y$가 $2^d$비트 레지스터에 들어 있다고 할 때 $y$의 원래 값을 효율적으로 추출하는 방법이 있을까? 물론 있다. 완벽한 뒤섞기에 쓰인 $d-1$개의 교환들을 역순으로 수행하면 뒤섞기가 취소되고 $x$와 $y$ 모두 복원된다. 그런데 만일 $y$만 알면 되는 경우라면 작업을 절반으로 줄일 수 있다: $y \leftarrow z \,\&\, \mu_0$으로 시작해서, $k = 1, \ldots, d-1$에 대해 $y \leftarrow (y + (y \gg 2^{k-1})) \,\&\, \mu_k$로 설정하면 된다. 예를 들어 $d = 3$일 때 이 절차는 $(0y_30y_20y_10y_0)_2 \mapsto (00y_3y_200y_1y_0)_2 \mapsto (0000y_3y_2y_1y_0)_2$로 진행된다. '분할정복(divide and conquer)' 전략이 이번에도 성공한 것이다.

이제 좀 더 일반적인 문제로 넘어가서, 한 레지스터의 비트들의 임의의 부분집합을 추출, 압축하고자 한다고 하자. $2^d$비트 워드 $z = (z_{2^d-1} \ldots z_1 z_0)_2$와, 마스크 $\chi = (\chi_{2^d-1} \ldots \chi_1 \chi_0)_2$가 주어졌으며, 그 마스크에 1-비트가 $s$개 있다고 하겠다. 즉 $\nu\chi = s$이다. 이로부터 다음과 같은 압축된(compact) 부분워드를 조립하는 것이 해결해야 할 문제이다.

$$y = (y_{s-1} \ldots y_1 y_0)_2 = (z_{j_{s-1}} \ldots z_{j_1} z_{j_0})_2. \tag{78}$$

여기서 $j_{s-1} > \cdots > j_1 > j_0$은 $\chi_j = 1$인 색인들이다. 예를 들어 만일 $d = 3$이고 $\chi = (10110010)_2$라고 하면, $z = (y_3x_3y_2y_1x_2x_1y_0x_0)_2$를 $y = (y_3y_2y_1y_0)_2$로 변환해야 한다. (앞에서 살펴본, $x \ddagger y$에서 $y$로 가는 문제는 이 문제에서 $\chi = \mu_0$인 특수한 경우에 해당한다.) (71)에 의해, $y$를 많아야 $2d-1$회의 $\delta$-교환 연산들로 추출할 수 있음을 알고 있다. 그러나 이번 문제에서는 유관한 자료가 항상 오른쪽으로 이동하므로, 교환 대신 자리이동을 이용해서 속도를 더 높일 수 있다.

마스크 $\theta$를 이용한 $x$의 $\delta$-자리이동 연산을 다음과 같이 정의한다.

$$x \leftarrow x \oplus ((x \oplus (x \gg \delta)) \,\&\, \theta). \tag{79}$$

이 연산은 $\theta$의 자리 $j$에 1이 있으면 비트 $x_j$를 $x_{j+\delta}$로 바꾸고, 그렇지 않으면 $x_j$를 그대로 둔다. 스틸Guy Steele은 (78)의 일반 추출 문제를 몇 번의 $\delta$-자리이동들로 풀 수 있게 하는 마스크 $\theta_0$, $\theta_1, \ldots, \theta_{d-1}$이 항상 존재함을 밝혀냈다:

> $x \leftarrow z$로 시작한다;
> $k = 0, 1, \ldots, d-1$에 대해, 마스크 $\theta_k$로 $x$의 $2^k$-자리이동을 수행한다; (80)
> 마지막으로 $y \leftarrow x$로 설정한다.

적절한 마스크들을 찾는 방법은 사실 놀랄 만큼 간단하다. 오른쪽으로 정확히 $l = (l_{d-1} \ldots l_1 l_0)_2$자리 이동하고자 하는 모든 비트를 $l_k = 1$인 $2^k$-자리이동들로 운반해야 한다.

예를 들어 $d = 3$이고 $\chi = (10110010)_2$라고 하자. (또한 반드시 $\chi \neq 0$이라고 가정해야 한다). 몇 개의 0들을 왼쪽으로 자리이동해야 함을 잊지 말고, $\theta_0 = (00011001)_2$, $\theta_1 = (00000110)_2$, $\theta_2 = (11111000)_2$로 설정하면 된다. 그러면 (80)은 다음과 같은 변환을 수행한다.

$$(y_3 x_3 y_2 y_1 x_2 x_1 y_0 x_0)_2 \mapsto (y_3 x_3 y_2 y_2 y_1 x_1 y_0 y_0)_2 \mapsto (y_3 x_3 y_2 y_2 y_1 y_2 y_1 y_0)_2 \mapsto (0000\, y_3 y_2 y_1 y_0)_2.$$

연습문제 69는 추출할 비트들이 연산 과정 도중에 서로 간섭하는 일이 결코 없음을 증명한다. 더 나아가서, 적절한 마스크 $\theta_k$를 $\chi$로부터 동적으로 $O(d^2)$단계로 계산해 내는 교묘한 방법이 존재한다 (연습문제 70).

(78)을 확장해서, 일반적인 섞이지 않은 단어를 산출하는 '양과 염소(sheep-and-goats)' 연산 또는 '편 가르기(grouping)' 연산이 컴퓨터 하드웨어에 대해 제안된 바 있다.

$$(x_{r-1} \ldots x_1 x_0 y_{s-1} \ldots y_1 y_0)_2 = (z_{i_{r-1}} \ldots z_{i_1} z_{i_0} z_{j_{s-1}} \ldots z_{j_1} z_{j_0})_2. \tag{81}$$

여기서 $i_{r-1} > \cdots > i_1 > i_0$은 $\chi_i = 0$인 색인들이다. 그런데 사실은, 마스킹되지 않은 비트들의 순서를 뒤집어서 다음과 같은 결과를 산출하는 '취합 및 뒤집기(gather-flip)'가 더 유용하고 구현하기도 쉽다.

$$(x_0 x_1 \ldots x_{r-1} y_{s-1} \ldots y_1 y_0)_2 = (z_{i_0} z_{i_1} \ldots z_{i_{r-1}} z_{j_{s-1}} \ldots z_{j_1} z_{j_0})_2 \tag{81′}$$

$2^d$개의 비트들의 그 어떤 순열이라도 이 연산들을 많아야 $d$회 사용해서 얻을 수 있다(연습문제 72, 73 참고).

자리이동을 이용하면 치환 이상의 일을, 이를테면 레지스터 안의 비트들의 임의의 사상(mapping)을 수행할 수 있다. 다음과 같은 변환을 수행한다고 하자.

$$x = (x_{2^d-1} \ldots x_1 x_0)_2 \;\mapsto\; x^{\varphi} = (x_{(2^d-1)\varphi} \ldots x_{1\varphi} x_{0\varphi})_2. \tag{82}$$

여기서 $\varphi$는 집합 $\{0, 1, \ldots, 2^d - 1\}$을 그 자신으로 사상하는 $(2^d)^{2^d}$개의 함수 중 하나이다. 충K. M. Chung과 웡C. K. Wong은 순환(cyclic) $\delta$-자리이동을 이용해서 이를 $O(d)$단계로 수행하는 매력적인 방법을 소개했다[*IEEE Transactions* **C-29** (1980), 1029-1032]. 그 방법은 (79)와 비슷하나, 다음과 같이 설정한다는 점이 다르다.

$$x \leftarrow x \oplus \big((x \oplus (x \gg \delta) \oplus (x \ll (2^d - \delta))) \,\&\, \theta\big). \tag{83}$$

그들의 착안을 간단히 설명하면 이렇다. $0 \le l < 2^d$에 대해, $c_l$이 $j\varphi = l$을 만족하는 색인 $j$들의 개수라고 하자. $0 \le k < d$에 대해 마스크 $\theta_k$를 이용한 순환 $2^k$-자리이동들을 $x$에 대해 연달아 수행하면 각 $l$마다 비트 $x_l$이 정확히 $c_l$개 들어 있는 수 $x'$이 산출된다는 조건을 만족하는 마스크 $\theta_0$, $\theta_1$, …, $\theta_{d-1}$을 찾는다. 그런 다음에는 (71)의 일반 치환 절차를 적용해서 $x' \mapsto x^{\varphi}$로 변경한다.

예를 들어 $d = 3$이고 $x^{\varphi} = (x_3 x_1 x_1 x_0 x_3 x_7 x_5 x_5)_2$라고 하자. 그러면 $(c_0, c_1, c_2, c_3, c_4, c_5, c_6, c_7)$

$=(1,2,0,2,0,2,0,1)$이다. 마스크 $\theta_0=(00011100)_2$와 $\theta_1=(00001000)_2$, $\theta_2=(01100000)_2$를 이용해서 세 개의 $2^k$-자리이동을 적용하면 $x=(x_7x_6x_5x_4x_3x_2x_1x_0)_2 \mapsto (x_7x_6x_5x_5x_4x_3x_1x_0)_2 \mapsto (x_7x_6x_5x_5x_5x_3x_1x_0)_2 \mapsto (x_7x_3x_1x_5x_5x_3x_1x_0)_2 = x'$이 된다. 그런 다음에는 몇 번의 $\delta$-교환들을 수행해서 $x' \mapsto (x_3x_7x_5x_1x_3x_5x_1x_0)_2 \mapsto (x_3x_1x_5x_7x_3x_5x_1x_0)_2 \mapsto (x_3x_1x_1x_0x_3x_5x_5x_7)_2 \mapsto (x_3x_1x_1x_0x_3x_7x_5x_5)_2 = x^{\varphi}$ 으로 간다. 이것으로 끝이다! 물론 8비트의 경우에는 임의의 사상을 한 번에 한 비트씩의 주먹구구 방식으로 좀 더 빠르게 수행하는 것이 가능하다. 충과 윙의 방법은 256비트 레지스터에서 훨씬 더 인상적이 된다. 그리고 MMIX의 64비트 레지스터에서도 그들의 방법은 최악의 경우에도 많아야 96주기(cycle)만 필요로 하는 상당히 좋은 방법이다.

$\theta_0$을 찾을 때에는 $\sum c_l = 2^d$이라는 사실을 활용하고, $\Sigma_{짝수} = \sum c_{2l}$과 $\Sigma_{홀수} = \sum c_{2l+1}$을 살펴본다. 만일 $\Sigma_{짝수} = \Sigma_{홀수} = 2^{d-1}$이면 $\theta_0 = 0$으로 두어서 순환 1-자리이동을 생략할 수 있다. 그러나 그렇지 않으면, 이를테면 $\Sigma_{짝수} < \Sigma_{홀수}$라면, $c_l = 0$인 짝수 $l$을 찾는다. 어떤 $t$에 대해 비트 $l$, $l+1$, …, $l+t$로의 순환 자리이동($2^d$를 법으로 한)은 $\Sigma'_{짝수} = \Sigma'_{홀수} = 2^{d-1}$인 새로운 개수들 $(c'_0, \ldots, c'_{2^d-1})$을 산출한다. 따라서 $\theta_0 = 2^l + \cdots + 2^{(l+t) \bmod 2^d}$이다. 그런 다음에는 1비트 부분 워드에 도달할 때까지 짝수 위치의 비트들과 홀수 위치의 비트들을 같은 방법을 이용해서 개별적으로 다루면 된다. 자세한 사항이 연습문제 74에 나온다.

**단편화된 필드 다루기.** 한 워드의 여러 부분들에서 비트들을 추출하고 다시 합치는 대신, 그 비트들을 원래의 자리에서 직접 조작할 수 있는 경우도 많다.

예를 들어 주어진 집합 $U$의 모든 부분집합을 훑는다고 하자. (지금까지의 관례대로)그 집합은 $[k \in U] = (\chi \gg k) \,\&\, 1$인 마스크 $\chi$로 명시된다. 만일 $x \subseteq \chi$이고 $x \neq \chi$이면 다음으로 큰(사전순으로) $U$의 부분집합, 다른 말로 하면 $x' \subseteq \chi$를 만족하는 가장 작은 정수 $x' > x$를 계산하는 간단한 방법이 있다:

$$x' = (x - \chi) \,\&\, \chi. \tag{84}$$

$x=0$이고 $\chi \neq 0$인 특별한 경우는 (37)에 해당하며, 따라서 그 결과는 $\chi$의 제일 오른쪽 비트이다. 그리고 그 비트는 $U$의 사전순으로 가장 작은 부분집합(공집합이 아닌)에 해당한다.

(84)의 공식이 어떻게 작동하는 것일까? $\chi$의 0비트에 해당하는 비트가 반드시 1인 수 $x \mid \bar{\chi}$에 1을 더한다고 하자. 자리 올림(carry)은 그 1비트들을 통해 전파되어서 $x$에서는 0이고 $\chi$에서는 1인 제일 오른쪽 비트까지 도달한다. 더 나아가서, 그 위치의 오른쪽에 있는 모든 비트는 0이 된다. 따라서 $x' = ((x \mid \bar{\chi}) + 1) \,\&\, \chi$이다. 그러나 $x \subseteq \chi$일 때 $(x \mid \bar{\chi}) + 1 = (x + \bar{\chi}) + 1 = x + (\bar{\chi} + 1) = x - \chi$가 성립한다. QED.

또한, 오직 $x = \chi$일 때에만 $x' = 0$임을 주목하자. 이 사실을 이용하면 가장 큰 부분집합을 발견했는지를 판단할 수 있다. 연습문제 79에 $x'$이 주어졌을 때 $x$를 복원하는 방법이 나온다.

한 부분입방체의 모든 원소를 훑고자 하는 경우도 있다. 예를 들어 ∗10∗1∗01 같은, 0들과 1들, ∗('상관없음')들로 이루어진 명세와 부합하는 모든 비트 패턴을 찾는다고 하자. 그러한 명세를 연습문제 7.1.1-30에서처럼 별표 부호 $a = (a_{n-1} \ldots a_0)_2$와 비트 부호 $b = (b_{n-1} \ldots b_0)_2$로 표현할 수 있다.

지금 예에서는 $a = (10010100)_2$, $b = (01001001)_2$이다. 한 집합의 모든 부분집합을 나열하는 문제는 부분입방체 나열 문제에서 $a = \chi$이고 $b = 0$인 특별한 경우에 해당한다. 좀 더 일반적인 부분입방체 문제로, 주어진 비트 패턴 $x$의 후행 원소는 다음과 같이 주어진다.

$$x' = ((x - (a + b)) \,\&\, a) + b. \tag{85}$$

$z = (z_{n-1} \ldots z_0)_2$의 비트들이, 두 부분 워드 $x = (x_{r-1} \ldots x_0)_2$와 $y = (y_{s-1} \ldots y_0)_2$를 가지고 $\nu\chi = s$인 임의의 마스크 $\chi$를 이용해서 짜깁은 것이라고 하자. 여기서 $r + s = n$이다. 예를 들어 $n = 8$이고 $\chi = (10010100)_2$일 때 $z = (y_2 x_4 x_3 y_1 x_2 y_0 x_1 x_0)_2$이다. $z$를, 외래 비트 $x_i$들이 토착 비트 $y_j$들 사이에 숨어 있는 '흩어진 누산기(scattered accumulator, 산란 누산기)'라고 생각할 수 있다. 이러한 관점에서, 한 부분입방체의 후행 원소를 찾는 문제는 본질적으로 흩어진 누산기 $z$ 안에서 $x$의 값을 변하게 하지 않고 $y + 1$을 계산하는 문제이다. (81)의 '양과 염소' 연산으로 $x$와 $y$를 골라낼 수 있다. 그러나 그 연산은 값이 비싸며, (85)는 그 연산 없이도 문제를 풀 수 있음을 보여 준다. 실제로, $y' = (y'_{s-1} \ldots y'_0)_2$가 흩어진 누산기 $z'$ 안에 있는 임의의 값일 때, 만일 $y$와 $y'$ 모두 $\chi$로 명시된 위치들에 나타난다면 $y + y'$를 계산하는 것이 가능하다: $t = z \,\&\, \chi$와 $t' = z' \,\&\, \chi$를 생각해 보자. 만일 합 $(t \mid \bar{\chi}) + t'$을 이룬다면, 통상적인 덧셈 $y + y'$에서 발생하는 모든 자리 올림은 마치 흩어진 비트들이 서로 인접해 있는 것처럼 $\chi$ 안의 1들의 블록을 통해서 전파된다. 따라서

$$((z \,\&\, \chi) + (z' \mid \bar{\chi})) \,\&\, \chi \tag{86}$$

에는 $2^s$을 법으로 한 $y$와 $y'$의 합에 해당하는 비트들이 마스크 $\chi$에 의거해 흩어져 있다.

**여러 비트들을 한 번에 조정.** 한 워드 안의 특정 필드에 있는 자료에 집중하는 대신, 둘 이상의 부분워드들을 동시에 다루어서 각 부분워드에 대한 계산들을 병렬로 수행하면 좋은 경우도 흔히 발생한다. 예를 들어 긴 바이트열을 처리해야 하는 응용 프로그램들이 많이 있는데, 만일 바이트 여덟 개를 한 번에 처리한다면 속도를 높일 수 있을 것이다. 이를 위해 컴퓨터가 제공하는 64비트를 모두 활용할 수도 있다. 일반적인 다중 바이트 기법들이 램포트Leslie Lamport의 *CACM* **18** (1975), 471–475에 소개되었으며, 이후 수많은 프로그래머들이 그 기법들을 확장했다.

우선 두 바이트열의 합을 구하는 문제부터 살펴보자. 두 바이트열을 벡터들의 좌표로서 읽어들여서 각 바이트마다 256을 법으로 하는 산술을 수행하고자 한다. 대수학적으로 말하면, 8바이트 벡터 $x = (x_7 \ldots x_1 x_0)_{256}$과 $y = (y_7 \ldots y_1 y_0)_{256}$이 주어졌을 때 $0 \le j < 8$에 대해 $z_j = (x_j + y_j) \bmod 256$인 $z = (z_7 \ldots z_1 z_0)_{256}$을 계산하는 것이다. $x$에 $y$를 통상적인 방식으로 더하는 것으로는 원하는 결과가 나오지 않는다. 지금 경우에는 바이트들 사이에서 자리 올림이 전파되지 않아야 하기 때문이다. 따라서 고차 비트들을 추출해서 그것들을 따로 처리해야 한다.

$$\begin{aligned} z &\leftarrow (x \oplus y) \,\&\, h, \qquad \text{여기서 } h = \#\texttt{8080808080808080};\\ z &\leftarrow ((x \,\&\, \bar{h}) + (y \,\&\, \bar{h})) \oplus z. \end{aligned} \tag{87}$$

MMIX에서 이를 수행하는 데 걸리는 총 시간은 $6v$이다. 만일 $x$의 적재, $y$의 적재, $z$의 저장에

걸리는 시간까지 친다면 거기에 $3\mu+3v$가 더해진다. 반면 여덟 개의 1바이트 덧셈(LDBU, LDBU, ADDU, STBU를 8회 되풀이)의 비용은 $8\times(3\mu+4v)=24\mu+32v$이다. 바이트들의 병렬 뺄셈 역시 그 정도로 쉽다(연습문제 88을 보라).

바이트별 평균, 즉 각 $j$에 대해 $z_j=\lfloor(x_j+y_j)/2\rfloor$도 계산할 수 있다.

$$z \leftarrow ((x\oplus y)\,\&\,\bar{l}) \gg 1, \qquad \text{여기서 } l = {}^{\#}\texttt{0101010101010101};$$
$$z \leftarrow (x\,\&\,y)+z. \tag{88}$$

디츠H. G. Dietz가 제안한 이 우아한 요령은 잘 알려진 기수 2 덧셈 공식

$$x+y = (x\oplus y)+((x\,\&\,y)\ll 1) \tag{89}$$

에 기초한 것이다. ((88)을 다섯 개가 아니라 네 개의 MMIX 명령으로 구현할 수 있다. 하나의 MOR 연산으로 $x\oplus y$를 $((x\oplus y)\,\&\,\bar{l})\gg 1$로 바꿀 수 있기 때문이다.)

연습문제 88~93과 100~104는 이 착안들을 더욱 전개해서, 혼합기수 산술을 수행하는 방법은 물론, 2의 제곱수가 아닐 수도 있는 $m$을 법으로 하여 성분들을 다루는 벡터 덧셈 및 뺄셈 같은 것들을 수행하는 방법도 보여 준다.

본질적으로, 우리는 비트들이나 바이트들, 기타 한 레지스터 안의 부분 필드들을, 마치 독립적인 마이크로프로세서들(밀접하게 동기화되긴 하지만 각자 자신의 부분문제에 대해 작동하는, 그리고 자리이동 명령들과 자리 올림 비트들을 통해서 서로 소통하는)로 이루어진 배열의 원소들인 것처럼 다룰 수 있다. 컴퓨터 설계자들은 수년간 소위 SIMD 아키텍처, 즉 'Single Instruction stream with Multiple Data streams(다중 자료 스트림을 가진 단일 명령 스트림)' 아키텍처를 갖춘 병렬 처리기의 개발에 관심을 쏟아왔다. 예를 들어 S. H. Unger, *Proc. IRE* **46** (1958), 1744-1750을 보라. 64비트 레지스터들의 가용성이 증가되었다는 것은 통상적인 순차 컴퓨터의 프로그래머들이 이제는 SIMD 처리의 맛을 볼 수 있게 되었음을 의미한다. 실제로 (87), (88), (89)와 같은 계산들을 SWAR 방법, 즉 'SIMD Within A Register(한 레지스터 안의 SIMD)' 방법이라고 부른다. 이 이름은 피셔R. J. Fisher와 디츠H. G. Dietz가 고안했다[*Lecture Notes in Computer Science* **1656** (1999), 290-305를 보라]. 또한 R. B. Lee, *IEEE Micro* **16**,4 (1996년 8월), 51-59도 보라.

물론 일반적으로 바이트들에는 수치는 물론 알파벳 자료도 들어 있으며, 가장 흔한 프로그래밍 과제 중 하나는 긴 문자열에서 특정한 바이트 값이 처음으로 나타나는 위치를 찾는 것이다. 예를 들어, 문자열을 0이 아닌 바이트들 끝에 0인 바이트가 하나 있는 바이트열로 표현하는 경우가 많은데, 그런 형태의 문자열의 끝을 빠르게 찾기 위해서는 주어진 한 워드 $x$의 여덟 바이트 모두가 0이 아닌지를 빠르게 판정할 수 있어야 한다(일반적으로 모두 0이 아닌 경우가 더 많으므로). 램포트 등이 이 문제에 대한 상당히 좋은 해법들을 여러 개 찾아내었다. 그러나 1987년에 마이크로프트Alan Mycroft가 사실 명령 세 개로 충분함을 밝혀냈다.

$$t \leftarrow h\,\&\,(x-l)\,\&\,\bar{x}. \tag{90}$$

여기서 $h$와 $l$은 (87)과 (88)에 나온 것들이다. 만일 각 바이트 $x_j$가 0이 아니면 $t$는 0이 된다. $(x_j-1)\,\&\,\bar{x}_j$는 $2^{\rho x_j}-1$이 되는데, 이는 항상 $\#80 = 2^7$보다 작다. 그러나 만일 $x_j = 0$이면, 그 오른쪽 이웃 $x_{j-1}, \ldots, x_0$(이 있는 경우)은 모두 0이 아니며, 뺄셈 $x - l$에 의해 바이트 $j$는 #ff가 되며, $t$는 0이 아닌 값이 된다. 실제로 $\rho t$는 $8j+7$이다.

주의: (90)의 계산이 $x$의 제일 오른쪽 0바이트를 집어내긴 하지만, 제일 왼쪽 0바이트의 위치는 $t$의 값만으로는 알아낼 수 없다. (연습문제 94 참고.) 이 측면에서는 리틀엔디안 관례가 그에 해당하는 빅엔디안의 습성보다 더 바람직하다. 제일 왼쪽 0바이트를 찾아야 하는 응용 프로그램이라면 (90)을 이용해서 0이 아닌 바이트들을 빠르게 건너뛰면 될 것이다. 그러나 그 후 여덟 개의 최종 후보로 좁혀지면, 반드시 더 느린 방법에 의존해야 한다. 다음의 4연산 공식은 각 $j$에 대해 $t_j = 128\,[x_j = 0]$인, 완전히 정확한 판정 값 $t = (t_7 \ldots t_1 t_0)_{256}$을 산출한다.

$$t \leftarrow h\,\&\sim(x \mid ((x \mid h) - l)). \tag{91}$$

이제 $x$의 제일 왼쪽 0바이트는 $x_j$이다. 여기서 $\lambda t = 8j+7$이다.

첨언하자면, $t$의 각 바이트 $t_j$를 $[x_j = 0]$으로 설정한다면 0바이트 문제를 하나의 MMIX 명령 BDIF t,l,x로 풀 수 있다. 이는 $1 \dot{-} x = [x = 0]$이기 때문이다. 그러나 지금 우리의 주된 관심사는 색다른 하드웨어에 의존하지 않는, 상당히 범용적인 기법들이다. MMIX의 특별한 기능은 나중에 논의하겠다.

이제 첫 번째의 0을 빠르게 찾아내는 방법을 알게 되었다. 같은 착안들을 임의의 원하는 바이트 값을 찾아내는 데 사용할 수 있다. 예를 들어 $x$에 새줄(newline) 문자(#a)에 해당하는 바이트가 있는지 알고 싶다면, 그냥 $x \oplus$ #0a0a0a0a0a0a0a0a에서 0인 바이트가 있는지를 찾아보면 된다.

그리고 이 기법들은 다른 여러 응용으로도 이어진다. 한 예로, $x$와 $y$로부터 $x_j = y_j$일 때에는 $z_j = x_j$이지만 $x_j \neq y_j$이면 $z_j =$ '⋆'인 $z = (z_7 \ldots z_1 z_0)_{256}$을 계산한다고 하자. (즉, 만일 $x =$ "beaching"이고 $y =$ "belching"이면 $z \leftarrow$ "be⋆ching"이 되어야 한다.) 이것은 쉽다.

$$\begin{aligned} &t \leftarrow h\,\&\,((x \oplus y) \mid (((x \oplus y) \mid h) - l)); \\ &m \leftarrow (t \ll 1) - (t \gg 7); \\ &z \leftarrow x \oplus ((x \oplus \texttt{"********"})\,\&\, m). \end{aligned} \tag{92}$$

첫 단계는 (91)의 한 변형을 이용해서 각 바이트의 고차 비트들을 표시한다. 여기서 $x_j \neq y_j$이다. 그다음 단계는 그 바이트들을 강조하는 마스크를 생성한다: 만일 $x_j = y_j$이면 #00이고 그렇지 않으면 #ff이다. 마지막 단계는 마스크에 의거해서 $z_j \leftarrow x_j$ 또는 $z_j \leftarrow$ '⋆'로 설정하는데, 이를 $z \leftarrow (x\,\&\,\bar{m}) \mid (\texttt{"********"}\,\&\,m)$으로 표기할 수도 있다.

(90)과 (91)의 연산들은 원래 0인 바이트들을 판정하기 위해 고안된 것이었다. 그러나 좀 더 자세히 살펴보면, 이들을 1보다 작은 바이트들에 대한 판정으로 간주할 수 있음을 깨달을 수 있다. 실제로, 공식들에서 $l$을 $c \cdot l = (cccccccc)_{256}$(여기서 $c$는 $\leq 128$인 임의의 양의 상수)으로 대체하면, (90)이나 (91)을 $x$에 $c$보다 작은 바이트가 들어 있는지를 판정하는 용도로 사용할 수 있게 된다.

더 나아가서 $c$ 값들의 비교가 모든 바이트에서 동일한 방식일 필요도 없다. 약간의 수고를 더 들인다면 $c > 128$인 경우들에서 바이트별 비교도 수행할 수 있다. 다음은 판정할 워드 $t$ 안의 각 바이트 위치 $j$에 대해 $t_j \leftarrow 128[x_j < y_j]$로 설정하는 8단계 공식이다.

$$t \leftarrow h \,\&\, {\sim}\langle x\bar{y}z\rangle, \qquad \text{여기서 } z = (x \mid h) - (y \,\&\, \bar{h}). \tag{93}$$

(연습문제 96 참고.) 이 일반 공식의 중앙값 연산을 단순화할 수 있는 경우가 많다. 예를 들어 $y = l$일 때 (93)은 (91)로 축약된다. $\langle x(-1)z\rangle = x \mid z$이기 때문이다.

(90)이나 (91), (93)에서 0이 아닌 $t$를 발견했다면, 표시된 제일 오른쪽 또는 왼쪽 바이트의 색인 $j$를 $\rho t$나 $\lambda t$를 계산해서 알아낼 수 있다. 이제는 $\rho$나 $\lambda$의 계산이 이전보다 간단한데, 왜냐하면 $t$가 가질 수 있는 서로 다른 값이 단 256가지밖에 되지 않기 때문이다. 실제로, 적절한 256바이트 표(table)가 주어진다면 $j$를 계산하는 데에는 다음 연산으로 충분하다.

$$j \leftarrow table[((a \cdot t) \bmod 2^{64}) \gg 56], \qquad \text{여기서 } a = \frac{2^{56}-1}{2^7-1}. \tag{94}$$

그리고 이 계산에서는 곱셈을 세 개의 '자리이동 후 더하기' 연산 "$t \leftarrow t + (t \ll 7)$, $t \leftarrow t + (t \ll 14)$, $t \leftarrow t + (t \ll 28)$"로 대체해서 속도를 높일 수 있는 경우가 많다.

**넓은워드 계산.** 지금까지 컴퓨터의 비트 연산들을 이용해서 놀라운 결과를 빠른 속도로 얻어내는 십여 가지 방법을 살펴보았다. 그리고 그런 놀라운 또 다른 결과들이 연습문제에 등장한다.

벌캠프Elwyn Berlekamp는 새로 만들어지는 컴퓨터 칩에 담긴 플립플롭(flip-flop)들의 개수 $N$이 계속 증가하긴 하지만, 현실적으로 주어진 순간에 실제로 플립 또는 플롭이 일어나는 플립플롭들의 개수는 단 $O(\log N)$개임을 지적했다. 비트별 연산들의 놀라운 효율은, 미래의 컴퓨터들이 상당히 큰 $n$에 대해 효율적인 $n$비트 계산을 수행할 수 있는 개선된 메모리 장치를 장착함으로써 이러한 개척되지 않은 잠재력을 활용할 수도 있음을 암시한다. 그러한 미래에 대비하기 위해서는 '폭이 넓은 워드(wide word)'들을 조작한다는 개념에 대한 좋은 이름을 마련해 둘 필요가 있다. 램쇼Lyle Ramshaw가 넓은워드(broadword)†라는 적절한 용어를 제안한 적이 있는데, 이 책에서도 $n$비트 수량을 너비가 $n$인 넓은워드라고 칭하기로 하겠다.

지금까지 논의한 여러 방법들은 임의의(심지어의 무한대의) 정밀도를 가진 이진수들에 정확하게 작동한다는 점에서 2아딕 방법들이라 할 수 있다. 예를 들어 연산 $x \,\&\, -x$는 항상 $2^{\rho x}$, 즉 임의의 0이 아닌 2아딕 정수 $x$의 최소 유효 1비트를 추출한다. 그러나 다른 방법들은 본질적으로 넓은워드의 성격을 가지고 있다. 이를테면 $2^d$비트 워드들의 옆쪽 덧셈이나 비트 치환을 수행하는 $O(d)$단계 방법들이 그러하다. 넓은워드 계산은 $n$비트 워드들을 다루는 기술로, 여기서 $n$은 극도로 작지는 않은 매개변수이다.

넓은워드 알고리즘들 중에는 이론적으로만 흥미로운 것들이 있다. 그런 것들은 $n$이 우주의 크기

---

† [옮긴이 주] 이것이 하나의 신조어임을 나타내기 위해 띄어쓰기 없이 '넓은워드'로 표기했다. 'quicksort - 빠른정렬'과 같은 맥락이다. 물론 램쇼가 제안한 것은 한글로 된 넓은워드가 아니라 broadword이다.

를 넘을 때 점근적인 의미에서만 효율적이기 때문이다. 그러나 $n = 64$인 경우에도 대단히 유용한 알고리즘들도 있다. 그리고 일반적으로, 넓은워드의 사고방식으로 좋은 기법들을 떠올릴 수 있는 경우가 많이 있다.

넓은워드 연산에 대한 매혹적이지만 비실용적인 사실 하나는, $n$이 얼마나 크든, 임의의 0이 아닌 $n$비트 수 $x$에 대한 함수 $\lambda x = \lfloor \lg x \rfloor$를 평가하는 데 단 $O(1)$회의 넓은워드 단계들로 충분하다는 것이다. 이는 프레드먼M. L. Fredman과 윌러드D. E. Willard가 발견했는데, 다음은 $n = g^2$이고 $g$가 2의 거듭제곱일 때의 그들의 놀랄 만한 계산 방안이다.

$$\begin{aligned}
&t_1 \leftarrow h \,\&\, (x \mid ((x \mid h) - l)),\ \text{여기서}\ h = 2^{g-1}l\text{이고}\ l = (2^n - 1)/(2^g - 1);\\
&y \leftarrow (((a \cdot t_1) \bmod 2^n) \gg (n-g)) \cdot l,\ \text{여기서}\ a = (2^{n-g} - 1)/(2^{g-1} - 1);\\
&t_2 \leftarrow h \,\&\, (y \mid ((y \mid h) - b)),\ \text{여기서}\ b = (2^{n+g} - 1)/(2^{g+1} - 1);\\
&m \leftarrow (t_2 \ll 1) - (t_2 \gg (g-1)),\ m \leftarrow m \oplus (m \gg g);\\
&z \leftarrow (((l \cdot (x \,\&\, m)) \bmod 2^n) \gg (n-g)) \cdot l;\\
&t_3 \leftarrow h \,\&\, (z \mid ((z \mid h) - b));\\
&\lambda \leftarrow ((l \cdot ((t_2 \gg (2g - \lg g - 1)) + (t_3 \gg (2g-1)))) \bmod 2^n) \gg (n-g).
\end{aligned} \tag{95}$$

(연습문제 106을 보라.) 그러나 이 방법은 29단계 중 다섯이 곱셈이라는 점, 즉 진정한 '비트별' 연산이 아니라는 점 때문에 비실용적이다. 실제로, 상수를 곱하는 연산에 적어도 $\Omega(\log n)$회의 비트별 단계가 필요함을 이후에 증명해 볼 것이다.

곱셈을 사용하지 않고 단 $O(\log\log n)$회의 비트별 넓은워드 연산들로 $\lambda x$를 구하는 방법을 1997년 브로달Gerth Brodal이 발견했다. (95)보다도 더 놀라운 그 방법은 (49)의 것과 비슷한 공식

$$\lambda x = [\lambda x = \lambda(x \,\&\, \bar{\mu}_0)] + 2[\lambda x = \lambda(x \,\&\, \bar{\mu}_1)] + 4[\lambda x = \lambda(x \,\&\, \bar{\mu}_2)] + \cdots \tag{96}$$

과, 관계식 $\lambda x = \lambda y$를 손쉽게 판정할 수 있다는 사실((58)을 보라)에 근거한다. 다음이 그 방법이다.

**알고리즘 B** (이진 로그). 이 알고리즘은 $n$비트 연산들을 이용해서 $\lambda x = \lfloor \lg x \rfloor$를 계산한다. $0 < x < 2^n$이고 $n = d \cdot 2^d$이라고 가정한다.

**B1.** 〔하향 비례.〕 $\lambda \leftarrow 0$으로 설정한다. 그런 다음 $k = \lceil \lg n \rceil - 1,\ \lceil \lg n \rceil - 2,\ \ldots,\ d$에 대해, $\lambda \leftarrow \lambda + 2^k$로 설정하고 만일 $x \geq 2^{2^k}$이면 $x \leftarrow x \gg 2^k$으로도 설정한다.

**B2.** 〔복제.〕 (이 지점에서 $0 < x < 2^{2^d}$이다. 남은 과제는 $\lambda$를 $\lfloor \lg x \rfloor$만큼 증가하는 것이다. $x$를 $2^d$비트 필드들에서 그 자신의 복사본 $d$개로 대체한다.) $0 \leq k < \lceil \lg d \rceil$에 대해 $x \leftarrow x \mid (x \ll 2^{d+k})$으로 설정한다.

**B3.** 〔선행 비트들을 변경.〕 $y \leftarrow x \,\&\, \sim(\mu_{d,d-1} \ldots \mu_{d,1}\mu_{d,0})_{2^{2^d}}$로 설정한다. ((48) 참고.)

**B4.** 〔모든 필드를 비교.〕 $t \leftarrow h \,\&\, (y \mid ((y \mid h) - (x \oplus y)))$로 설정한다. 여기서 $h = (2^{2^d - 1} \ldots 2^{2^d - 1} 2^{2^d - 1})_{2^{2^d}}$이다.

**B5.** 〔비트들을 압축.〕 $0 \leq k < \lceil \lg d \rceil$에 대해 $t \leftarrow (t + (t \ll (2^{d+k} - 2^k))) \bmod 2^n$으로 설정한다.

**B6.** 〔마무리.〕 마지막으로, $\lambda \leftarrow \lambda + (t \gg (n-d))$로 설정한다. ▮

이 알고리즘은 $n = 64$일 때 (56)과 거의 비슷한 효율을 낸다(연습문제 107을 보라).

2006년에는 패터슨M. S. Paterson과 본 저자가 또 다른 놀랄 만큼 효율적인 넓은워드 알고리즘을 발견했다. 저자는 주어진 $n$비트 이진열 안에서 패턴 $01^r$의 모든 출현을 식별하는 문제를 고민했다. 저장소 할당 시 $r$개의 연속적인 자유 블록을 찾는 것과 관련된 이 문제는, $x = (x_{n-1} \ldots x_1 x_0)_2$가 주어졌을 때 다음을 계산하는 것과 동치이다.

$$q = \bar{x} \,\&\, (x \ll 1) \,\&\, (x \ll 2) \,\&\, (x \ll 3) \,\&\, \cdots \,\&\, (x \ll r). \tag{97}$$

예를 들어 $n = 16$, $r = 3$, $x = (1110111101100111)_2$일 때 $q = (0001000000001000)_2$이다. 직관적으로는, 이를 위해 $\Omega(\log r)$회의 비트별 연산이 필요할 것 같다. 그러나 실제로는 모든 $n > r > 0$에 대해 다음의 20단계 계산으로 원하는 답을 얻을 수 있다: $s = \lceil r/2 \rceil$, $l = \sum_{k \ge 0} 2^{ks} \bmod 2^n$, $h = (2^{s-1} l) \bmod 2^n$, $a = \left(\sum_{k \ge 0} (-1)^{k+1} 2^{2ks}\right) \bmod 2^n$이라고 두었을 때,

$$\begin{aligned}
&y \leftarrow h \,\&\, x \,\&\, ((x \,\&\, \bar{h}) + l);\\
&t \leftarrow (x + y) \,\&\, \bar{x} \,\&\, -2^r;\\
&u \leftarrow t \,\&\, a,\ v \leftarrow t \,\&\, \bar{a};\\
&m \leftarrow (u - (u \gg r)) \mid (v - (v \gg r));\\
&q \leftarrow t \,\&\, ((x \,\&\, m) + ((t \gg r) \,\&\, \sim (m \ll 1))).
\end{aligned} \tag{98}$$

연습문제 111은 이 계산 방식이 유효한 이유를 설명한다. 그러나 이 방법의 실용적 가치는 거의 없다. (97)을 $2\lceil \lg r \rceil + 2$단계로 평가하는 간단한 방법이 존재하므로, (98)은 $r > 512$가 아닌 한 장점이 없다. 그러나 (98)은 넓은워드 방법들의 예기치 않은 위력을 보여 주는 또 다른 징조라고 할 수 있다.

***하계들.** 그렇게 많은 요령과 기법이 존재한다는 점을 생각하면, 사실 우리가 단지 빙산의 일각만 보고 있는 것은 아닌지 궁금해 하는 것도 자연스러운 일이다. 놀랄 만큼 빠른 수많은 방법들이 발견되길 기다리고 있는 것은 아닐까? 지금까지 알려진 몇 가지 이론적 결과들로부터 무엇이 가능한지에 대한 특정한 한계들을 유도할 수 있다(아직 그러한 연구가 유아기에 머물러 있긴 하지만).

2아딕 정수들의 수열 $(x_0, x_1, \ldots, x_r)$의 각 원소 $x_i$(여기서 $i > 0$)를 그 선행 원소들의 비트별 조작으로 얻을 수 있다고 할 때, 그러한 수열을 2아딕 사슬이라고 부르기로 하자. 좀 더 엄밀하게 말하면, 그러한 사슬의 각 단계는 다음과 같은 이진 연산들로 정의된다.

$$x_i = x_{j(i)} \circ_i x_{k(i)} \quad \text{또는} \quad c_i \circ_i x_{k(i)} \quad \text{또는} \quad x_{j(i)} \circ_i c_i. \tag{99}$$

여기서 각 $\circ_i$는 연산자 $\{+, -, \&, |, \oplus, \equiv, \subset, \supset, \bar{\subset}, \bar{\supset}, \bar{\wedge}, \bar{\vee}, \ll, \gg\}$ 중 하나이고 각 $c_i$는 상수이다. 더 나아가서, 연산자 $\circ_i$가 왼쪽 자리이동이나 오른쪽 자리이동일 때, 이동할 자릿수는 양의 정수 상수이다. $x_{j(i)} \ll x_{k(i)}$나 $c_i \gg x_{k(i)}$ 같은 연산은 허용되지 않는다. (이러한 제약이 없다면 의미 있는 하계들을 유도할 수가 없다. 그런 제약이 없으면 음이 아닌 정수 $x$의 모든 0-1 값 함수를 어떤 상수 $c$에 대한 2단계 계산 '$(c \gg x) \,\&\, 1$'로 계산할 수 있게 되기 때문이다.)

이와 비슷하게, 너비가 $n$인 넓은워드 사슬 또는 $n$비트 넓은워드 사슬은 앞에서와 본질적으로 같은 제약조건들을 가진 $n$비트 수들의 수열 $(x_0, x_1, ..., x_r)$이다. 여기서 $n$은 하나의 매개변수이고 모든 연산은 $2^n$을 법으로 하여 수행된다. 넓은워드 사슬은 여러 모로 2아딕 사슬처럼 행동하지만, $n$비트 계산의 왼쪽에서 정보의 손실이 있다는 점 때문에 미묘한 차이점이 나타난다(연습문제 113 참고).

두 종류의 사슬 모두, 주어진 값 $x = x_0$을 시작으로 해서 함수 $f(x) = x_r$을 계산할 수 있다. 연습문제 114는 $mn$비트 넓은워드 사슬이, $n$비트 사슬로 계산할 수 있는 임의의 함수를 본질적으로 동시에 $m$회 평가할 수 있음을 보여 준다. 우리의 목표는 주어진 함수 $f$를 평가할 수 있는 최단 사슬을 고찰하는 것이다.

임의의 2아딕 사슬 또는 넓은워드 사슬 $(x_0, x_1, ..., x_r)$에는 '자리이동 집합들' $(S_0, S_1, ..., S_r)$들과 '경계들(bounds)' $(B_0, B_1, ..., B_r)$이 존재하는데, 이들의 정의는 다음과 같다: $S_0 = \{0\}$과 $B_0 = 1$로 시작해서, $i \geq 1$에 대해

$$S_i = \begin{cases} S_{j(i)} \cup S_{k(i)}, \\ S_{k(i)}, \\ S_{j(i)}, \\ S_{j(i)} + c_i, \\ S_{j(i)} - c_i, \end{cases} \quad \text{그리고} \quad B_i = \begin{cases} M_i B_{j(i)} B_{k(i)}, & \text{만일 } x_i = x_{j(i)} \circ_i x_{k(i)} \text{이면,} \\ M_i B_{k(i)}, & \text{만일 } x_i = c_i \circ_i x_{k(i)} \text{이면,} \\ M_i B_{j(i)}, & \text{만일 } x_i = x_{j(i)} \circ_i c_i \text{이면,} \\ B_{j(i)}, & \text{만일 } x_i = x_{j(i)} \gg c_i \text{이면,} \\ B_{j(i)}, & \text{만일 } x_i = x_{j(i)} \ll c_i \text{이면} \end{cases} \qquad (100)$$

으로 둔다. 여기서 만일 $\circ_i \in \{+, -\}$이면 $M_i = 2$이고 그렇지 않으면 $M_i = 1$이다. 그리고 이 공식들은 $\circ_i \notin \{\ll, \gg\}$라고 가정한다. 한 예로 다음과 같은 7단계 사슬을 생각해 보자.

| $x_i$ | $S_i$ | $B_i$ |
|---|---|---|
| $x_0 = x$ | $\{0\}$ | 1 |
| $x_1 = x_0 \,\&\, -2$ | $\{0\}$ | 1 |
| $x_2 = x_1 + 2$ | $\{0\}$ | 2 |
| $x_3 = x_2 \gg 1$ | $\{1\}$ | 2 |
| $x_4 = x_2 + x_3$ | $\{0, 1\}$ | 8 |
| $x_5 = x_4 \gg 4$ | $\{4, 5\}$ | 8 |
| $x_6 = x_4 + x_5$ | $\{0, 1, 4, 5\}$ | 128 |
| $x_7 = x_6 \gg 4$ | $\{4, 5, 8, 9\}$ | 128 |

(101)

(이 사슬을 연습문제 4.4-9에서 만났었다. 그 연습문제에서는 8비트 산술을 사용했을 때 이 연산들이 $0 \leq x < 160$에 대해 $x_7 = \lfloor x/10 \rfloor$을 산출함을 증명했다.)

하계(lower bound)들에 대한 이론의 출발점으로, 우선 $x = x_0$의 고차 비트들이 오른쪽 자리이동을 수행하지 않는 한 더 낮은 자리의 비트들에 영향을 미칠 수 없다는 점에 주목하자.

**보조정리 A.** *2아딕 또는 넓은워드 사슬이 주어졌을 때, $x_i$의 이진 표현이 $(\ldots x_{i2}x_{i1}x_{i0})_2$라고 하자. 그러면 비트 $x_{ip}$가 비트 $x_{0q}$에 의존할 필요조건은 $q \le p + \max S_i$이다.*

증명. $i$에 대한 귀납법에 의해, 만일 $B_i = 1$이면, 비트 $x_{ip}$는 $q - p \in S_i$인 경우에만 비트 $x_{0q}$에 의존한다는 점을 증명하는 것이 실제로 가능하다. $B_i > 1$이 되게 하는 덧셈과 뺄셈에서, 그 피연산자들의 임의의 특정 비트가 합 또는 차의 왼쪽에 놓인 모든 비트에 영향을 미치게 만들 수 있으나, 그 오른쪽에 놓인 모든 비트에 영향을 미치게 할 수는 없다. ▮

**따름정리 I.** *함수 $x \dot{-} 1$을 2아딕 사슬로 계산할 수 없으며, $f(x)$의 적어도 한 비트가 $x$의 제한되지 않은 개수의 비트들에 의존하는 모든 함수 $f$도 2아딕 사슬로 계산할 수 없다.* ▮

**따름정리 W.** *$n$비트 함수 $f(x)$는 $0 \le p < n$에 대해 오직 $x \equiv y$ (법 $2^p$)이[†] $f(x) \equiv f(y)$ (법 $2^p$)을 함의할 때에만 자리이동 없는 $n$비트 넓은워드 사슬로 계산할 수 있다.*

증명. 자리이동이 없다면 모든 $i$에 대해 $S_i = \{0\}$이 성립한다. 따라서 비트 $x_{rp}$는 $q \le p$가 아닌 한 $x_{0q}$에 의존할 리 없다. 다른 말로 하면, $x_0 \equiv y_0$ (법 $2^p$)이면 항상 $x_r \equiv y_r$ (법 $2^p$)이다.

반대로, 그러한 모든 함수를 하나의 충분히 긴 사슬로 계산할 수 있다. 연습문제 119는 다음 함수들을 위한 자리이동 없는 $n$비트 사슬들을 제시한다.

$$f_{py}(x) = 2^p[x \bmod 2^{p+1} = y], \qquad 0 \le p < n\text{이고 } 0 \le y < 2^{p+1}\text{일 때.} \tag{102}$$

이 함수들로부터 모든 유관 함수가 덧셈을 통해서 나온다. [워런H. S. Warren, Jr.은 *CACM* **20** (1977), 439-441에서 이 결과를 $m$변수 함수들로 일반화했다.] ▮

자리이동 집합 $S_i$들과 경계 $B_i$들이 중요한 주된 이유는, 하계의 증명을 위한 주된 수단이 되는 다음과 같은 근본적인 보조정리 때문이다.

**보조정리 B.** $X_{pqr} = \{x_r \,\&\, \lfloor 2^p - 2^q \rfloor \mid x_0 \in V_{pqr}\}$ *이 $n$비트 넓은워드 사슬이고*

$$V_{pqr} = \{x \mid \text{모든 } s \in S_r\text{에 대해 } x \,\&\, \lfloor 2^{p+s} - 2^{q+s} \rfloor = 0\} \tag{103}$$

*이며 $p > q$이라고 하자. 그러면 $|X_{pqr}| \le B_r$이다.* (여기서 $p$와 $q$는 정수로, 음의 정수일 수도 있다.)

이 보조정리는, $x$의 비트들의 일정 구간들이 0이어야 한다는 제약을 가할 때, $f(x)$ 안에서 많아야 $B_r$개의 서로 다른 비트 패턴 $x_{r(p-1)} \cdots x_{rq}$들이 출현할 수 있음을 뜻한다.

증명. 이 결과가 $r = 0$일 때 성립함은 분명하다. $r = 0$이 아닌 경우, 예를 들어 만일 $x_r = x_j + x_k$이면, $|X_{pqj}| \le B_j$와 $|X_{pqk}| \le B_k$를 귀납법으로 입증할 수 있다. 더 나아가서 $V_{pqr} = V_{pqj} \cap V_{pqk}$이다. $S_r = S_j \cup S_k$이기 때문이다. 따라서 위치 $q$로의 자리 올림이 없을 때 $(x_j + x_k) \,\&\, \lfloor 2^p - 2^q \rfloor$에 대해 가능한 패턴들은 많아야 $B_jB_k$개이며, 자리 올림이 있을 때에는 많아야 $B_jB_k$개이다. 합하면 많아야 $B_r = 2B_jB_k$개의 가능성이 존재한다. 나머지 경우들은 연습문제 122에서 살펴본다. ▮

---

† [옮긴이 주] 이 책에서 '(법 $x$)'이라는 표현은 '(modulo $x$)'를 옮긴 '($x$를 법으로 하여)'를 줄여 표기한 것이다.

이제 눈금자 함수에 $\Omega(\log\log n)$개의 단계가 필요함을 증명할 수 있다.

**정리 R.** *만일* $n = d \cdot 2^d$ *이면,* $0 < x < 2^n$ *에 대해* $\rho x$ *를 계산하는 모든* $n$ *비트 넓은워드 사슬의 자리이동이 아닌 단계의 수는* $\lg d$ *보다 크다.*

증명. 자리이동이 아닌 단계의 수가 $l$이라고 하면, $|S_r| \le 2^l$이고 $B_r \le 2^{2^l - 1}$이다. $p = d$, $q = 0$으로 보조정리 B를 적용하고 $|X_{d0r}| = 2^d - t$라고 가정하면, $k < 2^d$의 값들 중 다음을 만족하는 것은 $t$개이다.

$$\{2^k, 2^{k+2^d}, 2^{k+2\cdot 2^d}, \ldots, 2^{k+(d-1)2^d}\} \cap V_{d0r} = \emptyset.$$

그런데 $V_{d0r}$은 가능한 $n$가지 2의 거듭제곱들 중 많아야 $2^l d$개를 배제한다. 따라서 $t \le 2^l$이다.

만일 $l \le \lg d$이면, 보조정리 B에 의해 $2^d - t \le B_r \le 2^{d-1}$임을 알 수 있다. 따라서 $2^{d-1} \le t \le 2^l \le d$이다. 그런데 $d \le 2$가 아닌 한 이는 불가능하며, $d \le 2$일 때에는 이 정리가 성립함이 자명하다. ▮

같은 증명이 이진 로그 함수에도 적용된다:

**따름정리 L.** *만일* $n = d \cdot 2^d > 2$ *이면,* $0 < x < 2^n$ *에 대해* $\lambda x$ *를 계산하는 모든* $n$ *비트 넓은워드 사슬의 자리이동이 아닌 단계의 수는* $\lg d$ *보다 크다.* ▮

$q > 0$일 때의 보조정리 B를 이용해서 비트 뒤집기에 대한 더 강한 하계 $\Omega(\log n)$을 유도할 수 있으며, 따라서 일반적인 비트 치환에 대해서도 유도할 수 있다.

**정리 P.** *만일* $2 \le g \le n$ *이면,* $0 \le x < 2^g$ *에 대해* $g$ *비트 뒤집기* $x^R$ *을 계산하는 모든* $n$ *비트 넓은워드 사슬의 자리이동이 아닌 단계의 수는* $\lfloor \frac{1}{3} \lg g \rfloor$ *이상이다.*

증명. 앞에서처럼 자리이동이 아닌 단계가 $l$개라고 하자. $h = \lfloor \sqrt[3]{g} \rfloor$로 두고 $l < \lfloor \lg(h+1) \rfloor$이라고 가정한다. 그러면 $S_r$은 많아야 $2^l \le \frac{1}{2}(h+1)$개의 자리이동량 $s$들의 집합이다. 보조정리 B를 $p \le g$, $q \ge 0$, $p = q + h$로 두어서 적용한다. 즉 총 $g - h + 1$가지 경우에 대해 적용하는 것이다. 이때 핵심은, $0 \le j$, $k < h$이고 $g - 1 - q - j = q + s + k$인 색인 $j$와 $k$가 존재하지 않는다면 항상 $x^R \& \lfloor 2^p - 2^q \rfloor$이 $x \& \lfloor 2^{p+s} - 2^{q+s} \rfloor$과 독립이라는 것이다. 그러한 색인들이 존재하는, $q$의 '나쁜' 선택의 수는 많아야 $\frac{1}{2}(h+1)h^2 \le g - h$이다. 따라서 $|X_{pqr}| = 2^h$이 나오는 $q$의 값이 적어도 하나는 존재한다. 그러나 그러면 보조정리 B가 모순이 된다. $2^h \le B_r \le 2^{(h-1)/2}$일 수는 없음이 명백하기 때문이다. ▮

**따름정리 M.** $2^n$ *을 법으로 하여 특정 상수를 곱하는 연산을 수행하는* $n$ *비트 넓은워드 사슬에 필요한 단계의 수는* $\Omega(\log n)$ *이다.*

증명. 고전적인 메모집 HAKMEM (M.I.T. A.I. Laboratory, 1972)의 Hack 167에서 슈뢰펠 Schroeppel은 $n = g^2$이고 $0 \le x < 2^g$이면 항상 다음의 연산들로 $y = x^R$을 계산할 수 있음을 지적했다.

$$t \leftarrow ((ax) \bmod 2^n)\,\&\,b, \quad y \leftarrow ((ct) \bmod 2^n) \gg (n-g) \tag{104}$$

여기서 상수들은 $a = (2^{n+g}-1)/(2^{g+1}-1)$, $b = 2^{g-1}(2^n-1)/(2^g-1)$, $c = (2^{n-g}-1)/(2^{g-1}-1)$이다. (연습문제 123 참고.) ▮

이 지점에서 독자는 아마 "뭐, 넓은워드 사슬이 점근적으로 길어야 하는 때도 있음은 동의한다. 그러나 프로그래머가 그런 사슬에 묶일 필요는 없지 않을까? 그런 제약들을 뛰어넘을 수 있는, 이를테면 조건 분기라든가 미리 계산된 표 참조 같은 다른 기법들을 사용할 수 있는데."라고 생각할 수도 있겠다.

맞는 생각이다. 그리고 다행인 것은, 넓은워드 이론을 좀 더 일반적인 계산 모형으로도 확장할 수 있다는 점이다. 예를 들어 기본 *RAM*(basic RAM)이라고 부르는, 어떤 추상적인 RISC(reduced-instruction-set computer, 축소명령집합 컴퓨터)의 한 이상화를 생각해 보자: 그러한 컴퓨터는 $n$비트 레지스터 $r_1, \ldots, r_l$과 $n$비트 메모리 워드 $\{M[0], \ldots, M[2^m-1]\}$을 갖추고 있으며, 다음과 같은 명령들을 수행할 수 있다.

$$\begin{gathered} r_i \leftarrow r_j \pm r_k, \quad r_i \leftarrow r_j \circ r_k, \quad r_i \leftarrow r_j \gg r_k, \quad r_i \leftarrow c, \\ r_i \leftarrow M[r_j \bmod 2^m], \quad M[r_j \bmod 2^m] \leftarrow r_i. \end{gathered} \tag{105}$$

여기서 $\circ$은 임의의 비트별 부울 연산자이다. 그리고 자리이동 명령에서 $r_k$는 2의 보수 표기법으로 표현된 부호 있는 정수로 취급된다. 이 컴퓨터는 또한 $r_i \le r_j$에 따른 조건 분기를 수행할 수 있는데, 이때에는 $r_i$와 $r_j$를 부호 없는 정수로 취급한다. 이 컴퓨터의 상태(state)는 모든 레지스터와 메모리 워드의 내용, 그리고 현재의 명령을 가리키고 있는 '프로그램 카운터'로 구성된다. 이 컴퓨터의 프로그램은 미리 지정된 상태에서 시작하는데, 그러한 상태는 미리 계산된 표들을 메모리 안에 포함할 수 있으며, $n$비트 입력 값 $x$를 레지스터 $r_1$에 미리 담고 있을 수 있다. 이러한 초기 상태를 $Q(x,0)$이라고 표기하고, $t$개의 명령을 수행한 후의 상태를 $Q(x,t)$라고 표기한다. 컴퓨터가 정지했을 때 $r_1$에는 어떤 $n$비트 값 $f(x)$가 들어 있다. 우리가 하고자 하는 것은, 함수 $f(x)$가 주어졌을 때 $0 \le x < 2^n$에 대해 상태 $Q(x,t)$에서 $r_1$이 $f(x)$와 같아지는 최소의 $t$에 대한 하계를 찾는 것이다.

**정리 R′.** *$\epsilon = 2^{-e}$이라고 하자. 메모리 매개변수 $m$이 $\le n^{1-\epsilon}$인 하나의 기본 $n$비트 RAM으로 눈금자 함수 $\rho x$를 평가하는 데 필요한 단계의 수는 $n \to \infty$에 따라 $\lg\lg n - e$ 이상이다.*

증명. $n = 2^{2^{e+f}}$이라고 하면 $m \le 2^{2^{e+f}-2^f}$이다. 연습문제 124는 전지적 관찰자가 RAM이 같은 분기를 타게 하고, 같은 양의 자리이동이 일어나게 하고, 같은 메모리 장소들을 참조하게 하는 입력 $x$ 값들의 한 부류로부터 하나의 넓은워드 사슬을 어떤 식으로 구축할 수 있는지를 보여 준다. 그런 사슬을 구축했다면, 이전에 나온 방법들을 이용해서 그 사슬의 길이가 $\ge f$임을 보일 수 있다. ▮

회의적인 독자라면 여전히 정리 R′에 실용적인 가치가 없음을 지적할 것이다. 현실 세계에서는 $\lg\lg n$이 6을 넘는 일이 결코 없을 것이기 때문이다. 그 지적에 대한 반론은 없다 그러나 다음의 결과는 좀 더 실용적일 수 있다.

**정리 P′.** *하나의 기본 n 비트 RAM으로* $0 \le x < 2^g$ *에 대해 g 비트 뒤집기* $x^R$ *을 계산하는 데 필요한 단계의 수는* $\frac{1}{3}\lg g$ *이상이다. 단, 여기서* $g \le n$ *이고*

$$\max(m, 1+\lg n) < \frac{h+1}{2\lfloor \lg(h+1)\rfloor - 2}, \qquad h = \lfloor \sqrt[3]{g} \rfloor \tag{106}$$

*이다.*

증명. 정리 R′의 증명과 비슷한 논증이 연습문제 125에 나온다. ▮

보조정리 B와 정리 R, P, R′, P′ 및 그 따름정리들은 브로드닉A. Brodnik, 밀테르센P. B. Miltersen, 먼로J. I. Munro의 *Lecture Notes in Comp. Sci.* **1272** (1997), 426-439에서 기인한 것으로, 그 문헌 자체는 밀테르센의 그 이전 성과 *Lecture Notes in Comp. Sci.* **1099** (1996), 442-453에 기초한 것이다.

아직 풀리지 않은 의문이 많이 남아 있다(연습문제 126~130을 보라). 예를 들어 옆쪽 덧셈을 위한 $n$비트 넓은워드 사슬에 필요한 단계의 수는 $\Omega(\log n)$인가? 패리티 함수 $(\nu x) \bmod 2$나 다수결 함수 $[\nu x > n/2]$를 넓은워드 연산을 이용해서 $\nu x$ 자체보다 훨씬 더 빠르게 계산할 수 있을까?

**유향 그래프에 응용.** 그럼 지금까지 배운 것들 중 일부를 간단한 알고리즘의 구현에 써먹어 보자. 정점들의 집합 $V$에 대한 유향 그래프가 주어졌을 때, 정점 $u$에서 $v$로의 호가 존재하면 $u \longrightarrow v$라고 표기한다. 도달성 문제(reachability problem)란 지정된 집합 $Q \subseteq V$ 안에서 시작하는 지향 경로들에 놓인 모든 정점을 찾는 것이다. 다른 말로 하면, 다음과 같은 집합을 찾는 문제이다.

$$R = \{v \mid \text{어떤 } u \in Q\text{에 대해 } u \longrightarrow^* v\}. \tag{107}$$

여기서 $u \longrightarrow^* v$는 다음과 같은 $t$개의 호들의 순차열을 뜻한다.

$$\text{어떤 } t \ge 0\text{에 대해} \qquad u = u_0 \longrightarrow u_1 \longrightarrow \cdots \longrightarrow u_t = v. \tag{108}$$

이 문제는 실제 응용에서 자주 등장한다. 예를 들어 §2.3.5에서 목록의 원소들 중 '쓰레기'가 아닌 원소들을 모두 표시할 때 이 문제와 마주쳤다.

정점 개수가 작으면, 이를테면 $|V| \le 64$라고 하면, 이전에 했던 것과는 상당히 다르게 정점들의 부분집합들을 직접 다루는 방식으로 도달성 문제에 접근하는 것이 바람직할 수 있다. 모든 정점 $u \in V$에 대해, $u$의 후행자(successor)들의 집합을

$$S[u] = \{v \mid u \longrightarrow v\} \tag{109}$$

라고 하자. 그러면, 다음 알고리즘은 알고리즘 2.3.5E와는 거의 완전히 다르지만, 그래도 동일한 추상 문제를 해결한다.

**알고리즘 R** (도달성). (109)의 후행자 집합 $S[u]$로 표현되는 단순 유향 그래프가 하나 주어졌을 때, 이 알고리즘은 주어진 집합 (109)로부터 도달 가능한 원소들의 집합 $R$을 계산한다.

**R1.** [초기화.] $R \leftarrow Q$, $X \leftarrow \emptyset$으로 설정한다. (이후의 단계들에서 $X$는 $S[u]$에서 살펴본 정점 $u \in R$들의 부분집합이다.)

**R2.** 〔끝인가?〕 만일 $X=R$이면 알고리즘을 끝낸다.

**R3.** 〔또 다른 정점을 조사.〕 $u$가 $R\setminus X$의 한 원소라고 할 때, $X\leftarrow X\cup u$, $R\leftarrow R\cup S[u]$로 설정하고 단계 R2로 돌아간다. ▮

이 알고리즘은 (i) $R$에 포함된 모든 원소가 도달가능하고, (ii) (108)의 모든 도달가능 원소 $u_j$가 $R$에 포함되며($j$에 대한 귀납법으로 확인 가능), (iii) 알고리즘이 결국에는 종료된다는(단계 R3에 의해 항상 $|X|$가 증가하므로) 점에서 정확한 알고리즘이다.

알고리즘 R의 구현을 살펴보자. 우선 $n\le 64$이고 $V=\{0,1,\ldots,n-1\}$이라고 가정한다. 집합 $X$는 정수 $\sigma(X)=\sum\{2^u\mid u\in X\}$로 편리하게 표현할 수 있다. 그리고 다른 집합 $Q$, $R$, $S[u]$ 역시 같은 관례가 잘 통한다. $S[0]$, $S[1]$, …, $S[n-1]$의 비트들이 본질적으로 주어진 유향 그래프의 인접성 행렬(7절에서 설명했다)이나, 리틀엔디안의 순서로 표현된 것임을 주목하기 바란다. 그래서 $u\in S[u]$의 여부를 알려주는 '대각' 성분들이 오른쪽에서 왼쪽으로 나열되어 있다. 예를 들어 $n=3$이고 호들이 $\{0\to 0, 0\to 1, 1\to 0, 2\to 0\}$일 때 $S[0]=(011)_2$이고 $S[1]=S[2]=(001)_2$이며, 인접성 행렬은 $\begin{pmatrix}110\\100\\100\end{pmatrix}$이다.

단계 R3에서는 $R\setminus X$에서 아무 원소나 선택할 수 있으므로, 눈금자 함수 $u\leftarrow\rho(\sigma(R)-\sigma(X))$를 이용해서 최소의 원소를 택하기로 한다. 이 알고리즘을 MMIX로 구현할 때 지금까지 말한 것 이외의 비트별 연산 요령들은 필요하지 않다.

**프로그램 R** (도달성). 입력 집합 $Q$는 레지스터 q의 내용으로 주어지며, 각 후행자 집합 $S[u]$는 옥타바이트 $\mathrm{M}_8[\texttt{suc}+8u]$ 안에 나타난다. 출력 집합 $R$은 레지스터 r에 나타나게 된다. 그 외의 레지스터 s, t, tt, u, x는 중간 결과들을 담는다.

| | | | | |
|---|---|---|---|---|
| 1H | SET | r,q | 1 | *R1. 초기화.* $\mathtt{r}\leftarrow\sigma(Q)$. |
| | SET | x,0 | 1 | $\mathtt{x}\leftarrow\sigma(\emptyset)$. |
| | JMP | 2F | 1 | R2로 간다. |
| 3H | SUBU | tt,t,1 | $\lvert R\rvert$ | *R3. 다른 정점을 조사한다.* $\mathtt{tt}\leftarrow\mathtt{t}-1$. |
| | SADD | u,tt,t | $\lvert R\rvert$ | $\mathtt{u}\leftarrow\rho(\mathtt{t})$ 〔(46)을 보라〕. |
| | SLU | s,u,3 | $\lvert R\rvert$ | $\mathtt{s}\leftarrow 8u$. |
| | LDOU | s,suc,s | $\lvert R\rvert$ | $\mathtt{s}\leftarrow\sigma(S[u])$. |
| | ANDN | tt,t,tt | $\lvert R\rvert$ | $\mathtt{tt}\leftarrow\mathtt{t}\,\&\sim\mathtt{tt}=2^u$. |
| | OR | x,x,tt | $\lvert R\rvert$ | $X\leftarrow X\cup u$; 즉, $\mathtt{x}=\sigma(X)$이므로, $\mathtt{x}\leftarrow\mathtt{x}\mid 2^u$. |
| | OR | r,r,s | $\lvert R\rvert$ | $R\leftarrow R\cup S[u]$; 즉, $\mathtt{r}=\sigma(R)$이므로, $\mathtt{r}\leftarrow\mathtt{r}\mid\mathtt{s}$. |
| 2H | SUBU | t,r,x | $\lvert R\rvert+1$ | *R2. 끝인가?* $X\subseteq R$이므로 $\mathtt{t}\leftarrow\mathtt{r}-\mathtt{x}=\sigma(R\setminus X)$. |
| | PBNZ | t,3B | $\lvert R\rvert+1$ | 만일 $R\ne X$이면 R3으로. ▮ |

총 실행 시간은 $(\mu+9\upsilon)|R|+7\upsilon$이다. 반면 연습문제 131은 알고리즘 R을 연결된 목록으로 구현하는데, 총 실행 시간은 $(3S+4|R|-2|Q|+1)\mu+(5S+12|R|-5|Q|+4)\upsilon$로 증가한다. 여기서 $S=\sum_{u\in R}|S[u]|$이다. (그러나 그 프로그램 역시 수백만 개의 정점들로 된 그래프를 다룰 수 있음은 물론이다.)

연습문제 132는 비트별 연산들이 그리 크지 않은 그래프에 대해 잘 작동하는, 배울 것이 많은 또 다른 알고리즘을 제시한다.

**자료 표현에 응용.** 컴퓨터는 이진이다. 그러나(안타깝게도?) 세상은 그렇지 않다. 그래서 이진이 아닌 자료를 0들과 1들로 부호화하는 방법을 찾아야 하는 상황에 종종 처하게 된다. 이런 종류의 가장 흔한 문제 중 하나는, 정확히 세 개의 서로 다른 상태를 가질 수 있는 항목을 이진으로 표현하는 효율적인 방법을 선택하는 것이다.

$x \in \{a, b, c\}$임을 알고 있으며, $x$를 두 개의 비트 $x_l x_r$로 표현해야 한다고 하자. 이를테면 $a \mapsto 00$, $b \mapsto 01$, $c \mapsto 10$으로 사상할 수 있으나, 다른 가능성도 많이 있다. 실제로, $a$에 대해 네 가지 선택이 가능하고, $b$에 대해 세 가지, $c$에 대해 두 가지가 가능해서 총 24개의 선택이 가능하다. 어떤 용도로 사용하느냐에 따라, 그러한 사상들 중 어떤 것들은 다른 것들에 비해 다루기가 훨씬 더 쉽다.

두 원소 $x, y \in \{a, b, c\}$가 주어졌을 때, 우리가 흔히 하고자 하는 일은 어떤 이진 연산 $\circ$에 대해 $z = x \circ y$를 계산하는 것이다. 만일 $x = x_l x_r$이고 $y = y_l y_r$이면,

$$z_l = f_l(x_l, x_r, y_l, y_r)\text{이고} \qquad z_r = f_r(x_l, x_r, y_l, y_r) \qquad (110)$$

이라 할 때 $z = z_l z_r$이다. 이 4변수 부울 함수 $f_l$과 $f_r$은 $\circ$ 및 선택된 표현에 의존한다. 그럼 $f_l$과 $f_r$을 계산하기가 편한 표현을 찾아보자.

예를 들어 $\{a, b, c\} = \{-1, 0, +1\}$이고 $\circ$이 곱셈이라고 가정하자. $x = x_r - x_l$이 되게 하기 위해 자연 사상 $x \mapsto x \bmod 3$, 즉

$$0 \mapsto 00, \qquad +1 \mapsto 01, \qquad -1 \mapsto 10 \qquad (111)$$

을 사용한다면, $f_l$과 $f_r$의 진리표는 각각 다음과 같다.

$$f_l \leftrightarrow 000{*}001{*}010{*}{*}{*}{*}{*}, \qquad f_r \leftrightarrow 000{*}010{*}001{*}{*}{*}{*}{*}. \qquad (112)$$

($x_l x_r = 11$ 그리고/또는 $y_l y_r = 11$인 경우에서 '상관없음'이 일곱 개이다.) §7.1.2의 방법들을 적용하면 $z_l$과 $z_r$을 최적으로 계산할 수 있다. 구체적으로 표기하면

$$z_l = (x_l \oplus y_l) \wedge (x_r \oplus y_r), \qquad z_r = (x_l \oplus y_r) \wedge (x_r \oplus y_l) \qquad (113)$$

이다. 그런데 안타깝게도 (112)의 $f_l$과 $f_r$은 둘 다 $C(f_l) + C(f_r) = 6$단계 미만으로는 평가할 수 없다는 의미에서 서로 독립이다.

한편, 다소 덜 자연스러운 사상

$$+1 \mapsto 00, \qquad 0 \mapsto 01, \qquad -1 \mapsto 10 \qquad (114)$$

은 다음과 같은 변환 함수들로 이어진다.

$$f_l \leftrightarrow 001{*}000{*}100{*}{*}{*}{*}{*}, \qquad f_r \leftrightarrow 010{*}111{*}010{*}{*}{*}{*}{*}. \qquad (115)$$

이제 원하는 평가를 수행하는 데에는 세 개의 연산으로 충분하다:

$$z_r = x_r \vee y_r, \qquad z_l = (x_l \oplus y_l) \wedge \bar{z}_r. \tag{116}$$

이러한 개선안들을 쉽사리 발견해내는 방법이 있을까? 다행히, 24가지 가능성을 모두 시도할 필요는 없다. 그들 중 다수는 기본적으로 똑같기 때문이다. 예를 들어 사상 $x \mapsto x_r x_l$은 $x \mapsto x_l x_r$과 동치이다. 좌표들을 교환해서 얻은 새로운 표현 $x_l' x_r' = x_r x_l$에 의해

$$f_l(x_l', x_r', y_l', y_r') = z_l' = z_r = f_r(x_l, x_r, y_l, y_r);$$

이 되며,

$$f_l'(x_l, x_r, y_l, y_r) = f_r(x_r, x_l, y_r, y_l), \qquad f_r'(x_l, x_r, y_l, y_r) = f_l(x_r, x_l, y_r, y_l) \tag{117}$$

로 정의되는 새로운 변환 함수 $f_l'$과 $f_r'$의 복잡도는 $f_l$ 및 $f_r$과 같기 때문이다. 마찬가지로, $x_l' x_r' = \bar{x}_l x_r$로 두어서 하나의 좌표 성분을 여수화할 수도 있다. 그러면 변환 함수들은 다음이 된다.

$$f_l'(x_l, x_r, y_l, y_r), = \bar{f}_l(\bar{x}_l, x_r, \bar{y}_l, y_r), \qquad f_r'(x_l, x_r, y_l, y_r) = f_r(\bar{x}_l, x_r, \bar{y}_l, y_r). \tag{118}$$

이번에도 복잡도는 본질적으로 이전과 동일하다.

교환 및 여수화를 되풀이하면 임의의 주어진 사상과 동치인 여덟 개의 사상이 나온다. 따라서 24개의 가능성은 셋으로 줄어드는데, 그 셋을 부류 I, II, III이라고 부르기로 하겠다.

| | 부류 I | 부류 II | 부류 III |
|---|---|---|---|
| $a \mapsto$ | 00 01 10 11 00 10 01 11 | 00 01 10 11 00 10 01 11 | 00 01 10 11 00 10 01 11; |
| $b \mapsto$ | 01 00 11 10 10 00 11 01 | 01 00 11 10 10 00 11 01 | 11 10 01 00 11 01 10 00; |
| $c \mapsto$ | 10 11 00 01 01 11 00 10 | 11 10 01 00 11 01 10 00 | 01 00 11 10 10 00 11 01. |

(119)

하나의 표현을 선택할 때에는 각 부류마다 대표원소 하나만 고려하면 된다. 예를 들어 $a = +1$, $b = 0$, $c = -1$일 때 (111)의 표현은 부류 II에 속하고 (114)는 부류 I에 속한다. 따져보면 부류 III의 비용은 3이며, 부류 I도 마찬가지이다. 따라서 지금 살펴보고 있는 3원소 곱셈에 대한 (114)의 표현 방식은, $z$가 (116)과 같이 계산된다고 할 때, 다른 것들만큼이나 좋다.

그러나 속사정이 겉모습과는 다른 경우도 있다. $\{a, b, c\}$를 고유한 2비트 부호들로 사상할 필요는 없다는 점에 착안해서, 다음과 같은 1대다 사상을 생각해 보자.

$$+1 \mapsto 00, \qquad 0 \mapsto 01 \text{ 또는 } 11, \qquad -1 \mapsto 10 \tag{120}$$

이 사상에서는 0을 01로 표현할 수도 있고 11로 표현할 수도 있다. 이제 $f_l$과 $f_r$의 진리표는 (112)나 (115)와 다르다. 모든 입력이 유효하지만 출력들의 일부는 임의적이기 때문이다.

$$f_l \leftrightarrow 0{*}1{*}{*}{*}{*}{*}1{*}0{*}{*}{*}{*}{*}, \qquad f_r \leftrightarrow 0101111101011111. \tag{121}$$

그리고 사실, 이 접근방식에서는 (116)의 세 연산과는 달리 단 두 개의 연산만 필요하다.

$$z_l = x_l \oplus y_l, \qquad z_r = x_r \vee y_r. \tag{122}$$

잠깐 생각해 보면 세 원소 $\{+1, 0, -1\}$을 (120)의 방식으로 표현했을 때 이 연산들이 실제로 $z = x \cdot y$의 값을 산출함이 자명해질 것이다.

이러한 비고유 사상에 의해, 이전의 24가지 가능성에 또 다른 36가지가 더해진다. 그러나 이번에도, 그 가능성들은 적은 수의 동치류들에 대한 '2-입방체 동치' 하에서 줄어든다. 우선, 어떤 원소에 애매모호한 표현이 있느냐에 따라 세 가지 부류가 있는데, 이들을 각각 부류 $\mathrm{IV}_a$, $\mathrm{IV}_b$, $\mathrm{IV}_c$라고 부르기로 하겠다.

$$
\begin{array}{llll}
 & \overbrace{\hspace{10em}}^{\text{부류 IV}_a} & \overbrace{\hspace{10em}}^{\text{부류 IV}_b} & \overbrace{\hspace{10em}}^{\text{부류 IV}_c} \\
a \mapsto & 0{*}\ 0{*}\ 1{*}\ 1{*}\ {*}0\ {*}0\ {*}1\ {*}1 & 11\ 10\ 01\ 00\ 11\ 01\ 10\ 00 & 10\ 11\ 00\ 01\ 01\ 11\ 00\ 10; \\
b \mapsto & 10\ 11\ 00\ 01\ 01\ 11\ 00\ 10 & 0{*}\ 0{*}\ 1{*}\ 1{*}\ {*}0\ {*}0\ {*}1\ {*}1 & 11\ 10\ 01\ 00\ 11\ 01\ 10\ 00; \\
c \mapsto & 11\ 10\ 01\ 00\ 11\ 01\ 10\ 00 & 10\ 11\ 00\ 01\ 01\ 11\ 00\ 10 & 0{*}\ 0{*}\ 1{*}\ 1{*}\ {*}0\ {*}0\ {*}1\ {*}1.
\end{array}
\qquad (123)
$$

((120)의 표현은 부류 $\mathrm{IV}_b$에 속한다. 부류 $\mathrm{IV}_a$와 $\mathrm{IV}_c$는 $z = x \cdot y$에 대해 잘 통하지 않는다.) 그리고 각각 네 개의 사상만 속해 있는 부류들이 세 개 더 있다.

$$
\begin{array}{lllllllllllll}
 & \multicolumn{4}{c}{\overbrace{\hspace{8em}}^{\text{부류 V}_a}} & \multicolumn{4}{c}{\overbrace{\hspace{8em}}^{\text{부류 V}_b}} & \multicolumn{4}{c}{\overbrace{\hspace{8em}}^{\text{부류 V}_c}} \\
a \mapsto & tt & t\bar{t} & \bar{t}t & \bar{t}\bar{t} & 10 & 11 & 00 & 01 & 01 & 00 & 11 & 10; \\
b \mapsto & 01 & 00 & 11 & 10 & tt & t\bar{t} & \bar{t}t & \bar{t}\bar{t} & 10 & 11 & 00 & 01; \\
c \mapsto & 10 & 11 & 00 & 01 & 01 & 00 & 11 & 10 & tt & t\bar{t} & \bar{t}t & \bar{t}\bar{t}.
\end{array}
\qquad (124)
$$

이 부류들은 다소 귀찮은 존재들이다. 왜냐하면 진리표의 부정不定 항목들을 (121)에서처럼 간편하게 '상관없음'으로 표현할 수가 없기 때문이다. 예를 들어 부류 $\mathrm{V}_a$의 첫 사상인

$$+1 \mapsto 00 \text{ 또는 } 11, \qquad 0 \mapsto 01, \qquad -1 \mapsto 10 \qquad (125)$$

을 사용한다고 하자. 그러면 다음을 만족하는 이진 변수 $p$, $q$, $r$, $s$, $t$가 존재한다.

$$f_l \leftrightarrow p01q000010r1s01t, \qquad f_r \leftrightarrow p10q111101r0s10t. \qquad (126)$$

더 나아가서, 부류 $\mathrm{V}_a$, $\mathrm{V}_b$, $\mathrm{V}_c$의 사상들이 다른 여섯 부류의 사상들보다 더 나은 것으로 판명되는 경우는 거의 없다(연습문제 138 참고). 그렇긴 하지만, 최적의 사상을 발견했음을 확신할 수 있으려면 반드시 아홉 부류 모두의 대표 사상들을 조사해야 한다.

실제 응용에서는, 삼진값 변수들에 대해 곱셈 같은 하나의 연산이 아니라 여러 가지 서로 다른 연산들을 수행해야 하는 경우가 많다. 예를 들어 $\max(x, y)$는 물론 $x \cdot y$를 구해야 할 수도 있다. (120)의 표현을 사용할 때 가능한 최선의 방법은 $z_l = x_l \wedge y_l$, $z_r = (x_l \wedge y_r) \vee (x_r \wedge (y_l \vee y_r))$이나, 이 경우에는 (111)의 '자연' 사상이 빛을 발한다. $z_l = x_l \wedge y_l$, $z_r = x_r \vee y_r$로 가능하기 때문이다. 부류 III의 비용은 4이고 다른 부류들은 그보다 높다. 지금 예에서 부류 II, III, $\mathrm{IV}_b$ 중 하나를 고르기 위해서는 $x \cdot y$와 $\max(x, y)$의 상대적 빈도를 알아야 한다. 그리고 만일 계산 과제에 $\min(x, y)$도 추가한다면, 부류 II, III, $\mathrm{IV}_b$의 계산 비용은 각각 2, 5, 5이다. 따라서 아직까지는 (111)의 방식이

더 나아 보인다.

삼진 최대, 최소 연산들은 다른 맥락, 이를테면 얀 우카시에비치Jan Łukasiewicz가 1917년에 개발한 세 값 논리(three-valued logic, 삼가 논리) 등에서도 발생한다[그의 *Selected Works*, edited by L. Borkowski (1970), 84-88, 153-178을 보라]. 논리값 '참', '거짓', '아마도(maybe)'를 각각 1, 0, ∗로 나타낸다고 하자. 우카시에비치는 이러한 값들에 대한 세 가지 기본 연산 논리곱, 논리합, 함의를 다음과 같은 진리표들로 정의했다.

$$x\left\{\begin{array}{c|ccc|} & 0 & * & 1 \\ \hline 0 & 0 & 0 & 0 \\ * & 0 & * & * \\ 1 & 0 & * & 1 \\ \hline \end{array}\right. \quad (x\wedge y), \qquad x\left\{\begin{array}{c|ccc|} & 0 & * & 1 \\ \hline 0 & 0 & * & 1 \\ * & * & * & 1 \\ 1 & 1 & 1 & 1 \\ \hline \end{array}\right. \quad (x\vee y), \qquad x\left\{\begin{array}{c|ccc|} & 0 & * & 1 \\ \hline 0 & 1 & 1 & 1 \\ * & * & 1 & 1 \\ 1 & 0 & * & 1 \\ \hline \end{array}\right. \quad (x\Rightarrow y). \tag{127}$$

(각 표에서 열은 $y$의 값, 행은 $x$의 값이다.)

이 연산들에 앞에 나온 방법들을 적용해 보면, 이진 표현

$$0 \mapsto 00, \qquad * \mapsto 01, \qquad 1 \mapsto 11 \tag{128}$$

이 잘 작동함을 알 수 있다. 논리 연산들을 다음과 같이 계산할 수 있기 때문이다.

$$\begin{aligned} x_lx_r \wedge y_ly_r &= (x_l \wedge y_l)(x_r \wedge y_r), \qquad x_lx_r \vee y_ly_r = (x_l \vee y_l)(x_r \vee y_r), \\ x_lx_r \Rightarrow y_ly_r &= ((\bar{x}_l \vee y_l) \wedge (\bar{x}_r \vee y_r))\,(\bar{x}_l \vee y_r). \end{aligned} \tag{129}$$

물론 이 논의에서 $x$가 반드시 개별적인 삼진 변수일 필요는 없다. 종종, $x_j$가 $a$나 $b$, $c$인 삼진 벡터 $x = x_1x_2...x_n$을 다루어야 하는 경우도 있다. 그런 삼진 벡터를 간편하게 다음과 같은 두 개의 이진 벡터들로 표현할 수 있다.

$$x_l = x_{1l}x_{2l}...x_{nl}, \qquad x_r = x_{1r}x_{2r}...x_{nr} \tag{130}$$

여기서, 이전처럼 $x_j \mapsto x_{jl}x_{jr}$이다. 또는, 삼진값들을 한 벡터의 2비트 필드들로 꾸려 넣을 수도 있다.

$$x = x_{1l}x_{1r}x_{2l}x_{2r}...x_{nl}x_{nr} \tag{131}$$

이 역시, 이를테면 우카시에비치 논리에서 연산 ∧ 와 ∨ 만 있고 ⇒는 없다고 하면, 잘 작동한다. 그러나 일반적으로는 (130)의 2벡터 접근방식이 더 낫다. 왜냐하면 자리이동과 마스크 적용 없이도 비트별 계산이 가능하기 때문이다.

**자료구조에 응용.** 비트별 연산들은 자료의 원소들 및 원소들 사이의 관계를 효율적으로 표현할 수 있는 다양한 수단을 제공한다. 예를 들어 체스를 두는 프로그램에서는 흔히 '비트판(bit board)'을 이용해서 체스 말들의 위치를 나타낸다(연습문제 143 참고).

제8장에서는 판엠데 보아스Peter van Emde Boas가 개발한, 0에서 $N$까지의 정수들의, 동적으로 변하는 한 부분집합을 나타내는 중요한 자료구조 하나를 논의할 것이다. 그의 방법으로는 삽입과

삭제, 그리고 '$x$보다 작은 가장 큰 원소 찾기' 같은 연산을 $O(\log\log N)$단계로 수행할 수 있다. 전체적인 착안은 전체 구조를 크기가 $\sqrt{N}$인 구간들의 부분집합들을 위한 $\sqrt{N}$개의 부분구조들을 통해서, 그리고 그 구간들 중 어떤 것이 점유되어 있는지를 알려 주는 보조 자료구조와 함께, 재귀적으로 조직화한다는 것이다. [*Information Processing Letters* **6** (1977), 80-82를 보라. 또한 P. van Emde Boas, R. Kaas, E. Zijlstra, *Math. Systems Theory* **10** (1977), 99-127도 보라.] 그러한 계산에 비트별 연산을 활용하면 계산이 더 빨라진다.

계통적(系統~) 자료를, 원소들 사이의 연결 관계가 명시적이 아니라 암묵적이 되도록 배치할 수 있는 경우가 종종 있다. 예를 들어 §5.2.3에서 배운 '힙†(heap)' 자료구조는 이진 트리 구조를 순차적인 $n$ 배열을 통해서 암묵적으로 표현한다. 다음은 $n = 10$일 때의 한 예이다.

(132)

(노드 번호들을 이진과 십진 모두로 표시해 두었다.) 힙에서는 노드 $j$와 그 부모 노드(즉, $j \neq 1$일 때 노드 $j \gg 1$)나 그 동기 노드($j \neq 1$이라 할 때 노드 $j \oplus 1$), 자식 노드(노드 $j \ll 1$과 노드 $(j \ll 1) + 1$, 단 그 두 번호가 $n$를 넘지 않는 경우)의 관계를 나타내기 위해 메모리 안에 포인터들을 저장할 필요가 없다. 해당 관련 노드의 번호를 $j$에 대한 간단한 계산으로 즉시 알아낼 수 있기 때문이다.

마찬가지로, 옆쪽 힙(sideways heap)은 또 다른 유용한 $n$노드 이진 트리 구조들의 모임에 대한 암묵적 연결 방식을 제공한다. 다음은 $n = 10$일 때의 한 예이다.

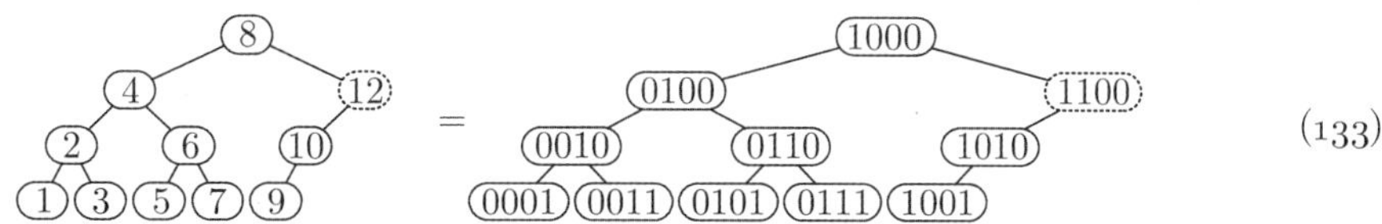


(133)

(한 노드를 그 부모로 이동할 때에는 $n$보다 큰 번호의 노드를 거쳐야 하는 경우가 생긴다. 위의 그림에서는 10에서 12를 거쳐서 8로 간다.) 힙과 옆쪽 힙 둘 다, 무한 이진 트리 구조의 1에서 $n$까지의 노드들로 간주할 수 있다. 즉, 유한한 힙은 $n = \infty$인, 뿌리(루트 노드)가 노드 1에 있고 잎(말단 노드)은 없는 한 힙의 일부이고, 유한한 옆쪽 힙은 $n = \infty$이고 무한히 많은 잎 1, 3, 5, ...가 있으나 뿌리는 없는(!) 무한 옆쪽 힙의 일부인 것이다.

옆쪽 힙에서 잎들의 번호는 홀수이고 그 부모들은 홀수의 2배수이다. 비슷하게, 잎의 조부모(부모의 부모)는 홀수의 4배수이다. 따라서 눈금자 함수 $\rho j$는 노드 $j$가 말단 수준 위로 얼마나 높이 있는지를 말해 준다.

† [옮긴이 주] 현행 외래어 표기법상으로는 '히프'이지만 관례를 따라 '힙'으로 표기한다. '더미'라는 우리말 용어도 있으나 많이 쓰이지는 않는다.

무한 옆쪽 힙에서 노드 $j$의 부모의 번호가

$$(j-k)\,|\,(k \ll 1), \qquad \text{여기서 } k = j \,\&\, -j \tag{134}$$

임을 보이는 것은 쉬운 일이다. 이 공식은 $j$를 가장 가까운 $2^{1+\rho j}$의 홀수배로 올린다. 그리고 $j$의 자식들은

$$j-(k \gg 1)\text{과 } j+(k \gg 1) \tag{135}$$

인데, 여기서 $j$는 짝수이다. 일반화하자면, 노드 $j$의 후손들은 하나의 $2^{1+\rho j}-1$노드 완전 이진 트리 형태로 배치된, 다음과 같은 닫힌 구간을 형성한다.

$$[\,j-2^{\rho j}+1\,..\,j+2^{\rho j}-1\,]. \tag{136}$$

(이 후손 구간은 '포함적'이다. 즉, 여기에는 $j$ 자신도 포함된다.) 노드 $j$의 높이 $h$에 있는 조상 노드는, $h \ge \rho j$일 때

$$(j\,|\,(1 \ll h))\,\&-(1 \ll h) = ((j \gg h)\,|\,1) \ll h \tag{137}$$

이다. 중위순서(inorder)라고도 부르는 노드들의 대칭적 순서가 자연스러운 순서 1, 2, 3, ... 임을 주목하기 바란다.

하렐Dov Harel은 이러한 속성들을 그의 Ph.D. 학위 논문(U. of California, Irvine, 1980)에서 설명했으며, 또한 한 옆쪽 힙의 임의의 두 노드의 가장 가까운 공통 조상 역시 손쉽게 계산할 수 있음을 밝혔다. 실제로, 임의의 노드 $l$이 노드 $i$와 $j$의(여기서 $i \le j$) 공통 조상이면, $\rho$와 $\lambda$ 함수를 연관시키는 다음과 같은 주목할 만한 등식이 성립한다.

$$\rho l = \max\{\rho x \mid i \le x \le j\} = \lambda(j \,\&\, -i). \tag{138}$$

(연습문제 146을 보라.) 따라서 (137)과 $h = \lambda(j \,\&\, -i)$를 이용해서 $l$을 계산할 수 있다.

이 접근방식을 살짝 확장하면, 호들이 동적으로 성장하는 임의의 지향 숲의 가장 가까운 공통 조상을 찾아내는 점근적으로 효율적인 알고리즘이 나온다[D. Harel, R. E. Tarjan, *SICOMP* **13** (1984), 338-355]. 이후 시버Baruch Schieber와 비슈킨Uzi Vishkin은 임의의(그러나 고정된) 지향 숲에서 가장 가까운 공통 조상을 계산하는 훨씬 더 간단한 방법을 발견했다[*SICOMP* **17** (1988), 1253-1262]. 그 방법은 비트별 연산과 알고리즘적 기법들을 매력적이고 배울 점이 많은 방식으로 섞어서 사용하는데, 그럼 여기서 그 방법을 좀 더 살펴보자.

트리 $m$개, 정점 $n$개로 이루어진 지향 숲이 $n-m$개의 호들로 된 비순환 유향 그래프임을 기억할 것이다. 한 정점에서 비롯되는 호는 많아야 하나이다. 그리고 외향 도수가 0인 정점들은 트리의 뿌리들이다. $u \to v$일 때 $v$가 $u$의 부모라고 부르고, $u \to^* v$일 때 $v$를 $u$의 (포함적)조상이라고 부르기로 하자. 두 정점은 오직 같은 트리에 속할 때에만 공통의 조상을 가진다. 다음을 만족하는 정점 $w$를 정점 $u$와 $v$의 가장 가까운 공통의 조상(줄여서 최근 공통 조상)이라고 부른다.

$$\text{오직 } w \to^* z\text{일 때에만 } u \to^* z\text{이고 } v \to^* z\,. \tag{139}$$

쉬이버와 비슈킨의 방법은 전처리 과정에서, 주어진 숲의 각 정점 $v$마다 다음과 같은 세 가지 수량을 계산해서 정점들을 크기가 $n$인 옆쪽 힙 $S$로 사상한다.

$\pi v$, 전위순서에서의 $v$의 순위($1 \le \pi v \le n$);
$\beta v$, 옆쪽 힙 $S$의 한 노드($1 \le \beta v \le n$);
$\alpha v$, $(1+\lambda n)$비트 경로화 부호($1 \le \alpha v < 2^{1+\lambda n}$).

만일 $u \to v$이면, 전위순서(preorder)의 정의에 의해 $\pi u > \pi v$이다. 노드 $\beta v$는, $v$가 정점 $u$의 한 조상(항상 포함적 조상을 의미함)인 모든 옆쪽 힙 노드 $\pi u$의 최근 공통 조상으로 정의된다. 그리고 $\alpha v$는 다음과 같이 정의한다.

$$\alpha v = \sum \{2^{\rho\beta w} \mid v \to^* w\}. \tag{140}$$

예를 들어 다음은 정점이 열 개, 트리가 두 개인 지향 숲이다.

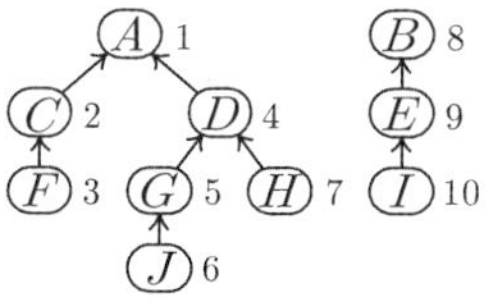

(A) 1 (B) 8
(C) 2 (D) 4 (E) 9
(F) 3 (G) 5 (H) 7 (I) 10
(J) 6
(141)

각 노드에는 전위 순위(preorder rank)가 이름표로 붙는다. 그 순위로부터 $\beta$ 부호와 $\alpha$ 부호를 계산할 수 있다.

| $v =$ | $A$ | $B$ | $C$ | $D$ | $E$ | $F$ | $G$ | $H$ | $I$ | $J$ |
|---|---|---|---|---|---|---|---|---|---|---|
| $\pi v =$ | 0001 | 1000 | 0010 | 0100 | 1001 | 0011 | 0101 | 0111 | 1010 | 0110 |
| $\beta v =$ | 0100 | 1000 | 0010 | 0100 | 1010 | 0011 | 0110 | 0111 | 1010 | 0110 |
| $\alpha v =$ | 0100 | 1000 | 0110 | 0100 | 1010 | 0111 | 0110 | 0101 | 1010 | 0110 |

예를 들어, $A$의 후손들의 전위 순위들이 $\{1, 2, 3, 4, 5, 6, 7\}$이므로 $\beta A = 4 = 0100$임에 주목하기 바란다. 그리고 $\alpha H = 0101$인데, 이는 $H$의 조상들의 $\beta$ 부호들이 $\{\beta H, \beta D, \beta A\} = \{0111, 0100\}$이기 때문이다. 사상 $v \mapsto \beta v$가 다음과 같은 속성들을 만족함을 별 어려움 없이 증명할 수 있을 것이다.

i) 만일 주어진 숲에서 $u \longrightarrow v$이면, $S$에서 $\beta u$는 $\beta v$의 한 후손이다.
ii) 만일 여러 정점들의 $\beta v$ 값이 같다면, 그 정점들은 숲 안에서 하나의 경로를 형성한다. 이때 속성 (ii)가 만족되는데, $\beta v \ne \pi v$일 때 정점 $v$의 자식들 중 $\beta u = \beta v$를 만족하는 자식 정점 $u$는 딱 하나이기 때문이다.

그럼 숲의 모든 정점 $v$를 $S$의 노드 $\beta v$에 배치한다고 상상해 보자.

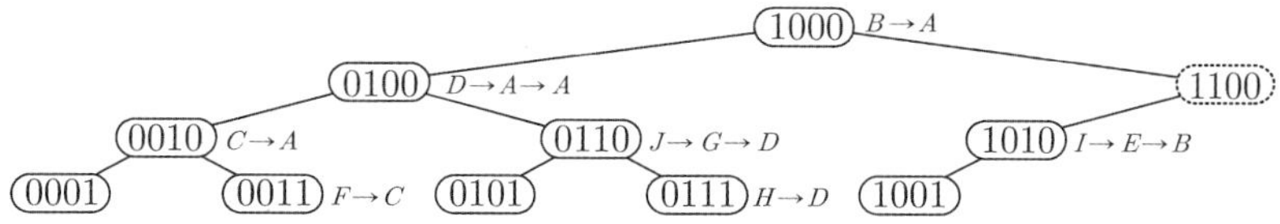

1000 $B \to A$
0100 $D \to A \to A$ 1100
0010 $C \to A$ 0110 $J \to G \to D$ 1010 $I \to E \to B$
0001 0011 $F \to C$ 0101 0111 $H \to D$ 1001
(142)

만일 $k$개의 정점들이 노드 $j$에 사상된다면, 그 정점들을 다음과 같이 하나의 경로로 배치할 수 있다.

$$v_0 \longrightarrow v_1 \longrightarrow \cdots \longrightarrow v_{k-1} \longrightarrow v_k, \qquad \text{여기서 } \beta v_0 = \beta v_1 = \cdots = \beta v_{k-1} = j. \quad (143)$$

(142)에 이러한 경로들이 나와 있다. 예를 들어 $J \longrightarrow G \longrightarrow D$는 (141)의 한 경로이고 $_{J \to G \to D}$는 노드 $0110 = \beta J = \beta G$와 함께 나타난다.

전처리 단계에서는 $S$의 모든 노드 $j$에 대해 표 $\tau j$도 계산하는데, 이 표는 (143)의 꼬리 끝들에 있는 정점 $v_k$들에 대한 포인터들을 담는다.

| $j =$ | 0001 | 0010 | 0011 | 0100 | 0101 | 0110 | 0111 | 1000 | 1001 | 1010 |
|---|---|---|---|---|---|---|---|---|---|---|
| $\tau j =$ | $\Lambda$ | $A$ | $C$ | $\Lambda$ | $\Lambda$ | $D$ | $D$ | $\Lambda$ | $\Lambda$ | $B$ |

연습문제 149는 네 표 $\pi v$, $\beta v$, $\alpha v$, $\tau j$ 모두를 $O(n)$단계로 준비할 수 있음을 보여준다. 그리고 그런 표들이 모두 갖추어지면, 그 표들에 있는 정보만으로 임의의 두 정점의 최근 공통 조상을 빠르게 찾아낼 수 있다.

**알고리즘 V** (가장 가까운 공통의 조상). 지향 숲의 $n$개의 정점 $v$들 전부에 대해, 그리고 $1 \le j \le n$에 대해, $\pi v$, $\beta v$, $\alpha v$, $\tau j$가 모두 갖추어졌다고 가정한다. 또한 $\pi\Lambda = \beta\Lambda = \alpha\Lambda = 0$인 가짜(dummy) 정점 $\Lambda$도 존재한다고 가정하자. 이 알고리즘은 임의의 주어진 정점 $x$와 $y$의 가장 가까운 공통 조상 $z$를 계산해서 돌려주며, 만일 $x$와 $y$가 서로 다른 트리에 속해 있다면 $z = \Lambda$를 돌려준다. $1 \le j \le n$에 대해 값 $\lambda j = \lfloor \lg j \rfloor$들이 미리 계산되어 있으며 $\lambda 0 = \lambda n$이라고 가정한다.

**V1.** [공통의 높이를 구한다.] 만일 $\beta x \le \beta y$이면 $h \leftarrow \lambda(\beta y \,\&\, -\beta x)$로 설정하고 그렇지 않으면 $h \leftarrow \lambda(\beta x \,\&\, -\beta y)$로 설정한다. ((138) 참고.)

**V2.** [진짜 높이를 구한다.] $k \leftarrow \alpha x \,\&\, \alpha y \,\&\, -(1 \ll h)$로 설정하고, 그런 다음 $h \leftarrow \lambda(k \,\&\, -k)$로 설정한다.

**V3.** [$\beta z$를 구한다.] $j \leftarrow ((\beta x \gg h) \mid 1) \ll h$로 설정한다. (이제, 만일 $z \ne \Lambda$이면 $j = \beta z$이다.)

**V4.** [$\hat{x}$와 $\hat{y}$를 구한다.] (이제 노드 $j$에서 $x$와 $y$의 가장 낮은 조상을 찾는다.) 만일 $j = \beta x$이면 $\hat{x} \leftarrow x$로 설정하고, 그렇지 않으면 $l \leftarrow \lambda(\alpha x \,\&\, ((1 \ll h) - 1))$, $\hat{x} \leftarrow \tau(((\beta x \gg l) \mid 1) \ll l)$로 설정한다. 비슷하게, 만일 $j = \beta y$이면 $\hat{y} \leftarrow y$로 설정하고, 그렇지 않으면 $l \leftarrow \lambda(\alpha y \ \ ((1 \ll h) - 1))$, $\hat{y} \leftarrow \tau(((\beta y \gg l) \mid 1) \ll l)$로 설정한다.

**V5.** [$z$를 구한다.] 만일 $\pi\hat{x} \le \pi\hat{y}$이면 $z \leftarrow \hat{x}$로 설정하고, 그렇지 않으면 $z \leftarrow \hat{y}$로 설정한다. ▮

이러한 교묘한 비법들이 (137)을 활용함은 명백하다. 왜 이런 묘안들이 통하는지는 연습문제 152에서 설명한다.

카타야이넨J. Katajainen과 비탈레F. Vitale가 '내비게이션 파일(navigation pile)'이라고 부르는 흥미로운 종류의 우선순위 대기열(priority queue)을 구현하는 데에도 옆쪽 힙을 사용할 수 있다. 다음은 $n = 10$일 때의 한 예이다.

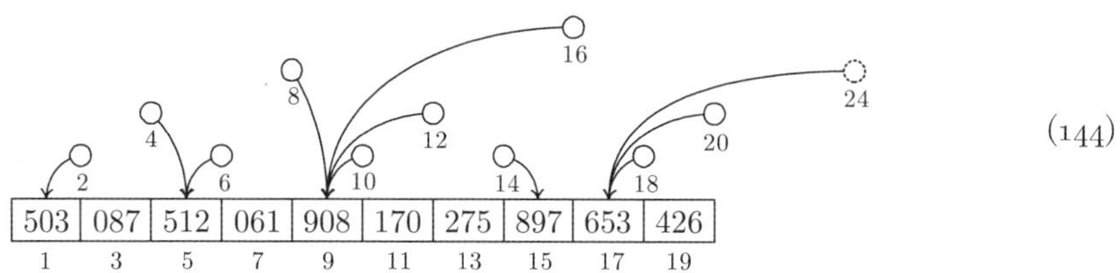


(144)

자료 원소들은 옆쪽 힙의 말단 위치 1, 3, …, $2n-1$로 간다. 이러한 자료 원소들은 여러 개의 비트들로 구성될 수 있으며, 어떤 순서로도 나타날 수 있다. 반면 각 분기 위치 2, 4, 6, …에는 가장 큰 후손으로의 포인터가 들어 있다. 이 자료구조의 혁신적인 점은, 그런 포인터들이 여분의 공간을 거의 소비하지 않는다는 것이다. 평균적으로 자료 항목 당 2비트 미만이다. 포인터 2, 6, 10, …에는 단 한 비트만 필요하고, 4, 12, 20, …에는 단 두 비트만 필요하다. 일반화해서 말하면, 포인터 $j$에 필요한 비트 수는 단 $\rho j$이다. (연습문제 153을 보라.) 이 때문에 내비게이션 파일은 아주 적은 메모리만을 필요로 하며, 그래서 전형적인 컴퓨터의 캐시 성능 면에서 좋은 습성을 보인다.

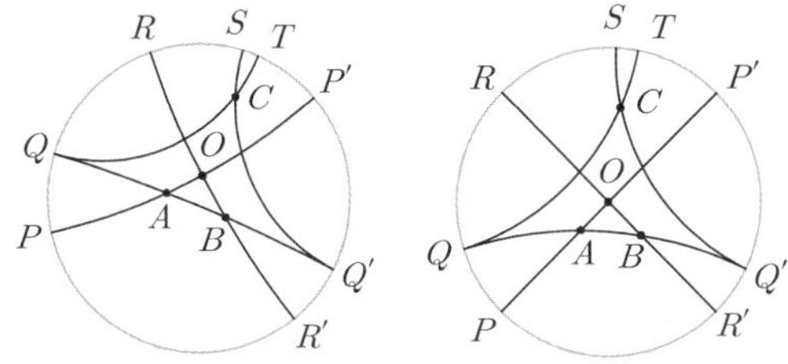


**그림 13.** 쌍곡평면에서 다섯 개의 선에 대한 두 가지 시각.

**쌍곡평면 안의 칸들.** 쌍곡기하(hyperbolic geometry)로부터, 지금까지의 것들과는 느낌이 상당히 다른, 배울 것이 많은 암묵적 자료구조 하나를 떠올릴 수 있다. 쌍곡평면(hyperbolic plane)은 비유클리드 기하학의 멋진 예로, 간단히 말하면 공간의 점들을 한 원의 내부로 투영시킨 것이라 할 수 있다. 그러면 직선은 원 가장자리와 직각으로 만나는 원호(circular arc)가 된다. 예를 들어 그림 13의 선 $PP'$, $QQ'$, $RR'$은 점 $O$, $A$, $B$에서 교차하는데, 그 세 점은 하나의 삼각형을 형성한다. 선 $SQ'$과 $QQ'$은 평행이다. 그 둘의 점들이 계속해서 가까워지긴 하지만, 결코 만나지 않는다. 선 $QT$ 역시 $QQ'$과 평행이다.

이러한 평면을 바라보는 중심을 다르게 선택하면 다른 시각을 얻게 된다. 예를 들어 그림 13의 둘째 시각은 점 $O$를 중점으로 둔 것이다. 그 중점을 지나는 직선은 투영 후에도 여전히 직선이다. 이처럼 원의 지름에 해당하는 현(chord)은 '원호'의 한 특수한 경우(반지름이 무한대인)이다.

평면기하학에 대한 유클리드Euclid의 공리들은 대부분 쌍곡평면에서도 성립한다. 예를 들어 서로 다른 두 점을 지나는 직선은 단 하나이다. 그리고 점 $A$가 선 $PP'$에 있다면, 각 $PAQ$의 각도가 $0 < \theta < 180°$인 임의의 주어진 값 $\theta$가 되는 선 $QQ'$은 단 하나이다. 그러나 유클리드의 유명한 제5 공준은 성립하지 않는다. 쌍곡평면에서는, 만일 점 $C$가 선 $QQ'$에 있지 않다면, $C$를 지나며 $QQ'$과 평행인 선이 정확히 두 개이다.† 더 나아가서, 점들이 결코 임의적으로 가까워지지 않는다는

† 〔옮긴이 주〕 참고로, 유클리드 제5 공준은 (유클리드 평면에서)그러한 선이 정확히 하나라는 것이다.

의미에서 완전히 서로 소 또는 극평행(ultraparallel)인 두 선의 쌍들이 많이 있다. 그림 13의 $RR'$과 $SQ'$이 그러한 예다. 〔쌍곡평면의 이러한 속성들은 1700년대 초에 사케리G. Saccheri가 발견했으며, 한 세기 후 로바체프스키N. I. Lobachevsky, 보여이J. Bolyai, 가우스C. F. Gauss가 엄밀하게 만들었다.〕

정량적으로 말하면, 점들을 단위 원반(disk) $|z|<1$에 투영했을 때, 원과 $e^{i\theta}$, $e^{-i\theta}$에서 만나는 원호의 중점은 $\sec\theta$이고 그 반지름은 $\tan\theta$이다. 투영된 위치가 $z$와 $z'$인 두 점의 실제 거리는 $d(z,z')=\ln(|1-\bar{z}z'|+|z-z'|)-\ln(|1-\bar{z}z'|-|z-z'|)$이다. 따라서 원 둘레 부근에서 물체를 바라볼 때, 물체가 중심에서 멀어질수록 그 크기가 극적으로 줄어든다.

쌍곡 삼각형의 내각의 합은 항상 180°보다 작다. 예를 들어 그림 13에서 $O$, $A$, $B$에 있는 각들은 차례로 90°, 45°, 36°이다. 그러한 36°-45°-90° 삼각형 열 개를 적절히 배치하면, 각 모서리의 각도가 90°인 정5각형을 만들 수 있다. 그리고 그런 정5각형 네 개는 한 꼭짓점에서 딱 맞물린다. 이를 통해서, 쌍곡평면 전체를 직각 정5각형들로 빈틈없이 채울 수 있다(그림 14). 이 정5각형들의 변들은, 모든 두 선이 서로 극평행이거나 수직이라는 속성을 가진 흥미로운 선들의 모임을 형성한다. 이러한 속성 덕분에, 보통의 평면에서 단위 정사각형들로 이루어진 격자에 비견할 수 있는 정규 격자 구조가 가능하다. 한 칸의 이웃이 네 개가 아니라 다섯 개라는 점에서, 이를 오각격자(pentagrid)라고 부르기로 하겠다.

이러한 오각격자를 피보나치 수를 이용해서 능숙하게 돌아다니는 방법이 있다. 이는 마르겐슈테른Maurice Margenstern의 착안들에 기초한 것이다〔F. Herrmann, M. Margenstern, *Theoretical Comp. Sci.* **296** (2003), 345-351을 보라〕. 그런데 통상적인 피보나치 수열 $\langle F_n\rangle$ 대신, 다음과 같이 정의되는 음피보나치 수(negaFibonacci numbers) $\langle F_{-n}\rangle$을 사용한다.

$$F_{-1}=1,\ F_{-2}=-1,\ F_{-3}=2,\ F_{-4}=-3,\ \ldots,\ F_{-n}=(-1)^{n-1}F_n. \tag{145}$$

연습문제 1.2.8-34에서 피보나치 수체계를 소개할 때, 모든 음의 정수 $x$를 다음과 같은 형태로 고유하게 표기할 수 있다고 말했었다.

$$x=F_{k_1}+F_{k_2}+\cdots+F_{k_r},\qquad \text{여기서 } k_1\gg k_2\gg\cdots\gg k_r\gg 0. \tag{146}$$

여기서 '$j\gg k$'는 $j\geq k+2$라는 뜻이다. 그러나 지금 논의의 목적에 더 잘 맞는 음피보나치 수체계도 존재한다: *음수, 양수, 0을 포함한 모든 정수 $x$를 다음과 같은 형태로 고유하게 표기할 수 있다.*

$$x=F_{k_1}+F_{k_2}+\cdots+F_{k_r},\qquad \text{여기서 } k_1\ll k_2\ll\cdots\ll k_r\ll 1. \tag{147}$$

예를 들어 $4=5-1=F_{-5}+F_{-2}$이고 $-2=-3+1=F_{-4}+F_{-1}$이다. 이러한 표현을 두 개의 1이 연달아 있는 경우가 없는 이진 부호로 간편하게 표기할 수 있다. 구체적으로 말하면 수 $N(\alpha)=\sum_k a_kF_{-k}$를 이진 부호 $\alpha=\ldots a_3a_2a_1$로 표기하는 것이다. 예를 들어, 다음은 $-14$에서 $+15$까지의 모든 정수의 음피보나치 표현 이진 부호들이다.

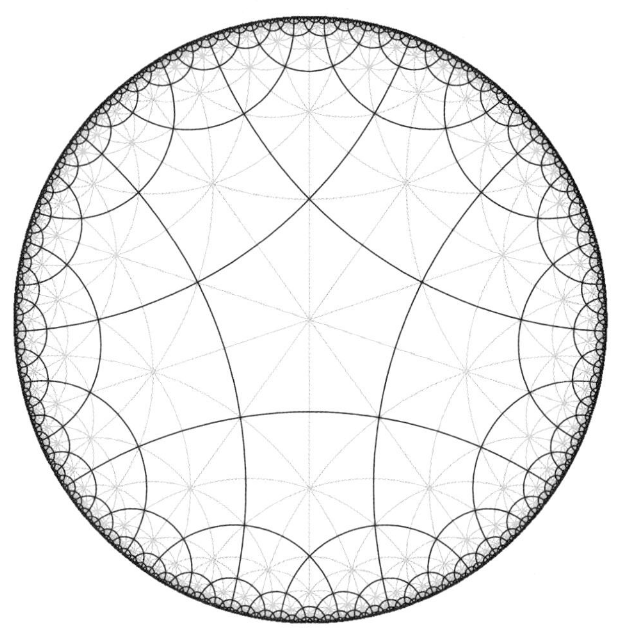

**그림 14.** 쌍곡평면이 동일한 5각형 타일들로 채워져 있는 오각격자.

모든 변이 무한히 작은 도형들 안에 들어 있는
순환적인 정규 타일 배치가 진정으로 굉장하다.

— 에츠허르M. C. ESCHER, 조지 에츠허르George Escher에게 보낸 편지에서 (1958년 11월 9일)

$$
\begin{array}{lllll}
-14 = 10010100 & -8 = 100000 & -2 = 1001 & 4 = 10010 & 10 = 1001000 \\
-13 = 10010101 & -7 = 100001 & -1 = 10 & 5 = 10000 & 11 = 1001001 \\
-12 = 101010 & -6 = 100100 & 0 = 0 & 6 = 10001 & 12 = 1000010 \\
-11 = 101000 & -5 = 100101 & 1 = 1 & 7 = 10100 & 13 = 1000000 \\
-10 = 101001 & -4 = 1010 & 2 = 100 & 8 = 10101 & 14 = 1000001 \\
-9 = 100010 & -3 = 1000 & 3 = 101 & 9 = 1001010 & 15 = 1000100
\end{array}
$$

음의 십진수체계(식 4.1-(6)과 (7) 참고)에서처럼, $x$가 음수인지 아닌지는 해당 표현의 자릿수가 짝수인지 홀수인지로 알아낼 수 있다.

임의의 음피보나치 이진 부호 $\alpha$의 선행자 $\alpha-$와 후행자 $\alpha+$는 다음과 같은 규칙을 통해서 재귀적으로 계산할 수 있다.

$$(\alpha 01)- = \alpha 00,\quad (\alpha 000)- = \alpha 010,\quad (\alpha 100)- = \alpha 001,\quad (\alpha 10)- = (\alpha -)01,$$
$$(\alpha 10)+ = \alpha 00,\quad (\alpha 00)+ = \alpha 01,\quad (\alpha 1)+ = (\alpha -)0. \tag{148}$$

(연습문제 157을 보라.) 그러나 열 개의 우아한 2아딕 단계들로 직접 계산하는 것도 가능하다.

$$
\begin{aligned}
&y \leftarrow x \oplus \bar{\mu}_0,\ z \leftarrow y \oplus (y \pm 1),\ \text{여기서 } x = (\alpha)_2;\\
&z \leftarrow z \mid (x \,\&\, (z \ll 1));\\
&w \leftarrow x \oplus z \oplus ((z+1) \gg 2);\ \text{그러면 } w = (\alpha\pm)_2.
\end{aligned} \tag{149}
$$

식의 첫 행에서는 그냥 $y-1$로 선행자를, $y+1$로 후행자를 얻는다.

이 논의의 핵심은, 이러한 음피보나치 부호를 오각격자의 각 칸에 배정하되, 주어진 칸의 다섯 이웃의 부호들이 간단히 계산되도록 배정할 수 있다는 것이다. 다섯 이웃을 'north', 'south', 'east', 'west', 'other'를 뜻하는 $n$, $s$, $e$, $w$, $o$로 부르기로 하자. 주어진 칸에 배정하는 부호 $\alpha$를 다음과 같이 정의한다.

$$\alpha_n = \alpha \gg 2, \qquad \alpha_s = \alpha \ll 2, \qquad \alpha_e = \alpha_s +, \qquad \alpha_w = \alpha_s - . \tag{150}$$

따라서 $\alpha_{sn} = \alpha$이며, 또한 $\alpha_{en} = (\alpha 01)_n = \alpha$이다. 동서남북 '이외의' 방향에 있는 이웃의 부호는 다소 까다롭다.

$$\alpha_o = \begin{cases} \alpha_n +, & \text{만일 } \alpha \,\&\, 1 = 1\text{이면;} \\ \alpha_w -, & \text{만일 } \alpha \,\&\, 1 = 0\text{이면.} \end{cases} \tag{151}$$

예를 들어 $1000_o = 101001$이고 $101001_o = 1000$이다. 이 신비한 침입자는 $\alpha$가 1로 끝나면 북쪽 이웃과 동쪽 이웃 사이에 있지만 $\alpha$가 0으로 끝나면 북쪽과 서쪽 사이에 있다.

임의의 칸을 택해서 부호 0을 배정하고, 그 이웃들이 시계방향으로 $n$, $e$, $s$, $w$, $o$가 되도록 하는 방향을 선택한다면, (150)과 (151)의 규칙들로 오각격자의 모든 칸에 일관되게 이름표를 배정할 수 있다(연습문제 160). 예를 들어 이름표가 1000인 칸의 주변은 다음과 같은 모습이 될 것이다.

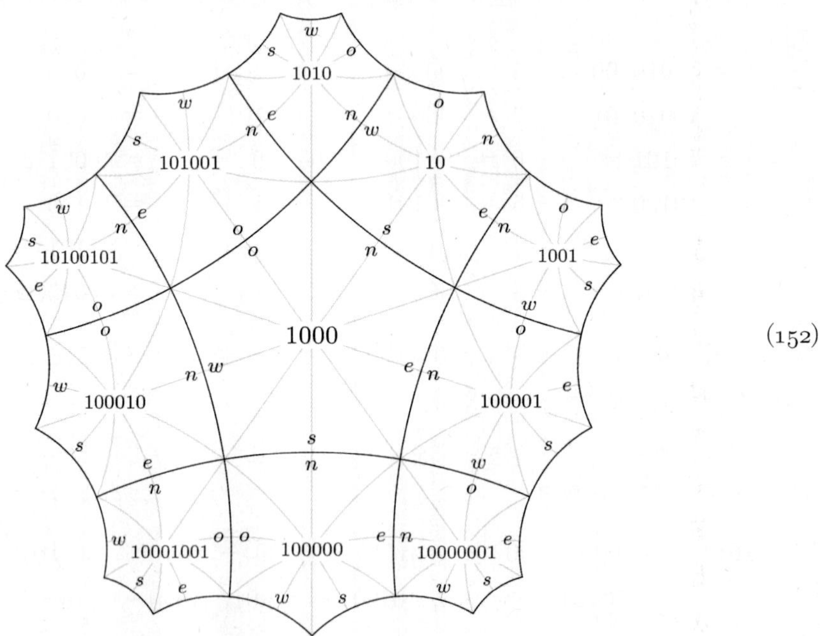


(152)

그런데 부호 이름표들이 칸들을 고유하게 식별하지는 않는다. 같은 이름표를 받는 칸들이 무한히 많기 때문이다(실제로, $0_n = 0_s = 0$이고 $1_w = 1_o = 1$임이 분명하다). 고유한 식별자를 얻기 위해, 두 번째 좌표 성분 $y$를 부여해서 한 칸의 완전한 이름이 $(\alpha, y)$의 형태가 되게 하자. 여기서 $y$는 하나의 정수이다. $y$를 고정하고 $\alpha$가 모든 가능한 음피보나치 부호를 거쳐 가게 해서 나오는 칸

$(\alpha, y)$ 들은 변들이 다음 칸 $(0, y)$ 와 90°를 이루는, 갈고리와 다소 비슷한 모습의 띠를 형성한다. 일반화하자면, $(\alpha, y)$의 다섯 이웃은 $(\alpha, y)_n = (\alpha_n, y+\delta_n(\alpha))$, $(\alpha, y)_s = (\alpha_s, y+\delta_s(\alpha))$, $(\alpha, y)_e = (\alpha_e, y+\delta_e(\alpha))$, $(\alpha, y)_w = (\alpha_w, y+\delta_w(\alpha))$, $(\alpha, y)_o = (\alpha_o, y+\delta_o(\alpha))$이다. 여기서

$$\delta_n(\alpha) = [\alpha = 0], \qquad \delta_s(\alpha) = -[\alpha = 0], \qquad \delta_e(\alpha) = 0, \qquad \delta_w(\alpha) = -[\alpha = 1];$$

$$\delta_o(\alpha) = \begin{cases} \operatorname{sign}(\alpha_o - \alpha_n)[\alpha_o \ \alpha_n = 0], & \text{만일 } \alpha \,\&\, 1 = 1\text{이면;} \\ \operatorname{sign}(\alpha_o - \alpha_w)[\alpha_o \ \alpha_w = 0], & \text{만일 } \alpha \,\&\, 1 = 0\text{이면.} \end{cases} \tag{153}$$

(아래 그림을 보라.) 이제 비트별 연산들을 이용해서 쌍곡평면 전체를 손쉽게 돌아다닐 수 있게 되었다. 한편, 이동 시 $y$ 좌표 성분을 무시한다면 5각형들로 된 '쌍곡 원기둥(hyperbolic cylinder)' 위를 순환식으로(wrap around) 돌아다니게 된다. $\alpha$ 좌표 성분은 모든 음피보나치 부호의 집합에 대한, 모든 정점의 도수가 5인 흥미로운 다중그래프를 정의한다.

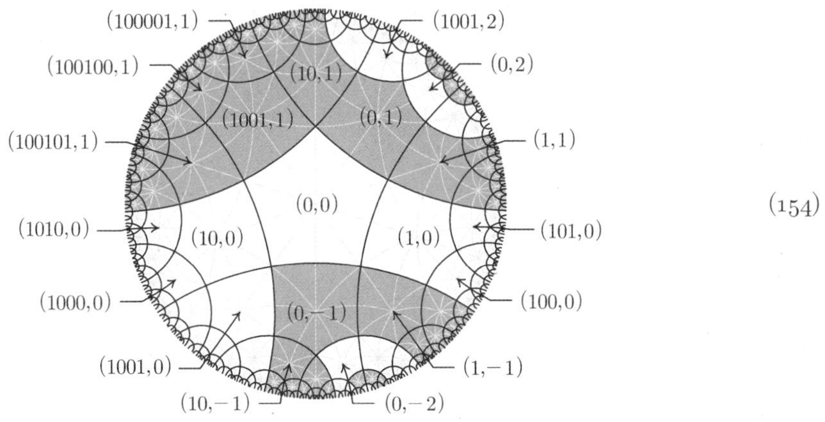

(154)

**비트맵 그래픽.** 그림과 도형을 다루는 프로그램을 짜는 것은 재미있는 일이다. 그런 프로그래밍 활동에는 우리의 좌뇌와 우뇌가 동시에 관여하기 때문이다. 이미지 자료가 연관된 프로그램은, 심지어 코드에 버그가 있다고 해도, 매혹적인 결과를 보일 수 있다.

독자가 읽고 있는 이 책은 각 페이지를 0들과 1들의 거대한 행렬로 취급한다. 그러한 행렬을 흔히 '래스터(raster)'나 '비트맵(bitmap)'이라고 부르는데, 한 페이지의 비트맵은 '화소畫素' 또는 '픽셀(pixel)'이라고 부르는 정방형 화상 요소 수백만 개로 이루어진다. 페이지 래스터는 인쇄기로 전송되며, 인쇄기는 행렬에서 1이 있는 자리들에 아주 작은 잉크 방울들을 뿌린다. 잉크와 종이의 물리적 성질 때문에, 그런 잉크 방울들의 작은 덩어리가 마치 매끄러운 곡선처럼 보이게 된다. 그러나 이미지를 열 배 정도 확대하면 각 픽셀의 기본적인 정사각 형태가 뚜렷해진다. 그림 15(a)의 영문자 'A'에서 그런 예를 볼 수 있다.

비트별 연산을 이용하면 '커스터화(custering)' 같은 특별한 효과를 얻을 수 있다. 커스터화는 네 방향 모두 검은 픽셀들로 둘러싸인 검은 픽셀들을 제거하는 것을 말한다(그림 15(b)).

(a) 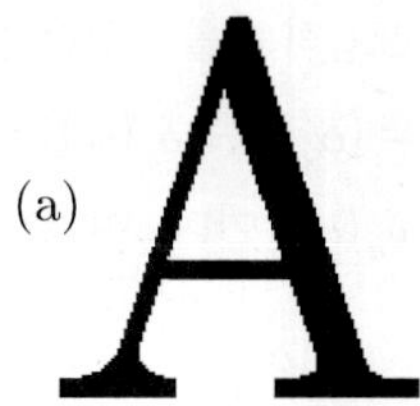 (b) 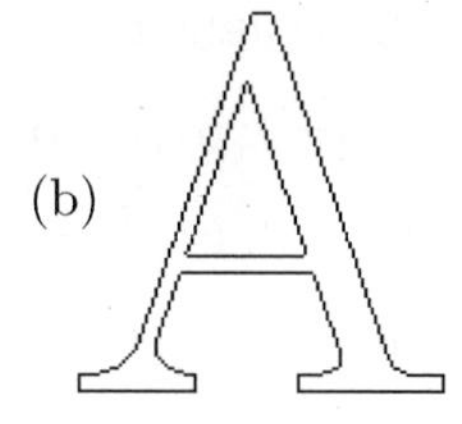

**그림 15.** 영문자 A, 커스터화 전과 후.

커시R. A. Kirsch, 칸L. Cahn, 레이C. Ray, 어번G. H. Urban이 소개한[*Proc. Eastern Joint Computer Conf.* **12** (1957), 221-229] 이 연산을 다음과 같이 표현할 수 있다.

$$\text{custer}(X) = X \,\&\, \sim((X \curlyvee 1) \,\&\, (X \gg 1) \,\&\, (X \ll 1) \,\&\, (X \curlywedge 1)) \tag{155}$$

여기서 '$X \curlyvee 1$'과 '$X \curlywedge 1$'은 각각 비트맵 $X$를 아래 또는 위로 한 행 자리이동한 결과이다. 비트맵 $X$의 1픽셀 자리이동 연산들을

$$X_{\rm N} = X \curlyvee 1, \quad X_{\rm W} = X \gg 1, \quad X_{\rm E} = X \ll 1, \quad X_{\rm S} = X \curlywedge 1 \tag{156}$$

로 표기하기로 하자. 그러면, 예를 들어 기호식 '$X_{\rm N} \,\&\, (X_{\rm S} \mid \overline{X}_{\rm E})$'는 북쪽 이웃이 검은색이고 남쪽이 검거나 동쪽이 흰 픽셀들에 대해 1로 평가된다. (155)를 이러한 단축표기법으로 표현하면 다음과 같다.

$$\text{custer}(X) = X \,\&\, \sim(X_{\rm N} \,\&\, X_{\rm W} \,\&\, X_{\rm E} \,\&\, X_{\rm S}). \tag{157}$$

이를 $X \,\&\, (\overline{X}_{\rm N} \mid \overline{X}_{\rm W} \mid \overline{X}_{\rm E} \mid \overline{X}_{\rm S})$로 표현할 수도 있다.

모든 픽셀에는 네 개의 '루크† 이웃(rook-neighbor)'들이 있다. 루크 이웃은 상, 하, 좌, 우 변을 공유하는 이웃 픽셀을 뜻한다. 또한 적어도 하나의 모서리 꼭짓점을 공유하는 '왕 이웃(king-neighbor)'이 여덟 개 있다. 예를 들어 비트맵 $X$의 모든 픽셀의 북동쪽에 있는 왕 이웃들을 $X_{\rm NE}$로 표기할 수 있다. 이는 픽셀 대수에서 $(X_{\rm N})_{\rm E}$와 동치이다. 또한 $X_{\rm NE} = (X_{\rm E})_{\rm N}$도 성립함을 주목하기 바란다.

$3 \times 3$ 세포자동기계(cellular automaton, 세포자동자)는 모두 동시에 실행되는 일련의 국소 변환들을 통해서 동적으로 변하는 픽셀들의 한 배열이다. 시각 $t+1$에서의 각 픽셀의 상태는 전적으로 시간 $t$에서의 그 픽셀의 상태 및 왕 이웃들의 상태들에만 의존한다. 따라서 자동기계는 임의의 주어진 초기 상태 $X^{(0)}$으로부터 이어지는 비트맵들의 순차열 $X^{(0)}, X^{(1)}, X^{(2)}, \ldots$을 정의한다. 여기서

$$X^{(t+1)} = f(X^{(t)}_{\rm NW}, X^{(t)}_{\rm N}, X^{(t)}_{\rm NE}, X^{(t)}_{\rm W}, X^{(t)}, X^{(t)}_{\rm E}, X^{(t)}_{\rm SW}, X^{(t)}_{\rm S}, X^{(t)}_{\rm SE}) \tag{158}$$

이고 $f$는 임의의 8변수 비트별 부울 함수이다. 이런 방식으로부터 매혹적인 패턴들이 창발되어 나오곤 한다. 한 예로, 1970년에 마틴 가드너Martin Gardner가 콘웨이John Conway의 생명 게임(Game of Life)을 세상에 소개한 후로 몇 년 간은, 아마 그 어떤 계산 과제보다 더 많은 컴퓨터 시간이 그 게임이 가진 의미를 탐구하는 데 소비되었을 것이며, 컴퓨터 사용 비용을 지불하는 사람들은 그러한

---

† [옮긴이 주] 체스의 루크는 장기의 차처럼 상하좌우로 움직인다. 한편 체스의 왕은 장기의 왕처럼 상하좌우 및 대각선으로 움직이나 범위 제한이 없다(장기의 왕은 '궁'을 벗어나지 못한다).

사실을 거의 알지 못했을 것이다! (연습문제 167 참고.)

9변수 부울 함수는 $2^{512}$가지이므로, 서로 다른 $3\times3$ 세포자동기계의 개수도 $2^{512}$개이다. 그들 중에는 사소한 것들도 많으나, 대부분은 사람이 이해하기가 힘들 정도로 복잡한 행동을 보일 것이다. 다행히 실제 응용에서 유용하다고 판명된, 그리고 게임의 시뮬레이션보다는 경제학적 바탕에서 그 가치를 인정하기가 훨씬 쉬운 것들도 많이 있다.

예를 들어 알파벳 글자나 지문, 또는 그와 비슷한 무늬들을 인식하는 알고리즘들은 '가늘게 만들기 (thinning)' 공정을 활용하는 경우가 많다. 가늘게 만들기는 여분의 검은 픽셀들을 제거함으로써 이미지의 각 구성요소를 분석하기가 비교적 쉬운 바탕 뼈대로 축약하는 공정이다. $4\times4$ 방안을 제안한 루토비츠D. Rutovitz [*J. Royal Stat. Society* **A129** (1966), 512–513]로 시작해서 여러 저자들이 이 문제를 위한 세포자동기계를 제시했다. 그러나 병렬 알고리즘은 까다롭기로 악명이 높으며, 논문이 발표된 후 결함이 드러나는 경우가 많았다. 예를 들어 ▦ 같은 구성요소에서 하나나 둘, 세 개의 검은 픽셀이 제거되어야 하지만, 대칭적 방안은 네 픽셀을 모두 제거하는 오류를 범하게 된다.

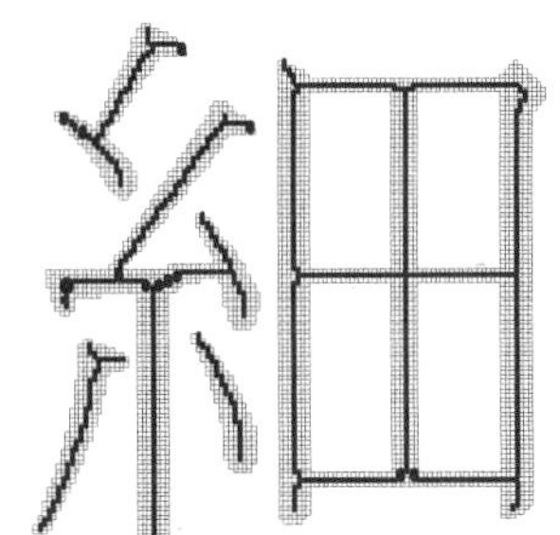
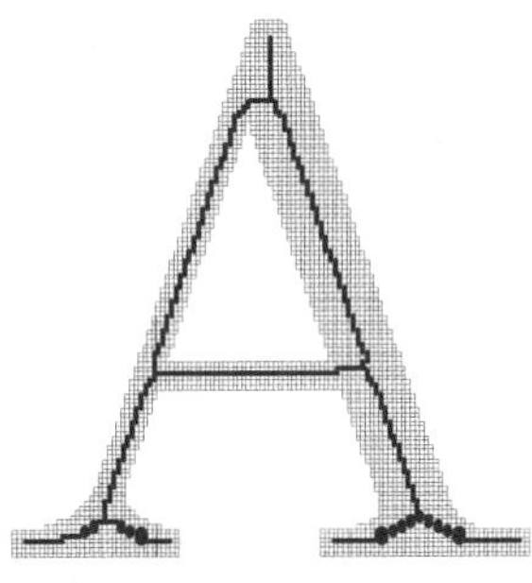

**그림 16.** 비트맵의 구성요소들을 가늘게 만들기 위한 궈와 홀의 $3\times3$ 자동기계('흐릿한' 픽셀들은 원래 검은색이다).

가늘게 만들기 문제에 대한 만족스러운 해법 하나를 마침내 궈Z. Guo와 홀R. W. Hall이 발견했다 [*CACM* **32** (1989), 359–373, 759]. 그들의 방법은 서로 다른 규칙들이 홀수 번째 단계와 짝수 번째 단계에서 번갈아 적용되는 $3\times3$ 자동기계를 사용한다. 함수

$$f(x_{\rm NW},x_{\rm N},x_{\rm NE},x_{\rm W},x,x_{\rm E},x_{\rm SW},x_{\rm S},x_{\rm SE}) = x\wedge\neg g(x_{\rm NW},\ldots,x_{\rm W},x_{\rm E},\ldots,x_{\rm SE}) \qquad (159)$$

를 생각해 보자. 여기서 $g$는 검은 픽셀을 중심으로 하는 다음 37가지 구성들에서만 1이다.

[37가지 3×3 픽셀 구성 그림]

이제 (158)을 적용하되, 짝수 번째 단계에서는 $f(x_{\rm NW},x_{\rm N},x_{\rm NE},x_{\rm W},x,x_{\rm E},x_{\rm SW},x_{\rm S},x_{\rm SE})$ 대신 그것을 180° 회전한 $f(x_{\rm SE},x_{\rm S},x_{\rm SW},x_{\rm E},x,x_{\rm W},x_{\rm NE},x_{\rm N},x_{\rm NW})$를 사용한다. 이러한 과정을, 더 이상 차이가 생기지 않는 반복 주기가 연달아 두 번 나올 때까지 되풀이한다.

이러한 규칙을 통해서 궈와 홀은 $3\times3$ 자동기계가 이미지의 연결성 구조를 아래에서 설명할 '강한 의미'에서 보존함을 증명했다. 또한 그들의 알고리즘은 만일 이미지가 서로 왕 이웃 관계인 픽셀 세 개가 전혀 없을 정도로 이미 가는(thin) 경우에는 이미지를 손대지 않고 그대로 남겨 둠이 자명하다. 한편, 그 알고리즘은 보통의 경우 각각의 검은 구성요소의 '뼈에서 살을 발라내는' 데 성공한

다. 그림 16이 그러한 예이다. 경우에 따라서는 위에 나온 37가지 구성에 다음 네 개의 구성을 더 추가해서 더욱 가는 결과를 얻을 수 있다.

(160)

두 경우 모두, 함수 $g$를 길이가 25인 하나의 부울 사슬로 평가할 수 있다. (연습문제 170-172 참고.)

일반화하자면, 한 이미지의 검은 픽셀들을 왕 방식으로 연결된(kingwise-connected) 구역 또는 구성요소들로 묶을 수 있다. 여기서 왕 방식으로 연결되었다는 것은, 한 검은 픽셀에서 체스의 왕이 움직이는 방식으로 검은 픽셀들을 따라가서 임의의 검은 픽셀에 도달할 수 있다는 뜻이다. 흰 픽셀들 역시 구성요소들을 형성하는데, 그러한 흰 픽셀들은 루크 방식으로(rookwise) 연결된다. 즉, 한 구성요소 안의 임의의 두 흰 픽셀들 사이를 검은 픽셀을 거치지 않고 루크 방식으로 이동할 수 있다. 연속 기하학에서 익숙한 개념인 위상기하학적 '내부'와 '외부'를 유지하기 위해서는 검은 픽셀과 흰 픽셀에 대해 다른 종류의 연결성을 사용하는 것이 가장 바람직하다[A. Rosenfeld, *JACM* **17** (1970), 146-160 참고]. 모퉁이의 점들이 검은 색인 래스터를 상상해 보기 바란다. 한 모퉁이에서 무한히 가는 검은 곡선은 픽셀들 사이를 가로지를 수 있으나, 흰 곡선은 그렇지 않다. (또한 흰 모퉁이 점들도 상상해 볼 수 있는데, 그런 경우에는 검은 픽셀들이 루크 방식으로 연결되고 흰 픽셀들이 왕 방식으로 연결된다.)

하나의 그림을 그 연결성을 유지하되 고립된 검은 픽셀이나 흰 픽셀들을 제거해서 수축(shrinking)하는 재미있는 알고리즘을 레비알디S. Levialdi가 *CACM* **15** (1972), 7-10에서 제시했다. 그와 동치이나 흑백이 뒤집힌 결과를 내는 알고리즘이 베이어T. Beyer의 Ph.D. 학위 논문(M.I.T., 1969)에 나온다. 이 알고리즘들은 각 단계마다 다음과 같은 간단한 전이 함수를 가진 세포자동기계를 사용한다.

$$f(x_{\mathrm{NW}},x_{\mathrm{N}},x_{\mathrm{NE}},x_{\mathrm{W}},x,x_{\mathrm{E}},x_{\mathrm{SW}},x_{\mathrm{S}},x_{\mathrm{SE}})=(x\wedge(x_{\mathrm{W}}\vee x_{\mathrm{SW}}\vee x_{\mathrm{S}}))\vee(x_{\mathrm{W}}\wedge x_{\mathrm{S}}) \qquad (161)$$

이 공식은 사실 $2\times2$ 규칙이나, 1픽셀 구성요소가 사라지는 경우들을 추적하기 위해서는 여전히 $3\times3$ 크기의 갱신 영역이 필요하다.

예를 들어 그림 17(a)의 $25\times30$픽셀 이미지에는 왕 방식 검은 구성요소가 일곱 개 있다. 즉, 머리 전체의 윤곽과 두 귓구멍, 두 눈, 코, 미소 짓는 입이다. 그림 17(b)는 (161)을 한 번 적용한 결과이다. 일곱 구성요소는 여전히 남아 있으나, 한쪽 귀에 고립된 점이 생겼으며, 다른 쪽 귓구멍은 다음 단계에서 고립된 픽셀이 된다. 그래서 그림 17(c)에는 구성요소가 다섯 개뿐이다. 여섯 단계 후에는 코도 사라지나, 미소는 시간 $=14$가 되어서야 사라진다. 그리고 46단계가 되면 안타깝게도 고양이의 마지막 한 조각까지 사라진다.

임의의 $M\times N$ 그림은 최대 $M+N-1$회의 전이만에 완전히 사라진다. 이는 가장 낮은 곳에 있는 북서에서 남동쪽 방향의 가시적인 대각선이 매 전이마다 계속해서 위로 올라가기 때문이다. 연습문제 176과 177은 서로 다른 구성요소가 만나거나 간섭하는 일이 결코 생기지 않음을 증명한다.

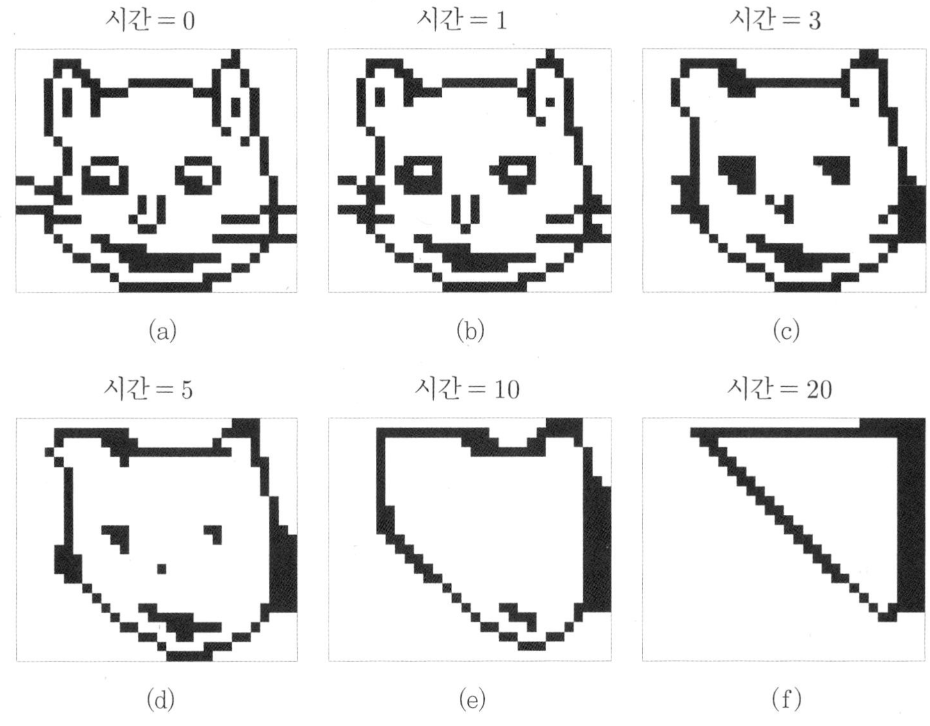


**그림 17.** 레비알디 변환의 반복 적용에 의한 체셔 고양이의 수축 과정.

이러한 3차 시간 세포자동기계 방법이 한 그림의 구성요소들을 세거나 식별하는 가장 빠른 방법인 것은 물론 아니다. 그러한 과제를 '온라인으로' 수행하는 것이 실제로 가능하다. 여기서 온라인이라는 것은, 커다란 이미지의 모든 행을 메모리에 담아 둘 필요 없이(나중에 다시 볼 것이 아니라면) 한 번에 한 행씩만 읽어서 진행할 수 있다는 뜻이다.

구성요소들을 분석하는 도중에 구성요소들 사이의 관계도 기록할 수 있다. 검은 픽셀들의 개수가 유한하다고 가정하자. 그러면 흰 픽셀들의 유한한 구성요소 하나가 존재하는데, 바로 배경이다. 배경과 인접한 검은 구성요소들은 이미지의 주된 물체들을 형성한다. 그리고 그 물체들에는 구멍들이 있을 수 있다. 그러한 구멍은 다른 수준의 물체들의 배경이 될 수 있다. 이러한 배경과 물체, 구멍의 관계가 재귀적으로 반복될 수 있으므로, 임의의 유한한 그림의 연결된 구성요소들은 하나의 계통구조, 즉 배경을 뿌리로 하는 하나의 지향 트리를 형성한다. 이 트리에서 검은 구성요소들은 홀수 수준 노드들에 나타나며 흰 구성요소들은 짝수 수준에 나타나고, 홀·짝 수준에 따라 왕 방식 연결성과 루크 방식 연결성이 번갈아 적용된다. 배경을 제외한 각 구성요소는 그 부모에 의해 둘러싸여(surrounded) 있다. 자식이 없는 구성요소를 단순하게 연결된(simply connected) 구성요소라고 부른다.

예를 들어 다음은 체셔 고양이의 구성요소들(흰 픽셀들에는 숫자를, 검은 픽셀들에는 영문자를 이름표로 붙였다)과 그에 해당하는 지향 트리이다.

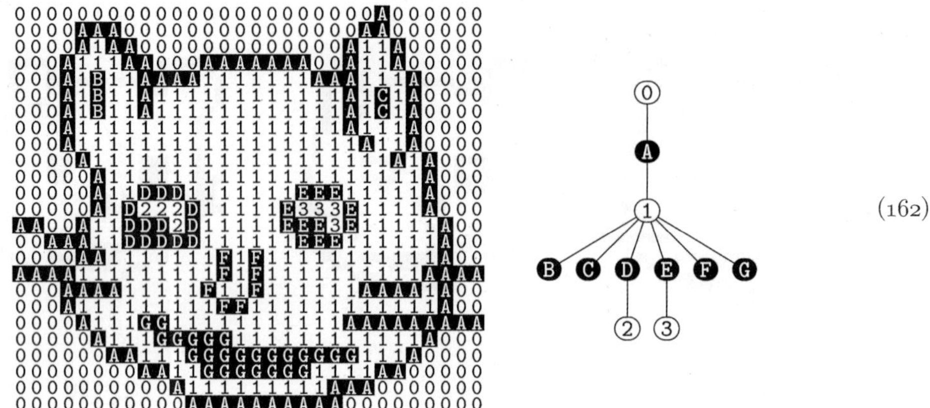

(162)

그림 17의 수축 과정 도중 사라지는 구성요소들을 순서대로 표기하면 Ⓒ, {Ⓑ, ②, ③} (모두 시간 3에서), Ⓕ, Ⓔ, Ⓓ, Ⓖ, ①, Ⓐ이다.

이러한 그림의 구성요소들을, 이미지를 한 번에 한 행씩 읽으면서 분석한다고 하자. 처음 네 줄을 읽은 후에 알아낸 것은 다음과 같다.

```
0 0 0 0 0 0 0 0 0 0 0 0 0 0 0 0 0 0 0 0 0 0 0 A 0 0 0 0 0 0
0 0 0 0 B B B 0 0 0 0 0 0 0 0 0 0 0 0 0 0 0 A A 0 0 0 0 0 0
0 0 0 0 B 1 B B 0 0 0 0 0 0 0 0 0 0 0 0 0 A 2 2 A 0 0 0 0 0
0 0 0 B 1 1 1 B B 0 0 0 C C C C C C C 0 0 A 2 2 A 0 0 0 0 0
```

```
      ⓪
   /  |  \
  Ⓑ   Ⓒ   Ⓐ
  |        |
  ①        ②
```

(163)

이제 다섯 번째 행을 읽을 차례이다. 제4행과 제5행을 비교해 보면 Ⓑ와 Ⓒ가 Ⓐ와 병합되어야 하며, 또한 새로운 구성요소 Ⓑ와 ③이 만들어져야 함을 알 수 있다. 연습문제 179는 새 행을 읽을 때마다 현재 트리를 적절히 갱신하는 교육적인 알고리즘 하나를 상세히 설명한다. 이러한 정보 이외의 추가적인 정보도 즉석에서 계산할 수 있다. 예를 들어 각 구성요소의 면적, 구성요소의 첫 픽셀과 마지막 픽셀의 위치, 가장 작은 닫힌 직사각형, 그 무게중심 등을 계산하는 것이 가능하다.

***채우기.** 래스터 그래픽에 대한 짧은 여행의 마지막 여정으로, 직선이나 간단한 곡선으로 둘러싸인 영역을 채우는 방법을 생각해 보자. 곡선들이 '원뿔곡선(conic section)'들, 즉 고전 기하학의 원, 타원, 포물선, 쌍곡선으로 구성된 경우는 특히나 효율적인 알고리즘들을 사용할 수 있다.

기하학의 전통에 따라, 이하의 논의에서는 픽셀들의 행과 열을 언급하는 대신 데카르트 좌표 $(x, y)$를 사용한다. $x$의 증가는 오른쪽 이동을 의미하며, $y$의 증가는 위쪽 이동을 의미한다. 좀 더 중요하게는, 이 논의에서는 픽셀 자체보다는 정사각 픽셀들 사이의 변邊(edge)에 초점을 둔다. 평면의 정수 좌표 점 $(x, y)$와 $(x', y')$에 대해 $|x-x'|+|y-y'|=1$이면 그 두 점 사이에 변이 존재한다. 하나의 정사각 픽셀은 네 개의 변 $(x, y)$ — $(x-1, y)$ — $(x-1, y-1)$ — $(x, y-1)$ — $(x, y)$으로 둘러싸여 있다. 경험에 의하면, 외곽선 내부를 채우는 알고리즘들은 커스터화된 경계선을 이루는 검은 픽셀들에 집중하기 보다는 검은 픽셀과 흰 픽셀 사이의 변 전이들에 집중할 때 더 간단하고 빨라진다. (이를테면 *IEEE Trans.* **C-30** (1981), 41–48에 나온 애클런드B. D. Ackland와 웨스트N. Weste의 논의를 보라.)

$t$가 0에서 1로 변함에 따른 $z(t) = (x(t), y(t))$의 자취로 이루어진 연속 곡선을 생각해 보자. $0 \le t < 1$에 대해 그 곡선이 스스로와 교차하지 않으며, $z(0) = z(1)$이라고 가정한다. 유명한 조르당 곡선 정리[C. Jordan, *Cours d'analyse* **3** (1887), 587–594; O. Veblen, *Trans. Amer. Math. Soc.* **6** (1905), 83–98]에 따르면, 그러한 모든 곡선은 평면을 두 영역, 즉 내부 영역과 외부 영역으로 나눈다. $z(t)$가 반드시 픽셀들 사이의 변들을 따라 이동하게 강제함으로써 $z(t)$를 '디지털화(digitizing)'할 수 있다. 그러면 내부 픽셀들이 검은색이고 외부 픽셀들은 흰색인, 근사된 곡선이 만들어진다. 이러한 디지털화 공정은 본질적으로 원래의 곡선을 다음과 같은 일련의 정수 점들로 변환하는 것이다.

$$\text{round}(z(t)) = \left(\left\lfloor x(t) + \tfrac{1}{2} \right\rfloor, \left\lfloor y(t) + \tfrac{1}{2} \right\rfloor\right), \qquad 0 \le t \le 1\text{에 대해.} \qquad (164)$$

필요하다면, $z(t)$가 한 픽셀의 정확히 중심을 지나는 일이 결코 없도록 곡선을 살짝 흔들 수도 있다. 그러면 디지털화된 곡선은 $t$가 증가함에 따라 픽셀 변들을 따라 이산적인 단계들로 나아가게 된다. 그리고 한 픽셀이 디지털화된 곡선의 내부에 있을 필요충분조건은 그 중심이 원래의 연속 곡선 $\{z(t) \mid 0 \le t \le 1\}$ 내부에 있다는 것이다.

예를 들어 방정식 $x(t) = 20\cos 2\pi t$와 $y(t) = 10\sin 2\pi t$는 하나의 타원을 정의한다. 그것을 디지털화한 $(z(t))$는 $t = 0$일 때 $(20, 0)$에서 시작하며, $t \approx .008$이고 $10\sin 2\pi t = 0.5$일 때 $(20, 1)$로 건너뛴다. 그런 다음에는 $t$가 .024, .036, .040, .057, .062, ..., .976, .992로 증가함에 따라 점 $(20, 2)$, $(19, 2)$, $(19, 3)$, $(19, 4)$, $(18, 4)$, ..., $(20, -1)$, $(20, 0)$으로 가게 된다.

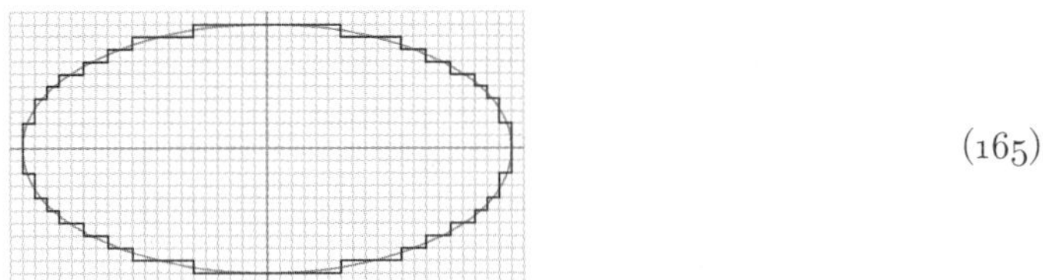

(165)

그러한 경계선의 수평 변들을 각 $y$에 대한 비트 벡터 $H(y)$로 간편하게 표현할 수 있다. 예를 들어 (165)의 그림에서 $H(10) = \ldots 000000111111111111000000\ldots$이고 $H(9) = \ldots 011111000000000000111110\ldots$이다. 타원을 검은색으로 채워서 비트맵 $B$를 얻는다고 할 때, $H$ 벡터들은 검은 픽셀에서 흰색 픽셀로의 전이들을 표시한다. 따라서 다음과 같은 기호 관계가 성립한다.

$$H = B \oplus (B \mathbin{\text{⩓}} 1). \qquad (166)$$

반대로, $H$ 벡터들이 주어졌다면 $B$를 손쉽게 얻을 수 있다.

$$\begin{aligned} B(y) &= H(y_{\max}) \oplus H(y_{\max-1}) \oplus \cdots \oplus H(y+1) \\ &= H(y_{\min}) \oplus H(y_{\min+1}) \oplus \cdots \oplus H(y). \end{aligned} \qquad (167)$$

$H(y_{\min}) \oplus H(y_{\min+1}) \oplus \cdots \oplus H(y_{\max})$가 영벡터임을 주목하기 바란다. 이는 각 비트맵의 제일 위 행과 제일 아래 행이 흰색이기 때문이다. 또한, 이에 상응하는 수직 변 벡터 $V(x)$들은 꼭 필요한

것이 아님을 주목할 것. 수직 변 벡터들은 $V = B \oplus (B \ll 1)$과 $B = V^{\oplus}$를 만족하나(연습문제 36 참고), 이 벡터들을 굳이 기억해 둘 필요는 없다.

원뿔곡선들은 매개변수 $t$를 제거하기가 쉽다는 점에서 다른 곡선들보다 다루기가 수월하다. 예를 들어 (165)의 원본이 되는 타원을 사인과 코사인을 사용하지 않고 방정식 $(x/20)^2 + (y/10)^2 = 1$로 정의할 수 있다. 따라서 픽셀 $(x, y)$는 오직 그 중심점 $(x - \frac{1}{2}, y - \frac{1}{2})$이 타원 안에 있을 때에만, 즉 오직 $(x - \frac{1}{2})^2/400 + (y - \frac{1}{2})^2/100 - 1 < 0$일 때에만 검은색이다.

일반화하면, 모든 원뿔곡선은 $F$가 적절한 이차형식이라 할 때 $F(x, y) = 0$인 점들의 집합이다. 따라서, 오직 픽셀 $(x, y)$가 디지털화된 곡선의 주어진 한쪽에 있을 때에만 음이 되는 이차형식

$$Q(x, y) = F(x - \tfrac{1}{2}, y - \tfrac{1}{2}) = ax^2 + bxy + cy^2 + dx + ey + f \qquad (168)$$

가 존재한다.

실용적인 목적에서는 $Q$의 계수 $(a, b, \ldots, f)$가 아주 크지는 않은 정수들이라고 가정할 수 있다. 그런 경우 좋은 점은, $Q(x, y)$의 참값을 계산하기가 쉽다는 것이다. 실제로, 피트웨이M. L. V. Pitteway가 지적했듯이[*Comp. J.* **10** (1967), 282–289], 경계선 점들을 빠르게 추적할 수 있는 멋진 '3 레지스터 알고리즘'이 존재한다: $x$와 $y$가 정수이고 $Q(x, y)$와 $Q_x(x, y)$, $Q_y(x, y)$의 값이 세 레지스터 $(Q, Q_x, Q_y)$에 들어 있다고 하자. 여기서

$$Q_x(x, y) = 2ax + by + d \text{와 } Q_y(x, y) = bx + 2cy + e \qquad (169)$$

는 $\frac{\partial}{\partial x} Q$와 $\frac{\partial}{\partial y} Q$이다. 그러면 다음과 같은 관계들이 성립한다.

$$\begin{aligned}
Q(x \pm 1, y) &= Q(x, y) \pm Q_x(x, y) + a, & Q(x, y \pm 1) &= Q(x, y) \pm Q_y(x, y) + c,\\
Q_x(x \pm 1, y) &= Q_x(x, y) \pm 2a, & Q_x(x, y \pm 1) &= Q_x(x, y) \pm b,\\
Q_y(x \pm 1, y) &= Q_y(x, y) \pm b; & Q_y(x, y \pm 1) &= Q_y(x, y) \pm 2c.
\end{aligned} \qquad (170)$$

이는 한 정수 점에서 그에 인접한 임의의 정수 점으로 쉽게 이동할 수 있다는 뜻이다. 더 나아가서, 윤곽선을 $x(t)$와 $y(t)$ 모두 단조인 여러 개의 개별 조각들로 분할할 수 있다. 예를 들어 (165)의 타원이 $(20, 0)$에서 $(0, 10)$으로 이동할 때 $y$의 값은 증가하는 반면 $x$는 감소한다. 따라서 오직 $(x, y)$에서 $(x - 1, y)$ 또는 $(x, y + 1)$로만 이동할 수 있다. 세 레지스터 $(Q, R, S)$에 $(Q, Q_x - a, Q_y + c)$가 들어 있다고 할 때, $(x - 1, y)$로의 이동을 원하면 그냥 $Q \leftarrow Q - R$, $R \leftarrow R - 2a$, $S \leftarrow S - b$로 설정하면 된다. $(x, y + 1)$ 역시 그만큼이나 간단한 설정들로 가능하다. 적절한 주의를 기울인다면, 거의 모든 종류의 원뿔곡선을 정확히 디지털화한 경계선을 엄청나게 빨리 찾아내는 방법을 이러한 착상들로부터 이끌어 낼 수 있다.

예를 들어 (165)의 타원을 위한 이차형식 $Q(x, y)$는 $4x^2 + 16y^2 - (4x + 16y + 1595)$이다(계수들을 정수화한 것임). 그러면 $Q(20, 0) = F(19.5, -0.5) = -75$이고 $Q(21, 0) = +85$이다. 따라서 중심이 $(19.5, -0.5)$인 픽셀 $(20, 0)$은 타원 내부에 있지만 픽셀 $(21, 0)$은 그렇지 않다. 이를 좀 더 확대해 보자.

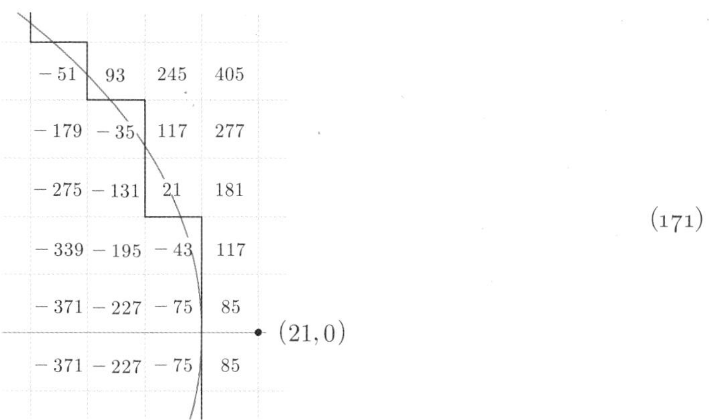


(171)

그리 많지 않은 점들에서 $Q$를 조사해도 경계선을 추출할 수 있다. 실제로, $Q(21,0)$은 볼 필요가 없다. 왜냐하면 $(20,0)$과 $(0,10)$ 사이의 모든 변은 반드시 위 또는 왼쪽으로 갈 것임을 알고 있기 때문이다. 우선 $Q(20,1)$을 판정해서 그것이 음수$(-75)$임을 알아낸다. 따라서 위로 올라간다. 또한 $Q(20,2)$도 음수$(-43)$이므로 다시 위로 올라간다. 그런 다음에는 $Q(20,3)$을 판정하는데, 이것은 양수(21)이다. 따라서 왼쪽으로 이동한다. 이런 식으로 나아가면 된다. 3레지스터 방법을 적절히 설정했다면, 실제로 조사해야 할 $Q$ 값들은 $-75$, $-43$, 21, $-131$, $-35$, 93, $-51$, … 뿐이다.

**알고리즘 T** (원뿔곡선을 위한 3레지스터 알고리즘)**.** 두 정수 점 $(x,y)$와 $(x',y')$이 주어졌으며 (168)과 같은 형태의 정수 이차형식 $Q$가 주어졌을 때, 이 알고리즘은 $F(x,y)=Q(x+\frac{1}{2},y+\frac{1}{2})$이라 할 때 $F(x,y)=0$으로 정의되는 원뿔곡선의 한 부분을 디지털화하는 방법을 결정한다. 이 알고리즘은 $(x,y)$에서 $(x',y')$으로의 경로를 형성하는 $|x'-x|$개의 수평 변들과 $|y'-y|$개의 수직 변들을 생성한다. 이 알고리즘은 다음과 같은 가정들을 둔다.

i) $F(\xi,\eta)=F(\xi',\eta')=0$을 만족하는 실수값 점 $(\xi,\eta)$와 $(\xi',\eta')$이 존재한다.

ii) $(\xi,\eta)$에서 $(\xi',\eta')$으로 가는 곡선은 두 좌표 성분 모두에 대해 단조이다.

iii) $x=\lfloor\xi+\frac{1}{2}\rfloor$, $y=\lfloor\eta+\frac{1}{2}\rfloor$, $x'=\lfloor\xi'+\frac{1}{2}\rfloor$, $y'=\lfloor\eta'+\frac{1}{2}\rfloor$.

iv) 곡선을 따라 $(\xi,\eta)$에서 $(\xi',\eta')$으로 나아갈 때, 곡선의 왼쪽 영역에서 $F<0$이다.

v) 정수 격자의 변들 중 $Q$의 두 근을 담은 변은 없다. (연습문제 183).

**T1.** [초기화.] 만일 $x=x'$이면 T11로 간다. 만일 $y=y'$이면 T10으로 간다. 만일 $x<x'$이고 $y<y'$이면 $Q\leftarrow Q(x+1,y+1)$, $R\leftarrow Q_x(x+1,y+1)+a$, $S\leftarrow Q_y(x+1,y+1)+c$로 설정하고 T2로 간다. 만일 $x<x'$이고 $y>y'$이면 $Q\leftarrow Q(x+1,y)$, $R\leftarrow Q_x(x+1,y)+a$, $S\leftarrow Q_y(x+1,y)-c$로 설정하고 T3으로 간다. 만일 $x>x'$이고 $y<y'$이면 $Q\leftarrow Q(x,y+1)$, $R\leftarrow Q_x(x,y+1)-a$, $S\leftarrow Q_y(x,y+1)+c$로 설정하고 T4로 간다. 만일 $x>x'$이고 $y>y'$이면 $Q\leftarrow Q(x,y)$, $R\leftarrow Q_x(x,y)-a$, $S\leftarrow Q_y(x,y)-c$로 설정하고 T5로 간다.

**T2.** 〔오른쪽 또는 위로.〕 만일 $Q<0$이면 T9를 수행하고 아니면 T6을 수행한다. 이를 가로채기(interrupt)가 발생할 때까지 되풀이한다.

**T3.** 〔아래 또는 오른쪽으로.〕 만일 $Q<0$이면 T7을 수행하고 아니면 T9를 수행한다. 이를 가로채기가 발생할 때까지 되풀이한다.

**T4.** 〔위쪽 또는 왼쪽으로.〕 만일 $Q<0$이면 T6을 수행하고 아니면 T8을 수행한다. 이를 가로채기가 발생할 때까지 되풀이한다.

**T5.** 〔왼쪽 또는 아래로.〕 만일 $Q<0$이면 T8을 수행하고 아니면 T7을 수행한다. 이를 가로채기가 발생할 때까지 되풀이한다.

**T6.** 〔위로 이동.〕 변 $(x,y)$ — $(x,y+1)$을 생성하고 $y \leftarrow y+1$로 설정한다. 만일 $y=y'$이면 가로채기를 발생하고 T10으로 간다. 그렇지 않으면 $Q \leftarrow Q+S$, $R \leftarrow R+b$, $S \leftarrow S+2c$로 설정한다.

**T7.** 〔아래로 이동.〕 변 $(x,y)$ — $(x,y-1)$을 생성하고 $y \leftarrow y-1$로 설정한다. 만일 $y=y'$이면 가로채기를 발생하고 T10으로 간다. 그렇지 않으면 $Q \leftarrow Q-S$, $R \leftarrow R-b$, $S \leftarrow S-2c$로 설정한다.

**T8.** 〔왼쪽으로 이동.〕 변 $(x,y)$ — $(x-1,y)$를 생성하고 $x \leftarrow x-1$로 설정한다. 만일 $x=x'$이면 가로채기를 발생하고 T11로 간다. 그렇지 않으면 $Q \leftarrow Q-R$, $R \leftarrow R-2a$, $S \leftarrow S-b$로 설정한다.

**T9.** 〔오른쪽으로 이동.〕 변 $(x,y)$ — $(x+1,y)$를 생성하고 $x \leftarrow x+1$로 설정한다. 만일 $x=x'$이면 가로채기를 발생하고 T11로 간다. 그렇지 않으면 $Q \leftarrow Q+R$, $R \leftarrow R+2a$, $S \leftarrow S+b$로 설정한다.

**T10.** 〔수평으로 마무리.〕 $x<x'$인 동안 변 $(x,y)$ — $(x+1,y)$를 생성하고 $x \leftarrow x+1$로 설정한다. $x>x'$인 동안 변 $(x,y)$ — $(x-1,y)$를 생성하고 $x \leftarrow x-1$로 설정한다. 알고리즘을 끝낸다.

**T11.** 〔수직으로 마무리.〕 $y<y'$인 동안 변 $(x,y)$ — $(x,y+1)$을 생성하고 $y \leftarrow y+1$로 설정한다. $y>y'$인 동안 변 $(x,y)$ — $(x,y-1)$을 생성하고 $y \leftarrow y-1$로 설정한다. 알고리즘을 끝낸다. ▮

예를 들어 $(x,y)=(20,0)$, $(x',y')=(0,10)$, $Q(x,y)=4x^2+16y^2-4x-16y-1595$로 두고 이 알고리즘을 실행하면 알고리즘은 $(20,0)$ — $(20,1)$ — $(20,2)$ — $(19,2)$ — $(19,3)$ — $(19,4)$ — $(18,4)$ — $(18,5)$ — $(17,5)$ — $(17,6)$ — $\cdots$ — $(6,9)$ — $(6,10)$으로 이어지는 변들을 생성하고 $(0,10)$으로의 직선을 생성한다. ((165)와 (171) 참고.) 이 알고리즘이 왜 유효한지를 연습문제 182에서 설명한다.

단계 T8에서는 왼쪽으로의 이동을 (166)의 $H$ 벡터들과 (167)을 이용하여 $H(y) \leftarrow H(y) \oplus (1 \ll (x_{\max} - x))$로 설정해서 간편하게 구현한다. 오른쪽으로의 이동도 비슷하나, 먼저 $x \leftarrow x + 1$로 설정한다. 단계 T10에서

$$H(y) \leftarrow H(y) \oplus ((1 \ll (x_{\max} - \min(x, x'))) - (1 \ll (x_{\max} - \max(x, x')))) \qquad (172)$$

로 설정할 수도 있으나, 한 번에 하나씩 이동하는 것도 나쁘지 않다. $|x' - x|$가 작은 값일 경우가 많기 때문이다. 위 또는 아래로의 이동에는 특별한 작업이 필요하지 않다. 수직 변들은 생략할 수 있기 때문이다.

이 알고리즘이 $b = 0$인 특별한 경우에서 다소 빠르게 실행됨을 주목하기 바란다. 원들은 항상 이 경우에 속한다. $a = b = c = 0$인 좀 더 특별한 경우, 즉 직선의 경우에는 당연히 더 빠르다. 그런 경우에는 간단한 1레지스터 알고리즘이 존재한다(연습문제 185를 보라).

**그림 18.** 디지털화된 원의 변들에서 픽셀들이 흰색에서 검은색으로, 그리고 다시 흰색으로 변한다.

한 이미지에서 여러 개의 윤곽선들을 $H$ 벡터들을 이용해서 채우는 경우, 홀수 개의 변들을 거칠 때마다 픽셀 값이 검은 색과 흰색 사이를 교차하게 된다. 그림 18은 쌍곡평면을 등변 45°-45°-45° 삼각형 타일들로 채운 모습으로, 알고리즘 T를 수백 번 적용한 결과를 겹쳐서 얻은 이미지이다.

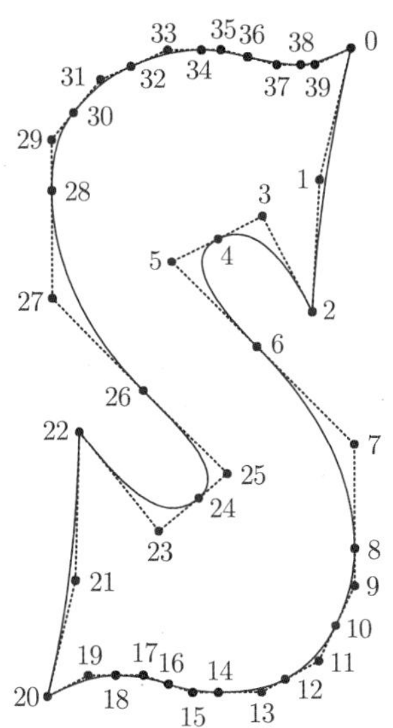


**그림 19.** 한 '𝐒'의 외곽선을 정의하는 이차 베지에 스플라인들.

알고리즘 T는 원뿔곡선들에만 적용된다. 그러나 실제 응용에서 이것이 큰 제약이 되지는 않는다. 왜냐하면 응용에서 그려야 할 거의 모든 도형을 이차 베지에 스플라인(quadratic Bézier spline) 또는 스퀸(squine)이라고 부르는 '조각별 원뿔곡선(piecewise conic)'들로 잘 근사할 수 있기 때문이

다. 예를 들어 그림 19는 40개의 점 $(z_0, z_1, \ldots, z_{39}, z_{40})$(여기서 $z_{40} = z_0$)으로 된 전형적인 스퀸 곡선이다. 짝수 번째 점 $(z_0, z_2, \ldots, z_{40})$은 곡선에 있고 그 외의 점 $(z_1, z_3, \ldots, z_{39})$는 국소적인 굴곡을 통제하는 '제어점(control point)'들이다. 각 구역 $S(z_{2j}, z_{2j+1}, z_{2j+2})$는 점 $z_{2j}$에서 시작해서 $z_{2j+1} - z_{2j}$의 방향으로 나아가다가 결국에는 $z_{2j+2} - z_{2j+1}$의 방향으로 점 $z_{2j+2}$에 도달한다. 따라서 만일 $z_{2j}$가 $z_{2j-1}$에서 $z_{2j+1}$로의 직선에 있다면 스퀸은 방향을 바꾸지 않고 점 $z_{2j}$를 매끄럽게 통과한다.

연습문제 186은 $S(z_{2j}, z_{2j+1}, z_{2j+2})$를 엄밀하게 정의하며, 연습문제 187은 임의의 스퀸 곡선을 알고리즘 T를 이용해서 디지털화하는 방법을 설명한다. 일단 디지털화했다면, 디지털화된 변들 사이의 영역을 검은 픽셀들로 채울 수 있다.

첨언하자면, 비트맵에서 직선과 곡선을 그리는 과제는 디지털화된 윤곽선 안을 채우는 과제보다 훨씬 더 어렵다. 소박한 방법으로는 대각선 방향의 획을 겉보기에 수직, 수평 획과 동일한 두께로 나타나게 할 수 없기 때문이다. 선 그리기 문제에 대한 훌륭한 해법을 하비John D. Hobby가 발견한 바 있다〔*JACM* **36** (1989), 209-229〕.

***분기 없는 계산.** 현대적인 컴퓨터들은 프로그램에 조건 분기 명령들이 들어 있으면 느려지는 경향이 있다. 이는 불확실한 제어 흐름이 추측성 예견(lookahead) 회로를 방해할 수 있기 때문이다. 그래서 (56)의 프로그램 등에서는 CSNZ 같은 MMIX의 조건부 설정 명령들을 사용했다. 실제로, 고도로 파이프라인화된 컴퓨터에서 실제 실행 시간을 재는 경우, 'ADD z,y,1; SR t,u,2; CSNZ x,q,z; CSNZ v,q,t' 같은 4명령열이 그에 해당하는 다음과 같은 3명령열보다 더 빠를 가능성이 크다.

```
BZ q, @+12; ADD x,y,1; SR v,u,2.                    (173)
```

(표 1.3.1′-1에 따르면 (173)의 대략적인 비용이 단 $3v$이긴 하지만.)

비트별 연산들은 값비싼 분기의 필요성을 줄이는 데 도움이 된다. 예를 들어 MMIX에 CSNZ 명령이 없었다면 다음과 같은 코드가 필요했을 것이다.

```
NEGU m,q;    OR m,m,q;    SR m,m,63;
ADD t,y,1;   XOR t,t,x;   AND t,t,m;   XOR x,x,t;      (174)
SR t,u,2;    XOR t,t,v;   AND t,t,m;   XOR v,v,t;
```

이 코드의 첫 행은 마스크 $m = -[q \neq 0]$을 생성한다. 컴퓨터에 따라서는 이런 분기 없는 11개의 명령들이 (173)의 세 명령보다 빠르게 실행될 수 있다.

병합정렬 알고리즘의 내부 루프를 예로 들면 배울 점이 많을 것이다. 다음 연산을 되풀이해서 수행한다고 하자.

만일 $x_i < y_j$이면 $z_k \leftarrow x_i$, $i \leftarrow i+1$로 설정하고, 만일 $i = i_{\max}$이면 *x_done*으로 간다;
그렇지 않으면 $z_k \leftarrow y_j$, $j \leftarrow j+1$로 설정하고, 만일 $j = j_{\max}$이면 *y_done*으로 간다.
그런 다음 $k \leftarrow k+1$로 설정하고, 만일 $k = k_{\max}$이면 *z_done*으로 간다.

이를 '자명한' 방식으로 구현한다면 네 개의 분기가 필요할 것이며, 그중 세 분기가 루프를 통과하는 각 경로마다 활성화될 것이다.

```
1H CMP   t,xi,yj; BNN t,2F    만일 x_i ≥ y_j이면 분기.
   STO   xi,zbase,kk          z_k ← x_i.
   ADD   ii,ii,8              i ← i+1.
   BZ    ii,X_Done            만일 i = i_max 이면 x_done으로.
   LDO   xi,xbase,ii          x_i를 레지스터 xi에 적재한다.
   JMP   3F                   다른 분기와 결합한다.
2H STO   yj,zbase,kk          z_k ← y_j.
   ADD   jj,jj,8              j ← j+1.
   BZ    jj,Y_Done            만일 j = j_max 이면 y_done으로.
   LDO   yj,ybase,jj          y_j를 레지스터 yj에 적재한다.
3H ADD   kk,kk,8              k ← k+1.
   PBNZ  kk,1B                만일 k ≠ k_max 이면 반복한다.
   JMP   Z_Done               z_done으로. ▮
```

(여기서 ii $= 8(i-i_{\max})$, jj $= 8(j-j_{\max})$, kk $= 8(k-k_{\max})$이다. 계수 8은 $x_i$, $y_j$, $z_k$가 옥타바이트이기 때문에 필요한 것이다.) 이 네 분기들을 단 하나로 줄일 수 있다.

```
1H CMP   t,xi,yj              t ← sign(x_i − y_j).
   CSN   yj,t,xi              yj ← min(x_i, y_j).
   STO   yj,zbase,kk          z_k ← yj.
   AND   t,t,8                t ← 8[x_i < y_j].
   ADD   ii,ii,t              i ← i+[x_i < y_j].
   LDO   xi,xbase,ii          x_i를 레지스터 xi에 적재한다.
   XOR   t,t,8                t ← t⊕8.
   ADD   jj,jj,t              j ← j+[x_i ≥ y_j].
   LDO   yj,ybase,jj          y_j를 레지스터 yj에 적재한다.
   ADD   kk,kk,8              k ← k+1.
   AND   u,ii,jj; AND u,u,kk  u ← ii & jj & kk.
   PBN   u,1B                 만일 i < i_max, j < j_max, k < k_max 이면 반복한다. ▮
```

이 버전의 루프가 끝났을 때 *x_done*과 *y_done*, *z_done* 중 어디에서 실행을 계속할 것인지는 쉽게 결정할 수 있다. 이 명령들은 매번 $x_i$와 $y_j$ 둘 다 메모리에서 적재하나, 중복된 값은 이미 캐시에 들어 있을 것이다.

***MOR과 MXOR의 또 다른 용도.** 그럼 비트별 조작에 대한 마지막 논의로, 64비트 작업에 특별히 맞게 고안된 두 연산을 살펴보자. MMIX에는 본질적으로 $8\times 8$ 부울 행렬들에 대한 행렬 곱셈을 수행하는 명령들인 MOR와 MXOR가 있는데, 이들은 그 자체로 사용할 때는 물론이고 다른 비트 연산들과 결합해서 사용할 때에도 대단히 강력하고 유연하다.

$x=(x_7 \ldots x_1x_0)_{256}$이 하나의 옥타바이트이고 $a=(a_7 \ldots a_1a_0)_2$가 하나의 바이트라고 할 때, 명령 MOR t,x,a는 $t \leftarrow a_7x_7 \mid \cdots \mid a_1x_1 \mid a_0x_0$으로 설정하는 반면 MXOR t,x,a는 $t \leftarrow a_7x_7 \oplus \cdots \oplus a_1x_1 \oplus a_0x_0$으로 설정한다. 예를 들어 MOR t,x,2와 MXOR t,x,2 모두 $t \leftarrow x_1$로 설정하며, MOR t,x,3은 $t \leftarrow x_1 \mid x_0$으로, MXOR t,x,3은 $t \leftarrow x_1 \oplus x_0$으로 설정한다.

일반화해서, MOR와 MXOR가 옥타바이트의 함수들임은 명백하다. $y=(y_7 \cdots y_1y_0)_{256}$이 하나의 일반적인 옥타바이트라 할 때, 명령 MOR t,x,y는 $j$번째 바이트 $t_j$가 $x$와 $y_j$에 MOR를 적용한 결과인 옥타바이트 $t$를 산출한다.

$x=-1=$ #ffffffffffffffff라고 가정하자. 그러면 MOR t,x,y는 $y_j \neq 0$이면 항상 바이트 $t_j$가 #ff이고 $y_j=0$이면 바이트 $t_j$가 0인 마스크 $t$를 계산한다. 이 간단한 특수 경우는 상당히 유용하다. 예전에는 (92) 같은 상황에서 일곱 개의 연산들로 해야 할 일을 단 하나의 명령으로 수행할 수 있기 때문이다.

(66)에서 보았듯이 임의의 64비트 워드의 비트들을 뒤집는 데에는 MOR 명령 둘로 충분하다. 그리고 다른 여러 중요한 비트 조작들 역시, 컴퓨터가 MOR를 지원한다면 수행하기가 쉬워진다. $\pi$가 $0 \mapsto 0\pi$, $1 \mapsto 1\pi$, …, $7 \mapsto 7\pi$로 사상하는 $\{0,1,\ldots,7\}$의 한 치환이라고 하자. 그러면 옥타바이트 $p=(2^{7\pi} \ldots 2^{1\pi}2^{0\pi})_{256}$에 대응되는 치환 행렬과 MOR 명령으로 다음과 같은 멋진 요령들을 수행할 수 있다: MOR t,x,p는 $t_j \leftarrow x_{j\pi}$로 설정함으로써 $x$의 바이트들을 치환한다. 더 나아가서, MOR u,p,y는 $y$의 각 바이트의 비트들을 역 치환에 의거해서 치환한다. 즉, 이 명령은 $y_j=(a_{7\pi} \cdots a_{1\pi}a_{0\pi})_2$라 할 때 $u_j \leftarrow (a_7 \ldots a_1a_0)_2$로 설정한다.

머리를 약간 더 굴려보면 (76)의 완벽한 뒤섞기 같은 또 다른 치환들도 처리할 수 있음을 깨닫게 될 것이다. 완벽한 뒤섞기는 주어진 옥타바이트 $z=2^{32}x+y=(x_{31} \cdots x_1x_0y_{31} \cdots y_1y_0)_2$를 다음과 같이 '지퍼로 채워진' 옥타바이트로 변환한다.

$$w = x \ddagger y = (x_{31}y_{31} \ldots x_1y_1x_0y_0)_2. \tag{175}$$

적절한 치환 행렬 $p$와 $q$, $r$이 있다면, 중간 결과

$$t=(x_{31}x_{27}x_{30}x_{26}x_{29}x_{25}x_{28}x_{24}y_{31}y_{27}y_{30}y_{26}y_{29}y_{25}y_{28}y_{24} \cdots \\ x_7x_3x_6x_2x_5x_1x_4x_0y_7y_3y_6y_2y_5y_1y_4y_0)_2, \tag{176}$$

$$u=(y_{27}y_{31}y_{26}y_{30}y_{25}y_{29}y_{24}y_{28}x_{27}x_{31}x_{26}x_{30}x_{25}x_{29}x_{24}x_{28} \cdots \\ y_3y_7y_2y_6y_1y_5y_0y_4x_3x_7x_2x_6x_1x_5x_0x_4)_2 \tag{177}$$

를 다음 네 명령으로 빠르게 계산할 수 있다(연습문제 204를 보라).

MOR t,z,p;  MOR t,q,t;  MOR u,t,r;  MOR u,r,u;  (178)

따라서 'PUT rM,m; MUX w,t,u'로 완벽한 뒤섞기를 전체적으로 단 여섯 주기만에 완료할 수 있도록 하는 마스크 $m$이 존재한다. 반면 연습문제 53의 전통적인 방법으로는 30주기($\delta$-교환 5회)가 필요하다.

이와 비슷한 MXOR 명령은 이진 선형대수가 관여할 때 특히나 유용하다. 예를 들어 연습문제 1.3.1′-37은 XOR와 MXOR가 $k \leq 8$인 $2^k$원소 유한체(finite field)의 덧셈과 곱셈을 직접적으로 구현함을 보여 준다.

MXOR가 빛을 발하는 또 다른 예로, 순환 중복성 점검(cyclic redundancy checking) 문제 역시 공부에 도움이 될 것이다. 자료 스트림에는 흔히 발생하는 전송 오류를 검출하기 위한 'CRC 바이트'들이 포함되는 경우가 많다[W. W. Peterson, D. T. Brown, *Proc. IRE* **49** (1961), 228-235를 보라]. 이를테면 MP3 음향 파일에 쓰이는 유명한 오류 점검 방식은 각 바이트 $\alpha = (a_7 \ldots a_1 a_0)_2$를 다음과 같은 형태의 다항식으로 간주한다.

$$\alpha(x) = (a_7 \ldots a_1 a_0)_x = a_7 x^7 + \cdots + a_1 x + a_0. \tag{179}$$

$n$개의 바이트 $\alpha_{n-1} \ldots \alpha_1 \alpha_0$을 전송할 때, 나머지(remainder) $\beta$를 2를 법으로 한 다항식 산술을 이용해서 계산한다.

$$\beta = \big(\alpha_{n-1}(x) x^{8(n-1)} + \cdots + \alpha_1(x) x^8 + \alpha_0(x)\big) x^{16} \bmod p(x). \tag{180}$$

여기서 $p(x) = x^{16} + x^{15} + x^2 + 1$이다. 이렇게 계산한 $\beta$의 계수들을 하나의 16비트 중복성 점검값으로서 스트림에 덧붙인다.

$\beta$를 계산하는 데 흔히 쓰이는 방식은, 알고리즘 4.6.1D 같은 고전적인 방법들에 의거해서 한 번에 한 바이트씩 처리하는 것이다. 기본적인 착안은 $\beta_n = 0$이 되도록 부분 결과 $\beta_m = \big(\alpha_{n-1}(x) x^{8(n-1-m)} + \cdots + \alpha_{m+1}(x) x^8 + \alpha_m(x)\big) x^{16} \bmod p(x)$로 정의하고, 다음과 같은 점화식을 사용해서 $m = 0$이 될 때까지 $m$을 1씩 감소시키는 것이다.

$$\beta_m = ((\beta_{m+1} \ll 8) \,\&\, \#\texttt{ff00}) \oplus crc\_table[(\beta_{m+1} \gg 8) \oplus \alpha_m] \tag{181}$$

여기서 $crc_table[\alpha]$는 $0 \leq \alpha < 256$에 대해 $\alpha(x)x^{16}$(법 $p(x)$ 및 2)의 나머지를 담은 하나의 16비트 표 항목이다[A. Perez, *IEEE Micro* **3**,3 (June 1983), 40-50을 보라].

그러나, 당연한 말이겠지만 한 번에 8비트씩 처리하는 것보다는 64비트씩 처리하는 것이 더 바람직하다. 해법은, 임의의 바이트 $\alpha$가 하나의 $1 \times 8$ 비트벡터라는 점에 착안해서, 다음을 만족하는 $8 \times 8$ 행렬 $A$와 $B$를 찾는 것이다.

$$\alpha(x) x^{64} \equiv (\alpha A)(x) + (\alpha B)(x) x^{-8} \ (\text{법 } p(x) \text{ 및 } 2). \tag{182}$$

그런 다음에는 주어진 자료 바이트열 $\alpha_{n-1} \ldots \alpha_1 \alpha_0$의 앞쪽에 $n$이 8의 배수가 되도록 적절한 개수의 0 바이트들을 채운 후 다음과 같은 효율적인 축약 방법을 적용하면 된다.

$c \leftarrow 0$, $n \leftarrow n-8$, $t \leftarrow (\alpha_{n+7} \ldots \alpha_n)_{256}$으로 시작한다.
$n > 0$인 동안 $u \leftarrow t \cdot A$, $v \leftarrow t \cdot B$, $n \leftarrow n-8$, (183)
$t \leftarrow (\alpha_{n+7} \ldots \alpha_n)_{256} \oplus u \oplus (v \gg 8) \oplus (c \ll 56)$, $c \leftarrow v \,\&\, \#\texttt{ff}$로 설정한다.

여기서 $t \cdot A$와 $t \cdot B$는 MXOR를 통한 행렬 곱셈을 뜻한다. 요구된 CRC 바이트 $(tx^{16} + cx^8) \bmod p(x)$들은 64비트 수량 $t$와 8비트 수량 $c$로부터 손쉽게 추출할 수 있다. 자세한 사항이 연습문제 213에 나온다. $n$바이트에 대한 총 실행 시간은 이제 단 $(\mu + 10v)n/8 + O(1)$밖에 되지 않는다.

잠시 후의 연습문제들에서, MOR와 MXOR로 비용을 상당히 줄일 수 있는 사례들을 더 많이 보게 될 것이다. 물론 새로운 요령들도 계속해서 발견될 것이라 확신한다.

**더 읽을거리.** 워런Henry S. Warren, Jr.의 책 *Hacker's Delight*(Addison-Wesley, 2002)는 비트별 연산들을 상세히 논의하는데, MMIX 같은 이상화된 컴퓨터가 아니라 실제로 쓰이는 컴퓨터들에서 선택할 수 있는 다양한 옵션들을 강조한다.

## 연습문제

▸ **1.** [*15*] 설정 $x \leftarrow x \oplus y$, $y \leftarrow y \oplus (x \,\&\, m)$, $x \leftarrow x \oplus y$의 전체적인 효과는 무엇인가?

**2.** [*16*] (워런H. S. Warren, Jr.) 다음 관계들 중 모든 정수 $x$와 $y$에 대해 유효한 것(들)은? (i) $x \oplus y \le x \mid y$; (ii) $x \,\&\, y \le x \mid y$; (iii) $|x - y| \le x \oplus y$.

**3.** [*M20*] $x = (x_{n-1} \ldots x_1 x_0)_2$이고 $x_{n-1} = 1$이라고 할 때, $x^M = (\bar{x}_{n-1} \ldots \bar{x}_1 \bar{x}_0)_2$라고 하자. 그러면 $0^M = -1$로 두었을 때 $0^M, 1^M, 2^M, 3^M, \ldots = -1, 0, 1, 0, 3, 2, 1, 0, 7, 6, \ldots$이다. 모든 $x, y \ge 0$에 대해 $(x \oplus y)^M < |x - y| \le x \oplus y$임을 증명하라.

▸ **4.** [*M16*] $x^C = \bar{x}$, $x^N = -x$, $x^S = x + 1$, $x^P = x - 1$이 각각 무한 정밀도 정수 $x$의 여수(보수), 음수, 후행자, 선행자를 뜻한다고 하자. 그러면 $x^{CC} = x^{NN} = x^{SP} = x^{PS} = x$이다. $x^{CN}$과 $x^{NC}$는 무엇인가?

**5.** [*M21*] 다음은 이진 자리이동에 관한 추측된 법칙들이다. 이들을 증명 또는 반증하라.

a) $(x \ll j) \ll k = x \ll (j + k)$;

b) $(x \gg j) \,\&\, (y \ll k) = ((x \gg (j + k)) \,\&\, y) \ll k = (x \,\&\, (y \ll (j + k))) \gg j$.

**6.** [*M22*] 각각 다음을 만족하는 모든 정수 $x$와 $y$를 구하라:

(a) $x \gg y = y \gg x$; (b) $x \ll y = y \ll x$.

**7.** [*M22*] (R. Schroeppel, 1972.) 이진수 $x = (\ldots x_2 x_1 x_0)_2$를 그에 대응되는 음이진수(negabinary) $x = (\ldots x'_2 x'_1 x'_0)_{-2}$로 변환하는(또는 그 반대 방향으로 변환하는) 빠른 방법을 찾아라. 힌트: 비트별 연산 단 두 개만 필요함!

▸ **8.** [*M22*] $S$가 음의 정수들의 유한집합이라 할 때, $S$의 '극소 배제항(minimal excludant)'은 다음과 같이 정의된다.

$$\mathrm{mex}(S) = \min\{k \mid k \ge 0 \text{이고 } k \notin S\}.$$

$x \oplus S$가 $\{x \oplus y \mid y \in S\}$를 뜻하고 $S \oplus y$가 $\{x \oplus y \mid x \in S\}$를 뜻한다고 하자. 만일 $x = \mathrm{mex}(S)$이고 $y = \mathrm{mex}(T)$이면 $x \oplus y = \mathrm{mex}((S \oplus y) \cup (x \oplus T))$임을 증명하라.

**9.** 〔*M26*〕 (님Nim.) 두 사람이 막대기 더미 $k$개를 가지고 게임을 한다. 더미 $j$에는 막대기가 $a_j$개 있다. 한 플레이어의 차례에서 만일 $a_1 = \cdots = a_k = 0$이면 그 플레이어가 진 것이다. 그렇지 않으면 그 플레이어는 더미들 중 하나에서 원하는 만큼의 막대기들을 덜어내어 치운다. 그러면 다른 플레이어의 차례가 된다. 현재 플레이어가 승리를 강제할 수 있는 필요충분조건은 막대기를 덜어내기 전에 $a_1 \oplus \cdots \oplus a_k \neq 0$임을 증명하라. 〔힌트: 연습문제 8을 활용할 것.〕

**10.** 〔*HM40*〕 (님수[Nimbers] — 콘웨이의 체[Conway's field]라고도 함.) 연습문제 8을 계속 이어서, '님 곱셈' 연산 $x \otimes y$를 다음 공식과 같이 재귀적으로 정의하자.

$$x \otimes y = \text{mex}\{(x \otimes j) \oplus (i \otimes y) \oplus (i \otimes j) \mid 0 \leq i < x, 0 \leq j < y\}.$$

$\oplus$와 $\otimes$가 모든 음이 아닌 정수의 집합에 관한 하나의 체體(field)를 정의함을 증명하라. 또한 만일 $0 \leq x,\ y < 2^{2^n}$이면 $x \otimes y < 2^{2^n}$이고 $2^{2^n} \otimes y = 2^{2^n} y$임을 증명하라. (특히, 이 체는 모든 $n \geq 0$에 대해 크기가 $2^{2^n}$인 부분체들을 포함한다.) $x \otimes y$를 효율적으로 계산하는 방법을 설명하라.

▸ **11.** 〔*M26*〕 (렌스트라H. W. Lenstra, 1978.) 콘웨이의 체에서 $m \otimes n = mn$인 모든 양의 정수쌍 $(m, n)$을 특징짓는 간단한 방법을 찾아라.

**12.** 〔*M26*〕 님수들의 나눗셈을 위한 알고리즘을 고안하라. 힌트: 만일 $x < 2^{2^{n+1}}$이면 $x \otimes (x \oplus (x \gg 2^n)) < 2^{2^n}$이 성립한다.

**13.** 〔*M32*〕 (이차 님.) 연습문제 9의 게임을 확장해서, 다음 두 가지 수(move)를 허용하게 하자: 이전처럼 어떤 $j$에 대해 $a_j$를 감소시키거나, 아니면 어떤 $i < j$에 대해 $a_j$를 감소하고 $a_i$를 임의의 음이 아닌 정수로 대체한다. 현재 플레이어가 승리를 강제할 수 있는 필요충분조건은 막대기들을 치우기 전에 파일 크기들이 $a_2 \neq a_3 \oplus \cdots \oplus a_k$나 $a_1 \neq a_3 \oplus (2 \otimes a_4) \oplus \cdots \oplus ((k-2) \otimes a_k)$를 만족한다는 것임을 증명하라. 예를 들어 $k = 4$이고 $(a_1, a_2, a_3, a_4) = (7, 5, 0, 5)$일 때, 유일한 승리의 수는 $(7, 5, 6, 3)$이다.

**14.** 〔*M30*〕 어떤 완전 무한 이진 트리의 각 노드에 이름표 0 또는 1을 부여했다고 하자. 그러한 이름표 붙이기를, 모든 이진열 $\alpha$에 대해 하나의 비트 $t_\alpha$가 있는 수열 $T = (t, t_0, t_1, t_{00}, t_{01}, t_{10}, t_{11}, t_{000}, \ldots)$으로 간편하게 표현할 수 있다. 트리의 뿌리에 배정되는 이름표는 $t$이고, 왼쪽 부분 트리들은 $T_0 = (t_0, t_{00}, t_{01}, t_{000}, \ldots)$, 오른쪽 부분 트리들은 $T_1 = (t_1, t_{10}, t_{11}, t_{100}, \ldots)$이다. 그러한 임의의 이름표 붙이기를 2아딕 정수 $x = (\ldots x_2 x_1 x_0)_2$를 2아딕 정수 $y = (\ldots y_2 y_1 y_0)_2 = T(x)$로 변환하는 데 사용할 수 있다. $T(x) = 2\,T_{x_0}(\lfloor x/2 \rfloor) + t$가 되도록 $y_0 = t$, $y_1 = t_{x_0}$, $y_2 = t_{x_0 x_1}$ 등으로 설정하면 된다. (다른 말로 하면, $x$는 이진 트리 안에서 하나의 무한 경로를 정의하며 $y$의 원소들은 그 경로의 이름표들에 대응되는데, 트리를 위에서 아래로 항행함에 따라 비트열의 오른쪽에서 왼쪽으로의 순서로 대응된다.)

그러한 이름표 붙이기로 정의되는 사상 $x^T = x \oplus T(x)$를 분기分岐 함수(branching function)라고 부른다. 예를 들어 $t_{01} = 1$이고 다른 $t_\alpha$들이 모두 0이면 $x^T = x \oplus 4[x \bmod 4 = 2]$이다.

a) 그러한 모든 분기 함수가 2아딕 정수들의 한 치환임을 증명하라.

b) $x \oplus (x \ll k)$가 분기 함수가 되는 정수 $k$들은 무엇인가?

c) $x \mapsto x^T$가 2아딕 정수들을 2아딕 정수들로 대응하는 사상이라고 하자. $x^T$는 오직 모든 2아딕 $x$와 $y$에 대해 $\rho(x \oplus y) = \rho(x^T \oplus y^T)$일 때에만 분기 함수임을 증명하라.

d) 분기 함수들의 합성과 역 역시 분기 함수임을 증명하라. (따라서 모든 분기 함수의 집합 $\mathcal{B}$는 하나의 치환군[permutation group]이다.)

e) 이름표들이 모든 $\alpha$에 대해 $t_\alpha = t_{\alpha 0} \oplus t_{\alpha 1}$을 만족하는 분기 함수를 균형 잡힌 분기 함수(balanced branching function, 줄여서 균형 분기 함수)라고 부른다. 모든 균형 분기 함수의 집합이 $\mathcal{B}$의 한 부분군(subgroup)임을 보여라.

▶ **15.** [*M26*] 퀵J. H. Quick은 모든 $x$에 대해 $((x+2) \oplus 3) - 2 = ((x-2) \oplus 3) + 2$임을 주목했다. $((x+a) \oplus b) - a = ((x-a) \oplus b) + a$가 하나의 항등식인 모든 상수 $a$와 $b$를 구하라.

**16.** [*M31*] $x$를 변수로 하는 함수를, 어떤 정수 상수 $a_1, b_1, a_2, b_2, \ldots, a_m, b_m$에 대해(여기서 $m > 0$)

$$((\ldots((((x+a_1) \oplus b_1) + a_2) \oplus b_2) + \cdots) + a_m) \oplus b_m$$

의 형태로 표현할 수 있을 때, 그러한 함수를 애니메이팅(animating) 함수라고 부른다.

a) 모든 애니메이팅 함수가 분기 함수(연습문제 14)임을 증명하라.

b) 더 나아가서, 애니메이팅 함수는 오직 $b_1 \oplus b_2 \oplus \cdots \oplus b_m = 0$일 때에만 균형이 잡힌 애니메이팅 함수임을 증명하라. 힌트: 애니메이팅 함수 $((x \oplus c) - 1) \oplus c$에 해당하는 이진 트리 이름표 붙이기는 무엇일까?

c) $\lfloor x \rceil = x \oplus (x-1) = 2^{\rho(x)+1} - 1$이라고 하자. 모든 균형 애니메이팅 함수를 어떤 정수 $\{p_1, p_2, \ldots, p_l\}$들(여기서 $l \geq 0$)에 대해

$$x \oplus \lfloor x \oplus p_1 \rceil \oplus \lfloor x \oplus p_2 \rceil \oplus \cdots \oplus \lfloor x \oplus p_l \rceil, \qquad p_1 < p_2 < \cdots < p_l$$

의 형태로 표현할 수 있음을, 그리고 그러한 표현이 고유함을 증명하라.

d) 반대로, 그러한 모든 표현이 균형 애니메이팅 함수를 정의함을 보여라.

**17.** [*HM36*] 연습문제 16의 결과들을 이용하면, 임의의 두 애니메이팅 함수가 상등인지의 여부를 판정하는 것이 가능하다. 유한한 개수의 정수 변수들과 상수들, 그리고 이항 연산 $+$와 $\oplus$로만 구성된 임의의 표현식이 0과 같은지의 여부를 결정하는 알고리즘이 존재할까? & 연산도 허용한다면 어떨까?

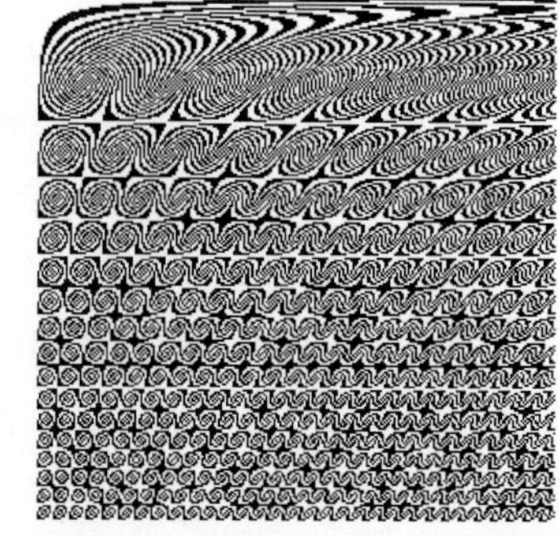

**18.** [*M25*] 옆에 나온 기이한 픽셀 패턴은 $1 \leq x, y \leq 256$에 대해 행 $x$와 열 $y$의 픽셀에 $(x^2 y \gg 11)\,\&\,1$을 배정해서 얻은 것이다. 이 패턴의 주된 일부 특성들을 수학적으로 간단히 설명하는 방법이 있을까?

▶ **19.** [*M37*] (페일리Paley의 재배열 정리.) 음이 아닌 수들을 성분으로 하는 세 벡터 $A=(a_0,\ldots,a_{2^n-1})$, $B=(b_0,\ldots,b_{2^n-1})$, $C=(c_0,\ldots,c_{2^n-1})$이 주어졌을 때,

$$f(A,B,C)=\sum_{j\oplus k\oplus l=0} a_j b_k c_l$$

이라고 정의하자. 예를 들어 $n=2$이면 $f(A,B,C)=a_0b_0c_0+a_0b_1c_1+a_0b_2c_2+a_0b_3c_3+a_1b_0c_1+a_1b_1c_0+a_1b_2c_3+\cdots+a_3b_3c_0$이다. 일반화하자면, $j$와 $k$의 각 선택마다 하나씩 총 $2^{2n}$개의 항들이 존재한다. 우리의 목표는, $A^*$가 벡터 $A$의 성분들을 비증가 순서 $a_0^*\ge a_1^*\ge\cdots\ge a_{2^n-1}^*$로 정렬한 벡터라 할 때, $f(A,B,C)\le f(A^*,B^*,C^*)$임을 증명하는 것이다.

a) $A$, $B$, $C$의 모든 원소가 0들과 1들일 때 그 부등식을 증명하라.

b) 그에 기초해서, 그 부등식이 일반적으로 참임을 증명하라.

c) 비슷하게, $f(A,B,C,D)=\sum_{j\oplus k\oplus l\oplus m=0} a_jb_kc_ld_m \le f(A^*,B^*,C^*,D^*)$를 증명하라.

▶ **20.** [*21*] (고스퍼Gosper의 편법.) $x$가 양의 정수일 때, 다음의 일곱 연산은 유용한 $x$의 함수 $y$를 산출한다. 이 함수가 무엇이고 왜 유용한지 설명하라.

$$u\leftarrow x\,\&\,-x;\qquad v\leftarrow x+u;\qquad y\leftarrow v+(((v\oplus x)/u)\gg 2).$$

**21.** [*22*] 고스퍼의 핵의 역을 구축하라: $y$로부터 $x$를 계산하는 방법을 제시하라.

**22.** [*21*] 고스퍼의 핵을 MMIX 코드로 효율적으로 구현하라. $x<2^{64}$이라고 가정하고, 나눗셈은 사용하지 말 것.

▶ **23.** [*27*] 내포된 괄호들의 순차열을, 각 오른쪽 괄호의 위치에 1이 있는 이진수로 표현할 수 있다. 예를 들어 '(())()'는 $(001101)_2$, 즉 십진수 13에 해당한다. 이러한 수를 괄호 자취(parenthesis trace)라고 부르기로 하자.

a) 1인 비트가 정확히 $m$개인 최소, 최대 괄호 자취들을 구하라.

b) $x$가 하나의 괄호 자취이고, $y$가 $x$와 1들의 개수가 같고 $x$ 다음으로 큰 괄호 자취라고 하자. 고스퍼의 핵과 비슷한 일련의 짧은 연산 사슬을 이용해서 $x$로부터 $y$를 계산할 수 있음을 보여라.

c) (b)의 방법을 MMIX로 구현하라. $\nu x\le 32$라고 가정할 것.

▶ **24.** [*M30*] 프로그램 1.3.2′P를 MMIX에서 실행하면 처음 5백 개의 소수들로 이루어진 표가 만들어진다. 그 프로그램은 시행 나눗셈(trial division)을 이용해서 소수성을 확인한다. '에라토스테네스의 체(연습문제 4.5.4-8)'를 이용해서 $N$보다 작은 모든 홀수 소수의 표를 생성하는 MMIX 프로그램을 작성하라. 그 소수들은 (27)에서처럼 옥타바이트 $Q_0$, $Q_1$, …, $Q_{N/128-1}$로 꾸려져야 한다. $N\le 2^{32}$이라고 가정하고, 또한 $N$이 128의 배수라고 가정할 것. $N=3584$일 때의 실행 시간은 얼마인가?

▶ **25.** [*15*] 한 책장에 책 네 권이 나란히 꽂혀 있다. 각 책은 정확히 500쪽이다. 즉, 250장의 종이에 인쇄되어 있다. 종이 한 장은 두께가 0.1mm이다. 또한 각 책은 두께가 1mm인 앞표지와 뒤표지로 장정되어 있다. 어떤 책벌레가 제1권의 1쪽부터 제4권의 페이지 500쪽까지 갉아먹었다고 하자. 책벌레가 이동한 거리는 얼마인가?

**26.** [*22*] 5비트 자료 항목 1200만 개로 된 표에 임의로 접근해야 한다고 하자. 그러한 항목 12개를 하나의 64비트 워드로 꾸린다면 표 전체를 8메가바이트 메모리에 집어넣을 수 있다. 그러나 임의 접근(random access)을 위해서는 12로 나누는 연산이 필요한데, 그러한 연산은 느리다. 따라서, 속도를 위해서는 각 항목이 바이트 하나를 다 차지하도록 해서 12메가바이트짜리 표를 만드는 것이 낫다.

그러나 그러한 나눗셈을 피하면서도 메모리에 효율적인 접근 방식이 있음을 보여라.

**27.** [*21*] (32)~(43)의 표기법 하에서, (a) $(\alpha 10^a 01^b)_2$, (b) $(\alpha 10^a 11^b)_2$, (c) $(\alpha 00^a 01^b)_2$, (d) $(0^\infty 11^a 00^b)_2$, (e) $(0^\infty 01^a 00^b)_2$, (f) $(0^\infty 11^a 11^b)_2$를 계산하는 방법을 각각 제시하라.

**28.** [*16*] 연산 $(x+1)\,\&\,\bar{x}$의 결과는 무엇인가?

**29.** [*20*] (V. R. Pratt.) (47)의 마법의 마스크 $\mu_k$를 $\mu_{k+1}$로 표현하라.

**30.** [*20*] 만일 $x=0$이면 (46)의 MMIX 명령들은 $\rho \leftarrow 64$로 설정한다(이는 $\infty$에 충분히 가까운 값이다). (50)과 (51)에서 같은 결과를 내려면 명령들을 어떻게 바꾸어야 할까?

▶ **31.** [*20*] 프리줌L. I. Presume 박사† 라는 수학자가 눈금자 함수를 다음과 같은 간단한 루프로 계산하기로 했다. "$\rho \leftarrow 0$으로 설정한다. 그런 다음 $x\,\&1=0$인 동안 $\rho \leftarrow \rho+1$, $x \leftarrow x \gg 1$로 설정한다." 그의 논지는 이런 것이다. $x$가 무작위한 정수일 때 오른쪽 자리이동 비트수의 평균은 $\rho$의 평균값 값이며, 그 값은 바로 1이다. 그리고 표준편차는 단 $\sqrt{2}$밖에 되지 않는다. 따라서 루프는 거의 항상 빠르게 종료된다. 그의 방안을 비판하라.

**32.** [*20*] (52)를 MMIX 프로그램으로 구현했을 때 $\rho x$의 실행 시간은 얼마인가?

▶ **33.** [*26*] (Leiserson, Prokop, Randall, 1998.) (52)의 '58'을 '49'로 대체하면, 그 방법을 이용해서 $64>j>k\geq 0$인 수 $y=2^j+2^k$의 두 종류의 비트 모두 식별할 수 있음을 보여라. (전체적으로 $\binom{64}{2}=2016$가지 경우들을 식별해야 한다.)

**34.** [*M23*] $x$와 $y$가 2아딕 정수들이라고 하자. 참 또는 거짓을 말하라: (a) $\rho(x\,\&\,y)=\max(\rho x,\rho y)$; (b) $\rho(x\,|\,y)=\min(\rho x,\rho y)$; (c) 오직 $x\oplus y=(x-1)\oplus(y-1)$일 때에만 $\rho x=\rho y$.

▶ **35.** [*M26*] 연습문제 4.1–34의 라이트위즈너Reitwiesner의 정리에 따르면 모든 정수 $n$에는 $n^+\,\&\,n^- = (n^+\,|\,n^-)\,\&\,((n^+\,|\,n^-)\gg 1)=0$을 만족하는 고유한 표현 $n=n^+-n^-$가 존재한다. $n^+$와 $n^-$를 비트별 연산들로 빠르게 계산할 수 있음을 보여라. 힌트: 항등식 $(x\oplus 3x)\,\&\,((x\oplus 3x)\gg 1)=0$을 증명해 볼 것.

---

† [옮긴이 주] 둔감씨(Mr. Cyclops)나 학생 퀵Quick처럼 가상의 인물이다. 한편 이 박사의 이름에서 L은 Livingstone을 줄인 것인데, 이를 확장하면 Dr. Livingstone I. Presume이 된다. 이는 "Dr. Livingstone, I Presume?"이라는 인용구를 떠올리게 한다. 여기서 닥터 리빙스턴은 물론 아프리카 탐험으로 유명한 그 닥터 리빙스턴이다.

**36.** [*20*] $x = (x_{63} \ldots x_1 x_0)_2$가 주어졌을 때, 다음 수량들을 효율적으로 계산하는 방법을 각각 제시하라.

i) $x^{\oplus} = (x_{63}^{\oplus} \ldots x_1^{\oplus} x_0^{\oplus})_2$, 여기서 $0 \le k < 64$에 대해 $x_k^{\oplus} = x_k \oplus \cdots \oplus x_1 \oplus x_0$.

ii) $x^{\&} = (x_{63}^{\&} \ldots x_1^{\&} x_0^{\&})_2$, 여기서 $0 \le k < 64$에 대해 $x_k^{\&} = x_k \wedge \cdots \wedge x_1 \wedge x_0$.

**37.** [*16*] $\lambda 0$이 $-1$이 되게 하려면 (55)와 (56)을 어떻게 바꾸어야 할까?

**38.** [*17*] (57)의 '제일 왼쪽 비트 추출 절차'를 MMIX로 구현했을 때 총 실행 시간은 얼마인가?

▶ **39.** [*20*] (43)은 주어진 수 $x$의 제일 오른쪽에 있는 1비트들의 연속열을 제거하는 방법을 보여준다. 제일 왼쪽에 있는 1비트 연속열을 제거하려면 어떻게 해야 할까?

▶ **40.** [*21*] (58)을 증명하고, $x$와 $y \ge 0$가 주어졌을 때 $\lambda x < \lambda y$의 여부를 판정하는 간단한 방법을 찾아라.

**41.** [*M22*] 정수열 (a) $\rho n$, (b) $\lambda n$, (c) $\nu n$의 생성 함수는 각각 무엇인가?

**42.** [*M21*] $e_1 > \cdots > e_r \ge 0$이고 $n = 2^{e_1} + \cdots + 2^{e_r}$이라 할 때, 합 $\sum_{k=0}^{n-1} \nu k$를 지수 $e_1, \ldots, e_r$로 표현하라.

▶ **43.** [*20*] MMIX에서 (63)의 방법이 (62)의 것보다 빠르려면 $x$가 얼마나 희소해야 할까?

▶ **44.** [*23*] (E. Freed, 1983.) 가중 비트합 $\sum j x_j$를 빠르게 평가하는 방법을 제시하라.

▶ **45.** [*20*] (로키키T. Rokicki, 1999.) $x^R < y^R$의 여부를 $x$와 $y$를 뒤집지 않고 판정하는 방법을 설명하라.

**46.** [*22*] (68)의 방법은 한 레지스터의 두 비트 교환 $x_i \leftrightarrow x_j$에 여섯 개의 연산을 사용한다. 실제로는 이 교환을 단 세 개의 MMIX 명령들로 수행할 수 있음을 보여라.

**47.** [*10*] (69)의 일반 $\delta$-교환을 (67) 같은 방법으로도 수행할 수 있을까?

**48.** [*M21*] 하나의 $n$비트 레지스터 안에서 가능한 서로 다른 $\delta$-교환들은 몇 가지일까? ($n = 4$일 때 한 번의 $\delta$-교환으로 1234를 1234나 1243, 1324, 1432, 2134, 2143, 3214, 3412, 4231로 변환할 수 있다.)

▶ **49.** [*M30*] $n$비트 수 하나를 뒤집는 데 충분한 최소의 $\delta$-교환 횟수를 $s(n)$으로 표기하자.

a) $n$이 홀수일 때에는 $s(n) \ge \lceil \log_3 n \rceil$이고 $n$이 짝수일 때에는 $s(n) \ge \lceil \log_3 3n/2 \rceil$임을 증명하라.

b) $n = 3^m$, $2 \cdot 3^m$, $(3^m + 1)/2$, $(3^m - 1)/2$일 때 $s(n)$을 평가하라.

c) $s(32)$와 $s(64)$는 얼마인가? 힌트: $s(5n+2) \le s(n) + 2$임을 보일 것.

**50.** [*M37*] 연습문제 49를 이어서, $s(n) = \log_3 n + O(\log\log n)$을 증명하라.

**51.** [*23*] $c$가 상수이고 $0 \le c < 2^d$이라고 하자. (a) $j\pi = j \oplus c$ 또는 (b) $j\pi = (j + c) \bmod 2^d$으로 정의되는 비트 치환 $\pi$들에 대해, (71)의 일반 치환 방안이 $x \mapsto x^{\pi}$으로 사상하게 만드는 모든 마스

크의 수열 $(\theta_0, \theta_1, \ldots, \theta_{d-1}, \hat{\theta}_{d-2}, \ldots, \hat{\theta}_1, \hat{\theta}_0)$을 각각 구하라. 〔이 마스크들은 반드시 $\theta_k \subseteq \mu_{d,k}$와 $\hat{\theta}_k \subseteq \mu_{d,k}$를 만족해야 한다. 그래야 (71)이 그림 12에 대응된다. 식 (48)을 보라. 그 역인 $x^\pi = x^R$은 부문제 (a)의 특수 경우 $c = 2^d - 1$임을 주목할 것. 한편 부문제 (b)는 순환 오른쪽 자리이동 $x^\pi = (x \gg c) + (x \ll (2^d - c))$에 해당한다.〕

**52.** 〔*22*〕 (71)이 이진 표현 $j = (j_5 j_4 j_3 j_2 j_1 j_0)_2$에 기초해서 다음과 같은 중요한 64비트 치환들을 산출하게 만드는 16진 상수열 $(\theta_0, \theta_1, \theta_2, \theta_3, \theta_4, \theta_5, \hat{\theta}_4, \hat{\theta}_3, \hat{\theta}_2, \hat{\theta}_1, \hat{\theta}_0)$을 구하라: (a) $j\pi = (j_0 j_5 j_4 j_3 j_2 j_1)_2$; (b) $j\pi = (j_2 j_1 j_0 j_5 j_4 j_3)_2$; (c) $j\pi = (j_1 j_0 j_5 j_4 j_3 j_2)_2$; (d) $j\pi = (j_0 j_1 j_2 j_3 j_4 j_5)_2$. 〔경우 (a)는 $(x_{63} \ldots x_{33} x_{32} x_{31} \ldots x_1 x_0)_2$를 $(x_{63} x_{31} \ldots x_{33} x_1 x_{32} x_0)_2$로 사상하는 것으로, (175)의 '완벽한 뒤섞기'에 해당한다. 경우 (b)는 $8 \times 8$ 비트행렬을 전치한다. 마찬가지로 경우 (c)는 $4 \times 16$ 행렬을 전치한다. 그리고 경우 (d)는 '빠른 푸리에 변환'과 관련해서 등장하는데, 연습문제 4.6.4-14를 보라.〕

▶ **53.** 〔*M25*〕 연습문제 52의 치환을 '색인 숫자들의 한 순열에 의해 유도되었다'라고 말한다. $j\pi$들을 $j$의 이진 숫자들을 치환함으로써 얻을 수 있기 때문이다. $\psi$가 $\{0, 1, \ldots, d-1\}$의 한 순열일 때 $j\pi = (j_{(d-1)\psi} \ldots j_{1\psi} j_{0\psi})_2$라고 하자. 만일 $\psi$에 순환마디가 $t$개 있으면, 단 $d - t$회의 교환만으로 $2^d$비트 치환 $x \mapsto x^\pi$을 얻을 수 있음을 증명하라. 특히, 이 사실을 이용해서 연습문제 52의 네 경우 모두 속도를 높일 수 있음을 보여라.

**54.** 〔*22*〕 (고스퍼R. W. Gosper, 1985.) $m \times m$ 비트행렬을 한 레지스터의 제일 오른쪽 $m^2$개의 비트들에 저장한다고 하자. 그러한 행렬을 $0 \le k < \lceil \lg m \rceil$에 대해 $(2^k(m-1))$-교환을 수행함으로써 전치시킬 수 있음을 보여라. 그리고 $m = 7$일 때의 상세한 전치 절차를 서술하라.

▶ **55.** 〔*26*〕 $n \times n$ 비트행렬을 $n^3$비트 레지스터의 제일 오른쪽 $n^2$개의 비트들에 저장한다고 하자. $n = 2^d$이라 할 때, 그러한 행렬 둘을 곱하는 데 $18d + 2$회의 비트 연산들로 충분함을 증명하라. 여기서 행렬 곱셈은 부울 방식(MOR 같은)일 수도 있고 2를 법으로 한 곱셈(MXOR 같은)일 수도 있다.

**56.** 〔*24*〕 64비트 레지스터 안에서 $7 \times 9$ 비트행렬을 전치하는 방법을 제시하라.

**57.** 〔*22*〕 그림 12의 치환망 $P(2^d)$에는 총 $(2d-1)2^{d-1}$개의 가로대가 있다. $2^d$개의 원소들의 임의의 치환을, 그 가로대들 중 많아야 $d2^{d-1}$개가 활성화된 어떤 설정을 통해서 실현할 수 있음을 증명하라.

▶ **58.** 〔*M32*〕 치환망 $P(2^d)$의 선들을 옆의 그림($d = 3$인 경우임)처럼 수평으로 연장했을 때, 가로대 모듈들 중 처음 $d$열의 것들은 1-교환, 2-교환, ...을 수행하고 마지막으로 $2^{d-1}$-교환을 수행한다. $N = 2^d$라고 하자. 이 $N$개의 선들과 $Nd/2$개의 가로대들은 소위 '오메가 라우터(Omega router)' 또는 '역 나비망(inverse butterfly)'을 형성한다.

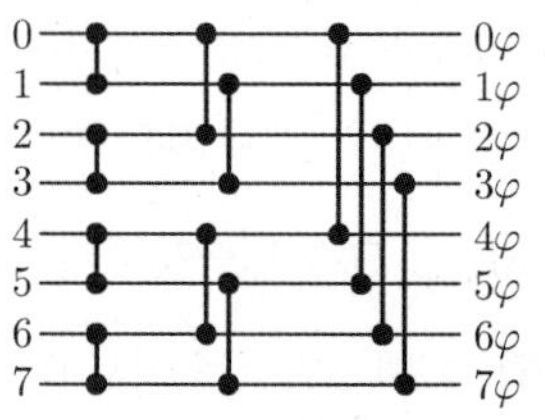

이 연습문제의 목적은 오메가 라우터의 왼쪽으로 $(0, 1, \ldots, N-1)$을 입력했을 때 오른쪽으로 $(0\varphi, 1\varphi, \ldots, (N-1)\varphi)$가 출력되게 하는† 치환 $\varphi$들 전체의 집합 $\Omega$를 고찰하는 것이다.

a) $|\Omega| = 2^{Nd/2}$임을 증명하라. (따라서 $\lg|\Omega| = Nd/2 \sim \frac{1}{2}\lg N!$이다.)

b) $\{0, 1, \ldots, N-1\}$의 한 치환 $\varphi$가 $\Omega$에 속할 필요충분조건은 모든 $0 \le i, j < N$과 모든 $0 \le k \le d$에 대해

$$i \bmod 2^k = j \bmod 2^k \text{ 그리고 } i\varphi \gg k = j\varphi \gg k\text{가 } i\varphi = j\varphi\text{를 함의함} \qquad (*)$$

임을 증명하라.

c) $(*)$의 조건을 모든 $0 \le i, j < N$에 대해 다음과 같이 단순화하라.

$$\lambda(i\varphi \oplus j\varphi) < \rho(i \oplus j)\text{가 } i = j\text{를 함의함.}$$

d) $\{0, 1, \ldots, N-1\}$에 대한 치환들 중 모든 $i$와 $j$에 대해 $\rho(i \oplus j) = \rho(i\tau \oplus j\tau)$를 만족하는 치환 $\tau$들 전체의 집합을 $T$라고 하자. (이는 $2^d$을 법으로 하는 분기 함수[연습문제 14]들의 집합이다. 따라서 원소의 개수는 $2^{N-1}$이고, 그중 $2^{N/2+d-1}$개는 $2^d$을 법으로 하는 애니메이팅 함수이다.) 오직 모든 $\tau \in T$에 대해 $\tau\varphi \in \Omega$일 때에만 $\varphi \in \Omega$임을 증명하라.

e) $\varphi$와 $\psi$가 서로 다른 원소들에 대해 작동하는 $\Omega$의 치환들이라고 하자. 즉, $0 \le j < N$에 대해 $j\varphi \ne j$는 $j\psi = j$를 함의한다. $\varphi\psi \in \Omega$임을 증명하라.

f) 치환 $0\varphi \ldots (N-1)\varphi$는 오직 오직 배처Batcher의 $N$차 이조(bitonic) 정렬망(§5.3.4 참고)으로 정렬된 것일 때에만 '오메가 전달 가능(Omega-routable)'임을 증명하라.

**59.** [*M30*] $0 \le a < b < N = 2^d$이 주어졌을 때, 구간 $[a..b]$에만 작용하는 오메가 전달 가능인 치환들은 몇 개나 있는가? (즉, $j\varphi \ne j$가 $a \le j \le b$를 함의함을 만족하는 $\varphi \in \Omega$들의 개수를 세야 한다. 연습문제 58(a)는 $a = 0$, $b = N-1$인 특수 경우이다.)

**60.** [*HM28*] $\{0, 1, \ldots, 2n-1\}$의 한 무작위 치환을 실현했을 때 치환망 $P(2n)$의 처음 열들과 마지막 열들의 가로대들을 설정하는 방법이 $2^k$가지일 확률이 $p_{nk}$라고 하자. 다른 말로 하면, $p_{nk}$는 그 치환망에 연관된 그래프의 순환마디가 $k$개일 확률이다((75) 참고). 생성 함수 $\sum_{k \ge 0} p_{nk} z^k$은 무엇인가? $2^k$의 평균과 분산은 얼마인가?

**61.** [*46*] 주어진 치환을 (71)에 구현된 그림 12의 재귀적 방법을 이용해서 적어도 하나의 마스크 $\theta_j = 0$으로 실현할 수 있는지를 결정하는 것이 NP-어려움(NP-hard) 문제일까?

▸ **62.** [*22*] $N = 2^d$이라고 하자. $\{0, 1, \ldots, N-1\}$의 한 치환 $\pi$를 $d$비트 수 $N$개의 표에 저장해서 표현할 수 있음은 분명하다. 이러한 표현에서는 $x$가 주어졌을 때 $y = x\pi$에 직접 접근할 수 있다. 그러나 $y$가 주어졌을 때 $x = y\pi^-$를 찾기 위해서는 $\Omega(N)$단계가 필요하다.

임의의 치환을 $x\pi$와 $y\pi^-$ 모두 $O(d)$단계로 계산할 수 있도록 표현하는 것이 가능함을 보여라. 단, 그 표현은 위의 방법과 동일한 양의 메모리를 사용해야 한다.

---

† [옮긴이 주] 이 조건을 아래에서 간단하게 '오메가 전달 가능(Omega-routable)'이라고 표현한다.

**63.** 〔*19*〕 다음과 같은 지퍼 함수 항등식들을 만족하는 정수 $w$, $x$, $y$, $z$를 각각 서술하라: (i) $x \ddagger y = y \ddagger x$, (ii) $(x \ddagger y) \gg z = (x \gg \lceil z/2 \rceil) \ddagger (y \gg \lfloor z/2 \rfloor)$ (iii) $(w \ddagger x) \,\&\, (y \ddagger z) = (w \,\&\, y) \ddagger (x \,\&\, z)$.

**64.** 〔*22*〕 '합들의 지퍼 함수' $(x+x') \ddagger (y+y')$을 $z = x \ddagger y$와 $z' = x' \ddagger y'$의 한 함수로 '간단하게' 표현하라.

**65.** 〔*M16*〕 이진 다항식 $u(x) = u_0 + u_1 x + \cdots + u_{n-1} x^{n-1}$ (법 2)를 정수 $u = (u_{n-1} \ldots u_1 u_0)_2$로 표현할 수 있다. 만일 $u(x)$와 $v(x)$가 정수 $u$와 $v$에 이런 식으로 대응된다면, $u \ddagger v$에 대응되는 다항식은 무엇인가?

▶ **66.** 〔*M26*〕 다항식 $u(x)$를 연습문제 65에서처럼 $n$비트 정수 $u$로 표현했다고 하자. 그리고 어떤 정수 $\delta$에 대해 $v = u \oplus (u \ll \delta) \oplus (u \ll 2\delta) \oplus (u \ll 3\delta) \oplus \cdots$이라고 하자.

a) 다항식 $v(x)$를 간단하게 서술하는 방법은 무엇인가?

b) $n$이 큰 수라고 하자. 그리고 $u$의 비트들을 64비트 워드들에 꾸려 넣었다고 하자. $\delta = 1$일 때 64비트 레지스터들로 비트별 연산들을 이용해서 $v$를 계산하려면 어떻게 하는 것이 좋을까?

c) 부문제 (b)와 같되 $\delta = 64$라면?

d) 부문제 (b)와 같되 $\delta = 3$이라면?

e) 부문제 (b)와 같되 $\delta = 67$이라면?

**67.** 〔*M31*〕 $u(x)$가 차수가 $< n$인 다항식을 연습문제 65에서처럼 표현한 것이라고 할 때, $v(x) = u(x)^2 \bmod (x^n + x^m + 1)$을 계산하는 방법을 논의하라. $0 < m < n$이고 $m$과 $n$ 둘 다 홀수라고 가정할 것. 힌트: 이 문제는 완벽한 뒤섞기와 흥미로운 연관관계를 가지고 있다.

**68.** 〔*20*〕 (79)의 $\delta$-자리이동 연산을 MMIX 명령 세 개로 구현한다면?

**69.** 〔*25*〕 (80)의 방법에서 마스크 $\theta_k$들을 적절히 설정하기만 한다면 항상, 중요한 비트 $y_j$들을 결코 망치는 일 없이 적절한 비트들을 추출할 수 있음을 증명하라.

▶ **70.** 〔*31*〕 (Guy L. Steele Jr., 1994.) $\chi \neq 0$가 주어졌을 때 (80)의 일반적인 압축 절차에 필요한 마스크 $\theta_0$, $\theta_1$, …, $\theta_{d-1}$을 계산하는 좋은 방법은 무엇인가?

**71.** 〔*20*〕 (80)의 절차를 뒤집는, 즉 압축된 값 $y = (y_{r-1} \ldots y_1 y_0)_2$로부터 $0 \le i < r$에 대해 $z_{j_i} = y_i$인 수 $z = (z_{63} \ldots z_1 z_0)_2$로 가는 방법을 설명하라.

**72.** 〔*25*〕 (Y. Hilewitz, R. B. Lee.) (81′)의 '취합 및 뒤집기' 연산이 연습문제 58의 의미에서 '오메가 전달 가능'임을 증명하라.

**73.** 〔*22*〕 (a) (81)의 '양과 염소' 연산 또는 (b) (81′)의 '취합 후 뒤집기' 연산 $d$개를 잘 택해서 적용한다면 원하는 그 어떤 $2^d$비트 치환도 구현할 수 있음을 증명하라.

**74.** 〔*22*〕 충-웡 절차를 위한 색인 개수 $(c_0, c_1, \ldots, c_{2^d-1})$이 주어졌을 때, 적절한 순환 1-자리이동으로 항상 $\sum c'_{2l} = \sum c'_{2l+1}$인 새 개수 $(c'_0, c'_1, \ldots, c'_{2^d-1})$을 산출할 수 있는(따라서 재귀를 계속 진행할

수 있게 되는) 이유를 설명하라.

▸ **75.** [*32*] 충과 윙Chung and Wong의 방법은 한 레지스터의 비트 $l$을 정확히 $c_l$번 복제하나, 순서가 뒤죽박죽인 결과들을 산출한다. 예를 들어 본문에서 설명한 $(c_0, \ldots, c_7) = (1, 2, 0, 2, 0, 2, 0, 1)$의 경우 $(x_7x_3x_1x_5x_5x_3x_1x_0)_2$가 나온다. 이러한 특성이 단점이 되는 응용들이 있다. 즉, 비트들이 원래의 순서를 유지하는 것이 바람직한 경우가 있는 것이다. 지금 말한 예라면 $(x_7x_5x_5x_3x_3x_1x_1x_0)_2$가 나와야 한다.

임의의 개수 수열 $(c_0, c_1, \ldots, c_{2^d-1})$이 주어졌을 때, 그림 12의 치환망 $P(2^d)$의 오른쪽 절반의 가로대 모듈 $d \cdot 2^{d-1}$개를 일반적인 $2 \times 2$ 사상 모듈(mapping module)들로 대체한다면 그러한 순서가 유지된 결과들을 얻을 수 있음을 증명하라. (입력이 $(a, b)$인 가로대 모듈은 $(a, b)$ 또는 $(b, a)$를 출력한다. 반면 사상 모듈은 그 둘뿐만 아니라 $(a, a)$나 $(b, b)$도 출력할 수 있다.)

**76.** [*47*] 사상망(寫像網, mapping network)은 정렬망이나 치환망과 비슷하되, 비교자 모듈이나 가로대 모듈 대신 $2 \times 2$ 사상 모듈을 사용하며, 주어진 $n$개의 입력에 대해 $n^n$개의 모든 가능한 사상들을 출력할 수 있는 것으로 가정된다. 연습문제 75(그리고 그림 12)로부터, $n = 2^d$인 사상망에 단 $4d-2$수준의 지연이 존재하며 각 수준마다 $n/2$개의 모듈이 존재함을 알 수 있다. 더 나아가서, 이러한 구성에서 그 수준들 중 일반적 $2 \times 2$ 사상 모듈(단순한 가로대가 아니라)이 필요한 것은 단 $d$개이다.

일반 $n$원소 사상망을 $O(n)$ 이내로 구현하는 데 충분한 모듈들의 최소 개수 $G(n)$은 얼마인가?

**77.** [*26*] (R. W. Floyd, V. R. Pratt.) 주어진 표준 $n$회로망이 §5.3.4의 연습문제들로 정의된 정렬망인지의 여부를 판정하는 알고리즘을 설계하라. 주어진 회로망에 비교자 모듈이 $r$개라고 할 때, 알고리즘은 길이가 $2^n$인 워드들에 대해 $O(r)$개의 비트별 연산을 사용해야 한다.

**78.** [*M27*] (서로 소 관계의 판정.) 이진수 $x_1, x_2, \ldots, x_m$이 각각 원소가 $n-k$개인 한 모집단의 집합을 나타낸다고 하자. 즉, 각 $x_j$는 $2^{n-k}$보다 작다. 퀵J. H. Quick(학생)은 주어진 집합들이 서로 소인지를 다음과 같은 조건으로 판정하기로 했다.

$$x_1 \mid x_2 \mid \cdots \mid x_m = (x_1 + x_2 + \cdots + x_m) \bmod 2^n.$$

다음을 증명 또는 반증하라: 퀵의 판정은 오직 $k \ge \lg(m-1)$일 때에만 유효하다.

▸ **79.** [*20*] $x \ne 0$이고 $x \subseteq \chi$라고 할 때, $x' \subseteq \chi$를 만족하는 가장 큰 정수 $x' < x$를 손쉽게 구하는 방법을 제시하라. (따라서 그러한 정수는 (84)와 연관지었을 때 $(x')' = (x')' = x$이다.)

**80.** [*20*] 한 집합의 모든 극대 진부분집합을 구하는 빠른 방법을 제시하라. 좀 더 구체적으로 말하면, $\nu\chi = m$인 $\chi$가 주어졌을 때 $\nu x = m-1$을 만족하는 모든 $x \subseteq \chi$를 구해야 한다.

**81.** [*21*] (86)의 '흩어진 합'에 대응되는 '흩어진 차(scattered difference)'를 위한 공식을 구하라.

**82.** [*21*] 흩어진 누산기(scattered accumulator)를 왼쪽으로 한 자리 이동하기가 쉬울까? 이를테면 $(y_2x_4x_3y_1x_2y_0x_1x_0)_2$를 $(y_1x_4x_3y_0x_20x_1x_0)_2$로 바꾸는 연산을 말한다.

▶ **83.** [*33*] 연습문제 82를 이어서, $z$와 $\chi$가 주어졌을 때 흩어진 $2^d$비트 누산기를 $O(d)$단계로 오른쪽으로 한 자리 이동하는 방법을 구하라.

**84.** [*25*] $n$비트 수 $z = (z_{n-1} \ldots z_1 z_0)_2$와 $\chi = (\chi_{n-1} \ldots \chi_1 \chi_0)_2$가 주어졌을 때, '연장된(stretched)' 수량 $z \leftharpoondown \chi = (z_{(n-1) \leftharpoondown \chi} \ldots z_{1 \leftharpoondown \chi} z_{0 \leftharpoondown \chi})_2$와 $z \rightharpoondown \chi = (z_{(n-1) \rightharpoondown \chi} \ldots z_{1 \rightharpoondown \chi} z_{0 \rightharpoondown \chi})_2$를 계산하는 방법을 설명하라. 여기서

$$j \leftharpoondown \chi = \max\{k \mid k \le j \text{이고 } \chi_k = 1\}, \qquad j \rightharpoondown \chi = \min\{k \mid k \ge j \text{이고 } \chi_k = 1\}$$

이다. 만일 $0 \le k \le j$에 대해 $\chi_k = 0$이면 $z_{j \leftharpoondown \chi} = 0$으로 두고, $n > k \ge j$에 대해 $\chi_k = 0$이면 $z_{j \rightharpoondown \chi} = 0$으로 둔다. 예를 들어 $n = 11$이고 $\chi = (01101110010)_2$이면 $z \leftharpoondown \chi = (z_9 z_9 z_8 z_6 z_6 z_5 z_4 z_1 z_1 z_1 0)_2$이고 $z \rightharpoondown \chi = (0 z_9 z_8 z_8 z_6 z_5 z_4 z_4 z_4 z_1 z_1)_2$이다.

**85.** [*22*] (토처K. D. Tocher, 1954.) 자료가 드럼 메모리에 저장되어 있는 1950년대 컴퓨터를 가지고 있다고 상상하기 바란다. 그 컴퓨터로, $32 \times 32 \times 32$배열 $a[i, j, k]$에 대해 어떤 계산을 해야 한다. 그 배열의 아래첨자들은 $0 \le i, j, k < 32$ 범위의 5비트 정수들이다. 안타깝게도 그 컴퓨터의 고속 메모리는 용량이 아주 작다. 주어진 한 시점에서 고속 메모리로는 배열의 연속된 원소 128개에만 접근할 수 있다. 응용 프로그램에서 원소 $a[i, j, k]$를 그 이웃 위치 $a[i', j', k']$ (여기서 $|i - i'| + |j - j'| + |k - k'| = 1$)로 옮기는 일이 많기 때문에, $i = (i_4 i_3 i_2 i_1 i_0)_2$, $j = (j_4 j_3 j_2 j_1 j_0)_2$, $k = (k_4 k_3 k_2 k_1 k_0)_2$라고 할 때 배열 원소 $a[i, j, k]$가 드럼 장소 $(k_4 j_4 i_4 k_3 j_3 i_3 k_2 j_2 i_2 k_1 j_1 i_1 k_0 j_0 i_0)_2$에 저장되도록 배열을 할당하기로 했다. 비트들을 이런 식으로 맞물려(교차삽입) 놓으면, $i$나 $j$, $k$가 조금 변했을 때 드럼 주소 역시 조금만 변한다.

이 주소 접근 함수의 구현을 논하라: (a) $i$나 $j$, $k$가 $\pm 1$만큼 변했을 때 함수의 값은 어떻게 변하는가? (b) $i$, $j$, $k$가 주어졌을 때 $a[i, j, k]$에 대한 임의 접근은 어떻게 처리해야 할까? (c) '페이지 실패(page fault)', 즉 새로운 128원소 구역을 드럼에서 고속 메모리로 가져와야 하는 상황을 어떻게 검출해야 할까?

**86.** [*M27*] 원소 $2^p \times 2^q \times 2^r$개를 담는 배열을 메모리에 할당하되, $(i, j, k)$의 비트 $p + q + r$개를 어떤 방식으로 치환해서 얻은 주소에 해당하는 메모리 장소에 원소 $a[i, j, k]$를 넣는 식으로 할당한다고 하자. 더 나아가서, 이 배열을 크기가 $2^s$인 페이지들을 이용해서 외부 메모리에 저장한다고 하자. (연습문제 85는 $p = q = r = 5$이고 $s = 7$인 경우에 해당한다.) 이런 종류의 할당 전략 중, $|i - i'| + |j - j'| + |k - k'| = 1$을 만족하는 모든 $i$, $j$, $k$, $i'$, $j'$, $k'$에 관해 $a[i, j, k]$가 $a[i', j', k']$과 다른 페이지에 저장되는 횟수를 최소화하는 것은 무엇인가?

▶ **87.** [*20*] 64비트 워드 $x$의 각 바이트에 영문자나 숫자, 빈칸을 뜻하는 ASCII 코드가 들어 있다고 하자. 비트별 연산 세 개로 소문자를 모두 대문자로 변환하려면 어떻게 해야 할까?

**88.** [*20*] $x = (x_7 \ldots x_0)_{256}$과 $y = (y_7 \ldots y_0)_{256}$이 주어졌을 때 $z = (z_7 \ldots z_0)_{256}$을 계산하는 방법을 설명하라. 여기서 $0 \le j < 8$에 대해 $z_j = (x_j - y_j) \bmod 256$이다. ((87)의 덧셈 연산을 참고할 것.)

**89.** [*23*] $x = (x_{31} \ldots x_1 x_0)_4$와 $y = (y_{31} \ldots y_1 y_0)_4$가 주어졌을 때 $z = (z_{31} \ldots z_1 z_0)_4$를 계산하는 방법을 설명하라. 여기서 $0 \le j < 32$에 대해 $z_j = \lfloor x_j / y_j \rfloor$이다. 그리고 $y_j$들 중 0인 것은 하나도 없다고 가정한다.

**90.** [*20*] (88)의 바이트별 평균 규칙은 $x_j + y_j$가 홀수일 때 항상 반내림(round down)을 적용한다. 계산 결과의 편향을 줄이기 위해, 그런 경우 가장 가까운 홀수 정수로 반올림하도록 규칙을 수정하라.

▸ **91.** [*26*] (알파 채널.) (88)의 방법은 바이트별 평균을 계산하기에 좋은 방법이지만, 컴퓨터 그래픽 응용 프로그램들에서는 8비트 값들을 좀 더 일반적인 방식으로 섞어야 하는 경우가 많다. 세 옥타바이트 $x = (x_7 \ldots x_0)_{256}$, $y = (y_7 \ldots y_0)_{256}$, $\alpha = (a_7 \ldots a_0)_{256}$이 주어졌을 때, 각 바이트 $z_j$가 $((255 - a_j)x_j + a_j y_j)/255$를 잘 근사하는 값이 되도록 $z = (z_7 \ldots z_0)_{256}$을 계산하는 방법을 제시하라. 단, 곱셈은 전혀 사용하지 말아야 한다. 그리고 그 방법을 MMIX 명령들로 구현해 보라.

▸ **92.** [*21*] (88)의 둘째 줄을 '$z \leftarrow (x \mid y) - z$'로 바꾸면 어떻게 될까?

**93.** [*18*] (89)의 덧셈 공식에 상응하는 기본적인 뺄셈 공식을 제시하라.

**94.** [*21*] (90)에서 $x = (x_7 \ldots x_1 x_0)_{256}$이고 $t = (t_7 \ldots t_1 t_0)_{256}$이라고 하자. $x_j$가 0이 아닐 때 $t_j$가 0이 아닐 수 있을까? $x_j$가 0일 때 $t_j$가 0일 수 있을까?

**95.** [*22*] $x = (x_7 \ldots x_1 x_0)_{256}$의 바이트들이 모두 서로 다른지를 바이트별 연산으로 알아내는 방법은 무엇인가?

**96.** [*21*] (93)을 설명하고, 플래그 $t_j \leftarrow 128[x_j \le y_j]$들을 설정하는 비슷한 공식을 구하라.

**97.** [*23*] 램포트Leslie Lamport의 1975년 논문은 다음과 같은 '실제 컴파일러 최적화 알고리즘에서 가져온 문제'를 제시했다: 옥타바이트 $x = (x_7 \ldots x_0)_{256}$과 $y = (y_7 \ldots y_0)_{256}$이 주어졌을 때, 오직 $x_j \ne 0$, $x_j \ne$ '*', $x_j \ne y_j$일 때에만 $t_j \ne 0$이라는 조건과 $z_j = (x_j = 0?\ y_j\colon (x_j \ne \text{'*'} \wedge x_j \ne y_j?\ \text{'*'}\colon x_j))$라는 조건을 만족하는 $t = (t_7 \ldots t_0)_{256}$과 $z = (z_7 \ldots z_0)_{256}$을 계산하라.

**98.** [*20*] $x = (x_7 \ldots x_0)_{256}$과 $y = (y_7 \ldots y_0)_{256}$이 주어졌을 때, $0 \le j < 8$에 대해 $z_j = \max(x_j, y_j)$이고 $w_j = \min(x_j, y_j)$인 $z = (z_7 \ldots z_0)_{256}$과 $w = (w_7 \ldots w_0)_{256}$을 계산하라.

▸ **99.** [*28*] 임의의 바이트 $x = (x_7 \ldots x_1 x_0)_{256}$으로부터

$$f_0 = [x_0 = \text{'!'}],\ f_1 = [x_1 \ne \text{'*'}],\ f_2 = [x_2 < \text{'A'}],\ f_3 = [x_3 > \text{'z'}],\ f_4 = [x_4 \ge \text{'a'}],$$
$$f_5 = [x_5 \in \{\text{'0'}, \text{'1'}, \ldots, \text{'9'}\}],\ f_6 = [x_6 \le 168],\ f_7 = [x_7 \in \{\text{'<'}, \text{'='}, \text{'>'}, \text{'?'}\}]$$

라는 규칙에 따라 플래그 $t = (f_7 \ldots f_1 f_0)_{256} \ll 7$을 계산하고자 한다. 이 계산을 다음과 같은 여섯 개의 비트별 연산을 이용해서 수행한다고 할 때, 16진 상수 $a$, $b$, $c$, $d$, $e$를 어떻게 설정해야 할까?

$$y \leftarrow x \oplus a, \qquad t \leftarrow ((((y \,\&\, b) + c) \mid y) \oplus d) \,\&\, e.$$

**100.** [*25*] $x = (x_{15} \ldots x_1 x_0)_{16}$과 $y = (y_{15} \ldots y_1 y_0)_{16}$이 이진수로 부호화된 십진수(줄여서 이진 부호화 십진수)라고 하자. 여기서 각 $j$에 대해 $0 \le x_j,\ y_j < 10$이다. 두 수의 합 $u = (u_{15} \ldots u_1 u_0)_{16}$과

차 $v = (v_{15} \ldots v_1 v_0)_{16}$을 그 어떤 기수 변환도 없이 계산하는 방법을 설명하라. 여기서 $0 \le u_j$, $v_j <$ 10이고

$$(u_{15} \ldots u_1 u_0)_{10} = ((x_{15} \ldots x_1 x_0)_{10} + (y_{15} \ldots y_1 y_0)_{10}) \bmod 10^{16},$$
$$(v_{15} \ldots v_1 v_0)_{10} = ((x_{15} \ldots x_1 x_0)_{10} - (y_{15} \ldots y_1 y_0)_{10}) \bmod 10^{16}$$

이다.

▶ **101.** [*22*] 두 옥타바이트 $x$와 $y$에 시간의 양을 뜻하는 값들이 들어 있다. 각 옥타바이트는 다섯 개의 필드로 이루어져 있는데, 왼쪽에서 오른쪽으로 일(3바이트), 시(1바이트), 분(1바이트), 초(1바이트), 밀리초(2바이트)이다. 이러한 혼합기수 표현과 이진 표현 사이의 변환 없이 이들을 빠르게 더하고 빼는 방법을 제시하라.

**102.** [*25*] (a) 4비트 계수가 16개인 다항식들 또는 (b) 3비트 계수 21개를 64비트 워드 하나에 꾸려 넣은 다항식들의 5를 법으로 한 덧셈과 뺄셈을 논하라.

▶ **103.** [*22*] 작은 수를 단항(unary) 표기법으로 표현하는 것이 편리할 때가 있다. 즉, 0, 1, 2, 3, …, $k$가 컴퓨터 안에서 각각 $(0)_2$, $(1)_2$, $(11)_2$, $(111)_2$, …, $2^k - 1$로 나타나게 하는 것이다. 이렇게 하면 최대, 최소를 | 와 & 로 손쉽게 구현할 수 있다.

$x = (x_7 \ldots x_0)_{256}$의 바이트들이 그러한 단항수들이고 $y = (y_7 \ldots y_0)_{256}$의 바이트들은 모두 0 아니면 1이라고 하자. $y$와 $x$를 '더하는' 방법과 $x$에서 $y$를 '빼는' 방법을

$$u_j = 2^{\min(8, \lg\,(x_j+1)+y_j)} - 1, \qquad v_j = 2^{\max(0, \lg\,(x_j+1)-y_j)} - 1$$

인 $u = (u_7 \ldots u_0)_{256}$, $v = (v_7 \ldots v_0)_{256}$을 이용해서 설명하라.

**104.** [*22*] (22)와 같은 '연-월-일' 필드 $(y, m, d)$로 표현된 날짜의 유효성을 비트별 연산들을 이용해서 점검하는 방법을 설명하라. 오직 $1900 < y < 2100$, $1 \le m \le 12$, $1 \le d \le max_day(m)$일 때에만 값 $t$를 계산해야 한다. 여기서 월 $m$의 날짜 수는 최대 $max_day(m)$이다. 이를 20개 미만의 연산으로 수행할 수 있을까?

**105.** [*30*] $x = (x_7 \ldots x_0)_{256}$과 $y = (y_7 \ldots y_0)_{256}$이 주어졌을 때, $x_0 \le y_0 \le \cdots \le x_7 \le y_7$이 되도록 바이트들을 정렬하는 방법을 논하라.

**106.** [*27*] 프레드먼-윌러드 절차 (95)를 설명하라. 또한 그 방법을 왼쪽 자리이동을 전혀 수행하지 않고도 $2^{\lambda x}$를 계산하도록 그 방법을 간단하게 수정할 수 있음을 보여라.

▶ **107.** [*22*] $d = 4$일 때 알고리즘 B를 MMIX로 구현하고, (56)의 코드와 비교하라.

**108.** [*26*] 알고리즘 B를 $n$이 $d \cdot 2^d$의 형태가 아닌 경우에도 작동하도록 개조하라.

**109.** [*20*] $n$비트 수 $x$의 $\rho x$를 넓은워드 연산 $O(\log\log n)$단계로 평가하라.

▶ **110.** [*30*] $n = 2^{2^e}$, $0 \le x < n$이라고 하자. $1 \ll x$를 오직 고정된 자릿수만큼 자리이동하는 명령들만 사용해서 넓은워드 $O(e)$단계로 계산하는 방법을 제시하라. (따라서, 이를 알고리즘 B와 결합한다면 $n$비트 수의 최대 유효 비트를 그러한 $O(\log\log n)$단계로 추출할 수 있다.)

**111.** [*23*] (98)의 $01^r$ 패턴 식별기를 설명하라.

**112.** [*46*] 패턴 $1^r0$의 모든 출현을 넓은워드 연산 $O(1)$단계로 식별할 수 있을까?

**113.** [*23*] 강한 넓은워드 사슬(strong broadword chain)은 지정된 너비 $n$의 넓은워드 사슬이면서 $x_0$의 모든 $n$비트 선택에 대해 2아딕 사슬이기도 한 넓은워드 사슬이다. 예를 들어 $x_1 = x_0 + 1$인 2비트 넓은워드 사슬 $(x_0, x_1)$은 $x_0 = (11)_2$에 의해 $x_1 = (00)_2$가 되므로 강한 넓은워드 사슬이 아니다. 그러나 $x_1 = x_0 \oplus 1$, $x_2 = x_0 \& 1$, $x_3 = x_2 \ll 1$, $x_4 = x_1 \oplus x_3$인 $(x_0, x_1, \ldots, x_4)$는, 모든 $0 \le x_0 < 4$에 대해 $(x_0 + 1) \bmod 4$를 계산하는 강한 넓은워드 사슬이다.

너비 $n$ 넓은워드 사슬 $(x_0, x_1, \ldots, x_r)$이 주어졌을 때, $r' = O(r)$과 $(x_0, x_1, \ldots, x_r)$이 $(x'_0, x'_1, \ldots, x'_{r'})$의 부분수열임을 만족하는 너비 $n$ 강한 넓은워드 사슬 $(x'_0, x'_1, \ldots, x'_{r'})$을 구축하라.

**114.** [*16*] $(x_0, x_1, \ldots, x_r)$이 $n$비트 수 $x = x_0$이 주어졌을 때 항상 값 $f(x) = x_r$을 계산하는 너비 $n$ 강한 넓은워드 사슬이라고 하자. 주어진 임의의 $mn$비트 값 $X_0 = (\xi_1 \ldots \xi_m)_{2^n}$(여기서 $0 \le \xi_1, \ldots, \xi_m < 2^n$)에 대해 $X_r = (f(\xi_1) \ldots f(\xi_m))_{2^n}$을 계산하는 너비 $mn$ 강한 넓은워드 사슬 $(X_0, X_1, \ldots, X_r)$을 구축하라.

▸ **115.** [*24*] 2아딕 정수 $x = (\ldots x_2 x_1 x_0)_2$가 주어졌을 때, $x$에서 다음과 같은 조건들을 만족하는 연속된 1들의 블록(이하 블록)들을 모두 0들으로 대체함으로써 $y = (\ldots y_2 y_1 y_0)_2 = f(x)$를 각각 계산하고자 한다: (a) 0 두 개 바로 다음에 있는 것이 아닌 블록, 또는 (b) 두 블록 사이에 홀수 개의 0들이 있는 형태, 또는 (c) 1들이 홀수 개인 블록. 예를 들어

> $x$가 $(\ldots 01110111001101000110)_2$라면 $y$는 (a) $(\ldots 00000111000001000110)_2$,
> (b) $(\ldots 00000111000000000110)_2$, (c) $(\ldots 00000000001100000110)_2$이다.

($x_0$의 오른쪽에 무한히 많은 0이 있다고 가정한다. 따라서 (a)의 경우 모든 $j$에 대해

$$y_j = x_j \wedge ((\bar{x}_{j-1} \wedge \bar{x}_{j-2}) \vee (x_{j-1} \wedge \bar{x}_{j-2} \wedge \bar{x}_{j-3}) \vee (x_{j-1} \wedge x_{j-2} \wedge \bar{x}_{j-3} \wedge \bar{x}_{j-4}) \vee \cdots)$$

이다. 여기서 $k < 0$에 대해 $x_k = 0$이다.) 각 경우에서 $y$의 2아딕 사슬을 구하라.

**116.** [*HM30*] $x = (\ldots x_2 x_1 x_0)_2$이고 $y = (\ldots y_2 y_1 y_0)_2 = f(x)$이며, $y$가 자리이동 연산이 없는 2아딕 사슬로 계산할 수 있는 값이라고 가정하자. $y_j = [x_j \ldots x_1 x_0 \in L]$을 만족하는 모든 이진열의 집합을 $L$이라고 하고, 그 사슬에 쓰이는 모든 상수가 2아딕 유리수라고 가정하자. $L$이 하나의 정규 언어임을 증명하라. 연습문제 115(a)와 115(b)의 함수들에 해당하는 언어 $L$은 무엇인가?

**117.** [*HM46*] 연습문제 116을 이어서, 자리이동 없는 2아딕 사슬들에서 나타나는 정규 언어 $L$을 간단하게 특징짓는 방법이 있을까? (언어 $L = 0^*(10^*10^*)^*$이 그러한 사슬에 해당하는 것으로 보이지는 않는다.)

**118.** [*30*] 보조정리 A에 따르면, 모든 $n$비트 수 $x$에 대해 함수 $x \gg 1$을 덧셈, 뺄셈, 비트별 부울 연산(자리이동이나 분기 없이)만 가지고 계산할 수는 없다. 그러나 앞에서 언급한 연산들 외에 '모너스

(monus)'† 연산자 $y \dot{-} z$까지 허용된다면, 그러한 계산에 $O(n)$개의 연산이 필요하며 충분함을 보여라.

**119.** [*20*] (102)의 함수 $f_{py}(x)$를 4단계 넓은워드 연산으로 평가하라.

▶ **120.** [*M25*] $n$비트 수 $(x_1, \ldots, x_m)$을 $n$비트 수 $f(x_1, \ldots, x_m)$으로 대응하는 함수는 $2^{n2^{mn}}$개다. 그들 중 덧셈, 뺄셈, 곱셈, 자리이동 없는 비트별 부울 연산들($2^n$을 법으로 한)로 구현할 수 있는 함수는 몇 개인가?

▶ **121.** [*M25*] 연습문제 3.1-6에서 보았듯이, $[0..2^n)$에서 그 자신으로의 함수는 결국에는 주기적(periodic)이다.

a) 만일 $f$가 자리이동 명령 없이 구현할 수 있는 임의의 $n$비트 넓은워드 함수이면, 그 주기의 길이가 항상 2의 제곱수임을 증명하라.

b) 그러나 1에서 $n$까지의 모든 $p$에 대해, 길이가 $p$인 주기를 가진 길이 3, $n$비트 넓은워드 사슬이 존재함을 증명하라.

**122.** [*M22*] 보조정리 B의 증명을 완성하라.

**123.** [*M23*] $a_q$가 상수 $1+2^q+2^{2q}+\cdots+2^{(q-1)q} = (2^{q^2}-1)/(2^q-1)$이라고 하자. $n \geq q^2$인 임의의 $n$비트 넓은워드 사슬에서 $2^{q^2}$을 법으로 하여 $a_q$를 곱하는 연산에 $\Omega(\log q)$가 필요함을 만족하는 $q$가 무한히 많음을 (104)를 이용해서 보여라.

**124.** [*M38*] 정리 R′의 증명을, $n$비트 넓은워드 사슬 $(x_0, x_1, \ldots, x_f)$와 집합 $(U_0, U_1, \ldots, U_f)$가 $0 \leq t \leq f$에 대해 모든 입력 $x \in U_t$가 본질적으로 비슷한 상태 $Q(x,t)$를 가진다는 조건을 만족하도록 정의해서 수행하라. 여기서 본질적으로 비슷한 상태라는 것은 다음과 같은 의미이다: (i) $Q(x,t)$의 현재 명령이 $x$에 의존하지 않는다. (ii) 만일 레지스터 $r_j$에 $Q(x,t)$의 한 알려진 값이 들어 있다면, 그 값은 어떤 정해진 색인(definite index) $j' \leq t$에 대한 $x_{j'}$이다. (iii) 메모리 장소 $M[z]$가 변했다면, 거기에는 어떤 정해진 색인 $z'' \leq t$에 대한 $x_{z''}$이 들어 있다. ($j'$과 $z''$의 값은 $j$, $z$, $t$에 의존하나 $x$에는 의존하지 않는다.) 더 나아가서 $|U_t| \geq n/2^{2^t-1}$이며, $t < f$일 때 프로그램은 $r_1 = \rho x$를 보장하지 못한다. 힌트: 보조정리 B는 $t$가 작을 때 한정된 양의 자리이동과 메모리 주소들을 고려해야 함을 함의한다.

**125.** [*M33*] 정리 P′을 증명하라. 힌트: (103)에서 '$=0$'을 '$=\alpha_s$'(여기서 $\alpha_s$는 임의의 값)로 대체해도 정리 B는 여전히 참이다.

**126.** [*M46*] $n$비트 기본 RAM에서 최대 유효 비트 $2^{\lambda x}$를 추출하는 연산의 필요 단계 수가 $\Omega(\log\log n)$인가?

**127.** [*HM40*] 패리티 함수 $(\nu x) \bmod 2$를 회로 복잡도 이론을 이용해서 계산하는 데 적어도 $\Omega(\log n/\log\log n)$개의 넓은워드 단계가 필요함을 증명하라. [힌트: 모든 넓은워드 연산은 복잡도 부류 $AC_0$에 속한다.]

---

† [옮긴이 주] monoid + minus, 즉 단위원이 있는 반군半群에서의 뺄셈을 뜻한다.

**128.** [*M46*] $(\nu x) \bmod 2$를 넓은워드 연산 $O(\log n/\log\log n)$단계로 계산할 수 있을까?

**129.** [*M46*] 옆쪽 덧셈에 넓은워드 연산 $\Omega(\log n)$단계가 필요한가?

**130.** [*M46*] 함수 $(a \ll x) \bmod 2^n$에 $n$비트 넓은워드 단계가 $\Omega(\log n)$개 필요함을 만족하는 $n$비트 상수 $a$가 존재하는가?

▸ **131.** [*23*] 알고리즘 R을 구현하는 MMIX 프로그램을 작성하라. 그래프를 호들의 목록으로 표현할 것. §7에서 설명한 것처럼 정점 노드에는 적어도 두 개의 필드 LINK와 ARCS를 두고, 호 노드에는 TIP과 NEXT 필드를 둔다. 초기에는 모든 LINK 필드를 0으로 설정한다. 단, 하나의 순환 목록으로 표현되는 주어진 정점들의 집합 $Q$는 예외이다. 프로그램은 반드시 그 순환 목록을 모든 도달 가능한 정점의 집합 $R$을 나타내도록 변경해야 한다.

▸ **132.** [*M27*] 그래프의 파벌(clique)은 서로 인접한 정점들의 집합을 말한다. 그리고 다른 어떤 파벌에도 포함되지 않은 파벌을 극대(maximal) 파벌이라고 부른다. 이번 연습문제의 목적은 무디J. K. M. Moody와 홀리스J. Hollis에 기인하는 한 알고리즘을 논의하는 것이다. 그 알고리즘은 아주 크지는 않은 그래프의 모든 극대 파벌을 비트별 연산들을 이용해서 찾아내는 데 편리한 수단을 제공한다.

$G$가 $n$개의 정점 $V=\{0,1,\ldots,n-1\}$들로 이루어진 그래프라고 가정하자. 그리고 $\rho_v = \sum\{2^u \mid u \mathrel{—} v$ 또는 $u=v\}$가 $G$의 반사 인접성 행렬의 행 $v$이고 $\delta_v = \sum\{2^u \mid u \neq v\} = 2^n - 1 - 2^v$이라고 하자. 모든 부분집합 $U \subseteq V$를 $n$비트 정수 $\sigma(U) = \sum_{u\in U} 2^u$으로 표현할 수 있다. 예를 들어 $\delta_v = \sigma(V \setminus v)$이다. 또한 비트별 교집합을 다음과 같이 정의한다.

$$\tau(U) = \mathop{\&}_{0\le u<n} (u \in U\,?\ \rho_u\colon \delta_u).$$

예를 들어 $n=5$일 때 $\tau(\{0,2\}) = \rho_0 \,\&\, \delta_1 \,\&\, \rho_2 \,\&\, \delta_3 \,\&\, \delta_4$이다.

a) $U$는 오직 $\tau(U)=\sigma(U)$일 때에만 하나의 파벌임을 증명하라.

b) 만일 $\tau(U)=\sigma(T)$이면 $T$는 하나의 파벌임을 보여라.

c) $1 \le k \le n$에 대한 $2^k$개의 비트별 교집합

$$C_k = \Bigl\{ \mathop{\&}_{0\le u<k} (u \in U\,?\ \rho_u\colon \delta_u) \Bigm| U \subseteq \{0,1,\ldots,k-1\} \Bigr\}$$

을 생각해 보자. 그리고 $C_k^+$가 $C_k$의 극대 원소라고 하자. $U$는 오직 $\sigma(U) \in C_n^+$일 때에만 극대 파벌임을 증명하라.

d) $C_{k-1}^+$로부터 $C_k^+$를 $C_0^+ = \{2^n - 1\}$로 시작해서 계산하는 방법을 설명하라.

▸ **133.** [*20*] 그래프 $G$가 주어졌을 때, 연습문제 132의 알고리즘으로 (a) 모든 극대 독립 정점 집합과 (b) 모든 극소 정점 덮개(모든 간선과 닿는 집합들)를 찾는 방법을 설명하라.

**134.** [*15*] 삼진수 값들에 대한 아홉 부류의 사상들이 (119), (123), (124)에 나온다. 이들 중, $a=0$, $b=*$, $c=1$일 때 표현 (128)이 속하는 부류는 무엇일까?

**135.** [*22*] 우카시에비치 Łukasiewicz는 (127) 외에도 다음과 같은 몇 가지 연산들을 그의 세 값 논리에 포함시켰다: $\neg x$(부정)는 0과 1을 맞바꾸되 $*$는 바꾸지 않고 남겨 둔다. $\diamond x$(가능성)는 $\neg x \Rightarrow x$로 정의된다. $\square x$(필요조건)는 $\neg \diamond \neg x$로 정의된다. $x \Leftrightarrow y$(동치)는 $(x \Rightarrow y) \wedge (y \Rightarrow x)$로 정의된다. 이 연산들을 (128)의 표현으로 수행하는 방법을 설명하라.

**136.** [*29*] 집합 $\{a, b, c\}$에 관한, 다음과 같은 곱셈표('구구단')로 정의되는 이진 연산들을 위한 2비트 부호화 방식을 제안하라.

$$\text{(a)} \begin{pmatrix} a & b & c \\ b & c & c \\ c & c & c \end{pmatrix}; \qquad \text{(b)} \begin{pmatrix} a & c & b \\ c & b & a \\ b & a & c \end{pmatrix}; \qquad \text{(c)} \begin{pmatrix} a & b & a \\ a & a & c \\ a & b & c \end{pmatrix}.$$

**137.** [*21*] 연습문제 136(c)의 연산을, (130) 같은 꾸려지지 않은 형태보다는 (131) 같은 꾸려진 벡터들에 대해 더 간단하게 수행할 수 있음을 보여라.

**138.** [*24*] 세 상태를 2비트로 표현하는 부호화 방식들 중에서 부류 $\mathrm{V}_a$가 최선인 예를 하나 들어라.

**139.** [*25*] $x$와 $y$가 부호 있는 비트 0 또는 $+1$ 또는 $-1$이라고 할 때, 둘의 합 $(z_1 z_2)_3 = x + y$를 계산하기에 좋은 2비트 부호화 방식은 무엇인가? 여기서 $z_1$과 $z_2$ 역시 부호 있는 비트들이어야 한다. (이는 균형 삼진수를 위한 '반가산기'이다.)

**140.** [*27*] 균형 삼진수를 위한 경제적인 전가산기를 설계하라: $x, y, z \in \{0, +1, -1\}$일 때 $3u + v = x + y + z$를 만족하는 부호 있는 비트 $u$와 $v$를 계산하는 방법을 제시하라.

▶ **141.** [*30*] 울람 수(Ulam numbers) $\langle U_1, U_2, \ldots \rangle = \langle 1, 2, 3, 4, 6, 8, 11, 13, 16, 18, 26, \ldots \rangle$의 각 수 $U_n$은 다음과 같이 정의된다: $0 < j < k < n$에 대해, $n \geq 3$에 대해 고유한 표현 $U_n = U_j + U_k$가 존재하는, $U_{n-1}$보다 큰 최소의 정수. 비트별 연산들을 이용하면 백만 개의 울람 수들을 빠르게 계산할 수 있음을 보여라.

▶ **142.** [*33*] $*10*1*01$ 같은 부분입방체를 (85)에서처럼 별표 부호 10010100과 비트 부호 01001001로 표현할 수 있다. 그러나 그 외의 다른 부호화 방식도 여러 가지가 가능하다. 연습문제 7.1.1-31의 합의 기반 알고리즘으로 기약함의항을 찾는 데 가장 적합한 부분입방체 부호화 방식은 무엇일까?

**143.** [*20*] $x$가 $8 \times 8$ 체스판을 나타내는 하나의 64비트 수라고 하자. 체스판에서 기사가 있는 칸에 해당하는 비트가 1이며, 한 체스판에 여러 개의 기사가 있을 수 있다. $x$의 기사를 한 번 움직여서 도달할 수 있는 모든 위치의 비트가 1인 64비트 수 $f(x)$를 정의하는 공식을 구하라. 예를 들어 체스 게임의 시작 시점에서 흰 기사들은 $x = \#42$에 해당하며, 그러면 $f(x) = \#a51800$이다.

**144.** [*16*] 옆쪽 힙에서 노드 $j$의 동기(sibling, 부모가 같은) 노드는 무엇인가? ((134)를 보라.)

**145.** [*17*] $h$가 $j$의 높이보다 작을 때 (137)은 무엇을 의미하는가?

▶ **146.** [*M20*] $\rho$ 함수와 $\lambda$ 함수의 관계를 서술하는 식 (138)을 증명하라.

▶ **147.** 〔*M20*〕 알고리즘 V에서 숲이 각각

a) 정점들이 $\{v_1, \ldots, v_n\}$이고 호가 없는 빈 유향 그래프일 때와

b) 지향 경로 $v_n \to \cdots \to v_2 \to v_1$일 때

$\pi v$, $\beta v$, $\alpha v$, $\tau j$의 값은 무엇인가?

**148.** 〔*M21*〕 알고리즘 V의 전처리 과정에서, 숲에 $x_3 \to x_2 \to x_1 \to \Lambda$와 $y_2 \to y_1 \to \Lambda$가 있을 때 $S$에 $\beta x_3 \to^* \beta y_2 \to^* \beta x_2 \to^* \beta y_1 \to^* \beta x_1$이 있을 수 있는가? (만일 그렇다면, $S$는 서로 다른 두 트리가 '얽혀 있는' 것이다.)

▶ **149.** 〔*23*〕 알고리즘 V의 전처리 과정을 설계하라.

▶ **150.** 〔*25*〕 원소가 $A_1$, …, $A_n$인 배열이 주어졌을 때, 구간 최솟값 질의(range minimum query) 문제는 $1 \le i \le j \le n$인 임의의 주어진 색인 $i$와 $j$에 대해 $A_{k(i,j)} = \min(A_i, \ldots, A_j)$를 만족하는 $k(i,j)$를 결정하는 것이다. 배열 $A$에 대한 $O(n)$단계의 전처리 과정을 통해서 필요한 표 $(\pi, \beta, \alpha, \tau)$를 만들어 두었다면, 알고리즘 V로 이러한 문제를 풀 수 있음을 증명하라. 힌트: 키들의 수열 $(p(1), p(2), \ldots, p(n))$으로부터 구축한 이진 검색 트리를 고려할 것. 여기서 $p$는 $A_{p(1)} \le A_{p(2)} \le \cdots \le A_{p(n)}$을 만족하는 $\{1, 2, \ldots, n\}$의 한 순열이다.

**151.** 〔*22*〕 반대로, 구간 최솟값 질의를 위한 임의의 알고리즘을 그와 동일한 효율로 가장 가까운 공통 조상 문제를 푸는 데 사용할 수 있음을 보여라.

**152.** 〔*M21*〕 알고리즘 V가 정확함을 증명하라.

▶ **153.** 〔*M20*〕 (144)와 같은 내비게이션 파일의 포인터들을 다음과 같은 이진열로 꾸릴 수 있을까?

| 0 | 1 0 | 0 | 1 0 0 | 0 0 0 | 1 | 0 1 0 0 | 0 | 0 0 | 0 | 0 0 0 |
|---|---|---|---|---|---|---|---|---|---|---|
| 2 | 4 | 6 | 8 | 10 12 | 14 | 16 | 18 | 20 | 22 | 24 |

노드 $j$의 포인터가 끝나는 비트 위치(왼쪽에서부터 세었을 때)는 무엇인가?

**154.** 〔*20*〕 그림 14의 회색선들은 삼각형 열 개로 오각형을 구성하는 방법을 보여 준다. 검은 오각형 변들을 뺀 회색선들만 보았을 때, 그 회색선들은 쌍곡평면을 어떤 식으로 분할하는가?

▶ **155.** 〔*M21*〕 $\alpha$가 $x$의 음피보나치 부호라고 할 때, $(x\phi) \bmod 1 = (\alpha 0)_{1/\phi}$임을 증명하라.

**156.** 〔*21*〕 다음을 위한 알고리즘들을 설계하라: (a) 주어진 정수 $x$를 음피보나치 부호 $\alpha$로 변환한다. (b) 주어진 음피보나치 부호 $\alpha$를 $x = N(\alpha)$로 변환한다.

**157.** 〔*M21*〕 음피보나치의 선행자, 후행자를 위한 점화식 (148)을 설명하라.

**158.** 〔*M26*〕 $\alpha = a_n \ldots a_1$이 표준적인 피보나치 수체계 (146)의 $F(\alpha 0) = a_n F_{n+1} + \cdots + a_1 F_2$에 대한 이진 부호라고 하자. 그러한 부호단어의 증가와 감소를 위한, (148), (149)와 비슷한 방법을 고안하라.

**159.** 〔*M34*〕 연습문제 7은 음이진 수체계와 이진 수체계의 상호변환이 쉽다는 사실을 보여 준다. 음피보나치 부호단어들과 연습문제 158에 나온 보통의 피보나치 부호들 사이의 변환을 논하라.

**160.** 〔*M29*〕 (150)과 (151)이 오각격자에 대해 일관된 부호 이름표들을 산출함을 증명하라.

**161.** 〔*20*〕 체스판의 칸들에, 이웃한 칸들이 서로 다른 색이 되도록 검은색과 흰색을 칠할 수 있다. 오각격자도 그러한 색칠하기가 가능할까?

▸ **162.** 〔*HM37*〕 그림 14의 오각격자를 그리는 방법을 설명하라. 어떤 원(circle)들이 존재하는가?

**163.** 〔*HM41*〕 그림 18의 타일 깔기에 있는 삼각형들을 항행하는 방법을 고안하라.

**164.** 〔*23*〕 1957년 논문에 나온 커스터화의 원래 정의는 (157)이 아니라

$$\text{custer}'(X) = X \,\&\, {\sim}\,(X_{\rm NW} \,\&\, X_{\rm N} \,\&\, X_{\rm NE} \,\&\, X_{\rm W} \,\&\, X_{\rm E} \,\&\, X_{\rm SW} \,\&\, X_{\rm S} \,\&\, X_{\rm SE})$$

이었다. (157)이 더 바람직한 이유는 무엇인가?

**165.** 〔*21*〕 (R. A. Kirsch.) 다음과 같은 규칙을 가진 $3\times 3$ 세포자동기계의 계산을 논하라.

$$X^{(t+1)} = \text{custer}(\overline{X}^{(t)}) = {\sim}\, X^{(t)} \,\&\, (X_{\rm N}^{(t)} \mid X_{\rm W}^{(t)} \mid X_{\rm E}^{(t)} \mid X_{\rm S}^{(t)}).$$

**166.** 〔*M23*〕 $f(M,N)$이 $X = \text{custer}(X)$인 $M\times N$ 비트맵 $X$의 검은 픽셀들의 개수라고 하자. $f(M,N) = \frac{4}{5}MN + O(M+N)$임을 증명하라.

**167.** 〔*24*〕 (생명 게임.) 비트맵 $X$가 죽었거나(0) 살아 있는(1) 칸들의 배열을 나타낸다고 하자. 그러면, (158)에서처럼 부울 함수

$$f(x_{\rm NW},\ldots,x,\ldots,x_{\rm SE}) = [2 < x_{\rm NW} + x_{\rm N} + x_{\rm NE} + x_{\rm W} + \tfrac{1}{2}x + x_{\rm E} + x_{\rm SW} + x_{\rm S} + x_{\rm SE} < 4]$$

를 세포자동기계의 규칙으로 사용했을 때, 비트맵에 놀라운 생명의 역사가 펼쳐질 수 있다.

a) $f$를 단계가 26 이하인 부울 사슬로 평가하는 방법을 구하라.

b) $X_j^{(t)}$가 시간 $t$에서 $X$의 행 $j$를 뜻한다고 하자. $X_j^{(t+1)}$을 세 행 $X_{j-1}^{(t)}$, $X_j^{(t)}$, $X_{j+1}^{(t)}$의 함수로서 최대 23개의 넓은워드 단계들로 평가할 수 있음을 보여라.

▸ **168.** 〔*23*〕 이미지를 유한하게 유지하는 한 방법은 $3\times 3$ 세포자동기계가 $M\times N$ 비트맵을 하나의 원환체(torus)로 취급하게 하는 것, 다시 말해 칸들을 항행할 때 상단과 하단, 왼쪽 끝과 오른쪽 끝에서 이음매 없이 순환되게 만드는 것이다. 이러한 행동을 비트별 연산들을 이용해서 효율적으로 시행하는 과제는 다소 까다롭다. 메모리 참조를 최소화하면서도 새 픽셀 값들이 모든 가장자리에 있는 기존 값들에 의존하게 만들어야 하기 때문이다. 게다가 레지스터의 제한된 용량 때문에, 인접한 워드들 사이의 비트 자리이동이 불편해지는 경향이 있다.

그러한 어려움들을 $0 \le j \le M$, $0 \le k \le N' = \lceil N/(n-2)\rceil$에 대한 $n$비트 워드 $A_{jk}$들의 배열을 유지해서 극복할 수 있음을 보여라. 만일 $j \ne M$이고 $k \ne 0$이면 워드 $A_{jk}$는 행 $j$의 열 $(k-1)(n-2)$에서 $k(n-2)+1$까지의 픽셀들을 담아야 한다. 나머지 워드 $A_{Mk}$와 $A_{j0}$은 보조 버퍼 공간을 제공하는 역할을 한다. (래스터의 일부 비트들이 두 번 나타남을 주의할 것.)

**169.** 〔*22*〕 이전 두 연습문제를 이어서, $26\times 31$ 원환체 안의 생명 게임을 적용하면 그림 17(a)의 체셔 고양이는 어떤 삶을 겪게 될까?

▶ **170.** 〔*21*〕 $M$행, $N$열의 완전히 검은 사각형에 귀와 홀의 가늘게 만들기 자동기계를 적용하면 어떤 결과가 나올까? 그 결과가 나올 때까지의 시간은 얼마인가?

**171.** 〔*24*〕 (159)의 국소 가늘게 만들기 함수 $g(x_{\rm NW}, x_{\rm N}, x_{\rm NE}, x_{\rm W}, x_{\rm E}, x_{\rm SW}, x_{\rm S}, x_{\rm SE})$를 평가하는 길이가 $\le 25$인 부울 사슬을, (160)의 추가 경우들이 있을 때와 없을 때로 나누어 구하라.

**172.** 〔*M29*〕 증명 또는 반증하라: 어떤 패턴에 서로 '왕 이웃' 관계인 검은 픽셀 세 개가 있다고 할 때, 그 픽셀들 중 연결성을 파괴하지 않고 제거할 수 있는 것이 하나라도 있다면, (160)으로 확장된 귀-홀 절차는 그것을 축약한다.

▶ **173.** 〔*M30*〕 잡음성 자료가 포함된 래스터 이미지를 깨끗하게 청소해야 하는 경우가 종종 있다. 예를 들어 이미지에 검거나 흰 점들이 우발적으로 뿌려져 있으면 광학문자인식(optical character recognition, OCR)을 위한 가늘게 만들기 알고리즘이 잘못된 결과를 낼 수 있다.

비트맵 $X$의 모든 흰 픽셀이 $2\times 2$ 흰 픽셀 정사각 덩어리의 일부이고 모든 검은 픽셀이 $2\times 2$ 검은 픽셀 정사각 덩어리의 일부일 때, $X$를 닫혀 있다고 말하기로 하자. 그리고

$$X^D = \&\{Y \mid Y \supseteq X\text{이고 } Y\text{가 닫혀 있음}\};\quad X^L = \{Y \mid Y \subseteq X\text{이고 } Y\text{가 열려 있음}\}$$

이라고 하자. 만일 비트맵이 어떤 $X$에 대해 $X^{DL}$과 동일할 때, 그러한 비트맵을 깨끗하다고 칭한다. 예를 들어

$$X = \text{[bitmap]};\quad X^D = \text{[bitmap]};\quad X^{DL} = \text{[bitmap]}$$

이다. 일반적으로 $X^D$는 $X$보다 '더 어두운' 반면 $X^L$은 '더 밝다': $X^D \supseteq X \supseteq X^L$이다.

a) $(X^{DL})^{DL} = X^{DL}$을 증명하라. 힌트: $X \subseteq Y$는 $X^D \subseteq Y^D$와 $X^L \subseteq Y^L$을 함의한다.

b) $X^D$를 $3\times 3$ 세포자동기계 한 단계로 계산할 수 있음을 보여라.

**174.** 〔*M46*〕 (M. Minsky, S. Papert.) (161)과 비슷한, 연결성을 보존하는 3차원 수축 알고리즘이 있는가?

**175.** 〔*15*〕 체셔 고양이 이미지에서 루크 방식으로 연결된 검은 구성요소는 몇 개인가?

**176.** 〔*M24*〕 $G$가, 주어진 비트맵 $X$의 검은 픽셀들을 정점들로 하는, 그리고 정점 $u$에서 $v$로(또는 그 반대로) 왕의 이동 방식으로 갈 수 있을 때 간선 $u \mathbin{—} v$가 성립하는 그래프라고 하자. 그리고 수축 변환 (161)을 적용해서 얻은 해당 그래프를 $G'$이라고 하자. 이 연습문제의 목적은 $G'$의 연결된 구성요소들의 개수가 $G$의 구성요소들의 개수에서 $G$의 고립된 정점들의 개수를 뺀 수임을 보이는 것이다.

$N_{(i,j)} = \{(i,j), (i-1,j), (i-1,j+1), (i,j+1)\}$이 픽셀 $(i,j)$와 그 북쪽, 동쪽 이웃들이라고 하자. 그리고 각 $v \in G$에 대해 $S(v) = \{v' \in G' \mid v' \in N_v\}$라고 하자.

a) $S(v)$는 오직 $v$가 $G$의 고립된 정점일 때에만 공집합임을 증명하라.

b) 만일 $G$에서 $u \mathbin{—} v$이고 $u' \in S(u)$, $v' \in S(v)$이면 $G'$에서 $u' \mathbin{—^*} v'$임을(즉, 이들이 같은 구성요소에 있음을) 증명하라.

c) 각 $v' \in G'$에 대해 $S'(v') = \{v \in G \mid v' \in N_v\}$라고 하자. $S'(v')$은 항상 공집합이 아닌가?

d) 만일 $G'$에서 $u' — v'$이고 $u \in S'(u')$, $v \in S'(v')$라면 $G$에서 $u —^* v$임을 증명하라.

e) 따라서 $G$의 자명하지 않은 구성요소들과 $G'$의 구성요소들 사이에 일대일 대응관계가 존재함을 증명하라.

**177.** [*M22*] 연습문제 176을 이어서, 흰 픽셀들에 대한 그와 비슷한 결과를 증명하라.

**178.** [*20*] $X$가 $M \times N$ 비트맵이라 할 때, $M \times (2N+1)$ 비트맵 $X \ddagger (X \mid (X \ll 1))$을 $X^*$로 표기하자. $X^*$의 왕 방식으로 연결된 구성요소들이 루크 방식으로도 연결되어 있음을, 그리고 비트맵 $X^*$의 '둘러쌈 트리(surroundedness tree)' (162)가 $X$의 것과 동일함을 보여라.

▶ **179.** [*34*] 주어진 $M \times N$ 비트맵의 둘러쌈 트리를, 본문에서 말한 것처럼 이미지를 한 번에 한 행씩 훑어서 구축하는 알고리즘을 고안하라. ((162), (163) 참고.)

▶ **180.** [*M24*] 쌍곡선 $y^2 = x^2 + 13$을 $0 < y \le 7$에 대해 손으로 디지털화하라.

**181.** [*HM20*] 유리 계수들을 가진 일반 원뿔곡선 (168)을 알고리즘 T를 적용할 수 있도록 단조 부분들로 분할하는 방법을 설명하라.

**182.** [*M31*] 3레지스터 방법(알고리즘 T)이 주어진 곡선을 정확하게 디지털화하는 이유는 무엇인가?

▶ **183.** [*M29*] (G. Rote.) 만일 조건 (v)가 거짓이면 알고리즘 T가 실패할 수 있는 이유를 설명하라.

▶ **184.** [*M22*] 알고리즘 T를 $(x', y')$, $(x, y)$, $Q'$에 적용했을 때 산출되는 변들이 같은 알고리즘을 $(x, y)$, $(x', y')$, $Q$에 적용했을 때 산출되는 변들과 정확히 같되 순서만 반대라는 조건을 만족하는 이차형식 $Q'(x, y)$를 구하라. 힌트: 더 간단한 답이 있다.

▶ **185.** [*23*] $\xi$, $\eta$, $\xi'$, $\eta'$이 유리수일 때, $(\xi, \eta)$에서 $(\xi', \eta')$으로의 직선을 적절히 디지털화하는 알고리즘을 알고리즘 T를 단순화해서 설계하라.

**186.** [*HM22*] 세 복소수 $(z_0, z_1, z_2)$가 주어졌을 때, 다음의 궤적으로 생기는 곡선을 생각해 보자.

$$B(t) = (1-t)^2 z_0 + 2(1-t)tz_1 + t^2 z_2, \qquad 0 \le t \le 1\text{에 대해.}$$

a) $t$가 0이나 1에 가까울 때의 $B(t)$의 근사적 습성은 무엇인가?

b) $S(z_0, z_1, z_2) = \{B(t) \mid 0 \le t \le 1\}$이라고 하자. $S(z_0, z_1, z_2)$의 모든 점이, 꼭짓점이 $z_0$, $z_1$, $z_2$인 삼각형의 변들 또는 삼각형 내부에 있음을 증명하라.

c) 참 또는 거짓을 말하라: $S(w + \zeta z_0, w + \zeta z_1, w + \zeta z_2) = w + \zeta S(z_0, z_1, z_2)$.

d) $S(z_0, z_1, z_2)$는 오직 $z_0$, $z_1$, $z_2$가 동일 직선상일 때에만 어떤 직선의 일부이고 그렇지 않으면 어떤 포물선의 일부임을 증명하라.

e) 만일 $0 \le \theta \le 1$이면 다음 점화식이 성립함을 증명하라.

$$S(z_0, z_1, z_2) = S(z_0, (1-\theta)z_0 + \theta z_1, B(\theta)) \cup S(B(\theta), (1-\theta)z_1 + \theta z_2, z_2).$$

**187.** [*M29*] 연습문제 186을 이어서, $S(z_0, z_1, z_2)$를 3레지스터 방법(알고리즘 T)을 이용해서 디지털화하는 방법을 제시하라. 최상의 결과를 위해서는 $S(z_2, z_1, z_0)$과 $S(z_0, z_1, z_2)$의 디지털화가 동일한 변들을 역순으로 산출해야 한다.

▶ **188.** [*25*] 비트맵 이미지를 단순히 흑 또는 백이 아니라 여러 수준의 회색조(shades of gray)를 가진 픽셀들을 이용해서 표시하는 것이 편리할 때가 있다. 그러한 회색조 수준들을 흔히 0(흑)에서 255(백)까지의 8비트 값들로 표현한다. 검은색과 흰색에 대한 관례가 전통적인 1비트 흑백과는 반대임을 주의하기 바란다. 해상도가 600DPI(dots per inch; 인치 당 도트 수)인 $m \times n$ 비트맵은, $8 \times 8$개의 1비트 픽셀들로 된 부분 배열들 각각을 회색조 수준 $\lfloor 255(1-k/64)^{1/\gamma} + \frac{1}{2} \rfloor$로(여기서 $\gamma = 1.3$이고 $k$는 부분 배열의 1들의 개수) 대응시킨 인치 당 75픽셀 $(m/8) \times (n/8)$ 회색조 이미지에 잘 대응된다.

주어진 $m \times n$ 배열 `BITMAP`을 그에 해당하는 $(m/8) \times (n/8)$ 이미지 `GRAYMAP`으로 변환하는 `MMIX` 루틴을 작성하라. $m = 8m'$이고 $n = 64n'$이라고 가정할 것.

**189.** [*25*] 주어진 $64 \times 64$ 비트맵을, 64비트 수에 대한 연산들을 이용해서 (a) 전치시키는, 또는 (b) 반시계 방향으로 90° 회전하는 좋은 방법을 각각 제시하라.

**190.** [*23*] 길이 $m$, 너비 $n$의 패리티 패턴은 각 성분이 그 루크 방식 이웃들의 2를 법으로 한 합이라는 속성을 가진 0들과 1들의 $m \times n$ 행렬이다. 예를 들어

$$\begin{matrix}1\,1\\0\,0\\1\,1\end{matrix},\quad \begin{matrix}0\,0\,1\,1\\0\,1\,0\,0\\1\,1\,0\,1\\0\,1\,0\,1\end{matrix},\quad \begin{matrix}0\,1\,0\,1\,0\\1\,1\,0\,1\,1\\0\,1\,0\,1\,0\end{matrix},\quad \begin{matrix}1\,0\,0\\1\,1\,0\\1\,0\,1\\0\,1\,1\\0\,0\,1\end{matrix},\quad \begin{matrix}0\,1\,1\,1\,0\\1\,0\,1\,0\,1\\1\,1\,0\,1\,1\\1\,0\,1\,0\,1\\0\,1\,1\,1\,0\end{matrix}$$

은 크기가 $3 \times 2$, $4 \times 4$, $3 \times 5$, $5 \times 3$, $5 \times 5$인 패리티 패턴들이다.

a) 이진 벡터 $\alpha_1, \alpha_2, \ldots, \alpha_m$이 어떤 패리티 벡터의 행들이라고 할 때, $\alpha_2, \ldots, \alpha_m$을 비트별 연산들을 이용해서 최상단 행 $\alpha_1$로부터 계산할 수 있음을 보여라. 따라서 주어진 한 비트 패턴으로 시작하는 $m \times n$ 패리티 패턴은 많아야 하나이다.

b) 참 또는 거짓을 말하라: 두 $m \times n$ 패리티 패턴의 2를 법으로 한 합은 하나의 패리티 패턴이다.

c) 모든 성분이 0인 행이나 열이 없는 패리티 패턴을 완벽한 패리티 패턴(또는 완벽 패리티 패턴)이라고 칭한다. 예를 들어 위 행렬들 중 셋은 완벽하나 $3 \times 2$ 패턴과 $3 \times 5$ 패턴은 그렇지 않다. 모든 $m \times n$ 패리티 패턴이 하나의 완벽 패리티 패턴을 부분행렬로 포함하고 있음을 보여라. 더 나아가서, $m'+1$이 $m+1$의 약수이고 $n'+1$이 $n+1$의 약수라 할 때, 그러한 모든 부분행렬의 크기가 $m' \times n'$으로 동일함을 증명하라.

d) 첫 행이 0011인 완벽 패리티 패턴은 존재하나, 01010으로 시작하는 완벽 패리티 패턴은 없다.

주어진 이진 벡터가 어떤 완벽 패리티 패턴의 최상단 행임을 판정하는 간단한 방법이 있을까?

e) $1\overbrace{0\ldots0}^{n-1}$으로 시작하는 고유한 완벽 패리티 패턴이 존재함을 증명하라.

**191.** [*M30*] 순환식(wraparound) 패리티 패턴은 연습문제 190의 패리티 패턴과 비슷하되 각 행의 제일 오른쪽 원소와 제일 왼쪽 원소도 서로 이웃인 패턴을 말한다.

a) $\alpha$로 시작하는 너비 $n$ 패턴과 $0\alpha0\alpha^R$로 시작하는 너비 $2n+2$ 순환식 패리티 패턴의 간단한 관계를 하나 찾아라.

b) 피보나치 다항식 $F_j(x)$는 다음과 같은 점화식으로 정의된다.

$$F_0(x)=0, \qquad F_1(x)=1, \qquad j\geq 1\text{에 대해}\quad F_{j+1}(x)=xF_j(x)+F_{j-1}(x).$$

10...0($N-1$개의 0들)으로 시작하는 순환식 패리티 패턴과 $x^N+1$을 법으로 한 피보나치 다항식 사이의 간단한 관계를 하나 찾아라. 힌트: $F_j(x^{-1}+1+x)$를 고찰하고, 법 $x^N+1$ 산술뿐만 아니라 법 2의 산술도 수행해 볼 것.

c) $\alpha$가 이진열 $a_1\ldots a_n$일 때 $f_\alpha(x)=a_1x+\cdots+a_nx^n$이라고 하자. $N=2n+2$이고 $\alpha_j$가 $\alpha$로 시작하는 너비 $n$ 패리티 패턴의 행 $j$라 할 때 다음이 성립함을 보여라.

$$f_{(\alpha_j0\alpha_j^R)}(x) = (f_\alpha(x)+f_\alpha(x^{-1}))F_j(x^{-1}+1+x) \bmod (x^N+1) \text{ 및 } \bmod 2.$$

d) 따라서 $\alpha$로부터 $\alpha_j$를 단 $O(n^2\log j)$단계로 계산할 수 있음을 보여라. 힌트: 연습문제 4.6.3-26을 참고할 것. 그리고 식 1.2.8-(6)을 일반화하는 항등식 $F_{m+n}(x)=F_m(x)F_{n+1}(x)+F_{m-1}(x)F_n(x)$를 사용하라.

**192.** [*HM38*] 주어진 한 이진열로 시작하는 가장 짧은 패리티 패턴도 상당히 길 수 있다. 예를 들어 첫 행이 10...0이고 너비가 120인 완벽 패턴의 길이는 36,028,797,018,963,966이다(!). 이번 연습문제의 목적은 다음과 같은 흥미로운 함수를 계산하는 방법을 고찰하는 것이다.

$$c(q)=1+\max\{m \mid \text{길이가 } m\text{이고 너비가 } q-1\text{인 완벽 패리티 패턴이 존재함}\}.$$

$1\leq q\leq 9$에 대한 초기 값 $(1,3,4,6,5,24,9,12,28)$은 손으로도 쉽게 계산할 수 있다.

a) $c(q)$를 연습문제 191의 피보나치 다항식을 사용해서 대수적으로 특징지어라.

b) $c(q)$의 정수배인 어떤 수 $M$을 알고 있을 때, 그리고 그 $M$의 소인수들도 알고 있을 때 $c(q)$를 계산하는 방법을 설명하라.

c) $e>0$일 때 $c(2^e)=3\cdot2^{e-1}$임을 증명하라. 힌트: 2를 법으로 할 때, $F_{2^e}(y)$의 간단한 형식이 존재한다.

d) $q$가 홀수이고 3의 배수가 아닐 때 $c(q)$가 $2^{2e}-1$의 약수임을 증명하라. 여기서 $e$는 $q$를 법으로 한 100단위 값(order of 2)이다. 힌트: 2를 법으로 할 때, $F_{2^e-1}(y)$의 간단한 형식이 존재한다.

e) $q$가 3의 홀수배일 때에는 어떤가?

f) 마지막으로, $q$가 짝수인 경우를 처리하는 방법을 설명하라.

▶ **193.** [*M21*] $m$과 $n$이 홀수라 할 때, 만일 완벽 $m \times n$ 패리티 패턴이 존재한다면 완벽 $(2m+1) \times (2n+1)$ 패리티 패턴도 존재함을 보여라. (이 명제를 반복해서 적용하면 복잡한 프랙탈 무늬가 나타난다. 그림 20은 연습문제 190의 $5 \times 5$ 패턴으로 얻은 모습이다.)

**그림 20.** 완벽 $383 \times 383$ 패리티 패턴.

**194.** [*M24*] 그림 20의 예처럼 8중 대칭성을 가진 완벽 $n \times n$ 패리티 패턴이 존재함을 만족하는 모든 $n \le 383$을 구하라. 힌트: 그러한 모든 패턴에서 대각 성분들은 반드시 0이다.

▶ **195.** [*HM25*] 이진 행렬 $A$의 행들이 $\alpha_1, \ldots, \alpha_m$이고 각 행의 길이가 $n$이라고 하자. 비트별 연산을 이용해서 이진체(binary field) $\{0, 1\}$에 관한 $A$의 순위(rank) $m - r$을 계산하는 방법과 $1 \le j \le r$에 대해 $\theta_j A = 0\ldots0$이 되는 길이 $m$ 선형독립(일차독립) 이진벡터 $\theta_1, \ldots, \theta_r$을 구하는 방법을 설명하라. 힌트: 알고리즘 4.6.2N, 즉 영공간(null space)들을 위한 '삼각화' 알고리즘을 참고할 것.

**196.** [*21*] (K. Thompson, 1992.) 구간 $0 \le x < 2^{31}$의 정수들을 다음 규칙에 따라 최대 6바이트의 바이트열 $\alpha(x) = \alpha_1\ldots\alpha_l$로 부호화할 수 있다: 만일 $x < 2^7$이면 $l \leftarrow 1$, $\alpha_1 \leftarrow x$로 설정한다. 그렇지 않으면 $x = (x_5\ldots x_1 x_0)_{64}$라 할 때 $2 \le j \le l$에 대해 $l \leftarrow \lceil (\lambda x)/5 \rceil$, $\alpha_1 \leftarrow 2^8 - 2^{8-l} + x_{l-1}$, $\alpha_j \leftarrow 2^7 + x_{l-j}$로 설정한다. 오직 $x = 0$일 때에만 $\alpha(x)$만 0인 바이트가 포함됨을 주목하기 바란다.

a) #a, #3a3, #7b97, #1d141의 부호화는 무엇인가?

b) 만일 $x \le x'$이면 사전순으로 $\alpha(x) \le \alpha(x')$임을 증명하라.

c) 값들의 순차열 $x^{(1)}x^{(2)}\ldots x^{(n)}$을 바이트열 $\alpha(x^{(1)})\alpha(x^{(2)})\ldots\alpha(x^{(n)})$으로 부호화했다고 가정하자. 그리고 $\alpha_k$가 그러한 바이트열의 $k$번째 바이트라고 하자. $\alpha_k$가 어떤 $x^{(i)}$에서 비롯되었는지를, 필요하다면 그 이웃 바이트 몇 개를 조사해서 손쉽게 결정할 수 있음을 보여라.

**197.** [*22*] 유니코드(Unicode)라고도 부르는 UCS(Universal Character Set, 국제 문자 집합)는 문자들을 $0 \le x < 2^{20} + 2^{16}$ 범위의 정수 부호점(codepoint) $x$로 사상하는 표준이다. UTF-16이라는 부호화 방식은 그러한 정수들을 하나나 둘의 와이드 $\beta(x) = \beta_1$이나 $\beta(x) = \beta_1\beta_2$로 표현하는데, 규칙은 이렇다: 만일 $x < 2^{16}$이면 $\beta(x) = x$이고, 그렇지 않으면

$$\beta_1 = \text{\#d800} + \lfloor y/2^{10} \rfloor, \quad \beta_2 = \text{\#dc00} + (y \bmod 2^{10}), \quad \text{여기서 } y = x - 2^{16}$$

이다. 연습문제 196의 부문제 (a), (b), (c)를 이 부호화를 이용해서 풀어라.

▶ **198.** [*21*] 유니코드 문자들을 UTF-8이라고 부르는 방식을 이용해서 바이트열로 표현하는 경우도 많다. UTF-8은 연습문제 196의 부호화 방식을 $0 \le x < 2^{20} + 2^{16}$ 구간의 정수들로 제한한 것이다. UTF-8이 표준 ASCII 문자집합(부호점들이 $x < 2^7$인)을 효율적으로 보존하며, UTF-16과는 상당히 다른 것임을 주의하기 바란다.

$\alpha_1$이 한 UTF-8 문자열 $\alpha(x)$의 첫 바이트라고 하자. $\alpha_1$과 $\alpha(x)$의 끝 사이에 있는 $l-1$개의 바이트들을 단 네 개의 바이트별 연산

$$(a \gg ((\alpha_1 \gg b) \,\&\, c)) \,\&\, 3$$

으로 계산할 수 있도록 하는, 비교적 작은 상수 $a$, $b$, $c$가 존재함을 보여라.

▸ **199.** [*23*] UTF-8에서 #a를 #c08a로 부호화할 수도 있고 #e0808a나 #f080808a로 부호화할 수도 있다. 자명한 복호화 알고리즘을 적용했을 때 세 경우 모두 같은 결과를 내기 때문이다. 그러나 그러한 필요 이상으로 긴 형식들은 보안 구멍으로 이어질 수 있기 때문에 적법하지 않은 것으로 간주된다.

$\alpha_1$과 $\alpha_2$가 $\alpha_1 \geq$ #80과 #80$\leq \alpha_2 <$ #c0을 만족하는 바이트들이라고 하자. $\alpha_1$과 $\alpha_2$가 적어도 하나의 적법한 UTF-8 문자열 $\alpha(x)$의 처음 두 바이트임을 분기 없이 판정하는 방법을 찾아라.

**200.** [*20*] 다음 세 MMIX 명령을 수행한 후의 레지스터 3의 내용을 설명하라: MOR $1,$0,#94; MXOR $2,$0,#94; SUBU $3,$1,$2.

**201.** [*20*] $x = (x_{15} \ldots x_1 x_0)_{16}$이 열여섯 개의 16진 숫자들이라고 하자. 0이 아닌 숫자들을 모두 f로 바꾸되 0들은 그대로 남겨 두는 MMIX 명령 하나를 제시하라.

**202.** [*20*] 한 옥타바이트의 0이 아닌 와이드들을 #ffff로 바꾸는 두 MMIX 명령을 제시하라.

**203.** [*22*] 테트라바이트 $x = (x_7 \ldots x_1 x_0)_{16}$을 옥타바이트 $y = (y_7 \ldots y_1 y_0)_{256}$으로 변환하고자 한다. 여기서 $y_j$는 16진 숫자 $x_j$의 ASCII 부호이다. 예를 들어 만일 $x =$ #1234abcd이면 $y$는 여덟 자 문자열 "1234abcd"를 나타내야 한다. 이를 다음과 같은 MMIX 명령들로 수행하기 위한 다섯 상수 a, b, c, d, e의 적절한 값들을 제시하라.

```
MOR t,x,a; SLU s,t,4; XOR t,s,t; AND t,t,b
ADD t,t,c; MOR s,d,t; ADD t,t,e; ADD y,t,s
```

▸ **204.** [*22*] 단 여섯 개의 MMIX 명령으로 완벽 뒤섞기를 수행하게 하는 놀라운 상수 $p$, $q$, $r$, $m$은 무엇인가? ((175)~(178)를 보라.)

▸ **205.** [*22*] 완벽한 역뒤섞기(unshuffle) 연산, 즉 (175)의 $w$에서 다시 $z$로 가는 연산을 MMIX에서 실행하는 방법을 제시하라.

**206.** [*20*] 완벽 뒤섞기 (175)를, $z \mapsto y \ddagger x = (y_{31} x_{31} \ldots y_1 x_1 y_0 x_0)_2$로 변환하는 '안섞기(inshuffle)'와 대비되게 '바깥섞기(outshuffle)'라고 부르기도 한다. 바깥섞기는 $z$의 제일 왼쪽 비트와 제일 오른쪽 비트를 보존하나, 안섞기에서는 그러한 고정된 점들이 없다. 안섞기를 바깥섞기만큼이나 효율적으로 수행할 수 있을까?

**207.** [*22*] MOR를 이용해서 $(x_{63} \ldots x_0)_2$를 $(x_{21} x_{42} x_{63} x_{20} \ldots x_2 x_{23} x_{44} x_1 x_{22} x_{43} x_0)_2$로 변환하는 3중 완벽 뒤섞기 또는 '3중 지퍼 채우기'를 수행하라. 또한 그러한 뒤섞기의 역에 해당하는 연산도 수행하라.

▸ **208.** [*23*] MMIX로 8×8 부울 행렬을 빠르게 전치시키는 방법은 무엇인가?

▸ **209.** [*21*] 연습문제 36의 접미열 패리티 연산 $x^{\oplus}$를 MXOR로 손쉽게 계산할 수 있는가?

**210.** [*22*] 퍼즐 하나: 레지스터 x에 $0 \le j,\ k < 8$인 어떤 수 $8j+k$가 들어 있다. 레지스터 a와 b에는 임의의 옥타바이트 $(a_7 \ldots a_1 a_0)_{256}$과 $(b_7 \ldots b_1 b_0)_{256}$이 들어 있다. $a_j \mathbin{\&} b_k$를 레지스터 x에 집어넣기 위한 MMIX 명령 네 개짜리 명령열을 구하라.

▸ **211.** [*M25*] 부울 함수 $f(x_1, \ldots, x_6)$의 진리표는 본질적으로 하나의 64비트 수 $f = (f(0,0,0,0,0,0)\ldots f(1,1,1,1,1,0)f(1,1,1,1,1,1))_2$이다. 두 MOR 명령으로 $f$를 각 점에서 $f$보다 크거나 같은 최소 단조 부울 함수 $\hat{f}$의 진리표로 변환할 수 있음을 보여라.

**212.** [*M32*] $a = (a_{63} \ldots a_1 a_0)_2$가 다항식

$$a(x) = (a_{63} \ldots a_1 a_0)_x = a_{63}x^{63} + \cdots + a_1 x + a_0$$

을 표현한다고 하자. MXOR를 이용해서 곱 $c(x) = a(x)b(x)$ (법 $x^{64}$, 법 2)를 계산하는 방법을 논하라.

▸ **213.** [*HM26*] CRC 절차 (183)을 MMIX에서 구현하라.

▸ **214.** [*HM28*] (R. W. Gosper.) $X$가 2를 법으로 한, 0들과 1들로 된 임의의 주어진 $8 \times 8$ 행렬이며 $\det X$가 홀수일 때 $X$의 역행렬을 계산하는 짧고 분기 없는 MMIX 명령열을 제시하라.

▸ **215.** [*21*] 주어진 64비트 수가 3의 배수인지를 MMIX에서 빠르게 판정하는 방법은 무엇인가?

▸ **216.** [*M26*] $n \ge \lambda m$인 $m$개의 $n$비트 정수 $x_1, \ldots, x_m \ge 0$이 주어졌을 때, $y \notin \{a_1 x_1 + \cdots + a_m x_m \mid a_1, \ldots, a_m \in \{0,1\}\}$인 최소의 $y > 0$를 $O(m)$단계로 계산하는 방법을 제시하라. $\lambda x$의 계산에 단위 시간이 소비된다고 가정할 것.

**217.** [*40*] 긴 텍스트 문자열을 다음과 같이 '전치된' 또는 '분할된' 방식으로 꾸리는 처리 절차를 고찰하라: 64개의 연속된 문자들을 여덟 개의 옥타바이트들의 열 $w_0 \ldots w_7$로 표현한다. 여기서 $w_k$는 64개의 문자들의 $k$번째 비트들로 이루어진다.

▸ **218.** [*M30*] (Hans Petter Selasky, 2009.) 고정된 $d \ge 3$과 주어진 정수 $a$, $x$(홀수), $y$에 대해 (여기서 $x$는 홀수), $a \cdot x^y \bmod 2^d$을 $O(d)$회의 덧셈 및 비트별 연산과 하나의 $y$ 곱하기 연산으로 계산하는 알고리즘을 고안하라.

일반적인 문맥에서 BDD는 거의 항상 Reduced Ordered Binary Decision Diagram을 뜻한다 (문헌들에서는 순서와 축약의 측면을 강조해야 하는 경우 ROBDD라고 표기하기도 한다).

— WIKIPEDIA, *The Free Encyclopedia* (2007년 7월 7일)

## 7.1.4. 이진 결정도

이제, 컴퓨터 안에서 부울 함수들을 표현하고 조작하는 주된 방법으로 빠르게 자리잡은, 중요한 종류의 자료구조들로 관심을 돌리자. 이 자료구조들에 깔린 기본적인 착안은 §6.3의 이진 트라이와 다소

비슷한 분할정복 방안이나, 여러 가지 새로운 특성들도 가지고 있다.

그림 21은 변수가 세 개인 간단한 부울 함수, 구체적으로 말하면 식 7.1.1-(43)의 중앙값 함수 $\langle x_1x_2x_3\rangle$을 위한 이진 결정도(binary decision diagram)이다. 이 도식은 이런 식으로 이해하면 된다: 최상위의 노드를 뿌리(root, 루트)라고 부른다. 가지 노드(branch node)라고도 부르는 각 내부 노드 Ⓙ에는 하나의 변수를 지정하는 이름 또는 색인 $j = V(\textcircled{j})$가 붙여 있다. 예를 들어 그림 21의 뿌리 노드 ①은 $x_1$을 지정한다. 각 가지 노드에는 두 개의 후행자가 있는데, 도식에서 선으로 연결된 노드들이 바로 그 두 후행자이다. 파선(dashed line)으로 연결된 후행자를 LO라고 부르고 실선으로 연결된 후행자를 HI라고 부른다. 이 가지 노드들은 부울 변수들의 임의의 값들에 대한 도식 안의 한 경로를 결정한다. 뿌리에서 시작해서 내려온다고 할 때, 노드 Ⓙ에서 만일 $x_j = 0$이면 LO로 가고 $x_j = 1$이면 HI로 가는 식이다. 이러한 경로는 결국에는 흡수 노드(sink node)에 도달한다. 그러한 흡수 노드를 ⊥(FALSE를 뜻함) 또는 ⊤(TRUE를 뜻함)로 표시한다. 그림 21에 이러한 공정을 적용해 보면, 실제로 변수 $\{x_1, x_2, x_3\}$ 중 적어도 둘이 0이면 함수 값이 FALSE가 되고 그렇지 않으면 TRUE가 된다는 점을 쉽게 확인할 수 있을 것이다.

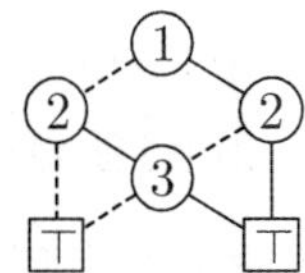

**그림 21.** 다수결 함수 또는 중앙값 함수 $\langle x_1x_2x_3\rangle$을 위한 이진 결정도(BDD).

흡수 노드를 0과 1로 표기하는 저자들도 많지만, 이 책에서는 가지 노드 ⓪, ①과의 혼동을 피하기 위해 ⊥와 ⊤를 사용한다.

그림 21을 컴퓨터 안에서 임의의 메모리 장소들에서 네 노드들의 집합으로 표현할 수도 있다. 그런 경우 각 노드는 `V | LO | HI`와 같이 세 개의 필드로 구성된다. V 필드는 변수의 색인을 담고, LO와 HI는 다른 가지 노드나 흡수 노드로의 포인터를 담는다.

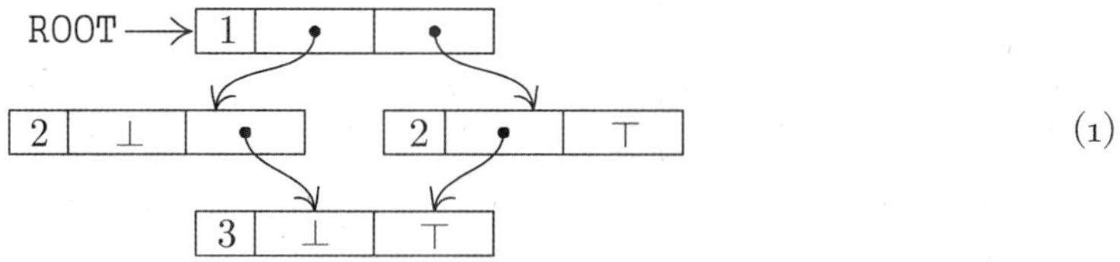


(1)

이를 64비트 워드들에 저장한다면, V에 8비트, LO에 28비트, HI에 나머지 28비트를 할당하면 될 것이다.

그러한 자료구조를 '이진 결정도(binary decision diagram)'라고 부르며, 흔히 영문 두문자어 BDD로 표기한다. 작은 BDD는 종이에 실제로 그리거나 컴퓨터 화면에 표시하기가 쉽다. 그러나 본질적으로 모든 BDD는 연결된 노드들의 추상적인 집합이며, 좀 더 정확하게는 공유된 부분트리들이 있는 이진 트리이자 흡수 노드가 아닌 모든 노드에서 정확히 두 개의 서로 다른 호가 뻗어 나오는 유향 비순환 그래프(directed acyclic graph, DAG)이다. 따라서 '이진 결정 DAG'라고 부르는 것이 더 합당할 것이다.

모든 BDD가 다음과 같은 두 가지 중요한 제약을 따른다고 가정해야 한다. 첫째로, BDD는 반드시 순서를 지킨다. 즉, 한 가지 노드 ⓘ에서 호 LO나 HI를 따라 다른 가지 노드 ⓙ로 간다고 할 때 반드시 $i < j$이다. 이는 특히, 함수를 평가할 때 어떤 변수 $x_j$를 두 번 평가하는 일이 결코 없음을 뜻한다. 둘째로, BDD는 반드시 기약(reduced)이다. 이는 간단히 말하면 BDD가 공간을 낭비하지 않는다는 의미이다. 좀 더 구체적으로는, 한 가지 노드의 LO 포인터와 HI 포인터가 결코 서로 같지 않으며, 세짝 (V, LO, HI)가 같은 노드들이 둘 이상인 경우도 결코 없다. 또한 모든 노드는 루트로부터 접근할 수 있어야 한다. 예를 들어 다음의 도식들은 BDD가 아니다.

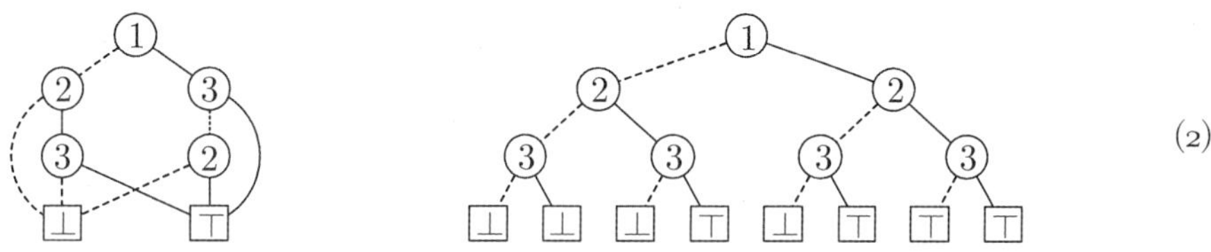

(2)

첫째 것은 순서를 지키지 않으며, 둘째 것은 기약이 아니기 때문이다.

이와 비슷한 다양한 종류의 결정도들이 고안되었으며, 전산학 문헌들을 보면 EVBDD, FBDD, IBDD, OBDD, OFDD, OKFDD, PBDD, ..., ZDD 같은 두문자어들이 넘쳐난다. 이 책에서 다른 수식어가 붙지 않은 'BDD'는 항상 방금 설명한 것처럼 순서를 지키고 기약인 결정도를 뜻한다. 이 책에서 일반적으로 '트리'가 항상 순서 있는 (평면) 트리를 뜻하는 것과 마찬가지이다. 이는 실제 응용에서 그러한 BDD와 그러한 트리가 가장 흔하게 쓰이기 때문이다.

§7.1.1에서 말했듯이 모든 부울 함수 $f(x_1, \ldots, x_n)$은 하나의 진리표에 대응된다. 진리표는 함수값 $f(0, \ldots, 0)$에서 시작해서 $f(0, \ldots, 0, 1)$, $f(0, \ldots, 0, 1, 0)$, $f(0, \ldots, 0, 1, 1)$, ..., $f(1, \ldots, 1, 1, 1)$로 이어지는 $2^n$비트 이진열이다. 예를 들어 중앙값 함수 $\langle x_1 x_2 x_3 \rangle$의 진리표는 00010111이다. $0 \mapsto$ ⊥, $1 \mapsto$ ⊤라 할 때, 이 진리표가 (2)의 기약이 아닌 결정 트리(decision tree)의 잎(말단 노드)들의 순차열과 동일함을 주목하기 바란다. 실제로 진리표와 BDD 사이에는 중요한 관계가 하나 있는데, '구슬(bead)'이라고 부르는 부류의 이진열들이 그 관계를 이해하는 데 큰 도움이 된다.

$n$차 진리표는 길이가 $2^n$인 이진열이다. 그리고 $n$차 구슬(bead)은 제곱 형태가 아닌 $n$차 진리표이다. 여기서 제곱 형태가 아니라는 것은, $\beta$가 그러한 진리표이고 $\alpha$가 길이가 $2^{n-1}$인 임의의 이진열이라 할 때, $\beta$가 $\alpha\alpha$의 형태가 아니라는 것이다. (수학자들은 이러한 '구슬'을 '길이가 $2^n$인 원시열 [primitive string]'이라고 부를 것이다.) 0차 구슬은 두 가지인데, 바로 0과 1이다. 그리고 1차 구슬도 두 가지로, 01과 10이다. 일반화하면 $n > 0$이라 할 때 $n$차 구슬은 $2^{2^n} - 2^{2^{n-1}}$개이다. 길이가 $2^n$인 이진열이 $2^{2^n}$개인데 그중 제곱 형태인 것은 $2^{2^{n-1}}$개이기 때문이다. 2차 구슬 $16 - 4 = 12$개는 다음과 같다.

$$0001, 0010, 0011, 0100, 0110, 0111, 1000, 1001, 1011, 1100, 1101, 1110. \qquad (3)$$

이들은 또한 $x_1$에 의존하는 $f(0, x_2)$와 $f(1, x_2)$가 같지 않다는 의미에서 모든 함수 $f(x_1, x_2)$의 진리표들이다.

모든 진리표 $\tau$는 한 고유한 구슬의 거듭제곱 형태이다. 그러한 고유한 구슬을 그 진리표의 뿌리라고 부른다. $\tau$의 길이가 $2^n$이고 $\tau$가 곧 하나의 구슬은 아니라면, $\tau$는 다른 어떤 진리표 $\tau'$의 제곱 형태이다. 그리고 $\tau$의 길이에 대한 귀납법에 의해, 어떤 뿌리 $\beta$에 대해 반드시 $\tau' = \beta^k$임을 증명할 수 있다. 따라서 $\tau = \beta^{2k}$이며, $\beta$는 $\tau$의 뿌리이자 $\tau'$의 뿌리이다. (물론 $k$는 2 제곱수이다.)

차수가 $n > 0$인 진리표 $\tau$는 항상 $\tau_0\tau_1$의 형태로, 여기서 $\tau_0$과 $\tau_1$은 $n-1$차 진리표들이다. 오직 $\tau_0$이 함수 $f(0, x_2, \ldots, x_n)$을 표현하며 $\tau_1$이 함수 $f(1, x_2, \ldots, x_n)$을 표현할 때에만 $\tau$가 함수 $f(x_1, x_2, \ldots, x_n)$을 표현함은 분명하다. 그러한 함수 $f(0, x_2, \ldots, x_n)$과 $f(1, x_2, \ldots, x_n)$을 $f$의 부분함수(subfunction)라고 부른다. 그리고 그 진리표 $\tau_0$과 $\tau_1$을 $\tau$의 부분표(subtable)라고 부른다.

부분표의 부분표들도 부분표이며, 하나의 부분표는 그 자신의 부분표로 간주된다. 따라서 일반적으로 $n$차 부분표에는 $0 \le k \le n$에 대해 $2^k$개의 $n-k$차 부분표들이 존재한다. 그 부분표들은 처음 $k$개의 변수 $(x_1, \ldots, x_k)$의 모든 가능한 $2^k$가지 설정들에 대응된다. 그러한 부분표들 중 서로 같은 것들이 많은 경우도 흔히 생긴다. 그런 경우에는 $\tau$를 좀 더 압축된 형태로 표현할 수 있다.

한 부울 함수의 구슬들은 함수의 진리표의 부분표들 중 구슬에 해당하는 것들이다. 예를 들어 중앙값 함수 $\langle x_1x_2x_3 \rangle$을 다시 생각해 보자. 이 함수의 진리표는 00010111이며, 서로 다른 부분표들은 $\{00010111, 0001, 0111, 00, 01, 11, 0, 1\}$이다. 이들 중 00과 11을 뺀 나머지는 모두 구슬이다. 따라서 함수 $\langle x_1x_2x_3 \rangle$의 구슬들은

$$\{00010111, 0001, 0111, 01, 0, 1\} \tag{4}$$

이다.

이제 이 논의의 요지를 밝히자면: *한 부울 함수의 BDD의 노드들과 그 함수의 구슬들은 일대일로 대응된다.* 예를 들어 다음은 그림 21의 각 노드에 해당 구슬을 표시한 것이다.

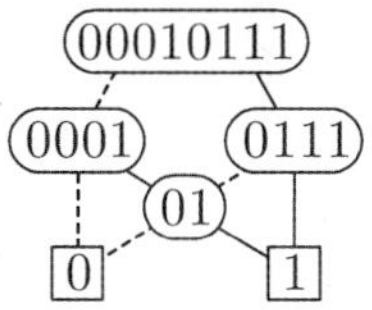

00010111
0001 0111
01
0 1 (5)

일반적으로, 한 부울 함수의 $n+1-k$차 진리표는 같은 차수의 부분함수 $f(c_1, \ldots, c_{k-1}, x_k, \ldots, x_n)$들에 대응된다. 따라서 $n+1-k$차 구슬들은 그러한 부분함수들 중 첫 변수 $x_k$에 의존하는 부분함수들에 대응된다. 그러므로 그러한 모든 구슬은 각각 BDD의 한 가지 노드 ⓚ에 대응된다. 그리고 만일 ⓚ가 진리표 $\tau' = \tau_0'\tau_1'$에 대응되는 가지 노드라고 하면, 그 LO 호와 HI 호는 각각 $\tau_0'$의 뿌리와 $\tau_1'$의 뿌리에 해당하는 노드들을 가리킨다.

구슬과 노드 사이의 이러한 대응 관계는 *모든 부울 함수에는 각자 유일한 BDD 표현이 존재한다*는 명제를 증명해 준다. 물론 그러한 BDD의 개별 노드들을 컴퓨터 안에서 서로 다른 장소들에 배치할 수도 있다.

임의의 부울 함수 $f$의 구슬 개수를 $B(f)$로 표기하자. 이 $B(f)$는 해당 BDD의 크기, 즉 흡수 노드까지 친 전체 노드 개수이다. 예를 들어 $f$가 3중앙값 함수일 때 $B(f) = 6$이다. (5)의 크기가 6이기 때문이다.

개념들을 확고히 하기 위해 예를 하나 더 들어 보자. 7.1.1-(22)와 7.1.2-(6)의 '다소 무작위한' 함수를 예로 사용하겠다. 이 함수의 진리표 1100100100001111은 하나의 구슬이며, 두 부분표 11001001과 00001111도 구슬이다. 따라서 함수의 BDD의 뿌리는 하나의 ① 가지 노드일 것을 알 수 있으며, 뿌리 아래의 LO, HI 노드들이 둘 다 ②일 것임도 알 수 있다. 길이 4 부분표들은 $\{1100, 1001, 0000, 1111\}$이다. 여기서 처음 둘은 구슬이고 나머지 둘은 제곱 형태이다. 다음 수준으로 나아가기 위해, 구슬을 반으로 잘라 '제곱근'을 취해서 비구슬들을 얻고, 중복된 것들을 제거해 보자. 그러면 $\{11, 00, 10, 01\}$이 남는다. 이번에도 구슬이 둘이다. 이러한 과정을 마지막으로 한 번 더 수행하면 원했던 BDD가 나온다.

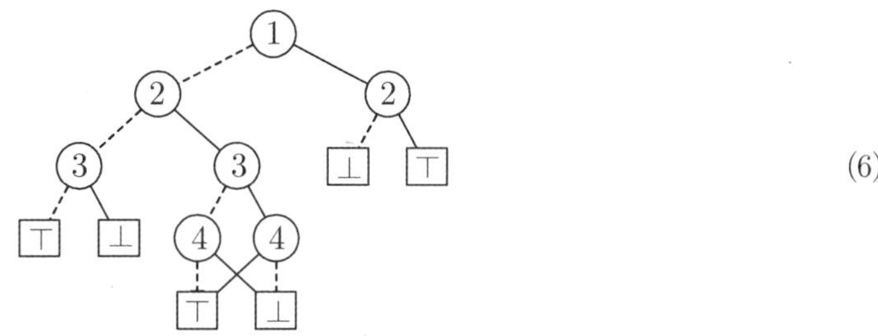


(6)

(이 도식과 이후의 도식들에서는 연결선이 너무 길어지지 않게 하기 위해서 흡수 노드 ⊥와 ⊤를 여러 개로 표시했다. 실제로는 ⊥ 노드와 ⊤ 노드가 각각 하나씩만 존재한다. 따라서 (6)의 실제 크기는 13이 아니라 9이다.)

예민한 독자라면 이 지점에서 "여기까지는 아주 좋은데, BDD가 아주 크면 어떻게 하지?"라는 의문을 가질 수도 있겠다. 실제로 BDD가 감당할 수 없을 정도로 큰 함수도 쉽게 구축할 수 있다. 이후에 그런 경우들을 연구해 볼 것이다. 그러나 다행인 것은, 실용적으로 중요한 부울 함수들 중 대다수는 $B(f)$가 비교적 작다는 것이다. 따라서 일단은 다행인 경우들에 먼저 집중하고, 감당하기 힘든 경우들은 BDD가 왜 그리 인기를 얻게 되었는지를 살펴본 뒤로 미루기로 하자.

**BDD의 장점.** 부울 함수 $f(x) = f(x_1, \ldots, x_n)$의 BDD가 비교적 작다면 여러 가지 것들을 빠르고 손쉽게 수행할 수 있다. 이를테면:

- 임의의 입력 벡터 $x = x_1 \ldots x_n$이 주어졌을 때 $f(x)$를 최대 $n$단계로 평가할 수 있다. 그냥 뿌리에서 시작해서 한 흡수 노드에 도달할 때까지 계속 가지를 따라 나가면 된다.
- $f(x) = 1$을 만족하는 사전식 순서로 가장 작은 $x$를 찾을 수 있다. 뿌리에서 시작해서, ⊥로 직접 가는 것이 아닌 한 계속 LO 가지를 타면 된다. 그러한 해 $x$는 ⓙ에서 반드시 HI 가지를 선택해야 하는 경우에만 $x_j = 1$인 비트들로 구성된다. 예를 들어 그림 21의 BDD에 이러한 절차를 적용하면 $x_1x_2x_3 = 011$이 나오고 (6)에 적용하면 $x_1x_2x_3x_4 = 0000$이 나온다. (이러한 값은 $f$의 진리표의 제일 왼쪽 1에 해당하는 $x$ 값의 위치를 알려 준다.) 모든 가지 노드가 0이 아닌 구슬 하나씩에 대응되므로 이 방법을 실행하는 데 단 $n$단계만 필요하다. ⊤로의, 다시 위로 올라가는 일이 없는 하향 경로를 항상 찾을 수 있다. 물론 이 방법은 뿌리 자체가 ⊥일 때에는 실패한다. 그러나 그런 경우는 $f$가 항상 0인 부울 함수일 때에만 생긴다.

• 방정식 $f(x)=1$의 해들의 개수를 아래의 알고리즘 C를 이용해서 셀 수 있다. 그 알고리즘은 $n$비트 수들에 대해 $B(f)$회의 연산을 수행한다. 따라서 실행 시간은 최악의 경우에서 $O(nB(f))$이다.

• 알고리즘 C를 수행하고 나면, 방정식 $f(x)=1$의 모든 해가 동일 확률이라는 의미에서의 무작위 해(확률적 해)들을 빠르게 생성할 수 있다.

• 또한 방정식 $f(x)=1$의 모든 해 $x$를 생성할 수 있다. 해가 $N$개라고 할 때 $O(nN)$단계로 그러한 작업을 수행하는 알고리즘이 연습문제 16에 나온다.

• 부울 선형계획법 문제를 풀 수 있다. 부울 선형계획법 문제(linear Boolean programming problem)란, 주어진 상수 $(w_1, \ldots, w_n)$에 대해 다음을 만족하는 $x$를 구하는 것이다.

$$f(x_1, \ldots, x_n)=1\text{에 관해 } w_1x_1+\cdots+w_nx_n\text{이 최댓값임.} \qquad (7)$$

아래의 알고리즘 B가 이를 $O(n+B(f))$단계로 해결한다.

• 생성 함수 $a_0+a_1z+\cdots+a_nz^n$을 계산할 수 있다. 여기서 각 $a_j$는 $x_1+\cdots+x_n=j$인 함수 $f(x_1, \ldots, x_n)=1$의 해들의 개수이다. (연습문제 25 참고.)

• 신뢰도 다항식 $F(p_1, \ldots, p_n)$을 계산할 수 있다. 이 신뢰도 다항식(reliability polynomial)은 $f(x_1, \ldots, x_n)=1$일 확률을 뜻하는데, 여기서 각 $x_j$는 주어진 확률 $p_j$에 따라 독립적으로 1로 설정된다. 연습문제 26에 그러한 계산을 $O(B(f))$단계로 수행하는 방법이 나온다.

더 나아가서, BDD들을 효율적으로 결합하고 수정하는 것이 가능하다. 예를 들어 $f$와 $g$를 위한 BDD들로 $f(x_1, \ldots, x_n) \wedge g(x_1, \ldots, x_n)$과 $f(x_1, \ldots, x_{j-1}, g(x_1, \ldots, x_n), x_{j+1}, \ldots, x_n)$을 위한 BDD들을 형성하는 것이 어렵지 않다.

기본적인 문제들을 BDD로 해결하는 알고리즘들을 서술할 때, BDD가 일련의 분기 명령들의 목록 $I_{s-1}$, $I_{s-2}$, …, $I_1$, $I_0$으로 주어진다고 가정하면 서술하기가 아주 쉬운 경우가 많다. 여기서 각 $I_k$는 $(\bar{v}_k?\, l_k\colon h_k)$의 형태이다. 예를 들어 다음은 (6)을 $s=9$개의 명령들의 목록으로 표현한 것이다.

$$\begin{array}{lll} I_8=(\bar{1}?\,7\colon 6), & I_5=(\bar{3}?\,1\colon 0), & I_2=(\bar{4}?\,0\colon 1), \\ I_7=(\bar{2}?\,5\colon 4), & I_4=(\bar{3}?\,3\colon 2), & I_1=(\bar{5}?\,1\colon 1), \\ I_6=(\bar{2}?\,0\colon 1), & I_3=(\bar{4}?\,1\colon 0), & I_0=(\bar{5}?\,0\colon 0). \end{array} \qquad (8)$$

이는 $v_8=1$, $l_8=7$, $h_8=6$, $v_7=2$, $l_7=5$, $h_7=4$, …, $v_0=5$, $l_0=h_0=0$으로 둔 것이다. 일반화하자면, 명령 '$(\bar{v}?\, l\colon h)$'는 "만일 $x_v=0$이면 $I_l$로 가고, 그렇지 않으면 $I_h$로 가라"는 뜻이다. 단, 마지막 경우 $I_1$과 $I_0$은 특별하다. LO 가지 $l_k$와 HI 가지 $h_k$는 다음을 만족해야 한다.

$$s>k\geq 2\text{에 대해} \qquad l_k<k, \qquad h_k<k, \qquad v_{l_k}>v_k, \qquad v_{h_k}>v_k. \qquad (9)$$

다른 말로 하면, 모든 가지는 아래 방향으로, 색인이 더 큰 변수들로 향해야 한다. 그러나 흡수 노드 ⊤와 ⊥는 $l_k=h_k=k$인, 그리고 '변수 색인' $v_k$가 불가능한 값 $n+1$로 설정된 가짜 명령 $I_1$과 $I_0$으로 표현한다.

이 명령들에, (9)가 요구하는 BDD의 위상 순서(topological ordering)를 유지하는 한에서 임의의 방식으로 번호를 매길 수 있다. 뿌리 노드는 반드시 $I_{s-1}$에 대응되어야 하며, 흡수 노드들은 반드시 $I_1$과 $I_0$에 대응되어야 한다. 그러나 다른 색인 번호들에는 그런 엄격한 제약이 적용되지 않는다. 예를 들어 (6)을 다음과 같이 표현할 수도 있다.

$$\begin{aligned} I_8' &= (1?\,7{:}\,2), & I_5' &= (\bar{4}?\,0{:}\,1), & I_2' &= (\bar{2}?\,0{:}\,1),\\ I_7' &= (2?\,4{:}\,6), & I_4' &= (\bar{3}?\,1{:}\,0), & I_1' &= (\bar{5}?\,1{:}\,1),\\ I_6' &= (3?\,3{:}\,5), & I_3' &= (\bar{4}?\,1{:}\,0), & I_0' &= (\bar{5}?\,0{:}\,0). \end{aligned} \tag{10}$$

이외에도 이와 동형인 46가지의 다른 표현들이 가능하다. 컴퓨터 안에서 BDD를 반드시 연속된 메모리 장소들에 저장할 필요는 없다. 그 어떤 비순환 유향 그래프이든, 노드들이 (1)처럼 연결되어 있다면 그 노드들을 위상 순서로 운행하는 것은 간단한 일이기 때문이다. 그러나 여러 알고리즘들을 좀 더 쉽게 이해할 수 있도록, 여기에서는 노드들이 (8)처럼 순차적으로 배치되어 있다고 가정한다.

한 가지 주의해야 할 세부 사항이 있다: 만일 모든 $x$에 대해 $f(x)=1$이면, 즉 BDD가 그냥 흡수 노드 $\boxed{\top}$이면, 이 순차적 표현에서 $s=2$로 둔다. 그렇지 않으면 $s$는 BDD의 크기이다. 이렇게 하면 뿌리가 항상 $I_{s-1}$이 된다.

**알고리즘 C** (해들의 개수 세기). 부울 사슬 $f(x)=f(x_1,\dots,x_n)$에 대한 BDD가 위에서 설명한 명령열 $I_{s-1},\dots,I_0$의 형태로 주어졌을 때, 이 알고리즘은 $f(x)=1$인 이진 벡터 $x=x_1\dots x_n$들의 개수 $|f|$를 구한다. 또한 각 $c_k$가 해당 $I_k$의 구슬의 1들의 개수인 표 $c_0, c_1, \dots, c_{s-1}$도 계산한다.

**C1.** [$k$에 대한 반복.] $c_0 \leftarrow 0$, $c_1 \leftarrow 1$로 설정하고 $k=2,3,\dots,s-1$에 대해 단계 C2를 수행한다. 그런 다음 답 $2^{v_{s-1}-1}c_{s-1}$을 돌려준다.

**C2.** [$c_k$를 계산.] $l \leftarrow l_k$, $h \leftarrow h_k$, $c_k \leftarrow 2^{v_l-v_k-1}c_l + 2^{v_h-v_k-1}c_h$로 설정한다. ▮

예를 들어 (8)과 같은 표현에서 이 알고리즘은

$$c_2 \leftarrow 1,\quad c_3 \leftarrow 1,\quad c_4 \leftarrow 2,\quad c_5 \leftarrow 2,\quad c_6 \leftarrow 4,\quad c_7 \leftarrow 4,\quad c_8 \leftarrow 8$$

을 계산한다. 따라서 $f(x_1,x_2,x_3,x_4)=1$의 모든 해의 개수는 8이다.

알고리즘 C의 정수 $c_k$들은 다음을 만족한다.

$$2 \le k < s\text{에 대해} \qquad 0 \le c_k < 2^{n+1-v_k}. \tag{11}$$

그리고 이 상계는 가능한 최선의 값이다. 따라서 $n$이 클 때에는 다정도(mulitprecision) 산술이 필요할 수 있다. 높은 정밀도를 위해 여분의 저장 공간을 마련하기가 어려운 경우라면 대신 나머지식 산술을 사용할 수도 있다. 알고리즘을 여러 번 실행하고 다양한 단정도 소수 $p$들에 대해 $c_k \bmod p$를 계산하면 된다. 최종적인 답은 식 4.3.2-(24)의 중국식 나머지 알고리즘으로 뽑아낼 수 있다. 한편, 실제 응용에서는 그냥 부동소수점 산술로 충분한 경우도 많다.

그럼 (6)보다 흥미로운 예들을 몇 가지 살펴보자. 다음은 순환마디 그래프 $C_6$(가운데)의 부분집합들에 해당하는 6변수 함수들을 표현한 두 BDD이다.

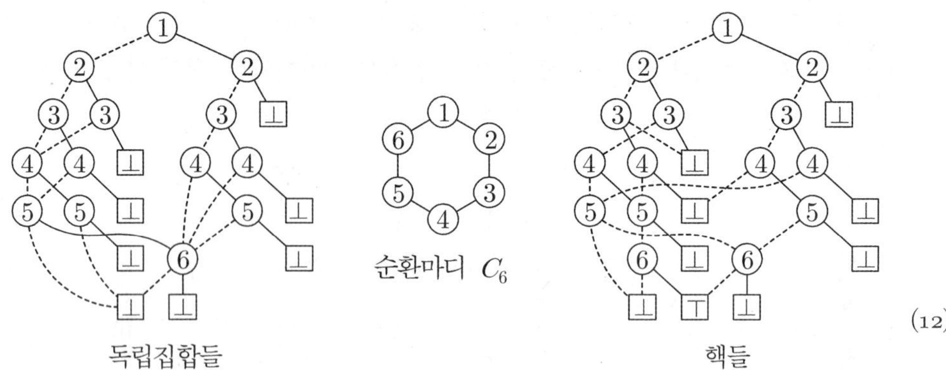

(12)

이 설정에서 $x_1 \ldots x_6 = 100110$ 같은 벡터는 부분집합 $\{1, 4, 5\}$를 나타내고, 벡터 000000은 공집합을 나타내고, 등등이다. 왼쪽은 $x$가 $C_6$에서 독립일 때 $f(x) = 1$인 부울 함수를 나타내는 BDD이다. 오른쪽은 $C_6$의 극대 독립 부분집합들, 즉 핵(kernel)들을 나타낸 BDD이다(연습문제 12 참고). 일반화하자면, $C_n$의 독립 부분집합은 0들과 1들을 길이가 $n$인 원에 배치하되 1 두 개가 연달아 나오지 않도록 배치한 것에 해당한다. 그리고 핵은 그러한 조건에 0 세 개가 연달아 나오지 않는다는 조건까지 추가된 것이다.

알고리즘 C는 상향식으로 BDD에 계수 $c_k$들을 부여한다. 여기서 $c_k$는 $l$이 노드 $k$의 이름표라 할 때 $x_l \ldots x_n$의 값들을 선택함으로써 노드 $k$에서 ⊤로 가는 방법의 개수이다. 그 알고리즘을 (12)의 BDD들에 적용해서 다음을 얻는다.

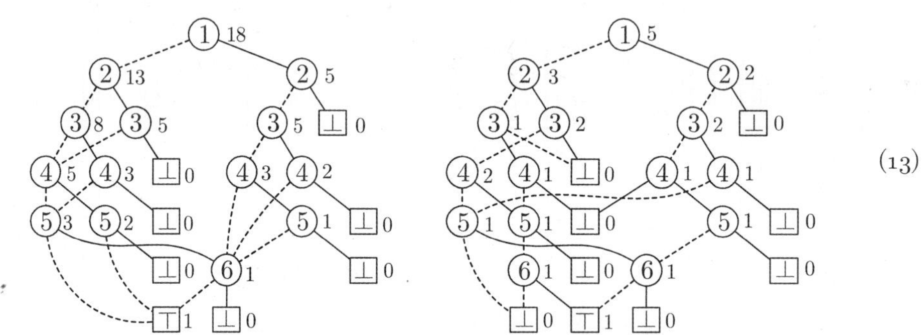
(13)

따라서 $C_6$에는 18개의 독립집합과 5개의 핵이 있다.

이 계수들을 이용하면 고르게 무작위한 해들을 손쉽게 생성할 수 있다. 예를 들어 무작위 독립집합 벡터 $x_1 \ldots x_6$을 얻는다고 할 때, 왼쪽 BDD의 해들 중 $x_1 = 0$인 것이 13개이고, 오른쪽 것은 다섯 개가 $x_1 = 1$이라는 점을 알고 있다. 따라서 13/18의 확률에 걸리면 $x_1 \leftarrow 0$으로 설정하고 LO 가지를 타고, 그렇지 않으면 $x_1 \leftarrow 1$로 설정하고 HI 가지를 타면 된다. 후자의 경우 $x_1 = 1$에 의해 반드시 $x_2 \leftarrow 0$이 되지만, 그다음에는 $x_3$에서 어떤 쪽으로도 갈 수 있다.

$x_1 \leftarrow 1$, $x_2 \leftarrow 0$, $x_3 \leftarrow 0$, $x_4 \leftarrow 0$으로 선택했다고 하자. 이 경우가 발생할 확률은 $\frac{5}{18} \cdot \frac{5}{5} \cdot \frac{3}{5} \cdot \frac{2}{3} = \frac{2}{18}$이다. 그다음에는 ④에서 ⑥으로의 가지가 있으므로, 여기서 동전을 던져서 $x_5$를 완전히 무작위한 값으로 설정한다. 일반화하자면, ⓘ에서 ⓙ로의 가지는 $j-i-1$개의 중간 비트

$x_{i+1}\cdots x_{j-1}$가 독립적으로 동일 확률로 0 또는 1이 되어야 한다는 뜻이다. 비슷하게, ⓘ에서 ⊤로의 가지는 $x_{i+1}\cdots x_n$에 무작위 변수들을 배정해야 함을 뜻한다.

물론 조합적 문제에 대한 18가지 해들 중 하나를 무작위로 선택하는 좀 더 간단한 방법들도 존재한다. 더 나아가서, (13)의 오른쪽 BDD는 $C_6$의 다섯 핵을 표현하는 방법치고는 창피할 정도로 복잡하다. 그냥 001001, 010010, 010101, 100100, 101010으로 나열하면 그만인데 말이다! 그러나 여기서 핵심은, $n$이 훨씬 클 때에도 $C_n$의 독립집합들과 핵들을 같은 방법으로 표현할 수 있다는 것이다. 예를 들어 100순환마디 $C_{100}$의 핵은 1,630,580,875,002개이나, 해당 BDD의 노드는 단 855개이다. 따라서, 그러한 방대한 해들 중에서 완전히 무작위한 핵을 100개의 단순한 단계들로 생성할 수 있다.

**부울 계획법 및 그 외의 응용들.** (7)에서 말한, 부울 방정식 $f(x)=1$에 대한 가중 해들을 알고리즘 C와 비슷한 상향식 알고리즘을 이용해서 구하는 것도 가능하다. 기본 착안은 $f$에서 어떤 임의의 구슬 바로 아래에 있는 LO 구슬과 HI 구슬에 대한 최적해들을 알고 있다면, 그 구슬로부터 하나의 최적해를 손쉽게 유도할 수 있다는 것이다.

**알고리즘 B** (가중치가 최대인 해들)**.** 알고리즘 C에서처럼 $I_{s-1}, \ldots, I_0$이 부울 함수 $f$의 BDD를 표현하는 분기 명령열이라고 하자. 그리고 $(w_1, \ldots, w_n)$이 임의의 정수 가중치열이라고 하자. 이 알고리즘은 $f(x)=1$인 모든 $x$에 관해 $w_1x_1+\cdots+w_nx_n$이 최대가 되는 이진 벡터 $x=x_1\ldots x_n$을 구한다. $s>1$이라고 가정하며, 그렇지 않다면 $f(x)$는 항상 0이다. 알고리즘은 계산 도중 보조 정수 벡터 $m_1\ldots m_{s-1}$과 $W_1\ldots W_{n+1}$, 보조 비트 벡터 $t_2\ldots t_{s-1}$을 사용한다.

**B1.** [초기화.] $W_{n+1}\leftarrow 0$으로 설정하고 $n\geq j\geq 1$에 대해 $W_j\leftarrow W_{j+1}+\max(w_j,0)$으로 설정한다.

**B2.** [$k$에 대한 반복.] $m_1\leftarrow 0$으로 설정하고, $2\leq k<s$에 대해 단계 B3을 수행한다. 그런 다음 단계 B4를 수행한다.

**B3.** [$I_k$를 처리한다.] $v\leftarrow v_k$, $l\leftarrow l_k$, $h\leftarrow h_k$, $t_k\leftarrow 0$으로 설정한다. 만일 $l\neq 0$이면 $m_k\leftarrow m_l+W_{v+1}-W_{v_l}$로 설정한다. 그런 다음 만일 $h\neq 0$이면 다음을 수행한다: $m\leftarrow m_h+W_{v+1}-W_{v_h}+w_v$를 계산하고, 만일 $l=0$이나 $m>m_k$이면 $m_k\leftarrow m$, $t_k\leftarrow 1$로 설정한다.

**B4.** [$x$들을 계산한다.] $j\leftarrow 0$, $k\leftarrow s-1$로 설정하고, $j=n$이 될 때까지 다음 연산들을 수행한다: $j<v_k-1$인 동안 $j\leftarrow j+1$, $x_j\leftarrow [w_j>0]$으로 설정한다. 만일 $k>1$이면 $j\leftarrow j+1$, $x_j\leftarrow t_k$, $k\leftarrow (t_k=0?\, l_k\colon h_k)$로 설정한다. ▮

이 알고리즘의 한 간단한 경우를 연습문제 18에서 살펴볼 것이다. 단계 B3이 실행하는 기술적 조작들은 좀 무서워 보이지만, 전체적으로는 그냥

$$m_k\leftarrow \max(m_l+W_{v+1}-W_{v_l},\ m_h+W_{v+1}-W_{v_h}+w_v) \tag{14}$$

를 계산하고 $l$과 $h$ 중 무엇이 더 나은지를 $t_k$에 기록하는 것일 뿐이다. 실제로, $v_l$과 $v_h$ 둘 다 $v+1$과 같은 경우가 많다. 그러면 계산은 그냥 $m_k \leftarrow \max(m_l, m_h + w_v)$로 설정한다. 이는 $x_v = 0$이나 $x_v = 1$인 경우들에 해당한다. 기술적인 세부사항들은 $-\infty$인 $m_0$의 조회를 피하기 위해, 그리고 $v_l$이나 $v_h$가 $v+1$을 넘을 수 있기 때문에 필요한 것일 뿐이다.

이 알고리즘이 있으면, 이를테면 $n$순환마다 $C_n$의 핵 정점들의 최적 집합을, '투에-모스' 수열(Thue-Morse sequence)에 기초한 다음과 같은 가중치들을 이용해서 빠르게 찾아낼 수 있다.

$$w_j = (-1)^{\nu j}. \tag{15}$$

여기서 $\nu j$는 식 7.1.3-(59)의 옆쪽 덧셈을 뜻한다. 다른 말로 하면, $w_j$는 $j$를 이진수로 표현했을 때 홀수 패리티인지 짝수 패리티인지에 따라 $-1$ 또는 $+1$이다. $w_1x_1 + \cdots + w_nx_n$의 최댓값은 한 핵에서 짝수 패리티 정점 3, 5, 6, 9, 10, 12, 15, ...가 홀수 패리티 정점 1, 2, 4, 7, 8, 11, 13, ...보다 훨씬 많이 나타날 때 발생한다. 예를 들어 $n = 100$일 때

$$\{1,3,6,9,12,15,18,20,23,25,27,30,33,36,39,41,43,46,48,\\ 51,54,57,60,63,66,68,71,73,75,78,80,83,86,89,92,95,97,99\} \tag{16}$$

가 그러한 의미에서의 한 최적 핵이다. 단 다섯 개의 홀수 패리티 정점, 즉 $\{1, 25, 41, 73, 97\}$이 포함된 덕분에 이 원소 38개짜리 집합은 핵 조건들을 만족한다. 따라서 $\max(w_1x_1 + \cdots + w_{100}x_{100}) = 28$이다. 알고리즘 B로 몇 조 개의 후보 핵들 중에서 (16)을 선택하는 데 든 컴퓨터 명령 개수는 몇 천 개 정도이다. 이는 그러한 모든 핵에 대한 BDD의 크기가 작기 때문에 가능한 일이다.

순환 핵 같은 조합적 대상들에 관련된 수학적으로 순수한 문제들을, 재귀와 귀납에 기초한 좀 더 전통적인 기법들로 효율적으로 푸는 것도 가능하다. 그러나 BDD 방법의 미덕은, 그 어떤 우아한 구조도 가지지 않은 현실 세계의 문제들에도 BDD 방법을 적용할 수 있다는 것이다. 예를 들어 7-(17)과 7-(61)에 나온 미합중국의 49개의 주(state)들로 이루어진 그래프를 생각해 보자. 그 그래프의 극대 독립집합들(모든 핵)을 나타내는 부울 함수의 BDD는 크기가 780이고 다음과 같이 시작한다.

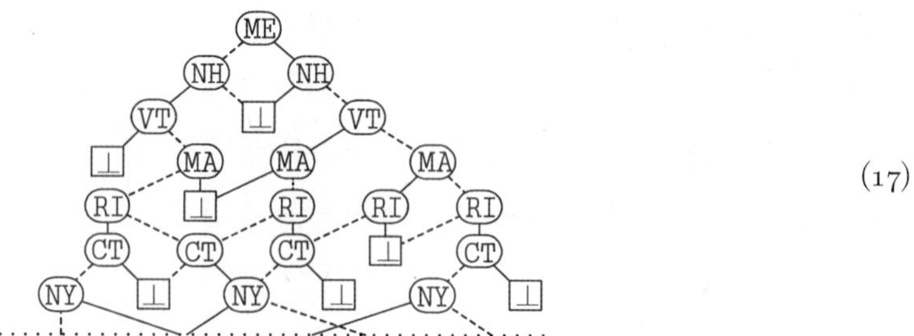

(17)

알고리즘 B를 이용하면 가중치가 최소, 최대인 다음과 같은 핵들을 빠르게 찾아낸다. 여기서 각 주 정점의 가중치는 그냥 해당 우편번호의 영문자들의 합이다($w_{\text{CA}} = 3+1$, $w_{\text{DC}} = 4+3$, ..., $w_{\text{WY}} = 23+25$).

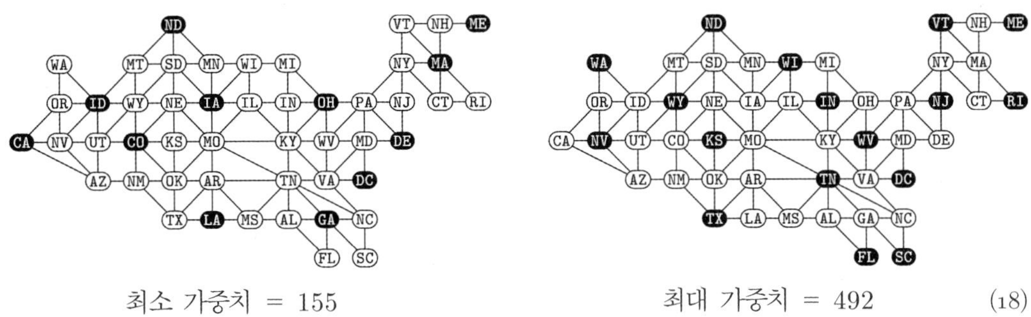


최소 가중치 = 155 최대 가중치 = 492 (18)

이 그래프에는 핵이 266,137개이다. 그러나 알고리즘 B를 이용하면 그 핵들 전부를 생성할 필요가 없다. 사실 (18)의 오른쪽 예를 크기가 428로 더 작은, 독립집합들을 특징짓는 BDD로 구할 수도 있었다. 모든 가중치가 양수이기 때문이다. (그런 경우 가중치가 최대인 핵은 가중치가 최대인 독립집합과 같은 것이다.) 이 그래프의 독립집합은 211,954,906개로 핵보다 훨씬 많다. 그럼에도 최대 가중치 독립집합을 최대 가중치 핵보다 훨씬 빠르게 찾아낼 수 있다. 이는 BDD가 더 작기 때문이다.

지금까지 살펴본 것과는 상당히 다른 종류의 그래프 관련 BDD가 그림 22에 나와 있다. 이 BDD는 $3\times3$ 격자 $P_3 \square P_3$에 기초한 것으로, 격자의 모든 정점을 함께 연결하는 간선들의 집합을 특징짓는다. 즉, 이는 아홉 정점 $\{1, \ldots, 9\}$가 아니라 12개의 간선 $1 - 2$, $1 - 3$, $\ldots$, $8 - 9$의 함수 $f(x_{12}, x_{13}, \ldots, x_{89})$이다. 연습문제 55는 이러한 BDD를 구축하는 한 가지 방법을 설명한다. 알고리즘 C를 이 BDD에 적용하면 $P_3 \square P_3$의 신장 부분그래프 $2^{12} = 4096$개 중 정확히 431개가 연결되어 있음을 알 수 있다.

**그림 22.** 격자 $P_3 \square P_3$과 해당 연결된 부분그래프들에 대한 BDD.

알고리즘 C를 간단히 확장한다면(연습문제 25 참고), 이 개수를 좀 더 정련할 수 있으며, 그러한 해들의 생성 함수, 구체적으로 말하면

$$G(z) = \sum_x z^{\nu x} f(x) = 192z^8 + 164z^9 + 62z^{10} + 12z^{11} + z^{12} \qquad (19)$$

을 구할 수 있다. 이로부터 $P_3 \square P_3$에는 신장 트리가 192개, 서로 연결된 9간선 신장 부분그래프가 164개, 등등이 있음을 알 수 있다. 연습문제 7.2.1.6-106(a)에는 일반적인 $m$과 $n$에 대한 $P_m \square P_n$의 신장 트리 개수를 알려주는 공식이 나온다. 그러나 완전한 생성 함수 $G(z)$는 그보다 훨씬 많은 정보를 담고 있으며, $\min(m, n)$이 작은 경우가 아닌 한 생성 함수에 대한 간단한 일반식은 없는 것 같다.

$P_3 \square P_3$에서 한 간선 $u - v$가 존재할 확률이 다른 모든 간선과는 독립적으로 $p_{uv}$라고 하자.

그렇다면 해당 부분그래프가 연결될 확률은 얼마일까? 그 확률이 바로 신뢰도 다항식인데, 여러 응용 분야에 따라 다양한 이름으로 불린다. 일반적으로, 연습문제 7.1.1-12에서 논의했듯이, 모든 부울 함수 $f(x_1, ..., x_n)$은 다음과 같은 속성을 가진 다항식 $F(x_1, ..., x_n)$으로 고유하게 표현할 수 있다.

i) 각 $x_j$가 0 또는 1이면 항상 $F(x_1, ..., x_n) = f(x_1, ..., x_n)$이다.

ii) $F(x_1, ..., x_n)$은 다중선형이다. $x_j$의 차수는 모든 $j$에 대해 $\leq 1$이다.

이 다항식 $F$의 계수들은 정수인데, 그 계수들은 다음과 같은 기본 점화식을 만족한다.

$$F(x_1, ..., x_n) = (1 - x_1)F_0(x_2, ..., x_n) + x_1 F_1(x_2, ..., x_n). \quad (20)$$

여기서 $F_0$과 $F_1$은 $f(0, x_2, ..., x_n)$과 $f(1, x_2, ..., x_n)$의 정수 다중선형 표현이다. 사실 (20)은 조지 부울George Boole의 '전개법칙'이다.

점화식 (20)에서 두 가지 중요한 사실이 비롯된다. 첫째로, $F$가 바로 앞에서 언급한 신뢰도 다항식 $F(p_1, ..., p_n)$이다. 왜냐하면 신뢰도 다항식이 바로 그 점화식을 만족함이 자명하기 때문이다. 둘째로, $F$는 $f$에 대한 BDD로부터 쉽사리 계산할 수 있다. 상향식으로 나아가면서 (20)으로 각 구슬의 신뢰도를 계산하면 된다. (연습문제 26을 보라.)

물론 $8 \times 8$ 격자 $P_8 \square P_8$에 대한 연결성 함수는 $P_3 \square P_3$에 대한 것보다 훨씬 복잡하다. 그 함수는 112변수 부울 함수로, 해당 BDD는 노드가 43790개나 된다. 반면 그림 22은 단 37개이다. 그래도 BDD를 이용한 계산은 상당히 해볼 만하다. 생성 함수

$$\begin{aligned} G(z) &= 126231322912498539682594816z^{63} \\ &\quad + 1006611140035411062600761344z^{64} \\ &\quad + \cdots + 6212z^{110} + 112z^{111} + z^{112} \end{aligned}$$

과, 각 간선의 존재 확률이 $p$인 연결성 확률 $F(p)$, 그리고 그 도함수 $F'(p)$를 1, 2초 이내로 계산할 수 있다(연습문제 29를 보라):

$F(p)$: [그래프, 가로축 0 $p$ 1] ; $F'(p)$: [그래프, 가로축 0 $p$ 1] . (21)

***포괄적인 일반화.** 알고리즘 B와 C, 그리고 지금까지 논의한 BDD를 상향식으로 훑는 알고리즘들은 사실 다른 여러 방식으로도 활용할 수 있는 훨씬 더 일반적인 방안의 특수한 경우들이다. 어떤 추상 대수의 두 이항 연산자 $\circ$과 $\bullet$이 결합법칙을 만족하며, 다음과 같은 분배법칙도 만족한다고 하자.

$$\alpha \bullet (\beta \circ \gamma) = (\alpha \bullet \beta) \circ (\alpha \bullet \gamma), \qquad (\beta \circ \gamma) \bullet \alpha = (\beta \bullet \alpha) \circ (\gamma \bullet \alpha). \quad (22)$$

모든 부울 함수 $f(x_1, ..., x_n)$은 기호 $\circ$, $\bullet$, $\perp$, $\top$와 $1 \leq j \leq n$에 대한 $\bar{x}_j$, $x_j$가 관여하는 완전히 정교화한 진리표(fully elaborated truth table, 줄여서 전정교 진리표)에 대응된다. 그 대응 방식은 작은 예제 하나를 통해서 이해하는 것이 최선일 것이다. $n = 2$이고 $f$에 대한 보통의 진리표가 0010이면 전정교 진리표는

$$(\bar{x}_1 \bullet \bar{x}_2 \bullet \bot) \circ (\bar{x}_1 \bullet x_2 \bullet \bot) \circ (x_1 \bullet \bar{x}_2 \bullet \top) \circ (x_1 \bullet x_2 \bullet \bot) \quad (23)$$

이다. 이러한 수식의 의미는 기호 ∘, •, ⊥, ⊤와 리터럴 $\bar{x}_j$, $x_j$에 어떤 의미를 부여하느냐에 따라 달라진다. 그러나 그 의미야 어떻든, 여기서 중요한 점은 이러한 수식을 $f$에 대한 BDD로부터 직접 계산할 수 있다는 것이다.

그림 21, 즉 $\langle x_1x_2x_3 \rangle$에 대한 BDD를 다시 예로 들어 보자. 노드 ⊥와 ⊤의 정교화는 각각 $\alpha_\bot = \bot$와 $\alpha_\top = \top$이다. 그러면 ③의 정교화는 $\alpha_3 = (\bar{x}_3 \bullet \alpha_\bot) \circ (x_3 \bullet \alpha_\top)$이다. 이름표가 ②인 노드의 정교화는 왼쪽이 $\alpha_2^l = (\bar{x}_2 \bullet (\bar{x}_3 \circ x_3) \bullet \alpha_\bot) \circ (x_2 \bullet \alpha_3)$이고 오른쪽이 $\alpha_2^r = (\bar{x}_2 \bullet \alpha_3) \circ (x_2 \bullet (\bar{x}_3 \circ x_3) \bullet \alpha_\top)$이다. 그리고 노드 ①의 정교화는 $\alpha_1 = (\bar{x}_1 \bullet \alpha_2^l) \circ (x_1 \bullet \alpha_2^r)$이다. (연습문제 31에서 일반화된 절차를 논의한다.) 이 공식들을 분배법칙 (22)로 전개하면 $2^n = 8$개의 '항'들로 된 전정교 진리표가 나온다:

$$\begin{aligned}\alpha_1 = {} & (\bar{x}_1 \bullet \bar{x}_2 \bullet \bar{x}_3 \bullet \bot) \circ (\bar{x}_1 \bullet \bar{x}_2 \bullet x_3 \bullet \bot) \circ (\bar{x}_1 \bullet x_2 \bullet \bar{x}_3 \bullet \bot) \circ (\bar{x}_1 \bullet x_2 \bullet x_3 \bullet \top) \\ & \circ (x_1 \bullet \bar{x}_2 \bullet \bar{x}_3 \bullet \bot) \circ (x_1 \bullet \bar{x}_2 \bullet x_3 \bullet \top) \circ (x_1 \bullet x_2 \bullet \bar{x}_3 \bullet \top) \circ (x_1 \bullet x_2 \bullet x_3 \bullet \top). \end{aligned} \quad (24)$$

알고리즘 C는 '∘'이 덧셈, '•'이 곱셈, '⊥'이 0, '⊤'이 1, '$\bar{x}_j$'가 1, '$x_j$'도 1인 특수한 경우이다. 알고리즘 B는 '∘'이 최댓값 연산자이고 '•'이 덧셈인 경우이다. 이 경우 분배법칙

$$\alpha + \max(\beta, \gamma) = \max(\alpha + \beta, \alpha + \gamma), \qquad \max(\beta, \gamma) + \alpha = \max(\beta + \alpha, \gamma + \alpha) \quad (25)$$

가 성립함을 수월하게 증명할 수 있다. '⊥'는 $-\infty$, '⊤'는 0, '$\bar{x}_j$'는 0, '$x_j$'는 '$w_j$'라고 해석한다. 그러면, 예를 들어 (24)는

$$\max(-\infty, -\infty, -\infty, w_2 + w_3, -\infty, w_1 + w_3, w_1 + w_2, w_1 + w_2 + w_3)$$

이 된다. 일반화하자면, 이러한 해석 하에서 전정교 진리표는 수식 $\max\{w_1x_1 + \cdots + w_nx_n \mid f(x_1, \ldots, x_n) = 1\}$에 해당한다.

**익숙한 함수들.** BDD가 적당한 크기임이 밝혀진 함수들의 모임이 여럿 있다. 예를 들어 $f$가 $n$변수 대칭함수일 때 $B(f) = O(n^2)$임을 증명하기는 어렵지 않다. 실제로, $n = 5$일 때에는 이렇게 하면 된다: 삼각형 패턴

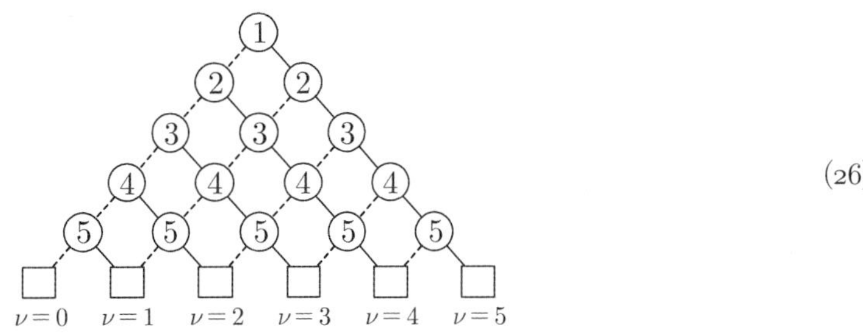


(26)

으로 시작해서, $\nu x = x_1 + \cdots + x_5$의 값이 0이나 1, 2, 3, 4, 5일 때의 해당 $f$의 값에 따라 잎들에 ⊥나 ⊤를 배정해 나간다. 그런 다음 중복되거나 동치인 노드들을 제거하면 반드시 크기가 $\binom{n+1}{2} + 2$ 이하인 BDD를 얻게 된다.

임의의 함수 $f(x_1, ..., x_n)$의 변수들 중 인접한 두 변수를 같게 둔 또 다른 함수를 생각해 보자.

$$g(x_1, ..., x_n) = f(x_1, ..., x_{k-1}, x_k, x_k, x_{k+2}, ..., x_n). \tag{27}$$

연습문제 40은 $B(g) \leq B(f)$임을 증명한다. 그리고 이러한 '농축(condensation)' 공정을 반복하다 보면, $B(f)$가 작으면 항상 BDD도 작다는 속성을 가진 함수 $f(x_1, x_1, x_3, x_3, x_3, x_6)$을 구하게 된다. 특히, 문턱값 함수 $[2x_1 + 3x_3 + x_6 \geq t]$는 반드시 임의의 $t$ 값에 대해 작은 BDD를 가진다. 그러한 함수는 대칭함수 $f(x_1, ..., x_6) = [x_1 + \cdots + x_6 \geq t]$의 한 농축된 버전이기 때문이다. 이러한 논증은 음이 아닌 정수 가중치들을 가진 임의의 문턱값 함수

$$f(x_1, x_2, ..., x_n) = [w_1x_1 + w_2x_2 + \cdots + w_nx_n \geq t] \tag{28}$$

를 변수가 $w_1 + w_2 + \cdots + w_n$개인 대칭함수의 농축을 통해서 얻을 수 있으며, 따라서 그 BDD의 크기는 $O(w_1 + w_2 + \cdots + w_n)^2$임을 증명한다.

심지어 가중치들이 지수적으로 증가할 때에도 문턱값 함수를 쉽게 평가할 수 있는 경우가 있다. 예를 들어 $t = (t_1t_2 \ldots t_n)_2$라 할 때 함수

$$f_t(x_1, x_2, ..., x_n) = [2^{n-1}x_1 + 2^{n-2}x_2 + \cdots + x_n \geq t] \tag{29}$$

는 오직 이진열 $x_1x_2 \ldots x_n$이 사전순으로 $t_1t_2 \ldots t_n$보다 크거나 같을 때에만 참이다. 그리고 $t_n = 1$이라 할 때 이 함수의 BDD는 항상 $n + 2$개의 노드로 이루어진다. (연습문제 170을 보라.)

BDD가 작은 또 다른 종류의 함수는 식 7.1.2-(31)의 $2^m$중 멀티플렉서이다. 이것은 다음과 같은 $n = m + 2^m$ 변수 함수이다.

$$M_m(x_1, ..., x_m; x_{m+1}, ..., x_n) = x_{m+1+(x_1 \ldots x_m)_2}. \tag{30}$$

이 함수의 BDD는 $1 \leq k \leq m$에 대해 $2^{k-1}$개의 가지 노드 ⓚ들로 시작한다. 그러나 그러한 완전 이진 트리 아래에는, $m < k \leq n$인 주 변수 블록의 각 $x_k$마다 단 하나의 ⓚ가 있을 뿐이다. 따라서 $B(M_m) = 1 + 2 + \cdots + 2^{m-1} + 2^m + 2 = 2^{m+1} + 1 < 2n$이다.

그림 23에 나온 선형 회로망 계산 모형은 한 BDD가 특별히 효율적인 경우들을 명확히 하는 데 도움이 된다. 계산 모듈 $M_1$, $M_2$, ..., $M_n$을 부울 변수 $x_k$가 모듈 $M_k$에 입력이 되도록 배치한다고 하자. 또한 이웃한 모듈들을 전선으로 연결하되, 각 전선이 하나의 부울 신호를 전달한다고 하자. 구체적으로, $1 \leq k \leq n$에 대해 $M_k$에서 $M_{k+1}$로의 전선 $a_k$와 $M_{k+1}$에서 $M_k$로의 전선 $b_k$가 있으며, $M_n$에서는 함수 $f(x_1, ..., x_n)$의 출력을 담는 특별한 전선 하나가 나온다. 각 $k$에 대해 모듈 $M_k$의 입력 단자가 정확히 $c_k = 1 + a_{k-1} + b_k$개이고 출력 단자가 정확히 $d_k = a_k + b_{k-1}$이 되도록, $a_0 = b_0 = b_n = 0$, $a_n = 1$로 정의하자. 이런 식으로 배치된 모듈들은 그 $c_k$개의 입력들로 $d_k$개의 부울 함수들을 계산한다.

각 모듈이 계산하는 개별 함수는 얼마든지 복잡할 수 있으나, 반드시 잘 정의된 함수이어야 한다. 여기서 잘 정의되었다는 것은 결합된 값들이 전적으로 $x$들에 의해 결정된다는 뜻이다. 즉, 주어진 모든 함수에 대해 일관되게, $(x_1, ..., x_n)$의 각 선택은 반드시 모든 전선에 대한 신호들을 정확히

한 가지 방식으로 설정하는 결과로 이어져야 한다. 머크밀런Kenneth McMillan은 이 일반적인 설정을 이용하는 계산을 공식화할 수 있을 때마다 성립하는 흥미로운 상계 하나를 발견했다.

**정리 M.** *만일 $f$를 그러한 회로망으로 계산할 수 있다면 $B(f) \le \sum_{k=0}^{n} 2^{a_k 2^{b_k}}$이다.*

증명. $1 \le k \le n$에 대해, $f$의 BDD의 가지 노드 ⓚ가 많아야 $2^{a_{k-1}2^{b_{k-1}}}$개임을 보이고자 한다. 이는 $b_{k-1} = 0$일 때에는 자명하다. 왜냐하면 $x_1$에서 $x_{k-1}$까지의 변수들이 임의의 주어진 값들을 가질 때 가능한 부분함수는 많아야 $2^{a_{k-1}}$개이기 때문이다. 따라서 모듈 $M_{k-1}$과 $M_k$ 사이에 $a_{k-1}$개의 전향 전선들과 $b_{k-1}$개의 후향 전선들이 있는 임의의 회로망을 그와 동치인, 전향 전선이 $a_{k-1}2^{b_{k-1}}$개이고 후향 전선은 하나도 없는 회로망으로 대체할 수 있다.

편의상 그림 23의 $k = 4$, $a_3 = 4$, $b_3 = 2$인 경우를 생각해 보자. 그 여섯 전선을 오직 앞쪽으로만 가는 16개의 전선으로 대체하고자 한다. 앨리스Alice가 $M_3$을 담당하고 밥Bob이 $M_4$를 담당한다고 하자. 앨리스는 4비트 신호 $a$를 밥에게 보내고 밥은 2비트 신호 $b$를 앨리스에게 보낸다. 좀 더 정확하게 말하면, $(x_1, \ldots, x_n)$의 임의의 고정된 값에 대해, 앨리스와 밥은 각자 다음을 만족하는 함수 $A$와 $B$를 계산한다.

$$A(b) = a, \qquad B(a) = b. \tag{31}$$

앨리스의 함수 $A$는 $(x_1, x_2, x_3)$에 의존하며, 따라서 밥은 그 함수가 무엇인지 모른다. 마찬가지로 밥의 함수 $B$는 $(x_4, \ldots, x_n)$에 의존하므로 앨리스는 알 수 없다. 그러나 그러한 미지의 함수들에는 핵심적인 속성이 하나 있다: $(x_1, \ldots, x_n)$의 모든 선택에 대해, 방정식 (31)의 해 $(a, b)$가 정확히 하나 존재한다는 것이다.

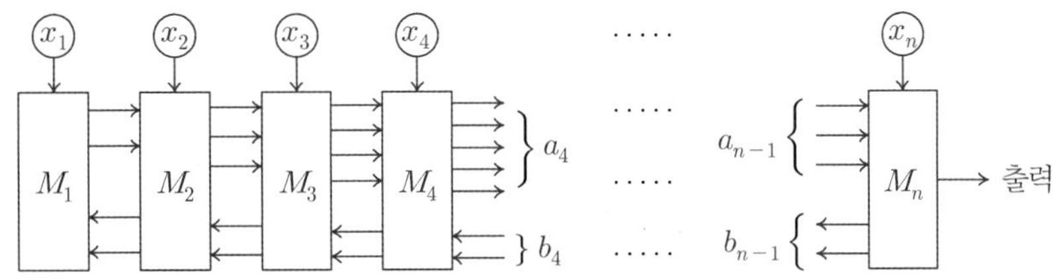


**그림 23.** 정리 M을 만족하는 일반적 부울 모듈 회로망.

그래서 앨리스는 모듈 $M_3$의 행동 방식을, 밥에게 네 개의 4비트 값 $A(00)$, $A(01)$, $A(10)$, $A(11)$을 보내도록 바꾸기로 한다. 그러면 함수 $A$의 정체가 드러난다. 밥은 $M_4$의 행동 방식을, 어떤 피드백을 앨리스에게 보내는 대신 그 네 값과 자신의 다른 입력들($M_5$로부터 받은 $x_4$와 $b_4$ 비트들)을 조사해서 (31)의 해에 해당하는 고유한 $a$와 $b$를 밝혀내고, 그 $a$ 값으로 $a_4$ 비트들을 계산해서 $M_5$로 내보내도록 변경한다. ▮

정리 M은 작은 $a_k$, $b_k$ 값들로 그러한 회로망을 구축한다면 해당 BDD의 크기가 비교적 작을 것임을 말해 준다. 실제로 $a$들과 $b$들이 유계일 때 $B(f)$는 $O(n)$이다. 단, 비율 상수들은 아주 클 수 있다. 그럼 3연속 함수(three-in-a-row function)

$$f(x_1, \ldots, x_n) = x_1x_2x_3 \vee x_2x_3x_4 \vee \cdots \vee x_{n-2}x_{n-1}x_n \vee x_{n-1}x_nx_1 \vee x_nx_1x_2 \tag{32}$$

를 예로 이를 시험 해보자. 이 함수는 오직 비트 $x_1, \ldots, x_n$이 부여된 순환 목걸이(circular necklace)에 1이 연달아 세 개 있을 때에만 참이다. 이를 부울 모듈들로 구현하는 한 가지 방법은, $M_k$에 $M_{k-1}$로부터의 세 입력 $(u_k, v_k, w_k)$와 $M_{k+1}$로부터의 두 입력 $(y_k, z_k)$를 연결하는 것이다. 여기서

$$u_k = x_{k-1}, \quad v_k = x_{k-2}x_{k-1}, \quad w_k = x_{n-1}x_nx_1 \vee \cdots \vee x_{k-3}x_{k-2}x_{k-1}; \\ y_k = x_n, \quad z_k = x_{n-1}x_n \tag{33}$$

이다. 아래첨자들은 $n$을 법으로 하여 처리되며, $k = 1$이나 $k \ge n-1$일 때 왼쪽이나 오른쪽에서 적절한 변경이 가해진다. 그러면 $M_k$는 $k$의 거의 모든 값에 대해 함수

$$u_{k+1} = x_k, \quad v_{k+1} = u_kx_k, \quad w_{k+1} = w_k \vee v_kx_k, \quad y_{k-1} = y_k, \quad z_{k-1} = z_k \tag{34}$$

를 계산한다. 세부사항은 연습문제 45에 나온다. 이러한 구축법에서 모든 $k$에 대해 $a_k \le 3$이고 $b_k \le 2$이다. 따라서 정리 M에 의해 $B(f) \le 2^{12}n = 4096n$이다. 실제로, 진실은 훨씬 달콤하다. $B(f)$는 사실 $< 9n$이다(연습문제 46을 보라).

**공유된 BDD.** 여러 개의 부울 함수들을 한 번에 처리해야 할 때가 종종 있다. 그리고 관련 함수들이 공통의 부분함수들을 가지고 있는 경우도 종종 있다. 그런 경우에서 $\{f_1(x_1, \ldots, x_n), \ldots, f_m(x_1, \ldots, x_n)\}$에 대한 'BDD 기반(BDD base)†'을 활용할 수 있는데, BDD 기반은 그러한 임의의 함수의 진리표들에 있는 모든 구슬마다 하나의 노드를 담은 유향 비순환 그래프이다. BDD 기반에는 또한 각 함수 $f_j$마다 하나씩 총 $m$개의 '뿌리 포인터' $F_j$들이 있다. 그러면 $f_j$에 대한 BDD는 노드 $F_j$에서 도달할 수 있는 모든 노드의 집합이다. 노드 $F_j$ 자체는 오직 $f_j$가 $f_i$의 한 부분함수일 때에만 노드 $F_i$에서 도달 가능함을 주목할 것.

예를 들어 두 $n$비트 수의 합인 $n+1$비트 수를 계산하는 문제를 생각해 보자.

$$(f_{n+1}f_nf_{n-1}\ldots f_1)_2 = (x_1x_3\ldots x_{2n-1})_2 + (x_2x_4\ldots x_{2n})_2. \tag{35}$$

그러한 $n+1$개의 비트들에 대한 BDD는 다음과 같은 모습이다($n = 4$인 경우임).

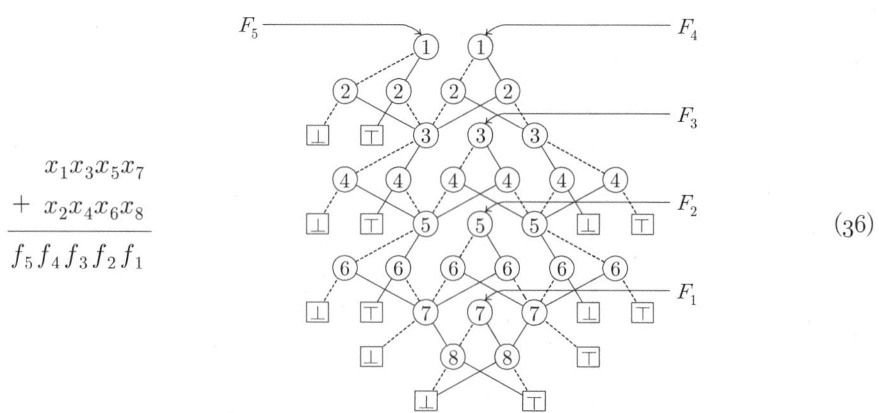


† 〔옮긴이 주〕 BDD base는 database(data+base), graphbase(graph+base)와 같은 방식으로 만들어진 용어로 보인다.

(35)에서 $x$들에 번호를 매긴 방식이 이 계산에서 중요하다(연습문제 51). 일반화하자면, $n > 1$일 때 노드 개수는 정확히 $B(f_1, \ldots, f_{n+1}) = 9n - 5$이다. $1 \le j \le n$에 대해 $F_j$의 바로 왼쪽에 있는 노드는 오른쪽에서 $j$번째 비트 위치로부터의 올림 값 $c_j$에 대한 부분함수를 나타내고, $F_j$의 바로 오른쪽에 있는 노드는 그 올림 값의 보수 $\bar{c}_j$를 나타낸다. 그리고 노드 $F_{n+1}$은 최종적인 올림 $c_n$을 나타낸다.

**BDD에 대한 연산.** 지금까지 BDD가 주어졌을 때 할 수 있는 여러 가지 일들을 이야기했다. 그런데 애초에 BDD를 컴퓨터 안으로 가져오는 방법은 무엇일까?

한 가지 방법은 (26)이나 (2)의 오른쪽 예 같은 정렬된(순서 있는) 이진 결정도로 시작해서, 그것이 진정한 BDD가 될 때까지 축약해 나가는 것이다. 아래의 알고리즘은 질링D. Sieling과 베게너I. Wegener의 착안들[*Information Processing Letters* **48** (1993), 139–144]에 기초한 것으로, 가지들이 적절한 순서로 정렬된 임의의 $N$노드 이진 결정도를 $O(N+n)$단계만에 하나의 $n$변수 BDD로 축약할 수 있음을 보여 준다.

물론 그러한 축약 과정에서 두 노드가 동치인지를 판정하려면 여분의 메모리 공간이 필요하다. (1)에서처럼 각 노드가 단 세 개의 필드 (V, LO, HI)로 구성된다면 판정 작업에 필요한 공간을 마련할 수 없다. 다행히 AUX라는 포인터 크기의 필드 하나와 추가적인 상태 비트 두 개만 추가하면 된다. 편의상, 그 상태 비트들을 따로 두는 대신 암묵적으로 LO 필드와 AUX 필드의 부호 비트로 두기로 하자. 이렇게 하면 알고리즘은 노드 당 네 개의 필드, (V, LO, HI, AUX)만 다루면 된다. 부호가 선점되었다는 사실은 28비트 LO 필드가 최대 $2^{28}$개가 아니라 $2^{27}$개, 즉 약 1억 3천 4백만 개의 노드만 감당할 수 있음을 뜻한다. (MMIX 같은 컴퓨터에서는 모든 노드 주소가 짝수라고 가정하는 것이, 그리고 아래의 알고리즘에서 하는 것처럼 보수를 취하는 대신 1을 더하는 것이 바람직하다).

**알고리즘 R** (BDD로의 축약)**.** 정렬은 되었지만 기약은 아닌 이진 결정도가 주어졌을 때 이 알고리즘은 그 이진 결정도에서 불필요한 노드들을 제거하고 모든 포인터를 적절히 재연결함으로써 유효한 BDD를 만들어 낸다. 각 노드는 앞에서 설명한 것처럼 네 개의 필드 (V, LO, HI, AUX)로 구성되며, ROOT는 도식의 최상위 노드를 가리킨다고 가정한다. 그리고 AUX 필드의 초기 값은 중요하지 않으나, 반드시 음이 아닌 수이어야 한다. 공정이 끝나면 그 필드는 다시 음이 아닌 수가 된다. 삭제된 노드들은 모두 AVAIL이 가리키는 스택에 쌓이는데, 그 노드들은 각자의 HI 필드를 통해서 서로 연결된다. (삭제된 노드들의 LO 필드는 음수가 된다. 그 필드의 보수는 삭제되지 않았을 때의 해당 노드를 가리킨다.)

가지 노드의 V 필드는 V(ROOT)에서 $v_{\max}$까지, 주어진 유향 비순환 그래프의 위에서 아래의 순서로 이어진다고 가정한다. 흡수 노드 $\boxed{\bot}$와 $\boxed{\top}$는 각각 노드 0과 1이며, 이 노드들은 음이 아닌 LO 필드와 HI 필드를 가진다고 가정한다. 이 노드들은 결코 삭제되지 않는다. 실제로, 이 노드들의 필드들 중 변할 수 있는 것은 AUX 뿐이다. V(ROOT) $\le v \le v_{\max}$에 대한 보조 포인터 배열 HEAD[$v$]는 V가 주어진 값인 모든 노드의 임시 목록을 생성하는 데 쓰인다.

**R1.** 〔초기화.〕 만일 ROOT $\le 1$이면 즉시 알고리즘을 끝낸다. 그렇지 않으면 V(ROOT) $\le v \le v_{\max}$에 대해 AUX(0) ← AUX(1) ← AUX(ROOT) ← $-1$, HEAD[$v$] ← $-1$로 설정한다. (여기에서는 $-1 = \sim 0$이 0의 비트별 보수라는 사실을 사용한다.) 그런 다음 $s$ ← ROOT로 설정하고 $s \ne 0$인 동안 다음 연산들을 수행한다:

$p \leftarrow s$, $s \leftarrow \sim$ AUX($p$), AUX($p$) ← HEAD[V($p$)], HEAD[V($p$)] ← $\sim p$로 설정한다.
만일 AUX(LO($p$)) $\ge 0$이면 AUX(LO($p$)) ← $\sim s$, $s$ ← LO($p$)로 설정한다.
만일 AUX(HI($p$)) $\ge 0$이면 AUX(HI($p$)) ← $\sim s$, $s$ ← HI($p$)로 설정한다.

(본질적으로는, ROOT로부터 모든 노드에 도달할 수 있도록 임시로 모든 노드의 AUX 필드를 음수로 설정해서, 유향 비순환 그래프에 대해 깊이 우선 탐색을 수행한 것이다.)

**R2.** 〔$v$에 대한 반복.〕 AUX(0) ← AUX(1) ← 0, $v \leftarrow v_{\max}$로 설정한다.

**R3.** 〔버킷 정렬.〕 (이 지점에서는 V가 $v$보다 큰 나머지 모든 노드가 적절히 축약되었으며 해당 AUX 필드들은 음수가 아닌 상태이다.) $p \leftarrow \sim$ HEAD[$v$], $s \leftarrow 0$으로 설정하고, $p \ne 0$인 동안 다음 연산들을 수행한다.

$p' \leftarrow \sim$ AUX($p$)로 설정한다.
$q$ ← HI($p$)로 설정하고, 만일 LO($q$) $< 0$이면 HI($p$) ← $\sim$LO($q$)로 설정한다.
$q$ ← LO($p$)로 설정하고, 만일 LO($q$) $< 0$이면 LO($p$) ← $\sim$LO($q$), $q$ ← LO($p$)로 설정한다.
만일 $q =$ HI($p$)이면 LO($p$) ← $\sim q$, HI($p$) ← AVAIL, AUX($p$) ← 0, AVAIL ← $p$로 설정한다.
그렇지 않고 만일 AUX($q$) $\ge 0$이면 AUX($p$) ← $s$, $s \leftarrow \sim q$, AUX($q$) ← $\sim p$로 설정한다.
그렇지 않으면 AUX($p$) ← AUX($\sim$AUX($q$)), AUX($\sim$AUX($q$)) ← $p$로 설정한다.
그런 다음 $p \leftarrow p'$으로 설정한다.

**R4.** 〔청소.〕 (이제 LO $= x \ne$ HI인 노드들은, $\sim$AUX($x$)를 시작으로 해서, AUX 필드들을 통해서 연결된 상태이다.) $r \leftarrow \sim s$, $s \leftarrow 0$으로 설정하고 $r \ge 0$인 동안 다음을 수행한다.

$q \leftarrow \sim$ AUX($r$), AUX($r$) ← 0으로 설정한다.
만일 $s = 0$이면 $s \leftarrow q$로 설정하고, 그렇지 않으면 AUX($p$) ← $q$로 설정한다.
$p \leftarrow q$로 설정한다. 그런 다음 AUX($p$) $> 0$인 동안 $p$ ← AUX($p$)로 설정한다.
$r \leftarrow \sim$ AUX($p$)로 설정한다.

**R5.** 〔$p$에 대한 반복.〕 $p \leftarrow s$로 설정한다. 만일 $p = 0$이면 단계 R9로 간다. 그렇지 않으면 $q \leftarrow p$로 설정한다.

**R6.** 〔버킷 하나를 조사.〕 $s$ ← LO($p$)로 설정한다. (이 지점에서 $p = q$이다.)

**R7.** 〔중복들을 제거.〕 $r$ ← HI($q$)로 설정한다. 만일 AUX($r$) $\ge 0$이면 AUX($r$) ← $\sim q$로 설정한다. 그렇지 않으면 LO($q$) ← AUX($r$), HI($q$) ← AVAIL, AVAIL ← $q$로 설정한다. 그런 다음 $q$ ← AUX($q$)로 설정한다. 만일 $q \ne 0$이고 LO($q$) $= s$이면 단계 R7을 되풀이한다.

**R8.** 〔다시 청소.〕 만일 LO$(p) \geq 0$이면 AUX(HI$(p)) \leftarrow 0$으로 설정한다. 그런 다음 $p \leftarrow$ AUX$(p)$로 설정하고, $p = q$가 될 때까지 단계 R8을 되풀이한다.

**R9.** 〔끝인가?〕 만일 $p \neq 0$이면 R6으로 돌아간다. 그렇지 않고 만일 $v >$ V(ROOT)이면 $v \leftarrow v - 1$로 설정하고 R3으로 돌아간다. 그렇지 않고 만일 LO(ROOT) $< 0$이면 ROOT $\leftarrow \sim$ LO(ROOT)로 설정한다. ▮

알고리즘 R의 링크(연결 고리) 조작들은 설명하기보다는 프로그래밍이 더 간단할 정도로 복잡해 보인다. 그러나 배울 점이 많으며, 사실 아주 어려운 것은 아니다. 연습문제 53의 예를 통해서 잘 파악해 보기 바란다.

주어진 함수의 임의의 제한(restriction)에 대한, 즉 하나 이상의 변수들을 상수 값으로 고정시켜서('hardwiring') 얻은 임의의 함수에 대한 BDD를 계산하는 데에도 알고리즘 R을 사용할 수 있다. 핵심은, 단계 R1과 R2 사이에서 다음과 같은 추가적인 작업을 하는 것이다: 만일 V$(p)$가 0에서 고정된다면 HI$(p) \leftarrow$ LO$(p)$로 설정하고, V$(p)$가 1에서 고정된다면 LO$(p) \leftarrow$ HI$(p)$로 설정한다. 또한 제한 이후에 접근할 수 없게 된 모든 노드를 재활용할 필요도 있다. 세부사항은 연습문제 57에서 채우기로 하자.

**BDD들의 합성.** 이제 이진 결정도에 대한 가장 중요한 알고리즘을 살펴볼 때가 되었다. 이 알고리즘은 한 함수 $f$에 대한 BDD를 또 다른 함수 $g$에 대한 BDD와 결합해서 $f \wedge g$나 $f \oplus g$ 같은 다른 함수에 대한 BDD를 얻는다. 이런 종류의 합성 연산은 복잡한 함수를 위한 BDD를 구축하는 기본적인 수단이며, 이러한 연산을 효율적으로 수행할 수 있다는 사실은 BDD 자료구조가 그토록 인기를 끈 주된 이유이다. 이제부터 합성 문제에 대한 여러 접근방식들을 논의할 것인데, 간단한 방법으로 시작해서 속도를 높이는 여러 방법들로 나아갈 것이다.

합성에 깔린 기본 개념은 BDD 구조들에 대한 곱셈 연산인데, 여기에서는 그러한 연산을 융합(melding)이라고 부르기로 하겠다. $\alpha = (v, l, h)$와 $\alpha' = (v', l', h')$이 BDD 노드들이며 각자 변수에 대한 색인과 LO, HI 포인터들을 담고 있다고 하자. $\alpha$와 $\alpha'$의 '융합'을 $\alpha \diamond \alpha'$으로 표기하고 다음과 같이 정의한다. 단, $\alpha$와 $\alpha'$이 둘 다 흡수 노드가 아니라고 가정한다.

$$\alpha \diamond \alpha' = \begin{cases} (v, l \diamond l',\ h \diamond h'), & \text{만일 } v = v' \text{이면;} \\ (v, l \diamond \alpha',\ h \diamond \alpha'), & \text{만일 } v < v' \text{이면;} \\ (v',\ \alpha \diamond l',\ \alpha \diamond h'), & \text{만일 } v > v' \text{이면.} \end{cases} \tag{37}$$

예를 들어 그림 24는 작지만 전형적인 BDD들이 어떻게 융합되는지를 보여 준다. 그림의 왼쪽에서 가지 노드들이 $(\alpha, \beta, \gamma, \delta)$인 BDD는 $f(x_1, x_2, x_3, x_4) = (x_1 \vee x_2) \wedge (x_3 \vee x_4)$를 표현하는 것이고, 가지 노드들이 $(\omega, \psi, \chi, \varphi, \upsilon, \tau)$인 것은 $g(x_1, x_2, x_3, x_4) = (x_1 \oplus x_2) \vee (x_3 \oplus x_4)$에 대한 BDD이다. 노드 $\delta$와 $\tau$가 본질적으로 같으므로, 만일 $f$와 $g$가 하나의 BDD 기반의 일부였다면 $\delta = \tau$가 성립했을 것이다. 그러나 공통의 노드가 없는 BDD들에도 융합 연산을 적용할 수 있다. 그림

24의 오른쪽에서 $\alpha \diamond \omega$는 가지 노드가 11개인 결정도의 뿌리인데, 그 BDD는 본질적으로 순서쌍 $(f, g)$를 나타낸다.

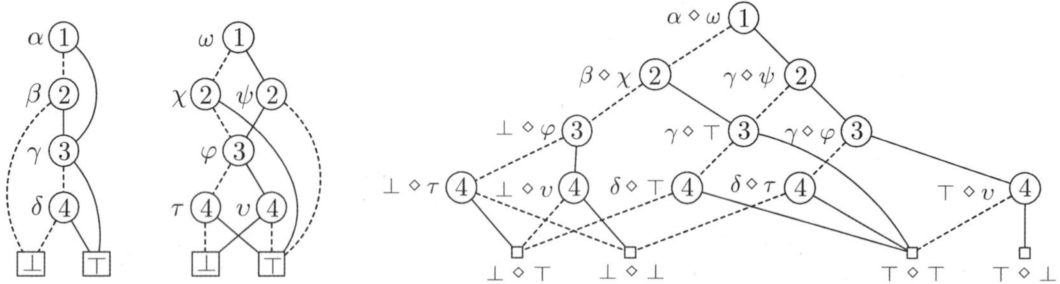


**그림 24.** 두 BDD를 $\diamond$ 연산 (37)로 융합할 수 있다.

두 부울 함수의 순서쌍을 표기하는 한 가지 방법은 한 함수의 진리표를 다른 함수의 진리표 위에 배치하는 것이다. 이러한 방식에서, 이를테면 $\alpha \diamond \omega$는 순서쌍 $\genfrac{}{}{0pt}{}{0000011101110111}{0110111111110110}$을 나타내고 $\beta \diamond \chi$는 $\genfrac{}{}{0pt}{}{00000111}{01101111}$을 나타낸다. 그림 24의 융합된 BDD는 다음 도식에 해당한다.

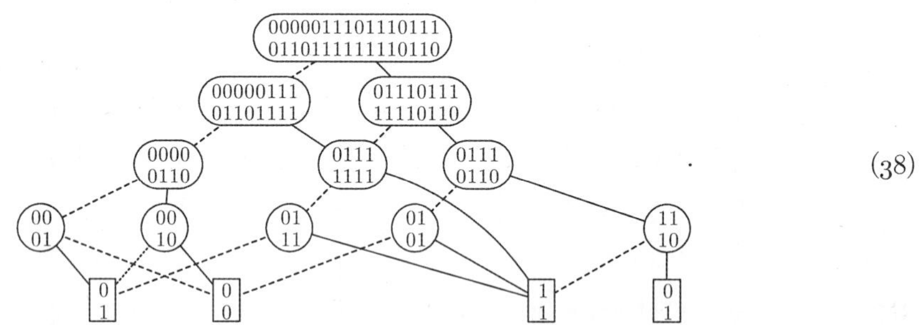


(38)

이는 각 노드가 하나의 함수가 아니라 두 함수의 순서쌍을 나타낸다는 점만 빼면 (5)와 비슷하다. 구슬과 부분표들은 순서쌍에서도 이전과 같이 정의된다. 단, 이제는 가능한 흡수 노드가 두 가지가 아니라 네 가지, 즉

$$\bot \diamond \bot, \quad \bot \diamond \top, \quad \top \diamond \bot, \quad \top \diamond \top \tag{39}$$

이다. 이들은 각각 순서쌍 $\genfrac{}{}{0pt}{}{0}{0}, \genfrac{}{}{0pt}{}{0}{1}, \genfrac{}{}{0pt}{}{1}{0}, \genfrac{}{}{0pt}{}{1}{1}$에 해당한다.

논리합 $f \wedge g$를 계산할 때에는 $f$와 $g$의 진리표들을 AND로 결합하면 된다. 이 연산은 $\genfrac{}{}{0pt}{}{0}{0}, \genfrac{}{}{0pt}{}{0}{1}, \genfrac{}{}{0pt}{}{1}{0}, \genfrac{}{}{0pt}{}{1}{1}$을 각각 0, 0, 0, 1로 대체하는 것에 해당한다. 따라서, (39)의 흡수 노드 각각을 $\boxed{\bot}$, $\boxed{\bot}$, $\boxed{\bot}$, $\boxed{\top}$로 대체하고 그 결과를 축약함으로써, $f \diamond g$로 부터 $f \wedge g$에 대한 BDD를 구할 수 있다. 마찬가지로, $f \oplus g$에 대한 BDD는 (39)의 흡수 노드들을 $\boxed{\bot}$, $\boxed{\top}$, $\boxed{\top}$, $\boxed{\bot}$로 대체해서 얻는다. (지금 예에서 $f \oplus g$는 §7.1.2의 그림 9에서 계산한 대칭함수 $S_{1,4}(x_1, x_2, x_3, x_4)$이다.) 융합된 도식 $f \diamond g$에는 $f$와 $g$의 임의의 부울 조합을 계산하는 데 필요한 모든 정보가 들어 있다. 그리고 그러한 모든 조합에 대한 BDD는 노드가 최대 $B(f \diamond g)$개이다.

$B(f \diamond g) \le B(f)B(g)$임은 분명하다. $f \diamond g$의 각 노드가 $f$의 한 노드와 $g$의 한 노드에 대응되

기 때문이다. 따라서 작은 BDD들의 융합이 극도로 커지지는 않는다. 사실 일반적으로 융합 공정으로 나온 BDD들은 그러한 최악의 경우의 상계보다 훨씬 작다. 노드가 $B(f)B(g)$개가 아니라 그냥 $B(f)+B(g)$개 정도인 경우가 많다. 연습문제 60에서는 융합된 BDD가 작은 경우가 많은 이유를 짐작케 하는 좀 더 예리한 상계를 논의한다. 그러나 연습문제 59(b)와 63은 크기가 2차(제곱)로 커지기도 함을 보여 주는 흥미로운 예들을 제시한다.

융합 연산으로부터, 합성을 위한 간단한 알고리즘 하나를 이끌어 낼 수 있다: $f$에 대한 BDD의 모든 $\alpha$와 $g$에 대한 BDD의 모든 $\alpha'$에 대해, $\alpha$ 행 $\alpha'$ 열에 노드 $\alpha \diamond \alpha'$이 있는, $B(f)B(g)$개의 노드들로 된 2차원 배열을 형성한다. 그런 다음 (39)의 네 흡수 노드를 필요에 따라 적절히 $\boxed{\bot}$나 $\boxed{\top}$로 대체하고, 루트 노드 $f \diamond g$에 알고리즘 R을 적용한다. 그러면 짜잔! $f \wedge g$나 $f \oplus g$, $f \vee \overline{g}$ 등등 두 함수의 부울 조합들에 대한 BDD가 나온다.

이러한 알고리즘의 실행시간의 규모가 $B(f)B(g)$임은 분명하다. 이를 $B(f \diamond g)$로 줄일 수 있는데, 행렬의 $\alpha \diamond \alpha'$ 성분들을 모두 채울 필요는 없기 때문이다. $f \diamond g$에서 도달 가능한 노드들만 필요하며, 그런 노드들을 필요에 따라 즉석에서 생성할 수 있다. 그러나 그런 식으로 실행 시간을 개선한다고 해도, 메모리에 $B(f)B(g)$개의 노드들을 담아 두어야 하는 것은 여전하기 때문에 이 간단한 알고리즘은 그리 만족스럽지 않다. BDD들을 다룰 때 사실 시간은 싸다. 비싼 것은 공간이다: 커다란 문제를 풀 때 '시간종료(timeout)' 때문에 실패하기보다는 '공간종료(spaceout)' 때문에 실패하는 경우가 더 많다. 알고리즘 R이 노드 당 단 하나의 보조 링크 필드만으로 작업을 마치는 데 공을 들이는 것도 바로 그러한 이유 때문이다.

다음의 알고리즘은 규모가 $B(f \diamond g)$인 작업공간으로 합성 문제를 푼다. 실제로 이 알고리즘 S는 $f \diamond g$에 대한 BDD의 원소 당 약 16바이트를 사용한다. 이 알고리즘은 부울 함수를 순차적 스택상에서 압축된 형식의 BDD로 표현하는 한 '부울 함수 계산기'의 주 엔진으로 쓰이도록 고안된 것이다. 그 스택은 풀(pool)이라고 부르는 커다란 배열의 아래쪽 끝에서 유지된다. 스택의 각 BDD는 노드들의 순차열로, 각 노드는 세 필드 (V, LO, HI)로 구성된다. 풀의 나머지 공간은 임시 계산 결과들을 담는데, 그러한 임시 결과를 템플릿(template)이라고 부른다. 각 템플릿은 네 필드 (L, H, LEFT, RIGHT)로 구성된다. 메모리에서 전형적인 노드 하나는 1옥타바이트를 차지하며, 템플릿 하나는 2옥타바이트를 차지한다.

알고리즘 S의 목적은 스택 최상위에 있는 두 부울 함수 $f$와 $g$를 조사해서 그것들을 부울 조합 $f \circ g$로 대체하는 것이다. 여기서 $\circ$은 가능한 16가지 이항 연산자들 중 하나다. 이 연산자는 4비트 진리표 $op$로 지정한다. 예를 들어 $op$를 $(0110)_2 = 6$으로 설정하면 알고리즘 S는 $f \oplus g$에 대한 BDD를 만든다. $op = 1$일 때에는 $f \wedge g$에 대한 BDD를 제공한다.

알고리즘의 시작 시점에서 피연산자 $f$는 풀의 장소 $[f_0 \mathinner{..} g_0)$에, 피연산자 $g$는 $[g_0 \mathinner{..}$ NTOP)에 있다. 그보다 상위의 모든 장소 [NTOP..POOLSIZE)는 알고리즘이 필요로 하는 템플릿들을 저장하는 데 쓰인다. 그러한 템플릿들은 풀의 상위 [TBOT..POOLSIZE) 장소들에 나타난다. 경계 표식 NTOP과 TBOT는 알고리즘이 진행됨에 따라 동적으로 변한다. 알고리즘의 결과로 만들어지는 $f \circ g$에 대한

BDD는 장소 $[f_0\,..\,\texttt{NTOP})$에 저장된다. 이는 이전에 $f$와 $g$가 차지하고 있던 바로 그 공간이다. 이 알고리즘은 하나의 템플릿이 노드 두 개의 공간을 차지한다고 가정한다. 따라서 "$t \leftarrow \texttt{TBOT}-2$, $\texttt{TBOT} \leftarrow t$"라는 설정은 $t$가 가리키는 곳에 새 템플릿 하나를 위한 공간을 할당한다. 그리고 "$p \leftarrow \texttt{NTOP}$, $\texttt{NTOP} \leftarrow p+1$"은 새 노드 $p$를 할당한다. 설명의 간단함을 위해, 알고리즘 S는 처리 공정 도중 $\texttt{NTOP} \le \texttt{TBOT}$ 조건이 유지되는지를 점검하지 않는다. 물론 실제 응용에서는 그러한 판정이 꼭 필요할 것이다. 연습문제 69에 이 단순화를 보정하는 방법이 나온다.

입력 함수 $f$와 $g$는 이전의 알고리즘 B와 C에서처럼 명령열 $(I_{s-1}, \ldots, I_1, I_0)$과 $(I'_{s'-1}, \ldots, I'_1, I'_0)$의 형태로 알고리즘 S에 주어진다. 이 명령열들의 길이는 각각 $s = B^+(f)$와 $s' = B^+(g)$로, 여기서

$$B^+(f) = B(f) + [f\text{가 항상 } 1] \tag{40}$$

은 흡수 노드 $\boxed{\bot}$의 존재를 강제할 때의 BDD 노드 개수이다. 예를 들어 그림 24 왼쪽의 두 BDD에 해당하는 명령열들은 다음과 같다.

$$\begin{aligned} I_5 &= (\bar{1}?\ 4{:}\ 3), & I_3 &= (\bar{3}?\ 2{:}\ 1), & I'_7 &= (\bar{1}?\ 5{:}\ 6), & I'_4 &= (\bar{3}?\ 2{:}\ 3),\\ I_4 &= (\bar{2}?\ 0{:}\ 3), & I_2 &= (\bar{4}?\ 0{:}\ 1); & I'_6 &= (\bar{2}?\ 1{:}\ 4), & I'_3 &= (\bar{4}?\ 1{:}\ 0),\\ & & & & I'_5 &= (\bar{2}?\ 4{:}\ 1), & I'_2 &= (\bar{4}?\ 0{:}\ 1); \end{aligned} \tag{41}$$

이전과 마찬가지로 $I_1$, $I_0$, $I'_1$, $I'_0$은 흡수 노드들에 해당한다. 이 명령들이 노드들로서 저장된다. 즉, 알고리즘 S를 시작할 때 $2 \le k < s$에 대해 만일 $I_k = \bar{v}_k?\ l_k{:}\ h_k$이면 $\texttt{V}(f_0+k) = v_k$, $\texttt{LO}(f_0+k) = l_k$, $\texttt{HI}(f_0+k) = h_k$이다. $g$를 정의하는 명령 $I'_k$들에도 마찬가지의 관례가 적용된다. 더 나아가서

$$\texttt{V}(f_0) = \texttt{V}(f_0+1) = \texttt{V}(g_0) = \texttt{V}(g_0+1) = v_{\max}+1 \tag{42}$$

인데, $f$와 $g$가 오직 $1 \le v \le v_{\max}$에 대한 변수 $x_v$들에만 의존한다고 가정한다.

좀 전에 설명했던 간단하지만 공간을 많이 먹는 알고리즘처럼, 알고리즘 S는 두 페이즈로 진행된다. 첫 페이즈에서는 $f \diamond g$에 대한 BDD를 구축하되, 모든 주요 융합 $\alpha \diamond \alpha'$이 다음을 만족하는 하나의 템플릿 $t$를 나타내도록 템플릿들을 구축한다:

$$\texttt{LEFT}(t) = \alpha,\quad \texttt{RIGHT}(t) = \alpha',\quad \texttt{L}(t) = \text{LO}(\alpha \diamond \alpha'),\quad \texttt{H}(t) = \text{HI}(\alpha \diamond \alpha'). \tag{43}$$

(L 필드와 H 필드는 노드가 아니라 템플릿을 가리킨다.) 그런 다음 둘째 페이즈에서는 이 템플릿들을 알고리즘 R과 비슷한 절차를 이용해서 축약한다. 구체적으로, (43)의 템플릿 $t$를 다음과 같이 바꾼다.

$$\begin{aligned} &\texttt{LEFT}(t) = {\sim}\kappa(t),\ \texttt{RIGHT}(t) = \tau(t),\\ &\qquad \texttt{L}(t) = \tau(\text{LO}(\alpha \diamond \alpha')),\ \texttt{H}(t) = \tau(\text{HI}(\alpha \diamond \alpha')). \end{aligned} \tag{44}$$

여기서 $\tau(t)$는 $t$가 축약된 고유한 템플릿이고 $\kappa(t)$는 만일 $\tau(t) = t$이면 $t$의 '복제본'이다. 모든 축약된 템플릿 $t$는 $f \circ g$의 BDD의 한 명령 노드에 대응되며, $\kappa(t)$는 스택의 위치 $f_0$을 기준으로 한 그 노드의 색인이다. (한 가지 교묘한 요령으로, $\texttt{LEFT}(t)$를 $\kappa(t)$ 대신 ${\sim}\kappa(t)$로 설정하면 단계

S7~S10이 좀 더 빠르게 실행된다.) 풀의 최하위에는 흡수 노드들을 위한 특별한 중첩 템플릿들이 영구적으로 보존된다. 따라서, (42)와 (44)의 관례 하에서 항상

$$\texttt{LEFT}(0) = \sim 0, \quad \texttt{RIGHT}(0) = 0, \quad \texttt{LEFT}(1) = \sim 1, \quad \texttt{RIGHT}(1) = 1 \tag{45}$$

이 성립한다.

$\alpha \circ \alpha'$의 값이 상수임이 명백한 경우에는 $\alpha \diamond \alpha'$을 위한 템플릿을 만들 필요가 없다. 예를 들어 $f \wedge g$를 계산하는 경우, 만일 $\alpha = 0$이거나 $\alpha' = 0$이면 $\alpha \diamond \alpha'$은 결국 $\boxed{\bot}$로 축약된다. 그러한 단순화들을 $find_level(f, g)$라는 서브루틴으로 찾아낸다. 이 서브루틴은 만일 $f \diamond g$의 뿌리가 가지 ⓙ로 시작하면 양의 정수 $j$를 돌려준다. 단, $f \circ g$가 명백히 상수인 경우에는 값 $-(f \circ g)$를 돌려주는데, 이는 0 아니면 $-1$이다. 전역 진리표 $op$를 사용하는 이 절차는 약간 전문적이긴 하지만 간단하다.

서브루틴 $find\_level(f, g)$, 지역 변수 $t$를 사용함:
만일 $f \le 1$이고 $g \le 1$이면 $-((op \gg (3 - 2f - g))\,\&\,1)$을 돌려준다. 이는 $-(f \circ g)$이다.
만일 $f \le 1$이고 $g > 1$이면 $t \leftarrow (f?\, op\,\&\,3\colon op \gg 2)$로 설정한다; 만일 $t = 0$이면 0을 돌려주고 $t = 3$이면 $-1$을 돌려준다.
만일 $f > 1$이고 $g \le 1$이면 $t \leftarrow (g?\, op\colon op \gg 1)\,\&\,5$로 설정한다; 만일 $t = 0$이면 0을 돌려주고 $t = 5$이면 $-1$을 돌려준다.
그렇지 않으면 $\min(\texttt{V}(f_0 + f), \texttt{V}(g_0 + g))$을 돌려준다. (46)

(37)에 따라 $\alpha \diamond \alpha'$의 한 후손을 위한 템플릿을 생성할 때 주된 난제는 그러한 템플릿이 이미 존재하는지의 여부를 파악하는 것이다. 이러한 문제는 해시표(hash table)를 이용해서 푸는 것이 최선인 경우가 많다. 그러나 그런 경우 해시표를 어디에 넣을 것이고 여분의 공간을 얼마나 마련해야 할 것인지를 결정해야 한다. 지금 목적에서는 이진 검색 트리 같은 대안이 더 적용하기 쉽겠지만, 실행 시간이 $\log B(f \diamond g)$배가 추가된다는 점이 불만이다. 합성 문제를 알고리즘 R과 비슷한 버킷 정렬 방법을 이용해서 최악의 경우의 시간 및 공간 복잡도 $O(B(f \diamond g))$로 푸는 것이 가능하나(연습문제 72 참고), 그러한 해법은 복잡하고 다소 불편하다.

다행히, 이러한 진퇴양난에서 벗어나는 그럴듯한 길이 존재한다. 템플릿을 한 번에 한 수준씩만 생성한다면, 추가 메모리를 거의 요구하지 않으며 코드도 크게 복잡해지지 않는 방법이 가능해지는 것이다. 수준 $l$을 위한 템플릿들을 생성하기 전에, 그 수준에 대해 요청될 템플릿들의 개수 $N_l$을 미리 알 수 있다. 따라서 현재의 자유 영역의 최상위에 템플릿 $2^b$개(여기서 $b = \lceil \lg N_l \rceil$)를 위한 공간을 미리 할당해 두고, 같은 영역으로 해싱을 하면서 거기에 새 템플릿들을 집어넣으면 된다. 이때 핵심은 §6.4의 그림 38에서처럼 개별적인 목록들의 연쇄를 사용한다는 것이다. 템플릿과 잠재적 템플릿의 H, L 필드는 그 그림의 머리와 연결 고리 역할을 하며, 키들은 (LEFT, RIGHT)에 나타난다. 다음은 이를 수행하는 자세한 절차이다.

서브루틴 $make\_template(f, g)$, 지역 변수 $t$를 사용함:
$h \leftarrow \mathtt{HBASE} + 2(((314159257f + 271828171g) \bmod 2^d) \gg (d-b))$로 설정한다. 여기서 $d$는 포인터 크기에 대한 편리한 상계이다(보통은 $d = 32$). 그런 다음 $t \leftarrow \mathtt{H}(h)$로 설정한다. $t \neq \Lambda$이고 $\mathtt{LEFT}(t) \neq f$ 또는 $\mathtt{RIGHT}(t) \neq g$인 동안 $t \leftarrow \mathtt{L}(t)$로 설정한다. 만일 $t = \Lambda$이면 $t \leftarrow \mathtt{TBOT}-2$, $\mathtt{TBOT} \leftarrow t$, $\mathtt{LEFT}(t) \leftarrow f$, $\mathtt{RIGHT}(t) \leftarrow g$, $\mathtt{L}(t) \leftarrow \mathtt{H}(h)$, $\mathtt{H}(h) \leftarrow t$로 설정한다. 마지막으로, 값 $t$를 돌려준다. (47)

조건 $\mathtt{NTOP} \le \mathtt{HBASE} \le \mathtt{TBOT}$는 이 서브루틴을 호출하는 쪽(단계 S4와 S5)에서 보장한다.

이러한 너비 우선의 '한 번에 한 수준씩' 템플릿 구축 전략은 추가적인 이득도 제공하는데, 이는 이 전략이 '참조국소성(locality of reference)'을 촉진하기 때문이다. 즉, 이러한 방식에서는 메모리 접근들이 이미 방문한 적이 있는 근처 장소들로 제한되는, 따라서 메모리 접근들이 캐시 적중 실패와 페이지 실패가 크게 줄어드는 방식으로 제어되는 경향이 있다. 더 나아가서, 생성되는 BDD 노드들 역시, 같은 변수에 대한 모든 가지가 연속해서 나타나는 순서로 스택에 놓이게 된다.

**알고리즘 S** (너비 우선 BDD 합성). 이 알고리즘은 $f \circ g$에 대한 BDD를 서브루틴 (46)과 (47)을 이용해서 위에서 설명한 방식으로 생성한다. 알고리즘은 $0 \le l \le v_{\max}$에 대한 보조 배열 $\mathtt{LSTART}[l]$, $\mathtt{LCOUNT}[l]$, $\mathtt{LLIST}[l]$, $\mathtt{HLIST}[l]$을 사용한다.

**S1.** [초기화.] $f \leftarrow g_0 - 1 - f_0$, $g \leftarrow \mathtt{NTOP} - 1 - g_0$, $l \leftarrow find_level(f, g)$로 설정한다. 만일 $l \le 0$이면 연습문제 66에서처럼 처리한다. 그렇지 않으면 $\mathtt{LSTART}[l-1] \leftarrow \mathtt{POOLSIZE}$로 설정하고 $l < k \le v_{\max}$에 대해 $\mathtt{LLIST}[k] \leftarrow \mathtt{HLIST}[k] \leftarrow \Lambda$, $\mathtt{LCOUNT}[k] \leftarrow 0$으로 설정한다. $\mathtt{TBOT} \leftarrow \mathtt{POOLSIZE} - 2$, $\mathtt{LEFT(TBOT)} \leftarrow f$, $\mathtt{RIGHT(TBOT)} \leftarrow g$로 설정한다.

**S2.** [수준 $l$ 템플릿들을 탐색.] $\mathtt{LSTART}[l] \leftarrow \mathtt{TBOT}$, $t \leftarrow \mathtt{LSTART}[l-1]$로 설정한다. $t > \mathtt{TBOT}$인 동안, 다음을 수행함으로써 이후 수준들에 대한 요청들을 준비한다.

$t \leftarrow t-2$, $f \leftarrow \mathtt{LEFT}(t)$, $g \leftarrow \mathtt{RIGHT}(t)$, $vf \leftarrow \mathtt{V}(f_0+f)$, $vg \leftarrow \mathtt{V}(g_0+g)$,
$ll \leftarrow find\_level((vf \le vg\,?\,\mathtt{LO}(f_0+f) : f), (vf \ge vg\,?\,\mathtt{LO}(g_0+g) : g))$,
$lh \leftarrow find_level((vf \le vg\,?\,\mathtt{HI}(f_0+f) : f), (vf \ge vg\,?\,\mathtt{HI}(g_0+g) : g))$로 설정한다.

만일 $ll \le 0$이면 $\mathtt{L}(t) \leftarrow -ll$로 설정하고, 그렇지 않으면 $\mathtt{L}(t) \leftarrow \mathtt{LLIST}[ll]$, $\mathtt{LLIST}[ll] \leftarrow t$, $\mathtt{LCOUNT}[ll] \leftarrow \mathtt{LCOUNT}[ll] + 1$로 설정한다. 만일 $lh \le 0$이면 $\mathtt{H}(t) \leftarrow -lh$로 설정하고, 그렇지 않으면 $\mathtt{H}(t) \leftarrow \mathtt{HLIST}[lh]$, $\mathtt{HLIST}[lh] \leftarrow t$, $\mathtt{LCOUNT}[lh] \leftarrow$ \$$\mathtt{LCOUNT}[lh] + 1$로 설정한다.

**S3.** [페이즈 1이 끝났는가?] 만일 $l = v_{\max}$이면 S6으로 간다. 그렇지 않으면 $l \leftarrow l+1$로 설정하고, 만일 $\mathtt{LCOUNT}[l] = 0$이면 S2로 간다.

**S4.** [해싱을 위한 초기화.] $b \leftarrow \lceil \lg \mathtt{LCOUNT}[l] \rceil$, $\mathtt{HBASE} \leftarrow \mathtt{TBOT} - 2^{b+1}$로 설정하고, $0 \le k < 2^b$에 대해 $\mathtt{H}(\mathtt{HBASE}+2k) \leftarrow \Lambda$로 설정한다.

**S5.** 〔수준 $l$의 템플릿들을 만든다.〕 $t \leftarrow$ LLIST[$l$]로 설정한다. $t \neq \Lambda$인 동안 $s \leftarrow$ L($t$), $f \leftarrow$ LEFT($t$), $g \leftarrow$ RIGHT($t$), $vf \leftarrow$ V($f_0 + f$), $vg \leftarrow$ V($g_0 + g$), L($t$)$\leftarrow$ $make\_template$(($vf \leq vg$? LO($f_0 + f$): $f$), ($vf \geq vg$? LO($g_0 + g$): $g$)), $t \leftarrow s$로 설정한다. (이제 절반을 마쳤다.) 그런 다음 $t \leftarrow$ HLIST[$l$]로 설정한다. $t \neq \Lambda$인 동안 $s \leftarrow$ H($t$), $f \leftarrow$ LEFT($t$), $g \leftarrow$ RIGHT($t$), $vf \leftarrow$ V($f_0 + f$), $vg \leftarrow$ V($g_0 + g$), H($t$)$\leftarrow$ $make\_template$(($vf \leq vg$? HI($f_0 + f$): $f$), ($vf \geq vg$? HI($g_0 + g$): $g$)), $t \leftarrow s$로 설정한다. (이제 나머지 절반이 끝났다.) 단계 S2로 돌아간다.

**S6.** 〔페이즈 2를 위한 준비.〕 (이제는 $f$와 $g$의 노드들을 지워도 무방하다. (43)과 같은 템플릿들을 모두 만들었기 때문이다. 이제부터는 그 템플릿들을 (44)의 형태로 변환한다. V($f_0$) = V($f_0 + 1$) = $v_{\max} + 1$임을 주목할 것.) NTOP $\leftarrow f_0 + 2$로 설정한다.

**S7.** 〔버킷 정렬.〕 $t \leftarrow$ LSTART[$l - 1$]로 설정한다. $t >$ LSTART[$l$]인 동안 다음을 수행한다.

$t \leftarrow t - 2$, L($t$) $\leftarrow$ RIGHT(L($t$)), H($t$) $\leftarrow$ RIGHT(H($t$))로 설정한다.

만열 L($t$) = H($t$)이면 RIGHT($t$) $\leftarrow$ L($t$)로 설정한다. (이 가지는 중복임.)

그렇지 않으면 RIGHT($t$) $\leftarrow -1$, LEFT($t$) $\leftarrow$ LEFT(L($t$)), LEFT(L($t$)) $\leftarrow t$로 설정한다.

**S8.** 〔복제본 주소들을 복원한다.〕 만일 $t =$ LSTART[$l - 1$]이면 $t \leftarrow$ LSTART[$l$] $- 2$로 설정하고 S9로 간다. 그렇지 않고 만일 LEFT($t$) $< 0$이면 LEFT(L($t$)) $\leftarrow$ LEFT($t$)로 설정한다. $t \leftarrow t + 2$로 설정하고 단계 S8을 되풀이한다.

**S9.** 〔현재 수준이 끝났는가?〕 $t \leftarrow t + 2$로 설정한다. 만일 $t =$ LSTART[$l - 1$]이면 S12로 간다. 그렇지 않고 만일 RIGHT($t$) $\geq 0$이면 단계 S9를 되풀이한다.

**S10.** 〔통 하나를 조사.〕 (L($t_1$) = L($t_2$) = L($t_3$)이라고 가정한다. 여기서 $t_1 > t_2 > t_3 = t$이며, 수준 $l$에는 이 L 값을 가진 다른 템플릿이 없다. 그러면 이 지점에서 LEFT($t_3$) = $t_2$, LEFT($t_2$) = $t_1$, LEFT($t_1$) $< 0$이고 RIGHT($t_1$) = RIGHT($t_2$) = RIGHT($t_3$) = $-1$이다.) $s \leftarrow t$로 설정한다. $s > 0$인 동안 다음을 수행한다: $r \leftarrow$ H($s$), RIGHT($s$) $\leftarrow$ LEFT($r$)로 설정한다; 만일 LEFT($r$) $< 0$이면 LEFT($r$) $\leftarrow s$로 설정한다; 그리고 $s \leftarrow$ LEFT($s$)로 설정한다. 마지막으로 다시 $s \leftarrow t$로 설정한다.

**S11.** 〔복제본들을 만든다.〕 만일 $s < 0$이면 단계 S9로 돌아간다. 그렇지 않고 만일 RIGHT($s$) $\geq 0$이면 $s \leftarrow$ LEFT($s$)로 설정한다. 그렇지 않으면 $r \leftarrow$ LEFT($s$), LEFT(H($s$)) $\leftarrow$ RIGHT($s$), RIGHT($s$) $\leftarrow s$, $q \leftarrow$ NTOP, NTOP $\leftarrow q + 1$, LEFT($s$) $\leftarrow \sim(q - f_0)$, LO($q$) $\leftarrow \sim$LEFT(L($s$)), HI($q$) $\leftarrow \sim$LEFT(H($s$)), V($q$) $\leftarrow l$, $s \leftarrow r$로 설정한다. 단계 S11을 되풀이한다.

**S12.** 〔$l$에 대한 반복.〕 $l \leftarrow l - 1$로 설정한다. 만일 LSTART[$l$] $<$ POOLSIZE이면 S7로 돌아간다. 그렇지 않고 만일 RIGHT(POOLSIZE $- 2$) $= 0$이면 NTOP $\leftarrow$ NTOP$- 1$로 설정한다($f \circ g$가 항상 0이므로). ▮

항상 그렇듯이, 어떤 알고리즘을 이해하는 최선의 방법은 예를 하나 택해서 진행을 따라가 보는 것이다. 연습문제 67은 (41)의 BDD들로 $f \wedge g$를 계산할 때 알고리즘 S가 어떤 일을 하는지를 논의한다.

알고리즘 S를 이를테면 '단조함수 함수(monotone-function function)' $\mu_n(x_1, \ldots, x_{2^n})$ 같은 흥미로운 함수에 대한 BDD를 구축하는 데 사용할 수 있다. 이 단조함수 함수 $\mu_n$은 오직 $x_1 \ldots x_{2^n}$이 단조함수의 진리표일 때에만 참인 함수이다.

$$\mu_n(x_1, \ldots, x_{2^n}) = \bigwedge_{0 \le i \subseteq j < 2^n} [x_{i+1} \le x_{j+1}]. \qquad (48)$$

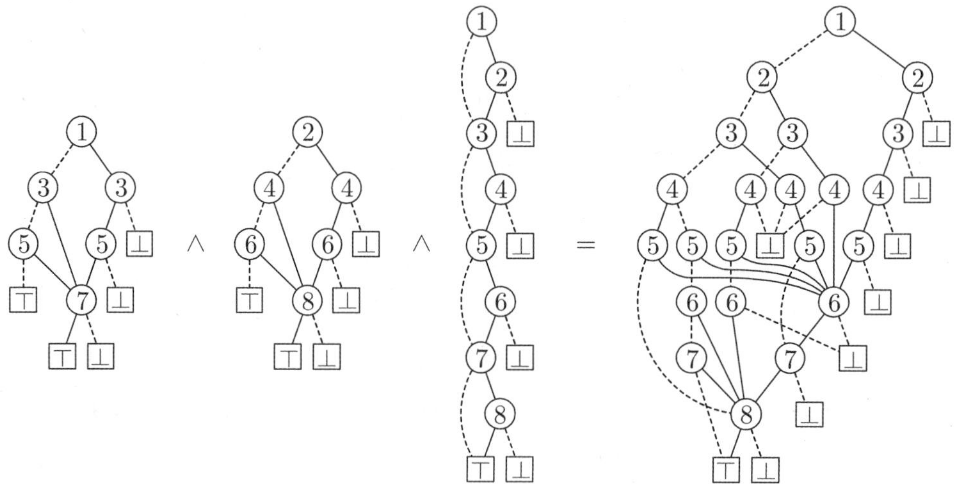

**그림 25.** 알고리즘 S로 계산한 $\mu_2(x_1, x_3, x_5, x_7) \wedge \mu_2(x_2, x_4, x_6, x_8) \wedge G_8(x_1, \ldots, x_8) = \mu_3(x_1, \ldots, x_8)$.

$\mu_0(x_1) = 1$로 시작해서 이 함수는 다음과 같은 점화식을 만족한다.

$$\mu_n(x_1, \ldots, x_{2^n}) = \mu_{n-1}(x_1, x_3, \ldots, x_{2^n-1}) \wedge \mu_{n-1}(x_2, x_4, \ldots, x_{2^n}) \wedge G_{2^n}(x_1, \ldots, x_{2^n}). \qquad (49)$$

여기서 $G_{2^n}(x_1, \ldots, x_{2^n}) = [x_1 \le x_2] \wedge [x_3 \le x_4] \wedge \cdots \wedge [x_{2^n-1} \le x_{2^n}]$이다. 따라서 이 함수의 BDD는 알고리즘 S 같은 BDD 계산기로 쉽게 구할 수 있다. $\mu_{n-1}(x_1, x_3, \ldots, x_{2^n-1})$과 $\mu_{n-1}(x_2, x_4, \ldots, x_{2^n})$의 BDD들은 $\mu_{n-1}(x_1, x_2, \ldots, x_{2^{n-1}})$의 BDD의 단순한 변형들이며, $G_{2^n}$의 BDD는 대단히 단순하다(그림 25 참고).

이 공정을 여섯 번 되풀이하면 $\mu_6$에 대한 BDD가 나오는데, 이 BDD의 노드는 103,924개이다. 6변수 단조 부울 함수는 정확히 7,828,354개이다(연습문제 5.3.4-31). 이 BDD는 그 함수들 모두를 잘 특징지으며, 알고리즘 S로 그것을 계산하는 데에는 약 4백 8십만 회의 메모리 접근만 필요하다. 더 나아가서 $\mu_7$에 대한 BDD를 계산하는 데에는 6천 7백만 멤으로 충분하다. 노드가 155,207,320개인 그 BDD는 총 2,414,682,040,998개의 단조함수들을 특징짓는다.

그러나 여기서 멈추어야 한다. 그다음 경우의 크기 $B(\mu_8)$은 무려 69,258,301,585,604이기 때문이다(연습문제 77 참고).

**BDD 기반 안에서의 합성.** 하나의 BDD를 즉석에서 계산하는 것이 아니라 다수의 함수들을 한꺼번에 다루는 경우에는 지금까지 나온 것과는 다른 접근방식이 바람직할 것이다. (36)에서처럼, 한 BDD 기반의 함수들이 공통의 부분함수를 공유하는 경우가 종종 있다. 알고리즘 S는 서로 소인 BDD들을 입력받아서 효율적으로 조합하되 원본들은 파괴하도록 설계된 것이다. 그러나 BDD들이 겹치는 함수들의 조합을 형성하는 것이 더 바람직한 경우가 많다. 더 나아가서, 새 함수(이를테면 $f \wedge g$)를 형성한 후에도, 이후의 용도를 위해 $f$와 $g$를 계속 남겨 두고 싶을 때가 있다. 실제로 새 함수는 $f$ 또는 $g$(또는 둘 다)와 노드들을 공유할 가능성이 있다.

따라서 부울 함수들의 집합을 조작하는 범용 도구모음을 설계해 보면 좋을 것이다. 이런 목적에서는 BDD가 특히나 매력적인데, 왜냐하면 필요한 연산들 대부분이 간단한 점화식 형태이기 때문이다. 이전에 보았듯이, 모든 비상수 부울 함수를 다음과 같이 표기할 수 있다.

$$f(x_1, x_2, \ldots, x_n) = (\bar{x}_v ?\ f_l \colon f_h). \tag{50}$$

여기서 $v = f_v$는 $f$가 의존하는 첫 변수의 색인이다. 그리고 $f_l$과 $f_h$는 다음을 만족한다.

$$f_l = f(0, \ldots, 0, x_{v+1}, \ldots, x_n); \qquad f_h = f(1, \ldots, 1, x_{v+1}, \ldots, x_n). \tag{51}$$

이 규칙은 $f$에 대한 BDD의 최상위에서의 가지 노드 (v)에 해당한다. 그리고 BDD의 나머지는 부분은 ⊥와 ⊤에 해당하는 상수 함수에 도달할 때까지 (50)과 (51)을 재귀적으로 따른다. 두 함수의 임의의 조합 $f \circ g$도 이와 비슷한 점화식으로 정의할 수 있다. $f$와 $g$ 둘 다 상수가 아니라 할 때,

$$f(x_1, \ldots, x_n) = (\bar{x}_v ?\ f_l \colon f_h) \qquad g(x_1, \ldots, x_n) = (\bar{x}_v ?\ g_l \colon g_h) \tag{52}$$

이다. 여기서 $v = \min(f_v, g_v)$이고 $f_l$, $f_h$, $g_l$, $g_h$는 (51)에 의해 주어진다. 그러면 마술처럼

$$f \circ g = (\bar{x}_v ?\ f_l \circ g_l \colon f_h \circ g_h) \tag{53}$$

가 나온다. 이 중요한 공식은 식 (37)의 융합의 정의를 다른 식으로 표현한 것이다.

주의: 위의 표기법을 세심하게 이해할 필요가 있다. 왜냐하면 (50)의 부분함수 $f_l$과 $f_h$가 (52)의 $f_l$, $f_h$와는 다를 수도 있기 때문이다. 예를 들어 $f = x_2 \vee x_3$이고 $g = x_1 \oplus x_3$이라고 하자. 그러면 식 (50)은 $f_v = 2$와 $f = (\bar{x}_2 ?\ f_l \colon f_h)$에 의해 성립한다. 여기서 $f_l = x_3$이고 $f_h = 1$이다. 또한 $g_v = 1$이고 $g = (\bar{x}_1 ?\ x_3 \colon \bar{x}_3)$이기도 하다. 그러나 (52)에서는 동일한 가지 변수 $x_v$를 두 함수 모두에 대해 사용하며, 지금 예에서 $v = \min(f_v, g_v) = 1$이다. 따라서 식 (52)는 $f = (\bar{x}_1 ?\ f_l \colon f_h)$와 $f_l = f_h = x_2 \vee x_3$에 의해 성립한다.

한 BDD 기반의 모든 노드는 각각 하나의 부울 함수를 나타낸다. 더 나아가서 BDD 기반은 기약(reduced)이다. 따라서 두 함수 또는 두 부분함수는 오직 정확히 같은 노드에 대응될 때에만 상등이다. (알고리즘 S에서는 이런 편리한 유일성이 참이 아니다.)

공식 (51)~(53)으로부터, $f \wedge g$를 계산하는 재귀적 방법을 바로 이끌어 낼 수 있다:

$$\text{AND}(f,g) = \begin{cases} \text{만일 } f \wedge g\text{가 자명한 값을 가지면 그 값을 돌려준다;} \\ \text{그렇지 않으면 } f\text{와 } g\text{를 (52)에서처럼 표현한다;} \\ r_l \leftarrow \text{AND}(f_l, g_l)\text{과 } r_h \leftarrow \text{AND}(f_h, g_h)\text{를 계산한다;} \\ \text{함수 } (\bar{x}_v ?\ r_l\colon r_h)\text{를 돌려준다.} \end{cases} \tag{54}$$

(재귀적인 방법은 항상 충분히 간단한 경우가 발생했을 때 종료되어야 한다. 첫 줄의 '자명한' 값은 $f = g$일 때 $f \wedge 1 = f$, $1 \wedge g = g$, $f \wedge 0 = 0 \wedge g = 0$, $f \wedge g = f$인 종료 경우에 해당한다.) $f$와 $g$가 위의 예에서 언급한 함수들일 때, (54)는 $f \wedge g$를 $(x_2 \vee x_3) \wedge x_3$과 $(x_2 \vee x_3) \wedge \bar{x}_3$의 계산으로 축약하며, 그런 다음 $(x_2 \vee x_3) \wedge x_3$은 $x_3 \wedge x_3$과 $1 \wedge x_3$으로 축약하는 등으로 나아간다.

그런데 (54)를 그냥 글자 그대로 단순하게 구현하면 문제가 생긴다. 왜냐하면 모든 비종료(말단) 단계에 의해 둘 이상의 재귀 인스턴스가 시작되기 때문이다. 그러면 $k$ 수준에서 AND의 인스턴스가 $2^k$가 되는, '계산의 조합적 폭발'이 발생한다!

다행히 그러한 폭발을 피하는 좋은 방법이 있다. $f$의 서로 다른 부분함수는 $B(f)$개뿐이므로, AND의 서로 다른 호출은 최대 $B(f)B(g)$개까지만 발생한다. 계산을 적절한 한계 안으로 유지하기 위해서는 그냥 지금까지 수행한 결과들을 기억하기만 하면 된다. 즉, $r$을 계산된 값으로서 돌려주기 전에, $f \wedge g = r$이라는 사실을 메모해 두는 것이다. 그렇게 하면, 이후 같은 부문제가 발생했을 때 메모를 보고는 "이거 아까 했던 계산이군"이라고 말하면 그만이다. 이전에 해결한 경우들은 따라서 종료 경우가 된다. 오직 이전과는 다른 부문제들에서만 새로운 재귀가 시작되는 것이다. (제8장에서 이러한 '메모화[memoization]' 기법을 상세히 논의한다.)

(54)의 알고리즘을 실제로 구현할 때 까다로운 문제가 또 있다: "$(\bar{x}_v ?\ r_l\colon r_h)$를 돌려준다"가 말처럼 쉽지 않은데, 왜냐하면 BDD를 기약인 상태로 유지해야 하기 때문이다. 만일 $r_l = r_h$이면 노드 $r_l$을 돌려주어야 한다. 그리고 만일 $r_l \neq r_h$이면 가지 노드 $(\bar{x}_v ?\ r_l\colon r_h)$가 이미 존재하는지 확인해서, 없을 때에만 새로 생성해야 한다.

따라서 BDD 노드들 외에도 추가적인 정보를 유지해야 한다. 이미 푼 문제들의 메모들을 유지해야 하며, 어떤 노드를 그 주소가 아니라 내용으로 찾아낼 수도 있어야 한다. 그러한 두 가지 일을 수행하는 방법을 제6장의 검색 알고리즘들, 이를테면 해싱에서 발견할 수 있다. $f \wedge g = r$이라는 사실을 메모로 기록하는 한 가지 방법은 키 '$(f, \wedge, g)$'를 해싱하고 그것을 값 $r$과 연관시키는 것이다. 그리고 기존 노드 (V, LO, HI)의 존재를 기록하는 한 가지 방법은 키 (V, LO, HI)를 해싱하고 그것을 그 노드의 메모리 주소와 연관시키는 것이다.

한 BDD 기반 안의 모든 기존 노드 (V, LO, HI)의 사전辭典(dictionary)을 전통적으로 고유표(unique table)라고 부른다. 이는 중복을 방지하는 매우 중요한 고유성(유일성) 조건을 강제하기 위해 그러한 표를 사용하기 때문이다. 그런데 그러한 모든 정보를 하나의 거대한 사전에 집어넣는 것보다는, 각 변수 V 당 하나씩의 더 작은 고유표들의 집합을 관리하는 것이 더 낫다. 그런 개별적인 표들이 있으면 특정 변수에서 분기하는 모든 노드를 효율적으로 찾을 수 있다.

메모는 편리하지만, 고유표 항목으로서 필수는 아니다. $f \wedge g = r$이라는 사실을 기록해 두지 않았다고 해도, 언제라도 다시 계산하는 것이 가능하다. 부분문제 $f_l \wedge g_l$과 $f_h \wedge g_h$의 답이 여전히 기록되어 있을 가능성이 높다면 조합적 폭발을 크게 걱정할 필요는 없다. 따라서 조회를 '완벽하지는 않지만 꽤 훌륭하게' 수행하는, 덜 비싼 메모 저장 방식이 가능하다: 키 '$(f, \wedge, g)$'를 표의 한 위치 $p$로 해싱한 다음에는, 다른 키들과의 충돌을 처리해야 하는 일 없이 딱 그 위치에 있는 메모만 조회할 수 있어야 한다. 만일 여러 키들이 같은 해시 주소를 가진다면, 위치 $p$에는 오직 가장 최근의 유효한 메모만 기록하도록 한다. 해시표가 충분히 크다면, 실제 응용에서 이러한 단순화된 방안도 여전히 적합하다. 완벽에 조금 못 미치는 이러한 해시표를, 컴퓨터가 비교적 느린 저장 장치 안에서 처리했던 중요한 값들을 기억하는 데 사용하는 하드웨어 캐시에 비유해 메모 캐시(memo cache)라고 부르기로 하자.

각설하고, 이제 알고리즘 (54)를 고유표들과 메모 캐시를 이용하도록 좀 구체적으로 서술해 보자.

$$\text{AND}(f,g) = \begin{cases} \text{만일 } f \wedge g\text{가 자명한 값을 가지면 그 값을 돌려준다;} \\ \text{그렇지 않고 만일 } f \wedge g = r\text{이 메모 캐시에 있다면 } r\text{을 돌려준다;} \\ \text{그렇지 않으면 } f\text{와 } g\text{를 (52)에서처럼 표현한다;} \\ r_l \leftarrow \text{AND}(f_l, g_l)\text{과 } r_h \leftarrow \text{AND}(f_h, g_h)\text{를 계산한다;} \\ \text{알고리즘 U를 이용해서 } r \leftarrow \text{UNIQUE}(v, r_l, r_h)\text{로 설정한다;} \\ \text{`}f \wedge g = r\text{'을 메모 캐시에 넣고 } r\text{을 돌려준다.} \end{cases} \tag{55}$$

**알고리즘 U** (고유표 조회). $v$가 하나의 정수이고 $p$와 $q$는 한 BDD 기반에서 변수 순위가 $> v$인 노드들을 가리킨다고 할 때, 주어진 $(v, p, q)$에 대해 이 알고리즘은 함수 $(\bar{x}_v?\ p\colon q)$를 나타내는 노드 UNIQUE$(v, p, q)$를 가리키는 포인터를 돌려준다. 만일 그 함수가 이미 존재하는 것이 아니면 BDD 기반에 그 함수를 새로이 추가한다.

**U1.** 〔간단한 경우인가?〕 만일 $p = q$이면 $p$를 돌려준다.

**U2.** 〔표를 점검.〕 변수 $x_v$의 고유표를 키 $(p, q)$를 이용해서 검색한다. 값 $r$을 성공적으로 찾아냈다면 그 $r$을 돌려준다.

**U3.** 〔새 노드를 생성.〕 새 노드 $r$을 생성하고 $\mathtt{V}(r) \leftarrow v$, $\mathtt{LO}(r) \leftarrow p$, $\mathtt{HI}(r) \leftarrow q$로 설정한다. $r$을 키 $(p, q)$를 이용해서 $x_v$의 고유표에 집어넣는다. $r$을 돌려준다. ▮

AND$(f, g)$의 최상위 수준 계산을 마친 후에 메모 캐시를 0으로 비울 필요가 없음을 주목하기 바란다. 지금까지 만들어진 각 메모는 자료구조의 노드들 사이의 관계를 말해 준다. 그러한 사실들은 여전히 유효하며, 나중에 새로운 함수 $f$와 $g$를 위한 AND$(f, g)$를 계산할 때 유용할 수 있다.

(55)를 좀 더 개선하는 것도 가능하다. 구체적으로 말하면, $f \wedge g$가 자명하지 않을 때 만일 $f > g$임을 알게 되면 $f \leftrightarrow g$로 교환하는 것이다. 그렇게 하면 $g \wedge f$를 이미 계산해 둔 상태에서 $f \wedge g$를 계산하느라 시간을 낭비하는 일이 없다.

(55)를 그런 식으로 간단하게 수정한다면, 다른 이항연산자 OR$(f, g)$, XOR$(f, g)$, BUTNOT$(f, g)$, NOR$(f, g)$ 등등도 손쉽게 계산할 수 있다. 연습문제 81을 보라.

(55)와 알고리즘 U의 조합이 알고리즘 S보다 훨씬 간단해 보인다. 따라서 굳이 알고리즘 S의 방법을 이해해야 할 필요가 무엇인지 의아한 독자도 있을 것이다. 그 알고리즘의 너비 우선 탐색은 (55)의 재귀적 구조 안에서의 '깊이 우선' 계산 순서에 비해 상당히 복잡해 보인다. 게다가 알고리즘 S는 서로 소인 BDD들만 다룰 수 있는 반면 알고리즘 U와 (55) 같은 재귀적 방법은 임의의 BDD 기반에 적용된다.

그러나 겉모습이 전부는 아닌 경우가 있다. 알고리즘 S는 저수준에서 서술된 것이다. 거기에는 자료구조의 모든 요소의 모든 변경이 구체적으로 명시되어 있다. 반면 (55)와 알고리즘 U의 고수준 서술은 무대 뒤에 상당한 기반구조가 갖추어져 있음을 가정한 것이다. 메모 캐시와 고유표를 반드시 설정해 두어야 하며, BDD 기반이 성장하거나 축소됨에 따라 메모 캐시와 고유표의 크기도 적절히 조정해야 한다. 결론적으로, (55)와 알고리즘 U를 '무에서부터' 제대로 구현한 프로그램의 전체 길이는 알고리즘 S에 대한 비슷한 프로그램의 길이의 대략 10배이다.

실제로, BDD 기반의 유지 및 관리 작업에는 동적 저장소 할당의 흥미로운 질문들이 관여한다. 더 이상 접근할 수 없는 노드들이 생겼을 때 메모리 공간을 해제하기 때문이다. 알고리즘 S는 이 문제를 후입선출 방식으로, 그냥 노드들과 템플릿들을 순차적인 스택에 유지함으로써, 그리고 다른 자료에 손쉽게 통합할 수 있는 작은 해시표를 활용함으로써 해결한다. 그러나 일반적인 BDD 기반에는 좀 더 정교한 시스템이 필요하다.

동적 BDD 기반을 관리하는 최선의 방법은 아마도 §2.3.5에서 논의한 참조 계수(refernce counting) 기법일 것이다. 이는 그 정의상 BDD가 비순환 자료구조이기 때문이다. 그런 차원에서, 모든 BDD 노드에 V, LO, HI 필드 외에 REF라는 필드도 있다고 가정하자. 이 REF 필드는 그 노드를 참조하는 다른 노드의 LO, HI 포인터, 또는 (36)에서처럼 외부 뿌리 포인터 $F_j$들이 몇 개나 되는지를 말해준다. 예를 들어 (36)에서 ③으로 표시된 노드들의 REF 필드는 각각 4, 1, 2이다. 그리고 그 예의 ②나 ④, ⑥ 노드들은 모두 REF = 1이다. 연습문제 82에서는 재귀적 계산 도중에 REF 필드를 적절히 증가, 감소하는 다소 까다로운 문제를 논의한다.

노드의 참조 횟수가 0이 되면 그 노드는 죽은 것으로 간주된다. 그런 경우 그 아래의 두 노드의 REF 필드들을 감소해야 한다. 그 두 노드 역시 참조 횟수가 0이 되면 죽어버리며, 그런 식으로 재앙이 재귀적으로 전파된다.

그런데 죽은 노드를 즉시 메모리에서 제거할 필요는 없다. 죽은 노드도 여전히 유용한 부울 함수를 나타내고 있을 가능성이 있으며, 계산이 진행됨에 따라 그 함수가 다시 필요해질 수 있기 때문이다. 예를 들어 단계 U2에서 죽은 노드가 발견될 수 있다. 이는 고유표로부터의 포인터는 참조 횟수에 포함되지 않기 때문이다. 마찬가지로, (55)에서 $f \wedge g = r$임을 말해 주는 메모를 조회했는데 $r$이 현재 죽은 노드인 상황이 발생할 수도 있다. 그런 경우 노드 $r$을 다시 살려야 한다. (그리고 그 LO, HI를 따라 자식 노드들의 REF를 재귀적으로 증가해서 죽은 후손들을 적절히 되살려야 한다.)

한편, 가끔씩 죽은 노드들을 실제로 제거해서 메모리 공간을 재확보할 필요도 있다. 그런 경우 두 가지 일을 반드시 수행해야 한다: 하나는 메모 캐시에서 $f$나 $g$, $r$이 죽은 노드인 메모 항목들을 모두 제거하는 것이고, 또 하나는 모든 죽은 노드를 메모리와 해당 고유표에서 제거하는 것이다. 자동화된 시스템에서 그러한 청소 작업을 언제 수행할 것이고 표들의 크기를 동적으로 재조정하는 작업은 또 언제 수행할 것인지를 결정하는 데 사용할 만한 전형적인 발견법적 전략들을 연습문제 84에서 논의한다.

BDD 기반을 지원하는 데 필요한 여분의 설비들 때문에, (49)의 단조함수 함수 $\mu_n$ 같은 단발성 예에서 알고리즘 U와 (55) 같은 하향식 재귀적 방법이 알고리즘 S만큼 효율적이길 기대하는 것은 무리이다. 그 예에 좀 더 일반적인 접근방식을 적용하는 경우 실행 시간은 알고리즘 S의 대략 네 배이고, 메모리 요구량은 약 2.4배 증가한다.

그러나 BDD 기반은 다른 수많은 응용들에서 진정으로 빛을 발하기 시작한다. 예를 들어 두 이진수의 곱의 각 비트에 대한 공식을 구한다고 하자.

$$(z_1 \ldots z_{m+n})_2 = (x_1 \ldots x_m)_2 \times (y_1 \ldots y_n)_2. \tag{56}$$

$n = 0$일 때 $z_1 \ldots z_m = 0 \ldots 0$임은 분명하며, 점화식

$$(x_1 \ldots x_m)_2 \times (y_1 \ldots y_n y_{n+1})_2 = (z_1 \ldots z_{m+n} 0)_2 + (x_1 \ldots x_m)_2 y_{n+1} \tag{57}$$

을 이용해서 $n$을 1씩 증가할 수 있다. 그리고 BDD 기반을 이용하면 이러한 점화식을 코딩하기가 쉽다. 다음은 $m = n = 3$일 때의 BDD인데, 아래첨자들을 (36)의 이진 덧셈 도식과 일치하도록 부여했다.

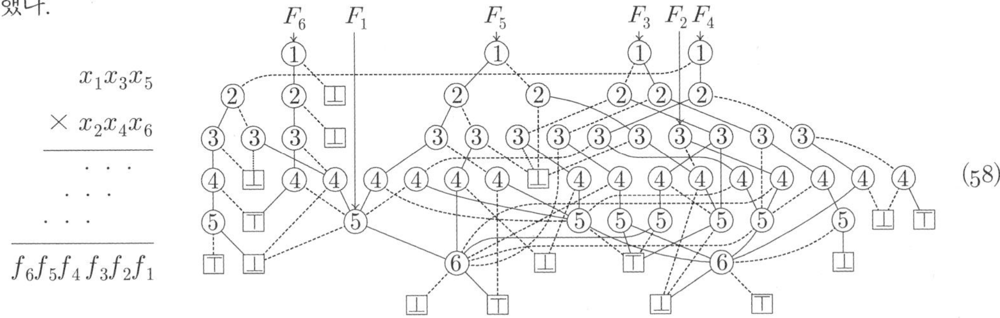

(58)

비트별 연산에서 곱셈이 덧셈보다 훨씬 복잡함은 분명하다. (사실, 만일 그렇지 않다면 인수분해가 그토록 어렵지는 않았을 것이다.) $m = n = 16$일 때 이진 곱셈에 대한 BDD 기반은 거대하다. 노드가 무려 $B(f_1, \ldots, f_{32}) = 136{,}398{,}751$개이다. 알고리즘 U로 그러한 BDD 기반을 찾아내는 데에는 56기가맴의 계산이 필요하며, 메모리는 6.3기가바이트가 필요하다. 재귀적 서브루틴을 1천 9백억 회 호출해야 하고, 고유표들과 메모 캐시의 크기를 수백 번 조정해야 하며, 쓰레기 수거도 수십 번 해야 한다. 알고리즘 S를 이용한 비슷한 계산은 거의 상상불허이나, 이 특정한 예에서 개별 함수들이 공유하는 공통의 부분함수들은 많지 않다. 이 경우 $B(f_1) + \cdots + B(f_{32}) = 168{,}640{,}131$인데, 최댓값은 '가운데 비트' $B(f_{16}) = 38{,}174{,}143$에서 발생한다.

***삼항 연산.** 주어진 세 부울 함수 $f = f(x_1, \ldots, x_n)$, $g = g(x_1, \ldots, x_n)$, $h = h(x_1, \ldots, x_n)$이 셋 다 상수는 아니라 할 때, $v = \min(f_v, g_v, h_v)$로 두어서 (52)를 다음으로 일반화할 수 있다.

$$f = (\bar{x}_v?\ f_l\colon f_h), \qquad g = (\bar{x}_v?\ g_l\colon g_h), \qquad h = (\bar{x}_v?\ h_l\colon h_h). \tag{59}$$

그러면, 예를 들어 (53)은 다음으로 일반화된다.

$$\langle fgh \rangle = ((\bar{x}_v?\ \langle f_l g_l h_l \rangle\colon \langle f_h g_h h_h \rangle)). \tag{60}$$

그리고 $f$, $g$, $h$에 대한 임의의 삼항 연산에 대해 비슷한 공식들이 성립한다. 이를테면

$$(\bar{f}?\ g\colon h) = (\bar{x}_v?\ (\bar{f}_l?\ g_l\colon h_l)\colon (\bar{f}_h?\ g_h\colon h_h)) \tag{61}$$

이다. (이 공식들에서 '$h_h$'의 '$h$'가 두 가지 의미로 쓰임을 용서해 주시길.)

이제 (55)를 멀티플렉싱 같은 삼항 조합들로 쉽게 일반화할 수 있다.

$$\mathrm{MUX}(f,g,h) = \begin{cases} \text{만일 } (\bar{f}?\ g\colon h)\text{가 자명한 값을 가지면 그 값을 돌려준다;} \\ \text{그렇지 않고 만일 } (\bar{f}?g\colon h) = r\text{이 메모 캐시에 있다면 } r\text{을 돌려준다;} \\ \text{그렇지 않으면 } f,\ g,\ h\text{를 (59)에서처럼 표현한다;} \\ r_l \leftarrow \mathrm{MUX}(f_l, g_l, h_l)\text{과 } r_h \leftarrow \mathrm{MUX}(f_h, g_h, h_h)\text{를 계산한다;} \\ \text{알고리즘 U를 이용해서 } r \leftarrow \mathrm{UNIQUE}(v, r_l, r_h)\text{로 설정한다;} \\ \text{`}(\bar{f}?\ g\colon h) = r\text{'을 메모 캐시에 넣고 } r\text{을 돌려준다.} \end{cases} \tag{62}$$

(연습문제 86과 87을 보라.) 실행 시간은 $O(B(f)B(g)B(h))$이다. 이제는 메모 캐시를 이전보다 복잡한 키로 조회해야 한다. 즉, 두 개가 아니라 세 개의 포인터 $(f, g, h)$를 포함하며, 해당 연산에 대한 부호까지 덧붙은 키를 사용해야 한다. 그러나 서로 다른 포인터 주소들이 많아야 이를테면 $2^{31}$개라고 하면, 각각의 메모 $(op, f, g, h, r)$을 여전히 두 개의 옥타바이트로 간편하게 표현할 수 있다.

삼항 연산 $f \wedge g \wedge h$는 흥미로운 특수 경우이다. 이를 AND($f$, AND($g$, $h$))나 AND($g$, AND($h$, $f$)) 아니면 AND($h$, AND($f$, $g$))로 간주해서, (55)를 두 번 호출해 계산할 수도 있다. 또는 (62)와 비슷한 삼항 서브루틴 ANDAND($f, g, h$)를 사용할 수도 있다. 이 삼항 루틴은 먼저 포인터들이 $f \le g \le h$를 만족하도록 피연산자들을 정렬한다. 그런 다음, 만일 $f = 0$이면 0을 돌려주고 $f = 1$이나 $f = g$이면 AND($g, h$)를, $g = h$이면 AND($f$,$g$)를 돌려준다. 그 외의 경우이면 $1 < f < g < h$인 것이며, 연산은 현재 수준의 재귀에서는 삼항으로 남는다.

예를 들어 식 (49)에서처럼 $f = \mu_5(x_1, x_3, \ldots, x_{63})$, $g = \mu_5(x_2, x_4, \ldots, x_{64})$, $h = G_{64}(x_1, \ldots, x_{64})$라고 하자. 계산 AND($f$,AND($g$, $h$))의 비용은 저자의 실험적 구현에서 $0.2 + 6.8 = 7.0$메가멤이고 AND($g$, AND($h$, $f$))는 $0.1 + 7.0 = 7.1$, AND($h$,AND($f$, $g$))는 $24.4 + 5.6 = 30.0$(!), ANDAND($f, g, h$)는 7.5이다. 따라서 이 경우에는 계산의 순서를 잘못 정하지만 않는다면 이항 연산들만 사용하는 접근방식이 우월하다. 그러나 삼항 ANDAND가 그 이항 경쟁자 셋을 모두 능가하는 경우도 있다(연습문제 88 참고).

***한정기호.** $f = f(x_1, \ldots, x_n)$이 하나의 부울 함수이고 $1 \le j \le n$이라고 할 때, 전통적으로 논리학자들은 존재기호(existential quantifier)와 전칭기호(universal quantifier)를 다음과 같은 공식들로 정의한다.

$$\exists\, x_j f(x_1, ..., x_n) = f_0 \vee f_1, \qquad \forall\, x_j f(x_1, ..., x_n) = f_0 \wedge f_1. \tag{63}$$

여기서 $f_c = f(x_1, ..., x_{j-1}, c, x_{j+1}, ..., x_n)$이다. 즉, "$...x_j$가 존재한다"라고 읽는 한정기호 '$\exists\, x_j$'는 $f$를, 오직 $f(x_1, ..., x_n)$이 참인 $x_j$의 값이 적어도 하나는 있을 때에만 참이 되는, $x_j$를 제외한 나머지 변수 $(x_1, ..., x_{j-1}, x_{j+1}, ..., x_n)$의 함수로 변경한다. 그리고 '모든 $x_j$에 대해 ...'라고 읽는 한정기호 $\forall\, x_j$는 $f$를, 오직 $x_j$의 두 값 모두 $f$를 만족할 때에만 참이 되는 함수로 변경한다.

여러 개의 한정기호들을 동시에 적용하는 경우도 많다. 예를 들어 공식 $\exists\, x_2 \exists\, x_3 \exists\, x_6 f(x_1, ..., x_n)$은 변수 $x_2$, $x_3$, $x_6$에 모든 가능한 방식으로 0 또는 1을 대입해서 얻는 $(x_1, x_4, x_5, x_7, ..., x_n)$의 여덟 함수들을 대표하는 여덟 항들의 OR를 나타낸다. 비슷하게, $\forall\, x_2 \forall\, x_3 \forall\, x_6 f(x_1, ..., x_n)$은 그런 여덟 항들의 AND를 뜻한다.

함수 $f(i_1, ..., i_l; j_1, ..., j_m)$이 $2^l \times 2^m$ 부울 행렬 $F$의 행 $(i_1 ... i_l)_2$, 열 $(j_1 ... j_m)_2$의 성분을 뜻할 때 흔히 쓰이는 한정기호 응용 방법이 하나 있다: 그런 경우

$$\exists\, j_1 ... \exists\, j_m (f(i_1, ..., i_l; j_1, ..., j_m) \wedge g(j_1, ..., j_m; k_1, ..., k_n)) \tag{64}$$

으로 주어지는 함수 $h(i_1, ..., i_l; k_1, ..., k_n)$은 부울 행렬 곱 $F\,G$에 해당하는 부울 행렬 $H$를 나타낸다.

BDD 기반에서 다중 한정을 구현하는 한 가지 편리한 방법을 러델R. L. Rudell이 제안했다: $g = x_{j_1} \wedge \cdots \wedge x_{j_m}$이 양의 리터럴들의 논리곱이라고 하자. 그러면 $\exists\, x_{j_1} ... \exists\, x_{j_m} f$를 이항 연산 $f E g$로 간주할 수 있으며, 그러한 이항 연산을 다음과 같은 (55)의 한 변형으로 계산할 수 있다.

$$\text{EXIST}(f, g) = \begin{cases} \text{만일 } f\,\text{E}\,g\text{가 자명한 값을 가지고 있으면 그 값을 돌려준다;} \\ \text{그렇지 않으면 } f\text{와 } g\text{를 (52)에서처럼 표현한다;} \\ \text{만일 } v \neq f_v \text{이면 EXIST}(f, g_h)\text{를 돌려준다;} \\ \text{그렇지 않고 만일 } f\,\text{E}\,g = r\text{이 메모 캐시에 있으면 } r\text{을 돌려준다;} \\ \text{그렇지 않으면 } r_l \leftarrow \text{EXIST}(f_l, g_h),\ r_h \leftarrow \text{EXIST}(f_h, g_h)\text{로 설정한다;} \\ \text{만일 } v \neq g_v \text{면 알고리즘 U를 이용해서 } r \leftarrow \text{UNIQUE}(v, r_l, r_h)\text{로 설정한다;} \\ \text{그렇지 않으면 } r \leftarrow \text{OR}(r_l, r_h)\text{를 계산한다;} \\ \text{`}f\,\text{E}\,g = r\text{'을 메모 캐시에 넣고 } r\text{을 돌려준다.} \end{cases} \tag{65}$$

(연습문제 94를 보라.) $g$가 앞에서 언급한 형태가 아니면 E 연산은 정의되지 않는다. 메모 캐시가 이전에 지나간 존재 계산들을 잘 기억함을 주목하기 바란다.

가능한 최악의 경우가 $O(B(f)B(g))$임을 알고 있는 (55)와는 달리, (65)의 실행 시간은 아주 가변적이다. 이는 $g$가 $m$중 한정을 지정할 때 $m$개의 OR 연산을 야기하기 때문이다. 이제는, 모든 한정이 $f$에 대한 BDD의 뿌리 근처에서 발생하는 경우, 최악의 경우가 규모 $B(f)^{2^m}$ 정도로 나빠질 수 있다. 이는 $m = 1$일 때에는 그냥 $O(B(f)^2)$일 뿐이지만, $m$이 증가함에 따라 감당할 수 없을 정도로 커진다. 한편 모든 한정이 흡수 노드 부근에서 발생한다면 실행 시간은 $m$의 크기와 무관하게 그냥 $O(B(f))$이다. (연습문제 97을 보라.)

그 외에도 주목할 만한, 그리고 ∃ 와 ∀ 만큼 쉬운 한정기호들이 있으나, 그 둘만큼 유명하지는 않다. 부울 차(Boolean difference) 한정기호와 예/아니요 한정기호는 (63)과 비슷한 다음과 같은 공식들로 정의된다.

$$\text{ᗡ} x_j f = f_0 \oplus f_1; \qquad \curlywedge x_j f = \bar{f}_0 \wedge f_1; \qquad \text{N} x_j f = f_0 \wedge \bar{f}_1. \tag{66}$$

이 셋 중 가장 중요한 것은 부울 차 기호 ᗡ이다. $\text{ᗡ} x_j f$는 $f$가 $x_j$에 의존한다는 조건을 만족하는 $\{x_1, \ldots, x_{j-1}, x_{j+1}, \ldots, x_n\}$의 모든 값에 대해 참이다. $g$와 $h$가 $\{x_1, \ldots, x_{j-1}, x_{j+1}, \ldots, x_n\}$의 다중선형 다항식들이라 할 때, 만일 $f$의 다중선형 표현이 $f = (x_j g + h) \bmod 2$라고 하면, $\text{ᗡ} x_j f = g \bmod 2$이다. (식 7.1.1-(19)를 보라.) 따라서 ᗡ는 미적분에서 유한체에 대한 도함수와 비슷하게 작용한다.

부울 함수 $f(x_1, \ldots, x_n)$은 오직 $\bigvee_{j=1}^{n} \text{N} x_j f = 0$일 때에만 단조(비감소)이다. 이는 모든 $j$에 대해 $\text{N} x_j f = 0$이라는 것과 같다. 그러나 연습문제 105는 BDD의 단조성을 좀 더 빠르게 판정하는 방법을 제시한다.

그럼 존재 한정에 대한, 특히나 배울 것이 많은 상세한 예 하나를 살펴보자. $G$가 임의의 그래프라고 할 때, 그 그래프의 독립집합들과 핵들에 대한 부울 함수 $\text{IND}(x)$와 $\text{KER}(x)$를 다음과 같이 형성할 수 있다. 여기서 $x$는 $G$의 각 벡터 $v$ 당 하나의 항목 $x_v$로 이루어진 비트 벡터이다.

$$\text{IND}(x) = \neg \bigvee_{u-v} (x_u \wedge x_v); \tag{67}$$

$$\text{KER}(x) = \text{IND}(x) \wedge \bigwedge_{v} \Big( x_v \vee \bigvee_{u-v} x_u \Big). \tag{68}$$

$G$의 핵들, 즉 $\text{KER}(x) = 1$을 만족하는 벡터 $x$들을 정점들로 하는 새 그래프 $\mathcal{G}$를 형성할 수 있다. $(x_u, x_v) = (1, 0)$, $(y_u, y_v) = (0, 1)$인 두 핵 $x$와 $y$가 $u$와 $v$에 대한 두 성분들에서만 서로 다를 때, $\mathcal{G}$에서 그 두 핵이 인접한 정점이라고 하자. 그런 경우 $u - v$이기도 하다. 핵들을 $G$의 정점들에 표식을 부여하는 특정한 방법이라고 간주할 수 있다. 어떤 정점의 표식을 그 인접 정점으로 옮기면 인접 핵이 나온다. 공식으로 정의하자면 다음과 같다.

$$\text{ADJ}(x, y) = [\nu(x \oplus y) = 2] \wedge \text{KER}(x) \wedge \text{KER}(y). \tag{69}$$

그러면, $\mathcal{G}$에서 $x - y$일 필요충분조건은 $\text{ADJ}(x, y) = 1$이다.

만일 $x = x_1 \ldots x_n$이면 함수 $[\nu(x) = 2]$가 대칭함수 $S_2(x_1, \ldots, x_n)$임을 주목하기 바란다. 더 나아가서, 분기 순서가 $(x_1, y_1, \ldots, x_n, y_n)$이 되도록 변수들을 지퍼 채우기 방식으로 교차삽입한다고 할 때, $f(x \oplus y)$의 노드 개수는 $f(x)$의 최대 세 배이다. 따라서 $B(\text{KER})$이 크지 않은 한 $B(\text{ADJ})$가 극도로 크지는 않다.

이제 $x$가 $\mathcal{G}$의 한 고립된 정점(isolated vertex; 도수가 0인 정점, 이웃이 없는 핵)인지의 여부를 한정기호를 이용해서 손쉽게 표현할 수 있다.

$$\text{ISO}(x) = \text{KER}(x) \wedge \neg \exists y \, \text{ADJ}(x, y). \tag{70}$$

예를 들어 $G$가 (18)에서처럼 미합중국의 연결된 주들의 그래프라고 하자. 그러면 각 핵 벡터 $x$에는 $v \in$ {ME, NH, ..., CA}에 대해 49개의 성분 $x_v$들이 있다. 그래프 $\mathcal{G}$의 정점은 266,137개이며, 앞에서 보았듯이 IND$(x)$와 KER$(x)$의 BDD 크기는 각각 428과 780이다(식 (17) 참고). 이 경우 (69)의 ADJ$(x,y)$는 부울 변수가 98개인 함수지만, 그래도 해당 BDD의 노드는 단 7260개이다. $\exists\, y$ ADJ$(x,y)$의 BDD는 $G$에서 이웃이 적어도 하나인 핵 $x$들 모두를 서술하며, 노드는 842개이다. 그리고 ISO$(x)$의 BDD는 노드가 단 77개이다. $G$에는 고립된 핵이 정확히 세 개 있는데, 그중 둘은 다음이다.

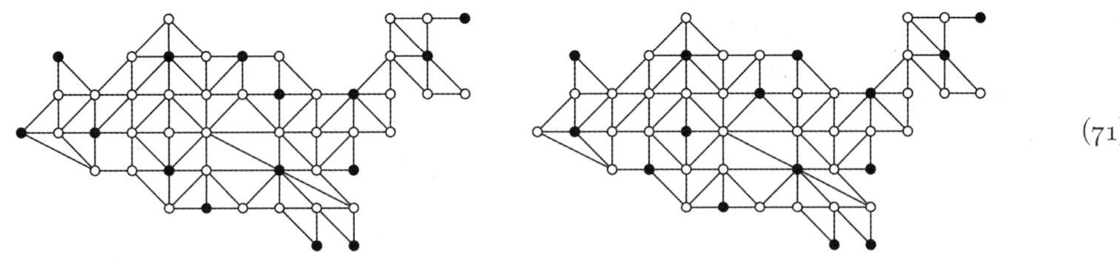

(71)

나머지 하나는 이 둘의 혼합이다. 앞에 나온 알고리즘들을 이용하면 $G$의($\mathcal{G}$가 아니라) 정점들과 간선들의 목록에서 시작하는 이 계산 전체를 약 4메가멤의 실행 비용과 약 1.6메가바이트의 메모리로 수행할 수 있다. $G$의 커널 당 메모리 접근은 약 15회 밖에 되지 않는다.

이와 비슷한 방식으로, 메모리에서 표현할 수 있는 것보다 더 많은 정점들을 가진 '암묵적 그래프'들에 대해서도 BDD 기법을 적용할 수 있다. 그러한 정점들을 부울 함수들에 대한 해 벡터들로 특징지을 수만 있다면 말이다. 함수가 아주 복잡하지는 않다면, 정점들과 호들을 명시적으로 표현해서는 결코 답을 얻을 수 없는 문제들에 대한 답을 그러한 그래프들로부터 얻을 수 있다.

***함수 합성.** 재귀적 BDD 알고리즘의 백미는 $f(g_1, g_2, \ldots, g_n)$ 형태의 합성 함수를 계산하는 일반적 절차이다. 여기서 $f$는 $\{x_1, x_2, \ldots, x_n\}$을 변수로 하는 주어진 한 함수이고 각 인수 $g_j$ 역시 그러한 변수들의 함수이다. $m < j \le n$에 대해 $g_j = x_j$임을 만족하는 어떤 수 $m \ge 0$을 알고 있다고 가정하자. 그러면 이 절차를 다음과 같이 표현할 수 있다.

COMPOSE$(f, g_1, \ldots, g_n)$ =
- 만일 $f = 0$ 또는 $f = 1$이면 $f$를 돌려준다.
- 그렇지 않으면 (50)에서처럼 $f = (\bar{x}_v ?\, f_l \colon f_h)$라고 가정한다;
- 만일 $v > m$이면 $f$를 돌려준다. 그렇지 않고 만일 $f(g_1, \ldots, g_n) = r$이 메모 캐시에 있으면 $r$을 돌려준다.
- $r_l \leftarrow$ COMPOSE$(f_l, g_1, \ldots, g_n)$과 $r_h \leftarrow$ COMPOSE$(f_h, g_1, \ldots, g_n)$을 계산한다;
- (62)를 이용해서 $r \leftarrow$ MUX$(g_v, r_l, r_h)$로 설정한다;
- '$f(g_1, \ldots, g_n) = r$'을 캐시에 넣고 $r$을 돌려준다. (72)

이 알고리즘에서 '$f(g_1, \ldots, g_n) = r$' 같은 캐시 메모 표현은 다소 까다롭다. 이에 대해서는 잠시 후에 논의하겠다.

이 계산들이 이전의 재귀적 방법들에서 본 것과 기본적으로 동일해 보이겠지만, 사실은 커다란 차이점이 하나 있다: (72)의 함수 $r_l$과 $r_h$는 BDD의 최하위 근처에 있는 $x$들만이 아니라 모든 변수 $\{x_1, \ldots, x_n\}$에 관여할 수 있다는 것이다. 그래서 (72)의 실행 시간이 실제로 아주 클 수 있다. 그러나 모든 것이 조화롭고 효율적으로 진행되는 경우도 많다. 예를 들어 (69)의 $[\nu(x\oplus y)=2]$의 계산에는 아무런 문제가 없다.

'$f(g_1, \ldots, g_n)=r$' 같은 메모의 키가 $(f, g_1, \ldots, g_n)$의 완전하게 상세한 명세이어서는 안 된다. 그러면 효율적인 해싱이 안 되기 때문이다. 그래서 '$f[G]=r$'만 저장하기로 한다. 여기서 $G$는 함수열 $(g_1, \ldots, g_n)$의 식별 번호이다. 그 함수열이 변할 때마다 새 번호 $G$를 사용하면 된다. 그리고 개별 함수 $g_j$들이 죽지 않는 한, 특정 계산에서 되풀이해서 나타나는 특별할 함수열들에 대한 $G$들을 기억해 두는 것이 가능하다. (연습문제 102에 나오는 다른 방법도 보라.)

또 다른 예로, 미합중국의 연결된 주 그래프를 다시 보자. 그 그래프는 평면적이다. 그래프를 네 가지 색으로 칠한다고 하자. 색상들에 2비트 부호 $\{00, 01, 10, 11\}$을 부여한다면, 유효한 색칠 방법들을, 오직 인접한 두 주의 쌍들 각각마다 색상 부호 $ab$들이 서로 다를 때에만 참이 되는 98변수 부울 함수로 손쉽게 표현할 수 있다.

$$\begin{aligned}\mathrm{COLOR}(a_{\mathtt{ME}}, b_{\mathtt{ME}}, \ldots, a_{\mathtt{CA}}, b_{\mathtt{CA}}) = \\ \mathrm{IND}(a_{\mathtt{ME}}\wedge b_{\mathtt{ME}}, \ldots, a_{\mathtt{CA}}\wedge b_{\mathtt{CA}})\wedge \mathrm{IND}(a_{\mathtt{ME}}\wedge \bar b_{\mathtt{ME}}, \ldots, a_{\mathtt{CA}}\wedge \bar b_{\mathtt{CA}}) \\ \wedge\, \mathrm{IND}(\bar a_{\mathtt{ME}}\wedge b_{\mathtt{ME}}, \ldots, \bar a_{\mathtt{CA}}\wedge b_{\mathtt{CA}})\wedge \mathrm{IND}(\bar a_{\mathtt{ME}}\wedge \bar b_{\mathtt{ME}}, \ldots, \bar a_{\mathtt{CA}}\wedge \bar b_{\mathtt{CA}}).\end{aligned} \tag{73}$$

네 IND 각각은 노드가 854개인 BDD를 가지며, (72)의 절차를 이용해서 약 70킬로멤의 비용으로 계산할 수 있다. COLOR 함수의 BDD는 노드가 단 25579개이다. 이제 알고리즘 C를 이용해서, 이 그래프의 4색 칠하기 방법이 정확히 25,623,183,458,304가지임을 빠르게 알아낼 수 있다. 이를 4!로 나누면 대칭 중복들이 제거된 가짓수, 약 1조 1천만 개가 나온다. 그래프의 서술에서 시작한 전체 계산에 필요한 총 시간은 3.5메가멤 미만이고 메모리 사용량은 2.2메가바이트이다. (또한 무작위 4색 칠하기 등도 알아낼 수 있다.)

**난폭한 함수들.** 물론 98변수 부울 함수들 중에는 COLOR처럼 다루기 쉬운 함수와는 전혀 다른 성격의 함수들도 있다. 98변수 함수는 총 $2^{2^{98}}$개이다. 연습문제 108에서는 그중 BDD 크기가 1조 미만인 것이 많아야 $2^{2^{46}}$개이며, 사실 98변수 부울 함수들 거의 전부에서 $B(f)\approx 2^{98}/98\approx 3.2\times 10^{27}$임을 증명한다. 자료가 원래부터 아주 중복되어 있지 않은 이상, $2^{98}$개의 비트들을 작은 공간으로 압축하는 방법은 사실 없는 것이다.

그렇다면 최악의 경우는 무엇일까? $f$가 $n$변수 부울 함수라고 할 때, $B(f)$가 얼마나 커질 수 있을까? 주어진 BDD의 프로파일(profile)을 고려한다면 그리 어렵지 않게 답을 구할 수 있다. BDD에서 변수 $x_{k+1}$에 대한 가지 노드가 $b_k$개이고 흡수 노드가 $b_n$개라 할 때, 수열 $(b_0, \ldots, b_{n-1}, b_n)$을 그 BDD의 프로파일이라고 부른다. 그러면

$$B(f) = b_0 + \cdots + b_{n-1} + b_n \tag{74}$$

임은 분명하다. 또한 $b_0 \le 1$, $b_1 \le 2$, $b_2 \le 4$, $b_3 \le 8$이며, 일반화하자면

$$b_k \le 2^k \tag{75}$$

이다. 이는 각 노드마다 가지가 단 두 개일 뿐이기 때문이다. 더 아나가서, $f$가 상수가 아니면 $b_n = 2$이다. 그리고 $b_{n-1} \le 2$인데, 이는 ⓝ의 LO, HI 가지들에 대해 적법한 선택이 단 두 가지이기 때문이다. 사실 $b_k$는 $f$의 진리표에서 $n-k$차 구슬들의 개수, 다시 말하면 $(x_1, \ldots, x_k)$의 값들이 지정되었을 때 $x_{k+1}$에 의존하는 $(x_{k+1}, \ldots, x_n)$의 서로 다른 부분함수들의 개수이다. 가능한 $m$차 구슬은 $2^{2^m} - 2^{2^{m-1}}$개이므로, 반드시 다음이 성립한다.

$$0 \le k < n\text{에 대해} \qquad b_k \le 2^{2^{n-k}} - 2^{2^{n-k-1}}. \tag{76}$$

예를 들어 $n = 11$이면, (75)와 (76)에 의해 $(b_0, \ldots, b_{11})$의 각 최댓값은

$$(1, 2, 4, 8, 16, 32, 64, 128, 240, 12, 2, 2) \tag{77}$$

임을 알 수 있다. 따라서 $n = 11$일 때 $B(f) \le 1 + 2 + \cdots + 128 + 240 + \cdots + 2 = 255 + 256 = 511$이다.

이 상계를 진리표

$$00000000\ 00000001\ 00000010\ \ldots\ 11111110\ 11111111 \tag{78}$$

로부터, 또는 256가지의 가능한 8비트 바이트들의 한 순열인 임의의 $2^{11}$비트 이진열로부터 얻을 수 있다. 8비트 구슬들 모두가 명백히 나타나 있으며, 길이가 16, 32, …, $2^{11}$인 부분표들이 명백히 구슬들이기 때문이다. 모든 $n$에 대해 비슷한 예들을 구축하는 것이 가능하다(연습문제 110 참고). 이로부터 다음과 같은 최악의 경우의 BDD 크기를 이끌어 낼 수 있다:

**정리 U.** *모든 부울 함수* $f(x_1, \ldots, x_n)$*에 대해* $B(f) \le U_n$*이다. 여기서*

$$U_n = 2 + \sum_{k=0}^{n-1} \min\left(2^k, 2^{2^{n-k}} - 2^{2^{n-k-1}}\right) = 2^{n-\lambda(n-\lambda n)} + 2^{2^{\lambda(n-\lambda n)}} - 1 \tag{79}$$

*이다. 더 나아가서,* $B(f_n) = U_n$*인 양함수* $f_n$*이 모든* $n$*에 대해 존재한다.* ▮

$\lambda$를 lg로 대체하면 (79)의 우변은 $2^n/(n - \lg n) + 2^n/n - 1$이 된다. 일반적으로 $U_n$은 $u_n$ 곱하기 $2^n/n$인데, 여기서 계수 $u_n$은 1과 $2 + O\left(\frac{\log n}{n}\right)$ 사이의 값이다. 노드가 약 $2^{n+1}/n$개인 BDD의 모든 노드에서 두 포인터 각각에 대해 약 $n + 1 - \lg n$비트가 필요하고, 분기를 위한 변수를 표시하는 데 추가로 $\lg n$비트가 필요하다. 따라서 임의의 함수 $f(x_1, \ldots, x_n)$에 대한 BDD가 차지하는 총 메모리 공간은 $2^{n+2}$비트 이하이다. 이는 해당 진리표의 비트수의 네 배이다. $f$가 BDD 표현의 관점에서 가능한 최악의 함수 중 하나라고 해도 그렇다.

$f$에 대한 진리표를 모든 가능한 $2^{2^n}$가지 경우 중에서 무작위로 선택했을 때의 평균적인 경우는 최악의 경우와 거의 비슷한 것으로 드러난다. 이 경우에도 계산은 간단하다. $\textcircled{k+1}$개의 노드들의 평균 개수는 정확히

$$\hat{b}_k = \left(2^{2^{n-k}} - 2^{2^{n-k-1}}\right)\left(2^{2^n} - (2^{2^{n-k}} - 1)^{2^k}\right)/2^{2^n} \tag{80}$$

이다. $n-k$차 구슬이 $2^{2^{n-k}} - 2^{2^{n-k-1}}$개이고 임의의 특정 구슬이 나타나지 않는 진리표들이 $(2^{2^{n-k}} - 1)^{2^k}$개이기 때문이다. 연습문제 112는 이 복잡해 보이는 수량 $\hat{b}_k$가 항상 최악의 경우의 추정치 $\min(2^k, 2^{2^{n-k}} - 2^{2^{n-k-1}})$과 아주 가까이 있음을 증명한다. 단, $k$의 두 가지 값은 예외이다. 그런 예외적인 수준들은 $k \approx 2^{n-k}$이고 'min'이 효과를 거의 내지 않는 경우에 발생한다. 예를 들어 $n = 11$일 때의 평균 프로파일 $(\hat{b}_0, \ldots, \hat{b}_{n-1}, \hat{b}_n)$은 근사적으로(소수점 이하 한 자리로 반올림했음)

$$(1.0, 2.0, 4.0, 8.0, 16.0, 32.0, 64.0, 127.4, 151.9, 12.0, 2.0, 2.0). \tag{81}$$

인데, 이 값들은 $k = 7$이나 8일 때를 빼면 최악의 경우 (77)과 구별하기가 거의 불가능하다.

관련된 개념으로 준準 BDD(quasi-BDD), 줄여서 'QDD'라는 것이 있다. 이 개념 역시 중요하다. 모든 함수에는 고유한 QDD가 있다. QDD는 BDD와 비슷하되, 뿌리 노드가 항상 ①이고, $k < n$인 모든 노드 ⓚ가 두 개의 $(k+1)$ 노드들로 분기한다는 점이 다르다. 따라서 뿌리에서 흡수 노드로의 모든 경로는 길이가 $n$이다. 이를 가능하게 하기 위해, 한 QDD 노드의 LO 포인터와 HI 포인터가 같은 노드를 가리킬 수 있도록 허용한다. 그러나 QDD가 기약이어야 함은 여전하다. 여기서 기약(reduced)이라는 것은 서로 다른 노드의 두 포인터 (LO, HI)가 같을 수 없다는 것이다. 예를 들어 다음은 $\langle x_1 x_2 x_3 \rangle$에 대한 QDD이다.

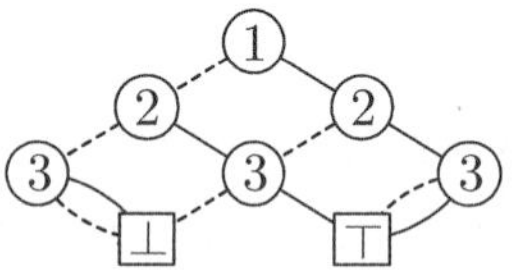

① ② ② ③ ③ ③ ⊥ ⊤ . (82)

이 QDD는 그림 21의 BDD보다 노드가 두 개 많다. QDD에서는 V 필드들이 꼭 필요하지 않으므로 메모리에 담아 두지 않아도 됨을 주목하기 바란다.

$q_{k-1}$이 어떤 함수의 QDD의 ⓚ 노드들의 개수라 할 때, $(q_0, \ldots, q_{n-1}, q_n)$은 그 함수의 준 프로파일이다. $b_k$가 진리표의 서로 다른 구슬들의 개수인 것처럼, $q_k$가 진리표의 서로 다른 $n-k$차 부분표들의 개수임을 보이는 것은 쉬운 일이다. 모든 구슬은 부분표이므로 다음이 성립한다.

$$0 \le k \le n\text{에 대해} \qquad q_k \ge b_k. \tag{83}$$

더 나아가서, 연습문제 115는

$$0 \le k \le n\text{에 대해} \qquad q_k \le 1 + b_0 + \cdots + b_{k-1}, \;\; q_k \le b_k + \cdots + b_n \tag{84}$$

임을 증명한다. 따라서 준 프로파일의 각 성분은 BDD 크기에 대한 하계이다.

$$0 \le k \le n\text{에 대해} \qquad B(f) \ge 2q_k - 1. \tag{85}$$

$Q(f) = q_0 + \cdots + q_{n-1} + q_n$이 $f$에 대한 QDD의 전체 크기라고 하자. (83)에 의해 $Q(f) \ge B(f)$임은 자명하다. 한편, $Q(f)$가 $B(f)$보다 아주 클 수는 없는데, 왜냐하면 (84)는 다음을 함의하기 때문이다.

$$Q(f) \le \frac{n+1}{2}(B(f)+1). \tag{86}$$

연습문제 116과 117은 준 프로파일의 다른 속성들을 살펴본다.

최악의 경우의 진리표 (78)은 8중 멀티플렉서

$$M_3(x_9, x_{10}, x_{11}; x_1, \ldots, x_8) = x_{1+(x_9 x_{10} x_{11})_2} \tag{87}$$

에 해당한다. 사실 이것은 이전에 본 적이 있는 친근한 함수인데, 멀티플렉싱이 식 (30)에서처럼 처음 세 변수가 아니라 마지막 세 변수 $(x_9, x_{10}, x_{11})$에 관해 일어난다는 점을 강조하기 위해 변수 번호를 굳이 다시 매겼다. 그런데 이러한 변수 순서의 간단한 변화에 의해, $M_3$의 BDD 크기가 17에서 511로 올라간다. $n = 2^m + m$일 때 이처럼 변수 번호를 바꾸면 $B(M_m)$은 $2n - 2m + 1$에서 무려 $2^{n-m+1} - 1$로 어마어마하게 비약한다.

브라이언트R. E. Bryant는 숨겨진 가중 비트 함수(hidden weighted bit function)라고 부르는, '중심을 주시하는' 흥미로운 멀티플렉서를 소개했다. 정의는 다음과 같다.

$$h_n(x_1, \ldots, x_n) = x_{x_1+\cdots+x_n} = x_{\nu x}. \tag{88}$$

단, $x_0 = 0$이다. 예를 들어 $h_4(x_1, x_2, x_3, x_4)$의 진리표는 0000 0111 1001 1011이다. 그는 변수들의 번호를 어떻게 붙이든 $h_n$이 큰 BDD를 가진다는 점을 증명했다[*IEEE Trans.* **C-40** (1991), 208-210].

변수들의 번호를 표준 방식대로 붙였다고 할 때, $h_{11}$의 프로파일 $(b_0, \ldots, b_{11})$은

$$(1, 2, 4, 8, 15, 27, 46, 40, 18, 7, 2, 2) \tag{89}$$

이다. 따라서 $B(h_{11}) = 172$이다. 이 프로파일의 처음 절반에는 피보나치 수열이 숨어 있다. 즉, $b_k = F_{k+4} - k - 2$이다. 일반적으로, $k < n/2$에 대해 $h_n$의 $b_k$는 항상 그러한 값을 가진다. 따라서 그 초기 프로파일 개수는 최악의 경우의 비율인 $2^k$이 아니라 $\phi^k$의 규모로 증가한다. 이 증가율은 $k$가 $n/2$를 지나면서 누그러진다. 예를 들어 $B(h_{32})$는 적당한 값인 86,636일 뿐이다. 그러나 결국에는 지수적 증가가 주도해서, $B(h_{100})$은 시야를 벗어날 정도의 값인 17,530,618,296,680이다. ($n = 100$일 때 프로파일의 최대 성분은 $b_{59} = 2{,}947{,}635{,}944{,}748$로, $b_0 + \cdots + b_{49} = 139{,}583{,}861{,}115$보다 훨씬 크다.) 연습문제 125는 $B(h_n)$이 점근적으로 $c\chi^n + O(n^2)$임을 증명한다. 여기서

$$\chi = \frac{\sqrt[3]{27 - \sqrt{621}} + \sqrt[3]{27 + \sqrt{621}}}{\sqrt[3]{54}}$$
$$= 1.32471\,79572\,44746\,02596\,09088\,54478\,09734\,07344+ \tag{90}$$

는 소위 '가소성 상수(plastic consant)'라는 것으로, $\chi^3 = \chi + 1$의 양의 근이다. 그리고 계수 $c$는 $7\chi - 1 + 14/(3 + 2\chi) \approx 10.75115$이다.

한편, BDD에서 변수들을 판정하는 순서를 바꾼다면 훨씬 나은 성과를 얻을 수 있다. $f(x_1, \ldots, x_n)$이 임의의 부울 함수이고 $\pi$가 $\{1, \ldots, n\}$의 임의의 한 치환이라고 할 때,

$$f^{\pi}(x_1, \ldots, x_n) = f(x_{1\pi}, \ldots, x_{n\pi}) \tag{91}$$

라고 하자. 예를 들어 $f(x_1, x_2, x_3, x_4) = (x_3 \vee (x_1 \wedge x_4)) \wedge (\bar{x}_2 \vee \bar{x}_4)$이고 $(1\pi, 2\pi, 3\pi, 4\pi) = (3, 2, 4, 1)$이면 $f^{\pi}(x_1, x_2, x_3, x_4) = (x_4 \vee (x_3 \wedge x_1)) \wedge (\bar{x}_2 \vee \bar{x}_1)$이다. 그러면 $B(f) = 10$이고 $B(f^{\pi}) = 6$이다. 이는 BDD들이

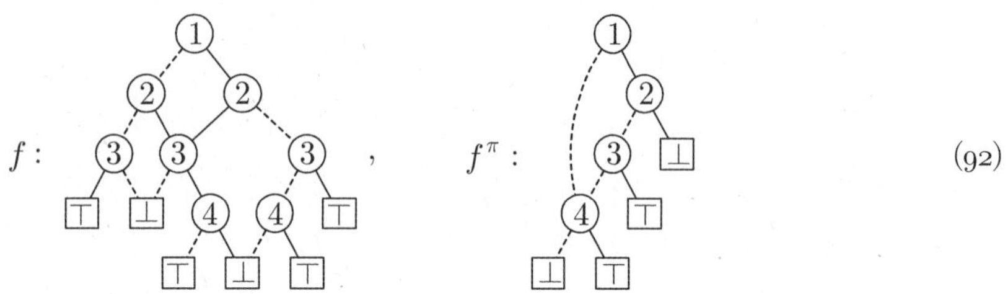

(92)

이기 때문이다. $f^{\pi}$의 BDD는 $i\pi < j\pi$일 때에만 ⓘ에서 ⓙ로의 분기가 허용된, $f$의 한 비표준 순서 BDD에 대응된다. 다음과 같다.

(93)

뿌리 노드는 ⓘ로, 여기서 $i = 1\pi^{-}$은 $i\pi = 1$을 만족하는 색인이다. 가지 변수들을 위에서 아래로 나열하면 $(4\pi, 2\pi, 1\pi, 3\pi) = (1, 2, 3, 4)$이다.

이러한 착안들을 숨겨진 가중 비트 함수에 적용하면

$$h_n^{\pi}(x_1, \ldots, x_n) = x_{(x_1 + \cdots + x_n)\pi} \tag{94}$$

가 된다. 단, $0\pi = 0$이고 $x_0 = 0$이다. 예를 들어 만일 $(1\pi, 2\pi, 3\pi) = (3, 1, 2)$이면 $h_3^{\pi}(0, 0, 1) = 1$이다. $x_{(x_1 + x_2 + x_3)\pi} = x_3 = 1$이기 때문이다. (연습문제 120을 보라.)

준 프로파일의 성분 $q_k$는 $x_1$에서 $x_k$까지의 값들이 알려져 있을 때의 서로 다른 부분함수들의 개수에 해당한다. (94)를 이용하면 그러한 모든 부분함수들을 선택 항목들의 서판(slate of options) $[r_0, \ldots, r_{n-k}]$를 수단으로 하여 표현할 수 있는데, 여기서 $r_j$는 $x_{k+1} + \cdots + x_n = j$일 때의 부분함수의 결과이다. $x_1 = c_1$, $\ldots$, $x_k = c_k$라고 하자. 그리고 $s = c_1 + \cdots + c_k$로 두자. 그러면, 만일 $(s + j)\pi \le k$이면 $r_j = c_{(s+j)\pi}$이고 그렇지 않으면 $r_j = x_{(s+j)\pi}$이다. 단, 모든 서판의 첫 선택 항목과 마지막 선택 항목이 상수가 되도록, 만일 $s\pi > k$이면 $r_0 \leftarrow 0$으로 두고 $(s + n - k)\pi > k$이면 $r_{n-k} \leftarrow 1$로 둔다.

예를 들어, 계산을 해 보면 치환 $1\pi \ldots 100\pi$가 $h_{100}$의 BDD 크기를 17조 5천억에서 $B(h_{100}^{\pi}) = 1{,}124{,}432{,}105$로 줄임을 알 수 있다.

$$\begin{array}{cccccccccccccccccccc}
2 & 4 & 6 & 8 & 10 & 12 & 14 & 16 & 18 & 20 & 97 & 57 & 77 & 37 & 87 & 47 & 67 & 27 & 92 & 52\\
72 & 32 & 82 & 42 & 62 & 22 & 100 & 60 & 80 & 40 & 90 & 50 & 70 & 30 & 95 & 55 & 75 & 35 & 85 & 45\\
65 & 25 & 98 & 58 & 78 & 38 & 88 & 48 & 68 & 28 & 93 & 53 & 73 & 33 & 83 & 43 & 63 & 23 & 99 & 59\\
79 & 39 & 89 & 49 & 69 & 29 & 94 & 54 & 74 & 34 & 84 & 44 & 64 & 24 & 96 & 56 & 76 & 36 & 86 & 46\\
66 & 26 & 91 & 51 & 71 & 31 & 81 & 41 & 61 & 21 & 19 & 17 & 15 & 13 & 11 & 9 & 7 & 5 & 3 & 1
\end{array} \tag{95}$$

이러한 계산을, $0 \le s \le k \le n$에 대해 발생할 수 있는 모든 서판을 나열해서 수행할 수 있다. $x_1$, ..., $x_{83}$을 판정해 보았더니 $1 \le j \le 83$에 대해 이를테면 $x_j = [j \le 42]$임을 알게 되었다고 하자. 그러면 $s = 42$이다. 그리고 나머지 17개의 변수 $(x_{84}, \ldots, x_{100})$의 부분함수는 서판 $[r_0, \ldots, r_{17}] = [c_{25}, x_{98}, c_{58}, c_{78}, c_{38}, x_{88}, c_{48}, c_{68}, c_{28}, x_{93}, c_{53}, c_{73}, c_{33}, c_{83}, c_{43}, c_{63}, c_{23}, x_{99}]$로 주어지는데, 이는

$$[1, x_{98}, 0, 0, 1, x_{88}, 0, 0, 1, x_{93}, 0, 0, 1, 0, 0, 0, 1, 1] \tag{96}$$

로 축약된다. 이것은 $s = 42$일 때 $q_{83}$으로 센 $2^{14}$개의 부분함수들 중 하나이다. 연습문제 124는 $k$와 $s$의 다른 값들에서 이러한 계산을 처리하는 방법을 설명한다.

이제 브라이언트의 정리를 증명할 준비가 되었다:

**정리 B.** *모든 치환 $\pi$에 대해, $h_n^\pi$의 BDD 크기는 $2^{\lfloor n/5 \rfloor}$을 넘는다.*

증명. 우선 $h_n^\pi$의 두 부분함수는 오직 둘의 서판이 같을 때에만 상등임에 주목한다. 이에 대한 증명은 이렇다. $[r_0, \ldots, r_{n-k}] \ne [r'_0, \ldots, r'_{n-k}]$라고 할 때, $r_j \ne r'_j$라고 가정하자. 만일 $r_j$와 $r'_j$가 둘 다 상수이면, $x_{k+1} + \cdots + x_n = j$일 때 두 부분함수는 서로 다르다. $r_j$가 상수이지만 $r'_j = x_i$일 때에는 $0 < j < n-k$이다. 그러면 두 부분함수는 서로 다른데, 왜냐하면 $x_{k+1} + \cdots + x_n$이 $x_i \ne r_j$를 만족하는 $j$와 같을 수 있기 때문이다. 그리고 만일 $r_j = x_i$이지만 $r'_j = x_{i'}$, $i \ne i'$이라면, $x_i \ne x_{i'}$인 $x_{k+1} + \cdots + x_n = j$가 가능하다. (전자의 경우는 서판들이 서로 다른 오프셋 $s$와 $s'$에 대응될 때에만 발생할 수 있다.)

따라서 $q_k$는 서로 다른 서판 $[r_0, \ldots, r_{n-k}]$의 개수이다. 연습문제 123은 앞에서 설명한 임의의 주어진 $k$와 $n$, $s$에 대해 이 개수가 정확히

$$\binom{w}{w-s} + \binom{w}{w-s+1} + \cdots + \binom{w}{k-s} = \binom{w}{s+w-k} + \cdots + \binom{w}{s-1} + \binom{w}{s} \tag{97}$$

임을 증명한다. 여기서 $w$는 $s \le j \le s+n-k$이고 $j\pi \le k$인 색인 $j$들의 개수이다.

이제 $k = \lfloor 3n/5 \rfloor + 1$인 경우로 넘어가서, $s = k - \lceil n/2 \rceil$이고 $s' = \lfloor n/2 \rfloor + 1$이라고 하자. ($n = 100$, $k = 61$, $s = 11$, $s' = 51$인 경우를 생각해 볼 것. $n \ge 10$이라고 가정할 수 있다.) 그러면 $w + w' = k - w''$인데, 여기서 $w''$은 $j\pi \le k$이고 $j < s$ 또는 $j > s' + n - k$인 색인들의 개수이다. $w'' \le (s-1) + (k-s') = 2k - 2 - n$이므로 반드시 $w + w' \ge n + 2 - k = \lceil 2n/5 \rceil + 1$이어야 한다. 그러므로 $w > \lfloor n/5 \rfloor$ 아니면 $w' > \lfloor n/5 \rfloor$인데, 두 경우 모두 (97)은 $2^{n/5 - 1}$을 넘는다. 이제 (85)로부터 이 정리가 나온다. ▮

반대로, $B(h_n^\pi) = O(2^{0.2029n})$을 만족하는 치환 $\pi$가 반드시 존재한다. 단, $O$ 표기법에 가려진 상수가 아주 클 수 있다. 이 결과는 볼리히B. Bollig, 뢰빙M. Löbbing, 자우어호프M. Sauerhoff, 베게너I. Wegener가 *Theoretical Informatics and Applications* **33** (1999), 103-115에서 (95)와 비슷한 치환을 이용해서 증명했다. $j\pi \le n/5$인 초반 색인들은 $j > 9n/10$과 $j \le n/10$에서 번갈아 가져온다. 나머지 색인들의 순서는 $9n/10 - j$의 이진 표현을 오른쪽에서 왼쪽으로 읽어서(즉, 역순사전순[colex order]으로) 결정한다.

훨씬 더 단순한 예인 치환 함수 $P_m(x_1, \dots, x_{m^2})$을 간략히 살펴보자. 이 함수는 오직 $i$행 $j$열 성분이 $x_{(i-1)m+j}$인 이진 행렬이 치환 행렬일 때에만 1이다.

$$P_m(x_1, \dots, x_{m^2}) = \bigwedge_{i=1}^{m} S_1(x_{(i-1)m+1}, x_{(i-1)m+2}, \dots, x_{(i-1)m+m}) \wedge \bigwedge_{j=1}^{m} S_1(x_j, x_{m+j}, \dots, x_{m^2-m+j}). \qquad (98)$$

이 함수는 단순하긴 하지만, 변수들의 순서를 어떻게 바꾸든 작은 BDD로는 표현할 수 없다.

**정리 K.** *모든 치환 $\pi$에 대해, $P_m^\pi$의 BDD 크기는 $m2^{m-1}$을 넘는다.*

증명. 〔I. Wegener, *Branching Programs and Binary Decision Diagrams* (SIAM, 2000), Theorem 4.12.3을 보라.〕 $P_m^\pi$에 대한 BDD가 주어졌을 때, $P_m^\pi(x) = 1$을 만족하는 $m!$개의 벡터 $x$들 각각이 뿌리에서 ⊤로의 길이 $n = m^2$ 경로를 따른다는 점에 주목한다. $v_k(x)$가 $x$에 대한 경로의 노드들 중에서 $k$번째 HI 가지를 취하는 노드라고 하자. 어떤 색인쌍 $(i, j) = (i_k(x), j_k(x))$에 대해, 이 노드는 주어진 행렬의 $i$행 $j$열 성분의 값에 의존하여 분기한다.

$x \ne x'$이라고 할 때 $v_k(x) = v_{k'}(x')$이라고 하자. $v_k(x)$까지는 $x$와 같고 그 이후는 $x'$과 같게 두어서 $x''$을 구축한다. 그러면 $P_m^\pi(x'') = 1$이다. 따라서 반드시 $k = k'$이다. 실제로, 이 논증은 다음 결과도 증명한다.

$$\{i_1(x), i_2(x), \dots, i_{k-1}(x)\} = \{i_1(x'), i_2(x'), \dots, i_{k-1}(x')\},$$
$$\{j_1(x), j_2(x), \dots, j_{k-1}(x)\} = \{j_1(x'), j_2(x'), \dots, j_{k-1}(x')\}. \qquad (99)$$

$m$가지 색의 표(ticket)들이 있는데 각 색상당 표가 $m!$장이라고 하자. 모든 $k$와 모든 $x$에 대해, 색상이 $k$인 표를 노드 $v_k(x)$에 배정한다. 그러면, 식 (99)에 의해, 색이 다른 표들을 가진 노드는 없으며, 또한 색상이 $k$인 표가 $(k-1)!\,(m-k)!$개보다 많은 노드도 없다. 따라서 색상이 $k$인 표를 받은 서로 다른 노드는 적어도 $m!/((k-1)!\,(m-k)!) = k\binom{m}{k}$개이다. 이를 $k$에 관해 합산하면 흡수 노드가 아닌 노드의 개수 $m2^{m-1}$개가 나온다. ▮

연습문제 184는 $B(P_m)$이 $m2^{m+1}$보다 작음을 보여 준다. 따라서 정리 K의 하계는 계수 4를 제외하면 최적에 가깝다. 크기가 지수적으로 증가하긴 하지만, $m = \sqrt{n}$이므로 그 습성이 가망 없을 정도로 나쁘지는 않다. 예를 들어 $P_{20}$이 변수 400개의 부울 함수이긴 하지만, $B(P_{20})$은 단 38,797,317이다.

***순서 최적화.** $B_{\min}(f)$와 $B_{\max}(f)$가, 변수들의 순서를 관장하는 모든 치환 $\pi$에 관한 $B(f^\pi)$의 최솟값과 최댓값이라고 하자. $B_{\min}$과 $B_{\max}$가 극적으로 다른 여러 경우들을 앞에서 보았다. 예를 들어 $2^m$ 중 멀티플렉서는 $n = 2^m + m$일 때 $B_{\min}(M_m) \approx 2n$인 반면 $B_{\max}(M_m) \approx 2^n/n$이다. 그리고 사실 변수들의 순서를 잘 잡는 게 관건인 단순 함수들이 전혀 드물지 않다. 이를테면 다음 함수를 생각해 보자.

$$f(x_1, x_2, \ldots, x_n) = (\bar{x}_1 \vee x_2) \wedge (\bar{x}_3 \vee x_4) \wedge \cdots \wedge (\bar{x}_{n-1} \vee x_n),\ n\text{은 짝수}. \qquad (100)$$

이것은 중요한 부분집합 함수 $[x_1x_3\ldots x_{n-1} \subseteq x_2x_4\ldots x_n]$인데, 이 경우 $B(f) = B_{\min}(f) = n+2$이다. 그러나 $\pi$가 '오르간 파이프 순서'일 때, 즉

$$f^\pi(x_1, x_2, \ldots, x_n) = (\bar{x}_1 \vee x_n) \wedge (\bar{x}_2 \vee x_{n-1}) \wedge \cdots \wedge (\bar{x}_{n/2} \vee x_{n/2+1}) \qquad (101)$$

일 때에는 BDD 크기가 $B(f^\pi) = B_{\max}(f) = 2^{n/2+1}$으로 비약한다. 그리고 순서 $[x_1\ldots x_{n/2} \subseteq x_{n/2+1}\ldots x_n]$에서도 그와 동일한 나쁜 습성이 발생한다. 이러한 순서들에서 BDD는 반드시 $n/2$개의 변수들의 상태를 '기억해야' 한다. 반면 원래의 공식 (100)은 아주 적은 메모리만 필요로 한다.

모든 부울 함수 $f$에는 주 프로파일 도표(master profile chart)가 있는데, 이 도표는 모든 가능한 크기 $B(f^\pi)$의 집합을 캡슐화한 것이다. $f$의 변수가 $n$개일 때 이 도표의 정점은 $2^n$개이다. 변수의 각 부분집합당 하나의 정점이 있다. 그리고 간선은 $n2^{n-1}$개인데, 원소 하나만 다른 두 부분집합의 쌍 당 하나의 간선이 있다. 예를 들어 다음은 함수 (92)와 (93)의 주 프로파일 도표이다.

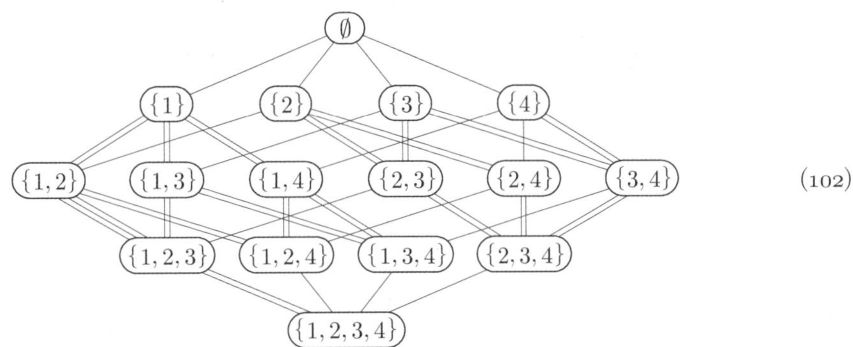

(102)

각 간선에는 가중치가 있는데, 위의 그림에서는 선의 개수로 가중치를 표시했다. 예를 들어 $\{1,2\}$와 $\{1,2,3\}$ 사이의 가중치는 3이다. 이 도표를 해석하면 이렇다: *만일 $X$가 $k$개의 변수들의 한 부분집합이고 $x \notin X$이면 $X$와 $X \cup x$ 사이의 가중치는 $X$의 변수들을 $2^k$가지의 모든 가능한 방식으로 상수들로 대체했을 때 $x$에 의존하는 $f$의 부분함수들의 개수이다.* 예를 들어 $X = \{1,2\}$이면 $f(0,0,x_3,x_4) = x_3$, $f(0,1,x_3,x_4) = f(1,1,x_3,x_4) = x_3 \wedge \bar{x}_4$, $f(1,0,x_3,x_4) = x_3 \vee x_4$이다. 이 세 부분함수 모두 $x_3$에 의존하나, $\{1,2\}$ 아래의 가중치에서 보듯이 $x_4$에 의존하는 것은 둘 뿐이다.

$\emptyset$에서 $\{1,\ldots,n\}$으로의 길이 $n$ 경로는 $n!$개이다. 그리고 만일 $a_1\pi = 1$, $a_2\pi = 2$, $\ldots$, $a_n\pi = n$이라고 하면 경로 $\emptyset \to \{a_1\} \to \{a_1, a_2\} \to \cdots \to \{a_1, \ldots, a_n\}$을 치환 $\pi$에 대응시킬 수 있다. 그러

면 경로 $\pi$의 가중치들의 합은 흡수 노드들을 위해 2를 더한다고 할 때 $B(f^\pi)$이다. 예를 들어 경로 $\emptyset \to \{4\} \to \{2,4\} \to \{1,2,4\} \to \{1,2,3,4\}$는 (93)에서처럼 $B(f^\pi)=6$을 달성하는 유일한 길을 제공한다.

주 프로파일 도표가 이미 익숙한 그래프, 즉 $n$-입방체임을 주목하기 바란다. 간선들이 여러 부분함수 집합들의 구슬 개수가 되도록 표시한 것일 뿐이다. 이 그래프의 크기는 지수적으로, $n2^{n-1}$이다. 그렇긴 하지만 전체 치환(순열) 개수 $n!$보다는 훨씬 작다. 연습문제 138은 $n$이 이를테면 25 미만일 때 전체 도표를 큰 어려움 없이 계산할 수 있음을, 그리고 임의의 주어진 함수에 대한 최적의 치환을 찾아낼 수 있음을 보여 준다. 예를 들어 숨겨진 가중 비트 함수의 $B_{\min}(h_{25})=2090$이고 $B_{\max}(h_{25})=35441$이다. 최솟값은 $(1\pi,\ldots,25\pi)=(3,5,7,9,11,13,15,17,25,24,23,22,21,20,19,18,16,14,12,10,8,6,4,2,1)$에서 달성되며, 최댓값은 여러 '가운데' 변수들을 먼저 판정하는 이상한 순열 $(22,19,17,25,15,13,11,10,9,8,7,24,6,5,4,3,2,12,1,14,23,16,18,20,21)$에서 비롯된다.

주 프로파일 도표 전체를 계산하는 대신, 가중치가 최소인 경로를 결정하기에 충분한 만큼의 계산만 수행해서 시간을 절약할 수도 있다. (연습문제 140.) 그러나 $n$이 증가하고 함수가 점점 괴상해질수록, $B_{\min}(f)$를 정확히 파악할 가능성은 줄어든다. 이는 최선의 순서를 찾는 문제가 NP-완전이기 때문이다(연습문제 137 참고).

지금까지 하나의 부분함수 $f$의 프로파일과 준 프로파일을 정의했다. 그런데 같은 착안을 $m$개의 함수 $\{f_1,\ldots,f_m\}$을 담은 임의의 BDD 기반에도 적용할 수 있다. 구체적으로 말하면, 수준 $k$에 $b_k$개의 노드가 있다고 할 때 프로파일은 $(b_0,\ldots,b_n)$이다. 그리고 준 프로파일은 $(q_0,\ldots,q_n)$인데, 여기서 $q_k$는 해당 QDD 기반의 수준 $k$에 있는 노드 개수이다. 함수들의 진리표들에는 서로 다른 $n-k$차 구슬이 $b_k$개, 서로 다른 부분표가 $q_k$개 있다. 예를 들어 (36)의 $(4+4)$비트 덧셈 함수 $\{f_1,f_2,f_3,f_4,f_5\}$의 프로파일은 $(2,4,3,6,3,6,3,2,2)$이고, 준 프로파일은 연습문제 144에서 구한다. 비슷하게, 주 프로파일 도표의 개념은 변수들이 동시에 재정렬(reordering, 순서 재배치)된 $m$개의 함수들에 적용된다. 그리고 그러한 도표를 이용해서 $B_{\min}(f_1,\ldots,f_m)$과 $B_{\max}(f_1,\ldots,f_m)$, 즉 모든 프로파일에 관해 취한 $b_0+\cdots+b_n$의 최솟값과 최댓값을 구할 수 있다.

***국소적 재정렬.** 한 BDD 기반에서, 먼저 $x_2$에서 분기한 후 $x_1$, $x_3$, $\ldots$, $x_n$으로 진행한다면 어떤 일이 생길까? 그림 26은 그런 경우 최상위 두 수준의 구조가 극적으로 변하지만 나머지 수준들은 그대로 유지되는 예를 보여 준다.

이를 좀 더 자세히 분석해 보면 이 수준 교환 공정을 이해하거나 구현하기가 어렵지 않음을 알 수 있다. 교환 이전의 ① 노드들을, 그 후손에 ②가 있느냐 없느냐에 따라 '뒤엉킨(tangled)' 부류와 '외톨이(solitary)' 부류로 나눌 수 있다. 예를 들어 그림 26의 왼쪽에는 뒤엉킨 노드가 셋이 있다. $s_1$, $s_2$, $s_3$이 가리키는 것들이 그것이다. 반면 $s_4$는 하나의 외톨이 노드를 가리킨다. 비슷하게, 교환 이전의 ② 노드들은 독립적인 원본 함수인지 아니면 오직 ① 노드로부터만 접근할 수 있는지에 따라 '보이는' 노드와 '숨겨진' 노드로 나눌 수 있다. 그림 26의 왼쪽의 모든 ② 노드는 숨겨진 노드들이다.

교환을 적용하면 원래의 외톨이 ① 노드들은 그냥 한 수준 아래로 내려가나, 뒤엉킨 노드들은 ②로 '변신'한다. 이 변신 과정은 잠시 후에 좀 더 이야기하겠다. 원래 있던 숨겨진 ② 노드들은 사라지며, 보이는 노드들은 최상위 수준 쪽으로 한 수준 이동한다. 변신 과정에서 추가적인 노드들이 위로 올라갈 수 있다. 그런 노드를 ①로 표시하고, '새내기(newbie)' 노드라고 부르기로 하자. 예를 들어 그림 26의 오른쪽에서 $t_2$ 위에 새내기 둘이 등장했다. 이러한 공정에 의해 전체 노드 개수는 오직 숨겨진 노드가 새내기 노드보다 많을 때에만 줄어든다.

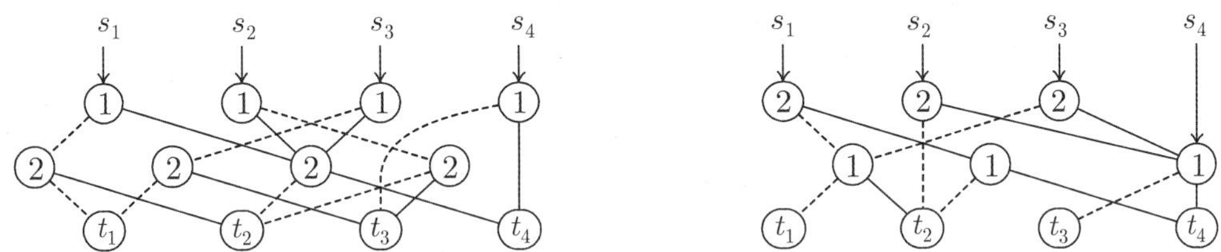

**그림 26.** BDD 기반의 최상위 두 수준의 교환. 여기서 $(s_1, s_2, s_3, s_4)$는 원본 함수들이고 $(t_1, t_2, t_3, t_4)$는 그 아래 수준의 부분함수들을 나타내는 대상 노드들이다.

이러한 수준 교환의 역은 물론 수준 교환의 절차와 같되 ①과 ②의 역할이 맞바뀐 것이다. 그림 26의 오른쪽 도식에 역 수준 교환을 적용한다면, 그 도식에는 뒤엉킨 노드가 셋(②로 표시됨), 보이는 노드가 하나(①로 표시됨) 있음을 알 수 있다. 그 노드들 중 둘은 숨겨진 노드이고, 외톨이 노드는 하나도 없다. 일반적으로 교환 공정은 (뒤엉킨, 외톨이, 보이는, 숨겨진) 노드들을 각각 (뒤엉킨, 보이는, 외톨이, 새내기) 노드들로 보낸다. 이후 역 교환에서 새내기 노드는 숨겨진 노드가 되고, 원래 숨겨진 노드였던 노드는 새내기 노드로서 다시 등장한다.

변신을 아주 쉽게 이해하는 한 가지 방법은 최상위 두 수준 아래의 모든 노드를 마치 상수 값을 가진 흡수 노드처럼 취급하는 것이다. 그러면 모든 원본 함수 $f(x_1, x_2)$는 오직 $x_1$과 $x_2$에만 의존한다. 따라서, $a$, $b$, $c$, $d$가 흡수 노드 상수들이라 할 때, 함수가 취할 수 있는 값은 $a = f(0,0)$, $b = f(0,1)$, $c = f(1,0)$, $d = f(1,1)$ 네 가지이다. 흡수 노드가 $q$개이고(이들을 $\boxed{1}$, $\boxed{2}$, …, $\boxed{q}$로 표기하자), $1 \le a, b, c, d \le q$라고 가정할 수 있다. 그러면 $f(x_1, x_2)$를 그 확장 진리표(extended truth table) $f(0,0)f(0,1)f(1,0)f(1,1) = abcd$로 완전히 서술할 수 있다. 교환을 적용하면 $f(x_2, x_1)$이 나오는데, 이 함수의 확장 진리표는 $acbd$이다. 예를 들어 다음은 그림 26과 같은 도식이되, 노드들에 해당 확장 진리표를 표시한 것이다.

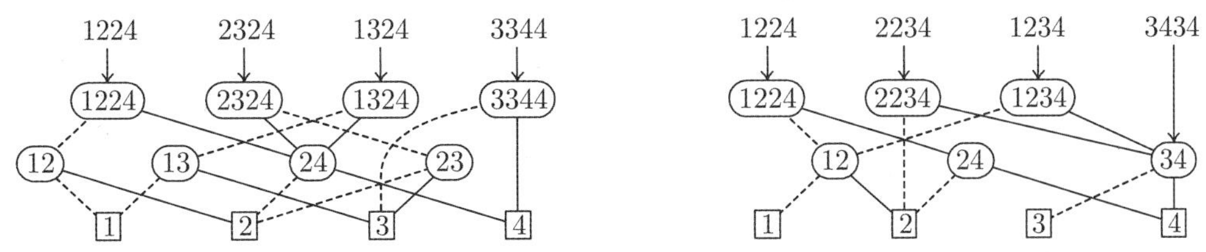


**그림 27.** 그림 26의 변환을 표현하는 또 다른 방법.

이러한 표기법에서 원본 함수 $abcd$는 $a=b\neq c=d$일 때 하나의 외톨이 노드를, $a=c\neq b=d$일 때에는 하나의 보이는 노드를 가리킨다. 그 외의 경우에는 뒤엉킨 노드를 가리킨다(단, $a=b=c=d$일 때에는 흡수 노드를 직접 가리킨다). 일반적으로 뒤엉킨 노드 $abcd$에 대해 LO $=ab$, HI $=cd$가 성립하나, 단 $a=b$나 $c=d$일 때에는 예외이다. 예외의 경우에는 LO나 HI가 흡수 노드이다. 변신을 마치면 비슷한 방식으로 LO $=ac$, HI $=bd$가 된다. 후자의 노드들은 새내기 노드 아니면 보이는 노드 아니면 흡수 노드이다(단, 둘 다 흡수 노드는 아니다). 한 가지 흥미로운 경우는 1224인데, 이 노드의 왼쪽 자식 노드 12와 24는 숨겨진 노드들이지만 오른쪽의 12와 24는 새내기 노드들이다.

연습문제 147은 이러한 변환의 한 효율적인 구현을 논의하는데, 그 구현은 러델Richard Rudell이 *IEEE/ACM International Conf. Computer-Aided Design* **CAD-93** (1993), 42-47에서 소개한 것이다. 그 구현은 최상위 두 수준의 노드들에 있는 포인터들 외의 포인터들은 변경할 필요가 없다는 중요한 속성을 가지고 있다. 모든 원본 노드 $s_j$는 여전히 컴퓨터 메모리 안의 같은 장소를 가리키며, 모든 흡수 노드는 이전의 신원을 유지한다. 앞에서 이를 ①들과 ②들의 교환으로 서술했지만, 사실 변수 $x_j$와 $x_k$가 인접 수준들의 분기들에 대응되는 경우라면 ⓙ들과 ⓚ들도 같은 변환 절차로 교환된다. 이유는, 임의의 BDD 기반의 상위 수준들이 본질적으로 그 아래 수준들의 원본 함수들을 정의하며, 그 원본 함수들은 그들 자체로 하나의 BDD 기반을 형성한다는 것이다.

정렬을 공부할 때 배웠듯이, 한 BDD 기반의 변수들의 그 어떤 재정렬도 인접한 수준들 사이의 교환을 순차적으로 적용해서 얻을 수 있다. 특히, 인접 수준 교환을 이용해서 '비약(jump-up)' 변환, 즉 주어진 변수 $x_k$를 다른 변수들의 상대적 순서 관계를 흩뜨리지 않고 최상위로 올리는 변환을 수행할 수 있다. 예를 들어 $x_4$를 최상위로 올리는 것은 간단하다. 그냥 차례대로 ④ $\leftrightarrow$ ③, ④ $\leftrightarrow$ ②, ④ $\leftrightarrow$ ①로 교환하면 된다. $x_4$가 $x_2$를 지나서 위로 올라가고 나면 $x_1$과 인접해지기 때문이다.

교환 되풀이 공정을 이용해서 임의의 재정렬을 달성할 수 있다는 것은 그러한 공정 때문에 BDD 기반이 다루기 힘들 정도로 커질 수도 있음을 뜻한다. 한 번의 교환의 결과가 얼마나 나쁠 수 있을까? 외톨이, 뒤엉킨, 보이는, 숨겨진, 새내기 노드들이 각각 정확히 $(s,t,v,h,\nu)$개라고 하면, 최상위 두 수준의 노드 개수는 $s+t+v+\nu$가 된다. 그리고 원본 함수가 $m$개일 때 이는 많아야 $m+\nu\leq m+2t$이다. $m\geq s+t+v$이기 때문이다. 따라서 그러한 수준들의 새 크기가 원래 것의 두 배 더하기 원본 개수를 넘지는 못한다.

한 번의 교환에 의해 크기가 두 배가 될 수 있다는 것은 $x_k$의 비약에 의해 크기가 지수적으로 증가할 위험이 있다는 뜻이다. 그러한 비약은 $k-1$회의 교환을 수행하기 때문이다. 그러나 다행히, 이러한 측면에서 비약 변환이 단일 교환들보다 더 나쁜 것은 아니다:

**정리 J+.** *한 번의 비약 연산 이후* $B(f_1^\pi,\ldots,f_m^\pi)<m+2B(f_1,\ldots,f_m)$ *이다.*

증명. $a_1a_2\ldots a_{2^k-1}a_{2^k}$가 원본 함수 $f(x_1,\ldots,x_k)$의 확장 진리표라고 하자. 단, 이는 하위 수준 노드들을 흡수 노드로 간주한 것이다. 비약 이후 $f^\pi(x_1,\ldots,x_k)=f(x_{1\pi},\ldots,x_{k\pi})=f(x_2,\ldots,x_k,x_1)$의

확장 진리표는 $a_1a_3\cdots a_{2^k-1}a_2a_4\cdots a_{2^k}$이다. 따라서, $1 \le j < k$에 대해 $f^\pi$의 수준 $j$의 각 구슬이 $f$의 수준 $j-1$의 어떤 구슬로부터 유도됨을 알 수 있다. 그러나 $f$의 수준 $j-1$의 각 구슬은 $f^\pi$에서 많아야 두 개의 절반 크기 구슬을 산출한다. 따라서 $\{f_1,\ldots,f_m\}$과 $\{f_1^\pi,\ldots,f_m^\pi\}$의 프로파일이 각각 $(b_0,\ldots,b_n)$과 $(b_0',\ldots,b_n')$이라고 할 때 반드시 $b_0' \le m$, $b_1' \le 2b_0$, $\ldots$, $b_{k-1}' \le 2b_{k-2}$, $b_k' = b_k$, $\ldots$, $b_n' = b_n$이 성립한다. 따라서 총 개수는 $\le m + B(f_1,\ldots,f_m) + b_0 + \cdots + b_{k-2} - b_{k-1}$이다. ▮

'비약'의 반대는 '하강(jump-down)'이다. 이는 최상위 변수를 $k-1$개의 수준만큼 끌어내리는 것을 뜻한다. 이 연산 역시 $k-1$회의 교환으로 구현할 수 있다. 그러나 이 경우에는, 하강 이후의 BDD 기반의 크기에 대한 상계가 이전 경우보다 훨씬 약하다는 사실을 감수해야 한다.

**정리 J⁻.** *하강 연산 이후* $B(f_1^\pi,\ldots,f_m^\pi) < B(f_1,\ldots,f_m)^2$ *이다.*

증명. 이전 증명의 확장 진리표 $a_1\ldots a_{2^k}$은 이제 $a_1\ldots a_{2^{k-1}} \ddagger a_{2^{k-1}+1}\ldots a_{2^k} = a_1a_{2^{k-1}+1}\ldots a_{2^{k-1}}a_{2^k}$이 된다. 이는 7.1.3-(76)의 '지퍼 함수'이다. 이 경우 하강 이후의 각 구슬을 (37)과 (38)의 융합 연산에처럼 원래의 부분함수들의 순서쌍으로 간주한다. 예를 들어 $k=3$일 때 진리표는 12345678에서 15263748이 되며, 그 구슬 1526은 융합 $12 \diamond 56$으로 간주할 수 있다. ▮

이 증명은 2차(제곱) 증가가 발생할 수 있는 이유를 말해 준다. 예를 들어

$$f(x_1,\ldots,x_n) = x_1?\,M_m(x_2,\ldots,x_{m+1};x_{2m+2},\ldots,x_n):\\ M_m(x_{m+2},\ldots,x_{2m+1};\bar{x}_{2m+2},\ldots,\bar{x}_n) \qquad (103)$$

이고 $n = 1+2m+2^m$이라고 하면, 수준 $2m$개의 하강은 $B(f) = 4n-8m-3$을 $B(f^\pi) = 2n^2 - 8m(n-m) - 2(n-2m) + 1 \approx \frac{1}{8}B(f)^2$으로 바꾼다.

비약과 하강은 서로 역관계인 연산들이므로, 정리 J⁺와 J⁻를 뒤집어 적용하는 것도 가능하다. 즉, *한 번의 비약 연산에 의해 BDD의 크기가 그 제곱근 수준으로 줄어들 수도 있지만, 한 번의 하강 연산에 의해서 BDD 크기가 절반으로 줄어들 수는 없다.* 하강 팬들에게는 나쁜 소식인데, 대신, 주어진 순서를 최적의 순서로 바꾸는 그럴듯한 방법이 오직 하강뿐인 경우가 종종 있다는 점에서 위안을 얻어야 할 것이다.

정리 J⁺와 J⁻는 B. Bollig, M. Löbbing, I. Wegener, *Inf. Processing Letters* **59** (1996), 233-239에서 기인한다. (연습문제 149도 보라.)

***동적 재정렬.** 실제 응용에서는 그림 23의 '일련의 모듈들' 관점과 정리 M에 기초한 변수들의 자연스러운 정렬 방식을 쉽사리 떠올릴 수 있는 경우가 많다. 그러나 적절한 순서가 명백하게 나타나지 않아서 그저 운에 맡겨야 하는, 즉 컴퓨터가 적당한 것을 찾아 주기만을 바라는 경우도 있다. 더 나아가서, 계산을 시작하는 좋은 방법을 안다고 해도, 초반에는 잘 작동하던 변수 순서가 후반부에서는 그리 만족스러운 결과를 내지 않을 수도 있다. 따라서, 고정된 순서를 고집하는 대신, BDD 기반의

습성이 나빠지면 현재의 분기 순서를 조정하는 동적 재정렬 방식이 더 나은 결과를 얻는 길이다.

예를 들어 이런 방법이 있다: $1 < j \le n$에 대해 순서대로 $x_{j-1} \leftrightarrow x_j$ 교환을 수행하되, 그러한 교환에 의해 노드 전체 개수가 늘어나면 교환을 취소하고 다른 순서의 교환을 시도한다. 만일 그 어떤 교환으로도 개선이 없다면 전체 공정을 끝낸다. 이러한 방법은 구현하기가 쉽지만, 능력이 너무 약하다. BDD 기반을 그리 많이 축약하지 못하는 것이다. 이보다 훨씬 더 나은 재정렬 기법을 러덜 Richard Rudell이 연습문제 147의 '제자리 교환' 알고리즘과 함께 제시했다. '체 치기(sifting, 체질)'라고 부르는 그의 방법은 상당히 성공적임이 입증되었다. 이 방법의 핵심은, 한 변수 $x_k$를 취해서 그것을 다른 모든 수준으로 올리거나 내려 보는 것이다. 본질적으로 이는 순서 관계에서 $x_k$를 제거한 후, BDD 크기가 최소가 되는 장소에 다시 삽입하는 것이다. 이에 필요한 모든 작업을 일련의 기본적인 교환 연산으로 수행할 수 있다:

**알고리즘 J** (변수 체 치기)**.** 이 알고리즘은 주어진 한 BDD 기반의 변수 $x_k$를, 다른 변수 $\{x_1, \ldots, x_{k-1}, x_{k+1}, \ldots, x_n\}$의 현재 순서의 관점에서 본 최적의 위치로 이동한다. 이 알고리즘은 연습문제 147의 절차를 이용해 인접 변수 교환 $x_{j-1} \leftrightarrow x_j$를 되풀이함으로써 그러한 이동을 수행한다. 알고리즘 전반에서 $S$는 BDD 기반의 현재 크기(노드 전체 개수)를 뜻한다. 일반적으로 교환 연산에 의해 $S$가 변한다.

**J1.** [초기화.] $p \leftarrow 0$, $j \leftarrow k$, $s \leftarrow S$로 설정한다. 만일 $k > n/2$이면 J5로 간다.

**J2.** [체로 올리기.] $j > 1$인 동안 $x_{j-1} \leftrightarrow x_j$로 교환하고 $j \leftarrow j-1$, $s \leftarrow \min(S, s)$로 설정한다.

**J3.** [패스를 끝낸다.] 만일 $p = 1$이면 J4로 간다. 그렇지 않으면, $j \ne k$인 동안 $j \leftarrow j+1$로 설정하고 $x_{j-1} \leftrightarrow x_j$로 교환한다. 그런 다음 $p \leftarrow 1$로 설정하고 J5로 간다.

**J4.** [하향 이동을 마무리.] $s \ne S$인 동안 $j \leftarrow j+1$로 설정하고 $x_{j-1} \leftrightarrow x_j$로 교환한다. 알고리즘을 끝낸다. ▌

**J5.** [체로 내리기.] $j < n$인 동안 $j \leftarrow j+1$로 설정하고 $x_{j-1} \leftrightarrow x_j$로 교환하고 $s \leftarrow \min(S, s)$로 설정한다.

**J6.** [패스를 끝낸다.] 만일 $p = 1$이면 J7로 간다. 그렇지 않으면, $j \ne k$인 동안 $x_{j-1} \leftrightarrow x_j$로 교환하고 $j \leftarrow j-1$로 설정한다. 그런 다음 $p \leftarrow 1$로 설정하고 J2로 간다.

**J7.** [상향 이동을 마무리.] $s \ne S$인 동안 $x_{j-1} \leftrightarrow x_j$로 교환하고 $j \leftarrow j-1$로 설정한다. 알고리즘을 끝낸다. ▌

알고리즘 J가 $x_{j-1} \leftrightarrow x_j$ 교환을 수행할 때마다 원래의 변수 $x_k$를 $x_{j-1}$ 또는 $x_j$로 칭한다. 총 교환 횟수는 $k$와 $x_k$의 최적의 최종 위치에 따라 다른데, $n$에서 약 $2.5n$ 사이이다. 그런데 $S$가 이를테면 $1.2s$보다, 심지어 $1.1s$나 $1.05s$보다 커지면 즉시 J3과 J6으로 나아가도록 단계 J2와 J5를 수정한다면 산출 결과에 큰 영향을 미치지 않고도 실행 시간을 상당히 개선할 수 있다. 방금 말한 조건이 만족되는 경우에는 같은 방향으로의 체 치기를 더 해도 $s$가 줄어들 확률이 낮기 때문이다.

러덜의 체 치기 절차는 알고리즘 J를 정확히 $n$번, 즉 존재하는 각 변수 당 한 번씩 적용하는 것으로 구성된다. 연습문제 151을 보기 바란다. 더 이상의 개선이 없을 때까지 체 치기를 계속 되풀이 할 수도 있으나, 여분의 노력에 비해 얻는 추가 이득이 충분히 크지 않은 경우가 많다.

이상의 개념들을 확실하게 이해하는 데 도움이 되도록 구체적인 예제 하나를 살펴보자. 이전에 보았듯이, 연속된 미합중국 주들을 (17)에서처럼

ME NH VT MA RI CT NY NJ PA DE MD DC VA NC SC GA FL AL TN KY WV OH MI IN
IL WI MN IA MO AR MS LA TX OK KS NE SD ND MT WY CO NM AZ UT ID WA OR NV CA (104)

의 순서로 배열한다면, 독립집합 함수

$$\neg((x_{\mathrm{AL}} \wedge x_{\mathrm{FL}}) \vee (x_{\mathrm{AL}} \wedge x_{\mathrm{GA}}) \vee (x_{\mathrm{AL}} \wedge x_{\mathrm{MS}}) \vee \cdots \vee (x_{\mathrm{UT}} \wedge x_{\mathrm{WY}}) \vee (x_{\mathrm{VA}} \wedge x_{\mathrm{WV}})). \qquad (105)$$

에 대한 크기 428의 BDD가 나온다. (104)의 순서는 본 저자가 손으로 직접 선택한 것으로, 어렸을 때 배운 역사적/지리적 나열 순서로 시작해서 이미 나열된 주들과 아직 나열되지 않은 주들 사이의 경계의 크기가 최소화되도록 한 것이다. 그래야 (105)에 대한 BDD가 임의의 수준에서 너무 많은 부분 결과들을 '기억'하지 않아도 되기 때문이다. 결과로 나온 크기 428은 49변수 함수치고는 상당히 괜찮은 크기이다. 그러나 체 치기를 이용하면 이보다 더 나은 결과를 얻을 수 있다. 예를 들어 WV를 생각해 보자. 다음은 이 항목을 삽입할 장소와 그 결과로 변한 $S$의 값을 나타낸 것이다.

| RI | CT | NY | NJ | PA | DE | MD | DC | VA | NC | SC | GA | FL | AL | TN | KY | OH | MI | IN | IL |
424 422 417 415 414 412 411 410 412 412 415 420 421 426 425 427 428 428 436 442 453

따라서, WV를 MD와 DC 사이의 위치로 비약시키면 $428 - 410 = 18$개의 노드를 절약할 수 있다. 그리고 알고리즘 J를 이용해서 모든 변수를 차례로 체로 치면(처음에는 ME에 대해, 그다음은 NH, ..., CA에 대해) 결국에는 다음과 같은 순서를 얻게 된다.

VT MA ME NH CT RI NY NJ DE PA MD WV VA DC KY OH NC GA SC AL FL MS TN IN
IL MI AR TX LA OK MO IA WI MN CO NE KS MT ND WY SD UT AZ NM ID CA OR WA NV (106)

그리고 BDD의 크기는 345(!)로 줄어든다. 이러한 체 치기 공정에서 총 4663회의 교환이 수행되는데, 전체적인 계산 비용은 4메가멤 미만이다.

순서를 세심하게 선택하는 대신, 조금 게으름을 피우면 어떨까? 이를테면 그냥 알파벳순으로 시작할 수도 있다.

AL AR AZ CA CO CT DC DE FL GA IA ID IL IN KS KY LA MA MD ME MI MN MO MS
MT NC ND NE NH NJ NM NV NY OH OK OR PA RI SC SD TN TX UT VA VT WA WI WV WY (107)

그러면 (105)에 대한 BDD는 노드가 306,214이다. 이를 알고리즘 S로 계산할 수도 있고(컴퓨터 시간 약 380메가멤), (55)와 알고리즘 U로 계산할 수도 있다(약 565메가멤). 이 경우 체 치기가 큰 도움이 된다. 추가적인 430메가멤의 계산을 통해서 306,214개의 노드가 단 2871개로 줄어든다. 더 나아가서, 알고리즘 J의 루프들을 $S > 1.1s$일 때 취소한다면 체 치기 비용이 4억 3천만 $\mu$에서

2억 1천만 $\mu$로 줄어든다. (좀 더 공격적으로, $S > 1.05s$일 때 루프들을 끝내게 한다면 체 치기 비용이 15억 5천만 $\mu$로 들어들지만, 대신 BDD 크기가 2946까지만 줄어든다.)

그리고 (105)를 평가하는 도중에 변수들에 체 치기를 적용한다면(길고 긴 논리합들의 순차열을 모두 계산할 때까지 기다리는 대신) 훨씬 더 나은 결과를 얻을 수 있다. 예를 들어 BDD 크기가 이전의 체 치기 이후 존재했던 노드 개수의 두 배를 넘으면 자동으로 체 치기를 수행한다고 하자. 그러면 알파벳 순서 (107)에서 시작하는 (105)의 평가가 순풍에 돛 단 듯이 진행된다. 약 60메가맴의 계산만에, 노드가 단 419개인 BDD가 튀어나온다! 인간의 독창성이나 '기하학적 이해' 없이도, 컴퓨터로 저자의 (104)를 능가하는 다음과 같은 순서를 찾아낼 수 있는 것이다.

```
NV OR ID WA AZ CA UT NM WY CO MT OK TX NE MO KS LA AR MS TN IA ND MN SD
GA FL AL NC SC KY WI MI IL OH IN WV MD VA DC PA NJ DE NY CT RI NH ME VT MA     (108)
```

이 경우 컴퓨터는 그냥 더 작은 BDD에 대해 자동 체 치기를 39회 실행하기로 결정했다.

그렇다면 함수 (105)에 대한 최선의 순서는 무엇일까? 이 질문에 대한 확실한 답은 결코 얻지 못 할 수 있지만, 꽤 괜찮은 추측은 가능하다. 무엇보다도, (108)에 체 치기를 몇 번 더 적용하면 여전히 더 나아 보이는 순서

```
OR ID NV WA AZ CA UT NM WY CO MT SD MN ND IA NE OK KS TX MO LA AR MS TN
GA FL AL NC SC KY WI MI IL OH IN WV MD DC VA PA NJ DE NY CT RI NH ME VT MA     (109)
```

가 나온다. 해당 BDD의 크기는 354이다. (109)에 체 치기를 더 적용해도 더 나은 결과가 나오지는 않는다. 그러나 애초에 체 치기의 위력은 제한적이다. 체 치기는 $n!$가지 가능성 중 $(n-1)^2$개의 대안 순서만을 탐색할 뿐이기 때문이다. (실제로, 연습문제 134는 변수가 네 개뿐인 함수의 변수 순서가 아직 최적이 아닌 데에도, 체 치기로는 그 BDD를 더 이상 개선할 수 없는 경우를 제시한다.) 다행히 아직 쏠 화살이 남아 있다: 주 프로파일 도표를 BDD의 모든 구간, 이를테면 16개의 연속된 수준들로 된 구간들을 최적화하는 데 사용할 수 있는 것이다. 그리고 연습문제 139의 알고리즘은 그러한 구간 각각을 상당히 빠르게 최적화한다. 약 9.6기가맴의 계산 이후에 그 알고리즘은 (109) 안의 열여섯 주들을 교묘하게 재배치해서 새로운 챔피언인

```
OR ID NV WA AZ CA UT NM WY CO MT SD MN ND IA NE OK KS TX MO LA AR MS WI
KY MI IN IL AL TN FL NC SC GA WV OH MD DC VA PA NJ DE NY CT RI NH ME VT MA     (110)
```

를 찾아낸다. 해당 BDD의 크기가 단 339인 체 치기는 물론, 너비가 25인 그 어떤 구간을 최적화해도 더 이상 개선할 수 없다는 점에서, 이 순서가 아마도 최적일 것이다. 그러나 그러한 추측은 근거가 그리 튼튼하지 않다. 순서

```
AL GA FL TN NC SC VA MS AR TX LA OK KY MO NM WV MD DC PA NJ DE OH IL MI
IN IA NE KS WI SD WY ND MN MT UT CO ID CA AZ OR WA NV NY CT RI NH ME VT MA     (111)
```

역시 체 치기는 물론 너비가 25인 그 어떤 구간을 최적화해도 최적화할 수 없기는 마찬가지이지만, 그 BDD의 크기는 최적과는 거리가 먼 606이기 때문이다.

개선된 순서 (110)을 이용하면 (73)의 98변수 COLOR 함수의 BDD는 노드가 25579개가 아니라 단 22037개가 된다. 여기에 체 치기를 적용하면 16098개로 줄어든다.

***단일 읽기 함수.** $(x_1 \supset x_2) \oplus ((x_3 \equiv x_4) \wedge x_5)$처럼 각 변수가 정확히 한 번씩만 나오는 공식으로 표현할 수 있는 부울 함수들은 변수들의 최적 순서를 손쉽게 계산할 수 있는 하나의 중요한 부류를 형성한다. 공식화하자면, 함수 $f(x_1, \ldots, x_n)$이 있을 때 만일 (i) $n = 1$이고 $f(x_1) = x_1$이면, 또는 (ii) $f(x_1, \ldots, x_n) = g(x_1, \ldots, x_k) \circ h(x_{k+1}, \ldots, x_n)$이면, 그러한 함수를 단일 읽기 함수(read-once function)라고 부르기로 하자. 여기서 $\circ$은 이항 연산자 $\{\wedge, \vee, \overline{\wedge}, \overline{\vee}, \supset, \subset, \overline{\supset}, \overline{\subset}, \oplus, \equiv\}$ 중 하나이고 $g$와 $h$는 또 다른 단일 읽기 함수들이다. (i)의 경우 $B(f) = 3$임은 자명하다. 그리고 (ii)의 경우 다음이 성립한다(증명은 연습문제 163에).

$$B(f) = \begin{cases} B(g) + B(h) - 2, & \text{만일 } \circ \in \{\wedge, \vee, \overline{\wedge}, \overline{\vee}, \supset, \subset, \overline{\supset}, \overline{\subset}\}\text{이면;} \\ B(g) + B(h, \bar{h}) - 2, & \text{만일 } \circ \in \{\oplus, \equiv\}\text{이면.} \end{cases} \tag{112}$$

점화식이 성립하려면, 이와 비슷한 다음과 같은 공식도 필요하다.

$$B(f, \bar{f}) = \begin{cases} 4, & \text{만일 n=1;} \\ 2B(g) + B(h, \bar{h}) - 4, & \text{만일 } \circ \in \{\wedge, \vee, \overline{\wedge}, \overline{\vee}, \supset, \subset, \overline{\supset}, \overline{\subset}\}\text{이면;} \\ B(g, \bar{g}) + B(h, \bar{h}) - 2, & \text{만일 } \circ \in \{\oplus, \equiv\}\text{이면.} \end{cases} \tag{113}$$

이러한 단일 읽기 함수들의 특히나 흥미로운 모임 하나가 다음과 같은 정의로부터 발생한다.

$$\begin{aligned} u_{m+1}(x_1, \ldots, x_{2^{m+1}}) &= v_m(x_1, \ldots, x_{2^m}) \wedge v_m(x_{2^m+1}, \ldots, x_{2^{m+1}}), \\ v_{m+1}(x_1, \ldots, x_{2^{m+1}}) &= u_m(x_1, \ldots, x_{2^m}) \oplus u_m(x_{2^m+1}, \ldots, x_{2^{m+1}}), \end{aligned} \tag{114}$$

$u_0(x_1) = v_0(x_1) = x_1$. 예를 들어 $u_3(x_1, \ldots, x_8) = ((x_1 \wedge x_2) \oplus (x_3 \wedge x_4)) \wedge ((x_5 \wedge x_6) \oplus (x_7 \wedge x_8))$이다. 연습문제 165는 (112)와 (113)으로 계산한, 이 함수들에 대한 BDD 크기들이 피보나치 수와 다음과 같이 연관됨을 보여준다.

$$\begin{aligned} B(u_{2m}) &= 2^m F_{2m+2} + 2, & B(u_{2m+1}) &= 2^{m+1} F_{2m+2} + 2; \\ B(v_{2m}) &= 2^m F_{2m+2} + 2, & B(v_{2m+1}) &= 2^m F_{2m+4} + 2. \end{aligned} \tag{115}$$

따라서 $u_m$과 $v_m$은 $n = 2^m$개의 변수들의 함수이며, 그 BDD는 다음과 같이 증가한다.

$$\Theta(2^{m/2}\phi^m) = \Theta(n^\beta), \qquad \text{여기서 } \beta = 1/2 + \lg\ \phi \approx 1.19424. \tag{116}$$

실제로, (115)의 BDD 크기들은 $u$, $v$ 함수들에 대해 최적(변수들의 모든 순열에 관해)이다. 이는 자우어호프M. Sauerhoff, 베게너I. Wegener, 베르히너R. Werchner에서 기인한 다음과 같은 근본적인 정리 때문이다.

**정리 W.** *만일 $f(x_1, \ldots, x_n) = g(x_1, \ldots, x_k) \circ h(x_{k+1}, \ldots, x_n)$이 하나의 단일 읽기 함수이면, $B(f^\pi)$와 $B(f^\pi, \bar{f}^\pi)$를 동시에 최소화하며 변수 $\{x_1, \ldots, x_k\}$가 처음이나 마지막에 출현하는 치환 $\pi$가 존재한다.*

증명. 임의의 순열 $(1\pi, \ldots, n\pi)$는 처음 $k$개의 원소가 $\{1, \ldots, k\}$이고 마지막 $n-k$개의 원소가 $\{k+1, \ldots, n\}$인, 그리고 각 그룹 안에서 $\pi$ 순서를 유지하는 '뒤섞이지 않은' 순열 $(1\sigma, \ldots, n\sigma)$로 자연스럽게 이어진다. 예를 들어 $k=7$, $n=9$, $(1\pi, \ldots, 9\pi) = (3,1,4,5,9,2,6,8,7)$이면 $(1\sigma, \ldots, 9\sigma) = (3,1,4,5,2,6,7,9,8)$이다. 연습문제 166은 적절한 상황에서 $B(f^{\sigma}) \le B(f^{\pi})$이고 $B(f^{\sigma}, \bar{f}^{\sigma}) \le B(f^{\pi}, \bar{f}^{\pi})$임을 증명한다. ▮

이 정리를 (112), (113)과 함께 사용하면 주어진 임의의 단일 읽기 함수의 BDD에 대한 변수 순서를 손쉽게 최적화할 수 있다. 예를 들어 $(x_1 \vee x_2) \oplus (x_3 \wedge x_4 \wedge x_5) = g(x_1, x_2) \oplus h(x_3, x_4, x_5)$를 생각해 보자. 이 경우 $B(g) = 4$이고 $B(g, \bar{g}) = 6$이며 $B(h) = 5$이고 $B(h, \bar{h}) = 8$이다. 전체 공식 $f = g \oplus h$에 대해, 정리 W는 최선의 순서 $(1\pi, \ldots, 5\pi)$의 후보가 둘임을 말해 준다. 구체적으로는 $(1,2,3,4,5)$와 $(4,5,1,2,3)$이다. 전자의 경우 $B(f^{\pi}) = B(g) + B(h, \bar{h}) - 2 = 10$이고 후자는 $B(f^{\pi}) = B(h) + B(g, \bar{g}) - 2 = 9$로, 후자가 전자를 능가한다.

연습문제 167의 알고리즘은 임의의 단일 읽기 함수 $f(x_1, \ldots, x_n)$에 대한 최적의 $\pi$를 $O(n)$단계로 찾아낸다. 그리고 세심히 분석해 보면, 최적의 순서에서 $B(f^{\pi}) = O(n^{\beta})$임을 증명할 수 있다. 여기서 $\beta$는 (116)의 상수이다. (연습문제 168 참고.)

***곱하기.** 수학의 관점에서 가장 흥미로운 축에 드는 부울 함수라면 $m$비트 수에 $n$비트 수를 곱해서 $m+n$비트 수를 산출하는 함수일 것이다.

$$(x_m \ldots x_2 x_1)_2 \times (y_n \ldots y_2 y_1)_2 = (z_{m+n} \ldots z_2 z_1)_2. \tag{117}$$

특히 $m=n$일 때의 '선행 비트(leading bit)' $z_{m+n}$과 '가운데 비트' $z_n$에 주목할 필요가 있다. $m$과 $n$에 대한 이러한 표기법에 의존하지 않기 위해, 모든 $i > m$과 $j > n$에 대해 $x_i = y_j = 0$으로 두어서 $m = n = \infty$라고 상상하기로 하자. 그러면 각 $z_k$는 $2k$개의 변수들의 함수 $z_k = Z_k(x_1, \ldots, x_k; y_1, \ldots, y_k)$이며, 이는 곧 곱 $(x_k \ldots x_1)_2 \times (y_k \ldots y_1)_2$의 가운데 비트이다.

그런데 알고 보면, BDD를 이용해서 가운데 비트를 구하는 것은 심지어 $y$가 상수인 경우에도 어려운 일이다. $Z_{n,a}(x_1, \ldots, x_n) = Z_n(x_1, \ldots, x_n; a_1, \ldots, a_n)$이고 $a = (a_n \ldots a_1)_2$라고 하자.

**정리 X.** $B_{\min}(Z_{n,a}) > \frac{5}{288} \cdot 2^{\lfloor n/2 \rfloor} - 2$ *를 만족하는 상수 $a$가 존재한다.*

증명. [P. Woelfel, *J. Computer and System Sci.* **71** (2005), 520–534.] $Z_{2t+1,2a} = Z_{2t,a}$이므로, $n = 2t$라고 가정할 수 있다. $x = (x_n \ldots x_1)_2$이고 $m = ([n\pi \le t] \ldots [1\pi \le t])_2$라고 하자. 그러면 $p = x \,\&\, \bar{m}$이고 $q = x \,\&\, m$이라고 할 때 $x = p + q$이다. $q$는 $Z_{n,a}$에 대한 순서 $\pi$의 BDD에서 $t$개의 가지가 취해진 후의 $x$의 '알려진' 비트들에 해당한다. 그리고 $p = x \,\&\, \bar{m}$은 아직 알려지지 않은 비트들을 나타낸다. 이제

$$P = \{x \,\&\, \bar{m} \mid 0 \le x < 2^n\} \text{이고 } Q = \{x \,\&\, m \mid 0 \le x < 2^n\} \tag{118}$$

이라고 하자. 임의의 고정된 $a$에 대해, 함수 $Z_{n,a}$의 부분함수

표 1

곱셈의 가운데 비트 $z_n$에 대한 최선, 최악 순서들.

| 최선 | 최악 |
|---|---|
| $x_{11}x_{10}x_9x_7x_8x_6x_{13}x_{15}$ $\times x_{16}x_{14}x_{12}x_5x_4x_3x_2x_1$ $B_{\min}(Z_8)=756$ | $x_{10}x_{11}x_9x_8x_7x_{16}x_6x_{15}$ $\times x_5x_4x_3x_{12}x_{13}x_2x_1x_{14}$ $B_{\max}(Z_8)=6791$ |
| $x_{24}x_{20}x_{18}x_{16}x_9x_8x_{10}x_{11}x_7x_{12}x_{14}x_{21}$ $\times x_{22}x_{19}x_{17}x_{15}x_6x_5x_4x_3x_2x_1x_{13}x_{23}$ $B_{\min}(Z_{12})=21931$ | $x_{16}x_{17}x_{15}x_{14}x_{24}x_{13}x_{12}x_{11}x_{20}x_{10}x_9x_{23}$ $\times x_8x_7x_6x_5x_{18}x_4x_{22}x_3x_2x_{19}x_1x_{21}$ $B_{\max}(Z_{12})=866283$ |

표 2

곱셈의 모든 비트 $\{z_1, \ldots, z_{m+n}\}$에 대한 최선, 최악 순서들.

| 최선 | 최악 |
|---|---|
| $x_{11}x_{16}x_{15}x_{14}x_{13}x_{12}x_{10}x_9$ $\times x_8x_7x_6x_5x_4x_3x_2x_1$ $B_{\min}(Z_{8,8}^{(1)}, \ldots, Z_{8,8}^{(16)})=9700$ | $x_{10}x_8x_9x_{13}x_2x_1x_{11}x_7$ $\times x_{16}x_5x_{15}x_6x_4x_{14}x_3x_{12}$ $B_{\max}(Z_{8,8}^{(1)}, \ldots, Z_{8,8}^{(16)})=28678$ |
| $x_{15}x_{17}x_{24}x_{23}x_{22}x_{21}x_{20}x_{19}x_{18}x_{16}x_{14}x_{13}$ $\times x_1x_2x_3x_4x_5x_6x_7x_8x_9x_{10}x_{11}x_{12}$ $B_{\min}(Z_{12,12}^{(1)}, \ldots, Z_{12,12}^{(24)})=648957$ | $x_{17}x_{22}x_{14}x_{13}x_{16}x_{10}x_{20}x_3x_2x_1x_{19}x_{12}$ $\times x_{24}x_{15}x_9x_8x_{21}x_7x_6x_{11}x_{23}x_5x_4x_{18}$ $B_{\max}(Z_{12,12}^{(1)}, \ldots, Z_{12,12}^{(24)})=4224195$ |
| $x_{17}x_{16}x_{10}x_9x_{11}x_{12}\cdots x_{15}x_{18}x_{19}x_{24}x_{23}\cdots x_{20}$ $\times x_1x_2x_3x_4x_5x_6x_7x_8$ $B_{\min}(Z_{16,8}^{(1)}, \ldots, Z_{16,8}^{(24)})=157061$ | $x_{13}x_{14}x_{12}x_{15}x_{16}x_{17}x_{22}x_{10}x_8x_7x_{18}x_9x_2x_1x_{19}x_6$ $\times x_{24}x_{11}x_{21}x_5x_4x_{23}x_3x_{20}$ $B_{\max}(Z_{16,8}^{(1)}, \ldots, Z_{16,8}^{(24)})=1236251$ |

$$f_q(p) = ((pa + qa) \gg (n-1))\,\&\,1, \qquad q \in Q. \tag{119}$$

는 총 $2^t$개이다. 그러한 부분함수들을 서로 다르게 만드는 어떤 $n$비트 수 $a$가 존재함을 보이고자 한다. 다른 말로 하면, 다음을 만족하는 커다란 부분집합 $Q^* \subseteq Q$를 찾고자 한다.

$$q \in Q^* \text{ 그리고 } q' \in Q^* \text{ 그리고 } q \neq q' \text{은 어떤 } p \in P\text{에 대해 } f_q(p) \neq f_{q'}(p)\text{를 함의한다.} \tag{120}$$

구체적인 방법은 연습문제 176에 나온다. ▮

그 어떤 피연산자도 상수가 아닐 때의 가운데 비트 함수의 BDD 크기에 대한 쓸 만한 상계를 아마노K. Amano와 마루오카A. Maruoka가 *Discrete Applied Math.* **155** (2007), 1224-1232에서 발견했다:

**정리 A.** *$f(x_1, \ldots, x_{2n}) = Z_n(x_1, x_3, \ldots, x_{2n-1}; x_2, x_4, \ldots, x_{2n})$이라고 하자. 그러면*

$$B(f) \le Q(f) < \frac{19}{7}\,2^{\lfloor 6n/5 \rfloor} \tag{121}$$

*이다.*

증명. 두 $n$비트 수 $x = 2^k x_h + x_l$과 $y = 2^k y_h + y_l$의 상위 부분 $(x_h, y_h)$에서 미지의 비트들이 각각 $n - k$개이고, 하위 부분 $(x_l, y_l)$에서 각각 $k$개의 비트가 알려져 있다고 하자. 그러면 $xy$의 가운데 비트는 $k \geq n/2$일 때 세 $(n-k)$비트 값을 더해서, 구체적으로 말하면 $x_h y_l \bmod 2^{n-k}$과 $x_l y_h \bmod 2^{n-k}$, $(x_l y_l \gg k) \bmod 2^{n-k}$을 더해서 구할 수 있다. 따라서 QDD의 수준 $2k$는 이전의 수량 $x_l$과 $y_l$, 그리고 $x_l y_l \gg k$ 각각의 최소 유효 $n-k$비트들만, 즉 총 $3n - 3k$개의 비트들만 '기억하면' 된다. 그리고 $f$의 준 프로파일에서 $q_{2k} \leq 2^{3n-3k}$이다. 증명의 나머지 부분은 연습문제 177에서 완성한다. ▮

아마노와 마루오카는 또 다른 중요한 상계도 발견했다. $Z_{m,n}^{(p)}(x_1, \ldots, x_m; y_1, \ldots, y_n)$이 곱 (117)의 $p$번째 비트 $z_p$를 나타낸다고 하자.

**정리 Y.** *모든 상수* $(a_m \ldots a_1)_2$ *와 모든* $p$ *에 대해, 함수* $Z_{m,n}^{(p)}(a_1, \ldots, a_m; x_1, \ldots, x_n)$ *에 대한 BDD와 QDD의 노드 개수는 각각* $3 \cdot 2^{(n+1)/2}$ *보다 작다.*

증명. 연습문제 180은 이 함수에 대해 $q_k \leq 2^{n+1-k}$임을 증명한다. 이 상계를 자명한 상계 $q_k \leq 2^k$과 결합하면 이 정리가 나온다. ▮

정리 Y는 정리 X의 하계가 상수 계수를 제외할 때 가능한 최선의 하계임을 보여준다. 또한 정리 Y는 모든 $m+n$개의 곱 함수 $Z_{m,n}^{(p)}(x_1, \ldots, x_m; x_{m+1}, \ldots, x_{m+n})$에 대한 BDD 기반이 $\Theta(2^{m+n})$만큼은 크지는 않음을 보여 준다. $\Theta(2^{m+n})$은 변수가 $m+n$개인 $m+n$개의 함수의 인스턴스들 거의 모두에 대해 얻게 되는 상계의 규모이다:

**따름정리 Y.** $m \leq n$ *이라 할 때* $B(Z_{m,n}^{(1)}, \ldots, Z_{m,n}^{(m+n)}) < 3(m+n)2^{m+(n+1)/2}$ *이다.* ▮

가운데 비트 함수 $Z_n$과 완전한 BDD 기반에 대한 최선의 변수 순서는 여전히 미지로 남아 있지만, 작은 $m$과 $n$에 대한 경험적 결과들은 정리 A와 따름정리 A의 상계가 진실과 아주 멀지는 않다고 추측할 만한 근거가 된다. 표 1과 2를 보기 바란다. 예를 들어 다음은 $n \leq 12$일 때의 $Z_n$의 최적의 결과들이다.

| $n =$ | 1 | 2 | 3 | 4 | 5 | 6 | 7 | 8 | 9 | 10 | 11 | 12 |
|---|---|---|---|---|---|---|---|---|---|---|---|---|
| $B_{\min}(Z_n) =$ | 4 | 8 | 14 | 31 | 63 | 136 | 315 | 756 | 1717 | 4026 | 9654 | 21931 |
| $2^{6n/5} \approx$ | 2 | 5 | 12 | 28 | 64 | 147 | 338 | 776 | 1783 | 4096 | 9410 | 21619 |

전체 BDD 기반 $\{Z_{m,n}^{(1)}, \ldots, Z_{m,n}^{(m+n)}\}$에 대한 비율 $B_{\max}/B_{\min}$들은 표 2에서 놀랄 만큼 작다. 따라서 그 문제에 대한 모든 순서가 대략 동등한 것으로 판명될 수 있다.

**0이 억제된 BDD: 조합적 대안 한 가지.** BDD를 조합 문제에 적용할 때, 메모리 안의 자료를 한 번 살펴보면 HI 필드들 대부분이 그냥 $\boxed{\bot}$를 가리키고 있는 경우가 많다. 그런 경우 미나토Shin-ichi Minato가 소개한[*ACM/IEEE Design Automation Conf.* **30** (1993), 272–277] 0이 억제된 이진 결정도(zero-suppressed binary decision diagram)라는, 줄여서 'ZDD'라고 부르는 가변 자료구조를

사용하는 것이 낫다. ZDD는 BDD와 비슷한 노드들로 이루어지나, 그 노드들을 해석하는 방식이 다르다: $j > i+1$에 대해 ⓘ 노드가 ⓙ로 분기되는 경우, 해당 부울 함수는 $x_{i+1} = \cdots = x_{j-1} = 0$이 아닌 한 거짓이다.

예를 들어 (12)의 독립집합들과 핵들에 대한 BDD들에는 HI $=$ ⊥인 노드들이 많다. 그러나 해당 ZDD에서는 그런 노드들이 사라진다. 대신 새 노드 몇 개가 반드시 추가된다.

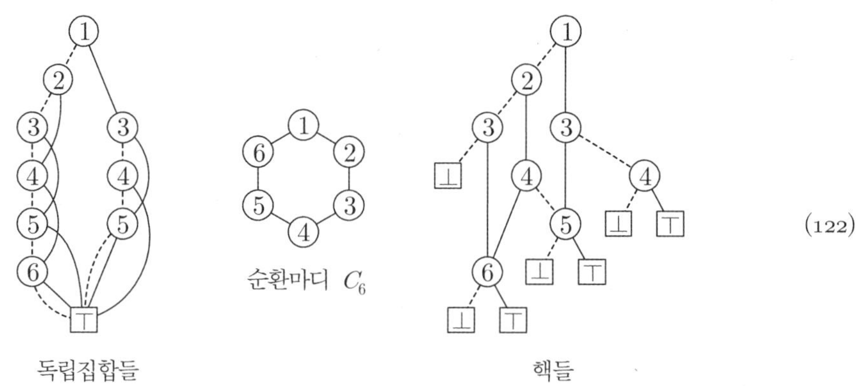


(122)

새로운 규약들 때문에 ZDD에서는 LO $=$HI일 수 있음을 주목하기 바란다. 더 나아가서, 위의 왼쪽 예에서처럼 ⊥가 하나도 없는 ZDD도 가능하다! 이 ZDD들에서는 (12)의 각 도식의 노드들 중 약 40%가 제거되었다.

ZDD를 이해하는 한 가지 좋은 방법은, ZDD를 집합들의 모임(집합족)을 압축해서 표현한 것이라고 간주하는 것이다. 실제로 (122)의 ZDD들은 각각 $C_6$의 모든 독립집합의 모임과 모든 핵의 모임을 표현한다. 한 ZDD의 뿌리 노드는 그 집합들 중 적어도 하나에 나타나는 가장 작은 원소에 해당하고, 그 HI, LO 가지는 그 원소를 포함하는/포함하지 않는 나머지 부분모임들을 나타낸다. 그러한 관계가 아래로 이어져서, 최하단의 ⊥는 빈 모임 '$\emptyset$'을 나타내고 ⊤은 '$\{\emptyset\}$'을 나타낸다. 예를 들어 (122)의 제일 오른쪽 ZDD는 모임 $\{\{1,3,5\},\{1,4\},\{2,4,6\},\{2,5\},\{3,6\}\}$을 나타낸다. 루트의 HI 가지가 $\{\{3,5\},\{4\}\}$를, LO 가지가 $\{\{2,4,6\},\{2,5\},\{3,6\}\}$을 나타내기 때문이다.

물론 모든 부울 함수 $f(x_1,\ldots,x_n)$은 $\{1,\ldots,n\}$의 부분집합들의 한 모임과 동치이며 그 역도 마찬가지이다. 그러나 모임 개념은 함수 개념과는 다른 관점을 제공한다. 예를 들어 모임 $\{\{1,3\},\{2\},\{2,5\}\}$는 모든 $n \geq 5$에 대해 동일한 ZDD를 가진다. 그러나 이를테면 $n=7$일 때, 이 모임을 정의하는 함수 $f(x_1,\ldots,x_7)$의 BDD에는 $f(x)=1$일 때 $x_4 = x_6 = x_7 = 0$임을 보장하기 위한 추가적인 노드들이 필요하다.

지금까지 BDD에 대해 논의한 모든 개념마다, ZDD에도 그에 대응되는 개념이 존재한다. 그러나 실제 자료구조는 놀랄 만큼 다른 경우가 많다. 예를 들어 임의의 주어진 함수 $f(x_1,\ldots,x_n)$에 대한 진리표를 취해서 (5)의 BDD 구축법과 비슷한 직접적인 방식으로 그 함수의 고유한 ZDD를 구축할 수 있다. 앞에서 이야기했듯이, $f$에 대한 BDD 노드들은 $f$의 진리표의 '구슬'들에 대응된다. 그와

비슷하게, ZDD의 노드들은 '주슬(zead)[†]'들에 대응된다. 주슬은 $|\alpha| = |\beta|$이고 $\beta \neq 0\ldots0$ 또는 $|\alpha| = |\beta| - 1$인 $\alpha\beta$의 형태로 된 이진열이다. 임의의 이진열은 하나의 고유한 주슬에 대응된다. 이진열의 길이가 홀수가 되거나 오른쪽 절반이 0이 아니게 될 때까지 오른쪽 절반을 계속 잘라내면 그 이진열에 대한 고유한 주슬이 나온다.

친애하는 독자분께 부탁드리오니, 여기서 잠깐 연습문제 187을 풀고 오시길. (진심임.)

$0 \le k < n$에 대해 $z_k$가 $f$의 진리표의 $n-k$차 주슬들의 개수라고 할 때 $(z_0, \ldots, z_n)$을 함수 $f(x_1, \ldots, x_n)$의 z-프로파일이라고 부른다. $z_k$는 다시 말하면 ZDD 안의 $\textcircled{k+1}$ 노드들의 개수이다. 그리고 $z_n$은 흡수 노드들의 개수이기도 하다. 전체 노드 개수를 $Z(f) = z_0 + \cdots + z_n$으로 표기한다. 예를 들어 (122)의 함수들의 $z$-프로파일들은 각각 $(1, 1, 2, 2, 2, 1, 1)$, $(1, 1, 2, 2, 1, 1, 2)$이며, 따라서 각 경우에서 $Z(f) = 10$이다.

프로파일과 준 프로파일 사이의 기본 관계식 (83)~(85)는 $z$-프로파일에도 적용되나, 개수 $q'_k$에는 오직 $n-k$차의 0이 아닌 부분표들만 포함된다.

$$q'_k \ge z_k, \qquad 0 \le k < n\text{에 대해;} \tag{123}$$

$$q'_k \le 1 + z_0 + \cdots + z_{k-1} \text{ 그리고 } q'_k \le z_k + \cdots + z_n, \qquad 0 \le k < n\text{에 대해;} \tag{124}$$

$$Z(f) \ge 2q'_k - 1, \qquad 0 \le k < n\text{에 대해.} \tag{125}$$

따라서 BDD 크기와 ZDD 크기가 아주 다를 수는 없다:

$$Z(f) \le \frac{n}{2}(B(f) + 1) + 1, \qquad B(f) \le \frac{n}{2}(Z(f) + 1) + 2. \tag{126}$$

한편, $n = 100$일 때의 50배의 차이는 무시할 만한 수치가 아니다.

연속된 미합중국 주들의 독립집합과 핵들을 ZDD와 원래의 순서 (17)을 이용해서 찾는다면, BDD 크기 428과 780은 각각 177과 385로 줄어든다. 체 치기를 적용하면 그 ZDD 크기들은 160과 335로 줄어든다. 어디서 "겨우?"하는 소리가 들리는 것 같은데, 변수가 49개인 복잡한 함수라는 점을 생각하면 이는 놀랄 만큼 좋은 성과이다.

$f$와 $g$에 대한 ZDD들을 알고 있다면, BDD들에 사용했던 방법들과 아주 비슷한 알고리즘들로 그것들을 합성해서 $f \wedge g$, $f \vee g$, $f \oplus g$ 등에 대한 ZDD들을 얻을 수 있다. 더 나아가서, 알고리즘 C, B와 비슷한 알고리즘들을 이용해서 $f$의 해들을 세거나 최적화할 수 있다. 사실 ZDD 기반 개수 세기 및 최적화 기법들이 그에 해당하는 BDD 기반 알고리즘들보다 조금 더 쉽다. 그리고 BDD 방법들을 조금만 수정하면 체 치기를 통한 동적 변수 재정렬도 가능하다. 연습문제 197~209는 모든 기본적인 ZDD 절차의 구체적인 사항을 논의한다.

일반적으로, 해들이 희소한($f(x) = 1$일 때 $\nu x$가 작은 경향이 있다는 의미에서) 경우에는 대체로 ZDD가 BDD보다 낫다. 그리고 $f(x)$ 자체가 희소하다면(해가 비교적 적다는 의미에서) ZDD가 BDD보다 '훨씬' 낫다.

---

† 〔옮긴이 주〕 이 책을 위한 신조어로, bead의 b를 z로 대체해서 zead라는 용어를 만든 것을 본떠서 만들었다.

예를 들어 ZDD는 0들과 1들의 $m \times n$ 행렬로 정의되는 정확 포괄 문제에 잘 맞는다. 정확 포괄 문제는 합이 $(1, 1, \ldots, 1)$이 되는 행들을 선택하는 모든 방법을 찾는 것이다. 이를테면 체스판 하나를 다음처럼 32개의 도미노 조각으로 덮는다고 하자.

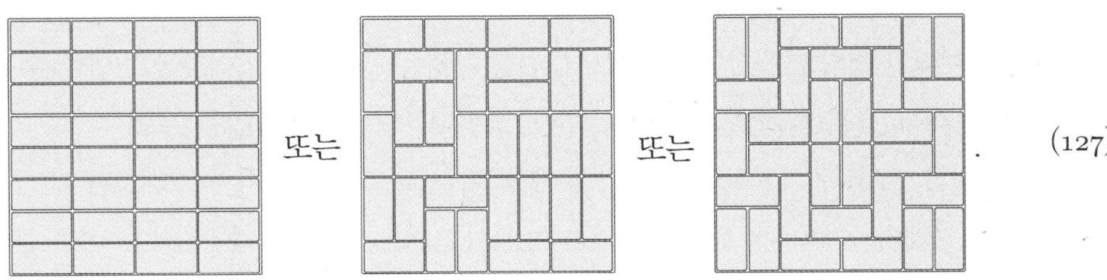


(127)

이는 체스판의 각 칸마다 열이 하나씩, 총 $8 \times 8 = 64$개의 열이 있는 다음과 같은 행렬로 정의되는 정확 포괄 문제이다. 행은 인접한 칸들의 쌍마다 하나씩, 총 $2 \times 7 \times 8 = 112$개다.

$$\begin{pmatrix} 1\,1\,0\,0\,0\,0\,0\,0\,0\,0\,0\,0\,0 \ldots 0\,0\,0\,0\,0\,0\,0\,0\,0\,0\,0\,0 \\ 1\,0\,0\,0\,0\,0\,0\,0\,1\,0\,0\,0 \ldots 0\,0\,0\,0\,0\,0\,0\,0\,0\,0\,0\,0 \\ 0\,1\,1\,0\,0\,0\,0\,0\,0\,0\,0\,0 \ldots 0\,0\,0\,0\,0\,0\,0\,0\,0\,0\,0\,0 \\ 0\,1\,0\,0\,0\,0\,0\,0\,0\,1\,0\,0 \ldots 0\,0\,0\,0\,0\,0\,0\,0\,0\,0\,0\,0 \\ \vdots \qquad\qquad\qquad \vdots \\ 0\,0\,0\,0\,0\,0\,0\,0\,0\,0\,0\,0\,0 \ldots 0\,0\,0\,0\,0\,0\,0\,0\,1\,1\,0\,0 \\ 0\,0\,0\,0\,0\,0\,0\,0\,0\,0\,0\,0\,0 \ldots 0\,0\,0\,0\,0\,0\,0\,0\,0\,1\,1\,0 \\ 0\,0\,0\,0\,0\,0\,0\,0\,0\,0\,0\,0\,0 \ldots 0\,0\,0\,0\,0\,0\,0\,0\,0\,0\,1\,1 \end{pmatrix}. \tag{128}$$

변수 $x_j$가 행 $j$의 선택 여부를 나타낸다고 하자. 그러면 (127)의 세 해는 각각 $(x_1, x_2, x_3, x_4, \ldots, x_{110}, x_{111}, x_{112}) = (1, 0, 0, 0, \ldots, 1, 0, 1)$, $(1, 0, 0, 0, \ldots, 1, 0, 1)$, $(0, 1, 0, 1, \ldots, 1, 0, 0)$이다. 일반화하자면, 정확 포괄 문제에 대한 해들을 다음과 같은 함수로 표현한다.

$$f(x_1, \ldots, x_m) = \bigwedge_{j=1}^{n} S_1(X_j) = \bigwedge_{j=1}^{n} [\nu X_j = 1]. \tag{129}$$

여기서 $X_j = \{x_i \mid a_{ij} = 1\}$이고 $(a_{ij})$는 주어진 행렬이다.

체스판 도미노 덮기 ZDD의 노드는 단 $Z(f) = 2300$개밖에 되지 않는다. 이 경우 $f$의 변수가 $m = 112$개나 되는 데에도 그렇다. 그러한 ZDD를 이용해서, (127) 같은 덮기 방식이 정확히 12,988,816가지임을 증명할 수 있다.

비슷하게, 좀 더 색다른 덮기 방식을 조사해 보자. 예를 들어

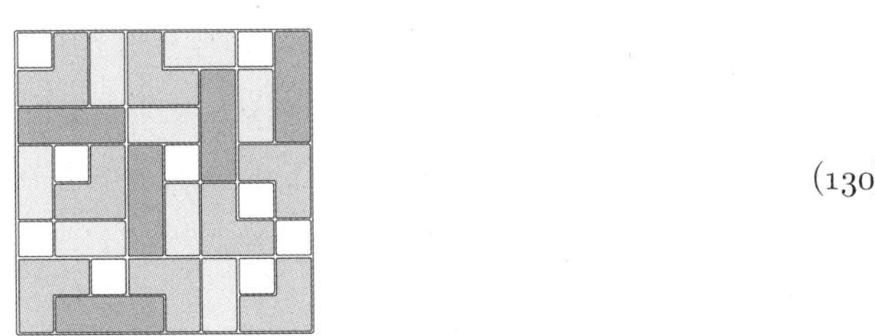

(130)

은 체스판을 모노미노(monomino), 도미노(domino), 트로미노(tromino), 즉 칸 하나, 둘, 셋이 루크 방식으로 연결된 조각들로 덮은 것이다. 이런 덮기 방식은 정확히 92,109,458,286,284,989,468,604 가지이다(!). 그리고 468변수에 대한 512,227노드 ZDD를 구축함으로써, 이 수치를 거의 즉시, 단 75메가멤의 계산으로 구할 수 있다.

임의의 주어진 정확 포괄 문제에 대한 ZDD를 구하는 특별한 알고리즘을 고안할 수도 있겠지만, (129)를 이용해서 결과를 합성하는 것도 한 방법이다. 연습문제 212를 보라.

덧붙이자면, (127) 같은 도미노 덮기 문제는 이분열 그래프인 격자 그래프 $P_8 \,\square\, P_8$의 완벽한 부합을 찾는 문제와 동치이다. §7.5.1에서는 BDD나 ZDD 기법으로 다루기에는 너무 큰 그래프들을 완벽 부합을 이용해서 연구할 수 있는 효율적인 알고리즘들이 마련되어 있음을 알게 될 것이다. 사실, $m \times n$ 격자의 도미노 덮기 방법의 수에 대한 명시적인 공식도 있다. 반면 (130) 같은 일반적 포괄 문제는 다항식 시간의 방법이 존재할 가능성이 $m, n \to \infty$에 따라 줄어드는, 좀 더 넓은 범위의 초그래프 문제 범주에 속한다.

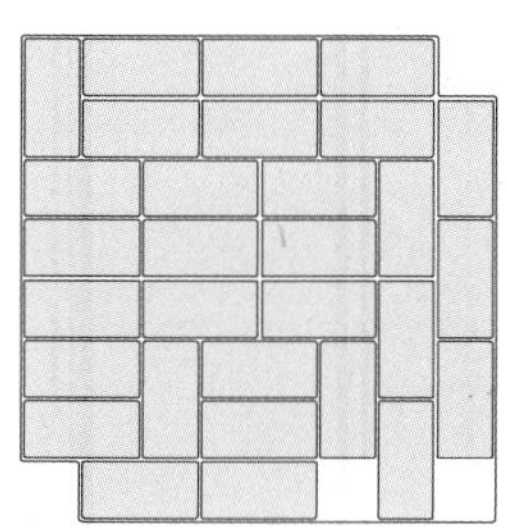

도미노 덮기의 한 가지 재미있는 변형으로, 블랙Max Black이 그의 책 *Critical Thinking* (1946)의 142쪽과 394쪽에서 다룬 '훼손된 체스판(mutilated chessboard)'이라는 것이 있다. 체스판의 대각선 방향 두 모퉁이 칸을 제거하고, 나머지 칸들을 31개의 도미노로 채운다고 하자. 옆의 예에서 보듯이 30개까지는 쉽게 채울 수 있다. 그러나 나머지 하나가 골칫거리이다. 실제로, 해당 108×62 정확 포괄 문제를 고려하되 (129)의 마지막 두 상수를 제거한다면 노드가 1224개인 ZDD를 얻을 수 있으며, 합이 $(1, 1, \ldots, 1, 1, *, *)$가 되는 행들을 선택하는 방법이 총 324,480가지임을 그 ZDD로부터 알아낼 수 있다. 그러나 그러한 해들은 모두 열 61에 1이 적어도 두 개 있다. 따라서 ZDD는 제약 $[\nu X_{61} = 1]$에서 AND가 적용된 후에 $\boxed{\bot}$로 축약된다. (왜 그런지는 '비판적 사고'로 알아낼 수 있다. 연습문제 213을 보라.) 이 예는 (i) 어떤 계산에서 최종적인 ZDD나 BDD의 크기가 그것을 계산하는 데 필요한 시간보다 훨씬 작을 수 있으며, (ii) 우리의 뇌를 사용함으로써 상당한 컴퓨터 실행 주기(cycle)를 절감할 수 있음을 우리에게 일깨워준다.

**사전으로서의 ZDD.** 이번에는 방향을 조금 바꾸어서, ZDD가 완전히 다른 성격의 응용들에도 유용하다는 점을 살펴보자. 예를 들어 ZDD를 다섯 글자 영단어, 즉 이번 장 초반부에서 논의한 Stanford GraphBase의 `WORDS(5757)` 집합을 나타내는 데 사용할 수 있다. 한 가지 방법은 오직 다섯 개의 수 $(x_1 \ldots x_5)_2$, $(x_6 \ldots x_{10})_2$, …, $(x_{21} \ldots x_{25})_2$가 어떤 영단어의 글자들을 부호화하는 경우에만 1이 되는 함수 $f(x_1, \ldots, x_{25})$를 고려하는 것이다. 여기서 영문자 부호화 방식은 $\mathtt{a} = (00001)_2$, …, $\mathtt{z} = (11010)_2$이다. 예를 들어 $f(0,0,1,1,1,0,1,1,1,1,0,1,1,1,1,0,0,1,1,0,1,1,0,0,x_{25}) = x_{25}$이다. 이 25변수 함수의 ZDD 노드 개수는 $Z(f) = 6233$이다. 이 ZDD가 5757개의 단어를 대표하는 것임을 생각하면 나쁘지 않다.

물론 5757개의 단어들을 표현하는 다른 여러 방법들을 제6장에서 고찰한 바 있다. 단어들을 간단하게 검색하는 것이 목적이라면 ZDD 접근방식은 이진 트리나 트라이, 해시표에 미치지 못한다. 그러나 ZDD를 이용하면 부분적으로만 지정된 자료나 주어진 키와 근사적으로만 일치하리라고 간주되는 자료도 조회할 수 있다. 여러 가지 복잡한 질의들을 손쉽게 처리할 수 있는 것이다.

더 나아가서, ZDD를 사용할 때에는 변수가 많은 것이 큰 걱정거리가 되지 않는다. 앞에서처럼 변수 $x_j$ 25개를 다루는 대신, 5자 영단어들을 변수가 $26 \times 5 = 130$개인 희소 함수 $F(a_1, \ldots, z_1, a_2, \ldots, z_2, \ldots, a_5, \ldots, z_5)$로 표현할 수 있다. 이 함수에서 변수 $a_2$는 (이를테면) 둘째 글자가 'a'인지의 여부를 제어한다. crazy가 하나의 단어임을 나타내려면, $c_1 = r_2 = a_3 = z_4 = y_5 = 1$이고 나머지 변수는 모두 0일 때 함수 $F$가 참이 되게 하면 된다. 이와 동치로, $F$를 5757개의 부분집합 $\{\mathtt{w}_1, \mathtt{h}_2, \mathtt{i}_3, \mathtt{c}_4, \mathtt{h}_5\}$, $\{\mathtt{t}_1, \mathtt{h}_2, \mathtt{e}_3, \mathtt{r}_4, \mathtt{e}_5\}$ 등으로 이루어진 하나의 모임으로 생각할 수도 있다. 계산해 보면, 그러한 130개의 변수들에 대한 ZDD 크기 $Z(F)$는 6233이 아니라 단 5020이다.

첨언하자면, $B(F)$는 46,189이다. 이는 $Z(F)$의 아홉 배를 넘는다. 반면 25변수 함수의 경우에서 $B(f)/Z(f)$는 단 $8870/6233 \approx 1.4$이다. 알고리즘들도 비슷하고 이론도 비슷하지만, ZDD 세상은 BDD 세상과 여러모로 다르다.

이러한 차이의 한 결과는, 부분집합들의 복합 모임들을 기본적인 모임들로부터 손쉽게 구축할 수 있으려면 새로운 기본 연산들이 필요하다는 것이다. 단순 부분집합 $\{\mathtt{f}_1, \mathtt{u}_2, \mathtt{n}_3, \mathtt{n}_4, \mathtt{y}_5\}$가 사실은 엄청나게 장황한 부울 함수

$$\bar{a}_1 \wedge \cdots \wedge \bar{e}_1 \wedge f_1 \wedge \bar{g}_1 \wedge \cdots \wedge \bar{t}_2 \wedge u_2 \wedge \bar{v}_2 \wedge \cdots \wedge \bar{x}_5 \wedge y_5 \wedge \bar{z}_5 \qquad (131)$$

임을 주목하기 바란다. 이것은 130개의 부울 변수들의 한 최소항이다. 연습문제 203은 부분집합을 '$\mathtt{f}_1 \sqcup \mathtt{u}_2 \sqcup \mathtt{n}_3 \sqcup \mathtt{n}_4 \sqcup \mathtt{y}_5$' 형태로 좀 더 자연스럽게 표현할 수 있는 중요한 모임 대수(family algebra)를 논의한다. 모임 대수를 이용하면 단어들과 단어 조각들의 여러 가지 흥미로운 집합들을 손쉽게 서술하고 계산할 수 있다(연습문제 222를 보라).

**ZDD로 단순 경로 나타내기.** 임의의 유향 비순환 그래프(DAG)와 ZDD의 한 특수한 부류 사이의 중요한 연관 관계가 그림 28에 나와 있다. DAG의 모든 원천 정점의 외향 도수가 1이고 모든 흡수 정점의 내향 도수가 1이면, 한 원천 노드에서 한 흡수 노드로의 모든 지향 경로에 대한 ZDD의 '형상(shape)'은 원래의 DAG와 본질적으로 동일하다. 그러한 ZDD의 변수들은 해당 DAG의 호들에 적절한 위상 순서로 대응된다(연습문제 224를 보라).

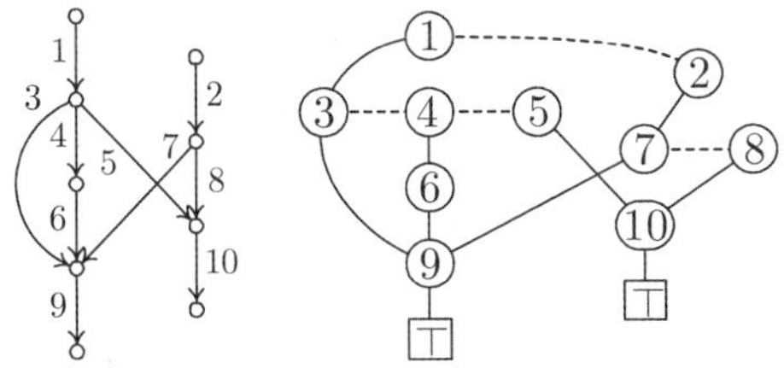


**그림 28.** DAG, 그리고 DAG의 원천-흡수 경로들에 대한 ZDD. DAG의 호들은 ZDD의 정점들에 대응된다. 구조적 유사성을 좀 더 확실하게 볼 수 있도록, ZDD에서 ⊥로의 모든 가지를 생략했다.

또한 무향(undirected) 그래프의 단순 경로를 표현하는 데에도 ZDD를 사용할 수 있다. 예를 들어 $3\times 3$ 격자의 왼쪽 상단 모퉁이에서 그 어떤 점도 두 번 방문하는 일 없이 오른쪽 하단 모퉁이로 가는 경로는 다음 12가지이다.

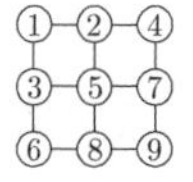


(132)

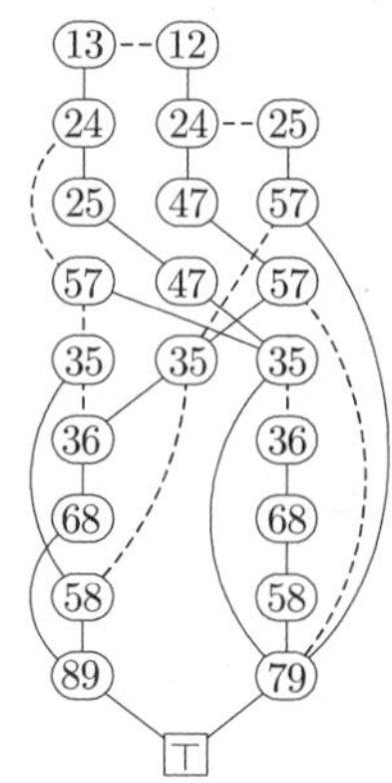


이 경로들을 오른쪽의 ZDD로 표현할 수 있다. 이 ZDD는 적절한 간선들의 집합들 전부를 특징짓는다. 예를 들어 이 ZDD의 ⑬, ㊱, ⑥⑧, ⑧⑨에서 HI 가지를 택하면 (132)의 첫 경로가 나온다. (그림 28에서처럼, 이 도식은 지금 논의와 무관한, 그냥 $\boxed{\bot}$로 가는 LO 가지들은 모두 생략한 것이다.) 물론 경로들의 모임의 구성원이 단 12개뿐이라는 점을 생각하면 이 ZDD가 (132)를 표현하는 정말로 훌륭한 방법은 아니다. 그러나 더 큰 격자 $P_8 \square P_8$의 한 모퉁이에서 반대편 모퉁이로 가는 단순 경로는 무려 789,360,053,252개이다. 그 모든 경로를 많아야 33580개의 노드로 된 ZDD로 표현할 수 있다. 연습문제 225는 그러한 ZDD를 빠르게 구축하는 방법을 설명한다.

연습문제 226에서 논의하는 비슷한 알고리즘으로는 주어진 그래프의 모든 순환마디를 나타내는 ZDD를 구축할 수 있다. 크기가 22275인 ZDD를 이용하면 $P_8 \square P_8$에 단순 순환마디가 정확히 603,841,648,931개임을 이끌어 낼 수 있다. 어쩌면 그 모든 순환마디를 컴퓨터 안에서 표현하는 최선의 방법, 그리고 필요하다면 그 순환마디들을 체계적으로 생성하는 최선의 방법을 제공하는 것이 바로 이 ZDD일 수 있다.

같은 착안이 깔끔한 수학적 구조가 없는 '실제 세상'의 그래프들에도 잘 적용된다. 예를 들어 2008년에 브라이언트Randal Bryant가 제시한 질문의 답을 구하는 데 ZDD를 사용할 수 있다. 질문은 이런 것이다: "북미대륙의 미합중국을 차로 돌아보려고 한다. 모든 주도州都를 방문하되, 각 주州를 한 번만 지나가야 한다. 총 거리가 최소가 되는 경로는 무엇일까?" 다음 도표는 인접한 주도들 사이의 최단 거리를 나타낸 것으로, 최단 거리들은 각 여정이 오직 하나의 주 경계만 넘는다는 제약을 따른다.

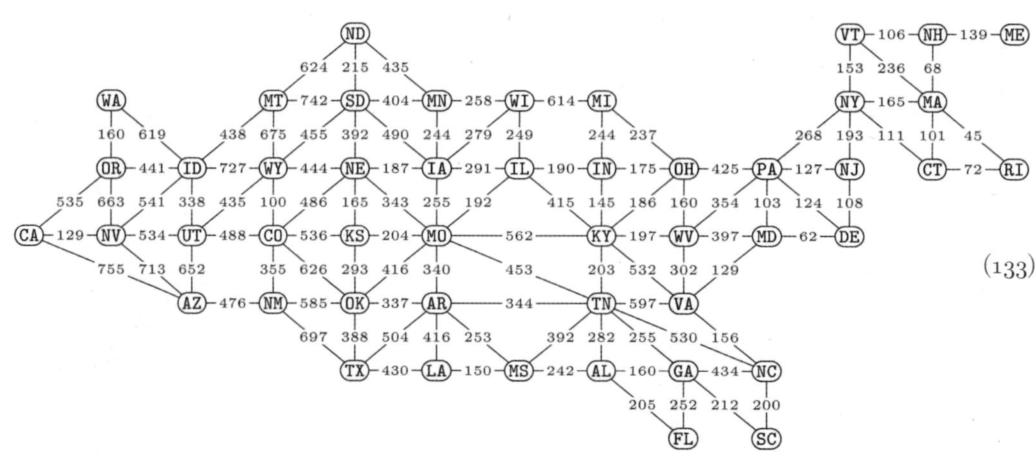


(133)

이제 문제는 총 길이가 가장 작은 해밀턴 경로를 형성하는 간선들로 이루어진 간선 부분집합을 찾는 것이다.

이 그래프의 모든 해밀턴 경로가 반드시 메인주(ME)의 주도 오거스타에서 시작하거나 끝난다는 점은 명백하다. 캘리포니아(CA)의 새크라멘토에서 여행을 시작한다고 하자. 앞에서처럼 진행하면 CA에서 ME로의 모든 경로를 특징짓는 ZDD를 구할 수 있다. 이 ZDD는 노드가 단 7850개이다. 이 ZDD를 이용하면 CA에서 ME로의 단순 경로가 정확히 437,525,772,584개라는 사실을 금방 알게 된다. 실제로, 간선들의 개수에 의한 생성 함수는

$$4z^{11} + 124z^{12} + 1539z^{13} + \cdots + 33385461z^{46} + 2707075z^{47} \qquad (134)$$

이다. 따라서 그러한 가장 긴 경로들은 해밀턴 경로이며, 전체 경로 중 정확히 2,707,075개가 그러한 경로들이다. 더 나아가서, 연습문제 227은 CA에서 ME로의 해밀턴 경로들만 서술하는 더 작은, 노드가 4726개인 ZDD를 구축하는 방법을 보여준다.

이 실험을 캘리포니아 이외의 다른 주들에 대해 되풀이할 수도 있다. (물론 뉴욕을 지나치고자 한다면 출발점은 뉴잉글랜드(NE) 바깥이 되어야 할 것이다. 뉴욕은 이 그래프에서 하나의 단절점 [articulation point]이다.) 예를 들어 NJ에서 ME로의 해밀턴 경로는 483,194개이다. 그러나 연습문제 228에서 보겠지만, ME에서 임의의 다른 최종 주로의 모든 해밀턴 경로의 모임에 대한 크기가 28808인 단일한 ZDD를 구축하는 것이 가능하다. 그런 경로들은 총 68,656,026개이다. 이제 브라이언트의 문제에 대한 답을 알고리즘 B를 통해서 즉시 얻을 수 있다. (연습문제 230을 풀고 절대적으로 최적인 해를 발견하기 전에, 최소 경로를 독자가 손수 찾아보는 것도 좋을 것이다.)

***ZDD와 기약함의항.** 마지막으로, BDD와 ZDD를 동시에 사용하는 교육적인 응용 방법 하나를 살펴보자.

정리 7.1.1Q에 따르면 모든 단조 부울 함수 $f$에는 AND들의 OR로 표현되는 고유한 최단 2수준 표현이 존재한다. 부울 함수의 모든 기약함의항의 논리합인 그러한 표현을 '논리합 기약형(disjunctive prime form)'이라고 부른다. 기약함의항은 $f(x) = 1$인 극소점(minimal point)들, 다른 말로 하면 오직 $x' = x$일 때에만 $f(x') = 1$이고 $x' \subseteq x$인 이진 벡터 $x$에 해당한다. 예를 들어 부울 함수

$$f(x_1, x_2, x_3) = x_1 \vee (x_2 \wedge x_3) \qquad (135)$$

의 기약함의항들은 $x_1$과 $x_2 \wedge x_3$이며, 극소해는 $x_1x_2x_3 = 100$과 011이다. 이 극소해들을 친숙한 대수를 이용해서 간편하게 $e_1$과 $e_2 \sqcup e_3$으로도 표기할 수 있다(연습문제 203 참고).

일반화하자면, $x_{i_1} \wedge \cdots \wedge x_{i_s}$가 단조함수 $f$의 기약함의항일 필요조건은 $e_{i_1} \sqcup \cdots \sqcup e_{i_s}$가 $f$의 한 극소해라는 것이다. 따라서 $f$의 기약함의항 PI($f$)를 해당 극소해들의 모임으로 간주할 수 있다. 그러나 오직 $e_{i_1} \sqcup \cdots \sqcup e_{i_s} \supseteq e_{j_1} \sqcup \cdots \sqcup e_{j_t}$일 때에만 $x_{i_1} \wedge \cdots \wedge x_{i_s} \subseteq x_{j_1} \wedge \cdots \wedge x_{j_t}$이다. 따라서 한 기약함의항이 다른 기약함의항을 "포함한다"고 말하는 것은 좀 혼동의 소지가 있다. 대신, 짧은 기약함의항이 긴 것을 "흡수한다"고 말하기로 하자.

(135)의 예에서 기이한 현상이 나타난다. 도식 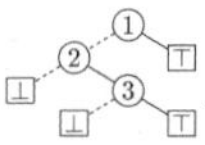 은 $f$에 대한 BDD일 뿐만 아니라 PI($f$)에 대한 ZDD이기도 하다. 비슷하게, 이번 절 도입부의 그림 21은 $\langle x_1x_2x_3\rangle$에 대한 BDD를 나타낼 뿐만 아니라 PI($\langle x_1x_2x_3\rangle$)에 대한 ZDD를 나타내는 것이기도 하다. 반면, $g=(x_1\wedge x_3)\vee x_2$라고 하자. 그러면 $g$에 대한 BDD는 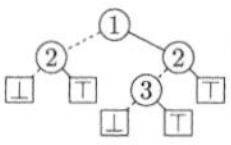 이지만 PI(g)에 대한 ZDD는 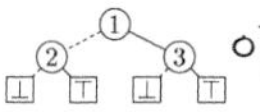 이다. 이게 어찌된 일일까?

이 미스터리를 푸는 열쇠는 BDD와 ZDD에 깔린 재귀적 구조에 있다. 모든 부울 함수를

$$f(x_1,\ldots,x_n) = (\bar{x}_1?\, f_0\colon f_1) = (\bar{x}_1\wedge f_0)\vee(x_1\wedge f_1) \qquad (136)$$

의 형태로 표현할 수 있는데, 여기서 $f_c$는 $x_1$을 $c$로 대체했을 때의 $f$의 값이다. $f$가 단조함수이면 $f=f_0\vee(x_1\wedge f_1)$도 성립한다. $f_0\subseteq f_1$이기 때문이다. 만일 $f_0\neq f_1$이면, LO 가지와 HI 가지가 $f_0$과 $f_1$에 대한 BDD들을 가리키는 노드 ① 을 생성함으로써 $f$에 대한 BDD를 구축할 수 있다. 비슷하게, $f$의 기약함의항들이

$$\mathrm{PI}(f) = \mathrm{PI}(f_0)\cup(e_1\sqcup(\mathrm{PI}(f_1)\setminus\mathrm{PI}(f_0))) \qquad (137)$$

임을 보이는 것은 어렵지 않은 일이다. (연습문제 253을 보라.) 여기에 상수 함수들을 위한 종료 조건들을 추가하면, 즉 PI(0)과 PI(1)에 대한 ZDD가 각각 $\boxed{\bot}$와 $\boxed{\top}$가 되게 만들면, PI($f$)에 대한 ZDD를 정의하는 점화식이 완성된다.

부울 함수 $f$가 단조이면, 그리고 PI($f$)에 대한 ZDD가 $f$에 대한 BDD와 정확히 같으면, 그러한 함수 $f$를 일컬어 상냥한(sweet) 함수라고 부르기로 하자. 상수 함수들은 분명히 상냥하다. 그리고 비상수 함수들의 상냥함 여부를 특징짓는 것도 어렵지 않다:

**정리 S.** *$x_1$에 의존하는 부울 함수는 오직 그 기약함의항들이 $P\cup(x_1\sqcup Q)$일 때에만 상냥하다. 단, 여기서 $P$와 $Q$는 상냥하며 $x_1$에 독립이고, $P$의 모든 원소는 $Q$의 어떤 구성원에 의해 흡수된 것이다.*

증명. 연습문제 246을 보라. (“$P$와 $Q$가 상냥하다”는 것은 그 둘이 각각 어떤 상냥한 부울 함수를 정의하는 기약함의항들의 모임들임을 뜻한다.) ▌

**따름정리 S.** *임의의 그래프의 연결성 함수는 상냥한 함수이다.*

증명. 연결성 함수 $f$의 기약함의항들은 그래프의 신장 트리들이다. 호 $x_1$을 포함하지 않는 모든 신장 트리에는 $x_1$을 추가했을 때 신장 트리가 되는 부분 트리가 적어도 하나는 있다. 더 나아가서, $f$의 모든 부분함수는 더 작은 그래프의 연결성 함수들이다. ▌

따라서 예를 들어 $P_3\,\square\,P_3$의 연결된 부분그래프 431개 모두를 정의하는 그림 22의 BDD는 그 신장 트리 192개 모두를 정의하는 ZDD이기도 하다.

$f$가 상냥하든 아니든, $f$가 단조라면 PI($f$)에 대한 ZDD를 (137)을 이용해서 계산할 수 있다. 그러한 계산을 수행할 때, BDD 노드들과 ZDD 노드들을 동일한 커다란 자료 기반 안에 공존시키는

것이 실제로 가능하다. (V, LO, HI) 필드들이 동일한 두 노드는, 서로 다른 문맥에서 완전히 다른 의미를 가진다고 해도, 메모리 안에서는 딱 한 번만 나타난다. $f$와 $g$가 BDD들을 가리킬 때에는 어떤 루틴을 이용해서 $f \wedge \bar{g}$를 합성하고, $f$와 $g$가 ZDD들을 가리킬 때에는 또 다른 루틴을 이용해서 $f \setminus g$를 형성하는 것이 가능하다. 그 루틴들이 변수들을 재정렬하지 않는 한, 서로 노드들을 공유한다고 해서 문제가 생기지는 않는다. (물론 그런 경우 캐시 메모들은 BDD에 대한 사실과 ZDD에 대한 사실을 반드시 구분해야 한다.)

예를 들어 연습문제 7.1.1-67은 $Y$ 함수라고 부르는, 자기쌍대 함수들의 흥미로운 부류 하나를 정의한다. 그리고 $Y_{12}$(이는 변수 91개의 함수이다)에 대한 BDD의 노드는 748,416개이다. 이 함수의 기약함의항은 2,178,889,774개이지만 $Z(\mathrm{PI}(Y_{12}))$는 단 217,388이다. (이 ZDD를 약 13기가멤의 계산비용과 660메가바이트의 메모리로 구할 수 있다.)

**간략한 역사.** 이진 결정도의 씨앗들은 섀넌Claude Shannon이 그의 계전기 접점망(relay-contact network)의 도식에서 은연중에 파종한 것이다[*Trans. Amer. Inst. Electrical Engineers* **57** (1938), 713-723]. 그 논문의 제4절은 임의의 $n$변수 대칭 부울 함수가 최대 $\binom{n+1}{2}$개의 가지 노드들이 있는 BDD를 가짐을 보여 주었다. 섀넌은 부울 대수로 작업하는 것을 더 좋아했다. 그러나 리C. Y. Lee는 *Bell System Tech. J.* **38** (1959), 985-999에서 그가 '이진 결정 프로그램'이라고 부르는 것의 여러 가지 장점을 지적했다. 그러한 프로그램에서 임의의 $n$변수 함수를 많아야 $n$개의 분기 명령들을 수행해서 평가할 수 있기 때문이었다.

에이커스S. Akers는 '이진 결정도'라는 이름을 고안했으며, 착안들을 *IEEE Trans.* **C-27** (1978), 509-516에서 좀 더 전개했다. 그는 진리표로부터 상향식으로, 또는 대수적 부분함수들로부터 하향식으로 BDD를 구하는 방법을 제시했다. 그는 뿌리 노드에서 ⊤나 ⊥로의 경로들을 세는 방법을 설명했으며, 그러한 경로들이 $n$-입방체를 서로 소인 부분입방체들로 분할함을 지적했다.

한편, 아주 비슷한 부울 계산 모형이 자동기계에 대한 이론적인 연구들로부터 나왔다. 예를 들어 코범A. Cobham[*FOCS* **7** (1966), 78-87]은 함수 $f_n(x_1, \ldots, x_n)$들의 순차열에 대한 분기 계획(branching program)들의 최소 크기들을, 그러한 순차열을 계산하는 비균일 튜링Turing 기계의 공간 복잡도와 연관시켰다. 좀 더 중요하게는, 포천S. Fortune과 홉크로프트J. Hopcroft, 슈미트E. M. Schmidt가 지금은 FBDD라고 부르는 '자유 $B$-방안(free $B$-scheme)'들을 고찰했는데[*Lecture Notes in Comp. Sci.* **62** (1972), 227-240], FBDD에서는 임의의 경로에서 어떤 부울 변수가 두 번 판정되는 일이 없다(연습문제 35를 보라). 그들이 제시한 여러 가지 결과들에는, 특히 $f$와 $g$에 대한 FBDD들이 주어졌으며 그 FBDD들 중 적어도 하나가 BDD에서처럼 일관된 순서를 가질 때 $f = g$의 여부를 판정하는 다항식 시간 알고리즘도 포함되어 있다. BDD 구조와 밀접한 연관이 있는 유한상태 자동기계의 이론 역시 발전했다. 그에 따라 여러 연구자들이 다양한 함수 $f$들의 크기와 $B(f)$를 분석하는 것과 동치인 문제들을 연구했다. (연습문제 261을 보라.)

이 모든 연구는 개념적인 것으로, 컴퓨터 프로그램에서는 구현되지 않았다. 다만, 프로그래머들이 이진 트라이와 패트리샤 트리를 잘 활용하는 방법을 찾아내긴 했다. 이진 트라이와 패트리샤 트리는 유향 비순환 그래프가 아니라 트리라는 점만 제외하면 BDD들과 비슷하다(§6.3 참고). 그러나 이후 브라이언트Randal E. Bryant가, 기약이면서 정렬된 이진 결정도는 실제 응용에서 대단히 중요하다는 점을 발견했는데, 이 주제에 대한 그의 소개 논문[*IEEE Trans.* **C-35** (1986), 677-691]은 수년간 전산학 전체에서 가장 많이 인용된 논문의 자리를 차지했다. 이는 그 주제가 부울 함수를 표현하는 데 쓰이는 자료구조를 혁신했기 때문이다.

그 논문에서 브라이언트는 임의의 함수에 대한 BDD가 그의 관례들 하에서 본질적으로 고유하며, 실제 응용에서 마주치는 대부분의 함수는 그 BDD가 적당한 크기임을 지적했다. 그는 $f \wedge g$와 $f \oplus g$ 등에 대한 BDD를 $f$와 $g$에 대한 BDD들로부터 합성하는 효율적인 알고리즘들을 제시했다. 또한 $f(x) = 1$ 등을 만족하는 사전순으로 가장 작은 $x$를 계산하는 방법도 보여 주었다.

리, 에이커스, 브라이언트 모두, 하나의 BDD 기반 안에 여러 개의 함수들이 공존하면서 공통의 부분함수들을 공유함으로써 이득을 얻을 수 있음을 지적했다. 브레이스K. S. Brace와 러델R. L. Rudell, 브라이언트R. E. Bryant는 BDD 기반에 대한 연산들을 제공하는 고성능 '패키지'를 개발했다[*ACM/IEEE Design Automation Conf.* **27** (1990), 40-45]. 그 패키지는 이후의 모든 BDD 도구모음의 구현에 강한 영향을 미쳤다. 브라이언트는 BDD의 초기 용법들을 *Computing Surveys* **24** (1992), 293-318에서 개괄했다.

미나토Shin-ichi Minato는 앞에서 언급했듯이 1993년에 ZDD를 소개했는데, 조합 작업의 성능 개선을 위한 것이었다. 이후 그는 초창기 ZDD 응용들을 *Software Tools for Technology Transfer* **3** (2001), 156-170에서 돌아보았다.

그래프 이론에서 부울 방법들을 활용하는 것을 개척한 이는 마구트K. Maghout이다[*Comptes Rendus Acad. Sci.* **248** (Paris, 1959), 3522-3523]. 그는 임의의 그래프나 이중그래프의 극대 독립집합들과 극소 지배집합들을 단조함수의 기약합의항들로 표현하는 방법을 제시했다. 이후 포르테R. Fortet는 다른 여러 문제들에 부울 접근방식을 적용해 보았다[*Cahiers du Centre d'Etudes Recherche Operationelle* **1**,4 (1959), 5-36]. 예를 들어 그는 (73)에서 했던 것처럼 그래프의 각 정점에 두 개의 부울 변수를 배정함으로써 그래프에 네 가지 색을 칠하는 문제를 소개하기도 했다. 한편 같은 학술지에서 카미옹P. Camion은[**2** (1960), 234-289] 정수 계획법 문제를 기호 논리 기법들을 통해 풀려는 희망에서, 그와 동치인 부울 대수 문제로 변환했다. 이 작업을 다른 이들이 이어 나갔는데, 특히 해머P. L. Hammer와 루데아누S. Rudeanu는 저서 *Boolean Methods in Operations Research* (Springer, 1968)에서 그러한 착안들을 개괄했다. 안타깝게도 그들의 접근방식은 실패하고 말았는데, 이는 당시 쓸 만한 부울 계산 기법들이 없었기 때문이다. 부울 방법들을 옹호하는 이들은 BDD가 등장하고 알고리즘 B로 일반적 부울 프로그래밍 문제 (7)을 해결할 수 있게 될 때까지 기다려야 했다. 모든 가중치가 음수인, 알고리즘 B의 한 특수 경우를 린B. Lin과 소멘치F. Somenzi가 소개했다 [*International Conf. Computer-Aided Design* **CAD-90** (IEEE, 1990), 88-91]. 미나토S. Minato [*Formal Methods in System Design* **10** (1997), 221-242]는 정수 변수들에 대한 일차 부등식을 조작하기 편한 BDD로 자동 변환하는, 1960년대의 연구자들이 바랐을 소프트웨어를 개발했다.

BDD 방법들에 대한 이해가 깊어지면서, 임의의 함수에 대한 최소 크기 DNF를 구하는 고전적 문제 역시 훨씬 더 간단해졌다. 이 문제에 대한 최신 기법들은 이 책의 범위를 넘는 주제이며, 올리비에 쿠데르Olivier Coudert가 *Integration* **17** (1994), 97-140에서 훌륭하게 개괄했다.

베게너의 뛰어난 책 *Branching Programs and Binary Decision Diagrams* (SIAM, 2000)은 이 주제에 대한 방대한 문헌을 개괄하고, 수학적 기반을 세심하게 전개하며, 기본 착안들을 일반화하고 확장하는 여러 가지 방법을 논의한다.

**주의사항.** 지금까지 BDD나 ZDD(또는 둘 다)를 이용해서 다양한 조합 문제들을 놀라운 효율로 풀어내는 수십 가지 예들을 살펴보았다. 또한 아래의 연습문제들에는 그러한 방법들이 빛을 발하는 추가적인 수십 가지 예들이 나온다. 그러나 BDD와 ZDD 구조가 만병통치약은 아니다. 이들은 우리의 무기고의 두 무기일 뿐이다. 이들은, 해가 많으며 그 해들을 하나씩 살펴보기가 쉬운 문제들, 해들이 국소적 구조를 가지기 때문에 알고리즘에서 한 번에 비교적 적은 부분문제들을 다루는 것이 가능한 문제들에 주로 적용된다. *컴퓨터 프로그래밍의 예술*의 이후 절들에서는 그와는 다른 종류의 조합 문제를 다스릴 수 있는 추가적인 기법들을 공부할 것이다.

## 연습문제

▶ **1.** [*20*] 16가지 부울 함수 $f(x_1, x_2)$ 각각에 대해 BDD를 그리고 그 크기를 파악하라.

▶ **2.** [*21*] 연습문제 1의 열여섯 BDD의 각 뿌리 노드를 정점으로 하는 16정점 평면적 DAG를 그려라.

**3.** [*16*] 부울 함수 $f(x_1, \ldots, x_n)$들 중 BDD의 크기가 3 이하인 것은 몇 개인가?

**4.** [*21*] 세 필드 | V | LO | HI | 을 하나의 64비트 워드 $x$에 꾸려 넣되, V 필드가 8비트를 차지하고 나머지 두 필드는 각각 28비트를 차지한다고 하자. 변환 $x \mapsto x'$을 다섯 개의 비트별 연산 명령들로 수행할 수 있음을 보여라. 여기서 $x'$은 LO나 HI가 0에서 1로 또는 1에서 0으로 바뀌지 않는 한 $x$와 상등이다. (이러한 변환을 $f$에 대한 BDD의 모든 가지 노드 $x$에 반복하면 여함수 $\bar{f}$에 대한 BDD가 나온다.)

**5.** [*20*] 만일 $f(x_1, \ldots, x_n)$에 대한 BDD의 모든 노드의 LO 포인터와 HI 포인터를 맞바꾼다면, 그리고 두 흡수 노드도 맞바꾼다면(즉 $\boxed{\bot} \leftrightarrow \boxed{\top}$) 무엇이 나올까?

**6.** [*10*] $g(x_1, x_2, x_3, x_4) = f(x_4, x_3, x_2, x_1)$이라고 하자. 그리고 $f$의 BDD가 (6)과 같다고 하자. 그러면 $g$의 진리표는 무엇이고 그 구슬들은 무엇인가?

**7.** [*21*] 부울 함수 $f(x_1, \ldots, x_n)$이 주어졌을 때,

$$1 \le k \le n \text{ 대해 } g_k(x_0, x_1, \ldots, x_n) = f(x_0, \ldots, x_{k-2}, x_{k-1} \vee x_k, x_{k+1}, \ldots, x_n)$$

이라고 하자. $f$와 $g_k$의 (a) 진리표들 사이의, 그리고 (b) BDD들 사이의 간단한 관계를 찾아라.

**8.** [*22*] 연습문제 7을 $x_{k-1} \vee x_k$ 대신 $x_{k-1} \oplus x_k$로 두어서 풀어라.

**9.** [*16*] 함수 $f(x)=f(x_1,\ldots,x_n)$에 대한 BDD가 (8)에서처럼 순차적인 표현으로 주어진다고 할 때, $f(x)=0$을 만족하는 사전순으로 가장 큰 $x$를 결정하는 방법을 설명하라.

▸ **10.** [*21*] 부울 함수 $f$와 $f'$을 정의하는 두 BDD가 (8)과 (10)에서처럼 순차적인 표현으로 주어진다고 할 때, $f=f'$을 판정하는 알고리즘을 설계하라.

**11.** [*20*] 알고리즘 C를 다음과 같은 이진 결정도에 적용해도 정확한 답이 나오는가? (a) 정렬되었지만 기약은 아닌 이진 결정도. (b) 기약이지만 정렬되지는 않은 이진 결정도.

▸ **12.** [*M21*] 유향 그래프의 핵(kernel)은 다음을 만족하는 정점 $K$들의 집합이다.

$$v\in K\text{가 모든 } u\in K\text{에 대해 } v\not\to u\text{임을 함의한다;}$$
$$v\notin K\text{가 어떤 } u\in K\text{에 대해 } v\longrightarrow u\text{임을 함의한다.}$$

a) 만일 유향 그래프가 보통의 그래프(즉, 오직 $v\longrightarrow u$일 때에만 $u\longrightarrow v$인)이면 핵이 극대 독립집합과 같은 것임을 보여라.

b) 지향 순환마디 $C_n^{\rightarrow}$의 핵들을 서술하라.

c) 하나의 비순환 유향 그래프에는 하나의 고유한 핵이 있음을 증명하라.

**13.** [*M15*] 그래프 핵 개념이 (a) 극대 파벌 개념과 어떻게 관련되는가? (b) 극소 정점 덮개와는 어떻게 관련되는가?

**14.** [*M24*] 다음 BDD들의 정확한 크기를 말하라: (a) 순환마디 그래프 $C_n$의 모든 독립집합에 대한 BDD. (b) $C_n$의 모든 핵에 대한 BDD. 단, $n\geq 3$이다. (정점들의 번호는 (12)에서처럼 부여할 것.)

**15.** [*M23*] ($n\geq 3$일 때 $C_n$의 (a) 독립집합은 몇 개이고 (b) 핵은 몇 개인가?

▸ **16.** [*22*] $f$에 대한 BDD가 주어졌을 때, $f(x_1,\ldots,x_n)=1$을 만족하는 모든 벡터 $x_1\ldots x_n$을 연속해서 생성하는 알고리즘을 고안하라.

**17.** [*32*] 가능하다면 연습문제 16의 알고리즘을 실행 시간이 $O(B(f))+O(N)$이 되도록 개선하라. 여기서 $N$은 해의 개수이다.

**18.** [*13*] 알고리즘 B를 BDD (8)과 $(w_1,\ldots,w_4)=(1,-2,-3,4)$에 적용해 보라.

**19.** [*20*] 가중치 $(w_1,\ldots,w_n)$에만 근거하고 $f$의 그 어떤 세부사항에도 근거하지 않을 때, 알고리즘 B에서 변수 $m_k$의 가능한 가장 큰 값과 가장 작은 값은 무엇인가?

**20.** [*15*] $1\leq j\leq n$에 대해 투에-모스 가중치 (15)를 빠르게 계산하는 방법을 고안하라.

**21.** [*05*] 알고리즘 B로 $w_1x_1+\cdots+w_nx_n$을 최대화가 아니라 최소화하는 것이 가능할까?

▸ **22.** [*M21*] 수식들에서 '$W_{v+1}-W_{v_l}$'과 '$W_{v+1}-W_{v_h}$'를 제거해서 단계 B3을 단순화했다고 하자. 그래프의 핵들을 나타내는 BDD들에 적용한다면 알고리즘이 여전히 잘 작동함을 증명하라.

▸ **23.** [*M20*] 그림 22의 BDD에서, 뿌리에서 ⊤로의 모든 경로는 실선 호가 정확히 여덟 개다. 이것이 우연의 일치가 아닌 이유는 무엇일까?

**24.** [*M22*] 열두 개의 가중치 $(w_{12}, w_{13}, \ldots, w_{89})$를 그림 22의 격자의 간선들에 배정했다고 하자. 그 그래프의 최소 신장 트리(즉, 그 간선 가중치들의 합이 최소인 신장 트리)를 거기에 나온 BDD에 알고리즘 B를 적용해서 찾는 방법을 설명하라.

**25.** [*M20*] $f(x_1, \ldots, x_n) = 1$에 대한 해들을 생성하는 생성 함수, 즉

$$G(z) = \sum_{x_1=0}^{1} \cdots \sum_{x_n=0}^{1} z^{x_1+\cdots+x_n} f(x_1, \ldots, x_n)$$

을 계산하도록 알고리즘 C를 수정하라.

**26.** [*M20*] 주어진 확률들에 대한 신뢰도 다항식, 즉

$$F(p_1, \ldots, p_n) = \sum_{x_1=0}^{1} \cdots \sum_{x_n=0}^{1} (1-p_1)^{1-x_1} p_1^{x_1} \ldots (1-p_n)^{1-x_n} p_n^{x_n} f(x_1, \ldots, x_n)$$

을 계산하도록 알고리즘 C를 수정하라.

▶ **27.** [*M26*] $F(p_1, \ldots, p_n)$과 $G(p_1, \ldots, p_n)$이 부울 함수 $f(x_1, \ldots, x_n)$과 $g(x_1, \ldots, x_n)$의 신뢰도 다항식들이고 $f \neq g$라고 하자. $q$가 소수고, 정수 $q_1$, …, $q_n$을 독립적으로 무작위 선택하되 범위 $0 \leq q_k < q$에서 고르게 분포하도록 한다고 하자. $F(q_1, \ldots, q_n) \bmod q \neq G(q_1, \ldots, q_n) \bmod q$일 확률이 $\geq (1-1/q)^n$임을 증명하라. (특히, $n = 1000$이고 $q = 2^{31} - 1$일 때 이 방안 하에서 서로 다른 함수들은 적어도 0.9999995의 확률로 서로 다른 '해시 값'들로 이어진다.)

**28.** [*M16*] $p_1 = \cdots = p_n = p$일 때의 신뢰도 다항식 $F(p_1, \ldots, p_n)$의 값을 $F(p)$라고 표기하자. 생성 함수 $G(z)$로부터 $F(p)$를 쉽게 계산할 수 있음을 보여라.

**29.** [*HM20*] $p$와 $f$에 대한 BDD가 주어졌을 때 연습문제 28의 신뢰도 다항식 $F(p)$뿐만 아니라 그 도함수 $F'(p)$도 계산하도록 알고리즘 C를 수정하라.

▶ **30.** [*M21*] 신뢰도 다항식은 $f(x_1, \ldots, x_n) = 1$의 모든 해에 관한, 모든 '최소항' $(1-p_1)^{1-x_1} p_1^{x_1} \ldots (1-p_n)^{1-x_n} p_n^{x_n}$으로부터의 기여들의 합이다. $f$에 대한 BDD와 확률들의 수열 $(p_1, \ldots, p_n)$이 주어졌을 때, 총 신뢰도에 대한 기여가 최대인 해 $x_1 \ldots x_n$을 구하는 방법을 설명하라.

**31.** [*M21*] 그림 21에서 (24)를 얻은 절차를 공식화해서, $f$의 전정교 진리표를 계산하도록 알고리즘 C를 수정하라.

▶ **32.** [*M20*] 연습문제 31의 일반 알고리즘을 연습문제 25, 26, 29, 30의 알고리즘들로 특수화하려면 '$\circ$', '$\bullet$', '$\perp$', '$\top$', '$\bar{x}_j$', '$x_j$'를 어떤 식으로 해석해야 할까?

▶ **33.** [*M22*] 부울 함수 $f(x) = f(x_1, \ldots, x_n)$의 BDD로부터

$$\sum_{f(x)=1} (w_1 x_1 + \cdots + w_n x_n), \qquad \sum_{f(x)=1} (w_1 x_1 + \cdots + w_n x_n)^2$$

을 효율적으로 계산하도록 연습문제 31을 특수화하라.

**34.** [*M25*] $3n$개의 임의의 가중치 $(w_1, \ldots, w_n, w'_1, \ldots, w'_n, w''_1, \ldots, w''_n)$이 주어졌을 때 부울 함수 $f(x) = f(x_1, \ldots, x_n)$의 BDD로부터

$$\max\{\max_{1 \le k \le n}(w_1x_1 + \cdots + w_{k-1}x_{k-1} + w'_kx_k + w_{k+1}x_{k+1} + \cdots + w_nx_n + w''_k) \mid f(x) = 1\}$$

을 효율적으로 계산하도록 연습문제 31을 특수화하라.

▶ **35.** [*22*] 다음 예처럼 가지 변수들이 반드시 어떤 특정한 순서를 가지지 않은 이진 결정도를 자유 이진 결정도(free binary decision diagram, FBDD)라고 부른다.

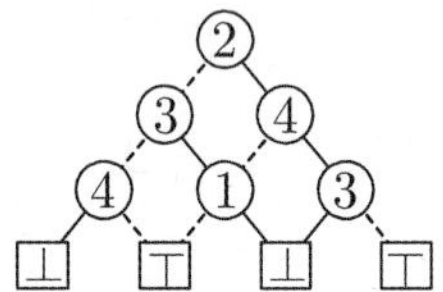

단, 뿌리에서 시작한 임의의 하향 경로에서 하나의 변수는 많아야 한 번만 나타나야 한다. (FBDD는 DAG의 모든 경로가 가능하다는 의미에서 '자유'이다. 그 어떤 가지도 다른 가지를 제약하지 않는다.)

a) 주어진 FBDD가 실제로 자유인지를 검증하는 알고리즘을 설계하라.

b) $(p_1, \ldots, p_n)$과 부울 함수 $f(x_1, \ldots, x_n)$을 정의하는 FBDD가 주어지면 $f$의 신뢰도 다항식 $F(p_1, \ldots, p_n)$을 쉽게 계산할 수 있음을, 그리고 $f(x_1, \ldots, x_n) = 1$의 해의 개수를 쉽게 계산할 수 있음을 보여라.

**36.** [*25*] 연습문제 31을 이어서, 임의의 주어진 FBDD에 대해 정교화한 진리표를 추상 연산자 $\circ$과 $\bullet$이 분배법칙과 결합법칙은 물론 교환법칙도 만족한다는 가정 하에서 계산하는 방법을 설명하라. (따라서 BDD는 물론 FBDD를 이용해서도 알고리즘 B에서처럼 최적의 해들을 구할 수 있으며, 또는 연습문제 30과 33에 나온 것 같은 문제들을 풀 수 있다.)

**37.** [*M20*] (R. L. Rivest, J. Vuillemin, 1976.) 부울 함수 $f(x_1, \ldots, x_n)$의 모든 FBDD에 길이가 $n$인 하향 경로가 존재할 때, 그러한 함수 $f$를 도피성(evasive) 함수라고 부른다. $G(z)$가 연습문제 25에서처럼 $f$의 생성 함수라고 할 때, 만일 $G(-1) \ne 0$이면 $f$가 도피성임을 증명하라.

▶ **38.** [*27*] $I_{s-1}, \ldots, I_0$이 (8)과 (10)에서처럼 비상수 부울 함수 $f(x_1, \ldots, x_n)$을 정의하는 분기 명령들이라고 하자. 다음과 같이 정의되는 상태 변수 $t_1 \ldots t_n$을 계산하는 알고리즘을 설계하라.

$$t_j = \begin{cases} +1, & \text{만일 } x_j = 1\text{일 때 항상 } f(x_1, \ldots, x_n) = 1\text{이면;} \\ -1, & \text{만일 } x_j = 0\text{일 때 항상 } f(x_1, \ldots, x_n) = 1\text{이면;} \\ 0, & \text{그 외의 경우.} \end{cases}$$

(따라서 만일 $t_1 \ldots t_n \ne 0 \ldots 0$이면 함수 $f$는 §7.1.1에서 정의된 커널화 함수이다.) 그 알고리즘의 실행 시간은 반드시 $O(n+s)$이어야 한다.

**39.** [*M20*] 문턱값 함수 $[x_1 + \cdots + x_n \ge k]$에 대한 BDD의 크기는 얼마인가?

▶ **40.** 〔*22*〕 (27)에서처럼 $x_{k+1} \leftarrow x_k$로 설정해서 얻은 $g$를 $f$의 '농축' 함수라고 부르기로 하자.

a) $B(g) \le B(f)$임을 증명하라. 〔힌트: 부분표들과 구슬들을 고려할 것.〕

b) $x_{k+2} \leftarrow x_k$로 설정해서 $f$로부터 $h$를 얻었다고 하자. $B(h) \le B(f)$인가?

**41.** 〔*M25*〕 $n \ge 4$라고 가정할 때, 피보나치 문턱값 함수 (a) $\langle x_1^{F_1} x_2^{F_2} \cdots x_{n-2}^{F_{n-2}} x_{n-1}^{F_{n-1}} x_n^{F_{n-2}} \rangle$와 (b) $\langle x_n^{F_1} x_{n-1}^{F_2} \cdots x_3^{F_{n-2}} x_2^{F_{n-1}} x_1^{F_{n-2}} \rangle$의 BDD 크기를 구하라.

**42.** 〔*22*〕 모든 3변수 대칭 부울 함수에 대한 BDD 기반을 그려라.

▶ **43.** 〔*22*〕 (a) $f(x_1, \ldots, x_{2n}) = [x_1 + \cdots + x_n = x_{n+1} + \cdots + x_{2n}]$일 때의 $B(f)$는 얼마인가? (b) $f(x_1, \ldots, x_{2n}) = [x_1 + x_3 + \cdots + x_{2n-1} = x_2 + x_4 + \cdots + x_{2n}]$일 때의 $B(f)$는 얼마인가?

▶ **44.** 〔*M32*〕 $f$가 $n$변수 대칭 부울 함수일 때 $B(f)$의 가능한 최대의 크기 $\Sigma_n$을 구하라.

**45.** 〔*22*〕 3연속 함수를 (33)이나 (34)에서처럼 계산하는 부울 모듈의 정확한 명세를 작성하고, 그러한 회로망이 잘 정의됨을 보여라.

**46.** 〔*M23*〕 3연속 함수의 진정한 BDD 크기는 얼마인가?

**47.** 〔*M21*〕 정리 M의 역(converse, 전환명제)을 고안하고 증명하라. 즉, 작은 BDD를 가진 모든 부울 함수 $f$를 효율적인 모듈망으로 구현할 수 있음을 증명하라.

**48.** 〔*M22*〕 숨겨진 가중 비트 함수를 그림 23과 비슷한 모듈망으로 구현하라. $1 \le k < n$에 대해 $a_k = 2 + \lambda k$개와 $b_k = 1 + \lambda(n-k)$개의 연결선들을 사용할 것. 정리 M의 상계를 $\sum_{k=0}^{n} 2^{p(a_k, b_k)}$ (여기서 $p$는 임의의 다항식)으로 개선할 수 없음을 정리 B로부터 유도하라.

**49.** 〔*20*〕 대칭 부울 함수 집합 (a) $\{S_{\ge k}(x_1, x_2, x_3, x_4) \mid 1 \le k \le 4\}$와 (b) $\{S_k(x_1, x_2, x_3, x_4) \mid 0 \le k \le 4\}$에 대한 BDD 기반을 각각 그려라.

**50.** 〔*22*〕 7-세그먼트 디스플레이 함수들(7.1.2-(42))에 대한 BDD 기반을 그려라.

**51.** 〔*22*〕 입력 비트들의 번호가 (35)나 (36)처럼 왼쪽에서 오른쪽이 아니라 오른쪽에서 왼쪽으로 부여된 이진 덧셈 함수들, 즉 $(f_{n+1} f_n f_{n-1} \cdots f_1)_2 = (x_{2n-1} \cdots x_3 x_1)_2 + (x_{2n} \cdots x_4 x_2)_2$에 대한 BDD 기반을 서술하라.

**52.** 〔*20*〕 $m$개의 함수 $\{f_1, \ldots, f_m\}$에 대한 BDD가 뿌리가 단 하나인 BDD와 그리 다르지 않다는 것이 황당한 일은 아니다. 접합 함수(junction function) $J(u_1, \ldots, u_n; v_1, \ldots, v_n) = (u_1 ?\ v_1 \colon u_2 ?\ v_2 \colon \cdots\ u_n ?\ v_n \colon 0)$을 생각해 보자. 그리고

$$f(t_1, \ldots, t_{m+1}, x_1, \ldots, x_n) = J(t_1, \ldots, t_{m+1}; f_1(x_1, \ldots, x_n), \ldots, f_m(x_1, \ldots, x_n), 1)$$

이라고 하자. 여기서 $(t_1, \ldots, t_{m+1})$은 새로운 '가짜(dummy)' 변수들로, 순서쌍 $(x_1, \ldots, x_n)$보다 앞에 배치되었다. 이때 $B(f)$가 $\{f_1, \ldots, f_m\}$에 대한 BDD 기반의 크기와 거의 같음을 보여라.

▶ **53.** 〔*23*〕 알고리즘 R을 (2)의 일곱 가지 노드들로 이루어진 이진 결정도에 직접 적용해 보라.

**54.** [*17*] $f(x_1, \ldots, x_n)$의 BDD를 $f$의 진리표로부터 $O(2^n)$단계로 구축하라.

**55.** [*M30*] 주어진 그래프의 '연결성 BDD(connectedness BDD)'(그림 22 같은)를 구축하는 방법을 설명하라.

**56.** [*20*] 임의의 불필요한 노드들을 하나의 AVAIL 스택에 집어넣는 대신, 알고리즘 B와 C에서 사용했던 압축된 $\bar{v}_k$? $l_k$: $h_k$ 형식의 연속된 명령 $I_{s-1}$, …, $I_1$, $I_0$으로 구성된 새로운 BDD를 생성하도록 알고리즘 R을 수정하라. (그러면 알고리즘에 입력된 원래의 노드들을 모두 일괄적으로 재활용할 수 있다.)

**57.** [*25*] 한 함수의 제한(restriction) 함수를 계산하도록 알고리즘 R을 확장하려면 단계 R1과 R2 사이에 어떤 작업을 추가해야 하는가? 만일 변수 $v$가 주어진 고정된 값 $t$이면 FIX[$v$] = $t \in \{0, 1\}$이고 그렇지 않으면 FIX[$v$] $< 0$이라고 가정할 것.

**58.** [*20*] (37)의 재귀적 용법으로 정의되는 '융합된' 도식이 기약임을 증명하라.

▸ **59.** [*M28*] $h(x_1, \ldots, x_n)$이 하나의 부울 함수라고 하자. 함수 $f$와 $g$가 다음과 같이 주어질 때, 융합된 BDD $f \diamond g$를 $h$에 대한 BDD로 서술하라. (a) $f(x_1, \ldots, x_{2n}) = h(x_1, \ldots, x_n)$, $g(x_1, \ldots, x_{2n}) = h(x_{n+1}, \ldots, x_{2n})$. (b) $f(x_1, x_2, \ldots, x_{2n}) = h(x_1, x_3, \ldots, x_{2n-1})$, $g(x_1, x_2, \ldots, x_{2n}) = h(x_2, x_4, \ldots, x_{2n})$. [두 경우 모두 $B(f) = B(g) = B(h)$임은 자명하다.]

**60.** [*M22*] $f(x_1, \ldots, x_n)$과 $g(x_1, \ldots, x_n)$의 프로파일이 각각 $(b_0, \ldots, b_n)$과 $(b'_0, \ldots, b'_n)$이라고 하자. 그리고 해당 준 프로파일들은 $(q_0, \ldots, q_n)$과 $(q'_0, \ldots, q'_n)$이라고 하자. 이들의 융합인 $f \diamond g$의 노드가 $B(f \diamond g) \leq \sum_{j=0}^{n} (q_j b'_j + b_j q'_j - b_j b'_j)$개임을 보여라.

▸ **61.** [*M27*] 만일 $\alpha$와 $\beta$가 $f$와 $g$의 해당 BDD의 노드들이라고 할 때, 융합된 BDD $f \diamond g$에서

$$\text{in-degree}(\alpha \diamond \beta) \leq \text{in-degree}(\alpha) \cdot \text{in-degree}(\beta)$$

임을 증명하라. (BDD의 뿌리의 내향 도수[in-degree]가 1이라고 상상할 것.)

▸ **62.** [*M21*] 만일 $f(x) = \bigvee_{j=1}^{\lfloor n/2 \rfloor} (x_{2j-1} \wedge x_{2j})$이고 $g(x) = (x_1 \wedge x_n) \vee \bigvee_{j=1}^{\lceil n/2 \rceil - 1} (x_{2j} \wedge x_{2j+1})$이라면, $n \to \infty$에 따른 $B(f)$와 $B(g)$, $B(f \diamond g)$, $B(f \vee g)$의 점근값들은 무엇인가?

**63.** [*M27*] $f(x_1, \ldots, x_n) = M_m(x_1 \oplus x_2, x_3 \oplus x_4, \ldots, x_{2m-1} \oplus x_{2m}; x_{2m+1}, \ldots, x_n)$이고 $g(x_1, \ldots, x_n) = M_m(x_2 \oplus x_3, \ldots, x_{2m-2} \oplus x_{2m-1}, x_{2m}; \bar{x}_{2m+1}, \ldots, \bar{x}_n)$이라고 하자. 여기서 $n = 2m + 2^m$이다. 그러면 $B(f)$, $B(g)$, $B(f \wedge g)$는 무엇인가?

**64.** [*M21*] 세 부울 함수의 중앙값 $\langle f_1 f_2 f_3 \rangle$을

$$f_4 = f_1 \vee f_2, \quad f_5 = f_1 \wedge f_2, \quad f_6 = f_3 \wedge f_4, \quad f_7 = f_5 \vee f_6$$

을 형성해서 계산한다고 하자. 그러면 $B(f_4) = O(B(f_1)B(f_2))$, $B(f_5) = O(B(f_1)B(f_2))$, $B(f_6) = O(B(f_3)B(f_4)) = O(B(f_1)B(f_2)B(f_3))$이다. 따라서 $(f_7) = O(B(f_5)B(f_6)) =$

$O(B(f_1)^2B(f_2)^2B(f_3))$이다. 그러나 $B(f_7)$은 사실 단 $O(B(f_1)B(f_2)B(f_3))$이며, $f_5$와 $f_6$에서 이를 계산하는 실행 시간 역시 $O(B(f_1)B(f_2)B(f_3))$임을 증명하라.

▶ **65.** [*M25*] $h(x_1, \ldots, x_n) = f(x_1, \ldots, x_{j-1}, g(x_1, \ldots, x_n), x_{j+1}, \ldots, x_n)$이라 할 때, $B(h) = O(B(f)^2B(g))$임을 증명하라. 이 상계를 일반적으로 $O(B(f)B(g))$로 개선할 수 있는가?

**66.** [*20*] 만일 $f \circ g$가 상수임이 자명할 때 단계 S1에서 무엇을 해야 하는지를 서술해서 알고리즘 S를 완성하라.

**67.** [*24*] $f$와 $g$가 (41)로 정의되며 $op = 1$일 때 알고리즘 S의 작동 과정을 개괄하라.

**68.** [*20*] 흔히 발생하는 LEFT$(t) < 0$인 경우를 능률화해서 단계 S10의 속도를 높여보라.

**69.** [*21*] 메모리 부족에 대비해서, 알고리즘 S에 "만일 NTOP > TBOT이면 실패를 결과로 하여 알고리즘을 끝낸다." 같은 명령들을 추가해야 마땅하다. 그러한 명령들을 추가하기에 제일 좋은 장소는 어디인가?

**70.** [*21*] 단계 S4에서 $b$를 $\lfloor \lg \text{LCOUNT}[l] \rfloor$이 아니라 $\lceil \lg \text{LCOUNT}[l] \rceil$로 설정하면 어떨지 논하라.

**71.** [*20*] 알고리즘 S를 삼항 연산자들로 확장하는 방법은 논하라.

**72.** [*25*] 알고리즘 S에서 해싱을 제거하는 방법을 설명하라.

▶ **73.** [*25*] 실제 주소 대신 '가상 주소'를 BDD의 링크들로 사용하는 다음과 같은 접근방식을 논하라: 각 포인터 $p$는 $\pi(p)2^e + \sigma(p)$의 형태로, 여기서 $\pi(p) = p \gg e$는 $p$의 '페이지'이고 $\sigma(p) = p \bmod 2^e$은 $p$의 '슬롯'이다. 매개변수 $e$는 편한 값을 선택하면 된다. 이러한 접근방식에서는 변수 식별자 $V(p)$를 가상 주소 $p$ 자체로부터 유추할 수 있으므로 각 BDD 노드에 단 두 필드 (LO, HI)만 필요하다. 이를 보여라.

▶ **74.** [*M23*] $n$변수 자기쌍대 단조 부울 함수들의 개수를 (49)를 수정해서 세는 방법을 설명하라.

**75.** [*M20*] $\rho_n(x_1, \ldots, x_{2^n})$이, 오직 $x_1 \ldots x_{2^n}$이 정칙 함수(연습문제 7.1.1-110 참고)의 진리표일 때에만 참인 부울 함수이라고 하자. $\rho_n$에 대한 BDD를 (49)에 나온 $\mu_n$의 절차와 비슷한 절차로 계산할 수 있음을 보여라.

▶ **76.** [*M22*] 서로 비교가 불가능한 집합들의 모임 $\mathcal{S}$를 '난잡(clutter)' 모임이라고 부르기로 하자. 즉, $S$와 $S'$이 $\mathcal{S}$의 서로 다른 구성원이면 항상 $S \not\subseteq S'$이다. 모든 집합 $S \subseteq \{0, 1, \ldots, n-1\}$을 하나의 $n$비트 정수 $s = \sum \{2^e \mid e \in S\}$로 표현할 수 있다. 따라서 그러한 집합들의 임의의 모임은 오직 $s$가 모임의 한 집합일 때에만 $x_s = 1$인 하나의 이진 벡터 $x_0x_1 \ldots x_{2^n-1}$에 대응된다.

함수 '$[x_0x_1 \ldots x_{2^n-1}$이 하나의 난잡 모임에 대응됨]'과 단조함수 함수 $\mu_n(x_1, \ldots, x_{2^n})$에 대한 BDD 사이에 간단한 관계가 있음을 보여라.

▶ **77.** [*M35*] $\mu_n$에 대한 BDD의 프로파일이 $(b_0, b_1, \ldots, b_{2^{n-1}-1}, b_{2^{n-1}-1}, \ldots, b_1, b_0, 2)$임을 만족하는 무한수열 $(b_0, b_1, b_2, \ldots) = (1, 2, 3, 5, 6, \ldots)$이 존재함을 보여라. (그림 25 참고.) 그 BDD에서 LO = $\boxed{\bot}$인 가지 노드는 몇 개인가?

▸ **78.** [*25*] $0 \le d \le 11$에 대해, 최대 정점 차수가 $d$인 12개의 이름표 붙은 정점들로 이루어진 그래프의 개수를 BDD를 이용해서 구하라.

**79.** [*20*] $0 \le d \le 11$에 대해, 정점들이 $\{1, \ldots, 12\}$이고 정점들 사이에 간선이 나타날 확률이 $1/3$인 그래프의 최대 도수가 $d$일 확률을 계산하라.

**80.** [*23*] 재귀적 알고리즘 (55)는 $f \wedge g$를 깊이 우선 방식으로 계산하는 반면 알고리즘 S는 너비 우선 방식으로 계산한다. 두 알고리즘이 계산 진행 도중 만나는 부분문제 $f' \wedge g'$들이 동일할까(만나는 순서는 다르다 해도)? 아니면 둘 중 하나가 더 적은 부분문제들을 만날까?

▸ **81.** [*20*] (55)를 수정해서, $f \oplus g$를 하나의 BDD 기반 안에서 계산하는 방법을 설명하라.

▸ **82.** [*25*] BDD 기반의 노드들에 REF 필드들을 추가했다고 하자. (55)에서, 그리고 알고리즘 U에서 그 필드들을 어떤 식으로 조정해야 하는지를 각각 설명하라.

**83.** [*M20*] 만일 $f$와 $g$의 참조 횟수가 둘 다 1이라면, (55)로 AND$(f,g)$를 계산할 때 메모 캐시를 살펴볼 필요가 없음을 증명하라.

**84.** [*24*] BDD 기반을 위한 알고리즘의 구현에서 메모 캐시 크기와 고유표 크기를 선택하는 전략을 제안하라. 주기적인 쓰레기 수거의 일정을 수립하는 좋은 방법은 무엇인가?

**85.** [*16*] $16 \times 16$비트 이진 곱셈 함수 32개에 대한 BDD 기반의 저장 요구량을 그냥 모든 가능한 곱의 완전한 진리표를 저장할 때의 요구량과 비교하라.

▸ **86.** [*21*] (62)의 루틴 MUX에 '자명한' 값이 언급되어 있다. MUX가 돌려주는 자명한 값들은 실제로 얼마인가?

**87.** [*20*] 중앙값 연산자 $\langle fgh \rangle$를 (62)와 비슷한 재귀적 서브루틴으로 구현한다고 때, '자명한' 값들은 무엇인가?

▸ **88.** [*M25*] $f \wedge g \wedge h$의 재귀적 삼항 계산이 이항 계산 $(f \wedge g) \wedge h$, $(g \wedge h) \wedge f$, $(h \wedge f) \wedge g$를 능가하는 함수 $f$, $g$, $h$를 구하라.

**89.** [*15*] 다음의 한정 공식들은 참인가 아니면 거짓인가?

(a) $\exists x_1 \exists x_2 f = \exists x_2 \exists x_1 f$. (b) $\forall x_1 \forall x_2 f = \forall x_2 \forall x_1 f$. (c) $\forall x_1 \exists x_2 f \le \exists x_2 \forall x_1 f$.
(d) $\forall x_1 \exists x_2 f \ge x_2 \forall x_1 f$.

**90.** [*M20*] $l = m = n = 3$일 때 식 (64)는 MMIX의 MOR 연산에 해당한다. 그와 비슷하게, MXOR (2를 법으로 한 행렬 곱셈)에 해당하는 공식이 있는가?

▸ **91.** [*26*] 실제 응용에서는 부울 함수 $f$를 '관심 집합(care set)' $g$에 의거해서 단순화하는 것이 바람직한 경우가 많다. 이를 위해서는 $B(\hat{f})$가 작으며 다음을 만족하는 함수 $\hat{f}$를 구해야 한다.

$$\text{모든 } x\text{에 대해 } f(x) \wedge g(x) \le \hat{f}(x) \le f(x) \vee \bar{g}(x).$$

다른 말로 하면, $\hat{f}(x)$는 $x$가 $g(x) = 1$을 만족하면 항상 $f(x)$와 일치해야 하나, $g(x) = 0$일 때에는

$\hat{f}(x)$의 값이 무엇이든 상관하지 않는다. 그러한 $\hat{f}$로 유망한 후보가 함수 $f \downarrow g$, 즉 '$g$에 의해 구속된(constrained) $f$'이다. 이 함수의 정의는 다음과 같다: 만일 $g(x)$가 항상 0이면 $f \downarrow g = 0$이다. 그렇지 않으면 $(f \downarrow g)(x) = f(y)$인데, 여기서 $y$는 수열 $x$, $x \oplus 1$, $x \oplus 2$, ...에서 $g(y) = 1$을 만족하는 첫 원소이다. (여기서 $x$와 $y$를 $n$비트 수 $(x_1 \ldots x_n)_2$와 $(y_1 \ldots y_n)_2$로 간주한다. 따라서 $x \oplus 1 = x \oplus 0 \ldots 01 = x_1 \ldots x_{n-1}\bar{x}_n$, $x \oplus 2 = x \oplus 0 \ldots 010 = x_1 \ldots x_{n-2}\bar{x}_{n-1}x_n$ 등이다.)

a) $f \downarrow 1$, $f \downarrow x_j$, $f \downarrow \bar{x}_j$는 무엇인가?

b) $(f \wedge f') \downarrow g = (f \downarrow g) \wedge (f' \downarrow g)$임을 증명하라.

c) 참 또는 거짓을 말하라: $\bar{f} \downarrow g = \overline{f \downarrow g}$.

d) 공식 $f(x_1, \ldots, x_n) \downarrow (x_2 \wedge \bar{x}_3 \wedge \bar{x}_5 \wedge x_6)$을 단순화하라.

e) 공식 $f(x_1, \ldots, x_n) \downarrow (x_1 \oplus x_2 \oplus \cdots \oplus x_n)$을 단순화하라.

f) 공식 $f(x_1, \ldots, x_n) \downarrow ((x_1 \wedge \cdots \wedge x_n) \vee (\bar{x}_1 \wedge \cdots \wedge \bar{x}_n))$을 단순화하라.

g) 공식 $f(x_1, \ldots, x_n) \downarrow (x_1 \wedge g(x_2, \ldots, x_n))$을 단순화하라.

h) $B(f \downarrow g) > B(f)$를 만족하는 함수 $f(x_1, x_2)$와 $g(x_1, x_2)$를 구하라.

i) $f \downarrow g$를 계산하는, (55)와 비슷한 재귀적 방법을 고안하라.

**92.** [*M27*] 연습문제 91의 $f \downarrow g$ 연산은 종종 변수들의 순서 관계에 의존한다. $g = g(x_1, \ldots, x_n)$이 주어졌을 때, $\{1, \ldots, n\}$의 모든 치환 $\pi$와 모든 함수 $f = f(x_1, \ldots, x_n)$에 대해, 오직 $g = 0$이거나 $g$가 한 부분입방체(리터럴들의 논리곱)일 때에만 $(f^\pi \downarrow g^\pi) = (f \downarrow g)^\pi$임을 증명하라.

**93.** [*36*] 정점 $\{1, \ldots, n\}$에 대한 그래프 $G$가 주어졌을 때, 오직 $G$를 세 가지 색으로 칠할 수 있을 때에만 연습문제 91에서 말한 $B(\hat{f})$가 작은 근사 함수 $\hat{f}$가 존재한다는 속성을 가진 부울 함수 $f$와 $g$를 구축하라. (따라서 $B(\hat{f})$를 최소화하는 과제는 NP-완전 문제에 속한다.)

**94.** [*21*] (65)가 존재 한정을 정확하게 수행하는 이유를 설명하라.

▶ **95.** [*20*] $r_h$를 계산하기 전에 $r_l = 1$의 여부를 판정함으로써 (65)를 개선하라.

**96.** [*20*] (a) 전칭 한정 $\forall x_{j_1} \ldots \forall x_{j_m} f = f \,\mathrm{A}\, g$와 (b) 부울 차 한정 $\text{ᗡ}x_{j_1} \ldots \text{ᗡ}x_{j_m} f = f \,\mathrm{D}\, g$를 수행하도록 (65)를 수정하는 방법을 각각 제시하라.

**97.** [*M20*] $\exists x_{n-5} \forall x_{n-4} \text{ᗡ} x_{n-3} \exists x_{n-2} \text{⅄} x_{n-1} \forall x_n f(x_1, \ldots, x_n)$ 같은 임의의 'BDD 최하단(bottom-of-the-BDD)' 한정을 $O(B(f))$단계로 계산하는 것이 가능함을 증명하라.

▶ **98.** [*22*] (70)과 더불어, $\mathcal{G}$의 도수가 $\leq 1$인 정점 ENDPT$(x)$들을 정의하는 방법을 설명하라. 또한 크기가 2인 구성요소 PAIR$(x, y)$들을 특징짓는 공식을 제시하라.

**99.** [*20*] (R. E. Bryant, 1984.) 본문에서 고찰한 미합중국 지도의 모든 4색 칠하기는 색상들의 치환 하에서 COLOR 함수 (73)의 24개의 해들에 대응된다. 이러한 중복성을 제거하는 좋은 방법은 무엇인가?

▶ **100.** [*24*] 연속된 미합중국 주 그래프를 네 가지 색으로 칠하되 각 색상 당 주가 정확히 12개가 되도록 칠하는 방법은 몇 가지가 있을까? (그래프에서 DC를 제거할 것.)

**101.** [*20*] 연습문제 100을 이어서, 색 $\{1,2,3,4\}$를 사용한다고 할 때 $\sum$(주 가중치)×(주 색상)이 최대가 되는 채색 방법은 무엇인가? 여기서 주 가중치들은 (18)에서처럼 주어진다.

**102.** [*23*] 함수 합성 결과들을 다음과 같은 관례에 따라 캐싱하는 방법을 설계하라: 시스템은 각 변수 $x_j$ 당 하나의 함수 배열 $[g_1, \ldots, g_n]$을 항상 유지한다. 초기에는 $1 \le j \le n$에 대해 $g_j$가 그냥 투영 함수 $x_j$이다. 이 배열은 오직 서브루틴 NEWG$(j,g)$만이 변경하는데, 이 서브루틴은 $g_j$를 $g$로 대체한다. 서브루틴 COMPOSE$(f)$는 항상 현재 대체(replacement) 함수 배열에 의거해서 함수 합성을 수행한다.

▶ **103.** [*20*] 둔감씨(Mr. B. C. Dull)가 어떤 함수 $f_1, \ldots, f_m$과 $g$에 대한 공식

$$\exists y_1 \cdots \exists y_m((y_1 = f_1(x_1, \ldots, x_n)) \wedge \cdots \wedge (y_m = f_m(x_1, \ldots, x_n)) \wedge g(y_1, \ldots, y_m))$$

을 평가하려고 했다. 그런데 친구인 퀵J. H. Quick 학생이 같은 문제에 대한 훨씬 단순한 공식을 발견했다. 퀵의 발상은 무엇이었을까?

▶ **104.** [*21*] $f$와 $g$에 대한 BDD가 주어졌을 때, $f \le g$인지 아니면 $f \ge g$인지 아니면 $f \| g$인지의 여부를 효율적으로 결정하는 방법을 고안하라. 여기서 $f \| g$는 $f$와 $g$를 비교할 수 없음을 뜻한다.

**105.** [*25*] 함수 $h(x_1, \ldots, x_n) = f(x_1 \oplus y_1, \ldots, x_n \oplus y_n)$이 단조임을 만족하는 부울 함수 $f(x_1, \ldots, x_n)$을 가리켜 극성極性(polarity)들이 $(y_1, \ldots, y_n)$인 단생(unate)† 함수라고 부른다.

a) $f$가 단생 함수인지를 한정기호 ⅄와 N를 이용해서 판정할 수 있음을 보여라.

b) $f$에 대한 BDD가 주어졌을 때 $f$가 단생인지를 많아야 $O(B(f)^2)$단계로 판정하는 재귀적 알고리즘을 설계하라. 만일 $f$가 단생이면, 그 알고리즘은 해당 극성들도 구해야 한다.

**106.** [*25*] $f \$ g \$ h$가 "모든 $x$와 $y$에 대해 $f(x) = g(y) = 1$이 $h(x \wedge y) = 1$을 함의함"이라는 관계를 나타낸다고 하자. 이 관계를 많아야 $O(B(f)B(g)B(h))$단계로 평가할 수 있음을 보여라. [동기부여: 정리 7.1.1H는 오직 $f \$ f \$ f$일 때에만 $f$가 혼 함수라는 뜻이다. 따라서 혼 함수 여부를 $O(B(f)^3)$단계로 판정할 수 있다.]

**107.** [*26*] 연습문제 106을 이어서, $f$가 크롬 함수인지를 $O(B(f)^4)$단계로 결정하는 것이 가능함을 보여라. [힌트: 정리 7.1.1S를 보라.]

**108.** [*HM24*] $b(n,s)$가 $B(f) \le s$인 $n$변수 부울 함수의 개수라고 하자. $s \ge 3$일 때 $(s-3)!\,b(n, s) \le (n(s-1)^2)^{s-2}$임을 증명하고, $s = \lfloor 2^n/(n + 1/\ln 2) \rfloor$일 때 이 부등식의 파급 효과를 탐구하라. 힌트: 정리 7.1.2S의 증명을 보라.

▶ **109.** [*HM17*] 연습문제 108을 이어서, 거의 모든 $n$변수 부울 함수는 $\{1, \ldots, n\}$의 모든 치환 $\pi$에 대해 $n \to \infty$에 따라 $B(f^\pi) > 2^n/(n + 1/\ln 2)$임을 보여라.

**110.** [*25*] 정리 U에서 $B(f_n) = U_n$인 명시적 최악의 경우 함수 $f_n$들을 구축하라.

---

† [옮긴이 주] unate가 아닌 함수를 가리키는 binate를 '쌍생雙生'이라고 부르는 데에서 착안한 번역어이다.

**111.** 〔*M22*〕 정리 U의 합 공식 (79)를 증명하라.

**112.** 〔*HM23*〕 $\hat{b}_k$가 (80)에서 정의된 수일 때, $n-\lg n-1<k<n-\lg n+1$인 경우를 제외하면 $\min(2^k, 2^{2^{n-k}}-2^{2^{n-k-1}})-\hat{b}_k$가 아주 작음을 증명하라.

**113.** 〔*20*〕 흡수 노드를 각 부울 상수 당 두 개씩 두는 대신, 각각의 4변수 부울 함수 당 하나씩 총 $2^{16}$개를 둘 수도 있다. 그러면 BDD를 네 수준 일찍, $x_{n-4}$에서 분기한 후에 중단할 수 있다. 이것이 좋은 발상일까?

**114.** 〔*20*〕 프로파일이 $(1,1,1,1,1,2)$이고 준 프로파일이 $(1,2,3,4,3,2)$인 함수가 존재하는가?

▸ **115.** 〔*M22*〕 준 프로파일 부등식 (84)와 (124)를 증명하라.

**116.** 〔*M21*〕 무작위 준 프로파일의 (a) 최악의 경우와 (b) 평균 경우는 무엇인가?

**117.** 〔*M20*〕 $f=M_m(x_1,\dots,x_m;x_{m+1},\dots,x_{m+2^m})$일 때 $Q(f)$를 $B(f)$와 비교하라.

**118.** 〔*M23*〕 §7.1.2의 관점에서, 숨겨진 가중 비트 함수의 비용이 $C(h_n)=O(n)$임을 보여라. $C(h_4)$의 정확한 값은 무엇인가?

**119.** 〔*20*〕 참 또는 거짓을 말하라: 모든 $n$변수 대칭 부울 함수는 $h_{2n+1}$의 특수한 경우이다. (예를 들어 $x_1\oplus x_2=h_5(0,1,0,x_1,x_2)$이다.)

**120.** 〔*18*〕 숨겨진 치환 가중 비트 공식 (94)를 설명하라.

▸ **121.** 〔*M22*〕 임의의 부울 함수 $f(x_1,\dots,x_n)$의 쌍대(dual) $f^D$는 $\bar{f}(\bar{x}_1,\dots,\bar{x}_n)$이며, 그 반사(reflection) $f^R$은 $f(x_n,\dots,x_1)$이다. $f^{DD}=f^{RR}=f$이고 $f^{DR}=f^{RD}$임에 주목하자.

a) $h_n^{DR}(x_1,\dots,x_n)=h_n(x_2,\dots,x_n,x_1)$임을 보여라.

b) 더 나아가서, 숨겨진 가중 비트 함수가 다음의 점화식을 만족함을 보여라.

$$h_1(x_1)=x_1,\qquad h_{n+1}(x_1,\dots,x_{n+1})=(x_{n+1}?\ h_n(x_2,\dots,x_n,x_1)\colon h_n(x_1,\dots,x_n)).$$

c) 모든 이진열 $x$의 집합에 대한 한 치환 $x\psi$를 다음과 같은 재귀적 규칙으로 정의하자.

$$\epsilon\psi=\epsilon,\qquad (x_1\dots x_n0)\psi=(x_1\dots x_n\psi)0,\qquad (x_1\dots x_n1)\psi=(x_2\dots x_nx_1)\psi1.$$

예를 들어 $1101\psi=(101\psi)1=(01\psi)11=(0\psi)111=(\psi)0111=0111$이다. 또한 $0111\psi=1101$이다. $\psi$는 하나의 대합對合(involution)인가?

d) 함수 $\hat{h}_n$이 아주 작은 BDD를 가질 때 $h_n(x)=\hat{h}_n(x\psi)$임을 보여라.

**122.** 〔*27*〕 $h_n$에 대한 FBDD를 구축하되, $n>1$이라 할 때 노드가 $n^2$개 미만이 되게 하라.

**123.** 〔*M20*〕 오프셋이 $s$인 모든 서판(slate)을 나열하는 공식 (97)을 증명하라.

▸ **124.** 〔*27*〕 하나의 치환 $\pi$가 주어졌을 때 $h_n^\pi$의 프로파일과 준 프로파일을 계산하는 효율적인 알고리즘을 설계하라. 힌트: 서판 $[r_0,\dots,r_{n-k}]$는 어떤 경우에 구슬에 대응되는가?

▸ **125.** [*HM34*] $B(h_n)$을 수열

$$A_n = \sum_{k=0}^{n} \binom{n-k}{2k}, \qquad B_n = \sum_{k=0}^{n} \binom{n-k}{2k+1}$$

을 이용해서 정확히 표현할 수 있음을 증명하라.

**126.** [*HM42*] 오르간 파이프 순열 $\pi = (2, 4, \ldots, n, \ldots, 3, 1)$에 대한 $B(h_n^\pi)$을 분석하라.

**127.** [*46*] $B(h_{100}^\pi)$을 최소화하는 순열 $\pi$를 구하라.

▸ **128.** [*25*] $\{1, \ldots, m+2^m\}$의 한 순열 $\pi$가 주어졌을 때, 치환된 $2^m$중 멀티플렉서

$$M_m^\pi(x_1, \ldots, x_m; x_{m+1}, \ldots, x_{m+2^m}) = M_m(x_{1\pi}, \ldots, x_{m\pi}; x_{(m+1)\pi}, \ldots, x_{(m+2^m)\pi})$$

의 프로파일과 준 프로파일을 계산하는 방법을 설명하라.

**129.** [*M25*] $Q_m(x_1, \ldots, x_{m^2})$이 오직 0–1 행렬 $(x_{(i-1)m+j})$에 모두 0인 행이나 모두 0인 열이 하나도 없을 때에만 참인 부울 함수라고 하자. 모든 $\pi$에 대해 $B(Q_m^\pi) = \Omega(2^m/m^2)$임을 증명하라.

**130.** [*HM31*] 정점 $\{1, \ldots, m\}$에 대한 무향 그래프 $G$의 인접성 행렬은 $1 \le u < v \le m$에 대한 $\binom{m}{2}$개의 변수 성분 $x_{uv} = [G$에서 $u — v$임$]$들로 이루어진다. $\binom{m}{2}$개의 변수들의 어떤 순서에 대해, $C_{m,k}$가 부울 함수 $[G$에 $k$-파벌이 존재함$]$이라고 하자.

a) 만일 $1 < k \le \sqrt{m}$이면 $B(C_{m,k}) \ge \binom{s+t}{s}$임을 증명하라. 여기서 $s = \binom{k}{2} - 1$이고 $t = m + 2 - k^2$이다.

b) 따라서 변수의 순서와 무관하게 $B(C_{m,\lceil m/2 \rceil}) = \Omega(2^{m/3 - O(\sqrt{m})})$임을 증명하라.

**131.** [*M28*] (포괄 함수.) 부울 함수

$$C(x_1, x_2, \ldots, x_p; y_{11}, y_{12}, \ldots, y_{1q}, y_{21}, \ldots, y_{2q}, \ldots, y_{p1}, y_{p2}, \ldots, y_{pq})$$
$$= ((x_1 \wedge y_{11}) \vee (x_2 \wedge y_{21}) \vee \cdots \vee (x_p \wedge y_{p1})) \wedge \cdots \wedge ((x_1 \wedge y_{1q}) \vee (x_2 \wedge y_{2q}) \vee \cdots \vee (x_p \wedge y_{pq}))$$

는 오직 행렬 곱

$$x \cdot Y = (x_1 x_2 \ldots x_p) \begin{pmatrix} y_{11} & y_{12} & \cdots & y_{1q} \\ y_{21} & y_{22} & \cdots & y_{2q} \\ \vdots & \vdots & \ddots & \vdots \\ y_{p1} & y_{p2} & \cdots & y_{pq} \end{pmatrix}$$

의 모든 열이 양(positive)일 때에만, 즉 $x$로 선택된 $Y$의 행들이 행렬의 모든 열을 '덮을(포괄)' 때에만 참이다. 오류 내구적 시스템(fault-tolerant system)의 분석에서 이러한 $C$의 신뢰도 다항식이 중요하다.

a) $C$에 대한 한 BDD가 변수들을 다음과 같은 순서로 판정한다고 하자.

$$x_1, y_{11}, y_{12}, \ldots, y_{1q}, x_2, y_{21}, y_{22}, \ldots, y_{2q}, \ldots, x_p, y_{p1}, y_{p2}, \ldots, y_{pq}.$$

이때 BDD 노드 개수가, 고정된 $q$에 대해 $p \to \infty$에 따라 점근적으로 $pq2^{q-1}$임을 보여라.

b) 크기가 고정된 $p$에 대해 $q \to \infty$에 따라 점근적으로 $pq2^{p-1}$인 순서를 구하라.

c) 일반적으로는 $B_{\min}(C) = \Omega(2^{\min(p,q)/2})$임을 증명하라.

**132.** [*32*] $B_{\min}(f)$가 가장 큰 부울 함수 $f(x_1, x_2, x_3, x_4, x_5)$들은 무엇인가?

**133.** [*20*] $f$의 주 프로파일 도표로부터 $B_{\min}(f)$와 $B_{\max}(f)$를 계산하는 방법을 설명하라.

**134.** [*24*] 부울 함수 $x_1 \oplus ((x_2 \oplus (x_1 \vee (\bar{x}_2 \wedge x_3))) \wedge (x_3 \oplus x_4))$에 대한, (102)의 것과 비슷한 주 프로파일 도표를 구축하라. $B_{\min}(f)$와 $B_{\max}(f)$는 얼마인가? 힌트: 항등식 $f(x_1, x_2, x_3, x_4) = f(x_1, x_2, \bar{x}_4, \bar{x}_3)$을 이용하면 작업량을 절반으로 줄일 수 있다.

**135.** [*M27*] $n \geq 4$에 대해, 유일하게 가는(uniquely thin) 부울 함수 $\theta_n(x_1, \ldots, x_n)$ 하나를 찾아라. 여기서 유일하게 가늘다는 것은 $B(\theta_n^\pi) = n + 2$인 치환 $\pi$가 정확히 하나라는 뜻이다. ((93)과 (102)를 보라.)

▸ **136.** [*M34*] $m$과 $n$이 홀수 정수들이라 할 때, 중앙값들의 중앙값 함수

$$\langle\langle x_{11}x_{12}\ldots x_{1n} \rangle \langle x_{21}x_{22}\ldots x_{2n} \rangle \ldots \langle x_{m1}x_{m2}\ldots x_{mn} \rangle\rangle$$

의 주 프로파일 도표는 무엇인가? 최상의 순서는 무엇인가? (변수는 총 $mn$개이다.)

**137.** [*M38*] 그래프가 주어졌을 때 $\sum_{u-v} |u\pi - v\pi|$를 최소화하는 정점들의 순열 $\pi$를 구하는 문제를 최적 선형 배치 문제(optimum linear arrangement problem)라고 부른다. 이 최솟값을 최적의 BDD 크기 $B_{\min}(f)$로 특징지을 수 있는 부울 함수 $f$를 구축하라.

▸ **138.** [*M36*] 이 연습문제의 목적은 함수 $f$에 대한 QDD가(BDD가 아니라) 주어졌을 때 $f$의 주 프로파일 도표를 계산하는 매력적인 알고리즘을 개발하는 것이다.

a) 하나의 QDD에서 주 프로파일 도표의 가중치 $\binom{n+1}{2}$개를 구하는 방법을 설명하라.

b) QDD 안에서 비약 연산을 쓰레기 수거나 해싱 없이 손쉽게 수행할 수 있음을 보여라. 힌트: 알고리즘 R의 '버킷 정렬'을 참고할 것.

c) 깊이 $\rho i + \nu i$에서 깊이 $\nu i - 1$로의 한 번의 비약을 통해서 $(i+1)$번째 순서를 $i$번째 순서로부터 구하는, 변수들의 $2^{n-1}$가지 순서들을 고찰하자. 예를 들어 $n = 5$일 때

12345 21345 32145 31245 43125 41325 42135 42315 54231 52431 53241 53421 51342 51432 51243 51234

가 나온다. $\{1, \ldots, n\}$의 모든 $k$원소 부분집합이 그러한 순서들 중 하나의 상위 $k$개의 수준들에서 나타남을 보여라.

d) 이러한 착안들을 결합해서, 요구된 도표 구축 알고리즘을 설계하라.

e) 그 알고리즘의 공간 및 시간 요구량을 분석하라.

**139.** [*22*] 연습문제 138의 알고리즘을 (i) 하나의 함수가 아니라 한 BDD 기반의 모든 함수에 대한 공통의 프로파일 도표를 계산하도록 일반화하라; (ii) 도표를 변수 $\{x_a, x_{a+1}, \ldots, x_b\}$로 제한해서, 상위의 $\{x_1, \ldots, x_{a-1}\}$과 하위의 $\{x_{b+1}, \ldots, x_n\}$을 보존하도록 수정하라.

**140.** [*27*] $f$의 주 프로파일 도표 전체를 알지 못하고도 $B_{\min}(f)$를 구하는 방법을 설명하라.

**141.** [*30*] 참 또는 거짓을 말하라: $X_1$, $X_2$, …, $X_m$이 서로 소인 변수 집합이라고 할 때, 각 $X_j$에 대한 변수들이 연속된 경우들만 고려함으로써 $g(h_1(X_1), h_2(X_2), \ldots, h_m(X_m))$의 변수들에 대한 최적의 BDD 순서를 찾아낼 수 있다.

▸ **142.** [*HM32*] 문턱값 함수를 BDD로 표현하는 데에는 놀랄 만큼 신비한 구석이 있다. 각 $w_j$가 양의 정수이고 $w_1 + \cdots + w_n$이 홀수인 자기쌍대 함수 $f(x) = \langle x_1^{w_1} \ldots x_n^{w_n} \rangle$을 생각해 보자. (28)에 따르면 $B(f) = O(w_1 + \cdots + w_n)^2$이다. 그리고 (29)나 연습문제 41처럼 가중치들이 지수적으로 증가한다고 해도 $B(f)$가 $O(n)$인 경우가 종종 있다.

a) $w_1 = 1$이고 $1 < k \le m$에 대해 $w_k = 2^{k-2}$일 때, $m < k \le 2m = n$에 대해 $w_k = 2^m - 2^{n-k}$일 때 $B(f)$가 $n \to \infty$에 따라 지수적으로 증가하지만 $B_{\min}(f) = O(n^2)$임을 증명하라.

b) $B_{\min}(f) = \Omega(2^{\sqrt{n/2}})$인 가중치 $\{w_1, \ldots, w_n\}$을 구하라.

**143.** [*24*] 연습문제 142(a)를 이어서, 함수

$$\langle x_1 x_2 x_3^2 x_4^4 x_5^8 x_6^{16} x_7^{32} x_8^{64} x_9^{128} x_{10}^{256} x_{11}^{512} x_{12}^{768} x_{13}^{896} x_{14}^{960} x_{15}^{992} x_{16}^{1008} x_{17}^{1016} x_{18}^{1020} x_{19}^{1022} x_{20}^{1023} \rangle$$

에 대한 최적의 변수 순서를 구하라.

**144.** [*16*] (36)의 덧셈 함수 $\{f_1, f_2, f_3, f_4, f_5\}$의 준 프로파일은 무엇인가?

**145.** [*24*] 해당 함수들의 $B_{\min}(f_1, f_2, f_3, f_4, f_5)$와 $B_{\max}(f_1, f_2, f_3, f_4, f_5)$를 구하라.

▸ **146.** [*M22*] $(b_0, \ldots, b_n)$과 $(q_0, \ldots, q_n)$이 한 BDD 기반의 프로파일과 준 프로파일이라고 하자.

a) $b_0 \le \min(q_0, (b_1 + q_2)(b_1 + q_2 - 1))$, $b_1 \le \min(b_0 + q_0, q_2(q_2 - 1))$, $b_0 + b_1 \ge q_0 - q_2$를 증명하라.

b) 반대로, 만일 $b_0$, $b_1$, $q_0$, $q_2$가 그러한 부등식들을 만족하는 음이 아닌 정수들이면, 그러한 프로파일과 준 프로파일을 가진 BDD 기반이 존재함을 증명하라.

▸ **147.** [*27*] 러덜의 제자리 교환(swap-in-place) 알고리즘을, 알고리즘 U의 관례와 연습문제 82의 참조 횟수 카운터들을 이용해서 세부사항까지 서술하라.

**148.** [*M21*] 참 또는 거짓을 말하라: ① ↔ ②로 교환하고 나면 $B(f_1^\pi, \ldots, f_m^\pi) \le 2B(f_1, \ldots, f_m)$이다.

**149.** [*M20*] (Bollig, Löbbing, Wegener.) $(b_0, \ldots, b_n)$이 $\{f_1, \ldots, f_m\}$의 프로파일이라 할 때, $k-1$개의 수준들에서 비약 연산이 수행된 후에 정리 J⁻와 더불어 $B(f_1^\pi, \ldots, f_m^\pi) \le (2^k - 2)b_0 + B(f_1, \ldots, f_m)$도 성립함을 보여라.

**150.** [*30*] 교환을 되풀이해서 비약이나 하강을 구현한다고 할 때, 중간 결과들이 초기 BDD나 최종 BDD보다 훨씬 클 수 있다. 사실은 변수 도약을 최악의 경우의 실행 시간이 $O(B(f_1, \ldots, f_m) + B(f_1^\pi, \ldots, f_m^\pi))$인 한 방법을 이용해서 좀 더 직접적으로 수행할 수 있음을 보여라.

**151.** [*20*] 각 변수를 한 번씩만 체로 치도록 알고리즘 J를 호출하는 방법을 제시하라.

**152.** [*25*] 숨겨진 가중 비트 함수 $h_{100}$의 BDD는 노드가 17조 5천만 개 이상이다. 이 수치를 줄이려면 체 치기를 얼마나 많이 해야 할까? 힌트: 도식들을 실제로 구축하는 대신 연습문제 124를 활용할 것.

**153.** [*30*] 연습문제 7.1.2-65의 삼목 함수 $\{y_1, \ldots, y_9\}$를 하나의 BDD 기반에 집어넣었다고 하자. 변수들을 위에서 아래로 $x_1$, $x_2$, …, $x_9$, $o_1$, $o_2$, …, $o_9$의 순서로 판정했을 때 노드가 몇 개나 존재하는가? $B_{\min}(y_1, \ldots, y_9)$는 얼마인가?

**154.** [*20*] 각 주가 체 치기에 의해 얼마나 이동되었는지를 (104)와 (106)을 비교해서 알아낼 수 있는가?

▶ **155.** [*25*] $f_1$이 미합중국의 인접 주들의 그래프의 독립집합 함수 (105)이고 $f_2$가 해당 핵 함수라고 하자((68)을 보라). (a) $B(f_2^\pi)$와 (b) $B(f_1^\pi, f_2^\pi)$가 가능한 한 최소가 되게 하는 주들의 순서 $\pi$를 찾아보라. ((110)에 나온 순서의 경우 $B(f_1^\pi) = 339$, $B(f_2^\pi) = 795$, $B(f_1^\pi, f_2^\pi) = 1129$임을 주목할 것.)

**156.** [*30*] 정리 J$^+$와 정리 J$^-$는 체 치기에서 하강은 신경쓰지 말고 비약만 수행해서 재정렬 시간을 줄일 수 있음을 암시한다. 그렇다면 알고리즘 J의 단계 J3, J5, J6, J7을 제거해도 무방할 것이다. 그것이 현명한 생각일까?

**157.** [*M24*] 만일 $2^m$ 중 멀티플렉서 $M_m$의 변수 $m + 2^m$개를 $B(M_m^\pi) > 2^{m+1} + 1$을 만족하는 임의의 순서로 배열했다면, 체 치기에 의해 BDD 크기가 줄어든다. 이를 증명하라.

**158.** [*M24*] 부울 함수 $f(x_1, \ldots, x_n)$이 변수 $\{x_1, \ldots, x_p\}$에서 대칭이라면, 그 변수들이 $B(f^\pi)$를 최소화하는 재정렬 $f^\pi(x_1, \ldots, x_n)$들 중 적어도 하나에서 연속해서 나타날 것이라고 기대하는 것이 당연하다. 그러나, $p = n - m$이고 $g(y_1, \ldots, y_m)$은 임의의 비상수 부울 함수라고 할 때 만일

$$f(x_1, \ldots, x_n) = [x_1 + \cdots + x_p = \lfloor p/3 \rfloor] + [x_1 + \cdots + x_p = \lceil 2p/3 \rceil]\, g(x_{p+1}, \ldots, x_{p+m})$$

이면, $\{x_1, \ldots, x_p\}$가 $\pi$ 안에서 연속적일 때에는 $n \to \infty$에 따라 $B(f^\pi) = \frac{1}{3}n^2 + O(n)$이지만, $\pi$가 그 변수들 중 약 절반은 앞쪽에 두고 다른 절반은 끝 쪽에 둔다면 $B(f^\pi) = \frac{1}{4}n^2 + O(n)$임을 보여라.

**159.** [*20*] 연습문제 7.1.3-167에 나온 존 콘웨이의 생명 게임의 기본 규칙은 하나의 부울 함수 $L(x_{\mathrm{NW}}, x_{\mathrm{N}}, x_{\mathrm{NE}}, x_{\mathrm{W}}, x, x_{\mathrm{E}}, x_{\mathrm{SW}}, x_{\mathrm{S}}, x_{\mathrm{SE}})$이다. 이 아홉 변수의 순서들 중 BDD 크기가 가능한 한 최소가 되는 순서는 무엇인가?

▶ **160.** [*24*] (체스 생명 게임.) 상하좌우 네 방향의 가장자리가 무한히 많은 0들로 감싸인, 0들과 1들의 $8 \times 8$ 행렬 $X = (x_{ij})$가 있다. $L_{ij}(X) = L(x_{(i-1)(j-1)}, \ldots, x_{ij}, \ldots, x_{(i+1)(j+1)})$이 위치 $(i, j)$에서의 콘웨이의 기본 규칙이라고 하자. 만일 $i \notin [1\,.\,.\,8]$ 또는 $j \notin [1\,.\,.\,8]$이면 항상 $L_{ij}(X) = 0$일 때 $X$가 '온순하다'고 말하고, 그렇지 않으면 $X$가 '야생이다'(행렬 바깥의 칸을 활성화시킨다는 뜻

에서)라고 말하기로 하자.

a) 온순한 $X$ 구성들 중 한 번의 생명 게임 단계에서 사라지는, 즉 $L_{ij}(X)=0$이 되는 것은 몇 개인가?

b) 그러한 모든 해에서 최대 가중치 $\sum_{i=1}^{8}\sum_{j=1}^{8}x_{ij}$는 얼마인가?

c) 행렬 안의 야생 구성들 중 한 번의 생명 게임 단계에서 사라지는 것들은 몇 개인가?

d) 그러한 모든 해에서 최소 가중치와 최대 가중치는 얼마인가?

e) $1 \le i,\ j \le 8$에 대해 $L_{ij}(X)=1$이 되는 구성 $X$는 몇 개인가?

f) 다음 패턴들 각각에 대해, 온순한 $8\times 8$ 선행자(이전 단계의 패턴)를 조사하라.

(1) 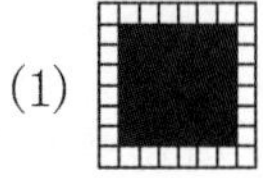 (2) 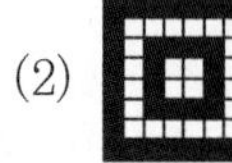 (3) 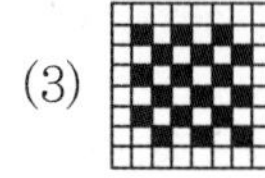 (4) 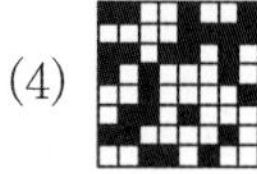 (5) 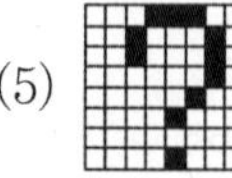

(§7.1.3에서처럼, 검은 칸이 행렬의 1에 해당한다.)

**161.** [*28*] 연습문제 160을 이어서, 만일 $X$가 $1 \le i,\ j \le 8$에 대해 $L_{ij}(X)=y_{ij}$인 온순한 행렬이면 이를 $L(X)=Y=(y_{ij})$라고 표기하자.

a) $L(X)=X$를 만족하는 $X$('정적 생명[still Life]')는 몇 개인가?

b) 가중치가 35인 $8\times 8$ 정적 생명 하나를 구하라.

c) '플립플롭(flip-flop)'은 $L(X)=Y$이고 $L(Y)=X$인 서로 다른 두 행렬의 쌍이다. 그런 쌍들의 개수를 세어라.

d) $X$와 $Y$ 둘 다 가중치가 28인 플립플롭을 구하라.

▸ **162.** [*30*] (우리에 갇힌 생명.) 만일 $X$와 $L(X)$가 온순하지만 $L(L(X))$는 야생일 때, 그러한 $X$를 일컬어 세 단계 이후에 우리를 '탈출한다(escape)'고 말하기로 하자. $k=1,\ 2,\ \ldots$에 대해, 정확히 $k$단계에 이후에 $6\times 6$ 우리를 탈출하는 $6\times 6$ 행렬은 몇 개인가?

**163.** [*23*] 단일 읽기 함수의 BDD 크기에 대한 공식 (112)와 (113)을 증명하라.

▸ **164.** [*M27*] 모든 단일 읽기 함수 $f(x_1,\ldots,x_n)$에 관한 $B(f)$의 최댓값은 얼마인가?

**165.** [*M21*] $B(u_m)$과 $B(v_m)$에 대한 피보나치 기반 공식 (115)를 입증하라.

**166.** [*M29*] 정리 W의 증명을 완성하라.

**167.** [*21*] 임의의 단일 읽기 함수 $f(x_1,\ldots,x_n)$이 주어졌을 때, $B(f^\pi)$와 $B(f^\pi,\overline{f}^\pi)$ 둘 다 최소화하는 순열 $\pi$를 계산하는 효율적인 알고리즘을 설계하라.

▸ **168.** [*HM40*] 순서쌍 $z=(x,y)$들에 대한 다음과 같은 이항 연산들을 생각해 보자.

$$z\circ z'=(x,y)\circ(x',y')=(x+x',\min(x+y',x'+y));$$
$$z\bullet z'=(x,y)\bullet(x',y')=(x+x'+\min(y,y'),\max(y,y')).$$

(이 연산들은 결합법칙과 교환법칙을 만족한다.) $S_1 = \{(1,0)\}$이고 $n > 1$에 대해

$$S_n = \bigcup_{k=1}^{n-1} \{z \circ z' \mid z \in S_k, z' \in S_{n-k}\} \cup \bigcup_{k=1}^{n-1} \{z \bullet z' \mid z \in S_k, z' \in S_{n-k}\}$$

라고 하자. 즉, $S_2 = \{(2,0), (2,1)\}$, $S_3 = \{(3,0), (3,1), (3,2)\}$, $S_4 = \{(4,0), \ldots, (4,3), (5,1)\}$ 등이다.

a) 오직 $(\frac{1}{2}c' - 1, c - \frac{1}{2}c' - 1) \in S_n$일 때에만 $\min_\pi B(f^\pi) = c$와 $\min_\pi B(f^\pi, \bar{f}^\pi) = c'$이 성립하는 단일 읽기 함수 $f(x_1, \ldots, x_n)$이 존재함을 증명하라.

b) 참 또는 거짓을 말하라: 모든 $(x, y) \in S_n$에 대해 $0 \le y < x$이다.

c) $z^T = (x + y, x - y)/\sqrt{2}$라 할 때, $z^T \circ z'^T = (z \bullet z')^T$이고 $z^T \bullet z'^T = (z \circ z')^T$임을 증명하라.

d) $\beta$가 (116)의 상수라고 할 때, 모든 $(x, y) \in S_n$에 대해 $x^2 + y^2 \le n^{2\beta}$임을 증명하라. 힌트: $|z|^2 = x^2 + y^2$으로 두자. $0 \le y \le x$, $0 \le y' \le x'$, $|z| = r = (1-\delta)^\beta$, $|z'| = r' = (1+\delta)^\beta$, $0 \le \delta \le 1$이면 항상 $|z \bullet z'| \le 2^\beta = \sqrt{2}\phi$임을 증명하는 것으로 충분하다. 만일 $y = y'$이기도 하다면 $z \bullet z'$은 타원 $(a\cos\theta + b\sin\theta, b\sin\theta)$ 안에 있다. 여기서 $a = r + r'$이고 $b = \sqrt{rr'}$이다.

**169.** [*M46*] 모든 $2^{2m+1}$변수 단일 읽기 함수 $f$에 대해 $\min_\pi B(f^\pi) \le B(v_{2m+1})$인가?

▸ **170.** [*M25*] 어떤 부울 함수의 모든 변수가 해당 BDD에 가능한 가장 단순한 방식으로 관여할 때, 그러한 함수를 '여위다(skinny)'라고 칭하기로 하자. 구체적으로, '여윈' 부울 함수의 BDD에는 각 변수 $x_j$ 당 정확히 하나의 가지 노드 ⓙ가 있으며, 모든 가지 노드의 LO나 HI 중 하나는 흡수 노드이다.

a) 이러한 의미에서 여윈 부울 함수 $f(x_1, \ldots, x_n)$은 몇 개인가?

b) 그런 부울 함수들 중 단조인 것은 몇 개인가?

c) $0 < t < 2^n$이고 $t$가 홀수일 때 $f_t(x_1, \ldots, x_n) = [(x_1 \ldots x_n)_2 \ge t]$가 여윈 부울 함수임을 보여라.

d) 부문제 (c)의 함수 $f_t$의 쌍대는 무엇인가?

e) $t$가 주어졌을 때, $f_t$에 대한 최단 CNF, DNF 공식들을 찾는 방법을 설명하라.

**171.** [*M26*] 연습문제 170을 이어서, 어떤 함수는 오직 여윈 함수이자 단조함수일 때에만 단일 읽기이자 정칙 함수임을 보여라.

**172.** [*M27*] 여윈 함수 $f(x_1, \ldots, x_n)$들 중 혼 함수이기도 한 것은 몇 개인가? 그리고 $f$와 $\bar{f}$ 둘 다 혼의 조건을 만족하는 것은 몇 개인가?

▸ **173.** [*HM28*] 부울 함수 $f(x_1, \ldots, x_n)$들 중, 그 변수들을 적당히 재정렬한 $f(x_{1\pi}, \ldots, x_{n\pi})$가 여윈 함수인 것은 정확히 몇 개인가?

▶ **174.** 〔*M39*〕 '가는(thin)' BDD를 가진 부울 함수 $f(x_1, \ldots, x_n)$들의 개수를 $S_n$이라고 하자. 여기서 BDD가 가늘다는 것은 $1 \le j \le n$에 대해 이름표가 ⓙ인 노드가 정확히 하나라는 의미이다. $S_n$이 다음 종류의 조합적 대상들의 개수이기도 함을 보여라.

a) $2n$차 델락 순열(Dellac permtutations; 즉, $1 \le k \le 2n$에 대해 $\lceil k/2 \rceil \le p_k \le n + \lceil k/2 \rceil$인 순열 $p_1 p_2 \ldots p_{2n}$들).

b) $2n+2$차 제노키 교란열(Genocchi derangement; 즉, $1 \le k \le 2n+2$에 대해 오직 $k$가 홀수일 때에만 $q_k > k$인 순열 $q_1 q_2 \ldots q_{2n+2}$들. 교란열에서는 또한 $q_k \ne k$이다).

c) $2n+2$차 기약 듀몽 권총(Dumont pistols; 즉 $1 \le k \le 2n+2$에 대해 $k \le r_k \le 2n+2$이고 $\{r_1, r_2, \ldots, r_{2n+2}\} = \{2, 4, 6, \ldots, 2n, 2n+2\}$인, 그리고 $1 \le k \le n$에 대해 $2k \in \{r_1, \ldots, r_{2k-1}\}$이라는 특별한 속성을 가진 수열 $r_1 r_2 \ldots r_{2n+2}$들).

d) 유향 그래프

```
                                                (7,3)──→(8,3)──→  ···
                                                  ↑       ↓
                              (5,2)──→(6,2)──→(7,2)──→(8,2)──→  ···
                                ↑       ↓       ↑       ↓
              (3,1)──→(4,1)──→(5,1)──→(6,1)──→(7,1)──→(8,1)──→  ···
                ↑       ↓       ↑       ↓       ↑       ↓
(1,0)──→(2,0)──→(3,0)──→(4,0)──→(5,0)──→(6,0)──→(7,0)──→(8,0)──→  ···
```

에서, $(1,0)$에서 $(2n+2, 0)$으로의 경로들.

(종류 (d)의 대상들을 세는 것은 아주 쉬움을 주목할 것.)

**175.** 〔*M30*〕 연습문제 174를 이어서, 프로파일 $(b_0, \ldots, b_{n-1}, b_n)$이 주어졌을 때, ⓙ 노드가 정확히 $b_{j-1}$개인 BDD를 가진 부울 함수들을 나열하는 방법을 찾아라.

**176.** 〔*M35*〕 정리 X의 증명을 연습문제 6.4–78을 이용해서 완성하고자 한다. 그 연습문제에 따르면, $h_{a,b}(x) = ((ax+b) \gg (n-l)) \bmod 2^l$, $A = \{a \mid 0 < a < 2^n$, $a$가 홀수$\}$, $B = \{b \mid 0 \le b < 2^{n-l}\}$, $0 \le l \le n$이라 할 때 $\{h_{a,b} \mid a \in A$ 그리고 $b \in B\}$는 $n$비트에서 $l$비트를 뽑는 해시 함수들의 한 전체모임(universal family)이다. $I = \{h_{a,b}(p) \mid p \in P\}$이고 $J = \{h_{a,b}(q) \mid q \in Q\}$라고 하자.

a) 만일 $2^l - 1 \le 2^{t-1}\epsilon/(1-\epsilon)$이면 $|I| \ge (1-\epsilon)2^l$이고 $|J| \ge (1-\epsilon)2^l$인 상수 $a \in A$와 $b \in B$가 존재함을 보여라.

b) 그러한 $a$가 주어졌을 때, $0 = j_1 < \cdots < j_{|J|}$이고 $J = \{j_1, \ldots, j_{|J|}\}$라고 하자. 그리고 $1 \le k \le |J|$에 대해 $h_{a,b}(q_k) = j_k$가 되도록 $Q' = \{q_1, \ldots, q_{|J|}\} \subseteq Q$를 선택하자. $g(q)$가 $aq$의 가운데 $l-1$비트들, 즉 $(aq \gg (n-l+1)) \bmod 2^{l-1}$을 나타낸다고 하겠다. $q$와 $q'$이 집합 $Q'' = \{q_1, q_3, \ldots, q_{2\lceil |J|/2 \rceil - 1}\}$의 서로 다른 원소들이면 항상 $g(q) \ne g(q')$임을 증명하라.

c) 다음 집합 $Q^*$가 $l \ge 3$이고 $y = a$일 때 조건 (120)을 만족함을 증명하라.

$$Q^* = \{q \mid q \in Q'',\ g(q)\text{가 짝수, 그리고 어떤 } p \in P\text{에 대해 } g(p) + g(q) = 2^{l-1}\}.$$

d) 마지막으로, $|Q^*|$가 정리 X를 증명하기에 충분할 정도로 큼을 보여라.

**177.** [*M22*] 정리 A의 증명을, 준 프로파일 전체의 한계를 구해서 완성하라.

**178.** [*M24*] (Amano, Maruoka.) (121)의 상수를, 더 나은 변수 순서 $Z_n(x_{2n-1}, x_1, x_3, \ldots, x_{2n-3}; x_{2n}, x_2, x_4, \ldots, x_{2n-2})$를 이용해서 개선하라.

**179.** [*M47*] 곱셈의 가운데 비트가 $B_{\min}(Z_n) = \Theta(2^{6n/5})$을 만족하는가?

**180.** [*M27*] 정리 Y를 본문에 나온 힌트를 이용해서 증명하라.

**181.** [*M21*] $L_{m,n}$이 선행 비트 함수(leading bit function) $Z_{m,n}^{(m+n)}(x_1, \ldots, x_m; y_1, \ldots, y_n)$이라고 하자. $m \le n$일 때 $B_{\min}(L_{m,n}) = O(2^m n)$임을 증명하라.

**182.** [*M38*] (I. Wegener.) $B_{\min}(L_{n,n})$이 $n \to \infty$에 따라 지수적으로 증가하는가?

▸ **183.** [*M25*] 무한히 많은 부울 변수를 가진 '극한(limiting) 선행 비트 함수'

$$\left[(.x_1x_3x_5\ldots)_2 \cdot (.x_2x_4x_6\ldots)_2 \ge \tfrac{1}{2}\right]$$

에 대한 BDD의 처음 몇 수준을 그려라. 수준 $k$에 있는 노드들의 개수 $b_k$는 얼마인가? ($(.x_1x_3x_5\ldots)_2$나 $(.x_2x_4x_6\ldots)_2$가 무한히 많은 1들로 끝나지는 않는다고 가정할 것.)

**184.** [*M23*] 치환 함수 $P_m$의 BDD 프로파일과 ZDD 프로파일은 무엇인가?

**185.** [*M25*] $f$가 $n$변수 대칭 부울 함수라고 할 때 $Z(f)$는 얼마나 커질 수 있는가? (연습문제 44를 보라.)

**186.** [*10*] 변수들이 $\{x_1, x_2, x_3, x_4, x_5, x_6\}$이고 ZDD가 ③(⊥, ⊤)인 부울 함수는 무엇인가?

▸ **187.** [*20*] 2변수 부울 함수 $f(x_1, x_2)$ 16가지에 대한 ZDD를 각각 그려라.

**188.** [*16*] 16개의 부울 함수 $f(x_1, x_2)$를 $\{1, 2\}$의 부분집합들의 모임들로 표현하라.

**189.** [*18*] ZDD와 BDD가 같은 함수 $f(x_1, \ldots, x_n)$들은 무엇인가?

**190.** [*20*] 다음을 만족하는 모든 함수 $f$를 각각 서술하라: (a) $Q(f) = B(f)$, (b) $Q(f) = Z(f)$.

▸ **191.** [*HM25*] ZDD에 ⊥가 하나도 없는 함수 $f(x_1, \ldots, x_n)$은 몇 개인가?

**192.** [*M20*] 이진열들의 $Z$-변환을 다음과 같이 정의한다: $\epsilon^Z = \epsilon$, $0^Z = 0$, $1^Z = 1$, 그리고

$$(\alpha\beta)^Z = \begin{cases} \alpha^Z\alpha^Z, & \text{만일 } |\alpha| = n\text{이고 } \beta = 0^n\text{이면;} \\ \alpha^Z 0^n, & \text{만일 } |\alpha| = n\text{이고 } \beta = \alpha\text{이면:} \\ \alpha^Z\beta^Z, & \text{만일 } |\alpha| = |\beta| - 1\text{이면, 또는 만일 } |\alpha| = |\beta| = n\text{이고 } \alpha \ne \beta \ne 0^n\text{이면.} \end{cases}$$

a) $110010010000111111^Z$는 무엇인가?

b) 참 또는 거짓을 말하라: 모든 이진열 $\tau$에 대해 $(\tau^Z)^Z = \tau$.

c) $f(x_1, \ldots, x_n)$이 부울 함수이고 그 진리표가 $\tau$라고 할 때, $f^Z(x_1, \ldots, x_n)$은 그 진리표가 $\tau^Z$인 부울 함수라고 하자. $f$의 프로파일이 $f^Z$의 $z$-프로파일과 거의 동일함을, 그리고 그 역도 마찬가지임을 보여라. (따라서 정리 U는 BDD뿐만 아니라 ZDD에 대해서도 성립하며, (80) 같은 통계치들은 $z$-프로파일에 대해서도 유효하다.)

**193.** [*M21*] 연습문제 192를 이어서, $0 \le k \le n$일 때 $S_k^Z(x_1, \ldots, x_n)$은 무엇인가?

**194.** [*M25*] $z$-프로파일이 $(1, \ldots, 1)$인 함수 $f(x_1, \ldots, x_n)$은 몇 개인가? (연습문제 174를 보라.)

**195.** [*24*] $M_2$가 4중 멀티플렉서일 때 $Z(M_2)$와 $Z_{\min}(M_2)$, $Z_{\max}(M_2)$를 구하라.

**196.** [*M21*] $Z(f) = O(n)$이고 $Z(\bar{f}) = \Omega(n^2)$인 함수 $f(x_1, \ldots, x_n)$을 구하라.

**197.** [*25*] $f$의 '주 $z$-프로파일 도표'를 생성하도록 연습문제 138의 알고리즘을 수정하라. (그러면 $Z_{\min}(f)$와 $Z_{\max}(f)$를 연습문제 133에서처럼 찾아낼 수 있다.)

▶ **198.** [*23*] BDD 대신 ZDD를 이용해서 $\mathrm{AND}(f, g)$를 계산하는 방법을 설명하라((55) 참고).

**199.** [*21*] 비슷하게, (a) $\mathrm{OR}(f, g)$, (b) $\mathrm{XOR}(f, g)$, (c) $\mathrm{BUTNOT}(f, g)$도 구현하라.

**200.** [*21*] 역시 비슷하게, ZDD들에 대한 $\mathrm{MUX}(f, g, h)$를 구현하라((62) 참고).

**201.** [*22*] 투영 함수 $x_j$들 각각은 단순한 3노드 BDD를 가지지만, 그 ZDD 표현은 좀 더 복잡하다. 그러한 함수들을 하나의 범용 ZDD 도구모음으로 구현하는 좋은 방법은 무엇인가?

**202.** [*24*] 수준들의 교환 ⓤ ↔ ⓥ를 BDD 기반이 아니라 ZDD 기반에서 수행하도록 연습문제 147의 제자리 교환 알고리즘을 변경하는 방법을 제시하라.

▶ **203.** [*M24*] (모임 대수.) 다음의 대수적 규약들은 양의 정수들의 유한 부분집합들의 유한 모임들과 해당 ZDD 표현들을 다룰 때 유용하다. 그러한 모임으로 가장 간단한 것은 $\boxed{\bot}$를 뜻하는 빈 모임(empty family)으로, 이를 $\emptyset$으로 표기한다. 또한 $\boxed{\top}$를 나타내는 단위 모임(unit family) $\{\emptyset\}$은 $\epsilon$로 표기한다. $j \ge 1$에 대한 기본 모임(elementary family) $\{\{j\}\}$들은 LO $= \boxed{\bot}$이고 HI $= \boxed{\top}$인 가지 노드 ⓙ들을 나타내며 $e_j$로 표기한다. (연습문제 186에 $e_3$에 대한 ZDD가 나와 있다.)

두 모임 $f$와 $g$를 다음과 같이 통상적인 집합 연산들로 결합할 수 있다.

- 합집합 $f \cup g = \{\alpha \mid \alpha \in f$ 또는 $\alpha \in g\}$는 $\mathrm{OR}(f, g)$로 구현된다.
- 교집합 $f \cap g = \{\alpha \mid \alpha \in f$ 그리고 $\alpha \in g\}$는 $\mathrm{AND}(f, g)$로 구현된다.
- 차집합 $f \setminus g = \{\alpha \mid \alpha \in f$ 그리고 $\alpha \notin g\}$는 $\mathrm{BUTNOT}(f, g)$로 구현된다.
- 대칭 차집합 $f \oplus g = (f \setminus g) \cup (g \setminus f)$는 $\mathrm{XOR}(f, g)$로 구현된다.

그리고 부분집합들의 모임들을 구축하는 새로운 방법 세 가지가 있다.

- 이음(join) $f \sqcup g = \{\alpha \cup \beta \mid \alpha \in f$ 그리고 $\beta \in g\}$, 그냥 $fg$로 표기하기도 함.
- 만남(meet) $f \sqcap g = \{\alpha \cap \beta \mid \alpha \in f$ 그리고 $\beta \in g\}$.
- 델타 $f \boxplus g = \{\alpha \oplus \beta \mid \alpha \in f$ 그리고 $\beta \in g\}$.

이 셋 모두 교환법칙과 결합법칙을 만족한다. 즉, $f \sqcup g = g \sqcup f$, $f \sqcup (g \sqcup h) = (f \sqcup g) \sqcup h$ 등이다.

a) $f = \{\emptyset, \{1,2\}, \{1,3\}\} = \epsilon \cup (e_1 \sqcup (e_2 \cup e_3))$이고 $g = \{\{1,2\}, \{3\}\} = (e_1 \sqcup e_2) \cup e_3$이라고 가정하자. $f \sqcup g$와 $(f \sqcap g) \setminus (f \boxplus e_1)$은 무엇인가?

b) 임의의 모임 $f$를 하나의 부울 함수 $f(x_1, x_2, \ldots)$로 간주할 수 있다. 여기서 $\alpha \in f \Longleftrightarrow f([1 \in \alpha], [2 \in \alpha], \ldots) = 1$이다. 연산 $\sqcup$, $\sqcap$, $\boxplus$를 부울 논리 공식들로 서술하라.

c) 다음 공식들 중 모든 모임 $f$, $g$, $h$에 대해 성립하는 것은 무엇인가? (i) $f \sqcup (g \cup h) = (f \sqcup g) \cup (f \sqcup h)$; (ii) $f \sqcap (g \cup h) = (f \sqcap g) \cup (f \sqcap h)$; (iii) $f \sqcup (g \sqcap h) = (f \sqcup g) \sqcap (f \sqcup h)$; (iv) $f \cup (g \sqcup h) = (f \cup g) \sqcup (f \cup h)$; (v) $f \boxplus \emptyset = \emptyset \sqcap g = h \sqcup \emptyset$; (vi) $f \sqcap \epsilon = \epsilon$.

d) 만일 모든 $\alpha \in f$와 모든 $\beta \in g$에 대해 $\alpha \cap \beta = \emptyset$이면, $f$와 $g$가 직교直交(orhogonal)라고 말하고 $f \perp g$로 표기한다. 다음 명제들 중 모든 모임 $f$와 $g$에 대해 참인 것은 무엇인가? (i) $f \perp g \Longleftrightarrow f \sqcap g = \epsilon$; (ii) $f \perp g \Longrightarrow |f \sqcup g| = |f||g|$; (iii) $|f \sqcup g| = |f||g| \Longrightarrow f \perp g$; (iv) $f \perp g \Longleftrightarrow f \sqcup g = f \boxplus g$.

e) 다음 명제들이 성립하는 모든 모임 $f$를 서술하라: (i) 모든 $g$에 대해 $f \cup g = g$; (ii) 모든 $g$에 대해 $f \sqcup g = g$; (iii) 모든 $g$에 대해 $f \sqcap g = g$; (iv) $f \sqcup (e_1 \sqcup e_2) = f$; (v) $f \sqcup (e_1 \cup e_2) = f$; (vi) $f \boxplus ((e_1 \sqcup e_2) \cup e_3) = f$; (vii) $f \boxplus f = \epsilon$; (viii) $f \sqcap f = f$.

▶ **204.** [*M25*] 연습문제 203을 이어서, 다음 두 연산 역시 중요하다.

- 몫 $f/g = \{\alpha \mid$ 모든 $\beta \in g$에 대해 $\alpha \cup \beta \in f$ 그리고 $\alpha \cap \beta = \emptyset\}$.
- 나머지 $f \bmod g = f \setminus (g \sqcup (f/g))$.

몫을 $g$에 관한 $f$의 '여인수餘因數(cofactor)'라고 부르기로 한다.

a) $f/(g \cup h) = (f/g) \cap (f/h)$를 증명하라.

b) $f = \{\{1,2\}, \{1,3\}, \{2\}, \{3\}, \{4\}\}$라고 가정하자. $f/e_2$와 $f/(f/e_2)$는 무엇인가?

c) 임의의 $f$와 $g$에 대한 수식 $f/\emptyset$, $f/\epsilon$, $f/f$, $(f \bmod g)/g$를 단순화하라.

d) $f/g = f/(f/(f/g))$임을 보여라. 힌트: 관계식 $g \subseteq f/(f/g)$로 시작할 것.

e) $f/g$를 $\bigcup\{h \mid g \sqcup h \subseteq f$ 그리고 $g \perp h\}$로도 정의할 수 있음을 증명하라.

f) $f$와 $j$가 주어졌을 때, $f$가 $e_j \perp (g \cup h)$인 고유한 표현 $(e_j \sqcup g) \cup h$를 가짐을 보여라.

g) 참 또는 거짓을 말하라: $(f \sqcup g) \bmod e_j = (f \bmod e_j) \sqcup (g \bmod e_j)$; $(f \sqcap g)/e_j = (f/e_j) \sqcap (g/e_j)$.

**205.** [*M25*] 모임 대수의 다섯 가지 기본 연산, 즉 (a) $f \sqcup g$, (b) $f \sqcap g$, (c) $f \boxplus g$, (d) $f/g$, (e) $f \bmod g$를 연습문제 198의 규약들을 이용해서 구현하라.

**206.** [*M46*] 연습문제 205의 알고리즘들의 최악의 경우의 실행 시간들은 얼마인가?

▶ **207.** [*M25*] 연습문제 201에서처럼 하나 이상의 투영 함수 $x_j$들이 필요한 응용에서는 다음의 '대칭화(symmetrizing)' 연산이 아주 유용하다.

$$(e_{i_1} \cup e_{i_2} \cup \cdots \cup e_{i_l}) \S k = S_k(x_{i_1}, x_{i_2}, \ldots, x_{i_l}), \qquad \text{정수 } k \geq 0.$$

예를 들면 $e_j \S 1 = x_j$; $e_j \S 0 = \bar{x}_j$; $(e_i \cup e_j) \S 1 = x_i \oplus x_j$; $(e_2 \cup e_3 \cup e_5) \S 2 = (x_2 \wedge x_3 \wedge \bar{x}_5) \vee (x_2 \wedge \bar{x}_3 \wedge x_5) \vee (\bar{x}_2 \wedge x_3 \wedge x_5)$이다. 이 연산을 쉽게 구현할 수 있음을 보여라. ($l > 0$일 때, $e_{i_1} \cup \cdots \cup e_{i_l}$에 크기가 $l+2$인 아주 단순한 ZDD가 있음을 주목할 것.)

▶ **208.** [*16*] 알고리즘 C를 수정해서, 어떤 부울 함수의 BDD가 아니라 ZDD가 주어졌을 때 그 부울 함수의 모든 해를 손쉽게 셀 수 있음을 보여라.

**209.** [*M21*] 부울 함수의 ZDD 표현으로부터 그 전정교 진리표를 계산하는 방법을 설명하라. (연습문제 31을 보라.)

▶ **210.** [*23*] $f$에 대한 ZDD가 주어졌을 때, 함수

$$g(x) = [f(x) = 1 \ \text{그리고}\ \nu x = \max\{\nu y \mid f(y) = 1\}].$$

에 대한 ZDD를 구축하는 방법을 설명하라.

**211.** [*M20*] $f$가 한 정확 포괄 문제의 해들을 서술한다고 할 때, $Z(f) \le B(f)$인가?

▶ **212.** [*25*] 정확 포괄 문제에 대한 ZDD를 계산하는 좋은 방법은 무엇인가?

**213.** [*16*] 훼손된 체스판을 도미노들로 완전히 덮을 수 없는 이유는 무엇인가?

▶ **214.** [*21*] 어떤 도형을 도미노들로 덮는다고 할 때, 도형의 내부를 통과하는 모든 직선이 어떤 도미노의 내부도 통과하도록 덮는 것을 무단층無斷層(faultfree) 덮기라고 부르기로 하자. 예를 들어 (127)의 오른쪽 덮기는 무단층이지만 가운데는 무단층이 아니며, 왼쪽 것에는 단층이 아주 많다.

하나의 체스판을 무단층으로 덮는 도미노 덮기 방식은 몇 가지인가?

**215.** [*21*] 일본식 다다미는 직사각형 바닥을 덮는 데 쓰이는 $1 \times 2$ 직사각형 돗자리로, 한 모퉁이에서 네 개의 돗자리가 만나는 일이 없도록 까는 것이 관례이다. 예를 들어 그림 29(a)는 $6 \times 5$ 다다미 패턴으로, 1627년에 처음 출판된 요시다Mitsuyoshi Yoshida의 책 *Jinkōki*의 1641년 판에서 가져온 것이다.

도미노들로 체스판을 다다미 깔기 방식으로 덮는 모든 방법을 구하라.

**그림 29.** 그럴듯한 예 두 가지:
(a) 17세기 다다미 깔기;
(b) 삼색 도미노 덮기.

(a) 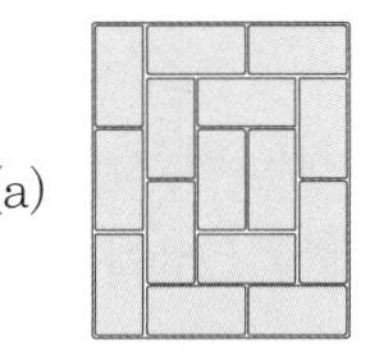

(b) 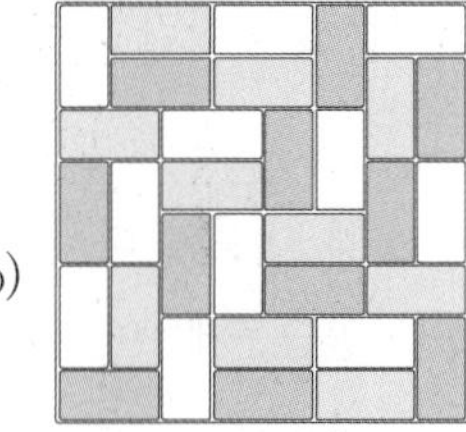

▶ **216.** [*30*] 그림 29(b)는 체스판을 적, 백, 청 도미노들로 덮되 같은 색의 도미노 두 개가 연달아 배치되지 않도록 한 것이다.

a) 이런 식으로 도미노들을 덮는 방법은 총 몇 가지인가?

b) 12,988,816가지 도미노 덮기들 중 3-채색가능인 것은 몇 개인가?

**217.** [*29*] (130)에 나온 모노미노/도미노/트로미노 덮기는 다음과 같은 추가적인 조건도 만족한다: *합동인(congruent) 두 조각이 인접한 경우가 없다.* 본문에서 언급한 920해† 가지의 덮기들 중 이러

† [옮긴이 주] 해垓는 10의 20승을 뜻하는 단위이다. 참고로 원문은 92sextillion으로, 1섹스틸리온은 10의 21승이다.

한 의미에서 '분리된' 것들은 몇 개인가?

▸ **218.** [*24*] BDD와 ZDD 기법들을 이번 장 시작 부분에서 논의한 랭포드 쌍 문제에 적용하라.

**219.** [*20*] $F$가 다음 모임들일 때 $Z(F)$를 각각 구하라: (a) WORDS(1000); ...; (e) WORDS(5000).

▸ **220.** [*21*] (131)에서 논의했듯이 130개의 변수 $a_1..z_5$로 표현된, 5757개의 SGB 단어들의 $z$-프로파일은 $(1,1,1,...,1,1,1,23,3,...,6,2,0,3,2,1,1,2)$이다.

a) 변수 $a_2$와 $b_2$에 해당하는 성분 23과 3을 설명하라.

b) $v_5$, $w_5$, $x_5$ 등에 해당하는 마지막 성분 0, 3, 2, 1, 1, 2를 설명하라.

▸ **221.** [*M27*] 130변수 표현 방식에서 5757개의 가장 흔히 쓰이는 5자 영단어를 표현하는 데 필요한 노드는 단 5020개이다. 이는 영어의 특별한 언어적 특성 때문이다. 그러나 조합 가능한 5자 단어는 총 $26^5 = 11{,}881{,}376$가지이다. 그중 5757개를 무작위로 선택한다고 하자. 그러면 ZDD의 평균 크기는 얼마일까?

▸ **222.** [*27*] (131)에서처럼 모임 대수를 5자 영단어들에 적용할 때에는 변수들을 $x_1$, $x_2$, ..., $x_{130}$이 아니라 $a_1$, $b_1$, ..., $z_5$라고 부른다. 그리고 해당 기본 모임들을 $e_1$, $e_2$, ..., $e_{130}$ 대신 기호 $\mathtt{a}_1$, $\mathtt{b}_1$, ..., $\mathtt{z}_5$로 표기한다. 따라서 모임 $F$=WORDS(5757)을 공식

$$F=(\mathtt{w}_1\sqcup \mathtt{h}_2\sqcup \mathtt{i}_3\sqcup \mathtt{c}_4\sqcup \mathtt{h}_5)\cup\cdots\cup(\mathtt{f}_1\sqcup \mathtt{u}_2\sqcup \mathtt{n}_3\sqcup \mathtt{n}_4\sqcup \mathtt{y}_5)\cup\cdots\cup(\mathtt{p}_1\sqcup \mathtt{u}_2\sqcup \mathtt{p}_3\sqcup \mathtt{a}_4\sqcup \mathtt{l}_5)$$

를 합성해서 구축할 수 있다.

a) $\wp$가 $\{a_1, ..., z_5\}$의 모든 부분집합의 보편 모임(universal family)을 나타낸다고 하자. 이를 '멱집합(power set)'이라고 부르기로 한다. 공식 $F\sqcap\wp$가 뜻하는 것은 무엇인가?

b) $X_j=\{\mathtt{a}_j, \mathtt{b}_j, ..., \mathtt{z}_j\}$라고 할 때 $X=X_1\sqcup\cdots\sqcup X_5$라고 하자. 공식 $F\sqcap X$를 해석하라.

c) 패턴 t*u*h와 부합하는 $F$의 모든 단어를 나타내는 간단한 공식을 구하라.

d) $0\le k\le 5$에 대해 정확히 $k$개의 모음을 포함하는 SGB 단어들 전부에 대한 공식을 구하라. a, e, i, o, u만 모음으로 간주하고, $V_j=\mathtt{a}_j\cup\mathtt{e}_j\cup\mathtt{i}_j\cup\mathtt{o}_j\cup\mathtt{u}_j$로 둘 것.

e) 글자가 정확히 세 개만 지정된, 그리고 적어도 하나의 SGB 단어와 부합하는 패턴은 몇 개인가? (이를테면 m*tc*가 그러한 패턴이다.) 공식을 제시하라.

f) 그런 패턴들 중 적어도 두 개의 단어와 부합하는 패턴(이를테면 *atc*)은 몇 개인가?

g) 'b' 하나를 'o'로 바꾸어도 여전히 SGB 단어인 것들을 모두 표현하라.

h) 공식 $F/V_2$의 의미는 무엇인가?

i) $(X_1\sqcup V_2\sqcup V_3\sqcup V_4\sqcup X_5)\cap F$를 $(X_1\sqcup X_5)\setminus((\wp\setminus F)/(V_2\sqcup V_3\sqcup V_4))$와 대비해서 설명하라.

**223.** [*28*] $1\le i\le 5$에 대해 $[\alpha_i=\mu_i]+[\beta_i=\mu_i]+[\gamma_i=\mu_i]=2$라는 규칙에 따라 3자 단어 $\alpha=\alpha_1...\alpha_5$, $\beta=\beta_1...\beta_5$, $\gamma=\gamma_1...\gamma_5$로부터 얻을 수 있는 5자 단어 $\mu=\mu_1...\mu_5$를 '중앙값 단어(median word)'라고 부른다. 예를 들어 mixed는 단어 {fixed, mixer, mound}의 중앙값이고 {mated, mixup, nixed}의 중앙값이기도 하다. 그러나 noted는 {notes, voted, naked}의 중앙

값이 아니다. 왜냐하면 그 세 단어 모두 넷째 자리에 e가 있기 때문이다.

a) $\mu$가 $\{\alpha, \beta, \gamma\}$의 중앙값이면 항상, $\{d(\alpha,\mu), d(\beta,\mu), d(\gamma,\mu)\}$가 $\{1,1,3\}$ 아니면 $\{1,2,2\}$임을 보여라. (여기서 $d$는 해밍 거리를 뜻한다.)

b) $n$이 100일 때 WORDS($n$)으로부터 얻을 수 있는 중앙값은 몇 개인가? 1000일 때에는? 5757일 때에는?

c) 그러한 중앙값들 중 $m$이 100일 때 WORDS($m$)에 속하는 것은 몇 개인가? 1000일 때에는? 5757일 때에는?

▶ **224.** [*20*] 그림 28에 나온 것처럼 어떤 DAG의 모든 원본-흡수 경로에 대한 ZDD를 구축하는데, 그 DAG가 사실은 하나의 숲이라고 가정하자. 즉, DAG의 모든 비 원본 정점의 내향 도수가 1이라고 가정하자. 해당 ZDD가 그 숲을 식 2.3.2-(1)~2.3.2-(3)에 나오는 '숲과 이진 트리 사이의 자연스런 대응 관계' 하에서 표현한 이진 트리와 본질적으로 동일함을 보여라.

▶ **225.** [*30*] 하나의 그래프와 그 그래프의 서로 다른 두 정점 $\{s, t\}$가 주어졌을 때, $s$에서 $t$로의 단순 경로를 형성하는 간선들의 모든 집합에 대한 ZDD를 산출하는 알고리즘을 설계하라.

▶ **226.** [*20*] 연습문제 225의 알고리즘을, 주어진 그래프의 모든 단순 순환마디에 대한 ZDD를 산출하도록 수정하라.

**227.** [*20*] 비슷하게, 그 알고리즘을 $s$에서 $t$로의 해밀턴 경로만 고려하도록 수정하라.

**228.** [*21*] 이번에는 $s$에서 임의의 다른 정점으로의 해밀턴 경로들을 고려하도록 수정하라.

**229.** [*15*] (18)의 그래프들에서 CA에서 ME로의 경로는 587,218,421,488가지이나, (133)에서 그러한 경로는 437,525,772,584가지이다. 왜 그런 차이가 생기는지 설명하라.

**230.** [*25*] (133)의 해밀턴 경로들 중 총 길이가 최소인 것과 최대인 것을 구하라. 모든 해밀턴 경로가 동일 확률이라 할 때 그 평균 길이는 얼마인가?

**231.** [*23*] 체스의 왕이 체스판의 한 모퉁이 칸에서 반대편 모퉁이 칸으로 이동하되 같은 칸을 두 번 거치는 일이 없도록 하는 방법은 몇 가지인가? (이는 그래프 $P_8 \boxtimes P_8$의 모퉁이에서 모퉁이로의 단순 경로들에 해당한다.)

▶ **232.** [*23*] 연습문제 231을 이어서, 체스판에서 왕의 여정(King's tour)은 $P_8 \boxtimes P_8$ 그래프의 한 지향(oriented) 해밀턴 순환마디이다. 왕의 여정의 정확한 개수를 구하라. 이동한 유클리드 거리를 기준으로 가장 긴 여정은 무엇인가?

▶ **233.** [*25*] 주어진 유향 그래프의 모든 지향 순환마디의 모임에 대한 ZDD를 구축하는 알고리즘을 설계하라. (연습문제 226을 보라.)

**234.** [*22*] 연습문제 233의 알고리즘을 (18)의 49개의 우편부호 AL, AR, ..., WY에 대한, 연습문제 7-54(b)에서처럼 XY ⟶ YZ인 유향 그래프에 적용하라. 예를 들어 NC ⟶ CT ⟶ TN ⟶ NC가 그러한 지향 순환마디이다. 그런 지향 순환마디는 몇 개나 가능할까? 최대, 최소 순환마디 길이는 얼마인가?

**235.** [*22*] 5자 영단어들에 대한 유향 그래프를, 영단어 $x$의 마지막 세 글자가 $y$의 처음 세 글자와 일치할 때 $x \longrightarrow y$로 이어진다는(이를테면 crown ⟶ owner) 규칙을 적용해서 형성하라. 그러한 유향 그래프에 지향 순환마디는 몇 개인가? 가장 긴 것과 가장 짧은 것은 무엇인가?

▸ **236.** [*M25*] ZDD를 조합 문제에 적용할 때, 연습문제 203에 나온 모임 대수를 여러 가지 방식으로 확장해 볼 수 있다. 이를테면 집합들의 모임들에 대한 다음의 다섯 가지 연산을 도입한다고 하자.

- 극대 원소 $f^{\uparrow} = \{\alpha \in f \mid$ 만일 $\beta \in f$이고 $\alpha \subseteq \beta$이면 $\alpha = \beta\}$;
- 극소 원소 $f^{\downarrow} = \{\alpha \in f \mid$ 만일 $\beta \in f$이고 $\alpha \supseteq \beta$이면 $\alpha = \beta\}$;
- 비부분집합(nonsubset) $f \nearrow g = \{\alpha \in f \mid$ 만일 $\beta \in g$이면 $\alpha \not\subseteq \beta\}$;
- 비포함집합(nonsuperset) $f \searrow g = \{\alpha \in f \mid$ 만일 $\beta \in g$이면 $\alpha \not\supseteq \beta\}$;
- 극소 적중 집합(minimal hitting set) $f^{\#} = \{\alpha \mid$ 만일 $\beta \in f$이며 $\alpha \cap \beta \neq \emptyset\}^{\downarrow}$.

예를 들어 $f$와 $g$가 연습문제 203(a)의 모임들일 때 $f^{\uparrow} = e_1 \sqcup (e_2 \cup e_3)$, $f^{\downarrow} = \epsilon$, $f^{\#} = \emptyset$, $g^{\uparrow} = g^{\downarrow} = g$, $g^{\#} = (e_1 \cup e_2) \sqcup e_3$, $f \nearrow g = e_1 \sqcup e_3$, $f \searrow g = \epsilon$, $g \nearrow f = g \searrow f = \emptyset$이 성립한다.

a) $f \nearrow g = f \setminus (f \sqcap g)$임을 증명하고, $f \searrow g$에 대한 비슷한 공식을 제시하라.

b) $f^C = \{\overline{\alpha} \mid \alpha \in f\} = f \boxplus U$라고 하자. 여기서 $U = e_1 \sqcup e_2 \sqcup \cdots$는 '전체집합(universal set)'이다. $f^{CC} = f$, $(f \cup g)^C = f^C \cup g^C$, $(f \cap g)^C = f^C \cap g^C$, $(f \setminus g)^C = f^C \setminus g^C$임은 분명하다. 쌍대 법칙 $f^{\uparrow C} = f^{C\downarrow}$, $f^{\downarrow C} = f^{C\uparrow}$, $(f \sqcup g)^C = f^C \sqcap g^C$, $(f \sqcap g)^C = f^C \sqcup g^C$, $(f \nearrow g)^C = f^C \searrow g^C$, $(f \searrow g)^C = f^C \nearrow g^C$, $f^{\#} = (\wp \nearrow f^C)^{\downarrow}$도 성립함을 보여라.

c) 참 또는 거짓을 말하라: (i) $x_1^{\downarrow} = e_1$; (ii) $x_1^{\uparrow} = e_1$; (iii) $x_1^{\#} = e_1$; (iv) $(x_1 \vee x_2)^{\downarrow} = e_1 \cup e_2$; (v) $(x_1 \wedge x_2)^{\downarrow} = e_1 \sqcup e_2$.

d) 다음 공식들 중 모든 모임 $f$, $g$, $h$에 성립하는 것은 무엇인가? (i) $f^{\uparrow\uparrow} = f^{\uparrow}$; (ii) $f^{\uparrow\downarrow} = f^{\downarrow}$; (iii) $f^{\uparrow\downarrow} = f^{\uparrow}$; (iv) $f^{\downarrow\uparrow} = f^{\downarrow}$; (v) $f^{\#\downarrow} = f^{\#}$; (vi) $f^{\#\uparrow} = f^{\#}$; (vii) $f^{\downarrow\#} = f^{\#}$; (viii) $f^{\uparrow\#} = f^{\#}$; (ix) $f^{\#\#} = f^{\#}$; (x) $f \nearrow (g \cup h) = (f \nearrow g) \cap (f \nearrow h)$; (xi) $f \searrow (g \cup h) = (f \searrow g) \cap (f \searrow h)$; (xii) $f \searrow (g \cup h) = (f \searrow g) \searrow h$; (xiii) $f \nearrow g^{\uparrow} = f \nearrow g$; (xiv) $f \searrow g^{\uparrow} = f \searrow g$; (xv) $(f \sqcup g)^{\#} = (f^{\#} \cup g^{\#})^{\downarrow}$; (xvi) $(f \cup g)^{\#} = (f^{\#} \sqcup g^{\#})^{\downarrow}$.

e) $g = \bigcup_{u - v}(e_u \sqcup e_v)$가 한 그래프의 모든 간선의 모임이고 $f$가 모든 독립집합의 모임이라고 하자. 확장된 모임 대수의 연산들을 이용해서 (i) $f$를 $g$로, (ii) $g$를 $f$로 표현하는 간단한 공식들을 구하라.

**237.** [*25*] 연습문제 236의 다섯 연산을 연습문제 205의 스타일로 구현하라.

▸ **238.** [*22*] ZDD를 이용해서, (18)의 연속된 미합중국 주 그래프 $G$의 극대 유도된 이분열 부분그래프(maximal induces bipartite subgraph)들, 다시 말하면 $G \mid U$를 만족하며 홀수 길이 순환마디가 없는 극대 부분집합 $U$들을 계산한다고 하자. 그러한 집합 $U$는 몇 개나 존재하는가? 그러한 가장 작은 부분그래프와 가장 큰 부분그래프의 예들을 제시하라. 또한 극대 유도된 삼분열(tripartite) (3-채색가능) 부분그래프들도 고찰하라.

▸ **239.** [*21*] 그래프 $G$가 연습문제 236(e)에서처럼 간선 $g$들로 주어졌을 때 $G$의 극대 파벌(maximal clique)들을 모임 대수를 이용해서 계산하는 방법을 설명하라. $G$가 그래프 (18)일 때, $k = 1, 2, \ldots$에 대해 $k$개의 파벌들도 덮을 수 있는 정점들의 극대 집합들을 구하라.

▸ **240.** [*22*] $U$가 정점들의 집합이라고 하자. 어떤 그래프의 모든 정점이 $U$에서 많아야 한 단계 떨어져 있을 때, 그러한 $U$를 그 그래프의 지배집합(dominating set)이라고 부른다.

a) 한 그래프의 모든 핵은 극소 지배집합임을 증명하라.

b) (18)의 미합중국 그래프에는 극소 지배집합이 몇 개 있는가?

c) (18)의 정점들 중 다른 36개의 정점들을 지배하는 정점 일곱 개를 찾아라.

▸ **241.** [*28*] 여왕 그래프 $Q_8$은 한 체스판의 칸 64개로 이루어지며, 칸 $u$와 $v$가 같은 열이나 행, 대각선에 있을 때 간선 $u \!-\!\!-\! v$가 성립한다. 이 그래프의 (a) 핵, (b) 극대 파벌, (c) 극소 지배집합들에 대한 ZDD의 크기는 각각 얼마인가? (d) 극소 지배집합이면서 파벌인 것들과 (e) 극대 유도된 이분열 부분그래프들에 대한 ZDD의 크기는 각각 얼마인가?

이 다섯 범주 각각마다 가장 큰 예와 가장 작은 예를 그림으로 제시하라.

**242.** [*24*] $8 \times 8$의 점들을 선택하되 세 점이 임의의 기울기의 한 직선에 있지 않도록 선택하는 극대 방법들을 모두 구하라.

**243.** [*M23*] 집합들의 모임 $f$의 닫힘(closure, 폐포) $f^\cap$은 $f$의 하나 이상의 구성원들의 교집합으로 얻을 수 있는 모든 집합의 모임이다.

a) $f^\cap = \{\alpha \mid \alpha = \bigcap\{\beta \mid \beta \in f$이고 $\beta \supseteq \alpha\}\}$임을 증명하라.

b) $f$에 대한 ZDD가 주어졌을 때 $f^\cap$에 대한 ZDD를 계산하는 좋은 방법은 무엇인가?

c) 연습문제 222에서처럼 $F$ =WORDS(5757)일 때, $F^\cap$의 생성 함수를 구하라.

**244.** [*25*] $P_3 \,\square\, P_3$(그림 22)의 연결성 함수에 대한 ZDD는 무엇인가? 그 그래프의 신장 트리 함수에 대한 BDD는 무엇인가? (따름정리 S를 보라.)

▸ **245.** [*M22*] 단조함수 $f$의 기약함의항이 $\mathrm{PI}(f)^\#$임을 보여라.

**246.** [*M21*] (137)이 참이라고 가정하고 정리 S를 증명하라.

▸ **247.** [*M27*] $n \le 7$에 대해, 상냥한 $n$변수 부울 함수들의 개수를 구하라.

**248.** [*M22*] 참 또는 거짓을 말하라: 만일 $f$와 $g$가 상냥한 함수들이면 $f(x_1, \ldots, x_n) \wedge g(x_1, \ldots, x_n)$도 상냥한 함수이다.

**249.** [*HM31*] 한 그래프의 연결성 함수가 그 변수들의 모든 순열 하에서 상냥할 때, 그러한 연결성 함수를 "극히 상냥하다"(ultrasweet, 줄여서 극상냥)고 말하기로 하자. 극상냥 부울 함수들을 정밀하게 특징짓는 방법이 있는가?

**250.** [*28*] 단조 부울 함수 $f(x_1, x_2, x_3, x_4, x_5)$는 7581가지이다. 그들 중 하나를 무작위로 선택했을 때의 $B(f)$의 평균값과 $Z(\mathrm{PI}(f))$의 평균값은 얼마인가? $Z(\mathrm{PI}(f)) > B(f)$일 확률은 얼마인가? $Z(\mathrm{PI}(f))/B(f)$의 최댓값은 얼마인가?

**251.** 〔*M46*〕 모든 단조 부울 함수 $f$에 대해 $Z(\mathrm{PI}(f)) = O(B(f))$인가?

**252.** 〔*M30*〕 단조가 아닌 부울 함수의 기약함의항들에는 음수 리터럴들이 관여한다. 예를 들어 $(x_1?\ x_2:\ x_3)$의 기약함의항들은 $x_1 \wedge x_2$, $\bar{x}_1 \wedge x_3$, $x_2 \wedge x_3$이다. 그런 경우 그 기약함의항들을 $2n$자 알파벳 $\{e_1, e'_1, \ldots, e_n, e'_n\}$의 단어들로 간주해서 ZDD들로 표현하면 편하다. 그러면, $01{*}0{*}$ 같은 '부분입방체'는 모임 대수 하에서 $e'_1 \sqcup e_2 \sqcup e'_4$이다(7.1.1-(29)를 보라). 그리고 $\mathrm{PI}(x_1?\ x_2:\ x_3) = (e_1 \sqcup e_2) \cup (e'_1 \sqcup e_3) \cup (e_2 \sqcup e_3)$이다.

연습문제 7.1.1-116에서 보였듯이, $n$변수 대칭함수들은 $\Omega(3^n/n)$개의 기약함의항들을 가질 수 있다. $f$가 대칭함수일 때 $Z(\mathrm{PI}(f))$는 얼마나 커질 수 있는가?

▸ **253.** 〔*M26*〕 연습문제 252를 이어서, 만일 $f = (\bar{x}_1 \wedge f_0) \vee (x_1 \wedge f_1)$이면 $\mathrm{PI}(f) = A \cup (e'_1 \sqcup B) \cup (e_1 \sqcup C)$임을 증명하라. 여기서 $A = \mathrm{PI}(f_0 \wedge f_1)$, $B = \mathrm{PI}(f_0) \setminus A$, $C = \mathrm{PI}(f_1) \setminus A$이다. (식 (137)은 $f$가 단조일 때의 특별한 경우이다.)

▸ **254.** 〔*M23*〕 (52)의 함수 $f$와 $g$가 단조함수들이며 $f \subseteq g$라고 하자. 다음을 증명하라:

$$\mathrm{PI}(g) \setminus \mathrm{PI}(f) = (\mathrm{PI}(g_l) \setminus \mathrm{PI}(f_l)) \cup (\mathrm{PI}(g_h) \setminus \mathrm{PI}(f_h \cup g_l)).$$

▸ **255.** 〔*25*〕 집합들의 중복모임(multifamily)은 그 구성원들이 여러 번 출현할 수 있는 모임을 뜻한다. 그러한 중복모임을 일단의 ZDD $(f_0, f_1, f_2, \ldots)$들로 표현할 수 있는데, 여기서 $f_k$는 $a_k = 1$이라 할 때 $f$에서 $(\ldots a_2 a_1 a_0)_2$번 출현하는 집합들의 모임이다. 예를 들어 어떤 중복모임에서 $\alpha$가 정확히 $9 = (1001)_2$번 나타난다면, $\alpha$는 $f_3$과 $f_0$에 속할 것이다.

a) 이러한 중복모임 표현에 항목들을 삽입, 삭제하는 방법을 설명하라.

b) 중복집합 합집합 연산 $h = f \uplus g$를 중복모임들에 대해 구현하라.

**256.** 〔*M32*〕 임의의 음이 아닌 정수 $x$를 이진 거듭제곱들의 집합 $U = \{2^{2^k} \mid k \geq 0\} = \{2^1, 2^2, 2^4, 2^8, \ldots\}$의 부분집합들의 한 모임으로 표현하는 방법이 있다: $e_1 > \cdots > e_t \geq 0$이고 $t \geq 0$이라 할 때, 만일 $x = 2^{e_1} + \cdots + 2^{e_t}$이면 해당 모임에는 $t$개의 집합 $E_j \subseteq U$들이 있다. 여기서 $2^{e_j} = \prod\{u \mid u \in E_j\}$이다. 반대로, $U$의 유한 부분집합들의 유한 모임들은 모두 이런 식으로 음이 아닌 정수 $x$에 대응된다. 예를 들어 수 $41 = 2^5 + 2^3 + 1$은 모임 $\{\{2^1, 2^4\}, \{2^1, 2^2\}, \emptyset\}$에 대응된다.

a) $x$의 이진 표현과 $x$에 대한 모임에 대응되는 부울 함수의 진리표 사이의 간단한 연관 관계를 찾아라.

b) $U$의 원소들을 역순, 즉 $\ldots$, $2^4$, $2^2$, $2^1$의 순서(가장 큰 지수가 뿌리에 가장 가까운)로 판정할 때, $x$를 표현하는 모임에 대한 ZDD의 크기를 $Z(x)$라고 하자. 예를 들어 $Z(41) = 5$이다. $Z(x) = O(\log x / \log\log x)$임을 보여라.

c) $Z(x)$가 (b)의 상계보다 훨씬 작은 정수 $x$를 일컬어 '희소하다(sparse)'라고 말한다. 희소한 정수들의 합 역시 $Z(x+y) = O(Z(x)Z(y))$라는 의미에서 희소함을 증명하라.

d) 희소한 정수들의 포화飽和된 차이(saturating difference) $x \dot{-} y$가 항상 희소한가?

e) 희소한 정수들의 곱은 항상 희소한가?

**257.** [*40*] (S. Minato.) ZDD를 이용해서 음이 아닌 정수 계수들을 가진 다항식들을 표현하는 방법을 조사하라. 힌트: 그러한 임의의 $x$, $y$, $z$ 다항식들을 $\{2, 2^2, 2^4, \ldots, x, x^2, x^4, \ldots, y, y^2, y^4, \ldots, z, z^2, z^4, \ldots\}$의 부분집합들의 모임으로 간주할 수 있다. 예를 들어 $x^3+3xy+2z$는 자연스럽게 모임 $\{\{x, x^2\}, \{x, y\}, \{2, x, y\}, \{2, z\}\}$으로 대응된다.

▸ **258.** [*25*] 양의 정수 $n$이 주어졌을 때, 정확히 $n$개의 해를 가진 BDD의 최소 크기는 무엇인가? 그리고 그러한 ZDD의 최소 크기는 무엇인가?

▸ **259.** [*25*] 괄호들의 열을 0이 '('를, 1이 ')'를 뜻한다는 관례에 따라 하나의 이진열로 부호화할 수 있다. 예를 들어 ())(()는 011001로 부호화된다.

모든 $n$노드 숲은 $2n$개의 괄호들이 적절히 중첩된(nested, 내포된) 괄호열에 대응된다. 여기서 괄호들이 적절히 중첩된다는 것은 왼쪽, 오른쪽 괄호가 흔히 쓰이는 방식으로 쌍을 이루는 것을 말한다. (이를테면 2.3.3-(1)이나 7.2.1.6-(1)을 보라.) 이제

$$N_n(x_1, \ldots, x_{2n}) = [x_1 \ldots x_{2n}\text{이 적절히 중첩된 괄호열을 나타냄}]$$

이라고 하자. 예를 들어 $N_3(0,1,1,0,0,1)=0$이고 $N_3(0,0,1,0,1,1)=1$이다. 일반화하자면 $N_n$의 해는 $C_n \approx 4^n/(\sqrt{\pi}\, n^{3/2})$개로, 여기서 $C_n$은 카탈랑 수(Catalan number)이다. $B(N_n)$과 $Z(N_n)$은 얼마인가?

▸ **260.** [*M27*] §7.2.1.5에서 $\{1, \ldots, n\}$을 서로 소인 부분집합들로 나누는 모든 분할이 '제한 성장 문자열(restricted growth string)' $a_1 \ldots a_n$들에 대응됨을 알게 될 것이다. 이 제한 성장 문자열은 음이 아닌 정수들의 수열로, 다음과 같이 정의된다.

$$a_1 = 0\text{이고} \qquad 1 \le j < n\text{에 대해 } a_{j+1} \le 1 + \max(a_1, \ldots, a_j).$$

이러한 분할에서 원소 $j$와 $k$는 오직 $a_j = a_k$일 때에만 같은 부분집합에 속한다.

a) $0 \le k < j \le n$에 대해 $x_{j,k} = [a_j = k]$라고 하자. 그리고 $R_n$이 이 $\binom{n+1}{2}$개의 변수들의 함수이되 오직 $a_1 \ldots a_n$이 제한 성장 문자열일 때에만 참인 부울 함수라고 하자. (이 부울 함수를 연구함으로써 모든 집합 분할의 모임을 연구할 수 있으며, $R_n$에 추가적인 제한을 가함으로써 특정한 속성들을 가진 집합 분할을 연구할 수 있다. $n = 100$일 때 집합 분할들은 $\varpi_{100} \approx 5 \times 10^{115}$개이다.) $B(R_{100})$과 $Z(R_{100})$을 계산하라. $n \to \infty$에 따라 $B(R_n)$과 $Z(R_n)$이 근사적으로 얼마나 커질 수 있는가?

b) 변수 $x_{j,k}$들의 순서를 적절히 설정하면 $\{R_1, \ldots, R_n\}$에 대한 BDD 기반의 노드 개수가 $R_n$ 하나에 대한 BDD의 노드 개수와 같아질 수 있음을 보여라.

c) 각 $a_k$를 $\lceil \lg k \rceil$개의 비트들로 된 이진 정수로 표현한다면 $\binom{n+1}{2}$개보다 적은 대략 $n \lg n$개의 변수들을 사용할 수 있다. 그러한 집합 분할 표현에서 BDD 기반과 ZDD 기반은 얼마나 커질 수 있는가?

**261.** [*HM21*] "*임의의 주어진 정규 언어를 받아들이는, 상태들의 개수가 최소인 결정론적 유한상태 자동기계는 고유일하다.*" 자동기계 이론의 이 유명한 정리와 이진 결정도 이론 사이의 관계는 무엇인가?

**262.** [*M26*] §7.1.2에서, $f(0, \ldots, 0) = 0$인 정규 부울 함수들만 고려한다면 최적 부울 사슬을 훨씬 빠르게 구할 수 있음을 보았다. (식 7.1.2-(10)을 보라.) 그와 비슷하게, 여기에서는 각 노드가 정규 함수를 뜻하는 BDD들만 고려한다는 제약을 두자.

a) 이를 부분함수 자체가 아니라 부분함수의 여원을 가리키는 '여링크(complement link)'를 도입함으로써 그러한 제약을 가하는 방법을 설명하라.

b) 모든 부울 함수에 그러한 정규화된 BDD가 고유하게 존재함을 보여라.

c) 연습문제 1의 열여섯 함수들에 대한 정규화된 BDD들을 각각 그려라.

d) $f$에 대한 정규화된 BDD의 크기를 $B^0(f)$로 표기하자. $B^0(f)$의 평균 경우와 최악의 경우를 구하고, $B^0(f)$를 $B(f)$와 비교하라. ((80)과 정리 U를 보라.)

e) (58)의 $3 \times 3$ 곱셈에 대한 BDD 기반의 노드는 $B(F_1, \ldots, F_6) = 52$개이다. $B^0(F_1, \ldots, F_6)$는 얼마인가?

f) AND를 여링크들로 구현한다면 (54)와 (55)는 어떻게 변하는가?

**263.** [*HM25*] 선형 블록 부호(linear block code)는 $Hx = 0$을 만족하는 이진 열 벡터 $x = (x_1, \ldots, x_n)^T$들의 집합으로, 여기서 $H$는 주어진 $m \times n$ '패리티 점검 행렬'이다.

a) $n = 2^m - 1$이고 그 열들이 $(0, \ldots, 0, 1)^T$에서 $(1, \ldots, 1, 1)^T$까지의 0이 아닌 이진 $m$-짝($m$-tuple)들인 선형 블록 부호를 해밍 부호(Hamming code)라고 부른다. 해밍 부호가 연습문제 7-23의 의미에서 1-오류 보정임을 증명하라.

b) $H$가 성분이 모두 0인 열이 없는 $m \times n$ 행렬일 때, $f(x) = [Hx = 0]$이라고 하자. $f$의 BDD 프로파일과 2를 법으로 한 $H$의 부분행렬들의 순위들 사이에 간단한 관계가 존재함을 보이고, 해밍 코드에 대한 $B(f)$를 계산하라.

c) 일반화하자면, 임의의 블록 부호를 $f(x) = [x\text{는 부호단어}]$로 정의하는 것이 가능하다. 어떤 부호단어 $x = x_1 \ldots x_n$을 잡음이 있을지도 모르는 채널을 통해서 전송했다고 하자. 그리고 수신되는 비트들이 $y = y_1 \ldots y_n$이라고 할 때, 그 채널이 $y_k = x_k$를 각 $k$에 대해 독립적으로 $p_k$의 확률로 전송한다고 하자. $y$, $p_1$, $\ldots$, $p_n$과 $f$에 대한 BDD가 주어졌을 때, 제대로 전송될 확률이 가장 큰 부호단어 $x$를 구하는 방법을 설명하라.

**264.** [*M46*] 본문에서, (22)에 기초한 알고리즘 B와 C의 '포괄적인 일반화'는 중요한 여러 응용들을 포함하지만, 수량

$$\max_{f(x)=1} \left( \sum_{k=1}^{n} w_k x_k + \sum_{k=1}^{n-1} w'_k x_k x_{k+1} \right) \qquad \text{또는} \qquad \max_{f(x)=1} \sum_{j=0}^{n-1} \left( w_j \sum_{k=1}^{n-j} x_k \cdots x_{k+j} \right)$$

는 포함하지 않는 것으로 보인다. 이들도 $f$에 대한 BDD나 ZDD를 이용해서 효율적으로 계산할 수 있다.

이들까지 포함하는 좀 더 포괄적인 일반화를 제시하라.

▸ **265.** [*21*] $m$과 $n$변수 부울 함수 $f$에 대한 BDD가 주어졌을 때, $f(x)=1$의 해들 중 $x_1 \ldots x_n$의 사전식 순서에서 $m$번째로 작은 해를 구하는 알고리즘을 고안하라. 그 알고리즘은 반드시 $O(nB(f)+n^2)$단계를 취해야 한다.

▸ **266.** [*20*] 노드들의 번호가 전위순으로 $\{1,\ldots,n\}$인 모든 숲 $F$는 다음과 같은 집합들의 모임 두 가지를 정의한다.

$$a(F)=\{\{\mathrm{anc}\}(1),\ldots,\{\mathrm{anc}\}(n)\},\qquad d(F)=\{\{\mathrm{dec}\}(1),\ldots,\{\mathrm{dec}\}(n)\}.$$

여기서 $\mathrm{anc}(k)$와 $\mathrm{dec}(k)$는 노드 $k$의 포함적 선조들과 후손들이다. 예를 들어 $F$가

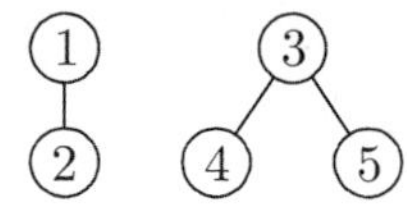

이면 $a(F)=\{\{1\},\{1,2\},\{3\},\{3,4\},\{3,5\}\}$이고 $d(F)=\{\{1,2\},\{2\},\{3,4,5\},\{4\},\{5\}\}$이다. 반대로, $a(F)$나 $d(F)$로부터 $F$를 재구축할 수 있다.

모임 $a(F)$에 대한 ZDD의 노드가 정확히 $n+2$개임을 증명하라.

**267.** [*HM32*] 연습문제 266을 이어서, $F$의 범위가 모든 $n$노드 숲이라 할 때, 모임 $d(F)$에 대한 ZDD의 최소, 최대, 평균 크기를 구하라.

이 책을 더 길게 만들지는 말아야 하리라,
도를 넘지 않으려면,
그리고 분량 때문에 사람들이 도망가지 않으려면.

— 앨프릭ÆLFRIC, *Catholic Homilies II* (c.1000)

세상에는 도끼로 악의 뿌리를 내려치는 사람이 한 명 있다면,
악의 가지를 치는 사람은 천 명이 있다고 하겠다.†

— 소로HENRY D. THOREAU, 월든(*Walden; or, Life in the Woods*) (1854)

† [옮긴이 주] 『월든』, 강승영 옮김(이레, 2003), 108쪽에서 인용.

## 7.2. 모든 가능성의 생성

열외자 외 전원 집합했습니다!

— 미군의 전통적인 구호

전원 집합, 이상 없습니다!

— 영국군의 전통적인 구호

### 7.2.1. 기본적인 조합 패턴 생성

이번 절에서 우리의 목표는 어떤 조합적 전체모임의 모든 가능성(possibility)† 을 훑는 방법을 공부하는 것이다. 이러한 공부가 필요한 것은, 모든 경우를 철저히 조사해야 하는 것이 필수이거나 바람직한 문제들을 종종 만나기 때문이다. 예를 들어 주어진 한 집합의 모든 순열을 찾아봐야 하는 경우가 있다.

이를 모든 가능성을 열거하는(enumerate) 과제로 간주하는 저자들도 있지만, 열거가 아주 적합한 용어는 아니다. 왜냐하면 열거는 모든 경우를 실제로 살펴보는 것이 아니라 그냥 그 개수를 세기만 하면 된다는 뜻을 함축하는 경우가 많기 때문이다. $\{1,2,3\}$의 모든 순열을 열거하라고 했을 때, 완전한 답인 $\{123,132,213,231,312,321\}$ 대신 그냥 $3!=6$을 답으로 제시해도 딱히 틀렸다고 하기 힘든 것이다.‡

모든 가능성의 목록 나열(listing)이라는 표현을 쓰는 저자도 있지만, 그 역시 썩 훌륭한 어법은 아니다. 분별 있는 사람이라면 $\{0,1,2,3,4,5,6,7,8,9\}$의 순열 $10!=3{,}628{,}800$개의 목록을 수천 장의 종이에 출력하려 들지는 않을 것이며, 컴퓨터 파일에 기록하는 것도 바람직한 일은 아니다. 우리가 정말로 원하는 것은, 프로그램이 한 번에 하나씩 살펴볼 수 있도록 순열들을 일시적으로 어떤 자료구조로 표현하는 것이다.

그래서 여기에서는 모든 조합적 대상을 생성(generating)하고, 각각을 차례로 방문(visiting)한다는 표현을 사용하기로 한다. §2.3.1에서 트리의 모든 노드를 방문하는 것을 목표로 삼아서 트리 운행을 위한 알고리즘들을 공부했던 것과 마찬가지로, 여기에서는 가능성들의 조합적 공간을 체계적으로 운행하는 알고리즘들을 살펴보기로 한다.

---

† [옮긴이 주] 이번 절에서(그리고 사실 이 책의 곳곳에서) 가능성은 일상 언어에서의 추상적 의미, 즉 '확률'이나 '능력'을 연상시키는 의미보다는, '실현 · 나열 · 존재 가능한 실체·대상'에 더 가깝다. dependency가 '의존성'이나 '의존관계'뿐만 아니라 그러한 속성 또는 관계를 가진 실체·대상, 즉 '의존물'을 뜻하기도 하는 것과 비슷하다. 그런 차원에서 '가능물'이라는 용어를 새로 도입할 수도 있겠지만, 그냥 기존 용어의 의미를 확장하는 쪽을 택했다.

‡ [옮긴이 주] 이는 물론 원문의 enumerate(num이 숨어 있다!)에 해당하는 것이고, 한자어 나열이나 열거에 대해서도 반드시 성립하는 것은 아니다.

명부에 올랐네—명부에 올랐네;
누구도 못 빠져 나가리—누구도 못 빠져 나가리.

— 길버트WILLIAM S. GILBERT, *The Mikado* (1885)

**7.2.1.1. 모든 $n$-짝의 생성.** 그럼 작은 예제로 시작하자. $n$개의 이진 숫자들로 이루어진 $2^n$개의 이진열들을 모두 훑는 방법을 고찰해 보자. 이는 각 $a_j$가 0 아니면 1인 $n$-짝($n$-tuple) $(a_1, \ldots, a_n)$들을 모두 훑는 것과 동치인 과제이다. 또한 이 과제는 본질적으로 주어진 집합 $\{x_1, \ldots, x_n\}$의 모든 부분집합을 조사하는 것과도 동치인데, 왜냐하면 $x_j$는 오직 $a_j = 1$일 때에만 그러한 부분집합에 속한다고 할 수 있기 때문이다.

물론 그러한 문제에는 우스꽝스러울 정도로 간단한 해법이 존재한다. 그냥 이진수 $(0\ldots00)_2 = 0$에서 시작해서 $(1\ldots11)_2 = 2^n - 1$에 도달할 때까지 1을 더해 나가면 된다. 그러나, 이러한 완전히 자명한 문제라고 해도 좀 더 자세히 들여다보면 놀랄 만큼 흥미로운 점들을 발견할 수 있음을 차차 보게 될 것이다. 그리고 $n$-짝을 공부해 두면, 나중에 좀 더 어려운 종류의 패턴들을 생성할 때 큰 도움이 된다.

우선 살펴볼 것은, 이진수 표기 요령을 다른 종류의 $n$-짝들로도 확장할 수 있다는 것이다. 예를 들어 각 $a_j$가 십진 숫자 $\{0, 1, 2, 3, 4, 5, 6, 7, 8, 9\}$ 중 하나인 모든 $(a_1, \ldots, a_n)$을 생성한다고 하면, 그냥 십진수체계에서 $(0\ldots00)_{10} = 0$에서 $(9\ldots99)_{10} = 10^n - 1$까지를 세면 된다. 좀 더 일반화해서, 만일

$$1 \le j \le n\text{에 대해} \qquad 0 \le a_j < m_j \tag{1}$$

인 모든 경우를 훑는다고 하자. 여기서 상한 $m_j$는 벡터 $(a_1, \ldots, a_n)$의 각 성분마다 다르다. 그러한 과제는 혼합기수 수체계의 수

$$\begin{bmatrix} a_1, & a_2, & \ldots, & a_n \\ m_1, & m_2, & \ldots, & m_n \end{bmatrix} \tag{2}$$

에 단위원單位元(unity)을 되풀이해서 더하는 것과 본질적으로 동일하다. 식 4.1-(9)와 연습문제 4.3.1-9를 보라.

여기서 잠시 숨을 돌리고, 그러한 과정을 좀 더 공식적으로 서술해 보자.

**알고리즘 M** (혼합기수 생성)**.** 이 알고리즘은 위넘침(overflow)이 발생할 때까지 (2)의 혼합기수 수에 되풀이해서 1을 더함으로써, (1)을 만족하는 모든 $n$-짝을 방문한다. 편의를 위해 보조 변수 $a_0$과 $m_0$을 도입한다.

**M1.** [초기화.] $0 \le j \le n$에 대해 $a_j \leftarrow 0$으로 설정하고, $m_0 \leftarrow 2$로 설정한다.

**M2.** [방문.] $n$-짝 $(a_1, \ldots, a_n)$을 방문한다. (모든 $n$-짝을 조사하고자 하는 프로그램은 이 지점에서 원하는 작업을 수행하면 된다.)

**M3.** [1을 더할 준비를 한다.] $j \leftarrow n$으로 설정한다.

**M4.** 〔필요하다면 자리 올림을 처리.〕 만일 $a_j = m_j - 1$이면 $a_j \leftarrow 0$, $j \leftarrow j - 1$로 설정하고 이 단계를 되풀이한다.

**M5.** 〔끝이 아닌 한 증가.〕 만일 $j = 0$이면 알고리즘을 끝낸다. 그렇지 않으면 $a_j \leftarrow a_j + 1$로 설정하고 단계 M2로 돌아간다. ▮

알고리즘 M은 간단하고 직관적이나, $n$이 상당히 작은 상수라면 내포된 루프들을 더욱 단순화할 수 있다는 점도 잊기 말아야 한다. 예를 들어 $n = 4$라면 다음과 같은 명령들을 작성하면 될 것이다.

$a_1 = 0, 1, \ldots, m_1 - 1$에 대해(이 순서대로) 다음을 수행한다:
 $a_2 = 0, 1, \ldots, m_2 - 1$에 대해(이 순서대로) 다음을 수행한다:
  $a_3 = 0, 1, \ldots, m_3 - 1$에 대해(이 순서대로) 다음을 수행한다: (3)
   $a_4 = 0, 1, \ldots, m_4 - 1$에 대해(이 순서대로) 다음을 수행한다:
    $(a_1, a_2, a_3, a_4)$를 방문한다.

이 명령들은 알고리즘 M과 동치이며, 그 어떤 프로그래밍 언어로도 쉽게 표현할 수 있다.

**그레이 이진 부호.** 알고리즘 M은 모든 $(a_1, \ldots, a_n)$을 사전식 순서로 훑는다. 그러나 그러한 $n$-짝들을 다른 어떤 순서로 방문하는 것이 바람직한 상황도 많다. 사전순이 아닌 순서로 가장 유명한 것으로 그레이 이진 부호(Gray binary code)라는 것이 있다. 그레이 이진 부호는 $n$비트 이진열 $2^n$개를, 비트가 한 번에 하나씩만 간단하고도 규칙적으로 변하는 방식으로 나열한다. 예를 들어 $n = 4$에 대한 그레이 이진 부호는 다음과 같다.

$$0000, 0001, 0011, 0010, 0110, 0111, 0101, 0100,$$
$$1100, 1101, 1111, 1110, 1010, 1011, 1001, 1000. \qquad (4)$$

이러한 부호들은 아날로그 정보를 디지털로 또는 그 반대 방향으로 변환하는 응용들에서 특히나 중요하다. 예를 들어 회전하고 있는, 16개의 구역(섹터)으로 나뉜 디스크 상의 현재 위치를, 흰색과 검은색을 구분하는 네 개의 감지기를 이용해서 파악한다고 하자. 트랙들에 0000에서 1111까지의 부호들을 그림 30(a)처럼 사전순으로 부여한다면 구역들 사이의 경계에서 측정치가 아주 부정확해진다. 그러나 그림 32(b)처럼 부호들을 배정한다면 그러한 읽기 오류가 발생하지 않는다.

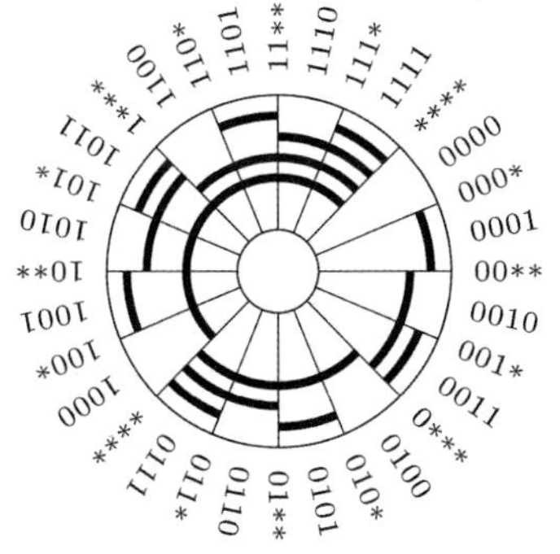

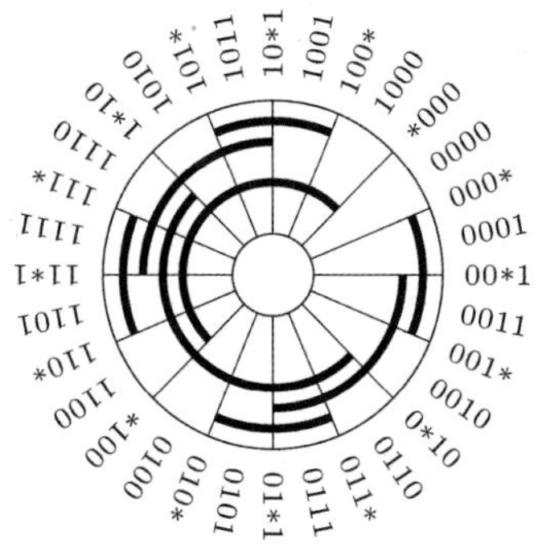

**그림 30.** (a) 사전순 이진 부호. (b) 그레이 이진 부호.

그레이 이진 부호를 정의하는, 서로 동치인 방법들이 많이 있다. $n$비트 그레이 이진열들을 $\Gamma_n$으로 표기한다고 할 때, $\Gamma_n$을 이를테면 다음 두 가지 규칙을 통해서 재귀적으로 정의할 수 있다.

$$\Gamma_0 = \epsilon; \qquad \Gamma_{n+1} = 0\Gamma_n, 1\Gamma_n^R. \tag{5}$$

여기서 $\epsilon$은 빈 이진열이고 $0\Gamma_n$은 $\Gamma_n$의 각 이진열의 앞에 0을 붙인 수열, $1\Gamma_n^R$은 $\Gamma_n$을 역순으로 나열해서 각 이진열의 앞에 1을 붙인 수열이다. $\Gamma_n$의 마지막 이진열은 $\Gamma_n^R$의 첫 이진열과 같으므로, (5)는 만일 $\Gamma_n$의 각 단계에서 비트가 정확히 하나만 변한다면 $\Gamma_{n+1}$ 역시 그럴 것임을 명확하게 표현하고 있다.

수열 $\Gamma_n = g(0)$, $g(1)$, …, $g(2^n - 1)$을 정의하는 또 다른 방법은 개별 원소 $g(k)$에 대한 명시적 공식을 제시하는 것이다. 실제로, $\Gamma_{n+1}$이 $0\Gamma_n$으로 시작하므로, 만일 0들과 1들의 기호열들을 추가적인 선행 0들이 있는 이진 정수로 간주한다면, 무한수열

$$\begin{aligned}\Gamma_\infty &= g(0), g(1), g(2), g(3), g(4), \ldots \\ &= (0)_2, (1)_2, (11)_2, (10)_2, (110)_2, \ldots\end{aligned} \tag{6}$$

은 모든 음이 아닌 정수의 한 순열이다. 그러면 $\Gamma_n$은 (6)의 처음 $2^n$개의 원소들을 $n$비트열로 변환해서(각각의 왼쪽에 적절한 개수의 0들을 추가) 얻은 수열이라고 할 수 있다.

$0 \le r < 2^n$이라 할 때, 만일 $k = 2^n + r$이면 (5)에 의해 $g(k)$는 $2^n + g(2^n - 1 - r)$과 같다. 따라서, 이진 표현이 $(\ldots b_2 b_1 b_0)_2$인 정수 $k$에는 그와 동치인, 표현이 $(\ldots a_2 a_1 a_0)_2$인 그레이 이진 부호 $g(k)$가 존재함을 $n$에 대한 귀납법으로 증명할 수 있다. 여기서

$$j \ge 0\text{에 대해} \qquad a_j = b_j \oplus b_{j+1} \tag{7}$$

이다. (연습문제 6 참고.) 예를 들어 $g((111001000011)_2) = (100101100010)_2$이다. 반대로, 만일 $g(k) = (\ldots a_2 a_1 a_0)_2$가 주어졌다면, (7)의 연립방정식을 뒤집은

$$j \ge 0\text{에 대해} \qquad b_j = a_j \oplus a_{j+1} \oplus a_{j+2} \oplus \cdots \tag{8}$$

을 이용해서 $k = (\ldots b_2 b_1 b_0)_2$를 구할 수 있다. (8)의 무한 합은 사실은 유한한데, 왜냐하면 모든 큰 $t$에 대해 $a_{j+t} = 0$이기 때문이다.

식 (7)의 여러 유쾌한 함의들 중 하나는, $g(k)$를 비트별 산술을 이용해서 아주 쉽게 계산할 수 있다는 것이다:

$$g(k) = k \oplus \lfloor k/2 \rfloor. \tag{9}$$

마찬가지로, (8)의 역함수는

$$g^{[-1]}(l) = l \oplus \lfloor l/2 \rfloor \oplus \lfloor l/4 \rfloor \oplus \cdots \tag{10}$$

을 만족한다. 그러나 이 함수에는 계산이 더 필요하다(연습문제 7.1.3-117을 보라). 또한 (7)로부터, 만일 $k$와 $k'$이 임의의 음이 아닌 정수라면

$$g(k \oplus k') = g(k) \oplus g(k') \tag{11}$$

임도 이끌어 낼 수 있다. 또 다른 결과는, $(n+1)$비트 그레이 이진 부호를 다음과 같이 표기할 수 있다는 것이다.

$$\Gamma_{n+1} = 0\Gamma_n,\ (0\Gamma_n) \oplus 110\ldots0.$$

이를테면 (4)에서 이 패턴이 명확하게 드러난다. (5)와 비교해 보면, 그레이 이진 부호의 순서를 뒤집는 것이 그 첫 비트를 여수화(보수화)하는 것과 동치임을 알 수 있다:

$$\Gamma_n^R = \Gamma_n \oplus \overbrace{10\ldots0}^{n-1}, \text{ 또는 } \Gamma_n \oplus 10^{n-1}\text{으로도 표기함.} \tag{12}$$

이번 절의 연습문제들에서는 (7)에서 정의한 함수 $g(k)$와 (8)에서 정의한 그 역함수 $g^{[-1]}$의 여러 추가적인 속성들과 응용 방법들을 논의한다. 이들을 이진열을 이진열로 사상하는 함수들이라고 간주할 때도 있고, 선행 0들이 무관한 이진 표기법을 통해서 정수를 정수로 대응시키는 함수로 간주하기도 한다.

그레이 이진 부호라는 용어는 그레이Frank Gray의 이름을 딴 것이다. 그는 흑백TV와 호환되는 컬러TV 방송에 오랫동안 사용된 방법을 고안하는 데 도움을 준 것으로 유명한 물리학자이다[*Bell System Tech. J.* **13** (1934), 464-515]. 그는 디지털 신호의 아날로그적 전송을 위한 한 방법인 펄스 부호 변조의 응용을 위해 $\Gamma_n$을 고안했다[*Bell System Tech. J.* **30** (1951), 38-40; *U.S. Patent 2632058* (17 March 1953); W. R. Bennett, *Introduction to Signal Transmission* (1971), 238-240을 보라]. 그러나 '그레이 이진 부호'의 개념은 그가 고안하기 오래전부터 알려져 있었다. 예를 들어 그 개념은 스티비츠George Stibitz의 특허 *U.S. Patent 2307868* (1943년 1월 12일)에도 나온다. 좀 더 중요한 것은, $\Gamma_5$가 1878년 시연된 보도Émile Baudot의 전신기에 쓰인 일인데, 전송 속도 단위인 '보(baud)'는 그의 이름에서 비롯되었다. 그와 독립적으로, 같은 시기에 그와 비슷하나 덜 체계적인 전신용 부호를 섀플러Otto Schäffler가 고안했다[*Journal Télégraphique* **4** (1878), 252-253; *Annales Télégraphiques* **6** (1879), 361, 382-383].*

사실 그레이 이진 부호는 수세기 동안 사람들을 매혹시킨 고전적인 장난감에 숨어 있다. 바로 '중국 고리 퍼즐(Chinese ring puzzle)†이라는 것인데, 영국인들은 주로 '지루한 수갑(tiring irons)'이라고 부른다. 그림 31은 고리가 일곱 개인 예이다. 목표는 막대에서 고리들을 빼내는 것인데, 고리들은 오직 다음 두 종류의 기본적인 움직임만 가능하도록(그림만 봐서는 잘 모를 수 있겠지만) 맞물려 있다:

---

* [주] 보도나 섀플러와 같은 시기에 인쇄 전신기(printing telegraph machine)를 개발한 엘리샤 그레이Elisha Gray가 그레이 부호를 고안했다고 단언하는 저자들이 있다. 그런 주장은 사실이 아니다. 다만, 엘리샤가 전화의 발명에 관한 우선권의 측면에서 다른 이들만큼 대접을 받지 못한 것은 사실이다[L. W. Taylor, Amer. Physics Teacher 5 (1937), 243-251을 보라].

† [옮긴이 주] 옥련환玉連環이나 구연환九連環이라고도 하는데, 전자는 고리 개수와 무관하게 아주 간단한 해결책이 존재하는 특수한 경우이고 후자는 고리가 아홉 개인 특수한 경우라 할 수 있다.

a) 제일 오른쪽 고리는 언제라도 빼거나 끼울 수 있다.

b) 그 외의 고리는 오직 그 오른쪽 고리가 막대에 끼워져 있고 그보다 오른쪽 고리들은 모두 빠져 있을 때에만 빼거나 끼울 수 있다.

고리가 막대에 있으면 1, 빠져 있으면 0이라는 규칙을 적용하면 이 퍼즐의 현재 상태를 이진열로 표현할 수 있다. 그림 31의 상태는 1011000이다. (왼쪽에서 둘째 고리는 0이다. 잘 보면 고리 전체가 막대 위에 놓여 있다.)

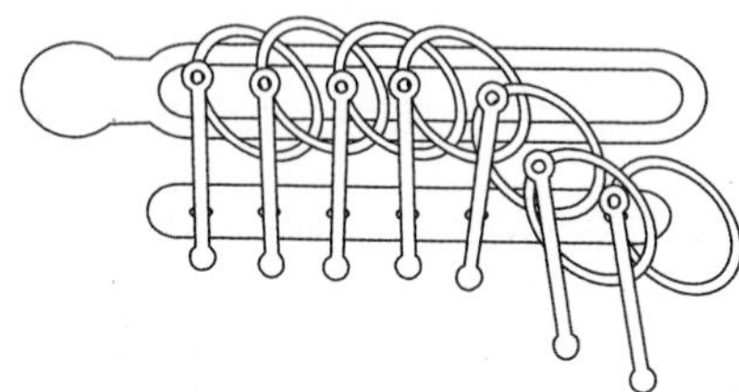

**그림 31.** 중국 고리 퍼즐.

그로Louis Gros라는 프랑스 치안판사(magistrate)는 중국 고리 퍼즐과 이진수 사이의 명시적 연관 관계를 익명으로 출판된 *Théorie du Bague-nodier*〔원문 그대로〕 (Lyon: Aimé Vingtrinier, 1872)라는 책에서 보여주었다. 고리들의 상태가 $a_{n-1}\dots a_0$이고 이진수 $k=(b_{n-1}\dots b_0)_2$를 식 (8)에서처럼 정의한다고 할 때, 그는 퍼즐을 푸는 데 필요한/충분한 추가 단계 수가 정확히 $k$임을 보였다. 따라서 그레이 이진 부호의 진정한 창안자는 그로인 셈이다.

> 이 매혹적이고 역사적인, 그리고 교육적인 퍼즐을
> 반드시 집집마다 장만해 두어야 할 것이다.
> — 듀드니HENRY E. DUDENEY (1901)

고리들이 00…0이나 10…0 이외의 상태일 때에는 정확히 두 개의 움직임이 가능한데, 하나는 (a)에 해당하는 움직임이고 또 하나는 (b)에 해당하는 것이다. 둘 중 목표에 가까워지는 것은 단 하나이다. 다른 하나는 목표에서 멀어지므로 취소해야 한다. (a)종 움직임은 $k$를 $k\oplus 1$로 바꾼다. 따라서 $k$가 홀수일 때에는 (a)종 움직임이 바람직하다. 그래야 $k$가 감소하기 때문이다. $1 \le j < n$에 대해 $(10^{j-1})_2$로 끝나는 한 위치에서의 (b)종 움직임은 $k$를 $k\oplus(1^{j+1})_2 = k\oplus(2^{j+1}-1)$로 바꾼다. 〔이 공식에서 '$1^{j+1}$'은 '1'이 $j+1$회 되풀이된 것을 뜻하나, '$2^{j+1}$'은 2의 거듭제곱을 뜻한다.〕 $k$가 짝수일 때에는 $k\oplus(2^{j+1}-1)$을 $k-1$과 같게 만드는 것이 유리하다. 그러려면 $k$가 $2^j$의 배수이되 $2^{j+1}$의 배수는 아니어야 한다. 다른 말로 하면, $\rho$가 식 7.1.3-(44)의 '눈금자 함수'라 할 때

$$j = \rho(k) \qquad (13)$$

이어야 한다. 따라서, 퍼즐을 적절히 푸는 경우 고리들은 다음과 같은 멋진 패턴을 따르게 된다: 만일 고리들에 번호 $0, 1, \dots, n-1$을 막대의 자유로운 끝에서부터 부여한다고 할 때, 막대에 끼워지는 또는 빠지는 고리들의 순차열은 $\dots, \rho(4), \rho(3), \rho(2), \rho(1)$로 끝나는 수열이다.

본론으로 돌아가서, 00…0에서 시작해서 궁극의 상태 10…0에 도달할 때까지(1693년에 월리스 John Wallis가 지적했듯이, 이 상태에 도달하는 것이 겉보기에 더 힘든 상태 11…1에 도달하는 것보다 더 어렵다) 연달아 고리들을 끼우고 빼는 과정으로부터 그레이 이진 부호를 세는 알고리즘을 이끌어낼 수 있다.

**알고리즘 G** (그레이 이진 부호 생성). 이 알고리즘은 모든 이진 $n$-짝 $(a_{n-1}, \ldots, a_1, a_0)$을 $(0, \ldots, 0, 0)$에서 시작해서 한 번에 한 비트씩 바꾸어 가면서 방문하며, 그러면서 다음과 같은 패리티 비트 $a_\infty$도 갱신한다.

$$a_\infty = a_{n-1} \oplus \cdots \oplus a_1 \oplus a_0. \tag{14}$$

이 알고리즘은 비트 $\rho(1)$, $\rho(2)$, $\rho(3)$, …, $\rho(2^n - 1)$을 연달아 여수화한 후 중지한다.

**G1.** [초기화.] $0 \le j < n$에 대해 $a_j \leftarrow 0$으로 설정한다. 또한 $a_\infty \leftarrow 0$으로 설정한다.

**G2.** [방문.] $n$-짝 $(a_{n-1}, \ldots, a_1, a_0)$을 방문한다.

**G3.** [패리티를 갱신.] $a_\infty \leftarrow 1 - a_\infty$로 설정한다.

**G4.** [$j$ 선택.] 만일 $a_\infty = 1$이면 $j \leftarrow 0$으로 설정한다. 그렇지 않으면, $j \ge 1$를 $a_{j-1} = 1$인 최솟값으로 설정한다. (이 단계를 $k$번 수행하고 나면 $j = \rho(k)$가 된다.)

**G5.** [성분 $j$의 여수화.] 만일 $j = n$이면 알고리즘을 끝낸다. 그렇지 않으면 $a_j \leftarrow 1 - a_j$로 설정하고 G2로 돌아간다. ▮

패리티 비트 $a_\infty$는 아래와 같은 합을 계산할 때 유용하다.

$$X_{000} - X_{001} - X_{010} + X_{011} - X_{100} + X_{101} + X_{110} - X_{111}$$

또는

$$X_\emptyset - X_a - X_b + X_{ab} - X_c + X_{ac} + X_{bc} - X_{abc}.$$

여기서 부호는 이진열의 패리티 또는 부분집합의 원소 개수에 의존한다. 이러한 합들은 식 1.3.3-(29) 같은 '포함 배제' 공식들에서 자주 나타난다. 패리티 비트는 또한 효율성을 위해서도 필수이다: 패리티 비트가 없으면 $j$를 결정하는 두 방식 중 하나를 손쉽게 선택할 수가 없다. 그 선택은 중국 고리 퍼즐에서 (a)종 움직임을 취할 것인가 (b)종 움직임을 취할 것인가에 해당한다. 그런데 알고리즘 G의 가장 중요한 특징은, 단계 G5에서 이진열 성분을 단 하나만 변경한다는 것이다. 즉, 합산되는 항 $X$들, 또는 각 $n$-짝을 방문할 때 처리할 다른 어떤 자료구조에 대해 간단한 하나의 변경만 필요한 것이다.

> 물론 최하위 숫자의 모든 애매모호성을 제거하는 것은 불가능하다.
> 단, 아일랜드 철도청에서 사용했다고 하는 방책은 예외인데,
> 그들은 열차 추돌 사고 시 피해가 가장 큰 것이 마지막 차량이므로
> 모든 열차에서 마지막 차량을 제거했다고 한다.
>
> — 스티비츠G. R. STIBITZ, 래리비J. A. LARRIVEE, *Mathematics and Computers* (1957)

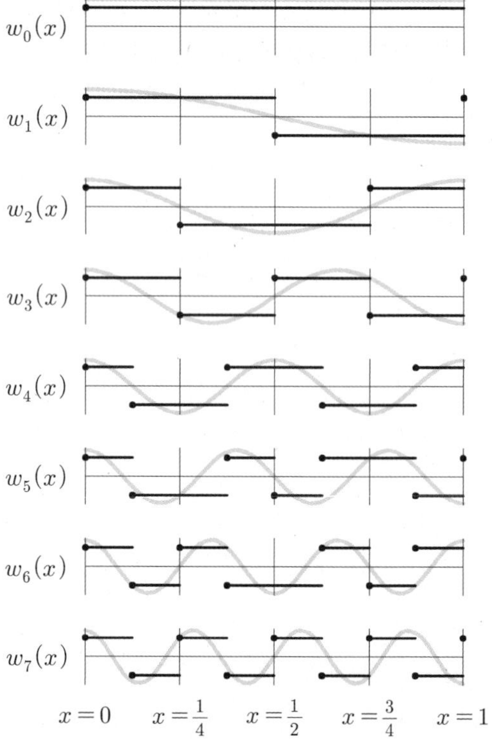


**그림 32.** $0 \le k < 8$에 대한 월시 함수 $w_k(x)$들. 비교를 위해, 그와 비슷한 삼각함수 $\sqrt{2}\cos k\pi x$를 회색으로 겹쳐 그렸다.

그레이 이진 부호의 또 다른 핵심 속성을, 현재 월시 함수라고 알려진 중요한 함수열과 연관해서 월시J. L. Walsh가 발견했다[*Amer. J. Math.* **45** (1923), 5-24 참고]. 모든 실수 $x$에 대해 $w_0(x) = 1$이고

$$k > 0\text{에 대해} \qquad w_k(x) = (-1)^{\lfloor 2x \rfloor \lceil k/2 \rceil} w_{\lfloor k/2 \rfloor}(2x) \tag{15}$$

라고 하자. 예를 들어 $w_1(x) = (-1)^{\lfloor 2x \rfloor}$은 $x$가 정수이거나 정수 더하기 $\frac{1}{2}$이면 항상 부호를 변경한다. 따라서 모든 $k$에 대해 $w_k(x) = w_k(x+1)$이며 모든 $x$에 대해 $w_k(x) = \pm 1$이다. 좀 더 중요한 점은, $w_k(0) = 1$이고 *구간* $(0..1)$ *에서* $w_k(x)$ *가 부호를 정확히* $k$ *번 바꾼다*는 것이다. 즉, $w_k(x)$는 $x$가 왼쪽으로부터 1에 접근함에 따라 $(-1)^k$에 접근한다. 따라서 $w_k(x)$는 삼각함수 $\cos k\pi x$나 $\sin k\pi x$와 상당히 비슷하게 행동하며, 다른 함수들도 월시 함수들의 선형 결합으로, 전통적인 푸리에 급수 표현 방식에서와 아주 비슷한 방식으로 표현할 수 있다. 이 사실과 $w_k(x)$의 단순한 이산적 성질이 결합되어서, 월시 함수는 정보 전송이나 영상 처리 등의 수많은 응용과 관련된 컴퓨터 계산에서 엄청나게 유용하다.

그림 32는 처음 여덟 개의 월시 함수들과 해당 삼각함수들을 나타낸 것이다. 공학자들은 $\cos k\pi x$와 $\sin k\pi x$의 주파수가 $k/2$라는 점을 빗대어, $w_k(x)$를 흔히 순차수(sequency)가 $k$인 월시 함수라고 부른다. [이를테면 하머스H. F. Harmuth의 책 *Sequency Theory: Foundations and Applications* (New York: Academic Press, 1977)를 보라.]

식 (15)가 만만찮아 보이겠지만, 사실 이 공식을 이용하면 $w_k(x)$의 부호 변화가 정확히 $k$라는 앞의 주장을 귀납법으로 손쉽게 증명할 수 있다. 만일 $k$가 짝수이면, 이를테면 $k=2l$이라면, $0 \le x < \frac{1}{2}$에 대해 $w_{2l}(x) = w_l(2x)$이다. 이는 함수 $w_l(x)$를 그 공간의 절반으로 압축한 것에 해당한다. 따라서 $w_{2l}(x)$는 지금까지 $l$회의 부호 변경을 누적한 셈이다. 그런 다음 $\frac{1}{2} \le x < 1$ 구간에서는 $w_{2l}(x) = (-1)^l w_l(2x) = (-1)^l w_l(2x-1)$이다. 이는 $w_l(2x)$의 또 다른 복사본을 덧붙이되, $x = \frac{1}{2}$에서의 부호 변화를 피하기 위해 부호를 적절히 뒤집는다. 함수 $w_{2l+1}(x)$도 이와 비슷하되, $x = \frac{1}{2}$일 때 부호 변경을 강제한다는 점이 다르다.

이런 이야기가 그레이 이진 부호와 무슨 상관이 있을까? 월시는 그의 함수를 다음과 같은 라데마허 함수(Rademacher functions)[Hans Rademacher, *Math. Annalen* **87** (1922), 112–138]라는 좀 더 간단한 함수들로 깔끔하게 표현할 수 있음을 발견했다.

$$r_k(x) \;=\; (-1)^{\lfloor 2^k x \rfloor}. \tag{16}$$

이 함수들은 $(\ldots c_2 c_1 c_0 . c_{-1} c_{-2} \ldots)_2$가 $x$의 이진 표현이라고 할 때 값 $(-1)^{c_{-k}}$를 취한다. 실제로 $w_1(x) = r_1(x)$, $w_2(x) = r_1(x) r_2(x)$, $w_3(x) = r_2(x)$이고, 일반적으로는

$$k = (\ldots b_2 b_1 b_0)_2\text{라 할 때} \qquad w_k(x) = \prod_{j \ge 0} r_{j+1}(x)^{b_j \oplus b_{j+1}} \tag{17}$$

이다. (연습문제 33을 보라.) 따라서 $w_k(x)$에서 $r_{j+1}(x)$의 지수는 (7)에 따르면 그레이 이진 부호 $g(k)$의 $j$번째 비트이다. 그리고 다음이 성립한다:

$$k > 0\text{에 대해} \qquad w_k(x) \;=\; r_{\rho(k)+1}(x) w_{k-1}(x). \tag{18}$$

식 (17)은 다음과 같은 편리한 공식을 함의한다.

$$w_{k(x)} w_{k'}(x) = w_{k \oplus k'}(x). \tag{19}$$

이는 사인과 코사인에 대한 해당 곱 공식들보다 훨씬 간단하다. 모든 $j$와 $x$에 대해 $r_j(x)^2 = 1$이며 따라서 $r_j(x)^{a \oplus b} = r_j(x)^{a+b}$이라는 점을 생각하면 이러한 항등식을 쉽게 증명할 수 있다. 이 항등식은 특히 $k \ne k'$일 때 $w_k(x)$가 $w_{k'}(x)$에 직교임을 함의한다. 여기서 직교는 $w_k(x) w_{k'}(x)$의 평균값이 0이라는 의미에서이다. 또한 (17)을 이용해서 $1/2$나 $13/8$ 같은 $k$의 분수 값들에 대한 $w_k(x)$도 정의할 수 있다.

$2^n$개의 수 $(X_0, \ldots, X_{2^n-1})$의 월시 변환(Walsh transform)은 등식 $(x_0, \ldots, x_{2^n-1})^T = W_n (X_0, \ldots, X_{2^n-1})^T$로 정의되는 벡터인데, 여기서 $W_n$은 $0 \le j,\ k < 2^n$에 대해 $j$행 $k$열 성분이 $w_j(k/2^n)$인 $2^n \times 2^n$ 행렬이다. 예를 들어 그림 32은 $n=3$일 때 월시 변환이 다음과 같음을 말해 준다.

$$\begin{pmatrix} x_{000} \\ x_{001} \\ x_{010} \\ x_{011} \\ x_{100} \\ x_{101} \\ x_{110} \\ x_{111} \end{pmatrix} = \begin{pmatrix} 1&1&1&1&1&1&1&1 \\ 1&1&1&1&\bar{1}&\bar{1}&\bar{1}&\bar{1} \\ 1&1&\bar{1}&\bar{1}&\bar{1}&\bar{1}&1&1 \\ 1&1&\bar{1}&\bar{1}&1&1&\bar{1}&\bar{1} \\ 1&\bar{1}&\bar{1}&1&1&\bar{1}&\bar{1}&1 \\ 1&\bar{1}&\bar{1}&1&\bar{1}&1&1&\bar{1} \\ 1&\bar{1}&1&\bar{1}&\bar{1}&1&\bar{1}&1 \\ 1&\bar{1}&1&\bar{1}&1&\bar{1}&1&\bar{1} \end{pmatrix} \begin{pmatrix} X_{000} \\ X_{001} \\ X_{010} \\ X_{011} \\ X_{100} \\ X_{101} \\ X_{110} \\ X_{111} \end{pmatrix} \tag{20}$$

(여기서 $\bar{1}$은 $-1$을 뜻하며, 편의상 아래첨자들은 정수 $0 \sim 7$이 아니라 이진열 $000 \sim 111$을 뜻한다.) 아다마르 변환(Hadamard transform)도 이와 비슷하되 행렬 $W_n$ 대신 $H_n$을 이용해서 정의되는데, $H_n$은 $j$행 $k$열의 성분이 $(-1)^{j \cdot k}$인 행렬이다. 여기서 '$j \cdot k$'는 이진 표현 $j = (a_{n-1} \ldots a_0)_2$와 $k = (b_{n-1} \ldots b_0)_2$의 내적 $a_{n-1}b_{n-1} + \cdots + a_0 b_0$을 나타낸다. 예를 들어 다음은 $n = 3$일 때의 아다마르 변환이다.

$$\begin{pmatrix} x'_{000} \\ x'_{001} \\ x'_{010} \\ x'_{011} \\ x'_{100} \\ x'_{101} \\ x'_{110} \\ x'_{111} \end{pmatrix} = \begin{pmatrix} 1&1&1&1&1&1&1&1 \\ 1&\bar{1}&1&\bar{1}&1&\bar{1}&1&\bar{1} \\ 1&1&\bar{1}&\bar{1}&1&1&\bar{1}&\bar{1} \\ 1&\bar{1}&\bar{1}&1&1&\bar{1}&\bar{1}&1 \\ 1&1&1&1&\bar{1}&\bar{1}&\bar{1}&\bar{1} \\ 1&\bar{1}&1&\bar{1}&\bar{1}&1&\bar{1}&1 \\ 1&1&\bar{1}&\bar{1}&\bar{1}&\bar{1}&1&1 \\ 1&\bar{1}&\bar{1}&1&\bar{1}&1&1&\bar{1} \end{pmatrix} \begin{pmatrix} X_{000} \\ X_{001} \\ X_{010} \\ X_{011} \\ X_{100} \\ X_{101} \\ X_{110} \\ X_{111} \end{pmatrix} \tag{21}$$

이는 $n$차원 입방체에 대한 이산 푸리에 변환, 식 4.6.4-(38)과 같으며, 이를 §4.6.4에서 논의한 예이츠의 방법을 적절히 적용해서 '제자리에서' 빠르게 평가할 수 있다:

| 입력 | 첫째 단계 | 둘째 단계 | 셋째 단계 |
|---|---|---|---|
| $X_{000}$ | $X_{000}+X_{001}$ | $X_{000}+X_{001}+X_{010}+X_{011}$ | $X_{000}+X_{001}+X_{010}+X_{011}+X_{100}+X_{101}+X_{110}+X_{111}$ |
| $X_{001}$ | $X_{000}-X_{001}$ | $X_{000}-X_{001}+X_{010}-X_{011}$ | $X_{000}-X_{001}+X_{010}-X_{011}+X_{100}-X_{101}+X_{110}-X_{111}$ |
| $X_{010}$ | $X_{010}+X_{011}$ | $X_{000}+X_{001}-X_{010}-X_{011}$ | $X_{000}+X_{001}-X_{010}-X_{011}+X_{100}+X_{101}-X_{110}-X_{111}$ |
| $X_{011}$ | $X_{010}-X_{011}$ | $X_{000}-X_{001}-X_{010}+X_{011}$ | $X_{000}-X_{001}-X_{010}+X_{011}+X_{100}-X_{101}-X_{110}+X_{111}$ |
| $X_{100}$ | $X_{100}+X_{101}$ | $X_{100}+X_{101}+X_{110}+X_{111}$ | $X_{000}+X_{001}+X_{010}+X_{011}-X_{100}-X_{101}-X_{110}-X_{111}$ |
| $X_{101}$ | $X_{100}-X_{101}$ | $X_{100}-X_{101}+X_{110}-X_{111}$ | $X_{000}-X_{001}+X_{010}-X_{011}-X_{100}+X_{101}-X_{110}+X_{111}$ |
| $X_{110}$ | $X_{110}+X_{111}$ | $X_{100}+X_{101}-X_{110}-X_{111}$ | $X_{000}+X_{001}-X_{010}-X_{011}-X_{100}-X_{101}+X_{110}+X_{111}$ |
| $X_{111}$ | $X_{110}-X_{111}$ | $X_{100}-X_{101}-X_{110}+X_{111}$ | $X_{000}-X_{001}-X_{010}+X_{011}-X_{100}+X_{101}+X_{110}-X_{111}$ |

$H_3$의 행들이 $W_3$의 행들의 한 순열임을 주목하기 바란다. 이는 일반적으로 참이며, 따라서 아다마르 변환의 원소들을 치환함으로서 월시 변환을 얻을 수 있다. 이에 대한 자세한 사항은 연습문제 36에서 논의한다.

**더 빠른 방법.** $2^n$개의 가능성들을 훑을 때에는 계산 시간을 최대한 줄이고자 하는 것이 일반적이다. 알고리즘 G는 $(a_{n-1}, \ldots, a_0)$ 방문 당 비트 $a_j$ 하나만 여수화하면 되지만, $j$의 적절한 값을 선택하기 위해서는 단계 G4에서 루프를 돌려야 한다. 에를리히Gideon Ehrlich가 또 다른 접근방식을 제시했다 〔*JACM* **20** (1973), 500-513〕. 그가 소개한 것은 루프 없는 조합적 생성이라는 개념이다. 루프 없는 알고리즘에서는 연속된 방문들 사이에서 수행되는 연산의 개수의 한계를 미리 정해 둔다. 따라서 새 패턴이 생성될 때까지 오래 기다려야 하는 일이 없다.

어떤 이진수의 선행 또는 후행 0들의 개수를 빠르게 구하는 방법들에 관한 요령 몇 가지를 §7.1.3에서 배운 바 있다. $n$이 터무니없이 크지 않다면, 그 방법들을 단계 G4에 적용해서 알고리즘 G를 루프 없는 버전으로 만드는 것이 가능하다. 그러나 에를리히의 방법은 그와 상당히 다르며, 훨씬 다재다능하다. 따라서 효율적인 계산을 위한 우리의 기법 무기고에 새로 추가할 무기로 삼기로 하자. 그의 접근방식을 이진 $n$-짝 생성에 적용하는 방법은 다음과 같다〔Bitner, Ehrlich, Reingold, *CACM* **19** (1976), 517-521을 보라〕:

**알고리즘 L** (루프 없는 그레이 이진 부호 생성). 이 알고리즘은 알고리즘 G처럼 모든 이진 $n$-짝 $(a_{n-1}, \ldots, a_0)$을 그레이 이진 부호 순서로 방문한다. 그러나 패리티 비트 대신 '초점 포인터(focus pointer)'들의 배열 $(f_n, \ldots, f_0)$을 사용하는데, 이것의 의미는 아래에서 설명한다.

**L1.** 〔초기화.〕 $0 \le j < n$에 대해 $a_j \leftarrow 0$, $f_j \leftarrow j$로 설정한다. 또한 $f_n \leftarrow n$으로도 설정한다. (루프 없는 알고리즘이라도 초기화 설정이 비교적 효율적이라면 초기화 단계에서는 루프가 허용된다. 어차피 모든 프로그램은 적재 및 시동 과정이 필요하다.)

**L2.** 〔방문.〕 $n$-짝 $(a_{n-1}, \ldots, a_1, a_0)$을 방문한다.

**L3.** 〔$j$를 선택.〕 $j \leftarrow f_0$, $f_0 \leftarrow 0$으로 설정한다. (만일 이번이 이 단계를 $k$번째 수행하는 것이라면, $j$는 이제 $\rho(k)$와 같다.) 만일 $j = n$이면 알고리즘을 끝낸다. 그렇지 않으면 $f_j \leftarrow f_{j+1}$, $f_{j+1} \leftarrow j+1$로 설정한다.

**L4.** 〔성분 $j$를 여수화.〕 $a_j \leftarrow 1 - a_j$로 설정하고 L2로 돌아간다. ▌

예를 들어 다음은 $n = 4$일 때의 계산 과정이다. 이 표에서 원소 $a_j$에 밑줄이 쳐 있는 것은, $a_3a_2a_1a_0 = g(b_3b_2b_1b_0)$을 만족하는 이진열 $b_3b_2b_1b_0$에서 그 원소에 해당하는 비트 $b_j$가 1이라는 뜻이다.

| $a_3$ | 0 | 0 | 0 | 0 | 0 | 0 | 0 | 0 | $\underline{1}$ | $\underline{1}$ | $\underline{1}$ | $\underline{1}$ | $\underline{1}$ | $\underline{1}$ | $\underline{1}$ | $\underline{1}$ |
|---|---|---|---|---|---|---|---|---|---|---|---|---|---|---|---|---|
| $a_2$ | 0 | 0 | 0 | 0 | $\underline{1}$ | $\underline{1}$ | $\underline{1}$ | $\underline{1}$ | 1 | 1 | 1 | 1 | $\underline{0}$ | $\underline{0}$ | $\underline{0}$ | $\underline{0}$ |
| $a_1$ | 0 | 0 | $\underline{1}$ | $\underline{1}$ | 1 | 1 | $\underline{0}$ | $\underline{0}$ | 0 | 0 | $\underline{1}$ | $\underline{1}$ | 1 | 1 | $\underline{0}$ | $\underline{0}$ |
| $a_0$ | 0 | $\underline{1}$ | 1 | $\underline{0}$ | 0 | $\underline{1}$ | 1 | $\underline{0}$ | 0 | $\underline{1}$ | 1 | $\underline{0}$ | 0 | $\underline{1}$ | 1 | $\underline{0}$ |
| $f_3$ | 3 | 3 | 3 | 3 | 3 | 3 | 3 | 3 | 4 | 4 | 4 | 4 | 3 | 3 | 3 | 3 |
| $f_2$ | 2 | 2 | 2 | 2 | 3 | 3 | 2 | 2 | 2 | 2 | 2 | 2 | 4 | 4 | 2 | 2 |
| $f_1$ | 1 | 1 | 2 | 1 | 1 | 1 | 3 | 1 | 1 | 1 | 2 | 1 | 1 | 1 | 4 | 1 |
| $f_0$ | 0 | 1 | 0 | 2 | 0 | 1 | 0 | 3 | 0 | 1 | 0 | 2 | 0 | 1 | 0 | 4 |

알고리즘 L에 이진수 $k = (b_{n-1} \ldots b_0)_2$가 명시적으로 나오지는 않지만, 초점 포인터 $f_j$는 그 이진수를 암묵적으로, 비트 $a_{\rho(k)}$를 마땅히 여수화함으로써 $g(k) = (a_{n-1} \ldots a_0)_2$를 반복적으로 형성할 수

있도록 하는 현명한 방식으로 표현한다. 밑줄이 있는 $a_j$를 비활성(passive), 없는 것을 활성(active)이라고 부르기로 하자. 그러면, 초점 포인터들은 다음과 같은 불변 관계들을 만족한다.

1) 만일 $a_j$가 비활성이고 $a_{j-1}$이 활성이면 $f_j$는 $a_{j'}$이 활성인 가장 작은 색인 $j' > j$이다. (알고리즘에 비트 $a_n$과 $a_{-1}$이 실제로 나타나지는 않지만, 이 규칙에서는 그 비트들이 활성이라고 간주한다.)
2) 그렇지 않으면 $f_j = j$이다.

따라서 비활성 원소들의 블록 $a_{i-1} \cdots a_{j+1} a_j$(아래첨자 내림차순)의 제일 오른쪽 원소 $a_j$의 초점 포인터 $f_j$는 그 블록의 바로 왼쪽에 있는 원소 $a_i$를 가리킨다. 그 외의 모든 원소 $a_j$의 $f_j$는 원소 자신을 가리킨다.

이러한 규칙 하에서, 단계 L3의 처음 두 연산 '$j \leftarrow f_0$, $f_0 \leftarrow 0$'은 "$j$를 제일 오른쪽 활성 원소의 색인으로 설정하고, $a_j$ 오른쪽의 모든 원소를 활성으로 만든다"와 동치이다. 만일 $f_0 = 0$이면 연산 $f_0 \leftarrow 0$은 생략할 수 있음을 주목할 것. 그러나 그 연산을 수행해도 해가 되지는 않는다. L3의 다른 두 연산 '$f_j \leftarrow f_{j+1}$, $f_{j+1} \leftarrow j+1$'은 "$a_j$를 비활성으로 만든다"라고 하는 것과 동치이다. 계산의 이 지점에서 $a_j$와 $a_{j-1}$ 둘 다 활성임을 알고 있기 때문이다. (이번에도 $f_{j+1} \leftarrow j+1$ 연산은 중복이지만 수행해도 무방하다.) 따라서 이러한 활성화·비활성화의 전체 효과는, 1-비트들을 비활성, 0-비트들을 활성으로 두고 알고리즘 M에서처럼 대상들을 이진 표기법 하에서 세는 것과 동치이다.

알고리즘 L은 거의 눈이 멀 정도로 빠른데, 이는 생성된 하나의 $n$-짝의 각 방문 사이에서 단 5회의 배정 연산과 1회의 판정만 수행하기 때문이다. 그러나 이것이 최선은 아니다. 더 빠른 방법을 설명하기 위해, 우선 오락용 어학의 한 응용을 살펴보자. 캐스타운Rudolph Castown은 *Word Ways* **1** (1968), 165-169에서, sins의 글자들을 fate의 해당 글자와 교환하는 16가지 방법을 모두 동원하면 상당히 큰 영단어 사전이 만들어짐을 주목했다. 이를테면 sine, sits, site 등의 단어들을 만들 수 있다. 그중 세 단어, 즉 fane과 fite, sats를 뺀 모든 단어는 표준 영어에 포함시키는 데 나무랄 점이 없을 정도로 충분히 흔히 쓰이는 단어들이다. 이와 비슷한 질문을 5자 영단어들에도 적용할 수 있다: 즉, 두 5자 문자열의 같은 위치의 글자들을 총 32가지 방식으로 교환했을 때 가장 많은 Stanford GraphBase 단어를 산출하는 문자열들은 무엇인가?

이 질문의 답을 구하기 위해, 본질적으로 서로 다른 문자열들의 쌍 $\binom{26}{2}^5 = 3{,}625{,}908{,}203{,}125$가지를 모두 조사할 필요는 없다. SGB의 모든 단어쌍 $\binom{5757}{2} = 16{,}568{,}646$개만 살펴보면 된다. 단, 이는 그 단어쌍들 중 적어도 17개의 단어를 산출하는 것이 적어도 하나는 있어야 한다는 가정 하에서인데, 왜냐하면 두 5자 문자열로부터 얻을 수 있는 17개 이상의 5자 영단어들의 집합들은 모두 반드시 서로 '대척對蹠(antipodal)'인 두 단어가 존재하기 때문이다. 이러한 과제를 효율적으로 수행하기 위해서는, 모든 대척쌍에 대해, 32가지의 부분집합 교환에 의해 충분한 개수의 영단어들이 만들어지는지를 최대한 빠르게 판정할 수 있어야 한다.

모든 5자 영단어를 글자 당 5비트인 25비트 수들로, 즉 "a" = 00000에서 "z" = 11001까지로 나타낼 수 있다. 그러면, $2^{25}$비트 또는 바이트 크기의 표를 이용해서 주어진 5자 문자열이 유효한 영단어인지를 빠르게 판정하는 것이 가능하다. 따라서 문제는 주어진 두 단어의 글자들을 섞어서 얻을 수 있는 32개의 잠재적 단어들의 비트 패턴들을 생성하는 것, 그리고 그 패턴들을 표에서 조회하는 것으로 줄어든다. 다음은 주어진 25비트 단어 $w$와 $w'$의 쌍에 대해 그러한 작업을 수행하는 절차이다.

**W1.** [차이를 점검.] $z \leftarrow w \oplus w'$으로 설정한다. 만일 $m' \,\&\, (z-m) \,\&\, \bar{m} \neq 0$이면 단어쌍 $(w, w')$을 기각한다. 여기서 $m = 2^{20} + 2^{15} + 2^{10} + 2^{5} + 1$이고 $m' = 2^{5}m$이다. 이 판정은 $w$와 $w'$의 어떤 위치에 하나의 공통의 글자가 존재하는 경우들을 제거한다. (7.1.3-(90)을 보라. 계산해 보면, 16,568,646개의 단어쌍들 중 그런 공통의 글자가 없는 것은 10,614,085개이다.)

**W2.** [개별 마스크들을 생성.] 다음 단계를 위해, $m_0 \leftarrow z \,\&\, (2^5 - 1)$, $m_1 \leftarrow z \,\&\, (2^{10} - 2^5)$, $m_2 \leftarrow z \,\&\, (2^{15} - 2^{10})$, $m_3 \leftarrow z \,\&\, (2^{20} - 2^{15})$, $m_4 \leftarrow z \,\&\, (2^{25} - 2^{20})$으로 설정한다.

**W3.** [단어들을 센다.] $l \leftarrow 1$, $A_0 \leftarrow w$로 설정한다. 변수 $l$은 지금까지 발견된, $w$로 시작하는 단어들의 개수이다. 그런 다음 아래의 본문에서 정의하는 $swap(4)$ 연산들을 수행한다.

**W4.** [최선의 해를 출력한다.] 만일 $l$이 현재 최댓값 이상이면 $0 \leq j < l$에 대해 $A_j$를 출력한다. ▮

이 고속 방법의 핵심은 $swap(4)$에서 수행하는 일련의 연산들이다. 불필요한 추가부담을 모두 제거하기 위해서는 이 연산들을 인라인으로 확장할 필요가 있다(이를테면 매크로 처리기로). 이 연산은 다음과 같은 기본 연산을 통해서 정의된다.

> $sw(j)$: $w \leftarrow w \oplus m_j$로 설정한다.
> 그런 다음, 만일 $w$가 단어이면 $A_l \leftarrow w$, $l \leftarrow l+1$로 설정한다.

위치 $j$의 글자들을 뒤집는 이러한 $sw(j)$가 주어졌을 때, $swap$ 연산들은 다음과 같이 정의된다.

$$\begin{aligned} &swap(0) = 0;\\ &swap(1) = swap(0), sw(1), swap(0);\\ &swap(2) = swap(1), sw(2), swap(1);\\ &swap(3) = swap(2), sw(3), swap(2);\\ &swap(4) = swap(3), sw(4), swap(3). \end{aligned} \tag{22}$$

즉, $swap(4)$는 31단계의 순차열 $sw(0)$, $sw(1)$, $sw(0)$, $sw(2)$, ..., $sw(0) = sw(\rho(1))$, $sw(\rho(2))$, ..., $sw(\rho(31))$로 확장된다. 이 단계들이 1000만 번 수행될 것이므로, 눈금자 함수값 $\rho(k)$들을 알고리즘 M이나 G, L의 각 단어쌍마다 매번 다시 계산하는 대신, 프로그램 자체에 내장시킨다면 속도를 크게 높일 수 있다.

가장 많은 단어를 생성하는 단어쌍은 다음과 같은 21개의 단어들을 생성한다.

ducks, ducky, duces, dunes, dunks, dinks, dinky,
dines, dices, dicey, dicky, dicks, picks, picky, (23)
pines, piney, pinky, pinks, punks, punky, pucks.

예를 들어 $w = \text{ducks}$이고 $w' = \text{piney}$이면 $m_0 = \text{s} \oplus \text{y}$이다. 따라서 첫 연산 $sw(0)$은 ducks를 ducky로 바꾼다. 이는 하나의 단어이다. 그다음 연산 $sw(1)$은 $m_1$을 적용하는데, 이는 끝에서 두 번째 위치에서 $\text{k} \oplus \text{e}$에 해당한다. 이에 의해 ducey가 나오는데 이는 단어가 아니다. 또 다른 $sw(0)$에 의해 ducey가 duces로 바뀐다(이는 일반적으로 tecum 단어 앞에서 쓰이는 법률 용어이다.† )

이를 더욱 최적화하는 것도 가능하다. 예를 들어 지금까지 $k$개의 단어를 산출하는 단어쌍을 발견했다면, 비단어를 $33 - k$개 만들어낸 단어쌍은 그 즉시 기각해도 된다. 그러나 방금 설명한 방법은 이미 충분히 빠르며, 루프 없는 알고리즘 L보다도 빠른 방법이 존재한다는 사실을 잘 보여준다.

물론 알고리즘 L의 팬들이라면 알고리즘 L은 일반적인 $n$에 대한 생성 문제를 풀지만 지금 말한 방법은 오직 $n = 5$인 특수한 작은 경우에만 해당한다고 불평할지도 모르겠다. 그러나 비슷한 착안을 $n > 5$인 일반적인 경우에도 적용할 수 있다. 즉, 프로그램에서 제일 오른쪽 다섯 비트 $a_4a_3a_2a_1a_0$의 모든 가능한 32가지 설정을 빠르게 생성해 두고, 그런 다음 매 32단계마다 알고리즘 L을 적용해서 다른 비트들 $a_{n-1} \ldots a_5$의 연속적인 변경들을 생성하면 되는 것이다. 이 접근방식에서는 알고리즘 L이 수행하는 불필요한 작업을 거의 32분의 1로 줄인다.

**그 외의 이진 그레이 부호들.** 그레이 이진 부호 $g(0)$, $g(1)$, …, $g(2^n - 1)$은 모든 가능한 $n$비트 이진열을 각 단계에서 비트 하나씩만 변경해서 운행하는 여러 가지 방법 중 하나일 뿐이다. 일반적으로, 이진 $n$-짝들을 모두 포함하며 $v_k$와 $v_{(k+1) \bmod 2^n}$이 단 하나의 비트 위치에서만 다르다는 속성을 가진 임의의 수열 $(v_0, v_1, \ldots, v_{2^n-1})$을 '그레이 순환마디(Gray cycle)'라고 부르기로 하자. 그래프 이론의 용어로 말하면, 그레이 순환마디는 $n$-입방체에 대한 지향 해밀턴 순환마디이다. 여기서 아래첨자들은 $v_0 = 0\ldots0$이 되도록 선택되었다고 가정할 수 있다.

$v$들을 이진수들로 간주한다면, 다음을 만족하는 정수 $\delta_0 \ldots \delta_{2^n-1}$이 존재한다.

$$0 \le k < 2^n \text{에 대해} \qquad v_{(k+1) \bmod 2^n} = v_k \oplus 2^{\delta_k}. \tag{24}$$

이 소위 '델타열(delta sequence)'은 그레이 순환마디를 서술하는 또 다른 방법이다. 예를 들어 $n = 3$일 때 표준적인 그레이 이진 부호에 대한 델타열은 01020102이다. 이는 본질적으로 (13)의 눈금자 함수 $\delta_k = \rho(k+1)$이나, 마지막 값 $\delta_{2^n-1}$이 $n$이 아니라 $n-1$이다. 개별 원소 $\delta_k$는 항상 구간 $0 \le \delta_k < n$ 안에 놓이며, '좌표성분'이라고 부른다.

하나의 $n$비트 그레이 순환마디를 정의하는 서로 다른 델타열들의 개수를 $d(n)$으로 표기하고, 그런 델타열들 중 각 좌표성분 $k$가 $k+1$의 첫 출현보다 이전에 나오는 '표준(canonical)' 델타열들의 개수를 $c(n)$으로 표기하자. 그러면 $d(n) = n!\,c(n)$이다. 한 델타열의 좌표성분 번호들의 모든 순열마다 또 다른 델타열이 만들어짐이 자명하기 때문이다. $n \le 3$에 대해 유일하게 가능한 표준 델타열들이

† [옮긴이 주] duces는 주로 'subpoena duces tecum'이라는 법률 용어에서 쓰이는데, 이는 사람이 아니라 증거문서, 녹취록 등에 대한 소환장, 즉 '문서제출명령'을 뜻한다.

$$00; \qquad 0101; \qquad 01020102 \quad \text{그리고} \quad 01210121 \tag{25}$$

임을 증명하는 것은 쉬운 일이다. 따라서 $c(1)=c(2)=1$, $c(3)=2$이며 $d(1)=1$, $d(2)=2$, $d(3)=12$이다. 이후에 공부할 해밀턴 순환마디 열거를 위한 기법들을 사용해서 컴퓨터로 간단히 계산해 보면 다음과 같은 수치들이 나온다.

$$\begin{aligned} c(4) &= 112; & d(4) &= 2688; \\ c(5) &= 15{,}109{,}096; & d(5) &= 1{,}813{,}091{,}520. \end{aligned} \tag{26}$$

뚜렷하게 드러나는 간단한 패턴은 없으며, 수치들은 상당히 빠르게 증가한다(연습문제 47을 보라). 따라서 그 누구도 $c(8)$과 $d(8)$의 참값들을 알아내지 못할 것이라고 말해도 크게 과언은 아닐 것이다.

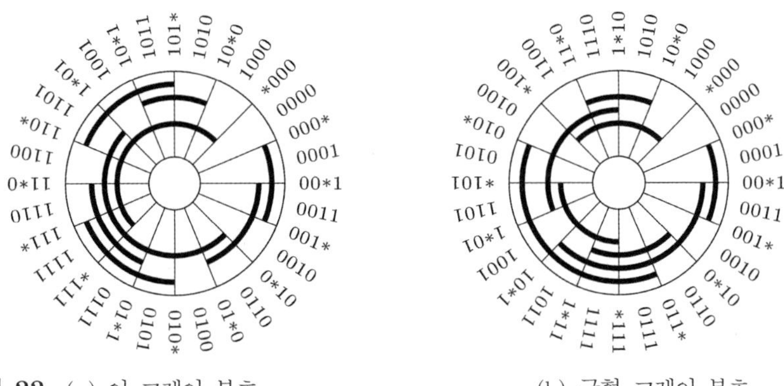

**그림 33.** (a) 여 그레이 부호. (b) 균형 그레이 부호.

가능성들의 수가 이처럼 거대하기 때문에, 추가적인 유용한 속성들을 가진 그레이 순환마디를 찾아내는 과제가 권장되었다. 예를 들어 그림 33(a)는 모든 문자열 $a_3a_2a_1a_0$이 자신의 여원 $\bar{a}_3\bar{a}_2\bar{a}_1\bar{a}_0$과 대각선 방향으로 반대편에 있는 4비트 그레이 순환마디이다. 비트수가 짝수이면 항상 이런 부호화 방식이 가능하다(연습문제 49를 보라.)

이보다 더 흥미로운 그레이 순환마디를 투틸G. C. Tootill이 발견했다[*Proc. IEE* **103**, Part B Supplement (1956), 435]. 그림 33(b)가 바로 그것이다. 이 순환마디의 네 좌표 트랙은 그 변경 횟수가 동일하다. 따라서 활동들에서 모든 좌표성분이 동등하게 공유된다. 비슷한 방식으로 균형 잡힌 그레이 순환마디를 $n$의 모든 큰 값들에 대해 구축하는 것이 가능하다. $n$비트 순환마디를 $n+2$비트로 확장하는 다음과 같은 다재다능한 방법을 이용하면 된다.

**정리 D.** *$\alpha_1 j_1 \alpha_2 j_2 \ldots \alpha_l j_l$이 $n$비트 그레이 순환마디에 대한 델타열이라 하자. 여기서 각 $j_k$는 하나의 좌표성분이고 각 $\alpha_k$는 좌표성분들의 수열(빈 수열일 수도 있음)이며 $l$은 홀수이다. 그러면*

$$\begin{aligned} &\alpha_1 (n+1) \alpha_1^R n \alpha_1 \\ &\qquad j_1 \alpha_2 n \alpha_2^R (n+1) \alpha_2 j_2 \alpha_3 (n+1) \alpha_3^R n \alpha_3 \ldots j_{l-1} \alpha_l (n+1) \alpha_l^R n \alpha_l \\ &\qquad\qquad (n+1) \alpha_l^R j_{l-1} \alpha_{l-1}^R \ldots \alpha_2^R j_1 \alpha_1^R n \end{aligned} \tag{27}$$

*은 $(n+2)$비트 그레이 순환마디의 델타열이다.*

예를 들어 $n=3$에 대한 델타열 $01\underline{0}201\underline{0}\underline{2}$로 시작하되 밑줄 친 세 원소가 $j_1$, $j_2$, $j_3$이라 하면, 5비트 순환마디에 대한 새 델타열 (27)은

$$0141030102013102420104340102 0103 \qquad (28)$$

이다.

증명. $\alpha_k$의 길이가 $m_k$라고 하자. 그리고 $v_{kt}$는 $0\ldots0$에서 시작해서 $\alpha_1 j_1 \ldots \alpha_{k-1} j_{k-1}$과 $\alpha_k$의 처음 $t$개의 좌표성분들을 변경해서 도달한 정점이라고 하자. $1 \le k \le l$과 $0 \le t \le m_k$에 대해 (27)을 사용했을 때 정점 $00v_{kt}$, $01v_{kt}$, $10v_{kt}$, $11v_{kt}$가 모두 나타남을 증명해야 한다. (제일 왼쪽 좌표성분은 $n+1$이다.)

$000\ldots0 = 00v_{10}$으로 시작해서, 다음 정점들을 얻을 때까지 나아간다.

$$00v_{11}, \ldots, 00v_{1m_1}, 10v_{1m_1}, \ldots, 10v_{10}, 11v_{10}, \ldots, 11v_{1m_1}.$$

그러면 $j_1$은 $11v_{20}$을 산출한다. 이후

$$11v_{21}, \ldots, 11v_{2m_2}, 10v_{2m_2}, \ldots, 10v_{20}, 00v_{20}, \ldots, 00v_{2m_2}$$

를 거쳐서 $00v_{30}$ 등으로 가며, 결국에는 $11v_{lm_l}$에 도달한다. 대단원으로, (27)의 셋째 줄을 적용해서 빠진 정점 $01v_{lm_l}$, …, $01v_{10}$을 모두 얻고, 다시 $000\ldots0$으로 돌아간다. ∎

한 델타열에서 $\delta_k = j$인 횟수를 $c_j$라고 할 때, $(c_0, \ldots, c_{n-1})$을 그 델타열의 전이 횟수들(transition counts)이라고 부른다. 예를 들어 (28)의 전이 횟수들은 $(12, 8, 4, 4, 4)$로, 이는 전이 횟수들이 $(4, 2, 2)$인 한 델타열로부터 발생한다. 원래의 델타열을 세심하게 선택하고 적절한 원소 $j_k$들에 밑줄을 치면 최대한 균등한(as equal as possible) 전이 횟수들을 얻을 수 있다.

**따름정리 B.** *모든 $n \ge 1$에 대해, 그 전이 횟수 $(c_0, c_1, \ldots, c_{n-1})$이 다음을 만족하는 $n$비트 그레이 순환마디가 존재한다.*

$$0 \le j < k < n\text{에 대해} \qquad |c_j - c_k| \le 2. \qquad (29)$$

(이는 가능한 최선의 균형 조건이다. 왜냐하면 각 $c_j$는 반드시 짝수이어야 하며, $c_0 + c_1 + \cdots + c_{n-1} = 2^n$이 반드시 성립해야 하기 때문이다. 실제로 조건 (29)는 오직 횟수들 중 $n-r$개가 $2q$와 같고 $r$개가 $2q+2$와 같을 때에만 성립한다. 여기서 $q = \lfloor 2^{n-1}/n \rfloor$이고 $r = 2^{n-1} \bmod n$이다.)

증명. $n$비트 그레이 순환마디에 대한 델타열이 주어졌으며 그 델타열의 전이 횟수들이 $(c_0, \ldots, c_{n-1})$이라 할 때, $(c'_0, \ldots, c'_{n-1}, c'_n, c'_{n+1}) = (4c_0, \ldots, 4c_{n-1}, l+1, l+1)$로 시작해서 $1 \le k < l$에 대해 $c'_{j_k}$로부터 2를 빼고 $c'_{j_l}$에 대해 4를 빼면 (27)의 순환마디의 전이 횟수들이 나온다. 예를 들어 $n=3$일 때 정리 D를 델타열 $0\underline{1}2\underline{1}0\underline{1}2\underline{1}$에 적용하면 전이 횟수들이 $(8-2, 16-10, 8, 6, 6) = (6, 6, 8, 6, 6)$인 균형 5비트 그레이 순환마디를 얻을 수 있다. 연습문제 51에서는 $n$의 다른 값들에 대한 세부사항이 나온다. ∎

같은 $\delta$ 값들이 연달아 있는 블록들 사이의 거리, 즉 연속열 길이(run length)를 살펴보면 좌표성분 트랙들의 부담이 모두 동일한, $n$비트 그레이 순환마디의 또 다른 중요한 부류를 발견하게 된다. 표준 그레이 이진 부호는 최소 유효 위치에서 연속열 길이가 2이며, 이 때문에 정교한 측정이 필요한 상황에서 정밀도가 손실될 수 있다. 〔이를테면 G. M. Lawrence, W. E. McClintock, *Proc. SPIE* **2831** (1996), 104-111의 논의를 보라.〕 그러나 모든 연속열의 길이가 4 이상인 주목할 만한 5비트 그레이 순환마디도 있는데, 그 순환마디의 델타열은 다음과 같다.

$$(0123042103210423)^2. \tag{30}$$

모든 연속열의 길이가 $\geq r$인 $n$비트 그레이 순환마디가 존재하는 $r$의 최댓값을 $r(n)$이라고 표기하자. $r(1)=1$이고 $r(2)=r(3)=r(4)=2$임은 분명하다. 그리고 $n>2$일 때 $r(n)$이 반드시 $n$ 미만임을 보이는 것도 어렵지 않다. 그러면 (30)으로부터 $r(5)=4$임을 유도할 수 있다. 그리고 컴퓨터를 이용한 전수 검색을 통해서, $r(6)=4$이고 $r(7)=5$임이 확인되었다. 실제로, $n=7$인 경우에 대한 상당히 직접적인 역추적 계산으로 $r(7)<6$임을 알아내는 데 필요한 트리의 노드 개수는 단 6천 만여 개이다. 연습문제 61(a)에서는 모든 연속열이 길이가 5 이상인 7비트 순환마디를 구축해 본다. $n \geq 8$일 때의 $r(n)$의 참값들은 아직 밝혀지지 않았으나, $r(10)$은 8임이 거의 확실하다. 또한 $n \to \infty$에 따라 $r(n)=n-O(\log n)$임을 증명할 수 있는 흥미로운 구축 방법들이 알려져 있다. (연습문제 60~64를 보라.)

***이진 그레이 경로.** 앞에서 $n$비트 그레이 순환마디를, 모든 이진 $n$쌍들이 $0 \leq k < 2^n - 1$에 대해 $n$-입방체 안에서 $v_k$가 $v_{k+1}$과 인접하다는, 그리고 $v_{2^n-1}$ 역시 $v_0$과 인접하다는 속성을 만족하는 수열 $(v_0, v_1, \ldots, v_{2^n-1})$로 배열되는 방식으로 정의했다. 그러한 순환적인 속성이 바람직하긴 하지만 항상 본질적인 것은 아니다. 그런 속성이 없을 때 더 나은 성과를 얻을 수 있는 경우가 있다. 그런 차원에서, 그레이 순환마디의 조건들 중 마지막 원소가 반드시 처음 원소와 인접해야 한다는 조건을 '제외한' 조건들을 만족하는 임의의 수열을 $n$비트 그레이 경로(Gray path)라고 부르기로 하자. 이를 흔히 그레이 부호(Gray code)라고 부르기도 한다. 다른 말로 하면, 그레이 순환마디는 $n$-입방체에 대한 해밀턴 순환마디인 반면, 그레이 부호는 그냥 그 그래프에 대한 해밀턴 경로이다.

그레이 순환마디가 아닌 이진 그레이 경로로 가장 중요한 것은 단조 그레이 경로이다. 여기서 단조란, 그레이 경로인 $n$비트 수열 $(v_0, v_1, \ldots, v_{2^n-1})$이

$$0 \leq k < 2^n - 2\text{에 대해} \qquad \nu(v_k) \leq \nu(v_{k+2}) \tag{31}$$

를 만족한다는 뜻이다. (다른 경우와 마찬가지로, 여기서 $\nu$는 이진열의 '가중치' 또는 '옆쪽 합', 즉 이진열에서 1인 비트들의 개수를 뜻한다.) 시행착오를 겪어 보면, 4보다 작은 각 $n$에 대해 단조 $n$비트 그레이 부호는 본질적으로 단 두 개씩임을 알 수 있다. 하나는 $0^n$으로 시작하는 것이고 또 하나는 $0^{n-1}1$로 시작하는 것이다. $n=3$에 대한 두 단조 그레이 부호는 다음과 같다.

**그림 34.** 8비트 그레이 부호의 예:
a) 표준
b) 균형
c) 여수(complementary)
d) 긴 연속열
e) 비국소
f) 단조
g) 무경향

$$000, 001, 011, 010, 110, 100, 101, 111; \tag{32}$$

$$001, 000, 010, 110, 100, 101, 111, 011. \tag{33}$$

$n=4$에 대한 둘은 이보다 덜 자명하나, 찾아내기가 아주 어렵지는 않다.

$v_k$가 $v_{k+1}$과 인접하면 항상 $\nu(v_{k+1})=\nu(v_k)\pm 1$이므로, (31)을 모든 $n$-짝이 가중치 순으로 엄명하게 정렬된다는 요구조건으로까지 강화할 수는 없음이 자명하다. 그러나 (31)의 관계식은 $k$와 $v_0$의 가중치가 주어졌을 때 각 $v_k$의 가중치를 구할 수 있을 정도로는 충분히 강하다. 왜냐하면, $n$-짝들 중 가중치가 $j$인 것은 정확히 $\binom{n}{j}$개임을 알고 있기 때문이다.

그림 34는 지금까지의 논의를 요약한 것으로, 가능한 8비트 바이트 256개 모두를 훑는 수조 개의 그레이 부호들 중 일곱 개이다. 검은 칸은 1, 흰 칸은 0을 뜻한다. 그림 34의 (a)는 표준적인 그레이 이진 부호이고 (b)는 각 좌표성분 위치마다 정확히 $256/8=32$회의 전이가 일어나는 균형 잡힌 그레이 부호이다. (c)는 (a)와 비슷한 그레이 부호들로, 하위 128개의 부호들이 상위 128개의 부호들의 여수이다. (d)의 경우 각 좌표성분 위치에서의 전이들은 다섯 단계 이상 떨어져 있다. 다른 말로 하면 모든 연속열 길이가 적어도 5이다. (e)의 순환마디는 연습문제 59의 의미에서 비국소(nonlocal)이다. 마지막으로, (g)는 검은 칸들의 무게중심이 각 열의 정확히 중점에 놓여 있다는 점에서 완전히 단조인 그레이 부호이다. 표준 그레이 이진 부호는 좌표성분 위치들 중 일곱 개에서 그러한 속성을 가지고 있으나, (g)는 여덟 위치 모두에서 흑백 가중치의 균형이 완벽하다. 이런 부호를 무경향(trend-free)이라고 부른다. 무경향 부호는 농업 등의 분야의 실험 설계에서 중요하다(연습문제 75, 76을 보라).

새비지Carla Savage와 윙클러Peter Winkler는 모든 $n>0$에 대한 단조 이진 그레이 부호를 구축하는 우아한 방법 하나를 발견했다[*J. Combinatorial Theory* **A70** (1995), 230-248]. 그러한 경로들은 모든 전이가 가중치가 $j$와 $j+1$인 $n$-짝들 사이에서 일어나는 부분경로 $P_{nj}$들로부터 필연적으로 구축된다. 새비지와 윙클러는 적절한 부분경로들을 다음과 같은 규칙들을 이용해서 재귀적으로 정의했다: $P_{10}=0$, 1이고 $n>0$에 대해

$$P_{(n+1)j}=1P_{n(j-1)}^{\pi_n}, 0P_{nj}; \tag{34}$$

$$\text{만일 } j<0\text{이거나 } j\ge n\text{이면} \quad P_{nj}=\emptyset. \tag{35}$$

여기서 $\pi_n$은 이후에 지정할 좌표성분들의 한 순열이고, $P^\pi$라는 표기는 수열 $P$의 원소 $a_{n-1}\dots a_1a_0$ 모두를 $b_{j\pi}=a_j$인 $b_{n-1}\dots b_1b_0$으로 대체한다는 뜻이다. ($P^\pi$를 $b_j=a_{j\pi}$로 두어서 정의하지는 않는데, 이는 $(2^j)^\pi$가 $2^{j\pi}$가 되게 하기 위해서이다.) 이로부터, 이를테면

$$P_{20}=0P_{10}=00,\ 01 \tag{36}$$

이 나온다. $P_{1(-1)}$은 공집합이기 때문이다. 또한

$$P_{21}=1P_{10}^{\pi_1}=10,\ 11 \tag{37}$$

인데, $P_{11}$이 공집합이고 $\pi_1$은 반드시 항등 치환 순열이기 때문이다. 일반화하자면 $P_{nj}$는 가중치가

$j$인 정확히 $\binom{n-1}{j}$개의 이진열들과 가중치가 $j+1$인 $\binom{n-1}{j}$개의 이진열들이 교차삽입된 형태의 $n$비트 이진열 수열이다.

$\alpha_{nj}$와 $\omega_{nj}$가 $P_{nj}$의 첫 원소와 마지막 원소라고 하자. 그러면 다음과 같은 관계들을 어렵지 않게 유도할 수 있다.

$$0 \le j < n\text{에 대해} \qquad \omega_{nj} = 0^{n-j-1}1^{j+1}; \tag{38}$$

$$n > 0\text{에 대해} \qquad \alpha_{n0} = 0^n; \tag{39}$$

$$1 \le j < n\text{에 대해} \qquad \alpha_{nj} = 1\alpha_{(n-1)(j-1)}^{\pi_{n-1}}. \tag{40}$$

특히 $\alpha_{nj}$의 가중치는 항상 $j$이고 $\omega_{nj}$의 가중치는 항상 $j+1$이다. 이제 $\{0,1,\ldots,n-1\}$의 순열 $\pi_n$들을, 두 수열

$$P_{n0}, P_{n1}^R, P_{n2}, P_{n3}^R, \ldots, \tag{41}$$

$$P_{n0}^R, P_{n1}, P_{n2}^R, P_{n3}, \ldots \tag{42}$$

이 둘 다 $n=1,2,3,\ldots$에 대한 단조 이진 그레이 경로가 되도록 정의할 것이다. 단조성은 자명하므로, 문제는 이들이 그레이 경로가 되게 하는 것이다. 그런데 수열 (41)과 (42)는 잘 연결된다. 왜냐하면 순열 $\pi_n$들과는 무관하게, (34)에 의해 다음과 같은 인접 관계들이 바로 성립하기 때문이다:

$$\alpha_{n0} — \alpha_{n1} — \cdots — \alpha_{n(n-1)}, \qquad \omega_{n0} — \omega_{n1} — \cdots — \omega_{n(n-1)}. \tag{43}$$

따라서 핵심은 공식 (34)의 쉼표에서의 전이이다. 이에 의해, $P_{(n+1)j}$가 하나의 그레이 부분경로가 되기 위한 필요충분조건은

$$0 < j < n\text{에 대해} \qquad \omega_{n(j-1)}^{\pi_n} = \alpha_{nj} \tag{44}$$

가 된다. 예를 들어 $n=2$이고 $j=1$일 때, (38)~(40)에 의해 반드시 $(01)^{\pi_2} = \alpha_{21} = 10$이어야 한다. 그러므로 $\pi_2$는 반드시 좌표성분 0과 1을 전치해야 한다. 일반 공식을 구해보면(연습문제 71)

$$\pi_n = \sigma_n \pi_{n-1}^2 \tag{45}$$

이 나오는데, 여기서 $\sigma_n$은 $n$-순환마디 $(n-1\ldots10)$이다. 다음은 처음 몇 개의 경우들이다.

$$\pi_1 = (0), \qquad \pi_4 = (03),$$
$$\pi_2 = (01), \qquad \pi_5 = (04321),$$
$$\pi_3 = (021), \qquad \pi_6 = (052413).$$

마법의 순열 $\pi_n$들에 대한 간단한 '닫힌 형식'의 공식이 명백히 밝혀지지는 않았다. 연습문제 73은 새비지-윙클러 부호들을 효율적으로 생성할 수 있음을 보여 준다.

**이진이 아닌 그레이 부호들.** 지금까지 이진 $n$-짝들의 경우를 아주 상세히 공부했다. 가장 간단하고 고전적이며 응용성이 높은, 그리고 이 주제에서 가장 상세히 연구된 부분이 바로 그것이기 때문이다. 그러나 좀 더 일반적인 범위인 $0 \le a_j < m_j$의 정수 성분들로 이루어진 $(a_1,\ldots,a_n)$들을 생성해야 하는 응용들도 많이 있다. 알고리즘 M이 그러한 예이다. 그레이 부호는 그런 경우에도 잘 적용된다.

예를 들어 십진 숫자들을 다루는 데 각 $j$에 대해 $0 \le a_j < 10$이어야 한다고 하자. 그레이 이진 부호에서처럼 한 번에 숫자 하나만 바꾸어서 그런 수열들을 세는 십진 방법이 존재할까? 존재한다. 사실 두 가지의 자연스러운 방안이 가능하다. 첫째는 반사된 그레이 십진(reflected Gray decimal) 부호라는 것으로, 다음과 같은 형태의 세 자리 숫자열들을 이용해서 1000까지 센다.

$$000, 001, \ldots, 009, 019, 018, \ldots, 011, 010, 020, 021, \ldots, 091, 090, 190, 191, \ldots, 900.$$

각 성분이 0에서 9로 갔다가 다시 9에서 0으로 내려오는 형태이다. 둘째 것은 나머지식 그레이 십진(modular Gray decimal)이라는 것으로, 숫자들이 항상 1 mod 10으로 증가한다. 즉, 9에서 다시 0으로 순환된다.

$$000, 001, \ldots, 009, 019, 010, \ldots, 017, 018, 028, 029, \ldots, 099, 090, 190, 191, \ldots, 900.$$

두 경우 모두, 단계 $k$에서 변하는 숫자는 기수 10 눈금자 함수 $\rho_{10}(k)$, 즉 $k$의 약수이면서 가장 큰 10의 거듭제곱이다. 따라서 십진 숫자들의 $n$-짝들은 각각 정확히 한 번씩 나타난다. 즉, 이 방법은 $1 \le j \le n$에 대해 제일 오른쪽 $j$개의 숫자들의 서로 다른 $10^j$가지 설정들을 다른 숫자들을 변경하기 전에 생성하는 것이다.

일반화하자면, 임의의 혼합기수 체계의 반사된 그레이 부호를 음이 아닌 정수들의 한 치환, 즉 보통의 혼합기수 수

$$k = \begin{bmatrix} b_{n-1}, & \ldots, & b_1, & b_0 \\ m_{n-1}, & \ldots, & m_1, & m_0 \end{bmatrix} = b_{n-1}m_{n-2}\ldots m_1 m_0 + \cdots + b_1 m_0 + b_0 \tag{46}$$

을 그와 동등한 반사된 그레이 부호

$$\hat{g}(k) = \begin{bmatrix} a_{n-1}, & \ldots, & a_1, & a_0 \\ m_{n-1}, & \ldots, & m_1, & m_0 \end{bmatrix} = a_{n-1}m_{n-2}\ldots m_1 m_0 + \cdots + a_1 m_0 + a_0 \tag{47}$$

으로 사상시키는 함수로 간주할 수 있다. 사실 (7)은 이진수라는 특수한 경우에서의 이러한 사상이다. 이제

$$A_j = \begin{bmatrix} a_{n-1}, & \ldots, & a_j \\ m_{n-1}, & \ldots, & m_j \end{bmatrix}, \qquad B_j = \begin{bmatrix} b_{n-1}, & \ldots, & b_j \\ m_{n-1}, & \ldots, & m_j \end{bmatrix} \tag{48}$$

이고 $A_n = B_n = 0$이라고 하자. 그러면 $0 \le j < n$일 때

$$A_j = m_j A_{j+1} + a_j, \qquad B_j = m_j B_{j+1} + b_j \tag{49}$$

이다. $a$들과 $b$들을 연결시키는 규칙을 $n-j$에 대한 귀납법으로 어렵지 않게 유도할 수 있다:

$$a_j = \begin{cases} b_j, & \text{만일 } B_{j+1}\text{이 짝수이면;} \\ m_j - 1 - b_j, & \text{만일 } B_{j+1}\text{이 홀수이면.} \end{cases} \tag{50}$$

(여기서 $n$-짝 $(a_{n-1}, \ldots, a_1, a_0)$과 $(b_{n-1}, \ldots, b_1, b_0)$의 좌표성분들의 아래첨자를 오른쪽에서 왼쪽으로 매기는데, 이는 식 (7) 및 식 4.1-(9)에 나온 혼합기수 표기법 관례와의 일관성을 위한 것이다.

$(a_1, \ldots, a_n)$ 같은 표기법을 선호하는 독자라면, 원한다면 위의 모든 공식에서 $j$를 $n-j$로 바꾸면 된다.) 방향을 바꾸어 정의하자면:

$$b_j = \begin{cases} a_j, & \text{만일 } a_{j+1} + a_{j+2} + \cdots \text{ 이 짝수이면;} \\ m_j - 1 - a_j, & \text{만일 } a_{j+1} + a_{j+2} + \cdots \text{ 이 홀수이면.} \end{cases} \tag{51}$$

흥미롭게도, (50)과 그 역 (51)은 기수 $m_j$들이 모두 홀수일 때 정확히 동일하다. 예를 들어 그레이 삼진 부호에서 $m_0 = m_1 = \cdots = 3$일 때 $\hat{g}((10010211012)_3) = (12210211010)_3$이며, 또한 $\hat{g}((12210211010)_3) = (10010211012)_3$이다. 연습문제 78은 (50)과 (51)을 증명하며, 나머지식 부호의 경우에 성립하는 비슷한 공식들도 논의한다.

실제로, 이러한 그레이 수열들을 알고리즘 M과 L을 일반화해서 루프 없이 생성할 수 있다:

**알고리즘 H** (루프 없는 반사된 혼합기수 그레이 생성). 이 알고리즘은 $0 \le j < n$에 대해 $0 \le a_j < m_j$를 만족하는 모든 $n$-짝 $(a_{n-1}, \ldots, a_0)$을, 매 단계마다 단 하나의 성분을 $\pm 1$만큼 변경해서 방문한다. 이 알고리즘은 알고리즘 L에서처럼 초점 포인터들의 배열 $(f_n, \ldots, f_0)$을 이용해서 알고리즘의 작동을 제어하며, 또한 방향들의 배열 $(o_{n-1}, \ldots, o_0)$도 사용한다. 각 기수 $m_j$가 $\ge 2$라고 가정한다.

**H1.** 〔초기화.〕 $0 \le j < n$에 대해 $a_j \leftarrow 0$, $f_j \leftarrow j$, $o_j \leftarrow 1$로 설정한다. 또한 $f_n \leftarrow n$으로 설정한다.

**H2.** 〔방문.〕 $n$-짝 $(a_{n-1}, \ldots, a_1, a_0)$을 방문한다.

**H3.** 〔$j$를 선택.〕 $j \leftarrow f_0$, $f_0 \leftarrow 0$으로 설정한다. (알고리즘 L에서처럼 $j$는 제일 오른쪽 활성 좌표성분이었다. 그 오른쪽 원소들은 이제 모두 다시 활성화 되었다.)

**H4.** 〔좌표성분 $j$를 변경.〕 만일 $j = n$이면 알고리즘을 끝낸다. 그렇지 않으면 $a_j \leftarrow a_j + o_j$로 설정한다.

**H5.** 〔반사?〕 만일 $a_j = 0$ 또는 $a_j = m_j - 1$이면 $o_j \leftarrow -o_j$, $f_j \leftarrow f_{j+1}$, $f_{j+1} \leftarrow j+1$로 설정한다. (따라서 좌표성분 $j$는 비활성화되었다.) H2로 돌아간다. ▮

나머지식 부호 역시 이와 비슷한 알고리즘으로 생성할 수 있다(연습문제 77을 보라).

***부분숲.** 알고리즘 H의 흥미롭고도 교육적인 일반화 하나를 고다Y. Koda와 러스키F. Ruskey가 발견했다〔*J. Algorithms* **15** (1993), 324-340〕. 그 일반화는 그레이 부호와 루프 없는 생성 분야에 또 다른 빛을 밝혔다. 노드가 $n$개인 숲이 하나 있는데 그 숲의 모든 '주 부분숲(principal subforest)'을 방문한다고 하자. 다시 말하면, $x$가 $S$의 원소이고 $x$가 뿌리가 아니면 $x$의 부모 역시 $S$의 원소임을 만족하는 노드들의 집합 $S$의 모든 부분집합을 방문하는 것이다. 예를 들어 7노드 숲 에는 그러한 부분집합이 33개 있다. 이들은 아래의 33개의 도식들의 검은 노드들에 해당한다.

(52)

윗줄을 왼쪽에서 오른쪽으로 읽어 나가고 가운뎃줄은 오른쪽에서 왼쪽으로, 아랫줄은 다시 왼쪽에서 오른쪽으로 읽어나간다면, 각 단계마다 상태가 정확히 한 노드씩만 변함을 알 수 있다.

주어진 숲이 퇴화한 비분기 트리들로 이루어져 있다면, 주 부분숲들은 혼합기수 수들과 동치이다. 예를 들어 다음 숲의 경우

주 부분숲은 $3 \times 2 \times 4 \times 2$개이며, 이들은 $0 \le x_1 < 3$, $0 \le x_2 < 2$, $0 \le x_3 < 4$, $0 \le x_4 < 2$인 네짝(4-tuple) $(x_1, x_2, x_3, x_4)$들에 대응된다. $x_j$의 값은 $j$번째 트리에서 선택된 노드들의 개수이다. 고다와 러스키의 알고리즘을 이러한 숲에 적용하면, 부분숲들을 기수 $(3, 2, 4, 2)$에 대한 반사된 그레이 부호에서와 같은 순서로 방문하게 된다.

**알고리즘 K** (루프 없는 반사된 부분숲 생성)**.** 노드들이 $(1, \ldots, n)$이고 후위순서로 배열된 숲이 주어졌을 때, 이 알고리즘은 $p$가 $q$의 부모이면 항상 $a_p \ge a_q$임을 만족하는 모든 $n$-짝 $(a_1, \ldots, a_n)$을 방문한다. (따라서 $a_p = 1$은 $p$가 현재 부분숲의 한 노드임을 의미한다.) 한 방문과 그다음 방문 사이에서는 단 하나의 비트 $a_j$만 변경된다. 이 알고리즘은 알고리즘 L에 쓰인 것과 비슷한 초점 포인터 배열 $(f_0, f_1, \ldots, f_n)$을 사용하며, 또한 '현재 주변부(current fringe)'라고 부르는 이중 연결 목록을 나타내는 추가적 포인터 배열 $(l_0, l_1, \ldots, l_n)$과 $(r_0, r_1, \ldots, r_n)$도 사용한다. 현재 주변부는 현재 부분숲과 그 자식들의 모든 노드를 담는다. $r_0$은 그 가장 왼쪽 노드를, $l_0$은 가장 오른쪽 노드를 가리킨다.

보조 배열 $(c_0, c_1, \ldots, c_n)$은 숲을 다음과 같이 정의한다: 만일 $p$에 자식이 없으면 $c_p = 0$이고, 그렇지 않으면 $c_p$는 $p$의 제일 왼쪽(가장 작은) 자식 노드이다. 또한 $c_0$은 숲 자체의 제일 왼쪽 뿌리이다. 알고리즘의 시작에서는, $p$와 $q$가 같은 가계의 연속된 자식들이면 항상 $r_p = q$이고 $l_q = p$라고 가정한다. 예를 들어 (52)의 숲의 노드들에 이러한 후위순서로 번호를 매기면 다음과 같다.

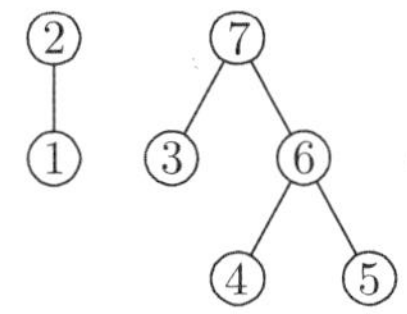

따라서 이 경우 단계 K1의 시작에서 $(c_0, \ldots, c_7) = (2, 0, 1, 0, 0, 0, 4, 3)$이고 $r_2 = 7$, $l_7 = 2$, $r_3 = 6$, $l_6 = 3$, $r_4 = 5$, $l_5 = 4$이다.

**K1.** [초기화.] $1 \le j \le n$에 대해 $a_j \leftarrow 0$, $f_j \leftarrow j$로 설정한다. 따라서 초기에는 숲이 비어 있고 모든 노드가 활성이다. $f_0 \leftarrow 0$, $l_0 \leftarrow n$, $r_n \leftarrow 0$, $r_0 \leftarrow c_0$, $l_{c_0} \leftarrow 0$으로 설정한다. 이에 의해 모든 뿌리가 현재 주변부에 들어간다.

**K2.** 〔방문.〕 $(a_1, \ldots, a_n)$으로 정의되는 부분숲을 방문한다.

**K3.** 〔$p$를 선택.〕 $q \leftarrow l_0$, $p \leftarrow f_q$로 설정한다. (이제 $p$는 주변부의 제일 오른쪽 활성 노드이다.) 또한 $f_q \leftarrow q$로 설정한다(이에 의해 $p$의 오른쪽의 모든 노드가 활성이 된다).

**K4.** 〔$a_p$를 점검.〕 만일 $p = 0$이면 알고리즘을 끝낸다. 그렇지 않으면, 만일 $a_p = 1$이면 K6으로 간다.

**K5.** 〔$p$의 자식들을 삽입.〕 $a_p \leftarrow 1$로 설정한다. 그런 다음, 만일 $c_p \neq 0$이면 $q \leftarrow r_p$, $l_q \leftarrow p-1$, $r_{p-1} \leftarrow q$, $r_p \leftarrow c_p$, $l_{c_p} \leftarrow p$로 설정한다(이에 의해 $p$의 자식들이 주변부의 $p$의 오른쪽으로 들어간다.) K7로 간다.

**K6.** 〔$p$의 자식들을 삭제.〕 $a_p \leftarrow 0$으로 설정한다. 그런 다음, 만일 $c_p \neq 0$이면 $q \leftarrow r_{p-1}$, $r_p \leftarrow q$, $l_q \leftarrow p$로 설정한다(이에 의해 $p$의 자식들이 주변부에서 제거된다.)

**K7.** 〔$p$를 비활성화.〕 (이 지점에서 $p$는 활성인 상태이다.) $f_p \leftarrow f_{l_p}$, $f_{l_p} \leftarrow l_p$로 설정한다. K2로 돌아간다. ▮

이 알고리즘을 (52) 같은 예에 대해 손으로 직접 적용해 보길 권한다. 그러면 주변부가 적시에 늘어나고 줄어드는 아름다운 메커니즘을 이해하는 데 도움이 될 것이다.

***자리이동 레지스터 순차열.** $m$진 숫자들의 모든 $n$-짝을 지금까지 말한 것과는 완전히 다른 방식으로 생성할 수도 있다. 한 번에 숫자 하나를 생성하고, 최근 생성된 $n$개의 숫자들을 적절히 자리이동하는 과정을 반복하는 것인데, 적절한 새 숫자를 오른쪽에서 밀어 넣음으로써 한 $n$-짝 $(x_0, x_1, \ldots, x_{n-1})$로부터 다른 $n$-짝 $(x_1, \ldots, x_{n-1}, x_n)$을 얻는다. 예를 들어 그림 35는 길이가 32인 특정한 순환 패턴을 이용해서, 모든 5비트 수를 다섯 개의 연속된 비트들로 된 블록 형태로 얻는 과정을 나타낸 것이다. 이러한 일반적인 착안을 §2.3.4.2와 §3.2.2의 몇몇 연습문제에서 이미 논의한 바 있는데, 이제 이를 좀 더 자세히 살펴보자.

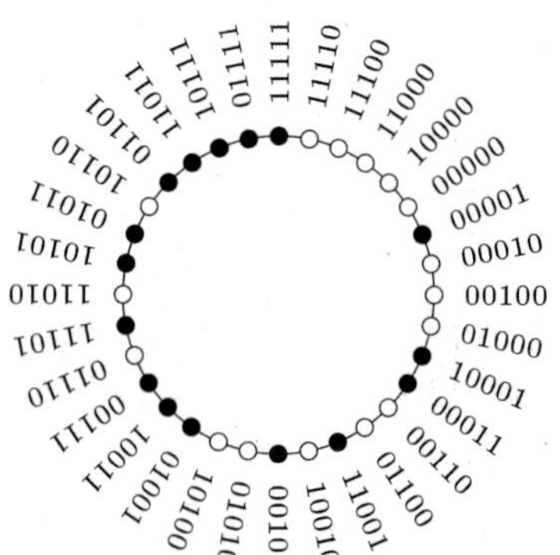

**그림 35.** 5비트 수를 위한 더브라윈 순환마디.

**알고리즘 S** (일반적 자리이동 레지스터 생성)**.** 단계 S3에 쓰이는 적절한 함수 $f$가 주어졌을 때, 이 알고리즘은 $1 \le j \le n$에 대해 $0 \le a_j < m$인 모든 $n$-짝 $(a_1, \ldots, a_n)$을 방문한다.

**S1.** 〔초기화.〕 $-n < j \le 0$에 대해 $a_j \leftarrow 0$으로 설정하고 $k \leftarrow 1$로 설정한다.

**S2.** 〔방문.〕 $n$-짝 $(a_{k-n}, \ldots, a_{k-1})$을 방문한다. 만일 $k = m^n$이면 알고리즘을 끝낸다.

**S3.** 〔전진.〕 $a_k \leftarrow f(a_{k-n}, \ldots, a_{k-1})$, $k \leftarrow k+1$로 설정하고 S2로 돌아간다. ▮

알고리즘 S를 유효하게 만드는 모든 함수 $f$는 $n$개의 숫자들의 모든 조합이 순환마디에서 연속해서 나타남을 만족하는 기수 $m$ 숫자 $m^n$개의 순환마디에 대응된다. 예를 들어 그림 35에 나온 $m = 2$, $n = 5$인 경우에 해당하는 이진 순환마디는 다음과 같다.

$$00000100011001010011101011011111. \tag{53}$$

그리고 무한 수열

$$0011021220313233041424344\ldots \tag{54}$$

의 처음 $m^2$개의 숫자로부터, $n = 2$와 임의의 $m$에 대한 적절한 순환마디를 얻을 수 있다. 그러한 순환마디들을 흔히 $m$진 더브라윈 순환마디($m$-ary de Bruijn cycles)라고 부르는데, 이는 더브라윈 N. G. de Bruijn이 임의의 $n$에 대한 이진 경우를 *Indagationes Mathematicæ* **8** (1946), 461-467에서 다루었기 때문이다.

연습문제 2.3.4.2-23은 요구된 속성들을 만족하는 함수 $f$가 정확히 $m!^{m^{n-1}}/m^n$가지임을 증명한다. 이는 엄청나게 큰 수이지만, 그러한 함수들 중 효율적으로 계산이 가능하다고 알려진 것은 몇 개 되지 않는다. 가장 유용한 것으로 보이는 세 종류의 $f$를 살펴보자.

표 1

알고리즘 A의 매개변수들

| | | | | | |
|---|---|---|---|---|---|
| 3 : 1 | 8 : 1,5 | 13 : 1,3 | 18 : 7 | 23 : 5 | 28 : 3 |
| 4 : 1 | 9 : 4 | 14 : 1,11 | 19 : 1,5 | 24 : 1,3 | 29 : 2 |
| 5 : 2 | 10 : 3 | 15 : 1 | 20 : 3 | 25 : 3 | 30 : 1,15 |
| 6 : 1 | 11 : 2 | 16 : 2,3 | 21 : 2 | 26 : 1,7 | 31 : 3 |
| 7 : 1 | 12 : 3,4 | 17 : 3 | 22 : 1 | 27 : 1,7 | 32 : 1,27 |

'$n:s$' 항목이나 '$n:s,t$' 항목은 다항식 $x^n + x^s + 1$이나 $x^n + (x^s+1)(x^t+1)$이 2를 법으로 한 기약다항식임을 뜻한다. $n = 168$까지의 추가적인 값들의 표가 W. Stahnke, *Math. Comp.* **27** (1973), 977-980에 나온다.

첫 번째로 살펴볼 중요한 부류는 $m$이 소수이고 $f$가 다음과 같이 거의 선형 점화식인 경우이다.

$$f(x_1, \ldots, x_n) = \begin{cases} c_1, & \text{만일 } (x_1, x_2, \ldots, x_n) = (0, 0, \ldots, 0)\text{이면;} \\ 0, & \text{만일 } (x_1, x_2, \ldots, x_n) = (1, 0, \ldots, 0)\text{이면;} \\ (c_1x_1 + c_2x_2 + \cdots + c_nx_n) \bmod m, & \text{그 외의 경우.} \end{cases} \tag{55}$$

여기서 계수 $(c_1, \ldots, c_n)$은 반드시

$$x^n - c_nx^{n-1} - \cdots - c_2x - c_1 \tag{56}$$

이 식 3.2.2-(9) 다음의 논의에 따라 $m$을 법으로 한 기약다항식임을 만족하는 것들이어야 한다.

그러한 다항식들의 개수는 $\varphi(m^n-1)/n$으로, 단 몇 개의 $c$들만 0이 아닌 다항식 하나를 찾아내기에는 충분히 많은 수이다. [이러한 구축법의 기원은 만텔Willem Mantel의 선구적인 논문 *Nieuw Archief voor Wiskunde* (2) **1** (1897), 172-184로 거슬러 올라간다.]

예를 들어 $m=2$이라고 하자. 이진 $n$-짝들을 다음과 같은 아주 간단한 루프 없는 절차로 생성할 수 있다.

**알고리즘 A** (거의 선형인 비트 자리이동 생성). 이 알고리즘은 표 1에 나오는 특별한 오프셋 $s$[경우 1] 또는 두 개의 특별한 오프셋 $s$와 $t$[경우 2]를 이용해서 모든 $n$비트 벡터를 방문한다.

**A1.** [초기화.] $(x_0, x_1, \ldots, x_{n-1}) \leftarrow (1, 0, \ldots, 0)$, $k \leftarrow 0$, $j \leftarrow s$로 설정한다. 경우 2에는 $i \leftarrow t$, $h \leftarrow s+t$로도 설정한다.

**A2.** [방문.] $n$-짝 $(x_{k-1}, \ldots, x_0, x_{n-1}, \ldots, x_{k+1}, x_k)$를 방문한다.

**A3.** [끝 판정.] 만일 $x_k \neq 0$이면 $r \leftarrow 0$으로 설정한다. 그렇지 않으면 $r \leftarrow r+1$로 설정하고, 만일 $r=n-1$이면 A6으로 간다. (지금까지 $r$개의 연속적인 0들을 만난 것이다.)

**A4.** [자리이동.] $k \leftarrow (k-1) \bmod n$, $j \leftarrow (j-1) \bmod n$으로 설정한다. 경우 2에서는 $i \leftarrow (i-1) \bmod n$, $h \leftarrow (h-1) \bmod n$으로도 설정한다.

**A5.** [새 비트를 계산.] $x_k \leftarrow x_k \oplus x_j$[경우 1] 또는 $x_k \leftarrow x_k \oplus x_j \oplus x_i \oplus x_h$[경우 2]로 설정한다. A2로 돌아간다.

**A6.** [마무리.] $(0, \ldots, 0)$을 방문하고 알고리즘을 끝낸다. ▮

모든 $n$에 대해 적절한 오프셋 매개변수 $s$가, 그리고 어쩌면 $t$도, 거의 확실히 존재한다. 기약다항식들이 그토록 풍부하기 때문이다. 예를 들어 $n=32$일 때 유효한 $(s,t)$쌍은 여덟 개이다. 표 1에는 단지 가장 작은 것들만 나와 있을 뿐이다. 그러나 모든 경우에서 유효한 오프셋들이 존재함을 증명하는 것은 현재의 수학적 지식의 범위를 훨씬 넘는 일이다.

더브라윈 순환마디들의 첫 번째 구축 (55)는 대수적인(algbraic) 방식으로, 그 유효성을 유한체 이론에 의존한다. $m$이 소수가 아닌 경우에도 작동하는 비슷한 방법이 연습문제 3.2.2-21에 나온다. 반면 다음 구축법은 철저히 조합적이다. 실제로 이 방법은 나머지식 그레이 $m$진 부호의 개념과 밀접한 연관이 있다.

**알고리즘 R** (재귀적 더브라윈 순환마디 생성). $f()$가, 되풀이해 호출하면 길이가 $m^n$이고 $n$개의 0들로 시작하는 $m$진 더브라윈 순환마디의 연속된 숫자들을 출력하는 하나의 협동루틴(coroutine)이라고 가정하자. 이 알고리즘은 그와 비슷한 협동루틴으로, $n \geq 2$라고 할 때 길이가 $m^{n+1}$인 순환마디를 출력한다. 이 알고리즘은 전용 변수 $x$, $y$, $t$를 사용하는데, $x$는 반드시 0으로 초기화되어 있어야 한다.

**R1.** [출력.] $x$를 출력한다. 만일 $x \neq 0$이고 $t \geq n$이면 R3으로 간다.

**R2.** 〔$f$를 호출.〕 $y \leftarrow f()$로 설정한다.

**R3.** 〔1들을 센다.〕 만일 $y = 1$이면 $t \leftarrow t + 1$로 설정하고, 그렇지 않으면 $t \leftarrow 0$으로 설정한다.

**R4.** 〔이 1을 건너뛸 것인가?〕 만일 $t = n$이고 $x \neq 0$이면 R2로 돌아간다.

**R5.** 〔$x$를 조정.〕 $x \leftarrow (x + y) \bmod m$으로 설정하고 R1로 돌아간다. ▮

예를 들어 $m = 3$이고 $n = 2$라고 하자. 만일 $f()$가 무한 9주기 순환마디

$$001102122\ 001102122\ 0\ldots \tag{57}$$

을 출력한다면, 알고리즘은 단계 R1에서 다음과 같은 무한 27주기 순환마디를 출력한다.

$$\begin{aligned} y &= \ \ 001021220011110212200102122\ 001\ldots \\ t &= \ \ 001001000012340010000100100\ 001\ldots \\ x &= 000110102220120020211122121\ 0001\ldots \end{aligned}$$

알고리즘 R이 정확히 작동함을 증명하는 것은 흥미롭고도 교육적이다(연습문제 93을 보라). 그리고 구간 크기 $n$을 두 배로 하는 다음 알고리즘의 증명은 더욱 흥미롭고 교육적이다(연습문제 95를 보라).

**알고리즘 D** (이중 재귀적 더브라윈 순환마디 생성). $f()$와 $f'()$이, 되풀이해 호출했을 때 각각 길이가 $m^n$이고 $n$개의 0들로 시작하는 $m$진 더브라윈 순환마디의 연속된 숫자들을 출력하는 협동루틴들이라고 하자. (두 순환마디가 동일할 수도 있으나, 그래도 반드시 독립된 협동루틴들로 생성해야 한다. 왜냐하면 알고리즘이 그 값들을 소비하는 속도가 다르기 때문이다.) 이 알고리즘은 길이가 $m^{2n}$인 한 순환마디를 출력하는 그와 비슷한 협동루틴이다. 이 알고리즘은 여섯 개의 전용 변수 $x$, $y$, $t$, $x'$, $y'$, $t'$을 사용한다. $x$와 $x'$은 반드시 $m$으로 초기화되어 있어야 한다.

그리고 특별한 매개변수 $r$을 다음을 만족하는 상수로 설정해 두어야 한다.

$$0 \leq r \leq m, \qquad \gcd(m^n - r,\ m^n + r) = 2. \tag{58}$$

일반적으로 최선의 선택은, $m$이 홀수일 때 $r = 1$, $m$이 짝수일 때에는 $r = 2$이다.

**D1.** 〔필요하다면 $f$를 호출.〕 만일 $t \neq n$이거나 $x \geq r$이면 $y \leftarrow f()$로 설정한다.

**D2.** 〔되풀이 횟수를 센다.〕 만일 $x \neq y$이면 $x \leftarrow y$, $t \leftarrow 1$로 설정한다. 그렇지 않으면 $t \leftarrow t + 1$로 설정한다.

**D3.** 〔$f$로부터의 출력.〕 $x$의 현재 값을 출력한다.

**D4.** 〔$f'$을 호출한다.〕 $y' \leftarrow f'()$으로 설정한다.

**D5.** 〔되풀이 횟수를 센다.〕 만일 $x' \neq y'$이면 $x' \leftarrow y'$, $t' \leftarrow 1$로 설정한다. 그렇지 않으면 $t' \leftarrow t' + 1$로 설정한다.

**D6.** 〔필요하다면 $f'$을 기각.〕 만일 $t' = n$이고 $x' < r$이면, 그리고 $t < n$이거나 $x' < x$이면 D4로 간다. 만일 $t' = n$이고 $x' < r$이고 $x' = x$이면 D3으로 간다.

**D7.** 〔$f'$으로부터의 출력.〕 $x'$의 현재 값을 출력한다. 만일 $t' = n$이고 $x' < r$이면 D3으로 돌아가고 그렇지 않으면 D1로 돌아간다. ▮

알고리즘 D의 기본 착안은 $f()$와 $f'()$을 번갈아 출력하되, 두 수열 중 $x < r$에 대해 $x$가 연달아 $n$번 발생하는 것이 있으면 특별한 조정을 가한다는 것이다. 예를 들어 $f()$와 $f'()$이 9주기 순환마디 (57)을 산출한다고 하면, $r = 1$로 두었을 때 다음을 얻게 된다.

단계 D2의 $t$ : 12 31211112 12312111 12123121 11121231 21111212...
단계 D3의 $x$ : 00001102122 00011021 22000110 21220001 102122000...
**단계 D5의 $t'$ : 1212111121212111121212111121212111121212111112121...**
**단계 D7의 $x'$: 0 11021220 11021220 11021220 11021220 11021220 1... .**

따라서, 단계 D3과 **D7**에서 생성되는 81주기 순환마디는 00001011012...2222 00001...이다.

알고리즘 R의 $m = 2$인 경우를 렘펠Abraham Lempel이 발견했다〔*IEEE Trans.* **C-19** (1970), 1204-1209〕. 알고리즘 D는 25년이 지난 후에야 발견되었다〔C. J. Mitchell, T. Etzion, K. G. Paterson, *IEEE Trans.* **IT-42** (1996), 1472-1478〕. 이 둘을 함께 사용하되 $n = 2$에 대한 (54)에 기초한 간단한 협동루틴들로 시작한다면, 임의의 원하는 $m \geq 2$와 $n \geq 2$에 대한 길이 $m^n$ 더브라윈 순환마디를 출력의 각 숫자당 단 $O(\log n)$회의 단순한 연산들만으로 생성하는 협동적인 협동루틴들의 흥미로운 모임을 구축할 수 있다. (연습문제 96을 보라.) 더 나아가서, $m = 2$인 가장 간단한 경우에서 이러한 'R&D 방법' 조합은 $k$번째 출력을 $n$비트 수들에 대한 단 $O(n \log n)$회의 연산으로 직접, $k$의 한 함수로써 계산할 수 있다는 속성을 가지고 있다. 반대로, 임의의 $n$비트 패턴 $\beta$가 주어졌을 때, 순환마디 안에서의 $\beta$의 위치 역시 $O(n \log n)$단계로 계산할 수 있다. (연습문제 97~99를 보라.) 후자의 속성을 가진 다른 이진 더브라윈 순환마디 모임은 아직 알려지지 않았다.

셋째 더브라윈 순환마디 구축법은 기약 문자열(prime string) 이론에 기초한 것으로, 그러한 이론은 제9장에서 패턴 부합을 공부할 때 아주 중요하게 쓰일 것이다. $\gamma = \alpha\beta$가 두 문자열을 연결한 것이라고 가정하자. 이때 $\alpha$를 $\gamma$의 접두열(prefix)이라고 부르고 $\beta$를 접미열(suffix)이라고 부른다. $\gamma$의 접두열의 길이가 양수이되 $\gamma$의 길이보다 작을 때 그러한 접두열을 진(proper)접두열이라고 부르고, 같은 조건을 만족하는 접미열을 진접미열이라고 부른다. 즉, $\beta$는 오직 $\alpha \neq \epsilon$이고 $\beta \neq \epsilon$일 때에만 $\alpha\beta$의 진접미열이다.

**정의 P.** *기약 문자열은 자신의 모든 진접두열보다 작은(사전순으로), 빈 문자열이 아닌 문자열이다.* ▮

예를 들어 01101은 01보다 크므로 기약이 아니다. 반면 01102는 1102, 102, 02, 2보다 작으므로 기약이다. (문자열이 한 선형 순서 알파벳의 글자, 숫자, 기타 기호들로 구성된다고 가정한다. 사전식 순서는 문자열 또는 문자열을 비교하는 자연스러운 방식이므로, $\alpha$가 $\beta$보다 사전순으로 작을 때 $\alpha < \beta$라고 표기하고 $\alpha$가 $\beta$보다 작다[또는 미만이다]라고 말한다. 특히 $\alpha \leq \alpha\beta$이며, 오직 $\beta \neq \epsilon$

일 때에만 $\alpha < \alpha\beta$이다.)

기약 문자열을 린든 단어(Lyndon word)라고도 부르는데, 이는 기약 문자열을 린든R. C. Lyndon이 소개했기 때문이다〔*Trans. Amer. Math. Soc.* **77** (1954), 202-215〕. 린든은 이를 '표준 수열(standard sequence)'이라고 불렀다. 그러나 연습문제 101에 나오는 인수분해의 기본 정리 때문에, 더 간단한 용어인 '기약'이 더 적합하다. 그렇긴 하지만 암묵적으로나마 린든에 대한 존경을 표하자는 취지에서, 기약인 문자열을 종종 그리스 글자 $\lambda$로 표기한다.

기약 문자열의 가장 중요한 속성 몇 가지를 첸, 폭스, 린든이 군론에 대한 중요한 논문인 〔*Annals of Math.* (2) **68** (1958), 81-95〕에서 유도했다. 다음은 그중 쉽지만 기본적인 결과 하나이다.

**정리 P.** *자신의 모든 순환 자리이동보다 작은, 비지 않은 문자열은 기약 문자열이다.*

($a_1 \ldots a_n$의 순환 자리이동들은 $a_2 \ldots a_n a_1$, $a_3 \ldots a_n a_1 a_2$, $\ldots$, $a_n a_1 \ldots a_{n-1}$이다.)

증명. $\gamma = \alpha\beta$가, $\alpha \neq \epsilon$이고 $\gamma \geq \beta \neq \epsilon$이라서 기약이 아니라고 하자. 그러나 $\gamma$가 자신의 순환 자리이동 $\beta\alpha$보다 작다고 하자. 그러면 $\beta \leq \gamma < \beta\alpha$라는 조건은 어떤 문자열 $\theta < \alpha$에 대해 $\gamma = \beta\theta$임을 함의한다. 따라서, 만일 $\gamma$가 또한 자신의 순환 자리이동 $\theta\beta$보다 작다면 $\theta < \alpha < \alpha\beta < \theta\beta$이다. 그런데 $\alpha$와 $\theta$의 길이가 같으므로 이는 불가능하다. ∎

$L_m(n)$이 길이가 $n$인 $m$진 기약 문자열들의 개수라고 하자. 임의의 문자열 $a_1 \ldots a_n$과 그 순환 자리이동들에 의해 나올 수 있는 서로 다른 문자열의 개수 $d$는 $n$의 한 약수이다. 예를 들어 010010으로부터 순환 자리이동에 의해 100100과 001001도 얻게 된다. 그리고 주기적 부분 $\{010, 100, 001\}$ 중 가장 작은 것은 기약 001이다. 따라서 반드시 다음이 성립한다.

$$\text{모든 } m, n \geq 1\text{에 대해} \qquad \sum_{d \backslash n} dL_m(d) = m^n. \tag{59}$$

이러한 방정식들의 모임을 연습문제 4.5.3-28(a)를 이용해서 $L_m(n)$에 대해 풀 수 있다. 그러면

$$L_m(n) = \frac{1}{n}\sum_{d \backslash n} \mu(d) m^{n/d} \tag{60}$$

을 얻게 된다.

1970년대에 프레드릭슨Harold Fredricksen과 메이오래너James Maiorana는 길이가 $n$ 이하인 $m$진 기약 문자열들 모두를 오름차순(증가순)으로 생성하는 아름다울 정도로 간단한 방법을 발견했다〔*Discrete Math.* **23** (1978), 207-210〕. 그 알고리즘을 설명하기 전에, 먼저 비지 않은 문자열 $\lambda$의 $n$-확장이라는 것을 살펴볼 필요가 있다. 이는 무한 문자열 $\lambda\lambda\lambda\ldots$의 처음 $n$개의 문자들을 말한다. 예를 들어 123의 10-확장은 1231231231이다. 일반화해서, 만일 $|\lambda| = k$이면 그 $n$-확장은 $\lambda^{\lfloor n/k \rfloor}\lambda'$인데, 여기서 $\lambda'$은 $\lambda$의 길이가 $n \bmod k$인 접두열이다.

**정의 Q.** *어떤 알파벳에서, 한 기약 문자열의 비지 않은 접두열인 문자열은* 전기약(*preprime*) *문자열이다.*

**정리 Q.** *길이가 $n > 0$ 인 문자열은 오직 길이가 $k \le n$ 인 기약 문자열 $\lambda$ 의 $n$-확장일 때에만 전기약 문자열이다. 이 기약 문자열은 고유하게 결정된다.*

증명. 연습문제 105를 보라. ▮

본질적으로 정리 Q가 말하는 바는, 길이가 $\le n$인 기약 문자열들과 길이가 $n$인 전기약 문자열들 사이에 일대일 대응관계가 존재한다는 것이다. 다음 알고리즘은 $m$진 인스턴스들 모두를 오름차순(증가순)으로 생성한다.

**알고리즘 F** (기약, 전기약 문자열 생성)**.** 이 알고리즘은 문자열 $a_1 \ldots a_n$이 전기약임을 만족하는 모든 $m$진 $n$-짝 $(a_1, \ldots, a_n)$을 방문한다. 또한 이 알고리즘은 $a_1 \ldots a_n$이 기약 문자열 $a_1 \ldots a_j$의 한 $n$-확장임을 만족하는 색인 $j$도 식별한다.

**F1.** [초기화.] $a_1 \leftarrow \cdots \leftarrow a_n \leftarrow 0$, $j \leftarrow 1$로 설정한다. 또한 $a_0 \leftarrow -1$로도 설정한다.

**F2.** [방문.] 색인 $j$로 $(a_1, \ldots, a_n)$을 방문한다.

**F3.** [증가 준비.] $j \leftarrow n$으로 설정한다. 그런 다음 만일 $a_j = m-1$이면 $a_j < m-1$이 될 때까지 $j$를 감소한다.

**F4.** [1을 더한다.] 만일 $j = 0$이면 알고리즘을 끝낸다. 그렇지 않으면 $a_j \leftarrow a_j + 1$로 설정한다. (이제 $a_1 \ldots a_j$는 연습문제 105(a)에 의해 기약이다.)

**F5.** [$n$-확장을 만든다.] $k \leftarrow j+1, \ldots, n$에 대해(이 순서대로) $a_k \leftarrow a_{k-j}$로 설정한다. F2로 돌아간다. ▮

예를 들어 $m = 3$, $n = 4$일 때 알고리즘 F는 다음과 같은 32개의 삼항 전기약들을 방문한다.

| | | | | | | | |
|---|---|---|---|---|---|---|---|
| 0^000 | 0011^ | 0022^ | 0111^ | 0122^ | 0212^ | 1^111 | 12^12 |
| 0001^ | 0012^ | 01^01 | 0112^ | 02^02 | 022^0 | 1112^ | 122^1 |
| 0002^ | 002^0 | 0102^ | 012^0 | 021^0 | 0221^ | 112^1 | 1222^ |
| 001^0 | 0021^ | 011^0 | 0121^ | 0211^ | 0222^ | 1122^ | 2^222 |

(61)

('^' 앞의 숫자들은 기약 문자열 0, 0001, 0002, 001, 0011, …, 2이다.)

이 알고리즘이 왜 정확한지는 정리 Q가 말해 준다. 단계 F3과 F4가 이전 전기약 $a_1 \ldots a_n$보다 큰, 길이가 $\le n$인 가장 작은 $m$진 기약 문자열을 찾아냄이 자명하기 때문이다. $a_1$이 0에서 1로 증가된 후 알고리즘이 모든 $(m-1)$진 기약, 전기약 문자열들을 1…1로 증가되는 순서로 방문함을 주목하기 바란다.

알고리즘 F가 상당히 아름답긴 하지만, 더브라위원 순환마디와는 무슨 상관일까? 이제 이 논의의 핵심 결론을 말하겠다: 만일 단계 F2에서 $j$가 $n$의 약수일 때마다 숫자 $a_1, \ldots, a_j$를 출력한다면, 그러한 모든 숫자의 수열은 하나의 더브라위원 순환마디를 형성한다! 예를 들어 $m = 3$이고 $n = 4$인 경우 다음과 같은 81개의 숫자가 출력된다.

$$0\ 0001\ 0002\ 0011\ 0012\ 0021\ 0022\ 01\ 0102\ 0111\ 0112\ 0121\ 0122\ 02\ 0211\ 0212\ 0221\ 0222\ 1\ 1112\ 1122\ 12\ 1222\ 2. \quad (62)$$

((61)의 기약 001, 002, 011, ..., 122는 길이가 4로 나누어지지 않으므로 생략했다.) 이 거의 마법적인 속성에 깔린 이유들을 연습문제 108에서 살펴볼 것이다. 이 순환마디의 길이가 (59)를 만족하는 정확한 수치임을 주목하기 바란다.

이러한 절차의 출력이, 모든 $m$과 $n$에 대해 효과적인, 모든 더브라윈 순환마디 구축법의 '시조'라 할 수 있는 구축법과 실제로 동치라는 것이 우연은 아니다. 그 구축법은 마틴M. H. Martin이 *Bull. Amer. Math. Soc.* **40** (1934), 859-864에서 처음 발표했다. 마틴의 $m=3$, $n=4$에 대한 원래의 순환마디는 (62)의 2의 보수인 2222122202211...10000이었다. 실제로 프레드릭슨과 메이오래너는 마틴의 수열을 생성하는 간단한 방법을 찾다가 거의 우연하게 알고리즘 F를 발견했다. 그들의 알고리즘과 전기약 문자열들 사이의 명시적 연관 관계는 수년이 흐른 후에야, 러스키와 새비지, 왕Wang이 실행 시간을 상세히 분석하는 과정에서 인식되었다[*J. Algorithms* **13** (1992), 414-430]. 그 분석의 주된 결과들이 연습문제 107에 나오는데, 여기서 요약하자면 다음과 같다.

i) 단계 F3과 F5의 $n-j$의 평균값은 근사적으로 $1/(m-1)$이다.

ii) (62) 같은 하나의 더브라윈 순환마디를 산출하는 총 실행 시간은 $O(m^n)$이다.

## 연습문제

**1.** [*10*] $n$-짝 $(a_1, \ldots, a_n)$의 각 성분에 대한 하계 $l_j$들과 상계 $u_j$들이 주어졌을 때, $l_j \le a_j \le u_j$를 만족하는 그러한 모든 $n$-짝을 생성하는 방법을 설명하라. ($l_j \le u_j$라고 가정할 것.)

**2.** [*15*] $n=10$이고 $1 \le j \le n$에 대해 $m_j = j$일 때, 알고리즘 M이 1백만 번째로 방문하는 $n$-짝은 무엇인가? 힌트: $\begin{bmatrix} 0, & 0, & 1, & 2, & 3, & 0, & 2, & 7, & 1, & 0 \\ 1, & 2, & 3, & 4, & 5, & 6, & 7, & 8, & 9, & 10 \end{bmatrix} = 1000000$.

▶ **3.** [*M20*] 알고리즘 M은 단계 M4를 몇 번 수행하는가?

▶ **4.** [*18*] 대부분의 컴퓨터에서는 0에서 $m$까지 세는 것보다는 $m$에서 0까지 세는 것이 더 빠르다. 모든 $n$-짝을 역순으로, 즉 $(m_1-1, \ldots, m_n-1)$에서 시작해서 $(0, \ldots, 0)$으로 끝나는 순으로 방문하도록 알고리즘 M을 수정하라.

▶ **5.** [*20*] '빠른 푸리에 변환'(연습문제 4.6.4-14)으로 얻은 해들의 배열이 원래 바랐던 순서가 아니라 비트들이 반사된(reflected) 순서인 경우가 많다. 즉, $A[(b_{n-1}\ldots b_0)_2]$가 아니라 $A[(b_0\ldots b_{n-1})_2]$인 것이다. 그러한 해들을 원하는 순서로 재배열하는 좋은 방법은 무엇인가? [힌트: 알고리즘 M을 반사해 볼 것.]

**6.** [*M17*] 그레이 이진 부호에 대한 기본 공식인 (7)을 증명하라.

**7.** [*20*] 그림 30(b)는 16개의 구역(섹터)으로 분할된 한 디스크를 위한 그레이 이진 부호를 보여준다. 구역 개수가 12나 60(시계의 시, 분) 또는 360(원의 각도)일 때 사용하기에 좋은 그레이 비슷한 부호는 어떤 것인가?

**8.** [*15*] 짝수 패리티 $n$비트 이진열을 한 번에 두 비트씩만 변경해서 모두 훑는 간단한 방법은 무엇인가?

**9.** [*16*] 그림 31의 중국 고리 퍼즐을 푼다고 할 때 그 상태에서 다음으로 할 일은 무엇인가?

▶ **10.** [*M21*] $n$개의 중국 고리들을 모두 빼내는 가장 짧은 절차에서, 고리 하나를 (a) 빼거나 (b) 끼우는 총 단계 수를 $A_n$과 $B_n$이라고 하자. 예를 들어 $A_3 = 4$이고 $B_3 = 1$이다. $A_n$과 $B_n$에 대한 간단한 공식을 찾아라.

**11.** [*M22*] (H. J. Purkiss, 1865.) 중국 고리 퍼즐에서 가장 작은 두 고리는 사실 막대에 동시에 끼우거나 뺄 수 있다. 그러한 지름길을 허용한다면 퍼즐을 푸는 데 필요한 단계 수는 몇이 되는가?

▶ **12.** [*25*] 더해서 $n$이 되는 양의 정수들의 수열을 $n$의 합성(composition)이라고 부른다. 예를 들어 4의 합성은 총 여덟 가지로, 1111, 112, 121, 13, 211, 22, 31, 4이다. 정수 $n$의 합성들의 개수는 정확히 $2^{n-1}$개인데, 이들은 점들의 집합 $\{1, \ldots, n-1\}$의 모든 부분집합에 대응된다. 이들을 구간 $(0..n)$을 정수 크기의 부분 구간들로 분할하는 데 사용할 수 있다.

a) $n$의 모든 합성을 생성하는 루프 없는 알고리즘을 설계하라. 각 합성을 순차적인 정수들의 배열 $s_1 s_2 \ldots s_j$로 표현할 것.

b) 비슷하게, 그러한 합성들을 포인터들의 배열 $q_0 q_1 \ldots q_t$ 안에 암묵적으로 표현하는 알고리즘을 설계하라. 여기서 합성의 원소들은 $(q_0 - q_1)(q_1 - q_2)\ldots(q_{t-1} - q_t)$이고, $q_0 = n$, $q_t = 0$이다. 예를 들어 이러한 방식에서 4의 한 합성 211은 포인터 $q_0 = 4$, $q_1 = 2$, $q_2 = 1$, $q_3 = 0$과 $t = 3$으로 나타낼 수 있다.

**13.** [*21*] 이전 연습문제를 이어서, 합성 $s_1 \ldots s_j$를 방문할 때 다항계수(multinomial coefficient) $C = \binom{n}{s_1, \ldots, s_j}$도 계산하도록 알고리즘을 수정하라.

**14.** [*20*] $1 \le i \le j$에 대해 $0 \le j \le n$이고 $0 \le a_i < m_i$인 모든 문자열 $a_1 \ldots a_j$를 사전순으로 생성하는 알고리즘을 설계하라. 예를 들어 $m_1 = m_2 = n = 2$일 때 알고리즘은 $\epsilon$, 0, 00, 01, 1, 10, 11을 차례로 방문해야 한다.

▶ **15.** [*25*] 이전 연습문제의 문자열들을 생성하는 루프 없는 알고리즘을 설계하라. 길이가 같은 모든 문자열은 이전처럼 사전순으로 방문해야 하나, 길이가 다른 문자열들은 임의의 편한 방식으로 뒤섞어 방문해도 된다. 예를 들어 $m_1 = m_2 = n = 2$일 때 0, 00, 01, $\epsilon$, 10, 11, 1의 순서가 허용된다.

**16.** [*23*] 루프 없는 알고리즘이 모든 이진 벡터 $(a_1, \ldots, a_n)$을 사전순으로 발생할 수는 없음은 자명하다. 왜냐하면 연속된 방문 사이에 바뀌어야 하는 성분 $a_j$들의 개수에 한계가 없기 때문이다. 그러나, 만일 순차적 표현 대신 연결된 표현을 사용한다면 루프 없는 사전순 생성이 가능함을 보여라. $2n+1$개의 노드 $\{0, 1, \ldots, 2n\}$의 각 노드마다 LINK 필드가 있으며, 이진 $n$-짝 $(a_1, \ldots, a_n)$을 다음과 같이 두어서 표현한다고 가정할 것.

$$\begin{aligned}&\texttt{LINK}(0)=1+na_1;\\&\texttt{LINK}(j-1+na_{j-1})=j+na_j,\qquad 1<j\le n\text{에 대해};\\&\texttt{LINK}(n+na_n)=0.\end{aligned}$$

나머지 $n$개의 LINK 필드들은 아무 값이나 편리한 값으로 두면 된다.

**17.** [*20*] 카르노 사상(Karnaugh map) [M. Karnaugh, *Amer. Inst. Elect. Eng. Trans.* **72**, part I (1953), 593-599]이라고 하는 잘 알려진 구성은 그레이 이진 부호를 이용해서 모든 4비트 수를 하나의 2차원 $4\times4$ 원환체로 표시한다:

| | | | |
|---|---|---|---|
| 0000 | 0001 | 0011 | 0010 |
| 0100 | 0101 | 0111 | 0110 |
| 1100 | 1101 | 1111 | 1110 |
| 1000 | 1001 | 1011 | 1010 |

(원환체의 성분들은 왼쪽과 오른쪽에서, 그리고 위와 아래에서 반대편으로 '순환된다'. 즉, 타일들이 평면에 무한히 복제되는 것과 비슷하다.) 이와 비슷하게, 모든 6비트 수를 $8\times8$ 원환체 형태로 배열하되 임의의 점에서 동, 서, 남, 북으로 한 자리 이동할 때마다 단 하나의 좌표성분만 변하도록 배열할 수 있음을 보여라.

▸ **18.** [*20*] 각 성분이 $0\le u_j<m_j$를 만족하는 벡터 $u=(u_1,\ldots,u_n)$의 리 가중치(Lee weight)는 다음과 같이 정의된다.

$$\nu_L(u)=\sum_{j=1}^{n}\min(u_j,m_j-u_j).$$

그리고 그러한 두 벡터 $u$와 $v$ 사이의 리 거리(Lee distance)는 다음과 같이 정의된다.

$$d_L(u,v)=\nu_L(u-v),\quad \text{여기서 } u-v=((u_1-v_1)\bmod m_1,\ldots,(u_n-v_n)\bmod m_n).$$

(이는 매 단계마다 어떤 성분 $u_j$를 $m_j$를 법으로 하여 $\pm1$만큼 변경해서 $u$를 $v$로 바꾸는 데 필요한 단계 수의 최솟값이다.)

사진四進 벡터의 경우 $1\le j\le n$에 대해 $m_j=4$이며, 이진 벡터는 모두 $m_j=2$이다. $\nu_L(u)=\nu(u')$과 $d_L(u,v)=\nu(u'\oplus v')$을 만족하는 사진 벡터 $u=(u_1,\ldots,u_n)$들과 이진 벡터 $u'=(u'_1,\ldots,u'_{2n})$들 사이의 간단한 일대일 대응관계를 구하라.

**19.** [*23*] (팔진부호.) $g(x)=x^3+2x^2+x-1$이라고 하자.

a) 이번 절의 알고리즘들 중 하나를 사용해서, 변수 $z_0$, $z_1$, $z_2$, $z_3$의 한 다항식

$$\sum z_{u_0}z_{u_1}z_{u_2}z_{u_3}z_{u_4}z_{u_5}z_{u_6}z_{u_\infty}$$

를 평가하라. 합산의 구간은 다음과 같은 다항식 256개 전부이다.

$$(v_0+v_1x+v_2x^2+v_3x^3)g(x)\bmod 4=u_0+u_1x+u_2x^2+u_3x^3+u_4x^4+u_5x^5+u_6x^6.$$

여기서 $0 \le v_0, v_1, v_2, v_3 < 4$이고, $u_\infty$는 $0 \le u_\infty < 4$와 $(u_0 + u_1 + u_2 + u_3 + u_4 + u_5 + u_6 + u_\infty) \bmod 4 = 0$을 만족하도록 선택된 값이다.

b) 적어도 여섯 개의 비트 자리들이 서로 다른 16비트 수 256개의 집합을 구축하라. (노드스트럼Nordstrom과 로빈슨Robinson이 처음 발견한〔*Information and Control* **11** (1967), 613-616〕 그러한 집합은 본질적으로 고유하다.)

**20.** 〔*M36*〕 이전 연습문제의 16비트 부호단어를 8비트 정보의 전송에 사용한다면, 8비트 정보 중 임의의 비트 하나나 둘이 깨졌어도 그 오류를 보정하는 것이 가능하다. 더 나아가서, 세 개의 비트가 부정확하게 수신되었을 때 자료에 오류가 있음을 감지할 수 있다(반드시 보정이 가능한 것은 아니지만). 주어진 16비트 수 $u'$에 가장 가까운 부호단어를 찾거나 아니면 $u'$에서 적어도 세 개의 비트에 오류가 있음을 파악하는 알고리즘을 고안하라. 그 알고리즘으로 수 $(1100100100001111)_2$를 복호화한 결과는 무엇인가? 〔힌트: $x^7 \equiv 1$(법 $g(x)$와 4)이라는 사실과, $x^\infty = 0$이라 할 때 차수가 $< 3$인 모든 사진 다항식이 어떤 $j, k \in \{0, 1, 2, 3, 4, 5, 6, \infty\}$에 대해 $x^j + 2x^k$과 합동(법 $g(x)$와 4)이라는 사실을 활용할 것.〕

**21.** 〔*M30*〕 $n$-입방체의 $t$-부분입방체를 $**10**0*$ 같은, 별표가 $t$개이고 명시된 비트가 $n-t$개인 문자열로 표현할 수 있다. 만일 $2^n$개의 이진 $n$-짝들 모두를 사전순으로 기록한다면, 그러한 부분입방체에 속하는 원소들은 연속된 성분들의 집단(cluster)들 안에 나타날 것이다. 그러한 집단들은 $2^{t'}$개인데, 여기서 $t'$은 명시된 제일 오른쪽 비트의 왼쪽에 있는 별표 개수이다. (앞에 나온 문자열의 경우 $n = 8$, $t = 5$, $t' = 4$이다.) 그런데 만일 $n$쌍들을 그레이 이진 순서로 기록한다면 집단들의 개수가 줄어들 것이다. 그런 경우, 예를 들어 $(n-1)$-부분입방체 $*\ldots*0$과 $*\ldots*1$이 나타나는 집단의 수는 $2^{n-1}$이 아니라 각각 $2^{n-2}+1$과 $2^{n-2}$이다.

a) 별표, 0, 1로 이루어진 문자열 $\alpha$가 주어졌을 때 그 문자열로 정의되는 부분입방체의 그레이 이진 집단들의 개수 $C(\alpha)$를 계산하는 방법을 설명하라. $C(**10**0*)$는 얼마인가?

b) $C(\alpha)$가 항상 $2^{t'-1}$과 $2^{t'}$ 사이(상, 하한 포함)임을 증명하라.

c) 모든 가능한 $2^{n-t}\binom{n}{t}$개의 $t$-부분입방체들에 관한 $C(\alpha)$의 평균값은 얼마인가?

▶ **22.** 〔*22*〕 '오른쪽 부분입방체(right subcube)'는 $0110**$처럼 별표들이 모두 명시된 숫자들 다음에(즉 오른쪽에) 오는 부분입방체이다. 임의의 이진 트라이(§6.3)를 하나의 입방체를 서로 다른 오른쪽 부분입방체들로 분할하는 한 방법으로 간주할 수 있다. 그림 36(a)가 그러한 예이다. 그 어떤 오른쪽 부분입방체라도, 뿌리에서 하향식으로 왼쪽, 오른쪽 부분 트라이를 맞바꾸어 나가면 그림 36(b)와 같은 하나의 그레이 이진 트라이(Gray binary trie)가 된다.

그레이 이진 트라이의 말단 노드(lief)들을 중위 순서(inorder)로 운행할 때, 연속된 말단들이 인접한 부분입방체들에 대응됨을 증명하라. (인접한 정점들을 포함하는 부분입방체들은 인접한 부분입방체들이다. 예를 들어 $00**$는 $011*$와 인접이다. 전자는 0010을, 후자는 0110을 포함하기 때문이다. 그러나 $011*$와 $10**$는 인접이 아니다.)

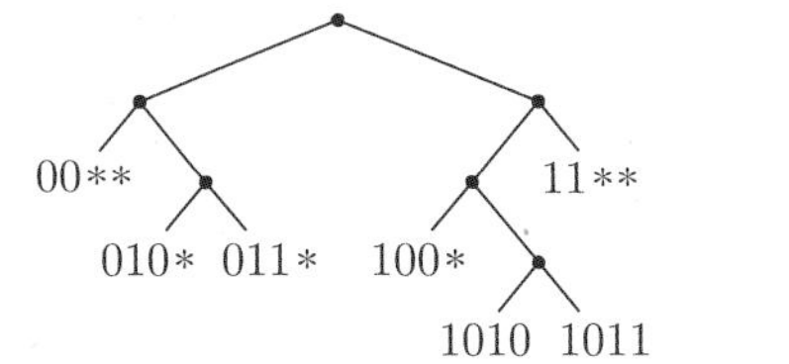


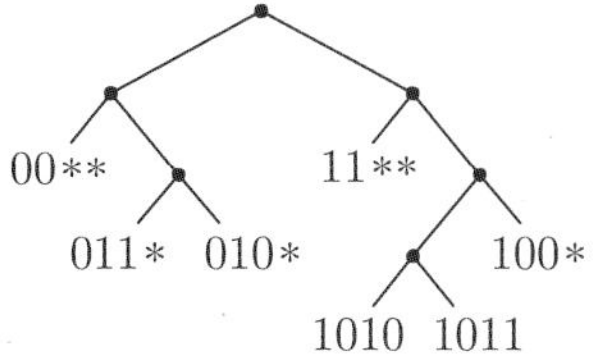


**그림 36.** (a) 보통의 이진 트라이. (b) 그레이 이진 트라이.

**23.** [*20*] $g(k) \oplus 2^j = g(l)$이라고 하자. $j$와 $k$가 주어졌을 때 $l$을 구하는 간단한 방법은 무엇인가?

**24.** [*M21*] 그레이 이진 함수 $g$를 모든 2아딕 정수(§7.1.3)로 확장한다고 하자. 그에 해당하는 역함수 $g^{[-1]}$은 무엇인가?

▶ **25.** [*M25*] 만일 $g(k)$와 $g(l)$이 $t > 0$개의 비트들에서 서로 다르다면, 그리고 만일 $0 \le k, l < 2^n$이면, $\lceil 2^t/3 \rceil \le |k-l| \le 2^n - \lceil 2^t/3 \rceil$임을 증명하라.

**26.** [*25*] (Frank Ruskey.) 어떤 정수 $N$보다 작은 모든 음이 아닌 정수를, 각 단계마다 해당 이진 표현의 비트 하나만 바꾸는 식으로 생성한다고 하자. 그러한 생성이 가능한 정수 $N$을 서술하라.

▶ **27.** [*20*] $S_0 = \{1\}$이고 $S_{n+1} = 1/(2+S_n) \cup 1/(2-S_n)$이라고 하자. 이를테면

$$S_2 = \left\{ \frac{1}{2+\dfrac{1}{2+1}}, \frac{1}{2+\dfrac{1}{2-1}}, \frac{1}{2-\dfrac{1}{2+1}}, \frac{1}{2-\dfrac{1}{2-1}} \right\} = \left\{ \frac{3}{7}, \frac{1}{3}, \frac{3}{5}, 1 \right\}$$

이다. 그리고 $S_n$의 $2^n$개의 원소들은 $\frac{1}{3}$과 1 사이에 있다. $S_{100}$의 $10^{10}$번째로 작은 원소를 계산하라.

**28.** [*M27*] $\alpha_k$의 이진 표현이 $\alpha_k = a_{k(n-1)} \ldots a_{k0}$이라 할 때, $n$비트 이진열 $\{\alpha_1, \ldots, \alpha_t\}$의 중앙값은 $0 \le j < n$에 대한 비트 $a_j$들이 $1 \le k \le t$에 대한 비트 $a_{kj}$들의 다수결과 일치하는 이진열 $\hat{\alpha} = a_{n-1} \ldots a_0$이다. (만일 $t$가 짝수이고 비트 $\alpha_{kj}$들이 절반은 0, 절반은 1이라면, 중앙값 비트 $a_j$는 0도 되고 1도 된다.) 예를 들어 $\{0010, 0100, 0101, 1110\}$의 중앙값은 두 개로, 0100과 0110이다. 이들을 $01{*}0$으로 표기할 수 있다.

a) $0 < t \le 2^n$이라 할 때 $G_t = \{g(0), \ldots, g(t-1)\}$, 즉 처음 $t$개의 그레이 이진열들의 중앙값들을 서술하는 간단한 방법을 제시하라.

b) 만일 $\alpha = a_{n-1} \ldots a_0$이 그러한 중앙값이면, 그리고 $2^{n-1} < t < 2^n$이라면, 이진열 $\alpha$의 임의의 비트 $a_j$를 여수화한 이진열 $\beta$도 $G_t$의 한 원소임을 증명하라.

**29.** [*M24*] 정수 값 $k$로 $n$비트 이진 부호 $g(k)$로 전송한다고 하자. 전송 오류들을 비트 패턴 $p = (p_{n-1} \ldots p_0)_2$로 표현한다고 할 때, $k$의 모든 값이 동일 확률로 나타난다는 가정 하에서 평균적인 수치 오차는

$$\frac{1}{2^n} \sum_{k=0}^{2^n-1} \left| g^{[-1]}(g(k) \oplus p) - k \right|$$

이다. 이 합이 그레이 이진 부호를 사용하지 않았을 때의 합 $\sum_{k=0}^{2^n-1} |(k \oplus p) - k| / 2^n$과 같음을 증명하고, 합을 실제로 구하라.

▶ **30.** 〔*M27*〕 (그레이 치환.) 고정된 양의 보조 저장소만 사용해서 배열 $(X_0, X_1, X_2, \ldots, X_{2^n-1})$을 $(X_{g(0)}, X_{g(1)}, X_{g(2)}, \ldots, X_{g(2^n-1)})$로 치환하는 1패스 알고리즘을 설계하라. 힌트: 함수 $g(n)$을 음이 아닌 모든 정수의 한 치환(permutation)으로 간주해서, 집합

$$L = \{0, 1, (10)_2, (100)_2, (100*)_2, (100*0)_2, (100*0*)_2, \ldots\}$$

이 순환마디 선행 원소(cycle leader, 순환마디의 가장 작은 원소)들의 집합임을 보일 것.

**31.** 〔*HM35*〕 (그레이 체.) $f_n(x) = g(r_n(x))$가 $n$비트 이진열의 비트들을 연습문제 5에서처럼 반사한 후 그레이 이진 부호로 변환하는 연산이라고 하자. 예를 들어 $f_3(x)$는 $(001)_2 \mapsto (110)_2 \mapsto (010)_2 \mapsto (011)_2 \mapsto (101)_2 \mapsto (111)_2 \mapsto (100)_2 \mapsto (001)_2$로 사상한다. 이에 의해 모든 0이 아닌 가능성이 한 순환마디 안에 나타난다. 따라서 $f_3$을 이용해서 원소가 여덟 개인, 그리고 $\oplus$가 덧셈 연산자이고 곱셈은 다음과 같은 규칙으로 정의되는 하나의 체(field)를 정의할 수 있다.

$$f_3^{[j]}(1) \times f_3^{[k]}(1) = f_3^{[j+k]}(1) = f_3^{[j]}\big(f_3^{[k]}(1)\big).$$

함수 $f_2$, $f_5$, $f_6$도 이와 같은 훌륭한 속성을 가지고 있다. 그러나 $f_4$는 아니다. $f_4((1011)_2) = (1011)_2$이기 때문이다.

$f_n$이 $2^n$개의 원소의 체를 정의하는 모든 $n \le 100$을 구하라.

**32.** 〔*M20*〕 참 또는 거짓을 말하라: 월시 함수는 $w_k(-x) = (-1)^k w_k(x)$를 만족한다.

▶ **33.** 〔*M20*〕 라데마허-월시 변환 법칙 (17)을 증명하라.

**34.** 〔*M21*〕 페일리 함수(Paley function) $p_k(x)$들은 다음과 같이 정의된다.

$$p_0(x) = 1, \qquad p_k(x) = (-1)^{\lfloor 2x \rfloor k} p_{\lfloor k/2 \rfloor}(2x).$$

$p_k(x)$를 (17)과 비슷하게 라데마허 함수들로 간단히 표현할 수 있음을 보이고, 페일리 함수들과 월시 함수들의 관계식을 제시하라.

**35.** 〔*HM23*〕 월시 함수들부터 월시 행렬 $W_n$을 얻는 것과 비슷하게((20) 참고), 페일리 함수들로부터 $2^n \times 2^n$ 페일리 행렬 $P_n$을 얻을 수 있다. $P_n$과 $W_n$, 그리고 아다마르 행렬 $H_n$ 사이의 흥미로운 관계들을 밝혀라. 세 행렬 모두 대칭행렬임을 증명하라.

**36.** 〔*21*〕 주어진 벡터 $(X_0, \ldots, X_{2^n-1})$의 월시 변환 $(x_0, \ldots, x_{2^n-1})$을 계산하는 효율적인 알고리즘을 상세히 서술하라.

**37.** 〔*HM23*〕 $1 \le l \le k$와 $0 < z_{kl} < 1$에 대해, $w_k(x)$에서 부호가 $l$번째로 변하는 지점이 $z_{kl}$이라고 하자. $|z_{kl} - l/(k+1)| = O((\log k)/k)$임을 증명하라.

▶ **38.** 〔*M25*〕 월시 함수들의 삼진 일반화를 고안하라.

▶ **39.** 〔*HM30*〕 (실베스터J. J. Sylvester.) $\begin{pmatrix} a & b \\ b & -a \end{pmatrix}$의 행들은 서로 직교이고 크기가 같다. 따라서 행렬 항등식

$$(A\ B)\begin{pmatrix} a^2+b^2 & 0 \\ 0 & a^2+b^2 \end{pmatrix}\begin{pmatrix} A \\ B \end{pmatrix} = (A\ B)\begin{pmatrix} a & b \\ b & -a \end{pmatrix}\begin{pmatrix} a & b \\ b & -a \end{pmatrix}\begin{pmatrix} A \\ B \end{pmatrix}$$
$$= (Aa+Bb\ \ Ab-Ba)\begin{pmatrix} aA+bB \\ bA-aB \end{pmatrix}$$

는 '제곱 둘의 합' 항등식 $(a^2+b^2)(A^2+B^2) = (aA+bB)^2+(bA-aB)^2$을 함의한다. 비슷하게, 행렬 항등식

$$\begin{pmatrix} a & b & c & d \\ b & -a & d & -c \\ d & c & -b & -a \\ c & -d & -a & b \end{pmatrix}$$

는 '제곱 넷의 합' 항등식

$$(a^2+b^2+c^2+d^2)(A^2+B^2+C^2+D^2) = (aA+bB+cC+dD)^2+(bA-aB+dC-cD)^2$$
$$+(dA+cB-bC-aD)^2+(cA-dB-aC+bD)^2$$

으로 이어진다.

a) (21)의 행렬 $H_3$의 부호들을 기호 $\{a,b,c,d,e,f,g,h\}$에 부여해서, 행들이 직교이고 '제곱 여덟의 합' 항등식으로 이어지는 행렬을 구하라.

b) 이를 $H_4$와 그보다 차수가 더 높은 행렬들로 일반화하라.

▶ **40.** [*21*] 본문의 5자 영단어 계산 방안에서, 단계 W2의 마스크들을 $0 \le j < 5$에 대해 $m_j = z\,\&\,(2^{5j}-1)$로 계산해도 정확한 답들이 나올까?

**41.** [*25*] 3000개의 가장 흔한 5자 영단어들만 사용한다면, 즉 (23)에서 ducky, duces, dunks, dinks, dinky, dices, dicey, dicky, dicks, picky, pinky, punky, pucks를 제외한다면, 하나의 쌍에서 생성할 수 있는 유효한 단어는 몇 개인가?

**42.** [*35*] (프레드먼M. L. Fredman.) 알고리즘 L은 그레이 이진 비트 $a_j$로 그다음 비트를 여수화할 때 초점 포인터들을 위해 보조 메모리의 $\Theta(n\log n)$비트를 사용한다. 단계 L3은 그 보조 비트들 중 $\Theta(\log n)$개를 조사하며, 이따금 그들 중 $\Omega(\log n)$개를 변경한다.

이론적인 관점에서 이보다 더 나은 성과를 얻을 수 있음을, 구체적으로 말하면 $n$비트 그레이 이진 부호를 방문들 사이에서 많아야 두 개의 보조 비트를 변경해서 생성할 수 있음을 보여라. (각 단계마다, 변경할 비트들을 찾기 위해 보조 비트들에서 $O(\log n)$개를 조사하는 것은 여전히 허용된다.)

**43.** [*41*] 6비트 그레이 순환마디의 개수 $d(6)$을 구하라. ((26)을 보라.)

**44.** [*M20*] $M(n)$이 $n$-입방체의 완벽 부합들의 개수라고 할 때 $d(n) \le \binom{M(n)}{2}$임을 증명하라.

**45.** [*M40*] (T. Feder, C. Subi, 2009.) 이 연습문제는 $(4r+2)$-입방체 $G = G_4 \square G_3 \square G_2 \square G_1 \square G_0 \square G_{-1}$ 안의 다수의 그레이 순환마디들을 구축한다. 여기서 $i>0$에 대해 $G_i$는 하나의 $r$-입방체이고 $G_0 = G_{-1} = P_2$이다. 정점 $v$들은 $(4r+2)$비트 이진열 $v_4 \ldots v_0 v_{-1}$들로, 여기서 $v_i$는 $i>0$에 대해 $r$비트이고 $i \le 0$에 대해 1비트이다. $v$의 '서명(signature)'은 4비트 이진열

$\sigma(v) = s_4 s_3 s_2 (s_1 \oplus v_0)$으로, 여기서 $s_i$는 $v_i$의 패리티이다. 이러한 비트열들을 이진수로 취급하기로 한다.

$1 \le l \le 4$에 대해, $\mathcal{M}_l(v)$가 $v — v' = v'_4 \dots v'_0 v'_{-1}$이고 $i \ne l$에 대해 $v'_i = v_i$인 $G$의 한 완벽 부합이라고 하자. ($\mathcal{M}_l(v') = v$임을 주목할 것.) 또한 $\mathcal{M}_0(v) = v \oplus 2$로도 정의한다. 간선 $v — \mathcal{M}_{l(v)}(v)$들로 형성되는 순환마디들을 고찰하자. 여기서 $l(v)$는 다음과 같이 $v$의 서명에 의존한다.

| $\sigma(v) =$ | 0000 | 0001 | 0011 | 0010 | 0110 | 0111 | 0101 | 0100 | 1100 | 1101 | 1111 | 1110 | 1010 | 1011 | 1001 | 1000 |
|---|---|---|---|---|---|---|---|---|---|---|---|---|---|---|---|---|
| $l(v) =$ | 0 | 2 | 0 | 3 | 1 | 2 | 0 | 4 | 1 | 2 | 1 | 3 | 1 | 2 | 0 | 4 |

a) $r = 2$이고 $l > 1$에 대해 $\mathcal{M}_l(v) = v \oplus 2^{2l + s_{l-1}}$이며 $\mathcal{M}_1(v) = v \oplus 2^{2 + (v_0 \oplus v_{-1})}$이라고 가정하자. 이 경우 정점 0...0을 담은 순환마디는 무엇인가?

b) 서명이 2의 제곱수인 정점을 '토대 정점(ground vertex)'이라고 부른다. $v_4 \cdots v_1$이 같은 네 정점을 '동기들(siblings)'이라고 부른다. 만일 $u$와 $v$가 같은 순환마디에 있으면, 또는 $u$와 $v$가 서로 동기간인 토대 정점들이라면, 또는 그러한 동치 관계들의 사슬을 따라 $u$에서 $v$로까지 이어진다면, $u \equiv v$라고 정의하자. 각 동치류에 대해 $G$의 순환마디들을 구축하는 방법을 설명하라.

c) 더 나아가서, $u$와 $v$가 동기 토대 정점들이면, 원래의 순환마디들의 간선 $\{u \oplus 2 — u, v \oplus 2 — v\}$들을 유지하는 그러한 순환마디가 존재함을 증명하라.

d) 마지막으로, (b)와 (c)의 순환마디들을 하나의 순환마디로 변환하는 방법을 보여라.

e) $\mathcal{M}_1, \dots, \mathcal{M}_4$를 변화시켜서 얻을 수 있는 서로 다른 해밀턴 순환마디는 몇 개인가?

**46.** [*M23*] 연습문제 45를 $(kr + 2)$-입방체로 확장하라. 여기서 $k$는 짝수이다.

**47.** [*HM24*] 연습문제 44와 46으로 $d(n)^{1/2^n}$의 점근적 추정치들을 구하라.

**48.** [*HM48*] $n \to \infty$에 따른 $d(n)^{1/2^n}$의 점근적 습성을 구하라.

**49.** [*20*] $n \ge 1$에 대해, 모든 $k \ge 0$에 대해 $v_{k + 2^{2n-1}}$이 $v_k$의 구성요소임을 만족하는 $2n$비트 그레이 순환마디가 존재함을 증명하라.

▶ **50.** [*21*] 정리 D와 비슷하되 $l$이 짝수인 구성을 찾아라.

**51.** [*M24*] (균형 그레이 순환마디.) 정리 D의 따름정리 B의 증명을 완성하라.

**52.** [*M20*] 한 $n$비트 그레이 순환마디의 전이 횟수들이 $c_0 \le c_1 \le \cdots \le c_{n-1}$을 만족한다면 반드시 $c_0 + \cdots + c_{j-1} \ge 2^j$임을, 그리고 등호는 $j = n$일 때 성립함을 증명하라.

**53.** [*M46*] 수 $(c_0, \dots, c_{n-1})$이 모두 짝수이고 이전 연습문제의 조건을 만족한다면, 이 수들을 전이 횟수들로 하는 $n$비트 그레이 순환마디가 존재하는가?

**54.** [*M20*] (H. S. Shapiro, 1953.) 만일 정수들의 수열 $(a_1, \dots, a_{2^n})$에 서로 다른 값이 단 $n$개라면, 어떤 $0 \le k < l \le 2^n$에 대해 곱 $a_{k+1} a_{k+2} \cdots a_l$이 완전제곱수인 부분수열이 존재함을 보여라. 단, $l = 2^n$인 경우를 허용하지 않는다면 이 결론이 참이 아닐 수 있다.

▶ **55.** [*35*] (F. Ruskey, C. Savage, 1993.) 만일 $(v_0, \ldots, v_{2^n-1})$이 $n$비트 그레이 순환마디라면 쌍 $\{\{v_{2k}, v_{2k+1}\} \mid 0 \le k < 2^{n-1}\}$들은 $n$-입방체에서 짝, 홀 패리티 정점들 사이의 완벽 부합을 형성한다. 반대로, 자신의 '절반'에서 그러한 완벽 부합들이 모두 나타나는 $n$비트 그레이 순환마디가 존재하는가?

**56.** [*M30*] (E. N. Gilbert, 1958.) 두 그레이 순환마디의 좌표성분 이름들을 치환하거나, 또는 순환마디를 뒤집거나 다른 장소에서 시작해서(또는 두 방법 모두 동원해서) 두 순환마디의 델타열들이 같아지게 만들 수 있다면, 그 두 그레이 순환마디가 동치라고 부르기로 하자. 2688개의 서로 다른 4비트 순환마디들이 단 아홉 개의 동치류에 속함을 보여라.

**57.** [*32*] 2688개의 모든 가능한 4비트 그레이 순환마디를 정점들로 하며, 두 순환마디를 다음의 간단한 변환들 중 하나로 연관시킬 수 있을 때 간선이 성립하는 그래프를 생각해 보자.

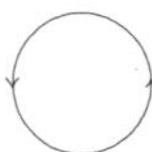
변환 전

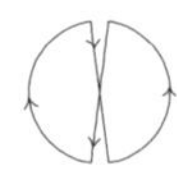
제1종 변환 후

제2종 변환 후

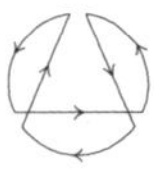
제3종 변환 후

제4종 변환 후

(제1종의 변화는 순환마디를 두 부분으로 나눈 후 한 부분을 뒤집어서 다시 조립할 수 있을 때 발생한다. 제2, 3, 4종은 순환마디를 세 부분으로 나누고 0, 1, 2개의 부분을 뒤집어서 다시 조립할 수 있을 때 발생한다. 부분들이 반드시 같은 크기일 필요는 없다. 해밀턴 순환마디들은 이러한 변환들이 가능한 경우가 많다.)

4비트 그레이 순환마디들 중 서로 변환이 가능한 것들을 구하되 그래프의 연결된 구성요소들을 찾아내서 구하는 프로그램을 작성하라. 한 번의 실행에서 네 종류 중 하나만 고려하도록 제한할 것.

▶ **58.** [*21*] $\alpha$가 한 $n$비트 그레이 순환마디의 델타열이고, $\alpha$에서 $q$개의 0들을 $n$으로 바꾸어서 $\beta$를 얻는다고 하자. 여기서 $q$는 홀수이다. $\beta\beta$가 $(n+1)$비트 그레이 순환마디의 델타열임을 증명하라.

**59.** [*22*] (30)의 5비트 그레이 순환마디는 $1 < t < n$에 대해 $2^t$개의 연속된 원소들이 하나의 $t$-부분 입방체에 속하는 경우가 없다는 의미에서 비국소(nonlocal)이다. 모든 $n \ge 5$에 대해 비국소 $n$비트 그레이 순환마디가 존재함을 증명하라. [힌트: 이전 연습문제를 보라.]

**60.** [*20*] 연속열 길이 제한 함수가 $r(n+1) \ge r(n)$을 만족함을 보여라.

**61.** [*M30*] (a) $m = 2$이고 $2 < r(n) < 8$일 때, 또는 (b) $m \le n$이고 $r(n) \le 2^{m-3}$일 때 $r(m+n) \ge r(m) + r(n) - 1$임을 각각 보여라.

**62.** [*46*] $r(8) = 6$인가?

**63.** [*30*] (Luis Goddyn.) $r(10) \ge 8$임을 증명하라.

▶ **64.** [*HM35*] (L. Goddyn, P. Gvozdjak.) $n$비트 그레이 흐름(Gray stream)은 각 $\sigma_k$가 $n$-입방체의 정점들의 한 치환인 치환열 $(\sigma_0, \sigma_1, \ldots, \sigma_{l-1})$이다. 각 치환은 정점들 각각을 그 이웃 정점들 중 하나로 사상한다.

a) $(u_0, \ldots, u_{2^m-1})$이 $m$비트 그레이 순환마디이고 $(\sigma_0, \sigma_1, \ldots, \sigma_{2^m-1})$이 $n$비트 그레이 흐름이라고 가정하자. $v_0 = 0\ldots0$, $v_{k+1} = v_k\sigma_k$로 두되, 여기서 만일 $k \geq 2^m$이면 $\sigma_k = \sigma_{k \bmod 2^m}$이다. 다음 수열이 하나의 $(m+n)$비트 그레이 순환마디일 조건은 무엇인가?

$$W = (u_0v_0, u_0v_1, u_1v_1, u_1v_2, \ldots, u_{2^{m+n-1}-1}v_{2^{m+n-1}-1}, u_{2^{m+n-1}-1}v_{2^{m+n-1}})$$

b) 만일 $m$이 충분히 크다면 (a)의 조건을 만족하며 수열 $(v_0, v_1, \ldots)$의 모든 연속열 길이가 $\geq n-2$인 $n$비트 그레이 흐름이 존재함을 보여라.

c) $r(n) \geq n - O(\log n)$임을 이상의 결과들을 이용해서 증명하라.

**65.** [*30*] (Brett Stevens.) 사뮈엘 베켓Samuel Beckett의 희곡 Quad에서, 무대는 빈 채로 시작해서 빈 채로 끝난다. $n$명의 배우가 한 번에 한 명씩 들어오고 나가면서 총 $2^n$개의 모든 가능한 부분집합이 나타난다. 그리고 무대를 나가는 배우는 무대에 있는 배우들 중 항상 가장 먼저 들어왔던 배우이다. 실제 연극에서는 $n = 4$인데, 이 경우 일부 부분집합이 되풀이될 수밖에 없다. 그러나 $n = 5$일 때에는 입장 및 퇴장이 정확히 $2^n$번인 완벽한 패턴이 존재함을 보여라.

**66.** [*40*] 배우 8명에 대한 완벽한 베켓-그레이 패턴이 존재하는가?

**67.** [*20*] 모든 $n$비트 이진열을 매 단계마다 최대한 많은 비트들을 변경해서 훑는 것이 바람직할 때도 있다. 예를 들어 물리적 회로의 신뢰성을 최악의 조건들에서 점검할 때 그런 방식이 필요하다. 비트들을 $n$개 변경하는 단계와 $n-1$개 변경하는 단계를 번갈아 수행해서 모든 이진 $n$-짝을 운행하는 방법을 설명하라.

**68.** [*21*] 퍼버스Rufus Q. Perverse는 각 $n$트리트(trit†) 수가 그 이웃들과 모든 자리에서 다른 반그레이(anti-Gray) 삼진 부호를 구축하기로 했다. 그러한 부호가 모든 $n$에 대해 가능할까?

▸ **69.** [*M25*] 그레이 이진 부호 (7)의 정의를, $k = (\ldots b_5b_4b_3b_2b_1b_0)_2$라고 할 때

$$h(k) = (\ldots(b_6 \oplus b_5)(b_5 \oplus b_4)(b_4 \oplus b_3 \oplus b_2 \oplus b_0)(b_3 \oplus b_0)(b_2 \oplus b_1 \oplus b_0)b_1)_2$$

로 두도록 수정하자.

a) $n > 3$일 때, 수열 $h(0)$, $h(1)$, …, $h(2^n-1)$이 모든 $n$비트 수를 각 단계마다 정확히 세 개의 비트를 변경하는 방식으로 훑음을 보여라.

b) 이를 일반화하여, $t$가 홀수이고 $n > t$일 때 각 단계마다 정확히 $t$개의 비트들을 변경해서 수열을 얻는 방법을 서술하라.

**70.** [*21*] $n = 5$와 $n = 6$에 대해 존재하는 단조 $n$비트 그레이 부호는 몇 개인가?

**71.** [*M22*] 새비지-윙클러 치환을 정의하는 점화식 (45)를 유도하라.

**72.** [*20*] 00000에서 11111로의 새비지-윙클러 부호는 무엇인가?

---

† [옮긴이 주] 현행 외래어 표기법에 따르면 '트릿'이 옳은 표기이나, trit과 연관성이 아주 큰 bit을 '빗'이 아니라 '비트'로 표기해 온 관례에 따라 트리트로 표기한다.

▸ **73.** 〔*32*〕 $n$비트 단조 그레이 부호의 델타열을 효율적으로 구축하는 알고리즘을 설계하라.

**74.** 〔*M25*〕 (Savage, Winkler.) 단조 그레이 부호에서, $n$-입방체의 인접한 정점들은 얼마나 멀리 떨어질 수 있는가?

**75.** 〔*32*〕 각 좌표성분 위치 $j$에서 $\sum_{k=0}^{31} k(-1)^{v_{kj}} = 0$이라는 뜻에서 무경향인 모든 5비트 그레이 경로 $v_0, \ldots, v_{31}$을 구하라.

**76.** 〔*M25*〕 무경향 $n$비트 그레이 부호가 모든 $n \ge 5$에 대해 존재함을 증명하라.

**77.** 〔*21*〕 혼합기수 $n$-짝들을 나머지식 그레이 순서로 방문하도록 알고리즘 H를 수정하라.

**78.** 〔*M26*〕 반사된 혼합기수 그레이 부호를 위한 변환 공식 (50)과 (51)을 증명하고, 나머지식의 경우에 대한 비슷한 공식들을 유도하라.

▸ **79.** 〔*M22*〕 (a) 반사된 혼합기수 그레이 부호와 (b) 나머지식 혼합기수 그레이 부호의 마지막 $n$-짝이 첫 번째 것과 인접하는 경우는 어떤 것인가?

**80.** 〔*M20*〕 어떤 수의 소인수분해 $p_1^{e_1} \ldots p_t^{e_t}$이 주어졌을 때, 그 수의 모든 약수를 각 단계마다 하나의 소수를 곱하거나 나누어서 훑는 방법을 설명하라.

**81.** 〔*M21*〕 $(a_0, b_0), (a_1, b_1), \ldots, (a_{m^2-1}, b_{m^2-1})$이 두 자리 $m$진 나머지식 그레이 부호라고 하자. 만일 $m > 2$이면 모든 간선 $(x, y)$—$(x, (y+1) \bmod m)$과 $(x, y)$—$((x+1) \bmod m, y)$가 다음 두 순환마디 중 하나에 나타남을 보여라.

$$(a_0, b_0) — (a_1, b_1) — \cdots — (a_{m^2-1}, b_{m^2-1}) — (a_0, b_0),$$
$$(b_0, a_0) — (b_1, a_1) — \cdots — (b_{m^2-1}, a_{m^2-1}) — (b_0, a_0).$$

▸ **82.** 〔*M25*〕 (G. Ringel, 1956.) 8-입방체의 모든 간선을 함께 덮는 네 개의 8비트 그레이 순환마디가 존재함을 이전 연습문제로부터 유도하라.

**83.** 〔*41*〕 네 개의 균형 8비트 그레이 순환마디로 8-입방체의 모든 간선을 덮을 수 있을까?

▸ **84.** 〔*25*〕 (Howard L. Dyckman.) 그림 37은 루니 루프(Loony Loop) 또는 고르디우스의 매듭(Gordian Knot)이라고 부르는 매혹적인 퍼즐로, 목표는 유연한 밧줄을 그것을 둘러싼 단단한 고리들에서 빼내는 것이다. 이 퍼즐의 해법과 반사된 그레이 삼진 코드 사이에 본질적인 연관 관계가 존재함을 보여라.

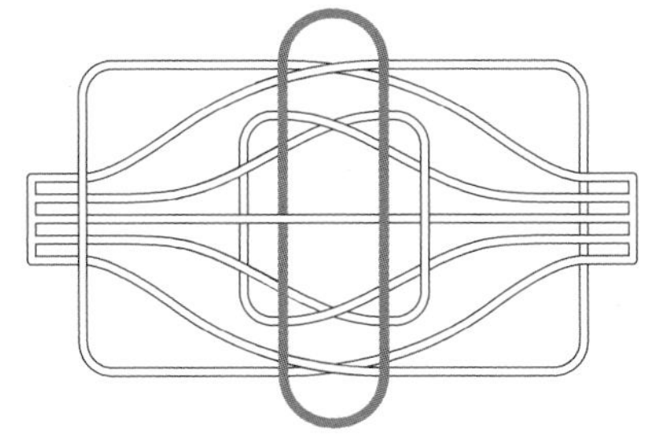

**그림 37.** 루니 루프 퍼즐.

▸ **85.** [*M25*] (Dana Richards.) $\Gamma = (\alpha_0, \ldots, \alpha_{t-1})$이 문자열 $t$개의 임의의 순차열이고 $\Gamma' = (\alpha'_0, \ldots, \alpha'_{t'-1})$이 문자열 $t'$개의 임의의 순차열이라고 할 때, 좌우교호左右交互 곱(boustrophedon product) $\Gamma \wr \Gamma'$은

$$(\alpha_0\alpha'_0, \ldots, \alpha_0\alpha'_{t'-1}, \alpha_1\alpha'_{t'-1}, \ldots; \alpha_1\alpha'_0, \alpha_2\alpha'_0, \ldots, \alpha_2\alpha'_{t'-1}, \alpha_3\alpha'_{t'-1}, \ldots)$$

로 시작하고 만일 $t$가 짝수이면 $\alpha_{t-1}\alpha'_0$, 홀수이면 $\alpha_{t-1}\alpha'_{t'-1}$로 끝나는 $tt'$개의 문자열들의 순차열이다. 예를 들어 (5)에 나온 그레이 이진 부호의 기본 정의를 이 표기법 하에서는 $n > 0$일 때 $\Gamma_n = (0, 1) \wr \Gamma_{n-1}$이라고 표현할 수 있다. 연산 $\wr$이 결합법칙을 지원함을, 따라서 $\Gamma_{m+n} = \Gamma_m \wr \Gamma_n$임을 증명하라.

▸ **86.** [*26*] 모든 가능한 음이 아닌 정수 $n$-짝 $(a_1, \ldots, a_n)$을 훑되 $(a_1, \ldots, a_n)$ 다음에 $(a'_1, \ldots, a'_n)$이 올 때 $\max(a_1, \ldots, a_n) \le \max(a'_1, \ldots, a'_n)$이 되는 방식으로 훑는 무한 그레이 부호를 정의하라.

**87.** [*27*] 이전 연습문제를 이어서, 모든 정수 $n$-짝 $(a_1, \ldots, a_n)$을 훑되 $(a_1, \ldots, a_n)$ 다음에 $(a'_1, \ldots, a'_n)$이 올 때 $\max(|a_1|, \ldots, |a_n|) \le \max(|a'_1|, \ldots, |a'_n|)$이 되는 방식으로 훑는 무한 그레이 부호를 정의하라.

▸ **88.** [*25*] 알고리즘 K가 단계 K4에서 끝난 후에, 즉시 단계 K2에서 알고리즘을 재시작한다면 어떤 일이 생길까?

▸ **89.** [*25*] (모스 부호를 위한 그레이 부호.) 길이가 $n$인 모스 부호 단어(연습문제 4.5.3-32)는 점(•)과 대시(dash, —)로 이루어진 문자열이다. 여기서 $n$은 점들의 개수에 대시들의 개수의 두 배를 더한 것이다.

a) 모든 길이 $n$ 모스 부호 단어를, 매 단계마다 대시 하나를 점 두 개로 또는 점 두 개를 대시 하나로 바꾸어 나가면서 생성할 수 있음을 보여라. 예를 들어 $n = 3$에 대한 단계들은 •—, •••, —• 또는 그 역이다.

b) $n = 15$일 때, (a)의 과정에서 •——••——•—• 다음에 생성되는 문자열은 무엇인가?

**90.** [*26*] 연습문제 89의 기반 규칙들 하에서, 모스 부호 단어들을 하나의 순환마디로 배열할 수 있는 $n$의 값들은 무엇인가? [힌트: 부호 단어들의 개수는 $F_{n+1}$이다.]

▸ **91.** [*34*] $a_1 \le a_2 \ge a_3 \le a_4 \ge \cdots$을 만족하는 모든 이진 $n$-짝 $(a_1, \ldots, a_n)$을 방문하는 루프 없는 알고리즘을 설계하라. [그러한 $n$-짝들의 개수는 $F_{n+2}$이다.]

**92.** [*M30*] 처음 $m^n$개의 원소들이 하나의 $m$진 더브라윈 순환마디를 형성하는 무한 수열 $\Phi_n$이 존재하는가? [(54)는 $n = 2$인 경우의 해이다.]

▸ **93.** [*M28*] 실제로 알고리즘 R이 그 설명대로 더브라윈 순환마디를 출력함을 증명하라.

**94.** [*22*] 만일 협동루틴 $f()$와 $f'()$이 자명한 순환마디 01234 01234 01... 을 생성한다면, $m = 5$, $n = 1$, $r = 3$일 때 알고리즘 D의 출력은 무엇인가?

▶ **95.** [*M23*] 주기가 $p$인 무한 수열 $a_0a_1a_2\ldots$을 주기가 $q$인 무한 수열 $b_0b_1b_2\ldots$와 교차삽입해서 다음과 같은 무한 순환 수열을 만든다고 하자.

$$c_0c_1c_2c_3c_4c_5\ldots = a_0b_0a_1b_1a_2b_2\ldots.$$

a) $c_0c_1c_2\ldots$의 주기가 $pq$가 되는 조건은 무엇인가? (이 연습문제에서, 한 수열 $a_0a_1a_2\ldots$의 '주기[period]'는 모든 $k \geq 0$에 대해 $a_k = a_{k+p}$를 만족하는 가장 작은 정수 $p > 0$을 뜻한다.)

b) 알고리즘 D의 단계 D6을 그냥 "만일 $t' = n$이고 $x' < r$이면 D4로 간다."로 고쳐서 실행했을 때 연속된 출력들로서 나타나는 $2n$-짝들은 무엇인가?

c) 알고리즘 D가 그 설명대로 더브라윈 순환마디를 출력함을 증명하라.

▶ **96.** [*M28*] 기반 경우 $n = 2$에 대한 알고리즘 S 같은 간단한 협동루틴들에 재귀적으로 기초하여 알고리즘 R과 D를 이용해서, 그리고 $n > 2$이 짝수일 때에는 알고리즘 D를 이용해서, 길이가 $m^n$인 더브라윈 순환마디를 생성하기 위해 일단의 협동루틴들을 준비했다고 하자.

a) 각 종류마다 협동루틴 $(R_n, D_n, S_n)$은 몇 개나 있는가?

b) 최상위 출력 숫자 하나를 얻는 데 필요한 협동루틴 활성화 횟수는 최대 얼마인가?

**97.** [*M29*] 이번 연습문제의 목적은 알고리즘 R과 D로 구축하는 더브라윈 순환마디를 중요한 특수 경우인 $m = 2$인 경우에서 분석하는 것이다. $f_n(k)$가 길이가 $2^n$인 순환마디의 $(k+1)$번째 비트라고 하자. 그러면 $0 \leq k < n$에 대해 $f_n(k) = 0$이다. 또한 $j_n$은 $0 \leq j_n < 2^n$이고 $j_n \leq k < j_n + n$에 대해 $f_n(k) = 1$인 색인이라고 하자.

a) $n = 2, 3, 4, 5$에 대한 순환마디 $\big(f_n(0)\ldots f_n(2^n-1)\big)$들을 적어라.

b) $n$의 모든 짝수 값에 대해 다음을 만족하는 수 $\delta_n = \pm 1$이 존재함을 증명하라.

$$f_{n+1}(k) \equiv \begin{cases} \Sigma f_n(k), & \text{만일 } 0 < k \leq j_n \text{ 또는 } 2^n + j_n < k \leq 2^{n+1}\text{이면,} \\ 1 + \Sigma f_n(k + \delta_n), & \text{만일 } j_n < k \leq 2^n + j_n\text{이면.} \end{cases}$$

여기서 합동의 법은 2이다. (이 공식에서 $\Sigma f$는 합산 함수 $\Sigma f(k) = \sum_{j=0}^{k-1} f(j)$를 뜻한다.) 따라서 $n$이 짝수일 때 $j_{n+1} = 2^n - \delta_n$이다.

c) $\big(c_n(0)c_n(1)\ldots c_n(2^{2n}-5)\big)$가, 알고리즘 D를 연습문제 95(b)에서처럼 단순화한 버전을 $f_n()$에 적용했을 때 나오는 순환마디라고 하자. 이 순환마디에서 $(2n-1)$-짝 $1^{2n-1}$과 $(01)^{n-1}0$은 어디에 나타나는가?

d) (c)의 결과들을 이용해서 $f_{2n}(k)$를 $f_n()$으로 표현하라.

e) $j_n$을 $n$의 함수로 표현하는 (다소) 간단한 공식을 구하라.

**98.** [*M34*] 이전 연습문제를 이어서, $n \geq 2$와 $k \geq 0$이 주어졌을 때 $f_n(k)$를 효율적으로 계산하는 알고리즘을 설계하라.

▶ **99.** [*M23*] 이전 연습문제의 기술을 활용해서, 순환마디 $\big(f_n(0)f_n(1)\ldots f_n(2^n-1)\big)$에서 임의의 주어진 $n$비트 문자열을 효율적으로 찾아내는 알고리즘을 설계하라.

**100.** 〔*40*〕 $n$이 클 때, 연습문제 97의 더브라윈 순환마디를 의사 무작위 비트의 유용한 원천으로 사용할 수 있을까?

▶ **101.** 〔*M30*〕 (비증가 기약 문자열들로의 유일한 문자열 인수분해.)

a) $\lambda$와 $\lambda'$이 소인수(기약 문자열)일 때, 만일 $\lambda < \lambda'$이면 $\lambda\lambda'$도 소인수임을 증명하라.

b) 따라서 모든 문자열 $\alpha$를 다음과 같은 형태로 표기할 수 있음을 증명하라.

$$\alpha = \lambda_1\lambda_2 \ldots \lambda_t, \quad \lambda_1 \geq \lambda_2 \geq \cdots \geq \lambda_t, \quad \text{여기서 각 } \lambda_j\text{는 기약 문자열.}$$

c) 실제로 그러한 인수분해가 단 하나만 가능함을 증명하라. 힌트: $\lambda_t$가 반드시 $\alpha$의 비지 않은 접미열보다 사전식 순서로 더 작음을 보일 것.

d) 참 또는 거짓을 말하라: $\lambda_1$은 $\alpha$의 가장 긴 기약 접두열이다.

e) 31415926535897932384626433832795028841 97의 소인수들은 무엇인가?

**102.** 〔*HM28*〕 이전 연습문제의 유일한 인수분해 정리로부터, 길이가 $n$인 $m$진 소인수들의 개수를 유도하라.

**103.** 〔*M20*〕 식 (59)를 이용해서 페르마의 정리 $m^p \equiv m$ (법 $p$)을 증명하라.

**104.** 〔*17*〕 공식 (60)에 따르면 $n$자 단어들 중 약 $1/n$이 기약 문자열이다. 5757개의 5자 GraphBase 단어들 중 기약 문자열은 몇 개인가? 가장 작은 비기약 문자열은 무엇인가? 가장 큰 기약 문자열은?

**105.** 〔*M31*〕 $\alpha$가 한 무한 알파벳에 대한 길이 $n$ 전기약 문자열이라고 하자.

a) $\alpha$의 마지막 글자를 증가해서 나온 문자열이 기약 문자열임을 보여라.

b) $\alpha$를 연습문제 101처럼 인수분해한 것이 $\lambda_1$의 $n$-확장임을 보여라.

c) 더 나아가서 $\alpha$가 서로 다른 두 기약 문자열의 $n$-확장일 수는 없음을 보여라.

▶ **106.** 〔*M30*〕 알고리즘 F를 역공학(reverse engineering)해서, 모든 $m$진 기약, 전기약 문자열을 내림차순으로 방문하는 알고리즘을 설계하라.

**107.** 〔*HM30*〕 $n \to \infty$에 따른, 그리고 고정된 $m$에 대한 알고리즘 F의 실행시간을 분석하라.

**108.** 〔*M35*〕 $\lambda_1 < \cdots < \lambda_t$가, 길이가 $n$의 약수인 $m$진 기약 문자열들이라고 하자. 그리고 $a_1 \ldots a_n$은 임의의 $m$진 문자열이라고 하자. 이 연습문제의 목표는 $a_1 \ldots a_n$이 $\lambda_1 \ldots \lambda_t\lambda_1\lambda_2$에 나타남을 증명하는 것이다. 그러면 $\lambda_1 \ldots \lambda_t$는 하나의 더브라윈 순환마디이다(그 길이가 $m^n$이므로). 편의상 $m = 10$이며 문자열들이 십진 숫자들로 이루진다고 가정해도 무방하다. 임의의 $m \geq 2$에 대해서도 같은 논증들이 적용될 것이다.

a) 만일 $a_1 \ldots a_n = \alpha\beta$가 자신의 모든 순환 자리이동과 다르다면, 그리고 만일 $\beta\alpha = \lambda_k$가 기약이면, $\alpha = 9^j$인 어떤 $j \geq 1$가 존재하지 않는 한 $\alpha\beta$는 $\lambda_k\lambda_{k+1}$의 한 부분문자열임을 보여라.

b) $\beta\alpha$가 기약이고 $\alpha$가 9로만 이루어졌다면, $\alpha\beta$는 $\lambda_1 \ldots \lambda_t$의 어떤 위치에 나타나는가? 힌트: 만일 단계 F2에서 어떤 $l > 0$에 대해 $a_{n+1-l} \ldots a_n = 9^l$이면, 그리고 $j$가 $n$의 약수가 아니면, 단계 F2의 이전 실행에서 $a_{n-l} \ldots a_n = 9^{l+1}$이었음을 보일 것.

c) 이제 $(\alpha\beta)^d$ 형태의 $n$-짝들을 고찰하라. 여기서 $d > 1$은 $n$의 한 약수이고 $\beta\alpha = \lambda_k$는 기약 문자열이다.

d) $n = 6$일 때 899135, 997879, 913131, 090909, 909090, 911911은 어디에서 나타나는가?

e) $\lambda_1 \ldots \lambda_t$가 사전식 순서로 가장 작은 $m$진 길이 $m^n$ 더브라윈 순환마디인가?

**109.** 〔*M22*〕 2×2 구간(window)들에 대한 $m^2 \times m^2$ 크기의 $m$진 더브라윈 원환체는 $m$진 숫자 $d_{ij}$들을 성분으로 하는 행렬로, $m^4$개의 부분행렬

$$\begin{pmatrix} d_{ij} & d_{i(j+1)} \\ d_{(i+1)j} & d_{(i+1)(j+1)} \end{pmatrix}, \qquad 0 \le i, j < m^2$$

들이 각각 서로 다르다는 특징을 가진다. 여기서 아래첨자들은 $m^2$을 법으로 하여 순환된다. 따라서 모든 가능한 $m$진 2×2 부분행렬이 정확히 한 번씩만 나타난다. 그래서 스튜어트Ian Stewart는 이를 $m$진 우로토러스(ourotorus)†라고 불렀다〔*Game, Set, and Math* (Oxford: Blackwell, 1989), 제4장〕. 예를 들어

$$\begin{pmatrix} 0 & 0 & 1 & 0 \\ 0 & 0 & 0 & 1 \\ 0 & 1 & 1 & 1 \\ 1 & 0 & 1 & 1 \end{pmatrix}$$

은 하나의 이진 우로토러스이다. 사실 $m = 2$일 때 그러한 행렬로는 이것이 본질적으로 유일하다(자리이동, 전치를 감안할 때).

무한 행렬 $D$의 $i = (\ldots a_2 a_1 a_0)_2$행 $j = (\ldots b_2 b_1 b_0)_2$열의 성분이 $d_{ij} = (\ldots c_2 c_1 c_0)_2$라고 하자. 여기서

$$c_0 = (a_0 \oplus b_0)(a_1 \oplus b_1) \oplus b_1;$$

$$k > 0\text{에 대해} \qquad c_k = (a_{2k} a_0 \oplus b_{2k}) b_0 \oplus (a_{2k+1} a_0 \oplus b_{2k+1})(b_0 \oplus 1)$$

이다. 모든 $n \ge 0$에 대해, 이러한 $D$의 왼쪽 상단 $2^{2n} \times 2^{2n}$ 부분행렬이 $2^n$진 우로토러스임을 보여라.

**110.** 〔*M25*〕 이전 연습문제를 이어서, 모든 $m$에 대해 $m$진 우로토러스를 구축하는 방법을 설명하라.

**111.** 〔*20*〕 수열 123456789에 + 기호와 − 기호를 삽입해서 수 100을 만드는 방법은 열두 가지이다. 예를 들어 $100 = 1 + 23 - 4 + 5 + 6 + 78 - 9 = 123 - 45 - 67 + 89 = -1 + 2 - 3 + 4 + 5 + 6 + 78 + 9$이다.

a) 이런 식으로 표현할 수 없는 가장 작은 양의 정수는 무엇인가?

b) 열 자리 수열 9876543210에 기호들을 삽입하는 문제도 고찰하라.

▶ **112.** 〔*25*〕 이전 연습문제를 이어서, 12345678987654321에 기호들을 삽입한다면? 예를 들어 $100 = -1234 - 5 - 6 + 7898 - 7 - 6543 - 2 - 1$이다.

---

† 〔옮긴이 주〕 Ouroborus(우로보로스, 자신의 꼬리를 먹는 뱀)과 torus(원환체)의 합성어로 보인다.

·띤 딴 딘 단 빔 밤 봄 보 —
딴 띤 딘 단 밤 빔 보 봄 —
띤 딴 단 딘 빔 밤 봄 보 —
딴 띤 단 딘 밤 빔 보 봄 —
딴 단 띤 밤 딘 보 빔 봄 —
...띤 딴 딘 단 빔 밤 봄 보.

— 세이어즈DOROTHY L. SAYERS, *The Nine Tailors* (1934)

십진 숫자 열 개의 한 순열은 모든 숫자가 서로 다른 하나의 열 자리 십진수이다.
따라서 모든 열 자리 수들을 생성하고 그 숫자들이 서로 다른 것들만 선택하기만 하면 된다.
고속 컴퓨팅 덕분에 힘들게 머리를 쓸 필요가 없어졌다니 놀랍지 않은가!
우리는 그냥 $k+1 \to k$를 프로그래밍하고
$k$의 숫자들 중 우리가 원치 않는, 서로 같은 숫자들을 찾기만 하면 된다.
그러면 사전순으로 된 순열이 나오기까지 한다!
그러나 다시 정신을 가다듬고 생각해 보면... 우리는 다른 무언가를 생각할 필요가 있다.

— 레머D. H. LEHMER (1957)

**7.2.1.2. 모든 순열의 생성.** 조합적 생성을 적용할 대상 중 $n$-짝들 다음으로 중요한 것은 아마 어떤 주어진 집합 또는 중복집합의 모든 순열을 방문하는 과제일 것이다. 이 문제를 풀기 위해 다양한 방법이 고안되었다. 사실, 정렬에 대한 것만큼이나 많은 수의 알고리즘들이 역정렬(unsorting)에 대해 출판되었다. 이번 절에서는 가장 중요한 순열 생성 방법들을 살펴본다. 그럼 간단하고도 유용한 고전적 방법 하나로 시작하자.

**알고리즘 L** (사전순 순열 생성). $n$개의 원소들의 수열 $a_1a_2...a_n$이 다음을 만족하는 순서로 정렬되어 있다고 하자.

$$a_1 \le a_2 \le \cdots \le a_n. \tag{1}$$

이 알고리즘은 그러한 $\{a_1, a_2, ..., a_n\}$의 모든 순열을 생성해서 사전순으로 방문한다. (예를 들어 $\{1, 2, 2, 3\}$의 순열들을 사전순으로 나열하면

$$1223, 1232, 1322, 2123, 2132, 2213, 2231, 2312, 2321, 3122, 3212, 3221$$

이다.) 편의를 위해 보조 원소 $a_0$을 둔다. $a_0$은 반드시 가장 큰 $a_n$보다 작아야 한다.

**L1.** [방문.] 순열 $a_1a_2...a_n$을 방문한다.

**L2.** [$j$를 찾는다.] $j \leftarrow n-1$로 설정한다. 만일 $a_j \ge a_{j+1}$이면 $a_j < a_{j+1}$이 될 때까지 $j$를 되풀이해서 1씩 감소한다. 만일 $j=0$이면 알고리즘을 끝낸다. (이 지점에서 $j$는, $a_1...a_j$로 시작하는 모든 순열을 이미 방문했다는 조건이 참이 되는 가장 작은 아래첨자(색인)이다. 따라서 사전순으로 다음 순열에서는 $a_j$가 더 커진다.)

**L3.** 〔$a_j$를 증가.〕 $l \leftarrow n$으로 설정한다. 만일 $a_j \geq a_l$이면 $l$를 $a_j < a_l$이 될 때까지 되풀이해서 1씩 감소한다. 그런 다음 $a_j \leftrightarrow a_l$로 맞바꾼다. ($a_{j+1} \geq \cdots \geq a_n$이므로 원소 $a_l$은 한 순열에서 $a_1 \ldots a_{j-1}$ 다음에 올 수 있는 $a_j$보다 큰 원소들 중 가장 작은 원소이다. 맞바꾸기(interchange)를 수행하기 전에는 $a_{j+1} \geq \cdots \geq a_{l-1} \geq a_l > a_j \geq a_{l+1} \geq \cdots \geq a_n$이었지만, 수행하고 난 후에는 $a_{j+1} \geq \cdots \geq a_{l-1} \geq a_j > a_l \geq a_{l+1} \geq \cdots \geq a_n$이다.)

**L4.** 〔$a_{j+1} \ldots a_n$을 역전한다.〕 $k \leftarrow j+1$, $l \leftarrow n$으로 설정한다. 그런 다음, $k < l$인 동안 $a_k \leftrightarrow a_l$로 맞바꾸고 $k \leftarrow k+1$, $l \leftarrow l-1$로 설정한다. L1로 돌아간다. ▮

이 알고리즘은 14세기 인도의 나라야나 판디타Nārāyaṇa Paṇḍitta로까지 거슬러 올라간다(§7.2.1.7 참고). 또한 이 알고리즘은 힌덴부르크C. F. Hindenburg가 뤼디거C. F. Rüdiger의 *Specimen Analyticum de Lineis Curvis Secundi Ordinis* (Leipzig: 1784)에 쓴 서문(xlvi–xlvii)에도 나오며, 그 후로도 여러 번 재발견되었다. 단계 L2와 L3의 괄호에 있는 해설은 이 알고리즘이 왜 작동하는지를 설명해 준다.

일반화하자면, 임의의 조합적 패턴 $a_1 \ldots a_n$의 사전순 후행자를 다음과 같은 3단계의 절차로 얻을 수 있다.

1) $a_j$를 증가할 수 있는 가장 큰 $j$를 찾는다.
2) $a_j$를 가능한 가장 작은 양만큼만 증가한다.
3) 새 $a_1 \ldots a_j$를 하나의 완전한 패턴으로 확장하는, 사전순으로 가장 작은 방법을 찾는다.

알고리즘 L은 이러한 일반적 절차를 순열 생성에 맞게 따른 것이다. 마찬가지로, 알고리즘 7.2.1.1M은 이 일반적 절차를 $n$-짝 생성의 경우에 맞게 따른 것이다. 이후에 다른 종류의 조합적 패턴들을 살펴볼 때에도 이런 예가 여러 번 나온다. 단계 L4의 시작에서 $a_{j+1} \geq \cdots \geq a_n$임을 주목할 것. 따라서 현재의 접두열 $a_1 \ldots a_j$로 시작하는 최초의 순열은 $a_1 \ldots a_j a_n \ldots a_{j+1}$이며, 단계 L4는 $\lfloor (n-j)/2 \rfloor$회의 맞바꾸기를 수행해서 그러한 순열을 생성한다.

실제 응용에서, 원소들이 서로 다를 때 단계 L2는 $j = n-1$을 절반의 경우에서 찾아낸다. 이는 $n!$개의 순열들 중 $a_{n-1} < a_n$인 것이 정확히 $n!/2$개이기 때문이다. 따라서, 이러한 특수한 경우를 식별한다면 알고리즘 L을 크게 복잡하게 만들지 않고도 그 속도를 높일 수 있다. (연습문제 1을 보라.) 비슷하게, $a$들이 서로 다를 때 $j \leq n-t$일 확률은 단 $1/t!$이다. 따라서 단계 L2~L4의 루프들은 대체로 아주 빠르게 돌아간다. 연습문제 6은 일반적인 실행 시간을 분석하는데, 그것을 보면 알고리즘 L이 서로 같은 원소들이 있을 때조차도, 중복집합 $\{a_1, a_2, \ldots, a_n\}$에서 일부 값들이 다른 값들보다 훨씬 자주 나오는 것이 아닌 한, 상당히 효율적임을 알 수 있다.

**인접 원소 맞바꾸기.** §7.2.1.1에서 보았듯이 그레이 부호는 $n$-짝의 생성에 유리하다. 그와 비슷한 고려사항들이 순열의 생성에도 적용된다. 순열에 대한 가장 간단한 변경은 인접한 원소들을 맞바꾸는 것(이하 줄여서 인접 맞바꾸기)이다. 그리고 제5장에서 보았듯이 일련의 적절한 맞바꾸기들을 적용한다면 그 어떤 순열도 정렬할 수 있다. (예를 들어 알고리즘 5.2.2B가 그런 식으로 작동한다.) 따라서 모든 원소를 순서대로 정렬한 후, 다시 적절한 인접 원소쌍들을 교환함으로써 임의의 원하는 순열을 얻을 수 있다.

여기서 자연스레 떠오르는 질문 하나는 이런 것이다: 주어진 중복집합의 모든 순열을 매 단계마다 단 두 개의 인접 원소를 맞바꾸는 방식으로 훑는 것이 가능한가? 만일 가능하다면 모든 순열을 조사하는 프로그램이 전체적으로 더 단순해지고 더 빨라질 가능성이 크다. 왜냐하면 매번 완전히 새로운 배열 $a_1 \ldots a_n$을 다시 처리하는 대신, 한 번의 교환의 효과만 계산하면 될 것이기 때문이다.

안타깝게도 중복집합에 중복된 원소들이 존재하는 경우에는 항상 그런 그레이 비슷한 수열을 찾을 수 있다는 보장이 없다. 예를 들어 $\{1,1,2,2\}$의 여섯 순열은 인접 맞바꾸기에 의해 다음과 같은 방식으로 서로 연관된다.

$$1122 — 1212 \begin{matrix} \diagup\ 2112\ \diagdown \\ \diagdown\ 1221\ \diagup \end{matrix} 2121 — 2211 \qquad (2)$$

이 그래프에는 해밀턴 경로가 없다.

그러나 대부분의 응용들은 서로 다른 원소들의 순열을 다룬다. 그런 경우에는 다행히, 모든 $n!$개의 순열을 단 $n!-1$회의 인접 맞바꾸기만으로 생성하는 간단한 알고리즘이 가능하다. 더 나아가서, 그러한 맞바꾸기를 한 번 더 하면 원래의 출발점으로 돌아간다. 즉, 그레이 이진 부호와 비견할 수 있는 해밀턴 순환마디가 존재하는 것이다.

핵심은 $\{1,\ldots,n-1\}$에 대한 하나의 수열을 취하고 각 순열마다 모든 가능한 방법으로 수 $n$을 삽입한다는 것이다. 예를 들어 다음은 $n=4$일 때 수열 $(123, 132, 312, 321, 231, 213)$의 모든 가능한 위치에 4를 삽입해서 얻은 순열들이다.

| | | | | | | |
|---|---|---|---|---|---|---|
| 1234 | 1324 | 3124 | 3214 | 2314 | 2134 | |
| 1243 | 1342 | 3142 | 3241 | 2341 | 2143 | (3) |
| 1423 | 1432 | 3412 | 3421 | 2431 | 2413 | |
| 4123 | 4132 | 4312 | 4321 | 4231 | 4213 | |

이제 첫 열은 위에서 아래로, 둘째 열은 아래에서 위로, ..., 마지막 열은 아래에서 위로 읽으면 원하는 순서의 순열들이 나온다: $(1234, 1243, 1423, 4123, 4132, 1432, 1342, 1324, 3124, 3142, \ldots, 2143, 2134)$.

§5.1.1에서 우리는 순열의 반전(inversion), 즉 순서가 맞지 않는 원소들(반드시 인접 원소들일 필요는 없음)의 쌍을 공부했다. 모든 인접 원소 맞바꾸기는 반전들의 전체 개수를 $\pm 1$만큼 바꾼다. 실제로, 연습문제 5.1.1-7의 소위 반전표(inversion table) $c_1 \ldots c_n$(여기서 $c_j$는 $j$의 오른쪽에 있으며 $j$보다 작은 원소들의 개수) 개념을 적용해 보자. (3)의 순열들의 반전표들은 다음과 같다.

| | | | | | | |
|---|---|---|---|---|---|---|
| 0000 | 0010 | 0020 | 0120 | 0110 | 0100 | |
| 0001 | 0011 | 0021 | 0121 | 0111 | 0101 | (4) |
| 0002 | 0012 | 0022 | 0122 | 0112 | 0102 | |
| 0003 | 0013 | 0023 | 0123 | 0113 | 0103 | |

그리고 이 열들을 이전처럼 번갈아 상, 하로 읽는다면, 그 결과는 §7.2.1.1의 식 (46)~(51)에 나온 것 같은 혼합기수 $(1, 2, 3, 4)$에 대한 반사된 그레이 부호와 정확히 같다. 데이크스트라E. W. Dijkstra가 지적했듯이〔*Acta Informatica* **6** (1976), 357-359〕, 이러한 속성은 모든 $n$에 대해 성립한다. 그리고 이를 다음과 같은 알고리즘으로 공식화할 수 있다:

**알고리즘 P** (평범한 전조). $n$개의 서로 다른 원소들로 이루어진 한 수열 $a_1a_2\ldots a_n$이 주어졌을 때, 이 알고리즘은 그 수열의 모든 순열을 인접한 쌍들의 맞바꾸기를 되풀이해서 생성한다. 이 알고리즘은 앞에서 설명한대로 반전들을 나타내는 보조 배열 $c_1c_2\ldots c_n$을 사용하는데, 이 배열은

$$1 \le j \le n\text{에 대해} \qquad 0 \le c_j < j \tag{5}$$

인 정수들의 모든 수열을 훑는다. 또 다른 배열 $o_1o_2\ldots o_n$은 성분 $c_j$가 바뀐 방향들을 관리하는 용도로 쓰인다.

**P1.** 〔초기화.〕 $1 \le j \le n$에 대해 $c_j \leftarrow 0$, $o_j \leftarrow 1$로 설정한다.

**P2.** 〔방문.〕 순열 $a_1a_2\ldots a_n$을 방문한다.

**P3.** 〔변경 준비.〕 $j \leftarrow n$, $s \leftarrow 0$으로 설정한다. (이후의 단계들은 (5)를 유지하면서 곧 변경될 $c_j$의 위치 $j$를 결정한다. 변수 $s$는 $c_k = k-1$을 만족하는 색인 $k > j$들의 개수이다.)

**P4.** 〔변경할 준비가 되었는가?〕 $q \leftarrow c_j + o_j$로 설정한다. 만일 $q < 0$이면 P7로 간다. 만일 $q = j$이면 P6으로 간다.

**P5.** 〔변경.〕 $a_{j-c_j+s} \leftrightarrow a_{j-q+s}$로 맞바꾼다. 그런 다음 $c_j \leftarrow q$로 설정하고 P2로 돌아간다.

**P6.** 〔$s$를 증가.〕 만일 $j = 1$이면 알고리즘을 끝낸다. 그렇지 않으면 $s \leftarrow s+1$로 설정한다.

**P7.** 〔방향을 바꾼다.〕 $o_j \leftarrow -o_j$, $j \leftarrow j-1$로 설정하고 P4로 돌아간다. ▮

모든 $n \ge 1$에 대해 작동함이 분명한 이 절차는 17세기 영국에서 비롯되었다. 당시 종지기(bell ringer)들 사이에서 종들의 집합을 모든 가능한 순열로 울린다는 유쾌한 관행이 시작되었는데, 그들은 알고리즘 P를 평범한 전조轉調(plain changes) 방법이라고 불렀다. 그림 38(a)는 모든 $5! = 120$가지 가능성을 훑을 수 있는 평범한 전조 원칙이 알려지기 전이었던 1600년대 초반에 쓰인 '캠브리지 48법(Cambridge Forty-Eight)'이라는, 종 다섯 개의 순열 48개의 불규칙적이고 임의적인 순서를 나타낸 것이다. 알고리즘 P의 고색창연한 역사는 현재 보들레이언 도서관(Bodleian Library)에 소장되어 있는 1653년의 먼디Peter Mundy의 한 원고로 거슬러 올라가는데, 이에 관해 모리스Ernest Morris가 쓴 글과 그 원고의 필사본이 *The History and Art of Change Ringing* (1931), 29-30에 나온다. 얼마 후, 1668년에 *Tintinnalogia*라는 유명한 책이 익명으로 출판되는데, 이후 덕워스Richard Duckworth와 스테드먼Fabian Stedman이 쓴 것임이 밝혀졌다. 그 책의 처음 60쪽은 평범한 전조 방법을 $n = 3$에서 시작해서 그보다 큰 임의의 $n$의 경우로까지 올라가면서 상세히 설명한다.

수년간 캠브리지 48법은 그때까지 울린 또는 고안된 가장 위대한 주명악(Peal)이었다.
그러나 이제는 48도, 100도, 720도, 그 어떤 수도 우리를 제한하지 못한다.
우리는 무한히 많은 방식으로 종을 울릴 수 있기 때문이다.
...종 네 개의 경우 24가지 변화가 가능한데,
그중 하나의 종을 사냥 종이라고 부르고 나머지 셋을 극단(extream) 종이라고 부른다.
사냥 종은 계속해서 위 아래로 움직이면서 사냥을 한다...
극단의 종들 중 둘은 사냥 종이 자신의 앞이나 뒤에 올 때마다 변경을 가한다.

— 덕워스R. DUCKWORTH, 스테드먼F. STEDMAN, *Tintinnalogia* (1668)

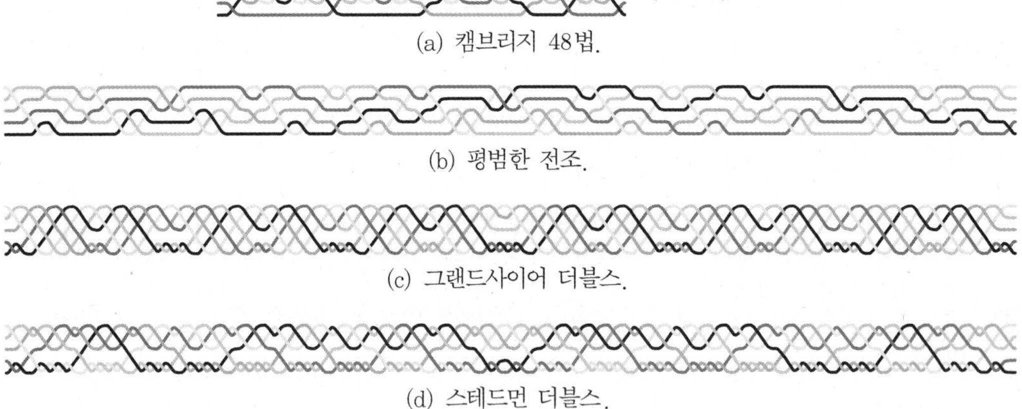


(a) 캠브리지 48법.

(b) 평범한 전조.

(c) 그랜드사이어 더블스.

(d) 스테드먼 더블스.

**그림 38.** 17세기 영국에서 다섯 개의 서로 다른 교회 종들을 순차적으로 울리는 데 사용한 네 가지 패턴. 패턴 (b)는 알고리즘 P에 해당한다.

곧이어 영국의 종치기 팬들은 둘 이상의 종들의 쌍들이 동시에 자리를 바꾸는 방식의 좀 더 복잡한 방법을 개발하게 되었다. 예를 들어 그들은 그림 38(c)에 나온, 그랜드사이어 더블스Grandsire Doubles라고 부르는 패턴을 고안했는데, 이를 두고 "종 다섯 개의 울리기에 대해 지금까지 만들어진 가장 훌륭하고 가장 독창적인 주명악"이라고 평했다〔*Tintinnalogia*, page 95〕. 음악의 관점에서는 이런 화려한 방법들이 알고리즘 P보다 더 흥미롭지만, 컴퓨터 응용에서는 쓸모가 덜하다. 따라서 여기서 이들을 더 이야기하지는 않겠다. 흥미가 있는 독자라면 윌슨W. G. Wilson의 책 *Change Ringing* (1965)에서 더 많은 것을 배울 수 있을 것이다. 또한 A. T. White, *AMM* **103** (1996), 771–778도 보라.

트로터H. F. Trotter는 '평범한 전조'의 최초의 컴퓨터 구현을 *CACM* **5** (1962), 434–435에 발표했다. 그 알고리즘은 상당히 효율적이다. 특히 연습문제 16에서처럼 최적화할 때 효율적인데, 이는 모든 $n$가지 순열들 중 $n-1$개를 단계 P6과 P7을 사용하지 않고 생성해 내기 때문이다. 반면 알고리즘 L은 절반의 경우에서만 최상의 조건을 누린다.

알고리즘 P가 방문당 정확히 한 번의 맞바꾸기를 수행한다는 사실은, 그 알고리즘이 생성하는 짝순열(even permutation)과 홀순열(odd permutation)을 번갈아 생성함을 뜻한다(연습문제 5.1.1-13을 보라). 따라서 그냥 홀순열을 건너뛰기만 하면 모든 짝순열이 생성된다. 실제로, $c$ 표와 $o$ 표 덕분에 알고리즘 진행 도중 현재의 총 반전 개수 $c_1+\cdots+c_n$을 손쉽게 유지할 수 있다.

같은 순열들을 되풀이해서 생성해야 하는 프로그램들이 많은데, 그런 경우 매번 알고리즘 P의 단계들을 실행할 필요는 없다. 그냥 다음과 같은 방법을 이용해서 적당한 전이들의 목록을 준비하면 된다.

**알고리즘 T** (평범한 전조의 전이들). 이 알고리즘은 알고리즘 P의 작동들이 $1 \le k < n!$에 대한 일련의 맞바꾸기 $a_{t[k]} \leftrightarrow a_{t[k]+1}$들과 동치임을 만족하는 표 $t[1]$, $t[2]$, ..., $t[n!-1]$을 계산한다.

**T1.** [초기화.] $N \leftarrow n!$, $d \leftarrow N/2$, $t[d] \leftarrow 1$, $m \leftarrow 2$로 설정한다.

**T2.** [$m$에 대한 반복.] 만일 $m = n$이면 알고리즘을 끝낸다. 그렇지 않으면 $m \leftarrow m+1$, $d \leftarrow d/m$, $k \leftarrow 0$으로 설정한다. (조건 $d = n!/m!$이 유지된다.)

**T3.** [아래로 사냥.] $k \leftarrow k+d$, $j \leftarrow m-1$로 설정한다. 그런 다음 $j > 0$인 동안 $t[k] \leftarrow j$, $k \leftarrow k+d$, $j \leftarrow j-1$로 설정한다.

**T4.** [오프셋.] $t[k] \leftarrow t[k]+1$로 설정한다.

**T5.** [위로 사냥.] $k \leftarrow k+d$, $j \leftarrow 1$로 설정한다. $j < m$인 동안 $t[k] \leftarrow j$, $k \leftarrow k+d$, $j \leftarrow j+1$로 설정한다. 그런 다음 만일 $k < N$이면 T3으로 돌아가고, 그렇지 않으면 T2로 돌아간다. ▮

예를 들어 $n = 4$일 때 이 알고리즘은 표 $(t[1], t[2], \ldots, t[23]) = (3, 2, 1, 3, 1, 2, 3, 1, 3, 2, 1, 3, 1, 2, 3, 1, 3, 2, 1, 3, 1, 2, 3)$을 산출한다.

**복면산.** 이번에는 순열이 유용한 간단한 종류의 퍼즐 하나를 살펴보자. 다음 패턴에서 각 글자(영문자)가 각각 다른 십진 숫자를 나타낸다고 할 때, 이것이 유효한 합이 되게 하려면 어떻게 해야 할까? [H. E. Dudeney, *Strand* **68** (1924), 97, 214.]

$$\begin{array}{r} \texttt{SEND} \\ +\,\texttt{MORE} \\ \hline \texttt{MONEY} \end{array} \tag{6}$$

이러한 퍼즐을 흔히 '복면산覆面算'이라고 부른다.†

복면산의 고전 중 하나인 (6)은 손으로도 쉽게 풀 수 있다(연습문제 21을 보라). 그러나 좀 더 복잡한, 풀 수 없는 것들도 있고 답이 수십 개인 것도 있는 여러 복면산들의 커다란 집합을 다루어야

† [옮긴이 주] 원문에서는 'alphametics(알파벳 수학)'라는 용어를 사용하며, 그 용어의 유래가 A. H. Hunter, *Globe and Mail* (Toronto: 27 October 1955), 27임을 밝히고 있다. 또한 'cryptarithm(암호산술)'이라는 용어와 그 유래인 S. Vatriquant, *Sphinx* **1** (May 1931), 50도 언급한다. 번역서에서는 동양권에서 전통적으로 쓰여 온 용어인 복면산(가면을 쓴 산술)을 사용한다.

한다면 어떨까? 그렇다면 주어진 패턴에 부합하는 숫자들의 모든 패턴을 컴퓨터로 시도해 봄으로써 시간을 절약할 수 있을 것이다. [복면산을 푸는 컴퓨터 프로그램을 베이들러가 *Creative Computing* **4**,6 (1978년 11-12월호), 110-113에서 발표한 바 있다.]

또한 시선을 좀 더 높여서, 모든 덧셈 복면산을 일반적으로 고찰할 수도 있을 것이다. 즉, (6) 같은 간단한 합뿐만 아니라 다음과 같은 예도 다루는 것이다.

$$\texttt{VIOLIN} + \texttt{VIOLIN} + \texttt{VIOLA} = \texttt{TRIO} + \texttt{SONATA}.$$

이와 동치로, 다음과 같이 더할 항들에 정수 계수가 붙으며, 서로 다른 글자에 대해 서로 다른 숫자를 배정해서 전체적인 결과가 0이 되게 하는 것이 목표인 퍼즐을 풀고자 할 수도 있다.

$$2(\texttt{VIOLIN}) + \texttt{VIOLA} - \texttt{TRIO} - \texttt{SONATA} = 0. \tag{7}$$

이러한 문제에서 각 글자마다 그 글자는 1로 대체하고 그 외의 글자는 0으로 대체해서 하나의 '서명(signature)'을 만들 수 있다. 예를 들어 I의 서명은

$$2(010010) + 01000 - 0010 - 000000,$$

즉 21010이다. 임의로 부호 $(1, 2, \ldots, 10)$을 글자 (V, I, O, L, N, A, T, R, S, X)에 배정한다면, (7)에 해당하는 서명들은 다음과 같다.

$$\begin{aligned} &s_1 = 210000, \quad s_2 = 21010, \quad s_3 = -7901, \quad s_4 = 210, \quad s_5 = -998, \\ &s_6 = -100, \quad s_7 = -1010, \quad s_8 = -100, \quad s_9 = -100000, \quad s_{10} = 0. \end{aligned} \tag{8}$$

(글자가 10개 필요하기 때문에 X를 추가했다.) 이제 문제는 $\{0, 1, \ldots, 9\}$의 순열 $a_1 \ldots a_{10}$들 중

$$a \cdot s = \sum_{j=1}^{10} a_j s_j = 0 \tag{9}$$

을 만족하는 모든 순열을 찾는 것이다. 또한, 복면산의 수들의 선행(제일 왼쪽) 숫자는 반드시 0이 아니라는 규칙을 위한 부수 조건(side condition)도 하나 존재한다. 예를 들어 다음 예처럼 선행 숫자가 0인 수가 존재하는 여러 해들은 (6)의 유효한 해로 치지 않는다.

$$\begin{array}{r} 7316 \\ +0823, \\ \hline 08139 \end{array} \qquad \begin{array}{r} 5731 \\ +0647, \\ \hline 06378 \end{array} \qquad \begin{array}{r} 6524 \\ +0735, \\ \hline 07259 \end{array} \qquad \begin{array}{r} 2817 \\ +0368. \\ \hline 03185 \end{array}$$

일반화하자면, 다음을 만족하는 첫 글자들의 집합 $F$가 존재한다.

$$\text{모든 } j \in F\text{에 대해} \qquad a_j \neq 0. \tag{10}$$

(7)과 (8)에 대한 집합 $F$는 $\{1, 7, 9\}$이다.

덧셈 복면산들의 모임을 푸는 한 가지 방법은 이런 것이다. 우선 알고리즘 T를 이용해서 $10! - 1$개의 전이 $t[k]$들의 표를 준비한다. 그런 다음, 서명들의 열 $(s_1, \ldots, s_{10})$과 첫 글자 집합 $F$로 정의되는 각 문제마다 다음과 같은 알고리즘을 이용해서 전수검색으로 해들을 찾아낸다.

**A1.** [초기화.] $a_1a_2\ldots a_{10} \leftarrow 01\ldots9$, $v \leftarrow \sum_{j=1}^{10}(j-1)s_j$, $k \leftarrow 1$로 설정하고 $1 \le j < 10$에 대해 $\delta_j \leftarrow s_{j+1} - s_j$로 설정한다.

**A2.** [판정.] 만일 $v = 0$이고 (10)이 성립한다면 해 $a_1\ldots a_{10}$을 출력한다.

**A3.** [교환.] 만일 $k = 10!$이면 멈춘다. 그렇지 않으면 $j \leftarrow t[k]$, $v \leftarrow v - (a_{j+1} - a_j)\delta_j$, $a_{j+1} \leftrightarrow a_j$, $k \leftarrow k+1$로 설정하고 A2로 돌아간다. ▮

단계 A3이 유효한 이유는, $a_j$와 $a_{j+1}$을 바꾸면 $a \cdot s$가 그냥 $(a_{j+1} - a_j)(s_{j+1} - s_j)$만큼 감소된다는 것이다. 10!은 상당히 큰 수인 3,628,800이지만, 단계 A3의 연산들이 아주 간단하기 때문에 현대적인 컴퓨터라면 전체 작업을 몇 분의 1초만에 끝낸다.

하나의 고유한 해가 존재하는 복면산을 순수한 복면산이라고 부른다. 안타깝게도 (7)은 순수하지 않다. 순열 1764802539와 3546281970 둘 다 (9)와 (10)의 해이며, 따라서

$$176478 + 176478 + 17640 = 2576 + 368020$$

과

$$354652 + 354652 + 35468 = 1954 + 742818$$

이 둘 다 성립한다. 더 나아가서 (8)에서 $s_6 = s_8$이므로, A와 R에 배정된 숫자들을 맞바꾸어서 해를 두 개 더 구할 수 있다.

반면 (6)은 순수하다. 그런데 방금 설명한 방법은 (6)을 푸는 서로 다른 두 개의 순열을 산출한다. 이는 (6)에 관여하는 서로 다른 글자가 단 여덟 개인 반면 그 방법에서는 두 개의 가짜 서명 $s_9 = s_{10} = 0$을 두어서 해를 찾기 때문이다. 일반화하면, 서로 다른 $m$개의 글자들로 된 복면산에는 $10-m$개의 가짜 서명 $s_{m+1} = \cdots = s_{10} = 0$들이 필요하며, 이를테면 $a_{m+1} < \cdots < a_{10}$이라는 조건을 강제하지 않는 한 해들이 각각 $(10-m)!$회 발견된다.

**일반적인 틀 하나.** 서로 다른 대상들의 순열들을 생성하는 알고리즘들이 대단히 많이 제안되었다. 그것들을 이해하는 최선의 방법은, §1.3.3에서 공부한 순열의 곱셈 속성들을 적용해 보는 것이다. 이를 위해 표기법을 살짝 바꾸기로 하자. $\{1, 2, \ldots, n\}$의 순열을 $a_1a_2\ldots a_n$으로 표기하는 대신, 이제부터는 첫 색인을 0으로 해서 $\{0, 1, \ldots, n-1\}$의 순열을 $a_0a_1\ldots a_{n-1}$로 표기한다. 좀 더 중요한 점은, 이제부터는 대부분의 작용이 왼쪽에서 일어나는 순열들이 생성되는 방안을 살펴본다는 것이다. 즉, $\{0, 1, \ldots, k-1\}$의 모든 순열은 $1 \le k \le n$에 대한 처음 $k!$단계들에서 생성된다. 다음은 $n = 4$에 대한 그러한 방안의 하나이다.

$$\begin{array}{l}0123, 1023, 0213, 2013, 1203, 2103, 0132, 1032, 0312, 3012, 1302, 3102,\\ 0231, 2031, 0321, 3021, 2301, 3201, 1230, 2130, 1320, 3120, 2310, 3210.\end{array} \quad (11)$$

이를 '역순사전 역순(reverse colex order)'이라고 부르는데, 문자열들을 오른쪽에서 왼쪽으로 반사시키면 사전식 순서의 역순인 3210, 3201, 3120, ..., 0123이 나오기 때문이다. (11)을 해석하

는 또 다른 방식은, 각 항목들을 $(n-a_n)\ldots(n-a_2)(n-a_1)$로 보는 것이다. 여기서 $a_1a_2\ldots a_n$은 $\{1,2,\ldots,n\}$의 순열들을 사전순으로 훑는다.

§1.3.3에서 배웠듯이, $\alpha=250143$ 같은 순열을 다음과 같이 두 줄 형식으로 표기할 수 있다.

$$\alpha=\binom{012345}{250143}$$

또는 다음과 같이 좀 더 간결한 순환마디 형태로 표기할 수도 있다.

$$\alpha=(0\,2)(1\,5\,3).$$

이는 $\alpha$가 $0\mapsto2$, $1\mapsto5$, $2\mapsto0$, $3\mapsto1$, $4\mapsto4$, $5\mapsto3$으로 사상함을 뜻한다. '(4)' 같은 1주기 순환마디는 명시할 필요가 없다. 4는 이 순열에서 하나의 고정점이며, 이를 두고 '$\alpha$는 4를 고정한다'고 말한다. 또한 $0\alpha=2$, $1\alpha=5$ 등의 표기도 쓰이는데, 이런 형태의 $j\alpha$를 '$\alpha$ 하에서의 $j$의 상(image)'이라고 부른다. $\alpha$ 곱하기 $\beta$ 같은 순열들의 곱셈을 표기하는 방법도 두 가지이다. $\beta=543210$이라 할 때 그러한 곱을 두 줄 형식

$$\alpha\beta=\binom{012345}{250143}\binom{012345}{543210}=\binom{012345}{250143}\binom{250143}{305412}=\binom{012345}{305412}$$

로 표기할 수도 있고, 순환마디 형식

$$\alpha\beta=(0\,2)(1\,5\,3)\cdot(0\,5)(1\,4)(2\,3)\;=\;(0\,3\,4\,1)(2\,5)$$

로 표기할 수도 있다. $\alpha\beta$ 하의 1의 상은 $1(\alpha\beta)=(1\alpha)\beta=5\beta=0$, 등등임을 주목하기 바란다. 주의: 순열을 다루는 책들의 절반 정도는 곱셈을 반대 방향으로(오른쪽에서 왼쪽으로) 수행한다. 즉, $\alpha\beta$를 $\beta$가 $\alpha$ 이전에 적용되어야 한다는 뜻으로 해석하는 것이다. 이유는 전통적인 함수 표기법 때문이다. 함수의 관점에서는, $\alpha(1)=5$라고 할 때 $\alpha\beta(1)$이 $\alpha(\beta(1))=\alpha(4)=4$를 뜻한다고 보는 것이 자연스럽다. 그러나 이 책은 그러한 논리에 동의하지 않는다. 이 책에서는 순열들을 항상 왼쪽에서 오른쪽으로 곱한다.

순열이 수들의 배열을 나타낼 때에는 곱셈의 순서를 세심하게 이해할 필요가 있다. 예를 들어 반사 $\beta=543210$을 순열 $\alpha=250143$에 '적용'하는 경우, 그 결과인 341052는 $\alpha\beta$가 아니라 $\beta\alpha$이다. 일반화하자면, 순열 $\alpha=a_0a_1\ldots a_{n-1}$을 다른 어떤 재배열 $a_{0\beta}a_{1\beta}\ldots a_{(n-1)\beta}$로 대체하는 연산은 $k\mapsto a_{k\beta}=k\beta\alpha$로 사상한다. 위치들을 $\beta$로 치환하는 것은 $\beta$의 앞 곱하기(premultiplication), 즉 $\alpha$를 $\beta\alpha$로 바꾸는 것에 해당한다. 값들을 $\beta$로 치환하는 것은 $\beta$의 뒤 곱하기(postmultiplication), 즉 $\alpha$를 $\alpha\beta$로 바꾸는 것에 해당한다. 따라서, 예를 들어 $a_1\leftrightarrow a_2$로 맞바꾸는 순열 생성기는 현재 순열에 $(1\,2)$를 앞 곱하는 것, 그것에 $(a_1\,a_2)$를 뒤 곱하는 것이다.

갈루아Évariste Galois가 1830년에 한 제안에 따라, 순열들의 비지 않은 집합 $G$가 곱셈에 대해 닫혀 있으면, 즉 $\alpha$와 $\beta$가 $G$의 원소들일 때 $\alpha\beta$도 항상 $G$의 원소이면, 그러한 집합 $G$가 하나의 군(group)을 형성한다고 말한다〔*Écrits et Mémoires Mathématiques d'Évariste Galois* (Paris:

1962), 47]. 예를 들어 연습문제 7.2.1.1-17에서처럼 4-입방체를 4×4 원환체

$$\begin{array}{|cccc|} \hline 0 & 1 & 3 & 2 \\ 4 & 5 & 7 & 6 \\ c & d & f & e \\ 8 & 9 & b & a \\ \hline \end{array} \tag{12}$$

로 표현한다고 하자. 그리고 $G$가 인접성을 유지하는 정점 {0, 1, ..., f}의 모든 순열의 집합이라고 하자. 즉, 순열 $\alpha$는 오직 4-입방체에서 $u — v$가 $u\alpha — v\alpha$를 함의할 때에만 $G$의 한 원소이다. (여기서는 정수 $(0, 1, \ldots, 15)$를 16진 숫자 (0, 1, ..., f)로 나타낸다. (12)의 이름표들은 오직 $u$와 $v$가 단 하나의 비트 위치에서 다를 때에만 $u — v$가 되도록 선택된 것들이다.) 이 집합 $G$가 하나의 군임은 자명하다. 이 집합의 원소들을 4-입방체의 대칭들 또는 '자기동형사상'들이라고 부른다.

순열들의 군 $G$를 컴퓨터 안에서 심즈표(Sims table)라는 수단을 이용해서 간편하게 표현할 수 있다. 심즈표는 찰스 심즈Charles C. Sims가 소개한 것으로[*Computational Problems in Abstract Algebra* (Oxford: Pergamon, 1970), 169-183], $G$의 부분집합들 중 다음과 같은 속성을 가진 부분집합 $S_1, S_2, \ldots$의 모임이다: $k \mapsto j$로 사상하며 $k$보다 큰 모든 원소의 값들을 고정시키는 순열이 $G$에 존재하면 항상, $S_k$는 정확히 하나의 그러한 순열 $\sigma_{kj}$을 포함한다. 여기에서는 $\sigma_{kk}$를 하나의 항등 순열로 둔다. 그러한 순열은 $G$에 항상 존재한다. 그러나 $0 \le j < k$일 때 임의의 적절한 순열을 $\sigma_{kj}$의 역할을 하도록 선택할 수 있다. 심즈표의 주된 장점은, 심즈표를 이용하면 군 전체를 간편하게 표현할 수 있다는 것이다.

**보조정리 S.** *$S_1, S_2, \ldots, S_{n-1}$이 $\{0, 1, \ldots, n-1\}$의 순열들의 군 $G$에 대한 심즈표라고 하자. 그러면 $G$의 모든 원소 $\alpha$에 대해 다음 형태의 고유한 표현이 존재한다.*

$$\alpha = \sigma_1 \sigma_2 \cdots \sigma_{n-1}, \qquad \text{여기서 } 1 \le k < n\text{에 대해 } \sigma_k \in S_k. \tag{13}$$

증명. 만일 $\alpha$에 그러한 표현이 존재하고 $\sigma_{n-1}$이 순열 $\sigma_{(n-1)j} \in S_{n-1}$이라면, $\alpha$는 $n-1 \mapsto j$로 사상한다. $S_1 \cup \cdots \cup S_{n-2}$의 모든 원소는 $n-1$의 값을 고정하기 때문이다. 반대로, 만일 $\alpha$가 $n-1 \mapsto j$로 사상한다면 $\alpha = \alpha' \sigma_{(n-1)j}$가 성립한다. 여기서

$$\alpha' = \alpha \sigma^{-}_{(n-1)j}$$

는 $n-1$을 고정하는 $G$의 한 순열이다. (§1.3.3에서처럼 $\sigma^{-}$은 $\sigma$의 역을 뜻한다.) 그러한 모든 순열의 집합 $G'$은 하나의 군이며, $S_1, \ldots, S_{n-2}$는 $G'$에 대한 심즈표이다. 따라서 $n$에 대한 귀납법을 적용하면 보조정리가 증명된다. ▮

예를 들어 잠깐 계산해 보면, 다음이 4-입방체의 자기동형사상 군에 대한 한 심즈표임을 알 수 있다.

$$S_{\mathrm{f}} = \{(),\ (01)(23)(45)(67)(89)(\mathrm{ab})(\mathrm{cd})(\mathrm{ef}),\ \ldots,\ (0\mathrm{f})(1\mathrm{e})(2\mathrm{d})(3\mathrm{c})(4\mathrm{b})(5\mathrm{a})(69)(78)\};$$
$$S_{\mathrm{e}} = \{(),\ (12)(56)(9\mathrm{a})(\mathrm{de}),\ (14)(36)(9\mathrm{c})(\mathrm{be}),\ (18)(3\mathrm{a})(5\mathrm{c})(7\mathrm{e})\};$$
$$S_{\mathrm{d}} = \{(),\ (24)(35)(\mathrm{ac})(\mathrm{bd}),\ (28)(39)(6\mathrm{c})(7\mathrm{d})\}; \qquad (14)$$
$$S_{\mathrm{c}} = \{()\};$$
$$S_{\mathrm{b}} = \{(),\ (48)(59)(6\mathrm{a})(7\mathrm{b})\};$$
$$S_{\mathrm{a}} = S_9 = \cdots = S_1 = \{()\};$$

여기서 $S_{\mathrm{f}}$는 $0 \le j \le 15$에 대한 순열 $\sigma_{\mathrm{f}j}$ 16개를 담는데, 그 순열들은 각각 $0 \le i \le 15$에 대해 $i \mapsto i \oplus (15-j)$로 사상한다. $S_{\mathrm{e}}$는 단 네 개의 순열만 담는데, f를 고정하는 자기동형사상은 반드시 e를 f의 한 이웃으로 사상하기 때문이다. 따라서 e의 상은 반드시 e나 d, b, 7이다. 집합 $S_{\mathrm{c}}$는 항등 순열만 포함한다. f, e, d를 고정하는 사상은 반드시 c도 고정하기 때문이다. 대부분의 군은 지금 예에서처럼 $k$의 모든 작은 값에 대해 대해 $S_k = \{()\}$라는 속성을 가진다. 따라서, 그룹 자체는 아주 크더라도 심즈표에 담아야 할 순열의 수는 대체로 비교적 작다.

심즈 표현 (13)을 이용하면 주어진 순열 $\alpha$가 $G$에 속하는지를 간단하게 판정할 수 있다. 우선 $\sigma_{n-1} = \sigma_{(n-1)j}$인지 판정한다. 여기서 $\alpha$는 $n-1 \mapsto j$로 사상하며, $\alpha' = \alpha\sigma^{-}_{n-1}$로 둔다. 그런 다음에는 $\sigma_{n-2} = \sigma_{(n-2)j'}$을 판정한다. 여기서 $\alpha'$은 $n-2 \mapsto j'$으로 사상하며, $\alpha'' = \alpha'\sigma^{-}_{n-2}$이다. 임의 단계에서 필수인 $\sigma_{kj}$가 $S_k$에 존재하지 않는다면, 원래의 순열 $\alpha$는 $G$에 속한 것이 아니다. (14)의 경우 이 공정으로 $\sigma_{\mathrm{f}}$, $\sigma_{\mathrm{e}}$, $\sigma_{\mathrm{d}}$, $\sigma_{\mathrm{c}}$, $\sigma_{\mathrm{b}}$를 발견하고 나면 $\alpha$는 결국 항등 순열로 축약된다.

예를 들어 $\alpha$가 순열 (14)(28)(3c)(69)(7d)(be)라고 하자. 이는 (12)를 그 주대각 성분 {0, 5, f, a}에 대해 전치시킨 것에 해당한다. $\alpha$가 f를 고정하므로 $\sigma_{\mathrm{f}}$는 항등 순열이 되며, $\alpha' = \alpha$이다. 그러면 $\sigma_{\mathrm{e}}$는 e $\mapsto$ b로 사상하는 $S_{\mathrm{e}}$의 구성원, 즉 (14)(36)(9c)(be)이다. 그리고 $\alpha'' =$ (28)(39)(6c)(7d)가 된다. 이 순열은 $S_{\mathrm{d}}$에 속하므로 $\alpha$는 실제로 4-입방체의 한 자기동형사상이다.

반대로, (13)과 같은 표현을 이용하면 해당 군의 모든 원소를 생성하기도 쉽다. 그냥 §7.2.1.1에 나온, 해당 기수들이 $(s_1, \ldots, s_{n-1})$인 $(n-1)$-짝 $(c_1, \ldots, c_{n-1})$들을 모두 훑는 알고리즘들 중 하나를 이용해서 다음과 같은 형태의 모든 순열을 훑으면 된다.

$$\sigma(1, c_1)\sigma(2, c_2)\ldots\sigma(n-1, c_{n-1}).$$

여기서 $\sigma(k, c_k)$는 $0 \le c_k < s_k = |S_k|$, $1 \le k < n$에 대해 $S_k$의 $(c_k+1)$번째 원소이다.

**일반적 틀의 활용.** 우리의 주된 관심사는 $\{0, 1, \ldots, n-1\}$에 대한 모든 순열의 군이며, 이 경우 한 심즈표의 모든 집합 $S_k$는 $k+1$개의 원소 $\{\sigma(k,0), \sigma(k,1), \ldots, \sigma(k,k)\}$를 담는다. 여기서 $\sigma(k,0)$은 항등 순열이고 다른 것들은 $k$를 값 $\{0, \ldots, k-1\}$에 어떤 순서로 사상한다. (순열 $\sigma(k,j)$가 $\sigma_{kj}$와 같을 필요는 없으며, 사실 다른 경우가 일반적이다.) 그러한 모든 심즈표로부터, 다음과 같은 개요를 따르는 구체적인 순열 생성기를 이끌어 낼 수 있다.

**알고리즘 G** (일반 순열 생성기). 앞에서 설명한 것처럼 각 $S_k$마다 $k+1$개의 원소 $\sigma(k,j)$가 있는 심즈표 $(S_1, S_2, \ldots, S_{n-1})$이 주어졌을 때, 이 알고리즘은 $\{0,1,\ldots,n-1\}$의 모든 순열 $a_0a_1\ldots a_{n-1}$을 생성한다. 이 알고리즘은 보조 제어표 $c_n\ldots c_2c_1$을 사용한다.

**G1.** 〔초기화.〕 $0 \le j < n$에 대해 $a_j \leftarrow j$, $c_{j+1} \leftarrow 0$으로 설정한다.

**G2.** 〔방문.〕 (이 시점에서 혼합기수 수 $\begin{bmatrix} c_{n-1}, & \ldots, & c_2, & c_1 \\ n, & \ldots, & 3, & 2 \end{bmatrix}$는 지금까지 방문한 순열들의 개수이다.) 순열 $a_0a_1\ldots a_{n-1}$을 방문한다.

**G3.** 〔$c_n\ldots c_2c_1$에 1을 더한다.〕 $k \leftarrow 1$로 설정한다. $c_k = k$인 동안 $c_k \leftarrow 0$, $k \leftarrow k+1$로 설정한다. 만일 $k=n$이면 알고리즘을 끝낸다. 그렇지 않으면 $c_k \leftarrow c_k + 1$로 설정한다.

**G4.** 〔순열 치환.〕 순열 $\tau(k, c_k)\omega(k-1)^-$를 아래의 설명대로 $a_0a_1\ldots a_{n-1}$에 적용하고 G2로 돌아간다. ▮

순열 $\pi$를 $a_0a_1\ldots a_{n-1}$에 적용한다는 것은 $0 \le j < n$에 대해 $a_j$를 $a_{j\pi}$로 대체한다는 것이다. 이는 앞에서 설명한 것처럼 $\pi$를 앞에 곱하는 것에 해당한다. 이제

$$1 \le j \le k\text{에 대해} \qquad \tau(k,j) = \sigma(k,j)\sigma(k,j-1)^-; \tag{15}$$

$$\omega(k) = \sigma(1,1)\ldots\sigma(k,k) \tag{16}$$

라고 정의하자. 그러면 단계 G3과 G4에서 다음과 같은 속성이 유지된다.

$$a_0a_1\ldots a_{n-1}\text{이 순열 } \sigma(1,c_1)\sigma(2,c_2)\ldots\sigma(n-1,c_{n-1})\text{임.} \tag{17}$$

그리고 보조정리 S는 모든 순열이 정확히 한 번씩 방문됨을 증명한다.

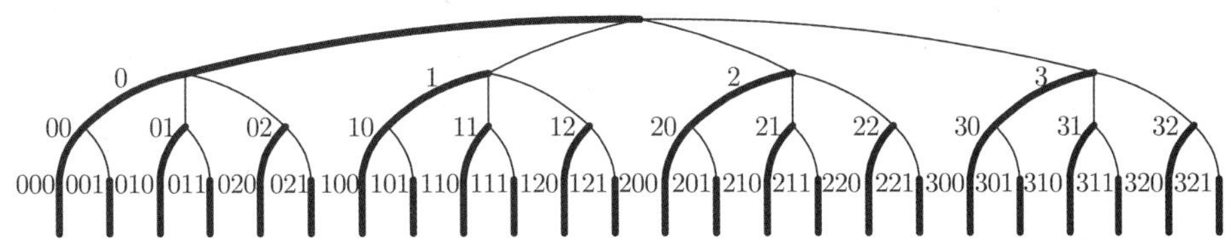


**그림 39.** $n=4$일 때 알고리즘 G는 이 트리를 암묵적으로 운행한다.

그림 39의 트리는 $n=4$인 경우의 알고리즘 G를 나타낸 것이다. (17)에 따르면 $\{0,1,2,3\}$의 모든 순열 $a_0a_1a_2a_3$은 $0 \le c_3 \le 3$, $0 \le c_2 \le 2$, $0 \le c_1 \le 1$인 세 자리 제어 문자열 $c_3c_2c_1$에 대응된다. 트리의 노드들 중에는 한 자리 문자열 $c_3$이 붙어 있는 것들이 있다. 그런 노드들은 현재 쓰이는 심즈표 순열 $\sigma(3,c_3)$들에 대응된다. 두 자리의 $c_3c_2$가 붙은 그 외의 노드들은 순열 $\sigma(2,c_2)\sigma(3,c_3)$에 해당한다. 굵은 선은 노드 $c_3$을 $c_30$에, $c_3c_2$를 $c_3c_20$에 연결한다. 이는 $\sigma(2,0)$과 $\sigma(1,0)$이 동일한 순열이고 이 노드들이 본질적으로 동치이기 때문이다. 단계 G3에서 혼합기수 수 $c_3c_2c_1$에 1을 더하는 것은 그림 39의 한 노드에서 전위순서의 한 후행자로 이동하는 것을 뜻하며, 단계 G4의 변환은 순열들을 적절히 변경한다. 예를 들어 $c_3c_2c_1$이 121에서 200으로 바뀔 때 단계 G4는 현재 순열에 다음을 앞에서 곱한다.

$$\tau(3,2)\omega(2)^- = \tau(3,2)\sigma(2,2)^-\sigma(1,1)^-.$$

$\sigma(1,1)^-$를 앞에서 곱하면 노드 121에서 노드 12로 이동하게 되며, $\sigma(2,2)^-$를 앞에서 곱하면 노드 12에서 노드 1로 간다. $\tau(3,2) = \sigma(3,2)\sigma(3,1)^-$를 앞에서 곱하면 노드 1에서 노드 $2 \equiv 200$으로 간다. 이는 노드 121의 전위순 후행자이다. 이를 다른 말로 하면, $\tau(3,2)\omega(2)^-$를 앞에서 곱하는 것은 $\sigma(1,1)\sigma(2,2)\sigma(3,1)$을 (17)을 유지하면서 $\sigma(1,0)\sigma(2,0)\sigma(3,2)$로 바꾸는 데 딱 필요한 연산이라는 것이다.

알고리즘 G는 엄청나게 많은 수의 순열 생성기를 정의한다(연습문제 37). 따라서 문헌들에서 이 알고리즘의 특수 경우들이 수없이 등장하는 것도 신기한 일은 아니다. 물론 그 변형들 중에는 다른 것들보다 훨씬 효율적인 것들이 존재한다. 그럼 우리가 사용하는 컴퓨터에 특히 적합하게 작동하는 예들을 찾아보기로 하자.

예를 들어 역순사전 역순 순열들(식 (11) 참고)을 알고리즘 G의 한 특수 경우로 얻을 수 있다. $\sigma(k,j)$를 다음과 같이 $(j+1)$-순환마디로 두면 된다.

$$\sigma(k,j) = (k-j \;\; k-j+1 \;\; \ldots \;\; k). \tag{18}$$

이유는, $c_k = j$이고 $i \neq k$에 대해 $c_i = 0$일 때 $\sigma(k,j)$는 반드시 역순사전 역순으로 $c_n \ldots c_1$에 대응하는 순열이며, 이 순열 $a_0a_1\ldots a_{n-1}$은 $01\ldots(k-j-1)(k-j+1)\ldots(k)(k-j)(k+1)\ldots(n-1)$이기 때문이다. 예를 들어 $n = 8$이고 $c_n \ldots c_1 = 00030000$일 때 해당 역순사전 역순 순열은 01345267이고, 순환마디 형식으로는 $(2\,3\,4\,5)$이다. $\sigma(k,j)$가 (18)과 같이 주어졌을 때 식 (15)와 (16)으로부터 다음 공식들을 이끌어 낼 수 있다.

$$\tau(k,j) = (k-j \;\; k); \tag{19}$$

$$\omega(k) = (0\,1)(0\,1\,2)\ldots(0\,1\,\ldots\,k) = (0\;k)(1\;k-1)(2\;k-2)\ldots = \phi(k). \tag{20}$$

여기서 $\phi(k)$는 $a_0\ldots a_k$를 $a_k\ldots a_0$으로 바꾸는 '$(k+1)$-뒤집기(flip)'이다. 이 경우 $\omega(k)$는 $\omega(k)^-$와 같다. $\phi(k)^2 = (\,)$이기 때문이다.

등식 (19)와 (20)는 알고리즘 L 안에, 그리고 해당 역순사전 역순 버전에 암묵적으로 나타난다(연습문제 2). 역순 버전은 단계 L3에서 본질적으로 하나의 전치를 적용하고 단계 L4에서는 하나의 뒤집기를 수행한다. 단계 G4는 사실 뒤집기를 먼저 수행하나, 항등식

$$(k-j \;\; k)\phi(k-1) = \phi(k-1)(j-1 \;\; k) \tag{21}$$

는 전치 다음의 뒤집기가 뒤집기 다음의 (다른 어떤)전치와 같음을 보여 준다.

실제로 등식 (21)은 다음과 같은 중요한 항등식의 특수 경우이다.

$$\pi^-(j_1 \;\; j_2 \;\; \ldots \;\; j_t)\pi = (j_1\pi \;\; j_2\pi \;\; \ldots \;\; j_t\pi). \tag{22}$$

이 항등식은 임의의 순열 $\pi$와 임의의 $t$자리 순환마디 $(j_1 \;\; j_2 \;\; \ldots \;\; j_t)$에 대해 성립한다. (22)의 좌변에

서는 이를테면 $j_1\pi \mapsto j_1 \mapsto j_2 \mapsto j_2\pi$인데, 이는 우변의 순환마디와 일치한다. 따라서 만일 $\alpha$와 $\pi$가 임의의 순열이라면, 순열 $\pi^-\alpha\pi$($\pi$에 의한 $\alpha$의 켤레[conjugate]라고 부른다)의 순환 구조는 $\alpha$의 것과 정확히 동일하다. 그냥 각 순환마디의 각 원소 $j$를 $j\pi$에 따라 치환하는 것이다.

알고리즘 G의 또 다른 중요한 특수 경우를 오드스미스R. J. Ord-Smith가 소개했다[*CACM* **10** (1967), 452; **12** (1969), 638; *Comp. J.* **14** (1971), 136-139도 보라]. 그의 알고리즘은

$$\sigma(k,j) = (k\ \dots\ 1\ 0)^j \tag{23}$$

로 두면 나온다. 이제 (15)로부터

$$\tau(k,j) = (k\ \dots\ 1\ 0) \tag{24}$$

임이 분명하다. 그리고 이번에도

$$\omega(k) = (0\ k)(1\ k-1)(2\ k-2)\dots = \phi(k) \tag{25}$$

인데, 이는 $\sigma(k,k) = (0\ 1\ \dots\ k)$가 이전과 동일하기 때문이다. 이 방법의 멋진 점 하나는 단계 G4에서 필요한 순열, 즉 $\tau(k,c_k)\omega(k-1)^-$가 $c_k$에 의존하지 않는다는 것이다:

$$\tau(k,j)\omega(k-1)^- = (k\ \dots\ 1\ 0)\phi(k-1)^- = \phi(k). \tag{26}$$

즉, 오드스미스의 알고리즘은 단계 G4가 그냥 $a_0 \leftrightarrow a_k$, $a_1 \leftrightarrow a_{k-1}$, …으로만 맞바꾸는 알고리즘 G의 특수 경우인 것이다. 이 연산은 대체로 빠르며, 알고리즘 L의 작업 일부를 절감한다. (연습문제 38과 §7.2.1.7에서 참조하는 클뤼겔G. S. Klügel의 문헌을 보라.)

단계 G4의 각 실행에서 한 번의 전치만 수행하도록 안배한다면 더 나은 성능을 얻을 수 있다. 알고리즘 P에서와 비슷한 방식이지만, 반드시 인접한 원소들의 전치일 필요는 없다. 그러한 방안들은 여러 가지가 가능한데, 아마도 최선의 것은 힙B. R. Heap의 제안[*Comp. J.* **6** (1963), 293-294]에 따라 다음과 같이 두는 것이다.

$$\tau(k,j)\,\omega(k-1)^- = \begin{cases} (k\ 0), & \text{만일 } k\text{가 짝수이면,} \\ (k\ j-1), & \text{만일 } k\text{가 홀수이면.} \end{cases} \tag{27}$$

힙의 방법은 $k = 3, 5, \dots$인 경우를 제외할 때 항상 $a_k \leftrightarrow a_0$으로 전치하며, $k$의 값은 여섯 단계 중 다섯 개에서 1 또는 2임을 주목하기 바란다. 연습문제 40은 힙의 방법이 실제로 모든 순열을 생성함을 증명한다.

**원치 않는 블록 건너뛰기.** 알고리즘 G의 한 가지 주목할 만한 장점은, $a_k$를 건드리기 전에 $a_0\cdots a_{k-1}$의 모든 순열을 훑고, 그런 다음에는 $a_k$를 다시 변경하기 전에 또 다른 $k!$회의 주기를 수행하는 식으로 진행된다는 것이다. 따라서 풀고자 하는 문제에 중요하지 않은 최종 원소 $a_k\cdots a_{n-1}$의 설정에 도달한 경우 언제라도 원치 않는 접미열로 끝나는 모든 순열을 즉시 건너뛸 수 있다. 좀 더 정확히 말하면, 단계 G2를 다음과 같은 부분단계들로 대체할 수 있다.

**G2.0.** 〔받아들일 수 있는가?〕 만일 $a_k \ldots a_{n-1}$이 적합한 접미열이 아니면 G2.1로 간다. 그렇지 않으면 $k \leftarrow k-1$로 설정한다. 그런 다음 만일 $k > 0$이면 이 단계를 되풀이한다. 만일 $k = 0$이면 단계 G2.2로 넘어간다.

**G2.1.** 〔이 접미열을 건너뛴다.〕 $c_k = k$인 동안 $\sigma(k,k)^-$를 $a_0 \ldots a_{n-1}$에 적용하고 $c_k \leftarrow 0$, $k \leftarrow k+1$로 설정한다. 만일 $k = n$이면 알고리즘을 끝낸다. 그렇지 않으면 $c_k \leftarrow c_k + 1$로 설정하고 $\tau(k, c_k)$를 $a_0 \ldots a_{n-1}$에 적용하고 G2.0으로 돌아간다.

**G2.2.** 〔방문.〕 순열 $a_0 \ldots a_{n-1}$을 방문한다. ▮

단계 G1에서 $k \leftarrow n-1$로도 설정해야 한다. 새로운 단계들이 조건 (17)을 세심하게 유지함을 주목할 것. 알고리즘이 좀 더 복잡해졌는데, G4에 나타나는 순열 $\tau(k,j)\omega(k-1)^-$들뿐만 아니라 순열 $\tau(k,j)$와 $\sigma(k,k)$도 알아야 하기 때문이다. 그러나 복잡도가 높아진 대신 프로그램이 이전보다 훨씬 빠르게 실행되므로, 이러한 확장을 적용할 만한 가치가 있다.

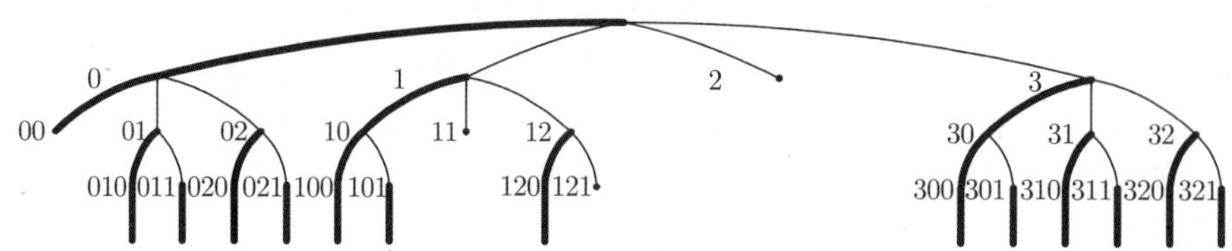


**그림 40.** 알고리즘 G를 적절히 확장한다면, 그림 39의 트리에서 원치 않는 가지들을 쳐낼 수 있다.

예를 들어 그림 40은 그림 39의 트리에서 노드 00, 11, 121, 2에 해당하는 접미열 $a_0a_1a_2a_3$들을 원하지 않는 경우를 나타낸 것이다. (순열 $a_0 \ldots a_{n-1}$의 각 접미열 $a_k \ldots a_{n-1}$은 제어 문자열 $c_n \ldots c_1$의 접두열 $c_n \ldots c_k$에 대응된다. 이는 순열 $\sigma(1,c_1) \ldots \sigma(k-1,c_{k-1})$들이 $a_k \ldots a_{n-1}$에 영향을 미치지 않기 때문이다.) 단계 G2.1은 $\tau(k,j)$를 앞에서 곱함으로써 노드 $c_{n-1} \ldots c_{k+1}(j-1)$에서 그 오른쪽 동기 노드 $c_{n-1} \ldots c_{k+1}j$로 이동하며, $\sigma(k,k)^-$를 앞에서 곱함으로써 노드 $c_{n-1} \ldots c_{k+1}k$에서 그 부모 $c_{n-1} \ldots c_{k+1}$로 이동한다. 즉, 기각된 접두열 121에서 그 전위순 후행자로 가기 위해, 알고리즘은 $\sigma(1,1)^-$, $\sigma(2,2)^-$, $\tau(3,2)$를 앞에 곱한다. 그럼으로써 노드 121에서 12로, 1로, 2로 가게 된다. (이는 다소 예외적인 경우이다. $k = 1$인 접두열은 접미열이 $a_1 \ldots a_{n-1}$인 고유한 순열 $a_0a_1 \ldots a_{n-1}$을 방문하지 않고자 하는 경우에만 기각되기 때문이다.) 노드 2가 기각된 후 $\tau(3,3)$에 의해 노드 3으로 가는 등으로 진행된다.

첨언하자면, 알고리즘 G의 이러한 확장에서 접미열 $a_k \ldots a_{n-1}$을 건너뛰는 것은 원래의 표기법 하에서, 즉 $\{1, \ldots, n\}$의 순열 $a_1 \ldots a_n$들을 생성하며 대부분의 작업을 오른쪽 끝에서 수행하는 방식에서, 접두열 $a_1 \ldots a_j$를 건너뛰는 것과 같다. 원래의 표기법은 $a_1$을 먼저 택하고 그런 다음 $a_2$, …, $a_n$을 택하는 것에 해당한다. 알고리즘 G의 표기법은 본질적으로 $a_{n-1}$을 먼저 선택하고 그런 다음 $a_{n-2}$, …, $a_0$을 선택한다. 알고리즘 G의 관례가 구식으로 보이겠지만, 심즈표의 조작을 위한 공식들이 훨씬 간단해진다는 장점이 있다. 좋은 프로그래머라면 한 관점에서 다른 관점으로 큰 어려움 없이

전환하는 방법을 금세 터득할 것이다.

이러한 착안들을 복면산에 적용할 수 있다. 예들에서 보듯이, 글자 D, E, Y 값들의 선택 대부분이 SEND 더하기 MORE가 MONEY와 같아질 수 없음이 분명하기 때문이다. 즉, 그 문제에서 반드시 $(\mathtt{D}+\mathtt{E}-\mathtt{Y}) \bmod 10 = 0$이어야 한다. 이 조건에 의해 수많은 순열들을 고려 대상에서 제외시킬 수 있다.

일반화해서, 만일 $r_k$가 서명 값 $s_k$의 약수들 중 가장 큰 10의 제곱수라면, $r_0 \geq r_1 \geq \cdots \geq r_9$가 되도록 글자들을 정렬해서 부호 $\{0, 1, \ldots, 9\}$를 배정할 수 있다. 예를 들어 트리오 소나타 문제 (7)을 풀려면 (X, S, V, A, R, I, L, T, O, N)에 대해 $(0, 1, \ldots, 9)$를 각각 사용해서 다음과 같은 서명을 얻으면 된다.

$$s_0 = 0, \quad s_1 = -100000, \quad s_2 = 210000, \quad s_3 = -100, \quad s_4 = -100,$$
$$s_5 = 21010, \quad s_6 = 210, \quad s_7 = -1010, \quad s_8 = -7901, \quad s_9 = -998.$$

따라서 $(r_0, \ldots, r_9) = (\infty, 5, 4, 2, 2, 1, 1, 1, 0, 0)$이다. 이제 $r_{k-1} \neq r_k$인 상태에서 단계 G2.0에 도달해서 $k$의 값을 구하는 경우, 접미열 $a_k \ldots a_9$는 $a_k s_k + \cdots + a_9 s_9$가 $10^{r_{k-1}}$의 배수가 아닌 한 받아들일 수 없다고 할 수 있다. 또한, (10)에 따르면 만일 $a_k = 0$이고 $k \in F$이면 $a_k \ldots a_9$는 받아들일 수 없다. 그러면 첫 글자 집합 $F$는 $\{1, 2, 7\}$이다.

앞에서 말한 단계 A1~A3을 통한 복면산 접근방식은 모든 10!개의 가능성을 주먹구구식으로 훑는다. 언급된 상황에서는 그 방법이 상당히 빠르게 작동하는데, 인접 전치 방법을 순열당 단 6회의 메모리 참조로 수행할 수 있기 때문이다. 그래도 10!은 무려 3,628,800이며, 따라서 공정의 총 비용은 풀고자 하는 복면산과 무관하게 거의 22메가멤에 달한다. 반면 확장된 알고리즘 G와 힙의 방법, 그리고 방금 설명한 가지치기의 조합에서는 (7)의 해 네 가지 모두를 단 128킬로멤 미만으로 찾아낸다! 즉, 접미열 건너뛰기 기법이 모든 가능성을 무작정 검색하는 이전 방법보다 170배 이상 빠르다.

새 접근방식에서 128킬로멤의 대부분은 단계 G2.1에서 $\tau(k, c_k)$를 적용하는 데 소비된다. 그 외의 메모리 참조들은 주로 그 단계에서 $\sigma(k, k)^-$를 적용하는 데 소비되나, $\tau$는 7812회 필요한 반면 $\sigma^-$는 단 2162회만 필요하다. 그림 40을 보면 그 이유를 쉽게 이해할 수 있는데, '지름길 이동' $\tau(k, c_k)\,\omega(k-1)^-$가 단계 G4에서 거의 적용되지 않기 때문이다. 지금 예에서는 각 해마다 한 번씩 단 네 번만 쓰였다. 즉, 트리의 전위 운행이 거의 전적으로 오른쪽으로 이동하는 $\tau$ 단계들과 위로 이동하는 $\sigma^-$ 단계들로만 수행되는 것이다. 아주 적은 수의 완전한 순열들만 실제로 방문되는 이런 문제에서는 $\tau$ 단계들이 지배적이다. 이는 각 단계 $\sigma(k, k)^-$마다 그 앞에 $k$개의 단계 $\tau(k, 1)$, $\tau(k, 2)$, $\ldots$, $\tau(k, k)$가 있기 때문이다.

이상의 분석에 따르면 힙의 방법(단계 G4의 각 전이가 단순 전치가 되도록 순열 $\tau(k, j)\,\omega(k-1)^-$들을 공들여 최적화하는)은, 단계 G2.0에서 비교적 적은 접미열들이 기각되지 않는 한, 확장된 알고리즘 G에 특별히 좋은 것은 아니다. 따라서 $\tau(k, j)$ 자체가 항상 단순 전치인, 더 간단한 역순사전 역순이 훨씬 더 매력적이다((19)를 보라). 실제로, 알고리즘 G와 역순사전 역순의 조합은 복면산

(7)을 단 97킬로멤으로 해결한다.

다른 복면산 문제에서도 비슷한 결과가 나온다. 예를 들어 연습문제 24의 부문에 (a)에서 (h)까지의 복면산들에 확장된 알고리즘 G를 적용했을 때의 계산 비용은 다음과 같다.

$$\text{힙의 방법으로는 } (551, 110, 14, 8, 350, 84, 153, 1598)\text{킬로멤,}$$
$$\text{역순사전 역순으로는 } (429, 84, 10, 5, 256, 63, 117, 1189)\text{킬로멤.} \quad (28)$$

이 예들에서 알고리즘 T의 주먹구구식 방법에 비한 역순사전 역순의 속도 증가율은 (h)의 경우의 18에서 (d)의 경우의 4200까지 다양한데, 평균은 약 80이다. 힙의 방법의 평균은 약 60이다.

그러나 알고리즘 L에서 보았듯이 사전순은 알고리즘 G에 쓰이는 복잡한 제어표 $c_n \ldots c_1$ 없이도 처리할 수 있다. 그리고 알고리즘을 좀 더 자세히 살펴보면, 만일 순차 배열 대신 연결된 목록을 사용한다면 순열들을 자주 건너뛸 때의 알고리즘의 행동을 개선할 여지를 발견할 수 있다. 개선된 알고리즘은 제한된 부류의 순열들을 생성하고자 하는 광범위한 알고리즘들에 적합하다.

**알고리즘 X** (제한된 접두열들을 가진 사전순 순열 생성). 이 알고리즘은 $\{1, 2, \ldots, n\}$의 순열 $a_1 a_2 \ldots a_n$들 중 주어진 일련의 판정

$$t_1(a_1), \quad t_2(a_1, a_2), \quad \ldots, \quad t_n(a_1, a_2, \ldots, a_n)$$

을 통과하는 모든 순열을 사전순으로 방문, 생성한다. 이 알고리즘은 링크 $l_0$, $l_1$, …, $l_n$을 담은 보조표를 이용해서 사용되지 않은 원소들의 순환 목록을 유지한다. 이 링크들에 의해, 만일 현재 가용 원소들이

$$\{1, \ldots, n\} \setminus \{a_1, \ldots, a_k\} = \{b_1, \ldots, b_{n-k}\} \text{ (여기서 } b_1 < \cdots < b_{n-k}) \quad (29)$$

라면 다음이 성립한다.

$$1 \le j < n-k\text{에 대해} \qquad l_0 = b_1,\ l_{b_j} = b_{j+1}\text{이고} \qquad l_{b_{n-k}} = 0. \quad (30)$$

또한 이 알고리즘은 $l$ 배열에 대해 수행된 연산들을 취소하기 위해 보조표 $u_1 \ldots u_n$을 사용한다.

**X1.** [초기화.] $0 \le k < n$에 대해 $l_k \leftarrow k+1$로 설정하고 $l_n \leftarrow 0$으로 설정한다. 그런 다음 $k \leftarrow 1$로 설정한다.

**X2.** [수준 $k$에 진입.] $p \leftarrow 0$, $q \leftarrow l_0$으로 설정한다.

**X3.** [$a_1 \ldots a_k$를 판정.] $a_k \leftarrow q$로 설정한다. 만일 $t_k(a_1, \ldots, a_k)$가 거짓이면 X5로 간다. 그렇지 않고 만일 $k = n$이면 $a_1 \ldots a_n$을 방문하고 X6으로 간다.

**X4.** [$k$를 증가.] $u_k \leftarrow p$, $l_p \leftarrow l_q$, $k \leftarrow k+1$로 설정하고 X2로 돌아간다.

**X5.** [$a_k$를 증가.] $p \leftarrow q$, $q \leftarrow l_p$로 설정한다. 만일 $q \ne 0$이면 X3으로 돌아간다.

**X6.** [$k$를 감소.] $k \leftarrow k-1$로 설정하고, 만일 $k = 0$이면 알고리즘을 끝낸다. 그렇지 않으면 $p \leftarrow u_k$, $q \leftarrow a_k$, $l_p \leftarrow q$로 설정하고 X5로 돌아간다. ▮

이 우아한 알고리즘의 기본 착안은 M. C. Er, *Comp. J.* **30** (1987), 282에 기인한다. $\{0, \ldots, 9\}$의 순열 $a_0 \ldots a_9$들이 산출되도록, 그리고 $l_{10}$이 원래의 $l_0$의 역할을 하도록 표기법을 살짝 바꾸면 이 알고리즘을 복면산 문제에 적용할 수 있다. 그렇게 수정한 알고리즘으로 트리오 소나타 문제 (7)을 푸는 데에 필요한 비용은 단 49킬로멤이다. 또한 연습문제 24(a)~(h)의 복면산들을 푸는 데 소비되는 메모리 접근 횟수는 각각

$$(248, 38, 4, 3, 122, 30, 55, 553)\text{킬로멤} \qquad (31)$$

이다. 주먹구구식 접근방식보다 약 165배 빠르게 실행되는 셈이다.

알고리즘 X를 복면산에 적용하는 또 다른 방법이 있는데, 그 방법이 더 빠른 경우가 많다(연습문제 49를 보라).

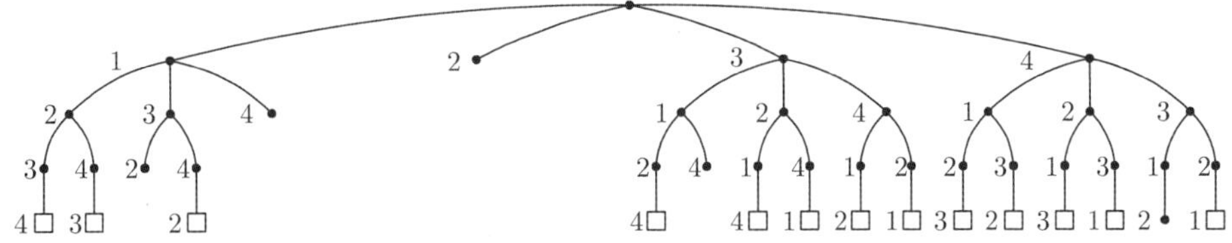

**그림 41.** $n=4$일 때 알고리즘 X가 암묵적으로 운행하는 트리. 132나 14, 2, 314, 4312로 시작하는 순열들을 제외한 모든 순열을 방문하는 경우이다.

***쌍대 방법들.** $S_1, \ldots, S_{n-1}$이 순열군 $G$에 대한 심즈표라고 할 때, 보조정리 S에 따르면 $G$의 모든 원소를 하나의 곱 $\sigma_1 \ldots \sigma_{n-1}$로 고유하게 표현할 수 있다. 여기서 $\sigma_k \in S_k$이다. (13)을 참고할 것. 연습문제 50에서는 모든 원소 $\alpha$를 다음과 같은 쌍대 형식으로도 고유하게 표현할 수 있음을 보여준다.

$$\alpha = \sigma_{n-1}^{-} \ldots \sigma_2^{-} \sigma_1^{-}, \qquad \text{여기서 } 1 \le k < n\text{에 대해 } \sigma_k \in S_k. \qquad (32)$$

그리고 이 사실로부터 또 다른 여러 순열 생성기들의 모임이 비롯된다. 구체적으로 말하면, $G$가 모든 $n!$가지 순열의 군이라 할 때, 모든 순열을 다음과 같이 표기할 수 있다.

$$\sigma(n-1, c_{n-1})^{-} \ldots \sigma(2, c_2)^{-} \sigma(1, c_1)^{-}. \qquad (33)$$

여기서 $1 \le k < n$에 대해 $0 \le c_k \le k$이며, 순열 $\sigma(k, j)$들은 알고리즘 G의 것들과 같다. 그러나 이번 경우에는 $c_{n-1}$들을 가장 급하게 변화시키고 $c_1$을 가장 천천히 변화시키고자 한다. 결과적으로 다음과 같이 이전과는 다른 종류의 알고리즘이 나온다.

**알고리즘 H** (쌍대 순열 생성기). 심즈표가 알고리즘 G에서처럼 주어졌을 때, 이 알고리즘은 $\{0, \ldots, n-1\}$의 모든 순열 $a_0 \ldots a_{n-1}$을 보조표 $c_0 \ldots c_{n-1}$을 이용해서 생성한다.

**H1.** [초기화.] $0 \le j < n$에 대해 $a_j \leftarrow j$, $c_j \leftarrow 0$으로 설정한다.

**H2.** [방문.] (이 시점에서 혼합기수 수 $\begin{bmatrix} c_1, & c_2, & \ldots, & c_{n-1} \\ 2, & 3, & \ldots, & n \end{bmatrix}$은 지금까지 방문한 순열들의 개수이다.) 순열 $a_0 a_1 \ldots a_{n-1}$을 방문한다.

**H3.** [$c_0c_1\ldots c_{n-1}$에 1을 더한다.] $k \leftarrow n-1$로 설정한다. 만일 $c_k = k$이면 $c_k \leftarrow 0$, $k \leftarrow k-1$로 설정하고 $k=0$이나 $c_k < k$가 될 때까지 이를 되풀이한다. 만일 $k=0$이면 알고리즘을 끝낸다. 그렇지 않으면 $c_k \leftarrow c_k+1$로 설정한다.

**H4.** [순열 치환.] 순열 $\tau(k, c_k)\,\omega(k+1)^-$를 아래의 설명대로 $a_0a_1\ldots a_{n-1}$에 적용하고 H2로 돌아간다. ▌

이 알고리즘이 알고리즘 G와 거의 같아 보이겠지만, 단계 H4에 쓰이는 순열 $\tau$와 $\omega$는 G4에 쓰이는 것들과 상당히 다르다. (15)와 (16)을 대신하는 새 규칙들은 다음과 같다.

$$\tau(k,j) = \sigma(k,j)^-\sigma(k,j-1), \qquad 1 \le j \le k\text{에 대해;} \tag{34}$$

$$\omega(k) = \sigma(n-1,n-1)^-\sigma(n-2,n-2)^-\ldots\sigma(k,k)^-. \tag{35}$$

가능한 순열들이 알고리즘 G에서처럼 엄청나게 많으므로, 특별한 이점이 존재하는 소수의 경우들에만 집중하기로 하자. 시도해볼 만한 경우 하나는 심즈표를 알고리즘 G에 적용했을 때 역순 사전 역순이 나오는 경우, 즉 (18)에서처럼

$$\sigma(k,j) = (k-j \;\; k-j+1 \;\; \ldots \;\; k) \tag{36}$$

인 경우이다. 이 경우 산출되는 순열 생성기는 평범한 전조법와 아주 흡사하다. 따라서 알고리즘 L과 P가 본질적으로 서로 쌍대라고 말할 수 있다. (연습문제 52를 보라.)

또 다른 자연스러운 발상은 단계 G4에서 최대의 효율이 나오도록 하는 (27)의 방법과 비슷하게, 단계 H4가 항상 두 원소의 단순 전치를 수행하도록 심즈표를 구축하는 것이다. 그러나 이번 경우에는 그러한 임무를 완수하기가 불가능하다. 심지어 $n=4$일 때에도 불가능하다. 이유는 이렇다. 항등순열 $a_0a_1a_2a_3 = 0123$으로 시작한다고 할 때 제어표 $c_0c_1c_2c_3 = 0000$으로부터 0001과 0002를 거쳐 0003으로 가는 전이들은 반드시 3을 이동해야 한다. 따라서 만일 그러한 전이들이 전치들이라면, 그 전치들은 반드시 $\{0,1,2\}$의 어떤 순열 $abc$에 대해 $(3\,a)$, $(a\,b)$, $(b\,c)$이어야 한다. $c_0c_1c_2c_3 = 0003$에 해당하는 순열은 이제 $\sigma(3,3)^- = (b\,c)(a\,b)(3\,a) = (3\,a\,b\,c)$이다. 그리고 $c_0c_1c_2c_3 = 0010$에 해당하는 그다음 순열은 $\sigma(2,1)^-$이 되는데, 그 순열은 반드시 원소 3을 고정해야 한다. 유일하게 적합한 전치는 $(3\,c)$이며, 따라서 $\sigma(2,1)^-$은 반드시 $(3\,c)(3\,a\,b\,c) = (a\,b\,c)$이어야 한다. 비슷한 과정으로 $\sigma(2,2)^-$가 반드시 $(a\,c\,b)$이며, $c_0c_1c_2c_3 = 0023$에 해당하는 순열은 $(3\,a\,b\,c)(a\,c\,b) = (3\,c)$가 됨을 알 수 있다. 이제 단계 H4는 이를 순열 $\sigma(1,1)^-$로 변환해야 하는데, 그 순열은 0023 다음의 제어표 0100이다. 그러나 $(3\,c)$를 2와 3을 고정하는 순열로 변환하는 전치는 $(3\,c)$가 유일하며, 그 결과로 나오는 순열은 1도 고정하므로, 그것이 $\sigma(1,1)^-$일 수는 없다.

이전 문단의 증명은 전치의 개수가 최소인 순열들을 알고리즘 H를 이용해서 모두 생성하지는 못함을 보여 준다. 그러나 이 증명은 또한 최솟값에 아주 가까이 가는 간단한 생성 방안을 암시하는데, 그 방안에 기초한 알고리즘은 추가 작업을 $n(n-1)$단계당 한 번만 수행하면 된다는 점에서 상당히 매력적이다. (연습문제 53을 보라).

마지막으로, (23)에서처럼

$$\sigma(k,j) = (k\ \ldots\ 1\ 0)^j \tag{37}$$

일 때의 오드스미스 방법의 쌍대에 해당하는 방법을 생각해 보자. 이 경우에도 $\tau(k,j)$의 값은 $j$에 독립인

$$\tau(k,j) = (0\ 1\ \ldots\ k) \tag{38}$$

이다. 이 사실이 알고리즘 H에서 특히나 이득이 되는데, 왜냐하면 제어표 $c_0c_1 \ldots c_{n-1}$을 사용할 필요가 없어지기 때문이다. 그 이유는, (32)에 의해 오직 $a_{n-1} = n-1$일 때에만 단계 H3에서 $c_{n-1} = 0$이라는 것이다. 그리고 실제로, 단계 H3에서 $k < j < n$에 대해 $c_j = 0$인 경우 오직 $a_k = k$일 때에만 $c_k = 0$이다. 다음은 알고리즘 H의 이러한 변형을 다시 공식화한 것이다.

**알고리즘 C** (순환 자리이동에 의한 순열 생성). 이 알고리즘은 서로 다른 원소 $\{x_1, \ldots, x_n\}$의 모든 순열 $a_1 \ldots a_n$을 방문한다.

**C1.** [초기화.] $1 \le j \le n$에 대해 $a_j \leftarrow x_j$로 설정한다.

**C2.** [방문.] 순열 $a_1 \ldots a_n$을 방문하고 $k \leftarrow n$으로 설정한다.

**C3.** [자리이동.] $a_1a_2 \ldots a_k$를 순환 자리이동 $a_2 \ldots a_ka_1$로 대체하고, 만일 $a_k \ne x_k$이면 C2로 돌아간다.

**C4.** [$k$를 감소.] $k \leftarrow k-1$로 설정하고, 만일 $k > 1$이면 C3으로 돌아간다. ▮

예를 들어 $n = 4$일 때 생성되는 $\{1, 2, 3, 4\}$의 일련의 순열들은 다음과 같다.

$$\begin{aligned}
&1234, 2341, 3412, 4123, (1234),\\
&2314, 3142, 1423, 4231, (2314),\\
&3124, 1243, 2431, 4312, (3124), (1234),\\
&2134, 1342, 3421, 4213, (2134),\\
&1324, 3241, 2413, 4132, (1324),\\
&3214, 2143, 1432, 4321, (3214), (2134), (1234).
\end{aligned}$$

괄호 안의 것들은 방문되지 않는 중간 순열들이다. 이 알고리즘이 모든 순열 생성기 중에서 최소 프로그램 길이를 기준으로 가장 간단한 것일 수도 있다. 이 알고리즘은 G. G. Langdon Jr., *CACM* **10** (1967), 298–299; **11** (1968), 392에 기인한다. 그 전에 비슷한 방법들이 C. Tompkins, *Proc. Symp. Applied Math.* **6** (1956), 202–205에 출판된 바 있으며, 좀 더 명시적으로는 R. Seitz, *Unternehmensforschung* **6** (1962), 2–15에 출판되었다. 이 절차는 순환 자리이동이 효율적인 응용들에, 이를테면 연속된 순열들을 배열이 아니라 컴퓨터 레지스터에 유지하는 경우에 특히나 적합하다.

쌍대 방법의 주된 단점은, 대체로 처음 제어 성분 $c_0c_1 \ldots c_{k-1}$이 어떤 주어진 값인 모든 순열의 집합이 별로 중요하지 않기 때문에 순열들의 커다란 블록을 건너뛰어야 하는 상황들에는 잘 적응하지 못한다는 것이다. 그러나 특수 경우 (36)은 예외일 때가 종종 있다. 그 경우 $c_0c_1 \ldots c_{k-1} = 00 \ldots 0$인

$n!/k!$개의 순열들은 바로 0이 1보다 앞서고 1이 2보다, …, $k-2$가 $k-1$보다 앞서는 순열 $a_0a_1 \ldots a_{n-1}$들이기 때문이다.

***에를리히의 교환법.** 에를리히Gideon Ehrlich가 지금까지와는 완전히 다른 순열 생성 접근방식을 발견했다. 그의 방법은 제어표 $c_1 \ldots c_{n-1}$을 또 다른 방식으로 사용하는 것으로, 한 순열의 제일 왼쪽 원소를 다른 원소와 바꾸어서 그다음 순열을 생성한다.

**알고리즘 E** (에를리히 교환법). 이 알고리즘은 서로 다른 원소 $a_0 \ldots a_{n-1}$의 모든 순열을 보조표 $b_0 \ldots b_{n-1}$과 $c_1 \ldots c_n$을 이용해서 생성한다.

**E1.** 〔초기화.〕 $0 \le j < n$에 대해 $b_j \leftarrow j$, $c_{j+1} \leftarrow 0$으로 설정한다.

**E2.** 〔방문.〕 순열 $a_0 \ldots a_{n-1}$을 방문한다.

**E3.** 〔$k$를 찾는다.〕 $k \leftarrow 1$로 설정한다. 그런 다음 $c_k = k$인 동안 $c_k \leftarrow 0$, $k \leftarrow k+1$로 설정한다. 만일 $k = n$이면 알고리즘을 끝낸다. 그렇지 않으면 $c_k \leftarrow c_k + 1$로 설정한다.

**E4.** 〔교환.〕 $a_0 \leftrightarrow a_{b_k}$로 맞바꾼다.

**E5.** 〔뒤집기.〕 $j \leftarrow 1$, $k \leftarrow k-1$로 설정한다. $j < k$인 동안 $b_j \leftrightarrow b_k$로 맞바꾸고 $j \leftarrow j+1$, $k \leftarrow k-1$로 설정한다. E2로 돌아간다. ▮

단계 E2와 E3이 알고리즘 G의 단계 G2, G3과 동일함을 주목하기 바란다. 그의 알고리즘에서 가장 매혹적인 것은, 1987년에 에를리히가 가드너에게 말했듯이, 알고리즘이 작동한다는 사실 자체이다. 연습문제 55에 그 증명이 있다. 단계 E5의 연산들을 단순화하는 한 가지 비슷한 방법 역시 같은 방식으로 검증할 수 있다(연습문제 56을 보라). 단계 E5에서 수행하는 맞바꾸기의 평균 횟수는 0.18보다 작다(연습문제 57을 보라).

위 알고리즘 E 자체는 지금까지 본 다른 방법보다 더 빠르지 않다. 그러나 이 알고리즘에는 각 순열을 단 $n-1$가지의 서로 다른 종류의 전치들을 사용해서 최소한의 방식으로만 변경한다는 좋은 속성이 있다. 알고리즘 P는 인접 맞바꾸기 $a_{t-1} \leftrightarrow a_t$를 사용하는 반면 알고리즘 E는 잘 선택된 색인열 $t[1]$, $t[2]$, …, $t[n!-1]$을 이용한 첫 원소 교환 $a_0 \leftrightarrow a_t$을 사용하는데, 이러한 교환을 별 전치(star transposition)라고도 한다. 그리고 $n$을 비교적 작은 값으로 고정해 두고 순열들을 되풀이해서 생성한다면, 그러한 색인열을 미리 계산해 둘 수 있다. 알고리즘 P의 색인열을 위해 알고리즘 T에서 했던 것과 마찬가지이다. 별 전치가 인접 맞바꾸기보다 유리한데, 왜냐하면 $a_0$의 값이 항상 이전 교환으로부터 알려져 있으므로 메모리에서 읽어 올 필요가 없기 때문이다.

알고리즘 E가 단계 E4에서 $a_0$을 $a_t$로 교환하는 데 사용하는 $n!-1$개의 색인 $t$들의 수열을 $E_n$이라고 하자. $E_{n+1}$은 $E_n$으로 시작하므로, $E_n$을 무한 수열

$$E_\infty = 121213212123121213212124313132131312\ldots \qquad (39)$$

의 처음 $n!-1$개의 원소들로 간주할 수 있다. 예를 들어 $n=4$이고 $a_0a_1a_2a_3 = 1234$일 때 알고리즘 E가 방문하는 순열들은

$$
\begin{gathered}
1234,\ 2134,\ 3124,\ 1324,\ 2314,\ 3214,\\
4213,\ 1243,\ 2143,\ 4123,\ 1423,\ 2413,\\
3412,\ 4312,\ 1342,\ 3142,\ 4132,\ 1432,\\
2431,\ 3421,\ 4321,\ 2341,\ 3241,\ 4231
\end{gathered}
\tag{40}
$$

이다.

***더 적은 생성기들을 사용.** 알고리즘 P와 E를 보았다면 모든 순열을 $n-1$가지가 아니라 단 두 가지의 기본 연산으로 생성할 수 있는가라는 질문이 떠오르는 것도 당연하다. 예를 들어 네인하위스Nijenhuis와 윌프Wilf는〔*Combinatorial Algorithms* (1975), 연습문제 6〕 $n=4$의 경우 각 단계에서 $a_1a_2a_3\ldots a_n$을 $a_2a_3\ldots a_na_1$이나 $a_2a_1a_3\ldots a_n$으로 대체한다면 모든 순열을 생성할 수 있음을 지적하고, 그러한 방법이 모든 $n$에 대해 존재하는지 궁금해 했다.

일반적으로, $G$가 임의의 순열군이고 $\alpha_1$, …, $\alpha_k$가 $G$의 원소들이라 할 때, 생성기들이 $(\alpha_1, \ldots, \alpha_k)$인 $G$에 대한 케일리 그래프(Cayley graph)는 그 정점들이 $G$의 순열 $\pi$들이고 그 호들이 $\pi$에서 $\alpha_1\pi$, …, $\alpha_k\pi$로 가는 유향 그래프이다. 〔Arthur Cayley, *American J. Math.* **1** (1878), 174-176.〕 네인하위스와 윌프의 의문은 생성기가 $\sigma$와 $\tau$인($\sigma$는 $(1\ 2\ \ldots\ n)$의 순환 순열이고 $\tau$는 $(1\ 2)$의 전치) $\{1, 2, \ldots, n\}$의 모든 순열에 대한 케일리 그래프에 해밀턴 순환마디가 존재하는가라는 질문과 동치이다.

R. A. Rankin, *Proc. Cambridge Philos. Soc.* **44** (1948), 17-25에서 기인하는 다음과 같은 기본적인 정리에 따르면, 두 개의 생성기를 가진 케일리 그래프에 해밀턴 순환마디가 존재하지 않는 경우가 많다.

**정리 R.** *$G$가 $g$개의 순열들로 이루어진 군이라고 하자. 만일 생성기가 $(\alpha, \beta)$인 $G$에 대한 케일리 그래프에 해밀턴 순환마디가 있으면, 그리고 순열 $(\alpha, \beta, \alpha\beta^-)$의 차수가 각각 $(a, b, c)$이면, $c$가 짝수이거나 $g/a$와 $g/b$가 홀수이다.*

(순열 $\alpha$의 차수(order)는 $\alpha^a$이 항등 순열임을 만족하는 가장 작은 양의 정수 $a$이다.)

증명. 연습문제 73을 보라. ▮

특히 앞에서처럼 $\alpha=\sigma$이고 $\beta=\tau$일 때 $g=n!$이고 $a=n$, $b=2$, $c=n-1$이다. $\sigma\tau^-=(2\ldots n)$이기 때문이다. 따라서 $n\geq 4$가 짝수일 때에는 해밀턴 순환마디가 존재할 수 없다는 결론을 내릴 수 있다. 그러나 $n=4$일 때 해밀턴 경로를 구축하는 것은 쉽다. 길이 12의 순환마디

$$
\begin{aligned}
&1234 \to 2341 \to 3412 \to 4312 \to 3124 \to 1243 \to 2431\\
&\qquad \to 4231 \to 2314 \to 3142 \to 1423 \to 4123 \to 1234,\\
&2134 \to 1342 \to 3421 \to 4321 \to 3214 \to 2143 \to 1432\\
&\qquad \to 4132 \to 1324 \to 3241 \to 2413 \to 4213 \to 2134
\end{aligned}
\tag{41}
$$

를 2341에서 시작해서 1234에서 2134로 건너뛰고 4213에서 마무리하는 식으로 연결할 수 있기 때문이다.

러스키Ruskey, 장Jiang, 웨스턴Weston은 $n=5$에 대한 $\sigma$-$\tau$ 그래프를 전수검색해서, 본질적으로 서로 다른 해밀턴 순환마디가 다섯 개임을 밝혀내었다〔*Discrete Applied Math.* **57** (1995), 75-83〕. 그중 하나('가장 아름다운 것')가 그림 42(a)에 나와 있다. 그들은 또한 $n=6$에 대한 해밀턴 경로도 하나 찾아내었다. 720단계의 이진 결정 트리로 얻어낸 것이라는 점에서, 이는 성취하기 어려운 위업이었다. 다소 덜 복잡한 경로가 연습문제 70에 나오는데, 그 경로조차도 간단하다고 말할 수는 없다. 따라서 새로운 구축법이 발견되지 않는 한, 좀 더 큰 $n$ 값들에 대해서는 $\sigma$-$\tau$ 접근방식이 그리 실용적이지 못하다고 할 수 있다. 컴턴R. C. Compton과 윌리엄슨S. G. Williamson은 만일 $\sigma$와 $\tau$만이 아니라 세 개의 생성기 $\sigma$, $\sigma^-$, $\tau$를 허용한다면 모든 $n$에 대해 해밀턴 순환마디가 존재함을 증명했다〔*Linear and Multilinear Algebra* **35** (1993), 237-293〕. 그들의 순환마디들은 모든 $n$번째 변환이 $\tau$이고 그 사이에 끼어드는 $n-1$개의 변환들은 모두 $\sigma$이거나 모두 $\sigma^-$라는 흥미로운 속성을 가지고 있다. 그러나 그들의 방법은 작은 지면으로 설명하기에는 너무 복잡하다.

연습문제 69는 비교적 단순하고 생성기를 단 세 개만 필요로 하는 일반적인 순열 생성 알고리즘을 설명한다. 세 생성기 중 둘은 차수가 2이다. 그림 42(b)는 이 방법의 $n=5$인 경우로, 종 울리기의 예들에서 동기를 얻은 것이다.

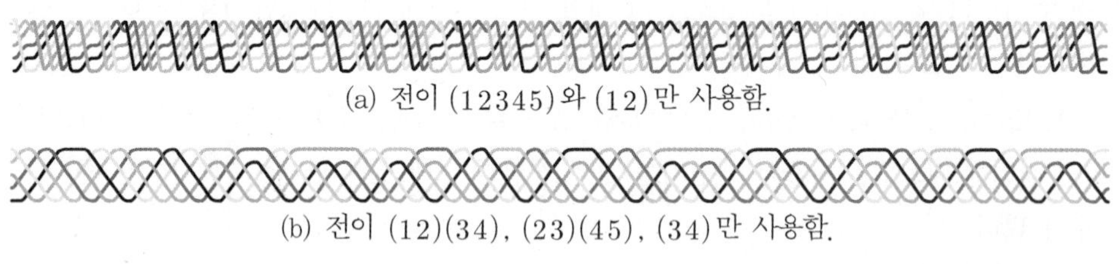

(a) 전이 (12345)와 (12)만 사용함.

(b) 전이 (12)(34), (23)(45), (34)만 사용함.

**그림 42.** 5!개의 순열들에 대한 해밀턴 순환마디들.

**더 빠르게.** 순열을 생성하는 가장 빠른 방법은 무엇일까? 이는 전산학 문헌에서 자주 제기되는 질문인데, $n!$가지 가능성을 조사하는 사람들은 항상 실행 시간을 최소화하려고 하기 때문이다. 그러나 이 질문에 대한 답들이 서로 모순인 경우가 많은데, 이는 질문을 공식화하는 방법이 여러 가지이기 때문이다. 그럼 이와 관련된 주제들을, MMIX 컴퓨터에서 순열을 최대한 빠르게 생성하는 방법을 공부하면서 파악해 보기로 하자.

우선, 우리의 목표를 $n$개의 연속적인 메모리 워드(옥타바이트)들로 이루어진 배열의 순열들을 생성하는 것이라고 가정한다. 이번 장에서 살펴본 모든 방법들 중 이를 수행하는 가장 빠른 방법은, 힙의 방법을 세지윅R. Sedgewick의 제안〔*Computing Surveys* **9** (1977), 157-160〕에 따라 최적화하는 것이다.

핵심은 단계 G2와 G3의 가장 흔한 경우들, 즉 모든 활동이 배열의 앞부분에서 일어나는 경우들에 대한 코드를 최적화하는 것이다. 레지스터 $u$, $v$, $w$에 처음 세 워드의 내용이 들어 있다고 하자. 그리고 다음 번 여섯 순열의 생성에, 그 세 워드를 모든 가능한 여섯 가지 방식으로 치환하는 연산이 관여한다고 하자. 그러한 작업을 다음과 같이 수행할 수 있음은 분명하다.

```
PUSHJ 0,Visit
STO v,A0;  STO u,A1;  PUSHJ 0,Visit
STO w,A0;  STO v,A2;  PUSHJ 0,Visit
STO u,A0;  STO w,A1;  PUSHJ 0,Visit          (42)
STO v,A0;  STO u,A2;  PUSHJ 0,Visit
STO w,A0;  STO v,A1;  PUSHJ 0,Visit
```

(여기서 A0 등은 옥타바이트 $a_0$ 등의 주소이다.) $u$, $v$, $w$에 적절한 값을 집어넣는 부분까지 갖춘 완전한 순열 생성 프로그램이 연습문제 77에 나오나, 그런 기타 명령들은 전체 시간 중 $\frac{1}{6}$에서만 수행되므로 덜 중요하다. 이 접근방식에서 순열당 총 비용은 근사적으로 $2.77\mu + 5.69v$인데, 이것은 각 Visit 호출의 PUSHJ와 POP에 필요한 $4v$는 포함되지 않은 수치이다. 레지스터 네 개($u$, $v$, $w$, $x$)를 사용한다면, 그리고 (42)를 24회의 Visit 호출로 확장한다면, 순열당 실행 시간은 약 $2.19\mu + 3.07v$으로 떨어진다. 그리고 $r$개의 레지스터와 $r!$회의 Visit로 일반화한다면 비용은 $(2 + O(1/r!))(\mu + v)$가 되는데(연습문제 78), 이는 두 STO 명령의 비용과 아주 가깝다.

물론 후자는 하나의 순차 배열의 모든 순열을 생성하는 임의의 방법에 대해 가능한 최소의 시간이다. 과연 그럴까? 우리는 방문 루틴이 순열들을 연속된 장소에서 볼 수 있어야 한다고 가정했으나, 시작 지점이 서로 다른 순열들을 읽을 수 있는 방문 루틴도 가능할 것이다. 그렇다면 $a_{n-1}$을 고정시켜 두고, 다음과 같이 나머지 원소들의 두 복사본을 그 부근에 남아 있도록 배치할 수 있다:

$$a_0 a_1 \dots a_{n-2} a_{n-1} a_0 a_1 \dots a_{n-2}. \tag{43}$$

이제 $a_0 a_1 \dots a_{n-2}$가 $(n-1)!$개의 순열들을 거쳐 가되 하나가 아니라 두 개의 STO 명령으로 항상 두 복사본을 동시에 변경하면서 거쳐 가게 한다면, Visit의 각 호출마다 $n$개의 순열

$$a_0 a_1 \dots a_{n-1}, \quad a_1 \dots a_{n-1} a_0, \quad \dots, \quad a_{n-1} a_0 \dots a_{n-2} \tag{44}$$

가 모두 연속되어 나타나게 할 수 있다. 이제 순열당 비용은 ADD, CMP, PBNZ 같은 세 개의 간단한 명령들의 비용 더하기 $O(1/n)$로 줄어든다. [Varol, Rotem, *Comp. J.* **24** (1981), 173-176을 보라.]

더 나아가서, 순열들을 메모리에 담아 두는 데 소비되는 시간을 아예 제거하고 싶을 수도 있다. 예를 들어 우리의 목표가 $\{0, 1, \dots, n-1\}$의 모든 순열을 생성하는 것이라고 가정하자. 아마도 $n$은 16을 넘지 않을 것이다. 왜냐하면 $16! = 20{,}922{,}789{,}888{,}000$이고 $17! = 355{,}687{,}428{,}096{,}000$이기 때문이다. 따라서 하나의 순열 전체를 한 옥타바이트의 니블 16개에 저장해서 하나의 레지스터 안에 담아 둘 수 있다. 이런 방식은 방문 루틴이 개별 니블들을 다시 풀어야 할 필요가 없을 때에만 이득이 된다. 실제로 그럴 필요가 없다고 가정했을 때, 64비트 레지스터 하나의 니블들로 순열들을 얼마나 빠르게 생성할 수 있을지 알아보자.

A. J. Goldstein, [*U. S. Patent 3383661* (14 May 1968)]에서 기인하는 한 기법에서 따온 한 가지 착안은, 일곱 원소에 대한 '평범한 전조' 전이들의 표 $(t[1], \dots, t[5039])$를 알고리즘 T를 이용해서 미리 계산해 둔다는 것이다. 수 $t[k]$들은 1에서 6 사이이므로, 이런 수 여섯 개를 하나의

64비트 워드에 꾸려 넣을 수 있다. 편의상, $0 \le j < 252$에 대해 수 $\sum_{k=1}^{20} 2^{3k-1} t[20j+k]$를 보조 표의 워드 $j$에 넣기로 한다. 또한 $t[5040] = 1$로 둔다. 그러면 표의 앞부분은 다음과 같은 부호단어들로 채워진다.

00|001|010|011|100|101|110|100|110|101|100|011|010|001|110|001|010|011|100|101|110|00.

다음은 이러한 부호들을 효율적으로 읽어 들이는 프로그램이다.

```
Perm   〈레지스터 a를 첫 순열로 설정한다〉
0H     LDA   p,T        p ← 첫 부호어의 주소.
       JMP   3F
1H     〈레지스터 a에 있는 순열을 방문한다〉
       〈a의 니블들 중 오른쪽에서 t번째 비트에서 이웃한 두 니블을 교환한다〉
       SRU   c,c,3      c ← c ≫ 3.
2H     AND   t,c,#1c    t ← c & (11100)₂.                          (45)
       PBNZ  t,1B       만일 t ≠ 0이면 분기.
       ADD   p,p,8
3H     LDO   c,p,0      c ← 다음 부호단어.
       PBNZ  c,2B       (마지막 부호단어 다음은 0이다.)
       〈끝이 아니라면 선행 n−7개의 니블들만큼 전진하고 0B로 돌아간다〉
```

연습문제 79에서는 〈a의 니블 ... 들을 교환한다〉를 대부분의 컴퓨터가 지원하는 비트 조작 연산들을 이용해서 일곱 개의 명령으로 수행하는 방법을 보여 준다. 따라서 순열당 비용은 $10\upsilon$보다 약간 크다. (새 부호단어를 가져오는 명령의 비용은 단 $(\mu + 5\upsilon)/20$이다. 그리고 선행 $n-7$개의 니블들만큼 전진하는 명령들은 그 비용이 5040으로 나누어지므로 더욱 무시할 수 있다.) 이제는 (42)에서처럼 PUSHJ와 POP을 수행할 필요가 없음을 주목하기 바란다. 이전에는 그 명령들을 무시했지만, 사실 그 명령들의 비용은 $4\upsilon$이다.

그런데 랭던의 순환 자리이동 방법(알고리즘 C)을 적용한다면 이보다 더 나은 결과도 가능하다. 사전순으로 가장 큰 순열로 시작해서 다음과 같이 나아간다고 가정하자.

```
       GREG  @
0H     OCTA  #fedcba9876543210&(1<<(4*N)-1)
Perm   LDOU  a,0B              a ← #...3210으로 설정한다.
       JMP   2F
1H     SRU   a,a,4*(16-N)      a ← ⌊a/16^(16−n)⌋.
       OR    a,a,t             a ← a | t.                        (46)
2H     〈레지스터 a 안의 순열을 방문한다〉
       SRU   t,a,4*(N-1)       t ← ⌊a/16^(n−1)⌋.
       SLU   a,a,4*(17-N)      a ← 16^(17−n) a mod 16^16.
       PBNZ  t,1B              만일 t ≠ 0이면 1B로 간다.
       〈랭던의 방법으로 계속 진행한다〉
```

이제 순열당 실행 비용은 단 $5v + O(1/n)$으로, 이 역시 PUSHJ와 POP에 필요한 비용은 포함시키지 않은 것이다. 연습문제 81에는 (46)을 하나의 완전한 프로그램으로 확장해서 놀랄 만큼 짧고 빠른 루틴을 얻는 흥미로운 방법이 나온다.

빠른 순열 생성기가 재미있는 대상이긴 하지만, 실제 응용에서는 생성기를 더 빠르게 만들기보다는 방문 루틴을 최적화해서 시간을 더 절약할 수 있는 경우가 많다.

**위상정렬.** $\{1, \ldots, n\}$의 모든 순열 $n!$개를 다루는 대신, 특정 조건을 만족하는 일부 순열들만 살펴보면 되는 경우도 많다. 예를 들어 1이 3보다 앞에 있고 2가 3 보다 앞에 있으며 2가 4보다 앞에 있는 순열들에만 관심이 있다고 하자. $\{1, 2, 3, 4\}$의 순열들 중 그런 순열은 다음 다섯 개이다.

$$1234, 1243, 2134, 2143, 2413. \qquad (47)$$

§2.2.3에서 비자명 자료구조의 첫 번째 예로 공부했던 위상정렬(topological sorting)이라는 문제는, $x_1 < y_1, \ldots, x_m < y_m$ 같은 $m$개의 조건들을 만족하는 하나의 순열을 찾는 일반적인 문제이다. 여기서 $x < y$는 순열에서 $x$가 $y$보다 앞에 나온다는 것이다. 이 문제는 실제 응용에서 자주 발생하기 때문에 이름도 여러 가지이다. 예를 들어 선형 내장(linear embedding) 문제라고 부르는 경우도 많은데, 이 이름은 위상정렬이 대상들을 한 줄로 배치하되 특정 순서 관계를 만족하도록 배치하는 문제라는 점에서 비롯된 것이다. 또한 위상정렬은 부분순서(partial ordering)를 전순서(total ordering)로 확장하는 문제이기도 하다(연습문제 2.2.3-14를 보라).

§2.2.3에서 우리의 목표는 모든 관계를 만족하는 하나의 순열을 찾는 것이었다. 그러나 지금은 그런 순열들을 모두 찾는 것, 즉 모든 위상정렬을 찾아내는 것이다. 실제로, 이번 절에서는 관계들을 만족해야 하는 원소 $x$와 $y$가 1과 $n$ 사이의 정수들로 정의되며, $x < y$이면 항상 $x < y$라고 가정한다. 따라서 순열 $12\ldots n$은 항상 위상적으로 옳은 순서이다. (이러한 단순화 가정을 만족하지 않는 경우라면, 전처리 과정에서 알고리즘 2.2.3T를 이용해서 해당 대상들의 이름을 적절히 바꾸면 된다).

순열의 여러 주요 부류들은 이 위상정렬 문제의 특수 경우들이다. 예를 들어 $\{1, \ldots, 8\}$의 순열들을 중

$$1 < 2, \quad 2 < 3, \quad 3 < 4, \quad 6 < 7, \quad 7 < 8$$

을 만족하는 순열들은 중복집합 $\{1, 1, 1, 1, 2, 3, 3, 3\}$의 순열들과 동치이다. $\{1, 2, 3, 4\} \mapsto 1$, $5 \mapsto 2$, $\{6, 7, 8\} \mapsto 3$으로 사상할 수 있기 때문이다. 중복집합의 순열들을 알고리즘 L을 이용해서 생성하는 방법은 이미 이야기했다. 이번에는 다른 방법을 배워보자.

한 순열 $a_1 \ldots a_n$에서 $x$가 $y$보다 앞에 나오기 위한 필요충분조건은 그 역순열 $a'_1 \ldots a'_n$에서 $a'_x < a'_y$라는 것이다. 따라서 지금부터 공부할 알고리즘은 $j < k$이면 항상 $a'_j < a'_k$인 순열 $a'_1 \ldots a'_n$들도 모두 찾아낸다. 예를 들어, §5.1.4에서 배웠듯이 영 타블로(Young tableau)라는 것은 $\{1, \ldots, n\}$을 행들과 열들로 배치하되 각 행의 성분들은 왼쪽에서 오른쪽으로, 각 열의 성분들은 위에서 아래로 증가하도록 배치한 것이다. 따라서, 모든 $3 \times 3$ 영 타블로를 생성하는 문제는 다음을 만족하는 모든 $a'_1 \ldots a'_9$ 순열을 생성하는 문제와 동치이다.

$$a'_1 < a'_2 < a'_3, \quad a'_4 < a'_5 < a'_6, \quad a'_7 < a'_8 < a'_9,$$
$$a'_1 < a'_4 < a'_7, \quad a'_2 < a'_5 < a'_8, \quad a'_3 < a'_6 < a'_9, \tag{48}$$

그리고 이는 위상정렬의 한 특별한 종류이다.

또한 $2n$개의 원소들의 완벽 부합(perfect matching)을 모두 찾는 문제, 다시 말하면 $\{1, \ldots, 2n\}$을 $n$개의 부분으로 분할하는 모든 방법을 찾는 문제도 생각해 볼 수 있다. 그런 방법은$(2n-1)(2n-3)\ldots(1) = (2n)!/(2^n n!)$가지이며, 각각은 다음을 만족하는 순열들에 대응된다.

$$a'_1 < a'_2, \quad a'_3 < a'_4, \quad \ldots, \quad a'_{2n-1} < a'_{2n}, \quad a'_1 < a'_3 < \cdots < a'_{2n-1}. \tag{49}$$

전수(exhaustive) 위상정렬을 위한 우아한 알고리즘 하나를 바롤Y. L. Varol과 로템D. Rotem이 발견했다[*Comp. J.* **24** (1981), 83-84]. 그들은 이 문제에 평범한 전조(알고리즘 P)와 비슷한 한 방법을 적용할 수 있음을 깨달았다. $\{1, \ldots, n-1\}$을 위상적으로 배치하되 $n$이 관여하지 않는 모든 조건을 $a_1 \ldots a_{n-1}$이 만족하도록 배치하는 한 가지 방법을 발견했다고 가정하자. 그러면 마지막 원소 $n$을 삽입하되 $a_1 \ldots a_{n-1}$의 상대 순서를 바꾸지 않고 삽입하는 모든 가능한 방법을 손쉽게 적어 나갈 수 있다. 그냥 $a_1 \ldots a_{n-1} n$으로 시작해서, $n$을 한 번에 한 단계씩 왼쪽으로 이동해 나가면 된다(더 이상 움직일 수 없을 때까지). 이 착안을 재귀적으로 적용하면 다음과 같은 직관적인 절차가 나온다.

**알고리즘 V** (모든 위상정렬). $x \prec y$가 $x < y$를 함의한다는 속성을 가진, $\{1, \ldots, n\}$에 대한 한 관계 $\prec$이 주어졌을 때, 이 알고리즘은 $j \prec k$이면 항상 $a'_j < a'_k$라는 속성을 가진 순열 $a_1 \ldots a_n$과 그 역순열 $a'_1 \ldots a'_n$을 모두 찾아낸다. 편의상 $a_0 = a'_0 = 0$이고 $1 \le k \le n$에 대해 $0 \prec k$이라고 가정한다.

**V1.** [초기화.] $0 \le j \le n$에 대해 $a_j \leftarrow j$, $a'_j \leftarrow j$로 설정한다.

**V2.** [방문.] 순열 $a_1 \ldots a_n$과 그 역순열 $a'_1 \ldots a'_n$을 방문한다. 그런 다음 $k \leftarrow n$으로 설정한다.

**V3.** [$k$를 왼쪽으로 이동할 수 있는가?] $j \leftarrow a'_k$, $l \leftarrow a_{j-1}$로 설정한다. 만일 $l \prec k$이면 V5로 간다.

**V4.** [이동할 수 있다.] $a_{j-1} \leftarrow k$, $a_j \leftarrow l$, $a'_k \leftarrow j-1$, $a'_l \leftarrow j$로 설정한다. V2로 간다.

**V5.** [없으면 $k$를 되돌려 놓는다.] $j < k$인 동안 $l \leftarrow a_{j+1}$, $a_j \leftarrow l$, $a'_l \leftarrow j$, $j \leftarrow j+1$로 설정한다. 그런 다음 $a_k \leftarrow a'_k \leftarrow k$로 설정한다. $k$를 1 감소하고, 만일 $k > 0$이면 V3으로 돌아간다. ▮

예를 들어, 정리 5.1.4에 따르면 크기가 $3 \times 3$인 영 타블로는 정확히 42개이다. 알고리즘 V를 (48)의 관계들에 적용하되 역순열을 배열 형식

$$\boxed{\begin{matrix} a'_1 a'_2 a'_3 \\ a'_4 a'_5 a'_6 \\ a'_7 a'_8 a'_9 \end{matrix}} \tag{50}$$

로 기록한다면, 다음과 같은 42개의 결과를 얻게 된다.

| 123 | 123 | 123 | 123 | 123 | 124 | 124 | 124 | 124 | 124 | 125 | 125 | 125 | 125 |
|---|---|---|---|---|---|---|---|---|---|---|---|---|---|
| 456 | 457 | 458 | 467 | 468 | 356 | 357 | 358 | 367 | 368 | 367 | 368 | 346 | 347 |
| 789 | 689 | 679 | 589 | 579 | 789 | 689 | 679 | 589 | 579 | 489 | 479 | 789 | 689 |

| 125 | 126 | 126 | 127 | 126 | 126 | 127 | 134 | 134 | 134 | 134 | 134 | 135 | 135 |
|---|---|---|---|---|---|---|---|---|---|---|---|---|---|
| 348 | 347 | 348 | 348 | 357 | 358 | 358 | 256 | 257 | 258 | 267 | 268 | 267 | 268 |
| 679 | 589 | 579 | 569 | 489 | 479 | 469 | 789 | 689 | 679 | 589 | 579 | 489 | 479 |

| 145 | 145 | 135 | 135 | 135 | 136 | 136 | 137 | 136 | 136 | 137 | 146 | 146 | 147 |
|---|---|---|---|---|---|---|---|---|---|---|---|---|---|
| 267 | 268 | 246 | 247 | 248 | 247 | 248 | 248 | 257 | 258 | 258 | 257 | 258 | 258 |
| 389 | 379 | 789 | 689 | 679 | 589 | 579 | 569 | 489 | 479 | 469 | 389 | 379 | 369 |

마지막 $n-r$개의 원소들이 $r < j \le n$에 대한 초기 위치 $a_j = j$들에 있는 위상정렬들의 개수를 $t_r$이라고 하자. 이는 $t_r$이 $r$보다 큰 원소들에 관한 관계들을 무시할 때의 $\{1, \ldots, r\}$의 위상정렬 $a_1 \ldots a_r$들의 개수라는 말과 동치이다. 그러면 알고리즘 V에 깔린 재귀적 메커니즘에 의해, 단계 V2의 수행 횟수는 $N$이고 V3은 $M$회임을 알 수 있다. 여기서

$$M = t_n + \cdots + t_1 \text{이고} \qquad N = t_n \tag{51}$$

이다. 또한 단계 V4와 단계 V5의 루프 연산들은 $N-1$회 수행되고 단계 V5의 나머지 부분은 $M-N+1$회 수행된다. 따라서 이 알고리즘의 총 실행 시간은 $M$, $N$, $n$의 일차결합이다.

원소들의 이름을 제대로 선택하지 못한다면 $M$이 $N$보다 훨씬 클 수 있다. 예를 들어 알고리즘 V를

$$2 < 3, \quad 3 < 4, \quad \ldots, \quad n-1 < n \tag{52}$$

에 적용한다면, $1 \le j \le n$에 대해 $t_j = j$이고 $M = \frac{1}{2}(n^2+n)$, $N = n$이다. 그러나 원소들의 이름을 적절히 변경한다면 (52)와 동치인 다음과 같은 제약들을 만드는 것이 가능하다.

$$1 < 2, \quad 2 < 3, \quad \ldots, \quad n-2 < n-1. \tag{53}$$

이 경우 $M$이 $2n-1 = 2N-1$로 줄어든다.

연습문제 89는 원소 이름표들을 찾는 간단한 전처리 단계를 도입해서 알고리즘 V를 살짝 수정하면 모든 위상정렬을 $O(N+n)$단계로 생성할 수 있음을 보여 준다. 따라서 위상정렬을 효율적으로 수행하는 것은 항상 가능하다.

**순열 생성 전에 두 번 생각하라.** 이번 절에서는 여러 개의 매력적인 순열 생성 알고리즘을 살펴보았다. 그러나, 알려진 알고리즘들 중에는 특정 목적에 최적인 순열들을 모든 가능성을 훑지 않고 생성하는 것들도 많다. 예를 들어 정리 6.1S는 순차적 저장소 안의 레코드들을 그냥 특정 비용 조건에 따라 정렬해서 최적으로 배치하는 방법을 찾을 수 있음을 보여주었다. 그리고 그러한 공정은 단 $O(n \log n)$ 단계만 소비한다. §7.5.2에서는 한 정방행렬의 열들을 대각 성분들의 합이 최대가 되도록 치환하는 문제인 배정 문제를 공부할 것이다. 그 문제는 최대 $O(n^3)$회의 연산으로 풀 수 있으므로, $n$이 극히 작지 않은 한 $n!$ 규모의 방법을 사용하는 것은 멍청한 일이다. 심지어 순회 판매원 문제처럼 효율적인

알고리즘이 알려져 있지 않은 경우라도, 모든 가능한 해를 조사하는 것보다는 훨씬 나은 접근방식을 찾을 수 있는 때가 많다. 순열 생성은 각 순열을 개별적으로 살펴볼 이유가 충분한 경우에 사용하는 것이 최선이다.

## 연습문제

▸ **1.** [*20*] $j$의 값이 $n$에 가까울 때의 연산들을 최적화함으로써 알고리즘 L의 실행을 더 빠르게 만드는 방법을 설명하라.

**2.** [*20*] $a_1...a_n$의 모든 순열을 역순사전 역순으로 산출하도록 알고리즘 L을 재작성하라. (다른 말로 하면, 반사 $a_n...a_1$들의 값들이 (11)에서처럼 사전식 순서로 내림차순이어야 한다. 이런 형태의 알고리즘이 원래의 것보다 더 간단하고 빠른 경우가 많다. 이는 $n$의 값에 의존하는 계산이 더 적기 때문이다.)

▸ **3.** [*M21*] 어떤 생성 알고리즘에 관한, 한 조합적 배치 $X$의 순위(rank)는, 그 알고리즘이 $X$보다 먼저 방문한 다른 배치들의 개수이다. $\{a_1, ..., a_n\} = \{1, ..., n\}$이라고 할 때, 주어진 한 순열 $a_1...a_n$의 알고리즘 L에 관한 순위를 계산하는 방법을 설명하라. 314592687의 순위는 몇인가?

**4.** [*M23*] 연습문제 3을 일반화해서, $\{a_1, ..., a_n\}$이 중복집합 $\{n_1 \cdot x_1, ..., n_t \cdot x_t\}$일 때 알고리즘 L에 관한 $a_1...a_n$의 순위를 계산하는 방법을 설명하라. 여기서 $n_1 + \cdots + n_t = n$이고 $x_1 < \cdots < x_t$이다. (순열의 전체 개수는 물론 다항계수

$$\binom{n}{n_1, ..., n_t} = \frac{n!}{n_1!...n_t!}$$

이다. 식 5.1.2-(3)을 보라.) 314159265의 순위는 몇인가?

**5.** [*HM25*] 원소 $\{a_1, ..., a_n\}$이 서로 다르다고 할 때, 알고리즘 L의 (a) 단계 L2와 (b) 단계 L3에서 수행되는 비교들의 횟수의 평균과 분산을 각각 구하라.

**6.** [*HM34*] $\{a_1, ..., a_n\}$이 연습문제 4에서처럼 일반적인 중복집합일 때 알고리즘 L의 (a) 단계 L2와 (b) 단계 L3의 평균 비교 횟수에 대한 생성 함수를 각각 유도하라. 또한 $\{a_1, ..., a_n\}$이 이진 중복집합 $\{s \cdot 0, (n-s) \cdot 1\}$일 때의 해당 결과들을 닫힌 형식으로 제시하라.

**7.** [*HM35*] 알고리즘 L을 중복집합 (a) $\{2 \cdot 1, 2 \cdot 2, ..., 2 \cdot t\}$, (b) $\{1 \cdot 1, 2 \cdot 2, ..., t \cdot t\}$, (c) $\{2 \cdot 1, 4 \cdot 2, ..., 2^t \cdot t\}$에 적용할 때, $t \to \infty$에 따른 단계 L2의 순열당 평균 비교횟수의 극한값은 각각 얼마인가?

▸ **8.** [*21*] 한 중복집합의 모든 부분중복집합의 순열들을 그 중복집합의 변분(variation)들이라고 부른다. 예를 들어 $\{1, 2, 2, 3\}$의 변분들은

$\epsilon$, 1, 12, 122, 1223, 123, 1232, 13, 132, 1322,
2, 21, 212, 2123, 213, 2132, 22, 221, 2213, 223, 2231, 23, 231, 2312, 232, 2321,
3, 31, 312, 3122, 32, 321, 3212, 322, 3221

이다. 알고리즘 L을 조금만 변경하면 주어진 중복집합 $\{a_1, a_2, \ldots, a_n\}$의 모든 변분을 생성할 수 있음을 보여라.

**9.** [*22*] 이전 연습문제를 이어서, 주어진 중복집합 $\{a_1, a_2, \ldots, a_n\}$의 모든 $r$-변분을 생성하는 알고리즘을 설계하라. $r$-순열이라고도 부르는 $r$-변분은 중복집합의 원소가 $r$개인 부분중복집합들의 순열을 뜻한다. (예를 들어 서로 다른 $r$개의 글자들로 된 복면산의 해는 $\{0, 1, \ldots, 9\}$의 한 $r$-변분이다.)

**10.** [*20*] 알고리즘 P의 시작에서 $a_1a_2\ldots a_n = 12\ldots n$이었다면, 끝에서 $a_1a_2\ldots a_n$, $c_1c_2\ldots c_n$, $o_1o_2\ldots o_n$의 값은 무엇인가?

**11.** [*M22*] 알고리즘 P의 단계들은 각각 몇 번씩 수행되는가? ($n \geq 2$이라고 가정할 것.)

▸ **12.** [*M23*] $\{a_1, \ldots, a_n\} = \{0, \ldots, 9\}$라고 할 때 (a) 알고리즘 L, (b) 알고리즘 P, (c) 알고리즘 C가 1000000번째로 방문하는 순열은 각각 무엇인가? 힌트: 혼합기수 수체계의 표기법에서 $1000000 = \begin{bmatrix} 2, & 6, & 6, & 2, & 5, & 1, & 2, & 2, & 0, & 0 \\ 10, & 9, & 8, & 7, & 6, & 5, & 4, & 3, & 2, & 1 \end{bmatrix} = \begin{bmatrix} 0, & 0, & 1, & 2, & 3, & 0, & 2, & 7, & 1, & 0 \\ 1, & 2, & 3, & 4, & 5, & 6, & 7, & 8, & 9, & 10 \end{bmatrix}$이다.

**13.** [*M21*] (가드너Martin Gardner, 1974.) 참 또는 거짓을 말하라: 만일 $a_1a_2\ldots a_n$이 초기에 $12\ldots n$이라면, 알고리즘 P는 먼저 1이 2보다 앞에 있는 $n!/2$개의 순열들을 모두 방문한다. 그다음 방문하는 순열은 $n\ldots21$이다.

**14.** [*M22*] 참 또는 거짓을 말하라: 만일 알고리즘 P의 시작에서 $a_1a_2\ldots a_n$이 $x_1x_2\ldots x_n$이라면, 단계 P5의 시작에서 항상 $a_{j-c_j+s} = x_j$이다.

**15.** [*M23*] (Selmer Johnson, 1963.) 알고리즘 P에서 오프셋 변수 $s$가 결코 2를 넘지 않음을 보여라.

**16.** [*21*] $j$의 값이 $n$에 가까울 때의 연산들을 최적화해서 알고리즘 P의 실행을 더 빠르게 만드는 방법을 설명하라. (이 문제는 연습문제 1과 비슷하다.)

▸ **17.** [*20*] 단계 P2에서 $a_1\ldots a_n$을 방문할 때 역순열 $a'_1\ldots a'_n$의 처리도 가능하도록 알고리즘 P를 확장하라. (역순열은 오직 $a_j = k$일 때에만 $a'_k = j$라는 조건을 만족한다.)

**18.** [*21*] (묵주[rosary] 순열.) 정점 $\{1, \ldots, n\}$에 대한 모든 가능한 무향 순환마디(undirected cycle) $(n-1)!/2$개를 효율적으로 생성하는 방법을 고안하라. 즉, $a_1\ldots a_n$을 생성할 때 $a_1\ldots a_n$이나 $a_n\ldots a_1$의 그 어떤 순환 자리이동도 생성하지 말아야 한다. 예를 들어 $n = 4$일 때에는 순열 (1234, 1324, 3124)가 허용된다.

**19.** [*25*] $n$개의 서로 다른 원소들의 모든 순열을 루프 없이(알고리즘 7.2.1.1L에서와 같은 의미에서) 생성하는 알고리즘을 고안하라.

▸ **20.** [*20*] $n$-입방체에는 좌표성분들을 치환, 여수화하는 모든 가능한 방법당 하나씩 총 $2^n n!$개의 대칭이 존재한다. 그러한 대칭성을 편의상 하나의 부호 있는 순열, 즉 필요에 따라 원소들에 부호를 붙인 순열로 표현한다. 예를 들어 $23\bar{1}$은 $x_1x_2x_3$을 $x_2x_3\bar{x}_1$로 바꾸어서, 즉 $000 \mapsto 001$,

$001 \mapsto 011$, ..., $111 \mapsto 110$으로 사상해서 3-입방체 정점들을 변환하는 하나의 부호 있는 순열이다. 각 단계마다 인접한 두 원소를 맞바꾸거나 아니면 첫 원소의 부호를 변경하는 형태의, $\{1, 2, ..., n\}$의 부호 있는 순열을 모두 생성하는 간단한 알고리즘을 설계하라.

**21.** [*M21*] (E. P. McCravy, 1971.) 기수가 $b$인 수체계에서 복면산 (6)의 해는 몇 개인가?

**22.** [*M15*] 참 또는 거짓을 말하라: 어떤 복면산에 기수 $b$의 해가 존재한다면, 그 복면산에는 기수 $b+1$의 해도 존재한다.

**23.** [*M20*] 참 또는 거짓을 말하라: 순수 복면산에서 $j \neq k$라고 할 때 두 개의 동일한 서명 $s_j = s_k \neq 0$이 존재할 수 없다.

**24.** [*25*] 다음 복면산들을 손으로 또는 컴퓨터로 풀어라.

a) SEND + A + TAD + MORE = MONEY.
b) ZEROES + ONES = BINARY. (Peter MacDonald, 1977)
c) DCLIX + DLXVI = MCCXXV. (Willy Enggren, 1972)
d) COUPLE + COUPLE = QUARTET. (Michael R. W. Buckley, 1977)
e) FISH + N + CHIPS = SUPPER. (Bob Vinnicombe, 1978)
f) SATURN + URANUS + NEPTUNE + PLUTO = PLANETS. (Willy Enggren, 1968)
g) EARTH + AIR + FIRE + WATER = NATURE. (Herman Nijon, 1977)
h) AN + ACCELERATING + INFERENTIAL + ENGINEERING + TALE + ELITE + GRANT + FEE + ET + CETERA = ARTIFICIAL + INTELLIGENCE.
i) HARDY + NESTS = NASTY + HERDS.

▶ **25.** [*M21*] 한 복면산 문제의 서명 벡터 $s = (s_1, ..., s_{10})$과 첫 글자 집합 $F$가 주어졌을 때, $\{0, ..., 9\}$의 모든 유효한 순열 $a_1 ... a_{10}$에 관한 $\min(a \cdot s)$와 $\max(a \cdot s)$를 빠르게 계산하는 방법을 고안하라. (그러한 절차가 있다면, 다음에 나오는 여러 연습문제들에서처럼 복면산들의 커다란 모임을 고려할 때 많은 경우를 빠르게 제외시킬 수 있다. 왜냐하면 $\min(a \cdot s) \leq 0 \leq \max(a \cdot s)$인 경우에만 복면산의 해가 존재할 수 있기 때문이다.)

**26.** [*25*] 복면산

$$\texttt{NIIHAU} \pm \texttt{KAUAI} \pm \texttt{OAHU} \pm \texttt{MOLOKAI} \pm \texttt{LANAI} \pm \texttt{MAUI} \pm \texttt{HAWAII} = 0$$

의 유일한 해는 무엇인가?

**27.** [*30*] 모든 단어가 다섯 글자인 순가산(pure addictive) 복면산을 만들어 보라.

**28.** [*M25*] 정수 $n$의 분할(partition)은 $n_1 \geq \cdots \geq n_t > 0$을 만족하는 $n = n_1 + \cdots + n_t$ 형태의 표현식이다. 그리고 $\alpha(n)$이 어떤 언어에서 $n$의 '이름'이라 할 때, 만일 $\alpha(n) = \alpha(n_1) + \cdots + \alpha(n_t)$가 순수 복면산이기까지 하다면, 그러한 분할을 이중으로 참인(doubly true) 분할이라고 부른다. 이중으로 참인 분할은 웨인Alan Wayne이 *AMM* **54** (1947), 38, 412–414에서 소개했는데, 거기서 그는 TWENTY = SEVEN + SEVEN + SIX를 비롯한 몇 가지 문제를 풀어볼 것을 제시했다.

a) $1 \leq n \leq 20$일 때 영어에서 이중으로 참인 모든 분할을 구하라.

b) 웨인은 또한 EIGHTY = FIFTY + TWENTY + NINE + ONE이라는 예도 제시했다. ONE, TWO, ..., NINETYNINE, ONEHUNDRED라는 수 이름들을 이용해서, $1 \le n \le 100$에 대해 서로 다른 부분들로 이루어진 이중으로 참인 분할을 모두 구하라.

▸ **29.** [*M25*] 이전 연습문제를 이어서, $\{n_1, \ldots, n_t, n'_1, \ldots, n'_{t'}\}$이 20보다 작은 서로 다른 양의 정수들이라 할 때 수학에서나 영어 복면산에서나 모두 참인 $n_1 + \cdots + n_t = n'_1 + \cdots + n'_{t'}$ 형태의 공식을 모두 구하라. 이를테면

TWELVE + NINE + TWO = ELEVEN + SEVEN + FIVE

가 그러한 예이다. 모든 복면산은 반드시 순수한 복면산이어야 한다.

**30.** [*25*] 다음의 곱셈 복면산을 손으로 또는 컴퓨터로 풀어라.

a) TWO × TWO = SQUARE. (H. E. Dudeney, 1929)

b) HIP × HIP = HURRAY. (Willy Enggren, 1970)

c) PI × R × R = AREA. (Brian Barwell, 1981)

d) NORTH / SOUTH = EAST / WEST. (Nob Yoshigahara, 1995)

e) NAUGHT × NAUGHT = ZERO × ZERO × ZERO. (Alan Wayne, 2003)

**31.** [*M22*] (Nob Yoshigahara.) (a) {A, ..., I} = $\{1, \ldots, 9\}$일 때 A/BC + D/EF + G/HI = 1의 유일한 해는 무엇인가? (b) 마찬가지로, AB mod 2 = 0, ABC mod 3 = 0, 등의 해는 무엇인가?

**32.** [*M25*] (H. E. Dudeney, 1901.) 숫자 $\{1, \ldots, 9\}$의 한 순열에 더하기 기호 하나와 나누기 기호 하나를 삽입해서 100을 표현하는 방법을 모두 구하라. 단, 더하기 기호가 나누기 기호보다 앞에 나와야 한다. 이를테면 $100 = 91 + 5742/638$이다.

**33.** [*25*] 이전 연습문제를 이어서, (a) 그런 방식으로는 나타낼 수 없는, 또는 (b) 유일한 표현이 존재하는 150 미만의 모든 양의 정수를 각각 구하라.

**34.** [*M26*] 등식 EVEN + ODD + PRIME = $x$를 (a) $x$가 완전 5제곱수일 때, (b) $x$가 완전 7제곱수일 때 이중으로 참이 되게 만들어라.

▸ **35.** [*M20*] 4-입방체의 자기동형사상들에는 서로 다른 심즈표들이 많이 존재한다. (14)에 나온 것은 그중 단 하나이다. 정점들에 번호를 (12)에서처럼 매긴다고 할 때, 그 군에 대해 가능한 서로 다른 심즈표는 몇 개인가?

**36.** [*M23*] 4 × 4 삼목(tic-tac-toe)판

```
0 1 2 3
4 5 6 7
8 9 a b
c d e f
```

의 모든 자기동형사상의 군에 대한 심즈표 하나를 구하라. 즉, 한 행이나 열, 대각선을 이루는 네 원소의 집합을 '선(line)'이라고 할 때, 선을 선으로 사상하는 순열들에 대한 심즈표를 구하라.

▸ **37.** [*HM22*] 알고리즘 G나 H와 함께 사용할 수 있는 심즈표는 몇 개인가? $n \to \infty$에 따른 그 개수의 로그를 추정하라.

**38.** [*HM21*] 오드스미스 알고리즘 (26)을 사용할 때 순열당 평균 전치 횟수가 근사적으로 $\sinh 1 \approx 1.175$임을 증명하라.

**39.** [*16*] $n = 4$에 대해 (a) 오드스미스의 방법 (26)과 (b) 힙의 방법 (27)로 생성한 24개의 순열을 적어라.

**40.** [*M23*] 힙의 방법 (27)이 하나의 유효한 심즈표에 해당함을 보여라.

▸ **41.** [*M33*] $\{0, 1, \ldots, n-1\}$의 모든 $r$-변분을, 한 변분에서 다음 변분으로 갈 때 원소를 두 개만 바꾸어서 생성하는 알고리즘을 설계하라. (연습문제 9 참고.) 힌트: 힙의 방법 (27)을 일반화해서 배열 $a_0 \ldots a_{n-1}$의 위치 $a_{n-r} \ldots a_{n-1}$에서 결과가 저장되게 할 것. 예를 들어 $n = 5$이고 $r = 2$일 때의 한 해법은 해당 순열 01234, 31204, 30214, 30124, 40123, 20143, 24103, 24013, 34012, 14032, 13042, 13402, 23401, 03421, 02431, 02341, 12340, 42310, 41320, 41230의 마지막 두 원소들을 사용한다.

**42.** [*M20*] $1 \le j \le k$에 대한 모든 $\sigma(k, j)$와 모든 $\tau(k, j)$가 길이 3 미만 순환마디인 모든 순열에 대한 심즈표를 구축하라.

**43.** [*M24*] $1 \le j \le k$에 대한 모든 $\sigma(k, k)$, $\omega(k)$, $\tau(k, j)\omega(k-1)^-$가 길이 3 미만 순환마디인 모든 순열에 대한 심즈표를 구축하라.

**44.** [*20*] 확장된 알고리즘 G에서 원치 않은 순열들의 블록들을 건너뛸 때, 오드스미스의 방법 (23)의 심즈표가 역순사전 역순 방법 (18)의 심즈표보다 더 나을까?

**45.** [*20*] (a) 알고리즘 X가 순열 314592687을 방문할 때 색인 $u_1 \ldots u_9$는 무엇인가? (b) $u_1 \ldots u_9 = 161800000$일 때 알고리즘 X가 방문하는 순열은 무엇인가?

**46.** [*20*] 참 또는 거짓을 말하라: 알고리즘 X가 $a_1 \ldots a_n$을 방문할 때, $1 \le k < n$에 대해 오직 $a_k > a_{k+1}$일 때에만 $u_k > u_{k+1}$이다.

▸ **47.** [*M21*] 알고리즘 X의 각 단계의 수행 횟수를 수 $N_0$, $N_1$, …, $N_n$으로 표현하라. 여기서 $N_k$는 $1 \le j \le k$에 대해 $t_j(a_1, \ldots, a_j)$를 만족하는 접두열 $a_1 \ldots a_k$들의 개수이다.

▸ **48.** [*M25*] 판정 $t_1(a_1)$, $t_2(a_1, a_2)$, …, $t_n(a_1, a_2, \ldots, a_n)$이 항상 참일 때의 알고리즘 X와 알고리즘 L의 실행 시간을 비교하라.

▸ **49.** [*28*] 본문에서 추천한, 가산 복면산을 알고리즘 X로 푸는 방법은 본질적으로 숫자들을 오른쪽에서 왼쪽으로 선택한다. 다른 말로 하면, 그 방법은 잠정적인 값들을 10의 더 큰 거듭제곱들에 해당하는 숫자들을 고려하기 전에 최소 유효 숫자들에 배정한다.

숫자들을 왼쪽에서 오른쪽으로 선택하는 대안 접근방식을 탐구하라. 그런 방법은 예를 들어 복면산 SEND + MORE = MONEY에 대해 M = 1을 즉시 유도할 것이다. 힌트: 연습문제 25를 볼 것.

**50.** 〔*M15*〕 쌍대 공식 (32)가 (13)에서 어떻게 유도되는지 설명하라.

**51.** 〔*M16*〕 참 또는 거짓을 말하라: 만일 집합 $S_k = \{\sigma(k,0), ..., \sigma(k,k)\}$들이 모든 순열의 군에 대한 하나의 심즈표를 형성한다면, 집합 $S_k^- = \{\sigma(k,0)^-, ..., \sigma(k,k)^-\}$들 역시 그러한 심즈표를 형성한다.

▶ **52.** 〔*M22*〕 심즈표 (36)으로 알고리즘 H를 실행했을 때 $\tau(k,j)$와 $\omega(k)$는 어떤 순열(치환)인가? 실행 결과로 얻는 생성기를 알고리즘 P와 비교하라.

▶ **53.** 〔*M26*〕 (F. M. Ives.) 알고리즘 H가 단 $n! + O((n-2)!)$회의 전치만 수행해서 모든 순열을 생성하게 만드는 심즈표를 구축하라.

**54.** 〔*20*〕 단계 C3에서 왼쪽 순환 자리이동 대신 오른쪽 순환 자리이동을 수행해서 $a_1 \ldots a_{k-1} a_k \leftarrow a_k a_1 \ldots a_{k-1}$로 설정해도 알고리즘 C가 잘 작동할까?

**55.** 〔*M27*〕 계승 눈금자 함수

$$\rho_!(m) = \max\{k \mid m \bmod k! = 0\}$$

을 고려한다. $\sigma_k$와 $\tau_k$가 $j \le k$이면 항상 $\sigma_j \tau_k = \tau_k \sigma_j$를 만족하는 음이 아닌 정수들의 순열들이라고 하자. $\alpha_0$과 $\beta_0$은 항등 순열이고, $m > 0$에 대해

$$\alpha_m = \beta_{m-1}^- \tau_{\rho_!(m)} \beta_{m-1} \alpha_{m-1}, \qquad \beta_m = \sigma_{\rho_!(m)} \beta_{m-1}$$

이라고 정의하자. 예를 들어 만일 $\sigma_k$가 뒤집기(flip) 연산 $(1\ k-1)(2\ k-2)\ldots = (0\ k)\phi(k)$이고 $\tau_k = (0\ k)$이면, 그리고 만일 알고리즘 E를 $0 \le j < n$에 대해 $a_j = j$로 시작한다면, $\alpha_m$과 $\beta_m$은 단계 E5를 $m$회 수행한 후의 $a_0 \ldots a_{n-1}$과 $b_0 \ldots b_{n-1}$의 내용이다.

a) $\beta_{(n+1)!} \alpha_{(n+1)!} = \sigma_{n+1} \sigma_n^- \tau_{n+1} \tau_n^- (\beta_{n!} \alpha_{n!})^{n+1}$임을 증명하라.

b) (a)의 결과를 이용해서 알고리즘 E가 유효함을 입증하라.

**56.** 〔*M22*〕 단계 E5를 다음으로 대체해도 알고리즘 E가 여전히 유효함을 증명하라.

**E5′.** 〔쌍들은 전치한다.〕 만일 $k > 2$이면 $j = k-2,\ k-4,\ \ldots,\ (2$ 또는 $1)$에 대해 $b_{j+1} \leftrightarrow b_j$로 맞바꾼다. E2로 돌아간다. ▮

**57.** 〔*HM22*〕 단계 E5의 평균 맞바꾸기 횟수는 얼마인가?

**58.** 〔*M21*〕 참 또는 거짓을 말하라: 만일 알고리즘 E가 $a_0 \ldots a_{n-1} = x_1 \ldots x_n$으로 출발한다면, 마지막으로 방문하는 순열은 $a_0 = x_n$으로 시작한다.

**59.** 〔*M20*〕 케일리 그래프의 호들을 $\pi$에서 $\alpha_j \pi$가 아니라 $\pi$에서 $\pi \alpha_j$로 훑으면서 정의하는 저자들도 있다. 두 정의가 본질적으로 다를까?

▶ **60.** 〔*21*〕 순열에 대한 그레이 순환마디(Gray cycle)는 $\{1, 2, ..., n\}$의 모든 순열을 포함하며 $\pi_k$가 $\pi_{(k+1) \bmod n!}$과 인접 전치 1회만큼만 다르다는 속성을 가진 순환마디 $(\pi_0, \pi_1, ..., \pi_{n!-1})$이다. 또는, $\{1, 2, ..., n\}$에 대한 모든 순열의 군에 대한 $n-1$개의 생성기 $((1\ 2), (2\ 3), ..., (n-1\ n))$을

가진 케일리 그래프에 대한 하나의 해밀턴 순환마디라고 서술할 수도 있다. 그러한 그레이 순환마디의 델타열은 다음을 만족하는 정수열 $\delta_0\delta_1\ldots\delta_{n!-1}$이다.

$$\pi_{(k+1)\bmod n!} = (\delta_k\delta_k+1)\,\pi_k.$$

(7.2.1.1-(24)에 이진 $n$-짝들에 대한 이와 비슷한 상황이 나오니 참고할 것.) 예를 들어 그림 43은 $n=4$일 때 '평범한 전조'들이 정의하는 그레이 순환마디를 나타낸 것이다. 이 순환마디의 델타열은 $(32131231)^3$이다.

a) $\{1,2,3,4\}$의 순열들에 대한 모든 그레이 순환마디를 구하라.

b) 두 그레이 순환마디의 델타열들을 순환 자리이동 $(\delta_k\ldots\delta_{n!-1}\delta_0\ldots\delta_{k-1})$, 역전 $(\delta_{n!-1}\ldots\delta_1\delta_0)$, 여수화 $((n-\delta_0)(n-\delta_1)\ldots(n-\delta_{n!-1}))$의 임의의 조합으로 서로 상호변환할 수 있을 때 그 두 그레이 순환마디를 동치로 간주한다. (a)의 그레이 순환마디들에 동치인 그레이 순환마디들을 구하라.

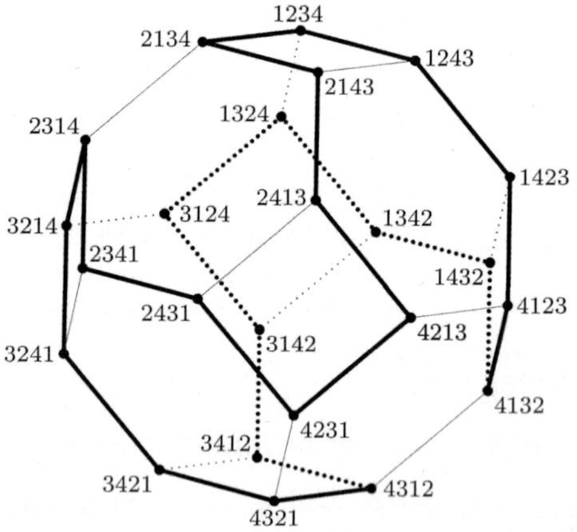

**그림 43.** 알고리즘 P는 그림 5-1의 절단된 8면체에 대한 이 해밀턴 순환마디를 훑는다.

**61.** [*21*] 이전 연습문제를 이어서, 순열에 대한 그레이 부호는 그레이 순환마디와 비슷하되 마지막 순열 $\pi_{n!-1}$이 첫 순열 $\pi_0$과 반드시 인접해야 한다는 조건이 없다. $n=4$에 대한, 1234로 시작하는 모든 그레이 부호의 집합을 연구하라.

▶ **62.** [*M23*] $1\,2\ldots n$으로 시작하는 그레이 부호의 마지막 원소가 될 수 있는 순열들을 서술하라.

**63.** [*M25*] $\{1,2,3,4,5\}$의 순열들에 대한 그레이 순환마디 전체 개수를 추정하라.

**64.** [*23*] 순열들에 대한 '이중 그레이' 부호(doubly Gray code)는 모든 $k$에 대해 $\delta_{k+1}=\delta_k\pm 1$이라는 추가적인 속성을 가진 그레이 순환마디이다. 컴턴과 윌리엄슨은 모든 $n\geq 3$에 대해 그러한 부호가 존재함을 증명했다. $n=5$일 때 이중 그레이 부호는 몇 개나 존재할까?

**65.** [*M25*] $\{1,\ldots,n\}$에 대한 순열들 중 사전순으로 가장 작은 순열 $N$개를 하나의 그레이 경로가 훑는다고 할 때, 그러한 경로가 존재할 수 있는 정수 $N$들을 서술하라. (연습문제 7.2.1.1-26은 이진 $n$-짝들에 대한 이와 비슷한 문제를 푼다.)

**66.** [*22*] 에를리히의 교환법으로부터, 순열에 대한 또 다른 종류의 그레이 순환마디, 즉 $n-1$개의 생성기들이 별 전치 $(1\,2)$, $(1\,3)$, $\ldots$, $(1\,n)$인 그레이 순환마디를 생각해 낼 수 있다. 예를 들어

그림 44는 $n=4$일 때의 해당 그래프이다. 이 그래프의 해밀턴 순환마디를 분석하라.

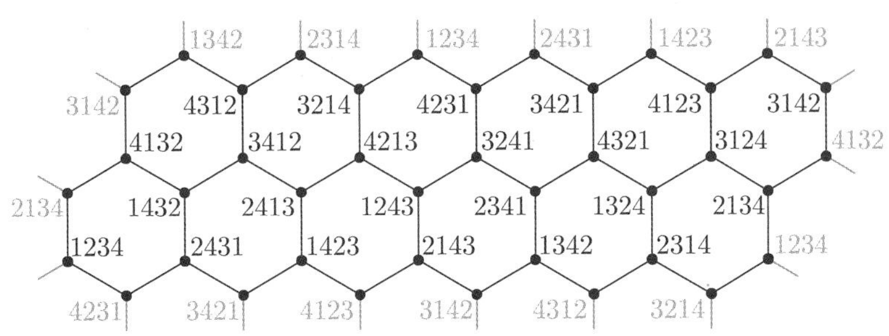

**그림 44.** $\{1,2,3,4\}$의 순열들에 대한 케일리 그래프. 별 전치 (12), (13), (14)로 생성해서 뒤틀린 원환체(twisted torus) 형태로 그린 것이다.

**67.** 〔*26*〕 이전 연습문제를 이어서, $n=5$라고 할 때 $2 \le j \le 5$에 대해 각 별 전치 $(1\ j)$가 30회씩 일어나는 '첫 원소 교환' 그레이 순환마디를 구하라.

**68.** 〔*M30*〕 (V. L. Kompel'makher, V. A. Liskovets, 1975.) $G$가 $\{1,\ldots,n\}$의 모든 순열에 대한 케일리 그래프이고 생성기들은 $(\alpha_1,\ldots,\alpha_k)$라고 하자. 여기서 각 $\alpha_j$는 하나의 전치 $(u_j\ v_j)$이다. 그리고 $A$가 정점들이 $\{1,\ldots,n\}$이고 간선들이 $1 \le j \le k$에 대해 $u_j$—$v_j$인 그래프라고 하자. 오직 $A$가 연결된 그래프일 때에만 $G$에 해밀턴 순환마디가 존재함을 증명하라. (그림 43은 $A$가 하나의 경로인 특수 경우이다. 그림 44는 $A$가 '별(star)' 그래프인 특수 경우이다.)

▶ **69.** 〔*28*〕 만일 $n \ge 4$이면 다음 알고리즘은 $\{1,2,3,\ldots,n\}$의 모든 순열 $A_1A_2A_3\ldots A_n$을 단 세 가지 변환

$$\rho=(1\ 2)(3\ 4)(5\ 6)\ldots,\qquad \sigma=(2\ 3)(4\ 5)(6\ 7)\ldots,\qquad \tau=(3\ 4)(5\ 6)(7\ 8)\ldots$$

만으로 생성하며, $\rho$와 $\tau$를 연달아 적용하는 경우는 결코 없다. 이 알고리즘이 작동하는 이유를 설명하라.

**Z1.** 〔초기화.〕 $1 \le j \le n$에 대해 $A_j \leftarrow j$로 설정한다. 또한 $1 \le j \le n/2$에 대해 $a_j \leftarrow 2j$로, $1 \le j < n/2$에 대해 $a_{n-j} \leftarrow 2j+1$로 설정한다. 그런 다음 알고리즘 P를 호출하되, $n$ 대신 $n-1$을 매개변수로 두어서 호출한다. 이 알고리즘은 알고리즘 P를 하나의 협동루틴(coroutine)으로 취급한다. 알고리즘 P는 단계 P2에서 $a_1\ldots a_{n-1}$을 '방문'할 때마다 제어권을 이 알고리즘으로 반환해야 한다. 또한 두 알고리즘은 변수들을 공유한다($n$은 예외).

**Z2.** 〔$x$와 $y$를 설정.〕 다시 알고리즘 P를 호출해서 새 순열 $a_1\ldots a_{n-1}$과 $j$의 새 값을 얻는다. 만일 $j=2$이면 $a_{1+s} \leftrightarrow a_{2+s}$로 맞바꾸고(따라서 단계 P5의 효과가 취소된다) 이 단계를 되풀이한다. 그런 경우 알고리즘 P의 절반 지점에 도달한 것이다. 만일 $j=1$이면(이 경우 알고리즘 P는 끝난 것이다) $x \leftarrow y \leftarrow 0$으로 설정하고 Z3으로 간다. 그렇지 않으면

$$x \leftarrow a_{j-c_j+s+[o_j=+1]},\qquad y \leftarrow a_{j-c_j+s-[o_j=-1]}$$

로 설정한다. 이들은 단계 P5에서 가장 최근 맞바뀐 두 원소이다.

**Z3.** 〔방문.〕 순열 $A_1 \ldots A_n$을 방문한다. 그런 다음 만일 $A_1 = x$이고 $A_2 = y$이면 Z5로 간다.

**Z4.** 〔$\rho$를 적용한 후 $\sigma$를 적용.〕 $A_1 \leftrightarrow A_2$, $A_3 \leftrightarrow A_4$, $A_5 \leftrightarrow A_6$, ...으로 맞바꾼다. $A_1 \ldots A_n$을 방문한다. 그런 다음 $A_2 \leftrightarrow A_3$, $A_4 \leftrightarrow A_5$, $A_6 \leftrightarrow A_7$, ...로 맞바꾼다. 만일 $A_1 \ldots A_n = 1 \ldots n$이면 알고리즘을 끝내고, 그렇지 않으면 Z3으로 돌아간다.

**Z5.** 〔$\tau$를 적용한 후 $\sigma$를 적용.〕 $A_3 \leftrightarrow A_4$, $A_5 \leftrightarrow A_6$, $A_7 \leftrightarrow A_8$, ...로 맞바꾼다. $A_1 \ldots A_n$을 방문한다. 그런 다음 $A_2 \leftrightarrow A_3$, $A_4 \leftrightarrow A_5$, $A_6 \leftrightarrow A_7$, ...로 맞바꾸고 Z2로 돌아간다. ▮

힌트: 우선 단계 Z1에서 $A_j \leftarrow n+1-j$, $a_j \leftarrow j$로 설정하도록, 그리고 단계 Z4와 Z5에서 $\rho$, $\sigma$, $\tau$ 대신 '뒤집기(flip)' 순열

$$\rho' = (1\ n)(2\ n-1)\ldots, \qquad \sigma' = (2\ n)(3\ n-1)\ldots, \qquad \tau' = (2\ n-1)(3\ n-2)\ldots$$

을 사용하도록 바꾸어도 알고리즘이 작동함을 보일 것. 이 수정에서 단계 Z3은 만일 $A_1 = x$이고 $A_n = y$이면 Z5로 가야 하며, 단계 Z4는 $A_1 \ldots A_n = n \ldots 1$일 때 알고리즘을 끝내야 한다.

▸ **70.** 〔*M33*〕 (41)의 12-순환마디들을 $\{1,1,3,4\}$의 열두 순열에 대한 다음과 같은 $\sigma$-$\tau$ 순환마디들로 간주할 수 있다:

$$1134 \to 1341 \to 3411 \to 4311 \to 3114 \to 1143 \to 1431$$
$$\to 4131 \to 1314 \to 3141 \to 1413 \to 4113 \to 1134.$$

$\{1,1\}$를 $\{1,2\}$로 대체하면 서로 소인 순환마디들이 되며, 한 순환마디에서 다른 순환마디로 건너뛴다면 해밀턴 경로가 나온다. 여섯 원소의 모든 순열에 대한 하나의 $\sigma$-$\tau$ 경로를, $\{1,1,3,4,5,6\}$의 순열들에 대한 하나의 360-순환마디에 기초해서 이와 비슷한 방식으로 형성할 수 있을까?

**71.** 〔*48*〕 $n \geq 3$이 홀수일 때, 생성기가 $\sigma = (1\ 2\ \ldots\ n)$과 $\tau = (1\ 2)$인 케일리 그래프에 항상 해밀턴 순환마디가 존재하는가?

**72.** 〔*M21*〕 생성기가 $(\alpha_1, \ldots, \alpha_k)$인 케일리 그래프가 주어졌을 때, 각 $\alpha_j$가 $x \mapsto y$로 사상한다고 가정하자. (예를 들어 연습문제 71의 $\sigma$와 $\tau$ 둘 다 $1 \mapsto 2$로 사상한다.) $G$에서 $1\ 2 \ldots n$으로 시작하는 임의의 해밀턴 경로가 반드시 $y \mapsto x$로 사상하는 하나의 순열로 끝남을 증명하라.

▸ **73.** 〔*M30*〕 $\alpha$, $\beta$, $\sigma$가 집합 $X$의 순열들이고 $X = A \cup B$라고 하자. $x \in A$일 때 $x\sigma = x\alpha$이고 $x \in B$일 때 $x\sigma = x\beta$라고 가정하자. 그리고 $\alpha\beta^-$의 차수(order)가 홀수라고 하자.

a) 세 순열 $\alpha$, $\beta$, $\sigma$의 부호가 모두 같음을, 즉, 이들이 모두 짝순열이거나 홀순열임을 증명하라. 힌트: 한 순열의 차수는 오직 그 순열의 모든 순환마디가 홀수 길이일 때에만 홀수이다.

b) 부문제 (a)로부터 정리 R을 유도하라.

**74.** [*M30*] (R. A. Rankin.) 정리 R에서 $\alpha\beta=\beta\alpha$라고 가정할 때, $G$에 대한 케일리 그래프에 해밀턴 순환마디가 존재할 필요충분조건은 $\beta^{g/c}=\gamma^t$, $\gamma=\alpha\beta^-$라 할 때 $0\le k\le g/c$이고 $t+k\perp c$인 수 $k$가 존재한다는 것임을 증명하라. 힌트: 그 군의 원소들을 $\beta^j\gamma^k$의 형태로 표현해 볼 것.

**75.** [*M26*] 유향 원환체(directed torus) $C_m^{\rightarrow}\times C_n^{\rightarrow}$에는 $0\le x<m$, $0\le y<n$에 대한 $mn$개의 정점 $(x,y)$들과 호 $(x,y)\to(x,y)\alpha=((x+1)\bmod m,y)$, $(x,y)\to(x,y)\beta=(x,(y+1)\bmod n)$들이 있다. 만일 $m>1$이고 $n>1$이면 이 유향 그래프의 해밀턴 순환마디의 개수가 다음과 같음을 증명하라.

$$\sum_{k=1}^{d-1}\binom{d}{k}[\gcd((d-k)m,kn)=d],\qquad \text{여기서 } d=\gcd(m,n).$$

**76.** [*M31*] 그림 45에서 번호가 $0,1,\ldots,63$인 칸들은 $8\times 8$ 원환체 위에서의 북동향 기사 여정(northeasterly knight's tour)을 나타낸다. 즉, 만일 $k$가 칸 $(x_k,y_k)$에 나타난다면, 8을 법으로 하여 $(x_{k+1},y_{k+1})\equiv(x_k+2,y_k+1)$ 또는 $(x_k+1,y_k+2)$이고 $(x_{64},y_{64})=(x_0,y_0)$이다. $m,n\ge 3$일 때 $m\times n$ 원환체에서 그러한 여정은 몇 개나 가능할까?

| | | | | | | | |
|---|---|---|---|---|---|---|---|
| 29 | 24 | 19 | 14 | 49 | 44 | 39 | 34 |
| 58 | 53 | 48 | 43 | 38 | 9 | 4 | 63 |
| 23 | 18 | 13 | 8 | 3 | 62 | 33 | 28 |
| 52 | 47 | 42 | 37 | 32 | 27 | 22 | 57 |
| 17 | 12 | 7 | 2 | 61 | 56 | 51 | 46 |
| 6 | 41 | 36 | 31 | 26 | 21 | 16 | 11 |
| 35 | 30 | 1 | 60 | 55 | 50 | 45 | 40 |
| 0 | 59 | 54 | 25 | 20 | 15 | 10 | 5 |

**그림 45.** 북동향 기사 여정.

▶ **77.** [*22*] (42)에 나온 내부 루프를 포함하는 MMIX 프로그램을 힙의 방법 (27)을 적용해서 완성하라.

**78.** [*M23*] 연습문제 77의 프로그램의 실행 시간을, 내부 루프의 총 방문 횟수가 $r!$이 되도록(전역 레지스터들에 $a_0\cdots a_{r-1}$이 들어 있는 상태에서) 일반화하여 분석하라.

**79.** [*20*] (45)에 필요한 '⟨a의 니블들 중 ... 교환한다⟩'를 수행하는, MMIX 명령 일곱 개로 된 코드를 제시하라. 예를 들어 레지스터 t에 값 4가 들어 있고 레지스터 a에 #12345678이 들어 있다면 레지스터 a는 #12345687로 바뀌어야 한다.

**80.** [*21*] 이전 연습문제를 단 다섯 개의 MMIX 명령으로 풀어라. 힌트: MXOR을 사용할 것.

▶ **81.** [*22*] MMIX 프로그램 (46)을 ⟨랭던의 방법으로 계속 진행한다⟩를 구체적으로 명시해서 완성하라.

**82.** [*M21*] 연습문제 81의 프로그램의 실행 시간을 분석하라.

**83.** [*22*] 연습문제 70의 $\sigma$-$\tau$ 경로를 이용해서, 레지스터 a에 있는 #123456의 모든 순열을 생성하는 (42)와 비슷한 MMIX 루틴을 설계하라.

**84.** [*20*] $\{1,\ldots,n\}$의 모든 순열 $n!$개를 병렬로 실행되는 $p$개의 프로세서들로 생성하는 좋은 방법을 제안하라.

▸ **85.** [*25*] $n$이 $n!$을 하나의 컴퓨터 워드에 집어넣을 수 있을 정도로 작다고 가정하자. $\{1, ..., n\}$의 한 순열 $\alpha = a_1...a_n$이 주어졌을 때 그 순열을 $0 \le k < n!$ 범위의 정수 $k = r(\alpha)$로 변환하는 좋은 방법은 무엇인가? 두 함수 $k = r(\alpha)$와 $\alpha = r^{[-1]}(k)$ 모두 단 $O(n)$단계로 계산할 수 있어야 한다.

**86.** [*20*] 부분순서 관계는 추이적이라고 간주된다. 즉, 만일 $x \prec y$이고 $y \prec z$이면 반드시 $x \prec z$이어야 한다. 그러나 알고리즘 V는 그 입력 관계가 이러한 조건을 만족해야 한다고 요구하지 않는다.
만일 $x \prec y$이고 $y \prec z$이면, $x \prec z$이든 아니든 알고리즘 V가 동일한 결과를 산출함을 보여라.

**87.** [*20*] (F. Ruskey.) 알고리즘 V가 방문하는 순열들의 반전표 $c_1...c_n$을 고찰하자. 이들이 가진 주목할 만한 속성은 무엇인가? (알고리즘 P의 반전표 (4)와 비교해 볼 것.)

**88.** [*21*] 숫자 $\{0, 1, ..., 9\}$를 두 개의 3원소 집합과 두 개의 2원소 집합으로 분할하는 모든 방법을 산출하는 데 알고리즘 V를 사용할 수 있음을 보여라.

▸ **89.** [*M30*] (51) 앞에서 정의했던 수 $t_0$, $t_1$, ..., $t_n$을 고찰하자. $t_0 = t_1 = 1$임은 분명하다.

a) 만일 $t_j = t_{j-1}$이면 색인 $j$를 가리켜 '자명하다'라고 말하기로 하자. 예를 들어 9는 영 타블로 관계 (48)에 관해 자명하다. 변수 $k$가 오직 자명하지 않은(비자명) 값들만 취하도록 알고리즘 V를 수정하는 방법을 설명하라.

b) 그렇게 수정된 알고리즘의 실행 시간을 분석하라. (51)을 대신하는 공식들은 무엇인가?

c) $j \le l < k$을 만족하며 $l \prec l+1$이 성립하지 않는 색인 $l$이 존재할 때, 구간 $[j..k]$를 가리켜 사슬(chain)이 아니라고 말하기로 하자. 그런 경우 $t_k \ge 2t_{j-1}$임을 증명하라.

d) 모든 역 위상정렬 $a'_1...a'_n$은 원래의 관계 $j_1 \prec k_1$, ..., $j_m \prec k_m$과 동치인 관계 $a'_{j_1} \prec a'_{k_1}$, ..., $a'_{j_m} \prec a'_{k_m}$에 대응되는 이름표 붙이기 방식을 정의한다. $j$와 $k$가 연속된 비자명 값들일 때 $[j..k]$가 사슬이 아님을 만족하는 이름표 붙이기 방식을 찾아내는 방법을 설명하라.

e) 그런 이름표 붙이기의 경우 부문제 (b)의 공식들에서 $M < 4N$임을 증명하라.

**90.** [*M21*] 알고리즘 V를 주어진 집합의 모든 $h$에 대해 $h$-순서인 모든 순열을, 다시 말해 $1 \le j \le n-h$에 대해 $a'_j < a'_{j+h}$를 만족하는 모든 $a'_1...a'_n$(§5.2.1 참고)을 생성하는 데 사용할 수 있다. 2-순서이자 3-순서인 모든 순열을 생성할 때의 알고리즘 V의 실행 시간을 분석하라.

**91.** [*HM21*] (49)의 관계들을 이용해서 완벽 부합들을 찾을 때의 알고리즘 V의 실행 시간을 분석하라.

**92.** [*M18*] '무작위' 경우에서 알고리즘 V가 방문하는 순열은 평균 몇 개인가? $P_n$이 $\{1, ..., n\}$에 대한 부분순서들의 개수, 다시 말해 반사, 반대칭, 추이적 관계들의 개수라고 하자. 그리고 $Q_n$이 그러한 관계들 중 $j \prec k$이면 항상 $j < k$라는 추가적인 속성을 만족하는 것들의 개수라고 하자. $n$개의 원소들을 위상적으로 정렬하는 방법들의 기대 개수(모든 부분순서에 관해 평균을 낸)를 $P_n$과 $Q_n$으로 표현하라.

**93.** 〔*35*〕 모든 위상정렬을 각 단계마다 단 하나나 둘의 인접 전치들만 수행해서 생성할 수 있음을 증명하라. (1 < 2, 3 < 4라는 예에서 보듯이, 심지어 비인접 교환을 허용한다고 해도 단계당 단 하나의 전치가 항상 가능하지는 않다. 이는 관련된 여섯 순열들 중 단 두 개만이 홀순열이기 때문이다.)

▸ **94.** 〔*25*〕 완벽 부합들의 경우, (49)의 관계들을 이용해서 모든 위상정렬을 단계당 단 1회의 전치로 생성할 수 있음을 보여라.

**95.** 〔*21*〕 $\{1,\dots,n\}$의 모든 상하 순열(up-down permutaion), 즉 $a_1 < a_2 > a_3 < a_4 > \cdots$ 인 $a_1 \dots a_n$들을 생성하는 방법을 논하라.

**96.** 〔*21*〕 $\{1,\dots,n\}$의 모든 순환 순열, 즉 순환마디 표현이 단일한 $n$-순환마디로 구성된 $a_1 \dots a_n$들을 생성하는 방법을 논하라.

**97.** 〔*21*〕 $\{1,\dots,n\}$의 모든 교란열(derangement), 즉 $a_1 \neq 1$, $a_2 \neq 2$, $a_3 \neq 3$, … 인 $a_1 \dots a_n$들을 생성하는 방법을 논하라.

**98.** 〔*HM23*〕 이전 연습문제의 방법의 점근적 실행 시간을 분석하라.

**99.** 〔*M30*〕 $n \geq 3$이 주어졌을 때, $\{1,\dots,n\}$의 모든 교란열을 방문들 사이에 많아야 2회의 전치로 생성할 수 있음을 보여라.

**100.** 〔*21*〕 $\{1,\dots,n\}$의 모든 분해불가능(indecomposable) 순열, 즉 $1 \leq j < n$에 대해 $\{a_1,\dots,a_j\} \neq \{1,\dots,j\}$인 $a_1 \dots a_n$들을 생성하는 방법을 논하라.

**101.** 〔*21*〕 $\{1,\dots,n\}$의 모든 대합對合(involution), 즉 $a_{a_1} \dots a_{a_n} = 1 \dots n$인 $a_1 \dots a_n$들을 생성하는 방법을 논하라.

**102.** 〔*M30*〕 $\{1,\dots,n\}$의 모든 대합을 방문 사이에서 많아야 2회의 전치를 수행해서 생성할 수 있음을 보여라.

**103.** 〔*M32*〕 $\{1,\dots,n\}$의 모든 짝순열을 연속된 세 원소의 회전을 연달아 수행해서 생성할 수 있음을 보여라.

▸ **104.** 〔*M22*〕 $\{1,\dots,n\}$의 한 순열 $a_1 \dots a_n$은 만일

$$\sum_{k=1}^{n} k a_k = \sum_{k=1}^{n} (n+1-k) a_k$$

이면 균형이 좋은(well-balanced) 순열이다. 예를 들어 3142는 $n=4$일 때 균형이 좋다.

a) $n \bmod 4 = 2$일 때에는 균형이 좋은 순열이 없음을 증명하라.

b) $a_1 \dots a_n$이 균형이 좋으면 그 반전 $a_n \dots a_1$과 여원(complement) $(n+1-a_1) \dots (n+1-a_n)$, 역 $a_1' \dots a_n'$도 균형이 좋음을 증명하라.

c) $n$의 작은 값들에 대한 균형 좋은 순열들의 개수를 구하라.

▸ **105.** 〔*26*〕 약순서(weak order)란 추이적이고($x \preceq y$ 그리고 $y \preceq z$가 $x \preceq z$를 함의함) 완전한($x \preceq y$ 또는 $y \preceq x$가 항상 성립) 관계 $\preceq$ 이다. 그러한 약순서에서 만일 $x \preceq y$이고 $y \preceq x$이면 $x \equiv y$라

할 수 있으며, 만일 $x \le y$이고 $y \not\le x$이면 $x < y$라 할 수 있다. 세 원소 $\{1,2,3\}$에 대한 약순서들은 다음과 같이 총 13가지이다.

$$1 \equiv 2 \equiv 3,\quad 1 \equiv 2 < 3,\quad 1 < 2 \equiv 3,\quad 1 < 2 < 3,\quad 1 \equiv 3 < 2,\quad 1 < 3 < 2,$$
$$2 < 1 \equiv 3,\quad 2 < 1 < 3,\quad 2 \equiv 3 < 1,\quad 2 < 3 < 1,\quad 3 < 1 \equiv 2,\quad 3 < 1 < 2,\quad 3 < 2 < 1.$$

a) $\{1,\ldots,n\}$의 모든 약순서를 체계적으로 생성하는 방법을 설명하라. 각 약순서는 기호 $\equiv$ 또는 $<$로 구분된 숫자들의 열 형태이어야 한다.

b) 약순서를 만일 $j$가 $k$개의 $<$ 기호들보다 앞에 올 때 $a_j = k$인 수열 $a_1 \ldots a_n$으로 표현할 수도 있다. 예를 들어 $\{1,2,3\}$에 대한 열세 개의 약순서들을 그런 식으로 표현하면 000, 001, 011, 012, 010, 021, 101, 102, 100, 201, 110, 120, 210이다. 길이가 $n$인 그러한 수열을 모두 생성하는 간단한 방법을 구하라.

**106.** 〔*M40*〕 연습문제 105(b)를 그레이 비슷한 부호로 풀 수 있을까?

▶ **107.** 〔*30*〕 (John H. Conway, 1973.) 1인용 게임 '톱스왑스(topswops)†'의 규칙은 이렇다. $\{1,\ldots,n\}$이 배정된 $n$장의 카드를 잘 섞어서 앞면을 위로 하여 쌓아 놓는다. 만일 최상위 카드가 $k > 1$이면 최상위 $k$장의 카드를 덜어서, 카드들을 그 역순으로 다시 카드 더미 위에 쌓는다. 즉, 순열 $a_1 \ldots a_n$을 $a_k \ldots a_1 a_{k+1} \ldots a_n$으로 바꾸는 것이다. 이를 최상위 카드가 1이 될 때까지 되풀이한다. 다음은 $n=5$일 때 7단계로 게임을 마치는 예이다.

$$31452 \to 41352 \to 53142 \to 24135 \to 42135 \to 31245 \to 21345 \to 12345$$

$n = 13$일 때 가장 긴 게임의 단계수는 얼마인가?

**108.** 〔*M27*〕 카드가 $n$장인 톱스왑스 게임의 가장 긴 단계수가 $f(n)$이라 할 때, $f(n) \le F_{n+1} - 1$임을 증명하라.

**109.** 〔*M47*〕 톱스왑스 함수 $f(n)$의 쓸 만한 상, 하계를 구하라.

▶ **110.** 〔*25*〕 $\{0,\ldots,9\}$의 순열 $a_0 \ldots a_9$들 중 다음을 만족하는 것들을 모두 구하라.

$$\{a_0, a_2, a_3, a_7\} = \{2,5,7,8\}, \qquad \{a_1, a_4, a_5\} = \{0,3,6\},$$
$$\{a_1, a_3, a_7, a_8\} = \{3,4,5,7\}, \qquad \{a_0, a_3, a_4\} = \{0,7,8\}.$$

또한 이런 종류의 큰 문제들을 푸는 알고리즘을 제안하라.

▶ **111.** 〔*M25*〕 더브라윈 순환마디에 비유할 수 있는 여러 순열 지향적 대상들이 제안된 바 있다. 그중 가장 간단하고도 그럴듯한 것은 잭슨B. W. Jackson이 *Discrete Math.* **117** (1993), 141–150에서 소개한 순열 전체 순환마디(universal cycle of permutations)로, 구체적으로 말하면 $\{1,\ldots,n\}$의 각 순열이 $n-1$개의 연속된 숫자들의 블록으로서 정확히 한 번 나타나는(중복된 마지막 원소를 제외할 때) 숫자 $n!$개의 순환마디이다. 예를 들어 (121323)은 $n=3$에 대한 순열 전체 순환마디인데, 이것

---

† 〔옮긴이 주〕 top-swops에서 비롯된 이름이고, swop은 swap(교환)의 다른 표기이다.

은 본질적으로 유일하다.

모든 $n \geq 2$에 대해 순열 전체 순환마디가 존재함을 증명하라. $n=4$일 때 사전순으로 가장 작은 것은 무엇인가?

▶ **112.** 〔*M30*〕 (A. Williams, 2007.) 연습문제 111을 이어서, 명시적 순환마디를 구축해 본다.

a) 순열 전체 순환마디가 두 생성기 $\rho = (1\ 2\ \ldots\ n-1)$과 $\sigma = (1\ 2 \ldots n)$을 가진 케일리 그래프에 대한 해밀턴 순환마디와 동치임을 보여라.

b) 그 그래프의 임의의 해밀턴 경로가 사실 하나의 해밀턴 순환마디임을 증명하라.

c) $n \geq 3$에 대해 $\sigma^2\rho^{n-3}\alpha_1 \ldots \sigma^2\rho^{n-3}\alpha_{(n-1)!}$, $\alpha_j \in \{\rho, \sigma\}$ 형태의 그러한 경로를 구하라.

**113.** 〔*HM43*〕 9개 이하의 대상들에 대한 순열들의 순열 전체 순환마디는 정확히 몇 개가 존재하는가?

**7.2.1.3. 모든 조합의 생성.** 조합 수학을 흔히 '순열, 조합 등을 연구하는 학문'이라고 설명하는 만큼, 이제부터는 조합으로 주의를 돌리자. $n$가지 대상에서 한 번에 $t$개를 뽑아 만든 조합을 흔히 간단하게 $n$개 중 $t$-조합이라고 부르는데, 이는 크기가 $n$인 주어진 집합에서 크기가 $t$인 부분집합 하나를 선택하는 방법에 해당한다. 식 1.2.6-(2)에서 보았듯이, 이러한 방법의 수는 정확히 $\binom{n}{t}$가지이다. 그리고 §3.4.2에서는 $t$-조합들을 무작위로 선택하는 방법을 배웠다.

$n$개 중 $t$개를 선택하는 것은 선택되지 않은 $n-t$개의 원소를 뽑는 것과 동치이다. 이하의 논의에서는 이러한 대칭성을 강조하기 위해

$$n = s + t \tag{1}$$

로 두고, $n$개 중 $t$-조합을 종종 '$(s, t)$-조합'이라고 칭하기로 한다. 즉, $(s, t)$-조합은 $s+t$개의 대상들을 크기가 $s$와 $t$인 집단으로 분할하는 한 가지 방법이다.

> 25개 중 21개를 뽑아 만든 조합이 몇 개인지 묻는다면,
> 이는 곧 4개를 뽑은 조합이 몇 개인지를 묻는 것과 같다.
> 21개를 뽑는 방법의 수는 4개를 남기는 방법의 수와 정확히 같기 때문이다.
>
> — 드모르간AUGUSTUS DE MORGAN, *An Essay on Probabilities* (1838)

$(s, t)$-조합을 표현하는 방법은 크게 두 가지이다. 하나는 선택된 원소들의 목록 $c_t \ldots c_2 c_1$로 표시하는 것이고, 또 하나는

$$a_{n-1} + \cdots + a_1 + a_0 = t \tag{2}$$

인 이진열 $a_{n-1} \ldots a_1 a_0$으로 표시하는 것이다. 이러한 이진열에는 0이 $s$개, 1이 $t$개 있는데, 각각 선택되지 않은 원소들과 선택된 원소들을 의미한다. 목록 표현 $c_t \ldots c_2 c_1$은 나열하는 원소들이 집합 $\{0, 1, \ldots, n-1\}$의 구성원들이라고 할 때 그것들을 내림차순으로, 즉

$$n > c_t > \cdots > c_2 > c_1 \geq 0 \tag{3}$$

이 되도록 나열할 때 아주 적합하다. 이진수 표기법은 이러한 두 표현을 잘 연결시키는데, 왜냐하면 항목 목록 $c_t \ldots c_2 c_1$은 합

$$2^{c_t} + \cdots + 2^{c_2} + 2^{c_1} = \sum_{k=0}^{n-1} a_k 2^k = (a_{n-1} \ldots a_1 a_0)_2 \tag{4}$$

에 대응되기 때문이다.

물론 $a_{n-1} \ldots a_1 a_0$에서 0들이 있는 위치 $b_s \ldots b_2 b_1$을 나열할 수도 있다. 여기서

$$n > b_s > \cdots > b_2 > b_1 \geq 0. \tag{5}$$

이다.

조합은 부분집합이 수학의 어디에서나 등장한다는 점에서 중요할 뿐만 아니라, 조합과 동치인 다른 구성들이 많다는 점에서도 중요하다. 예를 들어 모든 $(s,t)$-조합은 $t$개 중에서 $s+1$개를 중복을 허용하여 뽑은 한 조합에 각각 대응된다. $t$개 중 $s+1$개의 중복조합(multicombination)이라고 부르기도 하는 그러한 조합은, 말하자면 다음을 만족하는 정수열 $d_t \ldots d_2 d_1$이다.

$$s \geq d_t \geq \cdots \geq d_2 \geq d_1 \geq 0. \tag{6}$$

이러한 대응 관계가 성립하는 한 가지 이유는, $d_t \ldots d_2 d_1$이 (6)을 만족하기 위한 필요충분조건이

$$c_t = d_t + t - 1, \quad \ldots, \quad c_2 = d_2 + 1, \quad c_1 = d_1 \tag{7}$$

이라 할 때 $c_t \ldots c_2 c_1$이 (3)을 만족한다는 것이다(연습문제 1.2.6-60을 보라). 그리고 중복조합을 보통의 조합과 연관시키는 또 다른 유용한 방법을 골럼Solomon Golom이 제안한 바 있는데[*AMM* **75** (1968), 530-531], 다음과 같이 정의하는 것이다.

$$e_j = \begin{cases} c_j, & \text{만일 } c_j \leq s \text{이면;} \\ e_{c_j - s}, & \text{만일 } c_j > s \text{이면.} \end{cases} \tag{8}$$

이 형태에서 수 $e_t \ldots e_1$이 반드시 내림차순으로 나타날 필요는 없으나, 중복집합 $\{e_1, e_2, \ldots, e_t\}$는 오직 $\{e_1, e_2, \ldots, e_t\}$이 하나의 집합일 때에만 $\{c_1, c_2, \ldots, c_t\}$와 같다. (표 1과 연습문제 1을 보라.)

$(s,t)$-조합은 또한 수 $n+1$의 $t+1$ 부분 합성(compostion), 즉 순서합

$$n + 1 = p_t + \cdots + p_1 + p_0, \qquad \text{여기서 } p_t, \ldots, p_1, p_0 \geq 1 \tag{9}$$

과도 동치이다. 이 경우 (3)과의 관계는 다음과 같다.

$$p_t = n - c_t, \quad p_{t-1} = c_t - c_{t-1}, \quad \ldots, \quad p_1 = c_2 - c_1, \quad p_0 = c_1 + 1. \tag{10}$$

이와 동치로, 만일 $q_j = p_j - 1$이면

$$s = q_t + \cdots + q_1 + q_0, \qquad \text{여기서 } q_t, \ldots, q_1, q_0 \geq 0 \tag{11}$$

이 성립한다. 이는 $s$를 $t+1$개의 음이 아닌 부분들로 합성한 것으로, (6)과는 다음과 같이 연관된다.

$$q_t = s - d_t, \quad q_{t-1} = d_t - d_{t-1}, \quad \ldots, \quad q_1 = d_2 - d_1, \quad q_0 = d_1. \tag{12}$$

표 1

(3, 3)-조합 및 그와 동치인 구성들

| $a_5a_4a_3a_2a_1a_0$ | $b_3b_2b_1$ | $c_3c_2c_1$ | $d_3d_2d_1$ | $e_3e_2e_1$ | $p_3p_2p_1p_0$ | $q_3q_2q_1q_0$ | 경로 |
|---|---|---|---|---|---|---|---|
| 000111 | 543 | 210 | 000 | 210 | 4111 | 3000 | |
| 001011 | 542 | 310 | 100 | 310 | 3211 | 2100 | |
| 001101 | 541 | 320 | 110 | 320 | 3121 | 2010 | |
| 001110 | 540 | 321 | 111 | 321 | 3112 | 2001 | |
| 010011 | 532 | 410 | 200 | 010 | 2311 | 1200 | |
| 010101 | 531 | 420 | 210 | 020 | 2221 | 1110 | |
| 010110 | 530 | 421 | 211 | 121 | 2212 | 1101 | |
| 011001 | 521 | 430 | 220 | 030 | 2131 | 1020 | |
| 011010 | 520 | 431 | 221 | 131 | 2122 | 1011 | |
| 011100 | 510 | 432 | 222 | 232 | 2113 | 1002 | |
| 100011 | 432 | 510 | 300 | 110 | 1411 | 0300 | |
| 100101 | 431 | 520 | 310 | 220 | 1321 | 0210 | |
| 100110 | 430 | 521 | 311 | 221 | 1312 | 0201 | |
| 101001 | 421 | 530 | 320 | 330 | 1231 | 0120 | |
| 101010 | 420 | 531 | 321 | 331 | 1222 | 0111 | |
| 101100 | 410 | 532 | 322 | 332 | 1213 | 0102 | |
| 110001 | 321 | 540 | 330 | 000 | 1141 | 0030 | |
| 110010 | 320 | 541 | 331 | 111 | 1132 | 0021 | |
| 110100 | 310 | 542 | 332 | 222 | 1123 | 0012 | |
| 111000 | 210 | 543 | 333 | 333 | 1114 | 0003 | |

더 나아가서, $(s,t)$-조합이 $s \times t$ 격자의 한 모퉁이에서 다른 모퉁이로 가는 길이 $s+t$의 경로와 동치임을 알아채는 것은 쉬운 일이다. 그러한 경로는 수직 단계가 $s$개, 수평 단계가 $t$개일 것이기 때문이다.

따라서 조합을 적어도 여덟 가지의 서로 다른 겉모습으로 연구할 수 있는 셈이다. 표 1에 $s=t=3$인 경우의 모든 $\binom{6}{3}=20$가지 가능성이 나와 있다.

조합의 이러한 사촌들이 처음 보기에는 다소 어리둥절할 수 있겠지만, 이들 대부분은 이진 표현 $a_{n-1}\ldots a_1a_0$으로부터 직접 파악할 수 있다. 예를 들어 '무작위' 이진열

$$a_{23}\ldots a_1a_0 = 011001001000011111101101 \tag{13}$$

을 생각해 보자. 이 이진열에는 0이 $s=11$개, 1이 $t=13$개이므로 $n=24$이다. 조합의 0들의 위치를 나열한 $b_s\ldots b_1$을 쌍대 조합(dual combination)이라고 부른다. 지금 경우

23 20 19 17 16 14 13 12 11 4 1

이다. 제일 왼쪽 위치가 $n-1$이고 제일 오른쪽 위치가 0이므로 이런 수열이 나왔다. 1들의 위치를 나열한 $c_t\ldots c_1$은 기본 조합이라고 부르는데, 지금 경우는

22 21 18 15 10 9 8 7 6 5 3 2 0

이다. 이에 해당하는 중복조합 $d_t \dots d_1$은 각 1의 오른쪽에 있는 0들의 개수를 나열한 것이다. 지금 예에서는

$$10\ 10\ 8\ 6\ 2\ 2\ 2\ 2\ 2\ 2\ 1\ 1\ 0$$

이다. 한편 합성 $p_t \dots p_0$은 제일 왼쪽과 제일 오른쪽에 추가로 1들이 있다는 가정 하에서 연속된 1들 사이의 거리들을 나열한 것이다. 지금 경우는

$$2\ 1\ 3\ 3\ 5\ 1\ 1\ 1\ 1\ 1\ 2\ 1\ 2\ 1$$

이다. 그리고 음이 아닌 합성 $q_t \dots q_0$은 1들로 표현되는 '울타리 말뚝'들 사이의 0들의 개수를 나타낸다. 지금 경우는

$$1\ 0\ 2\ 2\ 4\ 0\ 0\ 0\ 0\ 0\ 1\ 0\ 1\ 0$$

이다. 따라서

$$a_{n-1} \dots a_1 a_0 = 0^{q_t} 1 0^{q_{t-1}} 1 \dots 1 0^{q_1} 1 0^{q_0} \tag{14}$$

이다. 표 1의 경로들에도 간단한 해석이 존재한다(연습문제 2를 보라).

**사전순 생성.** 표 1에서 조합 $a_{n-1} \dots a_1 a_0$들과 $c_t \dots c_1$들은 사전순으로 나와 있는데, 이들은 또한 $d_t \dots d_1$의 사전순이기도 하다. 쌍대 조합 $b_s \dots b_1$들과 그에 해당하는 합성 $p_t \dots p_0$, $q_t \dots q_0$들은 사전순의 역순임을 주목하기 바란다.

조합적 구성들을 생성하는 가장 편리한 방법을 이러한 사전식 순서(lexicographic order)로부터 이끌어 낼 수 있는 경우가 많다. 실제로 알고리즘 7.2.1.2L은 $a_{n-1} \dots a_1 a_0$ 형태의 조합들에 대한 문제를 이미 해결한다. 왜냐하면 이진열 형태의 $(s, t)$-조합들은 중복집합 $\{s \cdot 0, t \cdot 1\}$의 순열들과 같은 것이기 때문이다. 그 범용 알고리즘을 이러한 특수한 경우에 적용할 때에는 알고리즘을 좀 더 최적화하는 자명한 방법들이 존재한다. (연습문제 7.1.3-20도 보라. 거기에는 $n$이 컴퓨터의 워드 길이를 넘지 않는다고 할 때, 주어진 임의의 이진수 $(a_{n-1} \dots a_1 a_0)_2$를 사전순으로 그다음 번의 $t$-조합으로 변환하는 일곱 개의 놀라운 비트별 연산들이 나온다.)

그러나 여기에서는 조합들을 두 가지 기본 표현 중 다른 하나인 $c_t \dots c_2 c_1$의 형태로 생성하는 것에 집중하자. 그러한 표현이 조합이 요구되는 상황들에서 좀 더 직접적으로 유용하며, 또한 $t$가 $n$에 비해 작을 때 비트열보다 좀 더 간결하기 때문이다. 우선, $t$가 아주 작을 때에는 간단한 일련의 중첩된 루프들로 충분하다는 점을 염두에 두어야 한다. 예를 들어 $t = 3$일 때에는 다음과 같은 명령들로 충분하다.

$c_3 = 2, 3, \dots, n-1$에 대해(이 순서대로) 다음을 수행한다:<br>
  $c_2 = 1, 2, \dots, c_3 - 1$에 대해(이 순서대로) 다음을 수행한다:<br>
    $c_1 = 0, 1, \dots, c_2 - 1$에 대해(이 순서대로) 다음을 수행한다: (15)<br>
      조합 $c_3 c_2 c_1$을 방문한다.

(§7.2.1.1-(3)에 이와 비슷한 상황이 있으니 참고할 것.)

한편 $t$가 변수이거나 작지 않을 때에는 알고리즘 7.2.1.2L 다음에서 논의했던 일반적인 조리법을 따라서 조합들을 사전순으로 생성할 수 있다. 즉, 증가 가능한 제일 오른쪽 $c_j$를 찾고 그 이후의 원소 $c_{j-1}\ldots c_1$ 각각을 가능한 가장 작은 값으로 설정하는 것이다:

**알고리즘 L** (사전순 조합). 이 알고리즘은 $n \ge t \ge 0$이 주어졌을 때 $n$개의 수 $\{0, 1, \ldots, n-1\}$의 모든 $t$-조합 $c_t \ldots c_2 c_1$을 생성한다. 추가적인 변수 $c_{t+1}$과 $c_{t+2}$를 경계값들로 사용한다.

**L1.** 〔초기화.〕 $1 \le j \le t$에 대해 $c_j \leftarrow j-1$로 설정한다. 또한 $c_{t+1} \leftarrow n$, $c_{t+2} \leftarrow 0$으로 설정한다.

**L2.** 〔방문.〕 조합 $c_t \ldots c_2 c_1$을 방문한다.

**L3.** 〔$j$를 찾는다.〕 $j \leftarrow 1$로 설정한다. 그런 다음 $c_j + 1 = c_{j+1}$인 동안 $c_j \leftarrow j-1$, $j \leftarrow j+1$로 설정한다. 언젠가는 조건 $c_j + 1 \ne c_{j+1}$이 만족된다.

**L4.** 〔끝인가?〕 만일 $j > t$이면 알고리즘을 끝낸다.

**L5.** 〔$c_j$를 증가.〕 $c_j \leftarrow c_j + 1$로 설정하고 L2로 돌아간다. ▮

이 알고리즘의 실행 시간을 분석하기란 어렵지 않다. 단계 L3은 $c_{j+1} = c_1 + j$인 조합을 방문한 직후에 $c_j \leftarrow j-1$로 설정한다. 그리고 그러한 조합들의 개수는 다음 부등식의 해들의 수와 같다.

$$n > c_t > \cdots > c_{j+1} \ge j. \tag{16}$$

그런데 이 공식은 $n-j$개의 대상 $\{n-1, \ldots, j\}$ 중의 한 $(t-j)$-조합과 동치이다. 따라서 $c_j \leftarrow j-1$이라는 설정은 정확히 $\binom{n-j}{t-j}$번 수행된다. 이를 $1 \le j \le t$에 관하여 합하면 단계 L3의 루프 총 실행 횟수

$$\binom{n-1}{t-1} + \binom{n-2}{t-2} + \cdots + \binom{n-t}{0} = \binom{n-1}{s} + \binom{n-2}{s} + \cdots + \binom{s}{s} = \binom{n}{s+1} \tag{17}$$

이 나온다. 방문당 평균 횟수는

$$\binom{n}{s+1} \Big/ \binom{n}{t} = \frac{n!}{(s+1)!\,(t-1)!} \Big/ \frac{n!}{s!\,t!} = \frac{t}{s+1} \tag{18}$$

이다. 이 비율은 $t \le s$일 때 1보다 작으므로, 알고리즘 L은 그런 경우 상당히 효율적이다.

그런데 $t/(s+1)$이라는 수량은 $t$가 $n$에 가깝고 $s$가 작을 때 당황스러울 정도로 크다. 실제로 알고리즘 L은 $c_j$가 이미 $j-1$과 같은 경우에도 쓸데없이 $c_j \leftarrow j-1$로 설정하곤 한다. 좀 더 깐깐하게 고찰해 보면, 단계 L4와 L5에 필요한 색인 $j$를 항상 찾아내야 하는 것은 아님을 알 수 있다. 왜냐하면 $j$의 정확한 값을 방금 취한 행동들로부터 예측하는 것이 가능한 경우가 많기 때문이다. 예를 들어 방금 $c_4$를 증가하고 $c_3 c_2 c_1$을 그 초기 값 210으로 설정했다면, 그다음 조합에서는 필연적으로 $c_3$을 증가할 것이다. 다음은 이러한 관측들을 이용해서 알고리즘을 좀 더 조율한 버전이다.

**알고리즘 T** (사전순 조합). 이 알고리즘은 알고리즘 L과 비슷하되 더 빠르다. 이 알고리즘 역시 편의상 $0 < t < n$이라고 가정한다.

**T1.** [초기화.] $1 \le j \le t$에 대해 $c_j \leftarrow j-1$로 설정한다. 그런 다음 $c_{t+1} \leftarrow n$, $c_{t+2} \leftarrow 0$, $j \leftarrow t$로 설정한다.

**T2.** [방문.] (이 지점에서 $j$는 $c_{j+1} > j$를 만족하는 가장 작은 색인이다.) 조합 $c_t \ldots c_2 c_1$을 방문한다. 그런 다음 만일 $j > 0$이면 $x \leftarrow j$로 설정하고 단계 T6으로 간다.

**T3.** [쉬운 경우인가?] 만일 $c_1 + 1 < c_2$이면 $c_1 \leftarrow c_1 + 1$로 설정하고 T2로 돌아간다. 그렇지 않으면 $j \leftarrow 2$로 설정한다.

**T4.** [$j$를 찾는다.] $c_{j-1} \leftarrow j-2$, $x \leftarrow c_j + 1$로 설정한다. 만일 $x = c_{j+1}$이면 $j \leftarrow j+1$로 설정하고 단계 T4를 되풀이한다.

**T5.** [끝인가?] 만일 $j > t$이면 알고리즘을 끝낸다.

**T6.** [$c_j$를 증가.] $c_j \leftarrow x$, $j \leftarrow j-1$로 설정하고 T2로 돌아간다. ▮

이제 단계 T2에서 오직 $c_1 > 0$일 때에만 $j = 0$이므로, 단계 T4에서 불필요한 중복 설정은 결코 일어나지 않는다. 알고리즘 T의 완전한 분석은 연습문제 6에서 수행한다.

매개변수 $n$이 알고리즘 L과 T의 주된 부분에서는 등장하지 않고 오직 초기화 단계 L1과 T1에서만 등장함을 주목하기 바란다. 따라서 이 알고리즘들을 무한한 목록에서 오직 $t$에만 의존하는 조합 $\binom{n}{t}$개를 생성하는 과정으로 생각해도 된다. 이러한 단순화는 $n+1$개 중 $t$-조합들의 목록이 우리의 관례하에서 $n$가지 대상의 목록으로 시작한다는 점에서 비롯된다. 오름차순 수열 $c_1 \ldots c_t$가 아니라 내림차순 수열 $c_t \ldots c_1$에 대해 사전식 순서를 사용한 것도 바로 그러한 이유 때문이다.

레머Derrick Lehmer는 알고리즘 L과 T의 또 다른 유쾌한 속성을 지적했다[*Applied Combinatorial Mathematics,* E. F. Beckenbach 엮음(1964), 27-30]:

**정리 L.** *조합* $c_t \ldots c_2 c_1$ *은 정확히*

$$\binom{c_t}{t} + \cdots + \binom{c_2}{2} + \binom{c_1}{1} \tag{19}$$

*개의 다른 조합들이 방문된 후에 방문된다.*

증명. $t \ge j > k$와 $c'_k < c_k$에 대해 $c'_j = c_j$를 만족하는 조합 $c'_t \ldots c'_2 c'_1$, 즉 $c_t \ldots c_{k+1}$ 다음에 $\{0, \ldots, c_k - 1\}$의 $k$-조합이 오는 형태의 조합들은 $\binom{c_k}{k}$개이다. ▮

예를 들어 $t = 3$일 때 표 1의 조합 $c_3 c_2 c_1$에 해당하는 수

$$\binom{2}{3}+\binom{1}{2}+\binom{0}{1},\ \binom{3}{3}+\binom{1}{2}+\binom{0}{1},\ \binom{3}{3}+\binom{2}{2}+\binom{0}{1},\ \ldots,\ \binom{5}{3}+\binom{4}{2}+\binom{3}{1}$$

은 그냥 수열 0, 1, 2, ..., 19를 훑는다. 정리 L은 $t$차 조합 수체계(combinatorial number system)를 이해할 수 있는 좋은 방법 하나를 제시한다. 조합 수체계는 모든 음이 아닌 정수 $N$을 다음과 같은 형태로 유일하게 표현한다.

$$N = \binom{n_t}{t} + \cdots + \binom{n_2}{2} + \binom{n_1}{1}, \qquad n_t > \cdots > n_2 > n_1 \geq 0. \tag{20}$$

〔Ernesto Pascal, *Giornale di Matematiche* **25** (1887), 45-49를 보라.〕

**이항 트리.** 트리들의 모임 $T_n$이 다음과 같이 정의된다고 하자.

$$T_0 = \bullet, \qquad n > 0\text{에 대해 } T_n = \overset{\bullet}{\overbrace{\underset{T_0}{\stackrel{0}{/}} \quad \underset{T_1}{\stackrel{1}{\backslash}} \quad \cdots \quad \underset{T_{n-1}}{\stackrel{n-1}{\diagdown}}}}\ . \tag{21}$$

이러한 트리들은 여러 중요한 맥락에서 등장하며, 조합 생성 문제에 또 다른 영감을 제공한다. 예를 들어 $T_4$는

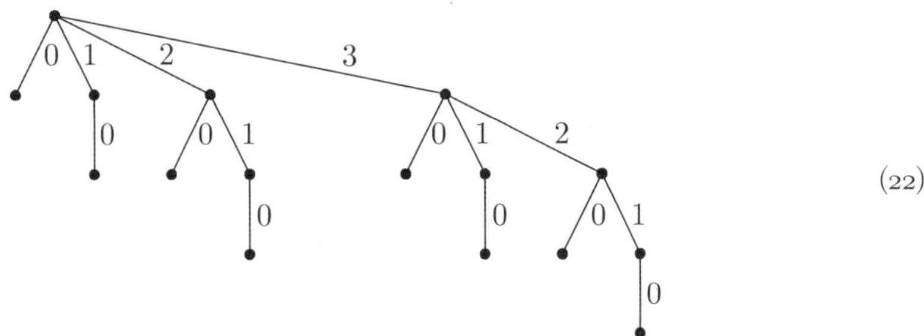


(22)

이고, $T_5$는 이 책 시리즈의 제1권 속표지에 좀 더 예술적으로 그려져 있다.

여기서 주목할 것은, $T_n$은 $T_{n-1}$과 비슷하되 $T_{n-1}$의 또 다른 복사본이 하나 더 있다는 점이다. 따라서 $T_n$의 노드는 총 $2^n$개이다. 더 나아가서, 수준 $t$에서의 노드 개수는 이항계수 $\binom{n}{t}$이다. '이항 트리(binomial tree)'라는 이름은 이 사실에서 비롯된 것이다. 실제로, 뿌리 노드에서 수준 $t$의 각 노드로의 경로에서 만나는 이름표들의 수열은 하나의 조합 $c_t \ldots c_1$을 형성하며, 그러한 조합들은 모두 왼쪽에서 오른쪽으로 사전순으로 나타난다. 따라서 알고리즘 L과 T를 이항 트리 $T_n$의 수준 $t$에 있는 노드들을 운행하는 절차로 간주할 수 있다.

(21)에서 $n \to \infty$로 두면 무한 이항 트리 $T_\infty$가 나온다. 이 트리의 뿌리에는 무한히 많은 가지가 있으나, 수준 0에 있는 트리 전체의 뿌리 노드를 제외한 모든 노드는 유한한 이항 부분트리의 뿌리이다. 모든 가능한 $t$-조합이 $T_\infty$의 수준 $t$에서 사전순으로 나타난다.

이항 트리에 좀 더 익숙해지기 위해, 배낭을 꾸리는 모든 가능한 방법을 구하는 문제를 생각해 보자. 좀 더 정확히 말하면 이런 문제이다. 용량이 각각 $w_{n-1}, \ldots, w_1, w_0$인 물품이 $n$개 있다. 여기서

$$w_{n-1} \geq \cdots \geq w_1 \geq w_0 \geq 0 \tag{23}$$

이다. 목표는 다음을 만족하는 이진 벡터 $a_{n-1} \ldots a_1 a_0$을 모두 생성하는 것이다.

$$a \cdot w = a_{n-1} w_{n-1} + \cdots + a_1 w_1 + a_0 w_0 \leq N. \tag{24}$$

여기서 $N$은 배낭의 총 용량이다. 다른 식으로 말하면, $\{0, 1, \ldots, n-1\}$의 모든 부분집합 중에서 $w(C) = \sum_{c \in C} w_c \leq N$을 만족하는 부분집합 $C$를 모두 구하고자 한다. 그 조건을 만족하는 부분집

합을 실현가능(feasible) 부분집합이라고 부르겠다. 지금 문제에서는 $t$가 변수이므로, 실현가능한 부분집합을 (3)의 관례와는 달리 $c_1 \ldots c_t$로 표기하기로 한다(여기서 $c_1 > \cdots > c_t \geq 0$).

모든 실현가능한 부분집합은 각각 $T_n$의 한 노드에 대응되며, 우리의 목표는 모든 실현가능 노드를 방문하는 것이다. 모든 실현가능 노드의 부모는 실현가능 노드이고, 왼쪽 동기 노드(있다면) 역시 실현가능 노드이다. 따라서 간단한 트리 운행 절차로도 충분하다.

**알고리즘 F** (배낭 채우기)**.** $w_{n-1}, \ldots, w_1, w_0$과 $N$이 주어졌을 때 이 알고리즘은 배낭을 채우는 모든 실현가능한 방법 $c_1 \ldots c_t$를 생성한다. $1 \leq j < n$에 대해 $\delta_j = w_j - w_{j-1}$로 둔다.

**F1.** [초기화.] $t \leftarrow 0$, $c_0 \leftarrow n$, $r \leftarrow N$으로 설정한다.

**F2.** [방문.] $N-r$ 단위 용량을 사용하는 조합 $c_1 \ldots c_t$를 방문한다.

**F3.** [$w_0$을 더해 본다.] 만일 $c_t > 0$이고 $r \geq w_0$이면 $t \leftarrow t+1$, $c_t \leftarrow 0$, $r \leftarrow r - w_0$으로 설정하고 F2로 돌아간다.

**F4.** [$c_t$를 증가해 본다.] 만일 $t = 0$이면 알고리즘을 끝낸다. 그렇지 않고 만일 $c_{t-1} > c_t + 1$이고 $r \geq \delta_{c_t+1}$이면 $c_t \leftarrow c_t + 1$, $r \leftarrow r - \delta_{c_t}$로 설정하고 F2로 돌아간다.

**F5.** [$c_t$를 제거.] $r \leftarrow r + w_{c_t}$, $t \leftarrow t - 1$로 설정하고 F4로 간다. ▮

이 알고리즘이 $T_n$의 노드들을 암묵적으로 전위순으로 방문하되 실현가능이 아닌 부분트리는 건너뜀을 주목하기 바란다. 알고리즘은 원소 $c-1$을 이용하는 모든 가능성을 살펴본 후에 원소 $c > 0$을 배낭에 넣는다(용량이 넘치지 않는 한). 실행 시간은 방문된 실현가능 조합들의 개수에 비례한다(연습문제 20을 보라).

첨언하자면, 운용과학(operations research)에서 말하는 고전적인 '배낭 채우기 문제'는 이와 다르다. 그 문제는, 각 물품 $c$에 가치 $v(c)$가 배정되어 있을 때, $v(C) = \sum_{c \in C} v(c)$가 최대가 되는 하나의 실현가능 부분집합 $C$를 찾는 것이다. 알고리즘 F가 그 문제를 푸는 데 아주 적합하지는 않다. 왜냐하면 이 알고리즘은 제외시킬 수 있는 경우들도 자주 고려하기 때문이다. 예를 들어 $C$와 $C'$이 $\{1, \ldots, n-1\}$의 $w(C) \leq w(C') \leq N - w_0$이고 $v(C) \geq v(C')$인 부분집합이라고 할 때 알고리즘 F는 $C \cup 0$과 $C' \cup 0$을 모두 조사한다. 그러나 후자는 결코 최대 가치 부분집합이 될 수 없다. 고전적 배낭 문제를 위한 방법들은 나중에 살펴보기로 하겠다. 알고리즘 F는 오직 모든 실현가능 조합이 잠재적으로 유의미한 상황만을 위한 것이다.

**조합을 위한 그레이 부호.** 모든 조합을 그냥 생성만 하는 것이 아니라, 각 조합을 그 선행자를 조금만 바꾸어서 만들어 내는 식으로 조합들을 방문하는 것이 바람직한 경우도 많다.

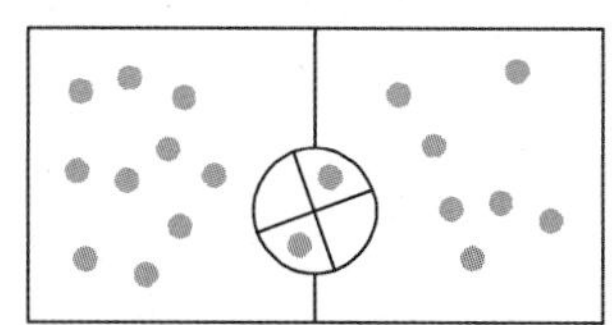

예를 들어 네인하위스Nijenhuis와 윌프Wilf가 '회전문 알고리즘(revolving door algorithm)'이라고 부른 문제를 생각해 보자. 회전문으로 연결된 두 방에 사람이 각각 $s$명, $t$명 있다. 한 사람이 저쪽 방으로 넘어갈 때마다 다른 한 사람이 이쪽 방으로 넘어온다. 각각의

$(s, t)$-조합이 정확히 한 번씩만 발생하도록 사람들을 이동하는 방법을 고안해 낼 수 있을까?

답은 "예"이다. 그리고 사실 그런 패턴들은 대단히 많다. 예를 들어 모든 $n$비트 비트열 $a_{n-1} \cdots a_1 a_0$을 잘 알려진 그레이 이진 부호(§7.2.1.1)의 순서로 조사하되 0이 정확히 $s$개이고 1이 정확히 $t$개인 것들만 선택한다면, 위의 문제를 푸는 '회전문 부호'가 만들어진다.

증명은 이렇다. 그레이 이진 부호는 7.2.1.1-(5)의 점화식 $\Gamma_n = 0\Gamma_{n-1}, 1\Gamma_{n-1}^R$로 정의된다. 따라서 $(s, t)$개의 부분수열들은 $st > 0$일 때 점화식

$$\Gamma_{st} = 0\Gamma_{(s-1)t}, 1\Gamma_{s(t-1)}^R \tag{25}$$

을 만족한다. 또한 $\Gamma_{s0} = 0^s$이고 $\Gamma_{0t} = 1^t$이다. 그러므로, 귀납법을 적용해 보면 $st > 0$일 때 $\Gamma_{st}$가 $0^s 1^t$로 시작하고 $10^s 1^{t-1}$로 끝남이 분명하다. (25)의 쉼표에서의 전이는 $t \geq 2$일 때 $0\Gamma_{(s-1)t}$의 마지막 원소에서 $1\Gamma_{s(t-1)}$의 마지막 원소로의, 즉 $010^{s-1}1^{t-1} = 010^{s-1}11^{t-2}$에서 $110^s 1^{t-2} = 110^{s-1}01^{t-2}$로의 전이이다. 이는 회전문의 제약을 만족한다. 이는 $t = 1$인 경우에도 부합한다. 예를 들어 $\Gamma_{33}$은

| | | | |
|---|---|---|---|
| 000111 | 011010 | 110001 | 101010 |
| 001101 | 011100 | 110010 | 101100 |
| 001110 | 010101 | 110100 | 100101 |
| 001011 | 010110 | 111000 | 100110 |
| 011001 | 010011 | 101001 | 100011 |

(26)

의 열들로 주어지며, $\Gamma_{23}$은 이 배열의 처음 두 열들에서 발견할 수 있다. 회전문을 한 번 더 회전하면 마지막 원소가 첫 원소가 된다. [$\Gamma_{st}$의 이러한 속성들은 밀러J. E. Miller가 자신의 박사학위 논문(Columbia University, 1971)에서 발견했으며, 독립적으로 탕D. T. Tang과 류C. N. Liu도 *IEEE Trans.* **C-22** (1973), 176-180에서 발견했다. 루프 없는 구현이 J. R. Bitner, G. Ehrlich, E. M. Reingold, *CACM* **19** (1976), 517-521에 나온다.]

(26)의 비트열 $a_5 a_4 a_3 a_2 a_1 a_0$을 그에 해당하는 색인 목록 형식 $c_3 c_2 c_1$로 변환해 보면 놀라운 패턴이 뚜렷하게 드러난다.

| | | | |
|---|---|---|---|
| 210 | 431 | 540 | 531 |
| 320 | 432 | 541 | 532 |
| 321 | 420 | 542 | 520 |
| 310 | 421 | 543 | 521 |
| 430 | 410 | 530 | 510 |

(27)

$c_3$의 처음 성분들은 비감소순이나, $c_3$의 고정된 값들 각각에 대한 $c_2$의 값들은 비증가순이다. 그리고 고정된 $c_3 c_2$에 대한 $c_1$의 값들은 또다시 비감소이다. 이러한 패턴은 일반적으로도 참이다. *즉, 회전문 그레이 부호 $\Gamma_{st}$에서 모든 조합 $c_t \cdots c_2 c_1$은*

$$(c_t, -c_{t-1}, c_{t-2}, \ldots, (-1)^{t-1} c_1) \tag{28}$$

*의 사전순으로 나타난다.* 이 속성은 귀납법으로 증명되는데, 왜냐하면 이진 표기법 대신 색인 목록

표기법을 사용할 때 $st > 0$에 대해 (25)는

$$\Gamma_{st} = \Gamma_{(s-1)t},\ (s+t-1)\Gamma^R_{s(t-1)} \tag{29}$$

이 되기 때문이다. 따라서 그 수열을 페인W. H. Payne에 기인하는 다음과 같은 알고리즘을 이용해서 효율적으로 생성할 수 있다〔*ACM Trans. Math. Software* **5** (1979), 163-172을 보라〕:

**알고리즘 R** (회전문 조합)**.** 이 알고리즘은 $n \geq t > 1$이라는 가정하에서 $\{0, 1, \ldots, n-1\}$의 모든 $t$-조합 $c_t \ldots c_2 c_1$을 교대 수열 (28)의 사전순으로 생성한다. 알고리즘은 보조 변수 $c_{t+1}$을 사용한다. 단계 R3의 작업은 $t$가 짝수이냐 홀수이냐에 따라 둘로 나뉜다.

**R1.** 〔초기화.〕 $t \geq j \geq 1$에 대해 $c_j \leftarrow j-1$로 설정하고 $c_{t+1} \leftarrow n$으로 설정한다.

**R2.** 〔방문.〕 조합 $c_t \ldots c_2 c_1$을 방문한다.

**R3.** 〔쉬운 경우인가?〕 만일 $t$가 홀수이면: 만일 $c_1 + 1 < c_2$이면 $c_1$을 1 증가하고 R2로 돌아가고, 그렇지 않으면 $j \leftarrow 2$로 설정하고 R4로 간다. 만일 $t$가 짝수이면: 만일 $c_1 > 0$이면 $c_1$을 1 감소하고 R2로 돌아가고, 그렇지 않으면 $j \leftarrow 2$로 설정하고 R5로 간다.

**R4.** 〔$c_j$를 감소해 본다.〕 (이 지점에서 $c_j = c_{j-1} + 1$이다.) 만일 $c_j \geq j$이면 $c_j \leftarrow c_{j-1}$, $c_{j-1} \leftarrow j-2$로 설정하고 R2로 돌아간다. 그렇지 않으면 $j$를 1 증가한다.

**R5.** 〔$c_j$를 증가해 본다.〕 (이 지점에서 $c_{j-1} = j-2$이다.) 만일 $c_j + 1 < c_{j+1}$이면 $c_{j-1} \leftarrow c_j$, $c_j \leftarrow c_j + 1$로 설정하고 R2로 돌아간다. 그렇지 않으면 $j$를 1 증가하고, 만일 $j \leq t$이면 R4로 간다. 그렇지 않으면 알고리즘을 끝낸다. ▮

연습문제 21~25는 이 흥미로운 수열의 또 다른 속성들을 살펴본다. 그중 하나는 정리 L과 멋지게 한 쌍을 이루는 것으로, *알고리즘 R에서 조합* $c_t c_{t-1} \ldots c_2 c_1$*은 정확히*

$$N = \binom{c_t+1}{t} - \binom{c_{t-1}+1}{t-1} + \cdots + (-1)^t\binom{c_2+1}{2} - (-1)^t\binom{c_1+1}{1} - [t\text{는 홀수}] \tag{30}$$

*개의 다른 조합들이 방문된 후에 방문된다*는 것이다. 이러한 $N$의 표현을 $t$차 '교대 조합 수체계(alternating combinatorial number system)라고 불러도 좋겠다. 이로부터의 결과 하나는, 이를테면 모든 양의 정수마다 $a > b > c > 0$인 $N = \binom{a}{3} - \binom{b}{2} + \binom{c}{1}$ 형태의 유일한 표현이 존재한다는 것이다. 알고리즘 R은 이 수체계의 $N$에 1을 더하는 방법을 말해 준다.

(26)과 (27)의 문자열들이 사전순은 아니지만, 일반사전순(genlex order)† 이라고 하는 좀 더 일반적인 개념의 예들이긴 하다. genlex는 월시가 고안한 용어이다. 문자열들의 순차열 $\alpha_1, \ldots, \alpha_N$의 모든 문자열에 하나의 공통의 접두열이 연속해서 나오는 경우, 그러한 순차열을 가리켜 일반사전순을 따른다고 칭한다. 예를 들어 (27)에는 53으로 시작하는 3-조합들이 모두 한데 모여 있다.

---

† 〔옮긴이 주〕 genlex가 general(또는 generic) lexicographic을 줄인 것이라고 판단해서 일반사전순이라는 용어를 사용하기로 했다.

일반사전순은 문자열들을 §6.3의 그림 31에서처럼 하나의 트라이 구조로 배치하되 각 노드의 자식들의 순서는 임의로 둘 수 있음을 뜻한다. 트라이를, 각 노드를 그 후손들을 방문하기 직전에 또는 직후에 방문하는 식으로 임의의 순서로 운행하면, 공통의 접두열을 가진 모든 노드(즉, 한 부분트라이의 모든 노드)가 연속해서 나타나게 된다. 이러한 원리는 재귀적 생성 방안(scheme)들에 대응되며, 덕분에 실제 응용에서 일반사전순을 편리하게 적용할 수 있다. 따라서 지금까지 살펴본 여러 $n$-짝 생성 알고리즘이 산출하는 결과들은 일반사전수준의 특정 버전에 해당하는 순서를 따른다. 마찬가지로, '평범한 전조' 방법(알고리즘 7.2.1.2P)은 순열들을 해당 반전표의 일반사전순으로 방문한다.

알고리즘 R의 회전문 방법은 매 단계마다 조합을 원소 하나만 변경하는 일반사전순 루틴이다. 그러나 이것이 완전히 만족스럽지는 않다. $c_t > \cdots > c_2 > c_1$이라는 조건을 유지하기 위해 색인 $c_j$들 중 둘을 반드시 변경해야 하는 경우가 많기 때문이다. 예를 들어 알고리즘 R은 210을 320으로 바꾸는데, (27)에는 그러한 '가로지르기' 이동이 아홉 개 있다.

이러한 결함의 근원을 추적하다보면 (25)가 회전문 속성을 만족한다는 점에 대한 우리의 증명에 도달하게 된다. 그 증명에서 말했듯이, $t \geq 2$일 때 문자열 $010^{s-1}11^{t-2}$ 다음에는 $110^{s-1}01^{t-2}$이 온다. 따라서 재귀적 구성 $\Gamma_{st}$에서 11000 같은 부분문자열을 01001으로(또는 그 반대로) 바꿀 때 $110^a0 \leftrightarrow 010^a1$ 형태의 전이들이 관여하게 된다. 이때 두 1이 서로를 가로지르게 되는 것이다.

조합들에 대한 그레이 경로가 매 단계마다 색인 $c_j$들 중 단 하나만을 변경할 때, 그러한 경로를 가리켜 동차(homogeneous)라고 말한다. 동차 생성 방안의 구별되는 특징은, 방안을 비트열 형식으로 표현한 경우 한 비트열에서 다음 비트열로 넘어갈 때 비트열들에는 $a \geq 1$에 대해 $10^a \leftrightarrow 0^a1$ 형태의 전이들만 나타난다는 것이다. 이러한 동차 방안을 이용하면, 이를테면 키가 $n$개인 건반악기에서 음표가 $t$개인 화음을 한 번에 손가락 하나씩만 옮겨서 연주할 수 있다.

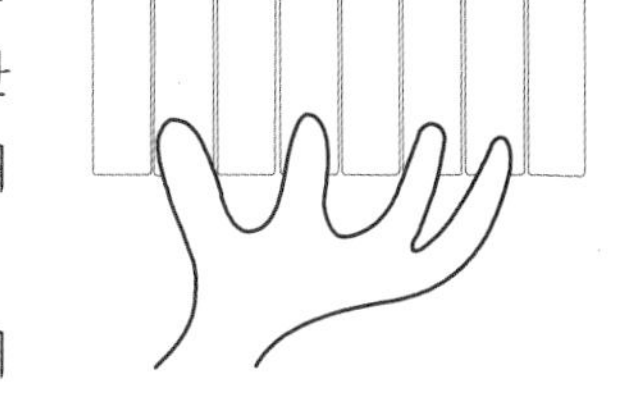

(25)를 살짝 수정한 버전을 적용하면 $(s,t)$-조합을 위한 상쾌하게 동차인 일반사전순 방안을 얻게 된다. 기본 착안은, $0^s1^t$로 시작하고 $1^t0^s$로 끝나는 수열을 하나 만들고 다음과 같이 아주 이해하기 쉬운 재귀적 구축법을 적용하는 것이다: $K_{s0} = 0^s$, $K_{0t} = 1^t$, $K_{s(-1)} = \emptyset$이라 할 때

$$st > 0\text{에 대해} \qquad K_{st} = 0K_{(s-1)t},\ 10K^R_{(s-1)(t-1)},\ 11K_{s(t-2)}. \tag{31}$$

이 수열의 쉼표들에서 $01^t0^{s-1}$ 다음에 $101^{t-1}0^{s-1}$, $10^s1^{t-1}$ 다음에 $110^s1^{t-2}$이 온다. 둘째 것은 1이 $s$개의 0들을 건너뛰어야 하지만, 그래도 이 전치들은 모두 동차이다. $s = t = 3$에 대한 조합 $K_{33}$들을 비트열로 표현하면 다음과 같다.

| | | | | |
|---|---|---|---|---|
| 000111 | 010101 | 101100 | 100011 | |
| 001011 | 010011 | 101001 | 110001 | |
| 001101 | 011001 | 101010 | 110010 | (32) |
| 001110 | 011010 | 100110 | 110100 | |
| 010110 | 011100 | 100101 | 111000 | |

다음은 이에 해당하는 '손가락 패턴'들이다.

$$\begin{array}{cccc} 210 & 420 & 532 & 510 \\ 310 & 410 & 530 & 540 \\ 320 & 430 & 531 & 541 \\ 321 & 431 & 521 & 542 \\ 421 & 432 & 520 & 543 \end{array} \qquad (33)$$

보통의 조합 $c_t \ldots c_1$에 대한 동차 방안을 중복조합 $d_t \ldots d_1$에 대한 해당 방안 (6)으로 변환해도 매 단계마다 색인 $d_j$들 중 하나만 변한다는 속성은 유지된다. 그리고 합성 $p_t \ldots p_0$이나 $q_t \ldots q_0$을 위한 해당 방안 (9)나 (11)로 변환한 경우, $c_j$가 변할 때 단 두 개의 (인접한) 부분들만 바뀌게 된다.

**거의 완벽한 방안들.** 그러나 이보다 더 나은 방안도 가능하다. 모든 $(s,t)$-조합을 $01 \leftrightarrow 10$ 아니면 $001 \leftrightarrow 100$인 강한 동차 전이들의 열로 생성할 수 있다. 다른 말로 하면, 각 단계마다 개별 색인 $c_j$가 많아야 2만큼만 변해야 한다는 조건을 강제할 수 있다. 이러한 생성 방안을 거의 완벽한 (near-perfect) 방안이라고 부르기로 하자.

사실 그러한 강한 조건을 가하면 선택의 폭이 비교적 좁아지기 때문에 거의 완벽한 방안들을 발견하기가 상당히 쉬워진다. 사실 $n$비트 비트열에 대한 거의 완벽한 일반사전순 방법들만 고려한다고 하면, 젠킨스T. A. Jenkyns와 머카시D. McCarthy가 관측했듯이 그런 방법들 모두를 다음과 같이 특징지을 수 있다[*Ars Combinatoria* **40** (1995), 153–159]:

**정리 N.** *만일 $st > 0$ 이면, 모든 $(s,t)$-조합을 일반사전순으로 나열하는 거의 완벽한 방법은 정확히 $2s$ 개이다. 실제로, $1 \le a \le s$ 일 때 $1^t0^s$ 로 시작하고 $0^a1^t0^{s-a}$ 로 끝나는 그러한 나열 방법 $N_{sta}$ 는 정확히 한 가지이다. 나머지 $s$ 개의 가능성들은 뒤집힌 목록 $N_{sta}^R$ 들이다.*

증명. 이 정리가 $s=t=1$일 때 성립함은 확실하다. 그 외의 경우에는 $s+t$에 대한 귀납법으로 증명할 수 있다. 나열 $N_{sta}$가 존재한다면 그것은 반드시 어떤 거의 완벽한 일반사전순 나열 $X_{s(t-1)}$과 $Y_{(s-1)t}$에 대해 $1X_{s(t-1)}$, $0Y_{(s-1)t}$의 형태이어야 한다. 만일 $t=1$이면 $X_{s(t-1)}$은 하나의 문자열 $0^s$이다. 따라서 $Y_{(s-1)t}$는 만일 $a>1$이면 반드시 $N_{(s-1)1(a-1)}$이어야 하고 $a=1$이면 $N_{(s-1)11}^R$ 이어야 한다. 한편 만일 $t>1$이면 거의 완벽함에 대한 조건은 $X_{s(t-1)}$의 마지막 문자열이 1로 시작할 수 없음을 함의한다. 따라서 어떤 $b$에 대해 $X_{s(t-1)} = N_{s(t-1)b}$이다. 만일 $a>1$이면 $Y_{(s-1)t}$는 반드시 $N_{(s-1)t(a-1)}$이며, 따라서 $b$는 반드시 1다. 마찬가지로, 만일 $s=1$이면 $b$는 반드시 1이어야 한다. 그 외의 경우에는 $a=1<s$인데, 그러면 어떤 $c$에 대해 $Y_{(s-1)t} = N_{(s-1)tc}^R$이 된다. $10^b1^{t-1}0^{s-b}$에서 $0^{c+1}1^t0^{s-1-c}$으로의 전이는 $c=1$이고 $b=2$인 경우에만 거의 완벽하다. ▮

정리 N의 증명으로부터, $st>0$일 때 다음과 같은 점화식을 이끌어 낼 수 있다.

$$N_{sta} = \begin{cases} 1N_{s(t-1)1},\ 0N_{(s-1)t(a-1)}, & \text{만일 } 1 < a \le s \text{ 이면;} \\ N_{s(t-1)2},\ 0N^R_{(s-1)t1}, & \text{만일 } 1 = a < s \text{ 이면;} \\ 1N_{1(t-1)1},\ 01^t, & \text{만일 } 1 = a = s \text{ 이면.} \end{cases} \tag{34}$$

그리고 $N_{s0a} = 0^s$ 임은 물론이다.

그럼 $A_{st} = N_{st1}$, $B_{st} = N_{st2}$로 설정하자. 1976년에 체이스J. Chase가 발견한 이 거의 완벽한 나열들의 전체적인 효과는, 제일 왼쪽의 1들의 블록을 각각 한 자리 또는 두 자리만큼 오른쪽으로 이동하는 것이다. 그리고 이들은 다음과 같은 상호 점화식을 만족한다.

$$A_{st} = 1B_{s(t-1)},\ 0A^R_{(s-1)t}; \qquad B_{st} = 1A_{s(t-1)},\ 0A_{(s-1)t}. \tag{35}$$

"한 걸음 앞으로 나아가려면 두 걸음 나아가고 한 걸음 물러서라. 두 걸음 앞으로 나아가려면 한 걸음 나아가고 다시 한 걸음 나아가라." $s$나 $t$가 음수일 때 $A_{st}$와 $B_{st}$가 $\emptyset$이라고 정의하되 단 $A_{00} = B_{00} = \epsilon$(빈 문자열)이라고 정의한다면, 위의 등식들은 $s$와 $t$의 모든 정수 값에 대해 성립한다. 따라서 $A_{st}$는 실제로 $\min(s,1)$걸음 앞으로 나아가며 $B_{st}$는 $\min(s,2)$ 걸음 나아간다. 예를 들어 표 2는 $s = t = 3$에 대한 해당 나열들로, 비트열 $a_5a_4a_3a_2a_1a_0$ 대신 그와 동치인 색인 목록 형식 $c_3c_2c_1$을 사용한 것이다.

체이스는 다음과 같이 정의하면 이 수열들을 컴퓨터로 구현하기가 간단해짐을 주목했다.

$$C_{st} = \begin{cases} A_{st}, & \text{만일 } s+t\text{가 홀수이면;} \\ B_{st}, & \text{만일 } s+t\text{가 짝수이면;} \end{cases} \qquad \widehat{C}_{st} = \begin{cases} A^R_{st}, & \text{만일 } s+t\text{가 짝수이면;} \\ B^R_{st}, & \text{만일 } s+t\text{가 홀수이면.} \end{cases} \tag{36}$$

〔*Congressus Numerantium* **69** (1989), 215-242를 보라.〕 그러면 다음이 성립한다.

$$C_{st} = \begin{cases} 1C_{s(t-1)},\ 0\widehat{C}_{(s-1)t}, & \text{만일 } s+t\text{가 홀수이면;} \\ 1C_{s(t-1)},\ 0C_{(s-1)t}, & \text{만일 } s+t\text{가 짝수이면;} \end{cases} \tag{37}$$

$$\widehat{C}_{st} = \begin{cases} 0C_{(s-1)t},\ 1\widehat{C}_{s(t-1)}, & \text{만일 } s+t\text{가 짝수이면;} \\ 0\widehat{C}_{(s-1)t},\ 1\widehat{C}_{s(t-1)}, & \text{만일 } s+t\text{가 홀수이면.} \end{cases} \tag{38}$$

비트 $a_j$를 바꿀 준비가 되었을 때, $j$가 짝수인지 홀수인지를 보면 지금이 재귀의 도중인지를 알 수 있다.

임의의 일반사전순 방안에 적용되는 일반적인 착안에 기초해서, 수열 $C_{st}$를 실제로 놀랄 만큼 간단한 알고리즘으로 생성할 수 있다. 한 일반사전순 알고리즘에서 비트 $a_j$가 그 왼쪽에서 아직 아무것도 변하기 전에 변하게 된다면, 그러한 비트를 활성 비트라고 부르기로 하자. (다른 말로 하면, 해당 트라이에서 활성 비트에 대한 노드는 그 부모의 가장 오른쪽 자식 노드가 아니다.) 그리고 오직 $a_j$가 활성이거나 $j < r$일 때에만 $w_j = 1$인 보조표 $w_n \ldots w_1w_0$이 있다고 가정하자. 여기서 $r$은 $a_r \ne a_0$을 만족하는 가장 작은 아래첨자이다. 또한 $w_n = 1$로 두자. 그러면, 다음의 절차는 $a_{n-1} \ldots a_1a_0$의 후행자를 찾는다.

표 2

(3,3)-조합들에 대한 체이스 순차열들

| $A_{33} = \hat{C}^R_{33}$ | | | |
|---|---|---|---|
| 543 | 531 | 321 | 420 |
| 541 | 530 | 320 | 421 |
| 540 | 510 | 310 | 431 |
| 542 | 520 | 210 | 430 |
| 532 | 521 | 410 | 432 |

| $B_{33} = C_{33}$ | | | |
|---|---|---|---|
| 543 | 520 | 432 | 410 |
| 542 | 510 | 430 | 210 |
| 540 | 530 | 431 | 310 |
| 541 | 531 | 421 | 320 |
| 521 | 532 | 420 | 321 |

> $j \leftarrow r$로 설정한다. 만일 $w_j = 0$이면 $w_j \leftarrow 1$, $j \leftarrow j+1$로 설정하고 $w_j = 1$이 될 때까지 이를 되풀이한다. 만일 $j = n$이면 절차를 끝내고, 그렇지 않으면 $w_j \leftarrow 0$으로 설정한다. $a_j$를 $1 - a_j$로 바꾸고, $a_{j-1} \ldots a_0$과 $r$에 대한 기타 변경들(적용 중인 특정 일반사전순 방안에 해당하는)을 가한다. (39)

이 접근방식의 아름다움은 루프의 효율성이 보장된다는 사실에서 비롯된다. $j \leftarrow j+1$ 연산이 생성 단계당 평균 1회 미만으로 수행됨을 증명할 수 있다(연습문제 36을 보라).

(37)과 (38)에서 비트들이 변할 때 발생하는 전이들을 분석해 보면, 이 절차에서 생략한 나머지 세부사항을 수월하게 채워 넣을 수 있다:

**알고리즘 C** (체이스 순차열)**.** 이 알고리즘은 모든 $(s,t)$-조합 $a_{n-1} \ldots a_1 a_0$ (여기서 $n = s+t$)을 체이스 순차열 $C_{st}$의 거의 완벽한 순서로 방문한다.

**C1.** [초기화.] $0 \le j < s$에 대해 $a_j \leftarrow 0$으로, $s \le j < n$에 대해 $a_j \leftarrow 1$로, $0 \le j \le n$에 대해 $w_j \leftarrow 1$로 설정한다. 만일 $s > 0$이면 $r \leftarrow s$로 설정하고 그렇지 않으면 $r \leftarrow t$로 설정한다.

**C2.** [방문.] 조합 $a_{n-1} \ldots a_1 a_0$을 방문한다.

**C3.** [$j$를 찾고 분기한다.] $j \leftarrow r$로 설정한다. $w_j = 0$인 동안 $w_j \leftarrow 1$, $j \leftarrow j+1$로 설정한다. 만일 $j = n$이면 알고리즘을 끝낸다. 그렇지 않으면 $w_j \leftarrow 0$으로 설정하고 다음 네 경우 중 하나로 분기한다: 만일 $j$가 홀수이고 $a_j \ne 0$이면 C4로 간다. 만일 $j$가 짝수이고 $a_j \ne 0$이면 C5로 간다. 만일 $j$가 짝수이고 $a_j = 0$이면 C6으로 간다. 만일 $j$가 홀수이고 $a_j = 0$이면 C7로 간다.

**C4.** [오른쪽으로 한 걸음 이동.] $a_{j-1} \leftarrow 1$, $a_j \leftarrow 0$으로 설정한다. 만일 $r = j$이고 $j > 1$이면 $r \leftarrow j-1$로 설정하고, 그렇지 않고 만일 $r = j-1$이면 $r \leftarrow j$로 설정한다. C2로 돌아간다.

**C5.** [오른쪽으로 두 걸음 이동.] 만일 $a_{j-2} \ne 0$이면 C4로 간다. 그렇지 않으면 $a_{j-2} \leftarrow 1$, $a_j \leftarrow 0$으로 설정한다. 만일 $r = j$이면 $r \leftarrow \max(j-2, 1)$로 설정하고, 그렇지 않고 만일 $r = j-2$이면 $r \leftarrow j-1$로 설정한다. C2로 돌아간다.

**C6.** [왼쪽으로 한 걸음 이동.] $a_j \leftarrow 1$, $a_{j-1} \leftarrow 0$으로 설정한다. 만일 $r = j$이고 $j > 1$이면 $r \leftarrow j-1$로 설정하고, 그렇지 않고 만일 $r = j-1$이면 $r \leftarrow j$로 설정한다. C2로 돌아간다.

**C7.** [왼쪽으로 두 걸음 이동.] 만일 $a_{j-1} \neq 0$이면 C6으로 간다. 그렇지 않으면 $a_j \leftarrow 1$, $a_{j-2} \leftarrow 0$으로 설정한다. 만일 $r = j-2$이면 $r \leftarrow j$로 설정하고, 그렇지 않고 만일 $r = j-1$이면 $r \leftarrow j-2$로 설정한다. C2로 돌아간다. ▮

***체이스 순차열 방법의 분석.** 알고리즘 C의 마법과 같은 속성들은 좀 더 탐구해 볼 가치가 있다. 자세히 살펴보면 배울 것이 상당히 많다. 비트열 $a_{n-1}\dots a_1a_0$이 주어졌을 때, $a_n = 1$이고 $u_n = n \bmod 2$이며 $n > j \geq 0$에 대해

$$u_j = (1-u_{j+1})a_{j+1}, \quad v_j = (u_j + j) \bmod 2, \quad w_j = (v_j + a_j) \bmod 2 \tag{40}$$

라고 하자. 이를테면 $n = 26$이고

$$\begin{aligned} a_{25}\dots a_1a_0 &= 11001001000011111101101010, \\ u_{25}\dots u_1u_0 &= 10100100100001010100100101, \\ v_{25}\dots v_1v_0 &= 00001110001011111110001111, \\ w_{25}\dots w_1w_0 &= 11000111001000000011100101 \end{aligned} \tag{41}$$

이다. 이러한 정의들 하에서, 오직 비트 $a_j$가 $a_{n-1}\dots a_1a_0$을 생성하는 점화식 (37)~(38)에서 $\widehat{C}$가 아니라 $C$에 의해 '제어'될 때에만(단, $a_j$가 오른쪽 끝에 있는 0들 또는 1들의 마지막 연속열의 일부인 경우는 예외) $v_j = 0$임을 귀납법으로 증명할 수 있다. 따라서 $r \leq j < n$에 대해 $w_j$의 값은 알고리즘 C에서 $a_{n-1}\dots a_1a_0$을 방문할 때 계산되는 값과 일치한다. 이 공식들을 이용하면 주어진 조합이 체이스 순차열의 정확히 어디에 나타나는지를 알아낼 수 있다(연습문제 39를 보라).

비트열 $a_{n-1}\dots a_1a_0$ 대신 색인 목록 형식 $c_t\dots c_2c_1$을 다루어야 한다면, $s+t=n$이라 할 때 $C_{st}$를 $C_t(n)$으로, $\widehat{C}_{st}$를 $\widehat{C}_t(n)$으로 표기하도록 표기법을 살짝 바꾸는 것이 편리하다. 그러면 $C_0(n) = \widehat{C}_0(n) = \epsilon$이 되며, $t \geq 0$에 대한 점화식들은 다음과 같은 형태가 된다.

$$C_{t+1}(n+1) = \begin{cases} nC_t(n),\ \widehat{C}_{t+1}(n), & \text{만일 } n\text{이 짝수이면;} \\ nC_t(n),\ C_{t+1}(n), & \text{만일 } n\text{이 홀수이면;} \end{cases} \tag{42}$$

$$\widehat{C}_{t+1}(n+1) = \begin{cases} C_{t+1}(n),\ n\widehat{C}_t(n), & \text{만일 } n\text{이 홀수이면;} \\ \widehat{C}_{t+1}(n),\ n\widehat{C}_t(n), & \text{만일 } n\text{이 짝수이면.} \end{cases} \tag{43}$$

이 새 공식들을 전개해 보면, 이를테면 다음과 같은 사실들을 알 수 있다.

$$\begin{aligned} C_{t+1}(9) &= 8C_t(8),\ 6C_t(6),\ 4C_t(4),\ \dots,\ 3\widehat{C}_t(3),\ 5\widehat{C}_t(5),\ 7\widehat{C}_t(7); \\ C_{t+1}(8) &= 7C_t(7),\ 6C_t(6),\ 4C_t(4),\ \dots,\ 3\widehat{C}_t(3),\ 5\widehat{C}_t(5); \\ \widehat{C}_{t+1}(9) &= \qquad\qquad 6C_t(6),\ 4C_t(4),\ \dots,\ 3\widehat{C}_t(3),\ 5\widehat{C}_t(5),\ 7\widehat{C}_t(7),\ 8\widehat{C}_t(8); \\ \widehat{C}_{t+1}(8) &= \qquad\qquad 6C_t(6),\ 4C_t(4),\ \dots,\ 3\widehat{C}_t(3),\ 5\widehat{C}_t(5),\ 7\widehat{C}_t(7); \end{aligned} \tag{44}$$

네 수열 모두에서 동일한 패턴이 지배적임을 주목하기 바란다. 중간의 "..."의 의미는 $t$의 값에 따라 달라진다. 여기서는 그냥 $n < t$인 항 $nC_t(n)$과 $n\widehat{C}_t(n)$을 모두 생략한다.

제일 처음이나 끝에서의 가장자리 효과들을 제외할 때, (44)의 모든 전개는 무한수열

$$\ldots,\ 10,\ 8,\ 6,\ 4,\ 2,\ 0,\ 1,\ 3,\ 5,\ 7,\ 9,\ \ldots \tag{45}$$

에 기초한다. 이 무한수열은 음이 아닌 정수들을 이중 무한수열로 배치하는 자연스러운 방법이다. 임의의 정수 $t \geq 0$가 주어졌다고 할 때 (45)에서 $< t$인 항들을 모두 생략한다면 나머지 항들은 인접한 원소들의 차가 1 또는 2라는 속성을 유지한다. 스탠리Richard Stanley는 이러한 수열에 대해 엔도순(endo-order)이라는 이름을 제안했다. 이 수열을 "even numbers decreasing, odd…(짝수들은 감소하고 홀수들은…)"이라는 규칙으로 기억할 수 있기 때문이다. ($N$보다 작은 항들만 남기고 그것들을 $N$에 관해 여수화하면 엔도순 수열은 오르간 파이프 순서가 된다. 연습문제 6.1-18을 보라.)

(42)와 (43)의 점화식들을 직접적으로 프로그래밍할 수도 있으나, 그것들을 (44)를 이용해서 전개함으로써 알고리즘 C와 비슷한 반복적 알고리즘을 만드는 것도 흥미로운 일이다. 그렇게 하면 필요한 메모리 장소의 수는 단 $O(t)$개이다. 이는 $t$가 $n$에 비해 꽤 작을 때 특히나 효율적이다. 자세한 사항이 연습문제 45에 나온다.

***거의 완벽한 중복집합 순열.** 체이스 순차열로부터, 임의의 원하는 중복집합 $\{s_0 \cdot 0, s_1 \cdot 1, \ldots, s_d \cdot d\}$의 순열들을 거의 완벽한 방식으로 생성하는 자연스러운 방법 하나를 이끌어 낼 수 있다. 여기서 거의 완벽한 방식이란

i) 모든 전이가 $a_{j+1}a_j \leftrightarrow a_j a_{j+1}$이거나 $a_{j+1}a_j a_{j-1} \leftrightarrow a_{j-1}a_j a_{j+1}$이고
ii) 후자의 전이에서 $a_j = \min(a_{j-1}, a_{j+1})$

이라는 뜻이다. 알고리즘 C는 $d=1$인 경우에 이러한 순열 생성을 수행하는 방법을 말해 준다. 다음과 같은 재귀적 구축을 통해서 이를 $d$의 좀 더 큰 값들로 일반화할 수 있다[*CACM* **13** (1970), 368-369, 376]: 우선

$$\alpha_0, \alpha_1, \ldots, \alpha_{N-1}$$

이 $\{s_1 \cdot 1, \ldots, s_d \cdot d\}$의 순열들의 임의의 거의 완벽한 나열이라고 가정하자. 이제 $s = s_0$, $t = s_1 + \cdots + s_d$로 두어서 알고리즘 C를 적용하면 모든 전이가 $0x \leftrightarrow x0$이거나 $00x \leftrightarrow x00$인 나열

$$\Lambda_j = \alpha_j 0^s,\ \ldots,\ 0^a \alpha_j 0^{s-a} \tag{46}$$

들을 생성할 수 있게 된다. 마지막 항목에는 $s$와 $t$에 따라 $a = 1$ 또는 2개의 선행 0들이 있다. 따라서 수열의 모든 전이

$$\Lambda_0,\ \Lambda_1^R,\ \Lambda_2,\ \ldots,\ (\Lambda_{N-1} \text{ 또는 } \Lambda_{N-1}^R) \tag{47}$$

은 거의 완벽한 나열에 해당한다. 그리고 이 나열에 모든 순열이 포함되어 있음은 분명하다.

예를 들어 다음은 이런 방식으로 생성한 $\{0, 0, 0, 1, 1, 2\}$의 순열들이다.

211000, 210100, 210001, 210010, 200110, 200101, 200011, 201001, 201010, 201100, 021100, 021001, 021010, 020110, 020101, 020011, 000211, 002011, 002101, 002110, 001120, 001102, 001012, 000112, 010012, 010102, 010120, 011020, 011002, 011200, 101200, 101020, 101002, 100012, 100102, 100120, 110020, 110002, 110200, 112000, 121000, 120100, 120001, 120010, 100210, 100201, 100021, 102001, 102010, 102100, 012100, 012001, 012010, 010210, 010201, 010021, 000121, 001021, 001201, 001210.

***완벽한 방안들.** $C_{st}$ 같은 거의 완벽한 생성기로 만족하는 대신 모든 전이가 가장 간단한 형태 $01 \leftrightarrow 10$이어야 한다고까지 요구하지 않는 이유는 무엇일까

한 가지 이유는, 그런 완벽한 방안이 항상 존재하지는 않기 때문이다. 예를 들어 7.2.1.2-(2)에서 보았듯이 $\{1,1,2,2\}$의 모든 순열 여섯 개를 인접 맞바꾸기만으로 생성하는 방법은 없다. 따라서 $(2,2)$-조합에 대한 완벽한 방안은 없는 것이다. 실제로, 완벽에 도달할 확률은 약 4분의 1밖에 되지 않는다.

**정리 P.** *모든* $(s,t)$*-조합* $a_{s+t-1}\ldots a_1a_0$*을 인접 맞바꾸기* $01 \leftrightarrow 10$*로 생성하는 것은 오직* $s \le 1$ *또는* $t \le 1$ *또는* $st$*가 홀수일 때에만 가능하다.*

증명. 중복집합 $\{s \cdot 0, t \cdot 1\}$의 모든 순열을 생각해 보자. 연습문제 5.1.2-16에서 배웠듯이, 그러한 순열들 중 반전(inversion)이 $k$개인 순열들의 개수 $m_k$는 $z$항계수

$$\binom{s+t}{t}_z = \prod_{k=s+1}^{s+t}(1+z+\cdots+z^{k-1}) \Big/ \prod_{k=1}^{t}(1+z+\cdots+z^{k-1}) \tag{48}$$

의 $z^k$ 항의 계수와 같다. 모든 인접 맞바꾸기는 반전 개수를 $\pm 1$만큼 변경하므로, 완벽한 생성 방안은 오직 순열들의 약 절반이 홀수 개의 반전을 가지고 있을 때에만 가능하다. 좀 더 정확히 말하면, $\binom{s+t}{t}_{-1} = m_0 - m_1 + m_2 - \cdots$의 값은 반드시 0 또는 $\pm 1$이어야 한다. 그러나 연습문제 49는

$$\binom{s+t}{t}_{-1} = \binom{\lfloor (s+t)/2 \rfloor}{\lfloor t/2 \rfloor}[st\text{가 짝수}] \tag{49}$$

임을 보여 주며, 이 수량은 $s \le 1$ 또는 $t \le 1$ 또는 $st$가 홀수가 아닌 한 1보다 크다.

반대로, $s \le 1$이거나 $t \le 1$일 때에는 완벽한 방안을 구하기가 쉬우며, 사실 $st$가 홀수이면 완벽한 방안이 항상 가능하다. 첫 번째의 비자명한 경우는 $s = t = 3$에서 나타나는데, 이 경우 본질적으로 서로 다른 해가 네 개 존재한다. 그 해들 중 가장 대칭적인 것은

$$\begin{aligned}&210 - 310 - 410 - 510 - 520 - 521 - 531 - 532 - 432 - 431 -\\&\quad 421 - 321 - 320 - 420 - 430 - 530 - 540 - 541 - 542 - 543\end{aligned} \tag{50}$$

이다(연습문제 51을 보라). 여러 저자가 임의의 홀수 $s$와 $t$에 대한 해당 그래프에서 해밀턴 경로들을 구축한 바 있다. 예를 들어 이즈Eades, 히키Hickey, 리드Read의 방법[*JACM* **31** (1984), 19-29]은 재귀 루틴을 이용한 프로그래밍의 흥미로운 연습 과제가 된다. 그러나 안타깝게도 짧은 지면으로 서술하기에 충분할 정도로 간단한, 또는 적절히 효율적으로 구현할 수 있는 구축법은 아직 알

려져 있지 않다. 따라서 완벽한 조합 생성기의 실질적인 중요성은 아직 증명되지 않았다고 할 수 있다. ▮

정리하자면, 지금까지 보았듯이 $(s,t)$-조합에 대한 연구는 여러 매혹적인 패턴들로 이어지며, 그중에는 실제 응용에서 대단히 중요한 것들도 있고 단지 우아하거나 아름다운(또는 둘 다인) 것들도 있다. 그림 46은 $s=t=5$에서 $\binom{10}{5}=252$가지 조합들이 나타나는 경우의 주된 선택지들을 나타낸 것이다. 사전순(알고리즘 L), 회전문 그레이 부호(알고리즘 R), (31)의 동차 방안 $K_{55}$, 체이스의 거의 완벽한 방안(알고리즘 C)이 그림의 (a), (b), (c), (d)에 나와 있다. (e)는 여전히 $c$ 배열의 일반사전순이면서도 완벽에 최대한 가까운 방안이고, (f)는 이즈, 히키, 리드의 완벽 방안이다. 마지막으로 (g)와 (h)는 알고리즘 7.2.1.2C나 7.2.1.2E에서처럼 $a_j a_{j-1} \ldots a_0 \leftarrow a_{j-1} \ldots a_0 a_j$로 회전하거나 $a_j \leftrightarrow a_0$으로 교환해서 얻은 나열들이다(연습문제 55, 56을 보라).

***중복집합의 조합.** 중복집합에 순열이 있다면 조합도 있을 것이다. 예를 들어 파란(blue) 공 네 개와 녹색(green) 공 세 개, 빨간(red) 공 세 개, 흰(white) 공 두 개를 담은 배낭을 나타내는 중복집합 $\{b,b,b,b,g,g,g,r,r,r,w,w\}$를 생각해 보자. 이 배낭에서 공 다섯 개를 뽑는 방법은 37가지이다. 그것들을 사전식 순서로(그러나 각 조합 안에서는 내림차순으로) 나열하면 다음과 같다.

$$\begin{aligned}&gbbbb, ggbbb, gggbb, rbbbb, rgbbb, rggbb, rgggb, rrbbb, rrgbb, rrggb,\\&rrggg, rrrbb, rrrgb, rrrgg, wbbbb, wgbbb, wggbb, wgggb, wrbbb, wrgbb,\\&wrggb, wrggg, wrrbb, wrrgb, wrrgg, wrrrb, wrrrg, wwbbb, wwgbb, wwggb,\\&wwggg, wwrbb, wwrgb, wwrgg, wwrrb, wwrrg, wwrrr.\end{aligned} \tag{51}$$

이 사실이 시시하거나 신비스럽게 느껴질 수도 있겠는데, 아래의 정리 W에서 보겠지만 중복집합 조합들의 사전순 생성은 중요한 조합적 문제들에 대한 최적의 해를 제공한다.

베르누이James Bernoulli는 그의 *Ars Conjectandi* (1713), 119-123에서, 이러한 조합들을 곱 $(1+z+z^2)(1+z+z^2+z^3)^2(1+z+z^2+z^3+z^4)$의 $z^5$의 계수들을 살펴봄으로써 나열할 수 있음을 밝혔다. 실제로 그의 관측은 이해하기가 쉽다. 다항식들의 곱

$$(1+w+ww)(1+r+rr+rrr)(1+g+gg+ggg)(1+b+bb+bbb+bbbb)$$

를 전개해 보면 배낭에서 공들을 선택하는 모든 가능한 방법이 나오기 때문이다.

중복집합의 조합은 또한 유계 합성(bounded composition), 즉 개별 부분들에 상, 하계가 있는 합성과도 동치이다. 예를 들어 (51)에 나온 31가지 중복조합들은

$$5=r_3+r_2+r_1+r_0,\quad 0\le r_3\le 2,\quad 0\le r_2,r_1\le 3,\quad 0\le r_0\le 4$$

의 37가지 해들, 즉 $5=0+0+1+4=0+0+2+3=0+0+3+2=0+1+0+4=\cdots=2+3+0+0$에 대응된다.

그리고 유계 합성은 통계에서 아주 중요한 분할표(contingency table)의 한 특수한 경우이다. 이 모든 조합적 구성을 사전식 순서는 물론 그래이 비슷한 부호의 순서로도 생성할 수 있다. 관련된 기본 착안들 몇 가지를 연습문제 60~63에서 살펴본다.

**그림 46.** (5, 5)-조합들의 예:
a) 사전순
b) 회전문
c) 동차
d) 거의 완벽한 방안
e) 좀 더 완벽한 방안
f) 완벽한 방안
g) 접미열 회전
h) 오른쪽 교환

***그림자.** 수학에는 조합들의 집합이 자주 등장한다. 예를 들어 2-조합들의 집합(즉 쌍[pair]들의 집합)은 본질적으로 하나의 그래프이다. 그리고 일반적인 $t$에 대한 $t$-조합들의 집합을 균일 초그래프(uniform hypergraph)라고 부른다. 볼록 다면체의 정점(꼭짓점)들을 정점 세 개가 동일선상이 되거나 네 개가 한 평면에 놓이는 일이 없도록, 일반화하자면 $t+1$개가 $(t-1)$차원 초평면에 놓이는 일이 없도록 살짝 교란시켰을 때 만들어지는 $(t-1)$차원 면들을 '단체(simplex)'들이라고 부르는데, 단체의 정점들은 컴퓨터 응용에서 대단히 중요하다.

$\alpha$가 임의의 $t$-조합 $c_t \cdots c_2 c_1$이라 할 때, 그림자(shadow) $\partial\alpha$는 $\alpha$의 모든 $(t-1)$원소 부분집합 $c_{t-1} \cdots c_2 c_1$, …, $c_t \cdots c_3 c_1$, $c_t \cdots c_3 c_2$의 집합이다. 예를 들어 $\partial 5310 = \{310, 510, 530, 531\}$이다. $t$-조합을 비트열 $a_{n-1} \cdots a_1 a_0$으로도 표현하는데, 이 경우 $\partial\alpha$는 1 하나를 0으로 바꾸어서 얻을 수 있는 모든 비트열의 집합이다. 예를 들어 $\partial 101011 = \{001011, 100011, 101001, 101010\}$이다. $A$가 $t$-조합들의 임의의 집합이라 할 때, 그 그림자

$$\partial A = \bigcup \{\partial\alpha \mid \alpha \in A\} \tag{52}$$

를 그 구성원들의 그림자들에 있는 모든 $(t-1)$-조합의 집합으로 정의한다. 예를 들어 $\partial\partial 5310 = \{10, 30, 31, 50, 51, 53\}$이다.

이러한 정의들은 중복이 허용된 조합, 즉 중복조합에도 적용된다: $\partial 5330 = \{330, 530, 533\}$이고 $\partial\partial 5330 = \{30, 33, 50, 53\}$이다. 일반화하면, $A$가 $t$원소 중복집합들의 집합일 때 $\partial A$는 $(t-1)$원소 중복집합들의 집합이다. 그러나 $\partial A$ 자체에는 중복된 원소가 없음을 주목하기 바란다.

전체집합 $U$에 관한 상향 그림자(upper shadow) $\varrho\alpha$도 이와 비슷하게 정의되나, $t$-조합에서 $(t+1)$-조합으로 간다는 점이 다르다.

$$\varrho\alpha = \{\beta \subseteq U \mid \alpha \in \partial\beta\}, \qquad \alpha \in U\text{에 대해;} \tag{53}$$

$$\varrho A = \bigcup \{\varrho\alpha \mid \alpha \in A\}, \qquad A \subseteq U\text{에 대해.} \tag{54}$$

예를 들어 만일 $U = \{0, 1, 2, 3, 4, 5, 6\}$이면 $\varrho 5310 = \{53210, 54310, 65310\}$이다. 한편 만일 $U = \{\infty \cdot 0, \infty \cdot 1, \ldots, \infty \cdot 6\}$이면 $\varrho 5310 = \{53100, 53110, 53210, 53310, 54310, 55310, 65310\}$이다.

수학과 전산학의 여러 분야에서 다양하게 응용되는 다음의 근본 정리는 한 집합의 그림자들이 얼마나 작을 수 있는지를 말해 준다.

**정리 K.** *만일 $A$가 $U = \{0, 1, \ldots, n-1\}$에 포함된 $N$개의 $t$-조합들의 집합이면*

$$|\partial A| \ge |\partial P_{Nt}| \text{이고 } |\varrho A| \ge |\varrho Q_{Nnt}| \tag{55}$$

*이다. 여기서 $P_{Nt}$는 알고리즘 L이 생성한 처음 $N$개의 조합들, 즉 (3)을 만족하는 사전순으로 가장 작은 $N$개의 조합 $c_t \cdots c_2 c_1$이고 $Q_{Nnt}$는 사전순으로 가장 큰 $N$개의 그러한 조합들이다.* ▮

**정리 M.** *만일 $A$가 중복집합 $U = \{\infty \cdot 0, \infty \cdot 1, \ldots, \infty \cdot s\}$에 포함된 $N$개의 $t$-중복조합들의 집합이면*

$$|\partial A| \geq |\partial \hat{P}_{Nt}| \text{이고} \qquad |\varrho A| \geq |\varrho \hat{Q}_{Nst}| \tag{56}$$

*이다. 여기서 $\hat{P}_{Nt}$는 (6)을 만족하는 사전순으로 가장 작은 $N$개의 중복조합 $d_t \ldots d_2 d_1$들이고 $\hat{Q}_{Nst}$는 사전순으로 가장 큰 $N$개의 그러한 중복조합들이다.* ▮

이 정리들은 둘 다 나중에 증명할 좀 더 엄격한 결과에서 비롯된 것들이다. 정리 K를 일반적으로 크러스컬-커토나 정리(Kruskal-Katona theorem)라고 부르는데, 크러스컬J. B. Kruskal이 발견하고[*Math. Optimization Techniques,* R. Bellman 엮음(1963), 251-278] 커토나G. Katona가 재발견했기 때문이다[*Theory of Graphs,* Tihany 1966, Erdős 및 Katona 엮음(Academic Press, 1968), 187-207]. 그전에 쉬첸베르거M. P. Schützenberger가 덜 알려진 논문에서 불완전한 증명과 함께 이를 언급한 바 있다[*RLE Quarterly Progress Report* **55** (1959), 117-118]. 정리 M은 그보다 여러 해 전인 머콜리F. S. Macaulay에 기인한다[*Proc. London Math. Soc.* (2) **26** (1927), 531-555].

(55)와 (56)을 증명하기 전에, 이 공식들의 의미를 좀 더 자세히 살펴보자. 정리 L은 알고리즘 L이 방문하는 모든 $t$-조합의 처음 $N$개가 $n_t \ldots n_2 n_1$보다 앞에 있는 조합들임을 말해 준다. 여기서

$$N = \binom{n_t}{t} + \cdots + \binom{n_2}{2} + \binom{n_1}{1}, \qquad n_t > \cdots > n_2 > n_1 \geq 0$$

은 $N$의 $t$차 조합 표현이다. 이 표현에 0이 아닌 항이 $t$개 미만일 때가 있는데, 이는 $n_j$가 $j-1$과 같을 수 있기 때문이다. 0들을 생략해서 다음과 같이 표기하기로 하자.

$$N = \binom{n_t}{t} + \binom{n_{t-1}}{t-1} + \cdots + \binom{n_v}{v}, \qquad n_t > n_{t-1} > \cdots > n_v \geq v \geq 1. \tag{57}$$

이 조합 $c_t \ldots c_1$들 중 처음 $\binom{n_t}{t}$개는 $\{0, \ldots, n_t - 1\}$의 $t$-조합들이고, 그다음 $\binom{n_{t-1}}{t-1}$개는 $c_t = n_t$이고 $c_{t-1} \ldots c_1$가 $\{0, \ldots, n_{t-1} - 1\}$의 $(t-1)$-조합인 조합들이고, 등등이다. 예를 들어 $t = 5$이고 $N = \binom{9}{5} + \binom{7}{4} + \binom{4}{3}$일 때 처음 $N$개의 조합은 다음과 같다.

$$P_{N5} = \{43210, \ldots, 87654\} \cup \{93210, \ldots, 96543\} \cup \{97210, \ldots, 97321\}. \tag{58}$$

이 집합 $P_{N5}$의 그림자는 다행히 이해하기가 쉽다. 다음과 같다.

$$\partial P_{N5} = \{3210, \ldots, 8765\} \cup \{9210, \ldots, 9654\} \cup \{9710, \ldots, 9732\}. \tag{59}$$

이는 곧 $t = 4$일 때 사전순으로 처음 $\binom{9}{4} + \binom{7}{3} + \binom{4}{2}$개의 조합들이다.

다른 말로 하면, $N$이 유일한 표현 (57)을 가지며 $\kappa_t 0 = 0$이라고 할 때 만일 크러스컬의 함수 $\kappa_t$를 다음과 같은 공식으로 정의한다면,

$$\kappa_t N = \binom{n_t}{t-1} + \binom{n_{t-1}}{t-2} + \cdots + \binom{n_v}{v-1} \tag{60}$$

다음이 성립한다.

$$\partial P_{Nt} = P_{(\kappa_t N)(t-1)}. \tag{61}$$

정리 K는, 이를테면 간선이 백만 개인 그래프가 포함할 수 있는 삼각형은 최대

$$\binom{1414}{3}+\binom{1009}{2}=470{,}700{,}300$$

개임을, 다시 말해서 $u — v — w — u$인 정점들의 집합 $\{u, v, w\}$는 최대 470,700,300개임을 말해준다. 이유는 이렇다. 연습문제 17에 의해 $1000000=\binom{1414}{2}+\binom{1009}{1}$이며, 간선 $P_{(1000000)2}$가 $\binom{1414}{3}+\binom{1009}{2}$개의 삼각형들을 지지한다. 그러나 만일 삼각형이 더 많다면 그래프의 그림자에는 간선이 적어도 $\kappa_3 470700301=\binom{1414}{2}+\binom{1009}{1}+\binom{1}{0}=1000001$개가 있어야 한다.

크러스컬은 그러한 질문을 다루기 위해 다음과 같은 동반 함수를 정의했다.

$$\lambda_t N=\binom{n_t}{t+1}+\binom{n_{t-1}}{t}+\cdots+\binom{n_v}{v+1}. \tag{62}$$

$\kappa$ 함수와 $\lambda$ 함수는 다음과 같은 흥미로운 규칙으로 연관된다(증명은 연습문제 72에).

$$\text{만일 } st>0\text{이라면, } M+N=\binom{s+t}{t}\text{는 } \kappa_s M+\lambda_t N=\binom{s+t}{t+1}\text{을 함의한다.} \tag{63}$$

이제 정리 M으로 넘어가서, $\partial\hat{P}_{Nt}$와 $\varrho\hat{Q}_{Nst}$의 크기는 각각

$$|\partial\hat{P}_{Nt}|=\mu_t N, \qquad |\varrho\hat{Q}_{Nst}|=N+\kappa_s N \tag{64}$$

이다(연습문제 81). 여기서 함수 $\mu_t$는, $N$에 조합 표현 (57)이 존재할 때

$$\mu_t N=\binom{n_t-1}{t-1}+\binom{n_{t-1}-1}{t-2}+\cdots+\binom{n_v-1}{v-1} \tag{65}$$

을 만족한다.

표 3은 이상의 함수 $\kappa_t N$, $\lambda_t N$, $\mu_t N$이 $t$와 $N$의 작은 값들에 대해 어떻게 행동하는지를 보여준다. $t$와 $N$이 클 때에는 이 함수들을 1903년에 다카기Teiji Takagi가 소개한 놀라운 함수 $\tau(x)$로 잘 근사할 수 있다. 그림 47과 연습문제 82~85를 보라.

정리 K와 M은 이산 기하학의 훨씬 더 일반적인 한 정리의 따름정리들이다. 그럼 왕Da-Lun Wang과 왕Ping Wang이 발견한[*SIAM J. Applied Math.* **33** (1977), 55–59] 그 정리를 여기서 살펴보기로 하자. 원소들이 $0 \le x_1 < m_1$, …, $0 \le x_n < m_n$을 만족하는 정수 벡터 $x=(x_1, \dots, x_n)$들인 이산 $n$차원 원환체 $T(m_1, \dots, m_n)$이 있다고 하자. 그러한 두 정수 벡터 $x$와 $y$의 합과 차를 식 4.3.2-(2)와 4.3.2-(3)에서처럼 정의할 수 있다:

$$x+y=((x_1+y_1) \bmod m_1, \dots, (x_n+y_n) \bmod m_n), \tag{66}$$

$$x-y=((x_1-y_1) \bmod m_1, \dots, (x_n-y_n) \bmod m_n). \tag{67}$$

표 3

크러스컬-머콜리 함수 $\kappa$, $\lambda$, $\mu$의 예

| $N =$ | 0 | 1 | 2 | 3 | 4 | 5 | 6 | 7 | 8 | 9 | 10 | 11 | 12 | 13 | 14 | 15 | 16 | 17 | 18 | 19 | 20 |
|---|---|---|---|---|---|---|---|---|---|---|---|---|---|---|---|---|---|---|---|---|---|
| $\kappa_1 N =$ | 0 | 1 | 1 | 1 | 1 | 1 | 1 | 1 | 1 | 1 | 1 | 1 | 1 | 1 | 1 | 1 | 1 | 1 | 1 | 1 | 1 |
| $\kappa_2 N =$ | 0 | 2 | 3 | 3 | 4 | 4 | 4 | 5 | 5 | 5 | 5 | 6 | 6 | 6 | 6 | 6 | 7 | 7 | 7 | 7 | 7 |
| $\kappa_3 N =$ | 0 | 3 | 5 | 6 | 6 | 8 | 9 | 9 | 10 | 10 | 10 | 12 | 13 | 13 | 14 | 14 | 14 | 15 | 15 | 15 | 15 |
| $\kappa_4 N =$ | 0 | 4 | 7 | 9 | 10 | 10 | 13 | 15 | 16 | 16 | 18 | 19 | 19 | 20 | 20 | 20 | 23 | 25 | 26 | 26 | 28 |
| $\kappa_5 N =$ | 0 | 5 | 9 | 12 | 14 | 15 | 15 | 19 | 22 | 24 | 25 | 25 | 28 | 30 | 31 | 31 | 33 | 34 | 34 | 35 | 35 |
| $\lambda_1 N =$ | 0 | 0 | 1 | 3 | 6 | 10 | 15 | 21 | 28 | 36 | 45 | 55 | 66 | 78 | 91 | 105 | 120 | 136 | 153 | 171 | 190 |
| $\lambda_2 N =$ | 0 | 0 | 0 | 1 | 1 | 2 | 4 | 4 | 5 | 7 | 10 | 10 | 11 | 13 | 16 | 20 | 20 | 21 | 23 | 26 | 30 |
| $\lambda_3 N =$ | 0 | 0 | 0 | 0 | 1 | 1 | 1 | 2 | 2 | 3 | 5 | 5 | 5 | 6 | 6 | 7 | 9 | 9 | 10 | 12 | 15 |
| $\lambda_4 N =$ | 0 | 0 | 0 | 0 | 0 | 1 | 1 | 1 | 1 | 2 | 2 | 2 | 3 | 3 | 4 | 6 | 6 | 6 | 6 | 7 | 7 |
| $\lambda_5 N =$ | 0 | 0 | 0 | 0 | 0 | 0 | 1 | 1 | 1 | 1 | 1 | 2 | 2 | 2 | 2 | 3 | 3 | 3 | 4 | 4 | 5 |
| $\mu_1 N =$ | 0 | 1 | 1 | 1 | 1 | 1 | 1 | 1 | 1 | 1 | 1 | 1 | 1 | 1 | 1 | 1 | 1 | 1 | 1 | 1 | 1 |
| $\mu_2 N =$ | 0 | 1 | 2 | 2 | 3 | 3 | 3 | 4 | 4 | 4 | 4 | 5 | 5 | 5 | 5 | 5 | 6 | 6 | 6 | 6 | 6 |
| $\mu_3 N =$ | 0 | 1 | 2 | 3 | 3 | 4 | 5 | 5 | 6 | 6 | 6 | 7 | 8 | 8 | 9 | 9 | 9 | 10 | 10 | 10 | 10 |
| $\mu_4 N =$ | 0 | 1 | 2 | 3 | 4 | 4 | 5 | 6 | 7 | 7 | 8 | 9 | 9 | 10 | 10 | 10 | 11 | 12 | 13 | 13 | 14 |
| $\mu_5 N =$ | 0 | 1 | 2 | 3 | 4 | 5 | 5 | 6 | 7 | 8 | 9 | 9 | 10 | 11 | 12 | 12 | 13 | 14 | 14 | 15 | 15 |

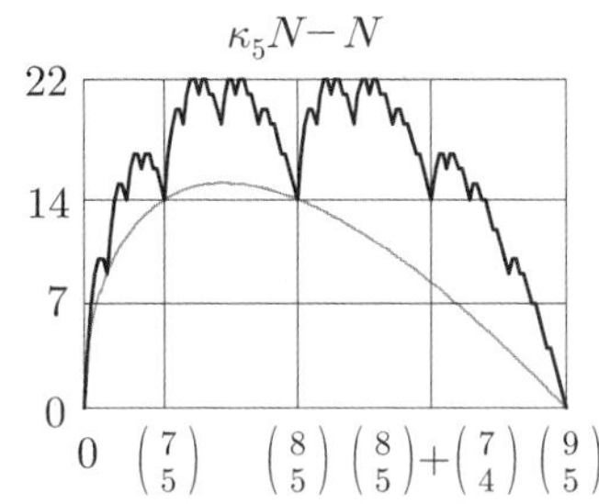


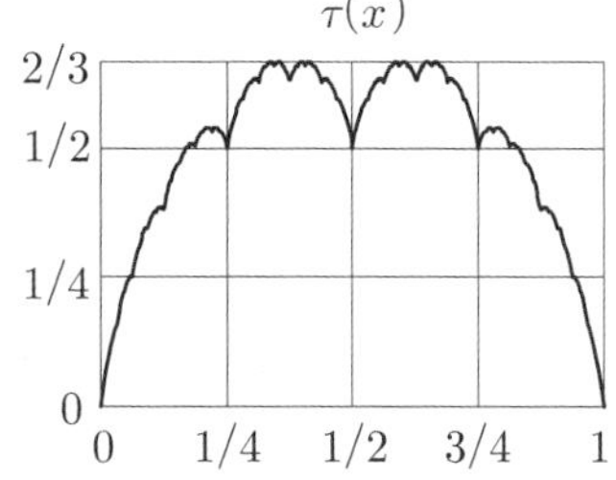


**그림 47.** 다카기 함수를 이용한 크러스컬 함수의 근사. (왼쪽 그래프에서 매끄러운 곡선은 연습문제 80의 하계 $\underline{\kappa_5} N - N$이다.)

또한 그러한 벡터들의 소위 교차 순서(cross order)를, 오직

$$\nu x < \nu y \quad \text{또는} \quad (\nu x = \nu y \text{ 그리고 사전순으로 } x \geq y) \tag{68}$$

일 때에만 $x \preceq y$라는 규칙으로 정의하자. 이전과 마찬가지로 여기에서도 $\nu(x_1, \ldots, x_n) = x_1 + \cdots + x_n$이다. 예를 들어 $m_1 = m_2 = 2$이고 $m_3 = 3$일 때 벡터 $x_1 x_2 x_3$ 열두 개를 교차 순서 오름차순으로 나열하면 다음과 같다(편의상 괄호와 원소간 쉼표를 생략했음).

$$000,\ 100,\ 010,\ 001,\ 110,\ 101,\ 011,\ 002,\ 111,\ 102,\ 012,\ 112. \tag{69}$$

$T(m_1, ..., m_n)$의 한 벡터의 여원(complement)은

$$\overline{x} = (m_1 - 1 - x_1, ..., m_n - 1 - x_n) \tag{70}$$

이다. $x \preceq y$는 오직 $\overline{x} \succeq \overline{y}$일 때에만 성립함을 주목하기 바란다. 따라서, rank$(x)$가 교차 순서에서 $x$보다 앞에 있는 벡터들의 개수라고 할 때, 다음이 성립한다.

$$\text{rank}(x) + \text{rank}(\overline{x}) = T - 1, \qquad \text{여기서 } T = m_1 \ldots m_n. \tag{71}$$

이후 논의의 편의를 위해, 이 벡터들을 '점(point)'들이라고 부르고 교차 순서 오름차순의 점들을 $e_0$, $e_1$, …, $e_{T-1}$이라고 부르기로 하자. 그러면 (69)에서 $e_7 = 002$이고, 일반적으로 $\overline{e}_r = e_{T-1-r}$이다. 또한

$$e_1 = 100\ldots00, \quad e_2 = 010\ldots00, \quad \ldots, \quad e_n = 000\ldots01 \tag{72}$$

임을 주목하기 바란다. 이들은 이른바 단위 벡터들이다. 가장 작은 $N$개의 점들로 이루어진 집합

$$S_N = \{e_0, e_1, ..., e_{N-1}\} \tag{73}$$

을 표준집합(standard set)이라고 부른다. $N = n + 1$인 특수한 경우에는

$$E = \{e_0, e_1, ..., e_n\} = \{000\ldots00, 100\ldots00, 010\ldots00, ..., 000\ldots01\} \tag{74}$$

이다.

점 $X$들의 임의의 집합에는 펼침(spread) $X^+$와 핵심(core) $X^\circ$, 그리고 쌍대(dual) $X^\sim$이 있다. 이들의 정의는 다음과 같다.

$$X^+ = \{x \in S_T \mid x \in X \text{ 또는 } x - e_1 \in X \text{ 또는 } \cdots \text{ 또는 } x - e_n \in X\}; \tag{75}$$

$$X^\circ = \{x \in S_T \mid x \in X \text{ 그리고 } x + e_1 \in X \text{ 그리고 } \cdots \text{ 그리고 } x + e_n \in X\}; \tag{76}$$

$$X^\sim = \{x \in S_T \mid \overline{x} \notin X\}. \tag{77}$$

또한 $X$의 펼침을 대수적으로

$$X^+ = X + E \tag{78}$$

라고 정의할 수도 있는데, 여기서 $X + Y$는 $\{x + y \mid x \in X \text{ 그리고 } y \in Y\}$를 뜻한다. 그러면

$$X^+ \subseteq Y\text{의 필요충분조건은 } X \subseteq Y^\circ \tag{79}$$

임이 분명하다. 다음은 이러한 개념들을 $m_1 = 4$, $m_2 = 6$인 2차원 경우에서 다소 무작위한 원환체 배열 $X = \{00, 12, 13, 14, 15, 21, 22, 25\}$를 이용해서 그림으로 표현한 것이다.

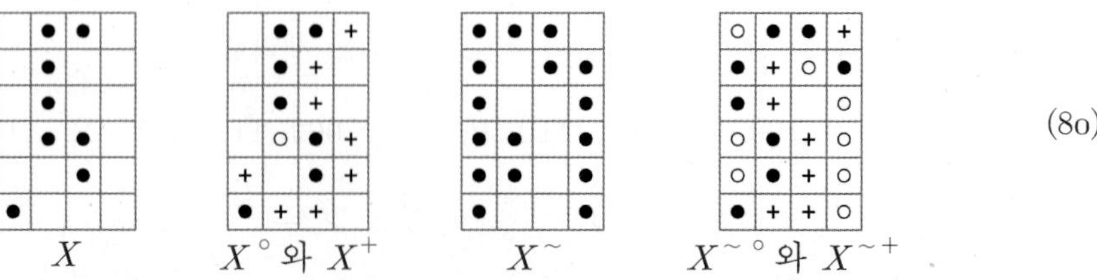

(80)

처음 두 도식의 $X$는 •이나 ○로 표시된 점들로 구성되며, $X^\circ$은 ○들로만, 그리고 $X^+$는 +들과 •들과 ○들로 구성된다. $X^{\sim\circ}$와 $X^{\sim +}$의 도식을 180° 회전하면 $X^\circ$와 $X^+$와 같되 (•, ○, +)이 각각 (+, •, ○)로 바뀐 도식이 나온다. 그리고 실제로 항등식

$$X^\circ = X^{\sim + \sim}, \qquad X^+ = X^{\sim \circ \sim} \tag{81}$$

이 일반적으로 성립한다(연습문제 86을 보라).

이제 왕과 왕의 정리를 실제로 살펴보자.

**정리 W.** *$X$가 이산 원환체 $T(m_1, \ldots, m_n)$ 안의 $N$개의 점들의 임의의 집합이라고 하자. 여기서 $m_1 \le \cdots \le m_n$이다. 그러면 $|X^+| \ge |S_N^+|$이고 $|X^\circ| \le |S_N^\circ|$이다.*

증명. 이 정리를 다른 말로 하면, 표준집합 $S_N$은 모든 $N$점 집합 중에서 펼침이 가장 작고 핵심이 가장 큰 집합이라는 것이다. 이 결과를 위플F. W. J. Whipple이 정리 M을 증명하기 위해 처음 사용한 일반적 접근방식[*Proc. London Math. Soc.* (2) **28** (1928), 431-437]을 따라 증명해 보겠다. 첫 단계는 표준집합의 펼침과 핵심이 표준집합임을 증명하는 것이다.

**보조정리 S.** *$S_N^+ = S_{\alpha N}$이고 $S_N^\circ = S_{\beta N}$인 함수 $\alpha$와 $\beta$가 존재한다.*

증명. $N > 0$이라고 가정할 수 있다. $r$이 $e_r \in S_N^+$를 만족하는 가장 큰 수이고 $\alpha N = r+1$이라고 하자. $0 \le q < r$에 대해 $e_q \in S_N^+$임을 증명해야 한다. $e_q = x = (x_1, \ldots, x_n)$이고 $e_r = y = (y_1, \ldots, y_n)$이라고 가정하자. 그리고 $k$가 $x_k > 0$인 가장 큰 아래첨자라고 하자. $y \in S_N^+$이므로, $y - e_j \in S_N$인 아래첨자 $j$가 존재한다. 이제 $x - e_k \preceq y - e_j$임을 증명하는 것으로 충분한데, 이 증명은 연습문제 88에 나온다.

둘째 부분은 $S_N^\sim = S_{T-N}$이라는 점을 이용해서 (81)과 $\beta N = T - \alpha(T-N)$으로부터 이끌어 낼 수 있다. ▮

$n=1$일 때 정리 W가 참임은 자명하므로, 귀납법에 의해 이 정리가 $n-1$개의 차원들에 대해 증명되었다고 가정할 수 있다. 다음 단계는 주어진 집합 $X$를 $k$번째 좌표성분 위치에서 압축하는(compress) 것이다. 좀 더 구체적으로 말하면, $0 \le a < m_k$에 대해 $X$를 서로 소인 부분집합

$$X_{k(a)} = \{x \in X \mid x_k = a\} \tag{82}$$

로 분할하고 각 $X_{k(a)}$를 그와 원소의 개수가 같은 집합

$$X_k'(a) = \{(s_1, \ldots, s_{k-1}, a, s_k, \ldots, s_{n-1}) \mid (s_1, \ldots, s_{n-1}) \in S_{|X_k(a)|}\} \tag{83}$$

로 대체한다. (83)에 쓰인 집합 $S$들은 $(n-1)$차원 원환체 $T(m_1, \ldots, m_{k-1}, m_{k+1}, \ldots, m_n)$ 안에서 표준집합이다. $(x_1, \ldots, x_{k-1}, a, x_{k+1}, \ldots, x_n) \preceq (y_1, \ldots, y_{k-1}, a, y_{k+1}, \ldots, y_n)$은 오직 $(x_1, \ldots, x_{k-1}, x_{k+1}, \ldots, x_n) \preceq (y_1, \ldots, y_{k-1}, y_{k+1}, \ldots, y_n)$일 때에만 성립함을 주목하자. 따라서 $X_k'(a) = X_{k(a)}$는 오직 $(x_1, \ldots, x_{k-1}, a, x_{k+1}, \ldots, x_n) \in X$인 $(n-1)$-차원 점 $(x_1, \ldots, x_{k-1}, x_{k+1}, \ldots, x_n)$들을 $(n-1)$차원 원환체에 투영했을 때 차지하는 영역이 최대한 작을 때에만 성립한

다. 이제 위치 $k$에서의 $X$의 압축을

$$C_kX = X'_k(0) \cup X'_k(1) \cup \cdots \cup X'_k(m_k - 1) \qquad (84)$$

이라고 정의한다. 연습문제 90은 압축이 펼침의 크기를 증가하지 않는다는 다음과 같은 기본적인 사실을 증명한다.

$$|X^+| \geq |(C_kX)^+|, \qquad 1 \leq k \leq n\text{에 대해}. \qquad (85)$$

더 나아가서, 만일 압축에 의해 $X$가 변했다면, 일부 원소들이 그보다 순위가 낮은 다른 원소들로 대체된 것이다. 따라서 정리 W를 모든 $k$에 대해 $X = C_kX$인, 완전히 압축된 집합 $X$들에 대해서만 증명하면 된다.

예를 들어 $n = 2$인 경우를 생각해 보자. 2차원에서 완전히 압축된 집합의 모든 점은 행들의 왼쪽, 열들의 아래쪽으로 이동한 상태이다. 다음은 점이 11개인 집합들의 예이다.

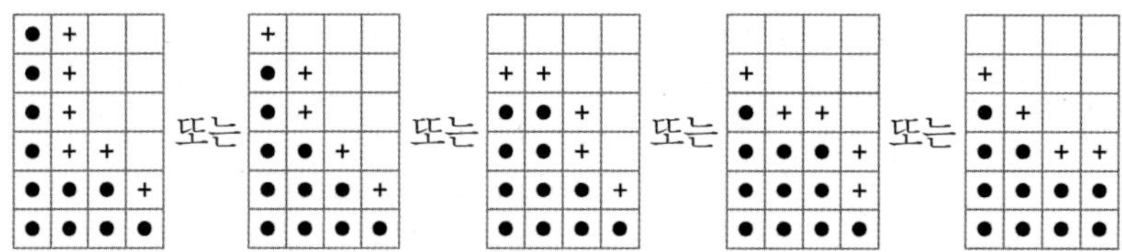


제일 오른쪽 것은 표준집합이며, 펼침이 가장 작다. 연습문제 91에서는 2차원에서의 정리 W의 증명을 완성한다.

$n > 2$일 때에는, $x = (x_1, \ldots, x_n) \in X$이고 $x_j > 0$이라고 가정하자. $C_kX = X$라는 조건은, 만일 $0 \leq i < j$이고 $i \neq k \neq j$이면 반드시 $x + e_i - e_j \in X$임을 함의한다. 이 사실을 $k$의 세 가지 값에 적용해 보면 $0 \leq i < j$일 때 항상 $x + e_i - e_j \in X$임을 알 수 있다. 따라서

$$0 < a < m\text{에 대해} \qquad X_n(a) + E_n(0) \subseteq X_n(a-1) + e_n \qquad (86)$$

인데, 여기서 $m = m_n$이고 $E_n(0)$은 집합 $\{e_0, \ldots, e_{n-1}\}$의 적절한 축약이다.

$X_n(a)$의 원소가 $N = |X| = N_0 + N_1 + \cdots + N_{m-1}$이 되는 $N_a$들이라고 하자. 그리고 $Y = X^+$라고 하자. 그러면

$$Y_n(a) = (X_n((a-1) \bmod m) + e_n) \cup (X_n(a) + E_n(0))$$

은 $n-1$차원에서 표준이며, (86)에 의해

$$N_{m-1} \leq \beta N_{m-2} \leq N_{m-2} \leq \cdots \leq N_1 \leq \beta N_0 \leq N_0 \leq \alpha N_0$$

이다. 여기서 $\alpha$와 $\beta$는 1에서 $n-1$까지의 좌표성분들을 뜻한다. 따라서

$$\begin{aligned}|Y| &= |Y_n(0)| + |Y_n(1)| + |Y_n(2)| + \cdots + |Y_n(m-1)| \\ &= \alpha N_0 + N_0 + N_1 + \cdots + N_{m-2} = \alpha N_0 + N - N_{m-1}\end{aligned}$$

이다.

이제 정리 W의 증명에는 아름다운 결론이 존재한다. $Z = S_N$이라 할 때 $|Z_n(a)| = M_a$라고 가정하자. 이제 할 일은 $|X^+| \ge |Z^+|$임을, 즉

$$\alpha N_0 + N - N_{m-1} \ge \alpha M_0 + N - M_{m-1} \tag{87}$$

임을 증명하는 것이다. 이전 문단의 논증들은 $X$는 물론 $Z$에도 적용되기 때문이다. (87)을, $N_{m-1} \le M_{m-1}$이고 $N_0 \ge M_0$임을 보임으로써 증명하고자 한다.

$(n-1)$차원 $\alpha$ 함수와 $\beta$ 함수를 이용해서

$$N'_{m-1} = N_{m-1}, N'_{m-2} = \alpha N'_{m-1}, \ldots, N'_1 = \alpha N'_2, N'_0 = \alpha N'_1; \tag{88}$$

$$N''_0 = N_0, N''_1 = \beta N''_0, N''_2 = \beta N''_1, \ldots, N''_{m-1} = \beta N''_{m-2} \tag{89}$$

라고 정의하자. 그러면 $0 \le a < m$에 대해 $N'_a \le N_a \le N''_a$이며, 이로부터

$$N' = N'_0 + N'_1 + \cdots + N'_{m-1} \le N \le N'' = N''_0 + N''_1 + \cdots + N''_{m-1} \tag{90}$$

을 유도할 수 있다. 연습문제 92에서는 표준집합 $Z' = S_{N'}$의 원소들 중 $n$번째 좌표성분이 $a$와 같은 것들이 각 $a$마다 정확히 $N'_a$개임을 증명한다. 그리고 $\alpha$와 $\beta$ 사이의 쌍대에 의해, 표준집합 $Z'' = S_{N''}$에서도 $n$번째 좌표성분이 $a$인 원소들이 정확히 $N''_a$개이다. 마지막으로, 이로부터 다음이 나온다:

$$M_{m-1} = |Z_{n(m-1)}| \ge |Z'_n(m-1)| = N_{m-1},$$
$$M_0 = |Z_{n(0)}| \le |Z''_n(0)| = N_0.$$

(90)에 의해 $Z' \subseteq Z \subseteq Z''$이기 때문이다. 그리고 (81)에 의해 $|X^\circ| \le |Z^\circ|$도 참이다. ∎

이제 정리 K와 M을 증명할 준비가 되었다. 사실 이 두 정리는 임의의 중복집합에 적용되는 클레먼츠Clements와 린스트룀Lindström의 훨씬 더 일반적인 정리〔*J. Combinatorial Theory* **7** (1969), 230-238〕의 특수 경우들이다. 그 정리는 다음과 같다.

**따름정리 C.** *$s_0 \ge s_1 \ge \cdots \ge s_d$라 할 때 만일 $A$가 중복집합 $U = \{s_0 \cdot 0, s_1 \cdot 1, \ldots, s_d \cdot d\}$에 포함된 $N$개의 $t$-중복조합들의 집합이면*

$$|\partial A| \ge |\partial P_{Nt}|, \qquad |\varrho A| \ge |\varrho Q_{Nt}| \tag{91}$$

*이다. 여기서 $P_{Nt}$는 $U$의 사전순으로 가장 작은 $N$개의 중복조합 $d_t \ldots d_2 d_1$들이고 $Q_{Nt}$는 사전순으로 가장 큰 $N$개이다.*

증명. $U$의 중복조합들을 원환체 $T(m_1, \ldots, m_n)$의 점 $x_1 \ldots x_n$들로 표현할 수 있다. 여기서 $n = d+1$이고 $m_j = s_{n-j} + 1$이다. 이때 $x_j$를 $n-j$가 나타난 횟수로 둘 수 있다. 이러한 대응관계는 사전식 순서를 유지한다. 예를 들어 $U = \{0, 0, 0, 1, 1, 2, 3\}$일 때 그 3-중복조합들은 사전순으로

$$000, 100, 110, 200, 210, 211, 300, 310, 311, 320, 321 \tag{92}$$

이며, 그에 해당하는 점 $x_1 x_2 x_3 x_4$들은

$$0003, 0012, 0021, 0102, 0111, 0120, 1002, 1011, 1020, 1101, 1110 \qquad (93)$$

이다.

원환체에서 가중치가 $x_1 + \cdots + x_n = w$인 점들을 $T_w$로 표기하자. 그러면 $t$-중복조합들의 허용 가능한 집합 $A$들은 모두 $T_t$의 부분집합이다. 더 나아가서, 그리고 사실 이것이 요점인데, $T_0 \cup T_1 \cup \cdots \cup T_{t-1} \cup A$의 펼침은

$$\begin{aligned}(T_0 \cup T_1 \cup \cdots \cup T_{t-1} \cup A)^+ &= T_0^+ \cup T_1^+ \cup \cdots \cup T_{t-1}^+ \cup A^+ \\ &= T_0 \cup T_1 \cup \cdots \cup T_t \cup \varrho A \qquad (94)\end{aligned}$$

이다. 따라서 상향 그림자 $\varrho A$는 그냥 $(T_0 \cup T_1 \cup \cdots \cup T_{t-1} \cup A)^+ \cap T_{t+1}$이며, 정리 W는 $M = |T_0 \cup \cdots \cup T_{t-1}|$이라 할 때 만일 $|A| = N$이면 본질적으로 $|\varrho A| \geq |\varrho(S_{M+N} \cap T_t)|$임을 말해준다. 그러므로 교차 순서의 정의에 의해 $S_{M+N} \cap T_t$는 사전순으로 가장 큰 $N$개의 $t$-중복조합들, 즉 $Q_{Nt}$로 이루어진다.

이제 여수화를 적용하면 $|\partial A| \geq |\partial P_{Nt}|$도 증명된다(연습문제 94를 보라). ▮

## 연습문제

**1.** [*M23*] 골럼의 규칙 (8)에 의해 모든 집합 $\{c_1, \ldots, c_t\} \subseteq \{0, \ldots, n-1\}$이 중복집합 $\{e_1, \ldots, e_t\} \subseteq \{\infty \cdot 0, \ldots, \infty \cdot n-t\}$에 각각 유일하게 대응되는 이유를 설명하라.

**2.** [*16*] $11 \times 13$ 격자의 경로들 중 비트열 (13)에 해당하는 것은 무엇인가?

▶ **3.** [*21*] (R. R. Fenichel, 1968.) $s$를 $t+1$개의 음이 아닌 부분들로 분할하는 합성 $q_t + \cdots + q_1 + q_0$들을 간단한 루프 없는 알고리즘을 이용해서 사전순으로 생성할 수 있음을 보여라.

**4.** [*16*] $s$를 $t+1$개의 음이 아닌 부분들로 분할하는 합성 $q_t \ldots q_0$들은 모두 $t$를 $s+1$개의 음이 아닌 부분들로 분할하는 합성 $r_s \ldots r_0$과 대응됨을 보여라. 이러한 대응관계에서 10224000001010에 대응되는 합성은 무엇인가?

▶ **5.** [*20*] 다음과 같은 부등방정식들의 모든 정수해를 생성하는 좋은 방법은 각각 무엇인가?

a) $n > x_t \geq x_{t-1} > x_{t-2} \geq x_{t-3} > \cdots > x_1 \geq 0$, $t$는 홀수.

b) $n \gg x_t \gg x_{t-1} \gg \cdots \gg x_2 \gg x_1 \gg 0$, 여기서 $a \gg b$는 $a \geq b+2$를 뜻함.

**6.** [*M22*] 알고리즘 T의 각 단계는 몇 번이나 실행되는가?

**7.** [*22*] '쌍대' 조합 $b_s \ldots b_2 b_1$들을 사전순의 내림차순(식 (5)와 표 1 참고)으로 훑는 알고리즘을 설계하라. 알고리즘 T처럼 이 알고리즘도 중복된 배정과 불필요한 검색을 피해야 한다.

**8.** [*M23*] 모든 $(s,t)$-조합 $a_{n-1} \ldots a_1 a_0$을 비트열 형태로 사전순으로 생성하는 알고리즘을 설계하라. $st > 0$이라고 가정하고, 총 실행 시간이 반드시 $O\left(\binom{n}{t}\right)$이어야 한다.

**9.** [*M26*] 모든 $(s,t)$-조합 $a_{n-1} \ldots a_1 a_0$을 사전순으로 나열할 때, $2A_{st}$가 인접한 두 비트열의 비트 변경 횟수(다른 비트들의 개수)들의 총합이라고 하자. 예를 들어 $A_{33} = 25$이다. 표1의 20의 총 비트 변경 횟수가

$$2+2+2+4+2+2+4+2+2+6+2+2+4+2+2+4+2+2+2=50$$

이기 때문이다.

a) $st>0$일 때 $A_{st}=\min(s,t)+A_{(s-1)t}+A_{s(t-1)}$이고 $st=0$일 때 $A_{st}=0$임을 보여라.

b) $A_{st}<2\binom{s+t}{t}$임을 증명하라.

▶ **10.** 〔*21*〕 전통적으로, 북미 프로야구 '월드시리즈'는 아메리칸 리그 우승팀(A)과 내셔널 리그 우승팀(N) 중 먼저 4승을 거두는 팀이 나올 때까지 진행된다. 모든 가능한 시나리오 AAAA, AAANA, AAANNA, … NNNN을 나열하는 좋은 방법은 무엇인가? 그러한 시나리오들에 연속된 정수들을 배정하는 간단한 방법은 무엇인가?

**11.** 〔*19*〕 연습문제 10의 시나리오들 중 1900년대에 가장 자주 발생한 것은 무엇인가? 전혀 발생하지 않은 것은 무엇인가? 〔힌트: 월드시리즈 기록은 웹에서 쉽게 찾을 수 있다.〕

**12.** 〔*HM32*〕 $n$비트 벡터들의 집합 $V$가 2를 법으로 한 덧셈에 대해 닫혀 있을 때, 그러한 집합을 이진 벡터 공간(binary vector space)이라고 부른다.

a) 다음을 증명하라: 그러한 모든 집합 $V$의 원소 개수가 어떤 정수 $t$에 대해 $2^t$이다. 그리고 집합 $V$를 집합 $\{x_1\alpha_1\oplus\cdots\oplus x_t\alpha_t \mid 0\le x_1,\ldots,x_t\le 1\}$로 표현할 수 있는데, 여기서 벡터 $\alpha_1$, …, $\alpha_t$는 다음과 같은 속성을 가진 '표준기저(canonical basis)'를 형성한다: 만일 $\alpha_k$가 이진 벡터 $a_{k(n-1)}\ldots a_{k1}a_{k0}$이면 $\{0,1,\ldots,n-1\}$의 어떤 $t$-조합 $c_t\ldots c_2c_1$에 대해 다음이 성립한다.

$$1\le j,\ k\le t\text{에 대해 } a_{kc_j}=[j=k];\qquad 0\le l<c_k,\ 1\le k\le t\text{에 대해 } a_{kl}=0.$$

예를 들어 $n=9$, $t=4$, $c_4c_3c_2c_1=7641$일 때의 표준기저들의 일반 형식은 다음과 같다.

$$\begin{aligned}\alpha_1&=*\,0\,0*0**1\,0,\\ \alpha_2&=*\,0\,0*1\,0\,0\,0\,0,\\ \alpha_3&=*\,0\,1\,0\,0\,0\,0\,0\,0,\\ \alpha_4&=*\,1\,0\,0\,0\,0\,0\,0\,0.\end{aligned}$$

여덟 별표를 0이나 1로 대체하는 방법은 총 $2^8$가지이며, 각각은 하나의 표준기저를 정의한다.

b) $n$비트 벡터로 가능한 $t$차원 공간은 몇 개인가?

c) 모든 $t$차원 표준기저 $(\alpha_1,\ldots,\alpha_t)$를 생성하는 알고리즘을 설계하라. 힌트: 연관된 조합 $c_t\ldots c_1$들이 알고리즘 L에서처럼 사전순 오름차순이 되게 할 것.

d) $n=9$이고 $t=4$일 때 그 알고리즘이 1000000번째로 방문하는 표준기저는 무엇인가?

**13.** 〔*25*〕 길이 $n$, 가중치 $t$, 에너지 $r$의 1차원 이징 구성(Ising configuration)은 $b_j=a_j\oplus a_{j-1}$이라 할 때 $\sum_{j=0}^{n-1}a_j=t$이고 $\sum_{j=1}^{n-1}b_j=r$인 이진열 $a_{n-1}\ldots a_0$이다. 예를 들어 $a_{12}\ldots a_0=$ 1100100100011은 가중치가 6이고 에너지가 6인 이징 구성이다. $b_{12}\ldots b_1=010110110010$이기 때문이다.

$n$과 $t$, $r$이 주어졌을 때 그러한 모든 구성을 생성하는 알고리즘을 설계하라.

**14.** [*26*] 이진열 $a_{n-1}\ldots a_1a_0$ 형태의 $(s,t)$-조합들을 사전순으로 생성할 때, 한 조합에서 다음 조합으로 가기 위해 $2\min(s,t)$개의 비트들을 바꾸어야 하는 경우가 종종 있다. 예를 들어 표 1을 보면 011100 다음에 100011이 온다. 따라서 사전식 순서 이외의 어떤 순서를 사용하지 않는 한, 모든 조합을 루프 없는 알고리즘으로 방문하는 것이 불가능함이 분명하다.

그러나 주어진 한 조합의 사전순 후행자를 $O(1)$단계로 계산하는 방법이 실제로 존재한다. 단, 이를 위해서는 각 조합을 다음 규칙에 따라 이중 연결 목록 형태로 암묵적으로 표현해야 한다: $0 \le j \le n$에 대해 $l[r[j]] = j$인 배열 $l[0]$, ..., $l[n]$과 $r[0]$, ..., $r[n]$이 있다. 만일 $0 < j < n$에 대해 $x_0 = l[0]$이고 $x_j = l[x_{j-1}]$이면 $0 \le j < n$에 대해 $a_j = [x_j > s]$이다. 그러한 방법을 설명하라.

**15.** [*M22*] 쌍대 조합 $b_s\ldots b_2b_1$들이 사전식 역순으로 나타난다는 사실을 이용해서, 합 $\binom{b_s}{s}+\cdots+\binom{b_2}{2}+\binom{b_1}{1}$과 $\binom{c_t}{t}+\cdots+\binom{c_2}{2}+\binom{c_1}{1}$ 사이에 간단한 관계가 존재함을 증명하라.

**16.** [*M21*] $t$가 (a) 2, (b) 3, (b) 4, (d) 5, (e) 1000000일 때 알고리즘 L이 백만 번째로 생성하는 조합은 각각 무엇인가?

**17.** [*HM25*] $N$과 $t$가 주어졌을 때 조합적 표현 (20)을 계산하는 좋은 방법을 제시하라.

▶ **18.** [*20*] 이항 트리 $T_n$을 연습문제 2.3.2-5에서처럼 '오른쪽 자식 노드'와 '왼쪽 동기 노드'로 표현할 때 나오는 이진 트리는 어떤 것인가?

**19.** [*21*] 이항 트리 $T_4$의 가지들에 이름표들을 그림 (22)처럼 붙이는 대신, 다음과 같이 각 노드에 해당 조합의 비트열을 이름표로 붙인다고 하자.

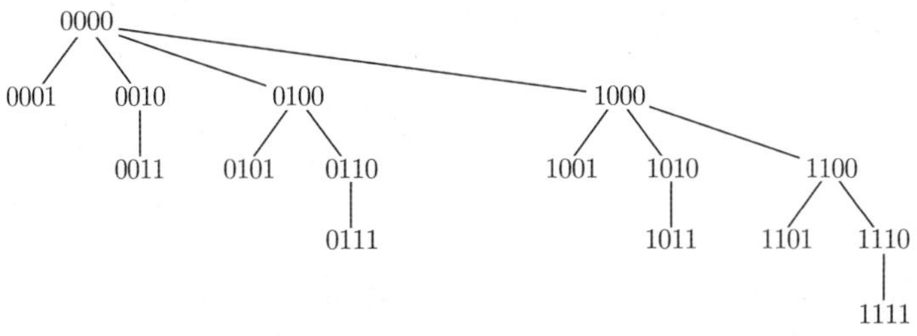


$T_\infty$에 이름표들을 이런 식으로 붙이되 선행 0들을 생략한다면, 전위순서(preorder)는 이진 표기법의 통상적인 오름차순과 같다. 따라서 백만 번째 노드는 11110100001000111111이 된다. 그렇다면 $T_\infty$의 후위순서(postorder)로 백만 번째 노드는 무엇인가?

**20.** [*M20*] 알고리즘 F가 정확히 $[z^N]\,g(z)$개의 실현가능 조합들을 찾아내고 설정 $t \leftarrow t+1$을 정확히 $[z^N]\,h(z)$회 수행하게 만드는 생성 함수 $g$와 $h$를 고안하라.

**21.** [*M22*] (밀러Joan E. Miller, 1971.) 교대 조합 법칙 (30)을 증명하라.

**22.** [*M23*] $t$가 (a) 2, (b) 3, (c) 4, (d) 5, (e) 1000000일 때 알고리즘 R이 백만 번째로 방문하는 회전문 조합은 각각 무엇인가?

**23.** [*M23*] 알고리즘 R을, 단계 R1에서 $j \leftarrow t+1$로 설정하도록 수정하고, 만일 R3에서 R2로 직접 간다면 $j \leftarrow 1$로 설정하도록 수정했다고 하자. $j$의 확률 분포와 그 평균값을 구하라. 이 수치들이 알고리즘의 실행 시간에 관해 뜻하는 바는 무엇인가?

▶ **24.** [*M25*] (W. H. Payne, 1974.) 이전 연습문제를 이어서, 알고리즘 R의 $k$번째 방문에서의 $j$의 값을 $j_k$라고 하자. $|j_{k+1} - j_k| \le 2$임을 증명하고, 이 속성을 활용해서 알고리즘에서 루프를 없애는 방법을 설명하라.

**25.** [*M35*] $c_t \ldots c_2c_1$과 $c'_t \cdots c'_2c'_1$이 회전문 방법, 즉 알고리즘 R이 $N$번째와 $N'$번째로 생성하는 조합들이라고 하자. 만일 집합 $C = \{c_t, \ldots, c_2, c_1\}$의 원소들 중 $C' = \{c'_t, \ldots, c'_2, c'_1\}$의 원소가 아닌 것이 $m > 0$개이면 $|N - N'| > \sum_{k=1}^{m-1}\binom{2k}{k-1}$임을 증명하라.

**26.** [*26*] (a) $a_{n-1} + \cdots + a_1 + a_0 = t$인, 또는 (b) $\{a_{n-1}, \ldots, a_1, a_0\} = \{r \cdot 0, s \cdot 1, t \cdot 2\}$인 $n$-짝 $a_{n-1} \cdots a_1a_0$들만 추출한다고 할 때, 삼진 반사된 그레이 부호의 원소들이 회전문 그레이 부호 $\Gamma_{st}$와 비슷한 속성들을 가지고 있는지를 각각 말하라.

▶ **27.** [*25*] $\{0, 1, \ldots, n-1\}$의 최대 $t$개의 원소들의 모든 조합을 그레이 부호 비슷한 전이 $0 \leftrightarrow 1$과 $01 \leftrightarrow 10$만 사용해서 생성하는 간단한 방법이 존재함을 보여라. (다른 말로 하면, 각 단계는 새 원소 하나를 삽입하거나, 기존 원소 하나를 삭제하거나, 기존 원소 하나를 $\pm 1$만큼 자리이동하는 것이어야 한다.) 예를 들어 $n = 4$, $t = 2$일 때 다음이 그러한 수열이다.

$$0000, 0001, 0011, 0010, 0110, 0101, 0100, 1100, 1010, 1001, 1000$$

힌트: 중국 고리 퍼즐을 생각해 볼 것.

**28.** [*M21*] 참 또는 거짓을 말하라: 비트열 형태의 $(s, t)$-조합 $a_{n-1} \cdots a_1a_0$들의 나열은 오직 해당 색인 형태 나열 $b_s \cdots b_2b_1$(0들에 대한)과 $c_t \cdots c_2c_1$(1들에 대한) 둘 다 일반사전순일 때에만 일반사전순이다.

▶ **29.** [*M28*] (P. J. Chase.) 기호 +, -, 0에 대한 문자열이 주어졌을 때, 그 앞이 0이고 그 뒤가 -가 아닌 $-^{k+1}$ 형태의 부분문자열을 우블록(R-block)이라고 부르고, 그 뒤가 0인 $+-^k$ 형태의 부분문자열을 좌블록(L-block)이라고 부르자. 두 경우 모두 $k \ge 0$이다. 예를 들어 문자열 +00++-+++-000-에는 좌블록이 두 개, 우블록이 하나 있다(회색 테두리들). 블록들이 겹칠 수는 없음을 주목할 것.

블록이 적어도 하나 존재할 때, 그러한 문자열의 후행자를 다음과 같이 형성한다: 제일 오른쪽 블록이 우블록이면 제일 오른쪽의 $0-^{k+1}$을 $-+^k0$으로 대체한다. 그렇지 않으면 제일 오른쪽 $+-^k0$ $0+^{k+1}$으로 대체한다. 또한 변경된 블록의 오른쪽에 있는 첫 번째 부호(가 있다면)를 부정한다. $\beta$가 $\alpha$의 후행자임을 $\alpha \to \beta$로 표기한다고 할 때, 예를 들면

-+00++- → -0+0-+- → -0+-0-- → -0+--+0 → -0+--0+ → -00+++-

이다.

a) 블록이 없는(따라서 후행자가 없는) 문자열들을 서술하라.

b) $\alpha_0 \to \alpha_1 \to \cdots \to \alpha_{k-1} \to \alpha_0$인 문자열들의 순환마디가 존재할까?

c) '-'가 "모든 부호를 부정한다"를 뜻한다고 할 때, 만일 $\alpha \to \beta$이면 $-\beta \to -\alpha$임을 증명하라. (따라서 모든 문자열에는 적어도 하나의 선행자가 있다.)

d) 만일 $\alpha_0 \to \alpha_1 \to \cdots \to \alpha_k$이고 $k > 0$이면 문자열 $\alpha_0$과 $\alpha_k$의 모든 0의 자리가 서로 같지는 않음을 보여라. (따라서 $\alpha_0$의 부호가 $s$개, 0이 $t$개이면 $k$는 반드시 $\binom{s+t}{t}$보다 작다.)

e) 부호가 $s$개, 0이 $t$개인 모든 문자열 $\alpha$는 정확히 하나의 사슬 $\alpha_0 \to \alpha_1 \to \cdots \to \alpha_{\binom{s+t}{t}-1}$에 속함을 증명하라.

**30.** [*M32*] 이전 연습문제는 $s$개의 0들과 $t$개의 1들의 모든 조합을 대응관계 $+ \mapsto 0$, $- \mapsto 0$, $0 \mapsto 1$을 통해서 생성하는 $2^s$가지 방법을 정의한다. 그러한 각 방법이 적절한 점화식으로 정의할 수 있는 동차 일반사전순 수열임을 보여라. 체이스 순차열 (37)이 이 일반적 구성의 한 특수 경우인가?

**31.** [*M23*] (a) 비트열 형식 $a_{n-1} \ldots a_1 a_0$과 (b) 색인 목록 형식 $c_t \ldots c_2 c_1$에서 $(s,t)$-조합들의 일반사전순 나열이 몇 가지나 가능한지를 각각 말하라.

▶ **32.** [*M32*] $(s,t)$-조합 $a_{n-1} \ldots a_1 a_0$들 중 (a) 회전문 속성을 가진 것들과 (b) 동차인 것들의 일반사전순 나열이 몇 가지나 가능한지를 각각 말하라.

**33.** [*HM33*] 연습문제 31(b)의 일반사전순 나열들 중 거의 완벽한 것은 몇 개인가?

**34.** [*M32*] 연습문제 33을 이어서, $s$와 $t$가 그리 크지 않을 때, '완벽하지 않은' 전이 $c_j \leftarrow c_j \pm 2$들의 수가 최소화된다는 의미에서 완벽에 최대한 가까운 그러한 방안들을 찾아내는 방법을 설명하라.

**35.** [*M26*] 체이스 순차열 $C_{st}$가 사용하는 완벽하지 않은 전이는 몇 개인가?

▶ **36.** [*M21*] 비트열 형식의 조합을 위한 임의의 일반사전순 방안이 주어졌을 때, 방법 (39)로 $(s,t)$-조합 $a_{n-1} \ldots a_1 a_0$을 모두 생성하는 과정에서 연산 $j \leftarrow j+1$의 총 수행 횟수가 정확히 $\binom{s+t}{t} - 1$임을 증명하라.

▶ **37.** [*27*] 일반적인 일반사전순 방법 (39)로 $(s,t)$-조합 $a_{n-1} \ldots a_1 a_0$들을 (a) 사전순으로, (b) 알고리즘 R의 회전문 순서로, (c) (31)의 동차 순서로 생성했을 때 나오는 알고리즘을 각각 설명하라.

**38.** [*26*] 역 체이스 순차열 $C_{st}^R$을 위한, 알고리즘 C와 비슷한 일반사전순 알고리즘을 설계하라.

**39.** [*M21*] $s = 12$이고 $t = 14$일 때, 체이스 순차열 $C_{st}$에서 비트열

$$11001001000011111101101010$$

보다 앞에 있는 조합은 몇 개인가? ((41)을 보라.)

**40.** [*M22*] $s = 12$이고 $t = 14$일 때 체이스 순차열 $C_{st}$의 100만 번째 조합은 무엇인가?

**41.** [*M27*] $0 \le k < 2^{s+t}$에 대해 가중치가 $\nu(c(k)) = s$인 원소 $c(k)$의 $s+t$개의 최소 유효 비트들을 여수화함으로써 체이스 순차열 $C_{st}$의 원소들을 얻을 수 있음을 만족하는 음이 아닌 정수들의 순열 $c(0)$, $c(1)$, $c(2)$, ...이 존재함을 보여라. (따라서, 그레이 이진 부호 $g(0)$, ..., $g(2^n - 1)$이 모든 회전문 순차열 $\Gamma_{st}$를 포함하는 것과 마찬가지로, 수열 $\overline{c}(0)$, ..., $\overline{c}(2^n - 1)$은 $s+t=n$

인 모든 $C_{st}$를 부분수열로써 포함한다.) 이진 표현 $k=(\ldots b_2b_1b_0)_2$로부터 이진 표현 $c(k)=(\ldots a_2a_1a_0)_2$를 계산하는 방법을 설명하라.

**42.** [*HM34*] $\sum_{s,t} g_{st}w^s z^t$ 형태의 생성 함수들을 이용해서 알고리즘 C의 각 단계를 분석하라.

**43.** [*20*] 증명 또는 반증하라: 만일 $s(x)$와 $p(x)$가 각각 $x$의 엔도순 후행자와 선행자를 뜻한다면, $s(x+1)=p(x)+1$이다.

▶ **44.** [*M21*] $C_t(n)-1$이 $C_t(n)$에서 $c_1=0$인 모든 조합을 제거하고 남은 조합들에서 $c_t\ldots c_1$을 $(c_t-1)\ldots(c_1-1)$로 대체해서 얻은 순차열을 나타낸다고 하자. $C_t(n)-1$이 거의 완벽한 순차열임을 보여라.

**45.** [*32*] 엔도순과 (44)에 나온 전개들을 활용해서, 체이스 순차열 $C_t(n)$의 조합 $c_t\ldots c_2c_1$들을 재귀적이지 않은 절차를 이용해서 생성하라.

▶ **46.** [*33*] 체이스 순차열 $C_{st}$의 쌍대 조합 $b_s\ldots b_2b_1$들을 위한, 즉 $a_{n-1}\ldots a_1a_0$의 0들의 위치들에 대한 비재귀 알고리즘 구축하라.

**47.** [*26*] (46)과 (47)의 거의 완벽한 중복집합 순열 방법을 구현하라.

**48.** [*M21*] $\alpha_0,\ \alpha_1,\ \ldots,\ \alpha_{N-1}$이 중합 $\{s_1\cdot 1,\ldots,s_d\cdot d\}$의 순열들의 임의의 나열이라고 하자. 여기서 $\alpha_k$와 $\alpha_{k+1}$은 두 원소의 맞바꾸기 1회만큼 다르다. $\beta_0,\ \ldots,\ \beta_{M-1}$이 $(s,t)$-조합들의 임의의 회전문 나열이라고 하자. 여기서 $s=s_0$, $t=s_1+\cdots+s_d$, $M=\binom{s+t}{t}$이다. 그리고 $\Lambda_j$가 $\alpha_j\uparrow\beta_0$으로 시작해서 회전문 교환을 적용해 얻은 $M$원소 목록이라고 하자. 여기서 $\alpha\uparrow\beta$는 $\alpha$의 원소들을 좌우 순서를 유지하면서 $\beta$의 1들에 따라 치환하여 얻은 문자열이다. 예를 들어 $\beta_0,\ \ldots,\ \beta_{M-1}$이 0110, 0101, 1100, 1001, 0011, 1010이고 $\alpha_j=12$이면 $\Lambda_j$는 0120, 0102, 1200, 1002, 0012, 1020이다. (회전문 나열이 반드시 동차일 필요는 없다.)

목록 (47)에 $\{s_0\cdot 0,s_1\cdot 1,\ldots,s_d\cdot d\}$의 모든 순열이 포함되며, 인접한 두 순열은 두 원소의 맞바꾸기 1회만큼 다름을 증명하라.

**49.** [*HM23*] $q$가 단위원의 $m$차 원시근(이를테면 $e^{2\pi i/m}$)이라 할 때, 다음을 증명하라.

$$\binom{n}{k}_q=\binom{\lfloor n/m\rfloor}{\lfloor k/m\rfloor}\binom{n \bmod m}{k \bmod m}_q.$$

▶ **50.** [*HM25*] 이전 연습문제의 공식을 $q$-다중항계수

$$\binom{n_1+\cdots+n_t}{n_1,\ldots,n_t}_q$$

들로 확장하라.

**51.** [*25*] 정점들이 $\{0,0,0,1,1,1\}$의 순열들이고 인접 전치 관계인 두 순열 사이에 간선이 존재하는 그래프의 모든 해밀턴 경로를 구하라. 그 경로들 중 0들을 1들로 맞바꾸는 연산과 좌우로 반사시키는 연산하에서 동치인 것들은 무엇인가?

**52.** [*M37*] 정리 P를 일반화해서, 중복집합 $\{s_0 \cdot 0, \ldots, s_d \cdot d\}$의 모든 순열을 인접 전치 $a_j a_{j-1} \leftrightarrow a_{j-1} a_j$로 생성할 수 있다는 명제에 대한 필요충분조건을 구하라.

**53.** [*M46*] (D. H. Lehmer, 1965.) $\{s_0 \cdot 0, \ldots, s_d \cdot d\}$의 순열 $N$개 중 반전 개수가 짝수인 것이 $(N+x)/2$개(여기서 $x \geq 2$)이기 때문에 그 순열들을 완벽한 방안으로 생성할 수 없다고 가정하자. $N$개의 순열들 모두를 다음과 같은 일련의 연산들로 생성할 수 있을까?: $1 \leq k < N+x-1$에 대한 $N+x-2$개의 인접 맞바꾸기 $a_{\delta_k} \leftrightarrow a_{\delta_k - 1}$ 연산들, 그중 $x-1$개는 $\delta_k = \delta_{k-1}$에 의해 방금 본 조사한 순열로 되돌아감으로써 '박차'를 가하는 연산. 예를 들어 $\{0, 0, 1, 1, 2, 2\}$의 순열 90개를 위한 적절한 연산열 $\delta_1 \ldots \delta_{94}$은 $234535432523451\alpha42\alpha^R51\alpha42\alpha^R51\alpha4$인데, 여기서 $x = \binom{2+2+2}{2,2,2} - 1 = 6$이며, 만일 $a_5 a_4 a_3 a_2 a_1 a_0 = 221100$으로 시작한다면 $\alpha = 45352542345355$이다.

**54.** [*M40*] 인접 맞바꾸기 $a_j \leftrightarrow a_{j-1}$과 함께 끝에서 끝으로의 순환 교환 $a_{n-1} \leftrightarrow a_0$도 허용한다고 할 때, 모든 $(s, t)$-조합을 생성할 수 있으려면 $s$와 $t$의 값이 얼마가 되어야 하는가?

▶ **55.** [*33*] (Frank Ruskey, 2004.) (a) 모든 $(s, t)$-조합 $a_{s+t-1} \ldots a_1 a_0$을 회전 $a_j a_{j-1} \ldots a_0 \leftarrow a_{j-1} \ldots a_0 a_j$를 연이어 수행해서 생성할 수 있음을 보여라. (b) $s + t < 64$일 때 $(a_{s+t-1} \ldots a_1 a_0)_2$의 후행자를 구하는 MMIX 프로그램을 작성하라.

**56.** [*M49*] (Buck, Wiedemann, 1984.) 모든 $(t, t)$-조합 $a_{2t-1} \ldots a_1 a_0$을, $a_0$을 다른 원소와 교환하는 연산을 되풀이해서 생성할 수 있을까?

▶ **57.** [*22*] (Frank Ruskey.) 피아노 연주자가 많아야 한 옥타브만큼 펼쳐져 있는 모든 가능한 4음표 화음을 한 번에 손가락 하나만 바꾸어 가며 연주할 수 있을까? 이는 $n > c_t > \cdots > c_1 \geq 0$이고 $c_t - c_1 < m$인 모든 조합 $c_t \ldots c_1$을 생성하는 문제인데, 여기서 $t = 4$이고 (a) 만일 피아노 건반의 흰 음들만 고려한다면 $m = 8$, $n = 52$, (b) 검은 음도 고려한다면 $m = 13$, $n = 88$이다.

**58.** [*20*] 연습문제 57의 피아노 연주자 문제를, 화음에 인접한 음표들이 존재하지 않는다는 조건을 추가해서 풀어라. (다른 말로 하면 $t > j \geq 1$에 대해 $c_{j+1} > c_j + 1$이다. 그러한 화음은 좀 더 잘 어울리는 화음인 경향이 있다.)

**59.** [*M25*] 4음표 화음 피아노 연주자 문제에 대한 완벽한 해가 존재하는가? 여기서 완벽하다는 것은 각 단계마다 손가락 하나가 인접한 키로 움직인다는 것이다.

**60.** [*23*] 다음과 같은 유계 합성들을 모두 생성하는 알고리즘을 설계하라.

$$t = r_s + \cdots + r_1 + r_0, \qquad \text{여기서 } s \geq j \geq 0 \text{에 대해 } 0 \leq r_j \leq m_j.$$

**61.** [*32*] 모든 유계 합성을 각 단계마다 단 두 부분만 바꾸어서 생성할 수 있음을 보여라.

▶ **62.** [*M27*] $r_1 + \cdots + r_m = c_1 + \cdots + c_n$인 행의 합 $r_i = \sum_{j=1}^{n} a_{ij}$들과 열의 합 $c_j = \sum_{i=1}^{m} a_{ij}$들이 주어졌을 때, 그러한 합들을 만족하는 음이 아닌 정수 $(a_{ij})$들의 $m \times n$ 행렬을 분할표(contingency table)라고 부른다.

a) $2 \times n$ 분할표가 유계 합성과 동치임을 보여라.

b) $(r_1, \ldots, r_m; c_1, \ldots, c_n)$에 대한 분할표들 중 사전순으로 가장 큰 것은 무엇인가? 행들을 위에서 아래로 훑으면서 각 행마다 행렬 성분들을 왼쪽에서 오른쪽으로 읽는다고, 즉 $(a_{11}, a_{12}, \ldots, a_{1n}, a_{21}, a_{22}, \ldots, a_{2n}, \ldots, a_{m1}, a_{m2}, \ldots, a_{mn})$ 순으로 읽는다고 가정할 것.

c) $(r_1, \ldots, r_m; c_1, \ldots, c_n)$에 대한 분할표들 중 사전순으로 가장 큰 것은 무엇인가? 열들을 왼쪽에서 오른쪽으로 훑으면서 각 열마다 행렬 성분들을 위에서 아래로 읽는다고, 즉 $(a_{11}, a_{21}, \ldots, a_{m1}, a_{12}, a_{22}, \ldots, a_{m2}, \ldots, a_{1n}, a_{2n}, \ldots, a_{mn})$ 순으로 읽는다고 가정할 것.

d) 행별 순서와 열별 순서에서, $(r_1, \ldots, r_m; c_1, \ldots, c_n)$에 대한 분할표들 중 사전순으로 가장 작은 것은 각각 무엇인가?

e) $(r_1, \ldots, r_m; c_1, \ldots, c_n)$의 모든 분할표를 사전순으로 생성하는 방법을 설명하라.

**63.** [*M41*] $(r_1, \ldots, r_m; c_1, \ldots, c_n)$에 대한 모든 분할표를 매 단계마다 행렬 성분을 정확히 네 개만 변경해서 생성할 수 있음을 보여라.

▸ **64.** [*M30*] 숫자가 $s$개이고 별표가 $t$개인 $2^s\binom{s+t}{t}$개의 부분입방체 모두에 대한, $*0 \leftrightarrow 0*$, $*1 \leftrightarrow 1*$, $0 \leftrightarrow 1$만 사용하는 하나의 일반사전순 그레이 순환마디를 구축하라. 예를 들어 다음은 $s = t = 2$일 때의 그러한 순환마디이다.

(00**, 01**, 0*1*, 0**1, 0**0, 0*0*, *00*, *01*, *0*1, *0*0, **00, **01, **11, **10, *1*0, *1*1, *11*, *10*, 1*0*, 1**0, 1**1, 1*1*, 11**, 10**).

**65.** [*M40*] 부분입방체들에 대한, 연습문제 64에서 말한 변환들만 사용하는 일반사전순 그레이 경로들의 전체 개수를 구하라. 그런 경로들 중 순환마디인 것들은 몇 개인가?

▸ **66.** [*22*] $n \geq t \geq 0$이 주어졌을 때, 연습문제 12의 표준기저 $(\alpha_1, \ldots, \alpha_t)$들을 매 단계마다 비트 하나만 바꾸면서 모두 거쳐 가는 하나의 그레이 경로가 존재함을 보여라. 예를 들어 다음은 $n = 3$이고 $t = 2$일 때의 그러한 경로이다.

| 001 | 101 | 101 | 001 | 001 | 011 | 010 |
|---|---|---|---|---|---|---|
| 010' | 010' | 110' | 110' | 100' | 100' | 100' |

**67.** [*46*] 연습문제 13의 이징 구성에서 $a_0 = 0$이라고 하자. $n$과 $t$, $r$이 주어졌을 때, 그러한 구성들에 대한 그레이 순환마디이되 모든 전이가 $0^k1 \leftrightarrow 10^k$나 $01^k \leftrightarrow 1^k0$ 형태인 그레이 순환마디가 존재하는가? 예를 들어 $n = 9$, $t = 5$, $r = 6$일 때 다음은 그러한 유일한 순환마디이다.

(010101110, 010110110, 011010110, 011011010, 011101010, 010111010).

**68.** [*M01*] $\alpha$가 하나의 $t$-조합이라 할 때, (a) $\partial^t\alpha$는 무엇인가? (b) $\partial^{t+1}\alpha$는 무엇인가?

▸ **69.** [*M22*] $t$-조합들의 집합 $A$들 중 $|\partial A| < |A|$를 만족하는 가장 작은 집합은 무엇인가?

**70.** [*M25*] $N \geq 0$에 대한 $\kappa_t N - N$의 최댓값은 얼마인가?

**71.** [*M20*] 간선이 백만 개인 그래프에 있는 $t$-파벌은 최대 몇 개인가?

▶ **72.** [*M22*] 만일 $N$에 $t$차 조합적 표현 (57)이 존재한다면, $N<\binom{s+t}{t}$이면 항상 그 여수(보수) $M=\binom{s+t}{t}-N$의 $s$차 조합적 표현을 쉽게 찾아내는 방법이 있음을 보여라. 그리고 그로부터 (63)을 유도하라.

**73.** [*M23*] (A. J. W. Hilton, 1976.) $A$가 $s$-조합들의 집합이고 $B$가 $t$-조합들의 집합이며 둘 다 $U=\{0,\ldots,n-1\}$의 부분집합이라고 하자. 여기서 $n\geq s+t$이다. 만일 $A$와 $B$가 상호교차(cross-intersecting)이면, 즉 모든 $\alpha\in A$와 $\beta\in B$에 대해 $\alpha\cap\beta\neq\emptyset$이면, $M=|A|$이고 $N=|B|$라고 할 때 정리 K에 정의된 집합 $Q_{Mns}$와 $Q_{Nnt}$ 역시 상호교차임을 보여라.

**74.** [*M21*] 정리 K에서 $|\partial P_{Nt}|$와 $|\varrho Q_{Nnt}|$는 무엇인가?

**75.** [*M20*] (60)의 우변이 항상 $\kappa_t N$의 $(t-1)$차 조합적 표현인 것은 아니다. 왜냐하면 $v-1$이 0일 수 있기 때문이다. 그러나 만일 (57)에서 $v=0$을 허용한다면 양의 정수 $N$에 최대 두 개의 표현을 존재하며, 두 표현 모두 (60)에 따라 $\kappa_t N$의 같은 값을 산출함을 보여라. 그러면 다음도 증명된다.

$$\kappa_k\kappa_{k+1}\ldots\kappa_t N=\binom{n_t}{k-1}+\binom{n_{t-1}}{k-2}+\cdots+\binom{n_v}{k-1+v-t},\qquad 1\leq k\leq t\text{에 대해.}$$

**76.** [*M20*] $\kappa_t(N+1)-\kappa_t N$에 대한 간단한 공식을 구하라.

▶ **77.** [*M26*] $\kappa$ 함수들의 다음과 같은 속성들을 정리 K를 가정하지 않은 상태에서 이항계수들을 조작해서 증명하라.

a) $\kappa_t(M+N)\leq\kappa_t M+\kappa_t N$.

b) $\kappa_t(M+N)\leq\max(\kappa_t M,N)+\kappa_{t-1}N$.

힌트: $\binom{m_t}{t}+\cdots+\binom{m_1}{1}+\binom{n_t}{t}+\cdots+\binom{n_1}{1}$은 $\binom{m_t\vee n_t}{t}+\cdots+\binom{m_1\vee n_1}{1}+\binom{m_t\wedge n_t}{t}+\cdots+\binom{m_1\wedge n_1}{1}$과 같다. 여기서 $\vee$와 $\wedge$는 최대, 최소를 뜻한다.

**78.** [*M22*] 정리 K를 이전 연습문제의 부등식 (b)로부터 손쉽게 도출할 수 있음을 보여라. 반대로, 두 부등식 모두 정리 K에서 비롯되는 간단한 결과들임을 보여라. 힌트: $t$-조합들의 임의의 집합 $A$를 $A=A_1+A_0 0$으로 표기할 수 있다. 여기서 $A_1=\{\alpha\in A\mid 0\notin\alpha\}$이다.

**79.** [*M23*] 만일 $t\geq 2$이면 오직 $M+\lambda_{t-1}M\geq N$일 때에만 $M\geq\mu_t N$이 성립함을 증명하라.

**80.** [*HM26*] (L. Lovász, 1979.) 함수 $\binom{x}{t}$는 $x$가 $t-1$에서 $\infty$로 증가함에 따라 0에서 $\infty$로 단조 증가한다. 따라서 다음과 같은 정의가 가능하다.

$$\underline{\kappa}_t N=\binom{x}{t-1},\qquad \text{만일 } N=\binom{x}{t}\text{이고 } x\geq t-1\text{이면.}$$

모든 정수 $t\geq 1$과 $N\geq 0$에 대해 $\kappa_t N\geq\underline{\kappa}_t N$임을 증명하라. 힌트: 등호는 $x$가 정수일 때 성립한다.

▶ **81.** [*M27*] 정리 M의 최소 그림자 크기들이 (64)로 주어짐을 보여라.

**82.** [*HM31*] 그림 47의 다카기 함수는 $0 \le x \le 1$에 대해 다음과 같은 공식으로 정의된다.

$$\tau(x) = \sum_{k=1}^{\infty} \int_0^x r_k(t)\,dt.$$

여기서 $r_k(t) = (-1)^{\lfloor 2^k t \rfloor}$은 식 7.2.1.1-(16)의 라데마허 함수이다.

a) $\tau(x)$가 구간 $[0\,..\,1]$에서 연속이나 그 도함수는 그 어떤 점에서도 존재하지 않음을 증명하라.

b) $\tau(x)$가 다음을 만족하는 유일한 연속 함수임을 보여라.

$$\tau(\tfrac{1}{2}x) = \tau(1-\tfrac{1}{2}x) = \tfrac{1}{2}x + \tfrac{1}{2}\tau(x), \qquad 0 \le x \le 1\text{에 대해.}$$

c) $\epsilon$이 작을 때 $\tau(\epsilon)$의 점근값을 구하라.

d) $x$가 유리수이면 $\tau(x)$도 유리수임을 증명하라.

e) 방정식 $\tau(x) = 1/2$의 모든 근을 구하라.

f) 방정식 $\tau(x) = \max_{0 \le x \le 1} \tau(x)$의 모든 근을 구하라.

**83.** [*HM46*] 방정식 $\tau(x) = r$에 무한히 많은 해가 있음을 만족하는 모든 유리수 $r$의 집합 $R$을 정의하라. 만일 $\tau(x)$가 유리수이고 $x$가 무리수라면 $\tau(x) \in R$이 참인가? (경고: 이 문제에는 중독성이 있음.)

**84.** [*HM27*] $T = \binom{2t-1}{t}$이라 할 때 다음 점근 공식을 증명하라.

$$\kappa_t N - N = \frac{T}{t}\left(\tau\left(\frac{N}{T}\right) + O\left(\frac{(\log t)^3}{t}\right)\right), \qquad 0 \le N \le T\text{에 대해.}$$

**85.** [*HM21*] 함수 $\lambda_t N$과 $\mu_t N$을 다카기 함수 $\tau(x)$와 연관시켜 보라.

**86.** [*M20*] 펼침과 핵심의 쌍대성 법칙 $X^{\sim +} = X^{\circ \sim}$을 증명하라.

**87.** [*M21*] 참 또는 거짓을 말하라: (a) 오직 $Y^{\sim} \subseteq X^{\sim \circ}$일 때에만 $X \subseteq Y^{\circ}$; (b) $X^{\circ + \circ} = X^{\circ}$; (c) 오직 $M \le \beta N$일 때에만 $\alpha M \le N$.

**88.** [*M20*] 교차 순서가 유용한지를 보조정리 S의 증명을 완성해서 설명하라.

**89.** [*16*] $2 \times 2 \times 3$ 원환체 (69)에 대한 $\alpha$ 함수와 $\beta$ 함수를 계산하라.

**90.** [*M22*] 기본 압축 보조정리 (85)를 증명하라.

**91.** [*M24*] 정리 W를 $l \le m$인 2차원 원환체 $T(l, m)$들에 대해 증명하라.

**92.** [*M28*] $x = x_1 \ldots x_{n-1}$이 원환체 $T(m_1, \ldots, m_{n-1})$의 $N$번째 원소이고 $S$가 $T(m_1, \ldots, m_{n-1}, m)$의 원소들 중 교차 순서로 $\le x_1 \ldots x_{n-1}(m-1)$인 모든 원소의 집합이라고 하자. $S$의 원소들 중 $0 \le a < m$에 대해 최종 성분이 $a$인 것들이 $N_a$개라고 할 때, $N_{m-1} = N$이며 $1 \le a < m$에 대해 $N_{a-1} = \alpha N_a$임을 증명하라. 여기서 $\alpha$는 $T(m_1, \ldots, m_{n-1})$의 표준집합에 대한 펼침 함수이다.

**93.** [*M25*] (a) 매개변수 $m_1, m_2, \ldots, m_n$을 비증가순으로 정렬해 두지 않았을 때 정리 W의 결론이 거짓이 되는 $N$ 값을 구하라. (b) 그 정리의 증명에서 $m_1 \le m_2 \le \cdots \le m_n$이라는 가정을 사용하는 부분은 어디인가?

**94.** [*M20*] 따름정리 C의 $\partial$ 부분이 $\varrho$ 부분으로부터 비롯됨을 보여라. 힌트: 중복조합 (92)의 $U$에 관한 여원들은 3211, 3210, 3200, 3110, 3100, 3000, 2110, 2100, 2000, 1100, 1000이다.

**95.** [*17*] 정리 K와 M이 따름정리 C로부터 비롯되는 이유를 설명하라.

▸ **96.** [*M22*] $S$가 양의 정수들의 무한수열 $(s_0, s_1, s_2, \ldots)$이라고 할 때,

$$\binom{S(n)}{k} = [z^k]\prod_{j=0}^{n-1}(1+z+\cdots+z^{s_j})$$

이라고 하자. 그러면 $\binom{S(n)}{k}$는 만일 $s_0 = s_1 = s_2 = \cdots = 1$이면 보통의 이항계수 $\binom{n}{k}$이다.

조합 수체계를 일반화하여, 모든 음이 아닌 정수 $N$에 유일한 표현

$$N = \binom{S(n_t)}{t} + \binom{S(n_{t-1})}{t-1} + \cdots + \binom{S(n_1)}{1}$$

이 존재함을 보여라. 여기서 $n_t \ge n_{t-1} \ge \cdots \ge n_1 \ge 0$이고 $\{n_t, n_{t-1}, \ldots, n_1\} \subseteq \{s_0 \cdot 0, s_1 \cdot 1, s_2 \cdot 2, \ldots\}$이다. 이 표현을 이용해서, 따름정리 C의 수 $|\partial P_{Nt}|$들에 대한 간단한 공식을 제시하라.

▸ **97.** [*M26*] 본문에서, 볼록 다면체의 정점들을 면들이 모두 단체가 되도록 살짝 교란시킬 수 있다고 했다. 일반화하자면, 조합들의 임의의 집합에 그 원소들의 그림자들이 포함되어 있을 때 그러한 집합을 단체 복합체(simplicial complex)라고 부른다. 즉, $C$가 단체 복합체일 필요충분조건은 만일 $\alpha \subseteq \beta$이고 $\beta \in C$이면 $\alpha \in C$라는 것, 그와 동치로 $C$가 집합 포함 관계에 관해 순서 아이디얼(order ideal)이라는 것이다.

$n$개의 정점들에 대한 단체 복합체 $C$에 크기가 $t$인 조합들이 정확히 $N_t$개 있을 때, $(N_0, N_1, \ldots, N_n)$을 $C$의 크기 벡터라고 부른다.

a) 다섯 가지 정규 입체(사면체, 입방체, 8면체, 12면체, 20면체)의 정점들을 살짝 조정했을 때의 크기 벡터들을 서술하라.

b) 크기 벡터가 $(1, 4, 5, 2, 0)$인 단체 복합체를 구축하라.

c) 주어진 크기 벡터 $(N_0, N_1, \ldots, N_n)$이 실현가능한(feasible) 크기 벡터일 필요충분조건을 제시하라.

d) $\overline{N}_t = \binom{n}{t} - N_{n-t}$라고 정의할 때, 벡터 $(N_0, \ldots, N_n)$은 오직 그 '쌍대' 벡터 $(\overline{N}_0, \ldots, \overline{N}_n$이 실현가능한 크기 벡터일 때에만 실현가능한 크기 벡터임을 증명하라.

e) 모든 실현가능 크기 벡터 $(N_0, N_1, N_2, N_3, N_4)$와 그 쌍대 벡터를 나열하라. 자신이 자신의 쌍대인 것들은 무엇인가?

**98.** [*30*] 연습문제 97을 이어서, $n \le 100$일 때 실현가능 크기 벡터 $(N_0, N_1, \ldots, N_n)$들의 개수를 효율적으로 세는 방법을 구하라.

**99.** [*M25*] 만일 $\alpha \subseteq \beta$이고 $\alpha, \beta \in C$이면 $\alpha = \beta$라는 방식의 비교가 불가능한 조합들의 집합 $C$를 난잡(clutter) 집합이라고 부른다. 한 난잡 집합의 크기 벡터는 연습문제 97에서처럼 정의된다.

a) $(M_0, M_1, \ldots, M_n)$이 한 난잡 집합의 크기 벡터일 필요충분조건을 구하라.

b) $n = 4$인 경우에서 그러한 모든 크기 벡터를 나열하라.

▸ **100.** [*M30*] (Clements, Lindström.) $A$가 '단체 중복복합체(simplicial multicomplex)', 즉 따름정리 C의 중복집합 $U$의 부분중복집합들 중 $\partial A \subseteq A$를 만족하는 것들의 집합이라고 하자. $|A| = N$일 때 총 가중치 $\nu A = \sum\{|\alpha| \mid \alpha \in A\}$는 얼마나 클 수 있는가?

**101.** [*M25*] $f(x_1, \ldots, x_n)$이 하나의 부울 공식이고 각 변수 $x_j$가 독립적으로 1일 확률이 $p$라고 할 때, $f(x_1, \ldots, x_n) = 1$일 확률을 $F(p)$라고 표기하자.

a) 부울 공식 $g(w,x,y,z) = wxz \vee wyz \vee xy\bar{z}$와 $h(w,x,y,z) = \bar{w}yz \vee xyz$에 대한 해당 확률 $G(p)$와 $H(p)$를 계산하라.

b) $F(p) = G(p)$를 만족하는 단조 부울 함수 $f(w,x,y,z)$는 존재하지만 $F(p) = H(p)$를 만족하는 그러한 함수는 존재하지 않음을 보여라. 이 조건을 일반적으로 판정하는 방법을 설명하라.

**102.** [*HM35*] (F. S. Macaulay, 1927.) 변수들이 $\{x_1, \ldots, x_s\}$인 다항식 아이디얼(polynomial ideal) $I$는 덧셈, 상수와의 곱셈, 그리고 그 변수들 중 임의의 것과의 곱셈에 대해 닫혀 있는 다항식들의 집합이다. 그리고 동차 다항식들의 집합의 모든 일차 결합들, 즉 $xy + z^2$처럼 모든 항의 차수가 같은 다항식들로 이루어진 다항식 아이디얼을 가리켜 동차 다항식 아이디얼이라고 부른다. $N_t$가 $I$의 $t$차 일차 독립 원소들의 최대 개수라고 하자. 예를 들어 $s = 2$이고 $\alpha$와 $\beta$가 $\{x_0, x_1, x_2\}$의 모든 가능한 다항식들을 훑는다고 할 때, 모든 $\alpha(x_0,x_1,x_2)(x_0x_1^2 - 2x_1x_2^2) + \beta(x_0,x_1,x_2)x_0x_1x_2^2$의 집합은 $N_0 = N_1 = N_2 = 0$, $N_3 = 1$, $N_4 = 4$, $N_5 = 9$, $N_6 = 15$, …인 한 동차 다항식 아이디얼이다.

a) 그러한 임의의 아이디얼 $I$에 대해, $N_t$개의 독립 단항식(monomial)들의 일차 결합인 $t$차 동차 다항식들로만 이루어진 또 다른 아이디얼 $I'$이 존재함을 증명하라. (단항식은 $x_1^3x_2x_5^4$처럼 변수들의 곱으로 이루어진 수식이다.)

b) 정리 M과 (64)를 이용해서, 모든 $t \geq 0$에 대해 $N_{t+1} \geq N_t + \kappa_s N_t$임을 증명하라.

c) $N_{t+1} > N_t + \kappa_s N_t$가 성립하는 $t$ 값의 개수가 유한함을 보여라. (이 명제는 힐베르트David Hilbert가 *Göttinger Nachrichten* (1888), 450-457에서 증명한 '힐베르트의 기저 정리'와 동치이다. *Math. Annalen* **36** (1890), 473-534를 보라.)

▸ **103.** [*M38*] 각 $a_j$가 0 또는 1 또는 $*$인 부분입방체 $a_1 \ldots a_n$의 일부 $*$를 0 또는 1로 대체함으로써 그 부분입방체의 그림자를 얻을 수 있다. 한 예로

$$\partial 0{*}11{*}0 = \{0011{*}0,\ 0111{*}0,\ 0{*}1100,\ 0{*}1110\}$$

이다. $A$가 숫자 $s$개, 별표 $t$개인 $N$개의 부분입방체 $a_1 \ldots a_n$들의 임의의 집합이라 할 때, $|\partial A| \geq |P_{Nst}|$를 만족하는 집합 $P_{Nst}$를 구하라.

**104.** [*M41*] 이진열 $a_1 \ldots a_n$의 비트들 중 하나를 삭제함으로써 그 이진열의 그림자를 얻을 수 있다. 예를 들어

$$\partial 110010010 = \{10010010,\ 11010010,\ 11000010,\ 11001000,\ 11001010,\ 11001001\}$$

이다. $A$가 $N$개의 이진열 $a_1 \ldots a_n$들의 임의의 집합이라고 할 때, $|\partial A| \ge |P_{Nn}|$을 만족하는 집합 $P_{Nn}$을 구하라.

**105.** [*M20*] $\{0, 1, \ldots, n-1\}$에 대한 $t$-조합들의 전체 순환마디(universal cycle)는 $t$개의 연속된 원소들의 블록들이 모든 $t$-조합 $\{c_1, \ldots, c_t\}$를 훑는, $\binom{n}{t}$개의 수로 이루어진 순환마디이다. 예를 들어

$$(02145061320516243152630425364103546)$$

은 $t=3$이고 $n=7$일 때의 한 전체 순환마디이다.

$\binom{n}{t}$가 $n$의 배수가 아닌 한 그러한 순환마디가 존재하지 않음을 증명하라.

**106.** [*M21*] (푸앵소L. Poinsot, 1809.) $\{0, 1, \ldots, 2m\}$에 대한 2-조합들의 '좋은(nice)' 전체 순환마디를 구하라. 힌트: 연속된 원소들의 $(2m+1)$을 법으로 한 차들을 고찰할 것.

**107.** [*22*] (O. Terquem, 1849.) 푸앵소의 정리는 전통적인 '더블식스' 도미노 세트의 도미노 28개를 하나의 순환마디로 배치하되 인접한 두 도미노의 점들이 서로 일치하도록 하는 것이 가능함을 함의한다. 다음이 그러한 순환마디의 한 예이다:

이런 순환마디가 몇 개나 가능할까?

**108.** [*M31*] $n \bmod 3 \neq 0$일 때 집합 $\{0, \ldots, n-1\}$들에 대한 3-조합들의 전체 순환마디들을 구하라.

**109.** [*M31*] $n \bmod 3 \neq 0$일 때 $\{0, 1, \ldots, n-1\}$에 대한 3-중복조합들(즉, 중복이 허용된 조합 $d_1d_2d_3$들)의 전체 순환마디들을 구하라. 예를 들어 다음은 $n=5$일 때의 그러한 한 순환마디이다.

$$(00012241112330222344133340024440113)$$

▸ **110.** [*26*] 크리비지(Cribbage)는 52장의 카드로 노는 게임으로, 카드마다 종류(♣, ♢, ♡, ♠)와 액면가 (A, 2, 3, 4, 5, 6, 7, 8, 9, 10, J, Q, K)가 정해져 있다. 게임 참가자들은 다섯 장 조합 $C = \{c_1, c_2, c_3, c_4, c_5\}$의 점수를 익숙하게 계산할 수 있어야 한다. 이 조합에서 한 장의 카드 $c_k$를 스타터(starter)라고 부른다. 점수는 $C$의 각 부분집합 $S$와 $k$가 각 선택에 대해 다음과 같이 계산되는 득점들의 합이다: $|S| = s$라고 하자. 카드 액면가들은 $(v(\mathtt{A}), v(\mathtt{2}), v(\mathtt{3}), \ldots, v(\mathtt{9}), v(\mathtt{10}), v(\mathtt{J}), v(\mathtt{Q}), v(\mathtt{K})) = (1, 2, 3, \ldots, 9, 10, 10, 10, 10)$이다.

i) 십오(fifteen): 만일 $\sum\{v(c) \mid c \in S\} = 15$이면 2점을 얻는다.

ii) 한 쌍(pair): 만일 $s=2$이고 두 카드 모두 액면가가 같으면 2점을 얻는다.

iii) 연속열(run): 만일 $s \geq 3$이고 액면가들이 연속이면, 그리고 $C$에 길이가 $s+1$인 연속열이 없다면, $s$점을 얻는다.

iv) 플러시(flush): 만일 $s=4$이고 $S$의 모든 카드가 같은 종류이면, 그리고 $c_k \notin S$이면, $4+[c_k$의 종류가 다른 카드들과 같음$]$점을 얻는다.

v) 놉(nob): 만일 $s=1$이고 $c_k \notin S$이며 카드가 $c_k$와 같은 종류의 J이면 1점을 얻는다.

예를 들어 손에 든 패가 {J♣, 5♣, 5♢, 6♡}이고 4♣가 스타터라면, 십오로 $4\times 2$점, 한 쌍으로 2점, 연속열로 $2\times 3$점, 놉으로 1점으로 총 17점을 얻게 된다.

$x=0,\ 1,\ 2,\ \ldots$에 대해 점수가 $x$가 되는 조합들과 스타터 선택의 수는 몇 가지인가?

▸ **111.** [*M26*] (P. Erdős, C. Ko, R. Rado.) $A$가 $n$-집합의 $r$-조합들의 집합이되 $\alpha, \beta \in A$일 때 항상 $\alpha \cap \beta \neq \emptyset$을 만족하는 집합이라고 하자. 만일 $r \leq n/2$이면 $|A| \leq \binom{n-1}{r-1}$임을 증명하라. 힌트: $B$가 $A$의 여원들의 집합이라 할 때 $\partial^{n-2r}B$를 고찰할 것.

**7.2.1.4. 모든 분할의 생성.** 스탠리Richard Stanley의 굉장한 책 *Enumerative Combinatorics*는 십이정도(The Twelvefold Way)†에 대한 논의로 시작하는데, 이는 지앙카를로 로타Gian-Carlo Rota의 일련의 강의들에 기초해서 뽑은, 실제 응용에서 자주 등장하는 기본적인 조합 문제들의 $2\times 2\times 3$ 배열이다(표 1). 이 열두 개의 기본 문제 모두를, 주어진 개수의 공들을 주어진 개수의 항아리에 담는 방법의 수를 구하는 문제로 서술할 수 있다. 예를 들어 공에는 일련번호를, 항아리에는 영문자를 이름표로 부여한다고 할 때, 다음은 공 두 개를 항아리 세 개에 넣는 총 아홉 가지 방법을 나타낸 것이다.

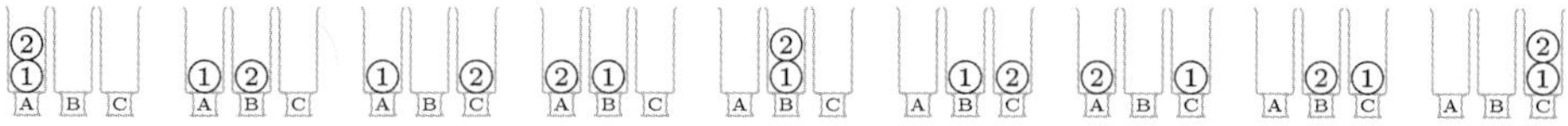

(항아리 안에서의 공들의 순서는 무시한다.) 그런데 공들에 번호를 붙이지 않는다면 이 배치들 중 일부는 구별할 수 없게 된다. 따라서 가능한 방법은 다음 여섯 가지로 줄어든다.

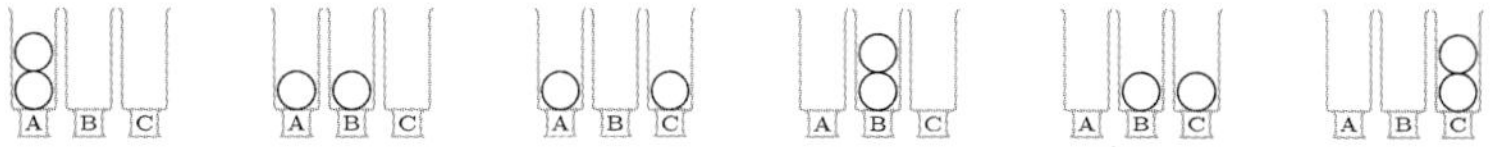

(1)

항아리들에도 이름표를 부여하지 않는다면, ①② 이나 ② ① 같은 배치는 본질적으로 동일하며, 따라서 원래의 아홉 가지 배치들 중 구별이 가능한 것은 단 두 개이다. 그리고 이름표가 붙은 공 세 개를 이름표 없는 항아리 세 개에 넣는 서로 다른 방법은 다음 다섯 가지 밖에 되지 않는다.

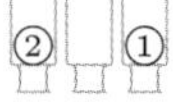

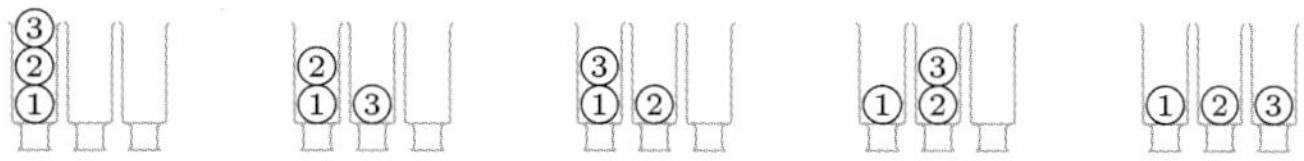

(2)

† [옮긴이 주] 불교의 팔정도八正道를 영어로 The Eightfold Way라고 하는 데서 착안한 이름일 것이다. 이런 식의 이름 짓기는 다른 분야에서도 흔히 볼 수 있는데, 이를테면 입자물리학에도 The Eightfold Way가 있다.

표 1

십이정도

| 항아리 당 공 수 | 제약 없음 | $\le 1$ | $\ge 1$ |
|---|---|---|---|
| 이름표 붙은 공 $n$개, 이름표 붙은 항아리 $m$개 | $m$가지 대상의 $n$-짝들 | $m$가지 대상의 $n$-순열들 | $\{1, ..., n\}$을 $m$개의 순서 있는 부분으로 나누는 분할들 |
| 이름표 없는 공 $n$개, 이름표 붙은 항아리 $m$개 | $m$가지 대상의 $n$-중복조합들 | $m$가지 대상의 $n$-조합들 | $m$개의 부분으로 $n$을 만드는 합성들 |
| 이름표 붙은 공 $n$개, 이름표 없는 항아리 $m$개 | $\{1, ..., n\}$을 $\le m$개의 부분으로 나누는 분할들 | $m$개의 구멍에 비둘기 $n$마리 집어넣기 | $\{1, ..., n\}$을 $m$개의 부분으로 나누는 분할들 |
| 이름표 없는 공 $n$개, 이름표 없는 항아리 $m$개 | $n$을 $\le m$개의 부분으로 나누는 분할들 | $m$개의 구멍에 비둘기 $n$마리 집어넣기 | $n$을 $m$개의 부분으로 나누는 분할들 |

마지막으로, 공 세 개와 항아리 세 개 모두 이름표가 없다면 다섯 가지 가능성은 단 셋으로 줄어든다:

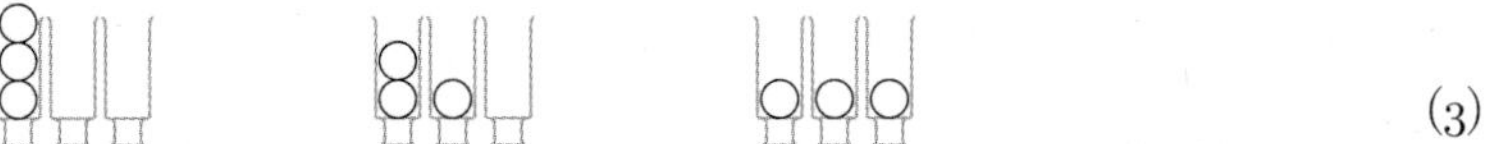

(3)

십이정도는 공과 항아리에 이름표를 부여했을 때와 부여하지 않았을 때, 그리고 항아리에 공이 적어도 하나는 있어야 하거나 많아야 하나만 있어야 한다는 제약 조건이 붙을 때의 모든 가능한 배치를 고찰한다.

$n$-짝, 순열, 조합, 합성은 이번 장의 이전 절들에서 배웠으며, 표 1의 열 두 항목 중 둘('비둘기'에 관련된 것들)은 자명하다. 따라서 표의 나머지 다섯 항목들만 살펴보면 고전적 조합 수학에 대한 우리의 공부가 마무리된다. 그 다섯 항목은 모두 분할과 관련된 것들이다.

> 수학에서 '분할'이라는 단어의 뜻이
> 아주 다양함을 인식하는 것으로 시작하자.
> 어떤 객체를 부분 객체들로 나누는 작업이 수행될 때마다,
> 분할이라는 단어가 튀어나오는 경우가 많다.
>
> — 앤드루스GEORGE ANDREWS, *The Theory of Partitions* (1976)

상당히 다르지만 이름은 같은 두 개념이 있다. 집합의 분할(partition)은 집합을 서로 소인 여러 부분집합(공집합이 아닌)들로 나누는 방법을 말한다. 예를 들어 (2)는 $\{1,2,3\}$의 다섯 분할, 즉

$$\{1,2,3\}, \qquad \{1,2\}\{3\}, \qquad \{1,3\}\{2\}, \qquad \{1\}\{2,3\}, \qquad \{1\}\{2\}\{3\} \tag{4}$$

에 해당한다. 그리고 정수의 분할은 주어진 정수를 순서 상관없이 양의 정수들의 합으로 표기하는 방법을 뜻한다. 예를 들어 (3)은 3의 세 분할, 즉

$$3, \qquad 2+1, \qquad 1+1+1 \tag{5}$$

에 해당한다.

이 둘을 구분하기 위해 정수의 분할은 수식어 없이 그냥 '분할'이라고 부르고 집합의 분할은 '집합 분할'이라고 부르는 것이 관례인데, 이 책에서도 지금부터 그러한 관례를 따르기로 한다. 두 종류의 분할 모두 중요하므로, 각각을 차례로 공부해 보자.

**한 정수의 모든 분할의 생성.** $n$의 분할을 공식적으로, $n = a_1 + a_2 + \cdots$ 을 만족하는 음의 아닌 정수들의 수열 $a_1 \geq a_2 \geq \cdots$ 로 정의할 수 있다. 예를 들어 7의 한 분할에서 $a_1 = a_2 = 3$이고 $a_3 = 1$, $a_4 = a_5 = \cdots = 0$이다. 0이 아닌 항들의 개수를 부분(part)들의 개수라고 부르며, 0인 항들은 생략하는 것이 일반적이다. 따라서 $7 = 3 + 3 + 1$이라고 표기하며, 오해의 여지가 없는 한 지면을 절약하기 위해 그냥 331이라고도 표기한다.

모든 분할을 생성하는 가장 간단한, 그리고 아주 빠른 방법 하나는 '$n$'으로 시작해서 '$11\ldots1$'에 도달할 때까지 분할들을 역사전순(사전식 순서의 역순)으로 방문하는 것이다. 예를 들어 8의 분할들을 그러한 순서로 나열하면 다음과 같다.

$$\begin{gathered} 8, 71, 62, 611, 53, 521, 5111, 44, 431, 422, 4211, 41111, 332, 3311, \\ 3221, 32111, 311111, 2222, 22211, 221111, 2111111, 11111111. \end{gathered} \tag{6}$$

하나의 분할의 부분이 모두 1이 아니라면, 그 분할의 끝은 어떤 $x \geq 1$에 대해 $(x+1)$ 다음에 0개 이상의 1들이 오는 형태이다. 따라서 접미열 $(x+1)1\ldots1$을 적절한 나머지 $r \leq x$에 대해 $x\ldots xr$로 대체하면 사전순으로 그다음으로 작은 분할이 된다. 머케이K. S. McKay가 제안했듯이〔*CACM* **13** (1970), 52〕 $a_q \neq 1$을 만족하는 가장 큰 아래첨자 $q$를 유지한다면, 그리고 조그비A. Zoghbi와 스토이메노비치I. Stojmenović가 제안했듯이〔*International Journal of Computer Math.* **70** (1998), 319-332〕 배열에 1들을 채운다면, 그러한 공정을 상당히 효율적으로 진행할 수 있다:

**알고리즘 P** ($n$의 분할들, 역사전순)**.** 정수 $n \geq 1$이 주어졌을 때, 이 알고리즘은 $a_1 + a_2 + \cdots + a_m = n$이고 $1 \leq m \leq n$인 모든 분할 $a_1 \geq a_2 \geq \cdots \geq a_m \geq 1$을 생성한다. $a_0$의 값은 항상 0으로 설정한다.

**P1.** 〔초기화.〕 $n \geq m > 1$에 대해 $a_m \leftarrow 1$로 설정한다. 그런 다음 $m \leftarrow 1$, $a_0 \leftarrow 0$으로 설정한다.

**P2.** 〔마지막 부분을 저장한다.〕 $a_m \leftarrow n$, $q \leftarrow m - [n = 1]$로 설정한다.

**P3.** 〔방문.〕 분할 $a_1a_2\ldots a_m$을 방문한다. 그런 다음 만일 $a_q \neq 2$이면 P5로 간다.

**P4.** 〔2를 $1+1$로 변경.〕 $a_q \leftarrow 1$, $q \leftarrow q - 1$, $m \leftarrow m + 1$로 설정하고 P3으로 돌아간다. (이 지점에서 $q < k \leq n$에 대해 $a_k = 1$이다.)

**P5.** 〔$a_q$를 감소.〕 만일 $q = 0$이면 알고리즘을 끝낸다. 그렇지 않으면 $x \leftarrow a_q - 1$, $a_q \leftarrow x$, $n \leftarrow m - q + 1$, $m \leftarrow q + 1$로 설정한다.

**P6.** 〔필요하다면 $x$를 복사.〕 만일 $n \leq x$이면 P2로 돌아간다. 그렇지 않으면 $a_m \leftarrow x$, $m \leftarrow m + 1$, $n \leftarrow n - x$로 설정하고 이 단계를 되풀이한다. ▮

2가 존재한다면 한 분할에서 다음 분할로 가는 연산이 특히나 쉬움을 주목하기 바란다. 그런 경우 P4는 그냥 제일 오른쪽의 2를 1로 바꾸고 그 오른쪽에 또 다른 1을 추가할 뿐이다. 다행히 이런 행복한 상황이 가장 흔한 경우이다. 예를 들어 $n = 100$일 때 모든 분할의 거의 79%가 2를 포함한다.

$n$을 고정된 개수의 부분들로 나누는 모든 분할을 생성하는 경우에는 또 다른 간단한 알고리즘이 가능하다. 18세기에 나온 힌덴부르크C. F. Hindenburg의 박사학위논문〔*Infinitinomii Dignitatum Exponentis Indeterminati* (Göttingen, 1779), 73-91〕에 수록된 이 방법은 분할들을 역순사전순으로, 즉 반사된 수열 $a_m \ldots a_2 a_1$의 사전순으로 방문한다.

**알고리즘 H** ($n$을 $m$개의 부분으로 분할). 두 정수 $n \geq m \geq 2$가 주어졌을 때, 이 알고리즘은 $a_1 \geq \cdots \geq a_m \geq 1$이고 $a_1 + \cdots + a_m = n$인 모든 정수 $m$-짝 $a_1 \ldots a_m$을 생성한다. 경곗값 하나가 $a_{m+1}$에 저장된다.

**H1.** 〔초기화.〕 $a_1 \leftarrow n - m + 1$로 설정하고 $1 < j \leq m$에 대해 $a_j \leftarrow 1$로 설정한다. 또한 $a_{m+1} \leftarrow -1$로 설정한다.

**H2.** 〔방문.〕 $a_1 \ldots a_m$을 방문한다. 그런 다음 만일 $a_2 \geq a_1 - 1$이면 H4로 간다.

**H3.** 〔$a_1$과 $a_2$를 조율.〕 $a_1 \leftarrow a_1 - 1$, $a_2 \leftarrow a_2 + 1$로 설정하고 H2로 돌아간다.

**H4.** 〔$j$를 찾는다.〕 $j \leftarrow 3$, $s \leftarrow a_1 + a_2 - 1$로 설정한다. 그런 다음, $a_j \geq a_1 - 1$인 동안 $s \leftarrow s + a_j$, $j \leftarrow j + 1$로 설정한다. (이제 $s = a_1 + \cdots + a_{j-1} - 1$이고 $a_j < a_1 - 1$이다.)

**H5.** 〔$a_j$를 증가.〕 만일 $j > m$이면 알고리즘을 끝낸다. 그렇지 않으면 $x \leftarrow a_j + 1$, $a_j \leftarrow x$, $j \leftarrow j - 1$로 설정한다.

**H6.** 〔$a_1 \ldots a_j$를 조율.〕 $j > 1$인 동안 $a_j \leftarrow x$, $s \leftarrow s - x$, $j \leftarrow j - 1$로 설정한다. 마지막으로 $a_1 \leftarrow s$로 설정하고 H2로 돌아간다. ▮

예를 들어 $n = 11$이고 $m = 4$일 때 알고리즘은 다음과 같은 분할들을 차례로 방문한다.

$$8111, 7211, 6311, 5411, 6221, 5321, 4421, 4331, 5222, 4322, 3332. \tag{7}$$

기본 착안은, 한 분할 $a_1 \ldots a_m$에서, $a_{j+1} \ldots a_m$을 변경하지 않고 $a_j$를 증가할 수 있음을 만족하는 가장 작은 $j$를 찾음으로써 그다음(역순사전순으로) 분할로 갈 수 있다는 것이다. 그렇게 해서 얻은 새 분할이 $a'_1 \ldots a'_m$이라 할 때 $a'_1 \geq \cdots \geq a'_j = a_j + 1$이고 $a'_1 + \cdots + a'_j = a_1 + \cdots + a_j$인데, 이 조건들은 오직 $a_j < a_1 - 1$일 때에만 성립한다. 더 나아가서, 역순사전순으로 가장 작은 그러한 분할이 $a'_1 \ldots a'_m$이라 할 때 $a'_2 = \cdots = a'_j = a_j + 1$이다.

단계 H3은 $j = 2$인 간단한 경우를 처리하는데, 그 경우가 지금까지 가장 흔한 경우이다. 실제로 $j$의 값은 거의 항상 상당히 작은 것으로 판명된다. 이후에 알고리즘 H의 총 실행 시간이 방문된 분할 개수에 작은 상수를 곱하고 $O(m)$을 더한 것을 넘지 않음을 증명할 것이다.

**분할의 다른 표현 방식들.** 지금까지는 분할을 $a_1 \ge a_2 \ge \cdots$과 $a_1 + a_2 + \cdots = n$을 만족하는 음이 아닌 정수들의 수열 $a_1 a_2 \ldots$로 정의했는데, 그와는 달리 분할을 다음을 만족하는 음이 아닌 정수 $c_1 c_2 \ldots c_n$으로 이루어진 $n$-짝으로 간주할 수도 있다.

$$c_1 + 2c_2 + \cdots + nc_n = n. \tag{8}$$

여기서 $c_j$는 수열 $a_1 a_2 \ldots$에서 정수 $j$가 출현하는 횟수이다. 예를 들어 분할 331에 해당하는 횟수들은 $c_1 = 1$, $c_2 = 0$, $c_3 = 2$, $c_4 = c_5 = c_6 = c_7 = 0$이다. 그러면 부분들의 개수는 $c_1 + c_2 + \cdots + c_n$이다. 부분 개수 형태의 분할들을 생성하는 알고리즘 P와 비슷한 절차를 고안해 내는 것은 어렵지 않은 일인데, 이에 대해서는 연습문제 5를 보기 바란다.

부분 개수 표현은 이미 다른 공식들에서 암묵적으로 등장한 바 있다. 이를테면 식 1.2.9-(38)이 그러한 예인데, 그 공식은 대칭함수

$$h_n = \sum_{N \ge d_n \ge \cdots \ge d_2 \ge d_1 \ge 1} x_{d_1} x_{d_2} \cdots x_{d_n} \tag{9}$$

을 다음과 같은 형태로 표현한다.

$$\sum_{\substack{c_1, c_2, \ldots, c_n \ge 0 \\ c_1 + 2c_2 + \cdots + nc_n = n}} \frac{S_1^{c_1}}{1^{c_1} c_1!} \frac{S_2^{c_2}}{2^{c_2} c_2!} \cdots \frac{S_n^{c_n}}{n^{c_n} c_n!}. \tag{10}$$

여기서 $S_j$는 대칭함수 $x_1^j + x_2^j + \cdots + x_N^j$이다. (9)의 합산의 구간은 본질적으로 $N$가지 대상의 모든 $n$-중복조합인 반면 (10)의 합산의 구간은 $n$의 모든 분할이다. 따라서, 이를테면 $h_3 = \frac{1}{6} S_1^3 + \frac{1}{2} S_1 S_2 + \frac{1}{3} S_3$이며, $N = 2$일 때 다음이 성립한다.

$$x^3 + x^2 y + xy^2 + y^3 = \frac{1}{6}(x+y)^3 + \frac{1}{2}(x+y)(x^2+y^2) + \frac{1}{3}(x^3+y^3).$$

분할들에 대한 또 다른 합들이 연습문제 1.2.5-21, 1.2.9-10, 1.2.9-11, 1.2.10-12 등에 등장한다. 이러한 이유로 분할은 수학 전반에서 볼 수 있는 부류의 함수인 대칭함수의 연구에서 중심이 되는 중요한 개념이다. [대칭함수 이론의 고급 측면들에 대한 훌륭한 입문 교재로 스탠리의 *Enumerative Combinatorics* **2** (1999)의 제7장을 들 수 있다.]

최상위 행의 점이 $a_1$개, 그다음 행의 점이 $a_2$, 등인 $n$개의 점들의 배열을 통해서 분할들을 그럴듯하게 시각화하는 것도 가능하다. 그러한 점들의 배치를 분할의 페러스 도식(Ferrers diagram)이라고 부르는데, 이 이름은 페러스N. M. Ferrers를 기리기 위한 것이다[*Philosophical Mag.* **5** (1853), 199-202를 보라]. 그리고 페러스 도식이 담고 있는 가장 큰 정사각형 부분배열을 더피W. P. Durfee [*Johns Hopkins Univ. Circular* **2** (1882년 12월), 23]의 이름을 따서 더피 정방형(Durfee square)이라고 부른다. 예를 들어 그림 48(a)는 8887211의 페러스 도식과 그 4×4 더피 정방형이다. 더피 정방형은 $k$가 $a_k \ge k$를 만족하는 가장 큰 아래첨자라고 할 때 $k^2$개의 점을 담는다. 그러한 $k$를 분할의 자취(trace)라고 불러도 될 것이다.

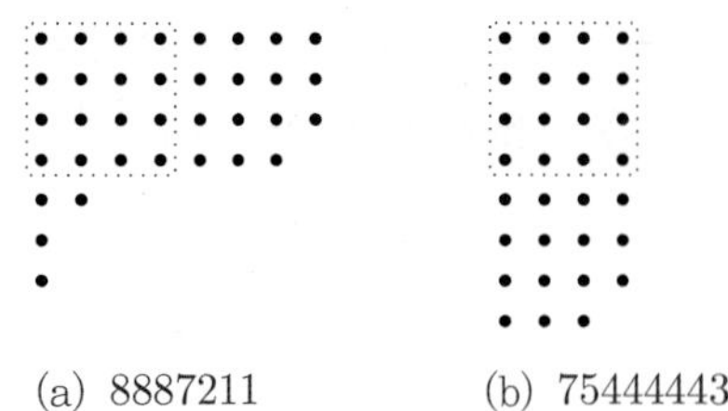

(a) 8887211 (b) 75444443

**그림 48.** 두 켤레 분할들의 페러스 도식과 더피 정방형

$\alpha$가 임의의 분할 $a_1a_2\ldots$이라고 할 때, 그 페러스 도식을 전치시키면, 즉 도식을 주대각에 대해 반사시키면 켤레 분할 $\alpha^T = b_1b_2\ldots$이 나온다. 예를 들어 그림 48(b)는 $(8887211)^T = 75444443$을 나타낸 것이다. 만일 $\beta = \alpha^T$이면 $\alpha = \beta^T$임은 자명하다. 분할 $\beta$의 부분들은 $a_1$개이고 $\alpha$의 부분들은 $b_1$개이다. 실제로 $\alpha$의 부분 개수 표현 $c_1\ldots c_n$과 그 켤레 분할 $b_1b_2\ldots$ 사이에는 간단한 관계가 성립하는데, 바로 다음과 같다.

$$\text{모든 } j \geq 1\text{에 대해} \qquad b_j - b_{j+1} = c_j. \tag{11}$$

이 관계 덕분에 주어진 분할을 조사해서 그 켤레를 계산하거나 적어 나가는 것이 쉽다(연습문제 6을 보라).

분할의 상당히 신비한 속성들도 켤레 개념을 적용하면 설명이 되는 경우가 많다. 예를 들어 $\alpha^T$의 정의를 생각해 보면, $m < n$인 경우 알고리즘 H의 단계 H5에서 $j-1$의 값이 바로 켤레 분할 $(a_1\ldots a_m)^T$의 두 번째로 작은 부분임을 알 수 있다. 따라서 단계 H4와 H6에 필요한 평균 작업량은 본질적으로 가장 큰 부분이 $m$인 한 무작위 분열의 두 번째로 작은 부분의 평균 크기에 비례한다. 그리고 아래에서 보겠지만, 두 번째로 작은 부분은 거의 항상 상당히 작다.

더 나아가서, *알고리즘 H는 분할들을 그 켤레들의 사전순으로 생성한다.* 예를 들어 (7)의 켤레들은

$$\begin{gathered}41111111, 4211111, 422111, 42221, 431111,\\ 43211, 4322, 4331, 44111, 4421, 443\end{gathered} \tag{12}$$

이다. 이들은 $n = 11$의 분할들 중 가장 큰 부분이 4인 분할이다. $n$의 모든 분할을 생성하는 한 가지 방법은 자명한 분할 '$n$'으로 시작해서 $m = 2, 3, \ldots, n$에 대해 알고리즘 H를 차례로 실행하는 것이다. 그러면 모든 $\alpha$가 해당 켤레, 즉 $\alpha^T$의 사전순으로 산출된다(연습문제 7을 보라). 따라서 알고리즘 H를 알고리즘 P의 쌍대로 간주할 수 있다.

분할을 표현하는 유용한 방법이 적어도 하나는 더 있다. 바로 테두리 표현(rim reprensentaion)이라고 하는 것이다〔S. Comét, *Numer. Math.* **1** (1959), 90-109를 보라〕. 페러스 도식의 점들을 §5.1.4에서 했던 것처럼 상자들로 대체해서 하나의 타블로 도형을 얻는다고 하자. 예를 들어 그림 48(a)의 분할 8887211은 다음이 된다.

(13)

이 도형의 오른쪽 가장자리를 한 $n \times n$ 정방형의 왼쪽 하단 모퉁이에서 오른쪽 상단 모퉁이로 가는 길이 $2n$의 경로로 간주할 수 있으며, 표 7.2.1.3-1에서 보았듯이 그러한 경로는 하나의 $(n, n)$-조합에 해당한다.

예를 들어 (13)은 70비트 비트열

$$0...01001011111010001...1 = 0^{28}1^{1}0^{2}1^{1}0^{1}1^{5}0^{1}1^{1}0^{3}1^{27} \tag{14}$$

에 해당한다. 이 비트열은 1들과 0들이 각각 정확히 $n$개가 되도록 시작 부분에 충분한 개수의 0들을, 끝 부분에는 충분한 개수의 1들을 추가한 것이다. 0은 경로에서 위로 가는 단계를 나타내고 1은 오른쪽으로 가는 단계를 나타낸다. 이런 식으로 정의된 비트열의 반전이 정확히 $n$개임을 확인하는 것은 쉬운 일이다. 반대로, 중복집합 $\{n \cdot 0, n \cdot 1\}$의 모든 순열의 반전들은 정확히 $n$개이며, 그 반전들은 각각 $n$의 한 분할에 대응된다. 한 분할에서 서로 다른 부분의 개수가 $n$과 같다고 할 때, 해당 비트열을 다음과 같은 형태로 표기할 수 있다.

$$0^{n-q_1-q_2-\cdots-q_t}1^{p_1}0^{q_1}1^{p_2}0^{q_2}\ldots1^{p_t}0^{q_t}1^{n-p_1-p_2-\cdots-p_t}. \tag{15}$$

여기서 지수 $p_j$와 $q_j$는 양의 정수이다. 그러면 분할의 표준 표현은

$$a_1a_2\cdots = (p_1+\cdots+p_t)^{q_t}(p_1+\cdots+p_{t-1})^{q_{t-1}}\ldots(p_1)^{q_1} \tag{16}$$

이 된다. 지금 예의 경우에는 $(1+1+5+1)^3(1+1+5)^1(1+1)^1(1)^2 = 8887211$이다.

**분할 개수.** 오일러Leonhard Euler는 1740년에 노데Philippe Naudé가 제기한 질문에 영감을 받아서, 다양한 종류의 분할들의 개수를 해당 생성 함수를 연구해서 밝힌 두 편의 근본적인 논문을 작성했다 〔*Commentarii Academiæ Scientiarum Petropolitanæ* **13** (1741), 64–93; *Novi Comment. Acad. Sci. Pet.* **3** (1750), 125–169〕. 그는 무한곱

$$(1+z+z^2+\cdots+z^j+\cdots)(1+z^2+z^4+\cdots+z^{2k}+\cdots)(1+z^3+z^6+\cdots+z^{3l}+\cdots)\ldots$$

의 $z^n$의 계수가 방정식 $j+2k+3l+\cdots = n$의 음이 아닌 정수해의 개수이고 $1+z^m+z^{2m}+\cdots$이 $1/(1-z^m)$임을 밝혔다. 따라서 만일

$$P(z) = \prod_{m=1}^{\infty}\frac{1}{1-z^m} = \sum_{n=0}^{\infty}p(n)z^n \tag{17}$$

라고 정의한다면, $n$의 분할들의 개수는 $p(n)$이다. 사실 이 함수 $P(z)$에는 놀랄 만큼 많은 수의 미묘한 수학적 속성들이 있다.

예를 들어 오일러는 $P(z)$의 분모를 곱해서 없애면 소거가 엄청나게 많이 발생함을 발견했다:

$$\begin{aligned}(1-z)(1-z^2)(1-z^3)\ldots &= 1-z-z^2+z^5+z^7-z^{12}-z^{15}+z^{22}+z^{26}-\cdots\\ &= \sum_{-\infty<n<\infty}(-1)^n z^{(3n^2+n)/2}.\end{aligned} \tag{18}$$

이 놀라운 항등식의 페레스 도식에 기초한 조합적 증명이 연습문제 5.1.1-14에 나온다. 또한, 1829년에 야코비Jacobi가 발표한 더욱 놀라운 항등식

$$\prod_{k=1}^{\infty}(1-u^kv^{k-1})(1-u^{k-1}v^k)(1-u^kv^k) = \sum_{n=-\infty}^{\infty}(-1)^n u^{\binom{n}{2}}v^{\binom{-n}{2}} \tag{19}$$

에서 $u=z$, $v=z^2$으로 두어도 증명이 가능하다. 그러면 좌변이 $\prod_{k=1}^{\infty}(1-z^{3k-2})(1-z^{3k-1})(1-z^{3k})$이 되기 때문이다. 연습문제 5.1.1-20을 보기 바란다. 오일러는 (18)에 의해 $n>0$에 대한 분할 개수가 다음과 같은 색다른 점화식을 만족함을 지적했다.

$$p(n)=p(n-1)+p(n-2)-p(n-5)-p(n-7)+p(n-12)+p(n-15)-\cdots, \tag{20}$$

$k<0$일 때에는 $p(k)=0$. 이 점화식을 이용하면 분할 개수들을 (17)의 멱급수를 계산할 때보다 더 빠르게 구할 수 있다:

| $n$ = | 0 | 1 | 2 | 3 | 4 | 5 | 6 | 7 | 8 | 9 | 10 | 11 | 12 | 13 | 14 | 15 |
|---|---|---|---|---|---|---|---|---|---|---|---|---|---|---|---|---|
| $p(n)$ = | 1 | 1 | 2 | 3 | 5 | 7 | 11 | 15 | 22 | 30 | 42 | 56 | 77 | 101 | 135 | 176 |

§1.2.8에서 배웠듯이, 피보나치 점화식 $f(n)=f(n-1)+f(n-2)$의 해들은 지수적으로 증가한다. $f(0)$과 $f(1)$이 양수일 때 $f(n)=\Theta(\phi^n)$이다. 그러나 (20)의 추가적인 두 항 '$-p(n-5)-p(n-7)$'은 분할 개수를 감소시키는 효과를 낸다. 실제로, 점화식을 거기까지만 적용한다면 결과로 나오는 수열은 음의 값과 양의 값 사이를 진동하게 된다. 이후의 두 항 '$+p(n-12)+p(n-15)$'는 지수적 증가가 다시 일어나게 하는 효과를 낸다.

$p(n)$의 실제 증가율은 어떤 상수 $A$에 대해 $A^{\sqrt{n}}/n$의 규모이다. 예를 들어 연습문제 33은 $p(n)$이 적어도 $e^{2\sqrt{n}}/n$만큼 빠르게 증가함을 직접적으로 증명한다. 적당한 상계를 구하는 상당히 쉬운 방법이 하나 있는데, 바로 (17)의 로그

$$\ln P(z) = \sum_{m=1}^{\infty}\ln\frac{1}{1-z^m} = \sum_{m=1}^{\infty}\sum_{n=1}^{\infty}\frac{z^{mn}}{n} \tag{21}$$

을 취하고, $t>0$인 $z=e^{-t}$으로 두어서 $z=1$ 근처의 습성을 보는 것이다:

$$\ln P(e^{-t}) = \sum_{m,n\ge 1}\frac{e^{-mnt}}{n} = \sum_{n\ge 1}\frac{1}{n}\,\frac{1}{e^{tn}-1} < \sum_{n\ge 1}\frac{1}{n^2t} = \frac{\zeta(2)}{t}. \tag{22}$$

따라서, $p(n)\le p(n+1)<p(n+2)<\cdots$이고 $e^t>1$이므로, 모든 $t>0$에 대해

$$\frac{p(n)}{1-e^{-t}} = \sum_{k=n}^{\infty}p(n)e^{(n-k)t} < \sum_{k=0}^{\infty}p(k)e^{(n-k)t} = e^{nt}P(e^{-t}) < e^{nt+\zeta(2)/t} \tag{23}$$

다. $t=\sqrt{\zeta(2)/n}$으로 두면 다음이 나온다.

$$p(n) < Ce^{2C\sqrt{n}}/\sqrt{n}, \qquad \text{여기서 } C=\sqrt{\zeta(2)}=\pi/\sqrt{6}. \tag{24}$$

오일러의 합 공식(§1.2.11.2)이나 멜린 변환(§5.2.2)을 이용하면 $\ln P(e^{-t})$의 크기에 대한 좀 더 정확한 정보를 얻을 수 있다. 연습문제 25를 보라. 그러나 지금까지 살펴본 방법들은 $P(e^{-t})$의 정확한 습성을 이끌어 낼 수 있을 정도로 강력하지는 않다. 그러므로 우리의 기법들의 무기고에 새로운 무기를 하나 더 추가하기로 하자.

오일러의 생성 함수 $P(z)$는 푸아송 합 공식(Poisson summation formula)〔*J. École Royale Polytechnique* **12** (1823), 404-509, §63〕에 아주 적합하다. 그 공식에 따르면, $f$가 '좋은 습성을 가진(well-behaved)' 함수이면 항상

$$\sum_{n=-\infty}^{\infty} f(n+\theta) = \lim_{M\to\infty} \sum_{m=-M}^{M} e^{2\pi mi\theta}\int_{-\infty}^{\infty} e^{-2\pi miy} f(y)\,dy \qquad (25)$$

이다. 이 공식은 좌변이 $\theta$의 주기함수이고 우변이 그 함수의 푸리에 급수 전개라는 사실에 기초한다. 예들 들어 함수 $f$가 충분히 좋은 습성을 가진 함수일 조건은, $\int_{-\infty}^{\infty}|f(y)|\,dy<\infty$이고

i) $f(n+\theta)$가 어떤 $\epsilon>0$에 대해 구간 $|\Im\theta|\le\epsilon$ 안에 있고 $0\le\Re\theta\le 1$을 만족하는 복소변수 $\theta$와 모든 $n$의 해석함수이고 (25)의 좌변이 $|\Im\theta|\le\epsilon$에 대해 균일하게 수렴하거나, 아니면

ii) $g$와 $h$가 단조 증가 함수이고 $g(\pm\infty)$와 $h(\pm\infty)$가 유한하다고 할 때 모든 실수 $\theta$에 대해 $f(\theta)=\frac{1}{2}\lim_{\epsilon\to 0}(f(\theta-\epsilon)+f(\theta+\epsilon))=g(\theta)-h(\theta)$

이라는 것이다. 〔Peter Henrici, *Applied and Computational Complex Analysis* **2** (New York: Wiley, 1977), Theorem 10.6e를 보라.〕 푸아송의 공식이 모든 종류의 합산 문제에 대한 만병통치약은 아니나, 차차 보겠지만 약효가 있는 경우에는 그 결과가 상당히 볼만하다.

그럼 오일러의 공식 (18)에 $z^{1/24}$을 곱해서 '제곱을 완성해(complete the square)' 보자:

$$\frac{z^{1/24}}{P(z)} = \sum_{n=-\infty}^{\infty}(-1)^n z^{\frac{3}{2}(n+\frac{1}{6})^2}. \qquad (26)$$

그러면 $t>0$에 대해 $e^{-t/24}/P(e^{-t})=\sum_{n=-\infty}^{\infty}f(n)$이 되는데, 여기서

$$f(y) = e^{-\frac{3}{2}t(y+\frac{1}{6})^2+\pi iy} \qquad (27)$$

이다. 이 함수 $f$는 앞에서 말한 푸아송 합산 공식을 위한 조건 (i)과 (ii)를 둘 다 만족한다. 따라서 $e^{-2\pi miy}f(y)$를 적분해 보기로 하자. 사실 이 적분은 모든 $m$에 대해 쉽게 풀린다(연습문제 27을 보라).

$$\int_{-\infty}^{\infty} e^{-a(y+b)^2+2ciy}\,dy = \sqrt{\frac{\pi}{a}}\,e^{-c^2/a-2bci}, \qquad a>0\text{일 때}. \qquad (28)$$

이것을 $\theta=0$, $a=\frac{3}{2}t$, $b=\frac{1}{6}$, $c=(\frac{1}{2}-m)\pi$와 함께 (25)에 대입하면 다음이 나온다.

$$\sum_{n=-\infty}^{\infty} f(n) = \sum_{m=-\infty}^{\infty} g(m), \qquad g(m)=\sqrt{\frac{2\pi}{3t}}\,e^{-2(m-\frac{1}{2})^2\pi^2/(3t)+\frac{1-2m}{6}\pi i}. \qquad (29)$$

연습문제 27에서 보겠지만 이 항들은 아주 잘 합쳐지고 소거된다. 그런 과정을 거치고 나면

$$\frac{e^{-t/24}}{P(e^{-t})} = \sqrt{\frac{2\pi}{t}} \sum_{n=-\infty}^{\infty} (-1)^n e^{-6\pi^2(n+\frac{1}{6})^2/t} = \sqrt{\frac{2\pi}{t}} \frac{e^{-\zeta(2)/t}}{P(e^{-4\pi^2/t})} \qquad (30)$$

이 남는다. 놀랍지 않은가! 방금 우리는 $P(z)$에 대한 또 다른 주목할 만한 사실을 발견한 것이다:

**정리 D.** *분할에 대한 생성 함수 (17)은* $\Re t > 0$ *일 때 함수 관계식*

$$\ln P(e^{-t}) = \frac{\zeta(2)}{t} + \frac{1}{2}\ln\frac{t}{2\pi} - \frac{t}{24} + \ln P(e^{-4\pi^2/t}) \qquad (31)$$

*을 만족한다.* ▌

이 정리는 데데킨트Richard Dedekind가 발견했다〔*Crelle* **83** (1877), 265-292, §6〕. 그는 $z = e^{2\pi i\tau}$일 때 함수 $z^{1/24}/P(z)$를 $\eta(\tau)$로 표기했다. 그의 증명은 타원함수에 대한 훨씬 더 복잡한 이론에 근거한 것이었다. $t$가 작은 양수일 때 $\ln\ P(e^{-4\pi^2/t})$가 극도로 작다는 점을 주목하기 바란다. 예를 들어 $t = 0.1$일 때 $\exp(-4\pi^2/t) \approx 3.5 \times 10^{-172}$이다. 따라서 본질적으로 정리 D는 $z$가 1 부근일 때 $P(z)$의 값에 대해 우리가 알아야 할 모든 것을 말해준다.

하디G. H. Hardy와 라마누잔S. Ramanujan은 이 지식을 이용해서 큰 $n$에 대한 $p(n)$의 점근 습성을 유도했으며, 그들의 성과를 수년 후 라데마허가 더욱 확장했다. 라데마허는 점근적일 뿐만 아니라 수렴하기까지 하는 급수를 발견했다〔*Proc. London Math. Soc.* (2) **17** (1918), 75-115; 43 (1937), 241-254〕. $p(n)$에 대한 하디-라마누잔-라데마허 공식은 지금까지 발견된 가장 놀라운 항등식들 중 하나임이 틀림없다. 다음이 그 공식이다.

$$p(n) = \frac{\pi}{2^{5/4}3^{3/4}(n-1/24)^{3/4}} \sum_{k=1}^{\infty} \frac{A_k(n)}{k} I_{3/2}\left(\sqrt{\frac{2}{3}}\,\frac{\pi}{k}\sqrt{n-1/24}\right). \qquad (32)$$

여기서 $I_{3/2}$는 수정된 구면 베셀 함수

$$I_{3/2}(z) = \left(\frac{z}{2}\right)^{3/2} \sum_{k=0}^{\infty} \frac{1}{\Gamma(k+5/2)} \frac{(z^2/4)^k}{k!} = \sqrt{\frac{2z}{\pi}}\left(\frac{\cosh z}{z} - \frac{\sinh z}{z^2}\right) \qquad (33)$$

이며, 계수 $A_k(n)$은 다음 공식으로 정의된다.

$$A_k(n) = \sum_{h=0}^{k-1} [h \perp k] \exp\left(2\pi i\left(\frac{\sigma(h,k,0)}{24} - \frac{nh}{k}\right)\right). \qquad (34)$$

여기서 $\sigma(h,k,0)$은 식 3.3.3-(16)에 정의된 데데킨트 합이다. 이제

$$A_1(n) = 1, \qquad A_2(n) = (-1)^n, \qquad A_3(n) = 2\cos\frac{(24n+1)\pi}{18} \qquad (35)$$

이며, 일반적으로 $A_k(n)$은 $-k$와 $k$ 사이에 놓인다.

(32)를 증명하자면 상당히 삼천포로 빠지겠지만, 기본 착안은 §7.2.1.5에서 논의하는 '안장점

방법(saddle point method)'을 사용한다는 것이다. $k=1$에 대한 항을 $z$가 1 부근일 때의 $P(z)$의 습성으로부터 이끌어 낸다. 그리고 그다음 항은 $z$가 $-1$ 부근일 때의 습성으로부터 이끌어 낸다. 이때 (31)과 비슷한 변환을 적용할 수 있다. 일반화하자면, (32)의 $k$번째 항은 $k$가 분모인 기약분수 $h/k$에 대해 $z$가 $e^{2\pi ih/k}$에 접근할 때의 $P(z)$의 습성에 해당한다. 단위원의 모든 $k$번째 근은 $P(z)$에 대한 무한곱의 인수 $1/(1-z^k)$, $1/(1-z^{2k})$, $1/(1-z^{3k})$, ... 각각의 한 극(pole)이다.

대략적인 근사만 구하면 되는 경우라면 (32)의 앞쪽 선행 항을 다음과 같이 크게 단순화할 수 있다.

$$p(n) = \frac{e^{\pi\sqrt{2n/3}}}{4n\sqrt{3}}\bigl(1+O(n^{-1/2})\bigr). \tag{36}$$

조금 더 세밀한 값을 원한다면 다음과 같이 덜 단순화된 공식을 사용하면 될 것이다.

$$p(n) = \frac{e^{\pi\sqrt{2n'/3}}}{4n'\sqrt{3}}\left(1-\frac{1}{\pi}\sqrt{\frac{3}{2n'}}\right)\bigl(1+O(e^{-\pi\sqrt{n/6}})\bigr), \quad n' = n-\frac{1}{24}. \tag{37}$$

$p(100)$의 참값은 190,569,292인데, 공식 (36)을 사용하면 $p(100)\approx 1.993\times 10^8$이 나오는 반면 (37)은 훨씬 더 나은 추정치인 190,568,944,783이 나온다.

오들리즈코Andrew Odlyzko는 $n$이 클 때 하디-라마누잔-라데마허 공식이 실제로 $p(n)$의 정확한 값을 계산하는 최적에 가까운 방법을 제공함을 밝혔다. 이는 그 산술 연산들을 거의 $O(\log p(n)) = O(n^{1/2})$단계로 수행할 수 있기 때문이다. 〔*Handbook of Combinatorics* **2** (MIT Press, 1995), 1068-1069를 보라.〕 (32)의 처음 몇 항들이 결과에 주되게 기여한다. 이후 급수는 $k^{-3/2}$차 항들로, 그리고 보통은 $k^{-2}$차 항들로 정착한다. 더 나아가서, 계수 $A_k(n)$들의 절반 정도는 0이다(연습문제 28 참고). 예를 들어 $n=10^6$일 때 $k=1, 2, 3$에 대한 항들은 각각 $\approx 1.47\times 10^{1107}$, $1.23\times 10^{550}$, $-1.23\times 10^{364}$이다. 처음 250개의 항들의 합은 $\approx$ 1471684986...73818.01로, 참값은 1471684986...73818이다. 그리고 250항들 중 123개가 0이다.

**부분 개수.** $n$의 $m$부분 분할, 즉 부분이 정확히 $m$개인 $n$의 분할들에 대해 다음과 같은 표기법을 도입하면 편리하다.

$$\left|\begin{matrix} n \\ m \end{matrix}\right| \tag{38}$$

그러면 점화식

$$\left|\begin{matrix} n \\ m \end{matrix}\right| = \left|\begin{matrix} n-1 \\ m-1 \end{matrix}\right| + \left|\begin{matrix} n-m \\ m \end{matrix}\right| \tag{39}$$

은 모든 정수 $m$과 $n$에 대해 성립한다. 왜냐하면 $\left|\begin{smallmatrix} n-1 \\ m-1 \end{smallmatrix}\right|$은 가장 작은 부분이 1인 분할들의 개수이고 $\left|\begin{smallmatrix} n-m \\ m \end{smallmatrix}\right|$은 그 외의 분할들의 개수이기 때문이다. (가장 작은 부분이 2 이상이면, 각 부분에서 1을 빼서 $n-m$의 $m$부분 분할을 얻으면 된다). 비슷한 추론을 통해서, $\left|\begin{smallmatrix} m+n \\ m \end{smallmatrix}\right|$이 $n$을 최대 $m$개의 부분들, 다른 말로 하면 $m$개의 음이 아닌 피가수들로 나누는 분할의 개수임을 알 수 있다. 또한, 페레스 도식을 전치시켜 보면 $\left|\begin{smallmatrix} n \\ m \end{smallmatrix}\right|$이 $n$의 분할들 중 가장 큰 부분이 $m$인 분할들의 개수임을 알 수 있다.

표 2

분할 개수

| $n$ | $\left\lvert {n \atop 0} \right\rvert$ | $\left\lvert {n \atop 1} \right\rvert$ | $\left\lvert {n \atop 2} \right\rvert$ | $\left\lvert {n \atop 3} \right\rvert$ | $\left\lvert {n \atop 4} \right\rvert$ | $\left\lvert {n \atop 5} \right\rvert$ | $\left\lvert {n \atop 6} \right\rvert$ | $\left\lvert {n \atop 7} \right\rvert$ | $\left\lvert {n \atop 8} \right\rvert$ | $\left\lvert {n \atop 9} \right\rvert$ | $\left\lvert {n \atop 10} \right\rvert$ | $\left\lvert {n \atop 11} \right\rvert$ |
|---|---|---|---|---|---|---|---|---|---|---|---|---|
| 0 | 1 | 0 | 0 | 0 | 0 | 0 | 0 | 0 | 0 | 0 | 0 | 0 |
| 1 | 0 | 1 | 0 | 0 | 0 | 0 | 0 | 0 | 0 | 0 | 0 | 0 |
| 2 | 0 | 1 | 1 | 0 | 0 | 0 | 0 | 0 | 0 | 0 | 0 | 0 |
| 3 | 0 | 1 | 1 | 1 | 0 | 0 | 0 | 0 | 0 | 0 | 0 | 0 |
| 4 | 0 | 1 | 2 | 1 | 1 | 0 | 0 | 0 | 0 | 0 | 0 | 0 |
| 5 | 0 | 1 | 2 | 2 | 1 | 1 | 0 | 0 | 0 | 0 | 0 | 0 |
| 6 | 0 | 1 | 3 | 3 | 2 | 1 | 1 | 0 | 0 | 0 | 0 | 0 |
| 7 | 0 | 1 | 3 | 4 | 3 | 2 | 1 | 1 | 0 | 0 | 0 | 0 |
| 8 | 0 | 1 | 4 | 5 | 5 | 3 | 2 | 1 | 1 | 0 | 0 | 0 |
| 9 | 0 | 1 | 4 | 7 | 6 | 5 | 3 | 2 | 1 | 1 | 0 | 0 |
| 10 | 0 | 1 | 5 | 8 | 9 | 7 | 5 | 3 | 2 | 1 | 1 | 0 |
| 11 | 0 | 1 | 5 | 10 | 11 | 10 | 7 | 5 | 3 | 2 | 1 | 1 |

따라서 $\left\lvert {n \atop m} \right\rvert$은 알아 두면 좋은 수이다. 다음의 경계 조건을 이용하면 작은 값의 매개변수들에 대한 $\left\lvert {n \atop m} \right\rvert$의 표를 손쉽게 만들 수 있다.

$$\left\lvert {n \atop 0} \right\rvert = \delta_{n0} \text{이고} \qquad m < 0 \text{ 또는 } n < 0 \text{에 대해} \quad \left\lvert {n \atop m} \right\rvert = 0. \tag{40}$$

이를 통해서, 이전에 살펴본 $\binom{n}{m}$이나 $\left[{n \atop m}\right]$, $\left\{{n \atop m}\right\}$, $\left\langle{n \atop m}\right\rangle$에 대한 눈에 익은 삼각형과 비슷한 형태의 수 배열을 얻게 된다. 표 2를 보기 바란다. 생성 함수는

$$\sum_n \left\lvert {n \atop m} \right\rvert z^n = \frac{z^m}{(1-z)(1-z^2)\ldots(1-z^m)} \tag{41}$$

이다.

$n$의 거의 모든 분할은 부분 개수가 $\Theta(\sqrt{n}\log n)$이다. 에르되시P. Erdös와 레너J. Lehner가 발견한〔*Duke Math. J.* **8** (1941), 335-345〕 이 사실에는 아주 교육적인 증명이 존재한다:

**정리 E.** *$C = \pi/\sqrt{6}$ 이고 $m = \frac{1}{2C}\sqrt{n}\ln n + x\sqrt{n} + O(1)$ 이라고 하자. 그러면 모든 $\epsilon > 0$ 과 모든 고정된 $x$ 에 대해, $n \to \infty$ 에 따라*

$$\frac{1}{p(n)} \left\lvert {m+n \atop m} \right\rvert = F(x)\bigl(1 + O(n^{-1/2+\epsilon})\bigr) \tag{42}$$

*이다. 여기서*

$$F(x) = e^{-e^{-Cx}/C} \tag{43}$$

*이다.*

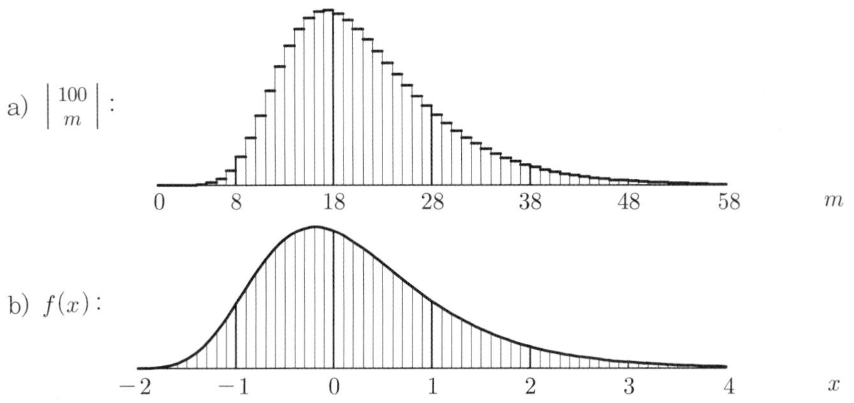


**그림 49.** $n$의 $m$부분 분할들. (a) $n = 100$일 때, (b) $n \to \infty$일 때. (정리 E를 보라.)

(43)의 함수 $F(x)$는 $x \to -\infty$일 때 빠르게 0에 접근하며, $x \to +\infty$일 때에는 1로 빠르게 증가한다. 따라서 이 함수는 확률분포 함수이다. 그림 49(b)는 해당 밀도 함수 $f(x) = F'(x)$가 주로 $-2 \le x \le 4$ 구역에 집중됨을 보여 준다. (연습문제 35를 보라.)

비교를 위해, 그림 49(a)에는 $n = 100$일 때의 $\left|{n \atop m}\right| = \left|{m+n \atop m}\right| - \left|{m-1+n \atop m-1}\right|$의 값들이 표시되어 있다. 이 경우 $\frac{1}{2C}\sqrt{n}\ln n \approx 18$이다.

증명. 이 증명은 $\left|{m+n \atop m}\right|$이 $n$의 분할들 중 가장 큰 부분이 $\le m$인 분할들의 개수라는 사실을 사용한다. 그러면, 식 1.3.3-(29)의 포함 배제 원리에 의해

$$\left|{m+n \atop m}\right| = p(n) - \sum_{j>m} p(n-j) + \sum_{j_2>j_1>m} p(n-j_1-j_2) - \sum_{j_3>j_2>j_1>m} p(n-j_1-j_2-j_3) + \cdots$$

이 성립한다. 이는 $p(n-j_1-\cdots-j_r)$이, $n$의 분할들 중 부분 $\{j_1, \ldots, j_r\}$ 각각이 적어도 한 번은 나오는 분할들의 개수이기 때문이다. 이를

$$\frac{1}{p(n)}\left|{m+n \atop m}\right| = 1 - \Sigma_1 + \Sigma_2 - \Sigma_3 + \cdots, \quad \Sigma_r = \sum_{j_r>\cdots>j_1>m} \frac{p(n-j_1-\cdots-j_r)}{p(n)} \tag{44}$$

이라고 표기하자.

$\Sigma_r$을 평가하기 위해서는 비율 $p(n-t)/p(n)$을 잘 추정해야 한다. 그런데 다행히도 식 (36)은 다음을 함의한다.

$$\begin{aligned}\frac{p(n-t)}{p(n)} &= \exp\bigl(2C\sqrt{n-t} - \ln(n-t) + O((n-t)^{-1/2}) - 2C\sqrt{n} + \ln n\bigr)\\ &= \exp\bigl(-Ctn^{-1/2} + O(n^{-1/2+2\epsilon})\bigr), \quad \text{만일 } 0 \le t \le n^{1/2+\epsilon}\text{이면.}\end{aligned} \tag{45}$$

더 나아가서, 만일 $t \ge n^{1/2+\epsilon}$이면 $p(n-t)/p(n) \le p(n-n^{1/2+\epsilon})/p(n) \approx \exp(-Cn^{\epsilon})$이다. 이는 임의의 $n$의 거듭제곱보다 점근적으로 작은 값이다. 따라서 $t \ge 0$의 모든 값에 대해 다음과 같은 근사를 사용해도 안전하다.

$$\frac{p(n-t)}{p(n)} \approx \alpha^t, \qquad \alpha = \exp(-Cn^{-1/2}). \tag{46}$$

예를 들어

$$\Sigma_1 = \sum_{j>m} \frac{p(n-j)}{p(n)} = \frac{\alpha^{m+1}}{1-\alpha}\big(1+O(n^{-1/2+2\epsilon})\big) + \sum_{n \ge j > n^{1/2+\epsilon}} \frac{p(n-j)}{p(n)}$$
$$= \frac{e^{-Cx}}{C}\big(1+O(n^{-1/2+2\epsilon})\big) + O(ne^{-Cn^{\epsilon}})$$

인데, $\alpha/(1-\alpha) = n^{1/2}/C + O(1)$이고 $\alpha^m = n^{-1/2}e^{-Cx} + O(n^{-1})$이기 때문이다. 또한, 만일 $r = O(\log n)$이면

$$\Sigma_r = \frac{e^{-Crx}}{C^r r!}\big(1+O(n^{-1/2+2\epsilon})\big) + O(e^{-n^{\epsilon/2}}) \tag{47}$$

임도 비슷한 논증을 통해서 증명할 수 있다(연습문제 36을 보라).

마지막으로, (44)의 부분합들은 항상 참값을 '가둔다(braket)'. 이는 일반적인 포함 배제 원리의 한 멋진 속성으로, 좀 더 구체적으로 표현하면 모든 $r$에 대해

$$1-\Sigma_1+\Sigma_2-\cdots-\Sigma_{2r-1} \le \frac{1}{p(n)}\left|\begin{matrix} m+n \\ m \end{matrix}\right| \le 1-\Sigma_1+\Sigma_2-\cdots-\Sigma_{2r-1}+\Sigma_{2r} \tag{48}$$

이다. (연습문제 37을 보라.) $2r$이 $\ln n$ 부근이고 $n$이 클 때 항 $\Sigma_{2r}$은 극도로 작다. 따라서 (42)와 같되 $\epsilon$ 대신 $2\epsilon$이 있는 수식이 나온다. ▮

정리 E는 무작위 분할의 가장 큰 부분이 항상 $\frac{1}{2C}\sqrt{n}\ln n + O(\sqrt{n}\log\log\log n)$이고, $n$이 어느 정도 크다면 다른 부분들도 예측이 가능한 경향이 있음을 말해 준다. 예를 들어 25의 모든 분할을 해당 페러스 도식들에 겹치되 테두리 표현에서처럼 점을 상자로 바꾼다고 하자. 이때 가장 많이 차지되는 칸(상자)은 무엇일까? 그림 50에 결과가 나와 있다. 무작위 분할은 $n \to \infty$에 따라 하나의 극한 곡선에 도달하는 전형적인 형상(shape)을 만들어 낸다.

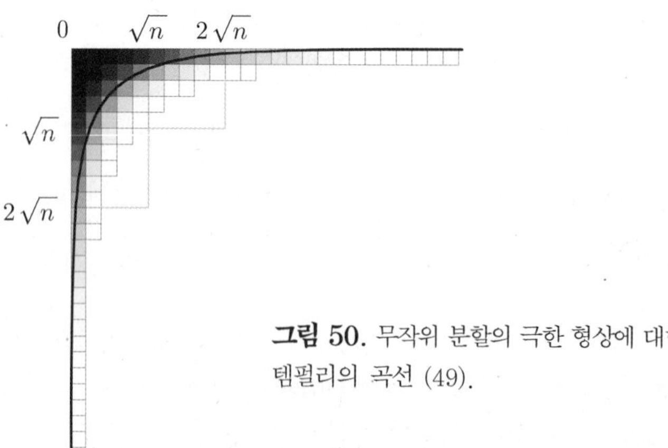


**그림 50.** 무작위 분할의 극한 형상에 대한 템펄리의 곡선 (49).

템펄리 H. N. V. Temperley〔*Proc. Cambridge Philos. Soc.* **48** (1952), 683-697〕는 큰 무작위 분할 $a_1 \ldots a_m$의 부분 $a_k$들 대부분이 점근 법칙

$$e^{-Ck/\sqrt{n}} + e^{-Ca_k/\sqrt{n}} \approx 1 \qquad (49)$$

을 만족함을 믿을 만한 발견법적 근거(heuristic reason)들을 제시했으며, 이후 그의 공식이 강 형식(strong form)으로 입증되었다. 예를 들어 피텔 Boris Pittel의 정리〔*Advances in Applied Math.* **18** (1997), 432-488〕 덕분에 우리는 한 무작위 분할의 자취가 거의 항상 최대 $O(\sqrt{n}\ln n)^{1/2}$의 오차로 (49)와 일치하는 $\frac{\ln 2}{C}\sqrt{n} \approx 0.54\sqrt{n}$ 이라는 결론을 내릴 수 있다. 따라서 페러스 도식의 모든 점의 약 29%는 더피 정방형 안에 들어가는 경향이 있다.

반대로, 고정된 $m$에 대한 $n$의 $m$부분 분할들만 살펴본다면, 극한 형상은 상당히 다르다. $m$과 $n$이 비교적 클 때 그런 분할들은 대부분

$$a_k \approx \frac{n}{m} \ln \frac{m}{k} \qquad (50)$$

을 만족한다. 그림 51은 $n = 50$, $m = 5$의 경우를 나타낸 것이다. 실제로, $m$이 $n$과 함께 증가하되 $\sqrt{n}$ 보다는 느리게 증가할 때에는 같은 극한이 적용된다〔Vershik, Yakubovich, *Moscow Math. J.* **1** (2001), 457-468을 보라〕.

분할의 테두리 표현은 분할들의 개수는 물론 각 부분의 크기에도 제약이 따른다는 의미에서 이중으로 유계인(doubly bounded) 분할들에 대한 추가적인 정보를 제공한다. 부분이 최대 $m$개이고 각 부분의 크기가 최대 $l$인 하나의 분할은 하나의 $m \times l$ 상자에 들어간다. 그런 분할들은 중복집합 $\{m \cdot 0, l \cdot 1\}$의 순열들 중 반전이 정확히 $n$개인 순열들에 해당하는데, 중복집합 순열의 반전들은 연습문제 5.1.2-16에서 논의했다. 특히, 그 연습문제는 $n$개의 반전이 생기는 경우의 수에 대한 자명하지 않은 공식을 유도한다.

**정리 C.** *$n$의 분할들 중 부분들의 개수가 최대 $m$개이고 각 부분의 크기가 최대 $l$인 분할의 개수는*

$$[z^n]\binom{l+m}{m}_z = [z^n]\frac{(1-z^{l+1})}{(1-z)}\frac{(1-z^{l+2})}{(1-z^2)}\cdots\frac{(1-z^{l+m})}{(1-z^m)} \qquad (51)$$

*이다.*

이 결과는 A. Cauchy, *Comptes Rendus Acad. Sci.* **17** (Paris, 1843), 523-531에 기인한다. $l \to \infty$일 때 분자는 그냥 1이 됨을 주목하기 바란다. 좀 더 일반적인 결과에 대한 흥미로운 조합적 증명이 이번 절 연습문제 40에 나온다. ∎

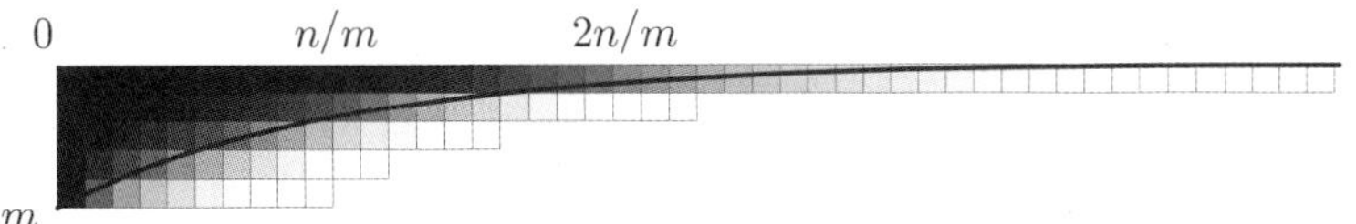


**그림 51.** 부분들이 $m$개일 때의 극한 형상 (50).

**알고리즘 분석.** 분할의 정량적 측면들을 알고리즘 P의 습성을 상당히 정교하게 유도하기에 충분하고도 남을 정도로 알게 되었다. 그 알고리즘의 단계 P1, ..., P6이 각각 $T_1(n)$, ..., $T_6(n)$번 실행된다고 하자. $T_1(n)=1$이고 $T_3(n)=p(n)$임은 자명하다. 더 나아가서, 키르히호프의 법칙에 의해 $T_2(n)=T_5(n)$이고 $T_4(n)+T_5(n)=T_3(n)$이다. 단계 P4에는 2가 있는 분할당 한 번씩 도달한다. 그리고 그러한 분할의 개수는 $p(n-2)$임이 분명하다.

따라서 알고리즘 P의 실행 시간에 대해 유일하게 남아 있는 미스터리라고 할 만한 것은, 조건에 따라 스스로를 되풀이하는 단계 P6의 수행 횟수이다. 그러나 잠시 생각해 보면 알고리즘이 $\geq 2$인 값을 배열 $a_1 a_2 \ldots$에 저장하는 것은 오직 단계 P2에서만, 또는 곧 P6에서 $n \leq x$를 판정할 때뿐이다. 그리고 그런 값들은 모두 결국에는 단계 P4나 P5에서 1 감소된다. 따라서, 단계 P2에서 $a_m$을 $\geq 2$인 값으로 설정하는 횟수를 $T_2''(n)$이라고 할 때

$$T_2''(n)+T_6(n)=p(n)-1 \tag{52}$$

이다. $T_2'(n)$이 단계 P2에서 $a_m \leftarrow 1$로 설정하는 횟수가 되도록 $T_2(n)=T_2'(n)+T_2''(n)$이라고 하자. 그러면 $T_2'(n)+T_4(n)$은 1로 끝나는 분할들의 개수이며, 따라서

$$T_2'(n)+T_4(n)=p(n-1) \tag{53}$$

이다. 아하! 이제 필요한 모든 수량을 결정하기에 충분한 등식들이 갖추어졌다:

$$\begin{aligned}&(T_1(n),\ldots,T_6(n))=\\&\qquad(1,p(n)-p(n-2),p(n),p(n-2),p(n)-p(n-2),\ p(n-1)-1).\end{aligned} \tag{54}$$

그리고 분할당 평균 계산량도 $p(n)$의 점근 공식으로부터 이끌어 낼 수 있다.

$$\left(\frac{T_1(n)}{p(n)},\ldots,\frac{T_6(n)}{p(n)}\right)=\left(0,\frac{2C}{\sqrt{n}},1,1-\frac{2C}{\sqrt{n}},\frac{2C}{\sqrt{n}},1-\frac{C}{\sqrt{n}}\right)+O\left(\frac{1}{n}\right). \tag{55}$$

여기서 $C=\pi/\sqrt{6}\approx 1.283$이다. (연습문제 45를 보라.) 분할당 총 메모리 접근 횟수는 따라서 단 $3+C/\sqrt{n}+O(1/n)$이 된다.

> 모든 분할을 생성하려는 자는
> 그 누구도 엄청난 노동에 허덕이게 될 뿐만 아니라
> 부주의한 실수를 저지르지 않도록
> 완전한 각성 상태를 유지하기 위한 고통도 감내하여야 한다.
>
> — 오일러LEONHARD EULER, *De Partitione Numerorum* (1750)

알고리즘 H는 분석하기가 좀 더 어렵지만, 적어도 실행 시간에 대한 괜찮은 상계 하나는 증명할 수 있다. 핵심 수량은 $j$의 값, 즉 $a_j < a_1 - 1$인 최소의 아래첨자이다. $m=4$이고 $n=11$일 때의 $j$의 연속된 값들은 $(2,2,2,3,2,2,3,4,2,3,5)$이다. 그리고 $b_1 \ldots b_l$이 켤레 분할 $(a_1 \ldots a_m)^T$이고

$m < n$일 때 $j = b_{l-1} + 1$임을 앞에서 이야기했다. ((7)과 (12)를 보라.) 단계 H3은 $j = 2$인 경우만 처리한다. 그 경우가 가장 흔할 뿐만 아니라 다루기가 특히나 쉽기 때문이다.

$c_m(n)$이, 알고리즘 H가 생성하는 $\left|{n \atop m}\right|$개의 분할들 모두에 대해 누적된 $j-1$ 값들의 총합이라고 하자. 예를 들어 $c_4(11) = 1+1+1+2+1+1+2+3+1+2+4 = 19$이다. $c_m(n) / \left|{n \atop m}\right|$을 분할당 실행 시간의 좋은 징표로 간주할 수 있다. 가장 비용이 큰 단계인 H4와 H6의 실행 시간이 대략 $j-2$에 비례하기 때문이다. 이 비율 $c_m(n) / \left|{n \atop m}\right|$은 유계가 아니다. $\left|{m \atop m}\right| = 1$인 반면 $c_m(m) = m$이기 때문이다. 그러나 다음 정리는 그럼에도 알고리즘 H가 효율적임을 보여 준다.

**정리 H.** *알고리즘 H의 비용 측정치* $c_m(n)$*은 최대* $3\left|{n \atop m}\right| + m$*이다.*

증명. $1 \le n < m$일 때 $c_m(n) = 1$이라고 인위적으로 정의한다면, $c_m(n)$이 $\left|{n \atop m}\right|$과 같은 점화식, 즉

$$m, n \ge 1\text{에 대해} \qquad c_m(n) = c_{m-1}(n-1) + c_m(n-m) \tag{56}$$

을 만족함을 손쉽게 입증할 수 있다. (39)를 보라. 그러나 경계 조건들은 이전과 다르다:

$$c_m(0) = [m > 0]; \qquad c_0(n) = 0. \tag{57}$$

표 3에 작은 $m$과 $n$에 대한 $c_m(n)$의 습성이 나와 있다.

정리를 증명하기 위해, 실제로는 그보다 더 강한 결과인 다음을 증명하고자 한다.

$$n \ge m \ge 2\text{에 대해} \qquad c_m(n) \le 3\left|{n \atop m}\right| + 2m - n - 1. \tag{58}$$

연습문제 50은 이 부등식이 $m \le n \le 2m$일 때 성립함을 보여 준다. 따라서 만일 $n > 2m$일 때 이 부등식을 증명한다면 증명이 완성된다. $n > 2m$인 경우 귀납법에 의해 다음이 성립한다.

표 3

알고리즘 H의 비용들

| $n$ | $c_0(n)$ | $c_1(n)$ | $c_2(n)$ | $c_3(n)$ | $c_4(n)$ | $c_5(n)$ | $c_6(n)$ | $c_7(n)$ | $c_8(n)$ | $c_9(n)$ | $c_{10}(n)$ | $c_{11}(n)$ |
|---|---|---|---|---|---|---|---|---|---|---|---|---|
| 0 | 0 | 1 | 1 | 1 | 1 | 1 | 1 | 1 | 1 | 1 | 1 | 1 |
| 1 | 0 | 1 | 1 | 1 | 1 | 1 | 1 | 1 | 1 | 1 | 1 | 1 |
| 2 | 0 | 1 | 2 | 1 | 1 | 1 | 1 | 1 | 1 | 1 | 1 | 1 |
| 3 | 0 | 1 | 2 | 3 | 1 | 1 | 1 | 1 | 1 | 1 | 1 | 1 |
| 4 | 0 | 1 | 3 | 3 | 4 | 1 | 1 | 1 | 1 | 1 | 1 | 1 |
| 5 | 0 | 1 | 3 | 4 | 4 | 5 | 1 | 1 | 1 | 1 | 1 | 1 |
| 6 | 0 | 1 | 4 | 6 | 5 | 5 | 6 | 1 | 1 | 1 | 1 | 1 |
| 7 | 0 | 1 | 4 | 7 | 7 | 6 | 6 | 7 | 1 | 1 | 1 | 1 |
| 8 | 0 | 1 | 5 | 8 | 11 | 8 | 7 | 7 | 8 | 1 | 1 | 1 |
| 9 | 0 | 1 | 5 | 11 | 12 | 12 | 9 | 8 | 8 | 9 | 1 | 1 |
| 10 | 0 | 1 | 6 | 12 | 16 | 17 | 13 | 10 | 9 | 9 | 10 | 1 |
| 11 | 0 | 1 | 6 | 14 | 19 | 21 | 18 | 14 | 11 | 10 | 10 | 11 |

$$\begin{aligned} c_m(n) &= c_1(n-m)+c_2(n-m)+c_3(n-m)+\cdots+c_m(n-m) \\ &\le 1+\left(3\left|{n-m \atop 2}\right|+3-n+m\right)+\left(3\left|{n-m \atop 3}\right|+5-n+m\right)+\cdots \\ &\qquad\qquad +\left(3\left|{n-m \atop m}\right|+2m-1-n+m\right) \\ &= 3\left|{n-m \atop 1}\right|+3\left|{n-m \atop 2}\right|+\cdots+3\left|{n-m \atop m}\right|-3+m^2-(m-1)(n-m) \\ &= 3\left|{n \atop m}\right|+2m^2-m-(m-1)n-3 \end{aligned}$$

그리고 $n \ge 2m+1$이므로 $2m^2-m-(m-1)n-3 \le 2m-n-1$이다. ▮

***분할에 대한 그레이 부호.** 분할들을 연습문제 5에서처럼 부분 개수 형식 $c_1 \ldots c_n$으로 생성할 때, 한 단계에서 $c_j$ 값들 중 변하는 것은 네 개 이하이다. 그런데 개별 부분의 변화가 최소화되도록, 즉 연습문제 7.2.1.3의 '회전문' 알고리즘에서처럼 어떤 $j$와 $k$에 대해 $a_j \leftarrow a_j+1$과 $a_k \leftarrow a_k-1$로만 설정해서 $a_1a_2\ldots$의 후행자를 얻을 수 있게 하고 싶을 수도 있다. 그런데 그러한 제한이 항상 가능하다. 사실 $n=6$일 때에는 그렇게 하는 유일한 방법이 존재한다:

$$111111, 21111, 3111, 2211, 222, 321, 33, 42, 411, 51, 6. \tag{59}$$

그리고 일반적으로는, $n$을 최대 $m$개의 부분으로 나누는 $\left|{m+n \atop m}\right|$가지 분할들을 항상 적절한 그레이 경로를 통해서 생성할 수 있다.

$\alpha \to \beta$가 한 분할에서 다른 분할로의 허용된(allowable) 전이일 필요충분조건은 $\alpha$에 대한 페러스 도식의 점을 하나만 변경해서 $\beta$에 대한 페러스 도식을 얻을 수 있다는 것이다. 따라서 $\alpha^T \to \beta^T$도 하나의 허용된 전이이다. 이로부터, 최대 $m$개의 부분으로의 분할에 대한 모든 그레이 부호는 각 부분이 $m$을 넘지 않는 분할로의 그레이 코드에 대응된다. 그럼 후자의 제약을 좀 더 자세히 살펴보자.

분할에 대한 그레이 부호의 전체 개수는 아주 크다. $n=7$일 때 52, $n=8$일 때 652, $n=9$일 때 298,896이고 $n=10$일 때에는 2,291,100,484이다. 그러나 진정으로 간단한 구축법은 아직 알려지지 않았다. 아마도 이유는 이웃이 단 둘인 분할들, 구체적으로 말해 $1<d<n$이고 $d$가 $n$의 약수일 때의 분할 $d^{n/d}$들이 꽤 있기 때문일 것이다. 그런 분할들의 앞과 뒤에는 반드시 $\{(d+1)d^{n/d-2}(d-1), d^{n/d-1}(d-1)1\}$이 있어야 하는데, 이러한 제약조건 때문에 단순한 재귀적 접근방식들은 모두 배제되어 버린다.

새비지Carla D. Savage는 이러한 어려움들을 적당한 양의 복잡도만으로 극복하는 방법 하나를 발견했다[*J. Algorithms* **10** (1989), 577-595]. 분할

$$\mu(m,n) = \overbrace{m\ m\ \ldots\ m}^{\lfloor n/m \rfloor}\ (n \bmod m) \tag{60}$$

이, $n$을 $\le m$개의 부분들로 나누는 분할들 중 사전순으로 가장 큰 분할이라고 하자. 우리의 목표는 분할 $1^n$에서 분할 $\mu(m,n)$으로 가는, 재귀적으로 정의되는 그레이 경로 $L(m,n)$과 $M(m,n)$을 구축하는 것이다. $L(m,n)$은 부분들이 $m$을 넘지 않는 모든 분할을 거쳐 가는 반면 $M(m,n)$은

그러한 분할 외에도 다른 여러 분할들을 거쳐 간다. 구체적으로, $M(m,n)$은 가장 큰 부분이 $m+1$이고 다른 부분들은 모두 $m$보다 작은 분할들도 거쳐 간다. 예를 들어 $L(3,8)$은 11111111, 2111111, 311111, 221111, 22211, 2222, 3221, 32111, 3311, 332인 반면 $M(3,8)$은

$$\begin{aligned}&11111111, 2111111, 221111, 22211, 2222, 3221,\\&3311, 32111, 311111, 41111, 4211, 422, 332\end{aligned} \qquad (61)$$

이다. 4로 시작하는 추가적인 분할들은 재귀의 다른 부분들에서의 '해석의 여지(wiggle room)'를 제공한다. $L(m,n)$은 $n \geq 0$에 대해 정의하나 $M(m,n)$은 $n > 2m$에 대해서만 정의한다.

다음은 표기를 단순화하기 위해 $m=5$에 대해 나타낸 구성으로, 이 구성은 거의 항상 유효하다:

$$L(5) = \begin{cases} L(3) \\ 4L(\infty)^R \\ 5L(\infty) \end{cases} \text{만일 } n \leq 7\text{이면;} \quad \begin{cases} L(3) \\ 4L(2)^R \\ 5L(2) \\ 431 \\ 44 \\ 53 \end{cases} \text{만일 } n = 8\text{이면;} \quad \begin{cases} M(4) \\ 54L(4)^R \\ 55L(5) \end{cases} \text{만일 } n \geq 9\text{이면;} \qquad (62)$$

$$M(5) = \begin{cases} L(4) \\ 5L(4)^R \\ 6L(3) \\ 64L(\infty)^R \\ 55L(\infty) \end{cases} \text{만일 } 11 \leq n \leq 13\text{이면;} \quad \begin{cases} L(4) \\ 5M(4)^R \\ 6L(4) \\ 554L(4)^R \\ 555L(5) \end{cases} \text{만일 } n \geq 14\text{이면.} \qquad (63)$$

$L(m,n)$과 $M(m,n)$의 매개변수 $n$은 문맥에서 유도할 수 있으므로 생략했다. 각 $L$ 또는 $M$은 이전 부분들을 빼고 남은 것만큼의 분할들을 생성한다고 가정한다. 예를 들어 (63)에 따르면

$$M(5,14) = L(4,14),\ 5M(4,9)^R,\ 6L(4,8),\ 554L(4,0)^R,\ 555L(5,-1)$$

이다. 수열 $L(5,-1)$은 사실 빈 수열이고 $L(4,0)$은 빈 문자열이므로 $M(5,14)$의 마지막 분할은 예상대로 $554 = \mu(5,14)$이다. $L(\infty)$이라는 표기는 $L(\infty,n) = L(n,n)$, 즉 $1^n$에서 시작해서 $n^1$까지 $n$의 모든 분할을 거치는 그레이 경로이다.

일반화하자면, 모든 $m \geq 3$에 대해 $L(m)$과 $M(m)$은 본질적으로 같은 규칙들로 정의된다. (62)와 (63)의 숫자 2, 3, 4, 5, 6을 각각 $m-3$, $m-2$, $m-1$, $m$, $m+1$로 대체하고 범위 범위 $n \leq 7$, $n=8$, $n \geq 9$를 $n \leq 2m-3$, $n = 2m-2$, $n \geq 2m-1$로, 그리고 범위 $11 \leq n \leq 13$과 $n \geq 14$를 $2m+1 \leq n \leq 3m-2$와 $n \geq 3m-1$로 대체한 것이 바로 해당 규칙들이다. $m \leq 2$일 때 경로들이 유일하므로 수열 $L(0)$, $L(1)$, $L(2)$의 정의가 자명하다. $n \geq 5$에 대한 수열 $M(2)$는 $1^n$, $21^{n-2}$, $31^{n-3}$, $221^{n-4}$, $2221^{n-6}$, …, $\mu(2,n)$이다.

**정리 S.** *$m, n \geq 0$에 대한 그레이 경로 $L'(m,n)$들과 $n \geq 2m+1 \geq 5$에 대한 그레이 경로 $M'(m,n)$들이 위에서 서술한 속성을 가진 모든 분할에 대해 존재한다. 단, $L'(4,6)$의 경우는 예외이다. 더 나아가서, 몇 가지 경우를 제외할 때 $L'$과 $M'$은 상호 점화식 (62)와 (63)을 따른다.*

증명. 앞에서 (62)와 (63)이 거의 항상 유효하다고 말했었다. 아마 유일한 결함이 $L(4,6)$의 경우에 발생함을 독자도 입증할 수 있을 것이다. 그런 경우 (62)는

$$L(4,6) = L(2,6), 3L(1,3)^R, 4L(1,2), 321, 33, 42$$
$$= 111111, 21111, 2211, 222, 3111, 411, 321, 33, 42 \quad (64)$$

이다. $m > 4$일 때에는 $L(m-2, 2m-2)$의 끝에서 $(m-1)L(m-3, m-1)^R$의 시작으로의 전이가 $(m-2)(m-2)2$에서 $(m-1)(m-3)2$로의 전이이므로 문제가 없다. 만족스러운 경로 $L(4,6)$은 존재하지 않는데, 왜냐하면 그 아홉 분할을 거쳐가는 모든 그레이 부호는 반드시 411이나 33, 3111, 222, 2211로 끝나야 하기 때문이다.

이 예외를 중화시키기 위해서는 $L(m,n)$과 $M(m,n)$의 정의 중 '버그 있는 서브루틴' $L(4,6)$을 호출하는 여덟 군데를 뜯어고쳐야 한다. 한 가지 간단한 방법은 다음과 같은 정의들을 도입하는 것이다.

$$L'(4,6) = 111111, 21111, 3111, 411, 321, 33, 42;$$
$$L'(3,5) = 11111, 2111, 221, 311, 32. \quad (65)$$

즉, $L(4,6)$에서 222와 2211을 빼버리고 또한 2111이 221과 인접하도록 $L(3,5)$도 손을 본다. 연습문제 60에서 보겠지만, $L(4,6)$에서 빠진 두 분할은 언제라도 손쉽게 '끼워 넣을' 수 있다. ▮

## 연습문제

▶ **1.** [*M21*] 십이정도의 각 문제에 대해, 그 문제의 모든 가능성의 수를 나타내는 공식을 제시하라. 예를 들어 $m$가지 대상의 $n$-짝들의 개수는 $m^n$이다. (필요하다면 (38)의 표기법을 사용하고, 공식이 $m=0$이거나 $n=0$일 때에도 옳은 답을 내도록 하는 데 주의를 기울일 것.)

▶ **2.** [*20*] 단계 H1을 조금만 변경하면 $n$을 최대 $m$개의 부분으로 나누는 분할들을 모두 생성할 수 있음을 보여라.

**3.** [*M17*] $a_1 + \cdots + a_m$이 $n$을 $m$개의 부분 $a_1 \geq \cdots \geq a_m$으로 나누는 분할이라 할 때, 만일 $1 \leq i,\ j \leq m$에 대해 $|a_i - a_j| \leq 1$이면 그러한 분할을 가리켜 최적으로 균형이 잡혔다(optimally balanced), 줄여서 최적 균형이라고 말한다. $n \geq m \geq 1$이면 그러한 분할이 반드시 정확히 하나 존재함을 증명하고, 그러한 분할의 $j$번째 부분 $a_j$를 $j$와 $m$, $n$의 함수로 표현하는 공식을 제시하라.

**4.** [*M22*] (Gideon Ehrlich, 1974.) 모든 부분이 $\geq r$인 $n$의 분할들 중 사전순으로 가장 작은 것은 무엇인가? 예를 들어 $n=19$이고 $r=5$일 때 답은 766이다.

▶ **5.** [*23*] $n$의 모든 분할을 (8)에 나온 부분 개수 형식 $c_1 \ldots c_n$으로 생성하는 알고리즘을 설계하라. 그러한 분할들을 역순사전순으로, 즉 $c_n \ldots c_1$의 사전순으로 생성해야 한다. 이 순서는 분할 $a_1 a_2 \ldots$들의 사전순과 동치이다. 또한 효율성을 위해 링크들의 표 $l_0 l_1 \ldots l_n$을 유지하되, $c_k > 0$인 $k$의 서로 다른 값들이 $k_1 < \cdots < k_t$라 할 때

$$l_0 = k_1, \qquad l_{k_1} = k_2, \qquad \ldots, \qquad l_{k_{t-1}} = k_t, \qquad l_{k_t} = 0$$

이 되도록 유지하라. (그러면 분할 331은 $c_1 \ldots c_7 = 1020000$, $l_0 = 1$, $l_1 = 3$, $l_3 = 0$으로 표현될 것이다. 그 외의 링크 $l_2$, $l_4$, $l_5$, $l_6$, $l_7$에는 아무 값이나 편리한 값을 설정하면 된다.)

**6.** [*20*] $a_1 a_2 \ldots$가 주어졌을 때 $b_1 b_2 \ldots = (a_1 a_2 \ldots)^T$를 계산하는 알고리즘을 설계하라.

**7.** [*M20*] $a_{1 \ldots} a_n$과 $a'_1 \ldots a'_n$이 $n$의 분할들이되 $a_1 \geq \cdots \geq a_n \geq 0$이고 $a'_1 \geq \cdots \geq a'_n \geq 0$인 분할들이라고 하자. 그리고 해당 켤레들이 $b_1 \ldots b_n = (a_1 \ldots a_n)^T$와 $b'_1 \ldots b'_n = (a'_1 \ldots a'_n)^T$라고 하자. 오직 $a_n \ldots a_1 < a'_n \ldots a'_1$일 때에만 $b_1 \ldots b_n < b'_1 \ldots b'_n$임을 보여라.

**8.** [*15*] $(p_1 \ldots p_t, q_1 \ldots q_t)$가 (15), (16)에서처럼 분할 $a_1 a_2 \ldots$의 테두리 표현을 서술하는 위첨자들이라고 할 때, 켤레 분할 $(a_1 a_2 \ldots)^T$의 테두리 표현은 무엇인가?

**9.** [*22*] $a_1 a_2 \ldots a_m$과 $b_1 b_2 \ldots b_m = (a_1 a_2 \ldots a_m)^T$가 켤레 분할들이라 할 때, 중복집합 $\{a_1 + 1, a_2 + 2, \ldots, a_m + m\}$과 $\{b_1 + 1, b_2 + 2, \ldots, b_m + m\}$이 상등임을 보여라.

**10.** [*21*] 분할에 관한 추론에 종종 도움이 되는 간단한 종류의 이진 트리 두 가지가 있다. 하나는 (a) 모든 정수의 모든 분할을 포함하는 트리이고 또 하나는 (b) 주어진 정수 $n$의 모든 분할을 포함하는 트리이다. 다음은 $n = 8$일 때의 두 트리를 나타낸 것이다.

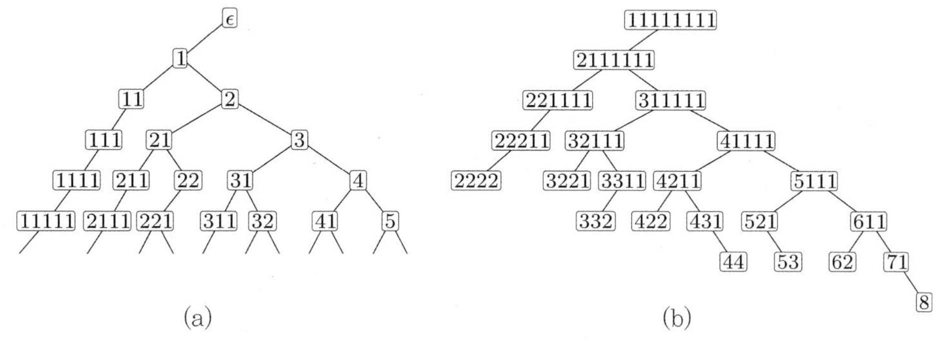


이러한 구성들에 깔린 일반적인 규칙들을 도출하라. 분할들의 사전식 순서에 해당하는 트리 운행 순서는 무엇인가?

**11.** [*M22*] 1유로(euro)를 1, 2, 5, 10, 20, 50, 100센트 동전으로 지불하는 방법은 몇 가지일까? 각 동전을 많아야 두 번만 사용할 수 있다면 몇 가지인가?

▶ **12.** [*M21*] (L. Euler, 1750.) $n$을 서로 다른 부분들로 나누는 방법의 수가 $n$을 홀수 개의 부분들로 나누는 방법의 수와 같음을 생성 함수들을 이용해서 증명하라. 예를 들어 $5 = 4 + 1 = 3 + 2$, $5 = 3 + 1 + 1 = 1 + 1 + 1 + 1 + 1$이다.

[참고: 이다음 두 연습문제는 이 유명한 정리의 확장들을 조합 기법들을 이용해서 증명한다.]

▶ **13.** [*M23*] (F. Franklin, 1882.) $\alpha$와 $\beta$가 $n$의 분할들이고 오직 $\beta$의 짝수 부분들이 정확히 $k$개일 때에만 $\alpha$에서 정확히 $k$개의 부분들이 두 번 이상 되풀이된다고 할 때, 그러한 두 분할 사이의 일대일

대응관계 $\alpha \leftrightarrow \beta$를 구하라. (예를 들어 분할 64421111에는 되풀이되는 두 부분 $\{4,1\}$과 짝수인 세 부분 $\{6,4,2\}$가 있다. $k=0$인 경우는 오일러의 결과에 해당한다.)

▶ **14.** [*M28*] (실베스터J. J. Sylvester, 1882.) $n$을 서로 다른 부분 $a_1 > a_2 > \cdots > a_m$으로 나누되 $a_j > a_{j+1}+1$인 '틈(gap)'들이 정확히 $k$개인 분할과 $n$을 정확히 $k+1$개의 서로 다른 값들을 가진 홀수개의 부분들로 나누는 분할 사이의 일대일 대응관계를 구하라. (예를 들어 $k=0$일 때 이 구성은 $n$을 연속된 정수들의 합으로 표기하는 방법의 수가 $n$의 홀수 약수들의 개수와 같음을 증명해 준다.)

**15.** [*M20*] (J. J. Sylvester.) 자기결레(self-conjugate)인 분할(즉, $\alpha = \alpha^T$인 분할)의 개수에 대한 생성 함수를 구하라.

**16.** [*M21*] $p(k,m,n)$이 $n$의 분할들 중 부분이 $m$개이고 자취가 $k$인 분할들의 개수라 할 때, $\sum_{m,n} p(k,m,n) w^m z^n$에 대한 공식을 구하라. 그리고 그 합을 $k$에 대해 구해서 자명하지 않은 항등식을 유도하라.

**17.** [*M26*] $n$의 결합 분할(joint partition)은 다음을 만족하는 두 양의 정수열의 쌍 $(a_1, \ldots, a_r; b_1, \ldots, b_s)$이다.

$$a_1 \geq \cdots \geq a_r, \quad b_1 > \cdots > b_s, \quad \text{그리고 } a_1 + \cdots + a_r + b_1 + \cdots + b_s = n.$$

따라서 이것은 만일 $s=0$이면 보통의 분할이고 $r=0$이면 서로 다른 부분들로의 분할이다.

a) 보통의 부분 $a_i$들이 $r$개이고 서로 다른 부분 $b_j$들이 $s$개인 $n$의 결합 분할들 전체를 합의 구간으로 하는 생성 함수 $\sum u^{r+s} v^s z^n$에 대한 간단한 공식을 구하라.

b) 마찬가지로, $t$의 값이 주어졌을 때 부분들의 전체 개수가 정확히 $r+s=t$인 모든 결합 분할을 합의 구간으로 하는 $\sum v^s z^n$에 대한 간단한 공식을 구하라. 예를 들어 $t=2$일 때 답은 $(1+v)(1+vz)z^2/((1-z)(1-z^2))$이다.

c) 이로부터 어떤 항등식을 이끌어 낼 수 있는가?

▶ **18.** [*M23*] (Doron Zeilberger.) 정수열 쌍 $(a_1, a_2, \ldots, a_r; b_1, b_2, \ldots, b_s)$가

$$a_1 \geq a_2 \geq \cdots \geq a_r, \qquad b_1 > b_2 > \cdots > b_s$$

를 만족하며 또 다른 정수열 쌍 $(c_1, c_2, \ldots, c_{r+s}; d_1, d_2, \ldots, d_{r+s})$가

$$c_1 \geq c_2 \geq \cdots \geq c_{r+s}, \qquad 1 \leq j \leq r+s \text{에 대해} \quad d_j \in \{0,1\}$$

을 만족할 때, 그러한 쌍들은 다음과 같은 중복집합 방정식을 통해서 일대일로 대응됨을 보여라.

$$\{a_1, a_2, \ldots, a_r\} = \{c_j \mid d_j = 0\}, \qquad \{b_1, b_2, \ldots, b_s\} = \{c_j + r + s - j \mid d_j = 1\}.$$

이로부터 다음과 같은 흥미로운 항등식이 나온다.

$$\sum_{\substack{a_1 \geq \cdots \geq a_r > 0,\, r \geq 0 \\ b_1 > \cdots > b_s > 0,\, s \geq 0}} u^{r+s} v^s z^{a_1 + \cdots + a_r + b_1 + \cdots + b_s} = \sum_{\substack{c_1 \geq \cdots \geq c_t > 0,\, t \geq 0 \\ d_1, \ldots, d_t \in \{0,1\}}} u^t v^{d_1 + \cdots + d_t} z^{c_1 + \cdots + c_t + (t-1)d_1 + \cdots + d_{t-1}}.$$

**19.** [*M22*] (E. Heine, 1847.) 매개변수가 네 개인 항등식

$$\prod_{m=1}^{\infty}\frac{(1-wxz^m)(1-wyz^m)}{(1-wz^m)(1-wxyz^m)}=\sum_{k=0}^{\infty}\frac{w^k(x-1)(x-z)\ldots(x-z^{k-1})(y-1)(y-z)\ldots(y-z^{k-1})z^k}{(1-z)(1-z^2)\ldots(1-z^k)(1-wz)(1-wz^2)\ldots(1-wz^k)}$$

을 증명하라. 힌트: 다음 공식을 $k$나 $l$에 관해 합하고, $b=auz$일 때 발생하는 단순화들을 고찰할 것.

$$\sum_{k,l\geq 0}u^k v^l z^{kl}\frac{(z-az)(z-az^2)\ldots(z-az^k)}{(1-z)(1-z^2)\ldots(1-z^k)}\,\frac{(z-bz)(z-bz^2)\ldots(z-bz^l)}{(1-z)(1-z^2)\ldots(1-z^l)}.$$

▶ **20.** [*M21*] $1\leq n\leq N$에 대한 분할 개수 $p(n)$들의 표를 오일러의 점화식 (20)으로 계산하려면 시간이 대략 얼마나 걸릴까?

**21.** [*M21*] (L. Euler.) $q(n)$이 $n$을 서로 다른 부분들로 나누는 분할들의 개수라고 하자. $p(1)$, …, $p(n)$의 값을 이미 알고 있을 때 $q(n)$을 구하는 좋은 방법은 무엇인가?

**22.** [*HM21*] (L. Euler.) $\sigma(n)$이 양의 정수 $n$의 모든 양의 약수의 합이라고 하자. 그러면 $n$이 소수일 때 $\sigma(n)=n+1$이고, $n$이 약수가 아주 많은 수이면 $\sigma(n)$은 $n$보다 훨씬 클 수 있다. 이러한 다소 혼돈스러운 습성이 있음에도, 분할 개수로서의 $\sigma(n)$이 $n\geq 1$에 대해 다음 점화식을 만족함을 증명하라.

$$\sigma(n)=\sigma(n-1)+\sigma(n-2)-\sigma(n-5)-\sigma(n-7)+\sigma(n-12)+\sigma(n-15)-\cdots$$

이 점화식은 (20)의 점화식과 거의 같되 우변의 한 항이 '$\sigma(0)$'이면 그 대신 값 '$n$'이 쓰인다는 점이 다르다. 예를 들어 $\sigma(11)=1+11=\sigma(10)+\sigma(9)-\sigma(6)-\sigma(4)=18+13-12-7$이지만 $\sigma(12)=1+2+3+4+6+12=\sigma(11)+\sigma(10)-\sigma(7)-\sigma(5)+12=12+18-8-6+12$이다.

**23.** [*HM25*] 야코비의 삼중곱 항등식 (19)를 이용해서, 그가 발견한 또 다른 공식

$$\prod_{k=1}^{\infty}(1-z^k)^3=1-3z+5z^3-7z^6+9z^{10}-\cdots=\sum_{n=0}^{\infty}(-1)^n(2n+1)z^{\binom{n+1}{2}}$$

을 증명하라.

**24.** [*M26*] (라마누잔S. Ramanujan, 1919.) $A(z)=\prod_{k=1}^{\infty}(1-z^k)^4$이라고 하자.

a) $n \bmod 5=4$일 때 $[z^n]\,A(z)$가 5의 배수임을 증명하라.

b) $B$가 정수 계수들을 가진 임의의 멱급수라고 할 때 $[z^n]\,A(z)B(z)^5$도 (a)에서 말한 것과 같은 속성을 가짐을 증명하라.

c) 따라서 $n \bmod 5=4$일 때 $p(n)$이 5의 배수임을 증명하라.

**25.** [*HM27*] 식 (22)를, $\ln P(e^{-t})$을 각각 (a) 오일러의 합 공식과 (b) 멜린 변환으로 추정해서 개선하라. 힌트: 이중로그 함수 $\mathrm{Li}_2(x)=x/1^2+x^2/2^2+x^3/3^2+\cdots$는 $\mathrm{Li}_2(x)+\mathrm{Li}_2(1-x)=\zeta(2)-(\ln x)\ln(1-x)$를 만족한다.

**26.** [*HM22*] 연습문제 5.2.2-44와 5.2.2-51에서, 다음을 증명하는 두 가지 방법을 공부했다.

$$\text{모든 } M > 0\text{에 대해} \qquad \sum_{k=1}^{\infty} e^{-k^2/n} = \frac{1}{2}(\sqrt{\pi n} - 1) + O(n^{-M}).$$

푸아송의 합 공식이 이보다 훨씬 더 강한 결과를 제공함을 보여라.

**27.** [*HM21*] (28)을 증명하고, 정리 D로 이어지는 계산들을 완성하라.

**28.** [*HM42*] (D. H. Lehmer.) (34)에 정의되어 있는 하디-라마누잔-라데마허 계수 $A_k(n)$들이 다음과 같은 주목할 만한 속성들을 만족함을 보여라.

a) 만일 $k$가 홀수이면 $A_{2k}(km + 4n + (k^2 - 1)/8) = A_2(m)A_k(n)$이다.

b) 만일 $p$가 소수이고 $p^e > 2$이며 $k \perp 2p$이면

$$A_{p^e k}(k^2 m + p^{2e} n - (k^2 + p^{2e} - 1)/24) = (-1)^{[p^e = 4]} A_{p^e}(m) A_k(n)$$

이다. 만일 $p$나 $k$가 2나 3으로 나누어지면 이 공식에서 $k^2 + p^{2e} - 1$은 24의 배수이다. 그렇지 않은 경우 24로 나누는 연산을 반드시 $p^e k$를 법으로 하여 수행해야 한다.

c) 만일 $p$가 소수이면 $|A_{p^e}(n)| < 2^{[p>2]} p^{e/2}$이다.

d) 만일 $p$가 소수이면, 오직 $1 - 24n$이 $p$를 법으로 한 제곱 나머지(quadratic residue)이고 $e = 1$이거나 $24n \bmod p \neq 1$일 때에만 $A_{p^e}(n) \neq 0$이다.

e) $k$가 정확히 $t$개의 5보다 큰 소수들로 나누어지고 $n$이 하나의 무작위 정수라 할 때 $A_k(n) = 0$일 확률은 근사적으로 $1 - 2^{-t}$이다.

▶ **29.** [*M16*] (41)을 일반화해서, 합 $\sum_{a_1 \ge a_2 \ge \cdots \ge a_m \ge 1} z_1^{a_1} z_2^{a_2} \ldots z_m^{a_m}$을 평가하라.

**30.** [*M17*] 합

$$\text{(a)} \ \sum_{k \ge 0} \left|{n - km \atop m - 1}\right| \text{과} \qquad \text{(b)} \ \sum_{k \ge 0} \left|{n \atop m - k}\right|$$

에 대한 닫힌 형식을 각각 구하라($k$가 클 때 합해지는 항들이 0이므로 이 합들은 유한하다).

**31.** [*M24*] (A. De Morgan, 1843.) $\left|{n \atop 2}\right| = \lfloor n/2 \rfloor$이고 $\left|{n \atop 3}\right| = \lfloor (n^2 + 6)/12 \rceil$임을 보여라. $\left|{n \atop 4}\right|$에 대한 비슷한 공식을 구하라.

**32.** [*M15*] 모든 $m, n \ge 0$에 대해 $\left|{n \atop m}\right| \le p(n - m)$임을 증명하라. 등호는 언제 성립하는가?

**33.** [*HM20*] 식 7.2.1.3-(9)에서 보았듯이 $m$개의 부분들로 $n$을 만드는 합성은 정확히 $\binom{n-1}{m-1}$가지이다. 이 사실을 이용해서 $\left|{n \atop m}\right|$에 대한 한 하계를 증명하라. 그런 다음 $m = \lfloor \sqrt{n} \rfloor$으로 두어서 $p(n)$에 대한 기본 하계를 구하라.

▶ **34.** [*HM21*] $\left|{n - m(m-1)/2 \atop m}\right|$이 $n$을 $m$개의 서로 다른 부분으로 나누는 분할들의 개수임을 보여라. 따라서

$$m \le n^{1/3}\text{일 때}\qquad \left|{n \atop m}\right| = \frac{n^{m-1}}{m!\,(m-1)!}\left(1+O\left(\frac{m^3}{n}\right)\right)$$

이다.

**35.** [*HM21*] 에르되시-레너 확률분포 (43)에서, $x$의 (a) 가장 자주 나오는 값, (b) 중앙값, (c) 평균, (d) 표준 편차를 각각 구하라.

**36.** [*HM24*] 정리 E가 요구하는 핵심적인 추정 (47)을 증명하라.

**37.** [*M22*] 포함 배제 가두기 보조정리 (48)을, $m$보다 큰 서로 다른 부분들이 정확히 $q$개인 분할이 $r$번째 부분합에서 몇 번이나 세어지는지를 분석해서 증명하라.

**38.** [*M20*] 양의 정수 $l$과 $m$이 주어졌을 때, 부분들이 정확히 $m$개이고 가장 큰 부분이 $l$인 분할들의 개수를 세는 생성 함수는 무엇인가? (식 (51)을 보라.)

**39.** [*M20*] (A. Cauchy.) 연습문제 38을 이어서, $l$보다 작고 모두 서로 다른 $m$개의 부분들로 나누는 분할들의 개수에 대한 생성 함수는 무엇인가?

▸ **40.** [*M25*] (F. Franklin.) 정리 C를 일반화해서, $0 \le k \le m$에 대해

$$[z^n]\,\frac{(1-z^{l+1})\ldots(1-z^{l+k})}{(1-z)(1-z^2)\ldots(1-z^m)}$$

이, $n$을 $m$개 이하의 부분들로 나누는 분할 $a_1a_2\ldots$들 중 $a_1 \le a_{k+1}+l$이라는 속성을 가진 분할들의 개수임을 증명하라.

**41.** [*HM42*] 하디-라마누잔-라데마허 공식 (32)를 확장해서, $n$을 최대 $m$개의 부분들로 나누되 그 어떤 부분도 $l$을 넘지 않는 분할들에 대한 수렴급수를 구하라.

**42.** [*HM42*] $n$을 최대 $\theta\sqrt{n}$개의 부분으로 나누되 그 어떤 부분도 $\varphi\sqrt{n}$을 넘지 않는 무작위 분할들에 대한, (49)와 비슷한 극한 형상을 구하라. $\theta\varphi > 1$이라고 가정할 것.

**43.** [*M18*] $n$과 $k$가 주어졌을 때, $n$의 분할들 중 $a_1 > a_2 > \cdots > a_k$인 것은 몇 개인가?

▸ **44.** [*M22*] $n$의 분할들 중 가장 작은 두 부분이 상등인 것들은 몇 개인가?

**45.** [*HM21*] $p(n-1)/p(n)$의 점근값을 상대오차 $O(n^{-2})$으로 계산하라.

**46.** [*M20*] 본문의 알고리즘 P 분석에서 $T_2'(n)$과 $T_2''(n)$ 중 어느 것이 더 큰가?

▸ **47.** [*HM22*] (A. Nijenhuis, H. S. Wilf, 1975.) 분할 개수 $p(0)$, $p(1)$, …, $p(n)$을 담은 표에 근거한 다음의 간단한 알고리즘은 (8)의 부분 개수 표현 $c_1\ldots c_n$을 이용해서 $n$의 한 무작위 분할을 생성한다. 이 알고리즘이 각 분할을 동일 확률로 산출함을 증명하라.

**N1.** [초기화.] $m \leftarrow n$, $c_1\ldots c_n \leftarrow 0\ldots0$으로 설정한다.

**N2.** [끝인가?] 만일 $m = 0$이면 알고리즘을 끝낸다.

**N3.** [생성.] $0 \le M < mp(m)$ 범위의 무작위 정수 $M$을 생성한다.

**N4.** 〔부분들을 선택.〕 $s \leftarrow 0$으로 설정한다. 그런 다음 $j = 1, 2, \ldots$과 $k = 1, 2, \ldots, \lfloor m/j \rfloor$에 대해, $s > M$이 될 때까지 되풀이해서 $s \leftarrow s + kp(m - jk)$로 설정한다.

**N5.** 〔갱신.〕 $c_k \leftarrow c_k + j$, $m \leftarrow m - jk$로 설정하고 N2로 돌아간다. ▮

힌트: 항등식

$$\sum_{j=1}^{\infty} \sum_{k=1}^{\lfloor m/j \rfloor} kp(m - jk) = mp(m)$$

에 기초해서 단계 N4는 각각의 특정한 색인쌍 $(j, k)$를 $kp(m - jk)/(mp(m))$의 확률로 선택한다.

**48.** 〔*HM40*〕 이전 연습문제의 알고리즘의 실행 시간을 분석하라.

▶ **49.** 〔*HM26*〕 (a) $n$의 모든 분할의 최소 부분들의 합에 대한 생성 함수 $F(z)$는 무엇인가? (그 급수는 $z + 3z^2 + 5z^3 + 9z^4 + 12z^5 + \cdots$ 로 시작한다.)

(b) $[z^n]\,F(z)$의 점근값을 상대오차 $O(n^{-1})$으로 계산하라.

**50.** 〔*HM33*〕 점화식 (56), (57)에서 $c(m) = c_m(2m)$이라고 하자.

a) $0 \le k \le m$에 대해 $c_m(m + k) = m - k + c(k)$임을 증명하라.

b) 따라서 만일 모든 $m \ge 0$에 대해 $c(m) < 3p(m)$이면 (58)은 $m \le n \le 2m$에 대해 성립함을 증명하라.

c) $c(m) - m$이 $m$의 모든 분할의 두 번째로 작은 부분들의 합임을 보여라.

d) $n$의 분할들 중 두 번째로 작은 부분이 $k$인 모든 분할과, $\le n$인 수들의 분할들 중 가장 작은 부분이 $k + 1$인 모든 분할 사이의 일대일 대응관계를 구하라.

e) 생성 함수 $\sum_{m \ge 0} c(m) z^m$을 서술하라.

f) 이상으로부터, 모든 $m \ge 0$에 대해 $c(m) < 3p(m)$이라는 결론을 도출하라.

**51.** 〔*M46*〕 알고리즘 H를 상세히 분석하라.

▶ **52.** 〔*M21*〕 $n = 64$일 때 알고리즘 P가 백만 번째로 생성하는 분할은 무엇인가?

힌트: $p(64) = 1741630 = 1000000 + \left|{77 \atop 13}\right| + \left|{60 \atop 10}\right| + \left|{47 \atop 8}\right| + \left|{35 \atop 5}\right| + \left|{27 \atop 3}\right| + \left|{22 \atop 2}\right| + \left|{18 \atop 1}\right| + \left|{15 \atop 0}\right|$.

▶ **53.** 〔*M21*〕 $m = 32$이고 $n = 100$일 때 알고리즘 H가 백만 번째로 생성하는 분할은 무엇인가?

힌트: $999999 = \left|{80 \atop 12}\right| + \left|{66 \atop 11}\right| + \left|{50 \atop 7}\right| + \left|{41 \atop 6}\right| + \left|{33 \atop 5}\right| + \left|{26 \atop 4}\right| + \left|{21 \atop 4}\right|$.

▶ **54.** 〔*M30*〕 $\alpha = a_1 a_2 \ldots$과 $\beta = b_1 b_2 \ldots$이 $n$의 분할들이라고 하자. 만일 모든 $k \ge 0$에 대해 $a_1 + \cdots + a_k \ge b_1 + \cdots + b_k$이면 $\alpha$가 $\beta$를 다수결화(majorization)한다고 말하고, $\alpha \succeq \beta$ 또는 $\beta \preceq \alpha$로 표기한다.

a) 참 또는 거짓을 말하라: $\alpha \succeq \beta$는 $\alpha \ge \beta$(사전순으로)를 함의한다.

b) 참 또는 거짓을 말하라: $\alpha \succeq \beta$는 $\beta^T \succeq \alpha^T$를 함의한다.

c) $n$의 임의의 두 분할이 오직 $\alpha \wedge \beta \succeq \gamma$일 때에만 $\alpha \succeq \gamma$이고 $\beta \succeq \gamma$인 상한 $\alpha \wedge \beta$를 가짐을 보여라. 그리고 $\alpha \wedge \beta$를 계산하는 방법을 설명하라.

d) 비슷하게, 오직 $\gamma \ge \alpha \vee \beta$일 때에만 $\gamma \ge \alpha$이고 $\gamma \ge \beta$인 하한 $\alpha \vee \beta$를 계산하는 방법을 설명하라.

e) $\alpha$의 부분이 $l$개이고 $\beta$의 부분이 $m$개일 때, $\alpha \wedge \beta$와 $\alpha \vee \beta$의 부분들은 각각 몇 개인가?

f) 참 또는 거짓을 말하라: 만일 $\alpha$의 부분들이 모두 서로 다르고 $\beta$의 부분들도 모두 서로 다르다면, $\alpha \wedge \beta$와 $\alpha \vee \beta$ 역시 그렇다.

▶ **55.** [*M37*] 이전 연습문제를 이어서, 만일 $\alpha \succeq \beta$이고 $\alpha \neq \beta$이면, 그리고 만일 $\alpha \succeq \gamma \succeq \beta$가 $\gamma = \alpha$ 또는 $\gamma = \beta$를 함의한다면, $\alpha$가 $\beta$를 덮는다(포괄)라고 말하기로 하자. 예를 들어 그림 52는 12의 분할들 사이의 포괄 관계를 보여 준다.

a) 만일 $\alpha = a_1 a_2 \ldots$과 $\beta = b_1 b_2 \ldots$이 모든 $k \ge 1$과 어떤 $l \ge 1$에 대해 $b_k = a_k - [k = l] + [k = l + 1]$인 분할들일 때 이를 $\alpha \succ \beta$라고 표기하자. 오직 $\alpha \succ \beta$ 또는 $\beta^T \succ \alpha^T$일 때에만 $\alpha$가 $\beta$를 포괄함을 증명하라.

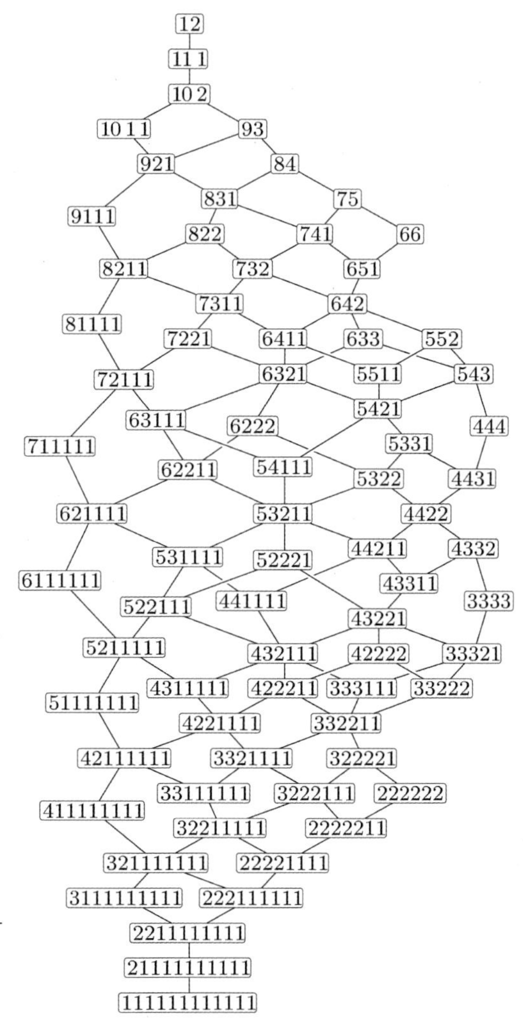


**그림 52.** 12의 분할들에 대한 다수결화 격자. (연습문제 54~58.)

b) $\alpha$가 $\beta$를 덮는지의 여부를 $\alpha$와 $\beta$의 테두리 표현을 보고 간단하게 판정하는 방법이 있음을 보여라.

c) $n_2 > n_1 \geq 0$이고 $n_2 > 2$라 할 때 $n = \binom{n_2}{2} + \binom{n_1}{1}$이라고 하자. $n$의 분할들 중 $n_2 - 2$개보다 많은 분할을 덮는 것은 없음을 보여라.

d) 만일 $\mu \succ \lambda$인 분할 $\lambda$가 존재하지 않는다면 분할 $\mu$를 가리켜 극소(minimal)라고 칭하기로 하자. $\mu$는 오직 $\mu^T$의 부분들이 서로 다를 때에만 극소임을 증명하라.

e) $\alpha = \alpha_0 \succ \alpha_1 \succ \cdots \succ \alpha_k$이고 $\alpha = \alpha'_0 \succ \alpha'_1 \succ \cdots \succ \alpha'_{k'}$이라고 가정하자. 여기서 $\alpha_k$와 $\alpha'_{k'}$은 극소 분할들이다. $k = k'$이고 $\alpha_k = \alpha'_{k'}$임을 증명하라.

f) 서로 다른 부분들로의 분할들 중, 주어진 분할 $\alpha$를 다수결화하는 사전순으로 가장 작은 분할을 계산하는 방법을 설명하라.

g) $n$의 서로 다른 부분들로의 분할들 중 사전순으로 가장 작은 분할 $\lambda_n$을 서술하라. 모든 경로 $n^1 = \alpha_0 \succ \alpha_1 \succ \cdots \succ \lambda_n^T$의 길이는 얼마인가?

h) $0 \leq j < l$에 대해 $\alpha_j$가 $\alpha_{j+1}$을 덮는다고 할 때, $n^1 = \alpha_0, \alpha_1, \ldots, \alpha_l = 1^n$ 형태의 최장 경로와 최단 경로의 길이는 얼마인가?

▶ **56.** [*M32*] 분할 $\lambda$와, $\lambda \preceq \mu$를 만족하는 $\mu$가 주어졌을 때, $\lambda \preceq \alpha \preceq \mu$인 모든 분할 $\alpha$를 생성하는 알고리즘을 설계하라.

참고: 그러한 알고리즘에는 수많은 용도가 있다. 예를 들어 $l$을 넘지 않는 부분 $m$개로 된 분할들을 모두 생성하고자 한다면, $\lambda$를 그러한 가장 작은 분할, 즉 연습문제 3에서의 $\lceil n/m \rceil \ldots \lfloor n/m \rfloor$으로 두고 $\mu$는 그러한 가장 큰 분할, 즉 $((n-m+1)1^{m-1}) \wedge (l^{\lfloor n/l \rfloor}(n \bmod l))$로 두면 된다. 마찬가지로, 란다우H. G. Landau의 잘 알려진 정리[*Bull. Math. Biophysics* **15** (1953), 143-148]에 따르면, $\binom{m}{2}$의 분할들 중

$$\left\lfloor \frac{m}{2} \right\rfloor^{\lfloor m/2 \rfloor} \left\lfloor \frac{m-1}{2} \right\rfloor^{\lceil m/2 \rceil} \preceq \alpha \preceq (m-1)(m-2)\ldots 21$$

을 만족하는 분할들은 라운드-로빈 토너먼트에서 발생할 수 있는 '점수 벡터(score vector)'들, 즉 $j$번째로 강한 선수의 승리 수가 $a_j$인 분할 $a_1 \ldots a_m$들이다.

**57.** [*M22*] 0들과 1들의 행렬 $(a_{ij})$의 행 합들이 $r_i = \sum_j a_{ij}$이고 열 합들이 $c_j = \sum_i a_{ij}$라고 하자. 행들과 열들을 적절히 치환한다면 $r_1 \geq r_2 \geq \cdots$, $c_1 \geq c_2 \geq \cdots$이라고 가정할 수 있다. 그러면 $\lambda = r_1 r_2 \ldots$과 $\mu = c_1 c_2 \ldots$은 $n = \sum_{i,j} a_{ij}$의 분할들이다. 그러한 행렬이 오직 $\lambda \preceq \mu^T$일 때에만 존재함을 증명하라.

**58.** [*M23*] (대칭 평균.) $\alpha = a_1 \ldots a_m$과 $\beta = b_1 \ldots b_m$이 $n$의 분할들이라고 하자. 부등식

$$\frac{1}{m!} \sum x_{p_1}^{a_1} \cdots x_{p_m}^{a_m} \geq \frac{1}{m!} \sum x_{p_1}^{b_1} \cdots x_{p_m}^{b_m}$$

이 변수 $(x_1, \ldots, x_m)$의 음이 아닌 모든 값에 대해 성립할 필요충분조건이 $\alpha \succeq \beta$임을 증명하라. 이

부등식에서 합들의 구간은 $\{1, \ldots, m\}$의 $m!$개의 순열들 전체이다. (예를 들어 이 부등식은 $m = n$, $\alpha = n0\ldots0$, $\beta = 11\ldots1$, $x_j = y_j^{1/n}$인 특수 경우에서 $(y_1 + \cdots + y_n)/n \geq (y_1 \cdots y_n)^{1/n}$로 줄어든다.)

**59.** [*M22*] 그레이 경로 (59)는 뒤집힌 수열 $6$, $51$, $\ldots$, $111111$이 켤레 수열 $(111111)^T$, $(21111)^T$, $\ldots$, $(6)^T$와 같다는 의미에서 대칭이다. 그런 식으로 대칭인 그레이 경로 $\alpha_1$, $\ldots$, $\alpha_{p(n)}$을 모두 구하라.

**60.** [*23*] 정리 S의 증명을, (62)와 (63)에서 $L(4,6)$이 호출되는 모든 지점에서 $L(m,n)$과 $M(m,n)$의 정의를 수정해서 완성하라.

**61.** [*26*] 정리 S에 기초해서, 방문들 사이에서 변경된 두 부분을 항상 명시하는 분할 생성 방안을 구현하라.

**62.** [*46*] 증명 또는 반증하라: 충분히 큰 모든 정수 $n$과 $n \bmod m \neq 0$을 만족하는 $3 \leq m < n$에 대해, 그리고 $a_1 \leq m$인 $n$의 모든 분할 $\alpha$에 대해, $\alpha = 1^n$이거나 $\alpha = 21^{n-2}$인 경우를 제외할 때, 부분 개수가 $\leq m$인 그러한 모든 분할에 대한 $1^n$에서 시작하고 $\alpha$에서 끝나는 그레이 경로가 존재한다.

**63.** [*47*] $\lambda \leq \alpha \leq \mu$인 모든 분할 $\alpha$를 거쳐 가는 그레이 부호가 존재하려면 $\lambda$와 $\mu$는 어떤 분할이어야 하는가?

▶ **64.** [*32*] (이진 분할.) $n$을 2의 거듭제곱들로 분할하는 모든 분할을 방문하되 각 단계마다 $2^{k+2^k}$을 $2^{k+1}$으로 또는 그 반대로 치환하는 루프 없는 알고리즘을 설계하라.

**65.** [*23*] 원소가 $m$개인 모든 가환군可換群(commutative group)을, $m = m_1 \ldots m_n$이고 $1 \leq j < n$에 대해 $m_j$가 $m_{j+1}$의 배수인, 그리고 7.2.1.3-(66)의 추가 연산을 지원하는 이산離散(discrete) 원환체 $T(m_1, \ldots, m_n)$으로 표현할 수 있다는 사실은 잘 알려져 있다. 예를 들어 $m = 360 = 2^3 \cdot 3^2 \cdot 5^1$일 때 그러한 군은 여섯 개로, 인수분해 $(m_1, m_2, m_3) = (30, 6, 2)$, $(60, 6, 1)$, $(90, 2, 2)$, $(120, 3, 1)$, $(180, 2, 1)$, $(360, 1, 1)$에 각각 대응된다.

그러한 인수분해들을 각 단계마다 인수 $m_j$들 중 정확히 두 개만 바꾸는 알고리즘을 이용해서 체계적으로 생성하는 방법을 설명하라.

▶ **66.** [*M25*] (P-분할.) $a_1 \geq a_2 \geq \cdots$이라는 조건을 고집하는 대신, $n$의 모든 음이 아닌 합성이 주어진 부분순서를 만족해야 한다고 하자. 예를 들어 머크맨P. A. MacMahon은 '상하(up-down)' 부등식 $a_4 \leq a_2 \geq a_3 \leq a_1$의 모든 해를 다음과 같이 서로 겹치지 않는 다섯 종류로 나눌 수 있음을 지적했다.

$$a_1 \geq a_2 \geq a_3 \geq a_4; \quad a_1 \geq a_2 \geq a_4 > a_3;$$
$$a_2 > a_1 \geq a_3 \geq a_4; \quad a_2 > a_1 \geq a_4 > a_3; \quad a_2 \geq a_4 > a_1 \geq a_3.$$

이 종류들 각각을 쉽게 나열할 수 있는데, 왜냐하면 예를 들어 $a_2 > a_1 \geq a_4 > a_3$은 $a_2 - 2 \geq a_1 - 1 \geq a_4 - 1 \geq a_3$과 동치이기 때문이다. $a_3 \geq 0$이고 $a_1 + a_2 + a_3 + a_4 = n$인 해들의 개수는

$n-1-2-0-1$을 최대 네 개의 부분으로 나누는 분할들의 개수이다.

이런 종류의 일반적인 문제, 즉 다음과 같은 문제를 푸는 방법을 설명하라: $m$개의 원소들에 대한 임의의 부분순서 관계 $\prec$이 주어졌을 때, $j \prec k$이면 $a_j \geq a_k$라는 속성을 가진 모든 $m$-짝 $a_1 \ldots a_m$을 고찰한다. 아래첨자들이 만일 $j \prec k$이면 $j \leq k$을 만족하도록 선택되어 있다고 가정할 때, 요구된 $m$-짝들 모두가 위상정렬 알고리즘 7.2.1.2V의 각 출력당 한 부류씩 해서 정확히 $N$개의 부류들에 속함을 보여라. 음이 아니며 합이 $n$인 그러한 모든 $a_1 \ldots a_m$에 대한 생성 함수는 무엇인가? 이들을 모두 생성하는 방법은 무엇인가?

**67.** [*M25*] (P. A. MacMahon, 1886.) $n$의 완전분할(perfect partition)이란 부분중복집합이 정확히 $n+1$개이고 그 부분중복집합들이 정수 0, 1, ..., $n$의 분할들인 중복집합을 말한다. 예를 들어 중복집합 $\{1,1,1,1,1\}$, $\{2,2,1\}$, $\{3,1,1\}$은 5의 완전분할들이다.

원소 수가 최소인 $n$의 완전분할들을 구축하는 방법을 설명하라.

**68.** [*M23*] $n$의 $m$부분 분할들 중 곱 $a_1 \ldots a_m$이 가장 큰 것을, (a) $m$이 주어졌을 때와 (b) $m$이 임의의 값일 때에 대해 각각 서술하라.

**69.** [*M30*] 방정식 $x_1 + x_2 + \cdots + x_n = x_1 x_2 \ldots x_n$의 양의 정수해 $x_1 \geq x_2 \geq \cdots \geq x_n$이 단 하나임을 만족하는 모든 $n < 10^9$을 구하라. (예를 들어 $n = 2, 3, 4$일 때에는 해가 단 하나이다. 그러나 $5+2+1+1+1 = 5\cdot2\cdot1\cdot1\cdot1$이고 $3+3+1+1+1 = 3\cdot3\cdot1\cdot1\cdot1$, $2+2+2+1+1 = 2\cdot2\cdot2\cdot1\cdot1$이다.)

**70.** [*M30*] ('불가리아식 솔리테어.') $n$장의 카드를 임의로 하나 이상의 더미들로 나눈다. 그런 다음 각 더미에서 한 장을 빼서 새 더미를 만드는 과정을 되풀이한다.

만일 $n = 1+2+\cdots+m$이면, 이 과정이 항상 크기가 $\{m, m-1, \ldots, 1\}$인 더미들로 이루어진 자기 반복 상태에 도달함을 보여라. 예를 들어 $n = 10$이고 크기가 $\{3,3,2,2\}$인 네 더미로 시작했다면 분할 절차는 다음과 같이 진행된다.

$$3322 \to 42211 \to 5311 \to 442 \to 3331 \to 4222 \to 43111 \to 532 \to 4321 \to 4321 \to \cdots.$$

$n$의 다른 값들에 대해서 어떤 상태들의 순환마디들이 가능한가?

**71.** [*M46*] 이전 연습문제를 이어서, 카드 $n$장 불가리아식 솔리테어가 하나의 순환 상태에 도달하기 전까지의 최대 단계수는 얼마인가?

**72.** [*M30*] $n$의 분할들 중 불가리아식 솔리테어에서 선행자가 없는 것들은 몇 개인가?

**73.** [*M25*] $n$의 모든 분할을 써내려 간다고 하자. 예를 들어 $n = 6$일 때

$$6,\ 51,\ 42,\ 411,\ 33,\ 321,\ 3111,\ 222,\ 2211,\ 21111,\ 111111$$

이다. 그리고 각 분할에서 $k$의 $j$번째 출현을 $j$로 바꾼다. 그러면

$$1,\ 11,\ 11,\ 112,\ 12,\ 111,\ 1123,\ 123,\ 1212,\ 11234,\ 123456$$

이다.

a) 이 연산이 개별 원소의 한 순열을 산출함을 증명하라.

b) 원소 $k$가 함께 나타나는 횟수는 몇인가?

**7.2.1.5. 모든 집합 분할의 생성.** 이제 기어를 바꾸어서, 상당히 다른 종류의 분할에 집중하자. 집합의 분할은 한 집합을 공집합이 아닌 서로 다른 부분집합들의 합집합으로 간주하는 방법이다. 그러한 부분집합을 '블록(block)'이라고 부른다. 예를 들어 이전 절 초반부의 식 7.2.1.4-(2)와 7.2.1.4-(4)는 집합 $\{1, 2, 3\}$의 본질적으로 서로 다른 다섯 분할들을 나타낸 것이다. 이 다섯 분할을 다음과 같이 좀 더 간결한 형식으로 표현할 수도 있다.

$$123, \quad 12|3, \quad 13|2, \quad 1|23, \quad 1|2|3. \tag{1}$$

이는 블록들을 수직선으로 구분한 것이다. 이러한 목록에서 각 블록의 원소들을 다른 어떤 임의의 순서로 표기해도 되고, 블록들 자체도 임의의 순서로 나열해도 된다. 이는 '13|2'와 '31|2', '2|13', '2|31'이 모두 같은 분할을 나타내기 때문이다. 그러나 이를테면 각 블록의 원소들을 오름차순으로 표기하고 블록들은 가장 작은 원소의 오름차순으로 배열한다는 약속을 두어서 표현 방식을 표준화할 수 있다. 이러한 관례하에서 $\{1, 2, 3, 4\}$의 분할들은 다음과 같다.

$$\begin{gathered}1234,\ 123|4,\ 124|3,\ 12|34,\ 12|3|4,\ 134|2,\ 13|24,\ 13|2|4,\\ 14|23,\ 1|234,\ 1|23|4,\ 14|2|3,\ 1|24|3,\ 1|2|34,\ 1|2|3|4.\end{gathered} \tag{2}$$

이는 (1)의 블록들에 4를 모든 가능한 방식으로 삽입해서 얻은 것이다.

집합 분할은 다양한 맥락에서 등장한다. 예를 들어 정치학자들과 경제학자들은 이들을 '연합(coalition)'으로 생각하고, 컴퓨터 시스템 설계자들은 메모리 접근을 위한 '캐시 적중 패턴'으로 간주한다. 시인들이라면 이들을 '압운押韻'으로 알고 있을 것이다(연습문제 34~37을 보라). §2.3.3에서 보았듯이 대상들 사이의 동치 관계, 즉 반사적이고 대칭적이고 추이적인 임의의 이항 관계는 그러한 대상들을 소위 '동치류(equivalence class)'들로 나누는 하나의 분할을 정의한다. 반대로, 모든 집합 분할은 하나의 동치 관계를 정의한다: $\Pi$가 $\{1, 2, \ldots, n\}$의 한 분할이라 할 때, 만일 $j$와 $k$가 $\Pi$의 같은 블록에 속하면 항상

$$j \equiv k \,(\text{법 } \Pi) \tag{3}$$

라고 표기할 수 있다.

컴퓨터에서 집합 분할을 아주 편리하게 표현하는 방법 하나는, 분할을 제한 성장 문자열(restricted growth string)로 부호화하는 것이다. 제한 성장 문자열은 다음을 만족하는 음이 아닌 정수들의 문자열 $a_1a_2\ldots a_n$이다.

$$a_1 = 0, \qquad 1 \le j < n\text{에 대해} \quad a_{j+1} \le 1 + \max(a_1, \ldots, a_j). \tag{4}$$

핵심은, 오직 $j \equiv k$일 때에만 $a_j = a_k$로 설정하고, $j$가 자신의 블록에서 가장 작은 원소이면 항상 $a_j$를 가능한 최소의 값으로 선택한다는 것이다. 예를 들어 (2)의 열다섯 분할들에 대한 제한 성장 문자열들은 다음과 같다.

$$0000,\ 0001,\ 0010,\ 0011,\ 0012,\ 0100,\ 0101,\ 0102,$$
$$0110,\ 0111,\ 0112,\ 0120,\ 0121,\ 0122,\ 0123. \qquad (5)$$

이러한 관례로부터, 허친슨George Hutchinson에 기인하는〔*CACM* **6** (1963), 613–614〕 다음과 같은 간단한 생성 방안을 도출할 수 있다.

**알고리즘 H** (사전순 제한 성장 문자열)**.** $n \geq 2$가 주어졌을 때 이 알고리즘은 제한 성장 조건 (4)를 만족하는 모든 문자열 $a_1a_2\ldots a_n$을 방문함으로써 $\{1, 2, \ldots, n\}$의 모든 분할을 생성한다. 알고리즘은 보조 배열 $b_1b_2\ldots b_n$을 유지하는데, 여기서 $b_{j+1} = 1 + \max(a_1, \ldots, a_j)$이다. 사실 $b_n$의 값은 효율성을 위해 개별적인 변수 $m$에 담긴다.

**H1.** 〔초기화.〕 $a_1\ldots a_n \leftarrow 0\ldots0$, $b_1\ldots b_{n-1} \leftarrow 1\ldots1$, $m \leftarrow 1$로 설정한다.

**H2.** 〔방문.〕 제한 성장 문자열 $a_1\ldots a_n$을 방문한다. 이 문자열은 $m + [a_n = m]$개의 블록들로의 한 분할을 나타낸다. 그런 다음, 만일 $a_n = m$이면 H4로 간다.

**H3.** 〔$a_n$을 증가.〕 $a_n \leftarrow a_n + 1$로 설정하고 H2로 돌아간다.

**H4.** 〔$j$를 찾는다.〕 $j \leftarrow n - 1$로 설정한다. 그런 다음 $a_j = b_j$인 동안 $j \leftarrow j - 1$로 설정한다.

**H5.** 〔$a_j$를 증가.〕 만일 $j = 1$이면 알고리즘을 끝낸다. 그렇지 않으면 $a_j \leftarrow a_j + 1$로 설정한다.

**H6.** 〔$a_{j+1}\ldots a_n$을 모두 0으로 설정.〕 $m \leftarrow b_j + [a_j = b_j]$, $j \leftarrow j + 1$로 설정한다. 그런 다음 $j < n$인 동안 $a_j \leftarrow 0$, $b_j \leftarrow m$, $j \leftarrow j + 1$로 설정한다. 마지막으로 $a_n \leftarrow 0$으로 설정하고 H2로 돌아간다. ▌

연습문제 47은 단계 H4~H6이 거의 필요하지 않으며, H4와 H6의 루프들이 거의 항상 짧게 끝남을 증명한다. 이 알고리즘의 연결 목록 버전이 연습문제 2에 나온다.

**집합 분할을 위한 그레이 부호.** 모든 집합 분할을 빠르게 훑는 한 가지 방법은 각 단계마다 제한 성장 문자열 $a_1\ldots a_n$의 숫자 하나만을 바꾸는 것이다. 이것이 효율적인 이유는, $a_j$의 한 변경이 단지 한 블록에서 원소 $j$를 다른 블록으로 옮기는 것일 뿐이기 때문이다. 그러한 목록을 배열하는 한 가지 우아한 방법을 에를리히Gideon Ehrlich가 제안한 바 있다〔*JACM* **20** (1973), 507–508〕: $n-1$ 원소 분할들의 목록의 각 문자열 $a_1\ldots a_{n-1}$에 $m = 1 + \max(a_1, \ldots, a_{n-1})$인 일련의 숫자

$$0,\ m,\ m-1,\ \ldots,\ 1 \qquad \text{또는} \qquad 1,\ \ldots,\ m-1,\ m,\ 0. \qquad (6)$$

을 연달아 추가하되 왼쪽 숫자와 오른쪽 숫자를 번갈아 택해서 추가하는 것이다. 예를 들어 $n = 2$에 대한 목록 '00, 01'은 $n = 3$에 대한 목록 '000, 001, 011, 012, 010'이 된다. 그리고 이를 다시 $n = 4$의 경우로 확장하면

$$0000,\ 0001,\ 0011,\ 0012,\ 0010,\ 0110,\ 0112,\ 0111,$$
$$0121,\ 0122,\ 0123,\ 0120,\ 0100,\ 0102,\ 0101 \qquad (7)$$

이 된다. 연습문제 14는 에를리히의 이러한 방안으로부터, 알고리즘 H보다 작업량이 그리 많지

않으면서도 이러한 그레이 부호 순서를 달성하는 간단한 알고리즘을 이끌어 낼 수 있음을 보여 준다.

그런데 이번에는 분할들을 모두 원하는 것은 아니라고 가정하자. 이를테면 집합 분할들 중 블록이 정확히 $m$개인 분할들에만 관심이 있을 수도 있다. 그러한 더 적은 수의 제한 성장 문자열들의 모음도 한 번에 숫자 하나씩만 바꾸어서 훑는 것이 가능할까? 가능하다. 그러한 목록을 생성하는 아주 멋진 방법을 러스키Frank Ruskey가 발견한 바 있다[*Lecture Notes in Comp. Sci.* **762** (1993), 205-206]. 그는 두 개의 그러한 수열 $A_{mn}$과 $A'_{mn}$을 정의했다. 둘 다 사전순으로 가장 작은 $m$블록 문자열 $0^{n-m}01\ldots(m-1)$로 시작한다. 둘의 차이는, $n > m+1$이라 할 때 $A_{mn}$은 $01\ldots(m-1)0^{n-m}$으로 끝나는 반면 $A'_{mn}$은 $0^{n-m-1}01\ldots(m-1)0$으로 끝난다는 점이다. 다음은 러스키의 재귀 규칙들로, $1 < m < n$이라고 가정한다.

$$A_{m(n+1)} = \begin{cases} A_{(m-1)n}(m-1), A^R_{mn}(m-1), \ldots, A^R_{mn}1, A_{mn}0, & \text{만일 } m\text{이 짝수이면;} \\ A'_{(m-1)n}(m-1), A_{mn}(m-1), \ldots, A^R_{mn}1, A_{mn}0, & \text{만일 } m\text{이 홀수이면;} \end{cases} \quad (8)$$

$$A'_{m(n+1)} = \begin{cases} A'_{(m-1)n}(m-1), A_{mn}(m-1), \ldots, A_{mn}1, A^R_{mn}0, & \text{만일 } m\text{이 짝수이면;} \\ A_{(m-1)n}(m-1), A^R_{mn}(m-1), \ldots, A_{mn}1, A^R_{mn}0, & \text{만일 } m\text{이 홀수이면.} \end{cases} \quad (9)$$

(다른 말로 하면, $A_{(m-1)n}(m-1)$이나 $A'_{(m-1)n}(m-1)$로 시작해서 $j$를 $m-1$에서 0으로 감소해 가면서 $A^R_{mn}j$나 $A_{mn}j$를 번갈아 사용한다.) 물론 기본 경우들은 그냥 다음과 같은 1원소 목록들이다:

$$A_{1n} = A'_{1n} = \{0^n\}, \qquad A_{nn} = \{01\ldots(n-1)\}. \quad (10)$$

이러한 정의들에서, $\{1, 2, 3, 4, 5\}$를 세 개의 블록으로 나누는 $\left\{ {5 \atop 3} \right\} = 25$개의 분할들은

$$\begin{gathered} 00012, 00112, 01112, 01012, 01002, 01102, 00102, \\ 00122, 01122, 01022, 01222, 01212, 01202, \\ 01201, 01211, 01221, 01021, 01121, 00121, \\ 00120, 01120, 01020, 01220, 01210, 01200 \end{gathered} \quad (11)$$

이다. (연습문제 17에 효율적인 구현 하나가 나온다.)

에를리히의 방안 (7)에서는 $a_1\ldots a_n$의 제일 오른쪽 숫자들이 가장 빠르게 변하나, 러스키의 방안에서는 대부분의 변경이 왼쪽 부근에서 일어난다. 그러나 두 경우 모두 각 단계는 단 하나의 숫자 $a_j$만 변경하며, 그러한 변경들은 상당히 간단하다: $a_j$가 $\pm 1$만큼 변하거나, 아니면 두 극단 값인 0과 $1 + \max(a_1, \ldots, a_{j-1})$ 사이를 건너뛴다. 동일한 제약조건 하에서 수열 $A'_{1n}$, $A'_{2n}$, …, $A'_{nn}$은 모든 분할을 블록 개수의 오름차순으로 거쳐 간다.

**집합 분할의 개수.** 앞에서 $\{1, 2, 3\}$의 분할은 5개이고 $\{1, 2, 3, 4\}$의 분할은 15개임을 보았다. 분할 개수를 빠르게 계산하는 방법 하나를 퍼스C. S. Peirce가 발견했다. 그는 *American Journal of Mathematics* **3** (1880)의 48쪽에서 다음과 같은 수 삼각형을 제시했다.

$$
\begin{array}{llllll}
1 \\
2 & 1 \\
5 & 3 & 2 \\
15 & 10 & 7 & 5 \\
52 & 37 & 27 & 20 & 15 \\
203 & 151 & 114 & 87 & 67 & 52
\end{array}
\tag{12}
$$

여기서 제$n$행의 성분 $\varpi_{n1}$, $\varpi_{n2}$, ..., $\varpi_{nn}$은 다음과 같은 간단한 점화식을 따른다.

$$
\begin{aligned}
\varpi_{nk} &= \varpi_{(n-1)k} + \varpi_{n(k+1)} && \text{만일 } 1 \le k < n\text{이면;} \\
\varpi_{nn} &= \varpi_{(n-1)1} && \text{만일 } n > 1\text{이면;}
\end{aligned}
\tag{13}
$$

그리고 $\varpi_{11} = 1$. 퍼스의 삼각형에는 놀라운 속성들이 많이 있는데, 그중 일부를 연습문제 26~31에서 살펴본다. 예를 들어 $\varpi_{nk}$는 $\{1, 2, ..., n\}$의 분할들 중 $k$가 자신의 블록에서 가장 작은 원소인 분할들의 개수이다.

퍼스의 삼각형의 대각선과 첫 열의 성분들은 집합 분할들의 전체 개수를 말해 주는데, 이들을 흔히 벨 수(Bell numbers)라고 부른다. 이는 벨E. T. Bell이 이들에 대해 여러 편의 영향력 있는 논문을 작성했기 때문이다[*AMM* **41** (1934), 411-419; *Annals of Math.* (2) **35** (1934), 258-277; **39** (1938), 539-557]. 베르누이 수 $B_n$과의 혼동을 피하기 위해, 여기에서는 벨 수를 콩테Louis Comtet의 전례를 따라 $\varpi_n$으로 표기하기로 한다. 다음은 처음 몇 가지 사례이다.

| $n =$ | 0 | 1 | 2 | 3 | 4 | 5 | 6 | 7 | 8 | 9 | 10 | 11 | 12 |
|---|---|---|---|---|---|---|---|---|---|---|---|---|---|
| $\varpi_n =$ | 1 | 1 | 2 | 5 | 15 | 52 | 203 | 877 | 4140 | 21147 | 115975 | 678570 | 4213597 |

이 수열이 빠르게 증가하나 $n!$만큼 빠르지는 않음을 주목하기 바란다. 이후에 $\varpi_n = \Theta(n/\log n)^n$임을 증명할 것이다.

$n \ge 0$에 대한 벨 수 $\varpi_n = \varpi_{n1}$들은 반드시 다음 점화식을 만족한다.

$$
\varpi_{n+1} = \varpi_n + \binom{n}{1}\varpi_{n-1} + \binom{n}{2}\varpi_{n-2} + \cdots = \sum_k \binom{n}{k}\varpi_{n-k}. \tag{14}
$$

왜냐하면 $\{1, ..., n+1\}$의 모든 분할은 어떤 $k$에 대해 $\{1, ..., n\}$의 원소 $k$개를 택해서 $n+1$을 포함하는 블록에 삽입하고 남은 원소들을 $\varpi_{n-k}$가지 방법으로 분할함으로써 얻어지기 때문이다. 18세기에 마쓰나가Yoshisuke Matsunaga가 발견한(§7.2.1.7 참고) 이 점화식으로부터 다음과 같은, 휘트워스W. A. Whitworth가 발견한[*Choice and Chance*, 3rd edition (1878), 3.XXIV] 멋진 생성 함수를 이끌어 낼 수 있다.

$$
\Pi(z) = \sum_{n=0}^{\infty} \varpi_n \frac{z^n}{n!} = e^{e^z - 1}. \tag{15}
$$

(14)의 양변에 $z^n/n!$을 곱하고 $n$에 대해 합하면

$$\Pi'(z) = \sum_{n=0}^{\infty} \varpi_{n+1} \frac{z^n}{n!} = \left(\sum_{k=0}^{\infty} \frac{z^k}{k!}\right)\left(\sum_{m=0}^{\infty} \varpi_m \frac{z^m}{m!}\right) = e^z \Pi(z)$$

가 나오며, (15)는 $\Pi(0)=1$일 때의 이 미분방정식의 해이기 때문이다.

이 공식과 관련된 수 $\varpi_n$들의 신기한 속성들 때문에 사람들은 오랫동안 이 수를 연구했다. 결국에는 휘트워스가 이 수들과 집합 분할들 사이의 조합적 연관 관계를 밝혔다. 예를 들어 다음과 같은 관계가 성립한다.

$$\varpi_n = \frac{n!}{e}[z^n]e^{e^z} = \frac{n!}{e}[z^n]\sum_{k=0}^{\infty} \frac{e^{kz}}{k!} = \frac{1}{e}\sum_{k=0}^{\infty} \frac{k^n}{k!}. \qquad (16)$$

[*Mat. Sbornik* **3** (1868), 62; **4** (1869), 39; G. Dobiński, *Archiv der Math. und Physik* **61** (1877), 333–336; **63** (1879), 108–110]. 크랑Christian Kramp은 $e^{e^z}$의 전개를 *Der polynomische Lehrsatz*, C. F. Hindenburg 엮음(Leipzig: 1796), 112–113에서 논했다. 그는 계수들을 계산하는 두 가지 방법을 언급했는데, 하나는 (14)를 사용하는 것이고 또 하나는 $n$의 보통의 분할당 하나씩 총 $p(n)$개의 항들의 합을 사용하는 것이다. (연습문제 1.2.5-21의 아르보가스트 Arbogast의 공식을 보라. 공식을 거의 발견할 뻔했던 크랑은 그의 분할 기반 방법이 $n$이 계속 커짐에 따라 다항식 시간 이상을 요구한다는 점을 깨닫지 못하고 그 방법을 더 선호했던 것으로 보인다. 그리고 그는 $z^{10}$의 계수를 115975가 아니라 116015라고 계산했다.)

***점근 추정.** $\varpi_n$이 얼마나 빠르게 증가하는지를 복소 잉여 이론의 가장 기본적인 원리들 중 하나인 다음과 같은 원리를 이용해서 파악할 수 있다: 만일 $|z| < r$이면 항상 멱급수 $\sum_{k=0}^{\infty} a_k z^k$이 수렴한다면,

$$a_{n-1} = \frac{1}{2\pi i}\oint \frac{a_0 + a_1 z + a_2 z^2 + \cdots}{z^n}\, dz \qquad (17)$$

이다. 여기서 적분의 구간은 원점을 중심으로 반시계방향으로 돌며 원 $|z| = r$ 안을 벗어나지 않는 간단한 닫힌 경로이다. 피적분함수가 $f(z) = \sum_{k=0}^{\infty} a_k z^{k-n}$이라고 하자. 그러한 경로는 아무 것이나 선택해도 되지만, 피적분함수의 미분 $f'(z_0)$이 0인 점 $z_0$을 경로가 지나갈 때 특별한 기법들을 적용하는 경우가 많다. 이는 그런 점 부근에서 다음이 성립하기 때문이다.

$$f(z_0 + \epsilon e^{i\theta}) = f(z_0) + \frac{f''(z_0)}{2}\epsilon^2 e^{2i\theta} + O(\epsilon^3). \qquad (18)$$

예를 들어 $f(z_0)$과 $f''(z_0)$이 양의 실수들이면, 이를테면 $f(z_0) = u$이고 $f''(z_0) = 2v$이면, 이 공식은 $f(z_0 \pm \epsilon)$의 값이 대략 $u + v\epsilon^2$인 반면 $f(z_0 \pm i\epsilon)$의 값은 대략 $u - v\epsilon^2$임을 말해준다. $z$가 $z_0 - i\epsilon$에서 $z_0 + i\epsilon$으로 변함에 따라 $f(z)$의 값은 최댓값 $u$로 올라갔다가 다시 떨어진다. 그러나 더 큰 값인 $u + v\epsilon^2$이 이 경로의 왼쪽과 오른쪽 모두에서 발생한다. 다른 말로 하면, 복소평면 위를 걷는 산악인은, 점 $z$의 고도가 $\Re f(z)$라 할 때, $z_0$에서 '고갯길(pass)'을 만나게 된다. 그 점 부근의 지형은 마치 안장 같은 모습이다. 그 어떤 경로를 택한다고 해도 $f(z)$의 전체적인 적분은 동일하나,

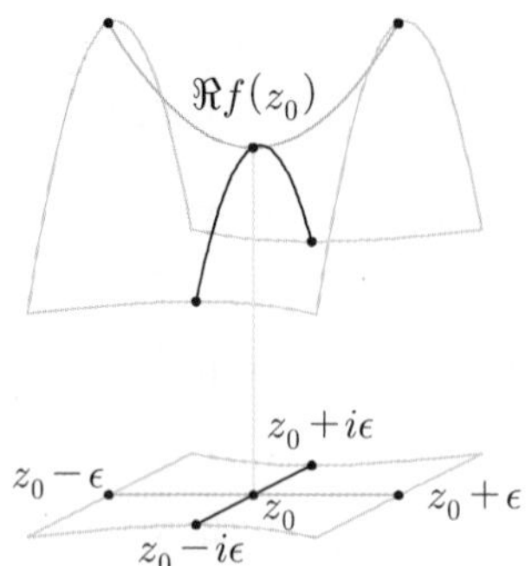


**그림 53.** 안장점 부근에서 해석함수의 습성.

고갯길을 지나지 않는 경로는 피할 수도 있었던 $f(z)$의 큰 값들을 소거해야 하므로 그리 바람직하지 않다. 따라서 점 $z_0$을 허수부가 증가하는 방향으로 통과하는 경로를 선택할 때 최상의 결과가 나오는 경향이 있다. 데비어P. Debye에 기인하는〔*Math. Annalen* **67** (1909), 535–558〕 이 중요한 기법을 '안장점 방법(saddle point method)'이라고 부른다.

그럼 안장점 방법에 좀 더 익숙해지기 위해, 이미 답을 알고 있는 예를 하나 살펴보자:

$$\frac{1}{(n-1)!} = \frac{1}{2\pi i}\oint\frac{e^z}{z^n}\,dz. \tag{19}$$

목표는 $n$이 클 때 우변의 적분의 값을 잘 근사하는 수식을 구하는 것이다. $g(z)=z-n\ln z$라고 두고 $f(z)=e^z/z^n$을 $e^{g(z)}$으로 표기한다면 식을 다루기가 더 쉬울 것이다. 그렇게 하면 안장점은 $g'(z_0)=1-n/z_0$이 0일 때, 즉 $z_0=n$에서 나타난다. 만일 $z=n+it$이면

$$\begin{aligned} g(z) &= g(n)+\sum_{k=2}^{\infty}\frac{g^{(k)}(n)}{k!}(it)^k \\ &= n-n\ln n-\frac{t^2}{2n}+\frac{it^3}{3n^2}+\frac{t^4}{4n^3}-\frac{it^5}{5n^4}+\cdots \end{aligned}$$

이다. 왜냐하면 $k\ge 2$일 때 $g^{(k)}(z)=(-1)^k(k-1)!\,n/z^k$이기 때문이다. 이제 $f(z)$를 $n-im$에서 $n+im$과 $-n+im$, $-n-im$를 거쳐 $n-im$으로 가는 직사각형 경로에 관해 적분해 보자:

$$\begin{aligned} \frac{1}{2\pi i}\oint\frac{e^z}{z^n}\,dz &= \frac{1}{2\pi}\int_{-m}^{m} f(n+it)\,dt+\frac{1}{2\pi i}\int_{n}^{-n} f(t+im)\,dt \\ &\quad +\frac{1}{2\pi}\int_{m}^{-m} f(-n+it)\,dt+\frac{1}{2\pi i}\int_{-n}^{n} f(t-im)\,dt. \end{aligned}$$

만일 $m=2n$으로 둔다면 이 경로의 마지막 세 변에서 $|f(z)|\le 2^{-n}f(n)$임은 분명하다. $|e^z|=e^{\Re z}$이고 $|z|\ge\max(|\Re z|,|\Im z|)$이기 때문이다. 따라서 남은 것은

$$\frac{1}{2\pi i}\oint\frac{e^z}{z^n}\,dz = \frac{1}{2\pi}\int_{-m}^{m} e^{g(n+it)}\,dt+O\!\left(\frac{ne^n}{2^n n^n}\right)$$

이다.

이에 대해서는 이전에도 여러 번 사용했던, 이를테면 식 5.1.4-(53)을 유도할 때 사용했던 기법에 의존하기로 하자: $t \in A$일 때 만일 $\hat{f}(t)$가 $f(t)$의 좋은 근사라면, 그리고 합 $\sum_{t \in B}|f(t)|$와 $\sum_{t \in C}|\hat{f}(t)|$가 둘 다 작다면, $\sum_{t \in A \cup C}\hat{f}(t)$는 $\sum_{t \in A \cup B}f(t)$의 좋은 근사이다. [1782년에 라플라스가 소개한 이 일반적인 방법을 흔히 '꼬리 맞바꾸기(trading tails)'라고 부른다. *CMath* §9.4를 보라.] 만일 $|t| \le n^{1/2+\epsilon}$이면 다음이 성립한다.

$$\begin{aligned} e^{g(n+it)} &= \exp\left(g(n) - \frac{t^2}{2n} + \frac{it^3}{3n^2} + \cdots\right) \\ &= \frac{e^n}{n^n}\exp\left(-\frac{t^2}{2n} + \frac{it^3}{3n^2} + \frac{t^4}{4n^3} + O(n^{5\epsilon-3/2})\right) \\ &= \frac{e^n}{n^n}e^{-t^2/(2n)}\left(1 + \frac{it^3}{3n^2} + \frac{t^4}{4n^3} - \frac{t^6}{18n^4} + O(n^{9\epsilon-3/2})\right). \end{aligned}$$

그리고 $|t| > n^{1/2+\epsilon}$일 때에는

$$|e^{g(n+it)}| < |f(n + \in^{1/2+\epsilon})| = \frac{e^n}{n^n}\exp\left(-\frac{n}{2}\ln\left(1+n^{2\epsilon-1}\right)\right) = O\left(\frac{e^{n-n^{2\epsilon}/2}}{n^n}\right).$$

이다. 더 나아가가서 불완전(incomplete) 감마 함수

$$\int_{n^{1/2+\epsilon}}^{\infty} e^{-t^2/(2n)}t^k\,dt = 2^{(k-1)/2}n^{(k+1)/2}\,\Gamma\left(\frac{k+1}{2}, \frac{n^{2\epsilon}}{2}\right) = O(n^{O(1)}e^{-n^{2\epsilon}/2})$$

은 무시해도 된다. 따라서 꼬리들을 맞바꾸어서 다음과 같은 근사를 얻을 수 있다.

$$\begin{aligned} \frac{1}{2\pi i}\oint\frac{e^z}{z^n}\,dz &= \frac{e^n}{2\pi n^n}\int_{-\infty}^{\infty} e^{-t^2/(2n)}\left(1 + \frac{it^3}{3n^2} + \frac{t^4}{4n^3} - \frac{t^6}{18n^4} + O(n^{9\epsilon-3/2})\right)dt \\ &= \frac{e^n}{2\pi n^n}\left(I_0 + \frac{i}{3n^2}I_3 + \frac{1}{4n^3}I_4 - \frac{1}{18n^4}I_6 + O(n^{9\epsilon-3/2})\right). \end{aligned}$$

여기서 $I_k = \int_{-\infty}^{\infty} e^{-t^2/(2n)}t^k\,dt$이다. $k$가 홀수일 때 $I_k = 0$임은 물론이다. 그 외의 경우에는 $a > 0$일 때

$$\int_{-\infty}^{\infty} e^{-at^2}t^{2l}\,dt = \frac{\Gamma((2l+1)/2)}{a^{(2l+1)/2}} = \frac{\sqrt{2\pi}}{(2a)^{(2l+1)/2}}\prod_{j=1}^{l}(2j-1) \tag{20}$$

라는 잘 알려진 사실을 이용해서 $I_k$를 평가한다. 연습문제 39를 보라. 이제 모든 것을 조합하면 모든 $\epsilon > 0$에 대한 근사 추정치

$$\frac{1}{(n-1)!} = \frac{e^n}{\sqrt{2\pi}\,n^{n-1/2}}\left(1 + 0 + \frac{3}{4n} - \frac{15}{18n} + O(n^{9\epsilon-2})\right) \tag{21}$$

이 나온다. 이 결과는 지금 사용한 것과 상당히 다른 1.2.11.2-(19)의 방법을 이용해서 유도했던 스털링의 근사와 완벽하게 일치한다. $g(n+it)$를 더 많은 항들로 전개한다면 (21)의 진짜 오차가

단 $O(n^{-2})$임을 증명할 수 있게 될지도 모른다. 같은 절차를 통해서 모든 $m$에 대한 일반적 형태의 점근 급수 $e^n/(\sqrt{2\pi}\,n^{n-1/2})\big(1+c_1/n+c_2/n^2+\cdots+c_m/n^m+O(n^{-m-1})\big)$을 얻을 수 있다는 점을 생각한다면 말이다.

그런데 이 결과를 유도하는 과정에는 중요한 기술적 세부사항 하나가 숨어 있다. 적분 경로를 따라 함수 ln $z$가 하나의 값을 가지는 게 아니라는 것이다. 원점을 중심으로 회전하면서 그 함수는 $2\pi i$만큼 증가한다. 사실 잉여 이론을 작동하게 만드는 기본 메커니즘 자체에 이 사실이 깔려 있다. 그러나 우리의 추론은 유효하다. $n$이 정수일 때에는 로그의 애매모호함이 피적분함수 $f(z)=e^z/z^n$에 영향을 주지 않기 때문이다. 더 나아가서, $n$이 정수가 아니었다고 해도, 적분 (19)를 $-\infty$에서 시작해서 원점을 중심으로 한 원을 따라 반시계방향으로 돌아서 $-\infty$로 가는 경로를 따라 수행되게 한다면 논증을 엄밀하게 보정하는 것이 가능하다. 그렇게 하면 감마 함수에 대한 한켈Hankel의 적분 공식, 즉 식 1.2.5-(17)이 나올 것이며, 그로부터 모든 실수 $x$에 대해 $x\to\infty$에 따라 유효한 점근 공식

$$\frac{1}{\Gamma(x)}=\frac{1}{2\pi i}\oint\frac{e^z}{z^x}\,dz=\frac{e^x}{\sqrt{2\pi}\,x^{x-1/2}}\left(1-\frac{1}{12x}+O(x^{-2})\right)\tag{22}$$

을 유도할 수 있다.

이상은 안장점 방법이 효과가 있음을(이러한 특정한 결과를 얻는 가장 간단한 방법은 아니라고 해도) 보여 주는 예이다. 그럼 이 방법을 이용해서 벨 수의 크기

$$\frac{\varpi_{n-1}}{(n-1)!}=\frac{1}{2\pi ie}\oint e^{g(z)}\,dz,\qquad g(z)=e^z-n\ln z\tag{23}$$

를 근사해 보자. 새 피적분함수에 대한 안장점은 $z_0=\xi>0$에서 발생하는데, 여기서

$$\xi e^{\xi}=n\tag{24}$$

이다(사실 $\xi$가 $n$에 의존한다는 점을 나타내기 위해 $\xi(n)$이라고 표기해야 하지만, 그러면 이후의 공식들이 너무 지저분해질 것이다.) 임시로, 작은 새 한마리가 $\xi$의 값을 알려 주고 갔다고 가정하자. 그러면 $z=\xi+it$인 경로에 관해 적분을 수행해서 다음을 얻을 수 있다.

$$g(\xi+it)=e^{\xi}-n\left(\ln\xi-\frac{(it)^2}{2!}\frac{\xi+1}{\xi^2}-\frac{(it)^3}{3!}\frac{\xi^2-2!}{\xi^3}-\frac{(it)^4}{4!}\frac{\xi^3+3!}{\xi^4}+\cdots\right).$$

적절한 직사각 경로에 관해 적분해 보면, (23)의 적분을

$$\int_{-n^{\epsilon-1/2}}^{n^{\epsilon-1/2}}e^{g(\xi)-na_2t^2-nia_3t^3+na_4t^4+\cdots}\,dt,\qquad a_k=\frac{\xi^{k-1}+(-1)^k(k-1)!}{k!\,\xi^k}\tag{25}$$

이 잘 근사함을 앞에서처럼 증명하는 것이 가능하다. 연습문제 43을 보기 바란다. 이 적분 안에서 $a_kt^k$이 $O(n^{k\epsilon-k/2})$임을 주목해서, 다음과 같은 형태의 점근 전개를 얻는다.

$$\varpi_{n-1}=\frac{e^{e^{\xi-1}}(n-1)!}{\xi^{n-1}\sqrt{2\pi n(\xi+1)}}\left(1+\frac{b_1}{n}+\frac{b_2}{n^2}+\cdots+\frac{b_m}{n^m}+O\left(\frac{\log n}{n}\right)^{m+1}\right). \tag{26}$$

여기서 $(\xi+1)^{3k}b_k$는 $\xi$의 $4k$차 다항식이다. (연습문제 44를 보라.) 예를 들어

$$b_1=-\frac{2\xi^4-3\xi^3-20\xi^2-18\xi+2}{24(\xi+1)^3}; \tag{27}$$

$$b_2=\frac{4\xi^8-156\xi^7-695\xi^6-696\xi^5+1092\xi^4+2916\xi^3+1972\xi^2-72\xi+4}{1152(\xi+1)^6}. \tag{28}$$

이다.

(26)에서 스털링의 근사 (21)을 사용해서 다음을 증명할 수 있다.

$$\varpi_{n-1}=\exp\left(n\left(\xi-1+\frac{1}{\xi}\right)-\xi-\frac{1}{2}\ln(\xi+1)-1-\frac{\xi}{12n}+O\left(\frac{\log n}{n}\right)^2\right). \tag{29}$$

그리고 연습문제 45는 이와 비슷한 공식

$$\varpi_n=\exp\left(n\left(\xi-1+\frac{1}{\xi}\right)-\frac{1}{2}\ln(\xi+1)-1-\frac{\xi}{12n}+O\left(\frac{\log n}{n}\right)^2\right) \tag{30}$$

을 증명한다. 따라서 $\varpi_n/\varpi_{n-1}\approx e^\xi=n/\xi$이다. 좀 더 정확하게는

$$\frac{\varpi_{n-1}}{\varpi_n}=\frac{\xi}{n}\left(1+O\left(\frac{1}{n}\right)\right) \tag{31}$$

이다.

그런데 $\xi$의 점근값은 무엇일까? (24)의 정의는

$$\begin{aligned}\xi&=\ln n-\ln\xi=\ln n-\ln(\ln n-\ln\xi)\\&=\ln n-\ln\ln n+O\left(\frac{\log\log n}{\log n}\right)\end{aligned} \tag{32}$$

임을 함의한다. 연습문제 49에서 보겠지만 이런 맥락으로 계속 진행할 수도 있다. 그러나 이런 식으로 전개된 $\xi$에 대한 점근 급수는 $m$이 커질수록 $O(1/(\log n)^m)$보다 덜 정확해진다. 따라서 $\varpi_{n-1}$에 대한 공식 (29)나 $\varpi_n$에 대한 공식 (30)에서 $n$이 곱해지면 대단히 부정확해진다.

그러므로 (29)나 (30)을 이용해서 벨 수에 대한 좋은 수치 근사를 계산하고 싶다면, 최선의 전략은 느리게 수렴하는 급수를 사용하지 말고 $\xi$에 대한 좋은 수치 값을 계산하는 것으로 시작하는 것이다. 알고리즘 4.7N 앞의 해설에서 논의한 뉴턴의 근 찾기 방법을 적용하면 참값에 빠르게 수렴하는, 다음과 같은 효율적인 반복 방안이 나온다.

$$\xi_0=\ln n,\qquad \xi_{k+1}=\frac{\xi_k}{\xi_k+1}(1+\xi_0-\ln\xi_k). \tag{33}$$

예를 들어 $n = 100$일 때 다섯 번째 반복에서 이미 소수점 40자리까지 정확한 값

$$\xi_5 = 3.38563\,01402\,90050\,18488\,82443\,64529\,72686\,74917- \tag{34}$$

을 얻게 된다. 이 값을 (29)에 반복 적용해서 나오는 근삿값들은 다음과 같다.

$$(1.6176088053\ldots, 1.6187421339\ldots, 1.6187065391\ldots, 1.6187060254\ldots) \times 10^{114}.$$

이들은 1, $b_1/n$, $b_2/n^2$, $b_3/n^3$까지의 항들을 고려한 것이다. $\varpi_{99}$의 참값은 115자리 정수 16187060274460...20741이다.

이제 집합 분할 개수 $\varpi_n$을 알아냈으니, 집합 분할들 중 블록이 정확히 $m$개인 것은 몇 개인지 구해 보자. $\{1,\ldots,n\}$의 거의 모든 분할은 블록 개수가 대략 $n/\xi = e^{\xi}$개이고, 블록당 원소 개수는 약 $\xi$개임이 알려져 있다. 예를 들어 그림 54는 $n = 100$일 때의 스털링 수 $\left\{ n \atop m \right\}$들의 히스토그램인데, 이 경우 $e^{\xi} \approx 29.54$이다.

$\left\{ n \atop m \right\}$의 크기를 안장점 방법을 공식 1.2.9-(23)에 적용해서 조사해 보자. 그 공식은 다음을 말해준다.

$$\left\{ n \atop m \right\} = \frac{n!}{m!}\,[z^n]\,(e^z-1)^m = \frac{n!}{m!}\,\frac{1}{2\pi i}\oint e^{m\ln(e^z-1)-(n+1)\ln z}\,dz. \tag{35}$$

$\alpha = (n+1)/m$이라고 하자. 함수 $g(z) = \alpha^{-1}\ln(e^z-1) - \ln z$의 안장점은

$$\frac{\sigma}{1-e^{-\sigma}} = \alpha \tag{36}$$

일 때 $\sigma > 0$에 존재한다. $1 \le m \le n$에 대해 $\alpha > 1$임을 주목하기 바란다. 이 특별한 값 $\sigma$는 다음과 같이 주어진다.

$$\sigma = \alpha - \beta, \qquad \beta = T(\alpha e^{-\alpha}). \tag{37}$$

여기서 $T$는 식 2.3.4.4-(30)의 트리 함수이다. 실제로 $\beta$는 다음을 만족하는 0과 1 사이의 값이다.

$$\beta e^{-\beta} = \alpha e^{-\alpha}. \tag{38}$$

함수 $xe^{-x}$은 $x$가 0에서 1로 증가할 때 0에서 $e^{-1}$으로 증가하고, 그 후에는 다시 0으로 감소한다. 따라서 $\beta$는 유일하게 정의되며,

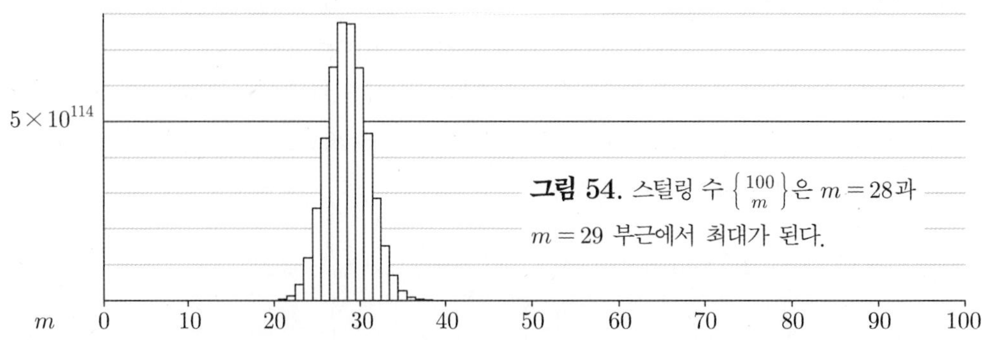


**그림 54.** 스털링 수 $\left\{ 100 \atop m \right\}$은 $m = 28$과 $m = 29$ 부근에서 최대가 된다.

$$e^{\sigma} = \frac{\alpha}{\beta} \tag{39}$$

이다. 그러한 모든 $\alpha$와 $\beta$ 쌍을 다음과 같은 역 공식들로 구할 수 있다.

$$\alpha = \frac{\sigma e^{\sigma}}{e^{\sigma} - 1}, \qquad \beta = \frac{\sigma}{e^{\sigma} - 1}. \tag{40}$$

예를 들어 값 $\alpha = \ln 4$와 $\beta = \ln 2$는 $\sigma = \ln 2$에 해당한다.

이제 (35)의 적분이 경로 $z = \sigma + it$에 관한 $e^{(n+1)g(z)}dz$의 한 적분과 점근적으로 동치임을 앞에서와 같은 방법으로 보이는 것이 가능하다. (연습문제 58 참고.) 연습문제 56에서는 $z = \sigma$에 관한 테일러급수

$$g(\sigma + it) = g(\sigma) - \frac{t^2(1-\beta)}{2\sigma^2} - \sum_{k=3}^{\infty} \frac{(it)^k}{k!} g^{(k)}(\sigma) \tag{41}$$

가 다음과 같은 속성을 가짐을 증명한다.

$$|g^{(k)}(\sigma)| < 2(k-1)!\,(1-\beta)/\sigma^k, \qquad \text{모든 } k > 0\text{에 대해.} \tag{42}$$

따라서 멱급수 $(n+1)g(z)$로부터 편하게 $N = (n+1)(1-\beta)$의 한 인수를 제거할 수 있으며, 안장점 방법을 적용하면 $N \to \infty$에 따라

$$\left\{ {n \atop m} \right\} = \frac{n!}{m!} \frac{1}{(\alpha - \beta)^{n-m} \beta^m \sqrt{2\pi N}} \left( 1 + \frac{b_1}{N} + \frac{b_2}{N^2} + \cdots + \frac{b_l}{N^l} + O\left( \frac{1}{N^{l+1}} \right) \right) \tag{43}$$

이라는 공식이 나온다. 여기서 $(1-\beta)^{2k} b_k$는 $\alpha$와 $\beta$의 한 다항식이다. (수량 분모의 $(\alpha-\beta)^{n-m}\beta^m$은 (37)과 (39)에 의해 $(e^{\sigma}-1)^m/\sigma^n = (\alpha/\beta - 1)^m/(\alpha-\beta)^n$이라는 사실에서 비롯된 것이다.) 예를 들어

$$b_1 = \frac{6 - \beta^3 - 4\alpha\beta^2 - \alpha^2\beta}{8(1-\beta)} - \frac{5(2 - \beta^2 - \alpha\beta)^2}{24(1-\beta)^2} \tag{44}$$

이다. 연습문제 57은 오직 $n - m \to \infty$일 때에만 $N \to \infty$임을 증명한다. $\left\{ {n \atop m} \right\}$의 점근 전개는 (43)과 비슷하나 약간 더 복잡하다. 그 전개는 Leo Moser, Max Wyman, *Duke Math. J.* **25** (1957), 29-43에 처음 발표되었다.

공식 (43)은 너무 복잡해 보이는데, 왜냐하면 이것은 블록 개수 $m$의 전체 범위에 적용하도록 고안된 것이기 때문이다. $m$이 비교적 작거나 비교적 크다면 공식을 훨씬 단순하게 만들 수 있다(연습문제 60, 61을 보라). 그러나 그렇게 단순화된 공식들은 $\left\{ {n \atop m} \right\}$이 최대인 중요한 경우들에서 정확한 결과를 내지 못한다. 그럼 그런 중요한 경우들을 좀 더 자세히 살펴보자. 그러면 그림 54에 나온 날카로운 봉우리를 이해할 수 있을 것이다.

(24)에서처럼 $\xi e^{\xi} = n$으로 두고, $m = \exp(\xi + r/\sqrt{n}) = ne^{r/\sqrt{n}}/\xi$이라고 하자. $m$이 $e^{\xi}$ 부근에 있도록 $|r| \le n^{\epsilon}$이라고 가정한다. (43)의 선행 항을 다음과 같이 다시 쓸 수 있다.

$$\frac{n!}{m!}\frac{1}{(\alpha-\beta)^{n-m}\beta^m\sqrt{2\pi(n+1)(1-\beta)}} =$$

$$\frac{m^n}{m!}\frac{(n+1)!}{(n+1)^{n+1}}\frac{e^{n+1}}{\sqrt{2\pi(n+1)}}\left(1-\frac{\beta}{\alpha}\right)^{m-n}\frac{e^{-\beta m}}{\sqrt{1-\beta}}. \qquad (45)$$

그리고 이 수식의 중간의 상당 부분을 $(n+1)!$에 대한 스털링의 근사로 소거할 수 있을 것이 분명하다. 컴퓨터 대수학 패키지의 도움을 받아서 적절히 정리하면 다음과 같은 수식이 나온다.

$$\frac{m^n}{m!} = \frac{1}{\sqrt{2\pi}}\exp\biggl(n\Bigl(\xi-1+\frac{1}{\xi}\Bigr)-\frac{1}{2}\Bigl(\xi+r^2+\frac{r^2}{\xi}\Bigr)$$

$$-\Bigl(\frac{r}{2}+\frac{r^3}{6}+\frac{r^3}{3\xi}\Bigr)\frac{1}{\sqrt{n}}+O(n^{4\epsilon-1})\biggr).$$

그리고 $\alpha$와 $\beta$에 관련된 해당 수량들은 다음과 같다.

$$\frac{\beta}{\alpha} = \frac{\xi}{n}+\frac{r\xi^2}{n\sqrt{n}}+O(\xi^3n^{2\epsilon-2});$$

$$e^{-\beta m} = \exp\Bigl(-\xi-\frac{r\xi^2}{\sqrt{n}}+O(\xi^3n^{2\epsilon-1})\Bigr);$$

$$\Bigl(1-\frac{\beta}{\alpha}\Bigr)^{m-n} = \exp\Bigl(\xi-1+\frac{r(\xi^2-\xi-1)}{\sqrt{n}}+O(\xi^3n^{2\epsilon-1})\Bigr).$$

이제 전체적인 결과를 구하면 다음과 같다.

$$\left\{ {n \atop e^{\xi+r/\sqrt{n}}} \right\} = \frac{1}{\sqrt{2\pi}}\exp\biggl(n\Bigl(\xi-1+\frac{1}{\xi}\Bigr)-\frac{\xi}{2}-1$$

$$-\frac{\xi+1}{2\xi}\Bigl(r+\frac{3\xi(2\xi+3)+(\xi+2)r^2}{6(\xi+1)\sqrt{n}}\Bigr)^2+O(\xi^3n^{4\epsilon-1})\biggr). \qquad (46)$$

마지막 줄의 제곱된 부분은

$$r = -\frac{\xi(2\xi+3)}{2(\xi+1)\sqrt{n}}+O(\xi^2n^{-3/2})$$

일 때 0이다. 따라서 최댓값은 블록 개수가

$$m = \frac{n}{\xi}-\frac{3+2\xi}{2+2\xi}+O\Bigl(\frac{\xi}{n}\Bigr) \qquad (47)$$

일 때 나온다. (46)과 (30)을 비교해 보면 주어진 $n$ 값에 대한 가장 큰 스털링 수 $\left\{ {n \atop m} \right\}$이 $\xi\varpi_n\,/\,\sqrt{2\pi n}$ 과 같음을 알 수 있다.

안장점 방법은 지금까지 살펴본 문제들보다 훨씬 더 어려운 문제들에 적용된다. 고급 기법들을 잘 설명한 책이 여럿인데, 이를테면 N. G. de Bruijn, *Asymptotic Methods in Analysis* (1958)의 제5장과 제6장, F. W. J. Olver, *Asymptotics and Special Functions* (1974)의 제4장, R. Wong, *Asymptotic Approximations of Integrals* (2001)의 제2장과 제7장이 있다.

***무작위 집합 분할.** $\{1, \ldots, n\}$의 한 분할의 블록 개수들은 그 자체로 수 $n$의 보통의 분할을 구성한다. 그렇다면 그러한 분할은 어떤 종류의 분할인지 궁금할 것이다. §7.2.1.4의 그림 55는 25의 모든 $p(25) = 1958$가지 분할의 페러스 도식들을 겹친 결과를 보여 준다. 그 분할들은 식 7.2.1.4-(49)의 대칭 곡선을 따르는 경향이 있다. 반면 그림 55는 집합 $\{1, \ldots, 25\}$의 모든 $\varpi_{25} \approx 4.6386 \times 10^{18}$가지 분할의 해당 도식들을 겹친 것이다. 한 무작위 집합 분할의 '형상'이 무작위 정수 분할의 도형과 상당히 다름은 명백하다.

이러한 변화는 집합 분할의 블록 크기들만큼만 나타나는 정수 분할들이 있는 반면 극히 흔하게 나타나는 정수 분할들도 있다는 사실에서 비롯된 것이다. 예를 들어 분할 $n = 1 + 1 + \cdots + 1$은 오직 한 가지 방법으로만 발생하지만, $n$이 짝수일 때 분할 $n = 2 + 2 + \cdots + 2$는 $(n-1)(n-3)\ldots(1)$가지 방식으로 발생한다. $n = 25$일 때 정수 분할

$$25 = 4+4+3+3+3+2+2+2+1+1$$

은 사실 모든 가능한 집합 분할의 2%보다 많이 나타난다. (이 특정한 분할은 사실 $n = 25$인 경우에서 가장 흔한 분할이다. 연습문제 1.2.5-21의 해답은 정수 분할 $n = c_1 \cdot 1 + c_2 \cdot 2 + \cdots + c_n \cdot n$에 해당하는 집합 분할의 개수가 정확히

$$\frac{n!}{c_1!\,1!^{c_1}\,c_2!\,2!^{c_2}\ldots c_n!\,n!^{c_n}} \tag{48}$$

임을 설명한다.)

$\{1, \ldots, n\}$의 한 무작위 분할의 $k$-블록들의 개수를 쉽게 구하는 방법이 있다: 모든 $\varpi_n$가지 가능성을 적어 나간다면, 특정한 $k$원소 블록들은 모두 정확히 $\varpi_{n-k}$번 나타난다. 따라서 평균은

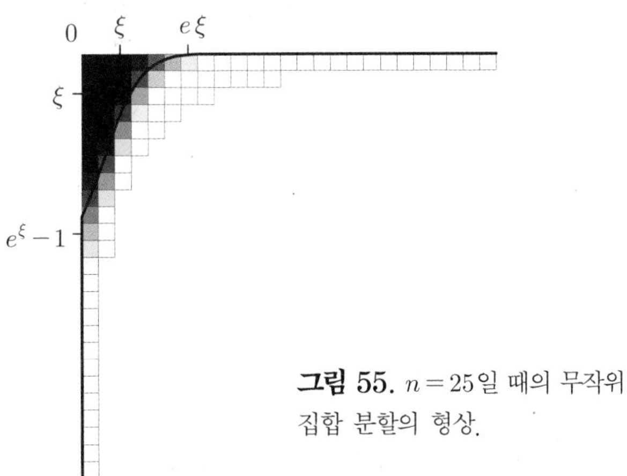


**그림 55.** $n = 25$일 때의 무작위 집합 분할의 형상.

$$\binom{n}{k}\frac{\varpi_{n-k}}{\varpi_n} \tag{49}$$

이다. 더 나아가서, 앞에서 나온 식 (31)의 한 확장(연습문제 64에서 증명한다)은 다음과 같은 사실을 말해 준다:

$$\frac{\varpi_{n-k}}{\varpi_n} = \left(\frac{\xi}{n}\right)^k\left(1+\frac{k\xi(k\xi+k+1)}{2(\xi+1)^2n}+O\left(\frac{k^3}{n^2}\right)\right), \qquad \text{만일 } k \le n^{2/3}\text{이면.} \tag{50}$$

여기서 $\xi$는 (24)에서처럼 정의된다. 따라서, 만일 이를테면 $k \le n^\epsilon$이면 공식 (49)는 다음으로 단순화된다.

$$\frac{n^{\underline{k}}}{k!}\left(\frac{\xi}{n}\right)^k\left(1+O\left(\frac{1}{n}\right)\right) = \frac{\xi^k}{k!}\left(1+O(n^{2\epsilon-1})\right). \tag{51}$$

크기가 1인 블록은 평균 $\xi$개, 크기가 2인 것은 $\xi^2/2!$개, 등등이다.

이러한 수량들의 분산은 작다(연습문제 65 참고). 그리고 본질적으로 무작위 분할은 마치 $k$-블록들의 개수가 평균이 $\xi^k/k!$인 푸아송 분포 확률변수(deviate)인 것처럼 행동한다. 그림 55에 나온 매끄러운 곡선은 페러스류 좌표계의 점 $(f(k), k)$들을 지나간다. 여기서

$$f(k) = \xi^{k+1}/(k+1)! + \xi^{k+2}/(k+2)! + \xi^{k+3}/(k+3)! + \cdots \tag{52}$$

은 블록 크기 $k \ge 0$에 해당하는 최상위 행으로부터의 근사 거리이다. ($n$이 크면 이 곡선은 좀 더 수직에 가까워진다.)

가장 큰 블록의 원소 개수는 근사적으로 $e\xi$개인 경향이 있다. 더 나아가서, 원소 1을 포함하는 블록의 크기가 $\xi + a\sqrt{\xi}$보다 작을 확률은 정규분포 확률변수가 $a$보다 작을 확률에 접근한다. [John Haigh, *J. Combinatorial Theory* **A13** (1972), 287–295; V. N. Sachkov, *Probabilistic Methods in Combinatorial Analysis* (1997), 제4장, 1978년에 출판된 러시아 서적의 영역본; Yu. Yakubovich, *J. Mathematical Sciences* **87** (1997), 4124–4137, 1995년 출판된 러시아 논문의 영역본; B. Pittel, *J. Combinatorial Theory* **A79** (1997), 326–359를 보라.]

$\{1, 2, \ldots, n\}$의 무작위 분할을 생성하는 멋진 방법 하나를 스탐A. J. Stam이 *Journal of Combinatorial Theory* **A35** (1983), 231–240에서 소개했다: 정수 $M$의 값을 무작위로 선택할 때 그 값이 $m$일 확률이

$$p_m = \frac{m^n}{em!\varpi_n} \tag{53}$$

이라고 하자. (16) 때문에 이 확률들의 합은 1이다. 일단 $M$을 선택한 후 무작위 $n$-짝 $X_1X_2\ldots X_n$을 생성한다. 여기서 각 $X_j$는 0과 $M-1$ 사이에 고르게, 그리고 독립적으로 분포된다. 그런 다음, 오직 $X_i = X_j$일 때에만 분할 안에서 $i \equiv j$로 둔다. 이러한 절차가 효과가 있는 이유는, 블록이 $k$개인 각 집합 분할을 얻을 확률이 $\sum_{m\ge 0}(m^{\underline{k}}/m^n)p_m = 1/\varpi_n$이기 때문이다.

예를 들어 $n = 25$일 때

$$\begin{array}{llll} p_4 \approx .00000372 & p_9 \approx .15689865 & p_{14} \approx .04093663 & p_{19} \approx .00006068 \\ p_5 \approx .00019696 & p_{10} \approx .21855285 & p_{15} \approx .01531445 & p_{20} \approx .00001094 \\ p_6 \approx .00313161 & p_{11} \approx .21526871 & p_{16} \approx .00480507 & p_{21} \approx .00000176 \\ p_7 \approx .02110279 & p_{12} \approx .15794784 & p_{17} \approx .00128669 & p_{22} \approx .00000026 \\ p_8 \approx .07431024 & p_{13} \approx .08987171 & p_{18} \approx .00029839 & p_{23} \approx .00000003 \end{array}$$

이고, 그 외의 확률들은 무시할 수 있다. 따라서, 기수가 9나 10, 11, 12인 무작위 25자리 정수를 조사함으로써 25원소 무작위 분할을 얻을 수 있을 가능성이 크다. 수 $M$은 3.4.1-(3)을 이용해서 생성할 수 있는데, 그 값은 대체로 $n/\xi = e^{\xi}$인 경향이 있다(연습문제 67을 보라).

***중복집합의 분할.** 정수 분할과 집합 분할은 훨씬 더 일반적인 문제인 중복집합의 분할의 극단적인 경우들일 뿐이다. 실제로, $n$의 분할들은 본질적으로 1들이 $n$개인 중복집합 $\{1, 1, \ldots, 1\}$의 분할들과 동일하다.

이런 관점에서 볼 때 원소가 $n$개인 중복집합의 종류는 본질적으로 $p(n)$가지이다. 예를 들어 $n = 4$일 때 중복집합의 분할들은 다음과 같이 다섯 종류로 나뉜다.

1234, 123|4, 124|3, 12|34, 12|3|4, 134|2, 13|24, 13|2|4,
14|23, 14|2|3, 1|234, 1|23|4, 1|24|3, 1|2|34, 1|2|3|4;
1123, 112|3, 113|2, 11|23, 11|2|3, 123|1, 12|13, 12|1|3, 13|1|2, 1|1|23, 1|1|2|3;
1122, 112|2, 11|22, 11|2|2, 122|1, 12|12, 12|1|2, 1|1|22, 1|1|2|2;
1112, 111|2, 112|1, 11|12, 11|1|2, 12|1|1, 1|1|1|2;
1111, 111|1, 11|11, 11|1|1, 1|1|1|1. (54)

중복집합의 서로 다른 원소가 $m$개이고 그중 한 원소가 $n_1$개, 또 하나는 $n_2$개, …, 마지막은 $n_m$개라고 할 때, 분할 전체 개수를 $p(n_1, n_2, \ldots, n_m)$으로 표기한다. 따라서 (54)의 예들에서는

$$p(1,1,1,1) = 15, \quad p(2,1,1) = 11, \quad p(2,2) = 9, \quad p(3,1) = 7, \quad p(4) = 5 \qquad (55)$$

이다. $m = 2$인 분할을 흔히 '이중분할(bipartition)'이라고 부르고 $m = 3$인 분할은 '삼중분할(tripartition)'이라고 부른다. 그리고 일반적으로 그러한 조합적 대상들을 다중분할(multi-partition)이라고 부른다. 다중분할의 연구는 오래 전 머크맨P. A. MacMahon이 시작했다[*Philosophical Transactions* **181** (1890), 481-536; **217** (1917), 81-113; *Proc. Cambridge Philos. Soc.* **22** (1925), 951-963]. 그러나 이 주제는 너무나 방대하기 때문에 아직도 풀리지 않은 문제가 많이 남아 있다. 이번 절의 나머지 부분과 연습문제들에서는 지금까지 밝혀진 이론의 여러 측면 중 가장 흥미롭고 배울 점이 많은 측면들을 간단하게나마 살펴본다.

무엇보다도, 다중분할이 본질적으로 음이 아닌 정수 성분들로 이루어진 벡터들의 분할임을 깨닫는 것이 중요하다. 다른 말로 하면, 다중분할은 그러한 한 벡터를 그러한 다른 벡터들의 합으로 표현하

는 방법이다. 예를 들어 (54)에 나온 $\{1,1,2,2\}$의 아홉 분할은 이분열 열벡터 $\genfrac{}{}{0pt}{}{2}{2}$의 아홉 분할, 즉

$$\genfrac{}{}{0pt}{}{2}{2},\ \genfrac{}{}{0pt}{}{20}{11},\ \genfrac{}{}{0pt}{}{20}{02},\ \genfrac{}{}{0pt}{}{200}{011},\ \genfrac{}{}{0pt}{}{11}{20},\ \genfrac{}{}{0pt}{}{11}{11},\ \genfrac{}{}{0pt}{}{110}{101},\ \genfrac{}{}{0pt}{}{110}{002},\ \genfrac{}{}{0pt}{}{1100}{0011}. \qquad (56)$$

이다. (1차원 정수 분할의 경우에서처럼, 간결함을 위해 + 부호들은 생략했다.) 이러한 분할의 표준적인 표기 형식은 분할의 부분들을 비증가 사전순으로 나열하는 것이다.

주어진 임의의 중복집합의 분할들을 생성하는 작업은 상당히 간단한 알고리즘으로 충분하다. 다음의 절차는 3원소쌍 $(c,u,v)$를 담는 스택으로 분할들을 표현한다. 여기서 $c$는 벡터 성분의 번호이고 $u>0$는 성분 $c$에 남아 있는 아직 분할되지 않은 양을 뜻한다. 그리고 $v$는 현재 부분의 $c$ 성분을 뜻하는데, $0\le v\le u$이다. 사실 알고리즘은 편의상 3원소쌍들을 세 배열 $(c_0,c_1,\ldots)$과 $(u_0,u_1,\ldots)$, $(v_0,v_1,\ldots)$에 분산 저장하며, '스택 프레임' 배열 $(f_0,f_1,\ldots)$을 이용해서 분할의 $(l+1)$번째 벡터가 배열 $c$, $u$, $v$의 $f_l$에서 $f_{l+1}-1$까지의 원소들로 구성되게 한다. 예를 들어 다음은 이중분할 $\genfrac{}{}{0pt}{}{3221100}{1201131}$을 나타내는 배열들이다.

| $j$ | 0 | 1 | 2 | 3 | 4 | 5 | 6 | 7 | 8 | 9 | 10 | 11 | |
|---|---|---|---|---|---|---|---|---|---|---|---|---|---|
| $c_j$ | 1 | 2 | 1 | 2 | 1 | 2 | 1 | 2 | 1 | 2 | 2 | 2 | |
| $u_j$ | 9 | 9 | 6 | 8 | 4 | 6 | 2 | 6 | 1 | 5 | 4 | 1 | |
| $v_j$ | 3 | 1 | 2 | 2 | 2 | 0 | 1 | 1 | 1 | 1 | 3 | 1 | |
| | $f_0=0$ | | $f_1=2$ | | $f_2=4$ | | $f_3=6$ | | $f_4=8$ | | $f_5=10$ | $f_6=11$ | $f_7=12$ |

(57)

**알고리즘 M** (역사전순 다중분할). 중복집합 $\{n_1\cdot 1,\ldots,n_m\cdot m\}$이 주어졌을 때, 이 알고리즘은 그 중복집합의 모든 분할을 위에서 설명한 배열 $f_0f_1\ldots f_n$, $c_0c_1\ldots c_{mn}$, $u_0u_1\ldots u_{mn}$, $v_0v_1\ldots v_{mn}$을 이용해서 방문한다. 여기서 $n=n_1+\cdots+n_m$이다. $m>0$이고 $n_1,\ldots,n_m>0$이라고 가정한다.

**M1.** 〔초기화.〕 $0\le j<m$에 대해 $c_j\leftarrow j+1$, $u_j\leftarrow v_j\leftarrow n_{j+1}$로 설정한다. 또한 $f_0\leftarrow a\leftarrow l\leftarrow 0$, $f_1\leftarrow b\leftarrow m$으로 설정한다. (이후 단계들에서 현재 스택 프레임은 $a$에서 시작해서 $b-1$까지 간다.)

**M2.** 〔$u$에서 $v$를 뺀다.〕 (이제부터 현재 프레임의 벡터 $u$를 사전순으로 $\le v$인 부분들로 나누는 모든 분할을 찾고자 한다. 우선 $v$ 자체를 사용한다.) $j\leftarrow a$, $k\leftarrow b$, $x\leftarrow 0$으로 설정한다. 그런 다음 $j<b$인 동안 다음을 수행한다: $u_k\leftarrow u_j-v_j$로 설정한다. 만일 $u_k=0$이면 그냥 $x\leftarrow 1$, $j\leftarrow j+1$로 설정한다. 그렇지 않고 만일 $x=0$이면 $c_k\leftarrow c_j$, $v_k\leftarrow \min(v_j,u_k)$, $x\leftarrow [u_k<v_j]$, $k\leftarrow k+1$, $j\leftarrow j+1$로 설정하고, 아니면 $c_k\leftarrow c_j$, $v_k\leftarrow u_k$, $k\leftarrow k+1$, $j\leftarrow j+1$로 설정한다. ($x=[v$가 변했음$]$임을 주목할 것.)

**M3.** 〔만일 0이 아니면 스택에 넣는다.〕 만일 $k>b$이면 $a\leftarrow b$, $b\leftarrow k$, $l\leftarrow l+1$, $f_{l+1}\leftarrow b$로 설정하고 M2로 돌아간다.

**M4.** 〔분할을 방문.〕 현재 스택에 있는 $l+1$개의 벡터가 나타내는 분할을 방문한다. ($0 \le k \le l$에 대해, 벡터의 성분 $c_j$에는 $f_k \le j < f_{k+1}$인 $v_j$들이 있다.)

**M5.** 〔$v$를 감소.〕 $j \leftarrow b-1$로 설정한다. $v_j = 0$인 동안 $j \leftarrow j-1$로 설정한다. 만일 $j = a$이고 $v_j = 1$이면 M6으로 간다. 그렇지 않으면 $v_j \leftarrow v_j - 1$로 설정하고 $j < k < b$에 대해 $v_k \leftarrow u_k$로 설정한다. M2로 돌아간다.

**M6.** 〔역추적.〕 만일 $l = 0$이면 알고리즘을 끝낸다. 그렇지 않으면 $l \leftarrow l-1$, $b \leftarrow a$, $a \leftarrow f_l$로 설정하고 M5로 돌아간다. ▌

이 알고리즘의 핵심은 단계 M2이다. 이 단계는 현재의 잉여 벡터 $u$를 허용 가능한 가장 큰 부분 $v$만큼 감소한다. 이 단계는 또한 필요하다면 $v$도 모든 성분의 새 잉여량보다 작거나 같은 사전순으로 가장 큰 벡터 $\le v$로 감소한다. (연습문제 68을 보라.)

이제 다중분할과 기수 정렬을 위한 '최소유효자리 우선' 절차(알고리즘 5.2.2R)의 흥미로운 연관 관계에 대한 논의로 이번 절을 마무리짓기로 하자. 이 개념은 예를 통해서 설명하는 것이 가장 좋다. 표 1을 보자. 단계 (0)은 아홉 개의 4분열 열벡터들을 사전순으로 나열한 것이다. 식별을 위해, 최하단에 일련번호 ①～⑨를 붙여 두었다. 단계 (1)은 그 벡터들의 넷째(최소유효자리) 성분들에 대해 안정적 정렬을 수행해서 내림차순으로 만든다. 비슷하게 단계 (2), (3), (4)는 셋째, 둘째, 첫째 행에 대해 그러한 정렬을 수행한다. 기수 정렬의 이론에 따르면, 이에 의해 원래의 사전식 순서가 복원된다.

이러한 안정적 정렬을 수행한 후의 일련번호 수열들이 $\alpha_4$, $\alpha_3\alpha_4$, $\alpha_2\alpha_3\alpha_4$, $\alpha_1\alpha_2\alpha_3\alpha_4$라고 하자. 여기서 $\alpha$들은 순열들이다. 표 1에 $\alpha_4$, $\alpha_3$, $\alpha_2$, $\alpha_1$의 값들이 괄호 안에 나와 있다. 이제 이 논의의 요지를 말하자면, 만일 순열 $\alpha_j$에 내림(descent)이 있다면 정렬 이후의 행 $j$의 수들에도 항상 내림이 존재한다. 이는 정렬이 안정적이기 때문이다. (표 1에서 캐럿(^)으로 표시된 것들이 바로 내림들이다.) 예를 들어 $\alpha_3$에서 8 다음에 7이 있다면 제3행에서는 5 다음에 3이 온다. 따라서 단계 (2) 이후 제3행의 성분 $a_1 \ldots a_9$는 그 합의 임의의 한 분할이 아니라, 반드시 다음을 만족하는 특정한 분할이다.

$$a_1 \ge a_2 \ge a_3 \ge a_4 > a_5 \ge a_6 > a_7 \ge a_8 \ge a_9. \tag{58}$$

그러나 수 $(a_1-2, a_2-2, a_3-2, a_4-2, a_5-1, a_6-1, a_7, a_8, a_9)$는 사실 원래의 합의 본질적으로 임의적인 한 분할에서 $(4+6)$을 뺀 것을 형성한다. 감소량 $4+6$은 내림이 발생한 색인들의 합이다. 그리고 이는 곧 §5.1.1에서 말한 $\alpha_3$의 '색인', 즉 $\mathrm{ind}\,\alpha_3$이다.

따라서, $m$-분열 수를 최대 $r$개의 부분으로 분할하되 열이 정확히 $r$개가 되도록 0들을 더 추가한 분할이 주어졌을 때, 곱 $\alpha_1 \ldots \alpha_m$이 항등원임을 만족하는 $\{1, \ldots, r\}$의 순열들의 순차열 $\alpha_1$, …, $\alpha_m$과, 수 $(n_1 - \mathrm{ind}\,\alpha_1, \ldots, n_m - \mathrm{ind}\,\alpha_m)$을 최대 $r$개의 부분으로 나누는 보통의 1차원 분할들의 순차열로 그러한 분할을 부호화하는 것이 가능하다. 예를 들어 표 1의 벡터들은 $(26, 27, 31, 22)$를 아홉 부분으로 나누는 한 분할을 나타내는데, 표를 보면 순열 분할 $\alpha_1$, …, $\alpha_4$가 나타나 있다. 그리고

표 1

기수 정렬과 다중분할

| 단계 (0): 원래의 분할 | 단계 (1): 제4행을 정렬 | 단계 (2): 제3행을 정렬 |
|---|---|---|
| 6 5 5 4 3 2 1 0 0 | 0 6 4 3 5 0 5 2 1 | 0 6 5 2 5 1 4 3 0 |
| 3 2 1 0 4 5 6 4 2 | 2 3 0 4 2 4 1 5 6 | 2 3 2 5 1 6 0 4 4 |
| 6 6 3 1 1 5 2 0 7 | 7 6 1 1 6 0 3 5 2 | 7 6 6 5∧3 2∧1 1 0 |
| 4 2 1 3 3 1 1 2 5 | 5 4 3 3∧2 2∧1 1 1 | 5 4 2 1 1 1 3 3 2 |
| ①②③④⑤⑥⑦⑧⑨ | ⑨①④⑤②⑧③⑥⑦ | ⑨①②⑥③⑦④⑤⑧ |
| | $\alpha_4 =$ ( 9∧1 4 5∧2 8∧3 6 7 ) | $\alpha_3 =$ ( 1 2 5 8∧7 9∧3 4 6 ) |

| 단계 (3): 제2행을 정렬 | 단계 (4): 제1행을 정렬 |
|---|---|
| 1 2 3 0 6 0 5 5 4 | 6 5 5 4∧3∧2∧1 0 0 |
| 6∧5 4 4∧3∧2 2 1 0 | 3 2 1 0 4 5 6 4 2 |
| 2 5 1 0 6 7 6 3 1 | 6 6 3 1 1 5 2 0 7 |
| 1 1 3 2 4 5 2 1 3 | 4 2 1 3 3 1 1 2 5 |
| ⑦⑥⑤⑧①⑨②③④ | ①②③④⑤⑥⑦⑧⑨ |
| $\alpha_2 =$ ( 6∧4 8 9∧2∧1 3 5 7 ) | $\alpha_1 =$ ( 5 7 8 9∧3∧2∧1 4 6 ) |

이 경우 $(\mathrm{ind}\,\alpha_1, \ldots, \mathrm{ind}\,\alpha_4) = (15, 10, 10, 11)$이며, 해당 분할들은

$$26 - 15 = (322111100), \qquad 27 - 10 = (332222210),$$
$$31 - 10 = (544321110), \qquad 22 - 11 = (221111111)$$

이다. 반대로, 그러한 임의의 순열들과 분할들로부터 $(n_1, \ldots, n_m)$의 한 다중분할을 얻을 수 있다. $r$과 $m$이 작다면, 다중분할들을 나열하거나 추론할 때 이러한 $r!^{m-1}$개의 1차원 분할들의 순차열들을 고찰하는 것이 도움이 될 것이다(특히 이분열의 경우). 〔이러한 구축법은 Basil Gordon, *J. London Math. Soc.* **38** (1963), 459-464에서 기인한다.〕

서로 다른 부분들로의, 그리고/또는 반드시 양인 부분들로의 분할들에 대한 연구를 포함한 다중분할의 초기 성과가 치마M. S. Cheema와 모츠킨T. S. Motzkin의 논문 *Proc. Symp. Pure Math.* **19** (Amer. Math. Soc., 1971), 39-70에 잘 요약되어 있다.

## 연습문제

**1.** 〔*20*〕 (G. Hutchinson.) 알고리즘 H를 간단히 수정하면 $n$과 $r \geq 2$가 주어졌을 때 $\{1, \ldots, n\}$을 최대 $r$개의 블록으로 나누는 분할들을 모두 생성할 수 있음을 보여라.

▶ **2.** 〔*22*〕 집합 분할들을 실제로 응용할 때에는 각 블록의 원소들을 함께 연결하는 것이 바람직한 경우가 많다. 따라서 링크들의 배열 $l_1 \ldots l_n$과 헤더(header)들의 배열 $h_1 \ldots h_t$를 두되 한 $t$-블록 분할의 $j$번째 블록의 요소 $i_1 > \cdots > i_k$가

$$i_1 = h_j, \quad i_2 = l_{i_1}, \ldots, \quad i_k = l_{i_{k-1}}, \quad l_{i_k} = 0$$

이 되게 하면 편리하다. 예를 들어 137|25|489|6 을 이런 식으로 표현한다면 $t = 4$, $l_1 \ldots l_9 =$ 001020348, $h_1 \ldots h_4 = 7596$ 이다.

알고리즘 H를 바탕으로 삼아서, 이 표현을 이용해서 분할들을 생성하는 알고리즘을 설계하라.

**3.** [*M23*] 알고리즘 H가 백만 번째로 생성하는 $\{1, \ldots, 12\}$의 분할은 무엇인가?

▶ **4.** [*21*] $x_1 \ldots x_n$이 임의의 문자열이고 $\rho(x_1 \ldots x_n)$이 동치 관계 $j \equiv k \iff x_j = x_k$에 해당하는 제한 성장 문자열이라고 하자. Stanford GraphBase의 5자 영단어들에 이 $\rho$ 함수를 적용해서 단어들을 분류하라. 예를 들어 $\rho$(tooth) = 01102 이다. 52개의 5원소 집합 분할들 중 이런 식으로 영단어로 표현할 수 있는 것은 몇 개인가? 각 종류마다 가장 흔한 단어는 무엇인가?

**5.** [*22*] 다음 두 수열의 다음 번 원소를 각각 추측하라: (a) 0, 1, 1, 1, 12, 12, 12, 12, 12, 12, 100, 121, 122, 123, 123, … ; (b) 0, 1, 12, 100, 112, 121, 122, 123, ….

▶ **6.** [*25*] $\{1, \ldots, n\}$의 분할들 중 크기가 1인 블록이 정확히 $c_1$개, 2인 것이 $c_2$개, …인 모든 분할을 생성하는 알고리즘을 제안하라.

**7.** [*M20*] $\{1, \ldots, n\}$의 순열 $a_1 \ldots a_n$들 중 만일 $a_{k-1} > a_k > a_j$이면 $j > k$라는 속성을 가진 것들은 몇 개인가?

**8.** [*20*] $\{1, \ldots, n\}$의 순열들 중 좌에서 우로 최솟값(left-to-right minimum)이 정확히 $m$개인 모든 순열을 생성하는 방법을 제안하라.

**9.** [*M20*] 정수 $k_0$, $k_1$, …, $k_{n-1}$이 주어졌을 때, 제한 성장 문자열 $a_1 \ldots a_n$들 중 $j$가 정확히 $k_j$번 있는 것들은 몇 개인가?

**10.** [*25*] 준명명 트리(semilabeled tree)는 잎(말단 노드)들에는 정수 $\{1, \ldots, k\}$가 이름표로 붙어 있지만 그 외의 노드들에는 이름표가 붙지 않은 지향 트리이다. 따라서 정점이 5개인 준명명 트리는 다섯 가지이다.

$\{1, \ldots, n\}$의 분할들과 정점이 $n+1$개인 준명명 트리들 사이의 일대일 대응관계를 구하라.

▶ **11.** [*28*] §7.2.1.2에서 듀드니Dudeney의 유명한 문제 send + more = money가 '순수한' 복면산, 즉 유일한 해가 있는 복면산이라고 했다. 그의 퍼즐은 숫자 자리 13개에 대한 하나의 집합 분할에 해당하는데, 그 분할의 제한 성장 문자열 $\rho$(sendmoremoney)는 0123456145217 이다. 그런 구축법을 생각해 냈다니, 그는 아주 운이 좋았던 것이 아닐까 싶다. 길이가 13인 제한 성장 문자열들 중 $a_1a_2a_3a_4 + a_5a_6a_7a_8 = a_9a_{10}a_{11}a_{12}a_{13}$ 형태의 순수 복면산을 정의하는 것은 몇 개나 되는가?

**12.** [*M31*] (분할 격자.) $\Pi$와 $\Pi'$이 같은 집합의 두 분할이라고 할 때, 만일 $x \equiv y$ (법 $\Pi'$)가 항상 $x \equiv y$ (법 $\Pi$)를 함의한다면 $\Pi \le \Pi'$이라고 표기한다. 다른 말로 하면, $\Pi \le \Pi'$는 $\Pi'$이 $\Pi$의 0개 이상의 블록들을 분할해서 얻은, $\Pi$의 한 '정련(refinement)'임을 뜻한다. 그리고 $\Pi$는 $\Pi'$의 0개 이상의 블록들을 합쳐서 얻은, $\Pi'$의 한 '조잡화(crudification)' 또는 합병(coalescence)이다. 이 부분순서는 해당 분할들을 $\Pi$와 $\Pi'$의 최대 공통 정련 $\Pi \vee \Pi'$과 최소 공통 합병 $\Pi \wedge \Pi'$과 함께 격자(lattice) 형태로 표시해 보면 이해하기 쉽다. 예를 들어 다음은 $\{1, 2, 3, 4\}$의 분할들의 그러한 격자로, 분할들을 제한 성장 문자열 $a_1a_2a_3a_4$로 표시했다.

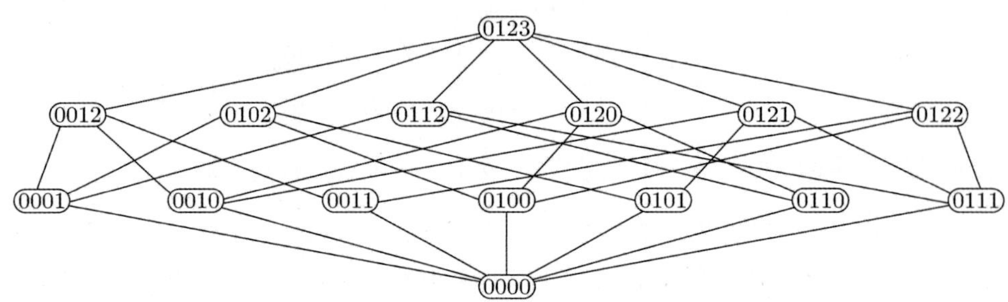


이 도식에서 위쪽으로 가는 경로는 한 분할에서 그 분할의 정련으로 가는 방향이다. $t$블록 분할들은 아래에서 $t$번째 수준에 나타나며, 그 후손 노드들은 $\{1, \ldots, t\}$의 분할 격자를 형성한다.

a) $a_1 \ldots a_n$과 $a'_1 \ldots a'_n$이 주어졌을 때 $\Pi \vee \Pi'$을 계산하는 방법을 설명하라.

b) $a_1 \ldots a_n$과 $a'_1 \ldots a'_n$이 주어졌을 때 $\Pi \wedge \Pi'$을 계산하는 방법을 설명하라.

c) 이 격자에서 $\Pi'$은 언제 $\Pi$를 덮는가? (연습문제 7.2.1.4-55를 보라.)

d) 크기가 $s_1, \ldots, s_t$인 $t$개의 블록을 가진 $\Pi$는 몇 개의 분할을 덮는가?

e) 크기가 $s_1, \ldots, s_t$인 $t$개의 블록을 가진 $\Pi$를 덮는 분할은 몇 개인가?

f) 참 또는 거짓을 말하라: 만일 $\Pi \vee \Pi'$이 $\Pi$를 덮으면 $\Pi'$은 $\Pi \wedge \Pi'$을 덮는다.

g) 참 또는 거짓을 말하라: 만일 $\Pi'$이 $\Pi \wedge \Pi'$을 덮으면 $\Pi \vee \Pi'$은 $\Pi$를 덮는다.

h) $b(\Pi)$가 $\Pi$의 블록 개수를 나타낸다고 할 때, 다음을 증명하라.

$$b(\Pi) + b(\Pi') \le b(\Pi \vee \Pi') + b(\Pi \wedge \Pi').$$

**13.** [*M28*] (Stephen C. Milne, 1977.) $A$가 $\{1, \ldots, n\}$의 분할들의 집합이라 할 때, 그 그림자인 $\partial A$는 어떤 $\Pi \in A$에 대해 $\Pi$가 $\Pi'$을 덮는다는 조건을 만족하는 모든 분할 $\Pi'$의 집합이다. (부분집합 격자에 대한 이와 비슷한 개념을 7.2.1.3-(54)에서 고찰했다.)

$\Pi_1, \Pi_2, \ldots$이 $\{1, \ldots, n\}$의 $t$블록 분할들을 그 제한 성장 문자열의 사전순으로 나열한 것이라고 하자. 그리고 $\Pi'_1, \Pi'_2, \ldots$은 역시 사전순의 $(t-1)$블록 분할들이라고 하자. 다음을 만족하는 함수 $f_{nt}(N)$이 존재함을 증명하라.

$$\partial\{\Pi_1, \ldots, \Pi_N\} = \{\Pi'_1, \ldots, \Pi'_{f_{nt}(N)}\}, \qquad 0 \le N \le \left\{ {n \atop t} \right\}\text{에 대해.}$$

힌트: 연습문제 12의 도식은 $(f_{43}(0), \ldots, f_{43}(6)) = (0, 3, 5, 7, 7, 7, 7)$임을 보여 준다.

**14.** 〔*23*〕 집합 분할들을 (7) 같은 그레이 부호 순서로 생성하는 알고리즘을 설계하라.

**15.** 〔*M21*〕 연습문제 14의 알고리즘이 마지막으로 생성하는 분할은 무엇인가?

**16.** 〔*16*〕 목록 (11)은 러스키의 $A_{35}$이다. $A'_{35}$는 무엇인가?

**17.** 〔*26*〕 러스키의 그레이 부호 (8)을 $\{1, \ldots, n\}$의 모든 $m$블록 분할에 대해 구현하라.

**18.** 〔*M46*〕 모든 제한 성장 문자열 $a_1 \ldots a_n$을 매 단계마다 어떤 $a_j$를 $\pm 1$만큼 변경해서 생성할 수 있으려면 $n$은 어떤 값들이어야 하는가?

**19.** 〔*28*〕 다음 두 경우들에서, 매 단계마다 어떤 $a_j$를 $\pm 1$이나 $\pm 2$만큼 바꾸는, 제한 성장 문자열에 대한 그레이 부호가 존재함을 각각 증명하라: (a) 모든 $\varpi_n$개의 문자열 $a_1 \ldots a_n$을 생성하고자 할 때, 또는 (b) $\max(a_1, \ldots, a_n) = m-1$인 $\left\{ {n \atop m} \right\}$개의 문자열만 생성하고자 할 때.

**20.** 〔*17*〕 $\Pi$가 $\{1, \ldots, n\}$의 한 분할이라고 할 때, 그 켤레인 $\Pi^T$는 다음과 같은 규칙으로 정의된다.

$$j \equiv k\,(\text{법 } \Pi^T) \quad \iff \quad n+1-j \equiv n+1-k\,(\text{법 } \Pi).$$

$\Pi$의 제한 성장 문자열이 001010202013이라고 가정하자. 그렇다면 $\Pi^T$의 제한 성장 문자열은 무엇인가?

**21.** 〔*M27*〕 $\{1, \ldots, n\}$의 분할들 중 자기켤레(self-conjugate)인 것은 몇인가?

**22.** 〔*M23*〕 $X$가 어떤 주어진 분포를 따르는 무작위 변수(확률변수)라고 할 때, $X^n$의 기댓값을 그 분포의 $n$차 적률(moment)이라고 부른다. $X$가 (a) 평균이 1인 푸아송 분포를 따르는 수일 때(식 3.4.1-(40)), 또는 (b) $m \ge n$인 $\{1, \ldots, m\}$의 무작위 순열의 고정점들의 개수일 때(식 1.3.3-(27)) 의 $n$차 적률을 각각 구하라.

**23.** 〔*HM30*〕 $f(x) = \sum a_k x^k$이 하나의 다항식이고 $f(\varpi)$가 $\sum a_k \varpi_k$를 뜻한다고 하자.

a) 기호 공식 $f(\varpi+1) = \varpi f(\varpi)$를 증명하라. (예를 들어 만일 $f(x)$가 다항식 $x^2$이면 이 공식은 $\varpi_2 + 2\varpi_1 + \varpi_0 = \varpi_3$을 뜻한다.)

b) 비슷하게, 모든 양의 정수 $k$에 대해 $f(\varpi+k) = \varpi^{\underline{k}} f(\varpi)$임을 증명하라.

c) $p$가 소수일 때 $\varpi_{n+p} \equiv \varpi_n + \varpi_{n+1}$ (법 $p$)임을 증명하라. 힌트: 우선 $x^{\underline{p}} \equiv x^p - x$임을 보일 것.

d) 따라서 $N = p^{p-1} + p^{p-2} + \cdots + p + 1$일 때 $\varpi_{n+N} \equiv \varpi_n$ (법 $p$)임을 증명하라.

**24.** 〔*HM35*〕 이전 연습문제를 이어서, $p$가 홀수 소수일 때 벨 수가 주기법칙 $\varpi_{n+p^{e-1}N} \equiv \varpi_n$ (법 $p^e$)을 만족함을 증명하라. 힌트: 다음을 보일 것.

$$x^{\underline{p^e}} \equiv g_e(x) + 1\,(\text{법 } p^e,\ p^{e-1} g_1(x),\ \ldots,\ p g_{e-1}(x)), \quad \text{여기서 } g_j(x) = (x^p - x - 1)^{p^j}.$$

**25.** 〔*M27*〕 $\varpi_n / \varpi_{n-1} \le \varpi_{n+1} / \varpi_n \le \varpi_n / \varpi_{n-1} + 1$을 증명하라.

▶ **26.** 〔*M22*〕 점화식 (13)에 따르면 퍼스의 삼각형의 수 $\varpi_{nk}$들은 무한 유향 그래프

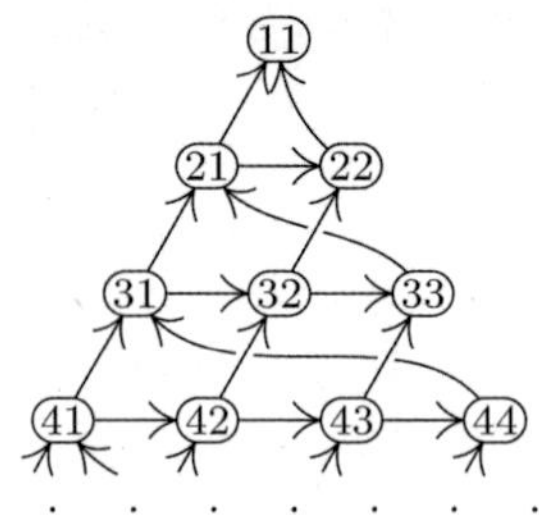


의 ⓝⓚ에서 ⑪으로의 경로들의 개수들이다. ⓝ①에서 ⑪으로의 경로들이 각각 $\{1, \ldots, n\}$의 한 분할에 대응되는 이유를 설명하라.

▶ **27.** 〔*M35*〕 $0 \le k \le 2n$에 대해 $a_{k1} \ge a_{k2} \ge a_{k3} \ge \cdots$인 정수 분할들의 순차열 $\lambda_k = a_{k1}a_{k2}a_{k3}\cdots$이, $\lambda_0 = \lambda_{2n} = e_0$이고 $1 \le k \le 2n$에 대해, 그리고 $0 \le t_k \le n$인 어떤 $t_k$에 대해 $\lambda_k = \lambda_{k-1} + (-1)^k e_{t_k}$라는 조건을 만족한다고 하자. 여기서 $e_t$는 $0 < t \le n$일 때 단위 벡터 $0^{t-1}10^{n-t}$을 나타내며, $e_0$는 모든 성분이 0이다. 그러한 순차열을 차수가 $n$인 '동요하는 타블로 루프(vacillating tableau loop)', 줄여서 $n$차 동요 타블로 루프라고 부른다.

a) 모든 4차 동요 타블로 루프를 나열하다. 〔힌트: 모두 15개이다.〕

b) $n$차 동요 타블로 루프들 중 $t_{2k-1} = 0$인 것은 정확히 $\varpi_{nk}$개임을 증명하라.

▶ **28.** 〔*M25*〕 (일반화된 루크 다항식.) $a_1 + \cdots + a_m$개의 정방형 칸들을 행렬 형태로 배치하되 행 $k$가 열 $1, \ldots, a_k$의 칸들로 이루어지도록 배치한다고 하자. 그 칸들에 0개 이상의 '루크'들을 배치하되, 한 행에 최대 하나, 한 열에 최대 하나만 배치한다. 그러한 배치에서, 자신의 오른쪽과 아래에 루크가 없는 빈 칸을 '자유' 칸이라고 부른다. 예를 들어 그림 56은 그러한 배치 두 가지를 보여주는데, 하나는 길이가 $(3, 1, 4, 1, 5, 9, 2, 6, 5)$인 행들에 루크가 네 개 있고 또 하나는 $9 \times 9$ 정방형 판에 루크가 아홉 개 있다. 검은 원은 루크이고 빈 원들은 루크의 왼쪽과 위쪽에 있는 칸들이다. 따라서 원이 없는 빈 칸들은 모두 자유 칸이다.

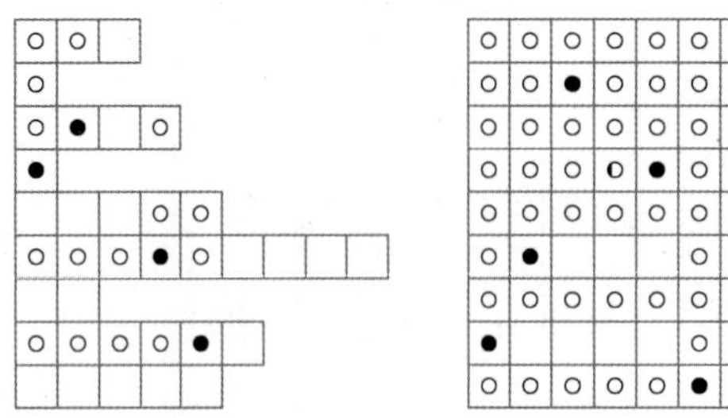

**그림 56.** 두 루크 배치와 자유 칸들.

$R(a_1, \ldots, a_m)$이 모든 유효한 루크 배치들에 관해 $x^r y^f$을 합해서 얻은 $x$와 $y$의 다항식이라고 하자. 여기서 $r$은 루크 개수이고 $f$는 자유 칸 개수이다. 예를 들어 그림 56의 왼쪽 배치는 $x^4 y^{17}$을 다항식 $R(3, 1, 4, 1, 5, 9, 2, 6, 5)$에 기여한다.

a) $R(a_1, \ldots, a_m) = R(a_1, \ldots, a_{j-1}, a_{j+1}, a_j, a_{j+2}, \ldots, a_m)$임을 증명하라. 이 등식을 다른 말로

하면, 행 길이들의 순서는 중요하지 않으며 7.2.1.4-(13) 같은 타블로 도형에서처럼 $a_1 \geq \cdots \geq a_m$이라고 가정할 수 있다는 것이다.

b) 만일 $a_1 \geq \cdots \geq a_m$이고 $b_1 \ldots b_n = (a_1 \ldots a_m)^T$가 켤레 분할이면 $R(a_1, \ldots, a_m) = R(b_1, \ldots, b_n)$임을 증명하라.

c) $R(a_1, \ldots, a_m)$을 평가하는 점화식을 구하고 그것을 이용해서 $R(3, 2, 1)$을 계산하라.

d) 덧셈 규칙 (13)을 다음으로 바꾸어서 퍼스의 삼각형 (12)를 일반화하자.

$$\varpi_{nk}(x, y) = x\varpi_{(n-1)k}(x, y) + y\varpi_{n(k+1)}(x, y), \qquad 1 \leq k < n.$$

즉, $\varpi_{21}(x, y) = x + y$, $\varpi_{32}(x, y) = x + xy + y^2$, $\varpi_{31}(x, y) = x^2 + 2xy + xy^2 + y^3$ 등이다. 그렇게 해서 얻은 수량 $\varpi_{nk}(x, y)$가 루크 다항식 $R(a_1, \ldots, a_{n-1})$임을 증명하라. 여기서 $a_j = n - j - [j < k]$이다.

e) 부문제 (d)의 다항식 $\varpi_{n1}(x, y)$를, 북동쪽으로의 '$x$단계들'의 수와 동쪽으로의 '$y$단계들'의 수가 주어졌을 때 연습문제 26의 유향 그래프에서 ⓝ①에서 ⑪로의 경로 개수를 나타내는 일반화된 벨 수 $\varpi_n(x, y)$로 간주할 수 있다. 이때

$$\varpi_n(x, y) = \sum_{a_1 \ldots a_n} x^{n-1-\max(a_1, \ldots, a_n)} y^{a_1 + \cdots + a_n}$$

임을 증명하라. 합산의 구간은 길이가 $n$인 모든 제한 성장 문자열 $a_1 \ldots a_n$이다.

**29.** [*M26*] 이전 연습문제를 이어서, $R_r(a_1, \ldots, a_m) = [x^r]\, R(a_1, \ldots, a_m)$이 $r$개의 루크들이 배치되었을 때의 자유 칸들의 개수를 뜻하는 $y$의 다항식이라고 하자.

a) $n$개의 루크를 $n \times n$ 판에 배치하되 자유 칸이 $f$개가 되게 배치하는 방법의 수가 $\{1, \ldots, n\}$의 분할들 중 반전이 $f$개인 것들의 개수임을 보여라. 그러면 식 5.1.1-(8)과 연습문제 5.1.2-16에 의해 다음이 성립한다.

$$R_n(\overbrace{n, \ldots, n}^{n}) = n!_y = \prod_{k=1}^{n} (1 + y + \cdots + y^{k-1}).$$

b) $m \times n$ 판 위의 루크 $r$개에 대한 생성 함수 $R_r(\overbrace{n, \ldots, n}^{m})$은 무엇인가?

c) $a_1 \geq \cdots \geq a_m \geq 0$이고 $t$가 음이 아닌 정수라고 할 때 다음 일반식을 증명하라.

$$\prod_{j=1}^{m} \frac{1 - y^{a_j + j - m + t}}{1 - y} = \sum_{k=0}^{m} \frac{t!_y}{(t-k)!_y} R_{m-k}(a_1, \ldots, a_m).$$

[참고: 수량 $t!_y/(t-k)!_y = \prod_{j=0}^{k-1}\big((1 - y^{t-j})/(1 - y)\big)$는 $k > t \geq 0$일 때 0이다. 따라서 예를 들어 $t = 0$일 때 우변은 $R_m(a_1, \ldots, a_m)$이 된다. $t = 0, 1, \ldots, m$으로 연달아 설정해서 $R_m, R_{m-1}, \ldots, R_0$을 계산할 수 있다.]

d) $a_1 \geq a_2 \geq \cdots \geq a_m \geq 0$이고 $a'_1 \geq a'_2 \geq \cdots \geq a'_m \geq 0$이라 할 때, 오직 연관된 중복집합

$\{a_1+1, a_2+2, \ldots, a_m+m\}$과 $\{a'_1+1, a'_2+2, \ldots, a'_m+m\}$이 상등일 때에만 $R(a_1, a_2, \ldots, a_m) = R(a'_1, a'_2, \ldots, a'_m)$임을 보여라.

**30.** [*HM30*] 일반화된 스털링 수 $\left\{ {n \atop m} \right\}_q$는 다음과 같은 점화식으로 정의된다.

$$\left\{ {n+1 \atop m} \right\}_q = (1+q+\cdots+q^{m-1})\left\{ {n \atop m} \right\}_q + \left\{ {n \atop m-1} \right\}_q; \qquad \left\{ {0 \atop m} \right\}_q = \delta_{m0}.$$

따라서 $\left\{ {n \atop m} \right\}_q$는 $q$의 다항식이고 $\left\{ {n \atop m} \right\}_1$은 식 1.2.6-(46)의 점화식을 만족하므로 보통의 스털링 수 $\left\{ {n \atop m} \right\}$이다.

a) 연습문제 28(e)의 일반화된 벨 수 $\varpi_n(x,y) = R(n-1, \ldots, 1)$이 다음과 같은 양함수 형식을 가짐을 증명하라.

$$\varpi_n(x,y) = \sum_{m=0}^{n} x^{n-m} y^{\binom{m}{2}} \left\{ {n \atop m} \right\}_y.$$

b) 일반화된 스털링 수가 다음 점화식도 만족함을 보여라.

$$q^m \left\{ {n+1 \atop m+1} \right\}_q = q^n \left\{ {n \atop m} \right\}_q + \binom{n}{1} q^{n-1} \left\{ {n-1 \atop m} \right\}_q + \cdots = \sum_k \binom{n}{k} q^k \left\{ {k \atop m} \right\}_q.$$

c) 식 1.2.9-(23)과 1.2.9-(28)을 일반화하여 $\left\{ {n \atop m} \right\}_q$에 대한 생성 함수들을 구하라.

**31.** [*HM23*] (15)를 일반화하여, 만일 합

$$\sum_{n,k} \varpi_{nk} \frac{w^{n-k}}{(n-k)!} \frac{z^{k-1}}{(k-1)!}$$

을 계산한다면 퍼스 삼각형의 원소들에 대한 간단한 생성 함수가 존재함을 보여라.

**32.** [*M22*] $\delta_n$이, 합 $a_1+\cdots+a_n$이 짝수인 제한 성장 문자열 $a_1 \ldots a_n$들의 개수 빼기 합 $a_1+\cdots+a_n$이 홀수인 제한 성장 문자열들의 개수라고 하자. 이때

$$n \bmod 6 = (1,2,3,4,5,0)\text{일 때} \qquad \delta_n = (1,0,-1,-1,0,1)$$

임을 증명하라. 힌트: 연습문제 28(e)를 보라.

**33.** [*M21*] $\{1,2,\ldots,n\}$의 분할들 중 $1 \not\equiv 2$, $2 \not\equiv 3$, …, $k-1 \not\equiv k$인 것은 몇 개인가?

**34.** [*14*] 영시 형식들 중에는 압운법(rhyme scheme)을 사용하는 것들이 많다. 압운법은 한 연聯의 행들을 오직 행 $j$가 행 $k$와 운이 맞을 때에만 $j \equiv k$라는 조건을 만족하도록 나누는 분할 방법이다. 예를 들어 '오행속요(limerick)'는 일반적으로 특정한 운율 조건들과 제한 성장 문자열 00110으로 서술되는 압운법을 따르는 오행시이다.

다음 시인들의 고전적 단시(sonnet)에 쓰인 압운법을 각각 말하라: (a) 다레초Guittone d'Arezzo (c. 1270), (b) 패트라르카Petrarch(c. 1350), (c) 스펜서Spenser(1595), (d) 셰익스피어Shakespeare (1609), (e) 브라우닝Elizabeth Barrett Browning(1850).

**35.** [*M21*] $\varpi'_n$이, 모든 행이 적어도 하나의 다른 행과 운이 맞는다는 의미에서 '운이 완전한' $n$행시에 대한 압운법의 개수라고 하자. 그러면 $\langle \varpi'_0, \varpi'_1, \varpi'_2, \ldots \rangle = \langle 1, 0, 1, 1, 4, 11, 41, \ldots \rangle$이다. $\varpi'_n + \varpi'_{n+1} = \varpi_n$이라는 사실에 대한 조합적 증명을 제시하라.

**36.** [*M22*] 연습문제 35를 이어서, 생성 함수 $\sum_n \varpi'_n z^n/n!$은 무엇인가?

**37.** [*M18*] 푸시킨Alexander Pushkin은 그의 시적 소설 *예브게니 오네긴Eugene Onegin*(18833)에서, 강세가 있는 최종 음절들이 서로 어울리는 방식의 '남성적' 각운(pain-gain, form-warm, pun-fun, bucks-crux)뿐만 아니라 강세가 없는 한 두 음절들도 참여하는 '여성적' 각운(humor-tumor, tetrameter-pentameter, lecture-conjecture, iguana-piranha)에도 기초한 정교한 구조를 채용했다. *예브게니 오네긴*의 모든 연은 엄격한 압운 01012233455477을 따르는 단시이다. 여성적 각운이냐 남성적 각운이냐는 압운법의 해당 숫자가 짝수이냐 홀수이냐에 의해 결정된다. 또한 푸시킨의 소설을 번역한 현대 번역가들 중에는 그러한 형식을 영어나 독일어로도 유지하는 데 성공한 이들이 있다.

How do I justify this stanza? / These feminine rhymes? My wrinkled muse?
This whole passé extravaganza? / How can I (careless of time) use
The dusty bread molds of Onegin / In the brave bakery of Reagan?
The loaves will surely fail to rise / Or else go stale before my eyes.
The truth is, I can't justify it./ But as no shroud of critical terms
Can save my corpse from boring worms, / I may as well have fun and try it.
If it works, good; and if not, well, / A theory won't postpone its knell.

— 비크람 세스VIKRAM SETH, *The Golden Gate* (1986)†

연습문제 35에 따르면 14행시의 압운법은 $\varpi'_{14} = 24{,}011{,}157$개의 완전 압운법 중 하나이다. 그런데 각 블록마다 해당 압운이 여성적인지 남성적인지를 지정할 수 있게 한다면 가능한 압운법은 몇 가지나 될까?

▶ **38.** [*M30*] $\sigma_k$가 순환 순열 $(1, 2, \ldots, k)$라고 하자. 이번 연습문제의 목적은 $\sigma_{k_1}\sigma_{k_2}\ldots\sigma_{k_n}$이 항등 순열임을 만족하는, $\sigma$-순환마디라고 부르는 수열 $k_1k_2\ldots k_n$을 연구하는 것이다. 예를 들어 $n = 4$일 때 $\sigma$-순환마디는 정확히 다음 15개이다.

1111, 1122, 1212, 1221, 1333, 2112, 2121, 2211, 2222, 2323, 3133, 3232, 3313, 3331, 4444.

a) $\{1, 2, \ldots, n\}$의 분할들과 길이가 $n$인 $\sigma$-순환마디들 사이의 일대일 대응관계를 구하라.
b) $m$과 $n$이 주어졌을 때, 길이가 $n$인 $\sigma$-순환마디들 중 $1 \le k_1, \ldots, k_n \le m$인 것은 몇 개인가?
c) $i, j, n$이 주어졌을 때, 길이가 $n$인 $\sigma$-순환마디들 중 $k_i = j$인 것은 몇 개인가?
d) 길이가 $n$인 $\sigma$-순환마디들 중 $k_1, \ldots, k_n \ge 2$인 것은 몇 개인가?

---

† [옮긴이 주] 비크람 세스의 *The Golden Gate*는 *예브게니 오게닌*처럼 운문 형식의 소설이다. 원문의 구성과 운율을 살려서 번역하는 것이 불가능하다고 판단해서 원문을 그대로 실었다.

e) $\{1, \ldots, n\}$의 분할들 중 $1 \not\equiv 2$, $2 \not\equiv 3$, …, $n-1 \not\equiv n$, $n \not\equiv 1$인 것은 몇 개인가?

**39.** [*HM16*] $p$와 $q$가 음이 아닌 정수일 때 $\int_{-\infty}^{\infty} e^{-t^{p+1}} t^q dt$를 평가하라. 힌트: 연습문제 1.2.5-20을 보라.

**40.** [*HM20*] 안장점 방법을 이용해서 $[z^{n-1}]e^{cz}$을 평가한다고 하자. 본문에서 (19)로부터 (21)을 유도한 것은 $c=1$인 경우에 해당한다. 만일 $c$가 임의의 양의 상수라면 그 유도 과정을 어떻게 고쳐야 할까?

**41.** [*HM21*] 이전 연습문제를 $c=-1$인 경우에 대해 풀어라.

**42.** [*HM23*] 안장점 방법을 이용해서 $[z^{n-1}]e^{z^2}$을 상대오차 $O(1/n^2)$으로 평가하라.

**43.** [*HM22*] (23)의 적분을 (25)로 대체해도 되는 이유를 설명하라.

**44.** [*HM22*] (26)의 $b_1$, $b_2$, …을 (25)의 $a_2$, $a_3$, …으로부터 계산하는 방법을 설명하라.

▶ **45.** [*HM23*] (26)과 더불어 다음 등식도 성립함을 보여라.

$$\varpi_n = \frac{e^{e^\xi - 1} n!}{\xi^n \sqrt{2\pi n(\xi+1)}} \left(1 + \frac{b_1'}{n} + \frac{b_2'}{n^2} + \cdots + \frac{b_m'}{n^m} + O\left(\frac{1}{n^{m+1}}\right)\right).$$

여기서 $b_1' = -(2\xi^4 + 9\xi^3 + 16\xi^2 + 6\xi + 2)/(24(\xi+1)^3)$이다.

**46.** [*HM25*] $n \to \infty$일 때 퍼스 삼각형의 $\varpi_{nk}$의 값을 추정하라.

**47.** [*M21*] 알고리즘 H의 실행 시간을 분석하라.

**48.** [*HM25*] $n$이 정수가 아니라고 할 때, (23)의 적분을 모든 실수 $x > 0$에 대해 일반화된 벨 수 $\varpi_x$를 정의하는 한켈 경로에 관해 수행할 수 있다. 이때 (16)에서처럼

$$\varpi_x = \frac{1}{e} \sum_{k=0}^{\infty} \frac{k^x}{k!}$$

임을 증명하라.

▶ **49.** [*HM35*] 큰 $n$에 대해, 식 (24)에서 정의한 수 $\xi$가 다음과 같음을 증명하라.

$$\ln n - \ln\ln n + \sum_{j,k \ge 0} \left[ {j+k \atop j+1} \right] \alpha^j \frac{\beta^k}{k!}, \qquad \alpha = -\frac{1}{\ln n}, \qquad \beta = \frac{\ln\ln n}{\ln n}.$$

▶ **50.** [*HM21*] $\xi(n)e^{\xi(n)} = n$이고 $\xi(n) > 0$이라고 할 때 $\xi(n+k)$와 $\xi(n)$은 어떤 관계인가?

**51.** [*HM27*] $n$개의 원소들에 대한 대합(즉, $\{1, \ldots, n\}$을 크기가 $\le 2$인 블록들로 나누는 분할)들의 개수 $t_n = n!\,[z^n]\,e^{z + z^2/2}$을 안장점 방법을 이용해서 추정하라.

**52.** [*HM22*] 식 1.2.10-(23)에서 확률분포의 누적률(cumulant)을 정의했다. 한 무작위 정수가 $k$와 같을 확률이 (a) $e^{1-e^\xi}\varpi_k \xi^k/k!$일 때와 (b) $\sum_j \left\{ {k \atop j} \right\} e^{e^{-1}-1-j}/k!$일 때의 누적률을 각각 구하라.

▶ **53.** [*HM30*] $G(z)=\sum_{k=0}^{\infty}p_k z^k$이 $|z|<1+\delta$에 대해 수렴하는 어떤 이산 확률분포에 대한 생성함수라고 하자. 즉, 계수 $p_k$들은 음이 아니고 $G(1)=1$이며 평균과 분산은 각각 $\mu=G'(1)$과 $\sigma^2=G''(1)+G'(1)-G'(1)^2$이다. $X_1, \ldots, X_n$이 이러한 분포를 따르는 독립 확률변수들이라고 할 때 $X_1+\cdots+X_n=m$일 확률은 $[z^m]\,G(z)^n$이다. 그리고 $m$이 평균값 $\mu n$ 부근일 때 이러한 확률을 추정해야 하는 경우가 자주 있다.

$p_0\neq 0$이라고 가정하자. 그리고 $p_k\neq 0$인 모든 아래첨자 $k$의 공약수인 정수 $d>1$은 존재하지 않는다고 가정하자. 이러한 가정이 뜻하는 바는, $n$이 클 때 $m$은 $d$를 법으로 하는 그 어떤 특별한 합동 조건도 만족할 필요가 없다는 것이다. 그렇다고 할 때, 어떤 정수 $\mu n+r$에 대해 다음이 성립함을 증명하라.

$$n\to\infty \text{ 에 따라} \qquad [z^{\mu n+r}]\,G(z)^n=\frac{e^{-r^2/(2\sigma^2 n)}}{\sigma\sqrt{2\pi n}}+O\Bigl(\frac{1}{n}\Bigr).$$

힌트: $G(z)^n/z^{\mu n+r}$을 원 $|z|=1$에 관해 적분할 것.

**54.** [*HM20*] $\alpha$와 $\beta$가 (40)으로 정의된다고 할 때, 그 산술평균과 기하평균이 각각 $\frac{\alpha+\beta}{2}=s\coth s$와 $\sqrt{\alpha\beta}=s\,\operatorname{csch} s$임을 보여라. 여기서 $s=\sigma/2$이다.

**55.** [*HM20*] (43)에 필요한 수 $\beta$를 계산하는 좋은 방법을 제안하라.

▶ **56.** [*HM26*] $g(z)=\alpha^{-1}\ln(e^z-1)-\ln z$이고 (37)에서처럼 $\sigma=\alpha-\beta$라고 하자.

a) 오일러 수 $\left\langle {n \atop k} \right\rangle$가 §5.1.3에서처럼 정의된다고 할 때,

$$(-\sigma)^{n+1}g^{(n+1)}(\sigma)=n!-\sum_{k=0}^{n}\left\langle {n \atop k} \right\rangle\alpha^k\beta^{n-k}$$

임을 증명하라.

b) 모든 $\sigma>0$에 대해

$$\frac{\beta}{\alpha}n!<\sum_{k=0}^{n}\left\langle {n \atop k} \right\rangle\alpha^k\beta^{n-k}<n!$$

임을 증명하라. 힌트: 연습문제 5.1.3-25를 볼 것.

c) 이제 부등식 (42)를 입증하라.

**57.** [*HM22*] (43)의 표기법하에서 (a) $n+1-m<2N$과 (b) $N<2(n+1-m)$을 각각 증명하라.

**58.** [*HM31*] (43)의 증명을 다음과 같이 완성하라.

a) 모든 $\sigma>0$에 대해, $\tau$가 $2\pi$의 배수이고 $|e^{\sigma+it}-1|/|\sigma+it|$가 $0\le t\le\tau$에 대해 단조 감소임을 만족하는 수 $\tau\ge 2\sigma$가 존재함을 보여라.

b) $\int_{-\tau}^{\tau}\exp((n+1)g(\sigma+it))\,dt$가 (43)으로 이어짐을 증명하라.

c) $-n\le t\le\sigma$에 대한 직선 경로 $z=t\pm i\tau$와 $-\tau\le t\le\tau$에 대한 직선 경로 $z=-n\pm it$에 관한 해당 적분들을 무시할 수 있음을 보여라.

▶ **59.** [*HM23*] $\left\{ {n \atop n} \right\}$의 점근값에 대해 (43)은 무엇을 예측하는가?

**60.** [*HM25*] (a) 항등식

$$\left\{ {n \atop m} \right\} = \frac{m^n}{m!} - \frac{(m-1)^n}{1!\,(m-1)!} + \frac{(m-2)^n}{2!\,(m-2)!} - \cdots + (-1)^m \frac{0^n}{m!\,0!}$$

의 부분합들이 번갈아 최종 값보다 큰 값과 작은 값으로 추정됨을 보여라. (b) 이로부터

$$m \le n^{1-\epsilon}\text{일 때} \qquad \left\{ {n \atop m} \right\} = \frac{m^n}{m!}\bigl(1 - O(ne^{-n^{\epsilon}})\bigr)$$

이라는 결론을 유도하라. (c) 비슷한 결과를 (43)으로부터 유도하라.

**61.** [*HM26*] $r \le n^{\epsilon}$이고 $\epsilon \le n^{1/2}$일 때 만일 $m = n - r$이면 식 (43)으로부터

$$\left\{ {n \atop n-r} \right\} = \frac{n^{2r}}{2^r r!}\left(1 + O(n^{2\epsilon-1}) + O\left(\frac{1}{r}\right)\right)$$

이라는 공식을 얻게 됨을 증명하라.

**62.** [*HM40*] 만일 $\xi e^{\xi} = n$이면, 최댓값 $\left\{ {n \atop m} \right\}$은 $m = \lfloor e^{\xi} - 1 \rfloor$일 때 또는 $m = \lceil e^{\xi} - 1 \rceil$일 때 발생함을 엄격히 증명하라.

▶ **63.** [*M35*] (J. Pitman.) 최대 스털링 수와 그와 비슷한 여러 수량들을 찾아내는 기본적인 방법이 존재함을 다음과 같은 과정을 따라 증명하라: $0 \le p_j \le 1$이라고 가정한다.

a) $f(z) = (1 + p_1(z-1))\ldots(1 + p_n(z-1))$, $a_k = [z^k]f(z)$로 둔다. 즉, $a_k$는 동전 던지기를 $n$회 독립 시행했을 때 앞면이 $k$번 나올 확률이고, $p_1, \ldots, p_n$은 각 시행에서 앞면이 나올 확률들이다. $k \le \mu = p_1 + \cdots + p_n$이고 $a_k \ne 0$이면 항상 $a_{k-1} < a_k$임을 증명하라.

b) 비슷하게, $k \ge \mu$이고 $a_k \ne 0$이면 항상 $a_{k+1} < a_k$임을 증명하라.

c) $f(x) = a_0 + a_1 x + \cdots + a_n x^n$이 계수들이 음수이고 실근이 $n$개인 임의의 0이 아닌 다항식이라고 하자. $\mu = f'(1)/f(1)$에 대해, $k \le \mu$일 때에는 $a_{k-1} < a_k$이고 $k \ge \mu$일 때에는 $a_{k+1} < a_k$임을 증명하라. 따라서 만일 $a_m = \max(a_0, \ldots, a_n)$이면 반드시 $m = \lfloor \mu \rfloor$ 아니면 $m = \lceil \mu \rceil$가 성립한다.

d) (c)의 가정들과 $j < 0$ 또는 $j > n$일 때 $a_j = 0$이라는 가정하에서, 오직 $s \le k \le t$일 때에만 $a_{k+1} - a_k < a_k - a_{k-1}$인 색인 $s \le t$들이 존재함을 보여라. (따라서 수열 $(a_0, a_1, \ldots, a_n)$의 히스토그램은 항상 '종모양'이다.)

e) 이 결과들이 스털링 수에 대해 뜻하는 바는 무엇인가?

**64.** [*HM21*] 근사 비율 (50)을 식 (30)과 연습문제 50을 이용해서 증명하라.

▶ **65.** [*HM22*] $\{1, \ldots, n\}$의 한 무작위 분할에 있는 크기가 $k$인 블록들의 개수의 분산은 얼마인가?

**66.** [*M46*] $\{1, \ldots, n\}$의 최다最多 분할로 이어지는 $n$의 분할은 무엇인가?

**67.** [*HM20*] 스탐의 방법 (53)에서 $M$의 평균과 분산은 얼마인가?

**68.** [*21*] 알고리즘 M으로 $\{n_1 \cdot 1, \ldots, n_m \cdot m\}$의 분할 $p(n_1, \ldots, n_m)$개를 모두 생성한다고 할 때 알고리즘의 변수 $l$과 $b$는 얼마나 커질 수 있는가?

▸ **69.** [*22*] 부분 개수가 $r$을 넘지 않는 분할들만 산출하도록 알고리즘 M을 수정하라.

▸ **70.** [*M22*] 다음 두 $n$원소 중복집합에서 가능한 $r$블록 분할들의 개수를 각각 분석하라: (a) $\{0, \ldots, 0, 1\}$, (b) $\{1, 2, \ldots, n-1, n-1\}$. 그리고 $r$에 관해 합산한 총합도 구하라.

**71.** [*M20*] $\{n_1 \cdot 1, \ldots, n_m \cdot m\}$의 분할들 중 부분이 둘인 것은 몇 개인가?

**72.** [*M26*] $p(n, n)$을 다항식 시간으로 평가할 수 있는가?

▸ **73.** [*M32*] 2가 $n$개인 $p(2, \ldots, 2)$를 다항식 시간으로 평가할 수 있는가?

**74.** [*M46*] $n$이 $n$개인 $p(n, \ldots, n)$을 다항식 시간으로 평가할 수 있는가?

**75.** [*HM41*] $p(n, n)$의 점근값을 구하라.

**76.** [*HM36*] 2가 $n$개인 $p(2, \ldots, 2)$의 점근값을 구하라.

**77.** [*HM46*] $n$이 $n$개인 $p(n, \ldots, n)$의 점근값을 구하라.

**78.** [*20*] $(15, 10, 10, 11)$의 분할들 중 표 1에 나온 순열 $\alpha_1$, $\alpha_2$, $\alpha_3$, $\alpha_4$로 이어지는 것은 무엇인가?

**79.** [*22*] 수열 $u_1$, $u_2$, $u_3$, ...의 한 부분수열 $(u_{m+1}, u_{m+2}, \ldots, u_{m+n})$(여기서 $0 \le m < \varpi_n$)이 "오직 $u_{m+j} = u_{m+k}$일 때에만 $j \equiv k$"라는 규약하에서 모든 가능한 집합 분할을 나타낼 때, 그러한 수열을 가리켜 $\{1, \ldots, n\}$의 분할들에 대한 전체 수열(universal sequence)이라고 부른다. 예를 들어 $(0, 0, 0, 1, 0, 2, 2)$는 $\{1, 2, 3\}$의 분할들에 대한 전체 수열이다.

$\{1, 2, 3, 4\}$의 분할들에 대한, 다음과 같은 속성들을 가진 전체 수열들을 모두 구하는 하나의 프로그램을 작성하라: (i) $u_1 = u_2 = u_3 = u_4 = 0$ (ii) 수열이 제한 성장 문자열을 가짐, (iii) $0 \le u_j \le 3$, (iv) $u_{16} = u_{17} = u_{18} = 0$ (따라서 수열은 본질적으로 순환 수열이다).

**80.** [*M28*] $\{1, 2, \ldots, n\}$의 분할들에 대한 전체 순환마디(이전 연습문제의 정의를 따르는)들이 $n \ge 4$이면 항상 존재함을 증명하라.

**81.** [*29*] 보통의 트럼프 카드 한 벌(52장)을, 다음과 같은 속임수가 가능하도록 배열하는 방법을 구하라: 다섯 명의 플레이어가 카드 더미를 각자 원하는 횟수만큼 갈라 합친다† (순환 순열 치환을 적용해서). 그런 다음 각 플레이어는 더미 제일 위의 카드를 가져간다. 마술사는 플레이어들에게 자신의 카드를 보라고 하고, 같은 종류의 카드를 가진 사람들끼리 모이게 한다. 즉, 클로버는 클로버끼리, 다이아몬드는 다이아몬드끼리, 등등이다. (단, 스페이드 잭은 '조커'로 간주해서, 스페이드 잭을 가진 플레이어는 혼자 있도록 한다.)

만일 애초에 카드들을 적절히 배열했다면, 마술사는 동종 카드 모임들만 보고서도 다섯 장의 카드를 모두 맞출 수 있다.

---

† [옮긴이 주] 'cut the deck'을 번역한 것으로, 카드 더미를 임의로 반으로 갈라서 위쪽 카드들을 더미 아래쪽에 넣는 것을 말한다.

**82.** 〔*22*〕 다음 예처럼, 도미노 15개를 다섯 개씩 세 집합으로 분할하되 도미노들을 분수로 간주했을 때 그 합이 같도록 분할하는 방법은 몇 가지인가? 도미노의 180도 회전을 허용한다.

> 마치 한 몸에서 이름만 같은 두 갈래가 생겨나
> 하나는 왼쪽, 다른 하나는 오른쪽이라 불리듯이,
> 그 두 연설은 그 넋 빠진 상태를
> 우리 안에 자연히 생겨난 단일한 형상으로 간주한 다음,
> 하나는 왼쪽 부분을 나누되 그 나누는 절차를 계속해서, (...후략...)†
>
> — 소크라테스SOCRATES, *파이드로스(Phædrus)* 266A (c.370 B.C.)

**7.2.1.6. 모든 트리의 생성.** 지금까지 조합의 고전적인 개념들, 즉 $n$-짝, 순열, 조합, 분할을 살펴보았다. 그런데 전산학자들은 또 다른 근본적인 부류의 패턴을 전통적인 레퍼토리에 추가했다. 바로, 흔히 트리(tree, 나무)라고 부르는 계통적 배치이다. *컴퓨터 프로그래밍의 예술*의 §2.3과 그 후의 거의 모든 절에서 보았듯이, 트리는 전산학의 거의 모든 곳에서 자라난다. 그런 만큼, 이제부터는 여러 종의 트리를 낱낱이 훑을 수 있는 간단한 알고리즘을 공부하는 데 관심을 돌리기로 하자.

우선 내포된 괄호들과 트리들의 숲(forest) 사이의 기본적인 연관 관계부터 다시 짚고 넘어가자. 예를 들어

```
1 2   3 4 5   6 7 8 9 a     b   c d e f
( ( ) ) ( ( ( ) ) ( ( ( ) ( ( ) ) ) ( ) ) ( ( ) ( ( ) ) ) )
    1 2     3 4     5   6 7 8   9 a   b   c d e f
```
(1)

는 1, 2, ..., f까지의 이름표가 붙은 왼쪽 괄호 '(' 열다섯 개와 역시 1에서 f까지의 이름표가 붙은 오른쪽 괄호 ')' 열다섯 개로 이루어진 문자열을 나타낸 것이다. 문자열 아래의 회색선들은 서로 쌍을 이루는 괄호들을 표시한 것으로, 이에 의해 열다섯 개의 쌍 12, 21, 3f, 44, 53, 6a, 78, 85, 97, a6, b9, ce, db, ed, fc가 형성된다. 이러한 문자열은 다음과 같은 숲에 해당한다.

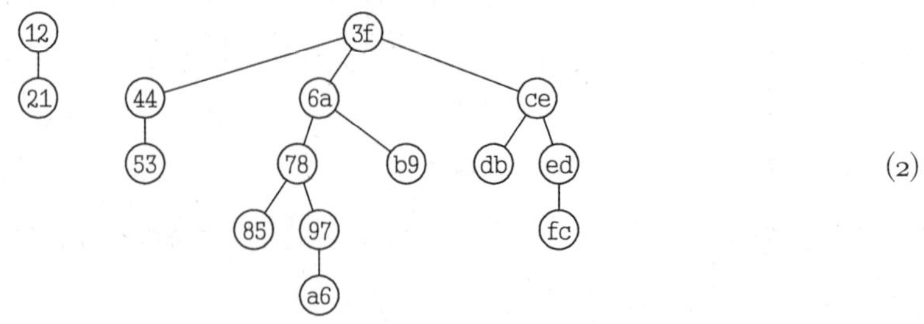

(2)

† 〔옮긴이 주〕『파이드로스』, 조대호 역해(문예출판사, 2008), 113~114쪽에서 인용.

노드들은 전위순으로 ⑫, ㉑, ⓷ⓕ, ..., ⓕⓒ(첫 좌표성분으로 정렬됨)이고 후위순서(postorder)로는 ㉑, ⑫, ㊸, ..., ⓷ⓕ(둘째 좌표성분으로 정렬됨)이다. 어떤 벌레 한 마리가 숲의 가장자리를 따라 기어간다고 상상해 보자.

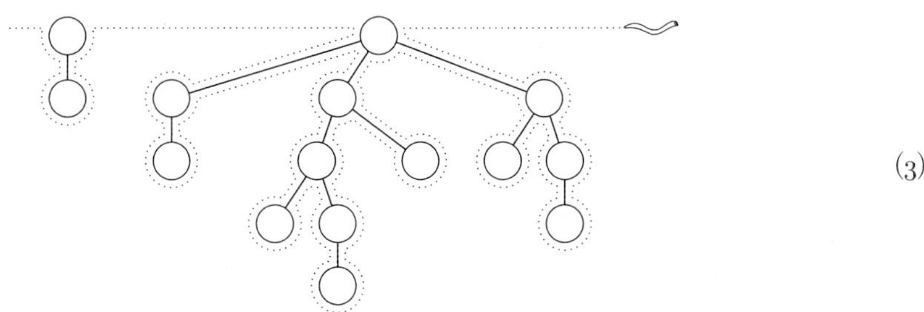

(3)

벌레가 한 노드의 왼쪽 간선을 지나갈 때마다 '('를 보고 노드의 오른쪽 간선을 지나갈 때마다 ')'를 본다면, 그 벌레는 원래의 문자열 (1)을 재구축하는 셈이 된다.

한편 (2)의 숲은 §2.3.2에서 논의한 '자연스러운 대응관계'에 의해 다음과 같은 이진 트리에 대응된다.

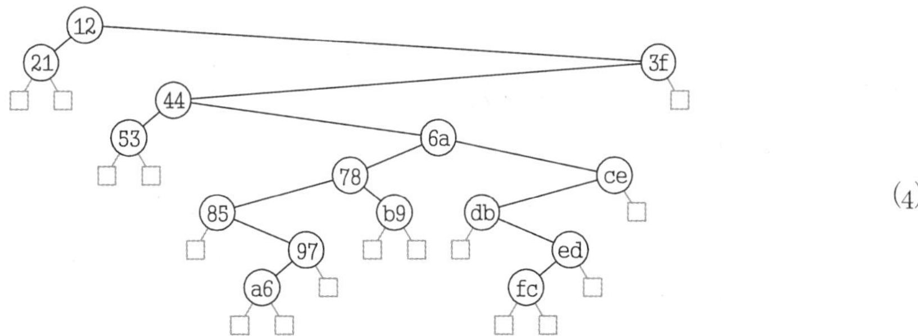


(4)

여기서 노드들은 중위순(inorder)이라고도 하는 대칭 순서로 ㉑, ⑫, ㊸, ..., ⓷ⓕ이다. 이진 트리의 한 노드 ⓧ의 왼쪽 부분트리는 숲의 ⓧ의 제일 왼쪽 자식이거나, ⓧ에 자식이 없는 경우에는 하나의 '외부 노드' □에 해당한다. 이진 트리의 ⓧ의 오른쪽 부분트리는 숲에서는 ⓧ의 오른쪽 동기(sibling)이거나, 만일 ⓧ가 해당 가족의 제일 오른쪽 자식이면 □이다. 숲에서 트리들의 뿌리(루트) 노드들은 동기들로 간주되며, 숲의 제일 왼쪽 뿌리는 이진 트리의 뿌리이다.

괄호들로 이루어진 문자열(줄여서 괄호열) $a_1a_2 \ldots a_{2n}$은 오직 문자열에 '('가 $n$개, ')'가 $n$개이고 $1 \le k \le n$에 대해 $k$번째 '('가 $k$번째 ')'보다 앞에 있을 때에만 적절히 내포된 괄호열이다. 모든 적절히 내포된 괄호열을 살펴보는 가장 쉬운 방법은 그것들을 사전순으로 방문하는 것이다. 다음은 ')'가 '('보다 사전식 순서로 더 작다고 간주하는 그러한 방문 알고리즘으로, 셈바I. Semba가 제안한 효율성 개선안들〔*Inf. Processing Letters* **12** (1981), 188-192〕 몇 가지가 적용되어 있다.

**알고리즘 P** (내포된 괄호열, 사전순). 정수 $n \ge 2$가 주어졌을 때 이 알고리즘은 모든 내포된 괄호열 $a_1a_2 \ldots a_{2n}$을 생성한다.

**P1.** 〔초기화.〕 $1 \le k \le n$에 대해 $a_{2k-1} \leftarrow$ '(', $a_{2k} \leftarrow$ ')'로 설정한다. 또한 $a_0 \leftarrow$ ')', $m \leftarrow 2n-1$로도 설정한다. ($a_0$은 단계 P4에서 경곗값으로 쓰인다.)

**P2.** 〔방문.〕 내포된 괄호열 $a_1a_2\ldots a_{2n}$을 방문한다. (이 지점에서 $a_m =$ '('이고 $m < k \le 2n$에 대해 $a_k =$ ')'이다.)

**P3.** 〔쉬운 경우인가?〕 $a_m \leftarrow$ ')'로 설정한다. 그런 다음 만일 $a_{m-1} =$ ')'이면 $a_{m-1} \leftarrow$ '(', $m \leftarrow m-1$로 설정하고 P2로 돌아간다.

**P4.** 〔$j$를 찾는다.〕 $j \leftarrow m-1$, $k \leftarrow 2n-1$로 설정한다. $a_j =$ '('인 동안 $a_j \leftarrow$ ')', $a_k \leftarrow$ '(', $j \leftarrow j-1$, $k \leftarrow k-2$로 설정한다.

**P5.** 〔$a_j$를 증가.〕 만일 $j = 0$이면 알고리즘을 끝낸다. 그렇지 않으면 $a_j \leftarrow$ '(', $m \leftarrow 2n-1$로 설정하고 P2로 돌아간다. ▮

이후에 보겠지만, 단계 P4의 루프는 거의 항상 짧다. $a_j \leftarrow$ ')' 연산은 방문된 내포된 괄호열당 평균 $\frac{1}{3}$회만 수행된다.

알고리즘 P가 유효한 이유는 무엇일까? $A_{pq}$가, 왼쪽 괄호가 $p$개이고 오른쪽 괄호가 $q \ge p$개이며 $(^{q-p}\alpha$가 적절히 내포된 괄호열임을 만족하는 모든 문자열 $\alpha$가 사전순으로 나열된 순차열이라고 하자. 알고리즘 P가 하는 일은 $A_{nn}$을 생성하는 것이다. 여기서 $A_{pq}$가 다음과 같은 재귀적 규칙들을 따른다는 점을 입증하는 것은 쉬운 일이다.

$$\text{만일 } 0 \le p \le q \ne 0\text{이면 } A_{pq} = )A_{p(q-1)},\ (A_{(p-1)q};\qquad A_{00} = \epsilon. \tag{5}$$

또한 만일 $p < 0$이거나 $p > q$이면 $A_{pq}$가 빈 순차열이라는 점도 쉽게 확인할 수 있다. $A_{pq}$의 첫 원소는 '()' 쌍이 $p$개 있는 $)^{q-p}()\ldots()$이다. 마지막 원소는 $(^p)^q$이다. 따라서 사전순 생성 절차는 오른쪽으로 문자열을 훑다가 $a_j\ldots a_{2n} = )(^{p+1})^q$ 형태의 후행 문자열을 만나면 그것을 $^{q+1-p}()\ldots()$로 대체하는 과정으로 이루어진다. 단계 P4와 P5는 이를 효율적으로 수행하며, 단계 P3은 $p = 0$인 쉬운 경우를 처리한다.

$n = 4$일 때의 알고리즘 P의 출력과 그에 해당하는 숲 및 이진 트리((2)와 (4) 같은)들이 표1에 나와 있으며, 그와 동치인 다른 여러 조합적 대상들도 나와 있다. 예를 들어 내포된 괄호열을 다음처럼 연속열 길이 부호화(RLE) 문자열로 부호화할 수도 있다.

$$()^{d_1}()^{d_2}\ldots()^{d_n}. \tag{6}$$

여기서 음이 아닌 정수 $d_1d_2\ldots d_n$은 다음과 같은 제약조건으로 특징지어진다.

$$1 \le k < n\text{에 대해}\quad d_1 + d_2 + \cdots + d_k \le k;\qquad d_1 + d_2 + \cdots + d_n = n. \tag{7}$$

또한 내포된 괄호열을 왼쪽 괄호가 나타나는 색인들을 지정하는 수열 $z_1z_2\ldots z_n$으로 표현할 수도 있다. 본질적으로 $z_1z_2\ldots z_n$은 집합 $\{1, 2, \ldots, 2n\}$에서 $n$개의 원소를 선택하되, $z_0 = 0$이라고 가정할 때

$$1 \le k \le n\text{에 대해}\qquad z_{k-1} < z_k < 2k \tag{8}$$

가 되도록 선택하는 $\binom{2n}{n}$가지 조합들 중 하나이다. 이 $z$들과 앞의 $d$들의 관계는 물론 다음과 같다.

표 1

내포된 괄호들과 관련 대상들, $n=4$일 때

| $a_1a_2\ldots a_8$ | 숲 | 이진 트리 | $d_1d_2d_3d_4$ | $z_1z_2z_3z_4$ | $p_1p_2p_3p_4$ | $c_1c_2c_3c_4$ | 부합 |
|---|---|---|---|---|---|---|---|
| ()()()() | | | 1111 | 1357 | 1234 | 0000 | |
| ()()(()) | | | 1102 | 1356 | 1243 | 0001 | |
| ()(())() | | | 1021 | 1347 | 1324 | 0010 | |
| ()(()()) | | | 1012 | 1346 | 1342 | 0011 | |
| ()((())) | | | 1003 | 1345 | 1432 | 0012 | |
| (())()() | | | 0211 | 1257 | 2134 | 0100 | |
| (())(()) | | | 0202 | 1256 | 2143 | 0101 | |
| (()())() | | | 0121 | 1247 | 2314 | 0110 | |
| (()()()) | | | 0112 | 1246 | 2341 | 0111 | |
| (()(())) | | | 0103 | 1245 | 2431 | 0112 | |
| ((()))() | | | 0031 | 1237 | 3214 | 0120 | |
| ((())()) | | | 0022 | 1236 | 3241 | 0121 | |
| ((()())) | | | 0013 | 1235 | 3421 | 0122 | |
| (((()))) | | | 0004 | 1234 | 4321 | 0123 | |

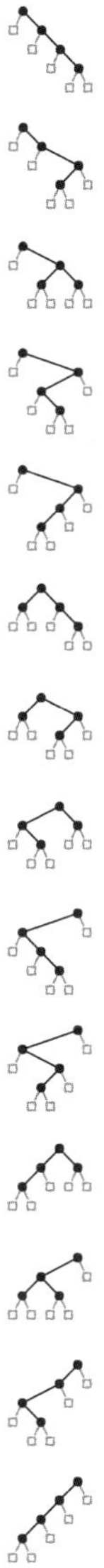

$$1 \le k < n\text{에 대해} \qquad d_k = z_{k+1} - z_k - 1. \tag{9}$$

문자열 $a_1a_2\ldots a_{2n}$들 대신 조합 $z_1z_2\ldots z_n$들을 생성하도록 알고리즘 P를 다시 작성한다면 알고리즘이 특히나 간단해진다. (연습문제 2를 보라.)

내포된 괄호열을 순열 $p_1p_2\ldots p_n$으로 표현할 수도 있다. 이 경우 $k$번째 오른쪽 괄호는 $p_k$번째 왼쪽 괄호와 부합한다. 다른 말로 하면, 해당 숲에서의 후위순 $k$번째 노드는 전위순으로 $p_k$번째 노드이다. 연습문제 2.3.2-20에 의해, 숲에서 노드 $j$가 노드 $k$의 하나의 (진[proper])후손일 필요충분조건은, 노드들에 이름표를 후위순서로 붙인다고 할 때 $j < k$이고 $p_j > p_k$라는 것이다. 반전표 $c_1c_2\ldots c_n$은 $k$의 오른쪽 원소들 중 $k$보다 작은 것이 정확히 $c_k$개라는 규칙으로 이 순열을 특징짓는다(연습문제 5.1.1-7을 보라). 허용된 반전표는 $c_1 = 0$이고

$$1 \le k < n\text{에 대해} \qquad 0 \le c_{k+1} \le c_k + 1 \tag{10}$$

이다. 더 나아가서, 연습문제 3은 $c_k$가 숲의 전위순 $k$번째 노드의 수준($k$번째 왼쪽 괄호의 깊이)임을 증명한다. 이 사실은 다음 공식과 동치이다.

$$c_k = 2k - 1 - z_k. \tag{11}$$

표 1과 연습문제 6은 또한, 원탁에 둘러앉은 $2n$명의 사람이 간섭 없이 동시에 악수를 할 수 있음을 뜻하는 특별한 종류의 부합 관계를 보여 준다.

이처럼 알고리즘 P는 실로 쓸모가 많다. 그런데 만일 왼쪽 링크 $l_1l_2\ldots l_n$과 오른쪽 링크 $r_1r_2\ldots r_n$으로 표현되는 이진 트리를 모두 생성하는 것이 목표라면 표 1의 사전순 수열은 다소 어색하다. 그 수열에서는 한 트리에서 그 후행자로 가는 데 필요한 자료를 쉽게 구할 수가 없다. 다행히 모든 연결된 이진 트리를 직접 생성하는 독창적인 대안이 하나 있다.

**알고리즘 B** (이진 트리). $n \ge 1$이 주어졌을 때 이 알고리즘은 내부 노드가 $n$개인 모든 이진 트리를 생성한다. 각 트리는 왼쪽 링크 $l_1l_2\ldots l_n$과 오른쪽 링크 $r_1r_2\ldots r_n$으로 표현되며, 노드들의 이름표는 전위순으로 부여된다. (따라서 예를 들어 노드 1은 항상 뿌리이고 $l_k$는 $k+1$ 또는 0이다. 만일 $l_1 = 0$이고 $n > 1$이면 $r_1 = 2$이다.)

**B1.** [초기화.] $1 \le k < n$에 대해 $l_k \leftarrow k+1$, $r_k \leftarrow 0$으로 설정한다. 또한 $l_n \leftarrow r_n \leftarrow 0$으로도 설정하며, $l_{n+1} \leftarrow 1$로 설정한다(단계 B3에서의 편의를 위해).

**B2.** [방문.] $l_1l_2\ldots l_n$과 $r_1r_2\ldots r_n$으로 표현되는 이진 트리를 방문한다.

**B3.** [$j$를 찾는다.] $j \leftarrow 1$로 설정한다. $l_j = 0$인 동안 $r_j \leftarrow 0$, $l_j \leftarrow j+1$, $j \leftarrow j+1$로 설정한다. 그런 다음 만일 $j > n$이면 알고리즘을 끝낸다.

**B4.** [$k$와 $y$를 찾는다.] $y \leftarrow l_j$, $k \leftarrow 0$으로 설정한다. $r_y > 0$인 동안 $k \leftarrow y$, $y \leftarrow r_y$로 설정한다.

**B5.** [$y$를 승격.] 만일 $k > 0$이면 $r_k \leftarrow 0$으로 설정하고 그렇지 않으면 $l_j \leftarrow 0$으로 설정한다. 그런 다음 $r_y \leftarrow r_j$, $r_j \leftarrow y$로 설정하고 B2로 돌아간다. ▮

[W. Skarbek, *Theoretical Computer Science* **57** (1988), 153-159를 보라. 단계 B3은 코시J. Korsh의 착안을 사용한다.] 연습문제 44에서는 단계 B3과 B4의 루프들이 둘 다 아주 짧은 경향이 있음을 증명한다. 실제로, 한 연결된 이진 트리를 해당 후행자로 변환하는 데 필요한 메모리 참조는 평균 9회 미만이다.

표 2

연결된 이진 트리들과 관련 대상들, $n=4$일 때

| $l_1l_2l_3l_4$ | $r_1r_2r_3r_4$ | 이진 트리 | 숲 | $e_1e_2e_3e_4$ | $s_1s_2s_3s_4$ | 역순사전순 숲 | 좌동기/우자식 |
|---|---|---|---|---|---|---|---|
| 2340 | 0000 | | | 1110 | 3210 | | |
| 0340 | 2000 | | | 0110 | 0210 | | |
| 2040 | 0300 | | | 2010 | 3010 | | |
| 2040 | 3000 | | | 1010 | 1010 | | |
| 0040 | 2300 | | | 0010 | 0010 | | |
| 2300 | 0040 | | | 1200 | 3200 | | |
| 0300 | 2040 | | | 0200 | 0200 | | |
| 2300 | 0400 | | | 2100 | 3100 | | |
| 2300 | 4000 | | | 1100 | 2100 | | |
| 0300 | 2400 | | | 0100 | 0100 | | |
| 2000 | 0340 | | | 3000 | 3000 | | |
| 2000 | 4300 | | | 2000 | 2000 | | |
| 2000 | 3040 | | | 1000 | 1000 | | |
| 0000 | 2340 | | | 0000 | 0000 | | |

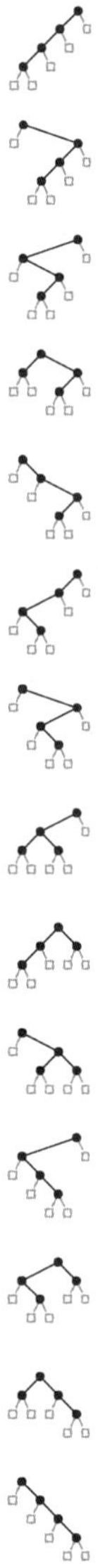

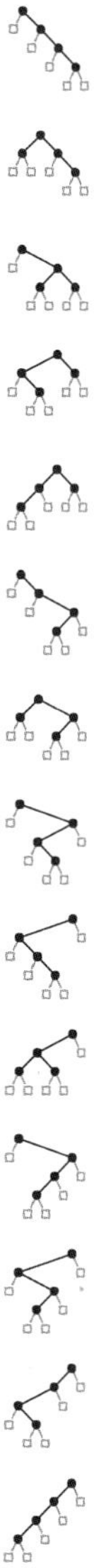

표 2는 $n=4$일 때 생성되는 열네 개의 이진 트리와 해당 숲을 보여 주며, 관련된 두 수열 $e_1e_2\ldots e_n$과 $s_1s_2\ldots s_n$도 보여 준다. 이들은 전위순서의 노드 $k$의 자식 노드가 $e_k$개이고 후손이 $s_k$개라는 속성으로 정의된다. (따라서 $s_k$는 이진 트리에서 $k$의 왼쪽 부분트리의 크기이다. 또한 $s_k+1$은 2.3.3-(5)의 의미에서 SCOPE 링크의 길이이다.) 그다음 열(끝에서 두 번째)은 표 1의 열네 숲을 알고리즘 P의 사전식 순서로 나열하되 좌우를 뒤집은 것이다. 그리고 마지막 열은 역순사전순 숲을 나타내는 이진 트리들이다. 이는 또한 열 4의 숲을 왼쪽 자식과 오른쪽 동기로의 링크들 대신 왼쪽

동기와 오른쪽 자식으로의 링크들로 표현한 것이기도 하다. 이 마지막 열은 내포된 괄호열과 이진 트리 사이의 흥미로운 연관 관계를 암시하며, 따라서 알고리즘 B가 왜 유효한지에 대한 통찰을 어느 정도 제공한다고 할 수 있다(연습문제 19 참고).

***트리에 대한 그레이 부호.** 다른 조합적 패턴들에 대한 이전의 경험으로 볼 때, 아마도 한 괄호열 또는 트리를 조금만 바꾸어도 그다음 괄호열 또는 트리를 얻을 수 있을 것이다. 실제로, 그러한 목적을 달성하는 아주 좋은 방법이 적어도 세 개는 있다.

우선 내포된 괄호열의 경우를 생각해 보자. 내포된 괄호열을 조건 (8)을 만족하는 수열 $z_1z_2\ldots z_n$으로 표현할 수 있다. 그러한 모든 조합을 생성하는 '완벽에 가까운'(§7.2.1.3의 의미에서) 방법 하나는, 매 단계마다 성분 $z_j$를 $\pm 1$ 또는 $\pm 2$만 바꾸는 식으로 모든 가능성을 훑는 것이다. 이는 한 괄호열의 $j$번째 왼쪽 괄호 부근에서 그냥 () ↔ )( 아니면 ()) ↔ ))(로만 바꾸어도 그다음 괄호열이 나온다는 뜻이다. 다음은 $n = 4$일 때 이를 수행한 한 가지 예이다.

$$1357, 1356, 1346, 1345, 1347, 1247, 1245, 1246, 1236, 1234, 1235, 1237, 1257, 1256.$$

그리고 $n-1$에 대한 임의의 해법을 $n$에 대한 해법으로 확장하는 것이 가능하다. 각 패턴 $z_1z_2\ldots z_{n-1}$마다 $z_n$이 자신의 모든 유효한 값을 7.2.1.3-(45)에서처럼 엔도순 또는 그 역순으로 거치도록 해서, $2n-2$에서 내려가다 $2n-1$로 올라가거나 그 반대로 진행하면서 $\le z_{n-1}$인 모든 원소를 제거하면 된다.

**알고리즘 N** (완벽에 가까운 내포된 괄호열 생성)**.** 이 알고리즘은 $\{1, \ldots, 2n\}$의 모든 $n$-조합 $z_1\ldots z_n$을 방문한다. 각 조합은 내포된 괄호열의 왼쪽 괄호들의 색인으로 표현된다. 알고리즘은 한 번에 색인 하나만 변경한다. 임시 목표를 나타내는 보조 배열 $g_1\ldots g_n$이 공정을 제어하는 용도로 쓰인다.

**N1.** 〔초기화.〕 $1 \le j \le n$에 대해 $z_j \leftarrow 2j-1$, $g_j \leftarrow 2j-2$로 설정한다.

**N2.** 〔방문.〕 $n$-조합 $z_1\ldots z_n$을 방문한다. 그런 다음 $j \leftarrow n$으로 설정한다.

**N3.** 〔$j$를 찾는다.〕 만일 $z_j = g_j$이면 $g_j \leftarrow g_j \oplus 1$로 설정하고(따라서 최소 유효 비트가 보수화된다) $j \leftarrow j-1$로 설정한 후 이 단계를 되풀이한다.

**N4.** 〔목표에 도달했는가?〕 만일 $g_j - z_j$가 짝수이면 $z_j \leftarrow z_j + 2$로 설정하고 N2로 돌아간다.

**N5.** 〔감소 또는 선회.〕 $t \leftarrow z_j - 2$로 설정한다. 만일 $t < 0$이면 알고리즘을 끝낸다. 그렇지 않으면, 만일 $t \le z_{j-1}$이면 $t \leftarrow t + 2[t < z_{j-1}] + 1$로 설정한다. 마지막으로 $z_j \leftarrow t$로 설정하고 N2로 돌아간다. ▌

〔다소 비슷한 알고리즘이 D. Rœlants van Baronaigien, *J. Algorithms* **35** (2000), 100-107에 나와 있다. 또한 Xiang, Ushijima, Tang, *Inf. Proc. Letters* **76** (2000), 169-174도 보라. 그전에 러스키F. Ruskey와 프로스쿠로프스키A. Proskurowski가 *J. Algorithms* **11** (1990), 68-84에서, $n \ge 4$가 짝수일 때 모든 표 $z_1\ldots z_n$에 대한 완벽한 그레이 부호들을 매 단계마다 $z_j$를 $\pm 1$로만 변경해

서 구축하는 방법을 제시했다. 그러나 그들의 구축법은 상당히 복잡했으며, 실제로 사용하기에 충분할 정도로 간단한 완벽 방안은 알려져 있지 않다. 연습문제 48은 $n \geq 5$가 홀수일 때 완벽한 방안이 불가능함을 보여 준다.]

괄호들의 문자열이 아니라 연결된 트리 구조들을 생성하는 것이 목표라면, 완벽한 $z$ 색인 변경 방법으로도 부족하다. () ↔ )( 같은 간단한 교환이 반드시 간단한 링크 조작과 대응된다는 보장이 없기 때문이다. 이 경우에는 §6.2.3에서 검색 트리의 균형을 유지하는 데 사용했던 '회전' 알고리즘들에 기초한 접근방식이 훨씬 더 나을 수 있다. 이진 트리의 왼쪽 회전은 이를테면

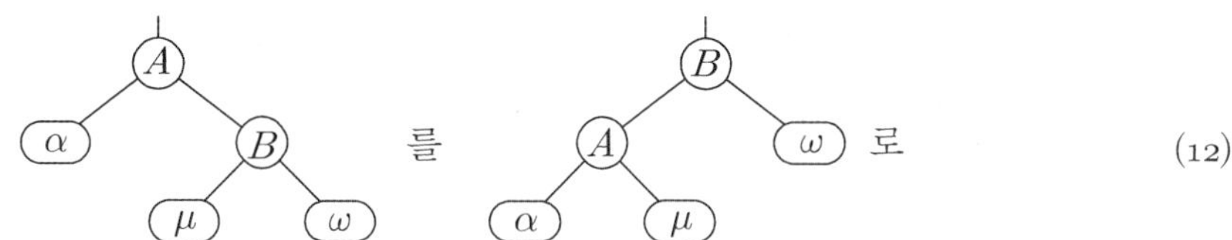

(12)

로 변경하는 것이다. 따라서 해당 숲은

$(\cdots)$ Ⓐ Ⓑ $(\omega)$, $(\alpha)$ $(\mu)$ 에서 $(\cdots)$ Ⓑ $(\omega)$, Ⓐ $(\mu)$, $(\alpha)$ 로 (13)

바뀐다. 이러한 회전은 "노드 Ⓐ가 자신의 오른쪽 동기의 제일 왼쪽 자식이 되게 하는" 것이다. 오른쪽 회전은 물론 그 반대쪽으로의 변환, 즉 "Ⓑ의 제일 왼쪽 자식이 자신의 왼쪽 동기가 되게 하는" 것이다. (12)의 수직선은 전체적인 맥락으로의 연결을 나타낸다. 이는 하나의 왼쪽 링크일 수도 있고 오른쪽 링크나 뿌리로의 포인터일 수도 있다. 부분트리 $\alpha$, $\mu$, $\omega$ 중 어떤 것도 빈 트리일 수 있으며, 셋 다 빈 트리일 수도 있다. (13)에서 Ⓑ를 포함하는 가족의 왼쪽에 있는 추가적인 동기들을 나타내는 '$\cdots$' 역시 빈 트리일 수 있다.

회전의 한 가지 멋진 성질은, 한 회전에서 링크 세 개만 바뀐다는 것이다. 하나는 Ⓐ의 오른쪽 링크이고 또 하나는 Ⓑ의 왼쪽 링크, 나머지 하나는 그 위로부터의 포인터이다. 회전은 이진 트리의 중위순서와 숲의 후위순서를 유지한다. (또한 회전의 이진 트리 형태는 대수 공식 중간에서 분배법칙

$$(\alpha\mu)\omega = \alpha(\mu\omega) \tag{14}$$

를 적용하는 자연스러운 방법에 해당한다.)

회전을 통한 모든 이진 트리 또는 숲의 생성에 적용할 수 있는, $n$-짝들에 대한 고전적인 반사된 그레이 부호(알고리즘 7.2.1.1H) 및 순열에 대한 평범한 전조법(알고리즘 7.2.1.2P)과 상당히 비슷한 간단한 방안 하나가 있다. 노드가 $n-1$개이고 뿌리가 $(A_1)$, …, $(A_k)$인(총 $k$개) 임의의 숲을 생각해 보자. 그러면, $n$노드 숲들 중 노드들의 전위순서가 마지막 노드 $(n)$을 처음 $n-1$개의 노드들 다음에 둔 것과 동일하다는 조건을 만족하는 숲은 $k+1$개다. 예를 들어 $k=3$일 때 $(A_3)$, $(A_2)$, $(A_1)$을 차례로 왼쪽으로 회전해서 다음과 같은 숲들을 얻을 수 있다.

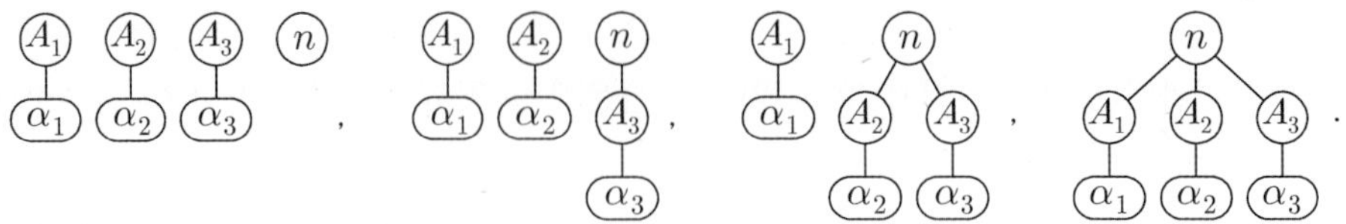

더 나아가서, ⓝ이 오른쪽이나 위에 있는 극단적인 경우들에서는 나머지 $n-1$개의 노드들에 대해 임의의 원하는 회전을 수행할 수 있다. 노드 ⓝ이 회전을 방해하지 않기 때문이다. 따라서, J. M. Lucas, D. Rœlants van Baronaigien, F. Ruskey, *J. Algorithms* **15** (1993), 343–366에 나와 있듯이, $(n-1)$노드 트리들의 임의의 목록을 그냥 노드 ⓝ을 자유로이 앞, 뒤로 떠돌아다니게 해서 $n$노드 트리들의 목록으로 확장할 수 있다. 저수준 세부사항을 세심하게 처리한다면, 그러한 작업을 상당히 효율적으로 수행하는 것도 가능하다:

**알고리즘 L** (회전을 통한 연결된 이진 트리 생성)**.** 이 알고리즘은 $n$노드 이진 트리의 왼쪽 링크들과 오른쪽 링크들을 나타내는 배열 $l_0l_1\ldots l_n$과 $r_1\ldots r_n$의 모든 쌍을 생성한다. 여기서 $l_0$은 트리의 뿌리 노드이고 링크쌍 $(l_k, r_k)$는 대칭순으로 $k$번째 노드의 왼쪽, 오른쪽 부분트리를 가리킨다. 이와 동치로, 이 알고리즘은 $l_k$와 $r_k$가 후위순으로 $k$번째 노드의 왼쪽 자식과 오른쪽 동기인 $n$노드 숲들을 생성한다고도 할 수 있다. 알고리즘은 한 트리로부터 단 한 번의 회전으로 그 후행자를 생성한다. 생성 공정을 제어하는 용도로, 후방 포인터들과 방향들을 나타내는 두 보조 배열 $k_1\ldots k_n$과 $o_0o_1\ldots o_n$이 쓰인다.

**L1.** [초기화.] $1 \le j < n$에 대해 $l_j \leftarrow 0$, $r_j \leftarrow j+1$, $k_j \leftarrow j-1$, $o_j \leftarrow -1$로 설정한다. 또한 $l_0 \leftarrow o_0 \leftarrow 1$, $l_n \leftarrow r_n \leftarrow 0$, $k_n \leftarrow n-1$, $o_n \leftarrow -1$로도 설정한다.

**L2.** [방문.] $l_0l_1\ldots l_n$과 $r_1\ldots r_n$이 나타내는 이진 트리 또는 숲을 방문한다. 그런 다음 $j \leftarrow n$, $p \leftarrow 0$으로 설정한다.

**L3.** [$j$를 찾는다.] 만일 $o_j > 0$이면 $m \leftarrow l_j$로 설정한 후 만일 $m \ne 0$이면 L5로 간다. 만일 $o_j < 0$이면 $m \leftarrow k_j$로 설정한 후 만일 $m \ne 0$이면 L4로 간다. 그렇지 않으면 $p \leftarrow j$로 설정한다. 어떤 경우이든 만일 $m = 0$이면 $o_j \leftarrow -o_j$, $j \leftarrow j-1$로 설정하고 이 단계를 되풀이한다.

**L4.** [왼쪽 회전.] $r_m \leftarrow l_j$, $l_j \leftarrow m$, $x \leftarrow k_m$, $k_j \leftarrow x$로 설정한다. 만일 $x = 0$이면 $l_p \leftarrow j$로 설정하고, 그렇지 않으면 $r_x \leftarrow j$로 설정한다. L2로 돌아간다.

**L5.** [오른쪽 회전.] 만일 $j = 0$이면 알고리즘을 끝낸다. 그렇지 않으면 $l_j \leftarrow r_m$, $r_m \leftarrow j$, $k_j \leftarrow m$, $x \leftarrow k_m$으로 설정한다. 만일 $x = 0$이면 $l_p \leftarrow m$으로 설정하고 그렇지 않으면 $r_x \leftarrow m$으로 설정한다. L2로 돌아간다. ▮

연습문제 38은 알고리즘 L이 트리 하나를 생성하는 데 약 9회의 메모리 참조만 필요로 함을 증명한다. 따라서 이 알고리즘은 알고리즘 B만큼이나 빠르다. (사실, 세 수량 $o_n$, $l_n$, $k_n$을 레지스터들에 담아 둔다면 단계당 메모리 참조를 2회 더 줄일 수 있다. 그러나 알고리즘 B 역시 그런 식으로 속도를 높일 수 있다.)

표 3

회전으로 생성된 이진 트리들과 숲들, $n=4$일 때

| $l_0l_1l_2l_3l_4$ | $r_1r_2r_3r_4$ | $k_1k_2k_3k_4$ | 이진 트리 | 숲 | $q_1q_2q_3q_4$ | 켤레숲 | $u_1u_2u_3u_4$ | 쌍대 |
|---|---|---|---|---|---|---|---|---|
| 10000 | 2340 | 0123 | | | 1234 | | 0000 | |
| 10003 | 2400 | 0122 | | | 1243 | | 1000 | |
| 10002 | 4300 | 0121 | | | 1423 | | 2000 | |
| 40001 | 2300 | 0120 | | | 4123 | | 3000 | |
| 40021 | 3000 | 0110 | | | 4132 | | 3100 | |
| 10023 | 4000 | 0111 | | | 1432 | | 2100 | |
| 10020 | 3040 | 0113 | | | 1324 | | 0100 | |
| 30010 | 2040 | 0103 | | | 3124 | | 0200 | |
| 40013 | 2000 | 0100 | | | 4312 | | 3200 | |
| 40123 | 0000 | 0000 | | | 4321 | | 3210 | |
| 30120 | 0040 | 0003 | | | 3214 | | 0210 | |
| 20100 | 0340 | 0023 | | | 2134 | | 0010 | |
| 20103 | 0400 | 0022 | | | 2143 | | 1010 | |
| 40102 | 0300 | 0020 | | | 4213 | | 3010 | |

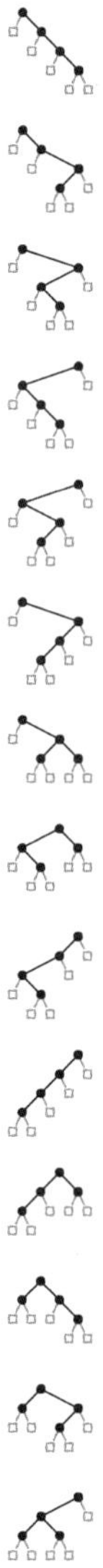

표 3은 알고리즘 L이 $n=4$일 때 방문하는 이진 트리들과 숲들을 순서대로 표시한 것이다. 생성 공정의 이해를 돕기 위해 관련 보조 배열들도 표시해 두었다. 순열 $q_1q_2q_3q_4$는 노드들을 전위순으로 나열한 것으로, 원래의 노드 번호들은 숲의 후위순(이진 트리의 대칭순)이다. 이는 표 1의 순열 $p_1p_2p_3p_4$의 역이다. '켤레숲(coforest)'은 숲의 켤레(좌우 반사상)이다. 그리고 수 $u_1u_2u_3u_4$는 해당 범위 좌표로, 표 2의 $s_1s_2s_3s_4$와 비슷하다. 마지막 열은 소위 '쌍대 숲'이다. 이 관련 수량들의 의미를 연습문제 11～13, 19, 24, 26, 27에서 살펴볼 것이다.

알고리즘 L과 표 3의 링크 $l_0 l_1 \ldots l_n$, $r_1 \ldots r_n$과 알고리즘 B와 표 2의 링크 $l_1 \ldots l_n$, $r_1 \ldots r_n$을 비교할 수는 없다. 알고리즘 L은 중위/후위순서를 유지하는 반면 알고리즘 B는 전위순서를 유지하기 때문이다. 알고리즘 L의 노드 $k$는 이진 트리에서 왼쪽에서 오른쪽으로 $k$번째 노드이며, 따라서 뿌리를 식별하기 위해서는 $l_0$이 필요하다. 그러나 알고리즘 B의 노드 $k$는 전위순으로 $k$번째 노드이며, 이 경우 뿌리는 항상 노드 1이다.

알고리즘 L에는 단계당 단 세 개의 링크만 바뀐다는 바람직한 속성이 있다. 그러나 알고리즘 B의 전위순 관례를 고집한다면 효율을 더욱 높일 수 있다. 연습문제 25에는 단계당 단 두 개의 링크만 바꾸어서 모든 연결된 이진 트리나 숲을 전위순서를 유지하면서 생성하는 알고리즘이 나온다. 두 링크 중 하나는 0이 되는 반면 다른 하나는 0이 아닌 값이 된다. 앞에서 언급한 '아주 좋은 트리용 그레이 부호' 세 가지 중 하나인 이 가지치기-접붙이기 알고리즘의 단점은 제어 메커니즘이 알고리즘 L보다 다소 까다롭다는 것 하나뿐이다. 그 때문에, 각 단계마다 어떤 링크를 변경할 것인지를 결정하는 비용을 포함시킨다면, 이 알고리즘은 계산 시간을 약 40% 더 소비한다.

**트리 개수.** 알고리즘 P, B, N, L이 생성하는 출력들의 전체 개수에 대한 간단한 공식이 하나 있다:

$$C_n = \frac{1}{n+1}\binom{2n}{n} = \binom{2n}{n} - \binom{2n}{n-1}. \qquad (15)$$

이 공식이 유효함은 식 2.3.4.4-(14)에서 증명했다. 다음은 처음 몇 개의 값들이다.

| $n =$ | 0 | 1 | 2 | 3 | 4 | 5 | 6 | 7 | 8 | 9 | 10 | 11 | 12 | 13 |
|---|---|---|---|---|---|---|---|---|---|---|---|---|---|---|
| $C_n =$ | 1 | 1 | 2 | 5 | 14 | 42 | 132 | 429 | 1430 | 4862 | 16796 | 58786 | 208012 | 742900 |

이들을 카탈랑 수(Catalan numbers)라고 부르는데, 이는 카탈랑Eugène Catalan이 쓴 여러 영향력 있는 논문들 때문이다[*Journal de math.* **3** (1838), 508–516; **4** (1839), 95–99]. 스털링 근사에 의하면 점근값은

$$C_n = \frac{4^n}{\sqrt{\pi}\, n^{3/2}}\left(1 - \frac{9}{8n} + \frac{145}{128n^2} - \frac{1155}{1024n^3} + \frac{36939}{32768n^4} + O(n^{-5})\right) \qquad (16)$$

이다. 구체적으로, 다음과 같은 결론을 얻을 수 있다.

$$\frac{C_{n-k}}{C_n} = \frac{1}{4^k}\left(1 + \frac{3k}{2n} + O\left(\frac{k^2}{n^2}\right)\right), \qquad |k| \le \frac{n}{2}\text{일 때.} \qquad (17)$$

(그리고 (15)에 의해 $C_{n-1}/C_n$은 정확히 $(n+1)/(4n-2)$와 같음은 물론이다.) §2.3.4.4에서는 생성 함수

$$C(z) = C_0 + C_1 z + C_2 z^2 + C_3 z^3 + \cdots = \frac{1 - \sqrt{1-4z}}{2z} \qquad (18)$$

를 유도했으며, 중요한 공식

$$[z^n]\,C(z)^r \;=\; \frac{r}{n+r}\binom{2n+r-1}{n} \;=\; \binom{2n+r-1}{n} - \binom{2n+r-1}{n-1} \tag{19}$$

도 증명했다. 연습문제 2.3.4.4-33의 해답과 *CMath*의 식 (5.70)을 보라.

이러한 사실들은 내포된 괄호열들을 사전순으로 생성하는 알고리즘인 알고리즘 P를 분석하기에 충분하고도 남는 정보를 제공한다. 단계 P2가 $C_n$회 수행됨은 자명하다. 그리고 보통의 경우 P3은 간단한 변경 하나를 수행한 후 P2로 돌아간다. 단계 P4로 가야 하는 경우는 몇 번이나 될까? 답은 쉽다. 그 횟수는 단계 P2에서 $m=2n-1$인 경우의 수이다. 그리고 $m$은 제일 오른쪽 '('의 위치이다. 따라서 $m=2n-1$인 경우는 정확히 $C_{n-1}$번이다. 그러므로 P3에서 $m \leftarrow m-1$로 설정한 후 즉시 P2로 돌아갈 확률은 (17)에 의해 $(C_n - C_{n-1})/C_n \approx 3/4$이다. 한편, 단계 P4에 도달한 경우에는 그 단계에서 $a_j \leftarrow$ ')'와 $a_k \leftarrow$ '('를 정확히 $h-1$번 수행한다고 가정하자. $h > x$인 경우의 수는 길이가 $2n$이고 $x$개의 자명한 쌍 ()...()으로 끝나는 내포열의 개수, 즉 $C_{n-x}$이다. 따라서 알고리즘이 단계 P4에서 $a_j$와 $a_k$를 변경하는 전체 횟수는 (17)에 의해

$$\begin{aligned} C_{n-1}+C_{n-2}+\cdots+C_1 &= C_n\left(\frac{C_{n-1}}{C_n}+\frac{C_{n-2}}{C_n}+\cdots+\frac{C_1}{C_n}\right) \\ &= \frac{1}{3}C_n\left(1+\frac{2}{n}+O\left(\frac{1}{n^2}\right)\right) \end{aligned} \tag{20}$$

이다. 이로써, 앞에서 효율성에 관해 언급한 주장이 증명되었다.

더 깊은 이해를 위해서는 (5)로 표현된, 알고리즘 P에 깔려 있는 재귀적 구조를 연구하는 것이 도움이 될 것이다. 그 공식에서 수열 $A_{pq}$들의 원소 개수는 $C_{pq}$인데, 여기서

$$\text{만일 } 0 \le p \le q \ne 0 \text{이면} \quad C_{pq} = C_{p(q-1)} + C_{(p-1)q}; \qquad C_{00} = 1, \tag{21}$$

그리고 만일 $p<0$이거나 $p>q$이면 $C_{pq}=0$이다. 이로부터 다음과 같은 삼각 배열을 형성할 수 있다.

$$\begin{matrix} C_{00} \\ C_{01} & C_{11} \\ C_{02} & C_{12} & C_{22} \\ C_{03} & C_{13} & C_{23} & C_{33} \\ C_{04} & C_{14} & C_{24} & C_{34} & C_{44} \\ C_{05} & C_{15} & C_{25} & C_{35} & C_{45} & C_{55} \\ C_{06} & C_{16} & C_{26} & C_{36} & C_{46} & C_{56} & C_{66} \end{matrix} \quad = \quad \begin{matrix} 1 \\ 1 & 1 \\ 1 & 2 & 2 \\ 1 & 3 & 5 & 5 \\ 1 & 4 & 9 & 14 & 14 \\ 1 & 5 & 14 & 28 & 42 & 42 \\ 1 & 6 & 20 & 48 & 90 & 132 & 132 \end{matrix} \tag{22}$$

이 배열의 모든 성분은 위쪽과 왼쪽으로 가장 가까운 이웃들의 합이다. 대각선은 카탈랑 수 $C_n = C_{nn}$들이다. 1711년 드무아브르de Moivre로까지 거슬러 올라가는 유서 깊은 이 삼각형의 원소들을 '투표수(ballot numbers)'라고 부르는데, 이는 이들이 현재 개표 상황에서 $p$표를 얻은 후보가 $q$표를 얻은 상대 후보를 반드시 이긴다는 보장이 없음을 만족하는 $p+q$장의 기표지들의 수열을 나타내기 때문이다. 일반식

$$C_{pq} = \frac{q-p+1}{q+1}\binom{p+q}{p} = \binom{p+q}{p} - \binom{p+q}{p-1} \qquad (23)$$

을 귀납법으로 증명할 수 있으며, 또는 좀 더 흥미로운 여러 방법으로 증명할 수도 있다. 연습문제 39와 연습문제 2.2.1-4의 해답을 보라. (19) 때문에 다음이 성립함을 주목하기 바란다.

$$C_{pq} = [z^p]\, C(z)^{q-p+1}. \qquad (24)$$

$n=4$일 때 알고리즘 P는 본질적으로 다음과 같은 재귀적 트리를 서술한다.

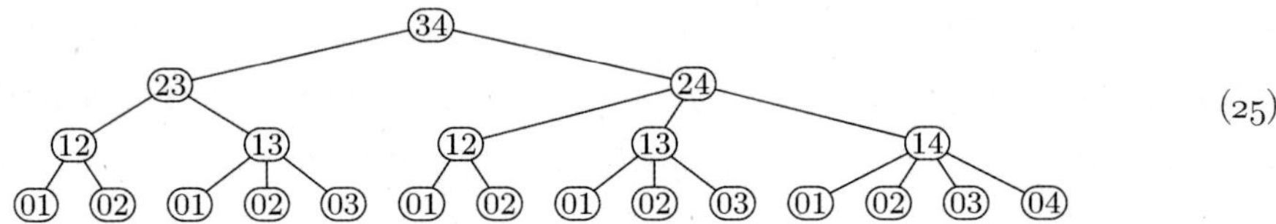


(25)

이는 명세 (5)가 $A_{nn} = \texttt{(}A_{(n-1)n}$과 다음을 함의하기 때문이다.

$$A_{pq} = \texttt{)}^{q-p}\texttt{(}A_{(p-1)p},\quad \texttt{)}^{q-p-1}\texttt{(}A_{(p-1)(p+1)},\quad \texttt{)}^{q-p-2}\texttt{(}A_{(p-1)(p+2)},$$
$$\ldots,\quad \texttt{(}A_{(p-1)q}, \qquad 0 \le p < q\text{일 때}. \qquad (26)$$

이 재귀 트리에서 노드 ⓟⓠ 아래의 잎들의 개수는 $C_{pq}$이며, 노드 ⓟⓠ는 수준 $n-1-p$에서 정확히 $C_{(n-q)(n-1-p)}$번 나타난다. 따라서 반드시

$$0 \le p < n\text{에 대해} \qquad \sum_q C_{(n-q)(n-1-p)} C_{pq} = C_n \qquad (27)$$

이다. (25)의 왼쪽에서 오른쪽으로 잎 노드 열네 개는 표 1의 위에서 아래로 열네 행에 대응된다. 그 표의 $c_1c_2c_3c_4$ 열의 항목들이 해당 수 0000, 0001, 0010, …, 0123을 트리 노드에 대한 '듀이 십진 표기법'에 따라 (25)의 잎들에 배정함을 주목하기 바란다(단, 색인이 1이 아니라 0에서 시작하며 맨 처음에 0이 하나 더 붙는다는 점이 다르다).

재귀 트리의 하단을 따라 한 잎에서 다음 잎으로 기어가는 벌레는 $h$개의 좌표 $c_1 \ldots c_n$이 변할 때, 즉 알고리즘 P가 $h$개의 ( 와 $h$개의 )의 값들을 재설정할 때 $h$개의 수준들을 오르내리게 된다. 이 점을 생각한다면 벌레가 끝까지 기어가는 동안 $h > x$라는 조건이 정확히 $C_{n-x}$번 성립한다는 이전의 결론을 이해하기가 쉬울 것이다.

점화식 (21)이 암시하는 다음과 같은 무한 유향 그래프를 고찰하는 것 역시 알고리즘 P의 이해에 도움이 된다.

(28)

(21) 때문에, $C_{pq}$가 이 유향 그래프에서 ⓟⓠ에서 ⓪⓪으로의 경로들의 수임은 분명하다. 그리고 실제로 $A_{pq}$의 모든 괄호열은 '('가 왼쪽 이동, ')'가 위쪽 이동이라는 관례하에서 그러한 경로에 직접 대응된다. 알고리즘 P는 부분 경로를 확장할 때 먼저 위쪽으로 이동해 보는 방식으로 그러한 모든 경로를 체계적으로 탐색한다.

따라서 알고리즘 P가 $N$번째로 방문하는 괄호열을 쉽게 구할 수 있다. 노드 ⓝⓝ에서 시작해서, 현재 노드가 ⓟⓠ라 할 때 다음과 같은 계산을 수행하면 된다: 만일 $p=q=0$이면 멈춘다. 그렇지 않으면, 만일 $N \le C_{p(q-1)}$이면 ')'를 출력하고 $q \leftarrow q-1$로 설정한 후 이 계산을 되풀이한다. 그렇지 않으면 $N \leftarrow N - C_{p(q-1)}$로 설정하고, '('를 출력하고, $p \leftarrow p-1$로 설정한 후 이 계산을 되풀이한다. 다음이 그러한 알고리즘으로[Frank Ruskey, Ph.D. 학위논문 (University of California, San Diego, 1978), 16-24], 카탈랑 삼각형을 미리 계산해 둘 필요가 없도록 $C_{pq}$를 알고리즘 실행 도중에 즉석에서 평가한다.

**알고리즘 U** (내포된 괄호열의 순위 역계산)**.** $1 \le N \le C_n$인 $n$과 $N$이 주어졌을 때, 이 알고리즘은 알고리즘 P의 $N$번째 출력 $a_1 \ldots a_{2n}$을 계산한다.

**U1.** [초기화.] $q \leftarrow n$, $m \leftarrow p \leftarrow c \leftarrow 1$로 설정한다. $p < n$인 동안 $p \leftarrow p+1$, $c \leftarrow ((4p-2)c)/(p+1)$로 설정한다.

**U2.** [끝인가?] 만일 $q=0$이면 알고리즘을 끝낸다.

**U3.** [위쪽 이동 시도.] $c' \leftarrow ((q+1)(q-p)c)/((q+p)(q-p+1))$로 설정한다. (이 지점에서 $1 \le N \le c = C_{pq}$이고 $c' = C_{p(q-1)}$이다.) 만일 $N \le c'$이면 $q \leftarrow q-1$, $c \leftarrow c'$, $a_m \leftarrow$ ')', $m \leftarrow m+1$로 설정하고 U2로 돌아간다.

**U4.** [왼쪽 이동.] $p \leftarrow p-1$, $c \leftarrow c-c'$, $N \leftarrow N-c'$, $a_m \leftarrow$ '(', $m \leftarrow m+1$로 설정하고 U3으로 돌아간다. ▮

**무작위 트리.** 내포된 괄호열 $a_1a_2 \ldots a_{2n}$을 무작위로 선택하는 한 가지 방법은 그냥 알고리즘 U를 1과 $C_n$ 사이의 무작위 정수 $N$에 적용하는 것이다. 그러나 그 방법은 $n$이 32 정도보다 클 때에는 $C_n$이 상당히 커질 수 있기 때문에 그리 바람직하지 않다. 아놀드D. B. Arnold와 슬리프M. R. Sleep가 제안한[*ACM Trans. Prog. Languages and Systems* **2** (1980), 122-128] 더 간단하고도 나은 방법은, (28)의 노드 ⓝⓝ에서 시작해서 왼쪽 가지 또는 위쪽 가지를 적절한 확률로 택하는 무작위 '벌레 걷기(worm walk)'를 생성하는 것이다. 이러한 방법을 구현한 알고리즘은 알고리즘 U와 거의 비슷하나, $n^2+n+1$보다 작은 음이 아닌 정수들만 다룬다.

**알고리즘 W** (고른분포의 무작위 내포된 괄호열)**.** 이 알고리즘은 (들과 )들이 적절히 내포된 문자열 $a_1a_2 \ldots a_{2n}$ 하나를 무작위로 생성한다.

**W1.** [초기화.] $p \leftarrow q \leftarrow n$, $m \leftarrow 1$로 설정한다.

**W2.** [끝인가?] 만일 $q=0$이면 알고리즘을 끝낸다.

**W3.** [위로 이동 시도.] $X$가 $0 \le X < (q+p)(q-p+1)$ 구간의 무작위 정수라고 할 때, 만일 $X < (q+1)(q-p)$이면 $q \leftarrow q-1$, $a_m \leftarrow$ ')', $m \leftarrow m+1$로 설정하고 W2로 돌아간다.

**W4.** [왼쪽 이동.] $p \leftarrow p-1$, $a_m \leftarrow$ '(', $m \leftarrow m+1$로 설정하고 W3으로 돌아간다. ▮

이러한 벌레 걷기를, $w_m$이 $m$걸음 이후의 벌레의 현재 깊이인 수열 $w_0w_1\ldots w_{2n}$으로 간주할 수 있다. 그러면 $w_0 = 0$이고 $a_m =$ '('일 때 $w_m = w_{m-1}+1$, $a_m =$ ')'일 때에는 $w_m = w_{m-1}-1$이다. 그리고 $w_m \ge 0$, $w_{2n} = 0$이다. (1)과 (2)에 해당하는 수열 $w_0w_1\ldots w_{30}$은 0121012321234345432321232343210이다. 알고리즘 W의 단계 W3 이후에 $q+p = 2n+1-m$과 $q-p = w_{m-1}$이 성립한다.

어떤 숲에 연관된 내포된 괄호열 $a_1\ldots a_{2n}$에 해당하는 벌레 걷기가 $w_0w_1\ldots w_{2n}$이라 할 때, $0 \le m \le 2n$에 대해 평면상의 점 $(m, -w_m)$들을 지나는 경로를 그 숲의 외곽선(outline)이라고 부르기로 하자. 그림 57은 모든 50노드 숲의 외곽선을 그래프로 그리되 각 점의 색을 그 위에 있는 숲들의 개수가 많을수록 더 검게 한 결과이다. 예를 들어 $w_1$은 항상 1이므로 그림 57의 왼쪽 상단의 삼각형 부분이 완전한 검은색이 되었다. 그러나 $w_2$는 0 또는 2이며 0인 경우는 $C_{49} \approx C_{50}/4$가지이므로, 인접한 마름모꼴 영역은 75%의 회색이 되었다. 따라서 그림 57은 §7.2.1.4와 §7.2.1.5의 그림 50, 51, 55에서 본 무작위 분할 형상들과 비슷한, 무작위 숲의 형상을 나타낸 것이라 할 수 있다.

**그림 57.** 무작위 50노드 숲의 형상.

물론 이 모든 숲의 외곽선을 실제로 그릴 수는 없다. 그런 숲은 무려

$$C_{50} = 1{,}978{,}261{,}657{,}756{,}160{,}653{,}623{,}774{,}456$$

개이기 때문이다. 그러나 수학의 도움을 받는다면 정말로 그려낸 척은 할 수 있다. $w_{2m} = 2k$일 확률은 $C_{(m-k)(m+k)}C_{(n-m-k)(n-m+k)}/C_n$이다. $m+k$개의 (들과 $m-k$개의 )들로 시작하는 방법이 $C_{(m-k)(m+k)}$가지이고 $n-(m+k)$개의 (들과 $n-(m-k)$개의 )들로 끝내는 방법이 $C_{(n-m-k)(n-m+k)}$가지이기 때문이다. (23)과 스털링 근사에 의해 이 확률은, $0 < \theta < 1$에 대해 $m = \theta n$일 때 $n \to \infty$에 따라

$$\frac{(2k+1)^2(n+1)}{(m+k+1)(n-m+k+1)}\binom{2m}{m-k}\binom{2n-2m}{n-m+k}\Big/\binom{2n}{n}$$
$$= \frac{(2k+1)^2}{\sqrt{\pi}\,(\theta(1-\theta)n)^{3/2}}\,e^{-k^2/(\theta(1-\theta)n)}\left(1+O\!\left(\frac{k+1}{n}\right)+O\!\left(\frac{k^3}{n^2}\right)\right) \tag{29}$$

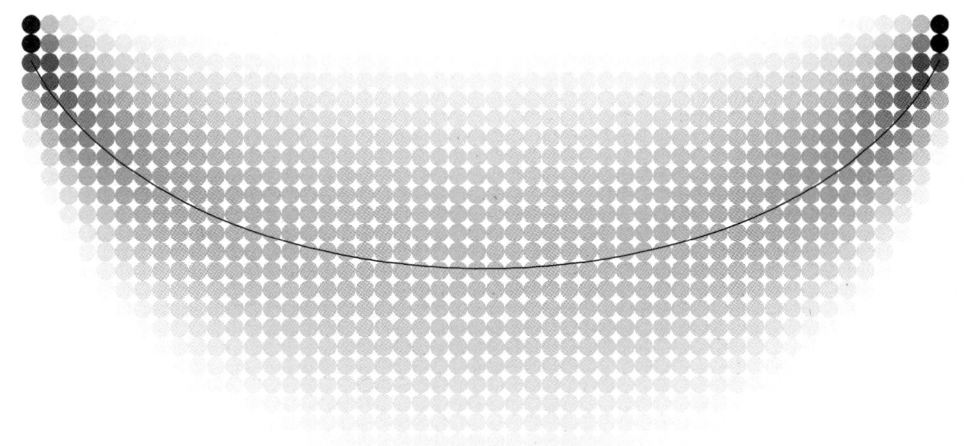

**그림 58.** 무작위 50노드 이진 트리의 내부 노드들의 위치.

이다. $w_{2m}$의 평균은 연습문제 57에서 구하는데, 결과만 말하면

$$\frac{(4m(n-m)+n)\binom{2m}{m}\binom{2n-2m}{n-m}}{n\binom{2n}{n}}-1 = 4\frac{\sqrt{\theta(1-\theta)n}}{\pi}-1+O\left(\frac{1}{\sqrt{n}}\right) \tag{30}$$

이다. $n=50$에 대한 이 평균들이 그림 57에 곡선으로 나와 있다.

$n$이 클 때 벌레 걷기는 소위 '브라운 편위(Brownian excursion)'에 접근한다. 브라운 편위는 확률론에서 중요한 개념으로, 이를테면 Paul Lévy, *Processus Stochastiques et Mouvement Brownien* (1948), 225-237; Guy Louchard, *J. Applied Prob.* **21** (1984), 479-499, *BIT* **26** (1986), 17-34; David Aldous, *Electronic Communications in Probability* **3** (1998), 79-90; Jon Warren, *Electronic Communications in Probability* **4** (1999), 25-29; J.-F. Marckert, *Random Structures & Algorithms* **24** (2004), 118-132를 보라.

무작위 이진 트리의 형상은 어떤 모습일까? 이를 러스키가 *SIAM J. Algebraic and Discrete Methods* **1** (1980), 43-50에서 조사했는데, 그 답이 상당히 흥미롭다. 이진 트리를 (4)처럼 그리되, 내부 노드들의 번호를 대칭순으로 부여해서 $m$번째 내부 노드를 수평 위치 $m$에 그린다. 모든 50노드 이진 트리를 이런 식으로 겹쳐 그리면 그림 58과 같은 노드 위치들의 분포도가 나온다. 비슷하게, 외부 노드들에 0에서 $n$까지의 번호를 대칭순으로 부여해서 수평 위치 .5, 1.5, ..., $n+.5$에 배치한다면, 모든 50노드 이진 트리의 '가장자리'는 그림 59와 같은 분포를 이루게 된다. 뿌리는 제일 왼쪽이나 제일 오른쪽에서 번호가 1 또는 $n$일 가능성이 가장 크며, 중간에서 $\lfloor (n+1)/2 \rfloor$이거나 $\lceil (n+1)/2 \rceil$일 가능성은 가장 적다.

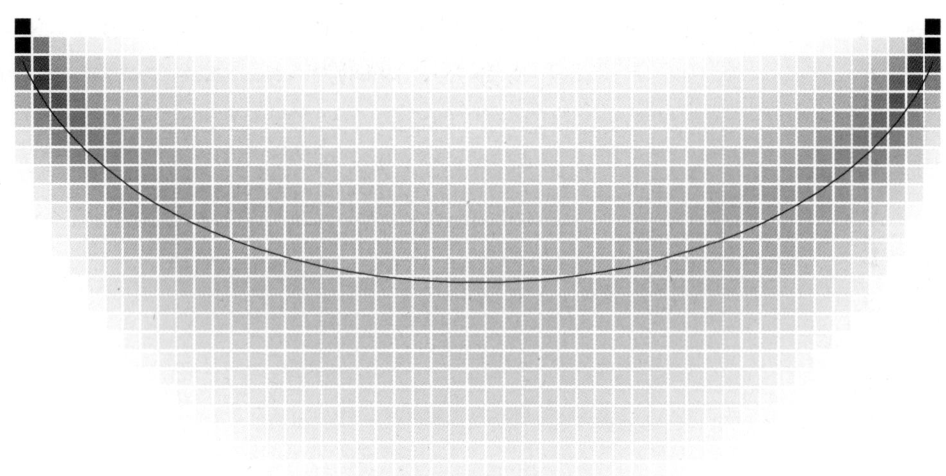

**그림 59.** 무작위 50노드 이진 트리의 외부 노드들의 위치.

그림 57에서처럼, 그림 58과 59의 매끄러운 곡선은 평균 노드 깊이들을 나타낸 것이다. 이들의 정확한 공식을 연습문제 58과 59에서 유도한다. 점근적으로 외부 노드 $m$의 평균 깊이는, $0 < \theta < 1$인 모든 고정된 비율 $\theta$에 대해 다음과 같다.

$$8\frac{\sqrt{\theta(1-\theta)n}}{\pi} - 1 + O\Bigl(\frac{1}{\sqrt{n}}\Bigr), \qquad m = \theta n\text{일 때 } n \to \infty\text{에 따라.} \qquad (31)$$

이다. 신기하게도 (30)과 비슷하다. 그리고 내부 노드 $m$의 점근적인 평균 깊이는 (31)에서 '$-1$'을 '$-3$'으로 바꾼 것이다. 따라서, *한 무작위 이진 트리의 평균 형상은 근사적으로 너비가* $n$ *단위이고 깊이가* $4\sqrt{n/\pi}$ *수준인 타원의 아래쪽 절반이다.*

숲의 무작위 부호화를 생성하는 다른 주목할 만한 방법들은 연습문제 60, 61, 62에서 논의한다. 그 방법들은 알고리즘 W보다는 덜 직접적이지만 그래도 조합의 관점에서 상당히 흥미로운 성질을 가지고 있다. 첫째 것은 $n$개의 (들과 $n$개의 )들로 이루어지나 반드시 적절히 내포된 것은 아닌, $\binom{2n}{n}$가지 가능성은 모두 동일 확률인 임의의 무작위 문자열로 시작한다. 첫째 방법은 그러한 모든 무작위 문자열을 적절히 내포된 괄호열로 변환하되, 정확히 $n+1$개의 문자열이 각각 최종 출력에 대응되도록 변환한다. 둘째 방법은 그와 비슷하되 $n+1$개의 0들과 $n$개의 2들로 이루어진 수열로 시작해서, 정확히 $2n+1$개의 원래 문자열이 각각 가능한 결과를 산출하는 방식으로 대응시킨다. 그리고 셋째 방법은 1들이 정확히 $n-1$개이고 0들이 정확히 $n+1$개인 정확히 $n$개의 비트열로부터 각각 결과를 산출한다. 다른 말로 하면, 세 방법은 $C_n$이 $\binom{2n}{n}/(n+1)$과 같으며 그와 동시에 $\binom{2n+1}{n}/(2n+1)$과도, $\binom{2n}{n-1}/n$과도 같다는 사실의 조합적 증명들을 제공한다. 예를 들어 $n=4$일 때 $14 = 70/5 = 126/9 = 56/4$이다.

무작위 이진 트리를 연결된 이진 트리 형태로 직접 생성하고 싶다면 레미J. L. Rémy가 제안한 아름다운 방법[*RAIRO Informatique Théorique* **19** (1985), 179-195]을 사용하면 된다. 그의 접근 방식은 무작위 카탈랑 트리들이 '자연에서' 실제로 어떻게 나타나는지를 로드리게스Olinde Rodrigues의 고전적 착안[*J. de Math.* **3** (1838), 549]에 기초한 유쾌할 정도로 간단한 메커니즘을 이용해서 보여준다는 점에서 특히나 교육적이다. 우리의 목표가 보통의 $n$노드 이진 트리를 생성하는 것이 아니라 장식된(decorated) 이진 트리, 구체적으로 말하면 외부 노드들에 0에서 $n$까지의 번호를 어떤 순서로 배정한 확장된 이진 트리를 얻는 것이라고 하자. 주어진 임의의 이진 트리를 장식하는 방법은 $(n+1)!$가지이다. 따라서 내부 노드가 $n$개인 장식된 이진 트리는 총

$$D_n = (n+1)!\,C_n = \frac{(2n)!}{n!} = (4n-2)D_{n-1} \qquad (32)$$

개이다.

레미는 주어진 $n-1$차 장식된 트리로부터 $n$차 장식된 트리를 구축하는 간단한 방법이 $4n-2$가지임을 관측했다. 간단한 방법이란, 그냥 주어진 트리의 $2n-1$개의 노드들 중 아무 것이나(내부이든 외부이든) 하나를 선택하고, 그 노드가 $x$라고 할 때 그것을

또는 (33)

으로 대체하는 것이다. 그러면 새 내부 노드와 새 잎 노드가 삽입되고 $x$와 그 후손들(있다면)은 한 수준 아래로 내려간다.

예를 들어 다음은 차수가 6인 장식된 트리를 구축하는 한 가지 방법이다.

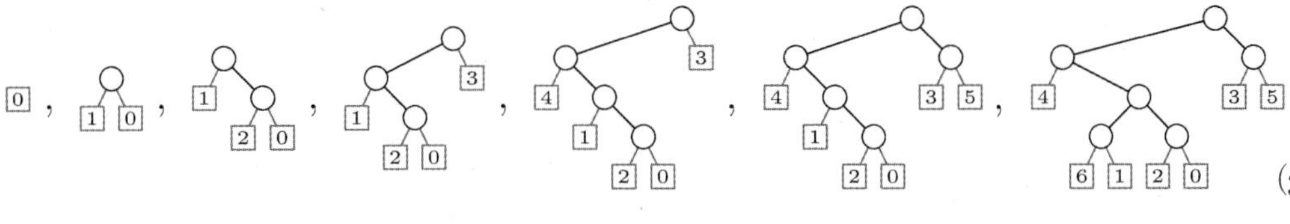

(34)

모든 장식된 트리를 이 공정을 통해서 정확히 한 가지 방식으로 얻을 수 있음을 주목하기 바란다. 이는 각 트리의 선행자가 반드시 번호가 제일 큰 잎을 제거했을 때 나오는 트리이기 때문이다. 따라서 레미의 구축법은 고르게 무작위한 장식된 트리들을 산출한다. 그리고 만일 외부 노드들을 무시한다면, 보통의, 장식되지 않은 버전의 무작위 이진 트리를 얻는 셈이 된다.

레미의 절차를 구현하는 한 가지 매력적인 방법은 이렇다. 외부(잎) 노드들이 짝수 번호이고 내부(가지) 노드들이 홀수 번호인 링크들의 표 $L_0L_1\ldots L_{2n}$을 둔다. 뿌리는 노드 $L_0$이다. 그리고 $1 \le k \le n$에 대해 가지 노드 $2k-1$의 왼쪽, 오른쪽 자식은 각각 $L_{2k-1}$과 $L_{2k}$이다. 이러한 관례를 사용하면 프로그램을 짧고도 쉽게 구현할 수 있다:

**알고리즘 R** (무작위 이진 트리 키우기)**.** 이 알고리즘은 앞에서 설명한 관례를 이용해서, 내부 노드가 $N$개인 고른 분포 무작위 이진 트리의 연결된 표현 $L_0L_1\ldots L_{2N}$을 구축한다.

**R1.** 〔초기화.〕 $n \leftarrow 0$, $L_0 \leftarrow 0$으로 설정한다.

**R2.** 〔끝인가?〕 (이 지점에서 링크 $L_0L_1 \ldots L_{2n}$은 하나의 무작위 $n$노드 이진 트리를 표현한다.) 만일 $n = N$이면 알고리즘을 끝낸다.

**R3.** 〔$n$을 전진.〕 $X$가 0에서 $4n+1$까지의 한 무작위 정수라고 할 때, $n \leftarrow n+1$, $b \leftarrow X \bmod 2$, $k \leftarrow \lfloor X/2 \rfloor$, $L_{2n-b} \leftarrow 2n$, $L_{2n-1+b} \leftarrow L_k$, $L_k \leftarrow 2n-1$로 설정하고 R2로 돌아간다. ▮

***부분집합들의 사슬.** 트리와 괄호를 확실히 이해했다면, 이제 크리스마스 트리 패턴*을 논의할 때가 된 것이다. 크리스마스 트리 패턴은 $2^n$개의 $n$비트 비트열 모두를 $\binom{n}{\lfloor n/2 \rfloor}$행 $n+1$열로 배치하는 놀라운 방법으로, 더브라윈과 판에벤호르스트 텡베르헌van Ebbenhorst Tengbergen, 크라위스베이크Kruyswijk가 발견한 것이다〔*Nieuw Archief voor Wiskunde* (2) **23** (1951), 191-193〕.

1차 크리스마스 트리 패턴은 하나의 행 '0 1'이다. 그리고 2차 패턴은

$$\begin{array}{ccc} & 10 & \\ 00 & 01 & 11 \end{array} \tag{35}$$

이다. 일반적으로, $n$차 패턴의 모든 행 '$\sigma_1\sigma_2\ldots\sigma_s$'를 두 행

$$\begin{array}{ccccc} & \sigma_2 0 & \ldots & \sigma_s 0 & \\ \sigma_1 0 & \sigma_1 1 & \ldots & \sigma_{s-1} 1 & \sigma_s 1 \end{array} \tag{36}$$

로 대체하면($s=1$일 때에는 첫 행을 생략) $n+1$차 패턴이 나온다.

다음 쪽의 표 4는 이런 식으로 만든 8차 패턴이다. 이러한 크리스마스 트리 패턴에는 다음과 같은, 귀납법으로 쉽게 증명할 수 있는 속성이 있다.

i) 이 패턴에는 $2^n$개의 비트열이 각각 정확히 한 번씩 나타난다.

ii) 1이 $k$개인 비트열들이 모두 같은 열에 나타난다.

iii) 각 행의 연속된 비트열들은 0 하나를 1 하나로 바꾼 것만큼만 차이가 난다.

1-비트가 집합의 해당 원소를 뜻한다는 규칙에 따라 각 비트열이 $\{1, \ldots, n\}$의 한 부분집합을 나타낸다고 할 때, 속성 (iii)은 패턴의 각 행이, 각 부분집합이 그 후행자에 포괄되는 식으로 연결되는 하나의 사슬(chain)을 나타냄을 뜻한다. 비트가 아니라 기호로 표현한다면, §7.1.3의 표기법하에서 모든 행 $\sigma_1\sigma_2\ldots\sigma_s$는 $1 \le j < s$에 대해 $\sigma_j \subseteq \sigma_{j+1}$이고 $\nu(\sigma_{j+1}) = \nu(\sigma_j)+1$이라는 속성을 가진다.

속성 (i)과 (ii)에서 알 수 있듯이, 열들의 번호가 0에서 $n$이라고 하면 열 $k$의 원소는 정확히 $\binom{n}{k}$개이다. 이 관측과 각 행의 열들이 가운데로 몰려 있다는 사실을 결합하면, 패턴의 전체 행 개수가 앞에서 주장한 대로 $\max_{0 \le k \le n}\binom{n}{k} = \binom{n}{\lfloor n/2 \rfloor}$임이 증명된다. 이 개수를 $M_n$이라고 부르기로 하자.

---

* 〔주〕 이 이름은 감상적인 이유로 선택된 것이다. 그 패턴은 일반적인 형태가 어떤 명절용 트리와 크게 다르지 않으며, 또한 2002년 12월 스탠포드 대학교에서 있었던 본 저자의 제9차 연례 '크리스마스 트리 강연'의 주제이기도 했다.

표 4

8차 크리스마스 트리 패턴

| | | | | | | | | |
|---|---|---|---|---|---|---|---|---|
| | | | | 10101010 | | | | |
| | | | 10101000 | 10101001 | 10101011 | | | |
| | | | | 10101100 | | | | |
| | | | 10100100 | 10100101 | 10101101 | | | |
| | | | 10100010 | 10100110 | 10101110 | | | |
| | | 10100000 | 10100001 | 10100011 | 10100111 | 10101111 | | |
| | | | | 10110010 | | | | |
| | | | 10110000 | 10110001 | 10110011 | | | |
| | | | | 10110100 | | | | |
| | | | 10010100 | 10010101 | 10110101 | | | |
| | | | 10010010 | 10010110 | 10110110 | | | |
| | | 10010000 | 10010001 | 10010011 | 10010111 | 10110111 | | |
| | | | | 10111000 | | | | |
| | | | 10011000 | 10011001 | 10111001 | | | |
| | | | 10001010 | 10011010 | 10111010 | | | |
| | | 10001000 | 10001001 | 10001011 | 10011011 | 10111011 | | |
| | | | 10001100 | 10011100 | 10111100 | | | |
| | | 10000100 | 10000101 | 10001101 | 10011101 | 10111101 | | |
| | | 10000010 | 10000110 | 10001110 | 10011110 | 10111110 | | |
| | 10000000 | 10000001 | 10000011 | 10000111 | 10001111 | 10011111 | 10111111 | |
| | | | | 11001010 | | | | |
| | | | 11001000 | 11001001 | 11001011 | | | |
| | | | | 11001100 | | | | |
| | | | 11000100 | 11000101 | 11001101 | | | |
| | | | 11000010 | 11000110 | 11001110 | | | |
| | | 11000000 | 11000001 | 11000011 | 11000111 | 11001111 | | |
| | | | | 11010010 | | | | |
| | | | 11010000 | 11010001 | 11010011 | | | |
| | | | | 11010100 | | | | |
| | | | 01010100 | 01010101 | 11010101 | | | |
| | | | 01010010 | 01010110 | 11010110 | | | |
| | | 01010000 | 01010001 | 01010011 | 01010111 | 11010111 | | |
| | | | | 11011000 | | | | |
| | | | 01011000 | 01011001 | 11011001 | | | |
| | | | 01001010 | 01011010 | 11011010 | | | |
| | | 01001000 | 01001001 | 01001011 | 01011011 | 11011011 | | |
| | | | 01001100 | 01011100 | 11011100 | | | |
| | | 01000100 | 01000101 | 01001101 | 01011101 | 11011101 | | |
| | | 01000010 | 01000110 | 01001110 | 01011110 | 11011110 | | |
| | 01000000 | 01000001 | 01000011 | 01000111 | 01001111 | 01011111 | 11011111 | |
| | | | | 11100010 | | | | |
| | | | 11100000 | 11100001 | 11100011 | | | |
| | | | | 11100100 | | | | |
| | | | 01100100 | 01100101 | 11100101 | | | |
| | | | 01100010 | 01100110 | 11100110 | | | |
| | | 01100000 | 01100001 | 01100011 | 01100111 | 11100111 | | |
| | | | | 11101000 | | | | |
| | | | 01101000 | 01101001 | 11101001 | | | |
| | | | 00101010 | 01101010 | 11101010 | | | |
| | | 00101000 | 00101001 | 00101011 | 01101011 | 11101011 | | |
| | | | 00101100 | 01101100 | 11101100 | | | |
| | | 00100100 | 00100101 | 00101101 | 01101101 | 11101101 | | |
| | | 00100010 | 00100110 | 00101110 | 01101110 | 11101110 | | |
| | 00100000 | 00100001 | 00100011 | 00100111 | 00101111 | 01101111 | 11101111 | |
| | | | | 11110000 | | | | |
| | | | 01110000 | 01110001 | 11110001 | | | |
| | | | 00110010 | 01110010 | 11110010 | | | |
| | | 00110000 | 00110001 | 00110011 | 01110011 | 11110011 | | |
| | | | 00110100 | 01110100 | 11110100 | | | |
| | | 00010100 | 00010101 | 00110101 | 01110101 | 11110101 | | |
| | | 00010010 | 00010110 | 00110110 | 01110110 | 11110110 | | |
| | 00010000 | 00010001 | 00010011 | 00010111 | 00110111 | 01110111 | 11110111 | |
| | | | 00111000 | 01111000 | 11111000 | | | |
| | | 00011000 | 00011001 | 00111001 | 01111001 | 11111001 | | |
| | | 00001010 | 00011010 | 00111010 | 01111010 | 11111010 | | |
| | 00001000 | 00001001 | 00001011 | 00011011 | 00111011 | 01111011 | 11111011 | |
| | | 00001100 | 00011100 | 00111100 | 01111100 | 11111100 | | |
| | 00000100 | 00000101 | 00001101 | 00011101 | 00111101 | 01111101 | 11111101 | |
| | 00000010 | 00000110 | 00001110 | 00011110 | 00111110 | 01111110 | 11111110 | |
| 00000000 | 00000001 | 00000011 | 00000111 | 00001111 | 00011111 | 00111111 | 01111111 | 11111111 |

서로 비교할 수 없는 비트열들의 집합 $C$를 난잡(clutter) 집합 또는 '부분집합들의 반사슬(antichain)'이라고 부른다. 여기서 두 비트열이 비교 불가라는 것은, $\sigma$와 $\tau$가 집합 $C$의 서로 다른 원소이면 항상 $\sigma \not\subseteq \tau$라는 뜻이다. 슈페르너Emanuel Sperner의 유명한 정리〔*Math. Zeitschrift* **27** (1928), 544-548〕에 따르면, $\{1, \ldots, n\}$의 난잡 집합의 원소 개수는 $M_n$을 넘지 못한다. 그리고 크리스마스 트리 패턴은 이에 대한 간단한 증명을 제공한다. 그 어떤 난잡 집합도 각 행당 많아야 하나의 원소를 담을 수 있기 때문이다.

사실 크리스마스 트리 패턴으로 증명할 수 있는 것은 그 외에도 아주 많다. 우선 크리스마스 트리 패턴에는 $0 \le k \le n/2$에 대해 길이가 $n+1-2k$인 행들이 정확히 $\binom{n}{k}-\binom{n}{k-1}$개 나타남을 주목하자. 이는 열 $k$의 원소 개수가 정확히 $\binom{n}{k}$개이기 때문이다. 예를 들어 표 4에는 길이가 9인 행이 하나 있다. 제일 아래 행이 바로 그것이다. 또한 길이가 7인 행은 $\binom{8}{1}-\binom{8}{0}=7$개, 5인 행은 $\binom{8}{2}-\binom{8}{1}=20$개, 3인 행은 $\binom{8}{3}-\binom{8}{2}=28$개, 1인 행은 $\binom{8}{4}-\binom{8}{3}=14$개가 있다. 더 나아가서, 이 수 $\binom{n}{k}-\binom{n}{k-1}$들은 카탈랑 삼각형 (22)에도 등장한다. (23)에 따르면 이 수들은 $C_{k(n-k)}$와 같기 때문이다.

좀 더 연구해 보면, 이러한 카탈랑 수와의 연관 관계가 단순한 우연이 아님을 알 수 있다. 사실 내포된 괄호열은 크리스마스 트리 패턴을 좀 더 깊게 이해하는 열쇠이다. 왜냐하면 괄호열에 대한 이론은 하나의 임의의 비트열이 배열의 어디에 들어맞는지를 알려주기 때문이다. 1과 0 대신 각각 기호 ( 와 )를 사용한다고 하자. 임의의 괄호열(적절히 내포된 것이든 아니든)을 $0 \le p \le q$인 어떤 $p$와 $q$에 대해 다음과 같은 형태로 유일하게 표현할 수 있다.

$$\alpha_0)\ldots\alpha_{p-1})\alpha_p(\alpha_{p+1}\ldots(\alpha_q. \qquad (37)$$

여기서 부분문자열 $\alpha_0, \ldots, \alpha_q$는 적절히 내포된 괄호열이며 빈 문자열일 수도 있다. 쌍을 이루는 다른 괄호가 없다는 뜻에서 '자유로운' 오른쪽 괄호는 정확히 $p$개이고 자유로운 왼쪽 괄호는 $q-p$개이다. 예를 들어 괄호열

$$)\,(())()\,)\,()\,)))\,(((((\,()\,(\,()()\,(\,(()) \qquad (38)$$

은 $p=5$, $q=12$이고 $\alpha_0=\epsilon$, $\alpha_1=(())()$, $\alpha_2=()$, $\alpha_3=\epsilon$, $\ldots$, $\alpha_{12}=(())$이다. 일반적으로, (37)의 문자열은 길이가 $q+1$인 사슬

$$\alpha_0)\ldots\alpha_{q-1})\alpha_q,\quad \alpha_0)\ldots\alpha_{q-2})\alpha_{q-1}(\alpha_q,\quad \ldots,\quad \alpha_0(\alpha_1\ldots(\alpha_q \qquad (39)$$

의 일부로, 이 사슬은 $q$개의 자유 )들로 시작해서 그것들을 하나씩 자유 (로 바꾸어 나간 것이다. 크리스마스 트리 패턴의 모든 행도 이와 정확히 동일한 방식으로 얻을 수 있다. ( 와 ) 대신 1과 0을 사용한다는 것이 다를 뿐이다. 왜냐하면, 사슬 $\sigma_1 \ldots \sigma_s$가 내포된 괄호열 $\alpha_0, \ldots, \alpha_{s-1}$에 해당한다고 할 때, (36)의 그 후행자 사슬들은 각각 $\alpha_0, \ldots, \alpha_{s-3}, \alpha_{s-2}(\alpha_{s-1})$과 $\alpha_0, \ldots, \alpha_{s-3}, \alpha_{s-2}, \alpha_{s-1}, \epsilon$에 대응되기 때문이다. 〔Curtis Greene, Daniel J. Kleitman, *J. Combinatorial Theory*

**A20** (1976), 80-88을 보라.]

또한 크리스마스 트리 패턴의 각 행의 제일 오른쪽 원소들, 이를테면 $n=8$인 경우 10101010, 10101011, 10101100, 10101101, ⋯, 11111110, 11111111이 사전순을 따른다는 점도 주목하기 바란다. 따라서, 예를 들어 표 4에서 길이가 1인 열네 행들은 표 1의 내포된 괄호열 열네 개와 정확하게 대응된다. 이러한 관측을 이용하면 알고리즘 P와 비슷한 방법을 이용해서, 표 4의 행들을 아래에서 위로 순차적으로 손쉽게 생성할 수 있다. 연습문제 77을 보라.

$f(x_1, \ldots, x_n)$이 임의의 $n$변수 단조 부울 함수라고 하자. $\sigma = a_1 \ldots a_n$이 길이가 $n$인 임의의 비트열이라고 할 때, 편의상 $f(\sigma) = f(a_1, \ldots, a_n)$이라고 표기할 수 있다. 크리스마스 트리 패턴의 임의의 행 $\sigma_1 \ldots \sigma_s$는 하나의 사슬을 형성하므로

$$0 \le f(\sigma_1) \le \cdots \le f(\sigma_s) \le 1 \tag{40}$$

이다. 다른 말로 하면, $j < t$에 대해 $f(\sigma_j) = 0$이고 $j \ge t$에 대해 $f(\sigma_j) = 1$인 색인 $t$가 존재한다. 만일 패턴의 각 행마다 그러한 색인 $t$를 안다면 $2^n$개의 비트열 $\sigma$들 모두에 대한 $f(\sigma)$ 값을 알 수 있다.

한젤Georges Hansel은 크리스마스 트리 패턴에 다음과 같은 또 다른 중요한 속성이 있음을 지적했다 [*Comptes Rendus Acad. Sci.* (A) **262** (Paris, 1966), 1088-1090]: $\sigma_{j-1}$, $\sigma_j$, $\sigma_{j+1}$이 임의의 행의 연속된 세 항목이라고 할 때, 비트열

$$\sigma'_j = \sigma_{j-1} \oplus \sigma_j \oplus \sigma_{j+1} \tag{41}$$

은 그 이전 행에 있다. 그리고 $\sigma'_j$는 $\sigma_j$와 같은 열에 있으며, 다음을 만족한다.

$$\sigma_{j-1} \subseteq \sigma'_j \subseteq \sigma_{j+1}. \tag{42}$$

이러한 $\sigma'_j$을 $(\sigma_{j-1} .. \sigma_{j+1})$ 구간에서의 $\sigma_j$의 상대적 여원(relative complement)이라고 부른다. 크리스마스 트리 패턴을 정의하는 재귀 규칙 (36) 덕분에 한젤의 관측을 귀납법으로 쉽게 증명할 수 있다. 그는 그 관측을 이용해서, 비교적 적은 수의 잘 선택된 지점들에서 함수 $f$를 평가함으로써 모든 $\sigma$에 대한 $f(\sigma)$의 값들을 유도할 수 있음을 보였다. $f(\sigma'_j)$의 값을 안다면 (42)의 점화식으로 $f(\sigma_{j-1})$ 또는 $f(\sigma_{j+1})$의 값을 구할 수 있음을 주목할 것.

**알고리즘 H** (단조 부울 함수 파악). $f(x_1, \ldots, x_n)$이 각 부울 변수가 감소하지 않으나 그 외의 속성은 알려져 있지 않은 한 부울 함수라고 하자. 길이가 $n$인 비트열 $\sigma$가 주어졌을 때, 크리스마스 트리 패턴에서 그 $\sigma$가 나타나는 행들의 개수를 $r(\sigma)$라고 하자. 여기서 $1 \le r(\sigma) \le M_n$이다. 그리고 $1 \le m \le M_n$에 대해 $s(m)$이 행 $m$의 비트열 개수라고 하자. 또한 $(n+1-s(m))/2 \le k \le (n-1+s(m))/2$에 대해 $\chi(m,k)$는 그 행의 열 $k$에 있는 비트열이라고 하자. 이 알고리즘은 다음을 만족하는 문턱값 $t(1)$, $t(2)$, …, $t(M_n)$을 계산한다.

$$f(\sigma) = 1 \quad \Longleftrightarrow \quad \nu(\sigma) \ge t(r(\sigma)). \tag{43}$$

이 알고리즘은 각 행당 많아야 두 개의 점에서만 $f$를 평가한다.

**H1.** 〔$m$에 대한 반복.〕 단계 H2에서 H4까지를 $m=1$, …, $M_n$에 대해 수행한 후 알고리즘을 끝낸다.

**H2.** 〔행 $m$을 시작.〕 $a \leftarrow (n+1-s(m))/2$, $z \leftarrow (n-1+s(m))/2$로 설정한다.

**H3.** 〔이진 검색을 수행.〕 만일 $z \le a+1$이면 H4로 간다. 그렇지 않으면 $k \leftarrow \lfloor (a+z)/2 \rfloor$,

$$\sigma \leftarrow \chi(m,k-1) \oplus \chi(m,k) \oplus \chi(m,k+1) \tag{44}$$

로 설정한다. 만일 $k \ge t(r(\sigma))$이면 $z \leftarrow k$로 설정하고, 그렇지 않으면 $a \leftarrow k$로 설정한다. 단계 H3을 되풀이한다.

**H4.** 〔평가.〕 만일 $f(\chi(m,a))=1$이면 $t(m) \leftarrow a$로 설정하고, 그렇지 않고 만일 $a=z$이면 $t(m) \leftarrow a+1$로 설정한다. 그렇지 않으면 $t(m) \leftarrow z+1-f(\chi(m,z))$로 설정한다. ▮

한젤의 알고리즘은 $f$를 최악의 경우에서도 가능한 가장 적은 수의 점들에서 평가한다는 점에서 최적이다. 근거는, 만일 $f$가 문턱값 함수

$$f(\sigma) = [\nu(\sigma) > n/2] \tag{45}$$

이면, 크리스마스 트리 패턴의 처음 $m$행에 대해 $f$를 파악하는 임의의 유효한 알고리즘은 반드시 각 행의 열 $\lfloor n/2 \rfloor$에서, 그리고 크기가 1보다 큰 각 행의 열 $\lfloor n/2 \rfloor + 1$에서 $f(\sigma)$를 평가해야 하기 때문이다. 그렇지 않다면 $f$와 오직 조사하지 않은 점 하나에서만 다른 함수를 $f$와 구분할 수 없다. 〔V. K. Korobkov, *Problemy Kibernetiki* **13** (1965), 5–28, Theorem 5를 보라.〕

**지향 트리와 지향 숲.** 부모-자식 관계는 중요하지만 각 가족의 자식들의 순서는 중요하지 않은 또 다른 종류의 트리로 관심을 돌리자. 노드가 $n$개인 지향 숲(oriented forest, 유향 숲)을 포인터들의 순차열 $p_1 \ldots p_n$으로 정의할 수 있는데, 여기서 $p_j$는 노드 $j$의 부모이다(단, $j$가 뿌리일 때에는 $p_j=0$). 정점들이 $\{0,1,\ldots,n\}$이고 호들이 $\{j \to p_j \mid 1 \le j \le n\}$인 유향 그래프에는 지향 순환마디가 없다. 지향 트리(oriented tree)는 뿌리가 단 하나인 지향 숲이다. (§2.3.4.2를 보라.) 모든 $n$노드 지향 숲은 $(n+1)$노드 지향 트리와 동치인데, 그 트리의 뿌리를 그 숲의 모든 뿌리의 부모로 간주할 수 있기 때문이다. §2.3.4.4에서 보았듯이, $n$노드 지향 트리의 개수를 $A_n$이라고 할 때 처음 몇 개의 값들은 다음과 같다.

$$\begin{array}{rcrrrrrrrrrrrrrr} n &=& 1 & 2 & 3 & 4 & 5 & 6 & 7 & 8 & 9 & 10 & 11 & 12 & 13 & 14 \\ A_n &=& 1 & 1 & 2 & 4 & 9 & 20 & 48 & 115 & 286 & 719 & 1842 & 4766 & 12486 & 32973. \end{array} \tag{46}$$

점근적으로는 $A_n = c\alpha^n n^{-3/2} + O(\alpha^n n^{-5/2})$인데, 여기서 $\alpha \approx 2.9558$이고 $c \approx 0.4399$이다. 따라서 예를 들어 표 1의 열네 숲들 중 수평 좌우 순서를 무시하고 오직 수직 방향만 고려한다면 서로 구별되는 숲은 단 아홉 개이다.

각 가족의 구성원들을 스코인스H. I. Scoins가 소개한 트리 순서〔*Machine Intelligence* **3** (1968),

43-60]를 이용해서 적절히 정렬한다면, 모든 지향 숲은 각각 하나의 유일한 순서 있는 숲(ordered forest, 이하 줄여서 순서 숲)에 대응된다: (11)에서 보았듯이, 순서 숲을 전위순 노드 $j$가 수준 $c_j$에서 나타남을 뜻하는 수준 부호 $c_1 \ldots c_n$으로 특징지을 수 있다. 순서 숲의 각 가족의 부분트리에 대한 수준 부호열들이 사전식 순서로 비증가순인 경우, 그러한 순서 숲을 표준(canonical) 순서 숲이라고 부른다. 예를 들어 표 1에서 표준 순서 숲은 수준 부호 $c_1c_2c_3c_4$가 0000, 0100, 0101, 0110, 0111, 0120, 0121, 0122, 0123인 숲들이다. 수준 부호열 0112는 표준이 아니다. 뿌리의 부분 트리들의 해당 수준 부호가 1과 12인데 문자열 1은 사전순으로 12보다 작기 때문이다. *표준 수준 부호들은 주어진 지향 숲의 부분트리들의 순서를 재배열하는 모든 방법 중 사전순으로 가장 큰 방법*인데, 이를 귀납법으로 쉽게 증명할 수 있다.

베이어T. Beyer와 헤뎃니마이S. M. Hedetniemi [*SICOMP* **9** (1980), 706-712]는 표준 수준 부호들을 사전식 순서의 내림차순(감소순)으로 방문한다면 지향 숲들을 놀랄 만큼 간단하게 생성할 수 있음을 지적했다. $c_1 \ldots c_n$이 하나의 표준 부호열이고 $c_k > 0$, $c_{k+1} = \cdots = c_n = 0$이라고 하자. 그 다음으로 작은 부호열은 $c_k$를 감소하고 $c_{k+1} \ldots c_n$을 표준 조건을 만족하는 가장 큰 수준들로 증가한 것이다. 그리고 그러한 수준들을 계산하는 것은 어렵지 않다. $j = p_k$가 노드 $k$의 부모라고 할 때 $j < l \leq k$에 대해 $c_j = c_k - 1 < c_l$이며, 따라서 수준 $c_j \ldots c_k$는 현재 노드 $j$를 뿌리로 하는 부분트리를 나타내기 때문이다. 따라서 $c_1 \ldots c_n$보다 작은 최대 부호열을 얻는 방법은 $c_k \ldots c_n$을 무한 수열 $(c_j \ldots c_{k-1})^\infty = c_j \ldots c_{k-1} c_j \ldots c_{k-1} c_j \ldots$의 처음 $n+1-k$개의 원소로 대체하는 것이다. (그러면 $k$가 현재 위치, 즉 $j$의 제일 오른쪽 자식의 위치에서 제거되어서 $j$의 동기들인 새 부분트리들과 그 후손들에 최대한 여러 번 추가되는 효과가 생긴다. 이 복제 공정이 수준 부호열 $c_j \ldots c_{k-1}$의 중간에서 멈출 수도 있으나, 그렇다고 해도 표준 수준 부호열의 모든 접두열이 표준 수준 부호열이므로 어려움이 생기지는 않는다.) 예를 들어 23443433000000000으로 끝나는 임의의 표준 수준 부호열의 후행자를 얻으려면 마지막의 3000000000을 2344343234로 대체하면 된다.

**알고리즘 O** (지향 숲). 이 알고리즘은 표준 $n$노드 숲들을 해당 수준 부호열 $c_1 \ldots c_n$의 사전순 내림차순으로 방문해서 모든 $n$노드 지향 숲을 생성한다. 그런데 알고리즘이 수준 부호들을 명시적으로 계산하지는 않는다. 각 표준 숲을 전위순 노드들의 부모 포인터들의 순차열 $p_1 \ldots p_n$으로 직접 표현한다. 노드 0이 뿌리에 있다고 상상한다면, 이 알고리즘은 모든 $n+1$노드 지향 트리를 생성하는 알고리즘이기도 하다. 이 알고리즘은 $p_0 \leftarrow -1$로 설정한다.

**O1.** [초기화.] $0 \leq k \leq n$에 대해 $p_k \leftarrow k-1$로 설정한다. (특히, 이 단계에 의해 알고리즘 종료 판정에 쓰이는 $p_0$이 0이 아닌 값이 된다. 단계 O4를 보라.)

**O2.** [방문.] 부모 포인터 $p_1 \ldots p_n$으로 표현되는 숲을 방문한다.

**O3.** [쉬운 계산인가?] 만일 $p_n > 0$이면 $p_n \leftarrow p_{p_n}$으로 설정하고 단계 O2로 돌아간다.

**O4.** [$j$와 $k$를 찾는다.] $p_k \neq 0$인 가장 큰 $k < n$을 찾는다. 만일 $k = 0$이면 알고리즘을 끝낸다. 그렇지 않으면 $j \leftarrow p_k$, $d \leftarrow k - j$로 설정한다.

**O5.** 〔복제.〕 만일 $p_{k-d} = p_j$이면 $p_k \leftarrow p_j$로 설정한다. 그렇지 않으면 $p_k \leftarrow p_{k-d} + d$로 설정한다. 만일 $k = n$이면 단계 O2로 돌아가고, 그렇지 않으면 $k \leftarrow k+1$로 설정하고 이 단계를 되풀이 한다. ▌

지금까지 본 다른 알고리즘들처럼, 단계 O4와 O5의 루프들은 상당히 짧게 끝나는 경향이 있다. 연습문제 88를 보라. 연습문제 90에서는 이 알고리즘을 조금만 고치면 자유 트리들을 형성하는 간선들의 모든 배치를 생성하게 만들 수 있음을 증명한다.

**신장 트리.** 이번에는 주어진 그래프의 너비 전체에 '걸치는(span)' 최소한의 부분그래프를 고찰해 보자. $G$가 $n$개의 정점에 대한 연결된 그래프라고 할 때, $G$의 신장 트리(spanning tree)들은 순환마디가 없는 $n-1$개의 간선들의 부분집합들이다. 다른 말로 하면, 모든 정점을 연결하는 하나의 자유 트리를 형성하는 간선들의 부분집합들이다. 신장 트리는 여러 응용 분야에서 중요한데, 특히 네트워크의 연구에서 그렇다. 그런 만큼 모든 신장 트리를 생성하는 문제는 여러 저자들에 의해서 다루어졌다. 모든 신장 트리를 체계적으로 나열하는 방법은 20세기 초에 포이스너Wilhelm Feussner가 개발했는데 〔*Annalen der Physik* (4) **9** (1902), 1304-1329〕, 그때는 누군가가 다른 종류의 트리를 생성하는 문제를 생각하기 시작한 때보다 한참 전이었다.

아래의 논의에서는 그래프의 두 정점 사이의 간선 개수에 제한을 두지 않는다. 그러나 한 정점에서 자기 자신으로의 고리(loop)는 허용하지 않는다. 그러한 자기 고리는 트리의 일부가 될 수 없기 때문이다. 포이스너의 기본 착안은 아주 간단하지만 계산에 매우 적합한 것이었다: $e$가 $G$의 임의의 간선이라 할 때, 하나의 신장 트리는 $e$를 포함하거나 포함하지 않는다. $e$가 정점 $u$와 $v$를 연결한다고 하자. 그리고 $e$가 신장 트리의 일부라고 하자. 그러면 그 트리의 다른 $n-2$개의 간선들은 $u$와 $v$가 동일하다고 간주했을 때 나오는 그래프 $G/e$에 대한 신장 트리를 형성한다. 다른 말로 하면, $e$를 포함하는 신장 트리들은 간선 $e$를 하나의 점으로 수축했을 때 나오는 수축된 그래프 $G/e$의 신장 트리들과 같다. 한편 $e$를 포함하지 않는 신장 트리들은 간선 $e$를 제거했을 때 나오는 축약된 그래프 $G \setminus e$의 신장 트리들이다. 따라서, $G$의 모든 신장 트리의 집합 $S(G)$는 기호적으로 다음을 만족한다.

$$S(G) = e\,S(G/e) \cup S(G \setminus e). \tag{47}$$

스미스Malcolm J. Smith는 자신의 University of Victoria 석사 학위 논문(1997)에서, 모든 신장 트리를 '회전문 그레이 부호'순으로 찾음으로써 점화식 (47)을 수행하는 멋진 방법 하나를 소개했다. 그의 방안은 한 트리에서 그냥 간선 하나를 제거하고 다른 간선으로 대체해서 그 트리의 후행자를 구한다. 그러한 순서 관계를 찾는 것이 어렵지는 않다. 중요한 것은, 그러한 작업을 효율적으로 수행하는 것이다.

스미스의 알고리즘의 기본 착안은, 첫 신장 트리가 주어진 인근 트리(near tree)를 포함하도록 $S(G)$를 생성한다는 것이다. 여기서 인근 트리란 순환마디가 없는 $n-2$개의 간선들의 집합이다. $n=2$일 때에는 이 과제를 간단히 수행할 수 있다. 그냥 모든 간선을 나열하면 된다. $n>2$인 경우에는, 주어진 인근 트리가 $\{e_1, \ldots, e_{n-2}\}$라고 할 때 다음과 같이 진행한다: $G$가 연결된 그래프라고 가정하자. 그렇지 않다면 신장 트리는 없는 것이다. $G/e_1$을 형성하고 그 신장 트리들 중 $\{e_2, \ldots, e_{n-2}\}$를 포함하는 신장 트리로부터 시작해서 각 신장트리에 $e_1$을 추가한다. $\{e_2, \ldots, e_{n-2}\}$가 $G/e_1$의 한 인근 트리임을 인식한다면 이러한 재귀 공정을 이해할 수 있을 것이다. $G/e_1$에 대해 이런 식으로 찾아낸 마지막 신장 트리가 $f_1 \cdots f_{n-2}$이라면, $G \setminus e_1$에 대한 모든 신장 트리를 인근 트리 $\{f_1, \ldots, f_{n-2}\}$를 포함하는 것부터 시작해서 나열한다는 과제가 완수된 것이다.

예를 들어 $G$가 네 개의 정점과 다섯 개의 간선 $\{p, q, r, s, t\}$로 이루어진 다음과 같은 그래프라고 하자.

$$G = \quad ①\ \overset{p}{—}\ ②\ \overset{s}{—}\ ④,\quad ①\ \underset{q}{—}\ ③\ \underset{t}{—}\ ④,\quad ②\ \overset{r}{|}\ ③ \tag{48}$$

스미스의 절차는 인근 트리 $\{p, q\}$로 시작해서 우선 수축된 그래프

$$G/p = \quad (1,2)\ \overset{s}{—}\ ④,\quad ③\ \underset{t}{—}\ ④,\quad (1,2)\ \overset{q}{|}\overset{r}{|}\ ③ \tag{49}$$

를 형성하고 그 신장 트리들을 $\{q\}$를 포함한 것부터 시작해서 나열한다. 나열한 목록은 반드시 $qs$, $qt$, $ts$, $tr$, $rs$이다. 따라서 트리 $pqs$, $pqt$, $pts$, $ptr$, $prs$는 $G$의 신장 트리들이다. 남은 과제는 그래프

$$G \setminus p = \quad ①\ \underset{q}{—}\ ③\ \underset{t}{—}\ ④,\quad ②\ \overset{s}{—}\ ④,\quad ②\ \overset{r}{|}\ ③ \tag{50}$$

의 신장 트리들을 $\{r, s\}$를 포함하는 것부터 나열하는 것인데, 그러면 $rsq$, $rqt$, $qts$이다.

스미스의 알고리즘의 상세한 구현을 보면 배울 것이 많다. 항상 그렇듯이, 알고리즘은 각 간선 $u — v$에 해당하는 두 호 $u \longrightarrow v$와 $v \longrightarrow u$를 두고, 각 정점에서 나가는 호들을 나타내는 '호 노드들'의 목록들을 통해서 그래프를 표현한다. 알고리즘 도중에 그래프의 간선들을 수축하거나 다시 복원할 것이므로, 그러한 목록을 이중 연결 목록 형태로 구현한다. 만일 $a$가 $u \longrightarrow v$를 나타내는 하나의 호 노드를 가리킨다면,

> $a \oplus 1$은 $a$의 '상대(mate)', 즉 $v \longrightarrow u$를 나타내는 호 노드를 가리킨다;
> $t_a$는 $a$의 끝(tip), 즉 $v$이다(따라서 $t_{a\oplus 1} = u$이다);
> $i_a$는 이 간선을 식별하는 추가적인 이름이다(그리고 $i_{a\oplus 1}$과 같다);
> $n_a$는 $u$의 호 목록에서 다음 원소를 가리킨다;
> $p_a$는 $u$의 호 목록에서 이전 원소를 가리킨다;
> $l_a$는 삭제된 호를 복원하는 데 쓰이는 링크로, 아래에서 좀 더 설명한다.

정점들은 정수 $\{1, \ldots, n\}$으로 표현된다. 그리고 호 번호 $v - 1$은 정점 $v$의 이중 연결 호 목록의 머리 노드이다. 어떤 노드 $a$가 하나의 머리 노드인지는 그 끝 $t_a$가 0인지를 보면 알 수 있다. $d_v$는

정점 $v$의 도수(degree)이다. 예를 들어 그래프 (48)을 이런 식으로 표현한다면, $(d_1, d_2, d_3, d_4) = (2, 3, 3, 2)$이고 열네 개의 호 노드 자료들은 다음과 같다.

| $a =$ | 0 | 1 | 2 | 3 | 4 | 5 | 6 | 7 | 8 | 9 | 10 | 11 | 12 | 13 |
|---|---|---|---|---|---|---|---|---|---|---|---|---|---|---|
| $t_a =$ | 0 | 0 | 0 | 0 | 1 | 2 | 1 | 3 | 2 | 3 | 2 | 4 | 3 | 4 |
| $i_a =$ | | | | | $p$ | $p$ | $q$ | $q$ | $r$ | $r$ | $s$ | $s$ | $t$ | $t$ |
| $n_a =$ | 5 | 4 | 6 | 10 | 9 | 7 | 8 | 0 | 13 | 11 | 12 | 1 | 3 | 2 |
| $p_a =$ | 7 | 11 | 13 | 12 | 1 | 0 | 2 | 5 | 6 | 4 | 3 | 9 | 10 | 8 |

스미스의 알고리즘의 암묵적인 재귀 과정을 호 포인터들의 배열 $a_1 \ldots a_{n-1}$을 이용해서 간편하게 제어할 수 있다. 공정의 수준 $l$에서 호 $a_1 \ldots a_{l-1}$은 현재 신장 트리에 포함된 간선들을 나타낸다. $a_l$은 무시되며, 호 $a_{l+1} \ldots a_{n-1}$은 수축된 그래프 $(\ldots(G/a_1)\ldots)/a_{l-1}$의 인근 트리의 간선들 중 다음에 방문할 신장 트리에 포함되어야 하는 간선들을 나타낸다.

또한 호 포인터들의 또 다른 배열 $s_1 \ldots s_{n-2}$도 있는데, 이는 현재 그래프에서 일시적으로 제거된 호들의 스택을 나타낸다. 수준 $l$에 대한 스택의 최상위 원소는 $s_l$이며, 각 호 $a$는 링크 $l_a$(스택 최하위 원소의 경우에는 0)를 통해서 그 후행자로 연결된다.

만일 제거한다면 연결된 그래프가 더 이상 연결된 그래프가 아니게 되는 간선을 가리켜 다리(bridge) 간선이라고 한다. 아래 알고리즘의 핵심 중 하나는, 현재 그래프를 최대한 연결된 상태로 유지한다는 것이다. 따라서 $e$가 하나의 다리 간선일 때 $G \leftarrow G \setminus e$로 설정하지는 않는다.

**알고리즘 S** (모든 신장 트리). 위에서 설명한 자료구조들로 표현된 연결된 그래프 하나가 주어졌을 때, 이 알고리즘은 그 그래프의 모든 신장 트리를 방문한다.

이 알고리즘은 이중 연결 목록의 항목들을 제거하거나 복원할 때 §7.2.2.1에서 상세히 논의할 '춤추는 연결고리'라는 기법을 활용한다. 아래의 단계들에서 'delete$(a)$'라는 표현은 다음과 같은 한 쌍의 연산을 줄여서 표기한 것이다.

$$n_{p_a} \leftarrow n_a, \quad p_{n_a} \leftarrow p_a. \tag{51}$$

마찬가지로, 'undelete$(a)$'는 다음을 뜻한다.

$$p_{n_a} \leftarrow a, \quad n_{p_a} \leftarrow a. \tag{52}$$

**S1.** [초기화.] $a_1 \ldots a_{n-1}$을 그래프의 한 신장 트리로 설정한다. (연습문제 94를 보라.) 또한 $x \leftarrow 0$, $l \leftarrow 1$, $s_1 \leftarrow 0$으로 설정한다. 만일 $n = 2$이면 $v \leftarrow 1$, $e \leftarrow n_0$으로 설정하고 S5로 간다.

**S2.** [수준 $l$로 진입.] $e \leftarrow a_{l+1}$, $u \leftarrow t_e$, $v \leftarrow t_{e \oplus 1}$로 설정한다. 만일 $d_u > d_v$이면 $v \leftrightarrow u$로 맞바꾸고 $e \leftarrow e \oplus 1$로 설정한다.

**S3.** [$e$를 수축.] (이제부터, $u$의 인접성 목록을 $v$에 삽입해서 $u$를 $v$와 동일하게 만든다. 또한 $e$를 포함해서 $u$와 $v$ 사이의 이전 간선들도 모두 삭제해야 한다. 그런 간선들이 남아 있으면 고리가 만들어질 수 있기 때문이다. 삭제된 간선들은 이후 단계 S7에서 다시 복원할 수 있도록

연결된다.) $k \leftarrow d_u + d_v$, $f \leftarrow n_{u-1}$, $g \leftarrow 0$으로 설정한다. $t_f \neq 0$인 동안 다음을 수행한다: 만일 $t_f = v$이면 delete$(f)$와 delete$(f \oplus 1)$을 수행하고, $k \leftarrow k-2$, $l_f \leftarrow g$, $g \leftarrow f$로 설정한다; 그렇지 않으면 $t_{f\oplus 1} \leftarrow v$로 설정한다. 그런 다음 $f \leftarrow n_f$로 설정하고, 이러한 연산들을 $t_f = 0$이 될 때까지 되풀이한다. 마지막으로 $l_e \leftarrow g$, $d_v \leftarrow k$, $g \leftarrow v-1$, $n_{p_f} \leftarrow n_g$, $p_{n_g} \leftarrow p_f$, $p_{n_f} \leftarrow g$, $n_g \leftarrow n_f$, $a_l \leftarrow e$로 설정한다.

**S4.** 〔$l$을 전진.〕 $l \leftarrow l+1$로 설정한다. 만일 $l < n-1$이면 $s_l \leftarrow 0$으로 설정하고 S2로 돌아간다. 그렇지 않으면 $e \leftarrow n_{v-1}$로 설정한다.

**S5.** 〔방문.〕 (이제 현재 그래프는 정점이 단 두 개이고, 그중 하나는 $v$이다.) $a_{n-1} \leftarrow e$로 설정하고 신장 트리 $a_1 \ldots a_{n-1}$을 방문한다. (만일 $x = 0$이면 이것이 첫 번째로 방문하는 신장 트리이다. 그렇지 않으면 이 신장 트리는 그 선행자와 $x$의 삭제, $e$의 삽입만큼만 다르다.) $x \leftarrow e$, $e \leftarrow n_e$로 설정한다. 만일 $t_e \neq 0$이면 단계 S5를 되풀이한다.

**S6.** 〔$l$을 감소.〕 $l \leftarrow l-1$로 설정한다. 만일 $l = 0$이면 알고리즘을 끝낸다. 그렇지 않으면 $e \leftarrow a_l$, $u \leftarrow t_e$, $v \leftarrow t_{e\oplus 1}$로 설정한다.

**S7.** 〔$e$를 복원.〕 $f \leftarrow u-1$, $g \leftarrow v-1$, $n_g \leftarrow n_{p_f}$, $p_{n_g} \leftarrow g$, $n_{p_f} \leftarrow f$, $p_{n_f} \leftarrow f$, $f \leftarrow p_f$로 설정한다. $t_f \neq 0$인 동안 $t_{f\oplus 1} \leftarrow u$, $f \leftarrow p_f$로 설정한다. 그런 다음 $f \leftarrow l_e$, $k \leftarrow d_v$로 설정한다. $f \neq 0$인 동안 $k \leftarrow k+2$로 설정하고, undelete$(f \oplus 1)$과 undelete$(f)$를 수행하고, $f \leftarrow l_f$로 설정한다. 마지막으로 $d_v \leftarrow k - d_u$로 설정한다.

**S8.** 〔다리 판정.〕 만일 $e$가 다리이면 S9로 간다. (이 판정을 수행하는 방법 하나가 연습문제 95에 나온다.) 그렇지 않으면 $x \leftarrow e$, $l_e \leftarrow s_l$, $s_l \leftarrow e$로 설정하고, delete$(e)$와 delete$(e \oplus 1)$을 수행한다. $d_u \leftarrow d_u - 1$, $d_v \leftarrow d_v - 1$로 설정하고 S2로 간다.

**S9.** 〔수준 $l$의 삭제들을 취소.〕 $e \leftarrow s_l$로 설정한다. $e \neq 0$인 동안 $u \leftarrow t_e$, $v \leftarrow t_{e\oplus 1}$, $d_u \leftarrow d_u + 1$, $d_v \leftarrow d_v + 1$로 설정하고, undelete$(e \oplus 1)$과 undelete$(e)$를 수행하고, $e \leftarrow l_e$로 설정한다. S6으로 돌아간다. ▮

이 알고리즘의 단계들을 (48) 같은 작은 그래프에 직접 적용해 보길 권한다. 단계 S3과 S7에서 $u$의 인접성 목록이 빈 목록일 때 발생하는 미묘한 상황에 주의해야 할 것이다. 또한 여러 지름길들도 가능함을 주목할 것. 물론 알고리즘이 좀 더 복잡해지는 비용을 지불해야 한다. 그러한 개선안들은 이번 절의 후반부에서 논의하겠다.

***직병렬 그래프.** 모든 신장 트리를 찾는 과제는 주어진 그래프에 직렬 분해(decomposion)나 병렬 분해가(또는 둘 다) 존재할 때 특히나 간단해진다. 지정된 두 정점 $s$와 $t$가 있는 그래프 $G$의 간선들을 다음의 재귀적 규칙에 따라 구축한다고 할 때, 그러한 그래프 $G$를 $s$와 $t$ 사이의 직병렬 그래프(series-parallel graph)라고 부른다: $G$는 하나의 간선 $s - t$로 이루어지거나, 아니면 $G$는 $s = s_1$과 $1 \leq j < k$에 대한 $t_j = s_{j+1}$들, 그리고 $t_k = t$와 함께 직렬로 결합된(joined), $k \geq 2$개의 $s_j$와

$t_j$ 사이의 직병렬 부분그래프 $G_j$들로 이루어진 하나의 직렬 초간선(serial superedge)이다. 아니면 $G$는 병렬로 결합된, $s$와 $t$ 사이의 $k \geq 2$개의 직병렬 부분그래프 $G_j$들로 이루어진 하나의 병렬 초간선(parallel superedge)이다. 직렬 초간선들에 대한 부분그래프 $G_j$들 자신은 직렬 초간선이 아니며 병렬 초간선들에 대한 부분그래프 $G_j$들 자신은 병렬 초간선이 아니라는 제약을 둔다면, 주어진 $s$과 $t$에 대해 이러한 분해는 본질적으로 유일하다.

임의의 직병렬 그래프를 도수가 1인 노드가 없는 하나의 트리로 간편하게 표현할 수 있다. 그러한 트리의 잎 노드는 그래프의 간선을 나타내며 가지 노드는 초간선을 나타내는데, 수준에 따라 직렬, 병렬이 교대된다. 예를 들어 트리

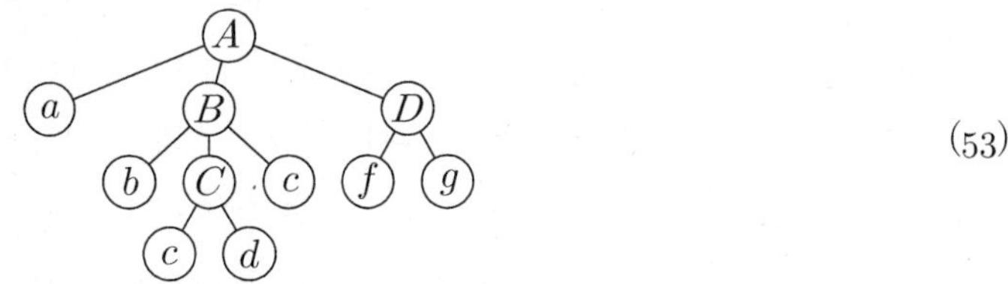


(53)

는 다음과 같은 직병렬 그래프들과 부분그래프들에 대응된다(최상위 노드 $A$를 병렬로 간주할 때).

$A =$ [a; b, c, d, e; f, g] $\quad B =$ [b, c, d, e] $\quad C =$ [c, d] $\quad D =$ [f, g] (54)

(54)에서 간선들에는 이름표가 붙어 있지만 정점들에는 붙어 있지 않는데, 왜냐하면 신장 트리의 맥락에서 중요한 것은 간선들이기 때문이다.

$s$와 $t$ 사이의 한 직병렬 그래프에서 $s$와 $t$를 연결하지 않는 $n-2$개의 순환마디 없는 간선들의 집합을 그 그래프의 인근 트리라고 부르기로 하자. 한 직병렬 그래프의 신장 트리들과 인근 트리들을 다음과 같이 재귀적으로 간단하게 서술할 수 있다: (1) 한 직렬 초간선의 신장 트리는 그 그래프의 모든 기본(principal) 부분그래프 $G_j$의 신장 트리들에 대응된다. 하나의 인근 트리는 $G_j$들 중 하나를 제외한 모든 부분그래프의 신장 트리들과 제외된 한 부분그래프의 인근 트리에 대응된다. (2) 한 병렬 초간선의 인근 트리는 그 그래프의 모든 기본 부분그래프 $G_j$의 인근 트리들에 대응된다. 하나의 신장 트리는 $G_j$들 중 하나를 제외한 모든 부분그래프의 인근 트리들과 제외된 한 부분그래프의 한 신장 트리에 대응된다.

규칙 (1)과 (2)에 근거해서, 주어진 직병렬 그래프의 신장 트리나 인근 트리(또는 둘 다)들을 나열하는 데 사용할 만한 자료구조를 다음과 같이 정의할 수 있다. $p$가 (53)과 같은 트리의 한 노드를 가리킨다고 할 때,

$t_p$는 직렬 초간선들에 대해서는 1, 그 외의 경우에는 0($p$의 '종류[type]'를 뜻함).

$v_p$는 $p$에 대한 신장 트리가 있는 경우에는 1, 인근 트리인 경우에는 0.

$l_p$는 $p$의 제일 왼쪽 자식을 가리키는 포인터, 단 $p$가 잎이면 0.

$r_p$는 $p$의 오른쪽 동기를 가리키는 포인터, 끝에서 끝으로 순환됨.

$d_p$는 $p$의 지정된 자식을 가리키는 포인터, 단 $p$가 잎이면 0.

$q$가 $p$의 제일 오른쪽 자식을 가리키는 경우, 그 '오른쪽 동기' $r_q$는 $l_p$와 같다. 그리고 $q$가 $p$의 임의의 자식을 가리킨다면, 규칙 (1)과 (2)에 의해 다음이 성립한다.

$$v_q = \begin{cases} v_p, & \text{만일 } q = d_p \text{이면;} \\ t_p, & \text{만일 } q \neq d_p \text{이면.} \end{cases} \tag{55}$$

(예를 들어 $p$가 하나의 직렬 초간선을 나타내는 가지 노드라면 $p$의 자식들 중 하나를 제외한 모든 자식에 대해 반드시 $v_q = 1$이다. 제외된 한 자식 노드는 바로 지정된 자식 노드 $d_p$이다. 따라서, $p$에 대한 인근 트리가 있는 경우의 한 지정된 부분그래프를 제외할 때, $p$를 형성하기 위해 직렬로 결합된 모든 부분그래프에 대해 하나의 신장 트리가 반드시 존재한다.)

지정된 자식 포인터 $d_p$들이 적절히 설정되어 있으며 트리의 뿌리에서 $v_p$에 0 또는 1이 적절히 설정되어 있다고 할 때, 식 (55)는 값들을 모든 잎으로 전파해 나가는 방법을 말해준다. 예를 들어 (53)의 트리에서 $v_A \leftarrow 1$로 설정했다면, 그리고 각 가지 노드의 제일 왼쪽 자식을 지정했다면(그래서 $d_A = a$, $d_B = b$, $d_C = c$, $d_D = f$라면), 다음 값들을 차례로 구할 수 있다.

$$v_a = 1,\ v_B = 0,\ v_b = 0,\ v_C = 1,\ v_c = 1,\ v_d = 0,\ v_e = 1,\ v_D = 0,\ v_f = 0,\ v_g = 1. \tag{56}$$

신장 트리에서 잎 노드 $q$는 오직 $v_q = 1$일 때에만 나타난다. 따라서 (56)은 (54)의 직병렬 그래프 $A$의 신장 트리 $aceg$를 지정한다.

편의상, $p$의 구성(config)들이 만일 $v_p = 1$이면 $p$의 신장 트리들을 뜻하고 만일 $v_p = 0$이면 $p$의 인근 트리들을 뜻한다고 하자. 우리가 하고자 하는 것은 뿌리 노드의 모든 구성을 생성하는 것이다. $p$가 한 가지 노드일 때 만일 $v_p = t_p$이면 $p$를 '쉬운(easy)' 가지 노드라고 부르기로 하자. 즉, 하나의 직렬 노드는 그 구성들이 신장 트리들이면 쉬운 직렬 노드이고, 하나의 병렬 노드는 그 구성들이 인근 트리들이면 쉬운 병렬 노드이다. $p$가 쉬운 노드일 때 그 구성들은 그 자식들의 구성들의 데카르트 곱, 즉 자식들의 구성들의 독립적으로 변하는 모든 $k$-짝이다. 쉬운 노드의 경우 지정된 자식 $d_p$는 중요하지 않다. 그러나 $p$가 쉬운 노드가 아니면 그 구성들은 그러한 데카르트 $k$-짝들의 합집합($d_p$의 모든 가능한 선택에 관해 취한)이다.

사실 쉬운 노드들은 비교적 드물다. 쉽지 않은 노드의 자식들 중 쉬운 노드인 것은 많아야 하나이다(지정된 자식 노드가 바로 그것이다). 그리고 쉬운 노드의 잎이 아닌 모든 자식 노드는 쉽지 않은 노드이다.

그렇긴 하지만 직병렬 그래프를 이처럼 트리로 표현하면 직병렬 그래프의 모든 신장 트리나 인근 트리의 재귀적 생성이 상당히 효율적이고 간단해진다. 직병렬 그래프를 다룰 때에는 알고리즘 S의 연산들, 즉 수축과 복원, 삭제와 삭제 취소, 다리 검출이 필요하지 않다. 더 나아가서, 연습문제 99는 신장 트리들이나 인근 트리들을 지금까지 본 여러 알고리즘들처럼 초점(focus) 포인터들을 이용해서 회전문 그레이 부호 순서로 얻는 쾌적한 방법이 존재함을 보여 준다.

***알고리즘 S의 정련.** 알고리즘 S가 일반적인 그래프의 모든 신장 트리를 간단하고도 상당히 효과적으로 방문하는 방법이긴 하지만, 그 알고리즘의 저자 스미스는 직병렬 그래프의 속성들을 이용해서

알고리즘을 더욱 개선하는 것이 가능함을 깨달았다. 예를 들어 그래프에 같은 정점 $u$와 $v$를 잇는 둘 이상의 간선들이 존재한다면, 그 간선들을 하나의 초간선으로 결합할 수 있으며, 그러면 더 단순하고 축약된 그래프로부터 원래의 그래프의 신장 트리들을 손쉽게 얻을 수 있다. 그리고 그래프에 도수가 2인 정점 $v$가 있다면, 즉 $v$와 닿는 간선이 $u — v$와 $v — w$뿐이라면, $v$를 제거하고 해당 간선들을 $u$와 $w$ 사이의 하나의 초간선으로 대체할 수 있다. 더 나아가서, 도수가 1인 임의의 정점은 해당 인접 간선과 함께 사실상 제거할 수 있다. 그냥 그 간선을 모든 신장 트리에 포함시키면 된다.

주어진 그래프 $G$를 이전 문단에서 말한 것처럼 축약하고 나면, 병렬인 간선들이나 도수가 1이나 2인 정점이 하나도 없는 축약된 그래프 $\widehat{G}$와, $G$의 모든 신장 트리에 반드시 포함시켜야 하는 간선(또는 초간선)들을 나타내는 $m \geq 0$개의 직병렬 그래프 $S_1, \ldots, S_m$의 집합을 얻게 된다. 사실, $\widehat{G}$의 나머지 간선 $u — v$들은 모두 정점 $u$와 $v$ 사이의 직병렬 그래프 $S_{uv}$에 대응된다. *그러면 $S_1, \ldots, S_m$의 신장 트리들의 데카르트 곱과 $T$의 간선 $u — v$들에 대한 모든 $S_{uv}$의 신장 트리들의 합집합($\widehat{G}$의 모든 신장 트리 $T$에 관해 취한)으로서 $G$의 신장 트리들을 $\widehat{G}$에는 있지만 $T$에는 없는 간선 $u — v$들에 대한 모든 $S_{uv}$의 인근 트리들과 함께 얻게 된다.* 그리고 $\widehat{G}$의 모든 신장 트리 $T$는 알고리즘 S의 전략을 이용해서 얻을 수 있다.

실제로, 알고리즘 S를 이런 식으로 확장하면, 현재 그래프 $G$를 $G/e$나 $G \setminus e$로 대체하는 연산들에 의해 새 병렬 간선들이 나타나거나 정점의 도수가 3 밑으로 떨어짐에 따라 추가적인 축약이 일어나는 경향이 있다. 따라서 알고리즘 S의 암묵적 재귀의 '중지 상태', 다시 말하면 정점이 단 두 개만 남은 경우(단계 S5)는 결코 발생하지 않는다. 축약된 그래프 $\widehat{G}$는 정점이 하나이고 간선이 전혀 없거나, 아니면 정점이 적어도 네 개이고 간선이 적어도 여섯 개이다.

그렇게 확장한 알고리즘은 알고리즘 S의 바람직한 회전문 속성을 유지하며, 상당히 멋지다(원래의 것보다 약 네 배 정도 길기는 하지만). 연습문제 100을 보라. 스미스는 그 알고리즘이 점근적 실행 시간이 가능한 최선의 실행 시간임을 증명했다: 만일 $G$의 정점이 $n$개이고 간선이 $m$개이며 신장 트리가 $N$개라면, 알고리즘은 모든 신장 트리를 $O(m+n+N)$단계로 방문한다.

알고리즘 S와 그것을 정련한 버전인 알고리즘 S′의 성능을 파악하는 가장 좋은 방법은 전형적인 그래프의 신장 트리들을 생성할 때 수행하는 메모리 접근 횟수를 고찰하는 것이다. 표 5에 그러한 횟수들이 나와 있다. 표의 제일 아래 행은 Stanford GraphBase의 $plane_miles(16, 0, 0, 1, 0, 0, 0)$에 해당하는 것으로, 그 위의 행들에 나온 순수한 수학적 예들에 대한 '유기농' 해독제 역할을 하도록 추가한 것이다. 끝에서 둘째 행의 무작위 다중그래프 역시 Stanford GraphBase에서 가져온 것으로, 공식적인 이름인 $random_graph(16, 37, 1, 0, 0, 0, 0, 0, 0, 0)$으로 좀 더 정확히 서술할 수 있겠다. $4 \times 4$ 원환체는 4-입방체와 동형이지만(연습문제 7.2.1.1-17을 보라), 그 동형 그래프들의 실행 시간은 약간 다르다. 이 차이는 알고리즘이 실행 도중 만나는 정점들과 간선들이 서로 다르기 때문이다.

일반적으로 말하자면, 알고리즘 S는 작은 예들에 대해서는 그래프가 상당히 희소한 경우를 제외할 때 그리 나쁘지 않다. 그러나 알고리즘 S′은 신장 트리들이 많이 존재할 때 빛을 발하기 시작

표 5

모든 신장 트리의 생성에 필요한 실행 시간(멤 단위)

| | $m$ | $n$ | $N$ | 알고리즘 S | 알고리즘 S′ | 트리당 $\mu$ | |
|---|---|---|---|---|---|---|---|
| 경로 $P_{10}$ | 9 | 10 | 1 | 794 $\mu$ | 473 $\mu$ | 794.0 | 473.0 |
| 경로 $P_{100}$ | 99 | 100 | 1 | 9,974 $\mu$ | 5,063 $\mu$ | 9974.0 | 5063.0 |
| 순환마디 $C_{10}$ | 10 | 10 | 10 | 3,480 $\mu$ | 998 $\mu$ | 348.0 | 99.8 |
| 순환마디 $C_{100}$ | 100 | 100 | 100 | 355,605 $\mu$ | 10,538 $\mu$ | 3556.1 | 105.4 |
| 완전 그래프 $K_4$ | 6 | 4 | 16 | 1,213 $\mu$ | 1,336 $\mu$ | 75.8 | 83.5 |
| 완전 그래프 $K_{10}$ | 45 | 10 | 100,000,000 | 3,759.58 M$\mu$ | 1,860.95 M$\mu$ | 37.6 | 18.6 |
| 완전 이중그래프 $K_{5,5}$ | 25 | 10 | 390,625 | 23.43 M$\mu$ | 8.88 M$\mu$ | 60.0 | 22.7 |
| 4×4 격자 $P_4 \square P_4$ | 24 | 16 | 100,352 | 12.01 M$\mu$ | 1.87 M$\mu$ | 119.7 | 18.7 |
| 5×5 격자 $P_5 \square P_5$ | 40 | 25 | 557,568,000 | 54.68 G$\mu$ | 10.20 G$\mu$ | 98.1 | 18.3 |
| 4×4 원기둥 $P_4 \square C_4$ | 28 | 16 | 2,558,976 | 230.96 M$\mu$ | 49.09 M$\mu$ | 90.3 | 19.2 |
| 5×5 원기둥 $P_5 \square C_5$ | 45 | 25 | 38,720,000,000 | 3,165.31 G$\mu$ | 711.69 G$\mu$ | 81.7 | 18.4 |
| 4×4 원환체 $C_4 \square C_4$ | 32 | 16 | 42,467,328 | 3,168.15 M$\mu$ | 823.08 M$\mu$ | 74.6 | 19.4 |
| 4-입방체 $P_2 \square P_2 \square P_2 \square P_2$ | 32 | 16 | 42,467,328 | 3,172.19 M$\mu$ | 823.38 M$\mu$ | 74.7 | 19.4 |
| 무작위 다중그래프 | 37 | 16 | 59,933,756 | 3,818.19 M$\mu$ | 995.91 M$\mu$ | 63.7 | 16.6 |
| 16도시 | 37 | 16 | 179,678,881 | 11,772.11 M$\mu$ | 3,267.43 M$\mu$ | 65.5 | 18.2 |

한다. 알고리즘 S′은 일단 발동이 걸리면 매 18, 19멤마다 새 트리를 생성하는 능력을 보여 주는 경향이 있다.

표 5는 또한 수학적으로 정의된 그래프의 신장 트리 개수가 놀랄 만큼 '우수리 없는(round)' 형태인 경우가 종종 있음을 보여 준다. 예를 들어 츠베트코비치D. M. Cvetković [*Srpska Akademija Nauka, Matematicheski Institut* **11** (Belgrade: 1971), 135–141]는 여러 가지 것들과 함께 $n$-입방체의 신장 트리 개수가 정확히

$$2^{2^n-n-1}1^{\binom{n}{1}}2^{\binom{n}{2}}\ldots n^{\binom{n}{n}} \tag{57}$$

개임을 발견했다. 연습문제 104~109에서는 이런 일이 생기는 몇 가지 이유를 살펴본다.

**일반적인 준 그레이 부호.** 그럼 지금까지 본 것과는 완전히 다르지만 그래도 트리에 관련된 주제로 이번 절을 마무리하겠다. 비지 않은 숲 하나를 운행하는 두 가지 표준적인 방식을 혼합한 다음과 같은 운행 방식 두 가지를 생각해 보자.

| 전후위(prepostorder) 운행 | 후전위(postpreorder) 운행 |
|---|---|
| 첫 트리의 뿌리를 방문한다. | 첫 트리의 부분트리들을 전후위로 운행한다. |
| 그 첫 트리의 부분트리들을 후전위로 운행한다. | 첫 트리의 뿌리를 방문한다. |
| 나머지 트리들을 전후위로 운행한다. | 나머지 트리들을 후전위로 운행한다. |

첫 운행 방식은 숲의 모든 트리를 뿌리부터 전후위로 운행한다. 단, 그 뿌리들의 부분트리들은 후전위로 운행해서 해당 뿌리를 제일 마지막으로 방문한다. 둘째 운행 방식은 그와 비슷하되 '전'과 '후'가 맞바뀐 형태이다. 일반화하자면, 전후위는 숲의 모든 짝수 수준에서는 뿌리들을 먼저 방문하고 홀수 수준들에서는 나중에 방문한다. 예를 들어 (2)의 숲의 노드들에 이름표를 전후위순으로 붙인다면 다음과 같은 모습이 된다.

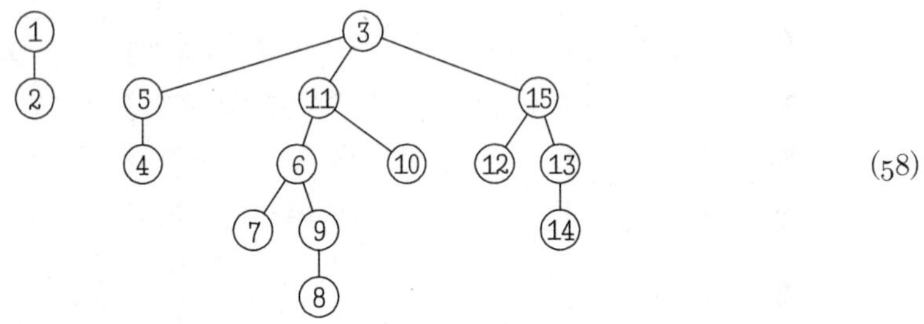

(58)

전후위순서와 후전위순서가 단순한 호기심의 산물만은 아니다. 이들은 실제로 유용하다. 이유는, 전후위이든 후전위이든 인접한 노드들은 숲에서도 항상 가까이 있다는 것이다. 예를 들어 (58)에서 $k = 1, 4, 6, 8, 10, 13$에 대해 노드 $k$와 $k+1$은 인접한 노드들이다. 이들은 $k = 3, 12, 14$일 때에는 단 한 노드만큼만 떨어져 있으며, $k = 2, 5, 7, 9, 11$일 때에는 세 걸음 떨어져 있다(숲의 제일 위에 보이지 않는 초부모 노드가 있다고 상상한다면). 잠시 생각해 보면 전위순 이웃들이나 후위순 이웃들 사이에 끼어들 수 있는 노드들이 많아야 두 개임을 귀납법으로 증명할 수 있을 것이다. 이는 postpreorder$(F)$가 항상 첫 트리의 뿌리 또는 그 제일 왼쪽 자식으로 시작하고 prepostorder$(F)$는 항상 마지막 트리의 뿌리 또는 제일 오른쪽 자식으로 시작하기 때문이다.

어떤 종류의 모든 조합적 패턴을 생성한다고 하자. 그리고 그 패턴들을 연속된 두 패턴이 항상 '가까이' 있음을 만족하는 어떤 그레이 부호 비슷한 방식으로 방문하고 싶다고 하자. 그렇다면 모든 가능한 패턴 $p$에 대한, 서로 가까운 패턴들의 쌍을 연결하는 간선 $p — q$들로 이루어진 그래프를 적어도 개념적으로는 형성할 수 있다. 세카니나Milan Sekanina에 기인하는〔*Spisy Přírodovědecké Fakulty University v Brně,* No. 412 (1960), 137–140〕 다음의 정리는, 일련의 짧은 단계들을 통해 임의의 한 패턴에서 그다음 패턴으로 갈수만 있다면 상당히 쓸 만한 그레이 부호가 항상 가능함을 증명해 준다.

**정리 S.** *임의의 연결된 그래프의 정점들을 순환 순서* $(v_0, v_1, \ldots, v_{n-1})$ *로 나열하되* $0 \le k < n$ *에 대해* $v_k$ *와* $v_{(k+1) \bmod n}$*의 거리가 3을 넘지 않도록 나열할 수 있다.*

증명. 그 그래프의 한 신장 트리를 구하고 그것을 전후위순으로 운행하면 된다. ▮

그래프 이론가들은 전통적으로 그래프 $G$의 $k$차 거듭제곱 $G^k$를, $G$와 동일한 정점들에 대한 그래프이되 오직 $G$에 길이가 $k$ 이하인 $u$에서 $v$로의 경로가 존재할 때에만 간선 $u — v$가 성립한다는 규칙을 따르는 그래프로 정의한다. 따라서 그래프 이론가들은 $n > 2$일 때 정리 S를 다음과 같이 훨씬 간결하게 표현할 수 있다: *한 연결된 그래프의 입방체는 해밀턴 입방체이다.*

전후위 운행은 트리의 노드들을 루프 없이, 그리고 방문들 사이의 단계 수를 제한해서 방문하고자 할 때에도 유용하다. 다음이 그러한 알고리즘이다.

**알고리즘 Q** (삼중 연결 숲의 전후위순 후행자). P가 어떤 숲의 한 노드를 가리키며, 그 숲이 각 노드의 부모, 제일 왼쪽 자식, 오른쪽 동기를 가리키는 링크 PARENT, CHILD, SIB들로 표현된다고 할 때, 이 알고리즘은 P의 전후위순 후행 노드 Q를 계산한다. 이 알고리즘은 숲에서 P가 있는 수준 L을 알고 있다고 가정한다. 알고리즘은 L의 값을 Q의 수준이 되도록 갱신한다. P가 전후위순으로 마지막 노드인 경우에는 Q ← Λ, L ← −1로 설정한다.

**Q1.** [전위인가 후위인가?] 만일 L이 짝수이면 단계 Q4로 간다.

**Q2.** [후전위순을 적용.] Q ← SIB(P)로 설정한다. 만일 Q ≠ Λ 이면 Q6으로 간다.

**Q3.** [위로 이동.] P ← PARENT(P), L ← L − 1로 설정한다. Q7로 간다.

**Q4.** [전후위로 진행.] 만일 CHILD(P) = Λ 이면 Q7로 간다.

**Q5.** [아래로 이동.] Q ← CHILD(P), L ← L + 1로 설정한다.

**Q6.** [가능하면 아래로 이동.] 만일 CHILD(Q) ≠ Λ 이면 Q ← CHILD(Q), L ← L + 1로 설정한다. 알고리즘을 끝낸다.

**Q7.** [오른쪽이나 위로 이동.] 만일 SIB(P) ≠ Λ 이면 Q ← SIB(P)로 설정하고, 그렇지 않으면 Q ← PARENT(P), L ← L − 1로 설정한다. 알고리즘을 끝낸다. ▮

알고리즘 2.4C에서처럼 링크 PARENT(P)는 SIB(P) = Λ 일 때에만 조사된다. 한 번의 완전한 운행은 실제로 (3)처럼 벌레가 숲 주변을 완전히 지나가는 것에 해당한다. 노드들을 왼쪽에 두고 지나갈 때 벌레가 '보는' 것은 짝수 번호 수준의 노드들이고, 오른쪽에 두고 지나갈 때에는 홀수 수준의 노드들이다.

## 연습문제

**1.** [*15*] 벌레 한 마리가 이진 트리 (4) 주변을 기어간다고 할 때, 벌레가 (1)의 괄호들을 손쉽게 재구축하려면 어떻게 해야 할까?

**2.** [*20*] (S. Zaks, 1980.) 괄호열 $a_1a_2\ldots a_{2n}$ 대신 (8)의 조합 $z_1z_2\ldots z_n$들을 생성하도록 알고리즘 P를 수정하라.

▸ **3.** [*23*] (11)이 $z_1z_2\ldots z_n$을 반전표 $c_1c_2\ldots c_n$으로 변환함을 증명하라.

**4.** [*20*] 참 또는 거짓을 말하라: 만일 문자열 $a_1\ldots a_{2n}$들이 사전순으로 생성된다면, 그에 대응되는 문자열 $d_1\ldots d_n$, $z_1\ldots z_n$, $p_1\ldots p_n$, $c_1\ldots c_n$들도 사전순으로 생성되는가?

**5.** [*15*] 내포된 괄호열 (1)에 대응되는 표 $d_1\ldots d_n$, $z_1\ldots z_n$, $p_1\ldots p_n$, $c_1\ldots c_n$은 무엇인가?

▶ **6.** 〔*20*〕 (1)에 해당하는 부합(matching)은 무엇인가? (표 1의 마지막 열을 보라.)

**7.** 〔*16*〕 (a) 알고리즘 P가 끝났을 때 문자열 $a_1a_2...a_{2n}$은 어떤 상태인가? (b) 알고리즘 B가 끝났을 때 배열 $l_1l_2...l_n$과 $r_1r_2...r_n$의 내용은 무엇인가?

**8.** 〔*15*〕 예제 숲 (2)에 해당하는 표 $l_1...l_n$, $r_1...r_n$, $e_1...e_n$, $s_1...s_n$은 무엇인가?

**9.** 〔*M20*〕 표 $c_1...c_n$과 $s_1...s_n$이 다음과 같은 법칙으로 연관됨을 보여라.

$$c_k = [s_1 \ge k-1] + [s_2 \ge k-2] + \cdots + [s_{k-1} \ge 1].$$

**10.** 〔*M20*〕 (벌레 걷기.) 내포된 괄호열 $a_1a_2...a_{2n}$이 주어졌을 때, $w_j$가 $0 \le j \le 2n$에 대해 $a_1a_2...a_j$에서 오른쪽 괄호들 이후의 여분의 왼쪽 괄호들이라고 하자. 이때 $w_0 + w_1 + \cdots + w_{2n} = 2(c_1 + \cdots + c_n) + n$임을 증명하라.

**11.** 〔*11*〕 숲 $F$의 켤레 $F^R$은 $F$의 좌우로 반사된 거울상이다. 예를 들어 표 1의 열네 숲

의 켤레들은 표 2의 역순사전순 숲들처럼 각각

이다. $F$가 내포된 괄호열 $a_1a_2...a_{2n}$에 해당한다고 할 때, $F^R$에 해당하는 괄호열은 무엇인가?

**12.** 〔*15*〕 숲 $F$의 전치 $F^T$는 $F$를 나타내는 이진 트리의 왼쪽 링크들과 오른쪽 링크들을 맞바꾸어 얻은 이진 트리로 표현되는 숲이다. 예를 들어 표 1의 열네 숲의 전치들은 각각 다음과 같다.

숲 (2)의 전치는 무엇인가?

**13.** 〔*20*〕 연습문제 11과 12를 이어서, 이름표 붙은 숲 $F$의 전위, 후위순서가 (a) $F^R$과 (b) $F^T$의 전위, 후위순서에 각각 어떻게 연관되는가?

▶ **14.** 〔*21*〕 $F^{RT} = F^{TR}$을 만족하는 이름표 붙은 숲 $F$를 모두 구하라.

**15.** 〔*20*〕 연습문제 2.3.2-5와 표 2의 마지막 열에서처럼, $B$가 숲 $F$의 각 노드를 그 왼쪽 동기와, 그리고 그 제일 오른쪽 자식과 연결해서 얻은 이진 트리라고 하자. 그리고 $F'$이 보통의 방식으로, 왼쪽 자식 링크들과 오른쪽 동기 링크들을 통해서 $B$에 대응되는 숲이라고 하자. 이때 연습문제 11과 12의 표기법하에서 $F' = F^{RT}$임을 증명하라.

**16.** 〔*20*〕 $F$와 $G$가 숲일 때, $F$의 트리들을 $G$의 트리들의 왼쪽에 배치해서 얻은 트리를 $FG$라고 하자. 또한 $F|G = (G^TF^T)^T$라고 하자. 연산자 | 를 직관적인 방식으로 설명하고, 이 연산자가 결합법칙을 만족함을 증명하라.

**17.** 〔*M46*〕 $F^{RT} = F^{TR}$을 만족하는 모든 이름표 붙지 않은(unlabeled) 숲 $F$의 특징을 서술하라. (연습문제 14를 보라.)

**18.** 〔*30*〕 한 숲의 켤레나 전치, 또는 그 둘 다를 반복 적용해서 다른 한 숲을 얻을 수 있다고 할 때, 그러한 두 숲을 동족同族(cognate)이라고 부른다. 연습문제 11과 12의 예들은 모든 4노드 숲이 다음 세 가지 동족 부류 중 하나에 속함을 보여준다.

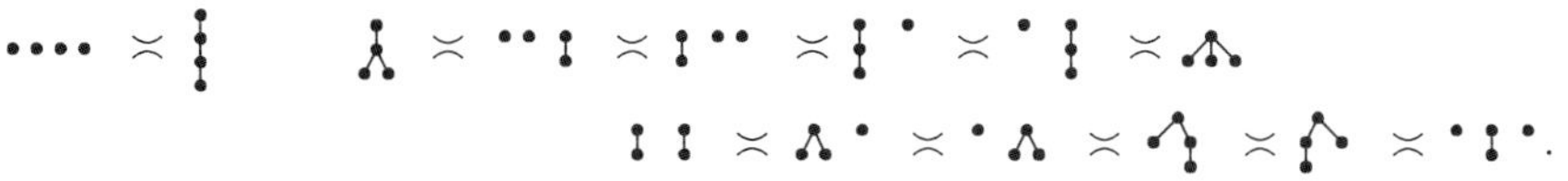

노드가 15개인 모든 숲의 집합을 연구하라. 그러한 숲들이 형성하는 동족들의 동치류는 몇 개나 되는가? 가장 큰 부류는 무엇인가? 가장 작은 부류는 무엇인가? (2)를 포함하는 부류의 크기는 얼마인가?

**19.** 〔*28*〕 $F_1, F_2, \ldots, F_N$이 알고리즘 P로 생성된 내포된 괄호열들에 대응되는 이름표 없는 숲들의 순차열이라고 하자. 그리고 $G_1, G_2, \ldots, G_N$이 알고리즘 B로 생성된 이진 트리들에 대응되는 이름표 없는 숲들의 순차열이라고 하자. 연습문제 11과 12의 표기법하에서 $G_k = F_k^{RTR}$임을 증명하라. (숲 $F^{RTR}$을 $F$의 쌍대[dual]라고 부른다. 이하 몇몇 연습문제들에서는 $F^D$로 표기한다.)

**20.** 〔*25*〕 §2.3에서 보았듯이, 트리에서 한 노드의 도수度數(degree)는 그 노드의 자식 노드 개수이다. 그리고 확장 이진 트리는 모든 노드의 도수가 0 또는 2라는 속성으로 특징지어진다. 확장 트리 (4)에서 전위순으로 노드들의 도수를 나열하면 22002220022202200020022022000000이다. 0들과 2들로 이루어진 이 문자열은 (1)의 괄호열에서 '('와 ')'를 각각 2와 0으로 바꾸고 끝에 0을 하나 더 추가한 것과 동일하다.

a) 음이 아닌 정수들의 수열 $b_1b_2\ldots b_N$은 오직 $1 \le k \le N$에 대해 다음 속성을 만족할 때에만 이 어떤 한 숲의 전위순 도수열임을 증명하라.

$$\text{오직 } k < N\text{일 때에만} \qquad b_1 + b_2 + \cdots + b_k + f > k.$$

여기서 $f = N - b_1 - b_2 - \cdots - b_N$은 숲의 트리 개수이다.

b) 연습문제 2.3.4.5-6에서 보았듯이, 확장 삼진 트리는 모든 노드의 도수가 0 또는 3이라는 속성으로 특징지어진다. 내부 노드가 $n$개인 확장 삼진 트리의 외부 노드는 $2n+1$개이다. 따라서 전체 노드는 $N = 3n+1$개이다. 내부 노드가 $n$개인 모든 삼진 트리를, 해당 도수열 $b_1b_2\ldots b_N$을 사전순으로 생성함으로써 생성하는 알고리즘을 설계하라.

▶ **21.** 〔*26*〕 (잭스S. Zaks, 리처즈D. Richards, 1979.) 연습문제 20을 이어서, 노드가 $N = n_0 + \cdots + n_t$개이고 그 중 도수가 $j$인 것이 정확히 $n_j$개인 모든 숲의 전위순 도수열을 생성하는 방법을 설명하라. 예: $n_0 = 4$, $n_1 = n_2 = n_3 = 1$, $t = 3$일 때 유효한 수열 $b_1b_2b_3b_4b_5b_6b_7$들은 다음과 같다.

1203000, 1230000, 1300200, 1302000, 1320000, 2013000, 2030010, 2030100, 2031000, 2103000, 2130000, 2300010, 2300100, 2301000, 2310000, 3001200, 3002010, 3002100, 3010200, 3012000, 3020010, 3020100, 3021000, 3100200, 3102000, 3120000, 3200010, 3200100, 3201000, 3210000.

▸ **22.** [*30*] (J. Korsh, 2004.) 알고리즘 B의 한 대안으로, 이진 트리들을 (9)에 정의된 수 $d_1 \ldots d_{n-1}$ 들의 역순사전순으로 생성한다면 이진 트리들을 연결된 형태로 직접, 그리고 효율적으로 생성할 수 있음을 보여라. (수 $d_1 \ldots d_{n-1}$의 값들을 실제로 계산하지는 말아야 한다. 그러나 링크 $l_1 \ldots l_n$과 $r_1 \ldots r_n$은, $d_1 d_2 \ldots d_{n-1} = 000 \ldots 0, 100 \ldots 0, 010 \ldots 0, 110 \ldots 0, 020 \ldots 0, 001 \ldots 0, \ldots, 000 \ldots (n-1)$에 연이어 대응되는 이진 트리들을 얻을 수 있는 방식으로 조작해야 한다.)

▸ **23.** [*25*] (a) 알고리즘 N이 마지막으로 방문하는 괄호열은 무엇인가? (b) 알고리즘 L이 마지막으로 방문하는 이진 트리 또는 숲은 무엇인가? 힌트: 아래의 연습문제 40을 보라.

**24.** [*22*] 표 3의 표기법하에서, 이진 트리 (4)와 숲 (2)에 해당하는 수열 $l_0 l_1 \ldots l_{15}$, $r_1 \ldots r_{15}$, $k_1 \ldots k_{15}$, $q_1 \ldots q_{15}$, $u_1 \ldots u_{15}$는 각각 무엇인가?

▸ **25.** [*30*] (가지치기와 접붙이기.) 이진 트리들을 알고리즘 B에서처럼 표현한다고 할 때, 모든 링크 표 $l_1 \ldots l_n$과 $r_1 \ldots r_n$을 방문하되 방문들 사이에서 어떤 색인 $j$에 대해 $j$에서 0으로의 링크 변경 1회와 0에서 $j$로의 링크 변경 1회만 수행하는 식으로 방문하는 알고리즘을 설계하라. (다른 말로 하면, 매 단계마다 현재 이진 트리에서 어떤 부분트리 $j$를 제거하고 그것을 전위순서를 유지하면서 다른 어딘가에 삽입해서 새 이진 트리를 얻어야 한다.)

**26.** [*M31*] (크레베라스 격자[Kreweras lattice].) $F$와 $F'$이 두 $n$노드 숲이고 그 노드들에 1에서 $n$까지의 번호가 전위순으로 부여되어 있다고 하자. 만일 $1 \le j < k \le n$에 대해 $j$와 $k$가 $F'$에서 동기간이면 항상 $F$에서도 동기간이라면, 이를 "$F$가 $F'$을 합병한다(coalesce)"라고 말하고 $F \ltimes F'$으로 표기한다. 그림 60은 $n=4$인 경우의 이러한 부분순서 관계를 나타낸 것이다. 그림에서 각 숲은 (10)과 (11)의 수열 $c_1 \ldots c_n$으로 부호화되어 있는데, 이 부호열은 각 노드의 깊이를 나타낸다. (이 부호화에서 $j$와 $k$는 오직 $c_j = c_k \le c_{j+1}, \ldots, c_{k-1}$일 때에만 동기간이다.)

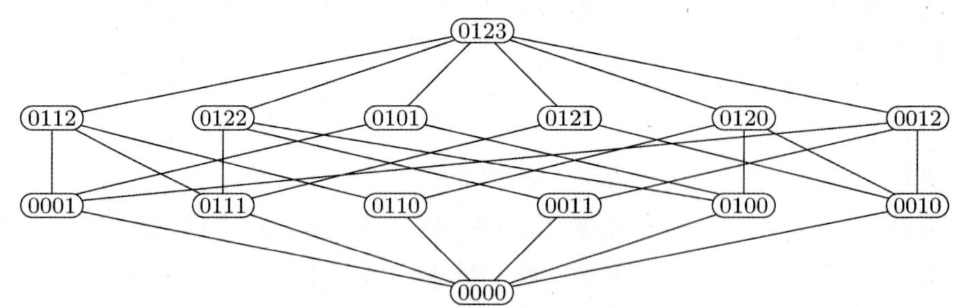


**그림 60.** 4차 크레베라스 격자. 각 숲은 해당 전위순 노드 깊이들의 수열 $c_1 c_2 c_3 c_4$로 표현되어 있다. (연습문제 26~28 관련.)

a) $\Pi$가 $\{1, \ldots, n\}$의 한 분할이라고 하자. 다음 속성을 만족하는, 이름표가 전위순으로 $(1, \ldots, n)$인 노드들로 이루어진 숲 $F$가 존재함을 증명하라: 명제

$$j \equiv k(\text{법 } \Pi) \iff F\text{에서 } j\text{가 } k\text{의 동기이다}$$

가 참일 필요충분조건은 $\Pi$가 다음과 같은 비교차(nocrossing) 속성을 만족한다는 것이다.

만일 $i < j < k < l$ 그리고 $i \equiv k$ 그리고 $j \equiv l$(법 $\Pi$)이면 $i \equiv j \equiv k \equiv l$(법 $\Pi$)이다.

b) 임의의 두 $n$노드 숲 $F$와 $F'$이 주어졌을 때 둘의 최소 상계 $F \curlyvee F'$을, 다시 말해 오직 $F \curlyvee F' \ltimes G$일 때에만 $F \ltimes G$이고 $F' \ltimes G$인 원소를 계산하는 방법을 설명하라.

c) 관계 $\ltimes$의 관점에서 $F'$이 $F$를 덮는 조건은 무엇인가? (연습문제 7.2.1.4-55 참고.)

d) 만일 $F'$이 $F$를 덮으면 $F'$의 잎들이 $F$의 잎들보다 정확히 하나 더 적음을 보여라.

e) $1 \le k \le n$에 대해 숲 $F$의 노드 $k$의 자식 개수가 $e_k$라 할 때 $F$를 덮는 숲은 몇 개인가?

f) 연습문제 19의 쌍대성 정의를 따를 때, 숲 (2)의 쌍대는 무엇인가?

g) $F \ltimes F'$은 오직 $F'^D \ltimes F^D$일 때에만 참임을 증명하라. (이 속성 때문에 그림 60에서 쌍대 원소들이 중심에 대칭으로 배치되었다.)

h) 임의의 두 $n$노드 숲 $F$와 $F'$이 주어졌을 때, 둘의 최대 하계 $F \curlywedge F'$을, 다시 말해 오직 $G \ltimes F \curlywedge F'$일 때에만 $G \ltimes F$이고 $G \ltimes F'$인 원소를 계산하는 방법을 설명하라.

i) 이 격자가 연습문제 7.2.1.5-12(f)의 것과 비슷한 준나머지 법칙(semimodular law)을 만족하는가?

▶ **27.** [*M33*] (타마리 격자[Tamari lattice].) 연습문제 26을 이어서, 모든 $j$에 대해 만일 $F'$에서 전위순으로 $j$번째 노드의 후손 노드 개수가 $F$에서의 해당 후손 노드 개수보다 작지 않다면, 이를 $F \dashv F'$이라고 표기하자. 다른 말로 하면, $F$와 $F'$을 표 2에서처럼 해당 범위열 $s_1 \ldots s_n$과 $s'_1 \ldots s'_n$으로 특징짓는다고 할 때, 오직 $1 \le j \le n$에 대해 $s_j \le s'_j$일 때에만 $F \dashv F'$이다. (그림 61 참고.)

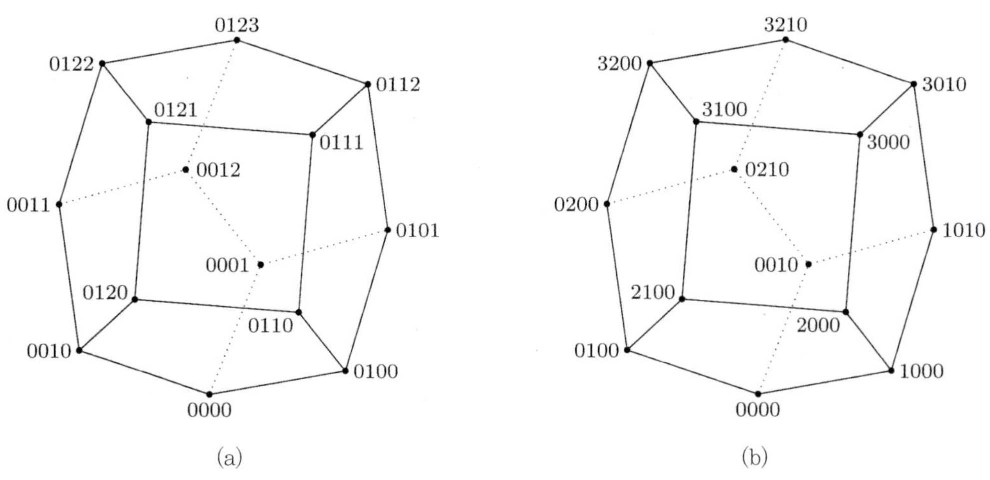


**그림 61.** 4차 타마리 격자. (a)는 각 숲을 전위순 노드 깊이들의 수열로 표현했고 (b)는 후손 개수들의 수열로 표현했다. (연습문제 26~28 관련.)

a) 범위 좌표 $\min(s_1, s'_1)\min(s_2, s'_2)\ldots\min(s_n, s'_n)$이 $F$와 $F'$의 최대 하계에 해당하는 하나의 숲을 정의함을 보여라. (이를 $F \perp F'$이라고 표기한다.) 힌트: $0 \le j \le n$에 대해, 그리고 $s_0 = n$으로 정의한다고 할 때, 오직 $0 \le k \le s_j$가 $s_{j+k} + k \le s_j$를 함의할 때에만 $s_1 \ldots s_n$이 하나의 숲에 대응됨을 증명해 볼 것.

b) 이 부분순서에서 $F'$은 언제 $F$를 덮는가?

c) 오직 $F'^D \dashv F^D$일 때에만 $F \dashv F'$임을 증명하라. (연습문제 26(g)와 비교해 볼 것.)

d) $F$와 $F'$이 주어졌을 때 최소 상계 $F \top F'$을 계산하는 방법을 설명하라.

e) 만일 크레베라스 격자에서 $F \ltimes F'$이면 타마리 격자에서 $F \dashv F'$임을 증명하라.

f) 참 또는 거짓을 말하라: $F \barwedge F' \dashv F \perp F'$.

g) 참 또는 거짓을 말하라: $F \veebar F' \ltimes F \top F'$.

h) 경로의 각 숲이 그 후행자를 덮는다고 할 때, 타마리 격자의 최상위에서 최하위로의 경로들 중 최장 경로와 최단 경로는 무엇인가? (그러한 경로를 격자 안의 극대 사슬이라고 부른다. 이를 연습문제 7.2.1.4-55(h)와 비교해 볼 것.)

**28.** [*M26*] (스탠리 격자[Stanley lattice].) 연습문제 26과 27을 이어서, $n$노드 숲들에 대한 또 다른 부분순서 하나를 정의하자: 깊이 좌표 $c_1 \ldots c_n$과 $c'_1 \ldots c'_n$이 $1 \le j \le n$에 대해 $c_j \le c'_j$를 만족하면 항상 $F \subseteq F'$이다. (그림 62 참고.)

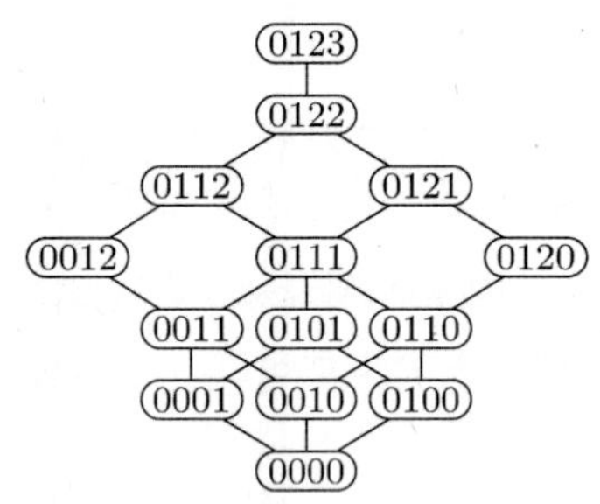


**그림 62.** 4차 스탠리 격자. 각 숲은 전위순 노드 깊이들의 수열로 표현되어 있다.

a) 이 부분순서가 하나의 격자임을, 주어진 임의의 두 숲의 최대 하계 $F \cap F'$과 최소 상계 $F \cup F'$을 계산하는 방법을 설명해서 증명하라.

b) 스탠리 격자가 다음과 같은 분배법칙을 만족함을 보여라.

$$F \cap (G \cup H) = (F \cap G) \cup (F \cap H), \qquad F \cup (G \cap H) = (F \cup G) \cap (F \cup H).$$

c) 이 격자에서 $F'$은 언제 $F$를 덮는가?

d) 참 또는 거짓을 말하라: 오직 $F^R \subseteq G^R$일 때에만 $F \subseteq G$이다.

e) 타마리 격자에서 $F \dashv F'$이면 항상 스탠리 격자에서 $F \subseteq F'$임을 증명하라.

**29.** [*HM31*] 타마리 격자의 포괄 그래프(covering graph)를 '결합다면체(associa-hedron)'라고 부르기도 하는데, 이는 이 그래프가 연습문제 27(b)에서 증명한 바 있는 결합법칙 (14)와 관련이 있기 때문이다. 그림 61에 나온 4차 결합다면체는 정사각형 면이 세 개, 정오각형 면이 여섯 개로 구성된 다면체처럼 보인다. (이를 연습문제 7.2.1.2-60의 그림 43에 나온 4차 '순열다면체[permutahedron]'와 비교해 보라. 그 도형은 잘 알려진 아르키메데스 다면체들 중 하나이다.) 그림 61이 고전적인 균일다면체(uniform polyhedron)들의 목록에 포함되지 않는 이유는 무엇일까?

**30.** 〔*M26*〕 한 숲의 발자국(footprint)은 다음으로 정의되는 비트열 $f_1 \ldots f_n$이다.

$$f_j = [\text{전위순 노드 } j\text{가 잎이 아님}].$$

a) $F$의 발자국이 $f_1 \ldots f_n$이라면 $F^D$의 발자국은 무엇인가? (연습문제 27 참고.)

b) 발자국이 101011011111100001010100010110000인 숲은 몇 개인가?

c) $1 \leq j < n$에 대해 (6)의 표기법하에서 $f_j = [d_j = 0]$임을 증명하라.

d) 만일 한 격자의 두 원소의 최대 하계가 제일 아래 원소인 반면 최소 상계는 제일 위 원소이라면, 그러한 두 원소를 가리켜 상보(complementary)라고 말한다. 타마리 격자에서 $F$와 $F'$은 오직 둘의 발자국들이 상보일 때에만 상보임을 보여라. 여기서 두 발자국이 상보라는 것은 $f'_1 \ldots f'_{n-1} = \bar{f}_1 \ldots \bar{f}_{n-1}$이라는 뜻이다.

▸ **31.** 〔*M28*〕 내부 노드가 $n$개인 이진 트리의 높이가 $n$일 때, 그러한 이진 트리를 퇴화한(degenerate) 이진 트리라고 말한다.

a) 퇴화한 $n$노드 이진 트리는 몇 개인가?

b) 표 1, 2, 3에서 보았듯이, 이진 트리와 숲을 여러 가지 수들의 $n$-짝들로 부호화할 수 있다. 부호화 $c_1 \ldots c_n$, $d_1 \ldots d_n$, $e_1 \ldots e_n$, $k_1 \ldots k_n$, $p_1 \ldots p_n$, $s_1 \ldots s_n$, $u_1 \ldots u_n$, $z_1 \ldots z_n$ 각각에 대해, 해당 이진 트리가 퇴화한 것인지를 한 눈에 알아보는 방법을 설명하라.

c) 참 또는 거짓을 말하라: 만일 $F$가 퇴화한 이진 트리이면 $F^D$도 퇴화한 이진 트리이다.

d) $F$와 $F'$이 퇴화한 이진 트리들이면 $F \curlywedge F' = F \perp F'$과 $F \curlyvee F' = F \top F'$도 그러함을 증명하라.

▸ **32.** 〔*M30*〕 만일 $F \dashv F'$이면 모든 $G$에 대해 다음을 만족하는 숲 $F''$이 존재함을 증명하라.

$$\text{오직 } F \dashv G \dashv F'' \text{일 때에만} \qquad F' \perp G = F.$$

따라서 타마리 격자들에 대해 다음과 같은 준準분배법칙이 성립한다.

$$F \perp G = F \perp H\text{가} \quad F \perp (G \top H) = F \perp G\text{를 함의한다;}$$
$$F \top G = F \top H\text{가} \quad F \top (G \perp H) = F \top G\text{를 함의한다.}$$

▸ **33.** 〔*M27*〕 (트리의 순열 표현.) $\sigma$가 순환마디 $(12 \ldots n)$이라고 하자.

a) 노드들에 1에서 $n$까지의 번호가 대칭순으로 매겨진 임의의 이진 트리가 주어졌을 때, $1 \leq k \leq n$에 대해 다음을 만족하는 $\{1, \ldots, n\}$의 한 순열 $\lambda$가 유일하게 존재함을 증명하라.

$$\texttt{LLINK}[k] = \begin{cases} k\lambda, & \text{만일 } k\lambda < k\text{이면;} \\ 0, & \text{그렇지 않으면;} \end{cases} \qquad \texttt{RLINK}[k] = \begin{cases} k\sigma\lambda, & \text{만일 } k\sigma\lambda > k\text{이면;} \\ 0, & \text{그렇지 않으면.} \end{cases}$$

따라서 $\lambda$는 하나의 $n$원소 배열에 $2n$개의 링크 필드들을 깔끔하게 꾸려 넣는다.

b) 이진 트리가 숲 $F$의 왼쪽 동기·오른쪽 자식 표현일 때 이 순열 $\lambda$를 순환마디 형태로 서술하기가 특히나 쉬움을 보여라. $F$가 (2)의 숲일 때 $\lambda(F)$의 순환마디 형태는 무엇인가?

c) $\lambda(F)$와 그 쌍대 순열 $\lambda(F^D)$ 사이의 간단한 관계를 구하라.

d) 연습문제 26에서 $F'$은 오직 $\lambda(F') = (j\,k)\,\lambda(F)$일 때에만 $F$를 덮음을 증명하라. 여기서 $j$와 $k$는 $F$의 동기들이다.

e) 따라서 $n$차 크레베라스 격자의 극대 사슬 개수는 $n$원소 순환마디를 $n-1$개의 전치들의 곱으로 인수분해하는 방법의 개수이다. 이 개수를 평가하라. 힌트: 식 1.2.6-(16)을 볼 것.

**34.** [*M25*] (R. P. Stanley.) $n$차 스탠리 격자의 극대 사슬 개수가

$$(n(n-1)/2)!/(1^{n-1}3^{n-2}\ldots(2n-5)^2(2n-3)^1)$$

임을 보여라.

**35.** [*HM37*] (D. B. Tyler, D. R. Hickerson.) 점근 공식 (16)의 분모들이 모두 2의 제곱수인 이유를 설명하라.

▸ **36.** [*M25*] 연습문제 20(b)의 삼진 트리 생성 알고리즘을 분석하라. 힌트: 내부 노드가 $n$개인 삼진 트리의 개수는 연습문제 2.3.4.4-11에 의해 $(2n+1)^{-1}\binom{3n}{n}$이다.

▸ **37.** [*M40*] 주어진 도수들의 분포 $n_0, n_1, n_2, \ldots, n_t$를 가진 모든 트리를 생성하는 잭스-리처즈 알고리즘(연습문제 21)을 분석하라. 힌트: 연습문제 2.3.4.4-32를 볼 것.

**38.** [*M22*] 알고리즘 L이 수행하는 전체 메모리 참조 횟수를 $n$의 함수로 표현하라.

**39.** [*22*] 공식 (23)을 (5)의 $A_{pq}$의 원소들이 2행 영 타블로에 대응됨을 보여서 증명하라.

**40.** [*M22*] (a) $C_{pq}$는 오직 $p\,\&\,(q+1) = 0$일 때에만 홀수임을 증명하라. 여기서 '홀수'는 $p$와 $q+1$의 이진 표현들에 공통인 비트가 없다는 뜻이다. (b) 따라서 $C_n$은 오직 $n+1$이 2의 거듭제곱일 때에만 홀수임을 증명하라.

**41.** [*M21*] 투표 수에 간단한 생성 함수 $\sum C_{pq}w^p z^q$이 있음을 보여라.

▸ **42.** [*M22*] 이름표 없는 $n$노드 숲들 중 (a) 자기켤레인 것들은 몇 개인가? (b) 자기전치인 것들은? (c) 자기쌍대는? (연습문제 11, 12, 19, 26을 보라.)

**43.** [*M21*] $q-p$가 작을 때 간단한 공식을 얻는 것을 목표로 하여, $C_{pq}$를 카탈랑 수 $\langle C_0, C_1, C_2, \ldots\rangle$으로 표현하라. (이를테면 $C_{(q-2)q} = C_q - C_{q-1}$이다.)

▸ **44.** [*M27*] 알고리즘 B의 이진 트리 방문당 메모리 참조 횟수가 단 $8\frac{2}{3} + O(n^{-1})$임을 증명하라.

**45.** [*M26*] 연습문제 22의 알고리즘이 수행하는 메모리 참조 횟수를 분석하라. 알고리즘 B와 비교하면 어떠한가?

**46.** [*M30*] (일반화된 카탈랑 수.) (21)을,

$$C_{pq}(x) = C_{p(q-1)}(x) + x^{q-p}C_{(p-1)q}(x), \quad \text{만일 } 0 \le p \le q \ne 0\text{이면;} \qquad C_{00}(x) = 1;$$

그리고 만일 $p < 0$이거나 $p > q$이면 $C_{pq}(x) = 0$이라고 정의해서 일반화하자. 그러면 $C_{pq} = C_{pq}(1)$이다. 또한 $C_n(x) = C_{nn}(x)$로 두어서,

$$\langle C_0(x), C_1(x), \ldots \rangle = \langle 1, 1, 1+x, 1+2x+x^2+x^3, 1+3x+3x^2+3x^3+2x^4+x^5+x^6, \ldots \rangle$$

이 되게 하자.

a) $[x^k]\, C_{pq}(x)$가 (28)의 ⓟⓠ에서 ⓪⓪으로의 경로들 중 그 면적이 $k$인 것들의 개수임을 보여라. 여기서 경로의 '면적'이란 경로의 위쪽에 있는 직사각형 낱칸들의 개수이다. (따라서 가능한 최대의 면적은 L자형 경로의 $p(q-p)+\binom{p}{2}$이다.)

b) $C_n(x) = \sum_F x^{c_1+\cdots+c_n} = \sum_F x^{\text{내부 경로 길이}(F)}$임을 증명하라. 합의 구간은 모든 $n$노드 숲 $F$이다.

c) 만일 $C(x, z) = \sum_{n=0}^{\infty} C_n(x) z^n$이면 $C(x, z) = 1 + zC(x, z)C(x, xz)$임을 보여라.

d) 더 나아가서, $C(x, z)C(x, xz)\ldots C(x, x^r z) = \sum_{p=0}^{\infty} C_{p(p+r)}(x) z^p$임을 보여라.

**47.** [*M27*] 이전 연습문제를 이어서, 항등식 (27)을 일반화하라.

**48.** [*M28*] (F. Ruskey, A. Proskurowski.) $x = -1$일 때 $C_{pq}(x)$의 값을 구하고, 그 결과를 이용해서 $n \geq 5$가 홀수일 때에는 내포열에 대한 '완벽한' 그레이 부호가 불가능함을 보여라.

**49.** [*17*] 15개의 내포된 괄호쌍들로 이루어진 문자열들을 사전순으로 나열할 때 백만 번째 것은 무엇인가?

**50.** [*20*] 알고리즘 U의 역을 설계하라. 즉, 내포된 괄호열 $a_1 \ldots a_{2n}$이 주어졌을 때, 그 괄호열의 사전순 순위(rank) $N-1$을 구하는 알고리즘을 설계하라. (1)의 순위는 무엇인가?

**51.** [*M22*] $\bar{z}_1\bar{z}_2\ldots\bar{z}_n$이 $2n$에 관한 $z_1z_2\ldots z_n$의 여수(보수)라고 하자. 다른 말로 하면, $z_j$가 (8)과 같이 정의된다고 할 때 $\bar{z} = 2n - z_j$이다. 만일 $\bar{z}_1\bar{z}_2\ldots\bar{z}_n$이 알고리즘 7.2.1.3L로 생성된 $\{0, 1, \ldots, 2n-1\}$의 $n$-조합들 중 $(N+1)$번째로 생성된 것이면, $z_1z_2\ldots z_n$은 연습문제 2의 알고리즘으로 생성된 $\{1, 2, \ldots, 2n\}$의 $n$-조합들 중 $(N-\kappa_n N+1)$번째로 생성된 것임을 보여라. (여기서 $\kappa_n$은 7.2.1.3-(60)에 정의된 $n$차 크러스컬 함수이다.)

**52.** [*M23*] 내포열 $a_1 \ldots a_{2n}$을 무작위로 선택할 때, 표 1의 수량 $d_n$의 평균과 분산을 구하라.

**53.** [*M28*] $X$가 한 확장 이진 트리의 뿌리와 제일 왼쪽 외부 노드 사이의 거리라고 하자. (a) 모든 $n$노드 이진 트리가 동일 확률로 선택된다고 할 때 $X$의 기댓값은 얼마인가? (b) 알고리즘 6.2.2T를 이용해서 무작위 순열 $K_1 \ldots K_n$으로부터 생성한 무작위 이진 검색 트리에서 $X$의 기댓값은 얼마인가? (c) 연습문제 31의 정의를 따르는 무작위 퇴화한 이진 트리에서 $X$의 기댓값은 얼마인가? (d) 세 경우 모두에서 $2^X$의 기댓값은 얼마인가?

**54.** [*HM29*] $c_1 + \cdots + c_n$의 평균과 분산을 구하라. (연습문제 46을 보라.)

**55.** [*HM33*] 연습문제 46(a)의 모든 경로의 전체 면적 $C'_{pq}(1)$을 평가하라.

**56.** [*M23*] (Renzo Sprugnoli, 1990.) 다음 합 공식을 증명하라.

$$\sum_{k=0}^{m-1} C_k C_{n-1-k} = \frac{1}{2} C_n + \frac{2m-n}{2n(n+1)} \binom{2m}{m} \binom{2n-2m}{n-m}, \qquad 0 \leq m \leq n\text{에 대해.}$$

**57.** [*M28*] 합 $S_p(a,b)=\sum_{k\geq 0}\binom{2a}{a-k}\binom{2b}{b-k}k^p$을 $p=0$, 1, 2, 3에 대해 닫힌 형식으로 표현하고, 그 공식들을 이용해서 (30)을 증명하라.

**58.** [*HM34*] $t_{lmn}$이, 외부 노드들에 0에서 $n$까지의 번호를 대칭순으로 부여했을 때 외부 노드 $m$이 수준 $l$에 나타나는 $n$노드 이진 트리들의 개수라고 하자. 또한 $t_{mn}=\sum_{l=1}^{n} l t_{lmn}$이라고 하자. 그러면 $t_{mn}/C_n$은 외부 노드 $m$의 평균 수준이다. 그리고 $t(w,z)$가 초 생성 함수

$$\sum_{m,n} t_{mn}w^m z^n=(1+w)z+(3+4w+3w^2)z^2+(9+13w+13w^2+9w^3)z^3+\cdots$$

이라고 하자. $t(w,z)=(C(z)-wC(wz))/(1-w)-1+zC(z)t(w,z)+wzC(wz)t(w,z)$임을 증명하고, 수 $t_{mn}$들에 대한 간단한 공식을 유도하라.

**59.** [*HM29*] 비슷하게, $T_{lmn}$이 내부 노드 $m$이 수준 $l$에서 나타나는 모든 $n$노드 이진 트리의 개수라고 하자. $T_{mn}=\sum_{l=1}^{n} l T_{lmn}$에 대한 간단한 공식을 구하라.

▶ **60.** [*M26*] (균형 잡힌 괄호열.) 내포된 괄호들의 문자열 $\alpha$가 $(\alpha')$의 형태일 때(여기서 $\alpha'$은 내포된 괄호열), 그러한 $\alpha$를 가리켜 원자적(atomic)이라고 부른다. 모든 내포된 괄호열은 원자들의 곱 $\alpha_1\ldots\alpha_r$로 유일하게 표현할 수 있다. 왼쪽 괄호와 오른쪽 괄호의 개수가 같은 괄호열을 가리켜 균형이 잡힌 괄호열(줄여서 균형 괄호열)이라고 부른다. 모든 균형 괄호열을 $\beta_1\ldots\beta_r$ 형태로 표현할 수 있는데, 여기서 $\beta_j$는 원자 또는 여원자(co-atom, 원자의 역[reverse])이다. 균형 괄호열의 결점(defect)은 그 여원자들의 길이의 절반이다. 예를 들어 균형 괄호열

$$(())\,)(\,(()))\,))()(((\,)\,)(()\,)(\,)($$

```
( ( ) ) ) ( ( ( ) ) ) ) ) ) ( ( ) ( ( ( ) ) ( ( ( ) ) ( ( )
```

을 인수분해한 형식은 $\beta_1\beta_2\beta_3\beta_4\beta_5\beta_6\beta_7\beta_8=\alpha_1\alpha_2^R\alpha_3\alpha_4^R\alpha_5^R\alpha_6\alpha_7^R\alpha_8$인데, 여기에는 원자가 네 개, 여원자가 네 개이다. 결점은 $|\alpha_2\alpha_4\alpha_5\alpha_7|/2=9$이다.

a) 한 균형 괄호열의 결점은 $k$번째 오른쪽 괄호가 $k$번째 왼쪽 괄호보다 앞에 있음을 만족하는 색인 $k$들의 개수임을 증명하라.

b) 한 균형 괄호열 $\beta_1\ldots\beta_r$을 어떤 내포된 괄호열에 사상하는 간단한 방법은 그냥 그 여원자들을 뒤집는 것이다. 그러나, 편향 없는(고른 분포 무작위) 균형 괄호열로부터 편향 없는 내포된 괄호열을 얻게 된다는 점에서 좀 더 흥미로운 사상도 있다: $s$개의 여원자 $\beta_{i_1}=\alpha_{i_1}^R$, …, $\beta_{i_s}=\alpha_{i_s}^R$이 있다고 하자. 각 여원자를 ( 로 대체하고, 뒤에 괄호열 $)\alpha'_{i_s}\ldots)\alpha'_{i_1}$을 붙인다. 여기서 $\alpha_j=(\alpha'_j)$이다. 예를 들어 위에 나온 괄호열은 $\alpha_1(\alpha_3((\alpha_6(\alpha_8)\alpha'_7)\alpha'_5)\alpha'_4)\alpha'_2$로 사상되는데, 공교롭게도 이는 이번 절 처음에 나온 괄호열 (1)과 같다.

주어진 균형 괄호열 $b_1\ldots b_{2n}$에 이러한 사상을 적용하는 알고리즘을 설계하라.

c) 또한 그 역사상을 위한 알고리즘도 설계하라. 즉, 내포열 $\alpha=a_1\ldots a_{2n}$과 $0\leq l\leq n$인 정수 $l$이 주어졌을 때, 결점이 $l$이고 $\beta\mapsto\alpha$를 만족하는 균형 괄호열 $\beta=b_1\ldots b_{2n}$을 계산하는 알고리즘을 설계하라. (1)로 사상되는, 결점이 11인 균형 괄호열은 무엇인가?

▶ **61.** [*M26*] (레이니Raney의 순환마디 보조정리.) $b_1b_2\ldots b_N$이 $f = N - b_1 - b_2 - \cdots - b_N > 0$을 만족하는 음이 아닌 정수들의 문자열이라고 하자.

a) $1 \le j \le N$에 대해 연습문제 20의 전위순 도수열 속성을 만족하는 순환 자리이동 $b_{j+1}\ldots b_N b_1 \ldots b_j$들이 정확히 $f$개임을 증명하라.

b) $b_1b_2\ldots b_N$이 주어졌을 때 그러한 모든 $j$를 효율적으로 결정하는 알고리즘을 설계하라.

c) 노드가 $N = n_0 + \cdots + n_t$개이고 도수가 $j$인 노드가 정확히 $n_j$개인 무작위 숲을 생성하는 방법을 설명하라. (예를 들어 무작위 $n$노드 $t$진 트리들은 $N = tn+1$, $n_0 = (t-1)n+1$, $n_1 = \cdots = n_{t-1} = 0$, $n_t = n$일 때의 이 일반적 절차의 한 특수한 경우에 해당한다.)

**62.** [*22*] 이진 트리를, 전위순 노드 $j$의 왼쪽, 오른쪽 부분트리들이 빈 트리인지를 뜻하는 $l_j$들과 $r_j$들로 이루어진 비트열 $(l_1\ldots l_n, r_1\ldots r_n)$으로 표현할 수도 있다. (정리 2.3.1A를 보라.) 만일 $l_1\ldots l_n$과 $r_1\ldots r_n$이 $l_1 + \cdots + l_n + r_1 + \cdots + r_n = n-1$을 만족하는 임의의 비트열들이라면 정확히 한 번의 순환 자리이동 $(l_{j+1}\ldots l_n l_1 \ldots l_j, r_{j+1}\ldots r_n r_1 \ldots r_j)$로 유효한 이진 트리 표현을 얻게 됨을 증명하고, 그러한 순환 자리이동을 구하는 방법을 설명하라.

**63.** [*16*] 레미Rémy의 알고리즘의 처음 두 반복에서 이 산출되었다면, 그 다음 반복에서 나올 수 있는 장식된 이진 트리들은 무엇인가?

**64.** [*20*] (34)의 장식된 트리들에 대응되는 알고리즘 R의 $X$ 값들의 순차열은 무엇인가? 그리고 $L_0L_1\ldots L_{12}$의 최종적인 값들은 무엇인가?

**65.** [*38*] 레미의 알고리즘(알고리즘 R)을 $t$진 트리로 일반화하라.

**66.** [*21*] 슈뢰더 트리(Schröder tree)는 공링크가 아닌 모든 오른쪽 링크를 흰색 또는 검은색으로 칠한 트리이다. 작은 $n$들에 대한 $n$노드 슈뢰더 트리의 개수 $S_n$들을 몇 개 나열하자면 다음과 같다.

| $n =$ | 0 | 1 | 2 | 3 | 4 | 5 | 6 | 7 | 8 | 9 | 10 | 11 | 12 |
|---|---|---|---|---|---|---|---|---|---|---|---|---|---|
| $S_n =$ | 1 | 1 | 3 | 11 | 45 | 197 | 903 | 4279 | 20793 | 103049 | 518859 | 2646723 | 13648869 |

예를 들어 $S_3 = 11$이다. 가능한 슈뢰더 트리들이 다음 열 한 가지이기 때문이다.

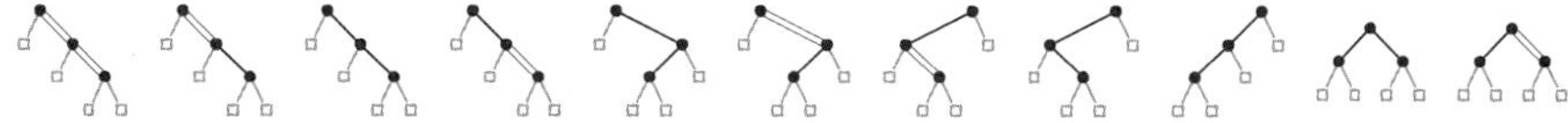

(속이 빈 링크가 흰 링크이다. 외부 노드들도 달아 두었다.)

a) 내부 노드가 $n$개인 슈뢰더 트리와 잎이 $n+1$개이고 도수가 1인 노드가 없는 보통의 트리 사이의 간단한 대응관계를 구하라.

b) 슈뢰더 트리들에 대한 그레이 부호를 고안하라.

**67.** [*M22*] 슈뢰더 수에 대한 생성 함수 $S(z) = \sum_n S_n z^n$은 무엇인가?

**68.** [*10*] 차수가 0인 크리스마스 트리 패턴은 어떤 것인가?

**69.** [*20*] 표 4에 6, 7차 크리스마스 트리 패턴들이 있는가(모양이 약간 다를 수는 있음)?

▸ **70.** [*20*] 한 이진열 $\sigma$에 대해, (i) $\sigma'' = \sigma$, (ii) $|\sigma'| = |\sigma|$, (iii) $\sigma \subseteq \sigma'$ 또는 $\sigma' \subseteq \sigma$, (iv) $\nu(\sigma) + \nu(\sigma') = |\sigma|$를 만족하는 또 다른 이진열 $\sigma'$을 $\sigma$의 상대(mate)라고 부르기로 하자. 모든 이진열의 상대를 정의하는 간단한 규칙을 제시하라.

**71.** [*M21*] $M_{tn}$이 다음 조건을 만족하는 $n$비트 비트열들의 가능한 가장 큰 집합 $S$의 크기라고 하자: 만일 $\sigma \subseteq \tau$인 $\sigma$와 $\tau$가 $S$의 원소들이라면, $\nu(\tau) < \nu(\sigma) + t$이다. (따라서 예를 들어 슈페르너의 정리에 의해 $M_{1n} = M_n$이다.) $M_{tn}$에 대한 공식을 구하라.

▸ **72.** [*M28*] 길이가 $s$인 하나의 행 $\sigma_1\sigma_2\ldots\sigma_s$로 시작해서 성장 규칙 (36)을 $n$번 되풀이해 적용한다면 총 몇 개의 행이 나오는가?

**73.** [*15*] 30차 크리스마스 트리 패턴에서 비트열 011001001000011111101101011100이 있는 행의 첫 원소와 마지막 원소는 무엇인가?

**74.** [*M26*] 이전 연습문제를 이어서, 그 행보다 앞선 행은 몇 개인가?

▸ **75.** [*HM23*] $(r_1^{(n)}, r_2^{(n)}, \ldots, r_{n-1}^{(n)})$이 $n$차 크리스마스 트리 패턴에서 원소가 $n-1$개인 행들의 번호들이라고 하자. 예를 들어 표 4를 보면 $(r_1^{(8)}, \ldots, r_7^{(8)}) = (20, 40, 54, 62, 66, 68, 69)$임을 알 수 있다. $r_{j+1}^{(n)} - r_j^{(n)}$에 대한 공식과 $\lim_{n\to\infty} r_j^{(n)}/M_n$에 대한 공식을 구하라.

**76.** [*HM46*] 크리스마스 트리 패턴의 $n \to \infty$에 따른 극한 형상을 연구하라. 예를 들어 적절한 비례 하에서 그 형상이 분수 차원을 가지기도 하는가?

**77.** [*21*] $n$이 주어졌을 때 크리스마스 트리 패턴의 행들의 제일 오른쪽 원소들의 순차열 $a_1 \ldots a_n$을 생성하는 알고리즘을 설계하라. 힌트: 그 비트열들은 $0 \le k \le n$에 대해 $a_1 + \cdots + a_k \ge k/2$라는 속성으로 특징지어진다.

**78.** [*20*] 참 또는 거짓을 말하라: 만일 $\sigma_1 \ldots \sigma_s$가 크리스마스 트리 패턴의 한 행이면 $\bar\sigma_s^R \ldots \bar\sigma_1^R$(역여원들의 역 순차열)도 크리스마스 트리 패턴의 한 행이다.

**79.** [*M26*] $p_k > p_{k+1}$인 '내림(descent)'이 정확히 하나 있는 순열 $p_1 \ldots p_n$들의 개수는 5.1.3-(12)에 따르면 오일러 수 $\left\langle {n \atop 1} \right\rangle = 2^n - n - 1$이다. 크리스마스 트리 패턴에서 최하위 행 위에 있는 항목들의 개수도 그와 같다.

a) 이러한 우연의 일치를 1내림 순열들과 정렬되지 않은 비트열들 사이의 일대일 대응관계를 구해서 조합적으로 설명하라.

b) 정렬되지 않은 비트열 두 개가 크리스마스 트리 패턴의 같은 행에 속하기 위한 필요충분조건은 그 두 비트열이 로빈슨-셴스테드 대응관계(정리 5.1.4A) 하에서 동일한 $P$ 타블로를 정의하는 순열들에 대응된다는 것임을 보여라.

**80.** [*30*] 한 문자열의 부분문자열들에 대해 변환 $010 \leftrightarrow 100$이나 $101 \leftrightarrow 110$을 수행해서 또 다른 문자열을 얻을 수 있을 때, 그러한 두 문자열이 조화를 이룬다(concordant)라고 말한다. 예를 들어 다음은 서로 조화를 이루는 문자열들이다.

$$\begin{array}{ccccccccc} 011100 \leftrightarrow 011010 \leftrightarrow & 010110 & \leftrightarrow & 010101 & \leftrightarrow 011001 & & \\ & \updownarrow & & \updownarrow & & & \\ & 100110 & \leftrightarrow & 100101 & \leftrightarrow 101001 & \leftrightarrow & 110001 \end{array}$$

그리고 이 문자열들은 여기에 없는 다른 문자열들과는 조화를 이루지 않는다.

문자열들은 오직 크리스마스 트리 패턴의 같은 열에, 그리고 같은 길이의 행들에 속할 때에만 조화를 이룸을 증명하라.

**81.** [*M30*] $(n, n')$차 이중난잡(biclutter) 모임은 $|\sigma| = n$이고 $|\sigma'| = n'$인 비트열 쌍 $(\sigma, \sigma')$들의 한 모임 $S$로, $S$의 서로 다른 구성원 $(\sigma, \sigma')$과 $(\tau, \tau')$이 $\sigma \neq \tau$이고 $\sigma' \neq \tau'$인 경우에만 $\sigma \subseteq \tau$이고 $\sigma' \subseteq \tau'$이라는 속성을 가지고 있다.

$S$의 비트열 쌍이 많아야 $M_{n+n'}$개임을 크리스마스 트리 패턴을 이용해서 증명하라.

▸ **82.** [*M26*] 알고리즘 H가 함수 $f$를 평가하는 횟수를 $E(f)$라고 하자.

a) $M_n \le E(f) \le M_{n+1}$이며 등호는 $f$가 상수일 때 성립함을 보여라.

b) $E(f) = M_n$인 모든 $f$ 중에서 $\sum_\sigma f(\sigma)$를 최소화하는 것은 무엇인가?

c) $E(f) = M_{n+1}$인 모든 $f$ 중에서 $\sum_\sigma f(\sigma)$를 최대화하는 것은 무엇인가?

**83.** [*M20*] (G. Hansel.) $n$개의 부울 변수들로 이루어진 단조 부울 함수 $f(x_1, \ldots, x_n)$이 많아야 $3^{M_n}$개임을 보여라.

▸ **84.** [*HM27*] (D. Kleitman.) $A$가, 모든 열 $v$의 길이가 $\|v\| \ge 1$인 $m \times n$ 실수 행렬이라고 하자. 그리고 $b$가 하나의 $m$차원 열벡터라고 하자. $\|Ax - b\| < \frac{1}{2}$를 만족하는, 성분들이 $a_j = 0$ 또는 1인 열벡터 $x = (a_1, \ldots, a_n)^T$는 많아야 $M_n$개임을 증명하라.

**85.** [*HM35*] (Philippe Golle.) $V$가 모든 실수 $n$차원 벡터들의 집합에 속한 한 벡터 공간이되 단위 벡터 $(1, 0, \ldots, 0)$, $(0, 1, 0, \ldots, 0)$, $\ldots$, $(0, \ldots, 0, 1)$은 그 어떤 것도 포함하지 않는다고 하자. 성분들이 모두 0이거나 모두 1인 벡터들이 $V$에 많아야 $M_n$개 포함됨을 증명하라. 또한 그 상계 $M_n$에 도달할 수 있음도 증명하라.

**86.** [*15*] 만일 (2)를 순서 숲이 아니라 지향 숲(oriented forest)으로 간주한다면, 그에 대응되는 표준 숲은 무엇인가? 그 숲을 수준 부호 $c_1 \ldots c_{15}$와 부모 포인터 $p_1 \ldots p_{15}$로 명시하라.

**87.** [*M20*] $F$가 하나의 순서 숲이되 전위순으로 $k$번째 노드가 수준 $c_k$에 나타나고 그 부모가 $p_k$라고 하자. 단, 뿌리 노드의 경우에는 $p_k = 0$이다.

a) $1 \le k \le n$에 대해 $c_k = p_k$라는 조건을 만족하는 숲은 몇 개인가?

b) $F$와 $F'$의 수준 부호들이 각각 $c_1 \ldots c_n$과 $c'_1 \ldots c'_n$이며 부모 링크들은 $p_1 \ldots p_n$과 $p'_1 \ldots p'_n$이라고 하자. 사전순으로, 오직 $p_1 \ldots p_n \le p'_1 \ldots p'_n$일 때에만 $c_1 \ldots c_n \le c'_1 \ldots c'_n$임을 증명하라.

**88.** [*M20*] 알고리즘 O를 분석하라: 단계 O4는 몇 번 수행되는가? 단계 O5에서 $p_k$는 몇 번 변경되는가?

**89.** [*M46*] 단계 O5에서 $p_k \leftarrow p_j$로 설정되는 횟수는 몇인가?

▸ **90.** [*M27*] $p_1 \cdots p_n$이 한 지향 숲의 표준 부모 포인터열이라고 할 때, 정점들이 $\{0, 1, \ldots, n\}$이고 간선들이 $\{k — p_k \mid 1 \le k \le n\}$인 그래프는 자유 트리(free tree), 즉 순환마디가 없는 연결된 그래프이다. (정리 2.3.4.1A를 보라.) 반대로, 모든 자유 트리는 적어도 하나의 지향 숲에 그런 식으로 대응된다. 그런데 부모 포인터열 011과 000은 둘 다 동일한 자유 트리 ≻- 에 해당하며, 012와 010은 둘 다 ∙—∙—∙—∙에 해당한다.

이 연습문제의 목적은, 각 자유 트리가 정확히 한 번씩만 나오도록 수열 $p_1 \cdots p_n$을 더욱 제한하는 것이다. 2.3.4.4-(9)에서는 구조가 서로 다른 $n+1$정점 자유 트리들의 개수에 대해 상당히 간단한 생성 함수가 존재함을, 하나의 자유 트리가 항상 적어도 하나의 무게중심(centroid)을 가짐을 보여서 증명했다.

a) 하나의 표준 $n$노드 숲이 무게중심이 단 하나인 자유 트리에 대응될 필요충분조건은 그 숲에 노드가 $\lfloor n/2 \rfloor$개보다 많은 트리가 없다는 것임을 보여라.

b) (a)를 만족하는 모든 수열 $p_1 \cdots p_n$을 생성하도록 알고리즘 O를 수정하라.

c) 무게중심이 둘인 자유 트리들에 대한 모든 $p_1 \cdots p_n$을 구하는 방법을 설명하라.

**91.** [*M37*] (Nijenhuis, Wilf.) 무작위 지향 트리를, 연습문제 7.2.1.4-47의 무작위 분할 생성 알고리즘과 비슷한 절차를 통해서 생성할 수 있음을 보여라.

**92.** [*15*] 알고리즘 S가 처음 방문하는 신장 트리와 마지막으로 방문하는 신장 트리가 인접한가? 여기서 두 신장 트리가 인접하다는 것은 공통의 간선이 $n-2$개라는 뜻이다.

**93.** [*20*] 알고리즘 S가 끝났을 때 그래프가 원래의 상태로 복원되는가?

**94.** [*22*] 알고리즘 S가 수행되려면 우선 단계 S1에서 초기 신장 트리를 하나 구해서 '첫 발을 떼어야' 한다. 그러한 초기 신장 트리를 구하는 방법을 설명하라.

**95.** [*26*] 단계 S8의 다리 판정을 구현해서 알고리즘 S를 완성하라.

▸ **96.** [*28*] 주어진 그래프가 단순히 (a) 길이가 $n-1$인 경로 $P_n$ 또는 (b) 길이가 $n$인 순환마디 $C_n$일 때의 알고리즘 S의 근사적인 실행 시간을 각각 분석하라.

**97.** [*15*] (48)은 직병렬 그래프인가?

**98.** [*16*] (53)의 $A$를 직렬로 간주할 때, (53)에 해당하는 직병렬 그래프는 무엇인가?

▸ **99.** [*30*] (53)에서처럼 트리로 표현된, 그리고 노드 값들이 (55)를 만족하는 한 직병렬 그래프를 고찰하자. 그 노드 값들은 뿌리 $p$에서 $v_p$가 1이냐 0이냐에 따라 신장 트리 또는 인근 트리를 정의한다. 다음 방법이 뿌리의 다른 모든 구성(config)을 생성함을 보여라.

i) 쉽지 않은 노드들은 모두 활성이고 그 외의 노드들은 비활성인 상태로 시작한다.

ii) 전위순으로 제일 오른쪽의 활성 노드 $p$를 선택하되, 모든 노드가 비활성이면 절차를 끝낸다.

iii) $d_p \leftarrow r_{d_p}$로 변경하고, 트리의 모든 값을 갱신하고, 새 구성을 방문한다.

iv) $p$의 오른쪽에 있는 쉽지 않은 노드들을 모두 활성화한다.

v) $p$가 마지막으로 활성이 된 이후에 $d_p$가 $p$의 모든 자식을 훑었다면, 노드 $p$를 비활성으로 만든다. (ii)로 돌아간다.

그리고 이 단계들을 효율적으로 수행하는 방법을 설명하라. 힌트: 단계 (v)의 구현에서는 포인터 $z_p$를 도입할 것. 그리고 $d_p$가 $z_p$와 같아졌을 때 노드 $p$를 비활성으로 만들고, 또한 $z_p$를 $d_p$의 이전 값으로 재설정한다. 단계 (ii)와 (iv)의 구현에서는 알고리즘 7.2.1.1L과 7.2.1.1K에서 사용한 것과 비슷한 초점 포인터 $f_p$들을 사용할 것.

**100.** [*40*] 모든 신장 트리의 회전문 생성을 위한 본문의 '알고리즘 S′′'을, 알고리즘 S와 연습문제 99의 착안을 결합해서 구현하라.

**101.** [*46*] 완전 그래프 $K_n$의 모든 신장 트리(총 $n^{n-2}$개)를 나열하는 간단한 회전문 방법이 존재하는가? (알고리즘 S가 산출하는 순서는 상당히 복잡하다.)

**102.** [*46*] $n$정점 유향 그래프 $D$의 지향 신장 트리(oriented spanning tree)는 $n-1$개의 호들을 담은 $D$의 한 지향 부분트리이다. 이를 '신장 수목상樹木狀(spanning arborescence)'이라고도 부른다. 행렬 트리 정리(연습문제 2.3.4.2-19)에 의하면, 주어진 뿌리를 가진 지향 부분트리의 개수는 하나의 $(n-1)\times(n-1)$ 행렬식을 평가해서 손쉽게 구할 수 있다.

그러한 지향 부분트리들을 회전문 순서로 나열하되 매 단계마다 호 하나를 제거하고 다른 호로 대체해서 나열할 수 있을까?

▶ **103.** [*HM39*] (모래산.) 정점들이 $V_0, V_1, \ldots, V_n$이고 $V_i$에서 $V_j$로의 호 $e_{ij}$들(단, $e_{ii}=0$)이 있는 임의의 유향 그래프 $D$를 고찰한다. $D$에, 뿌리가 $V_0$인 지향 신장 트리가 적어도 하나 있다고 가정하자. 이 가정은, 만일 정점들에 번호를 적절히 붙인다면, $1\le i\le n$에 대해 $e_{i0}+\cdots+e_{i(i-1)}>0$이 성립한다는 뜻이다. $d_i=e_{i0}+\cdots+e_{in}$이 $V_i$의 총 외향 도수라고 하자. $0\le i\le n$에 대해 $x_i$개의 모래알을 정점 $V_i$에 넣고 다음과 같은 게임을 해 보자: 만일 임의의 $i\ge 1$에 대해 $x_i\ge d_i$이면 $x_i$를 $d_i$만큼 감소하고 모든 $j\ne i$에 대해 $x_j\leftarrow x_j+e_{ij}$로 설정한다. (다른 말로 하면, $i=0$인 경우를 제외할 때 $V_i$의 외향 호들 각각에 대해 $V_i$에서 모래알 하나를 빼서 다른 정점에 넘겨 준다. 이러한 연산을 가리켜 $V_i$를 '허문다(toppling)'라고 말하고 그러한 허물기 연산들의 순차열을 '산사태(avalanche)'라고 부른다. 정점 $V_0$은 특별하다. 이 정점은 허물어지는 대신, 본질적으로 시스템을 떠난 모래알들을 끌어 모은다.) $1\le i\le n$에 대해 $x_i<d_i$가 될 때까지 이런 식으로 진행한다. 그러한 상태 $x=(x_1,\ldots,x_n)$을 안정 상태라고 부른다.

a) 모든 산사태가 유한한 횟수의 허물기 연산 이후에 안정 상태로 끝남을 증명하라. 더 나아가서, 최종 상태는 오직 초기 상태에만 의존할 뿐 허물기 연산들의 수행 순서에는 의존하지 않음을 증명하라.

b) $\sigma(x)$가 초기 상태 $x$로부터 도달한 안정 상태라고 하자. 만일 안정 상태가 $1\le i\le n$에 대해 $x_i\ge d_i$를 만족하는 어떤 $x$에 대한 $\sigma(x)$일 때, 그러한 안정 상태를 재현(recurrent) 상태라고 부른다. (재현 상태는 오랫동안 새로운 모래알들이 무작위로 되풀이해서 도입되는 과정을 거쳐서

진화한 모래산에 해당한다.) $n=4$일 때와 $D$의 호들이

$$V_1 \to V_0,\ V_1 \to V_2,\ V_2 \to V_0,\ V_2 \to V_1,\ V_3 \to V_0,\ V_3 \to V_4,\ V_4 \to V_0,\ V_4 \to V_3$$

일(이외의 호들은 없는) 때의 특수 경우에 대한 재현 상태들을 구하라.

c) $d=(d_1,\dots,d_n)$이라고 하자. $x$는 오직 $x=\sigma(x+t)$일 때에만 재현 상태임을 증명하라. 여기서 $t$는 벡터 $d-\sigma(d)$이다.

d) $1 \le i \le n$에 대해 $a_i$가 벡터 $(-e_{i1},\dots,-e_{i(i-1)},d_i,-e_{i(i+1)},\dots,-e_{in})$이라고 하자. 그러면 허물기 $V_i$는 상태 벡터 $x=(x_1,\dots,x_n)$을 $x-a_i$로 바꾸는 것에 해당한다. 두 상태 $x$와 $x'$에 대해, 만일 $x-x'=m_1a_1+\cdots+m_na_n$을 만족하는 어떤 정수 $m_1,\dots,m_n$이 존재하면 그 두 상태가 합동(congruent)이라고 말하고 이를 $x\equiv x'$이라고 표기하기로 하자. 합동인 상태들의 동치류 개수가 $D$의, $V_0$을 뿌리로 하는 지향 신장 트리의 개수와 정확히 일치함을 증명하라. 힌트: 연습문제 2.3.4.2-19의 행렬 트리 정리를 볼 것.

e) 만일 $x\equiv x'$이고 $x$와 $x'$ 둘 다 재현 상태이면 $x=x'$임을 증명하라.

f) 모든 합동류(congruence class)에 하나의 유일한 재현 상태가 포함됨을 증명하라.

g) $D$가 균형 잡힌(각 정점의 내향 도수가 외향 도수와 같다는 의미에서) 유향 그래프라고 할 때, $x$는 오직 $x=\sigma(x+a)$(여기서 $a=(e_{01},\dots,e_{0n})$)일 때에만 재현 상태임을 증명하라.

h) 이상의 개념들을 바큇살 $n$개로 이루어진 '수레바퀴' 형태의 유향 그래프 $D$에 대해 묘사하라: $V_{n+1}$이 $V_1$과 동일하다고 간주해서, 호들이 $1\le j\le n$에 대한 $V_j\to V_0$들과 $V_j\leftrightarrow V_{j+1}$들이라고 하자. 이는 총 $3n$개이다. 이 유향 그래프의 지향 신장 트리와 그 모래산들의 재현 상태들 사이의 일대일 대응관계를 구하라.

i) 비슷하게, $D$가 $n+1$정점 완전 그래프일 때, 즉 $0\le i,j\le n$에 대해 $e_{ij}=[i\ne j]$일 때 재현 모래산들을 분석하라. 힌트: 연습문제 6.4-31을 볼 것.

▸ **104.** [*HM21*] $G$가 $n$개의 정점 $\{V_1,\dots,V_n\}$과 $V_i$와 $V_j$ 사이의 간선 $e_{ij}$들로 이루어진 그래프라고 하자. 그리고 $C(G)$는 성분들이 $c_{ij}=-e_{ij}+\delta_{ij}d_i$인 행렬이라고 하자. 여기서 $d_i=e_{i1}+\cdots+e_{in}$은 $V_i$의 도수이다. $C(G)$의 고윳값들, 즉 방정식 $\det(\alpha I-C(G))=0$의 근 $\alpha_0,\dots,\alpha_{n-1}$을 $G$의 양상(aspect)들이라고 부르기로 하자. $C(G)$는 대칭행렬이므로 그 고윳값들은 실수이다. 그리고 $\alpha_0\le\alpha_1\le\cdots\le\alpha_{n-1}$이라고 가정할 수 있다.

a) $\alpha_0=0$임을 증명하라.

b) $G$의 신장 트리가 정확히 $c(G)=\alpha_1\dots\alpha_{n-1}/n$개임을 증명하라.

c) 완전 그래프 $K_n$의 양상들은 무엇인가?

**105.** [*HM38*] 연습문제 104를 이어서, 양상들을 이미 알고 있는 다른 그래프로부터 $G$를 구축한 경우에는 $G$의 양상들을 종종 쉽게 구할 수 있음을 증명하고자 한다. $G'$의 양상들이 $\alpha'_0,\dots,\alpha'_{n'-1}$이고 $G''$의 양상들이 $\alpha''_0,\dots,\alpha''_{n''-1}$이라 할 때, 다음 경우들에서 $G$의 양상들은 무엇인가?

a) $G=\overline{G'}$이 $G'$의 여그래프임. (이 경우 $e'_{ij}\le[i\ne j]$라고 가정한다.)

b) $G = G' \oplus G''$이 $G'$과 $G''$의 직합(즉 병치[juxtaposition])임.

c) $G = G' - G''$이 $G'$과 $G''$의 결합(join, 이음)임.

d) $G = G' \square G''$이 $G'$과 $G''$의 데카르트 곱임.

e) $G'$이 도수가 $d'$인 정규 그래프(regular graph)일 때(즉, $G'$의 모든 정점의 이웃이 각각 정확히 $d'$개이고 자기 자신으로의 고리가 없을 때), $G = L(G')$이 $G'$의 선 그래프임.

f) $G'$이 도수 $d'$ 정규 그래프이고 $G''$이 도수 $d''$ 정규 그래프일 때, $G = G' \otimes G''$이 $G'$과 $G''$의 직곱(논리곱)임.

g) $G = G' \boxtimes G''$이 정규 그래프 $G'$과 $G''$의 강한 곱(strong product)임.

h) $G = G' \triangle G''$이 정규 그래프 $G'$과 $G''$의 홀곱(odd product)임.

i) $G = G' \circ G''$이 정규 그래프 $G'$과 $G''$의 사전순곱임.

▸ **106.** [*HM37*] 다음 대상들의 신장 트리 전체 개수를 구하라: (a) $m \times n$ 격자 $P_m \square P_n$, (b) $m \times n$ 원기둥 $P_m \square C_n$, (c) $m \times n$ 원환체 $C_m \square C_n$. 그 개수들에 작은 소인수들만 있는 경향은 왜 생기는 것일까? 힌트: $P_n$과 $C_n$의 양상들을 수 $\sigma_{kn} = 4\sin^2\frac{k\pi}{2n}$들로 표현할 수 있음을 보일 것.

**107.** [*M24*] 정점이 $n \le 5$개이고 자기 순환고리나 병렬 간선이 없는 모든 연결된 그래프의 양상들을 구하라.

**108.** [*HM40*] 연습문제 104, 105, 106의 결과들을 유향 그래프에 대해 확장하라.

**109.** [*M46*] (57)이 $n$-입방체의 신장 트리 개수인 이유를 조합적으로 설명하라.

▸ **110.** [*M27*] $G$가 자기 순환고리가 없는 임의의 연결된 다중그래프(multigraph)일 때, $G$의 신장 트리 개수가

$$c(G) > \sqrt{(d_1 - 1)\ldots(d_n - 1)}$$

임을 증명하라. 여기서 $d_j$는 정점 $j$의 도수이다.

**111.** [*05*] 트리 (58)의 노드들을 후전위순으로 나열하라.

**112.** [*15*] 한 숲에서 노드 $p$가 노드 $q$보다 전후위순으로는 앞이고 후전위순으로는 뒤라면, $p$와 $q$에 대해 어떤 사실을 알아낼 수 있는가?

▸ **113.** [*20*] 숲 $F$의 전후위(prepostorder) 순서와 후전위(postpreorder) 순서가 켤레 숲 $F^R$의 전후위, 후전위순서들에 어떻게 연관되는가? (연습문제 13을 보라.)

**114.** [*15*] 숲 전체를 알고리즘 Q를 이용해서 전후위순으로 운행하고자 한다. 운행 공정을 어떻게 시작해야 할까?

**115.** [*20*] 알고리즘 Q를 분석하라: 숲 하나를 완전히 운행하는 과정에서 각 단계의 실행 횟수는 얼마인가?

▸ **116.** [*28*] 숲 $F$의 노드들에 전위순으로 1부터 $n$까지의 번호로 부여했다고 하자. 만일 $F$에서 $1 \le k \le n$에 대해 노드 $k$가 노드 $k+1$의 인접 노드이면 노드 $k$를 운 좋은 노드라고 부르고, 노드

$k+1$와 세 걸음 떨어져 있으면 불운한 노드라고 부르고, 그 외의 경우이면 평범한 노드라고 부르기로 하자. 이 정의에서 노드 $n+1$은 모든 뿌리의 부모로 간주되는 가상의 超(super) 뿌리 노드이다.

a) 운 좋은 노드들은 오직 짝수 번호 수준들에서만 나타나고 불운한 노드들은 오직 홀수 번호 수준들에서만 나타남을 증명하라.

b) $n=0$인 경우를 제외할 때, 운 좋은 노드들의 개수가 불운한 노드 개수보다 정확히 하나 더 많음을 보여라.

**117.** [*21*] 연습문제 116을 이어서, 불운한 노드가 하나도 없는 $n$노드 숲은 몇 개인가?

**118.** [*M28*] (a) 내부 노드가 $(t^k-1)/(t-1)$개인 완전 $t$진 트리와 (b) 내부노드가 $F_{k+1}-1$개인 $k$차 피보나치 트리에 있는 운 좋은 노드들은 각각 몇 개인가? (2.3.4.5-(6)과 §6.2.1의 그림 8을 보라.)

**119.** [*21*] $n$차 뒤틀린 이항 트리(twisted binomial tree) $\widetilde{T}_n$은 다음과 같은 재귀적인 규칙으로 정의된다.

$$\widetilde{T}_0 = \bullet, \qquad n>0\text{에 대해} \quad \widetilde{T}_n = \text{(root with edges labeled } 0, 1, \ldots, n-1 \text{ to subtrees } \widetilde{T}_0^R, \widetilde{T}_1^R, \ldots, \widetilde{T}_{n-1}^R).$$

(이를 7.2.1.3-(21)과 비교해 볼 것. 수준에 따라 자식 노드들의 순서가 번갈아 뒤집힌다.) $\widetilde{T}_n$의 전후위 운행과 그레이 이진 부호 사이에 간단한 연관 관계가 존재함을 보여라.

**120.** [*22*] 참 또는 거짓을 말하라: 다리가 없는 연결된 그래프의 제곱(square)은 해밀턴이다.

**121.** [*M34*] (F. Neuman, 1964.) 그래프 $G$에서 도수가 1인 정점들과 그러한 정점에 닿은 간선들을 모두 제거해서 얻은 그래프를 그 그래프의 도導(derivative) 그래프라고 부르고 $G^{(\prime)}$으로 표기한다. $T$가 하나의 자유 트리일 때 그 제곱 $T^2$에 해밀턴 경로가 존재할 필요충분조건이 다음과 같음을 증명하라: $T^2$의 도그래프에 도수가 4보다 큰 정점이 없고,

i) $T^{(\prime)}$의 도수가 3 또는 4인 모든 정점이 하나의 경로에 있으며,

ii) $T^{(\prime)}$에서 도수가 4인 임의의 두 정점 사이에, $T$에서 도수가 2인 정점이 적어도 하나 있다.

▸ **122.** [*31*] (듀드니Dudeney의 십진 백 퍼즐[Digital Century puzzle].) 수열 123456789에 산술 연산자들과 괄호들을 교묘하게 집어넣어서 수 100을 만드는 방법이 많이 있다. 예를 들어

$$\begin{aligned}100 = 1+2\times3+4\times5-6+7+8\times9 &= (1+2-3-4)\times(5-6-7-8-9)\\ &= ((1/((2+3)/4-5+6))\times7+8)\times9\end{aligned}$$

이다.

a) 그러한 100의 표현이 몇 개나 가능한가? 결합법칙과 기타 여러 대수적 속성들의 관점에서 이 질문을 좀 더 엄밀하게 만들기 위해, 표현식(수식)이 다음과 같은 문법을 따르는 표준형식으로 작성된다고 가정하자.

$$\langle \text{표현식} \rangle \to \langle \text{수} \rangle \mid \langle \text{합} \rangle \mid \langle \text{곱} \rangle \mid \langle \text{몫} \rangle$$

〈 합 〉→〈 항 〉+〈 항 〉|〈 항 〉−〈 항 〉|〈 합 〉+〈 항 〉|〈 합 〉−〈 항 〉

〈 항 〉→〈 수 〉|〈 곱 〉|〈 몫 〉

〈 곱 〉→〈 인수 〉×〈 인수 〉|〈 곱 〉×〈 인수 〉|(〈 몫 〉)×〈 인수 〉

〈 몫 〉→〈 인수 〉/〈 인수 〉|〈 곱 〉/〈 인수 〉|(〈 몫 〉)/〈 인수 〉

〈 인수 〉→〈 수 〉|(〈 합 〉)

〈 수 〉→〈 숫자 〉

숫자들은 반드시 1에서 9까지이고 그 순서대로 나와야 한다.

b) 부문제 (a)를, 다음과 같이 여러 숫자들로 이루어진 수를 허용하는 구문을 추가해서 확장하라.

〈 수 〉→〈 숫자 〉|〈 수 〉〈 숫자 〉

예를 들어 $100 = (1/(2-3+4))\times 567 - 89$도 허용된다. 이런 표현으로 가장 짧은 표현식은 무엇인가? 가장 긴 것은?

c) 부문제 (b)를 다음과 같이 소수점을 허용해서 확장하라.

〈 수 〉→〈 숫자열 〉|.〈 숫자열 〉

〈 숫자열 〉→〈 숫자 〉|〈 숫자열 〉〈 숫자 〉

예를 들어 신기하게도 $100 = (.1 - 2 - 34 \times .5)/(.6 - .789)$이다.

**123.** [*21*] 이전 연습문제를 이어서, (a), (b), (c)의 관례로는 표현할 수 없는 가장 작은 양의 정수를 각각 구하라.

▶ **124.** [*40*] 자연에서 볼 수 있는 간단한 모형들에서 착안한, 확장 이진 트리를 그리는 방법들을 실험해 보라. 예를 들어 각 노드 $x$에 호턴-스트랄러 수(Horton-Strahler number)라고 부르는 값 $v(x)$를 다음과 같이 부여한다고 하자: 각각의 외부(잎) 노드에는 $v(x) = 0$을 부여하고, 좌·우 자식 노드가 $(l, r)$인 내부 노드에는 $v(x) = \max(v(l), v(r)) + [v(l) = v(r)]$을 부여한다. 이제 내부 노드 $x$에서 그 부모로의 간선을 높이가 $h(v(x))$이고 너비가 $w(v(x))$인 직사각형으로 그리되, 자식 노드 $(l, r)$로의 간선 직사각형들을 어떤 특정한 함수 $h$, $w$, $\theta$에 대한 각도 $\theta(v(l(x)), v(r(x)))$와 $-\theta(v(r(x)), v(l(x)))$만큼 회전한다. 그림 63은 $w(k) = 3 + k$, $h(k) = 18k$, $\theta(k, k) = 30°$, $0 \le k < j$에 대해 $\theta(j, k) = ((k+1)/j) \times 20°$, $0 \le j < k$에 대해 $\theta(j, k) = ((k-j)/k) \times 30°$로 두었을 때의 전형적인 예들이다. 그림 63의 (a)는 이진 트리 $(4)$이고 (b)는 알고리즘 R로 생성한 무작위 100노드 트리, (c)는 노드가 143개인 11차 피보나치 트리, (d)는 무작위 100노드 이진 검색 트리이다. ((b), (c), (d)의 트리들이 서로 다른 종種에 속함은 분명하다.)

[이 주제는]
인간의 지성이 헌신할 만한
거의 모든 종류의 유용한 지식과 연관이 있다.

— 제임스 베르누이JAMES BERNOULLI, *Ars Conjectandi* (1713)

**그림 63.** 이진 트리의 '유기적' 표현.

**7.2.1.7. 역사 및 추가 참고문헌.** 조합적 패턴들의 생성에 대한 초기 연구는 인류 문명 자체가 모양을 잡아가는 시점에서부터 시작되었다. 이 이야기는 상당히 매혹적이며, 차차 보겠지만 시, 음악, 종교와 연관되어서 세계의 여러 지역의 여러 문화에 걸쳐 나타난다. 지면 관계상 가장 중요한 부분 몇 가지만 살펴보기로 하겠다. 그러나, 세상이 점점 더 작아지고 전 지구적인 학문이 점점 발전하는 만큼, 과거를 조금만 들여다보아도 아마 이 주제의 뿌리들을 더욱 깊게 파고들고 싶은 마음이 생길 것이다.

이진 $n$-짝들의 목록은 수천 년 전의 고대 중국과 인도, 그리스로까지 거슬러 올라간다. 가장 주목할 만한(현대의 번역본이 여전히 베스트셀러의 자리를 차지하고 있다는 점에서) 원전은 흔히 *주역*周易이라고 부르는 중국의 *역경*易經(I Ching)이다. 역경이라는 이름은 '변화의 경서'를 뜻한다. 유교의 오경(5대 경서) 중 하나인 이 책은 본질적으로 $2^6 = 64$개의 장章(chapter)로 이루어져 있으며, 각 장은 - -('음') 또는 —('양') 모양의 줄 여섯 개로 이루어진 육효六爻(hexagram) 또는 '괘卦'들 중 하나를 상징한다. 예를 들어 1번 괘는 순양純陽인 ䷀이고 2번 괘는 순음인 ䷁, 64번 괘는 음효와 양효가 번갈아 나오되 양효가 제일 위에 있는 ䷿이다. 다음은 64괘 전체의 목록이다.

| 1 | 2 | 3 | 4 | 5 | 6 | 7 | 8 | 9 | 10 | 11 | 12 | 13 | 14 | 15 | 16 |
|---|---|---|---|---|---|---|---|---|---|---|---|---|---|---|---|
| ䷀ | ䷁ | ䷂ | ䷃ | ䷄ | ䷅ | ䷆ | ䷇ | ䷈ | ䷉ | ䷊ | ䷋ | ䷌ | ䷍ | ䷎ | ䷏ |
| 17 | 18 | 19 | 20 | 21 | 22 | 23 | 24 | 25 | 26 | 27 | 28 | 29 | 30 | 31 | 32 |
| ䷐ | ䷑ | ䷒ | ䷓ | ䷔ | ䷕ | ䷖ | ䷗ | ䷘ | ䷙ | ䷚ | ䷛ | ䷜ | ䷝ | ䷞ | ䷟ |
| 33 | 34 | 35 | 36 | 37 | 38 | 39 | 40 | 41 | 42 | 43 | 44 | 45 | 46 | 47 | 48 |
| ䷠ | ䷡ | ䷢ | ䷣ | ䷤ | ䷥ | ䷦ | ䷧ | ䷨ | ䷩ | ䷪ | ䷫ | ䷬ | ䷭ | ䷮ | ䷯ |
| 49 | 50 | 51 | 52 | 53 | 54 | 55 | 56 | 57 | 58 | 59 | 60 | 61 | 62 | 63 | 64 |
| ䷰ | ䷱ | ䷲ | ䷳ | ䷴ | ䷵ | ䷶ | ䷷ | ䷸ | ䷹ | ䷺ | ䷻ | ䷼ | ䷽ | ䷾ | ䷿ |

(1)

64가지 가능성들의 이러한 배열을 문왕文王의 순서라고 부르는데, 이는 전통적으로 *역경*의 기본 텍스트를 주나라의 전설적인 시조인 문왕(기원전 1100년경)이 썼다고 알려져 있기 때문이다. 그러나 고대 문헌의 작성 일시를 신뢰성 있게 밝히는 것은 아주 어려운 일로 악명이 높다. 그리고 현대의 역사가들은 그러한 64괘 목록을 기원전 3세기 이전에 어떤 특정한 인물이 만들었다는 확고한 증거를 찾지 못했다.

(1)의 육효들이 쌍을 이룸을 주목할 것. 홀수 번 괘 다음에는 그 괘를 위아래로 뒤집은 괘가 나온다. 단, 뒤집어도 변화가 없는 경우는 예외이다. 그리고 여덟 개의 대칭형 괘들은 자신의 여원(complement, 보수)에 해당하는 괘와 쌍을 이룬다($1=\overline{2}$, $27=\overline{28}$, $29=\overline{30}$, $61=\overline{62}$). 하나의 육효는 네 가지 기본 원소인 하늘(☰, 건乾), 땅(☷, 곤坤), 물(☵, 감坎), 불(☲, 리離)을 뜻하는 삼효(trigram)들 중 두 개로 이루어진다. 64괘에서 이 삼효들도 세심한 방식으로 배치되어 있다. 언뜻 보면 이들이 그냥 무작위로 나열되어 있는 것처럼 보일 것이다. 마치 수학에 문외한인 사람이 서로 다른 가능성들을 더 이상 나열할 것이 없을 때까지 계속해서 나열한 것 같다. 쌍들 사이에 흥미로운 패턴 몇 가지가 존재하나, $\pi$의 숫자들과 일치하는 등의(3.3-(1) 참고) 희한한 패턴은 없다.

음과 양은 자연의 기본 힘들의, 항상 긴장 관계에 있고 항상 변하는 상보적인 측면들을 나타낸다. 역경은, 육효들이 주기(䷀), 받기(䷁), 중용(䷎), 기쁨(䷹), 우정(䷌), 후퇴(䷠), 평화(䷊), 충돌(䷅), 조직(䷆), 부패(䷑), 미숙(䷃), 우아함(䷕) 같은 근본 개념들에 관한 축적된 지혜를 가리키는 색인으로 작용하는 일종의 사전(thesaurus)이라 할 수 있다. 한 쌍의 육효를 무작위로 택하되 첫째 것으로부터 둘째 것을 취해서, 각각의 음효 또는 양효를 1/4의 확률로 양효 또는 음효로 바꾼다. 이러한 기법으로부터, 존재론적 신비들을 숙고하기 위한 4096가지 방법이 나오며, 또한 변화 자체가 인생에 의미를 줄지도 모르는 하나의 마르코프 공정(Marcov process)을 얻게 된다.

육효들을 배열하는 엄격하게 논리적인 방법 하나를 기원후 1060년에 소옹邵雍(Shao Yung)이 소개했다. 사전순으로(각 육효의 효들을 아래에서 위로 읽을 때) ䷁에서 ䷖로, ䷇로, ䷓로, ䷏로, …, ䷪로, ䷀로 나아가는 그의 순서는 임의의 패턴을 훨씬 빠르게 찾을 수 있다는 점에서 문왕의 순서보다 훨씬 사용하기 편했다. 1702년에 이러한 육효 배열을 알게 된 라이프니츠G. W. Leibniz는 중국의 수학자들이 이진 산술에 익숙한 적이 있었다는 잘못된 결론으로 비약했다. 〔Frank Swetz, *Mathematics Magazine* **76** (2003), 276-291을 보라. *역경*에 관한 좀 더 자세한 사항은 이를테면 니덤Joseph Needham의 *Science and Civilisation in China* **2** (Cambridge University Press, 1956), 304-345나 린R. J. Lynn의 *The Classic of Changes* (New York: Columbia University Press, 1994)에서 볼 수 있다.〕

또 다른 고대 중국 철학자 양웅揚雄, 楊雄은 64개의 이진 육효들 대신 81개의 삼진 사효(tetragram)에 기초한 체계를 제안했다. 기원전 2세기경에 저술된 그의 *태현경*太玄經을 나일런Michael Nylan이 영어로 번역한 바 있다〔*Canon of Supreme Mystery*(Albany, New York: 1993)〕. 양웅은 완결적이고 계통적인 삼진 트리 구조를 서술했는데, 그 구조에는 세 개의 방方(region)이 있고 각 방마다 세 개의 주州(province)가, 각 주마다 세 개의 부部(department)가, 부마다 세 개의 가家(family)가, 그리고 각 가마다 찬贊(appraisal)이라고 부르는 아홉 개의 짧은 시가 있다.† 따라서 찬은 총 729개로, 일 년 동안 매일 두 개의 시를 읊을 수 있는 개수에 하나 모자란다. 그의 사효들은 각 효들을 위에서 아래로 읽을 때 엄격한 사전식 순서를 따르도록 배치되어 있다: 𝌆, 𝌇, 𝌈, 𝌉, 𝌊, 𝌋, 𝌌, ..., 𝍖. 나일런의 책 28쪽에 설명되어 있듯이, 실제로 양웅은 각 삼효의 순위를 계산하는 간단한 방법을 제시했는데, 그 방법은 마치 기수 3 수체계를 사용하는 것과 비슷하다. 따라서 그는 소옹의 체계적인 이진 육효 순서에 놀라거나 감명받은 적이 없었을 것이다(소옹이 1000년 이상 후대의 사람이니 당연한 이야기이겠지만).

**인도의 운율학.** 고대 인도의 현자들은 이진 $n$-짝들을 완전히 다른 맥락에서 연구했다. 그들은 신성한 베다 성가(Vedic chant)의 운율을 조사했다. 산스크리트어의 음절은 단음절 (।) 또는 장음절 (ऽ)이다. 그리고 음절들의 패턴을 연구하는 학문을 '운율학(prosody)'이라고 부른다. 현대의 작가들은 । 과 ऽ 대신 기호 ⏑와 —를 사용한다. 전형적인 베다 시는 각 행당 $n$개의 음절로 이루어진 4행시로, $n$은 일반적으로 8 이상이다. 따라서 운율학자(prosodist)들은 모두 $2^n$개의 가능성을 분류하는 방법을 탐구해 온 것이다. 기원후 400년 이전에, 아마도 그보다 훨씬 전에(정확한 날짜는 확실하지 않다) 핑갈라Piṅgala가 쓴 고전 *Chandaḥśāstra*는 ⏑들과 —들의 임의의 패턴의 색인 $n$을 손쉽게 찾을 수 있는 절차들을 서술하며, 또한 $k$가 주어졌을 때 $k$번째 패턴을 찾는 절차들도 서술한다. 다른 말로 하면, 핑갈라는 주어진 임의의 패턴의 색인을 구하는 순위 매기기(rank) 방법과 주어진 임의의 색인으로부터 해당 패턴을 구하는 순위 풀기(unrank) 방법을 설명했다. 따라서 그는 순위 매기기만 고찰했을 뿐 순위 풀기는 고찰하지 않은 소옹의 저작보다 더 많이 나아간 셈이다. 그리고 전에 알고리즘 4.6.3A에서 언급했듯이, 핑갈라의 방법들은 또한 거듭제곱(exponentiation)과도 관련이 있다.

그 다음의 중요한 발전은 케다라Kedāra라는 운율학자가 8세기에 썼다고 알려진 책 *Vṛttaratnākara*에서 이루어졌다. 케다라는 ———...—에서 ⏑——...—, —⏑—...—, ⏑⏑—...—, ——⏑...—, ⏑—⏑...—, ..., ⏑⏑⏑...⏑까지의 모든 $n$-짝을 나열하는 단계별 절차를 제시했는데, 이는 본질적으로 기수가 2인 경우의 알고리즘 7.2.1.1M에 해당한다. 그의 방법을 조합적 수열 생성을 위한 최초의 명시적 알고리즘이라고 불러도 될 것이다. 〔B. van Nooten, *J. Indian Philos.* **21** (1993), 31-50을 보라.〕

이러한 운율을 ⏑가 한 박이고 —가 두 박인 리듬으로 간주할 수도 있다. 하나의 $n$음절 패턴으로

---

† 〔옮긴이 주〕 방, 주, 부 등의 용어는 http://www.jayumungo.co.kr/d62.htm을 참고했다.

$n$박에서 $2n$박까지의 리듬을 표현할 수 있다. 그러나 행진이나 춤에 적합한 음악적 리듬은 일반적으로 고정된 박자수에 근거한다. 따라서, 고정된 어떤 $m$에 대해 정확히 $m$개의 박자로 이루어진 ⌣들과 —들의 모든 수열을 고려하는 것이 자연스러운 일이었다. 그런 패턴을 지금은 길이가 $m$인 모스 부호열(Morse code sequence)이라고 부른다. 그리고 연습문제 4.5.3-32에서 보았듯이 그러한 부호열은 정확히 $F_{m+1}$개이다. 예를 들어 다음은 $m=7$일 때의 그러한 부호열 21개이다.

⌣———, —⌣——, ⌣⌣⌣——, ——⌣—, ⌣⌣—⌣—,
⌣—⌣⌣—, —⌣⌣⌣—, ⌣⌣⌣⌣⌣—, ———⌣,
⌣⌣——⌣, ⌣—⌣—⌣, —⌣⌣—⌣, ⌣⌣⌣⌣—⌣, (2)
⌣——⌣⌣, —⌣—⌣⌣, ⌣⌣⌣—⌣⌣, ——⌣⌣⌣,
⌣⌣—⌣⌣⌣, ⌣—⌣⌣⌣⌣, —⌣⌣⌣⌣⌣, ⌣⌣⌣⌣⌣⌣⌣.

§1.2.8에서 보았듯이, 인도의 운율학자들은 이런 방향으로 나아가다 피보나치 수열을 발견하게 되었다.

더 나아가서, *Prākṛta Paiṅgala*(1320년 경)의 익명의 저자는 $m$박 리듬에 관한 순위 매기기·순위 풀기를 위한 우아한 알고리즘들을 발견했다. $k$번째 패턴을 찾는 방법은 이렇다. $m$개의 ⌣들을 적고, 차 $d=F_{m+1}-k$를 피보나치 수들의 합 $F_{j_1}+\cdots+F_{j_t}$로 표현한다. 여기서 $F_{j_1}$은 $\le d$인 가장 큰 피보나치 수이고 $F_{j_2}$는 $\le d-F_{j_1}$인 가장 큰 피보나치 수, 등등으로 나머지가 0일 때까지 이어진다. 그런 다음 $j=j_1, \ldots, j_t$에 대해 $j-1$번 박자와 $j$번 박자를 ⌣⌣에서 —로 바꾼다. 예를 들어 (2)의 다섯 번째 원소를 구하려면 $21-5=16=13+3=F_7+F_4$를 계산한다. 답은 ⌣⌣—⌣—이다.

몇 년 후 나라야나 판디타Nārāyaṇa Paṇḍita는 임의의 양의 정수 $q$가 주어졌을 때 부분들이 $\le q$인 $m$의 모든 합성을 찾는다는 좀 더 일반적인 문제를 다루었다. 한 결과로 그는 $q$차 피보나치 수열 5.4.2-(4)를 발견했는데, 그 수열은 이후 600년이 지나 다중페이즈 정렬에서 쓰이게 되었다. 그는 또한 그러한 합성들에 대한 순위 매기기·순위 풀기 알고리즘들도 개발했다. [Parmanand Singh, *Historia Mathematica* **12** (1985), 229-244와 연습문제 16을 보라.]

핑갈라는 모든 3음절 운율에 다음과 같은 특별한 부호명을 부여했다.

——— = म (m), ——⌣ = त (t),
⌣—— = य (y), ⌣—⌣ = ज (j),
—⌣— = र (r), —⌣⌣ = भ (bh), (3)
⌣⌣— = स (s), ⌣⌣⌣ = न (n).

그때부터 산스크리트어 학생들은 이들을 외워야 했다. 오래전에 누군가가 이 부호들을 쉽게 외우는 데 도움이 되는 엉터리 단어 *yamātārājabhānasalagām*(यमाताराजभानसलगाम्)을 고안했다. 핵심은, 이 단어의 음절 10개를 다음과 같이 표기한다고 할 때, 각각의 3음절 패턴과 해당 부호명이 일치한다는 것이다.

$$\begin{matrix} \text{ya mā tā rā ja bhā na sa la gām} \\ \smile\ -\ -\ -\ \smile\ -\ \smile\ \smile\ \smile\ - \end{matrix} \tag{4}$$

이 yamā...lagām의 기원은 불확실하나, 수바시 칵Subhash Kak에 의하면〔*Indian J. History of Science* **35** (2000), 123-127〕 적어도 브라운C. P. Brown의 *Sanskrit Prosody* (1869), 28쪽까지 거슬러 올라간다. 따라서 그 책은 이진 $n$-짝들을 부호화하는 '더브라윈 순환마디'가 최초로 등장한 문헌이라 할 수 있다.

**한편 유럽에서는,** 비슷한 방식으로, 그리스 고전시는 짧고 긴 음절들로 이루어진 단위인 '운각韻脚(metrical feet)'에 기초한다. 운각은 음악의 마디(bar)와 비슷하다. 기본적인 종류의 운각들 각각에 그리스어 이름이 붙어 있다. 예를 들어 단음절 둘로 이루어진 '◡◡'를 *pyrrhic*이라고 부르고 장음절 둘로 이루어진 '——'는 *spondee*라고 불렀는데, 이는 두 운율이 각각 전쟁의 시(πυρρίχη)와 평화의 시(σπονδαί)에 쓰였기 때문이다. 운각들의 그리스 이름들은 곧이어 라틴어에 편입되었으며, 이후 현대의 언어들에도 들어갔다. 영어의 경우에는 다음과 같다.†

| | | | | |
|---|---|---|---|---|
| ◡ | arsis | ◡◡◡◡ | proceleusmatic | |
| — | thesis | ◡◡◡— | fourth pæon | |
| | | ◡◡—◡ | third pæon | |
| ◡◡ | pyrrhic | ◡◡—— | minor ionic | |
| ◡— | iambus | ◡—◡◡ | second p{æ}on | |
| —◡ | trochee | ◡—◡— | diiambus | |
| —— | spondee | ◡——◡ | antispast | |
| | | ◡——— | first epitrite | (5) |
| ◡◡◡ | tribrach | —◡◡◡ | first pæon | |
| ◡◡— | anapest | —◡◡— | choriambus | |
| ◡—◡ | amphibrach | —◡—◡ | ditrochee | |
| ◡—— | bacchius | —◡—— | second epitrite | |
| —◡◡ | dactyl | ——◡◡ | major ionic | |
| —◡— | amphimacer | ——◡— | third epitrite | |
| ——◡ | palimbacchius | ———◡ | fourth epitrite | |
| ——— | molossus | ———— | dispondee | |

'trochee' 대신 'choree'를 쓰거나 'amphimacer' 대신 'cretic'을 쓰는 등 다른 이름들을 사용하는 경우도 흔하다. 더 나아가서, 디오메데스Diomedes가 라틴어 문법책을 썼을 당시(약 기원후 375년) 32개의 5음절 운각들 각각에 적어도 하나의 이름이 붙어 있었다. 디오메데스는 또한 상보적 패턴들 사이의 관계도 지적했다. 예를 들어 그는 tribrach(단단단격)와 molossus(장장장격)

---

† 〔옮긴이 주〕 우리말에서는 특별한 이름이 없고, 대신 장 · 단 또는 강 · 약을 체계적으로 반복한 이름을 사용한다. 예를 들어 pyrrhic(◡◡)은 단단격, iambus(◡—)는 단장격이다.

가 '*contrarius*'[†]임을, 그리고 amphilbrach와 amphimacer도 마찬가지임을 언급했다. 그러나 그는 또한 dactyl을 anapest의 반대로, bacchius를 palimbacchius의 반대로 간주했는데, 사실 *palimbacchius*의 문자 그대로의 뜻은 '역(reverse) bacchius'이다. 그리스 운율학자들 사이에 개별 가능성들을 나열하는 표준 순서가 존재하지는 않았으며, 이름들의 형태를 보면 이들을 기수 2 수체계와 연관해서 고찰하지는 않았음이 분명하다. 〔H. Keil, *Grammatici Latini* **1** (1857), 474-482; W. von Christ, *Metrik der Griechen und Römer* (1879), 78-79를 보라.〕

아리스토크세누스Aristoxenus의 저작 *Elements of Rhythm*(기원전 325년경)의 소실되지 않은 부분들을 보면 같은 용어가 음악에도 적용되었음을 알 수 있다. 그리고 실제로, 동일한 전통이 르네상스 이후까지 살아남았다. 예를 들어 키르허Athanasius Kircher의 *Musurgia Universalis* **2** (로마: 1650)의 32쪽에 다음과 같은 그림이 나온다.

같은 책에서 키르허는 (5)의 운각들에 해당하는 3음표, 4음표 리듬들을 모두 서술했다.

**초기의 순열 목록.** 순열들의 개수를 세는 공식들의 역사는 §5.1.2에서 살펴보았다. 그런데 순열들의 자명하지 않은 목록은 공식 $n!$이 발견되고 수백 년이 지나서야 등장했다. 그러한 목록으로 현재 알려진 최초의 것은 기원후 946년에 이탈리아의 의사 도놀로Shabbetai Donnolo가 쓴, 카발라서 *Sefer Yetzirah*에 대한 해설에 나오는 것이다. 표 1은 $n = 5$에 대한 그의 목록으로, 후대에(1884년) 바르사바에서 인쇄된 판본의 것이다. (이 표의 히브리어 글자들은 주석서들에서 전통적으로 쓰여 온 랍비 히브리어 활자로 조판된 것이다. 글자 מ가, 단어의 끝에서는 모양이 ם으로 변한다는 점을 주의하기 바란다.) 도놀로는 여섯 자 단어 שבתאי의 순열들 중 신(shin, ש)으로 시작하는 순열 120개를 나열하고, 그런 다음에는 나머지 다섯 글자들 각각을 앞으로 이동함으로써 각각 120개의 순열을 더 얻

표 1

중세의 순열 목록

דברים, דבירם, דבימר, דבמיר, דבמרי, דברמי, דרבים, דרבמי, דרימב, דריבם, דרמבי, דרמיב,
דיברם, דירבם, דירמב, דיבמר, דימרב, דימבר, דמביר, דמברי, דמרבי, דמריב, דמיבר, דמירב,
בדימר, בדירם, בדרמי, בדרים, בדמרי, בדמיר, בירמד, בידרם, בירדם, בימדר, בימרד, בידמר,
במדרי, במדיר, במריד, במרדי, במדיר, במירד, בדמיר, בדמרי, בדרמי, בדרים, בדימר, בדירם,
רימדב, רימבד, רידבם, רידמב, ריבדם, ריבמד, רדמבי, רדבמי, רדיבם, רדימב, רדבים, רדמיב,
רבמדי, רבדמי, רבדים, רבידם, רבימד, רבמיד, רמידב, רמיבד, רמדיב, רמביד, רמבדי, רמדבי,
ימדרב, ימרדב, ימבדר, ימברד, ימרבד, ימדבר, ידברם, ידרבם, ידבמר, ידמבר, ידרמב, ידמרב,
יבדרם, יבדמר, יברדם, יברמד, יבמדר, יבמרד, ירדבם, ירדמב, ירמבד, ירבמד, ירבדם, ירדמב,
מדברי, מדרבי, מדביר, מדיבר, מדירב, מדריב, מבדיר, מבידר, מבריד, מבירד, מברדי, מבדרי,
מרדבי, מרבדי, מרדיב, ומרביד, מריבד, מרידב, מידבר, מידרב, מיברד, מיבדר, מידרב, מירבד

† 〔옮긴이 주〕 반대되는, 어긋나는 등의 뜻을 가진 뜻의 라틴어 단어이다.

을 수 있음을, 따라서 총 720개의 순열이 나옴을 지적했다. 그의 목록들은 순열들을 여섯 개씩 묶는 방식이었는데, 아무렇게나 묶는 것이었기 때문에 실수를 저질렀다(연습문제 4를 보라). 도놀로는 순열이 몇 개나 되는지 알고 있었고 주어진 한 글자로 시작하는 순열이 몇 개인지도 알았지만, 그것들을 체계적으로 나열하는 알고리즘은 알지 못했음이 분명하다.

{a, b, c, d, e, f}의 모든 순열 720개의 완전한 목록이 드렉셀Jeremias Drexel의 *Orbis Phaëthon* (Munich: 1629)의 668~671쪽(1631년 쾰른판의 경우는 526~531쪽)에 나온다. 그는 이를, 한 남자와 여섯 명의 손님이 일 년 동안 매일 저녁식사에서 서로 다른 자리에 앉을 수 있음을 증명하는 데 사용했다. 일 년간 저녁식사 횟수는 총 360이었는데, 왜냐하면 성 주간(Holy Week)의 5일은 금식을 해야 했기 때문이다. 얼마 지나지 않아 메르센Marin Mersenne은 여섯 가지 음 {ut, re, mi, fa, sol, la}의 모든 순열 720가지를 그의 *Traitez de la Voix et des Chants* (Volume 2 of *Harmonie Universelle,* 1636)의 111~115쪽에서 제시했다. 그리고 117~128쪽에서는 같은 자료를 악보로 표현했다:

드렉셀의 표는 열별로 사전순으로 조직화된 것이고 메르센의 표는 음이름 순서 ut < re < mi < fa < sol < la에 따른 사전순으로 조직화된 것인데, 첫 순열은 'ut, re, mi, fa, sol, la'이고 마지막은 'la, sol, fa, mi, re, ut'이다. 메르센은 또한 여덟 가지 음들의 순열 40,320개 모두를 672쪽의 2절판 페이지들에 나열하고 순위 매기기와 순위 풀기 알고리즘도 제시했다〔Bibliothèque nationale de France, Fonds Français, no. 24256〕.

§7.2.1.2에서 보았듯이, 몇 년 후에 영국에서는 중요한 개념인 '평범한 전조', 즉 알고리즘 7.2.1.2P를 고안했다.

초기의 저자들은 원소들이 되풀이되는 중복집합의 모든 순열을 나열하는 방법을 종종 오해했다. 예를 들어 바스카라Bhāskara는 자신의 저서 *Līlāvatī*(1150년경)의 제271절에서 {4, 5, 5, 5, 8}의 순열들을 다음과 같은 순서로 나열했다.

८४५५५ ४८५५५ ५८४५५ ५४८५५ ५५८४५
५५४८५ ५५५८४ ५५५४८ ८५४५५ ८५५४५ (6)
८५५५४ ४५८५५ ४५५८५ ४५५५८ ५८५४५
५४५८५ ५५८५४ ५५४५८ ५८५५४ ५४५५८

메르센은 그의 책의 131쪽에서 라틴어 이름 IESVS의 애너그램(anagram, 철자 바꾸기) 60가지를 나열할 때 이보다는 약간 합리적이지만 완전히 체계적이지는 않은 순서를 사용했다. 키르허Athanasius Kircher는 *Musurgia Universalis* **2** (1650)의 10~11쪽에서 음표 다섯 개로 이루어진 선율(melody)의 순열 30가지를 표시하고자 했는데, 체계가 없어서 어려움을 겪었다(연습문제 5 참고):

(7)

월리스John Wallis는 좀 더 분별이 있었다. 자신의 저서 *Discourse of Combinations*(1685)의 117쪽에서 그는 'messes'의 애너그램 60개를 사전순으로 정확하게(단, m < e < s라고 할 때) 나열했다. 126쪽에서는 "확신을 키우고 실수를 줄일 수 있다"는 이유로 알파벳 순서를 따르기를 권장했다.

인도의 현자 사릉가데바Śārṅgadeva와 나라야나Nārāyaṇa는 벌써 13세기와 14세기에 순열 생성에 대한 이론을 개발했다. 그러나 그들의 성과는 시대를 앞서나간 것이었으며, 구체적인 내용이 명확히 알려져 있지는 않다.

**세키의 목록.** 세키Takakazu Seki(1642-1708)는 17세기 일본의 수학 연구를 혁신한 카리스마 있는 교사이자 연구자였다. 그는 연립동차방정식의 변수 제거를 연구하다가 $a_1b_2 - a_2b_1$과 $a_1b_2c_3 - a_1b_3c_2 + a_2b_3c_1 - a_2b_1c_3 + a_3b_1c_2 - a_3b_2c_1$ 같은 수식들에 도달하게 되었는데, 요즘 식으로 말하면 바로 행렬식(determinant)을 만나게 된 것이다. 1683년에 그는 이 발견에 관한 소책자를 출판했는데, 그 책자에는 모든 순열을 그 절반은 '산(生) 순열'(짝순열) 나머지 절반은 '죽은 순열'(홀순열)로 나열하는 독창적인 방안이 소개되어 있다. $n = 2$인 경우에서 시작해서, '12'가 살아 있고 '21'이 죽었다고 할 때, 그는 $n > 2$에 대해 다음과 같은 규칙들을 공식화했다.

1) $n - 1$에 대한 모든 산 순열을 택해서 그 원소들을 모두 1씩 증가하고 제일 앞에 1을 삽입한다. 이 규칙에 의해 $\{1, \ldots, n\}$의 '기본 순열' $(n-1)!/2$가지가 만들어진다.
2) 각 기본 순열에 대해, 다음과 같은 회전과 반사를 이용해서 $2n$개의 또 다른 순열들을 만든다:

$$a_1a_2\cdots a_{n-1}a_n,\ a_2\cdots a_{n-1}a_na_1,\ \ldots,\ a_na_1a_2\cdots a_{n-1}; \tag{8}$$

$$a_na_{n-1}\cdots a_2a_1,\ a_1a_na_{n-1}\cdots a_2,\ \ldots,\ a_{n-1}\cdots a_2a_1a_n. \tag{9}$$

$n$이 홀수이면 첫 행의 순열들은 산 순열이고 둘째 열의 것들은 죽은 순열이다.

$n$이 짝수이면 두 행 모두 그 순열들이 산, 죽은, 산, 죽은, ..., 산, 죽은 순열 식으로 교대된다. 예를 들어 $n = 3$일 때에는 기본 순열이 123 한 가지이다. 따라서 123, 231, 312는 산 순열들이고 321, 132, 213은 죽은 순열들이다. 그리고 이들은 바로 한 3×3 행렬식의 여섯 항이다. $n = 4$에 대한 기본 순열들은 1234, 1342, 1423이고, 예를 들어 1342로부터 다음과 같은 여덟 개의, 산(+) 순열과 죽은(−) 순열이 교대되는 추가 순열들을 얻는다.

$$+1342 - 3421 + 4213 - 2134 + 2431 - 1243 + 3124 - 4312. \tag{10}$$

따라서 4×4 행렬식은 $a_1b_3c_4d_2 - a_3b_4c_2d_1 + \cdots - a_4b_3c_1d_2$ 항과 기타 16개의 항들을 포함한다.

세키의 순열 생성 규칙은 상당히 멋지지만 안타깝게도 심각한 문제점이 하나 있다. 바로 $n > 4$일 때에는 통하지 않는다는 것이다. 그의 오류는 수백 년 동안 드러나지 않은 것으로 보인다. 〔Y. Mikami, *The Development of Mathematics in China and Japan* (1913), 191-199; *Takakazu Seki's Collected Works* (Osaka: 1974), 18-20, 八五一 - 一四一; 그리고 연습문제 7~8을 보라.〕

**조합들의 목록.** 현재 알려진 바로, 조합들의 상세한 목록으로 최초의 것은 기원후 600년 전에(아마도 훨씬 전에) 작성되어서 시간의 파괴를 견뎌낸, 수스루타Suśruta의 유명한 산스크리트어 의학서의 마지막 권 제63장에 나온다. 알다시피 약에는 단 것도 있고 신 것, 짠 것, 매운 것, 쓴 것, 톡 쏘는 것이 있다. 수스루타의 책은 그러한 속성들이 두 가지, 세 가지, 네 가지, 다섯 가지, 여섯 가지가 함께 나타날 때와 한 번에 하나씩 나타나는 $(15, 20, 15, 6, 1, 6)$가지 경우들을 정성들여 나열했다.

바스카라는 이 예를 *Līlāvatī*의 제110~114절에서 되풀이했는데, 장음절들이 주어진 개수만큼 있는 6음절 운율들에도 같은 논리가 적용됨을 관측했다. 그러나 그는 그냥 경우의 수 $(6, 15, 20, 15, 6, 1)$만 언급했을 뿐 운율들을 실제로 나열하지는 않았다. 제274절과 275절에서 그는 수 $(n(n-1)\ldots(n-k+1))/(k(k-1)\ldots(1))$이 조합들의 개수일 뿐만 아니라 합성(즉 순서 있는 분할)들의 개수이기도 함을 지적했으나, 이번에도 합성들을 실제로 나열하지는 않았다.

장황함을 피하기 위해 간략하게 다루기로 한다.
계산의 과학은 경계가 없는 바다이기 때문이다.
— BHĀSKARA (c.1150)

이와는 개별적으로 흥미로운 조합 목록이, 바그다드의 알사마왈al-Samaw'al이 겨우 열아홉의 나이에 쓴 주목할 만한 대수학 교재 *Al-Bāhir fi'l-ḥisāb (빛나는 계산의 서)*에 등장한다. 그 저서의 결론부에서 그는 미지수가 10개인 연립일차방정식 $\binom{10}{6} = 210$가지를 나열했다:

알사마왈의 아랍어 원문

| | | |
|---|---|---|
| ٦٥ | ٦٥٤٣٢١ | ا |
| ٧٠ | ٧٥٤٣٢١ | ب |
| ٧٥ | ٨٥٤٣٢١ | جـ |
| | ⋮ | |
| ٩١ | ١٠٩٨٧٦٤ | رط |
| ١٠٠ | ١٠٩٨٧٦٥ | ري |

그에 해당하는 현대적 표기

$$\begin{array}{rl} (1) & x_1+x_2+x_3+x_4+x_5+x_6 = 65 \\ (2) & x_1+x_2+x_3+x_4+x_5+x_7 = 70 \\ (3) & x_1+x_2+x_3+x_4+x_5+x_8 = 75 \\ & \vdots \\ (209) & x_4+x_6+x_7+x_8+x_9+x_{10} = 91 \\ (210) & x_5+x_6+x_7+x_8+x_9+x_{10} = 100 \end{array} \tag{11}$$

열 가지 것에서 뽑은 여섯 가지 것들의 각 조합이 이 방정식들 중 하나가 된다. 그의 목적은 과결정된(over-determined) 방정식들에도 유일한 해가 존재할 수 있음을 보이는 것이었음이 명백하다. 지금 예의 경우 유일한 해는 $(x_1, x_2, \ldots, x_{10}) = (1, 4, 9, 16, 25, 10, 15, 20, 25, 5)$이다. 〔Salah Ahmad, Roshdi Rashed, *Al-Bāhir en Algèbre d'As-Samaw'al* (Damascus: 1972), 77-82, ٢٤٨-٢٣١.〕

**주사위 굴리기.** 중세 유럽에서도, 특히 주사위† 세 개를 던져서 나오는 모든 가능한 결과를 나열하는 문제와 관련해서, 기초적인 조합론이 어렴풋하게나마 등장했다. 여섯 개에서 세 개를 택하되 중복을 허용하는 방법은 물론 $\binom{8}{3} = 56$가지이다. 도박은 공식적으로 금지되어 있었지만, 그래도 그 56가지 방법은 상당히 잘 알려지게 되었다. 기원후 965경에 북프랑스 캉브레Cambrai의 주교 위볼드Wibold는 소속 성직자들이 신앙을 유지하면서도 주사위 놀이를 즐길 수 있도록 하기 위해서 루두스 클레리칼리스Ludus Clericalis(성직자의 놀이)라는 게임을 고안했다. 그의 착안은, 모든 가능한 주사위 굴림을 다음 표에 따라 56가지 미덕(virtue)에 연관시킨다는 것이었다.

| | | | | | | | |
|---|---|---|---|---|---|---|---|
| ⚀⚀⚀ | 사랑 | ⚀⚂⚅ | 인내 | ⚁⚂⚄ | 환대 | ⚂⚃⚅ | 금욕 |
| ⚀⚀⚁ | 믿음 | ⚀⚃⚃ | 친절 | ⚁⚂⚅ | 절약 | ⚂⚄⚄ | 순진 |
| ⚀⚀⚂ | 희망 | ⚀⚃⚄ | 절제 | ⚁⚃⚃ | 끈기 | ⚂⚄⚅ | 회개 |
| ⚀⚀⚃ | 정의 | ⚀⚃⚅ | 인종 | ⚁⚃⚄ | 열의 | ⚂⚅⚅ | 참회 |
| ⚀⚀⚄ | 신중 | ⚀⚄⚄ | 관대 | ⚁⚃⚅ | 빈곤 | ⚃⚃⚃ | 원숙 |
| ⚀⚀⚅ | 극기 | ⚀⚄⚅ | 아량 | ⚁⚄⚄ | 유연 | ⚃⚃⚄ | 배려 |
| ⚀⚁⚁ | 용기 | ⚀⚅⚅ | 지혜 | ⚁⚄⚅ | 순결 | ⚃⚃⚅ | 지조 |
| ⚀⚁⚂ | 평화 | ⚁⚁⚁ | 연민 | ⚁⚅⚅ | 존중 | ⚃⚄⚄ | 지성 |
| ⚀⚁⚃ | 정숙 | ⚁⚁⚂ | 기쁨 | ⚂⚂⚂ | 경건 | ⚃⚄⚅ | 탄식 |
| ⚀⚁⚄ | 자비 | ⚁⚁⚃ | 침착 | ⚂⚂⚃ | 고행 | ⚃⚅⚅ | 비탄 |
| ⚀⚁⚅ | 복종 | ⚁⚁⚄ | 속죄 | ⚂⚂⚄ | 기도 | ⚄⚄⚄ | 유쾌 |
| ⚀⚂⚂ | 외경 | ⚁⚁⚅ | 달콤함 | ⚂⚂⚅ | 애착 | ⚄⚄⚅ | 동정 |
| ⚀⚂⚃ | 선견 | ⚁⚂⚂ | 영리함 | ⚂⚃⚃ | 분별 | ⚄⚅⚅ | 자제 |
| ⚀⚂⚄ | 사려 | ⚁⚂⚃ | 단순 | ⚂⚃⚄ | 조심 | ⚅⚅⚅ | 겸손 |

플레이어들은 번갈아 주사위들을 굴리는데, 각 미덕을 처음으로 굴린 플레이어가 그 미덕을 가진다. 미덕들이 모두 등장하고 나면 가장 많이 '덕이 높은' 플레이어가 승자가 된다. 위볼드는 사랑(*caritas*)이 최고의 미덕이라고 언급했다. 그는 두 미덕의 주사위 여섯 개의 눈들의 합이 21이면 두 미덕을 조합할 수 있는 복잡한 득점 체계를 제시했다. 예를 들어 사랑+겸손이나 정숙+지성을 그런 식으로 조합할 수 있으며, 그러한 조합은 다른 모든 개별 미덕보다 상위로 간주된다. 그는 또한 각 면에 눈이 아니라 모음이 표시된 주사위를 이용해서, 주사위를 굴려서 나온 모음들이 한 미덕의 모음들과 일치하면 그 미덕을 획득하는 식의 좀 더 복잡한 변형도 고려했다.

약 150년 후 발데릭Baldéric이 *Chronicon Cameracense*에서 이 위볼드의 미덕표를 처음으로 서술했는데, 위에 나온 것처럼 항목들을 사전순으로 배열했다. [*Patrologia Latina* **134** (Paris: 1884), 1007–1016.] 그러나 중세의 또 다른 한 원고에서는 가능한 주사위 굴림들을 다음과 같이 상당히 다른 순서로 제시했다.

† [옮긴이 주] (주사위도 여러 종류라는 사실을 알고 있는 독자를 위해)특별한 언급이 없는 한 육면체 주사위를 뜻한다.

⚅⚅⚅ ⚄⚄⚄ ⚃⚃⚃ ⚂⚂⚂ ⚁⚁⚁ ⚀⚀⚀ ⚅⚅⚄
⚅⚅⚃ ⚅⚅⚂ ⚅⚅⚁ ⚅⚅⚀ ⚄⚄⚅ ⚄⚄⚃ ⚄⚄⚂
⚄⚄⚁ ⚄⚄⚀ ⚃⚃⚅ ⚃⚃⚄ ⚃⚃⚂ ⚃⚃⚁ ⚃⚃⚀
⚂⚂⚅ ⚂⚂⚄ ⚂⚂⚃ ⚂⚂⚁ ⚂⚂⚀ ⚁⚁⚅ ⚁⚁⚄
⚁⚁⚃ ⚁⚁⚂ ⚁⚁⚀ ⚀⚀⚅ ⚀⚀⚄ ⚀⚀⚃ ⚀⚀⚂ (12)
⚀⚀⚁ ⚅⚄⚃ ⚄⚃⚂ ⚃⚂⚁ ⚂⚁⚀ ⚅⚃⚁ ⚅⚃⚀
⚅⚂⚀ ⚄⚂⚀ ⚅⚄⚂ ⚅⚄⚁ ⚅⚄⚀ ⚅⚁⚀ ⚄⚁⚀
⚃⚁⚀ ⚄⚃⚁ ⚄⚃⚀ ⚅⚃⚂ ⚃⚂⚀ ⚅⚂⚁ ⚄⚂⚁

이 경우 저자는 되풀이된 값들을 처리하는 방법을 알고 있었으나, 모든 주사위가 다른 경우들은 아주 복잡하고 임시방편적인 방법으로 처리했다. 〔D. R. Bellhouse, *International Statistical Review* **68** (2000), 123-136을 보라.〕

리드게이트John Lydgate의 작품으로 알려진 "Chaunce of the Dyse"라는 재미있는 시는 1400년대 초반에 파티에서 사용할 용도로 작성된 것이다. 이 시의 시작 행들은 파티 참가자 각각에게 주사위 세 개를 굴리라고 권한다. 나머지 56행은 주사위를 굴린 사람을 유쾌한 방식으로 묘사하는 것으로, ⚅⚅⚅에서 ⚅⚅⚄, …, ⚀⚀⚀으로 이어지는 내림차순 사전순으로 색인화되어 있다. 〔전문을 해먼드E. P. Hammond가 *Englische Studien* **59** (1925), 1-16에서 출판했다. 현대 영어로의 번역본이 나오면 더욱 좋을 것이다.〕

I pray to god that euery wight may caste
Vpon three dyse ryght as is in hys herte
Whether he be rechelesse or stedfaste
So moote he lawghen outher elles smerte
He that is gilty his lyfe to converte
They that in trouthe haue suffred many a throwe
Moote ther chaunce fal as they moote be knowe.

— *The Chaunce of the Dyse* (c.1410)†

**라몬 룰.** 카탈로니아 출신의 정력적이고 돈키호테스러운 시인이자 소설가, 백과사전 편찬자, 교육자, 신비주의자, 전도사인 라몬 룰Ramon Llull(1232~1316년경)로부터도 조합적 개념들의 의미 있는 물결이 퍼져 나왔다. 룰의 지식에 대한 접근방식은 간단히 말하면 기본 원칙들을 찾아내고 그것들을 모든 가능한 방식으로 조합해서 고찰하는 것이었다.

† 〔옮긴이 주〕 여러 가지로 번역을 시도해 보았으나 책에 실을 수 있을 정도로 만족스러운 결과는 얻지 못했음을 양해해 주시길.

예를 들어 그의 *Ars Compendiosa Inveniendi Veritatem*(1274년 경)의 한 장은 신의 열여섯 특성, 즉 선함, 위대함, 영원함, 권능, 지혜, 사랑, 미덕, 진실, 영광, 완벽함, 정의, 관대함, 동정, 겸손, 주권(sovereignity), 인내를 나열하는 것으로 시작한다. 그런 다음 룰은 약 80단어로 된 짧은 소론(essay)을 총 $\binom{16}{2} = 120$편 작성했다. 그 120편은 신의 선함을 위대함과 연관시켜 고찰한 소론, 신의 선함을 영원함과 연관시켜 고찰한 소론, 등등으로 나아가다 마지막으로 신의 통치권을 인내와 연관시켜 고찰한 소론으로 끝난다. 또 다른 장에서는 일곱 미덕(신념, 희망, 자선, 정의, 분별, 용기, 절제)를 일곱 죄악(폭식, 욕정, 탐욕, 나태, 자만, 질투, 분노)을 고찰해서, 미덕과 죄악의 조합들을 $\binom{14}{2} = 91$개의 부장(subchatper)으로 다루었다. 다른 장들 역시 비슷한 방식으로 체계적으로 분할되어서, 각각 $\binom{8}{2} = 28$, $\binom{15}{2} = 105$, $\binom{4}{2} = 6$, $\binom{16}{2} = 120$개의 부장들로 이루어져 있다. (만일 그가 위볼드의 56가지 미덕 목록을 잘 알고 있었다면 어떤 일이 일어났을지 궁금하기도 하다. 총 $\binom{56}{2} = 1540$개의 쌍 모두에 대해 논평을 했을까?)

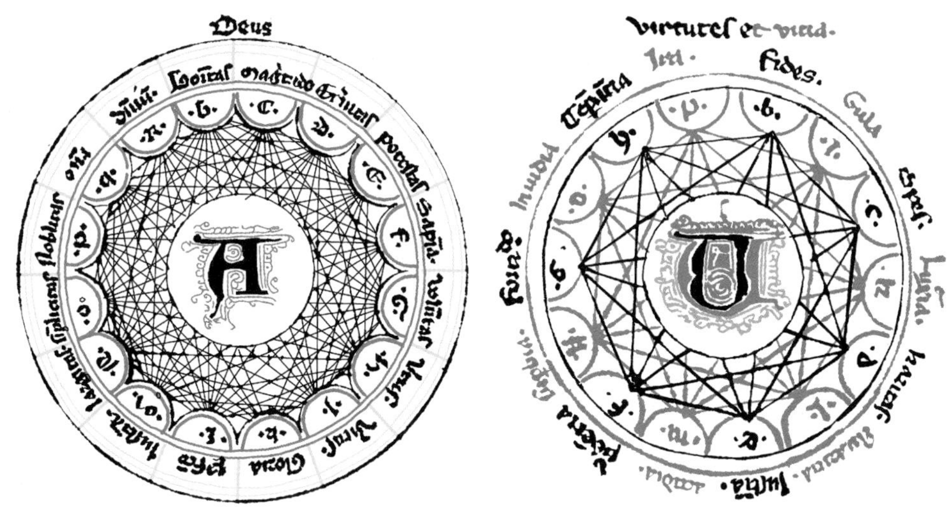

**그림 64.** 1280년에 라몬 룰이 베니스의 총독에게 제출한 원고에 있는 도해들.
〔그의 *Ars Demonstrativa,* Biblioteca Marciana, VI 200, folio 3^v^.〕

룰은 그림 64에 나온 것 같은 원형 도식을 그려서 자신의 방법론을 설명했다. 그림 64의 왼쪽 원 *Deus*는 열여섯 가지 신의 특성을 나열한다. 이 특성들은 앞에서 나열한 열여섯 가지와 본질적으로 같되 사랑(*amor*) 대신 의지(*voluntas*)가 들어갔고 마지막 넷이 순서대로 단순함, 지위, 자비, 주권이다. 각 특성마다 하나의 부호 글자가 배정되어 있으며, 원형 도식은 정점 (B, C, D, E, F, G, H, I, K, L, M, N, O, P, Q, R)에 대한 완전 그래프 $K_{16}$으로서의 상호관계들을 나타낸다. 오른쪽 그림 *virtutes et vitia*에는 일곱 미덕 $(b, c, d, e, f, g, h)$와 일곱 죄악(칠죄종) $(i, k, l, m, n, o, p)$가 교대로 나와 있다. 원래의 원고에서 미덕들은 파란 잉크로, 죄악들은 빨간 잉크로 표시되어 있었다. 이는 두 개의 독립된 완전 그래프 $K_7$ 두 개를 각각 다른 색으로 나타낸 것이라고 할 수 있다. (그는 개별 미덕과 개별 죄악을 일일이 비교하지는 않았다. 모든 미덕이 모든 죄악보다 더 나은 것이 분명하기 때문이다.)

룰은 의학에 대한 저술에서도 같은 접근방식을 사용했다. 저서 *Liber Principiorum Medicinæ* (c.1275)에서 그는 이론적인 개념들을 그냥 나열하는 대신 증상과 치료법의 조합을 고찰했다. 또한 철학, 논리학, 법학, 점성술, 동물학, 기하학, 수사학, 기사도에 대한 책도 저술했는데, 저서의 수가 200편을 넘는다. 그러나 그 저작들 중 상당 부분이 반복적임을 감안해야 한다. 현대의 자료 압축 기술을 적용한다면 룰의 저술량은 이를테면 아리스토텔레스의 것보다 훨씬 적을 것이다.

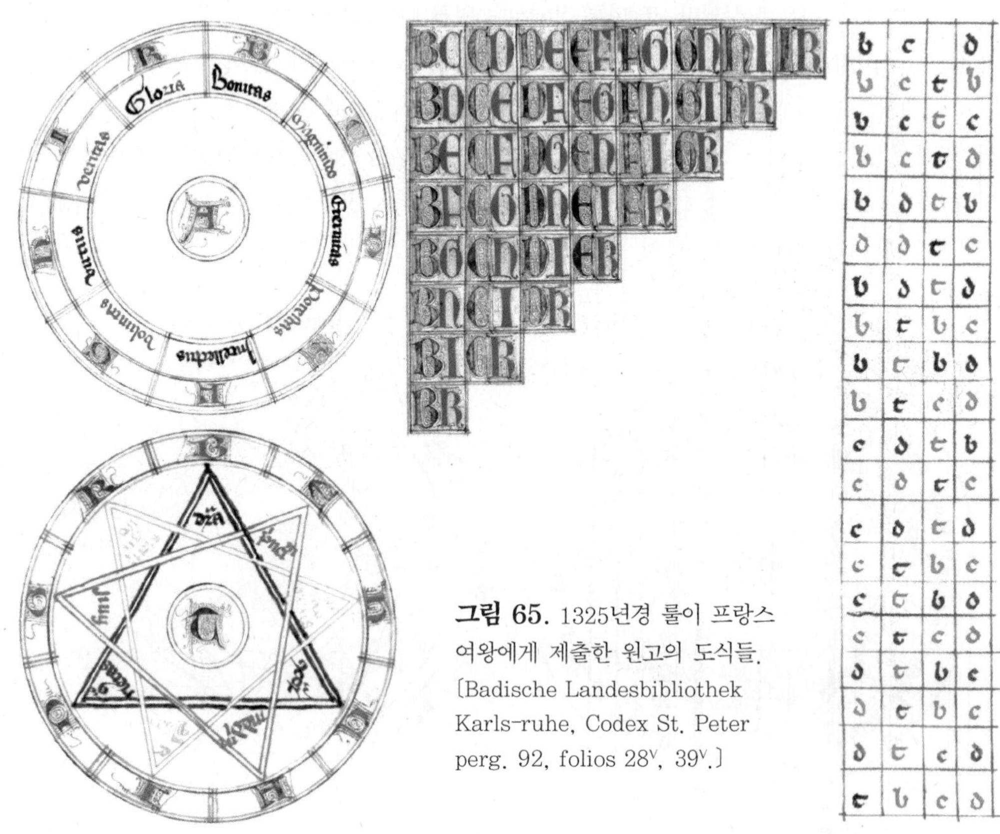

**그림 65.** 1325년경 룰이 프랑스 여왕에게 제출한 원고의 도식들. 〔Badische Landesbibliothek Karls-ruhe, Codex St. Peter perg. 92, folios 28ᵛ, 39ᵛ.〕

결국 그는 기본적으로 아홉 가지 것들의 묶음을 다룸으로써 자신의 시스템을 단순화하기로 했다. 예를 들어 그림 65의 원 A에는 신의 특성들 중 처음 아홉 가지인 (B, C, D, E, F, G, H, I, K)만 나와 있다. 그 원의 오른쪽은 관련된 $\binom{9}{2} = 36$개의 쌍 (BC, BD, …, IK)이다. 두 개의 미덕(인내와 동정)과 두 개의 죄악(거짓과 모순)을 추가한 덕분에 그는 미덕 대비 죄악들과 죄악 대비 미덕들을 같은 도식에서 다룰 수 있었다. 또한 그는 이 도식을 후보가 아홉 명인 선거에서 흥미로운 방식으로 투표를 진행하는 데 사용하자고 제안하기도 했다〔I. McLean, J. London, *Studia Lulliana* **32** (1992), 21-37〕.

그림 65 왼쪽 하단의 원으로 둘러싸인 삼각형들은 룰의 접근방식의 또 다른 핵심 측면을 보여준다. 삼각형 (B, C, D)는 (차이, 조화, 반대)를 뜻하고 삼각형 (E, F, G)는 (시작, 중간, 끝)을, 삼각형 (H, I, K)는 (초과, 상등, 미만)을 뜻한다. $K_3$의 이러한 교대된 배치는 세 가지 종류의 세 값 논리를 나타낸다. 이전에 룰은 '(참, 미지, 거짓)' 같은 다른 세짝들도 실험해 보았다. 그가 네 가지 기본

원소 (흙, 공기, 불, 물)의 조합들을 다루는 방식을 고려한다면 이 삼각형들을 그가 어떤 식으로 사용했는지 감을 잡을 수 있을 것이다. 네 원소는 모두 다르다. 흙은 불과 조화(상생)를 이루고 불은 공기와, 공기는 물과, 물은 다시 흙과 조화를 이룬다. 흙은 공기와 반대(상극)이고 불은 물과 상극이다. 이러한 고찰들로 삼각형 (B, C, D)에 관한 하나의 분석을 완성할 수 있을 것이다. 삼각형 (E, F, G)와 관련해서 그는 공기가 따뜻해지는 공정처럼 자연의 여러 공정들이 다른 원소를 지배하는 한 원소로 시작하고, 그런 다음에는 전이 또는 중간 상태가 발생하다가 결국에는 목표에 도달하게 된다고 말했다. 삼각형 (H, I, K)와 관련해서는 일반적으로 네 가지 원소의 '구(sphere)', '속도(velocity)', '기품(nobility)'으로 볼 때 불 > 공기 > 물 > 흙이라고 말했다. 그러나 예를 들어 생명 유지의 관점에서는 공기 > 불이며, 공기와 불이 함께 작용할 때에는 둘의 값이 같다고도 했다.

이해를 돕기 위해 룰은 또 다른 표도 제시했는데, 그림 65의 오른쪽 수직표(vertical table)가 그것이다. (연습문제 11 참고.) 그는 또한 여러 가지 것들을 동시에 관찰할 수 있도록, 글자 (B, C, D, E, F, G, H, I, K)와 기타 이름들이 붙어 있는 회전 가능한 동심원들도 소개했다. 룰식 기예(Llullian art)를 충실히 따르는 사람이라면 이에 의해 모든 기반이 다루어졌음을 확신할 수 있을 것이다. [룰이 근처의 유대인 공동체에서 비슷한 동심원들을 보았을 수도 있다. M. Idel, *J. Warburg and Courtauld Institutes* **51** (1988), 170-174쪽과 도판 16-17을 보라.]

몇 세기 후 키르허Athanasius Kircher는 룰의 시스템의 한 확장판을 *Ars Magna Sciendi sive Combinatoria*라는 제목의 두꺼운 책(암스테르담: 1669)에서 총 173쪽의 지면을 할애해 소개했으며, 다섯 개의 회전 가능한 동심원도 제시했다. 또한 키르허는 완전 이분열 그래프 $K_{m,n}$들의 도해를 제시함으로써, 룰의 다양한 완전 그래프 $K_n$들도 확장했다. 예를 들어 그림 66은 키르허의 책 171쪽에서 가져온 것이다. 그리고 그 책의 170쪽에는 $K_{18,18}$의 화려한 그림도 나온다.

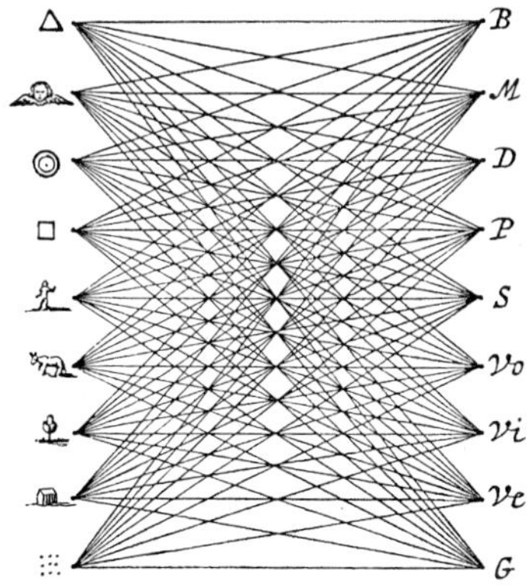


**그림 66.** $K_{9,9}$를 키르허가 1669년에 표현한 도식.

이것은 연구적이고 창의적인 예술이다.
착안들을 모든 가능한 방식으로 조합해 보면
새로운 조합들 덕분에 독창적인 통로를 따라 사고가 진행되며,
그러면 참신한 사실과 논거를 발견하게 된다.

— 마틴 가드너MARTIN GARDNER, *Logic Machines and Diagrams*(1958)

현대에서 룰의 것과 비슷한 방법을 가장 상세하게 발전시킨 성과는 아마도 실링어Joseph Schillinger의, 리듬, 선율, 화음, 대위법, 작곡, 관현악 편성 등에 대한 조합적 관점의 이론들을 제시하는 훌륭한 두 권짜리 저작 *The Schillinger System of Musical Composition*(뉴욕: Carl Fischer, 1946)일 것이다. 예를 들어 56쪽에서 실링어는 $\{a, b, c, d\}$의 순열 24가지를 '평범한 전조(알고리즘 7.2.1.2P)'의 그레이 부호 순서로 나열했다. 그런 다음 57쪽에서는 이를 음조(음의 높이)가 아니라 리듬에, 그리고 음의 길이에 적용했다. 364쪽에서는 다음과 같은 대칭 순환마디를 제시했다.

$$(2, 0, 3, 4, 2, 5, 6, 4, 0, 1, 6, 2, 3, 1, 4, 5, 3, 6, 0, 5, 1). \tag{13}$$

이것은 일곱 개의 대상 $\{0, 1, 2, 3, 4, 5, 6\}$ 중 2개의 조합들의 전체 순환마디이다. 다른 말로 하면, (13)은 $K_7$의 한 오일러 경로이다. 여기에는 모든 숫자쌍 $\binom{7}{2} = 21$개가 정확히 한 번씩 나타난다. 이러한 패턴들은 작곡가의 방앗간을 위한 곡식이라 할 수 있다. 그러나 실링어의 우수한 학생들(거쉰George Gershwin 등)이 엄격히 수학적인 미적 감각에 전적으로 의존하지는 않은 것을 감사해야 할 것이다.

**타크, 판스호턴, 이즈키에르도.** 1650년대에 이 책의 주제에 관련된 책이 세 권 더 나왔다. 타크André Tacquet는 출간 후 50년간 자주 재인쇄 및 개정된 유명한 교재 *Arithmeticæ Theoria et Praxis* (Louvain: 1656)를 썼다. 책의 끝머리 376쪽과 377쪽에서 그는 조합들을 한 번에 두 개씩, 그 다음에는 한 번에 세 개씩, 등등으로 나열하는 절차를 제시했다.

판스호턴Frans van Schooten의 *Exercitationes Mathematicæ* (Leiden: 1657)는 그보다 더 나아갔다. 373쪽에서 그는 모든 조합을 다음과 같이 매력적인 형태로 나열했다.

$$\begin{array}{c} a \\ \hline b.\ ab \\ \hline c.\ ac.\ bc.\ abc \\ \hline d.\ ad.\ bd.\ abd.\ cd.\ acd.\ bcd.\ abcd \end{array} \tag{14}$$

그리고 그다음 몇 쪽에서는 이 패턴을 글자 $e$, $f$, $g$, $h$, $i$, $k$, "et sic in infinitum†"으로 확장했다. 376쪽에서는 (14)의 $(a, b, c, d)$를 $(2, 3, 5, 7)$로 대체한다면 다음과 같이 단위원보다 큰 210의 약수들이 나온다는 점을 지적했다.

$$\begin{array}{c} 2 \\ \hline 3\ \ 6 \\ \hline 5\ \ 10\ \ 15\ \ 30 \\ \hline 7\ \ 14\ \ 21\ \ 42\ \ 35\ \ 70\ \ 105\ \ 210 \end{array} \tag{15}$$

그다음 쪽에서는 이러한 착안을 다음과 같이 확장해서, $a$가 두 번 나올 수 있게 했다.

$$\begin{array}{c} a \\ \hline a.\ aa \\ \hline b.\ ab.\ aab \\ \hline c.\ ac.\ aac.\ bc.\ abc.\ aabc \end{array} \tag{16}$$

† 〔옮긴이 주〕 "그리고 이런 식으로 무한히 나아간다"는 뜻의 라틴어.

그러나 이러한 전개를 그가 진정으로 이해한 것은 아니었다. 그다음 예인

$$\begin{array}{c} a \\ \hline a.\ aa \\ \hline a.\ aaa \\ \hline b.\ ab.\ aab.\ aaab \\ \hline b.\ bb.\ abb.\ aabb.\ aaabb \end{array} \qquad (17)$$

는 실패작인데, 이는 당시 그의 지식의 한계를 보여 주는 예이다. (연습문제 13을 보라.)

411쪽에서 판스호턴은 (14)에 가중치 $(a, b, c, d) = (1, 2, 4, 8)$을 적용해서 수들을 합하면 다음이 나옴을 지적했다.

$$\begin{array}{c} 1 \\ \hline 2\ 3 \\ \hline 4\ 5\ 6\ 7 \\ \hline 8\ 9\ 10\ 11\ 12\ 13\ 14\ 15 \end{array} \qquad (18)$$

그러나 기수 2 수들과의 관계를 알아채지는 못했다.

'과학의 등대'라는 뜻의 제목을 가진 이스키에르도Sebastián Izquierdo의 두 권짜리 저서 *Pharus Scientiarum*(리옹: 1659)에는 조합론을 잘 정리해서 논의한 Disputatio 29, *De Combinatione*가 포함되어 있다. 그는 스탠리의 십이정도의 네 가지 핵심 부분, 즉 표 7.2.1.4-1의 처음 두 행과 처음 두 열에 나오는, $m$개의 대상들의 $n$-짝, $n$변분, $n$중복조합, $n$조합들을 상세하게 논의했다.

*De Combinatione*의 제81~84절에서 그는 $m$개의 글자에서 한 번에 $n$개를 뽑아서 얻을 수 있는 모든 조합을 $2 \le n \le 5$와 $n \le m \le 9$에 대해 항상 사전순으로 나열했다. 또한 그는 $n = 2$, 3인 경우에서의 $m = 10$, 20에 대한 조합들을 표 형태로 제시했다. 그러나 $m$개에서 한 번에 $n$개를 뽑아 나오는 $m^n$가지 변분(variation)을 나열할 때에는 좀 더 복잡한 순서를 선택했다(연습문제 14를 보라).

이스키에르도는 $m$개에서 한 번에 $n$개를 중복을 무제한으로 허용해서 뽑는 조합의 개수에 대한 공식 $\binom{m+n-1}{n}$을 처음으로 발견한 사람이다. 이 규칙은 그의 저서의 §48-§51에 나온다. 그러나 $n = 3$인 경우의 그러한 모든 조합을 나열하는 §105를 보면, 그가 그런 조합들을 간단하게 나열하는 방법을 알지 못했음이 분명하다. 실제로 그는 $m = 6$에 대한 56가지 경우를 오래되고 어색한 (12)의 순서로 나열했다.

중복을 허용하는 조합은 1713년 제임스 베르누이James Bernoulli의 *Ars Conjectandi*, 즉 '추측의 예술'이 나오고서야 제대로 이해되었다. 제2부 제5장에서 베르누이는 가능성들을 그냥 사전순으로 나열하고, 하나의 간단한 결과로서의 공식 $\binom{m+n-1}{n}$을 귀납법을 통해서 증명했다. [덧붙이자면 타르탈리아Niccolò Tartaglia는 그의 *General trattato di numeri, et misure* **2** (Venice: 1556)의 17r과 69v에서 이를 거의 발견할 뻔했다. 마그레브의 수학자 이븐 무님Ibn Mun'im 역시 13세기 저서 *Fiqh al-Ḥisāb*에서 그 공식에 근접했다.]

**공(null)의 경우.** 조합에 대한 초기 저작들의 논의를 마무리 짓기 전에, 월리스John Wallis가 저서 *Discourse of Combinations* (1685)의 110쪽에서 이룩한 작지만 고귀한 진전을 언급할 필요가 있겠다. 해당 저서에서 그는 $m$개에서 한 번에 0개를 취하는 조합들을 구체적으로 고찰했다: "이는, 우리가 만일 아무 것도 취하지 않는다면, 즉 모든 것을 남겨 둔다면, 명백하다. 따라서, 대상의 개수가 몇 개이든, 단 하나의 경우만 있을 수 있다." 더 나아가서 그는 113쪽에서 $\binom{0}{0} = 1$임도 알았다: "(왜냐하면, 여기서 모든 것을 취하는 것과 모든 것을 남겨 두는 것은 하나의 동일한 경우이기 때문이다)."

그러나 월리스는 $n \le 24$에 대한 $n!$들의 표를 제시할 때 $0! = 1$임을, 또는 공집합의 순열이 정확히 하나임을 지적하는 데까지 나아가지는 않았다.

**나라야나의 성과.** 1356년에 나라야나 판디타Nārāyaṇa Paṇḍita가 쓴 *Gaṇita Kaumudī*('계산의 깨달음')라는 훌륭한 연구서가 있는데, 최근 싱Parmanand Singh의 영역본〔*Gaṇita Bhāratī* **20** (1998), 25–82; **21** (1999), 10–73; **22** (2000), 19–85; **23** (2001), 18–82; **24** (2002), 35–98〕 덕분에 인도 외부의 학자들에게도 알려지게 되었다. 또한 구스바Takanori Kusuba의 Ph.D. 학위논문(Brown University, 1993)도 보라. 나라야나의 책의 제13장은 부제가 *Aṅka Pāśa*('수들의 결합')로, 전적으로 조합적 생성을 다룬다. 그 장의 '수트라sutra(금언, 계율)' 97편이 다소 난해하긴 하지만, 이 수트라들은 사실 인도 바깥에서는 수세기 후에나 등장할 주제에 대한 상세한 이론을 담고 있다.

예를 들어 나라야나는 수트라 49~55a에서 순열 생성을 다루었는데, 한 집합의 모든 순열을 역순사전 내림차순으로 나열하는 알고리즘과 주어진 순열의 순위를 매기는 알고리즘, 주어진 일련번호에 해당하는 순열을 구하는 알고리즘을 제시했다. 이 알고리즘들은 백년도 더 전에 잘 알려진 저작 *Saṅgītaratnākara* ('음악의 보석광산')의 §1.4.60–71에 나왔었다. 그 책의 저자 사릉가데바Śārṅgadeva는 본질적으로 양의 정수들의 계승 표현을 처음 발견한 사람인 셈이다. 나라야나는 또한 수트라 57~60에서 사릉가데바의 알고리즘을, 일반 중복집합들을 손쉽게 치환할 수 있도록 확장했다. 예를 들어 그는 $\{1, 1, 2, 4\}$의 순열들을 다음과 같이 나열했다.

$$1124, 1214, 2114, 1142, 1412, 4112, 1241, 2141, 1421, 4121, 2411, 4211.$$

이 역시 역순사전 내림차순이다.

나라야나의 수트라 88~92는 조합의 체계적 생성을 다루었다. 그는 $\{1, \ldots, 8\}$에서 한 번에 3개를 꺼내 만든 조합들, 즉

$$(678, 578, 478, \ldots, 134, 124, 123)$$

을 설명했으며, 또한 이 조합들의 비트열 표현을 역순(역순사전 오름차순)으로 고찰해서, 10세기 바토트팔라Bhaṭṭotpala의 방법을 확장했다:

$$(11100000, 11010000, 10110000, \ldots, 00010011, 00001011, 00000111).$$

그는 정리 7.2.1.3L을 거의 발견할 뻔했다.

**치환 가능한 시.** 이제 17세기에 여러 저명한 수학자들의 관심을 끈 별난 질문 하나로 관심을 돌리자. 그 질문을 살펴보면 당시 유럽의 조합론에 대한 지식수준을 짐작할 수 있기 때문이다. 바우하위스Bernard Bauhuis라는 한 예수회파 성직자가 성처녀 마리아(Virgin Mary)에게 바치는, 유명한 라틴어 육보격 1행시를 작성했다.

Tot tibi sunt dotes, Virgo, quot sidera cælo. (19)

〔"Thou hast as many virtues, O Virgin, as there are stars in heaven(오 성처녀시여 그대의 미덕은 하늘의 별만큼이나 많도다)"; 그의 *Epigrammatum Libri V* (Cologne: 1615), 49를 보라.〕 그의 시구에서 영감을 받은 루뱅 대학교(University of Louvain)의 교수 푸테아누스Erycius Puteanus는 *Pietatis Thaumata* (Antwerp: 1617)라는 책을 써서 바우하위스의 단어들로 만든 1022개의 순열을 제시했다. 다음은 그 중 몇 가지이다.

107 Tot dotes tibi, quot cælo sunt sidera, Virgo.
270 Dotes tot, cælo sunt sidera quot, tibi Virgo.
329 Dotes, cælo sunt quot sidera, Virgo tibi tot.
384 Sidera quot cælo, tot sunt Virgo tibi dotes. (20)
725 Quot cælo sunt sidera, tot Virgo tibi dotes.
949 Sunt dotes Virgo, quot sidera, tot tibi cælo.
1022 Sunt cælo tot Virgo tibi, quot sidera, dotes.

그는 1022에서 멈추었는데, 프톨레마이오스의 유명한 천체 카탈로그에 따르면 눈에 보이는 별들의 개수가 바로 1022였기 때문이다.

단어들을 이런 식으로 치환한다는 개념은 당시 잘 알려져 있었다. 스칼리게로Giulio Scaligero가 자신의 *Poetices Libri Septem* (Lyon: 1561) 제2권 제30장에서 '프로테우스 운문(Proteus verses)'이라고 불렀던 것이 바로 그러한 단어 놀이였다. 라틴어는 (20) 같은 순열들을 만들기가 적합한데, 왜냐하면 라틴어 단어의 어미는 각 명사의 기능을 정의하는 경향이 있으며, 그래서 단어들의 상대적 순서가 문장의 의미에 미치는 영향이 영어에 비하면 훨씬 적기 때문이다. 그러나 푸테아누스는 그가 다음과 같은 부적절한 순열들은 의도적으로 피하려 했음을 밝혔다.

Sidera tot cælo, Virgo, quot sunt tibi dotes. (21)

이유는, 이런 순열들이 성처녀의 미덕들의 하계가 아니라 상계를 정의하는 것이라는 점이었다. 〔그의 책의 12쪽과 103쪽을 보라.〕

물론 (19)의 단어들의 순열은 총 $8! = 40,320$가지이다. 그러나 그것이 요점은 아니었다. 그 순열들 대부분은 '운이 맞지' 않는다. 푸테아누스의 시 1022편은 모두 고전 육보격(hexameter)의 규칙, 즉 호메로스Homeros와 베르길리우스Vergilius 시절부터 그리스 시인들과 라틴 시인들이 지켜온 규칙을 엄격히 따른다. 그 규칙은 다음과 같다.

i) 각 단어는 장음절(—) 또는 단음절(◡)로 구성된다.

ii) 각 행의 음절들은 다음 32가지 패턴 중 하나이다.

$$\left\{\begin{matrix}-\smile\smile\\--\end{matrix}\right\}\left\{\begin{matrix}-\smile\smile\\--\end{matrix}\right\}\left\{\begin{matrix}-\smile\smile\\--\end{matrix}\right\}\left\{\begin{matrix}-\smile\smile\\--\end{matrix}\right\}-\smile\smile\left\{\begin{matrix}-\smile\\--\end{matrix}\right\} \qquad (22)$$

다른 말로 하면, 운각이 총 여섯 개인데 그중 처음 네 개는 (5)의 어법에서 장단단격(dactyl) 아니면 장장격(spondee)이고, 다섯 번째 운각은 반드시 장단단격이어야 하고, 마지막 것은 장단격(trochee) 아니면 장장격이어야 한다.

라틴어 시의 장음절 대 단음절 규칙은 전반적으로 다소 까다롭지만, 바우하위스의 시의 여덟 단어들은 다음과 같은 패턴들로 특징지을 수 있다.

$$\text{tot} = -,\ \text{tibi} = \left\{\begin{matrix}\smile\smile\\\smile-\end{matrix}\right\},\ \text{sunt} = -,\ \text{dotes} = --,$$
$$\text{Virgo} = \left\{\begin{matrix}-\smile\\--\end{matrix}\right\},\ \text{quot} = -,\quad \text{sidera} = -\smile\smile,\ \text{cælo} = --. \qquad (23)$$

이러한 규칙에서 'tibi'나 'Virgo' 다음에 올 수 있는 단어는 두 가지밖에 없음을 주목할 것. 따라서, 예를 들어 (19)는 육보격 패턴

— ◡◡ — — — — — — —◡◡ — —
Tot ti-bi sunt do- tes, Vir- go, quot si-de-ra cæ-lo. (24)

(장단단, 장장, 장장, 장장, 장단단, 장장: "덤디디 덤덤 덤덤 덤덤 덤디디 덤덤." 쉼표는 'cæsuras(휴지)', 즉 단어들을 읽을 때 약간 쉬는 것을 뜻한다. 푸테아누스는 이들을 1022개의 순열들 각각에 세심하게 집어넣었지만, 지금 논의에는 중요하지 않다.

여기서 한 가지 질문이 자연스럽게 떠오른다: 만일 바우하위스의 단어들을 무작위로 치환한다면, 운이 맞는 시가 나올 확률은 얼마인가? 다른 말로 하면, (23)의 음절 패턴들이 주어졌다고 할 때 규칙 (i)과 (ii)를 따르는 순열은 몇 개인가? 이런 질문을 던진 사람들 중 하나가 바로 라이프니츠G. W. Leibniz이다. 그는 라이프치히 대학교(University of Leipzig)에 자리를 얻으려 하고 있을 때 출판한 저작 *Dissertatio de Arte Combinatoria* (1666)에서 이 질문을 제기했다. 당시 라이프니츠는 겨우 19살이었으며, 조합론에 대한 이해가 상당히 제한적이었다. 예를 들어 그는 {ut, ut, re, mi, fa, sol}의 순열이 600개이고 {ut, ut, re, re, mi, fa}의 순열이 480개라고 믿었으며, 심지어 (22)가 32가지가 아니라 76가지 가능성을 나타낸다고까지 말했다. [언급한 책의 Problem 6의 §5와 §8을 보라.]

그러나 라이프니츠는 많은 수의 순열들이 '쓸모없는' 상황에서 '쓸모 있는' 순열들의 개수를 세는 일반적인 방법을 개발하는 것이 가치 있는 일이라는 점만큼은 알고 있었다. 그는 프로테우스 운문의 여러 예들을 고찰했는데, 몇 가지 간단한 예들의 개수를 정확히 구하기도 했지만 단어들이 복잡한 경우에는 실수도 많이 저질렀다. 그가 푸테아누스의 작업을 언급하긴 했으나, (19)의 운이 맞는 순열들의 개수를 구하려 하지는 않았다.

몇 년 후 장 프레스테Jean Prestet가 그의 *Élémens des Mathé-ma-tiques* (Paris: 1675), 342-438에서 훨씬 더 성공적인 접근방식 하나를 소개했다. 프레스테는 명확한 설명을 제시하고, 바우하위스의 시의 순열 중 적절한 육보격을 이루는 것들이 정확히 2196개라는 결론을 이끌어냈다. 그러나 얼마 되지 않아 자신이 세지 않고 빼먹은 순열들이 (20)의 270, 384, 725번을 비롯해서 꽤 많음을 깨달은 그는 그래서 1689년에 *Nouveaux Élémens des Mathé-ma-tiques*를 출판하면서 해당 부분을 완전히 다시 쓰게 된다. 프레스테의 새 책의 127~133쪽은 운이 맞는 순열들의 진정한 개수가 3276임을 보이는 데 전념하는데, 이는 이전 개수보다 50% 많은 것이다.

한편 월리스John Wallis는 이 문제를 그의 *Treatise of Algebra*의 부록으로 출판한 *Discourse of Combinations* (London: 1685)의 118~119쪽에서 다루었다. 정확한 개수가 3096이라고 믿는 이유를 설명한 후 그는 자신이 몇 가지 가능성들을 빼먹었거나 몇 가지 경우를 두 번 세었을 지도 모른다고 인정했다: "그러나 나는, 현재로서는, 그 둘 중 어느 것인지를 알지 못한다."

한 익명의 평론가는 월리스의 책에 대한 서평에서 운이 맞는 순열의 개수가 사실은 2580개라고 말했으나 증명은 제시하지 않았다[*Acta Eruditorum* **5** (1686), 289]. 그 평론가가 다름아닌 라이프니츠일 가능성이 아주 크나, 라이프니츠의 방대한 미출판 원고에서 2580이라는 수를 제시한 근거에 대한 단서는 발견되지 않았다.

마지막으로, 제임스 베르누이도 이 문제에 뛰어들었다. 1692년 바젤 대학교(University of Basel)의 철학대학 학장 취임 연설에서 그는 tot-tibi 열거 문제를 언급하고 정확한 답을 얻기 위해서는 세심한 분석이 필요하다고 말했는데, 그가 제시한 정확한 답은 3312였다(!). 그의 증명은 유작 *Ars Conjectandi* (1713) 제1판 79-81에 나온다. [첨언하자면, 그 유명한 책의 이후 판본들과 그의 전집에는 그 증명 부분이 빠져 있다. 사실 베르누이에게는 애초에 그 증명을 출판할 의사가 없었다. 그러나 그의 원고들 속에서 그 증명을 발견한 교정 담당자가 "호기심을 만족시키기 위해" 완전한 세부사항을 포함시키기로 결정했다. *Die Werke von Jakob Bernoulli* **3** (Basel: Birkhäuser, 1975), 78, 98-106, 108, 154-155를 보라.]

누가 옳았던 것일까? 운이 맞는 순열은 2196개인가, 아니면 3276이나 3096, 2580, 3312개인가? 휘트워스W. A. Whitworth와 하틀리W. E. Hartley가 이 질문을 *The Mathematical Gazette* **2** (1902), 227-228에서 새로이 고찰했는데, 거기서 두 사람은 각각 우아한 논증을 제시하고 앞에 나온 개수들 중 진정한 개수는 없다는 결론을 내렸다. 그들의 공통의 답은 2880으로, 이 문제에 대해 임의의 두 수학자가 각자 동일한 결론에 도달한 것은 그것이 처음이었다.

진실은 이후의 연습문제 21과 22에서 밝혀지는데, 베르누이가 옳았고 다른 이들은 모두 틀렸다. 더 나아가서, 베르누이의 체계적인, 그리고 세심하게 들여 쓴 3쪽짜리 유도 과정을 연구해 보면 그의 성공의 주된 비결이 요즘은 역추적법(backtrack method)이라고 부르는 원칙을 충실하게 따랐다는 것임을 알 수 있다. 역추적법에 대해서는 §7.2.2에서 상세히 공부할 것이다. 그 절에서는 또한 tot-tibi 질문을 정확 포괄 문제(exact cover problem)의 한 특수 경우로서 수월하게 풀 수 있음을 알게 될 것이다.

가장 현명하고 가장 신중한 사람도,
논리학자들이 경우들의 불충분한 나열이라고 부르는
실수를 종종 겪는다.

— 제임스 베르누이 JAMES BERNOULLI (1692)

**집합 분할.** 한 집합의 분할을 처음으로 연구한 나라는 일본인 것으로 보인다. 기원후 1500년경에 일본의 상류층 사이에서 겐지코(genji-ko, '겐지 향香')라는 접대용 게임이 유행했다. 모임의 주최자는 향주머니 다섯 개를 몰래 선택하는데, 주머니들 중에는 같은 향을 담은 것도 있을 수 있다. 주최자는 향을 한 번에 하나씩 태운다. 손님들은 냄새를 맡고 같은 향들과 다른 향들을 구분해 내려고 한다. 다른 말로 하면, 손님들은 $\{1,2,3,4,5\}$의 분할 $\varpi_5 = 52$개 중 주최자가 선택한 분할이 어떤 것인지를 추측하는 것이다.

**그림 67.** 16세기 일본에서 집합 분할을 나타내는 데 사용한 도식들. [사이마타 대학교(Saitama University)의 야노Tamaki Yano의 수집품 중 한 복사본에서.]

이윽고 52가지의 가능한 결과들을 그림 67에 나온 것 같은 도식으로 표현하는 것이 관례가 되었다. 예를 들어 그림 67의 제일 위 도식은, 오른쪽에서 왼쪽으로 읽어서 처음 두 향이 동일하고 나머지 세 향이 동일하다는 뜻이다. 이는 분할 $12|345$에 해당한다. 마찬가지로 다른 두 도식은 각각 분할 $124|35$와 $1|24|35$를 나타낸다. 기억을 돕기 위해 52개의 패턴 각각에 11세기 무라사키 부인(Lady Murasaki)의 유명한 *Tale of Genji*의 각 장을 따라 이름을 붙였는데, 그 순서는 다음과 같다[*Encyclopedia Japonicæ* (Tokyo: Sanseido, 1910), 1299].

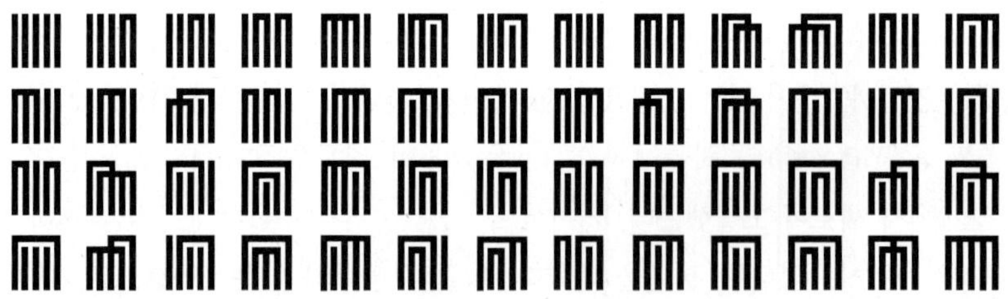

(25)

(다른 여러 예들처럼, 이번에도 이 가능성들은 어떤 특정한 논리적 순서에 따라 배열된 것이 아니다.)

이러한 겐지 향 패턴들의 매력적인 특성 때문에 여러 가문이 이들을 일종의 문장紋章으로 사용했다. 예를 들어 20세기 초의 표준적인 기모노 패턴 카탈로그에서 다음과 같은 (25)의 양식화된 변형들을 발견할 수 있다.

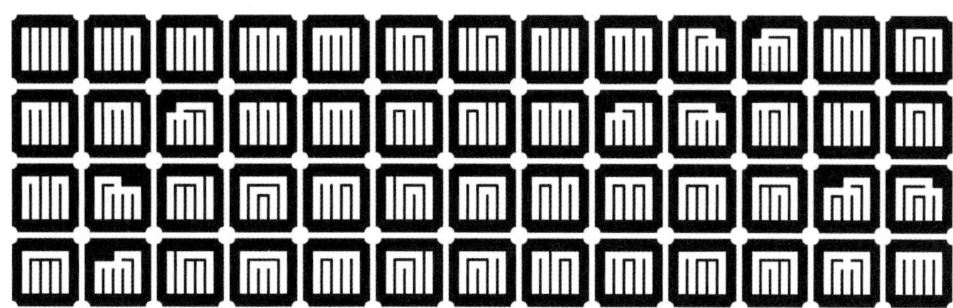

〔Fumie Adachi, *Japanese Design Motifs* (New York: Dover, 1972), 150-153을 보라.〕

1700년대 초에는 세키Takakazu Seki와 그의 학생들이 $\varpi_5 = 52$라는 알려진 사실에 영감을 받아서 임의의 $n$에 대한 집합 분할 개수 $\varpi_n$을 연구하기 시작했다. 마쓰나가Yoshisuke Matsunaga는 $1 \le j \le t$에 대해 크기가 $n_j$인 부분집합이 $k_j$개이고 $k_1 n_1 + \cdots + k_t n_t = n$일 때의 집합 분할들의 개수에 대한 공식들을 발견했다(연습문제 1.2.5-21의 해답을 보라). 그는 또한 기본적인 점화식 7.2.1.5-(14), 즉

$$\varpi_{n+1} = \binom{n}{0}\varpi_n + \binom{n}{1}\varpi_{n-1} + \binom{n}{2}\varpi_{n-2} + \cdots + \binom{n}{n}\varpi_0 \qquad (26)$$

을 발견했는데, 이를 이용하면 $\varpi_n$의 값들을 수월하게 계산할 수 있다.

마쓰나가의 발견은 1769년에 아리마Yoriyuki Arima의 책 *Shūki Sanpō*이 나오고서야 알려지게 되었다. 그 책의 문제 56은 독자에게 방정식 "$\varpi_n = 678570$"의 $n$ 값을 구하라고 요구한다. 아리마가 상세히 유도한 답은 $n = 11$이었다.

얼마 안 있어 사카Masanobu Saka는 $n$원소 집합을 $k$개의 부분집합들로 분할하는 방법의 수 $\left\{ {n \atop k} \right\}$를 그의 저작 *Sanpō-Gakkai* (1782)에서 연구했다. 그는 점화식

$$\left\{ {n+1 \atop k} \right\} = k\left\{ {n \atop k} \right\} + \left\{ {n \atop k-1} \right\} \qquad (27)$$

을 발견했으며, $n \le 11$에 대한 결과들을 표로 만들었다. 스털링James Stirling은 그의 *Methodus Differentialis* (1730)에서 수 $\left\{ {n \atop k} \right\}$들을 순수한 대수적 맥락에서 발견해냈다. 따라서 그 수들의 조합론적 의미를 처음으로 밝힌 사람은 사카이다.

이후 집합 분할들을 나열하는 흥미로운 알고리즘 하나를 혼다Toshiaki Honda가 고안했다(연습문제 24 참고). 겐지 향의 자세한 사항과 수학 역사와의 연관성에 관한 논의를 야노Tamaki Yano의 일본어 논문 *Sugaku Seminar* **34**,11 (Nov. 1995), 58-61; **34**,12 (1995년 12월), 56-60에서 찾을 수 있다.

유럽에서는 그 후로도 오랫동안 집합 분할이 거의 알려지지 않았다. 단, 세 가지 고립된 사건들은 예외이다. 우선, 조지 푸터넘George Puttenham 또는 리처드 푸터넘Richard Puttenham(또는 둘 다)이 1589년에 *The Arte of English Poesie*를 펴냈는데, 그 책의 70~72쪽에는 겐지 향의 것들과 비슷한 도식들이 나온다. 예를 들어 5행시의 가능한 압운법들을 나타내는 데 다음과 같은 일곱 개의 도식이

쓰였는데, 저자는 "이들 중 일부는 다른 것들에 비해 귀에 거슬리고 듣기 싫다"라고 말했다.

(28)

그러나 이 시각적으로 유쾌한 목록은 완성된 형태가 아니었다(연습문제 25를 보라).

둘째로, 라이프니츠의 1600년대 후반의 미출판 원고를 보면 그가 $\{1, \ldots, n\}$을 셋 또는 네 개의 부분집합들로 분할하는 방법을 세려고 했으나 거의 성공하지 못했음을 알 수 있다. 그는 아주 번거로운 방법으로 분할들을 세어서 $\left\{ {n \atop 2} \right\}$을 구했으나, $\left\{ {n \atop 2} \right\} = 2^{n-1} - 1$임을 알아채는 데까지 나아가지는 못했다. 그는 $\left\{ {n \atop 3} \right\}$과 $\left\{ {n \atop 4} \right\}$를 오직 $n \le 5$에 대해서만 계산해 보았는데, 여러 번의 계산 실수 때문에 부정확한 답을 얻었다. [E. Knobloch, *Studia Leibnitiana Supplementa* **11** (1973), 229-233; **16** (1976), 316-321을 보라.]

집합 분할이 유럽에 등장한 셋째 사건은 이전 둘과는 성격이 완전히 다르다. 월리스는 그의 *Discourse of Combinations* (1685)의 제3장을 '약수 부분들(aliquot parts)', 즉 수의 진약수들에 관한 질문들에 전적으로 할애했는데, 특히 주어진 정수를 인수분해하는 모든 방법의 집합을 연구하는 데 주력했다. 이는 중복집합 분할의 연구와 동등한 것이다. 예를 들어 $p$와 $q$, $r$이 소수라고 할 때 $p^3q^2r$의 인수분해들은 $\{p, p, p, q, q, r\}$의 분할들과 본질적으로 같다. 월리스는 주어진 정수 $n$의 모든 인수분해를 나열하는 훌륭한 알고리즘을 고안했는데, 그것은 본질적으로 알고리즘 7.2.1.5M을 예견하는 것이었다(연습문제 28을 보라). 그러나 그는 $n$이 한 소수의 거듭제곱일 때(정수 분할에 해당) 또는 $n$에 거듭제곱 인수가 전혀 없을 때(집합 분할에 해당) 발생하는 중요한 특수 경우들을 조사하지는 않았다. 따라서, 월리스가 좀 더 일반적인 문제를 풀 수는 있었지만, 모순적이게도 그 복잡성 때문에 분할 수나 벨 수, 스털링 부분집합 수를 발견하는 데까지 나아가지는 못했으며, 정수 분할이나 집합 분할들을 생성하는 간단한 알고리즘을 고안하지도 못했다.

**정수 분할.** 정수의 분할들은 좀 더 늦게 등장했다. 앞에서 보았듯이 위볼드 주교(965년경)는 $n$을 정확히 세 개의 6보다 작거나 같은 부분들로 나누는 분할들을 알고 있었다. 갈릴레오Galileo도 마찬가지였다. 그는 그에 관한 메모를 썼으며(1627년경), 주사위 세 개를 굴리는 맥락에서 그 분할들의 발생 빈도도 연구했다. [갈릴레오의 *Opere* 제8권 591-594의 "Sopra le scoperte de i dadi"; 그는 분할들을 사전순 내림차순으로 나열했다.] 해리엇Thomas Harriot은 그보다 몇 년 전에 미출판 저작에서 최대 여섯 개까지의 주사위들을 고찰했다[J. Stedall, *Historia Math.* **34** (2007), 398을 보라].

메르센Mersenne은 9를 임의의 개수의 부분들로 나누는 분할들을 그의 *Traitez de la Voix et des Chants* (1636)의 130쪽에서 나열했다. 분할 $9 = a_1 + \cdots + a_k$들 각각에 대해 그는 또한 다항계수(multinomial coefficient) $9!/(a_1! \ldots a_k!)$도 계산했다. 앞에서 보았듯이 그는 다양한 선율을 세는 데 관심이 있었으며, 예를 들어 아홉 음 $\{a, a, a, b, b, b, c, c, c\}$로 $9!/(3!3!3!) = 1680$가지 선율을 만들 수 있음을 알고 있었다. 그러나 그는 $8 + 1$인 경우와 $3 + 2 + 1 + 1 + 1 + 1$인 경우를 빼먹었는데, 이것은 아마도 그가 가능성들을 그 어떤 체계적인 방식으로도 나열하지 않았기 때문일 것이다.

라이프니츠는 그의 *Dissertatio de Arte Combinatoria* (1666)의 문제 3에서 두 부분 분할들을 고찰했으며, 미출판 원고들을 보면 이후 그가 피가수(합해지는 수) 셋 이상인 분할들을 열거하는 데 상당한 시간을 보냈음을 알 수 있다. 그는 그런 분할들을 '절편(discerption)' 또는 (덜 자주) '분열(divulsion)'이라고 불렀으며(물론 라틴어로), 가끔은 '구분(section)'이나 '분산(dispersion)'이라고도 불렀고 심지어 '분할(partition)'이라는 용어도 사용했다. 그가 그러한 분할들에 관심을 가지게 된 주된 이유는 단항 대칭함수 $\sum x_{i_1}^{a_1} x_{i_2}^{a_2} \ldots$와의 연관 관계였다. 그러나 그의 여러 시도는 거의 모두 실패로 돌아갔다. 예외는 피가수가 셋인 경우였는데, 이때 그는 연습문제 7.2.1.4-31의 $\left|{n \atop 3}\right|$에 대한 공식을 거의 발견할 뻔했다. 그는 분할들을 사전순 내림차순으로 체계적으로 나열하고자 했지만, 예를 들어 8의 분할들을 21개밖에 세지 못했다. $2+2+2+1+1$인 경우를 빼먹었던 것이다. 그리고 $p(9)$는 $3+2+2+2$, $3+2+2+1+1$, $2+2+2+1+1+1$, $2+2+1+1+1+1+1$을 빼먹은 탓에 26까지만 세었다. 〔E. Knobloch, *Studia Leibnitiana Supplementa* **11** (1973), 91-258; **16** (1976), 255-337; *Historia Mathematica* **1** (1974), 409-430을 보라.〕

분할들에 대해 처음으로 진정한 성공을 거둔 이는 드무아브르Abraham de Moivre였다. 그의 논문 "A Method of Raising an infinite Multinomial to any given Power, or Extracting any given Root of the same(무한 다항식을 임의의 주어진 지수로 거듭제곱하는 방법, 또는 그러한 다항식의 임의의 주어진 거듭제곱근을 구하는 방법)"〔*Philosophical Transactions* **19** (1697), 619-625와 Fig. 5〕에서 그는 $(az+bz^2+cz^3+\cdots)^m$의 항 $z^{m+n}$의 계수에 $n$의 각 분할당 하나씩의 항이 있음을 증명했다. 예를 들어 $z^{m+6}$의 계수는 다음과 같다.

$$\binom{m}{6}a^{m-6}b^6+5\binom{m}{5}a^{m-5}b^4c+4\binom{m}{4}a^{m-4}b^3d+6\binom{m}{4}a^{m-4}b^2c^2$$
$$+3\binom{m}{3}a^{m-3}b^2e+6\binom{m}{3}a^{m-3}bcd+2\binom{m}{2}a^{m-2}bf+\binom{m}{3}a^{m-3}c^3$$
$$+2\binom{m}{2}a^{m-2}ce+\binom{m}{2}a^{m-2}d^2+\binom{m}{1}a^{m-1}g. \qquad (29)$$

만일 $a=1$로 둔다면 지수가 $b^ic^jd^ke^l\ldots$인 항은 1이 $i$개, 2가 $j$개, 3이 $k$개, 4가 $l$개, 등등인 분할에 해당한다. 따라서, 예를 들어 $n=6$일 때, 본질적으로 그는 분할들을 다음과 같은 순서로 제시했다.

$$111111,\ 11112,\ 1113,\ 1122,\ 114,\ 123,\ 15,\ 222,\ 24,\ 33,\ 6. \qquad (30)$$

드무아브르가 설명한, 분할들을 재귀적으로 나열하는 방법은 다음과 같다(물론 그는 자신만의 표기법에 관련된 다른 어법으로 서술했다): $k=1, 2, \ldots, n$에 대해, $k$부터 시작해서 $n-k$의 분할들(이전에 나열한) 중 가장 작은 부분이 $k$보다 크거나 같은 분할들을 추가한다.

[나의 해법은] 놀이에 관련된 내용이라기보다는
진리의 애호가들이 고찰할 만한 가치가 있는
어느 정도 일반적인 의견을 담은 것으로서
철학 회보에 게재하기로 정해졌다.

— 드무아브르ABRAHAM DE MOIVRE (1717)

드몽모르P. R. de Montmort는 주사위 문제와 관련해서 9 이하의 수들을 6개 이하의 부분들로 나누는 모든 분할을 나열하는 표를 *Essay d'Analyse sur les Jeux de Hazard* (1708)에 실었다. 그의 분할들은 (30)의 것과 순서가 다르다. 이를테면

$$111111,\ 21111,\ 2211,\ 222,\ 3111,\ 321,\ 33,\ 411,\ 42,\ 51,\ 6 \qquad (31)$$

이다. 아마도 그는 드무아브르의 이전 성과를 알지 못했던 것 같다.

지금까지 언급한 저자들 중 조합적 패턴을 생성하는 절차를 구체적으로 설명한 사람은 거의 없다. 우리는 실제로 출판된 목록을 보고 그들의 방법을(또는 방법의 부재를) 추측할 수만 있을 뿐이다. 더 나아가서, 표 작성 방법을 명시적으로 서술했던 드무아브르의 논문 같은 드문 경우에도, 저자는 $n$번째 경우를 공략할 시점에서는 이미 처음 경우들, 즉 $1, 2, \ldots, n-1$에 대한 모든 패턴이 나열되어 있다고 가정했다. 지금까지 논의한 저자들 중 패턴들을 '진행 도중에(on the fly)', 즉 어떤 보조표를 참고하지 않고 한 패턴에서 그 다음 패턴으로 직접 넘어가는 식으로 생성하는 방법을 실제로 서술한 저자는 케다라와 나라야나 뿐이다. 오늘날의 컴퓨터 프로그래머라면 좀 더 직접적이고 메모리도 덜 소비하는 그런 방법을 당연히 더 선호할 것이다.

보스코비치Roger Joseph Boscovich는 최초의 직접적인 분할 생성 알고리즘을 *Giornale de' Letterati* (Rome, 1747)의 393~404쪽에 게재했으며, 해당 표들을 404쪽을 향한 두 장의 접지(접어 넣는 속지)에 표시했다. $n = 6$일 때 그의 방법은 분할들을 다음과 같은 순서로 생성한다.

$$111111,\ 11112,\ 1122,\ 222,\ 1113,\ 123,\ 33,\ 114,\ 24,\ 15,\ 6. \qquad (32)$$

이는 알고리즘 7.2.1.4P가 분할들을 방문하는 순서의 정확히 역순이다. 사실 §7.2.1.4에 나온 방법은 그가 선택한 순서보다 그 역순이 더 간단하고 빠르다는 사실만 빼면 그의 방법과 본질적으로 같은 것이다.

보스코비치는 후속 논문을 *Giornale de' Letterati* (Rome, 1748)의 12~27쪽과 84~99쪽에 실었다. 그 논문은 이전의 알고리즘을 두 가지 방법으로 확장했다. 첫째로, 그는 주어진 집합 $S$에 속하는 부분들로 구성된 분할들만 생성하는 방법을 고찰했다. 그런 방법이 있으면 희소한 계수들을 가진 기호적 다항식(multinomial)을 지수 $m$으로 거듭제곱할 수 있게 된다. (그는 $S$의 모든 원소의 최대공약수가 1이어야 한다고 말했다. 그러나 사실 그의 방법은 만일 $1 \notin S$이면 실패할 수 있었다.) 둘째로, 그는 $m$과 $n$이 주어졌을 때 $n$을 $m$개의 부분으로 나누는 분할들을 생성하는 알고리즘 하나를 소개했다. 그러나 이번에도 그에게 불운이 따랐다. 잠시 후 그러한 과제를 수행하는 약간 더 나은 방법인 알고리즘 7.2.1.4H가 발견되어서 그가 명예를 얻을 기회가 사라졌던 것이다.

**힌덴부르크의 허풍.** 알고리즘 7.2.1.4H를 고안한 이는 힌덴부르크Carl Friedrich Hindenburg로, 그는 가장 우월한 중복집합 순열 생성 알고리즘인 나라야나의 알고리즘 7.2.1.2L을 재발견하기도 했다. 안타깝게도 그런 작은 성공들 때문에 그는 자신이 수학을 혁명적으로 발전시켰다고 믿게 되었다(비슷한 발견에 거의 도달했던 드무아브르나 오일러, 람베르트를 언급하는 겸손함을 보이긴 했지만).

힌덴부르크는 자신의 성공에 치이는 전형적인 예로, 천재라기보다는 극도로 정력적인 사람이었다. 그는 독일 최초의 전문 수학 학술지를 창설 또는 공동창설하고(1786~1789년과 1794~1800년 출간됨), 그 학술지들에 긴 논문을 기고했다. 또한 라이프치히 대학교의 학장(academic dean) 자리를 여러 번 역임했으며, 1792년에는 그 학교의 총장(Rector)이기도 했다. 그가 더 나은 수학자였다면 독일의 수학은 베를린이나 괴팅겐보다 라이프치히에서 더 번성했을 것이다.

그러나 그의 첫 번째 수학 저작 *Beschreibung einer ganz neuen Art, nach einem bekannten Gesetze fortgehende Zahlen durch Abzählen oder Abmessen bequem und sicher zu finden* (Leipzig: 1776)은 그 후 저술들의 수준을 잘 예견할 수 있게 하는 작품이었다: 그 소책자에 실린 그의 "ganz neue"(completely new, 완전히 새로운) 착안은 그냥 십진 표기법으로 기록된 수의 숫자들에 조합적 의미를 부여한다는 것이었다. 놀랍게도 그는 자신의 걸작을 0000에서 9999까지의 수들을 담은 표 하나와 짝수와 홀수를 따로(!) 나열한 표 두 개를 담은 커다란 접지들로 마무리지었다.

힌덴부르크는 그의 책을 칭찬하는 사람들이 보낸 편지들을 출판하고, 그들에게 자신의 학술지에 기고할 것을 청했다. 1796년에는 *Samm-lung combinatorisch-analytischer Abhandlungen*을 편집했는데, 그 책의 부제에는 드무아브르의 다항정리가 "모든 수학 분석에서 가장 중요한 정리였다"라고 언급되어 있었다. 십여 명의 사람이 합류해서 힌덴부르크의 조합론 학파라고 알려지게 된 모임을 결성했는데, 그들은 수학자가 아닌 많은 사람들에게 감명을 준 비교秘敎적인 기호들로 가득한 수천 쪽의 인쇄물을 출판했다.

전산학의 관점에서는 이 학파의 작업이 전적으로 사소한 것만은 아니었다. 예를 들어 힌덴부르크의 수제자였던 로테H. A. Rothe는 모스 부호열의 한 부호에서 그 선행자나 후행자로 가는 간단한 방법이 존재함을 인식했다. 또 다른 학생인 부르크하르트J. K. Burckhardt는 길이가 $n$인 모스 부호열을 대시가 없는 부호들을 먼저 고려하고 그런 다음 대시가 하나, 둘, ...인 부호열들을 고려함으로써 생성할 수 있음을 관측했다. 인도에서와는 달리 그들의 동기는 $n$박자의 운율들을 표로 만드는 것이 아니었다. 그들은 식 4.5.3-(4)의 지속음 다항식(continuant polynomials) $K(x_1, x_2, \ldots, x_n)$의 항들을 나열하고자 했다. [*Archiv der reinen und angewandten Mathematik* **1** (1794), 154-195를 보라.] 더 나아가서, 앞에서 언급한 힌덴부르크의 1796년 *Sammlung*의 53쪽에서 클뤼겔G. S. Klügel은 현재 오드스미스Ord-Smith의 알고리즘이라고 부르는, 모든 순열을 나열하는 방법을 소개했다. §7.2.1.2의 식 (23)~(26)을 보라.

힌덴브루크는 그의 방법들이 표준 교과과정에서 대수학과 기하학, 미적분학만큼의 시간을 들여서 배울만한 것이라고 믿었다. 그러나 그와 그의 사도들은 조합적 목록만 만들어 낸 조합론자들이었다. 공식과 형식론에 매몰된 그들은 진정으로 유익한 새로운 수학을 거의 발견하지 못했다. 네토Eugen Netto가 그들의 성과를 모리츠 칸토어M. Cantor의 *Geschichte der Mathematik* **4** (1908), 201-219에서 감탄할 만큼 잘 요약했다: "잠깐 동안 그들은 독일 시장을 지배했다. 그러나 그들이 파낸 것들은 대부분 '전적으로 마땅한 것만은 아닌 망각'으로 가라앉았다."

안타까운 일은, 이 때문에 조합 연구 전체가 오명을 얻었다는 것이다. 힌덴부르크 사후 100년간의 장대한 수학 문헌 서고를 수집한 미타그-을레플레르Gösta Mittag-Leffler는 그런 저작들을 모두 'Dekadenter'라고 표시된 특별한 서가에 두기로 결정했다. 그 범주 이름은 오늘날 스웨덴의 Institut Mittag-Leffler의 도서관에 여전히 남아 있다. 쇠퇴한(decadent) 것이라고는 할 수 없는 연구를 하고 있는 세계 정상급의 조합론 수학자들이 그 연구소를 즐겨 찾는데도 말이다.

밝은 면을 보자면, 그러한 모든 활동을 통해서 적어도 한 권의 훌륭한 책이 나왔다는 점을 지적할 수 있다. 폰에팅스하우젠Andreas von Ettingshausen의 *Die combinatorische Analysis* (Vienna: 1826)는 조합적 생성 방법들을 엄밀한 방식으로 논의한 첫 번째 문헌이라는 점에서 주목할 만하다. 그는 §8에서 사전순 생성의 일반 원리들을 논의했으며, 그 원리들을 적용해서 모든 순열(§11), 조합(§30), 분할(§41~§44)을 나열하는 좋은 방법들을 구축했다.

**트리들은 어디에?** 지금까지, $n$-짝, 순열, 조합, 분할들의 목록을 인류 역사의 비교적 초창기부터 그 주제에 흥미를 가진 연구자들과 흥미로운(연구자 자체가) 연구자들이 연구했음을 보았다. §7.2.1.1에서 §7.2.1.5까지에서 공부한 주제들의 진화 과정을 살펴본 셈이니, 이제 §7.2.1.6에서 공부한 트리 생성의 기원까지 추적한다면 지금까지의 이야기가 모두 마무리된다.

그런데 컴퓨터 등장 이전의 이 주제의 역사 기록은 거의 빈 페이지에 가깝다. 예외는 케일리Arthur Cayley의 19세기 논문 몇 편이다. 트리에 대한 케일리의 주된 저작은 1875년에 처음 출판되고 이후 그의 *Collected Mathematical Papers,* Volume 4의 427~460쪽에 다시 실렸는데, 그 절정은 9개 이하의 이름표 없는 정점들로 이루어진 모든 자유 트리를 표시한 커다란 접지이다. 그 논문 이전에도 그는 정점이 5개인 지향 트리 다섯 개를 도식화한 바 있다. 그런 트리 목록을 산출하는 데 사용한 방법은 상당히 복잡한 것으로, 알고리즘 7.2.1.6O나 연습문제 7.2.1.6-90과는 완전히 다르다. 수년 후 해러리F. Harary와 프린스G. Prins가 정점 10개까지의 모든 자유 트리를 나열했다[*Acta Math.* **101** (1958), 158-162]. 그들은 또한 도수가 2인 노드가 전혀 없는 자유 트리들과 대칭이 전혀 없는 자유 트리들을 $n = 12$까지 나열했다.

전산학자들이 가장 애착을 느낀 트리, 즉 이진 트리나 그에 해당하는 순서 있는 숲 또는 내포된 괄호열은 이상하게도 문헌들에 등장하지 않는다. §2.3.4.5에서 보았듯이 1700년대와 1800년대의 여러 수학자들이 이진 트리들을 세는 방법을 알아냈다. 또한 카탈랑 수 $C_n$은 수십 가지의 서로 다른 종류의 조합적 대상들의 개수에 해당한다. 그럼에도, 5차의 $C_5 = 42$개의 대상들은 물론 4차의 $C_4 = 14$개 대상들조차도 그 실질적인 목록은 1950년이 되어서야 출판되었다. (간접적인 예외라면, (25)의 겐지 향 도식들 중 교차하는 선들이 없는 42개는 알고 보면 5노드 이진 트리들 및 숲들과 동등하다. 그러나 이 사실은 20세기에 와서야 밝혀졌다.)

옛날의 저자들이 $C_3 = 5$개의 카탈랑 관련 대상들의 목록을 실제로 마련한 경우는 독립적으로 몇 번 있었다. 이번에도 케일리가 최초였는데, 그는 *Philosophical Magazine* **18** (1859), 374-378에서 내부 노드 3개, 잎 4개짜리 이진 트리들을 다음과 같이 제시했다.

(33)

(그 논문에는 소위 약순서[weak ordering]에 해당하는 또 다른 종류의 트리들도 나온다.) 이후 1901년에는 네토E. Netto가 표현식 '$a+b+c+d$'에 괄호들을 삽입하는 다섯 가지 방법을 나열했다:

$$(a+b)+(c+d),\ [(a+b)+c]+d,\ [a+(b+c)]+d,\ a+[(b+c)+d],\ a+[b+(c+d)]. \quad (34)$$

〔*Lehrbuch der Combinatorik,* §122.〕 그리고 $\{+1, +1, +1, -1, -1, -1\}$의 순열들 중 부분합들이 음이 아닌 순열들을 에르되시Paul Erdös와 카플란스키Irving Kaplansky가 다음과 같이 나열했다 〔*Scripta Math.* **12** (1946), 73-75〕.

$$1+1+1-1-1-1,\ 1+1-1+1-1-1,\ 1+1-1-1+1-1,$$
$$1-1+1+1-1-1,\ 1-1+1-1+1-1. \quad (35)$$

대상이 다섯 개밖에 되지 않지만, (33)과 (34)의 순서 관계가 기본적으로 '닥치는 대로(catch-as-catch-can)'임을 알 수 있다. 알고리즘 7.2.1.6P와 일치하는 (35)만이 체계적이고 사전순이다.

또한, 최근 여러 논문들에서 내포된 괄호열을 '뒤크 단어들(Dyck words)'이라고 부른다는 점에서 폰뒤크Walther von Dyck의 성과도 잠시나마 언급할 필요가 있다. 뒤크는 특히 뮌헨의 독일 박물관(Deutsches Museum)을 공동 설립한 교육자로 유명한 사람이다. 그는 자유군 이론에 관한 선구적인 논문 두 편을 썼다〔*Math. Annalen* **20** (1882), 1-44; **22** (1883), 70-108〕. 그러나 소위 뒤크 단어들은 그의 실제 연구와 아주 약간만 연관되어 있을 뿐이다. 그는 $\{x_1, x_1^{-1}, \ldots, x_k, x_k^{-1}\}$에 대한 단어들 중 $x_i x_i^{-1}$ 형태나 $x_i^{-1} x_i$ 형태의 인접 글자쌍들을 되풀이해 삭제했을 때 빈 문자열로 축약되는 단어들을 연구했다. 괄호열이나 트리와의 연관은 첫 형태 $x_i x_i^{-1}$만 삭제하는 것으로 제한할 때에만 나타난다.

따라서, 이진 트리와 그 사촌들에 대한 관심이 1950년 이후에 폭발적으로 증가하긴 했지만, 그런 트리들은 우리의 이야기에서 역사적 뿌리가 비교적 얕은 측면만을 나타낸다고 결론을 내릴 수 있겠다.

**1950년 이후.** 물론 전자적 컴퓨터의 등장으로 모든 것이 바뀌었다. 조합 생성 방법들에 대한 최초의 컴퓨터 지향적 출판물은 톰킨스C. B. Tompkins의 한 초고(note)인 "Machine attacks on problems whose variables are permutations(그 변수들이 순열들인 문제에 대한 기계 공략법)"이다〔*Proc. Symp. Applied Math.* **6** (1956), 202-205〕. 이후 수천 편의 논문이 뒤따랐다.

레머D. H. Lehmer의 여러 논문들, 특히 *Proc. Symp. Applied Math.* **10** (1960), 179-193에 실린 그의 "Teaching combinatorial tricks to a computer(조합적 요령들을 컴퓨터에게 가르치기)"는 초창기에 엄청난 영향력을 발휘했다. 〔또한 *Proc. 1957 Canadian Math. Congress* (1959), 160-173; *Proc. IBM Scientific Computing Symposium on Combinatorial Problems* (1964), 23-30, *Applied Combinatorial Mathematics,* 베켄바흐E. F. Beckenbach 엮음(Wiley, 1964), 제1

장 5-31도 보라.〕 레머는 이전 세대와의 흥미로운 연결 고리를 보여주었다. 예를 들어 스탠포드 대학교의 도서관 기록을 보면 그가 1932년 1월에 네토의 *Lehrbuch der Combinatorik*를 열람한 적이 있다.

앞에서 살펴본 구체적인 알고리즘들과 관련된 주된 출판물들은 이전 절들에서 언급했으므로 여기서 다시 되풀이할 필요는 없을 것이다. 그러나 해당 주제의 여러 단편들을 하나의 일관된 틀로 짜 맞춘 최초의 교재나 집대성 연구 논문(monograph)도 아주 중요하다. 구체적으로, 일반 원리들의 확립과 관련해서 특히나 주목할 만한 책이 세 권 있다:

- 웰즈Mark B. Wells의 *Elements of Combinatorial Computing* (Pergamon Press, 1971), 특히 제5장.
- 네인하위스Albert Nijenhuis와 윌프Herbert S. Wilf의 *Combinatorial Algorithms* (Academic Press, 1975). 추가 내용을 담은 제2판이 1987년에 출판되었으며, 이후 윌프는 *Combinatorial Algorithms: An Update* (Philadelphia: SIAM, 1989)를 썼다.
- 레잉골드Edward M. Reingold, 니페르겔트Jurg Nievergelt, 데오Narsingh Deo의 *Combinatorial Algorithms: Theory and Practice*, 특히 제5장의 내용.

세지윅Robert Sedgewick은 순열 생성 방법들을 상세히 수집한 최초의 개괄 논문을 *Computing Surveys* **9** (1977), 137-164, 314에 게재했다. *SIAM Review* **39** (1997), 605-629에 실린 새비지Carla Savage의 그레이 부호에 관한 개괄 논문도 또 다른 이정표이다.

개수가 카탈랑 수로 표현되는 대상들을 생성하는 알고리즘들은 컴퓨터 프로그래머들이 그런 과제에 익숙해지고 나서야 개발되었다고 앞에서 이야기했었다. 그런 알고리즘들 중 초창기에 출판된 것들을 §7.2.1.6에서 언급하지 않은 것은 이후 그보다 더 나은 기법들이 등장했기 때문인데, 이제 여기서 그 알고리즘들에 대해 언급해 보겠다. 첫째로, 스코인스H. I. Scoins는 순서 있는 트리 생성을 위한 재귀적 알고리즘 두 개를, 지향 트리 생성에 관해 인용했던 그 논문에서 제시했다〔*Machine Intelligence* **3** (1968), 43-60〕. 그의 알고리즘들은 본질적으로 폴란드식 전위 표기법이나 내포된 괄호열과 동등한 비트열들로 표현된 이진 트리를 다루었다. 이후 웰즈Mark Wells는 앞에서 언급한 그의 책의 §5.5.4에서 이진 트리들을 교차하지 않는 집합 분할들로 표현해 생성했다. 그리고 노트Gary Knott는〔*CACM* **20** (1977), 113-115〕 이진 트리의 순위 매기기 및 순위 풀기 알고리즘들을 제시했는데, 그는 이진 트리를 표 7.2.1.6-3의 중위-전위 순열 $q_1 \ldots q_n$들로 표현했다.

1950년대 이후 많은 저자들이 주어진 그래프의 모든 신장 트리를 생성하는 알고리즘을 발표했는데, 주된 동기는 전기적 회로망의 연구에 있었다. 그런 초기 논문들 중 몇 개를 들자면 N. Nakagawa, *IRE Trans.* **CT-5** (1958), 122-127; W. Mayeda, *IRE Trans.* **CT-6** (1959), 136-137, 394; H. Watanabe, *IRE Trans.* **CT-7** (1960), 296-302; S. Hakimi, *J. Franklin Institute* **272** (1961), 347-359가 있다.

이 주제 전체에 대한 최근의 입문서로는 크레어Donald L. Kreher와 스틴슨Douglas R. Stinson의

*Combinatorial Algorithms: Generation, Enumeration, and Search* (CRC Press, 1999)의 제2장과 제3장이 있다.

러스키는 *Combinatorial Generation*이라는 제목의 책을 준비하고 있는데, 이 주제 전체를 상세히 다루고 방대한 참고문헌도 제시할 예정이다. 그는 여러 장(chapter)의 작업 초안을 인터넷에 공개했다.

## 연습문제

아래의 연습문제들 중 다수는 현대의 독자에게 지난 시절 문헌의 오류를 찾거나 바로잡을 것을 요구한다. 여기서 핵심은 21세기에 사는 우리가 얼마나 똑똑한가 하면서 흡족해 하는 것이 아니라, 한 주제의 선구자라도 실수를 저지를 수 있음을 이해하는 것이다. 일단의 개념들이 사실 오늘날의 전산학자와 수학자가 보는 것만큼 단순하지는 않음을 깨닫는 한 가지 좋은 방법은, 세계 최고의 사색가라고 할 만한 사람들이 자신에게 생소한 개념을 가지고 고생한 과정을 살펴보는 것이다.

**1.** [*15*] 역경에 '컴퓨팅'의 개념이 나타나는가?

▸ **2.** [*M30*] (유전부호.) DNA 분자는 네 가지 '뉴클레오티드nucleotide'들로 이루어진 서열(sequence, 순차열)로, 네 뉴클레오티드들의 머리글자 {T, C, A, G}들로 이루어진 알파벳의 문자열로 간주할 수 있다. 그리고 대부분의 단백질 분자는 '아미노산'들의 서열인데, 해당 20자 알파벳 {A, C, D, E, F, G, H, I, K, L, M, N, P, Q, R, S, T, V, W, Y}의 문자열로 간주한다. 세 개의 연속된 뉴클레오티드 $xyz$가 하나의 '코돈codon'을 형성하며, 하나의 DNA 사슬 $x_1y_1z_1x_2y_2z_2\ldots$는 단백질 $f(x_1, y_1, z_1)f(x_2, y_2, z_2)\ldots$을 정의한다. 여기서 $f(x, y, z)$는 다음 배열의 행렬 $x$의 $z$행 $y$열 성분이다.

$$\begin{pmatrix} \mathrm{F} & \mathrm{S} & \mathrm{Y} & \mathrm{C} \\ \mathrm{F} & \mathrm{S} & \mathrm{Y} & \mathrm{C} \\ \mathrm{L} & \mathrm{S} & - & - \\ \mathrm{L} & \mathrm{S} & - & \mathrm{W} \end{pmatrix} \begin{pmatrix} \mathrm{L} & \mathrm{P} & \mathrm{H} & \mathrm{R} \\ \mathrm{L} & \mathrm{P} & \mathrm{H} & \mathrm{R} \\ \mathrm{L} & \mathrm{P} & \mathrm{Q} & \mathrm{R} \\ \mathrm{L} & \mathrm{P} & \mathrm{Q} & \mathrm{R} \end{pmatrix} \begin{pmatrix} \mathrm{I} & \mathrm{T} & \mathrm{N} & \mathrm{S} \\ \mathrm{I} & \mathrm{T} & \mathrm{N} & \mathrm{S} \\ \mathrm{I} & \mathrm{T} & \mathrm{K} & \mathrm{R} \\ \mathrm{M} & \mathrm{T} & \mathrm{K} & \mathrm{R} \end{pmatrix} \begin{pmatrix} \mathrm{V} & \mathrm{A} & \mathrm{D} & \mathrm{G} \\ \mathrm{V} & \mathrm{A} & \mathrm{D} & \mathrm{G} \\ \mathrm{V} & \mathrm{A} & \mathrm{E} & \mathrm{G} \\ \mathrm{V} & \mathrm{A} & \mathrm{E} & \mathrm{G} \end{pmatrix}.$$

(여기서 $(\mathtt{T}, \mathtt{C}, \mathtt{A}, \mathtt{G}) = (1, 2, 3, 4)$이다. 예를 들어 $f(\mathtt{CAT})$은 행렬 2의 1행 3열 성분, 즉 H이다.) 이러한 부호화는 코돈이 중지 부호 '−'에 도달할 때까지 계속된다.

a) 각 코돈을 *역경*의 한 괘에 사상하되 21가지 가능한 결과 {A, C, D, ..., W, Y, −}가 문왕의 순서 (1)에서 64개의 연속된 괘들에 대응되도록 사상하는 간단한 방법이 있음을 보여라.

b) 그것이 놀랄 만한 발견일까?

**3.** [*20*] 30박 운율들 중 (2)와 비슷한 역순사전순으로 백만 번째 것은 무엇인가? ◡◡◡—◡——◡◡◡◡——◡◡◡◡◡◡◡◡◡——◡—의 순위는 얼마인가?

**4.** [*19*] 표 1에 나온 도놀로의 순열 목록의 결함을 분석하라.

**5.** [*16*] (7)에 나온 키르허의 5음 순열 목록에서 잘못된 점은 무엇인가?

**6.** [*25*] 메르센은 처음 64개의 계승들의 표를 그의 *Traitez de la Voix et des Chants*(1636)의 108~110쪽에 실었다. 그가 제시한 64!의 값은 $\approx 2.2 \times 10^{89}$인데, 실제로는 $\approx 1.3 \times 10^{89}$이다. 그 책을 구해서 그가 어디에서 실수를 저질렀는지 파악해 보라.

**7.** [*20*] $\{1, 2, 3, 4, 5\}$의 순열들 중 세키의 규칙 (8)과 (9)에 의거해서 '산' 순열들과 '죽은' 순열들은 무엇인가?

▶ **8.** [*M27*] 세키의 절차가 정확해지도록 (9)를 수정하라.

**9.** [*15*] 아라비아 숫자 $(0, 1, \ldots, 9)$를 아랍어식으로 쓰는 방법을 (11)로부터 유도하라.

▶ **10.** [*HM27*] 루두스 클레리칼리스에서 주사위 세 개를 모든 가능한 미덕을 획득할 때까지 굴리는 횟수의 기댓값은 얼마인가?

**11.** [*21*] 그림 65의 오른쪽에 나온 룰의 수직표를 해독하라. 그 표가 나타내는 20개의 조합적 대상들은 무엇인가? 힌트: 조판상의 실수에 현혹되지 말 것.

**12.** [*M20*] 실링어의 보편 순환마디 (13)과 연습문제 7.2.1.3-106에 나온 푸앵소의 보편 순환마디의 연관 관계를 밝혀라.

**13.** [*21*] 판스호턴의 (17)의 올바른 버전은 무엇인가? 또한 그에 해당하는, 중복집합 $\{a, a, a, b, b, c\}$의 조합들의 표를 제시하라.

▶ **14.** [*20*] 이스키에르도의 *De Combinatione* §95에 나온 다음 순차열을 완성하라.

ABC ABD ABE ACD ACE ACB ADE ADB ADC AEB ... .

**15.** [*15*] $\{1, \ldots, m\}$의 중복을 허용하는 $n$조합 $x_1 \ldots x_n$들 모두를 사전순으로(여기서 $x_1 \le \cdots \le x_n$) 나열한다면, 수 $j$로 시작하는 것은 몇 개나 되는가?

**16.** [*20*] (Nārāyaṇa Paṇḍita, 1356.) $q$개 이하의 부분들로 $n$을 만드는 합성들, 즉 $1 \le j \le t$에 대해 $1 \le a_j \le q$이고 $t$가 임의의 수라고 할 때 분할 $n = a_1 + \cdots + a_t$들을 모두 생성하는 알고리즘을 설계하라. 그리고 $n = 7$, $q = 3$일 때 그 알고리즘을 예증하라.

**17.** [*HM27*] 연습문제 16의 알고리즘을 분석하라.

**18.** [*10*] 농담성 질문 하나: 라이프니츠는 그의 *Dissertatio de Arte Combinatoria*를 1666년에 출판했다. 그가 그 상서로운 해를 선택한 이유를 순열의 관점에서 추측해보라.

**19.** [*17*] 푸테아누스의 운문 (20)에서 'tibi'를 ⌣⌣가 아니라 ⌣— 로 취급한 행은 무엇인가?

**20.** [*M25*] 1617년에 저명한 귀족 세 명이 드레스덴을 방문한 사건을 기리기 위해 한 시인이 다음과 같은 육보격 시의 순열 1617개를 출판했다.

Dant tria jam Dresdæ, ceu sol dat, lumina lucem.

이는 "Three give now to Dresden, as the sun gives, lights to light"(이제 삼인이 드레스덴에, 마치 태양이 주듯이, 빛을 주어 밝히도다)라는 뜻이다. [Gregor Kleppis, *Proteus Poeticus* (Leipzig:

1617).] 이 단어들의 순열들 중 실제로 운이 맞는 것은 몇 개나 되는가? 힌트: 그 시의 제1 운각과 제5 운각이 장단단격이고 다른 곳은 모두 장장격이다.

**21.** [*HM30*] $f(p,q,r;s,t)$가 문자열 $\{s\cdot o, t\cdot oo\}$를 연결해서 $(o^p, o^q, o^r)$을 만드는 방법의 수라고 하자. 여기서 $p+q+r=s+2t$이다. 예를 들어 $f(2,3,2;3,2)=5$인데, 그 다섯 가지 방법은 다음과 같다.

$$(o|o, o|oo, oo),\ \ (o|o, oo|o, oo),\ \ (oo, o|o|o, oo),\ \ (oo, o|oo, o|o),\ \ (oo, oo|o, o|o)$$

a) $f(p,q,r;s,t)=[u^p v^q w^r z^s]\,1/\big((1-zu-u^2)(1-zv-v^2)(1-zw-w^2)\big)$임을 보여라.

b) 함수 $f$를 이용해서 (19)의 운이 맞는 순열들의 개수를 구하라. 단, '운이 맞는'에 제5 운각이 한 단어의 중간에서 시작하면 안 된다는 추가 조건을 적용할 것.

c) 이제 나머지 경우들의 개수를 구하라.

▸ **22.** [*M40*] tot-tibi 문제에 대한 프레스테, 월리스, 휘트워스, 하틀리의 원래의 논의들을 찾아보고, 그들이 저지른 실수를 지적하라.

**23.** [*20*] 52개의 겐지 향 도식들을 알고리즘 7.2.1.5H에 대응시키면 어떤 순서가 되는가?

▸ **24.** [*23*] 혼다는 $\{1,\ldots,n\}$의 모든 순열을 생성하는 재귀적 규칙 하나를 제시했다. $n=4$일 때 그의 알고리즘으로 산출되는 순열들은 다음과 같은 순서이다.

$n=5$에 대한 해당 순서를 추측할 수 있겠는가? 힌트: (26)을 볼 것.

**25.** [*15*] 16세기 *The Arte of English Poesie*의 저자는 연습문제 7.2.1.5-35의 의미에서 '완전한' 압운법들에만, 다른 말로 하면 각 행이 다른 행들 중 적어도 하나와 운이 맞는 압운법들에만 관심이 있었다. 또한 압운법이 연습문제 7.2.1.2-100의 의미에서 '분해불가능'한 것이어야 했다. 12|345 같은 분할은 하나의 2행시 다음의 3행시로 분해된다. 그리고 압운법이 너무 단순해서 모든 행이 다른 모든 행과 운이 맞아도 안 되었다. 이러한 조건들하에서 (28)은 5행 압운법들의 완전한 목록인가?

▸ **26.** [*HM25*] $n$행 압운법들 중 연습문제 25의 제약조건들을 만족하는 것은 몇 개인가?

▸ **27.** [*HM31*] 집합 분할 14|25|36을 같은 겐지 향 도식으로 나타낼 수 있다. 그러나 이 분할에 대한 그러한 도식에는 반드시, 선이 교차하는 곳이 적어도 세 군데이다. 그런데 그러한 교차가 바람직하지 않은 경우가 있다. $\{1,\ldots,n\}$의 분할들 중 해당 겐지 향 도식의 선 교차가 많아야 하나인 것은 몇 개인가?

▸ **28.** [*25*] $a$와 $b$, $c$가 소수들이라고 하자. 월리스는 $a^3b^2c$의 모든 가능한 인수분해를 다음과 같이 나열했다: $cbbaaa$, $cbbaa\cdot a$, $cbaaa\cdot b$, $bbaaa\cdot c$, $cbba\cdot aa$, $cbba\cdot a\cdot a$, $cbaa\cdot ba$, $cbaa\cdot b\cdot a$, $bbaa\cdot ca$, $bbaa\cdot c\cdot a$, $caaa\cdot bb$, $caaa\cdot b\cdot b$, $baaa\cdot cb$, $baaa\cdot c\cdot b$, $cbb\cdot aaa$, $cbb\cdot aa\cdot a$,

$cbb \cdot a \cdot a \cdot a$, $cba \cdot baa$, $cba \cdot ba \cdot a$, $cba \cdot aa \cdot b$, $cba \cdot b \cdot a \cdot a$, $bba \cdot caa$, $bba \cdot ca \cdot a$, $bba \cdot aa \cdot c$, $bba \cdot c \cdot a \cdot a$, $caa \cdot bb \cdot a$, $caa \cdot ba \cdot b$, $caa \cdot b \cdot b \cdot a$, $baa \cdot cb \cdot a$, $baa \cdot ca \cdot b$, $baa \cdot ba \cdot c$, $baa \cdot c \cdot b \cdot a$, $aaa \cdot cb \cdot b$, $aaa \cdot bb \cdot c$, $aaa \cdot c \cdot b \cdot b$, $cb \cdot ba \cdot aa$, $cb \cdot ba \cdot a \cdot a$, $cb \cdot aa \cdot b \cdot a$, $cb \cdot b \cdot a \cdot a \cdot a$, $bb \cdot ca \cdot aa$, $bb \cdot ca \cdot a \cdot a$, $bb \cdot aa \cdot c \cdot a$, $bb \cdot c \cdot a \cdot a \cdot a$, $ca \cdot ba \cdot ba$, $ca \cdot ba \cdot b \cdot a$, $ca \cdot aa \cdot b \cdot b$, $ca \cdot b \cdot b \cdot a \cdot a$, $ba \cdot ba \cdot c \cdot a$, $ba \cdot aa \cdot c \cdot b$, $ba \cdot c \cdot b \cdot a \cdot a$, $aa \cdot c \cdot b \cdot b \cdot a$, $c \cdot b \cdot b \cdot a \cdot a \cdot a$. 그가 이들을 이 순서로 생성하는 데 사용한 알고리즘은 무엇인가?

▶ **29.** [*24*] 월리스는 수 $abcde = 5 \cdot 7 \cdot 11 \cdot 13 \cdot 17$의 모든 인수분해를 어떤 순서로 생성했는가? 답을 겐지 향 도식들의 순차열로 표현하라.

**30.** [*M20*] $(a_0 z + a_1 z^2 + a_2 z^3 + \cdots)^m$의 항 $a_1^{i_1} a_2^{i_2} \ldots z^{m+n}$의 계수는 무엇인가?

**31.** [*20*] 드무아브르의 분할 순서 (30)과 드몽모르의 분할 순서 (31)을 알고리즘 7.2.1.4P와 비교하라.

**32.** [*21*] (R. J. Boscovich, 1748.) 20의 분할들 중 모든 부분이 1이나 7, 10인 분할들을 모두 나열하라. 또한 임의의 정수 $n > 0$이 주어졌을 때 그러한 모든 분할을 나열하는 알고리즘을 설계하라.

# 연습문제 해답

미련한 자의 어리석은 것을 따라 대답하지 말라
두렵건대 너도 그와 같을까 하노라.

— 잠언 26:4†

## 연습문제에 대해

**1.** 수학에 익숙한 독자들에게 '적당히 쉬운' 문제.

**2.** 이 책의 경우 연습문제나 해답의 문장에서 오류를 발견해서 저자에게 최초로 보고하면 상금을 탈 수 있다(독자가 적절히 민첩하다고 할 때).

**3.** H. Poincaré, *Rendiconti Circ. Mat. Palermo* **18** (1904), 45–110; R. H. Bing, *Annals of Math.* (2) **68** (1958), 17–37; G. Perelman, arXiv:math.DG/0211159, 0303109, 0307245를 보라.

## 7절

**1.** 힌트를 따른다면 두 번째 '$4m-4$'를 첫 '$2m-1$' 바로 다음에 넣어야 한다. 그러면, 처음 네 예로부터 원하는 배치들을 유도할 수 있다. 이를 16진 표기법으로 나타내면

231213, 46171435623725, 86a31b1368597a425b2479, ca8e531f1358ac7db9e6427f2469bd

이다. [R. O. Davies, *Math. Gazette* **43** (1959), 253–255.]

**2.** 그런 배치들은 오직 $n \bmod 4 = 0$ 또는 1일 때에만 존재한다. 이 조건은 홀수 항목들이 짝수 개이어야 하므로 필요조건이며, 이전 연습문제 답의 앞단에 '00'을 넣을 수 있다는 점에서 충분조건이다.

참고: 이 문제는 1951년에 홀Marshall Hall이 처음 제기했으며, 그다음 해에 레이히F. T. Leahy, Jr.가 출판되지 않은 한 문헌에서 풀었다[Armed Forces Security Agency report 343 (1952년 1월

---

† [옮긴이 주] http://kcm.co.kr/bible/kor/pro26.html에서 인용했음.

28일)]. 그와는 독립적으로, 스콜렘T. Skolem과 방T. Bang이 *Math. Scandinavica* **5** (1957), 57-58에 문제와 답을 제시했다. 다른 수 구간들에 대해서는 J. E. Simpson, *Discrete Math.* **44** (1983), 97-104에 완전한 해가 나와 있다.

**3.** 그렇다. 예를 들어 순환마디 (0072362435714165)는 깰 수 없다.

**4.** $k$번째의 $b$는 왼쪽에서 $\lfloor k\phi \rfloor$인 자리에 출현하며, $k$번째의 $a$는 왼쪽에서 $\lfloor k\phi^2 \rfloor$인 자리에 출현한다. $\lfloor k\phi^2 \rfloor - \lfloor k\phi \rfloor = k$임은 명백하다. $\phi^2 = \phi + 1$이기 때문이다. (정수 $\lfloor k\phi \rfloor$들은 $\phi$의 '스펙트럼'을 형성한다. *CMath*의 연습문제 3.13을 보라.)

**5.** $\binom{2n}{2}$의 쌍들 중 주어진 조건을 만족하는 위치에 있을 가능성이 동일한 것들은 $2n-k-1$개다. 이 확률들이 독립이라면(그러나 사실은 그렇지 않다) $2L_n$의 값은

$$\binom{2n}{2,2,\ldots,2}\prod_{k=1}^{n}\left((2n-1-k)\Big/\binom{2n}{2}\right) = \frac{(2n)!^2 n(n-1)}{n!\,(2n)^{n+1}(2n-1)^{n+1}}$$
$$= \exp\left(n\ln\frac{4n}{e^3} + \ln\frac{\sqrt{\pi e n}}{2} + O(n^{-1})\right)$$

이 될 것이다.

**6.** (a) 곱들을 전개하면 각각의 차수가 $4n$인, $(2n-2)!/(n-2)!$개의 항들로 된 다항식이 나온다. 그 다항식에는 각각의 랭포드 쌍마다 하나의 $x_1^2 \ldots x_{2n}^2$ 항이 있다. 그 외의 항들은 모두 적어도 하나의 변수가 1차이다. $x_1, \ldots, x_{2n} \in \{-1, +1\}$들을 합해서 나쁜 항들은 상쇄시키고 좋은 항들에는 $2^{2n}$을 부여한다. 추가로 효율을 두 배 더 높이는 것도 가능하다. 랭포드 쌍들이 $2L_n$개(좌우를 뒤집은 것들도 포함)라는 점을 활용하면 된다.

(b) $f_k = \sum_{j=1}^{2n-k-1} x_j x_{j+k+1}$가 $k$번째 계수의 주된 부분이라고 하자. $4^n$개의 모든 경우 $x_1, \ldots, x_{2n} \in \{-1, +1\}$을 그레이 부호(Gray-code) 순서(알고리즘 7.2.1.1L)로 훑으면서, 매번 $x_j$들 중 하나만 부호를 바꾼다. $x_j$의 변화에 따라 각 $f_k$가 최대 두 번 수정된다. 따라서 각 그레이 부호 단계의 비용은 $O(n)$이다.

이 합을 정확하게 계산할 필요는 없다. $2^N$으로 나눈 나머지를 다루는 것으로 충분한데, $2^N$은 $2^{2n+1}L_n$보다 넉넉히 크다. 게다가 $n = 24$일 때에는 $2^{60}-1$을 법으로 두거나 $2^{30}-1$과 $2^{30}+1$ 모두를 법으로 둘 수도 있다. $2^{49} \perp 2^{60}-1$이기 때문이다. 또한 $f_k \equiv k+1$(법 2)라는 점을 이용하면 정밀도 비트들을 $\lceil n/2 \rceil$개 절감하는 것이 가능하다.

(c) 세 번째 등식은 사실 $n \bmod 4 = 0$ 또는 3일 때에만 유효하다. 그런데 지금 중요한 $n$들이 바로 그런 조건을 만족한다. 주어진 합을 $n$개의 페이즈들로 수행할 수 있는데, $p < n$인 페이즈 $p$에서는 $x_{n-1} = x_{n+2}$, $x_{n-2} = x_{n+3}$, $x_{n-p+1} = x_{n+p}$, $x_{n-p} = x_n = x_{n+1} = +1$, $x_{n+p+1} = -1$인 경우들을 다룬다. 이 절차의 바깥 루프는 모든 가능한 $2^{p-1}$개의 방법들 중에서 $(x_{n-p+1}, \ldots, x_{n-1})$개를 선택하고, 안쪽 루프에서는 모든 가능한 $2^{2n-2p-2}$개의 방법들 중에서 $(x_1, \ldots, x_{n-p-1}, x_{n+p+2}, \ldots, x_{2n})$개를 선택한다. (안쪽 루프는 그레이 이진 부호를 사용해서, $x_1$과 $x_{2n}$이

가장 급하게 변하도록 아래첨자들의 순서를 결정한다. 이때 '오르간 파이프 순서'를 함께 사용하면 더욱 좋을 것이다. 바깥쪽 루프는 특별히 효율적일 필요가 없다.) 페이즈 $n$은 $1 \le j < n$에 대해 $x_j = x_{2n+1-j}$이고 $x_n = x_{n+1} = +1$인 $2^{n-1}$개의 회문回文(palindrom) 경우들을 다룬다. 페이즈 $p$에서의 합을 $s_p$라고 표기할 때, $s_1 + \cdots + s_{n-1} + \frac{1}{2}s_n = 2^{2n-2}L_n$이다.

사실 항들 중 상당 부분이 0이다. 예를 들어 $n = 16$일 때 전체의 76퍼센트($2^{29} + 2^{14}$ 중 408,838,754)가 0이다. 이 사실을 이용하면 안쪽 루프에서 곱셈 횟수를 크게 줄일 수 있다. ($f_1$, $f_3$, …만 0일 수 있다.)

**7.** $k$개의 글자를 읽은 상태에서 불완전한 쌍들의 개수가 $d_k$라고 하자. 그러면 $d_0 = d_{2n} = 0$이며, $1 \le k \le 2n$에 대해 $d_k = d_{k-1} \pm 1$이다. 그러한 수열들 중 $d_k$가 결코 6을 넘지 않는 가장 큰 수열은 $(d_0, d_1, \ldots, d_{2n}) = (0, 1, 2, 3, 4, 5, 6, 5, 6, \ldots, 5, 6, 5, 4, 3, 2, 1, 0)$으로, 이 경우 $\sum_{k=1}^{2n} d_k = 11n - 30$이다. 그런데 모든 랭포드 쌍에서 $\sum_{k=1}^{2n} d_k = \sum_{k=1}^{n}(k+1) = \binom{n+1}{2} + n$이다. 따라서 $\binom{n+1}{2} + n \le 11n - 30$이고 $n \le 15$이다. (실제로 $n = 15$일 때는 너비 6도 불가능하다. 최대, 최소 너비의 일반 공식은 알려져 있지 않다.)

**8.** $n = 4$이거나 $n = 7$일 때에는 해가 없다. $n = 8$일 때 해는 네 개이다:

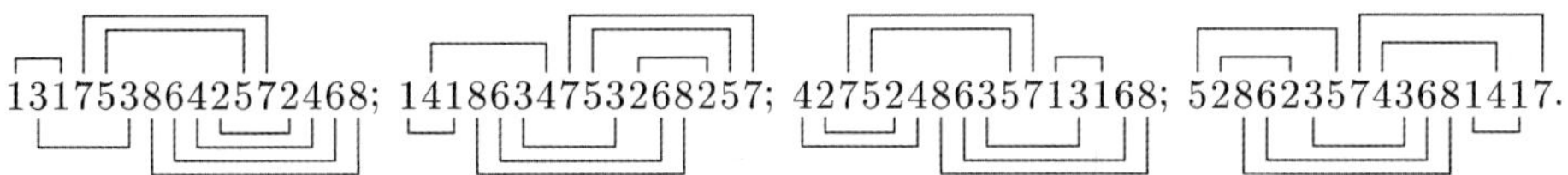


(이 문제는 너비가 $k+1$이고 높이가 $\lceil k/2 \rceil$인 부품 $k$들을 이용하는 재미있는 기계적 퍼즐이 된다.† 랭포드C. Dudley Langford는 원래의 초고[*Math. Gazette* **42** (1958), 228]에서 비슷한 부품들을 그리고, $n = 12$에 대한 평면적 해를 제시했다. 두 부속품들이 교차할 수 없는 장소들을 비기본열(nonprimary column)로 표현한다면, 이 문제를 정확 포괄 문제로 바꿀 수 있다. 브레트Jean Brette는 이 문제의 스콜렘의 변형에 기초한, 그리고 평면성 대신 너비를 사용하는 다소 비슷한 문제를 고안했다. 그는 복사본 하나를 1992년에 싱마스터David Singmaster에게 보냈다.)

**9.** 단 세 가지로, 181915267285296475384639743, 191218246279458634753968357, 191618257269258476354938743이다(물론 좌우가 뒤집힌 것들도 가능). [1969년에 바론G. Baron이 처음 발견했다. *Combinatorial Theory and Its Applications* (Budapest: 1970), 81-92를 보라. §7.2.2.1에 나오는 '춤추는 연결고리' 방법은 행이 132개인 정확 포괄 문제가 주어졌을 때 노드가 단 360개인 검색 트리를 운행해서 이 질문을 해결한다.]

**10.** 이를테면 A = 12, K = 8, Q = 4, J = 0, ♠ = 4, ♡ = 3, ◇ = 2, ♣ = 1로 두고 더해볼 것.

[이 연결에서, 그림 1에 동치인 직교 라틴 방진이 이븐 알하지Ibn al-Haj가 그의 *Kitab Shumus al-Anwar* (Cairo: 1322)에 그린 중세의 이슬람 방진에 이미 암묵적으로 나타나 있다. 그는 또한

† [옮긴이 주] http://tanyas-adventures.blogspot.kr/2007/09/skolem-langford-series-puzzle.html 에 여러 가지 예가 나와 있다.

5×5의 예도 제시했다. E. Doutté, *Magie et Religion dans l'Afrique du Nord* (Algiers: 1909), 193-194, 214, 247과 W. Ahrens, *Der Islam* **7** (1917), 228-238을 보라. 또한 안데르센Lars D. Andersen이 준비 중인 라틴 방진의 역사에 대한 글도 참고할 것.]

**11.** $\begin{pmatrix} d\gamma\text{א} & a\delta\text{ב} & b\beta\text{ג} & c\alpha\text{ד} \\ c\beta\text{ב} & b\alpha\text{א} & a\gamma\text{ד} & d\delta\text{ג} \\ a\alpha\text{ג} & d\beta\text{ד} & c\delta\text{א} & b\gamma\text{ב} \\ b\delta\text{ד} & c\gamma\text{ג} & d\alpha\text{ב} & a\beta\text{א} \end{pmatrix}$. [이러한 방진의 예로 최초로 알려진 것은, 소뵈르Joseph Sauveur가 *Mémoires de l'Académie Royale des Sciences* (Paris, 1710), 92-138, §83에서 제시한 것이다.]

**12.** 만일 $n$이 홀수이면 $M_{ij} = (i-j) \bmod n$이라고 둘 수 있다. 그러나 $n$이 짝수이면 횡단이 존재하지 않는다. 왜냐하면, 만일 $\{(t_0+0) \bmod n, \ldots, (t_{n-1}+n-1) \bmod n\}$이 하나의 횡단이면 $\sum_{k=0}^{n-1} t_k \equiv \sum_{k=0}^{n-1}(t_k+k)$ (법 $n$)이 성립하며, 따라서 $\sum_{k=0}^{n-1} k = \frac{1}{2}n(n-1)$은 $n$의 배수이기 때문이다.

**13.** 각 원소 $l$을 $\lfloor l/5 \rfloor$로 대체해서 0과 1로만 이루어진 행렬을 얻는다. 네 4분 구역을 $\begin{pmatrix} A & B \\ C & D \end{pmatrix}$로 칭하기로 하자. 그러면 $A$와 $D$는 각각 1이 정확히 $k$개이고 $B$와 $C$는 각각 0이 정확히 $k$개이다. 원래의 행렬에 서로 다른 횡단이 열 개 있다고 가정하자. 만일 $k \le 2$이면 그중 최대 네 개가 $A$나 $D$의 1을 거쳐 가며, 최대 네 개가 $B$나 $C$의 0을 거쳐 간다. 따라서 그들 중 적어도 두 개는 $A$와 $D$의 0들만, 그리고 $B$와 $C$에서는 1들만 거쳐 간다. 그러나 그러한 횡단에서 0들은 짝수 개이다(다섯 개가 아니라). 그러한 횡단은 $A$와 $D$를 동일한 횟수로 교차할 것이기 때문이다.

비슷하게, $4m+2$차 라틴 방진에 직교 상대가 존재하려면 $(2m+1)\times(2m+1)$개의 부분행렬 각각마다 $m$개보다 많은 침입자들이 있어야 한다(요소들의 모든 이름 바꾸기 하에서). [H. B. Mann, *Bull. Amer. Math. Soc.* (2) **50** (1944), 249-257.]

**14.** (b)와 (d)는 상대가 없다. (a), (c), (e)에는 각각 2, 6, 12265168(!)개의 직교 상대가 있는데, 각각의 사전순으로 첫 상대와 마지막 상대는 다음과 같다.

| (a) | (a) | (c) | (c) | (e) | (e) |
|---|---|---|---|---|---|
| 0456987213 | 0691534782 | 0362498571 | 0986271435 | 0214365897 | 0987645321 |
| 1305629847 | 1308257964 | 1408327695 | 1354068792 | 1025973468 | 1795402638 |
| 2043798165 | 2169340578 | 2673519408 | 2741853960 | 2690587143 | 2506913874 |
| 3289176504 | 3250879416 | 3521970846 | 3572690814 | 3857694201 | 3154067289 |
| 4518263790, | 4587902631; | 4890253167, | 4630789251; | 4168730925, | 4231850967. |
| 5167432089 | 5412763890 | 5736841920 | 5218947306 | 5473829016 | 5348276190 |
| 6894015372 | 6945081327 | 6259784013 | 6095324178 | 6942158730 | 6820394715 |
| 7920341658 | 7836425109 | 7915602384 | 7869512043 | 7309216584 | 7069128543 |
| 8731504926 | 8723196045 | 8147036259 | 8407136529 | 8531402679 | 8412739056 |
| 9672850431 | 9074618253 | 9084165732 | 9123405687 | 9786041352 | 9673581402 |

참고: 방진 (a), (b), (c), (d)는 $\pi$, $e$, $\gamma$, $\phi$의 십진 숫자들로 만든 것으로, 완성된 라틴 방진과 모순되는 숫자들은 제거했다. 이들이 진정으로 무작위하지는 않지만, 그래도 전체적으로 보면 10×10 라틴 방진의 전형적인 예일 것이다. 그리고 10×10 라틴 방진들의 대략 절반은 직교 상대가 존재하는 것으로 보인다. 파커는 비정상적으로 많은 수의 횡단들을 얻기 위해 방진 (e)를 만들었다.

횡단의 수는 5504개이다. (오일러는 6차의 비슷한 예를 연구했으며, 그래서 $10 \times 10$ 쌍의 발견을 "아슬아슬하게 놓쳤다").

**15.** 파커는 14(e)의 방진의 상대들 중 서로 직교인 것은 하나도 없음을 발견하고는 낙담했다. 이후 그는 브라운J. W. Brown 및 헤다야트A. S. Hedayat와 함께[*J. Combinatorics, Inf. and System Sci.* **18** (1993), 113-115] 서로 다른 네 개의(열 개가 아니라) 공통 횡단을 가진 두 $10 \times 10$ 방진을 찾아냈다. [또한 B. Ganter, R. Mathon, A. Rosa, *Congressus Numerantium* **20** (1978), 383-398; **22** (1979), 181-204도 보라.] 와이스너L. Weisner의 착안[*Canadian Math. Bull.* **6** (1963), 61-63]을 뒤쫓다가, 우연하게도 본 필자는 서로 직교인 세 방진에 더욱 가까운 몇 가지 방진들에 주목하게 되었다. 아래의 방진은 자신의 전치와 직교이며, 대각 대칭인 다섯 개의 횡단이 $p_0 \cdots p_9 = 0132674598$, $2301457689$, $3210896745$, $4897065312$, $6528410937$인 칸 $(0, p_0)$, ..., $(9, p_9)$에 있다. 이들은 거의 서로 소이다. 이들은 49개의 칸들을 포괄한다.

$$L = \begin{pmatrix} 0\,2\,3\,4\,5\,6\,7\,8\,9\,1 \\ 3\,1\,9\,2\,7\,0\,8\,5\,4\,6 \\ 6\,5\,2\,8\,1\,3\,9\,4\,0\,7 \\ 8\,7\,5\,3\,2\,4\,1\,9\,6\,0 \\ 1\,6\,8\,9\,4\,7\,3\,0\,2\,5 \\ 4\,9\,7\,0\,8\,5\,2\,6\,1\,3 \\ 5\,0\,4\,7\,9\,8\,6\,1\,3\,2 \\ 9\,4\,1\,6\,3\,2\,0\,7\,5\,8 \\ 7\,3\,6\,1\,0\,9\,5\,2\,8\,4 \\ 2\,8\,0\,5\,6\,1\,4\,3\,7\,9 \end{pmatrix} \perp \begin{pmatrix} 0\,3\,6\,8\,1\,4\,5\,9\,7\,2 \\ 2\,1\,5\,7\,6\,9\,0\,4\,3\,8 \\ 3\,9\,2\,5\,8\,7\,4\,1\,6\,0 \\ 4\,2\,8\,3\,9\,0\,7\,6\,1\,5 \\ 5\,7\,1\,2\,4\,8\,9\,3\,0\,6 \\ 6\,0\,3\,4\,7\,5\,8\,2\,9\,1 \\ 7\,8\,9\,1\,3\,2\,6\,0\,5\,4 \\ 8\,5\,4\,9\,0\,6\,1\,7\,2\,3 \\ 9\,4\,0\,6\,2\,1\,3\,5\,8\,7 \\ 1\,6\,7\,0\,5\,3\,2\,8\,4\,9 \end{pmatrix} = L^T.$$

머케이B. D. McKay와 마이너트A. Meynert, 미어볼드W. Myrvold의 상세한 계산에 의해[*J. Comb. Designs* **15** (2007), 98-119], 자명하지 않은 대칭을 가진 $10 \times 10$ 라틴 방진들 중 서로 직교인 두 상대가 있는 것은 하나도 없음이 증명되었다. 서로 직교인 세 라틴 방진들은 차수가 $n > 10$인 모든 라틴 방진에 존재함이 알려져 있다[S. M. P. Wang, R. M. Wilson, *Congressus Numerantium* **21** (1978), 688; D. T. Todorov, *Ars Combinatoria* **20** (1985), 45-47 참고].

**16.** R. A. Brualdi, H. J. Ryser, *Combinatorial Matrix Theory* (Cambridge University Press, 1991), §8.2를 보라.

**17.** (a) $0 \le j < n$에 대해 $3n$개의 열 $r_j$, $c_j$, $v_j$와 $n^2$개의 행들이 있다고 하자. 행 $(i, j)$의 열 $r_i$, $c_j$, $v_l$에 1이 존재한다. 여기서 $0 \le i, j < n$에 대해 $l = L_{ij}$이다.

(b) $0 \le i, j < n$에 대해 $4n^2$개의 열 $r_{ij}$, $c_{ij}$, $x_{ij}$, $y_{ij}$와 $n^3 - n^2 + n$개의 행들이 있다고 하자. 행 $(i, j, k)$의 열 $r_{ik}$, $c_{jk}$, $x_{ij}$, $y_{lk}$에는 1이 존재한다. 여기서 $0 \le i, j, k < n$ 그리고 ($i = k$ 또는 $j > 0$)에 대해 $l = L_{ij}$이다.

**18.** $1 \le i \le m$에 대한 행 $A_i$들을 가진 직교 배열 $A$가 주어졌을 때, $1 \le i \le m-2$인 라틴 방진 $L_i = (L_{ijk})$를 다음과 같은 규칙으로 만들 수 있다: $0 \le j, k < n$에 대해, $A_{(m-1)q} = j$이고 $A_{mq} = k$일 때 $L_{ijk} = A_{iq}$로 설정한다. ($q$의 값은 $j$의 값과 $k$의 값에 의해 고유하게 결정된다.)

그 배열의 열들을 치환해도 그에 대응되는 라틴 방진은 변하지 않는다.

이러한 구축법을 뒤집어서, 서로 직교인 $n$차 라틴 방진들로부터 $n$차 직교 배열들을 산출하는 것도 가능하다. 예를 들어 연습문제 11의 경우 $a=\alpha=\aleph=0$, $b=\beta=\beth=1$, $c=\gamma=\gimel=2$, $d=\delta=\daleth=3$으로 두어서 다음을 얻을 수 있다.

$$A=\begin{pmatrix}3\,0\,1\,2\,2\,1\,0\,3\,0\,3\,2\,1\,1\,2\,3\,0\\2\,3\,1\,0\,1\,0\,2\,3\,0\,1\,3\,2\,3\,2\,0\,1\\0\,1\,2\,3\,1\,0\,3\,2\,2\,3\,0\,1\,3\,2\,1\,0\\0\,0\,0\,0\,1\,1\,1\,1\,2\,2\,2\,2\,3\,3\,3\,3\\0\,1\,2\,3\,0\,1\,2\,3\,0\,1\,2\,3\,0\,1\,2\,3\end{pmatrix}.$$

(수학적으로, 직교 배열의 개념은 직교 라틴 방진의 개념보다 더 '깔끔하다'. 이는 바탕에 깔린 대칭성을 직교 배열이 좀 더 잘 서술하기 때문이다. 예를 들어 $\{1,2,\ldots,n\}$을 성분들로 하는 $n\times n$ 행렬 $L$은 오직 두 개의 특정한 비 라틴 방진과 직교일 때에만 라틴 방진이다. 두 개의 특정한 비 라틴 방진은 다음과 같다.

$$L\perp\begin{pmatrix}1&1&\ldots&1\\2&2&\ldots&2\\\vdots&\vdots&\ddots&\vdots\\n&n&\ldots&n\end{pmatrix}\text{과}\quad L\perp\begin{pmatrix}1&2&\ldots&n\\1&2&\ldots&n\\\vdots&\vdots&\ddots&\vdots\\1&2&\ldots&n\end{pmatrix}.$$

따라서 라틴 방진, 그리스-라틴 방진, 히브리-그리스-라틴 방진 등은 깊이가 3, 4, 5, ...인 직교 배열들과 동치이다. 더 나아가서, 여기서 말하는 직교 배열들은 단지 좀 더 일반적인 개념인 '세기(strength)가 $t$'이고 '지수(index)가 $\lambda$'인 $n$진 $m\times\lambda n^t$ 배열의, $t=2$이고 $\lambda=1$인 특수 경우들일 뿐이다. 그러한 배열은 라오C. R. Rao가 *Proc. Edinburgh Math. Soc.* **8** (1949), 119-125에서 소개했다. 헤다야트A. S. Hedayat, 슬론N. J. A. Sloane, 스터프컨J. Stufken의 책 *Orthogonal Arrays* (Springer, 1999)를 보라.)

**19.** 첫 행이 $0^n1^n\ldots(n-1)^n$이 되도록 열들을 재배치한다. 그런 다음에는 다른 행들이 $01\ldots(n-1)$로 시작하도록 다른 행들의 성분들은 재배치한다. 그러면 첫 행을 제외한 모든 행에서, 나머지 열들 각각의 성분들은 반드시 서로 다르다.

$n=p$일 때 상계가 나오게 하는 방법은 이렇다. 각 열을 $0\le x,y<p$인 두 수 $x$와 $y$를 색인으로 하여 지칭한다고 하자. 그리고 각 열에 수 $y$, $x$, $(x+y)\bmod p$, $(x+2y)\bmod p$, ..., $(x+(p-1)y)\bmod p$를 넣는다. 그러면, 예를 들어 $p=5$일 때 다음과 같은 직교 배열을 얻게 된다. 이는 서로 직교인 네 개의 라틴 방진들에 해당한다.

$$\begin{pmatrix}0\,0\,0\,0\,0\,1\,1\,1\,1\,1\,2\,2\,2\,2\,2\,3\,3\,3\,3\,3\,4\,4\,4\,4\,4\\0\,1\,2\,3\,4\,0\,1\,2\,3\,4\,0\,1\,2\,3\,4\,0\,1\,2\,3\,4\,0\,1\,2\,3\,4\\0\,1\,2\,3\,4\,1\,2\,3\,4\,0\,2\,3\,4\,0\,1\,3\,4\,0\,1\,2\,4\,0\,1\,2\,3\\0\,1\,2\,3\,4\,2\,3\,4\,0\,1\,4\,0\,1\,2\,3\,1\,2\,3\,4\,0\,3\,4\,0\,1\,2\\0\,1\,2\,3\,4\,3\,4\,0\,1\,2\,1\,2\,3\,4\,0\,4\,0\,1\,2\,3\,2\,3\,4\,0\,1\\0\,1\,2\,3\,4\,4\,0\,1\,2\,3\,3\,4\,0\,1\,2\,2\,3\,4\,0\,1\,1\,2\,3\,4\,0\end{pmatrix}.$$

〔$n$이 소수의 제곱일 때 이와 본질적으로 동일한 착안을 유한체(finite field) GF($p^e$)을 이용해서 적용할 수 있다. E. H. Moore, *American Journal of Mathematics* **18** (1896), 264-303, §15(1)을 보라. 이 배열들은 유한 투영 평면(projective plane)들과 동치이다. Marshall Hall, Jr., *Combinatorial Theory* (Blaisdell, 1967), 제2, 3장을 보라.〕

**20.** $\omega = e^{2\pi i/n}$로 두고, $a_1 \ldots a_{n^2}$과 $b_1 \ldots b_{n^2}$이 서로 다른 행의 벡터들이라고 하자. 그러면 $a_1b_1 + \cdots + a_{n^2}b_{n^2} = \sum_{0 \le j,k < n} \omega^{j+k} = 0$이다. $\sum_{k=0}^{n-1} \omega^k = 0$이기 때문이다.

**21.** (a) '동일 아니면 평행'이 하나의 동치 관계임을 보이기 위해서는, 만일 $L \parallel M$이고 $M \parallel N$이며 $L \ne N$이면 반드시 $L \parallel N$이라는 추이율(transitive law)을 입증해야 한다. 만일 추이율이 성립하지 않는다면, (ii)에 의해 $L \cap N = \{p\}$인 점 $p$가 존재할 것이다. 그러한 $p$는 $M$에 평행인 두 개의 서로 다른 선에 존재할 것인데, 이는 (iii)과 모순이다.

(b) $\{L_1, \ldots, L_n\}$이 평행인 선들의 한 부류라고 하자. 그리고 $M$이 또 다른 부류의 한 선이라고 하자. 그러면 각 $L_j$는 $M$과 고유한 점 $p_j$에서 교차한다. 그리고 $M$의 모든 점은 그런 식으로 교점이 된다. 왜냐하면 (iii)에 의해, 그 기하구조의 모든 점은 각 부류에서 정확히 하나의 선에 있기 때문이다. 따라서 $M$에는 정확히 $n$개의 점이 있다.

(c) $m$개의 부류가 있을 때, 모든 점이 $m$개의 선들에 속함은 이미 확인했다. 만일 선 $L$, $M$, $N$이 세 개의 서로 다른 부류들에 속한다고 하면, $M$과 $N$의 점들의 수는 $L$의 부류에 있는 선들의 개수와 같다. 따라서 공통의 선 크기 $n$이 존재한다. 그리고 사실 점들의 전체 개수는 $n^2$이다. (물론 $n$이 무한대일 수도 있다.)

**22.** $A$가 차수 $n$, 깊이 $m$의 직교 배열이라 할 때, $A$의 열들을 점들로 간주하고 $A$의 행 $k$에 기호 $j$가 나타나는 열들의 집합을 부류 $k$의 선 $j$들이라고 간주함으로써 점이 $n^2$개이고 평행선들의 부류가 $m$개인 기하망을 정의할 수 있다.

부류가 $m \ge 3$개인 모든 유한한 기하망을 이런 식으로 산출할 수 있다. 그리고 부류가 하나인 기하망은 그냥 점들을 서로 소인 부분집합들로 나누는 하나의 분할이다. 부류가 $m = 2$개인 기하망에는 $nn'$개의 점 $(x, x')$들이 있는데, 한 부류에는 '$x =$ 상수'인 선들이 $n$개이고 또 다른 부류에는 '$x' =$ 상수'인 선들이 $n'$개이다. 〔추가 정보를 원한다면 R. H. Bruck, *Canadian J. Math.* **3** (1951), 94-107; *Pacific J. Math.* **13** (1963), 421-457을 보라.〕

**23.** (a) 만일 $d(x, y) \le t$이고 $d(x', y) \le t$이며 $x \ne x'$이면 $d(x, x') \le 2t$이다. 따라서 부호단어들 사이의 거리가 $> 2t$인 부호는 최대 $t$-오류 보정 부호일 수 있다. 적어도 이론상으로는 그렇다(계산은 복잡해질 수 있겠지만). 반대로, 만일 $d(x, x') \le 2t$이고 $x \ne x'$이면, $d(x, y) \le t$이고 $d(x', y) \le t$인 원소 $y$가 존재한다. 따라서 $y$를 수신받았을 때 $x$를 고유하게 재구축하는 것은 불가능하다.

(b, c) $m = r + 2$라고 할 때, $b^2$개의 $b$진 $m$-짝들의 집합의 모든 원소쌍 사이의 해밍 거리가 $\ge m - 1$일 필요충분조건은 집합이 깊이가 $m$인 $b$진 직교 배열의 열들을 형성한다는 것임을 주목할

것. 〔S. W. Golomb, E. C. Posner, *IEEE Trans.* **IT-10** (1964), 196-208을 보라. 부호화 이론에 관한 문헌에서는 거리가 $d$인 부호 $C(b,n,r)$을 기호 $(n+r, b^n, d)_b$로 표기하는 경우가 많다. 따라서, 깊이가 $m$인 $b$진 직교 배열은 본질적으로 하나의 $(m, b^2, m-1)_b$ 부호이다.〕

**24.** (a) $1 \le j \le l$에 대해 $x_j \ne x'_j$이고 $l < j \le N$에 대해 $x_j = x'_j$라고 가정하자. 그러면, 만일 $l = 0$이면 $x = x'$이다. 그렇지 않은 경우에는 점 1을 지나는 $m$개의 선들에 대응되는 패리티 비트들을 고려한다. 그 비트들 중 최대 $l-1$개가 점 $\{2, \ldots, l\}$들과 닿는 선들에 대응된다. 따라서 $x'$에는 적어도 $m-(l-1)$개의 패리티 변화들이 있으며, $d(x,x') \ge l + (m-(l-1)) = m+1$이다.

(b) $l_{p1}, \ldots, l_{pm}$이 $p$를 지나는 선들의 색인 번호들이라고 하자. 하나의 메시지 $y_1 \cdots y_{N+R}$을 받은 후, $1 \le p \le N$에 대해 $m+1$개의 '증거 비트(witness bit)' $\{y_{p0}, \ldots, y_{pm}\}$의 다수결 값을 취해서 $x_p$를 계산한다. 여기서 $y_{p0} = y_p$이고

$$1 \le k \le m\text{에 대해 } y_{pk} = \bigl(y_{N+l_{pk}} + \textstyle\sum\{y_j \mid j \ne p\text{이고 점 } j\text{가 선 } l_{pk}\text{에 있음}\}\bigr) \bmod 2$$

이다. 이 방법이 작동하는 이유는, 수신된 각 비트 $y_j$가 많아야 하나의 증거 비트에만 영향을 미치기 때문이다.

예를 들어, 연습문제 19에 나온 점 25개짜리 기하망의 경우, $0 \le i \le 5$와 $0 \le j < 5$에 대해 각 부호단어의 패리티 비트 $x_{26+5i+j}$가 행 $i$의 선 $j$에 대응된다고 가정하자. 그러면 $x_{26} = x_1 \oplus x_2 \oplus x_3 \oplus x_4 \oplus x_5$, $x_{27} = x_6 \oplus x_7 \oplus x_8 \oplus x_9 \oplus x_{10}$, …, $x_{55} = x_5 \oplus x_6 \oplus x_{12} \oplus x_{18} \oplus x_{24}$이다. 수신된 메시지가 $y_1 \cdots y_{55}$라고 할 때, (이를테면)일곱 비트 $y_1$, $y_{26} \oplus y_2 \oplus y_3 \oplus y_4 \oplus y_5$, $y_{31} \oplus y_6 \oplus y_{11} \oplus y_{16} \otimes y_{21}$, $y_{36} \oplus y_{10} \oplus y_{14} \oplus y_{18} \oplus y_{22}$, $y_{41} \oplus y_9 \oplus y_{12} \oplus y_{20} \oplus y_{23}$, $y_{46} \oplus y_8 \oplus y_{15} \oplus y_{17} \oplus y_{24}$, $y_{51} \oplus y_7 \oplus y_{13} \oplus y_{19} \oplus y_{25}$의 다수결 값을 계산해서 비트 $x_1$을 복호화한다. 〔§7.1.2에 다수결 함수를 효율적으로 계산하는 방법이 나온다. 최대 두 개의 오차까지만 보정한다면 마지막 10개의 비트를 제거할 수 있음을 주목하기 바란다. 그리고 오차 하나만 보정해도 충분하다면 마지막 20개를 제거할 수 있다. M. Y. Hsiao, D. C. Bossen, R. T. Chien, *IBM J. Research and Development* 14 (1970), 390-394를 보라.〕

**25.** {l, e, a, s, t}의 애너그램(anagram)들을 살펴보다 보면 다음과 같은 방진을 얻을 수 있다.

```
stela
telas
elast
laste
astel
```

그리고 이 행들의 순환 회전들도 유효한 방진들이다. 여기서 telas는 스페인어로 직물(fabrics)을 뜻하고, elast는 유연함(flexible)을 뜻하는 접두사이다. laste는 초서Chaucer풍의 명령법 동사이다. (물론 발음 가능한 다섯 영문자 조합들 거의 전부는 어느 시대, 어느 지역에서 무언가를 뜻하는 철자 또는 오자로 쓰인 바 있다.)

**26.** "every night, young video buffs catch rerun fever forty years after those great shows first aired."[†] [Robert Leighton, *GAMES* **16**,6 (December 1992), 34, 47.]

**27.** $k = (1, 2, 3, 4, 5)$에 대해 각각 $(0, 4, 163, 1756, 3834)$개이다. mamma와 esses는 '풀하우스(fullhouse)[‡]'에 해당한다.

**28.** 존재한다. 총 38쌍이다. '가장 흔한'(빈도 순위가 높은) 해는 needs(180위)와 offer(384위)이다. 일관되게 $+1$만큼 다른 경우는 단 세 개이다(adder beefs, sheer tiffs, sneer toffs). 그 외에 ghost hints, strut rusts도 주목할 만하다. robed spade 같은 경우 네 가지를 빼면, 한 쌍의 두 단어 중 하나는 s자로 끝난다[Leonard J. Gordon, *Word Ways* **23** (1990), 59-61 참고.]

**29.** 회문은 level(184위)에서 dewed(5688위)까지 총 18개이다. 거울쌍은 34개로, 이를테면 devil lived, knits stink, smart trams, faced decaf가 있다.

**30.** SGB에는 그런 단어가 105개가 있는데, 가장 흔한 단어는 first, below, floor, begin, cells, empty, hills이다. 사전순으로 첫 단어와 마지막 단어는 abbey와 pssst이다. (pssst가 싫다면, 끝에서 두 번째는 mossy이다.) 글자들이 사전 역순인 단어들은 mecca에서 zoned까지 37개인데, 물론 이들은 wrong인 답이다.

**31.** 가운데 단어는 다른 두 단어의 평균이므로, 양쪽 단어들은 반드시 2를 법으로 하여 합동이어야 한다. 이 점을 활용하면 사전 조회 횟수를 약 32분의 1로 줄일 수 있다. WORDS(5757)에는 그러한 세짝(triple)들이 119개가 있으나, WORDS(2000)에는 단 두 개이다. 바로 marry, photo, solve와 risky, tempo, vague이다[*Word Ways* **25** (1992), 13-15.]

**32.** 적당히 흔히 쓰이는 단어들 중 그러한 예는 peopleless 하나 뿐인 것 같다.

**33.** chief, fight, right, which, ouija, jokes, ankle, films, hymns, known, crops, pique, quart, first, first, study, mauve, vowel, waxes, proxy, crazy, pizza. (핵심은, $x = \text{a}\,(0)$, $x = \text{b}\,(1)$, …, $x = \text{z}\,(25)$에 대해 $x$ 다음에 $(x+1) \bmod 26$이 오는 가장 흔한 단어를 찾는 것이다. 또한 개입 거리(intervening distance)도 최소이어야 한다. 더 흔한 단어인 black 대신 bacon이 선택된 이유가 그것이다. 그런 단어가 없는 경우에는 crazy가 가장 합리적인 선택으로 보인다. *OMNI* **16**,8 (May 1994), 94를 보라.)

**34.** 각 범주의 상위 두 단어는 다음과 같다(괄호 안은 해당 범주의 전체 단어 개수): pssst와 pffft (2), schwa와 schmo(2), threw와 throw(36), three와 spree(5), which와 think(709), there와 these(234), their와 great(291), whooo와 wheee(3), words와 first(628), large와 since (376), water와 never(1313), value와 radio(84), would와 could(460), house와 voice(101), quiet과 queen(25), queue만(1), ahhhh와 ankhs(4), angle과 extra(20), other와 after

† [옮긴이 주] 핵심 단어 두 개만 짚자면, buff는 속어로 ~팬/~광, rerun은 재방송 또는 재상영이다.

‡ [옮긴이 주] 포커의 그 풀하우스이다.

(227), agree와 issue(20), along과 using(124), above와 alone(92), about과 again(58), adieu와 aquae(2), earth와 eight(16), eagle과 ounce(8), outer와 eaten(42), eerie와 audio(4), (0), ouija와 aioli(2), (0), (0). 생략된 868개의 단어들 중 가장 흔한 단어는 years와 every이다. 〔개수가 0인 세 범주를 채우기 위해 인터넷에서 쓰이는 단어들을 조사해 보니 ooops와 ooooh, ooooo가 나왔다. P. M. Cohen, *Word Ways* **10** (1977), 221-223을 보라.〕

**35.** $n = 1, 2, \ldots, 5757$에 대해 WORDS($n$) 어휘집을 조사해 보면, 그림에 나온 s로 시작하는 단어들의 트라이는 $n$이 978(stalk의 순위임)이 되어야 가능해진다. 그러한 트라이가 가능한 그다음 첫 글자는 c로, $n = 2503$(craze의 순위)일 때부터 가지들이 충분히 펼쳐진다. 그다음의 돌파구들은 $n = 2730$(bulks), 3999(ducky), 4230(panty), 4459(minis), 4709(whooo), 4782(lardy), 4824(herem), 4840(firma), 4924(ridgy), 5343(taxol)에서 나타난다.

(하나의 돌파구는 최상위 트라이의 호턴-스트랄러 수(Horton-Strahler number)가 4일 때 나타난다. 연습문제 7.2.1.6-124를 보라. 또한, 왼쪽에서 오른쪽이 아니라 오른쪽에서 왼쪽으로의 분기가 생길 때에도 흥미로운 단어들의 집합과 새로운 종류의 시詩에 대한 암시가 등장한다: black, slack, crack, track, click, slick, brick, trick, blank, plank, crank, drank, blink, clink, brink, drink. 사실 오른쪽에서 왼쪽으로의 분기에 의해 말단 노드가 81개인 완전 3진 트라이가 만들어지는데, 말단 노드들은 males, sales, tales, files, miles, piles, holes, ..., tests, costs, hosts, posts이다.

**36.** 입방체의 원소들을 $a_{ijk}$로 표기하자($1 \le i, j, k \le 5$). 그러면 대칭 조건은 $a_{ijk} = a_{ikj} = a_{jik} = a_{jki} = a_{kij} = a_{kji}$이다. 일반화하자면, 하나의 $n \times n \times n$ 입방체에는 두 좌표 성분을 고정하고 셋째 성분을 1에서 $n$으로 변화시킴으로써 얻은 $3n^2$개의 단어가 있다. 그런데 대칭 조건을 만족하는 데에는 단 $\binom{n+1}{2}$개의 단어만 있으면 된다. 따라서 $n = 5$일 때 필요한 단어는 75에서 15로 줄어든다. 〔Jeff Grant는 *Oxford English Dictionary*에서 적절한 단어 75개를 찾아낼 수 있었다. *Word Ways* **11** (1978), 156-157을 보라.〕

(stove, event)를 (store, erect)나 (stole, elect)로 바꾸면 그런 입방체가 두 개 더 나온다.

**37.** 그래프에서 가장 조밀한 부분, 우리가 'bare core'(드러난 핵심)이라고 부를 만한 그 부분에는 bares와 cores라는 이름의 정점들이 있다. 그 둘은 도수가 각각 25이다.

**38.** 답은 tears → raise → aisle → smile이다. 둘째 단어를 reals로 해도 된다. 〔식 (11)에서처럼 tears에서 smile로 가는 것은 루이스 캐럴의 처음 5자 단어 예들 중 하나였다. 유향 규칙들이 smile에서 tears로 가는 것을 더욱 어렵게 만든다는(그 방향으로는 네 단계가 필요하다) 점을 그가 알았다면 기뻐했을 것이다.〕

**39.** 항상 신장 부분그래프이며, 결코 유도된 부분그래프가 아니다.

**40.** (a) $2^e$개, (b) $2^n$개, $E$나 $V$의 부분집합 당 하나씩.

**41.** (a) $n = 1$과 $n = 2$; $P_0$은 정의되지 않는다. (b) $n = 0$과 $n = 3$.

**42.** $G$의 간선은 65/2개이다(따라서 그런 그래프는 존재하지 않는다).

**43.** 있다. 처음 셋은 그림 2(e)와 동형이다. 〔왼쪽 도식은 사실 출판물에 나온 것으로는 가장 이른 것으로 알려진 페테르센 그래프와 동일하다. A. B. Kempe, *Philosophical Transactions* **177** (1886), 1-70을, 특히 §59의 그림 13을 보라.〕 그러나 오른쪽 그래프는 확실히 다르다. 그 그래프는 평면적이고, 해밀턴 그래프이고, 둘레가 3이다.

**44.** 모든 자기동형사상은 반드시 한 모퉁이 점을 한 모퉁이 점으로 대응시켜야 한다. 길이가 2인 서로 다른 경로 세 개는 모퉁이가 아닌 점들의 쌍들 사이에서만 찾을 수 있기 때문이다. 따라서 그 그래프에는 $C_4$의 여덟 대칭만 존재한다.

**45.** 이 그래프의 모든 간선은 같은 행 또는 인접한 행의 정점들을 연결한다. 따라서 짝수 행들에는 색상 0과 2를 번갈아 칠하고 홀수 행들에는 색상 1과 3을 번갈아 칠하면 된다. NV의 이웃들은 하나의 5순환마디를 형성하며, 따라서 색이 네 개 필요하다.

**46.** (a) 모든 정점은 도수가 $\geq 2$이며, 정점의 이웃들은 들어오는(내향) 선들에 대응되는 잘 정의된 순환 순서(cyclic order)를 따른다. $v$와 $w$가 순환적으로 연속인 $u$의 이웃들이라 할 때 만일 $u — v$이고 $u — w$이면 반드시 $v — w$가 성립한다. 따라서 임의의 정점 $u$ 주변의 모든 점은 고유한 삼각형 영역에 속한다.

(b) 그 공식은 $n = 3$일 때 성립한다. $n > 3$일 때에는 임의의 간선을 하나의 점으로 줄인다. 그렇게 하면 하나의 정점과 세 개의 간선이 제거된다. (만일 $u — v$를 줄인다면, 그것이 삼각형 $x — u — v — x$와 $y — u — v — y$의 일부였다고 가정한다. 그러면 정점 $v$와 간선 $\{x — v, u — v, y — v\}$가 제거된다. $w — v$ 형태의 다른 모든 간선은 $w — u$가 된다.)

**47.** 평면 도식은 평면을 여러 영역들로 분할한다. 각 영역의 경계에는 정점이 네 개 아니면 여섯 개이다($K_{3,3}$에 홀수 순환마디가 없으므로). 경계 정점이 네 개와 여섯 개인 영역들의 개수가 각각 $f_4$와 $f_6$이라 할 때, 간선이 9개이므로 반드시 $4f_4 + 6f_6 = 18$이 성립한다. 따라서 $(f_4, f_6) = (3, 1)$ 또는 $(0, 3)$이다. $f_4 + 3f_6$개의 간선들을 더 추가해서 그래프를 삼각화할 수도 있었다. 그러나 그러면 간선이 적어도 15개가 되어서 연습문제 46과 모순이 된다.

〔$K_{3,3}$이 평면이 아니라는 사실은 세 개의 집과 세 개의 생활필수재(물, 가스, 전기)를 파이프로 연결하되 파이프를 교차하지 않고 연결해야 하는 퍼즐로 거슬러 올라간다. 그 기원은 알려져 있지 않다. 듀드니H. E. Dudeney는 *Strand* **46** (1913), 110에서 그것을 '고대의(ancient)' 퍼즐이라고 불렀다.〕

**48.** $u$, $v$, $w$가 정점들이고 $u — v$라 할 때, 반드시 $d(w, u) \neq d(w, v)$(법 2)이다. 그렇지 않다면 $w$에서 $u$로의 최단 경로와 $w$에서 $v$로의 최단 경로에서 홀수 순환마디가 생길 것이다. 따라서, $w$에 0번 색을 칠한 후에 그 절차는 유색 정점 $u$에 인접한 새 무색 정점들 각각에 $d(w, v) \bmod 2$번 색상을 부여한다. 그리고 $d(w, v) < \infty$인 모든 정점 $v$는 새 $w$가 선택되기 전에 색이 칠해진다.

**49.** 그런 입방 그래프는 단 세 개로, $K_4$와 $K_{3,3}$, 그리고 [graph](이는 $\overline{C}_6$이다)이다.

**50.** 그러한 그래프는 반드시 연결된 그래프이어야 한다. 성분들의 개수가 $r$이라 할 때, 세 가지 색을 칠하는 방법의 수는 $3^r$으로 나누어떨어지기 때문이다. 또한 그러한 그래프는 반드시 완전 이분열 그래프 $K_{m,n}$ 안에 포함되어야 한다. 그러한 완전 이분열 그래프의 3채색 방법은 $3(2^m+2^n-2)$가지이다. $K_{m,n}$에서 간선을 제거해도 채색 방법의 수는 줄지 않는다. 따라서 $2^m+2^n-2\le 8$이며, $\{m,n\}=\{1,1\}$ 또는 $\{1,2\}$, $\{1,3\}$, $\{2,2\}$이다. 그러므로 유일한 가능성은 발톱(claw) 형태의 $K_{1,3}$과 경로 $P_4$이다.

**51.** 4-순환마디 $p_1 - L_1 - p_2 - L_2 - p_1$은 두 점 $\{p_1, p_2\}$를 공통으로 하는 서로 다른 두 선 $\{L_1, L_2\}$에 대응되는데, 이는 (ii)와 모순이다. 따라서 둘레는 최소 6이다.

평행선들의 부류가 단 하나뿐이라면 둘레는 $\infty$이다. 구성원의 수가 $n\le n'$인 부류가 둘이면 둘레는 8이나, $n=1$인 부류가 둘이라면 둘레는 $\infty$이다. (답 22를 보라.) 그 외의 경우에는 서로 다른 부류에서 선택한 세 개의 선으로 삼각형을 만들어서 6-순환마디를 구할 수 있다.

**52.** 지름이 $d$이고 둘레가 $g$일 때, $g=\infty$가 아닌 한 $d\ge\lfloor g/2\rfloor$이다.

**53.** `happy`(이 단어는 `tears`와 `sweat`에는 연결되나 `word`에는 연결되지 않는다).

**54.** (a) 하나의 고도로 연결된 구성요소가 존재한다. (첨언하자면, 이 그래프는 한 부분이 부호 첫 글자 {A, C, D, F, G, ..., W}에 해당하고 다른 부분은 마지막 글자 {A, C, D, E, H, ..., Z}에 해당하는 이분열 그래프의 선 그래프이다.)

(b) 정점 WY는 고립되어 있다. 내향 도수가 0인 그 외의 정점들, 즉 FL, GA, PA, UT, WA, WI, WV는 각자 강 구성요소를 형성한다. 이들은 모두 거대 강 구성요소에 선행한다. 그다음에는 외향 도수가 0인 단일 정점 강 구성요소들(AZ, DE, KY, ME, NE, NH, NJ, NY, OH, TX) 각각이 온다.

(c) 이 경우 강 구성요소 {GU}는 {UT}에 선행하고, NH, OH, PA, WA, WI, WV는 거대 강 구성요소를 연결하며, {FM}은 그에 선행하고, 그다음에 {AE}와 {WY}가 온다.

[이 이중그래프는 Darryl Francis와 Philip Cohen, A. Ross Eckler가 *Word Ways* **19** (1976), 241; **20** (1977), 8에서 처음 고찰했다.]

**55.** $\binom{N}{2}-\binom{n_1}{2}-\cdots-\binom{n_k}{2}$, 여기서 $N=n_1+\cdots+n_k$.

**56.** 참. $J_n$은 단순 그래프이지만 그 어떤 다중그래프에도 대응되지 않음을 주목할 것.

**57.** 거짓이다. 연결된 유향 그래프 $u\longrightarrow w\longleftarrow v$가 반례이다. (반면, $d(u,v)<\infty$ 그리고 $d(v,u)<\infty$는 $u$와 $v$가 같은 강하게 연결된 구성요소에 있을 필요충분조건이다. §2.3.4.2 참고.)

**58.** 그러한 그래프들의 각 구성요소는 차수가 적어도 (a) 3 또는 (b) 1인 순환마디이다.

**59.** (a) $n$에 대한 귀납법에 의해, 직접 삽입 정렬(straight insertion sorting)을 사용할 수 있다: $v_1\longrightarrow\cdots\longrightarrow v_{n-1}$이라고 하자. 그러면 $v_n\longrightarrow v_1$ 또는 $v_{n-1}\longrightarrow v_n$ 또는 $v_{k-1}\longrightarrow v_n\longrightarrow v_k$이다. 여기서 $k$는 $v_n\longrightarrow v_k$를 만족하는 가장 작은 수이다[L. Rédei, *Acta litterarum ac scientiarum* 7 (Szeged, 1934), 39-43.]

(b) 15개: 01234, 02341, 02413과 그 순환 자리이동들. 〔그러한 지향 경로들의 수는 항상 홀수이다. T. Szele, *Matematikai és Fizikai Lapok* **50** (1943), 223-256을 보라.〕

(c) 그렇다. (귀납법에 의해: 만일 부분 (a)에 $v_n$을 삽입할 자리가 단 하나라면 그 토너먼트는 전이 토너먼트이다.)

**60.** $A=\{x \mid u \to x\}$, $B=\{x \mid x \to v\}$, $C=\{x \mid v \to x\}$라고 하자. 만일 $v \notin A$고 $A \cap B = \emptyset$이면 $|A|+|B|=|A \cup B| \le n-2$이 성립한다. $u \notin A \cup B$이고 $v \notin A \cup B$이기 때문이다. 그런데 $|B|+|C|=n-1$이다. 따라서 $|A|<|C|$이다〔H. G. Landau, *Bull. Math. Biophysics* **15** (1953), 148.〕

**61.** $1 \to 1$, $1 \to 2$, $2 \to 2$로 두고, 그런 다음 모든 정수 $k$에 대해 $A=\binom{11}{01}$, $A^k=\binom{1\,k}{0\,1}$로 둔다.

**62.** (a) 정점들이 $\{1, \ldots, n\}$이라고 하자. 치환의 전개에서 $n!$개의 항 $a_{1p_1} \cdots a_{np_n}$ 각각은 호 $j \to p_j$가 있는 신장 치환 유향 그래프의 개수이다. (b) 비슷한 논증에 따라, $\det A$는 짝(even) 신장 치환 유향 그래프의 개수에서 홀 신장 치환 유향 그래프의 개수를 뺀 것이다. 〔F. Harary, *SIAM Review* **4** (1962), 202-210을 보라. 그 문헌에서는 치환 유향 그래프를 '선형 부분그래프(linear subgraph)라고 부른다.〕

**63.** $v$가 임의의 정점이라고 하자. 만일 $g=2t+1$이면 $1 \le k \le t$에 대해 적어도 $d(d-1)^{k-1}$개의 정점 $x$들이 $d(v,x)=k$를 만족한다. 만일 $g=2t+2$이고 $v'$이 $v$의 임의의 정점이라고 하면, 역시 $d(v,x)=t+1$이고 $d(v',x)=t$인 정점 $x$들이 $(d-1)^t$개 존재한다.

**64.** 연습문제 63의 하계를 달성하려면 모든 정점 $v$의 도수가 $d$이어야 하며, $v$의 $d$개의 이웃들은 모두 나머지 $d-1$개의 정점들과 인접해야 한다. 이 그래프는 사실 $K_{d,d}$이다.

**65.** (a) 답 63에 의해, $G$는 반드시 $d$차 정규 그래프이다. 따라서 임의의 서로 다른 두 정점 사이에서 길이가 $\le 2$인 경로는 정확히 하나가 존재한다.

(b) $\lambda_1=d$, $x_1=(1 \ldots 1)^T$라고 둘 수 있다. 나머지 모든 고유벡터는 $Jx_j=(0 \ldots 0)^T$를 만족한다. 따라서 $1<j \le N$에 대해 $\lambda_j^2+\lambda_j=d-1$이다.

(c) 만일 $\lambda_2=\cdots=\lambda_m=(-1+\sqrt{4d-3})/2$이고 $\lambda_{m+1}=\cdots=\lambda_N=(-1-\sqrt{4d-3})/2$이면 반드시 $m-1=N-m$이다. 이 값을 이용해서 $\lambda_1+\cdots+\lambda_N=d-d^2/2$를 구한다.

(d) 만일 $4d-3=s^2$이고 $m$이 (c)에서와 같다면, 고윳값들의 합은

$$\frac{s^2+3}{4}+(m-1)\frac{s-1}{2}-\left(\frac{(s^2+3)^2}{16}+1-m\right)\frac{s+1}{2}$$

이다. 이는 $15/32$에 $s$의 배수를 더한 것이다. 따라서 $s$는 반드시 15의 한 인수(약수)이다.

〔이 결과들은 A. J. Hoffman, R. R. Singleton, *IBM J. Research and Development* **4** (1960), 497-504에 기인한다. 그들은 또한 $d=7$에 대한 그래프가 고유함도 증명했다.〕

**66.** $0 \le a, b < 5$에 대한 $[a,b]$와 $(a,b)$에 해당하는 50의 정점들에 표시를 해 두고, 5를 법으로 하는 산술을 이용해서 다음과 같은 세 종류의 간선들을 정의할 것.

$[a,b]$ — $[a+1,b]$; $(a,b)$ — $(a+2,b)$; $(a,b)$ — $[a+bc,c]$, $0 \le a,b,c < 5$에 대해.

〔W. G. Brown, *Canadian J. Math.* **19** (1967), 644-648; *J. London Math. Soc.* **42** (1967), 514-520을 보라. 처음 두 종류의 간선이 없는 그래프는 둘레가 6이며, 답 19에 나온 직교 배열을 사용해서 연습문제 51에서 말한 기하망에 대응시킬 수 있다.〕

**67.** 애쉬배커 Michael Aschbacher가 *Journal of Algebra* **19** (1971), 538-540에서 몇 가지 가능성을 배제했다.

**68.** 만일 $G$에 $s$개의 자기동형사상이 존재한다면 인접성 행렬은 $n!/s$개이다. $P^{-}AP = A$를 만족하는 치환 행렬 $P$가 $s$개이기 때문이다.

**69.** 우선 모든 정점 $v$에 대해 IDEG($v$) ← 0으로 둔다. 그런 다음 모든 $v$에 대해 식 (21)을 수행하고, 소형 알고리즘의 둘째 줄에서 $u$ ← TIP($a$), IDEG($u$) ← IDEG($u$) + 1로도 설정한다.

SGB 형식에서 "모든 $v$에 대해" 어떤 연산을 수행하려면, 우선 $v$ ← VERTICES($g$)로 설정한다. 그런 다음 $v$ < VERTICES($g$) + N($g$)가 참인 동안 해당 연산을 수행하고 $v \leftarrow v+1$로 설정한다.

**70.** 단계 B1은 한 번 수행된다(그러나 시간은 $O(n)$단위가 걸린다). 단계 (B2, B3, ..., B8)은 각각 $(n+1, n, n, m+n, m, m, n)$회인데, 각각의 비용은 $O(1)$이다.

**71.** 여러 가지 선택이 가능하다. 다음의 프로그램은 32비트 포인터들을 사용하는데, 그 포인터들은 모두 Data_Segment에 있는 기호 주소 Pool에 상대적이다. 다음 선언들은 기본적인 SGB 자료구조를 다루기 위한 관례를 확립하는 한 가지 방법이라 할 수 있다.

```
VSIZE IS 32 ;ASIZE IS 20                노드 크기들
ARCS IS 0 ;COLOR IS 8 ;LINK IS 12       정점 필드들의 오프셋들
TIP IS 0 ;NEXT IS 4                     호 필드들의 오프셋들
arcs GREG Pool+ARCS ;color GREG Pool+COLOR ;link GREG Pool+LINK
tip GREG Pool+TIP ;next GREG Pool+NEXT
u GREG ;v GREG ;w GREG ;s GREG ;a GREG ;mone GREG -1
AlgB    BZ      n,Success               그래프가 널이면 종료.
        MUL     $0,n,VSIZE              B1. 초기화
        ADDU    v,v0,$0                 v ← v0 + n.
        SET     w,v0                    w ← v0.
1H      STT     mone,color,w            COLOR(w) ← −1.
        ADDU    w,w,VSIZE               w ← w + 1.
        CMP     $0,w,v
        PBNZ    $0,1B                   w = v가 될 때까지 되풀이.
0H      SUBU    w,w,VSIZE               w ← w − 1.
3H      LDT     $0,color,w              B3. 필요하다면 w 에 색칠.
        PBNN    $0,2F                   만일 COLOR(w) ≥ 0이면 B2로.
        STCO    0,link,w                COLOR(w) ← 0, LINK(w) ← Λ.
```

```
         SET    s,w            s ← w.
4H       SET    u,s            B4. 스택 ⇒ u, u ← s로 설정.
         LDTU   s,link,s       s ← LINK(s).
         LDT    $1,color,u
         NEG    $1,1,$1        $1 ← 1 −COLOR(u).
         LDTU   a,arcs,u       a ← ARCS(u).
5H       BZ     a,8F           B5. u를 다 처리했는가? 만일 a = Λ이면 B8로.
5H       LDTU   v,tip,a        v ← TIP(a).
6H       LDT    $0,color,v     B6. v를 처리한다.
         CMP    $2,$0,$1       (여기서 프로그램이 살짝 교묘하다)
         PBZ    $2,7F          만일 COLOR(v) = 1− COLOR(u)이면 B7로.
         BNN    $0,Failure     만일 COLOR(v) = COLOR(u)이면 실패.
         STT    $1,color,v     COLOR(v) ←1− COLOR(u).
         STTU   s,link,v       LINK(v) ← s.
         SET    s,v            s ← v.
7H       LDTU   a,next,a       B7. a에 대한 반복. a ← NEXT(a)로 설정.
         PBNZ   a,5B           만일 a ≠ Λ이면 B5로.
8H       PBNZ   s,4B           B8. 스택이 비지 않았는가? 만일 s ≠ Λ이면 B4로.
2H       CMP    $0,w,v0        B2. 끝인가?
         PBNZ   $0,0B          만일 w ≠ v0이면 w를 감소하고 B3으로.
Success  LOC    @              (성공적인 종료) ▮
```

**72.** (a) 이 조건이 정점이 스택에 들어오거나 나가도 변하지 않음은 명백하다.

(b) 정점 $v$는 색이 칠해졌지만(탐색된 모든 정점의 이웃이 적절한 색을 가졌으므로), 아직 탐색되지는 않았다.

(c) 단계 B6에서 $s \leftarrow v$로 설정하기 직전에 PARENT$(v) \leftarrow u$로 설정한다. 여기서 PARENT는 새로운 범용 필드이다. 그리고 그 단계를 실패로 끝내기 직전에 다음을 수행한다: "$u =$ PARENT$(v)$일 때까지 NAME$(u)$를 출력하고 $u \leftarrow$ PARENT$(u)$로 설정하기를 되풀이한다. 그런 다음에는 NAME$(u)$와 NAME$(v)$를 출력한다."

**73.** $K_{10}$. (그리고 $random_graph(10, 100, 0, 1, 1, 0, 0, 0, 0, 0)$은 $J_{10}$이다.)

**74.** badness는 외향 도수는 22이다. 외향 도수가 $> 20$인 정점은 그것뿐이다.

**75.** 매개변수 $(n_1, n_2, n_3, n_4, p, w, o)$를 각각 다음과 같이 설정한다:

(a)$(n, 0, 0, 0, -1, 0, 0)$, (b)$(n, 0, 0, 0, 1, 0, 0)$, (c)$(n, 0, 0, 0, 1, 1, 0)$, (d)$(n, 0, 0, 0, -1, 0, 1)$, (e)$(n, 0, 0, 0, 1, 0, 1)$, (f)$(n, 0, 0, 0, 1, 1, 1)$, (g)$(m, n, 0, 0, 1, 0, 0)$, (h)$(m, n, 0, 0, 1, 2, 0)$, (i)$(m, n, 0, 0, 1, 3, 0)$, (j)$(m, n, 0, 0, -1, 0, 0)$, (k)$(m, n, 0, 0, 1, 3, 1)$, (l)$(n, 0, 0, 0, 2, 0, 0)$, (m)$(2, -n, 0, 0, 1, 0, 0)$.

**76.** 있다. 답 75(c)의 $C_1$에서 $C_2$로의 간선이 그러한 예이다. (그러나 $p < 0$일 때에는 자신으로의 순환고리가 나올 수 없다. $k = 1, 2, \ldots$에 대해, $y$가 범위 밖이 되거나 $y = x$일 때까지는 호 $x \to y = x + k\delta$들이 생성되기 때문이다.)

**77.** $x$와 $y$가 $d(x, y) > 2$를 만족하는 정점들이라고 하자. 그러면 $x \not- y$이다. 그리고 만일 $v$가 그 외의 어떤 점이면, 반드시 $v \not- x$ 아니면 $v \not- y$이다. 이러한 사실들로부터, $\overline{G}$의 임의의 두 정점 $u$와 $v$ 사이에 길이가 최대 3인 경로 하나 나오게 된다.

**78.** (a) 간선 개수 $\binom{n}{2}/2$는 반드시 정수이다. 그러한 가장 작은 예들은 $K_0$, $K_1$, $P_4$, $C_5$, 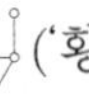 ('황소[bull]'라고 부름)이다.

(b) $q$가 임의의 홀수일 때, $u — v$일 필요충분조건은 $\varphi^q(u) \not- \varphi^q(v)$이다. 따라서 $\varphi^q$에 두 개의 고정점이 있을 수는 없으며, 하나의 2-순환마디를 포함하고 있을 수도 없다.

(c) $V$의 그러한 한 치환은 또한 $K_n$의 간선들에 대한, $\{u, v\} \mapsto \hat{\varphi}(\{u, v\}) = \{\varphi(u), \varphi(v)\}$로 대응시키는 치환 $\hat{\varphi}$를 정의한다. 그리고 $\hat{\varphi}$의 순환마디 길이들이 모두 짝수임을 보이는 것은 쉬운 일이다. $\hat{\varphi}$의 순환마디 개수가 $t$라고 할 때, 각 순환마디에 색들을 번갈아 칠함으로써 $2^t$개의 자기상보적 그래프를 얻게 된다.

(d) 이 경우 $\varphi$에는 고유한 하나의 고정점 $v$가 있으며, $G' = G \setminus v$는 자기상보적이다. $\varphi$에 $(v)$ 외에 $r$개의 순환마디가 있다고 하자. 그러면 $\hat{\varphi}$에는 정점 $v$와 닿는 간선들에 관련된 $r$개의 순환마디가 있다. 그리고 $G'$을 그래프 $G$로 확장하는 방법은 $2^r$가지이다.

〔참고: H. Sachs, *Publicationes Mathematicæ* **9** (Debrecen, 1962), 270-288; G. Ringel, *Archiv der Mathematik* **14** (1963), 354-358.〕

**79.** $\varphi = (1\,2 \ldots 4k)$인 H. Sachs의 해 1: $u > v > 0$이고 $u + v \bmod 4 \le 1$일 때 $u — v$로 둔다. 또한 $v \bmod 2 = 0$일 때 $0 — v$라고 둔다.

$\varphi = (a_1 b_1 c_1 d_1) \ldots (a_k b_k c_k d_k)$(여기서 $a_j = 4j - 3$, $b_j = 4j - 2$, $c_j = 4j - 1$, $d_j = 4j$)인 해 2: $1 \le j \le k$에 대해 $0 — b_j — a_j — c_j — d_j — 0$으로 두고, $1 \le i < j \le k$에 대해 $a_i — a_j — b_i — d_j — c_i — c_j — d_i — b_j — a_i$로 둔다.

**80.** (G. Ringel의 해답.) $\varphi$가 답 79의 해 2에 나온 것과 같다고 하자. 그리고 $E_0$이 $1 \le j \le k$에 대한 $3k$개의 간선 $b_j — a_j — c_j — d_j$들이고, $E_1$이 $1 \le i < j \le k$에 대해 $\{a_i, b_i, c_i, d_i\}$와 $\{b_j, d_j\}$ 사이의 $8\binom{k}{2}$개의 간선들이고, $E_2$가 $1 \le i < j \le k$에 대해 $\{a_i, b_i, c_i, d_i\}$와 $\{a_j, c_j\}$ 사이의 $8\binom{k}{2}$개의 간선들이라고 하자. (a)의 경우 $E_0 \cup E_1$에 의해 지름 2가 나오고 $E_0 \cup E_2$에 의해 지름 3이 나온다. (b)도 비슷하되, $2k$개의 간선 $b_j — 0 — d_j$들과 $a_j — 0 — c_j$들을 각각 $E_1$과 $E_2$에 추가한다.

**81.** $\vec{C_3}$, $\vec{K_3}$, $D =$ 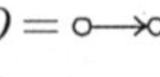 , $D^T =$ 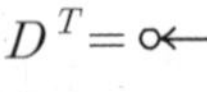 . (유향 그래프 $D$의 호들의 방향을 뒤집으면 그 역[converse] $D^T$가 된다. 순환고리가 없는 단순 비동형 3차 유향 그래프는 16개가 있는데, 그중 $\vec{C_3}$과 $\vec{K_3}$을 포함한 10개는 자신이 자신의 역이다.)

**82.** (a) 참, 정의에 의해. (b) 참: 만일 모든 정점의 이웃이 $d$개이면 모든 간선 $u — v$에는 $d - 1$개의

이웃 $u — w$들과 $d-1$개의 이웃 $w — v$들이 있다. (c) 참: $0 \le i < m$와 $0 \le j < n$에 대해, $\{a_i, b_j\}$에는 $m+n-2$개의 이웃이 있다. (d) 거짓: $L(K_{1,1,2})$에는 정점 5개, 간선 8개가 있다. (e) 참. (f) 참: 인접이 아닌 유일한 간선들은 $\{0,1\} \not— \{2,3\}$, $\{0,2\} \not— \{1,3\}$, $\{0,3\} \not— \{1,2\}$이다. (g) 참, 모든 $n > 0$에 대해. (f) 거짓, $G$가 고립된 정점들이 아닌 한.

**83.** 이것은 페테르센 그래프이다. 〔A. Kowalewski, *Sitzungsberichte der Akademie der Wissenschaften in Wien,* Mathematisch-Nat. Klasse, Abteilung IIa, **126** (1917), 67-90.〕

**84.** 그렇다. $0 \le u, v < 3$에 대해 $\varphi(\{a_u, b_v\}) = \{a_{(u+v) \bmod 3}, b_{(u-v) \bmod 3}\}$으로 두어 볼 것.

**85.** 정점 도수들이 $\{d_1, \ldots, d_n\}$이라고 하자. 그러면 $G$의 간선 개수는 $\frac{1}{2}(d_1 + \cdots + d_n)$이고 $L(G)$의 간선 개수는 $\frac{1}{2}(d_1(d_1-1) + \cdots + d_n(d_n-1))$이다. 따라서 $G$와 $L(G)$의 간선 개수가 정확히 $n$개일 필요충분조건은 $(d_1-2)^2 + \cdots + (d_n-2)^2 = 0$이다. 이제 연습문제 58로 답을 구할 수 있다. 〔V. V. Menon, *Canadian Math. Bull.* **8** (1965), 7-15를 보라.〕

**86.** 만일 $G =$ 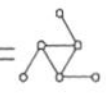 이면 $\overline{G} =$ 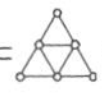 $= L(G)$이다.

**87.** (a) 그렇다. 쉽게 칠할 수 있다. 실제로 브룩스R. L. Brooks는 완전 그래프 $K_{d+1}$을 제외할 때, 최대 도수 $d > 2$인 모든 연결된 그래프가 $d$-채색가능임을 증명했다. *Proc. Cambridge Phil. Soc.* **37** (1941), 194-197을 보라.〕

(b) 아니다. 그림 2(e)의 바깥쪽 5순환마디의 간선들을 세 가지 색으로 칠하는 방법은 본질적으로 단 하나이다. 그런데 그 방법은 안쪽의 5순환마디를 칠하는 방법과 충돌한다. 〔페테르센은 이를 1898년에 증명했다.〕

**88.** 중앙의 정점을 사용하지 않는 순환마디가 하나 있고, 중앙 정점을 사용하는 순환마디가 $(n-1)(n-2)$개(좀 더 구체적으로 말하면, 바퀴 테두리의 서로 다른 정점들의 순서쌍마다 하나씩) 있다. $C_0$은 치지 않는다.

**89.** 양변은 각각 $\begin{pmatrix} A & O & O \\ O & B & O \\ O & O & C \end{pmatrix}$, $\begin{pmatrix} A & J & J \\ J & B & J \\ J & J & C \end{pmatrix}$, $\begin{pmatrix} A & J & J \\ O & B & J \\ O & O & C \end{pmatrix}$, $\begin{pmatrix} A & O & O \\ J & B & O \\ J & J & C \end{pmatrix}$와 동치이다.

**90.** $K_4$와 $\overline{K_4}$; $K_{1,1,2}$와 $\overline{K_{1,1,2}}$; $K_{2,2} = C_4$와 $\overline{K_{2,2}}$; $K_{1,3}$과 $\overline{K_{1,3}}$; $K_1 \oplus K_{1,2}$와 그 여그래프. 그래프 $K_\alpha$들은 모두 식 (23)에 의해 여그래프이다. 여그래프가 아닌 것은 $P_4 = \overline{P_4}$이다. (한 여그래프의 연결된 부분그래프들은 지름이 $\le 2$이다. $W_5$는 여그래프이지만 $W_6$은 아니다.)

**91.** (a) , (b) , (c) , (d) , (e) , (f) , (g) . (일반화하면, $K_2 \triangle H = (K_2 \,\square\, H) \cup (K_2 \otimes \overline{H})$이고 $K_2 \circ H = H — H$이다. 따라서 두 일치 $K_2 \triangle H = K_2 \,\square\, H$와 $K_2 \circ H = K_2 \boxtimes H$는 오직 $H$가 완전 그래프일 때에만 발생한다.)

기억할 것: J. Nešetřil, *Lecture Notes in Comp. Sci.* **118** (1981), 94-102에 제시되어 있듯이, $G \,\square\, H$와 $G \boxtimes H$라는 표기법은 도식 (a)와 (c)에 잘 부합한다. 이에 비견되는, (b)를 $G \times H$로 표기하

자는 그의 제안 역시 그럴듯하지만, 이 책에서는 채용하지 않았다. 왜냐하면 수백 명의 저자들이 $G\,\Box\,H$를 표시하는 데 $G\times H$를 사용했기 때문이다.

**92.** (a) , (b) , (c) , (d) , (e) .

**93.** $K_m \boxtimes K_n = K_m \circ K_n \cong K_{mn}$.

**94.** 아니다. 그 그래프들은 $K_{26}\,\Box\,K_{26}\,\Box\,K_{26}\,\Box\,K_{26}\,\Box\,K_{26}$의 유도된 부분그래프들이다.

**95.** (a) $d_u + d_v$. (b) $d_u d_v$. (c) $d_u d_v + d_u + d_v$. (d) $d_u(n - d_v) + (m - d_u)d_v$. (e) $d_u n + d_v$.

**96.** (a) $A\,\Box\,B = A\otimes I + I\otimes B$. (b) $A\boxtimes B = A\,\Box\,B + A\otimes B$. (c) $A\triangle B = A\otimes J + J\otimes B - 2A\otimes B$. (d) $A\circ B = A\otimes J + I\otimes B$. (공식 (a), (b), (d)는 임의의 유향 그래프와 다중그래프의 그래프 곱들을 정의한다. 공식 (c)는 단순 그래프들에 대해 일반적으로 유효하나, $A$와 $B$에 $> 1$인 값이 있을 경우 음의 성분들이 나올 수 있다.)

역사적 참고사항: 행렬의 직곱을 흔히 크로네커 곱(Kronecker product)이라고 부르는데, 이는 헨젤K. Hensel이 그 곱을 크로네커의 강의에서 들었다고 말했기 때문이다[*Crelle* **105** (1889), 329-344]. 그러나 크로네커는 그에 관해 어떤 문헌도 출판하지 않았다. 이 곱이 처음으로 등장한 것은 체푸스J. G. Zehfuss의 한 논문이었다[*Zeitschrift fur Math. und Physik* **3** (1858), 298-301]. 그는 $m = m'$이고 $n = n'$일 때 $\det(A\otimes B) = (\det A)^n(\det B)^m$임을 증명했다. 기본 공식 $(A\otimes B)^T = A^T\otimes B^T$, $(A\otimes B)(A'\otimes B') = AA'\otimes BB'$, $(A\otimes B)^{-1} = A^{-1}\otimes B^{-1}$은 후르비츠A. Hurwitz에서 기인한다[*Math. Annalen* **45** (1894), 381-404].

**97.** 인접성 행렬들을 조작해 보면 $(G\oplus G')\,\Box\,H = (G\,\Box\,H)\oplus(G'\,\Box\,H)$, $(G\oplus G')\boxtimes H = (G\boxtimes H)\oplus(G'\boxtimes H)$, $(G\oplus G')\circ H = (G\circ H)\oplus(G'\circ H)$를 증명할 수 있다. $G\,\Box\,H\cong H\,\Box\,G$이고 $G\otimes H\cong H\otimes G$이고 $G\boxtimes H\cong H\boxtimes G$이므로 우분배법칙 $G\,\Box\,(H\oplus H')\cong(G\,\Box\,H)\oplus(G\,\Box\,H')$, $G\otimes(H\oplus H')\cong(G\otimes H)\oplus(G\otimes H')$, $G\boxtimes(H\oplus H')\cong(G\boxtimes H)\oplus(G\boxtimes H')$도 성립한다. 사전순곱(lexicographic product)은 $\overline{G\circ H} = \overline{G}\circ\overline{H}$를 만족한다. 또한 $K_m\circ H = H - \cdots - H$이므로 $K_m\circ\overline{K_n} = K_{n,\ldots,n}$이다. 더 나아가서 $G\circ K_n = G\boxtimes K_n$이고 $K_m\,\Box\,K_n = \overline{K_m\otimes K_n} = L(K_{m,n})$이다.

**98.** 구성요소는 $kl$개이다(연습문제 97의 분배법칙에 의해, 그리고 $G$와 $H$가 연결된 그래프들일 때 $G\,\Box\,H$와 $G\boxtimes H$도 연결된 그래프라는 사실에 의해).

**99.** $G\,\Box\,H$에서, $(u,v)$에서 $(u',v')$로의 모든 경로는 적어도 $d_G(u,u')$개의 '$G$-단계'들과 적어도 $d_H(v,v')$개의 '$H$-단계'들을 사용한다. 그리고 그 최솟값은 달성이 가능하다. 비슷한 추론을 통해서 $d_{G\boxtimes H}((u,v),(u',v')) = \max(d_G(u,u'), d_H(v,v'))$임도 증명할 수 있다.

**100.** $G$와 $H$가 연결된 그래프라고 할 때, 그리고 둘 다 정점이 두 개 이상이라고 할 때, $G\otimes H$는 만일 $G$와 $H$가 이분열이면, 그리고 오직 그럴 때에만 연결되지 않은 그래프이다. '만일' 부분은 쉽다. 반대로, 만일 $G$에 홀 순환마디가 존재한다면, $(u,v)$에서 $(u',v')$으로 다음과 같이 갈 수 있다:

우선 $(u'', v')$으로 간다. 여기서 $u''$은 $G$의 임의의 정점으로, 편한 대로 선택하면 된다. 그런 다음 $G$ 안에서 $u''$에서 $u'$으로 짝수 단계만큼 이동하되, 그 사이사이에 $H$ 안에서 $v'$과 그 이웃들 중 하나를 번갈아 방문한다. 〔P. M. Weichsel, *Proc. Amer. Math. Soc.* **13** (1962), 47-52.〕

**101.** 정점 도수가 최대인 정점 $u$와 $v$를 선택한다. 그러면 연습문제 95에 의해 $d_u + d_v = d_u d_v$이다. 따라서 $G = H = K_1$ 아니면 $d_u = d_v = 2$이다. 후자의 경우 $G$는 $P_m$이거나 $C_m$, $H = P_n$, $C_n$이다. 그런데 $G \,\square\, H$가 연결된 그래프이므로 $G$나 $H$는 반드시 이분열이 아니어야 한다. $G$가 이분열이 아니라고 하면 $G \,\square\, H$는 이분열이 아니며, 따라서 $H$ 역시 이분열이 아니어야 한다. 그러므로 $G = C_m$이고 $H = C_n$이다. 여기서 $m$과 $n$은 둘 다 홀수이다. $C_m \,\square\, C_n$의 최단 홀 순환마디의 길이는 $\min(m, n)$이다. $C_m \otimes C_n$의 해당 길이는 $\max(m, n)$이다. 따라서 $m = n$이다. 반대로, 만일 $n \geq 3$이 홀수이면, $0 \leq u, v < n$에 대해 $(u, v) \mapsto ((u+v) \bmod n, (u-v) \bmod n)$으로 가는 동형사상 하에서 $C_n \,\square\, C_n \cong C_n \otimes C_n$이 성립한다. 〔D. J. Miller, *Canadian J. Math.* **20** (1968), 1511-1521.〕

**102.** $P_m \boxtimes P_n$. (이것은 $\min(m, n) \leq 2$이거나 $m = n = 3$일 때에만 평면적이다.)

**103.**

| | | | | | |
|---|---|---|---|---|---|
| 1 | 2 | 3 | 4 | 5 | 7 |
| 2 | 1 | 3 | 4 | 6 | 8 |
| 3 | 1 | 2 | 5 | 6 | 8 |
| 4 | 1 | 2 | 5 | 6 | |
| 5 | 3 | 4 | 1 | 7 | |
| 6 | 2 | 3 | 4 | | |
| 7 | 5 | 1 | | | |
| 8 | 2 | 3 | | | |

| | | | | | | | | |
|---|---|---|---|---|---|---|---|---|
| 1 | 2 | 3 | 4 | 5 | 6 | 7 | 8 | 9 |
| 2 | 1 | 3 | 4 | 6 | 8 | 9 | | |
| 3 | 1 | 2 | 5 | 6 | 8 | 9 | | |
| 4 | 1 | 2 | 5 | 7 | | | | |
| 5 | 3 | 4 | 1 | 7 | | | | |
| 6 | 2 | 3 | 1 | 7 | | | | |
| 7 | 4 | 5 | 6 | 1 | | | | |
| 8 | 2 | 3 | 1 | 9 | | | | |
| 9 | 8 | 2 | 3 | 1 | | | | |

**104.** 타블로의 형태를 유지하기 위해서는 간선들을 다소 우회적인 순서로 생성해야 한다. 변수 $i$와 $r$은 열 $t$에 가능한 행들을 제한한다. 예를 들어 연습문제 103의 둘째 부분은 $i \leftarrow 1$, $t \leftarrow 8$, $r \leftarrow 1$로 시작해서 9—1, $i \leftarrow 2$, $t \leftarrow 6$, $r \leftarrow 3$을 거쳐 9—3, 9—2, $i \leftarrow 4$, $t \leftarrow\ 4$ $r \leftarrow 8$로 가고, 그런 다음 9—8로 간다.

**105.** 오직 $c_k \geq k$일 때에만 $d_k \geq k$임을 주목할 것. $d_k \geq k$일 때 다음이 성립한다.

$$c_1 + \cdots + c_k = k^2 + \min(k, d_{k+1}) + \min(k, d_{k+2}) + \cdots + \min(k, d_n).$$

따라서 $d_1 + \cdots + d_k \leq c_1 + \cdots + c_k - k$라는 조건은 다음과 동치이다.

$$d_1 + \cdots + d_k \leq f(k), \qquad \text{여기서 } f(k) = k(k-1) + \min(k, d_{k+1}) + \cdots + \min(k, d_n). \qquad (*)$$

만일 $k \geq s$이면 $f(k+1) - f(k) = 2k - d_{k+1} \geq d_{k+1}$이다. 따라서 식 (*)는 오직 $1 \leq k \leq s$에 대해 성립할 때에만 $1 \leq k \leq n$에 대해 성립한다. 식 (*)의 조건은 에르되시P. Erdős와 걸러이T. Gallai가 발견했다〔*Matematikai Lapok* **11** (1960), 264-274〕. $\{1, \ldots, k\}$와 $\{k+1, \ldots, n\}$ 사이의 간선들을 생각해 본다면, 이것이 필요조건임은 명백하다.

$a_k = d_1 + \cdots + d_k - c_1 - \cdots - c_k + k$라고 하자. 그리고 단계 H2에서, 어떤 $k \leq s$에 대해

$a_k > 0$에 도달했다고 하자. $A_j$, $C_j$, $D_j$, $N$, $S$가 단계 H3과 H4 이전의 $a_j$, $c_j$, $d_j$, $n$, $s$에 해당하는 수들이라고 하자. 그러면 $N = n+1$, $D_j = d_j + (0$ 또는 $1)$ 등등이다. 어떤 $K \le S$에 대해 $A_K > 0$임을 증명하고자 한다.

단계 H3과 H4에서 행 $N$이 제거되었으며, 어떤 $t \ge S$와 $q > 0$에 대해 열 $t$의 제일 하단의 나머지 $q$개의 칸들이 제거되었다. 또한 행 1에서 $p$까지의 제일 오른쪽 칸들도 제거되었다. 만일 $p > 0$이면 $C_{t+1} = p$이다. $r = D_N = p + q$, $u = C_t$라고 하자. $p < j \le u$에 대해 $D_j = t$이고 $1 \le j \le r$에 대해 $C_j = N$임을, 그리고 $1 \le j \le p$에 대해 $A_j = a_j$임을 주목하자.

만일 $k$가 최소이면 $1 \le a_k \le d_k - c_k + 1$이므로 $c_k \le d_k$이다. 만일 $D_k > t$이면 $k \le p$이고 $A_k = a_k$이다. 만일 $D_k < t$이면, $k \le D_k$이므로 $A_k = a_k + r - \min(k, r) \ge a_k$라는 결론이 나온다. 따라서 $D_k = t$라고 가정할 수 있다.

$t > S$라고 하자. 그러면 $u \le S$이다. $k < j \le u$에 대해 $d_j \ge D_j - 1 = t - 1 \ge d_k - 1 \ge c_k - 1 \ge c_j - 1$이 성립한다. 따라서 $a_u \ge a_k > 0$이다. 그러나 $r \le u \le S < t$이므로 $A_u = a_u$이다. 따라서 $t = S$라고 가정할 수 있다. $k < t$라고 가정하자. 그러면 $S \le c_k \le d_k \le t$이므로 $c_k = d_k = t$이다. 그런데 $r = t$라는 점은 $c_k = N - 1$로 이어지며, 이는 모순이다. 그리고 $r < t$라는 점은 $u = t$이로 이어지며, 이로부터 $A_t > A_{t-1} = a_{t-1} - 1 \ge 0$이라는 사실이 도출된다.

(숨 좀 돌리시길.) 자, 이렇게 해서 문제를 $k = t = S$인 경우들로 축소했다. 따라서 $t = s \le c_t \le d_t \le D_t = t$이며, $a_t = a_{t-1} + 1$이 성립한다. 이로부터 $a_{t-1} = 0$이 나온다.

사실 $p \le j < t$에 대해 $a_j = 0$임을 $t - j$에 대한 귀납법으로 증명하는 것이 가능하다: 만일 $a_{j+1} = 0$이면 $0 \ge a_j = c_{j+1} - t - 1 \ge q - 1 \ge 0$이다. $p \le j < t - 1$일 때 $c_{j+1} \ge t + q$이기 때문이다.

만일 $p < t - 1$이면, 이 논증은 $q = 1$이고 $c_r = N - 1 = t + 1$임을 증명한다. 이로부터, $1 \le j \le p$에 대해 $q = 1$, $N = t + 2$, $D_j = t + 1$과 $p < j \le t + 1$에 대해 $D_j = t$, 그리고 $D_N = p + 1$이 $p$와는 무관하게 반드시 성립한다는 결론을 얻는다. 알고리즘 H는 이러한 '좋은' 수열을 '나쁜' 수열로 실제로 변경한다. 그러나 $D_1 + \cdots + D_N = 2p + t(t+1) + 1$은 홀수이다.

**106.** $d \le 1$이고 $n \ge d + 2$인 자명한 경우에는 거짓이다. 그 외에는 참이다. 사실, 단계 H4에서 만들어지는 처음 $n - 1$개의 간선들에는 순환마디가 없으며, 따라서 그 간선들은 하나의 신장 트리를 형성한다.

**107.** 연습문제 78의 치환 $\varphi$는 도수가 $d$인 정점을 도수가 $n - 1 - d$인 정점으로 바꾼다. 그리고 $\varphi^2$은 도수가 같은 두 정점을 쌍으로 만드는 자기동형사상이다. 단, 도수가 $(n-1)/2$인 고정점은 예외일 수 있다.

(반대로, 알고리즘 H를 다소 교묘하게 확장한다면, $n$이 홀수일 때 $d_{(n-1)/2} = (n-1)/2$이라는 가정 하에서 이 조건들을 만족하는 모든 그래프적 수열로부터 자기상보적 그래프를 구축할 수 있다. C. R. J. Clapham, D. J. Kleitman, *J. Combinatorial Theory* **B20** (1976), 67–74를 보라.)

**108.** $d_1^+ \geq \cdots \geq d_n^+$라고 가정할 수 있다. 내향 도수 $d_k^-$들의 순서는 중요하지 않다. 알고리즘 H를 수열 $d_1 \ldots d_n = d_1^+ \ldots d_n^+$에 적용하되, 다음과 같이 변경해서 적용한다: 단계 H2를 "[끝인가?] 만일 $d_1 = n = 0$이면 알고리즘을 성공적으로 끝낸다. 만일 $d_1 > n$이면 실패로 끝낸다."로 바꾼다. 단계 3에서는 "$j \leftarrow d_n$"을 "$j \leftarrow d_n^-$"로 바꾸고, 만일 $j > c_1$이면 실패로 끝나도록 바꾼다. 단계 H4에서는 "$c_j \leftarrow c_j - 1$, $m \leftarrow c_t$로 설정한다. 간선 $n$—$m$을 만들고,"를 "만일 $j > 0$이면 $m \leftarrow c_t$로 설정하고, 호 $m \longrightarrow n$을 만들고,"로 바꾼다. 그리고 H2로 돌아가기 직전에 $n \leftarrow n-1$로 설정하도록 한다. 보조정리 M과 따름정리 H 같은 논증을 통해서 이 접근방식을 입증할 수 있다.

(연습문제 7.2.1.4-57은 그러한 유향 그래프가 오직 $d_1^- + \cdots + d_n^- = d_1^+ + \cdots + d_n^+$이고 $d_1^- \ldots d_n^- = \{d_1', \ldots, d_n'\}$일 때에만 존재함을 증명한다. 여기서 $d_1' \geq \cdots \geq d_n'$과 $d_1' \ldots d_n'$은 켤레 분할 $c_1 \ldots c_n = (d_1^+ \ldots d_n^+)^T$에 의해 다수결화된다. $v \longrightarrow v$ 형태의 순환고리가 허용되지 않는 경우의 증명은 좀 더 어렵다. D. R. Fulkerson, *Pacific J. Math.* **10** (1960), 831-836을 보라.)

**109.** $d_k^+ = d_k[k \leq m]$, $d_k^- = d_k[k > m]$으로 두면 연습문제 108과 같아진다.

**110.** 도수가 $d = d_1$인 정점은 $p$개이고 도수가 $d-1$인 정점은 $q$개이다. 여기서 $p+q=n$이다.

경우 1, $d = 2k+1$. $(u-v) \bmod n \in \{2, 3, \ldots, k+1, n-k-1, \ldots, n-3, n-2\}$일 때마다 $u$—$v$를 만든다. 그리고 $p/2$개의 간선 1—2, 3—4, ..., $(p-1)$—$p$를 추가한다.

경우 2, $d = 2k > 0$. $(u-v) \bmod n \in \{2, 3, \ldots, k, n-k, \ldots, n-3, n-2\}$일 때마다 $u$—$v$를 만든다. 그리고 간선 1—2, ..., $(q-1)$—$q$를 추가하고, 경로 또는 순환마다 $(q=0?\ n{:}\ q)$—$(q+1)$— $\cdots$ —$(n-1)$—$n$도 추가한다. [왕D. L. Wang과 클라이트먼D. J. Kleitman은 *Networks* **3** (1973), 225-239에서 그러한 그래프들이 고도로 연결되었음을 증명했다.]

**111.** $N = n + n'$이고 $V' = \{n+1, \ldots, N\}$이라고 하자. $k$와 $V'$ 사이의 $e_k = d - d_k$개의 간선들을 만들어야 하며, $V'$의 각 정점의 도수가 $d$가 되도록 $V'$ 안에 추가적인 간선들도 만들어야 한다. $s = e_1 + \cdots + e_n$으로 두자. 이 과제는 (i) $n' \geq \max(e_1, \ldots, e_n)$, (ii) $n'd \geq s$, (iii) $n'd \leq s + n'(n'-1)$, (iv) $(n+n')d$가 짝수일 때에만 가능하다.

그런 간선들은 $n'$이 (i)~(iv)를 만족하면 항상 존재한다: 우선, (i)에 의해 $V$와 $V'$ 사이의 적당한 간선 $s$개를 끝점 $(n+1, n+2, \ldots, n+n', n+1, \ldots)$들을 순환 선택해서 만들 수 있다. 이 공정에 의해 $\lfloor s/n' \rfloor$개 아니면 $\lceil s/n' \rceil$개의 간선이 $V'$의 각 정점에 배정된다. (ii)에 의해 $\lceil s/n' \rceil \leq d$이며, (iii)에 의해 $d - \lfloor s/n' \rfloor \leq n'-1$이다. 따라서 $V'$ 안에 추가로 필요한 간선들을 연습문제 110과 (iv)에 의해 구축할 수 있다.

$n' = n$으로 두는 것은 항상 통한다. 반대로, 만일 $G = K_{n(V)} \setminus \{1—2\}$이면 조건 (iii)을 위해서는 $n \geq 4$일 때 $n' \geq n$이어야 한다. [P. Erdös, P. Kelly, *AMM* **70** (1963), 1074-1075.]

**112.** *miles* 자료에서 고유하게 최선인 삼각형은:

$$\texttt{Saint Louis, MO} \overset{748}{\text{—}} \texttt{Toronto, ON} \overset{746}{\text{—}} \texttt{Winston-Salem, NC} \overset{748}{\text{—}} \texttt{Saint Louis, MO.}$$

**113.** 머피의 법칙에 의해, 그 행렬은 $n$행 $m$열이다. 즉, $m\times n$이 아니라 $n\times m$이다.

**114.** 다중그래프에서 순환고리는 같은 정점이 되풀이된 형태의 간선 $\{a,a\}$이다. 그리고 다중그래프는 2-균일 초그래프이다. 따라서 일반적인 초그래프의 결합행렬은 정점이 둘 이상인 간선에 해당하는 성분이 1인 행렬이라고 할 수 있다. (학자연하는 사람이라면 아마 이를 '다중 초그래프[myltihypergraph]'라고 부를 것이다.) 이러한 고려사항들에 근거할 때, 식 (26)에 대응되는 결합행렬과 이분열 다중그래프는 다음과 같다.

$$\begin{pmatrix}210000\\011100\\001122\end{pmatrix},$$

**115.** $B^{TB}$의 $e$행 $f$열 성분은 $\sum_v b_{ve}b_{vf}$이다. 따라서 $B^TB$는 $2I$에 $L(G)$의 인접성 행렬을 더한 것이다. 마찬가지로, $BB^T$는 $D$ 더하기 $G$의 인접성 행렬이다. 여기서 $D$는 성분 $d_{vv}$가 $v$의 도수인 대각 행렬이다. (연습문제 2.3.4.2-18, 19를 보라.)

**116.** 식 (38)을 일반화하여, 모든 $r\geq 1$에 대해 $\overline{K_{m,n}^{(r)}}=K_m^{(r)}\oplus K_n^{(r)}$.

**117.** $m=4$와 $V=\{0,1,2\}$에 대한, 한원소 집합(singleton) 형태의 간선들의 비동형 중복집합은 $\{\{0\},\{0\},\{0\},\{0\}\}$, $\{\{0\},\{0\},\{0\},\{1\}\}$, $\{\{0\},\{0\},\{1\},\{1\}\}$, $\{\{0\},\{0\},\{1\},\{2\}\}$이다. 일반화된 답은 $m$을 최대 $n$개의 부분으로 분할하는 분할의 수, 즉 $\left|{m+n \atop n}\right|$이다. 이 분할의 수 표기법은 §7.2.1.4에서 설명했다. (물론 분할들을 1-균일 초그래프로 간주할 이유는 별로 없다—괴상한 연습문제를 풀 때를 제외한다면.)

**118.** $d$가 정점 도수들의 합이라고 하자. 해당 이분열 그래프는 정점 $m+n$개, 간선 $d$개, 구성요소 $p$개의 숲이다. 따라서 정리 2.3.4.1A에 의해 $d=m+n-p$이다.

**119.** 일곱 정점 모두를 담은 추가적인 간선이 하나 있는 초그래프에 해당한다.

**120.** (초)호는 정점들 또는 서로 다른 정점들의 임의의 순차열이라고 말할 수 있다. 그러나 대부분의 저자는 초호(hyperarc)를 $A\longrightarrow v$로 정의한다. 여기서 $A$는 정점들의 순서 없는 집합이다. 최선의 정의가 발견된다면, 그것은 아마 가장 중요한 실제 응용 분야를 가진 것일 것이다.

**121.** $\chi(H)=|F|-\alpha(I(H)^T)$는 $F$의 집합들에 의한 $V$의 최소 포괄 집합의 크기이다.

**122.** (a) 원소들(즉, 한 간선의 정점들)이 세 개인 포괄 집합이 단 일곱 개뿐임을 증명하는 것이 가능하다. 따라서 원소들(즉, 한 간선의 여간선들)이 네 개인 독립집합은 일곱 개이다. 초그래프를 두 색으로 칠할 수는 없다. 한 색을 네 번 사용해야 하며 다른 세 정점은 하나의 간선이 되어야 할 것이기 때문이다. (식 (56)의 초그래프는 본질적으로 점이 일곱 개, 선이 일곱 개인 투영 평면이다.)

(b) 쌍대화하는 중이므로, 페테르센 그래프의 정점과 간선을 '점'과 '선'이라고 부르겠다. 그러면 쌍대의 정점들과 간선들은 각각 선들과 점들이 된다. 바깥쪽 점과 안쪽 점을 잇는 다섯 선에 빨간색을 칠한다. 나머지 열 개의 선들은 독립적이다(임의의 점과 닿은 세 선 모두를 담지 않는다). 따라서 그 선들에는 녹색을 칠할 수 있다. 선이 열 한 개인 집합은 독립일 수 없다. 네 개의 선이 열 개의

점 모두와 닿는 것이 불가능하기 때문이다. (따라서 페테르센 쌍대는 길이가 5인 순환마디를 담고 있음에도 이분열 초그래프이다.)

**123.** 이들은 성분이 정점 색상인 $n \times n$ 라틴 방진들에 해당한다.

**124.** 네 가지 색으로 충분함을 쉽게 증명할 수 있다. 만일 그 그래프가 3채색가능이었다면 각 색상 정점이 네 개이어야 한다. 다섯 정점이 독립일 수는 없기 때문이다. 그러면 반대쪽 모퉁이의 두 정점은 반드시 같은 색이어야 하는데, 이로부터 바로 모순이 발생한다.

**125.** 호바탈 그래프는 $g = 4$일 때의 그러한 가장 작은 그래프이다. 브링크만G. Brinkmann은 $g = 5$인 가장 작은 그래프를 발견했다. 그 그래프는 정점이 21개로, 정점들은 $0 \le j < 7$에 대해 $a_j$, $b_j$, $c_j$이고 간선들은 $a_j — a_{j+2}$, $a_j — b_j$, $a_j — b_{j+1}$, $b_j — c_j$, $b_j — c_{j+2}$, $c_j — c_{j+3}$과 7을 법으로 한 아래첨자들이다. 메링거M. Meringer는 만일 $g > 5$이면 정점이 적어도 35개이어야 함을 보였다. 그륀바움B. Grünbaum은 $g$가 얼마든지 클 수 있다고 추측했으나, 그 이상의 해석은 알려져 있지 않다. [*AMM* **77** (1970), 1088-1092; *Graph Theory Notes of New York* **32** (1997), 40-41을 보라.]

**126.** $m$과 $n$이 짝수일 때에는 $C_m$과 $C_n$ 모두 이분열이고 4채색은 쉽다. 그렇지 않은 경우에는 4채색이 불가능하다. $m = n = 3$일 때 연습문제 93에 의해 9채색이 최적이다. $m = 3$이고 $n = 4$나 5일 때에는 최대 두 개의 정점이 독립이다. 최적의 6채색 또는 8채색 구성을 찾는 것은 쉬운 일이다. 그렇지 않은 경우, 주기 길이가 각각 $m$과 $n$인 주기적 수열 $\langle a_j \rangle$와 $\langle b_k \rangle$가 존재할 때(이를테면 모든 $j$와 $k$에 대해 $a_j - a_{j+1} \equiv \pm 1$, $b_k - b_{k+1} \equiv \pm 1$ 같은), $(a_j + 2b_k) \bmod 5$인 정점 $(j, k)$를 칠함으로써 5채색 구성을 얻게 된다. [K. Vesztergombi, *Acta Cybernetica* **4** (1979), 207-212.]

**127.** (a) 이는 $n = 1$일 때 참이다. 그렇지 않은 경우 $H = G \setminus v$로 두자. 여기서 $v$는 임의의 정점이다. 그러면 $\overline{H} = \overline{G} \setminus v$이며, 귀납법에 의해 $\chi(H) + \chi(\overline{H}) \le n$이 성립한다. $\chi(G) \le \chi(H) + 1$이고 $\chi(\overline{G}) \le \chi(\overline{H}) + 1$임은 명백하다. 따라서 세 경우 모두에서 상등이 성립하지 않는 한 아무 문제도 없다. 사실 세 경우 모두 상등이 성립할 수는 없다. 만일 성립한다면 이는 $\chi(H) \le d$이고 $\chi(\overline{H}) \le n - 1 - d$임을(여기서 $d$는 $G$의 정점 $v$의 도수) 함의한다. [E. A. Nordhaus, J. W. Gaddum, *AMM* **63** (1956), 175-177.]

상등의 경우, $G = K_a \oplus \overline{K_b}$이고 $ab > 0$, $a + b = n$이라고 하자. 그러면 $\overline{G} = \overline{K_a} — K_b$, $\chi(G) = a$, $\chi(\overline{G}) = b + 1$이 된다. [상등이 성립하는 경우의 모든 그래프를 핑크H.-J. Finck가 *Zeit. der Tech. Hochschule Ilmenau* **12** (1966), 243-246에서 구했다.]

(b) $G$의 한 $k$-채색 구성에는 어떤 색상이 칠해진 정점이 적어도 $\lceil n/k \rceil$개이다. 그 정점들은 $\overline{G}$에서 하나의 파벌을 이룬다. 따라서 $\chi(G)\chi(\overline{G}) \ge \chi(G)\lceil n/\chi(G) \rceil \ge n$이다. 상등은 $G = K_n$일 때 성립한다.

((a)와 (b)로부터 $\chi(G) + \chi(\overline{G}) \ge 2\sqrt{n}$과 $\chi(G)\chi(\overline{G}) \le \frac{1}{4}(n+1)^2$을 이끌어 낼 수 있다.)

**128.** $\chi(G \square H) = \max(\chi(G), \chi(H))$. 이만큼의 색상이 필수이다. 그리고 만일 함수 $a(u)$와 $b(v)$가 $G$와 $H$를 색 $\{0, 1, ..., k-1\}$들로 칠한다고 할 때, $G \square H$를 색 $c(u, v) = (a(u) + b(v)) \bmod k$들로 칠할 수 있다.

**129.** 하나의 완전한 행 또는 열(열여섯 경우), 길이가 4 이상인 하나의 완전한 대각 성분들(열여덟 경우), $a \in \{1, 2, 3\}$에 대한 5칸 패턴 $\{(x, y), (x-a, y-a), (x-a, y+a), (x+a, y-a), (x+a, y+a)\}$ $(36+16+4$가지 경우), $a \in \{1, 2, 3\}$에 대한 5칸 패턴 $\{(x, y), (x-a, y), (x+a, y), (x, y-a), (x, y+a)\}$ $(36+16+4$가지 경우), 다섯 번째 칸이 판의 가장자리에 있는 패턴의 다섯 칸들 중 네 개를 담은 패턴 하나$(24+32+24$가지 경우), $a \in \{1, 3, 5, 7\}$에 대한 4칸 패턴 $\{(x, y), (x+a, y), (x, y+a), (x+a, y+a)\}$ $(49+25+9+1$가지 경우). 모두 합해서 310개의 극대 파벌이 있는데, 크기가 $(4, 5, 6, 7, 8)$인 것들이 각각 $(168, 116, 4, 4, 18)$개이다.

**130.** 그래프 $G$의 극대 파벌이 $p$개이고 그래프 $H$의 극대 파벌이 $q$개라고 하면, 이음 $G — H$의 극대 파벌은 $pq$개이다. $G — H$의 파벌들은 그냥 $G$의 파벌들과 $H$의 파벌들을 합친(union) 것이기 때문이다. 더 나아가서, 빈 그래프 $\overline{K_n}$에는 $n$개의 극대 파벌들(즉, 그 한원소 집합들)이 있다.

따라서 부분 크기들이 $\{n_1, ..., n_k\}$인 완전 $k$분열 그래프(그 크기의 빈 그래프들의 이음인)의 극대 파벌은 $n_1 ... n_k$개이다.

**131.** $n > 1$이라고 가정하자. 완전 $k$분열 그래프에서 수 $n_1 ... n_k$는 모든 부분의 크기가 3일 때(어쩌면 크기가 2인 부분이 한두 개 있을 때에도) 최대가 된다. (연습문제 7.2.1.4-68(a) 참고.) 따라서 그 어떤 그래프에서도 $N(n)$이 이보다 클 수 없음을 증명해야 한다.

$m(v)$가 정점 $v$를 포함하는 극대 파벌의 개수라고 하자. 만일 $u \not— v$이고 $m(u) \le m(v)$이면, $G$와 비슷하되 $u$가 $v$의 모든 이웃과(원래의 자신의 이웃들이 아니라) 인접한 그래프 $G'$을 구축한다. 그러면, 두 그래프에서 모든 극대 파벌은 다음 세 경우 중 하나에 해당한다.

i) $u \in U$인 경우: 그러한 극대 파벌은 $G$에 $m(u)$개, $G'$에 $m(v)$개가 있다.
ii) $v \in U$인 경우: 그러한 극대 파벌은 $G$에 $m(v)$개, $G'$에서도 $m(v)$개이다.
iii) $u \notin U$이고 $v \notin U$인 경우: $G$에서 그러한 극대 파벌은 $G'$에서도 극대이다.

따라서 $G'$의 극대 파벌수는 $G$의 극대 파벌수보다 같거나 크다. 그리고 이러한 공정을 적절히 반복함으로써 완전 $k$분열 그래프를 얻을 수 있다.

[에르되시Paul Erdős에서 기인하는 이 논증은 문J. W. Moon과 모저L. Moser의 *Israel J. Math.* **3** (1965), 23-25에 나왔다.]

**132.** $G$와 $H$의 파벌들의 강곱은 연습문제 93에 의해 $G \boxtimes H$이다. 따라서 $\omega(G \boxtimes H) \ge \omega(G)\omega(H) = \chi(G)\chi(H)$이다. 한편 $G$와 $H$의 채색 구성 $a(u)$와 $b(v)$로부터 $G \boxtimes H$의 채색 구성 $c(u, v) = (a(u), b(v))$가 나온다. 따라서 $\chi(G \boxtimes H) \le \chi(G)\chi(H)$이다. 그리고 $\omega(G \boxtimes H) \le \chi(G \boxtimes H)$이다.

**133.** (a) 24, (b) 60, (c) 3, (d) 6, (e) 6, (f) 4, (g) 5, (h) 4, (i) $K_2 \boxtimes C_{12}$, (j) 18, (k) 12. (l) 그렇다. 도수는 5이다. (m) 아니다. 〔사실 키마니Markus Chimani는 12개 미만의 교차로는 이를 그릴 수 없음을 2009년에 분기 후 자르기(branch-and-cut) 방법을 이용해서 증명했다.〕 (n) 그렇다. 사실 이것은 4-연결된 그래프이다. (o) 그렇다. 모든 그래프는 각 간선마다 두 개의 호가 있는 유향 그래프라고 할 수 있다. (p) 물론 아니다. (g) 확실히 그렇다.

〔이 음악 그래프는 조調(key)들 사이의 간단한 전조 관계를 표현한 것이다. 이것은 윌슨R. J. Wilson과 왓킨스J. J. Watkins의 *Graphs* (1990) p.73에 나온다.〕

**134.** 내부, 외부 정점들을 회전, 교환해 보면 임의의 정점을 C로 취하는 한 자기동형사상을 찾을 수 있다. C를 고정한 상태에서 나머지 11개의 쌍들의 임의의 부분집합의 내부, 외부 정점들을 맞바꾸거나 좌우를 뒤집어서 또 다른 자기동형사상들을 찾을 수 있다. 이로부터 자기동형사상은 총 $24 \times 2^{11} \times 2 = 98{,}304$개임을 알 수 있다.

**135.** $\omega = e^{2\pi i/12}$라고 하자. 그리고 행렬 $Q = (q_{ij})$와 $S = (s_{ij})$의 성분들이 $0 \le i, j < 12$에 대해 각각 $q_{ij} = [j = (i+1) \bmod 12]$와 $s_{ij} = \omega^{ij}$이라고 하자. 연습문제 96(b)에 의해, 음악 그래프 $K_2 \boxtimes C_{12}$의 인접성 행렬은 $A = \binom{11}{11} \otimes (I + Q + Q^-) - I$이다. $T$가 $\binom{1\ \ 1}{1\ -1} \otimes S$라고 하자. 그러면 $T^- A\, T$는 처음 12개의 성분이 $0 \le j < 12$에 대해 $1 + 4\cos\frac{j\pi}{6}$이고 나머지 열두 성분은 $-1$인 행렬이다. 이 행렬을 $D$라고 할 때, 그러면 $A^{2m} = TD^{2m}T^-$이다. 그리고 이로부터, C에서 (C, G, D, A, E, B, F)로의 $2m$걸음 걷기들의 수가 각각

$$\mathrm{C}_m = \tfrac{1}{24}(25^m + 2(13 + 4\sqrt{3})^m + 3^{2m+1} + 2(13 - 4\sqrt{3})^m + 16);$$

$$\mathrm{G}_m = \tfrac{1}{24}(25^m + \sqrt{3}(13 + 4\sqrt{3})^m - \sqrt{3}(13 - 4\sqrt{3})^m - 1);$$

$$\mathrm{D}_m = \tfrac{1}{24}(25^m + (13 + 4\sqrt{3})^m + (13 - 4\sqrt{3})^m - 3);$$

$$\mathrm{A}_m = \tfrac{1}{24}(25^m - 3^{2m+1} + 2);$$

$$\mathrm{E}_m = \tfrac{1}{24}(25^m - (13 + 4\sqrt{3})^m - (13 - 4\sqrt{3})^m + 1);$$

$$\mathrm{B}_m = \tfrac{1}{24}(25^m - \sqrt{3}(13 + 4\sqrt{3})^m + \sqrt{3}(13 - 4\sqrt{3})^m - 1);$$

$$\mathrm{F}^{\#}_m = \tfrac{1}{24}(25^m - 2(13 + 4\sqrt{3})^m + 3^{2m+1} - 2(13 - 4\sqrt{3})^m)$$

임이, 그리고 $\mathrm{a}_m = \mathrm{C}_m - 1$, $\mathrm{d_m} = \mathrm{F_m} = \mathrm{e_m} = \mathrm{G_m}$ 등의 관계가 나온다. 특히 $(\mathrm{C}_6, \mathrm{G}_6, \mathrm{D}_6, \mathrm{A}_6, \mathrm{E}_6, \mathrm{B}_6, \mathrm{F}^{\#}_6) = (15462617, 14689116, 12784356, 10106096, 7560696, 5655936, 5015296)$이며, 따라서 요구된 확률은 $15462617/5^{12} \approx 6.33\%$이다. $m \to \infty$에 따라 확률들은 모두 $\frac{1}{24} + O(0.8^m)$이 된다.

**136.** 아니다. 10차 케일리 그래프들 중 입방 그래프인 것은 단 두 개로, 하나는 $K_2 \square C_5$(이것은 $\alpha^5 = \beta^2 = (\alpha\beta)^2 = e$ 라고 할 때 정점들이 $\{e, \alpha, \alpha^2, \alpha^3, \alpha^4, \beta, \beta\alpha, \beta\alpha^2, \beta\alpha^3, \beta\alpha^4\}$ 인 그래프이다)이고 또 하나는 정점들이 $\{0, 1, \ldots, 9\}$ 이고 호들이 $v \to (v \pm 1) \bmod 10$, $v \to (v+5) \bmod 10$ 인 그래프이다. [D. A. Holton, J. Sheehan, *The Petersen Graph* (1993)의 연습문제 9.10을 보라. 첨언하자면, SGB 그래프 $raman(p, q, t, 0)$은 케일리 그래프이다.]

**137.** $(x, y)$의 이름표를 $[x, y]$라고 표기하자. 우리가 증명할 것은 모든 $x$와 $y$에 대해 $[x, y] = [x+a, y+b] = [x+c, y+d]$라는 것이다. $A$가 행렬 $\binom{a\ b}{c\ d}$라고 할 때, $t$ 곱하기 $A$의 최하단 행을 $A$의 최상위 행에 더하면 $A$는 행렬 $A' = \binom{1\ t}{0\ 1} A = \binom{a'\ b'}{c'\ d'}$이 된다. 여기서 $a' = a + tc$, $b' = b + td$, $c' = c$, $d' = d$이다. 새 조건 $[x, y] = [x+a', y+b'] = [x+c', y+d']$은 원래의 조건과 동치이다. 그리고 $\gcd(a', b', c', d') = \gcd(a, b, c, d)$이다. 마찬가지로, $\binom{1\ 0}{t\ 1}$을 $A$에 곱한다고 해도 문제가 변하지는 않는다.

또한 열들을 조작할 수도 있다 즉, $A$를 $A'' = \binom{1\ t}{0\ 1} A = \binom{a''\ b''}{c''\ d''}$으로 대체하는 것이다. 여기서 $a'' = a$, $b'' = ta + b$, $c'' = c$, $d'' = tc + d$이다. 이렇게 하면 문제가 실제로 변하나, 많이 변하지는 않는다. 만일 우리가 모든 $x$와 $y$에 대해 $[[x, y]] = [[x+a'', y+b'']] = [[x+c'', y+d'']]$을 만족하는 이름표 붙이기 방법을 찾아낸다면, 그때에는 만일 $[x, y] = [[x, y+tx]]$이면 $[x, y] = [x+a, y+b] = [x+c, x+d]$이다. 비슷하게, $A$에 $\binom{1\ 0}{t\ 1}$을 곱할 수 있다. 문제는 거의 동일하게 유지된다.

그러한 일련의 행 연산들과 열 연산들을 적용하면 $A$는 간단한 형태의 $UAV = \binom{1\ 0}{0\ n}$으로 줄어든다. 여기서 $U$와 $V$는 $\det U = \det V = 1$인 정수 행렬들이다. 더 나아가서, 만일 $V = \binom{\alpha\ \beta}{\gamma\ \delta}$라고 하면, $[x, y] = [[\alpha x + \gamma y, \beta x + \delta y]]$로 정의한다고 할 때, 축약된 문제에 대해 간단한 조건 $[[x, y]] = [[x+1, y]] = [[x, y+n]]$을 만족하는 이름표 붙이기는 원래의 이름표 붙이기 문제에 대한 하나의 해를 제공한다.

마지막으로, 축약된 이름표 붙이기 문제는 쉽다. $[[x, y]] = y \bmod n$으로 둔다면, 요구된 답은 $p = \beta$, $q = \delta$로 설정하는 것이다.

**138.** 이전 답에서처럼 진행하되, $k \times k$ 행렬 $A$를 사용한다. 행, 열 연산들을 적용하면 문제는 대각 행렬 $UAV$로 줄어든다. 이 행렬의 대각 성분 $(d_1, \ldots, d_k)$들을 규정하는 규칙은, $d_1 \ldots d_j$가 $A$의 모든 $j \times j$ 부분행렬의 행렬식들의 최대공약수라는 것이다. [이는 '스미스 정규 형식(Smith normal form)'이다. H. J. S. Smith, *Philosophical Transactions* **151** (1861), 293-326, §14를 보라.] 만일 이름표 붙이기 $[[x]]$가 축약된 문제를 만족한다면, $[x] = [[xV]]$로 둠으로써 원래의 문제도 만족된다. 일반화된 원환체의 원소 개수는 $n = \det A = d_1 \ldots d_k$이다.

이전처럼, 만일 $d_1 = \cdots = d_{k-1} = 1$이면 축약된 문제에 단순한 해가 존재한다. 그러나 일반적으로 축약된 이름표 붙이기는 차원들이 $(d_{k-r+1}, \ldots, d_k)$인 $r$차원 보통 원환체가 된다. 여기서 $d_{k-r+1} > d_{k-r} = 1$이다. (이때 $d_0 = 1$이다. $r = k$일 수 있다.)

문제에 주어진 예에서는 $d_1=1$, $d_2=2$, $d_3=10$, $n=20$이다. 실제로

$$UAV=\begin{pmatrix}1&-2&0\\0&1&-1\\-1&-1&4\end{pmatrix}\begin{pmatrix}3&1&1\\1&3&1\\1&1&3\end{pmatrix}\begin{pmatrix}1&5&6\\0&1&1\\0&0&1\end{pmatrix}=\begin{pmatrix}1&0&0\\0&2&0\\0&0&10\end{pmatrix}$$

이다. 각 점 $(x,y,z)$는 이제 2차원 이름표 $(u,v)=((5x+y)\bmod 2,\ (6x+y+z)\bmod 10)$을 받게 된다. $(u,v)$의 여섯 이웃들은 $((u\pm1)\bmod 2, v)$, $((u\pm1)\bmod 2,\ (v\pm1)\bmod 10)$, $(u,\ (v\pm1)\bmod 10)$이다. 처음 두 이웃이 동일하므로 이는 하나의 다중그래프이다. 그러나 이것이 다중그래프 $C_2\boxtimes C_{10}$과 같지는 않다. 그 다중그래프는 도수가 8이다.

〔일반화된 원환체는 본질적으로 아벨군(Abelian group)의 케일리 그래프이다. 연습문제 136을 보라. 일반화된 원환체는 편리한 상호연결망(interconnection network)으로 제안된 것으로, 그런 경우 $k$와 $n$이 주어졌을 때 지름을 최소화하는 것이 바람직하다. C. K. Wong, D. Coppersmith, *JACM* **21** (1974), 392-402; C. M. Fiduccia, R. W. Forcade, J. S. Zito, *SIAM J. Discrete Math.* **11** (1998), 157-167을 보라.〕

**139.** (이 연습문제는 이름표 붙은 그래프 $G$와 그림 2에 나온 것 같은 이름표 없는 그래프 $H$의 차이를 명확히 하는 데 도움이 된다.) 정점 $\{1,2,\ldots,h\}$에 대한, $H$에 동형인 이름표 붙은 그래프들의 개수를 $N_H$라고 하자. 그리고 $U$가 $V$의 임의의 $h$원소 부분집합이라고 하자. 그러면 $G|U$가 $H$와 동형일 확률은 $N_H/2^{h(h-1)/2}$이다. 따라서 답은 $\binom{n}{h}N_H/2^{h(h-1)/2}$이다. $N_H$의 값만 알면 되는데, 그 값은 (a) 1, (b) $h!/2$, (c) $(h-1)!/2$, (d) $h!/a$(여기서 $a$는 $H$의 자기동형사상들의 개수)이다.

**140.** (a) $n\ge5$에 대해 $\#(K_3:W_n)=n-1$이고 $\#(P_3:W_n)=\binom{n-1}{2}$이다. 또한 $\#(\overline{K_3}:W_8)=7$이다.

(b) $G$는 오직 $\#(K_3:G)=\#(\overline{K_3}:G)=\frac{1}{8}\binom{n}{3}$이고 $\#(P_3:G)=\#(\overline{P}_3:G)=\frac{3}{8}\binom{n}{3}$일 때에만 비례이다. $G$의 간선 개수가 $e$라면 $(n-2)e=3\#(K_3:G)+2\#(P_3:G)+\#(\overline{P}_3:G)$가 성립한다. 모든 정점쌍이 $n-2$개의 유도된 부분그래프들에 나타나기 때문이다. $G$의 도수열이 $d_1\ldots d_n$이라고 할 때, $d_1+\cdots+d_n=2e$이고 $\binom{d_1}{2}+\cdots+\binom{d_n}{2}=3\#(K_3:G)+\#(P_3:G)$, $d_1(n-1-d_1)+\cdots+d_n(n-1-d_n)=2\#(P_3:G)+2\#(\overline{P}_3:G)$이다. 따라서 비례 그래프는 $n=2$가 아닌 한 식 (*)를 만족한다. (이 연습문제는 $n=2$인 경우를 배제했어야 했다.)

반대로, 만일 $G$가 식 (*)를 만족하며 $\#(K_3:G)$가 해당 기댓값과 정확히 일치한다면, $\#(P_3:G)$와 $\#(\overline{P}_3:G)$,, $\#(\overline{K_3}:G)$도 해당 기댓값들과 일치한다.

〔참고문헌: S. Janson, J. Kratochvíl, *Random Structures & Algorithms* **2** (1991), 209-224. *J. Combinatorial Theory* **B47** (1989), 125-145에서 바르보우르A. D. Barbour, 카론스키M. Karoński, 루친스키A. Ruciński는 $\#(H:G)$의 분산(variance)이 $n^{2h-2}$이나 $n^{2h-3}$, 아니면 $n^{2h-4}$에 비례함을 보였다. 첫 경우는 $H$의 간선 개수가 $\frac{1}{2}\binom{h}{2}$가 아닐 때 발생하며, 셋째 경우는 $H$가 비례 그래프일 때 발생한다.

**141.** (*)를 만족하는 도수열 $d_1 \ldots d_8$은 다음 여덟 개이다: 73333333(1/2), 65433322(26/64), 64444222(2/10), 64443331(8/22), 55543222(8/20), 55533331(2/10), 55444321(26/64), 44444440(1/2). 각 도수열에 붙어 있는 $(N_1/N)$은 통계치로, $N$은 해당 도수열을 가진 비동형 그래프들의 개수이고 $N_1$은 그중 비례 그래프인 것들의 개수이다. 마지막 세 경우는 처음 셋과 상보(complement)이다. 8차 그래프들 중 비례이면서 자기상보적인 것은 없다. 처음 다섯 경우에 극대 대칭인 예들은 $W_8$과

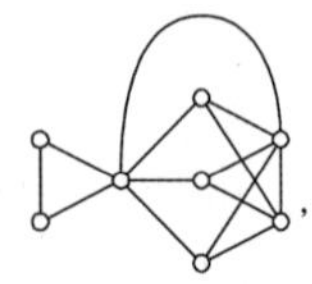, 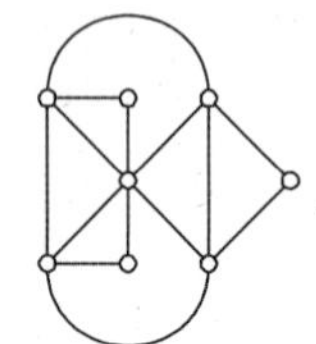, 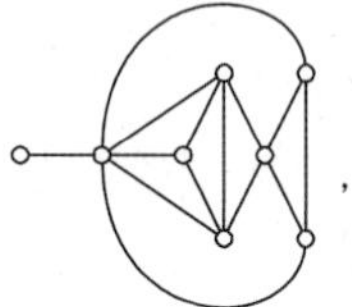, 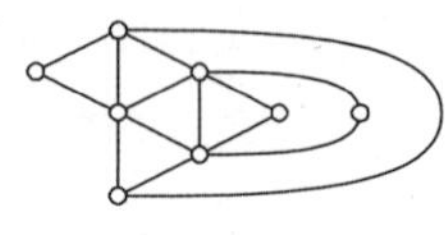

이다.

**142.** 힌트로부터 해답 140에서처럼 나아가면, $(n-3)\#(\overline{K}_3 : G)$와 $(n-3)\#(P_3 : G)$도 4정점 개수들로 표현할 수 있다. 더 나아가서, 간선이 $e$개인 그래프의 경우 $\binom{e}{2} = \#(P_3 \subseteq G) + \#(K_2 \oplus K_2 \subseteq G)$이다. 임의의 두 간선이 $P_3$ 또는 $K_2 \oplus K_2$를 형성하기 때문이다. 이 공식에서 $\#(P_3 \subseteq G)$는 반드시 유도된 부분그래프인 것은 아닌 부분그래프들의 개수에 해당한다.

$\#(P_3 \subseteq G) = \#(P_3 : G) + 3\#(K_3 : G)$가 성립하며, 비슷한 공식으로 $\#(K_2 \oplus K_2 \subseteq G)$를 유도된 개수들로 표현할 수 있다. 따라서 특비례 그래프는 반드시 비례 그래프이며 $e = \frac{1}{2}\binom{n}{2}$, $\#(P_3 \subseteq G) = \frac{3}{4}\binom{n}{3}$, $\#(K_2 \oplus K_2 \subseteq G) = \frac{3}{4}\binom{n}{4}$를 만족한다. 그러나 이 값들은 $\binom{e}{2}$에 대한 공식과 모순이다.

**143.** $A$의 열들을 정점으로 하는, 그리고 행 $u$와 $v$가 하나의 열 $j$에서만 다른 경우 간선 $u$ — $v$가 성립하는 그래프를 생각해 보자. 그러한 간선을 $j$라고 표기하기로 한다.

만일 그 그래프에 순환마디가 있다면, 그 순환마디의 임의의 간선을 삭제한다. 그러한 삭제 연산을 더 이상 순환마디가 없을 때까지 반복한다. 삭제된 모든 간선의 이름표가 그 순환마디의 어딘가에 나타남을 주목할 것. 따라서 삭제는 간선 이름표들의 집합에 영향을 미치지 않는다. 그러나 정리 2.3.4.1A에 의해 간선은 $m \le n$개 미만이 된다. 따라서 간선들의 개수는 서로 다른 이름표 개수 $n$보다 작다. [J. A. Bondy, *J. Combinatorial Theory* **B12** (1972), 201-202를 보라.]

**144.** 그래프 $G$의 정점들이 $\{1, \ldots, m\}$이고, 간선 $i$ — $j$들은 어떤 $l$에 대해 오직 $* \ne x_{il} \ne x_{jl} \ne *$일 때에만 성립한다고 하자. 그러한 그래프는 오직 서로 다른 행들이 많아야 $k$개인 완비 행렬이 존재할 때에만 $k$-채색가능이다. 반대로, 그래프 $G$의 정점들이 $\{1, \ldots, n\}$이고 그 인접성 행렬이 $A$라고 하면, $n \times n$ 행렬 $X = A + *(J - I - A)$는 어떤 $l$에 대해 오직 $* \ne x_{il} \ne x_{jl} \ne *$일 때에만 $i$ — $j$라는 성질을 가진다. [M. Sauerhoff, I. Wegener, *IEEE Trans.* **CAD-15** (1996), 1435-1437을 보라.]

**145.** $c \leftarrow 0$으로 설정하고, $1 \le j \le n$에 대해 다음 연산들을 되풀이한다: 만일 $c = 0$이면 $x \leftarrow a_j$, $c \leftarrow 1$로 설정한다. 그렇지 않고 만일 $x = a_j$이면 $c \leftarrow c+1$로 설정하고, 그렇지 않으면 $c \leftarrow c-1$로 설정한다. 이 과정이 끝나면 $x$가 답이다. 여기서 핵심은, $x \ne a_j$일 때마다 $a_j$와 하나의 $x$를 폐기하면서, 폐기되지 않은 원소들에서 $c$번 출현하는 잠재적 다수결 원소 $x$를 추적하는 것이다. [*Automated Reasoning* (Kluwer, 1991), 105-117을 보라. J. Misra, D. Gries, *Science of Computer Programming* **2** (1982), 143-152는 $n/k$번 출현하는 모든 원소를 $O(n \log k)$단계로 찾도록 확장된 알고리즘을 논의한다.]

## 7.1.1절

**1.** (C. Sartena의 답.) 그는 함의 명제 $x \Rightarrow y$를 서술하고 있다. 'it'은 순서대로 $y$, $x$, $x$, $y$, $y$, $x$를 대표한다. (다른 답도 가능하다.)

**2.** 핑커스의 $x \circ y$에 해당하는 지구의 연산은 $\overline{\bar{x} \circ \bar{y}}$이다. 따라서 그 진리표는 $\circ$의 진리표의 여수(이)의 역에 해당한다. 그러므로 답은 순서대로 $\top$, $\vee$, $\subset$, L, $\supset$, R, $\equiv$, $\wedge$; $\overline{\wedge}$, $\oplus$, $\bar{\text{R}}$, $\bar{\supset}$, $\bar{\text{L}}$, $\bar{\subset}$, $\overline{\vee}$, $\perp$ 이다. (표 1의 열여섯 연산들이 관여하는 임의의 항등식은, 연산자들을 핑커스의 해당 연산자들로 대체해서 나오는 쌍대 항등식을 함의한다. 예를 들어 식 (11)과 식 (14)에 나온 드모르간의 두 법칙은 서로 쌍대이며, $\equiv$와 $\oplus$를 연관시키는 식 (2)과 식 (5)도 그렇다. 이러한 의미에서는 $\equiv$가 그 쌍대 $\oplus$만큼이나 유용하다고 간주할 수 있다.)

**3.** (a) $\vee$; (b) $\wedge$; (c) $\bar{\text{L}}$; (d) $\equiv$. [다소 부도덕해 보이는 관례이긴 하겠지만, 사실 참을 $-1$, 거짓을 $+1$로 표현할 때 더 잘 작동하는 공식들이 많다. 그런 경우 $x \cdot y$는 $\oplus$에 해당한다. 어떤 두 관례 모두, $\langle xyz \rangle = \mathbf{sign}(x+y+z)$임을 주목하기 바란다.]

**4.** [*Trans. Amer. Math. Soc.* **14** (1913), 481-488.] (a) L와 R의 진리표로 시작해서, 각각의 알려진 진리표 쌍 $\alpha$와 $\beta$로부터 비트별로 진리표 $\alpha \mathbin{\overline{\wedge}} \beta$를 계산한다. 그러한 결과들을 각 공식의 길이 순으로 생성해서, 각각의 새 4비트 진리표로 이어지는 가장 짧은 공식을 적으면 된다.

| | |
|---|---|
| $\perp$: $(x \mathbin{\overline{\wedge}} (x \mathbin{\overline{\wedge}} x)) \mathbin{\overline{\wedge}} (x \mathbin{\overline{\wedge}} (x \mathbin{\overline{\wedge}} x))$ | $\overline{\vee}$: $(x \mathbin{\overline{\wedge}} (x \mathbin{\overline{\wedge}} x)) \mathbin{\overline{\wedge}} ((y \mathbin{\overline{\wedge}} y) \mathbin{\overline{\wedge}} (x \mathbin{\overline{\wedge}} x))$ |
| $\wedge$: $(x \mathbin{\overline{\wedge}} y) \mathbin{\overline{\wedge}} (x \mathbin{\overline{\wedge}} y)$ | $\equiv$: $(x \mathbin{\overline{\wedge}} y) \mathbin{\overline{\wedge}} ((y \mathbin{\overline{\wedge}} y) \mathbin{\overline{\wedge}} (x \mathbin{\overline{\wedge}} x))$ |
| $\bar{\supset}$: $(x \mathbin{\overline{\wedge}} (x \mathbin{\overline{\wedge}} y)) \mathbin{\overline{\wedge}} (x \mathbin{\overline{\wedge}} (x \mathbin{\overline{\wedge}} y))$ | $\bar{\text{R}}$: $y \mathbin{\overline{\wedge}} y$ |
| L: $x$ | $\subset$: $y \mathbin{\overline{\wedge}} (x \mathbin{\overline{\wedge}} x)$ |
| $\bar{\subset}$: $(y \mathbin{\overline{\wedge}} (x \mathbin{\overline{\wedge}} x)) \mathbin{\overline{\wedge}} (y \mathbin{\overline{\wedge}} (x \mathbin{\overline{\wedge}} x))$ | $\bar{\text{L}}$: $x \mathbin{\overline{\wedge}} x$ |
| R: $y$ | $\supset$: $x \mathbin{\overline{\wedge}} (x \mathbin{\overline{\wedge}} y)$ |
| $\oplus$: $(y \mathbin{\overline{\wedge}} (x \mathbin{\overline{\wedge}} x)) \mathbin{\overline{\wedge}} (x \mathbin{\overline{\wedge}} (x \mathbin{\overline{\wedge}} y))$ | $\overline{\wedge}$: $x \mathbin{\overline{\wedge}} y$ |
| $\vee$: $(y \mathbin{\overline{\wedge}} y) \mathbin{\overline{\wedge}} (x \mathbin{\overline{\wedge}} x)$ | $\top$: $x \mathbin{\overline{\wedge}} (x \mathbin{\overline{\wedge}} x)$ |

(b) 이 경우에는 네 진리표 $\perp$, $\top$, L, R로 시작한다. 길이가 같은 공식들이 나온다면 변수 출현 횟수가 적은 것을 택한다.

$\bot : 0$

$\land : (x \bar\land y) \bar\land 1$

$\bar\supset : ((y \bar\land 1) \bar\land x) \bar\land 1$

$\mathrm{L} : x$

$\bar\subset : (y \bar\land (x \bar\land 1)) \bar\land 1$

$\mathrm{R} : y$

$\oplus : (y \bar\land (x \bar\land 1)) \bar\land ((y \bar\land 1) \bar\land x)$

$\lor : (y \bar\land 1) \bar\land (x \bar\land 1)$

$\bar\lor : 1 \bar\land ((y \bar\land 1) \bar\land (x \bar\land 1))$

$\equiv : (x \bar\land y) \bar\land ((y \bar\land 1) \bar\land (x \bar\land 1))$

$\bar{\mathrm{R}} : y \bar\land 1$

$\subset : y \bar\land (x \bar\land 1)$

$\bar{\mathrm{L}} : x \bar\land 1$

$\supset : (y \bar\land 1) \bar\land x$

$\bar\land : x \bar\land y$

$\top : 1$

**5.** (a) $\bot : x \bar\subset x$; $\land : (x \bar\subset y) \bar\subset y$; $\bar\supset : y \bar\subset x$; $\mathrm{L} : x$; $\bar\subset : x \bar\subset y$; $\mathrm{R} : y$; 나머지 10개는 표현할 수 없다. (b) 상수들이 허용되면 16개 모두 가능하다.

$\bot : 0$

$\land : (y \bar\subset 1) \bar\subset x$

$\bar\supset : y \bar\subset x$

$\mathrm{L} : x$

$\bar\subset : x \bar\subset y$

$\mathrm{R} : y$

$\oplus : ((y \bar\subset x) \bar\subset ((x \bar\subset y) \bar\subset 1)) \bar\subset 1$

$\lor : (y \bar\subset (x \bar\subset 1)) \bar\subset 1$

$\bar\lor : y \bar\subset (x \bar\subset 1)$

$\equiv : (y \bar\subset x) \bar\subset ((x \bar\subset y) \bar\subset 1)$

$\bar{\mathrm{R}} : y \bar\subset 1$

$\subset : (x \bar\subset y) \bar\subset 1$

$\bar{\mathrm{L}} : x \bar\subset 1$

$\supset : (y \bar\subset x) \bar\subset 1$

$\bar\land : ((y \bar\subset 1) \bar\subset x) \bar\subset 1$

$\top : 1$

〔B. A. Bernstein, *University of California Publications in Mathematics* **1** (1914), 87–96.〕

**6.** (a) $\bot$, $\land$, $\mathrm{L}$, $\mathrm{R}$, $\oplus$, $\lor$, $\equiv$, $\top$. (b) $\bot$, $\mathrm{L}$, $\mathrm{R}$, $\oplus$, $\equiv$, $\top$. 〔이 연산자들 모두 결합법칙을 만족함을 주목하기 바란다. 실제로, 제시된 항등식은 일반적인 결합법칙을 함의한다. 우선 (i) $(x \circ y) \circ ((z \circ y) \circ w) = ((x \circ z) \circ (z \circ y)) \circ ((z \circ y) \circ w) = (x \circ z) \circ w$이며, 마찬가지로 (ii) $(x \circ (y \circ z)) \circ (y \circ w) = x \circ (z \circ w)$이다. 더 나아가서, (i)에 의해 (iii) $(x \circ y) \circ (z \circ w) = (x \circ y) \circ ((z \circ y) \circ (y \circ w)) = (x \circ z) \circ (y \circ w)$가 성립한다. 따라서 (i), (ii), (iii)에 의해 $(x \circ z) \circ w = (x \circ z) \circ ((z \circ z) \circ w) = (x \circ (z \circ z)) \circ (z \circ w) = x \circ (z \circ w)$이다. $\{x_1, \dots, x_n\}$에 의해 생성된 자유 체계에는 정확히 $n + 2^n n^2$개의 서로 다른 원소들, 즉 $\{x_j \mid 1 \le j \le n\}$과 $\{x_i \circ x_{j_1} \circ \cdots \circ x_{j_r} \circ x_k \mid r \ge 0,\ 1 \le i, k \le n,\ 1 \le j_1 < \cdots < j_r \le n\}$이 있다.

**7.** 주어진 조건은 항등식 $y \circ (x \circ y) = x$가 성립한다는 것과 동치이다. 이를 만족하는 연산자는 $\oplus$와 $\equiv$ 뿐이다. 〔제본스는 $\oplus$의 이러한 속성을 *Pure Logic* §151에서 주목했으나, 더 탐구하지는 않았다. 우리는 이런 성질을 가진, '그로프(grope)'라고 부르는 일반적 체계들을 §7.2.3에서 조사해 볼 것이다.〕

**8.** $(\{\bot, \wedge, \bar{\subset}\}, S_0)$, $(\{\top, \vee, \supset\}, S_1)$, $(\{\mathrm{L}, \bar{\mathrm{L}}\}, S_0 \cap S_1)$, $(\{\oplus, \equiv, \bar{\mathrm{R}}\}, S_2)$, $(\{\bar{\supset}, \bar{\vee}\},$, $S_0 \cap S_2)$, $(\{\subset, \bar{\wedge}\}, S_1 \cap S_2)$, $(\mathrm{R}, \text{any})$이다. 여기서 $S_0 = \{\square \mid 0 \square 0 = 0\}$, $S_1 = \{\square \mid 1 \square 1 = 1\}$, $S_2 = \{\square \mid \bar{x} \square \bar{y} = \overline{x \square y}\} = \{\mathrm{L}, \mathrm{R}, \bar{\mathrm{L}}, \bar{\mathrm{R}}\}$이다. 따라서 256개의 쌍들 중 92개가 좌분배법칙을 만족한다. 〔이 문제와 연습문제 6의 질문들을 슈뢰더E. Schröder가 그의 사후 출판된 *Vorlesungen über die Algebra der Logik* **2**,2 (1905)의 §55에서 처음 다루었다. 그는 그 답을, 본질적으로 $(\circ, \square)$의 해당 진리표 $(pqrs, wxyz)$들이 반드시 $((pq \vee rs) \wedge \bar{z}) \vee ((\bar{p}\bar{q} \vee \bar{r}\bar{s}) \wedge w) \vee ((p\bar{q} \vee r\bar{s}) \wedge ((w \equiv z) \vee (x \equiv y))) = 0$이라는 관계를 만족해야 한다는 말로 표현했다.〕

**9.** (a) 거짓. $(x \oplus y) \vee z = (x \vee z) \oplus (y \vee z) \oplus z$이다. (b) 참. $z = 0$일 때와 $z = 1$일 때 그 항등식이 성립함은 명백하다. (c) 참. 이 역시 $(x \oplus y) \vee (x \oplus z) = 1 - [x = y = z]$이다.

**10.** 식 (16)에 나온 분해의 첫 단계에서는 진리표가 $g = 10100011$과 $h = 10100011 \oplus 10010011 = 00110000$인 함수들이 나온다. 그 공정을 비슷한 방식으로 진행하면 $1 + y + xz + w + wy + wx + wxz$ (법 2)가 나온다.

**11.** 제시된 항은 오직 $x_1 = x_4 = x_5 = x_7 = x_9 = x_{10} = \cdots = 0$인 $f(x_1, \ldots, x_n)$이 참인 횟수가 홀수일 때에만 존재한다. ($k$개의 변수를 제외한 모든 변수를 0으로 설정한다면 그런 경우는 $2^k$가지이다.) 다른 말로 하면, 다중선형 표현을 다음과 같은 암시적인 표기법으로 표현할 수 있다.

$$f(x, y, z) = (f_{000} + f_{00*}z + f_{0*0}y + f_{0**}yz + f_{*00}x + f_{*0*}xz + f_{**0}xy + f_{***}xyz) \bmod 2$$

이는 $n = 3$인 경우의 예이다. 여기서 $f_{**0} = f(1,1,0) \oplus f(1,0,0) \oplus f(0,1,0) \oplus f(0,0,0)$ 등이다.

**12.** (a) 식 (42)에서 $\bar{w}$를 $1 - w$로 바꾸는 식으로 진행해서 $1 - y - xz + 2xyz - w + wy + wx + wxz - 2wxyz$를 얻는다. 〔이를 '제갈킨 다항식'이라고 부르는 저자들도 있지만, 제갈킨I. I. Zhegalkin 자신은 항상 2가 법인 나머지 산술을 사용했다. 문헌들에 등장하는 다른 이름들로는 '가용성 다항식(availability polynomial)', '신뢰성 다항식(reliability polynomial)', '특성 다항식(characteristic polynomial) 등이 있다.〕

(b) 임의의 $n$진 함수에 대한 해당 계수들은 그 절댓값이 $2^{n-1}$까지 커질 수 있다(그리고 이것이 최댓값임을 귀납법으로 증명할 수 있다). 예를 들어 정수들에 관한 $x_1 \oplus \cdots \oplus x_n$의 정수 다중선형 표현은 $e_1 - 2e_2 + 4e_3 - \cdots + (-2)^{n-1}e_n$인데, 여기서 $e_k$는 $\{x_1, \ldots, x_n\}$의 $k$차 기본 대칭함수(elementary symmetric function)이다. 앞의 답의 공식은 정수들에 관한

$$f(x, y, z) = f_{000} + f_{00*}z + f_{0*0}y + f_{0**}yz + f_{*00}x + f_{*0*}xz + f_{**0}xy + f_{***}xyz$$

가 된다. 이 경우에는 $f_{**0} = f(1,1,0) - f(1,0,0) - f(0,1,0) + f(0,0,0)$ 등이다. 이 전개는 식 4.6.4-(27)의 아다마르 변환의 위장된 형태이다.

(c, d) 그 다항식은 $x_1(1 - x_2)(1 - x_3)x_4$ 같은 그 소항들의 합이다. 각 소항은 $0 \le x_1, \ldots, x_n \le 1$에 대해 음이 아니며, 모든 소항의 합은 1이다.

(e) $\partial f/\partial x_j = h(x) - g(x)$, 여기서 (d)에 의해 $h(x) \ge g(x)$. (연습문제 21을 보라.)

**13.** 사실 $F$는 다름 아닌 정수 다중선형 표현이다(연습문제 12 참고).

**14.** $r_j = p_j/(1-p_j)$라고 하자. 찾아야 할 것은 $f(0,0,0)=0$이고 $f(1,1,1)=1 \Leftrightarrow r_1r_2r_3 > 1$인, $f(0,0,1)=0$이고 $f(1,1,0)=1 \Leftrightarrow r_1r_2 > r_3$인, $f(0,1,0)=0$이고 $f(1,0,1)=1 \Leftrightarrow r_1r_3 > r_2$인, $f(0,1,1)=0$이고 $f(1,0,0)=1 \Leftrightarrow r_1 > r_2r_3$인 함수들이다. 따라서 답은 (a) $\langle x_1x_2x_3\rangle$, (b) $x_1$, (c) $\bar{x}_3$이다.

**15.** 연습문제 1.2.6-10에 의해 $\binom{x}{k} \bmod 2 = [x \,\&\, \mathrm{k} = \mathrm{k}]$이다. 따라서, 예를 들어 $x = (x_n \ldots x_1)_2$일 때 $\binom{x}{11} \equiv x_4 \wedge x_2 \wedge x_1$(법 2)이다. 그리고 식 (13) 같은 다중선형 표현의 모든 항을 이런 식으로 얻을 수 있다. 더 나아가서 2 나머지 산술을 사용할 필요도 없다. 보간 다항식(interpolating polynomial) $\binom{x}{11}\binom{15-x}{4}$가 바로 $x_4 \wedge \bar{x}_3 \wedge x_2 \wedge x_1$을 정확히 표현하기 때문이다.

**16.** 그렇다. 심지어는 +로 대체할 수도 있다. 서로 다른 최소항들이 동시에 참일 수는 없기 때문이다. (그러나 식 (48) 같은 보통의 논리합 표준형에서는 불가능하다. 연습문제 35를 보라.)

**17.** 이항연산 $\bar{\wedge}$는 결합법칙이 성립하지 않으므로, $x \,\bar{\wedge}\, y \,\bar{\wedge}\, z$ 같은 표현식은 반드시 삼항 연산으로 해석해야 한다. NAND가 하나의 $n$항 연산임을 이해하는, 그리고 단일 변수 $x$의 NAND가 $\bar{x}$임을 주목할 정도로 세심한 사람에게는 퀵의 표기법도 문제가 없다.

**18.** 만일 그런 아래첨자들이 존재하지 않는다면, $u_1 \leftarrow \cdots \leftarrow u_s \leftarrow 1$과 $v_1 \leftarrow \cdots \leftarrow v_t \leftarrow 0$으로 둘 수 있다. 그러면 $f$는 참이면서 동시에 거짓이 된다. (그리고 식 (4)의 분배법칙을 논리합 표준형에 되풀이해 적용해서 논리곱 표준형을 얻는다면, 그 역도 참임을 알 수 있다. 즉, $f$가 논리합 $v_1 \vee \cdots \vee v_t$를 함의한다는 것은 $f$의 모든 함의항에 공통인 리터럴이 존재한다는 것과 동치이며, $f$의 모든 기약함의항에 공통인 리터럴이 존재한다는 것과 동치이며, $f$의 어떤 논리합 표준형의 모든 함의항에 공통인 리터럴이 존재한다는 것과도 동치이다.)

**19.** 0010, 0011, 0101, 0110, 1000, 1001, 1010, 1011에 포함되는 극대 부분입방체들은 0∗10과 0101, ∗01∗, 10∗∗이다. 따라서 답은 $(w \vee \bar{y} \vee z) \wedge (w \vee \bar{x} \vee y \vee \bar{z}) \wedge (x \vee \bar{y}) \wedge (\bar{w} \vee x)$이다. (이 CNF 역시 최단이다.)

**20.** 참이다. 해당 극대 부분입방체는 어떤 극대 부분입방체 $f'$과 $g'$에 포함되며, 그들의 교차가 더 커질 수 없다. (이 관찰은 샘슨과 밀스에서 기인한다. 그들의 논문이 아래의 답 31에 언급되어 있다.)

**21.** 식 (49)의 부울 법칙에 의해, $n$진 함수 $f$는 오직 그 $(n-1)$진 투영 $g$와 $h$가 단조이고 $g \le h$를 만족할 때에만 단조임을 알 수 있다. 따라서

$$f = (g \wedge \bar{x}_n) \vee (h \wedge x_n) = (g \wedge \bar{x}_n) \vee (g \wedge x_n) \vee (h \wedge x_n) = g \vee (h \wedge x_n)$$

이며, 여수화 없이 가능하다. 상수 0과 1은 함수가 항상 상수가 아닌 한 사라진다. 반대로, $\wedge$와 $\vee$로 만들어진 모든 표현식이 단조임은 자명하다.

용어에 관해: 전통적인 수학의 어법을 유지하려면, 그냥 '단조'가 아니라 '단조 비감소(monotone nondecreasing)'라고 말하는 것이 정확하다. 왜냐하면 실변수 감소함수도 단조라고 부르기 때문이다. (예를 들면 §3.3.2G의 '연속열 검정'을 보라.) 그러나 '비감소'까지 붙이면 다소 장황해진다. 그래서 부울 함수들만 주로 다루는 연구자들은 거의 예외 없이, 부울 함수의 맥락에서 '단조'라면 당연히 '비감소'라고 가정한다. 마찬가지로, 수학에서 '양의 함수'는 보통 그 값이 0을 넘는 함수를 말하지만, 부울 함수에 대한 글을 쓰는 저자들은 우리가 단조 부울 함수라고 부르는 것을 '양의 부울 함수'라고 부르기도 한다. 단조함수가 순서를 유지한다는 점에서 *isotone*이라는 용어를 채용하는 저자들도 있으나, 그 단어는 이미 물리학, 화학, 음악학에서 선점했다.

$\bar{x} \vee y$ 같이 변수들 중 일부를 여수화하면 단조가 되는 부울 함수를 단생(unate) 함수라고 부른다. 정리 Q가 단생 함수들에도 적용됨은 명백하다.

**22.** $g$와 $g \oplus h$ 모두 단조함수이고 $g(x) \wedge h(x) = 0$이다.

**23.** $x \wedge (v \vee y) \wedge (v \vee z) \wedge (w \vee z)$. (따름정리 Q는 단조함수의 논리곱 기약형에도 적용된다. 따라서 이런 종류의 모든 문제는, 한 $\vee$ 안에 $\wedge$ 가 더 이상 나오지 않을 때까지 식 (4)의 분배법칙을 반복 적용하고, 그런 다음 다른 $\vee$ 의 모든 변수를 담은 임의의 절을 제거하기만 하면 풀 수 있다.)

**24.** $k$에 대한 귀납법에 의해, 루트에 $\vee$ 가 있는 비슷한 트리에서 얻은 함수에는 길이가 $2^{\lfloor k/2 \rfloor}$인 기약함의항이 $2^{2^{\lceil k/2 \rceil}-1}$개임을 알 수 있다. 한편 루트에 $\wedge$ 가 있는 트리의 경우 길이가 $2^{\lceil k/2 \rceil}$인 기약함의항이 $4^{2^{\lfloor k/2 \rfloor}-1}$개이다. 예를 들어 $k = 6$일 때, 루트가 $\wedge$ 인 경우에 나오는 $4^7 = 2^{14}$개의 기약함의항들은 다음과 같은 형태이다.

$$x_{(0t_0 0t_{00} 0t_{000})_2} \wedge x_{(0t_0 0t_{00} 1t_{001})_2} \wedge x_{(0t_0 1t_{01} 0t_{010})_2} \wedge x_{(0t_0 1t_{01} 1t_{011})_2}$$
$$\wedge x_{(1t_1 0t_{10} 0t_{100})_2} \wedge x_{(1t_1 0t_{10} 1t_{101})_2} \wedge x_{(1t_1 1t_{11} 0t_{110})_2} \wedge x_{(1t_1 1t_{11} 1t_{111})_2}$$

여기서 $t$는 0 아니면 1이다. [이런 부울 함수들에 대해 더 알고 싶다면 D. E. Knuth, R. W. Moore, *Artificial Intelligence* **6** (1975), 293-326과 V. Gurvich, L. Khachiyan, *Discrete Mathematics* **169** (1997), 245-248을 보라.]

**25.** 답이 $a_n$이라고 하자. 그러면 $a_2 = a_3 = 2$, $a_4 = 3$이며, $n > 4$에 대해 $a_n = a_{n-2} + a_{n-3}$이다. 왜냐하면 $n > 4$일 때의 기약함의항은, $p_k$가 $k$변수 함수의 한 기약함의항이라 할 때 $p_{n-2} \wedge x_{n-1}$ 또는 $p_{n-3} \wedge x_{n-2} \wedge x_n$이기 때문이다. (이 기약함의항들은 경로 그래프 $k$의 극소 정점 덮개들에 해당한다. 사전순으로 나열했을 때 이들은 연습문제 35에서의 의미에서 셸 가능(shellable)이다. $P_n$이 연습문제 7.1.4-15의 페랭 수일 때 $a_n = (7P_n + 10P_{n+1} + P_{n+2})/23$가 성립한다.)

**26.** (a) $x_j = [j \in J]$라고 하자. 그러면 $f(x) = 0$이고 $g(x) = 1$이다. (이 사실은 연습문제 18이다.)

(b) 예를 들어 $k \in J \in \mathcal{G}$이고 $k \notin \bigcup_{I \in \mathcal{F}} I$라고 하자. 그리고 (a)의 조건이 만족되었다고 하자. $x_j = [j \in J,\ j \neq k]$로 두면 $f(x) = 1$이다. 그리고 $g(x) = 0$이다. $J' \neq J$인 모든 $J' \in \mathcal{G}$에는 $\notin J$인 한 원소가 들어 있기 때문이다.

(c) 역시 조건 (a)가 만족되었다고 하고, 예를 들어 $|J| > |\mathcal{F}|$라고 할 때 $x_j =$ [어떤 $I \in \mathcal{F}$에 대해, $j$는 $I \cap J$의 최소 원소]로 두자. 그러면 $f(x) = 1$, $g(x) = 0$이다.

(d) 이제 $\bigcup_{I \in \mathcal{F}} I = \bigcup_{J \in \mathcal{G}} J$라고 가정하자. 각 $I \in \mathcal{F}$는 $f(x) = 0$인 $2^{n-|I|}$개의 벡터들을 대표한다. 마찬가지로, $J \in \mathcal{G}$는 $g(x) = 1$인 $2^{n-|J|}$개의 벡터들을 대표한다. 만일 합 $s$가 $2^n$ 보다 작다면, $s_0$이 $x_n = 0$일 때의 $s$에 대한 기여들의 개수라 할 때 $s = s_0 + s_1$을 계산할 수 있다. 만일 $s_0 < 2^{n-1}$이면 $x_n \leftarrow 0$으로 설정한다. 그렇지 않으면 $s_1 < 2^{n-1}$이므로 $x_n \leftarrow 1$로 설정한다. 그런 다음 $n \leftarrow n-1$로 설정한다. 결국에는 모든 $x_j$가 밝혀지며, $f(x) = 1$이고 $g(x) = 0$이다.

**27.** $m = \min(\{|I| \mid I \in \mathcal{F}\} \cup \{|J| \mid J \in \mathcal{G}\})$가 최단 기약절 또는 기약함의항의 길이라고 하자. 그러면 $N \cdot 2^{n-m} \geq \sum_{I \in \mathcal{F}} 2^{n-|I|} + \sum_{J \in \mathcal{G}} 2^{n-|J|} \geq 2^n$이다. 따라서 $m \leq \lg N$이 성립한다. 만일, 이를테면 $|I| = m$이면, $J \in \mathcal{G}$의 원소들 중 적어도 $1/m$개에 어떠한 색인 $k$가 나타난다. 왜냐하면 각 $J$는 $I$와 교차하기 때문이다. 이로부터 힌트가 증명된다.

이제 $A(0) = A(1) = 1$이고 $v > 1$에 대해 $A(v) = 1 + A(v-1) + A(\lfloor \rho v \rfloor)$라고 하자. 그러면 $A(|\mathcal{F}|\,|\mathcal{G}|)$는 재귀 호출 횟수($X1$ 실행되는 횟수)의 상계이다. $B(v) = A(v) + 1$로 두면 $v > 1$에 대해 $B(v) = B(v-1) + B(\lfloor \rho v \rfloor)$이며, 따라서 $v > k$에 대해 $B(v) \leq B(v-k) + kB(\lfloor \rho v \rfloor)$이다. $k = v - \lfloor \rho v \rfloor$를 취하면 $B(v) \leq ((1-\rho)v + 2)B(\lfloor \rho v \rfloor)$가 나온다. 따라서 $\rho^t v \leq 1$일 때, 즉 $t \geq \ln v / \ln(1/\rho) = \Theta((\log v)(\log N))$일 때 $B(v) = O(((1-\rho)v+2)^t)$이다. 그러므로 $A(|\mathcal{F}|\,|\mathcal{G}|) \leq A(N^2/4) = N^{O(\log N)^2}$이다.

실제 응용에서 이 알고리즘은 방금 유도한 비관론적 상계들보다 훨씬 빠르게 실행된다. 한 함수의 기약절들은 그 함수의 쌍대의 기약함의항들이므로, 이 문제는 주어진 한 DNF가 다른 한 DNF의 쌍대임을 입증하는 것과 본질적으로 동일하다. 더 나아가서, 만일 $f(x) = 0$으로 시작해서 $f(x) = g(\bar{x}) = 0$인 최소의 $x$들을 반복해서 찾아나간다면, $g$의 쌍대가 나올 때까지 $f$를 '키울' 수 있다.

여기에 나온 착안들은 프레드먼M. L. Fredman과 카치얀L. Khachiyan의 *J. Algorithms* **21** (1996), 618-628에 기인한다. 그들은 또한 실행 시간을 $N^{O(\log N/\log\log N)}$으로 줄인 개선안도 제시했다. 다항식 시간 알고리즘은 알려져 있지 않다. 그러나 이 문제가 NP-완전일 가능성은 적다. 지수 시간 미만으로 풀 수 있기 때문이다.

**28.** 이 결과는 일단 이해하고 나면 자명하나, 표기법과 용어 때문에 혼동이 될 수 있다. 그러므로 구체적인 예를 생각해 보자. 예를 들어 $y_1 = y_4 = y_6 = 1$이고 다른 $y_k$는 모두 0이라면 함수 $g$는 오직 기약함의항 $p_1$, $p_4$, $p_6$이 $f$가 참인 모든 지점을 덮을 때에만 참이다. 따라서 $g$의 모든 함의항과 기약함의항 $p_j$만을 포함하는 $f$의 모든 DNF 사이에 일대일 대응관계가 존재한다. 이 대응관계에서 $g$의 기약함의항들은 그 어떤 $p_j$도 소거할 수 없는 '중복 없는' DNF들에 대응된다.

이 원리의 여러 정련을 커틀러R. B. Cutler와 무로가S. Muroga가 *IEEE Transactions* **C-36** (1987), 277-292에서 논의했다.

**29. B1.** 〔초기화.〕 $k \leftarrow k' \leftarrow 0$으로 설정한다. (비슷한 방법들을 연습문제 5-19에서 논의한다.)

**B2.** 〔0을 찾는다.〕 $k = m$이 될 때까지(종료) 또는 $v_k \,\&\, 2^j = 0$이 될 때까지 $k$를 0회 이상 증가한다.

**B3.** 〔$k' > k$가 되게 한다.〕 만일 $k' \le k$이면 $k' \leftarrow k+1$로 설정한다.

**B4.** 〔$k'$을 전진.〕 $k' = m$이 될 때까지(종료) 또는 $v_{k'} \ge v_k + 2^j$가 될 때까지 $k'$을 0회 이상 증가한다.

**B5.** 〔큰 불일치를 지나친다.〕 만일 $v_k \oplus v_{k'} \ge 2^{j+1}$이면 $k \leftarrow k'$으로 설정하고 B2로 돌아간다.

**B6.** 〔일치하는 쌍을 기록한다.〕 만일 $v_{k'} = v_k + 2^j$이면 $(k, k')$을 출력한다.

**B7.** 〔$k$를 전진.〕 $k \leftarrow k+1$로 설정하고 B2로 돌아간다. ▮

(단계 B3과 B5는 생략 가능하나 권장된다.)

**30.** 다음 알고리즘은 가변 길이의 정렬된 목록을 스택 $S$에 유지한다. 그 길이는 결코 $2m+n$을 넘지 않는다. 스택의 최상위 항목이 $S_t = s$라고 할 때, 최상위 목록은 순서 집합 $S_s < S_{s+1} < \cdots < S_{t-1}$이다. 꼬리표 비트들은 또 다른 스택 $T$로 관리하는데, 그 스택의 크기는 $S$와 같다(초기화 단계 이후에).

**P1.** 〔초기화.〕 $0 \le k < m$에 대해 $T_k \leftarrow 0$으로 설정한다. 그런 다음 $0 \le j < n$에 대해 연습문제 29의 $j$-단짝 찾기 알고리즘을 적용하고, 찾아낸 모든 쌍 $(k, k')$에 대해 $T_k \leftarrow T_k + 2^j$, $T_{k'} \leftarrow T_{k'} + 2^j$으로 설정한다. 그런 다음 $s \leftarrow t \leftarrow 0$으로 설정하고 $s = m$이 될 때까지 다음을 되풀이한다: 만일 $T_s = 0$이면 부분입방체 $(0, v_s)$를 출력하고 $s \leftarrow s+1$로 설정한다. 그렇지 않으면 $S_t \leftarrow v_s$, $T_t \leftarrow T_s$, $t \leftarrow t+1$, $s \leftarrow s+1$로 설정한다. 마지막으로 $A \leftarrow 0$, $S_t \leftarrow 0$으로 설정한다.

**P2.** 〔$A$를 전진.〕 (이 지점에서 스택 $S$에는 $\nu(A)+1$개의 부체 목록들이 들어 있다. 구체적으로 말하면, $e_1 > \cdots > e_r \ge 0$이라고 할 때 만일 $A = 2^{e_1} + \cdots + 2^{e_r}$이면, 스택에는 그 $a$ 값이 각각 $0$, $2^{e_1}$, $2^{e_1} + 2^{e_2}$, ..., $A$인 모든 부체 $(a, b) \subseteq V$ 중 꼬리표에 0이 없는 것들을 제외한 부체들의 $b$ 값들이 들어 있다. 이 목록들은 모두 빈 목록이 아니다. 단, 마지막 것은 빈 목록일 수도 있다. 이제부터 $A$를 다음번의 유효한 값으로 증가한다.) $j \leftarrow 0$으로 설정한다. 만일 $S_t = t$이면(즉 최상위 목록이 비었으면) $j \ge n$ 또는 $A \,\&\, 2^j \ne 0$이 될 때까지 $j$를 0회 이상 증가한다. 그런 다음에는 $j < n$이고 $A \,\&\, 2^j \ne 0$인 동안 $t \leftarrow S_t - 1$, $A \leftarrow A - 2^j$, $j \leftarrow j+1$로 설정한다. 만일 $j \ge n$이면 알고리즘을 끝내고, 그렇지 않으면 $A \leftarrow A + 2^j$으로 설정한다.

**P3.** 〔목록 $A$를 생성.〕 $r \leftarrow t$, $s \leftarrow S_t$로 설정하고, 연습문제 29의 $j$-단짝 찾기 알고리즘을 $r - s$개의 수 $S_s < \cdots < S_{r-1}$에 적용한다. 찾아낸 모든 쌍 $(k, k')$에 대해 $x \leftarrow (T_k \,\&\, T_{k'}) - 2^j$로 설정한다. 만일 $x = 0$이면 부분입방체 $(A, S_k)$를 출력하고, 그렇지 않으면 $t \leftarrow t+1$, $S_t \leftarrow S_k$, $T_t \leftarrow x$로 설정한다. 마지막으로 $t \leftarrow t+1$, $S_t \leftarrow r+1$로 설정하고 단계 P2로 돌아간다. ▮

이 알고리즘은 부분적으로 모레알레Eugenio Morreale의 착안에 기초한 것이다〔*IEEE Trans.* **EC-16** (1967), 611-620; *Proc. ACM Nat. Conf.* **23** (1968), 355-365〕. 실행 시간은 본질적으로 $mn$ (단계 P1에 의해) 더하기 $V$에 있는 부분입방체 전체 개수에 비례한다. 만일 $m \le 2^n(1-\epsilon)$이면, 그리고 $V$가 크기가 $m$이고 무작위로 선택된다면, 부분입방체의 평균 전체 개수는 많아야 $O(\log\log n/\log\log\log n)$ 곱하기 극대 부분입방체 평균 개수이다(연습문제 34에서 이를 증명한다). 따라서 대부분의 경우에서 평균 실행 시간은 산출된 평균 출력량에 거의 비례한다. 한편, 연습문제 32와 116에서는 그 출력량이 거대할 수 있음을 보인다.

**31.** (a) $c = c_{n-1}\cdots c_0$, $c' = c'_{n-1}\cdots c'_0$, $c'' = c''_{n-1}\cdots c''_0$이라고 하자. 그러면 $c_j \ne *$이고 $c_j \ne c''_j$인 어떤 $j$가 반드시 존재한다. 그렇지 않다면 $c'' \subseteq c$이다. 마찬가지로, $c'_k \ne *$이고 $c'_k \ne c''_k$인 어떤 $k$가 반드시 존재한다. 만일 $j \ne k$이면 $c$도 아니고 $c'$도 아닌 점 $x_{n-1}\cdots x_0 \in c''$이 있을 것이다. 왜냐하면 $x_j = \bar{c}_j$, $x_k = \bar{c}'_k$로 둘 수 있기 때문이다. 따라서 $j = k$이며, $j$의 값은 고유하게 결정된다. 더 나아가서 $c'_j = \bar{c}_j$임을 보이는 것도 쉽다. 그리고 만일 $i \ne j$이면 $c_i = *$이거나 $c_i = c''_i$이며, $c'_i = *$이거나 $c'_i = c''_i$이다.

(b) 이는 (a)로부터 비롯된 자명한 결과이다.

(c) 우선 단계 E2에 진입할 때마다 그 괄호 안 설명이 항상 참임을 증명한다. $j = 0$일 때 참임은 명백하다. 그 외의 경우 $c \subseteq V$가 $j$-입방체라고 하고, $c_0$과 $c_1$이 $(j-1)$-입방체이며 $c = c_0 \cup c_1$이라고 하자. 단계 E2의 이전 실행에서는 어떤 $c'_0$과 $c'_1$에 대해 $c_0 \subseteq c'_0 \in C$이고 $c_1 \subseteq c'_1 \in C$였다. 따라서 $c \subseteq c'_0 \sqcup c'_1$ 아니면 $c \subseteq c'_0$ 아니면 $c \subseteq c'_1$이다. 세 경우 모두, $c$는 이제 $C$의 어떤 원소 안에 포함된다.

둘째로, 단계 E3의 출력들이 바로 $V$에 포함된 극대 $j$-입방체들임을 증명한다. $c \subseteq V$가 임의의 $k$-입방체라고 하자. 만일 $c$가 극대이면 $c$는 $j = k$로 단계 E3에 도달할 때마다 $C$ 안에 있으며, 또한 출력될 것이다. 만일 $c$가 극대가 아니면 단짝 $c' \subseteq V$가 존재할 것이다. 그 단짝은 E3에 도달했을 때 어떤 부분입방체 $c'' \in C$ 안에 담긴 한 $k$-입방체이다. 그런데 $c \not\subseteq c''$이므로, 합의 $c \sqcup c''$는 $C'$의 한 $(j+1)$-입방체이며, $c$는 출력되지 않는다.

참고문헌: 합의라는 개념은 블레이크Archie Blake가 그의 University of Chicago Ph.D. 학위논문(1937)에서 처음 정의했다. *J. Symbolic Logic* **3** (1938), 93, 112-113을 보라. 이 개념을 샘슨 Edward W. Samson과 밀스Burton E. Mills가〔Air Force Cambridge Research Center Tech. Report 54-21 (Cambridge, Mass.: April 1954), 54 pp.〕, 그리고 콰인W. V. Quine이〔*AMM* **62** (1955), 627-631〕 따로 재발견했다. 이 연산을 또한 분해제(resolvent)라고 부르기도 하는데, 이는 로빈슨J. A. Robinson이 이것을 정리 증명을 위한 그의 '분해 원리(resolution principle)'의 기저로서 좀 더 일반적인 형식으로(그러나 기약항이 아니라 절에 관해) 사용했기 때문이다〔*JACM* **12** (1965), 23-41〕. 알고리즘 E는 Ann C. Ewing, J. Paul Roth, Eric G. Wagner, *AIEE Transactions*, 제1부, **80** (1961), 450-458에 기인한다.

**32.** (a) 연습문제 31의 $\sqcup$ 의 정의를 다음과 같이 네 기호 $A=\{0,1,*,\bullet\}$에 관한 결합 및 분배 연산으로 바꾼다: 모든 $a\in A$와 $x\in\{0,1\}$에 대해

$$*\sqcup a=a\sqcup *=a,\qquad \bullet\sqcup a=a\sqcup\bullet=x\sqcup\bar{x}=\bullet,\qquad x\sqcup x=x.$$

또한 $h(0)=0$, $h(1)=1$, $h(*)=*$, $h(\bullet)=*$로 둔다. 그러면 성분별로 계산된 $c=h(c_1\sqcup\cdots\sqcup c_m)$은 일반화된 합의일 가능성이 있는 유일한 부분입방체이다. [P. Tison, *IEEE Transactions* **EC-16** (1967), 446-456을 보라.]

(b) 예를 들어 $c_j=*^{j-1}1*^{m-j}1^{j-1}0*^{m-j}$으로 둔다. [마지막 성분은 생략 가능하다. 모든 해가 R. H. Sloan, B. Szörényi, G. Turán, *SIAM J. Discrete Math.* **21** (2008), 987-998에 특성화되어 있다.]

(c) (a)에 의해, 모든 기약함의항은 그것이 '만나는' 함의항들의 부분집합에 고유하게 대응된다. [A. K. Chandra, G. Markowsky, *Discrete Math.* **24** (1978), 7-11.]

(d) 예를 들어, (b)에서처럼 $(y_1\wedge\bar{x}_1)\vee(y_2\wedge x_1\wedge\bar{x}_2)\vee\cdots\vee(y_m\wedge x_1\wedge\cdots\wedge x_{m-1}\wedge\bar{x}_m)$이다. [J.-M. Laborde, *Discrete Math.* **32** (1980), 209-212.]

**33.** (a) $\binom{2^n-2^{n-k}}{m-2^{n-k}}\Big/\binom{2^n}{m}$. (b) $x_1\wedge\cdots\wedge x_{j-1}\wedge\bar{x}_j\wedge x_{j+1}\wedge\cdots\wedge x_k$ 역시 하나의 함의항인 경우들은 배제해야 한다. 포함 배제 원리(inclusion-exclusion principle)에 의해 답은

$$\sum_l\binom{k}{l}(-1)^l\binom{2^n-(l+1)2^{n-k}}{m-(l+1)2^{n-k}}\Big/\binom{2^n}{m}$$

이며, $k=n$일 때에는 $\binom{2^n-n-1}{m-1}\Big/\binom{2^n}{m}$으로 단순화된다. (이를테면 식 1.2.6-(45)를 보라.)

**34.** (a) $c(m,n)=\sum c_j(m,n)$이 성립한다. 여기서 $c_j(m,n)=2^{n-j}\binom{n}{j}\binom{2^n-2^j}{m-2^j}\Big/\binom{2^n}{m}$은 리터럴이 $n-j$개인 함의항들의 평균 개수(연습문제 30의 어법으로 말하자면 차원이 $j$인 부분입방체들의 평균 개수)이다. $c_0(m,n)=m$이고

$$c_1(m,n)=\frac{nm(m-1)}{2(2^n-1)}\le\frac{mn}{2}\left(\frac{m}{2^n}\right)\le\frac{1}{2}m$$

임은 명백하다. 마찬가지로 $c_j(m,n)\le m/(2^jj!\,n^{2^j-1-j})$이다. 또한 $p(m,n)=\sum_jp_j(m,n)$인데, 여기서

$$p_0(m,n)=2^n\binom{2^n-n-1}{m-1}\Big/\binom{2^n}{m}=m\frac{(2^n-n-1)^{\underline{m-1}}}{(2^n-1)^{\underline{m-1}}}\ge m\frac{(2^n-n-m)^{m-1}}{(2^n-m)^{m-1}}$$

$$\ge m\left(1-\frac{n}{2^n-m}\right)^m\ge m\left(1-\frac{n}{2^n-2^n/n}\right)^{2^n/n}=m\exp\left(\frac{2^n}{n}\ln\left(1-\frac{n^2}{2^n(n-1)}\right)\right)$$

이다.

(b) $t=\lfloor\lg\lg n-\lg\lg(2^n/m)+\lg(4/3)\rfloor\le\lg\lg n+O(1)$이 상당히 작은 값임을 주목하기 바란다. $\binom{2^n-j\cdot2^t}{m-j\cdot2^t}\Big/\binom{2^n}{m}<\alpha_{mn}^j$이라는, 그리고 $j$가 그리 크지 않을 때 실제로

$$\binom{2^n - j\cdot 2^t}{m - j\cdot 2^t}\Big/\binom{2^n}{m} = \alpha_{mn}^j(1+O(j^2 2^{2t}/m))$$

이 대단히 좋은 근사라는 사실을 되풀이해서 사용할 것이다. 힌트를 입증하기 위해서는, $\sum_{j<t} c_j(m, n)/c_t(m,n) = O(tc_{t-1}(m,n)/c_t(m,n)) = O(t^2/(n\sqrt{\alpha_{mn}})) = O((\log\log n)^2/n^{1/3})$이고 $c_{t+j}(m,n)/c_t(m,n) = O((n/(2t))^j \alpha_{mn}^{2^j-1})$이라는 점에 주목한다. 따라서 $c(m,n)/c_t(m,n) \approx 1+\frac{1}{2}\binom{n-t}{t+1}\alpha_{mn}$이다. 여기서 둘째 항은 $\alpha_{mn}$이 해당 범위의 윗부분에 있을 때 지배적이다. 더 나아가서

$$\sum_l \binom{n-t}{l}(-1)^l \alpha_{mn}^l\left(1+O\left(\frac{l^2 2^{2t}}{m}\right)\right) = (1-\alpha_{mn})^{n-t} + O(n^2\alpha_{mn}(1+\alpha_{mn})^n 2^{2t}/m)$$

의 오차항은 지수적으로 작다. $(1+\alpha_{mn})^n = O(e^{n^{1/3}}) \ll m$이기 때문이다. 그러므로 $p(m,n)/c_t(m,n)$은 점근적으로 $e^{-n\alpha_{mn}} + \frac{1}{2}\binom{n-t}{t+1}\alpha_{mn}e^{-n\alpha_{mn}^2}$이다.

(c) 여기서 $\alpha_{mn} = 2^{-2^t} \approx n^{-1}\ln(t/\ln t)$이다. 따라서 $c(m,n)/c_t(m,n) = 1+O(t^{-1}\log t)$, $p(m,n)/c_t(m,n) = t^{-1}\ln t + \frac{1}{2}t^{-1}\ln t + O(t^{-1}\log\log t)$이다. 이 경우 다음과 같은 결론을 내릴 수 있다.

$$\frac{c(m,n)}{p(m,n)} = \frac{2}{3}\frac{\lg\lg n}{\lg\lg\lg n}\left(1+O\left(\frac{\log\log\log\log n}{\log\log\log n}\right)\right).$$

(d) 만일 $n\alpha_{mn} \le \ln t - \ln\ln t$이면 $p(m,n)/c(m,n) \ge p_t(m,n)/c(m,n) \ge t^{-1}\ln t + O(t^{-1}\log t)^2$이 성립한다. 한편 만일 $n\alpha_{mn} \ge \ln t - \ln\ln t$이면 $p(m,n)/c(m,n) \ge p_{t+1}(m, n)/c(m,n) \ge \frac{1}{2}t^{-1}\ln t + O(t^{-1}\log\log t)$이다.

〔평균값 $c(m,n)$과 $p(m,n)$, 그리고 $c(m,n)$의 분산은 F. Mileto, G. Putzolu, *IEEE Trans.* **EC-13** (1964), 87-92; *JACM* **12** (1965), 364-375에서 처음 연구되었다. 각 값 $f(x_1,\ldots,x_n)$이 독립적으로 1과 같을 확률이 $p(n)$인 무작위 부울 함수의 함의항, 기약함의항, 중복 없는 DNF에 관한 상세한 점근적 정보가 Karl Weber, *Elektronische Informationsverarbeitung und Kybernetik* **19** (1983), 365-374, 449-458, 529-534에 유도되어 있다.〕

**35.** (a) $p$번째 부분입방체가 $0^k 1^u *^v$라고 가정할 수 있도록, 따라서 $B_p = 0^k1^u0^v$이고 $S_p = 1^k0^{u+v}$이 되도록 좌표들을 재배치하는 것이 가능하다. 그러면 $*^k1^u*^v$의 모든 점이 여전히 포괄됨을 $p$에 대한 귀납법으로 증명할 수 있다. 이미 $1\le j\le k$에 대해 $*^{j-1}1*^{k-j}1^u*^v$의 모든 점이 포괄되었기 때문이다.

(b) $j$번째 부분입방체와 $k$번째 부분입방체는 $B_j \mathbin{\&} S_k$가 0이 아닌 모든 좌표 위치에서 다르다. 반면, 만일 $B_j \mathbin{\&} S_k$가 0이면, 부분입방체 $k$의 점 $\overline{S}_k$는 (a)에 의해 이전 부분입방체 안에 있다. $\overline{S}_k \supseteq B_j$이기 때문이다.

(c) 목록 1100, $1\underline{0}11$, $\underline{0}011$로부터(밑줄은 각 $S_k$의 비트들) 직교 DNF $(x_1\wedge x_2)\vee(x_1\wedge\bar{x}_2\wedge x_3\wedge x_4)\vee(\bar{x}_1\wedge x_3\wedge x_4)$를 얻는다.

(d) 여덟 개의 해가 있다. 이를테면 $(01100, 0\underline{0}110, 00\underline{0}11; 11\underline{0}1\underline{0}, 11\underline{0}\underline{0}0)$이 한 해이다.

(e) $(001100, 011\underline{0}00, 00\underline{0}110, 11\underline{0}\underline{0}10, 11\underline{0}0\underline{0}0, \underline{0}1\underline{0}\underline{0}11, 0\underline{0}0\underline{0}11)$은 대칭적인 한 해이다. 그리고 그 외에도 많은 해들이 가능하다. 예를 들어 비트 부호 $\{110000, 011000, 001100, 000110, 000011, 110010, 011010\}$의 순열 42개가 셸링이다.

〔단조 부울 함수의 셸링 개념은 볼Michel O. Ball과 프로번J. Scott Provan이 *Operations Research* **36** (1988), 703-715에서 소개했다. 그들은 여러 중요한 응용 방법들도 논의했다.〕

**36.** 만일 $j < k$이면 $B_j = \alpha 1\beta$이고 $B_k = \alpha 0\gamma$인 이진열 $\alpha$, $\beta$, $\gamma$가 존재한다. 수열 $x_0 = \alpha 1\gamma$, $x_1 = x_0'$, …, $x_l = x_{l-1}'$(여기서 $x_l = \alpha 00^{|\gamma|}$)을 만든다. 그러면, $x_0 \supseteq B_k$이므로 $f(x_0) = 1$이나, $x_l \subseteq B_j'$이므로 $f(x_l) = 0$이다. 따라서 $f(x_i) = 1$이고 $f(x_{i+1}) = \cdots = f(x_l) = 0$인 이진열 $x_i$는 $B$ 안에 있다. 그 이진열은 $B_k$보다 앞서며, $B_j \& S_k \supseteq 0^{|\alpha|}10^{|\beta|}$을 증명한다.

〔이 논증과 연습문제 35의 부문제들은 E. Boros, Y. Crama, O. Ekin, P. L. Hammer, T. Ibaraki, A. Kogan, *SIAM J. Discrete Math.* **13** (2000), 212-226에 기인한다.〕

**37.** 셸링 순서 $(000011, 0011\underline{0}1, 00110\underline{0}, 11\underline{0}1\underline{0}1, 11\underline{0}10\underline{0}, 110\underline{0}\underline{0}1, 110\underline{0}\underline{0}0)$은 모든 $n$으로 일반화된다. 또한 셸링에 기초하지 않은 흥미로운 해들도 있다. 이를테면 순환 대칭인 (110∗∗, 1110∗∗, ∗∗110∗, ∗∗1110, 0∗∗∗11, 10∗∗11, 111111)이 그러한 해이다.

하계에 관해서는, 가중치 $w_x = -\prod_{j=1}^{n}(x_{2j-1} + x_{2j} - 3x_{2j-1}x_{2j})$를 각 점 $x$에 부여하고, 임의의 부분입방체에서 모든 $x$에 관한 $w_x$들의 합이 0 또는 $\pm 1$임에 주목할 것. ($n = 1$일 때의 아홉 가지 가능한 부분입방체들 각각에 대해 이 기묘한 사실을 증명하는 것으로 충분하다.) 이제 집합 $F = \{x \mid f(x) = 1\}$을 분할하는 서로 소인 부분입방체들의 집합 하나를 선택한다. 그러면

$$\sum_{\text{선택된}C} 1 \geq \sum_{\text{선택된}C}\sum_{x\in C} w_x = \sum_{x\in F} w_x \sum_{\text{선택된}C} [x \in C] = \sum_{x\in F} w_x$$

이다. $x_{2j-1}x_{2j} = 1$인 쌍이 정확히 $k$개이고 가중치가 0이 아닌 벡터 $x$는 총 $\binom{n}{k}2^{n-k}$개다. 그 벡터들의 가중치는 $(-1)^{k-1}$이며, $k = 0$인 경우를 제외한 모든 벡터는 $F$ 안에 있다. 따라서 $\sum_{x\in F} w_x = \sum_{k>0}\binom{n}{k}2^{n-k}(-1)^{k-1} = 2^n - (2-1)^n$이다.

〔M. O. Ball, G. L. Nemhauser, *Mathematics of Operations Research* **4** (1979), 132-143을 보라.〕

**38.** 어렵지 않음이 확실하다. DNF는 오직 적어도 하나의 함의항이 있을 때 만족 가능이다. DNF에 대해 어려운 문제는 그것이 항진명제(tautology; 항상 참)인지 아닌지를 결정하는 것이다.

**39.** 변수 $y_1$, …, $y_N$을 각 내부 노드에 전위(preorder) 순서로 배정한다. 즉, 모든 트리 노드가 각각 $F$의 정확히 한 변수에 대응되게 한다. 자식 노드들이 $(l, r)$이고 이름표가 이진 연산자 $\circ$인 각 내부 노드 $y$마다 절이 네 개인 3CNF $c_{00} \wedge c_{01} \wedge c_{10} \wedge c_{11}$을 구축한다. 여기서

$$c_{pq} = (y^{\overline{p \circ q}N} \vee l^{pN} \vee r^{qN})$$

인데, $N$은 여수화를 뜻한다(즉 $x^{0N}=x$이고 $x^{1N}=\bar{x}$이다). 이 절들은 사실상 $y=l\circ r$임을 말해준다. 예를 들어 $\circ$이 $\wedge$라고 하면 네 절들은 $(\bar{y}\vee l\vee r)\wedge(\bar{y}\vee l\vee\bar{r})\wedge(\bar{y}\vee\bar{l}\vee r)\wedge(y\vee\bar{l}\vee\bar{r})$이다. 마지막으로, $(y_1\vee y_1\vee y_1)$절을 추가해서 $F=1$이 되게 한다.

더 큰 수들은 모두 그 셋을 단순히 복합해서 만들 수 있다.
A가 B를 C에게 D의 값으로 팔았다는 4중 사실을 생각해 보자.
이는 두 가지 사실의 복합이다.
첫째는 A가 C와 어떤 거래를 했다는 것이다.
이를 E라고 하자. 둘째는 이 거래 E가 B를 가격 D로 팔았다는 것이다.

— CHARLES S. PEIRCE, *A Guess at the Riddle* (1887)

**40.** 힌트에 따라, $A$는 '$u<v\oplus v<u$'임을 말해 주고 $B$는 '$u<v\wedge v<w\Rightarrow u<w$'임을 말해준다. 따라서 $A\wedge B$는 정점들의 선형 순서 $u_1<u_2<\cdots<u_n$이 존재함을 말해준다. ($A\wedge B$를 만족하는 순서는 $n!$가지이다.) 이제 $C$는 $q_{uvw}$가 $u<v<w$와 동치임을 말해준다. 따라서 $D$는 $u\not- w$일 때 $u$와 $w$가 순서 관계에서 연속이 아님(non-consecutive)을 뜻한다. 그러므로 $A\wedge B\wedge C\wedge D$는 오직 인접하지 않은 모든 정점이 연속이 아닐 때(즉, 연속인 모든 정점이 인접할 때)에만 만족 가능이다.

**41.** 해 0: $[m\le n]$이 그러한 공식이나, 이는 이 문제의 의도에 맞지 않는다.

해 1: 비둘기 $j$가 비둘기집 $k$를 차지하고 있다는 것을 $x_{jk}$라고 표기하자. 논리곱 표준형의 절들은 $1\le j\le m$에 대한 $(x_{j1}\vee\cdots\vee x_{jn})$들과 $1\le i<j\le m$ 및 $1\le k\le n$에 대한 $(\bar{x}_{ik}\vee\bar{x}_{jk})$들이다. [S. A. Cook, R. A. Reckhow, *J. Symbolic Logic* **44** (1979), 36-50; A. Haken, *Theoretical Comp. Sci.* **39** (1985), 297-308을 보라.]

해 2: $n=2^t$이고 비둘기 $j$가 비둘기집 $(x_{j1}\ldots x_{jt})_2$를 차지한다고 하자. 보조 절 $(\bar{y}_{ijk}\vee x_{ik}\vee x_{jk})\wedge(y_{ijk}\vee x_{ik}\vee\bar{x}_{jk})\wedge(y_{ijk}\vee\bar{x}_{ik}\vee x_{jk})\wedge(\bar{y}_{ijk}\vee\bar{x}_{ik}\vee\bar{x}_{jk})$를 도입함으로써, $1\le i<j\le m$에 대한 절 $((x_{i1}\oplus x_{j1})\vee\cdots\vee(x\oplus x_{jt}))$들을 연습문제 39에서처럼 CNF $(y_{ij1}\vee\cdots\vee y_{ijt})$에 집어넣을 수 있다. 그러한 CNF의 전체 길이는 $\Theta(m^2\log n)$으로, 해 1의 $\Theta(m^2 n)$에 비해 작다. 만일 $n$이 2의 제곱수가 아니면 크기가 $O(\log n)$인 추가 절 $O(m\log n)$개가 부적절한 값들을 소거한다.

**42.** $(\bar{x}\vee y)\wedge(\bar{z}\vee x)\wedge(\bar{y}\vee\bar{z})\wedge(z\vee z)$.

**43.** 아마도 아닐 것이다. 왜냐하면 모든 3SAT 문제를 이 형태로 변환할 수 있기 때문이다. 예를 들어 $(x_1\vee x_2\vee\bar{x}_3)$이라는 절을 $(x_1\vee\bar{y}\vee\bar{x}_3)\wedge(\bar{y}\vee\bar{x}_2)\wedge(y\vee x_2)$로 대체할 수 있다. 여기서 $y$는 새로운 변수(본질적으로는 $\bar{x}_2$와 동치)이다.

**44.** $f(x)=f(y)=1$이 $f(x\,\&\,y)=1$을 함의한다고 가정하자. 또한, 예를 들어 $c=x_1\vee x_2\vee\bar{x}_3\vee\bar{x}_4$가 $f$의 한 기약절이라고 하자. 그러면 $c'=\bar{x}_1\vee x_2\vee\bar{x}_3\vee\bar{x}_4$는 하나의 절이 아니다. 그렇지

않다면 $c \wedge c' = x_2 \vee \bar{x}_3 \vee \bar{x}_4$ 역시 하나의 절이 되는데, 이는 기약성과 모순이다. 따라서 $f(y) = 1$, $y_1 = 1$, $y_2 = 0$, $y_3 = y_4 = 1$인 벡터 $y$가 존재한다. 마찬가지로, $f(z) = 1$, $z_1 = 0$, $z_2 = 1$, $z_3 = z_4 = 1$인 벡터 $z$가 존재한다. 그러나 그러면 $f(y \,\&\, z) = 1$이며, $c$는 절이 아니다. 같은 논증이 다른 수의 리터럴들을 가진 절 $c$에도 적용된다(여수가 아닌 리터럴들이 적어도 두 개 존재하는 한).

**45.** (a) 혼 함수 $f(x_1, \ldots, x_n)$은 오직 정 혼 함수 $g(x_1, \ldots, x_n) = f(x_1, \ldots, x_n) \vee (x_1 \wedge \cdots \wedge x_n)$과 같지 않을 때에만 부정(indefinite)이다. 따라서 $f \leftrightarrow g$는 부정 혼 함수들과 정 혼 함수들 사이의 일대일 대응이다. (b) 만일 $f$가 단조이면 그 여수 $\bar{f}$는 항상 1인 함수이거나 부정 혼 함수이다.

**46.** 알고리즘 C는 88개의 문자쌍 `xy`를 핵심부에 넣는다. `x` = `a` 또는 `b`, `c`, `0`, `1`일 때 그다음 문자 `y`로는 `(`만 빼고 뭐든지 가능하다. `x` = `(`나 `*`, `/`, `+`, `-`일 때에는 `y` = `(`, `a`, `b`, `c`, `0`, `1`이다. 또한 `x` = `(`나 `+`, `-`일 때에는 `y` = `-`이다. 마지막으로, `x` = `)`로 시작하는 적법한 문자쌍은 `)+`, `)-`, `)*`, `)/`, `))`이다.

**47.** 알고리즘 C가 정점들을 핵심부에 집어넣는 순서는 위상정렬 순서이다. $k$의 모든 선행자는 알고리즘이 TRUTH($x_k$) ← 1로 설정하기 전에 단언되기 때문이다. 그러나 알고리즘 2.2.3T는 스택이 아니라 대기열을 사용하므로, 일반적으로 알고리즘 C와는 사실상 다른 순서가 만들어진다.

**48.** $\perp$이 하나의 새 변수라고 하자. 각각의 부정 혼 절마다 이 새 변수를 OR로 결합해서 정 혼 절을 만든다. (예를 들어 '$\bar{w} \vee \bar{y}$'는 '$\bar{w} \vee \bar{y} \vee \perp$'이 된다. 이는 곧 $w \wedge y \Rightarrow \perp$이다. 정 혼 절들은 바꾸지 않는다.) 그런 다음 알고리즘 C를 적용한다. 원래의 절들은 오직 $\perp$이 새 절의 핵심부에 있을 때에만 만족 불가능이다. 따라서 알고리즘은 TRUTH($\perp$) ← 1로 설정할 때가 되는 즉시 종료될 수 있다.

(퀵J. H. Quick은 다음과 같은 또 다른 해를 생각했다: 알고리즘 C를 연습문제 45(a)의 답에서 구축한 함수 $g$에 적용할 수 있다. 왜냐하면 $f$는 오직 모든 변수 $x_j$가 $g$의 핵심부에 있을 때에만 만족 불가능이기 때문이다. 그러나 $f$의 $\bar{w} \vee \bar{y}$ 같은 부정 절들은 $g$의 수많은 서로 다른 절 $(\bar{w} \vee \bar{y} \vee z) \wedge (\bar{w} \vee \bar{y} \vee x) \wedge (\bar{w} \vee \bar{y} \vee v) \wedge (\bar{w} \vee \bar{y} \vee u) \wedge \cdots$들이 된다. 원래의 절에 있지 않은 각 변수 당 하나씩의 절이 만들어지는 것이다. 따라서 퀵의 제안은 언뜻 보면 상당히 우아하지만, 절들의 수가 $\Omega(n)$배로 늘어날 수 있다.)

**49.** 오직 $f \wedge \bar{g}$가 만족 불가능일 때에만, 그리고 오직 $g$의 모든 절 $c$에 대해 $f \wedge \bar{c}$일 때에만 $f \le g$이다. 그런데 $\bar{c}$는 리터럴들의 AND이므로 연습문제 48을 적용할 수 있다. [$g$가 $f$의 '이름 바꾸기'인지를 판정하는, 즉 $f(x_1, \ldots, x_n) = g(x_1 \oplus y_1, \ldots, x_n \oplus y_n)$인 상수 $(y_1, \ldots, y_n)$들의 존재 여부를 판정하는 효율적인 방법을 비롯한 추가적인 결과들이 H. Kleine Büning, T. Lettmann, *Aussagenlogik: Deduktion und Algorithmen* (1994), §5.6에 나온다.]

**50.** Gabriel Istrate, *Random Structures & Algorithms* **20** (2002), 483–506을 보라.

**51.** 만일 정점 $v$의 표식이 A이면 절 $\Rightarrow A^+(v)$와 절 $\Rightarrow B^-(v)$를 도입한다. 표식이 B이면 절 $\Rightarrow A^-(v)$와 절 $\Rightarrow B^+(v)$를 도입한다. 그 외의 경우, $v$의 $k$개의 외향 호들이 $v \to u_1$, …, $v \to u_k$

라고 하자. $1 \le j \le k$에 대해 절 $A^-(u_j) \Rightarrow B^+(v)$들과 절 $B^-(u_j) \Rightarrow A^+(v)$들을 도입한다. 또한, 만일 $v$의 표식이 C가 아니면 절 $A^+(u_1) \wedge \cdots \wedge A^+(u_k) \Rightarrow B^-(v)$와 $B^+(u_1) \wedge \cdots \wedge B^+(u_k) \Rightarrow A^-(v)$를 도입한다. 모든 강제 전략들은 이 절들의 결과이다. 연습문제 2.2.3-28과 그 답에 추가적인 정보가 있다.

이는 원칙적으로 체스 게임에서 흰 말들의 승리를 강제할 수 있는지의 여부를 결정하는 데 알고리즘 C를 사용할 수 있다는 뜻임을 주목하기 바란다. 물론 해당 유향 그래프가 물리적 우주보다도 크다는 성가신 세부사항을 제외한다면 말이다.

**52.** 두 플레이어가 최선을 다했다고 할 때 결과들(연습문제 51 참고)은 다음과 같다:

| $n$ | (a) | (b) | (c) | (d) |
|---|---|---|---|---|
| 2 | 0의 승리 | 둘째 플레이어의 승리 | 1의 승리 | 둘째 플레이어의 승리 |
| 3 | 0의 승리 | 첫 플레이어의 승리 | 첫 플레이어의 승리 | 첫 플레이어의 승리 |
| 4 | 첫 플레이어의 승리 | 첫 플레이어의 승리 | 첫 플레이어의 승리 | 첫 플레이어의 승리 |
| 5 | 둘째 플레이어의 승리 | 무승부 | 무승부 | 1이 첫 플레이어이면 패배 |
| 6 | 둘째 플레이어의 승리 | 둘째 플레이어의 승리 | 1이 첫 플레이어이면 패배 | 1이 첫 플레이어이면 패배 |
| 7 | 1이 첫 플레이어이면 패배 | 둘째 플레이어의 승리 | 1이 첫 플레이어이면 패배 | 1이 첫 플레이어이면 패배 |
| 8 | 무승부 | 무승부 | 무승부 | 1이 첫 플레이어이면 패배 |
| 9 | 무승부 | 무승부 | 무승부 | 1이 첫 플레이어이면 패배 |

(여기서 "1이 첫 플레이어이면 패배"는 만일 플레이어 0이 먼저 시작했으면 무승부이고 그렇지 않으면 0이 승리함을 뜻한다.) 해설: (a)의 경우 플레이어 1이 약간 불리하다. $x_1 \ldots x_n$이 회문일 때 $f(x) = 0$이기 때문이다. 이 작은 차이는 $n = 7$일 때에도 결과에 영향을 미친다. 답의 오른쪽 절반에서 플레이어 1이 플레이어 0보다 나은 것처럼 보이지만, $n = 4$일 때 플레이어 1의 첫 수는 반드시 $*1**$이어야 한다. $*0**$로 하면 무승부가 된다. 게임 (b)는 본질적으로 마지막 $*$를 누가 제거하게 되느냐의 싸움이다. 게임 (c)에서는 $x_1 \ldots x_n$을 무작위로 선택했을 때 $f(x) = 1$이 될 확률이 $F_{n+2}/2^n = \Theta((\phi/2)^n)$이다. 게임 (d)의 경우 이 확률은 $\Theta(1/\log n)$이므로 느리게 0으로 접근한다. 그래도 $n = 2, 5, 8, 9$일 때 플레이어 1이 (d)보다는 (c)에서 더 유리하다. 다른 경우에도 더 불리하지는 않다.

**53.** (a) 1일이나 2일을 3일로 바꾸어야 한다.

(b, f) 여러 가지 방법이 가능한데, 이를테면 2일을 3일로 바꾼다.

(c) 이 경우는 그림 6에 나와 있다. 데저트나 엑스칼리버를 알라딘으로 바꾸면 된다.

(d) 시저스나 엑스칼리버를 알라딘으로 바꾼다.

(e) 벨라지오나 데저트를 알라딘으로 바꾼다.

물론 식 (54)의 순환마디에 나오지 않은 윌리엄스는 일정 충돌들에 그 어떤 책임도 없다.

**54.** 만일 $x$와 $\bar{x}$가 모두 $S$에 속한다면 $u \in S \Leftrightarrow \bar{u} \in S$이다. 왜냐하면 $x$에서 $\bar{x}$로의 경로와 $\bar{x}$에서 $x$로의 경로, $x$에서 $u$로의 경로, $u$에서 $x$로의 경로가 존재한다는 것은 $\bar{u}$에서 $\bar{x}$로의 경로와 $\bar{x}$에서 $\bar{u}$로의 경로가 존재함을, 따라서 $u$에서 $\bar{u}$로의 경로와 $\bar{u}$에서 $u$로의 경로가 존재함을 함의하기 때문이다.

**55.** (a) $x_1 \vee \bar{x}_2 \vee x_3 \vee \bar{x}_4$ 같은 절의 이름 바꾸기를 성공하기 위한 필요충분조건은 $(y_1 \vee \bar{y}_2) \wedge (y_1 \vee y_3) \wedge (y_1 \vee \bar{y}_4) \wedge (\bar{y}_2 \vee y_3) \wedge (\bar{y}_2 \vee \bar{y}_4) \wedge (y_3 \vee \bar{y}_4)$이다. 그와 비슷한, 변수 $\{y_1, \dots, y_n\}$의 길이가 2인 $\binom{k}{2}$개의 절들의 집합은 $\{x_1, \dots, x_n\}$의 길이가 $k$인 임의의 절에 대응된다. [H. R. Lewis, *JACM* **25** (1978), 134–135.]

(b) $\{x_1, \dots, x_n\}$의 길이가 $k > 3$인 한 절이 주어졌을 때, $k-3$개의 새로운 변수 $\{t_2, \dots, t_{k-2}\}$를 도입함으로써, 그 절을 (a)에서 말한 $\binom{k}{2}$개의 절들이 아니라 $3(k-2)$개의 길이 2절들로 변환할 수 있다. 예를 들어 다음은 절 $x_1 \vee x_2 \vee x_3 \vee x_4 \vee x_5$로부터 변환한 9개의 절들이다.

$$(y_1 \vee y_2) \wedge (y_1 \vee t_2) \wedge (y_2 \vee t_2) \wedge (\bar{t}_2 \vee y_3) \wedge (\bar{t}_2 \vee t_3) \wedge$$
$$(y_3 \vee t_3) \wedge (\bar{t}_3 \vee y_4) \wedge (\bar{t}_3 \vee y_5) \wedge (y_4 \vee y_5).$$

일반화하자면, $x_1 \vee \cdots \vee x_k$로부터 변환한 절들은 $1 < j < k$에 대한 $(\bar{t}_{j-1} \vee y_j) \wedge (\bar{t}_{j-1} \vee t_j) \wedge (y_j \vee t_j)$에서 $t_1$을 $\bar{y}_1$로, $t_{k-1}$을 $y_k$로 바꾸고, 만일 $x_j$ 대신 $\bar{x}_j$가 나타난다면 $y_j$를 $\bar{y}_j$로 바꾼 것이다. 이를 주어진 각 절마다 수행하되, 서로 다른 절들에 대해 서로 다른 보조 변수 $t_j$들을 사용한다. 그렇게 하면 길이가 $< 3m$이고 오직 혼 이름 바꾸기가 가능할 때에만 만족 가능인 2CNF 공식이 된다. 이제 정리 K를 적용한다.

[B. Aspvall, *J. Algorithms* **1** (1980), 97–103을 보라. 뷔닝H. Kleine Büning과 레트만T. Lettmann이 *Aussagenlogik: Deduktion und Algorithmen* (1994)의 정리 5.2.4에서 지적한 바 있는 한 가지 결과는, 2CNF 형태의 임의의 만족 가능한 공식을 이름을 바꾸어서 혼 절을 얻을 수 있다는 것이다. 같은 함수의 두 CNF에서 서로 다른 결과가 나올 수 있음을 주목하기 바란다. 예를 들어 $(x \vee y \vee z) \wedge (\bar{x} \vee \bar{y} \vee \bar{z}) \wedge (\bar{x} \vee z) \wedge (\bar{y} \vee z)$는 실제로 하나의 혼 함수이지만, 이 표현의 절들을 여수화를 통해서 혼 형태로 변환할 수는 없다.]

**56.** 여기서 $f(x, y, z)$는 아래에 나온 유향 그래프(그림 6과 비슷한)에 대응되며, 또한 $y \wedge (\bar{x} \vee z)$로 단순화할 수 있다. 각 정점은 강 구성요소이다. 따라서 그 공식은 한정사 ∃∃∃, ∃∃∀, ∀∃∃에 대해 참이고 그 외의 경우인 ∀∃∀과 (둘 중 하나)∀(둘 중 하나)들에 대해 거짓이다. 일반화하자면, 여덟 가지 구성들을 한 입방체의 모서리들에 배치할 수 있으며, ∃에서 ∀로 바꿀 때마다 공식이 거짓이 될 확률이 커진다.

**57.** 정리 K에서처럼 유향 그래프를 만들어 보면 그 한정 공식이 성립할 필요충분조건들은 (i) $x$와 $\bar{x}$를 모두 담은 강 구성요소가 없고 (ii) 전칭 변수 $x$에서 또 다른 전칭 변수 $y$ 또는 그 보수 $\bar{y}$로의 경로가 없으며 (iii) '$\exists v$'가 '$\forall x$' 왼쪽에 나올 때, 전칭 변수 $x$와 존재 변수 $v$ 또는 그 보수 $\bar{v}$를 함께 담고 있는 강 구성요소가 없다는 것이다. 이 세 조건이 필요조건임은 명백하며, 강 구성요소가 발견될 때마다 이 조건들을 수월하게 판정할 수 있다.

이들이 충분조건임을 밝히기 위해서는, 우선 만일 $S$가 존재 리터럴들만 있는 강 구성요소이면 조건 (i)에 의해 그 리터럴들을 정리 K에서처럼 모두 같게 설정할 수 있음을 주목하자. 그렇지 않은 경우 $S$에는 정확히 하나의 전칭 리터럴, 즉 $u_j = x_j$ 또는 $u_j = \bar{x}_j$가 있다. $S$의 다른 모든 리터럴은 존재 리터럴이며 $x_j$의 오른쪽에서 선언된다. 따라서 그것들을 모두 $u_j$와 같게 둘 수 있다. 그리고 그런 경우 $S$로의 모든 경로는 전적으로 존재 리터럴들로만 이루어진 강 구성요소들에서 비롯된 것인데, 그 값들을 모두 0으로 설정할 수 있다. 만일 $v$와 $\bar{v}$가 $u_j$를 함의한다면 $\bar{u}_j$는 $\bar{v}$와 $v$를 함의하므로, 그런 강 구성요소의 보수에서 $S$로의 경로가 만들어질 수는 없기 때문이다.

〔*Information Proc. Letters* **8** (1979), 121-123. 반면 크롬M. Krom은 *J. Symbolic Logic* **35** (1970), 210-216에서, 그에 비견되는 1차 술어 산법에서의 문제가 사실 일반적으로 풀 수 없음(비가해)임을 증명했다.〕

**58.** 연습문제 48에서처럼 '$\perp$'을 도입하고 왼쪽에 '$\forall\perp$'을 배치한다면 모든 절이 정 혼 절이라고 가정할 수 있다. 전칭 변수들이 $x_0, x_1, \ldots, x_m$ (여기서 $x_0$은 $\perp$)이고 존재 변수들이 $y_1, \ldots, y_n$이라고 하자. 그리고 '$u < v$'는 한정사 목록에서 변수 $u$가 변수 $v$보다 왼쪽에 나옴을 뜻한다고 하자. $y_k < x_j$일 때 여수가 아닌 리터럴 $y_k$가 있는 모든 절에서 $\bar{x}_j$를 제거한다. 그런 다음, $0 \le j \le m$에 대해, $C_j$가 추가적인 절 $(x_0) \wedge \cdots \wedge (x_{j-1}) \wedge (x_{j+1}) \wedge \cdots \wedge (x_m) \wedge \bigwedge \{(y_k) \mid y_k < x_j$와 $y_k \in C_0\}$을 덧붙였을 때의 혼 절들의 핵심부라고 하자. (다른 말로 하면, $C_j$는 $x_j$를 제외한 모든 $x$가 참일 때 무엇을 이끌어 낼 수 있는지를 말해 준다.) 주어진 공식은 오직 $0 \le j \le m$에 대해 $x_j \notin C_j$일 때에만 참이라고 주장한다.

이 주장을 증명하기 위해, 우선 어떤 $j$에 대해 만일 $x_j \in C_j$이면 그 공식이 거짓임은 명백함을 주목하자. ($y_k \in C_0$이고 $y_k < x_j$이고 $i \ne j$에 대해 $x_i = 1$이면 반드시 $y_k \leftarrow 1$로 설정해야 한다.) 그렇지 않으면 공식이 참이 되도록 각 $y_k$를 다음과 같이 선택한다: 만일 $y_k \notin C_0$이면 $y_k \leftarrow 0$으로 설정하고, 그렇지 않으면 $y_k \leftarrow \bigwedge \{x_j \mid y_k \notin C_j\}$로 설정한다. $y_k$는 $x_j < y_k$일 때에만 $x_j$에 의존함을 주목하기 바란다. 여수가 아닌 리터럴 $x_j$가 있는 각 절 $c$는 이제 참이다. 왜냐하면, $x_j \notin C_j$이므로, $x_j = 0$일 때 $c$에는 $y_k \notin C_j$인 어떤 $\bar{y}_k$가 등장하기 때문이다. 따라서 $y_k = 0$이다. 그리고 여수가 아닌 리터럴 $y_k$가 있는 각 절 $c$ 역시 참이다. 만일 $y_k = 0$이면 $y_k \notin C_0$이거나 어떤 $j$에 대해 $y_k \in C_0 \setminus C_j$이다. 전자의 경우 $c$에는 $\notin C_0$인 어떤 $\bar{y}_l$이 존재하며, 따라서 $y_l = 0$이다. 후자의 경우 어떤 $x_j = 0$이 존재하며 $\bar{x}_j$가 $c$에 나타나거나 $y_l \notin C_j$인 어떤 $\bar{y}_l$이 $c$에 나타난다. 그러면 $y_l = 0$이다.

〔이 해는 달하이머T. Dahlheimer에서 기인한다. M. Karpinski, H. Kleine Büning, P. H. Schmitt, *Lecture Notes in Comp. Sci.* **329** (1988), 129-137; H. Kleine Büning, K. Subramani, X. Zhao, *Lecture Notes in Comp. Sci.* **2919** (2004), 93-104를 보라.〕

**59.** $n$에 대한 귀납법에 의해: $f(0, x_2, \ldots, x_n)$이 한정된 결과 $y_1, \ldots, y_{2^{n-1}}$으로 이어지며, $f(1, x_2, \ldots, x_n)$은 그와 비슷하게 $z_1, \ldots, z_{2^{n-1}}$으로 이어진다고 하자. 그러면 $\exists x_1 f(x_1, x_2, \ldots, x_n)$은 $y_1 \vee z_1, \ldots, y_{2^{n-1}} \vee z_{2^{n-1}}$으로 이어지며 $\forall x_1 f(x_1, x_2, \ldots, x_n)$은 $y_1 \wedge z_1, \ldots, y_{2^{n-1}} \wedge z_{2^{n-1}}$으로 이어진다. 이제 $(y \vee z) + (y \wedge z) = y + z$라는 사실을 적용한다. 〔*Proc. Mini-Workshop on Quantified Boolean Formulas* **2** (QBF-02) (Cincinnati: May 2002), 1-16을 보라.〕

**60.** (a)와 (b)이다. (c)는 항상 0이고 (d)는 항상 1이다. (e)는 $\overline{\langle xyz \rangle}$, (f)는 $\bar{x} \vee \bar{y} \vee \bar{z}$이다.

**61.** 참이다. $w=0$일 때와 $w=1$일 때를 생각하면 사실 자명하다.

**62.** $\{x_1,x_2,x_3\}\subseteq\{0,1\}$이므로 $x_1$이 $x_2$와 같다고 가정할 수 있다. 그러면, $f$가 처음 세 변수에서 단조라는 가정만으로도 $f(x_1,x_1,x_3,x_4,\ldots,x_n)=f(x_1,x_1,x_1,x_4,\ldots,x_n)$이거나 $f(x_1,x_1,x_3,x_4,\ldots,x_n)=f(x_3,x_1,x_3,x_4,\ldots,x_n)$이다.

**63.** $\langle xyz\rangle=\langle xxyyz\rangle$. 참고: 포스트Emil Post는 실제로 임의의 비자명 단조 자기쌍대 함수에 대한 그 중앙값들 모두를 계산하는 데 단 하나의 서브루틴으로 충분함을 증명했다. ($n$에 대한 귀납법에 의해, 그러한 $n$진 서브루틴을 호출해서 $\langle xyz\rangle$가 나오게 하는 적절한 방법이 적어도 하나 존재한다.)

**64.** [*FOCS* **3** (1962), 149–157.] (a) 만일 $f$가 단조이자 자기쌍대이면, 정리 P에 의해 $f(x)=x_k$ 또는 $f(x)=\langle f_1(x)f_2(x)f_3(x)\rangle$이다. 따라서 언급된 조건은 즉시 성립하거나 귀납에 의해 성립한다. 반대로, 만일 그 조건이 성립한다면 $f$는 단조이자($x$와 $y$가 단 한 비트만 다를 때) 자기쌍대이다(모든 비트가 다를 때).

(b) 충돌을 일으키지 않고 하나의 새 점에서 $f$를 정의할 수 있다는 것만 증명하면 된다. $x$가, $f(x)$가 정의되지 않는 점들 중 사전순으로 가장 작은 점이라고 하자. 만일 $f(\bar{x})$가 정의된다면 $f(x)=\overline{f(\bar{x})}$로 설정한다. 그렇지 않으면, 만일 $f(x')=1$인 $x'\subseteq x$가 존재하면 $f(x)=1$로 설정하고, 그렇지 않으면 $f(x)=0$으로 설정한다. 그러면 조건은 여전히 성립한다.

**65.** 만일 $\mathcal{F}$가 극대 교모임이면: (i) $X\in\mathcal{F}\implies\overline{X}\notin\mathcal{F}$가 성립한다. 여기서 $\overline{X}$는 여집합 $\{1,2,\ldots,n\}\setminus X$이다. (ii) $X\in\mathcal{F}$이고 $X\subseteq Y\implies Y\in\mathcal{F}$이다. 왜냐하면 $\mathcal{F}\cup\{Y\}$가 교모임이기 때문이다. (iii) $X\notin\mathcal{F}\implies\overline{X}\in\mathcal{F}$이다. 왜냐하면 $\mathcal{F}\cup\{X\}$에 반드시 원소 $Y\subseteq\overline{X}$가 포함되기 때문이다. 반대로, 임의의 모임 $\mathcal{F}$가 (i), (ii)를 만족한다면 그것은 교모임이며, (iii)까지 만족한다면 극대 교모임을 증명하는 것도 어렵지 않다.

핵심: 세 명제는 부울 함수의 어법으로 표현하면 간단하다: (i) $f(x)=1\implies f(\bar{x})=0$; (ii) $x\subseteq y\implies f(x)\le f(y)$; (iii) $f(x)=0\implies f(\bar{x})=1$.

**66.** [T. Ibaraki, T. Kameda, *IEEE Transactions on Parallel and Distributed Systems* **4** (1993), 779–794.] $Q\subseteq Q'$이 $Q=Q'$을 함의한다는 속성을 가진 모든 모임이 단조 부울 함수 $f$의 기약함의항들에 대응됨은 명백하다. $Q\cap Q'\neq\emptyset$이라는 추가 조건은 $f(\bar{x})\le\overline{f(x)}$라는 추가 관계에 대등된다. 왜냐하면 $f(\bar{x})=f(x)=1$은 오직 $x$와 $\bar{x}$ 모두 기약함의항들을 참으로 만들 때에만 성립하기 때문이다.

동아리 $\mathcal{C}$와 $\mathcal{C}'$이 이런 식으로 함수 $f$와 $f'$에 대응된다고 할 때, 그러면 $\mathcal{C}$가 $\mathcal{C}'$을 지배할 필요충분조건은 $f\neq f'$이고 모든 $x$에 대해 $f'(x)\le f(x)$라는 것이다. 그런데 그러면 $f'$은 자기쌍대가 아니다. 왜냐하면 $f'(\bar{x})=0$, $f(\bar{x})=1$인 $x$가 존재하며, $f(x)=0$이므로 $f'(x)=0$이기 때문이다.

반대로 $f'$이 자기쌍대가 아니라면 $f'(y)=f'(\bar{y})=0$인 $y$가 존재한다. 만일 $y=0\ldots0$이면 동아리 $\mathcal{C}'$은 빈 모임이며, 다른 모든 동아리에 의해 지배된다. 그렇지 않으면 $f(x)=f'(x)\vee[x\supseteq y]$라

고 정의한다. 그러면 $f$는 단조이며 모든 $x$에 대해 $f(\bar{x}) \le \overline{f(x)}$이다. 따라서 $f$는 $\mathcal{C}'$을 지배하는 한 동아리에 대응된다.

**67.** (a) $t$에 검은 Y가 있으면 $t^*$ 안에도 반드시 검은 Y가 있다. 왜냐하면 $t$의 인접한 검은 돌 $a$—$b$—$c$는 $t^*$의 인접한 두 검은 돌을 산출하기 때문이다. 마찬가지로 $t^*$에 검은 Y가 있으면 $t$에도 검은 Y가 있다.

(b) 이 공식은 (a)와 $(t_{abc})_{def} = t_{(a+d)(b+e)(c+f)} = (t_{def})_{abc}$라는 사실로부터 비롯된 것이다. [셴스테드Schensted는 이 연습문제의 결과들과 연습문제 62, 69의 결과들을 1979년 1월 21일 마틴 가드너Martin Garnder에게 보낸 28쪽짜리 편지에서 언급했다. 밀너Milnor는 가드너에게 보낸 1957년 3월 26일자 편지에서 이에 해당하는 'Triangle'이라는 이름의 게임을 언급했다.]

**68.** 다음은 $n = 15$에 대한, 검은 돌 59개로 이루어진 258,594가지 해 중 하나이다. ($1 \le n \le 15$에 대한 답은 순서대로 2, 3, 4, 6, 8, 11, 14, 18, 23, 27, 33, 39, 45, 52, 59이다. 이 함수들의 기약함의항들을 비교적 적은 수의 ZDD들로 표현할 수 있는데, 이에 대해서는 §7.1.4를 보라.)

**69.** 정리 P의 증명에 의해, $Y(T) \le f(x)$만 증명하면 된다. $T$에 Y가 있다는 것은 각 $p_j$에 적어도 하나의 변수가 있음을 뜻한다. 따라서 $f(\bar{x}_1, \ldots, \bar{x}_n) = 0$이고 $f(x_1, \ldots, x_n) = 1$이다.

**70.** $f$가 자기쌍대일 때 임의의 $t$에 대해 $g$가 자기쌍대임은 자명하다: $\overline{g(\bar{x})} = \overline{\{f(\bar{x}) \vee [\bar{x} = t]) \wedge [\bar{x} \ne \bar{t}]} = (f(x) \vee [x = \bar{t}]) \wedge [x \ne t] = (f(x) \wedge [x \ne t]) \vee ([x = \bar{t}] \wedge [x \ne t]) = g(x)$.

$x = x_1 \ldots x_{j-1} 0 x_{j+1} \ldots x_n$이고 $y = x_1 \ldots x_{j-1} 1 x_{j+1} \ldots x_n$이라고 하자. 단조성을 증명하기 위해서는 반드시 $g(x) \le g(y)$임을 증명해야 한다. $x = t$ 또는 $y = t$이면 $g(x) = 0$이다. $x = \bar{t}$ 또는 $y = \bar{t}$이면 $g(y) = 1$이다. 그 외의 경우에는 $g(x) = f(x) \le f(y) = g(y)$이다. [*European J. Combinatorics* **16** (1995), 491–501; 그리고 그와는 독립적으로 J. C. Bioch, T. Ibaraki, *IEEE Transactions on Parallel and Distributed Systems* **6** (1995), 905–914에서도 밝혔음.]

**71.** $\langle\langle xyz\rangle uv\rangle = \langle\langle\langle xyz\rangle uv\rangle uv\rangle = \langle\langle\langle yuv\rangle x\langle zuv\rangle\rangle uv\rangle = \langle\langle yuv\rangle\langle xuv\rangle\langle\langle zuv\rangle uv\rangle\rangle = \langle\langle xuv\rangle\langle yuv\rangle\langle zuv\rangle\rangle$.

**72.** 식 (87): $v = \langle uvu\rangle = u$. 식 (83): $\langle uyv\rangle = \langle vu\langle xuy\rangle\rangle = \langle\langle vux\rangle uy\rangle = \langle xuy\rangle = y$. 식 (69): $\langle xyz\rangle = \langle\langle xuv\rangle yz\rangle = \langle x\langle uyz\rangle\langle vyz\rangle\rangle = \langle xyy\rangle = y$.

**73.** (a) 만일 $d(u,v) = d(u,x) + d(x,v)$이면 $u$— ⋯ —$x$— ⋯ —$v$ 형태의 최단 경로를 얻게 됨은 자명하다. 반대로 만일 $[uxv]$인 경우, $u$— ⋯ —$x$— ⋯ —$v$가 $x$까지 $l$걸음, 그리고 $v$까지 $m$걸음으로 도달하는 최단 경로라고 하면, $d(u,v) = l + m \ge d(u,x) + d(x,v) \ge d(u,v)$이다.

(b) 모든 $z$에 대해 $\langle zxu\rangle = \langle z\langle vux\rangle\langle yux\rangle\rangle = \langle\langle zvy\rangle ux\rangle \in \{\langle yux\rangle, \langle vux\rangle\} = \{u, x\}$이다.

(c) $d(x,u) \ge d(x,v) > 0$이라고 가정할 수 있다. $u$— ⋯ —$y$—$v$가 하나의 최단 경로이고

$w = \langle xuy \rangle$라고 하자. 그러면 $\langle vxw \rangle = \langle v \langle vux \rangle \langle wux \rangle\rangle = \langle\langle vvw \rangle ux \rangle = \langle vux \rangle = x$이므로 $x \in [w..v]$이다. $d(u,y) < d(u,v)$이고 $w \in [u..y]$이므로 $[uwy]$가 성립한다. 만일 $w \neq u$이면 $d(w,v) < d(u,v)$이므로 $[wxv]$이며, 따라서 $[uxv]$이다. 만일 $w = u$이면 (b)에 의해 $x — u$이다. 그런데 $d(x,u) \geq d(x,v)$이므로 $x — v$이며, 따라서 $[uxv]$이다.

(d) $y = \langle uxv \rangle$라고 하자. $y \in [u..x]$이므로, (a)와 (c)에 의해 $d(u,x) = d(u,y) + d(y,x)$이다. 마찬가지로, $d(u,v) = d(u,y) + d(y,v)$이고 $d(x,v) = d(x,y) + d(y,v)$이다. 그런데 이 세 등식과 $d(u,v) = d(u,x) + d(x,v)$로부터 $d(x,y) = 0$이 나온다. 〔*Proc. Amer. Math. Soc.* **12** (1961), 407–414.〕

**74.** 식 (88), (88), (88), (84), (81), (82), (89)에 의해, $w = \langle yxw \rangle = \langle yx \langle zxw \rangle\rangle = \langle yx \langle zx \langle yzw \rangle\rangle\rangle = \langle\langle yxz \rangle x \langle yzw \rangle\rangle = \langle x \langle xyz \rangle \langle wyz \rangle\rangle = \langle\langle xxw \rangle yz \rangle = \langle xyz \rangle$.

**75.** (a) 만일 $w = \langle xxy \rangle$이면 (iii)에 의해 $[xwx]$이며, 따라서 (i)에 의해 $w = x$이다.

(b) 공리 (iii)과 부문제 (a)에 의해, $[xxy]$는 항상 참이다. 따라서 (ii)에서 $y = x$로 두어서 $[uxv] \iff [vxu]$라는 결론을 얻을 수 있다. 그러므로 (iii)의 $\langle xyz \rangle$의 정의는 $x$, $y$, $z$ 사이에서 완벽하게 대칭이다.

(c) (iii)의 $\langle uxv \rangle$의 정의에 의해, 오직 $[uxx]$, $[uxv]$, $[xxv]$일 때에만 $x = \langle uxv \rangle$가 성립한다. 그런데 $[uxx]$와 $[xxv]$가 항상 참임은 알고 있다.

(d) 이 단계와 이후 단계들에서는 $M$의 보조 점을 하나 이상 구축하고, 그런 다음 알려진 사이 관계들의 모든 결과를 알고리즘 C를 이용해서 유도한다. (편리하게도 공리들은 혼 절 형태로 되어 있다.) 예를 들어 $z = \langle xyv \rangle$로 정의한다면 $[uxy]$, $[uyv]$, $[xzy]$, $[xzv]$, $[yzv]$가 성립함을 알 수 있다. 이 가설들로부터 $[uzy]$와 $[uzv]$를 유도한다. 따라서 $z = \langle uyv \rangle = y$이다.

(e) 힌트의 점들은 무엇보다도 $[utv]$, $[utz]$, $[vtz]$, $[uwv]$, $[uwz]$, $[vwz]$임을 말해 준다. 따라서 $t = w$이다. (이 부분에서는 컴퓨터 프로그램이 도움이 된다.) 가설 $[rws]$, $[rwz]$, $[swz]$를 추가하면 요구된 $[xyz]$가 나온다. 또한 $r = p$이고 $s = q$라는 사실도 판명된다.

(f) $r = \langle yuv \rangle$, $s = \langle zuv \rangle$, $t = \langle xyz \rangle$, $p = \langle xrs \rangle$, $q = \langle tuv \rangle$라고 하자. 그러면 $[pqp]$가 흘러나온다. 〔*Proc. Amer. Math. Soc.* **5** (1954), 801–807. 사이 관계 공리들에 대한 초기 연구로는 E. V. Huntington, J. R. Kline, *Trans. Amer. Math. Soc.* **18** (1917), 301–325를 보라.〕

**76.** 공리 (i)이 성립함은 자명하다. 공리 (ii)는 교환법칙과 식 (84)에서 비롯된다. 연습문제 74의 답은 (iii)을 항등식 $\langle xyz \rangle = \langle x \langle xyz \rangle \langle wyz \rangle\rangle$로부터 유도한다. 따라서 여기에서는 그 공식만 입증하면 된다:

$$\begin{aligned}\langle x \langle xyz \rangle \langle wyz \rangle\rangle &= \langle\langle yxz \rangle x \langle wyz \rangle\rangle = \langle\langle\langle yxz \rangle xz \rangle x \langle wyz \rangle\rangle = \langle\langle yxz \rangle x \langle zx \langle wyz \rangle\rangle\rangle \\ &= \langle x \langle xyz \rangle \langle z \langle xyz \rangle w \rangle\rangle = \langle\langle x \langle xyz \rangle z \rangle \langle xyz \rangle w \rangle = \langle\langle xyz \rangle \langle xyz \rangle w \rangle\end{aligned}$$

이다.

참고: 버코프Birkhoff와 키스Kiss가 *Bull. Amer. Math. Soc.* **53** (1947), 749-752에서 중앙값 대수를 다루었을 때에는 식 (8₉)과 (8₁), 그리고 짧은 분배법칙 식 (8₂)을 가정했다. 식 (8₄)의 교환법칙이 실제로 분배법칙을 함의한다는 사실은 많은 시간이 지나서야 밝혀졌다. M. Kolibiar, T. Marcisová, *Matematický Časopis* **24** (1974), 179-185는 이 연습문제에서처럼 숄랜더Sholander의 공리들을 통해서 그것을 증명했다. 식 (8₂)을 식 (8₉)~(8₄)로부터 기계적으로 증명하는 방법은 2005년에 베로프R. Veroff와 머큔W. McCune이 Otter라는 정리 증명기(theorem prover)의 한 확장을 이용해서 발견했다.

**77.** (a) 이름표들의 좌표 $r — s$에서, $l(r)$이 0이고 $l(s)$가 1이라고 하자. 그러면 그 좌표에서 왼쪽 정점들은 0이다. $u$와 $u'$이 왼쪽 정점들이지만 $v$는 오른쪽 정점이라고 할 때, 만일 $u — v — u'$이면 $\langle uu'v \rangle$는 왼쪽이다. 그러나 $u = u'$이 아닌 한 $[u..v] \cap [u'..v] = \{v\}$이다.

(b) 따름정리 C에 의해 이 명제는 자명하다.

(c) $u$와 $u'$이 왼쪽이고 $v$와 $v'$이 오른쪽이라 할 때, $u — v$이고 $u' — v'$이라고 하자. 그리고 $v = v_0 — \cdots — v_k = v'$이 최단 경로이고 $u_0 = u$, $u_k = u'$이라고 하자. (b)에 의해, 모든 정점 $v_j$는 오른쪽에 있다. 거리 $d(u_0, v_1) = 2$이므로, 왼쪽 정점 $u_1 = \langle u_0 v_1 u_k \rangle$는 반드시 $u_0$와 $v_1$의 공통의 이웃이다. ($u_1 = u_0$일 수는 없다. 만일 그렇다면 $v$에서 왼쪽 정점 $u$를 거쳐 $v'$으로 가는 최단 경로가 존재한다는 뜻이기 때문이다.) 따라서 $v_1$의 순위는 1이고, 같은 논증에 의해 $v_2, \ldots, v_{k-1}$도 순위가 1이다. [L. Nebeský, *Commentationes Mathematicæ Universitatis Carolinæ* **12** (1971), 317-325; M. Mulder, *Discrete Math.* **24** (1978), 197-204.]

(d) 이 단계들은 순위가 1인 모든 정점 $v$를 $s$와의 거리 $d(v, s)$의 순서로 방문한다. 만일 그러한 $v$에 아직 방문되지 않은 늦은 이웃 $u$가 있다면, 그 $u$의 순위는 반드시 1 또는 2이다. 만일 순위가 1이라면 $u$에는 이른 이웃이 적어도 둘 있을 것이다. 하나는 $v$이고 또 하나는 이후에 방문할 MATE($u$)이다. 단계 I8은 $w \neq v$인 $u$의 임의의 이른 이웃 $w$에 기초해서 결정을 내린다. 정점 $x = \langle svw \rangle$의 순위는 (c)에 의해 1이다. 만일 $x = v$이면 $w$의 순위가 0이 아닌 한 $u$의 순위는 2이다. 만일 $w$의 순위가 0이면 $x = v$이다. 따라서 $u$의 순위는 1이다. 그렇지 않으면 $d(x, s) < d(v, s)$이며, $w$의 순위는 $x$ 방문 시 정확하게 결정된다. $w$의 순위가 1이면 $u$는 $v$에서 $w$로의 최단 경로에 있다. 만일 $w$의 순위가 2이면 $w$는 $u$에서 $s$로의 최단 경로에 있다. 두 경우 모두 $u$와 $w$의 순위는 (c)에 의해 동일하다.

(e) (a)와 (d)에 의해, 그 알고리즘은 $r — s$에 동치인 모든 간선을 제거한다. 그런 간선들이 제거되면 그래프의 연결이 끊어진다. (b)에 의해, 그 두 조각은 여전히 볼록이다. 따라서 두 조각은 연결된 그래프들이며, 사실 둘 다 중앙값 그래프이다. 단계 I7은 두 조각 사이의 모든 의미 있는 관계를 기록한다. 사라진 4순환마디들이 거기서 모두 조사되기 때문이다. 정점 개수에 대한 귀납법에 의해, 각 조각에 이름표들이 제대로 배정된다.

**78.** 단계 I4에서 $v$가 등장할 때마다 그 이웃 $u_j$들 중 하나가 사라진다. 그러한 간선 $v — u_j$들은 각각 다른 이름표들의 주소에 대응된다. 따라서 $\alpha$가 어떤 이진열이라고 할 때 $l(v)$는 $\alpha 1^k$의 형태

라고 가정할 수 있다. 그러면 $u_1$, $u_2$, …, $u_k$에 대한 이름표들은 $\alpha01^{k-1}$, $\alpha101^{k-2}$, …, $\alpha1^{k-1}0$이다. 성분별 중앙값들을 취하면, 그래프의 정점들에 대해 $\alpha\beta$ 형태의 이름표 $2^k$개가 모두 나타남을 증명할 수 있다($\langle(\alpha\beta)(\alpha\beta')(0\ldots0)\rangle$은 비트열 $\alpha(\beta\&\beta')$이므로).

**79.** (a) 만일 $l(v)=k$이면 정확히 $\nu(k)$개의 더 작은 정점들이 $v$의 이웃들이다.

(b) $0\le j<\lceil \lg n\rceil$에 대해, 비트 위치 $j$에는 많아야 $\lfloor n/2\rfloor$개의 1들이 나타난다.

(c) 이름표가 0으로 시작하는 정점이 정확히 $k$개라고 하자. 그 비트 위치들에 대응되는 간선은 최대 $\min(k,n-k)$개이고, 그 외의 간선들은 최대 $f(k)+f(n-k)$개이다. 그러나

$$f(n)=\max_{0\le k\le n}(\min(k,n-k)+f(k)+f(n-k))$$

이다. 이는 함수 $g(m,n)=f(m+n)-m-f(m)-f(n)$이 다음 점화식을 만족하기 때문이다.

$$0\le a,b\le 1\text{에 대해 } g(2m+a,2n+b)=ab+g(m+a,n)+g(m,n+b).$$

귀납법에 의해, 이로부터 $m\le n$일 때 $g(m,m)=g(m,m+1)=0$이고 $g(m,n)\ge 0$임을 보일 수 있다. [*Annals of the New York Academy of Sciences* **175** (1970), 170-186; D. E. Knuth, *Proc. IFIP Congress 1971* (1972), 24.]

**80.** (a) (W. Imrich의 해.) 정점 이름표가 0000, 0001, 0010, 0011, 0100, 0110, 0111, 1100, 1101, 1110, 1111인 그래프에는 본질적으로 다른 어떤 방식으로 이름표를 배정할 수 없다. 그러나 0001에서 1101의 거리는 2가 아니라 4이다.

(b) 순환마디 $C_{2m}$은 하나의 편입방체이다. 그 정점들의 이름표들을 $0\le k<m$에 대해 $l(k)=1^k0^{m-k}$, $l(m+k)=0^k1^{m-k}$으로 배정할 수 있기 때문이다. 그러나 $l(0)$과 $l(m-1)$, $l(m+1)$의 비트별 중앙값은 $01^{m-2}0$이다. 그리고 사실 $m>2$일 때에는 이 정점들에 중앙값이 존재하지 않는다.

**81.** 그렇다. 중앙값 그래프는 초입방체의 유도된 부분그래프이고, 그러한 부분그래프는 이분열 그래프이다.

**82.** 중앙값 이름표들을 성분별로 조작할 수 있으며 $d(u,v)$가 $l(u)$와 $l(v)$ 사이의 해밍 거리이므로, 일반적인 경우를 $G$에 단 두 개의 정점 $\{0,1\}$이 있는 단순 경우로 축약할 수 있다.

그러한 단순 경우에서, 언급된 규칙은 $u_{k-1}=v_{k-1}=v_{k+1}\ne v_k$를 제외한 경우에서 $u_k\leftarrow v_k$로 설정한다. 그것이 최적임은 쉽게 증명된다. (그러나 또 다른 최적해들도 존재한다. 예를 들어 $v_0v_1v_2v_3=0110$일 때 $u_0u_1u_2u_3=0000$으로 설정할 수 있다.)

[이 문제는 자기조직화 자료구조(self-organizing data structure)의 연구에서 동기를 얻었다. 충F. R. K. Chung과 그레이엄R. L. Graham, 색스M. E. Saks는 *Discrete Algorithms and Complexity* (Academic Press, 1987), 351-387에서, 중앙값 그래프가 $u_k$를 $(v_0,v_1,\ldots,v_{k+1})$의 함수로서, 이후의 값 $(v_{k+2},\ldots,v_t)$와는 무관하게, 항상 최적으로 선택할 수 있는 유일한 그래프임을 증명했다.

그들은 또한 주어진 유한한 횟수의 내다보기(lookahead)로 충분한 모든 경우를 *Combinatorica* **9** (1989), 111-131에서 특징지었다.]

**83.** 첫 부울(2정점) 경우를 생각해 보자. 그리고 점화(재귀) 규칙 $u_0 \leftarrow v_0$과 $1 \le j \le t$에 대한 $u_j \leftarrow f_{t+2-j}(u_{j-1}, v_j, \ldots, v_t)$로 최적해를 얻는다고 하자. 여기서 각 $f_k$는 적절한 $k$변수 부울 함수이다. 첫 함수 $f_{t+1}(v_0, v_1, \ldots, v_t)$는 사실 '가장 멀리 있는' 변수 $v_t$에 의존한다. 왜냐하면 $\rho = 1 - \epsilon$이고 $k \ge 2$일 때 반드시 $f_{2k+1}(0,1,1,0,1,0,1,\ldots,0,1,0,x) = x$이어야 하기 때문이다.

적당한 함수 $f_{t+1}$을 다음과 같이 얻을 수 있다. 만일 $v_1 = 0$이면 $f_{t+1}(0, v_1, \ldots, v_t) = 0$이라고 하자. 그 외의 경우에는 입력 순차열의 '연속열(run)'들이

$$v_0 v_1 \ldots v_t = 01^{a_k} 0^{a_{k-1}} \ldots 1^{a_2} 0^{a_1} \quad \text{또는} \quad 01^{a_k} 0^{a_{k-1}} \ldots 1^{a_3} 0^{a_2} 1^{a_1}$$

이라고 하자. 여기서 $a_k, \ldots, a_1 \ge 1$이다. 그리고 $1 \le j \le k$에 대해 $\alpha_j = 2 \dot{-} a_j \rho = \max(0, 2 - a_j \rho)$라고 하자. 그러면

$$f_{t+1}(0, v_1, \ldots, v_t) = [\alpha_k \dot{-} (\alpha_{k-1} \dot{-} (\cdots \dot{-} (\alpha_2 \dot{-} (1 \dot{-} a_1 \rho)) \cdots)) = 0]$$

이다. 또한 $f_{t+1}(1, v_1, \ldots, v_t) = \bar{f}_{t+1}(0, \bar{v}_1, \ldots, \bar{v}_t)$로 두어서 $f_{t+1}$이 자기쌍대이게 하자.

이제 $f_{t+1}$이 단조함수이기도 함을 다소 까다로운 증명을 통해서 보일 수 있다.

그러므로, 정리 P에 의해, $f_{t+1}$을 임의의 중앙값 그래프의 이름표들에 그래프를 벗어나는 일 없이 성분별로 적용할 수 있다.

**84.** 그런 부울 함수는 총 81개로, 각각은 원소가 홀수 개인 중앙값에 대응된다. 정점들은 다음 일곱 종류로 나뉜다.

| 종류 | 전형적인 정점 | 가짓수 | 인접 정점 | 도수 |
|---|---|---|---|---|
| 1 | $\langle z \rangle$ | 5 | $\langle vwxyzzz \rangle$ | 1 |
| 2 | $\langle vwxyzzz \rangle$ | 5 | $\langle z \rangle, \langle wxyzz \rangle$ | 5 |
| 3 | $\langle wxyzz \rangle$ | 20 | $\langle vwxyzzz \rangle, \langle vwxxyyzzz \rangle$ | 4 |
| 4 | $\langle vwxxyyzzz \rangle$ | 30 | $\langle xyz \rangle, \langle wxyzz \rangle, \langle vwxyyzz \rangle$ | 5 |
| 5 | $\langle vwxyyzz \rangle$ | 10 | $\langle vwxxyyzzz \rangle, \langle vwxyz \rangle$ | 7 |
| 6 | $\langle vwxyz \rangle$ | 1 | $\langle vwxyyzz \rangle$ | 10 |
| 7 | $\langle xyz \rangle$ | 10 | $\langle vwxxyyzzz \rangle$ | 3 |

[폰노이만Von Neumann과 모르겐슈테른Morgenstern은 책 *Theory of Games and Economic Behavior* (1944), §52.5에서, 그들이 단순 게임이라고 부른 승리 연합 체계에 관한 어떤 동치 문제의 연구와 연관해 이 일곱 종류를 나열했다. 6변수 함수들에 대한 그래프가 연습문제 70에서 인용한 마이어로위츠Meyerowitz의 논문에 나온다. 그 그래프에는 30가지 종류의 정점 2646개가 있는데, 그중 단순한 홀수 원소 중앙값으로 표현할 수 있는 것은 단 21종이다. 예를 들어

$\langle\langle abd\rangle\langle ace\rangle\langle bcf\rangle\rangle$ 같은 정점에는 그러한 표현이 없다. 해당 $n$변수 그래프의 정점이 $M_n$개라고 하자. 에르되시P. Erdös와 하인드먼N. Hindman은 *Discrete Math.* **48** (1984), 61–65에서 $\lg M_n$이 $\binom{n-1}{\lfloor n/2\rfloor}$에 점근적으로 접근함을 보였다. 클라이트먼D. Kleitman은 *J. Combin. Theory* **1** (1966), 153–155에서, $x$와 $y$ 같은 서로 다른 투영 함수들의 정점들이 이 그래프에서 항상 가장 멀리 떨어져 있음을 보였다.]

**85.** 모든 강 구성요소는 반드시 하나의 정점으로 구성된다. 그렇지 않다면 두 좌표가 항상 같거나 항상 상보(여수) 관계이다. 따라서 그러한 유향 그래프는 반드시 비순환 그래프이다.

더 나아가서, 한 정점에서 그 여수에 해당하는 정점으로의 경로는 존재하지 않아야 한다. 그렇지 않다면 좌표는 상수일 것이기 때문이다.

이 두 조건이 만족된다면, 그 어떤 정점 $x$도 중복이 아님을 $x$나 $\bar{x}$보다 앞서는 모든 정점에 값 0을, 그 이후의 모든 정점에 값 1을, 그 외의 모든 정점에는 적절한 값을 부여함으로써 증명할 수 있다.

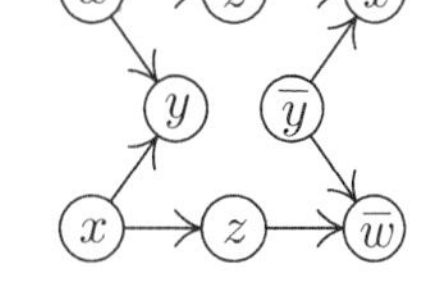


(이로부터 중앙값 그래프를 표현하는 완전히 다른 방식을 얻게 된다. 예를 들어 오른쪽 그림은 이름표들이 $\{0000, 0001, 0010, 0011, 0111, 1010\}$인 중앙값 그래프에 해당하는 유향 그래프이다.)

**86.** 그렇다. 정리 P에 의해, 모든 단조 자기쌍대 함수는 $X$의 원소들을 $X$의 원소들로 사상한다.

**87.** 여기서 위상 순서 $7654321\bar{1}\bar{2}\bar{3}\bar{4}\bar{5}\bar{6}\bar{7}$을 식 (o4)로 대체할 수 있다. 그러면

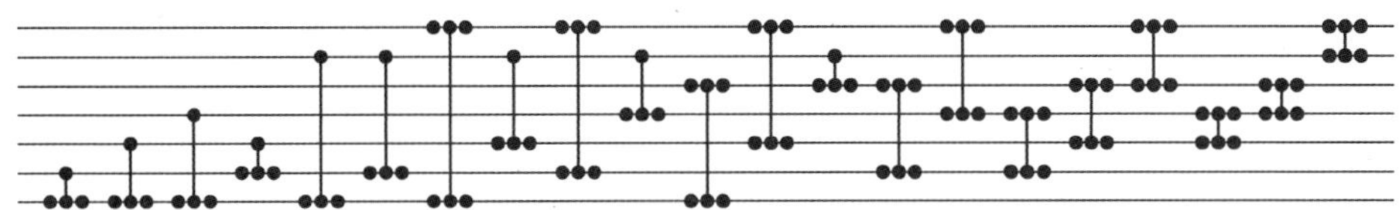

이 나온다. (같은 줄에 연속해 있는 역변환기들은 물론 소거할 수 있다.)

**88.** 주어진 $d$의 값은 많아야 $6\lceil t/d\rceil$단위의 지연에 기여한다($2\lceil t/d\rceil$개의 클러스터들에 대해).

**89.** 우선 새 조건이 $i \to j$이고 기존 조건은 $i' \to j'$이라고 하자. 여기서 $i < j$이고 $i' < j'$이며 여수화된 리터럴은 없다고 가정한다. 새 모듈은 $x_1 \ldots x_t$를 $y_1 \ldots y_t$로 변경한다. 여기서 $y_i = x_i \wedge x_j$, $y_j = x_i \vee x_j$이고 그 외에는 $y_k = x_k$이다. 그러면, $\{i', j'\} \cap \{i, j\} = \emptyset$일 때 $y_{i'} \leq y_{j'}$임은 확실하다. 그리고 $i = i'$이어도 문제는 없다. $y_{i'} = y_i \leq x_i = x_{i'} \leq x_{j'} = y_{j'}$이기 때문이다. 그러나 $i = j'$인 경우는 좀 더 까다롭다. 이 경우 $i' \to i$와 $i \to j$라는 관계들은 $i' \to j$라는 관계를 함의한다. 그리고 이 관계는 이전의 모듈들에 의해 강제된 것이다. 왜냐하면 모듈들은 위상 순서 $u_1 \ldots u_{2t}$에서 거리 $d$가 감소되는 순서로 추가되었기 때문이다. 따라서 $y_{i'} = x_{i'} \leq x_j$이고 $y_{i'} \leq x_{j'} = x_i$이며, 그러므로 $y_{i'} \leq x_i \wedge x_j = y_i = y_{j'}$이다. $j = i'$이나 $j = j'$일 때에도 비슷한 논증이 적용된다.

마지막으로, 여수화된 리터럴들이 있는 경우, 그 구축법에 따라 비트들을 뒤집고(invert) 다시 뒤집음으로써(un-invert) 일반적인 경우를 여수가 없는 경우로 현명하게 축약할 수 있다.

**90.** $t=2$일 때 (그림)이 그러한 CI망이다. 일반적인 경우는 이 망을 구축 요소로 사용해서 $t$를 $\lceil t/2 \rceil$로 줄이는 과정을 재귀적으로 반복하면 된다.

〔CI망과 좀 더 일반적인 다른 망들에 대한 연구는 E. W. Mayr, A. Subramanian, *J. Computer and System Sci.* **44** (1992), 302-323에서 시작되었다.〕

**91.** 중앙값 그래프가 자유 트리(정점 $t+1$개)인 특수 경우나 따름정리 F에서와 같은 분배 격자(distribute lattice)인 단조의 경우에서조차도 답은 아직 알려지지 않았다. 후자의 경우 역변환기들은 필요하지 않을 수 있다.

**93.** $d_X(u,v)$가 $u$와 $v$ 사이의, 전적으로 $X$에 놓인 최단 경로의 간선 개수라고 하자. $d_X(u,v) \geq d_G(u,v)$임은 명백하다. 그리고 $u=u_0 — u_1 — \cdots — u_k = v$가 $G$의 한 최단 경로라 할 때, 경로 $u=f(u_0)—f(u_1)— \cdots —f(u_k)=v$는 $f$가 $G$에서 $X$로의 한 수축일 때 $X$ 안에 있다. 따라서 $d_X(u,v) \leq d_G(u,v)$이다.

**94.** $f$가 $X$에 대한 $t$-입방체의 한 수축이면, 서로 다른 두 좌표 성분은 둘 다 상수가 아닌 한 모든 $x \in X$에 대해 항상 같거나 항상 서로 여수일 수 없다. 왜냐하면, $X$의 모든 원소가 이를테면 $00*\ldots*$나 $11*\ldots*$의 형태라고 하면 그런 두 종류의 정점들 사이에는 경로가 존재하지 않는데, 이는 $X$가 하나의 등거리 부분그래프라는(따라서 연결된 그래프라는) 사실과 모순이기 때문이다.

$x,y,z \in X$가 주어졌을 때, $w=\langle xyz \rangle$가 $t$-입방체 안에서의 그 중앙값이라고 하자. 그러면 $f(w) \in [x..y] \cap [x..z] \cap [y..z]$이다. 왜냐하면 (예를 들어) $f(w)$는 $X$ 안에서 $x$에서 $y$로의 한 최단 경로에 있기 때문이다. 따라서 $f(w)=w$이며, 이에 의해 $w \in X$가 증명되었다. 〔이 결과와 훨씬 더 미묘한 역 명제는 H. J. Bandelt, *J. Graph Theory* **8** (1984), 501-510에서 기인한 것이다.〕

**95.** 거짓이다(비록 저자는 참이길 바랐지만). 오른쪽의 망은 $0001 \mapsto 0000$, $0010 \mapsto 0011$, $1101 \mapsto 0110$으로 사상하나, $\mapsto 0010$으로 사상하는 것은 없다. (모든 가능한 출력의 집합을 간단하게 특징짓는 방법은 없는 것으로 보인다. 심지어 역변환 모듈을 전혀 사용하지 않는 경우에도 그렇다. 예를 들어 왼쪽 그림은 같이 페데르Tomás Feder가 만든 전적으로 비교자로만 된 회로망인데, 이 회로망은 $000000 \mapsto 000000$, $010101 \mapsto 010101$, $101010 \mapsto 011001$로 사상하나 $\mapsto 010001$로 사상하는 것은 없다. 연습문제 5.3.4-50, 5.3.4-52도 보라.)

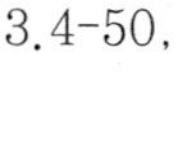

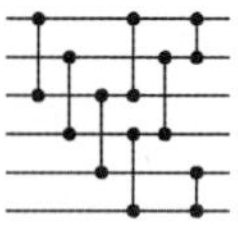

**96.** 아니다. $f$가 실매개변수 $w=(w_1,\ldots,w_n)$과 $t$에 기초한 문턱값 함수이고 $\max\{w \cdot x \mid f(x)=0\} = t-\epsilon$이라고 하자. 그러면 $\epsilon > 0$이며, $f$는 $2^n$개의 부등식들, 즉 $f(x)=1$일 때 $w \cdot x - t \geq 0$들과 $f(x)=0$일 때 $t - w \cdot x - \epsilon \geq 0$들로 정의된다. $A$가 실수값 해 $v=(v_1,\ldots,v_N)^T$(여기서 $v_N>0$)를 가지는 일차연립부등식 $Av \geq (0,\ldots,0)^T$에 대한 $M \times N$ 정수 행렬이라고 할 때, 정수에서도 그러한 해가 존재한다. ($N$에 대한 귀납법으로 증명됨.) 따라서 $w_1$, $w_n$, $t$, $\epsilon$이 정수라고 가정할

수 있다.

〔아다마르의 부등식(식 4.6.1-(48) 참고)을 이용한 좀 더 세밀한 분석을 통해서, 크기가 최대 $(n+1)^{(n+1)/2}/2^n$ 인 정수 가중치들로 충분함을 증명할 수 있다. S. Muroga, I. Toda, S. Takasu, *J. Franklin Inst.* **271** (1961), 376–418, Theorem 16을 보라. 더 나아가서, 연습문제 112는 그러한 상계에 가까운 가중치들이 종종 필요함을 보여 준다.〕

**97.** $\langle 11111x_1x_2\rangle$, $\langle 111x_1x_2\rangle$, $\langle 1x_1x_2\rangle$, $\langle 0x_1x_2\rangle$, $\langle 000x_1x_2\rangle$, $\langle 00000x_1x_2\rangle$.

**98.** 가중치 $w_j$ 들이 정수이고 $w_1+\cdots+w_n$ 이 홀수라고 할 때 $f(x_1,\ldots,x_n)=\langle y_1^{w_1}\ldots y_n^{w_n}\rangle$ 이라고 가정할 수 있다. $\pm w_1\pm\cdots\pm w_n$ 형태의 식에서 $n$개의 항들의 부호를 독립적으로 변화시킨다면 총 $2^n$ 개의 합들이 나온다. 그런 합들 중 양의 최솟값을 $\delta$라고 하자. $w_1+\cdots+w_k-w_{k+1}-\cdots-w_n=\delta$이 되는 모든 아래첨자를 기억해 둔다. 그런 아래첨자들에 대해 $w_1y_1+\cdots+w_ny_n>\frac{1}{2}(w_1+\cdots+w_n)\iff w_1(y_1-\frac{1}{2})+\cdots+w_n(y_n-\frac{1}{2})>0\iff w_1(y_1-\frac{1}{2})+\cdots+w_n(y_n-\frac{1}{2})>-\delta/2$ $\iff w_1y_1+\cdots+w_ny_n>\frac{1}{2}(w_1+\cdots+w_n-(w_1+\cdots+w_k-w_{k+1}-\cdots-w_n))=w_{k+1}+\cdots+w_n\iff w_1y_1+\cdots+w_ky_k-w_{k+1}\bar{y}_{k+1}-\cdots-w_n\bar{y}_n>0$이 성립한다.

**99.** $[x_1+\cdots+x_{2s-1}+s(y_1+\cdots+y_{2t-2})\ge st]=[\lfloor(x_1+\cdots+x_{2s-1})/s\rfloor+y_1+\cdots+y_{2t-2}\ge t]$ 이고 $\lfloor(x_1+\cdots+x_{2s-1})/s\rfloor=[x_1+\cdots+x_{2s-1}\ge s]$이다.

(예를 들어 $\langle\langle xyz\rangle uv\rangle=\langle xyzu^2v^2\rangle$이다. 식 (82)과 (85)에서 이미 보았듯이, 이것은 $\langle x\langle yuv\rangle\langle zuv\rangle\rangle$ 나 $\langle\langle xuv\rangle\langle yuv\rangle\langle zuv\rangle\rangle$와 같은 수량이다. 참고문헌: C. C. Elgot, *FOCS* **2** (1961), 238.)

**100.** 참이다. 이전 연습문제와 식 (58)로 참임을 증명할 수 있다.

**101.** (a) $n=7$일 때 $x_7\wedge x_6$, $x_6\wedge x_5$, $x_7\wedge x_5\wedge x_4$, $x_6\wedge x_4\wedge x_3$, $x_7\wedge x_5\wedge x_3\wedge x_2$, $x_6\wedge x_4\wedge x_2\wedge x_1$, $x_7\wedge x_5\wedge x_3\wedge x_1$이다. 그리고 일반적으로 그러한 함수에는 비슷한 패턴을 형성하는 $n$개의 기약합의항이 있다. ($x_n=x_{n-1}$ 아니면 $x_n=\bar{x}_{n-1}$이다. 처음 경우 $x_n\wedge x_{n-1}$이 하나의 기약합의 항임은 자명하다. 둘째 경우 $F_n(x_1,\ldots,x_{n-1},\bar{x}_{n-1})=F_{n-1}(x_1,\ldots,x_{n-1})$이므로, 후자의 기약합의항들을 사용하되 $x_{n-1}$이 나타나지 않으면 $x_n$을 삽입한다.)

(b) $n=7$에 대한 셸링 패턴 $(0000011, 000011\underline{0}, 00011\underline{0}1, 0011\underline{0}1\underline{0}, 011\underline{0}1\underline{0}1, 11\underline{0}1\underline{0}1\underline{0}, 1\underline{0}1\underline{0}1\underline{0}1)$이 모든 $n$에 대해 유효하다.

(c) $n=7$에 대한 여러 가능성들 중 둘에서 일반적인 경우를 볼 수 있다:

$$F_7(x_1,\ldots,x_7)\;=\;Y\begin{pmatrix}x_6\\x_7x_5\\x_6x_6x_4\\x_7x_5x_7x_3\\x_6x_6x_4x_6x_2\\x_7x_5x_7x_3x_7x_1\end{pmatrix}\;=\;Y\begin{pmatrix}x_6\\x_7x_5\\x_6x_6x_4\\x_7x_5x_5x_3\\x_6x_6x_4x_4x_2\\x_7x_5x_5x_3x_3x_1\end{pmatrix}.$$

〔피보나치 문턱값 함수는 무로가S. Muroga가 소개했다. 그는 또한 연습문제 105의 최적성 결과도 발견했다. *IEEE Transactions* **EC-14** (1965), 136-148을 보라.〕

**102.** (a) 식 (11)과 (14)에 의해, $\hat{f}(\bar{x}_0, \bar{x}_1, \ldots, \bar{x}_n)$은 $\hat{f}(x_0, x_1, \ldots, x_n)$의 여수이다.

(b) $f$가 식 (08)와 같이 주어졌다고 할 때, $\hat{f}$는 $[(w+1-2t)x_0 + w_1x_1 + \cdots + w_nx_n \geq w + 1 - t]$이다. 여기서 $w = w_1 + \cdots + w_n$이다. 반대로 만일 $\hat{f}$가 문턱값 함수이면 $f(x_1, \ldots, x_n) = \hat{f}(1, x_1, \ldots, x_n)$도 문턱값 함수이다. 〔E. Goto, H. Takahasi, *Proc. IFIP Congress* (1962), 747-752.〕

**103.** 〔R. C. Minnick, *IRE Transactions* **EC-10** (1961), 6-16을 보라.〕 $w_1 + \cdots + w_n$을 $1 \leq j \leq n$에 대해 $w_j \geq 0$이고 각 기약함의항 $x_1^{e_1} \wedge \cdots \wedge x_n^{e_n}$에 대해 $(2e_1 - 1)w_1 + \cdots + (2e_n - 1)w_n \geq 1$이라는 구속조건 하에서 최소화해야 한다. 예를 들어 $n = 6$일 때 기약함의항 $x_2 \wedge x_5 \wedge x_6$은 $-w_1 + w_2 - w_3 - w_4 + w_5 + w_6 \geq 1$라는 구속조건으로 이어진다. 만일 최솟값이 $+\infty$이면 주어진 함수는 문턱값 함수가 아니다. (연습문제 84의 답에 그런 경우의 가장 간단한 예 중 하나가 나온다.) 그렇지 않으면, 만일 해 $(w_1, \ldots, w_n)$이 정수로만 이루어져 있다면, 그 해는 요구된 크기를 최소화한다. 비정수 해들이 나오는 경우에는 최상의 해를 찾을 때까지 다음 연습문제의 부문제 (c)에서처럼 추가적인 구속조건들을 도입해야 한다.

**104.** 우선, $w_1 \geq \cdots \geq w_n$이고 $w_1 + \cdots + w_n$이 홀수일 때 주어진 다수결 함수 $\langle x_1^{w_1} \ldots x_n^{w_n} \rangle$의 기약함의항 $x_1^{e_1} \wedge \cdots \wedge x_n^{e_n}$들을 생성하는 알고리즘이 필요하다.

**K1.** 〔초기화.〕 $t \leftarrow 0$로 설정한다. 그런 다음 $j = n, n-1, \ldots, 1$에 대해(이 순서대로) $a_j \leftarrow t$, $t \leftarrow t + w_j$, $e_j \leftarrow 0$으로 설정한다. 마지막으로 $t \leftarrow (t+1)/2$, $s_1 \leftarrow 0$, $l \leftarrow 0$으로 설정한다.

**K2.** 〔수준 $l$로 진입한다.〕 $l \leftarrow l + 1$, $e_l \leftarrow 1$, $s_{l+1} \leftarrow s_l + w_l$로 설정한다.

**K3.** 〔문턱값 아래인가?〕 만일 $s_{l+1} < t$이면 K2로 돌아간다.

**K4.** 〔기약함의항을 방문.〕 지수 $(e_1, \ldots, e_n)$을 방문한다.

**K5.** 〔크기 줄이기.〕 $e_l \leftarrow 0$로 설정한다. 그런 다음, 만일 $s_l + a_l \geq t$이면 $s_{l+1} \leftarrow s_l$로 설정하고 K2로 간다.

**K6.** 〔되짚기.〕 $l \leftarrow l - 1$로 설정한다. 만일 $l = 0$이면 종료한다. 그렇지 않으면, 만일 $e_l = 1$이면 K5로 가고 그렇지 않으면 이 단계를 되풀이한다. ▮

(a) $\langle x_1 x_2^2 x_3^3 x_4^5 x_5^6 x_6^8 x_7^{10} x_8^{12} \rangle$ (기약함의항 21개).

(b) $\langle x_0^{16-2t} x_1^8 x_2^4 x_3^2 x_4 \rangle$에 대한 최적의 가중치들은 $0 \leq t \leq 8$에 대해 $w_0w_1w_2w_3w_4 =$ 10000, 31111, 21110, 32211, 11100, 23211, 12110, 13111, 01000이다. 그 외의 경우들은 쌍대이다.

(c) 여기서 최적의 가중치 $(w_1, \ldots, w_{10})$은 $(29, 25, 19, 15, 12, 8, 8, 3, 3, 0)/2$이다. 이로부터, $x_{10}$이 무관하다는 점과 반드시 분수 가중치들을 다루어야 한다는 점을 알 수 있다. $w_8 \geq 2$라는 구속 조건을 두면 정수 가중치 $(15, 13, 10, 8, 6, 4, 4, 2, 1, 0)$이 나온다. 그 합들이 이전 합보다 2만큼 크기 때문이다. (175,428가지 9변수 자기쌍대 문턱값 함수들 중 $w_1 + \cdots + w_n$을 최소화하는 정수가 아닌 가중치들을 가진 것은 단 둘이다. 다른 하나는 $\langle x_1^{17} x_2^{15} x_3^{11} x_4^{9} x_5^{7} x_6^{5} x_7^{4} x_8^{2} x_9 \rangle$이다. 최소 표현의 가장 큰 $w_1$은 $\langle x_1^{42} x_2^{22} x_3^{18} x_4^{15} x_5^{13} x_6^{10} x_7^{8} x_8^{4} x_9^{3} \rangle$에서 나타난다. 가장 큰 $w_1 + \cdots + w_9$는 $\langle x_1^{34} x_2^{32} x_3^{28} x_4^{27} x_5^{24} x_6^{20} x_7^{18} x_8^{15} x_9^{11} \rangle$에서 고유하게 나타나는데, 이는 가장 큰 $w_9$의 예이기도 하다. S. Muroga, T. Tsuboi, C. R. Baugh, *IEEE Transactions* **C-19** (1970), 818-825를 보라.)

**105.** $n = 7$일 때 연습문제 103으로 생성된 부등식들은 $w_7 + w_6 - w_5 - w_4 - w_3 - w_2 - w_1 \geq 1$, $-w_7 + w_6 + w_5 - w_4 - w_3 - w_2 - w_1 \geq 1$, $w_7 - w_6 + w_5 + w_4 - w_3 - w_2 - w_1 \geq 1$, $-w_7 + w_6 - w_5 + w_4 + w_3 - w_2 - w_1 \geq 1$, $w_7 - w_6 + w_5 - w_4 + w_3 + w_2 - w_1 \geq 1$, $-w_7 + w_6 - w_5 + w_4 - w_3 + w_2 + w_1 \geq 1$, $w_7 - w_6 + w_5 - w_4 + w_3 - w_2 + w_1 \geq 1$이다. 이들에 각각 1, 1, 2, 3, 5, 8, 5를 곱하면 $w_1 + \cdots + w_7 \geq 1 + 1 + 2 + 3 + 5 + 8 + 5$가 나온다. 모든 $n \geq 3$에 대해서도 이와 같은 방식이 통한다.

**106.** (a) $\langle x_1^{2^{n-1}} x_2^{2^{n-2}} \ldots x_n \bar{y}_1^{2^{n-1}} \bar{y}_2^{2^{n-2}} \ldots \bar{y}_n \bar{z} \rangle$.
(연습문제 99에 의해, $n$개의 3중앙값 $\langle\langle \ldots \langle x_n \bar{y}_n \bar{z} \rangle \ldots x_2 \bar{y}_2 \rangle x_1 \bar{y}_1 \rangle$을 수행할 수도 있다.)

(b) 만일 $\langle x_1^{u_1} x_2^{u_2} \ldots x_n^{u_n} \bar{y}_1^{v_1} \bar{y}_2^{v_2} \ldots \bar{y}_n^{v_n} \bar{z}^{w} \rangle$로 문제가 풀린다면, $2^{n+1} - 1$개의 기본 부등식들이 성립해야 한다. 예를 들어 $n = 2$일 때 부등식들은 $u_1 + u_2 - v_1 + v_2 - w \geq 1$, $u_1 + u_2 - v_1 - v_2 + w \geq 1$, $u_1 - u_2 + v_1 - v_2 - w \geq 1$, $u_1 - u_2 - v_1 + v_2 + w \geq 1$, $-u_1 + u_2 + v_1 + v_2 - w \geq 1$, $-u_1 + u_2 + v_1 - v_2 + w \geq 1$, $-u_1 - u_2 + v_1 + v_2 + w \geq 1$이다. 이들을 모두 더하면 $u_1 + u_2 + \cdots + u_n + v_1 + v_2 + \cdots + v_n + w \geq 2^{n+1} - 1$이 나온다.

**107.**

| $f$ | $N(f)$ | $\Sigma(f)$ | $f$ | $N(f)$ | $\Sigma(f)$ | $f$ | $N(f)$ | $\Sigma(f)$ | $f$ | $N(f)$ | $\Sigma(f)$ |
|---|---|---|---|---|---|---|---|---|---|---|---|
| $\bot$ | 0 | $(0,0)$ | $\bar{\subset}$ | 1 | $(0,1)$ | $\bar{\vee}$ | 1 | $(0,0)$ | $\bar{\mathrm{L}}$ | 2 | $(0,1)$ |
| $\wedge$ | 1 | $(1,1)$ | $\mathrm{R}$ | 2 | $(1,2)$ | $\equiv$ | 2 | $(1,1)$ | $\supset$ | 3 | $(1,2)$ |
| $\bar{\supset}$ | 1 | $(1,0)$ | $\oplus$ | 2 | $(1,1)$ | $\bar{\mathrm{R}}$ | 2 | $(1,0)$ | $\bar{\wedge}$ | 3 | $(1,1)$ |
| $\mathrm{L}$ | 2 | $(2,1)$ | $\vee$ | 3 | $(2,2)$ | $\subset$ | 3 | $(2,1)$ | $\top$ | 4 | $(2,2)$ |

$\oplus$와 $\equiv$의 매개변수들이 $N(f)$, $\Sigma(f)$와 같음을 주목할 것. 문턱값 함수가 아닌 부울 이항 연산들은 이들이 유일하다.

**108.** 만일 $\Sigma g) = (s_0, s_1, \ldots, s_n)$이면 $g$의 값은 $x_0 = 1$일 때 $s_0$가지 경우에서, $x_0 = 0$일 때 $2^n - s_0$가지 경우에서 1이다. 또한 $\Sigma(f_0) + \Sigma(f_1) = (s_1, \ldots, s_n)$이고

$$\begin{aligned}\Sigma(f_0) &= \sum_{x_1=0}^{1}\cdots\sum_{x_n=0}^{1}(\bar{x}_1,\ldots,\bar{x}_n)g(0,\bar{x}_1,\ldots,\bar{x}_n)\\ &= \sum_{x_1=0}^{1}\cdots\sum_{x_n=0}^{1}((1,\ldots,1)-(x_1,\ldots,x_n))(1-g(1,x_1,\ldots,x_n))\\ &= (2^{n-1}-s_0,\ldots,2^{n-1}-s_0)+\Sigma(f_1)\end{aligned}$$

이다. 따라서 답은: $n>0$에 대해 (a) $N(f_0)=2^n-s_0$, $\Sigma(f_0)=\frac{1}{2}(s_1-s_0+2^{n-1},\ldots,s_n-s_0+2^{n-1})$; (b) $N(f_1)=s_0$, $\Sigma(f_1)=\frac{1}{2}(s_1+s_0-2^{n-1},\ldots,s_n+s_0-2^{n-1})$. 〔이와 동치인 결과를 고토E. Goto가 1963년 MIT 강의에서 제시했다.〕

**109.** (a) 오직 $k-a_1-\cdots-a_k\le k-b_1-\cdots-b_k$일 때에만 $a_1+\cdots+a_k\ge b_1+\cdots+b_k$이다.

(b) $\alpha^+=(a_1,a_1+a_2,\ldots,a_1+\cdots+a_n)$이라고 하자. 그러면 $\alpha^+$와 $\beta^+$의 성분별 최소화로 얻는 벡터 $(c_1,\ldots,c_n)$은 $(\alpha\wedge\beta)^+$이다. ($c_j=c_{j-1}+a_j$ 또는 $b_j$임은 명백하다.)

(c) (b)에서처럼 진행하되, 성분별 최소화가 아니라 최대화를 사용한다. 즉, $\overline{\bar{\alpha}\wedge\bar{\beta}}$를 취한다.

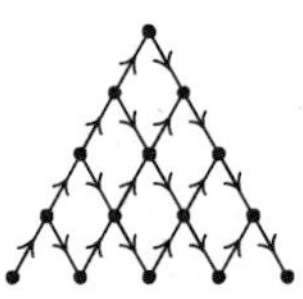

(d) 참이다. 최대와 최소는 분배법칙을 만족하기 때문이다. (실제로, $1\le j\le n$에 대해 $0\le a_j<m_j$인 모든 $n$-짝 $a_1\ldots a_n$의 집합으로부터 분배적 혼합기수 다수결화 격자〔mixed-radix majorization lattice〕를 얻는다. 스탠리R. P. Stanley는 그림 8이 옆에 나온 삼각 격자의 순서 아이디얼들의 격자임도 지적했다.)

(e) $\alpha1$은 $\alpha0$을 포괄하고 $\alpha10\beta$는 $\alpha01\beta$를 포괄한다. 〔이 특성화는 R. O. Winder, *IEEE Trans.* **EC-14** (1965), 315-325에서 기인한다. 그러나 그는 격자 속성을 증명하지 않았다. 그 격자를 흔히 $M(n)$이라고 부른다. B. Lindström, *Nordisk Mat. Tidskrift* **17** (1969), 61-70; R. P. Stanley, *SIAM J. Algebraic and Discrete Methods* **1** (1980), 177-179를 보라.〕

(f) (e)에 의해 $r(\alpha)=na_1+(n-1)a_2+\cdots+a_n$이다.

(g) 핵심은 오직 $\beta\ge\alpha$일 때에만 $0\beta\ge0\alpha$이고 오직 $1\beta\ge10\ldots0\vee0\alpha=1\alpha'$일 때에만 $1\beta\ge0\alpha$라는 것이다.

(h) 모든 $a_1\ldots a_n$ 중에서 $a_1\ldots a_k$에 0이 1보다 많지 않다는 속성을 가진 것이 몇 개인가라는 질문인데, 답은 $\binom{n}{\lfloor n/2\rfloor}$이다. 예를 들면 연습문제 2.2.1-4나 7.2.1.6-42(a)를 보라.

**110.** (a) 만일 $x\subseteq y$이면 $x\le y$이다. 따라서 $f(x)\le f(y)$이다. QED.

(b) 아니다. 문턱값 함수가 단조일 필요는 없다(식 (03)를 보라). 그러나 $w_n\ge0$라는 조건을 추가한다면 $f$가 정칙임을 보일 수 있다. 만일 $f(x)=1$이고 $y$가 $x$를 포괄한다면 $w\cdot y\ge w\cdot x$이기 때문이다.

(c) $f(x)=1$이고 $x_j<x_{j+1}$이면 항상, $y$가 $x$를 포괄하며 $x_j\leftrightarrow x_{j+1}$일 때 $f(y)=1$이 된다. 따라서 $s_j\ge s_{j+1}$이다. (이 논증은 $w_n<0$일 때에도 성립한다.)

(d) 아니다. 이를테면 $\langle x_1x_2^2x_3^2\rangle$을 생각해 보자. 이는 $\langle x_1x_2x_3\rangle$과 같다. 가중치들이 $w_1+\cdots+w_n$을 최소화는 경우에도 반례들이 나온다. 이는 연습문제 103의 선형 프로그램에 대한 해가

항상 고유하지는 않기 때문이다. 그런 경우 하나를 무로가Muroga, 쓰보이Tsuboi, 보Baugh가 발견했는데, 바로 $\langle x_1^{17}x_2^9x_3^8x_4^6x_5^7x_6^5x_7^3x_8^2x_9^2\rangle$이다. 이것은 실제로 $x_4$와 $x_5$에서 대칭인 함수이다. 그러나 만일 $s_j > s_{j+1}$이면 (c) 때문에 반드시 $w_j > w_{j+1}$이어야 한다.

**111.** (a) 최적 자기쌍대 $f$를 연습문제 14에서처럼 찾는다. 최적성이 같은 두 함수가 나온다면 $f(x_1, \ldots, x_n) = x_1$로 택한다. 즉, $x_1 = 0$일 때 '$\geq$'가 '$>$'가 되는 경우를 제외하면 $f(x_1, \ldots, x_n) = [r_1^{x_1} \ldots r_n^{x_n} \geq \sqrt{r_1 \ldots r_n}\,]$이다. 이 함수는 $r_1 \geq \cdots \geq r_n \geq 1$일 때 정칙이다.

(b) $g$가 (a)에서 만든 정칙 자기쌍대 함수라고 하자. 정칙 자기쌍대 함수 $f$가 주어졌을 때, 모든 벡터 $x$에 대해 $f(x) \leq g(x)$임을 밝혀야 한다. 그것이 참이면 두 함수 모두 자기쌍대이므로 $f = g$가 유도될 것이다.

$f(x) = 1$이라고 가정하자. 그리고 $y \leq x$가 $f(y) = 1$을 만족하는 극솟값이라고 하자. 만일 $g(y) = 1$임을 밝힌다면 실제로 $g(x) = 1$이 된다. [K. Makino, T. Kameda, *SIAM Journal on Discrete Mathematics* **14** (2001), 381-407을 보라.]

예를 들어 $n = 5$일 때에는 자기쌍대 정칙 부울 함수가 단 일곱 개이다. 그 함수들은 그림 8의 원소들 중 극소 원소들 10000; 01111, 10001; 01110, 10010; 01101, 10011, 10100; 01100; 01011, 11000; 00111로부터 생성된 것이다. 따라서 최적 동아리를 적은 수의 함수 값들만 조사해서 찾아낼 수 있다.

(c) $1 > p_1 \geq \cdots \geq p_r \geq \frac{1}{2} > p_{r+1} \geq \cdots \geq p_n > 0$이라고 하자. $f_k(x_1, \ldots, x_n)$이 $k$차 단조 자기쌍대 함수이고 $F_k(x_1, \ldots, x_n)$이 그것의 정수 다중선형 표현이라고 하자. 최적 가용성 $G(p_1, \ldots, p_n) = \max_k F_k(p_1, \ldots, p_n)$을 구해야 한다. 만일 $p_1 \leq p_1', \ldots, p_n \leq p_n'$이면, 연습문제 12(e)에 의해 $F_k(p_1, \ldots, p_n) \leq F_k(p_1', \ldots, p_n')$이다. 따라서 $G(p_1, \ldots, p_n) \leq G(p_1', \ldots, p_n')$이다.

그러므로, $0 < r < n$일 때 다음이 성립한다.

$$G(p_1, \ldots, p_n) \leq G(p_1, \ldots, p_r, \tfrac{1}{2}, \ldots, \tfrac{1}{2}).$$

그리고 후자는 $F(p_1, \ldots, p_r, \frac{1}{2}, \ldots, \frac{1}{2})$로, 부문제 (a)에서처럼 이러한 더 큰 확률들로부터 유도된 것이다. 이 함수는 $(x_{r+1}, \ldots, x_n)$에 의존하지 않는다. 따라서 최적 동아리를 제공한다.

만일 $r = 0$이면 문제가 좀 더 심오해지는 것으로 보인다. 이 경우 $G(p_1, \ldots, p_n) \leq G(p_1, \ldots, p_1)$이다. 따라서 이 경우 $p < \frac{1}{2}$이면 항상 모든 $k$에 대해 $F_k(p, \ldots, p) \leq p$임을 보일 수 있다면, 최적 동아리는 $f(x_1, \ldots, x_n) = x_1$이라는 결론을 내릴 수 있다. 일반화하자면 $F_k(p, \ldots, p) = \sum_m c_m p^m (1-p)^{n-m}$인데, 여기서 $c_m$은 $f_k(x) = 1$이고 $\nu x = m$인 벡터 $x$들의 개수이다. $f_k$가 자기쌍대이므로, 모든 $k$에 대해 $c_m + c_{n-m} = \binom{n}{m}$이다. 그리고 에르되시-코-라도 정리(연습문제 7.2.1.3-111)에 의해, $m \leq n/2$라고 할 때 $m$집합들의 임의의 교모임에 대해 $c_m \leq \binom{n-1}{m-1}$이다.

[Y. Amir, A. Wool, *Information Processing Letters* **65** (1998), 223-228을 보라.]

**112.** (a) 선행 항들은 각각 0, $+xy$, $-xy$, $+x$, $-xy$, $+y$, $-2xy$, $-xy$, $+xy$, $+2xy$, $-y$, $+xy$, $-x$, $+xy$, $-xy$, 1이다. 따라서 $f$가 $\wedge$ 나 $\mathsf{L}$, $\mathsf{R}$, $\bar{\vee}$, $\equiv$, $\subset$, $\supset$, $\top$ 일 때 $F(f)=1$ 이다.

(b) 지수 01101에 대응되는 계수는, 이를테면 해답 12의 표기법으로 $f_{0**0*}$이다. 이것은 진리표 항목들의 선형 조합으로, $k$가 별표 개수라 할 때 항상 $\lceil -2^{k-1} \rceil \le f_{0**0*} \le \lceil 2^{k-1} \rceil$ 구간 안에 있다. 따라서 선행 계수는 오직 혼합기수 수

$$\begin{bmatrix} f_{**\ldots*}, & f_{0*\ldots*}, & \ldots, & f_{*0\ldots0}, & f_{00\ldots0} \\ 2^m+1, & 2^{m-1}+1, & \cdots, & 2^1+1, & 2^0+1 \end{bmatrix}$$

가 양수일 때에만 양수이다. 여기서 $f$들은 체이스의 수열의 역순으로 배열된 것이며, 기수 $2^k+1$은 별표가 $k$개인 한 $f$에 해당한다. 예를 들어 $m=2$일 때 $F(f)=1$일 필요충분조건은 합 $18f_{**}+6f_{0*}+2f_{*0}+f_{00}=18(f_{11}-f_{01}-f_{10}+f_{00})+6(f_{01}-f_{00})+2(f_{10}-f_{00})+f_{00}=18f_{11}-12f_{01}-16f_{10}+11f_{00}$이 양수라는 것이다. 따라서 문턱값 함수를 $\langle f_{11}^{18}\bar{f}_{01}^{12}\bar{f}_{10}^{16}f_{00}^{11}\rangle$으로 표현할 수 있다.

(지금의 특정한 경우에는 훨씬 더 간단한 표현인 $\langle f_{11}f_{11}\bar{f}_{01}\bar{f}_{10}f_{00}\rangle$도 실제로 유효하다. 그러나 부문제 (c)에서 보겠지만 $m$이 크면 이보다 훨씬 나은 표현은 얻을 수 없다.)

(c) $F(f)=[\sum_\alpha v_\alpha(f_\alpha-\frac{1}{2})>0]$라고 하자. 여기서 합산의 구간은 각 $v_\alpha$가 정수인 $2^m$개의 길이 $m$ 이진열 $\alpha$들이다. 이제

$$w_\alpha=\sum_\beta(-1)^{\nu(\alpha\dot{-}\beta)}v_\beta, \qquad F_\alpha=\sum_\beta(-1)^{\nu(\alpha\dot{-}\beta)}f_\beta-2^{m-1}[\alpha=00\ldots0]$$

이라고 정의한다. 즉, 예를 들어 $w_{01}=-v_{00}+v_{01}-v_{10}+v_{11}$이고 $F_{11}=f_{00}-f_{01}-f_{10}+f_{11}$ 이다. 그러면, 만일 $\nu(\alpha)>k>0$일 때 항상 $F_\alpha=0$이라면 $F_{1^k0^l}=2^lf_{*^k0^l}$임을 보이는 것이 가능하다. 따라서 변환된 진리 계수 $F_\alpha$들의 부호들은 다중선형 표현의 선행 계수들의 부호를 결정한다. 더 나아가서 이제 $F(f)=[\sum_\alpha w_\alpha F_\alpha>0]$이다.

이 증명의 일반적인 착안은, 변환된 가중치 $w_\alpha$들의 속성들을 유도할 수 있는 검정 함수 $f$를 선택한다는 것이다. 예를 들어 만일 $f(x_1,\ldots,x_m)=x_1\oplus\cdots\oplus x_k$이면, $F_{1^k0^{m-k}}=(-1)^{k-1}2^{m-1}$을 제외할 때 모든 $\alpha$에 대해 $F_\alpha=0$임을 알 수 있다. $x_1\oplus\cdots\oplus x_k$의 다중선형 표현의 선행 항은 $\lceil(-2)^{k-1}\rceil x_1\ldots x_k$이다. 따라서 $w_{1^k0^{m-k}}>0$이라는 결론이 나온다. 마찬가지 방식으로 모든 $\alpha$에 대한 $w_\alpha>0$임을 알 수 있다. 일반화해서, 만일 $m$을 $m+1$로 바꾸어도 $f$가 $x_{m+1}$에 의존하지 않는다면, $F_{\alpha0}=2F_\alpha$이고 $F_{\alpha1}=0$이다.

검정 함수 $x_2\oplus\cdots\oplus x_m\oplus x_1\bar{x}_2\ldots\bar{x}_m$은 다음을 증명한다.

$$w_{1^m}>(2^{m-1}-1)w_{01^{m-1}}+\sum_{k=1}^{m-1}w_{1^k01^{m-1-k}}+\text{더 작은 항들}.$$

여기서 '더 작은 항들'은 오직 $\nu(\alpha)\le m-2$인 $w_\alpha$에만 관여한다. 구체적으로 말하면 $w_{11}>$

$w_{01} + w_{10} + w_{00}$이다. 검정 함수 $x_1 \oplus \cdots \oplus x_{m-1} \oplus \bar{x}_1 \ldots \bar{x}_{m-2}(x_{m-1} \oplus \bar{x}_m)$은 다음을 증명한다.

$$w_{1^{m-2}01} > (2^{m-2} - 1)w_{1^{m-2}10} + \sum_{k=0}^{m-3}(w_{1^k 01^{m-3-k}10} + w_{1^k 01^{m-3-k}01}) + \text{더 작은 항들.}$$

이 경우에는 더 작은 항들이 $\nu(\alpha) \le m-3$을 만족한다. 구체적으로, $w_{101} > w_{110} + w_{010} + w_{001}$이다. 아래첨자들을 치환함으로써 비슷한 항등식들을 얻을 수 있으며, 그로부터 다음 부등식을 이끌어 낼 수 있다.

$$0 < j < 2^m \text{에 대해} \qquad w_{\alpha_j} > (2^{\nu(\alpha_j)-1} - 1)w_{\alpha_{j-1}}.$$

이는 $w$들이 빠르게 커지기 시작하기 때문이다. 그러나 $v_\alpha = \sum_\beta (-1)^{\nu(\beta \dot{-} \alpha)} w_\beta / n$이다. 따라서 $|v_\alpha| = w_{11\ldots1}/n + O(w_{11\ldots1}/n^2)$이다. 〔*SIAM J. Discrete Math.* **7** (1994), 484-492. 이 결과의 중요한 일반화를 N. Alon, V. H. Vũ, *J. Combinatorial Theory* **A79** (1997), 133-160이 얻은 바 있다.〕

**113.** 언급된 $g_3$은 $S_{2,3,6,8,9}$이다. 언급된 $g_2$가 $S_{2,3,4,5,8,9,10,11,12}$이기 때문이다.

좀 더 어려운 함수 $S_{1,3,5,8}$의 경우, $g_1 = [\nu x \ge 6]$, $g_2 = [\nu x \ge 3]$, $g_3 = [\nu x - 5g_1 - 2g_2 \ge 2] = S_{2,4,5,9,10,11,12}$, $g_4 = [2\nu x - 15g_1 - 9g_3 \ge 1] = S_{1,3,5,8}$로 두면 된다. 〔M. A. Fischler, M. Tannenbaum, *IEEE Transactions* **C-17** (1968), 273-279를 보라.〕

**114.** $[4x + 2y + z \in \{3, 6\}] = (\bar{x} \wedge y \wedge z) \vee (x \wedge y \wedge \bar{z})$. 같은 방식으로, 임의의 $n$변수 부울 함수는 변수가 $2^n - 1$개인 대칭함수의 특수 경우이다. 〔W. H. Kautz, *IRE Transactions* **EC-10** (1961), 378을 보라.〕

**115.** 양변 모두 자기쌍대이므로 $x_0 = 0$이라고 가정할 수 있다. 그러면

$$s_j = [x_j + \cdots + x_{j+m-1} > x_{j+m} + \cdots + x_{j+2m-1}]$$

이다. 만일 $x_1 + \cdots + x_{2m}$이 홀수이면 $s_j = \bar{s}_{j+m}$이다. 따라서 $s_1 + \cdots + s_{2m} = m$이며 결과는 1이다. 그러나 만일 $x_1 + \cdots + x_{2m}$이 짝수이면 차 $x_j + \cdots + x_{j+m-1} - x_{j+m} - \cdots - x_{j+2m-1}$은 적어도 하나의 $j \le m$에 대해 0이 된다. 그런 경우 $s_j = s_{j+m} = 0$이며, 따라서 $s_1 + \cdots + s_{2m} < m$이다.

**116.** (a) 그 항이 하나의 함의항일 필요충분조건은 $j \le \nu x \le n - k + j$이면 항상 $f(x) = 1$이라는 것이다. 그리고 $\nu x = j - 1$ 또는 $\nu x = n - k + j + 1$일 때 $f(x) = 0$이라는 필요충분조건까지 만족한다면 그 항은 기약함의항이다.

(b) $f(x) = v_{\nu x}$인 이진열 $v = v_0 v_1 \ldots v_n$을 생각해보자. 부문제 (a)에 의해, $v = 0^a 1^{b+1} 0^c$일 때 기약함의항은 $\binom{a+b+c}{a,\, b,\, c}$개이다. 언급된 경우에는 $a = b = c = 3$이며, 따라서 기약함의항은 1680개다.

(c) 일반적인 대칭함수의 경우, $v$에 있는 1들의 연속열들 각각마다 기약함의항들을 함께 더한다. $a < c - 1$일 때, $v = 0^a 1^{b+1} 0^c$보다 $v = 0^{a+1} 1^{b+1} 0^{c-1}$이 더 많음은 명백하다. 따라서 최댓값에

도달했을 때 $v$에는 두 0이 연속해서 나오지 않는다.

$\hat{b}(m,n)$이 $v_m=1$이고 $m<j\le n$에 대해 $v_j=0$일 때 가능한 기약합의항들의 최대 개수라고 하자. 그러면, $m\le\frac{1}{2}n$일 때

$$\hat{b}(m,n)=\max_{0\le k\le m}\left(\binom{n}{k,m-k,n-m}+\hat{b}(k-2,n)\right)$$
$$=\binom{n}{\lceil m/2\rceil,\lfloor m/2\rfloor,n-m}+\hat{b}(\lceil m/2\rceil-2,n)$$

이고 $\hat{b}(-2,n)=\hat{b}(-1,n)=0$이다. 그리고 전체적인 최댓값은

$$\hat{b}(n)=\binom{n}{n_0,n_1,n_2}+\hat{b}(n_1-2,n)+\hat{b}(n_2-2,n),\quad n_j=\left\lfloor\frac{n+j}{3}\right\rfloor$$

이다. 특히 $\hat{b}(9)=1698$인데, 최댓값은 $v=1101111011$일 때 나온다.

(d) 스털링의 근사에 의해 $\hat{b}(n)=3^{n+3/2}/(2\pi n)+O(3^n/n^2)$이다.

(e) 이 경우 적절한 점화식은 $m<\lceil n/2\rceil$에 대해

$$\tilde{b}(m,n)=\max_{0\le k\le m}\left(\binom{n}{k,m-k,n-m}+\binom{n}{k-1,0,n-k+1}+\tilde{b}(k-2,n)\right)$$
$$=\binom{n}{\lceil m/2\rceil,\lfloor m/2\rfloor,n-m}+\binom{n}{\lceil m/2\rceil-1}+\tilde{b}(\lceil m/2\rceil-2,n)$$

이다. 그리고 $\tilde{b}(n)=\tilde{b}(\lceil n/2\rceil-1,n)$은 min( $f$의 기약 함의항 개수, $\bar{f}$의 기약 함의항 개수)를 최대화한다. $(\tilde{b}(1),\tilde{b}(2),\ldots)=(1,1,4,5,21,31,113,177,766,1271,4687,7999,34412,\ldots)$이다. 예를 들어 $\tilde{b}(9)=766$은 $S_{0,2,3,4,8}(x_1,\ldots,x_9)$에 대응된다. 점근적으로 $\tilde{b}(n)=2^{(3n+3+(n \bmod 2))/2}/(2\pi n)+O(2^{3n/2}/n^2)$이다.

참고문헌: *Summaries, Summer Inst. for Symbolic Logic* (Dept. of Math., Cornell Univ., 1957), 211-212; B. Dunham, R. Fridshal, *J. Symbolic Logic* **24** (1959), 17-19; A. P. Vikulin, *Problemy Kibernetiki* **29** (1974), 151-166(1960년에 이룬 성과를 보고한다); Y. Igarashi, *Transactions of the IEICE of Japan* **E62** (1979), 389-394.

**117.** $n$-입방체의 서로를 포함하지 않는 부분입방체들의 최대 개수는 차원이 $\lfloor n/3\rfloor$인 모든 부분입방체를 선택해서 얻을 수 있다. (또한 $\lfloor(n+1)/3\rfloor$차원 부분입방체들을 모두 선택해서 얻을 수도 있다. 예를 들어 $n=2$일 때 $\{0*,1*,*0,*1\}$ 또는 $\{00,01,10,11\}$을 선택하면 된다.) 따라서 $b^*(n)=\binom{n}{\lfloor n/3\rfloor}2^{n-\lfloor n/3\rfloor}=3^{n+1}/\sqrt{4\pi n}+O(3^n/n^{3/2})$이다. [이전 해답에 나온 비쿨린Vikulin의 논문의 164~166쪽과 A. K. Chandra, G. Markowsky, *Discrete Math.* **24** (1978), 7-11; N. Metropolis, G. C. Rota, *SIAM J. Applied Math.* **35** (1978), 689-694를 보라.]

**118.** 한 함수의 변수들을 여수화 또는 치환(또는 둘 다)해서 다른 함수가 나온다면 두 함수를 동치라고 하자. 단, 함수 값 자체를 여수화하는 것은 금지된다. 그런 함수들의 기약함의항 개수가 같음은

명백하다. 이 동치 관계를 아래의 해답 125에서 좀 더 연구할 것이다. 연습문제 30에 기초한 컴퓨터 프로그램을 이용해서 다음과 같은 결과를 얻을 수 있다.

| $m$ | 동치류 개수 | 함수 개수 | $m$ | 동치류 개수 | 함수 개수 | $m$ | 동치류 개수 | 함수 개수 |
|---|---|---|---|---|---|---|---|---|
| 0 | 1 | 1 | 5 | 87 | 17472 | 10 | 7 | 632 |
| 1 | 5 | 81 | 6 | 70 | 12696 | 11 | 1 | 96 |
| 2 | 18 | 1324 | 7 | 43 | 7408 | 12 | 2 | 24 |
| 3 | 46 | 6608 | 8 | 24 | 3346 | 13 | 1 | 16 |
| 4 | 87 | 14536 | 9 | 10 | 1296 | 14 | 0 | 0 |

그리고 다음은 부울 함수의 변수가 다섯 개인 경우의 결과이다.

| $m$ | 동치류 개수 | 함수 개수 | $m$ | 동치류 개수 | 함수 개수 | $m$ | 동치류 개수 | 함수 개수 |
|---|---|---|---|---|---|---|---|---|
| 0 | 1 | 1 | 11 | 186447 | 666555696 | 22 | 338 | 608240 |
| 1 | 6 | 243 | 12 | 165460 | 590192224 | 23 | 130 | 197440 |
| 2 | 37 | 14516 | 13 | 129381 | 459299440 | 24 | 71 | 75720 |
| 3 | 244 | 318520 | 14 | 91026 | 319496560 | 25 | 37 | 28800 |
| 4 | 1527 | 3319580 | 15 | 57612 | 199792834 | 26 | 15 | 10560 |
| 5 | 6997 | 19627904 | 16 | 33590 | 113183894 | 27 | 6 | 2880 |
| 6 | 23434 | 73795768 | 17 | 17948 | 58653984 | 28 | 4 | 1040 |
| 7 | 57048 | 190814016 | 18 | 8880 | 27429320 | 29 | 2 | 640 |
| 8 | 105207 | 362973410 | 19 | 3986 | 11597760 | 30 | 2 | 48 |
| 9 | 152763 | 538238660 | 20 | 1795 | 4548568 | 31 | 2 | 64 |
| 10 | 183441 | 652555480 | 21 | 720 | 1633472 | 32 | 1 | 16 |

**119.** 여러 저자들이 $b(n) = \hat{b}(n)$이라고 추측했다. 가드지예프M. M. Gadzhiev는 그 등식이 $n \le 6$에 대해 성립함을 증명했다. [*Diskretnyĭ Analiz* **18** (1971), 3-24]

**120.** (a) 모든 기약함의항은 최소항이다. $n$-입방체에서 인접한 점들의 패리티는 결코 같지 않기 때문이다. 따라서 이 경우 적절한 DNF는 완전 논리합 표준형이 유일하다.

(b) 이제 모든 기약함의항은 인접한 두 점들로 이루어진다. $\nu x = 1$이고 $\nu x = 6$인 점들을 포괄하기 위해서는, $0 \le j \le 6$에 대한 부분입방체 $0^j{*}0^{6-j}$들과 $1^j{*}1^{6-j}$들(총 14개)을 반드시 포함시켜야 한다. 다른 $\binom{7}{3}+\binom{7}{4} = 70$개의 점들은 35개의 잘 선택된 기약함의항들로 포괄할 수 있다 (이를테면 연습문제 6.5-1이나 §7.2.1.6의 '크리스마스 트리 패턴'을 보라). 따라서 최단 DNF의 길이는 49이다. [70개의 기약함의항들이 필요하다는 천재적으로 그럴듯한, 그러나 잘못된 논증이 S. B. Yablonsky, *Problemy Kibernetiki* **7** (1962), 229-230에 나온다.]

(c) $x_n$에 관한 함수의 그러한 습성을 위해서는 $(x_1, \ldots, x_{n-1})$ 중 $2^{n-1}$개의 선택들 각각에 대해 많아야 하나의 함의항이 필요하다.

[점근적으로, 거의 모든 $n$변수 부울 함수의 최단 DNF는 기약함의항이 $\Theta(2^n/(\log n \log\log n))$개이다. R. G. Nigmatullin, *Diskretnyĭ Analiz* **10** (1967), 69-89; V. V. Glagolev, *Problemy Kibernetiki* **19** (1967), 75-94; A. D. Korshunov, *Metody Diskretnogo Analiza* **37** (1981), 9-41; N. Pippenger, *Random Structures & Algorithms* **22** (2003), 161-186을 보라.]

**121.** (a) $x = x_1 \ldots x_m$, $y = y_1 \ldots y_n$이라고 하자. $f$는 $(\nu x, \nu y)$의 함수이므로 요구된 함수들은 총 $2^{(m+1)(n+1)}$개이다.

(b) 이 경우 $\nu x \le \nu x'$ 그리고 $\nu y \le \nu y'$는 $f(x,y) \le f(x',y')$을 함의한다. 그런 함수들은 모두 $a_0 = (-\frac{1}{2}, n+\frac{1}{2})$에서 $a_{m+n+2} = (m+\frac{1}{2}, -\frac{1}{2})$로의, $1 \le j \le m+n+2$에 대해 $a_j = a_{j-1} + (1,0)$ 또는 $a_j = a_{j-1} - (0,1)$인 지그재그 경로에 대응된다. 오직 점 $(\nu x, \nu y)$가 그러한 경로 위에 있을 때에만 $f(x,y) = 1$이다. 따라서 요구된 함수들의 개수는 그러한 경로들의 개수와 같으며, 그 개수는 $\binom{m+n+2}{m+1}$이다.

(c) $x$와 $y$를 여수화하면 $\nu x$가 $m - \nu x$로, $\nu y$가 $n - \nu y$로 변한다. 따라서 $m$과 $n$ 둘 다 짝수이면 그런 함수가 존재하지 않으며, 그렇지 않으면 $2^{(m+1)(n+1)/2}$개이다.

(d) 이 경우 (b)의 경로가 반드시 $0 \le j \le m+n+2$에 대해 $a_j + a_{m+n+2-j} = (m,n)$을 만족해야 한다. 따라서 그런 함수는 $\binom{\lceil m/2 \rceil + \lceil n/2 \rceil}{\lceil m/2 \rceil}[m\text{이 홀수 또는 } n\text{이 홀수}]$개이다. 예를 들어 $m = 3$이고 $n = 6$일 때 다음 열 가지 경우가 나타난다.

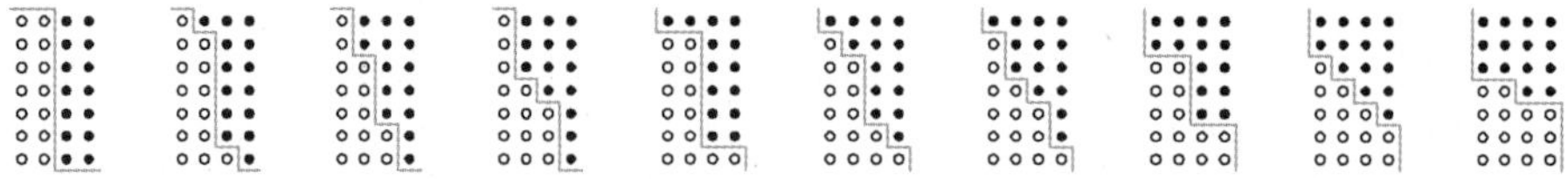

**122.** 이런 종류의 함수는 오직 지그재그 패턴에 $0 < y < n$인 두 점 $(x,y)$와 $(x+2,y)$가 들어있지 않을 때에만 $x$들이 $y$들의 왼쪽에 있는 정칙 함수이고, 오직 지그재그 패턴에 $0 < x < m$인 점 $(x, y+2)$와 $(x,y)$ 둘 다 들어있지 않을 때에만 $y$들이 $x$들 왼쪽에 있는 정칙 함수이다. 그리고 이런 함수는 오직 점 $(m/2, n/2)$을 지나는 직선이 존재하며 $(s,t)$가 그 선 위에 있을 필요충분조건이 $(s,t)$가 $0 \le s \le m$과 $0 \le t \le n$에 대해 그 경로 위에 있다는 것일 때에만 문턱값 함수이다. 따라서 이전 해답의 그림에서 5번, 8번 경우는 정칙일 수 없다. 1, 2, 3, 7, 9, 10번은 문턱값 함수이다. 나머지 정칙 비문턱값 함수들을 다음과 같이 표현할 수도 있다:

$$((x_1 \vee x_2 \vee x_3) \wedge \langle x_1 x_2 x_3 y_1 y_2 y_3 y_4 y_5 y_6 \rangle) \vee (x_1 \wedge x_2 \wedge x_3) \text{ (4번의 경우)},$$
$$\langle 00 x_1 x_2 x_3 y_1 y_2 y_3 y_4 y_5 y_6 \rangle \vee (\langle x_1 x_2 x_3 \rangle \wedge \langle 11 x_1 x_2 x_3 y_1 y_2 y_3 y_4 y_5 y_6 \rangle) \text{ (6번의 경우)}.$$

**123.** 작은 $n$에 대해, 자기쌍대 정칙 함수들은 나열하기가 비교적 쉽다. 그러나 $n$이 커짐에 따라 그 개수가 급격히 커진다. $n = 9$일 때 319,124개임을 무로가, 쓰보이, 보가 1967년에 밝혀냈다. 그리고 $n = 10$일 때에는 1,214,554,343개이다(연습문제 7.1.4-75를 보라). $n \le 6$에 대한 개수들이 표 5에 이미 나와 있다. $n < 9$일 때에는 모든 함수가 문턱값 함수이기 때문이다. $n = 7$일 때에는 135개, $n = 8$일 때 2470개이다.

그러한 임의의 함수에 대한 문턱값 조건을, 연습문제 103의 방법을 개선해서 빠르게 판정할 수 있다. $f(x) = 1$인 최소한의 벡터 $x$들(다수결화에 관한)에 대해서만 구속조건들이 필요하기 때문이다.

$n$변수 문턱값 함수의 개수 $\theta_n$은 $\lg \theta_n = n^2 - O(n^2/\log n)$을 만족한다고 알려져 있다. Yu. A. Zuev, *Matematicheskie Voprosy Kibernetiki* **5** (1994), 5-61을 보라.

**124.** 표 5에 나열된 222개의 동치류들은 크기가 $2^{n+1}n! = 768$인 24개의 부류들을 포함한다. 따라서 이 문제의 답이 될 수 있는 함수는 $24 \times 768 = 18432$개이며, 그중 하나가 $(w \wedge (x \vee (y \wedge z))) \oplus z$이다.

**125.** $0$; $x$; $x \wedge y$; $x \wedge y \wedge z$; $x \wedge (y \vee z)$; $x \wedge (y \oplus z)$. (이 함수들은, 변수들을 치환 및 여수화하되 함수 값 자체는 변경하지 않는다는 규칙 하에서 동치인 2변수 함수들을 $f$가 거쳐 가도록 할 때 $x \wedge f(y, z)$에 해당한다. 일반화하자면, $f$가 그러한 약한 의미에서 $g$와 동치임을 $f \simeq g$로 표기하고 표 5의 의미에서 동치일 때에는 $f \cong g$로 표기한다면, $f$와 $g$가 변수 $x$에 대해 독립이라고 가정할 때 오직 $f \simeq g$일 때에만 $x \wedge f \cong x \wedge g$이다. 이유를 말하자면, 우선 $(x \wedge f) \simeq (\bar{x} \vee \bar{g})$가 불가능함은 쉽게 증명할 수 있다. 그리고 만일 $(x \wedge f) \simeq (x \wedge g)$이면, $\sigma$가 $\{x_0, \ldots, x_n\}$의 한 부호 있는 치환이고 $x = x_1 \ldots x_n$이라 할 때 항등식 $x_0 \wedge f(x) = (x_0\sigma) \wedge g(x\sigma)$가 $f(x) = g(x\sigma\tau)$(여기서 $\tau$는 $x_0 \leftrightarrow x_0\sigma$를 교환)를 함의함을 보임으로써 $f \simeq g$를 증명할 수 있다. 따라서 표 5의 제일 아래 줄은 1 증가된 $n$들에 대한 $\simeq$ 하에서의 동치류들을 나열한 것이라고 할 수 있다. 예를 들어 4변수 함수의 그러한 부류는 402개이다.)

**126.** (a) 부울 함수는 오직 리터럴이 많아야 하나인 기약함의항 또는 리터럴이 많아야 하나인 기약절이 존재할 때에만 커널화 함수이다.

(b) 부울 함수는 오직 $\Sigma(f)$의 구성요소들 중 0이나 $2^{n-1}$, $N(f)$, $N(f) - 2^{n-1}$과 같은 것이 적어도 하나 있을 때에만 커널화 함수이다. I. Shmulevich, H. Lähdesmäki, K. Egiazarian, *IEEE Signal Processing Letters* **11** (2004), 289-292, Proposition 6을 보라.]

(c) 예를 들어 $\vee(f) = y_1 \ldots y_n$이고 $y_j = 0$이라고 하면, $x_j = 1$이면 항상 $f(x) = 0$이다. 따라서 $f$는 오직 $\vee(f) = \vee(\bar{f}) = 1 \ldots 1$과 $\wedge(f) = \wedge(\bar{f}) = 0 \ldots 0$ 둘 다 성립하지 않을 때에만 커널화이다. 이 판정 방식을 이용하면 함수의 값을 단 몇 개의 점에서만 알아도 그 함수가 커널화 함수가 아님을 증명할 수 있는 경우가 많다.

**127.** (a) 자기쌍대 함수 $f(x_1, \ldots, x_n)$은 정확히 $2^{n-1}$개의 점에서 참이므로, 오직 $f(x_1, \ldots, x_n) = x_j$ 또는 $\bar{x}_j$일 때에만 변수 $x_j$에 관해 커널화 함수이다.

(b) 정 혼 함수가 만일 (i) 리터럴이 하나인 임의의 절을 담고 있다면, 또는 (ii) 모든 절에 나타나는 리터럴이 존재한다면 커널화 함수임은 명백하다. 그 외의 경우에는 커널화가 아니다. 왜냐하면, (i)가 거짓이므로 $f(0, \ldots, 0) = f(1, \ldots, 1) = 1$이다. 그리고 (ii)가 거짓이므로, $x_j$가 임의의 변수라고 할 때 함수에는 $\bar{x}_j$를 포함하지 않은 절 $C_0$과 $x_j$를 포함하지 않은 절 $C_1$이 존재한다. 다른 변수들에 적절한 값을 선택한다면, $x_j = 0$일 때에도, 그리고 $x_j = 1$일 때에도 $C_0 \wedge C_1$이 거짓이 되게 할 수 있다.

**128.** 이를테면 $(x_1 \wedge \cdots \wedge x_n) \vee (\bar{x}_1 \wedge \cdots \wedge \bar{x}_n)$이 그러한 함수이다.

**129.** $\sum_{k=1}^{n} (-1)^{k+1} \binom{n}{k} 2^{2^{n-k}+k+1} - 2(n-1) - 4(n \bmod 2) = n2^{2^{n-1}+2} + O(n^2 2^{2^{n-2}})$.
〔W. Just, I. Shmulevich, J. Konvalina, *Physica* **D197** (2004), 211-221을 보라.〕

**130.** (a) 변수가 $n$개 이하인 부울 함수가 $a_n$개이고 변수가 정확히 $n$개인 부울 함수가 $b_n$개라고 하면, $a_n = \sum_k \binom{n}{k} b_k$이다. 따라서 $b_n = \sum_k (-1)^{n-k}\binom{n}{k} a_k$이다. (섀넌C. E. Shannon이 *Trans. Amer. Inst. Electrical Engineers* **57** (1938), 713-723, §4에서 지적한 이 규칙은 표 3에서 대칭함수에 대한 행을 제외한 모든 행에 적용된다.) 문제가 요구하는 구체적인 답은 $168 - 4\cdot 20 + 6\cdot 6 - 4\cdot 3 + 2 = 114$이다.

(b) 변수가 $n$개 이하인 함수들 중 본질적으로 서로 구별되는 함수가 $a'_n$개이고 변수가 정확히 $n$개인 그러한 함수가 $b'_n$개라고 하자. 그러면 $a'_n = \sum_{k=0}^{n} b'_k$이다. 따라서 $b'_n = a'_n - a'_{n-1}$이며, 요구된 답은 $30 - 10 = 20$이다.

**131.** 혼 함수 개수가 $h(n)$이고 크롬 함수 개수가 $k(n)$이라고 하자. $\lg h(n) \ge \binom{n}{\lfloor n/2 \rfloor}$이고 $\lg k(n) \ge \binom{n}{2}$임의 명백하다. 알렉세예프V. B. Alekseyev는 $\lg h(n) = \binom{n}{\lfloor n/2 \rfloor}(1 + O(n^{-1/4}\log n))$임을 증명했다〔*Diskretnaĭa Matematika* **1** (1989), 129-136〕. 볼로바시B. Bollobás와 브라이트웰G. Brightwell, 리더I. Leader는 $\lg k(n) \sim \frac{1}{2}n^2$을 증명했다〔*Israel J. Math.* **133** (2003), 45-60〕.

**132.** (a) 힌트가 참인 것은 $\sum_y s(y)s(y \oplus z) = \sum_{w,x,y}(-1)^{f(w)+w\cdot y+f(x)+x\cdot(y+z)} = 2^n \sum_{w,x}(-1)^{f(w)+f(x)+x\cdot z}[x = w]$이기 때문이다. 이제 $x$의 $2^{n-1}+k$가지 값들에 대해 $f(x) = g(x)$라고 가정하자. 그러면 $2^{n-1}-k$가지 $x$ 값들에 대해 $f(x) = g(x)\oplus 1$이다. 그러나 만일 모든 상관 함수 $g$에 대해 $|k| < 2^{n/2-1}$이라면 모든 $y$에 대해 $|s(y)| < 2^{n/2}$가 되는데, 이는 $z = 0$일 때 힌트와 모순이다.

(b) $y_0, y_1, \ldots, y_n$이 주어졌을 때, $1 \le k \le n/2$에 대해 $x_{2k} = y_{2k-1}$일 때 $f(x) = (y_0 + x\cdot y) \bmod 2$의 해는 정확히 $2^{n/2}((y_1y_2 + y_3y_4 + \cdots + y_{n-1}y_n + 1 + y_0 + h(y_1, y_3, \ldots, y_{n-1})) \bmod 2)$가지이다. 그리고 $(x_2, x_4, \ldots, x_n)$의 다른 $2^{n/2}-1$가지 값들에 대한 해는 $2^{n/2-1}$개다. 따라서 해는 총 $2^{n-1} \pm 2^{n/2-1}$개이다. (이 논증은 사실 $g(x_1, x_3, \ldots, x_{2n-1})$이 모든 $2^{n/2}$비트 벡터의 한 순열일 때 $(g(x_1, x_3, \ldots, x_{2n-1})\cdot(x_2, x_4, \ldots, x_{2n}) + h(x_2, x_4, \ldots, x_{2n})) \bmod 2$가 굽은 함수임을 증명한다.)

(c) 부문제 (a)의 논증은 $f(x)$가 굽은 함수일 필요충분조건이 어떤 부울 함수 $g(y)$에 대해 $s(y) = 2^{n/2}(-1)^{g(y)}$이라는 것이다. $f$의 푸리에/아다마르 변환인 그러한 함수 $g$ 역시 굽은 함수이다. 왜냐하면 모든 $w$에 대해 $\sum_y (-1)^{g(y)+w\cdot y} = 2^{-n/2}\sum_{x,y}(-1)^{f(x)+x\cdot y+w\cdot y} = 2^{n/2}\sum_x (-1)^{f(x)}[x = w] = 2^{n/2}(-1)^{f(w)}$이기 때문이다. 이제 힌트는 0이 아닌 모든 $z$에 대해 $\sum_y (-1)^{g(y)+g(y\oplus z)} = 0$이며, 이것이 $f$에도 마찬가지로 적용됨을 말해준다.

반대로, $f(x)$가 언급된 조건을 만족한다고 가정하면, 모든 $y$에 대해 다음이 성립한다.

$$s(y)^2 = \sum_{x,t}(-1)^{f(x)+x\cdot y+f(x\oplus t)+(x\oplus t)\cdot y} = \sum_t (-1)^{t\cdot y}\sum_x (-1)^{f(x)+f(x\oplus t)} = 2^n.$$

(d) 연습문제 11에 의해 항 $x_1 \ldots x_r$은 오직 방정식 $f(x_1, \ldots, x_r, 0, \ldots, 0) = 1$의 해가 홀수 개일 때에만 존재한다. 그리고 그 조건은 $(\sum_{x_1,\ldots,x_r}(-1)^{f(x_1,\ldots,x_r,0,\ldots,0)}) \bmod 4 = 2$와 동치이다. 부문제

(c)에서 보았듯이 이 합은

$$2^{-n}\sum_{x_1,\ldots,x_r,y} s(y)(-1)^{x_1y_1+\cdots+x_ry_r} = 2^{r-n}\sum_{y_{r+1},\ldots,y_n} s(0,\ldots,0,y_{r+1},\ldots,y_n)$$

이다. 만일 $r=n$이면 위의 합은 $\pm 2^{n/2}$이다. 그렇지 않으면 피가수(합산 대상)가 짝수 개이며, 각 피가수는 $\pm 2^{r-n/2}$이다. 따라서 결과는 4의 배수이다.

〔굽은 함수는 1966년에 로트하우스O. S. Rothaus가 소개했다. 그가 개인적으로 배포한 논문이 결국에는 *J. Combinatorial Theory* **A20** (1976), 300-305에 실렸다. J. F. Dillon, *Congressus Numerantium* **14** (1975), 237-249에서 굽은 함수의 추가적인 모임들이 발견되었으며, 이후 $n \geq 8$이고 $n$이 짝수일 때의 다른 예들도 많이 밝혀졌다. $n$이 홀수일 때에는 굽은 함수가 존재하지 않으나, $g$와 $g\oplus h$가 굽은 함수일 때 $g(x_1,\ldots,x_{n-1})\oplus x_n \wedge h(x_1,\ldots,x_{n-1})$ 같은 함수는 모든 상관 함수로부터의 거리가 $2^{n-1}-2^{(n-1)/2}$이다. $n=15$인 경우에서 거리 $2^{14}-108$이 나오는 더 나은 구축법을 패터슨N. J. Patterson과 위드먼D. H. Wiedemann이 *IEEE Transactions* **IT-29** (1983), 354-356, **IT-36** (1990), 443에서 밝혔다. S. Kavut, M. Diker Yücel, *Information and Computation* **208** (2010), 341-350에는 $n=9$일 때 거리 $2^8-14$를 얻는 방법이 나온다.〕

**133.** $\bar{p}_k = 2^{2^{n-k}}/(2^{2^{n-k}}+1)$이 되도록 $p_k = 1/(2^{2^{n-k}}+1)$로 둔다. 〔Ph.D. 학위 논문 (MIT, 1994).〕

## 7.1.2절

**1.** $((x_1 \vee x_4)\wedge x_2) \equiv (x_1 \vee x_3)$.

**2.** (a) $(w\oplus(x\wedge y))\oplus((x\oplus y)\wedge z)$; (b) $(w\wedge(x\vee y))\wedge((x\wedge y)\vee z)$.

**3.** 〔*Doklady Akademii Nauk SSSR* **115** (1957), 247-248.〕 $f(x)=1$인 벡터 $x$들을 행들로 하는 $k\times n$ 행렬을 만든다. 값들을 적절히 치환, 여수화하면 제1 행이 1...1이 되고 열들이 정렬되게 만들 수 있다. 서로 다른 열들이 $l$개라고 하자. 그러면, 모든 $1<j\leq n$에 관해 열 $j-1$이 열 $j$와 같은 표현식 $(x_{j-1}\equiv x_j)$들의 AND를 $g$라고 하고 서로 같은 열들의 그룹들 각각 하나의 변수를 사용하는 길이가 $l$인 최소항 $k$개의 OR를 $h$라고 할 때, $f=g\wedge h$이다. 예를 들어 만일 $n=8$이고 $f$가 $k=3$개의 점 11111111, 00001111, 00110111에서 1이면 $l=4$이고 $f(x)$는 $(x_1\equiv x_2)\wedge(x_3\equiv x_4)\wedge(x_6\equiv x_7)\wedge(x_7\equiv x_8)\wedge((x_1\wedge x_3\wedge x_5\wedge x_6)\vee(\bar{x}_1\wedge\bar{x}_3\wedge x_5\wedge x_6)\vee(\bar{x}_1\wedge x_3\wedge \bar{x}_5\wedge x_6))$과 같다. 일반적으로 이 공식의 길이는 $2n+(k-2)l-1$이며, $l\leq 2^{k-1}$이 성립한다.

$k$가 클 때, $f(x)$를 논리합 $f_1(x)\vee\cdots\vee f_r(x)$로 표기함으로써 더 짧은 공식들을 얻게 됨을 주목하기 바란다. 여기서 각 $f_j$의 1들의 개수는 $\lceil k/r\rceil$를 넘지 않는다. 따라서

$$L(f)\leq \min_{r\geq 1}(r-1+(2n+\lceil k/r-2\rceil 2^{\lceil k/r-1\rceil})r)$$

이다.

**4.** 첫 부등식은 자명하다. 깊이가 $d$인 이진 트리의 내부 노드는 많아야 $1+2+\cdots+2^{d-1}=2^d-1$ 개이기 때문이다.

힌트는 $g$를 $t$로 대체했을 때 나오는 크기가 $L(f)-L(g)-1$인 공식을 $f_t$로 두면 성립한다. $1 \le k < L(f)$에 대해, $g_k$가 크기가 $\ge k$인 최소 부분공식이라고 하자. 그러면 $g_k ?\ f_{k1} : f_{k0}$는 $g_k$, $f_{k1}$, $f_{k0}$가 수준 2에 있는 트리로부터 얻을 수 있다.

$d_r = \max\{D(f) \mid L(f)=r\}$이라고 하자. $g_k$의 자식들이 수준 3에 나타나며 크기가 $<k$이므로, $r \ge 3$에 대해 $d_r \le \min_{k=1}^{r-1}\max(3+d_{k-1}, 2+d_{r-k-1})$이다. 이로부터 $r \le b_l$일 때 $d_r \le l$임을 $r$에 대한 귀납법으로 이끌어 낼 수 있다. 여기서 $0 \le l \le 2$에 대해 $b_l = l$이고 $l \ge 3$에 대해 $b_l = b_{l-2}+b_{l-3}+2$이다. 또한 연습문제 7.1.4~15의 페랭 수의 표기법으로 $b_l+2=(8P_l+18P_{l+1}+11P_{l+2})/23 = c\chi^l + O(0.87^l)$이 성립하는데, 여기서 $c=(2+4\chi+3\chi^2)/(3+2\chi) \approx 2.224$이다. 따라서 $r>1$일 때 $d_r < \alpha \lg r$이다. [P. M. Spira, *Hawaii Int. Conf. Syst. Sci.* 4 (1971), 525-527; R. Brent, D. Kuck, K. Maruyama, *IEEE* **C-22** (1973), 532-534를 보라. *JACM* **23** (1976), 534-543에서 멀러D. E. Muller와 프레파라타F. P. Preparata는 $\beta = 1/\lg z \approx 2.0807$, $z^4=2z+1$이라 할 때 $D(f) \le \beta \lg L(f)+O(1)$임을 증명했다. $\beta$가 최적일까?]

**5.** $g_0=0$, $g_1=x_1$, $j \ge 2$에 대해 $g_j = x_j \wedge (x_{j-1} \vee g_{j-2})$로 두자. 그러면 $F_n = g_n \vee g_{n-1}$이다. 비용은 $2n-2$, 깊이는 $n$이다. [이러한 함수 $g_j$들은 이진 덧셈에서도 중요한 역할을 한다. 연습문제 42와 44에 깊이 $O(\log n)$으로 이들을 계산하는 방법이 나온다.]

**6.** 참이다. $y=0$인 경우와 $y=1$인 경우를 생각해 보라.

**7.** $\hat{x}_5 = x_1 \vee x_4$, $\hat{x}_6 = x_2 \wedge \hat{x}_5$, $\hat{x}_7 = x_1 \vee x_3$, $\hat{x}_8 = \hat{x}_6 \oplus \hat{x}_7$. (원래의 사슬은 식 (6)의 '무작위' 함수를 계산한다. 연습문제 1을 보라. 새 사슬은 그 함수의 정규화, 즉 그 함수의 여함수를 계산한다.)

**8.** 그 진리표는 $2^{n-k}$개의 0들로 된 블록과 $2^{n-k}$개의 1들로 된 블록이 식 (o)에서처럼 번갈아 나오는 형태이다. 따라서 $2^{2^{n-k}}+1$을 곱하면 1들로만 된 $x_k + (x_k \ll 2^{n-k})$가 나온다.

**9.** 단계 L6에서 $L(f)=\infty$가 되었을 때 $g$와 $h$를 $f$에 연관된 한 레코드에 저장하게 한다면, 재귀적인 절차를 통해서 $g$와 $h$의 해당 공식들로부터 $f$의 최소 길이 공식을 구축하는 것이 가능하다.

**10.** 단계 L3에서 $k=r-1-j$ 대신 $k=r-1$을 사용한다. 또한 모든 곳에서 $L$을 $D$로 바꾼다.

**11.** 유일하게 까다로운 부분은, 단계 U3에서 $j$를 감소해야 한다는 것이다. 그러면 $j=0$일 때 결코 $\phi(g)\,\&\,\phi(h) \ne 0$가 되지 않으므로, 비용이 $r-1$인 모든 경우가 목록 $r-1$의 조사를 시작하기 전에 발견된다.

**U1.** [초기화.] $U(0) \leftarrow \phi(0) \leftarrow 0$으로 설정하고, $1 \le f < 2^{2^{n-1}}$에 대해 $U(f) \leftarrow \infty$로 설정한다. 그런 다음 단계 L1에서처럼 $U(x_k) \leftarrow \phi(x_k) \leftarrow 0$으로 설정하고 $x_k$를 목록 0에 넣는다. 또한 $U(x_j \circ x_k) \leftarrow 1$로 설정하고, $\phi(x_j \circ x_k)$는 그 고유 발자국 벡터(1이 딱 하나인)로 설정한다. 그리고 $1 \le j < k \le n$과 다섯 정규 연산자 $\circ$들 모두에 대해 $x_j \circ x_k$

를 목록 1에 넣는다. 마지막으로 $c \leftarrow 2^{2^n-1} - 5\binom{n}{2} - n - 1$로 설정한다.

**U2.** [$r$에 대한 반복.] $c > 0$인 동안 단계 U3을 $r = 2, 3, \ldots$에 대해 수행한다.

**U3.** [$j$와 $k$에 대한 반복.] $j \geq 0$인 동안 단계 U4를 $j = \lfloor (r-1)/2 \rfloor$, $\lfloor (r-1)/2 \rfloor - 1$, …, $k = r - 1 - j$에 대해 반복한다.

**U4.** [$g$와 $h$에 대한 반복.] 목록 $j$의 모든 $g$와 목록 $k$의 모든 $h$에 대해 단계 U5를 반복한다. 만일 $j = k$이면 $h$를 목록 $k$에서 $g$ 다음에 있는 함수들로만 제한한다.

**U5.** [$f$에 대한 반복.] 만일 $\phi(g) \mathbin{\&} \phi(h) \neq 0$이면 $u \leftarrow r - 1$, $v \leftarrow \phi(g) \mathbin{\&} \phi(h)$로 설정한다. 그렇지 않으면 $u \leftarrow r$, $v \leftarrow \phi(g) \mid \phi(h)$로 설정한다. 그런 다음 $f = g \mathbin{\&} h$, $f = \bar{g} \mathbin{\&} h$, $f = g \mathbin{\&} \bar{h}$, $f = g \mid h$, $f = g \oplus h$에 대해 단계 U6을 수행한다.

**U6.** [$U(f)$와 $\phi(f)$를 갱신.] 만일 $U(f) = \infty$이면 $c \leftarrow c - 1$, $\phi(f) \leftarrow v$, $U(f) \leftarrow u$로 설정하고 $f$를 목록 $u$에 넣는다. 그렇지 않고 만일 $U(f) > u$이면 목록 $U(f)$의 $f$를 목록 $u$로 옮기고 $\phi(f) \leftarrow v$, $U(f) \leftarrow u$로 설정한다. 그렇지 않고 만일 $U(f) = u$이면 $\phi(f) \leftarrow \phi(f) \mid v$로 설정한다. ▮

**12.** $x_4 = x_1 \oplus x_2$, $x_5 = x_3 \wedge x_4$, $x_6 = x_2 \wedge \bar{x}_4$, $x_7 = x_5 \vee x_6$.

**13.** $f_5 = 01010101$ $(x_3)$; $f_4 = 01110111$ $(x_2 \vee x_3)$; $f_3 = 01110101$ $((\bar{x}_1 \wedge x_2) \vee x_3)$; $f_2 = 00110101$ $(x_1?\, x_3\colon x_2)$; $f_1 = 00010111$ $(\langle x_1 x_2 x_3 \rangle)$.

**14.** 우선 $1 \leq j \leq n$에 대해 $t \leftarrow (g \oplus (g \gg 2^{n-j})) \mathbin{\&} x_j$, $t \leftarrow t \oplus (t \ll 2^{n-j})$를 계산한다. 여기서 $x_j$는 식 (11)의 진리표이다. 그러면 $1 \leq k \leq n$과 $k \neq j$에 대해, $x_j \leftarrow x_j \circ x_k$에 대응되는 진리표는 $g \oplus (t \mathbin{\&} ((x_j \circ x_k) \oplus x_j))$이다.

($5n(n-1)$개의 마스크 $(x_j \circ x_k) \oplus x_j$들은 $g$와 독립이므로 미리 계산해 둘 수 있다. $x_{j(i)} \leftarrow x_{k(i)} \circ_i x_{l(i)}$ 형태의 좀 더 일반적인 계산이 허용된 경우, $5n^{2(n-1)}$개의 마스크 $(x_k \circ x_l) \oplus x_j$들에 대해 같은 요령이 가능하다.)

**15.** 대칭함수들을 다음과 같이 놀랄 만큼 비대칭적인 방식으로 계산할 수 있다:

| (a) | (b) | (c) | (d) |
|---|---|---|---|
| $x_1 \leftarrow x_1 \oplus x_2$, | $x_1 \leftarrow x_1 \oplus x_2$, | $x_1 \leftarrow x_1 \oplus x_2$, | $x_1 \leftarrow x_1 \oplus x_2$, |
| $x_1 \leftarrow x_1 \oplus x_3$, | $x_3 \leftarrow x_3 \oplus x_4$, | $x_2 \leftarrow x_2 \wedge \bar{x}_1$, | $x_2 \leftarrow x_2 \oplus x_3$, |
| $x_2 \leftarrow x_2 \wedge x_3$, | $x_1 \leftarrow x_1 \oplus x_3$, | $x_3 \leftarrow x_3 \oplus x_4$, | $x_2 \leftarrow x_2 \vee x_1$, |
| $x_1 \leftarrow x_1 \wedge \bar{x}_2$. | $x_2 \leftarrow x_2 \oplus x_4$, | $x_4 \leftarrow x_4 \wedge x_1$, | $x_1 \leftarrow x_1 \oplus x_4$, |
| | $x_3 \leftarrow x_3 \vee x_2$, | $x_2 \leftarrow \bar{x}_2 \wedge x_3$, | $x_1 \leftarrow x_1 \wedge x_3$, |
| | $x_3 \leftarrow x_3 \wedge \bar{x}_1$. | $x_2 \leftarrow x_2 \oplus x_1$, | $x_2 \leftarrow x_2 \wedge \bar{x}_1$, |
| | | $x_2 \leftarrow x_2 \wedge \bar{x}_4$. | $x_2 \leftarrow x_2 \oplus x_4$. |

**16.** $\oplus$ 연산과 여수화 연산만 사용하는 계산은 다름 아닌 상관 함수들을 산출한다(연습문제 7.1.1-132를 보라). $f(x) = f(x_1, \ldots, x_n)$이 최소 메모리로 계산할 수 있는 비상관 함수라고 하자.

그러면 $f(x)$는 $g(Ax+c)$의 형태인데, 여기서 $A$는 0들과 1들로 된 어떤 비특이 $n\times n$ 행렬이고 $x$와 $c$는 열벡터들과 2를 법으로 하는 벡터 연산들이며 $g(y_1, y_2, \ldots, y_n) = g(y_1 \wedge y_2, y_2, \ldots, y_n)$이다. 이 공식에서 행렬 $A$와 벡터 $c$는 모든 연산 $x_i \leftarrow x_i \oplus x_j$와 가장 최근 수행된 비상관 연산 이후에 나타나는 좌표들의 치환 및 여수화 연산들에 해당된다. $g(0,0,y_3,\ldots,y_n) = g(1,0,y_3,\ldots,y_n)$이라는 사실을 증명에 활용할 것이다.

$\alpha$와 $\beta$가 $A$의 처음 두 행이라고 하자. 그리고 $a$와 $b$가 $c$의 처음 두 원소라고 하자. 그러면, 만일 $Ax+c \equiv y$(법 2)이면 오직 $\alpha\cdot x \equiv a$이고 $\beta\cdot x \equiv b$일 때에만 $y_1 = y_2 = 0$이다. 이 조건을 만족하는 벡터 $x$는 정확히 $2^{n-2}$개이며, 그런 모든 벡터에 대해 $f(x) = f(x\oplus w)$가 성립한다. 여기서 $Aw \equiv (1,0,\ldots,0)^T$이다.

$\alpha$, $\beta$, $a$, $b$, $w$가 주어졌으며 $\alpha \ne (0,\ldots,0)$, $\beta \ne (0,\ldots,0)$, $\alpha \ne \beta$, $\alpha\cdot w \equiv 1$(법 2)라고 하면, $\alpha\cdot x \bmod 2 = a$이고 $\beta\cdot x \bmod 2 = b$일 때 항상 $f(x) = f(x\oplus w)$를 만족하는 함수 $f$는 $2^{2^n - 2^{n-2}}$개이다. 따라서 최소 메모리로 계산할 수 있는 함수의 전체 개수의 상계는 $2^{n+1}$(상관함수들) 더하기

$$(2^n-1)(2^n-2)2^2(2^{n-1})(2^{2^n-2^{n-2}}) < 2^{2^n-2^{n-2}+3n+1}$$

이다.

**17.** 식 7.1.1-(16)에서처럼 $f(x_1,\ldots,x_n) = g(x_1,\ldots,x_{n-1}) \oplus (h(x_1,\ldots,x_{n-1}) \wedge x_n)$이라고 하자. $h$를 CNF로 표현해서, 절들을 하나씩 $x_0$으로 형성한 후 그것들을 AND로 결합하여 $x_n$을 얻는다. 그러면 $h\wedge x_n$이 나온다. $g$는 논리곱들의 합산(2를 법으로 한)으로 표현해서, $x_0$의 연속된 논리합들을 형성하고 준비가 되었다면 그것들을 XOR로 합쳐서 $x_n$을 얻는다.

(비커널화 연산자 $\oplus$ 와 $\equiv$ 를 허용하지 않는다면 모든 함수를 $n+1$개의 레지스터 안에서 평가하는 것이 불가능해 보인다. 그러나 $n+2$개로 충분함은 분명하다. $\overline{\wedge}$ 연산자 하나만 사용할 수 있는 경우에도 그렇다.)

**18.** 해답 14에서 언급했듯이, 본문에 나온 최소 메모리 계산의 정의를 $k(i)\ne j(i)$이고 $l(i)\ne j(i)$인 $x_{j(i)} \leftarrow x_{k(i)} \circ_i x_{l(i)}$ 같은 단계들도 허용하도록 확장해야 한다. 그러면 다섯 변수 중 넷에만 의존하는 특정 함수들에 대해 더 나은 결과를 얻을 수 있기 때문이다. 그렇다고 할 때, $C_m(f) = (0,1,\ldots,13,14)$인 함수 부류들을 구해 보면 각각 $(2,2,5,20,93,389,1960,10459,47604,135990,198092,123590,21540,472,0)$개임을 알 수 있다. $C_m(f)=\infty$일 때의 부류 75,908개(함수는 575,963,136개)는 제외했는데, 왜냐하면 그런 함수들은 최소 메모리로 계산하는 것이 아예 불가능하기 때문이다. 그런 종류의 함수들 중 가장 흥미로운 것은 아마

$$(x_1\wedge x_2)\vee(x_2\wedge x_3)\vee(x_3\wedge x_4)\vee(x_4\wedge x_5)\vee(x_5\wedge x_1)$$

일 것이다. 이 경우 $C(f)=7$이지만 $C_m(f)=\infty$이다. 또 다른 흥미로운 경우는 $(((x_1\vee x_2)\oplus x_3)\vee((x_2\vee \bar{x}_4)\wedge x_5))\wedge((x_1\equiv x_2)\vee x_3\vee x_4)$로, $C(f)=8$이고 $C_m(f)=13$이다. 이 함수를 여덟 단계로 평가하는 한 가지 방법은 $x_6 = x_1\vee x_2$, $x_7 = x_1\vee x_4$, $x_8 = x_2\oplus x_7$, $x_9 = x_3\oplus x_6$, $x_{10} = x_4\oplus x_9$, $x_{11} = x_5\vee x_9$, $x_{12} = x_8\wedge x_{10}$, $x_{13} = x_{11}\wedge \bar{x}_{12}$이다.

**19.** 만일 둘 다 아니라면 경우 (i)이 실패하므로 루트의 왼쪽, 오른쪽 부분 트리들이 반드시 겹쳐야 한다. 가설에 의해, 각 변수는 적어도 한 번 말단 노드에 출현해야 한다. 그리고 경우 (ii)가 실패하므로 적어도 두 개의 변수가 말단들에 적어도 두 번 출현해야 한다. 그러나 부분 트리들이 겹치지 못하는 경우가 아닌 한, 내부 노드가 $r \le n+1$개일 때 말단 노드가 $n+2$개일 수는 없다.

**20.** 이 경우 알고리즘 L(단계 L5에서 '$f = g \oplus h$'를 제거한)은 길이가 반드시 15인 몇몇 공식들을 보여준다. 그리고 연습문제 11의 발자국 방법으로도 14보다 나은 결과는 얻지 못한다. 진정으로 최소인 사슬을 얻기 위해서는 본문의 $r = 6$에 대한 25개의 특수 사슬들 외에도 더 이상 제외시킬 수 없는 다섯 사슬, 즉

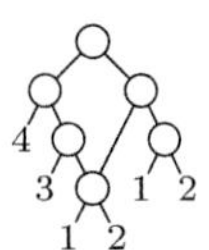

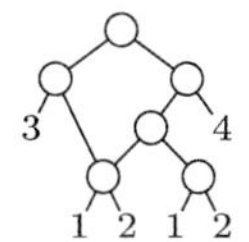

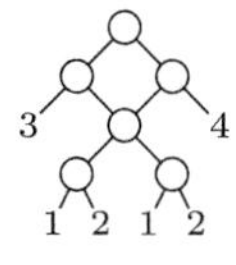

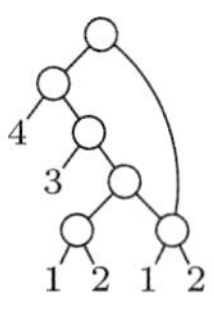

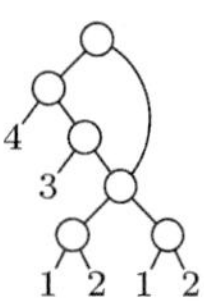


이 더 필요하다. 그리고 $r = (7, 8, 9)$일 때에는, 각각 $(653, 12387, 225660)$개의, 상향식 구축과 하향식 구축의 특수 경우들이 아닌 추가적인 잠재적 사슬들도 반드시 고려해야 한다. 다음은 이로부터 얻은, 표 1에 비견할 수 있는 통계치들이다.

| $C_c(f)$ | 부류 개수 | 함수 개수 | $U_c(f)$ | 부류 개수 | 함수 개수 | $L_c(f)$ | 부류 개수 | 함수 개수 | $D_c(f)$ | 부류 개수 | 함수 개수 |
|---|---|---|---|---|---|---|---|---|---|---|---|
| 0 | 2 | 10 | 0 | 2 | 10 | 0 | 2 | 10 | 0 | 2 | 10 |
| 1 | 1 | 48 | 1 | 1 | 48 | 1 | 1 | 48 | 1 | 1 | 48 |
| 2 | 2 | 256 | 2 | 2 | 2 | 2 | 2 | 256 | 2 | 7 | 684 |
| 3 | 7 | 940 | 3 | 7 | 940 | 3 | 7 | 940 | 3 | 59 | 17064 |
| 4 | 9 | 2336 | 4 | 9 | 2336 | 4 | 7 | 2048 | 4 | 151 | 47634 |
| 5 | 24 | 6464 | 5 | 21 | 6112 | 5 | 20 | 5248 | 5 | 2 | 96 |
| 6 | 30 | 10616 | 6 | 28 | 9664 | 6 | 23 | 8672 | 6 | 0 | 0 |
| 7 | 61 | 18984 | 7 | 45 | 15128 | 7 | 37 | 11768 | 7 | 0 | 0 |
| 8 | 45 | 17680 | 8 | 40 | 14296 | 8 | 27 | 10592 | 8 | 0 | 0 |
| 9 | 37 | 7882 | 9 | 23 | 8568 | 9 | 33 | 11536 | 9 | 0 | 0 |
| 10 | 4 | 320 | 10 | 28 | 5920 | 10 | 16 | 5472 | 10 | 0 | 0 |
| 11 | 0 | 0 | 11 | 6 | 1504 | 11 | 30 | 6304 | 11 | 0 | 0 |
| 12 | 0 | 0 | 12 | 5 | 576 | 12 | 3 | 960 | 12 | 0 | 0 |
| 13 | 0 | 0 | 13 | 3 | 144 | 13 | 8 | 1472 | 13 | 0 | 0 |
| 14 | 0 | 0 | 14 | 2 | 34 | 14 | 2 | 96 | 14 | 0 | 0 |
| 15 | 0 | 0 | 15 | 0 | 0 | 15 | 4 | 114 | 15 | 0 | 0 |

깊이가 5인 두 함수 부류는 $S_{2,4}(x_1, x_2, x_3, x_4)$와 $x_1 \oplus S_2(x_2, x_3, x_4)$로 대표된다. 그리고 그런 두 함수와 $S_2(x_1, x_2, x_3, x_4)$, 그리고 패리티 함수 $S_{1,3}(x_1, x_2, x_3, x_4) = x_1 \oplus x_2 \oplus x_3 \oplus x_4$는 길이가 15이다. 또한 $U_c(S_{2,4}) = U_c(S_{1,3}) = 14$이다. 비용이 10인 네 부류의 대표적인 함수는 $S_{1,4}(x_1, x_2, x_3, x_4)$와 $S_{2,4}(x_1, x_2, x_3, x_4)$, $(x_4?\, x_1 \oplus x_2 \oplus x_3 \colon \langle x_1x_2x_3 \rangle)$, $[(x_1x_2x_3x_4)_2 \in \{0, 1, 4, 7, 10, 13\}]$이다. (참고로 이들 중 셋째 것은 식 (49)의 '하버드의 가장 어려운 사례[Havard's hardest case]'와 동치이다.)

**21.** (저자들은 자신의 표 항목들이 "현재의 필자들에게 알려진 가장 경제적인 연산자들로서만 간주되어야 한다"고 말했다.) 그들의 가장 어려운 함수 (49)의 최소 비용은 아직도 알려져 있지 않으나, $V(f) \le 17$임은 스티븐슨David Stevenson이 증명했다:

$$g = \text{AND}(\text{NAND}(w,x), \text{NAND}(\bar{w},\bar{x}));$$
$$f = \text{OR}(\text{AND}(\text{NOT}(g), \text{NAND}(w,\bar{z}), \text{NAND}(y,z)),$$
$$\text{AND}(\text{NOT}(\text{NOT}(g)), \text{NAND}(y,\bar{z}), \text{NAND}(\bar{y},z))).$$

하버드의 연구자들이 바로 이 구성을 찾아내지는 못했지만, 그래도 그들은 일을 놀랄 만큼 잘 해냈다. 발자국 발견법을 그리드 여섯 개만큼이나 능가한 경우도 있었다!

**22.** $\nu(x_1x_2x_3x_4x_5) = 3$은 오직 $\nu(x_1x_2x_3x_4) \in \{2,3\}$이고 $\nu(x_1x_2x_3x_4x_5)$가 홀수일 때에만 참이다. 마찬가지로, $S_2(x_1,x_2,x_3,x_4,x_5) = S_3(\bar{x}_1,\bar{x}_2,\bar{x}_3,\bar{x}_4,\bar{x}_5)$에는 $S_{1,2}(x_1,x_2,x_3,x_4)$가 통합되어 있다.

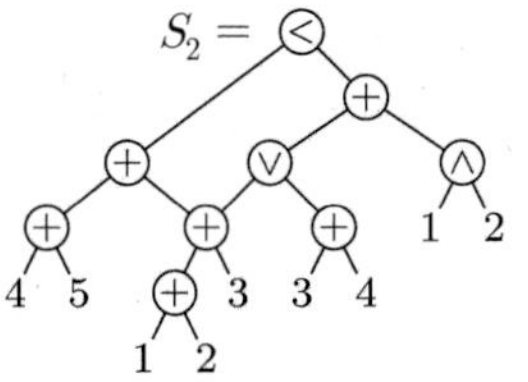

$S_2 =$ ⓒ
⊕ ⊕ ∨ ∧
⊕ ⊕ ⊕ 1 2
4 5 ⊕ 3 3 4
1 2

**23.** 그림 9에서처럼 32가지 정규 경우들만 고려하면 된다. 대칭함수의 여함수는 대칭이기 때문이다. 그러면 $S_{1,2}(x) = S_{3,4}(\bar{x})$ 같은 반사(reflection) 대칭을 사용해서, 그리고 필요하다면 그와 함께 $S_{2,3,4,5}(x) = \bar{S}_{0,1}(x) = \bar{S}_{4,5}(\bar{x})$ 같은 여수화도 사용해서, 나머지 경우들 대부분을 유도할 수 있다. 물론 $S_1$, $S_{1,3,5}$, $S_{1,2,3,4,5}$의 비용이 4임은 자명하다. 그러면 $S_{1,2,3,4}(x_1,x_2,x_3,x_4,x_5) = (x_1 \oplus x_2) \vee (x_2 \oplus x_3) \vee (x_3 \oplus x_4) \vee (x_4 \oplus x_5)$만 남는데, 연습문제 79에서 일반적인 $n$에 대해 논의한다.

**24.** 본문에서 언급했듯이, 이 추측은 $n \le 5$에 대해 성립한다.

**25.** 자명하지 않은 정규 함수의 개수인 $2^{2^n-1} - n - 1$이다. (이 함수들을 모두 포함하지는 않는 임의의 길이 $r$ 정규 사슬에서 $x_j \circ x_k$는 $1 \le j,k \le n+r$ 구간의 어떤 $j$, $k$와 어떤 정규 이진 연산자 $\circ$에 대한 새로운 함수가 된다. 따라서 그런 새 함수들이 모두 나올 때까지, 매 새 단계마다 새 함수를 계산할 수 있다.)

**26.** 거짓이다. 예를 들어 $g = S_{1,3}(x_1,x_2,x_3)$이고 $h = S_{2,3}(x_1,x_2,x_3)$이면 $C(gh) = 5$는 하나의 전가산기의 비용이나, $f = S_{2,3}(x_0,x_1,x_2,x_3)$의 비용은 그림 9에 의해 6이다.

**27.** 있다. 연산 '$x_2 \leftarrow x_2 \oplus x_1$, $x_1 \leftarrow x_1 \oplus x_3$, $x_1 \leftarrow x_1 \wedge \bar{x}_2$, $x_1 \leftarrow x_1 \oplus x_3$, $x_2 \leftarrow x_2 \oplus x_3$'은 $(x_1,x_2,x_3)$을 $(z_1,z_0,x_3)$으로 변환한다.

**28.** $v' = v'' = v \oplus (x \oplus y)$, $u' = ((v \oplus y) \,\overline{\subset}\, (x \oplus y)) \oplus u$, $u'' = ((v \oplus y) \vee (x \oplus y)) \oplus u$라고 하자. 그러면 $u_0 = 0$, $v_0 = x_1$, $1 \le j \le \lfloor n/2 \rfloor$에 대해 $u_j = ((v_{j-1} \oplus x_{2j+1}) \vee (x_{2j} \oplus x_{2j+1})) \oplus$

$u_{j-1}$ ($j$가 홀수일 때) 또는 $u_j = ((v_{j-1} \oplus x_{2j+1}) \overline{\subset} (x_{2j} \oplus x_{2j+1})) \oplus u_{j-1}$ ($j$가 짝수일 때), $v_j = v_{j-1} \oplus (x_{2j} \oplus x_{2j+1})$로 설정해서 $(u_j v_j)_2 = (x_1 + \cdots + x_{2j+1}) \bmod 4$를 얻을 수 있다. 만일 $n$이 짝수이면 $x_{n+1} = 0$으로 설정한다. 그러면 $[(x_1 + \cdots + x_n) \bmod 4 = 0] = u_{\lfloor n/2 \rfloor} \wedge v_{\lfloor n/2 \rfloor}$를 $\lfloor 5n/2 \rfloor - 2$단계로 계산할 수 있다.

이 구성은 스탁마이어L. J. Stockmeyer에 기인한다. 그는 이것이 거의 최적임을 증명했다. 사실 연습문제 80의 결과와 그림 9, 10은 모든 $n \geq 5$에 대해 이것이 가능한 최선의 사슬보다 많아야 한 단계 더 길 뿐임을 보여 준다.

첨언하자면, 이와 비슷한 공식 $u''' = ((v \oplus y) \wedge (x \oplus y)) \oplus u$에서는 $(u''' v')_2 = ((uv)_2 + x - y) \bmod 4$가 나온다. 좀 더 간단해 보이는 함수 $((uv)_2 + x + y) \bmod 4$는 비용이 5가 아니라 6이다.

**29.** 상계를 얻기 위해, 각각의 전가산기 또는 반가산기가 깊이를 3만큼 증가한다고 가정하자. 가중치가 $2^j$이고 깊이가 $3d$인 비트들이 $a_{jd}$개 있다고 할 때, 그다음에는 가중치가 $\{2^j, 2^{j+1}\}$이고 깊이가 $3(d+1)$인 비트들을 많아야 $\lceil a_{jd}/3 \rceil$개 예정할 수 있다. 이로부터, 귀납법에 의해 $a_{jd} \leq \binom{d}{j} 3^{-d} n + 4$라는 결과가 나온다. 따라서 $d \geq \log_{3/2} n$일 때 $a_{jd} \leq 5$이며, 전체적인 깊이는 최대 $3\log_{3/2} n + 3$이다. (이상하게도, 사실 실제 깊이는 $n = 10^7$일 때 정확히 100이다.)

**30.** 항상 그렇듯이, $n$ 자체의 이진 표현을 이루는 비트들의 옆쪽 덧셈을 $\nu n$으로 표기하자. 그러면 $s(n) = 5n - 2\nu n - 3\lfloor \lg n \rfloor - 3$이다.

**31.** 옆쪽 덧셈을 $s(n) < 5n$단계로 수행한 후에는, $(z_{\lfloor \lg n \rfloor}, \ldots, z_0)$의 임의의 함수를 많아야 $\sim 2n/\lg n$단계로 평가할 수 있다(정리 L에 의해). [O. B. Lupanov, *Doklady Akademii Nauk SSSR* **140** (1961), 322-325를 보라.]

**32.** 부트스트랩(bootstrap) 방법: 먼저 $t(n) \leq 2^{n+1}$임을 $n$에 대한 귀납법으로 증명할 것.

**33.** 엄밀히 말하면 거짓이다. 이를테면 $N = \sqrt{n}$이라고 하면 적어도 $n$단계가 필요하다. 그러나 정확한 점근공식 $N + O(\sqrt{N}) + O(n)$을 증명하는 것이 가능하다. 우선 본문의 방법으로 $N \geq 2^{n-1}$일 때 $N + O(\sqrt{N})$을 얻을 수 있음에 주목한다. 그렇지 않은 경우 만일 $\lfloor \lg N \rfloor = n - k - 1$이면 $O(n)$개의 연산으로 수량 $\bar{x}_1 \wedge \cdots \wedge \bar{x}_k$를 다른 변수 $x_{k+1}, \ldots, x_n$과 AND할 수 있으며, 그런 다음 $k$에 의해 축약된 $n$을 가지고 진행한다.

(이로부터 나오는 한 가지 결과는, 대칭함수 $\{S_1, S_2, \ldots, S_n\}$을 비용 $s(n) + n + O(\sqrt{n}) = 6n + O(\sqrt{n})$, 깊이 $O(\log n)$으로 계산할 수 있다는 것이다.)

**34.** 입력이 $n + 1 = 2^m$개, 출력이 $m + 1$개인 확장된 우선순위 부호기가 있다고 하자. 입력들은 $x_0 x_1 \ldots x_n$이고 출력들은 $y_0 y_1 \ldots y_m$이며, $y_0 = x_0 \vee x_1 \vee \cdots \vee x_n$이다. $Q'_m$과 $Q''_m$이 $x'_0 \ldots x'_n$과 $x''_0 \ldots x''_n$에 대한 우선순위 부호기들이라고 할 때, 만일 $y_0 = y'_0 \vee y''_0$, $y_1 = y''_0$, $y_2 = y_1 ?\ y''_1 \colon y'_1$, $\ldots$, $y_{m+1} = y_1 ?\ y''_m \colon y'_m$으로 정의한다면 $Q_{m+1}$이 $x'_0 \ldots x'_n x''_0 \ldots x''_n$에 대해 작동하게 된다. $P'_m$이 $x'_1 \ldots x'_n$에 대한 보통의 우선순위 부호기라 할 때, 마찬가지 방식으로 $x'_1 \ldots x'_n x''_0 \ldots x''_n$에 대한 $P_{m+1}$을

얻을 수 있다.

$m = 2$와 $y_2 = x_3 \vee (x_1 \wedge \bar{x}_2)$, $y_1 = x_2 \vee x_3$, $y_0 = x_0 \vee x_1 \vee y_1$로 시작해서 이런 식으로 구축해 나가면 비용이 $p_m$과 $q_m$인 $P_m$과 $Q_m$을 얻게 된다. 여기서 $p_2 = 3$, $q_2 = 5$이고, $m \geq 2$에 대해 $p_{m+1} = 3m + p_m + q_m$, $q_{m+1} = 3m + 1 + 2q_m$이다. 따라서 $p_m = q_m - m$이고 $q_m = 15 \cdot 2^{m-2} - 3m - 4 \approx 3.75n$이다.

**35.** 만일 $n = 2m$이면 $x_1 \wedge x_2$, …, $x_{n-1} \wedge x_n$을 계산하고, $1 \leq k \leq m$에 대해 $x_1 \wedge \cdots \wedge x_{2k-2} \wedge x_{2k+1} \wedge \cdots \wedge x_n$을 재귀적으로 형성하고, $n$단계를 더 수행해서 계산을 마친다. $n = 2m - 1$일 때에는 이 사슬을 $n + 1$개의 원소들에 사용한다. $x_{n+1} \leftarrow 1$로 두어서 세 개의 단계를 제거할 수 있다. 〔I. Wegener, *The Complexity of Boolean Functions* (1987), 연습문제 3.25. 같은 착안을, $\wedge$ 대신 결합법칙과 교환법칙을 만족하는 임의의 연산자가 있는 공식에 적용할 수 있다.〕

**36.** $P_n(x_1, \ldots, x_n)$과 $Q_n(x_1, \ldots, x_n)$을 다음에서 말하는 방식으로 재귀적으로 형성한다. 여기서 $1 \leq j \leq n$에 대해 $P_n$의 $D(y_j)$는 $\leq \lceil \lg n \rceil$이고 $Q_n$의 $D(y_j)$는 $\leq \lceil \lg n \rceil + [j \neq n]$이다: $n = 1$인 경우에는 자명하다. 그 외의 경우, $r = \lceil n/2 \rceil$, $s = \lfloor n/2 \rfloor$이라 할 때 $1 \leq j \leq r$에 대해 $y_j = y'_j$로, $r < j \leq n$에 대해 $y_j = y'_r \wedge y''_{j-r}$로 설정해서, $Q'_r(x_1, \ldots, x_r)$과 $P''_s(x_{r+1}, \ldots, x_n)$으로부터 $P_n$을 얻는다. 그리고 $y_1 = x_1$, $1 \leq j < s$에 대해 $y_{2j} = y'_j$, $y_{2j+1} = y'_j \wedge x_{2j+1}$, $y_{2s} = y'_s$, $y_n = y'_r$로 설정해서, $P'_r(x_1 \wedge x_2, \ldots, x_{n-1} \wedge x_n)$이나 $P'_r(x_1 \wedge x_2, \ldots, x_{n-2} \wedge x_{n-1}, x_n)$으로부터 $Q_n$을 얻는다.

이 계산들을 최소 메모리로 수행할 수 있다. 일부 색인 $j(i) < k(i)$들에 대해 단계 $i$에서 $x_{k(i)} \leftarrow x_{j(i)} \wedge x_{k(i)}$로 설정하면 된다. 따라서 이 구축법을 정렬 회로망을 위한 도식과 비슷한 도식으로 표현하는 것이 가능하다. 이를테면 다음과 같다.

비용 $p_n$과 $q_n$은 $n > 1$일 때 $p_n = \lfloor n/2 \rfloor + q_{\lceil n/2 \rceil} + p_{\lfloor n/2 \rfloor}$, $q_n = 2\lfloor n/2 \rfloor - 1 + p_{\lceil n/2 \rceil}$을 만족한다. 예를 들어 $(p_1, \ldots, p_7) = (q_1, \ldots, q_7) = (0, 1, 2, 4, 5, 7, 9)$이다. $\bar{p}_n = 4n - p_n$, $\bar{q}_n = 3n - q_n$으로 두면 더 간단한 공식들이 나오는데, 이는 $p_n < 4n$과 $q_n < 3n$을 증명한다: $\bar{q}_n = \bar{p}_{\lceil n/2 \rceil} + [\text{n이 짝수}]$, $\bar{p}_{4n} = \bar{p}_{2n} + \bar{p}_n + 1$, $\bar{p}_{4n+1} = \bar{p}_{2n} + \bar{p}_{n+1} + 1$, $\bar{p}_{4n+2} = \bar{p}_{2n+1} + \bar{p}_{n+1}$, $\bar{p}_{4n+3} = \bar{p}_{4n+2} + 2$이다. 특히 $1 + \bar{p}_{2^m} = F_{m+5}$는 하나의 피보나치 수이다.

〔*JACM* **27** (1980), 831-834를 보라. 만일 $n$이 2의 제곱수일 때 $Q_{2n+1}$을 ($Q_{2n}$ 그리고 $y_{2n+1} = y_{2n} \wedge x_{2n+1}$)로 대체하고, $P_5$와 $P_6$을 $Q_5$와 $Q_6$으로 대체하고, 그런 다음 $(P_9, P_{10}, P_{11}, P_{17})$을 $(Q_9, Q_{10}, Q_{11}, Q_{17})$로 대체한다면 약간 더 나은 사슬들이 나온다.

'$\wedge$'를 결합법칙을 만족하는 임의의 연산자로 대체한다면 이러한 구축법이 일반적인 경우에서 유효함을 주목하기 바란다. 특히 $1 \le k \le n$에 대한 접두열 $x_1 \oplus \cdots \oplus x_k$들의 순차열은 그레이 이진 부호(Gray binary code)에서 기수 2 정수로의 변환(식 7.2.1.1-(19) 참고)을 정의한다.

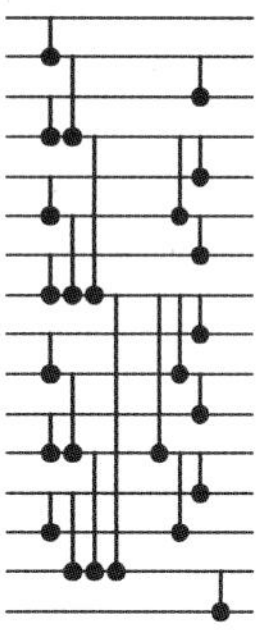

**37.** 오른쪽은 $m = 15$, $n = 16$인 경우를 나타낸 그림이다.

(a) $x_i \wedge \cdots \wedge x_j$의 원래 값을 $x_{i..j}$로 표기하자. 알고리즘이 $x_k \leftarrow x_j \wedge x_k$로 설정할 때 $x_k$의 이전 값이 항상 $x_{j+1..k}$임을 보이는 것이 가능하다. $1 \le k < m$에 대해 $f(k) = k \,\&\, (k-1)$이고 $f(m) = 0$이라 할 때, 단계 S1 이후 $x_k$는 $x_{f(k)+1..k}$이다. 단계 S2 이후의 $x_k$는 $1 \le k \le m$에 대해 $x_{1..k}$이다.

(b) S1의 비용은 $m-1$이고 S2의 비용은 $m - 1 - \lceil \lg m \rceil$, S3의 비용은 $n - m$이다. $x_k$의 최종 지연(delay)은 $1 \le k < m$에 대해 $\lfloor \lg k \rfloor + \nu k - 1$인데, 이는 $m \le k \le n$에 대해 $\lceil \lg m \rceil + k - m$이다. 따라서 $\{x_1, \ldots, x_{m-1}\}$에 대한 최대 지연은 $m < 4$일 때 $g(m) = m - 1$, $m \ge 4$일 때 $g(m) = \lfloor \lg m \rfloor + \lfloor \lg \frac{m}{3} \rfloor$이 된다. $c(m,n) = m + n - 2 - \lceil \lg m \rceil$, $d(m,n) = \max(g(m), \lceil \lg m \rceil + n - m)$이 성립하며, 따라서 $n \ge m + g(m) - \lceil \lg m \rceil$이면 항상 $c(m,n) + d(m,n) = 2n - 2$이다.

(c) 값들의 표를 만들어 보면 $n < 8$일 때 $d(n) = \lceil \lg n \rceil$, $n \ge 8$일 때 $d(n) = \lfloor \lg (n - \lfloor \lg n \rfloor + 3) \rfloor + \lfloor \lg \frac{2}{3}(n - \lfloor \lg n \rfloor + 3) \rfloor - 1$임을 알 수 있다. 이를 다른 방식으로 말하면, 오직 $n = 2^k + k - 3$ 또는 $2^k + 2^{k-1} + k - 3$인 어떤 $k > 1$가 존재할 때에만 $d(n) > d(n-1)$이고 $n > 2$인 것이다. 극소의 비용을 가진 최단 사슬은 $n < 8$의 경우 $m = n$일 때 나타나며, 그 외의 경우에는 $m = n - \lfloor \lg \frac{2}{3}(n - \lfloor \lg n \rfloor + 3) \rfloor + 2 - [n = 2^k + k - 3$인 $k$ 존재함$]$일 때 나타난다.

(d) $m \leftarrow m(n,d)$로 둔다. 여기서 $m(n, d(n))$은 이전 문장의 정의를 따르며, $d > d(n)$일 때 $m(n,d) = m(n-1, d-1)$이다. [*J. Algorithms* **7** (1986), 185-201을 보라.]

**38.** (a) 위에서 아래로, $f_k(x_1, \ldots, x_n)$은 문턱값 함수 $S_{\ge k}(x_1, \ldots, x_n)$이라고도 불리는 하나의 기본 대칭함수(elementary symmetric function)이다. (연습문제 5.3.4-28, 식 7.1.1-(39)을 보라.)

(b) $\{S_1, \ldots, S_n\}$을 해답 33에서처럼 $\approx 6n$단계로 계산한 후, 연습문제 37의 방법을 적용해서 추가적인 $2n$단계로 계산을 마칠 수 있다.

그러나 $0 \le k \le 2^m$에 대한 $2^m + 1$개의 문턱값 함수 $g_k(x_1, \ldots, x_m) = [(x_1 \ldots x_m)_2 \ge k]$들에 맞는 부울 사슬을 설계하는 것이 더 흥미로울 것이다. $[(x'x'')_2 \ge (y'y'')_2] = [(x')_2 \ge (y')_2 + 1] \vee ([(x')_2 \ge (y')_2] \wedge [(x'')_2 \ge (y'')_2])$이므로, 이진 복호기(binary decoder)와 비슷한 '분할정복' 구축법을 적용한다면 많아야 $2t(m)$의 비용으로 이 문제를 풀 수 있다.

더 나아가서, 만일 $2^{m-1} \le n < 2^m$이면 $\{g_1, \ldots, g_n\}$을 이 방법으로 계산하는 비용 $u(n)$이 $2n + O(\sqrt{n})$과 같다. $n$이 작을 때 이는 상당히 적당한 비용이다.

| $n =$ | 1 | 2 | 3 | 4 | 5 | 6 | 7 | 8 | 9 | 10 | 11 | 12 | 13 | 14 | 15 | 16 | 17 | 18 | 19 | 20 |
|---|---|---|---|---|---|---|---|---|---|---|---|---|---|---|---|---|---|---|---|---|
| $u(n) =$ | 0 | 1 | 2 | 4 | 7 | 7 | 8 | 12 | 15 | 17 | 19 | 19 | 20 | 21 | 22 | 27 | 32 | 34 | 36 | 36 |

옆쪽 덧셈들로 시작해서, $n$개의 부울 값들을 $s(n)+u(n)\approx 7n$단계로 정렬할 수 있다. 정렬망은 $n=4$일 때에는 비용이 $2\hat{S}(n)$이지만, $n\geq 8$이면 위의 방법보다 비용이 커진다. [식 5.3.4-(11); D. E. Muller, F. P. Preparata, *JACM* **22** (1975), 195-201을 보라.]

**39.** [*IEEE Transactions* **C-29** (1980), 737-738.] $y'_j=\bigvee_{k=0}^{2^s-1}(d_k\wedge y_{2^sj+k})$이고 $d_k$가 $(x_{r+1},\dots,x_{r+s})$에 적용되는 어떤 $s$ 대 $2^s$ 복호기의 $k$번째 출력이라 할 때, 항등식

$$M_{r+s}(x_1,\dots,x_r,x_{r+1},\dots,x_{r+s};y_0,\dots,y_{2^{r+s}-1})=M_r(x_1,\dots,x_r;y'_0,\dots,y'_{2^r-1})$$

은 $C(M_{r+s})\leq C(M_r)+2^{r+s}+2^r(2^s-1)+t(s)$임을 말해준다. 여기서 $t(s)$는 그 복호기의 비용[식 (29)]이다. 깊이는 $D(M_{r+s})=\max(D_x(M_{r+s}),D_y(M_{r+s}))$로, 여기서 $D_x$와 $D_y$는 변수 $x$들과 $y$들의 최대 깊이를 뜻한다. 이때 $D_x(M_{r+s})\leq\max(D_x(M_r),1+s+\lceil\lg s\rceil+D_y(M_r))$이고 $D_y(M_{r+s})\leq 1+s+D_y(M_r)$이다.

$r=\lceil m/2\rceil$, $s=\lfloor m/2\rfloor$로 두면 $C(M_m)\leq 2^{m+1}+O(2^{m/2})$, $D_y(M_m)\leq m+1+\lceil\lg m\rceil$, $D_x(M_m)\leq D_y(M_m)+\lceil\lg m\rceil$이 나온다.

**40.** 이를테면 $f_{nk}(x)=\bigvee_{j=1}^{n+1-k}(l_j(x)\wedge r_{j+k-1}(x))$로 둘 수 있다. 여기서

$$1\leq j\leq n-(n \bmod k)\text{에 대해}\quad l_j(x)=\begin{cases}x_j, & \text{만일 } j \bmod k=0\text{이면},\\ x_j\wedge l_{j+1}(x), & \text{만일 } j \bmod k\neq 0\text{이면};\end{cases}$$

$$k\leq j\leq n\text{에 대해}\quad r_j(x)=\begin{cases}1, & \text{만일 } j \bmod k=0\text{이면},\\ x_j\wedge r_{j-1}(x), & \text{만일 } j \bmod k\neq 0\text{이면}\end{cases}$$

이다. 비용은 $4n-3k-3\left\lfloor\frac{n}{k}\right\rfloor-\left\lfloor\frac{n-1}{k}\right\rfloor+2-(n \bmod k)$이다.

$n$이 작거나 $k$가 작을 때에는 재귀적인 해가 더 바람직하다. 다음에 주목하자:

$$f_{nk}(x)=\begin{cases}x_{n-k+1}\wedge\cdots\wedge x_k\wedge\\ \qquad f_{(2n-2k)(n-k)}(x_1,\dots,x_{n-k},x_{k+1},\dots,x_n), & k<n<2k\text{에 대해};\\ f_{\lfloor(n+k)/2\rfloor k}(x_1,\dots,x_{\lfloor(n+k)/2\rfloor})\vee\\ \qquad f_{\lfloor(n+k-1)/2\rfloor k}(x_{\lfloor(n-k)/2\rfloor+1},\dots,x_n), & n\geq 2k\text{에 대해}.\end{cases}$$

이 해의 비용이 $k\leq n<2k$일 때 $n-1+\sum_{j=1}^{n-k}\lfloor\lg j\rfloor$와 같으며, $n\to\infty$에 따라 점근적으로 $(m+\alpha_k-1)n+O(km)$과 $(m+2-2/\alpha_k)n+O(km)$ 사이에 놓임을 보이는 것이 가능하다. 여기서 $m=\lfloor\lg k\rfloor$이고 $1<\alpha_k=(k+1)/2^m\leq 2$이다.

이 방법들을 결합해서 사용하면 더 나은 결과를 얻을 수 있다. 최적의 비용은 알려지지 않았다.

**41.** $x$와 $y$가 $n=2^m$비트라고 할 때, $c(m)$이 $(x)_2+(y)_2$와 $(x)_2+(y)_2+1$ 둘 다를 조건부 합산(conditional-sum)을 이용해서 계산하는 비용이라고 하자. 그리고 $c'(m)$은 $(x)_2+(y)_2$만 계산하는 더 간단한 문제의 계산 비용이라고 하자. 그러면 $c(m+1)=2c(m)+6\cdot 2^m+2$이고 $c'(m+1)=c(m)+c'(m)+3\cdot 2^m+1$이다. (합의 비트 $z_n$에는 비용이 1 소비된다. 그러나

$n < k \le 2n+1$에 대한 비트 $z_k$의 비용은 3이다. 그런 비트들은 $c$가 올림 비트라고 할 때 $c?\ a_k\colon b_k$의 형태이기 때문이다.) $n=1$, $c(0)=3$, $c'(0)=2$로 시작한다면 해는 $c(m)=(3m+5)2^m-2$, $c'(m)=(3m+2)2^m-m$이다. 그러나 $n=2$의 경우를 위해 개선된 구축법들에서는 $c(1)=11$과 $c'(1)=7$로 시작할 수 있다. 그러면 해는 $c(m)=(3m+\frac{7}{2})2^m-2$, $c'(m)=(3m+\frac{1}{2})2^m-m+1$이다. 두 경우 모두 깊이는 $2m+1$이다. [J. Sklansky, *IRE Transactions* **EC-9** (1960), 226-231을 보라.

**42.** (a) $\langle x_k y_k c_k\rangle = u_k \vee (v_k \wedge c_k)$이므로 식 (46)과 귀납법을 적용하면 된다.

(b) $U_k^{k+1}=u_k$이고 $V_k^{k+1}=v_k$임에 주목해서, $j-i$에 대한 귀납법을 적용하면 된다. [A. Weinberger, J. L. Smith, *IRE Transactions* **EC-5** (1956), 65-73; R. P. Brent, H. T. Kung, *IEEE Transactions* **C-31** (1982), 260-264를 보라.]

(c) 우선, $l=1, 2, \ldots, m-1$에 대해, 그리고 $1 \le k \le n$에 대해, $V_i^k$를 $k_l \ge i \ge k_{l+1}$ 구간에 있는 $h(l)$의 모든 배수 $i$에 대해 계산한다. 여기서 $k_l = h(l)\lfloor (k-1)/h(l)\rfloor$은 $h(l)$의 배수들 중 $k$보다 작은 가장 큰 배수를 뜻한다. 예를 들어 $l=3$이고 $k=99$일 때 $V_{96}^{99}$, $V_{88}^{99}=V_{96}^{99}\wedge V_{88}^{96}$, $V_{80}^{99}=V_{88}^{99}\wedge V_{80}^{88}$, $\ldots$, $V_{64}^{99}=V_{72}^{99}\wedge V_{64}^{72}$를 계산한다. 이는 $l=2$일 때 계산된 값 $V_{96}^{99}$, $V_{88}^{96}$, $V_{80}^{88}$, $\ldots$, $V_{64}^{72}$를 이용한 접두열 계산이다. 연습문제 36의 방법을 적용하면 단계 $l$에서는 많아야 $l$수준이 깊이에 더해지며, 필요한 총 게이트 수는 $(p_1+p_2+\cdots+p_{2^l})n/2^l = O(2^l n)$이다.

그런 다음, 다시 $l=1, 2, \ldots, m-1$에 대해, 그리고 $1 \le k \le n$에 대해, $U_i^k$를 $i=k_{l+1}$에 대해 계산하되 다음과 같은 '펼쳐진(unrolled)' 공식을 이용한다.

$$U_{k_{l+1}}^k = U_{k_l}^k \vee \bigvee_{\substack{k_l > j \ge k_{l+1} \\ h(l)\backslash j}} (V_{j+h(l)}^k \wedge U_j^{j+h(l)}).$$

예를 들어 $l=3$이고 $k=99$일 때의 펼쳐진 공식은

$$U_{64}^{99} = U_{96}^{99} \vee (V_{96}^{99}\wedge U_{88}^{96}) \vee (V_{88}^{99}\wedge U_{80}^{88}) \vee (V_{80}^{99}\wedge U_{72}^{80}) \vee (V_{72}^{99}\wedge U_{64}^{72})$$

이다. 그러한 $U_i^k$들은 모두 많아야 $2^l$개의 항들의 합집합이므로, $l$ 이하의 깊이 더하기 각 항의 깊이로 계산할 수 있다. $1 \le k \le n$에 대한 이 페이즈의 총 비용은 $(0+2+4+\cdots+(2^l-2))n/2^l = O(2^l n)$이다.

따라서, 필요한 $U$들과 $V$들 전부를 계산하는 총 비용은 $\sum_{l=1}^{m-1} O(2^l n) = O(2^m n)$이다. (더 나아가서, 수량 $V_0^k$들이 실제로 필요하지는 않으므로, 게이트 $\sum_{l=1}^{m-1} h(l) p_{2^l}$개의 비용을 절감할 수 있다.) 예를 들어 $m=(2,3,4,5)$일 때에는 $(2,8,64,1024)$비트 수들의 덧셈을 위한, 총 깊이들이 $(3,7,11,16)$이고 총 비용들이 $(7,64,1254,48470)$인 부울 사슬들이 나온다.

[이러한 구축법은 흐랍첸코V. M. Khrapchenko의 *Problemy Kibernetiki* **19** (1967), 107-122에 기인한다. 그는 또한 이 방법을 다른 방법들과 결합해서, 깊이 $\lg n + O(\sqrt{\log n})$을 유지하면서도 총 비용이 $O(n)$이 되게 하는 방법도 제시했다. 그러나 그의 결합된 방법은 순전히 이론적인 관심의

대상일 뿐이었는데, 왜냐하면 $n > 2^{64}$이 되어야 깊이가 $2\lg n$보다 작아지기 때문이다. 한편, 피보나치 수들에 기초한, (b)의 점화식들을 이용해서 작은 깊이를 얻는 방법도 있다. 그러한 피보나치 방법은 올림들을 깊이 $\log_\phi n + O(1) \approx 1.44\lg n$, 비용 $O(n\log n)$으로 계산한다. 예를 들어 다음은 그 방법으로 얻은 이진 덧셈용 사슬들의 깊이와 비용이다.

| $n$ = | 4 | 8 | 16 | 32 | 64 | 128 | 256 | 512 | 1024 |
|---|---|---|---|---|---|---|---|---|---|
| 깊이 | 6 | 7 | 9 | 10 | 12 | 13 | 15 | 16 | 18 |
| 비용 | 24 | 71 | 186 | 467 | 1125 | 2648 | 6102 | 13775 | 30861 |

D. E. Knuth, *The Stanford GraphBase* (1994), 276-279를 보라.

배비지Charles Babbage는 이와 비슷한 기수 10 덧셈 문제에 대한 독창적인 기계공학적 해법을 발견했다. 그는 그의 설계가 임의의 정밀도의 수들을 상수 시간으로 계산할 수 있다고 주장했다. 그 주장을 현실화하기 위해서는 이상화된, 소실되는 유격(vanishing clearance)들을 가진 강체 구성요소들이 필요했다. H. P. Babbage, *Babbage's Calculating Engines* (1889), 334-335를 보라. 이상하게도, 비록 부울 사슬들로는 표현할 수 없다고 해도, 그와 동치인 착안이 물리적인 트랜지스터들에서는 잘 작동한다. P. M. Fenwick, *Comp. J.* **30** (1987), 77-79를 보라.

**43.** (a) $A = B = Q = \{0, 1\}$, $q_0 = 0$으로 두고, $c(q, a) = d(q, a) = \bar{q} \wedge a$를 정의할 것.

(b) 핵심 착안은 $d_1(q) = d(q, a_1)$이고 $d_j(q) = d(d_{j-1}(q), a_j)$인 함수 $d_1(q) \ldots d_{n-1}(q)$를 구축하는 것이다. 다른 말로 하면 $d_1 = d^{(a_1)}$이고 $d_j = d_{j-1} \circ d^{(a_j)}$인데, 여기서 $d^{(a)}$는 $q \mapsto d(q, a)$로 사상하는 함수이고 $\circ$은 함수 합성을 뜻한다. 각 함수 $d_j$를 이진 표기로 부호화할 수 있으며, 그러한 이진 표현들에 대해 $\circ$은 결합법칙을 만족한다. 따라서 함수들 $d_1 d_2 \ldots d_{n-1}$은 접두열 $d^{(a_1)}$, $d^{(a_1)} \circ d^{(a_2)}$, ..., $d^{(a_1)} \circ \cdots \circ d^{(a_{n-1})}$이다. 그리고 $q_1 q_2 \ldots q_n = q_0 d_1(q_0) \ldots d_{n-1}(q_0)$이다.

(c) 함수 $f(q)$를 그 진리표 $f_0 f_1$로 표현한다. 그러면 합성 $f_0 f_1 \circ g_0 g_1$은 $h_0 h_1$이다. 여기서 함수 $h_0 = f_0 ?\, g_1 \colon g_0$과 $h_1 = f_1 ?\, g_1 \colon g_0$은 각각 비용 3과 깊이 2로 계산할 수 있다. (결합된 비용 $C(h_0 h_1)$은 단 5이나, 여기서 목표는 깊이를 작게 유지하는 것이다.) $d^{(a)}$의 진리표는 $a0$이다. 따라서 연습문제 36을 이용해서 진리표 $d_{10} d_{11} d_{20} d_{21} \ldots d_{(n-1)0} d_{(n-1)1}$을 비용 $\le 6p_{n-1} < 24n$과 깊이 $\le 2\lceil \lg(n-1) \rceil$로 계산할 수 있다. 그러면 $b_1 = a_1$이고 $j > 1$에 대해 $b_j = \bar{q}_j \wedge a_j = \bar{d}_{(j-1)0} \wedge a_j$이다. (이 비용 추정치들은 상당히 보수적이다. $d^{(a_j)}$들의 초기 진리표들에 있는 0들 때문에, 그리고 중간 값 $d_{j1}$들 중 상당수가 쓰이지 않기 때문에, 상당한 단순화가 발생한다. 예를 들어 $n = 5$일 때 실제 비용은 $6p_{n-1} + (n-1) = 28$이 아니라 단 10이고, 실제 깊이는 $2\lceil \lg(n-1) \rceil + 1 = 5$가 아니라 4이다. $1 < j \le n$에 대해 $b_j = a_j \wedge \bar{b}_{j-1}$이라는 간단한 사슬도 문제 (a)를 해결하는데, 비용은 우월하나 깊이가 $n-1$이다.)

**44.** 입력들을 4자 알파벳 $A = \{00, 01, 10, 11\}$의 원소들로 이루어진 문자열 $x_0 y_0 x_1 y_1 \cdots x_{n-1} y_{n-1}$로 간주할 수 있다. 상태 집합은 $Q = \{0, 1\}$로, 가능한 올림 비트를 대표한다. $q_0 = 0$이다. 출력 알파벳은 $B = \{0, 1\}$이다. 그리고 $c(q, xy) = q \oplus x \oplus y$, $d(q, xy) = \langle qxy \rangle$가 성립한다. 따라서

이 경우 유한상태 변환기는 본질적으로 하나의 전가산기에 의해 서술된다.

사상 $d^{(xy)}$들을 합성할 때 $q$의 가능한 네 가지 값 중 실제로 나타나는 것은 단 세 개이다. 그것들을 $u \vee (q \wedge v)$로 부호화할 수 있다. 초기 함수 $d^{(xy)}$들에서 $u = x \wedge y$, $v = x \oplus y$이며, 합성 $(uv) \circ (u'v')$은 $u''v''$이다. 여기서 $u'' = u' \vee (v' \wedge u)$이고 $v'' = v \wedge v'$이다.

예를 들어 $n = 4$일 때의 사슬은 이런 형태이다(연습문제 42의 표기법을 사용했음): $0 \le k < 4$에 대해 $U_k^{k+1} = x_k \wedge y_k$, $V_k^{k+1} = x_k \oplus y_k$; $U_0^2 = U_1^2 \vee (V_1^2 \wedge U_0^1)$, $U_2^4 = U_3^4 \vee (V_3^4 \wedge U_2^3)$, $V_2^4 = V_2^3 \wedge V_3^4$, $U_0^3 = U_2^3 \vee (V_2^3 \wedge U_0^2)$, $U_0^4 = U_2^4 \vee (V_2^4 \wedge U_0^2)$; $z_0 = V_0^1$, $z_1 = U_0^1 \oplus V_1^2$, $z_2 = U_0^2 \oplus V_2^3$, $z_3 = U_0^3 \oplus V_3^4$, $z_4 = U_0^4$. 총 비용은 20이고 최대 깊이는 6으로, $z_3$의 계산에서 발생한다.

일반화하자면, 비용은 연습문제 36의 표기법으로 표현해서 $2n + 3p_n$이다. 왜냐하면 초기의 $u$들과 $v$들을 위해 $2n$개의 게이트가 필요하며, 그런 다음 접두열 계산을 위한 게이트 $3p_n$개가 필요하기 때문이다. $0 < j < n$에 대한 $z_j$들을 형성하는 데 필요한 추가적인 게이트 $n-1$개는 $1 < j \le n$에 대한 $V_0^j$들을 계산할 필요가 없다는 사실로 상쇄된다. 따라서 총 비용은 $14 \cdot 2^m - 3F_{m+5} + 3$으로, 이는 조건부 합산보다 우월하다(그러나 조건부 합산은 깊이가 $2m + 2$가 아니라 $2m + 1$이다):

| $n$ = | 2 | 4 | 8 | 16 | 32 | 64 | 128 | 256 | 512 | 1024 |
|---|---|---|---|---|---|---|---|---|---|---|
| 조건부 합산 사슬의 비용 | 7 | 25 | 74 | 197 | 492 | 1179 | 2746 | 6265 | 14072 | 31223 |
| 래드너-피셔 사슬의 비용 | 7 | 20 | 52 | 125 | 286 | 632 | 1363 | 2888 | 6040 | 12509 |

[부울George Boole은 논리를 산술의 관점에서 이해할 수 있음을 보이기 위해 부울 대수를 고안했다. 결국 논리가 아주 잘 이해되었으며, 상황이 뒤집혔다. 섀넌Shannon과 추제Zuse 같은 사람들이 1930년대에 산술용 회로들을 논리의 관점에서 설계하기 시작한 것이다. 이후 병렬 덧셈 문제에 대한 여러 가지 접근방식이 발견되었다. 비용이 $O(n)$이고 깊이가 $O(\log n)$인 부울 사슬들은 오프만Yu. P. Ofman이 *Doklady Akademii Nauk SSSR* **145** (1962), 48-51에서 처음으로 고안했다. 오프만의 사슬들은 위에 나온 구성들과 비슷하나, 깊이가 근사적으로 $4m$이었다.]

**45.** 그 논증이 더 간단하긴 하지만, 요구된 결과를 증명하기에 충분할 만큼 강하지는 않다. (팬아웃이 0인 단계들이 있는 사슬들 중에 더 간단한 추정치를 부풀리는 것들이 많이 있다.) 본문의 치환 개선 증명 기법은 새비지J. E. Savage가 그의 책 *The Complexity of Computing* (New York: Wiley, 1976), Theorem 3.4.1에서 소개한 것이다.

**46.** $r = 2^n/n + O(1)$일 때 $\ln(2^{2r+1}(n+r-1)^{2r}/(r-1)!) = r \ln r + (1 + \ln 4)r + O(n) = (2^n/n)(n \ln 2 - \ln n + 1 + \ln 4) + O(n)$이다. 따라서 $\alpha(n) \le (n/(4e))^{-2^n/n + O(n/\log n)}$이며, 이것은 $n > 4e$일 때 실제로 0에 상당히 빠르게 접근한다.

(실제로, 식 (24)로부터 $\alpha(11) < 7.6 \times 10^7$, $\alpha(12) < 4.2 \times 10^{-6}$, $\alpha(13) < 1.2 \times 10^{-38}$이 나온다.)

**47.** 치환들을 $1 \le i \le n$에 대해 $i\pi = i$이고 $(n+r+1-k)\pi$가 $k$번째 출력인 $(r-m)!$가지 경우들로 제한한다. 그러면 식 (24) 대신 $(r-m)!\,c(m,n,r) \le 2^{2r+1}(n+r-1)^{2r}$을 얻게 된다. 따라서, 연습문제 46에서처럼, 그런 함수들 거의 대부분은 $m = O(2^n/n^2)$이라 할 때 비용이 $2^n m/(n+\lg m)$을 넘는다.

**48.** (a) $n$이 작을 때, $C(n)$에 대한 이 하계가 상당히 격하게 증가함은 별로 놀랄 일도 아니다.

| $n=$ | 1 | 2 | 3 | 4 | 5 | 6 | 7 | 8 | 9 | 10 | 11 | 12 | 13 | 14 | 15 | 16 |
|---|---|---|---|---|---|---|---|---|---|---|---|---|---|---|---|---|
| $r(n)=$ | 1 | 1 | 2 | 3 | 5 | 9 | 16 | 29 | 54 | 99 | 184 | 343 | 639 | 1196 | 2246 | 4229 |

(b) 부트스트랩 방법(*Concrete Mathematics* §9.4 참고)을 적용하면 다음이 나온다.

$$r(n) = \frac{2^n}{n}\left(1 + \frac{\lg n - 2 - 1/\ln 2}{n} + O\left(\frac{\log n}{n^2}\right)\right).$$

**49.** 길이가 $\le r$인 공식으로 표현할 수 있는 정규 부울 함수의 개수는 많아야 $5^r n^{r+1} g_r$로, 여기서 $g_r$은 내부 노드가 $r$개인 지향 이진 트리의 개수이다. 이 공식에서 $r = 2^n/\lg n - 2^{n+2}/(\lg n)^2$으로 설정하고 $2^{2^n-1}$으로 나누면 $L(f) \le r$인 함수들의 비율에 대한 상계가 나온다. 연습문제 2.3.4.4-7에 따라, 그 상계는 빠르게 0으로 접근한다. 이는 그 상계가 $O((5\alpha/16)^{2^n/\lg n})$이기 때문이다(여기서 $\alpha \approx 2.483$).

〔리어던J. Riordan과 섀넌C. E. Shannon은 직렬-병렬 회선교환망에 대한 그와 비슷한 하계를 *J. Math. and Physics* **21** (1942), 83-93에서 구했다. 그러한 회로망은 커널화 연산자들만 쓰이는 공식과 동치이다. 크리체프스키R. E. Krichevsky는 *Problemy Kibernetiki* **2** (1959), 123-138에서 좀 더 일반적인 결과를 얻었으며, 루파노프O. B. Lupanov는 *Prob. Kibernetiki* **3** (1960), 61-80에서 그에 점근적으로 부합하는 상계를 제시했다.〕

**50.** (a) 연습문제 7.1.1-30에서처럼 부분입방체 표기법을 사용해서 표기하자면, 기약함의항들은 00001*, (0001*1), 0100*1, 0111*1, 1010*1, 101*11, 00*011, 00*101, (01*111), 11*101, (0*1101), (1*0101), 1*1011, 0*0*11, *00101, (*01011), (*11101)이다. 최단 DNF는 괄호를 친 부분입방체들을 제외한 것들로 이루어진다. (b) 마찬가지로, 기약절들과 최단 CNF는 00111*, 01010*, 10110*, 0110**, 00*00*, 11*00*, 11*11*, (0*100*), (1*00**), 1*0*1*, (1****0), *0000*, (*1100*), *1***0, **1**0, ***1*0, (****00)으로 주어진다. (따라서 CNF는 $(x_1 \vee x_2 \vee \bar{x}_3 \vee \bar{x}_4 \vee \bar{x}_5) \wedge (x_1 \vee \bar{x}_2 \vee x_3 \vee \bar{x}_4 \vee x_5) \wedge \cdots \wedge (\bar{x}_4 \vee x_6)$이다.)

**51.** $f = ([x_5x_6 \in \{01\}] \wedge [(x_1x_2x_3x_4)_2 \in \{1,3,4,7,9,10,13,15\}]) \vee ([x_5x_6 \in \{10,11\}] \wedge [x_1x_2x_3x_4 = 0000]) \vee ([x_5x_6 \in \{11\}] \wedge [(x_1x_2x_3x_4)_2 \in \{1,2,4,5,7,10,11,14\}])$.

**52.** 작은 $n$에 대한 결과들은 점근적으로 행동하는 결과들과 상당히 다르다.

| $n$ | $k$ | $l$ | (27) | $n$ | $k$ | $l$ | (27) | $n$ | $k$ | $l$ | (27) | $n$ | $k$ | $l$ | (27) |
|---|---|---|---|---|---|---|---|---|---|---|---|---|---|---|---|
| 5 | 2 | 2 | 39 | 8 | 3 | 2 | 175 | 11 | 4 | 4 | 803 | 14 | 5 | 5 | 4045 |
| 6 | 2 | 2 | 67 | 9 | 3 | 2 | 279 | 12 | 4 | 3 | 1329 | 15 | 5 | 5 | 7141 |
| 7 | 2 | 1 | 109 | 10 | 4 | 4 | 471 | 13 | 5 | 6 | 2355 | 16 | 5 | 4 | 12431 |

(이 상계들은 $n$이 작을 때 상당히 약하다. 예를 들어 $n = (1, 2, 3, 4, 5)$일 때 $C(n) = (0, 1, 4, 7, 12)$임을 알고 있다. 그리고 식 7.1.1-(16)에 의해 $C(n+1) \le 2C(n)+2$이며, 따라서 $C(6) \le 26$, $C(7) \le 54$ 등이다.)

**53.** 우선 $2^k/l \le n - 3\lg n$임에 주목한다. 따라서 $m_i \le n - 3\lg n + 1$이고 $2^{m_i} = O(2^n/n^3)$이다. 또한 $l = O(n)$이고 $t(n-k) = O(2^n/n^2)$이다. 그러므로 식 (27)은 $l \cdot 2^{n-k} + O(2^n/n^2) = 2^n/(n - 3\lg n) + O(2^n/n^2)$으로 줄어든다.

**54.** 탐욕적 발자국 발견법으로는 길이가 14인 사슬이 나온다.

$$\begin{array}{lll}
x_5 = x_1 \oplus x_3, & x_{10} = x_4 \wedge \bar{x}_5, & f_3 = x_{15} = \bar{x}_8 \wedge x_9,\\
x_6 = x_2 \oplus x_3, & x_{11} = x_4 \oplus x_5, & f_4 = x_{16} = x_4 \wedge x_8,\\
x_7 = x_1 \wedge x_2, & x_{12} = x_6 \wedge x_{11}, & f_5 = x_{17} = x_7 \wedge x_9,\\
x_8 = x_1 \wedge \bar{x}_6, & f_1 = x_{13} = \bar{x}_7 \wedge x_{12}, & f_6 = x_{19} = x_6 \wedge x_{10}.\\
x_9 = x_4 \wedge x_5, & f_2 = x_{14} = \bar{x}_6 \wedge x_{10}, &
\end{array}$$

최소항 우선 방법은 길이가 22인 사슬에 해당한다(결코 쓰이지 않는 단계들을 제거한 후).

$$\begin{array}{lll}
x_5 = \bar{x}_1 \wedge \bar{x}_2, & x_{13} = x_5 \wedge x_{10}, & x_{20} = x_8 \wedge x_{11},\\
x_6 = \bar{x}_1 \wedge x_2, & x_{14} = x_5 \wedge x_{11}, & f_6 = x_{21} = x_{15} \vee x_{18},\\
x_7 = x_1 \wedge \bar{x}_2, & x_{15} = x_6 \wedge x_9, & f_1 = x_{22} = x_{13} \vee x_{21},\\
x_8 = x_1 \wedge x_2, & x_{16} = x_6 \wedge x_{11}, & f_2 = x_{23} = x_{12} \vee x_{20},\\
x_9 = \bar{x}_3 \wedge x_4, & x_{17} = x_7 \wedge x_9, & x_{24} = x_{14} \vee x_{16},\\
x_{10} = x_3 \wedge \bar{x}_4, & x_{18} = x_7 \wedge x_{11}, & f_3 = x_{25} = x_{24} \vee x_{19},\\
x_{11} = x_3 \wedge x_4, & f_5 = x_{19} = x_8 \wedge x_9, & f_4 = x_{26} = x_{17} \vee x_{20}.\\
x_{12} = x_5 \wedge x_9, & &
\end{array}$$

(분배법칙으로 $x_{14}$와 $x_{16}$, $x_{24}$의 계산을 두 단계로 대체할 수도 있다.)

첨언하자면, 연습문제 51의 답에 나온 세 함수는 단 10단계로 계산할 수 있다.

$$\begin{array}{lll}
x_5 = x_2 \vee x_4, & f_3 = x_9 = x_6 \oplus x_8, & x_{12} = x_2 \oplus x_3,\\
x_6 = \bar{x}_1 \wedge x_5, & x_{10} = x_1 \oplus x_8, & x_{13} = \bar{x}_{10} \wedge x_{12},\\
x_7 = x_2 \wedge x_4, & f_2 = x_{11} = x_9 \vee x_{10}, & f_1 = x_{14} = x_4 \oplus x_{13}.\\
x_8 = x_3 \wedge \bar{x}_7, & &
\end{array}$$

**55.** 해답 50에 나온 최적의 2수준 DNF와 CNF 표현은 비용이 각각 53과 43이다. 식 (20)의 공식은 연습문제 54에서처럼 최적화했을 때 비용이 29이다. 연습문제 51의 대안은 비용이 단 17이다. 그러나 최적의 5변수 사슬들의 카탈로그는 이 6변수 함수에 대해 다음을 제시한다.

$$x_7 = \bar{x}_1 \wedge x_2,\quad x_{11} = x_5 \wedge x_{10},\quad x_{15} = x_{13} \oplus x_{14},\quad x_{18} = \bar{x}_4 \wedge x_{17},$$
$$x_8 = x_3 \oplus x_7,\quad x_{12} = x_5 \vee x_{10},\quad x_{16} = x_5 \wedge \bar{x}_{10},\quad x_{19} = x_6 \wedge x_{15},$$
$$x_9 = x_2 \wedge x_8,\quad x_{13} = x_4 \wedge \bar{x}_{11},\quad x_{17} = x_3 \wedge x_{16},\quad x_{20} = x_{18} \vee x_{19}.$$
$$x_{10} = x_1 \oplus x_9,\quad x_{14} = x_8 \wedge x_{12},$$

더 나은 방법이 있을까?

**56.** 많아야 두 개의 값이 상관이 있는 함수는 상수이거나 $x_j$이거나 $\bar{x}_j$이다.

**57.** $x_5$에서 $x_{15}$까지의 진리표들을 16진으로 표기하면 순서대로 0fff, 3ccc, 30c0, 75d5, 4919, 7000, 0606, 4808, 2000, 5d5d, 3ece이다. 따라서 답은

1010 ↦ 0, 1011 ↦ 7, 1100 ↦ 4, 1101 ↦ 5, 1110 ↦ 6, 1111 ↦ 7

이다. [플로버Corey Plover는 숫자가 아닌 글자들이 숫자로 가장하는 일은 결코 없는 해법이 더 낫다고 믿고, 길이가 12인(그리고 $x_7$이 비탐욕인) 사슬을 고안했다. 구체적으로는 다음과 같다.

$$x_5 = x_1 \oplus x_2,\quad x_9 = x_2 \oplus x_3,\quad \bar{b} = x_{13} = x_2 \wedge \bar{x}_{11},$$
$$x_6 = x_3 \wedge \bar{x}_4,\quad g = x_{10} = x_7 \vee x_9,\quad \bar{c} = x_{14} = x_7 \wedge x_9,$$
$$x_7 = x_1 \oplus x_6,\quad \bar{d} = x_{11} = x_8 \oplus x_{10},\quad \bar{e} = x_{15} = x_4 \vee x_{12},$$
$$x_8 = x_4 \vee x_7,\quad \bar{a} = x_{12} = \bar{x}_3 \wedge x_{11},\quad \bar{f} = x_{16} = \bar{x}_5 \wedge x_8.$$

이 경우 $a$, ..., $g$의 진리표는 b7ff, f9f0, dfe3, b6df, a2aa, 8ff2, 3efd이고

1010 ↦ A, 1011 ↦ 9, 1100 ↦ c, 1101 ↦ =, 1110 ↦ G, 1111 ↦ 3

그는 또한 (55)에 대한 11단계 해들이 모두 비숫자들을 (0, 7, 4, 5, 6, 7)이나 (0, 7, 6, 1, 9, 3), (0, 7, 6, 1, A, 3), (2, 3, 6, 7, 6, 7), (c, 1, 6, 7, 4, 5), (c, 4, 6, 7, 4, 5)로 사상함을 보였다.]

**58.** 진리표에 1이 정확히 여덟 개 있는 비용 7 함수들은 모두 0779나 169b, 179a와 동치이다. 이들을 모든 가능한 방식으로 조합하면, $\{x_1, x_2, x_3, x_4\}$의 치환 및 여수화 하에서, 그리고 $\{f_1, f_2, f_3, f_4\}$의 치환 및 여수화 하에서 구별되는 9656개의 해가 나온다.

**59.** 탐욕적 발자국 발견법으로 다음과 같은 17단계 사슬을 얻을 수 있다.

$$x_5 = x_2 \oplus x_3,\quad x_{11} = x_2 \vee x_7,\quad x_{17} = \bar{x}_6 \wedge x_8,$$
$$x_6 = x_1 \oplus x_4,\quad x_{12} = x_2 \wedge \bar{x}_6,\quad f_1 = x_{18} = x_{11} \oplus x_{17},$$
$$x_7 = x_1 \oplus x_3,\quad x_{13} = x_3 \wedge x_4,\quad f_2 = x_{19} = x_{10} \wedge \bar{x}_{14},$$
$$x_8 = x_4 \vee x_5,\quad x_{14} = x_4 \wedge x_5,\quad f_3 = x_{20} = x_9 \oplus x_{16},$$
$$x_9 = x_6 \wedge x_8,\quad x_{15} = x_5 \wedge x_{10},\quad f_4 = x_{21} = x_{12} \oplus x_{15}.$$
$$x_{10} = x_7 \vee x_9,\quad x_{16} = x_2 \wedge \bar{x}_{13},$$

초기 함수들은 모두 발자국이 크다. 따라서 $C(f_1 f_2 f_3 f_4) = 28$을 달성하지는 못한다. 그러나 약간 더 어려운 S상자는 존재할 가능성이 있다.

**60.** 한 가지 방법은 $u_1 = x_1 \oplus y_1$, $u_2 = x_2 \oplus y_2$, $v_1 = y_2 \oplus u_1$, $v_2 = y_1 \oplus u_2$, $z_1 = v_1 \wedge \bar{u}_2$, $z_2 = v_2 \wedge \bar{u}_1$이다.

**61.** 스티븐슨David Stevenson이 고안한 다음의 17게이트 해법은 $2^m + 1$을 법으로 한 덧셈을 위한 $8m + 1$게이트 해법으로 일반화된다: $u_0 = x_0 \wedge y_0$, $v_0 = x_0 \oplus y_0$, $u_1 = x_1 \wedge y_1$, $v_1 = x_1 \oplus y_1$, $t_1 = v_1 \wedge u_0$, $t_2 = v_1 \oplus u_0$, $c_2 = u_1 \vee t_1$; $u_2 = x_2 \wedge y_2$, $t_3 = x_2 \vee y_2$, $t_4 = t_3 \vee c_2$; $t_5 = t_2 \vee v_0$, $t_6 = t_5 \wedge t_4$, $t_7 = t_6 \vee u_2$; $t_8 = t_7 \wedge \bar{v}_0$, $z_0 = t_7 \oplus v_0$, $z_1 = t_2 \oplus t_8$; $z_2 = t_4 \oplus t_7$. ($(x_2x_1x_0)_2 + (y_2y_1y_0)_2 = (u_2t_4t_2v_0)_2 - 4[x = y = 4]$임을 주목할 것. 리Gilbert Lee는 입력들이 000, 001, 011, 101, 111로 표현되는 경우에 대한 또 다른 17단계 해법을 찾아냈다.)

**62.** 그런 함수는 총 $\binom{2^n}{2^n d} 2^{2^n c}$개인데, 비용이 $\le r$인 것은 많아야 $\binom{2^n}{2^n d} c(n, r)$개이다. 따라서, 연습문제 46의 논증을 이용해서, 비용이 $\le r = \lfloor 2^n c/n \rfloor$인 함수들의 비율이 $2^{2r+1-2^n c}(n + r - 1)^{2r}/(r - 1)! = 2^{-r \lg n + O(r)}$을 넘지 않음을 식 (24)로부터 이끌어 낼 수 있다.

**63.** 〔*Problemy Kibernetiki* **21** (1969), 215-226.〕 루파노프의 방법에서처럼 진리표를 $2^k \times 2^{n-k}$ 배열로 표현한다고 하자. 그리고 $0 \le j < 2^{n-k}$에 대해, 열 $j$의 '상관있음' 항목들의 개수를 $c_j$라고 하자. 그 열을 각각 상관있음이 $m$개인 부분열 $\lfloor c_j/m \rfloor$개로 분할한다. 제일 아래에는 상관있음이 $m$개 미만인 빈 부분열이 하나 더 있을 수 있다. 힌트는 지정된 최상단 행 $i_0$과 최하단 행 $i_1$을 가진 모든 부분열의 0들과 1들과의 부합에 충분한 벡터들의 개수가 많아야 $2^{m+k}$개임을 말해 준다. 따라서 모든 부분열이 어떤 종류의 $t$와 부합하도록 하는 함수 $g_t(x_1, \ldots, x_k)$들 $O(2^{m+3k})$개를 $\{x_1, \ldots, x_k\}$의 최소항들로부터 $O(m2^{m+3k})$회의 연산으로 구축할 수 있다. 그리고 모든 종류 $t$에 대해, 그 $t$와 부합하는 열들을 지정함으로써, $\{x_{k+1}, \ldots, x_n\}$의 최소항들로부터 함수 $h_t(x_{k+1}, \ldots, x_n)$들을 구축할 수 있다. 그 비용은 많아야 $\sum_j (\lfloor c_j/m \rfloor + 1) \le 2^n c/m + 2^{n-k}$이다. 마지막으로, $f = \bigvee_t (g_t \wedge h_t)$에는 $O(2^{m+3k})$개의 추가 단계들이 필요하다. $k = \lfloor 2 \lg n \rfloor$, $m = \lceil n - 9 \lg n \rceil$으로 선택하면 비용은 $(2^n c/n)(1 + 9n^{-1} \lg n + O(n^{-1}))$을 넘지 않는다.

물론 힌트도 증명해야 하는데, 그 힌트는 E. I. Nechiporuk 〔*Doklady Akad. Nauk SSSR* **163** (1965), 40-42〕에서 기인한다. 실제로는 $2^m(1 + \lceil k \ln 2 \rceil)$개의 벡터로 충분하다(S. K. Stein, *J. Combinatorial Theory* **A16** (1974), 391-397을 보라): 만일 $q = 2^m \lceil k \ln 2 \rceil$개의 벡터를 무작위로 선택한다면(반드시 서로 구별되는 벡터들일 필요는 없다), 접촉되지 않은 부분입방체들은 평균 $\binom{k}{m} 2^m (1 - 2^{-m})^q < \binom{k}{m} 2^m e^{-q2^{-m}} < 2^m$개이다. (명시적인 구축이 더 나을 것이다.)

상세한 일반화들(일정 비율의 오차를 허용하고 1들의 밀도를 지정하는)에 관해서는 N. Pippenger, *Mathematical Systems Theory* **10** (1977), 129-167을 보라.

**64.** 칸들에 번호를 고대의 중국 마방진처럼 $\begin{smallmatrix}6&1&8\\7&5&3\\2&9&4\end{smallmatrix}$ 형태로 부여하면 이 게임은 삼목 게임과 정확히 동일한 게임이 된다. 〔벌캠프Berlekamp, 콘웨이Conway, 가이Guy는 그들의 책 *Winning Ways* **3** (2003), 732-736에서 삼목 게임의 완전한 분석을 표현하는 데 이 번호 매기기 방식을 사용했다.〕

**65.** 한 가지 해는 '방어' 수 $d_j$들을 '공격' 수 $a_j$들과 '반격' 수 $c_j$들로 대체하고, 그것들을 네 모퉁이 칸 $j \in \{1,3,9,7\}$에만 포함시키는 것이다. $j \cdot k = (jk) \bmod 10$이라고 하자. 그러면

$$\begin{matrix} j\cdot 1 & j\cdot 2 & j\cdot 3 \\ j\cdot 4 & j\cdot 5 & j\cdot 6 \\ j\cdot 7 & j\cdot 8 & j\cdot 9 \end{matrix}$$

는 $j$가 모퉁이 칸일 때 삼목 게임 도식을 바라보는 또 다른 관점을 제시한다. 왜냐하면 $j \perp 10$이기 때문이다. 이제 $a_j$와 $c_j$의 구체적인 정의는 다음과 같다.

$$\begin{aligned} a_j = m_j \wedge \bigl((x_{j\cdot3} \wedge \beta_{(j\cdot8)(j\cdot9)} \wedge (o_{j\cdot4} \oplus o_{j\cdot6})) \vee (x_{j\cdot7} \wedge \beta_{(j\cdot6)(j\cdot9)} \wedge (o_{j\cdot2} \oplus o_{j\cdot8})) \\ \vee \bigl(m_{j\cdot9} \wedge \bigl((m_{j\cdot8} \wedge x_{j\cdot2} \wedge \overline{(o_{j\cdot3} \oplus o_{j\cdot6})}) \vee (m_{j\cdot6} \wedge x_{j\cdot4} \wedge \overline{(o_{j\cdot7} \oplus o_{j\cdot8})})\bigr)\bigr)\bigr); \end{aligned}$$

$$c_j = d_j \wedge \overline{(x_{j\cdot6} \wedge o_{j\cdot7})} \wedge \overline{(x_{j\cdot8} \wedge o_{j\cdot3})} \wedge \bar{d}_{j\cdot9}.$$

여기서 $d_j = m_j \wedge \beta_{(j\cdot2)(j\cdot3)} \wedge \beta_{(j\cdot4)(j\cdot7)}$은 식 (81)을 대신한다. 또한, 몇 가지 예외적인 경우들을 다루기 위해 다음과 같은 정의도 도입한다.

$$\begin{aligned} u &= (x_1 \oplus x_3) \oplus (x_7 \oplus x_9), \\ v &= (o_1 \oplus o_3) \oplus (o_7 \oplus o_9), \\ t &= m_2 \wedge m_6 \wedge m_8 \wedge m_4 \wedge (u \vee \bar{v}), \end{aligned} \qquad z_j = \begin{cases} m_j \wedge \bar{t}, & \text{만일 } j = 5\text{이면,} \\ m_j \wedge \bar{d}_{j\cdot9}, & \text{만일 } j \in \{1,3,9,7\}\text{이면,} \\ m_j, & \text{만일 } j \in \{2,6,8,4\}\text{이면,} \end{cases}$$

마지막으로, 식 (82)의 순위별 수들의 열 $d_5 d_1 d_3 d_9 d_7 d_2 d_6 d_8 d_4 m_5 m_1 m_3 m_9 m_7 m_2 m_6 m_8 m_4$를 열 $a_1 a_3 a_9 a_7 c_1 c_3 c_9 c_7 z_5 z_1 z_3 z_9 z_7 z_2 z_6 z_8 z_4$로 대체한다. 그리고 식 (88)의 $(d_j \wedge \bar{d}'_j) \vee (m_j \wedge \bar{m}'_j)$를 $j$가 모퉁이 칸일 때에는 $(a_j \wedge \bar{a}'_j) \vee (c_j \wedge \bar{c}'_j) \vee (z_j \wedge \bar{z}'_j)$로, 그 외의 칸일 때에는 그냥 $(z_j \wedge \bar{z}'_j)$로 대체한다.

(이 기계는 반드시 모든 적법한 위치로부터 올바르게 움직일 수 있어야 함을 주목하기 바란다. 그런 위치들이 기계가 둔 이전의 X 수들로부터 결코 나올 수 없는 위치인 경우에도 그렇다. 본질적으로는, 사람이 기계에게 조언을 구하게 될 때까지 플레이할 수 있도록 하는 것이다. 그렇게 하지 않는다면 논리를 크게 단순화할 수 있다. 예를 들어 X가 항상 먼저 둔다면, 먼저 가운데 칸을 차지함으로써 이후의 가능한 수들을 엄청나게 많이 제거할 수 있다. 이 경우 가능한 게임의 수는 $8 \times 6 \times 4 \times 2 = 384$ 미만이다. O가 먼저 둔다고 해도, 하나의 고정된 전략에 대해 발생할 수 있는 시나리오의 수는 $9 \times 7 \times 5 \times 3 = 945$ 미만이다. 실제로, 여기서 정의한 전략을 사용하는 경우 서로 다른 게임은 사실 $76 + 457$가지인데, 그중 $72 + 328$가지는 기계가 이기고 나머지는 고양이의 몫이다).

**66.** 이전 해답의 부울 사슬은 4520가지의 유효한 위치 모두에서 올바른 수를 둔다는 요구를 만족한다. 단, '올바른'은 본질적으로 최악의 경우의 최종 결과가 최대화된다는 의미로 정의된 것이다. 그러나 진정으로 훌륭한 삼목 플레이어라면 게임을 다른 식으로 풀어갈 것이다. 예를 들어 의 상황에서 현재의 기계는 가운데 칸을 차지해서 으로 간다. 그러면 O는 네 모퉁이 중 하나를 선택할 것이며,

결국 무승부가 된다. 그러나 기계가 나 로 간다면 O가 패하지 않는 선택은 두 개로 줄어든다. [Martin Gardner, *Hexaflexagons and Other Mathematical Diversions,* 제4장을 보라.]

더 나아가서, 같은 위치에서 최선의 수는 즉시 승리하는 것이 아니라 로 가는 것이다. 상대방이 로 응한다면 로 간다. 승패가 달라지지는 않지만, 상대방에게 큰 수모를 주지 않는다는 점에서 이것이 더 나은 수이다.

마지막으로, 하나의 단일한 '최선의 수'라는 개념에도 결함이 있다. 왜냐하면 좋은 플레이어는 다른 게임마다 다른 수를 택할 것이기 때문이다(배비지가 관측했듯이).

> 삼목 게임을 하도록 디지털 컴퓨터를 프로그래밍한다거나
> 삼목 게임용 기계를 위한 특별한 회로를 설계하는 것이
> 간단하다고 생각할 수도 있다.
> 이는 경험 없는 플레이어들을 상대로
> 최대한 많은 게임을 이기는 달인 로봇을 구축하는 것이
> 목표가 아닌 한 참이다.
>
> — 마틴 가드너MARTIN GARDNER, *The Scientific American Book of Mathematical Puzzles & Diversions* (1959)

**67.** 지금까지 알려진 최선의 해는 2010년에 스티븐슨David Stevenson이 고안한, 총 818개의 게이트 (AND 472개, OR 327개, NOR 13개, BUTNOT 6개)를 사용하는 것이다. 자세한 사항은

`http://www-cs-faculty.stanford.edu/~knuth/818-gate-solution`

을 보라. $w_j$나 $b_j$ 같은 수들을 처리하고, '상관없음'들을 현명하게 최적화함으로서 스티븐슨은 $c = 1$이 되는 약 200개의 특별한 위치들( 등)과 $s = 1$이 되는 약 200개의 특별한 위치들( 등), 그리고 $m = 1$이 되는 약 50개의 특별한 위치들( 등)을 본질적으로 OR들로 합칠 수 있었다. 그런 다음 그는 특별한 위치들을 정의하는 AND들 중 공통의 부분 표현들을 찾아낸다거나 분배법칙을 사용하는 등의 수단들을 동원해서 게이트들을 더 줄였다.

[이 연습문제는 워컬리John Wakerly의 책 *Digital Design* (Prentice-Hall, 3rd edition, 2000), §6.2.7에 나오는 논의에서 영감을 얻은 것이다. 첨언하자면, 배비지는 $k$개의 가능한 수들 중 $N \bmod k$개를 조사해서 하나를 선택하려고 했다. 여기서 $N$은 지금까지 이긴 게임의 수이다. 그는 연속된 수들이 $N$이 변하기 전까지는 상관관계가 높다는 경향이 있음을 깨닫지 못했다. $N$을 지금까지 둔 수의 개수로 두는 것이 훨씬 더 나았을 것이다.]

**68.** 아니다. 그 방법은 이해 가능한 구조를 가진 '균일한' 사슬을 산출하나, 그 비용은 $\Omega(n2^n)$이다. 정리 L로 구축한, 약 $2^n/n$개의 게이트들로 된 회로가 존재하지만, 제조하기는 더 어렵다. (첨언하자면 $C(\pi_5) = 10$이다.)

**69.** (a) 이를테면 64가지 경우 모두를 시도해서 이 결과를 입증할 수도 있다.

(b) 만일 $x_m$이 $x_i$와 같은 행 또는 같은 열에 있다면, 그리고 $x_j$와도 같은 행 또는 같은 열에 있다면 $\alpha_{111}=\alpha_{101}=\alpha_{011}=0$이다. 따라서 그 쌍들은 좋은 쌍들이다. 그렇지 않다면 본질적으로 서로 다른 가능성은 세 가지인데, 모두 나쁜 쌍으로 이어진다: 만일 $(i,j,m)=(1,2,4)$이면 $\alpha_{101}=0$, $\alpha_{100}=x_5x_9\oplus x_6x_8$, $\alpha_{011}=x_9$이다. 만일 $(i,j,m)=(1,2,6)$이면 $\alpha_{010}=x_4x_9$, $\alpha_{011}=x_7$, $\alpha_{100}=x_5x_9$, $\alpha_{101}=x_8$이다. 만일 $(i,j,m)=(1,5,9)$이면 $\alpha_{111}=1$, $\alpha_{110}=0$, $\alpha_{010}=x_3x_7$이다.

**70.** (a) $x_1\wedge((x_5\wedge x_9)\oplus(x_6\wedge x_8))\oplus x_2\wedge((x_6\wedge x_7)\oplus(x_4\wedge x_9))\oplus x_3\wedge((x_4\wedge x_8)\oplus(x_5\wedge x_7))$.

(b) $x_1\wedge((x_5\wedge x_9)\vee(x_6\wedge x_8))\vee x_2\wedge((x_6\wedge x_7)\vee(x_4\wedge x_9))\vee x_3\wedge((x_4\wedge x_8)\vee(x_5\wedge x_7))$.

(c) $y_1=x_1\wedge x_5\wedge x_9$, $y_2=x_1\wedge x_6\wedge x_8$, $y_3=x_2\wedge x_6\wedge x_7$, $y_4=x_2\wedge x_4\wedge x_9$, $y_5=x_3\wedge x_4\wedge x_8$, $y_6=x_3\wedge x_5\wedge x_7$이라고 하자. 함수 $f(y_1,\ldots,y_6)=[y_1+y_2+y_3>y_4+y_5+y_6]$을 전가산기 두 개와 비교자 모듈 하나를 이용해서 추가로 15단계만에 평가할 수 있다. 그러나 14단계 해도 존재한다: $z_1=(y_1\oplus y_2)\oplus y_3$, $z_2=(y_1\oplus y_2)\vee(y_1\oplus y_3)$, $z_3=(y_4\oplus y_5)\oplus y_6$, $z_4=(y_4\oplus y_5)\vee(y_4\oplus y_6)$이라고 하자. 그러면 $f=(z_1\oplus(z_2\wedge(\bar z_4\oplus(z_1\vee z_3))))\wedge(\bar z_3\vee z_4)$이다. 더 나아가서 $y_1y_2y_3=111 \iff y_4y_5y_6=111$이다. 즉 '상관없음'들이 존재하며, 이로부터 다음과 같은 11단계 해가 나온다: $f=((\bar z_1\wedge z_3)\vee\bar z_4)\wedge z_2$. 총 비용은 $12+11=23$이다.

(저자는 $f$의 진리표만 주어졌을 때 컴퓨터로 적당한 시간 안에 이런 효율적인 사슬을 발견해내는 방법을 알지 못한다. 그러나 이보다도 나은 사슬이 존재할 수도 있다.)

**71.** (a) $P(p)=1-12p^2+24p^3+12p^4-96p^5+144p^6-96p^7+24p^8$으로, $p=\frac{1}{2}+\epsilon$일 때 이는 $\frac{11}{32}+\frac{9}{2}\epsilon^2-3\epsilon^4-24\epsilon^6+24\epsilon^8$이다.

(b) 여덟 개의 값 $(f_0,\ldots,f_7)$들의 집합은 $N=2^{n-3}$개이고 각 집합이 좋은 쌍일 확률은 각각 $P(p)$이다. 따라서 답은 $1-P(p)^N$이다.

(c) 그 확률은 정확히 $r$개의 집합이 성공할 확률인 $\binom{N}{r}P(p)^r(1-P(p))^{N-r}$이다. 그리고 그런 경우 $t$회의 시도로 좋은 쌍을 발견할 확률은 $(r/N)^t$이다. 따라서 답은 $1-\sum_{r=0}^{N}\binom{N}{r}P(p)^r(1-P(p))^{N-r}(r/N)^t=1-P(p)^t+O(t^2/N)$이다.

(d) $\sum_{r=0}^{N}\binom{N}{r}P(p)^r(1-P(p))^{N-r}\sum_{j=0}^{t-1}(r/N)^j=(1-P(p)^t)/(1-P(p))+O(t^3/N)$.

**72.** 연습문제 71(a)의 확률은 $P(p)+(72p^3-264p^4+432p^5-336p^6+96p^7)r+(60p^2-240p^3+456p^4-432p^5+144p^6)r^2+(-48p^2+144p^3-216p^4+96p^5)r^3+(-36p^2+24p^3+12p^4)r^4+(48p^2-24p^3)r^5-12p^2r^6$이 된다. 만일 $p=q=(1-r)/2$이면 이는 $(11+48r+36r^2-144r^3-30r^4+336r^5-348r^6+144r^7-21r^8)/32$이다. 예를 들어 $r=1/2$일 때 확률은 $7739/8192\approx 0.94$이다.

**73.** 혼 절 $1 \wedge 2 \Rightarrow 3$, $1 \wedge 3 \Rightarrow 4$, …, $1 \wedge (n-1) \Rightarrow n$, $1 \wedge n \Rightarrow 2$, 그리고 $1 < i < j \leq n$에 대한 $i \wedge j \Rightarrow 1$을 생각해 보자. 어떤 분해에서 $|Z| > 1$라고 하고 $i$가 $x_i \in Z$인 최소의 아래첨자라고 하자. 또한 $j$가 $j > i$이고 $x_j \in Z$인 최소의 아래첨자라고 하자. $i > 1$일 수는 없다. 그런 경우 $i \wedge j \Rightarrow 1$이기 때문이다. 따라서 $i = 1$이고, $2 \leq j \leq n$에 대해 $x_j \in Z$이다.

**74.** $x_1 \in Z$ 또는 ⋯ 또는 $x_{i-1} \in Z$인 비자명 분해가 전혀 존재하지 않음을 알고 있다고 하자. 초기에는 $i = 1$이다. $j$와 $m$을 현명하게 선택해서 $x_i \in Z$도 배제하려고 한다. 혼 절 $i \wedge j \Rightarrow m$은 $i$의 값이 단정될 때 크롬 절 $j \Rightarrow m$으로 축약된다. 따라서 우리가 하고자 하는 일은 본질적으로, 호 $j \Rightarrow m$들이 존재할 수도 있고 아닐 수도 있는 유향 그래프 안에서 타잔의 깊이 우선 탐색을 이용해서 강 구성요소들을 찾는 것이다.

정점 $j$에서 탐색은 이런 식으로 진행된다. 우선 $m = 1$, …, $m = i - 1$을 시도한다. 만일 그러한 함의 $i \wedge > j \Rightarrow m$들 중 하나라도 성공한다면 $j$와 그것의 모든 선행자를 $i$에 대한 유향 그래프에서 제거할 수 있다. 그렇지 않다면, 그러한 제거된 정점 $m$에 대해 $j \Rightarrow m$을 판정해 본다. 그것도 아니면 아직 조사하지 않은 정점 $m$들을 판정한다. 그것도 아니면 이미 살펴본 정점 $m$들을 시도하되, 깊이 우선 트리의 루트에 가까운 것들을 우선시한다.

$f(x) = (\det X) \bmod 2$를 예로 든다면, 이러한 방법을 통해서 $1 \wedge 2 \not\Rightarrow 3$, $1 \wedge 2 \Rightarrow 4$, $1 \wedge 4 \Rightarrow 3$, $1 \wedge 3 \Rightarrow 5$, $1 \wedge 5 \Rightarrow 6$, $1 \wedge 6 \Rightarrow 7$, $1 \wedge 7 \Rightarrow 8$, $1 \wedge 8 \Rightarrow 9$, $1 \wedge 9 \Rightarrow 2$(이제 $i \leftarrow 2$), $2 \wedge 3 \not\Rightarrow 1$, $2 \wedge 3 \Rightarrow 4$, $2 \wedge 4 \not\Rightarrow 1$, $2 \wedge 4 \not\Rightarrow 5$, $2 \wedge 4 \Rightarrow 6$, $2 \wedge 6 \Rightarrow 1$(이제 3, 4, 6이 2에 대한 유향 그래프에서 제거됨), $2 \wedge 5 \Rightarrow 1$(5가 제거됨), $2 \wedge 7 \not\Rightarrow 1$, $2 \wedge 7 \Rightarrow 3$(7이 제거됨), $2 \wedge 8 \Rightarrow 1$, $2 \wedge 9 \Rightarrow 1$(이제 $i \leftarrow 3$), $3 \wedge 4 \not\Rightarrow 1$, $3 \wedge 4 \Rightarrow 2$, $3 \wedge 5 \Rightarrow 1$ 등을 연속해서 찾아내게 된다.

**75.** 이 함수는 단 두 개의 점에서 1이며, 그 둘은 서로 여수이다. 따라서 이 함수는 분해 불가능이나, 그래도 식 (87)의 쌍들은 $n > 3$일 때 나쁜 쌍이 결코 아니다. 따라서 모든 분할 $(Y, Z)$가 분해의 후보가 된다.

마찬가지로, 만일 $f$가 $(Y, Z)$에 관해 분해 가능이라면, 분해 불가능 함수 $f(x) \oplus S_{0,n}(x)$는 판정들에서 $f$와 본질적으로 동일하게 행동한다. (범용적인 분해 가능성 판정기라면 근사적으로 분해 가능한 함수들을 다루는 방법을 제공해야 할 것이다.)

**76.** (a) $0 \leq l \leq 2^m$에 대해 $a_l = [i \geq l]$이라고 하자. 해답 38(b)에서 보았듯이 비용은 $\leq 2t(m)$이다. 그리고 실제로, 깊이를 $\Theta(m)$으로 해서 비용을 $2^{m+1} - 2m - 2$로까지 줄일 수 있다. 더 나아가서, 함수 $[i \leq j] = (\bar{\imath}_1 \wedge j_1) \vee ((i_1 \equiv j_1) \wedge [i_2 \ldots i_m \leq j_2 \ldots j_m])$을 $4m - 3$개의 게이트로 평가할 수 있다. $x \oplus y$를 계산한 후에는, 각 $z_l$에 드는 비용이 $2^{m+1} + 1 = O(n/\log n)$이다.

(b) 이 경우 비용은 정리 L에 의해 많아야 $C(g_0) + \cdots + C(g_{2^m}) \leq (2^m + 1)(2^{2^m}/(2^m - O(m)))$이다. 왜냐하면 각 $g_l$은 입력 $2^m$개의 함수이기 때문이다.

(c) 만일 $i \leq j$이면 $l \leq i$에 대해 $z_l = x$이고 $l > i$에 대해 $z_l = y$이다. 따라서 $f_i(x) = c_0 \oplus \cdots \oplus c_i$이고 $f_j(y) = c_{j+1} \oplus \cdots \oplus c_{2^m}$이다. 만일 $i > j$이면 $l \leq i$에 대해 $z_l = y$이고 $l > i$에 대해 $z_l = x$이다. 따라서 $f_j(y) = c_0 \oplus \cdots \oplus c_j$이고 $f_i(x) = c_{i+1} \oplus \cdots \oplus c_{2^m}$이다.

(d) (a)에서처럼, 함수 $b_l = [j < l]$들을 $0 \le l \le 2^m$에 대해 $O(2^m)$단계로 계산할 수 있다. 따라서 $F$를 $(c_0, \ldots, c_{2^m})$으로부터 $O(2^m)$개의 추가 게이트들로 계산할 수 있다. 그러므로, 큰 $m$의 경우 비용의 주된 요인은 단계 (b)이다.

(e) $a_0 = 1$, $a_1 = i$, $a_2 = 0$; $b_0 = 0$, $b_1 = j$, $b_2 = 1$; $d = [i \le j] = \bar{\imath} \vee j$; $l = 0, 1, 2$에 대해 $m_l = a_l \oplus d$, $z_{l0} = x_0 \oplus (m_l \wedge (x_0 \oplus y_0))$, $z_{l1} = x_1 \oplus (m_l \wedge (x_1 \oplus y_1))$; $l = 0, 1, 2$에 대해 $c_0 = z_{01}$; $c_1 = z_{10} \wedge \bar{z}_{11}$; $c_2 = z_{20} \vee z_{21}$; $c'_l = c_l \wedge (d \equiv a_l)$, $c''_l = c_l \wedge (d \equiv b_l)$; 마지막으로 $F = (c'_0 \oplus c'_1 \oplus c'_2) \vee (c''_0 \oplus c''_1 \oplus c''_2)$.

물론, 이런 작은 예에 대한 것이라고 하기에는 전체 비용(명백한 단순화들 이후 29)이 터무니없이 크다. 그러나 최신의 자동 최적화기(optimizer)라고 해도 이 사슬을 단 5개의 게이트로 줄일 수 있을지는 의문이다.

〔이 결과는 *Matematicheskie Zametki* **15** (1974), 937-944; *London Math. Soc. Lecture Note Series* **169** (1992), 165-173에 나오는 좀 더 일반적인 정리의 한 특수 경우이다.〕

**77.** $f_n$이나 $\bar{f}_n$에 대한 그러한 최단 사슬이 주어졌을 때, $U_l = \{i \mid l = j(i)$ 또는 $l = k(i)\}$가 $x_l$의 '사용 횟수'라고 하자. 그리고 $u_l = |U_l|$이라고 하자. 만일 $x_i = x_{j(i)} \vee x_{k(i)}$이면 $t_i = 1$이고 그렇지 않으면 $t_i = 0$이라고 하자. $f_{n-1}$ 또는 $\bar{f}_{n-1}$을 계산하는 길이 $\le r-4$ 사슬이 존재함을 다음과 같은 착안을 이용해서 보이고자 한다: 임의의 $m$에 대해 만일 변수 $x_m$이 0 또는 1로 설정된다면, $U_m$의 모든 단계를 삭제하고 그 외의 단계들을 적절히 수정함으로써 $f_{n-1}$ 또는 $\bar{f}_{n-1}$을 위한 사슬을 얻을 수 있다. 더 나아가서, 만일 $x_i = x_{j(i)} \circ x_{k(i)}$이면, 그리고 만일 $x_m$이 0 또는 1로 설정되었을 때 $x_{j(i)}$ 또는 $x_{k(i)}$가 $t_i$와 같음을 알고 있다면, 단계 $U_i$들도 삭제할 수 있다. (이 논증 전반에서 글자 $m$은 $1 \le m \le n$ 범위의 색인을 뜻한다.)

경우 1, $u_m = 1$인 어떤 $m$이 존재함: 최단 사슬에는 이 경우가 발생할 수 없다. 만일 $x_m$이 오직 $x_i = \bar{x}_m$에서만 쓰인다면, 그 단계를 제거함으로써 $f_n \leftrightarrow \bar{f}_n$으로 변할 것이다. 그렇지 않으면 $x_1, \ldots, x_{m-1}, x_{m+1}, \ldots, x_n$의 값들을 설정함으로써 $x_i$가 $x_m$과 독립이 되게 할 수 있는데, 그러면 $x_{n+r} = f_n$ 또는 $\bar{f}_n$과 모순이다. 따라서 모든 변수는 반드시 적어도 두 번 쓰이게 된다.

경우 2, $x_l = \bar{x}_m$인 어떤 $l$과 $m$이 존재함, 여기서 $u_m > 1$: 이 경우 어떤 $i$와 $k$에 대해 $x_i = x_l \circ x_k$가 성립하며, $x_m \leftarrow \bar{t}_i$로 설정함으로써 $x_i$가 $x_k$와 독립이 되게 할 수 있다. 단계 $U_m$, $U_l$, $U_i$를 제거하고, 그런 다음 적어도 4개의 단계를 제거한다. 단, $u_l = u_i = 1$, $u_m = 2$, $x_j = x_m \circ x_i$인 경우는 예외인데, 그런 경우에는 $U_j$도 제외한다.

경우 3, $u_m \ge 3$인 어떤 $m$이 존재하며 경우 2가 아님: 만일 $i, j, k \in U_m$이고 $i < j < k$이면 $x_m \leftarrow t_k$로 설정하고 단계 $i$, $j$, $k$, $U_k$를 제거한다.

경우 4, $u_1 = u_2 = \cdots = u_n = 2$이고 경우 2가 아님: 첫 단계가 $x_{n+1} = x_1 \circ x_2$이며 어떤 $k < l$에 대해 $x_l = x_1 \circ x_k$라고 가정할 수 있다.

경우 4.1, $k > n$임: 그러면 $k > n+1$이다. 만일 $u_k = 1$이면 $x_1 \leftarrow t_l$로 설정하고 단계 $n+1$, $k$, $l$, $U_l$을 제거한다. 그렇지 않으면 $x_2 \leftarrow t_{n+1}$로 설정한다. 그러면 $x_k = \bar{t}_l$이 되며, 단계 $n+1$,

$k$, $l$, $U_k$를 제거할 수 있다.

경우 4.2, $x_l = x_1 \circ x_m$임: 그러면 반드시 $m = 2$이다. 만일 $m > 2$이었다면 $x_2 \leftarrow t_{n+1}$, $x_m \leftarrow t_l$로 설정하고 $x_{n+r}$이 $x_1$과 독립이 되게 할 수 있을 것이기 때문이다. 따라서 $x_{n+1} = x_1 \wedge x_2$, $x_{n+2} = x_1 \vee x_2$라고 가정할 수 있다. $x_1 \leftarrow 0$으로 설정하면 단계 $U_1$과 $U_{n+1}$을 제거할 수 있다. $x_1 \leftarrow 1$로 설정하면 단계 $U_1$과 $U_{n+2}$를 제거할 수 있다. 따라서 $u_{n+1} = u_{n+2} = 1$이 아닌 한 증명이 끝난다.

만일 $x_p = \bar{x}_{n+1}$이면 $x_1 \leftarrow 0$으로 설정하고 $n+1$, $n+2$, $p$, $U_p$를 제거한다. 만일 $x_q = \bar{x}_{n+2}$이면 $x_1 \leftarrow 1$로 설정하고 $n+1$, $n+2$, $q$, $U_q$를 제거한다. 그렇지 않으면 $x_p = x_{n+1} \circ x_u$이고 $x_q = x_{n+2} \circ x_v$이다. 여기서 $x_u$와 $x_v$는 $x_1$이나 $x_2$에 의존하지 않는다. 그러나 그것은 불가능하다. 그렇다면 $x_3$, …, $x_n$을 $x_u = t_p$가 되게 설정할 수 있으며, 그러면 $x_2 \leftarrow 1$로 설정해서 $x_{n+r}$이 $x_1$과 독립이게 만들 수 있을 것이기 때문이다.

〔*Problemy Kibernetiki* **23** (1970), 83-101; **28** (1974), 4. 비슷한 증명을 통해서, 레드킨은 함수 '$x_1 \ldots x_n < y_1 \ldots y_n$'과 '$x_1 \ldots x_n = y_1 \ldots y_n$'에 대한 최단 AND-OR-NOT 사슬들의 길이가 각각 $5n-3$과 $5n-1$임을 보였다.〕

**78.** 〔*SICOMP* **6** (1977), 427-430.〕 만일 $k \in S$이면 $y_k$가 활성이라고 말하기로 하자. 사슬이 정규 사슬이고 $\|S\| > 1$이라고 가정할 수 있다. 이 증명은 해답 77에 나온 레드킨의 것과 비슷하다.

경우 1, 두 번 이상 쓰인 활성 $y_k$가 존재함: $y_k \leftarrow 0$으로 설정하면 적어도 두 단계가 절약되고 활성 값들이 $\|S\|-1$개인 함수를 위한 사슬이 나온다.

경우 2, 하나의 AND 게이트에 단 한 번만 나오는 활성 $y_k$가 존재함: 그 AND가 마지막 단계가 아닌 이상, $y_k \leftarrow 0$으로 설정하면 적어도 두 단계가 제거된다. 그러나 그 AND가 마지막 단계일 리는 없다. 왜냐하면 $y_k = 0$이면 결과가 다른 모든 활성 $y_j$와 독립이 되기 때문이다.

경우 3, 경우 2와 같되 OR이나 NOTBUT, BUTNOT 게이트임: 적절한 상수 $c$를 택해서 $y_k \leftarrow c$로 설정하면 원하는 효과가 나온다.

경우 4, 경우 2와 같되 XOR 게이트임: 그 게이트는 마지막 단계일 수 없다. 왜냐하면 $(x_1 \ldots x_m)_2$가 다른 활성 값 $y_j$로 이어진다면 결과는 반드시 $y_k$와 독립이어야 하기 때문이다. 따라서 $y_k$를 XOR에 대한 다른 입력으로 정의되는 함수로 설정함으로써 두 단계를 제거할 수 있다.

**79.** (a) 비용이 $r < 2n-2$라고 하자. 그러면 $n > 1$이다. 만일 각 변수가 정확히 한 번씩 쓰인다면 두 말단 노드가 반드시 상대들이어야 한다. 따라서 적어도 두 번 쓰이는 변수가 존재한다. 그 변수를 제거하면 비용이 $\le r-2$이고 상대가 하나도 없는 $n-1$변수 사슬이 나온다.

(첨언하자면, 모든 변수가 적어도 두 번 쓰인다면 비용은 적어도 $2n-1$이 된다. 왜냐하면 최소 $2n$회의 변수 사용들이 사슬 안에서 서로 연결되어야 하기 때문이다.)

(b) 간선 $u — v$들이 $\{x_1, \ldots, x_n\}$에 대한 자유 트리를 형성할 때마다 $S_{0,n} = \bigwedge_{u—v}(u \equiv v)$임을 주목할 것. 따라서 비용 $2n-3$을 달성하는 길은 여러 가지가 있다.

비용이 $r < 2n-3$인 임의의 사슬은 반드시 $n > 2$이며 사슬에 반드시 상대들인 $u$와 $v$가 존재해야 한다. 우선, 중간 결과들의 이름을 변경하고 필요하다면 적절히 여수화해서 $u=1$, $v=2$, $f(x_1,\ldots,x_n)=g(x_1\circ h(x_3,\ldots,x_n),x_2,\ldots,x_n)$이 되게 만든다. 여기서 $\circ$은 $\wedge$ 또는 $\oplus$이다.

경우 1, $\circ$이 AND임: 이 경우 반드시 $h(0,\ldots,0)=h(1,\ldots,1)=1$이다. 그렇지 않다면 $f(x_1,x_2,y,\ldots,y)$가 $x_1$에 의존하지 않을 것이기 때문이다. 따라서 $f(x_1,\ldots,x_n)=h(x_3,\ldots,x_n)\wedge g(x_1,x_2,\ldots,x_n)$을 1과 2가 상대들인, 그리고 그 둘 사이의 경로가 더 짧아지는 같은 비용의 사슬로 계산할 수 있다.

경우 2, $\circ$이 XOR임: 그러면 $f_0(x_1,\ldots,x_n)=(x_1\equiv h(x_3,\ldots,x_n))\wedge g(0,x_2,\ldots,x_n)$, $f_1(x_1,\ldots,x_n)=(x_1\oplus h(x_3,\ldots,x_n))\wedge g(1,x_2,\ldots,x_n)$이라 할 때 $f=f_0\vee f_1$이다. 그런데 $f=S_{0,n}$에는 기약합의항이 단 두 개이다. 따라서 총 네 가지 가능성이 존재한다.

경우 2a, $f_0=f$임: 그러면 $x_1\oplus h$를 0으로 대체해서 함수 $g(0,x_2,\ldots,x_n)=S_{0,n-1}(x_2,\ldots,x_n)$에 대한, 비용이 $\le r-2$인 사슬을 얻는다.

경우 2b, $f_1=f$임: 경우 2a와 비슷하다.

경우 2c, $f_0(x)=x_1\wedge\cdots\wedge x_n$이고 $f_1(x)=\bar{x}_1\wedge\cdots\wedge\bar{x}_n$임: 이 경우 반드시 $g(0,x_2,\ldots,x_n)=x_2\wedge\cdots\wedge x_n$이고 $g(1,x_2,\ldots,x_n)=\bar{x}_2\wedge\cdots\wedge\bar{x}_n$이다. 따라서 $h$를 1로 대체하면 $f$를 $r$ 미만의 단계들로 계산하는 사슬이 나온다.

경우 2d, $f_0(x)=\bar{x}_1\wedge\cdots\wedge\bar{x}_n$이고 $f_1(x)=x_1\wedge\cdots\wedge x_n$임: 경우 2C와 비슷하다.

이러한 축약들을 반복 적용하면 모순에 도달하게 된다. $C(S_0S_n)=2n-2$임도 비슷한 방법으로 보일 수 있다. 〔*Theoretical Computer Science* **1** (1976), 289-295.〕

**80.** (a) $a_0=0$이고 이 사슬이 정규 사슬이라고 가정해도 일반성을 잃지 않는다. $U_l$과 $u_l$을 해답 77에서처럼 정의하자. 또한 대칭성에 의해 $u_1=\max(u_1,\ldots,u_n)$이라고 가정할 수 있다.

그러면 반드시 $u_1\ge 2$이어야 한다. 만일 $u_1=1$이라면 $x_{n+1}=x_1\circ x_2$라고도 가정할 수 있으며, 그러면 세 함수 $S_\alpha(0,0,x_3,\ldots,x_n)=S_{\alpha''}$, $S_\alpha(0,1,x_3,\ldots,x_n)=S_{'\alpha'}$, $S_\alpha(1,1,x_3,\ldots,x_n)=S_{''\alpha}$ 중 둘이 상등이 된다. 그러나 그렇다면 $S_\alpha$가 하나의 패리티 함수가 되거나 $S_{'\alpha'}$가 상수가 되어 버린다.

따라서 $x_1=0$으로 설정하면 $U_1$의 게이트들을 제거할 수 있다. 그러면 $S_{\alpha'}$에 대한, 게이트들이 적어도 두 개 적은 사슬이 나온다. 이로부터 $C(S_\alpha)\ge C(S_{\alpha'})+2$가 증명된다. 마찬가지로, $x_1=1$로 두면 $C(S_\alpha)\ge C(S_{'\alpha})+2$가 증명된다.

상황을 좀 더 조사해 보면 세 가지 경우가 발생함을 알 수 있다.

경우 1, $u_1\ge 3$임: $x_1=0$으로 설정하면 $C(S_\alpha)\ge C(S_{\alpha'})+3$이 증명된다.

경우 2, $U_1=\{i,j\}$이고 연산자 $\circ_j$가 커널화 연산자(즉, AND나 BUTNOT, NOTBUT, OR)임: $x_1$을 $x_j$의 값을 강제하는 적절한 상수로 설정하면 $U_1\cup U_j$를 제거할 수 있다. 그런데 $i\notin U_j$가 하나의 최적 사슬임을 주목할 것. 따라서 $C(S_\alpha)\ge C(S_{\alpha'})+3$ 아니면 $C(S_\alpha)\ge C(S_{'\alpha})+3$이다.

경우 3, $U_1=\{i,j\}$이고 $\circ_i=\circ_j=\oplus$임. 이 경우 $x_i=x_1\oplus x_2$, $x_j=x_1\oplus x_k$라고 가정할 수 있다. 만일 $u_j=1$이고 $x_l=x_j\oplus x_p$이면, $x_j=x_k\oplus x_p$, $x_l=x_1\oplus x_j$로 두어서 사슬을 재조직화

할 수 있다. 따라서 $u_j \neq 1$ 아니면 어떤 커널화 연산자 $\circ$에 대해 $x_l = x_j \circ x_p$라고 가정할 수 있다. 만일 $U_2 = \{i, j'\}$이면 마찬가지로 $x_{j'} = x_2 \oplus x_{k'}$이라고, 그리고 $u_{j'} \neq 1$이거나 어떤 커널화 연산자 $\circ'$에 대해 $x_{l'} = x_{j'} \circ' x_{p'}$이라고 가정할 수 있다. 더 나아가서, 대칭성에 의해 $x_j$가 $x_{j'}$에 의존하지 않는다고 가정할 수 있다.

만일 $x_k$가 $x_i$에 의존하지 않는다면 $f(x_3, \ldots, x_n) = x_k$로 두고, 그렇지 않으면 $f(x_3, \ldots, x_n)$을 $x_i = 1$일 때의 $x_k$의 값으로 둔다. $x_1 = f(x_3, \ldots, x_n)$, $x_2 = \bar{f}(x_3, \ldots, x_n)$으로(또는 두 변수의 역할을 맞바꾸어) 설정하면 $x_i$와 $x_j$를 상수로 만들 수 있으며, 그러면 비상수 함수 $S'_{\alpha'}$에 대한 사슬을 얻게 된다. 실제로, $u_j = 1$인 경우 $x_l$이 상수임을 보장할 수 있다. 여기서 우리의 주장은 이 사슬에서 게이트를 적어도 다섯 개($x_i$와 $x_j$도 포함) 제거할 수 있다는 것이다. 그러면 $C(S_\alpha) \geq C(S'_{\alpha'}) + 5$이다. 이 주장은 $|U_i \cup U_j| \geq 3$이면 분명히 참이다.

$|U_i \cup U_j|$는 반드시 $> 1$이어야 한다. 그렇지 않다면 $p = i$일 것이며, $x_k$가 $x_i$에 의존하지 않으므로 $x_2$를 앞에서처럼 설정했을 때 $S_\alpha$는 $x_1$과 독립이 되기 때문이다. 따라서 $|U_i \cup U_j| = 2$이다.

경우 3a, $U_j = \{l\}$임: 그러면 $x_l$이 상수이므로 $x_i$, $x_j$, $U_i \cup U_j \cup U_l$을 제거할 수 있다. 만일 후자의 집합에 원소가 단 둘이라면 $x_q = x_i \circ x_l$ 역시 상수이므로 $U_q$를 제거할 수 있다. $S'_{\alpha'}$는 상수가 아니므로 출력 게이트를 제거할 수는 없다.

경우 3b, $U_i \subseteq U_j$, $|U_j| = 2$임: 그러면 $x_q = x_i \circ x_j$인 어떤 $q$가 존재한다. $x_i$, $x_j$, $U_j \cup U_q$를 제거할 수 있다. 이에 의해 주장이 증명된다.

(b) 귀납법에 의해, $0 < k < n$에 대해 $C(S_k) \geq 2n + \min(k, n-k) - 3 - [n = 2k]$이고 $1 < k < n$에 대해 $C(S_{\geq k}) \geq 2n + \min(k, n+1-k) - 4$이다. $C(S_0) = C(S_n) = C(S_{\geq 1}) = C(S_{\geq n}) = n - 1$인 경우와 $C(S_{\geq 0}) = 0$인 경우는 쉽다. (그림 9와 10에 따르면 이 하계들은 $n = 4$일 때 $S_1$, $S_3$, $S_{\geq 2}$를 제외하고 최적이고 $n = 5$일 때에는 $S_1$, $S_4$, $S_{\geq 2}$, $S_{\geq 4}$를 제외하고 최적이다. 알려진 모든 결과가 $k > n/2$에 대해 $C(S_k) = C(S_{\geq k})$라는 예측과 모순되지 않는다.)

참고 문헌: *Mathematical Systems Theory* **10** (1977), 323-336.

**81.** 어떤 변수가 두 번 이상 쓰인다면 그 변수에 상수를 설정함으로써 $n$을 1 줄이고 $c$를 2 이상 줄일 수 있다. 그런 변수가 없다면 첫 연산에는 반드시 $x_1$이 관여한다. 왜냐하면 계산이 필요하지 않은 유일한 출력이 $y_1 = x_1$이기 때문이다. $x_1$을 상수로 만들면 $n$이 1, $c$가 1 이상, $d$가 1 이상 줄어든다. [*J. Algorithms* **7** (1986), 185-201.]

**82.** (64)는 거짓이다.

(62)은 "모든 수 $m$에 대해 $m < n + 1$인 수 $n$이 존재한다"는 뜻이다. $m = n$으로 둘 수 있으므로 이는 참이다.

(65)는 $n = 0$이나 $n = 1$일 때 거짓이 된다. 이 공식들에서 수는 반드시 음이 아닌 정수이어야 하기 때문이다.

(68)는 만일 $b$가 $a$보다 2 이상 크다면 둘 사이에 수 $ab$가 존재한다는 뜻이다. 물론 이는 참이다. $ab = a + 1$로 둘 수 있기 때문이다.

(66)은 본문에서 설명했으며, 역시 참이다. 연산자 '$\wedge$'가 '$\vee$'보다 우선순위가 높고 '$\equiv$'가 '$\Leftrightarrow$' 보다 우선순위가 높음을 주목하기 바란다. 이는 식 (68)에서 '$+$'가 '$\geq$'보다 높고 '$<$'가 '$\wedge$'보다 높은 것과 마찬가지이다. 이러한 관계는 언어 $L$로 표현된 문장에서 괄호가 필요한 상황을 줄여 준다.

(60)은 만일 $A$에 적어도 하나의 원소 $n$이 들어 있다면 $A$에 최소 원소(집합의 모든 원소보다 작거나 같은 원소) $m$이 반드시 들어 있다는 뜻이다. 참이다.

(67)도 비슷하나, 이번에는 $m$이 최대 원소이다. 모든 집합이 유한집합이라고 가정하므로 역시 참이다.

(63)는 $[0 \in P] = [3 \notin P]$, $[1 \in P] = [4 \notin P]$, …, $[999 \in P] = [1002 \notin P]$, $[1000 \in P] \neq [1003 \notin P]$, $[1001 \in P] \neq [1004 \notin P]$ 등의 속성을 가진 집합 $P$를 요구한다. 이는 만일 $P = \{x \mid x \bmod 6 \in \{1, 2, 3\}$이고 $0 \leq x < 1000\}$이면(그리고 오직 그럴 때에만) 참이다.

마지막으로, (09)의 부분 공식 $\forall n\,(n \in C \Leftrightarrow n+1 \in C)$는 $C = \emptyset$을 다르게 표현한 것이다 ($C$가 유한집합이므로). 따라서 $\forall A \forall B$ 다음의 괄호로 감싼 공식은 $A = \emptyset$이고 $B \neq \emptyset$임을 교묘하게 표현한 것이라고 할 수 있다. (스탁마이어와 마이어는 긴 부분 공식들이 여러 번 나오는 $L$ 문장들을 축약하는 데 이 요령을 이용했다.) 식 (09)의 문장은 공집합이 비지 않은 집합과 같지 않으므로 참이다.

**83.** 이 사슬이 정규 사슬이라고 가정할 수 있다. 커널화 단계들이 $y_1$, …, $y_p$라고 하자. 그러면 $y_k = \alpha_k \circ \beta_k$이고 $f = \alpha_{p+1}$이다. 여기서 $\alpha_k$와 $\beta_k$는 $\{x_1, \ldots, x_n, y_1, \ldots, y_{k-1}\}$의 일부 부분집합들의 $\oplus$ 들이다. 이들을 공통의 항들을 먼저 결합해서 계산하는 데에는 $n+k-2$개의 $\oplus$가 필요하다. 따라서 $C(f) \leq p + \sum_{k=1}^{p+1}(n+k-2) = (p+1)(n+p/2) - 1$이다.

**84.** 이전 해답에서처럼 증명하되, $\oplus$ 대신 $\vee$나 $\wedge$를 사용한다. [N. Alon, R. B. Boppana, *Combinatorica* **7** (1987), 15–16.]

**85.** (a) 간단한 컴퓨터 프로그램을 돌려보면 적법한 것이 13744개, 그렇지 않은 것이 19024개임을 알 수 있다. (이런 종류의 적법하지 않은 모임은 그 구성원이 적어도 여덟 개이다. 그런 구성원 중 하나가 {00, 0f, 33, 55, ff, 15, 3f, 77}이다. 실제로, 만일 함수 $x_1 \vee x_2$(3f), $x_2 \vee x_3$(77)과 $(x_1 \vee x_2) \wedge x_3$(15)가 적법한 모임 $L$의 구성원이라면, $x_2 \sqcup$ 15 = 33 | 15 = 37 역시 반드시 $L$의 구성원이다.)

(b) 그러한 투영 함수들과 상수 함수들은 분명히 존재한다. $A^* = \bigcap\{B \mid B \supseteq A,\ B \in \mathcal{A}\}$라고 정의하되, 만일 그러한 집합 $B$가 존재하지 않으면 $A^* = \infty$라고 정의하자. 그러면 $\lceil A \rceil \sqcap \lceil B \rceil = \lceil A \cap B \rceil$이고 $\lceil A \rceil \sqcup \lceil B \rceil = \lceil (A \cup B)^* \rceil$이다.

(c) 공식들을 $\hat{x}_l \subseteq x_l \vee \bigvee_{i=n+1}^{l} \delta_i$, $x_l \subseteq \hat{x}_l \vee \bigvee_{i=n+1}^{l} \epsilon_i$로 축약하고, 귀납법으로 증명한다: 만일 단계 $l$이 AND 단계이면 $\hat{x}_l = \hat{x}_j \sqcap \hat{x}_k \subseteq \hat{x}_j \wedge \hat{x}_k \subseteq \bigl(x_j \vee \bigvee_{i=n+1}^{l} \delta_i\bigr) \wedge \bigl(x_k \vee \bigvee_{i=n+1}^{l} \delta_i\bigr) = x_l \vee \bigvee_{i=n+1}^{l} \delta_i$, $x_l = x_j \wedge x_k \subseteq \bigl(\hat{x}_j \vee \bigvee_{i=n+1}^{l-1} \epsilon_i\bigr) \wedge \bigl(\hat{x}_k \vee \bigvee_{i=n+1}^{l-1} \epsilon_i\bigr) =$

$(\hat{x}_j \wedge \hat{x}_k) \vee \bigvee_{i=n+1}^{l-1} \epsilon_i$, $\hat{x}_j \wedge \hat{x}_k = \hat{x}_l \vee \epsilon_l$이다. 단계 $l$이 OR 단계일 때에도 비슷한 논증이 적용된다.

**86.** (a) $S$가 $(r+1)$-모임 $S'$에 포함된 한 $r$-모임이라고 하면, $\Delta(S) \subseteq \Delta(S')$임이 분명하다.

(b) 비둘기집 원리에 의해, $S$가 $r$-모임이면 항상 $\Delta(S)$는 각 부분의 원소 $u$와 $v$를 포함한다. 그리고 만일 $\Delta(S) = \{u, v\}$이면 $u — v$임이 분명하다.

(c) $r = 1$일 때에는 그 결과가 자명하다. '강한' 닫힘이므로, 임의의 주어진 정점 $u$를 담은 간선은 많아야 $r-1$개이다. 그리고 만일 $u — v$이면 $\{u, v\}$와 서로 소인 간선들은 강한 $(r-1)$-닫힘이다. 따라서, 귀납법에 의해, 그러한 간선들은 많아야 $(r-2)^2$개이다. 그러므로 전체적으로 간선들은 많아야 $1 + 2(r-2) + (r-2)^2$개이다.

(d) 만일 $r > 1$이면, 연습문제 85(b)에 의해, 적법한 모임이다. 왜냐하면, 강한 $r$-닫힘 그래프는 교집합에 대해 닫혀 있기 때문이다. 간선이 $\leq 1$개인 모든 그래프는 $r > 1$일 때 강한 $r$-닫힘이다. 그러한 그래프에는 서로 다른 간선들을 담은 $r$-모임이 없기 때문이다.

(e) 삼각형 $x_{ij} \wedge x_{ik} \wedge x_{jk}$는 $\binom{n}{3}$개인데, 그들 중 $\hat{f}$의 임의의 항 $x_{uv}$를 담고 있는 것은 $n-2$개밖에 안 된다. 따라서 $\hat{f}$에는 많아야 $(r-1)^2(n-2)$개의 삼각형들에 대한 최소항들이 들어 있는 것이며, 그 외의 항들은 반드시 $p$개의 AND들에 대한 항 $\epsilon_i = \hat{x}_i \oplus (\hat{x}_{j(i)} \wedge \hat{x}_{k(i)})$들의 합집합에 들어 있다. 그러한 항은

$$T = (\lceil G \rceil \sqcap \lceil H \rceil) \oplus (\lceil G \rceil \wedge \lceil H \rceil) = (\lceil G \rceil \wedge \lceil H \rceil) \wedge \overline{\lceil G \cap H \rceil}$$

의 형태인데, 여기서 $G$와 $H$는 강한 $r$-닫힘 그래프들이다. $T$에 많아야 $2(r-1)^3$개의 삼각형이 들어 있음을 증명하고자 한다.

$T$ 안의 한 삼각형 $x_{ij} \wedge x_{ik} \wedge x_{jk}$는 반드시 $\lceil G \rceil$의 어떤 변수들($x_{ij}$라고 하자) 및 $\lceil H \rceil$의 어떤 변수들($x_{ik}$라고 하자)과 관여하나 $\lceil G \cap H \rceil$의 변수와는 관여하지 않는다. $ij$에 대한 선택은 많아야 $(r-1)^2$가지이다. 그리고 $k$에 대한 선택은 많아야 $2(r-1)$가지인데, 왜냐하면 $H$에서 $i$와 닿는 간선은 많아야 $r-1$개이고 $j$와 닿는 간선도 많아야 $r-1$개이기 때문이다.

(f) 정점 하나를 빨강, 나머지 정점들은 빨강이나 파랑으로 칠하고 오직 $u$와 $v$가 색이 다를 때에만 $u — v$로 두어서 얻는 완전 이분그래프는 $2^{n-1}$개이다. 연습문제 85(c)의 첫 공식에 의해, 그러한 모든 그래프에 대한 최소항 $B$들은 반드시 항 $T = \delta_i = \hat{x}_i \oplus (\hat{x}_{j(i)} \vee \hat{x}_{k(i)}) = \lceil (G \cup H)^* \rceil \wedge \overline{\lceil G \cup H \rceil}$들에 포함된다. (예를 들어 $n = 4$이고 정점 $(2, 3, 4)$의 색이 (빨강, 파랑, 파랑)이면 $B = \bar{x}_{12} \wedge x_{13} \wedge x_{14} \wedge x_{23} \wedge x_{24} \wedge \bar{x}_{34}$이다.) 하나의 최소항 $B$가 $T$에 포함될 필요충분조건은, $B$의 색칠하기에서 $(G \cup H)^*$에는 정점들의 색이 다른 간선이 존재하나 $G \cup H$의 모든 간선은 단색이라는 것이다. 각 항 $T$에 그러한 $B$들이 많아야 $2^{n-r}r^2$개 들어 있음을, 따라서 $2^{n-2-r}r^2 q \geq 2^{n-1}$임을 증명하고자 한다.

주어진 임의의 그래프 $G$로부터 $G^* = G_t$를 다음과 같은(비효율적인) 알고리즘으로 계산할 수 있다: $G_0 \leftarrow G$, $t \leftarrow 0$으로 설정한다. 만일 $G_t$에 $|\Delta(S)| < 2$인 $r$-모임 $S$가 있으면 $t \leftarrow t+1$,

$G_t \leftarrow \infty$로 설정하고 끝낸다. 그렇지 않으면, 만일 $\Delta(S) = \{u, v\}$이고 $u \not- v$이면 $t \leftarrow t+1$, $G_t \leftarrow (G_{t-1}$ 더하기 간선 $u — v)$로 설정하고 되풀이한다. 그렇지 않으면 끝낸다.

$|\Delta(S)| < 2$일 때 $1 \le j \le r$에 대해 단색 $\{u_j, v_j\}$를 가진 이분열 최소항 $B$들은 $2^{n-1-r}$개이다. 그리고 $\Delta(S) = \{u, v\}$일 때에는 단색 $\{u_j, v_j\}$와 2색 $\{u, v\}$가 있는 것들이 $2^{n-2-r}$개다. 따라서

$$T = \lceil G^* \rceil \setminus \lceil G \rceil = (\lceil G_t \rceil \setminus \lceil G_{t-1} \rceil) \vee \cdots \vee (\lceil G_1 \rceil \setminus \lceil G_0 \rceil)$$

에는 $2^{n-2-r}(t + [G^* = \infty])$개의 최소항 $B$들이 있다. 그리고 알고리즘이 끝났을 때 $t \le (r-1)^2$이다.

(g) 연습문제 84에 따르면 $q < \binom{p}{2} + (p+1)\binom{n}{2}$이다. 따라서 $2(r-1)^3 p \ge \binom{n}{3} - (r-1)^2(n-2)$ 아니면 $\binom{p}{2} + (p+1)\binom{n}{2} > 2^{r+1}/r^2$이다. $p$에 대한 두 하계 모두,

$$r = \left\lceil \lg\left(\frac{n^6}{746496(\lg n)^4}\right)\right\rceil \text{일 때} \qquad \ge \frac{1}{6}\left(\frac{n}{6\lg n}\right)^3\left(1 + O\left(\frac{\log\log n}{\log n}\right)\right)$$

다.

〔Noga Alon, Ravi B. Boppana, *Combinatorica* **7** (1987), 1-22는 이러한 방식으로 진행해서 여러 가지를 증명했는데, 특히 $G$가 고정 크기 $s \ge 3$의 한 파벌인지의 여부를 결정하는 임의의 단조 사슬에 있는 $\wedge$들의 개수의 하계가 $\Omega(n/\log n)^s$임을 증명했다.〕

**87.** $X^3$의 항목들은 $X$가 0-1 행렬일 때 많아야 $n^2$개이다. 게이트가 $O(n^{\lg 7}(\log n)^2)$개인 부울 사슬은 슈트라센Strassen의 행렬 곱셈 알고리즘 4.6.4-(26)을 $2^{\lfloor \lg n^2 \rfloor + 1}$을 법으로 하는 정수들에 대해 구현할 수 있다.

**88.** 그러한 함수는 총 1,422,564개이고, 변수들의 치환을 감안한 부류의 수는 716개이다. 알고리즘 L과 이번 절의 기타 방법들은 삼항 연산들로도 손쉽게 확장되며, 중앙값 단계들로만 이루어진 최적의 계산에 관해 다음과 같은 결과들을 얻을 수 있다.

| $C(f)$ | 부류 개수 | 함수 개수 | $C_m(f)$ | 부류 개수 | 함수 개수 | $L(f)$ | 부류 개수 | 함수 개수 | $D(f)$ | 부류 개수 | 함수 개수 |
|---|---|---|---|---|---|---|---|---|---|---|---|
| 0 | 1 | 7 | 0 | 1 | 7 | 0 | 1 | 7 | 0 | 1 | 7 |
| 1 | 1 | 35 | 1 | 1 | 35 | 1 | 1 | 35 | 1 | 1 | 35 |
| 2 | 2 | 350 | 2 | 2 | 350 | 2 | 2 | 350 | 2 | 13 | 5670 |
| 3 | 9 | 3885 | 3 | 9 | 3885 | 3 | 8 | 3745 | 3 | 700 | 1416822 |
| 4 | 48 | 42483 | 4 | 48 | 42483 | 4 | 38 | 35203 | 4 | 1 | 30 |
| 5 | 201 | 406945 | 5 | 188 | 391384 | 5 | 139 | 270830 | 5 | 0 | 0 |
| 6 | 353 | 798686 | 6 | 253 | 622909 | 6 | 313 | 699377 | 6 | 0 | 0 |
| 7 | 99 | 169891 | 7 | 69 | 134337 | 7 | 176 | 367542 | 7 | 0 | 0 |
| 8 | 2 | 282 | 8 | 2 | 2520 | 8 | 34 | 43135 | 8 | 0 | 0 |
| 9 | 0 | 0 | 9 | 0 | 0 | 9 | 3 | 2310 | 9 | 0 | 0 |
| 10 | 0 | 0 | 10 | 0 | 0 | 10 | 0 | 0 | 10 | 0 | 0 |
| 11 | 0 | 0 | ∞ | 143 | 224654 | 11 | 1 | 30 | 11 | 0 | 0 |

아마렐S. Amarel, 쿡G. E. Cooke, 와인더R. O. Winder[*IEEE Trans.* **EC-13** (1964), 4-13, Fig. 5b]는 9연산 공식

$$\langle x_1x_2x_3x_4x_5x_6x_7\rangle = \langle x_1\langle\langle x_2x_3x_5\rangle\langle x_2x_4x_6\rangle\langle x_3x_4x_7\rangle\rangle\langle\langle x_2x_5x_6\rangle\langle x_3x_5x_7\rangle\langle x_4x_6x_7\rangle\rangle\rangle$$

이 셋의 중앙값을 통해서 일곱의 중앙값을 계산하는 최선의 방법이라고 추측했다. 그러나 '마법의' 공식

$$\langle x_1\langle x_2\langle x_3x_4x_5\rangle\langle x_3x_6x_7\rangle\rangle\langle x_4\langle x_2x_6x_7\rangle\langle x_3x_5\langle x_5x_6x_7\rangle\rangle\rangle\rangle$$

에는 단 8개의 연산만 필요하다. 그리고 실제 최단 사슬에는 단 일곱 단계만 필요하다:

$$\langle x_1x_2x_3x_4x_5x_6x_7\rangle = \langle x_1\langle x_2\langle x_5x_6x_7\rangle\langle x_3\langle x_5x_6x_7\rangle x_4\rangle\rangle\langle x_5\langle x_2x_3x_4\rangle\langle x_6\langle x_2x_3x_4\rangle x_7\rangle\rangle\rangle .$$

가장 어려운 것은, 기약함의항들이 점이 일곱 개인 투영 평면에 대응되는 흥미로운 함수 $f(x_1, \ldots, x_7) = (x_1\wedge x_2\wedge x_4)\vee(x_2\wedge x_3\wedge x_5)\vee(x_3\wedge x_4\wedge x_6)\vee(x_4\wedge x_5\wedge x_7)\vee(x_5\wedge x_6\wedge x_1)\vee(x_6\wedge x_7\wedge x_2)\vee(x_7\wedge x_1\wedge x_3)$이다. 다음은 이 함수의 최소 길이 $L(f)=11$과 최소 깊이 $D(f)=4$를 달성하는 놀라운 공식이다.

$$\langle\langle x_1x_4\langle x_4x_5x_6\rangle\rangle\langle x_3x_6\langle x_1\langle x_2x_3x_7\rangle\langle x_2x_5x_6\rangle\rangle\rangle\langle x_2x_7\langle x_1\langle x_5x_2x_4\rangle\langle x_5x_3x_7\rangle\rangle\rangle\rangle.$$

그리고 다음은 그 함수를 최적으로 계산하는 더욱 놀라운 사슬이다.

$$x_8=\langle x_1x_2x_3\rangle,\quad x_9=\langle x_1x_4x_6\rangle,\quad x_{10}=\langle x_1x_5x_8\rangle,\quad x_{11}=\langle x_2x_7x_8\rangle,$$
$$x_{12}=\langle x_3x_9x_{10}\rangle,\quad x_{13}=\langle x_4x_5x_{12}\rangle,\quad x_{14}=\langle x_6x_{11}x_{12}\rangle,\quad x_{15}=\langle x_7x_{13}x_{14}\rangle.$$

## 7.1.3절

**1.** 이 연산들은 $x$와 $y$의 비트들 중 $m$의 해당 비트가 1인 비트들을 맞바꾼다. (특히, $m=-1$인 경우 $y\leftarrow y\oplus(x\,\&\,m)$ 단계는 그냥 $y\leftarrow y\oplus x$가 되며, 그 세 배정문은 보조 레지스터 없이 교환 $x\leftrightarrow y$를 수행하는 효과를 낸다. 워런H. S. Warren, Jr.이 이러한 요령을 1961년경의 IBM 프로그래밍 강의 노트들에서 찾아냈다.)

**2.** $x$와 $y$가 음이 아니면, 또는 $x$와 $y$를 $0<1<2<\cdots<-3<-2<-1$인 '부호 없는 2아딕 정수'들로 간주한다면 셋 다 성립한다. 그러나 음의 정수가 음이 아닌 정수보다 작은 수체계라면 (i)은 오직 $x<0$이고 $y<0$일 때에만 성립하지 않으며, (ii)와 (iii)은 오직 $x\oplus y<0$일 때만, 즉 오직 $x<0$이고 $y\geq 0$이거나 $x\geq 0$이고 $y<0$일 때에만 성립하지 않는다.

**3.** $x-y=(x\oplus y)-2(\bar{x}\,\&y)$임에 주목하자(연습문제 93 참고). $x$와 $y$의 왼쪽에서 공통인 비트들을 제거한다면 $x_{n-1}=1$이고 $y_{n-1}=0$이라고 가정할 수 있다. 그러면 $2(\bar{x}\,\&y)\leq 2((x\oplus y)-2^{n-1})=(x\oplus y)-(x\oplus y)^M-1$이다.

**4.** 식 (16)에 의해 $x^{CN}=x+1=x^S$이다. 따라서 $x^{NC}=x^{NCSP}=x^{NCCNP}=x^{NNP}=x^P$이다.

**5.** (a) 반증: $x = (\ldots x_2 x_1 x_0)_2$라고 하자. 그러면 $x \ll k$의 비트 $l$은 $x_{l-k}[l \geq k]$이다. 따라서 주어진 등식의 좌변의 비트 $l$은 $x_{l-k-j}[l \geq k][l-k \geq j]$인 반면 우변의 비트 $l$은 $x_{l-j-k}[l \geq j+k]$이다. 이 두 수식은 만일 $j \geq 0$이거나 $k \leq 0$이면 일치한다. 그러나 $j < 0 < k$이면, $l = \max(0, j+k)$이고 $x_{l-j-k} = 1$일 때에는 일치하지 않는다.

(그러나 $(x \ll j) \ll k \subseteq x \ll (j+k)$는 모든 경우에서 성립한다.)

(b) 증명: 세 공식 모두에서 비트 $l$은 $x_{l+j}[l \geq -j] \wedge y_{l-k}[l \geq k]$이다.

**6.** 오직 $x \geq 0$일 때에만 $x \ll y \geq 0$이므로, 오직 $y \geq 0$일 때에만 $x \geq 0$이어야 한다. $x = y$가 항상 하나의 해임은 자명하다. $x > y$인 해는: (a) $x = -1$과 $y = -2$, 또는 $2^y > x > y > 0$; (b) $x = 2$와 $y = 1$, 또는 $2^{-x} \geq -y > -x > 0$.

**7.** $x' \leftarrow (x + \bar{\mu}_0) \oplus \bar{\mu}_0$으로 설정한다. 여기서 $\mu_0$은 식 (50)의 상수이다. 그러면 $x' = (\ldots x_2' x_1' x_0')_2$이다. 왜냐하면 $(x' \oplus \bar{\mu}_0) - \bar{\mu}_0 = (\ldots \bar{x}_3' x_2' \bar{x}_1' x_0')_2 - (\ldots 1010)_2 = (\ldots 0 x_2' 0 x_0')_2 - (\ldots x_3' 0 x_1' 0)_2 = x$이기 때문이다.

〔이것은 HAKMEM의 Hack 128이다. 아래의 해답 20을 보라. 또 다른 공식 $x' \leftarrow (\mu_0 - x) \oplus \mu_0$이 D. P. Agrawal, *IEEE Trans.* **C-29** (1980), 1032–1035에서 제안된 바 있다. 이 결과들은 모든 $n$에 대해 $2^n$을 법으로 하여 정확하나, 위넘침 또는 아래넘침이 발생할 수 있다. 예를 들어 $n$비트 레지스터 안에 담긴 2의 보수 이진수의 범위는 $-2^{n-1}$에서 $2^{n-1}-1$까지(상·하계 포함)이나, 음이진수는 $n$이 짝수일 때 $-\frac{2}{3}(2^n-1)$에서 $\frac{1}{3}(2^n-1)$까지이다. 일반화하자면, $\mu = (\ldots m_2 m_1 m_0)_2$라 할 때 공식 $x' \leftarrow (x + \mu) \oplus \mu$는 이진 표기를 연습문제 4.1–30(c)에서 논의한 이진 기저 $\langle 2^n(-1)^{m_n} \rangle$을 가진 일반 수체계로 변환한다.〕

**8.** 첫째로, $x \oplus y \notin (S \oplus y) \cup (x \oplus T)$이다. 둘째로, $0 \leq k < x \oplus y$라고 가정하고, $\alpha$, $\alpha'$, $\alpha''$이 $|\alpha'| = |\alpha''|$을 만족하는 0들과 1들의 이진열이라 할 때 $x \oplus y = (\alpha 1 \alpha')_2$, $k = (\alpha 0 \alpha'')_2$라고 하자. 대칭성에 의해 $x = (\beta 1 \beta')_2$이고 $y = (\gamma 0 \gamma')_2$라고 가정한다. 여기서 $|\alpha'| = |\beta'| = |\gamma'|$이다. 그러면 $k \oplus y = (\beta 0 \gamma'')_2$는 $x$보다 작다. 따라서 $k \oplus y \in S$이고 $k = (k \oplus y) \oplus y \in S \oplus y$이다. 〔R. P. Sprague, *Tôhoku Math. J.* **41** (1936), 438–444; P. M. Grundy, *Eureka* **2** (1939), 6–8을 보라.〕

**9.** 이전 연습문제의 스프레이그–그런디 정리(Sprague–Grundy theorem)에 따르면, 이 게임에서 막대기가 $x$개인 더미와 $y$개인 더미는 막대기가 $x \oplus y$개인 하나의 더미와 동치이다. (음이 아닌 정수 $k < x \oplus y$는 오직 $i \oplus y < x \oplus y$를 만족하는 음이 아닌 $i < x$가 존재하거나 $x \oplus j < x \oplus y$를 만족하는 음이 아닌 $j < y$가 존재할 때에만 존재한다.) 따라서 $k$개의 더미들은 막대기가 $a_1 \oplus \cdots \oplus a_k$개인 하나의 더미와 동치이다. 〔C. L. Bouton, *Annals of Math.* (2) **3** (1901–1902), 35–39를 보라.〕

**10.** 부문제 (i)에서 (iv)의 해답에 한해서, 명확함과 간결함을 위해 $x \otimes y$를 $xy$로, $x \oplus y$를 $x + y$로 표기하겠다.

(i) $0y = 0$, $x + y = y + x$, $xy = yx$임은 명백하다. 또한, $y$에 대한 귀납법에 의해 $1y = y$이다.

(ii) 만일 $x \neq x'$이고 $y \neq y'$이면 $xy + xy' + x'y + x'y' \neq 0$이다. $xy$의 정의에 의해, $0 \leq x' < x$이고 $0 \leq y' < y$일 때 $xy' + x'y + x'y' \neq xy$이기 때문이다. 특히, 만일 $x \neq 0$이고 $y \neq 0$이면 $xy \neq 0$이다. 또 다른 결과는, 임의의 유한집합 $S$와 $T$에 대해 만일 $x = \mathrm{mex}(S)$이고 $y = \mathrm{mex}(T)$이면 $xy = \mathrm{mex}\{xj + iy + ij \mid i \in S, j \in T\}$이라는 것이다.

(iii) 따라서 $x$, $y$, $z$의 (통상적인)합에 대한 귀납법에 의해, $(x+y)z$는

$$\begin{aligned}\mathrm{mex}\{&(x+y)z' + (x'+y)z + (x'+y)z', (x+y)z' + (x+y')z + (x+y')z' \\ &\mid 0 \leq x' < x,\ 0 \leq y' < y,\ 0 \leq z' < z\}\end{aligned}$$

이다. 이는 $\mathrm{mex}\{xz' + x'z + x'z' + yz, xz + yz' + y'z + y'z'\} = xz + yz$이다. 특히, 다음과 같은 소거법칙이 성립한다: 만일 $xz = yz$이면 $(x+y)z = 0$이며, 따라서 $x = y$ 또는 $z = 0$이다.

(iv) 비슷한 귀납법에 의해

$$\begin{aligned}(xy)z &= \mathrm{mex}\{(xy)z' + (xy' + x'y + x'y')(z + z')\} = \mathrm{mex}\{(xy)z' + (xy')z + (xy')z' + \cdots\} \\ &= \mathrm{mex}\{x(yz') + x(y'z) + x(y'z') + \cdots\} = \mathrm{mex}\{(x + x')(yz' + y'z + y'z') + x'(yz)\} \\ &= x(yz)\end{aligned}$$

이다.

(v) 만일 $0 \leq x, y < 2^{2^n}$이면 $x \otimes y < 2^{2^n}$, $2^{2^n} \otimes y = 2^{2^n} y$, $2^{2^n} \otimes 2^{2^n} = \frac{3}{2} 2^{2^n}$을 증명해야 한다. 분배법칙 (iii)에 의해, $0 \leq a, b < 2^n$에 대해 $x = 2^a$이고 $y = 2^b$인 경우만 고려해도 충분하다. $0 \leq a' < 2^p$이고 $0 \leq b' < 2^q$이라고 할 때 $a = 2^p + a'$이고 $b = 2^q + b'$이라고 하자. 그러면, $n$에 대한 귀납법에 의해, $x = 2^{2^p} \otimes 2^{a'}$이고 $y = 2^{2^q} \otimes 2^{b'}$이다.

만일 $p < n-1$이고 $q < n-1$이면, $x \otimes y < 2^{2^{n-1}}$은 이미 증명된 것이다. 만일 $p < q = n-1$이면 $x \otimes 2^{b'} < 2^{2^q}$이며, 따라서 $x \otimes y < 2^{2^n}$이다. 그리고 만일 $p = q = n-1$이면 $x \otimes y = 2^{2^p} \otimes 2^{2^p} \otimes 2^{a'} \otimes 2^{b'} = (\frac{3}{2} 2^{2^p}) \otimes z$가 성립한다. 여기서 $z < 2^{2^p}$이다. 따라서 모든 경우에서 $x \otimes y < 2^{2^n}$이다.

소거법칙에 의해, $2^{2^n}$보다 작은 음이 아닌 정수들은 하나의 부분체를 형성한다. 따라서 공식

$$2^{2^n} \otimes y \;=\; \mathrm{mex}\{2^{2^n} y' \oplus x'(y \oplus y') \mid 0 \leq x' < 2^{2^n}, 0 \leq y' < y\}$$

에서, 각 $y'$에 대해 $2^{2^n} y'$과 $2^{2^n}(y'+1) - 1$ 사이의 모든 수가 배제되나 $2^{2^n} y$는 결코 배제되지 않는 $x'$을 선택할 수 있다.

마지막으로, $2^{2^n} \otimes 2^{2^n} = \mathrm{mex}\{2^{2^n}(x' \oplus y') \oplus (x' \otimes y') \mid 0 \leq x', y' < 2^{2^n}\}$에서 $x' = y'$으로 설정하면 $2^{2^n} - 1$까지의 모든 수($2^{2^n} - 1$도 포함)가 배제된다. $x \otimes x = y \otimes y$가 $(x \oplus y) \otimes (x \oplus y) = 0$을 함의하므로 $x = y$이기 때문이다. $x' = y' \oplus 1$로 설정하면 $2^{2^n}$에서 $\frac{3}{2} 2^{2^n} - 1$까지의 모든 수가 배제된다. $(x \otimes x) \oplus x = (y \otimes y) \oplus y$가 $x = y$ 또는 $x = y \oplus 1$을 함의하며, 또한 $x \otimes x$의 최대 유효 비트가 $x$의 최대 유효 비트와 같기 때문이다. 이와 같은 논증을 통해서 $\frac{3}{2} 2^{2^n}$이 배제되지 않음도 증명된다. QED.

예를 들어 부분체 $\{0, 1, \ldots, 15\}$를 생각해 보자. 분배법칙에 의해 $x \otimes y$를 $x \otimes 1$, $x \otimes 2$, $x \otimes 4$,

$x\otimes 8$의 적절한 합으로 줄일 수 있다. $2\otimes 2=3$, $2\otimes 4=8$, $4\otimes 4=6$이며, 8을 곱하는 연산은 우선 2를 곱한 후 4를(또는 4를 곱한 후 2를) 곱해서 수행할 수 있다($8=2\otimes 4$이므로). 따라서 $2\otimes 8=12$, $4\otimes 8=11$, $8\otimes 8=13$이다.

일반화하면, $n>0$에 대해 $n=2^m+r$이라고 하자. 여기서 $0\le r<2^m$이다. 그러면 $2^n$을 곱하는 연산이 $Q_n$을 2를 법으로 하여 $2^{m+1}$개의 비트들의 블록에 적용하는 것과 동치가 되는 $2^{m+1}\times 2^{m+1}$행렬 $Q_n$이 존재한다. 예를 들어 $Q_1=\binom{11}{10}$이고 $(\ldots x_4x_3x_2x_1x_0)_2\otimes 2^1=(\ldots y_4y_3y_2y_1y_0)_2$이다. 여기서 $y_0=x_1$, $y_1=x_1\oplus x_0$, $y_2=x_3$, $y_3=x_3\oplus x_2$, $y_4=x_5$, …이다. 이 행렬들은 다음 규칙에 의해 재귀적으로 만들어진다: $Q_0=R_0=(1)$이고

$$Q_{2^m+r}=\begin{pmatrix} I & R_m \\ I & 0\end{pmatrix}\begin{pmatrix} Q_r & & 0 \\ & \ddots & \\ 0 & & Q_r\end{pmatrix},\qquad R_{m+1}=\begin{pmatrix} R_m & R_m^2 \\ R_m & 0\end{pmatrix}=Q_{2^{m+1}-1}.$$

여기서 $Q_r$은 행들과 열들이 $2^{m+1}$개가 되도록 충분히 복제된 것이다. 예를 들어

$$Q_2=\begin{pmatrix}1&0&1&1\\0&1&1&0\\1&0&0&0\\0&1&0&0\end{pmatrix};\qquad Q_3=Q_2\begin{pmatrix}Q_1&0\\0&Q_1\end{pmatrix}=\begin{pmatrix}1&1&0&1\\1&0&1&1\\1&1&0&0\\1&0&0&0\end{pmatrix}=R_2$$

이다. 레지스터 x에 임의의 64비트 수가 담겨 있으며 $0\le j\le 7$라고 할 때, MMIX 명령 MXOR y, $\mathrm{q}_j$, x는 $\mathrm{y}=\mathrm{x}\otimes 2^j$을 계산한다. 단, 다음과 같은 16진 행렬 상수들이 주어져 있다는 가정 하에서이다.

$\mathrm{q}_0$ = 8040201008040201, $\mathrm{q}_3$ = d0b0c0800d0b0c08, $\mathrm{q}_6$ = b9678d4bb0608040,
$\mathrm{q}_1$ = c08030200c080302, $\mathrm{q}_4$ = 8d4b2c1880402010, $\mathrm{q}_7$ = deb9c68dd0b0c080.
$\mathrm{q}_2$ = b06080400b060804, $\mathrm{q}_5$ = c68d342cc0803020,

〔J. H. Conway, *On Numbers and Games* (1976), 제6장은 이러한 정의들로부터 서수(ordinal numbers)에 관해 대수적으로 닫힌 체가 실제로 만들어짐을 보여준다.〕

**11.** $a_s>\cdots>a_1\ge 0$에 대해 $m=2^{a_s}+\cdots+2^{a_1}$이고 $b_t>\cdots>b_1\ge 0$에 대해 $n=2^{b_t}+\cdots+2^{b_1}$이라고 하자. 그러면 오직 $(a_s|\cdots|a_1)\,\&\,(b_t|\cdots|b_1)=0$일 때에만 $m\otimes n=mn$이다.

**12.** $0\le a,b<2^{2^n}$이라고 할 때 만일 $x=2^{2^n}a+b$이면 $x'=x\otimes(x\oplus a)$라고 하자. 그러면

$$x'=((2^{2^n}\otimes a)\oplus b)\otimes((2^{2^n}\otimes a)\oplus a\oplus b)\;=\;(2^{2^n-1}\otimes a\otimes a)\oplus(b\otimes(a\oplus b))\;<\;2^{2^n}$$

이다. 따라서 $x$를 제수로 하는 님수 나눗셈은 $x'$을 제수로 한 님수 나누기 후 $x\oplus a$를 곱하는 것으로 수행할 수 있다. 〔이 알고리즘은 렌스트라H. W. Lenstra, Jr.에 기인한다. *Séminaire de Théorie des Nombres* (Université de Bordeaux, 1977-1978), exposé 11, exercise 5를 보라.〕

**13.** 만일 $a_2\oplus\cdots\oplus a_k=a_1\oplus a_3\oplus\cdots\oplus((k-2)\otimes a_k)=0$이면 모든 수는 그 조건을 위반한다. $x\oplus y=x'\oplus y'$이고 $a\ne b$일 때, $(x,y)=(x',y')$이 아닌 한 $(a\otimes x)\oplus(b\otimes y)=(a\otimes x')\oplus(b\otimes y')$일 수는 없다.

반대로, 만일 $a_2 \oplus \cdots \oplus a_k \neq 0$이면 $j \geq 2$인 어떤 $a_j$를 감소해서 이 합이 0이 되게 만들 수 있다. 그러면 $a_1$을 $a_3 \oplus \cdots \oplus ((k-2) \otimes a_k)$로 설정할 수 있다. 만일 $a_2 \oplus \cdots \oplus a_k = 0$이고 $a_1 \neq a_3 \oplus \cdots \oplus ((k-2) \otimes a_k)$이면, 그냥 $a_1$이 너무 큰 경우 적절히 줄이면 된다. 그렇지 않으면, 어떤 $2 \leq i < j$와 $0 \leq a_j' < a_j$에 대해 $(j-2) \otimes a_j$를 그보다 작은 적절한 값 $((j-2) \otimes a_j') \oplus ((i-2) \otimes (a_j \oplus a_j'))$로 대체했을 때 등호가 성립하는 어떤 $j \geq 3$가 존재한다(님 곱셈의 정의에 의해). 따라서 $a_j \leftarrow a_j'$, $a_i \leftarrow a_i \oplus a_j \oplus a_j'$로 설정하면 요구된 상등 관계들이 만족된다. 〔이 게임은 벌캠프Berlekamp, 콘웨이, 가이Guy가 *Winning Ways*의 제14장 끝에서 소개했다.〕

**14.** (a) 각 $y = (\ldots y_2 y_1 y_0)_2 = x^T$은 $x = (\ldots x_2 x_1 x_0)_2$를 고유하게 결정한다. $x_0 = y_0 \oplus t$이고 $\lfloor y/2 \rfloor = \lfloor x/2 \rfloor^{T_{x_0}}$이기 때문이다.

(b) $k > 0$일 때 그 사상은 이름표들이 $|\beta| = k-1$에 대해 $t_{\alpha a \beta} = a$이고 $|\alpha| < k$에 대해 $t_\alpha = 0$인 분기 함수이다. 그러나 $k \leq 0$일 때에는 그 사상은 치환이 아니다. 사실 그 사상은 $k < 0$일 때 $2^{-k}$개의 서로 다른 2아딕 정수들을 0에 대응시킨다.

〔$k = 1$인 경우가 특히나 흥미롭다. 그런 경우 $x^T$는 음이 아닌 정수들을 짝수 패리티의 음이 아닌 정수들로, 음의 정수들을 홀수 패리티의 음이 아닌 정수들로, 그리고 $-1/3 \mapsto -1$로 사상한다. 더 나아가서 $\lfloor x^T/2 \rfloor$는 식 7.2.1.1-(3)의 '그레이 이진 부호'이다.〕

(c) 만일 $\rho(x \oplus y) = k$이면 $T(x) \equiv T(y)$이고 $x \equiv y + 2^k$ (법 $2^{k+1}$)이다. 따라서 $\rho(x^T \oplus y^T) = \rho(x \oplus y \oplus T(x) \oplus T(y)) = k$이다. 반대로, 만일 $y = x + 2^k$이면 항상 $\rho(x^T \oplus y^T) = k$라면, $x = (\alpha^R)_2$라고 할 때 $t_\alpha = (x^T \gg |\alpha|) \bmod 2$로 두어서 적절한 비트 이름표들을 붙일 수 있다.

(d) 그 명제는 (a)와 (c)로부터 직접 도출된다: 만일 항상 $\rho(x \oplus y) = \rho(x^U \oplus y^U) = \rho(x^V \oplus y^V)$라면 $\rho(x \oplus y) = \rho(x^U \oplus y^U) = \rho(x^{UV} \oplus y^{UV})$이다. 그리고 만일 모든 $x$에 대해 $x^{TU} = x$이면, $\rho(x^U \oplus y^U) = \rho(x \oplus y)$는 $\rho(x \oplus y) = \rho(x^T \oplus y^T)$와 동치이다.

또한 이름표 붙이기를 명시적으로 구축하는 것도 가능하다: 만일 $W = UV$이면, $a, b, c \in \{0, 1\}$일 때 $W_a = U_a V_{a'}$, $W_{ab} = U_{ab} V_{a'b'}$, $W_{abc} = U_{abc} V_{a'b'c'}$이 성립함을 주목한다. 여기서 $a' = a \oplus u$, $b' = b \oplus u_a$, $c' = c \oplus u_{ab}$ 등이다. 따라서 $w = u \oplus v$, $w_a = u_a \oplus v_{a'}$, $w_{ab} = u_{ab} \oplus v_{a'b'}$ 등이다. $U$의 역(inverse)에 해당하는 이름표 붙이기 $T$는 이름표가 1인 모든 노드에서 왼쪽 부분 트리들과 오른쪽 부분 트리들을 맞바꾸어 얻는다. 즉, $t = u$, $t_{a'} = u_a$, $t_{a'b'} = u_{ab}$ 등이다.

(e) 부문제 (d)의 명시적 구축은 합성과 역에서도 균형 조건이 유지됨을 보여 준다. 이는 각 수준에서 $\{0', 1'\} = \{0, 1\}$이기 때문이다.

참고: 렌스트라Hendrik Lenstra는 분기 함수를 2아딕 정수들의 등거리 변환(isometry; 거리를 보존하는 치환)으로 간주하는 것이 유용할 수 있음을 지적했다. 이때 두 2아딕 정수 $x$와 $y$ 사이의 '거리'는 공식 $1/2^{\rho(x \oplus y)}$으로 정의한다. 더 나아가서, $2^d$을 법으로 한 분기 함수는 사실 $\{0, 1, \ldots, 2^d - 1\}$의 모든 치환들을 포함하는 군의 실로우Sylow 2-부분군, 즉 그러한 군의 모든 부분군 중 최대의 2제곱수 차수를 가진 고유한(동형사상까지) 부분군이다. 그런 분기 함수들은 또한 잎이 $2^d$개인 완전 이진 트리의 자기동형사상들과 동치이다.

**15.** 그와 동치는 $(x+2a)\oplus b=(x\oplus b)+2a$이다. 따라서 $(x\oplus b)+c=(x+c)\oplus b$를 만족하는 모든 $b$와 $c$를 구해도 답이 된다. $x=0$, $x=-c$로 두는 것은 $b+c=b\oplus c$, $b-c=b\oplus(-c)$와 동치이다. 따라서 식 (73)에 의해 $b\,\&\,c=b\,\&\,(-c)=0$이며, $b<2^{\rho c}$이 성립한다. 이 조건은 충분조건이기도 하다. 따라서 $0\le b<2^{\rho a+1}$는 원래의 문제에 대한 필요충분조건이다.

**16.** (a) 만일 $\rho(x\oplus y)=k$이면 $x\equiv y+2^k$ (법 $2^{k+1}$)이 성립한다. 따라서 $x+a\equiv y+a+2^k$이고 $\rho((x+a)\oplus(y+a))=k$이다. 그리고 $\rho((x\oplus b)\oplus(y\oplus b))$는 명백히 $k$이다.

(b) 힌트에서 언급한 이름표 붙이기를 $P(c)$라고 하자. 그러한 이름표 붙이기에서 $c$에 해당하는 경로에 1들이 배정되고 그 외의 노드들에는 0들이 배정된다. 따라서 그러한 이진 트리는 균형 이진 트리이다. 애니메이팅 함수들을 일반화해서 다음과 같이 표현할 수 있다.

$$x^{P(c_0)^{-a_1}P(c_1)^{-a_2}\ldots P(c_{m-1})^{-a_m}}\oplus c_m, \qquad \text{여기서 } c_j=b_1\oplus\cdots\oplus b_j.$$

따라서 애니메이팅 함수는 오직 $c_m=0$일 때에만 균형 애니메이팅 함수이다.

〔첨언하자면, 집합 $S=\{P(0)\}\cup\{P(k)\oplus P(k+2^e)\mid k\ge 0 \text{ 그리고 } 2^e>k\}$는 모든 가능한 균형 이름표 붙이기에 대한 흥미로운 기저基底(basis) 하나를 제공한다: 하나의 이름표 붙이기는 오직 어떤 $Q\subseteq S$에 대해 $\bigoplus\{q\mid q\in Q\}$일 때에만 균형 잡힌 이름표 붙이기이다.

(c) 부문제 (b)의 함수 $P(c)$가 그러한 형태이다. 왜냐하면 $x^{P(c)}=x\oplus\lfloor x\oplus c\rceil$이기 때문이다. 그 역인 $x^{S(c)}=((x\oplus c)+1)\oplus c$는 $x\oplus\lfloor x\oplus\bar{c}\rceil=x^{P(\bar{c})}$이다. 더 나아가서 $x^{P(c)P(d)}=x^{P(c)}\oplus\lfloor x^{P(c)}\oplus d\rceil=x\oplus\lfloor x\oplus c\rceil\oplus\lfloor x\oplus d^{S(c)}\rceil$이 성립하는데, 임의의 분기 함수 $x^T$에 대해 $\lfloor x\oplus y\rceil=\lfloor x^T\oplus y^T\rceil$이기 때문이다. 마찬가지로 $x^{P(c)P(d)P(e)}=x\oplus\lfloor x\oplus c\rceil\oplus\lfloor x\oplus d^{S(c)}\rceil\oplus\lfloor x\oplus e^{S(d)S(c)}\rceil$ 등등이다. 같은 항들을 소거하면 요구된 형태가 나온다. 그 결과로 나오는 수 $p_j$들은 고유하다. 그 수들은 함수의 부호가 바뀌는 지점에서의 $x$의 값들이기 때문이다.

(d) 이를테면 $a'=a$, $b'=b^{P(a')}$, $c'=c^{P(a')P(b')}$이라 할 때 $x\oplus\lfloor x\oplus a\rceil\oplus\lfloor x\oplus b\rceil\oplus\lfloor x\oplus c\rceil=x^{P(a')P(b')P(c')}$이다.

〔애니메이팅 함수의 이론은 콘웨이J. H. Conway가 그의 책 *On Numbers and Games* (1976)의 제13장에서 전개했다. 그가 영감을 받은 기존 연구는 웰터C. P. Welter의 *Indagationes Math.* **14** (1952), 304-314; 16 (1954), 194-200이다.〕

**17.** (슬라니나M. Slanina의 답.) 그러한 상등은 $x\,\&\,y$나 $\bar{x}$, $x\ll 1$, $x\gg 1$, $2^{\rho x}$, $2^{\lambda x}$ 같은 연산들을 허용해도 판정이 가능하며, 심지어 정수 변수에 관한 모든 부울 명제 조합 및 한정을 허용한다고 해도 가능하다. 주어진 표현식을, 하나의 후행자를 가진 이차 1아딕(monadic) 논리(S1S)의 공식들로 번역하면 된다. 각 2아딕 변수 $x=(\ldots x_2x_1x_0)_2$는 다음과 같이 하나의 S1S 집합 변수 $X$에 대응된다. 여기서 $j\in X$는 $x_j=1$을 의미한다.

$z=\bar{x}$는 $\forall t(t\in Z\Leftrightarrow t\notin X)$가 되고;
$z=x\,\&\,y$는 $\forall t(t\in Z\Leftrightarrow(t\in X\wedge t\in Y))$가 되고;

$z = 2^{\rho x}$은 $\forall t(t \in Z \Leftrightarrow (t \in X \wedge \forall s(s < t \Rightarrow s \notin X)))$가 되고;

$z = x + y$는 $\exists C \forall t(0 \notin C \wedge (t \in Z \Leftrightarrow (t \in X) \oplus (t \in Y) \oplus (t \in C))$
$\wedge\ (t+1 \in C \Leftrightarrow \langle (t \in X)(t \in Y)(t \in C) \rangle))$가 된다.

$x\,\&(-x) = 2^{\rho x}$ 같은 항등식은

$$\forall X \forall Y \forall Z((\text{integer}(X) \wedge 0 = x + y \wedge z = x\,\&y) \Rightarrow z = 2^{\rho x})$$

의 번역과 동치인데, 여기서 $\text{integer}(X)$는 $\exists t \forall s(s > t \Rightarrow (s \in X \Leftrightarrow t \in X))$를 뜻한다. 또한, 이를테면 정수들의 비율에 해당하는 2아딕 상수들을 포함시킬 수도 있다. 예를 들어 $z = \mu_0$은 공식 $0 \in Z \wedge \forall t(t \in Z \Leftrightarrow t + 1 \notin Z)$와 동치이다. 그러나 (계산 불가능한)아무 상수나 포함시킬 수는 물론 없다.

뷔히J. R. Büchi는 S1S의 모든 공식이 결정 가능함을 *Logic, Methodology, and Philosophy of Science: Proceedings* (Stanford, 1960), 1-11에서 증명했다. 등식들에만 한정한다면, 실제로 상등을 지수적 시간으로 충분히 결정할 수 있음을 증명할 수 있을 것이다.

한편 햄버그M. Hamburg는 만일 $\rho x$나 $\lambda x$, $1 \ll x$까지 허용한다면 문제를 풀 수 없으며, 그런 경우 곱셈을 부호화할 수 있음을 보였다.

첨언하자면, 연산 $x \oplus y$와 $x + 1$만 사용한다고 해도, 자명하지 않은 항등식들이 여럿 존재한다. 예를 들어 1952년에 웰터C. P. Welter는 다음을 지적했다.

$$((x \oplus (y+1)) + 1) \oplus (x+1) \;=\; ((((x+1) \oplus y) + 1) \oplus x) + 1.$$

**18.** $x$가 64의 배수이면 행 $x$가 완전히 비워짐(0)은 자명하다. 이 이미지의 세부사항들은 명백히 '혼란'스럽고 복잡하나, 그리 크지 않은 정수 $j, k \geq 1$에 대해 직선 $x = 64\sqrt{j}$ 들이 쌍곡선 $xy = 2^{11}k$ 들과 교차하는 부근의 점들에서 생기는 일은 비교적 쉽게 이해할 수 있다.

실제로, $x$와 $y$가 정수라 할 때 $x^2y \gg 11$의 값은 오직 $x^2y/2^{12} \bmod 1 \geq \frac{1}{2}$일 때에만 홀수이다. 따라서 만일 $x = 64\sqrt{j} + \delta$이고 $xy = 2^{11}(k + \epsilon)$이면

$$\frac{x^2y}{2^{12}} \bmod 1 = \left(\frac{128\sqrt{j}\,\delta + \delta^2}{4096}\right) y \bmod 1 = \left(\frac{2\delta x - \delta^2}{4096}\right) y \bmod 1 = \left((k+\epsilon)\delta - \frac{\delta^2 y}{4096}\right) \bmod 1$$

이다. 그리고 이를테면 $\delta$가 어떤 작은 정수와 가까울 때 이 수량이 $\frac{1}{2}$과 관계가 있음이 알려져 있다. [C. A. Pickover, A. Lakhtakia, *J. Recreational Math.* **21** (1989), 166-169을 보라.]

**19.** (a) $n = 1$일 때 $f(A, B, C)$는 $a_0 \neq a_1$, $b_0 \neq b_1$, $c_0 \neq c_1$을 제외한 모든 배열들에서 같은 값을 가지며, 그 값은 1을 넘지 못한다. $n$이 그보다 클 때에는 귀납법으로 증명할 수 있는데, 장황한 표기를 피하기 위해 $n = 3$이라고 가정하겠다. $A_0 = (a_0, a_1, a_2, a_3)$, $A_1 = (a_4, a_5, a_6, a_7)$, $\ldots$, $C_1 = (c_4, c_5, c_6, c_7)$이라고 하자. 그러면 귀납법에 의해 $f(A, B, C) = \sum_{j \oplus k \oplus l = 0} f(A_j, B_k, C_l) \leq \sum_{j \oplus k \oplus l = 0} f(A_j^*, B_k^*, C_l^*)$이다. 따라서 $a_0 \geq a_1 \geq a_2 \geq a_3$, $a_4 \geq a_5 \geq a_6 \geq a_7$, $\ldots$, $c_4 \geq c_5 \geq c_6 \geq c_7$이라고 가정할 수 있다. 또한 부분벡터 $A_0' = (a_0, a_1, a_4, a_5)$, $A_1' = (a_2, a_3, a_6, a_7)$,

..., $C_1'=(c_2,c_3,c_6,c_7)$도 비슷한 방식으로 정렬할 수 있다. 마지막으로, $A_0''=(a_0,a_1,a_6,a_7)$, $A_1''=(a_2,a_3,a_4,a_5)$, ..., $C_1''=(c_2,c_3,c_4,c_5)$도 정렬이 가능한데, 왜냐하면 각 항 $a_jb_kc_l$에서 선행 비트가 01, 10, 11인 아래첨자 $\{j,k,l\}$들의 개수는 반드시 $s_{01}\equiv s_{10}\equiv s_{11}$ (법 2)을 만족해야 하기 때문이다. 그리고 이 세 정렬 연산을 거치면 $A$, $B$, $C$가 완전히 정렬된다(근거는 연습문제 5.3.4-48). (모든 $n\geq 2$에 대해, 길이가 $2^{n-1}$인 부분벡터들에 정확히 세 번의 정렬이 필요하다.)

(b) $A=A^*$, $B=B^*$, $C=C^*$라고 하자. 그러면, $\alpha_j=a_j-a_{j+1}\geq 0$이고 $a_{2^n}=0$으로 두었을 때 $a_j=\sum_{t=0}^{2^n-1}\alpha_t[j\leq t]$이다. $b_k$와 $c_l$에 대해서도 비슷한 공식들이 성립한다. $p$가 $\{0,1,...,2^n-1\}$의 한 치환이라 할 때, $(a_{p(0)},\ldots,a_{p(2^n-1)})$을 $A_{(p)}$로 표기하자. 그러면 부문제 (a)에 의해

$$f((p),B_{(q)},C_{(r)})=\sum_{j\oplus k\oplus l=0}\sum_{t,u,v}\alpha_t\beta_u\gamma_v[p(j)\leq t][q(k)\leq u][r(l)\leq v]$$
$$\leq\sum_{j\oplus k\oplus l=0}\sum_{t,u,v}\alpha_t\beta_u\gamma_v[j\leq t][k\leq u][l\leq v]=f(A,B,C)$$

이다. [이 증명은 Hardy, Littlewood, Pólya, *Inequalities* (1934), §10.3에 기인한다.]

(c) 같은 증명 기법을 임의의 개수의 벡터들에 확장할 수 있다. [R. E. A. C. Paley, *Proc. London Math. Soc.* (2) **34** (1932), 265-279, Theorem 15.]

**20.** 주어진 단계들은 $\nu y=\nu x$를 만족하는, $x$보다 큰 최소의 정수 $y$를 계산한다. 이는 $n$개의 객체들 중 $m$을 선택해서 만든 모든 조합(즉, 원소들을 1인 비트들로 표현한 $n$원소 집합의 모든 $m$원소 부분집합)을 생성할 때 유용하다.

[이 작은 기법은 HAKMEM, Massachusetts Institute of Technology Artificial Intelligence Laboratory Memo No. 239 (1972년 2월 29일)의 Hack 175이다.]

**21.** $t\leftarrow y+1$, $u\leftarrow t\oplus y$, $v\leftarrow t\&y$, $x\leftarrow v-(v\&-v)/(u+1)$로 설정한다. 만일 $y=2^m-1$이 첫째 $m$조합이면 이 여덟 연산들은 $x$를 0으로 설정한다. ($x=\overline{f(\overline{y})}$라는 사실을 이용해도 더 짧은 방안을 얻지는 못하는 것으로 보인다.)

**22.** 옆쪽 덧셈을 이용하면 나누기를 피할 수 있다: `SUBU t,x,1; ANDN u,x,t; SADD k,t,x; ADDU v,x,u; XOR t,v,x; ADDU k,k,2; SRU t,t,k; ADDU y,v,t`. 그러나 실제로는 상수 mone $=-1$을 적절히 활용해서 단계 하나를 줄이는 것이 가능하다: `SUBU t,x,1; XOR u,t,x; ADDU y,x,u; SADD k,t,y; ANDN y,y,u; SLU t,mone,k; ORN y,y,t`.

**23.** (a) $(0...01...1)_2=2^m-1$과 $(0101...01)_2=(2^{2m}-1)/3$.

(b) 이 해답은 2아딕 상수 $\mu_0=(...010101)_2=-1/3$을 사용한다:

$$t\leftarrow x\oplus\mu_0,\quad u\leftarrow(t-1)\oplus t,\quad v\leftarrow x\mid u,\quad w\leftarrow v+1,\quad y\leftarrow w+\left\lfloor\frac{v\&\bar{w}}{\sqrt{u+1}}\right\rfloor.$$

만일 $x=(2^{2m}-1)/3$이면 이 연산들은 이상한 결과를 낸다. 이는 $u=2^{2m+1}-1$이기 때문이다.

(c) `XOR t,x,m0; SUBU u,t,1; XOR u,t,u; OR v,x,u; SADD y,u,m0; ADDU w,v,1; ANDN t,v,w; SRU y,t,y; ADDU y,w,y`. [이 연습문제는 Jörg Arndt에게서 영감을 얻었다.]

**24.** 시간을 줄이기 위해, 먼저 배열(결과를 담을)을 3, 5, 7, 11의 모든 배수가 걸러진 후의 상태로 초기화하기로 하자. 와다E. Wada의 제안대로 3과 11을, 그리고 5와 7을 결합할 수 있다.

```
      LOC DataSegment
qbase GREG @ ;N IS 3584 ;n GREG N ;one GREG 1
Q     OCTA #816d129a64b4cb6e                    Q0(리틀엔디안)
      LOC Q+N/16
qtop  GREG @                                    표 Q의 끝
Init  OCTA #9249249249249249|#4008010020040080  [129..255] 구간의 3 또는 11의 배수들.
      OCTA #8421084210842108|#0408102040810204  5 또는 7의 배수들.
t IS  $255 ;x33 IS $0 ;x35 IS $1 ;j IS $4
      LOC #100
Main  LDOU x33,Init; LDOU x35,Init+8
      LDA j,qbase,8; SUB j,j,qtop               Q1의 설정을 준비한다.
1H    NOR t,x33,x33; ANDN t,t,x35; STOU t,qtop,j 64개의 체(sieve) 비트들을 초기화한다.
      SLU t,x33,2; SRU x33,x33,31; OR x33,x33,t 다음 64개의 값들을 준비한다.
      SLU t,x35,6; SRU x35,x35,29; OR x35,x35,t
      ADD j,j,8; PBN j,1B                       qtop에 도달할 때까지 반복한다. ▮
```

이제 $p = 13, 17, \ldots, p^2 > N$까지의 비소수 $p^2$, $p^2 + 2p$, …을 걸러낸다.

```
p IS $0 ;pp IS $1 ;m IS $2 ;mm IS $3 ;q IS $4 ;s IS $5
      LDOU q,qbase,0; LDA pp,qbase,8
      SET p,13; NEG m,13*13,n; SRU q,q,6       p=13으로 시작한다.
1H    SR m,m,1                                  m ← ⌊(p^2 − N)/2⌋.
2H    SR mm,m,3; LDOU s,qtop,mm; AND t,m,#3f;
      SLU t,one,t; ANDN s,s,t; STOU s,qtop,mm  비트 하나를 0으로 설정한다.
      ADD m,m,p; PBN m,2B                       p비트만큼 전진한다.
      SRU q,q,1; PBNZ q,3F                      다음번 소수 후보로 이동한다.
2H    LDOU q,pp,0; INCL pp,8                    다른 소수 후보 모음을
      OR p,p,#7f; PBNZ q,3F                     읽어 들인다.
      ADD p,p,2; JMP 2B                         나머지 12개의 비소수들을 건너뛴다.
2H    SRU q,q,1
3H    ADD p,p,2; PBEV q,2B                      p가 소수가 될 때까지 p ← p+2로 설정한다.
      MUL m,p,p; SUB m,m,n; PBN m,1B            p^2 > N이 될 때까지 반복한다. ▮
```

물론 실행 시간 $1172\mu + 5166\upsilon$은 프로그램 1.3.2′P의 단계 P1~P8에 필요한 시간, 즉 $10037\mu + 641543\upsilon$(연습문제 1.3.2′-14에서는 $10096\mu + 215351\upsilon$으로 개선됨)보다 훨씬 작다. [여러 가지 교육적인 변형들이 P. Pritchard, *Science of Computer Programming* **9** (1987), 17-35

에 나온다. 실제 응용에서 이런 프로그램은 체가 컴퓨터의 캐시에 비해 너무 크면 극적으로 느려지는 경향이 있다. L. J. Lander, T. R. Parkin, *Math. Comp.* **21** (1967), 483-488과 C. Bays, R. H. Hudson, *BIT* **17** (1977), 121-127의 제안처럼 $N_0+k\delta$에서 $N_0+(k+1)\delta$까지의 수들에 대한 비트들을 담는 구획별 체(segmented sieve)를 사용하면 더 나은 결과가 나온다. 여기서 $N_0$은 상당히 클 수 있으나, $\delta$는 캐시 크기를 넘지 말아야 한다. 계산들은 $k=0,\ 1,\ \ldots$에 대해 개별적으로 수행된다. 구획별 체는 고도로 발전되었다. 이를테면 T. R. Nicely, *Math. Comp.* **68** (1999), 1311-1315와 거기에 인용된 문헌들을 보라. 본 저자는 2006년에 그런 프로그램을 이용해서 418032645936712127과 그다음으로 큰 소수 사이의, 길이가 1370인 비정상적으로 큰 간격을 발견했다.]

**25.** $(1+1+25+1+1+25+1+1=56)$mm; 책벌레는 제1권의 2~500쪽과 제4권의 1~499쪽을 결코 만나지 못한다. (물론 이는 책들이 빅엔디안 방식으로 꽂혀 있다고 할 때이다. 리틀엔디안 방식으로 꽂혀 있다면 답은 106mm이다.) 로이드Sam Loyd의 *Cyclopedia* (New York: 1914) 327쪽과 383쪽에 이 고전적인 퍼즐이 나온다.

**26.** 12로 나누는 대신 #aa..ab를 곱할 수도 있다(연습문제 1.3.1′-17 참고). 그러나 곱셈 역시 느리다. 아니면 워드들 사이의 경계를 무시하고, $12000000\times 5$개의 비트들을 '평평하게' 연속해서 저장할 수도 있다(그러면 7.5메가바이트이다). 또 다른 방법은 빅엔디안도, 리틀엔디안도 아닌 전치된(transposed) 방식을 사용하는 것이다. 구체적으로 말하면, 항목 $k$를 옥타바이트 $8(k \bmod 2^{20})$에 넣되 $5\lfloor k/2^{20}\rfloor$만큼 왼쪽으로 자리이동시키는 것이다. $k<12000000$이므로 자리이동 비트수는 항상 60보다 작다. 항목 $k$를 레지스터 $1에 넣는 MMIX 코드는 `AND $0,k,[#fffff]; SLU $0,$0,3; LDOU $1,base,$0; SRU $0,k,20; 4ADDU $0,$0,$0; SRU $1,$1,$0; AND $1,$1,#1f`이다.

[이 해법은 커다란 메가바이트($2^{23}$바이트) 여덟 개를 사용한다. 항목 번호를 옥타바이트 주소와 자리 이동 비트수로 변환하는 데에는 그 어떤 것이든 편한 방안을 사용하면 된다(같은 방법을 일관되게 사용하는 한). 물론 그냥 `LDBU $1,base,k`가 더 빠를 것이다.]

**27.** (a) $((x-1)\oplus x)+x$. [이 연습문제는 $((x-1)\mid x)+1=(x\mathbin{\&}-x)+x$임을 알아낸 우드럼Luther Woodrum의 착안에 기초한 것이다.]

(b) $(y+x)\mid y$, 여기서 $y=(x-1)\oplus x$.

(c, d, e) $((z\oplus x)+x)\mathbin{\&}z$, $((z\oplus x)+x)\oplus z$, $\overline{((z\oplus x)+x)}\mathbin{\&}z$, 여기서 $z=x-1$.

(f) $x\oplus$(a); 또는 $t=x\mid(x-1)$이라 할 때 $t\oplus(t+1)$. [수 $(0^\infty 01^a11^b)_2$가 더 간단해 보이겠지만, 이를 위해서는 명백히 다섯 개의 연산이 필요하다: $((t+1)\mathbin{\&}\bar{t})-1$.]

$x=-2^b$인 극단적인 경우를 제외할 때, 이러한 구성들은 모두 합당한 결과를 낸다.

**28.** $x$의 가장 오른쪽 0비트에 해당하는 비트가 1인 수(이를테면 $(101011)_2\mapsto(000100)_2$; $-1\mapsto 0$).

**29.** $\mu_k=\mu_{k+1}\oplus(\mu_{k+1}\ll 2^k)$ [*STOC* **6** (1974), 125를 보라]. 이 관계는 $0\le k<d$일 때, 그리

고 $\mu_{d,d} = 2^{2^d} - 1$로 시작한다면, 식 (57)의 상수 $\mu_{d,k}$들에도 성립한다. (그러나 식 (oo)의 '지퍼 채우기' 연산을 사용하지 않는 한, $\mu_k$에서 $\mu_{k+1}$로 가는 쉬운 방법은 없다.)

**30.** 식 (89)에 'CSZ rho,x,64'를 추가한다. 그러면 실행 시간에 $1v$이 추가된다. 아니면 마지막 두 행을 SRU t,y,rho; SLU t,t,2; SRU t,[#300020104],t; AND t,t,#f; ADD rho,rho,t로 바꾼다. 그러면 실행 시간이 $1v$ 줄어든다. 식 (81)의 경우에는 $rhotab[0] = 8$로만 두면 된다.

**31.** 무엇보다도, 그 루프는 $x = 0$일 때 무한히 반복된다. 그러나 그 버그를 고친다고 해도, $x$가 무작위 정수라는 가정은 의문의 여지가 크다. 0이 아닌 64비트 수 $x$에 대해 $\rho x$를 계산해야 하는 수많은 응용에서 좀 더 합당한 가정은 결과 $\{0, 1, \ldots, 63\}$ 들 각각이 동일한 확률로 발생한다는 것이다. 그러면 평균과 표준편차는 31.5와 $\approx 18.5$가 된다.

**32.** 'NEGU y,x; AND y,x,y; MULU y,debruijn,y; SRU y,y,58; LDB rho,decode,y'의 추정 비용은 $\mu + 14v$이다. 2의 거듭제곱을 곱하는 연산이 보통의 연산보다 빠르긴 하겠지만 말이다. 연습문제 30의 수정을 가한다면 $1v$이 추가된다.

**33.** 모든 경우를 계산해 보면, 이 문제에서 '완벽 해시 함수'를 산출하는 적절한 상수 $a$가 정확히 94727개임을 알 수 있다. 그중 90970개는 $y = 2^j$인 2의 제곱수 경우들도 식별한다. 그중 90918개는 또한 $y = 0$인 경우도 식별한다. $y$가 유효한 입력임이 알려졌을 때 $decode[32400]$ 위쪽의 표 항목들은 참조할 필요가 없다는 점에서, 가장 바람직한 곱수는 #208b2430c8c82129이다.

**34.** 항등식 (a)는 $x = 5$, $y = 6$일 때 실패한다. 그러나 (b)는 참이며, 또한 $xy = 0$일 때에도 참이다. (c)의 증명: 만일 $x \neq y$이고 $\rho x = \rho y = k$이면, $x = \alpha 10^k$이고 $y = \beta 10^k$이다. 따라서 $x \oplus y = (\alpha \oplus \beta) 00^k = (x-1) \oplus (y-1)$이다. 만일 $\rho x > \rho y = k$이면 $(x \oplus y) \bmod 2^{k+2} \neq ((x-1) \oplus (y-1)) \bmod 2^{k+2}$이다.

**35.** $f(x) = x \oplus 3x$라고 하자. $f(2x) = 2f(x)$이고 $f(4x+1) = 4f(x) + 2$임은 명백하다. 또한 연습문제 34(c)에 의해 $f(4x-1) = 4f(x) + 2$도 성립한다. 이로부터 힌트의 항등식이 증명된다.

$n$이 주어졌을 때, $u \leftarrow n \gg 1$, $v \leftarrow u + n$, $t \leftarrow u \oplus v$, $n^+ \leftarrow v \,\&\, t$, $n^- \leftarrow u \,\&\, t$로 설정한다. $u = \lfloor n/2 \rfloor$이고 $v = \lfloor 3n/2 \rfloor$임은 분명하므로 $n^+ - n^- = v - u = n$이다. 그리고 $n^+ \mid n^-$에 연속인 1들이 없으므로, 이것은 라이트위스너의 정리에서 말하는 고유한 표현이다. [H. Prodinger, *Integers* **0** (2000), A08:1-A08:14. 첨언하자면, $f(-x) = f(x)$이기도 하다.]

**36.** (i) 명령열 $x \leftarrow x \oplus (x \ll 1)$, $x \leftarrow x \oplus (x \ll 2)$, $x \leftarrow x \oplus (x \ll 4)$, $x \leftarrow x \oplus (x \ll 8)$, $x \leftarrow x \oplus (x \ll 16)$, $x \leftarrow x \oplus (x \ll 32)$는 $x$를 $x^{\oplus}$로 바꾼다. (ii) $x^{\&} = x \,\&\, \sim(x+1)$.

($x^{\oplus}$의 응용에 대해서는 연습문제 66과 70을 보라. 또한 연습문제 128과 209도 보라.)

**37.** (88)의 FLOTU 뒤에 'CSZ, y,x,half'를 삽입한다. 여기서 half = #3fe0000000000000이다. 식 (88)는 'SR'을 사용함을 주목할 것('SRU'가 아니다). 식 (86)은 $lamtab[0] = -1$로 둔다면 변경할 필요가 없다.

**38.** 'SRU t,x,1; OR y,x,t; SRU t,y,2; OR y,y,t; SRU t,y,4; OR y,y,t; ...; SRU t,y,32; OR y,y,t; SRU t,y,1; SUBU y,y,t'에 걸리는 시간은 $14v$이다.

**39.** (워런H. S. Warren, Jr.의 해답) 식 (80)의 첫 행에서처럼 $x$를 오른쪽으로 번지게 한 결과를 $\sigma(x)$로 표기할 때, $x\,\&\,\sigma((x \gg 1)\,\&\,\bar{x})$를 계산하면 된다.

**40.** $\lambda x = \lambda y = k$라고 가정하자. 만일 $x = y = 0$이면 $\lambda 0$을 어떻게 정의하든 식 (87)은 분명히 성립한다. $x = y = 0$이 아니라면, $|\alpha| = |\beta| = k$인 어떤 이진열 $\alpha$와 $\beta$에 대해 $x = (1\alpha)_2$이고 $y = (1\beta)_2$이다. 그리고 $x \oplus y < 2^k \le x\,\&\,y$이다. 한편 만일 $\lambda x < \lambda y = k$이면 $x \oplus y \ge 2^k > x\,\&\,y$가 성립한다. 그리고 워런H. S. Warren, Jr.이 지적했듯이, 오직 $x < y\,\&\,\bar{x}$일 때에만 $\lambda x < \lambda y$이다.

**41.** (a) $\sum_{n=1}^{\infty}(\rho n)z^n = \sum_{k=1}^{\infty} z^{2^k}/(1-z^{2^k}) = \sum_{k=1}^{\infty} k z^{2^k}/(1-z^{2^{k+1}}) =$

$$z/(1-z) - \sum_{k=0}^{\infty} z^{2^k}/(1+z^{2^k}).$$

디리클레Dirichlet 생성 함수는 더 간단하다: $\sum_{n=1}^{\infty}(\rho n)/n^z = \zeta(z)/(2^z-1)$.

(b) $\sum_{n=1}^{\infty}(\lambda n)z^n = \sum_{k=1}^{\infty} z^{2^k}/(1-z)$.

(c) $\sum_{n=1}^{\infty}(\nu n)z^n = \sum_{k=0}^{\infty} z^{2^k}/((1-z)(1+z^{2^k})) = \sum_{k=0}^{\infty} z^{2^k}\mu_k(z)$, 여기서 $\mu_k(z) = (1 + z + \cdots + z^{2^k-1})/(1-z^{2^{k+1}})$. (식 (50)의 '마법의 마스크'는 $\mu_k(2)$에 해당한다.)

[함수 $\rho$와 $\nu$에 대한 추가 정보는 알루셰J.-P. Allouche와 샐릿J. Shallit의 *Automatic Sequences* (2003), 제3장을 보기 바란다. 거기에는 두 함수가 $\nu_2$와 $s_2$로 표기되어 있다.]

**42.** $r$에 대한 귀납법에 의해 $e_1 2^{e_1-1} + (e_2+2)2^{e_2-1} + \cdots + (e_r+2r-2)2^{e_r-1}$이다. [D. E. Knuth, *Proc. IFIP Congress* (1971), 1, 19-27. 이 합의 프랙탈적인 측면들이 알루셰와 샐릿의 책의 그림 3.1과 3.2에 나와 있다. 또한

$$S_n(z) = \sum_{k=0}^{n-1} z^{\nu k} = (1+z)^{e_1} + z(1+z)^{e_2} + \cdots + z^{r-1}(1+z)^{e_r}$$

이라 할 때 $S_n'(1)$도 고려할 것.

**43.** 식 (62)의 직접적인 구현인 'SET nu,0; SET y,x; BZ y,Done; 1H ADD nu,nu,1; SUBU t,y,1; AND y,y,t; PBNZ y,1B'의 비용은 $(5+4\nu x)v$이다. 이는 $\nu x < 4$일 때는 식 (64)의 구현보다 낫고 $\nu x = 4$일 때에는 동등하며 $\nu x > 4$일 때에는 더 못하다.

그러나 식 (64)의 마지막의 곱셈 및 자리이동을 '$y \leftarrow y + (y \gg 8)$, $y \leftarrow y + (y \gg 16)$, $y \leftarrow y + (y \gg 32)$, $\nu \leftarrow y\,\&\,$#ff'로 대체한다면 구현에서 $4v$을 절약할 수 있다. [물론 MMIX의 단일 명령 SADD nu,x,0이 훨씬 더 낫다.]

**44.** 이 합을 $\nu^{(2)}x$로 표기하자. 만일 $2^d$비트 수들에 대해 이 문제를 풀 수 있다면 $2^{d+1}$비트 수들에 대해서도 풀 수 있다. $\nu^{(2)}(2^{2^d}x + x') = \nu^{(2)}x + \nu^{(2)}x' + 2^d \nu x$이기 때문이다. 따라서, 64비트 컴퓨터에서 식 (64)의 것과 비슷한 해법을 떠올릴 수 있다:

$z \leftarrow (x \gg 1)\,\&\,\mu_0$, $y \leftarrow x - z$로 설정한다.

$z \leftarrow ((z + (z \gg 2))\,\&\,\mu_1) + ((y\,\&\,\bar{\mu}_1) \gg 1)$, $y \leftarrow (y\,\&\,\mu_1) + ((y \gg 2)\,\&\,\mu_1)$로 설정한다.

$z \leftarrow ((z+(z \gg 4))\,\&\,\mu_2)+((\bar{y}\,\&\,\mu_2) \gg 2)$, $y \leftarrow (y+(y \gg 4))\,\&\,\mu_2$로 설정한다. 마지막으로 $\nu^{(2)} \leftarrow (((Az) \bmod 2^{64}) \gg 56)+((((By) \bmod 2^{64}) \gg 56) \ll 3)$로 설정한다. 여기서 $A=(11111111)_{256}$이고 $B=(01234567)_{256}$이다.

그러나 옆쪽 덧셈 명령을 갖춘 MMIX에서는 덜로시J. Dallos가 제시한 더 나은 해법이 존재한다:

```
SADD nu2,x,m5      SADD t,x,m3        2ADDU nu2,nu2,t    SADD t,x,m0
SADD t,x,m4        2ADDU nu2,nu2,t    SADD t,x,m1        2ADDU nu2,nu2,t  ▌
2ADDU nu2,nu2,t    SADD t,x,m2        2ADDU nu2,nu2,t
```

〔일반적으로 $\nu^{(2)}x=\sum_k 2^k\nu(x\,\&\,\bar{\mu}_k)$이다. *Dr. Dobb's Journal* **8**,4 (April 1983), 24–37을 보라.〕

**45.** $d=(x-y)\,\&\,(y-x)$라고 할 때, $d\,\&\,y \neq 0$을 판정한다. 〔로키키는 역순사전식 순서(colex ordering)라고 부르는 이 착안을 노드 주소들과 함께 사용해서, 이진 검색 트리나 데카르트 트리를 각 노드마다 추가적인 무작위 '우선순위 키'를 두지 않고도 마치 트립(treap)†인 것처럼 취급해서 거의 무작위화할(near-randomize) 수 있음을 발견했다. *U.S. Patent 6347318* (2002년 2월 12일)을 보라.〕

**46.** `SADD t,x,m; NXOR y,x,m; CSOD x,t,y;` 여기서 마스크 m은 `~(1<<i|1<<j)`. (일반화하면, 이 명령들은 $\bar{\mathtt{m}}$으로 지정된 비트들을 그 비트들이 마치 홀수 패리티를 가지고 있는 것처럼 여수화한다.)

**47.** $y \leftarrow (x \gg \delta)\,\&\,\theta$, $z \leftarrow (x\,\&\,\theta) \ll \delta$, $x \leftarrow (x\,\&\,m)\,|\,y\,|\,z$, 여기서 $\bar{m}=\theta\,|\,(\theta \ll \delta)$.

**48.** $\delta$가 주어졌을 때, 서로 다른 $\delta$-교환의 수는 $s_\delta=\prod_{j=0}^{\delta-1}F_{\lfloor (n+j)/\delta \rfloor+1}$이다. 여기에는 항등 치환도 포함된다. (연습문제 4.5.3–32 참고.) $\delta$에 관해 합산하면 모두 $1+\sum_{\delta=1}^{n-1}(s_\delta-1)$가지가 된다.

**49.** (a) 변위 $\delta_1, \ldots, \delta_m$에 대한 집합 $S=\{a_1\delta_1+\cdots+a_m\delta_m \mid \{a_1,\ldots,a_m\} \subseteq \{-1,0,+1\}\}$에는 반드시 $\{n-1,n-3,\ldots,1-n\}$이 포함된다. 왜냐하면 $1 \le k \le n$에 대해 $k$번째 비트가 반드시 $(n+1-k)$번째 비트와 교환되기 때문이다. 따라서 $|S| \ge n$이다. 그리고 $S$에는 많아야 $3^m$개의 수가 들어 있으며, 그중 홀수인 것은 많아야 $2\cdot 3^{m-1}$개이다.

(b) $s(mn) \le s(m)+s(n)$임은 분명하다. $n$비트 필드 $m$개를 각각 뒤집을 수 있기 때문이다. 따라서 $s(3^m) \le m$이고 $s(2\cdot 3^m) \le m+1$이다. 더 나아가서 $\delta$가 짝수라 할 때 $3^m$비트 수의 뒤집기에는 $\delta$-교환들만 필요하다. 그에 대응되는 $(\delta/2)$-뒤집기들은 $s((3^m \pm 1)/2) \le m$임을 증명한다. 이 상계들은 $m>1$일 때 (a)의 하계들과 일치한다.

(c) $|\alpha|=|\beta|=|\theta|=|\psi|=|\omega|=n$인 이진열 $\alpha a\beta\theta\psi z\omega$를 $(3n+1)$-교환 1회 후 $(n+1)$-교환 1회로 $\omega z\psi\theta\beta a\alpha$로 바꿀 수 있다. 그런 다음 $s(n)$회의 추가 교환으로 모두 뒤집는다. 따라서 $s(32) \le s(6)+2=4$이고 $s(64) \le 5$이다. 이 경우에도 등호는 (a)에 의해 성립한다.

---

† 〔옮긴이 주〕 tree와 heap에서 만들어진 단어로, 현행 외래어 표기법으로는 트리프가 (더) 맞지만 heap을 '힙'으로 표기해 온 관례에 따라 여기에서는 트립이라고 표기했다.

덧붙여 말하면, $s(7) = s(9) = 2$이므로 $s(63) = 4$이다. $s(16) = 4$를 제외할 때, $1 \le n \le 22$에 대해 (a)의 하계는 $s(n)$의 참값이다.

**50.** $n = (t_m \ldots t_1 t_0)_3$을 균형 삼항 표기법으로 표현한다. $n_j = (t_m \ldots t_j)_3$, $\delta_j = 2n_j + t_{j-1}$로 두어서, $1 \le j \le m$에 대해 $n_{j-1} - \delta_j = n_j$이고 $2\delta_j - n_{j-1} = n_j + t_{j-1}$이 되게 하자. 그리고 $0 \le j < m$에 대해 $E_0 = \{0\}$이고 $E_{j+1} = E_j \cup \{t_j - x \mid x \in E_j\}$라고 하자. (즉, 이를테면 $E_1 = \{0, t_0\}$이고 $E_2 = \{0, t_0, t_1, t_1 - t_0\}$이다.) $\varepsilon \in E_j$가 $|\varepsilon| \le j$를 함의함을 주목하기 바란다.

$j$에 대한 귀납법에 의해, $\delta = \delta_1, \ldots, \delta_j$에 대한 $\delta$-교환들이 $n$비트 워드 $\alpha_1 \ldots \alpha_{3^j}$를 $\alpha_{3^j} \ldots \alpha_1$로 바꾼다고 가정하자. 여기서 각 부분워드 $\alpha_k$의 길이는 어떤 $\varepsilon_k \in E_j$에 대해 $n_j + \varepsilon_k$이다. 만일 $n_{j+1} > j$이면 각 부분워드 안에서의 한 번의 $\delta_{j+1}$-교환은 이러한 가정을 유지한다. 그렇지 않다면 각 부분워드 $\alpha_k$에 대해 $|\alpha_k| \le n_j + j \le 3n_{j+1} + 1 + j \le 4j + 1 < 4m$이 성립한다. 따라서 $\lfloor \lg 4m \rfloor \ge k \ge 0$에 대한 $2^k$-교환들은 부분워드들을 모두 뒤집는다. ($2^k < t \le 2^{k+1}$이라고 할 때, 크기가 $t$인 부분워드에 대한 한 번의 $2^k$-교환은 그 부분워드를 크기가 $t - 2^k$, $2^{k+1} - t$, $t - 2^k$인 세 부분워드로 축약함을 주목할 것.)

**51.** (a) 만일 $c = (c_{d-1} \ldots c_0)_2$이면 반드시 $\theta_{d-1} = c_{d-1}\mu_{d,d-1}$이다. 그러나 $0 \le k < d-1$에 대해 $\theta_k = c_k \mu_{d,k} \oplus \hat{\theta}_k$로 취할 수 있다. 여기서 $\hat{\theta}_k$는 임의의 마스크 $\subseteq \mu_{d,k}$이다.

(b) 그러한 모든 마스크열의 집합을 $\Theta(d, c)$라고 하자. $\Theta(1, c) = \{c\}$임은 분명하다. $d > 1$일 때에는 재귀적으로

$$\Theta(d, c) = \left\{(\theta_0, \ldots, \theta_{d-2}, \theta_{d-1}, \hat{\theta}_{d-2}, \ldots, \hat{\theta}_0) \,\middle|\, \theta_k = \theta'_{k-1} \ddagger \theta''_{k-1}, \hat{\theta}_k = \hat{\theta}'_{k-1} \ddagger \hat{\theta}''_{k-1}\right\}$$

이 성립한다. 이는 적절한 $\theta_0$, $\hat{\theta}_0$, $c'$, $c''$에 대해 두 수열 $(\theta'_0, \ldots, \theta'_{d-3}, \theta'_{d-2}, \hat{\theta}'_{d-3}, \ldots, \hat{\theta}'_0) \in \Theta(d-1, c')$과 $(\theta''_0, \ldots, \theta''_{d-3}, \theta''_{d-2}, \hat{\theta}''_{d-3}, \ldots, \hat{\theta}''_0) \in \Theta(d-1, c'')$을 '지퍼로 채워서' 얻은 것이다.

$c$가 홀수이면 (o8)에 해당하는 이분그래프에는 순환마디가 하나만 있다. 따라서 $(\theta_0, \hat{\theta}_0, c', c'')$은 $(\mu_{d,0}, 0, \lceil c/2 \rceil, \lfloor c/2 \rfloor)$ 아니면 $(0, \mu_{d,0}, \lfloor c/2 \rfloor, \lceil c/2 \rceil)$이다. 그러나 $c$가 짝수이면 그 이분그래프에는 이중결합이 $2^{d-1}$개 있다. 따라서 $\theta_0 = \hat{\theta}_0$은 임의의 마스크 $\subseteq \mu_{d,0}$이며, $c' = c'' = c/2$이다. 〔첨언하자면, $\lg|\Theta(d, c)| = 2^{d-1}(d-1) - \sum_{k=1}^{d-1}(2^{d-k} - 1)(2^{k-1} - |2^{k-1} - c \bmod 2^k|)$이다.〕

따라서 두 경우 모두 $\hat{\theta}_{d-2} = \cdots = \hat{\theta}_0 = 0$으로 두어서 식 (o1)의 후반부를 완전히 생략할 수 있다. 물론 (b)의 경우에는 식 (o1)을 전혀 사용하지 않고 순환 자리이동을 직접 수행할 수도 있다. 그러나 연습문제 58에서 증명하듯이, 식 (o1)을 모든 $k$에 대해 $\hat{\theta}_k = 0$으로 두어서 처리할 수 있는 다른 유용한 치환들도 많이 있다(이를테면 선택적 뒤집기 후 순환 자리이동을 수행하는 등). 그러한 치환들의 역은 $0 \le k < d-1$에 대해 $\theta_k = 0$으로 두어서 처리할 수 있다.

**52.** 다음 해법들은 가능하면 항상 $\hat{\theta}_j = 0$이 되게 한다. 마스크 $\theta$들을 $\mu$들로 표현하자. 이를테면, 요구된 16진 형식 #55555555 대신 $\mu_{6,5} \,\&\, \mu_0$이라고 표기하는 것이다. $\mu$ 형식이 더 짧고 유익하다.

(a) $0 \le k < 5$에 대해 $\theta_k = \mu_{6,k} \,\&\, \mu_5$, $\hat{\theta}_k = \mu_{6,k} \,\&\, (\mu_{k+1} \oplus \mu_{k-1})$이다. $\theta_5 = \theta_4$이다. (여기서 $\mu_{-1} = 0$이다. $\hat{\theta}_0 = \mu_{6,0} \,\&\, \bar{\mu}_1$로 두면 이와는 '다른' 완벽 뒤섞기 $(x_{31}x_{63} \ldots x_1 x_{33} x_0 x_{32})_2$가 나온다.)

(b) $\theta_0 = \theta_3 = \hat{\theta}_0 = \mu_{6,0} \,\&\, \mu_3$; $\theta_1 = \theta_4 = \hat{\theta}_1 = \mu_{6,1} \,\&\, \mu_4$; $\theta_2 = \theta_5 = \hat{\theta}_2 = \mu_{6,2} \,\&\, \mu_5$; $\hat{\theta}_3 = \hat{\theta}_4 = 0$. 〔일반적인 이론에 대해서는 J. Lenfant, *IEEE Trans.* **C-27** (1978), 637-647을 보라.〕

(c) $\theta_0 = \mu_{6,0} \,\&\, \mu_4$; $\theta_1 = \mu_{6,1} \,\&\, \mu_5$; $\theta_2 = \theta_4 = \mu_{6,2} \,\&\, \mu_4$; $\theta_3 = \theta_5 = \mu_{6,3} \,\&\, \mu_5$; $\hat{\theta}_0 = \mu_{6,0} \,\&\, \mu_2$; $\hat{\theta}_1 = \mu_{6,1} \,\&\, \mu_3$; $\hat{\theta}_2 = \hat{\theta}_0 \oplus \theta_2$; $\hat{\theta}_3 = \hat{\theta}_1 \oplus \theta_3$; $\hat{\theta}_4 = 0$.

(d) $0 \le k \le 5$에 대해 $\theta_k = \mu_{6,k} \,\&\, \mu_{5-k}$; $0 \le k \le 2$에 대해 $\hat{\theta}_k = \theta_k$; $\hat{\theta}_3 = \hat{\theta}_4 = 0$.

**53.** $\psi$를 $d-t$개의 전치(transposition)들의 곱 $(u_1 v_1) \ldots (u_{d-t} v_{d-t})$로 표기할 수 있다(연습문제 5.2.2-2 참고). $u < v$일 때, 색인 숫자들의 한 전치 $(uv)$에 의해 유도된 순열은 마스크가 $\mu_{d,v} \,\&\, \bar{\mu}_u$인 한 $(2^v - 2^u)$-교환에 해당한다. 그러한 교환을 우선 $(u_1 v_1)$에 대해 수행하고, …, 마지막으로 $(u_{d-t} v_{d-t})$에 대해 수행해야 한다.

구체적으로, $2^d$비트 레지스터 안에서의 완벽 뒤섞기는 $\psi = (01\ldots(d-1))$에 순환마디가 하나인 경우에 해당한다. 따라서 그러한 $(2^v - 2^u)$-교환들을 $(u, v) = (0, 1)$, …, $(0, d-1)$에 대해 수행함으로써 완벽한 뒤섞기를 이룰 수 있다. 예를 들어 $d = 3$일 때 2단계 절차는 12345678 ↦ 13245768 ↦ 15263748이다. 〔스틸Guy Steele은 또 다른 $(d-1)$단계 절차를 제안했다: $d-1 > k \ge 0$에 대해 마스크 $\mu_{d,k+1} \,\&\, \bar{\mu}_k$로 $2^k$-교환을 수행하면 되는 것이다. $d = 3$일 때 그의 방법은 12345678 ↦ 12563478 ↦ 15263748으로 사상한다.〕

연습문제 52(b)의 행렬 전치는 $d = 6$이고 $(u, v) = (0, 3)$, $(1, 4)$, $(2, 5)$인 경우에 해당한다. 이 연산들은 본문에 나온 $8 \times 8$ 행렬 전치에 대한 7-교환, 14-교환, 28-교환 단계들이다. 이들을 어떤 순서로 수행해도 같은 결과가 나온다.

연습문제 52(c)의 경우에는 $d = 6$, $(u, v) = (0, 2)$, $(1, 3)$, $(0, 4)$, $(1, 5)$를 사용한다. 연습문제 52(d)는 52(b)만큼이나 쉽다. $(u, v) = (0, 5)$, $(1, 4)$, $(2, 3)$을 사용하면 된다.

**54.** 전치는 부대각(minor diagonal) 성분 비트들을 뒤집는 것에 해당한다. 그런 부대각 성분들은 레지스터에서 $m-1$비트만큼 떨어져 있다. 모든 부대각 성분을 동시에 뒤집는 것은 크기가 1, …, $m$인 부분 워드들을 동시에 뒤집는 것에 해당하는데, 그러한 작업을 $0 \le k < \lceil \lg m \rceil$에 대한 $2^k$-교환들로 수행할 수 있다(본문에 나와 있듯이 $m$이 2의 제곱수일 때에는 그러한 전치가 간단하기 때문). 다음은 $m = 7$일 때의 절차이다.

| 주어진 입력 | 6-교환 | 12-교환 | 24-교환 |
|---|---|---|---|
| 00 01 02 03 04 05 06 | 00 **10** 02 **12** 04 **14** 06 | 00 10 **20** **30** 04 14 **24** | 00 10 20 30 **40** **50** **60** |
| 10 11 12 13 14 15 16 | **01** 11 **03** 13 **05** 15 **25** | 01 11 **21** **31** 05 15 25 | 01 11 21 31 **41** **51** **61** |
| 20 21 22 23 24 25 26 | 20 **30** 22 **32** 24 **16** 26 | **02** **12** 22 32 **06** 16 26 | 02 12 22 32 **42** **52** **62** |
| 30 31 32 33 34 35 36 | **21** 31 **23** 33 **43** 35 **45** | **03** **13** 23 33 43 **53** **63** | 03 13 23 33 43 53 63 |
| 40 41 42 43 44 45 46 | 40 **50** 42 **34** 44 **36** 46 | 40 50 **60** 34 44 **54** **64** | **04** **14** **24** 34 44 54 64 |
| 50 51 52 53 54 55 56 | **41** 51 **61** 53 **63** 55 **65** | 41 51 61 **35** **45** 55 65 | **05** **15** **25** 35 45 55 65 |
| 60 61 62 63 64 65 66 | 60 **52** 62 **54** 64 **56** 66 | **42** 52 62 **36** **46** 56 66 | **06** **16** **26** 36 46 56 66 |

**55.** $x$와 $y$가 주어졌을 때, 우선 $2d \le k < 3d$에 대해 $x \leftarrow x \mid (x \ll 2^k)$, $y \leftarrow y \mid (y \ll 2^k)$으로 설정한다. 그런 다음 $0 \le k < d$에 대해 $\mu_{2d+k} \& \bar{\mu}_k$를 마스크로 사용해서 $x \leftarrow x$의 $(2^{2d+k} - 2^k)$-교환으로 설정하고 $\mu_{2d+k} \& \bar{\mu}_{d+k}$를 마스크로 사용해서 $y \leftarrow y$의 $(2^{2d+k} - 2^{d+k})$-교환으로 설정한다. 마지막으로 $z \leftarrow x \& y$로 설정하고, 그런 다음 $2d \le k < 3d$에 대해 $z \leftarrow z \mid (z \gg 2^k)$ 또는 $z \leftarrow z \oplus (z \gg 2^k)$으로, 그리고 $z \leftarrow z \& (2^{n2} - 1)$로 설정한다. [핵심은 $x_{ijk} = a_{jk}$이고 $y_{ijk} = b_{jk}$인 두 $n \times n \times n$ 배열 $x = (x_{000} \ldots x_{(n-1)(n-1)(n-1)})_2$와 $y = (y_{000} \ldots y_{(n-1)(n-1)(n-1)})_2$를 형성한 후 $x_{ijk} = a_{ji}$와 $y_{ijk} = b_{ik}$가 되도록 좌표 성분들을 전치한다는 것이다. 그러면 $x \& y$는 $n^3$개의 비트 곱셈들 전부를 한 번에 수행한다. 이 방법은 V. R. Pratt, L. J. Stockmeyer, *J. Computer and System Sci.* **12** (1976), 210-213에서 기인한다.]

**56.** 식 (01)을

$$\theta_0 = \hat{\theta}_0 = 0,\ \theta_1 = \text{\#}0010201122113231,\ \theta_2 = \text{\#}00080e0400080c06,\ \theta_3 = \text{\#}00000092008100a2,$$

$$\theta_4 = \text{\#}000000000000f16,\ \theta_5 = \text{\#}0000000003199c26,\ \hat{\theta}_4 = \text{\#}00000c9f0000901a,$$

$$\hat{\theta}_3 = \text{\#}003a00b50015002b,\ \hat{\theta}_2 = \text{\#}000103080c0d0f0c,\ \hat{\theta}_1 = \text{\#}0020032033233333$$

으로 두어서 적용한다.

**57.** $d > 1$일 때 각 순환마디마다 두 개의 선택이 상보적인 설정들을 가진다. 따라서 가로대들 중 가운데 열을 제외할 때 적어도 절반이 비활성인 하나의 설정을 선택할 수 있다. (치환망에 대해서는 연습문제 5.3.4-55에서 좀 더 이야기한다.)

**58.** (a) 서로 다른 모든 가로대 설정은 각각 다른 치환을 산출한다. 모든 $0 \le i, j < N$에 대해 입력선 $i$에서 출력선 $j$으로의 경로는 단 하나이기 때문이다. (그러한 속성을 가진 회로망을 '반얀[banyan, 배니언]' 회로망이라고 부른다.) 그러한 고유한 경로는 $k$개의 교환 단계들이 수행된 후 입력 $i$를 선 $l(i, j, k) = ((i \gg k) \ll k) + (j \bmod 2^k)$으로 전송한다.

(b) 오직 $i \bmod 2^k = j \bmod 2^k$이고 $i\varphi \gg k = j\varphi \gg k$일 때에만 $l(i\varphi, i, k) = l(j\varphi, j, k)$이다. 따라서 (*)는 필요조건이다. 그리고 (*)를 만족하는 사상 $\varphi$는 항상 $k$단계 후에 $j\varphi$가 선 $l = l(j\varphi, j, k)$에 나타나도록 전달될 수 있으므로, (*)는 충분조건이기도 하다. 만일 $k > 0$이면 $j\varphi$는 $l(j\varphi, j, k-1)$에 나타난다. 이는 $l$로의 입력들 중 하나이다. 조건 (*)는 심지어 $l$이 $l(i\varphi, i, k)$인 경우에도, 그것을 모순 없이 $l$로 전달할 수 있음을 뜻한다.

[*IEEE Transactions* **C-24** (1975), 1145-1155에서 로리Duncan Lawrie는 연습문제 75에서처럼 일반적인 $2 \times 2$ 사상 모듈들을 가로대 모듈로 사용할 수 있다고 할 때, 조건 (*)이 집합 $\{0, 1, \ldots, N-1\}$에서 그 자신으로의 임의의 사상 $\varphi$에 대해 필요조건이자 충분조건임을 증명했다. 더 나아가서 사상 $\varphi$를, $j$의 어떤 값들에 대해 $j\varphi = *$('와일드카드' 또는 '상관없음')로 두어서 부분적으로만 명시할 수도 있다. 이전 문단의 증명은 사실 로리의 좀 더 일반적인 정리를 증명한다.]

(c) 오직 $k \le \rho(i \oplus j)$일 때에만 $i \bmod 2^k = j \bmod 2^k$이다. 오직 $k > \lambda(i \oplus j)$일 때에만 $i \gg k = j \gg k$이다. 그리고 $\varphi$가 하나의 치환이라고 할 때, 오직 $i = j$일 때에만 $i\varphi = j\varphi$이다.

(d) 오직 모든 $i \neq j$에 대해 $\lambda(i\tau\varphi \oplus j\tau\varphi) \geq \rho(i\tau \oplus j\tau) = \rho(i \oplus j)$일 때에만 모든 $i \neq j$에 대해 $\lambda(i\varphi \oplus j\varphi) \geq \rho(i \oplus j)$이다. 왜냐하면 $\tau$가 하나의 치환이기 때문이다. [표기법에 혼동의 여지가 있음을 주의할 것: 치환 $\varphi$를 먼저 적용하고 그런 다음 $\tau$를 적용한다면 비트 $j\tau\varphi$가 비트 위치 $j$에 나타날 수 있다. 실로우군 $T$에는 흥미롭고도 중요한 치환들이 여럿 포함되어 있는데, 이를테면 비트 뒤집기와 순환 자리이동 등이 있다. $T$는 $2^{j+1}$을 법으로 하여 합동인 길이 $2^j$ 가로대들이 한 단위로서 모두 전환되거나 모두 통과되는 오메가 라우터 설정들에 해당한다.]

(e) $0 \leq k \leq d$에 대해 $l(j, j, k) = j$이므로, $\Omega$의 한 치환은 오직 그 교환들이 $j$를 고정시킬 때에만 $j$를 고정시킨다. 따라서 $\varphi$와 $\psi$에 의해 수행되는 교환들은 서로 다른 원소들에 작용한다. 그러한 교환들을 합치면(합집합) $\varphi\psi$가 된다.

(f) 가로대들의 임의의 한 설정은 배처의 비교자 모듈들로 그와 동치인 회선교환을 수행하게 만드는 하나의 치환에 해당한다.

**59.** 답은 $2^{M_d(a,b)}$이다. 여기서 $M_d(a, b)$는 두 끝점 모두 $[a..b]$에 있는 가로대들의 개수이다. 그 개수를 구하기 위해, $k = \lambda(a \oplus b)$, $a' = a \bmod 2^k$, $b' = b \bmod 2^k$으로 두고, $b - a = 2^k + b' - a'$과 $M_d(a, b) = M_{k+1}(a', 2^k + b')$에 주목한다. 위쪽 절반과 아래쪽 절반의 가로대들을 세고, 그 두 절반을 넘나드는 것들을 세면 $M_{k+1}(a', 2^k + b') = M_k(a', 2^k - 1) + M_k(0, b') + ((b' + 1) \dot{-} a')$이다. 마지막으로, $M_k(0, b') = S(b' + 1)$이고 $M_k(a', 2^k - 1) = M_k(0, 2^k - 1 - a') = S(2^k - a') = k2^{k-1} - ka' + S(a')$인데, 여기서 $S(n)$은 연습문제 42에서 평가한 값이다.

**60.** 길이가 $2l$인 순환마디는 패턴 $u_0 \leftarrow v_0 \leftrightarrow v_1 \rightarrow u_1 \leftrightarrow u_2 \leftarrow v_2 \leftrightarrow \cdots \leftrightarrow v_{2l-1} \rightarrow u_{2l-1} \leftrightarrow u_{2l}$에 해당한다. 여기서 $u_{2l} = u_0$이며, $u \leftarrow v$ 또는 $v \rightarrow u$는 치환이 $u$를 $v$로 보낸다는 의미이다. 그리고 $x \leftrightarrow y$는 $x = y \oplus 1$을 뜻한다.

무작위 치환을 생성하는 방법은 이렇다. $u_0$이 주어졌을 때 $v_0$을 선택하는 방법은 $2n$가지이다. 그러면 $u_1$의 선택은 $2n - 1$가지인데, 그중 $u_2 = u_0$이 되게 하는 것은 단 하나이다. $v_2$의 선택은 $2n - 2$가지이다. 그러면 $u_3$은 $2n - 3$가지인데, 그중 하나의 순환마디를 닫는 것은 단 하나이다. 이런 식으로 이어진다.

따라서 생성 함수는 $G(z) = \prod_{j=1}^{n} \frac{2n-2j+z}{2n-2j+1}$이다. 순환마디 개수 $k$의 기댓값은 $G'(1) = H_{2n} - \frac{1}{2}H_n = \frac{1}{2}\ln n + \ln 2 + \frac{1}{2}\gamma + O(n^{-1})$이고 $2^k$의 평균은

$$G(2) = (2^n n!)^2/(2n)! = \sqrt{\pi n} + O(n^{-1/2}),$$

분산은 $G(4) - G(2)^2 = (n + 1 - G(2))G(2) = \sqrt{\pi}\, n^{3/2} + O(n)$이다.

**62.** $P(2^d)$의 가로대 설정들을 $(2d - 1)2^{d-1} = Nd - \frac{1}{2}N$개의 비트들에 저장할 수 있다. 역 치환은 오른쪽에서 왼쪽으로 나아가면 얻을 수 있다. [P. Heckel, R. Schroeppel, *Electronic Design* **28**,8 (12 April 1980), 148-152를 보라. 임의의 치환을 표현하는 모든 방법에서는 메모리가 적어도 $\lg N! > Nd - N/\ln 2$비트는 필요하므로, 이 표현은 공간의 측면에서 최적에 가깝다.]

**63.** (i) $x = y$. (ii) $z$가 짝수이거나 $x \oplus y < 2^{\max(0,(z-1)/2)}$. ($z$가 홀수이면 심지어 $z < 0$인 경우에도 $(x \ddagger y) \gg z = (y \gg \lceil z/2 \rceil) \ddagger (x \gg \lfloor z/2 \rfloor)$가 성립한다.) (iii) 이 항등식은 모든 $w$, $x$, $y$, $z$에 대해 성립한다(또한 & 뿐만 아니라 다른 모든 비트별 부울 연산에 대해서도 성립한다.)

**64.** $(((z \,\&\, \mu_0) + (z' \mid \bar{\mu}_0)) \,\&\, \mu_0) \mid (((z \,\&\, \bar{\mu}_0) + (z' \mid \mu_0)) \,\&\, \bar{\mu}_0)$. (식 (76)을 보라.)

**65.** $xu(x^2) + v(x^2) = xu(x)^2 + v(x)^2$.

**66.** (a) $v(x) = (u(x)/(1+x^\delta)) \bmod x^n$이다. 이는 차수가 $n$보다 작고 $(1+x^\delta)v(x) \equiv u(x)$(법 $x^n$)을 만족하는 고유한 다항식이다. (이와 동치로, $v$는 $(v \oplus (v \ll \delta)) \bmod 2^n = u$를 만족하는 고유한 $n$비트 정수이다.)

(b) $n = 64m$, $u = (u_{m-1} \ldots u_1 u_0)_{2^{64}}$, $v = (v_{m-1} \ldots v_1 v_0)_{2^{64}}$로 가정해도 무방하다. $c \leftarrow 0$으로 설정한다. 그런 다음, 연습문제 36을 이용해서 $j = 0, 1, \ldots, m-1$에 대해 $v_j \leftarrow u_j^{\oplus} \oplus (-c)$, $c \leftarrow v_j \gg 63$으로 설정한다.

(c) $c \leftarrow v_0 \leftarrow u_0$로 설정한다. 그런 다음 $j = 1, 2, \ldots, m-1$에 대해 $v_j \leftarrow u_j \oplus c$, $c \leftarrow v_j$로 설정한다.

(d) $c \leftarrow 0$로 시작해서, $j = 0, 1, \ldots, m-1$에 대해 다음을 수행한다: $t \leftarrow u_j$, $t \leftarrow t \oplus (t \ll 3)$, $t \leftarrow t \oplus (t \ll 6)$, $t \leftarrow t \oplus (t \ll 12)$, $t \leftarrow t \oplus (t \ll 24)$, $t \leftarrow t \oplus (t \ll 48)$, $v_j \leftarrow t \oplus c$, $c \leftarrow (t \gg 61) \times$ #9249249249249249로 설정한다.

(e) $v \leftarrow u$로 시작한다. 그런 다음 $j = 1, 2, \ldots, m-1$에 대해 $v_j \leftarrow v_j \oplus (v_{j-1} \ll 3)$으로 설정하고 (만일 $j < m-1$이면) $v_{j+1} \leftarrow v_{j+1} \oplus (v_{j-1} \gg 61)$로 설정한다.

**67.** $n = 2l - 1$이고 $m = n - 2d$라고 하자. 만일 $\frac{1}{2}n < k < n$이면 $x^{2k} \equiv x^{m+t} + x^t$(법 $x^n + x^m + 1$)이 성립한다. 여기서 $t = 2k - n$은 홀수이다. 따라서 $v = (v_{n-1} \ldots v_1 v_0)_2$라고 할 때 수

$$w = u \oplus (((u \gg d) \oplus (u \gg 2d) \oplus (u \gg 3d) \oplus \cdots) \,\&\, -2^{l-d})$$

은 $(v_{n-2} \ldots v_3 v_1 v_{n-1} \ldots v_2 v_0)_2$와 상등이다. 예를 들어 $l = 4$이고 $d = 2$일 때, $(x^7 + x^3 + 1)$을 법으로 한 $u_6 x^6 + \cdots + u_1 x + u_0$의 제곱은 $u_6 x^5 + u_5 x^3 + (u_6 \oplus u_4)x^1 + (u_5 \oplus u_3)x^6 + (u_6 \oplus u_4 \oplus u_2)x^4 + u_1 x^2 + u_0$이다. 따라서, $v$를 계산하려면 완벽한 뒤섞기 $v = \lfloor w/2^l \rfloor \ddagger (w \bmod 2^l)$을 수행하면 된다. 수 $w$는 이전 연습문제에 나온 것과 같은 방법들로 계산할 수 있다. [R. P. Brent, S. Larvala, P. Zimmermann, *Math. Comp.* **72** (2003), 1443-1452; **74** (2005), 1001-1002을 보라.]

**68.** `SRU t,x,delta; PUT rM,theta; MUX x,t,x.`

**69.** $2^{d-1}$-자리이동을 마지막이 아니라 제일 먼저 수행한다면 그 절차가 실패할 수 있음을 주목하자. '작은 자리이동부터 먼저' 전략이 정확히 작동함을 증명하는 데 있어 핵심은 선택된 비트들 사이의 공간들을 보는 것이다. 이 해답에서는 $2^k$-자리이동 이후 그 공간들의 길이가 $2^{k+1}$의 배수라는 주장을 증명하고자 한다.

$t_l \geq 0$개의 항목들을 오른쪽으로 $2^k l$자리만큼 이동해야 하는 상황을 무한열(infinite string) $\chi_k = \ldots 1^{t_4} 0^{2^k} 1^{t_3} 0^{2^k} 1^{t_2} 0^{2^k} 1^{t_1} 0^{2^k} 1^{t_0}$으로 표현한다고 하자. $\theta_k = \ldots 0^{t_4} *^{2^{k+1}} 1^{t_3} 0^{t_2} *^{2^{k+1}} 1^{t_1} 0^{t_0}$ 형태의 임의의 마스크로 $2^k$-자리이동을 수행하면 무한열 $\chi_{k+1} = \ldots 1^{T_2} 0^{2^{k+1}} 1^{T_1} 0^{2^{k+1}} 1^{T_0}$이 나타내는 상황이 된다. 이는 정확히 $T_l = t_{2l} + t_{2l+1}$개의 항목들을 오른쪽으로 $2^{k+1} l$자리만큼 이동해야 하는 상황이다. 따라서, $k$에 대한 귀납법에 의해 앞의 주장이 증명된다.

**70.** 연습문제 36의 표기법에서 $\theta_k = \psi_k^{\oplus}$가 되도록 $\psi_k = \theta_k \oplus (\theta_k \ll 1)$로 두자. 이전 해답에서 $*^{2^{k+1}} = 0^{2^k} 1^{2^k}$을 취한다면 $\psi_0 = \bar{\chi}$이고 $\psi_{k+1} = (\psi_k \& \bar{\theta}_k) \gg 2^k$이 된다. 따라서 다음과 같이 나아갈 수 있다:

$\psi \leftarrow \bar{\chi}$, $k \leftarrow 0$으로 설정하고, $\psi \neq 0$인 동안 다음 단계들을 반복한다: $x \leftarrow \psi$로 설정한다. 그런 다음 $0 \leq l < d$에 대해 $x \leftarrow x \oplus (x \ll 2^l)$로 설정하고, 그런 다음 $\theta_k \leftarrow x$, $\psi \leftarrow (\psi\ \bar{x}) \gg 2^k$, $k \leftarrow k+1$로 설정한다.

계산이 끝나면 $k = \lambda\nu\bar{\chi} + 1$이다. 나머지 마스크 $\theta_k$, …, $\theta_{d-1}$은(있다면) 모두 0이며, 그 단계들을 식 (79)에서 생략할 수 있다. 앞의 루프에서 연산 '$\theta_k \leftarrow x$, $\psi \leftarrow (\psi \& \bar{x}) \gg 2^k$'을 '$\psi \leftarrow (\psi \& \bar{x}) \gg 2^k$, $\theta_k \leftarrow x \& (x + \psi)$'로 대체하면 '극소' 마스크(해답 69의 $*^{2^{k+1}} = 0^{2^{k+1}}$)가 나온다.

〔H. S. Warren, Jr., *Hacker's Delight* (Addison-Wesley, 2002), §7-4의 *compress*를 보라. 또한 G. L. Steele Jr., *U.S. Patent 6715066* (2004년 3월 30일)도 보라. 1965년에 설계된 BESM-6 컴퓨터는 *compress*를 «сборка»('모으다[gather]' 또는 '꾸리다[pack]')라는 이름으로 구현했다. 그 컴퓨터의 «разборка» 명령('흩다[scatte]' 또는 '풀다[unpack]')는 그 반대의 일을 한다.〕

**71.** $x \leftarrow y$로 시작한다. $k = d-1$, …, 1, 0에 대해 연습문제 70의 마스크 $\theta_k \ll 2^k$으로 $x$의 $(-2^k)$-자리이동을 수행한다. 마지막으로 $z \leftarrow x$로(또는, 만일 '깔끔한' 결과를 원한다면 $z \leftarrow x \& \chi$로) 설정한다.

**72.** 제일 왼쪽 마스크 비트 $\chi_{N-1}$은 중요하지 않으므로 0이라고 가정하자. 그러면 임의의 취합 및 뒤집기 연산의 결과 $(z_{(N-1)\varphi} \cdots z_{1\varphi} z_{0\varphi})_2$는 $0\varphi < \cdots < k\varphi > \cdots > (N-1)\varphi$인 치환에 해당한다(여기서 $k = \nu\chi$). 예를 들어 만일 $N = 8$이고 $\chi = (00101100)_2$이면 결과는 $(z_0 z_1 z_4 z_6 z_7 z_5 z_3 z_2)_2$이다. 따라서 연습문제 5.3.4-11과 58(f)에 의해 $\varphi \in \Omega$이다.

더 나아가서, 1-교환, 2-교환, …, $2^{d-1}$-교환을 위한 마스크 $\theta_0$, $\theta_1$, …, $\theta_{d-1}$을 다음과 같이 계산할 수 있다: 치환 $\psi = \varphi^-$은 $j\psi = (N-1-j)\bar{\chi}_j + s_j$를 만족한다. 여기서 $s_j = \chi_{j-1} + \cdots + \chi_1 + \chi_0$은 마스크 비트 $\chi_j$ 다음의 1들의 개수이다. $\psi_0 = \psi$이고 $\theta_k = (\lfloor \psi_k / 2^k \rfloor \bmod 2) \& \mu_k$라고 하자. 여기서 $\psi_{k+1}$은 마스크 $\theta_k$를 이용한 $\psi_k$의 $2^k$-교환이다. (지금 예에서 $s_7 \ldots s_1 s_0 = 33221000$이고 $(0\bar{\chi}_7) \ldots (6\bar{\chi}_1)(7\bar{\chi}_0) = 01030067$이다. 따라서 $\psi_0 = (7\psi) \ldots (1\psi)(0\psi) = 33221000 + 01030067 = 34251067$이다. 그러면 $\theta_0 = (10011001)_2 \& \mu_0 = (00010001)_2$; $\psi_1 = 34521076$; $\theta_1 = (10010011)_2 \& \mu_1 = (00010011)_2$; $\psi_2 = 32547610$; $\theta_2 = (00111100)_2 \& \mu_2 = (00001100)_2$

이다. 일반화하면 $j\psi_k \equiv j$ (법 $2^k$)이다.) 각 치환 $\psi_k$를 $d$개의 비트 벡터, 즉 '비트 슬라이스(bit slices)' $\psi_k \bmod 2$, $\lfloor \psi_k/2 \rfloor \bmod 2$ 등의 집합으로 표현하자. 그러면 이 계산은 $O(d^2)$개의 비트 연산들로 충분하다.

취합 후 뒤집기의 효과를 취소하는 산란 후 뒤집기(scatter-flip) 연산은 같은 가로대 치환망을 오른쪽에서 왼쪽으로($2^{d-1}$-교환으로 시작해서 1-교환으로 끝나도록) 적용해서 얻는다.

〔*Journal of Signal Processing Systems* **53** (2008), 145-169를 보라.〕

**73.** (a) 이는 $\{0, 1, \ldots, 2^d - 1\}$의 임의의 치환 $\pi$에 대해 워드 $x^\pi = (x_{(2^d-1)\pi} \ldots x_{1\pi} x_{0\pi})_2$를 $(x_{2^d-1} \ldots x_1 x_0)_2$로 변환하는 작업을 $d$개의 양과 염소 연산들로 반드시 완료할 수 있다는 것과 동치이다. 그리고 그러한 작업을 기수 2 정렬(알고리즘 5.2.2R을 보라)로 수행할 수 있다: 우선 홀수 번째 비트들을 왼쪽으로 보내고, 그런 다음 $\lfloor j/2 \rfloor$가 홀수인 비트 $j$들을 왼쪽으로 보내는 등으로 진행하면 된다. 예를 들어 $d = 3$이고 $x^\pi = (x_3 x_1 x_0 x_7 x_5 x_2 x_6 x_4)_2$일 때 세 연산의 결과는 차례로 $(x_3 x_1 x_7 x_5 x_0 x_2 x_6 x_4)_2$, $(x_3 x_7 x_2 x_6 x_1 x_5 x_0 x_4)_2$, $(x_7 x_6 x_5 x_4 x_3 x_2 x_1 x_0)_2$이다. 〔Z. Shi, R. Lee, *Proc. IEEE Conf. ASAP'00* (IEEE CS Press, 2000), 138-148.〕

(b) 취합 후 뒤집기의 경우 같은 전략을 적용하면 $(x_{g(2^d-1)} \ldots x_{g(1)} x_{g(0)})_2$가 나온다 여기서 $g(k)$는 식 7.2.1.1-(3)의 그레이 이진 부호이다. 예를 들어 (a)의 예는 이제 $(x_5 x_7 x_1 x_3 x_0 x_2 x_6 x_4)_2$, $(x_6 x_2 x_3 x_7 x_5 x_1 x_0 x_4)_2$, $(x_4 x_5 x_7 x_6 x_2 x_3 x_1 x_0)_2$이다.

**74.** 만일 $|\sum c_{2l} - \sum c_{2l+1}| = 2\Delta > 0$이면 반드시 넉넉한 절반에서 $\Delta$를 빼어 부족한 절반에 주어야 한다. 부족한 절반에는 $c_l = 0$인 위치 $l$이 존재한다. 그렇지 않다면 그 절반의 합은 적어도 $2^{d-1}$이다. $l$에서 $(l+t) \bmod 2^d$까지의 위치들을 수정하는 순환 1-자리이동에 의해, $0 \le k < t$에 대해 $c'_{l+k} = c_{l+k+1}$, 그 외의 모든 $k$에 대해 $c'_{l+t} = c_{l+t+1} - \delta$, $c'_{l+t+1} = \delta$, $c'_{l+k} = c_{l+k}$가 된다. 여기서 $\delta$는 $0 \le \delta \le c_{l+t+1}$ 범위의 임의의 적절한 값이다. (이 공식들에서 모든 아래첨자에는 $2^d$을 법으로 한 산술이 적용된다.) 따라서 어떤 $\delta \ge 0$에 대해 $c_{l+1} + c_{l+3} + \cdots + c_{l+t+1} = c_l + c_{l+2} + \cdots + c_{l+t} + \Delta + \delta$인 가장 작은 짝수 $t$를 사용할 수 있다.

(오른쪽이 아니라 왼쪽 자리이동을 허용한다면 1-자리이동이 순환 자리이동이 아니어도 된다. 그러나 이후의 단계들에서는 순환성이 필요할 수 있다.)

**75.** 이와 동치는, 색인 $0 \le i_0 < i_1 < \cdots < i_{s-1} < i_s = 2^d$과 $0 = j_0 < j_1 < \cdots < j_{s-1} < j_s = 2^d$이 주어졌을 때 $(x_{2^d-1} \ldots x_1 x_0)_2 \mapsto (x_{(2^d-1)\varphi} \ldots x_{1\varphi} x_{0\varphi})_2$로 사상하는 것이다. 여기서 $j_r \le j < j_{r+1}$, $0 \le r < s$에 대해 $j\varphi = i_r$이다. 만일 $d = 1$이면 하나의 사상 모듈이 그러한 사상을 수행하게 된다.

$d > 1$일 때에는, 입력 $i_r$을 선 $i_r \oplus ((i_r + r) \bmod 2)$로 보내도록 왼쪽 가로대들을 설정할 수 있다. 만일 $s$가 짝수이면, $P(2^d)$ 내부의 치환망 $P(2^{d-1})$들 중 하나로 색인 $\lfloor \{i_0, i_2, \ldots, i_s\}/2 \rfloor$와 $\lfloor \{j_0, j_2, \ldots, j_s\}/2 \rfloor$에 대한 문제를 풀고 다른 치환망으로는 $\lfloor \{i_1, i_3, \ldots, i_{s-1}, 2^d\}/2 \rfloor$와 $\lceil \{j_0, j_2, \ldots, j_s\}/2 \rceil$에 대한 문제를 풀어보는 과정을 재귀적으로 반복한다. 이제 $P(2^d)$의 오른쪽에서 $j_r \le j$

$< j_{r+1}$일 때 선 $j$와 $j\oplus 1$에 대한 사상 모듈의 입력 $i_r$이 만일 $j \equiv r$(법 2)이면 선 $j$에 있고 그렇지 않으면 선 $j\oplus 1$에 있음을 증명할 수 있다. $s$가 홀수인 경우에도 비슷한 증명이 가능하다. 예를 들어 만일 $(i_0, \ldots, i_5) = (j_0, \ldots, j_5) = (0, 1, 3, 5, 7, 8)$이면 부분문제들에서 $i = j = (0, 1, 3, 4)$와 $(0, 2, 4)$이고 $x_7 \ldots x_0 \mapsto x_6x_7x_5x_4x_2x_3x_1x_0 \mapsto \cdots \mapsto x_5x_7x_5x_3x_1x_3x_1x_0 \mapsto x_7x_5x_5x_3x_3x_1x_1x_0$이다.

참고: 이 치환망은 Yu. P. Ofman, *Trudy Mosk. Mat. Obshchestva* **14** (1965), 186-199에 나온 구성을 약간 개선한 것이다. 해당 치환망은 '$\delta$-사상'을 $\delta$-교환으로 대체해서 구현할 수 있다. 식 (63) 대신 두 개의 마스크와 여섯이 아닌 일곱 개의 연산을 사용한다: $y \leftarrow x \oplus (x \gg \delta)$, $x \leftarrow x \oplus (y \,\&\, \theta) \oplus ((y \,\&\, \theta') \ll \delta)$. 따라서 식 (01)에 대한 이 확장은 단 $d$단위의 시간만 더 사용한다.

**76.** 어떤 한 사상망이 하나의 치환을 실현할 때, 그 모듈들은 반드시 가로대로서 작용해야 한다. 따라서 $G(n) \ge \lg n!$이다. 오프만은 $G(n) \le 2.5n \lg n$임을 증명했으며, 각주에서 상수 2.5를 더 개선할 수 있을 것이라고 지적했다(자세한 방법은 제시하지 않았다). 실제로 $G(n) \le 2n \lg n$임이 판명되었다. $G(3) = 3$임을 주목할 것.

**77.** $n$회로망을 $(x_{2^n-1} \ldots x_1x_0)_2$로 표현한다고 하자. 여기서 $0 \le k < 2^n$에 대해 $x_k =$ [$k$의 이진 표현이, 회로망을 $2^n$개의 모든 0들과 1들의 수열에 적용했을 때 나올 수 있는 0들과 1들의 한 구성임]이다. 따라서 빈 회로망은 $2^{2^n} - 1$로 표현되고 $n = 3$인 정렬망은 $(10001011)_2$로 표현된다. 일반화하자면, $x$는 오직 $x$가 $n$회로망을 표현하며 $\nu x = n + 1$일 때에만, 그리고 오직 $x = 2^0 + 2^1 + 2^3 + 2^7 + \cdots + 2^{2^n - 1}$일 때에만, $n$원소 정렬망을 표현한다.

$x$가 이러한 관례에 따라 $\alpha$를 나타낸다고 할 때, $\alpha[i:j]$의 표현은 $(x \oplus y) \mid (y \gg (2^{n-i} - 2^{n-j}))$이다. 여기서 $y = x \,\&\, \bar{\mu}_{n-i} \,\&\, \mu_{n-j}$이다.

〔V. R. Pratt, M. O. Rabin, L. J. Stockmeyer, *STOC* **6** (1974), 122-126을 보라.〕

**78.** 만일 $k \ge \lg(m-1)$이면 그 판정은 유효하다. 항상 $x_1 + x_2 + \cdots + x_m \ge x_1 \mid x_2 \mid \cdots \mid x_m$이며, 등호는 오직 집합들이 서로 소일 때에만 성립하기 때문이다 더 나아가서, $(x_1 + \cdots + x_m) - (x_1 \mid \cdots \mid x_m) \le (m-1)(2^{n-k-1} + \cdots + 1) < (m-1)2^{n-k} \le 2^n$이다.

반대로 만일 $m \ge 2^k + 2$이고 $n > 2k$이면 판정은 유효하지 않다. 이를테면 $x_1 + \cdots + x_m = (2^k + 1)(2^{n-k} - 2^{n-2k-1}) + 2^{n-k-1} = 2^n + (2^{n-k} - 2^{n-2k-1})$일 수 있다.

그러나 만일 $n \le 2k$이면 그 판정은 $m = 2^k + 2$일 때 여전히 유효하다. 왜냐하면 위의 증명에 의해, 그 경우 $x_1 + \cdots + x_m - (x_1 \mid \cdots \mid x_m) \le (2^k + 1)(2^{n-k} - 1) < 2^n$이기 때문이다.

**79.** $x' = (x - 1) \,\&\, \chi$. (그리고 공식 $x' = ((x - b - 1) \,\&\, a) + b$는 식 (78)에 대응된다.) $x'$과 $x'$에 대한 이 조리법들은 아른트Jörg Arndt의 '비트 마법(bit wizardry)' 루틴들(2001)의 일부이다. 이들의 유래는 알려져 있지 않다.

**80.** 아마도 가장 깔끔한 방법은 하나의 부호 있는 수로서의 $x \leftarrow \chi - 1$로 시작해서, $x \ge 0$인 동안 $x \leftarrow x \,\&\, \chi$로 설정하고, $x$를 방문하고, $x \leftarrow 2x - \chi$로 설정하는 것이다. (연산 $2x - \chi$는 하나의

MMIX 명령 2ADDU x,x,minuschi로 수행할 수 있다.)

그러나 이 요령은 $\chi$가 이미 '음수'로 간주될 정도로 클 때에는 실패한다. 약간 느리지만 좀 더 일반적인 방법은, $x \leftarrow \chi$로 시작해서 $x \neq 0$인 동안 $t \leftarrow x \,\&\, -x$로 설정하고, $\chi - t$를 방문하고, $x \leftarrow x - t$로 설정하는 것이다.

**81.** $((z \,\&\, \chi) - (z' \,\&\, \chi)) \,\&\, \chi$. (이 공식을 입증하는 한 가지 방법은 식 (17)을 사용하는 것이다.)

**82.** 쉽다. 식 (76)에서 $z = z'$으로 두면 된다: $w \mid (z \,\&\, \overline{\chi})$, 여기서 $w = ((z \,\&\, \chi) + (z \mid \overline{\chi})) \,\&\, \chi$.

**83.** (다음 반복 절차에 $y$의 비트들이 흩어진 누산기 $t$의 틈(gap)들을 건너서 오른쪽으로 전파된다. 보조 변수 $u$와 $v$는 각각 각 틈의 왼쪽과 오른쪽을 표시한다. 그 틈들은 $w$에 의해 제거되기 전까지는 크기가 두 배로 증가한다.) $t \leftarrow z \,\&\, \chi$, $u' \leftarrow (\chi \gg 1) \,\&\, \overline{\chi}$, $v \leftarrow ((\chi \ll 1) + 1) \,\&\, \overline{\chi}$, $w \leftarrow 3(u' \,\&\, v)$, $u \leftarrow 3u'$, $v \leftarrow 3v$, $k \leftarrow 1$로 설정한다. 그런 다음, $u \neq 0$인 동안 다음 단계들을 수행한다: $t \leftarrow t \mid ((t \gg k) \,\&\, u')$, $k \leftarrow k \ll 1$, $u \leftarrow u \,\&\, \overline{w}$, $v \leftarrow v \,\&\, \overline{w}$, $w \leftarrow ((v \,\&\, (u \gg 1) \,\&\, \overline{u}) \ll (k+1)) - ((u \,\&\, (v \ll 1) \,\&\, \overline{v}) \gg k)$, $u' \leftarrow (u \,\&\, \overline{v}) \gg k$, $v \leftarrow v + ((v \,\&\, \overline{u}) \ll k)$, $u \leftarrow u + u'$. 마지막으로, 답 $((t \gg 1) \,\&\, \chi) \mid (z \,\&\, \overline{\chi})$를 돌려 준다.

**84.** $z \leftharpoondown \chi = w - (z \,\&\, \chi)$, 여기서 $w = (((z \,\&\, \chi) \ll 1) + \overline{\chi}) \,\&\, \chi$는 해답 82에 나온 것이다. $z \rightharpoondown \chi$는 연습문제 83의 해답에서 계산한(좀 더 어렵게) 수량 $t$이다.

**85.** (a) 언급된 방식으로 맞물린 비트들에 해당하는 드럼 장소를 $x = \mathrm{LOC}(a[i,j,k])$로 표기하자. 그러면 $\mathrm{LOC}(a[i+1,j,k]) = x \oplus ((x \oplus ((x \,\&\, \chi) - \chi)) \,\&\, \chi)$이고 $\mathrm{LOC}(a[i-1,j,k]) = x \oplus ((x \oplus ((x \,\&\, \chi) - 1)) \,\&\, \chi)$이다. 여기서, 식 (75)와 해답 79에 의해 $\chi = (11111)_8$이다. $\mathrm{LOC}(a[i, j \pm 1, k])$와 $\mathrm{LOC}(a[i, j, k \pm 1])$에 대한 공식도 이와 비슷한데, 마스크가 $2\chi$과 $4\chi$이다.

(b) 임의 접근을 위해, $f[(i_4 i_3 i_2 i_1 i_0)_2] = (i_4 i_3 i_2 i_1 i_0)_8$들을 담는 길이 32의 표를 담을 공간이 남아 있다고 하자. 그러면 $\mathrm{LOC}(a[i,j,k]) = (((f[k] \ll 1) + f[j]) \ll 1) + f[i]$이다. (옛날 컴퓨터들에서는 $f$의 비트별 계산이 표 참조보다 훨씬 비용이 클 수 있다. 당시에는 레지스터 연산이 메모리 조회보다 느렸기 때문이다.)

(c) 현재 고속 메모리에 있는 페이지의 장소를 $p$라고 하자. 그리고 $z = -128$이라고 하자. 장소 $x$에 접근할 때, 만일 $x \,\&\, z \neq p$이면 드럼 장소 $x \,\&\, z$로부터 128개의 워드를 읽어 와야 한다(현재의 자료가 수정되었다면 먼저 그 자료를 드럼 장소 $p$에 저장한 후에). 그런 다음 $p \leftarrow x \,\&\, z$로 설정한다. [*J. Royal Stat. Soc.* **B-16** (1954), 53-55를 보라. 이 외부 저장소 배열 할당 방안은 1960년경에 데이크스트라E. W. Dijkstra가 고안하고 구현했는데, 그는 이를 '지퍼 잠그기(zip-fastener)' 방법이라고 불렀다. 이후 이 방법은 여러 번 재발견되었다. 이를테면 1966년에 모턴G. M. Morton이, 그리고 그 후 사진 트리 개발자들이 이를 다시 발견했다. Hanan Samet, *Applications of Spatial Data Structures* (Addison-Wesley, 1990)를 볼 것. 또한 현재의 관점에 대해서는 R. Raman, D. S. Wise, *IEEE Trans.* **C57** (2008), 567-573을 보라. 칸토어Georg Cantor는 십진 분수의 숫자들의 교차삽입을 *Crelle* **84** (1878), 242-258, §7에서 고찰했다. 그러나 그는 이 착안이 단위 구간

[0..1]과 단위 정사각형 [0..1]×[0..1] 사이의 쉬운 일대일 대응관계로는 이어지지 않는다고 평했다.]

**86.** 만일 $(i,j,k)$의 제일 오른쪽 비트 $(p',q',r')$개와 나머지 비트 $(p'',q'',r'')$이 페이지 번호에 영향을 주지 않는 주소의 일부라면, 총 페이지 실패 횟수는 $2\big((2^{p-p'}-1)2^{q+r}+(2^{q-q'}-1)2^{p+r}+(2^{r-r'}-1)2^{p+q}\big)$이다. 따라서 이 문제는 $p'+p''\le p$, $q'+q''\le q$, $r'+r''\le r$, $p'+q'+r'+p''+q''+r''=s$를 만족하는 음이 아닌 정수 $(p',q',r',p'',q'',r'')$에 대해 $2^{-p'}+2^{-q'}+2^{-r'}$을 최소화하는 방법을 찾는 것이다. $a$와 $b$가 $a>b+1$인 정수들일 때 $2^a+2^b>2^{a-1}+2^{b+1}$이므로, 그 최솟값(모든 $s$에 대한)은 비트들을 (다 소비할 때까지) 오른쪽에서 왼쪽으로 순환해서 선택할 때 발생한다. 예를 들어 $(p,q,r)=(2,6,3)$일 때 주소 접근 함수는 $(j_5j_4j_3k_2j_2k_1j_1i_1k_0j_0i_0)_2$이다. 특히, 토처의 방안이 최적이다.

[그러나 페이지 크기가 2의 제곱수가 아닐 때에는 그러한 사상이 반드시 최선은 아니다. 예를 들어 16×16 행렬을 생각해 보자. 페이지 크기가 17에서 62일 때에는 주소 접근 함수 $(j_3i_3i_2i_1i_0j_2j_1j_0)_2$가 $(j_3i_3j_2i_2j_1i_1j_0i_0)_2$보다 낫다. 단, 32일 때에는 동등하다.]

**87.** $x\leftarrow x\,\&\sim((x\,\&\,\texttt{"@@@@@@@@"})\gg 1)$로 설정한다. 그러면 각 바이트 $(a_7\ldots a_0)_2$는

$$(a_7a_6(a_5\wedge\bar{a}_6)a_4\ldots a_0)_2$$

로 변한다. ASCII에 추가된 30개의 Latin-1 문자들에 대해서도 같은 변환이 잘 통한다(이를테면 æ ↦ Æ가 된다). 그러나 ÿ ↦ ß라는 예외가 있다.

[우즈Don Woods는 Adventure 게임†을 구현한 그의 프로그램에서, 사용자가 입력한 단어들을 사전에서 찾아보기 전에 먼저 대문자로 변환하는 데 이 요령을 사용했다.]

**88.** $z\leftarrow(x\oplus\bar{y})\,\&\,h$로 설정하고, 그런 다음 $z\leftarrow((x\,|\,h)-(y\,\&\,\bar{h}))\oplus z$로 설정한다.

**89.** $t\leftarrow x\,|\,\bar{y}$, $t\leftarrow t\,\&\,(t\gg 1)$, $z\leftarrow(x\,\&\,\bar{y}\,\&\,\bar{\mu}_0)\,|\,(t\,\&\,\mu_0)$로 설정한다. [달하이머T. Dahlheimer가 최적화한, 디츠H. G. Dietz와 피셔R. J. Fisher의 SWARC 컴파일러(1998)를 위한 'nasty' 시험 프로그램에서 가져옴.]

**90.** '$z\leftarrow(x\,\&\,y)+z$' 앞이나 뒤에 '$z\leftarrow z\,|\,((x\oplus y)\,\&\,l)$'을 삽입하면 된다. ($x+y$가 홀수일 때 $x+y\equiv x\oplus y$(법 4)이기 때문에 앞에 넣으나 뒤에 넣으나 결과는 같다. 따라서 MMIX의 경우에는 MOR를 사용하면 추가 비용 없이 반올림을 할 수 있다. 애매한 경우에 짝수로 반올림되게 하는 것은 좀 더 어렵다. 그리고 고정소수점 산술을 사용하는 것은 이득이 되지 않는다.)

**91.** 식 (77)의 바이트별 평균을 $\frac{1}{2}[x,y]$로 표기하자. 다음 연산들을 일곱 번 되풀이한 후 마지막으로 $z\leftarrow\frac{1}{2}[x,y]$로 설정하면 문제가 요구하는 결과가 계산된다.

---

† [옮긴이 주] Adventure라는 이름의 게임은 크라우서Will Crowther가 처음으로 설계하고 구현했으며, 이후 우즈가 크게 개선, 확장했다.

$$z \leftarrow \frac{1}{2}[x, y], \quad t \leftarrow \alpha \,\&\, h, \quad m \leftarrow (t \ll 1) - (t \gg 7),$$

$$x \leftarrow (m \,\&\, z) \mid (\bar{m} \,\&\, x), \quad y \leftarrow (\bar{m} \,\&\, z) \mid (m \,\&\, y), \quad \alpha \leftarrow \alpha \ll 1.$$

여덟 수준들에서 반올림 오차가 누적되긴 하지만, 결과적인 절대 오차는 결코 807/255을 넘지 않는다. 더 나아가서, $256^3$가지 경우 모두에 대해 평균을 내보면 절대 오차는 $\approx 1.13$이며, 2보다 작을 확률이 $\approx 94.2\%$이다. 연습문제 90에서처럼 홀수로 반올림한다면 최대 및 평균 오차는 616/255와 $\approx 0.58$로 줄어든다. 그리고 오차가 $< 2$일 확률은 $\approx 99.9\%$로 높아진다. 그래서 다음의 MMIX 코드에서는 그러한 치우침 없는 반올림 방식을 사용한다.

```
x GREG ;y GREG ;z GREG                       ⎧ XOR  t,x,y      MOR m,ffhi,alf ⎫
alf GREG ;m GREG ;t IS $255                  ⎪ MOR  z,rodd,t   PUT rM,m       ⎪
                            일곱 번 반복한다: ⎨ AND  t,x,y      MUX x,z,x      ⎬
rodd  GREG #4020100804020101                 ⎪ ADDU z,z,t      MUX y,y,z      ⎪
ffhi  GREG -1<<56                            ⎩                 SLU alf,alf,1  ⎭
```

단, 마지막(일곱 번째) 반복에서는 SLU를 생략한다. 그런 다음 처음 네 명령을 되풀이한다. 이 여덟 $\alpha$-혼합의 총 시간은 $66v$으로, 이는 곱셈 8회의 비용보다 적다.

**92.** 각 $j$에 대해 $z_j = \lceil (x_j + y_j)/2 \rceil$가 된다. (워런H. S. Warren, Jr.이 지적한 이 사실은 항등식 $x + y = ((x \mid y) \ll 1) - (x \oplus y)$로부터 비롯된 것이다. 다음 연습문제도 보라.)

**93.** $x - y = (x \oplus y) - ((\bar{x} \,\&\, y) \ll 1)$. ('자리 올림[carry]' 대신 '빌림[borrow]'.)

**94.** $b_j$가 오른쪽 필드들로부터의 '빌림'이라고 할 때, $(x - l)_j = (x_j - 1 - b_j) \bmod 256$이다. 따라서 $t_j$는 오직 $(x_j \ldots x_0)_{256} < (1 \ldots 1)_{256} = (256^{j+1} - 1)/255$일 때에만 0이 아니다. (따라서 문제의 질문들에 대한 답은 "예"와 "아니요"이다.)

일반화하자면, 상수 $l$을 임의의 값 $(l_7 \ldots l_1 l_0)_{256}$으로 둘 수 있다고 할 때, 식 (39)의 연산은 오직 $(x_j \ldots x_0)_{256} < (l_j \ldots l_0)_{256}$이고 $x_j < 128$일 때에만 $t_j \neq 0$이 되게 한다.

**95.** 식 (39)을 사용한다: $h\,(t(x \oplus ((x \gg 8) + (x \ll 56))) \mid t(x \oplus ((x \gg 16) + (x \ll 48))) \mid t(x \oplus ((x \gg 24) + (x \ll 40))) \mid t(x \oplus ((x \gg 32) + (x \ll 32)))) = 0$을 판정한다. 여기서 $t(x) = (x - l) \,\&\, \bar{x}$이다. (순환 자리이동이 가능하다면 이 28단계를 20단계로 줄일 수 있으며, MXOR과 BDIF를 사용할 수 있다면 11단계로 줄일 수 있다.)

**96.** $0 \le x, y < 256$, $x_h = \lfloor x/128 \rfloor$, $x_l = x \bmod 128$, $y_h = \lfloor y/128 \rfloor$, $y_l = y \bmod 128$이라고 하자. 그러면 $[x < y] = \langle \bar{x}_h y_h [x_l < y_l] \rangle$이다. 연습문제 7.1.1-106을 볼 것. 그리고 $[x_l < y_l] = [y_l + 127 - x_l \ge 128]$이다. 따라서 $z = (\bar{x} \,\&\, 127) + (y \,\&\, 127)$이라고 할 때 $[x<y] = \lfloor \langle \bar{x} y z \rangle / 128 \rfloor$이다.

이 때문에, $z = (\bar{x} \,\&\, \bar{h}) + (y \,\&\, \bar{h})$일 때 $t = h \,\&\, \langle \bar{x} y z \rangle$가 요구된 속성들을 가지게 된다. 식 (17)에 의해, $\bar{z} = \sim ((\bar{x} \,\&\, \bar{h}) + (y \,\&\, \bar{h})) = (x \mid h) - (y \,\&\, \bar{h})$라고 할 때 이 공식을 $t = h \,\&\, \sim \langle x \bar{y} \bar{z} \rangle$로도 표기할 수 있다.

$[x_j \le y_j] = 1 - [y_j < x_j]$를 판정하는 비슷한 함수를, 그냥 $x \leftrightarrow y$로 교환하고 그 여원을 취해서 얻을 수 있다: $t \leftarrow h \,\&\, \sim \langle x\bar{y}z \rangle = h \,\&\, \langle \bar{x}y\bar{z} \rangle$, 여기서 $z = (x \,\&\, \bar{h}) + (\bar{y} \,\&\, \bar{h})$.

**97.** $x' \leftarrow x \oplus$ "********", $y' \leftarrow x \oplus y$, $t \leftarrow hr \,\&\, (x \mid ((x \mid h) - l)) \,\&\, (y' \mid ((y' \mid h) - l))$, $m \leftarrow (t \ll 1) - (t \gg 7)$, $t \leftarrow t \,\&\, (x' \mid ((x' \mid h) - l))$, $z \leftarrow (\bar{m} \,\&$ "********"$) \mid (\bar{m} \,\& y)$로 설정한다. (20단계.)

**98.** $u \leftarrow x \oplus y$, $z \leftarrow (\bar{x} \,\&\, \bar{h}) + (y \,\&\, \bar{h})$, $t \leftarrow h \,\&\, (x \oplus (u \mid (x \oplus z)))$, $v \leftarrow ((t \ll 1) - (t \gg 7)) \,\&\, u$, $z \leftarrow x \oplus v$, $w \leftarrow y \oplus v$로 설정한다. [이 14단계 절차는 연습문제 96의 공식을 이용해서 $t = h \,\&\, \langle \bar{x}yz \rangle$를 계산하는데, $x \oplus y$가 알려졌을 때 §7.1.2의 발자국 방법을 이용해서 단 세 단계로 중앙값을 평가한다. 물론 MMIX를 사용할 수 있다면 이보다 훨씬 빠른 해법이 있다: `BDIF t,x,y; ADDU z,y,t; SUBU w,x,t.`]

**99.** 플래그 규칙의 여덟 바이트들은 각자 다른 종류의 문제를 풀려는 것으로 보인다. 하나의 공통의 틀에 맞도록 이들을 다음과 같이 고쳐보자: $f_0 = [x_0 \oplus \text{'!'} \le 0]$, $f_1 = [x_1 \oplus \text{'*'} > 0]$, $f_2 = [x_2 \le \text{'A'} - 1]$, $f_3 = [x_3 > \text{'z'}]$, $f_4 = [x_4 > \text{'a'} - 1]$, $f_5 = [x_5 \oplus \text{'0'} \le 9]$, $f_6 = [x_6 \oplus 255 > 86]$, $f_7 = [x_7 \oplus \text{'?'} \le 3]$. 이렇게 하면, $\le$ 와 $>$가 적절히 선택되도록 $d$를 설정해서 연습문제 96의 공식들을 사용할 수 있다: $a = (\text{'?'}(255)\text{'0'}000\text{'*''!'})_{256} =$ 3fff300000002a21; $b = \bar{h} =$ 7f7f7f7f7f7f7f7f; $c = \bar{h} \,\&\, \sim (3(86)9(\text{'a'}-1)\text{'z'}(\text{'A'}-1)00)_{256} =$ #7c29761f053f7f7f(가장 어려운 부분); $d =$ #8000800000800080; $e = h =$ #8080808080808080이다.

**100.** $c_j$와 $b_j$가 자리 $j$로의 '올림'과 '빌림'이라고 할 때 $u_j = x_j + y_j + c_j - 10c_{j+1}$, $v_j = x_j - y_j - b_j + 10b_{j+1}$이 되게 해야 한다. $u' \leftarrow (x + y + (6\ldots66)_{16}) \bmod 2^{64}$, $v' \leftarrow (x - y) \bmod 2^{64}$로 설정한다면, $0 \le j < 16$에 대해 $u'_j = x_j + y_j + c_j + 6 - 16c_{j+1}$과 $v'_j = x_j - y_j - b_j + 16b_{j+1}$임을 $j$에 대한 귀납법으로 증명할 수 있다. 그러므로 $u'$과 $v'$은 마치 기수 10 수체계를 다룰 때와 마찬가지의 자리 올림, 빌림 패턴들을 가지며, $u = u' - 6(\bar{c}_{16}\ldots\bar{c}_2\bar{c}_1)_{16}$이고 $v = v' - 6(b_{16}\ldots b_2 b_1)_{16}$이다. 따라서 다음의 계산 방안은 요구된 결과를 낸다(덧셈에 연산 10개, 뺄셈에 9개).

| | |
|---|---|
| $y' \leftarrow y + (6\ldots66)_{16},\ u' \leftarrow x + y',$ | $v' \leftarrow x - y,$ |
| $t \leftarrow \langle \overline{x}\overline{y}'u' \rangle \,\&\, (8\ldots88)_{16},$ | $t \leftarrow \langle \bar{x}yv' \rangle \,\&\, (8\ldots88)_{16},$ |
| $u \leftarrow u' - t + (t \gg 2);$ | $v \leftarrow v' - t + (t \gg 2).$ |

**101.** 뺄셈은 $z \leftarrow x - y$로 설정하고 덧셈은 $z \leftarrow x + y +$ e8c4c4fc18로 설정한다. 상수 e8c4c4fc18은 $256 - 24 =$ #e8, $256 - 60 =$ #c4, $65536 - 1000 =$ #fc18로 만든 것이다. 필드들 사이의 빌림과 올림은 마치 혼합기수 뺄셈이나 덧셈을 수행할 때처럼 발생한다. 남은 과제는 빌림이 발생하거나 올림이 발생하지 않은 경우들을 보정하는 것이다. 기수들이 필드 크기의 절반보다 작기 때문에, 개별 숫자들을 조사해서 손쉽게 보정할 수 있다: $t$ <- $z \,\&$ #8080808000, $t \leftarrow (t \ll 1) - (t \gg 7) - ((t \gg 15) \,\&\, 1)$, $z \leftarrow z - (t \,\&$ #e8c4c4fc18$)$로 설정하면 된다. [Stephen Soule, *CACM* **18** (1975), 344-346을 보라. 지금 예의 경우 다행히 fc18의 c가 짝수이다.]

**102.** (a) $0 \le x_j, y_j < 5$이며 $x = (x_{15} \ldots x_0)_{16}$이고 $y = (y_{15} \ldots y_0)_{16}$이라고 가정하자. 목표는 $u_j = (x_j + y_j) \bmod 5$인 $u = (u_{15} \ldots u_0)_{16}$과 $v_j = (x_j - y_j) \bmod 5$인 $v = (v_{15} \ldots v_0)_{16}$을 계산하는 것이다. 다음이 그러한 계산 방법이다.

$$u \leftarrow x + y, \qquad v \leftarrow x - y + 5l,$$
$$t \leftarrow (u + 3l) \,\&\, h, \qquad t \leftarrow (v + 3l) \,\&\, h,$$
$$u \leftarrow u - ((t - (t \gg 3)) \,\&\, 5l); \qquad v \leftarrow v - ((t - (t \gg 3)) \,\&\, 5l).$$

여기서 $l = (1 \ldots 1)_{16} = (2^{64} - 1)/15$, $h = 8l$이다. (덧셈에 연산 7개, 뺄셈에 8개.)

(b) 이 경우 $x = (x_{20} \ldots x_0)_8$ 등이며, 올림들이 잘못 전파되지 않게 하는 데 신경을 더 써야 한다:

$$t \leftarrow x + \bar{h}, \qquad z \leftarrow (x \mid h) - (y \,\&\, \bar{h}),$$
$$z \leftarrow (t \,\&\, \bar{h}) + (y \,\&\, \bar{h}), \qquad t \leftarrow (y \mid \bar{z}) \,\&\, \bar{x} \,\&\, h,$$
$$t \leftarrow (y \mid z) \,\&\, t \,\&\, h, \qquad v \leftarrow x - y + t + (t \gg 2).$$
$$u \leftarrow x + y - (t + (t \gg 2));$$

여기서 $h = (4 \ldots 4)_8 = (2^{65} - 4)/7$이다. (덧셈에 연산 11개, 뺄셈에 10개.)

다른 법(modulus)들에 대해서도 비슷한 절차가 적용된다. 실제로, 일반적으로 원환체 좌표들에 대해, 각 좌표 성분마다 다른 법을 사용해서 다중 바이트 산술을 수행할 수 있다(식 7.2.1.3-(66)을 보라).

**103.** $h$와 $l$이 식 (70)과 (77)의 상수들이라고 하자. 덧셈은 쉽다: $u \leftarrow x \mid ((x \,\&\, \bar{h}) + y)$이다. 뺄셈의 경우에는 1을 버리고 $x_j \,\&\, (1 - y_j)$를 더하면 된다: $t \leftarrow (x \,\&\, \bar{l}) \gg 1$, $v \leftarrow t \mid (t + (x \,\&\, (y \oplus l)))$이다.

**104.** 있다. 19개로 가능하다. $a = (((1901 \ll 4) + 1) \ll 5) + 1$, $b = (((2099 \ll 4) + 12) \ll 5) + 28$로 두고, $m \leftarrow (x \gg 5) \,\&\, \#\texttt{f}$ (월), $c \leftarrow \#\texttt{10} \,\&\, {\sim}((x \mid (x \gg 1)) \gg 5)$ (윤년 보정), $u \leftarrow b + \#\texttt{3} \,\&\, ((\#\texttt{3bbeecc} + c) \gg (m + m))$ (최대 날짜 조정), $t \leftarrow ((x \oplus a \oplus (x - a)) \mid (x \oplus u \oplus (u - x))) \,\&\, \#\texttt{1000220}$ (원치 않은 자리 올림 판정)으로 설정하면 된다.

**105.** 바이트별 최대, 최소를 계산하는 방법이 연습문제 98에 나왔다. 그것을 간단하게 수정하면 어떤 바이트 위치들에서는 최솟값이 계산되고 그 외의 자리들에서는 최댓값이 계산되게 만들 수 있다. 따라서, 바이트들을 $x$와 $y$들 사이에서 적절히 치환할 수만 있다면, §5.3.4의 그림 57에서처럼 '완벽 뒤섞기에 의한 정렬'이 가능하다. 그리고 그러한 치환이 어렵지 않음을 연습문제 1에서 보았다. [물론 16개의 바이트를 더 간단하고 빠르게 정렬하는 방법들이 존재한다. 그러나 이 접근방식의 점근적 함의들에 대해서는 S. Albers, T. Hagerup, *Inf. and Computation* **136** (1997), 25–51과 M. Thorup, *J. Algorithms* **42** (2002), 205–230을 보라.]

**106.** $n$개의 비트들을 $g$개의 $g$비트 필드들로 간주한다. 우선 0이 아닌 필드들을 검출한다($t_1$). 그리고 각 $g$비트 필드마다 $(y_{g-1} \ldots y_0)_2$ 형태의 워드 $y$를 형성한다. 여기서 $y_j = [x$의 필드 $j$가

0이 아님]이다. 그런 다음 각 필드를 상수 $2^{g-1}$, …, $2^0$과 비교한다($t_2$). 그리고 $x$의 0이 아닌 최대 유효 필드를 식별하는 마스크 $m$을 형성한다. 그 필드의 복사본 $g$개를 $z$에 넣은 후, $y$에 했던 것처럼 $z$를 판정한다($t_3$). 마지막으로, $t_2$와 $t_3$의 적절한 옆쪽 덧셈($g$비트 단위의)을 수행하면 $\lambda$가 나온다. ($g=4$, $n=16$인 경우에서 직접 시험해 보라.)

왼쪽 자리이동 없이 $2^\lambda$을 계산하려면 '$t_2 \ll 1$'을 '$t_2+t_2$'로 대체하고 마지막 행을 $w \leftarrow (((a\cdot(t_3\oplus(t_3 \gg g)))\bmod 2^n)\gg(n-g))\cdot l$로 대체한다. 그러면 $w\,\&\,m$이 바로 $2^{\lambda x}$이다.

**107.**
```
h   GREG #8000800080008000      SLU  q,t,16        OR   t,t,y
ms  GREG #00ff0f0f33335555      ADDU t,t,q         AND  t,t,h
1H  SRU  q,x,32                 SLU  q,t,32    5H  SLU  q,t,15
    ZSNZ lam,q,32               ADDU t,t,q         ADDU t,t,q
    ADD  t,lam,16           3H  ANDN y,t,ms        SLU  q,t,30
    SRU  q,x,t              4H  XOR  t,t,y         ADDU t,t,q
    CSNZ lam,q,t                OR   q,y,h     6H  SRU  q,t,60
2H  SRU  t,x,lam                SUBU t,q,t         ADDU lam,lam,q ▮
```

총 시간은 $22v$이다(메모리 접근은 없음). [(86)에도 메모리 접근이 없고 비용이 단 $16v$인 버전이 존재한다. 그 마지막 행을 ADD t,lam,4; SRU y,x,t; CSNZ lam,y,t; SRU y,x,lam; SLU t,y,1; SRU t,[#ffffaa50],t; AND t,t,3; ADD lam,lam,t로 대체하면 된다.]

**108.** 예를 들어 $e$가 $n \le 2^e\cdot 2^{2^e}$을 만족하는 최솟값이라고 하자. 만일 $n$이 $2^e$의 배수이면 크기가 $n/2^e$인 필드 $2^e$개를 사용할 수 있다. 이 경우 단계 B1의 축약은 $e$회 수행된다. 배수가 아니라면 $2^{\lceil\lg n\rceil-e-1}$ 크기 필드 $2^e$개를 사용한다. 이 경우 단계 B1의 축약은 $e+1$회이다. 두 경우 모두 단계 B2와 B5는 $e$회 실행된다. 따라서 총 실행 시간은 $O(e)=O(\log\log n)$이다.

**109.** $x \leftarrow x\,\&\,-x$로 시작해서 알고리즘 B를 적용한다. (이 특별한 경우에서는 알고리즘의 단계 B4를 $x\oplus y$ 대신 상수 $l$을 사용하도록 살짝 수정해도 된다.)

**110.** $d=2^e-e$이고 $s=2^d$이라고 하자. 이 알고리즘은 $n$비트 워드가 여러 개의 $s$비트 필드들로 이루어져 있다고 간주한다.

**K1.** [$x \bmod s$의 연장.] $y \leftarrow x\,\&\,(s-1)$로 설정한다. 그런 다음 $e>j\ge 0$에 대해 $t \leftarrow y\,\&\,\bar{\mu}_j$, $y\leftarrow y\oplus t\oplus(t\ll 2^j(s-1))$로 설정한다. 마지막으로 $y\leftarrow(y\ll s)-y$로 설정한다. [만일 $x=(x_{2^e-1}\ldots x_0)_2$이면 $y_j=(2^s-1)x_j[j<d]$라고 할 때 이제 $y=(y_{2^e-1}\ldots y_0)_{2^s}$이다.]

**K2.** [최소항들을 설정한다.] $y\leftarrow y\oplus(a_{2^e-1}\ldots a_0)_{2^s}$으로 설정한다. 여기서 $0\le j<d$에 대해 $a_j=\mu_{d,j}$이고 $d\le j<2^e$에 대해 $a_j=2^s-1$이다.

**K3.** [압축.] $e>j\ge 0$에 대해 $y\leftarrow y\,\&\,(y\gg 2^j s)$로 설정한다. [이제 $y=1\ll(x \bmod s)$이다. 이것이 이 알고리즘을 작동하게 하는 핵심이다.]

**K4.** 〔마무리.〕 $0 \le j < e$에 대해 $y \leftarrow y \mid (y \ll 2^j s)$로 설정한다. 마지막으로 $d \le j < 2^e$에 대해 $y \leftarrow y \,\&\, (\mu_{2^e,j} \oplus -((x \gg j)\,\&\,1))$로 설정한다. ▮

**111.** $n$개의 비트들을 $s$비트 필드들로 분할한다. 단, 제일 왼쪽 필드는 비트들이 모자랄 수 있다. 우선 $y$를 모든 비트가 1인 필드들을 검출하도록 설정한다. 그러면 $t = (\ldots t_1 t_0)_{2^s}$에는 $q$에 대한 후보 비트들이 설정되는데, 그 비트들에는 $s \le k < r$에 대해 $01^k$인 특정 패턴들을 위한 '거짓 탈락(false drop)'들이 포함된다. 이 방법에서 항상 $\nu t_j \le 1$이 성립하며, 만일 $t_j \ne 0$이면 $t_{j-1} = 0$이다. 거짓 탈락들을 제거하기 위한 마지막 판정을 수행하기 전에, $u$와 $v$의 비트들은 $m = (t \gg 1) \mid (t \gg 2) \mid \cdots \mid (t \gg r)$을 안심하고 계산할 수 있도록 $t$를 적절히 분할한다.

**112.** 만일 $q = x \,\&\, (x \ll 1) \,\&\cdots\&\, (x \ll (r-1)) \,\&\, {\sim}(x \ll r)$이면 $x \,\&\, \overline{x+q} = x \,\&\, (x \ll 1) \,\& \cdots \&\, (x \ll (r-1))$이라는 점에 주목하자.

만일 제시된 문제를 $O(1)$단계로 풀 수 있다면 $r$비트 수의 최대 유효 비트를 $O(1)$단계로 추출하는 것도 가능하다. $n = 2r$인 경우를 수 $2^n - 1 - x$에 적용해 보라. 반대로, 추출 문제에 대한 해법이 $1^r0$ 문제에 대한 해법을 산출함을 보이는 것도 가능하다. 따라서 연습문제 110은 $O(\log\log r)$단계의 해법이 가능함을 함의한다.

**113.** $0' = 0$, $x'_0 = x_0$이라고 할 때, $1 \le i \le r$에 대해 $x'_{i'} = x_i$를 다음과 같이 구축한다: 만일 $x_i = a \circ_i b$이고 $\circ_i \notin \{+, -, \ll\}$이면 $i' = (i-1)' + 1$, $x'_{i'} = a' \circ_i b'$으로 둔다. 여기서 만일 $a = x_j$이면 $a' = x'_{j'}$이고 $a = c_i$이면 $a' = a$이다. 만일 $x_i = a \ll c$이면 $i' = (i-1)' + 2$, $(x'_{i'-1}, x'_{i'}) = (a' \,\&\, (\lceil 2^{n-c} \rceil - 1), x'_{i'-1} \ll c)$로 둔다. 만일 $x_i = a + b$이면 $i' = (i-1)' + 6$으로 두고, $(x'_{(i-1)'+1}, \ldots, x'_{i'})$으로 $((a' \,\&\, \bar{h}) + (b' \,\&\, \bar{h})) \oplus ((a' \oplus b') \,\&\, h)$를 계산하게 한다. 여기서 $h = 2^{n-1}$이다. 그리고 만일 $x_i = a - b$이면 비슷한 계산 $((a' \mid h) - (b' \,\&\, \bar{h})) \oplus ((a' \equiv b') \,\&\, h)$를 수행한다. $r' \le 6r$임은 분명하다.

**114.** 그냥 $x_i = x_{j(i)} \circ_i x_{k(i)}$일 때 $X_i = X_{j(i)} \circ_i X_{k(i)}$로, $x_i = c_i \circ_i x_{k(i)}$일 때에는 $X_i = C_i \circ_i X_{k(i)}$로, $x_i = x_{j(i)} \circ_i c_i$일 때에는 $X_i = X_{j(i)} \circ_i C_i$로 두면 된다. 여기서 $c_i$가 이동할 자릿수일 때에는 $C_i = c_i$이고 그렇지 않으면 $C_i = (c_i \ldots c_i)_{2^n} = (2^{mn} - 1)c_i / (2^n - 1)$이다. 이 구축법은 가변 길이 자리이동이 금지되어 있다는 사실 덕분에 가능한 것이다.

〔$m = 2^d$임에 주목할 것. 이 착안을 이용해서 $f(x, y_i)$의 인스턴스 $2^d$개를 흉내 낼 수 있으며, 그러면 $O(d)$개의 추가 연산으로 '정량화(quantification)'가 가능하다.〕

**115.** (a) $z \leftarrow (\bar{x} \ll 1) \,\&\, (x \ll 2)$, $y \leftarrow x \,\&\, (x + z)$. 〔이 문제는 1977년에 프랫Vaughan Pratt이 본 저자에게 제시했다.〕

(b) $x$의 블록들의 왼쪽 끝과 오른쪽 끝에 해당하는 $x_l \leftarrow (x \ll 1) \,\&\, \bar{x}$와 $x_r \leftarrow x \,\&\, (\bar{x} \ll 1)$을 구한다. 그리고 $x'_r \leftarrow x_r \,\&\, (x_r - 1)$로 설정한다. 그러면 $z_e \leftarrow x'_r \,\&\, (x'_r - (x_l \,\&\, \bar{\mu}_0))$과 $z_o \leftarrow x'_r \,\&\, (x'_r - (x_l \,\&\, \mu_0))$은 각각 짝수 또는 홀수 위치의 왼쪽 끝 다음의 오른쪽 끝들이다. 답은

$y \leftarrow x \,\&\, (x + (z_e \,\&\, \bar{\mu}_0) + (z_o \,\&\, \mu_0))$이다. 이를 $y \leftarrow x \,\&\, (x + (z_e \oplus (x'_r \,\&\, \mu_0)))$으로 단순화할 수 있다.

(c) 따름정리 I에 의해, 이 경우는 불가능하다.

**116.** 정리 A에 의해, 언어 $L$은 잘 정의된(빈 문자열의 존재 또는 부재가 중요하지 않다는 점을 제외하면) 언어이다. 한 언어는 오직 유한상태 자동기계로 정의할 수 있을 때에만 정규 언어이며, 2아딕 정수는 오직 그 입력들을 무시하는 유한상태 자동기계로 정의할 수 있을 때에만 유리수이다. 항등함수는 언어 $L = 1(0 \cup 1)^*$에 해당하며, 수열 $x_0x_1x_2\ldots$에 대해 작용하는 주어진 임의의 두 자동기계로 정의되는 수들에 대한 합, 차, 부울 조합들에 대응되는 하나의 자동기계를 간단한 구축법을 통해서 정의할 수 있다. 따라서 $L$은 정규 언어이다.

연습문제 115에서 $L$은 (a) $11^*(000^*1(0 \cup 1)^* \cup 0^*)$, (b) $11^*(00(00)^*1(0 \cup 1)^* \cup 0^*)$이다.

**117.** 첨언하자면, 언급된 언어 $L$은 역 그레이 이진 부호에 해당한다. 이는 $f(2x) = {\sim} f(2x+1)$이고 $g(x) = x \oplus (x \gg 1)$, $g(f(2x)) = g(f(2x+1)) = x$인 속성을 가진 함수를 정의한다(7.2.1.1-(3)를 보라).

**118.** $x = (x_{n-1} \ldots x_1 x_0)_2$이고 $0 \le j < n$에 대해 $0 \le a_j \le 2^j$이라고 하면, $\sum_{j=0}^{n-1} a_j x_j = \sum_{j=0}^{n-1} (a_j \dot{-} (\bar{x} \,\&\, 2^j))$이다. $a_j = \lfloor 2^{j-1} \rfloor$을 취하면 $x \gg 1$이 나온다.

반대로, 다음의 패터슨M. S. Paterson의 논증은 모너스 연산을 적어도 $n-1$회 수행해야 함을 증명한다: $f(x)$를 덧셈, 뺄셈, 비트별 부울 연산들, 그리고 $k$개의 '아래넘침(underflow)' 연산 $y \lhd z = (2^n - 1)[y < z]$로 계산하는 임의의 사슬을 생각해 보자. 만일 $k < n-1$이면, $x' \bmod 2 = x'' \bmod 2 = 0$인, 그리고 모든 $\lhd$의 $k$에서 $x'$과 $x''$이 같은 결과를 낸다는 조건을 만족하는 두 $n$비트 수 $x'$과 $x''$이 반드시 존재한다. 그러면 $j = \rho(x' \oplus x'')$일 때 $f(x') \bmod 2^j = f(x'') \bmod 2^j$이다. 따라서 $f(x)$는 함수 $x \gg 1$이 아니다.

**119.** $z \leftarrow x \oplus y$, $f \leftarrow 2^p \,\&\, \bar{z} \,\&\, (z-1)$. (식 (39)을 보라.)

**120.** 따름정리 W를 일반화하면, 그러한 함수들은 $1 \le j \le m$, $0 \le k \le n$에 대해 $x_j \equiv y_j$(법 $2^k$)이면 항상 $f(x_1, \ldots, x_m) \equiv f(y_1, \ldots, y_m)$(법 $2^k$)인 함수들이다. 최소 유효 비트는 하나의 $m$변수 이진 함수이므로 가능한 가짓수는 $2^{2^m}$이다. 그리고 그다음의 유효 비트는 변수가 $2m$개인, 즉 $(x_1 \bmod 4, \ldots, x_m \bmod 4)$의 비트들을 변수로 하는 이진 함수이므로, 가짓수는 $2^{2^{2m}}$이다. 이런 식으로 나가면, 답은 $2^{2^m + 2^{2m} + \cdots + 2^{nm}}$이다.

**121.** (a) 만일 $f$에 길이가 $pq$(여기서 $q > 1$)인 주기가 존재한다면, 그것의 $p$회 반복 $f^{[p]}$에는 길이가 $q$인 주기가 존재한다. 그러한 주기를 $y_{j+1} = f^{[p]}(y_j)$, $y_1 \ne y_0$인 $y_0 \mapsto y_1 \mapsto \cdots \mapsto y_q = y_0$으로 표기하자. 그런데 그러면, 따름정리 W에 의해, 그에 해당하는 $(n-1)$비트 사슬에서 반드시 $y_0 \bmod 2^{n-1} \mapsto y_1 \bmod 2^{n-1} \mapsto \cdots \mapsto y_q \bmod 2^{n-1}$이 성립한다. 이로부터, $n$에 대한 귀납법에 의해 $y_1 \equiv y_0$(법 $2^{n-1}$)이다. 따라서 $y_1 = y_0 \oplus 2^{n-1}$, $y_2 = y_0$ 등이 되는데, 이는 모순이다.

(b) $x_1 = x_0 + x_0$, $x_2 = x_0 \gg (p-1)$, $x_3 = x_1 \mid x_2$; 길이 $p$ 주기는 값 $x_0 = (1 + 2^p + 2^{2p} + \cdots) \bmod 2^n$에서 시작한다.

**122.** 뺄셈은 덧셈과 비슷하게 증명하면 된다. 부울 연산들은 더욱 간단하다. 그리고 상수들의 패턴은 단 1비트이다. 남은 경우는 $x_r = x_j \gg c$ 뿐인데, 이 경우 $S_r = S_j + c$이다. $c < 0$일 때에는 왼쪽으로 자리이동된다. 그러면 $V_{pqr} = V_{(p+c)(q+c)j}$이고

$$x_r \,\&\, \lfloor 2^p - 2^q \rfloor = \big((x_j \,\&\, \lfloor 2^{p+c} - 2^{q+c} \rfloor) \gg c\big) \,\&\, (2^n - 1)$$

이다. 따라서, 귀납법에 의해 $|X_{pqr}| \le |X_{(p+c)(q+c)j}| \le B_j = B_r$이다.

**123.** $x = (x_{g-1} \ldots x_0)_2$라고 할 때, 우선 (195)에서 $t = 2^{g-1}(x_0 \ldots x_{g-1})_{2^g}$임에 주목하자. 따라서 요구한 대로 $y = (x_0 \ldots x_{g-1})_2$이다. 이제 정리 P는 $a_{g+1}$로 곱하기와 $a_{g-1}$로 곱하기에 넓은워드 단계 $\lfloor \frac{1}{3} \lg g \rfloor$개가 필요함을 함의한다. 그러한 곱셈들 중 적어도 하나는 $\lfloor \frac{1}{6} \lg g \rfloor$개 이상의 단계를 필요로 한다.

**124.** $t \leftarrow 0$, $x_0 = x$, $U_0 = \{2^0, 2^1, \ldots, 2^{n-1}\}$, $1' \leftarrow 0$으로 시작한다. $t \leftarrow t+1$로 $t$를 전진시킬 때, 만일 현재 명령이 $r_i \leftarrow r_j \pm r_k$이면 그냥 $x_t = x_{j'} \pm x_{k'}$으로 정의하고 $i' \leftarrow t$로 둔다. $r_i \leftarrow r_j \circ r_k$이고 $r_i \leftarrow c$인 경우들도 비슷하다.

만일 현재 명령이 $r_i \le r_j$일 때 분기된다면 $x_t = x_{t-1}$로 정의하고 $V_1 = \{x \in U_{t-1} \mid x_{i'} \le x_{j'}\}$, $V_0 = U_{t-1} \setminus V_1$로 둔다. $U_t$가 $V_0$과 $V_1$보다 크다고 하자. 만일 $U_t = V_1$이면 분기한다. 이 경우 $|U_t| \ge |U_{t-1}|/2$임을 주목할 것.

만일 현재 명령이 $r_i \leftarrow r_j \gg r_k$이면, $W = \{x \in U_{t-1} \mid$ 어떤 $s \in S_{k'}$에 대해 $x \,\&\, \lfloor 2^{\lg n + s} - 2^s \rfloor \ne 0\}$으로 두고 $|W| \le |S_{k'}| \lg n \le 2^{t-1+e+f}$임에 주목한다. $|c| < n$에 대해 $V_c = \{x \in U_{t-1} \setminus W \mid x_{k'} = c\}$, $V_n = U_{t-1} \setminus W \setminus \bigcup_{|c|<n} V_c$라고 하자. 보조정리 B는 집합 $V_c$들 중 많아야 $B_{k'} + 1 \le 2^{2^{t-1}-1} + 1$개가 공집합임을 말해 준다. $U_t$가 가장 큰 집합이라고 하자. 그리고 만일 $V_c$이면 $x_t = x_{j'} \gg c$, $i' \leftarrow t$로 정의한다. 이 경우 $|U_t| \ge (|U_{t-1}| - 2^{t-1+e+f})/(2^{2^{t-1}-1} + 1)$이다.

비슷하게, $r_i \leftarrow M[r_j \bmod 2^m]$이나 $M[r_j \bmod 2^m] \leftarrow r_i$일 때에는 $W = \{x \in U_{t-1} \mid$ 어떤 $s \in S_{j'}$에 대해 $x \,\&\, \lfloor 2^{m+s} - 2^s \rfloor \ne 0\}$, $0 \le z < 2^m$에 대해 $V_z = \{x \in U_{t-1} \setminus W \mid x_{j'} \bmod 2^m = z\}$로 둔다. 정리 B에 의해, 집합 $V_z$들 중 공집합이 아닌 것은 많아야 $B_{j'} \le 2^{2^{t-1}-1}$개다. $U_t = V_z$가 가장 큰 집합이라고 하자. $r_i$를 $M[z]$에 기록하기 위해, $x_t = x_{t-1}$, $z'' \leftarrow i'$로 정의한다. $M[z]$에서 $r_i$를 읽어 들이기 위해, 만일 $z''$이 정의되어 있다면 $i' \leftarrow t$로 설정하고 $x_t = x_{z''}$로 둔다. 그렇지 않으면, $x_t$를 미리 계산된 상수 $M[z]$로 설정한다. 두 경우 모두 $|U_t| \ge (|U_{t-1}| - 2^{t-1}m)/2^{2^{t-1}-1}$은 충분히 크다.

만일 $t < f$이면 $r_1 = \rho x$임을 보장할 수 없다. 이유는 집합 $W = \{x \in U_t \mid$ 어떤 $s \in S_{1'}$에 대해 $x \,\&\, \lfloor 2^{\lg n + s} - 2^s \rfloor \ne 0\}$의 크기가 $|W| \le |S_{1'}| \lg n \le 2^{t+e+f}$이고,

$$|U_t \setminus W| \geq 2^{2^{e+f}-2^t+1} - 2^{t+e+f} > 2^{2^t-1} \geq \left|\{x_{1'} \& \lfloor 2^{\lg n}-1 \rfloor \mid x_0 \in U_t \setminus W\}\right|$$

이기 때문이다. $U_t \setminus W$에 값이 $\rho x = x_{1'} \& \lfloor 2^{\lg n} - 1 \rfloor$인 원소가 둘일 수는 없다.

〔RAM이 시간 $t$에서 $(r_1, \ldots, r_l)$의 내용에 기초해서 $2^{2^{t-1}}$가지로 분기할 수 있도록 한다고 해도 동일한 하계가 적용된다.〕

**125.** 해답 124에서처럼 시작하되, $U_0 = [0..2^g)$으로 두고 시작한다. 집합 $W$들을 제거해서 논증을 단순화하면 $|U_t| \geq 2^g/\max(2^m, 2n)^t$을 만족하는 집합들이 나온다. 예를 들어 최대 $2n$개의 서로 다른 자리이동 명령들이 출현할 수 있다.

$t < \lfloor \lg(h+1) \rfloor$가 되는 시간 $t$에서 멈춘다고 가정하자. 정리 P의 증명은 $x^R \& \lfloor 2^p - 2^q \rfloor$과는 독립적으로 $x \& \lfloor 2^{p+s} - 2^{q+s} \rfloor$인 $p$와 $q$를 산출한다. 따라서 힌트처럼 수정한 정리 B는 다른 비트들 $\{x \& \lfloor 2^{p+s} - 2^{q+s} \rfloor \mid s \in S_t\}$의 모든 설정에 대해 $x^R$이 취할 수 있는 서로 다른 값이 많아야 $2^{2^t-1} \leq 2^{(h-1)/2}$개임을 말해준다. 따라서 $x^R$의 정확한 값이 $r_1 = x_{1'}$일 수 있는 $x$의 값은 많아야 $2^{(h-1)/2+g-h}$개이다. 그런데 (196)에 의하면 $2^{(h-1)/2+g-h}$은 $|U_t|$보다 작다

**126.** 패터슨M. S. Paterson은 이와 연관된(그러나 다른) 추측을 제시했다: $k$개의 덧셈-뺄셈 연산들을 가진 모든 2아딕 사슬에 대해, 그 사슬로는 $2^{\lambda x}$를 계산할 수 없는, $\nu x = k+1$인 (아마도 거대한) 정수 $x$가 존재한다.

**127.** 호스타드Johan Håstad는 무한 팬인 AND와 OR 게이트들을 이용해서 입력 $\{x_1, \ldots, x_n, \bar{x}_1, \ldots, \bar{x}_n\}$으로부터 패리티 함수를 계산하는 모든 다항식 크기 회로의 깊이가 반드시 $\Omega(\log n/\log\log n)$임을 보였다〔*Advances in Computing Research* **5** (1989), 143–170〕.

**128.** (연습문제 36과 66에서 고찰한 아래첨자 패리티 함수 $x^{\oplus}$도 주목할 것.)

**130.** 만일 답이 '아니요'라면, 그러한 변수 $a$가 존재하는가라는 비슷한 질문의 답도 바로 떠올릴 수 있을 것이다.

**131.** 이 프로그램은 LINK(q) = r을 유지하면서 전형적인 '깊이 우선 탐색'을 수행한다. 레지스터 u는 현재 조사 중인 정점이고 v는 그 정점의 후행자들 중 하나이다.

```
0H LDOU r,q,link    1     r ← LINK(q).        STOU v,q,link  |R|−|Q|  LINK(q) ← v.
   SET  u,r         1     u ← r.              STOU r,v,link  |R|−|Q|  LINK(v) ← r.
1H LDOU a,u,arcs    |R|   a ← ARCS(u).        SET  q,v       |R|−|Q|  q ← v.
   BZ   a,4F        |R|   S[u]=∅인가?      3H PBNZ a,2B      S        a에 대한 루프.
2H LDOU v,a,tip     S     v ← TIP(a).      4H LDOU u,u,link  |R|      u ← LINK(u).
   LDOU a,a,next    S     a ← NEXT(a).        CMPU t,u,r     |R|      u ≠ r인가?
   LDOU t,v,link    S     t ← LINK(v).        PBNZ t,1B      |R|      만일 그렇다면
   PBNZ t,3F        S     v ∈ R인가?                                  계속한다. ▮
```

**132.** (a) 항상 $\tau(U) \subseteq \&_{u \notin U} \delta_u = \sigma(U)$가 성립한다. 등호는 오직 모든 $u \in U$와 $u' \in U$에 대해 $2^u \subseteq \rho(u')$일 때에만 성립한다.

(b) $\tau(U) \subseteq \sigma(U)$임은 증명했다. 따라서 $T \subseteq U$이다. 그리고 만일 $t \in T$이면 모든 $u \in U$에 대해 $2^t \subseteq \rho_u$이다. 따라서 $\sigma(T) \subseteq \tau(T)$이다.

(c) 부문제 (a)와 (b)는 $C_n$의 원소들이 파벌들을 표현함을 증명한다.

(d) 만일 $u \subseteq v$이면 $u\,\&\,\rho_k \subseteq v\,\&\,\rho_k$이고 $u\,\&\,\delta_k \subseteq v\,\&\,\delta_k$이다. 따라서 전적으로 극대 원소들만 다루어도 된다. 다음의 알고리즘은 기수 교환 정렬(알고리즘 5.2.2R)과 비슷한 방식의 캐시 친화적 순차 할당을(연결된 방식의 할당이 아니라) 사용한다.

$w_1 \ldots w_s$가 $s$개의 부호 없는 워드들로 된 작업공간이라고 하자. 이들의 양 끝은 $w_0 = 0$과 $w_{s+1} = 2^n - 1$이다. $C_{k-1}^+$의 원소들의 초기 위치는 $w_1 \ldots w_m$이다. 알고리즘의 목표는 이들을 $C_k^+$의 원소들로 대체하는 것이다.

**M1.** 〔초기화.〕 만일 $\rho_k = 2^n - 1$이면 알고리즘을 끝낸다. 그렇지 않으면 $v \leftarrow 2^k$, $i \leftarrow 1$, $j \leftarrow m$으로 설정한다.

**M2.** 〔$v$에 관한 분할.〕 $w_i \& v = 0$인 동안 $i \leftarrow i+1$로 설정한다. $w_j \& v \neq 0$인 동안 $j \leftarrow j-1$로 설정한다. 그런 다음 만일 $i > j$이면 M3으로 간다. 그렇지 않으면 $w_i \leftrightarrow w_j$로 교환하고, $i \leftarrow i+1$, $j \leftarrow j-1$로 설정한 후 이 단계를 되풀이한다.

**M3.** 〔$w_i \ldots w_m$을 분할.〕 $l \leftarrow j$, $p \leftarrow s+1$로 설정한다. $i \leq m$인 동안 $u = w_i$로 두고 서브루틴 Q를 실행한 후 $i \leftarrow i+1$로 설정한다.

**M4.** 〔극대 원소들을 결합.〕 $m \leftarrow l$로 설정한다. $p \leq s$인 동안 $m \leftarrow m+1$, $w_m \leftarrow w_p$, $p \leftarrow p+1$로 설정한다. ▮

서브루틴 Q는 전역 변수 $j$, $k$, $l$, $p$, $v$를 사용한다. 본질적으로 이 서브루틴이 하는 일은 워드 $u$를 $u' = u\,\&\,\rho_k$와 $u'' = u\,\&\,\delta_k$로 대체하되, 만일 그들이 여전히 극대이면 그대로 유지하는 것이다. 그런 경우 $u'$은 상위 작업공간 $w_p \ldots w_s$로 가지만 $u''$은 여전히 하위 공간에 남는다.

**Q1.** 〔$u'$을 조사한다.〕 $w \leftarrow u\,\&\,\rho_k$, $q \leftarrow s$로 설정한다. 만일 $w = u$이면 Q4로 간다.

**Q2.** 〔비교가 가능한가?〕 만일 $q < p$이면 Q3으로 간다. 그렇지 않고 만일 $w\,\&\,w_q = w$이면 Q7로 간다. 그렇지 않고 만일 $w\,\&\,w_q = w_q$이면 Q4로 간다. 그렇지 않으면 $q \leftarrow q-1$로 설정하고 Q2를 되풀이한다.

**Q3.** 〔잠정적으로 $u'$을 받아들인다.〕 $p \leftarrow p-1$, $w_p \leftarrow w$로 설정한다. 만일 $p \leq m+1$이면 메모리 위넘침(overflow)이 발생한다. 그렇지 않으면 Q7로 간다.

**Q4.** 〔루프 준비.〕 $r \leftarrow p$, $w_{p-1} \leftarrow 0$으로 설정한다.

**Q5.** 〔비극대 원소들을 제거.〕 $w \mid w_q \neq w$인 동안 $q \leftarrow q-1$로 설정한다. $w \mid w_r = w$인 동안 $r \leftarrow r+1$로 설정한다. 그런 다음 만일 $q < r$이면 Q6으로 간다. 그렇지 않으면 $w_q \leftarrow w_r$, $w_r \leftarrow 0$, $q \leftarrow q-1$, $r \leftarrow r+1$로 설정하고 이 단계를 되풀이한다.

**Q6.** 〔$p$를 되풀이.〕 $w_q \leftarrow w$, $p \leftarrow q$로 설정한다. 만일 $w = u$이면 서브루틴을 끝낸다.

**Q7.** [$u''$을 조사.] $w \leftarrow u \,\&\, \bar{v}$로 설정한다. $1 \le q \le j$ 범위의 어떤 $q$에 대해 만일 $w = w_q$이면 아무 일도 하지 않는다. 그렇지 않으면 $l \leftarrow l+1$, $w_l \leftarrow w$로 설정한다. ▮

실제 응용에서 이 알고리즘은 상당히 잘 수행된다. 예를 들어 이를 $8 \times 8$ 여왕 그래프(연습문제 7-129)에 적용하면 310개의 극대 파벌들을 워드 397개 크기의 작업공간을 사용해서 306,513mem의 계산으로 찾아내며, 같은 그래프에 대해 극대 독립집합 10188개를 310메가멤의 계산과 15090 워드의 작업공간으로 찾아낸다. 크기가 $(5,6,7,8)$인 그러한 집합은 각각 $(728, 6912, 2456, 92)$개이며, 그중 92개는 8 여왕 문제의 유명한 해답이다.

참고문헌: N. Jardine, R. Sibson, *Mathematical Taxonomy* (Wiley, 1971), Appendix 5. 극대 파벌들을 나열하는 다른 알고리즘들도 많이 발표되었다. 이를테면 W. Knödel, *Computing* **3** (1968), 239-240, **4** (1969), 75; C. Bron, J. Kerbosch, *CACM* **16** (1973), 575-577; S. Tsukiyama, M. Ide, H. Ariyoshi, I. Shirakawa, *SICOMP* **6** (1977), 505-517; E. Loukakis, *Computers and Math. with Appl.* **9** (1983), 583-589; D. S. Johnson, M. Yannakakis, C. H. Papadimitriou, *Inf. Proc. Letters* **27** (1988), 119-123을 보라. 또한 연습문제 5-23도 보라.

**133.** (a) 독립집합은 $\overline{G}$의 한 파벌이다. 따라서 $G$를 여수화하면(complement) 된다. (b) 정점 덮개(vertex cover)는 독립집합의 여집합이다. 따라서 $G$를 여수화하고 그 출력들을 여수화하면 된다.

**134.** $a \mapsto 00$, $b \mapsto 01$, $c \mapsto 11$은 부류 II의 첫 사상이다.

**135.** 단항 연산자들은 간단하다: $\neg(x_l x_r) = \bar{x}_r \bar{x}_l$; $\diamond(x_l x_r) = x_r x_r$; $\square x(x_l x_r) = x_l x_l$이다. 그리고 $x_l x_r \Leftrightarrow y_l y_r = (z_l \wedge z_r)(z_l \vee z_r)$인데, 여기서 $z_l = (x_l \equiv y_l)$이고 $z_r = (x_r \equiv y_r)$이다.

**136.** (a) 부류 II, III, $\mathrm{IV}_a$, $\mathrm{IV}_c$는 모두 최적 비용이 4이다. 신기하게도 함수 $z_l = x_l \vee y_l \vee (x_r \wedge y_r)$과 $z_r = x_r \vee y_r$은 부류 II의 사상 $(a,b,c) \mapsto (00, 01, 11)$은 물론 부류 $\mathrm{IV}_c$의 사상 $(a,b,c) \mapsto (00,01,1{*})$에 대해서도 작동한다. [이 연산은 $a=0$, $b=1$이고 $c$가 "1보다 크다"를 뜻할 때 포화 덧셈(saturating addition)과 동치이다.]

(b) $a$, $b$, $c$ 사이의 대칭성 때문에, 부류 I, $\mathrm{IV}_a$, $\mathrm{V}_a$만 시도해도 된다. 그리고 그 부류들은 비용이 각각 6, 7, 8이다. $(a,b,c) \mapsto (00, 01, 10)$일 때 부류 I의 승자는 $z_l = v_r \wedge \bar{u}_l$, $z_r = v_l \wedge \bar{u}_r$이다. 여기서 $u_l = x_l \oplus y_l$, $u_r = x_r \oplus y_r$, $v_l = y_r \oplus u_l$, $v_r = y_l \oplus u_r$이다. [연습문제 7.1.2-60도 보라. 그 문제의 해답은 $z_l \leftrightarrow z_r$만 제외하면 이 해답과 동일하다. 이러한 차이가 생긴 이유는, 이 문제에서는 $(x+y+z) \bmod 3 = 0$이지만 그 문제에서는 $(x+y-z) \bmod 3 = 0$이라는 것이다. 그리고 $z_l \leftrightarrow z_r$은 부정과 동치이다. 지금의 경우 이항 연산 $z = x \circ y$를 "원소 $(x,y,z)$가 모두 같거나 모두 다르다"는 사실로 특징짓는 것도 가능하다. 따라서 SET 게임을 해 본 사람이라면 이 연산에 익숙할 것이다. 이것은 자기동형사상이 $n!$개인 $n$원소 집합들에 대해 유일한 이항 연산으로, $x \circ y = x$나 $x \circ y = y$ 같은 자명한 예들과는 다른 것이다.]

(c) 비용 3을 달성할 수 있는 것은 부류 I 뿐이다: $(a,b,c) \mapsto (00, 01, 10)$, $z_l = (x_l \vee x_r) \wedge y_l$, $z_r = \bar{x}_r \wedge y_r$로 두면 된다.

**137.** 사실 $(a,b,c) \mapsto (00,01,10)$일 때 $z=(x+1)\&y$이다. 〔이는 작위적인 예이다.〕

**138.** 저자가 알고 있는 가장 간단한 경우는 두 개의 이항 연산들을 필요로 한다. 예를 들어

$$\begin{pmatrix} a & b & b \\ a & b & b \\ c & a & a \end{pmatrix} \quad \text{와} \quad \begin{pmatrix} a & b & a \\ a & b & a \\ c & a & c \end{pmatrix}$$

는 부류 $\mathrm{V}_a$에서 둘 다 비용이 2이지만 부류 I과 II에서는 비용이 각각 $(3,2)$와 $(2,3)$이다.

**139.** $z_2$의 계산은 본질적으로 연습문제 136(b)와 동치이다. 따라서 자연스러운 표현 (111)이 더 낫다. 다행히 이 표현은 $z_{1l}=x_l \wedge y_l$, $z_{1r}=x_r \wedge y_r$이라고 할 때 $z_1$에도 좋다.

**140.** 표현 (111)을 이용한다. 우선 이진 전가산기를 이용해서 $5+5=10$단계로 $(a_1a_0)_2 = x_l + y_l + z_l$과 $(b_1b_0)_2 = x_r + y_r + z_r$을 계산한다. 그런 다음 '탐욕 발자국'법을 적용하면 $(a_1, a_0, b_1, b_0)$의 요구된 함수 네 개를 여덟 단계로 계산하는 방법이 나온다: $u_l = a_1 \wedge \bar{b}_0$, $u_r = a_0 \wedge \bar{b}_1$, $t_1 = a_1 \oplus b_0$, $t_2 = a_0 \oplus b_1$, $t_3 = a_1 \oplus t_2$, $t_4 = a_0 \oplus t_1$, $v_l = t_3 \wedge \bar{t}_1$, $v_r = t_4 \wedge \bar{t}_2$이다. 〔이 방법이 최적일까?〕

**141.** 어떤 정수 $m = U_n \ge 2$에 대해

$a_s = [s=1$ 또는 $s=2$ 또는 $s$는 $\le m$이고 정확히 한 가지 방법으로 서로 다른 울람 수들의 합$]$;
$b_s = [s$는 $\le m$이고 둘 이상의 방식으로 서로 다른 울람 수들의 합$]$

을 만족하는 $a = a_0a_1 \ldots a_{2m-1}$과 $b = b_0b_1 \ldots b_{2m-1}$을 계산했다고 하자. 예를 들어 $m=n=2$일 때 $a=0111$이고 $b=0000$이다. 그러면 $\{s \mid s \le m$이고 $a_s = 1\} = \{U_1, \ldots, U_n\}$이다. 그리고 $U_{n+1} = \min\{s \mid s > m$이고 $a_s = 1\}$이다. ($s = U_{n-1} + U_n$일 때 $a_s = 1$임을 주목할 것.) 다음은 이러한 조건들을 만족하는 간단한 비트별 연산들이다: $n \leftarrow n+1$, $m \leftarrow U_n$,

$$(a_m \ldots a_{2m-1}, b_m \ldots b_{2m-1}) \leftarrow \big((a_m \ldots a_{2m-1} \oplus a_0 \ldots a_{m-1}) \,\&\, \overline{b_m \ldots b_{2m-1}},$$
$$(a_m \ldots a_{2m-1} \,\&\, a_0 \ldots a_{m-1}) \mid b_m \ldots b_{2m-1}\big).$$

이때 배정의 우변에서 $2U_{n-1} \le s < 2U_n$에 대해 $a_s = b_s = 0$이다.

〔M. C. Wunderlich, *BIT* **11** (1971), 217-224; *Computers in Number Theory* (1971), 249-257을 보라. 울람S. Ulam이 *SIAM Review* **6** (1964), 348에서 처음 정의한 이 신비한 수들은 수년간 수론 연구자들을 괴롭혔다. 비율 $U_n/n$은 상수 $\approx 13.52$로 수렴되는 것으로 보인다. 예를 들어 $U_{20000000} = 270371127$이고 $U_{40000000} = 540752349$이다. 더 나아가서, 윌슨D. W. Wilson은 이 수들이 그 중심들이 다른 상수 $\approx 21.6016$의 배수만큼 차이가 나는 준주기적 '집단(cluster)'들을 형성함을 실험적으로 관측했다. $U_n \le 10^9$에 대해 머크레이니Jud McCranie가 수행한 계산들은 가장 큰 간격 $U_n - U_{n-1}$이 $U_{71482877} = 966290117$과 $U_{71482878} = 966291200$ 사이에서 발생할 수 있음을 말해 준다. 가장 작은 간격 $U_n - U_{n-1} = 1$은 $U_n \in \{2,3,4,48\}$일 때에만 발생함이 분명하다. 6, 11, 14, 16 같은 특정한 작은 간격들은 관측된 바가 없다.〕

**142.** 그 연습문제의 알고리즘 E는 부분입방체들에 대해 다음과 같은 연산들을 수행한다: (i) 주어진 부체 $c$의 $*$들을 센다. (ii) 주어진 $c$와 $c'$에 대해 $c \subseteq c'$인지를 판정한다. (iii) 주어진 $c$와 $c'$에 대해 $c \sqcup c'$을 계산한다(존재하는 경우). 연산 (i)은 옆쪽 덧셈으로 간단히 수행할 수 있다. 2비트 부호화 (113), (142), (145)의 아홉 부류들 중 (ii)와 (iii)에 대해 가장 잘 작동하는 것이 무엇인지 살펴보자. $a=0$, $b=1$, $c=*$라고 가정한다. 0과 1 사이의 대칭성 덕분에 부류 I, III, $\mathrm{IV}_a$, $\mathrm{IV}_c$, $\mathrm{V}_a$, $\mathrm{V}_c$만 조사하면 된다.

부류 I에 속하는 별표-비트 사상 $(0,1,*) \mapsto (00,01,10)$의 경우, $c \not\subseteq c'$의 진리표는 각 성분에서 $010{*}100{*}110{*}{*}{*}{*}{*}$이다. (예를 들어 $0 \subseteq *$이고 $* \not\subseteq 1$이다. 이 진리표의 $*$들은 사용되지 않은 부호 11에 대한 '상관없음'들이다.) §7.1.2의 방법을 적용하면 그러한 함수들 중 가장 값싼 함수의 비용이 3임을 알 수 있다. 예를 들어 오직 $((b \oplus b') \mid a) \,\&\, \bar{a}' = 0$일 때에만 $c \subseteq c'$이다. 더 나아가서 합의 $c \sqcup c' = c''$은 $z = (b \oplus b') \,\&\, {\sim}(a \oplus a')$이라고 할 때 오직 $\nu z = 1$일 때에만 존재한다. 그리고 그런 경우 $a'' = (a \oplus b \oplus b') \,\&\, {\sim}(a \oplus a')$, $b'' = (b \mid b') \,\&\, \bar{z}$이다. 〔M. A. Breuer, *Proc. ACM Nat. Conf.* **23** (1968), 241-250에서 별표 부호와 비트 부호를 이런 목적으로 사용했다.〕

그러나 부류 III의 $(0,1,*) \mapsto (01,10,00)$이 더 나은 성과를 보인다. 이 경우 오직 $(\bar{c}_l \,\&\, c'_l) \mid (\bar{c}_r \,\&\, c'_r) = 0$일 때에만 $c \subseteq c'$이다. $c \sqcup c' = c''$은 $z = x \,\&\, y$, $x = c_l \mid c'_l$, $y = c_r \mid c'_r$이라 할 때 오직 $\nu z = 1$일 때에만 존재한다. 그리고 $c''_l = x \oplus z$, $c''_r = y \oplus z$이다. 부류 I에 비해 각 합의당 두 개의 연산이 절약되므로, 별표들을 세기 위한 추가적인 단계가 상쇄된다.

부류 $\mathrm{IV}_a$, $\mathrm{V}_a$, $\mathrm{V}_c$는 이보다 훨씬 못하다. 부류 $\mathrm{IV}_c$에는 나름의 이점이 있지만, 그래도 부류 III가 최선이다.

**143.** $f(x) = ((x \,\&\, m_1) \ll 17) \mid ((x \gg 17) \,\&\, m_1) \mid ((x \,\&\, m_2) \ll 15) \mid ((x \gg 15) \,\&\, m_2) \mid ((x \,\&\, m_3) \ll 10) \mid ((x \gg 10) \,\&\, m_3) \mid ((x \,\&\, m_4) \ll 6) \mid ((x \gg 6) \,\&\, m_4)$, 여기서 $m_1 =$ #7f7f7f7f7f7f7f, $m_2 =$ #fefefefefefe, $m_3 =$ #3f3f3f3f3f3f3f, $m_4 =$ #fcfcfcfcfcfcfc이다. 〔이를테면 *Chess Skill in Man and Machine*, Peter W. Frey 엮음 (1977)의 59쪽을 보라. MMIX에서 $f(x)$를 계산하는 데에는 다섯 단계(MOR 연산 넷과 OR 하나)로 충분하다. $q =$ #40a05028140a0502, $q' =$ #2010884422110804로 두면 $f(x) = q \cdot x \cdot q' \mid q' \cdot x \cdot q$이기 때문이다.

**144.** 노드 $j \oplus (k \ll 1)$, 여기서 $k = j \,\&\, -j$.

**145.** 말단 노드 $j \mid 1$의 높이 $h$에 있는 조상 노드이다.

**146.** (126)에 의해, $l - 2^{\rho l} < i \le l \le j < l + 2^{\rho l}$일 때 $\lambda(j \,\&\, -i) = \rho l$임을 보이면 된다. $-l \le -i < -l + 2^{\rho l}$이므로, 요구된 결과를 (28)로부터 이끌어낼 수 있다.

**147.** (a) $1 \le j \le n$에 대해 $\pi v_j = \beta v_j = j$, $\alpha v_j = 1 \ll \rho j$, $\tau j = \Lambda$.

(b) $e_1 > \cdots > e_t \ge 0$이고 $n = 2^{e_1} + \cdots + 2^{e_t}$이라 하자. 그리고 $0 \le k \le t$에 대해 $n_k = 2^{e_1} + \cdots + 2^{e_k}$이라고 하자. 그러면 $n_{k-1} < j \le n_k$에 대해 $\pi v_j = j$이고 $\beta v_j = \alpha v_j = n_k$이다. 또한 $1 \le k \le t$에 대해 $\tau n_k = v_{n_{k-1}}$이다. 여기서 $v_0 = \Lambda$이다. 다른 $\tau j$들은 모두 $\Lambda$이다.

**148.** 그럴 수 있다. 만일 $\pi y_1 = 010000$, $\pi y_2 = 010100$, $\pi x_1 = 010101$, $\pi x_2 = 010110$, $\pi x_3 = 010111$, $\beta x_3 = 010111$, $\beta y_2 = 010100$, $\beta x_2 = 011000$, $\beta y_1 = 010000$, $\beta x_1 = 100000$이면 그렇다.

**149.** 초기에 $v = \Lambda$를 포함한 모든 정점 $v$에 대해 CHILD$(v)$ = SIB$(v)$ = PARENT$(v) = \Lambda$라고 가정한다.

**S1.** 〔삼중 연결 트리를 만든다.〕 $n$개의 호 $u \to v$들($v = \Lambda$일 수도 있음) 각각에 대해 SIB$(u) \leftarrow$ CHILD$(v)$, CHILD$(v) \leftarrow u$, PARENT$(u) \leftarrow v$로 설정한다. (연습문제 2.2.3-6 참고.)

**S2.** 〔첫 운행을 시작한다.〕 $p \leftarrow$ CHILD$(\Lambda)$, $n \leftarrow 0$, $\lambda 0 \leftarrow -1$로 설정한다.

**S3.** 〔쉬운 경우의 $\beta$를 계산.〕 $n \leftarrow n+1$, $\pi p \leftarrow n$, $\tau n \leftarrow \Lambda$, $\lambda n \leftarrow 1 + \lambda(n \gg 1)$로 설정한다. 만일 CHILD$(p) \neq \Lambda$이면 $p \leftarrow$ CHILD$(p)$로 설정하고 이 단계를 되풀이한다. 그렇지 않으면 $\beta p \leftarrow n$으로 설정한다.

**S4.** 〔$\tau$를 상향식으로 계산.〕 $\tau\beta p \leftarrow$ PARENT$(p)$로 설정한다. 그런 다음 만일 SIB$(p) \neq \Lambda$이면 $p \leftarrow$ SIB$(p)$로 설정하고 S3으로 돌아간다. 그렇지 않으면 $p \leftarrow$ PARENT$(p)$로 설정한다.

**S5.** 〔어려운 경우의 $\beta$를 계산.〕 만일 $p \neq \Lambda$이면 $h \leftarrow \lambda(n \,\&\, -\pi p)$로 설정한 후 $\beta p \leftarrow ((n \gg h) \mid 1) \ll h$로 설정하고 S4로 돌아간다.

**S6.** 〔두 번째 운행을 시작.〕 $p \leftarrow$ CHILD$(\Lambda)$, $\lambda 0 \leftarrow \lambda n$, $\pi\Lambda \leftarrow \beta\Lambda \leftarrow \alpha\Lambda \leftarrow 0$으로 설정한다.

**S7.** 〔$\alpha$를 하향식으로 계산.〕 $\alpha p \leftarrow \alpha($PARENT$(p)) \mid (\beta p \,\&\, -\beta p)$로 설정한다. 그런 다음 만일 CHILD$(p) \neq \Lambda$이면 $p \leftarrow$ CHILD$(p)$로 설정하고 이 단계를 되풀이한다.

**S8.** 〔운행을 계속한다.〕 만일 SIB$(p) \neq \Lambda$이면 $p \leftarrow$ SIB$(p)$로 설정하고 S7로 간다. 그렇지 않으면 $p \leftarrow$ PARENT$(p)$로 설정하고, 만일 $p \neq \Lambda$이면 단계 S8을 되풀이한다. ▮

**150.** $A_j$들을 순서쌍 $(A_j, j)$로 간주한다면, $A_j$들이 서로 소라고 가정할 수 있다. 힌트에서 말한 이진 검색 트리(이는 Jean Vuillemin, *CACM* **23** (1980), 229-239가 소개한 '데카르트 트리[Cartesian tree]의 한 특수 경우이다)는 $k(i,j)$가 $i$와 $j$의 가장 가까운 공통 조상이라는 속성을 가지고 있다. 실제로 임의의 주어진 노드 $j$의 조상들은 $A_k$가 $A_1 \ldots A_j$의 우에서 좌로 최솟값이거나 $A_j \ldots A_n$의 좌에서 우로 최솟값인 노드 $k$들과 정확히 일치한다.

요구된 전처리 과정은 해답 149에 나온 알고리즘과 같되 노드 $\{0, 1, \ldots, n\}$에 대한 삼중 연결 트리의 구축 방식이 다르다. 그 해답처럼 $0 \leq v \leq n$에 대해 CHILD$(v)$ = SIB$(v)$ = PARENT$(v) = 0$으로 시작하고 $\Lambda = 0$으로 둔다. $1 \leq j \leq n$에 대해 $A_0 \leq A_j$라고 가정한다. $t \leftarrow 0$으로 설정하고, $v = n, n-1, \ldots, 1$에 대해 다음 단계들을 수행한다: $u \leftarrow 0$으로 설정한다. 그런 다음 $A_v < A_t$인 동안 $u \leftarrow t$, $t \leftarrow$ PARENT$(t)$로 설정한다. 만일 $u \neq 0$이면 SIB$(v) \leftarrow$ SIB$(u)$, SIB$(u) \leftarrow 0$,

PARENT($u$) ← $v$, CHILD($v$) ← $u$로 설정한다. 그렇지 않으면 그냥 SIB($v$) ← CHILD($t$)로만 설정한다. 또한 CHILD($t$) ← $v$, PARENT($v$) ← $t$, $t$ ← $v$로 설정한다.

이런 식으로 트리를 구축한 후에는 S2에서부터 알고리즘을 실행한다. 실행 시간은 $O(n)$으로, 이는 연산 $t$ ← PARENT($t$)를 각 노드 $t$당 많아야 한 번 수행하기 때문이다. 〔이처럼 구간 최솟값 질의 문제를 가장 가까운 공통 조상 문제로 줄이는 아름다운 방법은 가보H. N. Gabow와 벤틀리J. L. Bentley, 타잔R. E. Tarjan이 *STOC* **16** (1984), 137–138에서 밝힌 것이다. 그들은 또한 다음 연습문제도 제시했다.〕

**151.** $k$개의 자식 노드 $u_1$, …, $u_k$를 가진 노드 $v$에 대해, 만일 $k=0$이면 $S(v)=v$, $k=1$이면 $S(v)=vS(u_1)$, $k>1$이면 $S(v)=S(u_1)v...vS(u_k)$인 노드 순차열 $S(v)$를 정의한다. (따라서 $v$는 $S(v)$에서 정확히 $\max(k-1,1)$번 나타난다.) 숲의 트리가 $k$개이고 그 루트들이 $u_1$, …, $u_k$라고 할 때, 노드 순차열 $S(u_1)\Lambda...\Lambda S(u_k)=V_1...V_N$을 나열한다. (이 순차열의 길이 $N$은 $n\le N<2n$을 만족한다.) $1\le j\le N$에 대해 $A_j$가 노드 $V_j$의 깊이라고 하자. 이때 $\Lambda$의 깊이는 0이다. (예를 들어 (151)의 숲에 또 다른 자식 $K\to D$와 고립된 노드 $L$을 추가한다고 하자. 그러면 $V_1...V_{15}=CFAGJDHDK\Lambda BEI\Lambda L$이고 $A_1...A_{15}=231342323012301$이다.) $u=V_i$, $v=V_j$라고 할 때 $u$와 $v$의 가장 가까운 공통 조상은 구간 최솟값 질의 문제의 $V_{k(i,j)}$이다. 〔J. Fischer, V. Heun, *Lecture Notes in Comp. Sci.* **4009** (2006), 36–48을 보라.〕

**152.** 단계 V1은 $\alpha x$와 $\alpha y$의 비트들이 그들의 조상들 모두에 적용되는 위쪽 수준을 찾아낸다. (연습문제 148을 보라.) 단계 V2는 필요하다면 $h$를 공통의 조상이 존재하는 수준으로 증가하되, 그런 수준이 없다면(즉, 만일 $k=0$이면) 최상위 수준 $\lambda n$으로 증가한다. 단계 V4는 만일 $\beta x\ne\beta z$이면 $x$의 조상들 중 수준 $h$로 이어지는 제일 위 수준을 찾아낸다. 따라서 $\beta\hat{x}=\beta z$(또는 $\hat{x}=\Lambda$)에 대한 가장 낮은 조상 $\hat{x}$가 밝혀진다. 마지막으로 단계 V5에서는, $\hat{x}$와 $\hat{y}$ 중 어떤 것이 조상이고 어떤 것이 후손인지를 전위순서에 의거해서 알아낸다.

**153.** 그 포인터는 $\rho j$비트이므로, (61)에 의거할 때 꾸려진 이진열의 $\rho 1+\rho 2+\cdots+\rho j=j-\nu j$비트 다음에 끝난다. 〔여기서 $j$는 짝수이다. 내비게이션 파일은 *Nordic Journal of Computing* **10** (2003), 238–262에서 소개되었다.〕

**154.** 회색선들은 36°-36°-90° 삼각형들을 정의한다. 그러한 삼각형 열 개가 각 꼭짓점에서 72°로 만나서 하나의 오각형을 형성한다. 그 오각형들은 각 꼭짓점에서 다섯 개가 만나는 방식으로 쌍곡평면을 채운다(타일 깔기).

**155.** 우선, 연속된 1들이 없으므로 $0\le(\alpha 0)_{1/\phi}<\phi^{-1}+\phi^{-3}+\phi^{-5}+\cdots=1$임에 주목한다. 다음으로, 연습문제 1.2.8-11에 의해 $F_{-n}\phi\equiv\phi^{-n}$ (법 1)이다. 이제 $F_{k_1}\phi+\cdots+F_{k_r}\phi$를 더한다. 예를 들어 $(4\phi)\bmod 1=\phi^{-5}+\phi^{-2}$; $(-2\phi)\bmod 1=\phi^{-4}+\phi^{-1}$이다.

이 논증은 흥미로운 공식 $\lfloor N(\alpha)\phi\rfloor=-N(\alpha 0)$도 증명한다.

**156.** (a) 우선 $y \leftarrow 0$으로 설정하고 $k$에는 $|x| < F_{k+1}$을 만족하는 충분히 큰 수를 설정하는 것으로 시작한다. 만일 $x < 0$이면 $k \leftarrow (k-1) \mid 1$로 설정하고, $x + F_k > 0$인 동안 $k \leftarrow k-2$로 설정한다. 그런 다음 $y \leftarrow y + (1 \ll k)$, $x \leftarrow x + F_{k+1}$을 설정한다. 이를 되풀이한다. 그렇지 않고 만일 $x > 1$이면 $k \leftarrow k \,\&\, -2$로 설정하고, $x - F_k \le 0$인 동안 $k \leftarrow k-2$로 설정한다. 그런 다음 $y \leftarrow y + (1 \ll k)$, $x \leftarrow x - F_{k+1}$로 설정한다. 이를 되풀이한다. 그렇지 않으면 $y \leftarrow y + x$로 설정하고, $y = (\alpha)_2$를 답으로 하여 알고리즘을 끝낸다.

(b) 연산 $x_1 \leftarrow a_1$, $y_1 \leftarrow -a_1$, $x_k \leftarrow y_{k-1} + a_k$, $y_k \leftarrow x_{k-1} - x_k$로 $x_k = N(a_1 \ldots a_k)$와 $y_k = N(a_1 \ldots a_k 0)$을 계산한다. 〔$N(a_1 \ldots a_n)$에 대한 모든 넓은워드 사슬에 $\Omega(n)$단계가 필요할까?〕

**157.** $(\alpha-)$가 관여하는 두 경우를 제외하면 그 규칙들은 자명하다. 그 두 경우에 관해서는, $k \ge 0$에 대해 $N((\alpha-)0^k) = N(\alpha 0^k) + F_{-k-2}$가 성립한다. 감소에 의해 오른쪽에서 '빌림'이 발생하는 일은 결코 없기 때문이다. (그러나 비슷한 공식 $N((\alpha+)0^k) = N(\alpha 0^k) + F_{-k-1}$은 성립하지 않는다.)

**158.** 증가는 규칙 $(\alpha 00)+ = \alpha 01$, $(\alpha 10)+ = (\alpha+)00$, $(\alpha 1)+ = (\alpha+)0$을 만족한다. $y \leftarrow x \mid (x \gg 1)$, $z \leftarrow y \,\&\, {\sim}(y+1)$, $x \leftarrow (x \mid z) + 1$로 두어서, 이를 정수 $x = (\alpha)_2$에 대한 여섯 개의 2아딕 연산들로 수행할 수 있다.

0이 아닌 부호단어에 대한 감소는 좀 더 어렵다. 그러한 감소는 $(\alpha 10^{2k})- = \alpha 0(10)^k$, $(\alpha 10^{2k+1})- = \alpha(01)^{k+1}$을 만족한다. 따라서 따름정리 I에 의해, 이를 2아딕 사슬로 계산할 수는 없다. 그러나, 만일 모너스 연산을 허용한다면 역시 일곱 연산으로 충분하다: $y \leftarrow x-1$, $z \leftarrow y \,\&\, \bar{x}$, $w \leftarrow z \,\&\, \mu_0$, $x \leftarrow y - w + (w \dot{-} (z-w))$.

**159.** 피보나치 수체계 (156)과 음피보나치 수체계 (150) 말고도 홀수 피보나치 수체계(odd Fibonacci number system)라는 것이 있다: *모든 양의 정수 $x$를 다음과 같은 형태로 고유하게 표현할 수 있다.*

$$x = F_{l_1} + F_{l_2} + \cdots + F_{l_s}, \qquad \text{여기서 } l_1 \ggg l_2 \ggg \cdots \ggg l_s > 0\text{이고 } l_s\text{는 홀수.}$$

음피보나치 부호 $\alpha$가 주어졌을 때, 다음의 19단계 2아딕 사슬은 $x = (\alpha)_2$를 $y = (\beta)_2$로, 그리고 $z = (\gamma)_2$로 변환한다. 여기서 $\beta$는 $N(\alpha) = F(\beta)$인 홀수 부호단어이고 $\gamma$는 $F(\beta) = F(\gamma 0)$인 표준 부호단어이다: $x^+ \leftarrow x \,\&\, \mu_0$, $x^- \leftarrow x \oplus x^+$; $d \leftarrow x^+ - x^-$; $t \leftarrow d \mid x^-$, $t \leftarrow t \,\&\, {\sim}(t \ll 1)$; $y \leftarrow (d \,\&\, \bar{\mu}_0) \oplus t \oplus ((t \,\&\, x^-) \gg 1)$; $z \leftarrow (y+1) \gg 1$; $w \leftarrow z \oplus (4\mu_0)$; $t \leftarrow w \,\&\, {\sim}(w+1)$; $z \leftarrow (z \mid t) - (t \gg 1)$.

서로 대응되는 음피보나치 표현과 홀수 피보나치 표현은 다음과 같은 주목할 만한 법칙을 만족한다.

$$F_{k_1+m} + \cdots + F_{k_r+m} = (-1)^m (F_{l_1-m} + \cdots + F_{l_s-m}), \qquad \text{모든 정수 } m\text{에 대해.}$$

예를 들어 만일 $N(\alpha) < 0$이면 앞에서 말한 단계들은 $x = (\alpha 0)_2$를 $y = (\beta)_2$로 변환한다. 여기서

$F((\beta \gg 2)0) = -N(\alpha)$이다. 더 나아가서, $|\alpha| = |\beta|$가 홀수이고 $N(\alpha) > 0$일 때, $\beta$는 오직 $\alpha^R$이 음피보나치 $\beta^R$의 홀수 부호일 때에만 음피보나치 $\alpha$의 홀수 부호이다.

따름정리 I에 의해, 그 반대 방향의 변환을 수행하는 유한 2아딕 사슬은 없다. 왜냐하면 피보나치 부호 $10^k$는 $k$가 홀수일 때 음피보나치 $10^{k+1}$에 대응되며, $k$가 짝수일 때에는 $(10)^{k/2}1$에 대응되기 때문이다. 그러나 만일 $\gamma$가 표준 피보나치 부호단어이면 $z = (\gamma)_2$로부터 $y = (\beta)_2$를 구할 수 있다. $y \leftarrow z \ll 1$, $t \leftarrow y \& -y \& \bar{\mu}_0$, $y \leftarrow (t = 0?\ y\colon y - 1 - ((t-1) \& \bar{\mu}_0))$으로 설정하면 된다. 그런 다음 앞에서 말한 방법으로 $\beta^R$으로부터 $\alpha^R$을 계산한다. 그러면, 음피보나치 형식으로의 변환에 걸리는 총 실행 시간의 규모는 두 이진열의 뒤집기에 필요한 $\log|\gamma|$가 된다.

**160.** 사실 본문의 규칙들은 불완전하다. 완전하려면 각 이웃의 방향도 정의해야 한다. $\alpha_{sn} = \alpha$; $\alpha_{en} = \alpha$; $(\alpha 0)_{wn} = \alpha 0$; $(\alpha 1)_{wo} = \alpha 1$; $(\alpha 00)_{ns} = \alpha 00$; $(\alpha 10)_{nw} = \alpha 10$; $(\alpha 1)_{ne} = \alpha 1$; $(\alpha 0)_{oo} = \alpha 0$; $(\alpha 101)_{oo} = \alpha 101$; $(\alpha 1001)_{oo} = \alpha 1001$; $(\alpha 0001)_{ow} = \alpha 0001$이라고 규정하자. 그러면 사례 분석을 통해서, 시작 칸에서 $d$단계 이내의 모든 칸에 일관된 방식으로 이름표와 방향이 배정됨을 그래프 거리 $d$에 대한 귀납법으로 증명할 수 있다. (항등식 $\alpha+ = ((\alpha 0)-) \gg 1$에 주목할 것.) 더 나아가서, 이름표 붙이기는 $y$개의 좌표들을 부여하고 필요에 따라 (182)의 $\delta$-규칙들에 따라 한 띠에서 다른 띠로 이동할 때에도 여전히 일관적이다.

**161.** 가능하다. 오각격자는 그 변들이 경계선들의 집합으로 정의된다는 점에서 이분열 그래프이다. (쌍곡 원기둥은 2색 칠하기가 불가능하나, 인접한 두 띠 $y \bmod 2$는 가능하다.)

**162.** 쌍곡평면을 또 다른 렌즈로 바라보면 편하다. 즉, 쌍곡평면의 점들을 위쪽 반평면 $\Im z > 0$으로 사상하기로 하자. 그러면 '직선'들은 수직의 반직선들이 경계 사례인, $x$축을 중심으로 한 반원이 된다. 이러한 표현에서, 만일 $r^2 = \phi + \sqrt{\phi}$이면 변 $|z-1| = \sqrt{2}$와 $|z| = r$, 그리고 $\Re z = 0$은 하나의 36°-45°-90° 삼각형을 정의한다. 모든 삼각형 $ABC$에는 세 변 중 둘을 나머지 하나에 대해 '반사'시켜서 얻은 세 이웃 $CBA'$, $ACB'$, $BAC'$이 있다. 여기서 $|z-c| = r$에 대한 $|z-c'| = r'$의 반사는 $|z - c - \frac{1}{2}(x_1 + x_2)| = \frac{1}{2}|x_1 - x_2|$, $x_j = r^2/(c' \pm r' - c)$이다.

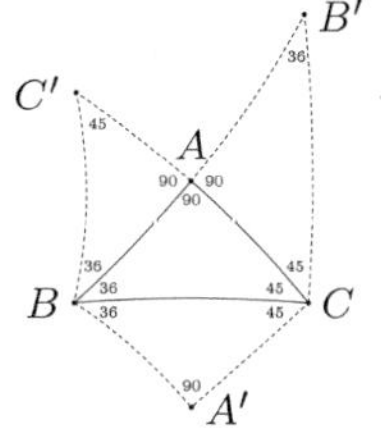


사상 $z \mapsto (z - z_0)/(z - \bar{z}_0)$은 위쪽 반평면을 단위 원으로 사상한다. $z_0 = \frac{1}{2}(\sqrt{\phi} - 1/\phi)(1 + 5^{1/4} i)$일 때 중앙의 오각형은 대칭이 된다. 원래의 삼각형을 삼각형들이 보이지 않게 될 때까지 너비 우선 탐색을 이용해서 계속 반사시켜 나가면 그림 14와 같은 모습이 된다. 오각형들만(회색선들 없이) 얻고자 한다면, 그냥 중앙 칸으로 시작해서 그 칸의 변들에 대해 반사를 수행하는 등으로 나아가면 된다.

**163.** (그 그림을 연습문제 162와 비슷한 방법으로 그릴 수 있다. $r^2 = \frac{1}{2}(1+\sqrt{2})(4 - \sqrt{2} - \sqrt{6})$, $\omega = e^{2\pi i/3}$이라 할 때, 세 점 $ir$, $ir\omega$, $ir\omega^2$으로 투영되는 정점들로 시작한다. 1852년에 슐레플리L. Schläfli가 고안한 표기법을 이용하면 그러한 타일 깔기를 매개변수들이 $\{3, 8\}$인 무한 타일 깔기로서 서술할 수 있다. 그 매개변수들은 세 꼭짓점 모두에서 여덟 삼각형이 만난다는 뜻이다. 슐레플리의

*Gesammelte Mathematische Abhandlungen* **1** (1950), 212를 보라. 비슷하게, 연습문제 154의 오각격자와 타일 깔기에 해당하는 슐레플리 기호들은 각각 $\{5,4\}$와 $\{5,5\}$이다.)

**164.** 원래의 정의는 다음과 같이 인수분해한다고 해도 계산이 더 많다.

$$\text{cluster}'(X) = X\ {\sim}(Y_{\text{N}}\ \&\ Y\ \&\ Y_{\text{S}}), \qquad Y = X_{\text{W}}\ \&\ X\ \&\ X_{\text{E}}.$$

그러나 (180)을 선호하는 주된 이유는 그것이 더 얇은, 체스의 왕 방식으로 연결된 경계선을 만들어 낸다는 것이다. 1957년의 정의가 만들어 내는, 루크 방식으로 연결된 경계선은 보기가 덜 좋다. 왜냐하면 경계선이 수평이나 수직으로 나아갈 때보다 대각선 방향으로 나아갈 때 훨씬 더 검게 보이기 때문이다. (몇 가지 예로 직접 시도해 보면 이를 실감할 수 있을 것이다.)

**165.** 첫 이미지 $X^{(1)}$은 원래의 검은 픽셀들의 '외곽' 경계이다. 그 후 지문指紋 비슷한 소용돌이가 형성된다. 예를 들어 $120\times120$ 비트맵에서 그림 15(a)로 시작한다면

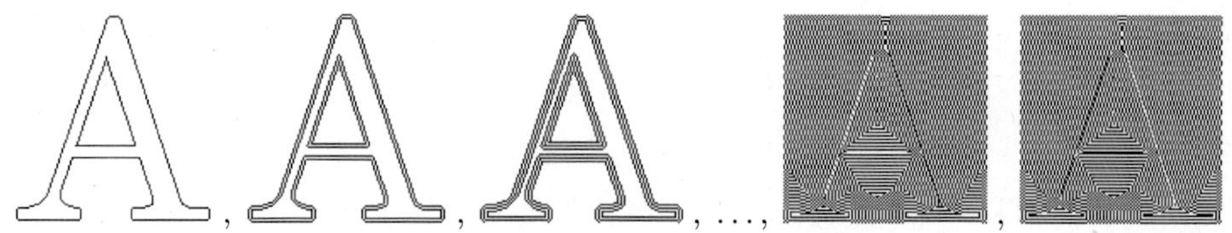

이 나오며, 결국에는 기묘한 두 패턴이 끝없이 반복된다. (모든 비지 않은 $M\times N$ 비트맵이 그러한 2주기 순환마디로 이어질까?)

**166.** 만일 $X=\text{cluster}(X)$라면 $X+(X\mathbin{⩓}1)+(X\ll1)+(X\gg1)+(X\mathbin{⩔}1)$의 원소들의 합은 많아야 $4MN+2M+2N$개이다. 왜냐하면 정사각형의 각 칸마다 그 합은 최대 4이고 인접 칸에서는 최대 1이기 때문이다. 이 합은 또한 검은 픽셀 개수의 5배이다. 따라서 $f(M,N)\le\frac{4}{5}MN+\frac{2}{5}M+\frac{2}{5}N$이다. 반대로, $(i+2j)\bmod 5=2$가 아닌 한 $i$행 $j$열의 픽셀을 검은색으로 둔다면 $f(M,N)\ge\frac{4}{5}MN-\frac{2}{5}$가 된다. (이 문제는 $M\times N$ 격자의 극소 지배집합[minimum dominating set]을 구하는 문제와 동치이다.)

**167.** (a) $(z_1z_2)_2=x_{\text{NW}}+x_{\text{W}}+x_{\text{SW}}$, $(z_3z_4)_2=x_{\text{N}}+x_{\text{S}}$, $(z_5z_6)_2=x_{\text{NE}}+x_{\text{E}}+x_{\text{SE}}$, $(z_7z_8)_2=z_2+z_4+z_6$이 되는 반가산기 하나와 전가산기(7.1.2-(42) 참고) 세 개를 17단계로 구축할 수 있다. 그러면 $f=S_1(z_1,z_3,z_5,z_7)\wedge(x\vee z_8)$인데, 대칭함수 $S_1$에는 §7.1.2의 그림 9에 의해 일곱 개의 연산이 필요하다. 〔이 해법은 맨W. F. Mann과 슬레이터D. Sleator의 착안들에 기초한 것이다.〕

(b) $x^-=X^{(t)}_{j-1}$과 $x=X^{(t)}_j$, $x^+=X^{(t)}_{j+1}$이 주어졌을 때, $a\leftarrow x^-\&x^+$ $(=z_3)$, $b\leftarrow x^-\oplus x^+$ $(=z_4)$, $c\leftarrow x\oplus b$, $d\leftarrow c\gg1$ $(=z_6)$, $c\leftarrow c\ll1$ $(=z_2)$, $e\leftarrow c\oplus d$, $c\leftarrow c\&d$, $f\leftarrow b\&e$, $f\leftarrow f\,|\,c$ $(=z_7)$, $e\leftarrow b\oplus e$ $(=z_8)$, $c\leftarrow x\&b$, $c\leftarrow c\,|\,a$, $b\leftarrow c\ll1$ $(=z_5)$, $c\leftarrow c\gg1$ $(=z_1)$, $d\leftarrow b\&c$, $c\leftarrow b\,|\,c$, $b\leftarrow a\&f$, $f\leftarrow a\,|\,f$, $f\leftarrow d\,|\,f$, $c\leftarrow b\,|\,c$, $f\leftarrow f\oplus c$ $(=S_1(z_1,z_3,z_5,z_7))$, $e\leftarrow e\,|\,x$, $f\leftarrow f\&e$를 계산한다.

〔생명 게임의 즐거움과 열정을 잘 정리한 문헌들로는 Martin Gardner, *Wheels, Life and Other Mathematical Amusements* (1983), 제20-22장과 E. R. Berlekamp, J. H. Conway, R. K. Guy, *Winning Ways* **4** (A. K. Peters, 2004), 제25장이 있다. 임의의 튜링 기계(Turing machine)를 생명 게임으로 시뮬레이션할 수 있음에 대한 증명도 볼 수 있다.〕

> 드디어 원했던 것을 얻었습니다. 명백히 예측 불가능한 유전학 법칙을요.
> 개체수 과잉은 개체수 부족처럼 살상의 경향이 있습니다.
> 건강한 사회는 너무 조밀하지도, 너무 희소하지도 않습니다.
>
> — 콘웨이 JOHN H. CONWAY, 가드너 Martin Gardner에게 보낸 편지에서(1970년 3월)

**168.** 네 개의 $n$비트 레지스터 $x^-$, $x$, $x^+$, $y$를 사용하는 다음의 알고리즘은 $M=1$이나 $N=1$일 때에도 제대로 작동한다. 이 알고리즘은 (187)의 $X^{(t)}$에서 $X^{(t+1)}$로의 변환을 수행하는 데 레스터 워드 당 두 번의 읽기와 두 번의 쓰기만 필요로 한다.

**C1.** 〔$k$에 대한 반복.〕 $0 \le j < M$에 대해 $A_{j0} \leftarrow 0$으로 설정한다. 그런 다음 단계 C2를 $k=1, 2, \ldots, N'$에 대해 수행한다. 그런 다음 C5로 간다.

**C2.** 〔$j$에 대한 반복.〕 $x \leftarrow A_{(M-1)k}$, $x^+ \leftarrow A_{0k}$, $A_{Mk} \leftarrow x^+$로 설정한다. 그런 다음 $j=0, 1, \ldots, M-1$에 대해 단계 C3과 C4를 수행한다.

**C3.** 〔아래로 이동.〕 $x^- \leftarrow x$, $x \leftarrow x^+$, $x^+ \leftarrow A_{(j+1)k}$로 설정한다. (이제 $x = A_{jk}$이고, $x^-$에는 $A_{(j-1)k}$의 이전 값이 들어 있다.) 비트별 함수 값 $y \leftarrow f(x^- \gg 1, x^-, x^- \ll 1, x \gg 1, x, x \ll 1, x^+ \gg 1, x^+, x^+ \ll 1)$들을 계산한다.

**C4.** 〔$A_{jk}$를 갱신.〕 $x^- \leftarrow A_{j(k-1)} \mathbin{\&} -2$, $y \leftarrow y \mathbin{\&} (2^{n-1}-1)$, $A_{j(k-1)} \leftarrow x^- + (y \gg (n-2))$, $A_{jk} \leftarrow y + (x^- \ll (n-2))$로 설정한다.

**C5.** 〔반대편으로 순환.〕 $0 \le j < M$에 대해 $x \leftarrow A_{jN'} \mathbin{\&} -2^{n-1-d}$, $A_{jN'} \leftarrow x + (A_{j1} \gg d)$, $A_{j1} \leftarrow A_{j1} + (x \ll d)$로 설정한다. 여기서 $d = 1 + (N-1) \bmod (n-2)$이다. ▮

〔(180)과 (183), 심지어는 (161)과 같은 많은 경우에 있어서 $M \times N$ 원환체는 0들로 둘러싸인 $(M-1)\times(N-1)$ 배열과 동치이다. 연습문제 173의 경우 0들의 두 행과 두 열로 둘러싸인 $(M-2)\times(N-2)$ 배열을 깨끗하게 만들 수 있다. 그러나 생명 이미지(연습문제 167)는 경계 없이 무한히 성장할 수 있다. 하나의 원환체에 안전하게 가두어 둘 수가 없다.〕

**169.** 체셔 고양이는 신속하게 토끼로 변했다가 폭발하게 된다. 시간 278에서부터 모든 활동은 일단의 신호등들과 세 개의 추가적인 깜박이들, 그리고 세 개의 정지된 생명들(물통, 배, 벌집)로 구성된 2주기 순환을 형성한다.

**170.** 만일 $M \geq 2$이고 $N \geq 2$이면 첫 단계는 최상위 행과 제일 오른쪽 열을 비운다. 그런 다음, 만일 $M \geq 3$이고 $N \geq 3$이면, 그다음 단계는 최하단 행과 제일 왼쪽 열을 비운다. 따라서 일반화하면 $t = \min(M, N) - 1$단계 후에는 검은 픽셀들로 된 행이나 열이 하나만 남는다. 처음 $\lceil t/2 \rceil$개의 행들, 마지막 $\lceil t/2 \rceil$개의 열들, 마지막 $\lfloor t/2 \rfloor$개의 행들, 처음 $\lfloor t/2 \rfloor$개의 행들은 0으로 설정된다. 그 시점에서 자동기계는 두 주기(비생산적인)를 더 수행한 후 멈춘다.

**171.** (169)이 없을 때: $x_1 \leftarrow x_{\rm SE} \,\&\, \bar{x}_{\rm N}$, $x_2 \leftarrow x_{\rm N} \,\&\, \bar{x}_{\rm SE}$, $x_3 \leftarrow x_{\rm E} \,\&\, \bar{x}_1$, $x_4 \leftarrow x_{\rm NE} \,\&\, \bar{x}_2$, $x_5 \leftarrow x_3 \,|\, x_4$, $x_6 \leftarrow x_{\rm W} \,\&\, \bar{x}_5$, $x_7 \leftarrow x_1 \,\&\, \bar{x}_{\rm NE}$, $x_8 \leftarrow x_7 \,\&\, \bar{x}_{\rm NW}$, $x_9 \leftarrow x_{\rm E} \,|\, x_{\rm SW}$, $x_{10} \leftarrow x_8 \,\&\, x_9$, $x_{11} \leftarrow x_{10} \,|\, x_6$, $x_{12} \leftarrow x_{\rm S} \,\&\, x_{11}$, $x_{13} \leftarrow x_2 \,\&\, \bar{x}_{\rm E}$, $x_{14} \leftarrow x_{13} \,\&\, x_{\rm W}$, $x_{15} \leftarrow x_{\rm N} \,\&\, x_{\rm NE}$, $x_{16} \leftarrow x_{\rm SW} \,\&\, x_{\rm W}$, $x_{17} \leftarrow x_{15} \,|\, x_{16}$, $x_{18} \leftarrow x_{\rm NE} \,\&\, x_{\rm SW}$, $x_{19} \leftarrow x_{17} \,\&\, \bar{x}_{18}$, $x_{20} \leftarrow x_{\rm E} \,|\, x_{\rm SE}$, $x_{21} \leftarrow x_{20} \,|\, x_{\rm S}$, $x_{22} \leftarrow x_{\rm NW} \,\&\, \bar{x}_{21}$, $x_{23} \leftarrow x_{22} \,\&\, x_{19}$, $x_{24} \leftarrow x_{12} \,|\, x_{14}$, $g \leftarrow x_{23} \,|\, x_{24}$. (169)이 있을 때: $x_4 \leftarrow x_{\rm NE} \,\&\, \bar{x}_{\rm N}$로 설정하고 나머지는 모두 그대로 둔다.

**172.** 주어진 명제는 다음 예들을 생각해 보면 그리 참이 아님을 알 수 있다.

왼쪽의 'I'와 'H'는 경로들을 결합해도 변하지 않는 픽셀들이 여전히 남아 있지만, 90°로 회전하면 상황이 달라지는 경우가 있음을 보여 준다. 그다음 두 예는 좌우 반사의 기묘한 영향을 나타낸 것이다. 마름모꼴의 예는 아주 두꺼운 이미지는 가늘게 만들지 못하는 경우가 있음을 보여 준다. 이 예에서 구멍을 만들지 않고 제거할 수 있는 검은 픽셀은 없다. 나머지 예들(이 중 하나는 연습문제 166의 해답에서 영감을 얻는 것이다)은 먼저 (169) 없이 처리하면 변환에 의해 변경되지 않지만, (169)을 적용하면 극적으로 가늘어진다.

**173.** (a) 힌트를 증명하는 것은 쉽다. 만일 $X$와 $Y$가 닫혀 있으면 $X \,\&\, Y$도 닫혀 있고, 만일 $X$와 $Y$가 열려 있으면 $X \,|\, Y$도 열려 있음을 주목할 것. 따라서 $X^D$는 닫혀 있고 $X^L$은 열려 있다. $X^{DD} = X^D$이고 $X^{LL} = X^L$이다. (실제로 $X^L = \;\sim(\sim X)^D$이다. 그 정의들이 쌍대이기 때문이다. 이는 흰 픽셀과 검은 픽셀을 교환해 보면 알 수 있다.) 이제 $X^{DL} \subseteq X^D$이며, 따라서 $X^{DLD} \subseteq X^{DD} = X^D$이다. 그리고 이와 쌍대로 $X^L \subseteq X^{LDL}$이다. 이에 의해, 깨끗한 사진을 세척해야 할 이유는 없다는 결론을 내릴 수 있다: $X^{DLDL} = (X^{DLD})^L \subseteq X^{DL} \subseteq (X^D)^{LDL} = X^{DLDL}$.

(b) $X^D = (X \,|\, X_{\rm W} \,|\, X_{\rm NW} \,|\, X_{\rm N}) \,\&\, (X \,|\, X_{\rm N} \,|\, X_{\rm NE} \,|\, X_{\rm E}) \,\&\, (X \,|\, X_{\rm E} \,|\, X_{\rm SE} \,|\, X_{\rm S}) \,\&\, (X \,|\, X_{\rm S} \,|\, X_{\rm SW} \,|\, X_{\rm W})$이다. 더 나아가서, 해답 167(b)와 비슷하게, 이 함수를 $x^-$, $x$, $x^+$로부터 열 개의 넓은 워드 단계들로 계산할 수 있다: $f \leftarrow x \,|\, (x \gg 1) \,|\, ((x^- \,|\, (x^- \gg 1)) \,\&\, (x^+ \,|\, (x^+ \gg 1)))$, $f \leftarrow f \,\&\, (f \ll 1)$이다. [이 해답은 퓨크스D. R. Fuchs의 착안들을 통합한다.]

$X^L$은 그냥 |와 &를 맞바꾸어서 얻으면 된다. [추가 논의로는 C. Van Wyk, D. E. Knuth, Report STAN-CS-79-707 (Stanford Univ., 1979), 15-36을 보라.]

**174.** 3차원 디지털 위상수학을 R. Malgouyres, *Theoretical Computer Science* **186** (1997), 1-41이 연구한 바 있다.

**175.** 외곽선에 25개, 눈들에 2+3개, 귀들에 1+1개, 코에 4개, 미소에 1개로 총 37개이다. (흰 픽셀들은 모두 배경과 왕 방식으로 연결되어 있다.)

**176.** (a) 만일 $v$가 고립된 정점이 아니라면, $G$에서 $v$의 이웃들이 어떤 종류인가에 따라 여덟 가지 경우가 가능한데, 여덟 가지 모두 쉽게 확인할 수 있다.

(b) $N_u \cup N_v$의 각 정점과 인접하거나 상등인 어떤 $w' \in G'$이 존재한다. (네 경우.)

(c) 항상 공집합이 아니다. 실제로, 정의 (161)에 의해, 항상 $|S'(v')| \geq 2$가 성립한다.

(d) $N'_{v'} = \{v \mid v' \in N_v\}$라고 하자. 만일 $v'$이 $u'$의 동쪽 이웃이면(이를 $u'_{\mathrm{E}}$로 칭하자) $u' \in G$이거나 $u'_{\mathrm{S}} \in G$이다. 이 원소는 $N'_{u'} \cup N'_{v'}$의 모든 정점과 같거나 인접하다. $v' = u'_{\mathrm{N}}$일 때에도 비슷한 논증이 적용된다. 만일 $v' = u'_{\mathrm{NE}}$이면, 만일 $u' \in G$이면 아무 문제가 없다. 그렇지 않으면 $u'_{\mathrm{W}} \in G$, $u'_{\mathrm{S}} \in G$이며, $u'_{\mathrm{N}} \in G$ 아니면 $u'_{\mathrm{E}} \in G$이다. 따라서 $G$에서 $N'_{u'} \cup N'_{v'}$은 연결된 구성요소이다. 마지막으로 $v' = u'_{\mathrm{SE}}$인 경우, 만일 $u'_{\mathrm{S}} \in G$이면 증명은 간단하다. 그렇지 않으면 $u' \in G$이고 $v' \in G$이다.

(e) $C$가 $G$의 $v \in C$이고 $v' \in S(v)$인 비자명 구성요소이고 $C'$은 $G'$의 $v'$을 포함하는 한 구성요소라고 하자. (a)와 (b)에 의해, 이 구성요소 $C'$은 잘 정의된 구성요소이다. $C'$이 $G'$의 $v' \in C'$이고 $v \in S'(v')$인 구성요소이고 $C$는 $G$의 $v$를 포함하는 한 구성요소라고 하자. (c)와 (d)에 의해, 이 구성요소 $C$는 비자명이고 잘 정의된 구성요소이다. 마지막으로, 대응관계 $C \leftrightarrow C'$은 일대일이다.

**177.** 이 경우 $G$의 정점들은 흰 픽셀들이며, 루크 방식으로 도달할 수 있는 정점들 사이에 간선이 성립한다. 따라서 $N_{(i,j)} = \{(i,j), (i-1,j), (i,j+1)\}$로 정의한다. 해답 176에 나온 것과 비슷하나 더 간단한 논증들을 통해서 $G$의 비자명 구성요소들과 $G'$의 구성요소들 사의 일대일 대응관계를 확립할 수 있다.

**178.** $X^*$의 인접한 행들에서 같은 값의 두 픽셀은 오직 루크 방식으로 연결된 경우에만 왕 방식의 이웃임에 주목할 것.

**179.** 각 행의 픽셀 $x_1 \ldots x_N$에 '연속열 길이 부호화(runlenght encoding, RLE)'를 적용해서, $j \in [c_0 \,.\,.\, c_1) \cup [c_2 \,.\,.\, c_3) \cup \cdots \cup [c_{2m} \,.\,.\, c_{2m+1})$에 대해 $x_j = 0$이고 $j \in [c_1 \,.\,.\, c_2) \cup \cdots \cup [c_{2m-1} \,.\,.\, c_{2m})$에 대해 $x_j = 1$인 정수열 $0 = c_0 < c_1 < \cdots < c_{2m+1} = N+2$를 얻을 수 있다. (대부분의 이미지들에서 한 행의 연속열의 개수는 대체로 비교적 작다. 여기서 배경 조건 $x_0 = x_{N+1} = 0$을 암묵적으로 가정하고 있음을 주의할 것.)

아래의 알고리즘은 $0 \leq j \leq 2m+1$에 대해 $a_j = 2c_j - (j \bmod 2)$로 두도록 수정된 부호화 방식을 사용한다. 예를 들어 체셔 고양이의 제2행에 해당하는 RLE 정수열은 $(c_1, c_2, c_3, c_4, c_5) = (5, 8, 23, 25, 32)$이지만, 이 알고리즘에서는 $(a_1, a_2, a_3, a_4, a_5) = (9, 16, 45, 50, 63)$을 사용한다.

이유는, 인접한 행들의 흰 픽셀 연속열들은 오직 해당 구간 $[a_j..a_{j+1})$과 $[b_k..b_{k+1})$이 겹칠 때에만 루크 방식으로 인접하며, 인접 행들의 검은 픽셀 연속열들이 왕 방식으로 인접할 필요충분조건 역시 그와 정확히 동일하기 때문이다. 따라서 수정된 부호화는 두 경우 모두를 깔끔하게 통합한다(연습문제 178을 보라).

이 알고리즘을 위해, 현재 구성요소들의 삼중 연결 트리를 구축한다. 그 트리의 각 노드에는 여러 개의 필드가 있는데, 나열하자면 CHILD, SIB, PARENT(트리 링크들); DORMANT(현재 행에 연결되어 있지 않은 모든 이전 자식 노드의 SIB 링크들을 통한 순환 목록); HEIR(이 노드에 흡수된 노드); ROW와 COL(첫 픽셀의 좌표); AREA(구성요소의 픽셀 전체 개수)이다.

알고리즘은 그러한 트리를 이중 순서(double order; 연습문제 2.3.1-18 참고)로 포인터쌍 (P, P′)을 이용해서 운행하는데, P가 처음 운행될 때에는 P′ = P이고 두 번째로 운행될 때에는 P′ = PARENT(P)이다. (P, P′)의 후행자 (Q, Q′) = next(P, P′)는 다음과 같이 결정된다: 만일 P = P′이고 CHILD(P) $\neq \Lambda$ 이면 Q ← Q′ ← CHILD(P)이고 그렇지 않으면 Q ← P, Q′ ← PARENT(Q)이다. 만일 P $\neq$ P′이고 SIB(P) $\neq \Lambda$ 이면 Q ← Q′ ← SIB(P)이고 그렇지 않으면 Q ← PARENT(P), Q′ ← PARENT(Q)이다.

검은 픽셀 연속열이 $m$개이면 트리의 노드는 $m+1$개이다. 이 개수는 부동不動 노드들(DORMANT에 해당하는 노드들)이나 흡수된 노드들은 세지 않은 것이다. 더 나아가서, 이중 운행 $(P_1, P'_1)$, …, $(P_{2m+1}, P'_{2m+1})$의 프라임 붙은 포인터 $P'_1$, …, $P'_{2m+1}$은 현재 행의 구성요소들과 정확히 대응된다(왼쪽에서 오른쪽 순으로). 예를 들어 (162)의 경우 $m = 5$이며, $(P'_1, \ldots, P'_{11})$은 각각 ⓪, 🅑, ①, 🅑, ⓪, 🅒, ⓪, 🅐, ②, 🅐, ⓪에 대응된다.

**I1.** [초기화.] $t \leftarrow 1$, ROOT ← LOC(NODE(0)), CHILD(ROOT) ← SIB(ROOT) ← PARENT(ROOT) ← DORMANT(ROOT) ← HEIR(ROOT) ← $\Lambda$로 설정한다. 또한 ROW(ROOT) ← COL(ROOT) ← 0, AREA(ROOT) ← $N+2$, $s \leftarrow 0$, $a_0 \leftarrow b_0 \leftarrow 0$, $a_1 \leftarrow 2N+3$으로 설정한다.

**I2.** [새 행을 입력.] 만일 $s > M$이면 끝낸다. 그렇지 않으면 $b_k = 2N+3$이 될 때까지 $k = 1, 2, \ldots$에 대해 $b_k \leftarrow a_k$로 설정한다. 그런 다음에는 '중지 표시'의 목적으로 $b_{k+1} \leftarrow b_k$로 설정한다. $s \leftarrow s+1$로 설정한다. 만일 $s > M$이면 $a_1 \leftarrow 2N+3$으로 설정한다. 그렇지 않으면, $a_1, \ldots, a_{2m+1}$이 행 $s$의 수정된(위에서 논의한 것처럼) 연속열 길이 부호화 수열이라고 하자. (이 부호화 수열을 구하는 데 $\rho$ 함수가 도움이 된다. (52)을 보라.) $j \leftarrow k \leftarrow 1$, P ← P′ ← ROOT로 설정한다.

**I3.** [짧은 $b$들을 먹어치운다.] 만일 $b_{k+1} \geq a_j$이면 I9로 간다. 그렇지 않으면 (Q, Q′) ← next(P, P′), (R, R′) ← next(Q, Q′)으로 설정하고, $2[\mathrm{Q} \neq \mathrm{Q'}] + [\mathrm{R} \neq \mathrm{R'}] = (0, 1, 2, 3)$에 따라 (I4, I5, I6, I7)로의 4중 분기를 수행한다.

**I4.** [경우 0.] (이제 Q = Q′은 P′의 자식 노드이고, R = R′은 Q′의 첫 자식 노드이다. 노드 Q는 P′의 자식으로 남지만, R의 임의의 자식들보다 뒤로 가게 된다.) R을 P′에 흡수시킨다

(아래 참고). CHILD(Q) ← SIB(R), Q′ ← CHILD(R)로 설정한다. 만일 Q′ ≠ Λ 이면 R ← Q′으로 설정하고, R ≠ Λ 인 동안 PARENT(R) ← P′, R ← SIB(R)로 설정한다. 그런 다음 SIB(R) ← Q, Q ← Q′으로 설정한다. 만일 P = P′이면 CHILD(P) ← Q로 설정한다. 만일 P ≠ P′이면 SIB(P) ← Q로 설정한다. I8로 간다.

**I5.** [경우 1.] (이제 구성요소 Q = R은 P′ = R′으로 둘러싸여 있다.) 만일 P = P′이면 CHILD(P) ← SIB(Q)로 설정하고, 그렇지 않으면 SIB(P) ← SIB(Q)로 설정한다. R ← DORMANT(R′)로 설정한다. 그런 다음 만일 R = Λ 이면 DORMANT(R′) ← SIB(Q) ← Q로 설정하고, 그렇지 않으면 SIB(Q) ← SIB(R), SIB(R) ← Q로 설정한다. I8로 간다.

**I6.** [경우 2.] (이제 Q′은 P′과 R 모두의 부모이다. P = P′에 자식이 없거나, P가 P′의 마지막 자식이다.) R을 P′에 흡수시킨다(아래 참고). SIB(P′) ← SIB(R), R ← CHILD(R)로 설정한다. 만일 P = P′이면 CHILD(P) ← R로 설정하고, 그렇지 않으면 SIB(P) ← R로 설정한다. R ≠ Λ 인 동안 PARENT(R) ← P′, R ← SIB(R)로 설정한다. I8로 간다.

**I7.** [경우 3.] (노드 P′ = Q는 Q′ = R의 마지막 자식이고, Q′ = R은 R′의 자식이다.) P′을 R′에 흡수시킨다(아래 참고). 만일 P = P′이면 P ← R로 설정한다. 그렇지 않으면 P′ ← CHILD(P′)으로 설정하고, P′ ≠ Λ 인 동안 PARENT(P′) ← R′, P′ ← SIB(P′)으로 설정한다. 또한 SIB(P) ← SIB(Q′), SIB(Q′) ← CHILD(Q)로 설정한다. 만일 Q = CHILD(R)이면 CHILD(R) ← Λ 로 설정한다. 그렇지 않으면 R ← CHILD(R)로 설정하고, 그런 다음 SIB(R) = Q가 될 때까지 R ← SIB(R)로 설정하고, 그런 다음 SIB(R) ← Λ 로 설정한다. 마지막으로 P′ ← R′으로 설정한다.

**I8.** [$k$를 전진시킨다.] $k \leftarrow k+2$로 설정하고 단계 I3으로 돌아간다.

**I9.** [면적을 갱신.] AREA(P′) ← AREA(P′) + $\lceil a_j/2 \rceil - \lceil a_{j-1}/2 \rceil$로 설정한다. 그런 다음 만일 $a_j = 2N+3$이면 I2로 돌아간다.

**I10.** [짧은 $a$를 먹어치운다.] 만일 $a_{j+1} \ge b_k$이면 I11로 간다. 그렇지 않으면 Q ← LOC(NODE($t$)), $t \leftarrow t+1$로 설정한다. PARENT(Q) ← P′, DORMANT(Q) ← HEIR(Q) ← Λ 로 설정한다. 또한 ROW(Q) ← $s$, COL(Q) ← $\lceil a_j/2 \rceil$, AREA(Q) ← $\lceil a_{j+1}/2 \rceil - \lceil a_j/2 \rceil$로 설정한다. 만일 P = P′이면 SIB(Q) ← CHILD(P), CHILD(P) ← Q로 설정한다. 그렇지 않으면 SIB(Q) ← SIB(P), SIB(P) ← Q로 설정한다. 마지막으로 P ← Q, $j \leftarrow j+2$로 설정하고 I3으로 돌아간다.

**I11.** [계속 진행.] $j \leftarrow j+1$, $k \leftarrow k+1$, (P, P′) ← next(P, P′)으로 설정하고 I3으로 간다. ▮

P를 Q에 "흡수시킨다"는 것은 다음을 수행하라는 뜻이다: 만일 (ROW(P), COL(P))가 (ROW(Q), COL(Q))보다 작으면 (ROW(Q), COL(Q)) ← (ROW(P), COL(P))로 설정한다. AREA(Q) ← AREA(P) + AREA(Q)로 설정한다. 만일 DORMANT(Q) = Λ 이면 DORMANT(Q) ← DORMANT(P)로 설정한다. 그

렇지 않고 만일 DORMANT(P) $\neq \Lambda$ 이면 SIB(DORMANT(P)) $\leftrightarrow$ SIB(DORMANT(Q))로 교환한다. 마지막으로 HEIR(P) $\leftarrow$ Q로 설정한다. (HEIR 링크들을 두 번째 패스에서 각 픽셀의 마지막 구성요소를 식별하는 용도로 사용할 수도 있다. 부동 노드들의 PARENT 링크들은 최신 상태로 갱신되지 않음을 주목하기 바란다.)

〔이와 비슷한 알고리즘이 R. K. Lutz, *Comp. J.* **23** (1980), 262-269에 나온다.〕

**180.** $F(x,y)=x^2-y^2+13$, $Q(x,y)=F(x-\frac{1}{2},y-\frac{1}{2})=x^2-y^2-x+y+13$이라고 하자. 알고리즘 T를 적용해서 $(\xi,\eta)=(-6,7)$에서 $(\xi',\eta')=(0,\sqrt{13})$까지의 쌍곡선을 디지털화한다. 즉 $x=-6$, $y=7$, $x'=0$, $y'=4$이다. 결과로 생긴 변들은 $(-6,7)$—$(-5,7)$—$(-5,6)$—$(-4,6)$—$(-4,5)$—$(-3,5)$—$(-3,4)$—$\cdots$—$(0,4)$이다. 그런 다음 $\xi=0$, $\eta=\sqrt{13}$, $\xi'=6$, $\eta'=7$, $x=0$, $y=4$, $x'=6$, $y'=7$로 두고 알고리즘을 다시 적용한다. 그러면 앞에서와 같되 $x$ 성분의 부호가 반대인 변들이 (역순으로)검출된다.

**181.** $F_x(\xi,\eta)=0$, $F_y(\xi,\eta)=0$인 점 $(\xi,\eta)$들, 즉 $\{Q(-(b(\eta+\frac{1}{2})+d)/(2a),\eta+\frac{1}{2})=0,$ $\xi=-(b(\eta+\frac{1}{2})+d)/(2a)-\frac{1}{2}\}$의 실근들 또는 $\{Q(\xi+\frac{1}{2},-(b(\xi+\frac{1}{2})+e)/(2c))=0,\eta=-(b(\xi+\frac{1}{2})+e)/(2c)-\frac{1}{2}\}$의 실근들에서 분할하면 된다(그러한 실근들이 존재하는 경우).

**182.** $|x'-x|+|y'-y|$에 대한 귀납법으로 증명할 수 있다. 예를 들어 $x>x'$이고 $y<y'$인 경우를 살펴보자. (iii)에 의해, $(\xi,\eta)$는 상자 $x-\frac{1}{2}\le\xi<x+\frac{1}{2}$와 $y-\frac{1}{2}\le\eta<y+\frac{1}{2}$ 안에 있다. 그리고 (ii)는 곡선이 $(\xi,\eta)$에서 $(\xi',\eta')$으로 단조적으로 이동함을 말해 준다. 따라서 그 상자는 틀림없이 변 $(x-\frac{1}{2},y-\frac{1}{2})$—$(x-\frac{1}{2},y+\frac{1}{2})$ 또는 $(x-\frac{1}{2},y+\frac{1}{2})$—$(x+\frac{1}{2},y+\frac{1}{2})$에 있다. 후자는 오직 $F(x-\frac{1}{2},y+\frac{1}{2})<0$일 때에만 성립하는데, 왜냐하면 $x'<x$일 때 곡선이 그 변과 두 번 교차할 수는 없기 때문이다. 그리고 단계 T1의 초기화 때문에, $F(x-\frac{1}{2},y+\frac{1}{2})$은 단계 T4에서 시험한 값 $Q(x,y+1)$이다. (내부적으로 함수 $F$에 작은 양의 값을 암묵적으로 더함으로써 곡선이 $(x-\frac{1}{2},$ $y+\frac{1}{2})$을 정확하게 통과하지는 않게 한다고 가정한다.)

**183.** 예를 들어 $F(x-\frac{1}{2},y-\frac{1}{2})=Q(x,y)=13x^2+7xy+y^2-2=0$으로 정의되는 타원을 생각해 보자. 이 타원은 대략 $(-2,5)$와 $(1,-6)$ 사이에 걸친 시가 형태의 곡선이다. 이 곡선의 우측 상단 경계를 디지털화한다고 하자. 이때

$$\xi=\sqrt{\frac{8}{3}}-\frac{1}{2},\quad \eta=-\sqrt{\frac{98}{3}}-\frac{1}{2},\quad \xi'=-\sqrt{\frac{98}{39}}-\frac{1}{2},\quad \eta'=\sqrt{\frac{104}{3}}-\frac{1}{2},$$

$x=1$, $y=-6$, $x'=-2$, $y'=5$는 알고리즘 T의 가정 (i)~(iv)를 만족한다. 단계 T1은 $Q\leftarrow Q(1,-5)=1$로 설정하며, 이 때문에 단계 T4에서 왼쪽으로(L) 이동하게 된다. 실제로, 이에 의해 만들어진 경로는 $\mathrm{L}^3\mathrm{U}^{11}$인 반면 (165)에 따른 정확한 디지털화는 $\mathrm{U}^3\mathrm{LU}^4\mathrm{LU}^3\mathrm{LU}$이다. 실패가 발생한 이유는 $Q(x,y)=0$의 두 근, 즉 $((35\pm\sqrt{29})/26,-5)$가 변 $(1,-5)$—$(2,-5)$에 있으며, 이에 의해 $Q(1,-5)$와 $Q(2,-5)$가 부호가 같아지기 때문이다. (두 근 중 하나는 우리가

그리고자 하는 것이 아닌 경계선에 있으나, 그래도 여전히 거기에 있다.) 비슷한 실패가 $Q(x,y)=9x^2+6xy+y^2-y=0$, $\xi=-5/12$, $\eta=-1/4$, $\xi'=-5/2$, $\eta'=-19/2$, $x=0$, $y=0$, $x'=-2$, $y'=9$로 정의되는 포물선에서도 발생한다. 쌍곡선 역시 실패할 수 있다($6x^2+5xy+y^2=1$을 생각해 볼 것).

이산 기하학을 위한 알고리즘들은 예민하기로 악명이 높다. 비정상적인 경우를 만났을 때 알고리즘이 폭주하는 경향이 있다. 알고리즘 T는 최대 곡률이 2 미만인 임의의 타원이나 포물선의 부분들에서 적절히 작동한다. 장축, 단축이 $\alpha \ge \beta$인 타원의 최대곡률은 $\alpha/\beta^2$이다. 예로 든 시가 형태의 곡선의 최대 곡률은 $\approx 42.5$이다. 포물선 $y=\alpha x^2$의 최대 곡률은 $\alpha/2$이다. 방금 전에 말한 비정상적인 포물선의 최대 곡률은 $\approx 5.27$이다. '적당한' 원뿔곡선에는 그처럼 날카로운 굴곡이 없다.

가정 (v)가 없어도 알고리즘 T가 정확히 작동하려면, 알고리즘이 조금 느려지더라도 판정 '$Q<0$'을 '$Q<0$ 또는 X'로 바꾸어야 한다. 여기서 X는 도함수의 부호에 대한 어떤 판정이다. 구체적으로 말하면, 단계 T2, T3, T4, T5에서 X는 각각 '$S>c$', '$R>a$', '$R<-a$', '$S<-c$'이다.

**184.** $Q'(x,y)=-1-Q(x,y)$로 둔다. 핵심은 오직 $Q'(x,y)\ge 0$일 때에만 $Q(x,y)<0$이라는 것이다. (알고리즘이 $Q'$과 $Q$의 값들을 서로 다른 장소들에서 검출하지만 그래도 같은 결정들을 반대의 순서로 내린다는 점이 신기하다.)

**185.** $d=(\eta-\eta')h$이고 $e=(\xi'-\xi)h$가 정수들이며 $d+e$가 짝수인 양의 정수 $h$를 구한다. 그런 다음에는 $x=\lfloor\xi+\frac{1}{2}\rfloor$, $y=\lfloor\eta+\frac{1}{2}\rfloor$, $x'=\lfloor\xi'+\frac{1}{2}\rfloor$, $y'=\lfloor\eta'+\frac{1}{2}\rfloor$, $Q(x,y)=d(x-\frac{1}{2})+e(y-\frac{1}{2})+f$로 두고 알고리즘 T를 실행한다. 여기서

$$f=\lfloor(\eta'\xi-\xi'\eta)h\rfloor-[d>0\text{이고 }(\eta'\xi-\xi'\eta)h\text{가 정수}]$$

이다. ('$d>0$'이라는 조건은 반대 방향의, 즉 $(\xi',\eta')$에서 $(\xi,\eta)$로의 직선에 대해 정확히 동일한 변들이 산출되게 하기 위한 것이다. 연습문제 184을 보라.) 단계 T1과 T6~T9는 일반적인 경우에 비해 훨씬 간단한데, 이는 $R=d$와 $S=e$가 상수이기 때문이다.

(스탁턴F. G. Stockton[*CACM* **6** (1963), 161, 450]과 브레즈넘J. E. Bresenham[*IBM Systems Journal* **4** (1965), 25-30]이 이와 비슷한, 그러나 대각선 변들을 허용하는 알고리즘을 제시했다.]

**186.** (a) $B(\epsilon)=z_0+2\epsilon(z_1-z_0)+O(\epsilon^2)$; $B(1-\epsilon)=z_2-2\epsilon(z_2-z_1)+O(\epsilon^2)$.

(b) $S(z_0,z_1,z_2)$의 모든 점은 $z_0$, $z_1$, $z_2$의 한 볼록 조합(convex combination)이다.

(c) $(1-t)^2+2(1-t)t+t^2=1$이므로 당연히 참이다.

(d) 동일 직선상 조건에 대한 증명은 (b)로부터 이끌어 낼 수 있다. 동일 직선상이 아니라면, (c)에 의해 $z_0=0$이고 $z_2-2z_1=1$인 경우만 고려하면 된다. 여기서 $z_1=x_1+iy_1$이고 $y_1\ne 0$이다. 그런 경우 모든 점은 포물선 $4x=(y/y_1)^2+4yx_1/y_1$에 있다.

(e) $0\le u\le 1$에 대해 $B(u\theta)=(1-u)^2z_0+2u(1-u)((1-\theta)z_0+\theta z_1)+u^2B(\theta)$임을 주목할 것.

[베른슈타인S. N. Bernshteĭn은 *Soobshchenīia Khar'kovskoe matematicheskoe obshchestvo* (2) **13** (1912), 1-2에서 $B_n(z_0, z_1, \ldots, z_n; t) = \sum_k \binom{n}{k}(1-t)^{n-k}t^k z_k$를 소개했다.]

**187.** $z_0 = (x_0, y_0)$, $z_1 = (x_1, y_1)$, $z_2 = (x_2, y_2)$라고 가정할 수 있다. 여기서 좌표 성분들은 (이를테면) 16비트 정수를 32로 나눈 형식의 고정소수점 수이다.

만일 $z_0$, $z_1$, $z_2$가 동일 직선상이면, 연습문제 185의 방법을 이용해서 $z_0$에서 $z_2$까지의 직선을 그린다. (만일 $z_1$이 $z_0$과 $z_2$ 사이에 있지 않다면 다른 변들이 소거될 것이다. 채우기 알고리즘에 의해 변들이 암묵적으로 XOR될 것이기 때문이다.) 이 경우는 오직 $D = x_0y_1 + x_1y_2 + x_2y_0 - x_1y_0 - x_2y_1 - x_0y_2 = 0$일 때에만 발생한다.

동일 직선상이 아니라면 $S(z_0, z_1, z_2)$의 점 $(x, y)$들은 $F(x, y) = 0$을 만족한다. 여기서

$$F(x,y) = ((x-x_0)(y_2 - 2y_1 + y_0) - (y - y_0)(x_2 - 2x_1 + x_0))^2 \\ - 4D((x_1 - x_0)(y - y_0) - (y_1 - y_0)(x - x_0))$$

이고 $D$는 앞에 나온 정의와 같다. 이제 $32^4$을 곱해서 정수 계수들을 얻는다. 만일 $D < 0$이면 알고리즘 T의 조건 (iv)와 역순 조건을 만족하기 위해 이 공식의 부호를 뒤집은 후 1을 뺀다. (연습문제 184를 보라.)

단조성 조건 (ii)는 오직 $(x_1 - x_0)(x_2 - x_1) \geq 0$이고 $(y_1 - y_0)(y_2 - y_1) \geq 0$일 때에만 성립한다. 필요하다면 연습문제 186(e)의 점화식을 이용해서 $S(z_0, z_1, z_2)$를 최대 세 개의 단조 부분 스퀸들로 분할할 수 있다. 예를 들어 $\theta = (x_0 - x_1)/(x_0 - 2x_1 + x_2)$로 두면 $x$의 단조성이 생긴다. (이 고정소수점 산술 도중 약간의 반올림 오차가 발생할 수 있으나, 부분 스퀸들이 정단조(definitely monotonic)가 되도록 점화식을 수행하는 것이 가능하다.)

참고: 국소적인 변 순서(이를테면 '위로 간 후 왼쪽으로'와 '왼쪽으로 간 후 위로')를 정확히 선택해야 하는 것이 아니라면, $z_0$, $z_1$, $z_2$가 서로 가까이 있는 경우 연습문제 186(e)에 기초한 좀 더 간단하고 빠른 방법이 있다. 그러한 방법에서, 대부분의 실용적인 목적으로는 $\theta = \frac{1}{2}$이 적당하다. 1980년대 후반에 카실라Sampo Kaasila는 TrueType 글꼴 형식에서 글꼴 모양 명세의 기본 수단으로 스퀸을 사용하기로 했다. 빠르게 디지털화할 수 있다는 것이 이유였다. METAFONT 시스템은 삼차 베지에 스플라인을 사용하기 때문에 유연성이 더 뛰어나다[D. E. Knuth, *METAFONT: The Program* (Addison-Wesley, 1986)을 보라]. 그로부터 만들어진 삼차 곡선을 위한 상당히 빠른 '6레지스터 알고리즘'은 이후 하비John Hobby가 개발했다[*ACM Trans. on Graphics* **9** (1990), 262-277]. 프랫Vaughan Pratt은 원뿔 스플라인(conic spline)을 *Computer Graphics* **19**,3 (July 1985), 151-159에서 소개했는데, 이는 스퀸과 삼차 베지에의 중간에 해당한다고 할 수 있다. 원뿔 스플라인 조각은 타원이나 쌍곡선은 물론 포물선 형태일 수도 있기 때문에 스퀸보다 중간점들과 제어점들이 덜 필요하다. 또한 원뿔 스플라인은 알고리즘 T로 처리할 수 있다.

**188.** 다음의 빅엔디안 프로그램은 $n \leq 74880$이라고 가정한다.

```
         LOC     Data_Segment`
BITMAP   LOC     @+M*N/8
base     GREG    @
GRAYMAP  LOC     @+M*N/64
GTAB     BYTE    255,252,249,246,243
         BYTE    240,236,233,230,227
         BYTE    224,221,217,214,211
         BYTE    208,204,201,198,194
         BYTE    191,188,184,181,178
         BYTE    174,171,167,164,160
         BYTE    157,153,150,146,142
         BYTE    139,135,131,128,124
         BYTE    120,116,112,108,104
         BYTE    100,96,92,88,84
         BYTE    79,75,70,66,61
         BYTE    56,52,46,41,36
         BYTE    30,24,18,10,0
Initk    OCTA    BITMAP-GRAYMAP
corr     GREG    N-8
c1       GREG    #4000100004000100
c2       GREG    #2010000002010000
c3       GREG    #0804020100000000
mu1      GREG    #3333333333333333
mu2      GREG    #0f0f0f0f0f0f0f0f
h        GREG    #8080808080808080
gtab     GREG    GTAB-#80
         LOC     #100
MakeGray LDA     z,GRAYMAP
         LDO     k,Initk
0H       SET     s,N/64
1H       SET     a,h         한 가지 요령(아래를 볼 것)
         SET     r,8
2H       LDOU    t,base,k
         MOR     u,c1,t
         SUBU    t,t,u       (닙별 합)
         MOR     u,c2,t
         AND     t,t,mu1
         ADDU    t,t,u       (니블별 합)
         MOR     u,c3,t
         AND     t,t,mu2
         ADDU    t,t,u       (바이트별 합)
         ADDU    a,a,t
         INCL    k,N/8       다음 행으로 이동한다.
         SUB     r,r,1
         PBNZ    r,2B        8회 반복한다.
3H       SRU     t,a,56
         LDBU    t,gtab,t
         SLU     a,a,8
         STBU    t,z,0
         INCL    z,1
         PBN     a,3B        (앞에서 말한 요령)
         SUB     k,k,corr
         SUB     s,s,1
         PBNZ    s,1B        열들에 대해 반복한다.
         INCL    k,7*N/8     행 여덟 개 묶음들에
         PBN     k,0B        대해 반복한다. ▮
```

〔헌트Neil Hunt의 DVIPAGE에서 영감을 받아, 본 저자는 1992~1998년에 *The Art of Computer Programming*의 새 판본들을 준비할 때 그러한 회색조 비트맵을 적극적으로 사용했다.〕

**189.** 비트맵의 행들을 $(X_0, X_1, \ldots, X_{63})$이라고 하자. $k = 0, 1, \ldots, 5$에 대해 다음 연산들을 수행한다: $0 \le i < 64$이고 $i \,\&\, 2^k = 0$인 모든 $i$에 대해 $j = i + 2^k$으로 두고 (a) $t \leftarrow (X_i \oplus (X_j \gg 2^k)) \,\&\, \mu_{6,k}$, $X_i \leftarrow X_i \oplus t$, $X_j \leftarrow X_j \oplus (t \ll 2^k)$로 설정하거나 (b) $t \leftarrow X_i \,\&\, \bar{\mu}_{6,k}$, $u \leftarrow X_j \,\&\, \mu_{6,k}$, $X_i \leftarrow ((X_i \ll 2^k) \,\&\, \bar{\mu}_{6,k}) \mid u$, $X_j \leftarrow ((X_j \gg 2^k) \,\&\, \mu_{6,k}) \mid t$로 설정한다.

〔기본 착안은 증가하는 $k$에 대해 $2^k \times 2^k$ 부분행렬들을 연습문제 5-12에서처럼 변환한다는 것이다. MMIX에서는 연습문제 208에서처럼 MOR와 MUX를 이용해서, 그리고 $k = 5$일 때에는 LDTU/STTU를 이용해서 속도를 높일 수 있다. L. J. Guibas, J. Stolfi, *ACM Transactions on*

*Graphics* **1** (1982), 204-207과 M. Thorup, *J. Algorithms* **42** (2002), 217을 보라. 첨언하자면, 정리 P와 해답 54는 $n \times n$ 비트 행렬을 전치하기 위해서는 $n$비트 수들에 대한 $\Omega(n \log n)$개의 연산이 필요함을 말해 준다. 따라서 전치 연산이 자주 필요한 응용 프로그램이라면 행렬의 보통 형태와 전치된 형태 둘 다 저장해 두는 중복된 표현을 사용하는 것이 나을 것이다.]

**190.** (a) $\alpha_0 = 0\ldots0$이고 $f(\alpha) = ((\alpha \ll 1)\&1\ldots1) \oplus \alpha \oplus (\alpha \gg 1)$이라고 할 때, $j \geq 1$에 대해 반드시 $\alpha_{j+1} = f(\alpha_j) \oplus \alpha_{j-1}$이다. 최하단 행 $\alpha_m$의 성분들은 오직 이 규칙에 의해 $\alpha_{m+1}$이 완전히 0이 될 때에만 패리티 조건을 만족한다.

(b) 참이다. 행렬 성분 $a_{ij}$에 대한 패리티 조건은 $a_{ij} = a_{(i-1)j} \oplus a_{i(j-1)} \oplus a_{i(j+1)} \oplus a_{(i+1)j}$이다. 여기서 만일 $i = 0$ 또는 $i = m+1$ 또는 $j = 0$ 또는 $j = n+1$이면 $a_{ij} = 0$이다. 만일 두 행렬 $(a_{ij})$와 $(b_{ij})$가 이 조건을 만족한다면, $c_{ij} = a_{ij} \oplus b_{ij}$인 $(c_{ij})$ 역시 만족한다.

(c) 성분이 모두 0인 첫 번째 행(있는 경우) 위의 모든 행과 성분이 모두 0인 첫 번째 열(있는 경우) 왼쪽의 모든 열로 이루어진 왼쪽 상단 부분행렬은 완벽 패리티 패턴이다. 그리고 이 부분행렬이 전체행렬을 규정한다. 왜냐하면 모두 0인 한 행이나 열의 반대편에 있는 패턴은 그 이웃의 상/하 또는 좌/우 반사이기 때문이다. 예를 들어 $\alpha_{m'+1}$이 0이라면 $1 \leq j \leq m'$에 대해 $\alpha_{m'+1+j} = \alpha_{m'+1-j}$이다.

(d) 주어진 벡터 $\alpha_1$로 시작해서 (a)의 규칙을 적용하면 항상 $\alpha_{m+1} = 0\ldots0$인 행이 나온다. 증명: 비둘기집 원리에 의해, 어떤 $0 \leq j < k \leq 2^{2n}$에 대해 반드시 $(\alpha_j, \alpha_{j+1}) = (\alpha_k, \alpha_{k+1})$이 성립한다. 만일 $j > 0$이면 $(\alpha_{j-1}, \alpha_j) = (\alpha_{k-1}, \alpha_k)$도 성립한다. $\alpha_{j-1} = f(\alpha_j) \oplus \alpha_{j+1} = f(\alpha_k) \oplus \alpha_{k+1} = \alpha_{k-1}$이기 때문이다. 따라서 첫 번째로 되풀이된 쌍은 0들의 행 $\alpha_k$로 시작한다. 더 나아가서 $0 \leq i \leq k$에 대해 $\alpha_i = \alpha_{k-i}$이다. 따라서 모든 성분이 0인 행 $\alpha_{m+1}$은 $m$이 $k-1$이나 $k/2-1$일 때 처음으로 나타난다.

행 $\alpha_1, \ldots, \alpha_m$은 0들로만 된 열이 존재하지 않는 한 하나의 완벽 패리티 패턴을 형성한다. 그러한 열들은 오직 $t+1$이 $n+1$의 약수이고 $\alpha_1$이 $\alpha 0 \alpha^R 0 \ldots 0 \alpha$ ($t$가 짝수) 또는 $\alpha 0 \alpha^R 0 \ldots 0 \alpha^R$ ($t$가 홀수)의 형태일 때에만 $t > 0$개 존재한다. 여기서 $|\alpha| + 1 = (n+1)/(t+1)$이다.

(e) 이 시작 벡터에는 (d)에서 금지하는 형태가 없다.

**191.** (a) 전자는 오직 후자가 $0\alpha_1 0\alpha_1^R$, $0\alpha_2 0\alpha_2^R$, …일 때에만 $\alpha_1$, $\alpha_2$, …이다.

(b) 이진열 $a_0 a_1 \ldots a_{N-1}$이 다항식 $a_0 + a_1 x + \cdots + a_{N-1} x^{N-1}$에 대응되며, $y = x^{-1} + 1 + x$라고 하자. 그러면 $\alpha_0 = 0\ldots0$은 $F_0(y)$에, $\alpha_1 = 10\ldots0$은 $F_1(y)$에 대응된다. 그리고 귀납법에 의해 $\alpha_j$는 $F_j(y)$(법 $x^N + 1$, 법 2)에 대응된다. 예를 들어 $N = 6$일 때, $x^{-1} \bmod (x^6 + 1) = x^5$ 등이므로 $\alpha_2 = 110001 \leftrightarrow 1 + x + x^5$이다.

(c) 이 역시 $j$에 대한 귀납법으로 증명하면 된다.

(d) 힌트의 항등식은 $m = 1$이고 $m = 2$일 때 분명이 참이므로 $m$에 대한 귀납법으로 증명할 수 있다. 2를 법으로 한 산술에서는 이 항등식으로부터 다음과 같은 간단한 등식을 얻을 수 있다.

$$F_{2k}(y) = yF_k(y)^2; \qquad F_{2k-1}(y) = (F_{k-1}(y) + F_k(y))^2.$$

따라서 쌍 $P_k = (F_{k-1}(y) \bmod (x^N+1), F_k(y) \bmod (x^N+1))$에서 $P_{k+1}$로 가는 데 $O(n)$단계가 필요하고, $P_{2k}$로 가는 데에는 $O(n^2)$단계가 필요하다. 그러므로 $O(\log j)$회의 반복으로 $F_j(y) \bmod (x^N+1)$을 계산할 수 있다. 이제 $f_\alpha(x)+f_\alpha(x^{-1})$을 곱하고 $x^N+1$을 법으로 하여 축약하면 $\alpha_j$의 값을 읽을 수 있다.

첨언하자면, $F_{n+1}(x)$는 지속음 다항식의 한 특수 경우인 $K_n(x,x,\ldots,x)$이다. 식 4.5.3-(5)를 보라. $U_n$이 $U_n(\cos\theta) = \sin((n+1)\theta)/\sin\theta$로 정의되는 고전적인 체비셰프 다항식이라 할 때, $F_{n+1}(x) = \sum_{k=0}^{n}\binom{n-k}{k}x^{n-2k} = i^{-n}U_n(ix/2)$가 성립한다.

**192.** (a) 연습문제 191(c)에 의해 $c(q)$는 2를 법으로 한 다항식 산술을 이용할 때 $(x+x^{-1})F_j(x^{-1}+1+x) \equiv 0$(법 $x^{2q}+1$)을 만족하는 최소의 $j>0$이다. 이와 동치로, $c(q)$는 $y = x^{-1}+1+x$라고 할 때 $F_j(y)$가 $(x^{2q}+1)/(x^2+1) = (1+x+\cdots+x^{q-1})^2$의 배수임을 만족하는 가장 작은 양의 $j$이다.

(b) $M$의 모든 소인수 $p$에 대해 $j = M/p$라고 할 때, 연습문제 191(d)의 방법으로 $((x+x^{-1})F_j(y)) \bmod (x^{2q}+1)$을 평가한다. 그 결과가 0이면 $M \leftarrow M/p$로 설정하고 같은 과정을 반복한다. 0인 결과가 없으면 $c(q) = M$이다.

(c) $c(2^e)$이 $3\cdot 2^{e-1}$의 약수이나 $3\cdot 2^{e-2}$나 $2^{e-1}$의 약수는 아님을 보이고자 한다. 후자는 $F_{2^{e-1}}(y) = y^{2^{e-1}-1}$이 $x^{2^{e+1}}+1$과 서로 소이므로 참이다. 전자는

$$F_{3\cdot 2^{e-1}}(y) = y^{2^{e-1}-1}F_3(y)^{2^{e-1}} = y^{2^{e-1}-1}(1+y)^{2^e} = y^{2^{e-1}-1}(x^{-1}+x)^{2^e}$$

이므로 참인데, 이는 $x^{2^{e+1}}+1$이 법일 때에는 $\equiv 0$이지만 $x^{2^{e+2}}+1$이 법일 때에는 아니다.

(d) $F_{2^e-1}(y) = \sum_{k=1}^{e} y^{2^e-2^k}$이다. $y = x^{-1}(1+x+x^2)$이 $x^q+1$과 서로 소이므로, 어떤 계수 $a_i$들에 대해 $y^{-1} \equiv a_0+a_1x+\cdots+a_{q-1}x^{q-1}$ (법 $x^q+1$)이 성립한다. 그러므로 $0 \le k < e$에 대해

$$y^{-2^k} \equiv a_0 + a_1x^{2^k} + \cdots + a_{q-1}x^{2^k(q-1)} \equiv a_0 + a_1x^{2^{k+e}} + \cdots + a_{q-1}x^{2^{k+e}(q-1)} \equiv y^{-2^{k+e}}$$

(법 $x^q+1$)이며, 따라서 $F_{2^{2e}-1}(y)$는 $x^{2q}+1$의 배수이다.

(e) 이 경우 $c(q)$는 $4(2^{2e}-1)$의 약수이다. 증명: $f_1(x) = x+1$, $f_2(x) = x^2+x+1$이며 각 $f_i(x)$가 2를 법으로 하여 기약이라 할 때, $x^q+1 = f_1(x)f_2(x)\ldots f_r(x)$라고 하자. $q$가 홀수이므로 이 인수들은 서로 다르다. 따라서 $j \ge 3$에 대해 $f_j(x)$를 법으로 한 다항식들의 유한체에서, (d)에서처럼 $y^{-2^k} = y^{-2^{k+e}}$이 성립한다. 그러므로 $F_{2^{2e}-1}(y)$는 $f_3(x)\ldots f_r(x) = (x^q+1)/(x^3+1)$의 배수이고, 따라서 $F_{4(2^{2e}-1)}(y) = y^3F_{2^{2e}-1}(y)^4$은 요구된 바와 같이 $(x^{2q}+1)/(x^2+1) = f_2(x)^2f_3(x)^2\ldots f_r(x)^2$의 배수이다.

(f) 만일 $F_{c(q)}(y)$가 $x^{2q}+1$의 배수이면 $c(2q) = 2c(q)$임을 보이는 것은 쉽다. 그렇지 않으면 $F_{3c(q)}(y)$는 $F_3(y) = (1+y)^2 = x^{-2}(1+x)^4$의 배수이다. 따라서 $F_{6c(q)}(y)$는 $x^{4q}+1$의 배수이고 $c(2q)$는 $6c(q)$의 약수이다. 후자의 경우는 $q$가 홀수일 때에만 가능하다.

참고: 패리티 패턴은 'Lights Out(소등)'이라는 유명한 퍼즐과 관계가 있다. 그 퍼즐은 1980년대 초에 우리Dario Uri가 고안했으며, 그와 독립적으로 같은 시기에 메뢰László Mérő도 고안해서 XL25이라고 불렀다.〔David Singmaster, *Cubic Circular,* 7&8호 (1985년 여름), 39–42; Dieter Gebhardt, *Cubism For Fun* **69** (2006년 3월), 23–25를 보라.〕 서트너Klaus Sutner는 이 이론의 몇 가지 측면을 *Theoretical Computer Science* **230** (2000), 49–73에서 더욱 탐구했다.

**193.** $0 \le i \le m$과 $0 \le j \le n$에 대해 $b_{(2i)(2j)} = a_{ij}$, $b_{(2i+1)(2j)} = a_{ij} \oplus a_{(i+1)j}$, $b_{(2i)(2j+1)} = a_{ij} \oplus a_{i(j+1)}$, $b_{(2i+1)(2j+1)} = 0$이라고 하자. 여기서 $i = 0$이나 $i = m+1$이나 $j = 0$이나 $j = n+1$일 때 $a_{ij} = 0$이라고 간주한다. $(b_{(2i)1}, b_{(2i)2}, \ldots, b_{(2i)(2n+1)}) = (0, 0, \ldots, 0)$은 성립하지 않는데, 왜냐하면 $1 \le i \le m$에 대해 $(a_{i1}, \ldots, a_{in}) \ne (0, \ldots, 0)$이기 때문이다. 또한 $(b_{(2i+1)1}, b_{(2i+1)2}, \ldots, b_{(2i+1)(2n+1)}) = (0, 0, \ldots, 0)$도 성립하지 않는데, $m$이 홀수이면 $0 \le i \le m$에 대해 인접한 행 $(a_{i1}, \ldots, a_{in})$과 $(a_{(i+1)1}, \ldots, a_{(i+1)n})$이 항상 다르기 때문이다.

**194.** $1 \le i \le m$에 대해 $\beta_i \leftarrow (1 \ll (n-i)) \mid (1 \ll (i-1))$로 설정한다. 여기서 $m = \lceil n/2 \rceil$이다. 또한 $\gamma_i \leftarrow (\beta_1 \& \alpha_{i1}) + (\beta_2 \& \alpha_{i2}) + \cdots + (\beta_m \& \alpha_{im})$으로 설정하는데, 여기서 $\alpha_{ij}$는 $\beta_i$로 시작하는 패리티 패턴의 $j$번째 행이다. 벡터 $\gamma_i$는 그러한 행렬의 대각 성분들을 기록한다. 그런 다음 $r \leftarrow 0$로 설정하고 해답 195의 서브루틴 $N$을 $i \leftarrow 1$, 2, ..., $m$에 대해 적용한다. 그 결과로 나온 벡터 $\theta_1$, ..., $\theta_r$은 모든 8중 대칭 $n \times n$ 패리티 패턴의 한 기저이다.

그러한 패턴이 완벽 패턴임을 판정하는 방법은 이렇다. $\theta_i$로 시작하는 패턴이 행 $c_i$에서 처음으로 0이 된다고 하자. 만일 $c_i = n+1$이면 그 패턴은 완벽 패턴이다. 만일 $\mathrm{lcm}(c_1, \ldots, c_r) \le n$이면 완벽 패턴이 아니다. 이 두 조건으로도 결정이 나지 않는 경우에는 $\theta$ 벡터들의 0이 아닌 선형 조합들 $2^r - 1$개 모두를 주먹구구식으로 조사하는 수밖에 없다.

예를 들어 $n = 9$일 때 $\gamma_1 = 111101111$, $\gamma_2 = \gamma_3 = 010101010$, $\gamma_4 = 000000000$, $\gamma_5 = 001010100$임을 알 수 있으며, 그러면 $r = 0$, $\theta_1 = 011000110$, $\theta_2 = 000101000$, $c_1 = c_2 = 5$이다. 따라서 완벽한 해는 없다.

$n \le 3000$에 대한 저자의 실험에 따르면, '주먹구구식' 방법은 $n = 1709$일 때에만 필요하다. 그 경우 $r = 21$이고 $c_i$의 값들은 $c_{21} = 342$를 제외할 때 모두 171 아니면 855이다. 답 $\theta_1 \oplus \theta_{21}$을 즉시 발견할 수 있었다.

$1 \le n \le 383$에 대한 답은 4, 5, 11, 16, 23, 29, 30, 32, 47, 59, 62, 64, 65, 84, 95, 101, 119, 125, 126, 128, 131, 154, 164, 170, 185, 191, 203, 204, 239, 251, 254, 256, 257, 263, 314, 329, 340, 341, 371, 383이다.

〔그림 20과 비슷한, '미카도 패턴(mikado pattern)'이라고 부르는 프랙탈이 H. Eriksson, K. Eriksson, J. Sjöstrand의 논문 *Advances in Applied Math.* **27** (2001), 365에 나온다. 또한 S. Wolfram, *A New Kind of Science* (2002)의 439쪽에 있는 규칙 150R도 보라.〕

**195.** $1 \le i \le m$에 대해 $\beta_i \leftarrow 1 \ll (m-i)$, $\gamma_i \leftarrow \alpha_i$로 설정한다. 또한 $r \leftarrow 0$으로 설정한다. 그런 다음 $i = 1$, 2, ..., $m$에 대해 다음 서브루틴을 수행한다.

**N1.** 〔하위 비트를 추출.〕 $x \leftarrow \gamma_i \,\&\, -\gamma_i$로 설정한다. 만일 $x = 0$이면 N4로 간다.

**N2.** 〔$j$를 찾는다.〕 $\gamma_j \& x \neq 0$이고 $\gamma_j \& (x-1) = 0$인 최소의 $j \geq 1$을 찾는다.

**N3.** 〔종속인가?〕 만일 $j < i$이면 $\gamma_i \leftarrow \gamma_i \oplus \gamma_j$, $\beta_i \leftarrow \beta_i \oplus \beta_j$로 설정하고 N1로 간다. (이 연산들은 행렬 방정식 $C = BA$를 유지한다.) 그렇지 않으면 서브루틴을 끝낸다($\gamma_i$가 $\gamma_1$, …, $\gamma_{i-1}$과 선형독립이므로).

**N4.** 〔해를 기록한다.〕 $r \leftarrow r+1$, $\theta_r \leftarrow \beta_i$로 설정한다. ▮

결론적으로, $m-r$개의 0이 아닌 벡터 $\gamma_i$들은 $\alpha_1$, …, $\alpha_m$의 모든 선형결합으로 이루어진 벡터 공간의 한 기저이다. 이들은 그 하위 비트들로 특징지어진다.

**196.** (a) #0a; #cea3; #e7ae97; #f09d8581.

(b) 만일 $\lambda x = \lambda x'$이면 언급된 결과는 자명하다. $l = l'$이기 때문이다. 그렇지 않으면 $\alpha_1 < \alpha_1'$이거나 ($\alpha_1 = \alpha_1'$ 그리고 $\alpha_2 < \alpha_2'$)이다. 후자는 오직 $x \geq 2^{16}$일 때에만 발생할 수 있다.

(c) $j \leftarrow k$로 설정한다. $\alpha_j \oplus$ #80< #40인 동안 $j \leftarrow j-1$로 설정한다. 그러면 $\alpha(x^{(i)})$는 $\alpha_j$로 시작하는 바이트이다.

**197.** (a) #000a; #03a3; #7b97; #d834dd41.

(b) 사전식 순서는 이를테면 $x =$ #ffff이고 $x' =$ #10000일 때 보존되지 않는다.

(c) 이 문제를 제대로 풀기 위해서는 범위 #d800 $\leq x <$ #e000의 정수 2048개가 UCS의 적법한 부호점이 아님을 알아야 한다. 그런 정수들은 대리(surrogate) 부호들이다. 이를 염두에 두고, $\beta(x^{(i)})$는 만일 $\beta_k \oplus$ #dc00 $\geq$ #0400이면 $\beta_k$에서 시작하고 그렇지 않으면 $\beta_{k-1}$에서 시작한다.

**198.** $a =$ #e50000, $b = 3$, $c =$ #16이다. ($b = 0$으로 둘 수도 있으나, 그러면 $a$가 아주 커진다. 이러한 요령은 1997년에 레이노드-리처드P. Raynaud-Richard가 제안했다. 언급된 상수들은 가능한 가장 작은 상수들로, 2008년에 푸르나데르R. Pournader가 제시했다.)

**199.** 주어진 두 바이트가 그런 처음 두 바이트이려면 $\alpha_1 >$ #c1이고 $2^8\alpha_1 + \alpha_2 <$ #f490이어야 하며, $(\alpha_1 \& -\alpha_1) + \alpha_1 <$ #100이거나 $\alpha_1 + \alpha_2 >$ #17f이어야 한다. 이 조건들은 오직

$$(\#\texttt{c1} - \alpha_1) \,\&\, (2^8\alpha_1 + \alpha_2 - \#\texttt{f490}) \,\&\, (((\alpha_1 \& -\alpha_1) + \alpha_1 - \#\texttt{100}) \mid (\#\texttt{17f} - \alpha_1 - \alpha_2)) < 0$$

일 때에만 성립한다. 쿤Markus Kuhn은 $\alpha_1\alpha_2$가 어떤 대리 부호의 시작이 아님을 보장하는 추가 조건 '$\&$(#20 $-$ (($2^8\alpha_1 + \alpha_2$) $\oplus$ #eda0))'을 제안했다.

**200.** 만일 $\$0 = (x_7 \ldots x_1 x_0)_{256}$이면 \$3은 대칭함수 $S_2(x_7, x_4, x_2)$로 설정된다.

**201.** `MOR x,c,x`, 여기서 c = #f0f0f0f00f0f0f0f.

**202.** `MOR x,x,c`, 여기서 c = #c0c030300c0c0303; 그런 다음 `MOR x,mone,x`. (해답 209를 보라.)

**203.** a = #0008000400020001, b = #0f0f0f0f0f0f0f0f, c = #0606060606060606, d = # 0000002700000000, e = #2a2a2a2a2a2a2a2a. (0의 ASCII 부호는 6 + #2a이고 a의 ASCII 부호는 6 + #2a + 10 + #27이다.)

**204.** p = #8008400420021001, q = #8020080240100401($p$의 전치), r = #4080102004080102(대칭 행렬), m = #aa55aa55aa55aa55.

**205.** 뒤섞기를 실행하되, $p \leftrightarrow q$, r= #0804020180402010, m= #f0f0f0f00f0f0f0f로 두어서 실행한다.

**206.** 그냥 $p$를 #0880044002200110으로 바꾸면 된다. (첨언하자면, 이러한 뒤섞기들을 $z = (z_{63}...z_1z_0)_2$에 대한 다른 방식의 치환들로 정의할 수도 있다. $0 \le j < 63$에 대해 바깥섞기는 $z_j \mapsto z_{(2j) \bmod 63}$에 해당하고, 안섞기는 $z_j \mapsto z_{(2j+1) \bmod 65}$에 해당한다.)

**207.** MOR y,p,x; MOR y,y,p; MOR t,y,q; PUT rM,m1; MUX y,y,t; MOR t,t,q; PUT rM,m2; MUX y,y,t를 실행한다. 두 경우 모두 $p =$ #2004801002400801로 두되, 3중 완벽 뒤섞기의 경우에는 $q =$ #4020100804020180, $m_1 =$ #4949494949494949, $m_2 =$ #dbdbdbdbdbdbdbdb로 두고 그 역에서는 $q =$ #0402018040201008, $m_1 =$ #0707070707070707, $m_2 =$ #3f3f3f3f3f3f3f3f로 둔다.

**208.** (H. S. Warren, Jr의 해답.) 본문의 7-교환, 14-교환, 28-교환 방법을 다음과 같이 단 12개의 명령으로 구현할 수 있다.

```
MOR t,x,c1;  MOR t,c1,t;  PUT rM,m1;  MUX y,x,t;
MOR t,y,c2;  MOR t,c2,t;  PUT rM,m2;  MUX y,y,t;
MOR t,y,c3;  MOR t,c3,t;  PUT rM,m3;  MUX y,y,t;
```

여기서 $c_1 =$ #4080102004080102, $c_2 =$ #2010804002010804, $c_3 =$ #0804020180402010, $m_1 =$ #aa55aa55aa55aa55, $m_2 =$ #cccc3333cccc3333, $m_3 =$ #f0f0f0f00f0f0f0f이다.

**209.** 명령 네 개로 충분하다: MXOR y,p,x; MXOR x,mone,x; MXOR x,x,q; XOR x,x,y; 여기서 $p =$ #80c0e0f0f8fcfeff $= \bar{q}$이고 레지스터 mone = $-1$이다.

**210.** SLU x,one,x; MOR x,b,x; AND x,x,a; MOR x,x,#ff; 여기서 레지스터 one = 1이다.

**211.** 일반화해서, 부울 행렬곱 $AXB$의 성분 $ij$는 $\bigvee \{x_{kl} \mid a_{ik}b_{lj} = 1\}$이다. 지금 문제에서는 $a_{ik} = [i \supseteq k]$, $b_{lj} = [l \subseteq j]$로 둔다. 답은 'MOR t,f,a; MOR t,b,t'로, 여기서 a = #80c0a0f088ccaaff이고 b = #ff5533110f050301=a$^T$이다.

(이 요령은 단조성을 $[f = \hat{f}]$로 간단히 판정할 수 있음을 말해 준다. 더 나아가서, MOR를 MXOR로 대체한다면, 64비트 결과 $(t_{63}...t_1t_0)_2$는 다중선형 표현

$$f(x_1, ..., x_6) = (t_{63} + t_{62}x_6 + \cdots + t_1x_1x_2x_3x_4x_5 + t_0x_1x_2x_3x_4x_5x_6) \bmod 2$$

의 계수들을 제공한다. 연습문제 7.1.1-11의 결과로 이를 입증할 수 있다.)

**212.** $\cdot$가 (172)에서처럼 MXOR을 뜻하고 $b = (\beta_7...\beta_1\beta_0)_{256}$에 바이트 $\beta_j$들이 있다고 하면, $B_j^U = (q\beta_j) \,\&\, m$, $B_j^L = (((q\beta_j) \ll 8) + \beta_j) \,\&\, \bar{m}$, $q =$ #0080402010080402, $m =$ #7f3f1f0f07030100이라 할 때(여기서 $q\beta_j$는 통상적인 방식의 두 정수의 곱이다)

$$c = (a \cdot B_0^L) \oplus ((a \ll 8) \cdot (B_1^L + B_0^U)) \oplus ((a \ll 16) \cdot (B_2^L + B_1^U)) \oplus \cdots \oplus ((a \ll 56) \cdot (B_7^L + B_6^U))$$

을 평가할 수 있다.

**213.** 다음의 빅엔디안 계산에서 레지스터 nn은 $-n$을 담으며 레지스터 data는 메모리 안에서 주어진 바이트 $\alpha_{n-1} \ldots \alpha_1 \alpha_0$ ($\alpha_{n-1}$이 제일 처음임) 다음에 있는 옥타바이트를 가리킨다. 상수 aa = #8381808080402010, bb = #339bcf6530180c06은 $72 \le k < 80$에 대해 나머지 $x^k \bmod p(x)$를 계산해서 구한 행렬 $A$와 $B$에 해당한다.

```
   SET  c,0          c ← 0.                LDOU t,data,nn   t ← 다음 옥타.
   LDOU t,data,nn    t ← 다음 옥타.          XOR  u,u,c       u ← u⊕c.
   ADD  nn,nn,8      n ← n−8.              SLU  c,v,56      c ← v ≪ 56.
   BZ   nn,2F        만일 n = 0이면 종료.     SRU  v,v,8       v ← v ≫ 8.
1H MXOR u,aa,t       u ← t·A.              XOR  u,u,v       u ← u⊕v.
   MXOR v,bb,t       v ← t·B.              XOR  t,t,u       t ← t⊕u.
   ADD  nn,nn,8      n ← n−8.              PBN  nn,1B       만일 n > 0이면 반복. ▌
```

비슷한 방법으로 일을 마무리한다. 보조표는 필요하지 않다.

```
2H SET  nn,8         n ← 8.                SRU  v,v,8       v ← v ≫ 8.
3H AND  x,t,ffooo    x ← 상위 바이트.        XOR  t,t,v       t ← t⊕v.
   MXOR u,aaa,x      u ← x·A′.             SUB  nn,nn,1     n ← n−1.
   MXOR v,bbb,x      v ← x·B′.             PBP  nn,3B       만일 n > 0이면 반복.
   SLU  t,t,8        t ← t ≪ 8.            XOR  t,t,c       t ← t⊕c.
   XOR  t,t,u        t ← t⊕u.              SRU  crc,t,48    t ≫ 48을 반환한다. ▌
```

여기서 aaa = #8381808080808080, bbb = #0383c363331b0f05이고 ffooo = #ff00...00이다.

그러나 넓은 방향의 끝부분을 깨는 것에 대하여 옹호하는 사람들은
오랫동안 출판과 판매의 자유가 금지되어 왔습니다.†

— 걸리버LEMUEL GULLIVER, *걸리버 여행기(Travels Into Several Remote Nations of the World)* (1726)

**214.** $X$의 특성다항식의 기약 계수들을 고찰하면, $n = 2^3 \cdot 3^2 \cdot 5 \cdot 7 \cdot 17 \cdot 31 \cdot 127 = 168661080$이라 할 때 반드시 $X^n = I$이다. 클리프트Neill Clift는 $l(n-1) = 33$임을 증명했으며, $Y = X^{-1} = X^{n-1}$을 계산하는 다음과 같은 33개의 MXOR 명령들을 찾아냈다: MXOR t,x,x; MXOR $1,t,x; MXOR $2,t,$1; MXOR $3,$2,$2; MXOR t,$3,$3; $S^6$; MXOR t,t,$2; $S^3$; MXOR $1,t,$1; MXOR t,$1,$3; $S^{13}$; MXOR t,t,$1; $S$; MXOR y,t,x. 여기서 $S$는 MXOR t,t,t를 뜻한다. $X$가 정칙(비특이) 행렬인지는 MXOR t,y,x를 수행하고 t를 항등행렬 #8040201008040201과 비교해서 알아낼 수 있다.

† 〔옮긴이 주〕『걸리버 여행기』, 신현철 옮김(문학수첩, 2000), 55쪽에서 인용. '넓은 방향의 끝부분을 깨는 것에 대하여 옹호하는 사람'이 바로 빅엔디안(big-endian)이다.

**215.** SADD \$0,x,0; SADD \$1,x,a; NEG \$0,32,\$0; 2ADDU \$1,\$1,\$0; SLU \$0,b,\$1; 그런 다음 BN \$0,Yes;. 여기서 a = #aaaaaaaaaaaaaaaa, b = #2492492492492492이다.

**216.** 우선 $0 \le k < m$에 대해 $s_k \leftarrow 0$, $t_k \leftarrow -1$로 설정한다. 그런 다음 $1 \le k \le m$에 대해 다음을 수행한다: 만일 $x_k \ne 0$이고 $x_k < 2^m$이면 $l \leftarrow \lambda x_k$, $s_l \leftarrow s_l + x_k$로 설정한다. 만일 $t_l < 0$이거나 $t_l > x_k$이면 $t_l \leftarrow x_k$로도 설정한다. 마지막으로, $y \leftarrow 1$, $k \leftarrow 0$으로 설정한다. $y \ge t_k$이고 $k < m$인 동안 $y \leftarrow y + s_k$, $k \leftarrow k+1$로 설정한다. $y$와 $s_k$에 대해서는 배정도 $n$비트 산술로 충분하다. [이 유쾌한 알고리즘은 엡스틴D. Eppstein의 블로그 2008년 3월 22일자 글†에 나온 것이다.]

**217.** R. D. Cameron, *U.S. Patent 7400271* (2088년 7월 15일)과 *Proc. ACM Symp. Principles and Practice of Parallel Programming* **13** (2008), 91-98을 보라.

**218.** $b$가 $b \bmod 8 = 5$인 임의의 정수라고 하자. 그러면 $0 < x < 2^d$이고 $x \bmod 4 = 1$이면 항상, $x = b^{L(x)} \bmod 2^d$을 만족하는, $b$에 의존하는 어떤 정수 $L(x)$가 존재한다(§3.2.1.2를 보라). 다음 알고리즘은 $1 < k < d$에 대한 수 $t_k = -4L(2^k+1)$들의 표가 마련되어 있다고 할 때 $k \ge d/2$에 대해 $t_k = 2^k$이라고 가정하고 $s = 4L(x)$를 계산한다: $s \leftarrow 0$, $j \leftarrow 1$로 설정한다. 그런 다음 $j < d/2 - 1$인 동안 $j \leftarrow j+1$로 설정하고, 만일 $x \,\&\, (1 \ll j) \ne 0$이면 $x \leftarrow (x + (x \ll j)) \bmod 2^d$, $s \leftarrow (s + t_j) \bmod 2^d$으로도 설정한다. 마지막으로 $s \leftarrow (s + 1 - x) \bmod 2^d$으로 설정한다.

이제 다음과 같이 $a \cdot x^y$을 계산한다(모든 산술은 $2^d$을 법으로 함): 만일 $x \,\&\, 2 \ne 0$이면 $x \leftarrow -x$, $a \leftarrow (-1)^{y\&1}a$로 설정한다. (이제 $x \bmod 4 = 1$이다.) 위의 알고리즘을 이용해서 $s \leftarrow 4L(x) \cdot y$로 설정하고, $j \leftarrow 1$로도 설정한다. 그런 다음 $s \ne 0$인 동안 $j \leftarrow j+1$로 설정하고, 만일 $s \,\&\, (1 \ll j) \ne 0$이면 $s \leftarrow s + t_j$, $a \leftarrow a + (a \ll j)$로도 설정한다. 그러면 $a$가 요구된 답이다. (곱셈을 한 번 더 한다면 $j \ge d/2$가 되는 즉시 $(1-s)a$를 돌려줄 수도 있을 것이다.)

적절한 수 $t_k$들을 계산하는 한 가지 방법은, $d-1 \ge k \ge d/2$에 대해 $t_k \leftarrow 1 \ll k$로 설정하고 나머지 $k$들은 내림차순으로 다음과 같이 처리하는 것이다: $x \leftarrow 1 + (1 \ll k)$, $x \leftarrow x + (x \ll k)$, $s \leftarrow 0$, $j \leftarrow k$로 설정한다. 그런 다음 $j < d/2 - 1$인 동안 $j \leftarrow j+1$로 설정하고, 만일 $x \,\&\, (1 \ll j) \ne 0$이면 $x \leftarrow x + (x \ll j)$, $s \leftarrow s - t_j$로도 설정한다. 마지막으로 $t_k \leftarrow (s + x - 1) \gg 1$로 설정한다. 예를 들어 $d = 32$일 때 $t_{15}$ = #20008000, $t_{14}$ = #18004000, $t_{13}$ = #0e002000, $t_{12}$ = #07801000, $t_{11}$ = #03e00800, $t_{10}$ = #41f80400, $t_9$ = #18fe0200, $t_8$ = #0b7f8100, $t_7$ = #319fe080, $t_6$ = #5e8bf840, $t_5$ = #4a617e20, $t_4$ = #17c26f90, $t_3$ = #6119d1e8, $t_2$ = #2c30267c가 나온다. (이 절차는 어떤 정수 $b$에 대한 $L$을 구할 뿐, $b$ 자체의 값은 알아내지 못한다.)

[이 연습문제의 방법들은 연습문제 1.2.2-25와 1.2.2-28의, 실수 값 로그와 지수를 위한 브리그즈Briggs와 파인먼Feynman의 알고리즘들과 흥미로운 연관 관계를 가지고 있다. 이 책에 나온, $x^y$을 위한 넓은워드 절차 역시, $y = -1$일 때 $2^d$을 법으로 한 $x$의 역행렬 계산을 수행할 수 있다. 그러나

† [옮긴이 주] http://11011110.livejournal.com/133841.html

그런 경우를 위한 직접적인 알고리즘이 하나 존재한다: $z \leftarrow 1$, $j \leftarrow 0$으로 설정한다. $x \neq 1$인 동안 $j \leftarrow j+1$로 설정하고, 만일 $x \,\&\, (1 \ll j) \neq 0$이면 $z \leftarrow (z + (z \ll j)) \bmod 2^d$, $x \leftarrow (x + (x \ll j)) \bmod 2^d$으로도 설정한다. 최종적인 $z$는 원래의 홀수 $x$의 역이다.

## 7.1.4절

**1.** 다음은 진리표 0000, 0001, …, 1111에 대한 BDD들과 그 크기이다.

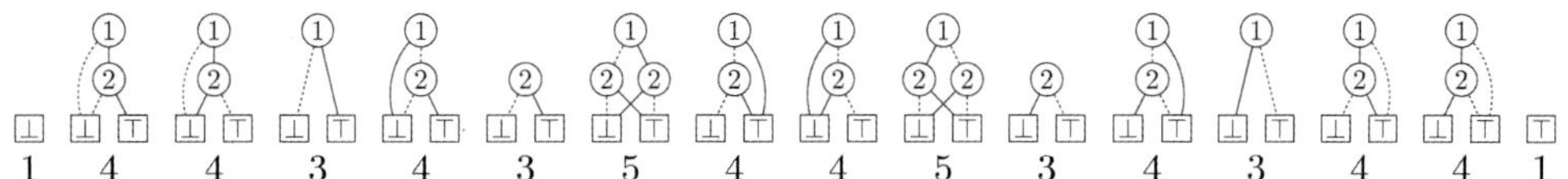

**2.** (순서 관계는 각 호의 방향을 결정한다.)

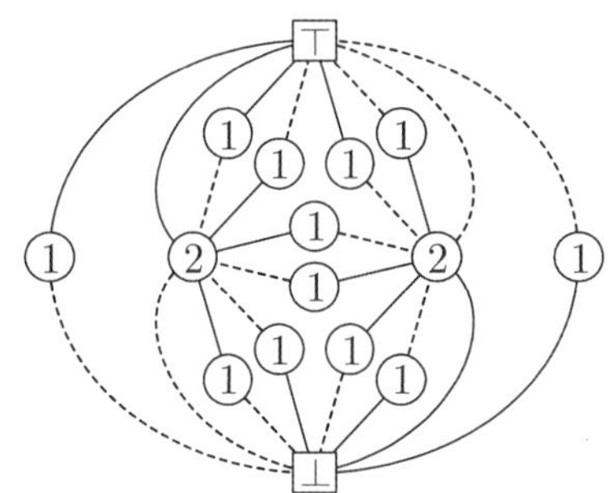

**3.** 크기가 1인 것이 두 개(구체적으로 말하면 두 상수 함수)이고, 2인 것은 없다(두 흡수 노드 모두에 도달할 수 있으려면 반드시 가지 노드가 하나는 있어야 하므로). 크기가 3인 것은 $2n$개이다($1 \leq j \leq n$에 대한 $x_j$들과 $\bar{x}_j$들).

**4.** $y \leftarrow$ #0ffffffefffffffe $\& \, \bar{x} +$ #20000002, $y \leftarrow (y \gg 28) \,\&$ #10000001, $x' \leftarrow x \oplus y$로 설정한다. (7.1.3-(32)을 보라.)

**5.** $f$의 쌍대인 $\overline{f(\bar{x}_1, \ldots, \bar{x}_n)} = f^D(x_1, \ldots, x_n)$을 얻게 된다(연습문제 7.1.1-2를 보라).

**6.** 1011000110010011의 최대 부분표들, 즉 10110001, 10010011, 1011, 0001, 1001, 0011은 모두 서로 다른 구슬들이다. 길이가 2인 부분표들 $\{10, 11, 00, 01\}$ 이전에는 제곱과 중복이 나타나지 않는다. 따라서 $g$의 크기는 11이다.

**7.** (a) $f$의 진리표가 $\alpha_0\alpha_1\ldots\alpha_{2^k-1}$이라고 하자. 여기서 $\alpha_j$는 길이가 $2^{n-k}$인 이진열이다. 그러면 $g_k$의 진리표는 $\beta_0\beta_2\ldots\beta_{2^k-2}$이되 $\beta_{2j} = \alpha_{2j}\alpha_{2j+1}\alpha_{2j+1}\alpha_{2j+1}$이다.

(b) 따라서 $f$와 $g_k$의 구슬들은 밀접한 관계가 있다. $f$의 BDD에서 $1 \leq j < k$에 대해 ⓙ를 ($j-1$)로 바꾸고 ⓚ을 ($k-1$)으로 대체하면 $g_k$의 BDD가 된다.

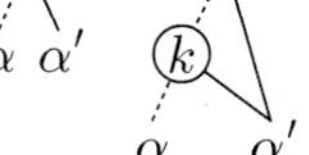

**8.** (a) 이제는 $\beta_{2j} = \alpha_{2j}\alpha_{2j+1}\alpha_{2j+1}\alpha_{2j}$이다. (b) 마찬가지로 $1 \le j < k$에 대해 ($j$)를 ($j-1$)로 대체한다. 만일 $f$에 ($k$) [$\alpha$ $\alpha'$] 은 있지만 ($k$) [$\alpha'$ $\alpha$] 은 없다면 ($k$) [$\alpha$ $\alpha'$] 을 ($k-1$) [($k$) ($k$); $\alpha$ $\alpha'$] 으로 대체한다. 그렇지 않으면 ($k$) [$\alpha$ $\alpha'$] ($k$) [$\alpha'$ $\alpha$] 을 ($k-1$) ($k-1$) [($k$) ($k$); $\alpha$ $\alpha'$] 으로 대체한다. [E. Dubrova, L. Macchiarulo, *IEEE Trans.* **C-49** (2000), 1290-1292.]

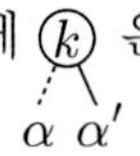

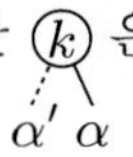

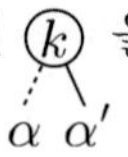

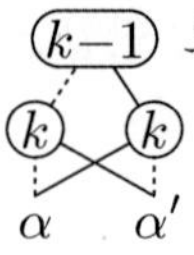

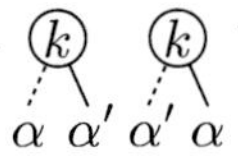

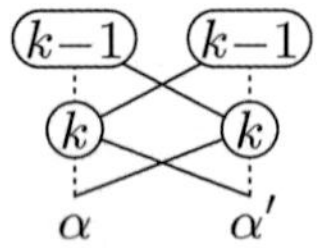

**9.** $s=1$이면 해가 없다. 그렇지 않으면 $k \leftarrow s-1$, $j \leftarrow 1$로 설정하고 다음 단계들을 되풀이한다: (i) $j < v_k$인 동안 $x_j \leftarrow 1$, $j \leftarrow j+1$로 설정한다; (ii) 만일 $k=0$이면 중단한다; (iii) 만일 $h_k \ne 1$이면 $x_j \leftarrow 1$, $k \leftarrow h_k$로 설정하고, 그렇지 않으면 $x_j \leftarrow 0$, $k \leftarrow l_k$로 설정한다; (iv) $j \leftarrow j+1$로 설정한다.

**10.** $0 \le k < s$에 대해 $I_k = (\bar{v}_k?\ l_k\colon h_k)$이고 $0 \le k < s'$에 대해 $I'_k = (\bar{v}'_k?\ l'_k\colon h'_k)$라고 하자. $s = s'$이라고 가정할 수 있다. 그렇지 않다면 $f \ne f'$인 것이다. 다음 알고리즘은 $I_k$가 $I'_{t_k}$에 대응되게 하는 색인 $(t_0, \ldots, t_{s-1})$을 찾아내거나, 그렇지 못하면 $f \ne f'$이라는 결론을 내린다.

**I1.** [초기화 및 반복.] $t_{s-1} \leftarrow s-1$, $t_1 \leftarrow 1$, $t_0 \leftarrow 0$으로 설정하고 $2 \le k \le s-2$에 대해 $t_k \leftarrow -1$로 설정한다. $k = s-1, s-2, \ldots, 2$에 대해(이 순서대로) 단계 I2~I4를 수행한다. 만일 그 단계들이 임의의 지점에서 '중지'되면 $f \ne f'$인 것이다. 그렇지 않으면 $f = f'$이다.

**I2.** [$v_k$를 판정한다.] $t \leftarrow t_k$로 설정한다. (이제 $t \ge 0$이다. 그렇지 않다면 $I_k$에는 선행자가 없었을 것이다.) 만일 $v'_t \ne v_k$이면 중지한다.

**I3.** [$l_k$를 판정한다.] $l \leftarrow l_k$로 설정한다. 만일 $t_l < 0$이면 $t_l \leftarrow l'_t$으로 설정한다. 그렇지 않으면, 만일 $l'_t \ne t_l$이면 중지한다.

**I4.** [$h_k$를 판정한다.] $h \leftarrow h_k$로 설정한다. 만일 $t_h < 0$이면 $t_h \leftarrow h'_t$으로 설정한다. 그렇지 않으면, 만일 $h'_t \ne t_h$이면 중지한다. ▮

**11.** (a) 그렇다. $c_k$가 노드 $k$로부터 노드 1로 이어지는 $x_{v_k} \cdots x_n$ 설정들의 정확한 개수가 되기 때문이다. (실제로, 동치인 노드들이나 중복된 가지들이 존재하는 경우에도 정확하게—하지만 더 느리게—실행되는 BDD 알고리즘들이 많이 있다. 그러나, 이를테면 연습문제 10에서처럼 $f = f'$인지를 빠르게 판정해야 하는 경우에는 기약성이 중요하다.)

(b) 아니다. 이를테면 $I_3 = (\bar{1}?\ 2\colon 1)$, $I_2 = (\bar{1}?\ 0\colon 1)$, $I_1 = (\bar{2}?\ 1\colon 1)$, $I_0 = (\bar{2}?\ 0\colon 0)$이라고 하자. 그러면 알고리즘은 $c_2 \leftarrow 1$, $c_3 \leftarrow \frac{3}{2}$으로 설정한다. (그러나 연습문제 35(b)도 보라.)

**12.** (a) $K$는 첫 조건에 의해 독립집합이 되며, 둘째 조건에 의해 극대가 된다.

(b) $n$이 홀수일 때에는 핵이 없다. 그 외의 경우에는 정점들이 엇갈리는 집합 두 개가 존재한다.

(c) 한 정점이 핵일 필요충분조건은, 그 정점이 하나의 흡수(sink) 정점이거나, 흡수 정점들과 그 바로 전 선행자들을 모두 삭제해서 얻은 핵에 속한다는 것이다.

[핵들은 님Nim 같은 게임들의 승리 위치들을 표현한다. 또한 $n$인용 게임들에서도 나타난다. J. von Neumann, O. Morgenstern, *Theory of Games and Economic Behavior* (1944), §30.1과 C. Berge, *Graphs and Hypergraphs* (1973), 제14장을 보라.]

**13.** (a) $G$의 극소 파벌은 $\bar{G}$의 핵이고 그 역도 마찬가지이다. (b) 극소 정점 덮개 $U$는 핵 $W$의 여원 $V \setminus W$이고 그 역도 마찬가지이다(7–(61)을 보라).

**14.** (a) 크기는 $4(n-2)+2[n=3]$이다 $n \geq 6$일 때 이 BDD들은 변수 $4, 5, \ldots, n-2$에 대해 네 개의 가지 노드가 있는 패턴을 형성하며, 최상위와 최하위에는 고정된 패턴이 있다. 네 가지 노드는 본질적으로 다음과 같다.

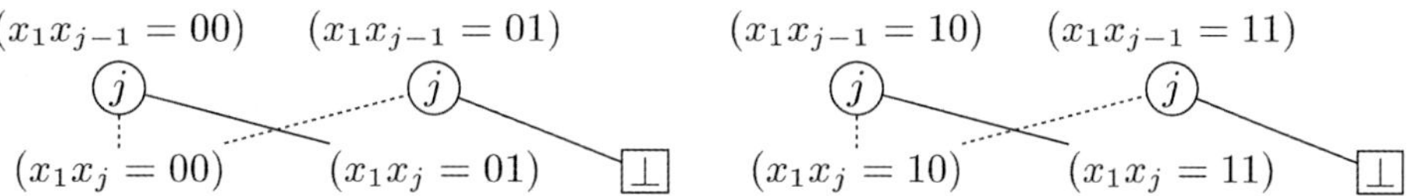


(b) 이 경우 $3 \leq n \leq 10$에 대한 개수는 $(7, 9, 14, 17, 22, 30, 37, 45)$이다. 그런 다음에는 (a)에서처럼 최상위와 최하위에 고정된 패턴이 형성되며, 중간의 각 변수에는 아홉 개의 가지 노드가 생겨서 전체 크기가 $9(n-5)$가 된다. 중간 수준의 아홉 노드는 본질적으로 다음 세 그룹으로 나뉜다.

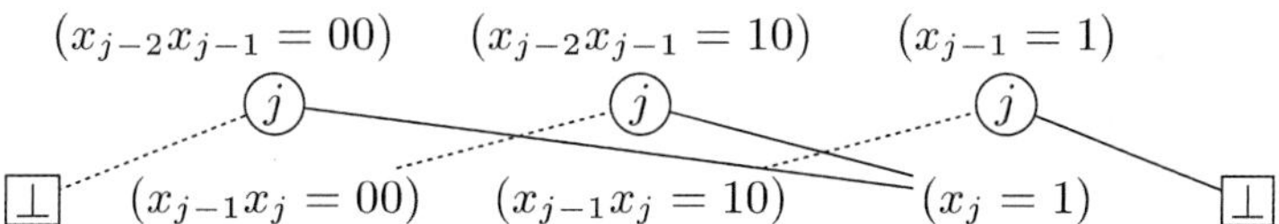


$x_1x_2=00$인 그룹 하나와 $x_1x_2=01$인 그룹 하나, $x_1=1$인 그룹 하나이다.

**15.** 귀납법에 의해, 두 경우 모두 잘 알려진 수열로 이어진다: (a) 뤼카 수(Lucas numbers) $L_n = F_{n+1} + F_{n-1} = \phi^n + \hat{\phi}^n$. [E. Lucas, *Théorie des Nombres* (1891), 제18장을 보라.]
(b) $P_3=3$, $P_4=2$, $P_5=5$, $P_n = P_{n-2} + P_{n-3} = \chi^n + \hat{\chi}^n + \bar{\chi}^n$으로 정의되는 페랭 수(Perrin numbers). [*Association Française pour l'Avancement des Sciences*, Compte-rendu **5** (1876), 62; R. Perrin, L'*Intermédiaire des Mathématiciens* **6** (1899), 76–77; Z. Füredi, *Journal of Graph Theory* **11** (1987), 463을 보라.]

**16.** BDD가 $\boxed{\bot}$이 아니라면 모든 해를 $List(1, \text{root})$를 호출해서 생성할 수 있다. 여기서 $List(j, p)$는 다음과 같이 정의되는 재귀적 절차이다: 만일 $v(p) > j$이면 $x_j \leftarrow 0$으로 설정하고, $List(j+1, p)$를 호출하고, $x_j \leftarrow 1$로 설정하고, $List(j+1, p)$를 호출한다. 그렇지 않고 만일 $p$가 흡수 노드 $\boxed{\top}$이면 해 $x_1 \ldots x_n$을 방문한다. (어떤 조합적 대상들을 모두 생성하는 도중에 한 대상을 '방문'한다는 개념은 §7.2.1의 앞부분에서 논의한다.) 그렇지 않으면 $x_j \leftarrow 0$으로 설정한다; 만일 $\text{LO}(p) \neq \boxed{\bot}$이면 $List(j+1, \text{LO}(p))$를 호출한다; $x_j \leftarrow 1$로 설정한다; 그런 다음 만일 $\text{HI}(p) \neq \boxed{\bot}$이면 $List(j+1, \text{HI}(p))$를 호출한다.

해들은 사전순으로 생성된다. 해들이 $N$개라고 하자. 만일 $k$번째 해가 위치 $x_1 \ldots x_{j-1}$에서 $(k-1)$번째 해와 일치하나 $x_j$에서는 일치하지 않는다면 $c(k)=n-j$라고 하자. 그리고 $c(1)=n$이라고 하자. 그러면 실행 시간은 $\sum_{k=1}^{N} c(k)$에 비례하는데, 이 값은 일반적으로 $O(nN)$이다. (이 한계가 성립하는 것은 한 BDD의 모든 가지 노드가 적어도 하나의 해로는 이어지기 때문이다. 실제로, 실제 응용에서의 실행 시간은 대체로 $O(N)$이다.)

**17.** 불가능하다. $N=2^{2k}$이라 할 때, 서로 다른 비트들이 $2^{k-1}$개를 넘는 두 해의 모든 쌍에 대해 $B(f)=O(2^{2k})$인 함수가 존재하기 때문이다. 그러한 함수의 모든 해를 생성하는 임의의 알고리즘의 실행 시간은 반드시 $\Omega(2^{3k})$이다. 해들 사이에 $\Omega(2^k)$개의 연산이 필요하기 때문이다. $f$를 구축하려면, 우선 다음과 같이 둔다.

$$g(x_1,\ldots,x_k,y_0,\ldots,y_{2^k-1}) = [0 \le t_1,\ldots,t_k \le 1\text{에 대해 } y_{(t_1\ldots t_k)_2} = x_1t_1 \oplus \cdots \oplus x_kt_k].$$

(다른 말로 하면, $g$는 $y_0 \ldots y_{2^k-1}$이 어떤 아다마르 행렬[Hadamard matrix]의 행 $(x_1\ldots x_k)_2$인지의 여부를 뜻한다. 식 4.6.4-(27)을 보라.) 이제 $f(x_1,\ldots,x_k,y_0,\ldots,y_{2^k-1},x'_1,\ldots,x'_k,y'_0,\ldots,y'_{2^k-1}) = g(x_1,\ldots,x_k,y_0,\ldots,y_{2^k-1}) \wedge g(x'_1,\ldots,x'_k,y'_0,\ldots,y'_{2^k-1})$로 둔다. 변수들을 이런 식으로 정렬하면 $B(f)=O(2^{2k})$임은 분명하다. 실제로 달하이머T. Dahlheimer는 $B(f)=2B(g)-2$임을 지적했다. 여기서 $B(g)=2^k+1+\sum_{j=1}^{2^k} 2^{\min(k,1+\lceil \lg j \rceil)} = \frac{5}{3}2^{2k-1}+2^k+\frac{5}{3}$이다.

**18.** 우선 $(W_1,\ldots,W_5)=(5,4,4,4,0)$이다. 그런 다음 $m_2=w_4=4$; $t_2=1$; $m_3=t_3=0$; $m_4=\max(m_3,m_2+w_3)=1$, $t_4=1$; $m_5=W_4-W_5=4$, $t_5=0$; $m_6=w_2+W_3-W_5=2$, $t_6=1$; $m_7=\max(m_5,m_4+w_2)=4$, $t_7=0$; $m_8=\max(m_7,m_6+w_1)=4$, $t_8=0$이다. 해는 $x_1x_2x_3x_4=0001$이다.

**19.** $\sum_{j=1}^{n}\min(w_j,0) \le \sum_{j=v_k}^{n}\min(w_j,0) \le m_k \le \sum_{j=v_k}^{n}\max(w_j,0) = W_{v_k} \le W_1$.

**20.** $w_1 \leftarrow -1$로 설정하고, 그런 다음 $1 \le j \le n/2$에 대해 $w_{2j} \leftarrow w_j$, $w_{2j+1} \leftarrow -w_j$로 설정한다. [이 방법으로 $w_{n+1}$도 계산할 수 있다. 언급된 가중치열의 이름은 A. Thue, *Skrifter udgivne af Videnskabs-Selskabet i Christiania*, Mathematisk-Naturvidenskabelig Klasse (1912), No. 1, §7와 H. M. Morse, *Trans. Amer. Math. Soc.* **22** (1921), 84-100, §14의 성과에서 비롯된 것이다.]

**21.** 가능하다. 각 가중치 $w_j$의 부호를 바꾸기만 하면 된다. (또는 각 정점에서 LO와 HI의 역할을 맞바꾸어도 된다.)

**22.** $f$가 하나의 그래프 핵을 나타낸다고 할 때, 만일 $f(x)=f(x')=1$이면 해밍 거리 $\nu(x \oplus x')$이 1일 수 없다. 그런 경우, $l \ne 0$일 때에는 $v_l=v+1$이고 $h \ne 0$일 때에는 $v_h=v+1$이다.

**23.** 임의의 연결된 그래프의 연결성 함수에 대한 BDD의 모든 루트-⊤ 경로의 실선 호는 정확히 $n-1$개이다. 왜냐하면 $n$개의 정점들을 연결하는 데 그만큼의 간선들이 필요하며, 또한 BDD에는 중복된 가지들이 없기 때문이다. (정리 S도 보라.)

**24.** 새로운 가중치 $(w'_{12}, \ldots, w'_{89}) = (-w_{12} - x, \ldots, -w_{89} - x)$로 알고리즘 B를 적용한다. 여기서 $x$는 이러한 새 가중치 $w'_{uv}$들이 모두 음수가 되기에 충분히 큰 값이다. $\sum w'_{uv} x_{uv}$들 중 가장 큰 값은 $\sum x_{uv} = 8$일 때 나온다. 그리고 그 간선들은 최소 가중치합 $\sum w_{uv} x_{uv}$를 가진 신장 트리를 형성한다. (최소 신장 트리를 구하는 더 나은 알고리즘을 연습문제 2.3.4.1-11에서 보았다. 그리고 그 외의 방법들은 §7.5.4에서 논의할 것이다. 그러나, 이 연습문제는 BDD가 모든 신장 트리의 집합을 간결하게 나타낼 수 있음을 보여준다.)

**25.** 단계 C1에서 $(1+z)^{v_{s-1}-1} c_{s-1}$을 답으로 돌려주고, 단계 C2에서는 $c_k$에 값 $(1+z)^{v_l - v_k - 1} c_l + (1+z)^{v_h - v_k - 1} z c_h$를 배정한다.

**26.** 이 경우 단계 C1의 답은 그냥 $c_{s-1}$이고 단계 C2의 $c_k$의 값은 그냥 $(1-p_{v_k})c_l + p_{v_k} c_h$이다.

**27.** 다중선형 다항식 $H(x_1, \ldots, x_n) = F(x_1, \ldots, x_n) - G(x_1, \ldots, x_n)$은 $q$를 법으로 하여 0이 아니다. 각 $x_k \in \{0, 1\}$마다 다항식이 $\pm 1$이 되도록 정수들을 선택할 수 있기 때문이다. 만일 그 차수가 $d$(법 $q$)라면 $H(q_1, \ldots, q_n) \bmod q \neq 0$을 만족하는 값 $(q_1, \ldots, q_n)$(여기서 $0 \le q_k < q$)의 집합이 적어도 $(q-1)^d q^{n-d}$개임을 증명할 수 있다. 이 명제는 $d = 0$일 때에는 분명하다. 그리고 $x_k$가 차수가 $d > 0$인 항에 나타나는 변수라고 하면 $x_k$의 계수는 $d-1$차 다항식인데, 이 다항식은 $(q_1, \ldots, q_{k-1}, q_{k+1}, \ldots, q_n)$의 선택들 중 적어도 $(q-1)^{d-1} q^{n-d}$개에서 0이 아니다($d$에 대한 귀납법으로 증명 가능). 그리고 그 선택들 중 $H(q_1, \ldots, q_n) \bmod q \neq 0$을 만족하는 $q_k$의 값들은 $q-1$개이다.

따라서 언급된 확률은 $\ge (1-1/q)^d \ge (1-1/q)^n$이다 〔M. Blum, A. K. Chandra, M. N. Wegman, *Information Processing Letters* **10** (1980), 80-82를 보라.〕

**28.** $F(p) = (1-p)^n G(p/(1-p))$이다. 비슷하게, $G(z) = (1+z)^n F(z/(1+z))$이다.

**29.** 단계 C1에서 $c'_0 \leftarrow 0$, $c'_1 \leftarrow 0$으로도 설정하고, $c_{s-1}$과 $c'_{s-1}$을 돌려준다. 단계 C2에서는 $c_k \leftarrow (1-p)c_l + pc_h$, $c'_k \leftarrow (1-p)c'_l - c_{l+p} c'_h + c_h$로 설정한다.

**30.** 알고리즘 B와 비슷한 다음의 알고리즘이 그러한 해를 찾아낸다(완전 산술†을 가정할 것).

**A1.** 〔초기화.〕 $P_{n+1} \leftarrow 1$로 설정하고 $n \ge j \ge 1$에 대해 $P_j \leftarrow P_{j+1} \max(1-p_j, p_j)$로 설정한다.

**A2.** 〔$k$에 대한 반복.〕 $m_1 \leftarrow 1$로 설정하고 $2 \le k < s$에 대해 단계 A3을 수행한다. 그런 다음 단계 A4를 수행한다.

**A3.** 〔$I_k$를 처리.〕 $v \leftarrow v_k$, $l \leftarrow l_k$, $h \leftarrow h_k$, $t_k \leftarrow 0$으로 설정한다. 만일 $l \neq 0$이면 $m_k \leftarrow m_l (1-p_v) P_{v+1} / P_{v_l}$로 설정한다. 그런 다음 만일 $h \neq 0$이면 $m \leftarrow m_h p_v P_{v+1} / P_{v_h}$를 계산한다. 그리고 만일 $l = 0$ 또는 $m > m_k$이면 $m_k \leftarrow m$, $t_k \leftarrow 1$로 설정한다.

† 〔옮긴이 주〕 exact arithmetic을 옮긴 것으로, 근삿값이 아닌 참값을 산출하는 산술을 말한다.

**A4.** 〔$x$를 계산.〕 $j \leftarrow 0$, $k \leftarrow s-1$로 설정하고, $j=n$일 때까지 다음 연산들을 수행한다: $j < v_k - 1$인 동안 $j \leftarrow j+1$, $x_j \leftarrow [p_j > \frac{1}{2}]$로 설정한다; 만일 $k > 1$이면 $j \leftarrow j+1$, $x_j \leftarrow t_k$, $k \leftarrow (t_k = 0?\ l_k\colon h_k)$로 설정한다. ▮

**31. C1′.** 〔$k$에 대한 반복.〕 $\alpha_0 \leftarrow \bot$, $\alpha_1 \leftarrow \top$로 설정하고 $k = 2, 3, \ldots, s-1$에 대해 단계 C2′을 수행한다. 그런 다음 C3′으로 간다.

**C2′.** 〔$\alpha_k$를 계산.〕 $v \leftarrow v_k$, $l \leftarrow l_k$, $h \leftarrow h_k$로 설정한다. $\beta \leftarrow \alpha_l$, $j \leftarrow v_l - 1$로 설정한다. 그런 다음 $j > v$인 동안 $\beta \leftarrow (\bar{x}_j \circ x_j) \bullet \beta$, $j \leftarrow j-1$로 설정한다. $\gamma \leftarrow \alpha_h$, $j \leftarrow v_h - 1$로 설정한다. 그런 다음 $j > v$인 동안 $\gamma \leftarrow (\bar{x}_j \circ x_j) \bullet \gamma$, $j \leftarrow j-1$로 설정한다. 마지막으로 $\alpha_k \leftarrow (\bar{x}_v \bullet \beta) \circ (x_v \bullet \gamma)$로 설정한다.

**C3′.** 〔마무리.〕 $\alpha \leftarrow \alpha_{s-1}$, $j \leftarrow v_{s-1} - 1$로 설정한다. 그런 다음 $j > 0$인 동안 $\alpha \leftarrow (\bar{x}_j \circ x_j) \bullet \alpha$, $j \leftarrow j-1$로 설정한다. 답 $\alpha$를 돌려준다. ▮

이 알고리즘은 ∘ 연산과 • 연산을 최대 $O(nB(f))$회 수행한다. 상계를 $O(n) + O(B(f))$로 낮출 수 있는 경우도 많다. 그러나 단계 B1의 $W_k$ 계산 같은 지름길이 항상 가능한 것은 아니다. 〔O. Coudert, J. C. Madre, *Proc. Reliability and Maint. Conf.* (IEEE, 1993), 240–245, §4; O. Coudert, *Integration* **17** (1994), 126–127을 보라.〕

**32.** 연습문제 25의 경우 '∘'은 덧셈, '•'은 곱셈, '⊥'는 0, '⊤'는 1, '$\bar{x}_j$'는 1, '$x_j$'는 $z$이다. 연습문제 26은 그와 비슷하되 '$\bar{x}_j$'가 $1-p_j$이고 '$x_j$'가 $p_j$이다.

연습문제 29에서 대수의 대상들은 쌍 $(c, c')$들이며, $(a, a') \circ (b, b') = (a+b, a'+b')$ $(a, a') \bullet (b, b') = (ab, ab' + a'b)$가 성립한다. 또한 '⊥'는 $(0, 0)$, '⊤'는 $(1, 0)$, '$\bar{x}_j$'는 $(1-p, -1)$, '$x_j$'는 $(p, 1)$이다.

연습문제 30에서 '∘'는 최댓값(max), '•'은 곱셈, '⊥'는 $-\infty$, '⊤'는 1, '$\bar{x}_j$'는 $1-p_j$, '$x_j$'는 $p_j$이다. 이 경우 곱셈은 max로 분배되는데, 왜냐하면 수량들이 음이 아니거나 $-\infty$이기 때문이다. (22)를 만족하려면 반드시 $0 \bullet (-\infty) = -\infty$로 설정해야 한다.

(추가적인 가능성들도 많다. 수학에는 결합법칙과 분배법칙을 만족하는 연산자들이 많기 때문이다. 대수적 대상들이 반드시 수나 다항식, 쌍일 필요는 없다. 기호열, 행렬, 함수, 수집합, 기호열집합, 기호열들의 함수들의 쌍들의 행렬들의 중복집합들의 집합, 기타 등등도 가능하다. §7.3에서 다른 예들이 많이 나올 것이다. ∘ = min이고 • = +인 최소-덧셈 대수는 특히나 중요하며, 연습문제 21과 24에서도 이를 활용할 수 있다. 이를 종종 열대성(tropical)이라고 부르기도 하는데, 이는 암묵적으로 브라질 수학자 시몬Imre Simon을 기리기 위한 것이다.)

**33.** 세짝 $(c, c', c'')$들을 대상으로 하여 $(a, a', a'') \circ (b, b', b'') = (a+b, a'+b', a''+b'')$, $(a, a', a'') \bullet (b, b', b'') = (ab, a'b + b'a, a''b + 2a'b' + ab'')$인 대수를 적용한다. '⊥'은 $(0, 0, 0)$, '⊤'은 $(1, 0, 0)$, '$\bar{x}_j$'는 $(1, 0, 0)$, '$x_j$'는 $(1, w_j, w_j^2)$으로 해석한다.

**34.** $x \vee y = \max(x, y)$라고 하자. 쌍 $(c, c')$들을 대상으로 하여 $(a, a') \circ (b, b') = (a \vee b, a' \vee b')$, $(a, a') \bullet (b, b') = (a+b, (a'+b) \vee (a+b'))$인 대수를 적용한다. '$\bot$'은 $(-\infty, -\infty)$, '$\top$'은 $(0, -\infty)$, '$\bar{x}_j$'는 $(0, w_j'')$, '$x_j$'는 $(w_j, w_j'+w_j'')$로 해석한다. 그 결과의 첫 성분은 알고리즘 B와 일치할 것이다. 둘째 성분이 요구된 최댓값이다.

**35.** (a) 주어진 FBDD를 알고리즘 C에서처럼 명령 $I_{s-1}$, …, $I_0$으로 표현할 수 있다. $R_0 \leftarrow R_1 \leftarrow \emptyset$로 시작해서, $k = 2$, …, $s-1$에 대해 다음을 수행한다: 만일 $v_k \in R_{l_k} \cup R_{h_k}$이면 실패를 보고한다. 그렇지 않으면 $R_k \leftarrow \{v_k\} \cup R_{l_k} \cup R_{h_k}$로 설정한다. (집합 $R_k$는 $I_k$에서 도달 가능한 모든 변수를 식별한다.)

(b) 신뢰도 다항식은 해답 26에서처럼 계산하면 된다. 해들의 개수를 세는 방법은, 본질적으로 $p_1 = \cdots = p_n = \frac{1}{2}$로 설정하고 $2^n$을 곱하는 것이다: $c_0 \leftarrow 0$, $c_1 \leftarrow 2^n$로 시작해서, $1 < k < s$에 대해 $c_k \leftarrow (c_{l_k} + c_{h_k})/2$로 설정한다. 답은 $c_{s-1}$이다.

**36.** 해답 35(a)에서처럼 집합 $R_k$를 계산한다. 해답 31의 단계 C2$'$에서처럼 $j$에 대한 반복을 수행하는 대신, $\beta \leftarrow \alpha_l$로 설정하고 모든 $j \in R_k \setminus R_l \setminus \{v\}$에 대해 $\beta \leftarrow (\bar{x}_j \circ x_j) \bullet \beta$로 설정한다. $\gamma$도 같은 방식으로 처리한다. 마찬가지로, 단계 C3$'$에서는 모든 $j \notin R_{s-1}$에 대해 $\alpha \leftarrow (\bar{x}_j \circ x_j) \bullet \alpha$로 설정한다.

**37.** $f$에 대한 임의의 FBDD가 주어졌을 때, 함수 $G(z)$는 뿌리에서 $\boxed{\top}$로의 모든 경로 $P$를 합의 구간으로 하는, $(1+z)^{n-P\text{의 길이}} z^{P\text{의 실선 호 개수}}$들의 합이다. [*Theoretical Comp. Sci.* **3** (1976), 371-384를 보라.]

**38.** 여기서 핵심은, $x_j = 1$일 때 반드시 $f = 1$이 되는 필요충분조건이 (i) $v_k = j$이면 항상 $h_k = 1$; (ii) 적어도 하나의 단계 $k$에서 $v_k = j$; (iii) ($v_k < j < v_{l_k}$ 그리고 $l_k \neq 1$) 또는 ($v_k < j < v_{h_k}$ 그리고 $h_k \neq 1$)을 만족하는 단계가 없음이라는 것이다.

**K1.** [초기화.] $1 \le j \le n$에 대해 $t_j \leftarrow 2$, $p_j \leftarrow 0$으로 설정한다.

**K2.** [모든 가지를 조사한다.] $2 \le k < s$에 대해 다음 연산들을 수행한다: $j \leftarrow v_k$, $q \leftarrow 0$으로 설정한다. 만일 $l_k = 1$이면 $q \leftarrow -1$로 설정하고, 그렇지 않으면 $p_j \leftarrow \max(p_j, v_{l_k})$로 설정한다. 만일 $h_k = 1$이면 $q \leftarrow +1$로 설정하고, 그렇지 않으면 $p_j \leftarrow \max(p_j, v_{h_k})$로 설정한다. 만일 $t_j = 2$이면 $t_j \leftarrow q$로 설정하고, 그렇지 않고 만일 $t_j \neq q$이면 $t_j \leftarrow 0$으로 설정한다.

**K3.** [마무리.] $m \leftarrow v_{s-1}$로 설정하고, $j = 1, 2, \ldots, n$에 대해 다음을 수행한다: 만일 $j < m$이면 $t_j \leftarrow 0$으로 설정한다. 그런 다음 만일 $p_j > m$이면 $m \leftarrow p_j$로 설정한다. ▌

[S.-W. Jeong, F. Somenzi, *Logic Synthesis and Optimization* (1993), 154-156을 보라.]

**39.** $1 \le k \le n$에 대해 $k(n+1-k)+2$. ((46)을 보라.)

**40.** (a) $f$와 $g$에 대한 BDD들의 가지 노드 ⓙ가 각각 $a_j$개, $b_j$개라고 하자(여기서 $1 \le j \le n$). $f$의 각 $n+1-k$차 부분표에는 $\alpha\beta\gamma\delta$ 형태의 비트들이 있다. 여기서 $\alpha$, $\beta$, $\gamma$, $\delta$는 $n-1-k$차

부분표들이다. $g$의 해당 부분표들은 $\alpha\alpha\delta\delta$이다. 따라서 이들은 오직 $\alpha \neq \delta$일 때에만 구슬들인데, 그런 경우 $\alpha\beta\gamma\delta$가 하나의 구슬이거나 $\alpha\beta = \gamma\delta$가 하나의 구슬이다. 따라서 $b_k \leq a_k + a_{k+1}$이며 $b_{k+1} = 0$이다. 또한 $1 \leq j < k$에 대해 $b_j \leq a_j$가 성립하는데, 이는 $g$의 각 $> n+1-k$차 구슬이 $f$의 적어도 하나의 그러한 구슬의 '농축' 버전이기 때문이다. 그리고 $j > k+1$에 대해 $b_j \leq a_j$인데, $(x_{k+2}, \ldots, x_n)$에 대한 부분표들이 $g$에는 나타나지 않는다고 하더라도 서로 동일하기 때문이다.

(b) 항상 그렇지는 않다. 가장 간단한 반례는 $B(f) = 5$이고 $B(h) = 6$일 때의 $f(x_1, x_2, x_3, x_4) = x_2 \wedge (x_3 \vee x_4)$와 $h(x_1, x_2, x_1, x_4) = x_2 \wedge (x_1 \vee x_4)$이다. (그러나 $B(h) < 2B(f)$는 항상 성립한다.)

**41.** (a) $3n-3$; (b) $2n$. (오른쪽 그림은 $n = 6$일 때의 일반적인 패턴들이다. '오르간 파이프 순서' $\langle x_n^{F_1} x_1^{F_2} x_{n-1}^{F_3} x_2^{F_4} \ldots x_{\lfloor n/2 \rfloor + [n \text{은 짝수}]}^{F_{n-1}} x_{\lceil n/2 \rceil}^{F_{n-2}} \rangle$에 의해 프로파일 1, 2, 4, ..., $2\lceil n/2 \rceil - 2$, $2\lfloor n/2 \rfloor - 1$, ..., 5, 3, 1, 2가 나오고, 총 BDD 크기는 $\binom{n}{2} + 3$이 됨을 증명하는 것도 가능하다. 이 순서는 피보나치 가중치들에 대한 최악의 경우로 보인다.)

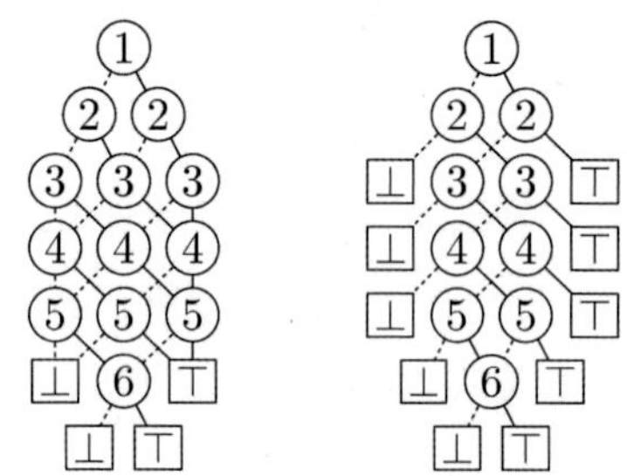

함수 $[F_n x_1 + \cdots + F_1 x_n \geq t]$를 버틀러J. T. Butler와 사사오 T. Sasao가 *Fibonacci Quart.* **34** (1996), 413-422에서 고찰했다.

**42.** (연습문제 2와 비교해 볼 것.) 열여섯 뿌리들 중 열 넷은 (1) 노드이고 둘은 흡수 노드이다.

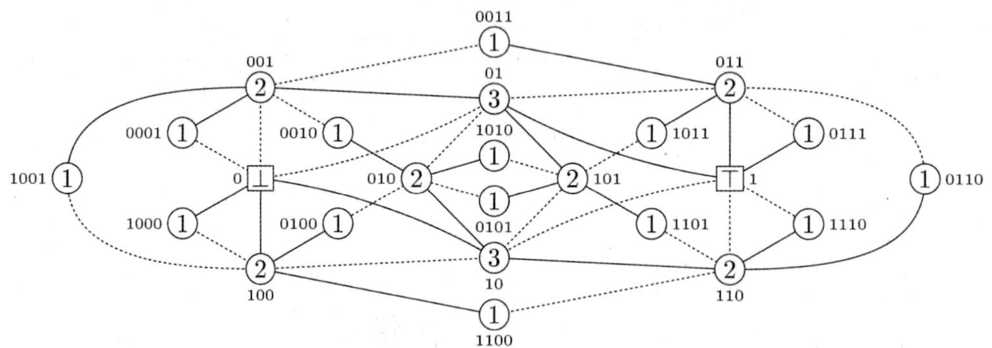


**43.** (a) $f(x_1, \ldots, x_{2n})$은 대칭함수 $S_n(x_1, \ldots, x_n, \bar{x}_{n+1}, \ldots, \bar{x}_{2n})$이므로 $B(f) = 1 + 2 + \cdots + (n+1) + \cdots + 3 + 2 + 2 = n^2 + 2n + 2$이다.

(b) 대칭성에 의해, 그 크기는 $[\sum\{x_i \mid i \in I\} = \sum\{x_i \mid i \notin I\}]$와 $|I| = n$에 대해서도 같다.

**44.** $1 \leq k \leq n$에 대해 이름표가 (k)인 노드는 많아야 $\min(k, 2^{n+2-k} - 2)$개이다. $(x_k, \ldots, x_n)$이 상수가 아닌 대칭함수가 $2^{n+2-k} - 2$개이기 때문이다. 따라서 $\Sigma_n$은 많아야 $2 + \sum_{k=1}^{n} \min(k, 2^{n+2-k} - 2)$인데, 이를 닫힌 형식 $(n+2-b_n)(n+1-b_n)/2 + 2(2^{b_n} - b_n)$으로 표현할 수 있다. 여기서 $b_n = \lambda(n+4-\lambda(n+4))$이고 $\lambda n = \lfloor \lg n \rfloor$이다.

이러한 최악의 경우에 도달하는 대칭함수를 다음과 같은 방식으로 구축할 수 있다(연습문제 3.3.2-7에서 구축한 더브라윈de Bruijn 순환마디와 관련이 있음): $p(x) = x^d + a_1x^{d-1} + \cdots + a_d$가 2를 법으로 한 하나의 원시다항식이라고 하자. $0 \le k < d$에 대해 $t_k \leftarrow 1$로 설정한다. $d \le k < 2^d + d - 2$에 대해 $t_k \leftarrow (a_1t_{k-1} + \cdots + a_dt_{k-d}) \bmod 2$로 설정한다. $2^d + d - 2 \le k < 2^{d+1} + d - 3$에 대해 $t_k \leftarrow (1 + a_1t_{k-1} + \cdots + a_dt_{k-d}) \bmod 2$로 설정한다. 그리고 $t_{2^{d+1}+d-3} \leftarrow 1$로 설정한다. 예를 들어 $p(x) = x^3 + x + 1$일 때 $t_0 \ldots t_{16} = 11100101101000111$이 나온다.

그러면 (i) 수열 $t_1 \ldots t_{2^d+d-3}$에는 $0^d$과 $1^d$를 제외한 모든 $d$-짝이 부분열들로서 포함되어 있다. (ii) 수열 $t_{2^d+d-2} \ldots t_{2^{d+1}+d-4}$는 $\bar{t}_0 \ldots \bar{t}_{2^d-2}$의 한 순환 자리이동이다. 그리고 (iii) $2^d - 1 \le k \le 2^d + d - 3$과 $2^{d+1} - 2 \le k \le 2^{d+1} + d - 3$에 대해 $t_k = 1$이다. 따라서 수열 $t_0 \ldots t_{2^{d+1}+d-3}$에는 $0^{d+1}$과 $1^{d+1}$을 제외한 모든 $(d+1)$-짝이 부분열들로서 포함되어 있다. $2^d + d - 4 < n \le 2^{d+1} + d - 3$일 때, $f(x) = t_{\nu x}$로 설정하면 $B(f)$가 최대가 된다.

점근적으로는 $\Sigma_n = \frac{1}{2}n^{2-n}\lg n + O(n)$이다. [I. Wegener, *Information and Control* **62** (1984), 129-143; M. Heap, *J. Electronic Testing* **4** (1993), 191-195.]

**45.** 모듈 $M_1$의 입력은 단 세 개로, $(x_1, y_1, z_1)$이다. 그리고 출력도 단 세 개로, $u_2 = x_1$, $v_2 = y_1x_1$, $w_2 = z_1x_1$이다. 모듈 $M_{n-1}$은 거의 정규이나, $z_{n-1}$을 위한 입력 단자가 없고 $u_n$을 출력하지 않는다. 이 모듈은 $z_{n-2} = x_{n-1}y_{n-1}$을 설정한다. 모듈 $M_n$은 세 개의 입력 $(v_n, w_n, x_n)$만 받으며, 주 출력 $w_n \vee v_nx_n$과 함께 $y_{n-1} = x_n$ 하나를 출력한다. 이러한 정의에서 단자들 사이의 의존성은 하나의 비순환 유향그래프를 형성한다.

(모든 $b_k = 0$과 $a_k \le 5$로, 심지어는 연습문제 47에서 보았듯이 $a_k \le 4$들로도 모듈들을 구축할 수 있다. 그러나 (22)과 (25)는 후향 신호들을 간단한 예로 보여주기 위한 것이지, 가능한 한 가장 빽빽한 구성을 보여 주기 위한 것은 아니다.)

**46.** $6 \le k \le n-3$에 대해, ⓚ에는 세 경우 $(\bar{x}_1, x_1\bar{x}_2, x_1x_2)$ 곱하기 세 경우 $(\bar{x}_{k-1}, \bar{x}_{k-2}x_{k-1}, \bar{x}_{k-3}x_{k-2}x_{k-1})$에 대응되는 총 아홉 개의 가지들이 있다. 계산해 보면, $n \ge 6$이라 할 때 총 BDD 크기는 정확히 $9n - 38$이다.

**47.** $f$에 대한 QDD에서 $x_{k+1}$에 따라 분기하는 노드가 $q_k$개 되도록, $f$의 $n-k$차 부분표가 $q_k$개라고 하자. 그러한 부분표들을 $a_k = \lceil \lg q_k \rceil$ 비트로 부호화하고, 그 $q_k$개의 가지 노드들의 행동을 흉내 내는, $b_k = b_{k+1} = 0$인 모듈 $M_{k+1}$을 구축할 수 있다. 따라서 (76)에 의해

$$\sum_{k=0}^{n} 2^{a_k 2^{b_k}} = \sum_{k=0}^{n} 2^{\lceil \lg q_k \rceil} \le \sum_{k=0}^{n} (2q_k - 1) = 2Q(f) - (n+1) \le (n+1)B(f)$$

이다. ($2^m$ 중 멀티플렉서는 $(n+1)$의 추가 계수가 필수임을 보여 준다. 실제로 정리 M은 $Q(f)$에 대한 하나의 상계를 제시한다.)

**48.** 합 $u_k = x_1 + \cdots + x_k$와 $v_k = x_{k+1} + \cdots + x_n$을 각각 $1 + \lambda k$개와 $1 + \lambda(n-k)$개의 전선들로 표현할 수 있다. $t_k = x_k \wedge [u_k + v_k = k]$이고 $w_k = t_1 \vee \cdots \vee t_k$라고 하자. $M_{k-1}$로부터 $u_{k-1}$과

$w_{k-1}$을 입력받고 $M_{k+1}$로부터 $v_k$를 입력받는, 그리고 $M_{k+1}$에게 $u_k = u_{k-1} + x_k$와 $w_k = w_{k-1} \vee t_k$를 출력하고 $M_{k-1}$에게 $v_{k-1} = v_k + x_k$를 출력하는 모듈 $M_k$를 구축할 수 있다.

$p$가 하나의 다항식이라 할 때 $\sum_{k=0}^{n} 2^{p(a_k, b_k)} = 2^{(\log n)^{O(1)}}$은 점근적으로 $2^{\Omega(n)}$보다 작다. [K. L. McMillan, *Symbolic Model Checking* (1993), §3.5를 보라. 거기에 정리 M이 나와 있으며, 비선형 배치로의 확장도 나와 있다. $b_1 = \cdots = b_n = 0$인 특수한 경우를 이전에 버먼C. L. Berman이 *IEEE Trans.* **CAD-10** (1991), 1059-1066에서 언급했다.]

**49.** 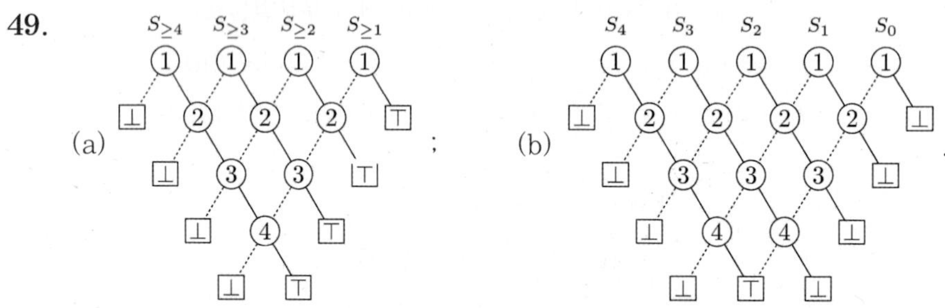


[I. Semba, S. Yajima, *Trans. Inf. Proc. Soc. Japan* **35** (1994), 1663-1665를 보라.]

**50.** 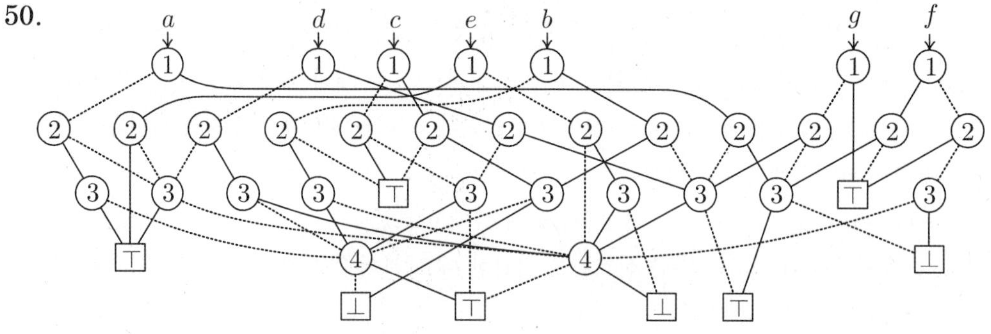


**51.** 이 경우 $1 \leq j \leq n$에 대해 $B(f_j) = 3j + 2$이고 $B(f_{n+1}) = 3n + 1$이다. 따라서 개별 BDD의 크기는 (26)에 나온 것들의 약 1/3밖에 되지 않는다. 그러나 거의 모든 노드가 공유되지 않는다. 흡수 노드와 가지 노드 하나만 공유될 뿐이다. 따라서 전체 BDD 크기는 $(3n^2 + 9n)/2$이다.

**52.** $\{f_1, \ldots, f_m\}$에 대한 BDD 기반의 노드 개수를 $s$개라고 하면, $B(f) = s + m + 1 + [s = 1]$이다.

**53.** 그 가지 노드들을 $a$, $b$, $c$, $d$, $e$, $f$, $g$라고 부르기로 하자. 그리고 ROOT $= a$라고 하자. 단계 R1에서 HEAD[1] $= \sim a$, AUX$(a) = \sim 0$; HEAD[2] $= \sim b$, AUX$(b) = \sim c$, AUX$(c) = \sim 0$; HEAD[3] $= \sim d$, AUX$(d) = \sim e$, AUX$(e) = \sim f$, AUX$(f) = \sim g$, AUX$(g) = \sim 0$이 된다.

$v = 3$인 상태로 단계 R3을 마치면 $s = \sim 0$, AUX(0) $= \sim e$, AUX$(e) = f$, AUX$(f) = 0$; 또한 AVAIL $= g$, LO$(g) = \sim 1$, HI$(g) = d$, LO$(d) = \sim 0$이다. 그리고 HI$(d) = \alpha$인데, 여기서 $\alpha$는 AVAIL의 초기 값이다. (노드 $g$와 $d$는 1과 0을 위해 재사용되었다.) 그런 다음 R4에서 $s \leftarrow e$, AUX(0) $\leftarrow$ 0으로 설정한다. (V $= v$인 나머지 노드들은 AUX로 연결되어서 $s$에서 시작한다.)

이제 R7에서는 $p = q = e$와 $s = 0$으로 시작해서 AUX(1) ← ~$e$, LO($f$) ← ~$e$, HI($f$) ← $g$, AVAIL ← $f$로 설정하고, R8에서는 AUX(1) ← 0으로 재설정한다.

그런 다음 $v = 2$인 상태에서 단계 R3은 LO($b$) ← 0, LO($c$) ← $e$, HI($c$) ← 1로 설정한다. 더 이상 중요한 변화는 생기지 않는다(일부 AUX 필드들이 일시적으로 음수가 되긴 하지만). 결국에는 그림 21에 도달한다.

**54.** $1 < j \le 2^{n-1}$에 대해 V($j$) ← $\lceil \lg j \rceil$, LO($j$) ← $2j - 1$, HI($j$) ← $2j$로 설정해서 노드 $j$들을 생성한다. 또한 $2^{n-1} < j \le 2^n$에 대해, $j = (1x_1 \ldots x_{n-1})_2 + 1$일 때에는 V($j$) ← $n$, LO($j$) ← $f(x_1, \ldots, x_{n-1}, 0)$, HI($j$) ← $f(x_1, \ldots, x_{n-1}, 1)$로도 설정한다. 그런 다음 ROOT = 2로 두어서 알고리즘 R을 적용한다. (먼저 $4 \le j \le 2^n$에 대해 AUX($j$) ← $-j$로 설정하고 $1 \le k \le n$에 대해 HEAD[$k$] ← ~$(2^k)$, AUX($2^{k-1}+1$) ← $-1$로 설정한다면 단계 R1을 생략할 수 있다.)

**55.** 완전히 축약되지 않은 도식을 구축해도 충분하다. 알고리즘 R을 적용해서 기약 BDD를 만들 수 있기 때문이다. 정점들에 번호 1, ..., $n$을 부여하되, 1번 정점 이외의 정점들이 자신의 모든 이웃 앞에 나오는 일이 없도록 부여한다. 간선들을 호 $a_1$, ..., $a_e$로 표현하되, 여기서 $a_k$는 어떤 $u_k < v_k$에 대해 $u_k \to v_k$를 만족한다. 그리고 $u_k = j$인 호들은 연속적이며, $s_j \le k < s_{j+1}$이고 $1 = s_1 \le \cdots \le s_n = s_{n+1} = e + 1$이다. $1 \le k \le e$에 대해 '국경(frontier)' $V_k = \{1, v_1, \ldots, v_k\} \cap \{u_k, \ldots, n\}$을 정의하고, $V_0 = \{1\}$로 둔다. 축약되지 않은 결정도는 이전 가지들 때문에 발생한 연결성 관계에 대응되는 $V_{k-1}$의 모든 분할에 대한 호 $a_k$에서 분기하는 가지들을 가진다.

예를 들어 $(s_1, \ldots, s_{10}) = (1, 3, 5, 7, 8, 10, 11, 12, 13, 13)$, $V_0 = \{1\}$, $V_1 = \{1, 2\}$, $V_2 = \{1, 2, 3\}$, $V_3 = \{2, 3, 4\}$, ..., $V_{12} = \{8, 9\}$인 $P_3 \square P_3$을 생각해 보자. $a_1$의 가지는 $V_0$의 자명한 분할 1에서 만일 $1 \not- 2$이면 $V_1$의 분할 $1|2$로, 만일 $1 — 2$이면 $12$로 간다. ('$1|2$'라는 표기는 §7.2.1.5에서처럼 집합 분할 $\{1\} \cup \{2\}$을 나타낸 것이다.) $1|2$에서부터는, $a_2$에 대한 분기가 만일 $1 \not- 3$이면 $V_2$의 분할 $1|2|3$으로 가고 그렇지 않으면 $13|2$로 간다. $12$부터는 가지들이 각각 분할 $12|3$과 분할 $123$으로 간다. 그런 다음 $1|2|3$에서부터는 $a_3$에 대한 두 가지 모두 $\boxed{\bot}$으로 간다. 이는 정점 1이 더 이상 다른 정점과 연결되어 있지 않기 때문이다. 그런 식으로 나아가다 보면, $\boxed{\top}$에 해당하는 자명한 1집합 분할을 제외한 $V_e = V_{12}$의 모든 분할이 $\boxed{\bot}$으로 판명된다.

**56.** 단계 R1에서 $m$ ← 2로 시작해서 (7)에서처럼 $v_0 \leftarrow v_1 \leftarrow v_{\max} + 1$, $l_0 \leftarrow h_0 \leftarrow 0$, $l_1 \leftarrow h_1 \leftarrow 1$로 설정한다. HI(0) = 0이고 HI(1) = 1이라고 가정하자. 단계 R3과 R7에서 AVAIL이 관여하는 배정들은 생략한다. 단계 R8에서 AUX(HI($p$)) ← 0으로 설정한 후에 $v_m \leftarrow v$, $l_m$ ← HI(LO($p$)), $h_m$ ← HI(HI($p$)), HI($p$) ← $m$, $m \leftarrow m + 1$로도 설정한다. 단계 R9의 끝에서 $s \leftarrow m -$ [ROOT = 0]으로 설정한다.

**57.** LO(ROOT) ← ~LO(ROOT)로 설정한다. (제한 후에도 여전히 접근 가능한 노드들의 LO 필드를 잠시 여원으로 만든다.) 그런 다음 $v$ = V(ROOT), ..., $v_{\max}$에 대해 $p$ ← ~HEAD[$v$], HEAD[$v$] ← ~0로 설정하고, $p \ne 0$인 동안 다음을 수행한다: (i) $p'$ ← ~AUX($p$)로 설정한다. (ii) 만일 LO($p$) $\ge 0$이면 HI($p$) ← AVAIL, AUX($p$) ← 0, AVAIL ← $p$로 설정한다(이제 더 이상 노드 $p$에는 도달할

수 없다). 그렇지 않으면 $\mathtt{LO}(p) \leftarrow \sim\mathtt{LO}(p)$로 설정한다; 만일 $\mathtt{FIX}[v]=0$이면 $\mathtt{HI}(p) \leftarrow \mathtt{LO}(p)$로 설정한다; 만일 $\mathtt{FIX}[v]=1$이면 $\mathtt{LO}(p) \leftarrow \mathtt{HI}(p)$로 설정한다; 만일 $\mathtt{LO}(\mathtt{LO}(p)) \ge 0$이면 $\mathtt{LO}(\mathtt{LO}(p)) \leftarrow \sim\mathtt{LO}(\mathtt{LO}(p))$로 설정한다; 만일 $\mathtt{LO}(\mathtt{HI}(p)) \ge 0$이면 $\mathtt{LO}(\mathtt{HI}(p)) \leftarrow \sim\mathtt{LO}(\mathtt{HI}(p))$로 설정한다; 그리고 $\mathtt{AUX}(p) \leftarrow \mathtt{HEAD}[v]$, $\mathtt{HEAD}[v] \leftarrow \sim p$로 설정한다. (iii) $p \leftarrow p'$으로 설정한다. 마지막으로, $v$에 대한 반복을 마친 후에, $\mathtt{LO}(0) \leftarrow 0$, $\mathtt{LO}(1) \leftarrow 1$로 복원한다.

**58.** $l \ne h$이고 $l' \ne h'$이므로, $l \diamond l' \ne h \diamond h'$, $l \diamond \alpha' \ne h \diamond \alpha'$, $\alpha \diamond l' \ne \alpha \diamond h'$이 성립한다.

$\beta = (v'', l'', h'')$이고 $\beta' = (v''', l''', h''')$이라 할 때 $\alpha \diamond \alpha' = \beta \diamond \beta'$이라고 가정하자. 만일 $v'' = v'''$이면 $v = v''$, $l \diamond l' = l'' \diamond l'''$, $h \diamond h' = h'' \diamond h'''$이다. 만일 $v'' < v'''$이면 $v = v''$, $l \diamond \alpha' = l'' \diamond \beta'$, $h \diamond \alpha' = h'' \diamond \beta'$이다. 그렇지 않으면 $v' = v'''$, $\alpha \diamond l' = \beta \diamond l'''$, $\alpha \diamond h' = \beta \diamond h'''$이다. 따라서, 귀납법에 의해, 모든 경우에서 $\alpha = \beta$이고 $\alpha' = \beta'$이다.

**59.** (a) 만일 $h$가 상수가 아니면 $B(f \diamond g) = 3B(h) - 2$이다. 이는 본질적으로 $h$에 대한 BDD의 복사본을 취하고 그 흡수 노드들을 다른 두 복사본으로 대체해서 얻은 것이다.

(b) $h$의 프로파일과 준 프로파일이 $(b_0, \ldots, b_n)$과 $(q_0, \ldots, q_n)$이라고 하자. 여기서 $b_n = q_n = 2$이다. 그러면 $f \diamond g$에서 $x_{2k+1}$에 대한 가지는 $b_k q_k$개이고 $x_{2k}$에 대한 가지는 $q_k b_{k-1}$개이다. 이들은 $h$의 구슬들과 부분표들의 순서쌍들에 대응된다. $\mathtt{V}(\alpha) = j$, $\mathtt{V}(\beta) = k$, $\mathtt{V}(\alpha') = j'$, $\mathtt{V}(\beta') = k'$이라 할 때, 만일 $h$에 대한 BDD에 $\alpha$에서 $\beta$로의, 그리고 $\alpha'$에서 $\beta'$으로의 가지가 있다면, 이에 대응해서 $f \diamond g$에 대한 BDD에는 $j \le j' < k$일 때에는 $\mathtt{V}(\alpha \diamond \alpha') = 2j-1$인, $\alpha \diamond \alpha'$에서 $\beta \diamond \alpha'$으로의 가지가 존재하고 $j' < j \le k'$일 때에는 $\mathtt{V}(\alpha \diamond \alpha') = 2j'$인, $\alpha \diamond \alpha'$에서 $\alpha \diamond \beta'$으로의 가지가 존재한다.

**60.** 순서쌍 $(f, g)$의 모든 $n-j$차 구슬은 $f$와 $g$의 구슬 순서쌍 $b_j b'_j$개 중 하나이거나 (구슬, 비구슬) 또는 (비구슬, 구슬) 형태의 순서쌍 $b_j(q'_j - b'_j) + (q_j - b_j)b'_j$개 중 하나이다. 〔이 상계는 연습문제 59(b)와 63의 예들에서 달성된다.〕

**61.** $v = V(\alpha) \le V(\beta)$라고 가정한다. $\alpha_1, \ldots, \alpha_k$가 $\alpha$를 가리키는 노드들이고 $\beta_1, \ldots, \beta_l$이 $\beta$를 가리키며 $V(\beta_j) < v$인 노드들이라고 하자. 그리고 각 뿌리마다 그것을 가리키는 가상의 노드가 있다고 가정하자. (따라서 $k = \text{in-degree}(\alpha)$이고 $l \le \text{in-degree}(\beta)$이다.) 그러면 $\alpha \diamond \beta$를 가키는 융합된 노드들은 다음 세 종류이다: (i) $\alpha_i \diamond \beta_j$, 여기서 $V(\alpha_i) = V(\beta_j)$이고 $(\mathrm{LO}(\alpha_i) = \alpha$ 그리고 $\mathrm{LO}(\beta_j) = \beta)$ 또는 $(\mathrm{HI}(\alpha_i) = \alpha$ 그리고 $\mathrm{HI}(\beta_j) = \beta)$; (ii) $\alpha \diamond \beta_j$, 여기서 어떤 $i$에 대해 $V(\alpha_i) < V(\beta_j)$; (iii) $\alpha_i \diamond \beta$, 여기서 어떤 $j$에 대해 $V(\alpha_i) > V(\beta_j)$.

**62.** $f$에 대한 BDD에는 각 수준마다 하나의 노드가 있고 $g$에 대한 BDD는 최상위와 최하위를 제외한 각 수준마다 두 개의 노드가 있다. 그리고 연습문제 14(a)에 의해, $f \vee g$에 대한 BDD에는 거의 모든 수준에 각각 네 개의 노드가 있다. $f \diamond g$에 대한 BDD에는 $5 \le j \le n-3$일 때 일곱 개의 ⓙ 노드들이 있는데, 이들은 $(x_1, \ldots, x_{j-1})$이 고정된 값들일 때 $x_j$에 의존하는 $(f, g)$의 부분표들의 순서쌍들에 해당한다. 따라서 $B(f) = n + O(1)$, $B(g) = 2n + O(1)$, $B(f \diamond g) = 7n + O(1)$, $B(f \vee g) = 4n + O(1)$이다. (또한 $B(f \wedge g) = 7n + O(1)$, $B(f \oplus g) = 7n + O(1)$이다.)

**63.** $f$와 $g$의 프로파일들은 각각 $(1, 2, 2, \ldots, 2^{m-1}, 2^{m-1}, 2^m, 1, 1, \ldots, 1, 2)$와 $(0, 1, 2, 2, \ldots, 2^{m-1}, 2^{m-1}, 1, 1, \ldots, 1, 2)$이다. 따라서 $B(f) = 2^{m+2} - 1 \approx 4n$이고 $B(g) = 2^{m+1} + 2^m - 1 \approx 3n$이다. $f \wedge g$의 프로파일은 $(1, 2, 4, \ldots, 2^{2m-2}, 2^{2m-1} - 2^{m-1})$으로 시작하는데, 왜냐하면 $0 \le p, q < 2^m$에 대해 방정식

$$((x_1 \oplus x_2)(x_3 \oplus x_4)\ldots(x_{2m-1} \oplus x_{2m}))_2 = p, \quad ((x_2 \oplus x_3)\ldots(x_{2m-2} \oplus x_{2m-1})x_{2m})_2 = q$$

의 고유한 해 $x_1 \ldots x_{2m}$이 존재하며, 오직 $x_1 = x_3 = \cdots = x_{2m-1} = 0$일 때에만 $p = q$이기 때문이다. 그다음부터 프로파일은 $(2^{m+1} - 2, 2^{m+1} - 2, 2^{m+1} - 4, 2^{m+1} - 6, \ldots, 4, 2, 2)$로 이어진다. 부분함수들은 $1 \le j < k \le 2^m$에 대해 $x_{2m+j} \wedge \bar{x}_{2m+k}$ 또는 $\bar{x}_{2m+j} \wedge x_{2m+k}$이며, $2 \le j \le 2^m$에 대한 $x_{2m+j} \wedge \bar{x}_{2m+j}$들까지 치면 전체적으로 $B(f \wedge g) = 2^{2m+1} + 2^{m-1} - 1 \approx 2n^2$이다.

**64.** $f_1$, $f_2$, $f_3$의 임의의 부울 조합에 대한 BDD는 융합 $f_1 \diamond f_2 \diamond f_3$ 안에 포함된다. 그 융합의 크기는 $B(f_1)B(f_2)B(f_3)$을 넘지 않는다.

**65.** $f_c$가 $x_j \leftarrow c$로 설정해서 얻은 $f$의 제한이라 할 때 $h = g?\ f_1 \colon f_0$이다. $B(f_c) \le B(f)$이므로, 첫 상계는 해답 64에서처럼 확인할 수 있다. 둘째 상계는 이를테면 $n = 2^m + 3m$, $h = M_m(x; y)?\ M_m(x'; y)\colon M_m(x''; y)$인 경우에(여기서 $x = (x_1, \ldots, x_m)$, $x' = (x_1', \ldots, x_m')$, $x'' = (x_1'', \ldots, x_m'')$이고 $y = (y_0, \ldots, y_{2^m-1})$) 참이 아니다. 그러나 그런 경우는 드문 것으로 보인다. [R. E. Bryant, *IEEE Trans.* **C-35** (1986), 685; J. Jain, K. Mohanram, D. Moundanos, I. Wegener, Y. Lu, *ACM/IEEE Design Automation Conf.* **37** (2000), 681-686을 보라.]

**66.** NTOP $\leftarrow f_0 + 1 - l$로 설정하고 알고리즘을 끝낸다.

**67.** 템플릿 위치 POOLSIZE $- 2k$를 $t_k$라고 표기하자. 단계 S1에서는 LEFT$(t_1) \leftarrow 5$, RIGHT$(t_1) \leftarrow 7$, $l \leftarrow 1$로 설정한다. $l = 1$일 때 단계 S2는 $t_1$을 LLIST[2]와 HLIST[2]에 넣는다. $l = 2$일 때 단계 S5는 LEFT$(t_2) \leftarrow 4$, RIGHT$(t_2) \leftarrow 5$, L$(t_1) \leftarrow t_2$; LEFT$(t_3) \leftarrow 3$, RIGHT$(t_3) \leftarrow 6$, H$(t_1) \leftarrow t_3$으로 설정한다. $l = 2$일 때 단계 S2는 L$(t_2) \leftarrow 0$으로 설정하고 $t_2$를 HLIST[3]에 넣는다. 그런 다음 $t_3$을 LLIST[3]과 HLIST[3]에 넣는다. 그런 식으로 진행되다가, 페이즈 1이 끝나면 (LSTART[0], …, LSTART[4]) $= (t_0, t_1, t_3, t_5, t_8)$이고

| $k$ | LEFT$(t_k)$ | RIGHT$(t_k)$ | L$(t_k)$ | H$(t_k)$ | $k$ | LEFT$(t_k)$ | RIGHT$(t_k)$ | L$(t_k)$ | H$(t_k)$ |
|---|---|---|---|---|---|---|---|---|---|
| 1 | 5 [$\alpha$] | 7 [$\omega$] | $t_2$ | $t_3$ | 5 | 3 [$\gamma$] | 4 [$\varphi$] | $t_6$ | $t_8$ |
| 2 | 4 [$\beta$] | 5 [$\chi$] | 0 | $t_4$ | 6 | 2 [$\delta$] | 2 [$\tau$] | 0 | 1 |
| 3 | 3 [$\gamma$] | 6 [$\psi$] | $t_4$ | $t_5$ | 7 | 2 [$\delta$] | 1 [$\top$] | 0 | 1 |
| 4 | 3 [$\gamma$] | 1 [$\top$] | $t_7$ | 1 | 8 | 1 [$\top$] | 3 [$\upsilon$] | 1 | 0 |

인 상태가 된다. 이는 그림 24의 융합 $\alpha \diamond \omega$를 나타내되, $\bot \diamond x = x \diamond \bot = \bot$이고 $\top \diamond \top = \top$이라는 점이 다르다.

$f_k = f_0 + k$라고 하자. 페이즈 2에서, $l = 4$일 때의 단계 S7은 LEFT$(t_6) \leftarrow {\sim}0$, LEFT$(t_7)$

$\leftarrow t_6$, LEFT$(t_8) \leftarrow \sim 1$, RIGHT$(t_6) \leftarrow$ RIGHT$(t_7) \leftarrow$ RIGHT$(t_8) \leftarrow -1$로 설정한다. 단계 S8에서는 LEFT(0)과 LEFT(1)에 가해진 변경을 취소한다. $s = t_8$일 때의 단계 S11은 LEFT$(t_8) \leftarrow \sim 2$, RIGHT$(t_8) \leftarrow t_8$, V$(f_2) \leftarrow 4$, LO$(f_2) \leftarrow 1$, HI$(f_2) \leftarrow 0$으로 설정한다. $s = t_7$일 때에는 LEFT$(t_7) \leftarrow \sim 3$, RIGHT$(t_7) \leftarrow t_7$, V$(f_3) \leftarrow 4$, LO$(f_3) \leftarrow 0$, HI$(f_3) \leftarrow 1$으로 설정한다. 한편 단계 S10은 RIGHT$(t_6) \leftarrow t_7$로 설정해 두었다. 결과적으로 템플릿들은 다음으로 변환된다.

| $k$ | LEFT$(t_k)$ | RIGHT$(t_k)$ | L$(t_k)$ | H$(t_k)$ | $k$ | LEFT$(t_k)$ | RIGHT$(t_k)$ | L$(t_k)$ | H$(t_k)$ |
|---|---|---|---|---|---|---|---|---|---|
| 1 | $\sim 8$ | $t_1$ | $t_2$ | $t_3$ | 5 | $\sim 4$ | $t_5$ | $t_7$ | $t_8$ |
| 2 | $\sim 7$ | $t_2$ | 0 | $t_4$ | 6 | $\sim 0$ | $t_7$ | 0 | 1 |
| 3 | $\sim 6$ | $t_3$ | $t_4$ | $t_5$ | 7 | $\sim 3$ | $t_7$ | 0 | 1 |
| 4 | $\sim 5$ | $t_4$ | $t_7$ | 1 | 8 | $\sim 2$ | $t_8$ | 1 | 0 |

(그러나 이들은 이후 폐기될 수 있다.) 결과적으로 $f \wedge g$에 대한 BDD는 다음과 같다.

| $k$ | V$(f_k)$ | LO$(f_k)$ | HI$(f_k)$ | $k$ | V$(f_k)$ | LO$(f_k)$ | HI$(f_k)$ |
|---|---|---|---|---|---|---|---|
| 2 | 4 | 1 | 0 | 6 | 2 | 5 | 4 |
| 3 | 4 | 0 | 1 | 7 | 2 | 0 | 5 |
| 4 | 3 | 3 | 2 | 8 | 1 | 7 | 6 |
| 5 | 3 | 3 | 1 | | | | |

**68.** 만일 단계 S10의 시작에서 LEFT$(t) < 0$이면 RIGHT$(t) \leftarrow t$, $q \leftarrow$ NTOP, NTOP $\leftarrow q+1$, LEFT$(t) \leftarrow \sim(q - f_0)$, LO$(q) \leftarrow \sim$LEFT(L$(t)$), HI$(q) \leftarrow \sim$LEFT(H$(t)$), V$(q) \leftarrow l$로 설정하고 S9로 돌아간다.

**69.** 단계 S1의 끝에서, 그리고 S11에서 S9로 넘어갈 때 반드시 NTOP $\leq$ TBOT이 되게 해야 한다. (이 판정을 단계 S11의 루프 안에서 수행할 필요는 없다.) 또한 단계 S4에서 HBASE를 설정한 직후에 반드시 NTOP $\leq$ HBASE가 되게 해야 한다.

**70.** 그렇게 하면 해시표가 조금 작아지므로 메모리 위넘침이 발생할 확률이 조금 낮아진다. 대신 해시 충돌이 조금 많아진다. 또한, *make_template*에서 TBOT을 감소할 때마다 NTOP $\leq$ TBOT을 점검해야 하므로 작업 속도도 조금 떨어질 수 있다.

**71.** 각 템플릿 $t$에 새로운 필드 EXTRA$(t) = \alpha''$을 추가한다(연습문제 (52)을 보라).

**72.** 단계 S4와 S5에서, LLIST$[l]$과 HLIST$[l]$로 시작하는 연결 목록들의 원소들을 알고리즘 R의 접근방식을 이용해서 버킷 정렬로 정렬한다. 이를 위해, 포인터들 안에 L 필드 안의 링크들과 H 필드 안의 링크들을 구분하는 추가적인 비트 하나를 둔다. 그러면 $t$의 후손들의 LO, HI 매개변수들을 $t$의 함수와 그 '패리티'를 이용해서 알아낼 수 있다.

**73.** 만일 BDD 프로파일이 $(b_0, \ldots, b_n)$이면 $p_j = \lceil b_{j-1}/2^e \rceil$개의 페이지들을 $x_j$에 대한 가지들에 배정할 수 있다. $p_1 + \cdots + p_{n+1} \leq \lceil B(f)/2^e \rceil + n$개의 짧은 정수들의 보조표들을 이용하면 $V(p) = T[\pi(p)]$, LO$(p) =$ LO$(M[\pi(p)] + \sigma(p))$, HI$(p) =$ HI$(M[\pi(p)] + \sigma(p))$를 계산할 수

있다.

예를 들어 만일 $e = 12$이고 $n < 2^{16}$이면 임의의 BDD들을 32비트 가상 LO, HI 포인터들을 가진 최대 $2^{32} - 2^{28} + 2^{16} + 2^{12}$개의 노드들로 표현할 수 있다. 각 BDD에는 크기가 $\le 2^{20}$인 적절한 보조표 $T$와 $M$이 필요한데, 이들은 해당 프로파일로부터 구축이 가능하다.

[이 방법으로 캐싱의 행동 방식을 크게 개선할 수 있다. 이 방법은 아샤르P. Ashar와 청M. Cheong의 논문 *IEEE/ACM Internat. Conf. Computer-Aided Design* **CAD-94** (1994), 622-627에서 영감을 얻은 것으로, 그 논문은 또한 알고리즘 S와 비슷한 알고리즘들도 소개했다.]

**74.** 요구된 조건은 이제 $\mu_n(x_1, \ldots, x_{2^n}) \wedge [\bar{x}_1 = x_{2^n}] \wedge \cdots \wedge [\bar{x}_{2^{n-1}} = x_{2^{n-1}+1}]$이다. $y_1 = x_1$, $y_2 = x_3$, …, $y_{2^{n-2}} = x_{2^{n-1}-1}$, $y_{2^{n-2}+1} = \bar{x}_{2^{n-1}}$, $y_{2^{n-2}+2} = \bar{x}_{2^{n-1}-2}$, …, $y_{2^{n-1}} = \bar{x}_2$로 둔다면 (53)는 동치인 조건 $\mu_{n-1}(y_1, \ldots, y_{2^{n-1}}) \wedge [y_{2^{n-2}} \le \bar{y}_{2^{n-2}+1}] \wedge [y_{2^{n-2}-1} \le \bar{y}_{2^{n-2}+2}] \wedge \cdots \wedge [y_1 \le \bar{y}_{2^{n-1}}]$이 나오는데, 이는 알고리즘 S로 평가하기가 훨씬 적합하다. (평가는 반드시 왼쪽에서 오른쪽으로 해야 한다. 오른쪽에서 왼쪽으로 하면 중간 결과들이 엄청나게 많이 발생한다.)

이러한 접근방식을 적용하면 변수가 1, 2, …, 8개인 단조 자기쌍대 함수가 각각 1, 2, 4, 81, 2646, 1422564, 229809982112개임을 알 수 있다. (표 7.1.1-3과 해답 7.1.2-88을 보라.) 8변수 함수들은 노드가 130,305,082개인 BDD로 특징지어진다. 알고리즘 S로 그것을 계산하는 데에는 약 204기가멤이 소비된다.

**75.** $\rho_1(x_1, x_2) = [x_1 \le x_2]$로 시작해서, (53)의 $G_{2^n}(x_1, \ldots, x_{2^n})$을 함수 $H_{2^n}(x_1, \ldots, x_{2^n}) = [x_1 \le x_2 \le x_3 \le x_4] \wedge \cdots \wedge [x_{2^n-3} \le x_{2^n-2} \le x_{2^n-1} \le x_{2^n}]$으로 대체한다.

(시도해 보면 $B(\rho_9) = 3{,}683{,}424$가 나온다. 이 BDD를 계산하는 데에는 약 170메가멤으로 충분하다. 그리고 $\rho_{10}$도 거의 달성 가능한 수준이다. 이제 알고리즘 C로 $1 \le n \le 9$에 대한 정칙 $n$변수 부울 함수들의 정확한 개수를 빠르게 산출하는데, 구체적으로 말하면 3, 5, 10, 27, 119, 1173, 44315, 16175190, 284432730176개이다. 비슷하게, 연습문제 74에서처럼 자기쌍대 함수들의 개수도 셀 수 있다. 그 개수들은 $1 \le n \le 10$에 대해 1, 1, 2, 3, 7, 21, 135, 2470, 319124, 1214554343인데, 이들의 초기 역사가 해답 7.1.1-123에 나온다.)

**76.** $0 \le i < j$인 어떤 $i \subseteq j$에 대해 만일 $x_i = 1$이면 $x_0 \ldots x_{j-1}$이 $x_j$를 강제한다(force)라고 말하기로 하자. 그러면 $x_0 x_1 \ldots x_{2^n-1}$이 하나의 난잡 모임에 대응될 필요충분조건은, $0 \le j < 2^n$에 대해 $x_0 \ldots x_{j-1}$이 $x_j$를 강제한다면 항상 $x_j = 0$이라는 것이다. 그리고 $\mu_n(x_0, \ldots, x_{2^n-1}) = 1$일 필요충분조건은 $x_0 \ldots x_{j-1}$이 $x_j$를 강제하면 항상 $x_j = 1$이라는 것이다. 따라서 $\mu_n(x_1, \ldots, x_{2^n})$의 BDD에서 (i) 각 가지 ⓙ를 ($j-1$)로 바꾸고 (ii) LO = $\boxed{\bot}$인 모든 노드의 LO 가지와 HI 가지를 맞바꾸면 요구된 BDD가 나온다. (따름정리 7.1.1Q에 의해, 모든 단조 부울 함수의 기약함의항들은 난잡 모임들에 대응됨을 주의할 것.)

**77.** 이전 해답을 이어서, $0 < j < k$에 대해 $x_0 \ldots x_{j-1}$이 $x_j$를 강제할 때마다 $x_j = 1$인 비트 벡터 $x_0 \ldots x_{k-1}$을 일관된(consistent, 모순이 없는) 벡터라고 말하기로 하자. 그리고 $b_k$가 길이가 $k$인

일관된 벡터들의 개수라고 하자. 예를 들어 $b_4 = 6$이다. 길이 4의 일관된 벡터들이 $\{0000, 0001, 0011, 0101, 0111, 1111\}$이기 때문이다. $k$가 '최대' 집합 $\max\{s \mid s$가 $\mathcal{S}$의 한 집합을 나타냄$\}$을 나타낸다는 속성을 가진 난잡 모임 $\mathcal{S}$가 정확히 $c_k = b_{k+1} - b_k$개임을 주목할 것. $(c_0, c_1, c_2, \ldots) = (1,1,2,1,5,3,5,1,19,14,25,6,50,14,19,1,167,148,282,84,\ldots)$이다.

$\mu_n(x_1, \ldots, x_{2^n})$에 대한 BDD의 가지 노드 ⓚ는 $1 \le k \le 2^{n-1}$일 때 $b_{k-1}$개이다. 증명: $x_1, \ldots, x_{k-1}$로 정의되는 모든 부분함수는 항상 거짓이거나, 아니면 일관된 벡터 $x_1 \ldots x_{k-1}$을 정의한다. 후자의 경우 그 부분함수는 $x_{k+1}, \ldots, x_{2^n}$의 특정한 설정들 하에서 서로 다른 값이 되므로 하나의 구슬이다. 실제로, 만일 $x_1 \ldots x_{k-1}$이 $x_k$를 강제한다면 $x_{k+1} \leftarrow \cdots \leftarrow x_{2^n} \leftarrow 1$로 설정하고, 그렇지 않으면 $k < j \le 2^n$에 대해 $x_j \leftarrow y_j$로 설정한다. 여기서

$$y_{j+1} = [i+1 < k\text{인 어떤 } i \subseteq j\text{에 대해 } x_{i+1} = 1]$$

인데, $y_{2^{n-1}+k} = 0$임을 주목하자.

한편 $k = 2^n - k'$이고 $0 \le k' < 2^{n-1}$일 때 가지 노드 ⓚ는 $b_{k'}$개이다. 이 경우 $x_1, \ldots, x_{k-1}$로부터 나오는 비상수 부분함수들은 위에서 말한 값 $y_j$들로 이어지는데, 이때 벡터 $\bar{y}_{0'}\bar{y}_{1'} \ldots \bar{y}_{k'}$은 일관된 벡터이다. (여기서 $0' = 2^n$, $1' = 2^n - 1$ 등이다.) 반대로, 그러한 모든 일관된 벡터는 그러한 부분함수를 서술한다. 이를테면 $j < k - 2^{n-1}$이거나 $2^{n-1} \le j < k$일 때에는 $x_j \leftarrow 0$으로 설정하고 그렇지 않으면 $x_j \leftarrow y_{2^{n-1}+j}$로 설정할 수 있다. 이 부분함수는 오직 $y_{k'} = 1$이거나 $\bar{y}_{0'} \ldots \bar{y}_{(k-1)'}$이 $\bar{y}_{k'}$을 강제할 때에만 하나의 구슬이다. 따라서 구슬들은 길이가 $k'$인 일관된 벡터들에 대응된다. 그리고 서로 다른 벡터들은 서로 다른 구슬들을 정의한다.

이러한 논증은 $1 \le k \le 2^{n-1}$일 때 LO$=\boxed{\bot}$인 가지 노드 ⓚ가 $b_{k-1} - c_{k-1}$개이고 $2^{n-1} < k \le 2^n$일 때에는 $c_{2^n - k}$개임을 보여준다. 그러므로 $B(\mu_n) - 2$개의 가지 노드들 중 LO$=\boxed{\bot}$인 것들은 정확히 절반이다.

**78.** 최대 정점 도수가 $\le d$인 $n$개의 이름표 붙은 정점들에 대한 그래프들의 개수를 세기 위해, $\binom{n}{2}$ 변수 부울 함수를 그 인접성 행렬을 이용해서 구축한다. 그러한 함수는 $\bigwedge_{k=1}^{n} S_{\le d}(X_k)$인데, 여기서 $X_k$는 인접성 행렬의 행 $k$에 있는 변수들의 집합이다. 예를 들어 $n = 5$일 때 변수는 10개이고 해당 함수는 $S_{\le d}(x_1, x_2, x_3, x_4) \wedge S_{\le d}(x_1, x_5, x_6, x_7) \wedge S_{\le d}(x_2, x_5, x_8, x_9) \wedge S_{\le d}(x_3, x_6, x_8, x_{10}) \wedge S_{\le d}(x_4, x_7, x_9, x_{10})$이다. $n = 12$일 때 $d = (1, 2, \ldots, 10)$에 대한 BDD들의 노드 개수는 각각 (5960, 137477, 1255813, 5295204, 10159484, 11885884, 9190884, 4117151, 771673, 28666)이므로, 그 BDD들을 알고리즘 S로 수월하게 구할 수 있다. 최대 도수가 $d$인 해들을 세기 위해서는 도수가 $\le d$인 해들의 수에서 도수가 $\le d-1$인 해들의 수를 빼면 된다. $0 \le d \le 11$에 대한 답들은 다음과 같다.

| | | |
|---:|---:|---:|
| 1 | 3038643940889754 | 29271277569846191555 |
| 140151 | 211677202624318662 | 17880057008325613629 |
| 3568119351 | 3617003021179405538 | 4489497643961740521 |
| 8616774658305 | 17884378201906645374 | 430038382710483623 |

[일반화하자면 최대 도수가 1인 $n$개의 이름표 붙은 정점들에 대한 그래프는 $t_n - 1$개인데, 여기서 $t_n$은 합성곱들의 개수, 식 5.1.4-(59)이다.]

$n$이 클 때 이런 종류의 나열 과제에는 BDD 기반 방법보다 §7.2.3의 방법들이 더 우월하다. 왜냐하면 이름표 붙은 그래프들에는 $n!$개의 대칭성이 존재하기 때문이다. 그러나 $n$이 적당한 크기일 때에는 BDD를 이용해서 답을 빠르게 얻을 수 있으며, 또한 BDD는 모든 해를 잘 특징짓는다.

**79.** 다음은 이전 해답의 BDD들로부터 얻은 개수들인데, 간선이 $k$개인 각 그래프에 $2^{66-k}$을 가중치로 적용한 것이다. 이 개수를 $3^{66}$으로 나누면 요구된 확률이 나온다.

| | |
|---:|---:|
| 73786976294838206464 | 1164672548343029554648426374758 4 |
| 553156749930805290074112 | 776774168787092430554751880396 8 |
| 5985355028683152365484769 28 | 2514457534558975918608668688384 |
| 683798352205845501171675955 20 | 4527336156360899392181934039 04 |
| 138035892756457768347923329843 2 | 4596863773888180534154567673 6 |
| 702409637629839707696908153651 2 | 2093195580480313818292294985 |

**80.** 만일 원래의 함수 $f$와 $g$의 BDD들에 공통의 노드가 없다면 두 알고리즘이 만나는 부분문제들은 거의 정확히 동일하다. 알고리즘 S는 $f \diamond g$의 노드들 중 $\alpha \diamond \boxed{\bot}$ 형태나 $\boxed{\bot} \diamond \beta$ 형태의 노드의 후손이 아닌 모든 노드를 처리하며, 반면 (88)는 $\alpha \diamond \boxed{\top}$나 $\boxed{\top} \diamond \beta$ 형태의 노드의 후손 노드들을 피한다. 게다가 (88)는 $f' = g'$인 자명하지 않은 부분문제 AND$(f', g')$을 만났을 때 지름길을 취한다. 알고리즘 S는 그런 경우들이 쉽다는 사실을 인식하지 못한다. 또한, 이전 계산에서 남겨진 관련 메모가 발견된 경우에도 (88)가 알고리즘 S를 능가할 수 있다.

**81.** 전체적으로 'AND'를 'XOR'로, '$\wedge$'를 '$\oplus$'로 바꾸면 된다. 그렇게 했을 때 간단한 경우들로는 $f \oplus 0 = f$, $0 \oplus g = g$, 그리고 $f = g$일 때의 $f \oplus g = 0$이 있다. 또한 만일 $f > g \neq 0$이면 $f \leftrightarrow g$로 교환할 필요도 있다.

참고: 본 저자는 시험 삼아 추가적인 메모 '$f \oplus r = g$'와 '$g \oplus r = f$'를 최하단 줄에 삽입해 보았다. 그러나 그러한 추가적인 캐시 항목들은 득보다는 실이 되는 것으로 보였다. 다른 이진 연산들을 고려해 보면, BUTNOT$(f, g) = f \wedge \bar{g}$와 NOTBUT$(f, g) = \bar{f} \wedge g$를 둘 다 구현할 필요는 없다. 후자는 BUTNOT$(g, f)$이기 때문이다. 또한 XOR$(1,$ OR$(f, g))$가 NOR$(f, g) = \neg(f \vee g)$의 구현보다 나을 수 있다.

**82.** $F \leftarrow$ AND$(f, g)$의 최상위 계산은 컴퓨터 레지스터들에 $f$와 $g$가 들어 있는 상태에서 시작된다. 그러나 `REF`$(f)$와 `REF`$(g)$는 그런 '참조'들을 포함하지 않는다. (단, $f$와 $g$ 둘 다 살아 있다고 가정한다.)

(88)는 만일 $f \wedge g$가 명백히 $r$임을 알게 되면 `REF`$(r)$을 1 증가한다.

(88)는 메모 캐시 안에서 $f \wedge g = r$을 발견하면 `REF`$(r)$을 증가하고, `REF(LO`$(r)$`)`과 `REF(HI`$(r)$`)`을 $r$이 죽었을 때와 같은 방식으로 재귀적으로 증가한다.

알고리즘 U의 경우 단계 U1에서 만일 $p = q$이면 REF$(p)$를 1 감소한다(믿거나 말거나). $p$를 죽이지는 않는다.

단계 U2에서 $r$을 찾았을 때에는 두 가지 경우로 나뉜다. 만일 $r$이 살아 있다면 REF$(r) \leftarrow$ REF$(r)$ $+ 1$, REF$(p) \leftarrow$ REF$(p) - 1$, REF$(q) \leftarrow$ REF$(q) - 1$로 설정한다. 그렇지 않으면 그냥 REF$(r) \leftarrow 1$로 설정한다.

단계 U3에서 새 노드 $r$을 생성할 때에는 REF$(r) \leftarrow 1$로 설정한다.

마지막으로, 최상위 AND가 $F$에 배정할 값 $r$을 돌려주었을 때, 만일 $F \neq \Lambda$이면 반드시 $F$를 먼저 역참조(derefence)해야 한다. 여기서 '역참조'라는 것은 REF$(F) \leftarrow$ REF$(F) - 1$로 설정하고, 만일 REF$(F)$가 0이 되었다면 재귀적으로 LO$(F)$와 HI$(F)$를 감소하는 것을 말한다. 그런 다음 $F \leftarrow r$로 설정하면 된다(REF$(r)$은 조정하지 않는다).

[더 나아가서, (68) 같은 한정 루틴이나 ($o_4$)의 합성 루틴에서 OR나 MUX로 $r$을 계산한 후에는 반드시 $r_l$과 $r_h$을 둘 다 역참조해야 한다.]

**83.** 연습문제 61에서 보았듯이, REF$(f) =$ REF$(g) = 1$일 때 부분문제 $f \wedge g$는 최상위 호출 당 많아야 한 번만 나타난다. [이 착안은 소멘치F. Somenzi에서 기인한 것이다. 해답 84에서 인용한 논문을 보라. 참조 횟수가 1인 노드들은 많다. 이는 평균 참조 횟수가 약 2이고, 일반적으로 흡수 노드의 참조 횟수가 많기 때문이다. 그러나 저자의 실험에 따르면 그러한 캐시 회피가 전반적인 성능을 높여주지는 않는다. 이는 살펴본 예제의 특성 때문일 수도 있고 다른 최상위 연산들에서의 '우발적인' 캐시 적중이 유용할 수 있기 때문일 수도 있다.]

**84.** 여러 가지 가능성이 존재하며, 확실한 승자로 보이는 간단한 기법은 없다. 캐시 크기와 고유표 크기는 2의 제곱수가 되어야 한다. 그래야 해시 함수의 계산이 빨라지기 때문이다. $x_v$에 대한 고유표의 크기는 $x_v$(죽었든 살았든)에 대해 분기하는 노드들의 개수에 대략 비례해야 한다. 고유표의 크기를 키우거나 줄일 때에는 모든 것을 다시 해싱해야 한다.

이번 절을 쓰면서 저자가 해 본 실험에서는 가장 최근의 최상위 명령의 시작에서부터의 삽입 횟수가 현재 캐시 크기의 ln 2배를 넘을 때마다 캐시 크기를 두 배로 키웠다. (그 시점에서 무작위 해시 함수가 슬롯들 중 절반을 채우게 된다.) 쓰레기 수거 후에는 필요하다면 캐시의 크기를 줄여서, 슬롯이 256개가 되거나 적어도 1/4이 채워지도록 했다.

현재의 죽은 노드 개수를 추적하는 것은 쉬운 일이다. 따라서 쓰레기 수거가 얼마만큼의 메모리를 재확보할 것인지는 항상 알 수 있다. 저자는 U2와 U3 사이에 다음과 같은 새로운 단계 U2$\frac{1}{2}$ 을 삽입해서 만족스러운 결과를 얻었다: "$C$를 1 증가한다. 여기서 $C$는 전역 카운터이다. 만일 $C \bmod 1024 = 0$이면, 그리고 만일 현재 노드들의 적어도 1/8이 죽었으면, 쓰레기 수거를 실행한다."

[방대한 경험에 기초한 여러 가지 추가 제안들이 F. Somenzi, *Software Tools for Technology Transfer* **3** (2001), 171–181에 나온다.]

**85.** 완전한 진리표를 위해서는 32비트 항목 $2^{32}$개가 필요하다. 이는 총 $2^{34}$바이트($\approx 17.2$기가바이트)이다. (87) 이후에 논의한, 지퍼 순서의 비트들을 이용하는 약 13억 6천만 개의 노드들로 된 BDD 기반은 약 1.1기가바이트에 저장할 수 있다. 그리고 따름정리 Y에서 논의한, 모든 곱수 비트를 우선시하는 BDD 기반에는 약 400메가바이트만 필요하다.

**86.** 만일 $f=0$이거나 $g=h$이면 $g$를 돌려준다. 만일 $f=1$이면 $h$를 돌려준다. 만일 $g=0$이거나 $f=g$이면 AND$(f,h)$를 돌려준다. 만일 $h=1$이거나 $f=h$이면 OR$(f,g)$를 돌려준다. 만일 $g=1$이면 IMPLIES$(f,h)$를 돌려준다. 만일 $h=0$이면 BUTNOT$(g,f)$를 돌려준다. (만일 이진 IMPLIES나 BUTNOT 또는 둘 다를 직접 구현하지 않는다면 해당 경우들을 삼항의 형태로 전파해도 무방하다.)

**87.** 주어진 포인터 값 $f$, $g$, $h$를 $f \le g \le h$가 되도록 정렬한다. 만일 $f=0$이면 AND$(g,h)$를 돌려준다. 만일 $f=1$이면 OR$(g,h)$를 돌려준다. 만일 $f=g$이거나 $g=h$이면 $g$를 돌려준다.

**88.** 재미있는 예로 세 함수 $(f,g,h)=(R_0,R_1,R_2)$가 있다. 여기서

$$R_a(x_1,\ldots,x_n)=[(x_n\ldots x_1)_2 \bmod 3 \ne a]=R_{(2a+x_1)\bmod 3}(x_2,\ldots,x_n)$$

이다. 캐시 메모 덕분에 삼항 재귀 방법은 각 수준 당 단 하나의 경우만 조사해서 $f\wedge g\wedge h=0$을 구한다. 반면, 이를테면 $f\wedge g=\bar{h}$의 이항 계산은 확실히 더 오래 걸린다.

좀 더 극적인 예로, $f=x_1\wedge(x_2?\ F\colon G)$, $g=x_2\wedge(x_1?\ G\colon F)$, $h=x_1?\ \bar{x}_2\wedge F\colon x_2\wedge G$라고 하자. 여기서 $F$와 $G$는 연습문제 63에서처럼 $B(F\wedge G)=\Theta(B(F)B(G))$를 만족하는 $(x_3,\ldots,x_n)$의 함수들이다. 그러면 $f\wedge g$, $g\wedge h$, $h\wedge f$는 모두 커다란 BDD들을 가지나, 삼항 재귀 방법은 $f\wedge g\wedge h=0$임을 금방 알아낸다.

**89.** (a) 참이다. 좌변은 $(f_{00}\vee f_{01})\vee(f_{10}\vee f_{11})$이고 우변은 $(f_{00}\vee f_{10})\vee(f_{01}\vee f_{11})$이다.

(b) 마찬가지로 참이다. (그리고 ᗡ는 교환법칙도 지원한다.)

(c) 대체로 거짓이다. (d)를 보라.

(d) $\forall x_1 \exists x_2 f=(f_{00}\vee f_{01})\wedge(f_{10}\vee f_{11})=(\exists x_2 \forall x_1 f)\vee(f_{00}\wedge f_{11})\vee(f_{01}\wedge f_{10})$.

**90.** $\exists j_1\cdots\exists j_m$을 ᗡ$j_1\cdots$ᗡ$j_m$으로 바꾼다.

**91.** (a) (62)의 표기법 하에서 $f\downarrow 1=f$, $f\downarrow x_j=f_1$, $f\downarrow \bar{x}_j=f_0$.

(b) 분배법칙은 $\downarrow$의 정의에 의해 자명하다. (또한 $\vee$, $\oplus$ 등에 대해서도 참이다.)

(c) 오직 $g$가 항상 0인 함수가 아닐 때에만 참이다. (따라서 $g\ne 0$에 대한 $f(x_1,\ldots,x_n)\downarrow g$의 값은 전적으로 $1\le j\le n$에 대한 $x_j\downarrow g$의 값들로만 결정된다.)

(d) $f(x_1,1,0,x_4,0,1,x_7,\ldots,x_n)$. 이는 $x_2=1$, $x_3=0$, $x_5=0$, $x_6=1$에 의거한 $f$의 제한이다(연습문제 57 참고). 이를 부분입방체 $g$에 의거한 $f$의 여인수(cofactor)라고도 부른다. ($g$가 리터럴들의 임의의 곱일 때에도 비슷한 결과가 성립한다.)

(e) $f(x_1,\ldots,x_{n-1},x_1\oplus\cdots\oplus x_{n-1}\oplus 1)$. ($1\le j\le n$에 대해 $f=x_j$인 경우를 생각해 볼 것.)

(f) $x_1?\, f(1, \ldots, 1){:}\, f(0, \ldots, 0)$.

(g) $f(1, x_2, \ldots, x_n) \downarrow g(x_2, \ldots, x_n)$.

(h) 만일 $f = x_2$이고 $g = x_1 \vee x_2$이면 $f \downarrow g = \bar{x} \vee x_2$이다.

(i) CONSTRAIN$(f, g)$ = "만일 $f \downarrow g$의 값이 자명하면 그 값을 돌려준다. 그렇지 않으면, 만일 $f \downarrow g = r$이 메모 캐시 안에 있으면 $r$을 돌려준다. 그렇지 않으면 $f$와 $g$를 (84)에서처럼 표현한다; 만일 $g_l = 0$이면 $r \leftarrow$ CONSTRAIN$(f_h, g_h)$로 설정하고, 만일 $g_h = 0$이면 $r \leftarrow$ CONSTRAIN$(f_l, g_l)$로 설정하고, 그렇지 않으면 $r \leftarrow$ UNIQUE$(v$, CONSTRAIN$(f_l, g_l)$, CONSTRAIN$(f_h, g_h))$로 설정한다; '$f \downarrow g = r$'을 메모 캐시에 넣고 $r$을 돌려준다." 여기서 자명한 값들은 $f \downarrow 0 = 0 \downarrow g = 0$, $f \downarrow 1 = f$, $1 \downarrow g = g \downarrow g = [g \neq 0]$이다.

〔연산자 $f \downarrow g$는 1989년에 쿠데르O. Coudert, 베르테이C. Berthet, 마드레J. C. Madre가 도입했다. (h)의 함수들 같은 예들로부터, "$g$로 제한된(restricted) $f$"를 뜻하는 수정된 연산자 $f \Downarrow g$가 제안되었다. 이 연산자는 원래의 것과 비슷한 점화식을 사용하되, $f_l = f_h$일 때 $(\bar{x}_v?\, f_l \Downarrow g_l{:}\, f_h \Downarrow g_h)$ 대신 $f \Downarrow (\exists\, x_v g)$를 사용한다는 점이 다르다. *Lecture Notes in Computer Science* **407** (1989), 365-373을 보라.〕

**92.** 필요조건은 해답 91(d)를 보라. 또한, (i) $g_c = g(c, x_2, \ldots, x_n)$이라 할 때 오직 $g_0 \neq 0$이고 $g_1 \neq 0$일 때에만 $x_1 \downarrow g = x_1$이며, (ii) 오직 $\Box x_n g = 0$이고 $g \neq 0$일 때에만 $x_n \downarrow g = x_n$임을 주목할 것.

모든 $f$와 $\pi$에 대해 $f^\pi \downarrow g^\pi = (f \downarrow g)^\pi$이라고 하자. $g_c = g(x_1, \ldots, x_{j-1}, c, x_{j+1}, \ldots, x_n)$이라 할 때, 만일 $g \neq 0$이 하나의 부분입방체가 아니면 $g_0 \neq 0$이고 $g_1 \neq 0$이며 $\Box x_j g \neq 0$인 색인 $j$가 존재한다. 이전 문단에 의해 (i) $x_j \downarrow g = x_j$이고 (ii) $x_j \downarrow g \neq x_j$인데, 이는 모순이다.

**93.** $f = J(x_1, \ldots, x_n; f_1, \ldots, f_n)$이고 $g = J(x_1, \ldots, x_n; g_1, \ldots, g_n)$이라고 하자. 여기서

$$f_v = x_{n+1} \vee \cdots \vee x_{5n} \vee J(x_{5n+1}, \ldots, x_{6n}; [v{-\!\!-}1], \ldots, [v{-\!\!-}n]),$$
$$g_v = x_{n+1} \vee \cdots \vee x_{5n} \vee J(x_{5n+1}, \ldots, x_{6n}; [v = 1] + [v{-\!\!-}1], \ldots, [v = n] + [v{-\!\!-}n])$$

이고 $J$는 연습문제 52의 접합 함수이다.

만일 $G$를 세 가지 색으로 칠할 수 있다면, $\hat{f} = J(x_1, \ldots, x_n; \hat{f}_1, \ldots, \hat{f}_n)$으로 두자. 여기서

$$\hat{f}_v = x_{n+1} \vee \cdots \vee x_{5n} \vee J(x_{5n+1}, \ldots, x_{6n}; \hat{f}_{v1}, \ldots, \hat{f}_{vn})$$

이고 $\hat{f}_{vw} = [v$와 $w$의 색이 다름$]$이다. 그러면 $B(\hat{f}) < n + 3(5n) + 2$이다.

반대로 $B(\hat{f}) < 16n + 2$인 근사 함수 $\hat{f}$가 존재한다고 가정하자. 그리고 $\hat{f}_v$가 $x_1 = [v = 1]$, …, $x_n = [v = n]$인 부분함수라고 하자. 그러한 부분함수들 중 서로 다른 것은 많아야 세 개다. 왜냐하면 서로 다른 $\hat{f}_v$들은 모두 $x_{n+1}$, …, $x_{5n}$의 각 변수에서 분기해야 하기 때문이다. 오직 $\hat{f}_u = \hat{f}_v$일 때에만 $u$와 $v$가 같은 색이 되도록 색을 칠하는 것은 $u \not{-\!\!-}\, v$인 경우만 가능하다. 따라서 이 색칠 방법은 적법하다.

〔M. Sauerhoff, I. Wegener, *IEEE Transactions* **CAD-15** (1996), 1435-1437.〕

**94.** 경우 1, $v \neq g_v$: 이 경우 $x_v$에 관한 한정이 아닌 것이므로 $g = g_h$이고 $f \mathrm{E}\, g = \bar{x}_v?\ f_l \mathrm{E}\, g\colon f_h \mathrm{E}\, g$이다.

경우 2, $v = g_v$: 이 경우 $g = x_v \wedge g_h$이고 $f \mathrm{E}\, g = (f_l \mathrm{E}\, g_h) \vee (f_h \mathrm{E}\, g_h) = r_l \vee r_h$이다. 하위 경우(subcase) $v \neq f_v$에서는 $f_l = f_h = f$이다. 따라서 $r_l = r_h$이며, $f \mathrm{E}\, g$를 $f \mathrm{E}\, g_h$로 직접 줄일 수 있다("꼬리 재귀[tail recursion]"의 한 사례).

〔러덜은 (68)의 한정 순서가 변수들의 상향식 순서에 대응됨을 보았다. 그 순서는 편리하긴 하지만 항상 최선은 아니다. 해당 함수에 대한 지식에 기초해서 다른 어떤 순서로 ∃를 하나씩 제거하는 것이 더 나은 경우도 있다.〕

**95.** 만일 $r_l = 1$이고 $v = g_v$이면 $r \leftarrow 1$로 설정하고 $r_h$는 잊어버려도 된다. (필자의 몇몇 실험들에서는 이렇게 바꾸었더니 속도가 100배 빨라졌다.)

**96.** ∀의 경우에는 그냥 E를 A로, OR을 AND로 바꾸면 된다. Ⅎ의 경우에는 E를 D로, OR을 XOR로 바꾼다. 또한, 만일 $v \neq f_v$이면 0을 돌려주도록 한다. 〔'예/아니요' 한정기호 ⅄와 N은 Ⅎ와 비슷하다. 예/아니요 한정기호들은 $m = 1$일 때에만 사용해야 한다. 그렇지 않으면 별로 말이 되지 않는다.〕

**97.** 상향식으로 나아갈 때, 각 수준의 작업량은 최악의 경우 그 수준의 노드 개수에 비례한다.

**98.** 함수 $\mathrm{NOTEND}(x) = \exists y \exists z (\mathrm{ADJ}(x,y) \wedge \mathrm{ADJ}(x,z) \wedge [y \neq z])$는 도수가 $\geq 2$인 모든 정점을 식별한다. 따라서 $\mathrm{ENDPT}(x) = \mathrm{KER}(x) \wedge \neg \mathrm{NOTEND}(x)$이다. 그리고 $\mathrm{PAIR}(x,y) = \mathrm{ENDPT}(x) \wedge \mathrm{ENDPT}(y) \wedge \mathrm{ADJ}(x,y)$이다.

〔예를 들어 $G$가 미합중국의 연속된 주들을 나타낸 그래프이고 그래프들의 순서가 (195)와 같을 때, $B(\mathrm{NOTEND}) = 992$이고 $B(\mathrm{ENDPT}) = 264$, $B(\mathrm{PAIR}) = 203$이다. $\exists y \exists z$를 적용하기 전의 BDD 크기는 50511이다. 도수가 1인 핵은 정확히 49개이다. 다음 세 해들을 적절히 조합하면 크기가 2인 구성요소 아홉 개가 나온다.

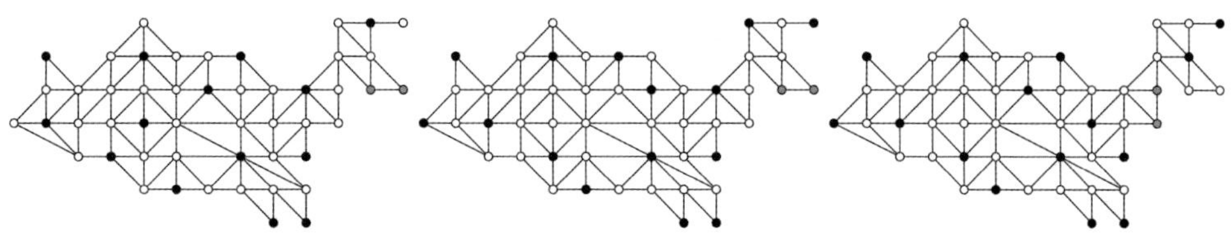

언급된 알고리즘을 이용한 이 계산의 총 비용은 약 14메가멤이고 메모리는 약 6.3메가바이트이다. 핵 당 메모리 참조가 단 52회이다.〕

**99.** 서로 인접한 주들의 삼각형을 찾아서 그 색상들을 고정시킨다. 또한, '중간' 수준들에서 정점 도수가 높은 주들을 선택해도 BDD 크기가 크게 줄어든다. 예를 들어 $a_{\mathrm{MO}} = b_{\mathrm{MO}} = a_{\mathrm{TN}} = \bar{b}_{\mathrm{TN}} = \bar{a}_{\mathrm{AR}} = b_{\mathrm{AR}} = 1$로 두면 노드가 25579개에서 단 4642개로 줄어든다(그리고 총 실행 시간 역시 2메가멤 이하로 떨어진다.)

〔BDD에 대한 브라이언트의 원래의 논문 원고는 그래프 채색을 상세히 논의했지만, 1986년에 논문을 출판할 때에는 그 부분을 다른 내용으로 대체했다.〕

**100.** IND$(x_{\rm ME}, \ldots, x_{\rm CA})$를 IND$(x_{\rm ME}, \ldots, x_{\rm CA}) \wedge S_{12}(x_{\rm ME}, \ldots, x_{\rm CA})$로 대체해서 12노드 독립집합들을 얻는다. 이 BDD의 크기는 1964이다. 그런 다음 이전처럼 (o2)을 사용하되 해답 99의 요령도 적용하면 노드가 184,260개이고 해가 12,554,677,864개인 COLOR 함수가 나온다. (실행 시간은 대략 26메가멤이다.)

**101.** 한 주의 가중치가 $w$일 때, 그 변수 $a$와 $b$에 각각 가중치 $2w$와 $w$를 부여하고 알고리즘 B를 적용한다. (예를 들어 변수 $a_{\rm WY}$의 가중치는 $2(23+25)=96$이 된다.) 그러면 고유한 답이 나온다. 오른쪽 그림은 그 답을 색상 부호 ①②❸❹를 이용해서 나타낸 것이다.

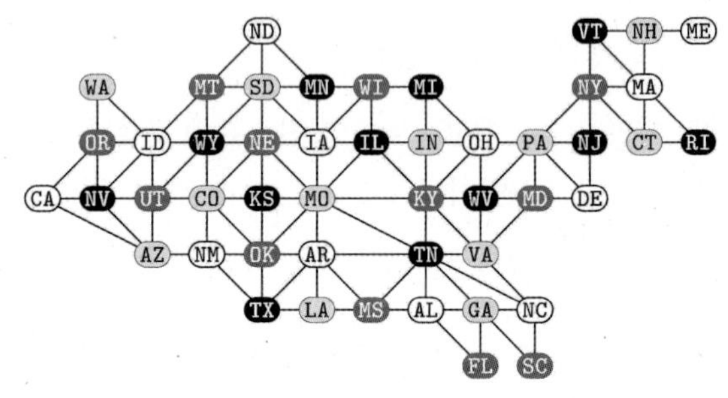


**102.** 주된 착상은, $g_j$가 변해도 $f_v > j$인 함수들에 대한 캐시 항목들은 모두 여전히 유효하다는 것이다. 이러한 원칙을 활용하기 위해, 각 변수마다 '타임스탬프'들의 배열 $G_1 \geq G_2 \geq \cdots \geq G_n \geq 0$를 유지한다. 또한 완료된 또는 예정된 서로 다른 합성들의 개수를 뜻하는 주 클록 시간(master clock time) $G \geq G_1$도 유지한다. 또 다른 변수 $G'$은 마지막으로 COMPOSE가 호출된 이후로 $G$가 바뀌었는지의 여부를 기록한다. 초기에는 $G = G' = G_1 = \cdots = G_n = 0$이다. 서브루틴 NEWG$(j, g)$는 다음과 같이 구현된다.

**N1.** 〔쉬운 경우인가?〕 만일 $g_j = g$이면 서브루틴에서 나간다. 그렇지 않으면 $g_j \leftarrow g$로 설정한다.

**N2.** 〔재설정이 가능한가?〕 만일 $g \neq x_j$이면, 또는 $j < n$이고 $G_{j+1} > 0$이면, N4로 간다.

**N3.** 〔타임스탬프들을 재설정.〕 $j > 0$이고 $g_j = x_j$인 동안 $G_j \leftarrow 0$, $j \leftarrow j-1$로 설정한다. 그런 다음 만일 $j = 0$이면 $G \leftarrow G - G'$, $G' \leftarrow 0$으로 설정하고 서브루틴에서 나간다.

**N4.** 〔$G$를 갱신?〕 만일 $G' = 0$이면 $G \leftarrow G+1$, $G' \leftarrow 1$로 설정한다.

**N5.** 〔새 타임스탬프.〕 $j > 0$이고 $G_j \neq G$인 동안 $G_j \leftarrow G$, $j \leftarrow j-1$로 설정한다. 서브루틴에서 나간다. ▮

(참조 횟수들도 적절히 유지, 갱신해야 한다.) 최상위 수준에서는 먼저 $G' \leftarrow 0$으로 설정한 후 COMPOSE를 호출한다. COMPOSE 루틴 (o4)를 다음과 같이 변경한다: 캐시에 대한 참조에서 $f[G_v]$를 사용하도록 한다. 여기서 $v = f_v$이다. 판정 '$v > m$'을 '$G_v = 0$'으로 바꾼다.

**103.** 그와 동치인 공식 $g(f_1(x_1, \ldots, x_n), \ldots, f_m(x_1, \ldots, x_n))$을 COMPOSE 연산 (o4)로 구현할 수 있다. (그러나 둔감 씨는 자신의 공식이 쿼의 것보다 변수가 두 배나 많지만 그래도 백 배 빠르게

평가할 수 있음을 알고는 안도했다. 그의 응용 프로그램에서 $(y_1 = f_1(x_1, \ldots, x_n)) \wedge \cdots \wedge (y_m = f_m(x_1, \ldots, x_n)) \wedge g(y_1, \ldots, y_m)$의 계산이 $g$의 그러한 모든 부분함수 $g_j$에 대한 $g_j(f_1, \ldots, f_m)$의 COMPOSE 계산보다 훨씬 쉬웠던 것이다. 이를테면 연습문제 162를 보라.)

**104.** 다음의 재귀적 알고리즘 COMPARE$(f, g)$는 메모 캐시와 함께 사용했을 때 많아야 $O(B(f)B(g))$단계를 요구한다: 만일 $f = g$이면 '='를 돌려준다. 그렇지 않으면, 만일 $f = 0$ 또는 $g = 1$이면 '<'를 돌려준다; 만일 $f = 1$ 또는 $g = 0$이면 '>'를 돌려준다. 그렇지 않으면 $f$와 $g$를 (84)에서처럼 표현한다; $r_l \leftarrow$ COMPARE$(f_l, g_l)$을 계산한다. 만일 $r_l$이 '$\|$'이면 '$\|$'를 돌려주고, 그렇지 않으면 $r_h \leftarrow$ COMPARE$(f_h, g_h)$를 계산한다. 만일 $r_h$가 '$\|$'이면 '$\|$'를 돌려준다. 그렇지 않고 만일 $r_l$이 '='이면 $r_h$를 돌려준다; 만일 $r_h$가 '='이면 $r_l$을 돌려준다; 만일 $r_l = r_h$이면 $r_l$을 돌려준다. 그렇지 않으면 '$\|$'를 돌려준다.

**105.** (a) 만일 $f$가 극성들이 $(y_1, \ldots, y_n)$인 단생 함수이면 $1 \le j \le n$에 대해 $y_j = 1$일 때 ⅄$x_j f = 0$이고 $y_j = 0$일 때 N$x_j f = 0$이다. 반대로, 만일 그러한 조건들이 모든 $j$에 대해 성립한다면 $f$는 단생 함수이다. (오직 ᗡ$x_j f = 0$일 때에만, 오직 $f$가 $x_j$에 의존하지 않을 때에만 ⅄$x_j f =$ N$x_j f = 0$임을 주목할 것. 그런 경우 $y_j$는 무관하며, 그렇지 않은 경우에는 $y_j$가 유일하게 결정된다.)

(b) 다음의 알고리즘은 전역 변수 $(p_1, \ldots, p_n)$을 유지한다. 이 전역 변수들은 초기에는 모두 0이다. 그리고 만일 $y_j$가 반드시 0이면 $p_j = +1$이고 $y_j$가 반드시 1이면 $p_j = -1$이라는 속성을 가지고 있다. 만일 $f$가 $x_j$에 의존하지 않는다면 $p_j$는 0인 채로 남는다. 이러한 관례 하에서, UNATE$(f)$는 다음과 같이 정의된다: 만일 $f$가 상수이면 참(true)을 돌려준다. 그렇지 않으면 $f$를 (89)에서처럼 표현한다. 만일 UNATE$(f_l)$이나 UNATE$(f_h)$가 거짓(false)이면 거짓을 돌려준다. 그렇지 않으면 연습문제 104를 이용해서 $r \leftarrow$ COMPARE$(f_l, f_h)$로 설정한다. 만일 $r$이 '$\|$'이면 거짓을 돌려준다. 만일 $r$이 '<'이면, 만일 $p_v < 0$이면 거짓을 돌려주고 그렇지 않으면 $p_v \leftarrow +1$로 설정한 후 참을 돌려준다. 만일 $r$이 '>'이면, 만일 $p_v > 0$이면 거짓을 돌려주고 그렇지 않으면 $p_v \leftarrow -1$로 설정한 후 참을 돌려준다.

이 알고리즘은 종종 빠르게 끝난다. 이는 모든 $x$에 대해 $f(x) \le g(x)$일 필요충분조건이 $y$가 고정되었을 때 모든 $x$에 대해 $f(x \oplus y) \le g(x \oplus y)$라는 사실에 의거한다. 그냥 $f$가 단조인지의 여부만 알고 싶다면 $p$ 변수들을 0이 아니라 $+1$로 초기화해야 한다.

**106.** HORN$(f, g, h)$를 다음과 같이 정의한다: 만일 $f > g$이면 $f \leftrightarrow g$로 교환한다. 그런 다음 만일 $f = 0$이거나 $h = 1$이면 참을 돌려준다. 그렇지 않고 만일 $g = 1$이거나 $h = 0$이면 거짓을 돌려준다. 그렇지 않으면 $f$, $g$, $h$를 (83)에서처럼 표현한다. 만일 HORN$(f_l, g_l, h_l)$, HORN$(f_l, g_h, h_l)$, HORN$(f_h, g_l, h_l)$, HORN$(f_h, g_h, h_h)$가 모두 참이면 참을 돌려주고, 그렇지 않으면 거짓을 돌려준다. [이 알고리즘은 호리야마T. Horiyama와 이바라키T. Ibaraki의 *Artificial Intelligence* **136** (2002), 189-213에서 기인한다. 그들은 또한 해답 105(b)의 것과 비슷한 알고리즘도 소개했다.]

**107.** $e\$f\$g\$h$가 "$e(x)=f(y)=g(z)=1$이 $h(\langle xyz\rangle)=1$을 함의함"을 뜻한다고 하자. 그러면 $f$는 오직 $f\$f\$f\$f$일 때에만 크롬 함수이며, 다음과 같은 재귀적 알고리즘 $\mathrm{KROM}(e,f,g,h)$를 이용해서 이를 판정할 수 있다: $\{e,f,g\}$를 $e\le f\le g$가 되도록 재배열한다. 그런 다음 만일 $e=0$이거나 $h=1$이면 참을 돌려준다. 그렇지 않고 만일 $f=1$이거나 $h=0$이면 거짓을 돌려준다. 그렇지 않으면 $e$, $f$, $g$, $h$를 (83)와 비슷한 사항 연산으로 표현한다. 만일 $\mathrm{KROM}(e_l,f_l,g_l,h_l)$, $\mathrm{KROM}(e_l,f_l,g_h,h_l)$, $\mathrm{KROM}(e_l,f_h,g_l,h_l)$, $\mathrm{KROM}(e_l,f_h,g_h,h_h)$, $\mathrm{KROM}(e_h,f_l,g_l,h_l)$, $\mathrm{KROM}(e_h,f_l,g_h,h_h)$, $\mathrm{KROM}(e_h,f_h,g_l,h_h)$, $\mathrm{KROM}(e_h,f_h,g_h,h_h)$가 모두 참이면 참을 돌려주고, 그렇지 않으면 거짓을 돌려준다.

**108.** 노드 $\{1,\dots,s\}$에 이름표들을 붙이되, 노드 1은 뿌리, 노드 $\{s-1,s\}$는 흡수 노드가 되게 한다. 그러면 나머지 이름표들의 순열 $(s-3)!$개는 같은 함수에 대해 서로 다른 DAG들을 부여하게 된다. 언급된 부등식은 $1\le k\le s-2$에 대해 각 명령 $(\bar{v}_k?\ l_k\colon h_k)$에 많아야 $n(s-1)^2$가지 가능성이 있다는 점에서 비롯된다. (실제로, 이 부등식은 임의의 분기 계획[branching program]에 대해, 말하자면 일반적으로 정렬/기약 여부와 무관하게 임의의 이진 결정도에 대해 성립한다.)

$1/(s-3)!<(s-1)^3/s!$이고 $s!>(s/e)^s$이므로 (관대하게) $b(n,s)<(nse)^s$이다. $\theta=\lg e=1/\ln 2$이라 할 때 $s_n=2^n/(n+\theta)$라고 하자. 그러면 $\lg b(n,s_n)<s_n\lg(ns_ne)=2^n(1-(\lg(1+\theta/n))/(n+\theta))=2^n-\Omega(2^n/n^2)$이다. 따라서 무작위 $n$변수 부울 함수의 $B(f)$가 $\le s_n$일 확률은 $1/2^{\Omega(2^n/n^2)}$을 넘지 않는다. 그리고 이 상계는 정말 작다.

**109.** $1/2^{\Omega(2^n/n^2)}$은 $n!$을 곱한다고 해도 정말 작다.

**110.** $2^{m-1}+m-1<n<2^m+m$일 때 $f_n=M_m(x_{n-m+1},\dots,x_n;0,\dots,0,x_1,\dots,x_{n-m})\vee(\bar{x}_{n-m+1}\wedge\cdots\wedge\bar{x}_n\wedge[0\ldots0x_1\ldots x_{n-m}$이 제곱 형태$])$라고 하자. 이 공식의 각 항에는 $2^m+m-n$개의 0들이 있다. 둘째 항은 $2^m$비트 제곱 형태들을 모두 파괴한다. [H.-T. Liaw, C.-S. Lin, *IEEE Transactions* **C-41** (1992), 661-664; Y. Breitbart, H. Hunt III, D. Rosenkrantz, *Theoretical Comp. Sci.* **145** (1995), 45-69를 보라.]

**111.** $\mu n=\lambda(n-\lambda n)$이라고 하자. 그리고 오직 $2^m+m\le n<2^{m+1}+m+1$일 때에만 $\mu n=m$임에 주목하자. $0\le k<n-\mu n$에 대한 합은 $2^{n-\mu n}-1$이다. 다른 항들의 합은 $2^{2^{\mu n}}$이다.

**112.** $k=n-\lg n+\lg\alpha$라고 하자. 그러면

$$\frac{(2^{2^{n-k}}-1)^{2^k}}{2^{2^n}}=\exp\left(\frac{2^n\alpha}{n}\ln\left(1-\frac{1}{2^{n/\alpha}}\right)\right)=\exp\left(-\frac{2^{n-n/\alpha}\alpha}{n}\left(1+O\left(\frac{1}{2^{n/\alpha}}\right)\right)\right)$$

이다. 만일 $\alpha\le\frac{1}{2}$이면 $2^{n-n/\alpha}\alpha/n\le 1/(n2^{n+1})$이다. 따라서

$$\hat{b}_k=(2^{n/\alpha}-2^{n/(2\alpha)})(2^{n-n/\alpha}\alpha/n)(1+O(2^{-n/\alpha}))=2^k(1-O(2^{-n/(2\alpha)}))$$

이다. 그리고 만일 $\alpha\ge 2$이면 $2^{n-n/\alpha}\alpha/n\ge 2^{n/2+1}/n$이다. 따라서

$$\hat{b}_k = (2^{2^{n-k}} - 2^{2^{n-k-1}})(1 + O(\exp(-2^{n/2}/n)))$$

이다.

〔$b_k$의 분산(variance)에 대해서는 I. Wegener, *IEEE Trans.* **C-43** (1994), 1262-1269를 보라.〕

**113.** 언뜻 보면 매력적인 착안이지만, 자세히 살펴보면 그 매력이 사라진다. 정리 U에 의해, BDD 기반의 아래 수준들에서는 비교적 적은 노드들이 존재한다. 그리고 알고리즘 S 같은 알고리즘들은 그 수준들을 다루는 데 비교적 적은 시간을 소비한다. 더 나아가서, 비상수 흡수 노드 때문에 구현이 복잡해지는 알고리즘들이 여럿 있다. 특히 재정렬을 수행하는 알고리즘들이 그렇다.

**114.** 이를테면 진리표가 01010101 00110011 00001111 00001111인 함수가 그러한 함수이다.

**115.** $N_k = b_0 + \cdots + b_{k-1}$이 BDD에서 $j \le k$인 ⓙ 노드들의 개수라고 하자. 그런 노드들의 내향 도수들의 합은 적어도 $N_k$이며, 외향 도수들의 합은 $2N_k$이다. 그리고 뿌리로의 외부 포인터가 하나 있다. 따라서 상위 $k$개의 수준들에서 하위 수준들로 가로지르는 가지는 많아야 $N_k + 1$개이다. 모든 $n-k$차 부분표는 각각 그러한 어떤 가지에 대응된다. 따라서 $q_k \le N_k + 1$이다.

더 나아가서, 반드시 $q_k \le b_k + \cdots + b_n$이다. $n-k$차 부분표들은 각각 고유한 $\le n-k$차 구슬에 대응되기 때문이다.

(145)의 경우에는 'BDD'를 'ZDD'로, '$b_k$'를 '$z_k$'로, '구슬'을 '주슬'로, '$q_k$'를 '$q'_k$'으로 바꾸면 된다.

**116.** (a) $v_k = 2^{2^k} + 2^{2^{k-1}} + \cdots + 2^{2^0}$이라고 하자. 그러면 $Q(f) \le \sum_{k=1}^{n+1} \min(2^{k-1}, 2^{2^{n+1-k}}) = U_n + v_{\lambda(n-\lambda n)-1}$이다. (07) 같은 예는 이 상계를 더 개선할 수 없음을 보여 준다.

(b) $0 \le k < n$에 대해 $\hat{q}_k/\hat{b}_k = 2^{2^{n-k}}/(2^{2^{n-k}} - 2^{2^{n-k-1}})$이다. $\hat{q}_n = \hat{b}_n$이다.

**117.** $0 \le k \le m$에 대해 $q_k = 2^k$이고 $1 \le k \le 2^m$에 대해 $q_{m+k} = 2^m + 2 - k$이다. 따라서 $Q(f) = 2^{2m-1} + 7 \cdot 2^{m-1} - 1 \approx B(f)^2/8$이다. (실제 응용에서, 그러한 $f$들에 대해서는 QDD의 매력이 떨어진다.)

**118.** 만일 $n = 2^m - 1$이면 $h_n(x_1, \ldots, x_n) = M_m(z_{m-1}, \ldots, z_0; 0, x_1, \ldots, x_n)$이다. 여기서 $(z_{m-1} \ldots z_0)_2 = x_1 + \cdots + x_n$은 연습문제 7.1.2-30에 의해 $5n - 5m$단계로 계산할 수 있다. 그리고 $M_m$의 계산에 추가로 $2n + O(\sqrt{n})$단계가 소비된다(연습문제 7.1.2-39). $h_n(x_1, \ldots, x_n) = h_{n+k}(x_1, \ldots, x_n, 0, \ldots, 0)$이므로 모든 $n$에 대해 $C(h_n) \le 14n + O(\sqrt{n})$이다. (약간의 수고를 들이면 이를 $7n + O(\sqrt{n}\log n)$으로까지 끌어내릴 수 있다. 여러분은 더 끌어내릴 수 있겠는가?)

$h_4$의 비용은 $6 = L(h_4)$이고, 길이가 가장 짧은 공식은 $x_2 \oplus ((x_1 \oplus (x_2 \wedge \bar{x}_4)) \wedge (\bar{x}_3 \oplus (\bar{x}_2 \wedge x_4)))$이다. (또한 $C(h_5) = 10$이고 $L(h_5) = 11$이다.)

**119.** 참이다. 예를 들면 $S_{2,3,5}(x_1, \ldots, x_6) = h_{13}(x_1, x_2, 0, 0, 1, 1, 0, 1, 0, x_3, x_4, x_5, x_6)$이다.

**120.** $1 \le j \le n$에 대해 $y_j = x_{j\pi}$라고 할 때 $h_n^\pi(x_1, \ldots, x_n) = h_n(y_1, \ldots, y_n)$이다. 그리고 $h_n(y_1, \ldots, y_n) = y_{y_1 + \cdots + y_n} = y_{x_1 + \cdots + x_n} = x_{(x_1 + \cdots + x_n)\pi}$이다.

**121.** (a) 만일 $y_k = \bar{x}_{n+1-k}$이면 $h_n(y_1, \ldots, y_n) = y_{\nu y} = y_{n-\nu x} = \bar{x}_{n+1-(n-\nu x)} = \bar{x}_{\nu x+1}$이다.

(b) 만일 $x = (x_1, \ldots, x_n)$이고 $t \in \{0, 1\}$이면 $h_{n+1}(x, t) = (t?\ x_{\nu x+1}\colon x_{\nu x})$이다.

(c) 아니다. 예를 들어 $\psi$는 $0^k11 \mapsto 0^{k-1}101 \mapsto 0^{k-2}10^21 \mapsto \cdots \mapsto 10^k1 \mapsto 0^k11$로 사상한다. (정의가 간단하긴 하지만, $\psi$는 이를테면 1001101000010101100011100101l과 1110111101100101110111110111l 같은 고정점들을 포함해서 놀라운 속성들을 가지고 있다.)

(d) 실제로 $\widehat{h_n}(x_1 \ldots x_n) = x_1(!)$이다. 이는 점화식 (b)를 이용해서 귀납법으로 증명할 수 있다.

(만일 $f(x_1, \ldots, x_n)$이 임의의 부울 함수이고 $\tau$가 이진 벡터 $x_1 \ldots x_n$의 임의의 치환이면 $f(x) = \hat{f}(x\tau)$라고 표기할 수 있으며, 변환된 함수 $\hat{f}$는 다루기가 훨씬 쉬울 수 있다. $f(x) \wedge g(x) = \hat{f}(x\tau) \wedge \hat{g}(x\tau)$이므로 두 함수의 AND의 변환은 두 함수의 변환의 AND이고, 다른 연산들도 마찬가지이다. 본문에서 살펴본, 단지 색인들만 치환하는 벡터 치환 $(x_1 \ldots x_n)\pi = x_{1\pi} \ldots x_{n\pi}$는 이 일반적 원리의 한 간단한 특수 경우이다. 그런데 이 원리는 어떤 면으로는 너무 일반적이다. 모든 함수 $f$에 대해, $\hat{f}$가 연습문제 170의 의미에서 '여윈' 함수임을 만족하는 $\tau$가 적어도 하나 존재함이 자명하기 때문이다. $f$의 모든 복잡도를 $\tau$로 떠넘길 수 있다. $\psi$ 같은 간단한 변환들도 합성이 잘 안 되기 때문에 그 유용함이 제한적이다. 예를 들어 $\psi\psi$는 같은 종류의 변환이 아니다. 그러나 어떤 비특이(정칙) 이진 행렬 $T$에 대해 $x \mapsto xT$로 사상하는 선형 변환들은 BDD를 단순화하는 데 유용한 수단임이 입증되었다. [S. Aborhey, *IEEE Trans.* **C-37** (1988), 1461-1465; J. Bern, C. Meinel, A. Slobodová, *ACM/IEEE Design Automation Conf.* **32** (1995), 408-413; C. Meinel, F. Somenzi, T. Theobald, *IEEE Trans.* **CAD-19** (2000), 521-533을 보라.])

**122.** 예를 들어 $n = 7$일 때 해답 121(b)의 점화식을 이용하면 다음이 나온다.

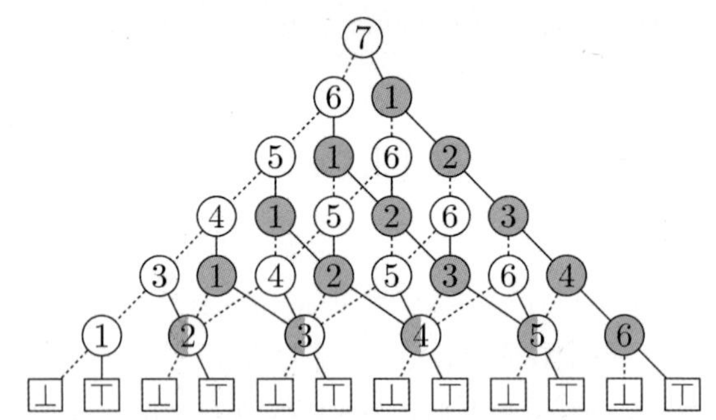

여기서 회색 바탕 노드는 아직 판정되지 않은 변수들에 대해 부분함수 $h^{DR}$을 계산한다. $h_2(x_1, x_2) = x_1$이고 $h_2^{DR}(x_1, x_2) = x_2$이므로 최하단에서 단순화가 발생한다. [D. Sieling, I. Wegener, *Theoretical Comp. Sci.* **141** (1995), 283-310을 보라.]

**123.** $t = k - s = \bar{x}_1 + \cdots + \bar{x}_k$라고 하자. $s' + t' = w$, $s' \le s$, $t' \le t$인 $s'$개의 1들과 $t'$개의 0들의 모든 조합마다 하나씩의 서판이 존재한다. 그러한 모든 $(s', t')$에 관한 $\binom{w}{s'} = \binom{w}{t'}$의 합이 바로 식 (30)이다. (또한 이 합은 오직 $w \le \min(s, t)$일 때에만 $2^w$과 같다는 점도 주목하기 바란다.)

**124.** $m = n - k$라고 하자. 각 서판 $[r_0, \ldots, r_m]$은 그 진리표가 네 가지 경우를 제외하고는 구슬인 $(x_{k+1}, \ldots, x_n)$의 함수에 대응된다. 네 가지 경우란 (i) $[0, \ldots, 0] = 0$, (ii) $[1, \ldots, 1] = 1$, (iii) $[0, x_n, 1] = x_n$(이는 $x_{n-1}$에 의존하지 않는다), (iv) $[1, \ldots, 1, x_{k+1}, 0, \ldots, 0]$(여기서 $x_{k+1} = r_p$인 1들이 $p$개임)가 $S_{<p}(x_{k+2}, \ldots, x_n)$인 경우이다.

다음의 다항식 시간 알고리즘은 모든 서판을 세어서 $q_k = q$와 $b_k = q - q'$을 계산한다. $[r_0, \ldots, r_m]$의 성분들이 모두 0이나 1일 때에는 미묘한 상황이 발생한다. $s$의 서로 다른 값들에 대해서도 그런 서판들이 나타날 수 있기 때문이다. 그런 서판들을 두 번 세어서는 안 된다. 해결책은 다음과 같은 네 가지 집합을 유지하는 것이다.

$$C_{ab} = \{r_1 + \cdots + r_{m-1} \mid \text{어떤 서판에서 } r_0 = a\text{이고 } r_m = b\}.$$

$0\pi$의 값은 인위적으로 0이 아니라 $n+1$로 설정해야 한다. $0 \le k < n$이라고 가정한다.

**H1.** [초기화.] $m \leftarrow n - k$, $q \leftarrow q' \leftarrow s \leftarrow 0$, $C_{00} \leftarrow C_{01} \leftarrow C_{10} \leftarrow C_{11} \leftarrow \emptyset$으로 설정한다.

**H2.** [$v$와 $w$를 찾는다.] $v \leftarrow \sum_{j=1}^{m-1} [(s+j)\pi \le k]$, $w \leftarrow v + [s\pi \le k] + [(s+m)\pi \le k]$로 설정한다. 만일 $v = m-1$이면 단계 H5로 간다.

**H3.** [구슬이 아닌지 점검.] $p \leftarrow -1$로 설정한다. 만일 $v \ne m-2$이면 H4로 간다. 그렇지 않고 만일 $m = 2$이고 $(s+1)\pi = n$이면 $p \leftarrow [(s+2)\pi \le k]$로 설정한다. 그렇지 않고 만일 $w = m$이고 어떤 $j \in [1..m-1]$에 대해 $(s+j)\pi = k+1$이면 $p \leftarrow j$로 설정한다.

**H4.** [이항식을 추가.] $s' + t' = w$, $0 \le s' \le s$, $0 \le t' \le k - s$인 모든 $s'$과 $t'$에 대해 $q \leftarrow q + \binom{w}{s'}$, $q' \leftarrow q' + [s' = p]$로 설정한다. 그런 다음 H6으로 간다.

**H5.** [0-1 서판들을 기억.] 단계 H4에서 말한 모든 $s'$과 $t'$에 대해 다음을 수행한다: 만일 $(s+m)\pi \le k$이면 $C_{00} \leftarrow C_{00} \cup s'$, $C_{01} \leftarrow C_{01} \cup (s'-1)$로 설정한다; 그렇지 않으면 $C_{01} \leftarrow C_{01} \cup s'$으로 설정한다. 만일 $s\pi \le k$이고 $(s+m)\pi \le k$이면 $C_{10} \leftarrow C_{10} \cup (s'-1)$, $C_{11} \leftarrow C_{11} \cup (s'-2)$로 설정한다. 만일 $s\pi \le k$이고 $(s+m)\pi > k$이면 $C_{11} \leftarrow C_{11} \cup (s'-1)$로 설정한다.

**H6.** [$s$에 대한 반복.] 만일 $s < k$이면 $s \leftarrow s+1$로 설정하고 H2로 돌아간다.

**H7.** [마무리.] $ab = 00, 01, 10, 11$에 대해, 모든 $r \in C_{ab}$에 대해 $q \leftarrow q + \binom{m-1}{r}$로 설정한다. 또한 $q' \leftarrow q' + [0 \in C_{00}] + [m-1 \in C_{11}]$로 설정한다. ▮

**125.** $S(n, m) = \binom{n}{0} + \cdots + \binom{n}{m}$이라고 하자. $0 < s \le k$이고 $s \ge 2k - n + 2$일 때 상수가 아닌 서판이 $S(k+1-s, s) - 1$개 있다. 상수가 아닌 다른 서판들은 $s = 0$이고 $k < (n-1)/2$일 때에만 하나씩 나타난다. 상수 서판들은 세기가 까다롭지만, 대체로 $s = 2k - n$이나 $s = 2k+1-n$일 때 $S(n+1-k, 2k+1-n)$개가 나타난다. 사소한 경계 조건들과 비구슬들을 고려할 때, $0 \le k < n$에 대해

$$b_k = S(n-k, 2k-n) + \sum_{s=0}^{n-k} S(n-k-s, 2k+1-n+s) \\ - \min(k, n-k) - [n=2k] - [3k \ge 2n-1] - 1$$

이다. $S(n,m)$에 대한 간단한 공식은 없지만, $n$이 짝수일 때 $\sum_{k=0}^{n-1} b_k$를

$$B_{n/2} + \sum_{0 \le m \le n-2k \le n} (n+3-m-2k)\binom{k}{m} + (\text{작은 우수리})$$

로 표현할 수는 있다. 그리고 $n$이 홀수일 때에는 이 표현에서 $B_{n/2}$을 $A_{(n+1)/2}$로 대체하면 된다. $(k+1)\binom{k}{m} = (m+1)\binom{k+1}{m+1}$이므로, 이중합은 먼저 $k$에 대한 합을 수행해서 다음으로 축약할 수 있다:

$$\sum_{m=0}^{n}\left((n+5-m)\binom{\lfloor (n-m+2)/2 \rfloor}{m+1} - (2m+2)\binom{\lfloor (n-m+4)/2 \rfloor}{m+2}\right).$$

그리고 나머지 합은 $m$과 $n$의 홀수 여부에 따라 네 가지 부분으로 나누어서 처리하면 된다. 생성 함수가 도움이 된다: $A(z) = \sum_{k \le n}\binom{n-k}{2k} z^n$이고 $B(z) = \sum_{k \le n}\binom{n-k}{2k+1} z^n$이라고 하자. 그러면

$$\begin{aligned} A(z) &= 1 + \sum_{k<n}\binom{n-k-1}{2k} z^n + \sum_{k<n}\binom{n-k-1}{2k-1} z^n \\ &= 1 + \sum_{k \le n}\binom{n-k}{2k} z^{n+1} + \sum_{k \le n}\binom{n-k}{2k+1} z^{n+2} = 1 + zA(z) + z^2 B(z) \end{aligned}$$

이다. 비슷한 유도에 의해 $B(z) = zB(z) + zA(z)$도 증명할 수 있다. 이로부터

$$A(z) = \frac{1-z}{1-2z+z^2-z^3} = \frac{1-z^2}{1-z-z^2-z^4}, \quad B(z) = \frac{z}{1-2z+z^2-z^3} = \frac{z+z^2}{1-z-z^2-z^4}$$

이 나온다. 따라서 $n \ge 4$에 대해 $A_n = 2A_{n-1} - A_{n-2} + A_{n-3} = A_{n-1} + A_{n-2} + A_{n-4}$이며, $B_n$도 동일한 점화식을 만족한다. 실제로, 연습문제 15의 페랭 수를 이용해서 $A_n = (3P_{2n+1} + 7P_{2n} - 2P_{2n-1})/23$이고 $B_n = (3P_{2n+2} + 7P_{2n+1} - 2P_{2n})/23$임을 알 수 있다.

더 나아가서 $A^*(z) = \sum_{k \le n} k\binom{n-k}{2k} z^n$, $B^*(z) = \sum_{k \le n} k\binom{n-k}{2k+1} z^n$로 설정하면 $A^*(z) = z^2 A(z) B(z)$와 $B^*(z) = z^2 B(z)^2$이 나온다. 이들을 모두 통합하면 다음과 같은 놀랄 만한 완전 형식(exact form)이 나온다.

$$B(h_n) = \frac{56P_{n+2} + 77P_{n+1} + 47P_n}{23} - \left\lfloor \frac{n^2}{4} \right\rfloor - \left\lfloor \frac{7n+1}{3} \right\rfloor + (n \bmod 2) - 10.$$

역사적 참고사항: 수열 $\langle A_n \rangle$을 처음 연구한 것이 R. Austin, R. K. Guy, *Fibonacci Quarterly* **16** (1978), 84-86임은 분명하다. 그 논문은 각 1 다음에 또 다른 1이 있는 이진수 $x_1 \ldots x_{n-1}$들을 센다. 지겔C. L. Siegel은 가소성 상수 $\chi$가 가장 작은 "피조 수(Pisot number)", 즉 그 켤레들이 모두 단위 원 안에 있는, $>1$인 가장 작은 대수적 정수임을 보였다. *Duke Math. J.* **11** (1944), 597-602를 보라.

**126.** $n \geq 6$일 때 $1 \leq k < 2n/3$에 대해 $b_k = F_{\lfloor (k+7)/2 \rfloor} + F_{\lceil (k+7)/2 \rceil} - 4$이고 $4n/5 \leq k < n$에 대해 $b_k = 2^{n-k+2} - 6 - [k = n-2]$이다. 그러나 $B(h_n^\pi)$에 대한 주된 기여는 그 두 영역 사이에 있는 $2n/15$개의 프로파일 원소들에서 비롯된다. 그리고 해답 125의 방법들을 확장해서 그러한 원소들을 다룰 수 있다. 수열

$$A_n = \sum_{k=0}^{\lfloor n/2 \rfloor} \binom{n-2k}{3k}, \qquad B_n = \sum_{k=0}^{\lfloor n/2 \rfloor} \binom{n-2k}{3k+1}, \qquad C_n = \sum_{k=0}^{\lfloor n/2 \rfloor} \binom{n-2k}{3k+2}$$

의 해당 생성 함수들은 $(1-z)^2/p(z)$, $(1-z)z/p(z)$, $z^2/p(z)$이다. 여기서 $p(z) = (1-z)^3 - z^5$이다. 지금 문제에서 이 수열들이 나타나는 것은 $\sum_{k=0}^{n} \binom{\lfloor n-2k/3 \rfloor}{k} = A_n + B_{n-1} + C_{n-2}$이기 때문이다. 이들은 $\alpha^n$으로 증가하는데, 여기서 $\alpha \approx 1.7016$은 $(\alpha-1)^3\alpha^2 = 1$의 실근이다.

BDD 크기를 닫힌 형식으로 표현할 수는 없지만, $O(2^{n/4}/\sqrt{n})$까지 정확한, $A_{\lfloor n/3 \rfloor}$에서 $A_{\lfloor n/3 \rfloor + 4}$까지로 표현된 닫힌 형식은 존재한다. 따라서 $B(h_n^\pi) = \Theta(\alpha^{n/3})$이다.

**127.** (순열 $\pi = (3, 5, 7, \ldots, 2n'-1, n, n-1, n-2, \ldots, 2n', 2n'-2, \ldots, 4, 2, 1)$, $n' = \lfloor 2n/5 \rfloor$는 $12 < n \leq 24$일 때 $h_n$에 대해 최적이다 그러나 $B(h_{100}^\pi) = 1{,}366{,}282{,}025$이다. 해답 152에서 보듯이 체 치기가 훨씬 나은 성과를 낸다. 그러나 더 나은 순열들이 존재함이 거의 확실하다.)

**128.** 이를테면 $M_3(x_4, x_2, x_7; x_6, x_1, x_8, x_3, x_9, x_{11}, x_5, x_{10})$을 생각해 보자. 처음 $m$개의 변수 $\{x_4, x_2, x_7\}$을 '주소 비트'들이라고 부르고, 나머지 $2^m$개를 '대상'들이라고 부른다. $x_1 = c_1$, $\ldots$, $x_k = c_k$에 해당하는 부분함수들을 (36)과 비슷한 선택사항들의 서판들로 서술할 수 있다. 예를 들어 $k=2$일 때 서판은 세 개, 즉 $[x_6, 0, x_9, x_{11}]$과 $[x_6, 1, x_9, x_{11}]$, $[x_8, x_3, x_5, x_{10}]$인데, $(x_4x_7)_2$로 적절한 성분을 선택해서 얻은 것들이다. 이 서판들 중 $x_3$에 의존하는 것은 셋째 것뿐이다. 따라서 $q_2 = 3$이고 $b_2 = 1$이다. $k = 6$일 때 서판들은 $[0,0]$, $[0,1]$, $[1,0]$, $[1,1]$, $[x_8, 0]$, $[x_8, 1]$, $[x_9, x_{11}]$, $[0, x_{10}]$, $[1, x_{10}]$으로, $x_7$을 이용해서 성분들을 선택한 것이다. 따라서 $q_6 = 9$이고 $b_6 = 7$이다.

일반적으로 만일 변수 $\{x_1, \ldots, x_k\}$에 주소 비트가 $a$개이고 대상 비트가 $t$개이면, 서판들의 성분 개수는 $A = 2^{m-a}$이다. $2^m$개의 대상 전부의 집합을 알려진 주소 비트들에 의거해서 $2^a$개의 부분집합으로 분할했다고 하자. 그리고 그러한 부분집합들 중 알려진 대상이 $j$개인 부분집합이 $s_j$개라고 하자. (따라서 $s_0 + s_1 + \cdots + s_A = 2^a$이고 $s_1 + 2s_2 + \cdots + As_A = t$이다. 앞의 예에서 $k=2$이고 $a = t = 1$일 때 $(s_0, \ldots, s_4) = (1, 1, 0, 0, 0)$이다. 그리고 $k = 6$이고 $a = 2$, $t = 4$일 때에는 $(s_0, s_1, s_2) = (1, 2, 1)$이다.) 그러면 서판 전체 개수 $q_k$는 $2^0 s_0 + 2^1 s_1 + \cdots + 2^{A-1} s_{A-1} + 2^A [s_A > 0]$이다. 만일 $x_{k+1}$이 주소 비트라면, $x_{k+1}$에 의존하는 서판 개수 $b_k$는 $q_k - 2^{A/2}[s_A > 0]$이다. 그렇지 않으면 $b_k = 2^c$인데, 여기서 $c$는 대상 $x_{k+1}$을 포함한 서판에 나타난 상수들의 개수이다.

**129.** (자우어호프M. Sauerhoff의 해답. I. Wegener, *Branching Programs* (2000), Theorem 6.2.13을 보라.) $P_m(x_1, \ldots, x_{m^2}) = Q_m(x_1, \ldots, x_{m^2}) \wedge S_m(x_1, \ldots, x_{m^2})$이고 $B(S_m) = m^3 + 2$이므로 $B(P_m^\pi) \le (m^3+2)B(Q_m^\pi)$이다. 이제 정리 K를 적용하면 된다.

(좀 더 강한 하계도 가능할 것이다. $Q_m$이 $P_m$보다 더 큰 BDD들을 가지는 것으로 보이기 때문이다. 예를 들어 $m=5$일 때 순열 $(1\pi, \ldots, 25\pi) = (3, 1, 5, 7, 9, 2, 4, 6, 8, 10, 11, 12, 13, 14, 15, 16, 20, 23, 17, 21, 19, 18, 22, 24, 25)$는 $Q_5$에 대해 최적이다. 그러나 $B(P_5) = 229$인 반면 $B(Q_5^\pi) = 535$이다.)

**130.** (a) BDD의 뿌리에서 시작해서 $s$개의 HI 가지들과 $t$개의 LO 가지들을 택하는 경로는 $s$개의 인접성들이 강제되고 $t$개가 금지되는 그래프에 해당하는 한 부분함수를 정의한다. 그러한 $\binom{s+t}{s}$개의 부분함수들이 서로 다름을 보여야 한다.

부분함수 $g$와 $h$가 서로 다른 경로들에 대응된다면, 다음과 같은 속성들을 가진 $k$개의 정점 $W$들을 찾을 수 있다: (i) $W$에, 인접성 $w — w'$이 $g$에서는 강제되고 $h$에서는 금지됨을 만족하는 정점 $w$와 $w'$이 존재한다. (ii) $W$의 정점들 사이의 인접성 중 $h$에서 강제되거나 $g$에서 금지된 것이 없다. (iii) 만일 $u \in W$이고 $v \notin W$이고 $u — v$가 $h$에서 강제되었다면 $u = w$ 또는 $u = w'$이다. ($W$의 정점들 중 이 조건들을 만족하지 못하는 것은 최대 $2s + t = m - k$개이다.)

나머지 변수들을, 인접성이 강제되거나 금지되지 않을 때에는 항상 오직 $\{u, v\} \subseteq W$일 때에만 $u — v$가 성립하도록 설정할 수 있다. 그렇게 하면 $g = 1$, $h = 0$이 된다.

(b) 정점 $\{1, \ldots, k\}$가 격리되어야 하나 $k < u \le \lceil m/2 \rceil < v \le m$이면 항상 $u — v$가 되는 $C_{m, \lceil m/2 \rceil}$의 부분함수를 생각해 보자. 그러면 $\lfloor m/2 \rfloor$개의 정점 $\{\lceil m/2 \rceil + 1, \ldots, m\}$에 대한 $k$-파벌은 $\{1, \ldots, m\}$에 대한 $\lceil m/2 \rceil$-파벌과 동치이다. 다른 말로 하면, $C_{m, \lceil m/2 \rceil}$의 이 부분함수는 $C_{\lfloor m/2 \rfloor, k}$이다.

이제 $k \approx \sqrt{m/3}$으로 선택하고 (a)를 적용하면 된다. 〔I. Wegener, *JACM* **35** (1988), 461-471.〕

**131.** (a) 프로파일이 $(1, 1, 2, 4, \ldots, 2^{q-1}, (p-2) \times (2^q - 1, q \times 2^{q-1}), 2^q - 1, 2^{q-1}, \ldots, 4, 2, 1, 2)$임을 보이는 것이 가능하다. 여기서 $r \times b$는 $b$를 $r$번 되풀이한 것을 뜻한다. 따라서 전체 크기는 $(pq + 2p - 2q + 2)2^{q-1} - p + 2$이다.

(b) 순서가 $x_1, x_2, \ldots, x_p, y_{11}, y_{21}, \ldots, y_{p1}, \ldots, y_{1q}, y_{2q}, \ldots, y_{pq}$일 때 프로파일은 $(1, 2, 4, \ldots, 2^{p-1}, (q-1)p \times (2^{p-1}), 2^{p-1}, \ldots, 4, 2, 1, 2)$가 되며, 그러면 전체 크기는 $(pq - p + 4)2^{p-1}$이다.

(c) 어떤 순서에서 처음 $k$개의 변수들에 $x$가 $m = \lfloor \min(p, q)/2 \rfloor$번 나타난다고 가정하자. 그러한 변수들이 $\{x_1, \ldots, x_m\}$이라고 하겠다. $C$에 대한 QDD에서 $1 \le j \le p - m$에 대해 $x_j = \bar{x}_{m+j}$이고 $y_{ij} = [i = j \text{ 또는 } i = j + m \text{ 또는 } j > m]$인 $2^m$개의 경로들을 고찰한다. 이 경로들은 반드시 수준 $k$에서 서로 다른 노드들을 통과해야 한다. 따라서 $q_k \ge 2^m$이다. 이제 (78)를

적용한다. 〔M. Nikolskaia, L. Nikolskaia, *Theor. Comp. Sci.* **255** (2001), 615-625를 보라.〕

$(p,q)=(4,4)$, $(4,5)$, $(5,4)$에 대한 최적의 순서들(연습문제 138의 방법으로 구할 수 있다)은 다음과 같다.

$x_1y_{11}x_2y_{21}x_3y_{31}y_{41}y_{12}y_{22}y_{32}y_{42}y_{13}y_{23}y_{33}y_{43}y_{14}y_{24}y_{34}y_{44}x_4$ (크기 108);

$x_1y_{11}x_2y_{21}x_3y_{31}y_{41}y_{12}y_{22}y_{32}y_{42}y_{13}y_{23}y_{33}y_{43}y_{14}y_{24}y_{34}y_{44}y_{15}y_{25}y_{35}y_{45}x_4$ (크기 140);

$x_1y_{11}x_2y_{21}y_{12}y_{22}y_{13}y_{23}y_{14}y_{24}x_3y_{31}y_{32}y_{33}y_{34}x_4y_{41}y_{42}y_{51}y_{52}y_{43}y_{53}y_{44}y_{54}x_5$ (크기 167).

**132.** 표 7.1.1-5에 따르면 본질적으로 서로 다른 5변수 함수 부류들은 616,126가지이다. 그런 부류들 중 38개에서 $B_{\min}(f)$의 최댓값 17이 나온다. 모든 순열 $\pi$에 대해 $B(f^\pi)=17$이라는 속성을 가진 부류는 셋이다. 그중 하나인 $((x_2\oplus x_4\oplus(x_1\wedge(x_3\vee\bar{x}_4)))\wedge((x_2\oplus x_5)\vee(x_3\oplus x_4)))\oplus(x_5\wedge(x_3\oplus(x_1\vee\bar{x}_2)))$에는 흥미로운 대칭성 $f(x_1,x_2,x_3,x_4,x_5)=f(\bar{x}_2,\bar{x}_3,\bar{x}_4,\bar{x}_1,\bar{x}_5)=f(x_2,\bar{x}_5,x_1,x_3,\bar{x}_4)$가 존재한다.

첨언하자면, 최대의 차 $B_{\max}(f)-B_{\min}(f)=10$은 '접합 함수' 부류 $x_1?\ x_2{:}\ x_3?\ x_4{:}\ x_5$에서만 나타나는데, $B_{\min}=7$이고 $B_{\max}=17$일 때 나타난다.

($n=4$일 때에의 부류는 222가지이다. 그중 $S_2$와 $S_{2,4}$를 비롯한 25개의 부류에서 $B_{\min}(f)=10$이다. 진리표 16ad로 대표되는 부류는, $B_{\min}(f)=10$이고 많아야 24개의 순열에서 $B(f^\pi)=11$이 된다는 점에서 특히나 어렵다.)

**133.** 각 부분집합 $X\subseteq\{1,\ldots,n\}$을 $n$비트 정수 $i(X)=\sum_{x\in X}2^{x-1}$으로 표현한다고 하자. 그리고 $X$와 $X\cup x$ 사이의 간선의 가중치를 $b_{i(X),x}$로 표기한다고 하자. $c_0\leftarrow 0$으로 설정하고, $1\le i<2^n$에 대해 $c_i\leftarrow\min\{c_{i\oplus j}+b_{i\oplus j,x}\mid 1\le x\le n$이고 $j=2^{x-1},\ i\,\&\,j\ne 0\}$으로 설정한다. 그러면 $B_{\min}(f)=c_{2^n-1}+2$이며, 각 $c_i$를 최소화하는 $x=x(i)$들을 기억함으로써 최적의 순서를 찾아낼 수 있다. $B_{\max}$에 대해서는, 이상의 절차에서 'min'을 'max'로 대체하면 된다.

**134.**

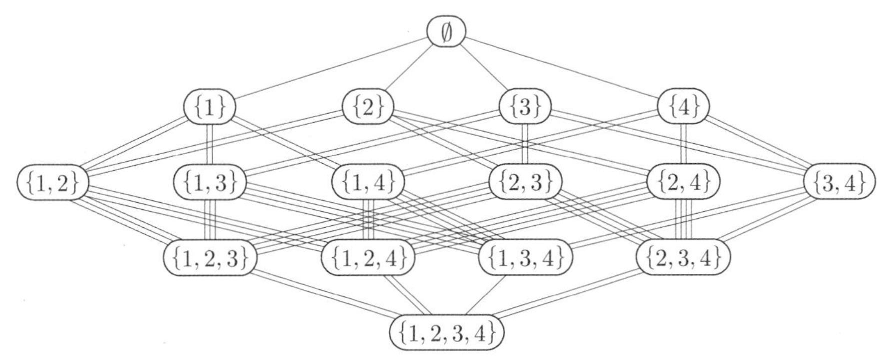


최대 프로파일 $(1,2,4,2,2)$는 $\emptyset\to\{2\}\to\{2,3\}\to\{2,3,4\}\to\{1,2,3,4\}$ 같은 경로들에서 나타난다. 최소 프로파일 $(1,2,2,1,2)$는 경로 $\emptyset\to(\{3\}$이나 $\{4\})\to\{3,4\}\to\{1,3,4\}\to\{1,2,3,4\}$에서만 나타난다. (가능한 24가지 경로 중 다섯 개는 프로파일이 $(1,2,3,2,2)$인데, 이들은 임의의 변수에 대한 자리이동으로는 더 개선되지 않는다.)

**135.** $\theta_0 = 1$, $\theta_1 = x_1$, $\theta_2 = x_1 \wedge x_2$이고 $n \geq 3$에 대해 $\theta_n = x_n ?\ \theta_{n-1}: \theta_{n-3}$이라고 하자. $n \geq 4$일 때 오직 $(n\pi, ..., 1\pi) = (1, ..., n)$일 때에만 $B(\theta_n^{\pi}) = n+2$임을 증명하는 것이 가능하다. 핵심적인 사실은, 만일 $k < n$이고 $n \geq 5$이면, $x_k \leftarrow 0$ 또는 $x_k \leftarrow 1$로 설정해서 얻은 부분함수들이 서로 다르다는 점, 그리고 둘 다 변수 $\{x_1, ..., x_{k-1}, x_{k+1}, ..., x_n\}$에 의존한다는 점이다. 단, $x_{n-1} \leftarrow 0$에 대한 부분함수들은 $x_{n-2}$에 의존하지 않는다. 따라서 주 프로파일 도표의 가중치 $\{x_k\} \rightarrow \{x_k, x_l\}$들은 $k = n$이나 $(k, l) = (n-1, n-2)$일 때를 제외하면 2이다. $\{x_{n-1}, x_{n-2}\}$ 아래에는 세 개의 부분함수, 즉 $x_n ?\ \theta_{n-4}: \theta_{n-3}$과 $x_n ?\ \theta_{n-5}: \theta_{n-3}$, $\theta_{n-3}$이 있다. 이들은 모두 $\{x_1, ..., x_{n-3}\}$에 의존하며, 둘은 $x_n$에 의존한다.

**136.** $n = 2n' - 1$이고 $m = 2m' - 1$이라고 하자. 입력들은 $m \times n$ 행렬을 형성하는데, 그 행렬의 $m$개의 행 중앙값들의 중앙값을 계산하고자 한다. $V_i$가 행 $i$의 변수들이라고 하자. $X$가 $mn$개의 변수들의 한 부분집합이고 $X_i = X \cap V_i$이며 $r_i = |X_i|$이라고 하자. 부분함수들의 종류 $(s_1, ..., s_m)$은 $X_i$의 성분들 중 정확히 $s_i$개가 1로 설정되었을 때 나타난다. 그러한 부분함수들은 다음과 같다.

$$\langle S_1 S_2 \cdots S_m \rangle, \qquad \text{여기서 } S_i = S_{\geq n' - s_i}(V_i \setminus X_i)\text{이고 } 1 \leq i \leq m\text{에 대해 } 0 \leq s_i \leq r_i.$$

$x \not\in X$일 때 이 부분함수들 중 $x$에 의존하는 것이 몇 개인지를 세고자 한다. 대칭성에 의해, $x = x_{mn}$이라고 가정할 수 있다. 대칭적 문턱값 함수 $S_{\geq t}(x_1, ..., x_n)$이 만일 $t > n$이면 0이고 $t \leq 0$이면 1임에 주목하자. 이 함수는 만일 $1 \leq t \leq n$이면 $n$개의 변수들 모두에 의존한다. 특히, $S_m$은 $s_m$의 선택들 중 정확히 $r_m \$ n = \min(r_m + 1, n - r_m)$개에서 $x$에 의존한다.

$0 \leq j \leq n$에 대해 $a_j = \sum_{i=1}^{m-1} [r_i = j]$라고 하자. 그러면 함수 $\{S_1, ..., S_{m-1}\}$ 중 $a_n$개가 상수이며, $a_{n-1} + \cdots + a_{n'}$개는 상수일 수도 있고 아닐 수도 있다. $c_i$가 상수가 아니라고 선택한다면 $(r_m \$ n)((a_n + a_{n-1} + \cdots + a_{n'} - c_{n-1} - \cdots - c_{n'}) \$ m)$ 곱하기

$$\binom{a_{n-1}}{c_{n-1}} \cdots \binom{a_{n'}}{c_{n'}} 1^{a_0} 2^{a_1} \ldots (n')^{a_{n'-1}} (n'-1)^{c_{n'}} (n'-2)^{c_{n'+1}} \ldots 1^{c_{n-1}}$$

개의 서로 다른 부분함수들이 $x$에 의존한다. $\{c_{n-1}, ..., c_{n'}\}$에 관해 합산하면 답이 나온다.

변수들이 자연스러운 행 대 행 순서이면 이 공식들은 $r_m = k \bmod n$, $a_n = \lfloor k/n \rfloor$, $a_0 = m - 1 - a_n$으로 적용된다. 따라서 $0 \leq k < mn$에 대한 프로파일 성분 $b_k$는 $(\lfloor k/n \rfloor \$ m)((k \bmod n) \$ n)$이며, 그러면 $\sum_{k=0}^{mn} b_k = (m'n')^2 + 2$이다. 이 순서가 최적이지만, 명백하게 간단한 증명은 없다. 예를 들어 일부 순서들에서는 $b_{n+2}$나 $b_{2n-2}$가 4에서 3으로 줄어드는 반면 다른 $k$에 대해서는 $b_k$가 증가한다.

주 프로파일 도표의 최상위에서 최하위로의 모든 경로를 $\alpha_0 \rightarrow \alpha_1 \rightarrow \cdots \rightarrow \alpha_{mn}$ 형태로 표현할 수 있는데, 여기서 $\alpha_j$는 $0 \leq r_{j1} \leq \cdots \leq r_{jm} \leq n$, $r_{j1} + \cdots + r_{jm} = j$인 열 $r_{j1} \ldots r_{jm}$으로, 각 단계마다 하나의 좌표 성분이 증가한다. 예를 들어 $m = 5$이고 $n = 3$일 때 한 경로는 00000 → 00001 → 00011 → 00111 → 00112 → 00122 → 00123 → 01123 → 11123 → 11223 → 12223 → 12233 → 12333 → 22333 → 23333 → 33333이다. 이 경로를 총 간선 가중치를 증가

하지 않는 일련의 단계들을 거쳐서 '자연스러운' 경로로 변환할 수 있다. 과정은 이렇다: 최초로 $r_{jm} = n$이 되는 지점까지의 초기 구역에서, 제일 오른쪽 좌표를 처음으로 하여 모든 전이를 수행한다. (따라서 예제 경로의 첫 단계들은 00000 → 00001 → 00002 → 00003 → 00013 → 00113 → 00123이 된다.) 그런 다음에는 마지막으로 $r_{j1} = 0$인 지점 이후의 최종 구역에서는 제일 왼쪽 좌표를 마지막으로 하여 모든 전이를 수행한다. (따라서 최종 단계들은 01123 → 01223 → 02223 → 02233 → 02333 → 03333 → 13333 → 23333 → 33333이 된다.) 그런 다음, 처음 $n$개의 단계 이후에, 끝에서 두 번째 좌표를 비슷한 방식으로 정규화한다(00003 → 00013 → 00023 → 00033 → 00133 → 01133 → 01233 → 02233). 그리고 마지막 $n$개의 단계 이전에 둘째 좌표를 정규화한다(00133 → 00233 → 00333 → 01333 → 02333 → 03333). 나머지도 이런 식으로 진행하면 된다.

〔이 뒤에서 앞으로의 증명 기법은 아래에서 인용하는 볼리히와 베게너의 논문에서 영감을 얻은 것이다. 모든 비최적 순서를 체 치기만으로 개선할 수 있을까?〕

**137.** 만일 $c$개의 새 정점들과 $\binom{c}{2}$개의 새 간선들로 이루어진 파벌 하나를 그래프에 추가한다면, 최적 배열의 비용은 $\binom{c+1}{3}$만큼 증가한다. 따라서 주어진 그래프가 $m$개의 간선과 $n$개의 정점 $\{1, \ldots, n\}$으로 이루어져 있다고 할 때 $m$과 $n$이 충분히 큰 홀수들이라고 가정할 수 있다. $mn+m+1$개의 변수 $x_{ij}$들과 $1 \le i \le m$, $1 \le j \le n$, $0 \le k \le m$에 대한 $s_k$들에 의존하는 해당 함수 $f$는 $J(s_0, s_1, \ldots, s_m; h, g_1, \ldots, g_m)$이다. 여기서 $i$번째 간선이 $u_i — v_i$일 때 $g_i = (x_{iu_i} \oplus x_{iv_i}) \wedge \bigwedge \{x_{iw} \mid w \notin \{u_i, v_i\}\}$이며, $h = \langle\!\langle x_{11} \ldots x_{m1} \rangle \ldots \langle x_{1n} \ldots x_{mn} \rangle\!\rangle$은 연습문제 136의 함수의 전치이다.

$B_{\min}(f) = \min_\pi \sum_{u-v} |u\pi - v\pi| + \binom{m+1}{2}^2 \binom{n+1}{2}^2 + mn + m + 2$임을 증명하는 것이 가능하다. 최적의 순서는 $h$에 대한 노드 $\binom{m+1}{2}^2 \binom{n+1}{2}^2$개, $g_i$에 대한 노드 $n + |u_i\pi - v_i\pi|$개, 각 $s_k$당 노드 하나씩, 그리고 흡수 노드 두 개를 사용하되 $h$와 일부 $g_i$가 공유하는 노드 하나는 빠진다. 〔B. Bollig, I. Wegener, *IEEE Trans.* **C-45** (1996), 993-1002를 보라.〕

**138.** (a) $X_k = \{x_1, \ldots, x_k\}$라고 하자. 깊이 $k$에서의 QDD 노드들은 $X_k$의 변수들을 상수들로 대체했을 때 나타나는 부분함수들을 나타낸다. 각 노드마다, $X_n \setminus X_k$의 변수들 중 그 노드가 의존하는 변수들을 나타내는 $n$비트 필드 DEP를 추가할 수 있다. 예를 들어 (34)의 $f$에 대한 QDD의 부분함수들과 DEP들은 다음과 같다.

깊이 0: 0011001001110010 [1111];
깊이 1: 00110010 [0111], 01110010 [0111];
깊이 2: 0010 [0011], 0011 [0010], 0111 [0011];
깊이 3: 00 [0000], 01 [0001], 10 [0001], 11 [0000].

깊이 $k$에서의 모든 DEP 필드를 조사해 보면 $0 \le k < l \le n$에 대한 $X_k$와 $X_k \cup x_l$ 사이의 주 프로파일 가중치들을 알아낼 수 있다.

(b) 깊이 $k$에서의 노드들을 $0 \le p < q_k$에 대한 세짝 $N_{kp} = (l_{kp}, h_{kp}, d_{kp})$들로 나타내기로 하자. 여기서 $(l_{kp}, h_{kp})$는 (LO, HI) 포인터들이고 $d_{kp}$는 DEP 비트들을 기록한 것이다. 만일 $k < n$이면 이 노드들은 $x_{k+1}$에서 분기한다. 따라서 $0 \le l_{kp}, h_{kp} < q_{k+1}$이다. 그러나 $k = n$이면 $l_{n0} = h_{n0} = 0$과 $l_{n1} = h_{n1} = 1$이 $\boxed{\bot}$와 $\boxed{\top}$를 나타낸다. 이제

$$d_{kp} = \sum \{2^{t-k-1} \mid N_{kp}\text{가 } x_t\text{에 의존함}\}$$

라고 정의하자. 그러면 $0 \le d_{kp} < 2^{n-k}$이다. 예를 들어 QDD (74)는 $N_{00} = (0,1,7)$; $N_{10} = (0,1,3)$, $N_{11} = (1,2,3)$; $N_{20} = (0,0,0)$, $N_{21} = (0,1,1)$, $N_{22} = (1,1,0)$; $N_{30} = (0,0,0)$, $N_{31} = (1,1,0)$과 동치이다.

깊이 $b$에서 깊이 $a$로 비약하기 위해서는 본질적으로 깊이 $b-1$, $b-2$, ..., $a$의 노드들의 복사본을 두 개 만든다. 하나는 $x_{b+1} = 0$인 경우를 위한 것이고 또 하나는 $x_{b+1} = 1$인 경우를 위한 것이다. 이 복사본들을 깊이 $b$, $b-1$, ..., $a+1$로 내려 보낸 후 중복들을 제거해서 축약한다. 그런 다음에는 깊이 $a$의 모든 원본 노드를 $x_{b+1}$에 대해 분기하는 노드로 대체한다. 그 노드의 LO, HI 필드는 각각 원본의 0-복사본과 1-복사본을 가리킨다.

이러한 공정에는 버킷 정렬 도중 DEP를 갱신하기 위한 다소 간단한(그러나 멋진) 목록 처리 작업이 관여한다: 노드들을 보조 배열 $r$, $s$, $t$, $u$, $v$(초기에는 0)로 구성된 작업 영역에 풀어놓는다. LO와 HI로 $l_{kp}$와 $h_{kp}$를 사용하는 대신 HI를 작업 영역의 칸 $u_p$에 저장하고, $v_p$가 동일한 LO 필드를 가진 이전 노드로 링크하게 한다(그런 노드가 있다면). 또한 $s_l$은 LO$=l$인 마지막 노드를 가리키게 한다(그런 노드가 있다면). 아래의 알고리즘에서 UNPACK$(p, l, h)$는 "$u_p \leftarrow h$, $v_p \leftarrow s_l$, $s_l \leftarrow p+1$"을 뜻한다.

깊이 $k$의 노드들을 이런 식으로 배열 $s$, $u$, $v$에 풀어 놓았다고 할 때, 다음의 서브루틴 ELIM$(k)$는 그것들을 중복을 제거해서 주 QDD 자료구조에 다시 꾸려 넣는다. 또한 이 서브루틴은 $r_p$를 노드 $p$의 새 주수로 설정한다.

**E1.** 〔$l$에 대한 반복.〕 $q \leftarrow 0$으로 설정하고 $0 \le h < q_{k+1}$에 대해 $t_h \leftarrow 0$으로 설정한다. $0 \le l < q_{k+1}$에 대해 단계 E2을 수행한다. 그런 다음 $q_k \leftarrow q$로 설정하고 알고리즘을 끝낸다.

**E2.** 〔$p$에 대한 반복.〕 $p \leftarrow s_l$, $s_l \leftarrow 0$으로 설정한다. $p > 0$인 동안 단계 E3을 수행하고 $p \leftarrow v_{p-1}$로 설정한다. 그런 다음 단계 E1을 재개한다.

**E3.** 〔노드 $p-1$을 꾸린다.〕 $h \leftarrow u_{p-1}$로 설정한다. (풀어진 노드에서 (LO, HI)$=(l, h)$이다). 만일 $t_h \ne 0$이고 $l_{k(t_h-1)} = l$이면 $r_{p-1} \leftarrow t_h - 1$로 설정한다. 그렇지 않으면 $l_{kq} \leftarrow l$, $h_{kq} \leftarrow h$, $d_{kq} \leftarrow ((d_{(k+1)l} \mid d_{(k+1)h}) \ll 1) + [l \ne h]$, $r_{p-1} \leftarrow q$, $q \leftarrow q+1$, $t_h \leftarrow q$로 설정한다. 단계 E2를 재개한다. ▮

이제 ELIM을 이용해서 $b$에서 $a$로 비약할 수 있다. (i) $k = b-1$, $b-2$, ..., $a$에 대

해 다음 단계들을 수행한다: $0 \le p < q_k$에 대해 $l \leftarrow l_{kp}$, $h \leftarrow h_{kp}$로 설정한다; 만일 $k = b-1$이면 $\mathrm{UNPACK}(2p, l_{bl}, h_{bl})$과 $\mathrm{UNPACK}(2p+1, l_{bh}, h_{bh})$를 호출하고, 그렇지 않으면 $\mathrm{UNPACK}(2p, r_{2l}, r_{2h})$와 $\mathrm{UNPACK}(2p+1, r_{2l+1}, r_{2h+1})$을 호출한다(이에 의해 작업 영역에 $N_{kp}$의 복사본 두 개가 만들어진다). 그런 다음 $\mathrm{ELIM}(k+1)$을 호출한다. (ii) $0 \le p < q_a$에 대해 $\mathrm{UNPACK}(p, r_{2p}, r_{2p+1})$을 호출한다. 그런 다음 $\mathrm{ELIM}(a)$를 호출한다. (iii) 만일 $a > 0$이면 $0 \le p < q_{a-1}$에 대해 $l \leftarrow l_{(a-1)p}$, $h \leftarrow h_{(a-1)p}$, $l_{(a-1)p} \leftarrow r_l$, $h_{(a-1)p} \leftarrow r_h$로 설정한다.

이러한 비약 절차를 수행하면 변수들이 재정렬되므로 깊이 $a$ 위쪽의 DEP 필드들이 망가진다. 그러나 어차피 이 절차는 그 필드들이 더 이상 필요없을 때에만 사용한다.

(c) 귀납법에 의해, 처음 $2^{n-2}$개의 단계들이 $n$을 포함하지 않은 모든 부분집합을 담당한다. 이후 $n-1$에서 0으로의 비약이 실행되며, 남은 단계들이 $n$를 포함하는 모든 부분집합을 담당한다.

(d) $0 \le k < n$에 대해 $y_k \leftarrow k$, $w_k \leftarrow 2^k - 1$로 설정하는 것으로 시작한다. 다음 알고리즘에서 배열 $y$는 현재의 변수 순서를 나타내고 비트맵 $w_k = \sum \{2^{y_j} \mid 0 \le j < k\}$는 상위 $k$개의 수준들에 있는 변수들의 집합을 나타낸다.

요구된 주 프로파일 가중치들도 계산하도록 서브루틴 $\mathrm{ELIM}(k)$를 다음과 같이 보강한다: 초기에 $0 \le j < n-k$에 대해 카운터 $c_j$들을 0으로 설정해 둔다. 단계 E3에서 $d_{kq}$를 설정한 후에, $2^j \subseteq d_{kq}$를 만족하는 각 $j$마다 $c_j \leftarrow c_j + 1$로 설정한다; 마지막으로, 연습문제 133의 표기법 하에서 $0 \le j < n-k$에 대해 $b_{w_k, y_{k+j}+1} \leftarrow c_j$로 설정한다. [이 공정의 속도를 높이기 위해 비트가 아니라 바이트들을 세어서, $0 \le j < (n-k)/8$에 대해 $c_{j,(d_{kq} \gg 8j)\&\#\mathrm{ff}}$를 1씩 증가할 수도 있다.]

$k = n-1$, $n-2$, ..., 0에 대해 다음을 수행해서 DEP 필드들을 초기화한다: $0 \le p < q_k$에 대해 $\mathrm{UNPACK}(p, l_{kp}, h_{kp})$를 호출한다; $\mathrm{ELIM}(k)$를 호출한다; 만일 $k > 0$이면 $0 \le p < q_{k-1}$에 대해 $l \leftarrow l_{(k-1)p}$, $h \leftarrow h_{(k-1)p}$, $l_{(k-1)p} \leftarrow r_l$, $h_{(k-1)p} \leftarrow r_h$로 설정한다.

이제 알고리즘의 주 루프는 $1 \le i < 2^{n-1}$에 대해 다음을 수행한다: $a \leftarrow \nu i - 1$, $b \leftarrow \nu i + \rho i$로 설정한다. $(y_a, \ldots, y_b) \leftarrow (y_b, y_a, \ldots, y_{b-1})$, $(w_{a+1}, \ldots, w_b) \leftarrow (2^{y_b} + w_a, \ldots, 2^{y_b} + w_{b-1})$로 설정한다. 부문제 (b)의 절차를 이용해서 $b$에서 $a$로 비약하되, 단계 (ii)에서 $\mathrm{ELIM}(a)$ 호출 시 원래의(보강되지 않은) ELIM 루틴을 사용한다.

(e) 깊이 $k$의 노드들에 필요한 공간은 많아야 $Q_k = \min(2^k, 2^{2^{n-k}})$이다. 또한 배열 $r$, $u$, $v$를 위한 원소 $2\max(Q_1, \ldots, Q_n)$개의 공간과 배열 $s$, $t$를 위한 원소 $\max(Q_1, \ldots, Q_n)$개의 공간도 필요하다. 따라서 총량은 출력 $b_{w,x}$에 대한 $O(2^n n)$에 의해 지배적으로 결정된다.

$0 \le k < n$에 대해, 서브루틴 $\mathrm{ELIM}(k)$는 보강된 알고리즘에서 $\binom{n}{k}$번 호출된다. 그리고 보강되지 않은 버전에서는 $\binom{n-1}{k+1}$번 호출된다. 실행 시간은 두 경우 모두 $O(q_k(n-k))$이다. 따라서 총 실행 시간은 $O\big(\sum_k \binom{n}{k} 2^k (n-k)\big) = O(3^n n)$이며, 이는 QDD가 결코 커지지 않는다면 훨씬 작다. (예를 들어 함수 $h_n$의 경우 $O((1+\sqrt{2})^n n)$이다.)

[BDD의 최적의 변수 순서를 결정하는 최초의 완전한 알고리즘은 프리드먼S. J. Friedman과 서포윗K. J. Supowit이 *IEEE Trans.* **C-39** (1990), 710-713에서 소개했다. 그들은 QDD 대신 확장

진리표를 사용했으며, $\Theta(3^n/\sqrt{n})$의 공간과 $\Theta(3^n n^2)$의 시간을 요구하는 방법($\Theta(3^n n)$으로 개선 가능함)을 얻었다.〕

**139.** 같은 알고리즘을 거의 변경 없이 적용할 수 있다. $x_a$에 대해 분기하는 모든 QDD 노드가 수준 0에 있고 $x_{b+1}$에 대해 분기하는 모든 노드가 흡수 노드라고 하자. 그러면 비약은 $2^{n-1}$회가 아니라 $2^{b-a}$회 일어난다. (부문제 (e)의 시간, 공간 분석을 제외할 때, 알고리즘은 $q_0 = 1$이고 $q_n = 2$라는 가정에 의존하지 않는다.)

**140.** 어떠한 회로망 전체를 미리 알지 못한다고 해도, 정점들과 호들을 '즉석에서' 생성함으로써 그 회로망의 최단 경로들을 찾아낼 수 있다. §7.3은 임의의 함수 $l(X)$에 대해, 각 호 $X \to Y$의 거리 $d(X, Y)$를 최단 경로들에 변화가 생기지 않도록 하면서 $d'(X, Y) = d(X, Y) - l(X) + l(Y)$로 바꿀 수 있음을 지적한다. 바뀐 거리 $d'$들이 음수가 아니면 $l(X)$는 $X$에서 목표로의 거리에 대한 하나의 하계이다. 여기서 요령은 검색에 집중되면서도 계산하기가 어렵지 않은 적당한 하계를 찾아내는 것이다.

만일 $|X| = l$이면, 그리고 $f$에 대한 한 QDD에서 $X$가 최상위 $l$개의 수준들에 있으며 그다음 수준의 비상수 노드들이 $q$개라면, $l(X) = \max(q, n - l)$이 $B_{\min}$ 문제에 적당한 하계이다. 〔R. Drechsler, N. Drechsler, W. Günther, *ACM/IEEE Design Automation Conf.* **35** (1998), 200-205를 보라.〕 그러나 $f$가 아주 다양한 방식으로 얻을 수는 없는 비교적 짧은 BDD를 가지지 않는 한, 이 접근방식이 연습문제 138의 알고리즘과 경쟁할 수 있으려면 더 강한 하계가 필요하다.

**141.** 거짓이다. $g(y_1, \ldots, y_5) = ((((\bar{y}_1 \vee y_5) \wedge y_4) \oplus y_3) \wedge ((y_1 \wedge y_2) \oplus y_4 \oplus y_5)) \oplus y_5$라고 할 때 $g(x_1 \vee \cdots \vee x_6, x_7 \vee \cdots \vee x_{12}, (x_{13} \vee \cdots \vee x_{16}) \oplus x_{18}, x_{17}, x_{19} \vee \cdots \vee x_{22})$를 생각해 보자. 이 경우 연속된 $\{x_{13}, \ldots, x_{16}, x_{18}\}$로는 $B(g) = 40 = B_{\min}(g)$를 달성할 수 없다. 〔M. Teslenko, A. Martinelli, E. Dubrova, *IEEE Trans.* **C-54** (2005), 236-237.〕

**142.** (a) $m$이 홀수라고 하자. $(x_1, \ldots, x_{m+1})$이 알려진 후 나타나는 부분함수들은 $0 \le t \le 2^m$에 대해 $[w_{m+2}x_{m+2} + \cdots + w_n x_n > 2^{m-1}m - 2^{m-2} - t]$이다. 하위 경우 $x_{m+2} + \cdots + x_n = (m-1)/2$들은 그러한 부분함수들 중 적어도 $\binom{m-1}{(m-1)/2}$개가 서로 다름을 보여 준다.

그러나 오르간 파이프 순서 $\langle x_1 x_2^{2^m-1} x_3^1 x_4^{2^m-2} x_5^2 \ldots x_{n-2}^{2^m-2^{m-2}} x_{n-1}^{2^{m-2}} x_n^{2^{m-1}} \rangle$이 훨씬 낫다: $1 \le k < m-1$에 대해 $t_k = x_1 + (2^m - 1)x_2 + x_3 + \cdots + (2^m - 2^{k-1})x_{2k} + 2^{k-1}x_{2k+1}$이라고 하자. 나머지 부분함수는 많아야 $2k+2$개의 서로 다른 값 $\lceil t_k/2^k \rceil$들에 의존한다.

(b) $n = 1 + 4m^2$이라고 하자. 변수들은 $x_0$과 $0 \le i, j < 2m$에 대한 $x_{ij}$들이다. 가중치들은 $w_0 = 1$과 $w_{ij} = 2^i + 2^{2m+1+j}m$들이다. $X_l$이 어떤 순서에서 처음 $l$개의 변수들이라고 하자. 그리고 $X_l$에 행렬 $(x_{ij})$의 $i_l$행 $j_l$열 성분들이 포함된다고 하자. 만일 $\max(i_l, j_l) = m$이면 $q_l \ge 2^m$임을 증명하고자 한다. 그러면 (78)에 의해 $B(f) > 2^m$이다.

$I$와 $J$가 $\{1, \ldots, 2m\}$의 부분집합들 중 $|I| = |J| = m$이고 $X_l \subseteq x_0 \cup \{x_{ij} \mid i \in I, j \in J\}$인 부분집합들이라고 하자. 그리고 $I'$과 $J'$은 그 여집합들이라고 하자. $m$개의 원소 $X' \subseteq X_l \setminus x_0$

을 서로 다른 행들에서(또는, 만일 $i_l < m$이면 서로 다른 열들에서) 선택한다. 다음과 같이 정의되는 QDD의 $2^m$개의 경로들을 고찰하자: $x_0 = 0$이며 만일 $x_{ij} \in X_l \setminus X'$이면 $x_{ij} = 0$, 또한 $i \in I$, $j \in J$에 대해 $x_{i'j} = x_{ij'} = \bar{x}_{i'j'} = \bar{x}_{ij}$, 여기서 $i \leftrightarrow i'$과 $j \leftrightarrow j'$은 $I \leftrightarrow I'$과 $J \leftrightarrow J'$ 사이에서 부합하는 원소들. 그러면 서로 다른 값 $t = \sum_{i \in I, j \in J} w_{ij} x_{ij}$가 $2^m$개 존재한다. 그러나 각 경로에서 $\sum_{0 \le i,j < 2m} w_{ij} x_{ij} = (2^{2m} - 1)(1 + 2^{2m+1} m)$이다. 그 경로들은 반드시 수준 $l$에서 서로 다른 노드들을 지나간다. 그렇지 않으면, 만일 $t \ne t'$이면 더 낮은 하위 경로들 중 하나는 $\boxed{\bot}$로 이어지고 다른 하나는 $\boxed{\top}$로 이어질 것이다.

[이 결과들은 K. Hosaka, Y. Takenaga, T. Kaneda, S. Yajima, *Theoretical Comp. Sci.* **180** (1997), 47–60에서 기인한다. 그들은 $|Q(f) - Q(f^R)| < n$임도 증명했다. 자기쌍대 문턱값 함수가 $|B(f) - B(f^R)| < n$도 항상 만족할까?]

**143.** 사실 연습문제 133과 138의 알고리즘은 오르간 파이프 순서가 이 가중치들에 대해 최선임을 증명한다: $(1, 1023, 1, 1022, 2, 1020, 4, 1016, 8, 1008, 16, 992, 32, 960, 64, 896, 128, 768, 256\ 512)$로부터 프로파일 $(1, 2, 2, 4, 3, 6, 4, 8, 5, 10, 4, 8, 3, 6, 2, 4, 1, 2, 2, 1, 2)$가 나오며, $B(f) = 80$이다. 최악의 순서 $(1022, 896, 512, 64, 8, 1, 4, 32, 1008, 1020, 768, 992, 1016, 1023, 960, 256, 128, 16, 2, 1)$에서는 $B(f) = 1913$이다.

(이진 표기법의 속성들이 이 예에서 결정적이라고 생각하는 독자도 있을 것이다. 그러나 연습문제 7.1.1–103에 의해, $\langle x_1 x_2 x_3^2 x_4^4 x_5^8 x_6^{16} x_7^{31} x_8^{60} x_9^{116} x_{10}^{224} x_{11}^{224} x_{12}^{448} x_{13}^{564} x_{14}^{620} x_{15}^{649} x_{16}^{664} x_{17}^{672} x_{18}^{676} x_{19}^{678} x_{20}^{679} \rangle$은 사실 같은 함수이다(!).)

**144.** $(5, 7, 7, 10, 6, 9, 5, 4, 2)$; QDD이지만 BDD는 아닌 노드들은 $f_1$, $f_2$, $f_3$, $0$, $1$에 대응된다.

**145.** (26)으로 $B_{\min} = 31$을 달성할 수 있다. $(x_3 x_2 x_1 x_0)_2 + (y_3 y_2 y_1 y_0)_2$에 대한 최악의 순서는 $y_0$, $y_1$, $y_2$, $y_3$, $x_2$, $x_1$, $x_0$, $x_3$으로, 이 경우 $B_{\max} = 107$이다. 첨언하자면 12비트 덧셈 $(x_{11} \ldots x_0)_2 + (y_{11} \ldots y_0)_2$의 입력 24개에 대한 최악의 순서는 $y_0$, $y_1$, $\ldots$, $y_{11}$, $x_{10}$, $x_8$, $x_6$, $x_4$, $x_3$, $x_5$, $x_2$, $x_7$, $x_1$, $x_9$, $x_0$, $x_{11}$인데, 이 경우 $B_{\max} = 39111$이다.

[B. Bollig, N. Range, I. Wegener, *Lecture Notes in Comp. Sci.* **4910** (2008), 174–185는 $n > 1$이면 항상, 두 $n$비트 수의 덧셈에 대해 $B_{\min} = 9n - 5$임을 증명했다. 또한 $2^m$중 멀티플렉서에 대해 $B_{\min}(M_m) = 2n - 2m + 1$임도 증명했다.]

**146.** (a) $b_0 \le q_0$임은 자명하다. 그리고 만일 $q_0 = b_0 + a_0$이면 $b_1 \le 2b_0 + a_0 = b_0 + q_0$이다. 또한 $q_0 - b_0 = a_0 \le b_1 + q_2 \le q_2^2$인데, 이는 $q_2$ 글자 알파벳에서의 길이 2 문자열의 개수이다. 마찬가지로 $b_0 + b_1 + q_2 \le (b_1 + q_2)^2$이다. ($q_k$, $q_{k+2}$, $b_k$, $b_{k+1}$ 사이에도 이와 동일한 관계들이 성립한다.)

(b) 수준 2 부분함수 진리표들을 $1 \le j \le q_2$에 대해 $\alpha_j$로 표기한다고 할 때, 이 진리표들을 이용해서 수준 1 구슬 $\beta_1$, $\ldots$, $\beta_{b_1}$을 구축한다. $(\gamma_1, \ldots, \gamma_{q_2 + b_1})$이 진리표 $(\alpha_1 \alpha_1, \ldots, \alpha_{q_2} \alpha_{q_2}, \beta_1, \ldots, \beta_{b_1})$이라고 하자. 만일 $b_0 \le b_1/2$이면 수준 0의 함수들의 진리표들을 $\{\beta_{2i-1} \beta_{2i} \mid 1 \le i \le b_0\} \cup \{\beta_j \beta_j \mid 2b_0 < j \le b_1\} \cup \{\gamma_j \gamma_j \mid 1 \le j \le b_0 + q_0 - b_1\}$로 정의한다. 그렇지 않은 경우 모든 $\beta$를

포함하는 $b_0$ 구슬들을 정의하는 것이 어렵지 않다. 수준 0에서 그 구슬들을 비구슬 $\{\gamma_j\gamma_j \mid 1 \le j \le q_0 - b_0\}$과 함께 사용한다.

**147.** 재정렬을 하나라도 수행하기 전에 먼저 캐시를 비우고 모든 쓰레기를 수거한다. 다음의 알고리즘은 $v = u + 1$일 때 수준 ⓤ ↔ ⓥ를 맞바꾼다. 이 알고리즘은 변수 $S$, $T$, $H$(초기에는 $\Lambda$)가 가리키는 외톨이, 뒤엉킨, 숨겨진 노드들의 연결 목록을 생성해서 작업을 진행한다. 이를 위해 보조 LINK 필드들을 이용하는데, 이 필드들은 고유 목록들을 재구축할 때 해당 해시표 알고리즘에서 임시로 빌려올 수 있다.

**T1.** 〔$S$와 $T$를 구축.〕 각 ⓤ 노드 $p$에 대해 $q \leftarrow$ LO($p$), $r \leftarrow$ HI($p$)로 설정하고, $p$를 해당 해시표에서 삭제한다. 만일 V($q$) $\ne v$이고 V($r$) $\ne v$이면($p$는 외톨이) LINK($p$) $\leftarrow S$, $S \leftarrow p$로 설정한다. 그렇지 않으면($p$는 뒤엉킨 노드) REF($q$) $\leftarrow$ REF($q$) $-$ 1, REF($r$) $\leftarrow$ REF($r$) $-$ 1, LINK($p$) $\leftarrow T$, $T \leftarrow p$로 설정한다.

**T2.** 〔$H$를 구축하고 보이는 노드들을 옮긴다.〕 각 ⓥ 노드 $p$마다 $q \leftarrow$ LO($p$), $r \leftarrow$ HI($p$)로 설정하고, $p$를 해당 해시표에서 삭제한다. 만일 REF($p$) $=$ 0이면($p$는 숨겨진 노드) REF($q$) $\leftarrow$ REF($q$) $-$ 1, REF($r$) $\leftarrow$ REF($r$) $-$ 1, LINK($p$) $\leftarrow H$, $H \leftarrow p$로 설정한다. 그렇지 않으면($p$는 보이는 노드) V($p$) $\leftarrow u$로 설정하고 INSERT($u, p$)를 호출한다.

**T3.** 〔외톨이 노드들을 옮긴다.〕 $S \ne \Lambda$인 동안 $p \leftarrow S$, $S \leftarrow$ LINK($p$), V($p$) $\leftarrow v$로 설정하고 INSERT($v, p$)를 호출한다.

**T4.** 〔뒤엉킨 노드들을 변신시킨다.〕 $T \ne \Lambda$인 동안 $p \leftarrow T$, $T \leftarrow$ LINK($p$)로 설정하고 다음을 수행한다: $q \leftarrow$ LO($p$), $r \leftarrow$ HI($p$)로 설정한다. 만일 V($q$) $> v$이면 $q_0 \leftarrow q_1 \leftarrow q$로 설정하고, 그렇지 않으면 $q_0 \leftarrow$ LO($q$), $q_1 \leftarrow$ HI($q$)로 설정한다. 만일 V($r$) $> v$이면 $r_0 \leftarrow r_1 \leftarrow r$로 설정하고, 그렇지 않으면 $r_0 \leftarrow$ LO($r$), $r_1 \leftarrow$ HI($r$)로 설정한다. 그런 다음 LO($p$) $\leftarrow$ UNIQUE($v, q_0, r_0$), HI($p$) $\leftarrow$ UNIQUE($v, q_1, r_1$)로 설정하고 INSERT($u, p$)를 호출한다.

**T5.** 〔숨겨진 노드들을 죽인다.〕 $H \ne \Lambda$인 동안 $p \leftarrow H$, $H \leftarrow$ LINK($p$)로 설정하고 노드 $p$를 재활용한다. (남은 노드들은 모두 살아 있다.) ▌

서브루틴 INSERT($v, p$)는 그냥 노드 $p$를 $x_v$의 고유표에 넣는다. 키로는 (LO($p$), HI($p$))를 사용하는데, 이 키가 항상 존재하는 것은 아니다. 단계 T4의 서브루틴 UNIQUE는 알고리즘 U와 비슷하되, 단계 U1과 U2에서 사용하는 것과는 상당히 다른 해답 82의 방법으로 참조 횟수들을 처리한다: 만일 U1에서 $p = q$이면 그 방법은 REF($p$)를 1 증가한다. 그리고 단계 U2에서 $r$을 찾아냈다면 그냥 REF($r$) $\leftarrow$ REF($r$) $+$ 1로 설정한다.

내부적으로 가지 변수들은 위에서 아래로 자연스러운 순서 1, 2, …, $n$을 유지한다. 사상표(mapping table) $\rho$와 $\pi$는 외부 사용자의 관점에서 본, $\rho = \pi^-$인 현재의 치환을 나타낸다. 따라서 사용자의 변수 $x_v$는 수준 $v\pi - 1$에서 나타나며, 수준 $v - 1$의 노드 UNIQUE($v, p, q$)는 사용자의 함수 $(\bar{x}_{v\rho}?\ p\colon q)$를 나타낸다. 이러한 사상들을 유지하기 위해, $j \leftarrow u\rho$, $k \leftarrow v\rho$, $u\rho \leftarrow k$, $v\rho \leftarrow j$, $j\pi \leftarrow v$, $k\pi \leftarrow u$로 설정한다.

**148.** 거짓. 예를 들어 확장 진리표가 1156, 2256, 3356, 4456, 5611, 5622, 5633, 5644, 5656인 여섯 흡수 함수들과 아홉 원본 함수들을 생각해 보자. 노드들 중 여덟은 뒤엉킨 노드이고 하나는 보이는 노드이나, 숨겨진 노드나 외톨이 노드는 하나도 없다. 새내기 노드는 16개로, 15, 16, 25, 26, 35, 36, 45, 46, 51, 61, 52, 62, 53, 63, 54, 64이다. 따라서 그러한 교환에 의해 15개의 노드가 31!개가 된다. ($B(x_3 \oplus x_4, x_3 \oplus \bar{x}_4)$의 노드들을 흡수 노드로 사용할 수 있다).

**149.** 연속된 프로파일들은 $(b_0, b_1, \ldots, b_n)$, $(b_0 + b_1, 2b_0, b_2, \ldots, b_n)$, $(b_0 + b_1, 2b_0 + b_2, 4b_0, b_3, \ldots, b_n)$, …, $(2^0 b_0 + b_1, \ldots, 2^{k-2} b_0 + b_{k-1}, 2^{k-1} b_0, b_k, \ldots, b_n)$으로 유계이다.

비슷하게, 정리 J$^+$와 더불어 $B(f_1^\pi, \ldots, f_m^\pi) \le B(f_1, \ldots, f_m) + 2(b_0 + \cdots + b_{k-1})$도 성립한다. 교환들이 많아야 $2b_{k-1}$, $2b_{k-2}$, …, $2b_0$개의 새 노드에 기여하기 때문이다.

**150.** 연습문제 52에서처럼 $m = 1$이라고 가정해도 된다. 변수 $x_k$를 변수 순서에서 $j$번째 자리(단, $j \ne k$)로 도약시킨다고 하자. 우선 $x_k = 0$이고 $x_k = 1$일 때의 $f$의 제한들을 계산한다(연습문제 57 참고). 그 제한들이 $g$와 $h$라고 하자. 그런 다음에는 나머지 변수들을 다음과 같이 재정렬한다: 만일 $j < k$이면 $(x_j, \ldots, x_{k-1})$을 $(x_{j+1}, \ldots, x_k)$로 바꾸고, 그렇지 않으면 $(x_{k+1}, \ldots, x_j)$를 $(x_k, \ldots, x_{j-1})$로 바꾼다. 그런 다음에는 $f \leftarrow (\bar{x}_j \wedge g) \vee (x_j \wedge h)$를 연습문제 72의 알고리즘 S의 선형 시간 버전을 이용해서 계산한다.

이 방법의 실행 시간이 문제가 요구하는 것과 같음을 증명하는 것은 다음을 증명하는 것으로 충분하다: *$g(x_1, \ldots, x_n)$과 $h(x_1, \ldots, x_n)$이, $g(x) = 1$이 $x_j = 0$을 함의하며 $h(x) = 1$이 $x_j = 1$을 함의함을 만족하는 함수들이라고 하자. 그러면 융합 $g \diamond h$ 노드 개수는 $g \vee h$의 노드 개수의 두 배를 넘지 않는다.* 그런데 진리표들을 고찰해 보면 이 명제는 거의 자명하다: 예를 들어 만일 $n = 3$이고 $j = 2$이면, $g$와 $h$의 진리표는 각각 $ab00cd00$과 $00st00uv$의 형태이다. $g \vee h$의 $j$ 미만 수준들의 구슬 $\beta$들은 $g \diamond h$의 해당 수준들의 구슬 $\beta' \diamond \beta''$들과 고유하게 대응된다. $\beta = \beta' \vee \beta''$을, 적절한 자리들에 0을 집어넣어서 "인수분해"하는 방법이 단 하나이기 때문이다. 그리고 $g \vee h$의 $j$ 이상의 수준들의 구슬 $\beta$들은 $g \diamond h$의 많아야 두 개의 구슬들, 즉 $\beta \diamond \boxed{\bot}$ 또는 $\boxed{\bot} \diamond \beta$ (또는 둘 다)에 대응된다.

[P. Savický, I. Wegener, *Acta Informatica* **34** (1997), 245–256, Theorem 1을 보라.]

**151.** $1 \le k \le n$에 대해 $t_k \leftarrow 0$로 설정하고 교환 연산 $x_{j-1} \leftrightarrow x_j$와 $t_{j-1} \leftrightarrow t_j$를 수행한다. 그런 다음 $k \leftarrow 1$로 설정하고, $k > n$이 될 때까지 다음을 수행한다: 만일 $t_k = 1$이면 $k \leftarrow k + 1$로 설정하고, 그렇지 않으면 $t_k \leftarrow 1$로 설정하고 $x_k$를 체로 친다.

(이 방법은 아직 체질이 안 된 최상위 변수에 대해 체 치기를 되풀이한다. 연구자들은 가장 큰 수준을 먼저 체로 치는 등의 더 그럴듯한 전략들을 시험해 보았지만, 여기 나온 단순무식한 접근방식을 능가하는 방법은 나오지 않았다.)

**152.** 해답 151의 알고리즘 J를 적용하면 17,179회의 교환 후에 $B(h_{100}^{\pi})=1$이 나온다. 이는 거의 "손으로 조율한" 치환 (38)의 결과만큼이나 좋은 성과이다. 또 다른 체 치기를 통해서 크기를 300,451,396까지 내릴 수 있다. 그리고 체 치기를 더 반복하면, 232,951회의 교환 후에 노드 개수가 단 231,376,264개로 수렴한다.

단계 J2와 J5의 루프들을 $S>1.05s$일 때 취소한다면 교환 횟수가 더 적은 데도 더욱 나은(!) 결과가 나온다. 한 번의 체 치기 이후, 총 139,245회의 교환으로 1,342,191,700노드가 결국에는 208,478,228노드가 된다. 더 나아가서, 2010년에 스태퍼스Filip Stappers는 체 치기와 무작위 교환을 함께 적용해서 $B(h_{100}^{\pi})$을 단 198,961,868까지 끌어내렸다. 그가 사용한 '현재 챔피언' 순열 $\pi$는 다음과 같다.

| | | | | | | | | | | | | | | | | | | | |
|---|---|---|---|---|---|---|---|---|---|---|---|---|---|---|---|---|---|---|---|
| 3 | 4 | 6 | 8 | 10 | 12 | 14 | 16 | 18 | 20 | 22 | 24 | 27 | 28 | 30 | 32 | 35 | 37 | 39 | 41 |
| 43 | 45 | 47 | 49 | 51 | 53 | 54 | 83 | 85 | 98 | 99 | 100 | 79 | 77 | 81 | 75 | 73 | 95 | 71 | 97 |
| 69 | 96 | 57 | 91 | 67 | 59 | 65 | 60 | 63 | 62 | 64 | 61 | 66 | 87 | 58 | 68 | 56 | 94 | 93 | 70 |
| 92 | 72 | 90 | 74 | 76 | 78 | 80 | 89 | 88 | 86 | 84 | 82 | 55 | 52 | 50 | 48 | 46 | 44 | 42 | 40 |
| 38 | 36 | 34 | 33 | 31 | 29 | 26 | 25 | 23 | 21 | 19 | 17 | 15 | 13 | 11 | 9 | 7 | 5 | 1 | 2 |

첨언하자면, 만일 $h_{100}$의 변수들을 프로파일 크기순으로 체를 치면, 즉 $x_{60}$을 제일 먼저 치고 그다음에 $x_{59}$, $x_{61}$, $x_{58}$, $x_{57}$, $x_{62}$, $x_{56}$ 등으로(현재의 프로파일 순서가 이런 식이라 할 때) 나아가면, 그 결과로 나온 BDD의 노드는 2,196,768,534개이다.

단순한 완전한 체 치기 대신 '하향식 교환'은 $h_{100}$에 대해 전혀 쓸모가 없다: $\binom{100}{2}$회의 교환 $x_1 \leftrightarrow x_2$, $x_3 \leftrightarrow x_1$, $x_3 \leftrightarrow x_2$, …, $x_{100} \leftrightarrow x_1$, …, $x_{100} \leftrightarrow x_{99}$는 그 어떤 단계에서도 BDD의 크기를 바꾸지 않고 모든 변수의 순서를 완전히 뒤집는다.

**153.** 각 게이트를 (88) 같은 점화식을 이용해서 손쉽게 합성할 수 있다. 노드가 8242개인 BDD 기반 전체를 구축하는 데에는 약 1메가바이트의 메모리와 3.5메가멤의 계산으로 충분하다. 연습문제 138을 이용하면 최적의 순서가 $x_7$, $x_3$, $x_9$, $x_1$, $o_9$, $o_1$, $o_3$, $o_7$, $x_4$, $x_6$, $o_6$, $o_4$, $o_2$, $o_8$, $x_2$, $x_8$, $o_5$, $x_5$이고 $B_{\min}(y_1, \ldots, y_9)=5308$이라는 결론을 내릴 수 있다.

이런 문제에 대해서는 변수들의 재정렬이 추천할 만한 일이 아니다. 왜냐하면 변수가 단 18개이기 때문이다. 예를 들어 크기가 두 배가 될 때마다 자동으로 체 치기를 수행한다면 작업량은 100메가멤 이상이지만 8242개의 노드를 약 6400개로밖에 줄이지 못한다.

**154.** 있다. CA는 마지막 체 치기 단계에서 ID와 OR 사이로 이동했다. 이를 되짚어 나가 보면 첫 체 치기에서 ME가 MA와 RI 사이로 이동했음을 유추할 수 있다.

**155.** (a)에 대한 저자의 최선의 시도는 다음과 같다.

ME NH VT MA CT RI NY DE NJ MD PA DC VA OH WV KY NC SC GA FL AL IN MI IA
IL MO TN AR MS TX LA CO WI KS SD ND NE OK WY MN ID MT NM AZ OR CA WA UT NV

이 경우 $B(f_1^{\pi})=403$, $B(f_2^{\pi})=677$, $B(f_1^{\pi}, f_2^{\pi})=1073$이다. 그리고 (b)에 대한 저자의 최선의 시도는

NH ME MA VT CT RI NY DE NJ MD PA VA DC OH WV KY TN NC SC GA FL AL IN MI IL IA AR MO MS TX LA CO KS OK WI SD NE ND MN WY ID MT AZ NM UT OR CA WA NV 로, $B(f_1^\pi) = 352$이고 $B(f_2^\pi) = 702$, $B(f_1^\pi, f_2^\pi) = 1046$이다.

**156.** 두 번의 '위로 체 치기(siftup)'가 위로도 아래로도 가는 한 번의 체 치기 공정만큼 좋으면 좋았지 못하지는 않을 것이라고 추측하는 독자도 있을 것이다. 그러나 러덜의 벤치마크 시험들을 보면 위로 체 치기만으로는 확실히 불만족스럽다. 최적의 위치가 아래쪽에 있음에도 일시적으로 비약하는 변수들을 보상하기 위한 하강이 가끔씩 필요하다.

**157.** 해답 128을 세심히 고찰해 보면, 하나의 대상 비트 다음에 오는 첫 주소 비트가 모든 대상을 지나쳐서 비약할 때 항상 크기를 줄일 수 있음을 알 수 있다. [그러나 단순한 교환은 너무 약하다. 예를 들어 $M_2(x_1, x_6; x_2, x_3, x_4, x_5)$와 $M_3(x_1, x_{10}, x_{11}; x_2, x_3, \ldots, x_9)$는 임의의 $j$에 대한 교환 $x_{j-1} \leftrightarrow x_j$ 하에서 국소적으로 최적이다.]

**158.** 우선 $m = 1$이고 $n = 3t - 1 \geq 5$인 경우부터 보자. 이 경우 만일 $n\pi = k$이면, $j$에서 분기하는 노드의 개수는,

$$a_j = j - 3\max(j - 2t, 0), \qquad b_j = \min(j, t, n + 1 - j)$$

라고 할 때 만일 $j\pi < k$이면 $a_j$개이고 $j\pi = k$이면 $b_j$개, $j\pi > k$이면 $a_{n+2-j}$개다. $\{x_1, \ldots, x_{n-1}\}$이 연속적인 경우들은 $k = 1$, $B(f^\pi) = 3t^2 + 2$와 $k = n$, $B(f^\pi) = 3t^2 + 1$이다. 그러나 $k = \lceil n/2 \rceil$일 때에는 $B(f^\pi) = \lfloor 3t/2 \rfloor(\lceil 3t/2 \rceil - 1) + n - \lfloor t/2 \rfloor + 2$이다.

$m > 1$일 때에도 비슷한 계산이 적용된다: $\pi$에 의해 $\{x_1, \ldots, x_p\}$가 연속이 될 때 $B(f^\pi) > 6\binom{p/3}{2} + B(g^\pi)$이 성립하나, $\pi$가 $\{x_{p+1}, \ldots, x_{p+m}\}$을 가운데에 둔다면

$$B(f^\pi) \approx 2\binom{p/2}{2} + \frac{p}{3}B(g^\pi)$$

이다. $g$가 고정되어 있으므로, $n \to \infty$에 따라 $pB(g^\pi) = O(n)$이다.

[만일 $g$가 같은 종류의 함수라면, 대칭 변수들이 $g$ 안에서 가장 잘 분할되는 등의 속성을 가진 예들이 나온다. 그러나 최적의 $B(f^\pi)$이 그 어떤 대칭 변수 블록도 분할되지 않는다는 제약 하에서 얻을 수 있는 최선의 값의 3/4보다 적은 부울 함수는 하나도 발견되지 않았다. D. Sieling, *Random Structures & Algorithms* **13** (1998), 49–70을 보라.]

**159.** 그 함수는 거의 대칭이므로, 가능성은 단 아홉 가지 뿐이다. 가운데 성분 $x$를 위에서부터 $(1, 2, \ldots, 9)$ 위치에 배치했을 때 BDD 크기는 각각 $(43, 43, 42, 39, 36, 33, 30, 28, 28)$이다.

**160.** (a) 64변수 부울 함수인 $\bigwedge_{i=0}^{9} \bigwedge_{j=0}^{9}(\neg L_{ij}(X))$를 계산한다. 이를테면 연습문제 159의 비교적 간단한 함수 $L$에 대해 COMPOSE를 100번 적용하면 된다. 저자의 실험적인 프로그램에서는 이 BDD를 구하는 데 약 320메가멤과 35메가바이트가 필요했다. 이 BDD의 노드들은 251,873개이고 순서는 보통의 순서이다. 그런 다음 알고리즘 C를 적용하면 원하는 답 21,929,490,122가 금방 나온다. (11×11 해들의 개수 5,530,201,631,127,973,447도 이런 식으로 구할 수 있다.)

(b) 생성 함수는 $1 + 64z + 2016z^2 + 39740z^3 + \cdots + 80z^{45} + 8z^{46}$이다. 알고리즘 B를 적용하면 가중치가 46인 해 여덟 개가 금방 나온다. 그중 셋은 체스판 대칭성 하에서 서로 다르다. 가장 대칭적인 해는 아래 그림의 (A0)이다.

(c) $\bigwedge_{i=1}^{8} \bigwedge_{j=1}^{8}(\neg L_{ij}(X))$에 대한 BDD의 노드는 305,507개이고 해는 21,942,036,750개이다. 따라서 야생의 구성은 12,546,628개이다.

(d) 이 경우 생성 함수는 $40z^{14} + 936z^{15} + 10500z^{16} + \cdots + 16z^{55} + z^{56}$이다. 가중치가 14, 56인 예들이 아래에서 (A1)과 (A2)로 나온다.

(e) 가중치가 27개인 것은 정확히 28개이고 가중치가 28개인 것은 54개이다. 모두 온순한 것들이다. (A3)을 보라.

(f) 해들은 각각 $(26260, 5, 347, 0, 122216)$개로, 계산량은 각각 약 $(228, 3, 32, 1, 283)$이다. (1)의 가장 가벼운 해는 (A4)고 가장 무거운 해는 (A5)이다. (2)의 가장 좋은 해는 (A6)이다. (A7)과 (A9)는 (3)의 가벼운 해이자 (5)의 무거운 해이다. $\pi$의 이진 표현에 기초한 패턴 (4)에는 $8 \times 8$ 선행자가 없다. 그러나 이를테면 $9 \times 10$ 선행자는 있는데, (A8)이 그것이다.

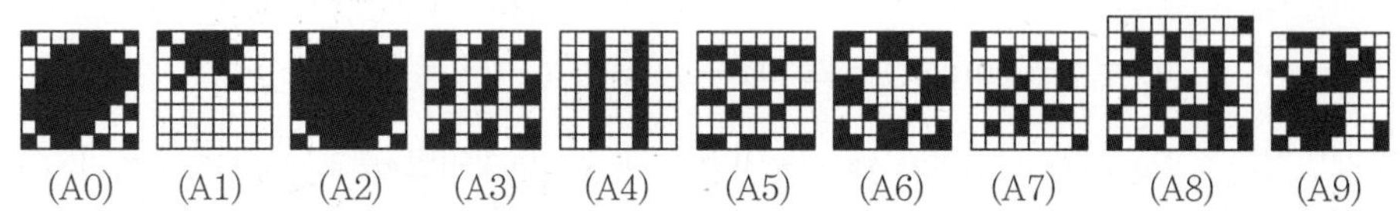

(A0) (A1) (A2) (A3) (A4) (A5) (A6) (A7) (A8) (A9)

**161.** (a) 보통의 행 대 행 순서 $(x_{11}, x_{12}, \ldots, x_{n(n-1)}, x_{nn})$을 사용했을 때 BDD의 노드는 380,727이다. 이 BDD는 4,782,725개의 해들을 특징짓는다. 계산 비용은 약 2기가멤, 100메가바이트이다. (비슷하게, 크기가 $10 \times 10$인 29,305,144,137개의 정적 생명들을 노드가 14,492,923개인 BDD를 이용해서 50기가멤 미만의 계산으로 나열할 수 있다.)

(b) 이 해는 본질적으로 고유하다. 아래의 (B1)을 보라. 가중치가 36인 고유한(그리고 자명한) 해도 있다.

(c) 이 경우 BDD는 변수가 128개이고 그 순서는 $(x_{11}, y_{11}, \ldots, x_{nn}, y_{nn})$이다. 우선 $[L(X) = Y]$와 $[L(Y) = X]$에 대한 BDD들을 만들고 그것들을 서로 교차(교집합)시킬 수도 있다. 그러나 이 접근방식은 결과가 그리 좋지 않다. $7 \times 7$의 경우에도 노드가 무려 3천 6백 만 여개가 된다. 제약 $L_{ij}(X) = y_{ij}$와 $L_{ij}(Y) = x_{ij}$를 행 대 행 방식으로 적용하고, 정적 생명들이 일찍 제외되도록 하는 사전순 제약 $X < Y$도 추가하는 방법이 훨씬 더 낫다. 그러면 계산을 약 20기가멤과 1.6기가바이트로 마칠 수 있다. 노드는 978,563개, 해는 582,769개이다.

(d) 이 경우에도 해가 고유하다(회전을 고려해서). '스파크 플러그' (B2) ↔ (B3)을 보라. (그리고 (B4) ↔ (B5)는 상수 가중치 26의 고유한 $7 \times 7$ 플립플롭이다. 생명[Life]은 경이롭다.)

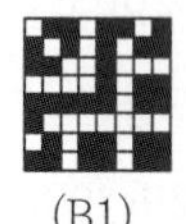

(B1)

(B2)

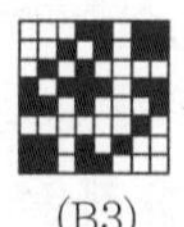

(B3)

(B4)

(B5)

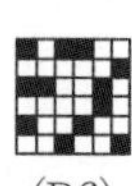

(B6)

**162.** $T(X) = [X$가 온순함$]$이고 $E_k(X) = [X$가 $k$단계 이후 탈출함$]$이라고 하자. 각 $E_k$에 대한 BDD를 다음과 같은 점화식으로 계산할 수 있다.

$$E_1(X) = \neg T(X); \qquad E_{k+1}(X) = \exists Y(T(X) \wedge [L(X) = Y] \wedge E_k(Y)).$$

(여기서 $\exists Y$는 $\exists y_{11} \exists y_{12} \cdots \exists y_{66}$을 의미한다. 해답 103에서 언급했듯이, 이 점화식은 규칙 $E_{k+1} = T(X) \wedge E_k(L_{11}(X), \ldots, L_{66}(X))$보다 훨씬 효율적이다. 그러나 보기에는 그 규칙이 좀 더 "우아하다.") 해들의 개수 $|E_k|$는 $k = (1, 2, \ldots, 26)$에 대해 $(806544 \cdot 2^{16}$, $657527179 \cdot 2^4$, 2105885159, 763710262, 331054880, 201618308, 126169394, 86820176, 63027572, 41338572, 30298840, 17474640, 9797472, 5258660, 3058696, 1416132, 523776, 204192, 176520, 62456, 13648, 2776, 2256, 440, 104, 0)이다. 따라서 가능한 $2^{36} = 68{,}719{,}476{,}736$가지 구성들의 합 $\sum_{k=1}^{25} |E_k| = 67{,}166{,}017{,}379$가 궁극적으로 $6 \times 6$ 우리로부터 탈출한다. (늦게 탈출하는 $E_{25}$의 104가지 해들 중 하나가 위의 (B6)에 나와 있다.)

$k$가 작을 때에는 BDD 기법들이 이 문제에 아주 적합하다. 예를 들어 $B(E_1) = 101$이고 $B(E_2) = 14441$이다. 그러나 $k$가 커지면서 $E_k$는 복잡한 '비국소' 함수가 된다. 그 크기는 $B(E_6) = 28{,}696{,}866$에서 최고조에 이르며, 그 후에는 BDD가 작은 크기를 유지할 수 있을 정도로 해들이 적어진다. 한정 이전의 공식 $T(X) \wedge [L(X) = Y] \wedge E_5(Y)$에는 노드가 8천만 개 이상이다. 이 때문에 메모리 한계들이 늘어난다. 실제로 $\bigvee_{k=1}^{25} E_k(X)$에 대한 BDD는 해당 $2^{33}$바이트 진리표보다 공간을 더 많이 차지한다. 따라서 이 문제에 대해서는 "선행(forward)" 방법을 사용하는 것이 BDD 기법들을 사용하는 것보다 낫다.

($6 \times 6$보다 큰 우리들은 알려진 그 어떤 방법으로도 풀기가 불가능할 정도로 어려운 것으로 보인다.)

**163.** 우선 $\circ$이 $\wedge$라고 가정하자. $g$에 대한 BDD에서 $\boxed{\top}$ 흡수 노드를 $h$에 대한 BDD의 뿌리로 대체하면 $f = g \wedge h$에 대한 BDD가 된다. $\bar{f}$도 표현하기 위해, $g$에 대한 BDD의 개별적인 복사본을 만들고 $h$와 $\bar{h}$ 모두에 대한 BDD 기반을 적용한다. 복사본의 $\boxed{\bot}$를 $\boxed{\top}$로 대체하고, 복사본의 $\boxed{\top}$은 $\bar{h}$에 대한 BDD의 뿌리의 복사본으로 대체한다. 이렇게 해서 얻은 이진 결정도는 기약이다. $h$가 상수가 아니기 때문이다.

비슷하게, 만일 $\circ$이 $\oplus$라면, $g$에 대한(그리고 어쩌면 $\bar{g}$에 대한) BDD의 $g$와 $\boxed{\bot}$를 $h$와 $\bar{h}$에 대한 BDD들의 뿌리들로 대체해서 $f = g \oplus h$에 대한(그리고 어쩌면 $\bar{f}$에 대한) BDD를 구하면 된다.

다른 이항 연산 $\circ$들도 본질적으로 이와 동일하다. $B(f) = B(\bar{f})$이기 때문이다. 예를 들어 만일 $f = g \supset h = \overline{g \wedge \bar{h}}$이면 $B(f) = B(\bar{f}) = B(g) + B(\bar{h}) - 2 = B(g) + B(h) - 2$가 성립한다.

**164.** $U_1(x_1) = V_1(x_1) = x_1$, $U_{n+1}(x_1, \ldots, x_{n+1}) = x_1 \oplus V_n(x_2, \ldots, x_{n+1})$, $V_{n+1}(x_1, \ldots, x_{n+1}) = U_n(x_1, \ldots, x_n) \wedge x_{n+1}$이라고 하자. 그러면, 모든 단일 읽기 함수 $f$에 대해 $B(f) \le B(U_n) = 2^{\lceil (n+1)/2 \rceil} + 2^{\lfloor (n+1)/2 \rfloor} - 1$임을, 또한 항상 $B(f, \bar{f}) \le B(V_n, \bar{V}_n) = 2^{\lceil n/2 \rceil + 1} + 2^{\lfloor n/2 \rfloor + 1}$

$-2$가 성립함을 귀납법으로 증명할 수 있다. (그러나 이 크기들을 극적으로, $B(U_n^\pi) = \lfloor \frac{3}{2}n + 2 \rfloor$와 $B(V_n^\pi, \bar{V}_n^\pi) = 2n+2$로 줄이는 최적의 순서 하나가 존재한다.)

**165.** 귀납법으로, $B(u_{2m}, \bar{u}_{2m}) = 2^m F_{2m+3} + 2$, $B(u_{2m+1}, \bar{u}_{2m+1}) = 2^{m+1} F_{2m+3} + 2$, $B(v_{2m}, \bar{v}_{2m}) = 2^{m+1} F_{2m+1} + 2$, $B(v_{2m+1}, \bar{v}_{2m+1}) = 2^{m+1} F_{2m+3} + 2$임도 증명된다.

**166.** 해답 163에서처럼 $\circ$가 $\wedge$나 $\oplus$라고 가정할 수 있다. $f^\sigma = f$이므로, 색인 번호를 적절히 다시 매김으로써, $1 \le j \le n$에 대해 $j\sigma = j$라고 가정하는 것도 가능하다. $(b_0, \ldots, b_n)$이 $f$의 프로파일이고 $(b'_0, \ldots, b'_n)$이 $(f, \bar{f})$의 프로파일이라고 하자. $(c_{1\pi}, \ldots, c_{(n+1)\pi})$와 $(c'_{1\pi}, \ldots, c'_{(n+1)\pi})$가 $f^\pi$과 $(f^\pi, \bar{f}^\pi)$의 프로파일들이라고 하자. 여기서 $(n+1)\pi = n+1$이다. 그러면 $c_{j\pi}$는 $f^\pi = g^\pi \circ h^\pi$의 부분함수들 중 변수 $\{x_{1\pi}, \ldots, x_{(j-1)\pi}\}$를 고정된 값으로 설정한 후에 $x_{j\pi}$에 의존하는 부분함수들의 개수이다. 비슷하게, $c'_{j\pi}$는 $f^\pi$ 또는 $\bar{f}^\pi$의 그러한 부분함수들의 개수이다. 이제 모든 $j$에 대해 $b_{j\pi-1} \le c_{j\pi}$이고 $b'_{j\pi-1} \le c'_{j\pi}$임을 증명하고자 한다.

경우 1, $\circ$이 $\wedge$임: $\wedge$가 교환법칙을 만족하므로 $n\pi = n$이라고 가정할 수 있다. 경우 1a, $1 \le j\pi \le k$: 이 경우 $b_{j\pi-1}$과 $b'_{j\pi-1}$은 $1 \le i < j$이고 $1 \le i\pi \le k$인 변수 $x_{i\pi}$들에 지정된 부분함수들의 개수들이다. $g \wedge h$나 $\bar{g} \vee \bar{h}$의 그러한 부분함수들에는 그에 대응되는, 개수 $c_{j\pi}$와 $c'_{j\pi}$에 포함된 부분함수들이 존재한다. $n\pi = n$일 때 그 어떤 부분함수에서도 $h^\pi$이 아니기 때문이다. 경우 1b, $k < j\pi \le n$: 이 경우 $b_{j\pi-1}$과 $b'_{j\pi-1}$은 $h$나 $\bar{h}$의 부분함수들의 개수이며, 그 부분함수들에는 $c_{j\pi}$와 $c'_{j\pi}$에 포함되는 대응 함수들이 존재한다.

경우 2, $\circ$이 $\oplus$임: $\oplus$가 교환법칙을 만족하므로 $1\pi = 1$이라고 가정할 수 있다. 그러면 경우 1에서와 비슷한 논증을 적용할 수 있다. [*Discrete Applied Math.* **103** (2000), 237–258.]

**167.** $f = f_{1n}$이라고 하자. 각 부분함수 $f_{ij}(x_i, \ldots, x_j)$에 대해 $c_{ij} = B_{\min}(f_{ij})$, $c'_{ij} = B_{\min}(f_{ij}, \bar{f}_{ij})$, 그리고 $\{i, \ldots, j\}$의 한 순열 $\pi_{ij}$를 다음과 같이 재귀적인 방식으로 계산한다: 만일 $i = j$이면 $f_{ij}(x_i) = x_i$이다. 이 경우 $c_{ij} = 3$, $c'_{ij} = 4$, $\pi_{ij} = i$라고 둔다. 그렇지 않으면 $i < j$인데, 이 경우에는 $f_{ij}(x_i, \ldots, x_j) = f_{ik}(x_i, \ldots, x_k) \circ f_{(k+1)j}(x_{k+1}, \ldots, x_j)$인 어떤 $k$와 연산자 $\circ$가 존재한다. 만일 $\circ$가 $\wedge$ 같은 것이면 $c_{ij} = c_{ik} + c_{(k+1)j} - 2$로 두고, $c'_{ij} = 2c_{ik} + c'_{(k+1)j} - 4$, $\pi_{ij} = \pi_{ik}\pi_{(k+1)j}$와 $c'_{ij} = 2c_{(k+1)j} + c'_{ik} - 4$, $\pi_{ij} = \pi_{(k+1)j}\pi_{ik}$ 중 $c'_{ij}$를 최소화하는 것을 택한다. 만일 $\circ$이 $\oplus$ 같은 것이면 $c'_{ij} = c'_{ik} + c'_{(k+1)j} - 2$로 두고, $c_{ij} = c_{ik} + c'_{(k+1)j} - 2$, $\pi_{ij} = \pi_{ik}\pi_{(k+1)j}$와 $c_{ij} = c_{(k+1)j} + c'_{ik} - 2$, $\pi_{ij} = \pi_{(k+1)j}\pi_{ik}$ 중 $c_{ij}$를 최소화하는 것을 택한다.

(이 설명에서 문자열로 표현된 순열 $\pi_{ij}$들을, 컴퓨터 안에서는 연결 목록으로 표현하면 될 것이다. 또한 $f$에 대한 최적의 BDD를 해답 163을 이용해서 재귀적으로 $O(B_{\min}(f))$단계 안에 구축하는 것도 가능하다.)

**168.** (a) 이 명제는 점화식 (112)와 (113)으로 변환, 단순화된다.

(b) 귀납법에 의해 참이다. 또한 $x \ge n$이다.

(c) 쉽게 확인할 수 있다. $T$가 $22\frac{1}{2}°$ 기울어진 직선 $y=(\sqrt{2}-1)x$에 대한 반사임을 주목할 것.

(d) 만일 $z\in S_k$이고 $z'\in S_{n-k}$이면, 귀납법에 의해 $|z|=q^\beta$이고 $|z'|=q'^\beta$이다. 여기서 $q\le k$이고 $q'\le n-k$이다. 대칭성에 의해 $q=(1-\delta)t$, $q'=(1+\delta)t$라고 가정할 수 있다. 여기서 $t=\frac{1}{2}(q+q')\le\frac{1}{2}n$이다. 그러면, 만일 첫 힌트가 참이라면 $|z\bullet z'|\le(2t)^\beta\le n^\beta$이 성립한다. 또한, $|z^T|=|z|$이므로, (c)에 의해 $|z\circ z'|\le n^\beta$도 성립한다.

첫 힌트를 증명하기 위해, $y=y'$일 때 $|z\bullet z'|$이 최대가 된다는 점에 주목하자. $y\ge y'$이면 $|z\bullet z'|^2=(x+x'+y')^2+y^2=r^2+2(x'+y')x+(x'+y')^2$이고, 주어진 $z'$에 대한 최댓값은 $y=y'$일 때 나타나기 때문이다. $y'\ge y$에 대해서도 비슷한 논증이 증명된다.

이제 $y=y'$일 때 어떤 $\theta$에 대해 $y=\sqrt{rr'}\sin\theta$이다. 그리고 $x+x'\le(r+r')\cos\theta$임을 증명하는 것이 가능하다. 따라서 $z\bullet z'=(x+x'+y,y)$는 둘째 힌트의 타원 안에 있다. 그 타원에 대해 $(a\cos\theta+b\sin\theta)^2+(b\sin\theta)^2=a^2/2+b^2+u\sin 2\theta+v\cos 2\theta=a^2/2+b^2+w\sin(2\theta+\tau)$가 성립한다. 여기서 $u=ab$, $v=\frac{1}{2}a^2-b^2$, $w^2=u^2+v^2$, $\cos\tau=u/w$이다. 따라서 $|z\bullet z'|^2\le\frac{1}{2}a^2+b^2+w$이다. 그리고 $4w^2=(r+r')^4+4(rr')^2\le(r^2+(2\sqrt{5}-2)rr'+r'^2)^2$이므로,

$$|z\bullet z'|^2\le r^2+(\sqrt{5}+1)rr'+r'^2,\qquad r=(1-\delta)^\beta,\ r'=(1+\delta)^\beta$$

이다. 이제 남은 일은 이 수량이 $2^{2\beta}=2\phi^2$을 넘지 않음을 증명하는 것이다. 이 상한은 $f_t(2)\le f_t(2\beta)$와 동치인데, 여기서 $f_t(\alpha)=(e^{t/\alpha}+e^{-t/\alpha})^\alpha-2^\alpha$이고 $t=\beta\ln((1-\delta)/(1+\delta))$이다. 실제로, $\alpha\ge 2$일 때 $f_t$가 $\alpha$의 증가함수임을 증명하는 것이 가능하다. [G. Bennett, *AMM* 117 (2010), 334-351을 보라. $S_n$에 대한 $O(n^\beta)$ 한계에는 세심한 분석이 필요한 것으로 보인다. 자우어호프, 베게너, 베르히너의 초기 시도에는 오류가 있었다. 이 해답에 나온 증명은 창A. X. Chang과 스핏코프스키V. I. Spitkovsky의 2007년 증명에서 기인한다.]

**169.** $m\le 7$에 대해서는 이 추측이 확인되었다. [이 외에도 호기심을 끄는 여러 속성들이 아직 설명되지 않은 채로 남아 있다. 지금까지 알려진 것을 서술하는 논문을 어떤 '호기심 많은 연구진'의 일원들이 준비하고 있다.]

**170.** (a) $2^{2n-1}$. $1\le j<n$일 때 ⓙ에서 네 가지 선택이 가능하다. 구체적으로는 LO $=\boxed{\bot}$ 또는 LO $=\boxed{\top}$ 또는 HI $=\boxed{\bot}$ 또는 HI $=\boxed{\top}$이다. 그리고 ⓝ에 대해서는 두 가지 선택이 존재한다.

(b) $2^{n-1}$, 각 가지마다 선택의 절반이 제외되므로.

(c) 사실, 만일 $t=(t_1\ldots t_n)_2$이면 $t_j=1$일 때 ⓙ에서 LO$=\boxed{\bot}$이고 $t_j=0$일 때에는 ⓙ에서 HI $=\boxed{\top}$이다. (이 착안을 연습문제 3.4.1-25의 무작위 비트 생성에 적용했었다. $t$의 그러한 값은 $2^{n-1}$개이므로, 모든 단조 여원 함수는 가중치들이 $\{2^{n-1},\ldots,2,1\}$인 문턱값 함수임을 이미 증명한 셈이다. 그 외의 여원 함수들은 개별 변수를 여수화해서 얻는다.)

(d) $\bar{f}_t(\bar{x})=[(\bar{x})_2<t]=[(x)_2>\bar{t}]=[(x)_2>2^n-1-t]=f_{2^n-t}(x)$.

(e) 정리 7.1.1Q에 의해, 최단 DNF는 기약함의항들의 OR이다. 다음은 $n=10$이고 $t=(1100010111)_2$인 경우의 일반적 패턴이다: $(x_1 \wedge x_2 \wedge x_3) \vee (x_1 \wedge x_2 \wedge x_4) \vee (x_1 \wedge x_2 \wedge x_5) \vee (x_1 \wedge x_2 \wedge x_6 \wedge x_7) \vee (x_1 \wedge x_2 \wedge x_6 \wedge x_8 \wedge x_9 \wedge x_{10})$. ($t$의 각 0당 하나의 항이 있고 추가로 항이 하나 더 있다.) 최단 CNF는 쌍대 함수의 최단 DNF의 쌍대로, 이는 $2^n-t=(0011101001)_2$에 대응된다: $(x_1) \wedge (x_2) \wedge (x_3 \vee x_4 \vee x_5 \vee x_6) \wedge (x_3 \vee x_4 \vee x_5 \vee x_7 \vee x_8) \wedge (x_3 \vee x_4 \vee x_5 \vee x_7 \vee x_9) \wedge (x_3 \vee x_4 \vee x_5 \vee x_7 \vee x_{10})$.

**171.** 단일 읽기, 정칙, 여윈, 단조함수 부류들은 주어진 함수의 쌍대와 제한을 취하는 연산들 하에서 각각 닫혀 있음을 주목하자. 여윈 함수가 단일 읽기임은 명백하다. $w_1 \geq \cdots \geq w_n$인 단조 문턱값 함수는 정칙이고, 정칙 함수는 단조이다. 정칙 단일 읽기 함수가 여윈 함수임을 보여야 한다.

$\circ$가 자명하지 않은 이항 연산자이고 $i_1 < \cdots < i_k$, $j_1 < \cdots < j_l$, $k+l=n$, $\{i_1, \ldots, i_k, j_1, \ldots, j_l\} = \{1, \ldots, n\}$이라 할 때, $f(x_1, \ldots, x_n) = g(x_{i_1}, \ldots, x_{i_k}) \circ h(x_{j_1}, \ldots, x_{j_l})$이라고 가정하자. (앞의 조건은 함수가 '단일 읽기'일 조건보다 약하다.) $i_1 = 1$이라고 가정할 수 있다. 제한을 취하고 귀납법을 적용하면 $g$와 $h$ 둘 다 여윈 함수이자 단조함수임을 증명할 수 있다. 그러면 그 기약함의항들은 연습문제 170(e)에 나온 특별한 형식을 가진다. 연산자 $\circ$은 반드시 단조이며, 따라서 $\vee$ 아니면 $\wedge$이다. 쌍대성에 의해, $\circ$이 $\vee$이라고 가정할 수 있다.

경우 1, $f$에 길이가 1인 기약함의항이 존재함: 이 경우, 정칙성에 의해 $x_1$은 $f$의 한 기약함의항이다. 따라서 $f(x_1, \ldots, x_n) = x_1 \vee f(0, x_2, \ldots, x_n)$이며, 이제 귀납법을 적용하면 된다.

경우 2, $g$와 $h$의 모든 기약함의항이 길이가 $>1$임: 이 경우 $p \geq 2$에 대해 $x_{j_1} \wedge \cdots \wedge x_{j_p}$는 기약함의항이지만 $x_{j_1-1} \wedge x_{j_2} \wedge \cdots \wedge x_{j_p}$는 아닌데, 이는 정칙성과 모순이다. [T. Eiter, T. Ibaraki, K. Makino, *Theor. Comp. Sci.* **270** (2002), 493-524를 보라.]

**172.** 연습문제 170(e)에서 $f_t$에 대한 CNF를 조사하면서, $t=(t_1 \ldots t_n)_2$일 때 변수들을 여수화해서 얻을 수 있는 혼 함수의 개수가 $t_1=0$일 때에는 $(t_2 \ldots t_n)_2$에 대한 해당 개수보다 하나 더 많지만 $t_1=1$일 때에는 그 두 배임을 보았다. 따라서 예 $t=(1100010111)_2$는 $2 \times (2 \times (1+(1+(1+(2 \times (1+(2 \times (2 \times 2)))))))))$개의 혼 함수들에 해당한다. 모든 $t$에 관해 합산하면 $s_n = (2^{n-2} + s_{n-1}) + 2s_{n-1}$, $s_1 = 2$로 정의되는 $s_n$이 나온다. 그리고 이 점화식의 해는 $3^n - 2^{n-1}$이다.

$f$와 $\overline{f}$ 둘 다 혼 함수로 만들기 위해, 우선 (쌍대성에 의해) $t \bmod 4 = 3$이라고 가정하자. 그러면 오직 $t_j = 0$일 때에만 $x_j$를 여수화해야 한다. 단, $t$ 오른쪽의 1들의 열은 예외이다. 예를 들어 $t=(1100010111)_2$일 때 $x_3$와 $x_4$, $x_5$, $x_7$를 여수화하고, 그런 다음 $\{x_8, x_9, x_{10}\}$ 중 많아야 하나만 여수화한다. 그러면 $f_t$에 관련된 $\rho(t+1)+1 \geq 3$개의 선택들이 나온다. $t \bmod 4 = 3$인 모든 $t$에 관해 합산하면 $2^n-1$이 나온다. 따라서 답은 $2^{n+1}-2$이다.

**173.** 우선 단조함수들부터 보자. $a_1 + \cdots + a_{2k} = n$, $a_1 \geq 0$, $1 < j < 2k$에 대해 $a_j \geq 1$, $t \bmod 4 = 3$일 때 $a_{2k} \geq 2$이라고 할 때 $t = (0^{a_1}1^{a_2} \ldots 0^{a_{2k-1}}1^{a_{2k}})_2$라고 쓸 수 있다. $t \bmod 4 = 1$일 때 $2^n - t$가 이러한 형식이다. 그러면 $f_t$에는 $a_1! a_2! \ldots a_{2k}!$개의 자기동형사상이 있으며, 따라서 $f_t$는

$n!/(a_1!\,a_2!\dots a_{2k}!)-1$개의 다른 함수들과 동치이다. 이들 중 여윈 함수인 것은 없다. 모든 $t$에 관해 합산하면, 여윈 함수 형태로 재정렬할 수 있는 단조 부울 함수가 $2(P_n - nP_{n-1})$개라는 답이 나온다. 여기서 $n \geq 2$이고 $P_n$은 약순서(연습문제 5.3.1-3)들의 개수이다. [J. S. Beissinger, U. N. Peled, *Graphs and Combinatorics* **3** (1987), 213-219.]

그러한 모든 단조함수는 $2^n$개의 서로 다른 단생 함수들에 대응되는데, 그 함수들은 변수들을 여수화했을 때 동등하게 여윈 함수들이 된다. (이들은 해당 제한이 커널화 함수라는 속성을 가진 함수들로, "단생 캐스케이드[unate cascade]"나 "1-결정 목록 함수[1-decision list functions]", "일반화된 단일 읽기 문턱값 함수"라고 부르기도 한다.)

**174.** (a) 번호 $0, \dots, n-1, n, n+1$을 노드 ①, …, ⓝ, ⊤, ⊥에 배정한다. 그리고 노드 $k$의 (LO, HI) 가지들이 $0 \leq k < n$에 대한 노드 $(a_{2k+1}, a_{2k+2})$로 간다고 하자. 이제 $1 \leq k \leq 2n$에 대해 $p_k$를 다음과 같이 정의한다: $l = \lfloor (k-1)/2 \rfloor$, $P_l = \{p_1, \dots, p_{2l}\}$이라고 하자. 만일 $a_k \notin P_l$이면 $p_k \leftarrow a_k$로 설정한다. 그렇지 않고 만일 $a_k$가 $P_l \cap \{l+1, \dots, n+1\}$의 $m$번째로 작은 원소이면 $p_k$를 $\{n+2, \dots, n+l+1\} \setminus P_l$의 $m$번째로 작은 원소로 설정한다. (이 구축법은 달하이머T. Dahlheimer에서 기인한다.)

(b) 델락 순열의 역 $p_1^{-1} \dots p_{2n}^{-1}$은 $2(k-n)-1 \leq p_k^{-1} \leq 2k$를 만족한다. 이 역은 $q_2 = 1$, $q_{2n+1} = 2n+2$이고 $1 \leq k \leq n$에 대해 $q_{2k+2} = 1 + p_k^{-1}$, $q_{2k-1} = 1 + p_{k+n}^{-1}$일 때의 제노키 교란열 $q_1 \dots q_{2n+2}$에 해당한다.

(c) 순열 $q_1 \dots q_{2n+2}$가 주어졌을 때, $r_k$가 수열 $q_k^{-1}$, $q_{q_k^{-1}}^{-1}$, …에서 $\geq k$인 첫 번째 원소라고 하자. 이 변환은 제노키 순열을 듀몽 권총으로 사상한다. 그리고 오직 $r_k = k \notin \{r_1, \dots, r_{k-1}\}$일 때에만 $q_k = k$라는 속성을 가지고 있다.

(d) 각 노드 $(j,k)$는 기호열 $r_1 \dots r_j$들의 집합을 나타내는데, 여기서 $(1,0) = \{1\}$을 비롯한 다른 집합들은 다음과 같은 전이 규칙들로 정의된다: $r_1 \dots r_j \in (j,k)$라고 가정하자. 그리고 $l = 2k$라고 하자. 만일 $k = 0$이면 $(j+1,k)$는 $j$가 짝수일 때 $1r_1^+ \dots r_j^+$를 포함하고, $j$가 홀수일 때에는 $2r_1^+ \dots r_j^+$를 포함한다. 여기서 $r^+$는 $r+1$을 뜻한다. 만일 $k > 0$이면 $(j+1,k)$는 $j$가 짝수일 때 $r_1^+ \dots r_l^+ (l+1) r_{l+1}^+ \dots r_j^+$를 포함하고, $j$가 홀수일 때에는 $r_1^\pm \dots r_{l-1}^\pm (l) r_l^\pm \dots r_j^\pm$를 포함한다. 여기서 $r^\pm$는 $r \geq l$일 때에는 $r+1$, $r < l$일 때에는 $r-1$을 뜻한다. 수직으로 갈 때, 만일 $l \leq j-3$이고 $j$가 홀수이면, $(j,k+1)$은 $r_1 \dots r_l r_{l+2} r_{l+3} (l+3) r_{l+4} \dots r_j$를 포함한다. 반면 $k = 1$이고 $j$가 짝수이면 $(j,0)$은 $r_2 r_1 r_3 \dots r_j$를 포함한다. 마지막으로 만일 $k > 1$이고 $j$가 짝수이면 $(j,k-1)$은 기호열 $r'_1 \dots r'_{l-3} (l-2) r'_{l-2} r'_{l-1} r'_{l+1} \dots r'_j$를 포함한다. 여기서 $r'$은 $r = l-2$일 때 $l$을 의미하고 그 외의 경우에는 $r' = r$이다. ($(2j,k)$의 원소들이, 가장 큰 고정점이 $2k$인 $2j$차 제노키 순열들에 대한 듀몽 권총들임을 보이는 것이 가능하다.)

이 모든 구축법은 비가역적이다. 예를 들어 경로 $(1,0) \to (2,0) \to (3,0) \to (3,1) \to (4,1) \to (5,1) \to (6,1) \to (7,1) \to (7,2) \to (7,3) \to (8,3) \to (8,2) \to (8,1) \to (8,0)$은 권총 $1 \to 22 \to 133 \to 333 \to 4244 \to 53355 \to 624466 \to 7335577 \to 7355577 \to 7355777$

→ 82448688 → 82646888 → 82466888 → 28466888에 대응된다. 후자의 권총을 그림으로 표현하면 인데, 이것은 제노키 교란열 $q_1 \ldots q_8 = 61537482$에 대응된다. 그리고 이 교란열은 $p_1^{-1} \ldots p_6^{-1} = 231546$과 델락 순열 $p_1 \ldots p_6 = 312546$에 대응된다. 그 순열은 $a_1 \ldots a_6 = 312343$에 대응되는데, 이는 다음과 같은 얇은 BDD를 나타낸다.

①-②···③-⊤ ⊥ .

$d_{jk}$가 $(j, k)$의 권총 개수라고 하자. 그 개수는 $(1, 0)$에서 $(j, k)$로의 유향 경로들의 수이기도 하다. 이 수들을 다음으로 시작하는 덧셈으로 손쉽게 구할 수 있다.

| | | | | | | | | | | | | | | |
|---|---|---|---|---|---|---|---|---|---|---|---|---|---|---|
| | | | | | | | | | | | | 38227 | 38227 | ⋯ |
| | | | | | | | | | | 2073 | 2073 | 38227 | 76454 | ⋯ |
| | | | | | | | | 155 | 155 | 2073 | 4146 | 36154 | 112608 | ⋯ |
| | | | | | | 17 | 17 | 155 | 310 | 1918 | 6064 | 32008 | 144616 | ⋯ |
| | | | | 3 | 3 | 17 | 34 | 138 | 448 | 1608 | 7672 | 25944 | 170560 | ⋯ |
| | | 1 | 1 | 3 | 6 | 14 | 48 | 104 | 552 | 1160 | 8832 | 18272 | 188832 | ⋯ |
| 1 | 1 | 1 | 2 | 2 | 8 | 8 | 56 | 56 | 608 | 608 | 9440 | 9440 | 198272 | ⋯. |

그리고 열의 총합 $D_j = \sum_k d_{jk}$들은 $(D_1, D_2, \ldots) = (1, 1, 2, 3, 8, 17, 56, 155, 608, 2073, 9440, 38227, 198272, 929569, \ldots)$이다. 이 수열에서 짝수 번 원소 $D_{2n}$들은 오래전부터 제노키 수(Genocchi numbers) $G_{2n+2}$로 알려져 왔다. 따라서 홀수 번 원소 $D_{2n+1}$들은 "중앙값 제노키 수"이다. 얇은 BDD들의 개수 $S_n$은 $d_{(2n+2)0} = D_{2n+1}$이다.

참고문헌: 오일러L. Euler는 그의 *Institutiones Calculi Differentialis* (1755) 제2권 제7장에서 제노키 수를 논의했는데, 그는 홀수 정수 $G_{2n}$들을 베르누이 수로 표현할 수 있음을 보였다: 실제로 $G_{2n} = (2^{2n+1} - 2)|B_{2n}|$이고 $z \tan \frac{z}{2} = \sum_{n=1}^{\infty} G_{2n} z^{2n}/(2n)!$이다. 제노키A. Genocchi는 이 수들을 *Annali di Scienze Matematiche e Fisiche* **3** (1852), 395-405에서 더욱 연구했으며, 자이델L. Seidel은 *Sitzungsberichte math.-phys. Classe, Akademie Wissen. München* **7** (1877), 157-187에서 이들을 수 $d_{jk}$들을 통해서 가산적으로 계산할 수 있음을 발견했다. 조합론에서 이들의 중요성은 훨씬 후에야 발견되었는데, D. Dumont, *Duke Math. J.* **41** (1974), 305-318; D. Dumont, A. Randrianarivony, *Discrete Math.* **132** (1994), 37-49를 보라. 한편 델락H. Dellac은 여기서 델락 순열이라고 부른 것들을 나열하는 것과 동치인, 겉으로 보기에 무관한 문제 하나를 제안했다. L'*Intermédiaire des Math.* **7** (1900), 9-10, 328; *Annales de la Faculté sci. Marseille* **11** (1901), 141-164를 보라.

또한 얇은 BDD와 (d)의 경로 사이에는 2007년에 달하이머가 발견한 직접적인 연관이 존재한다. 우선, $r_1 \ldots r_{2n} r_{2n+1} r_{2n+2} = (2a_1) \ldots (2a_{2n})(2n+2)(2n+2)$라고 둘 수 있으므로, 제한되지 않은 $2n+2$차 듀몽 권총들이 정렬되었지만 반드시 기약인 것은 아닌 얇은 BDD들에 대응됨을 주목하자. 계산해 보면, $\min\{i \mid r_{2i-1} = r_{2i}\} = l$인 그러한 권총들의 개수는 $d_{(2n+2)(n+1-l)}$이다.

이를 증명하기 위해, 해답 (d)에 나온 규칙들 대신 다음과 같은 새로운 전이 규칙들을 사용한다: $r_1 \ldots r_j \in (j, k)$라고 가정하자. 그리고 $l = j - 2k$라고 하자. 그러면 $(j+1, k)$는 $j$가 홀수일 때 $r_1^+ \cdots r_l^+ r_l^+ \cdots r_j^+$ 을 포함하고 $j$가 짝수일 때에는 $r_1^\pm \cdots r_{l-1}^\pm (l-1) r_l^\pm \cdots r_j^\pm$ 를 포함한다. 만일 $j$가 홀수이면 $(j, k+1)$은 $l = 3$일 때 $1 r_1 r_3 \ldots r_j$를, $l > 3$일 때에는 $r_1' \cdots r_{l-4}' (l-4) r_{l-3}' r_{l-2}' r_l' \cdots r_j'$를 포함한다. 여기서 $r' = r + 2[r = l-4]$이다. 마지막으로, 만일 $j$가 짝수이고 $k > 0$이면, $(j, k-1)$은 $r_1 \cdots r_{l-1} q r_{l+2} r_{l+2} \cdots r_j$를 포함하는데, 여기서 만일 $r_l = r_{l+1}$이면 $q = l$이고 그 외의 경우에는 $q = r_{l+1}$이다.

이러한 마법의 전이 규칙들을 적용하면 위에서 말한 경로는 $1 \to 22 \to 313 \to 133 \to 2244 \to 31355 \to 424466 \to 5153577 \to 5135577 \to 1535577 \to 22646688 \to 26446688 \to 26466688 \to 26466888$에 대응된다. 따라서 $a_1 \ldots a_6 = 132334$이다.

**175.** 이 문제에는 $b_0 = \cdots = b_{n-1} = 1$일 때 적용 가능한 방법들과는 다른 접근방식이 필요한 것으로 보인다. 노드가 $N$개이고 두 흡수 노드 $\boxed{\bot}$, $\boxed{\top}$가 있는, 그리고 이름표가 ②, …, ⓝ인 여러 가지 노드들이 있는 BDD 기반이 있다고 하자. 그리고 그 노드들 중 정확히 $s$개가 원본 노드(내향 도수가 0인 노드)라고 가정하자. 이름표가 ①인 $b$개의 추가적인 노드들을 도입하되 정확히 $s + b - t$개의 원본 노드가 남도록 도입하는 방법의 수를 $c(b, s, t, N)$으로 표기하자. (그러면 $0 \le t \le 2b$이다. 즉, 기존 원본 노드들 중에서 이제 하나의 ① 가지로부터 도달할 수 있는 것은 정확히 $t$개이다.) 그러면, BDD 프로파일이 $(b_0, \ldots, b_n)$인 비상수 부울 함수 $f(x_1, \ldots, x_n)$들의 개수는 $T(b_0, \ldots, b_{n-1}; 1)$과 같다. 여기서

$$T(b_0; s) = 2[s = b_0 = 1] + [s = 2][b_0 = 0] + [s = 2][b_0 = 2];$$

$$T(b_0, \ldots, b_{n-1}; s) = \sum_{t = \max(0, b_0 - s)}^{2b_0} c(b_0, s + t - b_0, t, b_1 + \cdots + b_{n-1} + 2)\, T(b_1, \ldots, b_{n-1}; s + t - b_0)$$

이다. $c(b, s, t, N) = \sum_{r=0}^{2b} a_{rb} p_{tr}(s, N)/b!$ 임을 증명하는 것이 가능한데, 여기서 $(N(N-1))^{\underline{b}} = \sum_{r=0}^{2b} a_{rb} N^r$ 이고 $p_{tr}(s, N) = \sum_k \binom{r}{k} \left\{ {k \atop t} \right\} s^{\underline{t}} (N-s)^{r-k} = \sum_k \left\{ {r \atop k} \right\} \binom{k}{t} s^{\underline{t}} (N-s)^{\underline{k-t}} = r!\,[w^t z^r]\, e^{(N-s)z} (we^z - w + 1)^s$이 성립한다.

**176.** (a) 만일 $p \ne p'$이면 전체 해싱(universal hashing)의 정의에 의해 $\sum_{a \in A, b \in B} [h_{a,b}(p) = h_{a,b}(p')] \le |A||B|/2^l$이다. $r_i(a, b)$가 $h_{a,b}(p) = i$를 만족하는 $p \in P$들의 개수라고 하자. 그러면

$$\sum_{a \in A, b \in B} \sum_{0 \le i < 2^l} r_i(a, b)^2 = \sum_{a \in A, b \in B} \sum_{p \in P} \sum_{p' \in P} [h_{a,b}(p) = h_{a,b}(p')]$$
$$\le |P||A||B| + \sum_{p \in P} \sum_{p' \in P} [p \ne p'] \frac{|A||B|}{2^l} = 2^t |A||B| \left(1 + \frac{2^t - 1}{2^l}\right)$$

이다. 한편, 임의의 $a$와 $b$에 대해 $\sum_{i=0}^{2^l - 1} r_i(a, b)^2 = \sum_{i=0}^{2^l - 1} \left(r_i(a, b) - 2^t/|I|\right)^2 + 2^{2t}/|I| \ge 2^{2t}/|I|$이다. $h_{a,b}(q) = j$에 대해 $s_j(a, b)$개의 해들이 존재하는 경우에도 비슷한 공식들을 적용할

수 있다. 따라서 다음을 만족하는 $a \in A$와 $b \in B$가 반드시 존재한다.

$$\frac{2^{2t}}{|I|}+\frac{2^{2t}}{|J|} \le \sum_{i\in I} r_i(a,b)^2+\sum_{j\in J} s_j(a,b)^2 \le 2^{t+1}\left(1+\frac{2^t-1}{2^l}\right) \le \frac{2^{2t}}{2^l}+\frac{2^{2t}}{(1-\epsilon)2^l}.$$

(b) $aq_k+b$와 $aq_{k+2}+b$의 가운데 $l$비트들은 서로 적어도 2만큼 다르다. 따라서 $aq_k$와 $aq_{k+2}$의 가운데 $l-1$비트들은 반드시 서로 다르다.

(c) $q$와 $q'$이 $Q^*$의 서로 다른 원소들이고 $(g(q')-g(q)) \bmod 2^{l-1} \ge 2^{l-2}$을 만족한다고 하자. (그렇지 않다면 $q \leftrightarrow q'$으로 교환할 수 있다.) 만일 $l \ge 3$이면 조건 $g(p)+g(q)=2^{l-1}$은 $f_q(p)=0$을 함의한다. 이제 $(g(p)+g(q')) \bmod 2^{l-1}=(g(q')-g(q)) \bmod 2^{l-1}$이다. 더 나아가서 $g(q')$과 $g(p)$는 둘 다 짝수이다. 따라서 가운데 비트를 바꿀 만큼의 자리 올림은 발생하지 않으며, $f_{q'}(p)=1$이 성립한다.

(d) 집합 $Q''$에는 적어도 $(1-\epsilon)2^{l-1}$개의 원소가 있으며, 비슷한 집합 $P''$도 마찬가지이다. $Q''$의 원소들 중 $g(q)$가 홀수인 것은 많아야 $2^{l-2}$개이다. 그리고 $g(q)$가 짝수이면서 $Q^*$의 원소가 아닌 원소는 많아야 $2^{l-1}+1-|P''|$개이다. 따라서 $|Q^*| \ge (1-\epsilon)2^{l-1}-2^{l-2}-2^{l-1}-1+(1-\epsilon)2^{l-1}=(1-4\epsilon)2^{l-2}-1$이며, (85)에 의해 $B_{\min}(Z_{n,a}) \ge (1-4\epsilon)2^{l-1}-2$가 성립한다.

마지막으로 $l=t-4$, $\epsilon=1/9$로 택한다. $n<14$일 때에는 정리가 자명하다.

**177.** $k \ge n/2$이고 $x=2^{k+1}x_h+x_l$, $y=2^k y_h+y_l$이라고 하자. 그러면 $(xy \gg k) \bmod 2^{n-k}$은 $2x_hy_l$과 $x_ly_h$에, 그리고 $2^{n-k}$를 법으로 하여 $x_ly_l \gg k$에 의존한다. 따라서 $q_{2k+1} \le 2^{n-k-1+n-k+n-k}$이다.

합산하면 $\sum_{k=0}^{2n} q_k \le \sum_{0\le k\le 6n/5} 2^k+\sum_{6n/5<k\le 2n} 2^{3n-2\lfloor k/2\rfloor-\lceil k/2\rceil}$이 된다. 만일 $n=5t+(0,1,2,3,4)$이면 총합은 정확히 $(2^{\lceil 6n/5\rceil}\cdot(19,10,12,13,17)-12)/7$이 된다. [자우어호프는 *Discrete Applied Math.* **158** (2010), 1195-1204에서 $\Omega(2^{6n/5})$이 이 순서의 한 하계임을 증명했다.]

**178.** 정리 A의 증명에서처럼 $x=2^kx_h+x_l$이라고 둘 수 있다. 그러나 이제는 $x_l=\hat{x}_l+(x \bmod 2)$인데, 여기서 $\hat{x}_l$은 짝수이고 $x \bmod 2$는 아직 알려지지 않았다. 비슷하게 $y=2^ky_h+y_l=2^ky_h+\hat{y}_l+(y \bmod 2)$이다. $\hat{z}_l=\hat{x}_l\hat{y}_l \bmod 2^k$이라고 하자. $n/2 \le k < n$에 대해 수준 $2k-2$에서는 세 개의 $(n-k)$비트 수 $\hat{x}_l \bmod 2^{n-k}$, $\hat{y}_l \bmod 2^{n-k}$, $(\hat{x}_l\hat{y}_l \gg k) \bmod 2^{n-k}$와 세 개의 '올림' $c_1=(\hat{x}_l+\hat{z}_l) \gg k$, $c_2=(\hat{y}_l+\hat{z}_l) \gg k$, $c_3=(\hat{x}_l+\hat{y}_l+\hat{z}_l) \gg k$를 "기억"해 두기만 하면 된다. 일단 $x_h$와 $y_h$, $x \bmod 2$, $y \bmod 2$를 구한다면, 앞의 여섯 수량으로부터 가운데 비트를 이끌어낼 수 있다.

올림 값들로 가능한 구성은 단 여섯 가지로, $c_1c_2c_3=000$ 또는 001, 011, 101, 111, 112이다. 따라서 $q_{2k-2} \le 6\cdot 2^{(n-k-1)+(n-k-1)+(n-k)}$이다. 비슷하게, $n/2 \le k < n-1$일 때 $q_{2k-1} \le 6\cdot 2^{(n-k-2)+(n-k-1)+(n-k)}$이 성립한다. 이러한 추정들과 $q_k \le 2^k$으로부터, $n=5t+(0,1,2,3,4)$일 때 $\sum_{k=0}^{2n-4} q_k \le (2^{6t}\cdot(37,86,184,464,1024)-268)/28$임을 알 수 있다.

정리 A의 함수 $f$와 이 연습문제의 함수 $g$에 대한 실제 BDD 크기들은 $6 \le n \le 16$에 대해 $B(f) = (169, 381, 928, 2188, 5248, 12373, 29400, 68777, 162768, 377359, 879709)$와 $B(g) = (165, 352, 806, 1802, 4195, 9774, 22454, 52714, 121198, 278223, 650188)$이다. 따라서 이 변형으로 약 25%가 절약되는 셈이다. 마지막 네 수준에서 (lo-bit$(x)$, hi-bit$(y)$, hi-bit$(x)$, lo-bit$(y)$)를 판정한다면 더 나은 순서를 얻을 수 있는데, 그런 경우 $n \ge 6$에 대해 $B(h) = B(g) - 20$이 나온다. 그러면 $6 \le n \le 12$에 대해 $B(h)/B_{\min}(f) \approx (1.07, 1.05, 1.04, 1.04, 1.04, 1.01, 1.02)$이므로, 이 순서는 $n \to \infty$에 따라 최적에 가까워질 수 있다.

**180.** $a_{m+1} = a_{m+2} = \cdots = 0$으로 둔다면 $m \ge p$라고 가정할 수 있다. $a = (a_p \ldots a_1)_2$라고 하자. 그리고 정리 A의 증명에서처럼 $x = 2^k x_h + x_l$로 표기하자. 만일 $p \le n$이면 $0 \le k < p$에 대해 $q_k \le 2^{p-k}$이다. 주어진 함수 $f = Z_{m,n}^{(p)}(a;x)$가 오직 $a$와 $x_h$, $(ax_l \gg k) \bmod 2^{p-k}$에만 의존하기 때문이다. 따라서 $p > n$이라고 가정할 수 있다.

중복집합 $A = \{2^k x_h a \bmod 2^{p-1} \mid 0 \le x_h < 2^{n-k}\}$를 고려한다. $s = 2^{n-k}$이고 $0 < \alpha_1 \le \cdots \le \alpha_s = 2^{p-1}$이라 할 때 $A = \{2^{p-1} - \alpha_1, \ldots, 2^{p-1} - \alpha_s\}$라고 두자. 그리고 $0 \le i \le s$에 대해 $\alpha_{s+i} = \alpha_i + 2^{p-1}$이라고 하자. 그러면 $q_k \le 2s$이다. $f$가 오직 $a$와 $x_h$에만, 그리고 $\alpha_i \le ax_l \bmod 2^p < \alpha_{i+1}$인 색인 $i \in [0\,..\,2s)$들에만 의존하기 때문이다.

따라서 $\sum_{k=0}^{n} q_k \le \sum_{k=0}^{n} \min(2^k, 2^{n+1-k}) = 2^{\lfloor n/2 \rfloor + 1} + 2^{\lceil n/2 \rceil + 1} - 3$이다.

**181.** 연습문제 170에 의해, 모든 $(x_1, \ldots, x_m)$에 대해 단 $O(n)$개의 추가적인 노드만 필요하다.

**182.** 그렇다. 볼리히B. Bollig[*Lecture Notes in Comp. Sci.* **4978** (2008), 306-317]는 그 값이 $\Omega(2^{n/432})$임을 보였다. 첨언하자면, $B_{\min}(L_{12,12}) = 1158$을 기이한 순서 $L_{12,12}(x_{18}, x_{17}, x_{16}, x_{15}, x_{14}, x_{12}, x_{10}, x_8, x_6, x_4, x_2, x_1; x_{19}, x_{20}, x_{21}, x_{22}, x_{23}, x_{13}, x_{11}, x_9, x_7, x_5, x_3, x_{24})$로 달성할 수 있으며, $B_{\max}(L_{12,12}) = 9302$는 $L_{12,12}(x_{24}, x_{23}, x_{20}, x_{19}, x_{22}, x_{11}, x_6, x_7, x_8, x_9, x_{10}, x_{13}; x_1, x_2, x_3, x_4, x_5, x_{21}, x_{18}, x_{17}, x_{16}, x_{15}, x_{14}, x_{12})$로 얻을 수 있다. 마찬가지로, $B_{\min}(L_{8,16}) = 606$과 $B_{\max}(L_{8,16}) = 3415$가 아주 동떨어진 것은 아니다. $B_{\min}(L_{m,n})$과 $B_{\max}(L_{m,n})$ 둘 다 $\Theta(2^{\min(m,n)})$일 가능성이 있을까?

**183.** 프로파일 $(b_0, b_1, \ldots)$은 $(1, 1, 1, 2, 3, 5, 7, 11, 15, 23, 31, 47, 63, 95, \ldots)$로 시작한다. $k > 0$일 때 수준 $2k$에는 $2^{k-1} \le a, b < 2^k$와 $ab < 2^{2k-1} < (a+1)(b+1)$을 만족하는 모든 정수쌍 $(a, b)$마다 하나씩의 노드가 있다. 이 노드는 함수 $[((a+x)/2^k)((b+y)/2^k) \ge \frac{1}{2}]$을 나타낸다. 적당한 범위의 $b$가 주어졌을 때, $a$의 선택 수는 $\lceil 2^{2k-1}/b \rceil - \lfloor 2^{2k-1}/(b+1) \rfloor$개이다. 따라서 $b_{2k} = \sum_{2^{k-1} \le b < 2^k} (\lceil 2^{2k-1}/b \rceil - \lfloor 2^{2k-1}/(b+1) \rfloor)$인데, 이는 $2^k - 1$로 줄어든다. $b_{2k+1} = 2^k + 2^{k-1} - 1$임도 비슷한 논증으로 증명할 수 있다.

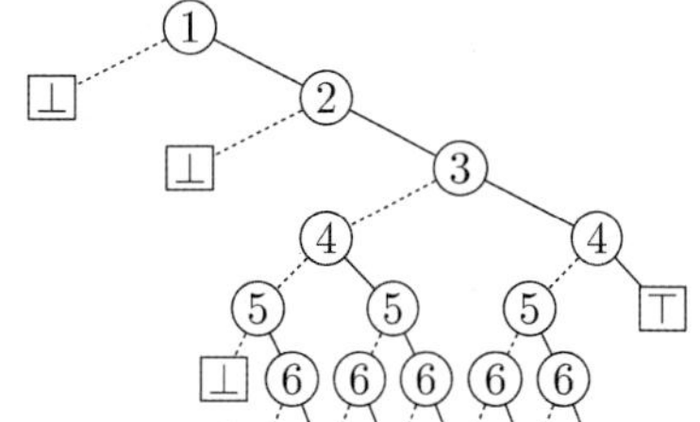

**184.** $b_{m(i-1)+j-1}$에 두 종류의 구슬들이 기여한다. $<j$인 $i$개의 열들의 모든 선택에 대해 각각 하나씩의 구슬이 있고, $\geq j$인 원소가 적어도 하나는 빠져 있는 $i-1$개의 열들의 모든 선택에 대해 각각 하나씩의 구슬이 있다. 따라서 $b_{m(i-1)+j-1} = \left(\binom{m}{i} - \binom{m+1-j}{i}\right) + \left(\binom{m}{i-1} - \binom{j-1}{m+1-i}\right)$이다. $1 \leq i, j \leq m$에 관해 합산하면 $B(P_m) = (2m-3)2^m + 5$가 나온다. (첨언하자면 $2 \leq k < m^2$에 대해 $q_k = b_k + 1$이다.)

ZDD의 경우 그냥 $1 \leq i, j \leq m$에 대해 $z_{m(i-1)+j-1} = \binom{m-1}{i-1}$로, $\neq j$인 $i-1$개의 열들의 선택마다 하나씩이다. 따라서 $Z(P_m) = m2^{m-1} + 2 \approx \frac{1}{4}B(P_m)$이다. (정리 5의 하계는 ZDD 노드들에도 적용된다. 그런 노드들만 표를 받기 때문이다. 따라서 ZDD들에 대해서는 변수들의 자연스러운 순서가 최적이다. BDD들에 대해서도 자연 순서가 최적일 수 있는데, $m \leq 5$에 대해서는 이 추측이 참으로 밝혀졌다.)

**185.** 어떤 이진 벡터 $t_0 \ldots t_n$에 대해 $f(x) = t_{\nu x}$라고 하자. 그러면 $d > 0$차 부분함수들은 서로 다른 부분열 $t_i \ldots t_{i+d}$에 대응된다. 그러한 부분열 $\tau$들은 오직 $\tau \neq 0^{d+1}$이고 $\tau \neq 1^{d+1}$일 때에만 구슬들에 대응된다. 그러한 구슬들은 오직 $\tau \neq 0^{d+1}$이고 $\tau \neq 10^d$일 때에만 주슬들에 대응된다.

따라서 최대 $Z(f)$는 해답 44의 함수 $S_n$이다. 이 최악의 경우를 달성하기 위해서는 길이가 $2^{d+1} + d - 2$이고 $0^{d+1}$과 $10^d$을 제외한 모든 $(d+1)$-짝을 부분열로 포함하는 이진 벡터가 필요하다. 그러한 벡터는 주기가 $2^{d+1}$이고 $0^d1$로 시작하는 임의의 더브라윈 순환마디(de Bruijn cycle)의 처음 $2^{d+1} + d - 2$개의 원소들로 특징지을 수 있다.

**186.** $\bar{x}_1 \wedge \bar{x}_2 \wedge x_3 \wedge \bar{x}_4 \wedge \bar{x}_5 \wedge \bar{x}_6$.

**187.** (반드시 이 도식들을 연습문제 1의 해답과 비교해보기 바란다.)

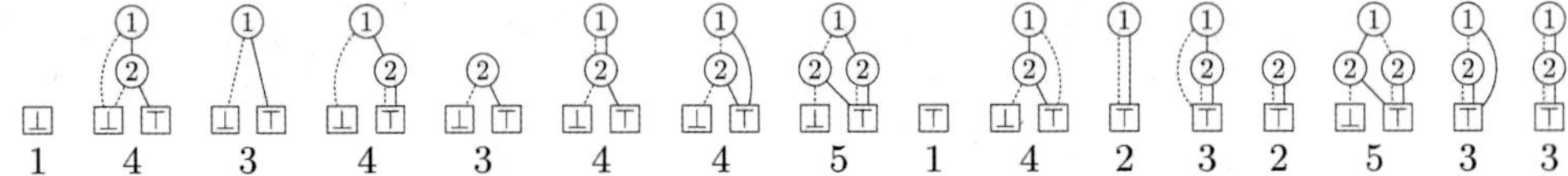


**188.** 중괄호들이 과도하게 중첩되지 않도록, $\epsilon$과 $a$, $b$, $ab$가 각각 부분집합 $\emptyset$과 $\{1\}$, $\{2\}$, $\{1,2\}$를 뜻한다고 하겠다. 그러면 요구된 모임들은 그 진리표 순으로 $\emptyset$, $\{ab\}$, $\{a\}$, $\{a, ab\}$, $\{b\}$, $\{b, ab\}$, $\{a, b\}$, $\{a, b, ab\}$, $\{\epsilon\}$, $\{\epsilon, ab\}$, $\{\epsilon, a\}$, $\{\epsilon, a, ab\}$, $\{\epsilon, b\}$, $\{\epsilon, b, ab\}$, $\{\epsilon, a, b\}$, $\{\epsilon, a, b, ab\}$이다.

**189.** $n = 0$일 때 오직 상수 함수들만 그렇다. $n > 0$일 때에는 0과 $x_1 \wedge \cdots \wedge x_n$만이 그러한 함수들이다. (그러나 $(b_0, \ldots, b_n) = (z_0, \ldots, z_n)$인 함수들은 많다. 이를테면 $x_2 \wedge (x_1 \vee \bar{x}_3)$ 등등.)

**190.** (a) $n \geq 0$에 대해 $x_1 \oplus \cdots \oplus x_n$과 $1 \oplus x_1 \oplus \cdots \oplus x_n$만이 그러한 함수들이다. (b) 이 조건은 오직 모든 1차 부분표가 01이거나 11일 때에만 성립한다. 따라서 $n > 0$일 때 $2^{2^{n-1}}$개의 해가 있는데, 구체적으로 말하면 $f(x_1, \ldots, x_{n-1}, 1) = 1$인 모든 함수이다.

**191.** 그러한 모든 함수에 대한 진리표들의 언어 $L_n$은 문맥 자유 문법 $L_0 \to 1$; $L_{n+1} \to L_n L_n \mid L_n 0^{2^n}$을 가진다. 따라서 요구된 개수 $l_n = |L_n|$은 $l_0 = 1$, $l_{n+1} = l_n(l_n + 1)$을 만족한다.

그러므로 $(l_0, l_1, l_2, \ldots)$은 수열 $(1, 2, 6, 42, 1806, 3263442, 10650056950806, \ldots)$이다. 점근적으로 $l_n = \theta^{2^n} - \frac{1}{2} - \epsilon$인데, 여기서 $0 < \epsilon < \theta^{-2^n}/8$이고

$$\theta = 1.59791\ 02180\ 31873\ 17833\ 80701\ 18157\ 45531\ 23622+$$

이다. 〔*CMath* 연습문제 4.37과 4.59를 보라. 거기에서는 $l_n + 1$을 $e_{n+1}$('유클리드수')이라고 부르고 $\theta$를 $E^2$이라고 부른다. 수 $l_n + 1$은 실베스터J. J. Sylvester가 이집트 분수에 대한 그의 연구 *Amer. J. Math.* **3** (1880), 388과 관련해서 소개했다. 단조 감소 함수의 경우 독립집합들을 나타내는 함수처럼 항상 $z_n = 1$임을 주목할 것.〕

**192.** (a) 10101101000010110.

(b) $|\tau|$에 대한 귀납법에 의해, 참이다. 오직 $\alpha^Z \neq \beta^Z \neq 0^n$일 때에만 $\alpha \neq \beta \neq 0^n$이기 때문이다.

(c) $0 < k \leq n$에 대해, $f$의 $k$차 구슬들은 $f^Z$의 $k$차 주슬들이다. 따라서 $f^Z$의 구슬들은 $(f^Z)^Z = f$의 주슬들이기도 하다. 그러므로, 만일 $(b_0, \ldots, b_n)$과 $(z_0, \ldots, z_n)$이 $f$의 프로파일과 $z$-프로파일이고 $(b'_0, \ldots, b'_n)$과 $(z'_0, \ldots, z'_n)$은 $f^Z$의 프로파일과 $z$-프로파일이라고 할 때, $0 \leq k < n$에 대해 $b_k = z'_k$와 $z_k = b'_k$가 성립한다.

(또한 $z_n = z'_n$도 성립하나, 둘 다 2가 아니라 1일 수 있다. $f$와 $f^Z$의 준 프로파일들은 서로 다를 수 있지만, 모두 0인 부분표들 때문에 각 수준 당 많아야 1만큼만 다르다.)

**193.** $n$에 대한 귀납법에 의해 $S_{\geq k}(x_1, \ldots, x_n)$이다. (따라서 $S^Z_{\geq k}(x_1, \ldots, x_n) = S_k(x_1, \ldots, x_n)$이기도 하다. 연습문제 249에 비슷한 예들이 나온다.)

**194.** $a_1 \ldots a_{2n}$을 해답 174에서처럼 정의하되, BDD 대신 ZDD를 사용한다. 그러면 $(1, \ldots, 1)$은 오직 $(2a_1) \ldots (2a_{2n})$이 제한되지 않은 $2n$차 듀몽 권총일 때에만 $z$-프로파일이다. 따라서 답은 제노키 수 $G_{2n+2}$이다.

**195.** $z$-프로파일은 $(1, 2, 4, 4, 3, 2, 2)$이다. $M_2(x_4, x_2; x_5, x_6, x_3, x_1)$로부터 최적의 $z$-프로파일 $(1, 2, 3, 2, 3, 2, 2)$를 얻는다. 그리고 최악의 $z$-프로파일 $(1, 2, 4, 8, 12, 2, 2)$는 (78)에서처럼 $M_2(x_5, x_6; x_1, x_2, x_3, x_4)$로부터 나온다. (첨언하자면, 놀랄 만큼 독특한 순서 $M_4(x_8, x_5, x_{17}, x_2; x_{20}, x_{19}, x_{18}, x_{16}, x_{15}, x_{13}, x_{14}, x_{12}, x_{11}, x_9, x_{10}, x_4, x_7, x_6, x_3, x_1)$로 $Z_{\min}(M_4) = 116$을 얻을 수 있음을 연습문제 197의 알고리즘을 이용해서 보일 수 있다!)

**196.** 예를 들어 $M_m(x_1, \ldots, x_m; e_{m+1}, \ldots, e_n)$이 그러한 함수이다. 여기서 $n = m + 2^m$이고 $e_j$는 연습문제 203의 초등함수(elementary function)이다. 이 경우 $Z(f) = 2(n-m)+1$이고 $Z(\bar{f}) = (n-m+7)(n-m)/2 - 2$이다.

**197.** 핵심은, $d_{kp}$가 $\sum\{2^{t-k-1} \mid N_{kp}$가 $x_t$를 지지함$\}$이 되도록 DEP 필드의 의미를 바꾸는 것이다. 여기서 $g(x_1, \ldots, x_m)$이 $x_j$를 지지한다는 것은, $g(x_1, \ldots, x_m) = 1$의 해들 중 $x_j = 1$인 해가 존재한다는 뜻이다.

이러한 변화를 구현하기 위해 보조 배열 $(\zeta_0, \ldots, \zeta_n)$을 도입한다. 이 배열에서 $N_{kq}$가 부분함수 0을 뜻하면 $\zeta_k = q$이고, 그 부분함수가 수준 $k$에 나타나지 않으면 $\zeta_k = -1$이다. 초기에는 $\zeta_n \leftarrow 0$이고, 단계 E1의 시작에서 $\zeta_k \leftarrow -1$로 설정한다. 단계 E3의 $d_{kq}$ 설정 연산을 다음과 같이 바꾼다: "만일 $d_{(k+1)h} \neq \zeta_{k+1}$이면 $d_{kq} \leftarrow ((d_{(k+1)l} \mid d_{(k+1)h}) \ll 1) + 1$로 설정하고 그렇지 않으면 $d_{kq} \leftarrow d_{(k+1)l} \ll 1$로 설정한다. 또한, 만일 $d_{(k+1)l} = d_{(k+1)h} = \zeta_{k+1}$이면 $\zeta_k \leftarrow q$로 설정한다."

(주 $z$-프로파일 도표를 이전처럼 $z_0 + \cdots + z_{n-1}$을 최소화하는 데 사용할 수도 있다. 그러나 절댓값을 최소화하는 것이 중요할 때에는 $z_n$을 고려하기 위한 추가 작업이 필요하다.)

**198.** (50)을 재해석해서, 임의의 집합들의 모임 $f$를 $(\bar{x}_v ? \, f_l \colon f_h)$로 표현한다. 여기서 $v = f_v$는 $f$가 지원하는(해답 197의 의미에서) 첫 번째 변수의 색인이다. 따라서 $f_l$은 $x_v$를 지원하지 않는 $f$의 부분모임(subfamily)이고 $f_h$는 지원하는(그러나 $x_v$가 삭제된) 부분모임이다. 또한 만일 $f$에 지원이 전혀 없으면(즉, $f$가 $\emptyset$이거나 $\{\emptyset\}$이면 — 이들은 초기에는 $\boxed{\bot}$나 $\boxed{\top}$로 표현된다. 해답 200을 보라) $f_v = \infty$로 둔다. (52)의 $v = \min(f_v, g_v)$는 이제 $f$나 $g$가 지원하는 첫 변수의 색인이다. 따라서 만일 $f_v > g_v$이면 $f_h = \emptyset$이고 만일 $f_v < g_v$이면 $g_h = \emptyset$이다.

ZDD 스타일의 서브루틴 AND$(f, g)$는 이제 (55) 대신 다음과 같다: "$f$와 $g$를 (52)에서처럼 표현한다. $f_v \neq g_v$인 동안, 만일 $f = \emptyset$이거나 $g = \emptyset$이면 $\emptyset$을 돌려준다. 그렇지 않으면, 만일 $f_v < g_v$이면 $f \leftarrow f_l$로 설정하고, 만일 $f_v > g_v$이면 $g \leftarrow g_l$로 설정한다. 만일 $f > g$이면 $f \leftrightarrow g$로 교환한다. 만일 $f = g$ 또는 $f = \emptyset$이면 $f$를 돌려준다. 그렇지 않고 만일 $f \wedge g = r$이 메모 캐시 안에 있으면 $r$을 돌려준다. 그렇지 않으면 $r_l \leftarrow$ AND$(f_l, g_l)$과 $r_h \leftarrow$ AND$(f_h, g_h)$를 계산한다. 알고리즘 U와 같되 첫 단계에서 $p$를 $q = p$일 때가 아니라 $q = \emptyset$일 때 돌려주는 알고리즘을 이용해서 $r \leftarrow$ ZUNIQUE$(v, r_l, r_h)$로 설정한다. 메모 캐시에 '$f \wedge g = r$'을 넣고 $r$을 돌려준다." (해답 200의 제안도 보라.)

참조 횟수들은 연습문제 82에서처럼 갱신하되, 약간의 변경이 필요하다. 예를 들어 단계 U1은 이제 $q = \emptyset$일 때 $\boxed{\bot}$의(그리고 오직 이 노드의) 참조 횟수를 감소하도록 한다. BDD/ZDD 기반 전체에서 모든 참조 횟수와 기타 중복성을 이중으로 점검하는 '온전성 점검' 루틴을 작성하는 것이 중요하다. 그래야 미묘한 오류들을 미연에 방지할 수 있다. 온전성 점검 루틴은 모든 서브루틴의 상세한 검사가 끝나기 전까지는 자주 호출해야 한다.

**199.** (a) 만일 $f = g$이면 $f$를 돌려준다. 만일 $f > g$이면 $f \leftrightarrow g$로 교환한다. 만일 $f = \emptyset$이면 $g$를 돌려준다. 만일 $f \vee g = r$이 메모 캐시 안에 있으면 $r$을 돌려준다. 그렇지 않으면,

> 만일 $f_v = g_v$이면 $v \leftarrow f_v$, $r_l \leftarrow$ OR$(f_l, g_l)$, $r_h \leftarrow$ OR$(f_h, g_h)$로 설정한다;
> 만일 $f_v < g_v$이면 $v \leftarrow f_v$, $r_l \leftarrow$ OR$(f_l, g)$, $r_h \leftarrow f_h$로 설정하고 REF$(f_h)$를 1 증가한다;
> 만일 $f_v > g_v$이면 $v \leftarrow g_v$, $r_l \leftarrow$ OR$(f, g_l)$, $r_h \leftarrow g_h$로 설정하고 REF$(g_h)$를 1 증가한다.

그런 다음 $r \leftarrow$ ZUNIQUE$(v, r_l, r_h)$로 설정하고, 해답 198에서처럼 메모 캐시에 넣은 후 돌려준다.

(b) 만일 $f = g$이면 $\emptyset$을 돌려준다. 그렇지 않으면 (a)에서처럼 진행하되, $(\vee, \text{OR})$이 아니라 $(\oplus, \text{XOR})$을 사용한다.

(c) 만일 $f = \emptyset$이거나 $f = g$이면 $\emptyset$을 돌려준다. 만일 $g = \emptyset$이면 $f$를 돌려준다. 그렇지 않고 만일 $g_v < f_v$이면 $g \leftarrow g_l$로 설정하고 다시 시작한다. 그렇지 않으면,

만일 $f_v = g_v$이면 $r_l \leftarrow \text{BUTNOT}(f_l, g_l)$, $r_h \leftarrow \text{BUTNOT}(f_h, g_h)$로 설정한다;
만일 $f_v < g_v$이면 $r_l \leftarrow \text{BUTNOT}(f_l, g)$, $r_h \leftarrow f_h$로 설정하고 REF$(f_h)$를 1 증가한다.

그런 다음 $r \leftarrow \text{ZUNIQUE}(f_v, r_l, r_h)$로 설정하고 이전과 같은 방식으로 마무리한다.

**200.** 만일 $f = \emptyset$이면 $g$를 돌려준다. 만일 $f = h$이면 $\text{OR}(f, g)$를 돌려준다. 만일 $g = h$이면 $g$를 돌려준다. 만일 $g = \emptyset$이거나 $f = g$이면 $\text{AND}(f, h)$를 돌려준다. 만일 $h = \emptyset$이면 $\text{BUTNOT}(g, f)$를 돌려준다. 만일 $f_v < g_v$이고 $f_v < h_v$이면 $f \leftarrow f_l$로 설정하고 다시 시작한다. 만일 $h_v < f_v$이고 $h_v < g_v$이면 $h \leftarrow h_l$로 설정하고 다시 시작한다. 그 외의 경우에는 캐시를 점검하고 앞에서처럼 재귀적으로 진행한다.

**201.** 투영 함수나 여수화 연산(또는 둘 다)이 허용된 상황에서 ZDD를 활용할 때에는 시초부터, 모든 것을 초기화는 시점에서 일단의 부울 변수들을 고정시키는 것이 아주 바람직하다. 그렇게 하지 않으면 새 변수가 도입될 때마다 한 ZDD 기반의 모든 외부 함수를 변경해야 한다.

$N$이 미리 지정되어 있으며 $(x_1, \ldots, x_N)$의 함수들을 다루기로 했다고 가정하자. 해답 198에서 $f = \emptyset$이나 $f = \{\emptyset\}$일 때 $f_v$를 $\infty$가 아니라 $N+1$로 둔다. 그러면 항진 함수 $1 = \wp$는 $(N+1)$노드 ZDD ①—②—⋯—Ⓝ—$\boxed{\top}$를 가진다. $N$을 알기만 하면 이 ZDD를 구축할 수 있다. $t_j$가 이 구조의 노드 ⓙ라고 하자. 여기서 $t_{N+1} = \boxed{\top}$이다. $x_j$에 대한 ZDD는 이제 ①—⋯—ⓙ—$t_{j+1}$ $\boxed{\bot}$이다. 따라서 모든 $x_j$의 집합에 대한 ZDD 기반은 $\emptyset$과 $\wp$의 표현들 외에도 $\binom{N+1}{2}$개의 노드를 차지한다.

$N$이 작다면 $N$개의 투영 함수 전부를 미리 준비해 둘 수 있다. 그러나 ZDD 응용에서는 $N$이 큰 경우가 많다. 그리고 연습문제 203~207과 같은 구조들을 '모임 대수(family algebra)'를 이용해서 구축할 때 투영 함수가 필요한 경우는 별로 없다. 따라서 투영 함수를 직접 만들기 보다는, 그런 함수를 실제로 얻게 될 때까지 기다리는 것이 최선이다.

덧붙이자면, 부분적인 항진 함수 $t_j$들을 연습문제 198, 199의 합성 연산들의 속도를 높이는 데 사용할 수 있다: 만일 $v = f_v \le g_v$이고 $f = t_v$이면 $\text{AND}(f, g) = g$, $\text{OR}(f, g) = f$이며, 또한(만일 $v \le h_v$이면) $\text{MUX}(f, g, h) = h$, $\text{MUX}(g, h, f) = \text{OR}(g, h)$이다.

**202.** 변신 단계 T4에서 '$q_0 \leftarrow q_1 \leftarrow q$'를 '$q_0 \leftarrow q$, $q_1 \leftarrow \emptyset$'으로, '$r_0 \leftarrow r_1 \leftarrow r$'을 '$r_0 \leftarrow r$, $r_1 \leftarrow \emptyset$'으로 바꾼다. 또한 UNIQUE 대신 ZUNIQUE를 사용한다. T4에서 이 서브루틴은, 만일 단계 U1에서 $q = \emptyset$이 발견되었다면 REF$(p)$를 1 증가한다.

해답 201의 부분적 항진 함수들을 최신 상태로 갱신하기 위해서는 미묘한 변경 하나가 필요하다. 이는 그런 함수들의 특별한 의미 때문이다. 올바른 방식은, $t_u$는 변경 없이 그대로 유지하고 $t_v \leftarrow \text{LO}(t_u)$로 설정하는 것이다.

**203.** (a) $f \sqcup g = \{\{1,2\},\{1,3\},\{1,2,3\},\{3\}\} = (e_1 \sqcup ((e_2 \sqcup (e_3 \cup \epsilon)) \cup e_3)) \cup e_3$이다. 또 하나는 $(e_1 \sqcup e_2) \cup \epsilon$인데, 왜냐하면 $f \sqcap g = (e_1 \sqcup (e_2 \cup \epsilon)) \cup e_3 \cup \epsilon$이고 $f \boxplus e_1 = e_1 \cup e_2 \cup e_3$이기 때문이다.

(b) $(f \sqcup g)(z) = \exists x \exists y (f(x) \wedge g(y) \wedge (z \equiv x \vee y))$; $(f \sqcap g)(z) = \exists x \exists y (f(x) \wedge g(y) \wedge (z \equiv x \wedge y))$; $(f \boxplus g)(z) = \exists x \exists y (f(x) \wedge g(y) \wedge (z \equiv x \oplus y))$. 또 다른 공식은 $(f \boxplus g)(z) = \bigvee \{f(z \oplus y) \mid g(y) = 1\} = \bigvee \{g(z \oplus x) \mid f(x) = 1\}$이다.

(c) (i)과 (ii) 모두 참이다. 또한 $f \boxplus (g \cup h) = (f \boxplus g) \cup (f \boxplus h)$이다. 공식 (iii)은 일반적으로 성립하지 않으나, $f \sqcup (g \sqcap h) \subseteq (f \sqcup g) \sqcap (f \sqcup h)$이긴 하다. 공식 (iv)는 별로 말이 되지 않는다. 우변은 (i)에 의해 $(f \sqcup f) \cup (f \sqcup h) \cup (g \sqcup f) \cup (g \sqcup h)$이다. 공식 (v)는 참이다. 세 부분 모두 $\emptyset$이기 때문이다. 그리고 (vi)는 오직 $f \neq \emptyset$일 때에만 참이다.

(d) 항상 참인 것은 (ii) 뿐이다. (i)의 경우 조건이 $f \sqcap g \subseteq \epsilon$이어야 한다. 왜냐하면 $f \sqcap g = \emptyset$이 $f \perp g$를 함의하기 때문이다. (iii)의 경우 $|f| = |g| = 1$이면 항상 $|f \sqcup g| = |f \sqcap g| = |f \boxplus g| = 1$임을 주목할 것. 마지막으로, (iv)의 경우 $f \perp g \Rightarrow f \sqcup g = f \boxplus g$가 성립하긴 하지만, 그 역은 이를테면 $f = g = e_1 \cup \epsilon$일 때 성립하지 않는다.

(e) (i)의 경우 $f = \emptyset$이고 (ii)는 $f = \epsilon$이다. 또한 모든 $g$에 대해 $\epsilon \boxplus g = g$이다. (iii)의 해는 없다. 그 조건을 만족하려면 $f$가 $\{\{1,2,3,\ldots\}\}$이 되어야 하는데, 여기에서는 유한집합만 고려하기 때문이다. 그러나 해답 201의 유한 모집단(universe)에서 $f = \{\{1,\ldots,N\}\}$이다. (이 모임 $U$는 $(f \boxplus U) \sqcup (g \boxplus U) = (f \sqcap g) \boxplus U$라는 속성을 가지고 있다.) (iv)에 대한 일반해는 $f = e_1 \sqcup e_2 \sqcup f'$으로, 여기서 $f'$은 임의의 모임이다. 비슷하게, (v)의 일반해는 $f = (e_1 \sqcup f') \cup (e_2 \sqcup f'') \cup (e_1 \sqcup e_2 \sqcup (f' \cup f'' \cup f'''))$이다. 여기서 $f'$, $f''$, $f'''$은 임의의 모임이다. (vi)의 경우 $f = ((((e_1 \sqcup e_2) \cup \epsilon) \sqcup f') \cup ((e_1 \cup e_2) \sqcup f'')) \sqcup (e_3 \cup \epsilon)$인데, 여기서 $f' \cup f'' \perp e_1 \cup e_2 \cup e_3$이다. 이 표현은 연습문제 204(f)로부터 비롯된다. (vii)은 $|f| = 1$이다. 마지막으로 (viii)은 혼 함수들을 특징짓는다(정리 7.1.1H).

**204.** (a) 이 관계식은 정의로부터 자명하다. (또한 $(f \cup g)/h \supseteq (f/h) \cup (g/h)$이다.)

(b) $f/e_2 = \{\{1\}, \emptyset\} = \mathrm{e}_1 \cup \epsilon$; $f/e_1 = e_2 \cup e_3$; $f/\epsilon = f$; 따라서 $f/(e_1 \cup \epsilon) = e_2 \cup e_3$.

(c) $\emptyset$으로 나누기는 곤란하다. 왜냐하면 모든 집합 $\alpha$가 $f/\emptyset$에 속하기 때문이다. (그러나 연습문제 201과 207에서처럼 $\{1,\ldots,N\}$의 부분집합들의 모임들만 고려하기로 한다면 $f/\emptyset = \wp$이다. 또한 $\wp/\wp = \epsilon$이며, $f \neq \wp$일 때 $f/\wp = \emptyset$이다.) $f/\epsilon = f$임은 분명하다. 그리고 $f \neq \emptyset$일 때 $f/f = \epsilon$이다. 마지막으로 $g \neq \emptyset$일 때 $(f \bmod g)/g = \emptyset$이다. 왜냐하면 $\alpha \in (f \bmod g)/g$와 $\beta \in g$가 $\alpha \cup \beta \in f$, $\alpha \in f/g$, $\alpha \cup \beta \notin (f/g) \sqcup g$를 함의하는데, 이는 모순이기 때문이다.

(d) 만일 $\beta \in g$이면 모든 $\alpha \in f/g$에 대해 $\beta \cup \alpha \in f$이고 $\beta \cap \alpha = \emptyset$이다. 이에 의해 힌트가 증명된다. 따라서 $f/g \subseteq f/(f/(f/g))$이다. 그리고 $h \supseteq g$일 때에는 (a)에 의해, $f/h \subseteq f/g$이다. 이제 $h = f/(f/g)$로 두면 된다.

(e) $f /\!\!/ g$가 그러한 새 정의를 따르는 모임이라고 하자. 그러면 $f/g \subseteq f /\!\!/ g$이다. $g \sqcup (f/g)$

$\subseteq f$이고 $g \perp (f/g)$이기 때문이다. 반대로, 만일 $\alpha \in f /\!/ g$이고 $\beta \in g$이면 $g \sqcup h \subseteq f$이고 $g \perp h$인 어떤 $h$에 대해 $\alpha \in h$이다. 따라서 $\alpha \cup \beta \in f$이고 $\alpha \cap \beta = \emptyset$이다.

(f) $f$에 그러한 표현이 있다면 반드시 $g = f/e_j$이고 $h = f \bmod e_j$이다. 반대로, 그러한 모임들은 $e_j \perp g \cup h$를 만족한다. (이 법칙은 ZDD들에 깔린 근본적인 재귀적 원리이다. $g$와 $h$가 $x_j$에 독립인 고유한 표현 $f = (x_j?\ g\colon h)$가 BDD에 깔려 있는 것과 마찬가지이다.)

(g) 둘 다 참이다. (이를 증명하려면, $f$와 $g$를 부문제 (f)에서처럼 표현해 볼 것.)

[브라이튼R. K. Brayton과 머크멀런C. McMullen은 몫 연산과 나머지 연산을 *Proc. Int. Symp. Circuits and Systems* (IEEE, 1982), 49-54에서 약간 다른 문맥으로 소개했다. 그들은 서로 비교할 수 없는 부분입방체들의 집합들의 모임을 다루었다.]

**205.** 다섯 연산 모두, 연습문제 204(f)에 기초한 재귀적 규칙을 구축하고자 한다. 예를 들어 만일 $f_v = g_v = v$이면 $f \sqcup g = (\bar{v}?\ f_l \sqcup g_l\colon (f_l \sqcup g_h) \cup (f_h \sqcup g_l) \cup (f_h \sqcup g_h))$; $f \sqcap g = (\bar{v}?\ (f_l \sqcap g_l) \cup (f_l \sqcap g_h) \cup (f_h \sqcap g_l)\colon f_h \sqcap g_h)$; $f \boxplus g = (\bar{v}?\ (f_l \boxplus g_l) \cup (f_h \boxplus g_h)\colon (f_h \boxplus g_l) \cup (f_l \boxplus g_h))$이다.

(a) 만일 $f_v < g_v$이거나 ($f_v = g_v$ 그리고 $f > g$)이면 $f \leftrightarrow g$로 교환한다. 만일 $f = \emptyset$이면 $f$를 돌려준다. 만일 $f = \epsilon$이면 $g$를 돌려준다. 만일 $f \sqcup g = r$이 메모 캐시 안에 있으면 $r$을 돌려준다. 만일 $f_v > g_v$이면 $r_l \leftarrow \mathrm{JOIN}(f, g_l)$, $r_h \leftarrow \mathrm{JOIN}(f, g_h)$로 설정하고, 그렇지 않으면 $r_l \leftarrow \mathrm{JOIN}(f_l, g_l)$, $r_{lh} \leftarrow \mathrm{JOIN}(f_l, g_h)$, $r_{hl} \leftarrow \mathrm{JOIN}(f_h, g_l)$, $r_{hh} \leftarrow \mathrm{JOIN}(f_h, g_h)$, $r_h \leftarrow \mathrm{OROR}(r_{lh}, r_{hl}, r_{hh})$로 설정한 후 $r_{lh}$, $r_{hl}$, $r_{hh}$를 역참조한다. 마지막으로 $r \leftarrow \mathrm{ZUNIQUE}(g_v, r_l, r_h)$로 설정하고, 연습문제 198에서처럼 캐시에 저장한 후 돌려준다.

($r_h$를 공식 $\mathrm{OR}(r_{lh}, \mathrm{JOIN}(f_h, \mathrm{OR}(g_l, g_h)))$ 또는 $\mathrm{OR}(r_{hl}, \mathrm{JOIN}(\mathrm{OR}(f_l, f_h), g_h))$를 통해서 계산할 수도 있다. 한 방법이 다른 둘보다 훨씬 좋을 때가 종종 있다.)

서로 소(disjoint) 합집합 $\{\alpha \cup \beta \mid \alpha \in f,\ \beta \in g,\ \alpha \cap \beta = \emptyset\}$들의 모임을 산출하는 DISJOIN 연산은 이와 비슷하되 $r_{hh}$가 생략된다.

(b) 만일 $f_v < g_v$이거나 ($f_v = g_v$ 그리고 $f > g$)이면 $f \leftrightarrow g$로 교환한다. 만일 $f \le \epsilon$이면 $f$를 돌려준다. ($\emptyset < \epsilon$이고 $\epsilon$은 다른 모든 것보다 작다($<$)고 간주한다.) 그렇지 않으면, 만일 $\mathrm{MEET}(f, g)$가 캐시에 없으면 두 가지 경우로 나뉜다. 만일 $f_v > g_v$이면 $r_h \leftarrow \mathrm{OR}(g_l, g_h)$, $r \leftarrow \mathrm{MEET}(f, r_h)$로 설정하고 $r_h$를 역참조한다. 그렇지 않으면 (a)와 같되 $l \leftrightarrow h$ 교환을 사용해서 진행한다. 마지막으로, 마찬가지 방식으로 $r$을 캐시에 넣고 돌려준다.

(c) 이 연산은 (a)와 같되 $r_l \leftarrow \mathrm{OR}(r_{ll}, r_{hh})$와 $r_h \leftarrow \mathrm{OR}(r_{lh}, r_{hl})$을 사용한다.

(d) 우선 중요한 단순 경우 $f/e_v$와 $f \bmod e_v$를 구현하자.

$\mathrm{EZDIV}(f, v) = \{$ 만일 $f_v = v$이면 $f_h$를 돌려준다. 만일 $f_v > v$이면 $\emptyset$을 돌려준다. 그렇지 않으면 캐시에서 $f/e_v = r$을 찾는다. 캐시에 없으면 $r \leftarrow \mathrm{ZUNIQUE}(f_v, \mathrm{EZDIV}(f_l, v), \mathrm{EZDIV}(f_h, v))$를 통해서 계산한다.

$$\text{EZMOD}(f,v)=\begin{cases}\text{만일 } f_v=v\text{이면 } f_l\text{을 돌려준다. 만일 } f_v>v\text{이면 } f\text{를 돌려준다. 그렇지 않으면 캐시에서 } f \bmod e_v=r\text{을 찾는다. 캐시에 없으면 } r\leftarrow \text{ZUNIQUE}(f_v, \text{EZMOD}(f_l,v), \text{EZMOD}(f_h,v))\\ \text{를 통해서 계산한다.}\end{cases}$$

이제 DIV$(f,g)$="만일 $g=\emptyset$이면 아래를 참고할 것; 만일 $g=\epsilon$이면 $f$를 돌려준다. 그렇지 않고 만일 $f\le\epsilon$이면 $\emptyset$을 돌려준다. 만일 $f=g$이면 $\epsilon$을 돌려준다. 만일 $g_l=\emptyset$이고 $g_h=\epsilon$이면 EZDIV$(f,g_v)$를 돌려준다. 그렇지 않고 만일 $f/g=r$이 메모 캐시에 있으면 $r$을 돌려준다. 그렇지 않으면 $r_l\leftarrow$ EZDIV$(f,g_v)$, $r\leftarrow$ DIV$(r_l,g_h)$로 설정하고 $r_l$을 역참조한다. 만일 $r\neq\emptyset$이고 $g_l\neq\emptyset$이면 $r_h\leftarrow$ EZMOD$(f,g_v)$, $r_l\leftarrow$ DIV$(r_h,g_l)$로 설정하고, $r_h$를 역참조하고, $r_h\leftarrow r$, $r\leftarrow$ AND$(r_l,r_h)$로 설정하고, $r_l$과 $r_h$를 역참조한다. '$f/g=r$'을 메모 캐시에 넣고 $r$을 돌려준다."이다. $\emptyset$으로 나누기는 만일 연습문제 201에서처럼 고정된 모집합 $\{1,\ldots,N\}$이 존재하면 $\wp$를 돌려준다. 그렇지 않으면 오류이다(전체모임 $\wp$가 존재하지 않으므로).

(e) 만일 $g=\emptyset$이면 $f$를 돌려준다. 만일 $g=\epsilon$이면 $\emptyset$을 돌려준다. 만일 $(g_l,g_h)=(\emptyset,\epsilon)$이면 EZMOD$(f,g_v)$를 돌려준다. 만일 $f \bmod g=r$이 캐시에 있으면 그것을 돌려준다. 그렇지 않으면 $r\leftarrow$ DIV$(f,g)$, $r_h\leftarrow$JOIN$(r,g)$로 설정하고, $r$을 역참조하고, $r\leftarrow$ BUTNOT$(f,r_h)$로 설정하고, $r_h$를 역참조한다. $r$을 캐시에 넣고 돌려준다.

〔미나토S. Minato는 ZDD에 대한 그의 독창적인 논문에서 EZDIV$(f,v)$와 EZRNEM$(f,v)$, DELTA$(f,e_v)$를 제시했다. JOIN$(f,g)$와 DIV$(f,g)$에 대한 그의 알고리즘들이 후속 논문 *ACM/IEEE Design Automation Conf.* **31** (1994), 420-424에 등장했다.〕

**206.** 상계 $O(Z(f)^3Z(g)^3)$을 경우 (a)와 (b)에 대해 증명하는 것은 어렵지 않으며, 경우 (c)에 대한 $O(Z(f)^2Z(g)^2)$도 마찬가지이다. 그러나 이 예들에 시간이 그렇게나 많이 걸릴까? 그리고 (d)의 실행 시간이 지수적일 수 있을까? 다섯 루틴 모두, 실제 응용에서는 상당히 빠른 것으로 보인다.

**207.** $f=e_{i_1}\cup\cdots\cup e_{i_l}$이고 $k\ge 0$이라고 할 때, SYM$(f,v,k)$가 오직 변수 $\{x_{i_1},\ldots,x_{i_l}\}\cap\{x_v,x_{v+1},\ldots\}$ 중 정확히 $k$개가 1이고 $x_1=\cdots=x_{v-1}=0$일 때에만 참인 부울 함수라고 하자. $(e_{i_1}\cup\cdots\cup e_{i_l})\S k$를 SYM$(f,1,k)$를 호출해서 계산할 수 있다.

SYM$(f,v,k)$="$f_v<v$인 동안 $f\leftarrow f_l$로 설정한다. 만일 $f_v=N+1$이고 $k>0$이면 $\emptyset$을 돌려준다. 만일 $f_v=N+1$이고 $k=0$이면 부분적 항진 함수 $t_v$를 돌려준다(해답 201 참고). 만일 $f\S v\S k=r$이 캐시에 있으면 $r$을 돌려준다. 그렇지 않으면 $r\leftarrow$ SYM$(f,f_v+1,k)$로 설정한다. 만일 $k>0$이면 $q\leftarrow$ SYM$(f_l,f_v+1,k-1)$, $r\leftarrow$ ZUNIQUE$(f_v,r,q)$로 설정한다. $f_v>v$인 동안 $f_v\leftarrow f_v-1$로 설정하고, REF$(r)$을 1 증가하고, $r\leftarrow$ ZUNIQUE$(f_v,r,r)$로 설정한다. '$f\S v\S k=r$'을 캐시에 넣고 $r$을 돌려준다." 실행 시간은 $O((k+1)N)$이다. $\emptyset\S 0=\wp$임을 주목할 것.

**208.** 단계 C1과 C2에서 계수 $2^{v_{s-1}-1}$, $2^{v_l-v_k-1}$, $2^{v_h-v_k-1}$을 제거하기만 하면 된다. (그리고 단계 C2에서 $c_k \leftarrow c_l + zc_h$로 설정하면 생성 함수가 나온다. 연습문제 25를 보라.) *해들의 수는 ZDD의 뿌리에서* $\boxed{\top}$ *로의 경로들의 개수와 같다.*

**209.** 우선 $n > j \geq 1$에 대해 $\delta_n \leftarrow \bot$ 와 $\delta_j \leftarrow (\bar{x}_{j+1} \circ x_{j+1}) \bullet \delta_{j+1}$로 설정한다. 그런 다음, 해답 31에서 '$\alpha \leftarrow (\bar{x}_j \circ x_j) \bullet \alpha$' 부분을 '$\alpha \leftarrow (\bar{x}_j \bullet \alpha) \circ (x_j \bullet \delta_j)$'로 바꾼다. 또한 $\beta$와 $\gamma$에 대한 부분들도 $\alpha$와 마찬가지 방식으로 변경한다.

**210.** 사실, $x = x_1 \ldots x_n$일 때 $g$의 정의의 $\nu x$를 임의의 선형 함수 $c(x) = c_1 x_1 + \cdots + c_n x_n$으로 대체할 수 있다. 그럼으로써, 알고리즘 B가 다루는 일반적인 부울 계획 문제에 대한 모든 최적의 해를 특징지을 수 있다.

필드들이 V($x$), LO($x$), HI($x$)인 ZDD의 각 가지 노드 $x$에 대해, 그 최적값 M($x$)와 새 링크 L($x$), H($x$)를 다음과 같이 계산할 수 있다: $m_l = \mathtt{M}(\mathtt{LO}(x))$이고 $m_h = c_{\mathtt{V}(x)} + \mathtt{M}(\mathtt{HI}(x))$라고 하자. 여기서 $\mathtt{M}(\boxed{\bot}) = -\infty$이고 $\mathtt{M}(\boxed{\top}) = 0$이다. 그러면, 만일 $m_l \geq m_h$이면 $\mathtt{L}(x) \leftarrow \mathtt{LO}(x)$로 설정하고 그렇지 않으면 $\mathtt{L}(x) \leftarrow \boxed{\bot}$로 설정한다. 만일 $m_l \leq m_h$이면 $\mathtt{H}(x) \leftarrow \mathtt{HI}(x)$로 설정하고 그렇지 않으면 $\mathtt{H}(x) \leftarrow \boxed{\bot}$로 설정한다. 이제 L 링크와 H 링크를 뿌리에서 접근할 수 있도록 축약하면 $g$에 대한 ZDD가 나온다. $Z(g) \leq Z(f)$이며, 전체 계산에 $O(Z(f))$단계가 걸림을 주목할 것. (ZDD의 이러한 바람직한 속성은 쿠데르O. Coudert가 지적했다. 해답 237을 보라.)

**211.** 행렬에 성분들이 모두 0인 행이 있지 않은 한, 그렇다. 그런 행들이 없으면 $f$의 $z$-프로파일은 $0 \leq k < n$에 대해 $b_k \geq q_k - 1 \geq z_k$를 만족한다. $x_{k+1}$에 독립인 수준 $k$ 부분함수만이 상수 0이기 때문이다.

**212.** 본 저자의 실험에서 최선의 대안은 (129)의 각 항 $T_j = S_1(X_j)$마다 ZDD를 연습문제 207의 알고리즘을 이용해서 만들고, 그 ZDD들을 AND로 결합하는 것이다. 예를 들어 문제 (128)에서 $X_1 = \{x_1, x_2\}$, $X_2 = \{x_1, x_3, x_4\}$, …, $X_{64} = \{x_{105}, x_{112}\}$이다. 115노드 ZDD를 가지는 항 $S_1(X_2) = S_1(x_1, x_3, x_4)$를 만들기 위해서는, 그냥 $e_1 \cup (e_3 \cup e_4)$에 대한 5노드 ZDD를 형성하고 $T_2 \leftarrow (e_1 \cup e_3 \cup e_4) \S 1$을 계산하면 된다.

그런데 (129)의 각 항 $T_1$, …, $T_n$을 구한 후에 AND를 그것들에 어떤 순서로 적용해야 할까? 문제 (128)을 생각해 보자. 방법 1: $T_1 \leftarrow T_1 \wedge T_2$, $T_1 \leftarrow T_1 \wedge T_3$, …, $T_1 \leftarrow T_1 \wedge T_{64}$. 상위 수준들을 먼저 채우는 이 '하향식' 방법은 약 6.2메가멤을 소비한다. 방법 2: $T_{64} \leftarrow T_{64} \wedge T_{63}$, $T_{64} \leftarrow T_{64} \wedge T_{62}$, …, $T_{64} \leftarrow T_{64} \wedge T_1$. 하위 수준들을 먼저 채우는('상향식') 이 방법에서는 실행 시간이 약 1.75메가멤으로 떨어진다. 방법 3: $T_2 \leftarrow T_2 \wedge T_1$, $T_4 \leftarrow T_4 \wedge T_3$, …, $T_{64} \leftarrow T_{64} \wedge T_{63}$; $T_4 \leftarrow T_4 \wedge T_2$, $T_8 \leftarrow T_8 \wedge T_6$, …, $T_{64} \leftarrow T_{64} \wedge T_{62}$; $T_8 \leftarrow T_8 \wedge T_4$, $T_{16} \leftarrow T_{16} \wedge T_{12}$, …, $T_{64} \leftarrow T_{64} \wedge T_{60}$; …; $T_{64} \leftarrow T_{64} \wedge T_{32}$. 이 "균형 잡힌" 접근방식 역시 약 1.75메가멤을 소비한다. 방법 4: $T_{33} \leftarrow T_{33} \wedge T_1$, $T_{34} \leftarrow T_{34} \wedge T_2$, …, $T_{64} \leftarrow T_{64} \wedge T_{32}$; $T_{49} \leftarrow T_{49} \wedge T_{33}$, $T_{50} \leftarrow T_{50} \wedge T_{34}$, …, $T_{64} \leftarrow T_{64} \wedge T_{48}$; $T_{57} \leftarrow T_{57} \wedge T_{49}$, $T_{58} \leftarrow T_{58} \wedge T_{50}$, …, $T_{64} \leftarrow T_{64} \wedge T_{56}$; …;

$T_{64} \leftarrow T_{64} \wedge T_{63}$. 이 방법이 균형을 훨씬 더 잘 잡는다. 약 850킬로멤만 필요로 한다. 방법 5: 앞의 균형 잡기 전략과 비슷하되 삼항 ANDAND를 사용하는 방법이 더 나은 것으로 판명된다. 이 방법은 단 675킬로멤만 필요로 한다. (다섯 경우 모두에서, 64개의 초기 항 $T_j$들을 형성하는 데 필요한 190킬로멤을 실행 시간에 추가해야 한다.)

첨언하자면, (128)와 (129)에서 $x_1 = 0$과 $x_2 = 1$을 고집함으로써 ZDD 크기를 2300에서 1995로 줄일 수 있다. 이는 모든 덮기(포괄)의 '전치'가 또 다른 덮기이기 때문이다. 그러나 이러한 착안을 적용해도 실행 시간이 크게 줄지는 않는다.

(128)의 행들은 사전식 순서의 내림차순으로 나타나는데, 이것이 이상적이지는 않을지도 모른다. 그러나 동적 변수 순서는 변수들이 많이 있는 경우 도움이 되지 않는다. (체 치기로 크기를 2300에서 1887로 줄일 수 있으나, 대신 시간이 오래 걸린다.)

다양한 정확 포괄 문제들을 통한 추가적인 연구가 필요함은 분명하다.

**213.** 그러한 체스판은 한 부분에는 정점이 30개이고 다른 부분에는 32개인 이분열 그래프이다. (체스판을 체커판[checkerboard]이라고 생각해 보라: 각 도미노는 흰 칸과 검은 칸을 연결하는데, 훼손된 체스판은 검은 칸 두 개가 제거된 것이다.) $(1, \ldots, 1, 1, *, *)$의 행 합에는 적어도 31개의 '흰 칸' 위치들에 1이 있으므로, 마지막 두 성분은 반드시 $(2, 1)$ 아니면 $(3, 2)$이다.

**214.** 포괄 조건 (128)에 다음과 같은 제약조건을 추가한다: $\bigwedge_{j=1}^{14} S_{\geq 1}(Y_j)$, 여기서 $Y_j$는 $j$번째 잠재적 단층선을 가로지는 $x_i$들의 집합. (예를 들어 $Y_1 = \{x_2, x_4, x_6, x_8, x_{10}, x_{12}, x_{14}, x_{15}\}$는 하나의 도미노를 체스판 최상위 두 행에 수직으로 배치하는 방법들의 집합이다. 각 $|Y_j| = 8$이다.) 이런 식으로 얻은 ZDD는 노드가 9812개이고 25,506개의 해들을 특징짓는다. 첨언하자면 BDD 크기는 26,622이다. 〔$m \times n$ 체스판의 무단층 도미노 깔기는 오직 $mn$이 짝수이고 $m \geq 5$, $n \geq 5$, $(m, n) \neq (6, 6)$일 때에만 가능하다. R. L. Graham, *The Mathematical Gardner* (Wadsworth International, 1981), 120-126을 보라. (127)의 해는 수평, 수칙 반사 모두에서 대칭인 $8 \times 8$ 덮기로는 유일한 것이다. 90° 회전 하에서 대칭인 예로는 그림 29(b)가 있다.

**215.** 이 경우에는 $\bigwedge_{j=1}^{49} S_{\geq 1}(Z_j)$라는 제약을 추가해야 한다. 여기서 $Z_j$는 하나의 내부 모퉁이 점을 둘러싼 네 배치 $x_i$들의 집합이다. (이를테면 $Z_1 = \{x_1, x_2, x_4, x_{16}\}$이다.) 이 제약조건에 의해 ZDD의 크기가 66으로 줄어든다. 해는 단 두 가지인데, 하나는 다른 하나의 전치이다. 이 해들을 직접 손으로 손쉽게 찾아낼 수 있다. 〔Y. Kotani, *Puzzlers' Tribute* (A. K. Peters, 2002), 413-420을 보라. 모든 다다기 깔기의 집합을 히커슨Dean Hickerson이 특징지은 바 있다. 해당 생성 함수들은 러스키Frank Ruskey와 우드콕Jennifer Woodcock이 *Electronic J. Combinatorics* **16**,1 (2009), #R126에서 구했다.〕

**216.** (a) (128)의 각 행에, 행 $i$가 선택되었을 때의 도미노 색상에 대응되는 세 변수 $(a_i, b_i, c_i)$를 배정한다. 그러면 (129)의 $f$에 대한 ZDD의 모든 가지 노드는 이제 세 개의 가지 노드가 된다. 전치 하에서의 대칭성을 이용해서, $f$를 $f \wedge x_2$로 대체한다. 그러면 ZDD 크기는 2300에서 1995로 줄어드는데, 각 가지 노드를 3중으로 만들면 5981로 증가한다.

이제 행 $i$와 $i'$이 인접한 도미노 위치들인 682가지 $\{i, i'\}$들에 대해 인접성 제약들을 AND로 결합한다. 그러한 제약들은 $\neg((a_i \wedge a_{i'}) \vee (b_i \wedge b_{i'}) \vee (c_i \wedge c_{i'}))$의 형태이다. 이들에 해답 212의 방법 2 같은 상향식 방법을 적용한다. 이러한 계산에 의해 ZDD 노드 개수는 80만 개까지 올라갔다가 그 후부터는 감소해서 결국에는 584,205가 된다.

문제가 요구하는 답은 13,343,246,232이다(이는 물론 $3! = 6$의 배수이다. 세 색상의 각 순열마다 서로 다른 하나의 해가 나오기 때문이다.)

(b) 이 질문은 부문제 (a)와 다른 것이다. 세 가지 색을 칠하는 방법이 하나가 아니라 여러 가지인 도미노 덮기들이 많은데(그림 29(b)도 그러한 경우이다), 그런 것들을 한 번씩만 세어야 하기 때문이다.

함수 $f(a_1, b_1, c_1, \ldots, a_m, b_m, c_m) = f(x_1, \ldots, x_{3m})$이 $a_i = x_{3i-2}$, $b_i = x_{3i-1}$, $c_i = x_{3i}$를 만족한다고 가정하자. 즉, 만일 $f(x_1, \ldots, x_{3m}) = 1$이면 $1 \le i \le m$에 대해 $a_i + b_i + c_i \le 1$인 것이다. 이제 $f$의 탈색(uncoloring) $\$f$를 다음과 같이 정의한다.

$$\$f(x_1, \ldots, x_m) = \exists y_1 \cdots \exists y_{3m} (f(y_1, \ldots, y_{3m}) \\ \wedge (x_1 = y_1 + y_2 + y_3) \wedge \cdots \wedge (x_m = y_{3m-2} + y_{3m-1} + y_{3m})).$$

직관적인 재귀적 서브루틴을 이용해서, $f$에 대한 ZDD로부터 $\$f$에 대한 ZDD를 계산하는 것이 가능하다. 이에 의해 부문제 (a)에서 얻은 584,205노드 ZDD가 33,731노드 ZDD로 줄어든다. 그 ZDD로부터 3,272,232라는 답을 이끌어 낼 수 있다.

(실행 시간은 부문제 (a)를 위한 1.2기가멤 더하기 탈색을 위한 1.3기가멤이고, 총 메모리 요구량은 약 44메가바이트이다. ZDD들이 아니라 BDD들에 기초한 비슷한 계산에는 13.6 + 1.5기가멤과 185메가바이트가 필요하다.)

**217.** 분리 조건에 의해 $\neg(x_i \wedge x_{i'})$ 형태의 제약 4198가지가 더 추가되는데, 여기서 행 $i$와 $i'$은 합동인 조각들의 인접 배치를 지정한다. 논리곱 $\bigwedge_{j=1}^{468} S_1(X_j)$를 평가하는 도중에 이 제약조건들을 적용하는 것은 본 저자의 실험 결과로 볼 때 좋은 생각이 아니다. 그리고 새 제약조건들만으로 개별적인 ZDD를 구축하는 것은 결과가 더 나빴다. 훨씬 나은 접근방식은 이전처럼 512,227노드 ZDD를 구축하고, 그런 다음 새 제약조건들을 하나씩 도입하되 처음에는 최하위 수준들의 변수들에 대한 것들부터 도입하는 것이었다. 그렇게 해서 크기가 31,300,699인 ZDD를 286기가멤의 작업으로 완성하고, 그 ZDD를 이용해서 정확히 7,099,053,234,102개의 분리된 해들이 존재함을 증명할 수 있었다.

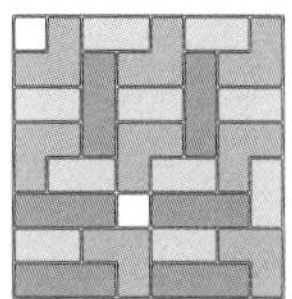

또한 강하게 분리된 해들, 즉 합동인 조각들이 서로 모퉁이에서 만나는 것도 허용하지 않는 해들을 구해 볼 수도 있다. 그러한 조건에 의해 제약이 1948개 더 추가된다. 강하게 분리된 덮기들은 554,626,216개로, 크기가 4,785,236인 ZDD를 이용해서 245기가멤으로 구할 수 있다. (그러나 표준적인 역추적 방법으로 이들을 더 빠르게, 그리고 메모리 소비도 거의 없이 구할 수 있다.)

**218.** 이는 하나의 정확 포괄 문제이다. 예를 들어 $n=3$일 때 행렬은

$$\begin{array}{ll} 001001010 & (--2--2) \\ 010001001 & (-3---3) \\ 010010010 & (-2--2-) \\ 010100100 & (-1-1--) \\ 100010001 & (3---3-) \\ 100100010 & (2--2--) \\ 101000100 & (1-1---) \end{array}$$

이다. 일반화하자면 열이 $3n$개이고 행이 $\binom{2n-1}{2}-\binom{n}{2}$개이다. $n=12$인 경우를 생각해 보자: 187변수에 대한 ZDD의 노드는 192,636개이다. 그러한 ZDD를 해답 212의 방법 4(이진 균형)를 이용해서 300메가멤의 비용으로 구할 수 있다. 이 경우 방법 5가 방법 4보다 25%만큼 느리다. BDD는 훨씬 크며(노드 2,198,195개), 비용이 900메가멤을 넘는다.

따라서 이 문제에 대해서는 ZDD가 BDD보다 확실히 바람직하다. ZDD는 $L_{12}=108,144$개의 해들을 적절한 효율성으로 식별한다. (그러나 §7.2.2의 '춤추는 연결고리' 기법이 약 네 배 빠르며, 메모리도 훨씬 덜 필요로 한다.)

**219.** (a) 1267; (b) 2174; (c) 2958; (d) 3721; (e) 4502. (WORDS($n$)에 대한 ZDD를 형성하는 방법은, $\mathtt{w}_1 \sqcup \mathtt{h}_2 \sqcup \mathtt{i}_3 \sqcup \mathtt{c}_4 \sqcup \mathtt{h}_5$, $\mathtt{t}_1 \sqcup \mathtt{h}_2 \sqcup \mathtt{e}_3 \sqcup \mathtt{r}_4 \sqcup \mathtt{e}_5$ 등에 대한 7노드 ZDD들에 대해 $n-1$회의 OR 연산을 가하는 것이다.)

**220.** (a) 둘째 자리에 a가 오는 단어들(aargh, babel, ..., zappy)의 각 첫 글자의 후손들에 대해 하나의 $a_2$ 노드가 존재한다. q와 u, x를 제외한 23자 모두 그러한 첫 글자가 될 수 있다. 그리고 둘째 자리 글자가 b인 단어들(abbey, ebony, oboes)의 각 첫 글자마다 하나의 $b_2$ 노드가 존재한다. 그러나 실제 규칙이 이렇게 간단할 수는 없다. 예를 들어 $z_2$ 노드는 넷이 아니라 셋이다. czars와 tzars 사이의 공유 때문이다.

(b) v로 끝나는 5자 단어가 없으므로 $v_5$는 없다. (SGB 컬렉션에는 arxiv나 webtv가 포함되어 있지 않다.) $w_5$에 대해 노드가 세 개가 존재하는데, 하나는 $<w_5$인 글자들 다음에 반드시 w가 오는 경우들(aglo 등 여러 가지)에 대한 것이고 또 하나는 반드시 w나 y가 붙어야 하는 경우들(stra나 resa, 또는 allo는 나왔지만 allot는 아닌 경우)에 대한 것이다. 그리고 unse 다음에 e나 t가 오지 않는 경우에 대한 $w_5$ 노드도 있는데, 이는 그런 경우 그다음에 반드시 w나 x가 와야 하기 때문이다. 비슷하게, $x_5$에 대한 두 노드는 반드시 x가 와야 하는 경우들과 마지막 글자가 반드시 x나 y인 경우들(rela 다음의)에 대한 것이다. $y_5$ 노드는 단 하나이다. 네 글자 다음에 y와 z 둘 다 붙는 경우는 없기 때문이다. 물론 $z_5$ 노드는 단 하나이며, 흡수 노드는 둘이다.

**221.** 모든 가능한 주슬 $\zeta$에 대해 $\zeta$가 나타날 확률을 계산하고, 그 확률들을 모든 $\zeta$에 관해 합산한다. 한정성(definiteness)에 관해서는, $r_3$에 대한 분기에 해당하는 주슬을 고찰하자. 그 주슬이 10개의

세 글자 접두열들의 부분모임을 나타낸다고 가정할 때, 그러한 주슬의 개수는 정확히 $\binom{6084}{10}-\binom{5408}{10}$ $\approx 1.3\times 10^{31}$이다. 그리고 포함 배제 원리에 의해, 각 주슬이 나타날 확률은

$$\sum_{k\geq 1}\binom{676}{k}(-1)^{k+1}\binom{11881376-6084k}{5757-10k}\Big/\binom{11881376}{5757}\approx 2.5\times 10^{-32}$$

이다. 〔힌트: $|\{r,s,t,u,v,w,x,y,z\}|=9$, $676=26^2$이고 $6084=9\times 26^2$이다.〕 따라서 그러한 주슬은 총합에 약 0.33을 기여한다. 비슷한 분석을 통해서, 크기가 1, 2, 3, 4, 5, ...인 부분모임들에 대한 $r_3$-주슬들은 근사적으로 11.5, 32.3, 45.1, 41.9, 29.3, ...을 기여함을 알 수 있다. 따라서 전체적으로 $r_3$에 대한 평균 가지(branch) 개수의 기댓값은 약 188.8이다. 총합

$$\sum_{l=1}^{5}\sum_{j=1}^{26}\sum_{s=1}^{5757}\left(\binom{26^{5-l}(27-j)}{s}-\binom{26^{5-l}(26-j)}{s}\right)$$
$$\times\sum_{k=1}^{\infty}\binom{26^{l-1}}{k}(-1)^{k+1}\binom{26^5-26^{5-l}(27-j)k}{5757-sk}\Big/\binom{26^5}{5757}$$

에 2(두 흡수 노드)를 더하면 $\approx 7151.986$이 된다. 평균 $z$-프로파일은 $\approx(1.00,\ldots,1.00;25.99,$ $\ldots,25.99;188.86,\ldots,171.43;86.31,\ldots,27.32;3.53,\ldots,1.00;2.00)$이다.

**222.** (a) 이 공식은 $F$의 모든 단어의 모든 부분집합의 집합을 뜻한다. (그런 부분단어는 모든 가능한 전체 $27^5=14{,}348{,}907$개 중 $50{,}569$개이다. 이들을 $18{,}784$노드 ZDD로 서술할 수 있으며, 그러한 ZDD를 $F$와 $\wp$로부터 해답 205(b)를 이용해서 약 15메가멤으로 구축할 수 있다.)

(b) 이 공식은 $F\sqcap\wp$와 같은 결과를 낸다. $F$의 모든 구성원에는 각 $X_j$의 정확히 하나의 원소가 포함되기 때문이다. 그러나, $Z(X)=132$가 $Z(\wp)=131$과 거의 같을 정도로 작긴 하지만 그래도 계산은 훨씬 더 느리다(약 370메가멤). ($|X|=26^5\approx 2^{23.5}$인 반면 $|\wp|=2^{130}$임을 주목할 것.)

(c) $(F/P)\sqcup P$, 여기서 $P=\mathtt{t}_1\sqcup\mathtt{u}_3\sqcup\mathtt{h}_5$는 하나의 패턴. (해당하는 단어들은 touch와 tough, truth이다. 해답 205의 알고리즘으로 이를 계산하는 데에는 약 3000멤이 소비된다.) 또 다른 간단한 공식의 후보는 $F\cap Q$인데, 여기서 $Q$는 허용 가능한 단어들을 서술하는 어떤 모임이다. 만일 $Q=\mathtt{t}_1\sqcup X_2\sqcup\mathtt{u}_3\sqcup X_4\sqcup\mathtt{h}_5$로 설정한다면 $Z(Q)=57$이 되며 비용은 이번에도 $\approx 3000\mu$이다. 반면 $Q=(\mathtt{t}_1\cup\mathtt{u}_3\cup\mathtt{h}_5)\,\S\,3$으로 둔다면 $Z(Q)=132$이고 비용은 약 9000멤으로 올라간다. (여기서 $|Q|$은 첫 경우에서는 $26^2$이지만 둘째 경우에서는 $2^{127}$이다. 이는 (a)와 (b)에서 얻은 직관과는 반대이다! 왜 그런지는 직접 알아보시길.)

(d) $F\cap((V_1\cup\cdots\cup V_5)\,\S\,k)$. 그런 단어들의 수는 $k=(0,\ldots,5)$에 대해 $(24,1974,3307,$ $443,9,0)$으로, 이는 크기가 $(70,1888,3048,686,34,1)$인 ZDD들로부터 파악할 수 있다. ("단어 $F\bmod \mathtt{y}_1 \bmod \mathtt{y}_2 \bmod \cdots \bmod \mathtt{y}_5$들에 대해서는 연습문제 7-34를 보라"라고 저자가 얼굴을 찡그리며〔wryly〕 말했다.)

(e) 요구된 패턴들은 $P=(F\sqcap\wp)\cap Q$를 만족한다. 여기서 $Q=((X_1\cup\cdots\cup X_5)\,\S\,3)$이다. 그러면 $Z(Q)=386$, $Z(P)=14221$이고 $|P|=19907$이다.

(f) 이 경우의 공식은 좀 더 까다롭다. 우선 $P_2 = F \sqcap F$는 $F$와 서로 다른 두 단어에 의해 만족되는 모든 패턴을 산출한다. 이때 $Z(P_2) = 11289$, $|P_2| = 21234$, $|P_2 \cap Q| = 7753$이다. 그러나 $P_2 \cap Q$가 답은 아니다. 예를 들어 원래 여덟 번 나타나지만 오직 *atch의 문맥에서만 나타나는 패턴 *atc*가 여기에는 빠져 있다. 올바른 답은 $P_2' \cap Q$로, 여기서 $P_2' = (P_2 \setminus F) \sqcap \wp$이다. 그러면 $Z(P_2') = 8947$, $Z(P_2' \cap Q) = 7525$, $|P_2' \cap Q| = 10472$이다.

(g) $G_1 \cup \cdots \cup G_5$, 여기서 $G_j = (F/(\mathsf{b}_j \cup \mathsf{o}_j)) \sqcup \mathsf{b}_j$. 답은 bared, bases, basis, baths, bobby, bring, busts, herbs, limbs, tribs이다.

(h) 둘째 자리에서 모든 모음을 허용하는 패턴들: b*lls, b*nds, m*tes, p*cks.

(i) 첫째 것은 가운데 세 글자가 모음인 모든 단어를 뜻하고 둘째 것은 첫 글자와 마지막 글자가 지정된 모든 패턴 중 모음 세 개가 삽입되었을 때 부합하는 것이 적어도 하나 있는 패턴들이다. 첫째 것의 해는 30개이나 둘째 것은 27개밖에 안 된다(이를테면 louis와 luaus가 같은 패턴을 산출하기 때문이다). 첨언하자면, 그 여모임(complementary family) $\wp \setminus F$의 구성원은 $2^{130} - 5757$개이고 해당 ZDD의 노드는 46316개이다.

**223.** (a) $d(\alpha,\mu) = [\alpha_1 \neq \mu_1] + \cdots + [\alpha_5 \neq \mu_5]$이므로, $d(\alpha,\mu) + d(\beta,\mu) + d(\gamma,\mu) = 5$이다.

(b) 모임 $f$, $g$, $h$가 주어졌을 때, 모임 $\{\mu \mid \alpha \neq \mu, \beta \neq \mu, \gamma \neq \mu$인 어떤 $\alpha \in f, \beta \in g, \gamma \in h$에 대해 $\mu = \langle \alpha\beta\gamma \rangle$이고 $\alpha \cap \beta \cap \gamma = \emptyset\}$의 부등 제약조건들을 각각 완화해서 나오는 여덟 변형들을 고려한다면, 그러한 모임을 ZDD 계산이 가능하도록 재귀적으로 정의할 수 있다. 저자의 실험적 시스템에서, $n = (100, 1000, 5757)$에 대해 WORDS($n$)의 중앙값들에 대한 ZDD들은 그 노드 개수가 각각 $(595, 14389, 71261)$이고 $(47, 7310, 86153)$개의 5자 단어 해들을 특징짓는다. $n = 5757$일 때의 86153개의 중앙값들 중에는 chads, stent, blogs, ditzy, phish, bling, tetch 등이 있는데, 사실 tetch = ⟨ fetch teach total ⟩은 $n = 1000$일 때 이미 나타난 것이다. (실행 시간들은 각각 약 $(.01, 2, 700)$기가멤으로, 특별히 인상적인 것은 아니다. 아마 이 문제에 대해서는 ZDD가 최상의 도구가 아닌 것 같다. 그래도 프로그래밍은 교육적이었다.)

(c) $n = 100$일 때, WORDS($n$)의 중앙값들 중 WORDS(100), WORDS(1000), WORDS(5757)에 속하는 것은 각각 정확히 $(1, 14, 47)$개이다. 가장 흔한 단어들로 된 해는 while = ⟨ white whole still ⟩이다. $n = 1000$일 때 해당 개수들은 $(38, 365, 1276)$이고 $n = 5757$일 때에는 $(78, 655, 4480)$이다. 다른 어떤 세 영단어의 중앙값이 아닌 영단어들 중 가장 흔한 것은 their, first, right이다.

**224.** DAG의 모든 호 $u \longrightarrow v$는 숲의 한 정점 $v$에 대응된다. ZDD에는 그러한 모든 호마다 정확히 하나씩의 가지 노드가 있다. 그 노드의 LO 포인터는 해당 정점 $v$의 오른쪽 동기로 이어진다. 만일 $v$에 오른쪽 동기가 없으면 $\boxed{\bot}$로 이어진다. HI 포인터는 $v$의 왼쪽 자식으로, 또는 $v$가 잎이면 $\boxed{\top}$로 이어진다. 이 ZDD를 변경하지 않고도 호들을 여러 가지 순서로 정렬할 수 있다(전위순, 후위순, 수준순 등등).

**225.** 연습문제 55에서처럼, 정점들의 번호를 이른 정점들과 늦은 정점들 사이의 '국경'이 비교적 작게 유지되도록 배정할 필요가 있다. 그렇게 하면 이른 정점들에서 내린 수많은 결정들을 기억해 두어야 하는 부담을 피할 수 있기 때문이다. 또한 이번 문제의 경우에는 원본 정점 $s$에 1번을 부여하는 것이 바람직하다.

해답 55에서는 이전 가지들로부터의 관련 상태들이 하나의 동치 관계(집합 분할)에 대응되었다. 그러나 이제는 그것을 $j \le i \le l$에 대한 표 $mate[i]$로 표현한다. 여기서 $j = u_k$는 현재 간선 $u_k$—$v_k$의 더 작은 정점이고 $l = \max\{v_1, \ldots, v_{k-1}\}$이다. 이 표에서 $mate[i] = i$는 정점 $i$를 아직 손대지 않았다는 뜻이고 $mate[i] = 0$은 그 정점을 이미 두 번 건드렸다는 뜻이라고 하자. 그 외의 경우, 만일 이전 간선들이 양끝점이 $\{i, r\}$인 단순 경로를 형성한다면 $mate[i] = r$, $mate[r] = i$이다. 초기에는 $1 \le i \le n$에 대해 $mate[i] \leftarrow i$로 설정하되, 예외로 $mate[1] \leftarrow t$와 $mate[t] \leftarrow 1$로 설정한다. (만일 $t > l$이면 $mate[t]$의 값은 저장할 필요가 없다. $j \le i \le l$에 대해 $mate[i]$의 값들로부터 유도할 수 있기 때문이다.)

$j' = u_{k+1}$과 $l' = \max\{v_1, \ldots, v_k\}$가 간선 $k$를 처리한 후의 $j$와 $l$의 값들이라고 하자. 그리고 $u_k = j$, $v_k = m$, $mate[j] = \hat{\jmath}$, $mate[m] = \hat{m}$이라고 가정하자. 만일 $\hat{\jmath} = 0$이거나 $\hat{m} = 0$이면 간선 $j$—$m$을 선택할 수 없다. 그렇지 않고 만일 $\hat{\jmath} \ne m$이면, 간선 $j$—$m$를 선택한 후 새 $mate$ 표를 배정 $mate[j] \leftarrow 0$, $mate[m] \leftarrow 0$, $mate[\hat{\jmath}] \leftarrow \hat{m}$, $mate[\hat{m}] \leftarrow \hat{\jmath}$를 수행해서(이 순서대로) 계산할 수 있다.

그 외의 경우에는 $\hat{\jmath} = m$이고 $\hat{m} = j$이다. 이 경우 세심한 끝내기(endgame)가 필요하다. $i$가 $i > j$, $i \ne m$을 만족하는 가장 작은 정수이고, $i > l'$이거나 $mate[i] \ne 0$ 그리고 $mate[i] \ne i$이라고 하자. 간선 $j$—$m$을 선택한 후의 새 상태는 만일 $i \le l'$이면 $\emptyset$이고 그렇지 않으면 $\epsilon$이다.

그 간선이 선택되든 안 되든, 새 상태는 만일 $j \le i < j'$ 범위의 어떤 $i$에 대해 $mate[i] \ne 0$이고 $mate[i] \ne i$이면 $\emptyset$이다.

예를 들어 다음은 $3 \times 3$ 격자의 1에서 9로의 경로들((132) 참고)에 대한 초반 단계들이다.

| $k$ | $j$ | $l$ | $m$ | $mate[1] \ldots mate[9]$ | $\hat{\jmath}$ | $\hat{m}$ | $mate'[1] \ldots mate'[9]$ |
|---|---|---|---|---|---|---|---|
| 1 | 1 | 1 | 2 | 9 2 3 4 5 6 7 8 1 | 9 | 2 | 0 9 3 4 5 6 7 8 2 |
| 2 | 1 | 2 | 3 | 9 2 3 4 5 6 7 8 1 | 9 | 3 | 0 2 9 4 5 6 7 8 3 |
| 2 | 1 | 2 | 3 | 0 9 3 4 5 6 7 8 2 | 0 | 3 | — |
| 3 | 2 | 3 | 4 | 0 2 9 4 5 6 7 8 3 | 2 | 4 | 0 4 9 2 5 6 7 8 3 |
| 3 | 2 | 3 | 4 | 0 9 3 4 5 6 7 8 2 | 9 | 4 | 0 0 3 9 5 6 7 8 4 |

여기서 $mate'$은 간선 $j$—$m$이 선택되었을 때의 다음 상태를 서술한다. $mate_{j..l} \mapsto mate'_{j'..l'}$로의 상태 전이들은 $9 \mapsto (\overline{12}?\ 92\colon 09)$; $92 \mapsto (\overline{13}?\ \emptyset\colon 29)$; $09 \mapsto (\overline{13}?\ 93\colon \emptyset)$; $29 \mapsto (\overline{24}?\ 294\colon 492)$; $93 \mapsto (\overline{24}?\ 934\colon 039)$이다.

도달 가능한 상태들을 모두 발견했다면, 알고리즘 R과 비슷한 절차를 이용해서 동치 상태들을 축약함으로써 ZDD를 구할 수 있다. ($3 \times 3$ 격자 문제에서 57개의 가지 노드가 28개로 축약되며,

그 외에 흡수 노드가 두 개 있다. 본문에 나온 가지 노드 22개짜리 ZDD는 연습문제 197의 최적화까지 가한 결과이다.)

**226.** 초기 배정문 '$mate[1] \leftarrow t$'와 '$mate[t] \leftarrow 1$'만 제거하면 된다.

**227.** 두 군데에서 조건 '$mate[i] \neq 0$ 그리고 $mate[i] \neq i$'를 '$mate[i] \neq 0$'으로 바꾼다. 그리고 '$i \leq l'$'을 '$i \leq n$'으로 바꾼다.

**228.** 이전 해답을 다음과 같이 더욱 변경한다: 가짜 정점 $d = n+1$과 모든 $v \neq s$에 대한 새 간선 $v — d$들을 추가한다. 이 새 간선이 "$v$에서 끝난다"라는 뜻이라고 간주한다. 표 $mate$를 $mate[1] \leftarrow d$, $mate[d] \leftarrow 1$로 초기화한다. $l$과 $l'$을 계산할 때 $d$를 최대화에서 제외한다. 저장된 $mate$ 표를 조사할 때 $mate[d] \leftarrow 0$에서 시작하고, 만일 $mate[i] = d$를 만나면 $mate[d] \leftarrow i$로 설정한다.

**229.** 후자의 경로들 중 149,692,648,904개는 VA에서 MD로 간다. 그래프 (133)에는 DC가 빠져 있다. (그러나 해밀턴 경로는 (18)이 (133)보다 적다. (133)에는 CA에서 ME로 가되 VA에서 MD로 가지는 않는 1,782,199개의 해밀턴 경로가 있기 때문이다.

**230.** 유일한 최대, 최소 경로는 둘 다 ME에서 시작해서 WA로 끝난다. 다음과 같다.

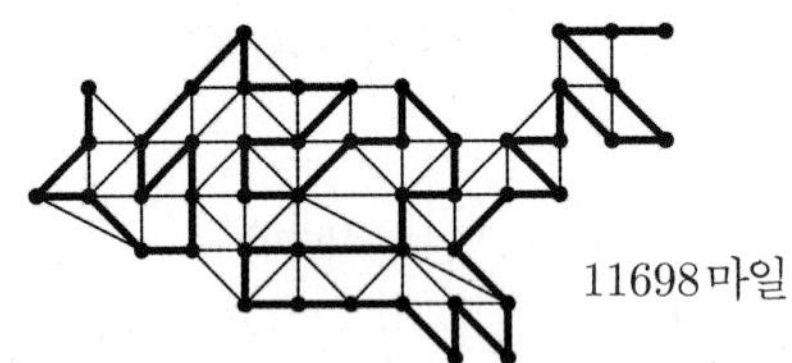
11698마일

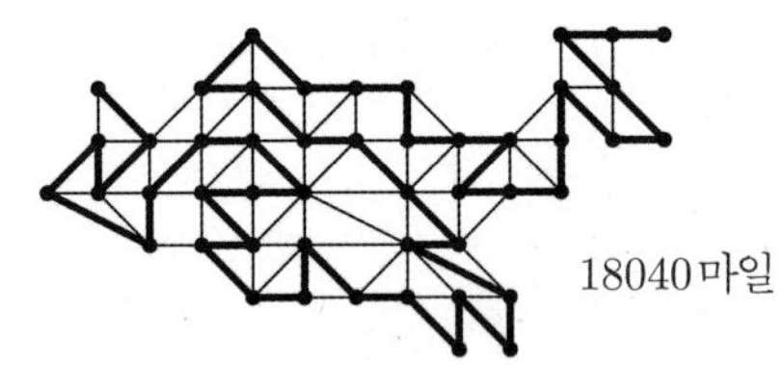
18040마일

$g(z) = \sum z^{\text{miles}(r)}$이라고 하자. 합산의 구간은 모든 경로 $r$이다. 평균 비용은 $g'(1)/g(1) = 1022014257375/68656026 \approx 14886.01$로, 해답 29와 같은 방법으로 빠르게 계산할 수 있다. (비슷하게, $g''(1) = 15243164303013274$이다. 따라서 표준편차는 $\approx 666.2$이다.)

**231.** 해답 255의 알고리즘으로, 가지 노드가 8,062,831개인 비기약 ZDD를 구할 수 있다. 이를 축약하면 가지 노드가 3,024,214개인 ZDD가 된다. 해의 개수는 해답 208을 이용해서 구할 수 있는데, 50,819,542,770,311,581,606,906,543개이다.

**232.** 해답 227에 의해, 한 모퉁이에서 그 수평 방향 이웃 모퉁이로 가는 해밀턴 경로(Hamiltonian path) 개수는 $h = 721,613,446,615,109,970,767$이고 수직 방향 이웃 모퉁이로 가는 개수는 $d = 480,257,285,722,344,701,834$이다. 두 경우 모두 해당 ZDD의 노드 수는 약 1천 3백만 개이다. 유향 해밀턴 순환마디 개수는 $2h + d = 1,923,484,178,952,564,643,368$이다. (이를 2로 나누면 무향 해밀턴 순환마디의 수가 나온다.)

왕의 여정의 최대 길이는 $8 + 56\sqrt{2}$로, 그러한 길이를 가진 여정은 오른쪽 둘뿐이다.

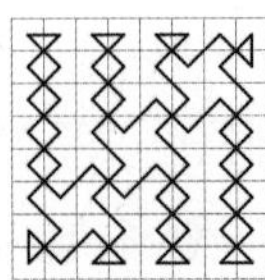

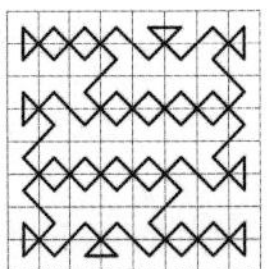

**233.** 해답 226의 것과 비슷하되, 이전 선택들이 $i$에서 $r$로의 지향 경로를 정의할 때 $mate[i]=r$, $mate[r]=-i$로 두는 절차를 사용하면 된다. $u_k=j<v_k=m$일 때, 모든 호 $u_k\to v_k$와 $u_k\leftarrow v_k$를 연속해서 처리한다. 만일 $mate[j]=j$이면 $\hat{j}=-j$로 정의하고, 그렇지 않으면 $\hat{j}=mate[j]$로 둔다. 만일 $\hat{j}\geq 0$이거나 $\hat{m}\leq 0$이면 $j\to m$를 선택하는 것은 위법이다. 그러한 선택이 적법할 때의 갱신 규칙은 $mate[j]\leftarrow 0$, $mate[m]\leftarrow 0$, $mate[-\hat{j}]\leftarrow\hat{m}$, $mate[\hat{m}]\leftarrow\hat{j}$이다.

**234.** 약 800개의 노드들로 된 하나의 ZDD로 437개의 지향 순환마디를 표현할 수 있다. 가장 짧은 것은 물론 AL→LA→AL과 MN→NM→MN이다. 최대 길이는 17로, 그러한 순환마디는 37개이다. 이를테면 ALARINVTNMIDCOKSC, 즉 AL→LA→ ⋯ →SC→CA→AL이 있다.

첨언하자면, 문제의 유향 그래프는 26개의 정점 {A, B, …, Z}에 대한, 49개의 호들이 A→L, A→R, …, W→Y인 유향 그래프 $D$의 호 유향 그래프 $D^*$이다. $D^*$의 모든 지향 걷기(oriented walk)는 $D$의 지향 걷기이며, 그 역도 마찬가지이다(연습문제 2.3.4.2-21). 그러나 $D^*$의 지향 순환마디들이 반드시 $D$의 지향 순환마디인 것은 아니다. 실제로 $D$에는 지향 순환마디가 단 37개이고, 가장 긴 것은 (ARINMOKSDC) 하나이다.

연습문제 7-54(c)의 우편번호 62개로 문제를 확장한다면, 지향 순환마디 개수는 38336개로 올라간다. 여기에는 유일한 1주기 순환마디 (A)와 (APRIALASCTNMNVINCOKSDCA)처럼 길이가 23인 192개의 순환마디들이 포함된다. 이 경우 모든 지향 순환마디의 모임을 특징짓는 데에는 약 17000개의 ZDD 노드로 충분하다.

**235.** 이 유향 그래프의 호는 7912개이다. 그러나 내향 도수나 외향 도수가 0인 정점에서 출발하는 호들을 제거한다면 그래프를 크게 줄일 수 있다. 예를 들어 owner→erdy를 제거할 수 있는데, 왜냐하면 nerdy는 막다른 골목이기 때문이다. 사실 owner의 모든 후행자가 마찬가지로 제거되며, 따라서 crown도 제거된다. 결국에는 85개의 단어에 대한 단 112개의 호만 남으며, 따라서 기본적으로 문제를 손으로 직접 풀 수 있다.

지향 순환마디는 단 74개이다. 길이가 가장 짧은 것은 slant→antes→tesla→slant 하나로, 이를 이전 연습문제에서처럼 '(slante)'로 줄여 표기하기로 하자. 가장 긴 것은 둘로,

$\alpha=$picastepsomaso, $\beta=$pointrotherema,
$\omega=$nicadrearedidoserumorelicitesl abs itaresetuplenactoricedarerunichesto

라 할 때 $(\alpha\omega)$와 $(\beta\omega)$이다.

**236.** (a) $\alpha\in f$이고 $\beta\in g$라고 하자. 만일 $\alpha\subseteq\beta$이면 $\alpha\in f\sqcap g$이다. 만일 $\alpha\cap\beta\in f$이면 $\alpha\cap\beta\notin f\nearrow g$이다. 비슷한 논증으로, 또는 부문제 (b)를 이용해서, $f\searrow g=f\setminus(f\sqcup g)$임도 보일 수 있다.

참고: 응용에서는 포함집합에 대한 여연산 "$f\nwarrow g=f\setminus(f\searrow g)=\{\alpha\in f\mid$ 어떤 $\beta\in g$에 대해 $\alpha\supseteq\beta\}$"와 부분집합에 대한 여연산 "$f\swarrow g=f\setminus(f\nearrow g)=\{\alpha\in f\mid$ 어떤 $\beta\in g$에 대해 $\alpha\subseteq\beta\}$"도 중요하다. 이 연습문제에서 이 연산들이 빠진 이유는, 앞의 다섯 연산들로도 상당히 문제가

어렵기 때문이다. 포함집합 연산은 O. Coudert, J. C. Madre, H. Fraisse [*ACM/IEEE Design Automation Conference* **30** (1993), 625-630에서 소개되었다.] 항등식 $f \nwarrow g = f \cap (f \sqcup g)$는 H. G. Okuno, S. Minato, H. Isozaki, *Information Processing Letters* **66** (1998), 195-199에 등장했으며, 거기에는 (d)의 여러 법칙들도 나왔다.

(b) 기본 집합론으로 충분하다. (처음 여섯 항등식은 쌍으로 나타나는데, 각각은 자신의 상대방과 동치이다. 엄밀히 말하면 $f^C$는 무한집합들에 관여하며, $U$는 무한히 많은 변수들의 AND이다. 그러나 이 공식들은 임의의 유한 전체집합에서도 성립한다. 그런데 부울 함수의 어법에서 $f^C(x) = f(\bar{x})$는 $f^D$의 여원(complement)인 부울 쌍대임에 주목할 것. 연습문제 7.1.1-2를 보라. 그런데 $f^\#$의 쌍대, 즉 $\{\alpha \mid$ 만일 $\beta \in f$이면 $\alpha \cup \beta \neq U\}^\uparrow$에 어떤 쓸모가 있을까? 쓸모가 있다면 그것을 $f^\flat$로 표기해도 좋을 것이다.)

(c) (ii)만 빼고 다 참이다. (ii)는 $x_1^\uparrow = x_1^{C\downarrow C} = \bar{x}_1^{\downarrow C} = \epsilon^C = U$라고 했어야 했다.

(d) '항등식'에 가위표를 그어야 할 것들은 (ii), (viii), (ix), (xiv), (xvi)이다. 그 나머지 것들은 기억해 둘 가치가 있다. (ii)-(vi)에 관해서는, 오직 $f = f^\downarrow$일 때에만, 그리고 오직 $f$가 하나의 난잡 모임(연습문제 76)일 때에만 $f = f^\uparrow$임을 주목할 것. 공식 (xiv)는 $f \searrow g^\downarrow = f \searrow g$라고 했어야 했다. 이는 (xiii)의 쌍대이다. 공식 (xvi)는 거의 옳다. $f = \emptyset$이거나 $g = \emptyset$일 때에만 거짓이다. 아마 가장 흥미로운 것은 공식 (ix)일 것이다. 실제로는, 오직 $f$가 난잡 모임일 때에만 $f^{\#\#} = f$이다.

(e) 모든 정점의 전체집합이 유한하다고 가정할 때, (i) $f = \wp \searrow g$와 (ii) $g = (\wp \setminus f)^\downarrow$가 성립한다. 여기서 $\wp$는 연습문제 201과 222의 보편 모임이다. 왜냐하면 $g$가 극소 종속 집합들의 모임이기 때문이다. (순수주의자라면 이 공식들에서 $\wp$를 $\wp_V = \bigsqcup_{v \in V}(\epsilon \cup e_v)$로 대체할 것이다. 그 어떤 간선도 다른 간선을 포함하지 않는 임의의 초그래프에서도 이와 같은 관계들이 성립한다.)

**237.** MAXMAL$(f)$ = "만일 $f = \emptyset$ 또는 $f = \epsilon$이면 $f$를 돌려준다. 만일 $f^\uparrow = r$이 캐시에 있으면 $r$을 돌려준다. 그렇지 않으면 $r \leftarrow$ MAXMAL$(f_l)$, $r_h \leftarrow$ MAXMAL$(f_h)$, $r_l \leftarrow$ NONSUB$(r, r_h)$로 설정하고, $r$을 역참조하고, $r \leftarrow$ ZUNIQUE$(f_v, r_l, r_h)$로 설정한다. $r$을 캐시에 저장하고 돌려준다."

MINMAL$(f)$ = "만일 $f = \emptyset$ 또는 $f = \epsilon$이면 $f$를 돌려준다. 만일 $f^\downarrow = r$이 캐시에 있으면 $r$을 돌려준다. 그렇지 않으면 $r_l \leftarrow$ MINMAL$(f_l)$, $r \leftarrow$ MINMAL$(f_h)$, $r_h \leftarrow$ NONSUP$(r, r_l)$로 설정하고, $r$을 역참조하고, $r \leftarrow$ ZUNIQUE$(f_v, r_l, r_h)$로 설정한다. $r$을 캐시에 저장하고 돌려준다."

NONSUB$(f, g)$ = "만일 $g = \emptyset$이면 $f$를 돌려준다. 만일 $f = \emptyset$ 또는 $f = \epsilon$ 또는 $f = g$이면 $\emptyset$을 돌려준다. 만일 $f \nearrow g = r$이 캐시에 있으면 $r$을 돌려준다. 그렇지 않으면 $f$와 $g$를 해답 198에서 설명한 방식으로 표현한다. 만일 $v < g_v$이면 $r_l \leftarrow$ NONSUB$(f_l, g)$, $r_h \leftarrow f_h$로 설정하고 REF$(f_h)$를 1 증가한다. 그렇지 않으면 $r_h \leftarrow$ NONSUB$(f_l, g_l)$, $r \leftarrow$ NONSUB$(f_l, g_h)$, $r_l \leftarrow$ AND$(r, r_h)$로 설정하고, $r$과 $r_h$를 역참조하고, $r_h \leftarrow$ NONSUB$(f_h, g_h)$로 설정한다. 마지막으로 $r \leftarrow$ ZUNIQUE$(v, r_l, r_h)$로 설정하고, $r$을 캐시에 넣고 돌려준다."

NONSUP$(f, g)$ = "만일 $g = \emptyset$이면 $f$를 돌려준다. 만일 $f = \emptyset$ 또는 $g = \epsilon$ 또는 $f = g$이면 $\emptyset$을 돌려준다. 만일 $f_v > g_v$이면 NONSUP$(f, g_l)$을 돌려준다. 만일 $f \searrow g = r$이 캐시에 있으면 $r$을 돌려준다. 그렇지 않으면 $v = f_v$로 설정한다. 만일 $v < g_v$이면 $r_l \leftarrow$ NONSUP$(f_l, g)$, $r_h \leftarrow$ NONSUP$(f_h, g)$로 설정한다. 그렇지 않으면 $r_l \leftarrow$ NONSUP$(f_h, g_h)$, $r \leftarrow$ NONSUP$(f_h, g_l)$, $r_h \leftarrow$ AND$(r, r_l)$로 설정하고, $r$과 $r_l$을 역참조하고, $r_l \leftarrow$ NONSUP$(f_l, g_l)$로 설정한다. 마지막으로 $r \leftarrow$ ZUNIQUE$(v, r_l, r_h)$로 설정한다. $r$을 캐시에 넣고 돌려준다."

MINHIT$(f)$ = "만일 $f = \emptyset$이면 $\epsilon$을 돌려준다. 만일 $f = \epsilon$이면 $\emptyset$을 돌려준다. 만일 $f^{\#} = r$이 캐시에 있으면 $r$을 돌려준다. 그렇지 않으면 $r \leftarrow$ OR$(f_l, f_h)$, $r_l \leftarrow$ MINHIT$(r)$로 설정하고, $r$을 역참조하고, $r \leftarrow$ MINHIT$(f_l)$, $r_h \leftarrow$ NONSUP$(r, r_l)$로 설정하고, $r$을 역참조하고, $r \leftarrow$ ZUNIQUE$(f_v, r_l, r_h)$로 설정한다. $r$을 캐시에 넣고 돌려준다."

연습문제 206에서처럼, 이 루틴들의 최악의 경우의 실행 시간은 알려지지 않았다. 연습문제 236(a)에 의하면 NONSUB와 NONSUP을 JOIN이나 MEET, BUTNOT으로 계산할 수도 있지만, 위의 직접적인 구현들이 더 빠른 경향이 있다. MINMAL과 MINHIT에서 '$f = \epsilon$'을 '$\epsilon \in f$'로 대체하는 것이 더 나을 수 있으며, NONSUP에서 '$g = \epsilon$'을 '$\epsilon \in g$'로 대체하는 것도 마찬가지이다.

〔쿠데르Olivier Coudert는 연산자 $f^{\uparrow}$, $f \nearrow g$, $f \searrow g$를 *Proc. Europ. Design and Test Conf.* (IEEE, 1997), 224-228에서 소개, 구현했다. 그는 또한 흥미로운 연산자 $f \odot g = (f \sqcup g)^{\uparrow}$의 재귀적 구현도 제시했다. 그러나 본 저자의 실험들에서는 그 연산자 없이도 훨씬 나은 결과를 얻을 수 있었다. 예를 들어 만일 $f$가 연속적인 미합중국 주들의 독립집합들에 대한 177노드 ZDD라고 하면, 연산 $g \leftarrow$ JOIN$(f, f)$의 비용은 약 350킬로멤이고 $h \leftarrow$ MAXMAL$(g)$의 비용은 약 3.6메가멤이다. 그러나 $h \leftarrow$ MAXJOIN$(f, f)$를 한꺼번에 계산하려면 69기가멤 이상이 필요하다. 물론, 캐싱과 쓰레기 수거 전략들을 개선한다면 상황이 달라질 수 있다.〕

**238.** 독립집합들의 모임 $f$에 대한 177노드 ZDD를 (104)의 순서를 이용해서 계산하는 방법은 두 가지이다. 하나는 부울 대수 (67)를 이용하는 것으로, 이 경우 $f = \neg \bigvee_{u - v}(x_u \wedge x_v)$이다. 해답 198~201의 알고리즘들을 사용해서 이를 계산할 때 비용은 약 1.1메가멤이다. 또 하나는 모임 대수를 이용하는 것으로, 이 경우 연습문제 236(e)에 의해 $f = \wp \searrow \bigcup_{u - v}(e_u \sqcup e_v)$이다. 해답 237을 통한 비용은 175킬로멤 미만이다.

2색 채색가능 부분그래프들과 3색 채색가능 부분그래프들을 산출하는 부분집합들은 각각 $g = f \sqcup f$와 $h = g \sqcup f$이다. 극대 집합들은 $g^{\uparrow}$와 $h^{\uparrow}$이다. 해당 수치들은 $Z(g) = 1009$, $Z(g^{\uparrow}) = 3040$, $Z(h) = 179$, $Z(h^{\uparrow}) = 183$, $|g| = 9{,}028{,}058{,}789{,}780$, $|g^{\uparrow}| = 2{,}949{,}441$, $|h| = 543{,}871{,}144{,}820{,}736$, $|h^{\uparrow}| = 384$이다. $g$, $g^{\uparrow}$, $h$, $h^{\uparrow}$ 계산의 연속적인 비용들은 근사적으로 350K$\mu$(킬로멤), 3.6M$\mu$, 1.1M$\mu$, 230K$\mu$이다. ($h^{\uparrow}$는 이를테면 $(g^{\uparrow} \sqcup f)^{\uparrow}$로 계산할 수 있으나, 이는 좋은 생각이 아니다.)

극대 유도된 이분열, 삼분열 부분그래프들의 생성 함수는 각각 $7654z^{25} + \cdots + 9040z^{33} + 689z^{34}$과 $128z^{43} + 84z^{44} + 112z^{45} + 36z^{46} + 24z^{47}$이다. 다음은 전형적인 최소, 최대 예들이다.

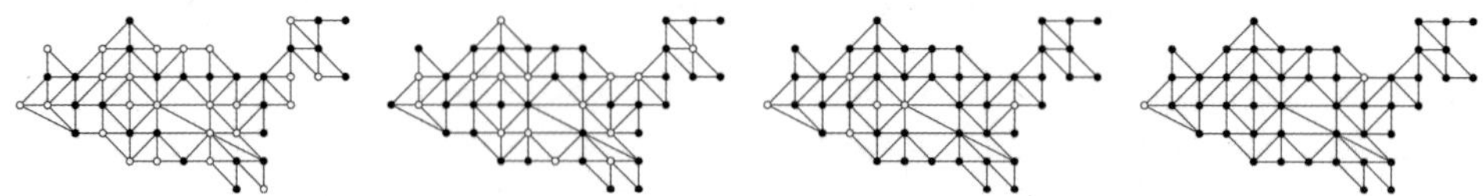

(이를 7-(61)과 7-(62)의 최소, 최대 '1분열' 부분그래프들과 비교해 볼 것.)

모임 $g$와 $h$가 구체적으로 어떤 유도된 부분그래프들이 2색, 3색 채색가능인지를 말해 주긴 하지만, 그 채색 방법 자체를 말해 주지는 않는다는 점을 주목하기 바란다.

**239.** $h = ((e_1 \cup \cdots \cup e_{49}) \S 2) \setminus g$가 $G$의 비간선들의 집합이므로, 파벌들은 $f = \wp \searrow h$이고 극대 파벌들은 $f^{\uparrow}$이다. 예를 들어 미합중국 그래프의 파벌 214개에 대해 $Z(f) = 144$이고, 극대 파벌 60개에 대해 $Z(f^{\uparrow}) = 130$이다. 이 경우 극대 파벌들은 삼각형 57개(그림 (18)에서 눈으로 쉽게 찾을 수 있다)와 그 어떤 삼각형에도 속하지 않는 세 간선 AZ — NM, WI — MI, NH — ME로 이루어진다.

$f_k$가 $k$개의 파벌들로 덮을 수 있는 집합들이라고 하자. 그러면 $f_1 = f$이고 $k \geq 1$에 대해 $f_{k+1} = f_k \sqcup f$이다. ($f_{16}$을 $f_8 \sqcup f_8$로 계산하는 것은 좋은 생각이 아니다. 중간 결과들이 쓸모가 없다고 해도, 각 이음을 개별적으로 수행하는 것이 훨씬 빠르다.)

미합중국 그래프에서 $f_k$의 최대 원소들은 그 크기가 $1 \leq k \leq 19$에 대해 3, 6, 9, …, 36, 39, 41, 43, 45, 47, 48, 49이다. 이 정도로 작은 그래프라면 이런 최댓값들을 손으로 직접 구하는 것도 어렵지 않다. 그러나 극대 원소들을 구하는 것은 훨씬 더 까다로우며, 아마도 이를 조사하는 데 있어 최선의 도구는 ZDD일 것이다. $f_1$, …, $f_{19}$에 대한 ZDD들을 약 30메가멤의 계산으로 빠르게 구할 수 있으며, 크기가 그리 크지 않다. $\max Z(f_k) = Z(f_{11}) = 9547$이다. $f_1^{\uparrow}$, …, $f_{19}^{\uparrow}$에 대한 ZDD들은 약 400메가멤의 계산으로 구할 수 있는데, 이들 역시 작다. $\max Z(f_k^{\uparrow}) = Z(f_{11}^{\uparrow}) = 9458$이다.

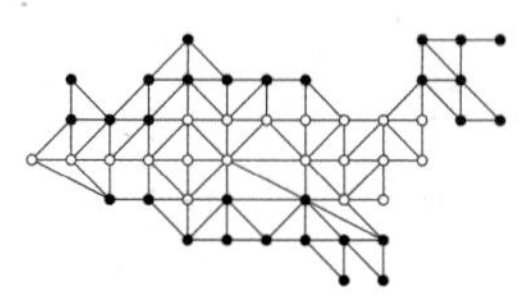

이러한 ZDD들로부터, 이를테면 $f_{18}^{\uparrow}$에 대한 생성 함수 $12z^{47} + 13z^{48}$을 구할 수 있다. 49개의 정점들 중 CA나 DC, FL, IL, LA, MI, MN, MT, SC, TN, UT, WA, WV를 제거한 나머지를 덮는 데에는 파벌 18개로 충분하다. 또한 47개의 정점들을 극대로 덮는 것이 가능한 경우도 12가지이다. 예를 들어 NE와 NM을 제외한 전부를 18개의 파벌로 덮는다면, 그 두 주 중 어떤 것도 덮지 못한다. 옆의 그림은 극대 파벌 덮기의 특이한 예 하나이다. 만일 29개의 "검은" 주들을 12개의 파벌로 덮는다면, 나머지 "흰" 주들은 그 어떤 것도 덮지 못한다.

**240.** (a) 사실 (68)의 부분공식 $f(x) = \bigwedge_v (x_v \vee \bigvee_{u-v} x_u)$가 지배집합 $x$들을 엄밀하게 특징짓는다. 그리고 만일 한 핵의 임의의 원소를 제거하면, 그 원소는 다른 원소들에 의해 지배되지 않는다. 〔C. Berge, *Théorie des graphes et ses applications* (1958), 44.〕

(b) 부문제 (a)의 부울 공식으로부터, 약 1.5M$\mu$의 계산으로 $Z(f) = 888$인 ZDD를 구할 수 있다. 그리고 $Z(f^{\downarrow}) = 2082$인 극소 원소들을 해답 237의 MINMAL 알고리즘을 이용해서 1.5M$\mu$의 계산으로 구할 수 있다.

좀 더 영리한 방법은 $h = \bigcup_v (e_v \sqcup \bigsqcup_{u-v} e_u)$로 시작해서 $h^{\#}$을 계산하는 것인데, $h^{\#} = f^{\downarrow}$이기 때문이다. 그러나 이 경우 영리함이 득이 되지는 않는다. $h$를 계산하는 데에는 약 80K$\mu$로 충분하나, MINHIT 알고리즘으로 $h^{\#}$을 계산하는 데에는 약 350M$\mu$가 소비된다.

어떤 방법이든, 정확히 7,798,658개의 극소 지배집합이 존재한다는 답을 얻을 수 있다. 좀 더 정확히 말하면, 생성 함수는 $192z^{11} + 58855z^{12} + \cdots + 4170z^{18} + 40z^{19}$의 형태이다(이를 핵들의 생성 함수 $80z^{11} + 7851z^{12} + \cdots + 441z^{18} + 18z^{19}$과 비교해 볼 것).

(c) 해답 239에서처럼 진행해서, 크기가 $k = 1, 2, 3, \ldots$인 부분집합들이 지배하는 정점들의 집합 $d_k$들을 구할 수 있다. 이는 $d_{k+1} = d_k \sqcup d_1$이기 때문이다. 이 경우 $Z(h) = 213$인 반면 $Z(\wp \sqcap h) = 313$이긴 하지만, $d_1 = h$ 대신 $d_1 = \wp \sqcap h$로 시작하는 것이 훨씬 빠르다. 크기(원소 개수)가 작은 $d_k$들에 대한 세부사항은 별로 중요하지 않기 때문이다. $d_7$에 대한 생성 함수가 $\cdots + 61z^{42} + z^{43}$이라는 사실을 이용한다면 그림에 나온 해가 유일함을 입증하는 것이 가능하다. (총 비용은 $\approx 300$M$\mu$이다.)

**241.** $g$가 간선 728개 전부의 모임이라고 하자. 그러면, 이전 연습문제들에서처럼, $f = \wp \searrow g$는 독립집합들의 모임이고 파벌들은 $c = \wp \searrow (((\bigcup_v e_v) \S 2) \setminus g)$이다. 이제 $Z(g) = 699$, $Z(f) = 20244$, $Z(c) = 1882$이다.

(a) $|f| = 118969$개의 독립집합들 중 핵은 $|f^{\uparrow}| = 10188$개인데, $Z(f^{\uparrow}) = 8577$이고 해당 생성 함수는 $728z^5 + 6912z^6 + 2456z^7 + 92z^8$이다. 92개의 최대 독립집합들은 고전적인 8여왕 문제의 유명한 해답들에 해당한다. 이에 대해서는 §7.2.2에서 공부할 것이다. 예 (C1)은 세 여왕이 한 직선에 있지 않은 유일한 해로, 로이드Sam Loyd가 *Brooklyn Daily Eagle* (1896년 12월 20일)에서 제시했다. $728 = 91 \times 8$개의 최소 핵들은 C. F. de Jaenisch, *Traité des applications*

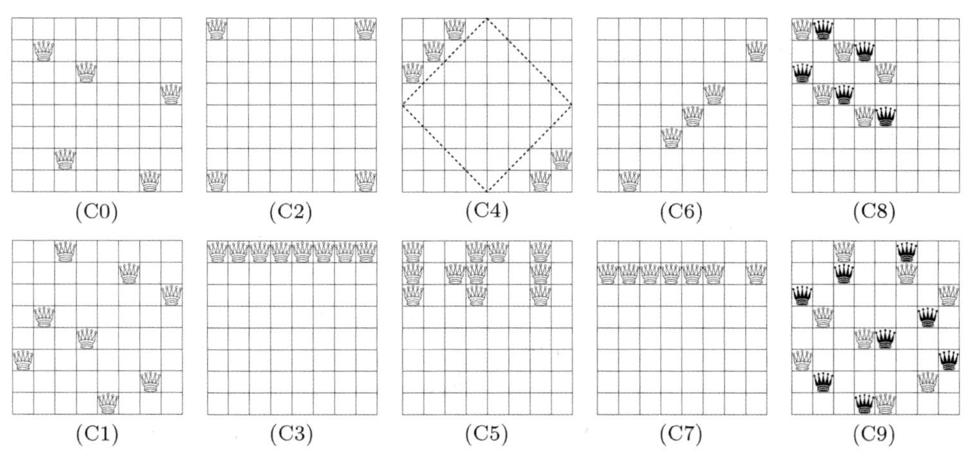
(C0) (C2) (C4) (C6) (C8)
(C1) (C3) (C5) (C7) (C9)

*de l'analyse math. au jeu des échecs* **3** (1863), 255-259에 처음 나왔는데, 거기에서는 "Mr de R∗∗∗"로 표기되었다. (C0)의 왼쪽 상단 여왕을 왕이나 주교, 졸로 바꾸어도 여전히 모든 열린 칸을 지배한다〔H. E. Dudeney, *The Weekly Dispatch* (3 Dec 1899)〕.

(b) 여기서 $Z(c^{\uparrow})=866$이다. 310개의 극대 파벌들을 연습문제 7-129에서 서술했다.

(c) 이 부분집합들은 계산하기가 좀 더 어렵다. 모든 지배집합 $d$에 대한 ZDD는 $Z(d)=12{,}663{,}505$, $|d|=18{,}446{,}595{,}708{,}474{,}987{,}957$이다. 극소 지배집합의 경우에는 $Z(d^{\downarrow})=11{,}363{,}849$, $|d^{\downarrow}|=28{,}281{,}838$이고 생성 함수는 $4860z^5+1075580z^6+14338028z^7+11978518z^8+873200z^9+11616z^{10}+36z^{11}$이다. $d$에 대한 ZDD를 부울 대수를 이용해서 1.5G$\mu$로 계산할 수 있으며, 680G$\mu$를 더 들여서 $d^{\downarrow}$에 대한 ZDD를 계산할 수 있다. 아니면, 해답 240의 "영리한" 접근방식을 이용해서 $d$를 계산하지 않고 $d^{\downarrow}$를 775G$\mu$로 구할 수도 있다. (C5)의 11여왕 배치는 극소 지배집합들이 세 개의 행에 국한되는 유일한 배치이다. (C4)는 듀드니H. E. Dudeney가 *Tit Bits* (1 Jan 1898), 257에서 제시한 것으로, 이는 5여왕의 해들 중 가운데의 마름모를 침범하지 않는 유일한 해이다. 모든 4860개의 최소해들의 집합을 처음으로 나열한 이는 폰시이K. von Szily이다〔*Deutsche Schachzeitung* **57** (1902), 199〕. 그의 완전한 목록이 W. Ahrens, *Math. Unterhaltungen und Spiele* **1** (1910), 313-318에 나온다.

(d) 이 경우, 만일 $d^{\downarrow}$를 이미 알지 못한다면 $c\cap(d^{\downarrow})$ 대신 $(c\cap d)^{\downarrow}$를 계산하는 것으로 충분하다. $c\sqcap\wp=c$이기 때문이다. $Z(c\cap d^{\downarrow})=342$이고 $|c\cap d^{\downarrow}|=92$이며, 생성 함수는 $20z^5+56z^6+16z^7$이다. 처음으로 5여왕 해 20개를 모두 발견한 이는 이번에도 듀드니이다〔*The Weekly Dispatch* (1899년 7월 30일)〕.

(e) 24G$\mu$의 비용으로 $Z(f\sqcup f)=91{,}780{,}989$를 구할 수 있다. 그런 다음 또 다른 290G$\mu$로 $Z((f\sqcup f)^{\uparrow})=11{,}808{,}436$ 계산한다. 극대 유도된 이분열 부분그래프는 27,567,390개로, 생성 함수는 $109894z^{10}+2561492z^{11}+13833474z^{12}+9162232z^{13}+1799264z^{14}+99408z^{15}+1626z^{16}$이다. 임의의 독립된 여왕 8명을 그 거울상들과 조합해서 하나의 16여왕 해를 얻을 수 있는데, 이를테면 (C1)로부터 (C9)를 구할 수 있다. 그러나 최소 핵들의 논리합 합집합이 항상 극대 유도된 이분열 부분그래프인 것은 아니다. 예를 들어 (C0)과 그 거울상의 합집합을 생각해 보라:

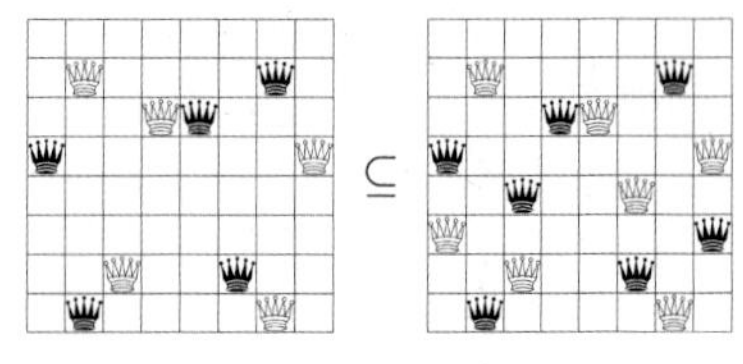

부문제 (a), (b), (d)는, 그리고 어쩌면 (c)도, ZDD들을 사용하지 않고도 잘 풀 수 있을지도 모른다. 예를 들어 (a)와 (b)의 경우 연습문제 7.1.3-132를 보라. 그러나 (e)에 대해서는 ZDD 접근방식이 최선인 것 같다. 그리고 $Q_8$의 모든 극대 삼분열 부분그래프의 예산은 그 어떤 실현 가능한 알고리즘의 범위 밖에 있는 것으로 보인다.

〔더 큰 여왕 그래프 $Q_n$에서 가장 작은 핵들과 최소 지배집합들은 그 크기가 $12\le n\le 120$에 대해 $\lceil n/2\rceil$ 아니면 $\lceil n/2\rceil+1$인 것으로 알려져 있다. P. R. J. Östergård, W. D. Weakley, *Electronic J. Combinatorics* **8** (2001), #R29; D. Finozhenok, W. D. Weakley, *Australasian*

*J. Combinatorics* **37** (2007), 295-300을 보라. 가장 큰 극소 지배집합들을 A. P. Burger, E. J. Cockayne, C. M. Mynhardt, *Discrete Mathematics* **163** (1997), 47-66에서 조사했다.]

**242.** 이들은 간선이 1544개인, 흥미로운 3정칙 초그래프(3-regular hypergraph)의 핵들이다. 그 4,113,975,079개의 독립집합 $f$들(즉, 동일직선상의 세 점이 없는 부분집합들)은 $Z(f)=52{,}322{,}105$로, 해답 236(e)에서처럼 모임 대수를 이용해서 약 12기가멤으로 계산할 수 있다. 추가로 575G$\mu$를 들여서 핵 $f^{\uparrow}$ 들을 계산할 수 있는데, 이들은 $Z(f^{\uparrow})=31{,}438{,}750$이고 $|f^{\uparrow}|=66{,}509{,}584$이다. 그리고 생성 함수는 $228z^8+8240z^9+728956z^{10}+9888900z^{11}+32215908z^{12}+20739920z^{13}+2853164z^{14}+73888z^{15}+380z^{16}$이다.

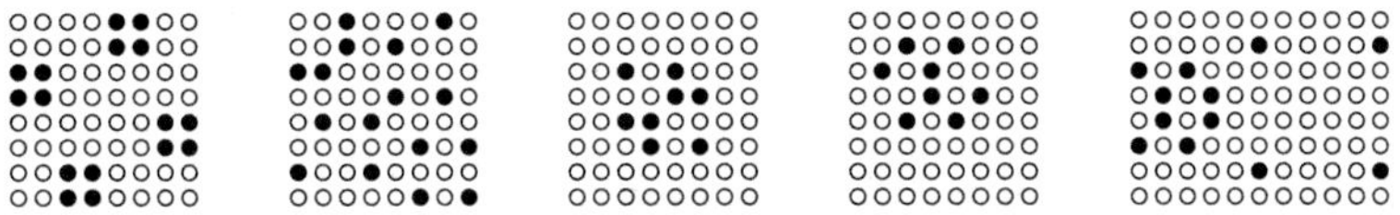

[크기가 16인 독립집합을 찾는 문제는 듀드니가 *The Weekly Dispatch* (1900년 4월 29일자, 5월 13일자)에서 처음 제시했다. 거기서 그는 위에 나온 제일 왼쪽 패턴을 제시했다. 이후 London *Tribune* (1906년 11월 7일자)에서는 가운데에 점이 두 개 있는 두 번째 패턴을 찾아볼 것을 퍼즐 애호가들에게 요구했다. 대칭 하에서 서로 다른 57개를 포함한 모든 최대 핵의 집합은 M. A. Adena, D. A. Holton, P. A. Kelly, *Lecture Notes in Math.* **403** (1974), 6-17에서 나왔는데, 그 문헌은 8점 핵의 존재도 지적했다. 위의 가운데 패턴은 모든 점이 중앙의 $4\times4$에 있는 유일한 패턴이다. 다른 두 패턴은 $n=(8,9,\ldots,14)$에 대해 $n\times n$ 격자에 각각 $(8,8,10,10,12,12,12)$개의 점들이 있는 핵들을 산출한다. 이들을 에인리S. Ainley가 발견해서, 1976년 10월 27일 마틴 가드너에게 보낸 편지에 서술했다.]

**243.** (a) 이 결과는 무한집합들에 대해서도 손쉽게 증명할 수 있다. (정리 7.1.1H에 의해, 부울 함수로서의 $f^{\cap}$ 은 $\supseteq f$인 최소의 혼 함수임을 주목할 것.)

(b) 연습문제 205를 이용해서, 먼저 $f^{(2)}=f\sqcap f$를 형성하고 그런 다음 $f^{(4)}=f^{(2)}\sqcap f^{(2)}$, ...으로 나아가면 결국 $f^{(2^{k+1})}=f^{(2^k)}$을 구할 수 있다. 그러나 극한으로 단번에 가는 점화식을 고안하는 것이 더 빠른 길이다. 만일 $f=f_0\cup(e_1\sqcup f_1)$이면 $f^{\cap}=f'\cup(e_1\sqcup f_1^{\cap})$이 성립한다. 여기서 $f'=f_0^{\cap}\cup(f_0^{\cap}\sqcap f_1^{\cap})$이다. [또 다른 공식으로 $f'=(f_0\cup f_1)^{\cap}\setminus(f_1^{\cap}\nearrow f_0)$이 있다. S. Minato, H. Arimura, *Transactions of the Japanese Society for Artificial Intelligence* **22** (2007), 165-172를 보라.]

(c) (b)의 첫 제안을 따를 때, $F^{(2)}$, $F^{(4)}$, $F^{(8)}=F^{(4)}$의 계산 비용은 약 $(610+450+460)$ 메가멤이다. 이 예에서는 $F^{(4)}=F^{(3)}$이며, 단 세 개의 패턴이 $F^{(3)}\setminus F^{(2)}$에 속한다. 바로 `c***f`, `*k*t*`, `***sp`이다. (`***sp`에 부합하는 단어들은 `clasp`와 `crisp`, `grasp`이다.) $f_0^{\cap}\sqcap f_1^{\cap}$에 기초한 점화식을 이용하는 좀 더 직접적인 $F^{\cap}$ 계산의 비용은 단 320M$\mu$이다. 그리고 이 예의 경우 $(f_0\cup f_1)^{\cap}$에 기초한 또 다른 점화식의 비용은 470M$\mu$이다. 생성 함수는 $1+124z+2782z^2+$

$7753z^3 + 4820z^4 + 5757z^5$이다.

**244.** 그림 22의 BDD를 ZDD로 변환하기 위해, 링크들이 수준들을 넘나드는, LO $=$HI인 적절한 노드들을 추가한다. 그리고 이로부터 $z$-프로파일 $(1, 2, 2, 4, 4, 5, 5, 5, 5, 5, 2, 2, 2)$를 얻는다. 그 ZDD를 BDD로 변환하기 위해, 같은 자리에 노드들을 추가하되 이번에는 HI$=\boxed{\bot}$로 둔다. 이로부터 프로파일 $(1, 2, 2, 4, 4, 5, 5, 5, 5, 5, 2, 2, 2)$를 얻는다. (사실 연결성 함수와 신장트리 함수는 서로의 $Z$-변환들이다. 연습문제 192를 보라.)

**245.** 연습문제 7.1.1-26을 보라. (다양한 함수들에 대해, 연습문제 7.1.1-27의 프레드먼-카치얀 알고리즘의 성능을 해답 237의 ZDD 기반 알고리즘 MINHIT와 비교해 보면 흥미로울 것이다.)

**246.** 만일 비상수 함수가 $x_1$에 의존하지 않는다면, (50)에서처럼 공식들에서 $x_1$을 $x_v$로 대체해도 된다. $P$와 $Q$가 함수 $p$와 $q$의 기약함의항들이라고 하자. (예를 들어 $P = e_2 \cup (e_3 \sqcup e_4)$이면 $p = x_2 \vee (x_3 \wedge x_4)$이다.) (137)과 $|f|$에 대한 귀납법에 의해, 정리에 서술된 함수 $f$는 오직 $p$와 $q$가 상냥하고 $\mathrm{PI}(f_0) \cap \mathrm{PI}(f_1) = \emptyset$일 때에만 상냥한 함수이다. 후자의 등식은 오직 $p \subseteq q$일 때에만 성립한다.

**247.** 그런 함수들을 (49)와 연습문제 75에서처럼 BDD들로 특징지을 수 있다. 이번 경우에는

$$\sigma_n(x_1, \ldots, x_{2^n}) = \sigma_{n-1}(x_1, \ldots, x_{2^n-1}) \wedge \\ \Bigl((\bar{x} \wedge \cdots \wedge \bar{x}_{2^n}) \vee \Bigl(\sigma_{n-1}(x_2, \ldots, x_{2^n}) \wedge \bigwedge_{j=0}^{2^{k-1}} \Bigl(\bar{x}_{2j+1} \vee \bigvee_{i \subset j} x_{2i+2}\Bigr)\Bigr)\Bigr)$$

이다. $0 \le n \le 7$에 대한 답 $|\sigma_n|$은 $(2, 3, 6, 18, 106, 2102, 456774, 7108935325)$이다. (이 계산은 크기가 $B(\sigma_7) = 7{,}701{,}683$인 BDD를 모두 해서 약 900메가멤과 725메가바이트로 구축한다.)

**248.** 거짓이다. 예를 들어 $(x_1 \vee x_2) \wedge (x_2 \vee x_3)$은 상냥하지 않다. (그러나 만일 $f$와 $g$가 의존하는 변수들의 집합들이 서로 소라면, 또는 둘 다 의존하는 유일한 변수가 $x_1$이라면, 둘의 논리곱은 상냥하다.)

**249.** (더그미Shaddin Dughmi와 포스트Ian Post의 해답.) 0이 아닌 단조 부울 함수는 오직 그 기약함의항들이 어떤 메이트로이드matroid의 기저들일 때에만 극상냥이다. §7.6.1을 보라. 해답 247을 확장해서, $0 \le n \le 7$에 대한 극상냥 함수 $f(x_1, \ldots, x_n)$들의 개수를 구할 수 있다. 바로 $(2, 3, 6, 17, 69, 407, 3808, 75165)$이다.

**250.** 전수 분석을 해보면 $\mathrm{ave}\, B(f) = 76726/7581 \approx 10.1$, $\mathrm{ave}\, Z(\mathrm{PI}(f)) = 71513/7581 \approx 9.4$, $\Pr(Z(\mathrm{PI}(f)) > B(f)) = 151/7581 \approx .02$임을 알 수 있다. 그리고 $\max Z(\mathrm{PI}(f))/B(f) = 8/7$은 $f$가 $(x_1 \wedge x_4) \vee (x_1 \wedge x_5) \vee (x_2 \wedge x_3 \wedge x_4) \vee (x_2 \wedge x_5)$일 때에만 나온다.

**251.** 좀 더 강하게는, $\limsup Z(\mathrm{PI}(f))/B(f) = 1$일 수 있을까?

**252.** 그러한 ZDD는 $\{e_1, e_1', \dots, e_n, e_n'\}$에 대한 단어들 중 프라임 없는 글자가 정확히 $j$개이고 프라임 붙은 글자가 정확히 $k-j$개인, 그리고 어떤 색인쌍 $(j,k)$들의 집합에 대해 $e_i$와 $e_i'$가 한 단어 안에 둘 다 나오는 일이 없음을 만족하는 모든 단어를 서술해야 한다. 예를 들어 $n=9$이고 $f(x)=v_{\nu x}$이며 $v=110111011$이라고 하면, 그러한 쌍들은 $(0,8)$, $(3,6)$, $(8,8)$이다. 그런 색인쌍들의 집합과는 무관하게, $z$-프로파일 원소들은 모두 해서 $O(n^2)$개가 되며, 따라서 $Z(\mathrm{PI}(f))=O(n^3)$이다. ($x_i$와 $x_i'$가 인접하도록 변수들을 정렬한다.) 그리고 $f(x)=S_{\lfloor n/3\rfloor,\dots,\lfloor 2n/3\rfloor}(x)$는 $Z(\mathrm{PI}(f))=\Omega(n^3)$이다.

**253.** $I(f)$가 $f$의 모든 함의항의 모임이라고 하자. 그러면 $\mathrm{PI}(f)=\mathrm{I}(f)^{\downarrow}$이다. 공식 $\mathrm{I}(f)=\mathrm{I}(f_0 \land f_1)\cup(e_1'\sqcup \mathrm{I}(f_0))\cup(e_1\sqcup \mathrm{I}(f_1))$은 쉽게 입증할 수 있다. 따라서 연습문제 237에서처럼 $\mathrm{I}(f)^{\downarrow} = A\cup(e_1'\sqcup(\mathrm{PI}(f_0)\searrow A))\cup(e_1\sqcup(\mathrm{PI}(f_1)\searrow A))$이다. 그런데 $A\subseteq \mathrm{I}(f)$이므로 $\mathrm{PI}(f_0)\searrow A = \mathrm{PI}(f_0)\setminus A$이다.

〔기약함의항에 대한 이러한 점화식은 O. Coudert, J. C. Madre, *ACM/IEEE Design Automation Conf.* **29** (1992), 36-39에서 기인한 것이다. 그 전에 부분적인 결과들이 B. Reusch, *IEEE Trans.* **C-24** (1975), 924-930에서 공식화된 바 있다.〕

**254.** (53)과 (137)에 의해, $\mathrm{PI}(g_h)\setminus \mathrm{PI}(f_h\cup g_l)=(\mathrm{PI}(g_h)\setminus \mathrm{PI}(g_l))\setminus(\mathrm{PI}(f_h)\setminus \mathrm{PI}(f_l))$임을 보여야 한다. 그런데 좌변과 우변 둘 다 $\mathrm{PI}(g_h)\setminus(\mathrm{PI}(f_h)\cup \mathrm{PI}(g_l))$과 같다. $f_l\subseteq f_h\subseteq g_h$이고 $f_l\subseteq g_l\subseteq g_h$이기 때문이다.

〔이 재귀 관계를 이용해서, $f$와 $g$의 BDD들로부터 ZDD를 직접 구할 수 있다. 그리고 그 ZDD를 이용하면, $f=0$일 때의 $\mathrm{PI}(g)$를 구할 수 있다. 따라서 ZDD들에 대한 차집합 연산자도 구현해야 하는 (137)보다 이 방법이 구현하기가 더 쉽다. 또한 실제 응용에서는 이 방법이 훨씬 더 빠르게 실행되는 경우가 종종 있다.〕

**255.** (a) $e_2\sqcup e_5\sqcup e_6$ 같은 전형적인 항목 $\alpha$의 ZDD는 아주 단순하다. $g$와 $\alpha$의 ZDD들이 주어졌을 때 $g\leftarrow g\oplus\alpha$로 설정하고 $[\alpha\in g]$를 돌려주는 BUMP 루틴을 고안하기란 어려운 일이 아니다.

중복모임 $f$에 $\alpha$를 삽입하는 방법은 이렇다. 우선 $k\leftarrow c\leftarrow 0$으로 시작한다. 그런 다음 $c=0$인 동안 $c\leftarrow \mathrm{BUMP}(f_k)$, $k\leftarrow k+1$로 설정한다. $\alpha$가 존재한다는 가정 하에서 $\alpha$를 삭제하는 방법은, $k\leftarrow 0$과 $c\leftarrow 1$로 시작해서 $c=1$인 동안 $c\leftarrow \mathrm{BUMP}(f_k)$, $k\leftarrow k+1$로 설정하는 것이다.

(b) $k\ge m$에 대해 $f_k$와 $g_k$가 $\emptyset$이라고 하자. $k\leftarrow 0$, $t\leftarrow\emptyset$(ZDD의 $\boxed{\bot}$)으로 설정한다. $k<m$인 동안 $h_k\leftarrow f_k\oplus g_k\oplus t$, $t\leftarrow\langle f_k g_k t\rangle$로 설정한다. 마지막으로 $h_m\leftarrow t$로 설정한다.

〔이 표현 방식과 삽입 알고리즘은 S. Minato, H. Arimura, *Proc. Workshop, Web Information Retrieval and Integration* (IEEE, 2005), 4-11에서 기인한다.〕

**256.** (a) 이진 표현을 왼쪽에서 오른쪽으로 뒤집고 비트 개수가 어떤 $n$에 대한 $2^n$이 될 때까지 0들을 덧붙이면, $x_k$가 $2^{2^{n-k}}\in U$에 대응되는 해당 부울 함수 $f(x_1,\dots,x_n)$의 진리표가 나온다. 예를 들어 $x=41$일 때 10010100은 $(x_1\land\bar{x}_2\land x_3)\lor(\bar{x}_1\land x_2\land x_3)\lor(\bar{x}_1\land\bar{x}_2\land\bar{x}_3)$의 진리표이다.

(b) 만일 $x < 2^{2^n}$이면, (79)와 연습문제 192에 의해 $Z(x) \le U_n = O(2^n/n)$이 성립한다.

(c) '올림 비트' $c$와 $x$, $y$에 대한 ZDD들을 가리키는 포인터들을 받아서 $x+y+c$에 대한 ZDD를 가리키는 포인터를 돌려주는 간단한 재귀 루틴 $\mathrm{ADD}(x, y, c)$가 존재한다. 이 루틴은 $4Z(x)Z(y)$회 호출된다.

(d) $Z(x \dot{-} y) = O(Z(x)Z(y))$라고 주장할 수는 없다. $x = 2^{2^n}$이고 $y = 1$일 때 $Z(x \dot{-} y) = n+1$이고 $Z(x) = 3$, $Z(y) = 1$이기 때문이다. 그러나 $y \le x < 2^{2^n}$일 때 $x \dot{-} y = (x+1+((2^{2^n}-1) \oplus y)) - 2^{2^n}$을 계산함으로써 $Z(x \dot{-} y) = O(Z(x)Z(y)\log\log x)$임을 보이는 것은 가능하다. (해답 201의 ZDD 노드 $t_j$들을 보라.) 따라서 답은 "그렇다"이다.

(e) 아니다. 예를 들어 $x = (2^{2^{2^k+k}} - 1)/(2^{2^k} - 1)$일 때 $Z(x) = 2^k + 1$이지만 $Z(x^2) = 3 \cdot (2^{2^k} - 1) = U_{2^k+k+1} - 2$이다. 여기서 $U_{2^k+k+1}$은 $\lg\lg x^2 < 2^k + k + 1$인 수들에 대한 가능한 가장 큰 ZDD 크기이다(부문제 (b) 참고).

〔이 연습문제는 뷔유맹Jean Vuillemin으로부터 영감을 받은 것으로, 그는 이러한 희소 정수들을 1993년경부터 실험하기 시작했다. 안타깝게도 조합 계산에서 대단히 중요한 수들, 이를테면 피보나치 수나 계승, 이항계수 등이 실제 응용에서 희소한 정수로 판명되는 경우는 거의 없다.〕

**257.** *Proc. Europ. Design and Test Conf.* (IEEE, 1995), 449-454를 보라. 부호 있는 계수들이 허용된다면 음이진(negabinary) 산술에서처럼 $\{2, 4, 8, \ldots\}$ 대신 $\{-2, 4, -8, \ldots\}$을 사용해도 된다.

〔각 변수의 차수가 1을 넘지 않으며 덧셈이 2를 법으로 하여 수행되는 이러한 특별한 경우에서, 이 연습문제의 다항식들은 부울 함수의 다중선형 표현들(7.1.1-(19))과 동치이다. 그리고 그 ZDD들은 "이진 모멘트 도식(binary moment diagram, BMD)"들과 동치이다. R. E. Bryant, Y.-A. Chen, *ACM/IEEE Design Auto-mation Conf.* **32** (1995), 535-541을 보라.〕

**258.** $n$이 홀수이면 BDD는 반드시 모든 변수에 의존한다. 그리고 그런 BDD들은 적어도 $\lceil \lg n \rceil$개이다. 따라서 $n > 1$일 때 $B(f) \ge \lceil \lg n \rceil + 2$이며, 이 하계는 연습문제 170(c)에서 말한 여윈 함수들에서 달성된다. $n$이 짝수일 때에는 사용되지 않는 변수 하나를 $n/2$에 대한 해에 추가하면 된다.

ZDD에 대한 질문이 §4.6.3에서 본 가장 짧은 덧셈 사슬을 구하는 문제와 동치임을 증명하는 것은 어렵지 않다. 따라서 $|f| = n$에 대한 가장 작은 $Z(f)$는 $\boxed{\top}$까지 쳐서 $l(n) + 1$이다.

**259.** 중첩된 괄호들에 대한 이론(이를테면 연습문제 2.2.1-3)에 따르면 $N_n(x) = 1$일 필요충분조건은 $0 \le k \le 2n$에 대해 $\bar{x}_1 + \cdots + \bar{x}_k \ge x_1 + \cdots + x_k$라는 것이다(등호는 $k = 2n$일 때 성립). $0 \le k \le 2n$에 대해 $k - n \le x_1 + \cdots + x_k \le k/2$라는 조건도 그와 동치이다. 따라서 $N_n$에 대한 BDD는 $S_n(x)$에 대한 BDD와 상당히 비슷하되 더 단순하다. 실제로, 프로파일 원소들은 $0 \le k \le n$에 대해 $b_k = \lfloor k/2 \rfloor + 1$, $n \le k < 2n$에 대해 $b_k = n + 1 - \lceil k/2 \rceil$이다. 그러므로 $B(N_n) = b_0 + \cdots + b_{2n-1} + 2 = \binom{n+2}{2} + 1$이다. $z$-프로파일은 $0 \le k < 2n$에 대한 $z_k = b_k - [k$가 짝수$]$들로 이루어진다. 이는 짝수 수준들에서의 $\boxed{\bot}$로의 HI 가지들 때문이다. 따라서 $Z(N_n) = B(N_n) - n$이다.

〔7.2.1.6-(21)의 $C_{nn}$, $C_{(n-1)(n+1)}$, …, $C_{0(2n)}$에 대응되는 $n+1$개의 부울 함수들에 대한 흥미로운 BDD 기반을 연습문제 49와 비슷한 방식으로 구축할 수 있다.〕

**260.** (a,b) 변수 $x_{n,0}$, $x_{n,1}$, …, $x_{n,n-1}$, $x_{n-1,0}$, …, $x_{1,0}$을 위에서 아래로 배치한다. 그러면 $R_n$의 ZDD의 뿌리에서 나온 HI 가지 노드는 $R_{n-1}$의 ZDD의 뿌리이다. (사실 이러한 순서는 $n \le 6$에 대해 $Z(R_n)$을 최소화한다. 어쩌면 모든 $n$에 대해 최소화할 수도 있다.) $z$-프로파일은 1, …, 1; $n-2$, …, 2, 1, 1; $n-3$, …, 2, 1, 1; …이다. 따라서 $Z(R_n) = \binom{n}{3} + 2n + 1 \approx \frac{1}{6}n^3$이고 $Z(R_{100}) = 161{,}901$이다. 보통의 프로파일은 1, 2, 2, 3, 4, …, $n-1$; $n-1$, $2n-4$, $2n-5$, …, $n-1$; $n-2$, $2n-6$, …, $n-2$; …이다. 모두 해서 $n \ge 2$에 대해 $B(R_n) = 3\binom{n}{3} + \binom{n+1}{2} + 3$이고, $B(R_{100}) = 490{,}153$이다.

〔I. Semba, S. Yajima, *Trans. Inf. Proc. Soc. Japan* **35** (1994), 1666-1667을 보라. 덧붙이자면, 연습문제 7.2.1.5-26의 방법은 집합 분할들에 대한, 변수가 단 $\binom{n}{2}$개이고 노드가 $\binom{n}{2}+1$개인 ZDD로 이어진다. 그러나 그 표현과 분할 자체와의 연관 관계는 덜 직접적이며, 따라서 자연스러운 방식으로 제한하기가 더 어렵다.〕

(c) 이 경우, $n = 100$일 때 변수는 5050개가 아니라 573개이다. 일반화하면 변수 개수는 $nl - 2^l + 1$로, 여기서 $l = \lceil \lg n \rceil$이다(식 5.3.1-(3)에 의해). $a_n$, $a_{n-1}$, …의 비트들을 최대 유효 비트부터 점검해 나간다. 그러면 $B(R'_{100}) = 31{,}861$임을 알 수 있으며, 또한 $n > 2$에 대해 $B(R'_n) = \binom{n}{2}l - \frac{1}{6}4^l - \frac{1}{2}2^l - \nu(n-1) + l + \frac{8}{3}$임을 보일 수 있다. ZDD 크기는 좀 더 복잡한데, 대략 60% 정도 더 큰 것으로 보인다. $Z(R'_{100}) = 50{,}154$이다.

**261.** 부울 함수 $f(x_1, \ldots, x_n)$이 주어졌을 때, $f(x_1, \ldots, x_n) = 1$인 이진열 $x_1 \ldots x_n$들은 모두 유한한 언어이며, 따라서 정규 언어이다. 이 언어에 대한 최소상태 결정론적 자동기계 $\mathcal{A}$는 $f$에 대한 QDD이다. (일반화하자면, $L$이 하나의 정규 언어일 때, $x_1 \ldots x_k$를 읽은 후의 $\mathcal{A}$의 상태는 언어 $\{\alpha \mid x_1 \ldots x_k\alpha \in L\}$을 받아들인다.)

〔인용한 정리는 D. A. Huffman, *Journal of the Franklin Institute* **257** (1954), 161-190에 좀 더 일반적인 문맥에서 나오며, 그와 독립적으로 E. F. Moore, *Annals of Mathematics Studies* **34** (1956), 129-153에도 나온다.〕

이 이론과 BDD 이론의 연결의 흥미로운 예를 브레이트바르트Yuri Breitbart의 초기 저작에서 발견할 수 있는데, 이에 대해서는 *Doklady Akad. Nauk SSSR* **180** (1968), 1053-1055에 요약되어 있다. 브라이트바르트의 논문에 나온 보조정리 7을 요약하자면 $B_{\min}(\psi) = \Omega(2^{n/4})$이라는 것인데, 여기서 $\psi$는 $x_0 = y_0 = 0$이라는 조건 하에서 $\psi(x, y) = x_{\nu y} \oplus y_{\nu x}$로 정의되는 $2n$개의 변수 $x = (x_1, \ldots, x_n)$과 $y = (y_1, \ldots, y_n)$의 함수이다. ($\psi$는 일종의 "양면[two-sided]" 숨겨진 가중 비트 함수이다.)

**262.** (a) $a$가 함수 또는 부분함수 $f$를 나타낸다고 할 때, 각 노드가 짝수 개의 바이트들을 차지한다고 가정한다면, $\bar{f}$를 이를테면 $C(a) = a \oplus 1$로 표현할 수 있다. 그러면 $C(C(a)) = a$이고, $a$로의 링크

는 오직 $a$가 홀함수일 때에만 비정규 함수를 나타낸다. $a\,\&\,-2$는 항상 하나의 노드를 가리키는데, 그 노드는 항상 정규 함수를 나타낸다.

모든 노드의 LO 포인터는 짝함수를 나타낸다. 정규 함수는 임의의 변수를 0으로 바꾸어도 여전히 정규 함수이기 때문이다. 그러나 임의의 노드의 HI 포인터는 여수화될 수 있으며, 정규화된 BDD 기반의 임의의 함수로의 외부 뿌리 포인터 역시 여수화될 수 있다. 이제는 ⊤ 흡수 노드가 불가능함을 주목할 것.

(b) 진리표와의 관계를 생각하면 고유성은 자명하다: 하나의 구슬은 정규 구슬이거나(이를테면 0으로 시작하는) 정규 구슬의 여원이다.

(c) 다음과 같다. 편의상 여링크를 점으로 표시했다.

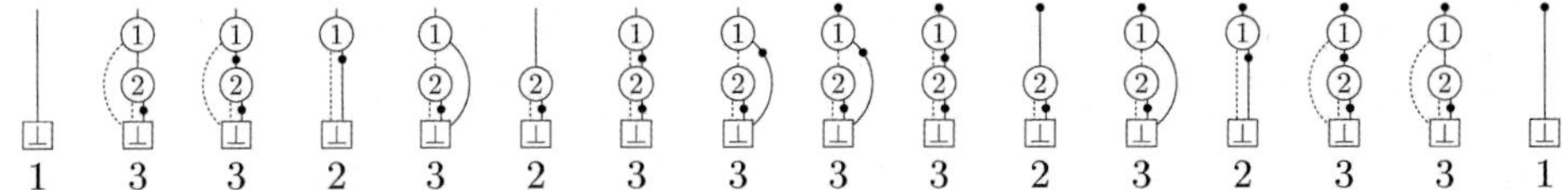

(d) $m$차 정규 구슬은 $2^{2^m-1}-2^{2^{m-1}-1}$개이다. 최악의 경우인 $B^0(f)\le B^0(f_n)=1+\sum_{k=0}^{n-1}\min(2^k,2^{2^{n-k}-1}-2^{2^{n-k-1}-1})=(U_{n+1}-1)/2$는 해답 110의 함수들에서 발생한다. 평균적인 정규화된 프로파일은 (80)의 $2^{2^{n-k}}-1$을 $2^{2^{n-k}}-2$로 바꾸고 전체 공식을 2로 나누면 된다. 이번에도 평균 경우는 최악의 경우와 아주 가깝다. 예를 들어 (81) 대신 다음과 같은 프로파일이 나온다.

$$(1.0, 2.0, 4.0, 8.0, 16.0, 32.0, 64.0, 127.3, 103.9, 6.0, 1.0, 1.0)$$

(e) 정규화된 노드들은 ⊤, ⑥ 하나, ⑤ 두 개, ④ 세 개를 제외한 총 45개이다.

(f) 아마도 최선의 방책은 $f$와 $g$가 정규임이 알려진 경우에 위한 AND, OR, BUTNOT 서브루틴들과 일반적인 경우를 위한 GAND 서브루틴을 두는 것이다. 서브루틴 GAND$(f,g)$는 만일 $f$와 $g$가 짝함수이면 AND$(f,g)$를, $f$가 짝함수이나 $g$가 홀함수이면 BUTNOT$(f, C(g))$를, $g$가 짝함수이나 $f$가 홀함수이면 BUTNOT$(g, C(f))$를, $f$와 $g$가 짝함수이면 $C$(OR$(C(f), C(g))$)를 돌려준다. 서브루틴 AND$(f,g)$는 (55)와 같되 $f=0$이나 $g=0$, $f=g$인 경우들을 '자명한' 값들로 판정할 필요가 있을 때에만 $r_h\leftarrow$ GAND$(f_h, g_h)$로 설정한다는 점이 다르다.

참고: 여링크들은 1978년에 에이커스S. Akers가 제안했으며, 그와 독립적으로 1987년에 비용J. P. Billon도 제안했다. 그런 링크들이 모든 주요 BDD 패키지에서 쓰이긴 하지만, 그때보다 컴퓨터 프로그램이 훨씬 복잡해졌기 때문에 추천하기는 어렵다. 대체로 메모리 절감량은 무시할 수 있을 정도이며, 50% 이상 절감하는 것은 원칙적으로 불가능하다. 더 나아가서, 본 저자의 실험에 따르면 실행 시간의 이득도 거의 없다.

BDD 대신 ZDD를 사용하는 경우 함수들의 '정규 모임'은 공집합을 포함하지 않는 모임이다. 미나토는 ZDD를 사용하는 경우 모임 $f\oplus\epsilon$을 $\overline{f}$ 대신 $C(a)$로 표기하자고 제안한 바 있다.

**263.** (a) 만일 $Hx = 0$이고 $x \neq 0$이면, $\nu x$가 1이나 2일 수는 없다. $H$의 열들은 0이 아니며 서로 다르기 때문이다. [R. W. Hamming, *Bell System Tech. J.* **29** (1950), 147-160.]

(b) $r_k$가 $H$의 처음 $k$개의 열들의 순위이고 $s_k$가 마지막 $k$개의 열들의 순위라고 하자. 그러면 $0 \leq k < n$에 대해 $b_k = 2^{r_k + s_{n-k} - r_n}$이다. 처음 $k$개의 열들이 차지하는 벡터 공간과 마지막 $n-k$개의 열들이 차지하는 벡터 공간의 교집합에 있는 성분들의 개수가 바로 그것이기 때문이다. 해밍 부호에서는 $k > 1$에 대해 $r_k = 1 + \lambda k$이고 $s_k = \min(m, 2 + \lambda(k-1))$이다. 따라서 $B(f) = (n^2 + 5)/2$임을 알 수 있다. [G. D. Forney, Jr., *IEEE Trans.* **IT-34** (1988), 1184-1187을 보라.]

(c) $q_k = 1 - p_k$라고 하자. $\prod_{k=1}^{n} p_k^{[x_k = y_k]} q_k^{[x_k \neq y_k]}$를 최대화하는 것은 $w_k = (2y_k - 1)\log(p_k/q_k)$라고 할 때 $\sum_{k=1}^{n} w_k x_k$를 최대화하는 것과 같다. 따라서 알고리즘 B를 사용할 수 있다.

참고: 1967년의 포니Forney의 출판되지 않은 문헌으로 시작하는 부호화 이론의 이론가들은 부호의 소위 격자구조(trellis)라는 착안을 발전시켰다. 이진의 경우 부호의 격자구조는 $f$에 대한 QDD에서 상수 부분함수 0에 대한 모든 노드를 제거한 것과 같다. (유용한 부호들은 거리가 > 1이다. 그러면 격자구조는 $f$의 BDD에서 $\boxed{\bot}$를 제거한 것과도 같다.) 포니의 원래의 동기는 비터비A. Viterbi의 복호화 알고리즘[*IEEE Trans.* **IT-13** (1967), 260-269]이 합성곱 부호들에 대해 최적임을 보이는 것이었다. 몇 년 후 L. R. Bahl, J. Cocke, F. Jelinek, J. Raviv[*IEEE Trans.* **IT-20** (1974), 284-287]는 격자구조를 선형 블록 부호로 확장하고 추가적인 최적화 알고리즘들을 제시했다. 논문 G. B. Horn, F. R. Kschischang, *IEEE Trans.* **IT-42** (1996), 2042-2048과 J. Lafferty, A. Vardy, *IEEE Trans.* **C-48** (1999), 971-986도 보라.

**264.** 알고리즘 B의 '상향식' 방법들을 한 노드의 선행자들에 대해 최적화를 수행하는 '하향식' 방법들과 결합한 절차가 항상 한 방향으로만 가는 방법들보다 좀 더 효율적일 수 있다.

**265.** $c_j$들을 $n$비트 산술을 이용해서 알고리즘 C에서처럼 상향식으로 세어 나간다. 그런 다음에는 하향식으로 방향을 바꾸어서, $k \leftarrow s-1$, $j \leftarrow 1$, $m \leftarrow m-1$로 시작해서 다음 단계들을 되풀이한다(그 동안에는 $0 \leq m < 2^{v_k - j}c_k$이 성립한다): 만일 $v_k > j$이면 $x_j \leftarrow \lfloor m/2^{v_k - j - 1}c_k \rfloor$, $m \leftarrow m \bmod 2^{v_k - j - 1}c_k$, $j \leftarrow j+1$로 설정한다. 그렇지 않고 만일 $k = 1$이면 알고리즘을 끝내고, 그렇지 않으면 $l \leftarrow l_k$, $h \leftarrow h_k$로 설정한다. 만일 $m < 2^{v_l - v_k - 1}c_l$이면 $x_j \leftarrow 0$, $k \leftarrow l$, $j \leftarrow j+1$로 설정하고, 그렇지 않으면 $x_j \leftarrow 1$, $m \leftarrow m - 2^{v_l - v_k - 1}c_l$, $k \leftarrow h$, $j \leftarrow j+1$로 설정한다.

**266.** 실제로, 표준적인 $F$에 대한 '왼쪽은 자식, 오른쪽은 동기' 이진 트리(7.2.1.6-(4) 참고)로부터 ZDD를 직접 구할 수 있다. HI에 대해 왼쪽 자식 링크를 사용하고 LO에 대해서는 오른쪽 자식 링크를 사용하고, 공링크(null link)들을 $\boxed{\top}$를 가리키도록 변경하되 제일 오른쪽 트리의 뿌리(후위 순서에서 마지막 노드)의 LO 링크는 $\boxed{\bot}$를 가리키게 하면 된다.

**267.** $d(F)$의 ZDD 크기를 보조함수 $\zeta(T)$를 이용해서 계산할 수 있다. 이 보조함수는 트리들에 대해 다음과 같이 재귀적으로 정의된다: 만일 $|T| = 1$이면(즉, $T$에 노드가 단 하나이면) $\zeta(T) = 1$

이다. 그렇지 않으면 $T$는 하나의 뿌리와 $k \geq 1$개의 부분 트리 $T_1$, …, $T_k$로 구성되는데, 이때 $\zeta(T) = 1 + \zeta(T_1) + \cdots + \zeta(T_k) + |T| - |T_k|$로 정의한다. 그러면, 만일 $F$가 $k \geq 1$개의 트리 $T_1$, …, $T_k$로 정의된다고 하면, $Z(d(F)) = 1 + \zeta(T_1) + \cdots + \zeta(T_k) + [|T_k| = 1]$이다.

최소 크기 $n$은 $F$가 $n$개의 1노드 트리들로 구성될 때 발생함은 분명하다. $n = 2m - 1$에 대한 최대 크기 $\lfloor n^2/4 \rfloor + 2n + 1$은 $1 \leq k < m$에 대해 노드 $k$에 두 자식 $k+1$과 $k+m$이 있는 트리에서 나타난다. $n = 2m$인 경우도 비슷하다.

평균 크기를 구하기 위해 생성 함수 $Z(w, z) = \sum w^{\zeta(T)} z^{|T|}$을 고찰한다. 여기서 합산의 구간은 모든 트리 $T$이다. $\zeta$의 정의에 의해 함수 방정식 $Z(w, z) = wz + w^2 z Z(w, z)/(1 - Z(w, wz))$가 나온다. $w$에 대해, 그리고 $z$에 대해 미분한 후 $w = 1$로 설정하면 $s = \sqrt{1 - 4z}$로 두었을 때 $Z(1, z) = (1 - s)/2$, $Z_w(1, z) = z/s + z/s^2$, $Z_z(1, z) = 1/s$임을 알 수 있다. 생성 함수 $\sum_F w^{Z(d(F))} z^{|F|}$(합의 구간은 모든 비지 않은 숲 $F$)은 $(wZ(w, z) + w^3 z - w^2 z)/(1 - Z(w, z))$이다. $w$에 대해 미분하고 $w \leftarrow 1$로 설정하면 $z/(1 - 4z) + 2z/\sqrt{1 - 4z}$가 나온다. 따라서 $Z(d(F))$의 평균은

$$(4^{n-1} + 2nC_{n-1})/C_n = \frac{1}{4}\sqrt{\pi}\, n^{3/2} + \frac{n}{2} + O(n^{1/2})$$

인데, 여기서 $C_n$은 7.2.1.6-(15)의 카탈랑 수이다.

## 7.2.1.1절

**1.** $m_j = u_j - l_j + 1$로 두고, 알고리즘 M에서 $(a_1, \ldots, a_n)$ 대신 $(a_1 + l_1, \ldots, a_n + l_n)$을 방문하도록 한다. 또는, 그 알고리즘에서 '$a_j \leftarrow 0$'을 '$a_j \leftarrow l_j$'로, '$a_j = m_j - 1$'을 '$a_j = u_j$'로 바꾸고, 단계 M1에서 $l_0 \leftarrow 0$, $u_0 \leftarrow 1$로 설정한다.

**2.** $(0, 0, 1, 2, 3, 0, 2, 7, 0, 9)$.

**3.** $j = k$일 때 단계 M4는 $m_1 m_2 \ldots m_k$번 수행된다. 따라서 총 수행 횟수는

$$\sum_{k=0}^{n} \prod_{j=1}^{k} m_j = m_1 \ldots m_n (1 + 1/m_n + 1/m_n m_{n-1} + \cdots + 1/m_n \ldots m_1)$$

이다. 만일 모든 $m_j$가 2 이상이면 이 횟수는 $2m_1 \ldots m_n$보다 작다. 〔따라서, 방문 당 숫자 하나만 바꾸는 화려한 그레이 부호 방법들이 사실은 전체 숫자 변경 횟수를 최대 2분의 1로까지 줄여준다는 점을 기억해야 할 것이다.〕

**4.** **N1.** 〔초기화.〕 $0 \leq j \leq n$에 대해 $a_j \leftarrow m_j - 1$로 설정한다. 단, $m_0 = 2$이다.

**N2.** 〔방문.〕 $n$-짝 $(a_1, \ldots, a_n)$을 방문한다.

**N3.** 〔1을 뺄 준비를 한다.〕 $j \leftarrow n$으로 설정한다.

**N4.** 〔필요하면 빌림.〕 만일 $a_j = 0$이면 $a_j \leftarrow m_j - 1$, $j \leftarrow j - 1$로 설정하고 이 단계를 되풀이한다.

**N5.** 〔끝이 아닌 한 감소.〕 만일 $j = 0$이면 알고리즘을 끝낸다. 그렇지 않으면 $a_j \leftarrow a_j - 1$로 설정하고 단계 N2로 돌아간다. ▮

**5.** MMIX 같은 컴퓨터에서는 비트 반사가 쉽다. 다른 컴퓨터에서는 다음과 같은 절차를 사용하면 될 것이다.

**Z1.** 〔초기화.〕 $j \leftarrow k \leftarrow 0$으로 설정한다.

**Z2.** 〔교환.〕 $A[j+1] \leftrightarrow A[k+2^{n-1}]$로 교환한다. 또한, 만일 $j < k$이면 $A[j] \leftrightarrow A[k]$, $A[j+2^{n-1}+1] \leftrightarrow A[k+2^{n-1}+1]$로 교환한다.

**Z3.** 〔$k$를 전진.〕 $k \leftarrow k+2$로 설정하고, 만일 $k \geq 2^{n-1}$이면 끝낸다.

**Z4.** 〔$j$를 전진.〕 $h \leftarrow 2^{n-2}$으로 설정한다. 만일 $j \geq h$이면, $j < h$가 될 때까지 되풀이해서 $j \leftarrow j-h$, $h \leftarrow h/2$로 설정한다. 그런 다음 $j \leftarrow j+h$로 설정한다. (이제 만일 $k = (b_{n-1}\ldots b_0)_2$이면 $j = (b_0 \ldots b_{n-1})_2$이다.) Z2로 돌아간다. ▮

**6.** 만일 $g((0b_{n-1}\ldots b_1b_0)_2) = (0(b_{n-1})\ldots(b_2 \oplus b_1)(b_1 \oplus b_0))_2$이면 $g((1b_{n-1}\ldots b_1b_0)_2) = 2^n + g((0\bar{b}_{n-1}\ldots\bar{b}_1\bar{b}_0)_2) = (1(\bar{b}_{n-1})\ldots(\bar{b}_2 \oplus \bar{b}_1)(\bar{b}_1 \oplus \bar{b}_0))_2$이다. 여기서 $\bar{b} = b \oplus 1$이다.

**7.** 구역이 $2r$개인 경우, $n = \lceil \lg r \rceil$이라 할 때 $2^n - r \leq k < 2^n + r$에 대한 $g(k)$를 사용하면 된다. (5)에 의해 $g(2^n - r) \oplus g(2^n + r - 1) = 2^n$이기 때문이다. 〔G. C. Tootill, *Proc. IEE* **103**, Part B Supplement (1956), 434.〕 연습문제 26도 보라.

**8.** 알고리즘 G를 $n \leftarrow n-1$로 두어서 적용하되, 오른쪽에 패리티 비트 $a_\infty$를 포함시킨다. (그러면 $g(0)$, $g(2)$, $g(4)$, ...이 나온다.)

**9.** 제일 오른쪽 고리를 대체해야 한다. $\nu(1011000)$이 홀수이기 때문이다.

**10.** $A_n + B_n = g^{[-1]}(2^n - 1) = \lfloor 2^{n+1}/3 \rfloor$이고 $A_n = B_n + n$이다. 따라서 $A_n = \lfloor 2^n/3 + n/2 \rfloor$이고 $B_n = \lfloor 2^n/3 - n/2 \rfloor$이다.

역사적 참고사항: 초기 일본 수학자 아리마Yoriyuki Arima(1714-1783)는 이 문제를 그의 *Shūki Sanpō* (1769), 문제 44에서 다루었는데, $n$고리 퍼즐을 일정 개수의 단계들 후에 $(n-1)$고리 퍼즐로 줄일 수 있음을 지적했다. 이러한 축약에 의해 제거된 고리 개수를 $C_n = A_n - A_{n-1} = B_n - B_{n-1} + 1$이라고 하자. 아리마는 $C_n = 2C_{n-1} - [n$이 짝수$]$임을 주목했다. 따라서 그는 $C_n = \lceil 2^{n-1}/3 \rceil$이라는 공식을 실제로 알지 못하고도 $n = 9$에 대해 $A_n = C_1 + C_2 + \cdots + C_n$을 계산할 수 있었다.

그보다 2백년도 더 전에 카르다노Cardano는 그의 *De Subtilitate Libri XXI* (Nuremberg: 1550), Book 15에서 "complicati annuli"† 를 언급했다. 그는 이들이 "쓸모는 없지만 감탄할 만큼 난해하다"라고 썼으며, 고리 일곱 개를 제거하는 데 95회, 다시 끼우는 데 95회의 조작이 필요하다고

---

† 〔옮긴이 주〕 complicati는 '함께', annuli(annulus의 복수형)는 '고리들'이라는 뜻의 라틴어이다.

잘못 지적했다. 월리스John Wallis는 그의 *Algebra* **2** (Oxford: 1693), 제111장의 라틴어판에서 이 퍼즐에 일곱 쪽의 지면을 할애해서, 아홉 고리 퍼즐에 대한 상세하지만 최적은 아닌 방법들을 제시했다. 그는 고리를 막대에 끼우거나 빼는 조작 외에 막대를 따라 고리를 미끄러뜨리는 조작도 포함시켰으며, 더 짧은 방법이 존재함을 암시했지만 최단 해를 구하려고 시도하지는 않았다.

**11.** $S_1 = S_2 = 1$일 때 $S_n = S_{n-2} + 1 + S_{n-2} + S_{n-1}$의 해는 $S_n = 2^{n-1} - [n$이 짝수$]$이다.

**12.** (a) $n-1$ 중국 고리의 이론은 그레이 이진 부호가 그러한 합성들을 편리한 순서 (4, 31, 211, 22, 112, 1111, 121, 13)으로 산출함을 증명한다:

**C1.** [초기화.] $t \leftarrow 0$, $j \leftarrow 1$, $s_1 \leftarrow n$으로 설정한다. ($n > 1$이라고 가정한다.)

**C2.** [방문.] $s_1 \ldots s_j$를 방문한다. 그런 다음 $t \leftarrow 1 - t$로 설정하고, 만일 $t = 0$이면 C4로 간다.

**C3.** [홀수 단계.] 만일 $s_j > 1$이면 $s_j \leftarrow s_j - 1$, $s_{j+1} \leftarrow 1$, $j \leftarrow j + 1$로 설정한다. 그렇지 않으면 $j \leftarrow j - 1$, $s_j \leftarrow s_j + 1$로 설정한다. C2로 돌아간다.

**C4.** [짝수 단계.] 만일 $s_{j-1} > 1$이면 $s_{j-1} \leftarrow s_{j-1} - 1$, $s_{j+1} \leftarrow s_j$, $s_j \leftarrow 1$, $j \leftarrow j + 1$로 설정한다. 그렇지 않으면 $j \leftarrow j - 1$, $s_j \leftarrow s_{j+1}$, $s_{j-1} \leftarrow s_{j-1} + 1$로 설정한다(단, $j - 1 = 0$이면 알고리즘을 끝낸다). C2로 돌아간다. ▮

(b) 이 경우 $q_1, \ldots, q_{t-1}$은 막대에 끼워져 있는 고리들을 나타낸다:

**B1.** [초기화.] $t \leftarrow 1$, $q_0 \leftarrow n$으로 설정한다. ($n > 1$이라고 가정한다.)

**B2.** [방문.] $q_t \leftarrow 0$으로 설정하고 $(q_0 - q_1) \ldots (q_{t-1} - q_t)$를 방문한다. 만일 $t$가 짝수이면 B4로 간다.

**B3.** [홀수 단계.] 만일 $q_{t-1} = 1$이면 $t \leftarrow t - 1$로 설정한다. 그렇지 않으면 $q_t \leftarrow 1$, $t \leftarrow t + 1$로 설정한다. 단계 B2로 돌아간다.

**B4.** [짝수 단계.] 만일 $q_{t-2} = q_{t-1} + 1$이면 $q_{t-2} \leftarrow q_{t-1}$, $t \leftarrow t - 1$로 설정한다(단, 만일 $t = 2$이면 알고리즘을 끝낸다). 그렇지 않으면 $q_t \leftarrow q_{t-1}$, $q_{t-1} \leftarrow q_t + 1$, $t \leftarrow t + 1$로 설정한다. B2로 돌아간다. ▮

이 알고리즘들[J. Misra, *ACM Trans. Math. Software* **1** (1975), 285를 보라]은 초기화 단계들에서도 루프가 없다.

**13.** 단계 C1에서 $C \leftarrow 1$로도 설정한다. 단계 C3에서 만일 $s_j > 1$이면 $C \leftarrow s_j C$로 설정하고 그렇지 않으면 $C \leftarrow C/(s_{j-1} + 1)$로 설정한다. 단계 C4에서 만일 $s_{j-1} > 1$이면 $C \leftarrow s_{j-1} C$로 설정하고 그렇지 않으면 $C \leftarrow C/(s_{j-2} + 1)$로 설정한다. 단계 B1, B3, B4도 그와 비슷한 방식으로 수정한다. 합성 $1 \ldots 1$에 대한 값 $C = n!$을 감당하려면 정밀도가 충분해야 한다. 이는 산술 연산에 단위 시간이 걸린다는 가정 하에서 루프 없음의 정의를 확장하는 것이다.

**14. V1.** 〔초기화.〕 $j \leftarrow 0$으로 설정한다.

**V2.** 〔방문.〕 문자열 $a_1 \ldots a_j$를 방문한다.

**V3.** 〔더 길게.〕 만일 $j < n$이면 $j \leftarrow j+1$, $a_j \leftarrow 0$으로 설정하고 V2로 돌아간다.

**V4.** 〔증가.〕 만일 $a_j < m_j - 1$이면 $a_j \leftarrow a_j + 1$로 설정하고 V2로 돌아간다.

**V5.** 〔더 짧게.〕 $j \leftarrow j-1$로 설정하고, 만일 $j > 0$이면 V4로 돌아간다. ▮

**15. J1.** 〔초기화.〕 $j \leftarrow 0$으로 설정한다.

**J2.** 〔짝수 방문.〕 만일 $j$가 짝수이면 문자열 $a_1 \ldots a_j$를 방문한다.

**J3.** 〔더 길게.〕 만일 $j < n$이면 $j \leftarrow j+1$, $a_j \leftarrow 0$으로 설정하고 J2로 돌아간다.

**J4.** 〔홀수 방문.〕 만일 $j$가 홀수이면 문자열 $a_1 \ldots a_j$를 방문한다.

**J5.** 〔증가.〕 만일 $a_j < m_j - 1$이면 $a_j \leftarrow a_j + 1$로 설정하고 J2로 돌아간다.

**J6.** 〔더 짧게.〕 $j \leftarrow j-1$로 설정하고, 만일 $j > 0$이면 J4로 돌아간다. ▮

언뜻 보면 루프가 있는 것 같지만, 이 알고리즘에는 루프가 없다. 연속적인 방문들 사이의 단계 수는 많아야 넷이다. 기본 착안은 연습문제 2.3.1-5와 '전후위' 운행(알고리즘 7.2.1.6Q)에 연관된다.

**16.** $1 \le j \le n$에 대해 $\texttt{LINK}(j-1) = j + nb_j$이고 $1 < j \le n$에 대해 $\texttt{LINK}(j-1+n) = j + n(1-b_j)$라고 하자. 이 링크들은 오직 $g(a_1 \ldots a_n) = b_1 \ldots b_n$일 때에만 $(a_1, \ldots, a_n)$을 나타내므로, 루프 없는 그레이 이진 생성기를 사용해서 원하는 결과를 얻을 수 있다.

**17.** $0 \le j, k < 8$에 대해, 두 3비트 부호를 연결한 $(g(j), g(k))$를 $j$행 $k$열에 놓는다. 〔좌표성분들의 치환, 여수화 및 행들의 순환 등을 감안할 때 이것이 본질적으로 유일한 해임을 증명하는 것이 어렵지 않다. 남, 북으로 이동할 때 변하는 좌표성분들은 오직 행에만 의존하고, 마찬가지로 동, 서 이동은 열에만 의존하기 때문이다. 카르노의 4-입방체와 $4 \times 4$ 원환체 사이의 동형사상의 기원은 W. Keister, A. E. Ritchie, S. H. Washburn, *The Design of Switching Circuits*, p.174로 거슬러 올라간다. 첨언하자면, 키스터Keister는 중국 고리 퍼즐의 독창적인 변형인 SpinOut과 한 일반화인 Hexadecimal Puzzle, *U.S. Patents 3637215-3637216* (1972)을 설계했다.〕

**18.** 2비트 그레이 부호를 이용해서 숫자 $u_j = (0, 1, 2, 3)$ 각각을 비트쌍 $u'_{2j-1}u'_{2j} = (00, 01, 11, 10)$들로 표현한다. 〔리C. Y. Lee는 그의 거리 측정 방식을 *IRE Trans.* **IT-4** (1958), 77-82에서 소개했다. $m$의 짝수 값들에 적용되는 그와 비슷한 $m/2$비트 부호화도 있다. 예를 들어 $m = 8$일 때 $(0, 1, 2, 3, 4, 5, 6, 7)$을 $(0000, 0001, 0011, 0111, 1111, 1110, 1100, 1000)$으로 나타낼 수 있다. 그러나 그러한 방안에서는 $m > 4$일 때 몇몇 비트 패턴들이 누락된다.〕

**19.** (a) 나머지식 그레이 사진 알고리즘이 알고리즘 M보다 필요 계산량이 조금 작지만, 그래도 256은 아주 작은 수이므로 별로 중요한 문제는 아니다. 결과는 $z_0^8 + z_1^8 + z_2^8 + z_3^8 + 14(z_0^4 z_2^4 + z_1^4 z_3^4)$

$+56z_0z_1z_2z_3(z_0^2+z_2^2)(z_1^2+z_3^2)$이다.

(b) $(z_0, z_1, z_2, z_3)$을 $(1, z, z^2, z)$로 대체하면 $1+112z^6+30z^8+112z^{10}+z^{16}$이 나온다. 따라서 0이 아닌 모든 리 가중치는 $\geq 6$이다. 이제 이전 연습문제의 구축법을 이용해서 각 $(u_0, u_1, u_2, u_3, u_4, u_5, u_6, u_\infty)$를 16비트 수로 변환하면 된다.

**20.** $u'$으로부터 사진 벡터 $(u_0, u_1, u_2, u_3, u_4, u_5, u_6, u_\infty)$를 복원하고, 알고리즘 4.6.1D를 이용해서 $u_0+u_1x+\cdots+u_6x^6$을 $g(x)$로 나눈 나머지를 구한다. 계수들이 하나의 체體(field)에 속하지 않아도 그 알고리즘을 적용할 수 있는 이유는, $g(x)$가 모닉(monic, 즉 최고차계수가 1)이기 때문이다. 나머지를 $x^j+2x^k$(법 $g(x)$와 4)로 표현하고, $d=(k-j) \bmod 7$, $s=(u_0+\cdots+u_6+u_\infty) \bmod 4$로 둔다.

경우 1, $s=1$: 만일 $k=\infty$이면 $x^j$에서 오류가 났던 것이다(다른 말로 하면, 정확한 값은 $u_j \leftarrow (u_j-1) \bmod 4$이다). 그렇지 않으면 잘못된 비트가 셋 이상이다.

경우 2, $s=3$: 만일 $j=k$이면 오류는 $-x^j$이다. 그렇지 않으면 $\geq 3$개의 오류가 발생했다.

경우 3, $s=0$: 만일 $j=k=\infty$이면 오류가 없었던 것이다. 만일 $j=\infty$이고 $k<\infty$이면 적어도 네 개의 비트가 잘못된 것이다. 그렇지 않으면 오류들은 $x^a-x^b$들이었던 것인데, 여기서 $a=(j+(\infty, 6, 5, 2, 3, 1, 4, 0)) \bmod 7$이다($d=(0, 1, 2, 3, 4, 5, 6, \infty)$이고 $b=(j+2d) \bmod 7$이므로).

경우 4, $s=2$: 만일 $j=\infty$이면 오류들은 $2x^k$들이었다. 그렇지 않으면 오류들은 다음과 같다.

$x^j+x^\infty$, 만일 $k=\infty$이면;
$-x^j-x^\infty$, 만일 $d=0$이면;
$x^a+x^b$, 만일 $d\in\{1,2,4\}$, $a=(j-3d) \bmod 7$, $b=(j-2d) \bmod 7$이면;
$-x^a-x^b$, 만일 $d\in\{3,5,6\}$, $a=(j-3d) \bmod 7$, $b=(j-d) \bmod 7$이면.

$u'=(1100100100001111)_2$가 주어졌다면 $u=(2, 0, 3, 1, 0, 0, 2, 2)$이고 $2+3x^2+x^3+2x^6 \equiv 1+3x+3x^2 \equiv x^5+2x^6$이다. 또한 $s=2$이다. 따라서 오류들은 $x^2+x^3$이며, 가장 가까운 오류 없는 부호단어는 $(2, 0, 2, 0, 0, 0, 2, 2)$이다. 알고리즘 4.6.1D에 의하면 $2+2x^2+2x^6 \equiv (2+2x+2x^3)g(x)$(법 4)이다. 따라서 여덟 개의 정보 비트들은 $(v_0, v_1, v_2, v_3)=(2, 2, 0, 2)$에 해당한다. [좀 더 지능적인 알고리즘이라면, 이를테면 "아하, $\pi$의 처음 비트 16개로군"이라고 알아차릴 수 있을 것이다.]

사진 벡터에 기초한 다른 효율적인 부호화 방안들의 일반화에 대해서는 고전적인 논문 Hammons, Kumar, Calderbank, Sloane, Solé, *IEEE Trans.* **IT-40** (1994), 301-319를 보라.

**21.** (a) $C(\epsilon)=1$, $C(0\alpha)=C(1\alpha)=C(\alpha)$, $C(*\alpha)=2C(\alpha)-[10\ldots0\in\alpha]$. 이 점화식을 반복하면 $C(\alpha)=2^t-2^{t-1}e_t-2^{t-2}e_{t-1}-\cdots-2^0e_1$이 나오는데, 여기서 $e_j=[10\ldots0\in\alpha_j]$이고 $\alpha_j$는 $\alpha$의, $j$번째 별표 다음의 접미열이다. 주어진 예의 경우 $\alpha_1=*10**0*$, $\alpha_2=10**0*$, ..., $\alpha_5=\epsilon$이다. 즉 $e_1=0$, $e_2=1$, $e_3=1$, $e_4=0$, $e_5=1$이며(관례에 의해), 따라서 $C(**10**0*)=2^5-2^4-2^2-2^1=10$이다.

(b) $t = t'$이 되도록 후행 별표들을 제거해도 된다. 그러면 $e_t = 1$은 $e_{t-1} = \cdots = e_1 = 0$을 함의한다. [$C(\alpha) = 2^{t'-1}$인 경우는 오직 $\alpha$가 $10^j*^k$으로 끝날 때에만 나타난다.]

(c) 모든 $t$-부분입방체에 관한 $C(\alpha)$들의 합은 $\binom{n}{t}$개의 집단들이 $n$-짝 0...0에서 시작하고 $\binom{n-1}{t}$개는 각각의 후행 $n$-짝으로 시작함(즉, 그 $n$-짝을 포함하며 변경된 비트가 명시된 각 $t$-부분입방체당 하나의 집단이 있는 것이다)에 주목해서 계산할 수 있다. 그러면 평균은 $\left(\binom{n}{t} + (2^n - 1)\binom{n-1}{t}\right)/2^{n-t}\binom{n}{t} = 2^t(1 - t/n) + 2^{t-n}(t/n)$이다. [(c)의 공식은 임의의 $n$비트 그레이 경로에 대해 성립하나, (a)와 (b)는 반사된 그레이 이진 부호에만 국한된 것이다. 이 결과들은 C. Faloutsos, *IEEE Trans.* **SE-14** (1988), 1381-1393에서 기인한다.]

**22.** $\alpha*^j$과 $\beta*^k$이 그레이 이진 트라이에서 인접한 말단들이라고 하자. 여기서 $\alpha$와 $\beta$는 이진열들이고 $j \le k$이다. 그러면, $\alpha$의 마지막 $k - j$개의 비트들로 이루어진 이진열을 $\alpha'$이라고 할 때 $\alpha$와 $\beta\alpha'$은 그레이 이진 부호의 연속된 원소들이며, 따라서 인접하다. [이 속성을 입방체로 연결된 메시지 전달식 동시적 컴퓨터들에 적용하는 흥미로운 응용에 대한 논의가 댈리William J. Dally의 *A VLSI Architecture for Concurrent Data Structures* (Kluwer, 1987), 제3장에 나온다.]

**23.** $2^j = g(k) \oplus g(l) = g(k \oplus l)$은 $l = k \oplus g^{[-1]}(2^j) = k \oplus (2^{j+1} - 1)$임을 함의한다. 다른 말로 하면, 만일 $k = (b_{n-1} \ldots b_0)_2$이면 $l = (b_{n-1} \ldots b_{j+1}\bar{b}_j \ldots \bar{b}_0)_2$이다.

**24.** 통상적인 방식대로 $g(k) = k \oplus \lfloor k/2 \rfloor$로 정의하면 $g(k) = g(-1-k)$임을 알 수 있다. 따라서 $g(k)$가 주어진 2아딕 값 $l$이 되는 2아딕 정수 $k$는 두 개이다. 하나는 짝수이고 또 하나는 홀수이다. 편의상, $g^{[-1]}$이 짝수의 해가 되도록 정의하자. 그러면 (8)은 $j \ge 0$에 대해 $b_j = a_{j-1} \oplus \cdots \oplus a_0$으로 대체된다. 예를 들어 이 정의에 의하면 $g^{[-1]}(1) = -2$이다. $l$이 보통의 정수일 때, $g^{[-1]}(l)$의 '부호'는 $l$의 패리티이다.

**25.** $p = k \oplus l$이라고 하자. 연습문제 7.1.3-3에 의해 $2^{\lfloor \lg p \rfloor + 1} - p \le |k - l| \le p$이다. $\nu(g(p)) = \nu(g(k) \oplus g(l)) = t$는 오직 $p = (1^{j_1}0^{j_2}1^{j_3} \ldots (0 \text{ 또는 } 1)^{j_t})_2$를 만족하는 양의 정수 $j_1, \ldots, j_t$가 존재할 때에만 성립한다. 가장 큰 $p < 2^n$은 $j_1 = n + 1 - t$이고 $j_2 = \cdots = j_t = 1$일 때 나타나며, 그런 경우 $p = 2^n - \lceil 2^t/3 \rceil$이다. 가장 작은 $q = 2^{\lfloor \lg p \rfloor + 1} - p = (1^{j_2}0^{j_3} \ldots (1 \text{ 또는 } 0)^{j_t})_2 + 1$은 $j_2 = \cdots = j_t = 1$일 때 나타나며, 그러면 $q = \lceil 2^t/3 \rceil$이다. C. K. Yuen, *IEEE Trans.* **IT-20** (1974), 668; S. R. Cavior, *IEEE Trans.* **IT-21** (1975), 596. $m$진 그레이 부호에 대한 이와 비슷한 한계는 $\lceil m^t/(m^2 - 1) \rceil$으로, 이 공식은 $m$이 짝수일 때 반사된 $m$진 그레이 부호에도 성립한다. van Zanten, Suparta, *IEEE Trans.* **IT-49** (2003), 485-487; *Proc. South East Asian Math. Soc. Conf.* (Yogyakarta: Gadjah Mada University, 2003), 98-105를 보라.]

**26.** $n_t > \cdots > n_1 \ge 0$이고 $N = 2^{n_t} + \cdots + 2^{n_1}$이라고 하자. 또한, $\Gamma_n$이 $\{0, 1, \ldots, 2^n - 1\}$에 대한, 0으로 시작하고 1로 끝나는 임의의 그레이 부호라고 하자. 단, $\Gamma_0$은 그냥 0이라고 하자. 이러한 가정 하에서 다음을 적용하면 그런 식으로 정수들을 생성할 수 있다.

$\Gamma^R_{n_t}$, $2^{n_t}+\Gamma_{n_{t-1}}$, ..., $2^{n_t}+\cdots+2^{n_3}+\Gamma^R_{n_2}$, $2^{n_t}+\cdots+2^{n_2}+\Gamma_{n_1}$, 만일 $t$가 짝수이면;
$\Gamma_{n_t}$, $2^{n_t}+\Gamma^R_{n_{t-1}}$, ..., $2^{n_t}+\cdots+2^{n_3}+\Gamma^R_{n_2}$, $2^{n_t}+\cdots+2^{n_2}+\Gamma_{n_1}$, 만일 $t$가 홀수이면.

**27.** 일반화하면, 만일 $k=(b_{n-1}\ldots b_0)_2$이면 $S_n$의 $(k+1)$번째로 큰 원소는 다음과 같다.

$$1/\bigl(2-(-1)^{a_{n-1}}/\bigl(2-\cdots/(2-(-1)^{a_1}/(2-(-1)^{a_0}))\ldots)\bigr).$$

이는 부호 패턴 $g(k)=(a_{n-1}\ldots a_0)_2$에 대응된다. 따라서 $S_n$의 임의의 원소의 순위가 주어졌다면 그 원소를 $O(n)$단계로 계산할 수 있다. $k=2^{100}-10^{10}$, $n=100$으로 두면 답 373065177/1113604409가 나온다. [H. E. Salzer, *CACM* **16** (1973), 180에 나오듯이, $f(x)$가 양의 단조함수이면 반드시, $2^n$개의 원소 $f(\pm f(\ldots\pm f(\pm x)\ldots))$의 순서는 그레이 이진 부호를 따른다. 그런데 이번 문제의 경우에는 다른 방법으로도 답을 구할 수 있다. 왜냐하면 §4.5.3의 표기법 하에서

$$S_n = /\!/2,\ \pm 2,\ \ldots,\ \pm 2,\ \pm 1/\!/$$

도 성립하기 때문이다. 이런 형태의 연분수들은 $k$의 비트들을 번갈아 여수화하는 순서를 따른다.]

**28.** (a) $t=1,2,\ldots$에 따라 median$(G_t)$의 비트 $a_j$들은 다음과 같이 매 $2^{1+j}$단계마다 별표가 나오는 주기적 패턴을 따른다.

$$0,\ldots,0,*,1,\ldots,1,*,0,\ldots,0,*,\ldots.$$

따라서 $\lfloor(t-1)/2\rfloor$와 $\lfloor t/2\rfloor$의 이진 표현들에 해당하는 이진열들은 중앙값들이다. 그리고 사실 그런 이진열들은 모든 중앙값이 $\lfloor(t-1)/2\rfloor$와 $\lfloor t/2\rfloor$의 공통의 비트들과 일치한다는 점에서 '극단적인' 경우들이다. 즉 별표들은 일치하지 않는 지점에서 나타난다. 예를 들어 $t=100=(01100100)_2$이고 $n=8$일 때 median$(G_{100})=001100**$이다.

(b) $G_{2t}=2G_t\cup(2G_t+1)$이므로 $t=(a_{n-2}\ldots a_1a_01)_2$가 홀수라고 가정해도 된다. 만일 $\alpha$가 그레이 이진으로 $g(p)$이고 $\beta$가 $g(q)$라면, $p=(p_{n-1}\ldots p_0)_2$이고 $q=(p_{n-1}\ldots p_{j+1}\bar{p}_j\ldots\bar{p}_0)_2$이다. 그리고 $a_{n-1}a_{n-2}=01=p_{n-1}p_{n-2}$이다. $p<t\le q$일 수는 없는데, 그러면 $j=n-1$이고 $p_{n-3}=p_{n-4}=\cdots=p_0=1$이 될 것이기 때문이다. [A. J. Bernstein, K. Steiglitz, J. E. Hopcroft, *IEEE Trans.* **IT-12** (1966), 425-430을 보라.]

**29.** $p\ne 0$라는 가정 하에서 $l=\lfloor\lg p\rfloor$이고 $0\le a<2^{n-l}$에 대해 $S_a=\{s\mid 2^la\le s<2^l(a+1)\}$라고 하자. 그러면 $(k\oplus p)-k$의 부호는 모든 $k\in S_a$에 대해 일정하다. 그리고

$$\sum_{k\in S_a}\Bigl|(k\oplus p)-k\Bigr| = 2^l|S_a| = 2^{2l}$$

이다. 또한 $g^{[-1]}(g(k)\oplus p)=k\oplus g^{[-1]}(p)$이고 $\lfloor\lg g^{[-1]}(p)\rfloor=\lfloor\lg p\rfloor$이다. 따라서

$$\frac{1}{2^n}\sum_{k=0}^{2^n-1}\Bigl|g^{[-1]}(g(k)\oplus p)-k\Bigr| = \frac{1}{2^n}\sum_{a=0}^{2^{n-l}-1}\sum_{k\in S_a}\Bigl|(k\oplus g^{[-1]}(p))-k\Bigr| = \frac{1}{2^n}\sum_{a=0}^{2^{n-l}-1}2^{2l}=2^l$$

이다. [Morgan M. Buchner, Jr., *Bell System Tech. J.* **48** (1969), 3113-3130을 보라.]

**30.** $k > 1$을 담은 순환마디의 길이는 $2^{\lfloor \lg\lg k \rfloor + 1}$이다. 식 (7)에 의해, $k = (b_{n-1} \ldots b_0)_2$이면 다음이 성립하기 때문이다(이를 증명하는 것은 쉽다).

$$g^{[2^l]}(k) = (c_{n-1} \ldots c_0)_2, \qquad \text{여기서 } c_j = b_j \oplus b_{j+2^l}.$$

$\lfloor \lg k \rfloor = t$를 만족하는 모든 원소 $k$의 치환은 두 가지 경우로 나뉜다. 만일 $t$가 2의 거듭제곱이면, $2\lfloor k/2 \rfloor$를 담은 순환마디는 $2\lfloor k/2 \rfloor + 1$도 포함한다. 따라서 반드시 $t-1$에 대해 순환마디 선행 원소들을 두 배로 만들어야 한다. 2의 거듭제곱이 아니면, $2\lfloor k/2 \rfloor$를 포함하는 순환마디는 $2\lfloor k/2 \rfloor + 1$을 포함하는 순환마디와 서로 소이다. 따라서 $L_t = (2L_{t-1}) \cup (2L_{t-1} + 1) = (L_{t-1}*)_2$이다. 아른트Jörg Arndt가 2001년에 발견한 이 논증은 힌트를 확인해 준다. 또한 이로부터 다음과 같은 알고리즘을 이끌어 낼 수 있다:

**P1.** 〔초기화.〕 $t \leftarrow 1$, $m \leftarrow 0$으로 설정한다. ($n \geq 2$이라고 가정할 수 있다.)

**P2.** 〔선행 원소들에 대한 반복.〕 $r \leftarrow m$으로 설정한다. $k = 2^t + r$로 두어서 알고리즘 Q를 수행한다. 그런 다음 만일 $r > 0$이면 $r \leftarrow (r-1) \& m$으로 설정하고 이를 $r = 0$이 될 때까지 반복한다. 〔연습문제 7.1.3-79를 보라.〕

**P3.** 〔$\lg k$를 증가.〕 $t \leftarrow t + 1$로 설정한다. 만일 $t$가 $n$과 같아졌다면 알고리즘을 끝낸다. 그렇지 않으면 $m \leftarrow 2m + [t \& (t-1) \neq 0]$으로 설정하고 P2로 돌아간다. ▮

**Q1.** 〔순환마디를 시작한다.〕 $s \leftarrow X_k$, $l \leftarrow k$, $j \leftarrow l \oplus \lfloor l/2 \rfloor$로 설정한다.

**Q2.** 〔순환마디를 따라간다.〕 $j \neq k$인 동안 $X_l \leftarrow X_j$, $l \leftarrow j$, $j \leftarrow l \oplus \lfloor l/2 \rfloor$로 설정한다. 그런 다음 $X_l \leftarrow s$로 설정한다. ▮

**31.** $f_n$으로 하나의 체를 얻기 위한 필요충분조건은, $(a_{n-1} \ldots a_0)_2$를 $((a_{n-1} \oplus a_{n-2})(a_{n-1} \oplus a_{n-3})(a_{n-2} \oplus a_{n-4}) \ldots (a_2 \oplus a_0)(a_1))_2$로 대응시키는 $f_n^{[2]}$으로 체를 얻을 수 있다는 것이다. $c_n(x)$가 2를 법으로 하여 그러한 변환을 정의하는 행렬 $A$의 특성다항식이라고 하자. 그러면 $c_1(x) = x + 1$이고 $c_2(x) = x^2 + x + 1$, $c_{j+1}(x) = xc_j(x) + c_{j-1}(x)$이다. $c_n(A)$는 케일리-해밀턴 정리에 의해 영행렬이므로, 오직 $c_n(x)$가 원시다항식일 때에만 체를 얻을 수 있다. 그리고 $c_n(x)$가 기약다항식인지는 §3.2.2에서처럼 판정하면 된다. 그러한 $n$의 값들은 1, 2, 3, 5, 6, 9, 11, 14, 23, 26, 29, 30, 33, 35, 39, 41, 51, 53, 65, 69, 74, 81, 83, 86, 89, 90, 95 등이다.

〔점화식을 거꾸로 돌려보면 $c_{-j-1}(x) = c_j(x)$가 나온다. 따라서 $c_j(x)$는 $c_{(2j+1)k+j}(x)$의 약수이다. 예를 들어 $c_{3k+1}(x)$는 항상 $x+1$의 배수이다. 따라서 $j > 0$이고 $k > 0$일 때 $2jk + j + k$ 형태의 수 $n$들이 모두 배제된다. 다항식 $c_{18}(x)$, $c_{50}(x)$, $c_{98}(x)$, $c_{99}(x)$는 기약다항식들이긴 하지만 원시다항식(primitive polynomial)들은 아니다.〕

**32.** 대부분 참이나, $w_k(x)$의 부호가 변하는 점들에서는 거짓이다. (원래 월시는 그런 점들에서 $w_k(x)$가 0이어야 한다고 제안했으나, 지금 여기에서 말하는 관례가 더 낫다. 지금 관례에서는 (15)~(19) 같은 간단한 공식들이 모든 $x$에 대해 참이 되기 때문이다.)

**33.** $k$에 대한 귀납법에 의해,

$$w_k(x) = w_{\lfloor k/2 \rfloor}(2x) = r_1(2x)^{b_1+b_2} r_2(2x)^{b_2+b_3} \ldots = r_1(x)^{b_0+b_1} r_2(x)^{b_1+b_2} r_3(x)^{b_2+b_3} \ldots$$

이 $0 \le x < \frac{1}{2}$에 대해 성립한다. 이 구간에서 $r_j(2x) = r_{j+1}(x)$이고 $r_1(x) = 1$이기 때문이다. 그리고 $\frac{1}{2} \le x < 1$일 때에는

$$w_k(x) = (-1)^{\lceil k/2 \rceil} w_{\lfloor k/2 \rfloor}(2x-1) = r_1(x)^{b_0+b_1} r_1(2x-1)^{b_1+b_2} r_2(2x-1)^{b_2+b_3} \ldots$$
$$= r_1(x)^{b_0+b_1} r_2(x)^{b_1+b_2} r_3(x)^{b_2+b_3} \ldots$$

인데, $\lceil k/2 \rceil \equiv b_0 + b_1$(법 2)이고 $j \ge 1$에 대해 $r_j(2x-1) = r_{j+1}(x - \frac{1}{2}) = r_{j+1}(x)$이기 때문이다.

**34.** $p_k(x) = \prod_{j \ge 0} r_{j+1}^{b_j}(x)$이다. 따라서 $w_k(x) = p_k(x) p_{\lfloor k/2 \rfloor}(x) = p_{g(k)}(x)$. [R. E. A. C. Paley, *Proc. London Math. Soc.* (2) **34** (1932), 241–279.]

**35.** 만일 $j = (a_{n-1} \ldots a_0)_2$이고 $k = (b_{n-1} \ldots b_0)_2$이면, $j$행 $k$열 성분은 $(-1)^{f(j,k)}$이다. 여기서 $f(j,k)$는 아다마르의 경우 $r = s$, 페일리의 경우 $r + s = n - 1$, 월시의 경우 $r + s = n$ 또는 $n - 1$을 만족하는 모든 $a_r b_s$의 합이다.

$R_n$과 $F_n$, $G_n$이 $j = (a_{n-1} \ldots a_0)_2$를 $k = (a_0 \ldots a_{n-1})_2$, $k = 2^n - 1 - j = (\bar{a}_{n-1} \ldots \bar{a}_0)_2$, $k = g^{[-1]}(j) = ((a_{n-1}) \ldots (a_{n-1} \oplus \cdots \oplus a_0))_2$로 대응시키는 치환들에 대한 치환 행렬이라고 하자. 이제 행렬들의 직접 곱을 통해서 다음과 같은 점화식들이 성립한다.

$$R_{n+1} = \begin{pmatrix} R_n \otimes (1\ 0) \\ R_n \otimes (0\ 1) \end{pmatrix}, \qquad F_{n+1} = F_n \otimes \begin{pmatrix} 0 & 1 \\ 1 & 0 \end{pmatrix}, \qquad G_{n+1} = \begin{pmatrix} G_n & 0 \\ 0 & G_n F_n \end{pmatrix},$$

$$H_{n+1} = H_n \otimes \begin{pmatrix} 1 & 1 \\ 1 & \bar{1} \end{pmatrix}, \qquad P_{n+1} = \begin{pmatrix} P_n \otimes (1\ 1) \\ P_n \otimes (1\ \bar{1}) \end{pmatrix}, \qquad W_{n+1} = \begin{pmatrix} W_n \otimes (11) \\ F_n W_n \otimes (1\bar{1}) \end{pmatrix}.$$

따라서 $W_n = G_n^T P_n = P_n G_n$이고 $H_n = P_n R_n = R_n P_n$, $P_n = W_n G_n^T = G_n W_n = H_n R_n = R_n H_n$이다.

**36. T1.** [아다마르 변환.] $k = 0, 1, \ldots, n-1$에 대해, $\lfloor j/2^k \rfloor$가 짝수이고 $0 \le j < 2^n$인 모든 $j$에 대해 쌍 $(X_j, X_{j+2^k})$을 $(X_j + X_{j+2^k}, X_j - X_{j+2^k})$으로 대체한다. (이 연산들은 결국 $X^T \leftarrow H_n X^T$으로 설정하는 효과를 낸다.)

**T2.** [비트 역전.] 연습문제 5의 알고리즘을 벡터 $X$에 적용한다. (이 연산들은 결국 연습문제 35의 표기법 하에서 $X^T \leftarrow R_n X^T$로 설정하는 효과를 낸다.)

**T3.** [그레이 이진 치환.] 연습문제 30의 알고리즘을 벡터 $X$에 적용한다. (이 연산들은 $X^T \leftarrow G_n^T X^T$으로 설정하는 효과를 낸다.) ▮

$n$이 연습문제 31에서 말한 특별한 값들 중 하나라면 단계 T2와 T3을 하나의 치환 단계로 결합하는 것이 더 빠를 수 있다.

**37.** $e_1 > \cdots > e_t \geq 0$이라 할 때 만일 $k = 2^{e_1} + \cdots + 2^{e_t}$이면 부호는 $S_{e_1} \cup \cdots \cup S_{e_t}$에서 변경된다. 여기서

$$S_0 = \left\{\frac{1}{2}\right\}, \quad S_1 = \left\{\frac{1}{4}, \frac{3}{4}\right\}, \quad \ldots, \quad S_e = \left\{\frac{2j+1}{2^{e+1}} \,\middle|\, 0 \leq j < 2^e\right\}$$

이다. 따라서 $(0\,..\,x)$에서 부호가 바뀌는 횟수는 $\sum_{j=1}^{t} \lfloor 2^{e_j}x + \frac{1}{2} \rfloor$이다. $x = l/(k+1)$로 두면 변경 횟수는 $l + O(t)$이다. 따라서 $l$번째 지점과 $l/(k+1)$의 거리는 최대 $O(\nu(k))/2^{\lfloor \lg k \rfloor}$이다.

[이 논증에 따르면, $|z_{kl} - l/(k+1)| = \Omega((\log k)/k)$를 만족하는 쌍 $(k, l)$이 무한히 많을 가능성이 크다. 그러나 그러한 '나쁜' 쌍들을 명시적으로 구축하는 방법은 아직 명백하게 밝혀지지 않았다.]

**38.** $t_0(x) = 1$이고, $\omega = e^{2\pi i/3}$이라 할 때 $t_k(x) = \omega^{\lfloor 3x \rfloor \lceil 2k/3 \rceil} t_{\lfloor k/3 \rfloor}(3x)$라고 하자. 그러면 $x$가 0에서 1로 증가함에 따라 $t_k(x)$는 원점을 $\frac{2}{3}k$회 휘감는다. 만일 $s_k(x) = \omega^{\lfloor 3^k x \rfloor}$이 라데마허 함수 $r_k(x)$의 삼진 버전이라고 하면, 나머지식 삼진 그레이 부호에서처럼 $k = (b_{n-1} \ldots b_0)_3$일 때 $t_k(x) = \prod_{j \geq 0} s_{j+1}(x)^{b_j - b_{j+1}}$이 성립한다.

**39.** (a) 기호들을 $\{a, b, c, d, e, f, g, h\}$ 대신 $\{x_0, x_1, \ldots, x_7\}$로 표기하기로 하자. $\{0, 1, \ldots, 7\}$의 순열 $p$들 중, $j$행 $k$열의 성분이 $(-1)^{j \cdot k} x_{p(j) \oplus k}$인 행렬의 행들이 직교가 되게 하는 순열을 구해야 한다. 그러한 조건은 다음과 동치이다.

$$0 \leq j < j' < 8\text{에 대해 } (j \oplus j') \cdot (p(j) \oplus p(j')) \equiv 1 \text{ (법 2)}.$$

한 가지 답은 $p(0) \ldots p(7) = 0\,1\,7\,2\,5\,6\,3\,4$로, 이로부터 항등식 $(a^2 + b^2 + c^2 + d^2 + e^2 + f^2 + g^2 + h^2)(A^2 + B^2 + C^2 + D^2 + E^2 + F^2 + G^2 + H^2) = \mathcal{A}^2 + \mathcal{B}^2 + \mathcal{C}^2 + \mathcal{D}^2 + \mathcal{E}^2 + \mathcal{F}^2 + \mathcal{G}^2 + \mathcal{H}^2$이 나온다. 여기서

$$\begin{pmatrix} \mathcal{A} \\ \mathcal{B} \\ \mathcal{C} \\ \mathcal{D} \\ \mathcal{E} \\ \mathcal{F} \\ \mathcal{G} \\ \mathcal{H} \end{pmatrix} = \begin{pmatrix} a & b & c & d & e & f & g & h \\ b & -a & d & -c & f & -e & h & -g \\ h & g & -f & -e & d & c & -b & -a \\ c & -d & -a & b & g & -h & -e & f \\ f & e & h & g & -b & -a & -d & -c \\ g & -h & e & -f & -c & d & -a & b \\ d & c & -b & -a & -h & -g & f & e \\ e & -f & -g & h & -a & b & c & -d \end{pmatrix} \begin{pmatrix} A \\ B \\ C \\ D \\ E \\ F \\ G \\ H \end{pmatrix}$$

이다. [이 항등식은 C. F. Degen, *Mémoires de l'Acad. Sci. St. Petersbourg* (5) **8** (1818), 207-219에 발표되었다. 관련된 팔원수八元數(octonion)들에 대한 논의가 흥미로운 개괄 논문 J. C. Baez, *Bull. Amer. Math. Soc.* **39** (2002), 145-205; 42 (2005), 213, 229-243에 나온다. 또한 J. H. Conway, D. A. Smith, *On Quaternions and Octonions* (2003)도 보라.]

(b) $16 \times 16$ 해는 없다. 가장 근접한 것은

$$p(0) \ldots p(15) = 0\ 1\ 11\ 2\ 14\ 15\ 13\ 4\ 9\ 10\ 7\ 12\ 5\ 6\ 3\ 8$$

인데, 오직 $j \oplus j' = 5$일 때에만 실패한다. (*Philos. Mag.* **34** (1867), 461-475를 보라. 그 논문의

§9, §10, §11, §13에서 실베스터는 어떤 이유인지 현재는 아다마르 변환이라고 알려진(아다마르 본인은 실베스터에게 공을 돌렸지만) 기본 결과들을 서술하고 증명했다〔*Bull. des Sciences Mathématiques* (2) **17** (1893), 240–246〕. 더 나아가서, 실베스터는 §14에서 단위원의 $m$차 근을 이용한 $m^n$개의 원소들의 변환을 소개했다.)

**40.** 그렇다. 그렇게 변경하면 교환된 부분집합들을 그레이 이진 순서가 아니라 사전식 이진 순서로 훑게 된다. (2를 법으로 하여 정칙인, 0들과 1들로 된 임의의 $5 \times 5$ 행렬의 행들의 모든 선형 결합들을 훑으면 32개의 가능성들이 모두 생성된다.) 임의의 개수의 $a_j$들을 같은 비용으로 동시에 변경할 수 있는 이런 경우들에서 가장 중요한 것은, 단계 당 하나의 $a_j$만 변한다는 사실이 아니라 눈금자 함수 또는 다른 어떤 그레이 부호 델타열이 등장한다는 사실이다.

**41.** 최대 16개이다. 이를테면 fired, fires, finds, fines, fined, fares, fared, wares,, wards, wands, wanes, waned, wines, winds, wires, wired, paced/links 쌍이나 paled/mints 쌍으로부터도 16개의 단어를 얻을 수 있다. 그리고 아마 한 단어와 그에 대칭인 비단어의 쌍으로부터도 16개를 얻을 수 있을 것이다.

**42.** $n \le 2^{2^r} + r + 1$이라고 가정하자. 그리고 $s = 2^r$으로 두자. $0 \le j < 2^s$과 $0 \le k < s$에 대한 $2^{r+s}$개의 비트 $f_{jk}$들로 된 보조표를 하나 사용한다. 이들은 알고리즘 L에서처럼 초점 포인터들을 나타낸다. 또한 보조 $s$비트 '레지스터' $j = (j_{s-1} \cdots j_0)_2$와 $(r+2)$비트 '프로그램 카운터' $p = (p_{r+1} \cdots p_0)_2$도 사용한다. 각 단계마다 프로그램 카운터를 조사하며, 필요하다면 $j$ 레지스터와 $f$의 비트들 중 하나도 조사한다. 그런 다음, 발견된 비트들에 기초해서 그레이 부호의 한 비트를 여수화하고, 프로그램 카운터의 한 비트를 여수화하고, 필요하다면 $j$나 $f$의 한 비트도 변경한다. 그럼으로써 단계 L3을 최대 유효 $n - r - 2$비트들을 이용해서 흉내 낸다.

예를 들어 다음은 $r = 1$일 때의 구축 과정이다.

| $p_2\,p_1\,p_0$ | 변경 | 설정 | |
|---|---|---|---|
| 0 0 0 | $a_0, p_0$ | $j_0 \leftarrow f_{00}$ | $j \leftarrow f_0$ |
| 0 0 1 | $a_1, p_1$ | $j_1 \leftarrow f_{01}$ | |
| 0 1 1 | $a_0, p_0$ | $f_{00} \leftarrow 0$ | $f_0 \leftarrow 0$ |
| 0 1 0 | $a_2, p_2$ | $f_{01} \leftarrow 0$ | |

| $p_2\,p_1\,p_0$ | 변경 | 설정 | |
|---|---|---|---|
| 1 1 0 | $a_0, p_0$ | $f_{j0} \leftarrow f_{(j+1)0}$ | $f_j \leftarrow f_{j+1}$ |
| 1 1 1 | $a_1, p_1$ | $f_{j1} \leftarrow f_{(j+1)1}$ | |
| 1 0 1 | $a_0, p_0$ | $f_{(j+1)0} \leftarrow (j+1)_0$ | $f_{j+1} \leftarrow j+1$ |
| 1 0 0 | $a_{j+3}, p_2$ | $f_{(j+1)1} \leftarrow (j+1)_1$ | |

이 공정은 비트 $a_n$을 바꾸려 하는 지점에서 끝난다.

〔사실, 만일 보조 비트들뿐만 아니라 몇몇 그레이 이진 비트들도 조사할 수 있다면 단계 당 단 하나의 보조 비트만 바꾸어도 된다. 왜냐하면 $p_r \cdots p_0 = a_r \cdots a_0$이고, $j$가 그 최종적인 값 $2^s - 1$이 아닌 경우 $f_0 \leftarrow 0$을 좀 더 교묘한 방식으로 설정할 수 있기 때문이다. 2001년에 프레드먼이 제안한 이러한 구축법은 그가 *SICOMP* **7** (1978), 134–146에서 발표한 다른 방법을 개선한 것이다. 좀 더 정교한 구축법에서는 보조 비트들의 개수를 $O(n)$으로 줄이는 것도 가능하다.〕

**43.** 실버맨Silverman, 비커스Vickers, 샘슨Sampson은 이 개수가 약 $7 \times 10^{22}$이라고 추정했다〔*IEEE Trans.* **IT-29** (1983), 894-901〕. 실제로 한패H. Haanpää와 외스테르고르드P. R. J. Östergård는 2011년에 참값 $d(6) = 71{,}676{,}427{,}445{,}141{,}767{,}741{,}440$을 구했는데, 대칭성을 이용해서, 그리고 끝점 $x$가 $\nu x = 3$를 만족하며 내부 정점들에서 $\nu x \le 3$인 서로 다른 경로들을 "한데 붙여서" 계산해 내었다. 〔논문 출판 예정.〕

**44.** 모든 $n$비트 그레이 순환마디는 각각 완벽 부합들의 한 쌍을 정의한다(연습문제 55를 보라).

**45.** (a) 16진 표기로 (000 002 012 010 090 094 0b4 ... 112 102 100)이다. 원소는 총 32개이다. 각 순환마디의 원소들의 서명들이 그레이 부호 $\Gamma_4$를 훑는다는 점을 주목할 것.

(b) 토대 정점 $v$는 해당 순환마디에서 자신의 동기 $v \oplus 2$ 다음에 온다. 만일 $v$가 자신의 동기 $u = v \oplus 1$과는 다른 순환마디에서 토대 정점이면, $\{u \oplus 2 — u, v \oplus 2 — v\}$를 삭제하고 $\{u — v, u \oplus 2 — v \oplus 2\}$를 삽입함으로써 순환마디들을 이을 수 있다. 이를 모든 토대 정점 $v$에 대해 되풀이한다.

(c) 정점들이 순환마디들이고 모든 짝 토대 정점 $v$에 대해 간선들이 $v$의 순환마디에서 $v+1$의 순환마디로 가는 다중그래프 $G'$을 고려하자. 그러한 $G'$의 모든 정점은 그 도수가 짝수이다. 따라서 간선들은 $G'$의 순환마디들의 합집합이다. 그러므로 $G'$의 임의의 간선을 삭제해도 연결된 구성요소들은 변하지 않는다.

(d) $v_0 = v_{-1} = 0$인 $G$의 정점들을 통해서, $\sigma(v) \le 1$이고 모든 $i$에 대해 $\sigma(v^{(i)}) \in \{0, 1, 2, 4, 8\}$인 모든 정점 $v$를 거쳐 가는 경로 $P = v^{(0)} — v^{(1)} — v^{(2)} — \cdots$을 구축하는 것이 어렵지 않다. $v^{(0)}$을 포함하는 (b)의 순환마디를 '작업 순환마디(working cycle)' $W$라고 부르기로 하자. $i =$, 1, 2, ...에 대해, $W$에 모든 정점이 포함될 때까지 다음을 수행한다: 만일 $v = v^{(i)} \notin W$이면, $u = v^{(i-1)}$에서 $u_l \ne v_l$라고 가정한다. 경우 1, $c = 1$ 또는 $c = 2$에 대해 $u \oplus c — u$가 $W$의 한 간선임: 이 경우 간선 $v \oplus c — v$를 가진 $v$의 동치류에 대한 한 순환마디를 취한다. 그 간선들을 삭제하고 $\{u — v, u \oplus c — v \oplus c\}$를 삽입한다. 경우 2: 그렇지 않으면 이전 단계에서 반드시 경우 1의 절차가 $w = v^{(i-2)}$과 $u$에 적용되었을 것이다. 만일 $c = 1$이면 $W$는 간선 $u \oplus 2 — u \oplus 3$을 포함한다. 이 경우 $v \oplus 2 — v \oplus 3$을 가진 순환마디를 찾을 수 있는데, 그 간선들을 $\{u \oplus 2 — v \oplus 3, u \oplus 3 — v \oplus 3\}$으로 대체한다. $c = 2$일 때에도 비슷한 방식으로 간선들을 교체하면 된다.

(e) 마지막 순환마디 $W$에 의해 $\mathcal{M}_{l(v)}(v)$를 구축할 수 있다. $l(v) \ne 0$일 때 함수 $\mathcal{M}_{l(v)}$는 $r$-입방체의 $t = 2^{3r-1}$개의 독립 부합들과 동치이다. $i \ne l$에 대해 정확한 서명을 가진 $v_i$를 택하는 방법이 $t$가지이기 때문이다. 따라서 서로 다른 순환마디의 개수는 적어도 $M(r)^{12t}$이다(연습문제 44를 보라).

**46.** $k$비트 서명 $\sigma(v)$들이 존재한다. 그레이 이진 부호에서 $\sigma(v) = g(j)$일 때 $l(v) = (\rho(j+1) + [j \ne 2^k - 1])[j+2$가 2의 거듭제곱이 아님$]$이다. 적어도 $M(r)^{(2^k - k)t}$개의 순환마디들이 나타나는데, 여기서 $t = 2^{(k-1)(r-1)+2}$이다. 〔*Information Processing Letters* **109** (2009), 267-272.〕

**47.** 한계 $(\frac{r}{e})^{2^{r-1}} < 2^{r-1}!/(2^{r-1}/r)^{2^{r-1}} \le M(r) \le r!^{2^{r-1}/r} = (\frac{r}{e} + O(\log r))^{2^{r-1}}$을 §7.5.1에서 증명한다. 따라서 연습문제 44에 의해 $d(n)^{1/2^n} \le n/e + O(\log n)$이다.

$G_j$가 $r_j$-입방체라고 할 때 연습문제 46으로 하계를 구하면

$$\Big(M(r_1)^{2^{n-r_1-k+1}}\Big)^{2^{k-1}-k} \cdot \Big(M(r_2)^{2^{n-r_2-k+1}}\Big)^{2^{k-2}} \cdot \Big(M(r_3)^{2^{n-r_3-k+1}}\Big)^{2^{k-3}}$$
$$\cdot \ldots \cdot \Big(M(r_{k-1})^{2^{n-r_{k-1}-k+1}}\Big)^2 \cdot \Big(M(r_k)^{2^{n-r_k-k+1}}\Big)^2$$

이다. $1 \le j \le k$에 대해 $r_j \approx (n-2)/2^{j-[j=k]}$을 택하는 것이 대략 같은 크기의 입방체들을 사용하는 것보다 낫다. $\alpha_j = r_j/e$가 $M(r_j)^{2^{1-r_j}}$에 대한 하계라고 하자. $d(n)^{1/2^n}$에 대한 하계는 다음으로 단순화된다.

$$\alpha_1^{1/2-k/2^k}\alpha_2^{1/4}\alpha_3^{1/8}\ldots\alpha_{k-1}^{1/2^{k-1}}\alpha_k^{1/2^{k-1}} = 2^{-2+(k-4)/2^k}\Big(\frac{n-2}{e}\Big)^{1-k/2^k}\Big(1+O\Big(\frac{k}{n}\Big)\Big).$$

그리고 이는 $k = \lg n + O(1)$일 때 $n/(4e) + O(\log n)^2$이다.

**49.** 새비지-윙클러 부호 같은 $(2n-1)$-입방체에서 $0\ldots0$에서 $1\ldots1$로의 임의의 해밀턴 경로 $P$를 취하고, $0P$, $1\overline{P}$를 적용할 것. ($n=1$이나 $n=2$일 때 그런 모든 순환마디를 이 구축법으로 얻을 수 있으나, $n>2$일 때에는 훨씬 많은 가능성이 존재한다.)

**50.** $\alpha_{1(n+1)}\alpha_1^R n\alpha_1 j_1 \alpha_2 n \alpha_2^R (n+1)\alpha_2 \ldots j_{l-1}\alpha_l n \alpha_l^R (n+1)\alpha_l n \alpha_l^R j_{l-1} \ldots j_1 \alpha_1^R n$.

**51.** $c_j = 2\lfloor(2^{n-1}+j)/n\rfloor$이고 $c'_j = 2\lfloor(2^{n+1}+j)/(n+2)\rfloor$라고 하자. 만일 $n \ne 3$이면, $0 \le j < n$과 $0 \le k < n+2$에 대해 $4c_j \ge 8\lfloor 2^{n-1}/n\rfloor > 2\lceil 2^{n+1}/(n+2)\rceil \ge c'_k$임을 증명하기가 어렵지 않다. 따라서 정리 D를, 임의의 $n$비트 그레이 순환마디에 적용할 수 있다. 전이 횟수들이 $c_j$이고 $b_j = 2c_j - \frac{1}{2}c'_{(j+2+d) \bmod (n+2)} - [j=0]$이라 할 때 $j$의 복사본 $b_j$개에 밑줄을 치고 마지막에 밑줄 친 0을 넣으면 된다. $d$는 $c'_d = c'_{d+1}$인 값으로 둔다. 이러한 구축법이 통하는 것은, $l = b_0 + \cdots + b_{n-1} = 2(c_0 + \cdots + c_{n-1}) - \frac{1}{2}(c'_0 + \cdots + c'_{n+1} - c'_d - c'_{d+1}) - 1 = c'_d - 1$이 홀수이기 때문이다. 〔따름정리 B는 1950년도에 버코시T. Bakos가 발견했으며, 아담A. Ádám이 *Truth Functions* (Budapest: 1968), 28-37에서 상세히 증명했다. 아담의 책은 또한 실제 모든 $n$에 대해 $c'_0 = c'_1$임에 대한 폴라크G. Pollák의 증명도 제시했다. 그러므로 $d=0$으로 두어도 된다. J. P. Robinson, M. Cohn, *IEEE Trans.* **C-30** (1981), 17-23도 보라.〕

**52.** 가장 작은 $j$ 좌표성분 위치들에서의 서로 다른 부호 패턴들의 개수는 많아야 $c_0 + \cdots + c_{j-1}$개이다.

**53.** 정리 D는 어떤 $j$에 대해 $c_j = c_{j+1}$인 순환마디들만 산출한다. 따라서 전이 횟수들이 $(2,4,6,8,12)$인 그레이 순환마디는 만들지 못한다. 연습문제 50의 확장을 이용하면 $c_j = c_{j+1} - 2$도 가능하나, $(6,10,14,18,22,26,32)$는 만들지 못한다. 연습문제 52의 조건들을 만족하는 수들의 집합은

$\{2, 2, 4, \ldots, 2^{n-1}\}$으로 시작해서 $c_j < c_k$에 대해 어떤 쌍 $\{c_j, c_k\}$를 쌍 $\{c_j+2, c_k-2\}$로 대체해서 얻을 수 있는 집합과 정확히 동일하다.

**54.** 서로 다른 값들이 $\{p_1, \ldots, p_n\}$이라고 가정하자. 그리고 $(a_1, \ldots, a_k)$에서 $p_j$가 나타나는 횟수를 $x_{jk}$라고 하자. 그러면, 어떤 $k < l$에 대해 반드시 $(x_{1k}, \ldots, x_{nk}) \equiv (x_{1l}, \ldots, x_{nl})$(법 2)이어야 한다. 그런데 만일 $p$들이 소수들이고 한 $n$비트 그레이 순환마디의 델타열에 따라 변한다면, 유일한 해는 $k=0$, $l=2^n$이다.〔*AMM* **60** (1953), 418; 83 (1976), 54.〕

**55.** 실제로, $K_{2^n}$의 임의의 완벽 부합 $Q$가 주어졌을 때, $Q \cup R$이 $K_{2^n}$의 한 해밀턴 순환마디임을 만족하는 $n$-입방체의 한 완벽 부합 $R$을 $O(2^n)$단계로 구할 수 있다. 〔J. Fink, *J. Comb. Theory* **B97** (2007), 1074-1076; *Elect. Notes Disc. Math.* **29** (2007), 345-351을 보라.〕

**56.** 〔*Bell System Tech. J.* **37** (1958), 815-826.〕 112개의 표준 델타열로부터 다음을 얻을 수 있다.

| 동치류 | 예 | $t$ | 동치류 | 예 | $t$ | 동치류 | 예 | $t$ |
|---|---|---|---|---|---|---|---|---|
| $A$ | 0102101302012023 | 2 | $D$ | 0102013201020132 | 4 | $G$ | 0102030201020302 | 8 |
| $B$ | 0102303132101232 | 2 | $E$ | 0102032021202302 | 4 | $H$ | 0102101301021013 | 8 |
| $C$ | 0102030130321013 | 2 | $F$ | 0102013102010232 | 4 | $I$ | 0102013121012132 | 1 |

여기서 $B$는 균형 잡힌 부호(그림 33(b))이고 $G$는 표준적인 그레이 이진 부호(그림 30(b)), $H$는 여부호(그림 33(a))이다. 동치류 $H$는 연습문제 18의 대응관계 하에서 모듈식 $(4, 4)$ 그레이 부호와도 동치이다. 자기동형사상이 $t$개인 부류는 2688개의 서로 다른 델타열 $\delta_0\delta_1\ldots\delta_{15}$들 중 $32 \times 24/t$개에 해당한다.

비슷하게(연습문제 7.2.3-00을 보라), 5비트 그레이 순환마디들은 237,675개의 서로 다른 동치류들에 속한다.

**57.** 제1종만 고려하면 480개의 정점들, 즉 이전 해답의 동치류 $D$, $F$, $G$의 것들이 고립된다. 제2종만 고려할 경우 그래프의 구성요소는 384개이고 그중 288개가 동치류 $F$와 $G$의 고립 정점들이다. 크기가 9인 구성요소가 64개 있는데, 각각 $E$의 정점 세 개와 $A$의 정점 여섯 개를 포함한다. 크기가 30인 것이 16개로, 각각 $H$의 정점 여섯 개와 $C$의 정점 24개를 포함한다. 그리고 크기가 84인 구성요소가 16개인데, 각각 $D$의 정점 12개, $B$의 정점 24개, $I$의 정점 48개를 포함한다. 제3종 또는 제4종의 경우 전체 그래프가 연결되어 있다. 〔비슷하게, 91,392개의 모든 4비트 그레이 경로는 경로 $\alpha\beta$가 경로 $\alpha^R\beta$와 인접하다고 간주할 때 연결되어 있다. 비커스와 실버맨은 *IEEE Trans.* **C-29** (1980), 329-331에서 모든 $n \geq 3$에 대해 $n$비트 그레이 순환마디들의 그래프를 연결하는 데에는 제3종의 변화들로 충분하다고 추측했다.〕

**58.** $\beta\beta$의 한 비지 않은 부분문자열의 각 좌표성분이 짝수 번 관여한다면 그 부분문자열의 길이는 $|\beta|$일 수 없다. 따라서 $\beta$에는 동일한 짝수 속성을 가진 접두열 $\gamma$를 가진 순환 자리이동이 존재한다. 그러나 그러면 $\alpha$는 그레이 순환마디를 정의하는 것이 아니다. $\gamma$의 각 $n$을 다시 0으로 바꿀 수 있을 것이기 때문이다.

**59.** 연습문제 58에서 $q > 1$이고 $\alpha$에서 0의 출현 횟수가 $q + 1$보다 크다고 할 때, 만일 $\alpha$가 비국소이면 $\beta\beta$도 비국소이다. 따라서 (30)의 $\alpha$로 시작하되 0과 1을 맞바꾼다면, $n \geq 5$에 대한, 좌표성분 0이 정확히 여섯 번 변하는 비국소 순환마디들을 얻는다. [Mark Ramras, *Discrete Math.* **85** (1990), 329-331.] 한편, 4비트 그레이 순환마디들은 비국소일 수 없다. 길이가 2인 연속열이 항상 존재하기 때문이다. 만일 $\delta_k = \delta_{k+2}$이면 원소 $\{v_k, v_{k+1}, v_{k+2}, v_{k+3}\}$은 하나의 2-부분입방체를 형성한다.

**60.** $q = 1$로 두고 연습문제 58을 적용할 것.

**61.** 핵심은 $m$비트 순환마디 $U = (u_0, u_1, u_2, \ldots)$과 $n$비트 순환마디 $V = (v_0, v_1, v_2, \ldots)$을 교차삽입해서 다음을 형성한다는 것이다.

$$W = (u_{i_0}v_{j_0}, u_{i_1}v_{j_1}, u_{i_2}v_{j_2}, \ldots), \qquad i_k = \bar{a}_0 + \cdots + \bar{a}_{k-1}, \qquad j_k = a_0 + \cdots + a_{k-1}.$$

여기서 $a_0a_1a_2\ldots$은 제어 비트 $\alpha\alpha\alpha\ldots$의 주기적 이진열이다. $a_k = 0$일 때 $U$의 다음 원소로 나아가고 그렇지 않을 때에는 $V$의 다음 원소로 나아간다.

$\alpha$가 길이가 $2^m \leq 2^n$인 임의의 이진열이고 0인 비트가 $s$개, 1인 비트가 $t = 2^m - s$개라고 하자. 그러면 $W$는, 만일 $s$와 $t$가 홀수이면 $(m+n)$비트 그레이 순환마디가 된다. $i_k + j_k = k$이므로 $l$이 $2^m$의 배수일 때에만 $i_{k+l} \equiv i_k$(법 $2^m$)이고 $j_{k+l} \equiv j_k$(법 $2^n$)이기 때문이다. $l = 2^m c$라고 하자. 그러면 $j_{k+l} = j_k + tc$이며, 따라서 $c$는 $2^n$의 배수이다.

(a) $\alpha = 0111$이라고 하자. 그러면 왼쪽 2비트에서 길이가 8인 연속열들이, 오른쪽 $n$비트에서 길이가 $\geq \lfloor \frac{4}{3} r(n) \rfloor$인 연속열들이 나타난다.

(b) $s$가 $\leq 2^m r(m)/(r(m)+r(n))$을 만족하는 가장 큰 홀수라고 하자. 그리고 $t = 2^m - s$이고 $a_k = \lfloor (k+1)t/2^m \rfloor - \lfloor kt/2^m \rfloor$이라고 하자. 그러면 $i_k = \lceil ks/2^m \rceil$이고 $j_k = \lfloor kt/2^m \rfloor$이다. 만일 길이 $l$ 연속열이 왼쪽 $m$비트에서 나타난다면 $i_{k+l+1} \geq i_k + r(m) + 1$이며, 따라서 $l + 1 > 2^m r(m)/s \geq r(m) + r(n)$이다. 그리고 만일 그러한 연속열이 오른쪽 $n$비트에 나타난다면 $j_{k+l+1} \geq j_k + r(n) + 1$이며, 따라서

$$\begin{aligned} l+1 &> 2^m r(n)/t > 2^m r(n)/\big(2^m r(n)/(r(m)+r(n)) + 2\big) \\ &= r(m) + r(n) - \frac{2(r(m)+r(n))^2}{2^m r(n) + 2(r(m)+r(n))} > r(m) + r(n) - 1 \end{aligned}$$

이다. 이는 $r(m) \leq r(n)$이기 때문이다.

이 구축법은 덜 제한된 경우들에서도 작동하는 경우가 많다. 그레이 부호 연속열의 연구를 도입한 논문 L. Goddyn, G. M. Lawrence, E. Nemeth, *Utilitas Math.* **34** (1988), 179-192를 보라.

**63.** $0 \leq k < 2^{10}$에 대해 $a_k \leftarrow k \bmod 4$로 설정하되 $k \bmod 16 = 15$이거나 $k \bmod 64 = 42$ 또는 $k \bmod 256 = 133$일 때에는 $a_k = 4$로 설정한다. 또한 $(j_0, j_1, j_2, j_3, j_4) \leftarrow (0, 2, 4, 6, 8)$로도 설정한다. 그런 다음 $k = 0, 1, \ldots, 1023$에 대해 $\delta_k \leftarrow j_{a_k}$, $j_{a_k} \leftarrow 1 + 4a_k - j_{a_k}$로 설정한다. (이 구축법은 연습문제 61의 방법을 일반화한다.)

**64.** (a) 각 원소 $u_k$는 $\{v_k, v_{k+2^m}, \ldots, v_{k+2^m(2^{n-1}-1)}\}$ 및 $\{v_{k+1}, v_{k+1+2^m}, \ldots, v_{k+1+2^m(2^{n-1}-1)}\}$과 함께 나타난다. 따라서 치환 $\sigma_0 \ldots \sigma_{2^m-1}$은 반드시 짝수 패리티의 $n$비트 정점들을 담은 하나의 길이 $2^{n-1}$ 순환마디에 다른 정점들의 임의의 한 순열을 곱한 것이다. 이 조건은 충분조건이기도 하다.

(b) $\tau_j$가 $v \mapsto v \oplus 2^j$으로 취하는 한 치환이라고 하자. 그리고 $\pi_j(u, w)$는 치환 $(uw)\tau_j$라고 하자. 만일 $u \oplus w = 2^i + 2^j$이면 $\pi_j(u, w)$는 $u \mapsto u \oplus 2^i$, $w \mapsto w \oplus 2^i$로 사상하고 나머지 모든 변수 $v$는 $v \mapsto v \oplus 2^j$로 사상한다. 따라서 이 치환은 각 정점을 그 이웃들 중 하나로 사상한다.

$S$가 $\{0, \ldots, n-1\}$의 임의의 부분집합이라 할 때, $\sigma(S)$가 모든 $j \in \{0, \ldots, n-1\} \setminus S$에 대한 모든 치환 $\tau_j$가 $j$의 오름차순으로 나열된 것이 두 번 되풀이된 흐름이라고 하자. 예를 들어 $n=5$일 때 $\sigma(\{1,2\}) = \tau_0\tau_3\tau_4\tau_0\tau_3\tau_4$이다. 그러면 그레이 흐름

$$\Sigma(i, j, u) = \sigma(\{i, j\})\pi_j(u, u \oplus 2^i \oplus 2^j)\sigma(\{i, j\})\tau_j\sigma(\{j\})$$

는 $6n-8$의 치환들로 구성되며, 그 치환들의 곱은 전치 $(u\ u \oplus 2^i \oplus 2^j)$이다. 더 나아가서, 이 흐름을 임의의 $n$비트 정점 $v$에 적용하면, 그 연속열들은 모두 길이가 $n-2$ 이상이 된다.

이제 $n \geq 5$라고 가정할 수 있다. $\delta_0 \ldots \delta_{2^n-1}$이 모든 연속열의 길이가 3 이상인 $n$비트 그레이 순환마디 $(v_0, v_1, \ldots, v_{2^n-1})$에 대한 델타열이라고 하자. 그러면

$$\Sigma = \prod_{k=1}^{2^{n-1}-1} \left(\Sigma(\delta_{2k-1}, \delta_{2k}, v_{2k-1})\Sigma(\delta_{2k}, \delta_{2k+1}, v_{2k})\right)$$

의 모든 치환의 곱은 $(v_1 v_3)(v_2 v_4)\ldots(v_{2^n-3} v_{2^n-1})(v_{2^n-2} v_0) = (v_{2^n-1} \ldots v_1)(v_{2^n-2} \ldots v_0)$이다. 따라서 이 수열은 (a)의 순환마디 조건을 만족한다.

더 나아가서, 모든 거듭제곱 $(\sigma(\emptyset)\Sigma)^t$은 임의의 정점 $v$에 적용했을 때 길이가 $\geq n-2$인 연속열들이 산출된다. $\Sigma$에서 개별 계수 $\sigma(\{i, j\})$나 $\sigma(\{j\})$를 얼마든지 원하는 만큼 되풀이함으로써 $\sigma(\emptyset)\Sigma$의 길이를 조정해서 임의의 정수 $a, b \geq 0$에 대해 $2n + (2^{n-1}-1)(12n-16) + 2(n-2)a + 2(n-1)b$를 얻을 수 있다. 따라서, $2^m \geq 2n + (2^{n-1}-1)(12n-16) + 2(n^2-5n+6)$이라고 할 때 그 길이를 정확히 $2^m$으로 증가할 수 있다(연습문제 5.2.1-21에 의해).

(c) 하계 $r(n) \geq n - 4\lg n + 8$을 $n \geq 5$에 대해 다음과 같이 증명할 수 있다. 우선, 연습문제 60-63에 의하면 그 부등식은 $5 \leq n < 33$에 대해 성립한다. 다음으로, 모든 정수 $N \geq 33$을 어떤 $m \geq 20$에 대해 $N = m + n$ 또는 $N = m + n + 1$로 표기할 수 있음에 주목하자. 여기서

$$n = m - \lfloor 4\lg m \rfloor + 10$$

이다. 만일 $m \geq 20$이면 $2^m$은 부문제 (b)의 구축법이 유효해지는 데 충분히 큰 값이다. 따라서, $\epsilon = 4\lg\ (2m/N) < 1 + [N = m + n]$이라고 할 때

$$\begin{aligned} r(N) \geq r(m+n) \geq 2\min(r(m), n-2) &\geq 2(m - \lfloor 4\lg m \rfloor + 8) \\ &= m + n + 1 - \lfloor 4\lg N - 1 + \epsilon \rfloor + 8 \\ &\geq N - 4\lg N + 8 \end{aligned}$$

이다. 〔*Electronic Journal of Combinatorics* **10** (2003), #27, 1-10.〕 (b)를 재귀적으로 적용하면 실제로 $r(1024) \geq 1000$이 나온다.

**65.** 컴퓨터로 검색해 보면 본질적으로 서로 다른 패턴들(및 그 역들)은 총 여덟 가지이다. 그들 중 하나의 델타열은 0102031420302404123421410323410З이며, 이는 다른 패턴들 중 둘과 가깝다.

**66.** (Mark Cooke의 해답.) 적당한 델타열 하나는 0123456070121324356576071021353462670153741236256701731426206570134214656057310246453757102043537614073630464273703564027132750541210275641502403654250136025416156043125760325720431576243217604520417516354767035647570625437242132624161523417514367143164314이다. ($n > 8$에 대한 해들은 아직도 알려지지 않았다.)

**67.** $(u_0, u_1, \ldots, u_{2^{n-1}-1})$이 임의의 $(n-1)$비트 그레이 순환마디라고 할 때 $v_{2k+1} = \bar{v}_{2k}$, $v_{2k} = 0u_k$로 둔다. 〔Robinson, Cohn, *IEEE Trans.* **C-30** (1981), 17-23을 보라.〕

**68.** 가능하다. 아마도 가장 간단한 방법은 $(n-1)$트리트 나머지식 그레이 삼진 부호의 각 삼진열에 0...0, 1...1, 2...2를 더하는 것이다(3을 법으로 하여). 예를 들어 $n = 3$일 때 그러한 반 그레이 삼진 부호는 000, 111, 222, 001, 112, 220, 002, 110, 221, 012, 120, 201, ..., 020, 101, 212이다.

**69.** (a) $j = 1, 2, \ldots$에 대해 비트 $b_{j-1} \ldots b_0$을 동시에 여수화할 때의 $h$의 변화만 확인하면 된다. 그리고 그런 변화들은 각각 $(1110)_2$, $(1101)_2$, $(0111)_2$, $(1011)_2$, $(10011)_2$, $(100011)_2$, ...이다. 모든 $n$-짝이 나타남을 증명하기 위해서는, $0 \leq k < 2^n$이고 $n > 3$일 때 $0 \leq h(k) < 2^n$임에 주목할 것. 또한 $h^{[-1]}((a_{n-1} \ldots a_0)_2) = (b_{n-1} \ldots b_0)_2$인데, 여기서 $b_0 = a_0 \oplus a_1 \oplus a_2 \oplus \cdots$, $b_1 = a_0$, $b_2 = a_2 \oplus a_3 \oplus a_4 \oplus \cdots$, $b_3 = a_0 \oplus a_1 \oplus a_3 \oplus \cdots$이고 $j \geq 4$에 대해 $b_j = a_j \oplus a_{j+1} \oplus \cdots$이다.

(b) $a_j = b_j \oplus b_{j+1} \oplus b_0 [j \leq t] \oplus b_{t-1} [t-1 \leq j \leq t]$라고 할 때 $h(k) = (\ldots a_2 a_1 a_0)_2$로 둔다.

**70.** (32)와 (33)에서처럼 가중치가 1인 이진열들이 순서대로 나타난다는 가정 하에서 $n!$의 한 인수를 제거할 수 있다. 그러면 $n = 5$의 경우 00000으로 시작하는 해가 14개이고 00001로 시작하는 것이 21개이다. $n = 6$일 때에는 각 종류(역전 및 여수화에 따른)마다 46,935개이다. $n = 7$일 때에는 개수가 훨씬 더 크지만, 7비트 그레이 부호 전체 개수에 비하면 아주 작다.

**71.** $0 \leq j < n-1$에 대해, $\alpha_{n(j+1)}$이 좌표성분 $t_j$에서 $\alpha_{nj}$와 다르다고 가정하자. 그러면 (44)와 (38)에 의해 $t_j = j\pi_n$이다. 이제 식 (34)는 $t_0 = n-1$임을 말해 준다. 그리고 만일 $0 < j < n-1$이면 (40)에 의해 $t_j = ((j-1)\pi_{n-1})\pi_{n-1}$이다. 따라서 $0 \leq j < n-1$에 대해 $t_j = j\sigma_n \pi_{n-1}^2$이며, 남은 것이 있다면 바로 $(n-1)\pi_n$의 값이다. (순열·치환에 대한 표기법들은 헷갈리기로 악명이 높으므로, 몇 가지 작은 경우들을 세심하게 점검하는 것은 항상 현명한 일이다.)

**72.** 델타열은 0102132430201234012313041021323이다.

**73.** $Q_{nj} = P_{nj}^R$ 이라고 하자. 그리고 (41)과 (42)의 수열들을 $S_n$과 $T_n$으로 표기하자. 그러면, 쉼표들을 생략했을 때 $S_n = P_{n0}Q_{n1}P_{n2}\ldots$ 이고 $T_n = Q_{n0}P_{n1}Q_{n2}\ldots$ 이다. 그리고 다음이 성립한다.

$$S_{n+1} = 0P_{n0}\,0Q_{n1}\,1Q_{n0}^{\pi}\,1P_{n1}^{\pi}\,0P_{n2}\,0Q_{n3}\,1Q_{n2}^{\pi}\,1P_{n3}^{\pi}\,0P_{n4}\cdots,$$

$$T_{n+1} = 0Q_{n0}\,1P_{n0}^{\pi}\,0P_{n1}\,0Q_{n2}\,1Q_{n1}^{\pi}\,1P_{n2}^{\pi}\,0P_{n3}\,0Q_{n4}\,1Q_{n3}^{\pi}\cdots.$$

여기서 $\pi = \pi_n$이다. 이들은 $S_n$과 $T_n$의 델타열 $\Delta_n$과 $E_n$ 사이에 존재하는 비교적 간단한 결합 재귀 관계를 보여준다. 구체적으로 말하면, 만일

$$\Delta_n = \phi_1\,a_1\,\phi_2\,a_2\ldots\phi_{n-1}\,a_{n-1}\,\phi_n, \qquad E_n = \psi_1\,b_1\,\psi_2\,b_2\ldots\psi_{n-1}\,b_{n-1}\,\psi_n$$

이라고 표기한다면(여기서 각 $\phi_j$와 $\psi_j$는 길이가 $2\binom{n-1}{j-1}-1$인 이진열), 그다음 수열들은

$$\Delta_{n+1} = \phi_1\,a_1\,\phi_2\,n\,\psi_1\pi\,b_1\pi\,\psi_2\pi\,n\,\phi_3\,a_3\,\phi_4\,n\,\psi_3\pi\,b_3\pi\,\psi_4\pi\,n\ldots,$$

$$E_{n+1} = \psi_1\,n\,\phi_1\pi\,n\,\psi_2\,b_2\,\psi_3\,n\,\phi_2\pi\,a_2\pi\,\phi_3\pi\,n\,\psi_4\,b_4\,\psi_5\,n\,\phi_4\pi\,a_4\pi\,\phi_5\pi\,n\ldots$$

이다. 예를 들어 $\Delta_3 = 0\underline{1}021\underline{0}1$이고 $E_3 = 0\underline{2}1202\underline{2}1$이다. $\phi$, $\psi$들과 구분하기 위해 $a$, $b$들에 밑줄을 쳤다. 그리고

$$\Delta_4 = 0\,1\,0\,2\,1\,3\,0\pi\,2\pi\,1\pi\,2\pi\,0\pi\,3\,1\,3\,1\pi = 0\,\underline{1}\,0\,2\,1\,3\,2\,\underline{1}\,0\,1\,2\,3\,1\,\underline{3}\,0,$$

$$E_4 = 0\,3\,0\pi\,3\,1\,2\,0\,2\,1\,3\,0\pi\,2\pi\,1\pi\,0\pi\,1\pi = 0\,\underline{3}\,2\,3\,1\,2\,0\,\underline{2}\,1\,3\,2\,1\,0\,\underline{2}\,0$$

인데, 여기서 $a_3\phi_4$와 $b_3\psi_4$는 빈 이진열이다. 밑줄 친 원소들에 다음 단계를 위한 것이다.

이제 메모리 안에서 델타열을 다음과 같이 계산할 수 있다. 여기서 $1 \le j < n$에 대해 $p[j] = j\pi_n$이다. 그리고 $0 \le k < 2^n - 1$에 대해 $s_k = \delta_k$, $t_k = \varepsilon_k$, $u_k = [\delta_k$와 $\varepsilon_k$에 밑줄이 있음$]$이다.

**X1.** [초기화.] $n \leftarrow 1$, $p[0] \leftarrow 0$, $s_0 \leftarrow t_0 \leftarrow u_0 \leftarrow 0$으로 설정한다.

**X2.** [$n$을 전진.] 아래의 알고리즘 Y를 수행한다(그 알고리즘은 $n$의 다음 값을 위해 배열 $s'$, $t'$, $u'$을 계산한다). 그런 다음 $n \leftarrow n+1$로 설정한다.

**X3.** [준비가 되었는가?] 만일 $n$이 충분히 크면, 요구된 델타열 $\Delta_n$이 배열 $s'$에 들어 있는 것이다. 그러면 알고리즘을 끝낸다. 그렇지 않으면 알고리즘을 계속 진행한다.

**X4.** [$\pi_n$을 계산.] $p'[0] = n-1$로 설정하고, $1 \le j < n$에 대해 $p'[j] = p[p[j-1]]$로 설정한다.

**X5.** [전진 준비.] $0 \le j < n$에 대해 $p[j] \leftarrow p'[j]$로 설정한다. $0 \le k < 2^n - 1$에 대해 $s_k \leftarrow s'_k$, $t_k \leftarrow t'_k$, $u_k \leftarrow u'_k$로 설정한다. X2로 돌아간다. ▮

다음 단계들에서 "$u_j = 0$인 동안 stuff$(l, j)$를 전달한다"는 "만일 $u_j = 0$이면, $u_j \ne 0$가 될 때까지 stuff$(l, j)$, $l \leftarrow l+1$, $j \leftarrow j+1$을 되풀이한다"라는 뜻이다.

**Y1.** 〔$\Delta_{n+1}$ 계산 준비.〕 $j \leftarrow k \leftarrow l \leftarrow 0$, $u_{2^n-1} \leftarrow -1$로 설정한다.

**Y2.** 〔$j$를 전진.〕 $u_j = 0$인 동안 $s'_l \leftarrow s_j$, $u'_l \leftarrow 0$을 전달한다. 그런 다음, 만일 $u_j < 0$이면 Y5로 간다.

**Y3.** 〔$j$와 $k$를 전진.〕 $s'_l \leftarrow s_j$, $u'_l \leftarrow 1$, $l \leftarrow l+1$, $j \leftarrow j+1$로 설정한다. 그런 다음 $u_j = 0$인 동안 $s'_l \leftarrow s_j$, $u'_l \leftarrow 0$을 전달한다. 그런 다음 $s'_l \leftarrow n$, $u'_l \leftarrow 0$, $l \leftarrow l+1$로 설정한다. 그런 다음 $u_k = 0$인 동안 $s'_l \leftarrow p[t_k]$, $u'_l \leftarrow 0$을 전달한다. 그런 다음 $s'_l \leftarrow p[t_k]$, $u'_l \leftarrow 1$, $l \leftarrow l+1$, $k \leftarrow k+1$로 설정한다. 다시 한 번, $u_k = 0$인 동안 $s'_l \leftarrow p[t_k]$, $u'_l \leftarrow 0$을 전달한다.

**Y4.** 〔$\Delta_{n+1}$을 마쳤는가?〕 만일 $u_k < 0$이면 Y6으로 간다. 그렇지 않으면 $s'_l \leftarrow n$, $u'_l \leftarrow 0$, $l \leftarrow l+1$, $j \leftarrow j+1$, $k \leftarrow k+1$로 설정하고 Y2로 돌아간다.

**Y5.** 〔$\Delta_{n+1}$을 마무리.〕 $s'_l \leftarrow n$, $u'_l \leftarrow 1$, $l \leftarrow l+1$로 설정한다. 그런 다음 $u_k = 0$인 동안 $s'_l \leftarrow p[t[k]]$, $u'_l \leftarrow 0$을 전달한다.

**Y6.** 〔$E_{n+1}$ 계산 준비.〕 $j \leftarrow k \leftarrow l \leftarrow 0$으로 설정한다. $u_k = 0$인 동안 $t'_l \leftarrow t_k$를 전달한다. 그런 다음 $t'_l \leftarrow n$, $l \leftarrow l+1$로 설정한다.

**Y7.** 〔$j$를 전진.〕 $u_j = 0$인 동안 $t'_l \leftarrow p[s_j]$를 전달한다. 그런 다음 만일 $u_j < 0$이면 알고리즘을 끝내고, 그렇지 않으면 $t'_l \leftarrow n$, $l \leftarrow l+1$, $j \leftarrow j+1$, $k \leftarrow k+1$로 설정한다.

**Y8.** 〔$k$를 전진.〕 $u_k = 0$인 동안 $t'_l \leftarrow t_k$를 전달한다. 그런 다음 만일 $u_k < 0$이면 Y10으로 간다.

**Y9.** 〔$k$와 $j$를 전진.〕 $t'_l \leftarrow t_k$, $l \leftarrow l+1$, $k \leftarrow k+1$로 설정한다. 그런 다음 $u_k = 0$인 동안 $t'_l \leftarrow t_k$를 전달한다. 그런 다음 $t'_l \leftarrow n$, $l \leftarrow l+1$로 설정한다. 그런 다음 $u_j = 0$인 동안 $t'_l \leftarrow p[s_j]$를 전달한다. 그런 다음 $t'_l \leftarrow p[s_j]$, $l \leftarrow l+1$, $j \leftarrow j+1$로 설정한다. Y7로 돌아간다.

**Y10.** 〔$E_{n+1}$을 마무리.〕 $t'_l \leftarrow n$, $l \leftarrow l+1$로 설정한다. 그런 다음 $u_j = 0$인 동안 $t'_l \leftarrow p[s_j]$를 전달한다. ▮

상당히 큰 $n$에 대한 단조 새비지-윙클러 부호를 생성하는 한 가지 방법은, 우선 이를테면 $\Delta_{10}$과 $E_{10}$을, 심지어는 $\Delta_{20}$과 $E_{20}$을 생성한다. 그런 다음에는 그 두 표와 적당한 재귀적 절차를 이용해서, 평균적으로 단계 당 아주 적은 계산 추가부담으로 더 큰 $n$값들로 올라가면 된다.

**74.** 단조 경로가 $v_0, \ldots, v_{2^n-1}$이고 $v_k$의 가중치가 $j$라고 하면

$$2\sum_{t>0}\binom{n}{j-2t} + ((j+\nu(v_0)) \bmod 2) \le k \le 2\sum_{t\ge 0}\binom{n}{j-2t} + ((j+\nu(v_0)) \bmod 2) - 2$$

이다. 따라서 가중치가 $j$와 $j+1$인 두 정점의 최대 거리는 $2\left(\binom{n-1}{j-1}+\binom{n-1}{j}+\binom{n-1}{j+1}\right)-1$이다. 최댓값은 근사적으로 $3\cdot 2^{n+1}/\sqrt{2\pi n}$인데, $j$가 대략 $n/2$일 때 나타난다. 〔이는 정점들의 임의의 순서에

서 달성할 수 있는 최솟값의 약 세 배 밖에 되지 않는다. 연습문제 7.10-00에 의하면 그 최솟값은 $\sum_{j=0}^{n-1}\binom{j}{\lfloor j/2\rfloor}$이다.]

**75.** 무경향 표준 델타열들은 모두 그레이 순환마디를 산출한다:

$$
\begin{array}{l}
0123012421032101210321040123012\,(1)\\
0123012421032101301230141032103\,(1)\\
0123012421032102032103242301230\,(2)\\
0123012421032102123012343210321\,(2)\\
0123012423012302012301242301230\,(2)\\
0123410121030143210301410123410\,(3)
\end{array}
$$

(이들 중 둘째, 넷째 것은 순환에 대해 동치이다.)

**76.** 만일 $v_0, \ldots, v_{2^n-1}$이 무경향이면 $(n+1)$비트 순환마디 $0v_0$, $1v_0$, $1v_1$, $0v_1$, $0v_2$, $1v_2$, $\ldots$, $1v_{2^n-1}$, $0v_{2^n-1}$도 무경향이다. 그림 34(g)는 조금 더 흥미로운 구성을 보여 주는데, 그것은 연습문제 75의 첫 번째 해를 $(n+2)$비트 순환마디

$$00\Gamma''^R,\ 01\Gamma'^R,\ 11\Gamma',\ 10\Gamma'',\ 10\Gamma,\ 11\Gamma''',\ 01\Gamma'''^R,\ 00\Gamma^R$$

로 일반화한 것이다. 여기서 $\Gamma$는 $n$비트 수열 $g(1), \ldots, g(2^{n-1})$이고 $\Gamma' = \Gamma \oplus g(1)$, $\Gamma'' = \Gamma \oplus g(2^{n-1})$, $\Gamma''' = \Gamma \oplus g(2^{n-1}+1)$이다. [모든 $n \geq 3$에 대해, $\nu(v_k \oplus v_{k+1}) = 2$인 단계 네 개만으로 이루어진 거의 그레이 부호인 $n$비트 무경향 설계가 C. S. Cheng, *Proc. Berkeley Conf. Neyman and Kiefer* **2** (Hayward, Calif.: Inst. of Math. Statistics, 1985), 619-633에 나온다.]

**77.** 배열 $(o_{n-1}, \ldots, o_0)$을 경곗값(sentinel value)들의 배열 $(s_{n-1}, \ldots, s_0)$으로 대체하고, 단계 H1에서 $s_j \leftarrow m_j - 1$로 설정한다. 단계 H4에서는 $a_j \leftarrow (a_j + 1) \bmod m_j$로 설정한다. 단계 H5에서는 만일 $a_j = s_j$이면 $s_j \leftarrow (s_j - 1) \bmod m_j$, $f_j \leftarrow f_{j+1}$, $f_{j+1} \leftarrow j+1$로 설정한다.

**78.** (50)의 경우 $B_{j+1}$이 좌표성분 $j$에서 발생한 반사 횟수라는 점($m_j \ldots m_0$의 배수인 단계들에서는 좌표성분 $j$를 건너뛰므로)에 주목한다. 따라서 $b_j < m_j - 1$인 경우 $b_j$를 1 증가하면 $a_j$는 적절히 1 증가하거나 감소한다. 더 나아가서, $0 \leq i < j$에 대해 $b_i = m_i - 1$인 경우 그 $b_i$들을 모두 0으로 변경하고 $b_j$를 증가하면 $B_0, \ldots, B_j$가 각각 1씩 증가한다. 따라서 (50)의 값 $a_0, \ldots, a_{j-1}$는 변하지 않는다.

(51)의 경우에는 $B_j = m_j B_{j+1} + b_j \equiv m_j B_{j+1} + a_j + (m_j - 1)B_{j+1} \equiv a_j + B_{j+1}$(법 2)임에 주목한다. 따라서 $B_j \equiv a_j + a_{j+1} + \cdots$이며, (51)이 (50)과 동치임은 자명하다.

일반적인 기수 $(m_{n-1}, \ldots, m_0)$에 대한 나머지식 그레이 부호의 경우

$$\bar{g}(k) = \begin{bmatrix} a_{n-1}, & \ldots, & a_2, & a_1, & a_0 \\ m_{n-1}, & \ldots, & m_2, & m_1, & m_0 \end{bmatrix}$$

으로 둔다. 여기서 $k$는 (46)과 같이 주어진다. 그러면 $a_j = (b_j - B_{j+1}) \bmod m_j$이다. $(0, \ldots, 0)$으

로 시작했을 때, $j$가 $m_j$를 법으로 하여 증가된 횟수는 정확히 $B_j - B_{j+1}$번이기 때문이다. 나머지식 그레이 $a$들로부터 $b$들을 구하는 역함수는, 각 $m_j$가 $m_{j+1}$의 약수인 특별한 경우(이를테면 $m_j$들이 모두 같은 경우 등)에서 $b_j = (a_j + a_{j+1} + a_{j+2} + \cdots) \bmod m_j$이다. 이를 $B_n = 0$으로부터 시작해서 점화식 $b_j = (a_j + B_{j+1}) \bmod m_j$, $j = n-1$, ..., $0$에 대해 $B_j = m_j B_{j+1} + b_j$를 이용해서 계산할 수 있다.

〔기수 $m > 2$에 대한 반사된 그레이 부호는 플로레스Ivan Flores가 *IRE Trans.* **EC-5** (1956), 79-82에서 소개했다. 그는 모든 $m_j$가 같은 경우에서 (50)과 (51)을 유도했다. 일반적인 혼합기수들을 가진 나머지식 그레이 부호를 로젠바움Joseph Rosenbaum이 *AMM* **45** (1938), 694-696에서 암묵적으로 언급했으나, 변환 공식들은 제시하지 않았다. 모든 $m_j$가 공통의 값 $m$을 가지는 경우의 변환 공식들이 Martin Cohn, *Information and Control* **6** (1963), 70-78에 나왔다.〕

**79.** (a) 마지막 $n$-짝은 항상 $a_{n-1} = m_{n-1} - 1$이므로, $m_{n-1} = 2$일 때에만 $(0, \ldots, 0)$에서 한 단계 떨어져 있다. 그리고 이 조건은 마지막 $n$-짝이 $(1, 0, \ldots, 0)$일 충분조건이다. 〔비슷하게, 알고리즘 K가 마지막으로 출력한 부분숲이 첫 부분숲과 인접할 필요충분조건은 제일 왼쪽 트리가 하나의 격리된 정점이라는 것이다.〕

(b) 마지막 $n$-짝은 오직 $0 \le j < n-1$에 대해 $m_{n-1} \cdots m_{j+1} \bmod m_j = 0$일 때에만 $(m_{n-1} - 1, 0, \ldots, 0)$이다. $b_j = m_j - 1$이고 $B_j = m_{n-1} \ldots m_j - 1$이기 때문이다.

**80.** 기수들이 $m_j = e_j + 1$인 반사된 그레이 부호를 이용해서 $p_1^{a_1} \ldots p_t^{a_t}$을 훑으면 된다.

**81.** 첫 순환마디에 $(x, y)$에서 $(x, (y+1) \bmod m)$로의 간선이 있을 필요충분조건은, 오직 둘째 순환마디에 $(x, y)$에서 $((x+1) \bmod m, y)$로의 간선이 있을 때에만 $(x+y) \bmod m \ne m-1$이라는 것이다.

**82.** 4-입방체의 모든 간선을 덮는 두 4비트 그레이 순환마디 $(u_0, \ldots, u_{15})$와 $(v_0, \ldots, v_{15})$가 존재한다. (실제로, 연습문제 56의 동치류 A, B, D, H, I의 비간선들은 그 여원들과 같은 부류들에서 그레이 순환마디들을 형성한다.) 따라서, 16진 나머지식 그레이 부호를 이용해서 요구된 네 순환마디 $(u_0u_0, u_0u_1, \ldots, u_0u_{15}, u_1u_{15}, \ldots, u_{15}u_0)$, $(u_0u_0, u_1u_0, \ldots, u_{15}u_0, u_{15}u_1, \ldots, u_0u_{15})$, $(v_0v_0, \ldots, v_{15}v_0)$, $(v_0v_0, \ldots, v_0v_{15})$를 형성할 수 있다.

이와 비슷한 방식으로, $n$이 16, 32, 64 등일 때 간선들이 서로 다른 $n/2$개의 $n$비트 그레이 순환마디가 존재함을 증명할 수 있다. 〔*Abhandlungen Math. Sem. Hamburg* **20** (1956), 13-16.〕 오베르J. Aubert, 슈나이더B. Schneider〔*Discrete Math.* **38** (1982), 7-16〕는 $n \ge 4$의 모든 짝수 값에 대해서도 같은 속성이 성립함을 증명했으나, 간단한 구축법은 아직 알려진 바가 없다.

**83.** 쿡Mark Cooke이 다음과 같은 완전히 비대칭인 해를 2002년 12월에 찾아냈다.

(1) 2737465057320265612316546743610525106052042416314372145101421737
2506246064173213107351607103156205713172463452102434643207054702
4147356146737625047350745130620656415073123731427376432561240264
3016735467532402524637475217640270736065105215106073575463253105;

(2) 0616713417232175171671540460247164742473202531621673531632736052
6710141503047313570615453627623241426465272021632075363710750740
3157674761545652756510451024023107353424651230406545306213710537
2620501752453406703437343531502602463045627674152752406021610434;

(3) 3701063751507131236243765735103012042353747207410473621617247324
6505132565057121565024570473247421427640231034362703262764130574
0560620341745613151756314702721725205613212604053506260460173642
6717641743513401245360241730636545061563027414535676432625745051;

(4) 6706546435672147236210405432054510737405170532145431636430504673
4560621206416201320742373627204506473140171020514126107452343672
1320452752353410515426370601363567307105420163151210535061731236
4272537165617217542510760215462375452674257037346403647376271657.

(이 델타열들 각각은 입방체의 같은 정점에서 시작해야 한다.) 대칭적인 방식으로는 불가능할까?

**84.** 초기 위치를 $(2,2)$라고 하자. 그림 A-1의 8단계 해법은 초기 위치로부터 $(0,0)$으로 내려가는 순서를 보여 준다. 예를 들어 첫 수(move)에서는 밧줄의 앞쪽 절반을 오른쪽 빗살 뒤쪽으로 빼내고, 그런 다음 커다란 오른쪽 고리를 통과시킨다. 그림의 가운데 줄은 오른쪽에서 왼쪽으로 읽어야 한다. 비슷한 방식으로 루프쌍 $n$개로 일반화한다면 $3^n-1$단계가 필요하다.

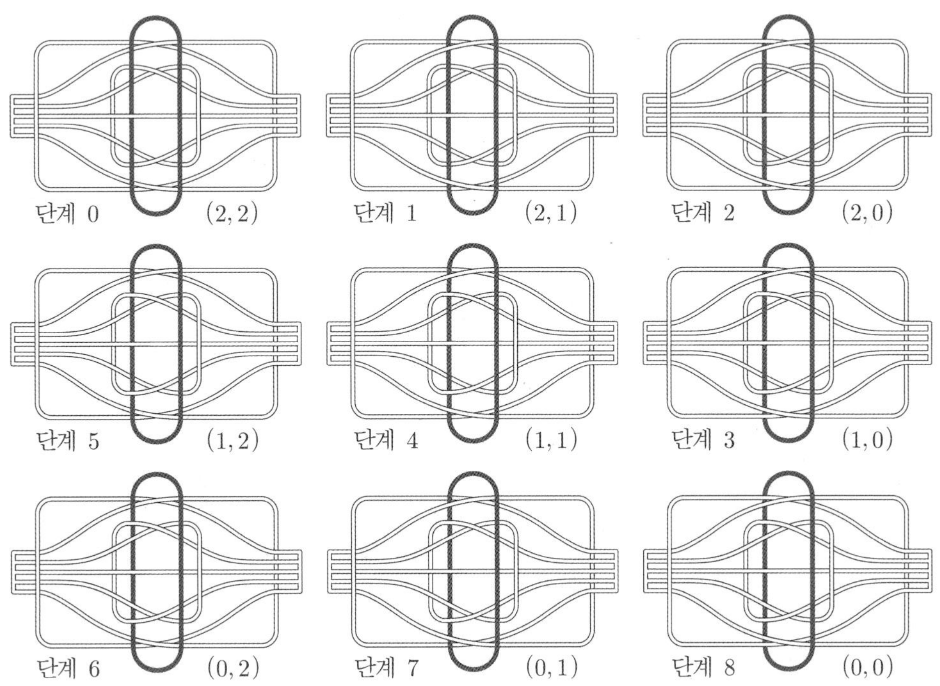


〔이 재미있는 퍼즐의 기원은 분명치 않다. 슬로컴Jerry Slocum과 보터먼스Jack Botermans의 책 *The Book of Ingenious & Diabolical Puzzles* (1994)에는 1850년경 중국에서 만들어진 것으로 보이는, 뿔을 깎아 만든 고리 두 개짜리 버전[101쪽]과 1988년에 말레이시아에서 만들어진 현대적인 고리 6개 버전[93쪽]이 나온다. 슬로컴은 또한 1884년경에 잉글랜드에서 만들어진 대나무로 된 4고리 버전도 가지고 있다. 그는 그 퍼즐이 노브라Henry Novra의 *Catalogue of Conjuring Tricks*

*and Puzzles* (1858년 또는 1859년)와 크레머W. H. Cremer의 *Games, Amusements, Pastimes and Magic* (1867)에, 그리고 햄리Hamley의 1895년 카탈로그에서는 'Marvellous Canoe Puzzle (불가사의한 카누 퍼즐)'이라는 이름으로 등장함을 발견했다. *U.S. Patents 2091191* (1937), *D172310* (1954), *3758114* (1973), *D406866* (1999)도 보라. 딕먼Dyckman은 이 퍼즐과 반사된 그레이 삼진 부호의 연관 관계를 가드너에게 보낸 1972년 8월 2일자 편지에서 언급했다.]

**85.** (50)에 의해, 만일 기수 $(t,t')$에 대한 반사된 그레이 부호에서 $\hat{g}\left(\left[\begin{smallmatrix} b, & b' \\ t, & t' \end{smallmatrix}\right]\right)=\left[\begin{smallmatrix} a, & a' \\ t, & t' \end{smallmatrix}\right]$이면, $\Gamma \wr \Gamma'$의 원소 $\left[\begin{smallmatrix} b, & b' \\ t, & t' \end{smallmatrix}\right]$는 $\alpha_a \alpha'_{a'}$이다. 이제, 만일 기수 $(t,t',t'')$에 대한 반사된 그레이 부호에서 $\hat{g}\left(\left[\begin{smallmatrix} b, & b', & b'' \\ t, & t', & t'' \end{smallmatrix}\right]\right)=\left[\begin{smallmatrix} a, & a', & a'' \\ t, & t', & t'' \end{smallmatrix}\right]$이면, $(\Gamma \wr \Gamma') \wr \Gamma''$와 $\Gamma \wr (\Gamma' \wr \Gamma'')$ 둘 다의 원소 $\left[\begin{smallmatrix} b, & b', & b'' \\ t, & t', & t'' \end{smallmatrix}\right]$가 $\alpha_a \alpha'_{a'} \alpha''_{a''}$임을 보일 수 있다. 연습문제 4.1-10을 보라. 또한 혼합기수 법칙

$$m_1 \ldots m_n - 1 - \begin{bmatrix} x_1, & \ldots, & x_n \\ m_1, & \ldots, & m_n \end{bmatrix} = \begin{bmatrix} m_1 - 1 - x_1, & \ldots, & m_n - 1 - x_n \\ m_1, & \ldots, & m_n \end{bmatrix}$$

도 주목할 것. 일반화하면, 기수 $(m_1, \ldots, m_n)$에 대한 반사된 그레이 부호는 $(0, \ldots, m_1 - 1) \wr \cdots \wr (0, \ldots, m_n - 1)$이다. [*Information Processing Letters* **22** (1986), 201-205.]

**86.** $\Gamma_{mn}$이 반사된 $m$진 그레이 부호라고 하자. 그러한 그레이 부호를 $\Gamma_{m0} = \epsilon$과

$$\Gamma_{m(n+1)} = (0, 1, \ldots, m-1) \wr \Gamma_{mn}, \qquad n \ge 0$$

으로 정의할 수 있다. 이 경로는 $m$이 짝수일 때 $(0, 0, \ldots, 0)$에서 $(m-1, 0, \ldots, 0)$까지를 훑는다. 이제 $\Pi_{m0} = \emptyset$과 다음 규칙으로 정의되는 경로 $\Pi_{mn}$을 고려한다.

$$\Pi_{m(n+1)} = \begin{cases} (0, 1, \ldots, m-1) \wr \Pi_{mn}, m\Gamma^R_{(m+1)n}, & \text{만일 } m\text{이 홀수이면;} \\ (0, 1, \ldots, m) \wr \Pi_{mn}, m\Gamma^R_{mn}, & \text{만일 } m\text{이 짝수이면.} \end{cases}$$

이 경로는 $\max(a_1, \ldots, a_n) = m$인 $(m+1)^n - m^n$개의 모든 음이 아닌 정수 $n$-짝을 훑는데, $(0, \ldots, 0, m)$에서 시작해서 $(m, 0, \ldots, 0)$으로 끝난다. 요구된 무한 그레이 경로는 $\Pi_{0n}$, $\Pi^R_{1n}$, $\Pi_{2n}$, $\Pi^R_{3n}$, …이다.

**87.** $n$이 홀수일 때에는 불가능하다. $\max(|a_1|, \ldots, |a_n|) = 1$인 $n$-짝에는 홀수 패리티인 $\frac{1}{2}(3^n + 1)$과 짝수 패리티인 $\frac{1}{2}(3^n - 3)$이 포함되기 때문이다. $n = 2$일 때에는 나선(spiral) $\Sigma_0$, $\Sigma_1$, $\Sigma_2$, …을 사용하면 되는데, 여기서 $\Sigma_m$은 $m > 0$일 때 $(m, 1-m)$에서 $(m, -m)$으로 반시계 방향으로 감긴다. $n \ge 2$의 짝수 값들의 경우, 만일 $T_m$이 $n$-짝의 $(m, 1-m, m-1, 1-m, \ldots, m-1, 1-m)$에서 $(m, -m, m, -m, \ldots, m, -m)$까지의 한 경로라면, 같은 속성을 가진 $(n+2)$-짝들에 대해 $\Sigma_m \wr (T_0, \ldots, T_{m-1})^R$, $(\Sigma_0, \ldots, \Sigma_m)^R \,\bar{\wr}\, T_m$을 사용하면 된다. 여기서 $\bar{\wr}$은 다음과 같은 쌍대 연산이다.

$$\Gamma \,\bar{\wr}\, \Gamma' = (\alpha_0\alpha'_0, \ldots, \alpha_{t-1}\alpha'_0, \alpha_{t-1}\alpha'_1, \ldots, \alpha_0\alpha'_1, \alpha_0\alpha'_2, \ldots, \alpha_{t-1}\alpha'_2, \alpha_{t-1}\alpha'_3, \ldots).$$

〔무한(크기 제약이 없는) $n$차원 그레이 부호의 구축은 E. Vázsonyi, *Acta Litterarum ac Scientiarum,* sectio Scientiarum Mathematicarum **9** (Szeged: 1938), 163-173에 처음 나왔다.〕

**88.** 그러면 모든 부분숲을 다시 역순으로 방문한다. 즉, 마지막은 $(0, \ldots, 0)$이 되며, 초기화 단계 K1 이후의 상태로 돌아간다. (이러한 반사 원리는 사실 알고리즘 K의 작동 방식을 이해하는 열쇠이다).

**89.** (a) $M_0 = \epsilon$, $M_1 = \bullet$, $M_{n+2} = \bullet M_{n+1}^R$, $-M_n^R$이라고 하자. 이 구축법이 유효한 이유는 $M_{n+1}^R$의 마지막 원소가 $M_{n+1}$의 첫 원소, 즉 $M_n^R$의 첫 원소 앞의 점이기 때문이다.

(b) 각 $d_j$가 $\bullet$ 또는 $-$인 문자열 $d_1 \ldots d_l$이 주어졌을 때, 그 후행 문자열을 찾는 방법은 다음과 같다. 우선 $k = l - [d_l = \bullet]$로 둔다. 만일 $k$가 홀수이고 $d_k = \bullet$이면 $d_k d_{k+1}$을 $-$로 바꾼다. 만일 $k$가 짝수이고 $d_k = -$이면 $d_k$를 $\bullet\bullet$으로 바꾼다. 그렇지 않으면 $k$를 1 감소하고, 이상의 과정을 변경이 가해지거나 $k = 0$이 될 때까지 되풀이한다. 주어진 단어의 후행 단어는 $\bullet - - \bullet \bullet \bullet \bullet - \bullet - \bullet$이다.

**90.** 그러한 순환마디는 모스 부호 단어의 개수가 짝수인 경우에만 존재할 수 있다. 각 단계(step)마다 대시들의 개수가 $\pm 1$만큼 변하기 때문이다. 따라서 반드시 $n \bmod 3 = 2$이다. 연습문제 89의 그레이 경로(Gray path) $M_n$은 부적합하다. 그 경로들은 $(-\bullet)^{\lfloor n/3 \rfloor} \bullet^{n \bmod 3}$으로 시작하고 $(-\bullet)^{\lfloor n/3 \rfloor} \bullet^{[n \bmod 3 = 1]} -^{[n \bmod 3 = 2]}$으로 끝난다. 그러나 $M_{3k+1}\bullet$, $M_{3k}^R -$는 $n = 3k + 2$일 때 모스 부호 그래프 안에서 하나의 해밀턴 순환마디이다.

**91.** 주어진 $n$-짝 조건은 $n$-짝 $a_1 \bar{a}_2 a_3 \bar{a}_4 \ldots$에 연달아 1이 두 번 나오는 일이 없다는 것과 동치이다. 그러한 $n$-짝은 길이가 $n+1$인 모스 부호열의 끝에 0을 추가하고 $\bullet$과 $-$를 각각 0과 10으로 대체한 것에 해당한다. 이러한 대응 관계 하에서 연습문제 89의 경로 $M_{n+1}$을, 각 $\bullet$이나 $-$가 시작하는 위치의 색인들을 담은 주변부를 사용하는 알고리즘 K와 같은 절차로 변환할 수 있다:

**U1.** 〔초기화.〕 $1 \le j \le n$에 대해 $a_j \leftarrow \lfloor ((j-1) \bmod 6)/3 \rfloor$, $f_j \leftarrow j$로 설정한다. 또한 $f_0 \leftarrow 0$, $r_0 \leftarrow 1$, $l_1 \leftarrow 0$으로 설정하고 $1 \le j \le n$에 대해 $r_j \leftarrow j + (j \bmod 3)$, $l_{j+(j \bmod 3)} \leftarrow j$로 설정하되, 만일 $j + (j \bmod 3) > n$이면 $r_j \leftarrow 0$, $l_0 \leftarrow j$로 설정한다. (이제 "주변부"는 1, 2, 4, 5, 7, 8, ...을 담는다.)

**U2.** 〔방문.〕 $n$-짝 $(a_1, \ldots, a_n)$을 방문한다.

**U3.** 〔$p$를 선택.〕 $q \leftarrow l_0$, $p \leftarrow f_q$, $f_q \leftarrow q$로 설정한다.

**U4.** 〔$a_p$를 점검.〕 만일 $p = 0$이면 알고리즘을 끝낸다. 그렇지 않으면 $a_p \leftarrow 1 - a_p$로 설정하고, 만일 $a_p + p$가 짝수가 되었으면 U6으로 간다.

**U5.** 〔$p+1$을 삽입.〕 만일 $p < n$이면 $q \leftarrow r_p$, $l_q \leftarrow p+1$, $r_{p+1} \leftarrow q$, $r_p \leftarrow p+1$, $l_{p+1} \leftarrow p$로 설정한다. U7로 간다.

**U6.** [$p+1$을 삭제.] 만일 $p<n$이면 $q \leftarrow r_{p+1}$, $r_p \leftarrow q$, $l_q \leftarrow p$로 설정한다.

**U7.** [$p$를 비활성화.] $f_p \leftarrow f_{l_p}$, $f_{l_p} \leftarrow l_p$로 설정한다. U2로 돌아간다. ▮

이 알고리즘을 리Gang Li, 러스키Frank Ruskey, 커누스D. E. Knuth에서 기인한 훨씬 더 일반적인 방법의 한 특별한 경우로서 유도할 수도 있다. 그 일반적 방법은 알고리즘 K를 사용자가 각 (부모,자식)쌍 $(p,q)$마다 $a_p \ge a_q$ 또는 $a_p \le a_q$를 지정하게 함으로써 확장한다. [Knuth, Ruskey, *Lecture Notes in Computer Science* **2635** (2004), 183-204를 보라.] 길이가 $n$이고 특정 부분문자열을 포함하지 않는 모든 문자열을 산출하는, 또 다른 방향으로의 일반화가 M. B. Squire, *Electronic J. Combinatorics* **3** (1996), #17, 1-29에 나온다.

덧붙이자면, 사상 $k \mapsto g(k)/2$가 길이가 홀수인 1들의 연속열이 없는 모든 이진 $n$-짝들과 1이 연달아 두 번 나오는 일이 없는 모든 이진 $n$-짝들 사이의 일대일 대응이라는 점도 흥미롭다.

**92.** 존재한다. 왜냐하면 $x_1, \ldots, x_{n-1} \le m$인 모든 $(n-1)$-짝 $(x_1, \ldots, x_{n-1})$의 유향 그래프들 중에서 $\max(x_1, \ldots, x_n) = m$이면 항상 호 $(x_1, \ldots, x_{n-1}) \to (x_2, \ldots, x_n)$이 성립하는 유향 그래프는 연결된 균형 유향 그래프이기 때문이다. 정리 2.3.4.2G를 보라. 사실 알고리즘 F가 그런 수열을 생성한다. 길이가 $n$의 약수인 기약 문자열들의 마지막 $k^n$개의 원소들이, $m-1$에서 뺐을 때, 모들 $m \ge k$에 대해 상등임을 주목하기 바란다. 예를 들어 $n=4$일 때 수열 $\Phi_4$의 처음 숫자 81개는 $2-\alpha^R = 0001010011\ldots$로, 여기서 $\alpha$는 (62)의 문자열이다. [또한 임의의 고정된 $m \ge 3$이 주어졌을 때 모든 $n$에 대해 처음 $m^n$개의 원소가 더브라윈 순환마디인 $m$진 무한 수열도 있다. L. J. Cummings, D.Wiedemann, *Cong. Numerantium* **53** (1986), 155-160을 보라.]

**93.** $f()$가 생성하는 순환마디는 $\alpha 1$의 한 순환치환으로, 여기서 $\alpha$는 길이가 $m^n-1$이고 $1^{n-1}$로 끝난다. 알고리즘 R이 생성하는 순환마디는 $\gamma = c_0 \ldots c_{m^{n+1}-1}$의 한 순환치환으로, 여기서 $c_k = (c_0 + b_0 + \cdots + b_{k-1}) \bmod m$이고 $b_0 \ldots b_{m^{n+1}-1} = \beta = \alpha^m 1^m$이다.

만일 $\gamma$에 $x_0 \ldots x_n$이 나타난다면, 이를테면 $0 \le j \le n$에 대해 $x_j = c_{k+j}$라면, $y_j = (x_{j+1} - x_j) \bmod m$이라고 할 때 $0 \le j < n$에 대해 $y_j = b_{k+j}$이다. [이것이 나머지식 $m$진 그레이 부호와의 연관 관계이다. 연습문제 78을 보라.] 이제 만일 $y_0 \ldots y_{n-1} = 1^n$이면 $m^{n+1} - m - n < k \le m^{n+1} - n$이다. 그렇지 않으면 $-n < k' < m^n - n$인, 그리고 $y_0 \ldots y_{n-1}$이 $\beta$에서 $0 \le r < m$에 대한 위치 $k = (k' + r(m^n-1)) \bmod m^{n+1}$들에서 나타남을 만족하는 어떤 색인 $k'$이 존재한다. 두 경우, 모두 $k$의 $m$가지 선택에서 $x_0$의 값이 서로 다르다. 왜냐하면 $n \ge 2$일 때 $\alpha$의 모든 원소의 합($m$을 법으로 한)이 $m-1$이기 때문이다. [알고리즘 R은 만일 $m \bmod 4 \ne 2$이면 $n=1$에 대해서도 유효하다. 왜냐하면 그런 경우 $m \perp \sum \alpha$이기 때문이다.]

**94.** $0\underline{0}\underline{1}\underline{0}\underline{2}\underline{0}3041\underline{1}\underline{2}\underline{1}31422\underline{2}3243344$. (밑줄 친 숫자들은 00112234와 34를 교차삽입했을 때 결과적으로 삽입되는 것들이다. $n=1$이고 $r=m-2 \ge 0$일 때 알고리즘 D를 일반적으로 사용하는 것도 가능하나, (54)의 관점에서 보면 그러한 응용은 의미가 없다.)

**95.** (a) $c_0c_1c_2\ldots$의 주기가 $r$이라고 하자. 만일 $r$이 홀수이면 $p=q=r$이 성립하며, 따라서 $p=q=1$이고 $a_0=b_0$인 자명한 경우에서만 $r=pq$이다. 홀수가 아니라면 4.5.2-(10)에 의해 $r/2=\mathrm{lcm}(p,q)=pq/\gcd(p,q)$이며, 따라서 $\gcd(p,q)=2$이다. 후자의 경우 나타나는 $2n$-짝 $c_lc_{l+1}\ldots c_{l+2n-1}$들은 $0\le j<p$, $0\le k<q$, $j\equiv k$(법 2)에 대한 $a_jb_k\ldots a_{j+n-1}b_{k+n-1}$들과 $0\le j<p$, $0\le k<q$, $j\not\equiv k$(법 2)에 대한 $b_ka_j\ldots b_{k+n-1}a_{j+n-1}$들이다.

(b) 출력은 주기들이 각각 $m^n+r$과 $m^n-r$인 두 수열 $a_0a_1\ldots$과 $b_0b_1\ldots$이 교차삽입된 형태이다. $a$들은 $f()$의 순환마디에서 $x^n$이 $x^{n+1}$으로 바뀐 것이고 $b$들은 $f'()$의 순환마디에서 $x^n$이 $x^{n-1}$으로 바뀐 것이다(둘 다 $0\le x<r$). (58)과 부문제 (a)에 의해 주기 길이는 $m^{2n}-r^2$이며, $0\le x,y<r$에 대한 $(xy)^n$들을 제외한 모든 $2n$-짝이 나타난다.

(c) 원래의 단계 D6은 $t\ge n$, $t'=n$, $0\le x'=x<r$일 때 D3으로 감으로써 (b)의 행동을 바꾼다. 이 변경에 의해 $x^{2n-1}$이 방금 출력되었으며 다음으로 $b$가 출력되려고 하는 시점에서 여분의 $x$가 출력된다. 여기서 $b$는 순환마디에서 $x^n$ 다음의 숫자이다. 또한 D6에서 $t\ge n$이고 $x<x'<r$인 경우 $t'=n$인 상태에서 실행이 D7로, 그다음에는 D3으로 넘어가게 된다. 이러한 행동에 의해, $(xx')^{n-1}x$가 방금 출력되었으며 다음으로 $b$가 출력되려는 시점에서 여분의 $x'x$가 출력된다. 그러한 $r^2$개의 여분의 숫자들은 (b)에 빠진 $r^2$개의 $2n$-짝들을 제공한다.

**96.** (a) 예를 들어 $n=5$일 때 R종 최상위 협동루틴은 $n=4$에 대해 D종 협동루틴 하나를 호출한다. 그 협동루틴은 $n=2$에 대한 두 개의 S종 협동루틴을 호출한다. 따라서 $R_5=D_5=1$이고 $S_5=2$이다. 점화식 $R_2=0$, $R_{2n+1}=1+R_{2n}$, $R_{2n}=2R_n$, $D_2=0$, $D_{2n+1}=D_{2n}=1+2D_n$, $S_2=1$, $S_{2n+1}=S_{2n}=2S_n$의 해는 $R_n=n-2S_n$, $D_n=S_n-1$, $S_n=2^{\lfloor\lg n\rfloor-1}$이다. 따라서 $R_n+D_n+S_n=n-1$이다.

(b) 대체로 최상위 출력에는 $\lfloor\lg n\rfloor-1$회의 D종 협동루틴 활성화와 $\nu(n)-1$회의 R 활성화, 그리고 최하위 수준에서의 활성화 1회가 관여한다. 그러나 예외도 있다: 알고리즘 R은 자신의 $f()$를 두 번 호출할 수 있다. 첫 활성화에서 수열 $1^n$이 완성되는 경우에 그렇다. 그리고 알고리즘 R에서 $f()$를 아예 호출하지 않아도 되는 경우도 있다. 알고리즘 D는 자신의 $f'()$을 두 번 호출할 수 있는데, 첫 활성화에서 $x'<r$에 대한 수열 $(x')^n$이 완성되는 경우에 그렇다. 그러나 알고리즘 D가 $f()$나 $f'()$을 아예 호출하지 않아도 되는 경우도 있다.

알고리즘 R은 오직 그 자식 $f()$가 방금 하나의 수열 $0^n$을 완성한 경우에만 수열 $x^{n+1}$을 완성한다. 알고리즘 D는 오직 방금 그 어떤 자식도 호출하지 않고 D6에서 D3으로 넘어갔을 때에만 $x<r$에 대한 수열 $x^{2n}$을 완성한다.

이러한 사실들로부터, 길이가 $m^n$인 순환마디를 위한 협동루틴이 연속열 $x^n$의 마지막 숫자를 산출했을 때, 또는 그러한 연속열 다음의 첫 숫자를 산출했을 때에는 그 어떤 수준에서도 예외가 발생하지 않는다는 결론을 내릴 수 있다. 따라서 최악의 경우는 최상위 협동루틴이 한 하위 협동루틴을 두 번 활성화했을 때 발생한다. 그런 경우 활성화 횟수는 총 $2\lfloor\lg n\rfloor+2\nu(n)-3$이다.

**97.** (a) (0011), (00011101), (0000101001111011), (00000110001011011111 00111010101001). 즉 $j_2 = 2$, $j_3 = 3$, $j_4 = 9$, $j_5 = 15$.

(b) $0 \le k < j_n + n$에 대해 $f_{n+1}(k) = \Sigma f_n(k) \bmod 2$임은 분명하다. 그다음 값 $f_{n+1}(j_n + n)$은 $y = f_n(j_n + n - 1)$의 계산 이후 단계 R4에서 R2로 가느냐의 여부에 따라 다르다. 만일 그렇다면 (즉 $f_{n+1}(j_n + n - 1) \ne 0$이면) $j_n + n \le k < 2^n + j_n + n$에 대해 $f_{n+1}(k) \equiv 1 + \Sigma f_n(k+1)$이다. 그렇지 않으면 그러한 $k$ 값들에 대해 $f_{n+1}(k) \equiv 1 + \Sigma f_n(k-1)$이다. 특히, $2^n \le k + \delta_n \le 2^n + n$일 때 $f_{n+1}(k) = 1$이다. 문제에 언급된 공식(색인 $k$에 대한 구간들이 더 단순한)이 성립하는 것은 $j_n < k < j_n + n$이거나 $2^n + j_n < k < 2^n + j_n + n$일 때 $1 + \Sigma f_n(k \pm 1) \equiv \Sigma f_n(k)$이기 때문이다.

(c) 교차삽입된 순환마디에서 $c_n(2k) = f_n^+(k)$이고 $c_n(2k+1) = f_n^-(k)$이다. 여기서

$$f_n^+(k) = \begin{cases} f_n(k-1), & \text{만일 } 0 < k \le j_n + 1\text{이면;} \\ f_n(k-2), & \text{만일 } j_n + 1 < k \le 2^n + 2\text{이면} \end{cases}$$

$$f_n^-(k) = \begin{cases} f_n(k+1), & \text{만일 } 0 \le k < j_n\text{이면;} \\ f_n(k+2), & \text{만일 } j_n \le k < 2^n - 2\text{이면} \end{cases}$$

이고 $f_n^+(k) = f_n^+(k \bmod (2^n + 2))$, $f_n^-(k) = f_n^-(k \bmod (2^n - 2))$이다. 따라서 부분수열 $1^{2n-1}$은 $c_n$ 순환마디의 $k_n = (2^{n-1} - 2)(2^n + 2) + 2j_n + 2$ 지점에서 시작한다. 이에 의해 $j_{2n}$은 홀수가 된다. 부분수열 $(01)^{n-1}0$은 만일 $j_n \bmod 4 = 1$이면 $l_n = (2^{n-1} + 1)(j_n - 1)$에서, 만일 $j_n \bmod 4 = 3$이면 $l_n = (2^{n-1} + 1)(2^n + j_n - 3)$에서 시작한다. 또한 $k_2 = 6$이고 $l_2 = 2$이다.

(d) 알고리즘 D는 네 개의 원소를 $c_n$에 삽입한다. 따라서

$j_n \bmod 4 < 3$ $(l_n < k_n)$일 때: $\qquad$ $j_n \bmod 4 = 3$ $(k_n < l_n)$일 때:

$$f_{2n}(k) = \begin{cases} c_n(k-1), & \text{만일 } 0 < k \le l_n + 2\text{이면;} \\ c_n(k-3), & \text{만일 } l_n + 2 < k \le k_n + 3\text{이면;} \\ c_n(k-4), & \text{만일 } k_n + 3 < k \le 2^{2n}\text{이면;} \end{cases} = \begin{cases} c_n(k-1), & \text{만일 } 0 < k \le k_n + 1\text{이면;} \\ c_n(k-2), & \text{만일 } k_n + 1 < k \le l_n + 3\text{이면;} \\ c_n(k-4), & \text{만일 } l_n + 3 < k \le 2^{2n}\text{이면.} \end{cases}$$

(e) 따라서 $j_{2n} = k_n + 1 + 2[j_n \bmod 4 < 3]$이다. 사실 $1^{2n}$ 이전의 원소들은 $f_n^+()$의 $2^{n-2} - 1$개의 완전 주기들을 $f_n^-()$의 완전 주기들 $2^{n-2}$개와 교차삽입한 후 0 하나를 삽입하고 만일 $l_n < k_n$이면 10도 삽입한 결과에 $f_n(1)f_n(1)f_n(2)f_n(2)\ldots f_n(j_n - 1)f_n(j_n - 1)$이 더 붙은 형태이다. 그러한 모든 원소의 합은 $l_n < k_n$가 아닌 한 홀수이다. 따라서 $\delta_{2n} = 1 - 2[j_n \bmod 4 = 3]$이다.

$n = 2^t q$라고 하자. 여기서 $q$는 홀수이고 $n > 2$이다. 점화식에 따르면, 만일 $q = 1$이면 $b_t = 2^t/3 - (-1)^t/3$이라 할 때 $j_n = 2^{n-1} + b_t$이다. 그리고 만일 $q > 1$이면 $j_n = 2^{n-1} \pm b_{t+2}$인데, 여기서 + 부호는 오직 $\lfloor \lg q \rfloor + [\lfloor 4q/2^{\lfloor \lg q \rfloor} \rfloor = 5]$가 짝수일 때에만 선택된다.

**98.** $k$가 특정 구간 안에 있다고 할 때 만일 $f(k) = g(k)$이면, 그 구간 안의 $k$에 대해 $\Sigma f(k) = C + \Sigma g(k)$를 만족하는 상수 $C$가 존재한다. 따라서 거의 기계적으로 진행해도 추가적인 점화식을 유도할 수 있다: $n > 1$일 때 다음이 성립한다.

$\Sigma f_{2n}(k)$, $j_n \bmod 4 < 3$ $(l_n < k_n)$일 때:

$$\equiv \begin{cases} \Sigma c_n(k-1), & \text{만일 } 0 < k \le l_n + 2 \text{이면;} \\ 1 + \Sigma c_n(k-3), & \text{만일 } l_n + 2 < k \le k_n + 3 \text{이면;} \\ \Sigma c_n(k-4), & \text{만일 } k_n + 3 < k \le 2^{2n} \text{이면;} \end{cases}$$

$j_n \bmod 4 = 3$ $(k_n < l_n)$일 때:

$$\equiv \begin{cases} \Sigma c_n(k-1), & \text{만일 } 0 < k \le k_n + 1 \text{이면;} \\ 1 + \Sigma c_n(k-2), & \text{만일 } k_n + 1 < k \le l_n + 3 \text{이면;} \\ \Sigma c_n(k-4), & \text{만일 } l_n + 3 < k \le 2^{2n} \text{이면.} \end{cases}$$

$$\Sigma c_n(k) \equiv \Sigma f_n^+(\lceil k/2 \rceil) + \Sigma f_n^-(\lfloor k/2 \rfloor).$$

$$\Sigma f_n^+(k) \equiv \begin{cases} \Sigma f_n(k-1), & \text{만일 } 0 < k \le j_n + 1 \text{이면;} \\ 1 + \Sigma f_n(k-2), & \text{만일 } j_n + 1 < k \le 2^n + 2 \text{이면;} \end{cases} \quad \Sigma f_n^-(k) \equiv \begin{cases} \Sigma f_n(k+1), & \text{만일 } 0 \le k < j_n \text{이면;} \\ 1 + \Sigma f_n(k+2), & \text{만일 } j_n \le k < 2^n - 2 \text{이면;} \end{cases}$$

$$\Sigma f_n^{\pm(k)} \equiv \lfloor k/(2^n \pm 2) \rfloor + \Sigma f_n^{\pm}(k \bmod (2^n \pm 2)); \quad \Sigma f_n(k) \equiv \Sigma f_n(k \bmod 2^n).$$

$$\Sigma f_{2n+1}(k) \equiv \begin{cases} \Sigma\Sigma f_{2n}(k), & \text{만일 } 0 < k \le j_{2n} \text{ 또는 } 2^{2n} + j_{2n} < k \le 2^{2n+1} \text{이면;} \\ 1 + k + \Sigma\Sigma f_{2n}(k + \delta_{2n}), & \text{만일 } j_{2n} < k \le 2^{2n} + j_{2n} \text{이면.} \end{cases}$$

$\Sigma\Sigma f_{2n}(k)$, $j_n \bmod 4 < 3$ $(l_n < k_n)$일 때:

$$\equiv \begin{cases} \Sigma\Sigma c_n(k-1), & \text{만일 } 0 < k \le l_n + 2 \text{이면;} \\ 1 + k + \Sigma\Sigma c_n(k-3), & \text{만일 } l_n + 2 < k \le k_n + 3 \text{이면;} \\ \Sigma\Sigma c_n(k-4), & \text{만일 } k_n + 3 < k \le 2^{2n} \text{이면;} \end{cases}$$

$j_n \bmod 4 = 3$ $(k_n < l_n)$일 때:

$$\equiv \begin{cases} \Sigma\Sigma c_n(k-1), & \text{만일 } 0 < k \le k_n + 1 \text{이면;} \\ 1 + k + \Sigma\Sigma c_n(k-2), & \text{만일 } k_n + 1 < k \le l_n + 3 \text{이면;} \\ 1 + \Sigma\Sigma c_n(k-4), & \text{만일 } l_n + 3 < k \le 2^{2n} \text{이면.} \end{cases}$$

$$\Sigma\Sigma f_{2n}(k) \equiv [j_n \bmod 4 < 3] \lfloor k/2^{2n} \rfloor + \Sigma\Sigma f_{2n}(k \bmod 2^{2n}).$$

그러면, 아하! 닫힘(closure)이 있다:

$$\Sigma\Sigma c_n(2k) = \Sigma f_n^+(k), \qquad \Sigma\Sigma c_n(2k+1) = \Sigma f_n^-(k).$$

만일 $n = 2^t q$이고 $q$가 홀수이면, 이 연립 점화식으로 $f_n(k)$를 평가하는 실행 시간은 $O(t + S(q))$이다. 여기서 $S(1) = 1$, $S(2k) = 1 + 2S(k)$, $S(2k+1) = 1 + S(k)$이다. $S(k) < 2k$임은 분명하므로, 이 평가들에는 $n$비트 수에 대한 연산이 최대 $O(n)$회 관여한다. 사실 이 방법이 훨씬 빠른 경우가 많다: $\lfloor \lg k \rfloor = s$인 모든 $k$에 관해 $S(k)$의 평균을 구하면 $(3^{s+1} - 2^{s+1})/2^s$이 나오는데, 이는 $3k^{\lg(3/2)} < 3k^{0.59}$보다 작다. (첨언하자면, $0 < e_1 < \cdots < e_t$라고 할 때 만일 $k = 2^{s+1} - 1 - (2^{s-e_1} + 2^{s-e_2} + \cdots + 2^{s-e_t})$이면 $S(k) = s + 1 + e_t + 2e_{t-1} + 4e_{t-2} + \cdots + 2^{t-1}e_1$이다.)

**99.** $f_n()$의 위치 $k$에서 시작하는 문자열은 $f_n^+()$에서는 위치 $k^+ = k + 1 + [k > j_n]$에서, 그리고 $f_n^-()$에서는 위치 $k^- = k - 1 - [k > j_n]$에서 시작한다. 단, $f_n^+()$에서는 $0^n$과 $1^n$이 두 번 나오지만 $f_n^-()$에는 하나도 나오지 않는다.

순환마다 $f_{2n}()$에서 $\gamma = a_0 b_0 \ldots a_{n-1} b_{n-1}$을 찾는 방법은 이렇다. $\alpha = a_0 \ldots a_{n-1}$이고 $\beta = b_0 \ldots b_{n-1}$이라고 하자. $f_n()$에서 $\alpha$는 위치 $j$에서 시작하고 $\beta$는 $k$에서 시작한다고 가정하자. 그리고 $\alpha$나 $\beta$ 둘 다 $0^n$이나 $1^n$이 아니라고 가정하자. $j^+ \equiv k^+$ (법 2)인 경우, $l/2$를 방정식 $j^+ + (2^n + 2)x = k^- + (2^n - 2)y$의 한 해로 둔다. 만일 $j \ge k$이면 $l/2 = k + (2^n - 2)(2^{n-3}(j - k) \bmod (2^{n-1} + 1))$로 두고 그렇지 않으면 $l/2 = j + (2^n + 2)(2^{n-3}(k - j) \bmod (2^{n-1} - 1))$로 두면 된

다. 그 외의 경우에는 $(l-1)/2 = k^+ + (2^n+2)x = j^- + (2^n-2)y$로 둔다. 그러면 순환마디 $c_n()$에서 $\gamma$는 위치 $l$에서 시작한다. 따라서 순환마디 $f_{2n}()$에서는 위치 $l+1+[l \geq k_n]+2[l \geq l_n]$에서 시작한다. $\alpha \in \{0^n, 1^n\}$인 경우나 $\beta \in \{0^n, 1^n\}$인 경우에도 비슷한 공식들이 성립한다(그러나 그 둘 다 참인 경우는 아니다). 마지막으로, $0^{2n}$, $1^{2n}$, $(01)^n$, $(10)^n$은 각각 위치 $0$, $j_{2n}$, $l_n+1+[k_n < l_n]$, $l_n+2+[k_n < l_n]$에서 시작한다.

$n$이 짝수라 할 때 $f_{n+1}()$에서 $\beta = b_0 b_1 \ldots b_n$을 찾는 방법은 이렇다. $n$비트 문자열 $(b_0 \oplus b_1)\ldots(b_{n-1} \oplus b_n)$이 $f_n()$의 $j$에서 시작한다고 가정하자. 그러면 $(j < j_n, j = j_n, j > j_n)$에 따라 $\beta$는 만일 $f_{n+1}(k) = b_0$이면 위치 $k = j - \delta_n[j \geq j_n] + 2^n[j = j_n][\delta_n = 1]$에서 시작하고 그렇지 않으면 위치 $k + (2^n - \delta_n, \delta_n, 2^n + \delta_n)$에서 시작한다.

이러한 재귀적 절차의 실행 시간은 $T(n) = O(n) + 2T(\lfloor n/2 \rfloor)$를 만족한다. 따라서 실행 시간은 $O(n \log n)$이다. 〔연습문제 97~99는 툴리아니J. Tuliani의 연구에 기초한 것으로, 그는 $m$의 더 큰 특정 값들에 대한 방법들도 개발했다. *Discrete Math.* **226** (2001), 313-336을 보라.〕

**100.** 아니다. 명백한 결점들이 드러나 있지는 않지만, 그 어떤 수열이든 난수들의 유용한 원천으로 추천하려면 먼저 상세한 검정을 수행해 보아야 한다. 오히려, 알고리즘 F가 암묵적으로 산출하는 더브라윈 순환마디는 정의 3.5D의 의미에서 $n$-분포이긴 하지만 그래도 잠재적인 무작위 비트들의 원천으로는 아주 나쁘다. 왜냐하면 시작 부분에서 0들이 우세하기 때문이다. 실제로, $n$이 소수일 때 $0 \leq t < (2^n-2)/n$에 대해 그 수열의 비트 $tn+1$들은 0이다.

**101.** (a) $\beta$가 $\lambda\lambda'$의 진 접미열이고 $\beta \leq \lambda\lambda'$을 만족한다고 하자. 그러면 $\lambda < \lambda' \leq \beta$일 때 $\beta$가 $\lambda'$의 한 접미열이거나, 아니면 $\beta = \alpha\lambda'$이고 $\lambda < \alpha < \beta$이다.

이제 $\lambda < \beta \leq \lambda\lambda'$는 어떤 $\gamma \leq \lambda'$에 대해 $\beta = \lambda\gamma$임을 함의한다. 그러나 $\gamma$는 $1 \leq |\gamma| = |\beta| - |\lambda| < |\lambda'|$를 만족하는 $\beta$의 한 접미열이다. 따라서 $\gamma$는 $\lambda'$의 진 접미열이며, $\lambda' < \gamma$이다. 이는 모순이다.

(b) 길이가 1인 임의의 문자열은 하나의 소인수이다. 인접한 소인수들을 임의의 순서로 (a)에 따라 연결하되 더 이상의 연결이 가능하지 않게 될 때까지 계속 결합하면 된다. 〔M. P. Schützenberger, *Proc. Amer. Math. Soc.* **16** (1965), 21-24에 좀 더 일반적인 결과들이 나온다.〕

(c) $t \neq 0$이라고 할 때, $\lambda$가 $\lambda_1 \ldots \lambda_t$의 가장 작은 접미열이라 하자. 그러면 정의에 의해 $\lambda$는 하나의 소인수이며, $\beta$가 어떤 $\lambda_j$의 비지 않은 접미열이라 할 때 $\lambda$의 형태는 $\beta\gamma$이다. 따라서 $\lambda_t \leq \lambda_j \leq \beta \leq \beta\gamma = \lambda \leq \lambda_t$이며, 반드시 $\lambda = \lambda_t$이다. $\lambda_t$를 제거하고 $t = 0$이 될 때까지 이를 되풀이하면 된다.

(d) 참이다. 만일 $\alpha = \lambda\beta$이고 $|\lambda| > |\lambda_1|$인 어떤 소인수 $\lambda$가 존재한다면, $\beta$의 소인수들을 덧붙여서 $\alpha$의 또 다른 인수분해를 얻을 수 있다.

(e) $3 \cdot 14159265358979323846264338327 95 \cdot 02884197$. (연습문제 106에 효율적인 알고리즘 하나가 나온다. $\pi$의 숫자들을 더 많이 안다고 해도 처음 두 소인수가 변하지는 않는다. 보렐Borel의 의미에서 '정규(normal)'인 임의의 수의 무한 소수점 전개는 유한한 길이의 소인수들로 분해된다.)

**102.** 반드시 $1/(1-mz) = 1/\prod_{n=1}^{\infty}(1-z^n)^{L_m(n)}$이다. 이는 연습문제 4.6.2-4에서처럼 (6o)을 함의한다.

**103.** $n=p$가 소수일 때 (59)에 따르면 $L_m(1)+pL_m(p)=m^p$이다. 또한 $L_m(1)=m$이 성립한다. [이 조합적 증명은 정리 1.2.4F의 전통적인 대수적 증명과 흥미로운 대비를 이룬다.]

**104.** 비기약은 4483개로, abaca, agora, ahead, ...이다. 기약은 1274개로, ..., rusts, rusty, rutty이다. (prime은 기약이 아니므로, 기약 문자열을 lowly라고 불러야 할지도 모르겠다.† )

**105.** (a) $\alpha'$이 $\alpha$의 마지막 글자를 증가한 것이라 하자. 그리고 $\alpha=\beta\gamma$, $\beta\neq\epsilon$, $\gamma\neq\epsilon$이라고 할 때 $\alpha'=\beta\gamma'$이라고 가정하자. $\theta$가 $\alpha$의 접두열이고 $|\theta|=|\gamma|$이라고 하자. 가정에 의해, $\alpha\omega$가 기약임을 만족하는 문자열 $\omega$가 존재한다. 그러면 $\theta\le\alpha\omega<\gamma\omega$이며, 따라서 반드시 $\theta\le\gamma$이다. 그러므로 $\theta<\gamma'$이며, $\alpha'<\gamma'$이 성립한다.

(b) $\lambda_1\beta\omega$가 기약 문자열이라고 할 때 $\alpha=\lambda_1\beta=a_1\ldots a_n$이라고 하자. $\lambda_1\beta\omega<\beta\omega$라는 조건은 $1\le j\le n-r$에 대해 $a_j\le a_{j+r}$임을 함의하는데, 여기서 $r=|\lambda_1|$이다. 그러나 $a_j<a_{j+r}$일 수는 없다. 그렇지 않다면 $\alpha$는 $\lambda_1$보다 긴 기약 문자열로 시작하는데, 이는 연습문제 101(d)와 모순이다.

(c) $|\lambda|>|\lambda'|$라고 할 때 만일 $\alpha$가 $\lambda$와 $\lambda'$ 둘 다의 $n$-확장이면 반드시 $\lambda=(\lambda')^q\theta$이어야 한다. 여기서 $\theta$는 $\lambda'$의 비지 않은 한 접두열이다. 그러나 그러면 $\theta\le\lambda'<\lambda<\theta$이다.

**106.** **E1.** [초기화.] $a_1\leftarrow\cdots\leftarrow a_n\leftarrow m-1$, $a_{n+1}\leftarrow -1$, $j\leftarrow 1$로 설정한다.

**E2.** [방문.] 색인 $j$로 $(a_1,\ldots,a_n)$을 방문한다.

**E3.** [1을 뺀다.] 만일 $a_j=0$이면 알고리즘을 끝낸다. 그렇지 않으면 $j<k\le n$에 대해 $a_j\leftarrow a_j-1$, $a_k\leftarrow m-1$로 설정한다.

**E4.** [인수분해 준비.] (연습문제 105(b)에 따라, 이제 $a_1\ldots a_n$의 첫 소인수 $\lambda_1$을 찾고자 한다.) $j\leftarrow 1$, $k\leftarrow 2$로 설정한다.

**E5.** [새 $j$를 찾는다.] (이제 $a_1\ldots a_{k-1}$은 소인수 $a_1\ldots a_j$의 $(k-1)$-확장이다.) 만일 $a_{k-j}>a_k$이면 E2로 돌아간다. 그렇지 않으면, 만일 $a_{k-j}<a_k$이면 $j\leftarrow k$로 설정한다. 그런 다음 $k$를 1 증가하고 이 단계를 되풀이한다. ▮

단계 E4와 E5의 효율적인 인수분해 알고리즘은 J. P. Duval, *J. Algorithms* **4** (1983), 363-381에서 기인한다. 추가 정보로는 Cattell, Ruskey, Sawada, Serra, Miers, *J. Algorithms* **37** (2000), 267-282를 보라.

**107.** 알고리즘이 방문하는 $n$-짝들의 개수는 $P_m(n)=\sum_{j=1}^{n}L_m(j)$이다. $L_m(n)=\frac{1}{n}m^n+$

† [옮긴이 주] 기약의 원 단어 prime에는 첫째의, 우수한, 훌륭한 등의 뜻이 있는 반면 lowly에는 비천한, 초라한 등의 뜻이 있다. 참고로 prime과 번역어 '기약'의 관계는 '소수(prime number)—더 이상 나눌 수 없는(irreducible)—이미 충분히 나뉜(既約)'이다.

$O(m^{n/2}/n)$이므로 $P_m(n) = Q(m,n) + O(Q(\sqrt{m}\,,n))$인데, 여기서 $Q$와 $R$은 다음과 같다.

$$Q(m,n) = \sum_{k=1}^{n} \frac{m^k}{k} = \frac{m^n}{n} R(m,n);$$

$$R(m,n) = \sum_{k=0}^{n-1} \frac{m^{-k}}{1-k/n} = \sum_{k=0}^{n/2} \frac{m^{-k}}{1-k/n} + O(nm^{-n/2})$$

$$= \frac{m}{m-1} \sum_{j=0}^{t-1} \frac{1}{n^j} \sum_l \left\{ {j \atop l} \right\} \frac{l!}{(m-1)^l} + O(n^{-t}), \quad \text{모든 } t\text{에 대해.}$$

따라서 $P_m(n) \sim m^{n+1}/((m-1)n)$이다. 실행 시간은 주로 단계 F3과 F5의 루프들이 차지하는데, 길이가 $j$인 각 소인수 당 비용이 $n-j$이다. 따라서 전체적으로는 $nP_m(n) - \sum_{j=1}^{n} jL_m(j) = m^{n+1}(1/((m-1)^2 n) + O(1/(mn^2)))$이다. 이는 더브라윈 순환마디의 $m^n$개의 개별 숫자들을 출력하는 데 필요한 시간보다 작다.

**108.** (a) 만일 $\alpha \neq 9...9$이면 $\lambda_{k+1} \leq \beta 9^{|\alpha|}$이다. 후자가 기약 문자열이기 때문이다.

(b) $\beta$가 모두 0은 아니라고 가정할 수 있다. $9^j 0^{n-j}$이 $\lambda_{t-1}\lambda_t\lambda_1\lambda_2 = 89^n 0^n 1$의 한 부분문자열이기 때문이다. $k$가 $\beta \leq \lambda_k$인 최소의 위치라고 하자. 그러면 $\lambda_k \leq \beta\alpha$이며, 따라서 $\beta$는 $\lambda_k$의 한 접두열이다. $\beta$는 전기약이므로, 어떤 기약 문자열 $\beta' \leq \beta$의 $|\beta|$-확장이다. 알고리즘 F가 $\beta'$ 직전에 방문한 전기약 문자열은 연습문제 106에 의해 $(\beta'-1)9^{n-|\beta'|}$인데, 여기서 $\beta'-1$은 $\beta'$보다 하나 작은 십진수를 뜻한다. 따라서 만일 $\beta'$이 $\lambda_{k-1}$이 아니면 힌트(이 역시 연습문제 106에서 유도된 것이다)는 $\lambda_{k-1}$이 적어도 $n-|\beta'| \geq n-|\beta|$개의 9들로 끝나며 $\alpha$가 $\lambda_{k-1}$의 한 접미열임을 함의한다. 한편 만일 $\beta' = \lambda_{k-1}$이면 $\alpha$는 $\lambda_{k-2}$의 한 접미열이고 $\beta$는 $\lambda_{k-1}\lambda_k$의 한 접두열이다.

(c) 만일 $\alpha \neq 9...9$이면 $\lambda_{k+1} \leq (\beta\alpha)^{d-1}\beta 9^{|\alpha|}$이다. 후자가 기약이기 때문이다. 그렇지 않으면 $\lambda_{k-1}$은 적어도 $(d-1)|\beta\alpha|$개의 9들로 끝나며, $\lambda_{k+1} \leq (\beta\alpha)^{d-1} 9^{|\beta\alpha|}$이다. 따라서 $(\alpha\beta)^d$은 $\lambda_{k-1}\lambda_k\lambda_{k+1}$의 한 부분문자열이다.

(d) 기약 문자열 135899 135914, 787899 787979, 129999 13 131314, 09 090911, 089999 09 090911, 118999 119 119122 안에서 나타난다.

(e) 그렇다. 모든 경우에서, 만일 $0 \leq a_n < 9$이면(그리고 만일 $9^j 0^{n-j}$ 같은 문자열이 제일 앞에 나온다고 가정한다면) $a_1...a_n$의 위치는 부분문자열 $a_1...a_{n-1}(a_n+1)$의 위치보다 앞이다. 게다가 $9^j 0^{n-j-1}$은 오직 $1 \leq a \leq 9$에 대해 $9^{j-1}0^{n-j}a$가 나타난 후에만 나타난다. 따라서 0을 $9^j 0^{n-j-1}$ 다음에 넣으면 안 된다.

**109.** 부분행렬

$$\begin{pmatrix} (w_{n-1}\cdots w_1 w_0)_2 & (x_{n-1}\cdots x_1 x_0)_2 \\ (y_{n-1}\cdots y_1 y_0)_2 & (z_{n-1}\cdots z_1 z_0)_2 \end{pmatrix}$$

의 위치를 찾는다고 가정하자. 주어진 문제는 $n=1$인 이진 경우이며, 귀납법 덕분에 $n>1$인 경우에도 선행 비트 $a_{2n-1}$, $a_{2n-2}$, $b_{2n-1}$, $b_{2n-2}$만 구하면 된다고 가정할 수 있다. $n=3$인 경우가

전형적이다: 이 경우 반드시 다음을 풀어야 한다.

$$\begin{array}{lllll}
b_5 = w_2, & b_4 = x_2, & a_5 \oplus b_5 = y_2 & a_4 \oplus b_4 = z_2 & \text{만일 } a_0 = 0,\ b_0 = 0\text{이면} \\
b_4 = w_2 & b_5' = x_2 & a_4 \oplus b_4 = y_2 & a_5 \oplus b_5' = z_2 & \text{만일 } a_0 = 0,\ b_0 = 1\text{이면} \\
a_5 \oplus b_5 = w_2 & a_4 \oplus b_4 = x_2 & b_5 = y_2 & b_4' = z_2 & \text{만일 } a_0 = 1,\ b_0 = 0\text{이면} \\
a_4 \oplus b_4 = w_2 & a_5 \oplus b_5' = x_2 & b_4 = y_2 & b_5' = z_2 & \text{만일 } a_0 = 1,\ b_0 = 1\text{이면.}
\end{array}$$

여기서 $b_5' = b_5 \oplus b_4 b_3 b_2 b_1$은 $j$가 $j+1$이 될 때의 자리올림을 위한 것이다.

**110.** $a_0 a_1 \ldots a_{m^2-1}$이 (54)의 처음 $m^2$개의 원소들처럼 하나의 $m$진 더브라윈 순환마디라고 하자. 만일 $m$이 홀수이면, $i$가 짝수이면 $d_{ij} = a_j$로 두고 $i$가 홀수이면 $d_{ij} = a_{(j+(i-1)/2) \bmod m^2}$으로 둔다. [이러한 구축법을 발견한 이는 여럿인데 최초는 콕John C. Cock인 것으로 보인다. 그는 *Discrete Math.* **70** (1988), 209–210에서 다른 형태와 크기의 더브라윈 원환체들도 구축했다.]

만일 $m = m'm''$이면(여기서 $m' \perp m''$), $m'$과 $m''$에 대한 문제를 푸는 행렬들로서의

$$d_{ij} \equiv d'_{ij}\ (\text{법 } m') \qquad \text{및} \qquad d_{ij} \equiv d''_{ij}\ (\text{법 } m'')$$

을 중국식 나머지 알고리즘을 이용해서 정의한다. 그러면 이전 연습문제는 임의의 $m$에 대한 하나의 해로 이어진다.

$m$의 짝수 값들에 대한 또 다른 흥미로운 해법을 이바니Antal Iványi와 토트Zoltán Tóth가 발견했다[*2nd Conf. Automata, Languages, and Programming Systems* (1988), 165–172; 또한 Hurlbert, Isaak, *Contemp. Math.* **178** (1994), 153–160도 보라]. 무한 수열

$$0011\ 021331203223\ 04152435534251405445\ 0617263746577564\ldots07667\ 08\ldots$$

의 처음 $m^2$개의 원소 $a_j$들은 $ab$가 나타난 곳과 $ba$가 나타난 곳의 거리가 항상 짝수라는 성질을 가진 하나의 더브라윈 순환마디를 정의한다. 그러면, 만일 $i+j$가 짝수이면 $d_{ij} = a_j$로, $i+j$가 홀수이면 $d_{ij} = a_i$로 두면 된다. 예를 들어 $m = 4$일 때 다음이 나온다.

$$\begin{pmatrix}
0&0&1&0&0&2&1&2&2&0&3&0&2&2&3&2\\
0&0&0&1&0&2&0&3&2&0&2&1&2&2&2&3\\
0&1&1&1&0&3&1&3&2&1&3&1&2&3&3&3\\
1&0&1&1&1&2&1&3&3&0&3&1&3&2&3&3\\
0&0&1&0&0&2&1&2&2&0&3&0&2&2&3&2\\
0&2&0&3&0&0&0&1&2&2&2&3&2&0&2&1\\
0&1&1&1&0&3&1&3&2&1&3&1&2&3&3&3\\
1&2&1&3&1&0&1&1&3&2&3&3&3&0&3&1\\
0&0&1&0&0&2&1&2&2&0&3&0&2&2&3&2\\
2&0&2&1&2&2&2&3&0&0&0&1&0&2&0&3\\
0&1&1&1&0&3&1&3&2&1&3&1&2&3&3&3\\
3&0&3&1&3&2&3&3&1&0&1&1&1&2&1&3\\
0&0&1&0&0&2&1&2&2&0&3&0&2&2&3&2\\
2&2&2&3&2&0&2&1&0&2&0&3&0&0&0&1\\
0&1&1&1&0&3&1&3&2&1&3&1&2&3&3&3\\
3&2&3&3&3&0&3&1&1&2&1&3&1&0&1&1
\end{pmatrix}
\ (\text{연습문제 109});\ 
\begin{pmatrix}
0&0&1&0&0&0&1&0&3&0&2&0&3&0&2&0\\
0&0&0&1&0&2&0&3&0&1&0&0&0&2&0&3\\
0&1&1&1&0&1&1&1&3&1&2&1&3&1&2&1\\
1&0&1&1&1&2&1&3&1&1&1&0&1&2&1&3\\
0&0&1&0&0&0&1&0&3&0&2&0&3&0&2&0\\
2&0&2&1&2&2&2&3&2&1&2&0&2&2&2&3\\
0&1&1&1&0&1&1&1&3&1&2&1&3&1&2&1\\
0&3&1&3&0&3&1&3&3&3&2&3&3&3&2&3\\
1&0&1&1&1&2&1&3&1&1&1&0&1&2&1&3\\
0&2&1&2&0&2&1&2&3&2&2&2&3&2&2&2\\
0&0&0&1&0&2&0&3&0&1&0&0&0&2&0&3\\
0&3&1&3&0&3&1&3&3&3&2&3&3&3&2&3\\
2&0&2&1&2&2&2&3&2&1&2&0&2&2&2&3\\
0&2&1&2&0&2&1&2&3&2&2&2&3&2&2&2\\
3&0&3&1&3&2&3&3&3&1&3&0&3&2&3&3
\end{pmatrix}
\ (\text{토트}).$$

**111.** (a) $1 \le j \le 9$에 대해 $d_j = j$, $0 \le a_j < 3$이고, $a_9 \ne 0$이라고 하자. $s_1 = 0$, $t_1 = d_1$, $1 \le j < 9$에 대해 $t_{j+1} = d_{j+1} + 10t_j[a_j = 0]$, $a_j = (0, 1, 2)$와 $1 \le j \le 9$에 대해 $s_{j+1} = s_j + (0, t_j, -t_j)$라는 규칙으로 수열 $s_j$와 $t_j$를 형성한다. 그러면 $s_{10}$이 잠재적인 답이다. 수열에 나타난 작은 값들만 기억하면 된다. $s_k = 0$일 때 $a_k = 2$를 허용하지 않고, $s_{10}$ 대신 $|s_{10}|$을 사용한다면 작업의 절반 이상이 절감된다. 시도해 볼 가능성들이 $3^8 = 6561$개보다 적으므로 알고리즘 M의 3진 버전을 이용해서 전수 검사를 수행하면 된다. 211보다 작은 모든 정수를 표현할 수 있지만 211은 표현할 수 없음을 이끌어 내는 데 필요한 비용은 24,000멤, 곱셈 1600회 미만이다.

아니면 그레이 부호를 이용해서 숫자들을 $2^8$가지 가능한 방식으로 분할한 후 기호들을 여러 가지로 변화시키는 방법도 있는데, 이 경우 곱셈 횟수가 255로 줄어들지만 메모리 접근 횟수는 약 500회 정도 늘어난다. 따라서 이 응용의 경우에는 그레이 부호의 이득이 없다.

(b) 이 경우 241보다 작은 모든 수에 도달할 수 있으나 241은 불가능하다(73,000멤과 곱셈 4900회로 알 수 있다). 100을 표현하는 방법은 46가지인데, 주목할 만한 것으로는 $9 - 87 + 6 + 5 - 43 + 210$이 있다.

〔듀드니H. E. Dudeney는 *The Weekly Dispatch* (1899년 6월 4일자, 18일자)에서 그의 '세기적' 문제를 소개했다. Martin Gardner, *The Numerology of Dr. Matrix,* 제6장과 Steven Kahan, *J. Recreational Math.* **23** (1991), 19-25를 보라. 그리고 연습문제 7.2.1.6-122를 보라.〕

**112.** $3^{16}$이 $3^8$보다 훨씬 크므로, 연습문제 111의 방법을 적용하려면 메모리 접근 1억 6천 7백만 회, 곱셈 1천만회가 필요하다. 우선 $1 \le k < 9$에 대해 처음 숫자 $k$개와 마지막 숫자 $k$개로 얻을 수 있는 가능성들을 표로 만들고, 그런 다음 9를 사용하는 모든 숫자 블록을 고려한다면 훨씬 효율적인 계산이 가능하다(1천 40만멤, 1100곱셈). 100을 표현하는 방법은 60,318가지이고, 표현 불가능한 가장 작은 양의 정수는 16,040이다.

## 7.2.1.2절

**1.** 〔J. P. N. Phillips, *Comp. J.* **10** (1967), 311.〕 한 가지 방법은, $n \ge 3$이라고 가정할 때 단계 L2~L4를 다음과 같이 바꾸는 것이다.

**L2′.** 〔가장 쉬운 경우인가?〕 $y \leftarrow a_{n-1}$, $z \leftarrow a_n$으로 설정한다. 만일 $y < z$이면 $a_{n-1} \leftarrow z$, $a_n \leftarrow y$로 설정하고 L1로 돌아간다.

**L2.1′.** 〔그다음으로 쉬운 경우인가?〕 $x \leftarrow a_{n-2}$로 설정한다. 만일 $x \ge y$이면 L2.2′으로 돌아간다. 그렇지 않으면, 만일 $x < z$이면 $(a_{n-2}, a_{n-1}, a_n) \leftarrow (z, x, y)$로 설정하고 만일 $x \ge z$이면 $(y, z, x)$로 설정한다. L1로 돌아간다.

**L2.2′.** 〔$j$를 찾는다.〕 $j \leftarrow n-3$, $y \leftarrow a_j$로 설정한다. $y \ge x$인 동안 $j \leftarrow j-1$, $x \leftarrow y$, $y \leftarrow a_j$로 설정한다. 만일 $j = 0$이면 알고리즘을 끝낸다.

**L3′.** 〔쉬운 증가?〕 만일 $y < z$이면 $a_j \leftarrow z$, $a_{j+1} \leftarrow y$, $a_n \leftarrow x$로 설정하고 L4.1′으로 돌아간다.

**L3.1′.** [$a_j$를 증가.] $l \leftarrow n-1$로 설정한다. 만일 $y \geq a_l$이면 $y < a_l$이 될 때까지 되풀이해서 $l$을 1씩 감소한다. 그런 다음 $a_j \leftarrow a_l$, $a_l \leftarrow y$로 설정한다.

**L4′.** [역전 시작.] $a_n \leftarrow a_{j+1}$, $a_{j+1} \leftarrow z$로 설정한다.

**L4.1′.** [$a_{j+2} \ldots a_{n-1}$을 역전한다.] $k \leftarrow j+2$, $l \leftarrow n-1$로 설정한다. 그런 다음, $k < l$인 동안 $a_k \leftrightarrow a_l$로 맞바꾸고 $k \leftarrow k+1$, $l \leftarrow l-1$로 설정한다. L1로 돌아간다. ▮

$0 \leq t \leq n$에 대해 $a_t$가 메모리 장소 A[$n-t$]에 저장되어 있어도, 또는 다음 연습문제에서처럼 역순사전 역순을 사용한다고 해도 프로그램은 여전히 빠르게 실행될 것이다.

**2.** 이번에도 초기에 $a_1 \leq a_2 \leq \cdots \leq a_n$이라고 가정한다. 그러나 이번에는 $\{1,2,2,3\}$으로부터 생성되는 순열들이 1223, 2123, 2213, ..., 2321, 3221이 된다. $a_{n+1}$이 $a_n$보다 더 큰 보조 원소라고 하자.

**M1.** [방문.] 순열 $a_1 a_2 \ldots a_n$을 방문한다.

**M2.** [$j$를 찾는다.] $j \leftarrow 2$로 설정한다. 만일 $a_{j-1} \geq a_j$이면 $a_{j-1} < a_j$가 될 때까지 $j$를 1씩 증가한다. 만일 $j > n$이면 알고리즘을 끝낸다.

**M3.** [$a_j$를 감소.] $l \leftarrow 1$로 설정한다. 만일 $a_l \geq a_j$이면 $a_l < a_j$가 될 때까지 $l$을 증가한다. 그런 다음 $a_l \leftrightarrow a_j$로 교환한다.

**M4.** [$a_1 \ldots a_{j-1}$을 역전한다.] $k \leftarrow 1$, $l \leftarrow j-1$로 설정한다. 그런 다음, 만일 $k < l$이면 $a_k \leftrightarrow a_l$로 교환하고, $k \leftarrow k+1$, $l \leftarrow l-1$로 설정하고, 이를 $k \geq l$이 될 때까지 반복한다. M1로 돌아간다. ▮

**3.** 연습문제 5.1.1-7에서처럼, $C_1 \ldots C_n = c_{a_1} \ldots c_{a_n}$이 반전표라고 하자. 그러면 rank$(a_1 \ldots a_n)$은 혼합기수 수 $\left[\begin{matrix} C_1, & \ldots, & C_{n-1}, & C_n \\ n, & \ldots, & 2, & 1 \end{matrix}\right]$이다. [H. A. Rothe, *Sammlung combinatorisch-analytischer Abhandlungen* **2** (1800), 263-264를 보라. 또한 §7.2.1.7에서 인용한, 사릉가데바Śārṅgadeva와 나라야나Nārāyaṇa의 선구적인 저작도 보라.] 예를 들어 314592687의 순위는 $\left[\begin{matrix} 2, & 0, & 1, & 1, & 4, & 0, & 0, & 1, & 0 \\ 9, & 8, & 7, & 6, & 5, & 4, & 3, & 2, & 1 \end{matrix}\right]$ $= 2 \cdot 8! + 6! + 5! + 4 \cdot 4! + 1! = 81577$이다. 이는 식 4.1-(10)에 나온 계승 수체계이다.

**4.** 재귀적인 $\text{rank}(a_1 \ldots a_n) = \frac{1}{n} \sum_{j=1}^{t} n_j [x_j < a_1] \binom{n}{n_1, \ldots, n_t} + \text{rank}(a_2 \ldots a_n)$을 사용하면 된다. 예를 들어 rank(314159265)는

$$\frac{3}{9}\binom{9}{2,1,1,1,2,1,1} + 0 + \frac{2}{7}\binom{7}{1,1,1,2,1,1} + 0 + \frac{1}{5}\binom{5}{1,2,1,1} + \frac{3}{4}\binom{4}{1,1,1,1} + 0 + \frac{1}{2}\binom{2}{1,1} = 30991$$

이다.

**5.** (a) 단계 L2는 $n!$회 수행된다. 비교 횟수가 정확히 $k$일 확률은 $q_k - q_{k+1}$인데, 여기서 $q_t$는 $a_{n-t+1} > \cdots > a_n$일 확률, 즉 $[t \leq n]/t!$이다. 따라서 평균은 $\sum k(q_k - q_{k+1}) = q_1 + \cdots + q_n = \lfloor n!\,e \rfloor / n! - 1 \approx e - 1 \approx 1.718$이고 분산은

$$\sum k^2 (q_k - q_{k+1}) - \text{평균}^2 = q_1 + 3q_2 + \cdots + (2n-1)q_n - (q_1 + \cdots + q_n)^2 \approx e(3-e) \approx 0.766$$

이다. 〔더 높은 차수의 적률들에 대해서는 R. Kemp, *Acta Informatica* **35** (1998), 17-89, Theorem 4를 보라.〕

덧붙이자면, 따라서 단계 L4의 맞바꾸기 연산의 평균 횟수는 $\sum \lfloor k/2 \rfloor (q_k - q_{k+1}) = q_2 + q_4 + \cdots \approx \cosh 1 - 1 = (e + e^{-1} - 2)/2 \approx 0.543$이다. 이 결과는 R. J. Ord-Smith, *Comp. J.* **13** (1970), 152-155에서 기인한 것이다.

(b) 단계 L3은 단 $n! - 1$회 수행되나, 편의상 한 번 더(비교는 없이) 수행된다고 가정하겠다. 그러면 비교가 정확히 $k$회일 확률은 $1 \le k < n$에 대해 $\sum_{j=k+1}^{n} 1/j!$이고 $k = 0$에 대해서는 $1/n!$이다. 따라서 평균은 $\frac{1}{2}\sum_{j=0}^{n-2} 1/j! \approx e/2 \approx 1.359$이다. 연습문제 1은 이 수치를 $\frac{2}{3}$로 줄인다. 분산은 $\frac{1}{3}\sum_{j=0}^{n-3} 1/j! + \frac{1}{2}\sum_{j=0}^{n-2} 1/j! - \text{평균}^2 \approx \frac{5}{6}e - \frac{1}{4}e^2 \approx 0.418$이다.

**6.** (a) $e_n(z) = \sum_{k=0}^{n} z^k/k!$이라고 하자. 그러면 서로 다른 접두열 $a_1 \ldots a_j$의 개수는 $j!\,[z^j]\, e_{n_1}(z) \ldots e_{n_t}(z)$이다. 이는 $N = \binom{n}{n_1, \ldots, n_t}$에 단계 L2의 비교 횟수가 적어도 $n - j$일 확률 $q_{n-j}$를 곱한 것이다. 따라서 평균은 $\frac{1}{N} w\bigl(e_{n_1}(z) \ldots e_{n_t}(z)\bigr) - 1$로, 여기서 $w(\sum x_k z^k/k!) = \sum x_k$이다. 이진 중복집합의 경우 평균은 $M/\binom{n}{s} - 1$로, 여기서 $M = \sum_{l=0}^{s} \sum_{k=l}^{n-s+l} \binom{k}{l} = \sum_{l=0}^{s} \binom{n-s+l+1}{l+1} = \binom{n+2}{s+1} - 1 = \binom{n}{s}\bigl(2 + \frac{s}{n-s+1} + \frac{n-s}{s+1}\bigr) - 1$이다.

(b) 만일 $\{a_1, \ldots, a_j\} = \{n_1' \cdot x_1, \ldots, n_t' \cdot x_t\}$이면, 접두열 $a_1 \ldots a_j$는 단계 L3의 전체 비교 횟수에 총 $\sum_{1 \le k < l \le t} (n_k - n_k')[n_l > n_l']$을 기여한다. 따라서 평균은 $\frac{1}{N}\sum_{1 \le k < l \le t} w\bigl(f_{kl}(z)\bigr)$로, 여기서

$$f_{kl}(z) = \Biggl(\prod_{\substack{1 \le m \le t \\ m \ne k,\, m \ne l}} e_{n_m}(z)\Biggr)\Biggl(\sum_{r=0}^{n_k} (n_k - r)\frac{z^r}{r!}\Biggr) e_{n_l - 1}(z)$$

$$= e_{n_1}(z) \ldots e_{n_t}(z)\bigl(n_k - z r_k(z)\bigr) r_l(z), \qquad \text{단 } r_k(z) = \frac{e_{n_k - 1}(z)}{e_{n_k}(z)}$$

이다. 이진 중복집합의 경우 이 공식은 $\frac{1}{N} w\bigl((s e_s(z) - z e_{s-1}(z)) e_{n-s-1}(z)\bigr) = \frac{s}{N}\Bigl(\binom{n+1}{s+1} - 1\Bigr) - \frac{1}{N}\Bigl(\binom{n+1}{s+1}\bigl(s - \frac{s+1}{n-s+1}\bigr) + 1\Bigr) = \frac{1}{N}\Bigl(-s - 1 + \binom{n+1}{s}\Bigr) = \frac{n+1}{n-s+1} - \frac{s+1}{N}$로 줄어든다.

**7.** 이전 해답의 표기법에서, 수량 $\frac{1}{N} w\bigl(e_{n_1}(z) \ldots e_{n_t}(z)\bigr) - 1$은

$$\frac{n_1 + \cdots + n_t}{n} + \frac{(n_1 n_2 + n_1 n_3 + \cdots + n_{t-1} n_t) + n_1(n_1 - 1) + \cdots + n_t(n_t - 1)}{n(n-1)} + \cdots$$

이다. 식 1.2.9-(38)을 이용하면 극한값이 $-1 + \exp \sum_{k \ge 1} r_k/k$임을 보일 수 있다. 여기서 $r_k = \lim_{t \to \infty} (n_1^k + \cdots + n_t^k)/(n_1 + \cdots + n_t)^k$이다. (a)와 (b)의 경우 $r_k = [k = 1]$이므로 극한값은 $e - 1 \approx 1.71828$이다. (c)의 경우 $r_k = 1/(2^k - 1)$이므로 극한값은 $-1 + \exp \sum_{k \ge 1} 1/(k(2^k - 1)) \approx 2.46275$이다.

**8.** 초기에 $j$가 0이라고 가정하고, 단계 L1을 다음과 같이 바꾼다.

**L1′.** 〔방문.〕 변분 $a_1 \ldots a_j$를 방문한다. 만일 $j < n$이면 $j \leftarrow j + 1$로 설정하고 이 단계를 되풀이한다. ▌

이 알고리즘은 L. J. Fischer, K. C. Krause, *Lehrbuch der Combinations-lehre und der Arithmetik* (Dresden: 1812), 55-57에서 기인한다.

덧붙이자면, 변분들의 전체 개수는 해답 6의 표기법으로 $w\big(e_{n_1}(z)\ldots e_{n_t}(z)\big)$이다. 이 개수 세기 문제는 베르누이James Bernoulli가 *Ars Conjectandi* (1713), 제2부 제9장에서 처음 다루었다.

**9.** $r > 0$이며, $a_0 < a_1 \le a_2 \le \cdots \le a_n$으로 시작한다고 가정하자.

**R1.** [방문.] 변분 $a_1 \ldots a_r$을 방문한다. (이 시점에서 $a_{r+1} \le \cdots \le a_n$이다.)

**R2.** [쉬운 경우인가?] 만일 $a_r < a_n$이면 $a_r \leftrightarrow a_j$로 맞바꾸고 R1로 돌아간다. 여기서 $j$는 $j > r$이고 $a_j > a_r$인 가장 작은 아래첨자이다.

**R3.** [역전.] 단계 L4에서처럼 $(a_{r+1}, \ldots, a_n) \leftarrow (a_n, \ldots, a_{r+1})$로 설정한다.

**R4.** [$j$를 찾는다.] $j \leftarrow r-1$로 설정한다. 만일 $a_j \ge a_{j+1}$이면 $a_j < a_{j+1}$이 될 때까지 $j$를 1씩 되풀이해서 감소한다. 만일 $j = 0$이면 알고리즘을 끝낸다.

**R5.** [$a_j$를 증가.] $l \leftarrow n$으로 설정한다. 만일 $a_j \ge a_l$이면 $a_j < a_l$가 될 때까지 $l$을 1씩 되풀이해서 감소한다. 그런 다음 $a_j \leftrightarrow a_l$로 맞바꾼다.

**R6.** [다시 뒤집기.] 단계 L4에서처럼 $(a_{j+1}, \ldots, a_n) \leftarrow (a_n, \ldots, a_{j+1})$로 설정하고 R1로 돌아간다. ▮

출력 개수는 $r!\,[z^r]\,e_{n_1}(z)\ldots e_{n_t}(z)$이다. 요소들이 서로 다를 때 이 개수가 $n^{\underline{r}}$임은 물론이다.

**10.** 만일 $n \ge 2$이면 $a_1a_2\ldots a_n = 213\ldots n$, $c_1c_2\ldots c_n = 010\ldots0$, $o_1o_2\ldots o_n = 1(-1)1\ldots1$.

**11.** 단계 (P1, ..., P7)은 $x_n = \sum_{k=1}^{n-1} k!$이라 할 때 $(1, n!, n!, n! + x_n, n! - 1, (x_n + 3)/2, x_n)$회 수행된다. $2 \le j \le n$일 때 P7이 $(j-1)!$회 수행되기 때문이다.

**12.** 구해야 할 것은 순위가 999999인 순열이다. (a)의 답은 연습문제 3에 의해 2783915460이다. (b)의 답은 8750426319로, 연습문제 7.2.1.1-(50)에 의해 $\begin{bmatrix} 0, & 0, & 1, & 2, & 3, & 0, & 2, & 7, & 0, & 9 \\ 1, & 2, & 3, & 4, & 5, & 6, & 7, & 8, & 9, & 10 \end{bmatrix}$에 해당하는 반사된 혼합기수 수가 $\begin{bmatrix} 0, & 0, & 1, & 3-2, & 3, & 5-0, & 2, & 7, & 8-0, & 9-9 \\ 1, & 2, & 3, & 4, & 5, & 6, & 7, & 8, & 9, & 10 \end{bmatrix}$이기 때문이다. (c)의 답은 곱 $(0\,1\ldots9)^9(0\,1\ldots8)^0(0\,1\ldots7)^7(0\,1\ldots6)^2\ldots(0\,1\,2)^1$, 즉 9703156248이다.

**13.** 첫 문장은 모든 $n \ge 2$에 대해 참이다. 그러나 2가 1을 넘어갈 때, 즉 $c_2$가 0에서 1로 변할 때에는 $c_3 = 2$, $c_4 = 3$, $c_5 = \cdots = c_n = 0$이며, $n \ge 5$일 때 그다음 순열은 $432156\ldots n$이다. [Time Travel (1988), 74쪽을 보라.]

**14.** 단계 P4, P5, P6의 시작에서 참이다. $x_j$의 왼쪽에 정확히 $j-1-c_j+s$개의 원소들이 있기 때문이다. 구체적으로 말하면 $\{x_1, \ldots, x_{j-1}\}$의 원소 $j-1-c_j$개와 $\{x_{j+1}, \ldots, x_n\}$의 원소 $s$개이다. (어찌 보면 바로 이 공식이 알고리즘 P의 요점이다.)

**15.** 만일 $\begin{bmatrix} b_{n-1}, & \ldots, & b_0 \\ 1, & \ldots, & n \end{bmatrix}$이 반사된 그레이 부호 $\begin{bmatrix} c_1, & \ldots, & c_n \\ 1, & \ldots, & n \end{bmatrix}$에 대응된다면, 7.2.1.1-(50)에 의해 오직 $j \le k \le n$에 대해 $b_{n-k} = k-1$이고 $B_{n-j+1}$이 짝수일 때에만 단계 P6에 도달하게 된다. 그러나 $j \le k \le n$에 대해 $b_{n-k} = k-1$이라는 것은 $B_{n-k}$가 $j < k \le n$에 대해 홀수임을 뜻한다. 따라서 단계 P5에서 $s = [c_{j+1} = j] + [c_{j+2} = j+1] = [o_{j+1} < 0] + [o_{j+2} < 0]$이다. 〔*Math. Comp.* **17** (1963), 282-285를 보라.〕

**16.** **P1′.** 〔초기화.〕 $1 \le j < n$에 대해 $c_j \leftarrow j$, $o_j \leftarrow -1$로 설정한다. 또한 $z \leftarrow a_n$으로 설정한다.

**P2′.** 〔방문.〕 $a_1 \ldots a_n$을 방문한다. 그런 다음 만일 $a_1 = z$이면 P3.5′으로 간다.

**P3′.** 〔아래로 사냥.〕 $j \leftarrow n-1, n-2, \ldots, 1$에 대해(이 순서로) $a_{j+1} \leftarrow a_j$, $a_j \leftarrow z$로 설정하고 $a_1 \ldots a_n$을 방문한다. 그런 다음 $j \leftarrow n-1$, $s \leftarrow 1$로 설정하고 P4′으로 간다.

**P3.5′.** 〔위로 사냥.〕 $j \leftarrow 1, 2, \ldots, n-1$에 대해(이 순서로) $a_j \leftarrow a_{j+1}$, $a_{j+1} \leftarrow z$로 설정하고 $a_1 \ldots a_n$을 방문한다. 그런 다음 $j \leftarrow n-1$, $s \leftarrow 0$으로 설정한다.

**P4′.** 〔바꿀 준비가 되었는가?〕 $q \leftarrow c_j + o_j$로 설정한다. 만일 $q = 0$이면 P6′으로 가고 만일 $q > j$이면 P7′으로 간다.

**P5′.** 〔바꾼다.〕 $a_{c_j+s} \leftrightarrow a_{q+s}$로 맞바꾼다. 그런 다음 $c_j \leftarrow q$로 설정하고 P2′으로 돌아간다.

**P6′.** 〔$s$를 증가.〕 만일 $j = 1$이면 알고리즘을 끝낸다. 그렇지 않으면 $s \leftarrow s+1$로 설정한다.

**P7′.** 〔방향 전환.〕 $o_j \leftarrow -o_j$, $j \leftarrow j-1$로 설정하고 P4′으로 돌아간다. ▮

**17.** 초기에 $1 \le j \le n$에 대해 $a_j \leftarrow a'_j \leftarrow j$로 설정한다. 단계 P5에서 $t \leftarrow j - c_j + s$, $u \leftarrow j - q + s$, $v \leftarrow a_u$, $a_t \leftarrow v$, $a'_v \leftarrow t$, $a_u \leftarrow j$, $a'_j \leftarrow u$, $c_j \leftarrow q$로 설정한다. (연습문제 14 참고.)

그런데 이처럼 역순열이 요구되고 준비된다면 알고리즘을 다음과 같이 크게 단순화할 수 있다. 에를리히G. Ehrlich가 지적했듯이, 그런 경우 오프셋 변수 $s$를 사용할 필요가 없으며, 제어표 $c_1 \ldots c_n$을 오직 아래쪽으로만 세도록 할 수 있는 것이다〔*JACM* **20** (1973), 505-506〕.

**Q1.** 〔초기화.〕 $1 \le j \le n$에 대해 $a_j \leftarrow a'_j \leftarrow j$, $c_j \leftarrow j-1$, $o_j \leftarrow -1$로 설정한다. 또한 $c_0 = -1$로 설정한다.

**Q2.** 〔방문.〕 순열 $a_1 \ldots a_n$과 그 역 $a'_1 \ldots a'_n$을 방문한다.

**Q3.** 〔$k$를 찾는다.〕 $k \leftarrow n$으로 설정한다. 그런 다음 $c_k = 0$인 동안 $c_k \leftarrow k-1$, $o_k \leftarrow -o_k$, $k \leftarrow k-1$로 설정한다. 만일 $k = 0$이면 알고리즘을 끝낸다.

**Q4.** 〔바꾼다.〕 $c_k \leftarrow c_k - 1$, $j \leftarrow a'_k$, $i = j + o_k$로 설정한다. 그런 다음 $t \leftarrow a_i$, $a_i \leftarrow k$, $a_j \leftarrow t$, $a'_t \leftarrow j$, $a'_k \leftarrow i$로 설정하고 Q2로 돌아간다. ▮

**18.** $a_n \leftarrow n$로 설정하고, $\{1, \ldots, n-1\}$의 순열들 중 1이 2보다 앞에 있는 모든 순열을 알고리즘 P를 $(n-1)!/2$회 반복해서 생성한다. 〔M. K. Roy, *CACM* **16** (1973), 312-313; 연습문제 13도 보라.〕

**19.** 이를테면 알고리즘 P의 착안을 사용하되 $n$-짝 $c_1 \ldots c_n$들을 기수 $(1, 2, \ldots, n)$에 관해 알고리즘 7.2.1.1H에서처럼 바꾸는 방법이 있다. 그러한 알고리즘은 방향들을 정확하게 유지하나, 아래첨자들의 번호는 다른 식으로 배정한다. 알고리즘 P에 필요한 오프셋 $s$는 연습문제 15의 해답에서처럼 계산해도 되고, 아니면 역순열을 연습문제 17에서처럼 관리해도 될 것이다. [G. Ehrlich, *CACM* **16** (1973), 690-691을 보라.] 힙의 알고리즘 같은 다른 알고리즘들 역시 루프 없이 구현할 수 있다.

(참고: 순열 생성의 대부분의 응용에서 최소화하고자 하는 것은 연속된 방문들 사이의 최대 시간이 아니라 전체 실행 시간이다. 이런 관점에서 루프 없음이라는 속성은 병렬 컴퓨터의 경우를 제외한다면 대체로 그리 바람직하지 않다. 그러나 실용적이든 아니든 루프 없는 알고리즘이 존재한다는 사실 자체에는 뭔가 지적으로 만족스러운 측면이 있다.)

**20.** 예를 들어 $n = 3$일 때에는 $1\,2\,3$, $1\,3\,2$, $3\,1\,2$, $\bar{3}\,1\,2$, $1\,\bar{3}\,2$, $1\,2\,\bar{3}$, $2\,1\,\bar{3}$, $\ldots$, $2\,1\,3$, $\bar{2}\,1\,3$, $\ldots$으로 시작하면 된다. $n$에 대한 델타열이 $(\delta_1\delta_2\ldots\delta_{2^n n!})$이라면, 그에 해당하는 $n+1$에 대한 델타열은 $(\triangle a_n \delta_1 \triangle_n \delta_2 \ldots \triangle_n \delta_{2^n n!})$이다. 여기서 $\triangle_n$은 $2n+1$개의 연산의 열 $n\; n-1 \ldots 1\; -\; 1 \ldots n-1\; n$이다. 이때 $\delta_k = j$는 $a_j \leftrightarrow a_{j+1}$을 뜻하고 $\delta_k = -$는 $a_1 \leftarrow -a_1$을 뜻한다.

(부호 있는 순열은 연습문제 5.1.4-43과 44에서 다른 모습으로 등장한다. 모든 부호 있는 순열의 집합을 팔면체군群이라고 부른다.)

**21.** M $= 1$임은 분명하다. 따라서 O는 반드시 0이고 S는 반드시 $b-1$이다. 그러면 N $=$ E $+ 1$, R$= b-2$이고 D+E$= b+$Y이다. 그렇다면 Y $= k \geq 2$일 때 E로 가능한 수는 정확히 $\max(0, b-7-k)$개이다. 따라서 $b \geq 8$일 때 해들의 전체 개수는 $\sum_{k=2}^{b-7}(b-7-k) = \binom{b-8}{2}$이다. [*Math. Mag.* **45** (1972), 48-49. 첨언하자면, 엡스틴D. Eppstein은 주어진 기수로 복면산을 푸는 과제가 NP-완전임을 증명했다. *SIGACT News* **18**,3 (1987), 38-40을 보라.]

**22.** $(\mathtt{X})_b + (\mathtt{X})_b = (\mathtt{XY})_b$는 $b = 2$인 경우에만 풀 수 있다.

**23.** 거의 참이다. $[j \in F] \neq [k \in F]$가 아닌 한 해들의 개수는 짝수일 것이기 때문이다. (삼항 복면산 X$+ (\mathtt{XX})_3 + (\mathtt{YY})_3 + (\mathtt{XZ})_3 = (\mathtt{XYX})_3$을 생각해 볼 것.)

**24.** (a) $9283 + 7 + 473 + 1062 = 10825$. (b) $698392 + 3192 = 701584$. (c) $63952 + 69275 = 133227$. (d) $653924 + 653924 = 1307848$. (e) $5718 + 3 + 98741 = 104462$. (f) $127503 + 502351 + 3947539 + 46578 = 4623971$. (g) $67432 + 704 + 8046 + 97364 = 173546$. (h) $59 + 577404251698 + 69342491650 + 49869442698 + 1504 + 40614 + 82591 + 344 + 41 + 741425 = 5216367650 + 691400684974$. [이 해들은 모두 유일하다. (b)~(g)의 참고문헌: *J. Recreational Math.* **10** (1977), 115; **5** (1972), 296; **10** (1977), 41; **10** (1978), 274; **12** (1979), 133-134; **9** (1977), 207.]

(i) 이 경우 해는 무려 $\frac{8}{10}10! = 2903040$개이다. $\{0, 1, \ldots, 9\}$의 모든 순열 중 H나 N을 0으로 배정하는 것들을 제외한 것들이 전부 해가 되기 때문이다. (잘 작성된 일반적 가산 복면산 해소 프로그램이라면 이런 경우 출력의 양을 세심하게 줄일 것이다.)

**25.** $s_1 \le \cdots \le s_{10}$이라고 가정해도 무방하다. $i$가 $\notin F$인 최소의 색인이라고 할 때, $a_i \leftarrow 0$으로 설정한다. 그런 다음 나머지 원소 $a_j$들을 $j$의 오름차순으로 설정한다. 정리 6.1S와 같은 증명을 통해서, 이러한 절차가 $a \cdot s$를 최대화함을 증명할 수 있다. $\min(a \cdot s) = -\max(a \cdot (-s))$이므로, 최솟값도 비슷한 절차를 통해서 구할 수 있다.

**26.** $400739 + 63930 - 2379 - 1252630 + 53430 - 1390 + 738300$.

**27.** 이를테면 다음과 같은 예들이 있는데, 아마 독자라면 이들을 개선할 수 있을 것이다: BLOOD + SWEAT + TEARS = LATER; EARTH + WATER + WRATH = HELLO + WORLD; AWAIT + ROBOT + ERROR = SOBER + WORDS; CHILD + THEME + PEACE + ETHIC = IDEAL + ALPHA + METIC. (이 연습문제는 D와 O의 서명이 같다는 점만 빼면 놀랄 만큼 순수한 WHERE + SEDGE + GRASS + GROWS = MARSH[A. W. Johnson, Jr., *J. Recr. Math.* **15** (1982), 51]에서 영감을 받았다.) 브라운J. A. Brown, 서보J. Szabó, 트로브리지T. J. Trowbridge는 GREAT + GREAT = LARGE와 GREAT + GREAT = SMALL을 제시한다.

**28.** (a) $11 = 3+3+2+2+1$, $20 = 11+3+3+3$, $20 = 11+3+3+2+1$, $20 = 11+3+3+1+1+1$, $20 = 8+8+2+1+1$, $20 = 7+7+6$, $20 = 7+7+2+2+2$, $20 = 7+7+2+1+1+1+1$, $20 = 7+5+5+2+1$, $20 = 7+5+2+2+2+1+1$, $20 = 7+5+2+2+1+1+1+1$, $20 = 7+3+3+2+2+1+1+1$, $20 = 7+3+3+1+1+1+1+1+1+1$, $20 = 5+3+3+3+3+3$. [이 열네 개의 해들은 1999년에 차일즈Roy Childs가 처음으로 계산했다. 이중으로 참인 분할들을 구할 수 있는 $n$의 그다음 값은 30이고(분할 20개), 그다음은 40(94개), 41(67개), 42(57개), 50($50 = 2+2+\cdots+2$를 비롯한 190개), 등등이다.]

(b) $51 = 20+15+14+2$, $51 = 15+14+10+9+3$, $61 = 19+16+11+9+6$, $65 = 17+16+15+9+7+1$, $66 = 20+19+16+6+5$, $69 = 18+17+16+10+8$, $70 = 30+20+10+7+3$, $70 = 20+16+12+9+7+6$, $70 = 20+15+12+11+7+5$, $80 = 50+20+9+1$, $90 = 50+12+11+9+5+2+1$, $91 = 45+19+11+10+5+1$. [두 51은 케이헌Steven Kahan에서 기인한다. 그의 책 *Have Some Sums To Solve* (Farmingdale, New York: Baywood, 1978), 36-37, 84, 112를 보라. Giulio Cesare, *J. Recr. Math.* **30** (1999), 63에는 이탈리아어로 된 서로 다른 17개의 항들과 로마 숫자로 된 서로 다른 58개의 항들로 이루어진 놀라운 예들이 나온다.]

참고: THREE = TWO + ONE + ZERO라는 아름다운 예[Richard L. Breisch, *Recreational Math. Magazine* **12** (December 1962), 24]는 안타깝게도 우리의 관례와 맞지 않아 제외시켰다. 영어에서 임의의 큰 정수에 대한 명명법이 표준화되지는 않았지만, 서로 다른 부분들로의 이중으로 참인 분할들의 전체 개수는 아마도 유한할 것이다. NINETYNINENONILLIONNINETYNINESEXTILLIONSIXTYONE = NINETYNINENONILLIONNINETYNINESEXTILLIONNINETEEN + SIXTEEN + ELEVEN + NINE + SIX(G. González-Morris가 제안했음)보다 더 큰 예가 있을까?

**29.** $10+7+1=9+6+3$, $11+10=8+7+6$, $12+7+6+5=11+10+9$, ..., $19+10+3=14+13+4+1$(총 31개).

**30.** (a) $567^2=321489$나 $807^2=651249$, $854^2=729316$. (b) $958^2=917764$. (c) $96\times7^2=4704$. (d) $51304/61904=7260/8760$. (e) $328509^2=4761^3$. [*Strand* **78** (1929), 91, 208; *J. Recr. Math* **3** (1970), 43; **13** (1981), 212; **27** (1995), 137; **31** (2003), 133. (b), (c), (d), (e)의 해는 유일하다. 알고리즘 X에 기초한 우에서 좌로 접근방식을 이용해서 이 답들을 각각 $(14, 13, 11, 3423, 42)$킬로멤으로 구할 수 있다. 또한 NORTH/ SOUTH = WEST/EAST에 유일한 해 $67104/27504=9320/3820$이 존재함도 주목할 것.

**31.** (a) $5/34+7/68+9/12$(!). 이것이 유일한 해임은 부수 조건 $A<D<G$를 두어서 알고리즘 X를 돌려보면 알 수 있다(약 $256\mathrm{K}\mu$가 소비된다). [*Quark Visual Science Magazine*, No. 136 (Tokyo: Kodansha, October 1993).] 신기하게도, 이와 비슷한 한 퍼즐에도 유일한 해가 존재한다: $1/(3\times6)+5/(8\times9)+7/(2\times4)=1$ [Scot Morris, *Omni* **17**,4 (January 1995), 97].

(b) ABCDEFGHI = 381654729, 알고리즘 X로 $10\mathrm{K}\mu$만에.

**32.** 방법은 총 11가지인데, 가장 놀라운 것은 $3+69258/714$이다. [*The Weekly Dispatch* (1901년 6월 9, 23일자); *Amusements in Mathematics* (1917), 158-159를 보라.]

**33.** (a) 1, 2, 3, 4, 15, 18, 118, 146. (b) 6, 9, 16, 20, 27, 126, 127, 129, 136, 145. [*The Weekly Dispatch* (1902년 11월 11, 30일자); *Amusements in Math.* (1917), 159.]

이 경우 한 가지 적당한 전략은 $a_k\dots a_{l-1}/a_l\dots a_9$가 정수인 모든 변분을 찾고, $a_1\dots a_{k-1}$의 모든 순열에 대한 해들을 기록하는 것이다. 유일한 해가 있는 정수는 정확히 164959개인데, 가장 큰 정수는 9876533이다. 21세기의 해들에는 2091년만 빼고 모두 해가 존재한다. 해가 가장 많은 정수는 $n=12221$이다(389개). 해가 존재하는 $n$들의 가장 긴 구간은 $5109<n<7060$이다. 듀드니는 또한 작은 $n$들에 대한 정확한 해들을 '9 나머지 검사(casting out nines)'를 이용해서 손으로 직접 구할 수 있었다.

**34.** (a) $x=10^5$, $7378+155+92467=7178+355+92467=1016+733+98251=1014+255+98731=100000$.

(b) $x=4^7$, $3036+455+12893=16384$가 유일하다. 아마도 이 문제를 푸는 가장 빠른 방법은, 다섯 개의 서로 다른 숫자들로 이루어진 2529개의 소수들(즉 10243, 10247, ..., 98731)의 목록으로 시작해서 나머지 다섯 숫자를 치환해 나가는 것이다.

첨언하자면, 제약 없는 복면산 EVEN + ODD = PRIME의 해는 10개이다. 그중 ODD와 PRIME이 둘 다 소수인 해는 단 하나이다. [M. Arisawa, *J. Recr. Math.* **8** (1975), 153을 보라.]

**35.** 일반화하자면, $1\le k<n$에 대해 $s_k=|S_k|$라 할 때 $S_k$의 항등원이 아닌 원소들 각각을 선택하는 방법은 $s_1\dots s_{k-1}$가지이다. 따라서 답은 $\prod_{k=1}^{n-1}(\prod_{j=1}^{k-1}s_j^{s_k-1})$이며, 지금 문제에서 이는 $2^2\cdot6^3\cdot24^{15}=436196692474023836123136$이다.

(그러나 정점들의 번호를 다시 매기면 $s_k$ 값들이 달라질 수 있다. 예를 들어 (12)의 정점 (0, 3, 5)를 정점 (e, d, c)와 맞바꾼다면 $s_{14} = 1$, $s_{13} = 6$, $s_{12} = 4$, $s_{11} = 1$이 되어서 심즈표는 $4^5 \cdot 24^{15}$개가 된다.)

**36.** {0, 3, 5, 6, 9, a, c, f} 각각은 세 개의 선에 놓이나 그 외의 원소들은 단 두 개의 선에 놓이므로, $S_\mathrm{f} = \{(\,), \sigma, \sigma^2, \sigma^3, \alpha, \alpha\sigma, \alpha\sigma^2, \alpha\sigma^3\}$이라고 둘 수 있다. 여기서 $\sigma = $ (03fc)(17e8)(2bd4)(56a9)는 하나의 90° 회전이고 $\alpha = $ (05)(14)(27)(36)(8d)(9c)(af)(be)는 안팎을 뒤트는 변환(inside-out twist)이다. 또한 $S_\mathrm{e} = \{(\,), \beta, \gamma, \beta\gamma\}$인데, 여기서 $\beta = $ (14)(28)(3c)(69)(7d)(be)는 전치이고 $\gamma = $ (12)(48)(5a)(69)(7b)(de)는 또 다른 뒤틀기이다. $S_\mathrm{d} = \cdots = S_1 = \{(\,)\}$이다. (다른 답도 $4^7 - 1$개가 가능하다.)

**37.** 집합 $S_k$를 선택하는 방법은 $k!^k$가지이며(연습문제 35를 보라), 항등원이 아닌 원소들을 $\sigma(k, 1)$, …, $\sigma(k, k)$에 배정하는 방법은 $k!$가지가 더 있다. 따라서 답은 $A_n = \prod_{k=1}^{n-1} k!^{k+1} = n!^{\binom{n+1}{2}} / \prod_{k=1}^{n} k^{\binom{k+1}{2}}$이다. 예를 들어 $A_{10} \approx 1.148 \times 10^{170}$이다. 오일러의 합 공식에 의해

$$\sum_{k=1}^{n-1} \binom{k}{2} \ln k = \frac{1}{2} \int_1^n x(x-1) \ln x \, dx + O(n^2 \log n) = \frac{1}{6} n^3 \ln n + O(n^3)$$

이 성립한다. 따라서 $\ln A_n = \frac{1}{3} n^3 \ln n + O(n^3)$이다.

**38.** $1 \le k < n$에 대해, 단계 G4에서 $\phi(k)$가 필요할 확률은 $1/k! - 1/(k+1)!$이다. 그리고 단계 G4에 아예 도달하지 않을 확률은 $1/n!$이다. $\phi(k)$가 $\lceil k/2 \rceil$회의 전치를 수행하므로, 평균은 $\sum_{k=1}^{n-1} (1/k! - 1/(k+1)!) \lceil k/2 \rceil = \sum_{k=1}^{n-1} (\lceil k/2 \rceil - \lceil (k-1)/2 \rceil)/k! - \lceil (n-1)/2 \rceil / n! = \sum_{k\text{는 홀수}} 1/k! + O(1/(n-1)!)$이다.

**39.** (a) 0123, 1023, 2013, 0213, 1203, 2103, 3012, 0312, 1302, 3102, 0132, 1032, 2301, 3201, 0231, 2031, 3021, 0321, 1230, 2130, 3120, 1320, 2310, 3210; (b) 0123, 1023, 2013, 0213, 1203, 2103, 3102, 1302, 0312, 3012, 1032, 0132, 0231, 2031, 3021, 0321, 2301, 3201, 3210, 2310, 1320, 3120, 2130, 1230.

**40.** $\sigma(1, 1) = (0\ 1)$, $\sigma(2, 2) = (0\ 1\ 2)$이고

$$\sigma(k, k) = \begin{cases} (0\ k)(k-1\ k-2 \ldots 1), & \text{만일 } k \ge 3\text{이 홀수이면,} \\ (0\ k-1\ k-2\ 1 \ldots k-3k), & \text{만일 } k \ge 4\text{가 짝수이면;} \end{cases}$$

임을, 또한 $k$가 짝수일 때 $\omega(k) = (0\ k)$이고 $k \ge 3$일 때 $\omega(k) = (0\ k-2 \ldots 1\ k-1\ k)$임을 귀납법으로 밝힐 수 있다. 따라서 $k \ge 3$가 홀수일 때 $\sigma(k, 1) = (k\ k-1\ 0)$이고 $1 < j < k$에 대해 $\sigma(k, j)$는 $k \mapsto j-1$로 사상하며, $k \ge 4$가 짝수일 때에는 $1 \le j \le k$에 대해 $\sigma(k, j) = (0\ k\ k-3 \ldots 1\ k-2\ k-1)^j$이다.

참고: 알고리즘 G가 단일 전치들로 모든 순열을 생성하게 만드는 방안은 웰즈Mark Wells가 처음으로 고안했다[*Math. Comp.* **15** (1961), 192-195]. 그러나 그 방안은 훨씬 복잡하다. 립스키W. Lipski,

Jr는 그런 방안들을 일반적으로 연구해서 다양한 방법들을 더 발견했다〔*Computing* **23** (1979), 357-365〕.

**41.** $r < n$이라고 가정해도 무방하다. (16)을 사용하는 대신 $\omega(k)$를 $\sigma(n-r, n-r)\ldots\sigma(k, k)$로 재정의한다면, 그냥 단계 G3에서 '$k \leftarrow 1$'을 '$k \leftarrow n-r$'로 바꾸기만 하면 알고리즘 G는 임의의 심즈표에 대한 $r$-변분들을 생성하게 된다.

$n-r$이 홀수일 때에도 (27)의 방법은 여전히 유효하나, 대신 $k < n-r+2$일 때에는 해답 40의 공식들을 고쳐서 써야 한다. 새로운 공식들은 $k = n-r$일 때 $\sigma(k, j) = (k\; j-1 \ldots 1\; 0)$과 $\omega(k) = (k \ldots 1\, 0)$이고 $k = n-r+1$일 때 $\sigma(k, j) = (k \ldots 1\, 0)^j$이다.

$n-r$이 짝수인 경우 만일 $r \le 3$이면 (27)에서 짝수와 홀수를 맞바꾸어 적용하면 된다. 그러나 $r \ge 4$일 때에는 좀 더 복잡한 방안이 필요하다. 왜냐하면 $(k\; 0)$ 같은 고정된 전치는 $\omega(k-1)$이 $k$-순환마디인 경우에만 홀수 $k$에 적용할 수 있기 때문이다. 그 조건은 $\omega(k-1)$이 반드시 짝순열이어야 한다는 뜻이나, $\omega(k)$는 $k \ge n-r+2$에 대해 홀순열이다.

다음의 방안은 $n-r$이 짝수일 때 유효하다: $1 \le j \le k = n-r$에 대해 $\tau(k, j)\omega(k-1)^- = (k\; k-j)$로 두고, $k > n-r$이면 (27)을 적용한다. 그러면 $k = n-r+1$일 때에는 $\omega(k-1) = (0\; 1 \ldots k-1)$이며, 따라서 $\sigma(k, j)$는 $1 \le j \le k$에 대해 $k \mapsto (2j-1) \bmod k$로 사상한다. 그리고 $\sigma(k, k) = (k\; k-1\; k-3 \ldots 0\; k-2 \ldots 1)$, $\omega(k) = (k \ldots 1\; 0)$, $\sigma(k+1, j) = (k+1 \ldots 0)^j$이다.

**42.** 만일 $\sigma(k, j) = (k\; j-1)$이면 $\tau(k, 1) = (k\; 0)$이고 $2 \le j \le k$에 대해 $\tau(k, j) = (k\; j-1)(k\; j-2) = (k\; j-1\; j-2)$이다.

**43.** 물론 $\omega(1) = \sigma(1, 1) = \tau(1, 1) = (0\; 1)$이다. 다음의 구축법은 모든 $k \ge 2$에 대해 $\omega(k) = (k-2\; k-1\; k)$가 되게 한다: $\alpha(k, j) = \tau(k, j)\omega(k-1)^-$라고 하자. 여기서 $\alpha(2, 1) = (2\; 0)$, $\alpha(2, 2) = (2\; 0\; 1)$, $\alpha(3, 1) = \alpha(3, 3) = (3\; 1)$, $\alpha(3, 2) = (3\; 1\; 0)$이다. 그러면 $\sigma(2, 2) = (0\; 2)$, $\sigma(3, 3) = (0\; 3\; 1)$이 된다. 이제 $k \ge 4$에 대해, $1 < j < k-2$에 대해 $\alpha(k, 1) = (k\; k-4)$, $\alpha(k, j) = (k\; k-3-j\; k-2-j)$로 두고

| | $k \bmod 3 = 0$ | | $k \bmod 3 = 1$ | | $k \bmod 3 = 2$ |
|---|---|---|---|---|---|
| $\alpha(k, k-2) =$ | $(k\; k-2\; 0)$ | 또는 | $(k\; k-3\; 0)$ | 또는 | $(k\; k-1\; 0)$, |
| $\alpha(k, k-1) =$ | $(k\; k-2\; k-3)$ | 또는 | $(k\; k-3)$ | 또는 | $(k\; k-1\; k-3)$, |
| $\alpha(k, k) =$ | $(k\; k-2)$ | 또는 | $(k\; k-3\; k-2)$ | 또는 | $(k\; k-2)$ |

로 둔다. 그러면 요구한 대로 $\sigma(k, k) = (k-3\; k\; k-2)$가 된다.

**44.** 아니다. $\tau(k, j)$는 전치가 아니라 $(k+1)$-순환마디이기 때문이다. ((19)와 (24)를 보라.)

**45.** (a) 202280070, $u_k = \max(\{0, 1, \ldots, a_k - 1\} \setminus \{a_1, \ldots, a_{k-1}\})$이므로. (사실 알고리즘은 $u_n$을 결코 설정하지 않으나, $u_n$이 0이라고 가정해도 된다.) (b) 273914568.

**46.** 참($u_n = 0$이라고 가정할 때). 만일 $u_k > u_{k+1}$이거나 $a_k > a_{k+1}$이면 반드시 $a_k > u_k \ge a_{k+1} > u_{k+1}$이다.

**47.** 단계 (X1, X2, …, X6)은 각각 $(1, A, B, A-1, B-N_n, A)$회 수행된다. 여기서 $A = N_0 + \cdots + N_{n-1}$이고 $B = nN_0 + (n-1)N_1 + \cdots + 1N_{n-1}$이다.

**48.** 단계 (X2, X3, X4, X5, X6)은 각각 $A_n + (1, n!, 0, 0, 1)$회 수행되는데, 여기서 $A_n = \sum_{k=1}^{n-1} n^{\underline{k}} = n! \sum_{k=1}^{n-1} 1/k! \approx n!\,(e-1)$이다. $a_j$나 $l_j$, $u_j$가 관여하는 연산들에 대한 이들의 비용이 각각 $(1, 1, 3, 1, 3)$멤이라고 하면, 총 비용은 순열당 약 $9e - 8 \approx 16.46$이다.

알고리즘 L은 단계 (L2, L3, L4)에서 순열당 근사적으로 $(e, 2+e/2, 2e+2e^{-1}-4)$멤을 사용하며, 총 비용은 $3.5e + 2e^{-1} - 2 \approx 8.25$이다. (연습문제 5를 보라.)

이 경우 알고리즘 X를 $k$가 $n$에 가까울 때의 코드를 최적화함으로써 조율할 수 있다. 그러나 연습문제 1에서 보았듯이 알고리즘 L도 그런 식의 최적화가 가능하다.

**49.** $|s_0| \ge \cdots \ge |s_9|$가 되도록 부호들을 정렬한다. 또한 서명 $\{s_k, \ldots, s_9\}$이 $w_{x_k} \le \cdots \le w_{y_k}$가 되도록 표 $w_0 \ldots w_9$, $x_0 \ldots x_9$, $y_0 \ldots y_9$를 준비한다. 예를 들어 SEND + MORE = MONEY의 경우 해당 글자 (M, S, O, E, N, R, D, Y, A, B)에 대해 $(s_0, \ldots, s_9) = (-9000, 1000, -900, 91, -90, 10, 1, -1, 0, 0)$이다. 또한 $(w_0, \ldots, w_9) = (-9000, -900, -90, -1, 0, 0, 1, 10, 91, 1000)$, $x_0 \ldots x_9 = 0112233344$, $y_0 \ldots y_9 = 9988776554$이다. 또 다른 표 $f_0 \ldots f_9$는, 만일 $w_j$에 해당하는 숫자가 0이 될 수 없으면 $f_j = 1$이다. 이 경우 $f_0 \ldots f_9 = 1000000001$이다. 이 표들이 있으면 나머지 숫자들의 선택 $a_k \ldots a_9$들 전체에 관한

$$s_k a_k + \cdots + s_9 a_9$$

의 최대, 최솟값을 연습문제 25의 방법을 이용해서 쉽게 구할 수 있다. 링크 $l_j$들을 통해서 숫자들을 오름차순으로 알아낼 수 있기 때문이다.

이 방법을 위해서는 검색 트리의 각 노드 당 상당히 비싼 계산을 수행해야 하나, 그 트리를 작게 유지하는 것이 가능한 경우가 많다. 예를 들어 이 방법으로 연습문제 24의 처음 여덟 복면산을 푸는 비용은 단 7, 13, 7, 9, 5, 343, 44, 89킬로멤밖에 되지 않는다. 이는 (a), (b), (e), (h)의 경우에서 상당한 개선이다. 단, (f)의 경우는 훨씬 더 나쁘다. 또 다른 나쁜 경우는 해답 27에 나온 'CHILD'의 예인데, 이 경우 좌에서 우로 접근방식은 2947킬로멤인 반면 우에서 좌로 접근방식은 단 588킬로멤이다. 그러나 BLOOD + SWEAT + TEARS(73 대 360)와 HELLO + WORLD(340 대 410)에서는 좌에서 우로가 낫다.

**50.** 만일 $\alpha$가 하나의 순열군이라고 하면, 그 거듭제곱 $\alpha^2$, $\alpha^3$, …들도 모두 순열군이다. 이 거듭제곱들에는 $\alpha^{m-1} = \alpha^-$도 포함되는데, $m$은 $\alpha$의 차수(순환마디 길이들의 최소공배수)이다. 그리고 (32)는 $\alpha^- = \sigma_1\sigma_2 \ldots \sigma_{n-1}$과 동치이다.

**51.** 거짓이다. 예를 들어 $\sigma(k, i)^-$와 $\sigma(k, j)^-$ 둘 다 $k \mapsto 0$으로 사상할 수 있다.

**52.** $\tau(k, j) = (k-j\ k-j+1)$은 인접 맞바꾸기이고

$$\omega(k) = (n-1 \ldots 0)(n-2 \ldots 0) \ldots (k \ldots 0) = \phi(n-1)\phi(k-1)$$

은 $k$-뒤집기(flip) 다음에 $n$-뒤집기를 수행하는 것이다. 알고리즘 H의 제어표 $c_0 \ldots c_{n-1}$에 해당하는 순열에서, $0 \le j < n$에 대해 $j$의 오른쪽에는 $j$보다 작은 원소가 $c_j$개 있다. 따라서 그 순열은 알고리즘 P의 $c_1 \ldots c_n$에 해당하는 순열과 같다(아래첨자들이 1 밀려 있다는 점만 빼면).

알고리즘 P와 이 버전의 알고리즘 H의 유일한 본질적 차이는, 알고리즘 P는 반사된 그레이 부호를 이용해서 제어표의 모든 가능성을 훑는 반면 알고리즘 H는 그 혼합기수 수들을 사전순 오름차순으로 훑는다는 것이다.

사실 알고리즘 G나 알고리즘 H를 적절히 수정한다면 그 어떤 심즈표에도 그레이 부호를 사용할 수 있다. 그런 경우 모든 전이는 $\tau(k,j)$나 $\tau(k,j)^-$에 의해 일어나며, 순열 $\omega(k)$는 무관하다.

**53.** $n=4$에 대해서는 $n!-1$회의 전치를 달성할 수 없다는 본문의 증명은 또한, 증명에서 '$(3c)$'로 표기했던 단일 전치 $(n-1\ n-2)$ 한 번의 비용으로 문제를 $n$에서 $n-2$로 줄일 수 있음을 보여준다.

따라서 단계 H4에서 다음과 같은 변환을 수행함으로써 모든 순열을 생성할 수 있다: 만일 $k=n-1$ 또는 $k=n-2$이면 $a_{j \bmod n} \leftrightarrow a_{(j-1) \bmod n}$으로 전치한다. 여기서 $j=c_{n-1}-1$이다. 만일 $k=n-3$ 또는 $k=n-4$이면 $a_{n-1} \leftrightarrow a_{n-2}$로 전치하고 $a_{j \bmod (n-2)} \leftrightarrow a_{(j-1) \bmod (n-2)}$로도 전치한다. 여기서 $j=c_{n-3}-1$이다. 그리고 일반적으로 만일 $k=n-2t-1$ 또는 $k=n-2t-2$이면 $1 \le i \le t$에 대해 $a_{n-2i+1} \leftrightarrow a_{n-2i}$로 전치하고 $a_{j \bmod (n-2t)} \leftrightarrow a_{(j-1) \bmod (n-2t)}$로도 전치한다. 여기서 $j=c_{n-2t-1}-1$이다. [*CACM* **19** (1976), 68-72.]

알고리즘 자체에 명시적으로 드러나 있지는 않지만, 해당 심즈표 순열들을 표현한다면 다음과 같다.

$$\sigma(k,j)^- = \begin{cases} (0\ 1\ \ldots\ j-1\ k), & \text{만일 } n-k\text{가 홀수이면;} \\ (0\ 1\ \ldots\ k)^j, & \text{만일 } n-k\text{가 짝수이면.} \end{cases}$$

맞바꾸기 이후 $a_{j \bmod (n-2t)}$의 값은 $n-2t-1$이 된다. 효율성을 위해, 대체로 $k$가 $n-1$과 같다는 사실을 사용할 수도 있다. 총 전치 횟수는 $\sum_{t=0}^{\lfloor n/2 \rfloor}(n-2t)! - \lfloor n/2 \rfloor - 1$이다.

**54.** 그렇다. 그 변환은 위치 $\{1,\ldots,k\}$에 대한 그 어떤 $k$-순환 자리이동이어도 유효하다.

**55.** (a) $n > \rho_!(m)$일 때 $\rho_!(m) = \rho_!(m \bmod n!)$이므로, $0 < m < n \cdot n! = (n+1)! - n!$에 대해 $\rho_!(n!+m) = \rho_!(m)$이 성립한다. 따라서 $0 \le m < n \cdot n!$에 대해 $\beta_{n!+m} = \sigma_{\rho_!(n!+m)} \cdots \sigma_{\rho_!(n!+1)}\beta_{n!} = \sigma_{\rho_!(m)} \cdots \sigma_{\rho_!(1)}\beta_{n!} = \beta_m\beta_{n!}$이며, 특히

$$\beta_{(n+1)!} = \sigma_{n+1}\beta_{(n+1)!-1} = \sigma_{n+1}\beta_{n!-1}\beta_{n!}^n = \sigma_{n+1}\sigma_n^-\beta_{n!}^{n+1}$$

이다. 마찬가지로 $0 \le m < n \cdot n!$에 대해 $\alpha_{n!+m} = \beta_{n!}^-\alpha_m\beta_{n!}\alpha_{n!}$이다.

식에서 $\beta_{n!}$을 $\tau_n$, $\tau_{n+1}$과 교환할 수 있으므로 $\alpha_{n!} = \tau_n\alpha_{n!-1}$이고

$$\begin{aligned}\alpha_{(n+1)!} = \tau_{n+1}\alpha_{(n+1)!-1} &= \tau_{n+1}\beta_{n!}^{-}\alpha_{(n+1)!-1-n!}\beta_{n!}\alpha_{n!} = \cdots \\ &= \tau_{n+1}\beta_{n!}^{-n}\alpha_{n!-1}(\beta_{n!}\alpha_{n!})^{n} \\ &= \beta_{n!}^{-n-1}\tau_{n+1}\tau_{n}^{-}(\beta_{n!}\alpha_{n!})^{n+1} \\ &= \beta_{(n+1)!}^{-}\sigma_{n+1}\sigma_{n}^{-}\tau_{n+1}\tau_{n}^{-}(\beta_{n!}\alpha_{n!})^{n+1}\end{aligned}$$

이다.

(b) 이 경우 $\sigma_{n+1}\sigma_n^- = (n\,n-1\,\ldots\,1)$이고 $\tau_{n+1}\tau_n^- = (n+1\;n\;0)$이며, 귀납법에 의해 $\beta_{(n+1)!}\alpha_{(n+1)!} = (n+1\;n\;\ldots\;0)$이다. 따라서 $0 \le j \le n$과 $0 \le m < n!$에 대해 $\alpha_{jn!+m} = \beta_{n!}^{-j}\alpha_m(n\,\ldots\,0)^j$이다. $\beta_{n!}^{-j}\alpha_m$이 $n$을 고정하며 $(n\,\ldots\,0)^j$이 $n \mapsto n-j$로 사상하므로, $\{0, \ldots, n\}$의 모든 순열이 나온다.

**56.** 이전 연습문제에서 $\sigma_k = (k-1\;k-2)(k-3\;k-4)\ldots$으로 설정한다면, $\beta_{n!}\alpha_{n!}$이 $(n+1)$-순환마디 $(0\;n\;n-1\;n-3\;\ldots\;(2$ 또는 $1)\;(1$ 또는 $2)\;\ldots\;n-4\;n-2)$임을 귀납법으로 확인할 수 있다.

**57.** 해답 5에서와 같은 논법에 의해, $\sum_{k=2}^{n-1}[k\text{는 홀수}]/k! - (\lfloor n/2 \rfloor - 1)/n! = \sinh 1 - 1 - O(1/(n-1)!)$을 얻을 수 있다.

**58.** 참이다. 연습문제 55의 공식들에 의해 $\alpha_{n!-1} = (0n)\beta_{n!}^{-}(n\ldots0)$인데, $\beta_{n!}$이 $n$을 고정하므로 이는 $0 \mapsto n-1$로 사상하는 변환이다. (따라서 알고리즘 E가 연습문제 66의 그래프에 대한 해밀턴 순환마디를 정의할 필요충분조건은 $\beta_{n!} = (n-1\;\ldots\;2\;1)$이라는 것이고, 이 조건은 오직 $\beta_{(n-1)!}$의 모든 순환마디의 길이가 $n$의 약수일 때에만 성립한다. 그 조건 자체는 $n = 2, 3, 4, 6, 12, 20, 40$에 대해 참이나, 그 외의 $n \le 250{,}000$들에 대해서는 참이 아니다.

**59.** 본문의 정의에서 생성기들이 $(\alpha_1, \ldots, \alpha_k)$인 케일리 그래프는 언급한 다른 정의에서 생성기들이 $(\alpha_1^-, \ldots, \alpha_k^-)$인 케일리 그래프와 동형사상이다. 전자의 $\pi \to \alpha_j\pi$는 오직 후자에서 $\pi^- \to \pi^-\alpha_j^-$일 때에만 성립하기 때문이다.

**60.** (a,b) 델타열은 88개인데, 다음 네 부류로 줄일 수 있다: $P = (32131231)^3$(8개의 서로 다른 델타열로 대표되는 평범한 전조들), $Q = (32121232)^3$(8개의 델타열로 대표되는 평범한 전조들의 이중 그레이 변분), $R = (121232321232)^2$(24개로 대표되는 이중 그레이 부호), $S = 2\alpha 3\alpha^R$, $\alpha = 12321312121$(대표 48개). 부류 $P$와 $Q$는 그 여원들의 순환 자리이동들이다. 부류 $P$, $Q$, $S$는 그 역들의 자리이동들이다. 부류 $R$은 그 여원의 역전의 자리이동이다. 〔A. L. Leigh Silver, *Math. Gazette* **48** (1964), 1-16을 보라.〕

**61.** (1243, 1324, 1432, 2134, 2341, 2413, 3142, 3214, 3421, 4123, 4231, 4312)로 끝나는 그러한 경로들의 개수는 각각 (26, 36, 20, 26, 28, 40, 40, 20, 26, 28, 28, 26)이다.

**62.** $n = 3$일 때 그러한 경로는 단 둘로, 각각 132와 213으로 끝난다. $n \ge 4$일 때에는 $1\,2\ldots n$에서 임의의 홀순열 $a_1a_2\ldots a_n$으로 이어지는 그레이 부호들이 존재한다. 연습문제 61은 $n = 4$일 때 이것이 참임을 증명한다. 그리고 $n > 4$에 대해서는 다음과 같이 귀납법으로 증명할 수 있다.

$A(j)$가 $j$로 시작하는 모든 순열의 집합이고 $A(j,k)$가 $jk$로 시작하는 모든 순열의 집합이라고 하자. 만일 $(\alpha_0, \alpha_1, ..., \alpha_n)$이 $\alpha_j \in A(x_j, x_{j+1})$을 만족하는 임의의 홀순열이면, $(12)\alpha_j$는 $A(x_{j+1}, x_j)$의 한 짝순열이다. 따라서 만일 $x_1 x_2 ... x_n$이 $\{1, 2, ..., n\}$의 한 순열이면 다음과 같은 형태의 해밀턴 경로가 적어도 하나는 존재한다.

$$(12)\alpha_0 — \cdots — \alpha_1 — (12)\alpha_1 — \cdots — \alpha_2 — \cdots — (12)\alpha_{n-1} — \cdots — \alpha_n.$$

$(12)\alpha_{j-1}$에서 $\alpha_j$로의 부분경로는 $A(x_j)$의 모든 원소를 포함한다.

$a_1 \neq 1$일 때 주어진 문제를 이러한 구성으로 푸는 서로 다른 방법은 적어도 $(n-2)!^n/2^{n-1}$가지이다. $\alpha_0 = 21...n$, $\alpha_n = a_1 a_2 ... a_n$으로 둘 수 있기 때문이다. $x_2 ... x_{n-1}$을 선택하는 방법은 $(n-2)!$가지이고 $\alpha_1$, ..., $\alpha_{n-1}$ 각각을 선택하는 방법은 $(n-2)!/2$가지이다.

마지막으로, 만일 $a_1 = 1$이면 $A(1)$의 모든 원소를 훑는 임의의 경로 $12...n — \cdots — a_1 a_2 ... a_n$을 취하고, 어떤 $j \neq j'$에 대해 $\alpha \in A(1, j)$이고 $\alpha' \in A(1, j')$인 임의의 단계 $\alpha — \alpha'$을 선택한다. 그 단계를, 위의 해밀턴 경로와 비슷하되 $\alpha_1 = \alpha$, $\alpha_n = (12)\alpha'$, $x_1 = 1$, $x_2 = j$, $x_n = j'$, $x_{n+1} = 1$인 구성을 이용해서

$$\alpha — (12)\alpha_1 — \cdots — \alpha_2 — \cdots — (12)\alpha_{n-1} — \cdots — \alpha_n — \alpha'$$

로 대체한다. (이 경우 순열 $\alpha_1$, ..., $\alpha_n$이 모두 짝순열일 수 있다.)

**63.** §7.2.3의 기법들을 이용한 몬테카를로 추정법을 적용해 보면, 동치류 개수는 대략 $1.2 \times 10^{21}$이다. 이 동치류들 대부분은 480개의 그레이 순환마디를 포함한다.

**64.** 정확히 2,005,200개의 델타열이 이중 그레이 속성을 가지고 있다. 그 델타열들은 순환 자리이동, 역전, 여수화 하에서 4206개의 동치류들에 속한다. 그중,

$$\alpha = 123432343212321212323212321212343432121234321234321212323 21$$

이라 할 때 $2\alpha 2\alpha^R$ 같은 아홉 부류는 그 역전들의 자리이동들이다. 48개의 부류는 반복된 60-순환마디들로 구성된다. 후자의 종류에서 아주 흥미로운 예 하나는,

$$\alpha = \beta 2 \beta 4 \beta 4 \beta 4 \beta 4, \qquad \beta = 32121232123$$

이라 할 때 $\alpha\alpha$이다.

**65.** 그러한 경로는 임의의 주어진 $N \leq n!$에 대해 존재한다: $N$번째 순열이 $\alpha = a_1 ... a_n$이며 $j = a_1$이라고 하자. 또한 $\Pi_k$가 $b_1 = k$이고 $\beta \leq \alpha$인 모든 순열 $\beta = b_1 ... b_n$의 집합이라고 하자. $N$에 대한 귀납법에 의해, $\Pi_j$에 대한 그레이 경로 $P_1$이 존재한다. 그렇다면 $2 \leq k \leq j$에 대한 $\Pi_j \cup \Pi_1 \cup \cdots \cup \Pi_{k-1}$들에 대해 그레이 경로 $P_k$들을, $P_{k-1}$을 $\Pi_{k-1}$에 대한 그레이 순환마디와 결합하는 작업을 반복해서 구축할 수 있다. (해답 62의 '흡수' 구축법을 보라. 실제로 $P_j$는 $N$이 6의 배수일 때 하나의 그레이 순환마디가 된다.)

**66.** $\pi_{(k+1)\bmod n!} = (1\ \delta_k)\pi_k$라는 규칙으로 델타열을 정의하면 그런 델타열을 정확히 36개 찾을 수 있는데, 그 델타열들은 모두 $(xyzyzyxzyzyz)^2$ 같은 한 가지 패턴의 순환 자리이동들이다. (그 다음 경우인 $n=5$의 경우에는 좌표성분들의 순환 자리이동, 역전, 순열에 대해 동치가 아닌 해들이 약 $10^{18}$이 될 것이며, 따라서 서로 다른 델타열은 약 $6\times 10^{21}$일 것이다.) 첨언하자면, 파크Igor Pak는 별 전치들로 생성한 케일리 그래프가 일반적으로 $(n-2)$차원 원환체임을 보인 바 있다.

**67.** $\pi$를 $\pi(12345)$와 동치로 둔다면 24개의 정점들에 대한, 해밀턴 순환마디가 40768개인 축약된 그래프가 나온다. 그 순환마디들 중 240개는 $\alpha^5$ 형태의 델타열들로 이어지는데, 여기서 $\alpha$는 각 전치를 여섯 번씩 사용하는 정수열이다(이를테면 $\alpha = 354232534234532454352452$.) 이 문제의 해들의 전체 개수는 아마도 약 $10^{16}$일 것이다.

**68.** $A$가 연결되지 않았다면 $G$도 연결되지 않았다. $A$가 연결되었다면 $A$는 하나의 자유 트리라고 가정할 수 있다. 더 나아가서, 이 경우 연습문제 62의 결과의 한 일반화인 "$n \ge 4$에 대해, $G$에는 항등 순열에서 임의의 홀순열로의 해밀턴 경로가 존재한다"도 증명할 수 있다. $A$에 간선 1 — 2(여기서 1은 트리의 한 잎)가 포함되어 있다고 가정해도 일반성이 훼손되지 않으며, 그런 가정 하에서 연습문제 62의 것과 비슷한 증명을 적용하면 된다.

〔이 우아한 구성은 M. Tchuente, *Ars Combinatoria* **14** (1982), 115-122에 기인한다. 러스키와 새비지는 *SIAM J. Discrete Math.* **6** (1993), 152-166에서 광범위한 일반화들을 논의했다. 또한 원래의 러시아어 논문 *Kibernetika* **11**,3 (1975), 17-21과 그 영어 번역본 *Cybernetics* **11** (1975), 362-366도 보라.〕

**69.** 힌트에 따라 수정된 알고리즘은 $n=5$일 때 다음과 같이 행동한다.

| 1234 | 1243 | 1423 | 4123 | 4132 | 1432 | 1342 | 1324 | 3124 | 3142 | 3412 | 4312 |
|---|---|---|---|---|---|---|---|---|---|---|---|
| ↓ | ↑ | ↓ | ↑ | ↓ | ↑ | ↓ | ↑ | ↓ | ↑ | ↓ | ↑ |
| 54321 | 24351 | 24153 | 54123 | 14523 | 14325 | 24315 | 24513 | 54213 | 14253 | 14352 | 54312 |
| 12345 | 15342 | 35142 | 32145 | 32541 | 52341 | 51342 | 31542 | 31245 | 35241 | 25341 | 21345 |
| 15432 | 12435 | 32415 | 35412 ← | 31452 | 51432 | 52431 | 32451 ← | 35421 | 31425 | 21435 | 25431 |
| 23451 | 53421 | 51423 | 21453 → | 25413 | 23415 | 13425 | 15423 → | 12453 | 52413 | 53412 | 13452 |
| 21543 | 51243 | 53241 | 23541 | 23145 | 25143 | 15243 | 13245 | 13542 | 53142 | 52143 | 12543 |
| 34512 | 34215 | 14235 | 14532 | 54132 | 34152 | 34251 | 54231 | 24531 | 24135 | 34125 | 34521 |
| 32154 → | 35124 | 15324 → | 12354 | 52314 | 32514 ← | 31524 | 51324 | 21354 → | 25314 | 35214 → | 31254 |
| 45123 ← | 42153 | 42351 ← | 45321 | 41325 | 41523 → | 42513 | 42315 | 45312 ← | 41352 | 41253 ← | 45213 |
| 43215 | 43512 ← | 41532 | 41235 | 45231 → | 43251 | 43152 → | 45132 | 42135 | 42531 ← | 43521 | 43125 |
| 51234 | 21534 → | 23514 | 53214 | 13254 ← | 15234 | 25134 ← | 23154 | 53124 | 13524 → | 12534 | 52134 |
| ↓ | ↑ | ↓ | ↑ | ↓ | ↑ | ↓ | ↑ | ↓ | ↑ | ↓ | ↑ |

여기서 열들은 모든 가능한 $2n$가지 방식으로 순환 자리이동/반사된 순열들의 집합들을 나타낸다. 따라서 각 열은 정확히 하나의 '묵주 순열'(연습문제 18)을 담는다. 그 묵주 순열들을 알고리즘 P로 체계적으로 훑을 수 있다. 쌍 $xy$가 자신이 있는 열에서 $yx$ 앞에 나오며, 그런 경우 $\rho'$ 대신 $\tau'$을 적용하면 오른쪽이나 왼쪽으로 이동하게 된다는 사실을 이용하면 된다. 단계 Z2는 $a_1 \leftrightarrow a_2$ 맞바꾸

기를 생략하며, 따라서 순열 $a_1 \ldots a_{n-1}$이 역방향으로 되풀이된다. (이 부분은 알고리즘 T의 출력에서 $t[k] = t[n! - k]$라는 사실을 암묵적으로 활용한다.)

이제 $1 \ldots n$을 $24 \ldots 31$로 대체하고 $A_1 \ldots A_n$을 $A_1 A_n A_2 A_{n-1} \ldots$로 바꾸면 그림 42(b)와 같은 결과를 내는, 수정되지 않은 알고리즘이 된다.

이 방법은 E. S. Rapaport, *Scripta Math.* **24** (1959), 51-58에 나온 한 (비구축적) 정리에서 영감을 얻었다. 그 정리는 1986년에 새비지가 관측한 좀 더 일반적인 사실, 즉 세 대합(involution) $\rho$, $\sigma$, $\tau$로 생성한 임의의 군에 대한 케일리 그래프에는 $\rho\tau = \tau\rho$일 때 하나의 해밀턴 순환마디가 존재한다는 사실을 서술한다. [I. Pak, R. Radoičić, *Discrete Math.* **309** (2009), 5501-5508을 보라.]

**70.** 없다. 그 유향 그래프에서 가장 긴 순환마디의 길이는 358이기 때문이다. 그러나 길이가 720인 해밀턴 경로를 유도할 수 있는, 서로 소인 180-순환마디들의 쌍들은 존재한다. 이를테면,

$$\alpha = \tau\sigma^5\tau\sigma^5\tau\sigma^3\tau\sigma^2\tau\sigma^5\tau\sigma^3\tau\sigma^2\tau\sigma^5\tau\sigma^5\tau\sigma^2\tau\sigma^3\tau\sigma^1\tau\sigma^5\tau\sigma^5\tau\sigma^5\tau\sigma^3\tau\sigma^1\tau\sigma^1\tau\sigma^3\tau\sigma^2\tau\sigma^1\tau\sigma^1;$$
$$\beta = \sigma^3\tau\sigma^5\tau\sigma^2\tau\sigma^2\tau\sigma^5\tau\sigma^2\tau\sigma^3\tau\sigma^1\tau\sigma^1\tau\sigma^5\tau\sigma^1\tau\sigma^3\tau\sigma^5\tau\sigma^5\tau\sigma^3\tau\sigma^2\tau\sigma^1\tau\sigma^2\tau\sigma^3\tau\sigma^1\tau\sigma^1\tau\sigma^3\tau\sigma^2\tau\sigma^4;$$
$$\gamma = \sigma\tau\sigma^5\tau\sigma^5\tau\sigma^3\tau\sigma^1\tau\sigma^1\tau\sigma^3\tau\sigma^2\tau\sigma^5\tau\sigma^2\tau\sigma^3\tau\sigma^5\tau\sigma^1\tau\sigma^5\tau\sigma^3\tau\sigma^2\tau\sigma^1\tau\sigma^2\tau\sigma^3\tau\sigma^1\tau\sigma^1\tau\sigma^3\tau\sigma^2$$
$$\tau\sigma^5\tau\sigma^5\tau\sigma^5\tau\sigma^3\tau\sigma^5\tau\sigma^2\tau\sigma^5\tau\sigma^2\tau\sigma^3\tau\sigma^1\tau\sigma^1\tau\sigma^5\tau\sigma^1\tau\sigma^3\tau\sigma^3\tau\sigma^5\tau\sigma^5\tau\sigma^1\tau\sigma^5\tau\sigma^2\tau\sigma^3\tau\sigma^1\tau\sigma^2$$

이라 할 때 순환마디 $\alpha\sigma\beta\sigma$와 $\gamma\sigma\sigma$를 살펴볼 것. 134526으로 시작해서 $\alpha\sigma\beta\tau$를 따라 가면 163452에 도달한다. 그런 다음 $\gamma\sigma\tau$를 따라 126345에 도달하고, $\sigma\gamma\tau$를 따라 152634에, 마지막으로 $\beta\sigma\alpha$를 따라 415263에 도착한다.

**71.** 머케이Brendan McKay와 러스키는 $n = 7, 9, 11$일 때의 그런 순환마디들을 컴퓨터로 찾아내었다. 그러나 명백하게 드러나는 깔끔한 구조를 발견하지는 못했다.

**72.** 임의의 해밀턴 경로는 $y \mapsto x$로 사상하는 $(n-1)!$개의 정점들을 포함한다. 그 정점들 각각의 다음에는 $x \mapsto x$로 사상하는 정점이 온다(마지막 것은 예외). 따라서 한 정점은 반드시 마지막 정점이어야 하며, 나머지 $(n-1)! + 1$개의 정점들은 $x \mapsto x$로 사상할 것이다.

**73.** (a) 우선 $\beta$가 항등 순열 ( )이라고 가정하자. 그러면 $\alpha$의 순환마디들 중 $A$의 한 요소를 포함하는 모든 순환마디는 전적으로 $A$ 안에 놓인다. 따라서 $\alpha$의 순환마디들 중 $A$의 원소를 포함하지 않는 순환마디들을 모두 제거해서 $\sigma$의 순환마디들을 얻을 수 있다. 나머지 순환마디들은 모두 길이가 홀수이므로 $\sigma$는 짝순열이다.

만일 $\beta$가 항등 순열이 아니라면, 위의 논증을 $\alpha' = \alpha\beta^-$, $\beta' = ()$, $\sigma' = \sigma\beta^-$에 적용해서 $\sigma'$이 짝순열이라는 결론을 이끌어낸다. 따라서 $\sigma$와 $\beta$는 부호가 같다.

마찬가지로 $\sigma$와 $\alpha$도 부호가 같다. $\beta\alpha^- = (\alpha\beta^-)^-$의 차수가 $\alpha\beta^-$의 차수와 같기 때문이다.

(b) $X$가 정리 R의 케일리 그래프의 정점들이라고 하자. 그리고 $\hat{\alpha}$가 $X$의 순열들 중 한 정점 $\pi$를 $\alpha\pi$로 사상하는 순열이라고 하자. 이 순열에는 길이가 $a$인 순환마디가 $g/a$개 있다. 순열 $\hat{\beta}$도 이와 비슷하게 정의한다. 그러면 $\hat{\alpha}\hat{\beta}^-$의 길이 $c$ 순환마디는 $g/c$개이다. 만일 $c$가 홀수이면 이 그래프

의 임의의 해밀턴 순환마디는 모든 정점을 포함하며 (a)의 가정들을 만족하는 하나의 순환마디 $\hat{\sigma}$를 정의한다. 따라서 $\hat{\alpha}$와 $\hat{\beta}$의 순환마디 개수는 홀수이다. $n$개의 원소들에 대한, 순환마디가 $r$개인 순열의 부호는 $(-1)^{n-r}$이기 때문이다(연습문제 5.2.2-2를 보라).

〔$X$가 임의의 홀수 개의 순환마디들의 합집합일 수 없음을 보여주는 이 증명은 Rankin, *Proc. Cambridge Phil. Soc.* **62** (1966), 15-16에 나왔다.〕

**74.** 만일 $0 \le j < g/c$이고 $0 \le k < c$라고 요구한다면, 표현 $\beta^j\gamma^k$은 유일하다. $0 < j < g/c$인 어떤 $j$에 대해 $\beta^j = \gamma^k$이라면 그룹의 원소는 최대 $jc$개일 것이기 때문이다. 이로부터, 어떤 $t$에 대해 $\beta^{g/c} = \gamma^t$임이 유도된다.

$\hat{\sigma}$가 이전 해답에서처럼 하나의 해밀턴 순환마디라고 하자. 그리고 $\hat{\gamma} = \hat{\alpha}\hat{\beta}^-$ 이라고 하자. 만일 $\pi\hat{\sigma} = \pi\hat{\alpha}$이면 $\pi\hat{\gamma}\hat{\sigma}$는 반드시 $\pi\hat{\gamma}\hat{\alpha}$이다. 왜냐하면 $\pi\hat{\gamma}\hat{\beta} = \pi\hat{\alpha}$이기 때문이다. 그리고 만일 $\pi\hat{\sigma} = \pi\hat{\beta}$이면 $\pi\hat{\gamma}\hat{\sigma}$는 결코 $\pi\hat{\gamma}\hat{\alpha}$가 될 수 없다. 만일 그렇게 된다면 $\pi\hat{\gamma}^2\hat{\sigma} = \pi\hat{\gamma}^2\hat{\alpha}, \ldots, \pi\hat{\gamma}^c\hat{\sigma} = \pi\hat{\gamma}^c\hat{\alpha}$일 것이기 때문이다. 따라서 원소 $\pi$, $\pi\hat{\gamma}$, $\pi\hat{\gamma}^2$, ...는 모두 $\hat{\sigma}$에서 모두 자신의 후행자들에 관해 동등한 습성을 가진다.

경로 $\pi \to \pi\hat{\sigma} \to \cdots \to \pi\hat{\sigma}^j$에 $\hat{\alpha}$ 형태의 단계가 $k(j)$개일 때, $\pi\hat{\sigma}^j = \pi\hat{\beta}^j\hat{\gamma}^{k(j)}$이 성립한다. 따라서 $\pi\hat{\sigma}^{g/c} = \pi\hat{\gamma}^{t+k(g/c)}$이며, $j \ge 0$에 대해 $k(j+g/c) = k(j)$이다. 그 경로가 $g$단계 이내로 $\pi$로 처음 돌아갈 필요충분조건은 $t+k(g/c)$가 $c$와 서로 소라는 것이다.

**75.** 이전 연습문제를 $g = mn$, $a = m$, $b = n$, $c = mn/d$로 두어서 적용한다. 수 $t$는 $t \equiv 0$(법 $m$)과 $t+d \equiv 0$(법 $n$)을 만족한다. 이로부터, 오직 $(d-k)m/d \perp kn/d$일 때에만 $k+t \perp c$임이 비롯된다.

참고: 연습문제 7.2.1.1-78의 나머지식 그레이 부호는 $(0,0)$에서 $(m-1, (-m) \bmod n)$으로의 해밀턴 경로이므로, 오직 $m$이 $n$의 배수일 때에만 하나의 해밀턴 순환마디이다. $d > 1$일 때 적어도 하나의 해밀턴 순환마디가 존재할 것이라고 (잘못) 추측하는 것은 자연스러운 일이다. 그러나 에르되시P. Erdös와 트로터W. T. Trotter가 관측했듯이〔*J. Graph Theory* **2** (1978), 137-142〕, 만일 $p$와 $2p+1$이 홀수 소수이면, $m = p(2p+1)(3p+1)$이고 $n = (3p+1)\prod_{q=1}^{3p} q^{[q\text{는 소수}][q \ne p][q \ne 2p+1]}$일 때 적당한 $k$는 존재하지 않는다.

$C_m^{\to} \times C_n^{\to}$의 다른 종류의 순환마디들에 대한 흥미로운 사실들이 J. A. Gallian, *Mathematical Intelligencer* **13**, 3 (1991년 여름호), 40-43에 나온다.

**76.** 그 여정이 왼쪽 최하단 모서리 칸에서 시작한다고 가정해도 무방하다. 만일 $m$과 $n$이 둘 다 3의 배수일 때에는 해가 존재하지 않는다. 그런 경우 2/3의 칸들에 도달할 수 없기 때문이다. 그렇지 않은 경우 $d = \gcd(m,n)$으로 두고 이전 연습문제를 적용하되 $(x,y)\alpha = ((x+2) \bmod m, (y+1) \bmod n)$, $(x,y)\beta = ((x+1) \bmod m, (y+2) \bmod n)$으로 두어 적용하면 다음과 같은 답이 나온다.

$$\sum_{k=0}^{d} \binom{d}{k} [\gcd((2d-k)m, (k+d)n) = d \text{ 또는 } (mn \perp 3 \text{ 그리고 } \gcd((2d-k)m, (k+d)n) = 3d)].$$

**77.**

```
* 힙의 방법을 이용하는 순열 생성기
N     IS     10                            n의 값(3 이상, 크지는 않음)
t     IS     $255
j     IS     $0                            8j
k     IS     $1                            8k
ak    IS     $2
aj    IS     $3
      LOC    Data_Segment
a     GREG   @                             a0...an-1의 기준 주소
A0    IS     @
A1    IS     @+8
A2    IS     @+16
      LOC    @+8*N                         a0...an-1을 담을 공간.
c     GREG   @-8*3                         8c0의 장소
      LOC    @-8*3+8*N                     8c3...8cn-1, 초기에는 0
      OCTA   -1                            8cn = -1, 편의용 경곗값
u     GREG   0                             내부 루프 이외의 곳에서의 a0의 내용
v     GREG   0                             내부 루프 이외의 곳에서의 a1의 내용
w     GREG   0                             내부 루프 이외의 곳에서의 a2의 내용
      LOC    #100
1H    STCO   0,c,k         B-A             ck ← 0.
      INCL   k,8           B-A             k ← k+1.
0H    LDO    j,c,k         B               j ← ck.
      CMP    t,j,k         B
      BZ     t,1B          B               만일 ck = k이면 반복.
      BN     j,Done        A               만일 ck < 0이면(k = n) 종료.
      LDO    ak,a,k        A-1             ak를 가져온다.
      ADD    t,j,8         A-1
      STO    t,c,k         A-1             ck ← j+1.
      AND    t,k,#8        A-1
      CSZ    j,t,0         A-1             만일 k가 짝수이면 j ← 0으로 설정.
      LDO    aj,a,j        A-1             aj를 가져온다.
      STO    ak,a,j        A-1             그것을 ak로 대체한다.
      CSZ    u,j,ak        A-1             만일 j = 0이면 u ← ak로 설정.
      SUB    j,j,8         A-1             j ← j-1.
      CSZ    v,j,ak        A-1             만일 j = 0이면 v ← ak로 설정.
      SUB    j,j,8         A-1             j ← j-1.
```

| | | | | | |
|---|---|---|---|---|---|
| *38* | | CSZ | w,j,ak | $A-1$ | 만일 $j=0$이면 $w \leftarrow a_k$로 설정. |
| *39* | | STO | aj,a,k | $A-1$ | $a_k$를 $a_j$의 원래 내용으로 대체. |
| *40* | Inner | PUSHJ | 0,Visit | $A$ | |
| | | ... | | | ((42)를 보라) |
| *55* | | PUSHJ | 0,Visit | $A$ | |
| *56* | | SET | t,u | $A$ | $u \leftrightarrow w$로 교환. |
| *57* | | SET | u,w | $A$ | |
| *58* | | SET | w,t | $A$ | |
| *59* | | SET | k,8*3 | $A$ | $k \leftarrow 3$. |
| *60* | | JMP | 0B | $A$ | |
| *61* | Main | LDO | u,A0 | 1 | |
| *62* | | LDO | v,A1 | 1 | |
| *63* | | LDO | w,A2 | 1 | |
| *64* | | JMP | Inner | 1 | ▮ |

**78.** 행 31~38은 $2r-1$개의 명령이 되고 행 61~63은 $r$개, 행 56~58은 $3+(r-2)[r\text{은 짝수}]$개가 된다(해답 40의 $\omega(r-1)$을 보라). 총 실행 시간은 따라서 $((2r!+2)A+2B+r-5)\mu+((2r!+2r+7+(r-2)[r\text{은 짝수}])A+7B-r-4)v$으로, 여기서 $A=n!/r!$이고 $B=n!(1/r!+\cdots+1/n!)$이다.

**79.** SLU u,[#f],t; SLU t,a,4; XOR t,t,a; AND t,t,u; SRU u,t,4; OR t,t,u; XOR a,a,t. 연습문제 1.3.1′-34에서처럼, '[#f]'라는 표기는 상수 값 #f를 담고 있는 레지스터를 뜻한다. (7.1.3-(69)에도 비슷한 코드가 있다.)

**80.** SLU u,a,t; MXOR u,[#8844221188442211],u; AND u,u,[#ff000000]; SRU u,u,t; XOR a,a,u. 이것은 $t=4$일 때 #12345678을 #13245678로 바꾼다는 점에서 일종의 속임수이나, 그래도 (45)는 여전히 작동한다.

이보다 더 빠르고 교묘한 루틴을 만든다면 (42)와 비슷한 모습이 될 것이다. 다음을 생각해 보라.

PUSHJ 0,Visit; MXOR a,a,c1; PUSHJ 0,Visit; ... MXOR a,a,c5; PUSHJ 0,Visit.

여기서 c1, ..., c5는 #12345678이 잇달아 #12783456, #12567834, #12563478, #12785634, #12347856이 되게 하는 상수들이다. 니블들을 바이트 안에서, 그리고 바이트들 사이에서 뒤섞는 작업은 전체의 1/6이나 1/24만큼만 실행되는 다른 명령들로 수행할 수 있다. 이 방법은 아주 영리하지만, PUSHJ/POP 추가부담의 측면을 생각할 때 (46)을 능가하지는 못한다.

**81.**

```
k   IS   $0 ;kk IS $1 ;c IS $2 ;d IS $3
    SET  k,1          k ← 1.
3H  SRU  d,a,60       d ← 제일 왼쪽 니블.
```

```
SLU    a,a,4      a ← 16a mod 16^16.
CMP    c,d,k
SLU    kk,k,2
SLU    d,d,kk
OR     t,t,d      t ← t+16^k d.
PBNZ   c,1B       만일 d ≠ k이면 주 루프로 돌아간다.
INCL   k,1        k ← k+1.
PBNZ   a,3B       만일 k < n이면 둘째 루프로 돌아간다. ▮
```

**82.** $\mu + (5n! + 11A - (n-1)! + 6)v = ((5 + 10/n)v + O(n^{-2}))n!$ 더하기 방문 시간. 여기서 $A = \sum_{k=1}^{n-1} k!$은 3H의 루프가 쓰이는 횟수이다.

**83.** 적절한 초기화 및 13옥타바이트 표가 갖추어져 있다고 할 때, 다음과 같은 단 12개의 MMIX 명령들로 충분하다.

```
magic  GREG  #8844221188442211
0H     〈 레지스터 a를 방문한다 〉
       PBN   c,Sigma
Tau    MXOR  t,magic,a;  ANDNL t,#ffff;  JMP 1F
Sigma  SRU   t,a,20;  SLU a,a,4;  ANDNML a,#f00
1H     XOR   a,a,t;  SLU c,c,1
2H     PBNZ  c,0B;  INCL p,8
3H     LDOU  c,p,0;  PBNZ c,0B                    ▮
```

**84.** 모든 프로세서가 본질적으로 같은 빠르기로 실행된다는 가정 하에서, $k$번째 프로세서가 $(k-1)n!/p \le r < kn!/p$에 대한 순위 $r$의 모든 순열을 제어표 $c_1 \ldots c_n$에 기초한 임의의 방법을 이용해서 생성하게 만드는 것이 가능하다. 시작 및 끝 제어표는 해당 순위들을 혼합기수 표기법으로 변환함으로써(연습문제 12) 손쉽게 계산할 수 있다.

**85.** 알고리즘 3.4.2P와 비슷한 기법을 사용할 수 있다: $k = r(\alpha)$의 계산은, 우선 $1 \le j \le n$에 대해 $a'_{a_j} \leftarrow j$로 설정한다(역순열). 그런 다음 $k \leftarrow 0$으로 설정하고, $j = n,\ n-1,\ \ldots,\ 2$에 대해(이 순서대로) $t \leftarrow a'_j$, $k \leftarrow kj + t - 1$, $a_t \leftarrow a_j$, $a'_{a_j} \leftarrow t$로 설정한다. $r^{[-1]}(k)$의 계산은, 우선 $a_1 \leftarrow 1$로 시작한다. 그런 다음 $j = 2,\ \ldots,\ n-1,\ n$에 대해(이 순서대로) $t \leftarrow (k \bmod j) + 1$, $a_j \leftarrow a_t$, $a_t \leftarrow j$, $k \leftarrow \lfloor k/j \rfloor$로 설정한다. [S. Pleszczyński, *Inf. Proc. Letters* **3** (1975), 180–183; W. Myrvold, F. Ruskey, *Inf. Proc. Letters* **79** (2001), 281–284를 보라.]

$\{1, \ldots, n\}$의 $n^{\underline{m}}$개의 변분 $a_1 \ldots a_m$들만 변환(순위 매기기)·역변환(순위 풀기)하고자 한다면 다음 방법이 더 바람직할 수 있다: $k = r(a_1 \ldots a_m)$의 계산은, 우선 $b_1 \ldots b_n \leftarrow b'_1 \ldots b'_n \leftarrow 1 \ldots n$로 시작한다. 그런 다음 $j = 1,\ \ldots,\ m$에 대해(이 순서대로) $t \leftarrow b'_{a_j}$, $b_t \leftarrow b_{n+1-j}$, $b'_{b_t} \leftarrow t$로 설정한다. 마지막으로 $k \leftarrow 0$으로 설정하고 $j = m,\ \ldots,\ 1$에 대해(이 순서대로) $k \leftarrow k \times (n+1-j) + b'_{a_j} - 1$

로 설정한다. $r^{[-1]}(k)$의 계산은, $b_1 \ldots b_n \leftarrow 1 \ldots n$로 시작하고 그런 다음 $j=1, \ldots, m$에 대해(이 순서대로) $t \leftarrow (k \bmod (n+1-j))+1$, $a_j \leftarrow b_t$, $b_t \leftarrow b_{n+1-j}$, $k \leftarrow \lfloor k/(n+1-j) \rfloor$로 설정한다. ($n$이 크고 $m$이 작은 경우에 대해서는 연습문제 3.4.2-15를 보라.)

**86.** 만일 $x<y$이고 $y<z$이면 알고리즘은 결코 $y$를 $x$의 왼쪽으로 옮기지 않으며 $z$를 $y$의 왼쪽으로 옮기지도 않는다. 따라서 $x$와 $z$의 관계를 판정하는 일이 결코 없다.

**87.** 그 반전표들은 사전순으로 나타난다. 알고리즘 P는 반사된 그레이 순서를 사용했다.

**88.** $a_0' < a_1' < a_2'$, $a_3' < a_4' < a_5'$, $a_6' < a_7'$, $a_8' < a_9'$, $a_0' < a_3'$, $a_6' < a_8'$인 역순열들을 생성하면 된다.

**89.** (a) $d_k = \max\{j \mid 0 \le j \le k$ 그리고 $j$가 비자명$\}$이라고 하자. 여기서 0은 비자명한 값으로 간주한다. 이 표는 미리 계산하기가 수월하다. 왜냐하면 $j$는 오직 $\{1, \ldots, j-1\}$ 다음에 올 때에만 자명하기 때문이다. 단계 V2에서 $k \leftarrow d_n$으로 설정하고 단계 V5에서 $k \leftarrow d_{k-1}$로 설정한다. ($d_n > 0$라고 가정했음.)

(b) 그러면 $M = \sum_{j=1}^{n} t_j [j$는 비자명한 값$]$이다.

(c) 집합 $\{j, \ldots, k\}$에는 위상정렬 $a_j \ldots a_k$가 적어도 두 개 있는데, 둘 중 어떤 것이든 $\{1, \ldots, j-1\}$의 임의의 위상정렬 $a_1 \ldots a_{j-1}$ 다음에 놓을 수 있다.

(d) 알고리즘 2.2.3T는 극소 원소(선행자가 없는 원소)들을 출력하고 관계 그래프에서 그 원소들을 제거하는 과정을 반복한다. 이를 거꾸로 적용하면 극대 원소(후행자가 없는 원소)들을 제거하고 가장 큰 이름표를 배정하는 과정이 반복된다. 극대 원소가 단 하나만 존재한다면 그 원소는 자명하다. 만일 $k$와 $l$이 둘 다 극대이면, 둘 다 $x<k$ 또는 $x<l$인 임의의 원소 $x$보다 먼저 출력된다. 단계 T5와 T7이 극대 원소들을 대기열로(스택이 아니라) 관리하기 때문이다. 따라서 만일 원소 $k$가 비자명이고 먼저 출력된다면 원소 $l$은 자명한 값이 될 수 있다. 그러나 그다음의 비자명 원소 $j$가 $l$보다 먼저 출력되지는 않는다. 그리고 $k$는 $l$과 무관하다.

(e) 비자명한 $t$들이 $s_1 < s_2 < \cdots < s_r = N$이라고 하자. 그러면 (c)에 의해 $s_j \ge 2s_{j-2}$이다. 따라서 $M = s_2 + \cdots + s_r \le s_r(1+\frac{1}{2}+\frac{1}{4}+\cdots) + s_{r-1}(1+\frac{1}{2}+\frac{1}{4}+\cdots) < 4s_r$이다.

(페차르스키M. Peczarski가 지적했듯이, 사실은 좀 더 엄격한 추정치도 참이다: $s_0 = 1$이고 비자명 색인들이 $0 = k_1 < k_2 < \cdots < k_r$이며 $j>1$에 대해 $k_j' = \max\{k \mid 1 \le k < k_j,\ k \not\prec k_j\}$이라고 하자. 그러면 $k_{j+1}' \ge k_j$이다. $\{1, \ldots, k_{j+1}\}$에는 $k_{j+1}$로 끝나는 위상정렬들이 $s_j$개 있다. 그리고 $k_{j+1}'$로 끝나는 것들은 적어도 $s_{j-1}$개인데, 왜냐하면 $\{1, \ldots, k_j - 1\}$의 $s_{j-1}$개의 위상정렬들 각각을 연장할 수 있기 때문이다. 따라서

$$1 \le j < r\text{에 대해} \qquad s_{j+1} \ge s_j + s_{j-1}$$

이다. 이제 $y_0 = 0$, $y_1 = F_2 + \cdots + F_r$, 그리고 $1 < j < r$에 대해 $y_j = y_{j-2} + y_{j-1} - F_{r+1}$이라고 하자. 그러면

$$F_{r+1}(s_1+\cdots+s_r)+\sum_{j=1}^{r-1}y_j(s_{r+1-j}-s_{r-j}-s_{r-1-j}) = (F_2+\cdots+F_{r+1})s_r$$

이며, 각 $y_j = F_{r+1}-2F_j-(-1)^jF_{r+1-j}$는 음이 아니다. 따라서 $s_1+\cdots+s_r \le ((F_2+\cdots+F_{r+1})/F_{r+1})s_r \approx 2.6s_r$이다. 다음 연습문제는 이 한계가 가능한 최선임을 보여 준다.)

**90.** 그러한 순열의 개수 $N$은 연습문제 5.2.1-25에 의해 $F_{n+1}$이다. 따라서 $M = F_{n+1}+\cdots+F_2 = F_{n+3}-2 \approx \phi^2N$이다. 첨언하자면, 그러한 모든 순열은 $a_1\ldots a_n = a'_1\ldots a'_n$을 만족함을 주목할 것. 그런 순열들을 하나의 그레이 경로 안에 배열할 수 있다(연습문제 7.2.1.1-89).

**91.** $t_j = (j-1)(j-3)\ldots(2$ 또는 $1)$이므로, $M = (1+2/\sqrt{\pi n}+O(1/n))N$을 구할 수 있다.

참고: (49)를 만족하는 순열들에 대한 반전표 $c_1\ldots c_{2n}$은 $c_1 = 0$, $0 \le c_{2k} \le c_{2k-1}$, $0 \le c_{2k+1} \le c_{2k-1}+1$이라는 조건들로 특징지어진다.

**92.** $R$이 하나의 부분순서이고 $S$가 $R$을 포함하는 한 선형 순서라고 할 때, 쌍 $(R, S)$들의 전체 개수는 $P_n$ 곱하기 위상정렬 기대 개수와 같다. 또한 $Q_n$ 곱하기 $n!$과도 같다. 따라서 답은 $n!\,Q_n/P_n$이다.

$P_n$과 $Q_n$의 계산은 §7.2.3에서 논의한다. $1 \le n \le 12$에 대해 기대 개수들은 근사적으로

$$(1, 1.33, 2.21, 4.38, 10.1, 26.7, 79.3, 262, 950, 3760, 16200, 74800)$$

이다. $n \to \infty$에 따른 점근값들을 브라이트웰Brightwell, 프뢰멜Prömel, 슈테거Steger가 유도한 바 있다[*J. Combinatorial Theory* **A73** (1996), 193-206]. 그러나 극한 습성은 $n$이 실용적인 범위에 있을 때의 상황과 상당히 다르다. $Q_n$의 값들을 $n \le 5$에 대해 처음으로 구한 이는 아반S. P. Avann이다[*Æquationes Math.* **8** (1972), 95-102].

**93.** 기본적인 착안은 이렇다. 우선 $1 \le j \le n$에 대해 $j < n+1$이고 $j < n+2$인 가짜 원소 $n+1$과 $n+2$를 도입한다. 그러한 연장된 관계들의 모든 위상정렬을 인접 맞바꾸기를 통해 구한 다음, 가짜 원소들은 억제하면서 매 두 번째 순열을 취하면 된다. 이를 위해 알고리즘 V와 비슷하되 $n-1 \not< n$이라는 가정 하에서 $a_1\ldots a_{n-2}$ 사이에 $n-1$과 $n$을 삽입하고 가끔씩 $n+1$과 $n+2$를 교환함으로써 $n$을 $n-2$로 줄이는 재귀적 절차를 둔 알고리즘을 사용할 수 있다. [G. Pruesse, F. Ruskey, *SICOMP* **23** (1994), 373-386을 보라. 루프 없는 구현이 Canfield, Williamson, *Order* **12** (1995), 57-75에 서술되어 있다.]

**94.** $n = 3$인 경우를 보면 $1\ldots(2n)$으로 시작하고 $1(2n)2(2n-1)\ldots n(n+1)$로 끝나는 패턴의 일반적인 경우에 대해 감을 잡을 수 있을 것이다: 123456, 123546, 123645, 132645, 132546, 132456, 142356, 142536, 142635, 152634, 152436, 152346, 162345, 162435, 162534.

완벽 부합을 $\{1, \ldots, 2n\}$의 순환마디가 $n$개인 대합들로 간주할 수도 있다. 그러한 표현에서 이 패턴은 단계당 2회의 전치를 수반한다.

방금 나열한 순열들의 $C$ 반전표들이 각각 000000, 000100, 000200, 010200, 010100,

010000, 020000, 020100, 020200, 030200, 030100, 030000, 040000, 040100, 040200임을 주목할 것. 일반적으로 $C_1 = C_3 = \cdots = C_{2n-1} = 0$이며, $n$-짝 $(C_2, C_4, \ldots, C_{2n})$들은 기수 $(2n-1, 2n-3, \ldots, 1)$에 대한 반사된 그레이 부호를 훑는다. 따라서 필요하다면 생성 공정을 루프 없이 구현하기가 쉽다. 〔Timothy Walsh, *J. Combinatorial Math. and Combinatorial Computing* **36** (2001), 95-118, Section 1을 보라.〕

참고: 모든 완벽 부합을 생성하는 알고리즘들은 파프J. F. Pfaff〔*Abhandlungen Akad. Wissenschaften* (Berlin: 1814-1815), 124-125〕로 거슬러 올라간다. 그는 그러한 절차들을 두 개 서술했다. 첫째 방법은 사전순으로, $C$ 반전표들의 사전순과도 대응된다. 둘째 방법은 그 표들의 역순사전순에 해당한다. 두 경우 모두, 짝순열과 홀순열이 번갈아 나온다.

**95.** $a_1' < a_n' > a_2' < a_{n-1}' > \cdots$ 인 역순열들을 알고리즘 V를 이용해서 생성한다. (연습문제 5.1.4-23에 여러 가지 해법이 나온다.)

**96.** 예를 들면 $a_1 \ldots a_{n-1} a_n = 2 \ldots n\,1$과 $b_1 b_2 \ldots b_n b_{n+1} = 1\,2 \ldots n\,1$로 시작해서 알고리즘 P를 이용해서 $\{2, \ldots, n\}$의 $(n-1)!$개의 순열 $b_2 \ldots b_n$을 생성한다. 알고리즘이 $b_i \leftrightarrow b_{i+1}$로 교환한 직후에 $a_{b_{i-1}} \leftarrow b_i$, $a_{b_i} \leftarrow b_{i+1}$, $a_{b_{i+1}} \leftarrow b_{i+2}$로 설정하고 $a_1 \ldots a_n$을 방문한다.

**97.** $t_k(a_1, \ldots, a_k) =$ '$a_k \neq k$'로 두어서 알고리즘 X를 적용한다.

**98.** 연습문제 47의 표기법하에서, 포함 및 배제 방법(연습문제 1.3.3-26)에 의해 $N_k = \sum\binom{k}{j}(-1)^j (n-j)^{\underline{k-j}}$이다. 만일 $k = O(\log n)$이면 $N_{n-k} = (n!e^{-1}/k!)(1 + O(\log n)^2/n)$이며, 그러므로 $A/n! \approx (e-1)/e$이고 $B/n! \approx 1$이다. 연습문제 48의 가정들 하에서 메모리 참조 횟수는 따라서 $\approx A + B + 3A + B - N_n + 3A \approx n!(9 - \frac{8}{e}) \approx 6.06n!$로, 교란열당 약 16.5이다. 〔S. G. Akl, *BIT* **20** (1980), 2-7에 비슷한 방법이 나온다.〕

**99.** $L_n$이 $(1\,2 \ldots n)$으로 시작하고 $(2\,1 \ldots n)$을 거쳐서 $(1 \ldots n{-}1)$로 끝나는 식으로 $D_n \cup D_{n-1}$을 생성한다고 가정하자. 예를 들어 $L_3 = (1\,2\,3), (2\,1\,3), (1\,2)$이다. 그러면 $K_{nk} = (1\,2 \ldots n)^{-k}(n\; n{+}1)L_n(1\,2 \ldots n)^k$이라 할 때 $D_{n+1}$을 $K_{nn}, \ldots, K_{n2}, K_{n1}$로써 생성할 수 있다. 예를 들어 $D_4$는

$$(1\,2\,3\,4), (2\,1\,3\,4), (1\,2)(3\,4), (3\,1\,2\,4), (1\,3\,2\,4), (3\,1)(2\,4), (2\,3\,1\,4), (3\,2\,1\,4), (2\,3)(1\,4)$$

이다. $K_{nk}$가 순환마디 $(k{+}1 \ldots n\,1 \ldots k\; n{+}1)$로 시작하고 $(k{+}1 \ldots n\,1 \ldots k{-}1)(k\; n{+}1)$로 끝남을 주목할 것. 따라서 $(k-1\; k)$를 앞에 곱하면 $K_{nk}$에서 $K_{n(k-1)}$로 가게 된다. 또한 $(1\; n)$을 앞에 곱하면 $D_{n+1}$의 마지막 원소에서 첫 원서로 돌아간다. $(1\,2\; n{+}1)$을 미리 곱하면 $D_{n+1}$의 마지막 원소에서 $(2\,1\,3 \ldots n)$으로 가는데, 거기에서 $D_n$에 대한 순환마디를 거꾸로 따라가면 $(1\,2 \ldots n)$으로 돌아간다. 그러면 요구된 목록 $L_{n+1}$이 완성된다.

**100.** $t_k(a_1, \ldots, a_k) =$ '$p > 0$ 또는 $l[q] \neq k+1$'로 두어서 알고리즘 X를 적용한다.

참고: 분해불가능 순열의 개수는 $[z^n](1 - 1/\sum_{k=0}^{\infty} k! z^k)$이다. L. Comtet, *Comptes Rendus Acad. Sci.* **A275** (Paris, 1972), 569-572를 보라.

킹A. D. King은 분해불가능 순열을 단계당 단 1회의 전치만으로 효율적으로 생성할 수 있음을 보였다〔*Discrete Math.* **306** (2006), 508–516〕. 실제로 인접 전치만으로도 충분할 수 있다. 예를 들어 $n = 4$일 때 분해불가능 순열들은 3142, 3412, 3421, 3241, 2341, 2431, 4231, 4321, 4312, 4132, 4123, 4213, 2413이다.

**101.** 다음은 알고리즘 X와 비슷한 사전순 대합 생성기이다.

**Y1.** 〔초기화.〕 $1 \le k \le n$에 대해 $a_k \leftarrow k$, $l_{k-1} \leftarrow k$로 설정한다. 그런 다음 $l_n \leftarrow 0$, $k \leftarrow 1$로 설정한다.

**Y2.** 〔수준 $k$에 진입.〕 만일 $k > n$이면 $a_1 \ldots a_n$을 방문하고 Y3로 간다. 그렇지 않으면 $p \leftarrow l_0$, $u_k \leftarrow p$, $l_0 \leftarrow l_p$, $k \leftarrow k+1$로 설정하고 이 단계를 되풀이한다. (이제 $a_p = p$로 두기로 결정한 것이다.)

**Y3.** 〔$k$를 감소.〕 $k \leftarrow k-1$로 설정하고, 만일 $k = 0$이면 알고리즘을 끝낸다. 그렇지 않으면 $q \leftarrow u_k$, $p \leftarrow a_q$로 설정한다. 만일 $p = q$이면 $l_0 \leftarrow q$, $q \leftarrow 0$, $r \leftarrow l_p$, $k \leftarrow k+1$로 설정한다($a_p > p$가 되도록 준비함). 그렇지 않으면 $l_{u_{k-1}} \leftarrow q$, $r \leftarrow l_q$로 설정한다($a_p > q$가 되도록 준비함).

**Y4.** 〔$a_p$를 증가.〕 만일 $r = 0$이면 Y5로 간다. 그렇지 않으면 $l_q \leftarrow l_r$, $u_{k-1} \leftarrow q$, $u_k \leftarrow r$, $a_p \leftarrow r$, $a_q \leftarrow q$, $a_r \leftarrow p$, $k \leftarrow k+1$로 설정하고 Y2로 간다.

**Y5.** 〔$a_p$를 복원.〕 $l_0 \leftarrow p$, $a_p \leftarrow p$, $a_q \leftarrow q$, $k \leftarrow k-1$로 설정하고 Y3으로 간다. ▮

$t_{n+1} = t_n + nt_{n-1}$, $a_{n+1} = 1 + a_n + na_{n-1}$, $t_0 = t_1 = 1$, $a_0 = 0$, $a_1 = 1$이라고 하자. (식 5.1.4-(40) 참고.) 단계 Y2는 $k > n$일 때 $t_n$회, $k \le n$일 때 $a_n$회 수행된다. 단계 Y3은 $p = q$일 때 $a_n$회 수행되며 전체적으로 $a_n + t_n$회 수행된다. 단계 Y4는 $t_n - 1$회, 단계 Y5는 $a_n$회 수행된다. 따라서 모든 $t_n$이 출력되는 데 필요한 메모리 참조 전체 횟수는 근사적으로 $11a_n + 12t_n$으로, 여기서 $a_n < 1.25331414t_n$이다. (속도가 필수인 경우라면 최적화들이 분명 가능하다.)

**102.** ( )로 시작하고 $(n-1\ n)$으로 끝나는 목록 $L_n$을 $L_3 = ()$, $(1\,2)$, $(1\,3)$, $(2\,3)$부터 구축해 나간다. 만일 $n$이 홀수이면 $L_{n+1}$은 $L_n$, $K_{n1}^R$, $K_{n2}$, …, $K_{nn}^R$ 이다. 여기서 $K_{nk} = (k \ldots n)^- L_{n-1}(k \ldots n)(k\ n{+}1)$이다. 예를 들어

$$L_4 = (),\ (1\,2),\ (1\,3),\ (2\,3),\ (2\,3)(1\,4),\ (1\,4),\ (2\,4),\ (1\,3)(2\,4),\ (1\,2)(3\,4),\ (3\,4)$$

이다. 만일 $n$이 짝수이면 $L_{n+1}$은

$$L_n,\ K_{n(n-1)},\ K_{n(n-2)}^R,\ \ldots,\ K_{n1},\ (1\ n{-}2)L^{R_{n-1}}(1\ n{-}2)(n\ n{+}1)$$

이다.

이와 관련된 추가적인 연구 결과에 대해서는 해답 94에서 인용한 월시의 논문을 보라.

**103.** 새비지Carla Savage가 고안한 다음의 우아한 해법은 $1 < j < n$에 대한 단 $n-2$개의 서로 다른 연산 $\rho_j$들만 사용한다. 여기서 연산 $\rho_j$는 $a_{j-1}a_ja_{j+1}$을 $j$가 짝수이면 $a_{j+1}a_{j-1}a_j$로, 홀수이면

$a_j a_{j+1} a_{j-1}$로 대체한다. $n \geq 4$라고 가정해도 무방하다. $A_4 = (\rho_3\rho_2\rho_2\rho_3)^3$으로 둔다. 일반적으로 $A_n$은 $\rho_{n-1}$로 시작하고 끝나며, 시작과 끝을 포함해서 $\rho_{n-1}$이 총 $2n-2$회 나타난다. $A_{n+1}$을 얻는 방법은 $A_n$의 $k$번째 $\rho_{n-1}$을 $\rho_n A'_n \rho_n$으로 대체하는 것인데, 여기서 만일 $n$이 짝수이면 $k = 1$, $2$, $4$, …, $2n-2$이고 $n$이 홀수이면 $k = 1$, $3$, …, $2n-3$, $2n-2$이다. 그리고 $A'_n$은 $A_n$에서 첫 원소 또는 마지막 원소를 삭제한 것이다. 그렇다고 할 때, 만일 $a_1 \ldots a_n = 1 \ldots n$으로 시작한다면 $A_n$의 연산 $\rho_{n-1}$들은 위치 $a_n$이 연속된 값 $n \to p_1 \to n \to p_2 \to \cdots \to p_{n-1} \to n$을 훑게 만든다. 여기서 $p_1 \ldots p_{n-1} = (n-1-[n\text{이 짝수}]) \ldots 4213 \ldots (n-1-[n\text{이 홀수}])$이다. 마지막 순열은 다시 $1 \ldots n$이 된다.

**104.** (a) 균형 좋은 순열의 경우 $\sum_{k=1}^{n} ka_k = n(n+1)^2/4$는 하나의 정수이다.

(b) $k$에 관한 합산에서 $k$를 $a_k$로 대체한다.

(c) $n$이 아주 크지는 않을 때, 연습문제 16의 최적화된 평범한 전조 알고리즘에 기초해서 개수를 빠르게 세는 것이 가능하다. 이는 수량 $\sum ka_k$가 각 인접 맞바꾸기에서 간단한 방식으로 변하며, 모든 $n$단계 중 $n-1$단계는 빠르게 수행이 가능한 '사냥'들이기 때문이다. 1이 2보다 앞에 있는 순열들만 고려한다면 작업량을 절반으로 줄일 수 있다. $1 \leq n \leq 15$에 대한 개수들은 각각 0, 0, 0, 2, 6, 0, 184, 936, 6688, 0, 420480, 4298664, 44405142, 0, 6732621476이다.

**105.** (a) 각 순열 $a_1 \ldots a_n$에 대해, 만일 $a_j > a_{j+1}$이면 $a_j$와 $a_{j+1}$ 사이에 $<$를 삽입하고, 만일 $a_j < a_{j+1}$이면 그 사이에 $\equiv$ 또는 $<$를 삽입한다. (따라서 '상승'이 $k$개인 한 순열로부터 $2^k$개의 약순서가 산출된다. 약순서를 '선호 배치(preferential arrangement)'라고 부르기도 하는데, 연습문제 5.3.1-4는 그러한 배치들이 근사적으로 $n!/(2(\ln 2)^{n+1})$개 존재함을 보여 준다. 각 단계가 $< \leftrightarrow \equiv$나 $a_j \leftrightarrow a_{j+1}$ 또는 둘 다로 변경하는 약순서들의 그레이 부호를, 알고리즘 P와 그레이 부호를 상승(ascent)들에서 결합함으로써 구할 수 있다.

(b) $a_1 \ldots a_n a_{n+1} = 0 \ldots 00$, $a_0 = -1$로 시작한다. $j = 0$이 되어 멈출 때까지 알고리즘 L을 수행한다. $a_1 > \cdots > a_k = a_{k+1}$인 $k$를 찾고, 만일 $k = n$이면 알고리즘을 끝낸다. 그렇지 않으면 $1 \leq l \leq k$에 대해 $a_l \leftarrow a_{k+1} + 1$로 설정하고 L4로 돌아간다. [M. Mor, A. S. Fraenkel, *Discrete Math.* **48** (1984), 101-112를 보라. 약순서 수열들을 특징짓는 한 가지 속성은, 만일 $k$가 존재하며 $k > 0$이면 $k-1$도 존재한다는 것이다.]

**106.** 모든 약순서 순열을 일련의 기본 연산 $a_i \leftrightarrow a_j$ 또는 $a_i \leftarrow a_j$로 구할 수 있다. ($1 \leq j < n$에 대해 $a_j \leftrightarrow a_{j+1}$ 또는 $a_j \leftarrow a_{j+1}$만 허용하도록 변환들을 실제로 제한하는 것도 가능할 것이다.)

**107.** 윌프H. S. Wilf가 지적했듯이, 매 단계마다 수량 $\sum_{k=1}^{n} 2^k [a_k = k]$가 증가한다. 따라서 게임은 반드시 끝난다. 해법에 대한 접근방식이 적어도 세 가지가 있는데, 하나는 나쁘고, 하나는 좋고, 또 하나는 더 좋다.

나쁜 해법은 13!가지의 모든 카드 섞기에 대해 게임을 놀아보고 가장 긴 것을 기록하는 것이다. 이 방법으로 정확한 답을 얻을 수는 있다. 그러나 13!은 6,227,020,800이며, 게임의 평균 길이는 $\approx 8.728$단계이다.

좋은 해법〔A. Pepperdine, *Math. Gazette* **73** (1989), 131-133〕은 다음과 같이 게임을 거꾸로 노는 것이다. $*$가 엎어져 있는 카드를 나타낸다고 할 때, 최종 위치 $1*\ldots*$에서 시작해서 카드의 값이 유효해질 때에만 카드 한 장을 뒤집어 드러낸다. 주어진 위치 $a_1\ldots a_n$으로부터, $a_k = k$이거나 $a_k = *$이고 $k$가 아직 드러나지 않았음을 만족하는 모든 $k > 1$을 고려해서 그 이전의 위치로 돌아간다. 즉, 끝에서 두 번째 위치는 $21*\ldots*$이고 그다음은 $3*1*\ldots*$, $\ldots$, $n*\ldots*1$이다. 그런데 카드를 아직 다 뒤집지 않았어도 더 이상 선행자가 없는 위치들도 있다(이를테면 $n = 6$일 때 $6**213$). 잠재적 후행 게임의 트리를 체계적으로 운행하는 것은 쉬운 일이며, 실제로 $t*$가 있는 노드들의 개수가 정확히 $(n-1)!/t!$임을 증명하는 것이 가능하다. 따라서 고려되는 노드들의 전체 개수는 정확히 $\lfloor (n-1)!\,e \rfloor$이다. $n = 13$일 때 이는 1,302,061,345이다.

더 나은 해법은 초기 위치 $*\ldots*$에서 시작해서 최상위 카드가 엎어져 있으면 드러내는 식으로 게임을 정방향으로 진행하는 것이다. 이런 식으로 카드들을 드러내다 보면 $\{2, \ldots, n\}$의 $(n-1)!$가지 순열들을 모두 훑게 된다. 맨 밑의 카드 $n-m$장이 $(m+1)(m+2)\ldots n$임이 알려진 상황이라면 그 후로 가능한 움직임은 많아야 $f(m)$단계이다. 따라서 게임이 원하는 만큼 길게 이어지지 않을 것을 아는 즉시 그 방향으로의 진행을 생략할 수 있다. 알고리즘 X 같은 순열 생성기를 이용하면 접두열이 같은 모든 순열에 대한 계산을 공유할 수 있으며 중요하지 않은 접두열을 가진 순열들을 일찍 기각할 수 있다. 위치 $j$에 있는 카드를 뒤집었을 때 카드의 값이 $j$이어야 할 필요는 없다. $n = 13$일 때 이 방법이 수준 $(1, 2, \ldots, 12)$에서 고려해야 할 가지들의 수는 각각 단 (1, 11, 940, 6960, 44745, 245083, 1118216, 4112676, 11798207, 26541611, 44380227, 37417359)개이며, 앞으로 단 482,663,902회의 단계들만 취하면 된다. 이 방법은 일부 게임 진행 흐름들을 되풀이하긴 하지만, 가망 없는 가지들을 일찍 잘라내는 덕분에 $n = 13$일 때 후행 방법보다 11배나 빠르게 실행된다.

게임 길이 80단계를 달성하는 유일한 방법은 2 9 4 5 11 12 10 1 8 13 3 6 7로 시작하는 것이다.

**108.** 이 결과는 $a_1 = k$일 때

$$a_1\ldots a_n \to a_k a_{p(k,2)}\ldots a_{p(k,k-1)} a_1 a_{k+1}\ldots a_n$$

인 그 어떤 게임에서도 성립한다. 여기서 $p(k,2)\ldots p(k,k-1)$은 $\{2, \ldots, k-1\}$의 임의의 한 순열이다. 게임 진행 도중 $a_1$이 정확히 $m$개의 서로 다른 값 $d(1) < \cdots < d(m)$을 취한다고 하자. 순열들이 첫 섞기를 포함해서 많아야 $F_{m+1}$개가 나타남을 증명하고자 한다. $m = 1$일 때에는 이 단언이 자명하다.

$d(j)$가 $a_{d(m)}$의 초기 값이고 $j < m$이라고 하자. 그리고 $a_{d(m)}$이 단계 $r$에서 변한다고 하자. 만일 $d(j) = 1$이면 순열들의 개수는 $r + 1 \le F_m + 1 \le F_{m+1}$이고, 그렇지 않으면 $r \le F_{m-1}$이다. 그리고 단계 $r$ 다음에 나오는 순열들은 많아야 $F_m$개이다. 〔*SIAM Review* **19** (1977), 739-741.〕

$1 \le n \le 16$에 대한 $f(n)$의 값들은 $(0, 1, 2, 4, 7, 10, 16, 22, 30, 38, 51, 65, 80, 101, 113, 139)$인데, 이들을 각각 $(1, 1, 2, 2, 1, 5, 2, 1, 1, 1, 1, 1, 1, 4, 6, 1)$가지 방식으로 구할 수 있다. $n = 16$에 대해 가장 길게 감긴 순열은

$$9\ 12\ 6\ 7\ 2\ 14\ 8\ 1\ 11\ 13\ 5\ 4\ 15\ 16\ 10\ 3$$

으로, 이것이 유일하다.

**109.** 서드보로I. H. Sudborough와 모랄레스L. Morales가 독창적으로 증명했듯이〔*Theoretical Comp. Sci.* **411** (2010), 3965–3970〕, $f(n) \ge \frac{19}{128}n^2 + O(1)$이다.

**110.** $0 \le j \le 9$에 대해 비트 벡터 $A_j = [a_j \in S_1] \ldots [a_j \in S_m]$과 $B_j = [j \in S_1] \ldots [j \in S_m]$을 구축한다. 그러면 모든 비트 벡터 $v$에 대해 $A_j = v$인 $j$들의 수는 $B_k = v$인 $k$들의 수와 반드시 같다. 그리고 만일 그렇다면, 값 $\{a_j \mid A_j = v\}$들을 모든 가능한 방식으로 $\{k \mid B_k = v\}$의 순열들에 배정해야 한다.

예를 들어 주어진 문제의 비트 벡터들은 16진 표기법으로

$$(A_0, \ldots, A_9) = (9,6,8,\mathrm{b},5,4,0,\mathrm{a},2,0), \qquad (B_0, \ldots, B_9) = (5,0,8,6,2,\mathrm{a},4,\mathrm{b},9,0)$$

이다. $a_0 \ldots a_9 = 8327061549$ 또는 $8327069541$이다.

좀 더 큰 문제라면 비트 벡터들을 해시표에 담아 두는 것이 좋을 것이다. 그리고 답을 순열들이 아니라 동치류들로 제시하는 것이 더 나을 것이다. 실제로, 이 문제는 다른 문제들에 비해 순열과 관련이 적다.

**111.** $n!/2$개의 정점 $a_1 \ldots a_{n-2}$와 $n!$개의 호 $a_1 \ldots a_{n-2} \to a_2 \ldots a_{n-1}$(각 순열 $a_1 \ldots a_n$ 당 하나씩)의 유향 그래프에서 각 정점의 내향차수는 2이고 외향차수는 2이다. 더 나아가서, $a_1 \ldots a_{n-2} \to a_2 \ldots a_{n-1} \to a_3 \ldots a_n \to a_4 \ldots a_n a_2 \to a_5 \ldots a_n a_2 a_1 \to \cdots \to a_2 a_1 a_3 \ldots a_{n-2}$ 같은 경로에서 보듯이 임의의 정점은 다른 임의의 정점에서 도달이 가능하다. 따라서 정리 2.3.4.2G에 의해 오일러 경로가 존재하는데, 그러한 경로가 전체 순열 순환마디와 동치임은 자명하다. $n = 4$일 때 사전순으로 가장 작은 예는 $(123124132134214324314234)$이다.

〔*Discrete Math.* **149** (1996), 123–129에서 헐버트G. Hurlbert와 아이작G. Isaak은 또 다른 매력적인 접근방식을 제안했다: 나머지식(modular) 전체 순열 순환마디는 $n!$개의 숫자 $\{0, \ldots, n\}$의 순환마디이되, $a_j = (u_j - c) \bmod (n+1)$로 둠으로써 $\{1, \ldots, n\}$의 각 순열 $a_1 \ldots a_n$이 연속된 숫자들의 블록 $u_1 \ldots u_n$으로부터 나타나는 순환마디이다. 여기서 $c$는 $\{u_1, \ldots, u_n\}$에서 "빠진" 숫자이다. 예를 들어 나머지식 전체 순열 순환마디 $(012032)$는 $n = 3$에 대해 본질적으로 유일하다. 그리고 $n = 4$에 대해 사전순으로 가장 작은 것은 $(012301420132014321430243)$이다. 이전 문단의 유향 그래프에서 정점 $a_{1 \ldots} a_{n-2}$와 $a_1' \ldots a_{n-2}'$가 만일 $a_1 - a_1' \equiv \cdots \equiv a_{n-2} - a_{n-2}'$(법 $n$)이면 서로 동치라고 한다면, 그 오일러 경로가 $\{1, \ldots, n-1\}$에 대한 나머지식 전체 순열 순환마디에 해당하는 $(n-1)!/2$개의 정점들의 유향 그래프가 나온다.

**112.** (a) 순환마디가 $a_1a_2\ldots$이라 할 때, 단계 $j$에서 만일 부분수열 $a_ja_{j+1}\ldots a_{j+n-1}$이 하나의 순열이면 $\sigma$를 사용하고 그렇지 않으면 $\rho$를 사용한다.

(b) 이 명제는 연습문제 72로부터 즉시 유도된다.

(c) $\Omega_2 = \sigma^2$으로 두고, $\sigma \mapsto \sigma^2\rho^{n-1}$, $\rho \mapsto \sigma^2\rho^{n-2}\sigma$로 대체해서 $\Omega_n$으로부터 $\Omega_{n+1}$을 얻는다. 예를 들어 $\Omega_3 = (\sigma^2\rho)^2$이고 $\Omega_4 = ((\sigma^2\rho^2)^2\sigma^2\rho\sigma)^2$이다. $n\ldots 21$로 시작해서 $\Omega_n$의 연속된 원소들을 적용해서 순열들을 생성한다. 예를 들어 $n = 4$일 때 순열들은

$$4321, 3214, 2143, 1423, 4213, 2134, 1342, 3412, 4132, 1324, 3241, 2431,$$
$$4312, 3124, 1243, 2413, 4123, 1234, 2341, 3421, 4231, 2314, 3142, 1432$$

이고 해당 전체 순환마디는 (432142134132431241234231)다. 이 순열들의 열에서 $n$이 순환해서 움직인다는 점과 $n$으로 시작하는 순열들이 $\Omega_{n-1}$로부터 얻은 수열에 대응됨을 주목하기 바란다.

〔F. Ruskey, A. Williams, *ACM Trans. on Algorithms* **6** (2010), 45:1-45:12를 보라. 종지기들은 이와 비슷한 방법들을 알고 있었다고 한다. 전체 순환마디를 임의의 중복집합의 순열들에 대해 명시적으로 구축하는 것도 가능하다. 7.2.1.1-(62)와 비슷한 방법을 사용하면 되는데, A. Williams, Ph.D. 박사학위 논문(Univ. of Victoria, 2009)을 보라.〕

**113.** 연습문제 2.3.4.2-22에 의해, 이전 해답의 유향 그래프에서 1 2 … $(n-2)$가 뿌리들인 유향 트리들을 세는 것으로 충분하다. 그리고 그런 트리들을 연습문제 2.3.4.2-19의 방법으로 셀 수 있다. 계산해 보면, $n \le 6$의 경우 수 $U_n$은 희한할 만큼 간단하다: $U_2 = 1$, $U_3 = 3$, $U_4 = 2^7\cdot 3$, $U_5 = 2^{33}\cdot 3^8\cdot 5^3$, $U_6 = 2^{190}\cdot 3^{49}\cdot 5^{33}$이다. (여기서 (121323)이 (213231)와 같은 순환마디이나 (131232)와는 다른 것이라고 간주한다.)

쿡Mark Cooke은 이 값들을 효율적으로 계산하는 다음과 같은 교육적인 방법을 발견했다: $n!\times n!$ 행렬 $M = 2I - R - S$를 고려한다. 여기서 $R_{\pi\pi'} = [\pi' = \pi\rho]$이고 $S_{\pi\pi'} = [\pi' = \pi\sigma]$이다. $H^- RH$와 $H^- SH$가 각각 $k_\lambda \times k_\lambda$ 행렬 $R_\lambda$과 $S_\lambda$의 복사본 $k_\lambda$개와 $n$의 각 분할 $\lambda$로 이루어진 블록 대각 형태(block diagonal form)를 가진다는 조건을 만족하는 행렬 $H$가 존재한다. 여기서 $k_\lambda$는 $n!$을 $\lambda$형 갈고리 길이들의 곱으로 나눈 것이다(정리 5.1.4H). 그리고 $R_\lambda$와 $S_\lambda$는 $\rho$와 $\sigma$를 영 타블로를 기반으로 하여 행렬로 표현한 것이다. 〔한 가지 증명이 Bruce Sagan, *The Symmetric Group* (Pacific Grove, Calif.: Wadsworth & Brooks/Cole, 1991)에 나온다.〕 예를 들어 $n = 3$일 때

$$R=\begin{pmatrix}0&0&0&1&0&0\\0&0&0&0&0&1\\0&0&0&0&1&0\\1&0&0&0&0&0\\0&0&1&0&0&0\\0&1&0&0&0&0\end{pmatrix},\quad S=\begin{pmatrix}0&1&0&0&0&0\\0&0&1&0&0&0\\1&0&0&0&0&0\\0&0&0&0&1&0\\0&0&0&0&0&1\\0&0&0&1&0&0\end{pmatrix},\quad H=\begin{pmatrix}1&1&1&-1&1&0\\1&1&-1&0&0&-1\\1&1&0&1&-1&1\\1&-1&-1&1&0&1\\1&-1&1&0&1&-1\\1&-1&0&-1&-1&0\end{pmatrix},$$

$$H^{-}RH=\begin{pmatrix}1&0&0&0&0&0\\0&-1&0&0&0&0\\0&0&0&1&0&0\\0&0&1&0&0&0\\0&0&0&0&0&1\\0&0&0&0&1&0\end{pmatrix},\qquad H^{-}SH=\begin{pmatrix}1&0&0&0&0&0\\0&1&0&0&0&0\\0&0&0&-1&0&0\\0&0&1&-1&0&0\\0&0&0&0&0&-1\\0&0&0&0&1&-1\end{pmatrix}$$

이다. 여기서 행들과 열들의 색인은 해당 순열 $1$, $\sigma$, $\sigma^2$, $\rho$, $\rho\sigma$, $\rho\sigma^2$이다. 그리고 $k_3 = k_{111} = 1$이고 $k_{21} = 2$이다. 따라서 $M$의 고윳값들은 $k_\lambda \times k_\lambda$ 행렬 $2I - R_\lambda - S_\lambda$의 고윳값들을 $k_\lambda$번 반복한 것들을 $\lambda$에 관해 합친(union) 것이다. 지금 예에서 $(0)$, $(2)$, $\begin{pmatrix}2&0\\-2&3\end{pmatrix}$ 두 번의 고윳값들은 $\{0\}$, $\{2\}$, $\{2,3\}$ 두 번이다.

$M$의 고윳값들은 연습문제 2.3.4.2-19의 행렬 $A$의 고윳값들과 직접적인 관련이 있다. 실제로, 순열 $\pi$의 성분들과 $\pi\rho\sigma^{-}$의 성분들을 등호로 두면 $A$의 각 고윳값에서 $M$의 고윳값이 바로 나온다. 이는 $R+S$의 행 $\pi$와 $\pi\rho\sigma^{-}$가 같기 때문이다. 예를 들어

$$A=\begin{pmatrix}2&-1&-1\\-1&2&-1\\-1&-1&2\end{pmatrix}\text{의 고윳값 0, 3, 3에 대한 고유벡터들은 }\begin{pmatrix}1\\1\\1\end{pmatrix},\ \begin{pmatrix}1\\-1\\0\end{pmatrix},\ \begin{pmatrix}1\\0\\-1\end{pmatrix}$$

이며, 이로부터 같은 고윳값들에 대한 $M$의 고유벡터 $(1,1,1,1,1,1)^T$와 $(1,-1,0,0,-1,1)^T$, $(1,0,-1,-1,0,1)^T$가 나온다. 그리고 $M$에는 $n!/2$개의 추가적인 고유벡터들이 있는데, 그 고유벡터들은 어떤 $\pi$에 대해 $\pi$와 $\pi\sigma^{-}\rho$를 색인으로 하는 성분들을 제외한 모든 성분이 0이다. 이는 $R+S$에서 오직 행 $\pi\rho^{-}$와 $\pi\sigma^{-}$, 열 $\pi$와 $\pi\sigma^{-}\rho$의 성분들만 0이 아니기 때문이다. 그러한 고유벡터들로부터 $n!/2$개의 추가적인 고윳값들이 나오는데, 그 값들은 모두 2와 같다.

따라서 $U_n$, 즉 $2/n!$ 곱하기 $A$의 0이 아닌 고윳값들의 곱은 $2^{1-n!/2}/n!$ 곱하기 $M$의 0이 아닌 고윳값들의 곱이다.

안타깝게도 작은 소인수 현상(small-prime-factor phenomenon)은 더 이상 계속되지 않는다. $U_7$은 $2^{1217}3^{123}5^{119}7^5 11^{28}43^{35}73^{20}79^{21}109^{35}$이고 $U_9$는 $59229013196333^{168}$의 배수이다.

## 7.2.1.3절

**1.** 한 중복집합이 주어졌을 때, 서로 다른 원소들을 먼저 나열하고 그런 다음 두 번 나오는 원소들, 세 번 나오는 원소들을 나열하는 등으로 진행해서 수열 $e_t \cdots e_2 e_1$을 오른쪽에서 왼쪽으로 형성한다. $0 \le j \le s = n-t$에 대해 $e_{-j} \leftarrow s-j$로 설정해서, $1 \le j \le t$에 대한 모든 원소 $e_j$가 수열 $e_t \cdots e_1 e_0 \cdots e_{-s}$의 오른쪽의 어떤 원소와 같게 만든다. 만일 그러한 첫 번째 원소가 $e_{c_j - s}$이면 (3)에 대한 해를 얻은 것이다. 반대로, (3)의 모든 해로부터 유일한 중복집합 $\{e_1, \ldots, e_t\}$가 나온다. $1 \le j \le t$에 대해 $c_j < s+j$이기 때문이다.

이와 비슷한, 대응관계를 카탈랑E. Catalan이 제안했다: $0 \le e_1 \le \cdots \le e_t \le s$라고 할 때

$$\{c_1, \ldots, c_t\} = \{e_1, \ldots, e_t\} \cup \{s+j \mid 1 \le j < t \text{ 그리고 } e_j = e_{j+1}\}$$

로 두는 것이다. *Mémoires de la Soc. roy. des Sciences de Liège* (2) **12** (1885), *Mélanges Math.*, 3을 보라.〕

**2.** 왼쪽 하단 모퉁이에서 시작해서 0마다 위로, 1마다 오른쪽으로 간 경로, 즉 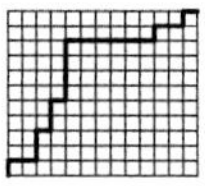 이다. 반대로, $(0,0)$에서 $(s,t)$로의 임의의 경로로부터 (2)~(11)의 표현 $a_i$, $b_i$, $c_i$, $d_i$, $p_i$, $q_i$를 "읽어 내는" 것도 가능하다.

**3.** 이 알고리즘에서 변수 $r$은 $q_r > 0$인 가장 작은 양의 색인이다.

**N1.** 〔초기화.〕 $1 \le j \le t$에 대해 $q_j \leftarrow 0$으로 설정하고 $q_0 \leftarrow s$로 설정한다. ($st > 0$이라고 가정한다.)

**N2.** 〔방문.〕 합성 $q_t \ldots q_0$을 방문한다. 만일 $q_0 = 0$이면 N4로 간다.

**N3.** 〔쉬운 경우.〕 $q_0 \leftarrow q_0 - 1$, $r \leftarrow 1$로 설정하고 N5로 간다.

**N4.** 〔까다로운 경우.〕 만일 $r = t$이면 알고리즘을 끝낸다. 그렇지 않으면 $q_0 \leftarrow q_r - 1$, $q_r \leftarrow 0$, $r \leftarrow r + 1$로 설정한다.

**N5.** 〔$q_r$을 증가.〕 $q_r \leftarrow q_r + 1$로 설정하고 N2로 돌아간다. ▮

〔*CACM* **11** (1968), 430; **12** (1969), 187을 보라. 이러한 합성들을 사전식 순서의 내림차순으로 생성하는 것은 좀 더 어렵다.〕

**4.** (14)에서 0과 1의 역할을 뒤바꿔서, $0^{q_t}10^{q_{t-1}}1\ldots10^{q_1}10^{q_0} = 1^{r_s}01^{r_{s-1}}0\ldots01^{r_1}01^{r_0}$이 되게 할 수 있다. 그러면

$$0^1 10^0 10^2 10^2 10^4 10^0 10^0 10^0 10^0 10^0 10^1 10^0 10^1 10^0 = 1^0 01^2 01^0 01^1 01^0 01^1 01^0 01^0 01^0 01^6 01^2 01^1$$

이 나온다. $a_{n-1} \ldots a_1 a_0$의 사전순은 $r_s \ldots r_1 r_0$의 사전순에 대응된다.

덧붙이자면, 중복집합과의 연관 관계도 존재한다: $\{d_t, \ldots, d_1\} = \{r_s \cdot s, \ldots, r_0 \cdot 0\}$이다. 예를 들어 $\{10, 10, 8, 6, 2, 2, 2, 2, 2, 2, 1, 1, 0\} = \{0 \cdot 11, 2 \cdot 10, 0 \cdot 9, 1 \cdot 8, 0 \cdot 7, 1 \cdot 6, 0 \cdot 5, 0 \cdot 4, 0 \cdot 3, 6 \cdot 2, 2 \cdot 1, 1 \cdot 0\}$이다.

**5.** (a) $n + \lfloor t/2 \rfloor$의 각 $t$-조합에서 $x_j = c_j - \lfloor (j-1)/2 \rfloor$로 설정한다. (b) $n - t - 2$의 각 $t$-조합에서 $x_j = c_j + j + 1$로 설정한다.

($x_{t+1}$, $(\delta_t, \ldots, \delta_0)$, $x_0$의 값이 주어졌을 때 $0 \le j \le t$에 대한 부등식 $x_{j+1} \ge x_j + \delta_j$들의 모든 해 $(x_t, \ldots, x_1)$을 구하는 문제에도 비슷한 접근방식을 적용할 수 있다.)

**6.** $t > 0$라고 가정한다. T3에는 $c_1 > 0$일 때 도달하며, T5에는 $c_2 = c_1 + 1 > 1$일 때 도달한다. T4는 $2 \le j \le t+1$에 대해 $c_j = c_1 + j - 1 \ge j$일 때이다. 따라서 횟수는 T1: 1, T2: $\binom{n}{t}$, T3: $\binom{n-1}{t}$, T4: $\binom{n-2}{t-1} + \binom{n-3}{t-2} + \cdots + \binom{n-t-1}{0} = \binom{n-1}{t-1}$, T5: $\binom{n-2}{t-1}$, T6: $\binom{n-1}{t-1} + \binom{n-2}{t-1} - 1$이다.

**7.** 알고리즘 T보다 약간 더 간단한 절차로 충분하다: $s < n$이라고 가정한다.

**S1.** [초기화.] $1 \le j \le s$에 대해 $b_j \leftarrow j+n-s-1$로 설정한다. 그런 다음 $j \leftarrow 1$로 설정한다.

**S2.** [방문.] 조합 $b_s \ldots b_2 b_1$을 방문한다. 만일 $j > s$이면 알고리즘을 끝낸다.

**S3.** [$b_j$를 감소.] $b_j \leftarrow b_j - 1$로 설정한다. 만일 $b_j < j$이면 $j \leftarrow j+1$로 설정하고 S2로 돌아간다.

**S4.** [$b_{j-1} \ldots b_1$을 재설정.] $j > 1$인 동안 $b_{j-1} \leftarrow b_j - 1$, $j \leftarrow j-1$로 설정한다. S2로 돌아간다. ▮

(S. Dvořák, *Comp. J.* **33** (1990), 188을 보라. 만일 $1 \le k \le s$에 대해 $x_k = n - b_k$이면 이 알고리즘은 $\{1, 2, \ldots, n\}$의 조합 $x_s \ldots x_2 x_1$들 중 $1 \le x_s < \cdots < x_2 < x_1 \le n$인 모든 조합을 사전순 오름차순으로 방문함을 주목할 것.)

**8. A1.** [초기화.] $a_n \ldots a_0 \leftarrow 0^{s+1}1^t$, $q \leftarrow t$, $r \leftarrow 0$으로 설정한다. ($0 < t < n$이라고 가정한다.)

**A2.** [방문.] 조합 $a_{n-1} \ldots a_1 a_0$을 방문한다. 만일 $q = 0$이면 A4로 간다.

**A3.** [$\ldots 01^q$을 $\ldots 101^{q-1}$으로 대체.] $a_q \leftarrow 1$, $a_{q-1} \leftarrow 0$, $q \leftarrow q-1$로 설정한다. 그런 다음 만일 $q = 0$이면 $r \leftarrow 1$로 설정한다. A2로 돌아간다.

**A4.** [1들의 블록을 이동.] $a_r \leftarrow 0$, $r \leftarrow r+1$로 설정한다. 그런 다음 만일 $a_r = 1$이면 $a_q \leftarrow 1$, $q \leftarrow q+1$로 설정하고 단계 A4를 되풀이한다.

**A5.** [왼쪽으로 자리 올림.] 만일 $r = n$이면 알고리즘을 끝낸다. 그렇지 않으면 $a_r \leftarrow 1$로 설정한다.

**A6.** [홀?] 만일 $q > 0$이면 $r \leftarrow 0$으로 설정한다. A2로 돌아간다. ▮

단계 A2에서 $q$와 $r$은 각각 $a_{n-1} \ldots a_0$의 제일 오른쪽 0과 1을 가리킨다. 단계 A1, …, A6의 실행 빈도는 각각 1, $\binom{n}{t}$, $\binom{n-1}{t-1}$, $\binom{n}{t} - 1$, $\binom{n-1}{t}$, $\binom{n-1}{t} - 1$이다.

**9.** (a) 처음 $\binom{n-1}{t}$개의 비트열은 0으로 시작하고 비트 변경 횟수는 $2A_{(s-1)t}$이다. 나머지 $\binom{n-1}{t-1}$개는 1로 시작하고 비트 변경 횟수는 $2A_{s(t-1)}$이다. 그리고 $\nu(01^t0^{s-1} \oplus 10^s1^{t-1}) = 2\min(s,t)$이다.

(b) 해답 1 (직접): $B_{st} = A_{st} + \min(s,t) + 1$이라고 하자. 그러면

$$st > 0\text{일 때}\quad B_{st} = B_{(s-1)t} + B_{s(t-1)} + [s=t], \qquad st = 0\text{일 때}\quad B_{st} = 1$$

이다. 따라서 $B_{st} = \sum_{k=0}^{\min(s,t)} \binom{s+t-2k}{s-k}$이다. 만일 $s \le t$이면 이는 $\le \sum_{k=0}^{s} \binom{s+t-k}{s-k} = \binom{s+t+1}{s} = \binom{s+t}{s}\frac{s+t+1}{t+1} < 2\binom{s+t}{t}$이다.

해답 2 (간접): 해답 8의 알고리즘의 비트 변경 횟수는 단계 (A3, A4)의 실행 횟수가 $(x, y)$라고 라고 할 때 $2(x+y)$이다. 따라서 $A_{st} \le \binom{n-1}{t-1} + \binom{n}{t} - 1 < 2\binom{n}{t}$이다.

[따라서 해답 7.2.1.1-3의 논평이 조합들에도 적용된다.]

**10.** 각 시나리오는 A가 승리한 게임들의 집합 $\{8-b_4, 8-b_3, 8-b_2, 8-b_1\}$과 N이 승리한 게임들의 집합 $\{8-c_4, 8-c_3, 8-c_2, 8-c_1\}$의 $(4, 4)$-조합 $b_4b_3b_2b_1$ 또는 $c_4c_3c_2c_1$에 해당한다. 시리즈에서 패한 팀이 총 여덟 경기의 나머지 경기들에서 이긴다고 가정할 수 있기 때문이다. (이와 동치로, $\{$A, A, A, A, N, N, N, N$\}$의 모든 순열을 생성하고 A들이나 N들의 후행 연속열을 제거해도 된다.) 아메리칸 리그는 오직 $b_1 \neq 0$일 때에만, 오직 $c_1 = 0$일 때에만 우승한다. 공식 $\binom{c_4}{4}+\binom{c_3}{3}+\binom{c_2}{2}+\binom{c_1}{1}$은 각 시나리오에 0에서 69 사이의 고유한 정수를 배정한다.

예를 들어 ANANAA $\Longleftrightarrow a_7 \dots a_1a_0 = 01010011 \Longleftrightarrow b_4b_3b_2b_1 = 7532 \Longleftrightarrow c_4c_3c_2c_1 = 6410$이며, 이는 사전순으로 순위가 $\binom{6}{4}+\binom{4}{3}+\binom{1}{2}+\binom{0}{1} = 19$인 시나리오이다. (항 $\binom{c_j}{j}$는 오직 후행 N에 대응될 때에만 0이 된다.)

**11.** AAAA (9회), NNNN (8회), ANAAA (7회)가 가장 흔했다. 발생하지 않은 시나리오는 70개 중 정확히 27개로, NNNA로 시작하는 네 시나리오 모두 발생한 적이 없다. (1907년과 1912, 1922년에 일몰로 무승부가 된 게임들은 무시했다. ANNAAA 시나리오도 배제해야 할 것이다. 그 시나리오는 1920년에 '9전5승제'의 ANNAAAA의 일부로만 발생했기 때문이다. NNAAANN은 2001년에 처음 발생했다.)

**12.** (a) $V_j$가 $\{0 \dots 0\} = V_n \subseteq V_{n-1} \subseteq \cdots \subseteq V_0 = V$를 만족하는 부분공간 $\{a_{n-1} \dots a_0 \in V \mid 0 \le k < j$에 대해 $a_k = 0\}$이라고 하자. 그러면 $\{c_1, \dots, c_t\} = \{c \mid V_c \neq V_{c+1}\}$이며, $\alpha_k$는 $1 \le j \le t$에 대해 $a_{c_j} = [j = k]$를 만족하는 $V$의 유일한 원소 $a_{n-1} \dots a_0$이다.

첨언하자면, 표준기저에 해당하는 $t \times n$ 행렬을 기약 행 사다리꼴(reduced row-echelon form) 행렬이라고 부른다. 표준적인 '삼각화' 알고리즘(연습문제 4.6.1-19와 알고리즘 4.6.2N을 보라)으로 그러한 행렬을 구할 수 있다.

(b) 연습문제 1.2.6-58의 2항계수 $\binom{n}{t}_2 = 2^t\binom{n-1}{t}_2 + \binom{n-1}{t-1}_2$가 적절한 속성들을 가지고 있다. $c_t < n-1$인 이진 벡터 공간은 $2^t\binom{n-1}{t}_2$개, $c_t = n-1$인 것은 $\binom{n-1}{t-1}_2$개이기 때문이다. [일반적으로, 별표가 $r$개인 표준기저의 수는 $r$을 최대 $t$개의 부분으로 분할하되 어떤 부분도 $n-t$를 넘지 않도록 분할하는 방법의 수와 같은데, 그 개수는 식 7.2.1.4-(51)에 의해 $[z^r]\binom{n}{t}_z$이다. D. E. Knuth, *J. Combinatorial Theory* **A10** (1971), 178-180을 보라.]

(c) 다음 알고리즘은 $n > t > 0$이고 $t \le j \le n$에 대해 $a_{(t+1)j} = 0$이라고 가정한다.

**V1.** [초기화.] $1 \le k \le t$, $0 \le j < n$에 대해 $a_{kj} \leftarrow [j = k-1]$로 설정한다. 또한 $q \leftarrow t$, $r \leftarrow 0$으로 설정한다.

**V2.** [방문.] (이 지점에서 $1 \le k \le q$에 대해 $a_{k(k-1)} = 1$이고 $a_{(q+1)q} = 0$, $a_{1r} = 1$이다.) 표준기저 $(a_{1(n-1)} \dots a_{11}a_{10}, \dots, a_{t(n-1)} \dots a_{t1}a_{t0})$을 방문한다. 만일 $q > 0$이면 V4로 간다.

**V3.** [1들의 블록을 찾는다.] $a_{(q+1)(q+r)} = 0$이 될 때까지 $q \leftarrow 1, 2, \dots$로 설정한다. 만일 $q + r = n$이면 알고리즘을 끝낸다.

**V4.** 〔열 $q+r$에 1을 더한다.〕 $k \leftarrow 1$로 설정한다. $a_{k(q+r)} = 1$인 동안 $a_{k(q+r)} \leftarrow 0$, $k \leftarrow k+1$로 설정한다. 그런 다음 만일 $k \le q$이면 $a_{k(q+r)} \leftarrow 1$로 설정하고, 그렇지 않으면 $a_{q(q+r)} \leftarrow 1$, $a_{q(q+r-1)} \leftarrow 0$, $q \leftarrow q-1$로 설정한다.

**V5.** 〔블록을 오른쪽으로 이동.〕 만일 $q=0$이면 $r \leftarrow r+1$로 설정한다. 그렇지 않고 만일 $r>0$이면 $1 \le k \le q$에 대해 $a_{k(k-1)} \leftarrow 1$, $a_{k(r+k-1)} \leftarrow 0$으로 설정한 후 $r \leftarrow 0$으로 설정한다. V2로 간다. ▮

단계 V2에서 $q>0$이 될 확률은 $1-(2^{n-t}-1)/(2^n-1) \approx 1-2^{-t}$이므로, 그런 경우를 개별적으로 처리함으로써 시간을 절약할 수 있을 것이다.

(d) $999999 = 4\binom{8}{4}_2 + 16\binom{7}{4}_2 + 5\binom{6}{3}_2 + 5\binom{5}{3}_2 + 8\binom{4}{3}_2 + 0\binom{3}{2}_2 + 4\binom{2}{2}_2 + 1\binom{1}{1}_2 + 2\binom{0}{1}_2$이므로 백만 번째 출력은 이진 열들이 4, 16/2, 5, 5, 8/2, 0, 4/2, 2/2인 형태, 즉

$$\begin{aligned} \alpha_1 &= 0\,0\,1\,1\,0\,0\,0\,1\,1, \\ \alpha_2 &= 0\,0\,0\,0\,0\,0\,1\,0\,0, \\ \alpha_3 &= 1\,0\,1\,1\,1\,0\,0\,0\,0, \\ \alpha_4 &= 0\,1\,0\,0\,0\,0\,0\,0\,0 \end{aligned}$$

이다. 〔참고문헌: E. Calabi, H. S. Wilf, *J. Combinatorial Theory* **A22** (1977), 107-109.〕

**13.** $n=s+t$라고 하자. 0으로 시작하는 그러한 구성은 $\binom{s-1}{\lceil (r-1)/2 \rceil}\binom{t-1}{\lfloor (r-1)/2 \rfloor}$개이고 1로 시작하는 것은 $\binom{s-1}{\lfloor (r-1)/2 \rfloor}\binom{t-1}{\lceil (r-1)/2 \rceil}$개이다. 0으로 시작하는 한 이징 구성은 $s$개의 0들을 $\lceil (r+1)/2 \rceil$개의 부분들로 분할하는 한 합성과 $t$개의 1들을 $\lfloor (r+1)/2 \rfloor$의 부분들로 분할하는 한 합성에 대응되기 때문이다. 따라서 그러한 모든 합성들의 쌍을 생성해서 해당 구성으로 합치면 된다. 〔E. Ising, *Zeitschrift für Physik* **31** (1925), 253-258; J. M. S. Simões Pereira, *CACM* **12** (1969), 562.〕

**14.** 우선 $1 \le j \le n$에 대해 $l[j] \leftarrow j-1$, $r[j-1] \leftarrow j$로 설정하고, $l[0] \leftarrow n$, $r[n] \leftarrow 0$으로 설정한다. $t>0$이라고 가정할 때, 다음 번 조합을 얻기 위해서는 만일 $l[0]>s$이면 $p \leftarrow s$로 설정하고 그렇지 않으면 $p \leftarrow r[n]-1$로 설정한다. 만일 $p \le 0$이면 절차를 끝내고, 그렇지 않으면 $q \leftarrow r[p]$, $l[q] \leftarrow l[p]$, $r[l[p]] \leftarrow q$로 설정한다. 그런 다음 만일 $r[q]>s$이고 $p<s$이면 $r[p] \leftarrow r[n]$, $l[r[n]] \leftarrow p$, $r[s] \leftarrow r[q]$, $l[r[q]] \leftarrow s$, $r[n] \leftarrow 0$, $l[0] \leftarrow n$으로 설정하고 그렇지 않으면 $r[p] \leftarrow r[q]$, $l[r[q]] \leftarrow p$로 설정한다. 마지막으로 $r[q] \leftarrow p$, $l[p] \leftarrow q$로 설정한다.

〔Korsh, Lipschutz, *J. Algorithms* **25** (1997), 321-335를 보라. 그 논문은 이 착안을 중복집합 순열을 위한 루프 없는 알고리즘으로 확장한다. 주의: 연습문제 7.2.1.1-16처럼 이 연습문제는 실용적이기보다는 학술적이다. 연결 목록을 방문하는 루틴 자체에는 루프 없는 생성의 장점을 무색케 하는 루프가 필요할 것이기 때문이다.〕

**15.** (언급된 사실은 $c_t \ldots c_1$의 사전식 순서가 $a_{n-1} \ldots a_0$의 사전식 순서에 대응되며, 이는 곧 여수열 $1 \ldots 1 \oplus a_{n-1} \ldots a_0$의 사전식 역순이기 때문이다.) 정리 L에 의해, 조합 $c_t \ldots c_1$은 정확히 $\binom{b_s}{s} + \cdots + \binom{b_2}{2}$

$+\binom{b_1}{1}$개의 다른 조합들이 방문되기 전에 방문되며, 반드시

$$\binom{b_s}{s}+\cdots+\binom{b_1}{1}+\binom{c_t}{t}+\cdots+\binom{c_1}{1}=\binom{s+t}{t}-1$$

이 성립한다. 각 $x_j$가 0 또는 1이고 $\bar{x}_j=1-x_j$일 때 이 일반 항등식을 다음과 같이 쓸 수 있다.

$$\sum_{j=0}^{n-1} x_j\binom{j}{x_0+\cdots+x_j}+\sum_{j=0}^{n-1}\bar{x}_j\binom{j}{\bar{x}_0+\cdots+\bar{x}_j}=\binom{n}{x_0+\cdots+x_{n-1}}-1.$$

이를 또한 등식

$$x_n\binom{n}{x_0+\cdots+x_n}+\bar{x}_n\binom{n}{\bar{x}_0+\cdots+\bar{x}_n}=\binom{n+1}{x_0+\cdots+x_n}-\binom{n}{x_0+\cdots+x_{n-1}}$$

로부터 이끌어 낼 수도 있다.

**16.** $999999=\binom{1414}{2}+\binom{1008}{1}=\binom{182}{3}+\binom{153}{2}+\binom{111}{1}=\binom{71}{4}+\binom{56}{3}+\binom{36}{2}+\binom{14}{1}=\binom{43}{5}+\binom{32}{4}+\binom{21}{3}+\binom{15}{2}+\binom{6}{1}$이므로 답은 (a) 1414 1008, (b) 182 153 111, (c) 71 56 36 14, (d) 43 32 21 15 6, (e) 1000000 999999 ... 2 0이다.

**17.** 정리 L에 의해, $n_t$는 $N\ge\binom{n_t}{t}$를 만족하는 가장 큰 정수이다. 나머지 항들은 $N-\binom{n_t}{t}$의 $(t-1)$차 표현이다.

$t>1$에 대한 비슷한 순차적 방법 하나는 이런 것이다: $x=1$, $c=t$로 시작해서, $x>N$이 될 때까지 설정 $c\leftarrow c+1$, $x\leftarrow xc/(c-t)$를 0회 이상 되풀이한다. 그런 다음 $x\leftarrow x(c-t)/c$, $c\leftarrow c-1$로 설정해서 첫 페이즈를 마친다. 이 지점에서 $x=\binom{c}{t}\le N<\binom{c+1}{t}$이다. $n_t\leftarrow c$, $N\leftarrow N-x$로 설정한다. 만일 $t=2$이면 $n_1\leftarrow N$으로 절차를 마친다. 그렇지 않으면 $x\leftarrow xt/c$, $t\leftarrow t-1$, $c\leftarrow c-1$로 설정한다. $x>N$인 동안 $x\leftarrow x(c-t)/c$, $c\leftarrow c-1$로 설정한다. 이 페이즈를 되풀이한다. $N<\binom{n}{t}$인 경우 이 방법의 필수 산술 연산 횟수는 $O(n)$회이므로, $t$가 작고 $N$이 클 때에는 이 방법이 적합하지 않다.

$t=2$일 때 연습문제 1.2.4-41에 의하면 $n_2=\lfloor\sqrt{2N+2}+\frac{1}{2}\rfloor$이다. 일반적으로 $n_t$는 $\lfloor x\rfloor$인데, 여기서 $x$는 $x^{\underline{t}}=t!\,N$의 가장 큰 근이다. 이 근을 급수 $y=(x^{\underline{t}})^{1/t}=x-\frac{1}{2}(t-1)+\frac{1}{24}(t^2-1)x^{-1}+\cdots$을 $x$에 대해 정리한 $x=y+\frac{1}{2}(t-1)+\frac{1}{24}(t^2-1)/y+O(y^{-3})$으로 근사할 수 있다. 이 공식에서 $y=(t!\,N)^{1/t}$으로 두면 적당한 근삿값이 나온다. 그런 다음 $\binom{\lfloor x\rfloor}{t}\le N<\binom{\lfloor x\rfloor+1}{t}$인지 점검해서 최종적으로 조정하면 된다. [A. S. Fraenkel, M. Mor, *Comp. J.* **26** (1983), 336-343을 보라.]

**18.** 그렇게 하면 노드가 $2^n-1$개인 완전 이진 트리의 최상위에 여분의 노드가 하나 있는, 치환 선택 정렬의 '패자들의 트리'(§5.4.1의 그림 63)와 비슷한 트리가 나온다. 따라서 명시적인 링크들은 필요하지 않다. $1\le k<2^{n-1}$에 대해, 노드 $k$의 오른쪽 자식 노드는 $2k+1$이고 왼쪽 동기 노드는 $2k$이다.

이항 트리의 이러한 표현에는 노드 $k=(0^a1\alpha)_2$가 이진열 $0^a1\alpha^R$에 해당하는 조합에 대응된다는 신기한 속성이 있다.

**19.** 111101000010010001000이다. 이는 post(1000000)의 이진 표현으로, 여기서 $k \ge 0$에 대해 만일 $2^k \le n < 2^{k+1}-1$이면 $\mathrm{post}(2^{k+1}-1)=2^k$이고 $\mathrm{post}(n)=2^k+\mathrm{post}(n-2^k+1)$이다. [첨언하자면, $T_\infty$의 왼쪽 자식/오른쪽 동기 표현은 하나의 옆쪽 힙(sideways heap)이다.]

**20.** $f(z)=(1+z^{w_{n-1}})\ldots(1+z^{w_1})/(1-z)$, $g(z)=(1+z^{w_0})f(z)$, $h(z)=z^{w_0}f(z)$.

**21.** $c_t\ldots c_2c_1$의 순위는 $\binom{c_t+1}{t}-1$ 빼기 $c_{t-1}\ldots c_2c_1$의 순위이다. [밀러의 학위 논문의 40쪽을 보라. 또한 H. Lüneburg, *Abh. Math. Sem. Hamburg* **52** (1982), 208-227도 보라.]

**22.** $999999=\binom{1415}{2}-\binom{406}{1}=\binom{183}{3}-\binom{98}{2}+\binom{21}{1}=\binom{72}{4}-\binom{57}{3}+\binom{32}{2}-\binom{27}{1}=\binom{44}{5}-\binom{40}{4}+\binom{33}{3}-\binom{13}{2}+\binom{3}{1}$이므로 답은 (a) 1414 405, (b) 182 97 21, (c) 71 56 31 26, (d) 43 39 32 12 3, (e) 1000000 999999 999998 999996 … 0이다.

**23.** $r=1, 2, \ldots, t$에 대해 $j>r$인 조합은 $\binom{n-r}{t-r}$개이다. (만일 $r=1$이면 $c_2=c_1+1$; 만일 $r=2$이면 $c_1=0$, $c_2=1$; 만일 $r=3$이면 $c_1=0$, $c_2=1$, $c_4=c_3+1$; 등등.) 따라서 평균은 $\left(\binom{n}{t}+\binom{n-1}{t-1}+\cdots+\binom{n-t}{0}\right)/\binom{n}{t}=\binom{n+1}{t}/\binom{n}{t}=(n+1)/(n+1-t)$이다. 단계별 평균 실행 시간은 근사적으로 이 수량에 비례한다. 따라서 알고리즘은 $t$가 작으면 상당히 빠르지만 $t$가 $n$에 가까우면 느리다.

**24.** $j_k \equiv t$(법 2)일 때 실제로 $j_k-2 \le j_{k+1} \le j_k+1$이고 $j_k \not\equiv t$일 때 $j_k-1 \le j_{k+1} \le j_k+2$이다. R5가 $1 \le i < j$에 대해 $c_i=i-1$일 때에만 수행되기 때문이다.

따라서 R2의 끝에서 만일 $t$가 홀수이면 "만일 $j \ge 4$이면 $j \leftarrow j-1-[j$가 홀수$]$로 설정하고 R5로 간다"로 두고, 만일 $t$가 짝수이면 "만일 $j \ge 3$이면 $j \leftarrow j-1-[j$가 짝수$]$로 설정하고 R5로 간다."로 둘 수 있다. 그렇게 하면 R4와 R5가 방문당 많아야 두 번 수행되므로 루프 없는 알고리즘이 된다.

**25.** $N>N'$과 $N-N'$이 최솟값이라고 하자. 그리고 그러한 가정 하에서 $t$와 $c_t$도 최솟값이라고 하자. 그러면 $c_t > c'_t$이다.

만일 $0 \le x < c_t$인 원소 $x \notin C \cup C'$이 존재한다면, 각 $C \cup C'$의 각 $t$-조합을 $j>x$에 대해 $j \mapsto j-1$로 변경해서 사상한다. 또는, 원소 $x \in C \cap C'$이 존재한다면 그 $x$를 포함하는 $t$-조합을 조합에서 $x$를 제거하고 $j<x$에 대해 $j \mapsto x-j$로 변경해서 $(t-1)$-조합에 사상한다. 두 경우 모두 그러한 사상은 교대 사전순을 유지한다. 따라서 $N-N'$은 반드시 $C$와 $C'$의 상들 사이의 조합들의 개수보다 크다. 그러나 $c_t$가 최솟값이므로 그러한 $x$는 존재할 수 없다. 따라서 $t=m$이고 $c_t=2m-1$이다.

이제 만일 $c'_m < c_{m-1}$이라면, $c'_m$을 증가함으로써 $N-N'$을 감소할 수 있다. 따라서 $c'_m=2m-2$이며, 그러면 문제는 $\mathrm{rank}(c_{m-1}\ldots c_1)-\mathrm{rank}(c'_{m-1}\ldots c'_1)$의 최댓값을 찾는 것으로 줄

어든다. 그 순위는 (30)에서처럼 계산하면 된다.

모든 $\{b_s, \ldots, b_1, c_t, \ldots, c_1\} = \{0, \ldots, s+t-1\}$을 정의역으로 하여 $f(s,t) = \max(\mathrm{rank}(b_s \ldots b_1) - \mathrm{rank}(c_t \ldots c_1))$이라고 하자. 그러면 $f(s,t)$는 다음과 같은 기묘한 점화식을 만족한다.

$$f(s,0) = f(0,t) = 0; \qquad f(1,t) = t;$$

$$f(s,t) = \binom{s+t-1}{s} + \max(f(t-1, s-1), f(s-2, t)) \quad \text{만일 } st > 0\text{이고 } s > 1\text{이면.}$$

$s + t = 2u + 2$일 때의 해를 구해보면

$$f(s,t) = \binom{2u+1}{t-1} + \sum_{j=1}^{u-r} \binom{2u+1-2j}{r} + \sum_{j=0}^{r-1} \binom{2j+1}{j}, \qquad r = \min(s-2, t-1)$$

인데, 최댓값은 $s \le t$일 때 $f(t-1, s-1)$에서, $s \ge t+2$일 때에는 $f(s-2,t)$에서 나타난다.

따라서 최소의 $N - N'$은

$$C = \{2m-1\} \cup \{2m-2-x \mid 1 \le x \le 2m-2,\ x \bmod 4 \le 1\},$$
$$C' = \{2m-2\} \cup \{2m-2-x \mid 1 \le x \le 2m-2,\ x \bmod 4 \ge 2\}$$

에 대해 나타나며, 그 값은 $\binom{2m-1}{m-1} - \sum_{k=0}^{m-2}\binom{2k+1}{k} = 1 + \sum_{k=1}^{m-1}\binom{2k}{k-1}$과 같다. [A. J. van Zanten, *IEEE Trans.* **IT-37** (1991), 1229-1233.]

**26.** (a) 그렇다. 첫 번째는 $0^{n-\lceil t/2 \rceil} 1^{t \bmod 2} 2^{\lfloor t/2 \rfloor}$이고 마지막은 $2^{\lfloor t/2 \rfloor} 1^{t \bmod 2} 0^{n-\lceil t/2 \rceil}$이다. 전이들은 $02^a1 \leftrightarrow 12^a0$, $02^a2 \leftrightarrow 12^a1$, $10^a1 \leftrightarrow 20^a0$, $10^a2 \leftrightarrow 20^a1$ 형태의 부분열들이다.

(b) 아니다. 만일 $s = 0$이면 $02^t0^{r-1}$에서 $20^r2^{t-1}$으로의 비약이 존재한다.

**27.** 다음의 절차는 $\Gamma_n$의 조합 $c_1 \ldots c_k$들 중 가중치가 $\le t$인 것들을 모두 추출한다: $k \leftarrow 0$, $c_0 \leftarrow n$로 시작한다. $c_1 \ldots c_k$를 방문한다. 만일 $k$가 짝수이고 $c_k = 0$이면 $k \leftarrow k-1$로 설정한다. 만일 $k$가 짝수이고 $c_k > 0$이면, 만일 $k = t$이면 $c_k \leftarrow c_k - 1$로 설정하고 그렇지 않으면 $k \leftarrow k+1$, $c_k \leftarrow 0$로 설정한다. 한편 만일 $k$가 홀수이고 $c_k + 1 = c_{k-1}$이면 $k \leftarrow k-1$, $c_k \leftarrow c_{k+1}$로 설정한다(단, $k = 0$이면 절차를 끝낸다). 만일 $k$가 홀수이고 $c_k + 1 < c_{k-1}$이면, 만일 $k = t$이면 $c_k \leftarrow c_k + 1$로 설정하고 그렇지 않으면 $k \leftarrow k+1$, $c_k \leftarrow c_{k-1}$, $c_{k-1} \leftarrow c_k + 1$로 설정한다. 이를 되풀이한다.

($t = n$일 때 이 루프 없는 알고리즘은 표기법을 살짝 고친다고 하면 연습문제 7.2.1.1-12(b)의 알고리즘으로 단순화된다.)

**28.** 참이다. 비트열 $a_{n-1} \ldots a_0 = \alpha\beta$와 $a'_{n-1} \ldots a'_0 = \alpha\beta'$은 오직 $\theta\chi$와 $\theta\chi'$ 사이의 모든 것이 $\theta$로 시작하고 $\phi\psi$와 $\phi\psi'$ 사이의 모든 것이 $\phi$로 시작할 때에만 $\alpha\beta$와 $\alpha\beta'$ 사이의 모든 것이 $\alpha$로 시작한다는 조건을 만족하는 색인 목록 $(b_s \ldots b_1 = \theta\chi,\ c_t \ldots c_1 = \phi\psi)$와 $(b'_s \ldots b'_1 = \theta\chi',\ c'_t \ldots c'_1 = \phi\psi')$에 대응된다. 예를 들어 $n = 10$일 때 접두열 $\alpha = 01101$은 접두열 $\theta = 96$과 $\phi = 875$에 대응된다.

(그러나 $c_t \ldots c_1$만 일반사전순이라는 조건은 훨씬 약한 조건이다. 예를 들어 $t = 1$일 때에는 그러한 모든 수열이 일반사전순이다.)

**29.** (a) $k,l,m \ge 0$에 대해 $-^k0^{l+1}$ 또는 $-^k0^{l+1}+\pm^m$ 또는 $\pm^k$.

(b) 존재하지 않는다. 후행자는 항상 균형 삼항 표기법하에서 그 선행자보다 작다.

(c) 모든 $\alpha$와 모든 $k,l,m \ge 0$에 대해 $\alpha 0-^{k+1}0^l+\pm^m \to \alpha -+^k0^{l+1}-\pm^m$이고 $\alpha +-^k0^{l+1}+\pm^m \to \alpha 0+^{k+1}0^l-\pm^m$이다. 또한 $\alpha 0-^{k+1}0^l \to \alpha -+^k0^{l+1}$이고 $\alpha +-^k0^{l+1} \to \alpha 0+^{k+1}0^l$이다.

(d) $\alpha_i$의 $j$번째 부호가 $(-1)^{a_{ij}}$이라고 하자. 그리고 그 부호의 위치가 $b_{ij}$라고 하자. 그러면 $b_{i0}=0$으로 두었을 때 $0 \le i < k$, $1 \le j \le s$에 대해 $(-1)^{a_{ij}+b_{i(j-1)}} = (-1)^{a_{(i+1)j}+b_{(i+1)(j-1)}}$이다.

(e) 부문제 (a), (b), (c)에 의해, $\alpha$는 어떤 사슬 $\alpha_0 \to \cdots \to \alpha_k$에 속한다. 여기서 $\alpha_k$는 최종(후행자가 없는) 문자열이고 $\alpha_0$은 초기(선행자가 없는) 문자열이다. 부문제 (d)에 의해, 그러한 모든 사슬의 원소는 최대 $\binom{s+t}{t}$개이다. 그러나 최종 문자열의 개수는 (a)에 의해 $2^s$이며, 부호가 $s$개이고 0이 $t$개인 문자열은 $2^s\binom{s+t}{t}$개이다. 따라서 $k$는 반드시 $\binom{s+t}{t}-1$이다.

참고문헌: *SICOMP* **2** (1973), 128–133.

**30.** $t>0$이라고 가정하자. 초기 문자열들은 최종 문자열들의 부정이다. $0 \le j < 2^{s-1}$에 대해 $\sigma_j$가 초기 문자열 $0^t-\tau_j$라고 하자. 여기서 $1 \le k < s$에 대해 $\tau_j$의 $k$번째 문자는 $j$가 이진수 $(a_{s-1}\ldots a_1)_2$라고 할 때 $(-1)^{a_k}$의 부호이다. 그러면 $\sigma_0=0^t-{+}{+}\ldots{+}$, $\sigma_1=0^t-{-}{+}\ldots{+}$, …, $\sigma_{2^{s-1}-1}=0^t-{-}{-}\ldots{-}$이다. $\rho_j$가 $\tau_j$의 음의 기호들의 첫 연속열(빈 연속열일 수도 있음) 다음에 $-0^t$을 삽입해서 얻은 최종 문자열이라고 하자. 즉 $\rho_0=-0^t{+}{+}\ldots{+}$, $\rho_1=-{-}0^t{+}\ldots{+}$, …, $\rho_{2^{s-1}-1}={-}{-}\ldots{-}0^t$이다. 또한 $\sigma_{2^{s-1}}=\sigma_0$, $\rho_{2^{s-1}}=\rho_0$으로 둔다. 그러면 $1 \le j \le 2^{s-1}$에 대해, $\sigma_j$로 시작하는 사슬이 $t$가 짝수이면 $\rho_j$로 끝나고 $t$가 홀수이면 $\rho_{j-1}$로 끝남을 귀납법으로 증명할 수 있다. 따라서 $-\rho_j$로 시작하는 사슬은 $-\sigma_j$ 또는 $-\sigma_{j+1}$로 끝난다.

$A_j(s,t)$가 $\sigma_j$로 시작하는 사슬을 사상해서 유도한 $(s,t)$-조합들의 순차열이고 $B_j(s,t)$가 $-\rho_j$로부터 유도한 해당 순차열이라고 하자. 그러면 $1 \le j \le 2^{s-1}$에 대해 역순차열 $A_j(s,t)^R$은 $t$가 짝수이면 $B_j(s,t)$이고 $t$가 홀수이면 $B_{j-1}(s,t)$이다. $st>0$일 때의 해당 점화식은 다음과 같다.

$$A_j(s,t)=\begin{cases} 1A_j(s,t-1),\ 0A_{\lfloor(2^{s-1}-1-j)/2\rfloor}(s-1,t)^R, & \text{만일 } j+t\text{가 짝수이면;}\\ 1A_j(s,t-1),\ 0A_{\lfloor j/2\rfloor}(s-1,t), & \text{만일 } j+t\text{가 홀수이면.}\end{cases}$$

그리고 $st>0$일 때 이 $2^{s-1}$개의 순차열들은 모두 서로 다르다.

체이스 순차열 $C_{st}$는 $A_{\lfloor 2^s/3\rfloor}(s,t)$이고 $\hat{C}_{st}$는 $A_{\lfloor 2^{s-1}/3\rfloor}(s,t)^R$이다. 첨언하자면, (31)의 동차 수열 $K_{st}$는 $A_{2^{s-1}-[t\text{가 짝수}]}(s,t)^R$이다.

**31.** (a) $2^{\binom{s+t}{t}-1}$은 $f(s,0)=f(0,t)=1$일 때 점화식 $f(s,t)=2f(s-1,t)f(s,t-1)$의 한 해이다. (b) 이 경우에는 $f(s,t)=(s+1)!f(s,t-1)\ldots f(0,t-1)$에 다음과 같은 해가 존재한다.

$$(s+1)!^t s!^{\binom{t}{2}}(s-1)!^{\binom{t+1}{3}}\ldots 2!^{\binom{s+t-2}{s}} = \prod_{r=1}^{s}(r+1)!^{\binom{s+t-1-r}{t-2}+[r=s]}.$$

**32.** (a) 간단한 공식은 존재하지 않는 것으로 보이나, 작은 $s$와 $t$의 경우 주어진 한 출발점에서 주어진 목표까지 회전문 방식으로 이동하면서 가중치가 $t$인 문자열들을 모두 훑는 일반사전순 경로들의 개수를 체계적으로 세어 나간다면 해당 나열들의 개수를 구하는 것이 가능하다. $s+t \le 6$에 대한 해당 개수들은

$$\begin{array}{ccccccccccccc} &&&&&&1&&&&&& \\ &&&&&1&&1&&&&& \\ &&&&1&&2&&1&&&& \\ &&&1&&4&&4&&1&&& \\ &&1&&8&&20&&8&&1&& \\ &1&&16&&160&&160&&16&&1& \\ 1&&32&&2264&&17152&&2264&&32&&1 \end{array}$$

이고, $f(4,4)=95{,}304{,}112{,}865{,}280$, $f(5,5)\approx 5.92646\times 10^{48}$이다. [이런 부류의 조합 생성기들은 에를리히G. Ehrlich가 *JACM* **20** (1973), 500–513에서 처음 연구했으나, 이들을 실제로 나열하려고 들지는 않았다.]

(b) 정리 N의 증명을 확장한다면 그러한 모든 목록 또는 그 반전들이 반드시 어떤 $a$, $1\le a \le s$에 대해 $1^t0^s$에서 $0^a1^t0^{s-a}$으로 감을 증명할 수 있다. 더 나아가서, $s$, $t$, 그리고 $st>0$인 $a$가 주어졌을 때 가능성들의 개수 $n_{sta}$는 $n_{1t1}=1$과

$$n_{sta}=\begin{cases} n_{s(t-1)1}n_{(s-1)t(a-1)}, & \text{만일 } a>1\text{이면;} \\ n_{s(t-1)2}n_{(s-1)t1}+\cdots+n_{s(t-1)s}n_{(s-1)t(s-1)}, & \text{만일 } a=1<s\text{이면} \end{cases}$$

을 만족한다. 이 점화식에는 $n_{sta}=2^{m(s,t,a)}$이라는 주목할 만한 해가 존재하는데, 여기서

$$m(s,t,a)=\begin{cases} \binom{s+t-3}{t}+\binom{s+t-5}{t-2}+\cdots+\binom{s-1}{2}, & \text{만일 } t\text{가 짝수이면;} \\ \binom{s+t-3}{t}+\binom{s+t-5}{t-2}+\cdots+\binom{s}{3}+s-a-[a<s], & \text{만일 } t\text{가 홀수이면} \end{cases}$$

이다.

**33.** 우선 $t=1$인 경우부터 살펴보자. $i$에서 $j>i$로의 거의 완벽한 경로들의 개수는 $f(j-i-[i>0]-[j<n-1])$로, 여기서 $\sum_j f(j)z^j=1/(1-z-z^3)$이다. (우연의 일치로, 바로 그 수열 $f(j)$가 카롱Caron의 6테이프 다중페이즈 병합, 표 5.4.2–2에 등장한다). $0\le i<j<n$에 관한 합은 $3f(n)+f(n-1)+f(n-2)+2-n$이다. $j>i$인 경우를 포괄하기 위해서는 여기에 반드시 2를 곱해야 한다.

$t>1$인 경우에는 특정 조합들로 시작하고 끝나는 일반사전순 목록이 몇 개인지를 말해 주는 $\binom{n}{t}\times\binom{n}{t}$ 행렬들을 구축해서 답을 얻으면 된다. 이 행렬들의 성분은 $t-1$인 경우에 대한 해당 행렬들의 곱들의 합으로, 합산의 구간은 $t=1$인 경우에서 고려한 종류의 모든 경로이다. $s+t\le 6$에 대한 총 개수들은 다음과 같다.

$$\begin{array}{ccccccccccccc} &&&&&&1&&&&&& \\ &&&&&1&&1&&&&& \\ &&&&1&&2&&1&&&& \\ &&&1&&6&&2&&1&&& \\ &&1&&12&&10&&2&&1&& \\ &1&&20&&44&&10&&2&&1& \\ 1&&34&&238&&68&&10&&2&&1 \end{array} \qquad \begin{array}{ccccccccccccc} &&&&&&1&&&&&& \\ &&&&&1&&1&&&&& \\ &&&&1&&2&&1&&&& \\ &&&1&&2&&0&&1&&& \\ &&1&&2&&2&&0&&1&& \\ &1&&2&&0&&0&&0&&1& \\ 1&&2&&6&&0&&0&&0&&1 \end{array}$$

오른쪽 삼각형은 순환마디 $g(s,t)$들의 개수이다. 이다음의 값을 몇 가지 들자면 $f(4,4)=17736$, $f(5,5)=9{,}900{,}888{,}879{,}984$, $g(4,4)=96$, $g(5,5)=30{,}961{,}456{,}320$ 등이다.

$s=2$이고 $n\geq 4$일 때 이러한 방안들은 정확히 10개이다. 예를 들어 $n=7$일 때 해당 경로들은 43210에서 65431이나 65432로, 또는 54321에서 65420이나 65430, 65432로, 또는 그 반대로 간다.

**34.** 최솟값을 이전 해답에서처럼 계산하되 보통의 행렬 곱 $c_{ij}=\sum_k a_{ik}b_{kj}$ 대신 최소 덧셈(min-plus) 행렬 곱 $c_{ij}=\min_k(a_{ik}+b_{kj})$를 사용하면 된다. ($s=t=5$일 때 완벽하지 않은 전이가 단 49개인 그림 46(e)의 일반사전순 경로는 유일하다. $s=t=5$에 대해 완벽에 최대한 가까운 일반사전순 순환마디도 하나 있는데, 완벽하지 않은 전이는 단 55개이다.)

**35.** 점화식 (35)로부터 $a_{st}=b_{s(t-1)}+[s>1][t>0]+a_{(s-1)t}$, $b_{st}=a_{s(t-1)}+a_{(s-1)t}$를 이끌어 낼 수 있다. 따라서 $a_{st}=b_{st}+[s>1][t\text{가 홀수}]$이고 $a_{st}=a_{s(t-1)}+a_{(s-1)t}+[s>1][t\text{가 홀수}]$이다. 답은

$$a_{st}=\sum_{k=0}^{t/2}\binom{s+t-2-2k}{s-2}-[s>1][t\text{가 짝수}]$$

인데, 이 합은 대략 $s/(s+2t)$ 곱하기 $\binom{s+t}{t}$이다.

**36.** 뿌리 노드가 $(s,t)$이고, $st>0$이면 항상 $(s-1,t)$와 $(s,t-1)$을 뿌리들로 하는 하위 트리들이 재귀적으로 정의되는, 그리고 만일 $st=0$이면 노드 $(s,t)$가 잎 노드인 이진 트리를 생각해 보자. 그러한 트리에서 $(s,t)$를 뿌리 노드로 하는 하위 트리의 잎은 $\binom{s+t}{t}$개이며, 그 잎들은 모든 $(s,t)$-조합 $a_{n-1}\ldots a_1a_0$에 대응된다. 수준 $l$의 노드들은 접두열 $a_{n-1}\ldots a_{n-l}$들에 대응되며, 수준 $l$의 잎들은 $r=n-l$인 조합들에 대응된다.

조합 $a_{n-1}\ldots a_1a_0$을 위한 임의의 일반사전순 알고리즘은 그러한 트리의 $\binom{s+t}{t}-1$개의 가지 노드들의 자식들을 임의의 원하는 방식으로 정렬한 후의 전위 운행에 대응된다. 사실 이러한 대응 관계가 바로, 그런 일반사전순 방안들의 개수가 $2^{\binom{s+t}{t}-1}$인 이유이다(연습문제 31(a)). 그리고 연산 $j\leftarrow j+1$은 가지 노드당 정확히 한 번씩(구체적으로 말하면 두 자식 모두 처리된 후에) 수행된다.

덧붙이자면, 연습문제 7.2.1.2-(a)는 $r$의 평균이 $s/(t+1)+t/(s+1)$임을 함의하는데, 그 값은 $\Omega(n)$이 될 수 있다. 따라서 $r$을 관리하는 데 추가 시간을 소비하는 것은 가치가 있는 일이다.

**37.** (a) 사전순의 경우 $w_j$들의 표를 관리할 필요가 없다. $j \ge r$에 대해 $a_j$는 오직 $a_j = 0$일 때에만 활성이기 때문이다. $a_j \leftarrow 1$, $a_{j-1} \leftarrow 0$으로 설정하고 나면, $j > 1$라고 할 때 고려할 경우는 두 가지이다. 만일 $r = j$이면 $r \leftarrow j - 1$로 설정한다. 그렇지 않으면 $a_{j-2} \ldots a_0 \leftarrow 0^r 1^{j-1-r}$, $r \leftarrow j - 1 - r$로 설정한다(또는, 만일 $r$이 $j - 1$이었다면 $r \leftarrow j$로 설정한다).

(b) 이 경우 $j > 1$일 때 처리할 전이들은 $a_j \ldots a_0$을 다음과 같이 바꾸는 전이들이다: $01^r \to 1101^{r-2}$, $010^r \to 10^{r+1}$, $010^a 1^r \to 110^{a+1} 1^{r-1}$, $10^r \to 010^{r-1}$, $110^r \to 010^{r-1} 1$, $10^a 1^r \to 0^a 1^{r+1}$. 이 여섯 경우는 쉽게 구분할 수 있다. $r$의 값도 적절히 변경해야 한다.

(c) 이번에도 $j = 1$인 경우는 자명하다. 그 외의 경우에는 $01^a 0^r \to 101^{a-1} 0^r$, $0^a 1^r \to 10^a 1^{r-1}$, $101^a 0^r \to 01^{a+1} 0^r$, $10^a 1^r \to 0^a 1^{r+1}$이다. 또한, $a_{n-1} \ldots a_{j+1}$에 0이 적어도 하나 포함되어 있을 때에만 발생하는 애매모호한 경우도 하나 있다: $k > j$가 $a_k = 0$을 만족하는 최소의 색인이라고 하자. 그러면, 만일 $k$가 홀수이면 $10^r \to 010^{r-1}$이고 $k$가 짝수이면 $10^r \to 0^r 1$이다.

**38.** 알고리즘 C를 다음과 같이 수정하면 된다: (i) 단계 C1에서 만일 $n$이 홀수이거나 $s = 1$이면 $a_{n-1} \ldots a_0 \leftarrow 01^t 0^{s-1}$로 설정하고 만일 $n$이 짝수이거나 $s > 1$이면 $a_{n-1} \ldots a_0 \leftarrow 001^t 0^{s-2}$으로 설정하되 적절한 $r$의 값을 적용한다. (ii) 단계 C3에서 짝수와 홀수의 역할을 바꾼다. (iii) 단계 C5에서 만일 $j = 1$이면 C4로 간다.

**39.** 일반화해서, $r \leftarrow 0$, $j \leftarrow s + t - 1$로 시작하고 $st = 0$이 될 때까지 다음을 되풀이한다:

$$r \leftarrow r + [w_j = 0]\binom{j}{s - a_j}, \quad s \leftarrow s - [a_j = 0], \quad t \leftarrow t - [a_j = 1], \quad j \leftarrow j - 1.$$

그렇게 하고 나면 $r$은 $a_{n-1} \ldots a_1 a_0$의 순위이다. 따라서 11001001000011111101101010의 순위는 $\binom{23}{12} + \binom{22}{11} + \binom{21}{9} + \binom{17}{8} + \binom{16}{7} + \binom{14}{5} + \binom{13}{3} + \binom{12}{3} + \binom{11}{3} + \binom{10}{3} + \binom{9}{3} + \binom{8}{3} + \binom{4}{3} + \binom{3}{1} + \binom{1}{0} = 2390131$이다.

**40.** $N \leftarrow 999999$, $v \leftarrow 0$으로 시작해서, $st = 0$이 될 때까지 다음 단계들을 되풀이한다: 만일 $v = 0$이면 $t \leftarrow t - 1$로 설정하고, 만일 $N < \binom{s+t-1}{s}$이면 $a_{s+t} \leftarrow 1$로도 설정한다. 그렇지 않으면 $N \leftarrow N - \binom{s+t-1}{s}$, $v \leftarrow (s + t) \bmod 2$, $s \leftarrow s - 1$, $a_{s+t} \leftarrow 0$으로 설정한다. 만일 $v = 1$이면 $v \leftarrow (s + t) \bmod 2$, $s \leftarrow s - 1$로 설정하고, 만일 $N < \binom{s+t-1}{t}$이면 $a_{s+t} \leftarrow 0$으로도 설정한다. 그렇지 않으면 $N \leftarrow N - \binom{s+t-1}{t}$, $t \leftarrow t - 1$, $a_{s+t} \leftarrow 1$로 설정한다. 마지막으로 만일 $s = 0$이면 $a_{t-1} \ldots a_0 \leftarrow 1^t$으로 설정하고, 만일 $t = 0$이면 $a_{s-1} \ldots a_0 \leftarrow 0^s$으로 설정한다. 답은 $a_{25} \ldots a_0 = 11101001111110101001000001$이다.

**41.** $C_{2n} = 0C_{2n-1}, 1C_{2n-1}$, $C_{2n+1} = 0C_{2n}, 1\hat{C}_{2n}$, $\hat{C}_{2n} = 1C_{2n-1}, 0\hat{C}_{2n-1}$, $\hat{C}_{2n+1} = 1\hat{C}_{2n}, 0\hat{C}_{2n}$, $C_0 = \hat{C}_0 = \epsilon$이라 할 때 $c(0), \ldots, c(2^n - 1) = C_n$이라고 하자. 그러면, 만일 $j$가 짝수이면 $a_j \oplus b_j = b_{j+1} \& (b_{j+2} | (b_{j+3} \& (b_{j+4} | \cdots)))$이고 $j$가 홀수이면 $b_{j+1} | (b_{j+2} \& (b_{j+3} | (b_{j+4} \& \cdots)))$이다. 신기하게도 그 역관계 $c((\ldots a_4 \bar{a}_3 a_2 \bar{a}_1 a_0)_2) = (\ldots b_4 \bar{b}_3 b_2 \bar{b}_1 b_0)_2$도 성립한다.

**42.** 식 (40)은 왼쪽 문맥 $a_{n-1} \ldots a_{l+1}$이 만일 $a_l = 0$이고 $l > r$이면 $a_{l-1} \ldots a_0$에 대한 알고리즘의 행동에 영향을 미치지 않음을 보여 준다. 따라서 특정 비트 패턴으로 끝나는 조합들의 개수를 셈으로써 알고리즘 C를 분석할 수 있으며, 따라서 각 연산의 수행 횟수를 적절한 다항식 $p(w,z)$에 대한 $[w^s z^t]\,p(w,z)/(1-w^2)^2(1-z^2)^2(1-w-z)$의 형태로 표현할 수 있다.

예를 들어 알고리즘은 정수 $a, b \ge 0$에 대해 $01^{2a+1}01^{2b+1}$으로 끝나거나 $1^{a+1}01^{2b+1}$의 형태인 조합을 만날 때마다 한 번씩 C5에서 C4로 간다. 해당 생성 함수는 $w^2z^2/(1-z^2)^2(1-w-z)$와 $w(z^2+z^3)/(1-z^2)^2$이다.

다음은 주요 연산들에 대한 다항식 $p(w,z)$들이다. $W = 1-w^2$이고 $Z = 1-z^2$이라고 하겠다.

| | | | |
|---|---|---|---|
| C3 → C4: | $wz\,W(1+wz)(1-w-z^2)$; | C5($r \leftarrow 1$): | $w^2z\,W^2Z(1-wz-z^2)$; |
| C3 → C5: | $z\,W(w+z)(1-wz-z^2)$; | C5($r \leftarrow j-1$): | $w^2z^3\,W^2(1-wz-z^2)$; |
| C3 → C6: | $w^2z^2\,W(w+z)$; | C6($j=1$): | $w^2z\,W^2Z$; |
| C3 → C7: | $w^2z\,W(1+wz)$; | C6($r \leftarrow j-1$): | $w^2z^3\,W^2$; |
| C4($j=1$): | $wz\,W^2Z(1-w-z^2)$; | C6($r \leftarrow j$): | $w^3z^2\,WZ$; |
| C4($r \leftarrow j-1$): | $w^3z\,WZ(1-w-z^2)$; | C7 → C6: | $w^2z\,W^2$; |
| C4($r \leftarrow j$): | $wz^2\,W^2(1+z-2wz-z^2-z^3)$; | C7($r \leftarrow j$): | $w^4z\,WZ$; |
| C5 → C4: | $wz^2\,W^2(1-wz-z^2)$; | C7($r \leftarrow j-2$): | $w^3z^2\,W^2$. |
| C5($r \leftarrow j-2$): | $w^4z\,WZ(1-wz-z^2)$; | | |

$t = xn + O(1)$이 $n \to \infty$라 할 때 고정된 $0 < x < 1$에 대해 점근값은 $\binom{s+t}{t}\bigl(p(1-x,x)/(2x-x^2)^2(1-x^2)^2 + O(n^{-1})\bigr)$이다. 이로부터, 이를테면 단계 C3의 4중 분기의 상대 빈도가 $x + x^2 - x^3 : 1 : x : 1 + x - x^2$임을 알 수 있다.

덧붙이자면, (39)를 사용하는 임의의 일반사전순 방안에서 $j$가 홀수인 경우는 $j$가 짝수인 경우보다

$$\sum_{k,l \ge 1}\binom{s+t-2k-2l}{s-2k}[2k+2l \le s+t] + [s\text{가 홀수}][t\text{가 홀수}]$$

만큼 더 많다. 이 수량에는 흥미로운 생성 함수 $wz/(1+w)(1+z)(1-w-z)$가 있다.

**43.** 그 항등식은 $x = 1$을 제외한 모든 음이 아닌 정수 $x$에 대해 참이다. (첨언하자면, $f(x) = (x \dot- 1) + ((x \,\&\, 1) \ll 1)$이라 할 때 $s(x) = f(x) \oplus 1$이고 $p(x) = f(x \oplus 1)$이다.)

**44.** 실제로 $C_t(n) - 1 = \hat{C}_t(n-1)^R$이고 $\hat{C}_t(n) - 1 = C_t(n-1)^R$이다. (따라서 $C_t(n) - 2 = C_t(n-2)$ 등이다.)

**45.** 다음 알고리즘에서 $r$은 $c_r \ge r$을 만족하는 최소의 아래첨자이다.

**CC1.** [초기화.] $1 \le j \le t+1$에 대해 $c_j \leftarrow n-t-1+j$, $z_j \leftarrow 0$으로 설정한다. 또한 $r \leftarrow 1$로 설정한다. ($0 < t < n$이라고 가정한다.)

**CC2.** [방문.] 조합 $c_t \ldots c_2c_1$을 방문한다. 그런 다음 $j \leftarrow r$로 설정한다.

**CC3.** [분기.] 만일 $z_j \ne 0$이면 CC5로 간다.

**CC4.** 〔$c_j$를 감소해 본다.〕 $x \leftarrow c_j + (c_j \bmod 2) - 2$로 설정한다. 만일 $x \geq j$이면 $c_j \leftarrow x$, $r \leftarrow 1$로 설정한다. 그렇지 않고 만일 $c_j = j$이면 $c_j \leftarrow j-1$, $z_j \leftarrow c_{j+1} - ((c_{j+1}+1) \bmod 2)$, $r \leftarrow j$로 설정한다. 그렇지 않고 만일 $c_j < j$이면 $c_j \leftarrow j$, $z_j \leftarrow c_{j+1} - ((c_{j+1} + 1) \bmod 2)$, $r \leftarrow \max(1, j-1)$로 설정한다. 그렇지 않으면 $c_j \leftarrow x$, $r \leftarrow j$로 설정한다. CC2로 돌아간다.

**CC5.** 〔$c_j$를 증가해 본다.〕 $x \leftarrow c_j + 2$로 설정한다. 만일 $x < z_j$이면 $c_j \leftarrow x$로 설정한다. 그렇지 않고 만일 $x = z_j$이고 $z_{j+1} \neq 0$이면 $c_j \leftarrow x - (c_{j+1} \bmod 2)$로 설정한다. 그렇지 않으면 $z_j \leftarrow 0$, $j \leftarrow j+1$로 설정하고 CC3으로 간다(단, 만일 $j > t$이면 알고리즘을 끝낸다). 만일 $c_1 > 0$이면 $r \leftarrow 1$로 설정하고, 그렇지 않으면 $r \leftarrow j-1$로 설정한다. CC2로 간다. ▮

**46.** 식 (40)은 $j$가 $b_j > k$를 만족하는 최소의 색인일 때 $u_k = (b_j + k + 1) \bmod 2$임을 의미한다. 따라서 (37)과 (38)로부터 다음과 같은 알고리즘을 이끌어 낼 수 있다. 편의상 $3 \leq s < n$이라고 가정한다.

**CB1.** 〔초기화.〕 $1 \leq j \leq s$에 대해 $b_j \leftarrow j-1$로 설정한다. 또한 $z \leftarrow s+1$, $b_z \leftarrow 1$로 설정한다. (이후의 단계들에서 $z$의 값을 조사할 때, 그 값은 $b_z \neq z-1$인 최소의 색인이다.)

**CB2.** 〔방문.〕 쌍대 조합 $b_s \ldots b_2 b_1$을 방문한다.

**CB3.** 〔분기.〕 만일 $b_2$가 홀수이면: 만일 $b_2 \neq b_1 + 1$이면 CB4로 가고, 그렇지 않고 만일 $b_1 > 0$이면 CB5로 가고, 그렇지 않고 만일 $b_z$가 홀수이면 CB6으로 간다. 만일 $b_2$가 짝수이고 $b_1 > 0$이면 CB9로 간다. 그렇지 않고 만일 $b_{z+1} = b_z + 1$이면 CB8로 가고 그 외의 경우이면 CB7로 간다.

**CB4.** 〔$b_1$을 증가한다.〕 $b_1 \leftarrow b_1 + 1$로 설정하고 CB2로 돌아간다.

**CB5.** 〔$b_1$과 $b_2$를 옆으로 민다.〕 만일 $b_3$이 홀수이면 $b_1 \leftarrow b_1 + 1$, $b_2 \leftarrow b_2 + 1$로 설정한다. 그렇지 않으면 $b_1 \leftarrow b_1 - 1$, $b_2 \leftarrow b_2 - 1$, $z \leftarrow 3$으로 설정한다. CB2로 간다.

**CB6.** 〔왼쪽으로 민다.〕 만일 $z$가 홀수이면 $z \leftarrow z-2$, $b_{z+1} \leftarrow z+1$, $b_z \leftarrow z$로 설정하고, 그렇지 않으면 $z \leftarrow z-1$, $b_z \leftarrow z$로 설정한다. CB2로 간다.

**CB7.** 〔$b_z$를 옆으로 민다.〕 만일 $b_{z+1}$이 홀수이면 $b_z \leftarrow b_z + 1$로 설정하고, 그런 다음 만일 $b_z \geq n$이면 알고리즘을 끝낸다. 그렇지 않으면 $b_z \leftarrow b_z - 1$로 설정하고, 그런 다음 만일 $b_z < z$이면 $z \leftarrow z+1$로 설정한다. CB2로 간다.

**CB8.** 〔$b_z$와 $b_{z+1}$을 옆으로 민다.〕 만일 $b_{z+2}$가 홀수이면 $b_z \leftarrow b_{z+1}$, $b_{z+1} \leftarrow b_z + 1$로 설정하고, 그런 다음 만일 $b_{z+1} \geq n$이면 알고리즘을 끝낸다. 그렇지 않으면 $b_{z+1} \leftarrow b_z$, $b_z \leftarrow b_z - 1$로 설정하고, 그런 다음 만일 $b_z < z$이면 $z \leftarrow z+2$로 설정한다. CB2로 간다.

**CB9.** 〔$b_1$을 감소한다.〕 $b_1 \leftarrow b_1 - 1$, $z \leftarrow 2$로 설정하고 CB2로 돌아간다. ▮

이 알고리즘이 루프 없는 알고리즘임을 주목하기 바란다. 체이스는 순차열 $\hat{C}^R_{st}$에 대한 비슷한 절차를 *Cong. Num.* **69** (1989), 233-237에서 제시했다. 이 알고리즘이 이전 연습문제의 알고리즘이 산출하는 색인 $c_t \ldots c_1$의 여수들을 정확히 정의한다는 점이 정말 놀랍다.

**47.** 이를테면 알고리즘 C와 그 역(연습문제 38)을 적용하되 $w_j$를 재귀의 서로 다른 수준들에서의 활동을 나타내는 비트들로 이루어진 $d$비트 수로 대체해서 적용하면 된다. 각 수준에서 $r$-값들을 관리하기 위해서는 개별적인 포인터 $r_0$, $r_1$, …, $r_{d-1}$이 필요하다. (이 외에도 여러 가지 방법이 가능하다.)

**48.** $\Lambda_j$의 $k$번째 원소가 $\pi_k\alpha_j \uparrow \beta_{k-1}$임을 만족하는 순열 $\pi_1$, …, $\pi_M$이 존재한다. 그리고 $\pi_k\alpha_j$는 $j$가 0에서 $N-1$로 변함에 따라 $\{s_1 \cdot 1, \ldots, s_d \cdot d\}$의 모든 순열을 훑는다.

역사적 참고사항: $(s,t)$-조합들에 대한 동차 회전문 방안에 관해 처음으로 출판된 논문은 퇴뢰크Éva Török의 *Matematikai Lapok* **19** (1968), 143-146이다. 퇴뢰크는 중복집합 순열들의 생성에 영감을 받았다. 이후 비슷한 구성들을 다룰 때 동차성 조건에 의거하는 저자들이 많았으나, 이 연습문제는 동차성이 필수가 아님을 보여 준다.

**49.** $0 < r < m$일 때 $\lim_{z\to q}(z^{km+r}-1)/(z^{lm+r}-1) = 1$이 성립하며, 그 극한은 $r=0$일 때의 $\lim_{z\to q}(kmz^{km-1})/(lmz^{lm-1}) = k/l$이다. 따라서 $a \equiv b$(법 $m$)일 때 분자 $\prod_{n-k<a\le n}(z^a-1)$의 소인수들과 분모 $\prod_{0<b\le k}(z^b-1)$의 소인수들을 서로 짝지을 수 있다.

참고: 이 공식은 올리브G. Olive가 *AMM* **72** (1965), 619에서 발견했다. $m=2$, $q=-1$인 특수 경우에서 둘째 인수는 $n$이 짝수이고 $k$가 홀수일 때에만 소거된다.

공식 $\binom{n}{k}_q = \binom{n}{n-k}_q$는 모든 $n \ge 0$에 대해 성립하나 $\binom{\lfloor n/m \rfloor}{\lfloor k/m \rfloor}$가 항상 $\binom{\lfloor n/m \rfloor}{\lfloor (n-k)/m \rfloor}$와 같은 것은 아니다. 이유는 $n \bmod m \ge k \bmod m$인 경우를 제외하면 둘째 인수가 0이라는 것, 그리고 전자의 경우에는 실제로 $\lfloor k/m \rfloor + \lfloor (n-k)/m \rfloor = \lfloor n/m \rfloor$이 성립한다.

**50.** 언급된 계수들은 $n_1 \bmod m + \cdots + n_t \bmod m \ge m$일 때 0이고 그 외의 경우에는 식 1.2.6-(43)에 의해 다음과 같다.

$$\binom{\lfloor (n_1+\cdots+n_t)/m \rfloor}{\lfloor n_1/m \rfloor, \ldots, \lfloor n_t/m \rfloor}\binom{(n_1+\cdots+n_t) \bmod m}{n_1 \bmod m, \ldots, n_t \bmod m}_q.$$

여기서 각각의 위쪽 색인은 그 아래쪽 색인들의 합이다.

**51.** 모든 경로가 000111과 111000 사이를 훑는다는 것은 분명하다. 그 정점들이 바로 도수가 1인 정점들이기 때문이다. 총 14개의 경로들은 언급된 동치 관계 하에서 4개의 동치류로 축약된다. 반사 및 뒤집기하에서 자신과 동치인 (50)의 경로는 델타열 $A = 345213252341435412 3$으로 서술할 수 있다. 다른 세 동치류는 $B = 3452541453414512543$, $C = 3452541453252154123$, $D = 3452134145341432543$이다. 경로 $C$는 레머D. H. Lehmer가 발견했다[*AMM* **72** (1965), Part II, 36-46]. $D$는 이즈Eades, 히키Hickey, 리드Read가 구축한 경로와 본질적으로 같다.

(첨언하자면, 완벽한 방안이 드물지는 않다. 체계적으로 구축하기가 힘들어 보이긴 하지만 말이다. $(s, t) = (3, 5)$인 경우 완벽한 방안은 4,050,046개이다.)

**52.** 각 $s_j$가 0이 아니며 $d > 1$라고 가정해도 무방하다. 그러면 연습문제 50에 의해, 반전이 짝수 개인 순열과 홀수 개인 순열의 차이는 중복도 $s_j$들 중 적어도 두 개가 홀수가 아닌 한 $\binom{\lfloor (s_0+\cdots+s_d)/2\rfloor}{\lfloor s_0/2\rfloor, \ldots, \lfloor s_d/2\rfloor} \geq 2$이다.

반대로 홀수인 중복도가 적어도 두 개 있는 경우에는, 완벽한 방안이 존재함을 스타호비아크G. Stachowiak의 일반적 구축법〔*SIAM J. Discrete Math.* **5** (1992), 199-206〕으로 확인할 수 있다. 실제로 그의 구축법은 다양한 위상정렬 문제에 적용된다. 한 특수 경우인 중복집합의 경우, $d > 1$이고 $s_0 s_1$이 홀수인 모든 경우(단, $d = 2$, $s_0 = s_1 = 1$이고 $s_2$가 짝수일 때는 제외)에서 해밀턴 순환마디가 나온다.

**53.** *AMM* **72** (1965), 제2부, 36-46에 몇몇 경우에 대한 해가 나온다.

**54.** $st \neq 0$이라고 가정할 때 해밀턴 경로는 오직 $s$와 $t$ 둘 다 짝수가 아닐 때에만 존재한다. 해밀턴 순환마디는 그 조건과 더불어 ($s \neq 2$ 그리고 $t \neq 2$) 또는 $n = 5$일 때에만 존재한다. 〔T. C. Enns, *Discrete Math.* **122** (1993), 153-165.〕

**55.** (a) 〔윌리엄스Aaron Williams의 답.〕 요구된 속성들을 가진 수열 $0^s 1^t$, $W_{st}$는 다음과 같다.

$$W_{st} = 0\,W_{(s-1)t}, 1\,W_{s(t-1)}, 10^s 1^{t-1}, \quad st > 0\text{에 대해;} \qquad W_{0t} = W_{s0} = \emptyset.$$

그리고 놀랄 만큼 효율적인 루프 없는 구현이 존재한다. $t > 0$이라고 가정한다.

**W1.** 〔초기화.〕 $n \leftarrow s + t$로 설정하고 $0 \leq j < t$에 대해 $a_j \leftarrow 1$로, $t \leq j \leq n$에 대해 $a_j \leftarrow 0$으로 설정한다. 그런 다음 $j \leftarrow k \leftarrow t - 1$로 설정한다. (이 부분이 까다로운데, 어쨌든 작동한다.)

**W2.** 〔방문.〕 $(s, t)$-조합 $a_{n-1} \ldots a_1 a_0$을 방문한다.

**W3.** 〔$a_j$를 0으로 설정.〕 $a_j \leftarrow 0$, $j \leftarrow j + 1$로 설정한다.

**W4.** 〔쉬운 경우인가?〕 만일 $a_j = 1$이면 $a_k \leftarrow 1$, $k \leftarrow k + 1$로 설정하고 W2로 돌아간다.

**W5.** 〔순환.〕 만일 $j = n$이면 알고리즘을 끝낸다. 그렇지 않으면 $a_j \leftarrow 1$로 설정한다. 그런 다음 만일 $k > 0$이면 $a_k \leftarrow 1$, $a_0 \leftarrow 0$, $j \leftarrow 1$, $k \leftarrow 0$으로 설정한다. W2로 돌아간다. ▮

두 번째 방문 이후 $j$는 $a_j a_{j-1} = 10$인 가장 작은 색인이고 $k$는 $a_k = 0$인 가장 작은 색인이다. 쉬운 경우는 정확히 $\binom{s+t-1}{s} - 1$회 발생한다. W5에서 $k = 0$이라는 조건은 정확히 $\binom{s+t-2}{t} + \delta_{t1}$회 발생한다. 이상하게도 $N$에 조합적 표현 (57)이 존재하는 경우 알고리즘 L에서 순위가 $N$인 조합은 알고리즘 W에서 순위가 $N - t + \binom{n_v}{v-1} + v - 1$이다. 〔*Lecture Notes in Comp. Sci.* **3595** (2005), 570-576; 또한, 임의의 중복집합의 순열들을 접두열 회전을 통해서 루프 없이 생성할 수 있음을 밝히는 중요한 일반화가 나와 있는 A. Williams, *SODA* **20** (2009), 987-996도 보라.〕

```
(b) SET bits,(1<<t)-1                      (이 프로그램은 s > 0이고 t > 0이라고 가정한다.)
1H  PUSHJ $0,Visit                                  bits = (a_{s+t-1}...a_1a_0)_2를 방문.
    ADDU $0,bits,1; AND $0,$0,bits                  $0 ← bits & (bits + 1)로 설정.
    SUBU $1,$0,1; XOR $1,$0,$1                       $1 ← $0 ⊕ ($0 − 1)로 설정.
    ADDU $0,$1,1; AND $1,$1,bits                   $0 ← $1 + 1, $1 ← $1 & bits로 설정.
    AND $0,$0,bits; ODIF $0,$0,1                    $0 ← ($0 & bits) ∸ 1로 설정.
    SUBU $1,$1,$0; ADDU bits,bits,$1                bits ← bits + $1 − $0으로 설정.
    SRU $0,bits,s+t; PBZ $0,1B                      a_{s+t} = 1이 아닌 한 되풀이. ▮
```

**56.** 〔*Discrete Math.* **48** (1984), 163-171.〕 이 문제는 길이가 $2t-1$이고 가중치들이 $\{t-1, t\}$인 모든 이진열을 훑는 그레이 경로가 존재한다는 '중간 수준 추측(middle levels conjecture)'과 동치이다. 실제로 그런 이진열을 $\alpha_0\alpha_1\ldots\alpha_{2t-2}$ 형태의 특별한 델타열로 생성할 수 있음이 거의 확실하다. 여기서 $\alpha_k$의 원소들은 $\alpha_0$의 원소들을 $2t-1$을 법으로 하여 $k$만큼 자리이동한 것이다. 예를 들어 $t=3$일 때 $a_5a_4a_3a_2a_1a_0 = 000111$로 시작해서 교환 $a_0 \leftrightarrow a_\delta$를 반복하면 된다. 여기서 $\delta$는 순환마다 (4134 5245 1351 2412 3523)을 훑는다. 중간 수준 추측은 $t \le 15$에 대해 참으로 알려져 있다〔I. Shields, C. D. Savage, *Cong. Num.* **140** (1999), 161-178을 보라〕.

**57.** 가능하다. $n \ge m > t$일 때 모든 $m$, $n$, $t$에 대해 거의 완벽한 일반사전순 해가 존재한다. 그러한 한 가지 방안을 (35)의 순차열 $A_{st}$를 사용해서 이진열 형식으로 표기하면 $1A_{(m-t)(t-1)}0^{n-m}$, $01A_{(m-t)(t-1)}0^{n-m-1}, \ldots, 0^{n-m}1A_{(m-t)(t-1)}, 0^{n-m+1}1A_{(m-1-t)(t-1)}, \ldots, 0^{n-t}1A_{0(t-1)}$이다.

**58.** $m$과 $n$을 $t-1$만큼 감소하고 각 $c_j$에 $j-1$을 더해서 이전 해답을 적용하면 된다. (특히나 단순한 경우인 (a)는 아마 체르니Czerny도 알았던 것 같다.)

**59.** $0^{n-t}1^t$으로부터 $k$단계로 도달 가능한 화음들의 개수 $g_{mntk}$를 위한 생성 함수 $G_{mnt}(z) = \sum g_{mntk}z^k$은 $G_{mmt}(z) = \binom{m}{t}_z$ 와 $G_{m(n+1)t}(z) = G_{mnt}(z) + z^{tn-(t-1)m}\binom{m-1}{t-1}_z$ 를 만족한다. 왜냐하면 후자의 항은 $c_t = n$이고 $c_1 > n-m$인 경우에 해당하기 때문이다. 완벽한 방안은 $|G_{mnt}(-1)| \le 1$일 때에만 가능하다. 그러나 만일 $n \ge m > t \ge 2$이면 (49)에 의해 이 조건은 $m = t+1$이거나 $(n-t)t$가 홀수일 때에만 성립한다. 따라서 $t=4$이고 $m > 5$일 때에는 완벽한 해가 없다. ($n = t+2$일 때에는 이웃 화음이 단 둘인 화음들이 많으므로 그런 경우를 쉽게 제외시킬 수 있다. $n \ge m > 5$이고 $t=3$인 모든 경우에서, 만일 $n$이 짝수라면 실제로 완벽한 경로들이 존재함이 분명하다.)

**60.** 다음의 해법은 사전식 순서를 사용하며, 방문당 평균 계산량이 유계임을 세심하게 보장한다. $stm_s\ldots m_0 \ne 0$이고 $t \le m_s + \cdots + m_1 + m_0$이라고 가정해도 무방하다.

**Q1.** 〔초기화.〕 $s \ge j \ge 1$에 대해 $q_j \leftarrow 0$으로 설정하고 $x \leftarrow t$로 설정한다.

**Q2.** 〔분산.〕 $j \leftarrow 0$으로 설정한다. 그런 다음 $x > m_j$인 동안 $q_j \leftarrow m_j$, $x \leftarrow x - m_j$, $j \leftarrow j+1$로 설정하고, 마지막으로 $q_j \leftarrow x$로 설정한다.

**Q3.** 〔방문.〕 유계 합성 $q_s + \cdots + q_1 + q_0$을 방문한다.

**Q4.** 〔제일 오른쪽 단위를 취한다.〕 만일 $j = 0$이면 $x \leftarrow q_0 - 1$, $j \leftarrow 1$로 설정한다. 그렇지 않고 만일 $q_0 = 0$이면 $x \leftarrow q_j - 1$, $q_j \leftarrow 0$, $j \leftarrow j+1$로 설정한다. 그렇지 않으면 Q7로 간다.

**Q5.** 〔꽉 찼는가?〕 만일 $j > s$이면 알고리즘을 끝낸다. 그렇지 않고 만일 $q_j = m_j$이면 $x \leftarrow x + m_j$, $q_j \leftarrow 0$, $j \leftarrow j+1$로 설정하고 이 단계를 되풀이한다.

**Q6.** 〔$q_j$를 증가.〕 $q_j \leftarrow q_j + 1$로 설정한다. 그런 다음 만일 $x = 0$이면 $q_0 \leftarrow 0$으로 설정하고 Q3으로 돌아간다. (그런 경우 $q_{j-1} = \cdots = q_0 = 0$이다.) 그렇지 않으면 Q2로 돌아간다.

**Q7.** 〔증가 및 감소.〕 (이제 $j > i \geq 0$에 대해 $q_i = m_i$이다.) $q_j = m_j$인 동안 $j \leftarrow j+1$로 설정하고, $q_j < m_j$가 될 때까지 이를 되풀이한다(단, 만일 $j > s$이면 알고리즘을 끝낸다.) 그런 다음 $q_j \leftarrow q_j + 1$ $j \leftarrow j - 1$, $q_j \leftarrow q_j - 1$로 설정한다. 만일 $q_0 = 0$이면 $j \leftarrow 1$로 설정한다. Q3으로 돌아간다. ▮

예를 들어 만일 $m_s = \cdots = m_0 = 9$이면 합성 $3+9+9+7+0+0$의 후행자는 $4+0+0+6+9+9$, $4+0+0+7+8+9$, $4+0+0+7+9+8$, $4+0+0+8+7+9$, ...이다.

**61.** 만일 $t < 0$이거나 $t > m_s + \cdots + m_0$이면 $F_s(t) = \emptyset$이고 그렇지 않으면 $F_0(t) = t$라고 하자. 그리고 $s > 0$일 때

$$F_s(t) = 0 + F_{s-1}(t),\ 1 + F_{s-1}(t-1)^R,\ 2 + F_{s-1}(t-2),\ \ldots,\ m_s + F_{s-1}(t - m_s)^{R^{m_s}}$$

이라고 하자. 이 수열이 요구된 속성들을 가짐을 보일 수 있다. 한계 $m_s$, ..., $m_0$으로 정의되는 부분수열들로만 제한할 때, 실제로 이들은 (31)의 동차 순차열 $K_{st}$로 정의되는 합성들과 연습문제 4의 대응 관계 하에서 동치이다. 〔T. Walsh, *J. Combinatorial Math. and Combinatorial Computing* **33** (2000), 323-345를 보라. 월시는 이를 루프 없이 구현한 바 있다.〕

**62.** (a) 행의 합들이 $r$과 $c_1 + \cdots + c_n - r$인 $2 \times n$ 분할표를 구하는 문제는 $0 \leq a_1 \leq c_1$, ..., $0 \leq a_n \leq c_n$인 $r = a_1 + \cdots + a_n$을 구하는 문제와 동치이다.

(b) $i = 1$, ..., $m$과 $j = 1$, ..., $n$에 대해

$$a_{ij} \leftarrow \min(r_i - a_{i1} - \cdots - a_{i(j-1)}, c_j - a_{1j} - \cdots - a_{(i-1)j})$$

로 설정해서 분할표들을 차례로 구하면 답이 나온다. 또 다른 방법은: 만일 $r_1 \leq c_1$이면 $a_{11} \leftarrow r_1$, $a_{12} \leftarrow \cdots \leftarrow a_{1n} \leftarrow 0$으로 설정하고, $c_1$이 있는 나머지 행들을 $r_1$만큼 감소한다. 만일 $r_1 > c_1$이면 $a_{11} \leftarrow c_1$, $a_{21} \leftarrow \cdots \leftarrow a_{m1} \leftarrow 0$으로 설정하고 $c_1$이 있는 나머지 열들을 $r_1$만큼 감소한다. 둘째 접근방식은 많아야 $m + n - 1$개의 성분이 0이 아님을 보여 준다. 이를 다음과 같은 양함수 공식으로 표기할 수도 있다.

$$a_{ij} = \max(0, \min(r_i, c_j, r_1 + \cdots + r_i - c_1 - \cdots - c_{j-1}, c_1 + \cdots + c_j - r_1 - \cdots - r_{i-1})).$$

(c) (b)에서와 같은 행렬이 나온다.

(d) (b)와 (c)에서 좌우를 뒤집는다. 두 경우 모두 답은

$$a_{ij} = \max(0, \min(r_i, c_j, r_1 + \cdots + r_i - c_{j+1} - \cdots - c_n, c_j + \cdots + c_n - r_1 - \cdots - r_{i-1}))$$

이다.

(e) 행별, 열별 모두 가능하나 여기에서는 행별 순서로 풀기로 한다: $r_1$의 유계 합성들을 구할 때처럼, 열의 합 $(c_1, \ldots, c_n)$을 한계들로 사용해서 첫 행을 생성한다. 그런 다음 각 행 $(a_{11}, \ldots, a_{1n})$마다 같은 방식으로 나머지 행들을 재귀적으로 생성하되, $(c_1 - a_{11}, \ldots, c_n - a_{1n})$을 열의 합들로 적용한다. 대부분의 작업은 최하단 두 행에서 일어나나, 그 이전의 어떤 행에서 변경이 생기면 그 이후 행들을 반드시 다시 초기화해야 한다.

**63.** $a_{ij}$와 $a_{kl}$이 양수이면 $a_{ij} \leftarrow a_{ij} - 1$, $a_{il} \leftarrow a_{il} + 1$, $a_{kj} \leftarrow a_{kj} + 1$, $a_{kl} \leftarrow a_{kl} - 1$로 두어서 또 다른 분할표를 얻는다. 정점들이 $(r_1, \ldots, r_m; c_1, \ldots, c_n)$에 대한 분할표들이고 문제에서 언급한 변경으로 상호 변환되는 두 분할표가 인접한 정점들인 그래프 $G$에 해밀턴 경로가 존재함을 보이고자 한다.

$m = n = 2$일 때 $G$는 하나의 단순 경로이다. $m = 2$이고 $n = 3$일 때 $G$에는 모든 정점이 적어도 두 개의 해밀턴 경로의 출발점이되 경로 끝점들은 서로 다르다는 속성을 가지고 있음이 분명한 2차원 구조가 존재한다. $m = 2$이고 $n \geq 4$일 때에는 $G$에 실제로 임의의 정점에서 다른 임의의 정점으로의 해밀턴 경로들이 존재함을 귀납적으로 증명할 수 있다.

$m \geq 3$이고 $n \geq 3$일 때에는 해답 62(e)에서처럼 문제를 $m$에서 $m-1$로 줄일 수 있다. 단, "페인트칠을 하다 보니 구석에 갇히는" 일이 없도록 조심해야 한다. 구체적으로 말하면, 최하단 두 행의 0이 아닌 성분들이 어떤 $a$, $b$, $c > 0$에 대해 $\begin{pmatrix} 1 & a & 0 \\ 0 & b & c \end{pmatrix}$의 형태이며 행 $m-2$는 변경하면 그 두 행이 $\begin{pmatrix} 0 & a & 1 \\ 0 & b & c \end{pmatrix}$가 되는 상황에 빠지지 않도록 조심해야 한다. 행 $m-1$과 $m$에 대한 이전의 변경 라운드에서 만일 $c = 1$이 아니라면, 그리고 변경들이 $\begin{pmatrix} 0 & a+1 & 0 \\ 1 & b-1 & 1 \end{pmatrix}$이거나 $\begin{pmatrix} 1 & a-1 & 1 \\ 0 & b+1 & 0 \end{pmatrix}$으로 시작하지 않는다면, 그런 함정에 빠지는 일을 피할 수 있다. 그리고 방금 말한 상황 역시 피할 수 있다.

(연습문제 61에 기초한 일반사전순 방법이 훨씬 더 간단할 것이며, 거의 항상 단계당 단 4회의 변경만 수행한다. 그러나 그러한 방법에서는 한번에 $2\min(m, n)$개의 성분들을 갱신해야 하는 상황이 종종 발생한다.)

**64.** $x_1 \ldots x_s$가 이진열이고 $A$가 부분입방체들의 목록이라고 할 때, $A \oplus x_1 \ldots x_s$가 $A$의 각 부분입방체의 숫자 $(a_1, \ldots, a_s)$를 왼쪽에서 오른쪽으로 $(a_1 \oplus x_1, \ldots, a_s \oplus x_s)$로 대체하는 연산을 나타낸다고 하자. 예를 들어 $0{*}1{*}{*}10 \oplus 1010 = 1{*}1{*}{*}00$이다. 그러면 다음의 상호 점화식들은 하나의 그레이 순환마디를 정의한다. 왜냐하면 $st > 0$일 때 $A_{st}$는 $0^s {*}^t$에서 $10^{s-1} {*}^t$으로의 그레이 경로를 기여하며 $B_{st}$는 $0^s {*}^t$에서 ${*}01^{s-1} {*}^{t-1}$으로의 그레이 경로를 기여하기 때문이다.

$$A_{st} = 0B_{(s-1)t},\ {*}A_{s(t-1)} \oplus 001^{s-2},\ 1B^R_{(s-1)t};$$

$$B_{st} = 0A_{(s-1)t},\ 1B_{(s-1)t} \oplus 010^{s-2},\ {*}A_{s(t-1)} \oplus 1^s.$$

문자열 $001^{s-2}$과 $010^{s-2}$은 $s<2$일 때 그냥 $0^s$이다. $A_{s0}$은 그레이 이진 부호이고, $A_{0t}=B_{0t}=*^t$이다. (첨언하자면, 다소 간단한 구성

$$G_{st} = * \, G_{s(t-1)}, a_t G_{(s-1)t}, a_{t-1} G^R_{(s-1)t}, \qquad a_t = t \bmod 2$$

는 $*^t 0^s$에서 $a_{t-1} *^t 0^{s-1}$로의 유쾌한 그레이 경로를 정의한다.)

**65.** 경로 $P$가 $P^R$과, 그리고 $P \oplus x_1 \ldots x_s$와 동치라고 간주한다면, 전체 개수를 연습문제 33에서처럼 체계적으로 계산할 수 있다. 다음은 $s+t \le 6$일 때의 결과들이다.

| 경로들 | 순환마디들 |
|---|---|
| 1 | 1 |
| 1 1 | 1 1 |
| 1 2 1 | 1 1 1 |
| 1 3 3 1 | 1 1 1 1 |
| 1 5 10 4 1 | 1 2 1 1 1 |
| 1 6 36 35 5 1 | 1 2 3 1 1 1 |
| 1 9 310 4630 218 6 1 | 1 3 46 4 1 1 1 |

일반화하면, 경로는 $s=1$일 때 $t+1$개이고 $t=1$일 때 $\binom{\lceil s/2 \rceil + 2}{2} - (s \bmod 2)$개이다. $s \le 2$에 대한 순환마디들은 유일하다. $s=t=5$일 때 경로는 대략 $6.869 \times 10^{170}$개, 순환마디는 대략 $2.495 \times 10^{70}$개이다.

**66.** $G(n,0)=\epsilon$이고 $n<t$일 때 $G(n,t)=\emptyset$이라고 하자. 그리고 $1 \le t \le n$에 대해 $G(n,t)$가

$$\hat{g}(0)G(n-1,t), \hat{g}(1)G(n-1,t)^R, \ldots, \hat{g}(2^t-1)G(n-1,t)^R, \hat{g}(2^t-1)G(n-1,t-1)$$

을 만족한다고 하자. 여기서 $\hat{g}(k)$는 그레이 이진수 $g(k)$를 담은, 최소 유효 비트가 제일 위에 있는 $t$비트 열(column)이다. 이 일반 공식은 $G(n-1,t-1)$의 기저들 아래에 0들로 된 행 하나를 암묵적으로 추가했다고 가정한 것이다.

이 놀라운 규칙을 $t=1$일 때 적용한 결과에서 $0\ldots00$을 제거하면 보통의 그레이 이진 부호가 된다. $\binom{n}{t}_2$가 홀수이므로 순환 그레이 부호는 불가능하다.

**67.** 알고리즘 C에 해당하는 합성들에 대한 그레이 경로는 $\min(k,l) \le 2$라고 할 때 모든 전이가 $0^k1^l \leftrightarrow 1^l0^k$ 형태인 경로가 존재함을 함의한다. 사실, 각 전이에서 $\min(k,l)=1$인 순환마디도 아마 존재할 것이다.

**68.** (a) $\{\emptyset\}$; (b) $\emptyset$.

**69.** $\kappa_t N < N$인 최소의 $N$은 $\binom{2t-1}{t}+\binom{2t-3}{t-1}+\cdots+\binom{1}{1}+1=\frac{1}{2}\Bigl(\binom{2t}{t}+\binom{2t-2}{t-1}+\cdots+\binom{0}{0}+1\Bigr)$이다. 오직 $n \ge 2t-1$일 때에만 $\binom{n}{t-1} \le \binom{n}{t}$이기 때문이다.

**70.** $N' < \binom{2t-3}{t}$일 때 만일 $t \geq 3$이면

$$\kappa_t\left(\binom{2t-3}{t}+N'\right)-\left(\binom{2t-3}{t}+N'\right)=\kappa_t\left(\binom{2t-2}{t}+N'\right)-\left(\binom{2t-2}{t}+N'\right)=\binom{2t-2}{t}\frac{1}{t-1}+\kappa_{t-1}N'-N'$$

이라는 사실을 이용하면 최댓값이 $\binom{2t-2}{t}\frac{1}{t-1}+\binom{2t-4}{t-1}\frac{1}{t-2}+\cdots+\binom{2}{2}\frac{1}{1}$이며 $t > 1$일 때 그 값이 $N$의 $2^{t-1}$가지 값들에서 발생함을 유도할 수 있다.

**71.** $C_t$가 $t$-파벌이라고 하자. 알고리즘 L이 방문하는 처음 $\binom{1414}{t}+\binom{1009}{t-1}$개의 $t$-조합들은 정점 1415개, 간선 1000000개의 그래프 하나를 정의한다. $|C_t|$가 더 컸다면 $|\partial^{t-2}C_t|$는 1000000을 넘겼을 것이다. 따라서 $P_{(1000000)2}$가 정의하는 하나의 그래프에 있는 $t$-파벌의 개수는 모든 $t \geq 2$에 대해 최댓값이다.

**72.** $m_s > \cdots > m_u \geq u \geq 1$에 대해 $M = \binom{m_s}{s}+\cdots+\binom{m_u}{u}$이다. 여기서 $\{m_s, \ldots, m_u\} = \{s+t-1, \ldots, n_v\} \setminus \{n_t, \ldots, n_{v+1}\}$이다. (이를 $\binom{s+t}{t}-1-N$을 제시하는 연습문제 15와 비교해 볼 것.)

$\alpha = a_{n-1}\ldots a_0$이 조합 $n_t\ldots n_1$에 해당하는 이진열이라고 할 때, $v$는 $\alpha$의 후행 1들의 개수에 1을 더한 것이고 $u$는 제일 오른쪽의 0들의 연속열의 길이이다. 예를 들어 $\alpha = 1010001111$이라고 하면 $s=4$, $t=6$, $M=\binom{8}{4}+\binom{7}{3}$, $u=3$, $N=\binom{9}{6}+\binom{7}{5}$, $v=5$이다.

**73.** $A$와 $B$가 상호교차라는 것은 모든 $\alpha \in A$와 $\beta \in B$에 대해 $\alpha \not\subseteq U \setminus \beta$라는 것과 동치이고, 이는 다시 $A \cap \partial^{n-s-t}B^- = \emptyset$과 동치이다. 여기서 $B^- = \{U \setminus \beta \mid \beta \in B\}$는 $(n-t)$-조합들의 집합이다. $Q^-_{Nnt} = P_{N(n-t)}$이므로 $|\partial^{n-s-t}B^-| \geq |\partial^{n-s-t}P_{N(n-t)}|$이며, $N' = \kappa_{s+1}\ldots\kappa_{n-t}N$이라 할 때 $\partial^{n-s-t}P_{N(n-t)} = P_{N's}$이다. 따라서 만일 $A$와 $B$가 상호교차이면 $M+N' \leq |A|+|\partial^{n-s-t}B^-| \leq \binom{n}{s}$이고 $Q_{Mns} \cap P_{N's} = \emptyset$이다.

반대로 만일 $Q_{Mns} \cap P_{N's} \neq \emptyset$이면 $\binom{n}{s} < M+N' \leq |A|+|\partial^{n-s-t}B^-|$이며, 따라서 $A$와 $B$는 상호교차일 수 없다.

**74.** $|\varrho\, Q_{Nnt}| = \kappa_{n-t}N$ (연습문제 94를 보라.) 또한, (58)과 (59)에서처럼 논증한다면 해당 특정 경우에서 $\varrho P_{N5} = (n-1)P_{N5} \cup \cdots \cup 10P_{N5} \cup \{543210, \ldots, 987654\}$임을 알 수 있다. 그리고 일반적으로 $|\varrho P_{Nt}| = (n+1-n_t)N + \binom{n_t+1}{t+1}$이다.

**75.** 만일 $n_v > v$이면 식 1.2.6-(10)의 항등식 $\binom{n+1}{k} = \binom{n}{k}+\binom{n-1}{k-1}+\cdots+\binom{n-k}{0}$에서 또 다른 표현을 구할 수 있다. 그러나 $\binom{n+1}{k-1} = \binom{n}{k-1}+\binom{n-1}{k-2}+\cdots+\binom{n-k+1}{0}$이므로 (60)은 영향을 받지 않는다.

**76.** (57)에 $\binom{v-1}{v-1}$을 더해서 $N+1$을 표현한다. 그런 다음 이전 연습문제를 이용해서 $\kappa_t(N+1) - \kappa_t N = \binom{v-1}{v-2} = v-1$을 유도한다.

**77.** [D. E. Daykin, *Nanta Math.* **8**,2 (1975), 78–83.] 연습문제 75에서처럼 표현 $M = \binom{m_t}{t}+\cdots+\binom{m_u}{u}$와 $N = \binom{n_t}{t}+\cdots+\binom{n_v}{v}$를 다룬다. 만일 최종 색인 $u$나 $v$가 0이라면 이들을 부적절한 표현

이라고 부르기로 한다. 그리고 적절한 표현과 부적절한 표현이 모두 있는, 즉 $n_v > v > 0$인 $N$을 가리켜 유연하다라고 칭한다.

(a) 정수 $S$가 주어졌을 때, $M+N=S$이고 $\kappa_t M+\kappa_t N$이 최소인 $M+N$을 구하되 $M$이 최대한 큰 값이 되도록 구한다. 만일 $N=0$이면 증명이 끝난 것이다. 그렇지 않으면 최대-최소 연산은 $M+N$과 $\kappa_t M+\kappa_t N$ 모두를 유지하므로, $M$과 $N$의 적절한 표현들에서 $v \ge u \ge 1$이라고 가정할 수 있다 만일 $N$이 유연하지 않다면 연습문제 76에 의해 $\kappa_t(M+1)+\kappa_t(N-1)=(\kappa_t M+u-1)+(\kappa_t N-v)<\kappa_t M+\kappa_t N$이다. 따라서 $N$은 반드시 유연하다. 그러나 그러면 최대-최소 연산을 $M$에, 그리고 $N$의 부적절한 표현에 적용함으로써 $M$을 증가할 수 있는데, 이는 모순이다.

이 증명은 등호가 오직 $MN=0$일 때에만 성립함을 보여 준다. 이 사실은 1927년에 머콜리F. S. Macaulay가 지적했다.

(b) 이 경우에는 $N$을 $\binom{n_{t-1}}{t-1}+\cdots+\binom{n_v}{v}$로 표현해서, $M+N=S$일 때 $\max(\kappa_t M, N)+\kappa_{t-1}N$을 최소화해야 한다. 만일 $n_{t-1}<m_t$이면 여전히 최대-최소 연산을 적용할 수 있다. 그 연산은 $m_t$를 바꾸지 않고 남겨 두며, $M+N$과 $\kappa_t M+\kappa_{t-1}N$을, 그리고 관계 $\kappa_t M>N$을 유지한다. 만일 $N\ne 0$이면 (a)와 같은 모순에 도달하므로, $n_{t-1}\ge m_t$라고 가정할 수 있다.

만일 $n_{t-1}>m_t$이면 $N>\kappa_t M$이 성립하며, $\lambda_t N>M$도 성립한다. 따라서 $M+N<\lambda_t N+N=\binom{n_{t-1}+1}{t}+\cdots+\binom{n_v+1}{v+1}$이며, $\kappa_t(M+N)\le\kappa_t(\lambda_t N+N)=N+\kappa_{t-1}N$이다.

마지막으로 $n_{t-1}=m_t=a$인 경우에는 $M=\binom{a}{t}+M'$, $N=\binom{a}{t-1}+N'$으로 둔다. 그러면 $\kappa_t(M+N)=\binom{a+1}{t-1}+\kappa_{t-1}(M'+N')$, $\kappa_t M=\binom{a}{t-1}+\kappa_{t-1}M'$, $\kappa_{t-1}N=\binom{a}{t-2}+\kappa_{t-2}N'$이다. 이제 $t$에 대한 귀납법을 적용하면 주어진 부등식이 증명된다.

**78.** [J. Eckhoff, G. Wegner, *Periodica Math. Hung.* **6** (1975), 137-142; A. J. W. Hilton, *Periodica Math. Hung.* **10** (1979), 25-30.] $M=|A_1|$이고 $N=|A_0|$이라고 하자. $t>0$, $N>0$이라고 가정해도 무방하다. 그러면 $m+n+t$에 대한 귀납법에 의해 $|\partial A|=|\partial A_1\cup A_0|+|\partial A_0|\ge\max(|\partial A_1|,|A_0|)+|\partial A_0|\ge\max(\kappa_t M, N)+\kappa_{t-1}N\ge\kappa_t(M+N)=|P_{|A|t}|$이다.

반대로, $A_1=P_{Mt}+1$이고 $A_0=P_{N(t-1)}+1$이라고 하자. 이 표기법은 이를테면 $\{210, 320\}+1=\{321, 431\}$임을 뜻한다. 그러면 $\kappa_t(M+N)\le|\partial A|=|\partial A_1\cup A_0|+|(\partial A_0)0|=\max(\kappa_t M, N)+\kappa_{t-1}N$이다. $\partial A_1=P_{(\kappa_t M)(t-1)}+1$이기 때문이다. [쉬첸베르거Schützenberger는 1959년에 오직 $\kappa_t M\ge N$일 때에만 $\kappa_t(M+N)\le\kappa_t M+\kappa_{t-1}N$임을 밝혔다.]

첫 부등식의 경우, $A$와 $B$가 $t$-조합들의 서로 다른 집합들이고 $|A|=M$, $|\partial A|=\kappa_t M$, $|B|=N$, $|\partial B|=\kappa_t N$을 만족한다고 하자. 그러면 $\kappa_t(M+N)=\kappa_t|A\cup B|\le|\partial(A\cup B)|=|\partial A\cup\partial B|=|\partial A|+|\partial B|=\kappa_t M+\kappa_t N$이다.

**79.** 사실 $\mu_t(M+\lambda_{t-1}M)=M$이며, $N$이 (57)과 같이 주어졌을 때 $\mu_t N+\lambda_{t-1}\mu_t N=N+(n_2-n_1)[v=1]$이다.

**80.** 만일 $N>0$이고 $t>1$이면 $N$을 (57)에서처럼 표현하고 $N=N_0+N_1$로 둔다. 여기서

$$N_0=\binom{n_t-1}{t}+\cdots+\binom{n_v-1}{v},\qquad N_1=\binom{n_t-1}{t-1}+\cdots+\binom{n_v-1}{v-1}$$

이다. $N_0=\binom{y}{t}$, $N_1=\binom{z}{t-1}$이라고 하자. 그러면 $t$와 $\lfloor x\rfloor$에 대한 귀납법에 의해 $\binom{x}{t}=N_0+\kappa_t N_0\ge\binom{y}{t}+\binom{y}{t-1}=\binom{y+1}{t}$, $N_1=\binom{x}{t}-\binom{y}{t}\ge\binom{x}{t}-\binom{x-1}{t}=\binom{x-1}{t-1}$, $\kappa_t N=N_1+\kappa_{t-1}N_1\ge\binom{z}{t-1}+\binom{z}{t-2}=\binom{z+1}{t-1}\ge\binom{x}{t-1}$이다.

〔사실 로바시Lovász는 좀 더 강한 결과를 증명했다. 연습문제 1.2.6-66을 보라. 마찬가지로 $\mu_t N\ge\binom{x-1}{t-1}$도 성립한다. Björner, Frankl, Stanley, *Combinatorica* **7** (1987), 27-28을 보라.〕

**81.** 예를 들어 $\widehat{P}_{N5}$의 최대 원소가 66433이라면

$$\widehat{P}_{N5}=\{00000,\ldots,55555\}\cup\{60000,\ldots,65555\}\cup\{66000,\ldots,66333\}\cup\{66400,\ldots,66433\}$$

이다. 따라서 $N=\binom{10}{5}+\binom{9}{4}+\binom{6}{3}+\binom{5}{2}$이다. 그 하향 그림자는

$$\partial\widehat{P}_{N5}=\{0000,\ldots,5555\}\cup\{6000,\ldots,6555\}\cup\{6600,\ldots,6633\}\cup\{6640,\ldots,6643\}$$

으로, 크기는 $\binom{9}{4}+\binom{8}{3}+\binom{5}{2}+\binom{4}{1}$이다.

만일 $Q_{N95}$의 가장 작은 원소가 66433이면

$$\widehat{Q}_{N95}=\{99999,\ldots,70000\}\cup\{66666,\ldots,66500\}\cup\{66444,\ldots,66440\}\cup\{66433\}$$

이며, 따라서 $N=\left(\binom{13}{9}+\binom{12}{8}+\binom{11}{7}\right)+\left(\binom{8}{6}+\binom{7}{5}\right)+\binom{5}{4}+\binom{3}{3}$이다. 그 상향 그림자는

$$\varrho\,\widehat{Q}_{N95}=\{999999,\ldots,700000\}\cup\{666666,\ldots,665000\}\\ \cup\{664444,\ldots,664400\}\cup\{664333,\ldots,664330\}$$

으로, 크기는 $\left(\binom{14}{9}+\binom{13}{8}+\binom{12}{7}\right)+\left(\binom{9}{6}+\binom{8}{5}\right)+\binom{6}{4}+\binom{4}{3}=N+\kappa_9 N$이다. $N\le\binom{s+t}{t}$인 한 각 조합의 크기 $t$는 본질적으로 무관하다. 예를 들어 지금까지 살펴본 경우에서 $\widehat{Q}_{N98}$의 가장 작은 원소는 99966433이다.

**82.** (a) 도함수는 $\sum_{k>0}r_k(x)$일 것이나, 그 급수는 발산한다.

〔비공식적으로, $\tau(x)$의 그래프를 보면 $2^{-k}$의 모든 홀수 배에서 상대적 크기가 $2^{-k}$인 '구덩이'들이 나타난다. *Proc. Physico-Math. Soc. Japan* (2) **1** (1903), 176-177에 실린 다카기의 원래의 논문의 영문 번역본이 그의 *Collected Papers* (Iwanami Shoten, 1973)에 수록되어 있다.〕

(b) $k>0$일 때 $r_k(1-t)=(-1)^{\lceil 2^k t\rceil}$이므로

$$\int_0^{1-x}r_k(t)\,dt=\int_x^1 r_k(1-u)\,du=-\int_x^1 r_k(u)\,du=\int_0^x r_k(u)\,du$$

이다. 둘째 등식은 $r_k(\frac{1}{2}t)=r_{k-1}(t)$라는 사실에서 비롯된 것이다. 부문제 (d)는 $x$가 유리수일

때 $\tau(x)$를 정의하는 데 이 두 등식으로 충분함을 보여 준다.

(c) $0 \le x \le 1$에 대해 $\tau(2^{-a}x) = a2^{-a}x + 2^{-a}\tau(x)$이므로 $2^{-a-1} \le \epsilon \le 2^{-a}$일 때 $\tau(\epsilon) = a\epsilon + O(\epsilon)$이다. 따라서 $0 < \epsilon \le 1$에 대해 $\tau(\epsilon) = \epsilon \lg \frac{1}{\epsilon} + O(\epsilon)$이다.

(d) $0 \le p/q \le 1$라고 하자. 만일 $p/q \le 1/2$이면 $\tau(p/q) = p/q + \tau(2p/q)/2$이고 그렇지 않으면 $\tau(p/q) = (q-p)/q + \tau(2(q-p)/q)/2$이다. 따라서 $q$가 홀수라고 가정할 수 있다. $q$가 홀수라고 할 때, 만일 $p$가 짝수이면 $p' = p/2$로 두고 $p$가 홀수이면 $p' = (q-p)/2$로 두자. 그러면 $0 < p < q$에 대해 $\tau(p/q) = 2\tau(p'/q) - 2p'/q$이다. 이 $q-1$원 연립방정식에는 유일한 해가 존재한다. 예를 들어 $q = 3, 4, 5, 6, 7$에 대한 해는 2/3, 2/3; 1/2, 1/2, 1/2; 8/15, 2/3, 2/3, 8/15; 1/2, 2/3, 1/2, 2/3, 1/2; 22/49, 30/49, 32/49, 32/49, 30/49, 22/49이다.

(e) $<\frac{1}{2}$인 해들은 $x = \frac{1}{4}, \frac{1}{4} - \frac{1}{16}, \frac{1}{4} - \frac{1}{16} - \frac{1}{64}, \frac{1}{4} - \frac{1}{16} - \frac{1}{64} - \frac{1}{256}, \ldots, \frac{1}{6}$이다.

(f) 값 $\frac{2}{3}$는 $x = \frac{1}{2} \pm \frac{1}{8} \pm \frac{1}{32} \pm \frac{1}{128} \pm \cdots$(불가산 집합)일 때 나온다.

**83.** 임의의 정수 $q > p > 0$가 주어졌을 때, 유향 그래프 안에서의 0에서 시작하는 다음과 같은 경로들을 고찰한다.

$$\begin{array}{ccccccccccccc} 0 & \leftarrow & 1 & \leftarrow & 2 & \leftarrow & 3 & \leftarrow & 4 & \leftarrow & 5 & \leftarrow & \cdots \\ \updownarrow & & \updownarrow & & \updownarrow & & \updownarrow & & \updownarrow & & \updownarrow & & \\ 1 & \rightarrow & 2 & \rightarrow & 3 & \rightarrow & 4 & \rightarrow & 5 & \rightarrow & 6 & \rightarrow & \cdots \end{array}$$

연관된 값 $v$를 $v \leftarrow -p$로 시작해서 계산한다. 수평 이동은 $v \leftarrow 2v$로 변경하며, 노드 $a$로부터의 수직 이동은 $v \leftarrow 2(qa - v)$로 변경한다. 경로는 같은 $v$ 값을 가진 노드에 두 번째로 도달했을 때 멈춘다. $v \le -q$이거나 $v \ge qa$인 상위 노드 $a$로의 전이는 허용되지 않으며, $v \le 0$이거나 $v \ge q(a+1)$인 하위 노드 $a$로의 전이도 허용되지 않는다. 이러한 제약들이 경로의 대부분의 단계들에 강제된다. (윗줄의 노드 $a$는 "$\tau(x) = ax - v/q$를 풀어라"라는 뜻이고, 아랫줄의 해당 노드는 "$\tau(x) = v/q - ax$를 풀어라"라는 뜻이다.) 실험적 검정에 따르면 그러한 모든 경로가 유한하다. 그러면 방정식 $\tau(x) = p/q$에는 순차열 $x_0, x_1, x_2, \ldots$으로 정의되는 해 $x = x_0$들이 있다. 여기서 수평 단계에 대해 $x_k = \frac{1}{2}x_{k+1}$이고 수직 단계에 대해 $x_k = 1 - \frac{1}{2}x_{k+1}$이다. 결국에는 어떤 $j < k$에 대해 $x_k = x_j$가 된다. 만일 $j > 0$이고 $q$가 2의 거듭제곱이 아니면, 이들은 모두 $x > 1/2$일 때 $\tau(x) = p/q$의 해이다.

이 절차를 통해서, 이를테면 $x$가 83581/87040인 경우에만 $\tau(x) = 1/5$이고 $x > 1/2$임을 확인할 수 있다. 유일한 경로는 $x_0 = 1 - \frac{1}{2}x_1, x_1 = \frac{1}{2}x_2, \ldots, x_{18} = \frac{1}{2}x_{19}, x_{19} = x_{11}$을 산출한다. 마찬가지로, $\tau(x) = 3/5$인 $x > 1/2$의 값은 단 두 개인데, 그 분모는 $2^{46}(2^{56} - 1)/3$이다.

더 나아가서, 유향 그래프에서 노드 0을 거치는 모든 순환마다는 $\tau(x) = p/q$에 무한히 많은 해가 존재하도록 하는 $p$와 $q$의 값들을 정의한다. 예를 들어 순환마디 (01), (0121), (012321)에 해당하는 값들은 2/3, 8/15, 8/21이다. 32/63이라는 값은 (012121)은 물론 (012101234545454321)에도 대응되며, 0을 돌려주지 않는 또 다른 두 경로에도 대응된다.

**84.** 〔Frankl, Matsumoto, Ruzsa, Tokushige, *J. Combinatorial Theory* **A69** (1995), 125-148.〕 만일 $a \le b$이면 다음이 성립한다.

$$\binom{2t-1-b}{t-a}\bigg/T = t^{\underline{a}}(t-1)^{\underline{b-a}}\Big/(2t-1)^{\underline{b}} = 2^{-b}(1+f(a,b)t^{-1}+O(b^4/t^2)).$$

여기서 $f(a,b) = a(1+b) - a^2 - b(1+b)/4 = f(a+1,b) - b + 2a$이다. 따라서 만일 $N$의 조합적 표현이 (57)과 같다면, 그리고 만일 $n_j = 2t-1-b_j$로 둔다면

$$\frac{t}{T}(\kappa_t N - N) = \frac{b_t}{2^{b_t}} + \frac{b_{t-1}-2}{2^{b_{t-1}}} + \frac{b_{t-2}-4}{2^{b_{t-2}}} + \cdots + \frac{O(\log t)^3}{t}$$

이 성립한다. 이 공식의 항들은 $b_j$가 $2\lg t$를 넘기면 무시할 수 있을 정도로 작아진다. 또한

$$\tau\left(\sum_{j=0}^{l} 2^{-e_j}\right) = \sum_{j=0}^{l}(e_j - 2j)2^{-e_j}$$

도 증명이 가능하다.

**85.** $N - \lambda_{t-1}N$의 점근 형식은 (63)에 의해 $\kappa_t N - N$의 것과 같다. $\tau(x) = \tau(1-x)$이기 때문이다. $2\mu_t N - N$도 $O\big(T(\log t)^3/t^2\big)$까지는 같은 점근 형식을 가진다. $b < 2\lg t$일 때 $\binom{2t-1-b}{t-a} = 2\binom{2t-2-b}{t-a}(1+O(\log t)/t)$이기 때문이다.

**86.** $x \in X^{\circ\sim} \iff \bar{x} \notin X^{\circ} \iff \bar{x} \notin X$ 또는 $\bar{x} \notin X+e_1$ 또는 $\cdots$ 또는 $\bar{x} \notin X+e_n \iff x \in X^{\sim}$ 또는 $x \in X^{\sim} - e_1$ 또는 $\cdots$ 또는 $x \in X^{\sim} - e_n \iff x \in X^{\sim +}$.

**87.** 셋 다 참임을 오직 $X^{+} \subseteq Y$일 때에만 $X \subseteq Y^{\circ}$ 라는 사실을 이용해서 밝힐 수 있다: (a) $X \subseteq Y^{\circ} \iff X^{\sim} \supseteq Y^{\circ\sim} = Y^{\sim +} \iff Y^{\sim} \subseteq X^{\sim\circ}$. (b) $X^{+} \subseteq X^{+} \iff X \subseteq X^{+\circ}$, 따라서 $X^{\circ} \subseteq X^{\circ+\circ}$. 또한 $X^{\circ} \subseteq X^{\circ} \iff X^{\circ+} \subseteq X$, 따라서 $X^{\circ+\circ} \subseteq X^{\circ}$. (c) $\alpha M \le N \iff S_M^{+} \subseteq S_N \iff S_M \subseteq S_N^{\circ} \iff M \le \beta N$.

**88.** 만일 $\nu x < \nu y$이면 $\nu(x-e_k) < \nu(y-e_j)$이므로 $\nu x = \nu y$이고 사전순으로 $x > y$라고 가정할 수 있다. 반드시 $y_j > 0$이어야 한다. 그렇지 않다면 $\nu(y-e_j)$가 $\nu(x-e_k)$보다 클 것이다. 만일 $1 \le i \le j$에 대해 $x_i = y_i$이면, $k > j$이고 $x - e_k < y - e_j$임은 분명하다. 그렇지 않으면 어떤 $i \le j$에 대해 $x_i > y_i$인데, 이 경우에도 $x - e_k = y - e_j$가 아닌 한 $x - e_k < y - e_j$이다.

**89.** 표

| $j =$ | 0 | 1 | 2 | 3 | 4 | 5 | 6 | 7 | 8 | 9 | 10 | 11 |
|---|---|---|---|---|---|---|---|---|---|---|---|---|
| $e_j + e_1 =$ | $e_1$ | $e_0$ | $e_4$ | $e_5$ | $e_2$ | $e_3$ | $e_8$ | $e_9$ | $e_6$ | $e_7$ | $e_{11}$ | $e_{10}$ |
| $e_j + e_2 =$ | $e_2$ | $e_4$ | $e_0$ | $e_6$ | $e_1$ | $e_8$ | $e_3$ | $e_{10}$ | $e_5$ | $e_{11}$ | $e_7$ | $e_9$ |
| $e_j + e_3 =$ | $e_3$ | $e_5$ | $e_6$ | $e_7$ | $e_8$ | $e_9$ | $e_{10}$ | $e_0$ | $e_{11}$ | $e_1$ | $e_2$ | $e_4$ |

로부터 $(\alpha 0, \alpha 1, \ldots, \alpha 12) = (0, 4, 6, 7, 8, 9, 10, 11, 11, 12, 12, 12, 12)$와 $(\beta 0, \beta 1, \ldots, \beta 12) = (0, 0, 0, 0, 1, 1, 2, 3, 4, 5, 6, 8, 12)$를 구할 수 있다.

**90.** $Y = X^+$이고 $Z = C_k X$라고 하자. 그리고 $0 \le a < m_k$에 대해 $N_a = |X_k(a)|$이라고 하자. 그러면

$$|Y| = \sum_{a=0}^{m_k-1} |Y_k(a)| = \sum_{a=0}^{m_k-1} |(X_k(a-1)+e_k) \cup (X_k(a)+E_k(0))|$$
$$\ge \sum_{a=0}^{m_k-1} \max(N_{a-1}, \alpha N_a)$$

이다. 여기서 $a-1$은 $(a-1) \bmod m_k$를 뜻하며, $\alpha$ 함수는 $(n-1)$차원 원환체로부터 온다. 이는 귀납법에 의해 $|X_k(a)+E_k(0)| \ge \alpha N_a$이기 때문이다. 또한

$$|Z^+| = \sum_{a=0}^{m_k-1} |Z_k^+(a)| = \sum_{a=0}^{m_k-1} |(Z_k(a-1)+e_k) \cup (Z_k(a)+E_k(0))|$$
$$= \sum_{a=0}^{m_k-1} \max(N_{a-1}, \alpha N_a)$$

인데, 왜냐하면 $Z_k(a-1)+e_k$와 $Z_k(a)+E_k(0)$ 둘 다 $n-1$차원에서 표준이기 때문이다.

**91.** 완전히 압축된 배열의 행 $a$에 있는 점의 개수가 $N_a$라고 하자. 행 0이 배열의 제일 아래 행이다. 즉 $l = N_{-1} \ge N_0 \ge \cdots \ge N_{m-1} \ge N_m = 0$이다. 우선, $N_a = 0$이거나 $N_a = l$일 때를 제외하면 '나쁜' 조건 $N_a = N_{a+1}$이 결코 발생하지 않는 최적의 $X$가 존재함을 보이고자 한다. 만일 $a$가 가장 작은 '나쁜' 아래첨자이면, $N_{a-1} > N_a = N_{a+1} = \cdots = N_{a+k} > N_{a+k+1}$이라고 가정한다. 그러면, $k=1$이고 $N_{a+2} = N_{a+1}-1$, $0 \le b \le a$에 대해 $N_b = N_a + a - b < l$인 경우들을 제외하면 항상, $N_{a+k}$를 1 감소하고 $b \le a$에 대한 어떤 $N_b$에 1을 더해도 $|X^+|$가 증가되지 않는다. 그런 경우들을 더 살펴보면, 만일 어떤 $c > a+1$에 대해 $N_{c+1} < N_c = N_{c-1}$이면 $N_c \leftarrow N_c - 1$, $N_a \leftarrow N_a + 1$로 설정함으로써 $a$를 감소하거나 $N_0$을 증가할 수 있다. 그렇지 않은 경우에는 $a < c < d$에 대해 $N_c = N_{a+1} + a + 1 - c > 0$이고 $N_d = 0$ 아니면 $N_d < N_{d-1} - 1$인 아래첨자 $d$를 찾을 수 있다. 그러면 $a < c < d$에 대해 $N_c$를 1 감소한 후 $0 \le b < d - a - 1$에 대해 $N_b$를 1 증가해도 된다. (만일 $N_d = 0$이면 $N_0 \ge d-1$이며, 따라서 $d = m$은 $l = m$을 함의함을 주목하는 것이 중요하다.)

이러한 변환들을 $N_a \ne l$이고 $N_{a+1} \ne 0$이면 항상 $N_a > N_{a+1}$이 될 때까지 되풀이하면 (86)의 상황에 도달하며, 그러면 본문에 나온 것처럼 증명을 마칠 수 있다.

**92.** $x+k$가 $T(m_1, \ldots, m_{n-1})$의 원소들 중 $x$보다 크고 가중치가 $\nu x + k$인, 사전순으로 가장 작은 원소라고 하자(그런 원소가 존재한다면). 예를 들어 $m_1 = m_2 = m_3 = 4$이고 $x = 211$이면 $x+1 = 212$, $x+2 = 213$, $x+3 = 223$, $x+4 = 233$, $x+5 = 333$이며, $x+6$은 존재하지 않는다. 일반화하면, $x+k+1$은 $x+k$에서 증가가 가능한 가장 오른쪽 성분을 증가해서 얻는다. 만일 $x+k = (m_1-1, \ldots, m_{n-1}-1)$이면 $x+k+1 = x+k$로 둔다. 그러면, $S(k)$가 $T(m_1, \ldots, m_{n-1})$의 원소들 중 $\le x+k$인 모든 원소의 집합이라고 할 때, $S(k+1) = S(k)^+$이다. 더 나아가서 $S$

의 원소들 중 $a$로 끝나는 원소들은 처음 $n-1$개의 성분들이 $S(m-1-a)$에 포함된 원소들이다.

이 연습문제의 결과를 다음과 같이 좀 더 직관적으로 서술할 수도 있다: $n$차원 표준집합 $S_1$, $S_2$, …을 생성해 나아갈 때, 각 계층의 $(n-1)$차원 표준집합들은 각 점을 계층 $m-1$에 추가한 직후에 서로의 펼침이 된다. 마찬가지로, 그 표준집합들은 계층 0에 각 점을 추가하기 직전에서 서로의 핵심이다.

**93.** (a) 그 매개변수들을 적절히 정렬했을 때 $2 \le m'_1 \le m'_2 \le \cdots \le m'_n$이라고 가정하자. 그리고 $k$가 $m_k \ne m'_k$인 가장 작은 아래첨자라고 하자. 그러면, $N = 1 + \mathrm{rank}(0, \ldots, 0, m'_k - 1, 0, \ldots, 0)$을 취하면 된다. (반드시 $\min(m_1, \ldots, m_n) \ge 2$라고 가정해야 한다. 1과 같은 매개변수들은 어디에도 배치할 수 있기 때문이다.)

(b) 그 가정은 $n = 2$에 대한 증명에서만 쓰이는데, 연습문제 91의 해답에 숨어 있다. 그 증명은 $n$이 더 클 때 귀납법에 의해 통합된다.

**94.** 여수화는 사전식 순서를 뒤집고 $\varrho$를 $\partial$로 바꾼다.

**95.** 정리 K의 경우 $d = n-1$, $s_0 = \cdots = s_d = 1$로 둔다. 정리 M의 경우 $d = s$, $s_0 = \cdots = s_d = t+1$로 둔다.

**96.** 그런 표현에서 $N$은 $\{s_0 \cdot 0, s_1 \cdot 1, s_2 \cdot 2, \ldots\}$의 $t$-중복조합들 중 사전순으로 $n_t n_{t-1} \ldots n_1$보다 앞에 있는 것들의 개수이다. 왜냐하면 일반화된 계수 $\binom{S(n)}{t}$는 제일 왼쪽 성분이 $< n$인 중복조합들의 개수이기 때문이다.

그러한 표현을 제일 오른쪽의 0이 아닌 항 $\binom{S(n_v)}{v}$까지만 남긴다면 (60)의 깔끔한 일반화를 얻게 된다:

$$|\partial P_{Nt}| = \binom{S(n_t)}{t-1} + \binom{S(n_{t-1})}{t-2} + \cdots + \binom{S(n_v)}{v-1}.$$

〔G. F. Clements, *J. Combinatorial Theory* **A37** (1984), 91-97을 보라. 부등식 $s_0 \ge s_1 \ge \cdots \ge s_d$는 따름정리 C의 유효성에 필요하나 $|\partial P_{Nt}|$의 계산에는 필요하지 않다. $t \ge k > v$에 대한 항 $\binom{S(n_k)}{k}$들 중 일부는 0일 수 있다. 예를 들어 $N=1$, $t=4$, $s_0 = 3$, $s_1 = 2$일 때 $N = \binom{S(1)}{4} + \binom{S(1)}{3} = 0 + 1$이다.〕

**97.** (a) 사면체는 정점이 네 개, 변이 여섯 개, 면이 네 개이다: $(N_0, \ldots, N_4) = (1, 4, 6, 4, 1)$. 비슷하게, 8면체는 $(N_0, \ldots, N_6) = (1, 6, 8, 8, 0, 0, 0)$이고 20면체는 $(N_0, \ldots, N_{12}) = (1, 12, 30, 20, 0, \ldots, 0)$이다. 정육면체, 즉 3-입방체는 정점이 여덟 개, 변이 열두 개, 정사각형 면이 여섯 개이다. 교란을 적용하면 각 정육면체 면이 두 개의 삼각형으로 나뉘어져서 새로운 변이 생긴다. 따라서 $(N_0, \ldots, N_8) = (1, 8, 18, 12, 0, \ldots, 0)$이다. 마지막으로, 교란된 12면체의 경우에는 $(N_0, \ldots, N_{20}) = (1, 20, 54, 36, 0, \ldots, 0)$이 된다.

(b) $\{210, 310\} \cup \{10, 20, 21, 30, 31\} \cup \{0, 1, 2, 3\} \cup \{\epsilon\}$.

(c) $0 \le t \le n$에 대해 $0 \le N_t \le \binom{n}{t}$ 그리고 $1 \le t \le n$에 대해 $N_{t-1} \ge \kappa_t N_t$. 둘째 조건은 $\lambda_0 1 = \infty$ 라고 정의한다면 $1 \le t \le n$에 대해 $\lambda_{t-1} N_{t-1} \ge N_t$ 라는 것과 동치이다. 이 조건들은 정리 K에 대한 필요조건이자, 만일 $A = \bigcup P_{N_t t}$ 이면 충분조건이다.

(d) 단체 복합체 안에 있지 않은 원소들의 여원들, 즉 집합 $\{\{0, \ldots, n-1\} \setminus \alpha \mid \alpha \not\in C\}$들은 하나의 단체 복합체를 형성한다. (또한 그 필요충분조건이 성립함을 확인하는 것도 가능하다: 연습문제 94에 의해 $\kappa_{n-t} \bar{N}_{n-t+1} = \binom{n}{t} - \lambda_{t-1} N_{t-1}$이므로, $N_{t-1} \ge \kappa_t N_t \iff \lambda_{t-1} N_{t-1} \ge N_t \iff \kappa_{n-t+1} \bar{N}_{n-t+1} \le \bar{N}_{n-t}$이다.)

(e) $00000 \leftrightarrow 14641$; $10000 \leftrightarrow 14640$; $11000 \leftrightarrow 14630$; $12000 \leftrightarrow 14620$; $13000 \leftrightarrow 14610$; $14000 \leftrightarrow 14600$; $12100 \leftrightarrow 14520$; $13100 \leftrightarrow 14510$; $14100 \leftrightarrow 14500$; $13200 \leftrightarrow 14410$; $14200 \leftrightarrow 14400$; $13300 \leftrightarrow 14310$; 그리고 자기쌍대인 경우들은 14300, 13310.

**98.** 다음의 절차는 중복집합들을 위한 좀 더 일반적인 문제도 고찰했던 S. Linusson이 제시한 것으로 〔*Combinatorica* **19** (1999), 255-266〕, 좀 더 자명한 접근방식보다 훨씬 빠르다. $L(n,h,l)$이 $0 \le t \le l$에 대해 $N_t = \binom{n}{t}$이고 $N_{t+1} < \binom{n}{t+1}$인, 그리고 $t > h$에 대해 $N_t = 0$인 실현가능 벡터들의 개수라고 하자. 그러면 $-1 \le l \le h \le n$이 아닌 한 $L(n,h,l) = 0$이다. 또한 $L(n,h,h) = L(n,h,-1) = 1$이며 $l < n$에 대해 $L(n,n,l) = L(n,n-1,l)$이다. $n > h \ge l \ge 0$일 때, 정리 K로부터 비롯된 점화식 $L(n,h,l) = \sum_{j=l}^{h} L(n-1,h,j) L(n-1,j-1,l-1)$을 계산할 수 있다. (각 크기 벡터는 복합체 $\bigcup P_{N_t t}$에 대응되는데, 이때 $L(n-1,h,j)$는 최대 원소 $n-1$을 포함하지 않는 조합들을 나타내고 $L(n-1,j-1,l-1)$은 포함하는 조합들을 나타낸다.) 마지막으로, 총 개수는 $L(n) = \sum_{l=1}^{n} L(n,n,l)$이다.

문제의 답은: $L(0)$, $L(1)$, $L(2)$, $\ldots = 2, 3, 5, 10, 26, 96, 553, 5461, 100709, 3718354, 289725509, \ldots$; $L(100) \approx 3.2299 \times 10^{1842}$.

**99.** 단체 복합체의 극대 원소들은 하나의 난잡 집합을 형성한다. 반대로, 한 난잡 집합의 원소들에 포함된 조합들은 하나의 단체 복합체를 형성한다. 따라서 두 개념은 본질적으로 동치이다.

(a) $(M_0, M_1, \ldots, M_n)$이 한 난잡 집합의 크기 벡터일 때, $N_n = M_n$이고 $0 \le t < n$에 대해 $N_t = M_t + \kappa_{t+1} N_{t+1}$인 $(N_0, N_1, \ldots, N_n)$은 한 단체 복합체의 크기 벡터이다. 반대로, 그러한 모든 $(N_0, \ldots, N_n)$은 처음 $N_t$개의 $t$ 조합들을 사전순으로 적용한다면 $(M_0, \ldots, M_n)$을 산출한다. 〔클레먼츠G. F. Clements는 그의 *Discrete Math.* **4** (1973), 123-128에서 이 결과를 일반적인 중복집합으로 확장했다.〕

(b) 해답 97(e)의 순서로 나열하자면 00000, 00001, 10000, 00040, 01000, 00030, 02000, 00120, 03000, 00310, 04000, 00600, 00100, 00020, 01100, 00210, 02100, 00500, 00200, 00110, 01200, 00400, 00300, 01010, 01300, 00010이다. $(M_0, \ldots, M_n)$은 오직 $(M_n, \ldots, M_0)$이 실현가능일 때에만 실현가능이므로, 이 해석에서는 다른 종류의 쌍대성이 성립한다고 할 수 있다.

**100.** $A$를 따름정리 C의 증명에서처럼 $T(m_1, ..., m_n)$의 한 부분집합으로 표현하자. 그러면 $\nu A$의 최댓값은 $A$가 사전순으로 가장 작은 $N$개의 점 $x_1...x_n$으로 구성될 때 나타난다.

증명은 $A$가 그 $t$-중복조합들이 각 $t$에 대해 $P_{|A \cap T_t|t}$라는 의미에서 '압축된' 경우로 문제를 축소하는 것으로 시작한다. 그런 다음, 만일 $y$가 $\in A$인 가장 큰 원소이고 $x$가 $\notin A$인 가장 작은 원소이면, $x < y$가 $\nu x > \nu y$를 함의함을, 따라서 $\nu(A \setminus y \cup x) > \nu A$를 함의함을 증명하면 된다. 만일 $\nu x = \nu y - k$이면 $x$보다 큰 $\partial^k y$의 한 원소를 찾을 수 있을 것이며, 그러면 $A$가 압축되었다는 가정과 모순이 될 것이기 때문이다.

**101.** (a) 일반적으로, $f(x_1, ..., x_n)$을 만족하는 가중치 $t$의 이진열 $x_1...x_n$이 정확히 $N_t$개이면 $F(p) = N_0 p^n + N_1 p^{n-1}(1-p) + \cdots + N_n(1-p)^n$이다. 따라서 $G(p) = p^4 + 3p^3(1-p) + p^2(1-p)^2$이고 $H(p) = p^4 + p^3(1-p) + p^2(1-p)^2$이다.

(b) 단조 부울 공식 $f$는 대응관계 $f(x_1, ..., x_n) = 1 \iff \{j-1 \mid x_j = 0\} \in C$ 하에서 단체 복합체 $C$와 동치이다. 따라서 단조 부울 함수들의 함수 $f(p)$들은 연습문제 97(c)의 조건을 만족하는 함수들이며, 사전순으로 가장 큰 $N_{n-t}$개의 $t$-조합들(이는 처음 $N_s$개의 $s$-조합들의 여원들이다)을 선택함으로써 적절한 함수를 얻을 수 있다: $\{3210\}$, $\{321, 320, 310\}$, $\{32\}$로부터 $f(w, x, y, z) = wxyz \vee xyz \vee wyz \vee wxz \vee yz = wxz \vee yz$가 나온다.

쉬첸베르거는 $f(1/(1+u)) = (N_0 + N_1 u + \cdots + N_n u^n)/(1+u)^n$임을 주목한다면 매개변수 $N_t$들을 $f(p)$로부터 손쉽게 구할 수 있음을 지적했다. $H(p)$가 임의의 개수의 변수들의 단조 공식과 동치가 아님을 보이는 것이 가능한데, 이는 $(1+u+u^2)/(1+u)^4 = (N_0 + N_1 u + \cdots + N_n u^n)/(1+u)^n$이 $N_1 = n-3$, $N_2 = \binom{n-3}{2} + 1$, $\kappa_2 N_2 = n-2$를 함의하기 때문이다.

그러나 이 조건을 일반적으로 판정하는 과제는 그리 간단하지 않다. 예를 들어 함수 $(1+5u+5u^2+5u^3)/(1+u)^5$은 그 어떤 5변수 단조 공식과도 부합하지 않는다. $\kappa_3 5 = 7$이기 때문이다. 그러나 그 함수는 $(1+6u+10u^2+10u^3+5u^4)/(1+u)^6$과 같은데, 이는 6변수 단조 공식과 잘 맞는다.

**102.** (a) $I$에서 $N_t$개의 $t$차 일차 독립 다항식들을 선택해서 그 항들을 사전순으로 정렬한 후, 사전순으로 가장 작은 항들이 서로 다른 단항식들이 되도록 일차 결합들을 취한다. 그러한 모든 단항식의 곱을 $I'$으로 둔다.

(b) $I'$에서 각 $t$차 다항식은 본질적으로 $t$-중복조합이다. 예를 들어 $x_1^3 x_2 x_5^4$은 55552111에 해당한다. 만일 $M_t$가 $t$차 독립 단항식들의 집합이면, 아이디얼 속성은 $M_{t+1} \supseteq \varrho M_t$라는 조건과 동치이다.

주어진 예에서는 $M_3 = \{x_0 x_1^2\}$, $M_4 = \varrho M_3 \cup \{x_0 x_1 x_2^2\}$이고, $x_2^2(x_0 x_1^2 - 2x_1 x_2^2) - x_1(x_0 x_1 x_2^2) = -2x_1 x_2^4$이므로 $M_5 = \varrho M_4 \cup \{x_1 x_2^4\}$이다. 따라서 $M_{t+1} = \varrho M_t$이다.

(c) 정리 M에 의해 $M_t = \widehat{Q}_{Mst}$라고 가정할 수 있다. $s+t \geq n_{ts} > \cdots > n_{t2} > n_{t1} \geq 0$라고 할 때 $N_t = \binom{n_{ts}}{s} + \cdots + \binom{n_{t2}}{2} + \binom{n_{t1}}{1}$이라고 하자. 그러면, 오직 $n_{t(s-1)} = s-2$, ..., $n_{t1} = 0$일 때에만 $n_{ts} = s+t$이다. 더 나아가서 다음이 성립한다.

$$N_{t+1} \geq N_t + \kappa_s N_t = \binom{n_{ts} + [n_{ts} \geq s]}{s} + \cdots + \binom{n_{t2} + [n_{t2} \geq 2]}{2} + \binom{n_{t1} + [n_{t1} \geq 1]}{1}.$$

따라서, $n_{tj} = j-1$인 성분들에 '$-\infty$'를 삽입한 수열 $(n_{ts} - t - \infty[n_{ts} < s], \ldots, n_{t2} - t - \infty[n_{t2} < 2], n_{t1} - t - \infty[n_{t1} < 1])$은 $t$의 증가에 따라 사전순 비증가이다. 연습문제 1.2.1-15(d)에 의해, 그러한 수열을 최댓값 $(s, -\infty, \ldots, -\infty)$를 넘기지 않고 무한히 많은 횟수로 증가할 수는 없다.

**103.** 다음과 같이 결정되는 수열의 처음 $N$개의 원소들을 $P_{Nst}$로 두면 된다: 각 이진열 $x = x_{s+t-1} \cdots x_0$에 대해(사전순으로), $t$개의 1들을 모든 가능한 방식으로 $*$로 바꾸어서 얻은 $\binom{\nu x}{t}$개의 부분입방체들을 사전순으로($1 < *$라고 간주해서) 나열한다. 예를 들어 $x = 0101101$이고 $t = 2$일 때 이러한 절차에 의해 부분입방체 0101*0*, 010*10*, 010**01, 0*0110*, 0*01*01, 0*0*101이 나온다.

〔B. Lindström, *Arkiv för Mat.* **8** (1971), 245-257을 보라. 따름정리 C와 비슷한 일반화가 K. Engel, *Sperner Theory* (Cambridge Univ. Press, 1997), Theorem 8.1.1에 나온다.〕

**104.** 교차순으로 처음 $N$개의 이진열들이 그러한 조건을 만족한다. 〔T. N. Danh, D. E. Daykin, *J. London Math. Soc.* (2) **55** (1997), 417-426.〕

참고: 가중치가 $t$인 사전순으로 처음 $N$개의 이진열(즉 1비트들만 삭제해서 얻은 이진열)들의 '1-그림자'가 가중치가 $t$인 처음 $\mu_t N$개의 이진열들로 구성된다는 관측으로 시작해서, 알슈베데R. Ahlswede와 차이N. Cai는 단-데이킨 정리(Dahn-Daykin theorem)를 비트들의 삽입, 삭제, 전치를 허용하도록 확장했다〔*Combinatorica* **17** (1997), 11-29; *Applied Math. Letters* **11**,5 (1998), 121-126〕. 렉Uwe Leck은 삼진열(ternamy string)들의 전순서에는 최소 그림자 속성에 비견할 만한 것이 없음은 증명했다〔Preprint 98/6 (Univ. Rostock, 1998), 6 pages〕.

**105.** 모든 수는 그 순환마디에서 같은 횟수로 출현해야 한다. 이 조건은 $\binom{n-1}{t-1}$이 반드시 $t$의 배수이어야 한다는 것과 동치이다. 이 필요조건은 $n$이 $t$에 비해 아주 작지 않은 한 충분조건이기도 한 것으로 보인다. 그러나 그러한 결과가 참일 수도 있지만 증명하는 것은 불가능하다. 〔Chung, Graham, Diaconis, *Discrete Math.* **110** (1992), 55-57을 보라.〕

이다음의 연습문제 몇 개는 우아한 결과들이 알려져 있는, $t = 2$ 또는 $t = 3$인 경우들을 고찰한다. 그와 비슷하나 좀 더 복잡한 결과들이 $t = 4$와 $t = 5$에 대해 유도된 바 있다. 그리고 $t = 6$인 경우도 부분적으로 해결되었다. 전체 순환마디의 존재가 알려지지 않은 최소의 $(n, t)$는 현재 $(12, 6)$이다.

**106.** $(2m+1)$을 법으로 한 차들이 1, 2, ..., $m$, 1, 2, ..., $m$, ...이 $2m+1$번 되풀이된 것이라고 하자. 예를 들어 $m = 3$에 대한 순환마디는 (0 1 3 6 0 2 5 6 1 4 5 0 3 4 6 2 3 5 1 2 4)이다. 이것이 유효한 것은 $1 + \cdots + m = \binom{m+1}{2}$가 $2m+1$과 서로 소이기 때문이다. 〔*J. École Polytechnique* **4**, Cahier 10 (1810), 16-48.〕

**107.** 더블 일곱 개, 즉 🀱, 🀹, ..., 🁡을 $\{0, 1, 2, 3, 4, 5, 6\}$에 대한 2-조합들의 임의의 전체 순환마디에 삽입하는 방법은 $3^7$가지이다. 그러한 전체 순환마디의 개수는 완전 그래프 $K_7$의 오일러 경로의 개수와 같은데, $(a_0a_1\ldots a_{20})$이 $(a_1\ldots a_{20}a_0)$과 동치이나 역순 순환마디 $(a_{20}\ldots a_1a_0)$과는 동치가 아니라고 간주한다면 그 개수가 129,976,320임을 증명하는 것이 가능하다. 따라서 답은 284,258,211,840이다.

〔이 문제는 1859년에 레이스M. Reiss가 처음 풀었으나, 방법이 너무 복잡했기 때문에 사람들이 그 결과를 의심했다. *Nouvelles Annales de Mathématiques* **8** (1849), 74; **11** (1852), 115; *Annali di Matematica Pura ed Applicata* (2) **5** (1871-1873), 63-120을 보라. 레이스의 주장을 확인해 주는 훨씬 간단한 해법을 졸리발드P. Jolivald와 타리G. Tarry가 발견했다. 그들은 또한 $K_9$의 오일러 경로들도 나열했다. *Comptes Rendus Association Française pour l'Avancement des Sciences* **15**, 제2부 (1886), 49-53; É. Lucas, *Récréations Mathématiques* **4** (1894), 123-151을 보라. 머케이Brendan D. McKay와 로빈슨Robert W. Robinson은 그보다도 나은 접근방식을 발견했으며, 그 덕분에 경로들의 개수가 다음과 같다는 사실을 이용해서 경로들을 $K_{21}$까지 나열할 수 있었다.

$$(m-1)!^{2m+1}[z_0^{2m}z_1^{2m-2}\ldots z_{2m}^{2m-2}]\det(a_{jk})\prod_{1\le j<k\le 2m}(z_j^2+z_k^2),$$

(여기서 $j\ne k$일 때 $a_{jk}=-1/(z_j^2+z_k^2)$이고 $a_{jj}=-1/(2z_j^2)+\sum_{0\le k\le 2m}1/(z_j^2+z_k^2)$). *Combinatorics, Probability, and Computing* **7** (1998), 437-449를 보라.〕

플리 생마리C. Flye Sainte-Marie는 L'*Intermédiaire des Mathématiciens* **1** (1894), 164-165에서 $K_7$의 오일러 경로들에 $\{0, 1, \ldots, 6\}$의 순열들 하에서 7중 대칭성을 가진 $2\times720$개의 경로들(즉, 푸앵소의 순환마디 및 그 역)과 3중 대칭성을 가진 $32\times1680$개, 그리고 비대칭인 $25778\times5040$개가 포함됨을 지적했다.

**108.** $n<7$일 때에는 $n=4$인 자명한 경우를 제외하고는 해가 불가능하다. $n=7$일 때에는 연습문제 105의 예제 순환마디처럼 5중 대칭성을 가진 경우들을 포함해서 $12,255,208\times7!$개의 전체 순환마디가 있는데, 이 개수는 $(a_0a_1\ldots a_{34})$가 $(a_1\ldots a_{34}a_0)$과 같다고 간주하지 않은 것이다.

$n\ge8$일 때는 잭슨B. Jackson이 *Discrete Math.* **117** (1993), 141-150에서 제안했듯이(또한 G. Hurlbert, *SIAM J. Disc. Math.* **7** (1994), 598-604도 보라) 다음과 같이 체계적으로 진행하면 된다: 각 3-조합을 '표준 순환 순서' $c_1c_2c_3$으로 배치한다. 여기서 $c_2=(c_1+\delta)\bmod n$, $c_3=(c_2+\delta')\bmod n$, $0<\delta$, $\delta'<n/2$이고 $\delta=\delta'$ 또는 $\max(\delta,\delta')<n-\delta-\delta'\ne(n-1)/2$ 또는 $(1<\delta<n/4$ 그리고 $\delta'=(n-1)/2)$ 또는 $(\delta=(n-1)/2$ 그리고 $1<\delta'<n/4)$이다. 예를 들어 $n=8$일 때 $(\delta,\delta')$에 대해 허용된 값들은 $(1,1)$, $(1,2)$, $(1,3)$, $(2,1)$, $(2,2)$, $(3,1)$, $(3,3)$이고 $n=11$일 때에는 $(1,1)$, $(1,2)$, $(1,3)$, $(1,4)$, $(2,1)$, $(2,2)$, $(2,3)$, $(2,5)$, $(3,1)$, $(3,2)$, $(3,3)$, $(4,1)$, $(4,4)$, $(5,2)$, $(5,5)$이다. 그런 다음 $0\le c<n$과 $1\le\delta<n/2$에 대한 $(c,\delta)$들이

정점들이고 표준 순환 순서의 모든 조합 $c_1c_2c_3$에 대해 $(c_1, \delta) \to (c_2, \delta')$들을 간선들로 하는 유향 그래프를 구축한다. 이 유향 그래프는 연결된 그래프이자 균형 그래프이므로, 정리 2.3.4.2D에 의해 이 유향 그래프에는 오일러 경로가 존재한다. ($(n-1)/2$에 대한 고유한 규칙들 때문에 $n$이 홀수일 때 이 유향 그래프는 연결된 그래프이다. $n=8$일 때에는 $n$중 대칭성을 가지도록 오일러 경로를 선택할 수 있지만 $n=12$일 때에는 안 된다.)

**109.** $n=1$일 때 순환마디 (000)은 자명하다. $n=2$일 때에는 그러한 순환마디가 존재하지 않는다. 그리고 $n=4$일 때에는 본질적으로 단 두 개가 존재하는데, 바로

$$(0001112223330202 1313) \text{ 과 } \quad (0001112020333222 1313)$$

이다. $n \geq 5$일 때에는, 중복조합 $d_1d_2d_3$이 만일 $d_2 = (d_1 + \delta - 1) \bmod n$, $d_3 = (d_2 + \delta' - 1) \bmod n$이면 표준 순환 순서라고 하자. 그리고 $n+3$에 대해 $(\delta, \delta')$이 이전 해답의 의미에서 허용된 값들이라고 하자. $0 \leq d < n$, $1 \leq \delta < (n+3)/2$에 대한 $(d, \delta)$들이 정점들이고 표준 순환 순서의 모든 중복조합 $d_1d_2d_3$에 대한 $(d_1, \delta) \to (d_2, \delta')$들이 간선들인 유향 그래프를 구축한다. 그런 다음 그 유향 그래프에서 오일러 경로를 찾으면 된다.

$\{0, 1, \ldots, n-1\}$에 대한 $t$-중복조합들의 전체 순환마디가 존재할 필요충분조건은 아마도 $\{0, 1, \ldots, n+t-1\}$에 대한 $t$-조합들이 전체 순환마디가 존재한다는 것일 것이다.

**110.** 연속열을 점검하는 한 가지 멋진 방법은, $(p(z\text{A}),\ \ldots,\ p(\text{K})) = (1, \ldots, 13)$이라 할 때 수

$$b(S) = \sum\{2^{p(c)} \mid c \in S\}$$

들을 계산하고, 그런 다음 $l \leftarrow b(S) \mathbin{\&} -b(S)$로 설정한 후 $b(S) + l = l \ll s$인지, 또한 $a = 2^{p(c_1)} \mid \cdots \mid 2^{p(c_5)}$이라 할 때 $((l \ll s) \mid (l \gg 1)) \mathbin{\&} a = 0$인지를 판정하는 것이다. $S$로 공집합이 아닌 31개의 부분집합 모두를 그레이 부호 순서로 훑으면서 $b(S)$의 값들과 $\sum\{v(c) \mid c \in S\}$를 갱신하는 것은 쉬운 일이다. 합은 $x = (0, \ldots, 29)$에 대해 (1009008, 99792, 2813796, 505008, 2855676, 697508, 1800268, 751324, 1137236, 361224, 388740, 51680, 317340, 19656, 90100, 9168, 58248, 11196, 2708, 0, 8068, 2496, 444, 356, 3680, 0, 0, 0, 76, 4)이다. 따라서 평균 점수는 $\approx 4.769$이고 분산은 $\approx 9.768$이다.

> 점수가 없는 손패를 종종 농담 삼아 십구라고 부르는데,
> 그 카드들로 결코 만들 수 없는 점수가 바로 십구이기 때문이다.
>
> — 데이비슨G. H. DAVIDSON, *Dee's Hand-Book of Cribbage* (1839)

참고: 크리비지에서는 4카드 플러시가 허용되지 않는다. 그것이 허용된다면 분포를 계산하기가 좀 더 쉬울 것이며, 문제의 답은 (1022208, 99792, 2839800, 508908, 2868960, 703496, 1787176, 755320, 1118336, 358368, 378240, 43880, 310956, 16548, 88132, 9072, 57288,

11196, 2264, 0, 7828, 2472, 444, 356, 3680, 0, 0, 0, 76, 4)가 된다. 평균과 분산은 이전보다 줄어든 약 4.735와 9.667이다.

**111.** $\partial^{n-2r}B$는 $B$의 모든 $r$-부분집합의 집합이다. 그 부분집합들은 반드시 $A$의 원소가 아니다. 만일 어떤 실수 $x > n-1$에 대해 $|A| = |B| = \binom{x}{n-r}$이라면, 연습문제 80에 의해 $\binom{n}{r} \ge |A| + |\partial^{n-2r}B| \ge \binom{x}{n-r} + \binom{x}{r} > \binom{n-1}{n-r} + \binom{n-1}{r} = \binom{n}{r}$이 성립해야 한다. 〔*Quart. J. Math. Oxford* **12** (1961), 313-320을 보라.〕

## 7.2.1.4절

**1.**

| $m^n$ | $m^{\underline{n}}$ | $m!\left\{ {n \atop m} \right\}$ |
|---|---|---|
| $\binom{m+n-1}{n}$ | $\binom{m}{n}$ | $\binom{n-1}{n-m}$ |
| $\left\{ {n \atop 0} \right\} + \cdots + \left\{ {n \atop m} \right\}$ | $[m \ge n]$ | $\left\{ {n \atop m} \right\}$ |
| $\left| {m+n \atop m} \right|$ | $[m \ge n]$ | $\left| {n \atop m} \right|$ |

**2.** 일반적으로, 임의의 정수 $x_1 \ge \cdots \ge x_m$이 주어졌을 때, $a_1 \ge \cdots \ge a_m$이고 $a_1 + \cdots + a_m = x_1 + \cdots + x_m$, $a_m \ldots a_1 \ge x_m \ldots x_1$인 모든 정수 $m$-짝 $a_1 \ldots a_m$을 $a_1 \ldots a_m \leftarrow x_1 \ldots x_m$, $a_{m+1} \leftarrow x_m - 2$로 초기화함으로써 얻을 수 있다. 특히, $c$가 임의의 정수 상수라고 할 때 $n \ge cm$이라는 가정 하에서 $a_1 \leftarrow n - mc + c$, $1 < j \le m$에 대해 $a_j \leftarrow c$, $a_{m+1} \leftarrow c - 2$로 초기화함으로써, $a_1 \ge \cdots \ge a_m \ge c$와 $a_1 + \cdots + a_m = n$을 만족하는 모든 정수 $m$-짝을 얻는다.

**3.** $1 \le j \le m$에 대해 $a_j = \lfloor (n+m-j)/m \rfloor = \lceil (n+1-j)/m \rceil$이다. *CMath* §3.4를 보라.

**4.** $1 \le r \le n$이라고 가정하자. 반드시 $a_m \ge a_1 - 1$이어야 한다. 따라서 $1 \le j \le m$에 대해 $a_j = \lfloor (n+m-j)/m \rfloor$이다. 여기서 $m$은 $\lfloor n/m \rfloor \ge r$인 가장 큰 정수로, 즉 $m = \lfloor n/r \rfloor$이다.

**5.** 〔Eugene M. Klimko, *BIT* **13** (1973), 38-49를 보라.〕

**C1.** 〔초기화.〕 $c_0 \leftarrow 1$, $c_1 \leftarrow n$, $c_2 \ldots c_n \leftarrow 0 \ldots 0$, $l_0 \leftarrow 1$, $l_1 \leftarrow 0$으로 설정한다. ($n > 0$이라고 가정한다.)

**C2.** 〔방문.〕 부분 개수 $c_1 \ldots c_n$과 링크 $l_0 l_1 \ldots l_n$으로 표현되는 분할을 방문한다.

**C3.** 〔분기.〕 $j \leftarrow l_0$, $k \leftarrow l_j$로 설정한다. 만일 $c_j = 1$이면 C6으로 간다. 그렇지 않고 만일 $j > 1$이면 C5로 간다.

**C4.** 〔$1+1$을 2로 바꾼다.〕 $c_1 \leftarrow c_1 - 2$, $c_2 \leftarrow c_2 + 1$, $l_{[c_1 > 0]} \leftarrow 2$로 설정한다. 만일 $k \ne 2$이면 $l_2 \leftarrow k$로도 설정한다. C2로 돌아간다.

**C5.** 〔$j \cdot c_j$를 $(j+1) + 1 + \cdots + 1$로 바꾼다.〕 $c_1 \leftarrow j(c_j - 1) - 1$로 설정하고 C7로 간다.

**C6.** 〔$k \cdot c_k + j$를 $(k+1) + 1 + \cdots + 1$로 바꾼다.〕 만일 $k = 0$이면 알고리즘을 끝낸다. 그렇지 않으면 $c_j \leftarrow 0$으로 설정한다. 그런 다음 $c_1 \leftarrow k(c_k - 1) + j - 1$, $j \leftarrow k$, $k \leftarrow l_k$로 설정한다.

**C7.** 〔링크들을 조정.〕 만일 $c_1 > 0$이면 $l_0 \leftarrow 1$, $l_1 \leftarrow j+1$로 설정하고 그렇지 않으면 $l_0 \leftarrow j+1$로 설정한다. 그런 다음 $c_j \leftarrow 0$, $c_{j+1} \leftarrow c_{j+1}+1$로 설정한다. 만일 $k \neq j+1$이면 $l_{j+1} \leftarrow k$로 설정한다. C2로 돌아간다. ▮

이것이 루프 없는 알고리즘임을 주목하기 바란다. 그러나 알고리즘 P보다 아주 빠르지는 않다. 단계 C4, C5, C6의 실행 횟수는 각각 $p(n-2)$, $2p(n)-p(n+1)-p(n-2)$, $p(n+1)-p(n)$이다. 따라서 $n$이 클 때에는 C4가 가장 중요하다. (연습문제 45와, Fenner, Loizou, *Acta Inf.* **16** (1981), 237-252의 상세한 분석을 보라.)

**6.** 각 분할의 끝에 0이 온다고 가정하자. $j \leftarrow 0$, $k \leftarrow a_1$, $b_{k+1} \leftarrow 0$으로 설정한다. 그런 다음 $k > 0$인 동안 $j \leftarrow j+1$로 설정하고, $k > a_{j+1}$인 동안 $b_k \leftarrow j$, $k \leftarrow k-1$로 설정한다. (여기서 (11)의 쌍대 형식 $a_j - a_{j+1} = d_j$가 쓰였는데, $d_1 \ldots d_n$은 $b_1 b_2 \ldots$의 부분 개수 표현이다. 이 알고리즘은 본질적으로 페러스 도식의 테두리를 훑는다. 따라서 실행 시간은 $a_1 + b_1$에, 즉 출력의 부분 개수 더하기 입력의 부분 개수에 대체로 비례한다.)

**7.** (11)의 쌍대에 의해 $b_1 \ldots b_n = n^{a_n}(n-1)^{a_{n-1}-a_n} \ldots 1^{a_1-a_2} 0^{n-a_1}$이다.

**8.** 페러스 도식을 전치시키는 것은 비트열 (15)를 반사시키고 여수화하는 것에 해당한다. 따라서 그냥 $p$들과 $q$들을 맞바꾸고 뒤집으면 원하는 분할 $(a_1 a_2 \ldots)^T = (q_t + \cdots + q_1)^{p_1}(q_t + \cdots + q_2)^{p_2} \ldots (q_t)^{p_t}$이 나온다.

**9.** 귀납법에 의해: 만일 $a_k = l-1$이고 $b_l = k-1$이면, $a_k$와 $b_l$을 증가해도 상등이 유지된다.

**10.** (a) 각 노드에 1을 더하면 그 왼쪽 자식 노드로 가게 된다. 제일 오른쪽 숫자를 1 증가하면 오른쪽 자식 노드로 가게 된다. 이 자식 노드는 오직 부모 노드가 서로 같지 않은 숫자들로 끝날 때에만 존재한다. $n$의 모든 분할이 수준 $n$에서 사전순으로 나타난다.

(b) '11'을 '2'로 바꾸면 왼쪽 자식 노드가 된다. 왼쪽 자식 노드는 부모 노드에 1이 적어도 두 개 있을 때에만 존재한다. 오른쪽 자식 노드는 1을 하나 삭제하고 1보다 큰 최소 부분을 1 증가해서 얻는다. 오른쪽 자식 노드는 오직 부모 노드에 1이 적어도 하나 존재하며 1보다 큰 최소 부분이 정확히 한 번 나타날 때에만 존재한다. $n$의 $m$부분 분할이 수준 $n-m$에 사전순으로 나타난다. 전체 트리를 전위순으로 운행하면 그러한 모든 분할을 사전순으로 방문하게 된다. 〔T. I. Fenner, G. Loizou, *Comp. J.* **23** (1980), 332-337.〕

**11.** $[z^{100}]\, 1/((1-z)(1-z^2)(1-z^5)(1-z^{10})(1-z^{20})(1-z^{50})(1-z^{100})) = 4563$; $[z^{100}]\,(1+z+z^2)(1+z^2+z^4)\ldots 1+z^{100}+z^{200}) = 7$. 〔G. Pólya, *AMM* **63** (1956), 689-697을 보라.〕 무한 곱 $\prod_{k \ge 0} \prod_{r \in \{10^k,\, 2\cdot 10^k,\, 5\cdot 10^k\}} (1+z^r+z^{2r})$에서 $z^{10^n}$의 계수는 $2^{n+1}-1$이고 $z^{10^n-1}$의 계수는 $2^n$이다.

**12.** $(1+z)(1+z^2)(1+z^3)\ldots = 1/((1-z)(1-z^3)(1-z^5)\ldots)$는 좌변을

$$\frac{(1-z^2)}{(1-z)}\,\frac{(1-z^4)}{(1-z^2)}\,\frac{(1-z^6)}{(1-z^3)}\,\cdots$$

으로 표기하고 분자, 분모의 공통인수들을 소거해 보면 증명이 된다. 또는, 항등식 $(1+z)(1+z^2)(1+z^4)(1+z^8)\ldots=1/(1-z)$에서 $z$를 $z^1$, $z^3$, $z^5$, ...으로 대체하고 그 결과들을 한데 곱해서 증명할 수도 있다. 〔*Novi Comment. Acad. Sci. Pet.* **3** (1750), 125-169, §47.〕

**13.** 분할 $c_1\cdot 1+c_2\cdot 2+c_3\cdot 3+\cdots$을 $r_1\cdot 1+\lfloor c_1/2\rfloor\cdot 2+r_3\cdot 3+\lfloor c_2/2\rfloor\cdot 4+r_5\cdot 5+\lfloor c_3/2\rfloor\cdot 6+\cdots$에 사상한다. 여기서 $r_m=(c_m \bmod 2)+2(c_{2m} \bmod 2)+4(c_{4m} \bmod 2)+8(c_{8m} \bmod 2)+\cdots$이다. 예를 들어 $433222211\mapsto 64421111\mapsto 8332211$이다. 〔*Johns Hopkins Univ. Circular* **2** (1882), 72.〕

**14.** 실베스터의 대응관계를 이해하는 가장 좋은 방법은 홀수 부분들의 점들이 중앙에 있고 분할을 서로 다른 갈고리(hook)들로 나눈 형태의 도식을 만들어 보는 것이다. 예를 들어 서로 다른 홀수 부분이 다섯 개인 분할 $17+15+15+9+9+9+9+5+5+3+3$은 도식

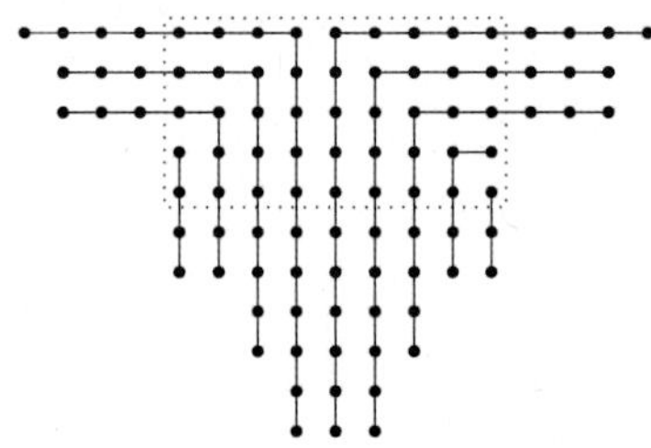

을 통해서 틈이 네 개이고 모든 부분이 서로 다른 분할 $19+18+16+13+12+9+5+4+3$에 대응된다.

일반화하자면, '더피 사각형(그림의 점선)'의 행이 $t$개일 때, 오른쪽에 여분의 점 $a_1$, ..., $a_t$가 있고 아래쪽에는 여분의 점 $b_t$, ..., $b_1$, ..., $b_t$가 있다고 가정하자. 여기서 $a_1\ge\cdots\ge a_t\ge 0$이고 $b_1\ge\cdots\ge b_t\ge 0$이다. 그러한 도식으로부터 서로 다른 부분 $2t-1+a_1+b_1$, $2t-2+a_1+b_2$, ..., $2+a_{t-1}+b_t$, $1+a_t+b_t$와 $0+a_t$(0이 아니라면)를 얻는다. 서로 다른 음이 아닌 서로 다른 부분이 $2t$개인 임의의 분할을 이러한 형태로 유일하게 표현할 수 있다.

$n=10$일 때의 해당 홀수 부분 분할들은 $9+1$, $7+3$, $7+1+1+1$, $5+5$, $5+3+1+1$, $5+1+1+1+1+1$, $3+3+3+1$, $3+3+1+1+1+1$, $3+1+\cdots+1$, $1+\cdots+1$로, 이들은 각각 부분들이 모두 다른 분할 $6+4$, $5+4+1$, $7+3$, $4+3+2+1$, $6+3+1$, $8+2$, $5+3+2$, $7+2+1$, $9+1$, $10$에 대응된다. 〔*Amer. J. Math.* **5** (1882), 251-330; 6 (1883), 334-336에 실린 실베스터의 주목할 만한 논문을 보라.〕

**15.** 자취가 $k$인 모든 자기켤레 분할은 $n$을 $k$개의 서로 다른 홀수 부분('갈고리')들로 나누는 분할에 대응된다. 따라서 생성 함수를 곱 $(1+z)(1+z^3)(1+z^5)\ldots$이나 합 $1+z^1/(1-z^2)+z^4/((1-z^2)(1-z^4))+z^9/((1-z^2)(1-z^4)(1-z^6))+\cdots$으로 표기할 수 있다. 〔*Johns Hopkins Univ. Circular* **3** (1883), 42-43.〕

**16.** 더피 정방형에는 $k^2$개의 점이 있으며, 그 나머지 점들은 가장 큰 부분이 $\le k$이고 서로 독립인 두 분할에 해당한다. 따라서, $w$가 부분들의 개수이고 $z$가 점들의 개수라고 할 때

$$\prod_{m=1}^{\infty}\frac{1}{1-wz^m}=\sum_{k=0}^{\infty}\frac{w^k z^{k^2}}{(1-z)(1-z^2)\ldots(1-z^k)(1-wz)(1-wz^2)\ldots(1-wz^k)}$$

이다. [이 인상적인 모습의 공식은 사실 연습문제 19에 나오는 더욱 인상적인 항등식의 $x=y=0$인 특수 경우일 뿐이다.]

**17.** (a) $\bigl((1+uvz)(1+uvz^2)(1+uvz^3)\ldots\bigr)/\bigl((1-uz)(1-uz^2)(1-uz^3)\ldots\bigr)$.

(b) 결합 분할을, 만일 $a_i \ge b_j$이면 $a_i$를 $b_j$ 위에 두는 식으로 모든 부분을 하나로 병합하고, $b_j$의 제일 오른쪽 점에 표식을 붙인 일반화된 페러스 도식으로 표현할 수 있다. 예를 들어 옆의 그림은 결합 분할 $(8,8,5;\ 9,7,5,2)$를 그런 식으로 나타낸 것으로, '✦'은 표식을 붙인 점이다. 표식들은 오직 모퉁이 점에만 나타난다. 따라서 전치된 도식은 또 다른 결합 분할에 대응되는데, 지금 예의 경우 그 결합 분할은 $(7,6,6,4,3;\ 7,6,4,1)$이다. [J. T. Joichi, D. Stanton, *Pacific J. Math.* **127** (1987), 103-120; S. Corteel, J. Lovejoy, *Trans. Amer. Math. Soc.* **356** (2004), 1623-1635; Igor Pak, *The Ramanujan Journal* **12** (2006), 5-75를 보라.]

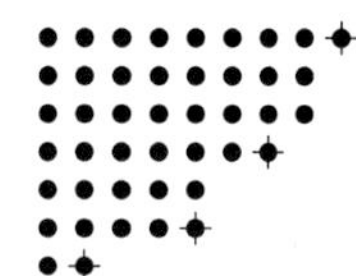

$t>0$인 모든 결합 분할은 이런 식으로 '켤레'에 대응되는데, 켤레 결합 분할의 가장 큰 부분은 $t$이다. 그리고 그러한 결합 분할들에 대한 생성 함수는 $\bigl((1+vz)\ldots(1+vz^{t-1})\bigr)/\bigl((1-z)\ldots(1-z^t)\bigr)$ 곱하기 $(vz^t+z^t)$으로, 여기서 $vz^t$은 $b_1=t$인 경우에 해당하고 $z^t$은 $s=0$ 또는 $b_1<t$인 경우에 해당한다.

(c) 이로부터, 연습문제 1.2.6-58에 나온 일반적인 $z$항 정리의 형태의 공식이 나온다.

$$\frac{(1+uvz)}{(1-uz)}\frac{(1+uvz^2)}{(1-uz^2)}\frac{(1+uvz^3)}{(1-uz^3)}\cdots=\sum_{t=0}^{\infty}\frac{(1+v)}{(1-z)}\frac{(1+vz)}{(1-z^2)}\cdots\frac{(1+vz^{t-1})}{(1-z^t)}u^t z^t.$$

**18.** $c$들과 $d$들이 주어졌을 때 그 방정식을 통해서 $a$들과 $b$들이 결정됨은 자명하다. 따라서 $c$들과 $d$들이 $a$들과 $b$들로부터 유일하게 결정됨을 보여야 한다. 다음 알고리즘은 $c$들과 $d$들을 오른쪽에서 왼쪽으로 결정한다.

**A1.** [초기화.] $i\leftarrow r$, $j\leftarrow s$, $k\leftarrow 0$, $a_0\leftarrow b_0\leftarrow\infty$로 설정한다.

**A2.** [분기.] 만일 $i+j=0$이면 알고리즘을 끝낸다. 그렇지 않고 만일 $a_i\ge b_j-k$이면 A4로 간다.

**A3.** [$a_i$를 흡수.] $c_{i+j}\leftarrow a_i$, $d_{i+j}\leftarrow 0$, $i\leftarrow i-1$, $k\leftarrow k+1$로 설정하고 A2로 돌아간다.

**A4.** [$b_j$를 흡수.] $c_{i+j}\leftarrow b_j-k$, $d_{i+j}\leftarrow 1$, $j\leftarrow j-1$, $k\leftarrow k+1$로 설정하고 A2로 돌아간다. ▮

왼쪽에서 오른쪽으로 결정하는 방법도 있다.

**B1.** 〔초기화.〕 $i \leftarrow 1$, $j \leftarrow 1$, $k \leftarrow r+s$, $a_{r+1} \leftarrow b_{s+1} \leftarrow -\infty$로 설정한다.

**B2.** 〔분기.〕 만일 $k=0$이면 알고리즘을 끝낸다. 그렇지 않으면 $k \leftarrow k-1$로 설정하고, 만일 $a_i \le b_j - k$이면 B4로 간다.

**B3.** 〔$a_i$를 흡수.〕 $c_{i+j-1} \leftarrow a_i$, $d_{i+j-1} \leftarrow 0$, $i \leftarrow i+1$로 설정하고 B2로 돌아간다.

**B4.** 〔$b_j$를 흡수.〕 $c_{i+j-1} \leftarrow b_j - k$, $d_{i+j-1} \leftarrow 1$, $j \leftarrow j+1$로 설정하고 B2로 돌아간다. ▮

두 경우 모두 분기가 강제되며, 산출된 수열은 $c_1 \ge \cdots \ge c_{r+s}$를 만족한다. $c_{r+s} = \min(a_r, b_s)$이고 $c_1 = \min(a_1, b_1 - r - s + 1)$임을 주목하기 바란다.

결국 우리는 연습문제 17(c)의 항등식을 다른 식으로 증명한 셈이다. 이 착안을 더 확장하면 라마누잔의 '매개변수가 많은 놀라운 공식'

$$\sum_{n=-\infty}^{\infty} w^n \prod_{k=0}^{\infty} \frac{1-bz^{k+n}}{1-az^{k+n}} = \prod_{k=0}^{\infty} \frac{(1-a^{-1}bz^k)(1-a^{-1}w^{-1}z^{k+1})(1-awz^k)(1-z^{k+1})}{(1-a^{-1}bw^{-1}z^k)(1-a^{-1}z^{k+1})(1-az^k)(1-wz^k)}$$

에 대한 조합적 증명에 도달한다. 〔참고문헌: G. H. Hardy, *Ramanujan* (1940), Eq. (12.12.2); D. Zeilberger, *Europ. J. Combinatorics* **8** (1987), 461–463; A. J. Yee, *J. Comb. Theory* **A105** (2004), 63-77.〕

**19.** 〔*Crelle* **34** (1847), 285-328.〕 연습문제 17(c)에 의해, 힌트에서 말한 $k$에 관한 합은

$$\left(\sum_{l \ge 0} v^l \frac{(z-bz)\ldots(z-bz^l)}{(1-z)\ldots(1-z^l)} \frac{(1-uz)\ldots(1-uz^l)}{(1-auz)\ldots(1-auz^l)}\right) \cdot \prod_{m=1}^{\infty} \frac{1-auz^m}{1-uz^m}$$

이고 $l$에 관한 합은 이와 비슷하되 $u \leftrightarrow v$, $a \leftrightarrow b$, $k \leftrightarrow l$이다. 더 나아가서 $k$와 $l$ 모두에 관한 합은 $b = auz$일 때 다음으로 단순화된다.

$$\prod_{m=1}^{\infty} \frac{(1-uvz^{m+1})(1-auz^m)}{(1-uz^m)(1-vz^m)}.$$

이제 $u = wxy$, $v = 1/(yz)$, $a = 1/x$, $b = wyz$로 둔 이 무한 곱과 $l$에 관한 합을 등호로 연결한다.

**20.** $p(n)$을 구하려면 이전 항목들 중 약 $\sqrt{8n/3}$ 개를 더하거나 빼야 하는데, 그 항목들 중 대부분은 길이가 $\Theta(\sqrt{n})$ 비트이다. 따라서 $p(n)$을 $\Theta(n)$ 단계로 계산할 수 있으며, 총 시간은 $\Theta(n^2)$이다. ((17)을 그대로 사용한다면 $\Theta(n^{5/2})$ 단계가 필요할 것이다.)

**21.** $\sum_{n=0}^{\infty} q(n)z^n = (1+z)(1+z^2)\ldots$이 $(1-z^2)(1-z^4)\ldots P(z) = (1-z^2-z^4+z^{10}+z^{14}-z^{24}-\cdots)P(z)$와 같으므로

$$q(n) = p(n) - p(n-2) - p(n-4) + p(n-10) + p(n-14) - p(n-24) - \cdots$$

이다. 〔또한 $q$들만으로 된 '순수 점화식'도 있는데, 다음 연습문제의 $\sigma(n)$에 대한 점화식과 비슷하다.〕

**22.** (21)에 의해 $\sum_{n=1}^{\infty}\sigma(n)z^n = \sum_{m,n\ge 1} mz^{mn} = z\frac{d}{dz}\ln P(z) = (z+2z^2-5z^5-7z^7+\cdots)/(1-z-z^2+z^5+z^7+\cdots)$이다. 〔*Bibliothèque Impartiale* **3** (1751), 10–31.〕

**23.** (레이우언Marc van Leeuwen의 해답.) (19)를 $1-v$로 나누어

$$\prod_{k=1}^{\infty}(1-u^k v^{k-1})(1-u^k v^k)(1-u^k v^{k+1}) = \sum_{n=0}^{\infty}(-1)^n u^{\binom{n+1}{2}}\left(\frac{v^{\binom{n}{2}}-v^{\binom{n+2}{2}}}{1-v}\right) = \sum_{n=0}^{\infty}(-1)^n u^{\binom{n+1}{2}}\sum_{k=0}^{2n}v^k$$

을 얻는다. 그런 다음 $u=z$와 $v=1$로 둔다.

〔해답 14에서 인용한 실베스터의 논문의 §57을 보라. 야코비의 증명은 그의 명저 *Fundamenta Nova Theoriæ Functionum Ellipticarum* (1829)의 §66에 나온다.〕

**24.** (a) (18)과 연습문제 23에 의해 $[z^n]A(z)=\sum(-1)^{j+k}(2k+1)[3j^2+j+k^2+k=2n]$이다. 합산의 구간은 모든 정수 $j$와 모든 음이 아닌 정수 $k$이다. $n \bmod 5=4$일 때 기여들은 모두 $j \bmod 5=4$와 $k \bmod 5=2$를 만족하는데, 그러면 $(2k+1) \bmod 5=0$이다.

(b) 식 4.6.2-(5)에 의해, $p$가 소수일 때 $B(z)^p \equiv B(z^p)$(법 $p$)이다.

(c) $A(z)=P(z)^{-4}$이므로 $B(z)=P(z)$로 두면 된다. 〔*Proc. Cambridge Philos. Soc.* **19** (1919), 207–210. $n \bmod 7=5$일 때 $p(n)$이 7의 배수임도 비슷한 논증을 통해서 증명할 수 있다. 라마누잔은 이로부터 아름다운 공식 $p(5n+4)/5=[z^n]P(z)^6/P(z^5)^5$과 $p(7n+5)/7=[z^n]\big(P(z)^4/P(z^7)^3+7zP(z)^8/P(z^7)^7\big)$을 얻었다. 엇킨Atkin과 스위너턴-다이어Swinnerton-Dyer는 다이슨F. Dyson의 추측대로 $5n+4$와 $7n+5$의 분할들을 5 또는 7을 법으로 한 (가장 큰 부분 − 부분들의 개수) 값들에 따라 같은 크기의 부류들로 나눌 수 있음을 *Proc. London Math. Soc.* (3) **4** (1953), 84–106에서 증명했다. 약간 더 복잡한 조합적 통계를 통해서, $n \bmod 11=6$일 때 $p(n) \bmod 11=0$임도 증명할 수 있다. F. G. Garvan, *Trans. Amer. Math. Soc.* **305** (1988), 47–77를 보라.〕

**25.** 〔힌트는 언급된 항등식의 양변의 차를 구해서 증명할 수 있다. 그 항등식은 1826년에 아벨N. H. Abel이 발견한 아름다운 공식

$$\mathrm{Li}_2(x)+\mathrm{Li}_2(y)=\mathrm{Li}_2\left(\frac{x}{1-y}\right)+\mathrm{Li}_2\left(\frac{y}{1-x}\right)-\mathrm{Li}_2\left(\frac{xy}{(1-x)(1-y)}\right)-\ln(1-x)\ln(1-y)$$

의 $y=1-x$인 특수 경우이다. 아벨의 *Œuvres Complètes* **2** (Christiania: Grøndahl, 1881), 189–193을 보라.〕

(a) $f(x)=\ln(1/(1-e^{-xt}))$이라고 하자. 그러면 $\int_1^x f(x)\,dx=-\mathrm{Li}_2(e^{-tx})/t$이고 $f^{(n)}(x)=(-t)^n e^{tx}\sum_k\left\langle {n-1 \atop k}\right\rangle e^{ktx}/(e^{tx}-1)^n$이다. 이제 오일러의 합 공식을 적용해서, $t\to 0$

에 따라 $\mathrm{Li}_2(e^{-t})/t+\frac{1}{2}\ln(1/(1-e^{-t}))+O(1)=\bigl(\zeta(2)+t\ln(1-e^{-t})-\mathrm{Li}_2(1-e^{-t})\bigr)/t-\frac{1}{2}\ln t+O(1)=\zeta(2)/t+\frac{1}{2}\ln t+O(1)$이라는 공식을 얻을 수 있다.

(b) $\sum_{m,n\ge 1}e^{-mnt}/n=\frac{1}{2\pi i}\sum_{m,n\ge 1}\int_{1-i\infty}^{1+i\infty}(mnt)^{-z}\Gamma(z)\,dz/n$인데, 합하면 $\frac{1}{2\pi i}\int_{1-i\infty}^{1+i\infty}\zeta(z+1)\zeta(z)t^{-z}\Gamma(z)\,dz$가 된다. $z=1$에서의 극에서 이는 $\zeta(2)/t$이다. $z=0$에서의 이중극에서는 $-\zeta(0)\ln t+\zeta'(0)=\frac{1}{2}\ln t-\frac{1}{2}\ln 2\pi$이다. $z=-1$에서의 극에서는 $-\zeta(-1)\zeta(0)t=B_2B_1t=-t/24$이다. $\zeta(z+1)\zeta(z)$의 0들은 $\Gamma(z)$의 다른 극들을 소거하므로, 결과는 임의의 큰 $M$에 대해 $\ln P(e^{-t})=\zeta(2)/t+\frac{1}{2}\ln(t/2\pi)-t/24+O(t^M)$이다.

**26.** $F(n)=\sum_{k=1}^{\infty}e^{-k^2/n}$이라고 하자. $2F(n)+1=\sum_{k=-\infty}^{\infty}e^{-k^2/n}$이므로, (25)를 모든 $x$에 대해 $f(x)=e^{-x^2/n}[x>0]+\frac{1}{2}\delta_{x0}$이나 $f(x)=e^{-x^2/n}$과 함께 사용할 수 있다. 그러면 $\theta=0$에 대해 (25)의 우변은, 만일 $u=y+\pi mni$로 대체한다면, 다음과 같이 빠르게 수렴하는 수렴급수이다.

$$\lim_{M\to\infty}\sum_{m=-M}^{M}\int_{-\infty}^{\infty}e^{-2\pi miy-y^2/n}dy \;=\; \sum_{m=-\infty}^{\infty}e^{-\pi^2m^2n}\int_{-\infty}^{\infty}e^{-u^2/n}du.$$

그리고 해당 적분은 $\sqrt{\pi n}$이다. 〔이 결과는 푸아송의 원래의 논문의 420쪽에 있는 공식 (15)이다.〕

**27.** 우선, $u=y+b-ci/a$로 대체하면 $\int_{-\infty}^{\infty}e^{-a(y+b)^2+2ciy}dy=e^{-c^2/a-2bci}\int_{-\infty}^{\infty}e^{-au^2}du$이다. 그리고 $t=au^2$으로 대체하고 연습문제 1.2.5-20과 1.2.6-43을 적용하면 $\int_{-\infty}^{\infty}e^{-au^2}du=\int_{-\infty}^{\infty}e^{-t}dt/\sqrt{at}=\Gamma(\frac{1}{2})/\sqrt{a}=\sqrt{\pi/a}$이다.

이제 (29)로부터 (30)이 나오는데, 왜냐하면 모든 정수 $m$에 대해

$$g(3m+1)+g(-3m)=\sqrt{\frac{2\pi}{t}}\,(-1)^m e^{-6\pi^2(m+\frac{1}{6})^2/t};\qquad g(3m+2)+g(-3m-1)=0$$

이기 때문이다. 〔M. I. Knopp, *Modular Functions in Analytic Number Theory* (1970), 제3장을 보라.〕

**28.** (a,b,c,d) *Trans. Amer. Math. Soc.* **43** (1938), 271–295를 보라. 특히 레머는 $A_{p^e}(n)$에 대한, 연습문제 4.5.4-23의 야코비 기호들로 표현된 다음과 같은 양함수 공식들을 발견했다.

$$A_{2^e}(n)=(-1)^e\left(\frac{-1}{m}\right)2^{e/2}\sin\frac{4\pi m}{2^{e+3}},\qquad \text{만일 } (3m)^2\equiv 1-24n\ (\text{법 } 2^{e+3})\text{이면;}$$

$$A_{3^e}(n)=(-1)^{e+1}\left(\frac{m}{3}\right)\frac{2}{\sqrt{3}}3^{e/2}\sin\frac{4\pi m}{3^{e+1}},\quad \text{만일 } (8m)^2\equiv 1-24n\ (\text{법 } 3^{e+1})\text{이면;}$$

$$A_{p^e}(n)=\begin{cases}2\left(\frac{3}{p^e}\right)p^{e/2}\cos\frac{4\pi m}{p^e}, & \text{만일 } (24m)^2\equiv 1-24n\ (\text{법 } p^e)\text{이고 } p\ge 5\text{이고 } 24n \bmod p\ne 1\text{이면;}\\[2ex] \left(\frac{3}{p^e}\right)p^{e/2}[e=1], & \text{만일 } 24n \bmod p=1\text{이고 } p\ge 5\text{이면.}\end{cases}$$

(e) 만일 $3 < p_1 < \cdots < p_t$에 대해 $k = 2^a 3^b p_1^{e_1} \ldots p_t^{e_t}$이고 $e_1 \ldots e_t \neq 0$이면, $A_k(n) \neq 0$일 확률은 $2^{-t}\bigl(1+(-1)^{[e_1>1]}/p_1\bigr)\ldots\bigl(1+(-1)^{[e_t>1]}/p_t\bigr)$이다.

**29.** $z_1 z_2 \ldots z_m / \bigl((1-z_1)(1-z_1 z_2)\ldots(1-z_1 z_2 \ldots z_m)\bigr)$.

**30.** (a) $\left|{n+1 \atop m}\right|$. (b) $\left|{m+n \atop m}\right|$, (39)에 의해.

**31.** 첫 번째 해답: [Marshall Hall, Jr., *Combinatorial Theory* (1967), §4.1]: $0 \le r < k!$에 대해 $\left|{n \atop k}\right| = f_{n, n \bmod k!}(n)$을 만족하는 다항식 $f_{k,r}(n) = n^{k-1}/(k!(k-1)!) + O(n^{k-2})$이 존재함을 점화식 (39)로부터 직접 증명하는 것이 가능하다.

두 번째 해답: $(1-z)\ldots(1-z^m) = \prod_{p \perp q}(1 - e^{2\pi i p/q}z)^{\lfloor m/q \rfloor}$이므로(여기서 곱의 구간은 $0 \le p < q$인 모든 기약분수 $p/q$), (41)의 $z^n$의 계수를 단위원의 근들의 합 곱하기 $n$의 다항식으로 표현할 수 있다. 구체적으로 말하면, $f_{p,q}(n)$이 차수가 $\lfloor m/q \rfloor$보다 작은 한 다항식이라고 할 때 $\sum_{p \perp q} e^{2\pi i p n/q} f_{p,q}(n)$이라고 표현할 수 있다. 따라서 $\left|{n \atop 2}\right| = a_1 n + a_2 + (-1)^n a_3$, $\omega = e^{2\pi i/3}$이라고 할 때 $\left|{n \atop 3}\right| = b_1 n^2 + b_2 n + b_3 + (-1)^n b_4 + \omega^n b_5 + \omega^{-n} b_6$ 등등을 만족하는 상수들이 존재한다. 그 상수들은 $n$의 작은 값들에 대해 결정되는데, 처음 두 경우는

$$\left|{n \atop 2}\right| = \frac{1}{2}n - \frac{1}{4} + \frac{1}{4}(-1)^n; \qquad \left|{n \atop 3}\right| = \frac{1}{12}n^2 - \frac{7}{72} - \frac{1}{8}(-1)^n + \frac{1}{9}\omega^n + \frac{1}{9}\omega^{-n}$$

이다. 이로부터, $\left|{n \atop 3}\right|$이 $n^2/12$에 가장 가까운 정수라는 결과가 도출된다. 비슷하게, $\left|{n \atop 4}\right|$는 $(n^3 + 3n^2 - 9n\,[n$이 홀수$])/144$에 가장 가까운 정수이다.

[$\left|{n \atop 2}\right|$, $\left|{n \atop 3}\right|$, $\left|{n \atop 4}\right|$에 대한 정확한(바닥 함수들로 단순화하지 않은) 공식들은 말파티G. F. Malfatti가 *Memorie di Mat. e Fis. Società Italiana* **3** (1786), 571-663에서 처음 발견했다. 콜먼W. J. A. Colman은 *Fibonacci Quarterly* **21** (1983), 272-284에서 $\left|{n \atop 5}\right|$가 $(n^4 + 10n^3 + 10n^2 - 75n - 45n(-1)^n)/2880$에 가장 가까운 정수임을 보였으며, $\left|{n \atop 6}\right|$과 $\left|{n \atop 7}\right|$에 대한 비슷한 공식들을 제시했다.

**32.** $\left|{m+n \atop m}\right| \le p(n)$이고 등호는 오직 $m \ge n$일 때에만 성립하므로, $\left|{n \atop m}\right| \le p(n-m)$이고 등호는 오직 $2m \ge n$일 때에만 성립한다.

**33.** $m$개의 부분들로의 분할들은 최대 $m!$개의 합성들에 대응한다. 따라서 $\binom{n-1}{m-1} \le m! \left|{n \atop m}\right|$이다. 이로부터 $p(n) \ge (n-1)!/((n-m)!\,m!\,(m-1)!)$가 나오며, $m = \lfloor \sqrt{n} \rfloor$일 때 스털링의 근사에 의해 $\ln p(n) \ge 2\sqrt{n} - \ln n - \frac{1}{2} - \ln 2\pi$가 증명된다.

**34.** 오직 $a_1 - m + 1 \ge a_2 - m + 2 \ge \cdots \ge a_m \ge 1$일 때에만 $a_1 > a_2 > \cdots > a_m > 0$이다. 그리고 $m$개의 서로 다른 부분들로의 분할들은 $m!$개의 합성들에 대응된다. 따라서, 이전 해답에 의해

$$\frac{1}{m!}\binom{n-1}{m-1} \le \left|{n \atop m}\right| \le \frac{1}{m!}\binom{n+m(m-1)/2}{m-1}$$

이다. [H. Gupta, *Proc. Indian Acad. Sci.* **A16** (1942), 101-102를 보라. $n = \Theta(m^3)$일 때의 $\left|{n \atop m}\right|$에 대한 상세한 점근 공식이 연습문제 3.3.2-30에 나온다.]

**35.** (a) $x = \frac{1}{C}\ln\frac{1}{C} \approx -0.194$.

(b) $x = \frac{1}{C}\ln\frac{1}{C} - \frac{1}{C}\ln\ln 2 \approx 0.092$; 일반적으로 $x = \frac{1}{C}\Big(\ln\frac{1}{C} - \ln\ln\frac{1}{F(x)}\Big)$이 성립한다.

(c) $\int_{-\infty}^{\infty} x\,dF(x) = \int_0^{\infty}(Cu)^{-2}(\ln u)e^{-1/(Cu)}du = -\frac{1}{C}\int_0^{\infty}(\ln C + \ln v)e^{-v}dv = (\gamma - \ln C)/C \approx 0.256$.

(d) 마찬가지로, $\int_{-\infty}^{\infty} x^2 e^{-Cx}\exp(-e^{-Cx}/C)dx = (\gamma^2 + \zeta(2) - 2\gamma\ln C + (\ln C)^2)/C^2 \approx 1.0656$이다. 따라서 분산은 정확히(!) $\zeta(2)/C^2 = 1$이다.

〔확률분포 $e^{-e^{(a-x)/b}}$을 흔히 피셔-티펫 분포(Fisher-Tippett distribution)라고 부른다. *Proc. Cambridge Phil. Soc.* **24** (1928), 180-190을 보라.〕

**36.** $j_r - (m+r-1) \ge \cdots \ge j_2 - (m+1) \ge j_1 - m \ge 1$에 대한 합을 구하면

$$\Sigma_r = \sum_t \left|\begin{matrix} t - -\mathrm{r}(\mathrm{r}-1)/2 \\ r \end{matrix}\right| \frac{p(n-t)}{p(n)}$$

$$= \frac{\alpha}{1-\alpha}\frac{\alpha^2}{1-\alpha^2}\cdots\frac{\alpha^r}{1-\alpha^r}\alpha(1 + O(n^{-1/2+2\epsilon})) + E$$

$$= \frac{n^{-1/2}}{\alpha^{-1}-1}\frac{n^{-1/2}}{\alpha^{-2}-1}\cdots\frac{n^{-1/2}}{\alpha^{-r}-1}\exp(-Crx + O(rn^{-1/2+2\epsilon})) + E$$

이다. 여기서 $E$는 $t > n^{1/2+\epsilon}$인 경우를 위한 오차항이다. 선행 항 $n^{-1/2}/(\alpha^{-j}-1)$은 $\frac{1}{jC}(1 + O(jn^{-1/2}))$이다. 그리고 대략적인 상계(upper bound) $\left|\begin{matrix} t - -\mathrm{r}(\mathrm{r}-1)/2 \\ r \end{matrix}\right| \le t^r$을 사용한다고 해도 $E = O(n^{\log n}e^{-Cn^\epsilon})$임을 확인하기는 쉬운데, 왜냐하면 $N = \Theta(\sqrt{n})$, $x = \Theta(n^\epsilon)$, $r = O(\log n)$이라 할 때

$$\sum_{t \ge xN} t^r e^{-t/N} = O\Big(\int_{xN}^{\infty} t^r e^{-t/N}dt\Big) = O(N^{r+1}x^r e^{-x}/(1 - r/x))$$

이기 때문이다.

**37.** 그러한 분할은 $\Sigma_0$에서 한 번, $\Sigma_1$에서 $q$번, $\Sigma_2$에서 $\binom{q}{2}$번, ...으로 세어진다. 따라서 $(-1)^r\Sigma_r$로 끝나는 부분합에서 정확히 $\sum_{j=0}^{r}(-1)^j\binom{q}{j} = (-1)^r\binom{q-1}{r}$번 세어진다. 이 횟수는 $r$이 홀수일 때 많아야 $\delta_{q0}$이고 $r$이 짝수일 때 적어도 $\delta_{q0}$이다. 〔비슷한 논증을 통해서, 연습문제 1.3.3-26의 일반화된 원리 역시 이러한 가두기 속성을 가지고 있음을 증명할 수 있다. 참고문헌: C. Bonferroni, *Pubblicazioni del Reale Istituto Superiore di Scienze Economiche e Commerciali di Firenze* **8** (1936), 3-62.〕

**38.** $z^{l+m-1}\binom{l+m-2}{m-1}_z = z^{l+m-1}(1-z^l)\ldots(1-z^{l+m-2})/((1-z)\ldots(1-z^{m-1}))$.

**39.** 연습문제 1.2.6-58에 의해 $[x^m](1+zx)(1+z^2x)\ldots(1+z^{l-1}x) = z^{m(m+1)/2}\binom{l-1}{m}_z$로, 이는 $(z-z^l)(z^2-z^l)\ldots(z^m-z^l)/((1-z)(1-z^2)\ldots(1-z^m))$이다. 또한 정리 C에서도 이 답을

유도할 수 있다: $a_1 \ldots a_m$을 $(a_1 - m) \ldots (a_m - 1)$로 대체하면 요구된 분할과 동치인, $n - m(m+1)/2$를 최대 $m$개의 $l - 1 - m$을 넘지 않는 부분들로 나누는 분할이 나온다.

**40.** $\alpha = a_1 \ldots a_m$이 최대 $m$개의 부분들로 된 분할이고, 만일 $a_1 \le l$이면 $f(\alpha) = \infty$이고 그렇지 않으면 $f(\alpha) = \min\{j \mid a_1 > l + a_{j+1}\}$이라고 하자. $g_k$가 $f(\alpha) > k$인 분할들에 대한 생성 함수라고 하자. $f(\alpha) = k < \infty$인 분할들은 다음과 같은 부등식으로 특징지어진다.

$$a_1 \ge a_2 \ge \cdots \ge a_k \ge a_1 - l > a_{k+1} \ge \cdots \ge a_{m+1} = 0.$$

따라서 $f(b_1 \ldots b_m) \ge k$라고 할 때 $a_1 a_2 \ldots a_m = (b_k + l + 1)(b_1 + 1) \ldots (b_{k-1} + 1) b_{k+1} \ldots b_m$이다. 그리고 그 역도 참이다. 이로부터 $g_k = g_{k-1} - z^{l+k} g_{k-1}$이 나온다.

〔*American J. Math.* **5** (1882), 254-257을 보라.〕

**41.** G. Almkvist, G. E. Andrews, *J. Number Theory* **38** (1991), 135-144를 보라.

**42.** 베르시크A. Vershik〔*Functional Anal. Applic.* **30** (1996), 90-105, Theorem 4.7〕은 다음과 같은 공식을 제시했다.

$$\frac{1 - e^{-c\varphi}}{1 - e^{-c(\theta+\varphi)}} e^{-ck/\sqrt{n}} + \frac{1 - e^{-c\theta}}{1 - e^{-c(\theta+\varphi)}} e^{-ca_k/\sqrt{n}} \approx 1.$$

여기서 반드시 상수 $c$는 도형의 면적이 $n$이 되게 하는, $\theta$와 $\varphi$의 함수로서 선택해야 한다. 이 상수 $c$는 만일 $\theta\varphi < 2$이면 음수이고 만일 $\theta\varphi > 2$이면 양수이다. $\theta\varphi = 2$일 때에는 도형이 하나의 직선

$$\frac{k}{\theta\sqrt{n}} + \frac{a_k}{\varphi\sqrt{n}} \approx 1$$

으로 축약된다. 만일 $\varphi = \infty$이면 $c = \sqrt{\mathrm{Li}_2(t)}$인데, 여기서 $t$는 $\theta = (\ln \frac{1}{1-t}) / \sqrt{\mathrm{Li}_2(\mathrm{t})}$를 만족한다.

**43.** $p(n - k(k-1)/2)$. ($a_1 a_2 \ldots a_k$를 $(a_1 - k + 1)(a_2 - k + 2) \ldots a_k$로 바꾸면 이와 동치인 $n - k(k-1)/2$의 분할이 나온다.)

**44.** $n > 0$이라고 가정하자. 가장 작은 부분들이 상등이 아닐(또는, 가장 작은 부분이 하나일) 확률은 $p(n+1) - p(n)$으로, 이는 $n+1$의 1로 끝나지 않는 분할들의 개수이다. 전자에서 가장 작은 부분을 바꾸면 후자가 나오기 때문이다. 따라서 답은 $2p(n) - p(n+1)$이다. 〔R. J. Boscovich, *Giornale de' Letterati* (Rome, 1748), 15를 보라. 가장 작은 세 부분이 상등인 분할들은 $3p(n) - p(n+1) - 2p(n+2) + p(n+3)$개이다. 가장 작은 부분들에 대한 그 외의 제약들에 대해서도 비슷한 공식들을 유도할 수 있다.〕

**45.** 식 (37)에 의해 $p(n-j)/p(n) = 1 - Cjn^{-1/2} + (C^2 j^2 + 2j)/(2n) - (8C^3 j^3 + 60Cj^2 + Cj + 12C^{-1} j)/(48n^{3/2}) + O(j^4 n^{-2})$이다.

**46.** 만일 $n > 1$이면 $T_2'(n) = p(n-1) - p(n-2) \le p(n) - p(n-1) = T_2''(n)$이다. $p(n) - p(n-1)$이 $n$의 분할들 중 1로 끝나지 않는 것들의 개수이기 때문이다. $n-1$의 그런 임의의 분할의 가장 큰 부분을 증가하면 $n$의 그러한 한 분할이 나온다. 그러나 차이는 상당히 작다: $(T_2''(n) - T_2'(n))/p(n) = C^2/n + O(n^{-3/2})$이다.

**47.** 힌트의 항등식은 (21)을 미분하면 나온다. 연습문제 22를 보라. $c_1 + 2c_2 + \cdots + nc_n = n$일 때 부분 개수 표현 $c_1 \ldots c_n$을 얻을 확률은, $n$에 대한 귀납법에 의해

$$\Pr(c_1 \ldots c_n) = \sum_{k=1}^{n} \sum_{j=1}^{c_k} \frac{kp(n-jk)}{np(n)} \Pr(c_1 \ldots c_{k-1}(c_k - j)c_{k+1} \ldots c_n)$$

$$= \sum_{k=1}^{n} \sum_{j=1}^{c_k} \frac{k}{np(n)} = \frac{1}{p(n)}$$

이다. 〔*Combinatorial Algorithms* (Academic Press, 1975), 제10장.〕

**48.** 단계 N5에서 $j$가 한 특정한 고정된 값을 가질 확률은 $6/(\pi^2 j^2) + O(n^{-1/2})$이고, $jk$의 평균값의 규모는 $\sqrt{n}$이다. 단계 N4에서 소비되는 평균 시간은 $\Theta(n)$이므로, 평균 실행 시간의 규모는 $n^{3/2}$이다. (좀 더 정밀한 분석이 바람직하다.)

**49.** (a) $F(z) = \sum_{k=1}^{\infty} F_k(z)$이다. 여기서 $F_k(z)$는 최소 부분이 $\ge k$인 모든 분할에 대한 생성 함수, 즉 $1/((1-z^k)(1-z^{k+1})\ldots) - 1$이다.

(b) $f_k(n) = [z^n]\, F_k(z)/p(n)$이라고 하자. 그러면 $f_1(n) = 1$, $f_2(n) = 1 - p(n-1)/p(n) = Cn^{-1/2} + O(n^{-1})$, $f_3(n) = (p(n) - p(n-1) - p(n-2) + p(n-3))/p(n) = 2C^2 n^{-1} + O(n^{-3/2})$, $f_4(n) = 6C^3 n^{-3/2} + O(n^{-2})$이다. (연습문제 45를 보라.) 일반적으로 $f_{k+1}(n) = k!\, C^k n^{-k/2} + O(n^{-(k+1)/2})$이며, 특히 $f_5(n) = O(n^{-2})$이다. 따라서, $f_{k+1}(n) \le f_k(n)$이므로 $f_5(n) + \cdots + f_n(n) = O(n^{-1})$이다.

모두 더하면 $[z^n]\, F(z) = p(n)\bigl(1 + C/\sqrt{n} + O(n^{-1})\bigr)$이 나온다.

**50.** (a) $0 \le k < m$일 때, 귀납법에 의해 $c_m(m+k) = c_{m-1}(m-1+k) + c_m(k) = m-1-k+c(k)+1$이다.

(b) $0 \le k \le m$에 대해 $\left|{m+k \atop m}\right| = p(k)$이기 때문이다.

(c) $n = 2m$일 때 알고리즘 H는 본질적으로 $m$의 분할들을 생성한다. 그리고 우리는 $j-1$이 방금 생성된 분할의 켤레에서 두 번째로 작은 부분임을 알고 있다. 단, 1…1 바로 다음인 $j-1 = m$일 때는 예외인데, 그 경우 해당 켤레는 부분이 단 하나이다.

(d) 만일 $\alpha$의 모든 부분이 $k$보다 크다면, $\alpha k^{q+1} j$를 $\alpha(k+1)$에 대응시킨다.

(e) 이전 연습문제와 해답을 이어서, 두 번째로 작은 부분이 $\ge k$인 모든 분할에 대한 생성 함수 $G_k(z)$는 (d)에 의해 $F_{k+1}(z)/(1-z)$이다. 따라서 $C(z) = (F(z) - F_1(z))/(1-z) + z/(1-z)^2$이다.

(f) $k \le 5$에 대해 $[z^n]\,G_k(n)/p(n) = O(n^{-k/2})$임을 이전 연습문제에서처럼 보일 수 있다. 따라서 $c(m)/p(m) = 1 + O(m^{-1/2})$이다. 작은 $m$에 대해 손쉽게 계산할 수 있는 비율 $(c(m)+1)/p(m)$은 $m = 7$에서 최댓값 2.6에 도달하고, 그 후부터는 꾸준히 감소한다. 따라서 점근 오차 한계들을 철저히 살펴보면 증명을 완성할 수 있다.

참고: *Trans. Amer. Math. Soc.* **337** (1993), 703–735에서 프리스테트B. Fristedt는 다른 결과들과 함께, $n$의 한 무작위 분할에서 $k$들의 개수가 $Cx\sqrt{n}$ 보다 클 점근 확률이 $e^{-x}$임을 증명했다.

**52.** 사전순으로, 64의 분할들 중 $a_1 \le 13$인 것은 $\left|{64+13 \atop 13}\right|$개이고 $a_1 = 14$, $a_2 \le 10$인 것들은 $\left|{50+10 \atop 10}\right|$개, 등등이다. 따라서, 힌트에 따르면 사전순으로 분할 $14\ 11\ 9\ 6\ 4\ 3\ 2\ 1^{15}$ 앞에는 $p(64) - 1000000$개의 분할이 있다. 따라서 $14\ 11\ 9\ 6\ 4\ 3\ 2\ 1^{15}$은 역 사전순으로 백만 번째이다.

**53.** 이전 해답에서처럼, 100의 분할들 중 $a_1 = 32$, $a_2 \le 12$인 것은 $\left|{80 \atop 12}\right|$개, 등등이다. 따라서 $a_1 = 32$인 분할들 중 사전순으로 백만 번째인 것은 $32\ 13\ 12\ 8\ 7\ 6\ 5\ 5\ 1^{12}$이다. 알고리즘 H는 그 켤레, 즉 $20\ 8\ 8\ 8\ 8\ 6\ 5\ 4\ 3\ 3\ 3\ 3\ 3\ 2\ 1^{19}$을 생성한다.

**54.** (a) 당연히 참이다. 이 질문은 몸풀기였다.

(b) 참이다. 그러나 그리 자명하지는 않다. $\alpha^T = a_1'a_2'\ldots$이라 할 때, 페러스 도식을 생각해 보면

$$1 \le k \le a_l' \text{에 대해} \qquad a_1 + \cdots + a_k + a_1' + \cdots + a_l' \le n + kl$$

임을 알 수 있다. 등호는 $k = a_l'$일 때 성립한다. 따라서 만일 어떤 $l$에 대해 $\alpha \ge \beta$이고 $a_1' + \cdots + a_l' > b_1' + \cdots + b_l'$이고 최솟값이 $l$이라면 $k = b_l'$일 때 $n + kl = b_1 + \cdots + b_k + b_1' + \cdots + b_l' < a_1 + \cdots + a_k + a_1' + \cdots + a_l' \le n + kl$이 성립하는데, 이는 모순이다.

(c) 만일 $c_1c_2\ldots$이 하나의 분할이라면 점화식 $c_k = \min(a_1 + \cdots + a_k, b_1 + \cdots + b_k) - (c_1 + \cdots + c_{k-1})$은 하한을 분명하게 정의한다. 그리고 $c_1c_2\ldots$은 실제로 하나의 분할이다. 만일 $c_1 + \cdots + c_k = a_1 + \cdots + a_k$이면 $0 \le \min(a_{k+1}, b_{k+1}) \le \min(a_{k+1}, b_{k+1} + b_1 + \cdots + b_k - a_1 - \cdots - a_k) = c_{k+1} \le a_{k+1} \le a_k = c_k + (c_1 + \cdots + c_{k-1}) - (a_1 + \cdots + a_{k-1}) \le c_k$가 성립하기 때문이다.

(d) $\alpha \vee \beta = (\alpha^T \wedge \beta^T)^T$. (부문제 (c)에 나온 것과 비슷한 최댓값 지향적 점화식은 실패할 가능성이 있으므로 이처럼 이중 켤레화가 필요하다.)

(e) $\alpha \wedge \beta$의 부분 개수는 $\max(l, m)$이고 $\alpha \vee \beta$의 부분 개수는 $\min(l, m)$이다. (해당 켤레들의 처음 성분들을 고찰해 볼 것.)

(f) $\alpha \wedge \beta$에 대해 참임을 부문제 (c)로부터 유도할 수 있다. $\alpha \vee \beta$에 대해서는 거짓이다. 예를 들어 그림 52에서 $6321 \vee 543 = 633$이다.

참고문헌: T. Brylawski, *Discrete Mathematics* **6** (1973), 201–219.

**55.** (a) $\gamma = c_1c_2\ldots$이라고 할 때 만일 $\alpha \succ \beta$이고 $\alpha \geq \gamma \geq \beta$이면, $k=l$과 $k=l+1$을 제외한 모든 $k$에 대해 $a_1 + \cdots + a_k = c_1 + \cdots + c_k = b_1 + \cdots + b_k$이다. 따라서 $\alpha$는 $\beta$를 덮는다. 그러므로 $\beta^T$는 $\alpha^T$를 덮는다.

반대로, 만일 $\alpha \geq \beta$이고 $\alpha \neq \beta$이면, $\alpha \succ \gamma$ 또는 $\gamma^T \succ \alpha^T$인 $\gamma \geq \beta$를 다음과 같이 구할 수 있다: $a_k > b_k$인 최소의 $k$와 $a_k > a_{l+1}$인 최소의 $l$, 그리고 $a_k - 1 > a_{m+1}$인 최소의 $m$을 찾는다. (여기서 $b_k > 0$임을 주의할 것.) 만일 $a_m > a_{m+1} + 1$이면 $c_k = a_k - [k=m] + [k=m+1]$에 의해 $\gamma = c_1c_2\ldots$으로 정의하고, 그렇지 않으면 $c_k = a_k - [k=l] + [k=m+1]$로 둔다.

(b) $\alpha$와 $\beta$를 (15)에서처럼 $n$개의 0들과 $n$개의 1들로 이루어진 문자열이라고 간주하자. 그러면 오직 $\alpha \to \beta$일 때에만 $\alpha \succ \beta$이고, 오직 $\alpha \Rightarrow \beta$일 때에만 $\beta^T \succ \alpha^T$이다. 여기서 '$\to$'는 $011^q10$ 형태의 부분문자열을 $101^q01$로 대체하는 연산을 뜻한다. 그리고 '$\Rightarrow$'는 어떤 $q \geq 0$에 대한 $010^q10$ 형태의 부분문자열을 $100^q01$로 대체하는 연산을 뜻한다.

(c) 하나의 분할은 많아야 $[a_1 > a_2] + \cdots + [a_{m-1} > a_m] + [a_m \geq 2]$개의 다른 분할들을 덮는다. 분할 $\alpha = (n_2 + n_1 - 1)(n_2 - 2)(n_2 - 3)\ldots 21$은 $a_m = 1$인 경우에 이 값을 최대화한다. $a_m \geq 2$인 경우들에서도 최댓값은 더 커지지 않는다. (그 켤레 분할, 즉 $(n_2 - 1)(n_2 - 2)\ldots 21^{n_1+1}$의 포괄 개수들도 마찬가지이다. 따라서 $\alpha$와 $\alpha^T$ 둘 다 최대한 많은 개수의 다른 분할들에 의해 포괄된다.)

(d) 이와 동치로, $\mu$의 연속된 부분들은 최대 1만큼 다르며, 가장 작은 부분은 1이다. 테두리 표현에는 연속된 1들이 없다.

(e) 테두리 표현을 사용하되 $\succ$를 관계 $\to$로 대체한다. 만일 $\alpha \to \alpha_1$이고 $\alpha \to \alpha_1'$이면, $\alpha_1 \to \beta$이고 $\alpha_1' \to \beta$인 문자열 $\beta$가 존재함을 쉽사리 보일 수 있다. 이를테면

$$
\begin{array}{ccc}
 & 101^q0111^r10 & \\
011^q1011^r10 \nearrow\!\!\!\searrow & & \searrow\!\!\!\nearrow 101^q1011^r01. \\
 & 011^q1101^r01 &
\end{array}
$$

$\beta = \beta_2 \succ \cdots \succ \beta_m$이고 $\beta_m$들은 극소 분할이라고 하자. 그러면, $\max(k, k')$에 대한 귀납법에 의해, $k = m$이고 $\alpha_k = \beta_m$이다. 또한 $k' = m$이고 $\alpha'_{k'} = \beta_m$이다.

(f) $\beta \leftarrow \alpha^T$로 설정한다. 그런 다음 $\beta$가 극소가 될 때까지 $\beta \succ \beta'$를 만족하는 임의의 편리한 분할 $\beta'$을 이용해서 $\beta \leftarrow \beta'$으로 설정한다. 요구된 분할은 $\beta^T$이다.

증명: $\mu(\alpha)$가 부문제 (e)의 공통 값 $\alpha_{k=}\alpha'_{k'}$이라고 하자. $\alpha \geq \beta$가 $\mu(\alpha) \geq \mu(\beta)$를 함의함을 증명해야 한다. $0 \leq j < k$에 대해 $\alpha_j \to \alpha_{j+1}$ 또는 $\alpha_j \Rightarrow \alpha_{j+1}$인 수열 $\alpha = \alpha_0, \ldots, \alpha_k = \beta$가 존재한다. 만일 $\alpha_0 \to \alpha_1$이면 $\mu(\alpha) = \mu(\alpha_1)$이다. 따라서 $\alpha \Rightarrow \beta$와 $\alpha \to \alpha'$이 $\alpha' \geq \mu(\beta)$를 함의함을 증명하는 것으로 충분하다. 그런데, $q > 0$이라고 가정할 수 있기 때문에, 이를테면

$$
\begin{array}{ccc}
 & 100^q0111^r10 & \\
010^q1011^r10 \Nearrow\!\!\searrow & & \searrow\!\!\Nearrow 100^q1011^r01 \\
 & 010^q1101^r01 \to 010^{q-1}10011^r01 &
\end{array}
$$

이 성립한다. 다른 경우들도 마찬가지이다.

(g) $\lambda_n$의 부분들은 $1 \le k < n_2$에 대한 $a_k = n_2 + [k \le n_1] - k$들이다. $\lambda_n^T$의 부분들은 $1 \le k \le n_2$에 대한 $b_k = n_2 - k + [n_2 - k < n_1]$들이다. (f)의 알고리즘은 각 단계마다 $\sum kb_k = \sum \binom{a_k+1}{2}$를 1 증가하므로, $n^1$으로부터 $\lambda_n^T$에 도달하는 데 걸리는 단계 수는 $\binom{n_2+1}{3} - \binom{n_2-n_1}{2}$이다.

(h) $n \ge 3$일 때 길이가 $2n-4$인 경로 $n$, $(n-1)1$, $(n-2)2$, $(n-2)11$, $(n-3)21$, …, $321^{n-5}$, $31^{n-3}$, $221^{n-4}$, $21^{n-2}$, $1^n$이 최단 경로이다.

최장 경로의 단계 수가 $m = 2\binom{n_2}{3} + n_1(n_2-1)$임을 보이는 것이 가능하다. 그러한 경로는 $\alpha_0$, …, $\alpha_k$, …, $\alpha_l$, …, $\alpha_m$의 형태로, 여기서 $\alpha_0 = n^1$이고 $\alpha_k = \lambda_n$, $\alpha_l = \lambda_n^T$, $0 \le j < l$에 대해 $\alpha \triangleright \alpha_{j+1}$, $k \le j < m$에 대해 $\alpha_{j+1}^T \triangleright \alpha_j^T$이다.

참고문헌: C. Greene, D. J. Kleitman, *Europ. J. Combinatorics* **7** (1986), 1-10.

**56.** $\lambda = u_1 \ldots u_m$이고 $\mu = v_1 \ldots v_m$이라고 하자. 다음의 (최적화되지 않은)알고리즘은 연습문제 54의 이론을 적용해서 분할들을 역순사전순으로 생성한다. 알고리즘은 $\alpha = a_1 a_2 \ldots a_m \preceq \mu$는 물론 $\alpha^T = b_1 b_2 \ldots b_l \preceq \lambda^T$도 유지한다. $\alpha$의 후행자를 찾는 방법은 이렇다. 우선 $b_j$를 증가할 수 있음을 만족하는 가장 큰 $j$를 찾는다. 그러면 $\beta = b_1 \ldots b_{j-1}(b_j+1)1 \ldots 1 \preceq \lambda^T$이며, 따라서 $\beta^T \wedge \mu$가 바로 원하는 후행자이다. 알고리즘은 보조표 $r_j = b_j + \cdots + b_l$, $s_j = v_1 + \cdots + v_j$, $t_j = w_j + w_{j+1} + \cdots$을 유지하는데, 여기서 $\lambda^T = w_1 w_2 \ldots$이다.

**M1.** [초기화.] $q \leftarrow 0$, $k \leftarrow u_1$로 설정한다. $j = 1$, …, $m$에 대해, $u_{j+1} < k$인 동안 $t_k \leftarrow q \leftarrow q + j$, $k \leftarrow k - 1$로 설정한다. 그런 다음 다시 $q \leftarrow 0$으로 설정하고, $j = 1$, …, $m$에 대해 $a_j \leftarrow v_j$, $s_j \leftarrow q \leftarrow q + a_j$로 설정한다. 그런 다음 다시 한 번 $q \leftarrow 0$로 설정하고, $k \leftarrow l \leftarrow a_1$로 설정한다. $j = 1$, …, $m$에 대해, $a_{j+1} < k$인 동안 $b_k \leftarrow j$, $r_k \leftarrow q \leftarrow q + j$, $k \leftarrow k - 1$로 설정한다. 마지막으로 $t_1 \leftarrow 0$, $b_0 \leftarrow 0$, $b_{-1} \leftarrow -1$로 설정한다.

**M2.** [방문.] 분할 $a_1 \ldots a_m$ 또는 $b_1 \ldots b_l$을(또는 둘 다) 방문한다.

**M3.** [$j$를 찾는다.] $j$가 $r_{j+1} > t_{j+1}$이고 $b_j \ne b_{j-1}$이며 $< l$인 가장 큰 정수라고 하자. 만일 $j = 0$이면 알고리즘을 끝낸다.

**M4.** [$b_j$를 증가.] $x \leftarrow r_{j+1} - 1$, $k \leftarrow b_j$, $b_j \leftarrow k + 1$, $a_{k+1} \leftarrow j$로 설정한다. ($a_{k+1}$의 이전 값은 $j - 1$이었다. 이제부터, $x$개의 점들을 열 $j+1$, $j+2$, …에 분산시키기 위해 $a_1 \ldots a_k$를 연습문제 54(c)와 본질적으로 같은 방법을 이용해서 갱신한다.)

**M5.** [다수결화.] $z \leftarrow 0$으로 설정하고, 그런 다음 $i = 1$, …, $k$에 대해 다음을 수행한다: $x \leftarrow x + j$, $y \leftarrow \min(x, s_i)$, $a_i \leftarrow y - z$, $z \leftarrow y$로 설정한다; 만일 $i = 1$이면 $l \leftarrow p \leftarrow a_1$, $q \leftarrow 0$으로 설정한다; 만일 $i > 1$이면 $p > a_i$인 동안 $b_p \leftarrow i - 1$, $r_p \leftarrow q \leftarrow q + i - 1$, $p \leftarrow p - 1$로 설정한다. 마지막으로, $p > j$인 동안 $b_p \leftarrow k$, $r_p \leftarrow q \leftarrow q + k$, $p \leftarrow p - 1$로 설정한다. M2로 돌아간다. ▮

**57.** 만일 $\lambda = \mu^T$이면 그런 행렬이 단 하나임은 자명하다. $\lambda$의 페러스 도식이 바로 그것이다. 그리고 $\lambda \preceq \mu^T$라는 조건은 필요조건이다. 만일 $\mu^T = b_1 b_2 \ldots$이면 $b_1 + \cdots + b_k = \min(c_1, k) + \min(c_2, k) + \cdots$ 이며, 이 수량은 처음 $k$개의 행들의 1들의 개수보다 작지 않기 때문이다. 마지막으로, 만일 $\lambda$와 $\mu$에 대해 그러한 행렬이 존재하고 만일 $\lambda$가 $\alpha$를 덮는다면, 임의의 지정된 행의 1 하나를 1들이 더 적은 다른 행으로 옮겨서 $\alpha$와 $\mu$에 대한 행렬을 수월하게 구축할 수 있다.

참고: 게일D. Gale〔*Pacific J. Math.* **7** (1957), 1073-1082〕과 라이저H. J. Ryser〔*Canadian J. Math.* **9** (1957), 371-377〕의 잘 알려진 논문들 때문에 이 결과를 흔히 게일-라이저 정리라고 부른다. 그러나 행 합들이 $\lambda$들이고 열 합들이 $\mu$들인 0-1 행렬들의 개수는 다음과 같은 기본 대칭 함수들의 곱 $e_{r_1} e_{r_2} \ldots$의 단항 대칭함수 $\sum x_{i_1}^{c_1} x_{i_2}^{c_2} \ldots$의 계수이다. 여기서

$$e_r = [z^r]\,(1 + x_1 z)(1 + x_2 z)(1 + x_3 z)\ldots.$$

이런 맥락에서 그 결과는 적어도 1930년대부터 알려져 있었다. *Proc. London Math. Soc.* (2) **40** (1936), 49-70에 나온, $\prod_{m,n \geq 0}(1 + x_m y_n)$에 대한 리틀우드D. E. Littlewood의 공식을 보라. 〔케일리는 사전순 조건 $\lambda \leq \mu^T$이 필요조건임을 훨씬 전에 *Philosophical Trans.* **147** (1857), 489-499에서 보였다.〕 또한 연습문제 7-108의 알고리즘도 보라.

**58.** 〔무어헤드R. F. Muirhead, *Proc. Edinburgh Math. Soc.* **21** (1903), 144-157.〕 조건 $\alpha \succeq \beta$가 필요조건인 이유는, $x_1 = \cdots = x_k = x$, $x_{k+1} = \cdots = x_n = 1$로 설정하고 $x \to \infty$로 둘 수 있기 때문이다. 이 조건이 충분조건인 이유는, $\alpha$가 $\beta$를 덮을 때에만 증명하면 되기 때문이다. 따라서 예를 들어 부분 $(a_1, a_2)$가 $(a_1 - 1, a_2 + 1)$이 된다면, 좌변은 우변에 음이 아닌 수량

$$\frac{1}{2m!}\sum x_{p_1}^{a_2} x_{p_2}^{a_2} \ldots x_{p_m}^{a_m} (x_{p_1}^{a_1 - a_2 - 1} - x_{p_2}^{a_1 - a_2 - 1})(x_{p_1} - x_{p_2})$$

를 더한 것이다.

〔역사적 참고사항: 무어헤드의 논문은 현재 다수결화라고 부르는 개념이 가장 처음 등장한 논문이다. 그 직후 그와 동치인 정의를, 부富의 비균등 분포의 측정에 관심을 가졌던 로렌츠가 *Quarterly Publ. Amer. Stat. Assoc.* **9** (1905), 209-219에서 제시했다. 또 다른 동치인 개념을 슈어I. Schur가 *Sitzungsberichte Berliner Math. Gesellschaft* **22** (1923), 9-20에서 공식화했다. '다수결화'라는 이름은 하디와 리틀우드, 포여Pólya가 붙였는데, 그들은 다수결화의 가장 기본적인 속성들을 *Messenger of Math.* **58** (1929), 145-152에서 확립했다. 연습문제 2.3.4.5-17을 보라. 전적으로 이 주제만을 다루는 훌륭한 책으로 마셜A. W. Marshall, 올킨I. Olkin의 *Inequalities* (Academic Press, 1979)가 있다.〕

**59.** $n = 0$, 1, 2, 3, 4, 6에 대한 유일한 경로들은 반드시 그러한 대칭성을 가지고 있다. $n = 5$에 대한 경로들 중에도 그러한 경로가 하나 있는데, 바로 11111, 2111, 221, 311, 32, 41, 5이다. 그리고 $n = 7$에 대해서는 다음 네 개가 그러한 경로이다.

1111111, 211111, 22111, 2221, 322, 3211, 31111, 4111, 511, 421, 331, 43, 52, 61, 7;
1111111, 211111, 22111, 2221, 322, 421, 511, 4111, 31111, 3211, 331, 43, 52, 61, 7;
1111111, 211111, 31111, 22111, 2221, 322, 3211, 4111, 421, 331, 43, 52, 511, 61, 7;
1111111, 211111, 31111, 22111, 2221, 322, 421, 4111, 3211, 331, 43, 52, 511, 61, 7.

이 외에는 그러한 경로가 없다. 모든 $n \geq 8$에 대해 적어도 두 개의 자기켤레 분할들이 존재하기 때문이다(연습문제 15 참고).

**60.** $L(6,6)$에 대해서는 (59)를 사용하고, 그 외의 모든 곳에서는 $L'(4,6)$과 $L'(3,5)$를 사용한다.
$M(4,18)$에서는 443322와 4432221 사이에 444222, 4442211을 삽입한다.
$M(5,11)$에서는 62111과 6221 사이에 52211, 5222를 삽입한다.
$M(5,20)$에서는 5552111과 555221 사이에 5542211, 554222를 삽입한다.
$M(6,13)$에서는 62221과 6322 사이에 72211, 7222를 삽입한다.
$L(4,14)$에서는 43322와 432221 사이에 44222, 442211을 삽입한다.
$L(5,15)$에서는 552111과 55221 사이에 542211, 54222를 삽입한다.
$L(7,12)$에서는 72111과 7221 사이에 62211, 6222를 삽입한다.

**62.** 그 명제는 $n = 7$, 8, 9에 대해 성립한다. 단, $n = 8$, $m = 3$, $\alpha = 3221$이거나 $n = 9$, $m = 4$, $\alpha = 432$인 두 경우는 예외이다.

**64.** 홀수 $q$에 대해 $n = 2^k q$라고 할 때, $\omega_n$이 분할 $(2^k)^q$, 즉 $2^k$인 부분들이 $q$개인 분할을 나타낸다고 하자. $B(0)$이 0의 유일한 분할이고 $2 \times B(n/2)$이 $B(n/2)$(또는, 만일 $n$이 홀수이면 빈 수열)의 모든 부분을 두 배로 만드는 것이라 할 때, $n > 0$에 대해 점화식

$$B(n) \;=\; B(n-1)^R 1,\; 2 \times B(n/2)$$

는 $\omega_{n-1}1$에서 시작하고 $\omega_n$에서 끝나는 적절한 그레이 경로를 정의한다. 따라서

$$B(1) = 1;\quad B(2) = 11, 2;\quad B(3) = 21, 111;\quad B(4) = 1111, 211, 22, 4$$

이다. 이 수열은 여러 주목할 만한 속성들을 만족하는데, 그중 하나는 $n$이 짝수일 때

$$B(n) = (2 \times B(0))1^n, (2 \times B(1))1^{n-2}, (2 \times B(2))1^{n-4}, \ldots, (2 \times B(n/2))1^0$$

이라는 것이다. 예를 들어

$$B(8) = 11111111, 2111111, 221111, 41111, 4211, 22211, 2222, 422, 44, 8$$

이다. 다음 알고리즘은 $n \geq 2$일 때 $B(n)$을 루프 없이 생성한다.

**K1.** [초기화.] $c_0 \leftarrow p_0 \leftarrow 0$, $p_1 \leftarrow 1$로 설정한다. 만일 $n$이 짝수이면 $c_1 \leftarrow n$, $t \leftarrow 1$로 설정한다. 그렇지 않으면 홀수 $q$에 대해 $n - 1 = 2^k q$로 두고 $c_1 \leftarrow 1$, $c_2 \leftarrow q$, $p_2 \leftarrow 2^k$, $t \leftarrow 2$로 설정한다.

**K2.** [짝수 방문.] $p_t^{c_t} \cdots p_1^{c_1}$을 방문한다. (이제 $c_t + \cdots + c_1$은 짝수이다.)

**K3.** 〔가장 큰 부분을 바꾼다.〕 만일 $c_t = 1$이면 가장 큰 부분을 분할한다: 만일 $p_t \neq 2p_{t-1}$이면 $c_t \leftarrow 2$, $p_t \leftarrow p_t/2$로 설정하고 그렇지 않으면 $c_{t-1} \leftarrow c_{t-1} + 2$, $t \leftarrow t-1$로 설정한다. 그러나 만일 $c_t > 1$이면 가장 큰 두 부분을 병합한다: 만일 $c_t = 2$이면 $c_t \leftarrow 1$, $p_t \leftarrow 2p_t$로 설정하고 그렇지 않으면 $c_t \leftarrow c_t - 2$, $c_{t+1} \leftarrow 1$, $p_{t+1} \leftarrow 2p_t$, $t \leftarrow t+1$로 설정한다.

**K4.** 〔홀수 방문.〕 분할 $p_t^{c_t} \ldots p_1^{c_1}$을 방문한다. (이제 $c_t + \cdots + c_1$은 홀수이다.)

**K5.** 〔그다음으로 큰 부분을 바꾼다.〕 이제 다음과 같은 변환을 적용하고자 한다: "가장 큰 부분 $c_t - [t$가 짝수$]$개를 일시적으로 제거하고, 단계 K3을 적용하고, 제거했던 부분들을 다시 복원한다." 좀 더 정확히 말하면, 총 아홉 가지 경우가 있다: (1a) 만일 $c_t$가 홀수이고 $t = 1$이면 알고리즘을 끝낸다. (1b1) 만일 $c_t$가 홀수이고 $c_{t-1} = 1$, $p_{t-1} = 2p_{t-2}$이면 $c_{t-2} \leftarrow c_{t-2} + 2$, $c_{t-1} \leftarrow c_t$, $p_{t-1} \leftarrow p_t$, $t \leftarrow t-1$로 설정한다. (1b2) 만일 $c_t$가 홀수이고 $c_{t-1} = 1$, $p_{t-1} \neq 2p_{t-2}$이면 $c_{t-1} \leftarrow 2$, $p_{t-1} \leftarrow p_{t-1}/2$로 설정한다. (1c1) 만일 $c_t$가 홀수이고 $c_{t-1} = 2$, $p_t = 2p_{t-1}$이면 $c_{t-1} \leftarrow c_t + 1$, $p_{t-1} \leftarrow p_t$, $t \leftarrow t-1$로 설정한다. (1c2) 만일 $c_t$가 홀수이고 $c_{t-1} = 2$, $p_t \neq 2p_{t-1}$이면 $c_{t-1} \leftarrow 1$, $p_{t-1} \leftarrow 2p_{t-1}$로 설정한다. (1d1) 만일 $c_t$가 홀수이고 $c_{t-1} > 2$, $p_t = 2p_{t-1}$이면 $c_{t-1} \leftarrow c_{t-1} - 2$, $c_t \leftarrow c_t + 1$로 설정한다. (1d2) 만일 $c_t$가 홀수이고 $c_{t-1} > 2$, $p_t \neq 2p_{t-1}$이면 $c_{t+1} \leftarrow c_t$, $p_{t+1} \leftarrow p_t$, $c_t \leftarrow 1$, $p_t \leftarrow 2p_{t-1}$, $c_{t-1} \leftarrow c_{t-1} - 2$, $t \leftarrow t+1$로 설정한다. (2a) 만일 $c_t$가 짝수이고 $p_t = 2p_{t-1}$이면 $c_t \leftarrow c_t - 1$, $c_{t-1} \leftarrow c_{t-1} + 2$로 설정한다. (2b) 만일 $c_t$가 짝수이고 $p_t \neq 2p_{t-1}$이면 $c_{t+1} \leftarrow c_t - 1$, $p_{t+1} \leftarrow p_t$, $c_t \leftarrow 2$, $p_t \leftarrow p_t/2$, $t \leftarrow t+1$로 설정한다. K2로 돌아간다. ▮

〔K3과 K5의 변환들을 연달아 수행하면 서로의 효과가 취소된다. 이 구축법은 T. Colthurst, M. Kleber, "A Gray path on binary partitions" http://arxiv.org/abs/0907.3873에 기인한다. 오일러는 그러한 분할들의 개수를 1750년의 그의 논문의 §50에서 고찰했다.〕

**65.** $p_1^{e_1} \ldots p_r^{e_r}$이 $m$의 소인수분해라고 할 때, 그러한 소인수분해의 수는 $p(e_1) \ldots p(e_r)$이다. 그리고 $n = \max(e_1, \ldots, e_r)$이라고 둘 수 있다. 실제로, $0 \leq x_k < p(e_k)$인 각 $r$-짝 $(x_1, \ldots, x_r)$에 대해 $m_j = p_1^{a_{1j}} \ldots p_r^{a_{rj}}$로 둘 수 있다. 여기서 $a_{k1} \ldots a_{kn}$은 $e_k$의 $(x_k + 1)$번째 분할이다. 따라서 분할들에 대한 그레이 부호와 함께 $r$-짝들에 대한 반사된 그레이 부호를 사용할 수 있다.

**66.** $a_1 \ldots a_m$이 주어진 부등식을 만족하는 $m$-짝이라고 하자. 이를 비증가 순서 $a_{x_1} \geq \cdots \geq a_{x_m}$으로 정렬할 수 있다. 만일 정렬을 안정적으로 수행한다면(식 5-(2) 참고), 순열 $x_1 \ldots x_m$은 유일하게 결정된다.

만일 $j < k$이면 $a_j \geq a_k$이며, 따라서 순열 $x_1 \ldots x_m$에서 $j$는 $k$의 왼쪽에 있다. 그러므로 $x_1 \ldots x_m$은 알고리즘 7.2.1.2V가 출력하는 순열들 중 하나이다. 더 나아가서 $a_j = a_k$이고 $j < k$일 때에도 안정성에 의해 $j$는 $k$의 왼쪽에 있다. 따라서 $a_{x_i}$는 $x_i > x_{i+1}$가 '내림(descent)'일 때 $a_{x_{i+1}}$보다 엄밀히 크다.

$n$의 그러한 모든 분할을 생성하려면, 각 위상 순열 $x_1 \ldots x_m$을 취하고 $n-t$의 분할 $y_1 \ldots y_m$들을 생성한다. 여기서 $t$는 $x_1 \ldots x_m$의 색인이다(§5.1.1을 보라). $1 \le j \le m$에 대해 $a_{x_j} \leftarrow y_{j+t_j}$로 설정한다. 여기서 $t_j$는 $x_1 \ldots x_m$에서 $x_j$의 오른쪽으로의 내림들의 개수이다.

예를 들어 만일 $x_{1 \ldots} x_m = 314592687$이면 $a_3 > a_1 \ge a_4 \ge a_5 \ge a_9 > a_2 \ge a_6 \ge a_8 > a_7$인 모든 경우를 생성해야 한다. 이 경우 $t = 1+5+8 = 14$이다. 따라서 $a_1 \leftarrow y_2 + 2$, $a_2 \leftarrow y_6 + 1$, $a_3 \leftarrow y_1 + 3$, $a_4 \leftarrow y_3 + 2$, $a_5 \leftarrow y_4 + 2$, $a_6 \leftarrow y_7 + 1$, $a_7 \leftarrow y_9$, $a_8 \leftarrow y_8 + 1$, $a_9 \leftarrow y_5 + 2$로 설정한다. 연습문제 29의 의미에서 일반적인 생성 함수 $\sum z_1^{a_1} \ldots z_9^{a_9}$는

$$\frac{z_1^2 z_2 z_3^3 z_4^2 z_5^2 z_6 z_8 z_9^2}{(1-z_3)(1-z_3 z_1)(1-z_3 z_1 z_4)(1-z_3 z_1 z_4 z_5)\ldots(1-z_3 z_1 z_4 z_5 z_9 z_2 z_6 z_8 z_7)}$$

이다.

$<$이 주어진 임의의 부분순서라고 할 때, $n$의 그러한 모든 분할의 개수에 대한 보통의 생성 함수는 따라서 $\sum z^{\operatorname{ind}\alpha}/((1-z)(1-z^2)\ldots(1-z^m))$으로, 합의 구간은 알고리즘 7.2.1.2V의 모든 출력 $\alpha$이다.

[이러한 착안들의 중요한 확장들과 응용들에 대해서는 R. P. Stanley, *Memoirs Amer. Math. Soc.* **119** (1972)를 보라. 또한 상하 분할들에 대한 정보로는 L. Carlitz, *Studies in Foundations and Combinatorics* (New York: Academic Press, 1978), 101-129를 보라.]

**67.** $n+1 = q_1 \ldots q_r$이고 인수 $q_1, \ldots, q_r$이 모두 $\ge 2$라고 할 때, $\{(q_1-1)\cdot 1, (q_2-1)\cdot q_1, (q_3-1)\cdot q_1 q_2, \ldots, (q_r-1)\cdot q_1 \ldots q_{r-1}\}$은 혼합기수 표기법으로 보았을 때 자명한 방식으로 대응되는 하나의 완전분할이다. (인수 $q_j$의 차수가 중요하다.)

반대로, 모든 완전분할은 다음과 같은 식으로 나타난다. 중복집합 $M = \{k_1 \cdot p_1, \ldots, k_m \cdot p_m\}$이 하나의 완전분할이며, $p_1 < \cdots < p_m$이라고 하자. 그러면 반드시 $1 \le j \le m$에 대해 $p_j = (k_1+1) \ldots (k_{j-1}+1)$이어야 한다. 왜냐하면 $p_j$가 $M$의 부분중복집합이면서 $\{k_1 \cdot p_1, \ldots, k_{j-1} \cdot p_{j-1}\}$의 부분중복집합이 아닌 한 부분중복집합의 최소 합계이기 때문이다.

$n$의 원소 수가 최소인 완전분할은 오직 $q_j$들이 모두 소수일 때에만 나타난다. 왜냐하면 $p > 1$이고 $q > 1$이면 항상 $pq - 1 > (p-1) + (q-1)$이기 때문이다. 따라서 예를 들어 11의 최소 원소 완전분할들은 순서 있는 인수분해 $2\cdot 2\cdot 3$, $2\cdot 3\cdot 2$, $3\cdot 2\cdot 2$에 대응된다. 참고문헌: *Quarterly Journal of Mathematics* **21** (1886), 367-373.

**68.** (a) 만일 어떤 $i$와 $j$에 대해 $a_i + 1 \le a_j - 1$이라면 $\{a_i, a_j\}$를 $\{a_i+1, a_j-1\}$로 바꿀 수 있으며, 그러면 그 곱이 $a_j - a_i - 1 > 0$만큼 증가한다. 따라서 최적의 곱은 오직 연습문제 3의 최적 균형 분할에서만 나타난다. [L. Oettinger, J. Derbès, *Nouv. Ann. Math.* **18** (1859), 442; **19** (1860), 117-118.]

(b) $n > 1$이라고 가정하자. 그러면 1인 부분은 없다. 그리고 만일 $a_j \ge 4$이면 $a_j$를 $2 + (a_j - 2)$로 바꾸어도 곱은 감소하지 않는다. 따라서 모든 부분이 2나 3이라고 가정할 수 있다. $2+2+2$

를 $3+3$으로 바꾸면 곱이 증가한다. 따라서 2는 많아야 두 개이다. 그러므로 최적해는 $n \bmod 3$이 0일 때 $3^{n/3}$, $n \bmod 3$이 1일 때 $4\cdot 3^{(n-4)/3} = 3^{(n-4)/3}\cdot 2\cdot 2 = (4/3^{4/3})3^{n/3}$, $n \bmod 3$이 2일 때 $3^{(n-2)/3}\cdot 2 = (2/3^{2/3})3^{n/3}$이다. 〔O. Meißner, *Mathematisch-naturwissenschaftliche Blätter* **4** (1907), 85.〕

**69.** 모든 $n > 2$에는 해 $(n, 2, 1, \ldots, 1)$이 있다. $a = x_1 \ldots x_t - 1$, $b = x_1 + \cdots + x_t - t - 1$, $k \geq x_1 \geq \cdots \geq x_t$이고 $a > 1$라고 할 때, $s_2 \ldots s_N \leftarrow 1 \ldots 1$로 시작해서 $ak - b \leq N$이면 항상 $s_{ak-b} \leftarrow 0$로 설정함으로써 $\leq N$인 다른 경우들을 "체로 쳐낼" 수 있다. 왜냐하면 $k + x_1 + \cdots + x_t + (ak - b - t - 1) = kx_1 \ldots x_t$이기 때문이다. 수열 $(x_1, \ldots, x_t)$는 $(x_1 \ldots x_t - 1)x_1 - (x_1 + \cdots + x_t) < N - t$일 때에만 고려하면 된다. 또한 $s_N = 1$이 되도록 $N$을 계속 감소시킬 수 있다. 이렇게 하면 $N$이 초기에 $2^{30}$일 때 오직 $(32766, 1486539, 254887, 1511, 937, 478, 4)$개의 수열 $(x_1, \ldots, x_t)$들만 시도하면 된다. 그렇게 했을 때 체에 걸리지 않고 살아남은 생존자들은 2, 3, 4, 6, 24, 114, 174, 444 뿐이다. 〔E. Trost, Elemente der Math. 11 (1956), 135; M. Misiurewicz, *Elemente der Math.* **21** (1966), 90을 보라.〕

참고: $N \to \infty$로 가도 새로운 생존자가 나타날 가능성은 별로 없지만, 그런 수들을 배제하기 위해서는 새로운 착안이 필요하다. 가장 간단한 수열 $(x_1, \ldots, x_t) = (3)$과 $(2, 2)$가 이미 $n \bmod 6 \neq 0$인 모든 $n > 5$를 배제한다. 이 사실을 이용하면 계산 속도를 여섯 배로 높일 수 있다. 수열 $(6)$과 $(3, 2)$는 남은 것들 중 40%(구체적으로 말하면 $5k-4$와 $5k-2$ 형태의 모든 $n$)를 배제한다. 수열 $(8)$, $(4, 2)$, $(2, 2, 2)$는 남은 것들의 3/7을 배제한다. $t = 1$인 수열들은 $n-1$이 반드시 소수이어야 함을 함의한다. $x_1 \ldots x_t = 2^r$인 수열들은 약 $p(r)$개의 $n \bmod (2^r - 1)$의 나머지(residue)들을 배제한다. $x_1 \ldots x_t$가 $r$개의 서로 다른 소수들의 곱인 수열들은 약 $\varpi_r$개의 $n \bmod (x_1 \ldots x_t - 1)$의 나머지들을 배제한다.

**70.** 각 단계는 $n$의 한 분할을 다른 한 분할로 바꾼다. 따라서 결국에는 되풀이되는 순환 주기에 도달한다. 분할들 중에는 그냥 페러스 도식의 각 북동-남서 대각선에 대한 다음과 같은 방식의 순환 자리이동을 수행하는 것들이 많다.

$$\text{변환 전:}\quad \begin{matrix} x_1 & x_2 & x_4 & x_7 & x_{11} & x_{16}\cdots \\ x_3 & x_5 & x_8 & x_{12} & x_{17} & x_{23}\cdots \\ x_6 & x_9 & x_{13} & x_{18} & x_{24} & x_{31}\cdots \\ x_{10} & x_{14} & x_{19} & x_{25} & x_{32} & x_{40}\cdots \\ x_{15} & x_{20} & x_{26} & x_{33} & x_{41} & x_{50}\cdots \\ x_{21} & x_{27} & x_{34} & x_{42} & x_{51} & x_{61}\cdots \\ \vdots & \vdots & \vdots & \vdots & \vdots & \vdots \end{matrix} \qquad \text{변환 후:}\quad \begin{matrix} x_1 & x_3 & x_6 & x_{10} & x_{15} & x_{21}\cdots \\ x_2 & x_4 & x_7 & x_{11} & x_{16} & x_{22}\cdots \\ x_5 & x_8 & x_{12} & x_{17} & x_{23} & x_{30}\cdots \\ x_9 & x_{13} & x_{18} & x_{24} & x_{31} & x_{39}\cdots \\ x_{14} & x_{19} & x_{25} & x_{32} & x_{40} & x_{49}\cdots \\ x_{20} & x_{26} & x_{33} & x_{41} & x_{50} & x_{60}\cdots \\ \vdots & \vdots & \vdots & \vdots & \vdots & \vdots \end{matrix}$$

다른 말로 하면, 그런 분할들은 칸들에 치환 $\rho = (1)(2\,3)(4\,5\,6)(7\,8\,9\,10)\ldots$을 적용한다. 예외는 $\rho$가 점 위에 빈 칸을 도입할 때에만 발생한다. 예를 들어 $x_{11}$이 빈 칸이 아닐 때 $x_{10}$은 빈 칸일 수 있다. 그러나, 그런 경우들에서 $\rho$를 적용한 후에 최상위 행을 아래로 이동해서 순서에 맞는 적절한 자리에 넣는다면 올바른 새 도식이 나온다. 그러한 이동은 항상 점유된 대각 성분들의 개수를 줄이므로, 한 순환마디의 일부가 될 수 없다. 따라서 모든 순환마디는 전적으로 $\rho$에 의한 치환들만으로 구성된다.

순환 분할에서 한 대각선의 임의의 원소가 빈 칸이면 그다음 대각선의 모든 원소도 빈 칸이어야 한다. 예를 들어 $x_5$가 빈칸이라 할 때 $\rho$를 반복 적용하면 $x_5$는 그다음 대각의 칸 $x_7$, $x_8$, $x_9$, $x_{10}$과 각각 인접하게 된다. 따라서 만일 $n_2 > n_1 \geq 0$이고 $n = \binom{n_2}{2} + \binom{n_1}{1}$이라면 순환 상태들은 바로 $n_2 - 1$개의 완전히 채워진 대각선들과 그다음 대각선의 $n_1$개의 점들이다. [이 결과는 J. Brandt, *Proc. Amer. Math. Soc.* **85** (1982), 483-486에서 기인한다. 이 문제는 러시아에서 비롯되어서 불가리아와 스웨덴을 거쳐 전해진 것으로 알려져 있다. 또한 Martin Gardner, *The Last Recreations* (1997), 제2장도 보라.]

**71.** $n = 1 + \cdots + m > 1$일 때 시작 분할 $(m-1)(m-1)(m-2)\ldots2\ 1\ 1$은 순환 상태와 $m(m-1)$ 단계만큼 떨어져 있다. 그리고 이것이 최대 거리이다. [K. Igusa, *Math. Magazine* **58** (1985), 259-271; G. Etienne, *J. Combin. Theory* **A58** (1991), 181-197.] 일반적인 경우, 그리그즈Griggs와 호Ho는 한 순환마디로의 최대 거리가 모든 $n > 1$에 대해 $\max(2n + 2 - n_1(n_2+1), n + n_2 + 1, n_1(n_2+1)) - 2n_2$라고 추측했다[*Advances in Appl. Math.* **21** (1998), 205-227]. $n \leq 100$에 대해서는 그들의 추측이 확인되었다. 더 나아가서, 최악의 경우의 시작 분할은 $n_2 = 2n_1 + \{-1, 0, 2\}$일 때 유일한 것으로 보인다.

**72.** 이와 동치로, $a_1 < m - 1$이다[B. Hopkins, J. A. Sellers, *Integers* **7**,2 (2007), #A19].

**73.** (a) [R. Stanley, 1972 (미출판).] $n - jk$의 모든 분할 $\alpha$에 대해, 분할 $n = j \cdot k + \alpha$에서 $k$의 $j$번째 출현을 $k \cdot j + \alpha$에서 $j$의 $k$번째 출현과 교환한다. 예를 들어 $n = 6$일 때 다음과 같은 교환들이 일어난다.

$$6, 51, 42, 411, 33, 321, 3111, 222, 2211, 21111, 111111.$$

```
a bl fg clg hi jkl dlkh n2i m2ln elmjf ledcba
```

(b) $p(n-k) + p(n-2k) + p(n-3k) + \cdots$. [A. H. M. Hoare, *AMM* **93** (1986), 475-476.]

## 7.2.1.5절

**1.** 단계 H6에서 $m$이 $r$과 같게 설정될 때마다 $m$을 다시 $r - 1$로 되돌린다.

**2. L1.** [초기화.] $1 \leq j \leq n$에 대해 $l_j \leftarrow j - 1$, $a_j \leftarrow 0$으로 설정한다. 또한 $h_1 \leftarrow n$, $t \leftarrow 1$로 설정하고, $l_0$은 0이 아닌 임의의 편한 값으로 설정한다.

**L2.** [방문.] $l_1 \ldots l_n$과 $h_1 \ldots h_t$가 나타내는 $t$-블록 분할을 방문한다. (이 분할에 대응되는 제한 성장 문자열은 $a_1 \ldots a_n$이다.)

**L3.** [$j$를 찾는다.] $j \leftarrow n$으로 설정한다. 그런 다음 $l_j = 0$인 동안 $j \leftarrow j - 1$, $t \leftarrow t - 1$로 설정한다.

**L4.** 〔$j$를 다음 블록으로 이동.〕 만일 $j = 0$이면 알고리즘을 끝낸다. 그렇지 않으면 $k \leftarrow a_j + 1$, $h_k \leftarrow l_j$, $a_j \leftarrow k$로 설정한다. 만일 $k = t$이면 $t \leftarrow t+1$, $l_j \leftarrow 0$으로 설정하고, 아니면 $l_j \leftarrow h_{k+1}$로 설정한다. 마지막으로 $h_{k+1} \leftarrow j$로 설정한다.

**L5.** 〔$j+1$, ..., $n$을 블록 1로 이동.〕 $j < n$인 동안 $j \leftarrow j+1$, $l_j \leftarrow h_1$, $a_j \leftarrow 0$, $h_1 \leftarrow j$로 설정한다. L2로 돌아간다. ▮

**3.** $\tau(k,n)$이 $1 \le j \le n$에 대해 $0 \le a_j \le 1 + \max(k-1, a_1, ..., a_{j-1})$라는 조건을 만족하는 문자열 $a_1...a_n$들의 개수라고 하자. 그러면 $\tau(k,0) = 1$, $\tau(0,n) = \varpi_n$, $\tau(k,n) = k\tau(k,n-1) + \tau(k+1,n-1)$이다. 〔윌리엄슨S. G. Williamson은 $\tau(k,n)$을 '꼬리 계수(tail coefficient)'라고 불렀다. *SICOMP* **5** (1976), 602-617을 보라.〕 알고리즘 H가 주어진 제한 성장 문자열 $a_1...a_n$ 전에 생성하는 문자열들의 개수는 $\sum_{j=1}^{n} a_j \tau(b_j, n-j)$로, 여기서 $b_j = 1 + \max(a_1, ..., a_{j-1})$이다 꼬리 계수들을 미리 계산해 둔 표를 참고하면서 반대 방향으로 되짚어 나가면, $a_1...a_{12} = 010220345041$일 때 이 공식의 값이 999999임을 알 수 있다.

**4.** 다음은 각 종류의 가장 흔한 대표 단어로, 아래첨자는 GraphBase에 출현한 횟수이다: $\texttt{zzzzz}_0$, $\texttt{ooooh}_0$, $\texttt{xxxix}_0$, $\texttt{xxxii}_0$, $\texttt{ooops}_0$, $\texttt{llull}_0$, $\texttt{llala}_0$, $\texttt{eeler}_0$, $\texttt{iitti}_0$ $\texttt{xxiii}_0$, $\texttt{ccxxv}_0$, $\texttt{eerie}_1$, $\texttt{llama}_1$, $\texttt{xxvii}_0$, $\texttt{oozed}_5$, $\texttt{uhuuu}_0$, $\texttt{mamma}_1$, $\texttt{puppy}_{28}$, $\texttt{anana}_0$, $\texttt{hehee}_0$, $\texttt{vivid}_{15}$, $\texttt{rarer}_3$, $\texttt{etext}_1$, $\texttt{amass}_2$, $\texttt{again}_{137}$, $\texttt{ahhaa}_0$, $\texttt{esses}_1$, $\texttt{teeth}_{25}$, $\texttt{yaaay}_0$, $\texttt{ahhhh}_2$, $\texttt{pssst}_2$, $\texttt{seems}_7$, $\texttt{added}_6$, $\texttt{lxxii}_0$, $\texttt{books}_{184}$, $\texttt{swiss}_3$, $\texttt{sense}_{10}$, $\texttt{ended}_3$, $\texttt{check}_{160}$, $\texttt{level}_{18}$, $\texttt{tepee}_4$, $\texttt{slyly}_5$, $\texttt{never}_{154}$, $\texttt{sells}_6$, $\texttt{motto}_{21}$, $\texttt{whooo}_2$, $\texttt{trees}_{384}$, $\texttt{going}_{307}$, $\texttt{which}_{151}$, $\texttt{there}_{174}$, $\texttt{three}_{100}$, $\texttt{their}_{3834}$. (S. Golomb, *Math. Mag.* **53** (1980), 219-221을 보라. 서로 다른 글자가 단 둘인 단어는 물론 드물다. 여기 나온 대표 단어들 중 아래첨자가 0인 단어들은 좀 더 큰 사전이나 인터넷의 영문 페이지들에서 발견할 수 있다.)

**5.** (a) $112 = \rho(0225)$. 이 수열은 $r(0)$, $r(1)$, $r(4)$, $r(9)$, $r(16)$, ...으로, 여기서 $r(n)$은 $n$의 십진 표기 문자열(선행 0들이 하나 이상 있는)에 연습문제 4의 $\rho$ 함수를 적용하고 선행 0들을 삭제한 것이다. $n/9 \le r(n) \le n$임을 주목할 것.

(b) $1012 = r(45^2)$. 이 수열은 (a)와 같되 순서대로 정렬하고 중복된 원소들을 제거한 것이다. ($88^2 = 7744$이고 $212^2 = 44944$, $264^2 = 69696$임을 누가 알았겠는가?)

**6.** 알고리즘 7.2.1.2V의 위상정렬 접근방식을 적절한 부분순서와 함께 사용한다: 길이가 $j$인 사슬 $c_j$개를 포함하되, 최소 원소들이 정렬되게 하는 것이다. 예를 들어 $n = 20$이고 $c_2 = 3$, $c_3 = c_4 = 2$일 때 그 알고리즘을 적용해서 $1 < 2$, $3 < 4$, $5 < 6$, $1 < 3 < 5$, $7 < 8 < 9$, $10 < 11 < 12$, $7 < 10$, $13 < 14 < 15 < 16$, $17 < 18 < 19 < 20$, $13 < 17$인 $\{1, ..., 20\}$의 모든 순열 $a_1...a_{20}$을 구하고, 그로부터 제한 성장 문자열 $\rho(f(a_1)...f(a_{20}))$을 생성한다. 여기서 $\rho$는 연습문제 4에 정의된 함수이고 $(f(1), ..., f(20)) = (1,1,2,2,3,3,4,4,4,5,5,5,6,6,6,6,7,7,7,7)$이다. 출력의 전체 개수는 물론 (48)로 주어진다.

**7.** 정확히 $\varpi_n$개이다. 이 순열들은 (2)의 블록들의 좌우 순서를 뒤집고 | 기호를 제거했을 때 나오는 순열들, 즉 1234, 4123, 3124, 3412, ..., 4321이다. [A. Claesson, *European J. Combinatorics* **22** (2001), 961–971을 보라. 키타에프S. Kitaev는 *Discrete Math.* **298** (2005), 212–229에서 훨씬 광범위한 일반화를 발견했다: $\pi$가 $\{0,\dots,r\}$의 한 순열이고 $g_n$이 $\{1,\dots,n\}$의 순열 $a_1\dots a_n$들 중 만일 $a_{k-0\pi} > a_{k-1\pi} > \dots > a_{k-r\pi} > a_j$이면 $j > k$이라는 속성을 가진 것들의 개수이며 $f_n$은 순열 $a_1\dots a_n$들 중 $r < k \le n$에 대해 패턴 $a_{k-0\pi} > a_{k-1\pi} > \dots > a_{k-r\pi}$가 전혀 없는 것들의 개수라고 하자. 그러면 $\sum_{n\ge 0} g_n z^n/n! = \exp(\sum_{n\ge 1} f_{n-1} z^n/n!)$이다.]

**8.** $\{1,\dots,n\}$의 각 $m$블록 분할에 대해, 분할의 블록들을 가장 작은 원소의 내림차순으로 정렬하고 가장 작은 원소가 아닌 원소들을 모든 가능한 방법으로 치환한다. 예를 들어 $n=9$이고 $m=3$일 때 이를 분할 126|38|4579에 적용한다면, $\{5,7,9\}$와 $\{2,6\}$을 자신들끼리 치환해서 457938126을 포함한 열두 가지 경우를 얻게 된다. (순환마디가 정확히 $k$개인 모든 순열도 이와 본질적으로 같은 방법으로 생성한다. §1.3.3의 '색다른 대응관계'를 보라.)

**9.** 중복집합 $\{k_0\cdot 0, k_1\cdot 1, \dots, k_{n-1}\cdot(n-1)\}$의 순열들 중 제한 성장 문자열이 있는 것들은 정확히

$$\binom{k_0+k_1+\dots+k_{n-1}}{k_0,k_1,\dots,k_{n-1}}\frac{k_0}{(k_0+k_1+\dots+k_{n-1})}\,\frac{k_1}{(k_1+\dots+k_{n-1})}\cdots\frac{k_{n-1}}{k_{n-1}}$$

개이다. $k_j/(k_j+\dots+k_{n-1})$은 $j$가 $\{j+1,\dots,n-1\}$보다 앞에 있을 확률이기 때문이다.

$n>0$일 때 0들의 평균 개수는 $1+(n-1)\varpi_{n-1}/\varpi_n = \Theta(\log n)$이다. 모든 $\varpi_n$가지 경우에서 0들의 전체 개수가 $\sum_{k=1}^{n} k\binom{n-1}{k-1}\varpi_{n-k} = \varpi_n + (n-1)\varpi_{n-1}$이기 때문이다.

**10.** $\{1,\dots,n\}$의 한 분열이 주어졌을 때, $\{0,1,\dots,n\}$에 대한 지향 트리를 구축하되, 노드 $j-1$이 원소가 $j$개 이상인 블록의 모든 원소의 부모가 되게 한다. 그런 다음 잎들에 순서를 유지하면서 이름표들을 다시 부여하고 다른 이름표들은 제거한다. 예를 들어 다음은 (2)의 열다섯 분할에 해당하는 트리들이다.

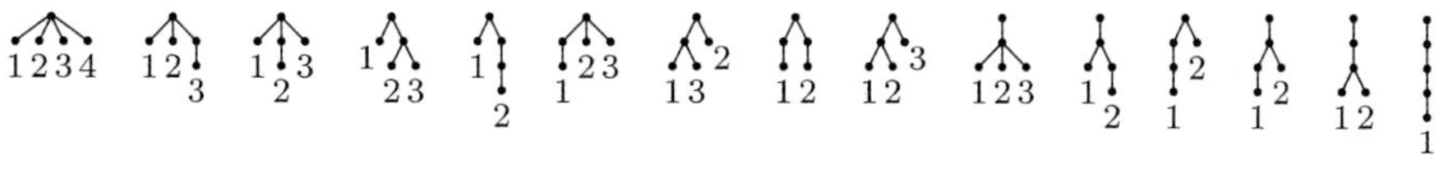

반대로 준명명 트리로부터 분할들을 얻고자 한다면, 뿌리(루트)에서 가장 작은 잎으로의 경로에서 처음 만나는 노드들을 고려해서 노드들에 새 번호들을 부여하고, 그런 다음에는 루트에서 두 번째로 작은 잎으로의 경로의 노드들을 고려해서 새 번호들을 부여하는 식으로 나아간다. 잎 노드 개수는 $n+1$ 빼기 블록 개수이다. [이 구축법은 연습문제 2.3.4.4-18과 그 절의 여러 나열법들과 밀접하게 연관되어 있다. P. L. Erdős, L. A. Székely, *Advances in Applied Math.* **10** (1989), 488–496을 보라.]

**11.** $\rho(a_1 \ldots a_{13}) = \rho(a_5 \ldots a_8 a_1 \ldots a_4 a_9 \ldots a_{13})$인 최대 10블록 집합 분할 64855개 중 순수 복면산을 얻을 수 있는 것은 900개이다. 그리고 $\rho(a_1 \ldots a_{13}) < \rho(a_5 \ldots a_8 a_1 \ldots a_4 a_9 \ldots a_{13})$인 13,788,536개 중에는 563,527개이다. 처음 나오는 예들은 aaaa + aaaa = baaac, aaaa + aaaa = bbbbc, aaaa + aaab = baaac이고 마지막 것들은 abcd + efgd = dceab (goat + newt = tango)와 abcd + efgd = dceaf (clad + nerd = dance)이다. 〔분할 생성기를 복면산 풀개(solver)와 연결한다는 착안은 서클리프Alan Sutcliffe에 기인한다.〕

**12.** (a) 오직 $x \equiv y$(법 $\Pi$)이고 $x \equiv y$(법 $\Pi'$)일 때에만 $x \equiv y$(법 $\Pi \vee \Pi'$)이라는 사실에 근거해서 $\rho((a_1 a_1') \ldots (a_n a_n'))$을 형성한다. 여기서 $\rho$는 연습문제 4에서 정의한 것이다.

(b) $\Pi$를 연습문제 2처럼 링크들로 표현하고, $\Pi'$은 알고리즘 2.3.3E에서처럼 표현한다. 그리고 그 알고리즘을 이용해서 $l_j \neq 0$이면 항상 $j \equiv l_j$가 되게 만든다. (효율성을 위해서는 $\Pi$의 블록 개수가 $\Pi'$의 블록 개수보다 적지 않다고 가정해도 될 것이다.)

(c) $\Pi$의 한 블록을 두 부분으로 나뉘었을 때, 즉 $\Pi'$의 두 블록이 하나로 병합되었을 때.

(d) $\binom{t}{2}$; (e) $(2^{s_1 - 1} - 1) + \cdots + (2^{s_t - 1} - 1)$.

(f) 참이다: $\Pi \vee \Pi'$의 블록이 $B_1|B_2|\cdots|B_t$개라고 하자. 여기서 $\Pi = B_1 B_2|B_3|\cdots|B_t$이다. 그러면 $\Pi'$은 본질적으로 $B_1 \not\equiv B_2$인 $\{B_1, \ldots, B_t\}$의 한 분할이다. 그리고 $\Pi \wedge \Pi'$은 $\Pi'$의 블록들 중 $B_1$을 포함하지 않는 블록을 $B_2$를 포함하는 블록과 병합해서 얻는다. 〔이 조건을 만족하는 유한 격자를 아래 준나머지식(lower semimodular) 격자라고 부른다. G. Birkhoff, *Lattice Theory* (1940), §I.8을 보라. 연습문제 7.2.1.4-54의 다수결화 격자는 이를테면 $\alpha = 4111$이고 $\alpha' = 331$일 때 이러한 조건을 만족하지 않는다.〕

(g) 거짓이다. 예를 들어 $\Pi = 0011$, $\Pi' = 0101$로 두어 볼 것.

(h) $\Pi$와 $\Pi'$의 블록들은 $\Pi \vee \Pi'$의 블록들의 합집합들이므로 $\Pi \vee \Pi' = \{1, \ldots, t\}$라고 가정할 수 있다. 부문제 (b)에서처럼 $j$를 $l_j$와 병합해서 $r$단계로($\Pi$의 블록이 $t - r$개라고 할 때) $\Pi$를 얻는다. $\Pi'$에 적용되는 이러한 병합들 각각은 블록 개수를 0 또는 1만큼 감소한다. 따라서 $b(\Pi') - b(\Pi \wedge \Pi') \leq r = b(\Pi \vee \Pi') - b(\Pi)$이다.

〔*Algebra Universalis* **10** (1980), 74–95에서 푸들라크P. Pudlák와 투마J. Tůma는 모든 유한 격자가 적절히 큰 $n$에 대한 $\{1, \ldots, n\}$의 분할 격자의 부분격자임을 증명했다.〕

**13.** 〔*Advances in Math.* **26** (1977), 290–305를 보라.〕 만일 한 $t$블록 분할에서 $j$번째로 큰 원소는 단일원소 블록들에 나타나지만 그다음 원소 $n - j$는 그렇지 않다면, 그러한 분할을 차수(order)가 $t - j$인 분할이라고 부르기로 하자. 그리고 $t$블록 분할 $\Pi_1$, $\Pi_2$, …의 차수들의 순차열 $\Sigma_{nt}$를 '스털링 문자열'이라고 정의하자. 이를테면 $\Sigma_{43} = 122333$이다. 그러면 $\Sigma_{tt} = 0$이며, $\Sigma_{nt}$의 각 숫자 $d$를 길이가 $\binom{t+1}{2} - \binom{d}{2}$인 $d^d (d+1)^{d+1} \ldots t^t$으로 대체하면 $\Sigma_{(n+1)t}$가 나온다. 예를 들어

$$\Sigma_{53} = 122333_{\wedge}22333_{\wedge}2233_{\wedge}3333_{\wedge}333_{\wedge}333$$

이다.

기본 착안은 알고리즘 H의 사전순 생성 절차를 고찰해 보는 것이다. $\Pi = a_1 \ldots a_n$이 차수가 $j$인 한 $t$블록 분할이라고 하자. 그 분할은 제한 성장 문자열이 $a_1 \ldots a_{n-t+j}$로 시작하는 $t$블록 분할들 중 사전순으로 가장 작은 분할이다. $\Pi$가 덮는 분할들은 사전순으로 $\Pi_{12}$, $\Pi_{13}$, $\Pi_{23}$, $\Pi_{14}$, $\Pi_{24}$, $\Pi_{34}$, …, $\Pi_{(t-1)t}$인데, 여기서 $\Pi_{rs}$는 "$\Pi$의 블록 $r$과 $s$를 합친다"(즉, "모든 $s-1$을 $r-1$로 바꾸고 $\rho$를 적용해서 제한 성장 문자열을 얻는다")라는 뜻이다. 만일 $\Pi'$이 $\Pi_{1(j+1)}$부터의 그러한 분할들의 마지막 $\binom{t}{2}-\binom{j}{2}$개 중 하나라면, $\Pi$는 $\Pi'$ 이후에서 가장 작은 $t$블록 분할이다. 예를 들어 만일 $\Pi = 001012034$이면 $n=9$, $t=5$, $j=3$이고 관련 분할 $\Pi'$들은 $\rho(001012004)$, $\rho(001012014)$, $\rho(001012024)$, $\rho(001012030)$, $\rho(001012031)$, $\rho(001012032)$, $\rho(001012033)$이다.

따라서, $\Sigma_{nt}$의 $N$번째 숫자가 $j$라고 할 때 $f_{nt}(N) = f_{nt}(N-1) + \binom{t}{2} - \binom{j}{2}$이다.

**14. E1.** [초기화.] $1 \le j \le n$에 대해 $a_j \leftarrow 0$, $b_j \leftarrow d_j \leftarrow 1$로 설정한다.

**E2.** [방문.] 제한 성장 문자열 $a_1 \ldots a_n$을 방문한다.

**E3.** [$j$를 찾는다.] $j \leftarrow n$으로 설정한다. 그런 다음 $a_j = d_j$인 동안 $d_j \leftarrow 1-d_j$, $j \leftarrow j-1$로 설정한다.

**E4.** [끝인가?] 만일 $j=1$이면 알고리즘을 끝낸다. 그렇지 않고 만일 $d_j = 0$이면 E6으로 간다.

**E5.** [아래로 이동.] 만일 $a_j = 0$이면 $a_j \leftarrow b_j$, $m \leftarrow a_j + 1$로 설정하고 E7로 간다. 그렇지 않고 만일 $a_j = b_j$이면 $a_j \leftarrow b_j - 1$, $m \leftarrow b_j$로 설정하고 E7로 간다. 아니면 $a_j \leftarrow a_j - 1$로 설정하고 E2로 돌아간다.

**E6.** [위로 이동.] 만일 $a_j = b_j - 1$이면 $a_j \leftarrow b_j$, $m \leftarrow a_j + 1$로 설정하고 E7로 간다. 그렇지 않고 만일 $a_j = b_j$이면 $a_j \leftarrow 0$, $m \leftarrow b_j$로 설정하고 E7로 간다. 아니면 $a_j \leftarrow a_j + 1$로 설정하고 E2로 돌아간다.

**E7.** [$b_{j+1} \ldots b_n$을 고정시킨다.] $k = j+1$, …, $n$에 대해 $b_k \leftarrow m$으로 설정한다. E2로 돌아간다. ▮

[알고리즘 H에서처럼 $j$가 거의 항상 $n$과 같다는 점을 이용해서 이 알고리즘을 훨씬 더 최적화할 수 있다.]

**15.** 그 분할은 무한 이진열 01011011011…의 처음 $n$자에 해당한다. $\varpi_{n-1}$은 오직 $n \bmod 3 = 0$일 때에만 짝수이기 때문이다(연습문제 23을 보라).

**16.** 00012, 01012, 01112, 00112, 00102, 01102, 01002, 01202, 01212, 01222, 01022, 01122, 00122, 00121, 01121, 01021, 01221, 01211, 01201, 01200, 01210, 01220, 01020, 01120, 00120.

**17.** 다음 해법은 $\sigma = 0$일 때의 $A_{\mu\nu}$와 $\sigma = 1$일 때의 $A'_{\mu\nu}$의 '전방', '후방' 생성을 위해 두 개의 상호 재귀 절차 $f(\mu, \nu, \sigma)$와 $b(\mu, \nu, \sigma)$를 사용한다. 절차를 시작할 때에는, $1 < m < n$이라는 가정

하에서 우선 $1 \le j \le n-m$에 대해 $a_j \leftarrow 0$으로, $1 \le j \le m$에 대해 $a_{n-m+j} \leftarrow j-1$로 설정한 후 $f(m,n,0)$을 호출한다.

절차 $f(\mu,\nu,\sigma)$: 만일 $\mu=2$이면 $a_1 \ldots a_n$을 방문하고 그렇지 않으면 $f(\mu-1,\nu-1,(\mu+\sigma) \bmod 2)$를 호출한다. 그런 다음 만일 $\nu=\mu+1$이면 다음을 수행한다: $a_\mu$를 0에서 $\mu-1$로 바꾸고, $a_1 \ldots a_n$을 방문하고, $a_\nu=0$이 될 때까지 $a_\nu \leftarrow a_\nu-1$의 설정과 $a_1 \ldots a_n$ 방문을 되풀이한다. 그렇지 않고 만일 $\nu>\mu+1$이면, $\mu+\sigma$가 홀수일 때에는 $a_{\nu-1}$을, $\mu+\sigma$가 짝수일 때에는 $a_\mu$을 0에서 $\mu-1$으로 바꾼다; 그런 다음 만일 $a_\nu+\sigma$가 홀수이면 $b(\mu,\nu-1,0)$을, 만일 $a_\nu+\sigma$가 짝수이면 $f(\mu,\nu-1,0)$을 호출한다; 그리고 $a_\nu>0$인 동안 $a_\nu \leftarrow a_\nu-1$로 설정하고 $a_\nu=0$이 될 때까지 $b(\mu,\nu-1,0)$ 또는 $f(\mu,\nu-1,0)$을 앞에서와 같은 방식으로 호출한다.

절차 $b(\mu,\nu,\sigma)$: 만일 $\nu=\mu+1$이면 우선 다음을 수행한다: $a_\nu=\mu-1$이 될 때까지 $a_1 \ldots a_n$의 방문과 $a_\nu \leftarrow a_\nu+1$의 설정을 되풀이하고, 그런 다음 $a_1 \ldots a_n$을 방문하고 $a_\mu$를 $\mu-1$에서 0으로 바꾼다. 만일 $\nu>\mu+1$이면, $a_\nu+\sigma$가 홀수이면 $f(\mu,\nu-1,0)$을 호출하고 $a_\nu+\sigma$가 짝수이면 $b(\mu,\nu-1,0)$을 호출한다; 그런 다음 $a_\nu<\mu-1$인 동안 $a_\nu \leftarrow a_\nu+1$로 설정하고 $a_\nu=\mu-1$이 될 때까지 $f(\mu,\nu-1,0)$ 또는 $b(\mu,\nu-1,0)$을 앞에서와 같은 방식으로 호출한다; 마지막으로 만일 $\mu+\sigma$가 홀수이면 $a_{\nu-1}$을, $\mu+\sigma$가 짝수이면 $a_\mu$를 $\mu-1$에서 0으로 바꾼다. 그리고 마지막으로, 두 경우 모두, 만일 $\mu=2$이면 $a_1 \ldots a_n$을 방문하고 그렇지 않으면 $b(\mu-1,\nu-1,(\mu+\sigma) \bmod 2)$를 호출한다.

사실 실행 시간의 대부분은 $\mu=2$인 경우를 처리하는 데 소비된다. 그런 경우 그레이 이진 부호에 기초한(그리고 러스키의 실제 순차열들과는 다른) 더 빠른 루틴들을 대신 사용할 수 있다. 그리고 $\mu=\nu-1$일 때에도 절차를 최적화할 수 있다.

**18.** 그 수열은 반드시 $01\ldots(n-1)$로 시작해야(또는 끝나야) 한다. 연습문제 32에 의해, $0 \ne \delta_n \ne (1)^{0+1+\cdots+(n-1)}$일 때, 즉 $n \bmod 12$가 4나 6, 7, 9일 때에는 그러한 그레이 부호가 존재하지 않는다.

$n=1, 2, 3$인 경우들은 쉽게 풀린다. 그리고 $n=5$일 때에는 해가 1,927,683,326개 존재한다. 따라서 아마 앞에서 배제한 경우들을 제외한 모든 $n \ge 8$에 대해 수조억 개의 해들이 존재할 것이다. 실제로, 아래의 해답 28(e)에서 고찰하는 $\varpi_{nk}$개의 문자열 모두를 거쳐 가는(단, 12를 법으로 하여 $n \equiv 2k+(2,4,5,7)$일 때는 예외) 그레이 경로를 찾아낼 수도 있을 것이다.

참고: 연습문제 30의 일반화된 스털링 수 $\left\{ {n \atop m} \right\}_{-1}$은 $2<m<n$에 대해 1보다 크므로, $\{1,\ldots,n\}$의 $m$블록 분할들에 대한 그러한 그레이 부호는 존재할 수 없다.

**19.** (a) 엔도순(7.2.1.3-(45))에서처럼 (6)을 패턴 0, 2, …, $m$, 3, 1 또는 그 역으로 변경한다.

(b) (8)과 (9)를 일반화해서, $0^{n-m}01\ldots(m-1)$로 시작하고 각각 $01\ldots(m-1)\alpha$와 $0^{n-m-1}01\ldots(m-1)a$로 끝나는 수열 $A_{mn\alpha}$와 $A'_{mna}$를 얻을 수 있다. 여기서 $0 \le a \le m-2$이고 $\alpha$는 $0 \le a_j \le m-2$인 임의의 문자열 $a_1 \ldots a_{n-m}$이다. $2<m<n$일 때 새 규칙은 다음과 같다:

$$A_{m(n+1)(\alpha a)} = \begin{cases} A_{(m-1)n(b\beta)}x_1, A^R_{mn\beta}x_1, A_{mn\alpha}x_2, \ldots, A_{mn\alpha}x_m, & \text{만일 } m\text{이 짝수이면;} \\ A'_{(m-1)nb}x_1, A_{mn\alpha}x_1, A^R_{mn\alpha}x_2, \ldots, A_{mn\alpha}x_m, & \text{만일 } m\text{이 홀수이면;} \end{cases}$$

$$A'_{m(n+1)a} = \begin{cases} A'_{(m-1)nb}x_1, A_{mn\beta}x_1, A^R_{mn\beta}x_2, \ldots, A^R_{mn\beta}x_m, & \text{만일 } m\text{이 짝수이면;} \\ A_{(m-1)n(b\beta)}x_1, A^R_{mn\beta}x_1, A_{mn\beta}x_2, \ldots, A^R_{mn\beta}x_m, & \text{만일 } m\text{이 홀수이면.} \end{cases}$$

여기서 $b = m-3$, $\beta = b^{n-m}$이고, $(x_1, \ldots, x_m)$은 $x_1 = m-1$에서 $x_m = a$로의 경로이다.

**20.** 012323212122; 일반적으로는, 연습문제 4의 표기법에서 $(a_1 \ldots a_n)^T = \rho(a_n \ldots a_1)$.

**21.** 수 $\langle s_0, s_1, s_2, \ldots \rangle = \langle 1, 1, 2, 3, 7, 12, 31, 59, 164, 339, 999, \ldots \rangle$은 점화식 $s_{2n+1} = \sum_k \binom{n}{k} s_{2n-2k}$, $s_{2n+2} = \sum_k \binom{n}{k}(2^k+1)s_{2n-2k}$를 만족한다. 중앙의 원소들과 다른 원소들 사이의 관계를 보면 이를 증명할 수 있다. 따라서 $s_{2n} = n!\,[z^n]\exp\bigl((e^{2z}-1)/2 + e^z - 1\bigr)$이고 $s_{2n+1} = n!\,[z^n]\exp\bigl((e^{2z}-1)/2 + e^z + z - 1\bigr)$이다. 처음 절반에 대한 집합 분할들을 살펴보면 $s_{2n} = \sum_k \left\{ n \atop k \right\} x_k$이고 $s_{2n+1} = \sum_k \left\{ n+1 \atop k \right\} x_{k-1}$임도 알 수 있다. 여기서 $x_n = 2x_{n-1} + (n-1)x_{n-2} = n!\,[z^n]\exp(2z + z^2/2)$이다. [모츠킨T. S. Motzkin은 *Proc. Symp. Pure Math.* **19** (1971), 173에서 수열 $\langle s_{2n} \rangle$을 고찰했다.]

**22.** (a) (16)에 의해 $\sum_{k=0}^{\infty} k^n \Pr(X=k) = e^{-1}\sum_{k=0}^{\infty} k^n/k! = \varpi_n$이다. (b) $\sum_{k=0}^{\infty} k^n \Pr(X=k) = \sum_{k=0}^{\infty} k^n \sum_{j=0}^{m} \binom{j}{k}(-1)^{j-k}/j!$이다. 그리고 $j > n$일 때 $\sum_k \binom{j}{k}(-1)^k k^n = 0$이므로, 안쪽의 합을 $j = \infty$까지로 확장할 수 있다. 그러면 $\sum_{k=0}^{\infty}(k^n/k!)\sum_{l=0}^{\infty}(-1)^l/l! = \varpi_n$이 나온다. [J. O. Irwin, *J. Royal Stat. Soc.* **A118** (1955), 389–404; J. Pitman, *AMM* **104** (1997), 201–209를 보라.]

**23.** (a) (14)에 의해, 그 공식은 $f(x) = x^n$이면 항상 성립한다. 따라서 일반적으로도 성립한다. (그러므로, (16)에 의해 $\sum_{k=0}^{\infty} f(k)/k! = ef(\varpi)$도 성립한다.)

(b) $k$에 대한 관계를 증명했다고 가정하자. 그리고 $h(x) = (x-1)^{\underline{k}} f(x)$, $g(x) = f(x+1)$이라고 하자. 그러면 $f(\varpi + k + 1) = g(\varpi + k) = \varpi^{\underline{k}} g(\varpi) = h(\varpi + 1) = \varpi h(\varpi) = \varpi^{\underline{k+1}} f(\varpi)$이다. [J. Touchard, *Ann. Soc. Sci. Bruxelles* **53** (1933), 21–31을 보라. 블리사드John Blissard가 *Quart. J. Pure and Applied Math.* **4** (1861), 279–305에서 창안한 이 기호적 '그림자 산법(umbral calculus)'은 상당히 유용하다. 그러나 $f(\varpi) = g(\varpi)$가 $f(\varpi)h(\varpi) = g(\varpi)h(\varpi)$를 함의하지는 않으므로 조심해서 다루어야 한다.]

(c) 힌트는 연습문제 4.6.2–16(c)의 한 특수 경우이다. (b)에서 $f(x) = x^n$, $k = p$로 두면 $\varpi_n \equiv \varpi_{p+n} - \varpi_{1+n}$이 나온다.

(d) 다항식 $x^N - 1$은 $p$를 법으로 하여 $g(x) = x^p - x - 1$로 나누어떨어진다. $x^{p^k} \equiv x + k$이고 $x^N \equiv x^{\overline{p}} \equiv x^{\underline{p}} \equiv x^p - x \equiv 1$(법 $g(x)$, $p$)이기 때문이다. 따라서 만일 $h(x) = (x^N - 1)x^n/g(x)$이면 $h(\varpi) \equiv h(\varpi + p) = \varpi^{\underline{p}} h(\varpi) \equiv (\varpi^p - \varpi)h(\varpi)$이다. 그리고 $0 \equiv g(\varpi)h(\varpi) = \varpi^{N+n} - \varpi^n$(법 $p$)이다.

**24.** $x^{p^e} = \prod_{k=0}^{p-1}(x - kp^{e-1})^{p^{e-1}}$이므로, 힌트를 $e$에 대한 귀납법으로 증명할 수 있다. 또한 만일 $x^n \equiv r_n(x)$(법 $g_1(x)$, $p$)이면

$$x^{p^{e-1}n} \equiv r_n(x)^{p^{e-1}} (\text{법 } g_e(x),\ pg_{e-1}(x),\ \ldots,\ p^{e-1}g_1(x),\ p^e)$$

이라는 것도 $n$에 대한 귀납법으로 증명할 수 있다. 따라서 $x^{p^{e-1}N} = 1 + h_0(x)g_e(x) + ph_1(x)g_{e-1}(x) + \cdots + p^{e-1}h_{e-1}(x)g_1(x) + p^e h_e(x)$를 만족하는 어떤 정수 계수 다항식 $h_k(x)$가 존재한다. $p^e$을 법으로 하여 $h_0(\varpi)\varpi^n \equiv h_0(\varpi + p^e)(\varpi + p^e)^n = \varpi^{p^e} h_0(\varpi)\varpi^n \equiv (g_e(\varpi)+1)h_0(\varpi)\varpi^n$이다. 그러므로

$$\varpi^{p^{e-1}N+n} = \varpi^n + h_0(\varpi)g_e(\varpi)\varpi^n + ph_1(\varpi)g_{e-1}(\varpi)\varpi^n + \cdots \equiv \varpi^n$$

이다. [$p = 2$일 때에도 이와 비슷한 방법으로, 그러나 $g_{j+1}(x) = g_j(x)^2 + 2[j=2]$로 두어서 $\varpi_n \equiv \varpi_{n+3\cdot 2^e}$(법 $2^e$)을 유도할 수 있다. 이 결과들은 홀Marshall Hall에 기인한다. *Bull. Amer. Math. Soc.* **40** (1934), 387; *Amer. J. Math.* **70** (1948), 387-388을 보라. 추가 정보로는 W. F. Lunnon, P. A. B. Pleasants, N. M. Stephens, *Acta Arith.* **35** (1979), 1-16을 보라.]

**25.** 첫 부등식은 다음과 같은 훨씬 더 일반적인 원리를 제한 성장 문자열들의 트리에 적용해서 유도할 수 있다: 뿌리가 아닌 모든 노드 $p$에 대해 $\deg(p) \ge \deg(\text{parent}(p))$인 임의의 트리에서, $w_k$가 수준 $k$의 노드 개수라 할 때 $w_k/w_{k-1} \le w_{k+1}/w_k$이다. 근거는, 수준 $k-1$의 $m = w_{k-1}$개의 노드들의 자식 개수가 각각 $a_1, \ldots, a_m$이라 할 때, 자식의 자식 개수는 적어도 $a_1^2 + \cdots + a_m^2$개라는 것이다. 따라서 $w_{k-1}w_{k+1} \ge m(a_1^2 + \cdots + a_m^2) \ge (a_{1+} \cdots + a_{m)}^2 = w_k^2$이다.

둘째 부등식의 경우 $\varpi_{n+1} - \varpi_n = \sum_{k=0}^{n}\left(\binom{n}{k} - \binom{n-1}{k-1}\right)\varpi_{n-k}$에 주목하자. 따라서

$$\frac{\varpi_{n+1}}{\varpi_n} - 1 = \sum_{k=0}^{n-1}\binom{n-1}{k}\frac{\varpi_{n-k}}{\varpi_n} \le \sum_{k=0}^{n-1}\binom{n-1}{k}\frac{\varpi_{n-k-1}}{\varpi_{n-1}} = \frac{\varpi_n}{\varpi_{n-1}}$$

이다. 이는, 이를테면 $\varpi_{n-3}/\varpi_n = (\varpi_{n-3}/\varpi_{n-2})(\varpi_{n-2}/\varpi_{n-1})(\varpi_{n-1}/\varpi_n)$이 $(\varpi_{n-4}/\varpi_{n-3})(\varpi_{n-3}/\varpi_{n-2})(\varpi_{n-2}/\varpi_{n-1}) = \varpi_{n-4}/\varpi_{n-1}$보다 작거나 같기 때문이다.

**26.** ⓝ①에서 ⓣⓣ으로의 오른쪽 방향 경로는 $\binom{n-1}{n-t}$개이다. 그러한 경로를 "오른쪽으로 간다"를 뜻하는 0들과 "위로 간다"를 뜻하는 1들로 표현할 수 있다. 그리고 1의 위치는 1을 포함한 블록에서 $n-t$개의 원소들의 위치를 말해 준다. 만일 $t > 1$이라면, 그다음 단계는 왼쪽 끝에 있는 또 다른 정점으로 가는 것이다. 그러면 나머지 $t-1$개의 원소들에 대한 한 분할을 정의하는 경로로 이어진다. 예를 들어 분할 14|2|3은 이러한 관례하에서 경로 0010에 대응되는데, 이 비트들은 순서대로 $1 \not\equiv 2$, $1 \not\equiv 3$, $1 \equiv 4$, $2 \not\equiv 3$을 뜻한다. [이와는 다른 여러 가지 해석이 가능하다. 여기에 제안된 관례는 $\varpi_{nk}$가 $1 \not\equiv 2, \ldots, 1 \not\equiv k$인 분할들의 개수를 뜻함을 보여 주는데, 이러한 조합적 속성은 베커H. W. Becker가 발견했다. *AMM* **51** (1944), 47과 *Mathematics Magazine* **22** (1948), 23-26을 보라.]

**27.** (a) 일반적으로 $\lambda_0 = \lambda_1 = \lambda_{2n-1} = \lambda_{2n} = 0$이다. 다음 목록에는 부문제 (b)의 알고리즘을 통해 각 루프에 대응되는 제한 성장 문자열들도 나와 있다.

| | | | | | |
|---|---|---|---|---|---|
| 0,0,0,0,0,0,0,0,0 | 0123 | 0,0,1,0,0,0,0,0,0 | 0012 | 0,0,1,1,1,0,0,0,0 | 0102 |
| 0,0,0,0,0,0,1,0,0 | 0122 | 0,0,1,0,0,0,1,0,0 | 0011 | 0,0,1,1,1,0,1,0,0 | 0100 |
| 0,0,0,0,1,0,0,0,0 | 0112 | 0,0,1,0,1,0,0,0,0 | 0001 | 0,0,1,1,1,1,1,0,0 | 0120 |
| 0,0,0,0,1,0,1,0,0 | 0111 | 0,0,1,0,1,0,1,0,0 | 0000 | 0,0,1,1,11,1,1,0,0 | 0101 |
| 0,0,0,0,1,1,1,0,0 | 0121 | 0,0,1,0,1,1,1,0,0 | 0010 | 0,0,1,1,2,1,1,0,0 | 0110 |

(b) '타블로'라는 이름은 §5.1.4와의 연관성을 암시하는데, 실제로 거기에서 살펴본 이론은 흥미로운 일대일 대응관계로 이어진다. 집합 분할들을 삼각형 체스판 위에 표현할 수 있는데, 연습문제 2의 연결 목록 표현에서 $l_j \neq 0$이면 항상 루크(rook)를 $n+1-j$행 $l_j$열에 놓으면 된다(연습문제 5.1.3-19의 해답을 보라). 예를 들어 옆의 그림은 분할 135|27|489|6을 체스판의 루크들로 표현한 것이다. 이와 동치로, 0이 아닌 링크들을 $\binom{12348}{37589}$ 같은 2행 배열로 지정할 수도 있다. §5.1.4-(11)을 보라.

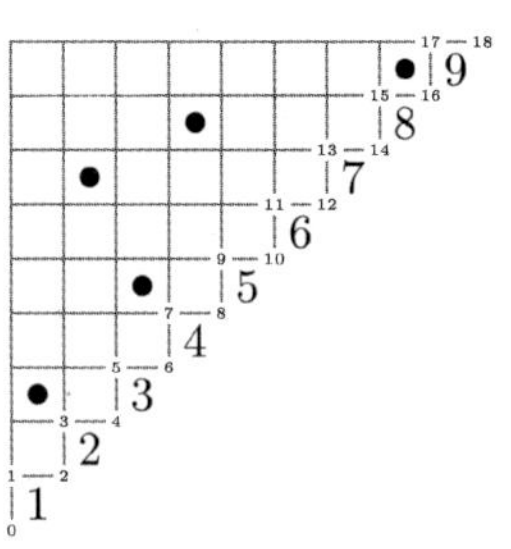

이 삼각형 도식의 왼쪽 하단 모퉁이에서 시작해서 오른쪽 경계 변들을 따라 오른쪽 상단 모퉁이에 도달하는, 길이가 $2n$인 경로를 생각해 보자. 이 경로의 점들은 $0 \le k \le 2n$에 대한 $z_k = (\lfloor k/2 \rfloor, \lceil k/2 \rceil)$들이다. 더 나아가서, $z_k$의 위쪽 정사각형과 왼쪽 정사각형에는 $i \le \lfloor k/2 \rfloor$이고 $j > \lceil k/2 \rceil$일 때 2행 배열에 좌표쌍 $\frac{i}{j}$를 기여하는 루크들이 정확히 들어 있다. 지금 예에서, $9 \le k \le 12$일 때 그러한 루크는 단 두 개, 즉 $\binom{24}{78}$이다. 정리 5.1.4A에 따르면 그러한 2행 배열들은 타블로 $(P_k, Q_k)$들과 동치이다. 여기서 $P_k$의 원소들은 아래 행에서 비롯되며 $Q_k$의 원소들은 위 행에서 비롯된다. 그리고 $P_k$와 $Q_k$ 모두 형상이 같다. $P$ 타블로에서는 내림차순을 사용하되 $Q$ 타블로에서는 오름차순을 사용하는 것이 편하다. 그러면 지금 예에서 두 타블로는 다음과 같은 모습이 된다.

| $k$ | $P_k$ | $Q_k$ | $k$ | $P_k$ | $Q_k$ | $k$ | $P_k$ | $Q$ |
|---|---|---|---|---|---|---|---|---|
| 2 | 3 | 1 | 7 | 7 5 | 2 3 | 12 | 8<br>7 | 2<br>4 |
| 3 | 3 | 1 | 8 | 8 5<br>7 | 2 3<br>4 | 13 | 8 | 4 |
| 4 | 7<br>3 | 1<br>2 | 9 | 8<br>7 | 2<br>4 | 14 | 8 | 4 |
| 5 | 7 | 2 | 10 | 8<br>7 | 2<br>4 | 15 | · | · |
| 6 | 7 5 | 2 3 | 11 | 8<br>7 | 2<br>4 | 16 | 9 | 8 |

$k = 0,\ 1,\ 17,\ 18$일 때에는 $P_k$와 $Q_k$ 둘 다 빈 타블로이다.

$\lambda_k$를 $P_k$와 $Q_k$의 공통의 형상을 지정하는 정수 분할로 둔다면, 모든 집합 분할은 이런 식으로 하나의 동요 타블로 루프 $\lambda_0$, $\lambda_1$, …, $\lambda_{2n}$에 대응된다. (지금 예에서 루프는 0, 0, 1, 1, 11, 1, 2, 2, 21, 11, 11, 11, 11, 1, 1, 0, 1, 0, 0이다.) 더 나아가서, 오직 행 $n+1-k$에 루크가 없을 때에만, 그리고 오직 $k$가 그 블록에서 가장 작은 수일 때에만 $t_{2k-1}=0$이다.

반대로 $P_k$와 $Q_k$의 원소들을 형상 $\lambda_k$들의 순차열로부터 유일하게 재구축할 수 있다. 구체적으로 말하면, 만일 $t_k=0$이면 $Q_k=Q_{k-1}$이다. 그렇지 않은 경우, 만일 $k$가 짝수이면 $Q_k$는 $Q_{k-1}$의 $t_k$행 오른쪽의 새 칸에 수 $k/2$를 배치한 것이고, 만일 $k$가 홀수이면 $Q_k$는 알고리즘 5.1.4D를 이용해서 $Q_{k-1}$의 행 $t_k$의 제일 오른쪽 성분을 삭제한 결과이다. $P_k$도 비슷한 절차를 통해서 $P_{k+1}$과 $t_{k+1}$의 값들로부터 정의할 수 있다. 따라서 $P_{2n}$에서 $P_0$으로 돌아가는 것이 가능하다. 그러므로 형상 $\lambda_k$들의 순차열만으로도 루크들을 어디에 배치해야 하는지를 충분히 결정할 수 있다.

동요 타블로 루프는 첸W. Y. C. Chen, 덩E. Y. P. Deng, 두R. R. X. Du, 스탠리R. P. Stanley, 얀C. H. Yan의 한 논문〔*Transactions of the Amer. Math. Soc.* **359** (2007), 1555-1575〕에서 소개되었다. 그들은 그 구축법이 중요한(그리고 놀라운) 결과들을 가지고 있음을 보였다. 예를 들어 집합 분할 $\Pi$가 동요 타블로 루프 $\lambda_0$, $\lambda_1$, …, $\lambda_{2n}$에 대응된다고 할 때, 전치된 형상들의 순차열 $\lambda_0^T$, $\lambda_1^T$, …, $\lambda_{2n}^T$에 대응되는 집합 분할을 원래의 분할의 쌍대 $\Pi^D$라고 부르기로 하자. 그러면, 연습문제 5.1.4-7에 의해, $\Pi$가 '$l$에서의 $k$-교차(crossing)'를, 즉 색인들이 $i_1<\cdots<i_k\le l<j_1<\cdots<j_k$이고 $i_1\equiv j_1$, …, $i_k\equiv j_k$(법 $\Pi$)인 수열을 포함할 필요충분조건은 $\Pi^D$가 '$l$에서의 $k$-내포(nesting)', 즉 색인들이 $i_1'<\cdots<i_k'\le l<j_k'<\cdots<j_1'$이고 $i_1'\equiv j_1'$, …, $i_k'\equiv j_k'$(법 $\Pi^D$)인 수열을 포함한다는 것이다. 또한 대합은 본질적으로 모든 블록의 크기가 1 또는 2인 집합 분할임을 주목하기 바란다. 한 대합의 쌍대는 같은 단일 원소 집합들을 가진 한 대합이다. 특히, 한 완벽 부합(단일 원소 집합이 없는)의 쌍대는 어떤 한 완벽 부합이다.

더 나아가서, 루크들을 집합 분할들에 대응되는 계단 형상만이 아니라 임의의 페러스 도식에 배치하는 문제에도 비슷한 구축법이 적용된다. 크기가 모두 $\le n$인 최대 $m$개의 부분들로 된 페러스 도식이 주어졌을 때, 그 도식의 오른쪽 가장자리를 감싸는 경로 $z_0=(0,0)$, $z_1$, …, $z_{m+n}=(n,m)$을 고찰하되, $z_k=z_{k-1}+(1,0)$일 때 $\lambda_k=\lambda_{k-1}+e_{t_k}$이고 $z_k=z_{k-1}+(0,1)$일 때에는 $\lambda_k=\lambda_{k-1}-e_{t_k}$라는 조건 하에서 고찰하면 된다. 앞에서 본 계단 형상들에 대한 증명은 루크들의 페러스 도식의 각 행당 최대 하나, 각 열당 최대 하나만 배치하는 방식의 모든 루크 배치가 이런 종류의 유일한 타블로 루프에 대응된다는 점도 증명한다.

〔그 외에도 훨씬 많은 속성이 있다! A. Berele, *J. Combinatorial Theory* **A43** (1986), 320-328; S. Fomin, *J. Combinatorial Theory* **A72** (1995), 277-292; M. van Leeuwen, *Electronic J. Combinatorics* **3**,2 (1996), paper #R15를 보라.〕

**28.** (a) 루크 배치들 사이의 일대일 대응관계를, 오직 더 긴 행의 '프라이팬 손잡이' 부분에 루크가 있을 때에만 행 $j$와 행 $j+1$의 루크 위치들을 맞바꾼다는 규칙으로 정의한다:

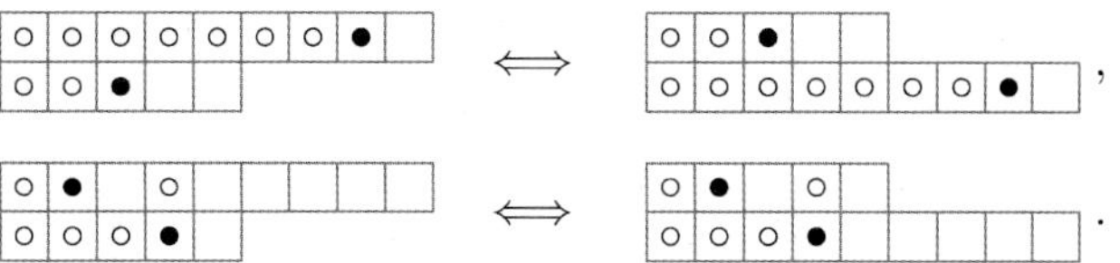

(b) 모든 루크를 전치시켜 보면 이 관계식이 정의로부터 바로 도출됨을 알 수 있다.

(c) $a_1 \geq a_2 \geq \cdots$ 이고 $a_k > a_{k+1}$이라고 하자. 그러면

$$R(a_1, a_2, \ldots) = xR(a_1 - 1, \ldots, a_{k-1} - 1, a_{k+1}, \ldots) + yR(a_1, \ldots, a_{k-1}, a_k - 1, a_{k+1}, \ldots)$$

이다. 첫 항은 루크가 행 $k$, 열 $a_k$에 있는 경우들의 개수이기 때문이다. 또한 빈 배치 때문에 $R(0) = 1$이다. 이러한 점화식들로 다음을 구할 수 있다.

$$R(1) = x + y;\ \ R(2) = R(1,1) = x + xy + y^2;\ \ R(3) = R(1,1,1) = x + xy + xy^2 + y^3;$$
$$R(2,1) = x^2 + 2xy + xy^2 + y^3;$$
$$R(3,1) = R(2,2) = R(2,1,1) = x^2 + x^2y + xy + 2xy^2 + xy^3 + y^4;$$
$$R(3,1,1) = R(3,2) = R(2,2,1) = x^2 + 2x^2y + x^2y^2 + 2xy^2 + 2xy^3 + xy^4 + y^5;$$
$$R(3,2,1) = x^3 + 3x^2y + 3x^2y^2 + x^2y^3 + 3xy^3 + 2xy^4 + xy^5 + y^6.$$

(d) 예를 들어 공식 $\varpi_{73}(x,y) = x\varpi_{63}(x,y) + y\varpi_{74}(x,y)$는 (c)의 한 특수 경우인 $R(5,4,4,3,2,1) = xR(4,3,3,2,1) + yR(5,4,3,3,2,1)$과 동치이다. 그리고 $\varpi_{nn}(x,y) = R(n-2, \ldots, 0)$이 $\varpi_{(n-1)1}(x,y) = R(n-2, \ldots, 1)$과 같음은 자명하다.

(e) 사실 $y^{k-1}\varpi_{nk}(x,y)$는 언급된 합산을 $a_2 > 0$, …, $a_k > 0$인 모든 제한 성장 문자열 $a_1 \ldots a_n$에 관해 수행한 결과이다.

**29.** (a) 루크들이 열 $(c_1, \ldots, c_n)$에 있다고 할 때, 자유 칸들의 개수는 순열 $(n+1-c_1) \ldots (n+1-c_n)$의 반전들의 개수이다. [그림 56의 오른쪽 예를 180° 회전한 결과를 식 5.1.1-(5) 다음의 그림과 비교해 볼 것.]

(b) $r \times r$개의 각 구성들 이를테면 행 $i_1 < \cdots < i_r$과 열 $j_1 < \cdots < j_r$에 배치하면 선택되지 않은 행들과 열들에는 $(m-r)(n-r)$개의 자유 칸들이 나타난다. 선택되지 않은 행들의 선택된 열들의 자유 칸들은 $(i_2 - i_1 + 1) + 2(i_3 - i_2 - 1) + \cdots + (r-1)(i_r - i_{r-1} - 1) + r(m - i_r)$개이고, 선택된 행들의 선택되지 않은 열들의 자유 칸 개수도 그와 비슷하다. 더 나아가서,

$$\sum_{1 \leq i_1 < \cdots < i_r \leq m} y^{(i_2 - i_1 + 1) + 2(i_3 - i_2 - 1) + \cdots + (r-1)(i_r - i_{r-1} - 1) + r(m - i_r)}$$

을 모든 분할 $r \geq a_1 \geq a_2 \geq \cdots \geq a_{m-r} \geq 0$에 관한 $y^{a_1 + a_2 + \cdots + a_{m-r}}$의 합으로 간주할 수 있으며, 정리 C에 의해 그 값은 $\binom{m}{r}_y$ 이다. (a)에 의해, 다항식 $r!_y$는 선택된 행들과 열들의 자유 칸들을 생성한다. 따라서 답은 $y^{(m-r)(n-r)}\binom{m}{r}_y\binom{n}{r}_y r!_y = y^{(m-r)(n-r)} m!_y n!_y / ((m-r)!_y (n-r)!_y r!_y)$이다.

(c) 좌변은 높이가 $m$인 열 $t$개가 추가된 페러스 도식에 대한 생성 함수 $R_m(t + a_1, \ldots, t + a_m)$

이다. 이는, 행 $m$에 루크 하나를 배치하는 방법은 $t+a_m$가지이고, 그러한 선택들은 $1+y+\cdots+y^{t+a_m-1}=(1-y^{t+a_m})/(1-y)$개의 자유 칸들을 만들어 내며, 그러면 행 $m-1$에서 선택 가능한 칸들은 $t+a_{m-1}-1$개가 되고, 등등으로 증명할 수 있다.

마찬가지로 우변은 $R_m(t+a_1,\ldots,t+a_m)$과 같다. $m-k$개의 루크들을 $>t$인 열들에 배치하려면 $k$개의 루크들을 아직 사용되지 않은 $k$개의 행들의 $\le t$인 열들에 놓아야 하며, 앞에서 보았듯이 $t!_y/(t-k)!_y$는 루크 $k$개를 $k\times t$ 판에 배치할 때의 자유 칸들에 대한 생성 함수이기 때문이다.

참고: 여기서 증명한 공식을 변수 $y$와 $y^t$의 한 다항식 항등식으로 간주할 수 있다. 따라서, 증명에서는 $t$가 음이 아닌 정수라고 가정했지만, 그 공식은 임의의 $t$에 대해 유효하다. $y=1$인 경우의 이 결과가 J. Goldman, J. Joichi, D. White, *Proc. Amer. Math. Soc.* **52** (1975), 485-492에 나왔으며, 일반적인 경우는 A. M. Garsia, J. B. Remmel, *J. Combinatorial Theory* **A41** (1986), 246-275에서 증명되었다. 그 저자들은 비슷한 논증을 이용해서 다음 공식도 증명했다.

$$\sum_{t=0}^{\infty} z^t \prod_{j=1}^{m} \frac{1-y^{a_j+m-j+t}}{1-y} = \sum_{k=0}^{n} k!_y \left(\frac{z}{1-yz}\right)\cdots\left(\frac{z}{1-y^k z}\right) R_{m-k}(a_1,\ldots,a_m).$$

(d) (c)로부터 직접 도출되는 이 명제는 또한, 오직 등호가 모든 $x$와 모든 음이 아닌 $y$에 대해 성립할 때에만 $R(a_1,\ldots,a_m)=R(a_1',\ldots,a_m')$이라는 사실도 함의한다. 연습문제 28(d)의 퍼스 다항식 $\varpi_{nk}(x,y)$는 $\binom{n-1}{k-1}$개의 서로 다른 페러스 도식에 대한 루크 다항식이다. 예를 들어 $\varpi_{63}(x,y)$는 형상 43321, 44221, 44311, 4432, 53221, 53311, 5332, 54211, 5422, 5431에 대한 루크 배치들을 센다.

**30.** (a) $\varpi_n(x,y)=\sum_m x^{n-m}A_{mn}$인데, 여기서 $A_{mn}=R_{n-m}(n-1,\ldots,1)$은 다음과 같은 간단한 규칙을 만족한다: 만일 형상 $(n-1,\ldots,1)$의 행 1에 루크를 놓지 않는다면, 다른 행들에 $n-m$개의 루크가 있으므로 그 행의 자유 칸은 $m-1$개이다. 그러나 행 1에 루크를 놓는다면 0개 또는 1개 또는 $\cdots$ 또는 $m-1$개의 자유 칸이 남는다. 따라서 $A_{mn}=y^{m-1}A_{(m-1)(n-1)}+(1+y+\cdots+y^{m-1})A_{m(n-1)}$이고, 귀납법에 의해 $A_{mn}=y^{m(m-1)/2}\left\{{n \atop m}\right\}_y$이다.

(b) 공식 $\varpi_{n+1}(x,y)=\sum_k\binom{n}{k}x^{n-k}y^k\varpi_k(x,y)$로부터 다음을 얻는다.

$$A_{m(n+1)}=\sum_k\binom{n}{k}y^kA_{(m-1)k}.$$

(c) (a)와 (b)로부터

$$\frac{z^n}{(1-z)(1-(1+q)z)\ldots(1-(1+q+\cdots+q^{n-1})z)}=\sum_k\left\{{k \atop n}\right\}_q z^k;$$

$$\sum_k\binom{n}{k}_q(-1)^k q^{\binom{k}{2}} e^{(1+q+\cdots+q^{n-k-1})z} = q^{\binom{n}{2}} n!_q \sum_k \left\{{k \atop n}\right\}_q \frac{z^k}{k!}$$

이 성립한다. [둘째 공식은 $n$에 대한 귀납법으로 증명된다. 양변이 미분방정식 $G_{n+1}'(z)=(1+q+\cdots+q^n)e^zG_n(qz)$를 만족하기 때문이다. 연습문제 1.2.6-58은 $z=0$일 때 등호가 성립함을 증명한다.]

역사적 참고사항: 칼리츠Leonard Carlitz는 *Transactions of the Amer. Math. Soc.* **33** (1933), 127-129에서 $q$-스털링 수를 소개했다. 이후 *Duke Math. J.* **15** (1948), 987-1000에서는 (다른 여러 가지 것과 함께)식 1.2.6-(45)의 다음과 같은 근사 일반화 공식을 유도했다.

$$z(1+q+\cdots+q^{m-1})^n = \sum_k \left\{ {n \atop k} \right\}_q q^{\binom{k}{2}} \frac{m!_q}{(m-k)!_q}.$$

**31.** 생성 함수는 $\exp(e^{w+z}+w-1)$이다. 따라서 연습문제 32의 그림자 표기법하에서 $\varpi_{nk} = (\varpi+1)^{n-k}\varpi^{k-1} = \varpi^{n+1-k}(\varpi-1)^{k-1}$이다. 〔L. Moser, M. Wyman, *Trans. Royal Soc. Canada* (3) **43** (1954), Section 3, 31-37.〕 실제로, 연습문제 28(d)의 수 $\varpi_{nk}(x,1)$들은 $\exp\bigl((e^{xw+xz}-1)/x+xw\bigr)$에 의해 생성된다.

**32.** $\delta_n = \varpi_n(1,-1)$이다. 그리고 $x=1$이고 $y=-1$일 때 연습문제 28(d)의 일반화된 퍼스 삼각형에서 간단한 패턴을 쉽게 인식할 수 있다. $|\varpi_{nk}(1,-1)| \le 1$이고 $1 \le k < n$에 대해 $\varpi_{n(k+1)}(1,-1) \equiv \varpi_{nk}(1,-1)+(-1)^n$(법 3)이다. 〔*JACM* **20** (1973), 512-513에서 에를리히Gideon Ehrlich는 이와 동치인 한 결과에 대한 조합적 증명을 제시했다.〕

**33.** 집합 분할들을 연습문제 27에서처럼 루크 배치들로 표현하고 연습문제 28(d)에서 $x=y=1$로 두면 답 $\varpi_{nk}$가 나온다. 〔$k=n$인 경우는 프로딩거H. Prodinger가 *Fibonacci Quarterly* **19** (1981), 463-465에서 발견했다.〕

**34.** (a) 다레초의 *Sonetti*에서 압운법이 01010101232323인 것이 149수, 01010101234234인 것이 64수, 01010101234342가 두 수이고, 한 수의 시에만 쓰인 압운법이 일곱 개가 있다(이를테면 01100110234432). 그리고 14행이 아니므로 단시로 간주할 수 없는 시가 29수 있다.

(b) 페트라르카의 *Canzoniere*에는 01100110234234가 115수, 01100110232323이 109수, 01100110234324가 66수, 01100110232232가 일곱 수에 쓰였으며, 네 수 이하에 쓰인 다른 압운법들이 20개가 있다(01010101232323 등).

(c) 스펜서의 *Amoretti*에서 89수 중 88수의 단시가 압운법 01011212232344를 사용한다. 예외(8번)는 '셰익스피어풍'이다.

(d) 셰익스피어의 단시 154수는 모두 상당히 쉬운 압운법인 01012323454566의 유착들을 사용한다. 예외는 두 수로(99번과 126번), 14행이 아니다.

(e) 브라우닝의 *Sonnets From the Portuguese* 44수는 패트라르카 압운법 01100110232323을 따른다.

압운법이 요구하지 않을 때에도 행들이 운이 맞는 경우도 있다(운運으로?) 예를 들어 브라우닝의 마지막 단시의 압운법은 사실 01100110121212이다.

첨언하자면, 단테Dante의 *신곡*의 장편시들은 $1 \equiv 3$이고 $n = 1, 2, \ldots$에 대해 $3n-1 \equiv 3n+1 \equiv 3n+3$인 운율들의 맞물린 압운법을 사용한다.

**35.** 모든 불완전 $n$행 압운법 $\Pi$는 $(n+1)$이 $\Pi$의 모든 단일 원소 집합과 묶이는, $\{1, ..., n+1\}$의 단일 원소 집합이 없는 한 분할에 대응된다. 〔H. W. Becker는 *AMM* **48** (1941), 702에서 대수적 증명을 제시했다. 포함 배제 원리에 의해 $\varpi'_n = \sum_k \binom{n}{k}(-1)^{n-k}\varpi_k$임을, 그리고 $\varpi_n = \sum_k \binom{n}{k}\varpi'_k$임을 주목하기 바란다. 실제로, $\varpi' = \varpi - 1$을 연습문제 23의 그림자 표기법으로 표기할 수 있다. 섈릿J. O. Shallit은 $\varpi_{n(n+1)} = \varpi'_n$으로 두어서 퍼스의 삼각형을 확장할 것을 제안했다. 연습문제 38(e)와 33을 보라. 사실 $\varpi_{nk}$는 $1, \ldots, k-1$이 단일 원소가 아니라는 속성을 가진 $\{1, ..., n\}$의 분할들의 개수이다. H. W. Becker, *Bull. Amer. Math. Soc.* **58** (1952), 63을 보라.〕

**36.** $\exp(e^z - 1 - z)$. (일반적으로, $\vartheta_n$가 $\{1, ..., n\}$을 허용된 크기가 $s_1 < s_2 < \cdots$인 부분집합들로 나누는 분할들의 개수라고 할 때, 지수적 생성 함수 $\sum_n \vartheta_n z^n/n!$은 $\exp(z^{s_1}/s_1! + z^{s_2}/s_2! + \cdots)$이다. 이는 $(z^{s_1}/s_1! + z^{s_2}/s_2! + \cdots)^k$이 집합을 정확히 $k$개의 부분으로 나누는 분할들에 대한 지수적 생성 함수이기 때문이다.)

**37.** $n$행시에 대해 가능한 그러한 압운법은 $\sum_k \binom{n}{k}\varpi'_k\varpi'_{n-k}$개이다. $n = 14$일 때에는 784,071,966이다. (그러나 푸시킨의 압운법을 능가하기는 어렵다.)

**38.** (a) $x_1x_2 \ldots x_n = 01 \ldots (n-1)$로 시작해서, $j = 1, 2, \ldots, n$에 대해 차례로 원소 $b_j$를 빼서 왼쪽에 넣는다고 하자. 그렇게 하고 나면 $1 \le k \le |\{b_1, ..., b_n\}|$에 대해 $x_k$는 가장 최근 $k$번째로 이동된 원소이다. 연습문제 5.2.3-36을 보라. 따라서 배열 $x_1 \ldots x_n$은 오직 $b_n \ldots b_1$이 하나의 제한 성장 문자열일 때에만 원래 상태로 돌아간다. 〔Robbins, Bolker, *Æquat. Math.* **22** (1981), 281-282.〕

다른 말로 하면 이렇다. $a_1 \ldots a_n$이 하나의 제한 성장 문자열이라고 하자. $0 \le j < n$에 대해 $b_{-j} \leftarrow j$, $b_{j+1} \leftarrow a_{n-j}$로 설정한다. 그런 다음 $1 \le j \le n$에 대해, $b_j$가 수열 $b_{j-1}, b_{j-2}, \ldots$의 서로 다른 원소들 중 $k_j$번째 원소라는 규칙으로 $k_j$를 정의한다. 이러한 대응관계에서, 예를 들어 문자열 $a_1 \ldots a_{16} = 0123032303456745$는 $\sigma$-순환마디 6688448628232384에 대응된다.

(b) 그러한 경로들은 $\max(a_1, ..., a_n) \le m$인 제한 성장 문자열들에 대응된다. 따라서 답은 $\left\{{n \atop 0}\right\} + \left\{{n \atop 1}\right\} + \cdots + \left\{{n \atop m}\right\}$이다.

(c) $i = 1$이라고 가정할 수 있다. 수열 $k_1k_2 \ldots k_n$이 $\sigma$-순환마디이면 항상 수열 $k_2 \ldots k_nk_1$도 $\sigma$-순환마디이기 때문이다. 따라서 답은 $a_n = j - 1$인 제한 성장 문자열들의 개수, 즉 $\left\{{n-1 \atop j-1}\right\} + \left\{{n-1 \atop j}\right\} + \left\{{n-1 \atop j+1}\right\} + \cdots$ 이다.

(d) 답이 $f_n$이라면 반드시 $\sum_k \binom{n}{k} f_k = \varpi_n$이어야 한다. $\sigma_1$이 항등 순열이기 때문이다. 따라서 $f_n = \varpi'_n$, 즉 단일 원소 집합이 없는 집합 분할들의 개수이다(연습문제 35).

(e) 이 역시, (b)와 (d)에 의해 $\varpi'_n$이다. 〔따라서 $p$가 소수일 때 $\varpi'_p \bmod p = 1$이다.〕

**39.** $u = t^{p+1}$으로 두어서 $\frac{1}{p+1}\int_0^\infty e^{-u}u^{(q-p)/(p+1)}du = \frac{1}{p+1}\Gamma\left(\frac{q+1}{p+1}\right)$을 얻는다.

**40.** $g(z) = cz - n\ln z$이므로 안장점은 $n/c$에서 발생한다. 이제 직사각 경로의 모퉁이들은 $\pm n/c \pm mi/c$에 있다. 그리고 $\exp g(n/c+) = (e^n c^n/n^n)\exp(-t^2c^2/(2n) + it^3c^3/(3n^2) + \cdots)$

이다. 최종 결과는 $e^n(c/n)^{n-1}/\sqrt{2\pi n}$ 곱하기 $1+n/12+O(n^{-2})$이다.

(물론 적분에서 $w=cz$로 두어서 이 결과를 좀 더 빠르게 얻을 수도 있었다. 그러나 위의 해답은 교묘한 요령을 고안하려 들지 않고 안장점 방법을 기계적으로 적용한다는 특징이 있다.)

**41.** 이번에도 최종 결과는 그냥 (21)에 $c^{n-1}$을 곱한 것이다. 그러나 이 경우에는 직사각 경로의 오른쪽 가장자리가 아니라 왼쪽 가장자리가 중요하다. (첨언하자면, $c=-1$인 경우 $x$가 양의 실수일 때에는 한켈 경로(Hankel contour)를 이용해서 (22)에 해당하는 공식을 유도하는 것이 불가능하다. 그 경로에 대한 적분이 발산하기 때문이다. 그러나 $z^x$의 통상적인 정의하에서는, $n=x>0$일 때 적절한 적분 경로를 이용해서 공식 $-(\cos\pi x)/\Gamma(x)$를 얻는 것이 가능하다.)

**42.** $n$이 짝수일 때 $\oint e^{z^2}dz/z^n=0$이다. 그렇지 않으면, $n$이 클 때 모퉁이들이 $\pm\sqrt{n/2}\pm in$인 정사각형의 좌, 우 가장자리 모두

$$\frac{e^{n/2}}{2\pi(n/2)^{n/2}}\int_{-\infty}^{\infty}\exp\!\left(-2t^2-\frac{(-it)^3}{3}\frac{2^{3/2}}{n^{1/2}}+\frac{(it)^4}{n}-\cdots\right)dt$$

를 기여한다. $|t|\le n^{\epsilon}$으로 제한하면 이 적분이 상대오차 $O(n^{9\epsilon-3/2})$으로 $I_0+(I_4-\frac{4}{9}I_6)/n$임을 보일 수 있다. 여기서 $I_k=\int_{-\infty}^{\infty}e^{-2t^2}t^k\,dt$이다. 이전과 마찬가지로, 상대오차는 사실 $O(n^{-2})$이다. 이로부터 다음과 같은 답을 이끌어 낼 수 있다.

$$\frac{1}{((n-1)/2)!}=\frac{e^{n/2}}{\sqrt{2\pi}\,(n/2)^{n/2}}\left(1+\frac{1}{12n}+O\!\left(\frac{1}{n^2}\right)\right),\qquad n\text{은 홀수.}$$

((22)에 해당하는 공식은 $n=x>0$일 때 $(\sin\frac{\pi x}{2})^2/\Gamma((x-1)/2)$이다.)

**43.** $f(z)=e^{e^z}/z^n$이라고 하자. $z=-n+it$일 때 $|f(z)|<en^{-n}$이고 $z=t+2\pi in+i\pi/2$일 때에는 $|f(z)|=|z|^{-n}<(2\pi n)^{-n}$이다. 따라서 그 적분은 경로 $z=\xi+it$를 제외할 때 무시할 수 있다. 그리고 그 경로에서 $|f|$는 $|t|$가 0에서 $\pi$로 증가함에 따라 감소한다. $t=n^{\epsilon-1/2}$일 때 이미 $|f(z)|/f(\xi)=O\big(\exp(-n^{2\epsilon}/(\log n)^2)\big)$이다. 그리고 $|t|>\pi$일 때에는 $|f(z)|/f(\xi)<1/|1+i\pi/\xi|^n=\exp(-\frac{n}{2}\ln(1+\pi^2/\xi^2))$이다.

**44.** (25)에서 $u=na_2t^2$으로 두어서 $\Re\int_0^{\infty}e^{-u}\exp(n^{-1/2}c_3(-u)^{3/2}+n^{-1}c_4(-u)^2+n^{-3/2}c_5(-u)^{5/2}+\cdots)du/\sqrt{na_2u}$를 얻는다. 여기서 $c_k=(2/(\xi+1))^{k/2}(\xi^{k-1}+(-1)^k(k-1)!)/k!=a_k/a_2^{k/2}$이다. 이 수식으로부터

$$b_l=\sum_{\substack{k_1+2k_2+3k_3+\cdots=2l\\ k_1+k_2+k_3+\cdots=m\\ k_1,k_2,k_3,\ldots\ge 0}}\left(-\frac{1}{2}\right)^{l+m}\frac{c_3^{k_1}}{k_1!}\frac{c_4^{k_2}}{k_2!}\frac{c_5^{k_3}}{k_3!}\cdots$$

을 유도할 수 있다. 여기서 합산의 구간은 $2l$의 분할들이다. 예를 들어 $b_1=\frac{3}{4}c_4-\frac{15}{16}c_3^2$이다.

**45.** (26)의 유도에서 $g(z)$를 $e^z-(n+1)\ln z$로 대체하면 $\varpi_n/n!$이 나온다. 이 변경에 의해, 이전 해답의 피적분함수에 $1/(1+it/\xi)$가 곱해진다. 이는 $a=-\sqrt{2/(\xi+1)}$ 라고 할 때 $1/(1-n^{-1/2}a(-u)^{1/2})$이다. 이로부터, $p(2l)+p(2l-1)+\cdots+p(0)$개의 항들의 합인

$$b'_l=\sum_{\substack{k+k_1+2k_2+3k_3+\cdots=2l\\ k_1+k_2+k_3+\cdots=m\\ k,k_1,k_2,k_3,\ldots\geq 0}}\left(-\frac{1}{2}\right)^{l+m}a^k\frac{c_3^{k_1}}{k_1!}\frac{c_4^{k_2}}{k_2!}\frac{c_5^{k_3}}{k_3!}\cdots$$

이 나온다. $b'_1=\frac{3}{4}c_4-\frac{15}{16}c_3^2+\frac{3}{4}ac_3-\frac{1}{2}a^2$이다. 〔계수 $b'_1$들을 구하는 다른 방법이 L. Moser, M. Wyman, *Trans. Royal Soc. Canada* (3) **49**, Section 3 (1955), 49-54에 나온다. 이 저자들은 $\varpi_n$에 대한 점근 급수를 처음으로 유도한 사람들이다. 이들의 근사는 (26)에서 $n$을 $n+1$로 대체했을 때의 결과보다 약간 덜 정확한데, 왜냐하면 안장점을 정확히 통과하지 않기 때문이다. 공식 (26)은 I. J. Good, *Iranian J. Science and Tech.* **4** (1975), 77-83에 기인한다.〕

**46.** 식 (13)과 (31)에 의하면 고정된 $k$에 대해, $n\to\infty$에 따라 $\varpi_{nk}=(1-\xi/n)^k\varpi_n(1+O(n^{-1}))$이다. 그리고 이 근사는 $k=n$일 때에도 유효하나, 상대오차가 $O((\log n)^2/n)$이다.

**47.** 단계 (H1, H2, …, H6)은 각각 $(1,\varpi_n,\varpi_n-\varpi_{n-1},\varpi_{n-1},\varpi_{n-1},\varpi_{n-1}-1)$번 실행된다. H4의 루프는 설정 $j\leftarrow j-1$를 총 $\varpi_{n-2}+\varpi_{n-3}+\cdots+\varpi_1$회 수행한다. 그리고 H6의 루프는 설정 $b_j\leftarrow m$를 총 $(\varpi_{n-2}-1)+\cdots+(\varpi_1-1)$회 수행한다. 비율 $\varpi_{n-1}/\varpi_n$은 약 $(\ln n)/n$이며, $(\varpi_{n-2}+\cdots+\varpi_1)/\varpi_n\approx(\ln n)^2/n^2$이다.

**48.** 다음에서 합산과 적분의 맞바꾸기를 수월하게 확인할 수 있다:

$$\frac{e\varpi_x}{\Gamma(x+1)}=\frac{1}{2\pi i}\oint\frac{e^{e^z}}{z^{x+1}}dz=\frac{1}{2\pi i}\oint\sum_{k=0}^{\infty}\frac{e^{kx}}{k!\,z^{x+1}}dz$$

$$=\sum_{k=0}^{\infty}\frac{1}{k!}\frac{1}{2\pi i}\oint\frac{e^{kz}}{z^{x+1}}dz=\sum_{k=0}^{\infty}\frac{1}{k!}\frac{k^x}{\Gamma(x+1)}.$$

**49.** 만일 $\xi=\ln n-\ln\ln n+x$이면 $\beta=1-e^{-x}-\alpha x$이다. 따라서 라그랑주의 반전 공식(연습문제 4.7-8)에 의해

$$x=\sum_{k=1}^{\infty}\frac{\beta^k}{k}[t^{k-1}]\left(\frac{f(t)}{1-\alpha f(t)}\right)^k=\sum_{k=1}^{\infty}\sum_{j=0}^{\infty}\frac{\beta^k}{k}\alpha^j\binom{k+j-1}{j}[t^{k-1}]f(t)^{j+k}$$

이다. 여기서 $f(t)=t/(1-e^{-t})$이다. 이제 요구된 결과를, 딱 알맞은 편리한 항등식

$$\left(\frac{z}{1-e^{-z}}\right)^m=\sum_{n=0}^{\infty}\left[{m\atop m-n}\right]\frac{z^n}{(m-1)(m-2)\ldots(m-n)}$$

으로부터 이끌어 낼 수 있다. ($n\geq m$일 때에는 이 항등식을 세심하게 해석해야 한다. *CMath*의 식 (7.59)에서 설명하듯이, $z^n$의 계수는 $m$의 $n$차 다항식이다.)

이번 연습문제의 공식은 콩테L. Comtet의 *Comptes Rendus Acad. Sci.* (A) **270** (Paris, 1970), 1085-1088에서 기인한다. 콩테는 그 계수들이 이전에 N. G. de Bruijn, *Asymptotic Methods in Analysis* (1958), 25-28에서 계산되었다고 밝혔다. $n \ge e$에 대한 수렴의 증명은 Jeffrey, Corless, Hare, Knuth, *Comptes Rendus Acad. Sci.* (I) **320** (1995), 1449-1452에 나오는데, 거기에는 좀 더 빠르게 수렴하는 다른 공식도 유도되어 있다.

(방정식 $\xi e^{\xi} = n$에는 복소근들도 있다. 이번 연습문제의 공식에서 $\ln n$ 대신 $\ln n + 2\pi i m$을 사용하면 복소근들이 나온다. $m \ne 0$일 때에는 합이 빠르게 수렴한다. Corless, Gonnet, Hare, Jeffrey, Knuth, *Advances in Computational Math.* **5** (1996), 347-350.)

**50.** $\xi = \xi(n)$이라고 하자. 그러면 $\xi'(n) = \xi/((\xi+1)n)$이며, 테일러급수

$$\xi(n+k) = \xi + k\xi'(n) + \frac{k^2}{2}\xi''(n) + \cdots$$

이 $|k| < n + 1/e$에 대해 수렴함을 증명하는 것이 가능하다.

사실은 이보다 훨씬 많은 관계가 존재한다. 왜냐하면 트리 함수 $T(z)$로부터 음의 실축으로의 해석적 연속(continuation)을 통해서 함수 $\xi(n) = -T(-n)$을 얻을 수 있기 때문이다. (그 트리 함수는 $z = e^{-1}$에서 2차(quadratic) 특이점을 만난다. 그 특이점을 돌아 나온 후에는 $z = 0$에서, 2차 특이점이 오직 수준 0에서만 나타나는 흥미로운 다수준 리만 표면(Riemann surface)의 일부로서의 로그 특이점을 만난다.) 트리 함수의 도함수들은 $z^k T^{(k)}(z) = R(z)^k p_k(R(z))$를 만족하는데, 여기서 $R(z) = T(z)/(1 - T(z))$이고 $p_k(x)$는 $p_{k+1}(x) = (1+x)^2 p_k'(x) + k(2+x)p_{k(x)}$로 정의되는 $k-1$차 다항식이다. 예를 들어

$$p_1(x) = 1,\ p_2(x) = 2 + x,\ p_3(x) = 9 + 10x + 3x^2,\ p_4(x) = 64 + 113x + 70x^2 + 15x^3$$

이다. (첨언하자면, $p_k(x)$의 계수들은 그레그 트리(Greg tree)라고 부르는 특정한 계통발생적 트리들의 개수이다: $[x^j]\,p_k(x)$는 이름표가 없는 노드가 $j$개, 이름표가 붙은 노드가 $k$개인, 그리고 잎 노드는 반드시 이름표 붙은 노드이고 이름표 없는 노드는 반드시 자식 노드가 적어도 두 개인 지향 트리의 개수이다. J. Felsenstein, *Systematic Zoology* **27** (1978), 27-33; L. R. Foulds, R. W. Robinson, *Lecture Notes in Math.* **829** (1980), 110-126; C. Flight, *Manuscripta* **34** (1990), 122-128을 보라.) $q_k(x) = p_k(-x)$라고 할 때 $0 \le x \le 1$에 대해 $(-1)^m q_k^{(m)}(x) \ge 0$임을 귀납법으로 증명할 수 있다. 따라서 모든 $k, m \ge 1$에 대해 $q_k(x)$는 $x$가 0에서 1로 감에 따라 $k^{k-1}$에서 $(k-1)!$로 단조 감소한다. 이로부터

$$\xi(n+k) = \xi + \frac{kx}{n} - \left(\frac{kx}{n}\right)^2 \frac{q_2(x)}{2!} + \left(\frac{kx}{n}\right)^3 \frac{q_3(x)}{3!} - \cdots, \qquad x = \frac{\xi}{\xi+1}$$

이 나오는데, $k > 0$일 때 부분합들은 참값을 번갈아 지나치거나 못 미친다.

**51.** 안장점은 두 개로, $\sigma = \sqrt{n+5/4} - 1/2$와 $\sigma' = -1-\sigma$이다. 모퉁이가 $\sigma \pm im$과 $\sigma' \pm im$인 직사각 경로에 대한 적분을 수행해 보면 $n \to \infty$에 따라 오직 $\sigma$만 의미가 있음을 알 수 있다($\sigma'$이 $n$이 작을 때에는 의미가 있을 수 있는 대략 $e^{-\sqrt{n}}$의 상대오차를 기여하긴 하지만). (25)에서와 거의 같되 $g(z) = z + z^2/2 - (n+1)\ln z$로 둔 논증을 통해서, $t_n$을 잘 근사하는 공식

$$\frac{n!}{2\pi}\int_{-n^\epsilon}^{n^\epsilon} e^{g(\sigma) - a_2 t^2 + a_3^3 + \cdots + a_l(-)^l + O(n^{(l+1)\epsilon - (l-1)/2})}\,dt, \qquad a_k = \frac{\sigma+1}{k\sigma^{k-1}} + \frac{[k=2]}{2}$$

를 구할 수 있다. 이제 적분을 연습문제 44에서처럼 전개하면

$$\frac{n!\,e^{(n+\sigma)/2}}{2\sigma^{n+1}\sqrt{\pi a_2}}\bigl(1 + b_1 + b_2 + \cdots + b_m + O(n^{-m-1})\bigr)$$

이다. 이번에는 $k \ge 3$에 대해 $c_k = (\sigma+1)\sigma^{1-k}(1+1/(2\sigma))^{-k/2}/k$이며, 따라서 $(2\sigma+1)^{3k}\sigma^k b_k$는 $\sigma$의 $2k$차 다항식이다. 이를테면

$$b_1 = \frac{3}{4}c_4 - \frac{15}{16}c_3^2 = \frac{8\sigma^2 + 7\sigma - 1}{12\sigma(2\sigma+1)^3}$$

이다. 특히, 스털링의 근사와 $b_1$ 항으로부터

$$t_n = \frac{1}{\sqrt{2}}n^{n/2}e^{-n/2+\sqrt{n}-1/4}\biggl(1 + \frac{7}{24}n^{-1/2} - \frac{119}{1152}n^{-1} - \frac{7933}{414720}n^{-3/2} + O(n^{-2})\biggr)$$

을 얻을 수 있다($\sigma$에 대한 공식을 대입해서). 이는 식 5.1.4-(53)보다 훨씬 정확한 결과이며, 유도에 든 노력도 훨씬 적다.

**52.** $G(z) = \sum_k \Pr(X=k)z^k$이라고 하자. 즉, $j$번째 누적률 $\kappa_j$는 $j!\,[t^j]\ln G(e^t)$이다. (a)의 경우 $G(z) = e^{e^{\xi z} - e^\xi}$이며, 따라서

$$\ln G(e^t) = e^{\xi e^t} - e^\xi = e^\xi(e^{\xi(e^t-1)} - 1) = e^\xi\sum_{k=1}^{\infty}(e^t-1)^k\frac{\xi^k}{k!}, \qquad \kappa_j = e^\xi\sum_k \left\{ {k \atop j} \right\}\xi^k[j \ne 0]$$

이다. (b)의 경우는 일종의 쌍대 상황이다. 여기서 $\kappa = j = \varpi_j[j \ne 0]$인데, 왜냐하면

$$G(z) = e^{e^{-1}-1}\sum_{j,k}\left\{ {k \atop j} \right\}e^{-j}\frac{z^k}{k!} = e^{e^{-1}-1}\sum_j\frac{(e^{z-1} - e^{-1})^j}{j!} = e^{e^{z-1}-1}$$

이기 때문이다.

〔만일 경우 (a)에서 $\xi e^\xi = 1$이라면 $\kappa_j = e\varpi\,[j \ne 0]$이다. 그러나 만일 경우 (a)에서 $\xi e^\xi = n$이라면 평균은 $\kappa_1 = n$이고 분산 $\sigma^2$은 $(\xi+1)n$이다. 따라서 연습문제 45의 공식에 따르면 평균값이 $n$일 확률은 약 $1/\sqrt{2\pi\sigma}$이고 상대오차는 $O(1/n)$이다. 이러한 관측으로부터, 그 공식을 증명하는 또 다른 방법을 발견할 수 있다.〕

**53.** 식 1.2.10-(23)에서처럼 $\ln G(e^t) = \mu t + \sigma^2 t^2/2 + \kappa_3 t^3/3! + \cdots$이라고 표기할 수 있다. 그리고 $|t| \le \delta$일 때 $\sum_{j=3}^{\infty}|\kappa_j||t^j|/j! < \sigma^2 t^2/6$인 양의 상수 $\delta$가 존재한다. 따라서, 만일 $0 < \epsilon < 1/2$이

면 어떤 상수 $c>0$에 대해 $n\to\infty$에 따라

$$[z^{\mu n+r}]\,G(z)^n=\frac{1}{2\pi}\int_{-\pi}^{\pi}\frac{G(e^{it})^n dt}{e^{it(\mu n+r)}}$$
$$=\frac{1}{2\pi}\int_{-n^{\epsilon-1/2}}^{n^{\epsilon-1/2}}\exp\biggl(-irt-\frac{\sigma^2t^2n}{2}+O(n^{3\epsilon-1/2})\biggr)dt+O(e^{-cn^{2\epsilon}})$$

임을 증명하는 것이 가능하다: $n^{\epsilon-1/2}\le|t|\le\delta$에 대한 피적분함수는 그 절댓값이 $\exp(-\sigma^2n^{2\epsilon}/3)$에 의해 유계이다. 그리고 $\delta\le|t|\le\pi$일 때 그 크기는 $\alpha^n$을 넘지 않는다. 여기서 $\alpha=\max|G(e^{it})|$은 1보다 작은데, 왜냐하면 가정에 의해 개별 항 $p_k e^{kit}$들이 모두 한 직선에 있지는 않기 때문이다. 따라서

$$[z^{\mu n+r}]\,G(z)^n=\frac{1}{2\pi}\int_{-\infty}^{\infty}\exp\biggl(-irt-\frac{\sigma^2t^2n}{2}+O(n^{3\epsilon-1/2})\biggr)dt+O(e^{-cn^{2\epsilon}})$$
$$=\frac{1}{2\pi}\int_{-\infty}^{\infty}\exp\biggl(-\frac{\sigma^2n}{2}\Bigl(t+\frac{ir}{\sigma^2n}\Bigr)^2-\frac{r^2}{2\sigma^2n}+O(n^{3\epsilon-1/2})\biggr)dt+O(e^{-cn^{2\epsilon}})$$
$$=\frac{e^{-r^2/(2\sigma^2n)}}{\sigma\sqrt{2\pi n}}+O(n^{3\epsilon-1})$$

이다. 비슷한 방법으로 $\kappa_3$, $\kappa_4$, …을 처리한다면 추정치를 임의의 큰 $m$에 대한 $O(n^{-m})$으로까지 정련할 수 있다. 따라서 언급된 결과는 $\epsilon=0$에 대해서도 유효하다. [실제로 그러한 정련들은 '에지워스 전개(Edgeworth expansion)'로 이어지는데, 에지워스 전개에 따르면 $[z^{\mu n+r}]\,G(z)^n$은 점근적으로

$$\frac{e^{-r^2/(2\sigma^2n)}}{\sigma\sqrt{2\pi n}}\sum_{\substack{k_1+2k_2+3k_3+\cdots=m\\k_1+k_2+k_3+\cdots=l\\k_1,k_2,k_3,\ldots\ge0\\0\le s\le l+m/2}}\frac{(-1)^s(2l+m)^{\underline{2s}}}{\sigma^{4l+2m-2s}2^s s!}\,\frac{r^{2l+m-2s}}{n^{l+m-s}}\,\frac{1}{k_1!\,k_2!\ldots}\Bigl(\frac{\kappa_3}{3!}\Bigr)^{k_1}\Bigl(\frac{\kappa_4}{4!}\Bigr)^{k_2}\ldots$$

이다. 절대 오차는 $O(n^{-p/2})$인데, 합을 $m<p-1$인 경우에만 한정하는 경우 $O$에 숨겨진 상수는 오직 $p$와 $G$에만 의존하고 $r$이나 $n$에는 의존하지 않는다. 예를 들어 $p=3$일 때 전개 결과는

$$[z^{\mu n+r}]\,G(z)^n=\frac{e^{-r^2/(2\sigma^2n)}}{\sigma\sqrt{2\pi n}}\biggl(1-\frac{\kappa_3}{2\sigma^4}\Bigl(\frac{r}{n}\Bigr)+\frac{\kappa_3}{6\sigma^6}\Bigl(\frac{r^3}{n^2}\Bigr)\biggr)+O\Bigl(\frac{1}{n^{3/2}}\Bigr)$$

이며, $p=4$일 때에는 항이 일곱 개 더 있다. P. L. Chebyshev, *Zapiski Imp. Akad. Nauk* **55** (1887), No. 6, 1-16; *Acta Math.* **14** (1890), 305-315; F. Y. Edgeworth, *Trans. Cambridge Phil. Soc.* **20** (1905), 36-65, 113-141; H. Cramér, *Skandinavisk Aktuarietidsskrift* **11** (1928), 13-74, 141-180을 보라.]

**54.** 공식 (40)은 $\alpha=s\coth s+s$, $\beta=s\coth s-s$와 동치이다.

**55.** $c = \alpha e^{-\alpha}$이라고 하자. $\alpha$가 1에 극도로 가깝지 않은 한, 뉴턴 반복법 $\beta_0 = c$, $\beta_{k+1} = (1-\beta_k)ce^{\beta_k}/(1-ce^{-\beta_k})$으로 정확한 값을 빠르게 구할 수 있다. 예를 들어 $\alpha = \ln 4$일 때 $\beta_7$과 $\ln 2$의 차이는 $10^{-75}$ 미만이다.

**56.** (a) $n$에 대한 귀납법에 의해 $g^{(n+1)}(z) = (-1)^n\left(\dfrac{\sum_{k=0}^{n}\left\langle {n \atop k} \right\rangle e^{(n-k)z}}{\alpha(e^z-1)^{n+1}} - \dfrac{n!}{z^{n+1}}\right)$이다.

(b) $\sum_{k=0}^{n}\left\langle {n \atop k} \right\rangle e^{k\sigma}/n! = \int_0^1 \int_0^1 \exp(\lfloor u_1 + \cdots + u_n \rfloor \sigma)\, du_1 \ldots du_n$

$$< \int_0^1 \int_0^1 \exp((u_1 + \cdots + u_n)\sigma)\, du_1 \ldots du_n = (e^\sigma - 1)^n/\sigma^n.$$

$\lfloor u_1 + \cdots + u_n \rfloor > u_1 + \cdots + u_n - 1$이므로 하계도 이와 비슷하다.

(c) 그러므로 $n!\,(1-\beta/\alpha) < (-\sigma)^n g^{(n+1)}(\sigma) < 0$이며, 따라서 $1-\beta/\alpha < 2(1-\beta)$만, 즉 $2\alpha\beta < \alpha + \beta$만 확인하면 된다. 그런데 연습문제 54에 의해 $\alpha\beta < 1$이고 $\alpha + \beta > 2$이다.

**57.** (a) 연습문제 56(c)에서처럼 $n+1-m = (n+1)(1-1/\alpha) < (n+1)(1-\beta/\alpha) = (n+1)\sigma/\alpha \le 2N$이다. (b) 수량 $\alpha + \alpha\beta$는 $\alpha$가 증가함에 따라 증가한다. $\alpha$에 대한 그 도함수가 $1+\beta+\beta(1-\alpha)/(1-\beta) = (1-\alpha\beta)/(1-\beta)+\beta > 0$이기 때문이다. 따라서 $1-\beta < 2(1-1/\alpha)$이다.

**58.** (a) $t$에 대한 $|e^{\sigma+it}-1|^2/|\sigma+it|^2 = (e^{\sigma+it}-1)(e^{\sigma-it}-1)/(\sigma^2+t^2)$의 도함수는 $(\sigma^2+t^2)\sin t - t(2\sin\frac{t}{2})^2 - (2\sinh\frac{\sigma}{2})^2 t$ 곱하기 양 함수이다. 이 도함수는 $t = 2u$일 때 $t^2 \sin t - t(2\sin\frac{t}{2})^2 = 8u \sin u \cos u(u - \tan u)$보다 작으므로, $0 < t \le 2\pi$에 대해 항상 음수이다.

$s = 2\sinh\frac{\sigma}{2}$라고 하자. $\sigma \ge \pi$이고 $2\pi \le t \le 4\pi$일 때 도함수는 여전히 음수이다. 그런 경우 $t \le 4\pi \le s^2 - \sigma^2/(2\pi) \le s^2 - \sigma^2/t$이기 때문이다. 마찬가지로, $\sigma \ge 2\pi$일 때 도함수는 $4\pi \le t \le 168\pi$에 대해 여전히 음수이다. 이런 식으로 증명이 점점 쉬워진다.

(b) $t = u\sigma/\sqrt{N}$이라고 하자. 그러면 (41)과 (42)에 의해 다음이 증명된다.

$$\int_{-\tau}^{\tau} e^{(n+1)g(\sigma+it)}\, dt =$$

$$\frac{(e^{\sigma}-1)^m}{\sigma^n\sqrt{N}} \int_{-N^\epsilon}^{N^\epsilon} \exp\left(-\frac{u^2}{2} + \frac{(-iu)^3 a_3}{N^{1/2}} + \cdots + \frac{(-iu)^l a_l}{N^{l/2-1}} + O(N^{(l+1)\epsilon-(l-1)/2})\right) du.$$

여기서 $(1-\beta)a_k$는 $0 \le a_k \le 2/k$를 만족하는 $\alpha$와 $\beta$의 $k-1$차 다항식이다. (예를 들어 $6a_3 = (2-\beta(\alpha+\beta))/(1-\beta)$이고 $24a_4 = (6-\beta(\alpha^2+4\alpha\beta+\beta^2))/(1-\beta)$이다.) 피적분함수가 단조이므로 구간의 나머지에 관한 적분은 무시할 수 있다. 이제 꼬리들을 맞바꾸고, 적분을 $-\infty < u < \infty$로 확장하고, 해답 44의 공식에서 $c_k = 2^{k/2}a_k$로 두어서 $b_1$, $b_2$, ...을 정의하면 된다.

(c) $|e^z-1|^m \sigma^{n+1}/((e^{\sigma}-1)^m |z|^{n+1})$가 그 세 경로에서 지수적으로 작음을 증명하고자 한다. 만일 $\sigma \le 1$이면 이 수량은 $1/(2\pi)^{n+1}$보다 작다(이를테면 $e^\sigma - 1 > \sigma$이기 때문이다). 만일 $\sigma > 1$이면 $\sigma < 2|z|$이고 $|e^z - 1| \le e^{\sigma-1}$이다.

**59.** 그러한 극단의 경우 $\alpha=1+n^{-1}$이고 $\beta=1-n^{-1}+\frac{2}{3}n^{-2}+O(n^{-3})$이다. 따라서 $N=1+\frac{1}{3}n^{-1}+O(n^{-2})$이다. 선행 항 $\beta^{-n}/\sqrt{2\pi N}$은 $e/\sqrt{2\pi}$ 곱하기 $1-\frac{1}{3}n^{-1}+O(n^{-2})$이다. ($e/\sqrt{2\pi}\approx 1.0844$임을 주목할 것.) 해답 58(b)의 수량 $a_k$는 $1/k+O(n^{-1})$이다. 따라서 1차까지의 보정 항들은

$$\frac{b_j}{N^j} = [z^j]\exp\biggl(-\sum_{k=1}^{\infty}\frac{B_{2k}z^{2k-1}}{2k(2k-1)}\biggr)+O\Bigl(\frac{1}{n}\Bigr)$$

인데, 이들은 스털링의 근사에 해당하는 급수(발산급수임)

$$\frac{1}{1!}\sim\frac{e}{\sqrt{2\pi}}\Bigl(1-\frac{1}{12}+\frac{1}{288}+\frac{139}{51840}-\frac{571}{2488320}-\cdots\Bigr)$$

의 항들이다.

**60.** (a) 길이가 $n$이고 $m$개의 숫자들이 모두 나오는 $m$진 문자열의 개수는 $m!\left\{{n \atop m}\right\}$이다. 그리고 포함 배제 원리에 의해 수량을 $\binom{m}{0}m^n-\binom{m}{1}(m-1)^n+\cdots$으로 표기할 수 있다. 이제 연습문제 7.2.1.4-37을 보라.

(b) $(m-1)^n/(m-1)!=(m^n/m!)m\exp(n\ln(1-1/m))$이며, $\ln(1-1/m)$은 $-n^{\epsilon-1}$보다 작다.

(c) 이 경우 $\alpha>n^{\epsilon}$이고 $\beta=\alpha e^{-\alpha}e^{\beta}<\alpha e^{1-\alpha}$이다. 따라서

$$1<(1-\beta/\alpha)^{m-n}<\exp(nO(e^{-\alpha}))\text{이고 } 1>e^{-\beta m}=e^{-(n+1)\beta/\alpha}>\exp(-nO(e^{-\alpha}))$$

이다. 그러므로 (45)는 $(m^n/m!)(1+O(n^{-1})+O(ne^{-n^{\epsilon}}))$이 된다.

**61.** 이 경우 $\alpha=1+\frac{r}{n}+O(n^{2\epsilon-2})$이고 $\beta=1-\frac{r}{n}+O(n^{2\epsilon-2})$이다. 따라서 $N=r+O(n^{2\epsilon-1})$이며, $l=0$인 경우의 (43)은

$$n^{\underline{r}}\Bigl(\frac{n}{2}\Bigr)^r\frac{e^r}{r^r\sqrt{2\pi r}}\Bigl(1+O(n^{2\epsilon-1})+O\Bigl(\frac{1}{r}\Bigr)\Bigr)$$

로 축약된다. (이 근사는 $\left\{{n \atop n-1}\right\}=\binom{n}{2}$이나 $\left\{{n \atop n-2}\right\}=2\binom{n}{4}+\binom{n+1}{4}$ 같은 항등식들과 잘 맞물린다. 실제로

$$n\to\infty \text{에 따라 } \left\{{n \atop n-r}\right\} = \frac{n^{2r}}{2^r r!}\Bigl(1+O\Bigl(\frac{1}{n}\Bigr)\Bigr)$$

인데, 여기서 $r$은 *CMath*의 공식 (6.42)와 (6.43)에 따라 상수이다.)

**62.** 그 단언은 $1\le n\le 10000$에 대해 참이다(그러한 5648가지 경우에서 $m=\lfloor e^{\xi}-1\rfloor$이다). 캔필드E. R. Canfield와 포머랜스C. Pomerance는 관련 문제들에 대한 이전 성과를 잘 개괄한 한 논문에서 충분히 큰 모든 $n$에 대해 그 명제가 성립한다는 점과 최댓값이 두 경우 모두에서 발생하는 것은 $e^{\xi}\bmod 1$이 $\frac{1}{2}$에 극히 가까울 때뿐임을 보였다. [*Integers* **2** (2002), A1:1–A1:13; **5** (2005), A9:1.]

**63.** (a) 그 결과는 $p_1 = \cdots = p_n = p$일 때 성립한다. 왜냐하면 $a_{k-1}/a_k = (k/(n+1-k)) \times ((n-\mu)/\mu) \le (n-\mu)/(n+1-\mu) < 1$이기 때문이다. 또한 $p_n = 0$ 또는 1일 때 귀납법에 의해 참이다. 일반적인 경우에 대해서는, $p_1 + \cdots + p_n = \mu$인 $(p_1, \ldots, p_n)$의 모든 선택에 관한 $a_k - a_{k-1}$의 최솟값을 고찰한다: 만일 $0 < p_1 < p_2 < 1$이면 $p_1' = p_1 - \delta$, $p_2' = p_2 + \delta$로 두고, 오직 $p_3, \ldots, p_n$에만 의존하는 어떤 $\alpha$에 대해 $a_k' - a_{k-1}' = a_k - a_{k-1} + \delta(p_1 - p_2 - \delta)\alpha$임에 주목하자. 최솟값의 지점에서 반드시 $\alpha = 0$이다. 따라서 $p_1' = 0$ 또는 $p_2' = 1$이 되는 $\delta$를 선택할 수 있다. 그러므로 최솟값은 모든 $p_j$가 세 값 $\{0, 1, p\}$ 중 하나일 때 달성된다. 그런데 그런 경우들에서 $a_k - a_{k-1} > 0$임은 이미 증명했다.

(b) 각 $p_j$를 $1 - p_j$로 바꾸면 $\mu$가 $n - \mu$로, $a_k$가 $a_{n-k}$로 바뀐다.

(c) $f(x)$의 근들 중 양수는 없다. 따라서 $f(z)/f(1)$은 (a)와 (b)의 형태이다.

(d) $C(f)$가 $f$의 계수들의 수열에서 부호가 바뀌는 횟수라고 하자. $C((1-x)^2 f) = 2$를 보이고자 한다. 실제로 모든 $m \ge 0$에 대해 $C((1-x)^m f) = m$이다. $C((1-x)^m) = m$이며, $a$와 $b$가 양수일 때 $C((a+bx)f) \le C(f)$이기 때문이다. 따라서 $C((1-x)^m f) \le m$이다. 그리고 만일 $f(x)$가 임의의 0이 아닌 다항식 같은 것이라 할 때 $C((1-x)f) > C(f)$이며, 따라서 $C((1-x)^m f) \ge m$이다.

(e) $\sum_k \left[{n \atop k}\right] x^k = x(x+1)\ldots(x+n-1)$이므로 $\mu = H_n$으로 두어서 부문제 (c)를 직접 적용할 수 있다. 그리고 다항식 $f_n(x) = \sum_k \left\{{n \atop k}\right\} x^k$들에 대해서는, $f_n(x)$의 실근이 $n$개라고 할 때 $\mu = \varpi_{n+1}/\varpi_n - 1$로 두어서 부문제 (c)를 적용할 수 있다. $f_{n+1}(x) = x(f_n(x) + f_n'(x))$이므로, 후자의 명제를 귀납법으로 증명할 수 있다: 만일 $a > 0$이고 $f(x)$의 실근이 $n$개이면 함수 $g(x) = e^{ax} f(x)$의 실근도 $n$개이다. 그리고 $x \to -\infty$에 따라 $g(x) \to 0$이다. 그러므로 $g'(x) = e^{ax}(af(x) + f'(x))$ 역시 실근이 $n$개이다(구체적으로 말하면 제일 왼쪽에 하나, $g(x)$의 근들 사이에 $n-1$개).

〔E. Laguerre, *J. de Math.* (3) **9** (1883), 99-146; W. Hoeffding, *Annals Math. Stat.* **27** (1956), 713-721; J. N. Darroch, *Annals Math. Stat.* 35 (1964), 1317-1321; J. Pitman, *J. Combinatorial Theory* **A77** (1997), 297-303을 보라.〕

**64.** 컴퓨터 대수학 패키지를 이용해서 $\ln \varpi_{n-k}$에서 $\ln \varpi_n$을 빼기만 하면 된다.

**65.** $\varpi_n^{-1}$ 곱하기 $k$블록들의 출현 횟수에 모든 집합 분할의 목록에서 $k$블록들의 순서쌍들의 출현 횟수, 즉 $\left(\binom{n}{k}\varpi_{n-k} + \binom{n}{k}\binom{n-k}{k}\varpi_{n-2k}\right)/\varpi_n$을 더하고 거기에서 (49)의 제곱을 뺀 것이다. 점근적으로는 $(\xi^k/k!)(1 + O(n^{4\epsilon-1}))$이다.

**66.** ($n = 100$일 때 (48)의 최댓값은 세 분할 $7^1 6^2 5^4 4^6 3^7 2^6 1^4$, $7^1 6^2 5^4 4^6 3^8 2^5 1^3$, $7^1 6^2 5^4 4^7 3^6 2^6 1^3$에서만 달성된다.)

**67.** $M^k$의 기댓값은 $\varpi_{n+k}/\varpi_n$이다. 따라서, (50)에 의해 평균은 $\varpi_{n+1}/\varpi_n = n/\xi + \xi/(2(\xi+1)^2) + O(n^{-1})$이고 분산은

$$\frac{\varpi_{n+2}}{\varpi_n} - \frac{\varpi_{n+1}^2}{\varpi_n^2} = \left(\frac{n}{\xi}\right)^2 \left(1 + \frac{\xi(2\xi+1)}{(\xi+1)^2 n} - 1 - \frac{\xi^2}{(\xi+1)^2 n} + O\left(\frac{1}{n^2}\right)\right) = \frac{n}{\xi(\xi+1)} + O(1)$$

이다.

**68.** 한 분할의 모든 부분에서 0이 아닌 성분의 최대 개수는 $n = n_1 + \cdots + n_m$이다. 이 최댓값은 오직 모든 구성 성분이 0 또는 1일 때에만 발생한다. 그런 경우 값 $l+1 = n$과 $b = mn_1 + (m-1)n_2 + \cdots + n_m$이 그 최댓값에 도달한다. 〔따라서 중복집합 원소들의 아래첨자를 $n_1 \le n_2 \le \cdots \le n_m$이 되도록 붙이는 것이 가장 바람직하다.〕

**69.** 단계 M3의 시작에서 만일 $k > b$이고 $l = r-1$이면 M5로 간다. 단계 M5에서는 만일 $j = a$이고 $(v_j - 1)(r-l) < u_j$이면 $v_j$를 감소하는 대신 M6으로 간다.

**70.** (a) 개수는 $\left|{n-1 \atop r-1}\right| + \left|{n-2 \atop r-1}\right| + \cdots + \left|{r-1 \atop r-1}\right|$이다. $\left|{n-k \atop r-1}\right|$에 0이 $k$개인 블록 $\{0, \ldots, 0, 1\}$이 포함되어 있기 때문이다. $p(n-1, 1)$이라고도 표기하는 총합은 $p(n-1) + \cdots + p(1) + p(0)$이다.

(b) $\{1, \ldots, n-1, n\}$의 $r$블록 분할들 중 $n-1 \leftrightarrow n$으로 맞바꾸었을 때 같은 것은 정확히 $N = \left\{{n-1 \atop r}\right\} + \left\{{n-2 \atop r-2}\right\}$개이다. 따라서 답은 $N + \frac{1}{2}\left(\left\{{n \atop r}\right\} - N\right) = \frac{1}{2}\left(\left\{{n \atop r}\right\} + N\right)$으로, 이는 또한 $\max(a_1, \ldots, a_n) = r-1$이고 $a_{n-1} \le a_n$인 제한 성장 문자열 $a_1 \ldots a_n$의 개수이기도 하다. 총합은 $\frac{1}{2}(\varpi_n + \varpi_{n-1} + \varpi_{n-2})$이다.

**71.** $\left\lfloor \frac{1}{2}(n_1+1)\ldots(n_m+1) - \frac{1}{2} \right\rfloor$개이다. 두 부분으로의 합성이 $(n_1+1)\ldots(n_m+1) - 2$개이고, 그중 절반은 모든 $n_j$가 짝수인 경우가 아닌 한 사전순이 성립하지 않기 때문이다. (연습문제 7.2.1.4-31을 보라. E. M. Wright, *Proc. London Math. Soc.* (3) **11** (1961), 499-510에는 최대 5부분까지의 공식들이 밝혀져 있다.)

**72.** 있다. 다음 알고리즘은 $0 \le j, k \le n$에 대해 $a_{jk} = p(j,k)$를 $\Theta(n^4)$단계로 계산한다: 모든 $j$와 $k$에 대해 $a_{jk} \leftarrow 1$로 시작한다. 그런 다음 $l = 0, 1, \ldots, n$과 $m = 0, 1, \ldots, n$에 대해(임의의 순서로), 만일 $l + m > 1$이면 $j = l, \ldots, n$과 $k = m, \ldots, n$에 대해(증가하는 순서로) $a_{jk} \leftarrow a_{jk} + a_{(j-l)(k-m)}$로 설정한다.

(표 A-1을 보라. 비슷한 방법으로 $p(n_1, \ldots, n_m)$을 $O(n_1 \ldots n_m)^2$단계로 계산할 수 있다. 치마와 모츠킨은 인용된 논문에서 다음과 같은 점화식을 유도했다.

**표 A-1**

중복분할 개수

| $n$ | 0 | 1 | 2 | 3 | 4 | 5 | 6 |
|---|---|---|---|---|---|---|---|
| $p(0,n)$ | 1 | 1 | 2 | 3 | 5 | 7 | 11 |
| $p(1,n)$ | 1 | 2 | 4 | 7 | 12 | 19 | 30 |
| $p(2,n)$ | 2 | 4 | 9 | 16 | 29 | 47 | 77 |
| $p(3,n)$ | 3 | 7 | 16 | 31 | 57 | 97 | 162 |
| $p(4,n)$ | 5 | 12 | 29 | 57 | 109 | 189 | 323 |
| $p(5,n)$ | 7 | 19 | 47 | 97 | 189 | 339 | 589 |

| $n$ | 0 | 1 | 2 | 3 | 4 | 5 |
|---|---|---|---|---|---|---|
| $p(0,n)$ | 1 | 2 | 9 | 66 | 712 | 10457 |
| $p(1,n)$ | 1 | 4 | 26 | 249 | 3274 | 56135 |
| $p(2,n)$ | 2 | 11 | 92 | 1075 | 16601 | 325269 |
| $p(3,n)$ | 5 | 36 | 371 | 5133 | 91226 | 2014321 |
| $p(4,n)$ | 15 | 135 | 1663 | 26683 | 537813 | 13241402 |
| $p(5,n)$ | 52 | 566 | 8155 | 149410 | 3376696 | 91914202 |

$$n_1 p(n_1, \ldots, n_m) = \sum_{l=1}^{\infty} \sum_{k_1, \ldots, k_m \ge 0} k_1 p(n_1 - k_1 l, \ldots, n_m - k_m l).$$

그러나 이 흥미로운 공식은 오직 특정한 경우들에서만 계산에 유용하다.)

**73.** 있다. 1이 $m$개이고 2가 $n$개일 때 $P(m,n) = p(1,\ldots,1,2,\ldots,2)$라고 표기하자. 그러면 $P(m,0) = \varpi_m$이며, 다음 점화식이 적용된다.

$$2P(m, n+1) = P(m+2, n) + P(m+1, n) + \sum_k \binom{n}{k} P(m, k).$$

이 점화식은 $P(m, n+1)$에 대한 중복집합에서 $x$들의 쌍을 서로 다른 원소 $x$와 $x'$으로 대체할 때 생기는 일을 고찰해서 증명할 수 있다. 그러면, $x$와 $x'$이 같은 블록에 속하는 $P(m+1, n)$가지 경우들과 $x$와 $x'$을 포함하는 블록들이 동일하고 추가적인 원소들이 $k$개 있는 $\binom{n}{k} P(m, n-k)$가지 경우들을 제외한 경우들에서 $P(m+2, n)$을 나타내는 $2P(m, n+1)$개의 분할들을 얻게 된다.

참고: 표 A-1을 보라. 또 다른 점화식은(계산에 덜 유용한) 다음과 같다.

$$P(m+1, n) = \sum_{j,k} \binom{n}{k} \binom{n-k+m}{j} P(j, k).$$

수열 $P(0, n)$을 처음으로 조사한 문헌은 E. K. Lloyd, *Proc. Cambridge Philos. Soc.* **103** (1988), 277-284이고, 이후 G. Labelle, *Discrete Math.* **217** (2000), 237-248에서는 전자와 완전히 다른 방법으로 그 수열을 계산했다. 연습문제 70(b)는 $P(m, 1) = (\varpi_m + \varpi_{m+1} + \varpi_{m+2})/2$임을 보여 준다. 일반적으로 $P(m, n)$을 그림자 표기법 $\varpi^m q_n(\varpi)$로 표기할 수 있는데, 여기서 $q_n(x)$는 생성 함수 $\sum_{n=0}^{\infty} q_n(x) z^n/n! = \exp\bigl((e^z + (x + x^2)z - 1)/2\bigr)$로 정의되는 $2n$차 다항식이다. 따라서, 연습문제 31에 의해

$$\sum_{n=0}^{\infty} P(m, n) \frac{z^n}{n!} = e^{(e^z - 1)/2} \sum_{k=0}^{\infty} \frac{\varpi_{(2k+m+1)(k+m+1)}}{2^k} \frac{z^k}{k!}$$

이다. 라벨G. Labelle은 $\{1, 1, \ldots, n, n\}$을 정확히 $r$개의 블록으로 나누는 분할의 수가

$$n!\,[x^r z^n]\, e^{-x + x^2(e^z - 1)/2} \sum_{k=0}^{\infty} e^{zk(k+1)/2} \frac{x^k}{k!}$$

임을 훨씬 더 일반적인 결과들의 한 특수 경우로서 증명했다.

**75.** 안장점 방법을 적용하면 $Ce^{An^{2/3} + Bn^{1/3}}/n^{55/36}$이 나온다. 여기서

$$A = 3\zeta(3)^{1/3}, \quad B = \pi^2 \zeta(3)^{-1/3}/2,$$

$$C = \zeta(3)^{19/36} (2\pi)^{-5/6} 3^{-1/2} \exp\bigl(1/3 + B^2/4 + \zeta'(2)/(2\pi^{2)} - \gamma/12\bigr)$$

이다. 〔F. C. Auluck, *Proc. Cambridge Philos. Soc.* **49** (1953), 72-83; E. M. Wright, *American J. Math.* **80** (1958), 643-658.〕

**76.** $p(n_1, n_2, n_3, \ldots) \geq p(n_1 + n_2, n_3, \ldots)$이라는 사실에 의해 $P(m+2, n) \geq P(m, n+1)$이다. 귀납법으로 $P(m, n+1) \geq (m+n+1)P(m, n)$임을 이끌어 낼 수 있다. 따라서

$$2P(m,n) \leq P(m+2, n-1) + P(m+1, n-1) + eP(m, n-1)$$

이다. 이 부등식을 반복하면 $2^n P(0,n) = (\varpi^2 + \varpi)^n + O(n(\varpi^2 + \varpi)^{n-1}) = (n\varpi_{2n-1} + \varpi_{2n})(1 + O((\log n)^3/n))$임을 알 수 있다. (좀 더 엄밀한 점근 공식을 연습문제 73의 생성 함수를 이용해서 얻는 것도 가능하다.)

**78.** 3 3 3 3 2 1 0 0 0
1 0 0 0 2 2 3 2 0 (부호화된 분할들이 반드시
2 2 1 0 0 2 1 0 2 모두 (000000000)이어야 하므로)
2 1 0 2 2 0 0 1 3

**79.** 그런 순환마디는 432개이다. 그러나 집합 분할들에 대한 서로 다른 순환마디는 단 304개만 나온다. 서로 다른 순환마디가 동일한 분할 수열을 서술할 수 있기 때문이다. 예를 들어 (000012022332321)과 (000012022112123)은 분할의 관점에서 동치이다.

**80.** 〔F. Chung, P. Diaconis, R. Graham, *Discrete Mathematics* **110** (1992), 52–55를 보라.〕 정점이 $\varpi_{n-1}$개, 호가 $\varpi_n$개인 유향 그래프를 구축하되, 각 제한 성장 문자열 $a_1 \ldots a_n$이 정점 $a_1 \ldots a_{n-1}$에서 정점 $\rho(a_2 \ldots a_n)$으로의 호를 정의하도록 구축한다. 여기서 $\rho$는 연습문제 4의 함수이다. (예를 들어 호 01001213은 0100121에서 0110203으로 간다.) 모든 전체 순환마디는 이 유향 그래프에서 각각 하나의 오일러 경로를 정의한다. 반대로, 모든 오일러 경로로부터 원소 $\{0, 1, \ldots, n-1\}$에 대한 제한 성장 문자열들의 전체 수열을 하나 이상 구할 수 있다.

§2.3.4.2의 방법에서 모든 0이 아닌 정점 $a_1 \ldots a_{n-1}$로부터의 마지막 출구가 호 $a_1 \ldots a_{n-1} a_{n-1}$을 통해서 빠져나가게 한다면 그러한 오일러 경로가 존재하게 된다. 그런데 수열이 순환마디가 아닐 수도 있다. 예를 들어 $n < 4$일 때에는 전체 순환마디가 존재하지 않는다. 그리고 $n = 4$일 때 전체 수열 000012030110100222는 그 어떤 전체 순환마디에도 대응되지 않는 집합 분할들의 한 순환마디를 정의한다.

$n \geq 6$에 대해 그러한 순환마디가 존재한다는 점은, 어떤 서로 다른 원소 $\{u, v, x, y\}$에 대해 $0^n xyx^{n-3}u(uv)^{\lfloor (n-2)/2 \rfloor} u^{[n\,\mathrm{odd}]}$에서 시작하는 한 오일러 경로로부터 증명할 수 있다. 이 패턴은 $2 \leq k \leq n-4$에 대해 $0^k 121^{n-3-k}$의 마지막 출구를 $0^{k-1}121^{n-2-k}$에서 $0^{k-1}121^{n-3-k}2$로 바꾼다면, 그리고 $0121^{n-4}$과 $01^{n-3}2$의 마지막 출구가 각각 $010^{n-4}1$과 $0^{n-3}10$이 되게 한다면 가능하다. 그런 다음 순환마디의 수들을 거꾸로 선택한다면, 그럼으로써 $u$와 $v$를 결정한다면, $x$와 $y$가 $\{0, u, v\}$와는 다른 가장 작은 원소들이 되게 할 수 있다.

이제 이런 극히 특별한 종류의 전체 순환마디가 실제로 엄청나게 많다는 결론을 내릴 수 있다. 그 개수는 $n \geq 6$일 때 적어도

$$\left(\prod_{k=2}^{n-1}(k!\,(n-k))^{\left\{ n-1 \atop k \right\}}\right)\Bigg/\left((n-1)!\,(n-2)^3 3^{2n-5}2^2\right)$$

이다. 그러나 이들 중 쉽게 해독할 수 있다고 알려진 것은 하나도 없다. 다음 해답에 $n = 5$인 경우가 나온다.

**81.** $\varpi_5 = 52$라는 점에 착안해서, 클로버 13장, 다이아몬드 13장, 하트 13장, 스페이드 12장, 조커 한 장을 원소들로 하는 $\{1, 2, 3, 4, 5\}$의 한 전체 순환마디를 사용하면 된다. 다음은 이전 해답에서처럼 오일러 경로를 이용해서 시행착오를 통해 구한 그러한 순환마디이다.

(♠♠♠♠♠♣♢♡J♣♡♢♡♠♣♣♢♡♣♢♣♡♢♢♣♡♣♡♣♠♣♣♢♣♢♢♣♢♠♠♢♡♡♡♠♡♡♡♠♠♢♢)

(사실, 최후의 수단으로 $a_k = a_{k-1}$로 분기한다면, 그리고 조커를 최대한 빨리 도입한다면, 그러한 순환마디는 본질적으로 114,056개가 존재한다.) 스페이드 잭을 조커가 아니라 스페이드로 친다고 해도 이 속임수가 통할 확률은 $\frac{47}{52}$이다.

**82.** 해는 총 13644가지이나, 다음과 같은 동치 관계들을 적용한다면 1981가지로 줄어든다.

가장 작은 공통 합은 5/2이고 가장 큰 합은 25/2이다. 주목할 만한 해

는 공통의 합이 118/15가 되게 하는 본질적으로 서로 다른 단 두 가지 방법 중 하나이다. 〔이 연습문제는 코르뎀스키B. A. Kordemsky의 *Matematicheskaîa Smekalka* (1954)의 78번 문제이다. 영역본은 *The Moscow Puzzles* (1972)이다.〕

## 7.2.1.6절

**1.** 벌레는 모든 내부 노드의 왼쪽에서 왼쪽 괄호를 "보고", 모든 내부 노드의 아래쪽에서는 오른쪽 괄호를 본다. 또는, 오른쪽 괄호들을 마주치는 외부 노드들에 배정할 수도 있다. 단, 제일 마지막의 □은 예외이다. 연습문제 20을 보라.

**2. Z1.** 〔초기화.〕 $0 \le k \le n$에 대해 $z_k \leftarrow 2k-1$로 설정한다. ($n \ge 2$라고 가정한다.)

**Z2.** 〔방문.〕 트리-조합 $z_1 z_2 \ldots z_n$을 방문한다.

**Z3.** 〔쉬운 경우인가?〕 만일 $z_{n-1} < z_n - 1$이면 $z_n \leftarrow z_n - 1$로 설정하고 Z2로 돌아간다.

**Z4.** 〔$j$를 찾는다.〕 $j \leftarrow n-1$, $z_n \leftarrow 2n-1$로 설정한다. $z_{j-1} = z_j - 1$인 동안 $z_j \leftarrow 2j-1$, $j \leftarrow j-1$로 설정한다.

**Z5.** 〔$z_j$를 감소.〕 만일 $j = 1$이면 알고리즘을 끝낸다. 그렇지 않으면 $z_j \leftarrow z_j - 1$로 설정하고 Z2로 돌아간다. ▮

**3.** 숲의 노드들에 전위순으로 이름표를 붙인다. $a_1 \ldots a_{2n}$의 처음 $z_k - 1$개의 원소들에는 왼쪽 괄호가 $k-1$개, 오른쪽 괄호가 $z_k - k$개 있다. 따라서 '벌레'가 노드 $k$에 처음 도달했을 때 오른쪽 괄호들 다음에는 $2k-1-z_k$개의 여분의 왼쪽 괄호들이 존재한다. 그리고 그 노드 $k$의 수준(깊이)은 $2k-1-z_k$이다.

$q_1 \ldots q_n$이 $p_1 \ldots p_n$의 역이라고 하자. 즉, 노드 $k$는 후위순으로 $q_k$번째 노드이다. $p_1 \ldots p_n$에서 $k$가 $j$의 왼쪽에 있을 필요충분조건은 $q_k < q_j$이므로, $c_k$는 전위순으로 노드 $k$보다 앞에 있지만 후위순으로는 그 뒤에 있는 노드 $j$들의 개수, 즉 $k$의 진조상(proper ancestor)들의 개수이다. 그리고 이것 역시 $k$의 수준이다.

다른 방식의 증명: 수열 $z_1 \ldots z_n$과 $c_1 \ldots c_n$ 둘 다 본질적으로 (5)에서처럼 동일한 재귀적 구조를 가짐을 보일 수도 있다: $0 \le p \le q$일 때 $Z_{pq} = (Z_{p(q-1)} + 1^p)$이고 $1(Z_{(p-1)q} + 1^{p-1})$이다. 그리고 $C_{pq} = C_{p(q-1)}, (q-p)C_{(p-1)q}$이다. (마지막 왼쪽 괄호, 마지막 이전 왼쪽 괄호 등의 상대를 생각해 볼 것.)

첨언하자면, 공식 '$c_{k+1} + d_k = c_k + 1$'은 (11)과 동치이다.

**4.** 거의 참이다. $d_1 \ldots d_n$과 $z_1 \ldots z_n$은 내림차순으로 나타나는 반면 $p_1 \ldots p_n$과 $c_1 \ldots c_n$은 오름차순이다. (순열 $p_1 \ldots p_n$들의 순차열에 대한 이러한 사전순 속성이 해당 반전표 $c_1 \ldots c_n$들의 사전순으로부터 자동으로 물려받은 것은 아니다. 그러나 이 특정한 부류의 $p_1 \ldots p_n$에 한해서는 그 명제가 성립한다.)

**5.** $d_1 \ldots d_{15} = 0\,2\,0\,0\,2\,0\,0\,1\,0\,3\,2\,0\,1\,0\,4$; $z_1 \ldots z_{15} = 1\,2\,5\,6\,7\,10\,11\,12\,14\,15\,19\,22\,23\,25\,26$; $p_1 \ldots p_{15} = 2\,1\,5\,4\,8\,10\,9\,7\,11\,6\,13\,15\,14\,12\,3$; $c_1 \ldots c_{15} = 0\,1\,0\,1\,2\,1\,2\,3\,3\,4\,2\,1\,2\,2\,3$.

**6.** 평소대로 괄호들을 쌍을 짓는다. 그런 다음에는 그냥 $a_{2n}$이 $a_1$의 옆이 되도록 문자열을 위로 구부려 잇는다. 왼쪽 괄호와 오른쪽 괄호를 문맥으로부터 구분할 수 있음에 주목할 것. $a_1$이 원의 제일 아래가 되게 하면 옆의 그림과 같은 모습이 된다. [A. Errera, *Mémoires de la Classe Sci. 8°, Acad. Royale de Belgique* (2) **11**,6 (1931), 26 pp.]

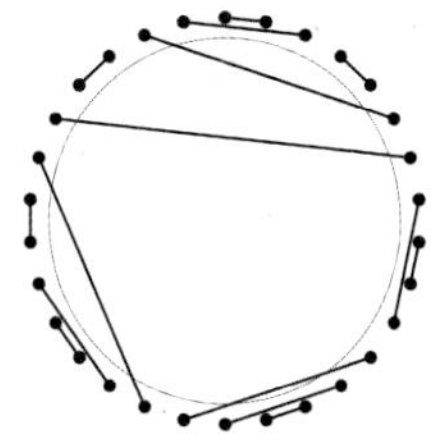

**7.** (a) 그 문자열은 ))() . . . ()과 같다. $a_1 \leftarrow$ '('로 설정하면 초기 문자열이 복원된다.
(b) $l_n = n+1$만 빼면 원래의 이진 트리(단계 B1의)와 같은 자료구조가 복원된다.

**8.** $l_1 \ldots l_{15} = 2\,0\,4\,5\,0\,7\,8\,0\,10\,0\,0\,13\,0\,15\,0$; $r_1 \ldots r_{15} = 3\,0\,0\,6\,0\,12\,11\,9\,0\,0\,0\,0\,14\,0\,0$; $e_1 \ldots e_{15} = 1\,0\,3\,1\,0\,2\,2\,0\,1\,0\,0\,2\,0\,1\,0$; $s_1 \ldots s_{15} = 1\,0\,1\,2\,1\,0\,5\,3\,0\,1\,0\,0\,3\,0\,1\,0$.

**9.** 노드 $j$가 노드 $k$의 (진)조상일 필요충분조건은 $j < k$ 그리고 $s_j + j \ge k$이다. (이의 한 결과로 $c_1 + \cdots + c_n = s_1 + \cdots + s_n$이다.)

**10.** 만일 $j$가 $k$번째 왼쪽 괄호의 색인 $z_k$라고 하면 $w_j = c_k + 1$이고 $w_{j'} = c_k$이다. 여기서 $j'$은 그 왼쪽 괄호에 부합하는 오른쪽 괄호의 색인이다.

**11.** $a_{2n} \ldots a_1$의 왼쪽 괄호들과 오른쪽 괄호들을 교환해서 $a_1 \ldots a_{2n}$의 거울상을 얻으면 된다.

**12.** 이진 트리 (4)의 반사 거울상은 숲

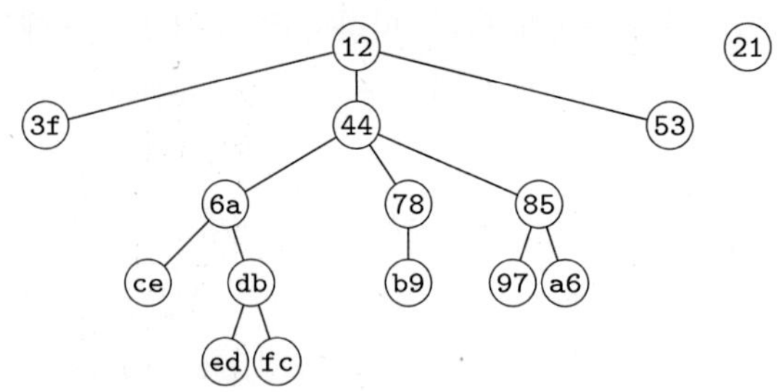

에 해당한다. 그러나 전치의 의미는 숲의 관점에서 볼 때 더 명확하다. 오른쪽 동기 링크들과 왼쪽 자식 링크들을 각각 수평, 수직으로 그리고, 마치 행렬을 전치시키듯이 노드들을 전치시키면 된다.

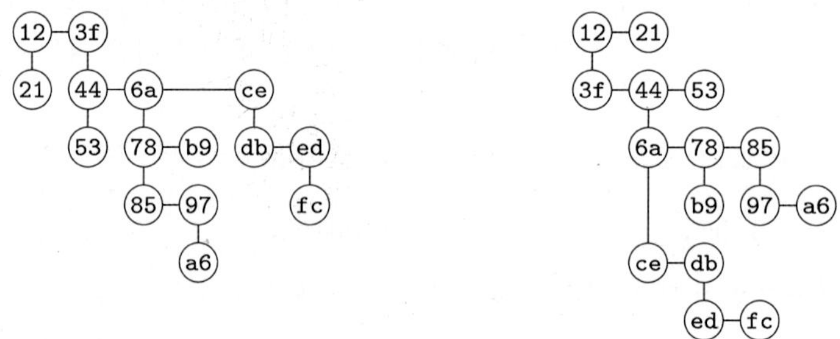

**13.** (a) 노드 개수에 대한 귀납법에 의해, preorder$(F^R)$ = postorder$(F)^R$이고 postorder$(F^R)$ = preorder$(F)^R$이다.

(b) $F$가 이진 트리 $B$에 대응된다고 하자. 그러면 2.3.2-(6) 다음에서 언급했듯이 preorder$(F)$ = preorder$(B)$이고 postorder$(F)$ = inorder$(B)$이다. 따라서 preorder$(F^T)$ = preorder$(B^R)$ = postorder$(B)^R$은 preorder$(F)$와도, postorde$(F)$와도 간단한 관계가 없다. 그러나 postorder$(F^T)$ = inorder$(B^R)$ = inorder$(B)^R$ = postorder$(F)^R$이다.

**14.** 해답 13에 따르면 $F$가 자연스럽게 $B$에 대응될 때 postorder$(F^{RT})$ = preorder$(F)$ = preorder$(B)$이다. 그리고 postorder$(F^{TR})$ = preorder$(F^T)^R$ = postorder$(B)$이다. 따라서 등식 $F^{RT} = F^{TR}$은 오직 $F$의 노드가 많아야 하나일 때에만 성립한다.

**15.** $F^R$이 이진 트리 $B'$에 자연스럽게 대응된다면 $B'$의 뿌리는 $F$의 제일 오른쪽 트리의 뿌리이다. $B'$의 노드 $x$의 왼쪽 링크는 $F^R$의 $x$의 제일 왼쪽 자식 노드로 이어지며, 그 자식 노드는 $F$에서 $x$의 제일 오른쪽 자식 노드이다. 마찬가지로, 오른쪽 링크는 $F$에서 $x$의 왼쪽 동기 노드로 이어진다.

참고: $B$가 $F^{RT}$에 자연스럽게 대응되므로, 해답 13에 의해 inorder$(B)$ = postorder$(F^{RT})$ = postorder$(F^R)^R$ = preorder$(F)$이다.

**16.** 숲 $F|G$는 $F$의 트리들을 $G$의 후위순 첫 노드 아래에 배치한 것이다. $F|(G|H) = (H^TG^TF^T)^T = (F|G)|H$이므로 결합법칙이 성립한다.

첨언하자면, postorder$(F|G)$ = postorder$(F)$postorder$(G)$임을 주목할 것. 또한 $G$가 공(null)이 아닌 숲일 때 $F|(GH) = (F|G)H$이다.

**17.** 공이 아닌 숲을 $F=(G|\cdot)H$로 표기할 수 있는데, 여기서 $\cdot$는 1노드 숲을 뜻한다. 그러면 $F^R=H^R(G^R|\cdot)$이고 $F^T=(H^T|\cdot)G^T$이다. 특히 $H$가 공 숲 $\Lambda$가 아닌 한 $F^R=F^T$일 수는 없는데, 왜냐하면 $H^R$의 첫 트리가 $H^T|\cdot$일 수는 없기 때문이다. 그러면 $G$는 또한 반드시 $\Lambda$이다. 더 나아가서, 오직 $G=H^T$일 때에만 $F=F^T$이다. 그런 경우 $G=\Lambda$가 아닌 한 $F^R=F^{RT}$까지 성립할 수는 없다. 그것이 허용된다면 $G^{TR}$의 첫 트리의 노드들이 $G$ 자체의 노드들보다 더 많을 것이기 때문이다.

$F=F^R$이 아닌 한 $F^{RT}=F^{TR}$일 수는 없다는 것도 참으로 보인다. 그러한 가정하에서 오직 $F$와 $F^T$ 둘 다 자기켤레일 때에만 $F^{RT}=F^{TR}$이다. 캘런David Callan은 그러한 숲들의 무한 모임(infinite family) 두 개를 발견했다. 다음이 그러한 두 모임을 나타낸 것인데, 매개변수 $i$, $j$, $k$는 모두 0 이상이다:

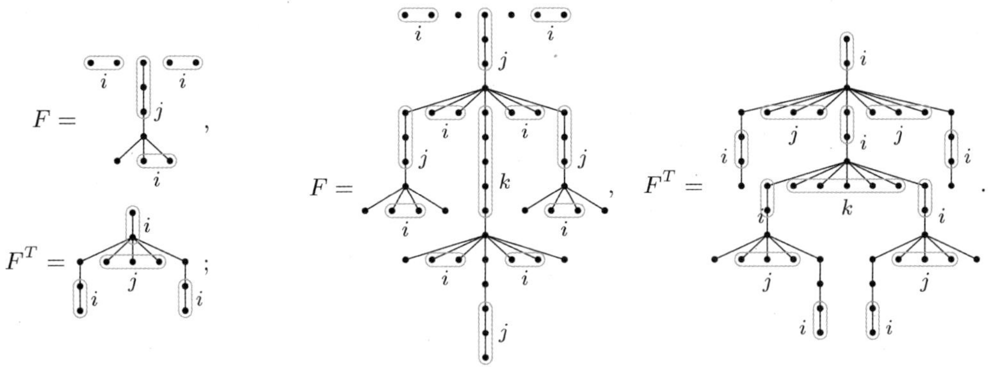

(이 예에서 $i=2$, $j=3$, $k=5$이다.) 다른 경우들도 있을까?

**18.** $C_{15}=9{,}694{,}845$개의 숲들이 20,982가지 부류로 나뉜다. 가장 큰 것은 길이가 58,968인 한 순환마디로, 원소 ((()(()))())()((()(())())())()를 포함한다. 가장 짧은 부류들은 다음의 원소들과 그 전치들로 구성된 여섯 개의 2원소 부류들이다.

()()()()()()()()()()()()()()(), ()()()()((()()()()))()()()(),
()()()((((()()()()))))()()(), ()()((((((((()()()))))))))()(),
()((()())((()(())()))(()()))(), ()(((((((((((()())))))))))))().

다소 이상한 문자열 ((((((((()))))))))()()()()()()()과 ()()()()()()()((((((((())))))))), ((((((((()()()()()()()()))))))))는 각각 쐐기 모양의 이진 트리에 대응되며 크기가 3인 하나의 고유한 부류를 형성한다. ()((()(()()))(())((()())()))()에서 ((()())(()())(())(()())(()()))로 가는 경로에는 3120개의 원소가 있는데, 그중 하나가 (2)이다. 해답 19의 추측에 따르면 가능한 가장 짧은 순환마디의 길이는 6이고 $n=15$일 때에는 그러한 순환마디가 66개이다. (그다음으로 짧은 유일한 순환마디는 길이가 10이고 ()(()()())()((((())()))((())))를 포함한다.)

**19.** 알고리즘 P가 수행하는 $F_j$에서 $F_{j+1}$로의 변환을 말로 서술하자면 이렇다: "왼쪽 동기 노드가 있는 전위순으로 마지막 노드를 찾는다. 그 노드를 $x$라고 하고 그 왼쪽 동기를 $y$라고 하자. $x$를 해당 가족에서 제거한 후 $y$의 새로운 제일 오른쪽 자식이 되게 만든다. 만일 $x<n$이면

$x$의 모든 후손 $x+1$, …, $n$을 자명한 1노드 트리로 바꾼다."

따라서, 그리고 $F_j$의 전위순으로 $k$번째 노드가 $F_j^R$의 후위순으로 끝에서 $k$번째 노드라는 점을 기억한다면, $F_j^R$을 $F_{j+1}^R$로 바꾸는 변환을 다음과 같이 서술할 수 있다: "오른쪽 동기 노드가 있는 후위순으로 첫 노드를 찾는다. 그 노드를 $x$라고 하고 그 오른쪽 동기를 $y$라고 하자. $x$를 해당 가족에서 제거하고 $y$의 새로운 제일 왼쪽 자식이 되게 만든다. 그리고 만일 $x>1$이면 $x$의 모든 후손 $x-1$, …, 1을 자명한 1노드 트리로 바꾼다."

마찬가지로, 알고리즘 B에서 쓰이는 $G_j$에서 $G_{j+1}$로의 변환을 이렇게 서술할 수 있다: "제일 왼쪽의 비자명 트리의 뿌리인 $j$를 찾는다. 그런 다음 그 제일 오른쪽 자식인 $k$를 찾는다. $k$와 그 후손들을 $j$의 가족에서 제거하고, 그것들을 $j$와 $j$의 오른쪽 동기 사이에 삽입한다. 만일 $j>1$이면 $j$와 그 오른쪽 동기들을 모두 $j-1$의 자식들로 만들고, $j-1$은 $j-2$의 자식으로, 등등으로 진행한다."

이러한 변환에 의해 왼쪽 동기/오른쪽 자식 표현이 $G_j^{RT}$에서 $G_{j+1}^{RT}$로 바뀌는 경우(연습문제 15 참고), 이 변환은 왼쪽 자식/오른쪽 동기 표현에서의 $F_j^R$에서 $F_{j+1}^R$로의 변환과 동일하다. 따라서 $G_j^{RT}=F_j^R$이다. $j=1$일 때 이 항등식이 성립함이 분명하기 때문이다.

(이로부터, 알고리즘 B가 생성한 이진 트리들에 대한 표들의 순차열 $e_1 \ldots e_{n-1}$이 알고리즘 P가 생성한 괄호열들에 대한 표들의 순차열 $d_{n-1} \ldots d_1$과 정확히 같다는 결론이 나온다. 이 현상이 표 1과 2에 나타나 있다.)

숲들의 목록들 사이의 여러 가지 대칭성이 M. C. Er, *Comp. J.* **32** (1989), 76–85에 나온다.

**20.** (a) 보조정리 2.3.1P를 일반화하는 이 단언은 귀납법으로 손쉽게 증명할 수 있다.

(b) 다음의 절차는 사실 알고리즘 P와 거의 동일하다.

**T1.** [초기화.] $1 \le k \le n$에 대해 $b_{3k-2} \leftarrow 3$, $b_{3k-1} \leftarrow b_{3k} \leftarrow 0$으로 설정한다. 또한 $b_0 \leftarrow b_N \leftarrow 0$, $m \leftarrow N-3$으로도 설정하는데, 여기서 $N=3n+1$이다.

**T2.** [방문.] $b_1 \ldots b_N$을 방문한다. (이제 $b_m=3$이고 $b_{m+1} \ldots b_N = 0 \ldots 0$이다.)

**T3.** [쉬운 경우인가?] $b_m \leftarrow 0$으로 설정한다. 만일 $b_{m-1}=0$이면 $b_{m-1} \leftarrow 3$, $m \leftarrow m-1$로 설정하고 T2로 간다.

**T4.** [$j$를 찾는다.] $j \leftarrow m-1$, $k \leftarrow N-3$으로 설정한다. $b_j=3$인 동안 $b_j \leftarrow 0$, $b_k \leftarrow 3$, $j \leftarrow j-1$, $k \leftarrow k-3$으로 설정한다.

**T5.** [$b_j$를 증가.] 만일 $j=0$이면 알고리즘을 끝낸다. 그렇지 않으면 $b_j \leftarrow 3$, $m \leftarrow N-3$로 설정하고 T2로 돌아간다. ▮

[S. Zaks, *Theoretical Comp. Sci.* **10** (1980), 63–82를 보라. 그 논문에서 잭스는 $b_j=3$인 색인 $j$들의 수열 $z_1 \ldots z_n$을 연습문제 2의 해답과 거의 동일한 알고리즘을 이용함으로써 더 쉽게 생성할 수 있음을 지적했다. 이는 유효한 삼진 트리 조합 $z_1 \ldots z_n$이 부등식 $z_{k-1} < z_k \le 3k-2$로 특징지어지기 때문이다.]

**21.** 이 문제는 본질적으로 알고리즘 P를 알고리즘 7.2.1.2L과 결합해서 풀 수 있다. 편의상 $n_t > 0$이고 $n_1 + \cdots + n_t > 1$이라고 가정한다.

**G1.** 〔초기화.〕 $l \leftarrow N$로 설정한다. 그런 다음 $j = t, \ldots, 2, 1$에 대해(이 순서대로) 다음 연산을 $n_j$회 수행한다: $b_{l-j} \leftarrow j$, $b_{l-j+1} \leftarrow \cdots \leftarrow b_{l-1} \leftarrow 0$, $l \leftarrow l - j$로 설정. 마지막으로 $b_0 \leftarrow b_N \leftarrow c_0 \leftarrow 0$, $m \leftarrow N - t$로 설정한다.

**G2.** 〔방문.〕 $b_1 \ldots b_N$을 방문한다. (이 지점에서 $b_m > 0$이고 $b_{m+1} = \cdots = b_N = 0$이다.)

**G3.** 〔쉬운 경우인가?〕 만일 $b_{m-1} = 0$이면 $b_{m-1} \leftarrow b_m$, $b_m \leftarrow 0$, $m \leftarrow m - 1$로 설정하고 G2로 돌아간다.

**G4.** 〔$j$를 찾는다.〕 $c_1 \leftarrow b_m$, $b_m \leftarrow 0$, $j \leftarrow m - 1$, $k \leftarrow 1$로 설정한다. $b_j \geq c_k$인 동안 $k \leftarrow k + 1$, $c_k \leftarrow b_j$, $b_j \leftarrow 0$, $j \leftarrow j - 1$로 설정한다.

**G5.** 〔$b_j$를 증가.〕 만일 $b_j > 0$이면 $b_j < c_l$를 만족하는 가장 작은 $l \geq 1$을 찾고 $b_j \leftrightarrow c_l$로 맞바꾼다. 그렇지 않으면, 만일 $j > 0$이면 $b_j \leftarrow c_1$, $c_1 \leftarrow 0$으로 설정하고 아니면 알고리즘을 끝낸다.

**G6.** 〔뒤집고 퍼뜨린다.〕 $j \leftarrow k$, $l \leftarrow N$으로 설정한다. $c_j > 0$인 동안 $b_{l-c_j} \leftarrow c_j$, $l \leftarrow l - c_j$, $j \leftarrow j - 1$로 설정한다. 그런 다음 $m \leftarrow N - c_k$로 설정하고 G2로 돌아간다. ▮

이 알고리즘은 $N > n_1 + 2n_2 + \cdots + tn_t$라고 가정한다. 〔*SICOMP* **8** (1979), 73-81을 보라.〕

**22.** 우선 $d_1$은 오직 연결된 표현에서 $r_1 = 0$일 때에만 증가할 수 있음을 주목하자. 그렇지 않은 경우에는 $d_j > 0$인 가장 작은 $j$를 찾아서 $d_j \leftarrow 0$, $d_{j+1} \leftarrow d_{j+1} + 1$로 설정함으로써 $d_1 \ldots d_{n-1}$의 후행자를 얻을 수 있다. 이 알고리즘은 $n > 2$라고 가정한다.

**K1.** 〔초기화.〕 $1 \leq k < n$에 대해 $l_k \leftarrow k + 1$, $r_k \leftarrow 0$으로 설정한다. 또한 $l_n \leftarrow r_n \leftarrow 0$으로도 설정한다.

**K2.** 〔방문.〕 $l_1 l_2 \ldots l_n$과 $r_1 r_2 \ldots r_n$이 나타내는 이진 트리를 방문한다.

**K3.** 〔쉬운 경우인가?〕 $y \leftarrow r_1$로 설정한다. 만일 $y = 0$이면 $r_1 \leftarrow 2$, $l_1 \leftarrow 0$으로 설정하고 K2로 돌아간다. 그렇지 않고 만일 $l_1 = 0$이면 $l_1 \leftarrow 2$, $r_1 \leftarrow r_2$, $r_2 \leftarrow l_2$, $l_2 \leftarrow 0$으로 설정하고 K2로 돌아간다. 아니면 $j \leftarrow 2$, $k \leftarrow 1$로 설정한다.

**K4.** 〔$j$와 $k$를 찾는다.〕 만일 $r_j > 0$이면 $k \leftarrow j$, $y \leftarrow r_j$로 설정한다. 그런 다음 만일 $j \neq y - 1$이면 $j \leftarrow j + 1$로 설정하고 이 단계를 되풀이한다.

**K5.** 〔부분트리들을 뒤섞는다.〕 $l_j \leftarrow y$, $r_j \leftarrow r_y$, $r_y \leftarrow l_y$, $l_y \leftarrow 0$으로 설정한다. 만일 $j = k$이면 K2로 간다.

**K6.** 〔부분트리들을 자리이동한다.〕 만일 $y = n$이면 알고리즘을 끝낸다. 그렇지 않으면 $k > 1$인 동안 $k \leftarrow k - 1$, $j \leftarrow j - 1$, $r_j \leftarrow r_k$로 설정한다. 그런 다음 $j > 1$인 동안 $j \leftarrow j - 1$, $r_j \leftarrow 0$으로 설정한다. K2로 돌아간다. ▮

(연습문제 45의 분석을 보라. 코시는 이 알고리즘과 알고리즘 P, 알고리즘 B를 $t$진 트리로 확장하는 흥미로운 방법을 제시했다[*Comp. J.* **48** (2005), 488-497; **49** (2006), 351-357; **54** (2011), 776-785]. 그는 또한 이 알고리즘 P와 알고리즘 B를 흥미로운 방식으로 $t$진 트리로 확장할 수 있음을 보였다.)

**23.** (a) $n > 1$일 때 $z_n$이 적어도 $2n-1$에서 시작하고 $C_{n-1}$번 앞, 뒤로 이동하므로, 결국에는 $2n-1-(C_{n-1} \bmod 2)$에서 끝난다. 더 나아가서 $z_j$의 최종 값은 모든 $n \geq j$에 대해 상수이다. 따라서 마지막 괄호열 $z_1 z_2 \ldots$은 1 2 5 6 9 11 13 14 17 19...이다. 여기에는 $2n$보다 작은 홀수들 중 3, 7, 15, 31, ...을 제외한 모든 홀수가 포함되어 있다.

(b) 마찬가지로, 마지막 트리를 특징짓는 전위순 순열은 $2^k 2^{k-1}$ ... 1 3 5 6 7 9 10 ...이다. 여기서 $k = \lfloor \lg n \rfloor$이다. 숲별로, $1 < j \leq k$에 대해 노드 $2^j$는 $2^{j-1}$개의 노드 $\{2^{j-1}, 2^{j-1}+1, \ldots, 2^j - 1\}$의 부모이다. 그리고 트리 $\{2^k+1, \ldots, n\}$들은 자명하다.

참고: 알고리즘 N을 한 번 실행한 후 단계 N2에서 다시 시작하면 같은 수열이 거꾸로 생성된다. 알고리즘 L도 그러한 속성을 가지고 있다.

**24.** $l_0 l_1 \ldots l_{15}$ = 2 0 1 0 3 0 0 6 5 0 8 0 0 12 11 4; $r_1 \ldots r_{15}$ = 0 15 0 10 7 0 0 9 0 14 13 0 0 0 0; $k_1 \ldots k_{15}$ = 0 0 2 2 4 5 5 4 8 4 10 11 11 10 2; $q_1 \ldots q_{15}$ = 2 1 15 4 3 10 8 5 7 6 9 14 11 13 12; $u_1 \ldots u_{15}$ = 12 3 1 0 0 5 0 3 1 0 0 1 0 1 0. (숲 $F$의 노드들의 번호를 후위순으로 붙인다면 $k_j$는 $j$의 왼쪽 동기이다. 또는, 만일 $j$가 $p$의 제일 왼쪽 자식이라면 $k_j = k_p$이다. 다른 말로 하면, $k_j$는 숲 $F^{TR}$의 $j$의 부모이다. 그리고 $k_j$는 또한 $j-1-u_{n+1-j}$, 즉 $q_1 \ldots q_n$에서 $j$보다 작은 $j$의 왼쪽 원소들의 개수이다.)

**25.** 알고리즘 N과 L에서 실마리를 얻어서, 각각의 $(n-1)$노드 트리를 둘 이상의 $n$노드 트리들의 목록으로 확장하기로 하자. 이 경우 핵심은 시초에는 그러한 모든 목록의 시작과 끝에서 $n$이 이진 트리의 노드 $n-1$의 자식이 되게 하는 것이다. 다음 알고리즘은 추가적인 링크 필드 $p_j$와 $s_j$를 사용하는데, $p_j$는 숲에서 $j$의 부모를 가리키고 $s_j$는 $j$의 왼쪽 동기 노드를 가리킨다. 단, 만일 $j$가 해당 가족의 제일 왼쪽 자식이면 $j$의 가장 오른쪽 동기 노드를 가리킨다. (물론 이 포인터 $p_j$들과 $s_j$들이 표 1의 순열 $p_1 \ldots p_n$들이나 표 2의 범위 좌표 $s_1 \ldots s_n$들과 같은 것이 아니다. 사실 이 $s_1 \ldots s_n$은 아래의 연습문제 33의 순열 $\lambda$이다.)

**M1.** [초기화.] $1 \leq j \leq n$에 대해 $l_j \leftarrow j+1$, $r_j \leftarrow 0$, $s_j \leftarrow j$, $p_j \leftarrow j-1$, $o_j \leftarrow -1$로 설정한다. 단, $l_n$은 0으로 설정한다.

**M2.** [방문.] $l_1 \ldots l_n$과 $r_1 \ldots r_n$을 방문한다. 그런 다음 $j \leftarrow n$으로 설정한다.

**M3.** [$j$를 찾는다.] 만일 $o_j > 0$이면 $k \leftarrow p_j$로 설정하고, 만일 $k \neq j-1$이면 M5로 간다. 만일 $o_j < 0$이면 $k \leftarrow s_j$로 설정하고, 만일 $k \neq j-1$이면 M4로 간다. 두 경우 모두에서 만일 $k = j-1$이면 $o_j \leftarrow -o_j$, $j \leftarrow j-1$로 설정하고 이 단계를 되풀이한다.

**M4.** 〔아래로 전달.〕 (이 지점에서 $k$는 $j$의 왼쪽 동기 또는 $j$의 가족의 제일 오른쪽 구성원이다.) 만일 $k \geq j$이면, 만일 $j = 1$이면 알고리즘을 끝내고 그렇지 않으면 $x \leftarrow p_j$, $l_x \leftarrow 0$, $z \leftarrow k$, $k \leftarrow 0$로 설정한다(이에 의해 노드 $j$가 그 부모로부터 떨어져 나와서 최상위 수준을 향하게 된다.) 만일 $k < j$이면 $x \leftarrow p_j + 1$, $z \leftarrow s_x$, $r_k \leftarrow 0$, $s_x \leftarrow k$로 설정한다(이에 의해 노드 $j$가 $k$로부터 떨어져 나와서 한 수준 아래로 간다). 그런 다음에는 $x \leftarrow k+1$, $y \leftarrow s_x$, $s_x \leftarrow z$, $s_j \leftarrow y$, $r_y \leftarrow j$, $x \leftarrow j$로 설정한다. $x \neq 0$인 동안 $p_x \leftarrow k$, $x \leftarrow r_x$로 설정한다. M2로 돌아간다.

**M5.** 〔위로 전달.〕 (이 지점에서 $k$는 $j$의 부모이다.) $x \leftarrow k+1$, $y \leftarrow s_j$, $z \leftarrow s_x$, $s_x \leftarrow y$, $r_y \leftarrow 0$으로 설정한다. 만일 $k \neq 0$이면 $y \leftarrow p_k$, $r_k \leftarrow j$, $s_j \leftarrow k$, $s_{y+1} \leftarrow z$, $x \leftarrow j$로 설정하고, 그렇지 않으면 $y \leftarrow j-1$, $l_y \leftarrow j$, $s_j \leftarrow z$, $x \leftarrow j$로 설정한다. $x \neq 0$인 동안 $p_x \leftarrow y$, $x \leftarrow r_x$로 설정한다. M2로 돌아간다. ▮

실행 시간 참고: 연습문제 44에서와 같은 논증에 의해, 단계 M3의 비용이 $2C_n + 3(C_{n-1} + \cdots + C_1)$멤이고 단계 M4와 M5의 비용을 합한 것이 $8C_n - 2(C_{n-1} + \cdots + C_1)$ 더하기 $x \leftarrow r_x$ 설정 횟수의 두 배임을 알 수 있다. 후자의 수량은 엄격하게 분석하기가 어렵다. 예를 들어 $n = 15$이고 $j = 6$일 때 알고리즘이 $x \leftarrow r_x$로 설정하는 횟수가 정확히 $(1, 2, 3, 4, 5, 6)$번인 경우는 각각 $(45, 23, 7, 9, 2, 4)$가지이다. 그러나 발견법적으로 볼 때 $x \leftarrow r_x$ 설정 횟수의 평균은 주어진 $j$에 대해 근사적으로 $2 - 2^{j-n}$일 것이며, 따라서 전체적으로는 약 $(2C_n - (C_n - C_{n-1}) - (C_{n-1} - C_{n-2})/2 - (C_{n-2} - C_{n-3})/4 - \cdots)/C_n \approx 8/7$이다. 이런 추측된 습성을 뒷받침하는 실험 검정들이 존재한다. 실험에 따르면 트리당 총 비용은 $n \to \infty$에 따라 $265/21 \approx 12.6$멤으로 접근한다.

**26.** (a) 그 조건이 필요조건임은 분명하다. 그리고 그 조건이 참인 경우 $F$를 다음과 같이 유일하게 구축할 수 있다: 노드 1과 그 동기들은 숲의 뿌리들이고, 그 후손들은 비교차 분할에 의해 귀납적으로 정의된다. (실제로 깊이 좌표 $c_1 \ldots c_n$을 $\Pi$의 제한 성장 문자열 $a_1 \ldots a_n$으로부터 직접 계산할 수 있다: $c_1 \leftarrow 0$, $i_0 \leftarrow 0$으로 설정한다. $2 \leq j \leq n$에 대해, 만일 $a_j > \max(a_1, \ldots, a_{j-1})$이면 $c_j \leftarrow c_{j-1} + 1$, $i_{a_j} \leftarrow c_j$로 설정하고 그렇지 않으면 $c_j \leftarrow i_{a_j}$로 설정한다.)

(b) $\Pi$와 $\Pi'$이 비교차 조건을 만족한다면 둘의 최대 공통 정련 $\Pi \vee \Pi'$도 그 조건을 만족한다. 따라서 연습문제 7.2.1.5-12(a)에서처럼 진행하면 된다.

(c) $x_1, \ldots, x_m$이 $F$의 어떤 노드의 자식 노드들이고 $1 \leq j < k \leq m$이라고 하자. $x_{j+1}, \ldots, x_k$를 해당 가족에서 제거해서 $x_j$의 제일 오른쪽 후손인 $x_{j+1} - 1$의 자식이 되게 해서 $F'$을 형성한다.

(d) 이는 (c)에 의해 자명하다. 따라서 숲들은 아래에서 위로, 숲에 있는 잎이 아닌 노드의 개수에 의해 순위가 매겨진다(잎이 아닌 노드의 개수는 $\Pi$의 블록 개수보다 1 작다).

(e) 정확히 $\sum_{k=0}^{n} e_k(e_k - 1)/2$로, 여기서 $e_0 = n - e_1 - \cdots - e_n$은 뿌리들의 개수이다.

(f) 쌍대화는 연습문제 12의 전치 연산과 비슷하나, 왼쪽 자식 링크와 오른쪽 동기 링크 대신 왼쪽 동기 링크, 오른쪽 자식 링크를 사용하고 전치를 부 대각에 대해 수행한다:

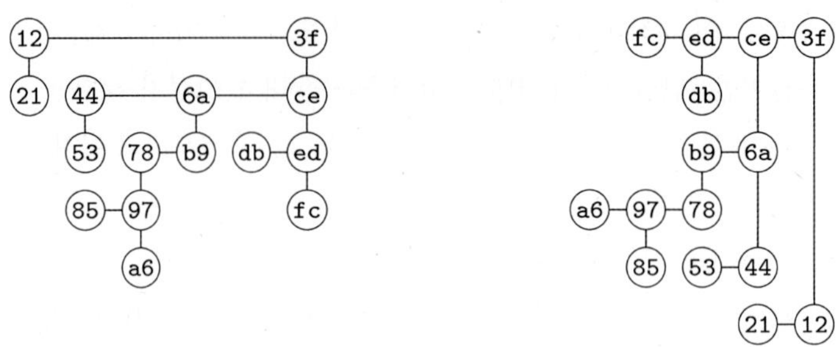


(이제 '오른쪽' 링크들은 아래쪽을 가리킨다. $F$에서 $j$가 $k$의 제일 오른쪽 자식일 필요충분조건은 $F^D$에서 $j$가 $k$의 왼쪽 동기라는 것임을 주목하기 바란다. $F^D$의 전위순서는 $F$의 전위순서의 역이며, 마찬가지로 $F^T$의 후위순서는 $F$의 후위순서의 역이다.)

(g) (f)에 의해, $F'$은 오직 $F^D$가 $F'^D$를 덮을 때에만 $F$를 덮는다. (따라서 $F$의 잎이 $k$개이면 $F^D$의 잎은 $n+1-k$개이다.)

(h) $F \barwedge F' = (F^D \veebar F'^D)^D$.

(i) 아니다. 만일 만족했다면 쌍대성에 의해 등호가 반드시 성립했을 것이다. 그러나 예를 들어 $0101 \barwedge 0121 = 0000$이고 $0101 \veebar 0121 = 0123$인 반면 $\text{leaves}(0101) + \text{leaves}(0121) \neq \text{leaves}(0000) + \text{leaves}(0123)$이다.

〔비교차 분할은 베커H. W. Becker가 *Math. Mag.* **22** (1948), 23–26에서 처음으로 고찰했다. 크레베라스G. Kreweras는 1971년에 비교차 분할들이 하나의 격자를 형성함을 증명했다. 해답 2.3.4.6-3의 참고문헌들을 보라.〕

**27.** (a) 이 단언은 연습문제 2.3.3-19와 동치이다.

(b) 숲을 오른쪽 자식 링크들과 왼쪽 동기 링크들로 표현한다고 할 때, 전위순서는 이진 트리의 중위순서에 해당하고(연습문제 2.3.2-5를 보라) $s_j$는 노드 $j$의 오른쪽 부분트리의 크기이다. 이 이진 트리를 임의의 잎이 아닌 노드에서 왼쪽으로 회전하면 그 범위 좌표성분들 중 정확히 하나가 감소하는데, 그 감소량은 유효한 표 $s_1 \ldots s_n$과의 일관성을 깨지 않는 한에서 가장 작은 값이다. 따라서 $F'$은 오직 $F'$을 그런 식으로 회전해서 $F$가 나올 때에만 $F$를 덮는다. (왼쪽 자식·오른쪽 동기 표현에서의 회전도 이와 비슷하나 후위순서를 따른다.)

(c) 쌍대화는 포괄(덮기) 관계를 유지하나, 왼쪽과 오른쪽이 교환된다.

(d) $F \top F' = (F^D \perp F'^D)^D$. 이와 동치로, 연습문제 6.2.3-32에서도 지적했듯이 왼쪽 부분트리 크기들을 독립적으로 최소화할 수 있다.

(e) 해답 26(c)의 포괄 변환은 모든 $j$에 대해 $s_j \leq s'_j$이 되게 만든다(이는 자명하다).

(f) 참이다. $F \barwedge F' \ltimes F \dashv F \perp F'$이고 $F \barwedge F' \ltimes F' \dashv F \perp F'$이기 때문이다.

(g) 거짓이다. 예를 들어 $0121 \veebar 0122 = 0123$이고 $0121 \top 0122 = 0122$이다. (그러나 (f)의 쌍대들을 취한다면 $F \top F' \dashv F \veebar F'$은 성립한다.)

(h) 길이가 $\binom{n}{2}$인 최장 경로는 제일 오른쪽의 0이 아닌 $s_j$의 1 감소를 되풀이한다. 길이가 $n-1$인 최단 경로는 제일 왼쪽의 0이 아닌 $s_j$를 0으로 설정한다.

해답 6.2.3-32에 타마리 격자에 관한 여러 참고문헌이 나와 있다.

**28.** (a) 그냥 $\min(c_1,c_1')\ldots\min(c_n,c_n')$과 $\max(c_1,c_1')\ldots\max(c_n,c_n')$을 계산하면 된다. 왜냐하면 $c_1\ldots c_n$은 오직 $c_1=0$이고 $1<j\le n$에 대해 $c_j\le c_{j-1}+1$일 때에만 유효한 깊이 좌표열이기 때문이다.

(b) (a)에 의해 자명하다. 참고: 분배법칙을 만족하는 임의의 격자의 원소들을 어떤 부분순서의 순서 아이디얼(order ideal)들로 표현할 수 있다. 그림 62의 오른쪽에 그러한 부분순서가 나타나 있으며, 변의 길이가 $n-2$인 비슷한 삼각 격자로부터 $n$차 스탠리 격자를 얻을 수 있다.

(c) $F$에서 왼쪽 동기($j$라고 하자)가 있는 노드 $k$를 택한다. $k$를 그 가족에서 제거해서 $j$의 새로운 오른쪽 자식이 되게 하고, $k$의 원래의 자식 노드들은 $j$의 새로운 자식들이 되게 한다. $k$의 원래의 자식 노드들은 자신의 후손들을 유지한다. (이 연산은 내포된 괄호열에서 )(를 ()로 바꾸는 것에 해당한다. 따라서 괄호열에 대한 '완벽한' 그레이 부호는 스탠리 격자의 포괄 그래프의 한 해밀턴 경로에 대응된다. $n=4$일 때 그러한 경로는 정확히 38개 존재하는데, 좀 구체적으로 말하면 0123에서 $(0001, 0010, 0012, 0100, 0111, 0120)$으로의, 각각 $(8, 6, 6, 8, 4, 6)$개의 경로들이다.)

(d) 참이다. (c)의 포괄 관계는 좌우 대칭이기 때문이다. (오직 $0\le j\le 2n$에 대해 $w_j\le w_j'$일 때에만 $F\subseteq F'$이다. 여기서 벌레의 깊이 $w_j$들은 연습문제 10의 정의를 따른다. 만일 $w_0\ldots w_{2n}$이 $F$의 한 벌레 걷기라고 하면 그 역인 $w_{2n}\ldots w_0$은 $F^R$의 벌레 걷기이다. 포괄 관계가 좌표성분 $w_j$ 하나만 변경함을 주목할 것. $c$들 대신 $w$들의 최대, 최솟값을 취한다면 $F\cap F'$과 $F\cup F'$을 계산할 수 있다.)

(e) 연습문제 9를 보라. (따라서 연습문제 27(f)에서처럼 $F\perp F'\subseteq F\cap F'$ 등이 성립한다.)

참고: 스탠리는 이 격자를 *Fibonacci Quarterly* **13** (1975), 222-223에서 소개했다. 같은 원소들에 대해 세 가지 중요한 격자들이 정의되므로, 서로 다른 순서에 대해 세 가지 표기법이 필요하다. 여기에서 사용한 기호 $\mid\!\!<$와 $\dashv$, $\subseteq$는 크레베라스(K), 타마리(T), 스탠리(러시아어 표기 Стенли의 C)의 이름 첫 글자를 떠올릴 수 있도록 선택된 것들이다.

**29.** 여섯 개의 정오각형들을 한데 이어 붙이고 적절한 회전과 비례를 적용하고 나면 열네 정점들의 좌표는 다음이 된다.

$$p_{1010}=p^{-}_{0000}=p^{*}_{3000}=p^{*-}_{2100}=(-1,\sqrt{3},2/\phi);$$
$$p_{0010}=p^{*}_{3100}=(\phi^{-2},\sqrt{3}\,\phi,0);\quad p_{3010}=p^{-}_{0100}=(0,0,2);\quad p_{3210}=p^{-}_{0200}=(2,0,2/\phi);$$
$$p_{0210}=p^{*}_{3200}=(\sqrt{5},\sqrt{3},0);\quad p_{1000}=p^{*}_{2000}=(-\phi^2,\sqrt{3}/\phi,0).$$

여기서 $(x,y,z)^*$는 $(x,-y,z)$를 뜻하고 $(x,y,z)^-$는 $(x,y,-z)$를 뜻한다. 그런데 이제는 세 개의 4변형 '면'들이 더 이상 정사각형이 아니다. 사실 각 면의 네 정점이 같은 평면에 있지도 않다.

(그러나 이와 비슷한 모습의, 진짜 정사각형들과 불규칙 정오각형들로 이루어진 다면체를

얻는 것은 가능하다. 적당한 사면체 둘을 한데 붙이고 세 면이 모인 모퉁이를 잘라내면 된다. 결합 다면체를 구성하는, 수학적으로는 상당히 흥미롭지만 눈으로 보기에는 덜 그럴듯한 또다른 좌표 집합이 치글러Günter Ziegler의 *Lectures on Polytopes* (New York: Springer, 1995), 예제 9.11에 나온다.)

**30.** (a) $\bar{f}_{n-1}\ldots\bar{f}_1\,0$이다. 대칭순 내부 노드 $j$의 오른쪽 부분트리가 빈 트리가 아닐 필요충분조건은 대칭순 내부 노드 $j+1$의 왼쪽 부분트리가 빈 트리가 아니라는 것이기 때문이다.

(b) 이 문제를 일반화하면, 발자국이 $1^{p_1}0^{q_1+1}1^{p_2+1}0^{q_2+1}\ldots1^{p_k+1}0^{q_k+1}$이라고 할 때 대칭순 노드들이 명세 $R^{p_1}NL^{q_1}BR^{p_2}NL^{q_2}B\ldots R^{p_k}NL^{q_k}$를 만족하는 모든 이진 트리의 개수를 세는 것이다. 여기서 $B$는 "두 부분트리 모두 빈 트리가 아님"을 뜻하고 $R$은 "오른쪽 부분트리는 빈 트리가 아니지만 왼쪽 것은 빈 트리임", $L$은 "왼쪽은 빈 트리, 오른쪽은 아님", $N$은 "둘 다 빈 트리임"을 뜻한다. 이 개수의 일반식은

$$\binom{p_1+q_1}{p_1}\binom{p_2+q_2}{p_2}\ldots\binom{p_k+q_k}{p_k}C_{k-1}$$

이고, 이번 문제의 경우에는 $\binom{1+0}{1}\binom{0+0}{0}\binom{1+0}{1}\binom{5+3}{5}\binom{0+0}{0}\binom{0+0}{0}\binom{0+2}{0}\binom{0+0}{0}\binom{1+2}{1}C_8=240240$이다.

(c) 연습문제 3에 의해, 오직 $c_{j+1}>c_j$일 때에만 $d_j=0$.

(d) 일반화하면, $F\perp F'$의 발자국은 연습문제 27(a)에 의해 $f_1\ldots f_n\wedge f'_1\ldots f'_n$이고 $F\top F'$의 발자국은 (a)와 연습문제 27(d)에 의해 $f_1\ldots f_n\vee f'_1\ldots f'_n$이다.

〔타마리 격자에서 상보 관계의 원소들이 반드시 존재한다는 사실은 랙서H. Lakser에 기인한다. G. Grätzer, *General Lattice Theory* (1978), 연습문제 I.6.30을 보라.〕

**31.** (a) $2^{n-1}$; 연습문제 6.2.2-5를 보라.

(b) $c_1\le\cdots\le c_n$; $d_1,\ \ldots,\ d_{n-1}\le 1$; $e_j>0$이 $e_j+\cdots+e_n=n-j$를 함의함; $k_{j+1}\le k_j+1$; 어떤 $j$에 대해 $p_1\le\cdots\le p_j\ge\cdots\ge p_n$; $s_j>0$가 $s_j=n-j$를 함의함; $u_1\ge\cdots\ge u_n$; $z_{j+1}\le z_j+2$. (일반적으로 적용되는 또 다른 구속조건들은 각 경우에서 가능성들의 개수를 $2^{n-1}$으로 줄인다. 예를 들어 $u_1\ldots u_n$은 반드시 유효한 범위 좌표열이어야 한다.)

(c) $2^{n-1}$가지 경우 중 $n$가지 경우에서만 참이다. (그러나 $F^T$는 퇴화한 이진 트리가 맞다.)

(d) 퇴화한 숲의 발자국이 $f_1\ldots f_n$이라면 $c_{j+1}=c_j+f_j$이다. 원소 $j<k$들은 오직 $f_j=f_{j+1}=\cdots=f_{k-1}=0$일 때에만 동기들이다. 따라서 만일 $F''$이 발자국이 $f_1\ldots f_n\wedge f'_1\ldots f'_n$인 퇴화한 숲이라면 $F''\ltimes F$이고 $F''\ltimes F'$이다. 그러므로 $F''\ltimes F\barwedge F'\dashv F\perp F'$이다. 또한 (b)에 의해 $F\perp F'\dashv F''$도 성립한다. 비슷한 논증을 통해서, $F\veebar F'=F\top F'$이 발자국이 $f_1\ldots f_n\vee f'_1\ldots f'_n$인 퇴화한 숲이라는 사실도 증명할 수 있다.

따라서 크레베라스 격자와 타마리 격자를 퇴화한 숲들로 제한한다면, 그 격자들은 $\{1,\ldots,n-1\}$의 부분집합들의 부울 격자와 동일해진다. 〔타마리 격자의 경우에 대한 이 결과는 George Markowsky, *Order* **9** (1992), 265-290에 기인한다. 그 논문은 또한 타마리 격자에 다른 여러 가지 속성이 있음도 보여 준다.〕

**32.** $F$와 $F'$의 범위 좌표들이 $s_1 \ldots s_n$과 $s'_1 \ldots s'_n$이라고 할 때, 만일 $s_j < s'_j$이거나 $j = 0$이면 색인 $j$가 동결되었다(frozen)고 부르기로 하자. 동결된 좌표들의 값은 명시적으로 지정하되 다른 것들은 최대화하고자 한다. $s_0 = n$이고 $0 \le k \le n$에 대해

$s''_k = s_{j-k+j}$, 여기서 $j = \max\{i \mid 0 \le i \le k,\ i$는 동결된 색인, 그리고 $i + s_i \ge k\}$

라고 하자. $0 \le k - j \le s_j$이면 항상 $s_k \le s_j - (k-j)$이므로 $s''_k \ge s_k$이다. 등호는 $k$가 동결된 색인일 때 성립한다.

범위 좌표 $s''_0 s''_1 \ldots s''_n$은 연습문제 27(b)의 조건을 만족하는 유효한 숲에 해당한다. 만일 $k \ge 0$이고 $0 \le l \le s''_k = s_j - k + j$이며 $s''_{k+l} = s_{j'} - k - l + j'$이면, $0 \le j' - j \le s_j$일 때 $s''_{k+l} + l \le s''_k$가 성립한다. 그런 경우 $s_{j'} + j' - j \le s_j$이기 때문이다. 그리고 $j + s_j \ge k + l \ge j'$이므로, $j > j'$이거나 $j' > j + s_j$일 수는 없다.

$F'''$이 $s_k \le s'''_k \le s''_k$을 만족하는 범위들을 가진 숲이라고 하자. 그러면 $\min(s'_k, s'''_k) = s_k$이다. 만일 $k$가 동결된 색인이면 $s_k = s''_k$이고 그렇지 않으면 $s_k = s'_k$이기 때문이다.

반대로, 만일 $F'''$이 $F' \perp F''' = F$를 만족하는 숲이면 반드시 $s_k \le s'''_k \le s''_k$이다. 만일 $s'''_k < s_k$라면 $s'''_k < s'_k$일 것이기 때문이다. 그리고 만일 $k$가 $s'''_k > s''_k$을 만족하는 최소의 색인이면, $0 \le j \le k$이고 $j + s_j \ge k$인 어떤 동결된 $j$에 대해 $s''_k = s_j - k + j$이다. 그러면 $s'''_j \ge s_j$는 $k - j \le s'''_j$를 함의하며, 따라서 $s'''_k + k - j \le s'''_j$이다. 만일 $j < k$이면 $s'''_j \le s''_j = s_j$인데, 이는 모순이다. 그러나 $j = k$는 $\min(s'''_k, s'_k) > s_k$를 함의한다.

첫 준분배법칙이 성립함을 증명하려면, 이 원리를 $F$를 $F \perp G$로 대체한 것과 $F'$을 $F$로 대체한 것에 적용해 볼 것. 그러면 $F \dashv G \dashv F''$이고 $F \dashv H \dashv F''$이라는 가설은 $F \dashv G \top H \dashv F''$을 함의한다. 둘째 준분배법칙은 첫째 것에서 쌍대들을 취하면 유도된다.

(프리즈Ralph Freese는 $F''$을 $F$에 관한 $F'$의 의사여원[pseudo-complement]이라고 부를 것을 제안했다.)

**33.** (a) LLINK$[k] \ne 0$이면 $k\lambda$가 LLINK$[k]$이고, 그렇지 않고 만일 $k \ne 1$이면 RLINK$[k-1]$이며, 그것도 아니면 그 이진 트리의 뿌리라고 하자. 이 규칙은 하나의 순열을 정의한다. 왜냐하면 오직 $k = \mathrm{parent}(j) + [j$가 오른쪽 자식$]$일 때 또는 $k = 1$이고 $j$가 뿌리일 때에만 $k\lambda = j$이기 때문이다. 또한 LLINK$[k] = 0$일 때 $k\lambda \ge k$이고 RLINK$[k] = 0$일 때에는 $k\sigma\lambda \le k$이다. 〔$t$진 트리로의 일반화에 대해서는 P. H. Edelman, *Discrete Math.* **40** (1982), 171-179를 보라.〕

(b) 해답 26(f)의 (2)의 표현을 사용하면, 이 경우 $\lambda(F)$가 $(3\,1)(2)(12\,6\,4)(5)(11\,7)(14\,13)(9\,8)(15)(10)$임을 알 수 있다. 일반화하자면, 그러한 순환마디들은 숲의 가족들로, 각 순환마디 안에서 가족들은 내림차순이고 노드들의 번호는 전위순이다. 〔Dershowitz, Zaks, *Discrete Math.* **62** (1986), 215-218을 보라.〕

(c) $\lambda(F^D) = \rho\sigma\lambda(F)\rho$로, 여기서 $\rho$는 '뒤집기(flip)' 순열 $(1\,n)(2\,n-1)\ldots$이다. 왜냐하면 쌍대 숲은 LLINK $\leftrightarrow$ RLINK로 맞바꾸고 전위순 번호들을 뒤집기 때문이다.

(d) 순환마디 나눔 $(x_j x_k)(x_1 \ldots x_m) = (x_1 \ldots x_j x_{k+1} \ldots x_m)(x_{j+1} \ldots x_k)$는 해답 26(c)에 해당한다.

(e) (d)에 의해, 각 포괄 경로는 $(n \ldots 2\,1)$의 한 인수분해에 대응된다. $q_n$이 그러한 인수분해들의 개수라고 하자. 그러면 점화식 $q_1 = 1$과 $q_n = \sum_{l=1}^{n-1}(n-l)\binom{n-2}{l-1}q_l q_{n-l}$이 성립한다. 순환마디를 각각 크기가 $l$과 $n-l$인 부분으로 나누는, $k-j=l$인 첫 번째 전치를 선택하는 방법이 $n-l$가지이고, 이후의 인수들을 교차삽입하는 방법은 $\binom{n-2}{l-1}$가지이기 때문이다. 답은 $q_n = n^{n-2}$으로, 왜냐하면

$$\sum_{l=1}^{n-1}\binom{n-1}{l}l^{l-1}(y-l)^{n-1-l} = \lim_{x\to 0}\sum_{l=1}^{n-1}\binom{n-1}{l}(x+l)^{l-1}(y-l)^{n-1-l}$$

$$= \lim_{x\to 0}\frac{(x+y)^{n-1}-y^{n-1}}{x} = (n-1)y^{n-1}$$

이기 때문이다.

〔J. Dénes, *Magyar Tudományos Akadémia Matematikai Kutató Intézetének Közleményei* **4** (1959), 63-70을 보라. 인수분해와 이름표 붙은 자유 트리 사이의 대응관계를 찾아보는 것은 자연스러운 일이다. 후자 역시 $n^{n-2}$가지이기 때문이다. 아마도 가장 간단한 대응관계는 이런 것일 것이다: $x_j < y_j$인 $(1\,2\ldots n) = (x_1 y_1)\ldots(x_{n-1}y_{n-1})$이 주어졌을 때, $(x_j y_j)\ldots(x_{n-1}y_{n-1})$ 중 $x_j$와 $y_j$를 담은 순환마디가 $(z_1 \ldots z_m)$이라고 하자. 여기서 $z_1 < \cdots < z_m$이다. 만일 $y_j = z_m$이면 $a_j = z_1$로 두고 그렇지 않으면 $a_j = \min\{z_i \mid z_i > x_j\}$로 둔다. 그러면 $a_1 \ldots a_{n-1}$이 $n-1$대의 차를 주차하는 문제의 '깨움 순차열(wake-up sequence)'임을 보이는 것이 가능하다. 그리고 연습문제 6.4-31에 이들과 자유 트리들의 관계가 나온다.〕

**34.** 최하단에서 최상단으로의 포괄 경로는 형상이 $(n-1, n-2, \ldots, 1)$인 영 타블로와 동치이므로, 정리 5.1.4H를 적용할 수 있다. (연습문제 5.3.4-38을 보라.)

〔타마리 격자의 그러한 경로들의 열거는 여전히 신비에 싸여 있다. 해당 수열은 1, 1, 2, 9, 98, 2981, 340549, ...이다.〕

**35.** $n+1$을 곱한 다음 *AMM* **97** (1990), 626-630을 보라.

**36.** 단계 T1~T5를 적절히 수정한다면(수정 방법은 자명하다) 알고리즘을 임의의 $t \ge 1$에 대한 $t$진 트리들로 일반화할 수도 있다. $C_n^{(t)}$이 내부 노드가 $n$개인 $t$진 트리들의 개수라고 하자. 그러면 $C_n = C_n^{(2)}$이고 $C_n^{(t)} = ((t-1)n+1)^{-1}\binom{tn}{n}$이다. 만일 방문들 사이에서 도수 $b_j$들 중 변하는 것들의 개수가 $h$라고 하면, $h \ge x$인 경우는 $C_{n-x}^{(t)}$ 가지이다. 따라서 쉬운 경우가 발생할 확률은 $1 - C_{n-1}^{(t)}/C_n^{(t)} \approx 1-(t-1)^{t-1}/t^t$이고 단계 T4에서 설정 $b_j \leftarrow 0$이 수행되는 횟수의 평균은 $(C_{n-1}^{(t)}+\cdots+C_1^{(t)})/C_n^{(t)} \approx (t-1)^{t-1}/(t^t-(t-1)^{t-1})$이다. $t=3$일 때 이는 4/23이다.

사실, (5)를 일반화하여 $0 \le (t-1)p \le q \ne 0$일 때의 $t$진 재귀 구조 $A_{pq}^{(t)} = 0\,A_{p(q-1)}^{(t)}$, $t\,A_{(p-1)q}^{(t)}$를 분석하는 것도 가능하다. 그러한 도수열의 개수 $C_{pq}^{(t)}$은 $p<0$이나 $(t-1)p>q$일 때의 $C_{pq}^{(t)}=0$을 제외하면 점화식 (21)을 만족한다. 일반해는

$$C_{pq}^{(t)} = \frac{q-(t-1)p+1}{q+1}\binom{p+q}{p} = \binom{p+q}{p} - (t-1)\binom{p+q}{p-1}$$

이고, $C_n^{(t)} = C_{n((t-1)n)}^{(t)}$ 이다. 오른쪽의 수들은 $t=3$에 대한 삼각형의 처음 부분이다.

| | | | | |
|---|---|---|---|---|
| 1 | | | | |
| 1 | | | | |
| 1 | 1 | | | |
| 1 | 2 | | | |
| 1 | 3 | 3 | | |
| 1 | 4 | 7 | | |
| 1 | 5 | 12 | 12 | |
| 1 | 6 | 18 | 30 | |
| 1 | 7 | 25 | 55 | 55 |
| 1 | 8 | 33 | 88 | 143 |

['푸스-카탈랑 수(Fuss-Catalan numbers)' $C_n^{(t)}$은 N. Fuss, *Nova acta acad. scient. imp. Pet.* **9** (1791), 243-251에서 처음 연구되었다.]

**37.** 그러한 모든 숲에 대한 기본적인 사전순 점화식은 $n_0 > n_2 + 2n_3 + \cdots + (t-1)n_t$이고 $n_1$, …, $n_t \geq 0$일 때

$$A(n_0, n_1, \ldots, n_t) = 0\,A(n_0-1, n_1, \ldots, n_t),$$
$$1\,A(n_0, n_1-1, \ldots, n_t) = t\,A(n_0, n_1, \ldots, n_t-1)$$

이고 그 외의 경우에는 $A(n_0, n_1, \ldots, n_t)$가 빈 순차열이다. 단, $A(0, \ldots, 0) = \epsilon$은 빈 문자열 하나로만 이루어진 순차열이다. 단계 G1은 $A(n_0, \ldots, n_t)$의 첫 항목을 계산한다. 우리가 분석하고자 하는 것은 다음과 같은 다섯 가지 수량이다.

$C$ : 단계 G2의 실행 횟수(숲들의 전체 개수)
$E$ : G3에서 G2로 가는 횟수(쉬운 경우들의 수)
$K$ : G4에서 어떤 $b_i$를 목록 $c$로 이동하는 횟수
$L$ : G5에서 $b_j$를 어떤 $c_i$와 비교하는 횟수
$Z$ : G5에서 $c_1 \leftarrow 0$로 설정하는 횟수

그러면 단계 G6에서 $b_{l-c_j} \leftarrow c_j$로 설정하는 횟수는 총 $K - Z - n_1 - \cdots - n_t$회이다.

$n$이 벡터 $(n_0, n_1, \ldots, n_t)$이고 $e_j$가 좌표 성분 $j$의 값이 1인 단위 벡터라고 하자. 그리고 $|n| = n_0 + n_1 + \cdots + n_t$이고 $\|n\| = n_1 + 2n_2 + \cdots + tn_t$라고 하자. 이 표기법을 이용해서, 앞에 나온 점화식을 다음과 같은 간편한 형태로 표기할 수 있다.

$$A(n) = 0\,A(n-e_0),\ \ 1\,A(n-e_1),\ \ \ldots,\ \ t\,A(n-e_t), \qquad |n| > \|n\| \text{일 때.}$$

다음과 같은 일반 점화식을 고찰하자.

$$F(n) = f(n) + \left(\sum_{j=0}^{t} F(n-e_j)\right)\big[\,|n| > \|n\|\,\big].$$

단, 벡터 $n$에 음의 성분이 있으면 항상 $F(n) = 0$이다. 만일 $f(n) = [\,|n| = 0\,]$이면 $F(n) = C(n)$은 숲들의 전체 개수이다. 해답 2.3.4.4-32에 의해

$$C(n) = \frac{(|n|-1)!\,(|n|-\|n\|)}{n_0!\,n_1!\ldots n_t!} = \sum_{j=0}^{t}(1-j)\binom{|n|-1}{n_0, \ldots, n_{j-1}, n_j-1, n_{j+1}, \ldots, n_t}$$

이다. 이는 해답 36의 $C_{pq}^{(t)}$에 대한 공식을 일반화한 것이다(그 공식은 $n_0 = (t-1)q+1$이고 $n_t = p$

인 경우에 해당한다). 비슷하게, 분석에 필요한 다른 수량 $E(n)$, $K(n)$, $L(n)$, $Z(n)$에 대한 점화식들 역시 적절한 핵 함수 $f(n)$들을 선택해서 구할 수 있다.

$f(n) = [|n| = n_0 + 1$ 그리고 $n_0 > \|n\|]$으로 두면 $F(n) = E(n)$이 나오고,
$f(n) = [|n| > n_0]$으로 두면 $F(n) = E(n) + K(n)$이 나오고,
$f(n) = [|n| = \|n\| + 1]$로 두면 $F(n) = C(n) + K(n) - Z(n)$이 나오고,
$f(n) = \sum_{1 \le j < k \le t} n_j [n_k > 0]$으로 두면 $F(n) = L(n)$이 나온다.

연습문제 2.3.4.4-32의 기호적 방법들이 이런 좀 더 일반적인 점화식들보다 해를 더 빠르게 산출하는 것 같지는 않으나, $C - E$의 값은 단계 G2에서 오직 그 전단계가 G3이었을 때에만 $b_m + m < N$이라는 점에 착안해서 손쉽게 구할 수 있다. 따라서

$$C(n) - E(n) = \sum_{j=1}^{t} C(n - f_j), \qquad \text{여기서 } f_j = e_j - (j-1)e_0$$

이다. 이 합은 개수 내부(잎이 아닌) 노드들의 개수 $n_1 + \cdots + n_t$가 1 감소된 부분숲들의 개수에 해당한다. 마찬가지로

$$C^{(x)}(n) = \sum \{ C(n - i_1 f_1 - \cdots - i_t f_t) \mid i_1 + \cdots + i_t = x \}$$

를 내부 노드가 $n_1 + \cdots + n_t - x$개인 부분숲들의 개수로 둘 수 있다. 그러면 (20)과 비슷한 공식

$$K(n) - Z(n) = \sum_{x=1}^{|n|} C^{(x)}(n)$$

이 성립한다. 이는 단계 G5에서 오직 $b_{m-x} > 0$이고 $b_{m-x+1} \ge \cdots \ge b_m$일 때에만 $k - [b_j = 0] \ge x \ge 1$이기 때문이다. 그러한 전위순 도수열들은 도수열 $b_1 \ldots b_N$에서 $b_{m-x+1} \ldots b_m$과 적절한 개수의 0들을 제거한다면 $C^{(x)}(n)$의 숲들과 일대일로 대응된다.

이러한 공식들로부터, 잭스-리처즈 알고리즘이 $n_1 = n_2 + \cdots + n_t + O(1)$일 때에는 항상 숲 하나를 방문할 때마다 단 $O(1)$회의 연산만 필요로 한다는 결론을 내릴 수 있다. 왜냐하면 $j > 1$일 때 $C(n - f_j)/C(n) = n_j n_0^{\underline{j-1}}/(|n| - 1)^{\underline{j}} \le 1/4 + O(|n|^{-1})$이기 때문이다. 실제로, 현실에서 중요한 거의 모든 경우에서 $K$의 값은 상당히 작다. 그러나 $n_1$이 클 때에는 알고리즘이 느려질 수 있다. 예를 들어 $t = 1$이고 $n_0 = m + r + 1$, $n_1 = m$일 때 알고리즘은 $m + r$개 중 $r$개의 조합들을 본질적으로 모두 계산한다. 그러면, $r$이 고정되었을 때 $C(n) = \binom{m+r}{r}$이고 $K(n) - Z(n) = \binom{m+r}{r+1} = \Omega(mC(n))$이다. 〔후행 1들을 관리함으로써 모든 경우에서 효율성을 보장할 수 있는데, Ruskey, Rœlants van Baronaigien, *Congressus Numerantium* **41** (1984), 53–62를 보라.〕

$K$와 $Z$, (그리고 특히) $L$에 대한 정확한 공식은 단순하지 않은 것으로 보이나, 그러한 수량들을 다음과 같이 계산하는 것이 가능하다. 0이 아닌 도수들로 이루어진 제일 오른쪽 부분열을 해당 숲의 '활성 블록(active block)'이라고 부르기로 하자. 예를 들어 302102021230000000의 활성 블록은 2123이다. 활성 블록의 모든 순열은 동일 확률로 나타난다. 실제로, 명세가 $n$인 숲들에 대한 모든 전위순 도수열 $\beta$에 관한 '($\beta$)의 후행 0들의 개수 빼기 1'들의 합을 $D(n)$이라고 표기

한다고 할때, $1 \le j \le t$에 대해 $j$가 $n'_j$번 나타나는 블록은 정확히 $D(n - n'_1 f_{1-} \cdots - n'_t f_t) + [n'_1 + \cdots + n'_t = n_{1+} \cdots + n_t]$가지 경우에서 활성 블록이다. 예를 들어 도수열 3021020000이 주어졌을 때 세 지점에 21230000을 삽입해서 활성 블록 2123을 가진 하나의 숲을 얻을 수 있다. 활성 블록이 제일 왼쪽에(즉, 그 앞에 0이 없는 위치에) 있는 경우 $K$와 $L$의 기여를 연습문제 7.2.1.2-6에서처럼 계산할 수 있다. 구체적으로 말하면, 그 해답의 표기법으로

$$k(n) = w\big(e_{n_1}(z) \ldots e_{n_t}(z)\big), \qquad l(n) = w\Big(e_{n_1}(z) \ldots e_{n_t}(z) \sum_{1 \le i < j \le t} \big(n_i - zr_i(z)\big) r_j(z)\Big)$$

이다. 일반적으로도 그와 비슷한 기여들이 발생한다. 따라서

$$K(n) = k(n) + \sum D(n - n')k(n'),\ L(n) = l(n) + \sum D(n - n')l(n'),\ Z(n) = \sum D(n - n')$$

인데, 합의 구간은 $1 \le j \le t$에 대해 $n'_j \le n_j$이고 $|n'| - \|n'\| = |n| - \|n\|$, $n'_1 + \cdots + n'_t \le n_1 + \cdots + n_{t-2}$인 모든 벡터 $n'$이다.

이제 $D(n)$만 구하면 된다. 명세가 $n = (n_0, \ldots, n_t)$이고 전위순으로 마지막 내부 노드의 도수가 $j$인 숲들의 개수가 $C(n; j)$라고 하자. 그러면

$$C(n) = \sum_{j=1}^{t} C(n; j)\text{이고 } C(n + e_1; 1) = C(n + e_2; 2) = \cdots = C(n + e_t; t) = C(n) + D(n)$$

이다. 이 무한연립방정식으로부터, $C(n) + D(n)$이

$$\sum_{i_2=0}^{n_2} \cdots \sum_{i_t=0}^{n_t} (-1)^{i_2 + \cdots + i_t} \binom{i_2 + \cdots + i_t}{i_2, \ldots, i_t} C\big(n + (1 + i_2 + \cdots + i_t)e_1 - i_2 f_2 - \cdots - i_t f_t\big)$$

임을 유도할 수 있다. 물론 더 단순한 수식이 있다면 좋을 것이다.

**38.** 단계 L1이 $4n + 2$멤임은 분명하다. 단계 L3이 L4나 L5로 나가는 횟수는 $j$의 특정한 값에 대해 정확히 $C_j - C_{j-1}$이다. 따라서 그 비용은 $2C_n + 3\sum_{j=0}^{n}(n - j)(C_j - C_{j-1}) = 2C_n + 3(C_{n-1} + \cdots + C_1 + C_0)$멤이다. 단계 L4와 L5의 비용을 합하면 $6C_n - 6$이다. 그러므로 전체 공정의 방문당 비용은 $9 + O(n^{-1/2})$멤이다.

**39.** 형상이 $(q, p)$이고 성분들이 $y_{ij}$들인 한 영 타블로는 왼쪽 괄호들의 위치가 $p + q + 1 - y_{21}$, $\ldots$, $p + q + 1 - y_{2p}$이고 오른쪽 괄호들의 위치가 $p + q + 1 - y_{11}$, $\ldots$, $p + q + 1 - y_{1q}$인 $A_{pq}$의 한 원소에 대응된다. 갈고리 길이들은 $\{q + 1, q, \ldots, 1, p, p - 1, \ldots, 1\} \setminus \{q - p + 1\}$이다. 따라서 정리 5.1.4H에 의해 $C_{pq} = (p + q)!\,(q - p + 1)/(p!\,(q + 1)!)$이다.

**40.** (a) $C_{pq} = \binom{p+q}{p} - \binom{p+q}{p-1} \equiv \binom{p+q}{p} + \binom{p+q}{p-1} = \binom{p+q+1}{p}$(법 2)이다. 이제 연습문제 1.2.6-11을 적용하면 된다. (b) 식 7.1.3-(36)에 의해, $\nu(n \,\&\, (n + 1)) = \nu(n + 1) - 1$임을 이미 알고 있다.

**41.** 그 생성 함수는 $C(wz)/(1 - zC(wz)) = 1/(1 - z - wzC(wz)) = (1 - wC(wz))/(1 - w - z)$와 같다. 여기서 $C(z)$는 카탈랑 생성 함수 (18)이다. 이러한 공식들의 처음 부분 $C(wz) + zC(wz)^2 + z^2C(wz)^3 + \cdots$이 (24)와 동치임도 손쉽게 증명할 수 있다. [P. A. MacMahon, *Combinatory Analysis* **1** (Cambridge Univ. Press, 1915), 128-130을 보라.]

**42.** (a) 원소 $a_1 \ldots a_n$은 하나의 온전한 자기켤레 내포열 $a_1 \ldots a_{2n}$을 결정하며, 오른쪽 괄호가 정확히 $q$개인 내포열 $a_1 \ldots a_n$은 총 $C_{q(n-q)}$가지이다. 따라서 답은

$$\sum_{q=0}^{\lfloor n/2 \rfloor} C_{q(n-q)} = \sum_{q=0}^{\lfloor n/2 \rfloor} \left( \binom{n}{q} - \binom{n}{q-1} \right) = \binom{n}{\lfloor n/2 \rfloor}$$

이다.

(b) 정확히 $C_{(n-1)/2}$ $[n$이 홀수$]$개이다. 자기 전치 이진 트리는 그 왼쪽 부분트리에 의해 결정되기 때문이다. 그리고 (c)의 답도 그와 같다. $F$는 오직 $F^R$이 자기전치일 때에만 자기쌍대이기 때문이다.

**43.** $q-p$에 대한 귀납법에 의해 $C_{pq} = C_q - \binom{q-p-1}{1} C_{q-1} + \cdots = \sum_{r=0}^{q-p} (-1)^r \binom{q-p-r}{r} C_{q-r}$이다.

**44.** 방문들 사이의 각 단계의 메모리 참조 횟수는 단계 B3이 $3j-2$, 단계 B4가 $h+1$, 단계 B5가 4이다. 여기서 $h$는 설정 $y \leftarrow r_y$가 수행되는 횟수이다. $j$와 $x$가 주어졌을 때, $h \ge x$인 이진 트리의 개수는 $j < n$일 때 $[z^{n-j-x-1}]\, C(z)^{x+3}$이다. 왜냐하면 $j+x+1$개의 내부 노드들 아래에 $x+3$개의 부분트리들을 부착하면 그런 트리들이 나오기 때문이다. $x=0$으로 두고 (24)와 연습문제 43을 적용하면, $j$의 주어진 값이 $C_{(n-j-1)(n-j+1)} = C_{n+1-j} - C_{n-j}$회 등장함을 알 수 있다. 따라서 모든 이진 트리에 관한 $\sum j$는 $n + \sum_{j=1}^{n} (C_{n+1-j} - C_{n-j}) j = C_n + C_{n-1} + \cdots + C_1$이다. 마찬가지로 $\sum (h+1)$은 $\sum_{j=1}^{n-1} \sum_{x=0}^{n-j-1} C_{(n-j-x-1)(n-j+1)} = \sum_{j=1}^{n-1} C_{(n-j-1)(n-j+2)} = \sum_{j=1}^{n} (C_{n-j+2} - 2C_{n-j+1}) = C_{n+1} - (C_n + C_{n-1} + \cdots + C_0)$이다. 따라서 알고리즘의 전체 비용은 $C_{n+1} + 4C_n + 2(C_{n-1} + \cdots + C_1) + O(n) = \bigl(26/3 - 10/(3n) + O(n^{-2})\bigr) C_n$ 멤이다.

**45.** 단계 K3의 쉬운 경우들은 각각 $C_{n-1}$회씩 발생한다. 따라서 그 단계의 총 비용은 $3C_{n-1} + 8C_{n-1} + 2(C_n - 2C_{n-1})$멤이다. 단계 K4는 $r_i$를 총 $[z^{n-i-1}]\, C(z)^{i+2} = C_{(n-i-1)n}$번 읽는다. 이를 $i \ge 2$에 관해 합한 $C_{(n-3)(n+1)} = C_{n+1} - 3C_n + C_{n-1}$멤이 그 루프의 총 비용이다. 단계 K5의 비용은 $6C_n - 12C_{n-1}$이다. 단계 K6은 좀 더 복잡하나, 연산 $r_j \leftarrow r_k$의 실행 횟수가 $n > 2$일 때 $C_n - 3C_{n-1} + 1$이고 연산 $r_j \leftarrow 0$은 $C_{n-1} - n + 1$회임을 보이는 것이 가능하다. 따라서 총 멤수는 $C_{n+1} + 7C_n - 9C_{n-1} + n + 3 = \bigl(8.75 - 9.375/n + O(n^{-2})\bigr) C_n$이다.

이 총 비용이 해답 44의 알고리즘 B에서보다 점근적으로 더 나쁘긴 하지만, $n^{-1}$의 커다란 음의 계수 때문에 알고리즘 B가 이 알고리즘보다 더 나은 경우는 $n \ge 58$일 때뿐이다. 게다가 $n$이 그 정도로 커지지는 않는다.

그러나 스카르베크Skarbek는 알고리즘 B를 다음의 알고리즘 B*로 개선했다. 이 알고리즘 B*는 트리들을 역순으로 생성하고 보조표 $c_1 \ldots c_n$을 사용한다.

**B1*.** 〔초기화.〕 $1 \le k < n$에 대해 $l_k \leftarrow c_k \leftarrow 0$, $r_k \leftarrow k+1$로 설정한다. 또한 $l_n \leftarrow r_n \leftarrow 0$로 설정하고 $r_{n+1} \leftarrow 1$로 설정한다(단계 B3*의 편의를 위해).

**B2*.** 〔방문.〕 $l_1 l_2 \ldots l_n$과 $r_1 r_2 \ldots r_n$으로 표현된 이진 트리를 방문한다.

**B3*.** 〔$j$를 찾는다.〕 $j \leftarrow 1$로 설정한다. $r_j = 0$인 동안 $l_j \leftarrow c_j \leftarrow 0$, $r_j \leftarrow j+1$, $j \leftarrow j+1$로 설정한다. 그런 다음 만일 $j > n$이면 알고리즘을 끝낸다.

**B4*.** [$r_j$를 강등.] $x \leftarrow r_j$, $r_j \leftarrow r_x$, $r_x \leftarrow 0$, $z \leftarrow c_j$, $c_j \leftarrow x$로 설정한다. 만일 $z > 0$이면 $r_z \leftarrow x$로 설정하고 그렇지 않으면 $l_j \leftarrow x$로 설정한다. B2*로 돌아간다. ▮

만일 $r_1$과 $c_1$의 값들을 레지스터들에 담아둔다면, 이 알고리즘으로 모든 $C_n$개의 트리를 생성하는 데 필요한 멤수는 단 $4C_n + C_{n-1} + 4(C_{n-1} + C_{n-2} + \cdots + C_0) + 3n - 6 = (67/12 + 73/(24n) + O(n^{-2}))C_n$이다. [W. Skarbek, *Fundamenta Informaticæ* **75** (2007), 505-536을 보라.]

**46.** (a) ⓟⓠ에서 왼쪽으로 이동하면 면적이 $q-p$만큼 증가한다.

(b) ⓝⓝ에서 ⓞⓞ으로의 경로에서 왼쪽으로 이동하는 단계들은 $a_1 \ldots a_{2n}$의 왼쪽 괄호들에 대응되며, 그러한 $k$번째 단계에서 $q - p = c_k$이다.

(c) 이와 동치로, $C_{n+1}(x) = \sum_{k=0}^{n} x^k C_k(x) C_{n-k}(x)$이다. 이 점화식이 성립하는 것은 한 $(n+1)$노드 숲 $F$가 제일 왼쪽 트리의 뿌리와 하나의 $k$노드 숲 $F_l$(그 뿌리의 후손들), 그리고 하나의 $(n-k)$노드 숲 $F_r$(나머지 트리들)로 이루어지며, 또한

$$\text{내부 경로 길이}(F) = k + \text{내부 경로 길이}(F_l) + \text{내부 경로 길이}(F_r)$$

이기 때문이다.

(d) $A_{p(p+r)}$의 문자열들은 $\alpha_0)\alpha_1)\ldots\alpha_{r-1})\alpha_r$ 형태로, 여기서 각 $\alpha_j$는 적절히 내포된 괄호열이다. 그러한 문자열의 면적은, $j$에 관한 $\alpha_j$의 면적들의 합에 $r-j$ 곱하기 $\alpha_j$의 왼쪽 괄호 개수를 더한 것이다.

참고: 다항식 $C_{pq}(x)$는 칼리츠L. Carlitz와 리어던J. Riordan이 *Duke Math. J.* **31** (1964), 371-388에서 소개했다. 부문제 (d)의 항등식은 그 논문의 공식 (10.12)와 동치이다. 그들은 또한 연습문제 43의 결과를 일반화하는 공식

$$C_{pq}(x) = \sum_r (-1)^r x^{r(r-1) - \binom{q-p}{2}} \binom{q-p-r}{r}_x C_{q-r}(x)$$

도 증명했다. 부문제 (c)로부터, 무한 연분수 $C(x,z) = 1/(1 - z/(1 - xz/(1 - x^2z/(1 - \cdots))))$을 이끌어 낼 수 있는데, 왓슨G. N. Watson은 이것이 $F(x,z)/F(x,z/x)$와 같음을 증명했다. 여기서

$$F(x,z) = \sum_{n=0}^{\infty} \frac{(-1)^n x^{n^2} z^n}{(1-x)(1-x^2)\ldots(1-x^n)}$$

이다. *J. London Math. Soc.* **4** (1929), 39-48을 보라. 이와 동일한 생성 함수가 연습문제 5.2.1-15에 약간 다른 모습으로 등장했었다.

한 숲의 내부 경로 길이는 해당 이진 트리의 '왼쪽 경로 길이', 즉 모든 내부 노드에 관한, 뿌리로부터의 각 내부 노드로의 경로의 왼쪽 가지 개수들의 합이다. 좀 더 일반적인 다항식

$$C_n(x,y) = \sum x^{\text{왼쪽 경로 길이}(T)} y^{\text{오른쪽 경로 길이}(T)}$$

(합의 구간은 모든 $n$노드 이진 트리 $T$)에 대해서는, 이번 연습문제에서 공부한 $C_{nn}(x) = C_n(x,1)$에 대한 것 같은 간단한 가산적 점화식이 없는 것으로 보인다. 그러나 $C_{n+1}(x,y) =$

$\sum_k x^k C_k(x,y) y^{n-k} C_{n-k}(x,y)$이긴 하다. 따라서 초 생성 함수 $C(x,y,z)=\sum_n C_n(x,y)z^n$은 함수 방정식 $C(x,y,z)=1+zC(x,y,xz)C(x,y,yz)$를 만족한다. ($x=y$인 경우를 연습문제 2.3.4.5-5에서 고찰했다.)

**47.** $0 \le p < n$에 대해 $C_n(x)=\sum_q x^{\binom{q-p}{2}} C_{pq}(x) C_{(n-q)(n-1-p)}(x)$.

**48.** 연습문제 46의 표기법하에서 $\bar{C}(z)=C(-1,z)$라고 하자. 그리고 $\bar{C}(z)\bar{C}(-z)=F(z^2)$이라고 하자. 그러면 $\bar{C}(z)=1+zF(z^2)$이고 $\bar{C}(-z)=1-zF(z^2)$이다. 따라서 $F(z)=1-zF(z)^2$이고 $F(z)=C(-z)$이다. 이로부터 $C_{pq}(-1)=[z^p]\,C(-z^2)^{\lfloor (q-p)/2\rfloor}(1+zC(-z^2))^{[q-p\text{가 짝수}]}$이 나오는데, 이것은 $q$가 짝수일 때에는 $(-1)^{(p/2)}C_{(p/2)(q/2-1)}[p\text{가 짝수}]$이고 $q$가 홀수일 때에는 $(-1)^{\lfloor p/2\rfloor}C_{\lfloor p/2\rfloor\lfloor q/2\rfloor}$이다. $A_{pq}$의 문자열들에 대한 완벽한 그레이 부호는 $|C_{pq}(-1)|\le 1$일 때에만 존재할 수 있다. 왜냐하면 연관된 그래프가 이분열 그래프이기 때문이다(그림 62 참고). $|C_{pq}(-1)|$은 부분 크기들 사이의 차이인데, 각각의 완벽 전이는 $c_1+\cdots+c_n$을 $\pm 1$만큼 바꾸기 때문이다.

**49.** $n=15$, $N=10^6$으로 두어서 알고리즘 U를 실행해 보면 ()(()())((()()))((((())()))) 이 답임을 알 수 있다.

**50.** 알고리즘 U를 다음과 같이 변경한다: 단계 U1에서 $r\leftarrow 0$으로도 설정한다. 단계 U3에서는 $N\le c'$을 판정하는 대신 $a_m=$')'을 판정한다. 단계 U4에서는 $N\leftarrow N-c'$으로 설정하는 대신 $r\leftarrow r+c'$으로 설정한다. 그리고 단계 U3과 U4에서 $a_m$의 설정을 생략한다.

(1)에 나온 괄호열의 순위는 3141592이다. (그럴 줄 누가 알았겠는가?)

**51.** 정리 7.2.1.3L에 의해 $N=\binom{\bar{z}_1}{n}+\binom{\bar{z}_2}{n-1}+\cdots+\binom{\bar{z}_n}{1}$이다. 따라서, $\bar{z}_n\ge 1$이므로 $\kappa_n N=\binom{\bar{z}_1}{n-1}+\binom{\bar{z}_2}{n-2}+\cdots+\binom{\bar{z}_n}{0}$이다. 이제 $N-\kappa_n N$이 (23)과 연습문제 50에 의해 $z_1z_2\ldots z_n$의 순위임을 주목하자. (예를 들어 $z_1\ldots z_4=1256$이라고 하자. 이는 표 1에서 순위가 6이다. 그러면 $\bar{z}_1\ldots\bar{z}_4=7632$, $N=60$, $\kappa_4 60=54$이다. $N$이 상당히 크다는 점을 주의할 것. 이는 $\bar{z}_1=2n-1$이기 때문이다. 그림 47은 $N$이 더 작을 때 $\kappa_n N$이 대체로 $N$을 초과함을 보여준다.)

**52.** 후행 오른쪽 괄호들의 개수의 분포는 선행 왼쪽 괄호들의 개수의 분포와 같다. 그리고 '$(^k)$'로 시작하는 내포열들의 순차열은 $(^k)A_{(n-k)(n-1)}$이다. 따라서 $d_n=k$일 확률은 $C_{(n-k)(n-1)}/C_n$이다. 식 1.2.6-(15)에 의해

$$\sum_{k=0}^{n}\binom{k}{t}C_{(n-k)(n-1)}=\sum_{k=0}^{n}\left(\binom{2n-1-k}{n-1}-\binom{2n-1-k}{n}\right)\binom{k}{t}$$
$$=\binom{2n}{n+t}-\binom{2n}{n+t+1}=C_{(n-t)(n+t)}$$

이며, 이로부터 평균 $3n/(n+2)=3-6/(n+2)$와 분산 $2n(2n^2-n-1)/((n+2)^2(n+3))=4+O(n^{-1})$을 이끌어 낼 수 있다. 〔이 분포의 적률[moment]들은 켐프R. Kemp가 *Acta Informatica* **35** (1998), 17-89, Theorem 9에서 처음으로 계산했다. $c_n=d_n-1$도 본질적으로 이와 동일한 습성을 가짐을 주목할 것.〕

**53.** (a) 연습문제 52에 의해 $3n/(n+2)$. (b) 연습문제 6.2.2-7에 의해 $H_n$. (c) 귀납법에 의해 $2-2^{-n}$. (d) 임의의 특정한(그러나 고정된) 왼쪽 가지들 또는 오른쪽 가지들의 순차열에서 하나의 잎을 만나기 전의 단계들은 분포가 같다. (다른 말로 하면, 듀이 이진 표기법으로 01101인 노드가 나타날 확률은 00000인 노드가 나타날 확률과 같다.) 따라서 만일 $X=k$일 확률이 $p_k$이면, 수준 $k$의 $2^k$의 잠재적 노드들 각각은 $p_k$의 확률로 외부 노드이다. 그러므로 기댓값 $\sum_k 2^k p_k$는 외부 노드 개수의 기댓값이며, 세 경우 모두 값은 $n+1$이다. (물론 이 결과를 직접 증명하는 것도 물론 가능하다. (a)의 경우 $p_k = C_{(n-k)(n-1)}/C_n$, (b)의 경우 $p_k = \left[{n \atop k}\right]/n!$, (c)의 경우 $p_k = 2^{-k+[k=n]}$으로 증명할 수 있다.)

참고: 이 세 경우에서 한 잎 노드의 평균 수준은 각각 $\Theta(\sqrt{n})$, $\Theta(\log n)$, $\Theta(n)$이다. 따라서 제일 왼쪽 잎에 닿는 기대 시간이 짧을수록 그 경로는 더 길어진다! 이유는, 뿌리 부근에 만연한 '구멍'들 때문에 다른 경로들이 더 길어진다는 것이다. 해답 36의 표기법하에서 $p_k = C^{(t)}_{(n-k)((t-1)n-1)}/C^{(t)}_n$일 때, 경우 (a)에는 $t$진 트리로의 흥미로운 일반화가 존재한다. 그 경우 제일 왼쪽 잎까지의 평균 거리는 $(t+1)n/((t-1)n+2)$이다. 그리고 다음을 망원급수(telescoping series)를 이용해서 증명해 보면 배우는 것이 많을 것이다.

$$\sum_k t^k C^{(t)}_{(n-k)((t-1)n-1)} = \binom{tn}{n}.$$

**54.** $x$에 대해 미분하면 다음이 나온다.

$$C'(x,z) = zC'(x,z)C(x,xz) + zC(x,z)(C'(x,xz) + zC_\prime(x,xz)).$$

여기서 $C_{\prime(x,z)}$는 $z$에 대한 $C(x,z)$의 도함수이다. 따라서 $C'(1,z) = 2zC'(1,z)C(z) + z^2C(z)C'(z)$이다. 그리고 $C'(z) = C(z)^2 + 2zC(z)C'(z)$이므로, 이를 $C'(1,z)$에 대해 풀어서 $z^2C(z)^3/(1-2zC(z))^2$을 얻을 수 있다. 그러므로 $\sum(c_1+\cdots+c_n) = [z^n]\,C'(1,z) = 2^{2n-1} - \frac{1}{2}(3n+1)C_n$인데, 이는 연습문제 2.3.4.5-5의 결과와 일치한다. 비슷한 과정으로

$$\sum(c_1+\cdots+c_n)^2 = [z^n]\,C''(1,z) = \left(\frac{5n^2+19n+6}{6}\right)\binom{2n}{n} - \left(1+\frac{3n}{2}\right)4^n$$

을 구할 수 있다. 따라서 평균과 분산은 각각 $\frac{1}{2}\sqrt{\pi}\,n^{3/2}+O(n)$과 $(\frac{5}{6}-\frac{\pi}{4})n^{3/2}+O(n)$이다.

**55.** 해답 54에서처럼 미분하고 연습문제 46(d)와 5.2.1-14의 공식들과 $[z^n]\,C(z)^r/(1-4z) = 2^{2n+r} - \sum_{j=1}^{r} 2^{r-j}\binom{2n+j}{n}$을 이용해서 다음을 얻는다.

$$\begin{aligned}
C'_{p(p+r)}(1) &= [z^p]\left((r+1)\frac{z^2C(z)^{r+3}}{1-4z} + \binom{r+1}{2}\frac{zC(z)^{r+2}}{\sqrt{1-4z}}\right)\\
&= [z^p]\left((r+1)\frac{C(z)^{r+1}-2C(z)^r+C(z)^{r-1}}{1-4z} + \binom{r+1}{2}\frac{C(z)^{r+1}-C(z)^r}{\sqrt{1-4z}}\right)\\
&= (r+1)\left(2^{2p+r-1} - \binom{2p+r+1}{p} - \sum_{j=1}^{r-1}2^{r-1-j}\binom{2p+j}{p}\right) + \binom{r+1}{2}\binom{2p+r}{p-1}.
\end{aligned}$$

**56.** 연습문제 1.2.6-53(b)를 적용하면 된다. 〔*BIT* **30** (1990), 67-68을 보라.〕

**57.** 식 1.2.6-(21)에 의해 $2S_0(a,b)=\binom{2a}{a}\binom{2b}{b}+\binom{2a+2b}{a+b}$이다. 연습문제 1.2.6-53에 의하면

$$\sum_{k=a-m}^{a}\binom{2a}{a-k}\binom{2b}{b-k}k=(m+1)(a+b-m)\binom{2a}{m+1}\binom{2b}{a+b-m}$$

이며, 따라서 $2S_1(a,b)=\binom{2a}{a}\binom{2b}{b}\frac{ab}{a+b}$이다. 그리고 $b^2S_p(a,b)-S_{p+2}(a,b)=S_p(a,b-1)$이므로 $2S_2(a,b)=\binom{2a+2b}{a+b}\frac{ab}{2a+2b-1}$이고 $2S_3(a,b)=\binom{2a}{a}\binom{2b}{b}a^2b^2/(a+b)^2$임을 알 수 있다. 이제 $a=m$, $b=n-m$, $C_{(x-k)(x+k)}=\binom{2x}{x-k}-\binom{2x}{x-k-1}$로 두면 식 (30)이 나온다.

마찬가지로, $w_{2m-1}$의 평균은 $\sum_{k\ge 0}(2k-1)C_{(m-k)(m+k-1)}C_{(n-m-k+1)(n-m+k)}$를 $C_n$으로 나눈 것이다. 이를 정리하면

$$\frac{2S_3(m,n+1-m)-S_2(m,n+1-m)}{m(n+1-m)C_n}=\frac{m(n+1-m)}{n}\binom{2m}{m}\binom{2n+2-2m}{n+1-m}\bigg/\binom{2n}{n}-1$$

이다. 〔R. Kemp, *BIT* **20** (1980), 157-163; H. Prodinger, *Soochow J. Math.* **9** (1983), 193-196.〕

**58.** 왼쪽 부분트리의 내부 노드가 $k$개인 경우들에 대해 합산하면

$$t_{lmn}=[l=m=n=0]+\sum_{k=0}^{m-1}C_kt_{(l-1)(m-k-1)(n-k-1)}+\sum_{k=m}^{n-1}C_{n-1-k}t_{(l-1)mk}$$

가 나온다. 따라서 삼중 생성 함수 $t(v,w,z)=\sum_{l,m,n}t_{lmn}v^lw^mz^n$은

$$t(v,w,z)=1+vwzC(wz)t(v,w,z)+vzC(z)t(v,w,z)$$

를 만족한다. 그리고 $t(w,z)=\partial t(v,w,z)/\partial v\mid_{v=1}$에 대해서도 이와 비슷한 선형 관계식이 성립하는데, 왜냐하면 $t(1,w,z)=\sum_{n=0}^{\infty}\sum_{m=0}^{n}C_nw^mz^n=(C(z)-wC(wz))/(1-w)$이고 $zC(z)^2=C(z)-1$이기 때문이다. 대수적으로 조작해서 정리하면

$$t(w,z)=\frac{C(z)+wC(wz)-(1+w)}{(1-w)^2z}-\frac{2wC(z)C(wz)}{(1-w)^2}-\frac{C(z)-wC(wz)}{1-w}$$

이 된다. 이로부터 $t_{mn}=(m+1)C_{n+1}-2\sum_{k=0}^{m}(m-k)C_kC_{n-k}-C_n$이라는 공식을 얻을 수 있다. 이제

$$\sum_{k=0}^{m-1}(k+1)C_kC_{n-1-k}=\frac{m}{2n}\binom{2m}{m}\binom{2n-2m}{n-m}$$

을 연습문제 56에서처럼 증명할 수 있으며, 이로부터 다음을 이끌어 낼 수 있다:

$$t_{mn}=2\binom{2m}{m}\binom{2n-2m}{n-m}\frac{(2m+1)(2n-2m+1)}{(n+1)(n+2)}-C_n,\qquad 0\le m\le n\text{에 대해.}$$

〔P. Kirschenhofer, *J. Combinatorics, Information and System Sciences* **8** (1983), 44-60.

고차 적률과 일반화에 대해서는 W. J. Gutjahr, *Random Structures & Algorithms* **3** (1992), 361-374; A. Panholzer, H. Prodinger, *J. Statistical Planning and Inference* **101** (2002), 267-279를 보라.] 생성 함수 $t(v,w,z)$로부터

$$t_{lmn} = \sum_k \binom{l}{k} C_{(m-k)(m-1)} C_{(n-m-l+k)(n-m-1)}$$

이 나옴을 주목할 것. $m \ge 1$일 때 $\sum_k \binom{k}{r} C_{(n-k)(m-1)} = C_{(n-r)(m+r)}$이라는 사실을 이용하면 공식 $t_{mn} + C_n = \sum_k (k+1) C_{(m-k)(m-1)} C_{(n-m)(n-m+k+1)}$을 얻을 수 있으며, 따라서 (놀랍게도)이 합 공식을 닫힌 형식으로 표현할 수 있다.]

**59.** $T(w,z) = \dfrac{w(C(z)-C(wz))}{(1-w)} - wzC(z)C(wz) + zC(z)T(w,z) + wzC(wz)T(wz)$

$$= \frac{w((C(z)+C(wz)-2)/z - (1+w)C(z)C(wz) - (1-w)(C(z)-C(wz)))}{(1-w)^2}.$$

따라서 $T_{mn} = t_{mn} - \sum_{k=m}^{n} C_k C_{n-k}$이다. [조합적 증명이 존재할까?] 그리고

$$1 \le m \le n\text{에 대해 } T_{mn} = \binom{2m}{m}\binom{2n+2-2m}{n+1-m}\frac{4m(n+1-m)+n+1}{2(n+1)(n+2)} - \frac{1}{2}C_{n+1} - C_n$$

이다.

**60.** (a) 그 개수는 여원자들의 오른쪽 괄호 개수이다. (따라서 연관된 '벌레 걷기'에서 $w_{2k-1} < 0$인 $k$들의 개수이기도 하다.)

(b) 편의상 $d$('(')$= +1$이고 $d$(')')$= -1$이라고 하자.

**A1.** [초기화.] $i \leftarrow j \leftarrow 1$, $k \leftarrow 2n$으로 설정한다.

**A2.** [끝인가?] 만일 $j > k$이면 알고리즘을 끝낸다. 그렇지 않으면 $a_j \leftarrow$ '(', $j \leftarrow j+1$로 설정한다.

**A3.** [원자인가?] 만일 $b_i =$ ')'이면 $s \leftarrow -1$, $i \leftarrow i+1$로 설정하고 A4로 간다. 그렇지 않으면 $s \leftarrow 1$, $i \leftarrow i+1$로 설정하고 $s > 0$인 동안 $a_j \leftarrow b_i$, $j \leftarrow j+1$, $s \leftarrow s + d(b_i)$, $i \leftarrow i+1$로 설정한다. A2로 돌아간다.

**A4.** [여원자인가?] $s \leftarrow s + d(b_i)$로 설정한다. 그런 다음 만일 $s < 0$이면 $a_k \leftarrow b_i$, $k \leftarrow k-1$, $i \leftarrow i+1$로 설정하고 단계 A4를 되풀이한다. 그렇지 않으면 $a_k \leftarrow$ ')', $k \leftarrow k-1$, $i \leftarrow i+1$로 설정하고 A2로 돌아간다. ▮

(c) (1)의 결점이 11인 해당 괄호열은 (()))((())))))(()((())(()))(((이다. 일반적으로는, 끝에서 $l$번째의 오른쪽 괄호 바로 앞의 아래첨자 $m$과 $u_j \le m < v_j$인 부합 괄호쌍 $(u_0, v_0)$, …, $(u_{s-1}, v_{s-1})$들을 찾음으로써 그러한 괄호열을 구할 수 있다.

**I1.** [초기화.] $c \leftarrow j \leftarrow s \leftarrow 0$, $k \leftarrow m \leftarrow 2n$, $u_0 \leftarrow 2n+1$로 설정한다.

**I2.** 〔오른쪽에서 왼쪽으로 탐색.〕 만일 $k = 0$이면 I5로 간다. 만일 $a_k =$ ')'이면 I3으로 간다. 만일 $a_k =$ '('이면 I4로 간다.

**I3.** 〔')' 하나를 처리.〕 $r_j \leftarrow k$, $j \leftarrow j+1$, $c \leftarrow c+1$로 설정한다. 만일 $c = l$이면 $m \leftarrow k-1$, $s \leftarrow j$, $u_s \leftarrow k$로 설정한다. 그런 다음 $k$를 1 감소하고 I2로 돌아간다.

**I4.** 〔'(' 하나를 처리.〕 (이 지점에서 왼쪽 괄호 $a_k$는 오른쪽 괄호 $a_{r_{j-1}}$과 부합한다.) $j \leftarrow j-1$로 설정한다. 만일 $r_j > m$이면 $u_j \leftarrow k$, $v_j \leftarrow r_j$로 설정한다. 그런 다음 $k$를 1 감소하고 I2로 돌아간다.

**I5.** 〔치환 준비.〕 $i \leftarrow j \leftarrow 1$, $k \leftarrow 2n$, $c \leftarrow 0$으로 설정한다.

**I6.** 〔치환.〕 $j \neq u_c$인 동안 $b_i \leftarrow a_j$, $i \leftarrow i+1$, $j \leftarrow j+1$로 설정한다. 그런 다음 만일 $c = s$이면 알고리즘을 끝낸다. 그렇지 않으면 $b_i \leftarrow$ ')', $i \leftarrow i+1$, $j \leftarrow j+1$로 설정한다. $k \neq v_c$인 동안 $b_i \leftarrow a_k$, $i \leftarrow i+1$, $k \leftarrow k-1$로 설정한다. 그런 다음 $b_i \leftarrow$ '(', $i \leftarrow i+1$, $k \leftarrow k-1$, $c \leftarrow c+1$로 설정하고 단계 I6을 되풀이한다. ▮

참고: $0 \leq l \leq n$에 대해 길이가 $2n$이고 결점이 $l$인 균형 괄호열이 정확히 $C_n$개라는 사실은 머크맨P. A. MacMahon이 발견했으며〔*Philosophical Transactions* **209** (1909), 153-175, §20〕 이후 충K. L. Chung과 펠러W. Feller가 생성 함수를 이용해서 재발견했다〔*Proc. Nat. Acad. Sci.* **35** (1949), 605-608〕. 몇 년 후 호지스J. L. Hodges, Jr가 간단한 조합적 설명을 발견했다〔*Biometrika* **42** (1955), 261-262〕. 그는 $\beta_1 \ldots \beta_r$의 결점 $l$이 0보다 크고 $\beta_k = \alpha_k^R$이 제일 오른쪽 여원자라고 할 때 균형 괄호열 $\beta_1 \ldots \beta_{k-1}(\beta_{k+1} \ldots \beta_r)\alpha_k'^R$의 결점이 $l-1$임을(그리고 이 변환이 가역적임을) 관측했다. 이번 연습문제에 나온 효율적인 사상은 애킨슨M. D. Atkinson과 자크J.-R. Sack의 구축법〔*Information Processing Letters* **41** (1992), 21-23〕과 비슷하다.

**61.** (a) $c_j = 1 - b_j$라고 하자. 그러면 $c_j \leq 1$, $c_1 + \cdots + c_N = f$이다. 이제 정확히 $f$개의 순환 자리이동들에 대해 다음이 성립함을 증명해야 한다.

$$\text{오직 } k < N\text{일 때에만 } c_1 + c_2 + \cdots + c_k < f.$$

$c_{j \pm N} = c_j$로 둔다면 모든 정수 $j$에 대해 $c_j$를 정의할 수 있다. 또한 $\Sigma_0 = 0$, $\Sigma_j = \Sigma_{j-1} + c_j$로 두어서 모든 $j$에 대해 $\Sigma_j$를 정의하자. 그러면 $\Sigma_{j+Nt} = \Sigma_j + ft$이고 $\Sigma_{j+1} \leq \Sigma_j + 1$이다. 그러므로 각 정수 $x$마다 $\Sigma_j = x$를 만족하는 가장 작은 정수 $j = j(x)$가 존재한다. 게다가 $j(x) < j(x+1)$이고 $j(x+f) = j(x) + N$이다. 따라서 요구된 조건은 오직 $x = 1, 2, \ldots,$ 또는 $f$에 대해 $j(x) \bmod N$만큼 자리이동할 때에만 성립한다. (이 중요한 보조정리의 역사를 해답 2.3.4.4-32에서 논의했다.)

(b) $l \leftarrow m \leftarrow s \leftarrow 0$으로 시작한다. 그런 다음 $k = 1, 2, \ldots, N$에 대해(이 순서대로) 다음을 수행한다: $s \leftarrow s + 1 - b_k$로 설정한다. 그리고 만일 $s > m$이면 $m \leftarrow s$, $j_l \leftarrow k$, $l \leftarrow (l+1) \bmod f$로 설정한다. 답은, 부문제 (a)의 증명에 의해 $j_0, \ldots, j_{f-1}$이다.

(c) $0 \le j \le t$에 대해 $j$가 $n_j$번 나오는 임의의 문자열 $b_1 b_2 \ldots b_N$으로 시작한다. 이 문자열에 무작위 치환을 한 번 적용하고, 그런 다음 부문제 (b)의 알고리즘을 적용한다. $(j_0, \ldots, j_{f-1})$ 중 하나를 무작위로 선택하고, 그로부터 얻은 순환 자리이동을 하나의 전위순 순치열로 사용해서 숲을 정의한다.

〔L. Alonso, J. L. Rémy, R. Schott, *Algorithmica* **17** (1997), 162-182에 더욱 많은 일반 알고리즘들이 나와 있다.〕

**62.** 비트열 $(l_1 \ldots l_n, r_1 \ldots r_n)$은 오직 $b_j = l_j + r_j$인 비트열 $b_1 \ldots b_n$이 연습문제 20의 의미에서 유효할 때에만 유효하다. 따라서 연습문제 61을 적용할 수 있다. 〔J. F. Korsh, *Information Processing Letters* **45** (1993), 291-294를 보라.〕

**63.** 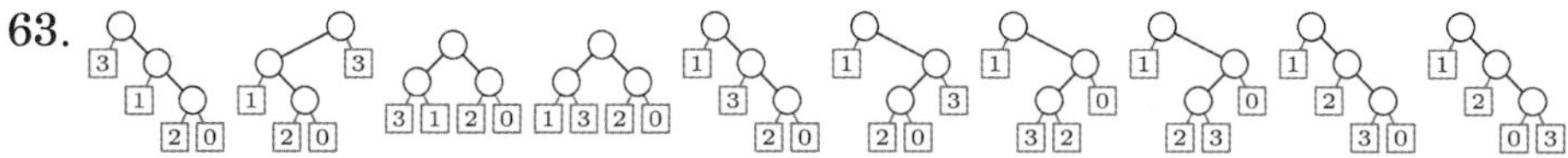

**64.** $(k,b) = (0,1), (2,1), (0,0), (5,1), (6,0), (1,1)$이라 할 때 $X = 2k + b$들이다. 결국에는 $L_0 L_1 \ldots L_{12} = 5\ 11\ 3\ 4\ 0\ 7\ 9\ 8\ 1\ 6\ 10\ 12\ 2$가 된다.

**65.** A. Panholzer, H. Prodinger, *Discrete Mathematics* **250** (2002), 181-195; M. Luczak, P. Winkler, *Random Structures & Algorithms* **24** (2004), 420-443을 보라.

**66.** (a) 흰 간선들을 '수축'한다. 즉, 흰 간선으로 연결된 노드들을 합친다. 예를 들어 다음은 문제에 나온 $n = 3$에 대한 열 한 개의 슈뢰더 트리들에 대응되는 보통 트리들이다.

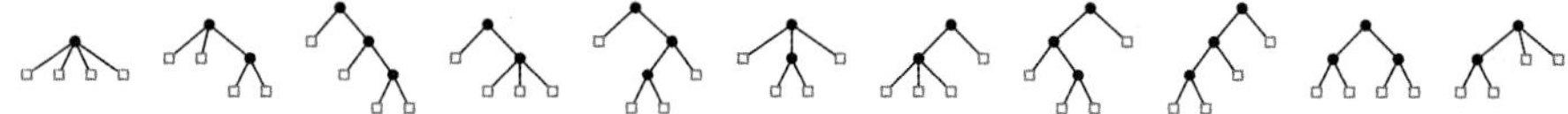

이러한 대응관계에서 왼쪽 링크는 "여기에 자식 노드가 하나 있음"을 뜻하고 흰 오른쪽 링크는 "여기에 자식 노드들이 더 있음"을, 검은 오른쪽 링크는 "여기에 마지막 자식 노드가 있음"을 뜻한다.

(b) 알고리즘 L처럼 진행하되, 회전들 사이에서 오른쪽 링크들이 존재하는 모든 색상 패턴을 보통의 그레이 이진 부호를 이용해서 훑는다. (사실 $n = 3$인 경우가 예제에 나와 있다.)

슈뢰더 트리가 (53)에서처럼 직병렬 그래프와도 대응됨을 주목하기 바란다. 그러나 슈뢰더 트리는 병렬로 결합된 간선들이나 초간선들에 일정한 순서를 강제한다. 따라서 슈뢰더 트리는 좀 더 엄밀히 말하면 평면에 내장된 형태의(그리고 $s$와 $t$를 제외한 간선들과 정점들에 이름표가 붙지 않은) 직병렬 그래프에 대응된다.

**67.** $S(z) = 1 + zS(z)(1 + 2(S(z) - 1))$이다. $1 + 2(S(z) - 1)$이 오른쪽 부분트리들의 개수이기 때문이다. 따라서 $S(z) = (1 + z - \sqrt{1 - 6z + z^2}\,)/(4z)$이다.

참고: 슈뢰더 수들을 연습문제 2.3.4.4-31에서 보았었다. 거기에서는 $G(z) = zS(z)$이었다. 그리고 연습문제 2.2.1-31에서도 보았는데, 거기에서는 $n \ge 2$에 대해 $b_n = 2S_{n-1}$이었다. 또한 점화식 $(n-1)S_n = (6n-3)S_{n-1} - (n-2)S_{n-2}$도 구했다. 연습문제 2.2.1-12에서는 슈뢰더 수

가 점근적으로 증가함을 보았다. (22)와 비슷한 수 $S_{pq}$들의 삼각형을 이용해서 무작위 슈뢰더 트리를 생성할 수 있다. 이 수들은 다음을 만족한다.

$$S_{pq} = S_{p(q-1)} + S_{(p-1)q} + S_{(p-2)q} + \cdots + S_{0q} = S_{p(q-1)} + 2S_{(p-1)q} - S_{(p-1)(q-1)}$$
$$= \frac{q-p+1}{q+1}\sum_{k=0}^{p}\binom{q+1}{p-k}\binom{p-1}{k}2^k = \sum_{k=0}^{p}\left(\binom{q}{p-k}\binom{p-1}{k} - \binom{q}{p-k-1}\binom{p-1}{k-1}\right)2^k$$
$$= [w^p z^q]\, S(wz)/(1 - zS(wz)).$$

마지막 줄의 이중 생성 함수는 도이치Emeric Deutsch에서 기인한다. 스탠리R. Stanley의 *Enumerative Combinatorics* **2** (1999), 연습문제 6.39는 슈뢰더 트리의 다른 여러 속성을 논의한다.

**68.** 빈 문자열 $\epsilon$만 담은 하나의 행이다. ($n-1$에서 $n$으로 가는 데 대한 일반 규칙 (36)은 이 행을 '0 1', 즉 1차 패턴으로 변환한다.)

**69.** 처음 $\binom{6}{3} = 20$개의 행들은, 각 문자열에서 처음 '10'을 무시한다면 6차 크리스마스 트리 패턴이다. 7차 패턴은 발견하기가 좀 더 어렵다. 제일 왼쪽 항목이 0으로 시작하는 행들이 $\binom{7}{3} = 35$개 있는데, 그런 행들에서 제일 오른쪽 문자열을 무시하고 나머지 문자열들 각각의 시작에서 0을 무시해 볼 것. (다른 답도 가능하다.)

**70.** 만일 $\sigma$가 크리스마스 트리 패턴의 열 $k$에 나타난다면, 같은 행의 열 $n-k$에 있는 이진열이 $\sigma'$이다. (비트들 대신 괄호들로 생각한다면, (39)에 의해 이 규칙은 해답 11에서 말한 자유 괄호들의 거울 반사상을 정의한다.)

**71.** $M_{tn}$은 가장 큰 $t$개의 이항계수 $\binom{n}{k}$들의 합이다. 크리스마스 트리 패턴의 각 행은 $S$의 원소들을 많아야 $t$개 담을 수 있으며, 그러한 집합 $S$는 $(n-t)/2 \le \nu(\sigma) \le (n+t-1)/2$인 모든 문자열 $\sigma$를 선택함으로써 얻을 수 있기 때문이다. (공식

$$M_{tn} = \sum_{n-t \le 2k \le n+t-1} \binom{n}{k}$$

보다 더 단순한 공식을 구하기는 어려울 것이다. 그러나 작은 $t$들에 대해 $M_{(2)n} = M_{n+1}$ 같은 특별한 공식이 성립하며, 또한 $t > n$에 대해 $M_{tn} = 2^n$이다.)

**72.** 이전 연습문제의 수와 동일한 $M_{sn}$개이다. 사실, 길이가 $s+n-2k \ge 0$인 행들이 정확히 $\binom{n}{n-k} - \binom{n}{k-s}$개임을 귀납법으로 증명하는 것이 가능하다.

**73.** 011001001000000000100101001100과 111001011011111111101101011100. (38)을 보라.

**74.** 사전순 속성에 의해, 제일 오른쪽 원소들의 형태가 각각 $0{*}^{29}$, $10{*}^{28}$, $110{*}^{27}$, $111000{*}^{24}$, $11100100{*}^{22}$, $111001010{*}^{21}$, $11100101100{*}^{19}$, $111001011010{*}^{18}$, $1110010110110{*}^{17}$, … 인 행들, 다시 말해 $\tau = 111001011011111111101101011100$보다 앞서는 모든 30비트 비트열의 개수를 세고자 한다.

$\theta$의 1들이 0들보다 $p$개 더 많다면, $\theta *^n$으로 끝나는 크리스마스 트리 패턴 행들의 개수는 $1^p *^n$으로 끝나는 행들의 개수와 같다. 그리고 그 개수는 연습문제 71에 의해 $M_{(p+1)n}$이다. 왜냐하면 그러한 행들은 모두 시작 행 '$0^p 0^{p-1} 1 \ldots 1^p$'의 $n$단계 후손이기 때문이다.

따라서 답은

$$M_{0(29)} + M_{1(28)} + M_{2(27)} + M_{1(24)} + \cdots + M_{(12)3} + M_{(13)2} = \textstyle\sum_{k=1}^{21} M_{(2k-1-z_k)(n-z_k)}$$
$$= 0 + \binom{28}{14} + \binom{27}{14} + \binom{27}{13} + \binom{24}{12} + \cdots + 8 + 4 = 84867708$$

이다. 여기서 $(z_1, \ldots, z_{21}) = (1, 2, 3, 6, \ldots, 27, 28)$은 $\tau$에서 1이 있는 자리들의 순차열이다.

**75.** $r_1^{(n)} = M_{n-2}$이다. 왜냐하면 행 $r_1^{(n)}$은 (33)의 첫 행의 최하위 후손이기 때문이다. 또한 해답 74의 공식에 의해 $r_{j+1}^{(n)} - r_j^{(n)} = M_{j(n-1-j)} - M_{(j-1)(n-2-j)} = M_{(j+1)(n-2-j)}$인데, 행 $r_j^{(n)}$에 대한 해당 순차열 $z_1 \ldots z_{n-1}$이 $1^j 0 1^{n-1-j}$이기 때문이다. 따라서, 고정된 $j$에 대해 $n \to \infty$에 따라 $M_{jn}/M_n \to j$이므로,

$$\lim_{n\to\infty} \frac{r_j^{(n)}}{M_n} = \sum_{k=1}^{j} \frac{k}{2^{k+1}} = 1 - \frac{j+2}{2^{j+1}}$$

이다. 이는 또한 $\sum_{k=0}^{n} M_{k(n-k)} = M_{n+1} - 1$의 암묵적인 증명이기도 하다.

**76.** 무한 수열

$Q = 1313351313351335355713133513133513353557131335133535571335355735575779\ldots$

의 처음 $\binom{2n}{n}$개의 원소들은 $2n$차 크리스마스 트리 패턴의 행 크기들이다. 이 수열 $Q = q_1 q_2 q_3 \cdots$은 (36)의 두 단계를 나타내는 변환 $1 \mapsto 13$과 홀수 $n > 1$에 대한 변환 $n \mapsto (n-2)\,n\,n\,(n+2)$의 유일한 고정점이다.

$0 < x \le 1$에 대해 $f(x) = \limsup_{n\to\infty} s(\lceil xM_n \rceil)/n$이라고 하자. 이 함수가 거의 모든 곳에서 0이 됨은 명백하다. 그러나, 해답 72에 의하면 이 함수는 $x$가 $(q_1 + \cdots + q_j)/2^n$의 형태일 때에는 1이다. 한편, 만일 $g(x) = \lim_{n\to\infty} s(\lceil xM_n \rceil)/\sqrt{n}$으로 정의한다면, $f(x) > 0$일 때 $g(x)$가 무한대이긴 하지만, 함수 $g(x)$는 $\int_0^1 g(x)\,dx = \sqrt{\pi}$인 가측함수(measurable function)인 것으로 보인다. (이러한 추측들을 엄밀하게 증명 또는 반증할 필요가 있다.)

**77.** (39)에 의해, 그리고 벌레 걷기를 고찰해 보면, 그 힌트는 참이다. 따라서 다음과 같이 진행할 수 있다.

**X1.** [초기화.] $0 \le j \le n$에 대해 $a_j \leftarrow 0$으로 설정한다. 또한 $x \leftarrow 1$로 설정한다. (이후의 단계들에서 $x = 1 + 2(a_1 + \cdots + a_n)$이다.)

**X2.** [꼬리를 바로잡는다.] $x \le n$인 동안 $a_x \leftarrow 1$, $x \leftarrow x + 2$로 설정한다.

**X3.** [방문.] 비트열 $a_1 \ldots a_n$을 방문한다.

**X4.** [쉬운 경우인가?] 만일 $a_n = 0$이면 $a_n \leftarrow 1$, $x \leftarrow x + 2$로 설정하고 X3으로 돌아간다.

**X5.** [$a_j$를 찾고 전진시킨다.] $a_n \leftarrow 0$, $j \leftarrow n-1$로 설정한다. 그런 다음 $a_j = 1$인 동안 $a_j \leftarrow 0$, $x \leftarrow x-2$, $j \leftarrow j-1$로 설정한다. 만일 $j=0$이면 중지한다. 그렇지 않으면 $a_j \leftarrow 1$로 설정하고 X2로 돌아간다. ▮

**78.** (39)와 연습문제 11에 의해 참이다.

**79.** (a) 0들의 색인을 나열하고 1들의 색인을 나열해 볼 것. 예를 들어 연습문제 73의 비트열들은 순열 1 4 5 7 8 10 11 12 13 20 23 25 29 30 2 3 6 9 14 15 16 17 18 19 21 22 24 26 27 28에 대응된다.

(b) (39)의 관례하에서 $P$ 타블로의 최상위 행에는 왼쪽 괄호들과 자유 괄호들의 색인들이 있고, 다른 색인들은 둘째 행에 있다. 따라서, (38)로부터

$P =$

| 1 | 2 | 3 | 6 | 8 | 9 | 11 | 12 | 13 | 14 | 15 | 16 | 17 | 18 | 19 | 21 | 22 | 24 | 26 | 27 | 28 |
|---|---|---|---|---|---|---|---|---|---|---|---|---|---|---|---|---|---|---|---|---|
| 4 | 5 | 7 | 10 | 20 | 23 | 25 | 29 | 30 | | | | | | | | | | | | |

이다. [부분중복집합들의 사슬들로의 일반화에 대해서는 K.-P. Vo, *SIAM J. Algebraic and Discrete Methods* **2** (1981), 324-332를 보라.]

**80.** 이 신기한 사실은 연습문제 79와 타블로에 대한 본 저자의 논문의 정리 6의 한 결과이다. *Pacific J. Math.* **34** (1970), 709-727을 보라.

**81.** $\sigma$와 $\sigma'$이 각각 $n$차, $n'$차 크리스마스 트리 패턴의 길이가 $s$와 $s'$인 사슬에 속한다고 하자. 그러한 사슬에 있는 비트열 쌍 $s\,s'$들 중 이중난잡 모임이 될 수 있는 것은 많아야 $\min(s,s')$개이다. 더 나아가서, (39) 때문에 그 비트열 쌍 $s\,s'$들은 사실 $n+n'$차 크리스마스 트리 패턴의 정확히 $\min(s,s')$개의 사슬들을 구성한다. 따라서 모든 사슬 쌍들에 관한 $\min(s,s')$의 합은 $M_{n+n'}$이며, 이에 의해 요구된 결과가 증명된다. 또한 이는 항등식

$$\sum_{j,k} \min(m+1-2j, n+1-2k)\, C_{j(m-j)} C_{k(n-k)} = M_{m+n}$$

도 증명한다.

참고: 이는 슈페르너의 정리의 한 확장으로, 커토나G. Katona[*Studia Sci. Math. Hungar.* **1** (1966), 59-63]와 클라이트먼D. J. Kleitman[*Math. Zeitschrift* **90** (1965), 251-259]이 각자 독립적으로 증명했다. 여기에 나온 증명과 추가적인 결과들에 대해서는 Greene, Kleitman, *J. Combinatorial Theory* **A20** (1976), 80-88을 보라.

**82.** (a) 각 행 $m$마다 적어도 한 번의 평가가 일어나며, 오직 $s(m)>1$이고 첫 평가의 결과가 0일 때에만 두 번 일어난다. 따라서 $f$가 항상 1이면 최소 횟수 $M_n$이 나오고 $f$가 항상 0이면 최대 횟수 $M_n + \sum_m [s(m)>1] = M_{n+1}$이 나온다.

(b) $s(m)=1$인 $C_{n/2}$가지 경우에서는 $f(\chi(m,n/2))=0$이고 그 외의 경우에서는 $f(\chi(m,a)) = 1$이라고 하자. 여기서 $a$는 알고리즘에 나온 정의를 따른다. $n$이 홀수일 때 이 규칙은 $f(\sigma)$가 항상 1임을 함의한다. 그러나 $n$이 짝수일 때에는 오직 $\sigma$가 그 첫 행의 첫째 비트열일 때에만 $f(\sigma)=0$

이다. (왜 그런지는 (41)에서 $\sigma_j'$을 포함하는 행의 크기가 항상 $s-2$라는 사실을 적용해 보면 알 수 있다.) 이 함수 $f$는 실제로 단조함수이다. 만일 $\sigma \le \tau$이고 $\sigma$에 자유로운 왼쪽 괄호가 있다면 $\tau$에도 자유 왼쪽 괄호가 있을 것이기 때문이다. 예를 들어 $n=8$인 경우

$$f(x_1,\ldots,x_8) = x_8 \vee x_6x_7 \vee x_4x_5(x_6 \vee x_7) \vee x_2x_3(x_4(x_5 \vee x_6 \vee x_7) \vee x_5(x_6 \vee x_7))$$

이다.

(c) 이런 상황들에서는 모든 $n$에 대해 (45)가 해이다.

**83.** 단계 H4에서 가능한 결과는 최대 3개이다. 그리고 $s(m)=1$일 때에는 사실 둘이다. [더 엄격한 경계들에 대해서는 연습문제 5.3.4-31을 보라. 그 연습문제의 표기법하에서 부울 변수 $n$개의 단조 부울 함수는 정확히 $\delta_n+2$개이다.]

**84.** 이 문제에 대해서는 $2^n$개의 비트열들을 $M_n$개의 블록(사슬이 아니라)들로 분할하되, 각 블록의 문자열 $\{\sigma_1,\ldots,\sigma_s\}$가 $i \ne j$에 대해 $\|A\sigma_i^T - A\sigma_j^T\| \ge 1$을 만족하도록 분할한다. 그러면 각 블록에서 $\|A\sigma^T - b\| < \frac{1}{2}$를 만족할 수 있는 비트열은 많아야 하나이다.

$A'$이 $A$의 처음 $n-1$개의 열들이고 $v$가 $n$번째 열이라고 하자. 그리고, $\{\sigma_1,\ldots,\sigma_s\}$가 $A'$에 대한 하나의 블록이고 아래첨자들은 $v^TA'\sigma_1^T$가 $v^TA'\sigma_j^T$의 최솟값이 되도록 배정되었다고 가정하자. 그러면 규칙 (36)은 $A$에 대한 적절한 블록들을 정의한다. 왜냐하면 $\|A(\sigma_i0)^T - A(\sigma_j0)^T\| = \|A(\sigma_i1)^T - A(\sigma_j1)^T\| = \|A'\sigma_i^T - A'\sigma_j^T\|$이고

$$\|A(\sigma_j1)^T - A(\sigma_10)^T\|^2 = \|A'\sigma_j^T + v - A'\sigma_1^T\|^2$$
$$= \|A'(\sigma_j-\sigma_1)^T\|^2 + \|v\|^2 + 2v^TA'(\sigma_j-\sigma_1)^T \ge \|v\|^2 \ge 1$$

이기 때문이다. [그 외에도 참인 결과들이 많이 있다. *Advances in Math.* **5** (1970), 155-157을 보라. 이 결과는 $m=2$인 경우를 고찰한 J. E. Littlewood, A. C. Offord, *Mat. Sbornik* **54** (1943), 277-285의 한 정리를 확장한다.]

**85.** 만일 $V$의 차원이 $n-m$이라면, 좌표성분들의 번호를

$$\begin{matrix}(1, & 0, & \ldots, & 0, & x_{11}, & \ldots, & x_{1m})\\ (0, & 1, & \ldots, & 0, & x_{21}, & \ldots, & x_{2m})\\ \vdots & \vdots & \ddots & \vdots & \vdots & & \vdots\\ (0, & 0, & \ldots, & 1, & x_{(n-m)1}, & \ldots, & x_{(n-m)m})\end{matrix}$$

이 하나의 기저가 되도록, 그리고 행벡터 $v_j=(x_{j1},\ldots,x_{jm})$의 모든 성분이 0이 되는 일이 없도록 재배정할 수 있다. $v_{n-m+1}=(-1,0,\ldots,0)$, …, $v_n=(0,0,\ldots,-1)$이라고 하자. 그러면 $V$의 0-1 벡터들의 개수는 $Ax=0$의 0-1 벡터 해들의 개수이다. 여기서 $A$는 열 $v_1$, …, $v_n$으로 이루어진 $m\times n$ 행렬이다. 그런데 이 수량은 $\|Ax\| < \frac{1}{2}\min(\|v_1\|,\ldots,\|v_n\|)$의 해들의 개수를 넘지 않으며, 그 개수는 연습문제 84에 의해 $M_n$을 넘지 않는다.

반대로, $m=1$이고 $x_{j1}=(-1)^{j-1}$인 기저의 경우 해는 $M_n$개이다. [이 결과를 전자투표에 응용할 수 있다. Golle의 Ph.D. 학위논문(Stanford, 2004)을 보라.]

**86.** 우선 4노드 부분숲들을 해당 수준 부호들이 0121(더하기 상수 하나)이 되도록 재정렬한다. 그런 다음 모든 부분 트리가 표준이 될 때까지 점점 더 큰 부분 트리들을 정렬한다. 그렇게 해서 나오는 수준 부호들은 0 1 2 3 4 3 2 1 2 3 2 1 2 0 1이고 부모 포인터들은 0 1 2 3 4 3 2 1 8 9 8 1 12 0 14이다.

**87.** (a) 그 조건은 $c_1 < \cdots < c_k \geq c_{k+1} \geq \cdots \geq c_n$인 어떤 $k$가 존재한다는 조건과 동치이다. 후자의 조건을 만족하는 경우는 총 $\sum_k \binom{n-1}{n-k} = 2^{n-1}$가지이다.

(b) 오직 $p_1 \ldots p_k = p'_1 \ldots p'_k$일 때에만 $c_1 \ldots c_k = c'_1 \ldots c'_k$이며, 그런 경우들에서 오직 $p_{k+1} < p'_{k+1}$일 때에만 $c_{k+1} < c'_{k+1}$임을 주목할 것.

**88.** 알고리즘은 정확히 $A_{n+1}$개의 숲을 방문하는데, 그중 $p_k = \cdots = p_n = 0$인 것은 $A_k$개이다. 따라서 O4는 $A_n$번 수행된다. 그리고 단계 O5에서 $p_k$는 $1 \leq k < n$에 대해 $A_{k+1} - 1$번 바뀐다. 단계 O5는 또한 $p_n$을 총 $A_n - 1$회 변경한다. 따라서 방문당 평균 멤수는, $p_n$을 레지스터에 둔다고 할 때 단 $2 + 3/(\alpha - 1) + O(1/n) \approx 3.534$이다. 〔E. Kubicka, *Combinatorics, Probability and Computing* **5** (1996), 403-417을 보라.〕

**89.** 단계 O5의 $p_n \leftarrow p_j$ 설정 횟수가 정확히 $Q_n$이라고 하면, $p_k \leftarrow p_j$ 설정 횟수는 $1 < k < n$에 대해 정확히 $Q_k + A_{k+1} - A_k$이다. 왜냐하면 한 표준 숲 $p_1 \ldots p_n$의 모든 접두열은 표준 숲이기 때문이다. $(Q_1, Q_2, \ldots) = (0, 0, 1, 2, 5, 9, 22, 48, 118, 288, \ldots)$이다. 그리고 $p_n = k$인 표준 부모 링크 열 $p_1 \ldots p_n$의 개수를 $a_{nk}$라고 할 때 $Q_n = \sum_{d \geq 1} \sum_{1 \leq c < n/d - 1} a_{(n-cd)(n-cd-d)}$임을 증명하는 것이 가능하다. 그러나 그러한 수 $a_{nk}$들은 여전히 신비에 싸여 있다.

**90.** (a) 이 속성은 2.3.4.4-(7)과 동치이다. 정점 0이 바로 무게중심이다.

(b) $m = \lfloor n/2 \rfloor$이라고 하자. 단계 O1의 끝에서 $p_{m+1} \leftarrow 0$으로 설정하고, 만일 $n$이 홀수이면 $p_{2m+1} \leftarrow 0$으로도 설정한다. 단계 O4의 끝에서는 $i \leftarrow j$로 설정하고 $p_i \neq 0$인 동안 $i \leftarrow p_i$로 설정한다. (그러면 $i$는 $j$와 $k$를 포함하는 트리의 뿌리 노드이다.) 단계 O5의 시작에서 만일 $k = i + m$이고 $i < j$이면 $j \leftarrow i$, $d \leftarrow m$으로 설정한다.

(c) $n$이 짝수이면 무게중심이 둘인 $n+1$정점 트리는 없다. 짝수가 아니라면 노드가 $m = \lfloor n/2 \rfloor$개이고 $p'_1 \ldots p'_m \geq p''_1 \ldots p''_m$인 표준 숲 쌍 $(p'_1 \ldots p'_m, p''_1 \ldots p''_m)$들을 모두 찾는다. $p_1 = 0$으로 두고, $1 \leq j \leq m$에 대해 $p_{j+1} = p'_j + 1$, $p_{m+j+1} = (p''_j + m + 1)[p''_j > 0]$으로 둔다. (알고리즘 O의 이러한 두 구현은 항상 그러한 수열들을 모두 생성한다. 자유 트리에 대한 이러한 알고리즘은 러스키F. Ruskey와 리G. Li에 기인한다. *SODA* **10** (1999), S939-S940을 보라.)

**91.** 다음과 같은 재귀적 절차 $W(n)$을 사용할 것: 만일 $n \leq 2$이면 유일한 $n$노드 지향 트리를 반환한다. 그렇지 않으면 양의 정수 $j$와 $d$를 무작위로 선택하되 주어진 쌍 $(j, d)$가 나올 확률이 $dA_dA_{n-jd}/((n-1)A_n)$이 되도록 선택한다. 이제 무작위 지향 트리 $T' \leftarrow W(n - jd)$와 $T'' \leftarrow W(d)$를 계산한다. $T''$의 복제본 $j$개를 $T'$의 뿌리에 연결해서 만든 트리 $T$를 돌려준다. 〔*Combinatorial Algorithms* (Academic Press, 1975), 제25장.〕

**92.** 항상 그렇지는 않다. 커민스R. L. Cummins는 *IEEE Trans.* **CT-13** (1966), 82-90에서 $S(G)$의 그래프가 항상 하나의 순환마디를 포함함을 증명했다. C. A. Holzmann, F. Harary, *SIAM J. Applied Math.* **22** (1972), 187-193도 보라. 그러나 그들의 구축법은 효율적인 계산에 적합하지 않다. 그 구축법을 적용하려면 중간 결과들의 크기들에 대한 패리티를 미리 알아야 하기 때문이다.]

**93.** 그렇다. 단계 S7은 단계 S3의 효과를 되돌리며, 단계 S9는 단계 S8의 삭제들을 되돌린다.

**94.** 한 가지 방법은, 깊이 우선 탐색을 보조표 $b_1 \ldots b_n$과 함께 적용하는 것이다.

i) $b_1 \ldots b_n \leftarrow 0 \ldots 0$으로 설정한 다음 $v \leftarrow 1$, $w \leftarrow 1$, $b_1 \leftarrow 1$, $k \leftarrow n-1$로 설정한다.

ii) $e \leftarrow n_{v-1}$로 설정한다. $t_e \neq 0$인 동안 다음과 같은 부단계들을 수행한다.

a) $u \leftarrow t_e$로 설정한다. 만일 $b_u \neq 0$이면 부단계 (c)로 간다.

b) $b_u \leftarrow w$, $w \leftarrow u$, $a_k \leftarrow e$, $k \leftarrow k-1$로 설정한다. 만일 $k=0$이면 끝낸다.

c) $e \leftarrow n_e$로 설정한다.

iii) 만일 $w \neq 1$이면 $v \leftarrow w$, $w \leftarrow b_w$로 설정하고 (ii)로 돌아간다. 그렇지 않으면 오류를 보고한다: 주어진 그래프는 연결된 그래프가 아닌 것이다.

사실 부단계 (b)에서 $k$가 1로 줄어들자마자 절차를 끝내도 된다. 알고리즘 S는 $a_1$의 초기 값을 결코 보지 않기 때문이다. 그러나 연결성 판정을 위해서는 그 초기 값을 볼 필요도 있다.

**95.** 다음의 단계들은 $u$에서부터 너비 우선 탐색을 수행해서, 간선 $e$를 사용하지 않고도 $v$에 도달할 수 있는지를 판정한다. 이 단계들은 호 포인터들을 담은 보조 배열 $b_1 \ldots b_n$을 사용하는데, 단계 S1의 끝에서 이들을 $0 \ldots 0$으로 초기화해야 한다. 이후 다시 $0 \ldots 0$으로 재설정할 것이다.

i) $w \leftarrow u$, $b_w \leftarrow v$로 설정한다.

ii) $f \leftarrow n_{u-1}$로 설정한다. $t_f \neq 0$인 동안 다음의 부단계들을 수행한다.

a) $v' \leftarrow t_f$로 설정한다. 만일 $b_{v'} \neq 0$이면 부단계 (d)로 간다.

b) 만일 $v' \neq v$이면 $b_{v'} \leftarrow v$, $b_w \leftarrow v'$, $w \leftarrow v'$으로 설정하고 부단계 (d)로 간다.

c) 만일 $f \neq e \oplus 1$이면 단계 (v)로 간다.

d) $f \leftarrow n_f$로 설정한다.

iii) $u \leftarrow b_u$로 설정한다. 만일 $u \neq v$이면 단계 (ii)로 돌아간다.

iv) $u \leftarrow t_e$로 설정한다. $u \neq v$인 동안 $w \leftarrow b_u$, $b_u \leftarrow 0$, $u \leftarrow w$로 설정한다. S9로 간다($e$는 다리임).

v) $u \leftarrow t_e$로 설정한다. $u \neq v$인 동안 $w \leftarrow b_u$, $b_u \leftarrow 0$, $u \leftarrow w$로 설정한다. 그런 다음 다시 $u \leftarrow t_e$로 설정하고 단계 S8을 재개한다($e$는 다리가 아님).

이 계산을 시작하기 전에 다음과 같은 간단한 발견법(heuristics) 두 가지를 적용해도 좋을 것이다: 만일 $d_u = 1$이면 $e$는 당연히 다리이다. 그리고 만일 $l_{l_e} \neq 0$이면 $e$는 다리가 아님이 분명하다($u$와 $v$ 사이에 또 다른 간선이 있으므로). 이러한 특수 경우들은 너비 우선 탐색을 통해서도 손쉽게 검출할 수 있으나, 본 저자의 실험에 따르면 두 발견법 모두 적용할 만한 가치가 확실히 있다. 예를 들어 $l_{l_e}$에 대한 판정은 전체 실행 시간의 약 3%를 절감한다.

**96.** (a) $e_k$가 호 $k-1 \to k$라고 하자. 해답 94의 단계들은 $n > k \geq 1$에 대해 $a_k \leftarrow e_{n+1-k}$로 설정한다. 그런 다음 수준 $k$에서 $1 \leq k < n-1$에 대한 $e_{n-k}$들을 수축한다. (유일한) 신장 트리 $e_{n-1} \ldots e_2 e_n$을 방문한 다음에는 $n-1 > k \geq 1$에 대해 $e_{n-k}$들을 다시 복원하고, 각각이 하나의 다리임을 빠르게 발견하게 된다. 따라서 실행 시간은 $n$에 대해 1차 비례한다. 본 저자의 구현에서는 $n \geq 3$에 대해 정확히 $102n-226$멤이었다.

그러나 이 결과는 초기 신장 트리의 간선들의 순서에 크게 의존한다. 만일 단계 S1의 신장 트리의 간선들이 '오르간파이프 순서'라면, 즉 $n$이 짝수일 때 위치 $a_2 \ldots a_{n-1}$에서

$$e_{n/2+1} e_{n/2} e_{n/2+2} e_{n/2-1} \ldots e_{n-1} e_2$$

라면 실행 시간은 $\Omega(n^2)$이 될 것이다. 왜냐하면 다리 판정들 중 $\Omega(n)$회가 각각 $\Omega(n)$개의 단계를 취할 것이기 때문이다.

(b) 이 경우 $n > k \geq 1$에 대해 $a_k$의 초기 값은 $e_{n-k}$이다. 여기서 $e_1$은 호 $n \to 1$이다. $n \geq 4$일 때 방문되는 신장 트리들은 각각 $e_{n-2} \ldots e_1 e_n$, $e_{n-2} \ldots e_1 e_{n-1}$, $e_{n-2} \ldots e_2 e_{n-1} e_n$, $e_{n-2} \ldots e_3 e_{n-1} e_n e_1$, $\ldots$, $e_{n-1} e_n e_1 \ldots e_{n-3}$이다. 트리 $e_{n-2} \ldots e_{k+2} e_{n-1} e_n e_1 \ldots e_k$ 다음부터는 계산이 $0 \leq k \leq n-4$에 대해 수준 $n-k-3$으로 내려갔다가 다시 올라온다. 다리 판정들은 모두 효율적으로 진행된다. 따라서 전체 실행 시간은 2차(제곱)이다(본 저자의 버전의 경우 $n \geq 5$에 대해 정확히 $35.5n^2 + 7.5n - 145$멤이었다).

덧붙이자면, $P_n$은 Stanford GraphBase의 표기법으로 $board(n,0,0,0,1,0,0)$이고 $C_n$은 $board(n,0,0,0,1,1,0)$이다. SGB의 정점들의 번호는 0에서 $n-1$까지이다.

**97.** $\{s,t\}$가 $\{1,2\}$나 $\{1,3\}$, $\{2,3\}$, $\{2,4\}$, $\{3,4\}$일 때에는 그렇다. 그러나 $\{1,4\}$일 때에는 아니다.

**98.** $A' =$ 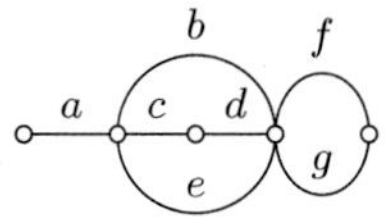 ; 이것은 평면 그래프 $A$의 '쌍대 평면 그래프'이다. ($A'$의 인근 트리들은 $A$의 신장 트리들의 여원이고, 그 역도 마찬가지이다.)

**99.** 언급된 방법이 유효함은 트리 크기에 대한 귀납법으로 증명할 수 있다. 이 방법이 유효한 이유는 §7.2.1.1의 $n$-짝에 대해 이 방법이 유효한 이유와 본질적으로 동일하나, 이 방법의 경우에는 쉽지 않은 노드의 각 자식을 연속해서 지정해야 한다는 단서가 추가된다.

잎 노드들은 항상 비활성이다. 그리고 잎 노드들은 쉬운 노드도 아니고 쉽지 않은 노드도 아니다. 따라서 1부터 $m$까지의 번호를 가지 노드들에 전위순으로 부여한다고 가정하겠다. 모든 가지 노드에 대해 $f_p = p$라고 하자. 단, $p$가 쉽지 않은 비활성 노드이며 그 오른쪽으로 가장 가까운 쉽지 않은 노드가 활성 노드인 경우는 예외이다. 그런 경우 $f_p$는 그 왼쪽으로 가장 가까운 쉽지 않은 활성 노드를 가리키도록 한다. (이 정의에 한해서 트리 왼쪽과 오른쪽에 인위적으로 노드 0과 $m+1$을 추가한다고 가정한다. 그 두 노드 모두 쉽지 않은 활성 노드이다.)

**F1.** 〔초기화.〕 $0 \le p \le m$에 대해 $f_p \leftarrow p$로 설정한다. 또한 $t_0 \leftarrow 1$, $v_0 \leftarrow 0$으로 설정하고 각 $z_p$를 $r_{z_p} = d_p$가 되도록 설정한다.

**F2.** 〔노드 $p$를 선택.〕 $q \leftarrow m$으로 설정한다. 그런 다음 $t_q = v_q$인 동안 $q \leftarrow q-1$로 설정한다. $p \leftarrow f_q$, $f_q \leftarrow q$로 설정한다. 만일 $p = 0$이면 알고리즘을 끝낸다.

**F3.** 〔$d_p$를 변경.〕 $s \leftarrow d_p$, $s' \leftarrow r_s$, $k \leftarrow v_p$, $d_p \leftarrow s'$으로 설정한다. (이제 $k = v_s \ne v_{s'}$이다.)

**F4.** 〔값들을 갱신.〕 $q \leftarrow s$, $v_q \leftarrow k \oplus 1$로 설정한다. $d_q \ne 0$인 동안 $q \leftarrow d_q$, $v_q \leftarrow k \oplus 1$로 설정한다. (이제 $q$는 만일 $k = 0$이면 구성에 들어온 잎 노드이고 $k = 1$이면 구성에서 나간 잎 노드이다.) 마찬가지로, $q \leftarrow s'$, $v_q \leftarrow k$로 설정한다. $d_q \ne 0$인 동안 $q \leftarrow d_q$, $v_q \leftarrow k$로 설정한다. (이제 $q$는 만일 $k = 0$이면 구성을 나간 잎 노드이고 $k = 1$이면 구성에 들어온 잎 노드이다.)

**F5.** 〔방문.〕 모든 잎 노드 값으로 표현된 현재 구성을 방문한다.

**F6.** 〔$p$를 비활성화?〕 (이제 $p$의 오른쪽에 있는 모든 쉽지 않은 노드는 활성 노드이다.) 만일 $d_p \ne z_p$이면 단계 F2로 돌아간다. 그렇지 않으면 $z_p \leftarrow s$, $q \leftarrow p-1$로 설정한다. $t_q = v_q$인 동안 $q \leftarrow q-1$로 설정한다. (이제 $q$는 $p$의 왼쪽으로 첫 번째의 쉽지 않은 노드이다. $p$를 비활성으로 만들고자 한다.) $f_p \leftarrow f_q$, $f_q \leftarrow q$로 설정하고 F2로 돌아간다. ▮

단계 F4에서 쉽지 않은 노드를 쉬운 노드로(또는 그 반대로) 변경한다고 해도 초점 포인터들은 여전히 정확하게 설정된 상태이므로 따로 갱신할 필요가 없다.

**100.** GRAYSPSPAN이라는 이름의 완성된 프로그램이 저자의 웹사이트에 있다. 이 프로그램의 점근적 효율성을, 잠시 후 나오는 연습문제 110의 결과를 이용해서 증명하는 것이 가능하다.

**102.** 만일 그것이 가능하다면 보통의 신장 트리들을, 각 단계마다 들어오고 나가는 간선들이 서로 인접하다는 속성을 가진 하나의 회전문 순서로 나열할 수 있을 것이다.

주어진 뿌리를 가진 모든 지향 신장 트리를 생성하는 흥미로운 알고리즘들이 개발되었다. Harold N. Gabow, Eugene W. Myers, *SICOMP* **7** (1978), 280–287과 S. Kapoor, H. Ramesh, *Algorithmica* **27** (2000), 120–130을 보라.

**103.** (a) 허물기 연산은 $(x_0, x_1, \ldots, x_n)$을 사전순으로 증가하나, $x_0 + \cdots + x_n$은 변경하지 않는다. $V_i$와 $V_j$를 둘 다 허물 수 있다면, 둘을 어떤 순서로 허물든 결과는 같다.

(b) 모래알 하나를 추가하면 16개의 안정 상태가 다음과 같이 변한다.

| 주어진 | 0000 | 0001 | 0010 | 0011 | 0100 | 0101 | 0110 | 0111 | 1000 | 1001 | 1010 | 1011 | 1100 | 1101 | 1110 | 1111 |
|---|---|---|---|---|---|---|---|---|---|---|---|---|---|---|---|---|
| +0001 | 0001 | 0010 | 0011 | 0001 | 0101 | 0110 | 0111 | 0101 | 1001 | 1010 | 1011 | 1001 | 1101 | 1110 | 1111 | 1101 |
| +0010 | 0010 | 0011 | 0001 | 0010 | 0110 | 0111 | 0101 | 0110 | 1010 | 1011 | 1001 | 1010 | 1110 | 1111 | 1101 | 1110 |
| +0100 | 0100 | 0101 | 0110 | 0111 | 1000 | 1001 | 1010 | 1011 | 1100 | 1101 | 1110 | 1111 | 0100 | 0101 | 0110 | 0111 |
| +1000 | 1000 | 1001 | 1010 | 1011 | 1100 | 1101 | 1110 | 1111 | 0100 | 0101 | 0110 | 0111 | 1000 | 1001 | 1010 | 1011 |

이들 중 재현 상태들은 $x_1 + x_2 > 0$이고 $x_3 + x_4 > 0$인 아홉 가지이다. 0001을 되풀이해서 더함으로써 무한 순환마다 $0000 \to 0001 \to 0010 \to 0011 \to 0001 \to 0010 \to \cdots$ 이 만들어짐을 주목할 것. 그러나 상태 0001, 0010, 0011은 재현 상태들이 아니다.

(c) 만일 $x = \sigma(x+t)$이면, $k \geq 0$에 대해 $x = \sigma(x+kt)$이기도 하다. $t$의 모든 성분은 양수이다. 따라서 $x = \sigma(x + \max(d_1, \ldots, d_n)t)$는 재현 상태이다. 반대로, 모든 $y_i$가 $\geq 0$이고 $x = \sigma(d+y)$라고 가정하자. 그러면 $d+y+t$는 $x+t$로 허물어지고 $\sigma(d)+y+t = d+y$로도 허물어진다. 따라서 $\sigma(x+t) = \sigma(d+y) = x$이다.

(d) 동치류는 $N = \det(a_{ij})$가지이다. 기본 행 연산들(연습문제 4.6.1-19)은 합동 관계를 보존하면서 행렬을 삼각화하기 때문이다.

(e) 이를테면 다음을 만족하는 음이 아닌 정수 $m_1$, …, $m_n$, $m'_1$, …, $m'_n$이 존재한다.

$$x + m_1 a_1 + \cdots + m_n a_n = x' + m'_1 a_1 + \cdots + m'_n a_n = y.$$

충분히 큰 $k$에 대해 벡터 $y+kt$는 $m_1 + \cdots + m_n$단계 안에 $x+kt$로 허물어지며, $m'_1 + \cdots + m'_n$단계 안에 $x'+kt$로 허물어진다. 따라서 $x = \sigma(x+kt) = \sigma(x'+kt) = x'$이다.

(f) (d)를 삼각화해보면 임의의 벡터 $y$들에 대해 $x \equiv x + Ny$임을 알 수 있다. 그리고 허물기는 합동 관계를 보존한다. 따라서 모든 합동류는 하나의 재현 상태를 포함한다.

(g) 균형 잡힌 유향 그래프에서 $a = a_1 + \cdots + a_n$이므로 $x \equiv x + a$이다. 만일 $x$가 재현 상태이면, $x+a$가 $x$로 줄어들 때 실제로 모든 정점이 정확히 한 번 허물어짐을 알 수 있다. 벡터 $\{a_1, \ldots, a_n\}$이 1차 독립이기 때문이다.

반대로, 만일 $\sigma(x+a) = x$이면 $x$가 재현 상태임을 반드시 증명해야 한다. $z_m = \sigma(ma)$라고 하자. $z_{m+k} = z_m$인 양의 $k$와 $m$이 반드시 존재해야 한다. 그러면 모든 정점은 $z_m + ka$가 $z_m$으로 줄어들 때 $k$번 허물어진다. 따라서 $(m+k)a$가 $y_j$로 허물어짐을 만족하는, $y_{jj} \geq d_j$인 벡터 $y_j = (y_{j1}, \ldots, y_{jn})$들이 존재한다. 이로부터, $x + n(m+k)a$가 $x + y_1 + \cdots + y_n$으로 허물어지며 $\sigma(x + y_1 + \cdots + y_n) = \sigma(x + n(m+k)a) = x$라는 결론이 나온다.

(h) 아래첨자들을 순환적으로 취급할 때, $j = i_1$, …, $i_k$에 대한 호 $V_j \to V_0$들을 가진 신장 트리들에는 또 다른 $n-k$개의 호들이 존재한다. 바로, $i_l < j \leq i_l + q_l$에 대한 $V_j \to V_{j-1}$들과 $i_l + q_l < j < i_{l+1}$에 대한 $V_j \to V_{j+1}$들이다. 마찬가지로, 재현 상태들의 경우에는 $j = i_1$, …, $i_k$에 대해 $x_j = 2$이고 $i_l < j < i_{l+1}$에 대해 $x_j = 1$이다. 단, $j = i_l + q_l$이고 $q_l > 0$일 때에는 $x_j = 0$이다.

(i) 이 경우 상태 $x = (x_1, \ldots, x_n)$은 오직 $(n - x_1, \ldots, n - x_n)$이 힌트의 주차 문제의 해일 때에만 재현 상태이다. $t = (1, \ldots, 1)$이고, 주차 문제의 해가 되지 않는 수열은 $x+t$에서 $x$로의 허물기를 불가능하게 하는 '구멍' 하나를 남기기 때문이다.

참고: 다르Deepak Dhar가 소개한[*Phys. Review Letters* **64** (1990), 1613-1616] 이 모래산 모형으로부터 수많은 물리 논문들이 나왔다. 다르는 만일 $M$개의 모래알을 무작위로 도입한다면

$M \to \infty$에 따라 각 재현 상태가 동일 확률로 발생할 것임을 지적했다. 이번 연습문제는 R. Cori, D. Rossin, *European J. Combinatorics* **21** (2000), 447-459에서 영감을 얻어 만들었다.

모래산 이론은 모든 유향 그래프 $D$가, 그 원소들이 $V_0$을 뿌리로 하는 $D$의 지향 신장 트리와 어떤 방식으로든 대응되는 하나의 아벨군을 산출함을 증명해준다. 특히 이는 $D$가, $u$와 $v$가 인접한 정점들일 때 호 $u \to v$와 $v \to u$가 존재하는 보통의 그래프일 때에도 참이다. 따라서, 예를 들어 두 개의 신장 트리를 '추가'하는 것이 가능하다. 그리고 일부 신장 트리는 '영(zero)'으로 간주할 수 있다. $D$가 보통의 그래프인 특수 경우에서 신장 트리와 재현 상태 사이의 우아한 대응관계 하나가 R. Cori, Y. Le Borgne, *Advances in Applied Math.* **30** (2003), 44-52에 나온다. 그러나 일반적인 유향 그래프 $D$에 대한 간단한 대응관계는 발견되지 않았다. 예를 들어 $n=2$이고 $(e_{10}, e_{12}, e_{20}, e_{21}) = (p, q, r, s)$라고 하자. 그러면 지향 트리는 $pr+ps+qr$개이다. 그리고 재현 상태들은 연습문제 7-137에서처럼 일반화된 2차원 원환체들에 대응된다. 그러나 $p+q \ge s$이고 $r+s \ge q$인 '균형 잡힌' 경우에서도 신장 트리와 재현 상태 사이의 간단한 대응 관계는 명백하지 않다.

**104.** (a) 만일 $\det(\alpha I - C) = 0$이면, $Cx = \alpha x$이고 어떤 $m$에 대해 $\max(x_1, \ldots, x_n) = x_m = 1$인 벡터 $x = (x_1, \ldots, x_n)^T$가 존재한다. 그러면 $\alpha = \alpha x_m = c_{mm} - \sum_{j \ne m} e_{mj} x_j \ge c_{mm} - \sum_{j \ne m} e_{mj} = 0$이다. (첨언하자면, 고윳값들이 음이 아닌 실수 대칭행렬을 양의 준정부호(positive semidefinite) 행렬이라고 부른다. 우리의 증명은 $1 \le m \le n$에 대해 $c_{mm} \ge |\sum_{j \ne m} c_{mj}|$인 임의의 실수 대칭행렬이 그러한 속성을 가진다는 잘 알려진 사실을 확인해 준다.) 따라서 $\alpha_0 \ge 0$이다. 그리고 $C(1, \ldots, 1)^T = (0, \ldots, 0)^T$이므로 $\alpha_0 = 0$이다.

(b) $\det(xI - C(G)) = x(x-\alpha_1)\ldots(x-\alpha_{n-1})$이다. 그리고 $x$의 계수들은 행렬 트리 정리에 의해 $(-1)^{n-1}n$ 곱하기 신장 트리 개수이다.

(c) 연습문제 1.2.3-36에 의해 $\det(\alpha I - C(K_n)) = \det((\alpha - n)I + J) = (\alpha - n)^{n-1}\alpha$이다. 여기서 $J$는 모든 성분이 1인 행렬이다. 따라서 양상들은 0, $n$, ..., $n$이다.

**105.** (a) 만일 $e_{ij} = a + be'_{ij}$이면 $C(G) = naI - aJ + bC(G')$이다. 그리고 만일 $C$가 행 합들이 0인 임의의 그래프이면 항등식

$$\det(xI + yJ - zC) = \frac{x+ny}{x} z^n \det((x/z)I - C)$$

가 성립한다(이는 열 2에서 열 $n$까지를 열 1에 더하고, $(x+ny)/x$를 뽑아내서 묶고, $y/x$ 곱하기 열 1을 열 2 ~ 열 $n$에서 빼고, 열 2 ~ 열 $n$을 열 1에서 빼보면 증명이 된다). 따라서 $x = \alpha - na$, $y = a$, $z = b$, $a = 1$, $b = -1$로 두면 $G$의 양상들이 0, $n - \alpha_{n-1}$, $\cdots$, $n - \alpha_1$임을 알 수 있다. (특히 이 결과는 $G'$이 빈 그래프 $\overline{K_n}$일 때 연습문제 104(c)와 일치한다.)

(b) $\{\alpha'_0, \ldots, \alpha'_{n'-1}, \alpha''_0, \ldots, \alpha''_{n''-1}\}$을 순서대로 정렬한다. (다양성을 위해 추가한 쉬운 경우였음.)

(c) 이 경우 $\overline{G} = \overline{G'} \oplus \overline{G''}$이다. 따라서 $G$의 양상들은 (a)와 (b)에 의해 $\{0, n'+n'', n''+\alpha'_1, \ldots, n''+\alpha'_{n'-1}, n'+\alpha''_1, \ldots, n'+\alpha''_{n''-1}\}$이다. (특히, $G' = \overline{K_m}$이고 $G'' = \overline{K_n}$일 때 $G$는 $K_{m,n}$이다. 그러므로 $K_{m,n}$의 양상들은 $\{0, (n-1)\cdot m, (m-1)\cdot n, m+n\}$이다.)

(d) $C(G) = I_{n'} \otimes C(G'') + C(G') \otimes I_{n''}$이다. 여기서 $I_n$은 $n \times n$ 단위행렬을 뜻하고 $\otimes$는 행렬들의 직곱을 뜻한다. $C(G)$의 양상들은 $\{\alpha'_j + \alpha''_k \mid 0 \le j < n', 0 \le k < n''\}$이다. 만일 $A$와 $B$가 임의의 행렬이고 그 고윳값들이 각각 $\{\lambda_1, \ldots, \lambda_m\}$과 $\{\mu_1, \ldots, \mu_n\}$이라고 하면, $A \otimes I_n + I_m \otimes B$의 고윳값들은 $mn$개의 합 $\lambda_j + \mu_k$들이기 때문이다. 증명. $S^- AS$와 $T^- BT$가 삼각 행렬임을 만족하도록 $S$와 $T$를 선택한다. 그런 다음 $(S \otimes T)^- (A \otimes I_n + I_m \otimes B)(S \otimes T) = (S^- AS) \otimes I_n + I_m \otimes (T^- BT)$임을 행렬 항등식 $(A \otimes B)(C \otimes D) = AC \otimes BD$를 이용해서 보인다. (구체적으로, 이 공식을 되풀이해 적용하면 $n$-입방체의 양상들이 $\left\{\binom{n}{0}\cdot 0, \binom{n}{1}\cdot 2, \ldots, \binom{n}{n}\cdot 2n\right\}$임을 알 수 있다. 그리고 식 (57)은 연습문제 104(b)로부터 유도된다.)

(e) $G$가 도수 $d$의 정규 그래프일 때 그 양상들은 $\alpha_j = d - \lambda_{j+1}$이다. 여기서 $\lambda_1 \ge \cdots \ge \lambda_n$은 인접성 행렬 $A = (a_{ij})$의 고윳값들이다. $G'$의 인접성 행렬은 $A' = B^T B - d' I_{n'}$으로, 여기서 $B = (b_{ij})$는 $b_{ij} = [$간선 $i$가 정점 $j$와 닿음$]$들을 성분으로 하는 $n \times n'$ 결합행렬(incidence matrix)이다. 그리고 $n = n'd'/2$는 간선 개수이다. $G$의 인접성 행렬은 $A = BB^T - 2I_n$이다. 이제 다음이 성립한다.

$$x^n \det(xI_{n'} - B^T B) = x^{n'} \det(xI_n - BB^T).$$

이 항등식은 $\det(xI - A)$의 계수들을 뉴턴의 항등식들(연습문제 1.2.9-10)을 이용해서 $k = 1, 2, \ldots$에 대한 $\mathrm{trace}(A^k)$ 항들로 표현할 수 있다는 사실로부터 비롯된다. 따라서 $G$의 양상들은 $G'$의 것들과 동일한 양상들에 $2d'$과 같은 $n - n'$개의 양상들을 추가한 것이다. [이 결과는 E. B. Vakhovsky, *Sibirskiĭ Mat. Zhurnal* **6** (1965), 44-49에 기인한다. 또한 H. Sachs, *Wissenschaftliche Zeitschrift der Technischen Hochschule Ilmenau* **13** (1967), 405-412도 보라.]

(f) $A = A' \otimes A''$이다. 따라서 양상들은 $\{d''\alpha'_j + d'\alpha''_k - \alpha'_j\alpha''_k \mid 0 \le j < n', 0 \le k < n''\}$이다.

(g) $A(G) = I_{n'} \otimes A'' + A' \otimes I_{n''} + A' \otimes A'' = (I_{n'} + A') \otimes (I_{n''} + A'') - I_n$으로부터 양상 $\{(d''+1)\alpha'_j + (d'+1)\alpha''_k - \alpha'_j\alpha''_k \mid 0 \le j < n', 0 \le k < n''\}$들이 나온다.

(h) $G'$이 정칙일 때 $S^- A'S$를 성분들이 $d' - \alpha'_j$인 대각행렬로 만들 수 있으며, 그와 동시에 $S^- J_{n'} S$를 성분들이 $(n', 0, \ldots, 0)$인 대각행렬로 만들 수 있다. 이는 $(1, \ldots, 1)^T$가 $A'$의 고유벡터이기도 하고 $J_{n'}$의 고유벡터이기도 하기 때문이다. 따라서 연습문제 7-96(c)의 공식에 의해, 양상들은 $\{d + (d' - \alpha'_j n'[j=0])(d'' - \alpha''_k) + (d' - \alpha'_j)(d'' - \alpha''_k - n''[k=0]) \mid 0 \le j < n', 0 \le k < n''\}$이다. 여기서 $d = d'(n'' - d'') + (n' - d')d''$이다.

(i) 비슷한 논리를 통해서 $G'$의 비례된 양상 $\{n''\alpha'_j \mid 0 \le j < n'\}$들을 얻을 수 있으며, 또한 $G''$의 이동된 양상 $\{d'n'' + \alpha''_k \mid 1 \le k < n''\}$들의 복사본 $n'$개도 얻을 수 있다.

**106.** (a) $\alpha$가 경로 $P_n$의 한 양상이라고 하자. $(x_0, x_1, \ldots, x_{n+1})$이 $1 \le k \le n$에 대한 방정식 $\alpha x_k = 2x_k - x_{k-1} - x_{k+1}$들의 0이 아닌 해라고 할 때, $x_0 = x_1$, $x_n = x_{n+1}$인 그러한 해가 존재한다. 만일 $x_k = \cos(2k-1)\theta$로 둔다면 $x_0 = x_1$이고 $2x_k - x_{k-1} - x_{k+1} = 2x_k - (2\cos 2\theta)x_k$임을 알 수 있다. 따라서, 만일 $x_n = x_{n+1}$이 되도록, 그리고 $x$들이 모두 0은 아니도록 $\theta$를 선택한다면, $2 - 2\cos 2\theta = 4\sin^2\theta$는 하나의 양상이 된다. 그러므로 $P_n$의 양상들은 $\sigma_{0n}$, …, $\sigma_{(n-1)n}$이다.

연습문제 104(b)에 의해 반드시 $\alpha_1 \ldots \alpha_{n-1} = n$이다. $c(P_n) = 1$이기 때문이다. 따라서

$$c(P_m \square P_n) = \prod_{j=1}^{m-1}\prod_{k=1}^{n-1}(\sigma_{jm} + \sigma_{kn})$$

이다.

(b, c) 마찬가지로, 만일 $\alpha$가 순환마디 $C_n$의 한 양상이라면, 언급된 방정식들의 0이 아닌, 그리고 $x_n = x_0$인 해가 존재한다. 이 경우 $x_k = \cos 2k\theta$로 두면 $0 \le j < \lceil n/2 \rceil$에 대해 $\theta = j\pi/n$일 때 해들을 구할 수 있기 때문이다. 그리고 $x_k = \sin k\theta$로 두면 $\lceil n/2 \rceil \le j < n$에 대한 일차독립 해들도 구할 수 있다. 따라서 $C_n$의 양상들은 $\sigma_{0n}$, $\sigma_{2n}$, …, $\sigma_{(2n-2)n}$이고 다음이 성립한다.

$$c(P_m \square C_n) = n\prod_{j=1}^{m-1}\prod_{k=1}^{n-1}(\sigma_{jm} + \sigma_{(2k)n}), \quad c(C_m \square C_n) = mn\prod_{j=1}^{m-1}\prod_{k=1}^{n-1}(\sigma_{(2j)m} + \sigma_{(2k)n})$$

$f_n(x) = (x + \sigma_{1n})\ldots(x + \sigma_{(n-1)n})$이고 $g_n(x) = (x + \sigma_{2n})\ldots(x + \sigma_{(2n-2)n})$이라고 하자. 이 다항식들의 계수들은 정수이다. 실제로, $T_n(x)$와 $U_n(x)$가 $T_n(\cos\theta) = \cos n\theta$와 $U_n(\cos\theta) = (\sin(n+1)\theta)/\sin\theta$로 정의되는 체비셰프 다항식들이라 할 때, $f_n(x) = U_{n-1}(x/2+1)$이고 $g_n(x) = 2(T_n(x/2+1) - 1)/x$이다. $c(P_m \square P_n)$의 계산을 $m \times m$ 행렬식 하나의 평가로 줄일 수 있는데, 이는 그것이 $f_m(x)$와 $f_n(-x)$의 종결식(resultant)이기 때문이다. 연습문제 4.6.1-12를 보라. 마찬가지로, $\frac{1}{n}c(P_m \square C_n)$과 $\frac{1}{mn}c(C_m \square C_n)$은 각각 $f_m(x)$와 $g_n(-x)$, $g_m(x)$와 $g_n(-x)$의 종결식이다.

$\alpha_n(x) = \prod_{d \backslash n} f_d(x)^{\mu(n/d)}$이라고 하자. 즉 $\alpha_1(x) = 1$, $\alpha_2(x) = x+2$, $\alpha_3(x) = (x+3) \times (x+1)$, $\alpha_4(x) = x^2 + 4x + 2$, $\alpha_5(x) = (x^2 + 5x + 5)(x^2 + 3x + 1)$, $\alpha_6(x) = x^2 + 4x + 1$ 등이다. 소위 체 다항식(field polynomials)을 고려하면, $\alpha_n(x)$가 $n$이 짝수일 때에는 기약 다항식이고 그렇지 않을 때에는 같은 차수의 두 기약항들의 곱임을 보이는 것이 가능하다. 비슷하게, $\beta_n(x) = \prod_{d \backslash n} g_d(x)^{\mu(n/d)}$이라고 하면, $n \ge 3$일 때 $\beta_n(x)$는 한 기약다항식의 제곱임을 알 수 있다. 이러한 사실들은 결과들에 상당히 작은 소인수들이 존재하는 이유를 말해 준다. 예를 들어 $m \le n \le 10$에 대한 $c(P_m \square P_n)$의 가장 큰 소인수는 1009이다. 이 소인수는 오직 $\alpha_6(x)$와 $\alpha_9(-x)$의 종결식에서만 나타나는데, 그 종결식은 바로 $662913 = 3^2 \cdot 73 \cdot 1009$이다.

**107.** $n = (1, \ldots, 5)$에 대한 비동형 그래프들의 개수는 $(1, 1, 2, 6, 21)$이다. 그러나 연습문제 105(a) 덕분에, 간선 개수가 $\frac{1}{2}\binom{n}{2}$ 이하인 경우들만 고려하면 된다. $n = 4$일 때 살아남는 경우들은 자유 트리들이다. 별 그래프는 $K_1 \oplus K_3$의 여그래프로, 양상들은 0, 1, 1, 4이다. 그리고 $P_4$의

양상들은 연습문제 106에 의해 0, $2-\sqrt{2}$, 2, $2+\sqrt{2}$이다. $n=5$일 때에는 자유 트리가 세 개이다. 별 그래프의 양상들은 0, 1, 1, 1, 5이고 $P_5$의 양상들은 0, $2-\phi$, $3-\phi$, $1+\phi$, $2+\phi$, 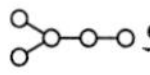 의 양상들은 0, $r_1$, 1, $r_2$, $r_3$이다 여기서 $(r_1, r_2, r_3) \approx (0.52, 2.31, 4.17)$은 $x^3-7x^2+13x-5=0$의 근들이다.

마지막으로, 순환마디가 하나인 그래프는 다섯 가지이다. 은 $K_1 — (K_2 \oplus \overline{K_2})$이므로 그 양상들은 0, 1, 1, 3, 5이다. $C_5$의 양상들은 0, $3-\phi$, $3-\phi$, $2+\phi$, $2+\phi$이고 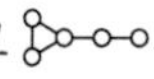 의 양상들은 0, $r_1$, $r_2$, 3, $r_3$, 그 여그래프 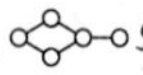 의 양상들은 0, $5-r_3$, 2, $5-r_2$, $5-r_1$이다. 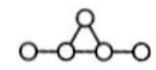 의 양상들을 구해 보면 0, $(5-\sqrt{13})/2$, $3-\phi$, $2+\phi$, $(5+\sqrt{13})/2$이 나온다.

**108.** 정점들이 $\{V_1, \ldots, V_n\}$인 유향 그래프 $D$가 주어졌을 때, $e_{ij}$가 $V_i$에서 $V_j$로의 호들의 개수라고 하자. $C(D)$와 그 양상들을 이전처럼 정의한다. $C(D)$가 반드시 대칭은 아니므로 양상들이 반드시 실수라는 보장은 더 이상 없다. 그러나, 만일 $\alpha$가 한 양상이라면 그 복소 켤레 $\overline{\alpha}$도 양상이다. 그리고 양상들을 그 실수부 순으로 정렬한다면 또 다시 $\alpha_0=0$임을 알게 된다. 공식 $c(D)=\alpha_1 \ldots \alpha_{n-1}/n$은 만일 $c(D)$를 지향 신장 트리들의 평균(모든 가능한 $n$개의 근 $V_j$에 대해 취한) 개수로 간주한다면 여전히 유효하다. 호들이 $1 \le i < j \le n$에 대한 $V_i \to V_j$인 전이 토너먼트 $K_n^{\rightarrow}$의 양상들이 0, 1, …, $n-1$임은 자명하다. 그리고 그 부분그래프들의 양상들도 그만큼이나 자명하다.

연습문제 105의 부문제 (a)~(d)의 해답에 나온 유도 과정을 이 문제에도 그대로 적용할 수 있다. 예를 들어 주어진 이 유향 그래프 $D$가, 양상들이 0, 2, 3, 4인 $K_1 — K_3^{\rightarrow}$이라고 하자. 이 유향 그래프의 가능한 네 가지 뿌리에 대한 지향 신장 트리들의 개수는 $(2, 4, 6, 12)$이다. 그리고 $c(D)$는 사실 $2 \cdot 3 \cdot 4/4$와 같다. 또한 유향 그래프  는 자신의 여그래프와 동일하며, 양상들이 $K_3^{\rightarrow}$의 것들과 같다는 점도 주목하기 바란다.

유향 그래프로부터 또 다른 흥미로운 연산들의 모임이 비롯된다: 만일 $D'$과 $D''$이 서로 소인 정점 집합 $V'$과 $V''$에 대한 유향 그래프들이라고 할 때, $v' \in V'$이고 $v'' \in V''$이면 항상 호 $v' \to v''$을 $a$개, 호 $v'' \to v'$을 $b$개 추가한다고 하자. 해답 105(a)에서처럼 행렬식들을 조작한다면, 호들을 추가해서 나온 유향 그래프의 양상들이 $\{0, an''+bn', an''+\alpha'_1, \ldots, an''+\alpha'_{n'-1}, bn'+\alpha''_1, \ldots, bn'+\alpha''_{n''-1}\}$임을 보이는 것이 가능하다. $a=1$이고 $b=0$인 특별한 경우에서는 새 그래프를 간편하게 $D' \to D''$으로 표기할 수 있다. 이를테면 $K_n^{\rightarrow} = K_1 \to K_{n-1}^{\rightarrow}$이다. $n_1+n_2+\cdots+n_m$개의 정점들에 대한 유향 그래프 $K_{n_1} \to K_{n_2} \to \cdots \to K_{n_m}$의 양상들은 $\{0, n_m \cdot s_m, \ldots, n_2 \cdot s_2, (n_1-1) \cdot s_1\}$로, 여기서 $s_k = n_k + \cdots + n_m$이다.

$V_1$에서 $V_n$으로의 지향 경로 $P_n^{\rightarrow}$의 양상들은 명백히 0, 1, …, 1이다. 지향 순환마디 $C_n^{\rightarrow}$의 양상들은 $\{0, 1-\omega, \ldots, 1-\omega^{n-1}\}$으로, 여기서 $\omega = e^{2\pi i/n}$이다.

호 유향 그래프에 대한 그럴듯한 결과도 하나 있다. $D$의 양상들에 그냥 $1 \le k \le n$에 대해 수 $\sigma_k$의 복사본 $\tau_k - 1$개를 더하면 $D^*$의 양상들이 된다. 여기서 $\tau_k$는 $V_k$의 내향 도수이고 $\sigma_k$는 외향 도수이다. (만일 $\tau_k = 0$이면 $\sigma_k$와 같은 한 양상을 제거한다.) 이에 대한 증명은 해답 2.3.4.2-21의 유도와 비슷하나 더 간단하다.

역사적 참고사항: 연습문제 104(b)와 105(b)의 결과들은 A. K. Kelmans, *Avtomatika i Telemekhanika* **26** (1965), 2194-2204; **27**,2 (1966년 2월), 56-65에 기인한다. 영역본이 *Automation and Remote Control* **26** (1965), 2118-2129; **27** (1966), 233-241에 실렸다. 피에들레르Miroslav Fiedler [*Czech. Math. J.* **23** (1973), 298-305]는 연습문제 105(d)를 소개했으며, 양상 $\alpha_1$에 관한 흥미로운 결과들을 증명했다. 이를 그는 $G$의 '대수적 연결성(algebraic connectivity)'이라고 불렀다. 크레베라스는 *J. Combinatorial Theory* **B24** (1978), 202-212에서 격자, 원기둥, 원환체에 대한 신장 트리들의 개수를 구했으며 $C_m^{\rightarrow} \,\square\, C_n^{\rightarrow}$ 같은 유향 원환체에 대한 지향 신장 트리들의 개수도 구했다. 그래프 양상들에 대한 훌륭한 개괄 논문으로 Bojan Mohar, *Graph Theory, Combinatorics and Applications* (Wiley, 1991), 871-898과 *Discrete Math.* **109** (1992), 171-183이 있다. 그래프 고윳값들의 중요한 모임들과 그 속성들에 대한 면밀한 논의와 상세한 문헌정보가 D. M. Cvetković, M. Doob, H. Sachs, *Spectra of Graphs*, 제3판(1995)에 나온다.

**109.** 아마도 모래산과 관련된 이유도 있을 것이다. 연습문제 103을 보라.

**110.** 귀납법에 의해: $u$와 $v$ 사이에 $k \ge 1$개의 병렬 간선들이 있다고 하자. 그러면 $c(G) = kc(G_1) + c(G_2)$이다. 여기서 $G_1$은 $G$와 같되 $u$와 $v$가 동일한 그래프이고 $G_2$는 $G$에서 그 $k$개의 간선들을 제거한 그래프이다. $d_u = k + a$이고 $d_v = k + b$라고 하자.

경우 1, $G_2$가 연결된 그래프임: 그러면 $ab > 0$이므로 $a = x + 1$, $b = y + 1$이라고 쓸 수 있다. $\alpha$가 다른 $n-2$개의 정점들에 대한 곱이라 할 때 $c(G_1) > \alpha\sqrt{x+y+1}$이고 $c(G_2) > \alpha\sqrt{xy}$이다. 그리고

$$k\sqrt{x+y+1} + \sqrt{xy} \;\ge\; \sqrt{(x+k)(y+k)}$$

임을 쉽게 증명할 수 있다.

경우 2, $G_2$가 연결된 그래프임을 만족하는 $u$와 $v$가 존재하지 않음: 그러면 $G$의 모든 다중 간선은 다리이다. 다른 말로 하면 $G$는 병렬 간선들을 제외한다면 하나의 자유 트리이다. 이 경우, 만일 도수가 1인 정점이 존재한다면 결과는 자명하다. 그렇지 않다면, $u$가 하나의 끝점이고 간선 $u$—$v$의 개수가 $d_u = k$라고 가정하자. 만일 $d_v > k+1$이면, $d_v = k+1+x$라고 할 때 $c(G) = kc(G_1) > \alpha k\sqrt{x}$이다. $x > 0$일 때에는 $k\sqrt{x} > \sqrt{(k-1)(k+x)}$임을 쉽게 확인할 수 있다. 만일 $d_v = k$이면 $c(G) = k > \sqrt{(k-1)^2}$이다. 마지막으로 만일 $d_v = k+1$이면, $v_0 = u$, $v_1 = v$로 두고 유일한 경로 $v_1$— $v_2$— $\cdots$ — $v_r$을 고찰한다. 여기서 $r > 1$이고 $v_r$의 도수는 2보다 크다. $1 \le j < r$에 대해 $v_j$와 $v_{j+1}$을 연결하는 간선은 단 하나이다. 이제 귀납법을 적용하면 된다.

[신장 트리 개수에 대한 다른 하계들이 A. V. Kostochka, *Random Structures & Algorithms* **6** (1995), 269-274에 유도되어 있다.]

**111.** 2 1 5 4 11 7 9 8 6 10 15 12 14 13 3.

**112.** $p$가 짝수 수준에 있고 $q$의 조상이거나, $q$가 홀수 수준에 있고 $p$의 조상이다.

**113.** prepostorder$(F^R)$ = postpreorder$(F)^R$이고 postpreorder$(F^R)$ = prepostorder$(F)^R$이다.

**114.** 숲이 비어 있을 수도 있다는 점을 고려할 때 가장 우아한 접근방식은, CHILD(Λ)가 제일 왼쪽 트리(만일 있다면)의 뿌리를 가리키도록 준비해 두고, 그런 다음 Q ← Λ, L ← −1로 설정해서 첫 번째 방문을 시작하는 것이다. 그런 다음 단계 Q6으로 간다.

**115.** 짝수 수준의 노드 개수가 $n_e$이고 홀수 수준의 노드 개수가 $n_o$라고 하자. 그리고 짝수 수준 노드들 중 잎이 아닌 노드들이 $n_e'$개라고 하자. 그러면 단계 (Q1, …, Q7)의 수행 횟수는 각각 $(n_e+n_o, n_o, n_e', n_e, n_e', n_{o+1}, n_e)$이다. 이는 해답 114에 의한 Q6의 실행 1회도 포함한 것이다.

**116.** (a) 이 결과는 알고리즘 Q로부터 비롯된다.

(b) 사실 평범하지 않은 노드들은 행운인 노드에서 시작해서 행운과 불운을 엄격히 번갈아 거치다가 행운인 노드로 끝난다. 증명: $F$의 제일 왼쪽 잎을 제거해서 얻은 숲 $F'$을 고찰하고, $n$에 대한 귀납법을 적용할 것.

**117.** 그러한 숲은 왼쪽 자식·오른쪽 동기 표현이 하나의 퇴화한 이진 트리(연습문제 31)인 숲이다. 따라서 답은 $2^{n-1}$개이다.

**118.** (a) $k>1$에 대해 $t^{k-2}$개이다. 행운은 최외곽 잎들의 근처에서만 발생한다.

(b) 한 흥미로운 점화식으로부터 $\big(F_k+1-(k+1) \bmod 3\big)/2$라는 답이 나온다.

**119.** 각 노드 $x$의 이름표로 값 $v(x)=\sum\{\,2^k \mid k$는 뿌리에서 $x$로의 경로에 있는 한 호 이름표$\}$를 부여한다. 그러면 전후위순으로 그 노드 값들은 그레이 이진 부호 $\Gamma_n$이 정확히 같다. 연습문제 113에서 보았듯이 이들은 점화식 7.2.1.1-(5)를 만족하기 때문이다.

(보통의 이항 트리 $T_n$의 노드들에도 이와 동일한 방식으로 값들을 부여한 후 전위순으로 운행한다면 그냥 정수 0, 1, …, $2^n-1$이 나온다.)

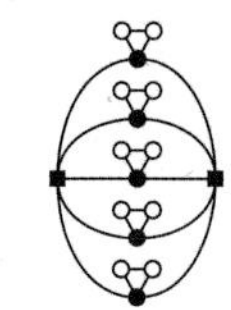

**120.** 거짓이다. 해밀턴 순환마디에서 두 개의 '정사각' 정점 옆에 올 수 있는 '속이 빈' 정점은 단 네 개뿐이다(오른쪽 그림 참고). 따라서 빈 정점 두 개는 운이 없는 셈이다. 〔H. Fleischner, H. V. Kronk, *Monatshefte für Mathematik* **76** (1972), 112-117을 보라.〕

**121.** 더 나아가서, $T^2$에 $u$에서 $v$로의 해밀턴 경로가 존재할 필요충분조건도 그와 비슷하되, $T^{(\prime)}$의 $u$나 $v$의 도수가 1이면 그대로 유지한다는 점과 (i)의 경로가 $u$에서 $v$로의 경로($u$와 $v$ 자체는 제외하고)의 내부이어야 한다는 점이 다르다. 조건 (ii) 역시 '도수가 4인 정점들'보다 더욱 제한된 '위험한 정점들'로 바뀌는데, 여기서 $T^{(\prime)}$의 위험한 정점들이란 도수가 4인 정점들과 도수가 2이고 $u$나 $v$와 같은 정점들이다. 이것이 불가능한 가장 작은 경우는 $T=P_4$이고 $u$와 $v$가 끝점이 아닌 경우이다. 〔*Časopis pro Pěstování Matematiky* **89** (1964), 323-338.〕

결과적으로, $T^2$에는 오직 $T$가 하나의 무한궤도(caterpillar)일 때에만, 즉 도그래프가 하나의 경로인 자유 트리일 때에만 해밀턴 순환마디가 존재한다. 〔Frank Harary, A. J. Schwenk, *Mathematika* **18** (1971), 138-140을 보라.〕

**122.** (a) 하나의 표현식을 이진 트리로 표현할 수 있다. 이 경우 연산자들은 내부 노드가 되고 숫자는 외부 노드가 된다. 이진 트리를 알고리즘 B에서처럼 구현한다면, 주어진 문법이 트리에 가하는 필수적인 제약은, $r_j = k > 0$일 때 노드 $j$의 연산자는 오직 노드 $k$의 연산자가 $\times$나 $/$일 때에만 $+$ 또는 $-$라는 것이다. 따라서 잎이 $n$개인 트리에 대한 모든 가능성의 개수는 $2^n S_{n-1}$이다. 여기서 $S_n$은 슈뢰더 수로, $n = 9$일 때 10,646,016이다. (연습문제 66을 참고하되 좌우를 맞바꾸어 생각할 것.) 그러한 모든 트리를 상당히 빠르게 생성할 수 있으며, 실제로 생성해 보면 해가 정확히 1641개임을 알 수 있다. 그중 곱셈 없이 100을 만드는 것은 단 하나로, 바로 $1+2/((3-4)/(5+6)-(7-8)/9)$이다. 그리고 괄호쌍을 다섯 개 사용하는 표현식이 $(((1-2)/((3/4)\times5-6))\times7+8)\times9$를 포함해서 20개이고 괄호를 아예 필요로 하지 않는 것은 단 15개이다.

(b) 이 경우 가능성은 $1+\sum_{k=1}^{8}\binom{8}{k}2^{k+1}S_k = 23{,}463{,}169$가지이고 해는 3366개이다. 가장 짧은 것은 길이가 12인 $123-45-67+89$로, 듀드니가 발견했다〔*The Weekly Dispatch* (18 June 1899)〕. 가장 긴 해의 길이는 27이다. 그런 해는 앞에서 언급했듯이 20개이다.

(c) 이 경우 가능성의 개수가 극적으로 증가해서 $2+\sum_{k=1}^{8}\binom{8}{k}4^{k+1}S_k = 8{,}157{,}017{,}474$가 된다. 그리고 해는 97,221가지이다. 가장 긴 해의 길이는 40으로, $((((.1/(.2+.3)).4).5)/)(.6-.7))/(.8-.9)$가 유일한 가장 긴 해이다. 재미있는 예로는, $.1+(2+3+4+5)\times6+7+8+.9$처럼 $+$가 일곱 개인 것들이 다섯 가지, $(1-.2-.3-4-.5-6)\times(7-8-9)$처럼 $-$가 일곱 개인 것이 열 가지이다.

사실 이에 대해서는 원칙이라고 할 만한 것이 거의 없다.
또한 가능한 최선의 해를 구했음을 알 수 있는 확실한 방법도 없다.
— 듀드니HENRY E. DUDENEY (1899)

참고: 이러한 문제가 처음으로 등장한 문헌은 레슈케Marie Leske의 *Illustriertes Spielbuch für Mädchen* 제1판(1864)이다. 제11판에서는 $100=1+2+3+4+5+6+7+8\times9$라는 사실이 섹션 553, 퍼즐 16의 해로 등장한다. 또한 연습문제 7.2.1.1-111의 참고문헌들도 보라.

벨먼Richard Bellman은 *AMM* **69** (1962), 640-643에서, 괄호 없이 연산자 $+$와 $\times$만 사용할 수 있는 부문제 (a)의 특수 경우를 처리하는 방법을 설명했다. 그의 동적 계획법(dynamic programming) 기법을 이런 좀 더 일반적인 문제에 적용해서, 고려할 경우의 수를 줄이는 것도 가능하다. 여기서 핵심은, 트리의 뿌리에 한 연산자가 주어졌을 때 숫자 $\{1,\dots,n\}$의 모든 부분구간으로부터 얻을 수 있는 유리수들을 구하는 것이다. 정수해가 나오는 것이 불가능한 부분구간 $\{1,\dots,8\}$과 $\{2,\dots,9\}$에 대한 경우들을 폐기하는 것 역시 계산을 크게 줄이는 방법이다. 이렇게 하면 고려해야 할 본질적으로 서로 다른 트리들의 개수가 (a)는 2,735,136가지, (b)는 6,813,760가지, (c)는 739,361,319가지로 줄어든다.

이 응용에서 부동소수점 산술은 신뢰할 수 없다. §4.5.1절의 정확한 유리수 산술을 이용하면 계산을 깔끔하게 마칠 수 있으며, 절댓값이 $10^9$보다 큰 정수를 다루어야 하는 경우가 결코 생기지 않는다.

**123.** (a) 2284; 그러나 $2284=(1+2\times3)\times(4+5\times67)-89$. (b) 6964; 그러나 $6964=(1.2)\times34+5+6789$. (c) 14786; 그러나 $14786=-1+2\times(.3+4+5)\times(6+789)$. 〔듀드니가 그랬던 것처럼 표현식의 왼쪽에 음의 부호를 넣는 것이 허용된다면, 122(a), (b), (c)의 해의 개수는 각각 1362, 2759, 85597만큼 증가한다. (a)의 경우 여기에는 $-(1-2)\times((3+4)\times(5-(6-7)\times8)+9)$ 같이 더 긴 표현식 19개가 포함된다. 그러한 확장에서, 이번 문제가 요구하는 표현 불가능한 가장 작은 양의 정수는 (a) 3802, (b) 8312, (c) 17722이다.〕 표현 가능한 정수들(양, 음, 0)의 전체 개수를 구해 보면 (a) 27,666; (b) 136,607; (c) 200,765이다.

**124.** 호턴-스트랄러 수는 강의 흐름에 대한 연구에서 비롯된 것이다: R. E. Horton, *Bull. Geol. Soc. Amer.* **56** (1945), 275-370; A. N. Strahler, *Bull. Geol. Soc. Amer.* **63** (1952), 1117-1142. 고전적 논문 Viennot, Eyrolles, Janey, Arquès, *Computer Graphics* **23**,3 (July 1989), 31-40에 다양한 트리 그리기 착안들이 예와 함께 나온다.

## 7.2.1.7절

**1.** 21번 괘, 즉 "서합噬嗑†" (䷔) 하에서 그럴 수도 있을 것이다. 그러나 이 괘와 관련된 고대의 주석자들은 전자들의 상호작용보다는 법의 집행에 더 관심이 많았다.

**2.** (a) 코돈의 첫 뉴클레오티드에 대해서는, (T, C, A, G)를 각각 (⚌, ⚍, ⚎, ⚏)으로 나타내도록 한다. 마찬가지로, 둘째 뉴클레오티드는 (⚌, ⚍, ⚎, ⚏)로, 셋째 것은 (⚌, ⚍, ⚎, ⚏)로 나타낸다. 그리고 그 세 표현을 한데 겹친다. 예를 들어 34번 괘는 ䷡ = ⚌ + ⚍ + ⚌이다. 이것은 코돈 TTC를 나타내며, 그 코돈은 아미노산 F에 대응된다. 이러한 대응관계 하에서 34~54번 괘는 각각 (F, G, L, Q, W, D, S, −, P, Y, K, A, I, T, N, H, M, R, V, E, C)에 대응된다. 더 나아가서, '−'로 사상되는 세 괘는 1번, 9번, 41번으로, 즉 ䷀와 ䷈, ䷨이다. *역경*에서 이들은 '창조', '기르기', '여분의 제거'를 뜻하는데, 모두 단백질의 완성이라는 개념에 상당히 적합하다.

(b) $4\times4\times4$ 유전부호 배열의 원소들을 치환하는 $\binom{64}{6,6,6,4,4,4,4,4,3,3,2,2,2,2,2,2,2,2,2,1,1}\approx 2.3\times10^{69}$가지 방법을 고찰할 것. 그중 21개의 서로 다른 연속된 요소들의 연속열을 적어도 하나 담고 있는 것들은 정확히

$$240288040217578979000399368196455132845166871875018555392000000 \approx 2.4\times10^{63}$$

개이다. 〔포함 배제 원리를 이용하면, 서로 다른 원소가 $r$이고 $n_r=0$인 임의의 중복집합 $\{(n_1+1)\cdot x_1, \ldots, (n_r+1)\cdot x_r\}$의 그러한 순열이 정확히

---

† 〔옮긴이 주〕 서합은 음식을 씹는 것을 말한다. 원문은 crunching으로, 어쩌면 저자가 컴퓨터의 주된 응용 과제 중 하나인 'number crunching(대량의 수치 처리)'를 연상한 것이 아닌가 싶다.

$$(n+1)\binom{n}{n_1,\ldots,n_r}r! - \sum_{k=1}^{r}(n+1-k)k!(r-k)!\,a_k \sum_{\substack{0\le d_1,\ldots,d_r\le 1\\ d_1+\cdots+d_r=k}}\binom{n-k}{n_1-d_1,\ldots,n_r-d_r}$$

개임을 보이는 것이 가능하다. 여기서 $n = n_1 + \cdots + n_r$이고 $a_k$는 원소가 $k$개인 분해불가능(indecomposable) 순열들의 개수이다(연습문제 7.2.1.2-100).] 따라서 언급된 속성을 가진 순열은 백만 개당 약 하나뿐이다.

그러나 코돈들을 부문제 (a)에서처럼 표현하는 방법은 $4!^3\binom{6}{2,2,2} = 1244160$가지이고, 그중 대부분은 아미노산들의 서로 다른 순열들에 대응된다(셋째 자리에서 T와 C의 표현들을 교환하는 것을 예외로 할 때).

사실 실험 결과에 따르면 64괘의 모든 순열 중 코돈에 적절히 대응되는 것은 약 31%이다. 따라서 부문제 (a)의 구축법에 따르면 *역경*의 저자가 어떤 방식으로든 코돈을 예견했다고 믿을 이유는 없다.

**3.** $F_{31} - 10^6 = F_{28} + F_{22} + F_{20} + F_{18} + F_{16} + F_{14} + F_9$이므로 백만 번째 운율은

◡◡◡◡◡◡◡—◡◡◡—————◡◡◡◡◡—◡◡

이다. 그 반대 방향은 더 쉽다: $F_{31} - (F_5 + F_8 + F_{10} + F_{16} + F_{18} + F_{27} + F_{30}) = 314159$이다.

**4.** 제4행에 나온 두 **במדיר** 중 하나는 **במידר**이어야 한다. 마찬가지로, 제8행의 한 **במדרי**은 **בדמרי**이어야 한다. 그리고 제3, 4행에는 제일 오른쪽 글자들이 **בר**인 순열이 두 번 나타나는 경우가 여섯 번 있으며, 제일 오른쪽이 **בר**인 순열이 빠진 경우들도 있다. 이러한 결함들은 아마도 도놀로 자신의 실수가 아니라 조판 또는 필사상의 실수일 것이다.

**5.** 마지막 것이 [illegible]이 아니라 [illegible]이어야 한다.

**6.** 메르센의 목록에서 $n$번째 값 $m_n$은 오직 $1 \le n \le 13$과 $15 \le n \le 38$에 대해서는 $n!$과 일치한다. 메르센이 개인적으로 소장한 그 책의 한 본(현재는 Bibliothèque Nationale 소유; 1963년에 영인복사판이 출판되었음)에 빠진 '1'을 기입해 놓은 것으로 보아, 그는 $14! = 87178291200 \ne m_{14} = 8778291200$임을 알고 있었다. 그러나 그의 표의 다른 오류들은 단순한 조판상의 실수가 아니다. 왜냐하면 $m_{50}$의 경우를 제외할 때 그 오류들이 이후의 항목들에도 전파되었기 때문이다: $m_{39} = 39! + 10^{26} - 10^{10}$; $m_{40} = 40m_{39}$; $m_{41} = 41m_{40} - 4\cdot 10^{25} - 14\cdot 10^{11}$; $n = 42, 43, 44, 46, 47, 48, 49, 55, 60, 62$에 대해 $m_n = nm_{n-1}$; $m_{50} = 50m_{49} + 10^{66}$; $m_{51} = 51\cdot 50\cdot m_{49}$이다. $m_{45} = 9\cdot 45\cdot m_{44} - 10^{40} + 10^{29}$을 계산할 때 그는 지름길을 택하기로 했음이 분명하다. 5나 9로 곱하는 것은 쉽기 때문이다. 그러나 그는 9를 두 번 곱했다. 그의 실수들은 대부분 불안정한(아마도 주판에 의존했을) 곱셈 기법을 암시한다: $m_{52} = 52m_{51} + 5\cdot 10^{56} - 2\cdot 10^{47} + 10^{34}$; $m_{53} = 53m_{52} - 4\cdot 10^{29}$; $m_{54} = 54m_{53} + 10^{16}$; $m_{57} = 57m_{56} + 10^{33} + 10^{24}$; $m_{58} = 58m_{57} + 10^{67} - 10^{35} + 10^{32} + 11\cdot 10^{26}$; $m_{59} = 59m_{58} + 10^{66} + 10^{49} - 10^{28}$; $m_{61} = 61m_{60} - 5\cdot 10^{81}$; $m_{63} = 63m_{62} + 10^{82} - 10^{74}$; $m_{64} = 64m_{63} + 3\cdot 10^{81} + 10^{67} + 2\cdot 10^{38} - 2\cdot 10^{33} - 10^{23}$.

나머지 경우인 $m_{56} \approx 10.912m_{55}$는 좀 황당하다. 이는 $\equiv 56m_{55}$(법 $10^{17}$)이나, 그 외의 숫자들은 이유도 없고 운율과도 맞지 않는다. 이들을 쉽게 설명할 길이 있을까?

참고: 키르허의 *Ars Magna Sciendi* (1669)의 157쪽에 나온 $1 \le n \le 50$에 대한 $n!$들의 표는 메르센의 모든 실수가 그대로 재현되어 있는 것으로 보아 메르센의 것을 베낀 것이 틀림없다. 그러나 키르허는 $m_{14}$와 $m_{45}$, $m_{49}$ 대신 $10m_{14}$, $m_{45}/10$, $10m_{49}$의 값들을 나열했다. 아마도 그는 수열을 좀 더 착실하게 성장시키려고 했을 것이다. 39!의 값을 누가 처음으로 계산했는지는 확실하지 않다. 연습문제 1.2.5-4에는 1000!에 관한 이야기가 나온다.

**7.** 기본 순열들은 12345, 13254, 14523, 15432, 12453, 14235, 15324, 13542, 12534, 15243, 13425, 14352이다. 그러나 짝순열 60개 모두가 산 순열이자 죽은 순열이다. 왜냐하면 (9)는 (8)과 짝순열 하나만큼 다르기 때문이다. (더 나아가서, $n=5$인 경우를 어떻게든 보정한다면, $n=6$에 대한 산 순열들의 절반은 홀순열로 판명될 것이다.)

**8.** 이를테면 (9)를

$$a_n a_3 \ldots a_{n-1} a_2 a_1, \quad a_1 a_4 \ldots a_n a_3 a_2, \quad \ldots, \quad a_{n-1} a_2 \ldots a_{n-2} a_1 a_n$$

으로 대체하면 된다. 이는 (8)의 순열들의 양끝을 뒤집고 나머지 것들은 순환 자리이동한 것이다. 이러한 수정이 통하는 이유는 모든 순열의 패리티가 올바르며 산 순열과 죽은 순열 둘 다 모든 가능한 위치에 $a_1$이 있기 때문이다. (본질적으로 식 7.2.1.2-(32)에서처럼 교대군에 대한 하나의 쌍대 심즈표가 성립한다. 단, 지금의 원소들은 번호가 $(0, 1, \ldots, n-1)$이 아니라 $(n, n-1, \ldots, 1)$이다.)

적절한 부호들을 가진 순열들을 생성하는 더욱 간단한 방법 하나를 베주É. Bézout가 출판했다 〔*Mémoires Acad. Royale des Sciences* (Paris, 1764), 292〕. 그 방법은 $\{1, \ldots, n-1\}$의 각 순열 $\pm a_1 \ldots a_{n-1}$마다 다른 $n$개의 순열 $\pm a_1 \ldots a_{n-1} a_n \mp a_1 \ldots a_{n-2} a_n a_{n-1} \pm \cdots$을 산출하는 것이다.

**9.** (٠,١,٢,٣,٤,٥,٦,٧,٨,٩); 또는 (٩,٨,٧,٦,٥,٤,٣,٢,١,٠)이라고 해야 할 수도 있겠다. 참고: 방정식의 색인 번호들에는 다른 체계가 쓰였다. 예를 들어 'ر'은 200을 뜻한다. 더 나아가서, (11)이 실제로 알사마왈의 저작을 현대 아랍어로 필사한 것임을 주목하기 바란다. 아마드Ahmad와 라셰드Rashed는 14세기 복사본에 기초해서 자신들의 책을 썼는데, 그 복사본은 비슷하지만 더 오래된 형태의 숫자들인 (٠,١,٢,٣,۴,۵,٦,٧,٨,٩)을 사용했다.

**10.** 56가지 경우가 동일 확률로 발생한다면 답은 쿠폰 수집가의 문제(연습문제 3.3.2-8)에서처럼 $56H_{56} \approx 258.2$가 될 것이다. 그러나 $(6, 30, 20)$가지 경우들이 각각 $(1/216, 1/72, 1/36)$의 확률로 발생한다. 따라서 정확한 답은

$$\int_0^\infty \left(1-(1-e^{-t/216})^6(1-e^{-t/72})^{30}(1-e^{-t/36})^{20}\right)dt \approx 546.6$$

이다. 이는 상계 $216H_{216}$의 약 42%이다. 〔P. Flajolet, D. Gardy, L. Thimonier, *Discrete Applied Math.* **39** (1992), 207-229를 보라.〕

**11.** 그 표는 (b, c, d, B, C, D)에서 한 번에 세 개를 뽑아 얻는 $\binom{6}{3}=20$가지 조합들을 나타낸다. 더 나아가서, 표의 항목들은 b < c < d < B < C < D 라고 간주한다면 사전순이다. 글자 t(𝐭)는 '소문자에서 대문자로의 전이'를 뜻한다. 〔A. Bonner, *Selected Works of Ramon Llull* (Princeton: 1985), 596-597을 보라.〕 오식(조판상의 실수)는 두 개인데, 제6행 시작의 'd'는 'b'이어야 하고 제18행 끝의 'c'는 'd'이어야 한다. 제1행은, 만일 룰이

| b | c | d | t |
|---|---|---|---|

이라고 표시했다면 다른 행들과 일관성이 좀 더 커졌을 것이다. 그러나, 물론 그 행에는 대소문자 전이가 필요하지 않다.

**12.** 푸앵소의 순환마디에 5를 곱하고 5를 더해(7을 법으로 하여) 볼 것.

**13.** 서로 다른 글자가 $n$개라면 다음과 같이 $n$개의 행으로만 표현하는 것이 최선이다.

$$\frac{a\cdot\ aa\cdot\ aaa}{b\cdot\ ab\cdot\ aab\cdot\ aaab\cdot\ bb\cdot\ abb\cdot\ aabb\cdot\ aaabb}$$

그런 다음 가중치 $(a,b)=(1,4)$를 배정하면 (18)에서처럼 1에서 11까지의 수들이 나온다. ((16)의 첫 행도 제거해야 한다.) 마찬가지로, $\{a,a,a,b,b,c\}$에 대해서는 암묵적으로 $c$에 가중치 12를 주고 다음 행을 추가한다.

$$c\cdot\ ac\cdot\ aac\cdot\ aaac\cdot\ bc\cdot\ abc\cdot\ aabc\cdot\ aaabc\cdot\ bbc\cdot\ abbc\cdot\ aabbc\cdot\ aaabbc\cdot$$

〔베르누이J. Bernoulli는 *Ars Conjectandi* 제2부 제6장에서 이를 거의 정확하게 수행했다.〕

**14.** ABC ABD ABE ACD ACE ACB ADE ADB ADC AEB AEC AED BCD BCE BCA BDE BDA BDC BEA BEC BED BAC BAD BAE CDE CDA CDB CEA CEB CED CAB CAD CAE CBD CBE CBA DEA DEB DEC DAB DAC DAE DBC DBE DBA DCE DCA DCB EAB EAC EAD EBC EBD EBA ECD ECA ECB EDA EDB EDC. 이는 일반사전순(연습문제 7.2.1.3R을 보라)인데, 아직 쓰이지 않은 글자들을 통해서 순환적으로 진행한다.

〔비슷한 순서가 *Sha'ari Tzedeq*라는 제목의 카발주의적 저작에서 다섯 글자들의 모든 순열 120개를 형성하는 데 쓰였다. 그 책은 13세기 저자인 시칠리아 메시나의 나탄 벤 사아디야 하라르 Natan ben Sa'adyah Har'ar가 썼다고 알려져 있다. *Le Porte della Giustizia* (Milan: Adelphi, 2001)를 보라.〕

**15.** $j$ 이후에 $\{j,\ldots,m\}$의 중복 허용 $(n-1)$조합들을 배치한다고 생각해보면 답이 $\binom{(m+1-j)+(n-1)-1}{n-1}=\binom{m+n-j-1}{n-1}$임을 알 수 있다. 〔부테오니스Buteonis라고도 알려진 보렐Jean Borrel은 그의 초기 저작 *Logistica* (Lyon: 1560)의 305-309쪽에서 이를 지적했다. 그는 $1\le n\le 4$에 대한 모든 주사위 $n$개 굴림의 표를 만들었으며, $j$에 관한 합을 이용해서 $n=5$에 대한 서로 다른 굴림들이 $56+35+20+10+4+1=252$가지이고 $n=6$에 대해서는 462가지임을 유도했다.〕

**16. N1.** 〔초기화.〕 $r \leftarrow n$, $t \leftarrow 0$, $a_0 \leftarrow 0$으로 설정한다.

**N2.** 〔전진.〕 $r \geq q$인 동안 $t \leftarrow t+1$, $a_t \leftarrow q$, $r \leftarrow r-q$로 설정한다. 그런 다음 만일 $r > 0$이면 $t \leftarrow t+1$, $a_t \leftarrow r$로 설정한다.

**N3.** 〔방문.〕 합성 $a_1 \ldots a_t$를 방문한다.

**N4.** 〔$j$를 찾는다.〕 $a_j \neq 1$이 될 때까지 $j \leftarrow t, t-1, \ldots$으로 설정한다. 만일 $j = 0$이면 알고리즘을 끝낸다.

**N5.** 〔$a_j$를 감소.〕 $a_j \leftarrow a_j - 1$, $r \leftarrow t-j+1$, $t \leftarrow j$로 설정하고 N2로 돌아간다. ▮

예를 들어 $n = 7$, $q = 3$에 대한 합성들은 331, 322, 3211, 313, 3121, 3112, 31111, 232, 2311, 223, 2221, 2212, 22111, 2131, 2122, 21211, 2113, 21121, 21112, 211111, 133, 1321, 1312, 13111, 1231, 1222, 12211, 1213, 12121, 12112, 121111, 1132, 11311, 1123, 11221, 11212, 112111, 11131, 11122, 111211, 11113, 111121, 111112, 1111111이다.

나라야나의 수트라 79와 80은 본질적으로 이 절차를 제시하나, 문자열들이 뒤집혀 있다(133, 223, 1123, ...). 이는 그가 역순사전 내림차순을 선호했기 때문이다. 〔그 이전에 사룽가데바는 *Saṅgītaratnākara* §5.316-375에서 기본 부분 $\{1, 2, 4, 6\}$으로 만들 수 있는 모든 합성(리듬)의 집합에 대한 정교한 이론을 전개했다.〕

**17.** 방문 횟수 $V_n$은 $F^{(q)}_{n+q-1} = \Theta(\alpha_q^n)$이다. 연습문제 5.4.2-7을 볼 것. 단계 N4의 $a_j = 1$ 판정 횟수 $X_n$은 $X_n = X_{n-1} + \cdots + X_{n-q} + 1$을 만족한다. 그리고 $X_n = V_0 + \cdots + V_n = (qV_n + (q-1)V_{n-1} + \cdots + V_{n-q+1} - 1)/(q-1) = \Theta(V_n)$이다. 단계 N2의 $a_t \leftarrow q$ 설정 횟수 $Y_n$은 같은 점화식을 만족하며, $Y_n = X_{n-q}$이다 그리고 단계 N2에서 $r = 0$인 횟수는 알고 보면 $V_{n-q}$이다.

**18.** 그 해는 로마 숫자로 MDCLXVI인데, M > D > C > L > X > V > I이다.

**19.** 제329행과 1022행. (푸테아누스는 총 1022편 중 그런 시를 139편 포함시켰다.)

**20.** 'tria'가 'lumina'보다 앞이고 (제1, 제2, 제3, 제4) 운각이 장단단격인 순열들은 각각 $5! \times 2! \times (11, 12, 12, 16)$개이다. 그리고 'lumina'가 'tria'보다 앞인 그러한 순열들은 각각 $5! \times 2! \times (16, 12, 12, 11)$개이다. 따라서 전체는 24480개이다. 〔라이프니츠는 이 문제를 그의 *Dissertatio de Arte Combinatoria*의 끝 부근에서 다루었는데, 45870이라는 답을 내었다. 그러나 그의 논거는 오류투성이였다.〕

**21.** (a) 생성 함수 $1/\big((1-zu-yu^2)(1-zv-yv^2)(1-zw-yw^2)\big)$이 $\sum_{p,q,r,s,t \geq 0} f(p,q,r;s,t)u^p v^q w^r z^s y^t$와 같음은 분명하다.

(b) 만일 'tibi'가 ⏑⏑이고 'Virgo'가 — —라면, 그 개수는 3!3! 곱하기 $\sum_{k=0}^{3}(f(2k+1, 6-2k, 2; 3, 3) + f(2k, 6-2k, 2; 2, 3))$, 즉 $36((7+7)+(9+5)+(10+5)+(14+7)) = 2304$이다. 그렇지 않고 'tibi'가 ⏑—이고 'Virgo'가 —⏑라면 그 개수는 2!3! 곱하기 $\sum_{k=0}^{3}(f(2k,$

$5-2k, 2; 3, 2) + f(2k, 6-2k, 1; 3, 2))$, 즉 $12((7+6)+(5+4)+(4+4)+(0+6)) = 432$이다.

(c) 제5운각은 'cælo'나 'dotes', 'Virgo'의 둘째 음절로 시작한다. 따라서 추가 개수는 $3!\,3!\sum_{k=0}^{2} f(2k, 5-2k, 2; 3, 2) = 36(7+5+4) = 576$이고, 전체는 $2304 + 432 + 576 = 3312$이다.

**22.** $\alpha \in \{\text{quot, sunt, tot}\}$, $\beta \in \{\text{cælo, dotes, Virgo}\}$ $\sigma = \text{sidera}$, $\tau = \text{tibi}$라고 하자. 프레스테의 분석은 본질적으로 베르누이의 분석과 동등하나, 그는 36가지 경우 $\alpha\alpha\alpha\tau\beta\beta\sigma\beta$를 실수로 빼먹었다. (그의 편에서 변명을 하자면, 그런 경우들은 시적으로 빈약하다. 푸테아누스는 그 경우들을 전혀 사용하지 않았다.) 프레스테의 책의 1675년판에도 $\tau\beta$로 끝나는 순열들이 모두 빠져 있다.

월리스는 가능성들을 23가지 유형들, $T_1 \cup T_2 \cup \cdots \cup T_{23}$으로 구분했다. 그는 유형 6과 7이 각각 324개의 시들을 산출한다고 주장했다. 그러나 실제로는 $|T_6| = |T_7| = 252$이다. 이 실수는 그가 변수 $i$를 9가 아니라 7로 두었기 때문에 생긴 것이다. 그는 또한 여러 해들을 두 번 세었다: $|T_3 \cap T_5| = 72$, $|T_2 \cap T_7| = |T_5 \cap T_7| = |T_3 \cap T_6| = |T_6 \cap T_{10}| = 36$, $|T_{11} \cap T_{12}| = |T_{12} \cap T_{13}| = |T_{14} \cap T_{15}| = 12$. 그는 36개의 가능성들, $\alpha\beta\beta\alpha\sigma\alpha\tau\beta$를 놓쳤다(푸테아누스는 그중 19개를 사용했다). 또한 그는 연습문제 21(c)의 순열들을 모두 놓쳤다. 푸테아누스는 그 576개 중 250개를 사용했다. 월리스의 책의 라틴어판(1693년 출간)은 이번 절에서 언급한 여러 오식들을 바로잡았으나, 수학적 실수들은 하나도 바로잡지 못했다.

휘트워스와 하틀리는 'tibi = ⏑—인 경우들(연습문제 19 참고)을 모두 빼먹었다. 아마도 고전 육보격에 대한 사람들의 지식이 사라져가기 시작했기 때문일 것이다.

〔오류에 대한 말을 꺼낸 김에, 푸테아누스가 실제로 출판한 서로 다른 순열들은 1022개가 아니라 1020개였다. 그의 목록의 제592행과 제593행은 제601, 602행과 똑같은 것이었기 때문이다. 그러나 그가 두 가지 경우를 더 찾아내는 데에는 어려움이 없었을 것이다. 예를 들어 행 252나 345, 511, 548, 659, 663, 678, 693, 797에서 'tot sunt'를 'sunt tot'로 바꾸기만 하면 된다.〕

**23.** 각 도식을 왼쪽에서 오른쪽으로 읽으면, 예를 들어 $1\,2|3\,4\,5 \leftrightarrow$ ⊓⊓이라고 하면,

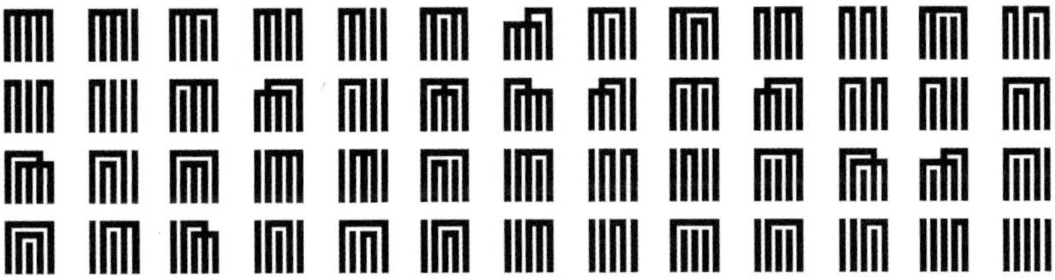

이다.

**24.** 그의 규칙은 이런 것이었다: $k = 0, 1, \ldots, n-1$에 대해, 그리고 $n-1$개에서 한 번에 $k$개를 꺼낸 조합 $0 < j_1 < \cdots < j_k < n$들 각각에 대해, $\{1, \ldots, n-1\} \setminus \{j_1, \ldots, j_k\}$의 모든 순열과 블록 $\{j_1, \ldots, j_k, n\}$을 방문한다. $n = 5$에 대한 그의 순서는 다음과 같다.

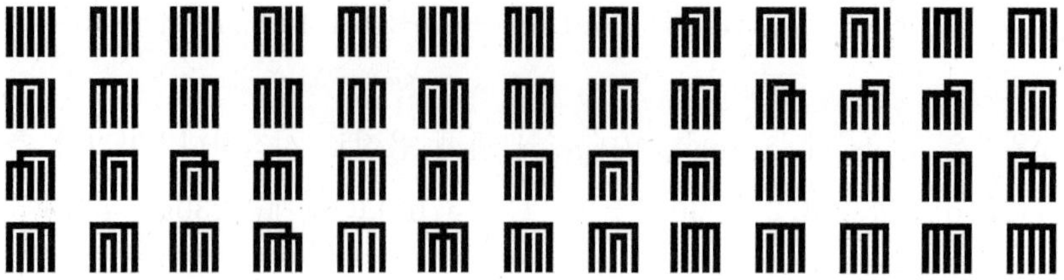

그러나 엄밀히 말하면 이 연습문제의 답은 추측할 수 "없다"이다. 왜냐하면 혼다의 규칙은 조합의 차수가 지정되기 전까지는 완결적이지 않기 때문이다. 그는 조합들을 역순사전순($j_t \cdots j_1$에 대한 사전순)으로 생성했다. $j_1 \cdots j_t$에 대한 사전식 순서 역시 $n=4$에 대해 주어진 목록과 일치하나,  을  앞에 놓는다는 점이 다르다. 참고문헌: T. Hayashi, *Tôhoku Math. J.* **33** (1931), 332-337.

**25.** 아니다. (28)에는 1 4|2 3 5(둘째 패턴의 상하 반전)가 빠져 있다.

**26.** $a_n$이 $\{1,\ldots,n\}$의 분해불가능 분할들의 개수라고 하자. 그리고 $a'_n$은 분해불가능이자 완전한 분할들의 개수라고 하자. 이 순차열들은 $\langle a_1, a_2, \ldots\rangle = \langle 1, 1, 2, 6, 22, 92, 426, \ldots\rangle$, $\langle a'_1, a'_2, \ldots\rangle = \langle 0, 1, 1, 3, 9, 33, 135, \ldots\rangle$로 시작한다. 그리고 이 연습문제의 답은 $n \ge 2$에 대해 $a'_n - 1$이다. 이 $a_n$은 비가환 변수들의 $n$차 대칭 다항식들의 개수이기도 하다. M. C. Wolf, *Duke Math. J.* **2** (1936), 626-637을 보라. 거기에는 $k$개의 부분들로의 분해불가능 분할들의 표도 나와 있다.]

만일 $A(z) = \sum_n a_n z^n$이면, 그리고 $B(z) = \sum_n \varpi_n z^n$이 벨 수들에 대한 비지수적(non-exponential) 생성 함수이면, $A(z)B(z) = B(z) - 1$이다. 따라서 $A(z) = 1 - 1/B(z)$이다. 그리고 연습문제 7.2.1.5-35의 결과는 $\sum_n a'_n z^n = zA(z)/(1+z-A(z)) = z(B(z)-1)/(1+zB(z))$를 함의한다. 안타깝게도 $B(z)$에는 특별히 흡족한 닫힌 형식이 없다. 단, $1+zB(z) = B(z/(1+z))$라는 흥미로운 함수 관계는 만족한다. $n>1$인 분해불가능 집합 분할들이, 세 개의 연속된 $\lambda$가 0과 같은 경우가 없는 '동요하는 타블로 루프(vacillating tableau loop)'들에 대응됨을 주목할 것(연습문제 7.2.1.5-27을 보라).

**27.** 겐지 향 도식의 정의가 불충분하기 때문에 이 문제는 좀 애매모호하다. 한 블록의 모든 수직선의 높이가 같아야 한다고 하자. 그러면, 예를 들어 145|236에는 단일 교차 도식이 없다. 왜냐하면 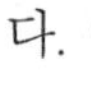 이 허용되지 않기 때문이다.

교차가 없는 분할들은 $C_n$개이다(연습문제 7.2.1.6-26을 보라). 교차가 한 번인 분할들의 경우, 교차하는 두 블록의 원소들은 반드시 제한 성장 문자열 안에 $x^i y x^j y^k$ 또는 $x^i y^{j+1} x y^k$ 또는 $x^i y^j x y^k x^l$의 형태로 나타나야 한다. 여기서 $i, j, k, l > 0$이다.

패턴이 $x^i y x^j y^k$이라고 가정하자. 이 패턴의 $i+1+j+k$개의 원소들 사이에는 $t = i+j+k+2$개의 '슬롯'들이 있다. 그리고 그 슬롯들을 교차 없는 분할들로 채우는 방법은 $\sum_{i_1+\cdots+i_t=n-i-j-k-1} C_{i_1} \cdots C_{i_t}$가지이다. 이 개수를 식 7.2.1.6-(24)에 의해

$$[z^{n-i-j-k-1}]\, C(z)^{i+j+k+2} = C_{(n-i-j-k-1)n}$$

이라고 표현할 수 있다. $k$에 관해 합하면 $C_{(n-i-j-2)(n+1)}$이 나온다. 이제 $j$와 $i$에 대해 합하면 $C_{(n-4)(n+3)}$이 나온다.

다른 두 패턴 역시 비슷한 방식으로 구해 보면 $C_{(n-5)(n+3)}$과 $C_{(n-5)(n+4)}$가 나온다. 따라서 단일 교차 분할들의 개수는 $C_{(n-5)(n+3)} + C_{(n-4)(n+4)}$이다.

**28.** $cbbaaa$의 약수들을 소인수 개수를 기준으로 정렬한 후 다음과 같은 역순사전순으로(colexicographical) 정렬한다: $1 \prec a \prec b \prec c \prec aa \prec ba \prec ca \prec bb \prec cb \prec aaa \prec baa \prec caa \prec bba \prec cba \prec cbb \prec baaa \prec caaa \prec bbaa \prec cbaa \prec cbba \prec bbaaa \prec cbaaa \prec cbbaa \prec cbbaaa$. 그러한 모든 약수 $d$마다, 내림차순으로, $d$를 첫 인수로 두고 $cbbaaa/d$의 인수분해들 중 첫 인수가 $\preceq d$인 모든 인수분해를 재귀적으로 추가해 나간다.

약수들을 사전순으로(즉, $1 < a < aa < aaa < b < ba < \cdots < cbbaa < cbbaaa$) 정렬했다면 월리스의 알고리즘은 $(n_1, n_2, n_3) = (1, 2, 3)$인 알고리즘 7.2.1.5M과 동치가 될 것이다. 그가 약수들을 좀 더 복잡한 순서로 정렬한 이유는 아마도, 그 순서가 $a \approx b \approx c$일 때의 보통의 수치적 순서와 좀 더 일치하는 경향이 있기 때문일 것이다. 예를 들어 그의 순서는 $(a, b, c) = (7, 11, 13)$일 때 보통의 수치적 순서와 정확히 일치한다. 약수들을 그의 다소 복잡한 방안으로 생성함으로써 월리스는 본질적으로 중복집합 조합들을 생성했다. §7.2.1.3에서 보았듯이 중복집합 조합은 유계 합성(bounded composition)과 동치이다. 〔참고문헌: *A Discourse of Combinations* (1685), 126-128. 단, 오식 두 개를 바로 잡았음.〕

**29.** 인수분해 $edcba$, $edcb \cdot a$, $edca \cdot b$, ..., $e \cdot d \cdot c \cdot b \cdot a$는 각각 다음에 대응된다.

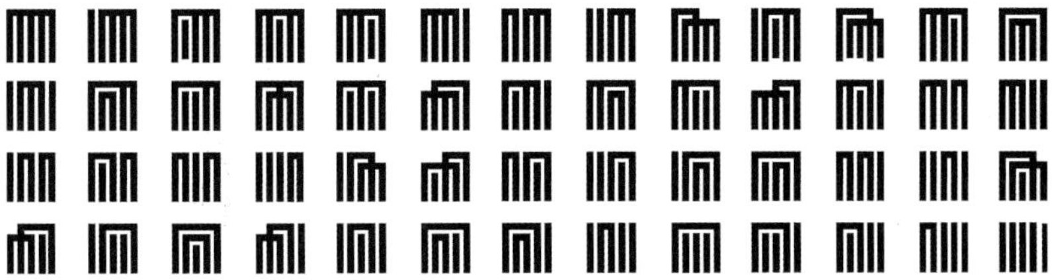

**30.** 그 계수는 $i_1 + 2i_2 + \cdots = n$이 아닌 한 0이다. $i_1 + 2i_2 + \cdots = n$인 경우에는 $\binom{m}{k} a_0^{m-k} \binom{k}{i_1, i_2, \ldots}$인데, 여기서 $k = i_1 + i_2 + \cdots$이다. ($(a_0 z)^m$ 곱하기 $(1 + (a_1/a_0)z + (a_2/a_0)z^2 + \cdots)^m$을 고찰해 볼 것.)

**31.** 분할 $a_1 \ldots a_k$가 $a_1 \geq \cdots \geq a_k$를 만족한다고 가정한다면, 그 알고리즘이 산출하는 순서는 (31)의 역순인 사전순 내림차순이다. 드무아브르의 것은 역순사전순(colexicographic) 오름차순이다.

**32.** $20 \cdot 1 = 7 + 13 \cdot 1 = 2 \cdot 7 + 6 \cdot 1 = 10 + 10 \cdot 1 = 10 + 7 + 3 \cdot 1 = 2 \cdot 10$. 일반적으로는, $n \cdot 1$에서 시작해서 $a \cdot 10 + b \cdot 7 + c \cdot 1$의 후행자를 다음과 같이 계산하는 절차를 보스코비치가 제안했다: 만일 $c \geq 7$이면 후행자는 $a \cdot 10 + (b+1) \cdot 7 + (c-7) \cdot 1$이다. 그렇지 않고 만일 $c + 7b \geq 10$이면 후행자는 $(a+1) \cdot 10 + (c + 7b - 10) \cdot 1$이다. 그 외의 경우이면 절차를 중지한다.

"어쩌면 내가……." 푸아로는 전혀 가능성 없다는 소리로 말했다. "틀렸을 수도 있죠."†

— 애거서 크리스티AGATHA CHRISTIE, *After the Funeral* (1953)

---

† 〔옮긴이 주〕『애거서 크리스티 전집 55: 장례식을 마치고』, 원은주 옮김(황금가지, 2008), 331쪽에서 인용.

— 하포 막스HARPO MARX, *The Cocoanuts* (1925)

— 마르셀 마르소MARCEL MARCEAU, *Baptiste* (1946)

# 부록 A

# 수량표

**표 1**

표준 서브루틴들에, 그리고 컴퓨터 프로그램의 분석에 자주 쓰이는 수량들(십진 소수점 이하 40자리)

| | |
|---|---|
| $\sqrt{2}$ = | 1.41421 35623 73095 04880 16887 24209 69807 85697 − |
| $\sqrt{3}$ = | 1.73205 08075 68877 29352 74463 41505 87236 69428 + |
| $\sqrt{5}$ = | 2.23606 79774 99789 69640 91736 68731 27623 54406 + |
| $\sqrt{10}$ = | 3.16227 76601 68379 33199 88935 44432 71853 37196 − |
| $\sqrt[3]{2}$ = | 1.25992 10498 94873 16476 72106 07278 22835 05703 − |
| $\sqrt[3]{3}$ = | 1.44224 95703 07408 38232 16383 10780 10958 83919 − |
| $\sqrt[4]{2}$ = | 1.18920 71150 02721 06671 74999 70560 47591 52930 − |
| $\ln 2$ = | 0.69314 71805 59945 30941 72321 21458 17656 80755 + |
| $\ln 3$ = | 1.09861 22886 68109 69139 52452 36922 52570 46475 − |
| $\ln 10$ = | 2.30258 50929 94045 68401 79914 54684 36420 76011 + |
| $1/\ln 2$ = | 1.44269 50408 88963 40735 99246 81001 89213 74266 + |
| $1/\ln 10$ = | 0.43429 44819 03251 82765 11289 18916 60508 22944 − |
| $\pi$ = | 3.14159 26535 89793 23846 26433 83279 50288 41972 − |
| $1^\circ = \pi/180$ = | 0.01745 32925 19943 29576 92369 07684 88612 71344 + |
| $1/\pi$ = | 0.31830 98861 83790 67153 77675 26745 02872 40689 + |
| $\pi^2$ = | 9.86960 44010 89358 61883 44909 99876 15113 53137 − |
| $\sqrt{\pi} = \Gamma(1/2)$ = | 1.77245 38509 05516 02729 81674 83341 14518 27975 + |
| $\Gamma(1/3)$ = | 2.67893 85347 07747 63365 56929 40974 67764 41287 − |
| $\Gamma(2/3)$ = | 1.35411 79394 26400 41694 52880 28154 51378 55193 + |
| $e$ = | 2.71828 18284 59045 23536 02874 71352 66249 77572 + |
| $1/e$ = | 0.36787 94411 71442 32159 55237 70161 46086 74458 + |
| $e^2$ = | 7.38905 60989 30650 22723 04274 60575 00781 31803 + |
| $\gamma$ = | 0.57721 56649 01532 86060 65120 90082 40243 10422 − |
| $\ln \pi$ = | 1.14472 98858 49400 17414 34273 51353 05871 16473 − |
| $\phi$ = | 1.61803 39887 49894 84820 45868 34365 63811 77203 + |
| $e^\gamma$ = | 1.78107 24179 90197 98523 65041 03107 17954 91696 + |
| $e^{\pi/4}$ = | 2.19328 00507 38015 45655 97696 59278 73822 34616 + |
| $\sin 1$ = | 0.84147 09848 07896 50665 25023 21630 29899 96226 − |
| $\cos 1$ = | 0.54030 23058 68139 71740 09366 07442 97660 37323 + |
| $-\zeta'(2)$ = | 0.93754 82543 15843 75370 25740 94567 86497 78979 − |
| $\zeta(3)$ = | 1.20205 69031 59594 28539 97381 61511 44999 07650 − |
| $\ln \phi$ = | 0.48121 18250 59603 44749 77589 13424 36842 31352 − |
| $1/\ln \phi$ = | 2.07808 69212 35027 53760 13226 06117 79576 77422 − |
| $-\ln\ln 2$ = | 0.36651 29205 81664 32701 24391 58232 66946 94543 − |

## 표 2

표준 서브루틴들에, 그리고 컴퓨터 프로그램의 분석에 자주 쓰이는 수량들(16진 소수점 이하 40자리)

"=" 좌변에 있는 이름들은 십진 표기법으로 된 것임.

| | |
|---:|---|
| $0.1 =$ | 0.1999 9999 9999 9999 9999 9999 9999 9999 9999 999a− |
| $0.01 =$ | 0.028f 5c28 f5c2 8f5c 28f5 c28f 5c28 f5c2 8f5c 28f6− |
| $0.001 =$ | 0.0041 8937 4bc6 a7ef 9db2 2d0e 5604 1893 74bc 6a7f− |
| $0.0001 =$ | 0.0006 8db8 bac7 10cb 295e 9e1b 089a 0275 2546 0aa6+ |
| $0.00001 =$ | 0.0000 a7c5 ac47 1b47 8423 0fcf 80dc 3372 1d53 cddd+ |
| $0.000001 =$ | 0.0000 10c6 f7a0 b5ed 8d36 b4c7 f349 3858 3621 fafd− |
| $0.0000001 =$ | 0.0000 01ad 7f29 abca f485 787a 6520 ec08 d236 9919+ |
| $0.00000001 =$ | 0.0000 002a f31d c461 1873 bf3f 7083 4acd ae9f 0f4f+ |
| $0.000000001 =$ | 0.0000 0004 4b82 fa09 b5a5 2cb9 8b40 5447 c4a9 8188− |
| $0.0000000001 =$ | 0.0000 0000 6df3 7f67 5ef6 eadf 5ab9 a207 2d44 268e− |
| $\sqrt{2} =$ | 1.6a09 e667 f3bc c908 b2fb 1366 ea95 7d3e 3ade c175+ |
| $\sqrt{3} =$ | 1.bb67 ae85 84ca a73b 2574 2d70 78b8 3b89 25d8 34cc+ |
| $\sqrt{5} =$ | 2.3c6e f372 fe94 f82b e739 80c0 b9db 9068 2104 4ed8− |
| $\sqrt{10} =$ | 3.298b 075b 4b6a 5240 9457 9061 9b37 fd4a b4e0 abb0− |
| $\sqrt[3]{2} =$ | 1.428a 2f98 d728 ae22 3dda b715 be25 0d0c 288f 1029+ |
| $\sqrt[3]{3} =$ | 1.7137 4491 23ef 65cd de7f 16c5 6e32 67c0 a189 4c2b− |
| $\sqrt[4]{2} =$ | 1.306f e0a3 1b71 52de 8d5a 4630 5c85 edec bc27 3436+ |
| $\ln 2 =$ | 0.b172 17f7 d1cf 79ab c9e3 b398 03f2 f6af 40f3 4326+ |
| $\ln 3 =$ | 1.193e a7aa d030 a976 a419 8d55 053b 7cb5 be14 42da− |
| $\ln 10 =$ | 2.4d76 3776 aaa2 b05b a95b 58ae 0b4c 28a3 8a3f b3e7+ |
| $1/\ln 2 =$ | 1.7154 7652 b82f e177 7d0f fda0 d23a 7d11 d6ae f552− |
| $1/\ln 10 =$ | 0.6f2d ec54 9b94 38ca 9aad d557 d699 ee19 1f71 a301+ |
| $\pi =$ | 3.243f 6a88 85a3 08d3 1319 8a2e 0370 7344 a409 3822+ |
| $1^\circ = \pi/180 =$ | 0.0477 d1a8 94a7 4e45 7076 2fb3 74a4 2e26 c805 bd78− |
| $1/\pi =$ | 0.517c c1b7 2722 0a94 fe13 abe8 fa9a 6ee0 6db1 4acd− |
| $\pi^2 =$ | 9.de9e 64df 22ef 2d25 6e26 cd98 08c1 ac70 8566 a3fe+ |
| $\sqrt{\pi} = \Gamma(1/2) =$ | 1.c5bf 891b 4ef6 aa79 c3b0 520d 5db9 383f e392 1547− |
| $\Gamma(1/3) =$ | 2.adce ea72 905e 2cee c8d3 e92c d580 46d8 4b46 a6b3− |
| $\Gamma(2/3) =$ | 1.5aa7 7928 c367 8cab 2f4f eb70 2b26 990a 54f7 edbc+ |
| $e =$ | 2.b7e1 5162 8aed 2a6a bf71 5880 9cf4 f3c7 62e7 160f+ |
| $1/e =$ | 0.5e2d 58d8 b3bc df1a bade c782 9054 f90d da98 05ab− |
| $e^2 =$ | 7.6399 2e35 376b 730c e8ee 881a da2a eea1 1eb9 ebd9+ |
| $\gamma =$ | 0.93c4 67e3 7db0 c7a4 d1be 3f81 0152 cb56 a1ce cc3b− |
| $\ln \pi =$ | 1.250d 048e 7a1b d0bd 5f95 6c6a 843f 4998 5e6d dbf4− |
| $\phi =$ | 1.9e37 79b9 7f4a 7c15 f39c c060 5ced c834 1082 276c− |
| $e^\gamma =$ | 1.c7f4 5cab 1356 bf14 a7ef 5aeb 6b9f 6c45 60a9 1932+ |
| $e^{\pi/4} =$ | 2.317a cd28 e395 4f87 6b04 b8ab aac8 c708 f1c0 3c4a+ |
| $\sin 1 =$ | 0.d76a a478 4867 7020 c6e9 e909 c50f 3c32 89e5 1113+ |
| $\cos 1 =$ | 0.8a51 407d a834 5c91 c246 6d97 6871 bd29 a237 3a89+ |
| $-\zeta'(2) =$ | 0.f003 2992 b55c 4f28 88e9 ba28 1e4c 405f 8cbe 9fee+ |
| $\zeta(3) =$ | 1.33ba 004f 0062 1383 7171 5c59 e690 7f1b 180b 7db1+ |
| $\ln \phi =$ | 0.7b30 b2bb 1458 2652 f810 812a 5a31 c083 4c9e b233+ |
| $1/\ln \phi =$ | 2.13fd 8124 f324 34a2 63c7 5f40 76c7 9883 5224 4685− |
| $-\ln \ln 2 =$ | 0.5dd3 ca6f 75ae 7a83 e037 67d6 6e33 2dbc 09df aa82− |

이 책의 분석들과 관련해서, 덜 공통적인 이름을 가진 흥미로운 상수들이 몇 개 등장한다. 그러한 상수들을 식 7.1.4-(90)과 7.2.1.5-(34)에서, 그리고 연습문제 7.1.4-191의 해답에서 소수점 이하 40자리까지 평가한 바 있다.

**표 3**

$n$의 작은 값들에 대한 조화수, 베르누이 수, 피보나치 수 값들

| $n$ | $H_n$ | $B_n$ | $F_n$ | $n$ |
|---|---|---|---|---|
| 0 | 0 | 1 | 0 | 0 |
| 1 | 1 | −1/2 | 1 | 1 |
| 2 | 3/2 | 1/6 | 1 | 2 |
| 3 | 11/6 | 0 | 2 | 3 |
| 4 | 25/12 | −1/30 | 3 | 4 |
| 5 | 137/60 | 0 | 5 | 5 |
| 6 | 49/20 | 1/42 | 8 | 6 |
| 7 | 363/140 | 0 | 13 | 7 |
| 8 | 761/280 | −1/30 | 21 | 8 |
| 9 | 7129/2520 | 0 | 34 | 9 |
| 10 | 7381/2520 | 5/66 | 55 | 10 |
| 11 | 83711/27720 | 0 | 89 | 11 |
| 12 | 86021/27720 | −691/2730 | 144 | 12 |
| 13 | 1145993/360360 | 0 | 233 | 13 |
| 14 | 1171733/360360 | 7/6 | 377 | 14 |
| 15 | 1195757/360360 | 0 | 610 | 15 |
| 16 | 2436559/720720 | −3617/510 | 987 | 16 |
| 17 | 42142223/12252240 | 0 | 1597 | 17 |
| 18 | 14274301/4084080 | 43867/798 | 2584 | 18 |
| 19 | 275295799/77597520 | 0 | 4181 | 19 |
| 20 | 55835135/15519504 | −174611/330 | 6765 | 20 |
| 21 | 18858053/5173168 | 0 | 10946 | 21 |
| 22 | 19093197/5173168 | 854513/138 | 17711 | 22 |
| 23 | 444316699/118982864 | 0 | 28657 | 23 |
| 24 | 1347822955/356948592 | −236364091/2730 | 46368 | 24 |
| 25 | 34052522467/8923714800 | 0 | 75025 | 25 |
| 26 | 34395742267/8923714800 | 8553103/6 | 121393 | 26 |
| 27 | 312536252003/80313433200 | 0 | 196418 | 27 |
| 28 | 315404588903/80313433200 | −23749461029/870 | 317811 | 28 |
| 29 | 9227046511387/2329089562800 | 0 | 514229 | 29 |
| 30 | 9304682830147/2329089562800 | 8615841276005/14322 | 832040 | 30 |

임의의 $x$에 대해, $H_x = \sum_{n \geq 1}\left(\frac{1}{n} - \frac{1}{n+x}\right)$이라고 하자. 그러면

$$
\begin{aligned}
H_{1/2} &= 2 - 2\ln 2, \\
H_{1/3} &= 3 - \tfrac{1}{2}\pi/\sqrt{3} - \tfrac{3}{2}\ln 3, \\
H_{2/3} &= \tfrac{3}{2} + \tfrac{1}{2}\pi/\sqrt{3} - \tfrac{3}{2}\ln 3, \\
H_{1/4} &= 4 - \tfrac{1}{2}\pi - 3\ln 2, \\
H_{3/4} &= \tfrac{4}{3} + \tfrac{1}{2}\pi - 3\ln 2, \\
H_{1/5} &= 5 - \tfrac{1}{2}\pi\phi^{3/2}5^{-1/4} - \tfrac{5}{4}\ln 5 - \tfrac{1}{2}\sqrt{5}\ln\phi, \\
H_{2/5} &= \tfrac{5}{2} - \tfrac{1}{2}\pi\phi^{-3/2}5^{-1/4} - \tfrac{5}{4}\ln 5 + \tfrac{1}{2}\sqrt{5}\ln\phi, \\
H_{3/5} &= \tfrac{5}{3} + \tfrac{1}{2}\pi\phi^{-3/2}5^{-1/4} - \tfrac{5}{4}\ln 5 + \tfrac{1}{2}\sqrt{5}\ln\phi, \\
H_{4/5} &= \tfrac{5}{4} + \tfrac{1}{2}\pi\phi^{3/2}5^{-1/4} - \tfrac{5}{4}\ln 5 - \tfrac{1}{2}\sqrt{5}\ln\phi, \\
H_{1/6} &= 6 - \tfrac{1}{2}\pi\sqrt{3} - 2\ln 2 - \tfrac{3}{2}\ln 3, \\
H_{5/6} &= \tfrac{6}{5} + \tfrac{1}{2}\pi\sqrt{3} - 2\ln 2 - \tfrac{3}{2}\ln 3
\end{aligned}
$$

이고, 일반적으로는 $0 < p < q$일 때(연습문제 1.2.9-19 참고)

$$H_{p/q} = \frac{q}{p} - \frac{\pi}{2}\cot\frac{p}{q}\pi - \ln 2q + 2\sum_{1 \leq n < q/2}\cos\frac{2pn}{q}\pi \cdot \ln\sin\frac{n}{q}\pi$$

이다.

독자 여러분, 만일 여러분이 전산 연구실을 개설하게 된다면,
컴퓨터가 아무리 성실하고 효율적이라고 하더라도
컴퓨터를 회계사로 간주하지는 말기를 진심으로 경고한다.
컴퓨터는 반드시 이러저러한 개수만큼의 유효숫자들까지 계산해야 한다.
유효숫자가 소수점 이상 여섯 자리이든, 소수점 이하 여섯 자리이든 말이다.
반면 회계사들은 센트cent들을 다룬다. 세상이 두 쪽이 나도 센트까지만 다루는 것이다.
어떤 수치이든, 계산의 모든 단계에서 회계사들은
수치를 정확히 소수점 이하 두 자리까지만 유지한다...

마지막 1센트까지 정확해야 한다는 것, 그것이 회계사의 양심이다.
그리고 회계사들은 물리적 수량들이 센트 단위가 아니라 가변적인 단위로 측정된다는 점을,
즉 한 문제의 센트가 다른 문제의 달러일 수도 있다는 점을
이해하려 들지 않는다.

— 위너NORBERT WIENER, *I am a Mathematician* (1956)

부록 B

# 표기법 일람

다음 공식들에서, 구체적으로 명시되지 않은 영문자들의 의미는 다음과 같다.

| | |
|---|---|
| $j, k$ | 정수 값으로 평가되는 산술 수식(표현식). |
| $m, n$ | 음이 아닌 정수 값으로 평가되는 산술 수식. |
| $p, q$ | 이진수 값으로 평가되는 산술 수식(0 또는 1). |
| $x, y$ | 실수 값으로 평가되는 산술 수식. |
| $z$ | 복소수 값으로 평가되는 산술 수식. |
| $f$ | 정수나 실수, 복소수 값으로 평가되는 함수. |
| $G, H$ | 그래프. |
| $S, T$ | 집합 또는 중복집합. |
| $\mathcal{F}, \mathcal{G}$ | 집합들의 모임 |
| $u, v$ | 그래프의 정점. |
| $\alpha, \beta$ | 기호열. |

아래에서 '정의된 곳'은 이 책의 쪽(page) 번호이거나 이 시리즈의 이전 책의 절(section) 번호이다. $n$정점 완전 그래프에 대한 $K_n$ 등의 다른 여러 표기법들은 이 책 끝의 '찾아보기 및 용어집'에 나온다.

| 공식 기호 | 의미 | 정의된 곳 |
|---|---|---|
| $V \leftarrow E$ | 수식 $E$의 값을 변수 $V$에 배정 | §1.1 |
| $U \leftrightarrow V$ | 변수 $U$와 $V$의 값을 맞바꿈 | §1.1 |
| $A_n$ 또는 $A[n]$ | 선형 배열 $A$의 $n$번째 원소 | §1.1 |
| $A_{mn}$ 또는 $A[m, n]$ | 직사각 배열 $A$의 $m$행 $n$열의 원소 | §1.1 |
| $(R?\ a\colon b)$ | 조건식: 만일 관계식 $R$이 참이면 $a$를 뜻하고 만일 $R$이 거짓이면 $b$를 뜻함 | p.114 |
| $[R]$ | 관계식 $R$의 특성 함수: $(R?\ 1\colon 0)$ | §1.2.3 |
| $\delta_{kj}$ | 크로네커 델타: $[j = k]$ | §1.2.3 |
| $[z^n]\,f(z)$ | 멱급수 $f(z)$의 $z^n$의 계수 | §1.2.9 |
| $z_1 + z_2 + \cdots + z_n$ | $n$개의 수들의 합($n$이 0 또는 1인 경우에도) | §1.2.3 |
| $a_1 a_2 \ldots a_n$ | $n$개의 원소들의 곱 또는 벡터 또는 수열 | |

| 공식 기호 | 의미 | 정의된 곳 |
|---|---|---|
| $(x_1, \ldots, x_n)$ | $n$원소 벡터 | |
| $\langle x_1 x_2 \ldots x_{2k-1} \rangle$ | 중앙값(정렬 이후의 가운데 값) | p.87 |
| $\sum_{R(k)} f(k)$ | 관계식 $R(k)$가 참임을 만족하는 모든 $f(k)$의 합 | §1.2.3 |
| $\prod_{R(k)} f(k)$ | 관계식 $R(k)$가 참임을 만족하는 모든 $f(k)$의 곱 | §1.2.3 |
| $\min_{R(k)} f(k)$ | 관계식 $R(k)$가 참임을 만족하는 모든 $f(k)$의 최솟값 | §1.2.3 |
| $\max_{R(k)} f(k)$ | 관계식 $R(k)$가 참임을 만족하는 모든 $f(k)$의 최댓값 | §1.2.3 |
| $\bigcup_{R(k)} S(k)$ | 관계식 $R(k)$가 참임을 만족하는 모든 $S(k)$의 합집합 | |
| $\sum_{k=a}^{b} f(k)$ | $\sum_{a \le k \le b} f(k)$의 단축 표기 | §1.2.3 |
| $\{a \mid R(a)\}$ | 관계식 $R(a)$가 참임을 만족하는 모든 $a$의 집합 | |
| $\sum \{f(k) \mid R(k)\}$ | $\sum_{R(k)} f(k)$의 또 다른 표기 | |
| $\{a_1, a_2, \ldots, a_n\}$ | 집합 또는 중복집합 $\{a_k \mid 1 \le k \le n\}$ | |
| $[x \,..\, y]$ | 닫힌 구간(폐구간): $\{a \mid x \le a \le y\}$ | §1.2.2 |
| $(x \,..\, y)$ | 열린 구간(개구간): $\{a \mid x < a < y\}$ | §1.2.2 |
| $[x \,..\, y)$ | 반개구간: $\{a \mid x \le a < y\}$ | §1.2.2 |
| $(x \,..\, y]$ | 반폐구간: $\{a \mid x < a \le y\}$ | §1.2.2 |
| $\lvert S \rvert$ | 집합 크기(cardinality): $S$의 원소 개수 | |
| $\lvert f \rvert$ | 해의 개수($f$가 부울 함수일 때): $\sum_x f(x)$ | p.247 |
| $\lvert x \rvert$ | $x$의 절댓값: $(x \ge 0?\ x:\ -x)$ | |
| $\lvert z \rvert$ | $z$의 절댓값: $\sqrt{z\bar{z}}$ | §1.2.2 |
| $\lvert \alpha \rvert$ | $\alpha$의 길이: 만일 $\alpha = a_1 a_2 \ldots a_m$이면 $m$. | |
| $\lfloor x \rfloor$ | $x$의 내림, 즉 최대 정수 함수: $\max_{k \le x} k$ | §1.2.4 |
| $\lceil x \rceil$ | $x$의 올림, 즉 최소 정수 함수: $\min_{k \ge x} k$ | §1.2.4 |
| $x \bmod y$ | 나머지 함수: $(y = 0?\ x:\ x - y\lfloor x/y \rfloor)$ | §1.2.4 |
| $\{x\}$ | 분수부(집합이 아니라 실수 값을 함의하는 문맥에서 쓰임): $x \bmod 1$ | §1.2.11.2 |
| $x \equiv x'$ (법 $y$) | 합동 관계: $x \bmod y = x' \bmod y$ | §1.2.4 |
| $j \backslash k$ | $j$가 $k$를 나눔: $k \bmod j = 0$이고 $j > 0$ | §1.2.4 |
| $S \setminus T$ | 차집합: $\{s \mid s$는 $S$의 원소, $s$는 $T$의 원소가 아님$\}$ | |
| $S \setminus t$ | $S \setminus \{t\}$의 단축 표기 | |
| $G \setminus U$ | $G$에서 집합 $U$의 정점들을 제거한 결과 | |
| $G \setminus v$ | $G$에서 정점 $v$를 제거한 결과 | p.15 |
| $G \setminus e$ | $G$에서 간선 $e$를 제거한 결과 | p.15 |
| $G / e$ | $G$에서 간선 $e$를 하나의 점으로 축약한 결과 | p.545 |

| 공식 기호 | 의미 | 정의된 곳 |
|---|---|---|
| $S \cup t$ | $S \cup \{t\}$의 단축 표기 | |
| $S \uplus T$ | 중복집합의 합집합; 즉 $\{a, b\} \uplus \{a, c\} = \{a, a, b, c\}$ | §4.6.3 |
| $\gcd(j, k)$ | $j$와 $k$의 최대공약수: $(j = k = 0?\ 0\colon \max_{d \backslash j, d \backslash k} d)$ | §1.1 |
| $j \perp k$ | $j$와 $k$가 서로 소: $\gcd(j, k) = 1$ | §1.2.4 |
| $A^T$ | 직사각 배열 $A$의 전치: $A^T[j, k] = A[k, j]$ | |
| $\alpha^R$ | 기호열 $\alpha$의 좌우 반전 | |
| $\alpha^T$ | 분할 $\alpha$의 켤레 | p.466 |
| $x^y$ | $x$의 $y$제곱($x > 0$일 때): $e^{y \ln x}$ | §1.2.2 |
| $x^k$ | $x$의 $k$제곱: $(k \geq 0?\ \prod_{j=0}^{k-1} x\colon 1/x^{-k})$ | §1.2.2 |
| $x^-$ | $x$의 역수: $x^{-1}$ | §1.3.3 |
| $x^{\overline{k}}$ | $x$의 $k$올림제곱: $\Gamma(x+k)/\Gamma(x) = (k \geq 0?\ \prod_{j=0}^{k-1}(x+j)\colon 1/(x+k)^{\overline{-k}})$ | §1.2.5 |
| $x^{\underline{k}}$ | $x$의 $k$내림제곱: $x!/(x-k)! = (k \geq 0?\ \prod_{j=0}^{k-1}(x-j)\colon 1/(x-k)^{\underline{-k}})$ | §1.2.5 |
| $n!$ | $n$의 계승: $\Gamma(n+1) = n^{\underline{n}}$ | §1.2.5 |
| $\binom{x}{k}$ | 이항계수: $(k < 0?\ 0\colon x^{\underline{k}}/k!)$ | §1.2.6 |
| $\binom{n}{n_1, n_2, \ldots, n_m}$ | 다항계수($n = n_1 + \cdots + n_m$일 때에만 정의됨) | §1.2.6 |
| $\left[{n \atop m}\right]$ | 스털링 순환마디 개수: $\sum_{0 < k_1 < \cdots < k_{n-m} < n} k_1 \ldots k_{n-m}$ | §1.2.6 |
| $\left\{{n \atop m}\right\}$ | 스털링 부분집합 개수: $\sum_{1 \leq k_1 \leq \cdots \leq k_{n-m} \leq m} k_1 \ldots k_{n-m}$ | §1.2.6 |
| $\left\langle{n \atop m}\right\rangle$ | 오일러 수: $\sum_{k=0}^{m} (-1)^k \binom{n+1}{k} (m+1-k)^n$ | §5.1.3 |
| $\left\vert{n \atop m}\right\vert$ | $n$의 $m$부분 분할 개수: $\sum_{1 \leq k_1 \leq \cdots \leq k_m} [k_1 + \cdots + k_m = n]$ | p.471 |
| $(\ldots a_1 a_0 . a_{-1} \ldots)_b$ | 기수 $b$ 위치적 표기: $\sum_k a_k b^k$ | §4.1 |
| $\Re z$ | $z$의 실수부 | §1.2.2 |
| $\Im z$ | $z$의 허수부 | §1.2.2 |
| $\bar{z}$ | 켤레복소수: $\Re z - i \Im z$ | §1.2.2 |
| $\sim p$ 또는 $\bar{p}$ | 여수(보수): $1 - p$ | p.58 |
| $\sim x$ 또는 $\bar{x}$ | 비트별 여수(보수) | p.159 |
| $p \wedge q$ | 부울 논리곱(AND): $pq$ | p.58 |
| $x \wedge y$ | 최솟값: $\min\{x, y\}$ | p.74 |
| $x \& y$ | 비트별 AND | p.158 |
| $p \vee q$ | 부울 논리합(OR): $\overline{\bar{p}\bar{q}}$ | p.58 |
| $x \vee y$ | 최댓값: $\max\{x, y\}$ | p.74 |

| 공식 기호 | 의미 | 정의된 곳 |
|---|---|---|
| $x\mid y$ | 비트별 OR | p.158 |
| $p\oplus q$ | 부울 배타적 논리합(XOR): $(p+q) \bmod 2$ | p.59 |
| $x\oplus y$ | 비트별 XOR | p.158 |
| $x \dot{-} y$ | 포화된 빼기, $x$ 모너스monus $y$: $\max\{0, x-y\}$ | §1.3.1 |
| $x \ll k$ | 비트별 왼쪽 자리이동: $\lfloor 2^k x\rfloor$ | p.160 |
| $x \gg k$ | 비트별 오른쪽 자리이동: $x \ll (-k)$ | p.160 |
| $x \ddagger y$ | 비트들을 교대로 삽입하는 '지퍼 채우기 함수': $x$와 $y$를 지퍼로 채움 | p.173 |
| $\log_b x$ | $x$의 기수 $b$ 로그($x>0$, $b>0$, $b\neq 1$일 때 정의됨): $x=b^y$인 $y$ | §1.2.2 |
| $\ln x$ | 자연로그: $\log_e x$ | §1.2.2 |
| $\lg x$ | 이진로그: $\log_2 x$ | §1.2.2 |
| $\lambda n$ | 이진 로그크기($n>0$일 때): $\lfloor \lg n\rfloor$ | p.167 |
| $\exp x$ | $x$의 지수함수: $e^x=\sum_{k=0}^{\infty} x^k/k!$ | §1.2.9 |
| $\rho n$ | 눈금자 함수($n>0$일 때): $\max_{2^m \backslash n} m$ | p.165 |
| $\nu n$ | 옆쪽 합($n\geq 0$일 때): $\sum_{k\geq 0}((n\gg k)\&1)$ | p.168 |
| $\langle X_n\rangle$ | 무한 수열 $X_0, X_1, X_2, \ldots$(여기서 영문자 $n$은 표기법의 일부임) | §1.2.9 |
| $f'(x)$ | $f$의 $x$에서의 도함수 | §1.2.9 |
| $f''(x)$ | $f$의 $x$에서의 2차 도함수 | §1.2.10 |
| $H_n^{(x)}$ | $x$차 조화수: $\sum_{k=1}^{n} 1/k^x$ | §1.2.7 |
| $H_n$ | 조화수: $H_n^{(1)}$ | §1.2.7 |
| $F_n$ | 피보나치 수: $(n\leq 1?\ n\colon F_{n-1}+F_{n-2})$ | §1.2.8 |
| $B_n$ | 베르누이 수: $n![z^n]\,z/(e^z-1)$ | §1.2.11.2 |
| $\det(A)$ | 정방행렬 $A$의 행렬식 | §1.2.3 |
| $\mathrm{sign}(x)$ | $x$의 부호: $[x>0]-[x<0]$ | |
| $\zeta(x)$ | 제타 함수: $\lim_{n\to\infty} H_n^{(x)}$ ($x>1$일 때) | §1.2.7 |
| $\Gamma(x)$ | 감마 함수: $(x-1)!=\gamma(x,\infty)$ | §1.2.5 |
| $\gamma(x,y)$ | 불완전 감마 함수: $\int_0^y e^{-t}t^{x-1}dt$ | §1.2.11.3 |
| $\gamma$ | 오일러 상수: $-\Gamma'(1)=\lim_{n\to\infty}(H_n-\ln n)$ | §1.2.7 |
| $e$ | 자연로그의 기수(밑): $\sum_{n\geq 0} 1/n!$ | §1.2.2 |
| $\pi$ | 원주율: $4\sum_{n\geq 0}(-1)^n/(2n+1)$ | §1.2.2 |
| $\infty$ | 무한대: 그 어떤 수보다 큼 | |

| 공식 기호 | 의미 | 정의된 곳 |
|---|---|---|
| $\Lambda$ | 공링크(그 어떤 주소도 가리키지 않는 포인터) | §2.1 |
| $\emptyset$ | 공집합(원소가 없는 집합) | |
| $\epsilon$ | 빈 문자열(길이가 0인 문자열) | |
| $\epsilon$ | 단위 모임: $\{\emptyset\}$ | |
| $\phi$ | 황금비: $(1+\sqrt{5})/2$ | §1.2.8 |
| $\varphi(n)$ | 오일러의 토티언트 함수: $\sum_{k=0}^{n-1}[k\perp n]$ | §1.2.4 |
| $x \approx y$ | $x$가 근사적으로 $y$와 같음 | §1.2.5 |
| $G \cong H$ | $G$가 $H$와 동형임 | p.15 |
| $O(f(n))$ | 변수 $n \to \infty$에 따른, $f(n)$의 대문자 O | §1.2.11.1 |
| $O(f(z))$ | 변수 $z \to 0$에 따른, $f(z)$의 대문자 O | §1.2.11.1 |
| $\Omega(f(n))$ | 변수 $n \to \infty$에 따른, $f(n)$의 대문자 오메가 | §1.2.11.1 |
| $\Theta(f(n))$ | 변수 $n \to \infty$에 따른, $f(n)$의 대문자 세타 | §1.2.11.1 |
| $\overline{G}$ | 그래프(또는 균일 초그래프) $G$의 여그래프 | p.30 |
| $G \mid U$ | 집합 $U$의 정점들로 제한된 $G$ | p.15 |
| $u — v$ | $u$가 $v$와 인접함(이웃) | p.14 |
| $u \not— v$ | $u$가 $v$와 인접하지 않음 | p.14 |
| $u \to v$ | $u$에서 $v$로의 호가 존재함 | p.20 |
| $u \to^* v$ | 추이적 닫힘: $v$가 $u$로부터 도달 가능함 | p.187 |
| $d(u,v)$ | $u$에서 $v$로의 거리 | p.18 |
| $G \cup H$ | $G$와 $H$의 합 | p.30 |
| $G \oplus H$ | $G$와 $H$의 직합(병치) | p.30 |
| $G — H$ | $G$와 $H$의 이음 | p.31 |
| $G \to H$ | $G$와 $H$의 직접 이음 | p.31 |
| $G \,\square\, H$ | $G$와 $H$의 데카르트 곱 | p.31 |
| $G \otimes H$ | $G$와 $H$의 직곱(논리곱) | p.32 |
| $G \boxtimes H$ | $G$와 $H$의 강곱 | p.32 |
| $G \triangle H$ | $G$와 $H$의 홀곱 | p.32 |
| $G \circ H$ | $G$와 $H$의 사전순곱 | p.32 |
| $e_j$ | 기본 모임: $\{\{j\}\}$ | p.324 |
| $\wp$ | 전체 모임: 주어진 전체집합의 모든 부분집합 | p.324 |
| $\mathcal{F} \cup \mathcal{G}$ | 모임들의 합집합: $\{S \mid S \in \mathcal{F}$ 또는 $S \in \mathcal{G}\}$ | p.324 |
| $\mathcal{F} \cap \mathcal{G}$ | 모임들의 교집합: $\{S \mid S \in \mathcal{F}$ 또는 $S \in \mathcal{G}\}$ | p.324 |
| $\mathcal{F} \setminus \mathcal{G}$ | 모임들의 차집합: $\{S \mid S \in \mathcal{F}$ 그리고 $S \notin \mathcal{G}\}$ | p.324 |

| 공식 기호 | 의미 | 정의된 곳 |
|---:|---|---|
| $\mathcal{F} \oplus \mathcal{G}$ | 모임들의 대칭 차집합: $(\mathcal{F} \setminus \mathcal{G}) \cup (\mathcal{G} \setminus \mathcal{F})$ | p.324 |
| $\mathcal{F} \sqcup \mathcal{G}$ | 모임들의 이음: $\{S \cup T \mid S \in \mathcal{F},\ T \in \mathcal{G}\}$ | p.324 |
| $\mathcal{F} \sqcap \mathcal{G}$ | 모임들의 만남: $\{S \cap T \mid S \in \mathcal{F},\ T \in \mathcal{G}\}$ | p.324 |
| $\mathcal{F} \boxplus \mathcal{G}$ | 모임들의 델타: $\{S \oplus T \mid S \in \mathcal{F},\ T \in \mathcal{G}\}$ | p.324 |
| $\mathcal{F} / \mathcal{G}$ | 모임들의 몫(여인수) | p.325 |
| $\mathcal{F} \bmod \mathcal{G}$ | 모임들의 나머지: $\mathcal{F} \setminus (\mathcal{G} \sqcup (\mathcal{F}/\mathcal{G}))$ | p.325 |
| $\mathcal{F} \S k$ | $\mathcal{F} = e_{j_1} \cup e_{j_2} \cup \cdots \cup e_{j_n}$이라고 할 때, 대칭화된 모임 | p.325 |
| $\mathcal{F}^{\uparrow}$ | $\mathcal{F}$의 극대 원소들: | |
| | $\{S \in \mathcal{F} \mid T \in \mathcal{F}$이고 $S \subseteq T$가 $S = T$를 함의함$\}$ | p.329 |
| $\mathcal{F}^{\downarrow}$ | $\mathcal{F}$의 극소 원소들: | |
| | $\{S \in \mathcal{F} \mid T \in \mathcal{F}$이고 $S \supseteq T$가 $S = T$를 함의함$\}$ | p.329 |
| $\mathcal{F} \nearrow \mathcal{G}$ | 비부분집합: $\{S \in \mathcal{F} \mid T \in \mathcal{G}$가 $S \not\subseteq T$를 함의함$\}$ | p.329 |
| $\mathcal{F} \searrow \mathcal{G}$ | 비포함집합: $\{S \in \mathcal{F} \mid T \in \mathcal{G}$가 $S \not\supseteq T$를 함의함$\}$ | p.329 |
| $\mathcal{F} \swarrow \mathcal{G}$ | 부분집합: | |
| | $\{S \in \mathcal{F} \mid T \in \mathcal{G}$가 $S \subseteq T$를 함의함$\} = \mathcal{F} \setminus (\mathcal{F} \nearrow \mathcal{G})$ | p.819 |
| $\mathcal{F} \nwarrow \mathcal{G}$ | 포함집합: | |
| | $\{S \in \mathcal{F} \mid T \in \mathcal{G}$가 $S \supseteq T$를 함의함$\} = \mathcal{F} \setminus (\mathcal{F} \searrow \mathcal{G})$ | p.819 |
| ▌ | 알고리즘이나 프로그램, 증명의 끝 | §1.1 |
| $X \cdot Y$ | 벡터들의 내적: $X = x_1 x_2 \ldots x_n$이고 $Y = y_1 y_2 \ldots y_n$ | |
| | 이라 할 때 $x_1 y_1 + x_2 y_2 + \cdots + x_n y_n$ | p.14 |
| $X \subseteq Y$ | 벡터들의 포함 관계: $X = x_1 x_2 \ldots x_n$이고 $Y = y_1 y_2 \ldots y_n$ | |
| | 이라 할 때, $1 \le k \le n$에 대해 $x_k \le y_k$ | p.159 |
| $\alpha \diamond \beta$ | 진리표들의 융합 | p.259 |
| $\alpha(G)$ | $G$의 독립수 | p.40 |
| $\gamma(G)$ | $G$의 지배수 | p.825 |
| $\kappa(G)$ | $G$의 정점 연결도 | §7.4.1 |
| $\lambda(G)$ | $G$의 간선 연결도 | §7.4.1 |
| $\nu(G)$ | $G$의 부합수 | §7.5.5 |
| $\chi(G)$ | $G$의 채색수 | p.40 |
| $\omega(G)$ | $G$의 파벌수 | p.40 |
| $c(G)$ | $G$의 신장 트리 개수 | p.568 |

그리고 "~는 ~와 같다"라는 표현을 지루하게 반복하는 일을 피하기 위해,
나의 다른 책에서도 자주 그렇게 했듯이,
같은 길이의 평행선 한 쌍 또는 쌍둥이 평행선 한 쌍, 즉 ═══을 사용하기로 하겠다.
왜냐하면 그러한 두 평행선만큼 같은 것도 없기 때문이다.

— 레코드ROBERT RECORDE, *The Whetstone of Witte* (1557)

르장드르Le Gendre 교수는 자주 인용되는 그 논문에서
상등과 합동에 동일한 기호를 사용했다.
애매모호함을 피하기 위해 여기에서는 그 둘을 구별하기로 했다.

— 가우스C. F. GAUSS, *Disquisitiones Arithmeticæ* (1801)

누군가가 책에 수식 하나를 포함시킬 때마다
판매량이 반으로 줄 것이라고 말해 주었다.

— 호킹STEPHEN HAWKING, *A Brief History of Time* (1987)

부록 C

# 알고리즘 및 정리 찾아보기

[뒤집힌 목록은] 2차 키의 조회 속도를 높이기 위해 중복된,
여분의 정보를 제공한다.

— 커누스DONALD E. KNUTH, *Sorting and Searching* (1973)

부록 D

# 조합 문제 찾아보기

이 부록의 목적은 이 책에서 다룬 주요 문제들을 간결하게 서술하고, 각 문제마다 이 책 끝의 찾아보기에서 찾아볼 이름을 제시하는 것이다. 이 문제들 중에는 효율적으로 풀 수 있는 것도 있고, 특별한 경우들에서는 쉬울 수도 있으나 일반적으로는 아주 어려운 것들도 있다. 이 찾아보기에서는 문제의 난이도를 언급하지 않는다.

조합 문제들은 마치 카멜레온처럼 여러 가지 형태를 띠는 경향이 있다. 예를 들어 그래프와 초그래프의 특정 속성들은 0-1 행렬의 다른 속성들과 동치이다. 그리고 0들과 1들로 이루어진 $m \times n$ 행렬 자체는, 0이 '참'을 나타내고 1이 '거짓'을 나타낸다고 할 때 부울 변수가 $mn$개인 부울 함수로 간주할 수 있다. 이 문제들은 또한 맛(flavor)도 다양한데, 특정 제약조건들에 대한 해가 존재하는지의 여부만 묻는 문제가 있는 반면 명시적인 해를 적어도 하나는 구해야 하는 문제도 있고, 해들의 개수를 세거나 해들을 모두 방문해야 하는 문제도 있다. 특정한 기준에서 최적인 하나의 해를 요구하는 경우도 많다.

다음의 목록(완전한 목록은 절대 아니며, 단지 도움이 되길 바라는 마음에서 모은 것이다)에서 각 문제는 원하는 어떤 목표를 "구하라"는 과제의 형태로, 다소간 공식적인 용어들로 서술되어 있다. 그리고 그러한 특성화 다음에는 좀 더 비공식적인 문장(괄호와 큰따옴표로 둘러싸인)이 나오며, 경우에 따라서는 추가적인 해설이 따르기도 한다.

유향 그래프의 관점에서 언급된 문제들은 모두, 그 유향 그래프가 반드시 비순환이어야 한다는 단서가 없는 한, 무향(undirected) 그래프들에도 자동으로 적용된다. 하나의 무향 간선 $u — v$은 두 개의 유향 호 $u \longrightarrow v$, $v \longrightarrow u$와 동치이기 때문이다.

• <u>만족성</u>: 부울 변수가 $n$개인 부울 함수 $f$가 주어졌을 때, $f(x_1, \ldots, x_n) = 1$인 부울 값 $x_1$, …, $x_n$을 구하라. ("만일 가능하다면, $f$가 참이 될 수 있음을 보여라.")

• <u>$k$SAT</u>: $f$가 절(clause, 조건절)들의 논리곱이고 각 절은 많아야 $k$개의 리터럴 $x_j$들 또는 $\bar{x}_j$들의 논리합인 경우의 만족성 문제이다. ("이 절들이 모두 참일 수 있는가?") $k$가 2 또는 3인 경우, 즉 2SAT 문제와 3SAT 문제가 가장 중요하다. 또 다른 중요한 경우로, $f$가 혼 절(Horn clauses)들의 논리곱이고 각 혼 절에 적어도 하나의 부정 리터럴 $\bar{x}_j$가 존재하는 경우가 있다.

• <u>부울 사슬</u>: $n$개의 부울 값 $x_1$, …, $x_n$의 부울 함수가 하나 이상 주어졌을 때, $n < k \le N$에 대한 각각의 $x_k$가 어떤 $i < k$와 $j < k$에 대한 $x_i$와 $x_j$의 부울 함수인, 그리고 주어진 부울 함수들 각각이 상수이거나 아니면 어떤 $l \le N$에 대해 $x_l$과 같음을 만족하는 $x_{n+1}$, …, $x_N$을 구하라. ("주어

진 일단의 함수들을 평가하되 중간 값들을 공유하면서 평가하는 직선 프로그램을 구축하라.") ("주어진 일단의 출력들을 입력 0, 1, $x_1$, ..., $x_n$으로부터 계산하되 팬아웃이 무제한인 2입력 부울 게이트들을 이용해서 계산하는 회로를 구축하라.") 일반적으로 목표는 $N$을 최소화하는 것이다.

• 넓은워드 사슬: 부울 사슬과 비슷하나, 부울 값들에 대한 부울 연산들이 아니라 정수들에 대한 비트별 연산들이나 $2^d$을 법으로 하는 산술 연산들을 사용한다. 주어진 $d$의 값은 얼마든지 클 수 있다. ("여러 개의 관련된 문제들을 한 번에 풀어라.")

• 부울 계획: 부울 변수 $n$개의 부울 함수 $f$와 가중치 $w_1$, ..., $w_n$이 주어졌을 때, $f(x_1, ..., x_n) = 1$이고 $w_1x_1 + \cdots + w_nx_n$이 최대한 큰 값이 되는 부울 값 $x_1$, ..., $x_n$을 구하라. ("$f$를 최대의 이득으로 만족하려면?")

• 부합: 그래프 $G$가 주어졌을 때, 서로 다른 간선들의 집합을 구하라. ("각 정점에 많아야 하나의 상대가 있도록 정점들의 쌍을 형성하라.") 일반적으로 목표는 간선들을 최대한 많이 찾는 것이다. '완벽 부합'은 모든 정점을 포함한다. 한 부분의 정점이 $m$개이고 다른 부분의 정점이 $n$개인 이분열 그래프의 경우 부합은 하나의 $m \times n$ 0–1 행렬에서 1들의 집합을 선택하되 각 행마다 1을 많아야 하나만 선택하고 각 열마다 1을 많아야 하나만 선택하는 것과 동치이다.

• 배정 문제: 이분열 부합의 한 일반화로, 각 간선마다 가중치를 부여한다. 부합의 총 가중치를 최대화하는 것이 목표이다. ("사람들을 작업들에 배정하는 최선의 방식은?") $m \times n$ 행렬의 원소들을 각 행마다 많아야 하나, 각 열마다 많아야 하나를 선택해서 선택된 원소들의 합을 최대한 크게 만드는 것도 이와 동치이다.

• 포괄: 0들과 1들의 행렬 $A_{jk}$가 주어졌을 때, 모든 $k$에 대해 $\sum_{j \in R} A_{jk} > 0$이 되는 행들의 집합 $R$을 구하라. ("각 열마다 1을 하나 표시하고, 표시가 된 모든 행을 선택하라.") 일반적으로 목표는 $|R|$를 최소화하는 것이다.

• 정확 포괄: 0들과 1들의 행렬 $A_{jk}$가 주어졌을 때, 모든 $k$에 대해 $\sum_{j \in R} A_{jk} = 1$이 되는 행들의 집합 $R$을 구하라. ("서로 직교인 행들을 포괄하라.") 완벽 부합 문제는 전치된 결합행렬의 정확 포괄을 구하는 것과 동치이다.

• 독립집합: 그래프 또는 초그래프 $G$가 주어졌을 때, 유도된 그래프 $G|U$에 간선이 없음을 만족하는 정점 집합 $U$를 구하라. ("관련되지 않은 정점들을 택하라.") 일반적으로 목표는 $|U|$를 최대화하는 것이다. 고전적인 특수 경우로는 8여왕 문제가 있는데, 이 경우 $G$는 체스판에서의 여왕의 이동들의 그래프이다. 또한 세 점이 한 직선에 있지 않도록 하는 문제도 고전적인 예이다.

• 파벌: 그래프 $G$가 주어졌을 때, 유도된 그래프 $G|U$가 완전 그래프가 되게 하는 정점 집합 $U$를 구하라. ("서로 인접한 정점들을 택하라.") $\sim G$에서 독립집합을 찾는 문제도 이와 동치이다. 일반적으로 목표는 $|U|$를 최대화하는 것이다.

• 정점 덮개: 그래프 또는 초그래프가 주어졌을 때, 모든 간선이 $U$의 정점을 적어도 하나는 포함함을 만족하는 정점 집합 $U$를 구하라. ("표시되지 않은 간선이 남지 않도록 일부 정점들을 표시하라.") 전치된 결합행렬의 한 포괄을 찾는 문제도 이와 동치이다. 또한, $V$가 모든 정점의 집합이라 할 때 $V \setminus U$가 하나의 독립집합이 되는 $U$를 구하는 문제도 이와 동치이다. 일반적으로 목표는 $|U|$를 최소화하는 것이다.

• 지배집합: 그래프가 주어졌을 때, 정점 집합 $U$에 없는 모든 정점이 $U$의 어떤 정점과 인접함을 만족하는 $U$를 구하라. ("다른 모든 정점이 한 걸음 안에 있는 정점들을 구하라.") 고전적인 5여왕 문제는 $G$가 체스판에서의 여왕의 이동 그래프일 때의 특수 경우에 해당한다.

• 핵: 유향 그래프가 주어졌을 때, 정점 집합 $U$에 없는 모든 정점이 $U$의 어떤 정점의 선행자임을 만족하는 $U$를 구하라. ("2인 게임의 독립적인 위치들 중 상대방이 자신을 제자리에서 움직이지 못하도록 강제하는 위치들은 무엇인가?") 그래프가 무향인 경우 핵은 최대 독립집합과 동치이며, 최소이자 독립인 지배집합과도 동치이다.

• 색칠하기(채색): 그래프가 주어졌을 때 그 정점들을 $k$개의 독립집합들로 분할하는 방법을 구하라. ("정점들을 $k$개의 색으로 칠하되 인접한 정점들이 같은 색이 되지 않도록 칠하라.") 일반적으로 목표는 $k$를 최소화하는 것이다.

• 최단 경로: 모든 호에 가중치가 부여된 유향 그래프의 정점 $u$와 $v$가 주어졌을 때, $u$에서 $v$로의 지향 경로의 총 가중치의 최솟값을 구하라. ("최상의 노선을 결정하라.")

• 최장 경로: 모든 호에 가중치가 부여된 유향 그래프의 정점 $u$와 $v$가 주어졌을 때, $u$에서 $v$로의 지향 경로의 총 가중치의 최댓값을 구하라. ("가장 멀리 돌아가는 노선은 무엇인가?")

• 도달성: 유향 그래프 $G$의 한 정점 집합 $U$가 주어졌을 때, 어떤 $u \in U$에 대해 $u \to^* v$인 정점 $v$를 모두 구하라. ("$U$ 안에서 시작하는 경로들에 있는 정점들을 무엇인가?")

• 신장 트리: 그래프 $G$가 주어졌을 때, 그 정점들이 $G$의 정점들과 같으며 모든 간선이 $G$의 간선인 자유 트리 $F$를 구하라. ("정점들을 모두 연결하기에 충분한 간선들을 선택하라.") 각 간선에 가중치가 부여되어 있는 경우, 최소 신장 트리는 가중치 총합이 최소인 신장 트리이다.

• 해밀턴 경로: 그래프 $G$가 주어졌을 때, 그 정점들이 $G$의 정점들과 같으며 모든 간선이 $G$의 간선인 경로 $P$를 구하라. ("모든 정점을 정확히 한 번씩만 거쳐 가는 경로를 찾아라.") 이는 고전적인 기사의 여행 문제와 동치로, 그 문제에서 $G$는 체스판에서의 기사의 이동 그래프이다. $G$의 정점들이 조합적 대상($n$-짝, 순열, 조합, 분열, 트리 등)들이고 서로 '가까운' 대상들이 인접한 정점들에 해당하는 경우, 해밀턴 경로를 종종 그레이 부호라고 부른다.

• 해밀턴 순환마디: 그래프 $G$가 주어졌을 때 그 정점들이 $G$의 정점들과 같으며 모든 간선이 $G$의 간선인 순환마디 $C$를 구하라. ("모든 정점을 정확히 한 번씩 거쳐서 출발점으로 돌아오는 경로를 찾아라.")

• 순회 판매원 문제: 주어진 그래프의 각 간선에 가중치가 부여되어 있을 때, 총 가중치가 최소인 해밀턴 순환마디를 구하라. ("모든 대상을 방문하는 가장 저렴한 방법은 무엇인가?") 그래프에 해밀턴 순환마디가 없는 경우에는 가장 큰 가중치 $W$를 존재하지 않는 모든 간선에 부여함으로써 그래프를 완전 그래프로 확장한다.

• 위상정렬: 유향 그래프가 주어졌을 때 각 정점 $x$에 서로 다른 이름표 (번호) $l(x)$를 부여하되 만일 $x \to y$이면 $l(x) < l(y)$가 되도록 부여하는 방법을 구하라. ("정점들을 한 줄로 배열하되 각 정점이 자신의 모든 후행자보다 왼쪽에 오도록 배열하라.") 이러한 이름표 배정 방식은 오직 주어진 유향 그래프가 비순환일 때에만 가능하다.

• 최적 선형 배치: 그래프가 주어졌을 때, 각 정점 $x$에 서로 다른 정수 $l(x)$를 부여하되 $\sum_{u-v} |l(u)-l(v)|$가 가능한 최소가 되도록 부여하는 방법을 구하라. ("정점들을 한 줄로 배치하되 해당 간선 길이들의 합이 최소가 되도록 배치하라.")

• 배낭 문제: 가중치 수열 $w_1$, ..., $w_n$과 문턱값 $W$, 그리고 값들의 수열 $v_1$, ..., $v_n$이 주어졌을 때, $\sum_{k\in K} w_k \le W$와 $\sum_{k\in K} v_k$가 최대가 되는 $K \subseteq \{1, ..., n\}$을 구하라. ("한데 꾸릴 수 있는 값어치는 최대 얼마인가?")

• 직교 배열: 양의 정수 $m$과 $n$이 주어졌을 때, 성분들이 $A_{jk} \in \{0, 1, ..., n-1\}$인, 그리고 만일 $j \ne j'$이고 $k \ne k'$이면 $(A_{jk}, A_{j'k}) \ne (A_{jk'}, A_{j'k'})$라는 속성을 가진 $m \times n^2$ 배열을 구하라. ("서로 다른 $n$진수 $n \times n$ 행렬 $m$개를 구축하되, 임의의 두 행렬을 겹쳤을 때 가능한 $n^2$개의 숫자쌍들이 모두 나타나도록 구축하라.") $m = 3$인 경우는 라틴 방진에 해당하며, $m > 3$인 경우는 $m-2$개의 상호 직교 라틴 방진들에 해당한다.

• 최근(가장 가까운) 공통 조상: 숲의 노드 $u$와 $v$가 주어졌을 때, $u$와 $v$의 모든 포함적 조상이 $w$의 포함적 조상임을 만족하는 노드 $w$를 구하라. ("$u$에서 $v$로의 최단 경로에서 방향이 바뀌는 곳은 어디인가?")

• 구간 최솟값 질의: 수열 $a_1$, ..., $a_n$이 주어졌을 때, $1 \le i < j \le n$에 대해 각 부분구간 $a_i$, ..., $a_j$의 최소 원소를 구하라. ("임의의 주어진 구간의 최솟값에 관련된 모든 가능한 질의를 풀어라.") §7.1.3의 연습문제 150과 151은 이 문제가 최근 공통 조상을 찾는 것과 동치임을 보여 준다.

• 전체 순환마디: $b$와 $k$, $N$이 주어졌을 때, 한 특정 종류의 조합적 배치들 전부가 연속된 $k$-짝 $x_0x_1 \cdots x_{k-1}$, $x_1x_2 \cdots x_k$, ..., $x_{N-1}x_0 \cdots x_{k-2}$로 주어진다는 속성을 가진, $b$진 숫자 $\{0, 1, ..., b-1\}$들을 원소로 하는 순환 순차열 $x_0$, $x_1$, ..., $x_{N-1}$, $x_0$, ...을 구하라. ("모든 가능성을 순환식으로 나열하라.") 만일 $N = b^k$이면, 그리고 그러한 순차열에 모든 가능한 $k$-짝들이 나타난다면, 그러한 순차열을 더브라위 순환마디라고 부른다. 만일 $N = \binom{b}{k}$이고 $b$개 중 $k$개를 뽑는 조합들이 모두 나타난다면 조합 전체 순환마디라고 부른다. 그리고 만일 $N = b!$, $k = b-1$이고 모든 $(b-1)$변분이 $k$-짝들로 나타난다면 순열 전체 순환마디라고 부른다.

대부분의 경우
문제를 완전하게 서술하는 집합 이론적 정의를 부여할 수 있었다.
간결함의 요구 때문에
문제에 깔린 직관이 조금 흐려지는 경우가 종종 있긴 했지만 말이다.

— 개리M. R. GAREY, 존슨D. S. JOHNSON, *A List of NP-Complete Problems* (1979)

# 찾아보기 및 용어집

찾아보기라고 해서 꼭 무미건조하라는 법은 없다.

—— 휘틀리HENRY B. WHEATLEY, *How to Make an Index* (1902)

찾아보기 항목이 연습문제가 있는 쪽번호를 가리키는 경우에는 그 연습문제의 해답에서도 추가적인 정보를 찾아보라. 연습문제의 문장에 포함되지 않은 주제를 해답에서 언급하는 경우가 아닌 한, 해답의 쪽번호는 이 찾아보기에 포함시키지 않았다.

한국어판 찾아보기에 대해:

영문 항목에 나오는 【한】은 그 항목에 해당하는, 그리고 구체적인 정보가 있는 한글 항목(들)을 가리키는 기호이다. 원서의 항목들을 최대한 보존하되 불필요한 정보의 중복을 피하기 위해, 또한 독자가 주로 한글 용어로 이 찾아보기를 사용하길 바라는 마음에서, 영문 항목에서는 구체적인 찾아보기 정보를 생략하고 해당 한글 항목만 표시했다.

이러한 지시 표기는 영-한 용어 대조의 역할도 한다. 한-영 용어 대조를 위해서는 한글 항목에 괄호로 영문을 병기했다. 전체적으로 분량이 많아지고 좀 장황해지긴 했지만, 제목에도 있듯이 여기에 나온 것이 단순한 찾아보기가 아니라 용어집의 역할도 하는 것임을 고려한 조치였다.

그밖에 【참고】는 주로 같은 뜻의 또는 밀접한 관련이 있는 항목을 가리키며, 【또한】은 주로 대조해서 참고할만한 항목을 가리킨다. 원서에서는 각각 *see*와 *also*로 나온 것들이다.

마지막으로, 원래의 용어에서 아라비아 숫자(0, 1, 2, ...)로 시작하는 항목들이 번역된 용어에서는 한자어 수사(영, 일, 이, ...)로 시작하는 경우가 있다. 예를 들어 2로 시작하는 항목들에서 '2진 트리'를 찾을 수 없다면 '이진 트리'를 찾아보면 된다. 비슷하게, 영어 수사(zero, one, two, ...)로 시작하는 항목들이 번역된 용어에서는 아라비아 숫자로 시작하는 경우도 있다.

— 옮긴이

Conjunctive prime form, 【한】 논리곱 기약형.
Connected components, 【한】 연결된 구성요소.
Connected digraphs, 【한】 연결된 유향 그래프.
Connected graphs, 【한】 연결된 그래프.
Connected hypergraphs, 【한】 연결된 초그래프.
Connectedness function, 【한】 연결성 함수.
Connectivity of a graph, 【한】 연결성(그래프의).
Connectivity structure of an image, 【한】 연결성 구조(이미지의).
Connectivity test, 【한】 연결성 판정.
Consecutive 1s, 【한】 연속된 1들.
Consecutive arcs, 【한】 연속된 호들.
Consecutive integers, 【한】 연속된 정수들.
Consensus of subcubes, 【한】 합의(부분입방체들의).
Consonants, 【한】 자음.
Constants, fundamental, 【한】 상수(기본적인).
Constrained-by operation ($f \downarrow g$), 【한】 피구속 연산.
Context-free grammars, 【한】 문맥 자유 문법.
Contiguous United States of America, 【한】 이어진 미합중국의 주들.
Contingency tables, 【한】 분할표.
Continuant polynomials, 【한】 지속음 다항식.
Contour integration, 【한】 경로적분.
Contraction of a graph, 【한】 수축(그래프의).
Contradiction ($\perp$), 【한】 모순.
Contrapositive, 【한】 대우.
Control grids, 【한】 제어 격자.
Control points, 【한】 제어점.
Converse implication ($\subset$), 【한】 역함의.
Converse nonimplication ($\overline{\subset}$), 【한】 역 비함의.
Converse of a digraph, 【한】 역(유향 그래프의).
Convex hull of points, 【한】 볼록 덮개(점들의).
Convex optimization, 【한】 볼록 최적화.
Convex sets, 【한】 볼록 집합.
Conway, John Horton, 【한】 콘웨이.
Cook, Stephen Arthur, 【한】 쿡(스티븐).
Cooke, George Erskine, 【한】 쿡(조지).
Cooke, Raymond Mark, 【한】 쿡(레이먼드).
Coolean algebra 【한】 쿠울 대수
Coordinates, 【한】 좌표성분.
Coppersmith, Don, 【한】 카퍼스미스.
Core of a Horn function, 【한】 핵심부(혼 함수의).
Core set in a torus, 【한】 핵심 집합(원환체의).
Cori, Robert, 【한】 코리.
Corless, Robert Malcolm, 【한】 콜리스.
Coroutines, 【한】 협동루틴.
Corteel, Sylvie Marie-Claude, 【한】 코르틸.
Cost of a Boolean function, 【한】 비용(부울 함수의).
Coteries, 【한】 동아리.
Coudert, Olivier René Raymond, 【한】 쿠데르.
Counting the number of solutions, 【한】 개수 세기(해의).
Coupon collector's problem, 【한】 쿠폰 수집가의 문제.
Cover, Thomas Merrill, 【한】 커버.
Covering function ($C(x;y)$), 【한】 포괄 함수.
Covering in a lattice, 【한】 포괄(격자 안에서).
Covering problems, 【한】 포괄 문제.
Crama, Yves Jean-Marie Mathieu Franz, 【한】 크라마.
Cramér, Carl Harald, 【한】 크라메르.
CRC (cyclic redundancy check), 【한】 순환 중복성 점검.
*Crelle: Journal für die reine und angewandte Mathematik*, 크렐A. L. Crelle이 1826년에 창간한 국제 학술지.
Cremer, William Henry, Jr., 【한】 크레머.
Crests, Japanese heraldic, 【한】 일본 문장紋章.
Cretté de Palluel, François, 【한】 크레테 드팔루엘.
Cribbage, 【한】 크리비지.
Cross order, 【한】 교차 순서.
Cross-intersecting sets, 【한】 상호교차 집합.
Crossbar modules, 【한】 가로대 모듈.
Crossings in a diagram, 【한】 교차(도식 안에서 ).
Crossings in a set partition, 【한】 교차(집합 분할 안에서).
Cryptarithms, 【한】 암호산술.
CSNZ (conditional set if nonzero; 조건부 설정, 0이 아니면), 168, 212, 723.
CSOD (conditional set if odd; 조건부 설정, 홀수이면), 709.
CSZ (conditional set if zero; 조건부 설정, 0이면), 166, 707.

## ASCII 문자표

<table>
<tr><td></td><td>#0</td><td>#1</td><td>#2</td><td>#3</td><td>#4</td><td>#5</td><td>#6</td><td>#7</td><td>#8</td><td>#9</td><td>#a</td><td>#b</td><td>#c</td><td>#d</td><td>#e</td><td>#f</td><td></td></tr>
<tr><td>#2x</td><td></td><td>!</td><td>"</td><td>#</td><td>$</td><td>%</td><td>&</td><td>'</td><td>(</td><td>)</td><td>*</td><td>+</td><td>,</td><td>-</td><td>.</td><td>/</td><td>#2x</td></tr>
<tr><td>#3x</td><td>0</td><td>1</td><td>2</td><td>3</td><td>4</td><td>5</td><td>6</td><td>7</td><td>8</td><td>9</td><td>:</td><td>;</td><td><</td><td>=</td><td>></td><td>?</td><td>#3x</td></tr>
<tr><td>#4x</td><td>@</td><td>A</td><td>B</td><td>C</td><td>D</td><td>E</td><td>F</td><td>G</td><td>H</td><td>I</td><td>J</td><td>K</td><td>L</td><td>M</td><td>N</td><td>O</td><td>#4x</td></tr>
<tr><td>#5x</td><td>P</td><td>Q</td><td>R</td><td>S</td><td>T</td><td>U</td><td>V</td><td>W</td><td>X</td><td>Y</td><td>Z</td><td>[</td><td>\</td><td>]</td><td>^</td><td>_</td><td>#5x</td></tr>
<tr><td>#6x</td><td>`</td><td>a</td><td>b</td><td>c</td><td>d</td><td>e</td><td>f</td><td>g</td><td>h</td><td>i</td><td>j</td><td>k</td><td>l</td><td>m</td><td>n</td><td>o</td><td>#6x</td></tr>
<tr><td>#7x</td><td>p</td><td>q</td><td>r</td><td>s</td><td>t</td><td>u</td><td>v</td><td>w</td><td>x</td><td>y</td><td>z</td><td>{</td><td>|</td><td>}</td><td>~</td><td>■</td><td>#7x</td></tr>
<tr><td></td><td>#0</td><td>#1</td><td>#2</td><td>#3</td><td>#4</td><td>#5</td><td>#6</td><td>#7</td><td>#8</td><td>#9</td><td>#a</td><td>#b</td><td>#c</td><td>#d</td><td>#e</td><td>#f</td><td></td></tr>
</table>

## MMIX 연산 코드

| | #0 | #1 | #2 | #3 | #4 | #5 | #6 | #7 | |
|---|---|---|---|---|---|---|---|---|---|
| #0x | TRAP $5v$ | FCMP $v$ | FUN $v$ | FEQL $v$ | FADD $4v$ | FIX $4v$ | FSUB $4v$ | FIXU $4v$ | #0x |
| | FLOT[I] $4v$ | | FLOTU[I] $4v$ | | SFLOT[I] $4v$ | | SFLOTU[I] $4v$ | | |
| #1x | FMUL $4v$ | FCMPE $4v$ | FUNE $v$ | FEQLE $4v$ | FDIV $40v$ | FSQRT $40v$ | FREM $4v$ | FINT $4v$ | #1x |
| | MUL[I] $10v$ | | MULU[I] $10v$ | | DIV[I] $60v$ | | DIVU[I] $60v$ | | |
| #2x | ADD[I] $v$ | | ADDU[I] $v$ | | SUB[I] $v$ | | SUBU[I] $v$ | | #2x |
| | 2ADDU[I] $v$ | | 4ADDU[I] $v$ | | 8ADDU[I] $v$ | | 16ADDU[I] $v$ | | |
| #3x | CMP[I] $v$ | | CMPU[I] $v$ | | NEG[I] $v$ | | NEGU[I] $v$ | | #3x |
| | SL[I] $v$ | | SLU[I] $v$ | | SR[I] $v$ | | SRU[I] $v$ | | |
| #4x | BN[B] $v+\pi$ | | BZ[B] $v+\pi$ | | BP[B] $v+\pi$ | | BOD[B] $v+\pi$ | | #4x |
| | BNN[B] $v+\pi$ | | BNZ[B] $v+\pi$ | | BNP[B] $v+\pi$ | | BEV[B] $v+\pi$ | | |
| #5x | PBN[B] $3v-\pi$ | | PBZ[B] $3v-\pi$ | | PBP[B] $3v-\pi$ | | PBOD[B] $3v-\pi$ | | #5x |
| | PBNN[B] $3v-\pi$ | | PBNZ[B] $3v-\pi$ | | PBNP[B] $3v-\pi$ | | PBEV[B] $3v-\pi$ | | |
| #6x | CSN[I] $v$ | | CSZ[I] $v$ | | CSP[I] $v$ | | CSOD[I] $v$ | | #6x |
| | CSNN[I] $v$ | | CSNZ[I] $v$ | | CSNP[I] $v$ | | CSEV[I] $v$ | | |
| #7x | ZSN[I] $v$ | | ZSZ[I] $v$ | | ZSP[I] $v$ | | ZSOD[I] $v$ | | #7x |
| | ZSNN[I] $v$ | | ZSNZ[I] $v$ | | ZSNP[I] $v$ | | ZSEV[I] $v$ | | |
| #8x | LDB[I] $\mu+v$ | | LDBU[I] $\mu+v$ | | LDW[I] $\mu+v$ | | LDWU[I] $\mu+v$ | | #8x |
| | LDT[I] $\mu+v$ | | LDTU[I] $\mu+v$ | | LDO[I] $\mu+v$ | | LDOU[I] $\mu+v$ | | |
| #9x | LDSF[I] $\mu+v$ | | LDHT[I] $\mu+v$ | | CSWAP[I] $2\mu+2v$ | | LDUNC[I] $\mu+v$ | | #9x |
| | LDVTS[I] $v$ | | PRELD[I] $v$ | | PREGO[I] $v$ | | GO[I] $3v$ | | |
| #Ax | STB[I] $\mu+v$ | | STBU[I] $\mu+v$ | | STW[I] $\mu+v$ | | STWU[I] $\mu+v$ | | #Ax |
| | STT[I] $\mu+v$ | | STTU[I] $\mu+v$ | | STO[I] $\mu+v$ | | STOU[I] $\mu+v$ | | |
| #Bx | STSF[I] $\mu+v$ | | STHT[I] $\mu+v$ | | STCO[I] $\mu+v$ | | STUNC[I] $\mu+v$ | | #Bx |
| | SYNCD[I] $v$ | | PREST[I] $v$ | | SYNCID[I] $v$ | | PUSHGO[I] $3v$ | | |
| #Cx | OR[I] $v$ | | ORN[I] $v$ | | NOR[I] $v$ | | XOR[I] $v$ | | #Cx |
| | AND[I] $v$ | | ANDN[I] $v$ | | NAND[I] $v$ | | NXOR[I] $v$ | | |
| #Dx | BDIF[I] $v$ | | WDIF[I] $v$ | | TDIF[I] $v$ | | ODIF[I] $v$ | | #Dx |
| | MUX[I] $v$ | | SADD[I] $v$ | | MOR[I] $v$ | | MXOR[I] $v$ | | |
| #Ex | SETH $v$ | SETMH $v$ | SETML $v$ | SETL $v$ | INCH $v$ | INCMH $v$ | INCML $v$ | INCL $v$ | #Ex |
| | ORH $v$ | ORMH $v$ | ORML $v$ | ORL $v$ | ANDNH $v$ | ANDNMH $v$ | ANDNML $v$ | ANDNL $v$ | |
| #Fx | JMP[B] $v$ | | PUSHJ[B] $v$ | | GETA[B] $v$ | | PUT[I] $v$ | | #Fx |
| | POP $3v$ | RESUME $5v$ | [UN]SAVE $20\mu+v$ | | SYNC $v$ | SWYM $v$ | GET $v$ | TRIP $5v$ | |
| | #8 | #9 | #A | #B | #C | #D | #E | #F | |

$\pi$는 분기하는 경우에는 $2v$, 분기하지 않는 경우에는 0